2018年财政规章制度选编

2018 NIAN CAIZHENG GUIZHANG ZHIDU XUANBIAN

（上　册）

山东省财政厅法规处　编

中国财经出版传媒集团

经济科学出版社

Economic Science Press

图书在版编目（CIP）数据

2018 年财政规章制度选编/山东省财政厅法规处编.
—北京：经济科学出版社，2019.7
ISBN 978 - 7 - 5218 - 0606 - 9

Ⅰ.①2… Ⅱ.①山… Ⅲ.①地方财政 - 财政制度 -
汇编 - 山东 - 2018 Ⅳ.①F812.752

中国版本图书馆 CIP 数据核字（2019）第 109750 号

责任编辑：于海汛
责任校对：刘　昕　杨　海　杨晓莹　蒋子明
责任印制：李　鹏

2018 年财政规章制度选编

（上下册）

山东省财政厅法规处　编
经济科学出版社出版、发行　新华书店经销
社址：北京市海淀区阜成路甲 28 号　邮编：100142
总编部电话：010 - 88191217　发行部电话：010 - 88191522
网址：www. esp. com. cn
电子邮件：esp@ esp. com. cn
天猫网店：经济科学出版社旗舰店
网址：http://jjkxcbs. tmall. com
北京季蜂印刷有限公司印装
880 × 1230　16 开　90.5 印张　2800000 字
2019 年 7 月第 1 版　2019 年 7 月第 1 次印刷
ISBN 978 - 7 - 5218 - 0606 - 9　定价：138.00 元
（图书出现印装问题，本社负责调换。电话：010 - 88191510）
（版权所有　侵权必究　打击盗版　举报热线：010 - 88191661
QQ：2242791300　营销中心电话：010 - 88191537
电子邮箱：dbts@ esp. com. cn）

目　录

一、综合管理类

二、税政管理类

三、预算管理类

六、教科文财务类

七、经济建设财务类

八、农业财务类

九、社会保障财务类

十、工贸发展类

十一、金融与国际合作管理类

十二、会计管理类

十三、行政事业资产管理类

十四、监督检查类

十五、农村综合改革管理类

十六、政府债务管理类

二十、预算评审类

一、

综合管理类

财政部　国土资源部关于印发《土地储备资金财务管理办法》的通知

2018 年 1 月 17 日　财综〔2018〕8 号

各省、自治区、直辖市、计划单列市财政厅（局）、国土资源主管部门，新疆生产建设兵团财政局、国土资源局：

　　为规范土地储备管理行为，加强土地储备资金财务管理，根据《预算法》、《国务院办公厅关于规范国有土地使用权出让收支管理的通知》（国办发〔2006〕100 号）、《国务院关于加强地方政府性债务管理的意见》（国发〔2014〕43 号）等有关规定，我们制定了《土地储备资金财务管理办法》。现印发给你们，请遵照执行。执行中如有问题，请及时向财政部、国土资源部反映。

　　附件：土地储备资金财务管理办法

附件：

土地储备资金财务管理办法

第一章　总　　则

　　第一条　为规范土地储备行为，加强土地储备资金财务管理，根据《预算法》、《国务院办公厅关于规范国有土地使用权出让收支管理的通知》（国办发〔2006〕100 号）、《国务院关于加强地方政府性债务管理的意见》（国发〔2014〕43 号）等有关规定，制定本办法。

　　第二条　本办法适用于土地储备资金财务收支活动。

　　第三条　本办法所称土地储备资金是指纳入国土资源部名录管理的土地储备机构按照国家有关规定征收、收购、优先购买、收回土地以及对其进行前期开发等所需的资金。

　　第四条　土地储备资金实行专款专用、分账核算，并实行预决算管理。

第二章　土地储备资金来源

　　第五条　土地储备资金来源于下列渠道：

　　（一）财政部门从已供应储备土地产生的土地出让收入中安排给土地储备机构的征地和拆迁补偿费用、土地开发费用等储备土地过程中发生的相关费用；

　　（二）财政部门从国有土地收益基金中安排用于土地储备的资金；

　　（三）发行地方政府债券筹集的土地储备资金；

　　（四）经财政部门批准可用于土地储备的其他财政资金。

　　第六条　财政部门根据土地储备的需要以及预算安排，及时下达用于土地储备的各项资金。

第七条　土地储备专项债券的发行主体为省级人民政府。土地储备专项债券资金由财政部门纳入政府性基金预算管理，并由土地储备机构专项用于土地储备，具体资金拨付、使用、预决算管理严格执行财政部、国土资源部关于地方政府土地储备专项债券管理的规定。

第三章　土地储备资金使用范围

第八条　土地储备资金使用范围具体包括：

（一）征收、收购、优先购买或收回土地需要支付的土地价款或征地和拆迁补偿费用。包括土地补偿费和安置补助费、地上附着物和青苗补偿费、拆迁补偿费，以及依法需要支付的与征收、收购、优先购买或收回土地有关的其他费用。

（二）征收、收购、优先购买或收回土地后进行必要的前期土地开发费用。储备土地的前期开发，仅限于与储备宗地相关的道路、供水、供电、供气、排水、通讯、照明、绿化、土地平整等基础设施建设支出。

（三）按照财政部关于规范土地储备和资金管理的规定需要偿还的土地储备存量贷款本金和利息支出。

（四）经同级财政部门批准的与土地储备有关的其他费用。包括土地储备工作中发生的地籍调查、土地登记、地价评估以及管护中围栏、围墙等建设等支出。

第九条　土地储备机构用于征地和拆迁补偿费用以及土地开发费用支出，应当严格按照国家规范国有土地使用权出让收支管理的有关规定执行。

第四章　土地储备相关资金管理

第十条　土地储备机构所需的日常经费，应当与土地储备资金实行分账核算，不得相互混用。

第十一条　土地储备机构在持有储备土地期间，临时利用土地取得的零星收入（不含供应储备土地取得的全部土地出让收入，以下简称土地储备零星收入），包括下列范围：

（一）出租储备土地取得的收入；

（二）临时利用储备土地取得的收入；

（三）储备土地的地上建筑物及附着物残值变卖收入；

（四）其他收入。

第十二条　土地储备零星收入全部缴入同级国库，纳入一般公共预算，实行"收支两条线"管理。

第十三条　土地储备零星收入缴入同级国库时，填列政府收支分类科目 103 类"非税收入"07 款"国有资源（资产）有偿使用收入"99 项"其他国有资源（资产）有偿使用收入"科目。土地储备零星收入实行国库集中收缴，缴入同级国库的具体方式，按照省、自治区、直辖市、计划单列市财政部门规定执行。

第五章　土地储备资金收支预决算及绩效管理

第十四条　土地储备机构应当于每年第三季度参照本年度土地储备计划，按宗地或项目编制下一年度土地储备资金收支项目预算草案，经主管部门审核后，报同级财政部门审定。其中：属于政府采购和政府购买服务范围的，应当按照规定分别编制政府采购和政府购买服务预算。

第十五条　同级财政部门应当及时批复土地储备机构土地储备资金收支项目预算。

第十六条　土地储备机构应当严格按照同级财政部门批复的预算执行，并根据土地收购储备的工作进度，提出用款申请，经主管部门审核后，报同级财政部门审批，资金支付按照国库集中支付制度的有关规定执行。

第十七条 土地储备资金收支项目预算确需调剂的，应当按照国家有关预算调剂的规定执行。

第十八条 每年年度终了，土地储备机构应当按照同级财政部门规定，向主管部门报送土地储备资金收支项目决算草案，并详细提供宗地或项目支出情况，经主管部门审核后，报同级财政部门审核。

土地储备资金收支项目决算草案的审核，也可委托具有良好信誉、执业质量高的会计师事务所等相关中介机构实施。

第十九条 土地储备机构从财政部门拨付的土地出让收入中安排用于征地和拆迁补偿、土地开发等的支出，按照支出性质，分别填列政府收支分类科目支出功能分类212类"城乡社区支出"08款"国有土地使用权出让收入及对应专项债务收入安排的支出"01项"征地和拆迁补偿支出"和02项"土地开发支出"等相关科目。同时，分别填列支出经济分类科目310类"资本性支出"09款"土地补偿"、10款"安置补助"、11款"地上附着物和青苗补偿"、12款"拆迁补偿"，以及310类"资本性支出"05款"基础设施建设"支出科目。

第二十条 土地储备机构从国有土地收益基金收入中安排用于土地储备的支出，按照支出性质，分别填列政府收支分类科目支出功能分类212类"城乡社区支出"10款"国有土地收益基金及对应专项债务收入安排的支出"01项"征地和拆迁补偿支出"和02项"土地开发支出"科目。同时，分别填列支出经济分类310类"资本性支出"09款"土地补偿"、10款"安置补助"、11款"地上附着物和青苗补偿"、12款"拆迁补偿"，以及310类"资本性支出"05款"基础设施建设"支出科目。

第二十一条 土地储备机构日常经费预决算管理，按照《预算法》和同级财政部门的规定执行。

第二十二条 土地储备资金会计核算办法，按照财政部规定执行。具体办法由财政部另行制定。

第二十三条 土地储备机构所在地财政部门会同国土资源主管部门应当组织实施对土地储备资金的绩效评价工作，按要求编制绩效目标，做好绩效目标执行监控，建立完善的绩效评价制度，并将绩效评价结果作为财政部门安排年度土地储备资金收支项目预算的依据。

第六章 监督检查

第二十四条 各级财政、国土资源管理部门应当加强对土地储备资金使用情况、土地储备零星收入缴入国库情况以及土地储备机构执行会计核算制度、政府采购制度等的监督检查，确保土地储备资金专款专用，督促土地储备机构及时足额缴纳土地储备零星收入，努力提高土地储备资金管理效率。

第二十五条 土地储备机构应当严格执行本办法规定，自觉接受财政部门、国土资源管理部门和审计机关的监督检查。

第二十六条 任何单位和个人违反本办法规定的，按照《财政违法行为处罚处分条例》等国家有关规定追究法律责任，涉嫌犯罪的，依法移送司法机关处理。

各级财政部门、国土资源管理部门在土地储备资金审批、分配工作中，存在违反本办法及其他滥用职权、玩忽职守、徇私舞弊等违法违纪行为的，按照《预算法》、《公务员法》、《行政监察法》、《财政违法行为处罚处分条例》等国家有关规定追究相应责任；涉嫌犯罪的，依法移送司法机关处理。

第七章 附　则

第二十七条 各省、自治区、直辖市及计划单列市财政部门应当会同国土资源管理部门根据本办法，结合本地区实际情况，制定具体实施办法，并报财政部、国土资源部备案。

第二十八条 本办法由财政部会同国土资源部负责解释。

第二十九条 本办法自2018年2月1日起施行。2007年6月12日财政部、国土资源部发布的《土地储备资金财务管理暂行办法》（财综〔2007〕17号）同时废止。

财政部关于印发跨省域补充耕地资金收支管理办法和城乡建设用地增减挂钩节余指标跨省域调剂资金收支管理办法的通知

2018 年 7 月 13 日　财综〔2018〕40 号

各省、自治区、直辖市财政厅（局），新疆生产建设兵团财政局：

　　为贯彻落实《中共中央国务院关于实施乡村振兴战略的意见》和《国务院办公厅关于印发跨省域补充耕地国家统筹管理办法和城乡建设用地增减挂钩节余指标跨省域调剂管理办法的通知》（国办发〔2018〕16 号）部署要求，推动相关工作顺利实施，财政部制定了《跨省域补充耕地资金收支管理办法》和《城乡建设用地增减挂钩节余指标跨省域调剂资金收支管理办法》。现印发给你们，请遵照执行。

　　附件：1. 跨省域补充耕地资金收支管理办法
　　　　　2. 城乡建设用地增减挂钩节余指标跨省域调剂资金收支管理办法

附件 1：

跨省域补充耕地资金收支管理办法

第一章　总　　则

　　第一条　为有序实施跨省域补充耕地国家统筹，规范跨省域补充耕地资金收支管理工作，根据《中华人民共和国预算法》和《国务院办公厅关于印发跨省域补充耕地国家统筹管理办法和城乡建设用地增减挂钩节余指标跨省域调剂管理办法的通知》（国办发〔2018〕16 号）有关规定，制定本办法。

　　第二条　本办法所称跨省域补充耕地资金，是指经国务院批准，补充耕地由国家统筹的省、直辖市向中央财政缴纳的跨省域补充耕地资金。

　　第三条　财政部负责全国跨省域补充耕地资金收支管理工作，各省级财政部门负责本行政区域跨省域补充耕地资金收支管理工作。

第二章　资　金　收　取

　　第四条　自然资源部会同财政部根据国务院批转的各省、直辖市人民政府申请，研究提出跨省域补充耕地国家统筹规模及其相应的跨省域补充耕地资金总额等建议，经国务院批准后，30 个工作日内函告有关省份。

　　经国务院批准实施补充耕地国家统筹的省、直辖市，应当向中央财政缴纳跨省域补充耕地资金。

　　第五条　跨省域补充耕地资金规模按照国务院批准的当年跨省域补充耕地规模和跨省域补充耕地资金收取标准确定。

第六条　跨省域补充耕地资金收取标准等于基准价和产能价之和乘以省份调节系数。

（一）基准价每亩 10 万元，其中水田每亩 20 万元。

（二）产能价根据农用地分等定级成果对应的标准粮食产能确定，每亩每百公斤 2 万元。

（三）根据区域经济发展水平，将省份调节系数分为五档。

一档地区：北京、上海，调节系数为 2；

二档地区：天津、江苏、浙江、广东，调节系数为 1.5；

三档地区：辽宁、福建、山东，调节系数为 1；

四档地区：河北、山西、吉林、黑龙江、安徽、江西、河南、湖北、湖南、海南，调节系数为 0.8；

五档地区：重庆、四川、贵州、云南、陕西、甘肃、青海，调节系数为 0.5。

第七条　财政部会同自然资源部根据补充耕地国家统筹实施情况适时调整跨省域补充耕地资金收取标准。

对于国家重大公益性建设项目，经国务院批准，原则上比照本办法第十条规定的中央财政下达给承担国家统筹补充耕地任务省份经费标准，即"国家统筹补充耕地经费标准"收取跨省域补充耕地资金。

第三章　资金下达

第八条　自然资源部会同财政部等相关部门根据国务院批转的各省（区、市）人民政府申请，研究提出承担国家统筹补充耕地任务省份、新增耕地规模以及相应的国家统筹补充耕地经费等建议，按程序报国务院同意后，由自然资源部函告有关省份。

中央财政将国家统筹补充耕地经费预算下达经国务院批准承担国家统筹补充耕地任务的省份。

第九条　国家统筹补充耕地经费规模按照国务院批准的当年承担国家统筹补充耕地规模和国家统筹补充耕地经费标准确定。

第十条　国家统筹补充耕地经费标准依据补充耕地类型和粮食产能两个因素确定。补充耕地每亩 5 万元（其中水田每亩 10 万元），补充耕地标准粮食产能每亩每百公斤 1 万元，两项合计确定国家统筹补充耕地经费标准。

第十一条　财政部会同自然资源部根据补充耕地国家统筹实施情况适时调整国家统筹补充耕地经费标准。

第四章　资金结算和使用

第十二条　省级财政应缴纳的跨省域补充耕地资金通过一般公共预算转移性支出上解中央财政，列入政府收支分类科目"2300602 专项上解支出"科目。相关资金结算指标由财政部于每年 2 月底前下达各有关省份。

中央财政应下达的国家统筹补充耕地经费通过转移支付下达地方财政。

第十三条　跨省域补充耕地资金全部用于巩固脱贫攻坚成果和支持实施乡村振兴战略。其中，国家统筹补充耕地经费按标准安排给承担国家统筹补充耕地的省份，优先用于高标准农田建设等补充耕地任务；中央财政收取的跨省域补充耕地资金，扣除下达国家统筹补充耕地经费后的余额，作为跨省域补充耕地中央统筹资金，由中央财政统一安排使用。跨省域补充耕地中央统筹资金使用管理办法另行制定。

第五章　附　　则

第十四条　各级财政部门应当加强对跨省域补充耕地资金收支管理，对存在违反规定分配或使用资金以及其他滥用职权、玩忽职守、徇私舞弊等违法违纪行为的，按照《监察法》、《预算法》、《公务员法》、

《财政违法行为处罚处分条例》等国家有关规定追究相应责任。

第十五条 各省级财政部门应当会同自然资源主管部门等相关部门，按照本办法规定制定本省跨省域补充耕地资金收支管理制度。新疆生产建设兵团跨省域补充耕地资金收支管理，参照本办法执行。

第十六条 本办法自印发之日起实施。

附件 2：

城乡建设用地增减挂钩节余指标
跨省域调剂资金收支管理办法

第一章 总 则

第一条 为有序实施深度贫困地区城乡建设用地增减挂钩节余指标跨省域调剂，规范深度贫困地区城乡建设用地增减挂钩节余指标跨省域调剂资金收支管理工作，根据《中华人民共和国预算法》和《国务院办公厅关于印发跨省域补充耕地国家统筹管理办法和城乡建设用地增减挂钩节余指标跨省域调剂管理办法的通知》（国办发〔2018〕16 号）有关规定，制定本办法。

第二条 本办法所称城乡建设用地增减挂钩节余指标跨省域调剂资金（以下简称调剂资金），是指经国务院批准，有关帮扶省份在使用"三区三州"及其他深度贫困县城乡建设用地增减挂钩节余指标（以下简称节余指标）时，应向中央财政缴纳的资金。

第三条 财政部负责全国调剂资金收支管理工作，各省级财政部门负责本行政区域调剂资金收支管理工作。

第二章 调剂资金收取

第四条 自然资源部根据有关省（区、市）土地利用等情况，经综合测算后报国务院确定年度调入节余指标任务，按程序下达相关省份。

主要帮扶省份应当全额落实调入节余指标任务，缴纳调剂资金，鼓励多买多用。鼓励其他有条件的省份根据自身实际提供帮扶。

第五条 收取调剂资金规模按照国家下达并经自然资源部核定的帮扶省份调入节余指标任务，以及节余指标调入价格确定。

第六条 节余指标调入价格根据地区差异相应确定，北京、上海每亩 70 万元，天津、江苏、浙江、广东每亩 50 万元，福建、山东等其他省份每亩 30 万元；附加规划建设用地规模的，每亩再增加 50 万元。

第三章 调剂资金下达

第七条 自然资源部根据有关省（区、市）土地利用和贫困人口等情况，经综合测算后报国务院确定年度调出节余指标任务，按程序下达相关省份。

第八条 下达调剂资金规模按照国家下达并经自然资源部核定的深度贫困地区所在省份调出节余指标任务，以及节余指标调出价格确定。

　　财政部根据确定的调剂资金规模，向深度贫困地区所在省份先下达70%调剂资金指标，由省级财政部门根据省级自然资源主管部门确认的调剂资金金额拨付深度贫困地区。待完成拆旧复垦安置并经自然资源部确认后，财政部向深度贫困地区所在省份下达剩余30%调剂资金指标，由省级财政部门拨付深度贫困地区。

　　第九条　经自然资源部确认，调出节余指标省份未完成核定的拆旧复垦安置产生节余指标任务的，由财政部根据未完成情况将调剂资金予以扣回。

　　第十条　节余指标调出价格根据复垦土地的类型和质量确定，复垦为一般耕地或其他农用地的每亩30万元，复垦为高标准农田的每亩40万元。

第四章　调剂资金结算和使用

　　第十一条　调剂资金收支通过中央财政与地方财政年终结算办理。相关资金结算指标由财政部于每年2月底前下达各有关省份。

　　省级财政应缴纳的调剂资金通过一般公共预算转移性支出上解中央财政，列入政府收支分类科目"2300602 专项上解支出"科目。

　　中央财政应下达的调剂资金通过一般性转移支付下达地方财政，由地方财政列入政府收支分类科目"1100208 结算补助收入"科目。

　　第十二条　中央财政按照年度下达调剂资金需求确定当年收取调剂资金规模，实现年度平衡。

　　第十三条　深度贫困地区收到的调剂资金全部用于巩固脱贫攻坚成果和支持实施乡村振兴战略，优先和重点保障产生节余指标深度贫困地区的安置补偿、拆旧复垦、基础设施和公共服务设施建设、生态修复、耕地保护、高标准农田建设、农业农村发展建设以及易地扶贫搬迁等。

第五章　附　　则

　　第十四条　各级财政部门应当加强调剂资金收支管理，对存在违反规定分配或使用资金以及其他滥用职权、玩忽职守、徇私舞弊等违法违纪行为的，按照《监察法》、《预算法》、《公务员法》、《财政违法行为处罚处分条例》等国家有关规定追究相应责任。

　　第十五条　各省级财政部门应当会同自然资源主管部门等相关部门，按照本办法规定制定本省城乡建设用地增减挂钩节余指标跨省域调剂资金管理制度。新疆生产建设兵团城乡建设用地增减挂钩节余指标跨省域调剂资金收支管理，参照本办法执行。

　　第十六条　本办法自印发之日起实施。

财政部关于修订《彩票发行销售管理办法》的通知

2018 年 11 月 23 日　财综〔2018〕67 号

中国福利彩票发行管理中心、国家体育总局体育彩票管理中心，各省、自治区、直辖市财政厅（局）：

　　为贯彻落实党中央、国务院推进简政放权、放管结合、优化服务改革部署，加强彩票监督管理责任追究，根据《关于修改〈彩票管理条例实施细则〉的决定》（财政部　民政部　国家体育总局令第96号）有关规定，我们对《彩票发行销售管理办法》进行了修订。现予印发，请遵照执行。

　　附件：彩票发行销售管理办法

附件：

彩票发行销售管理办法

第一章 总 则

第一条 为加强彩票管理，规范彩票发行销售行为，保护彩票参与者的合法权益，促进彩票事业健康发展，根据《彩票管理条例》（以下简称《条例》）、《彩票管理条例实施细则》（以下简称《实施细则》）的相关规定，制定本办法。

第二条 彩票发行机构按照统一发行、统一管理、统一标准的原则，负责全国的彩票发行和组织销售工作。

彩票销售机构在彩票发行机构的统一组织下，负责本行政区域的彩票销售工作。

第三条 发行销售彩票应当遵循公开、公平、公正和诚实信用、自愿购买的原则。不得采取摊派或者变相摊派等手段销售彩票，不得溢价或者折价销售彩票，不得以赊销或者信用方式销售彩票，不得向未成年人销售彩票和兑奖。

第二章 彩票发行与销售管理

第四条 彩票发行机构开设彩票品种、变更彩票品种审批事项、停止彩票品种或者彩票游戏，应当按照《条例》《实施细则》的规定，报民政部或者国家体育总局审核同意后向财政部提出申请，经财政部审查批准后组织实施。

第五条 《条例》第八条所称发行方式，是指发行销售彩票所采用的形式和手段，包括实体店销售、电话销售、互联网销售、自助终端销售等。

《条例》第八条所称发行范围，是指发行销售彩票所覆盖的区域，以省级行政区域为单位，分为全国区域、两个或者两个以上省级行政区域、省级行政区域。

第六条 《实施细则》第十二条所称专业检测机构，是指经批准成立或者设立，国家有关部门认定并取得相关资质证明，从事计算机系统和软件的测试、检测或者评测，具有独立法人资格的单位。

第七条 《实施细则》第十二条所称变更彩票品种涉及对技术方案进行重大调整，包括以下情形：

（一）在彩票发行销售系统中增加新的彩票游戏；

（二）增加或者减少彩票游戏的奖级；

（三）调整彩票游戏的开奖方式；

（四）增加新的彩票发行方式；

（五）其他变更彩票品种涉及对技术方案进行的重大调整。

第八条 开设的彩票品种、变更审批事项的彩票品种上市销售前，彩票发行机构或者彩票销售机构应当制定销售实施方案并组织实施。销售实施方案应当包括拟上市销售日期、营销宣传计划、风险控制办法等内容。

第九条 彩票发行范围为全国区域的，销售实施方案由彩票发行机构制定。彩票发行范围为两个或者两个以上省级行政区域的，销售实施方案由负责管理彩票游戏奖池、数据汇总等工作的彩票发行机构或者彩票销售机构制定。彩票发行范围为省级行政区域的，销售实施方案由彩票销售机构制定。

第十条 经批准开设的彩票品种，彩票发行机构、彩票销售机构应当自批准之日起 6 个月内上市销售。经批准变更审批事项的彩票品种，彩票发行机构、彩票销售机构应当自批准之日起 4 个月内变更后上市销售。

开设的彩票品种、变更审批事项的彩票品种上市销售未满6个月的，原则上不得变更或者停止。

第十一条 财政部应当按照合理规划彩票市场和彩票品种结构、严格控制彩票风险的原则，综合考虑彩票销售量、奖池资金结余、调节基金结余以及彩票发行销售费用等情况，对彩票发行机构停止彩票品种或者彩票游戏的申请进行审查。

经批准停止的彩票品种或者彩票游戏，彩票发行机构、彩票销售机构应当自批准之日起2个月内向社会发布公告。自公告之日起满60个自然日后，彩票发行机构、彩票销售机构可以停止销售。

第十二条 彩票发行机构、彩票销售机构应当按照《条例》《实施细则》等彩票管理规定，以及彩票代销合同示范文本的要求，与彩票代销者签订彩票代销合同。彩票代销者应当按照彩票代销合同的约定代理销售彩票，不得委托他人代销彩票。

第十三条 彩票销售机构、彩票代销者应当按照彩票发行机构的统一要求，建设彩票销售场所，设置彩票销售标识，张贴警示标语，突出彩票的公益性。

彩票发行机构、彩票销售机构应当根据不同彩票品种的特性，制定相应的彩票销售场所设置标准和管理规范。

第十四条 彩票发行机构、彩票销售机构可以利用业务费、经营收入等资金购买商品或者服务开展促销活动，回馈符合一定条件的彩票购买者或者彩票代销者。

开展彩票促销活动所需经费，由彩票发行机构、彩票销售机构在财务收支计划中提出申请，经同级财政部门审核批准后安排支出。

第十五条 彩票发行机构、彩票销售机构可以按照规定开展派奖活动。派奖活动是指通过彩票游戏的调节基金或者一般调节基金设立特别奖，对符合特定规则的彩票中奖者增加中奖金额。

第十六条 彩票发行机构、彩票销售机构开展派奖活动，应当符合以下规定：

（一）销售周期长于1天（含1天）的彩票游戏，每年开展派奖活动不得超过一次，派奖资金安排不得超过40期；

（二）销售周期短于1天（不含1天）的彩票游戏，每年开展派奖活动不得超过两次，每次派奖资金安排不得超过5天；

（三）派奖资金仅限彩票游戏的调节基金或者一般调节基金，不得使用奖池资金、业务费开展派奖活动；

（四）单注彩票的派奖金额，不得超过彩票游戏规则规定的相应奖级的设奖金额或者封顶限额；

（五）派奖活动的最后一期派奖奖金有结余的，顺延至派奖奖金用完为止。派奖活动尚未到期，但彩票游戏的调节基金和一般调节基金已用完的，应当停止派奖。

第十七条 彩票发行机构、彩票销售机构开展派奖活动，应当分析派奖活动的必要性，测算派奖预计总金额，依法依规明确派奖资金来源，制定派奖方案并认真组织实施。

第十八条 彩票发行机构、彩票销售机构制定的派奖方案，应当包括派奖起止期、派奖规则、单期派奖金额或者派奖总金额，以及派奖活动的最后一期派奖奖金有结余或者派奖活动尚未到期但彩票游戏的调节基金和一般调节基金已用完的处理等内容。

第十九条 彩票发行机构、彩票销售机构应当在派奖开始5个自然日前，向社会公告派奖方案。

第二十条 在兑奖有效期内，彩票中奖者提出兑奖要求，经验证确认后，彩票发行机构、彩票销售机构或者彩票代销者应当及时兑付，不得拖延。

第三章 彩票品种管理

第二十一条 彩票品种包括传统型、即开型、乐透型、数字型、竞猜型、视频型、基诺型等。

传统型、即开型彩票的游戏规则包括名称、面值、玩法规则和奖级构成表等内容。乐透型、数字型、竞猜型、视频型、基诺型彩票的游戏规则包括总则、投注、设奖、开奖、中奖、兑奖、附则等内容，名称为"中国福利（体育）彩票×××游戏规则"。

第二十二条 彩票可以实行固定设奖或者浮动设奖。

固定设奖的，所有奖级的设奖金额均为固定金额。浮动设奖的，低奖级的设奖金额为固定金额，高奖级的设奖金额需要根据计提奖金、低奖级中奖总额和高奖级中奖注数等因素计算确定。

第二十三条 传统型、即开型彩票由彩票发行机构根据彩票市场需要统一印制。彩票发行机构应当制定传统型、即开型彩票的版式、规格、制作形式、防伪、包装等印制标准和管理规范。

第二十四条 传统型、即开型彩票的使用期限为自印制完成之日起 60 个月，使用期限到期后，应当停止销售。严禁销售超过使用期限的传统型、即开型彩票。

使用期限到期前的 60 个自然日内，彩票发行机构应当向社会公告该批次彩票的停止销售日期，停止销售的日期为使用期限到期的日期。尚未到期但需要停止销售的，彩票发行机构应当至少提前 60 个自然日向社会公告该批次彩票的停止销售日期。

第二十五条 传统型、即开型彩票应当实行出入库登记制度，建立库存彩票实物明细账（台账）。出入库记录单的保存期限不得少于 60 个月。

彩票发行机构、彩票销售机构应当定期盘点库存彩票实物，将库存彩票实物与库存明细账（台账）及财务账进行核对，确保账物相符。

第二十六条 传统型、即开型彩票应当采用铁路、公路等方式运输，实行专人负责，确保安全。

第二十七条 传统型、即开型彩票的废票、尾票以及超过使用期限的彩票，应当按照《实施细则》第二十七条、第二十八条的规定销毁。

实施销毁前，负责销毁彩票和负责监督销毁的工作人员，应当将经批准销毁彩票的名称、面值、数量、金额与现场待销毁彩票实物进行核对，清点零张票，抽点整本票。核对无误后，出具销毁确认单并签字、盖章。核对中发现问题的，应当立即停止销毁工作，查明原因并处置后再行销毁。

第二十八条 传统型彩票的中奖者，应当自开奖之日起 60 个自然日内兑奖。即开型彩票的中奖者，可以自购买之时起兑奖，兑奖的截止日期为该批彩票停止销售之日起的第 60 个自然日。逾期不兑奖的视为弃奖。最后一天为全体公民放假的节日或者彩票市场休市的，按照《实施细则》第四十一条的规定执行。

第二十九条 乐透型、数字型、竞猜型、基诺型彩票应当符合以下规定：

（一）单张彩票的投注注数不得超过 10 000 注；

（二）设置多倍投注的，每注彩票的投注倍数不得超过 100 倍；

（三）实行浮动设奖的，奖池资金仅限用于高奖级；

（四）实行固定设奖的，应当设置投注号码或者投注选项的限制注数。

第三十条 视频型彩票应当符合以下规定：

（一）单次投注的总金额不得超过 10 元；

（二）专用投注卡单日充值金额实行额度控制；

（三）销售厅经营时间实行时段控制。

第三十一条 基诺型彩票和销售周期短于 1 天（不含 1 天）的乐透型、数字型彩票，应当通过专用电子摇奖设备确定开奖号码。

销售周期长于 1 天（含 1 天）的乐透型、数字型彩票，通过专用摇奖设备确定开奖号码。在摇奖前，摇奖号码球及摇奖器具必须进行检查。摇奖应当全程录像，录像保存期限不得少于 36 个月。摇奖结束后，摇奖号码球应当封存保管。

体育比赛裁定的比赛结果经彩票机构依据彩票游戏规则确认后，作为竞猜型彩票的开奖结果。体育比赛因各种原因提前、推迟、中断、取消或者被认定为无效场次的，按照彩票游戏规则的规定确定开奖结果。

第三十二条 基诺型彩票和销售周期短于 1 天（不含 1 天）的乐透型、数字型、竞猜型彩票，应当在每期销售截止时刻自动封存彩票销售原始数据，并按日将彩票销售原始数据刻录在不可改写的储存介质上。开奖检索由彩票发行销售系统根据开奖号码或者开奖结果自动完成。

第三十三条 销售周期长于 1 天（含 1 天）的乐透型、数字型、竞猜型彩票，应当在每期销售截止时封存彩票销售原始数据，并将当期彩票销售原始数据刻录在不可改写的储存介质上。开奖检索应当在封存的彩票销售原始数据中和刻录的备份储存介质中同步进行，检索结果一致后方可制作开奖公告。

第四章　彩票设施设备和技术服务

第三十四条　彩票发行机构、彩票销售机构应当按照国家有关标准，组织建设彩票发行销售系统专用机房和灾备机房。专用机房和灾备机房应当配置彩票发行销售系统双机备份服务器、机房专用空调、不间断电源、发电机、消防设施设备等。彩票发行机构、彩票销售机构应当制定完备的机房管理制度、工作日志制度和应急处置预案。

第三十五条　彩票发行机构、彩票销售机构应当建立彩票发行销售系统，并负责组织管理彩票发行销售系统的开发、集成、测试、维护及运营操作。彩票发行销售系统应当具备完善的数据备份、数据恢复、防病毒、防入侵等安全措施，确保系统安全运行。

第三十六条　彩票发行机构、彩票销售机构应当对彩票发行销售系统的开发、集成、测试、维护及运营操作等岗位人员实行分离管理，确保安全操作。

彩票发行销售系统的运营操作应当由彩票发行机构、彩票销售机构的专业技术人员直接负责，彩票发行销售系统的开发、集成、测试和维护人员，不得以任何方式参与运营操作。

第三十七条　彩票发行机构、彩票销售机构应当建设专门的彩票开奖场所和兑奖服务场所，制定彩票开奖操作规程和兑奖服务流程，统一购置、直接管理彩票开奖设备。开奖场所和兑奖服务场所应当具备完善的安保措施和突发事件应急处置预案。

第三十八条　彩票销售机构应当为彩票代销者配置彩票投注专用设备。彩票投注专用设备属于彩票销售机构所有，彩票代销者不得转借、出租、出售。

彩票代销者应当按照彩票代销合同的约定，向彩票销售机构交纳彩票投注专用设备押金或者保证金。

第三十九条　传统型、即开型彩票应当使用专用仓库储存。储存专用仓库应当配备专人管理，具备防火、防水、防盗、防潮、防虫等安全功能，不得存放与彩票业务无关的物品。

第四十条　彩票发行机构、彩票销售机构应当设立服务热线，负责受理社会公众的咨询、投诉等。

第四十一条　彩票发行机构、彩票销售机构应当定期对彩票销售数据管理专用机房和灾备机房、彩票发行销售系统、彩票开奖场所和兑奖服务场所、彩票开奖设备、彩票存储专用仓库等设施设备进行检查、检修和维护。

第五章　彩票奖金管理

第四十二条　彩票奖金是指彩票发行机构、彩票销售机构按照彩票游戏规则确定的比例从彩票销售额中提取，用于支付彩票中奖者的资金。

彩票游戏设置调节基金的，彩票奖金包括当期返奖奖金和调节基金。当期返奖奖金应当按照彩票游戏规则规定的比例在当期全额计提。调节基金包括按照彩票销售额的一定比例提取的资金、逾期未退票的票款和浮动奖取整后的余额，应当专项用于支付各种不可预见的奖金风险支出和开展派奖。调节基金的提取比例根据不同彩票游戏的特征和彩票市场发展需要确定，并在彩票游戏规则中规定，提取比例最高不得超过彩票销售额的2%。

彩票游戏未设置调节基金的，彩票奖金应当按照彩票游戏规则规定的比例在当期全额计提。

第四十三条　彩票游戏设置奖池的，奖池用于归集彩票游戏计提奖金与实际中出奖金的资金余额。彩票游戏的奖池资金达到一定额度后，超过部分可以转入该彩票游戏的调节基金，具体额度在彩票游戏规则中规定。

固定设奖的彩票游戏，当期计提奖金超过当期实际中出奖金时，余额进入奖池；当期计提奖金小于当期实际中出奖金时，差额先由奖池资金支付。

浮动设奖的彩票游戏，当期计提奖金扣除当期实际中出奖金后的余额进入奖池；奖池资金只用于支付以后各期彩票高奖级的奖金，不得挪作他用。

第四十四条 首次上市销售的彩票游戏，可以安排一定额度的业务费注入奖池作为奖池资金。具体金额由彩票发行机构或者彩票销售机构在上市销售前提出申请，报同级财政部门审核批准。上市销售后，彩票发行机构或者彩票销售机构不得用业务费向奖池注入资金，不得设置奖池保底奖金。

第四十五条 彩票游戏的当期计提奖金、调节基金、奖池资金，应当按照彩票游戏规则的规定核算和使用。

第四十六条 彩票奖金实行单注奖金上限封顶。彩票游戏的封顶金额，由财政部根据彩票市场发展情况、彩票游戏机理和特征、具体彩票游戏的奖组规模等因素设置，并在彩票游戏规则中规定。

彩票游戏的封顶金额按不高于 500 万元设置。其中，即开型彩票的封顶金额按不高于 100 万元设置。

第四十七条 停止销售的彩票游戏兑奖期结束后，奖池资金和调节基金有结余的，转为一般调节基金，用于不可预见情况下的奖金风险支出或者开展派奖；奖池资金和调节基金的余额为负数的，从彩票发行销售风险基金列支。

第四十八条 彩票游戏的当期计提奖金、奖池资金不足以兑付彩票中奖者奖金时，先由该彩票游戏的调节基金弥补，不足部分从彩票兑奖周转金中垫支。当该彩票游戏的调节基金出现余额后，应当及时从调节基金将垫支资金调回至彩票兑奖周转金。

第四十九条 单注奖金在 1 万元以上（不含 1 万元）的彩票兑奖后，应当保留中奖彩票或者投注记录凭证的原件、彩票中奖者的有效身份证件复印件，并编制奖金兑付登记表，汇总装订成册，存档备查。其中，单注奖金在 100 万元及以上的彩票兑奖后，应当将中奖彩票或者投注记录凭证的原件和奖金兑付登记表作为原始凭证，按照会计档案管理制度规定的期限进行保管。

第六章 报告公告与监督检查

第五十条 彩票发行机构、彩票销售机构应当建立健全彩票发行销售的报告制度。彩票发行机构、彩票销售机构应当于每年 1 月 31 日前，向同级财政部门报送上年度彩票发行销售情况。

彩票发行销售过程中出现的新情况或者重要事件，彩票发行机构、彩票销售机构应当及时向同级财政部门报告。

第五十一条 经批准开设的彩票品种、变更审批事项的彩票品种上市销售前，彩票发行机构、彩票销售机构应当向社会发布公告。公告内容包括财政部批准文件的名称及文号、上市销售的日期、财政部批准的彩票游戏规则等。上市销售满 1 个月后，彩票发行机构、彩票销售机构应当向同级财政部门提交上市销售情况的书面报告。

第五十二条 经批准的彩票品种或者彩票游戏停止销售前，彩票发行机构、彩票销售机构应当向社会发布公告。公告内容包括财政部的批准文件名称及文号、停止销售日期、兑奖截止日期等。

兑奖期结束后，彩票发行机构、彩票销售机构应当在 60 个自然日内向同级财政部门提交书面报告，报告内容包括彩票销售、彩票奖金提取与兑付、奖池资金和调节基金结余与划转等情况。

第五十三条 彩票发行机构、彩票销售机构应当参照所在地人民政府的工作时间规定，确定兑奖时间和办法，并向社会公告。

第五十四条 彩票发行机构、彩票销售机构在彩票销售中遇有重大风险和重大安全事件，应当按照相关管理制度和应急处置预案妥善处理并及时报告。

第五十五条 财政部门可以根据工作需要对彩票发行机构、彩票销售机构的彩票发行销售行为进行监督检查，彩票发行机构、彩票销售机构应当积极配合。

第五十六条 经批准开设的彩票品种或者经批准变更审批事项的彩票品种逾期未上市销售的，自到期之日起，已作出的批复文件自动终止。已列入财务收支计划的相关项目支出，应当在本年度或者下一年度予以扣除、扣减。

第五十七条　彩票发行机构、彩票销售机构对外发布信息、进行市场宣传时，应当遵守国家有关法律、法规和制度规定，不得含有虚假性、误导性内容，不得鼓动投机，不得隐含对同业者的排他性、诋毁性内容。

第五十八条　各级财政部门及其工作人员，在彩票监督管理活动中存在违反本办法规定的行为，以及滥用职权、玩忽职守、徇私舞弊等违法违纪行为的，依照《中华人民共和国行政许可法》《中华人民共和国公务员法》《中华人民共和国监察法》《财政违法行为处罚处分条例》《彩票管理条例》《彩票管理条例实施细则》等国家有关规定追究相应责任；涉嫌犯罪的，依法移送司法机关处理。

第七章　附　　则

第五十九条　彩票发行机构、彩票销售机构应当根据《条例》《实施细则》及本办法的规定，结合彩票发行销售工作实际制定具体的管理规范、操作规程，并报同级财政部门备案。

第六十条　本办法自 2019 年 1 月 1 日起施行。《财政部关于印发〈彩票发行销售管理办法〉的通知》（财综〔2012〕102 号）同时废止。

财政部　国家发展改革委关于同意变更外国人永久居留证收费项目名称的通知

2018 年 1 月 25 日　财税〔2018〕10 号

公安部，各省、自治区、直辖市财政厅（局）、发展改革委、物价局：

公安部《关于申请更改外国人永久居留证件收费项目名称的函》（公境〔2017〕2041 号）收悉。经研究，现就有关问题通知如下：

一、根据中央有关外国人永久居留证件便利化改革要求，新版外国人永久居留证件参照第二代居民身份证式样和技术标准设计制作，"外国人永久居留证"的证件名称更改为"外国人永久居留身份证"。为此，同意将"外国人永久居留证费"项目名称变更为"外国人永久居留身份证工本费"。

二、"外国人永久居留身份证工本费"的收费范围、对象、标准及资金缴库方式、预算管理等，仍按原有政策执行。

三、本通知自印发之日起执行。

财政部　国土资源部　商务部关于进一步明确外商投资企业场地使用费有关问题的通知

2018 年 2 月 22 日　财税〔2018〕16 号

各省、自治区、直辖市、计划单列市财政厅（局）、国土资源厅（局）、商务厅（局），新疆生产建设兵团财政局：

近期，有外商投资企业反映部分省市对租赁房屋收取场地使用费，扩大了场地使用费征收范围，造成内外资企业缴费不公平。为优化企业营商环境，进一步明确外商投资企业场地使用费（含土地使用费、土地开发费，下同）有关问题，现将相关事项通知如下：

根据《中华人民共和国中外合资经营企业法》及实施条例、《中华人民共和国外资企业法实施细则》等规定，外商投资企业通过缴纳场地使用费方式取得国有土地使用权，应当按相关合同等约定缴纳场地使用费。外商投资企业租赁房屋，不需要缴纳场地使用费。

财政部　国家发展改革委关于同意收取法律职业资格考试考务费的复函

2018 年 6 月 13 日　财税〔2018〕65 号

司法部：

你部《关于商请将国家司法考试考务（试）费项目变更为国家统一法律职业资格考试考务（试）费项目的函》（司发函〔2018〕125 号）收悉。经研究，根据《行政事业性收费项目审批管理暂行办法》（财综〔2004〕100 号）和《政府非税收入管理办法》（财税〔2016〕33 号）有关规定，现将有关事项函复如下：

一、根据《中共中央办公厅　国务院办公厅印发〈关于完善国家统一法律职业资格制度的意见〉的通知》和《全国人大会常委会关于修改〈中华人民共和国法官法〉等八部法律的决定》有关规定，为确保法律职业资格考试工作的顺利进行，同意司法部国家司法考试中心在组织法律职业资格考试时，向各省、自治区、直辖市和新疆生产建设兵团（以下简称各省）司法行政机关收取考务费，各省司法行政机关向报考人员收取考试费。同时，取消司法考试考务费和考试费。

二、国家统一法律职业资格考务费的收费标准按照《国家发展改革委　财政部关于改革全国性职业资格考试收费标准管理方式的通知》（发改价格〔2015〕1217 号）要求执行，考试费由各省级价格主管部门、财政部门制定具体收费标准。

三、司法部国家司法考试中心收取考务费收入应全额上缴中央国库，纳入中央财政预算。具体收缴方式按照《关于司法部非税收入收缴电子化管理有关事宜的通知》（财办库〔2016〕403 号）有关规定执行。各省司法行政机关收取的考试费收入应全额上缴省级国库，具体收缴办法按照省级财政部门有关规定执行。

四、收费单位应按财务隶属关系分别使用财政部和省级财政部门统一印制的财政票据。

五、收费单位应严格执行上述规定，不得擅自增加收费项目、扩大收费范围，并自觉接受财政、市场监督管理、审计部门的监督检查。

六、本文自印发之日起执行。《财政部　国家计委关于同意收取司法考试考务费等收费项目的复函》（财综〔2002〕6 号）同时废止。

财政部　国家发展改革委关于同意收取公路水运工程试验检测专业技术人员和勘察设计注册土木工程师（道路工程）考试考务费的复函

2018 年 6 月 19 日　财税〔2018〕66 号

交通运输部：

你部《关于申请批复公路水运工程试验检测专业技术人员职业资格等两项职业资格考试收费项目的

函》（交财审函〔2018〕185号）收悉。经研究，根据《行政事业性收费项目审批管理暂行办法》（财综〔2004〕100号）和《政府非税收入管理办法》（财税〔2016〕33号）有关规定，现就有关事宜通知如下：

一、同意交通运输部职业资格中心在组织公路水运工程试验检测专业技术人员（含助理试验检测师和试验检测师）公共基础和专业考试时，向地方考试组织单位收取考务费，各地考试组织单位向报考人员收取考试费。

二、同意交通运输部职业资格中心在组织勘察设计注册土木工程师（道路工程）专业考试时，向地方考试组织单位收取考务费，各地考试组织单位向报考人员收取考试费。

三、上述考务费的收费标准按照《国家发展改革委　财政部关于改革全国性职业资格考试收费标准管理方式的通知》（发改价格〔2015〕1217号）要求执行，考试费由各省级价格主管部门、财政部门制定具体收费标准。

四、交通运输部职业资格中心收取考务费收入应全额上缴中央国库，纳入中央财政预算。具体收缴方式按照《关于交通运输部非税收入收缴电子化管理有关事宜的通知》（财办库〔2016〕450号）有关规定执行。交通运输部职业资格中心开展相关工作所需经费，由财政部通过部门预算统筹考虑。地方考试组织单位收取的考试费收入应全额上缴省级国库，具体收缴办法按照省级财政部门有关规定执行。

五、收费单位应按财务隶属关系分别使用财政部和省级财政部门统一印制的财政票据。

六、收费单位应严格执行上述规定，不得擅自增加收费项目、扩大收费范围，并自觉接受财政、市场监督管理、审计部门的监督检查。

七、本文自印发之日起执行。

财政部关于调整国家电影事业发展专项资金使用范围的通知

2018年6月16日　财税〔2018〕67号

中共中央宣传部、国家广播电视总局，各省、自治区、直辖市、计划单列市财政厅（局）：

为进一步促进电影事业发展，加强国家电影事业发展专项资金使用管理，根据《国家电影事业发展专项资金征收使用管理办法》（财税〔2015〕91号）有关规定，现就调整国家电影事业发展专项资金使用范围有关问题通知如下：

一、将资助国产电影宣传推广和购买农村电影公益性放映版权纳入国家电影事业发展专项资金使用范围，具体资金使用分配由中央级国家电影事业发展专项资金预算统筹安排。

二、各省级财政部门和各级电影行政主管部门要严格按规定使用国家电影事业发展专项资金，不得擅自扩大使用范围，并每年向社会公布资金支出情况，接受社会监督。

三、本通知自2018年6月1日起施行。

财政部　国家发展改革委关于同意收取勘察设计注册化工工程师、注册电气工程师和注册公用设备工程师执业资格专业考试考务费的复函

2018年9月3日　财税〔2018〕90号

住房城乡建设部：

你部《关于申请勘察设计注册化工工程师、注册电气工程师和注册公用设备工程师执业资格专业考试

收费立项的函》（建计函〔2018〕142 号）收悉。经研究，根据《政府非税收入管理办法》（财税〔2016〕33 号）和《行政事业性收费项目审批管理暂行办法》（财综〔2004〕100 号）有关规定，现就有关事宜通知如下：

一、同意住房城乡建设部执业资格注册中心在组织勘察设计注册化工工程师、注册电气工程师和注册公用设备工程师执业资格专业考试（以下统称执业资格专业考试）时，向各省、自治区、直辖市考试工作承担单位收取考务费；各省、自治区、直辖市考试工作承担单位向报考人员收取考试费。

二、上述考务费的收费标准按照《国家发展改革委、财政部关于改革全国性职业资格考试收费标准管理方式的通知》（发改价格〔2015〕1217 号）规定执行，考试费由省、自治区、直辖市价格主管部门、财政部门制定具体收费标准。

三、住房城乡建设部执业资格注册中心收取考务费收入应全额上缴中央国库，纳入中央财政预算。具体收缴方式按照《财政部关于确认建设部注册公用设备工程师等执业资格基础考试收费纳入收入收缴管理制度改革范围有关事宜的通知》（财库〔2005〕340 号）、《关于住房城乡建设部非税收入收缴电子化管理有关事宜的通知》（财办库〔2016〕390 号）等有关规定执行。各省、自治区、直辖市考试工作承担单位收取的考试费收入应全额上缴省级国库，具体收缴办法按照省级财政部门有关规定执行。上述考务、考试费收入填列《政府收支分类科目》103 类"非税收入"，04 款"行政事业性收费收入"，33 项"建设行政事业性收费收入"，10 目"考试考务费"。

四、收费单位应按财务隶属关系分别使用财政部和省级财政部门统一印制的财政票据。

五、收费单位应严格执行上述规定，不得擅自增加收费项目、扩大收费范围，并自觉接受财政、价格、市场监督管理、审计等部门的监督检查。

六、为确保执业资格专业考试平稳过渡，中国石油和化工勘察设计协会、中国电力规划设计协会和中国机械工业勘察设计协会承担 2018 年度考务工作，相应支出按原渠道予以保障。

七、本文自印发之日起执行。

财政部 国家发展改革委关于同意收取注册环保工程师执业资格专业考试考务费的复函

2018 年 9 月 22 日 财税〔2018〕100 号

生态环境部：

你部《关于申请批复注册环保工程师执业资格专业考试收费项目的函》（环规财函〔2018〕94 号）收悉。经研究，根据《政府非税收入管理办法》（财税〔2016〕33 号）和《行政事业性收费项目审批管理暂行办法》（财综〔2004〕100 号）有关规定，现就有关事宜通知如下：

一、同意生态环境部在组织注册环保工程师执业资格专业考试时，向各省、自治区、直辖市考试工作承担单位收取考务费，中国环境保护产业协会不再收取；各省、自治区、直辖市考试工作承担单位向报考人员收取考试费。

二、上述考务费的收费标准按照《国家发展改革委 财政部关于改革全国性职业资格考试收费标准管理方式的通知》（发改价格〔2015〕1217 号）规定执行，考试费由省、自治区、直辖市价格主管部门、财政部门制定具体收费标准。

三、生态环境部收取考务费收入应全额上缴中央国库，纳入中央财政预算。具体收缴方式按照《财政部关于确认国家环境保护总局收入收缴管理制度改革有关事宜的通知》（财库〔2006〕45 号）、《关于环境保护部非税收入收缴电子化管理有关事宜的通知》（财办库〔2016〕400 号）等有关规定执行。各省、自治区、直辖市考试工作承担单位收取的考试费收入应全额上缴省级国库，具体收缴办法按照省级财政部门有关规定执行。上述考务、考试费收入填列《政府收支分类科目》103 类"非税收入"，04 款"行政事业性收费收入"，35 项"环保行政事业性收费收入"，06 目"考试考务费"。

四、收费单位应按财务隶属关系分别使用财政部和省级财政部门统一印制的财政票据。

五、收费单位应严格执行上述规定，不得擅自增加收费项目、扩大收费范围，并自觉接受财政、价格、市场监督管理、审计等部门的监督检查。

六、本文自印发之日起执行。

财政部关于将国家重大水利工程建设基金等政府非税收入项目划转税务部门征收的通知

2018 年 12 月 7 日　财税〔2018〕147 号

国家税务总局：

为贯彻落实党中央、国务院关于非税收入征管职责划转的有关要求，平稳有序推进财政部驻地方财政监察专员办事处（以下简称专员办）征收的部分非税收入项目划转工作，现就有关事项通知如下：

一、自 2019 年 1 月 1 日起，将专员办负责征收的国家重大水利工程建设基金、农网还贷资金、可再生能源发展基金、中央水库移民扶持基金（含大中型水库移民后期扶持基金、三峡水库库区基金、跨省际大中型水库库区基金）、三峡电站水资源费、核电站乏燃料处理处置基金、免税商品特许经营费、油价调控风险准备金、核事故应急准备专项收入，以及国家留成油收入、石油特别收益金划转税务部门负责征收。以前年度应缴未缴的非税收入，由税务部门负责征缴入库。

二、国家重大水利工程建设基金、可再生能源发展基金、跨省际大中型水库库区基金、大中型水库移民后期扶持基金、三峡电站水资源费 2018 年度汇算清缴工作仍由专员办负责，以后年度汇算清缴工作由税务部门负责。

三、缴纳义务人或代征单位应当按照规定的期限和程序，向税务部门申报和缴纳相关非税收入。申报和缴纳期限最后一日是法定休假日的，以休假日期满的次日为最后一日，期限内有连续 3 日以上法定休假日的，按休假日天数顺延。

四、划转税务部门征收的非税收入项目，其征收范围、对象和标准，以及收入分成和使用政策仍按照现行规定执行。

五、税务部门应当按照非税收入国库集中收缴等有关规定，将非税收入缴入国库，并做好申报征收、会统核算、缴费检查、欠费追缴等工作。对应申报未申报、申报不实、不按规定缴纳等违规行为，要依法查处，并纳入社会信用体系。有关部门和单位应当配合税务部门做好非税收入征收工作。税务部门征收非税收入应当使用财政部统一监（印）制的非税收入票据，按照税务部门全国统一信息化方式规范管理。

六、税务总局应当与财政部系统互联互通，及时共享非税收入计征、缴库、财政票据等明细信息，并积极创造条件，尽快实现非税收入征缴明细信息实时共享。

七、税务部门征收非税收入，因税务部门误收、缴费人误缴以及汇算清缴需要退库的，由财政部授权税务部门办理退库事宜；因收入减免等政策性原因需要退库的，按照财政部有关退库管理规定办理。

八、本通知自公布之日起实施。

财政部关于税务部门罚没收入等政府
非税收入管理有关事项的通知

2018 年 12 月 26 日   财税〔2018〕161 号

国家税务总局，各省、自治区、直辖市、计划单列市财政厅（局），新疆生产建设兵团财政局：

为贯彻落实党和国家机构改革工作，明确改革后税务部门罚没收入等政府非税收入管理要求，现就有关事项通知如下：

一、税务部门在税收征缴过程中收取或产生的相关罚没收入、利息收入和违约金收入，全额上缴中央国库。

二、相关罚没收入，是指税务部门收取的各项罚没收入，不包括随各税种税款加收的滞纳金和罚款；利息收入，是指税务代保管资金账户中资金产生的利息收入；违约金收入，是指因税务部门委托代征人未履行代征义务，税务部门按《委托代征协议书》约定向代征人收取的违约金。

三、税务部门收取的上述罚没收入缴库时填列政府收支分类科目一般公共预算收入"税务部门罚没收入"（103050107 目）科目；利息收入缴库时填列政府收支分类科目一般公共预算收入"其他利息收入"（103070599 目）科目；违约金收入缴库时填列政府收支分类科目一般公共预算收入"其他收入"（1039999 项）科目。

四、各部门应严格执行上述规定，确保相关政府非税收入及时、足额上缴中央国库。

五、本通知自 2019 年 1 月 1 日起施行。

财政部关于公民出入境证件费
分成比例有关问题的通知

2018 年 1 月 4 日   财税函〔2018〕1 号

公安部：

你部《关于商请核批出入境证件收费标准降低后中央与地方分成比例的函》（公装财〔2017〕970 号）收悉。经研究，现就有关事项通知如下：

一、公安部出入境证件费中实行中央与地方按比例分成的项目，继续保持中央与地方原定分成比例不变；出入境证件费中实行中央定额分成的项目，中央定额分成在原定额的基础上降低 20%，其余部分留归地方。具体项目及分成比例详见附件。

二、请各执收单位严格按照规定的收费项目、范围、标准及分成比例执行，并自觉接受财政、价格、审计等部门的监督检查。

三、上述规定自印发之日起执行。

附件：公民出入境证件费分成比例表

附件：

公民出入境证件费分成比例表

序号	项目名称	分成比例（中央：地方）
1	普通护照（含丢失补发）	50%：50%
2	出入境通行证	中央8元，其余归地方
3	往来港澳通行证	50%：50%
4	前往港澳通行证	50%：50%
5	内地居民赴港澳签注	全部归地方
6	电子往来台湾通行证	50%：50%
7	一次有效往来台湾通行证	50%：50%
8	大陆居民前往台湾签注	全部归地方
9	台湾居民来往大陆通行证（一次有效通行证）	50%：50%
10	台湾居民来往大陆通行证（电子通行证）	全部归地方
11	台湾同胞定居证	全部归地方

省人民政府办公厅关于取消机动车
驾驶人安全教育培训费的通知

2018年12月23日　鲁政办字〔2018〕250号

各市人民政府，各县（市、区）人民政府，省政府各部门、各直属机构，各大企业，各高等院校：

为深入贯彻落实"放管服"改革要求，进一步减轻社会负担，省政府决定取消机动车驾驶人安全教育培训费。现就有关事项通知如下：

一、自2019年1月1日起，取消机动车驾驶人安全教育培训费，即在一个违法记分周期内累计记分达到12分及以上的机动车驾驶人，按规定接受公安机关交通管理部门组织开展的驾驶人满分教育，不再缴纳机动车驾驶人安全教育培训费。

二、各级公安机关、交通管理部门要及时到原核发财政票据的财政部门办理票据核销手续。各级、各有关部门（单位）要严格执行本通知规定，不得以任何理由拖延或拒绝执行。对违反规定的，按照有关法律法规严肃处理。

省财政厅　省物价局　省海洋与渔业厅　省环境保护厅
转发《财政部　国家发展改革委　环境保护部　国家
海洋局关于停征排污费等行政事业性
收费有关事项的通知》的通知

2018年2月9日　鲁财综〔2018〕6号

各市财政局、物价局、海洋与渔业局、环保局，省财政直接管理县（市）财政局：

现将《财政部　国家发展改革委　环境保护部　国家海洋局关于停征排污费等行政事业性收费有关事

项的通知》（财税〔2018〕4 号）转发给你们，请严格遵照执行。

对 2018 年 1 月 1 日前欠缴的排污费和海洋工程污水排污费，相关执收部门要抓紧开展清算、追缴工作，有关清欠收入务必于 3 月 31 日前，按原征收渠道全额上缴相应级次国库。

附件：财政部　国家发展改革委　环境保护部　国家海洋局关于停征排污费等行政事业性收费有关事项的通知（财税〔2018〕4 号）

附件：

财政部　国家发展改革委　环境保护部　国家海洋局关于停征排污费等行政事业性收费有关事项的通知

2018 年 1 月 7 日　财税〔2018〕4 号

各省、自治区、直辖市、计划单列市财政厅（局）、发展改革委、物价局、环境保护厅（局）、海洋与渔业厅（局），新疆生产建设兵团财务局：

为做好排污费改税政策衔接工作，根据《中华人民共和国环境保护税法》、《行政事业性收费项目审批管理暂行办法》（财综〔2004〕100 号）、《财政部关于印发〈政府非税收入管理办法〉的通知》（财税〔2016〕33 号）等有关规定，现就停征排污费等行政事业性收费有关事项通知如下：

一、自 2018 年 1 月 1 日起，在全国范围内统一停征排污费和海洋工程污水排污费。其中，排污费包括：污水排污费、废气排污费、固体废物及危险废物排污费、噪声超标排污费和挥发性有机物排污收费；海洋工程污水排污费包括：生产污水与机舱污水排污费、钻井泥浆与钻屑排污费、生活污水排污费和生活垃圾排污费。

二、各执收部门要继续做好 2018 年 1 月 1 日前排污费和海洋工程污水排污费征收工作，抓紧开展相关清算、追缴，确保应收尽收。排污费和海洋工程污水排污费的清欠收入，按照财政部门规定的渠道全额上缴中央和地方国库。

三、各执收部门要按规定到财政部门办理财政票据缴销手续。

四、自停征排污费和海洋工程污水排污费之日起，《财政部　国家发展改革委　国家环境保护总局关于减免及缓缴排污费等有关问题的通知》（财综〔2003〕38 号）、《财政部　国家发展改革委　环境保护部关于印发〈挥发性有机物排污收费试点办法〉的通知》（财税〔2015〕71 号）、《财政部　国家计委关于批准收取海洋工程污水排污费的复函》（财综〔2003〕2 号）等有关文件同时废止。

省财政厅转发《财政部关于降低部分政府性基金征收标准的通知》的通知

2018 年 4 月 28 日　鲁财综〔2018〕17 号

各市财政局、省财政直接管理县（市）财政局，省物价局、省水利厅、省地税局、省残联，国网山东省电力公司：

现将《财政部关于降低部分政府性基金征收标准的通知》（财税〔2018〕39 号）转发你们，并提出以下意见，请一并贯彻执行。

一、根据《山东省人民政府令第 311 号》和《财政部　国家税务总局　中国残疾人联合会关于印发

〈残疾人就业保障金征收使用管理办法〉的通知》（财税〔2015〕72号）要求，自2018年4月1日起，我省残疾人就业保障金计征标准由用人单位所在地区社会平均工资调整为用人单位在职职工年平均工资。

二、自2018年4月1日起，我省残疾人就业保障金年缴纳额＝（上年用人单位在职职工人数×1.5% － 上年用人单位实际安排的残疾人就业人数）×上年用人单位在职职工年平均工资。其中，用人单位在职职工年平均工资未超过当地社会平均工资2倍（含）的，按用人单位在职职工年平均工资计征残疾人就业保障金；超过当地社会平均工资2倍的，按当地社会平均工资2倍计征残疾人就业保障金。

三、各级各有关部门、单位要严格执行国家调整政府性基金征收标准的规定，不得以任何理由拖延、变通或拒绝执行。各级财政部门要积极主动会同相关职能部门，做好政策解读工作，确保减负政策落地生效，切实减轻社会和企业负担。同时，要充分利用报刊、广播、电视、网络等媒体，加大宣传力度，提高政策知晓度，营造良好的舆论环境。执行过程中如有问题，请及时反映。

附件：财政部关于降低部分政府性基金征收标准的通知（财税〔2018〕39号）

附件：

财政部关于降低部分政府性基金征收标准的通知

2018年4月13日　财税〔2018〕39号

国家发展改革委、水利部、国家税务总局、中国残联，国家电网公司、中国南方电网有限责任公司，各省、自治区、直辖市财政厅（局），新疆生产建设兵团财政局，财政部驻各省、自治区、直辖市财政监察专员办事处：

为进一步减轻社会负担，支持实体经济发展，现就降低部分政府性基金征收标准有关政策通知如下：

一、自2018年4月1日起，将残疾人就业保障金征收标准上限，由当地社会平均工资的3倍降低至2倍。其中，用人单位在职职工平均工资未超过当地社会平均工资2倍（含）的，按用人单位在职职工年平均工资计征残疾人就业保障金；超过当地社会平均工资2倍的，按当地社会平均工资2倍计征残疾人就业保障金。

二、自2018年7月1日起，将国家重大水利工程建设基金征收标准，在按照《财政部关于降低国家重大水利工程建设基金和大中型水库移民后期扶持基金征收标准的通知》（财税〔2017〕51号）降低25%的基础上，再统一降低25%。调整后的征收标准＝按照《财政部　国家发展改革委　水利部关于印发〈国家重大水利工程建设基金征收使用管理暂行办法〉的通知》（财综〔2009〕90号）规定的征收标准×（1－25%）×（1－25%）。

征收标准降低后南水北调、三峡后续规划等中央支出缺口，在适度压减支出、统筹现有资金渠道予以支持的基础上，由中央财政通过其他方式予以适当弥补。地方支出缺口，由地方财政统筹解决。

三、各地区、各有关部门和单位应当按照本通知规定，及时制定出台相关配套措施，确保上述政策落实到位。

省财政厅　省物价局转发《财政部　国家发展改革委关于停征、免征和调整部分行政事业性收费有关政策的通知》的通知

2018年4月28日　鲁财综〔2018〕20号

各市财政局、物价局，省财政直接管理县（市）财政局，省公安厅、中国证监会山东监管局、省知识产权局：

现将《财政部　国家发展改革委关于停征　免征和调整部分行政事业性收费有关政策的通知》（财税〔2018〕37 号）转发你们，并提出以下意见，请一并贯彻执行。

一、各级各有关部门单位要严格执行国家停征、免征和调整部分收费政策，不得以任何理由拖延或拒绝执行，不得以其他名目或转为经营服务性收费方式收费，切实停到位、免到位、调到位，做到令行禁止。

二、有关执收部门和单位要及时到财政部门办理已停征项目财政票据缴销手续。有关行政事业性收费的清欠收入，应按财政部门规定渠道全额上缴国库。对 2018 年 4 月 1 日至本通知正式印发期间收取的首次申领身份证工本费，应退还缴款人。

三、各级财政部门要切实做好经费保障工作，及时安排相关职能部门依法履行管理职责所需经费。

附件：财政部　国家发展改革委关于停征、免征和调整部分行政事业性收费有关政策的通知（财税〔2018〕37 号）

附件：

财政部　国家发展改革委关于停征、免征和调整部分行政事业性收费有关政策的通知

2018 年 4 月 12 日　财税〔2018〕37 号

公安部、证监会、国家知识产权局，各省、自治区、直辖市财政厅（局）、发展改革委、物价局，新疆生产建设兵团财政局：

为进一步减轻社会负担，促进实体经济发展，现就停征、免征和调整部分行政事业性收费有关政策通知如下：

一、自 2018 年 4 月 1 日起，停征首次申领居民身份证工本费。

二、自 2018 年 1 月 1 日至 2020 年 12 月 31 日，暂免征收证券期货行业机构监管费。

三、自 2018 年 8 月 1 日起，停征专利收费（国内部分）中的专利登记费、公告印刷费、著录事项变更费（专利代理机构、代理人委托关系的变更），PCT（《专利合作条约》）专利申请收费（国际阶段部分）中的传送费；对符合条件的申请人，专利年费的减缴期限由自授予专利权当年起 6 年内，延长至 10 年内；对符合条件的发明专利申请，在第一次审查意见通知书答复期限届满前（已提交答复意见的除外），主动申请撤回的，允许退还 50% 的专利申请实质审查费。

四、上述收费的清欠收入，按照财政部门规定的渠道全额上缴中央和地方国库。

五、各级财政部门要切实做好经费保障工作，妥善安排相关部门和单位预算，保障其依法履行职责。

六、各地区、各有关部门和单位要严格执行本通知规定，及时制定出台相关配套措施，确保相关政策落实到位。

省财政厅　省海洋与渔业厅转发《财政部　国家海洋局印发〈关于调整海域无居民海岛使用金征收标准〉的通知》的通知

2018 年 4 月 28 日　鲁财综〔2018〕22 号

沿海各市财政局、海洋与渔业局，沿海各省财政直接管理县（市）财政局、海洋与渔业局：

现将《财政部　国家海洋局印发〈关于调整海域无居民海岛使用金征收标准〉的通知》（财综〔2018〕15号，以下简称《通知》）转发给你们，并结合我省实际，提出以下意见，请一并贯彻执行。

　　一、在省级出台新的海域无居民海岛使用金征收标准之前，各级要按照《通知》规定的标准征收，不得降低征收标准。

　　养殖用海海域使用金的征收标准，仍按照鲁财综〔2007〕108号文件规定执行。

　　二、各级财政部门、海洋与渔业部门要按规定程序，将征收的海域无居民海岛使用金通过山东省非税收入征收和财政票据管理系统，及时足额缴入国库。

　　附件：财政部　国家海洋局印发《关于调整海域无居民海岛使用金征收标准》的通知（财综〔2018〕
　　　　　15号）

附件：

财政部　国家海洋局印发《关于调整海域无居民海岛使用金征收标准》的通知

2018年3月13日　财综〔2018〕15号

沿海省、自治区、直辖市、计划单列市财政厅（局）、海洋厅（局）：

　　根据中共中央、国务院关于生态文明体制改革总体方案和海域、无居民海岛有偿使用意见的要求，财政部、国家海洋局制定了《海域使用金征收标准》和《无居民海岛使用金征收标准》（见附件，以下简称国家标准），现印发你们，请遵照执行。如有问题，请及时告知。现将有关事项通知如下：

　　一、自本通知施行之日起，征收海域使用金和无居民海岛使用金统一按照国家标准执行。

　　二、沿海省、自治区、直辖市、计划单列市应根据本地区情况合理划分海域级别，制定不低于国家标准的地方海域使用金征收标准。以申请审批方式出让海域使用权的，执行地方标准；以招标、拍卖、挂牌方式出让海域使用权的，出让底价不得低于按照地方标准计算的海域使用金金额。尚未颁布地方海域使用金征收标准的地区，执行国家标准。养殖用海海域使用金执行地方标准。

　　地方人民政府管理海域以外的用海项目，执行国家标准，相关等别按照毗邻最近行政区的等别确定。养殖用海的海域使用金征收标准参照毗邻最近行政区的地方标准执行。

　　三、无居民海岛使用权出让实行最低标准限制制度。无居民海岛使用权出让由国家或省级海洋行政主管部门按照相关程序通过评估提出出让标准，作为无居民海岛市场化出让或申请审批出让的使用金征收依据，出让标准不得低于按照最低标准核算的最低出让标准。

　　四、本通知施行前已获批准但尚未缴纳海域使用金和无居民海岛使用金的用海、用岛项目，仍执行原海域使用金和无居民海岛使用金征收标准。其中，招标、拍卖、挂牌方式出让的项目批准时间，以政府批复出让方案的时间为准。

　　五、经批准分期缴纳海域使用金和无居民海岛使用金的用海、用岛项目，在批准的分期缴款时间内，应按照出让合同或分期缴款批复缴纳剩余部分。

　　六、已获批准按规定逐年缴纳海域使用金的用海项目，项目确权登记时间在通知施行前的，仍执行原海域使用金征收标准，出让合同另有约定的除外，缴款通知书已有规定的从其规定；因海域使用权续期或用海方案调整等需重新报经政府批准的，批准后按照新标准执行。

　　本通知施行后批准的逐年缴纳海域使用金的用海项目，如海域使用金征收标准调整，调整后第二年起执行新标准。

　　七、本通知自2018年5月1日起施行。此前财政部、国家海洋局制发的有关规定与本通知规定不一致的，一律以本通知规定为准。地方海域使用金征收标准（含养殖用海征收标准）制定工作，应于 2019 年 4 月底前完成，并报财政部、国家海洋局备案。

八、财政部会同国家海洋局将根据海域、无居民海岛资源环境承载能力和国民经济社会发展情况，综合评估用海用岛需求、海域和无居民海岛使用权价值、生态环境损害成本、社会承受能力等因素的变化，建立价格监测评价机制，对海域、无居民海岛使用金征收标准进行动态调整。

      附件：1. 海域使用金征收标准

            2. 无居民海岛使用金征收标准

            3. 海域使用金缴款通知书模版

附件 1：

海域使用金征收标准

为贯彻落实《生态文明体制改革总体方案》以及《海域、无居民海岛有偿使用的意见》要求，充分发挥海域使用金征收标准经济杠杆的调控作用，提高用海生态门槛，引导海域开发利用布局优化和海洋产业结构调整，根据《中华人民共和国海域使用管理法》、《中华人民共和国预算法》，现对海域使用金征收标准调整如下：

一、海域等别调整

根据沿海地区行政区划变化以及海域资源和生态环境、社会经济发展等情况，全国海域等别调整如下：

海 域 等 别

    一等：

上海：宝山区　浦东新区

山东：青岛市（市南区　市北区）

福建：厦门市（思明区　湖里区）

广东：广州市（黄埔区　番禺区　南沙区　增城区）深圳市（福田区　南山区　宝安区　龙岗区　盐田区）

    二等：

上海：金山区　奉贤区

天津：滨海新区

辽宁：大连市（中山区　西岗区　沙河口区）

山东：青岛市（黄岛区　崂山区　李沧区　城阳区）

浙江：宁波市江北区　温州市龙湾区

福建：泉州市丰泽区　厦门市（海沧区　集美区）

广东：东莞市　汕头市（龙湖区　金平区　潮阳区）中山市　珠海市（香洲区　斗门区　金湾区）

    三等：

上海：崇明区

辽宁：大连市甘井子区　营口市鲅鱼圈区

河北：秦皇岛市（海港区　北戴河区）

山东：青岛市即墨区　胶州市　烟台市（芝罘区　福山区　莱山区）龙口市　蓬莱市　威海市环翠区　荣成市　日照市（东港区　岚山区）

浙江：宁波市（北仑区　镇海区　鄞州区）台州市（椒江区　路桥区）舟山市定海区

福建：福州市马尾区　福清市　厦门市（同安区　翔安区）泉州市（洛江区　泉港区）石狮市　晋江市

广东：汕头市（濠江区　潮南区　澄海区）江门市新会区　湛江市（赤坎区　霞山区　坡头区　麻章区）茂名市电白区　惠州市惠阳区　惠东县

海南：海口市（秀英区　龙华区　美兰区）三亚市（海棠区　吉阳区　天涯区　崖州区）

四等：

辽宁：大连市（旅顺口区　金州区）瓦房店市　长海县　营口市（西市区　老边区）盖州市　葫芦岛市（连山区　龙港区）绥中县　兴城市

河北：秦皇岛市山海关区

山东：烟台市牟平区　莱州市　招远市　海阳市　威海市文登区　乳山市

江苏：连云港市连云区

浙江：慈溪市　余姚市　乐清市　海盐县　平湖市　玉环市　温岭市　舟山市普陀区　嵊泗县

福建：福州市长乐区　惠安县　龙海市　南安市

广东：南澳县　台山市　恩平市　汕尾市城区　阳江市江城区

广西：北海市（海城区　银海区）

海南：儋州市

五等：

辽宁：大连市普兰店区　庄河市　东港市

河北：秦皇岛市抚宁区　唐山市（丰南区　曹妃甸区）滦南县　乐亭县　黄骅市

山东：东营市（东营区　河口区）长岛县　莱阳市　潍坊市寒亭区

江苏：南通市通州区　海安县　如东县　启东市　海门市　盐城市大丰区　东台市

浙江：宁波市奉化区　象山县　宁海县　温州市洞头区　瑞安市　岱山县　三门县　临海市

福建：连江县　罗源县　平潭县　莆田市（城厢区　涵江区　荔城区　秀屿区）漳浦县

广东：遂溪县　徐闻县　廉江市　雷州市　吴川市　海丰县　陆丰市　阳东县　阳西县　饶平县　揭阳市榕城区　惠来县

广西：北海市铁山港区　防城港市（港口区　防城区）钦州市钦南区

海南：琼海市　文昌市　万宁市　澄迈县　乐东县　陵水县

六等：

辽宁：锦州市太和区　凌海市　盘锦市大洼区　盘山县

河北：昌黎县　海兴县

山东：东营市垦利区　利津县　广饶县　寿光市　昌邑市　滨州市沾化区　无棣县

江苏：连云港市赣榆区　灌云县　灌南县　盐城市亭湖区　响水县　滨海县　射阳县

浙江：平阳县　苍南县

福建：仙游县　云霄县　诏安县　东山县　宁德市蕉城区　霞浦县　福安市　福鼎市

广西：合浦县　东兴市

海南：三沙市　东方市　临高县　昌江县

二、海域使用金征收标准调整

根据国民经济增长、资源价格变化水平，并考虑海域开发利用的生态环境损害成本和社会承受能力，海域使用金征收标准调整如下：

海域使用金征收标准   单位：万元/公顷

用海方式		海域等别	一等	二等	三等	四等	五等	六等	征收方式
填海造地用海	建设填海造地用海	工业、交通运输、渔业基础设施等填海	300	250	190	140	100	60	一次性征收
		城镇建设填海	2 700	2 300	1 900	1 400	900	600	
	农业填海造地用海		130	110	90	75	60	45	
构筑物用海	非透水构筑物用海		250	200	150	100	75	50	
	跨海桥梁、海底隧道用海		17.30						
	透水构筑物用海		4.63	3.93	3.23	2.53	1.84	1.16	按年度征收
围海用海	港池、蓄水用海		1.17	0.93	0.69	0.46	0.32	0.23	
	盐田用海		0.32	0.26	0.20	0.15	0.11	0.08	
	围海养殖用海		由各省（自治区、直辖市）制定						
	围海式游乐场用海		4.76	3.89	3.24	2.67	2.24	1.93	
	其他围海用海		1.17	0.93	0.69	0.46	0.32	0.23	
开放式用海	开放式养殖用海		由各省（自治区、直辖市）制定						
	浴场用海		0.65	0.53	0.42	0.31	0.20	0.10	
	开放式游乐场用海		3.26	2.39	1.74	1.17	0.74	0.43	
	专用航道、锚地用海		0.30	0.23	0.17	0.13	0.09	0.05	
	其他开放式用海		0.30	0.23	0.17	0.13	0.09	0.05	
其他用海	人工岛式油气开采用海		13.00						
	平台式油气开采用海		6.50						
	海底电缆管道用海		0.70						
	海砂等矿产开采用海		7.30						
	取、排水口用海		1.05						
	污水达标排放用海		1.40						
	温、冷排水用海		1.05						
	倾倒用海		1.40						
	种植用海		0.05						

备注：1. 离大陆岸线最近距离 2 千米以上且最小水深大于 5 米（理论最低潮面）的离岸式填海，按照征收标准的 80% 征收；
2. 填海造地用海占用大陆自然岸线的，占用自然岸线的该宗填海按照征收标准的 120% 征收；
3. 建设人工鱼礁的透水构筑物用海，按照征收标准的 80% 征收；
4. 地方人民政府管辖海域以外的项目用海执行国家标准，海域等别按照毗邻最近行政区的等别确定。养殖用海标准按照毗邻最近行政区征收标准征收。

三、用海方式界定

根据海域使用特征及对海域自然属性的影响程度，用海方式界定如下：

用海方式界定

编码		用海方式名称	界定
1		填海造地用海	指筑堤围割海域填成土地，并形成有效岸线的用海
	11	建设填海造地用海	指通过筑堤围割海域，填成建设用地用于工业、交通运输、渔业基础设施、城镇建设等的用海。 工业、交通运输、渔业基础设施等用海是指主导用途用于工业、交通运输、渔业基础设施、旅游娱乐、海底工程、特殊用海等的填海造地用海；城镇建设填海是指除工业、交通运输、渔业基础设施等填海以外的其他填海造地用海。
	12	农业填海造地用海	指通过筑堤围割海域，填成农用地用于农、林、牧业生产的用海
2		构筑物用海	指采用透水或非透水等方式构筑海上各类设施的用海
	21	非透水构筑物用海	指采用非透水方式构筑不形成有效岸线的码头、突堤、引堤、防波堤、路基、设施基座等构筑物的用海
	22	跨海桥梁、海底隧道用海	指占用海面空间或底土用于建设跨海桥梁、海底隧道、海底仓储等的用海
	23	透水构筑物用海	指采用透水方式构筑码头、平台、海面栈桥、高脚屋、塔架、潜堤、人工鱼礁等构筑物的用海
3		围海用海	指通过筑堤或其他手段，以完全或不完全闭合形式围割海域进行海洋开发活动的用海
	31	港池、蓄水用海	指通过修筑海堤或防浪设施圈围海域，用于港口作业、修造船、蓄水等的用海，含开敞式码头前沿的船舶靠泊和回旋水域
	32	盐田用海	指通过筑堤圈围海域用于盐业生产的用海
	33	围海养殖用海	指通过筑堤圈围海域用于养殖生产的用海
	34	围海式游乐场用海	指通过修筑海堤或防浪设施圈围海域，用于游艇、帆板、冲浪、潜水、水下观光、垂钓等水上娱乐活动的海域
	35	其他围海用海	指上述围海用海以外的围海用海
4		开放式用海	指不进行填海造地、围海或设置构筑物，直接利用海域进行开发活动的用海
	41	开放式养殖用海	指采用筏式、网箱、底播或以人工投苗、自然增殖海洋底栖生物等形式进行增养殖生产的用海
	42	浴场用海	指供游人游泳、嬉水，且无固定设施的用海
	43	开放式游乐场用海	指开展游艇、帆板、冲浪、潜水、水下观光、垂钓等娱乐活动，且无固定设施的用海
	44	专用航道、锚地用海	指供船舶航行、锚泊的用海
	45	其他开放式用海	指上述开放式用海以外的开放式用海
5		其他用海	指上述用海方式之外的用海
	51	人工岛式油气开采用海	指采用人工岛方式开采油气资源的用海
	52	平台式油气开采用海	指采用固定式平台、移动式平台、浮式储油装置及其他辅助设施开采油气资源的用海
	53	海底电缆管道用海	指铺设海底通信光（电）缆及电力电缆，输水、输气、输油及输送其他物质的管状输送设施的用海
	54	海砂等矿产开采用海	指开采海砂及其他固体矿产资源的用海
	55	取、排水口用海	指抽取或排放海水的用海
	56	污水达标排放用海	指受纳指定达标污水的用海
	57	温、冷排水用海	指受纳温、冷排水的用海
	58	倾倒用海	指向海上倾倒区倾倒废弃物或利用海床在水下堆放疏浚物等的用海
	59	种植用海	指种植芦苇、翅碱蓬、人工防护林、红树林等的用海

附件 2：

无居民海岛使用金征收标准

为贯彻落实《生态文明体制改革总体方案》和《海域、无居民海岛有偿使用的意见》，体现政府配置资源的引导作用，进一步发挥海岛有偿使用的经济杠杆作用，国家实行无居民海岛使用金征收标准动态调整机制，全面提升海岛生态保护和资源合理利用水平。根据《中华人民共和国海岛保护法》和《中华人民共和国预算法》，现将无居民海岛使用权出让最低标准调整如下：

一、无居民海岛等别

依据经济社会发展条件差异和无居民海岛分布情况，将无居民海岛划分为六等。

一等：

上海：浦东新区

山东：青岛市（市北区　市南区）

福建：厦门市（湖里区　思明区）

广东：广州市（黄埔区　南沙区）　深圳市（宝安区　福田区　龙岗区　南山区　盐田区）

二等：

上海：金山区

天津：滨海新区

辽宁：大连市（沙河口区　西岗区　中山区）

山东：青岛市（城阳区　黄岛区　崂山区）

福建：泉州市丰泽区　厦门市（海沧区　集美区）

广东：东莞市　中山市　珠海市（金湾区　香洲区）

三等：

上海：崇明区

辽宁：大连市甘井子区

山东：即墨市　龙口市　蓬莱市　日照市（东港区　岚山区）　荣成市　威海市环翠区　烟台市（莱山区　芝罘区）

浙江：宁波市（北仑区　鄞州区　镇海区）　台州市（椒江区　路桥区）　舟山市定海区

福建：福清市　福州市马尾区　晋江市　泉州市泉港区　石狮市　厦门市翔安区

广东：茂名市电白区　惠东县　惠州市惠阳区　汕头市（澄海区　濠江区　潮南区　潮阳区　金平区　龙湖区）　湛江市（赤坎区　麻章区　坡头区）

海南：海口市美兰区　三亚市（吉阳区　崖州区　天涯区　海棠区）

四等：

辽宁：长海县　大连市（金州区　旅顺口区）　瓦房店市　葫芦岛市市辖区　绥中县　兴城市

河北：秦皇岛市山海关区

山东：莱州市　乳山市　威海市文登区　烟台市牟平区　海阳市

江苏：连云港市连云区

浙江：海盐县　平湖市　嵊泗县　温岭市　玉环市　乐清市　舟山市普陀区

福建：福州市长乐区　惠安县　龙海市　南安市
广东：恩平市　南澳县　汕尾市城区　台山市　阳江市江城区
广西：北海市海城区
海南：儋州市

五等：

辽宁：东港市　大连市普兰店区　庄河市
河北：唐山市曹妃甸区　乐亭县
山东：长岛县　东营市（东营区　河口区）　莱阳市　潍坊市寒亭区
江苏：盐城市大丰区　东台市　如东县
浙江：岱山县　温州市洞头区　宁波市奉化区　临海市　宁海县　瑞安市　三门县　象山县
福建：连江县　罗源县　平潭县　莆田市（荔城区　秀屿区）　漳浦县
广东：海丰县　惠来县　雷州市　廉江市　陆丰市　饶平县　遂溪县　吴川市　徐闻县　阳东县　阳西县
广西：防城港市（防城区　港口区）　钦州市钦南区
海南：澄迈县　琼海市　文昌市　陵水县　乐东县　万宁市

六等：

辽宁：锦州市（凌海市）　盘锦市（大洼区　盘山县）
山东：昌邑市　广饶县　利津县　无棣县
江苏：连云港市赣榆区
浙江：苍南县　平阳县
福建：东山县　福安市　福鼎市　宁德市蕉城区　霞浦县　云霄县　诏安县
广西：东兴市　合浦县
海南：昌江县　东方市　临高县　三沙市
我国管辖的其他区域的海岛

二、无居民海岛用岛类型

根据无居民海岛开发利用项目主导功能定位，将用岛类型划分为九类。

类型编码	类型名称	界定
1	旅游娱乐用岛	用于游览、观光、娱乐、康体等旅游娱乐活动及相关设施建设的用岛。
2	交通运输用岛	用于港口码头、路桥、隧道、机场等交通运输设施及其附属设施建设的用岛。
3	工业仓储用岛	用于工业生产、工业仓储等的用岛，包括船舶工业、电力工业、盐业等。
4	渔业用岛	用于渔业生产活动及其附属设施建设的用岛。
5	农林牧业用岛	用于农、林、牧业生产活动的用岛。
6	可再生能源用岛	用于风能、太阳能、海洋能、温差能等可再生能源设施建设的经营性用岛。
7	城乡建设用岛	用于城乡基础设施及配套设施等建设的用岛。
8	公共服务用岛	用于科研、教育、监测、观测、助航导航等非经营性和公益性设施建设的用岛。
9	国防用岛	用于驻军、军事设施建设、军事生产等国防目的的用岛。

三、无居民海岛用岛方式

根据用岛活动对海岛自然岸线、表面积、岛体和植被等的改变程度，将无居民海岛用岛方式划分为六种。

方式编码	方式名称	界定
1	原生利用式	不改变海岛岛体及表面积，保持海岛自然岸线和植被的用岛行为。
2	轻度利用式	造成海岛自然岸线、表面积、岛体和植被等要素发生改变，且变化率最高的指标符合以下任一条件的用岛行为： 1）改变海岛自然岸线属性≤10%； 2）改变海岛表面积≤10%； 3）改变海岛岛体体积≤10%； 4）破坏海岛植被≤10%。
3	中度利用式	造成海岛自然岸线、表面积、岛体和植被等要素发生改变，且变化率最高的指标符合以下任一条件的用岛行为： 1）改变海岛自然岸线属性>10%且<30%； 2）改变海岛表面积>10%且<30%； 3）改变海岛岛体体积>10%且<30%； 4）破坏海岛植被>10%且<30%。
4	重度利用式	造成海岛自然岸线、表面积、岛体和植被等要素发生改变，且变化率最高的指标符合以下任一条件的用岛行为： 1）改变海岛自然岸线属性≥30%且<65%； 2）改变岛体表面积≥30%且<65%； 3）改变海岛岛体体积≥30%且<65%； 4）破坏海岛植被≥30%且<65%。
5	极度利用式	造成海岛自然岸线、表面积、岛体和植被等要素发生改变，且变化率最高的指标符合以下任一条件的用岛行为： 1）改变海岛自然岸线属性≥65%； 2）改变岛体表面积≥65%； 3）改变海岛岛体体积≥65%； 4）破坏海岛植被≥65%。
6	填海连岛与造成岛体消失的用岛	

四、无居民海岛使用权出让最低标准

根据各用岛类型的收益情况和用岛方式对海岛生态系统造成的影响，在充分体现国家所有者权益的基础上，将生态环境损害成本纳入价格形成机制，确定无居民海岛使用权出让最低标准。国家每年对无居民海岛使用权出让最低标准进行评估，适时调整。

无居民海岛使用权出让最低标准

单位：万元/公顷·年

等别	用岛类型 \ 用岛方式	原生利用式	轻度利用式	中度利用式	重度利用式	极度利用式	填海连岛与造成岛体消失的用岛
一等	旅游娱乐用岛	0.95	1.91	5.73	12.41	19.09	2 455.00 万元/公顷，按用岛面积一次性计征。
	交通运输用岛	1.18	2.36	7.07	15.32	23.56	
	工业仓储用岛	1.37	2.75	8.25	17.87	27.49	
	渔业用岛	0.38	0.75	2.26	4.90	7.54	
	农林牧业用岛	0.30	0.60	1.81	3.92	6.03	
	可再生能源用岛	1.04	2.08	6.25	13.54	20.83	
	城乡建设用岛	1.47	2.95	8.84	19.15	29.46	
	公共服务用岛	—	—	—	—	—	
	国防用岛	—	—	—	—	—	

等别	用岛方式 用岛类型	原生利用式	轻度利用式	中度利用式	重度利用式	极度利用式	填海连岛与造成 岛体消失的用岛
二等	旅游娱乐用岛	0.77	1.54	4.62	10.00	15.38	1 976.00 万元/公顷，按用岛面积一次性计征。
	交通运输用岛	0.95	1.90	5.69	12.33	18.97	
	工业仓储用岛	1.11	2.21	6.64	14.38	22.13	
	渔业用岛	0.30	0.61	1.83	3.95	6.08	
	农林牧业用岛	0.24	0.49	1.46	3.16	4.87	
	可再生能源用岛	0.84	1.68	5.04	10.91	16.78	
	城乡建设用岛	1.19	2.37	7.11	15.41	23.71	
	公共服务用岛	—	—	—	—	—	
	国防用岛	—	—	—	—	—	
三等	旅游娱乐用岛	0.68	1.37	4.10	8.88	13.66	1 729.00 万元/公顷，按用岛面积一次性计征。
	交通运输用岛	0.83	1.66	4.98	10.79	16.60	
	工业仓储用岛	0.97	1.94	5.81	12.59	19.36	
	渔业用岛	0.28	0.55	1.65	3.58	5.50	
	农林牧业用岛	0.22	0.44	1.32	2.86	4.40	
	可再生能源用岛	0.75	1.49	4.47	9.69	14.90	
	城乡建设用岛	1.04	2.07	6.22	13.48	20.75	
	公共服务用岛	—	—	—	—	—	
	国防用岛	—	—	—	—	—	
四等	旅游娱乐用岛	0.49	0.98	2.94	6.36	9.79	1 248.00 万元/公顷，按用岛面积一次性计征。
	交通运输用岛	0.60	1.20	3.59	7.79	11.98	
	工业仓储用岛	0.70	1.40	4.19	9.08	13.98	
	渔业用岛	0.20	0.39	1.17	2.54	3.91	
	农林牧业用岛	0.16	0.31	0.94	2.03	3.13	
	可再生能源用岛	0.53	1.07	3.20	6.94	10.68	
	城乡建设用岛	0.75	1.50	4.49	9.73	14.97	
	公共服务用岛	—	—	—	—	—	
	国防用岛	—	—	—	—	—	
五等	旅游娱乐用岛	0.42	0.84	2.51	5.45	8.38	1 056.00 万元/公顷，按用岛面积一次性计征。
	交通运输用岛	0.51	1.01	3.04	6.59	10.14	
	工业仓储用岛	0.59	1.18	3.55	7.69	11.83	
	渔业用岛	0.17	0.34	1.02	2.21	3.39	
	农林牧业用岛	0.14	0.27	0.81	1.76	2.71	
	可再生能源用岛	0.46	0.91	2.74	5.94	9.14	
	城乡建设用岛	0.63	1.27	3.80	8.24	12.68	
	公共服务用岛	—	—	—	—	—	
	国防用岛	—	—	—	—	—	

等别	用岛方式 用岛类型	原生利用式	轻度利用式	中度利用式	重度利用式	极度利用式	填海连岛与造成 岛体消失的用岛
六等	旅游娱乐用岛	0.37	0.75	2.24	4.86	7.48	927.00 万元/公顷，按用 岛面积一次性计征。
	交通运输用岛	0.45	0.89	2.67	5.79	8.90	
	工业仓储用岛	0.52	1.04	3.12	6.75	10.39	
	渔业用岛	0.15	0.31	0.93	2.01	3.09	
	农林牧业用岛	0.12	0.25	0.74	1.61	2.47	
	可再生能源用岛	0.41	0.82	2.45	5.30	8.16	
	城乡建设用岛	0.56	1.11	3.34	7.23	11.13	
	公共服务用岛	—	—	—	—	—	
	国防用岛	—	—	—	—	—	

最低价计算公式为"无居民海岛使用权出让最低价＝无居民海岛使用权出让面积×出让年限×无居民海岛使用权出让最低标准"。

无居民海岛出让前，应确定无居民海岛等别、用岛类型和用岛方式，核算出让最低价，在此基础上对无居民海岛上的珍稀濒危物种、淡水、沙滩等资源价值进行评估，一并形成出让价。出让价作为申请审批出让和市场化出让底价的参考依据，不得低于最低价。

附件 3：

海域使用金缴款通知书模版

×××项目用海总面积×××公顷，其中×××（用海方式）用海面积×××公顷。海域使用金按×××（文号）规定征收。项目所在海域等别为×××等，征收标准为：×××（用海方式）×××万元/公顷，一次性征收；×××（用海方式）×××万元/公顷，按年度征收。第一年度海域使用金合计为×××万元，其中30%（×××万元）缴中央国库，70%（×××万元）缴地方国库。自第二年度起，逐年缴纳海域使用金的用海按当年有效的征收标准征收海域使用金。

请你单位与×××海洋厅（局）联系，按要求办理缴款手续，确保海域使用金及时足额缴纳。

省财政厅 省国土资源厅 省环境保护厅转发《财政部国土资源部 环境保护部关于取消矿山地质环境治理恢复保证金建立矿山地质环境治理恢复基金的指导意见》的通知

2018 年 5 月 18 日 鲁财综〔2018〕26 号

各市财政局、国土资源局、环境保护局：

现将《财政部　国土资源部　环境保护部关于取消矿山地质环境治理恢复保证金建立矿山地质环境治理恢复基金的指导意见》（财建〔2017〕638号）转发给你们，结合我省实际，提出如下意见，请一并贯彻执行。

一、充分认识建立矿山地质环境治理恢复基金制度的重要性

取消矿山地质环境治理恢复保证金（以下简称保证金），建立矿山地质环境治理恢复基金（以下简称基金）制度，既是深入推进"放管服"改革的必然要求，也是贯彻落实国务院矿产资源权益金制度改革方案、健全矿产资源有偿使用制度、落实企业矿山环境治理恢复责任的重要举措。各级各相关部门要高度重视，严格按照国家政策要求，尽快制定具体实施方案，明确职责分工，采取有效措施，加强协调配合，确保工作落实。

二、取消保证金制度

（一）对资金所有权归企业所有，但存至"三方共管专户"中的保证金，需三方同意方可支用的，市、县（市、区）国土资源、财政部门应解除资金支取与审批动用手续。

（二）对缴存至财政专户、国土账户中的保证金，由同级国土资源部门测算核定矿山企业实际缴纳资金数与已用于该企业造成矿山地质环境问题治理的支出差额，分别由同级财政部门、国土资源部门按照已支出后的差额归还企业。

（三）对采取履约保函形式缴纳的保证金，由国土资源部门将履约保函归还企业。

（四）对治理责任主体已灭失的企业缴存的保证金，保证金不予退还，由县级以上政府专项用于矿山地质环境治理恢复。

（五）企业自愿将保证金转给政府的，政府应与其订立协议，将保证金转为政府地质环境治理费用，用于地质环境治理恢复。矿山企业委托政府治理的，不免除其对矿山地质环境治理恢复的全部义务，仅免除已缴存保证金与本地区矿山地质环境治理恢复成本相对应的治理义务。

上述工作应于2018年6月底前完成。企业应将退还的保证金转存为基金，用于地质环境的治理恢复。

三、建立基金制度

矿山企业应在其银行账户中设立基金账户，将退还和提取的保证金转存为基金。矿山企业应按规定计提基金，在基金账户中单独反映提取情况。市、县（市、区）国土资源部门应将矿山企业的基金提取、使用及矿山地质环境保护与治理恢复方案的执行情况列入市、县（市、区）级矿业权人勘查开采信息公示系统。

各市、县（市、区）财政、国土资源部门要及时将本通知要求转发相关企业，并做好保证金退还工作，确保数字准确、退还及时，切实保障矿业权人合法权益。各级国土资源主管部门会同环保主管部门要加强对企业履行矿山地质环境治理恢复的监督检查，督促企业对在矿产资源勘查、开采活动中造成的矿山地质环境问题进行治理修复。各市财政、国土资源、环保部门应于2018年7月30日前，将贯彻落实本通知情况形成书面报告，报送省财政厅、省国土资源厅、省环保厅。

附件：财政部　国土资源部　环境保护部关于取消矿山地质环境治理恢复保证金建立矿山地质环境治理恢复基金的指导意见（财建〔2017〕638号）

附件：

财政部　国土资源部　环境保护部关于取消矿山地质环境治理恢复保证金建立矿山地质环境治理恢复基金的指导意见

2017 年 11 月 1 日　财建〔2017〕638 号

各省、自治区、直辖市、计划单列市财政厅（局）、国土资源主管部门、环境保护厅（局），新疆生产建设兵团财务局、国土资源局、环境保护局：

为贯彻落实《国务院关于印发矿产资源权益金制度改革方案的通知》（国发〔2017〕29 号，以下简称《通知》），健全矿产资源有偿使用制度，落实企业矿山环境治理恢复责任，根据《中华人民共和国矿产资源法》《中华人民共和国环境保护法》《地质灾害防治条例》《矿山地质环境保护规定》，财政部、国土资源部、环境保护部就取消矿山地质环境治理恢复保证金（以下简称保证金），建立矿山地质环境治理恢复基金（以下简称基金）提出以下指导意见：

一、取消保证金制度。矿山企业不再新设保证金专户，缴存保证金。已设立的保证金专户分类按程序取消，对于资金属企业所有，但需国土资源部门、财政部门等相关部门审批后动用，存缴至银行专用账户的保证金，应解除资金支取与审批动用手续的关系；对于汇缴至财政专户，由企业申请，经国土资源部门、财政部门等相关部门审批动用的保证金，按照企业实际缴纳资金数额与已用于该企业造成矿山地质环境问题治理的支出差额，归还企业；对治理责任主体已灭失的企业，保证金不予退还，由政府专项用于矿山地质环境治理恢复。企业应将退还的保证金转存为基金，用于已产生矿山地质环境问题的治理。省级财政部门会同同级国土资源等部门根据保证金管理的不同方式，尽快研究制定保证金退还具体办法，明确具体退还时限和程序，切实保障矿业权人合法权益。

二、落实企业矿山地质环境治理恢复责任。保证金取消后，企业应承担矿山地质环境治理恢复责任，按照《关于做好矿山地质环境保护与土地复垦方案编报有关工作的通知》（国土资规〔2016〕21 号）要求，综合开采条件、开采矿种、开采方式、开采规模、开采年限、地区开支水平等因素，编制矿山地质环境保护与土地复垦方案。落实企业监测主体责任，加强矿山地质环境监测。根据矿山地质环境保护与土地复垦方案和动态监测情况，督查企业边生产、边治理，对其在矿产资源勘查、开采活动中造成的矿山地质环境问题进行治理修复。

三、通过建立基金的方式，筹集治理恢复资金。矿山企业按照满足实际需求的原则，根据其矿山地质环境保护与土地复垦方案，将矿山地质环境恢复治理费用按照企业会计准则相关规定预计弃置费用，计入相关资产的入账成本，在预计开采年限内按照产量比例等方法摊销，并计入生产成本。同时，矿山企业需在其银行账户中设立基金账户，单独反映基金的提取情况。

基金由企业自主使用，根据其矿山地质环境保护与土地复垦方案确定的经费预算、工程实施计划、进度安排等，专项用于因矿产资源勘查开采活动造成的矿区地面塌陷、地裂缝、崩塌、滑坡、地形地貌景观破坏、地下含水层破坏、地表植被损毁预防和修复治理以及矿山地质环境监测等方面（不含土地复垦）。

矿山企业的基金提取、使用及矿山地质环境保护与治理恢复方案的执行情况须列入矿业权人勘查开采信息公示系统。

四、建立动态监管机制。地方各级国土资源主管部门会同环境保护主管部门应建立动态化的监管机制，加强对企业矿山地质环境治理恢复的监督检查。对于未按照矿山地质环境保护与土地复垦方案开展恢复治理工作的企业，列入矿业权人异常名录或严重违法失信名单，责令其限期整改。对于逾期不整改或整改不到位的，不得批准其申请新的采矿许可证或者申请采矿许可证延期、变更、注销，不得批准其申请新的建设用地。对于拒不履行矿山地质环境恢复治理义务的企业，有关主管部门应将其违法违规信息建立信用记录，纳入全国信用信息共享平台，通过"信用中国"网站、国家企业信用信息公示系统等向社会公布，为相关行业、部门实际联合惩戒提供信息，并可指定符合条件的社会组织就其破坏生态环境的行为向人民法院提起公益诉讼，依据《中华人民共和国矿产资源法》《中华人民共和国环境保护法》《最高人民法院关于审理矿业权纠纷案件适用法律若干问题的解释》《矿山地质环境保护规定》等相关法律法规规定对其进行处罚并追究其法律责任。对于拒不履行生效法律文书确定义务的被执行人，将由人民法院将其纳入失信被执行人名单，依法对其进行失信联合惩戒。

五、各地应结合实际情况，根据指导意见的原则，制定本地区的矿山地质环境治理恢复基金管理办法，确保制度办法切实可行。

六、本指导意见自印发之日起施行。《财政部　国土资源部　环保总局关于逐步建立矿山环境治理和生态恢复责任机制的指导意见》（财建〔2006〕215号）同时废止。

省财政厅　省国土资源厅关于加强我省矿业权出让收益征收管理工作的通知

2018 年 5 月 16 日　鲁财综〔2018〕27 号

各市财政局、国土资源局，省财政直接管理县（市）财政局：

根据《财政部　国土资源部关于印发〈矿业权出让收益征收管理暂行办法〉的通知》（财综〔2017〕35号）要求，我们研究提出了加强我省矿业权出让收益征收管理工作的意见，经省政府同意，现印发给你们，请认真执行。

一、统一调整分成比例。矿业权出让收益（以下简称出让收益）为中央和地方共享收入，中央、省、市、县（市、区）四级分成比例调整为40：20：20：20。根据省政府关于省财政直接管理县（市）财政体制改革试点要求，对省财政直接管理县（市）执收的出让收益，市级不参与分成。

二、实行"四级审批，一级执收"。出让收益的征收管理由财政部门负责，具体征收工作由矿产资源主管部门负责。在我省行政区域及管辖海域内，各级矿产资源主管部门登记的矿业权，其出让收益由矿业权所在地的县（市、区）矿产资源主管部门具体负责执收，实行在矿业权属地缴款和就地分成。国务院矿产资源主管部门另有规定的除外。

矿业权范围跨市级或县级行政区域的，分别由省级、市级矿产资源主管部门根据矿区面积或资源储量所占比例，确定由相关县（市、区）矿产资源主管部门执收的矿业权出让收益额。

三、严格管理矿业权出让价格。在我省矿业权市场基准价公布之前，通过招标、拍卖、挂牌等竞争方式出让矿业权的，出让收益底价应由负责矿业权出让工作的矿产资源主管部门集体研究确定，出让收益按招标、拍卖、挂牌的结果确定；通过协议方式出让矿业权的，其矿业权价值应委托第三方评估机构确认，出让收益按照评估价值确定。

矿业权出让合同约定的出让收益低于我省公布的矿业权市场基准价的，矿业权受让人要承诺并补缴出让收益的差价。

四、规范出让收益征缴。矿业权出让收益按出让金额征收。探矿权出让收益在1 000万元（含）以下，采矿权出让收益在1亿元（含）以下的，原则上一次性征收；探矿权出让收益在1 000万元以上，采矿权出让收益在1亿元以上的，可一次性缴纳，也可按以下原则签订矿业权出让收益分期缴纳合同：

（一）探矿权人在取得勘查许可证前，首次缴纳比例不得低于探矿权出让收益的30%，且不少于1 000万元；剩余部分在转为采矿权后，在采矿权首次设立有效期内按年度缴纳，期限最长不得超过2年。

（二）采矿权人在取得采矿许可证前，首次缴纳比例不得低于采矿权出让收益的30%，且不少于1亿元；剩余部分在采矿权首次设立有效期内按年度缴纳，期限最长不得超过 3 年。

五、明确缴纳责任。为支持矿业权人正常开展生产经营活动，在国家和省有关配套制度出台前，对按规定需进行矿业权变更、延续等行政审批手续的，矿业权人要作出书面承诺，保证按国家和省有关规定，履行缴纳矿业权出让收益的义务，方可办理矿业权变更、延续等行政审批手续。

六、就地分成入库。各县（市、区）矿产资源主管部门应到所在地的县（市、区）财政部门申请矿业权出让收益项目执收编码。在收取矿业权出让收益时，县（市、区）矿产资源主管部门向缴款人开具省财政厅统一监制的山东省财政票据，由缴款人持票据到非税收入代收银行缴款，通过"山东省非税收入征收与财政票据管理系统"全额缴入相应级次国库。

七、按规定清分各级收入。对 2017 年 7 月 1 日至本通知印发期间，各地征缴的矿业权出让收益地方分成部分，省财政将依据实际缴库金额，按规定返还相关市（县）。

本通知自印发之日起执行。

附件：财政部　国土资源部关于印发《矿业权出让收益征收管理暂行办法》的通知（财综〔2017〕35 号）

附件：

财政部　国土资源部关于印发《矿业权出让
收益征收管理暂行办法》的通知

2017 年 6 月 29 日　财综〔2017〕35 号

各省、自治区、直辖市、计划单列市财政厅（局）、国土资源主管部门：

根据《国务院关于印发矿产资源权益金制度改革方案的通知》（国发〔2017〕29 号），财政部、国土资源部制定了《矿业权出让收益征收管理暂行办法》（见附件），请遵照执行。如有问题，请及时告知。现将有关事项通知如下：

一、自本通知执行之日起，出让新设矿业权的，矿业权人应按《矿业权出让收益征收管理暂行办法》缴纳矿业权出让收益，之前形成尚未缴纳的探矿权、采矿权价款缴入矿业权出让收益科目并统一按规定比例分成。

二、申请在先方式取得探矿权后已转为采矿权的，如完成有偿处置的，不再征收采矿权出让收益；如未完成有偿处置的，应按剩余资源储量以协议出让方式征收采矿权出让收益。尚未转为采矿权的，应在采矿权新立时以协议出让方式征收采矿权出让收益。

三、对于无偿占有属于国家出资探明矿产地的探矿权和无偿取得的采矿权，应缴纳价款但尚未缴纳的，按协议出让方式征收矿业权出让收益。其中，探矿权出让收益在采矿权新立时征收；采矿权出让收益以 2006 年 9 月 30 日为剩余资源储量估算基准日征收（剩余资源储量估算的基准日，地方已有规定的从其规定）。

四、经国土资源主管部门批准，按规定分期缴纳探矿权、采矿权价款的矿业权人，在批准的分期缴款时间内，按矿业权出让合同或分期缴款批复缴纳剩余部分。

五、已缴清价款的探矿权，如勘查区范围内增列矿种，应在采矿权新立时，比照协议出让方式，在采矿权阶段征收新增矿种采矿权出让收益。

六、已缴清价款的采矿权，如矿区范围内新增资源储量和新增开采矿种，应比照协议出让方式征收新增资源储量、新增开采矿种的采矿权出让收益。其中，仅涉及新增资源储量的，可在已缴纳价款对应的资源储量耗竭后征收。

七、经财政部门和国土资源主管部门批准，已将探矿权、采矿权价款部分或全部转增国家资本金（国家基金），或以折股形式缴纳的，不再补缴探矿权、采矿权价款。

八、欠缴探矿权、采矿权价款的，依据《矿产资源勘查区块登记管理办法》和《矿产资源开采登记管理办法》规定的标准缴纳滞纳金，最高不超过欠缴金额本金。

附件：矿业权出让收益征收管理暂行办法

附件：

矿业权出让收益征收管理暂行办法

第一章　总　　则

第一条　为规范矿业权出让收益征收管理，健全矿产资源有偿使用制度，维护国家矿产资源所有者权益，促进矿产资源保护与合理利用，根据《中华人民共和国矿产资源法》、《国务院关于印发矿产资源权益金制度改革方案的通知》（国发〔2017〕29号）等有关规定，制定本办法。

第二条　矿业权出让收益是国家基于自然资源所有权，将探矿权、采矿权（以下简称矿业权）出让给探矿权人、采矿权人（以下简称矿业权人）而依法收取的国有资源有偿使用收入。矿业权出让收益包括探矿权出让收益和采矿权出让收益。

第三条　在中华人民共和国领域及管辖海域勘查、开采矿产资源的矿业权人，应依照本办法缴纳矿业权出让收益。

第四条　矿业权出让收益为中央和地方共享收入，由中央和地方按照4∶6的比例分成，纳入一般公共预算管理，地质调查及矿山生态环境修复等相关支出，由同级财政予以保障。

地方分成的矿业权出让收益在省（自治区、直辖市）、市、县级之间的分配比例，由省级人民政府确定。

第五条　矿业权出让收益的征收管理由财政部门负责，具体征收由矿产资源主管部门负责，监缴由财政部驻各地财政监察专员办事处负责。

第二章　征　　收

第六条　国务院和省级矿产资源主管部门登记的矿业权，其出让收益由矿业权所在地的省级矿产资源主管部门或其授权的市、县矿产资源主管部门负责征收。其中，矿业权范围跨省级行政区域和在中华人民共和国管辖海域的，由国务院矿产资源主管部门指定的省级矿产资源主管部门负责征收。

市、县矿产资源主管部门登记管理的矿业权，其出让收益由市、县矿产资源主管部门负责征收。

第七条　通过招标、拍卖、挂牌等竞争方式出让矿业权的，矿业权出让收益按招标、拍卖、挂牌的结果确定。

第八条　通过协议方式出让矿业权的，矿业权出让收益按照评估价值、市场基准价就高确定。

市场基准价由地方矿产资源主管部门参照类似市场条件定期制定，经省级人民政府同意后公布执行。

第九条　探矿权增列矿种以及采矿权增列矿种、增加资源储量的，增列、增加的部分比照协议出让方式，在采矿权阶段征收采矿权出让收益。对国家鼓励实行综合开发利用的矿产资源，国家另有规定的，从其规定。

第十条　矿业权出让收益原则上通过出让金额的形式征收。对属于资源储量较大、矿山服务年限较长、市场风险较高等情形的矿业权，可探索通过矿业权出让收益率的形式征收。具体征收形式由矿业权出让机关依据资源禀赋、勘查开发条件和宏观调控要求等因素进行选择。

前款所称出让收益率，是指矿业权出让收益占矿产品销售收入的比率。

第十一条 竞争出让矿业权，以出让金额为标的的，矿业权出让收益底价不得低于矿业权市场基准价。以出让收益率为标的的，出让收益底价由矿业权出让收益基准率确定。

第十二条 第十一条所称矿业权出让收益基准率，由省级矿产资源主管部门、财政部门确定，并根据矿产品价格变化和经济发展需要，进行适时调整，报经省级人民政府同意后公布执行。

第十三条 以出让金额形式征收的矿业权出让收益，低于规定额度的，可一次性征收；高于规定额度的，可按以下原则分期缴纳：

1. 探矿权人在取得勘查许可证前，首次缴纳比例不得低于探矿权出让收益的20%；剩余部分在转为采矿权后，在采矿权有效期内按年度缴纳。

2. 采矿权人在取得采矿许可证前，首次缴纳比例不得低于采矿权出让收益的20%；剩余部分在采矿权有效期内分年度缴纳。

一次性缴纳标准、首次缴纳比例和分期缴纳年限，由省级财政部门、矿产资源主管部门制定。

第十四条 以出让收益率确定的矿业权出让收益，在矿山开采时按年度征收，计算公式为：年度矿业权出让收益＝矿业权出让收益率×矿产品年度销售收入。

第十五条 探矿权人转让探矿权，未缴纳的探矿权出让收益由受让人承担缴纳义务。采矿权人转让采矿权并分期缴纳出让收益，采矿权人需缴清已到期的部分，剩余采矿权出让收益由受让人继续缴纳。

第十六条 探矿权转为采矿权的，不再另行缴纳采矿权出让收益。探矿权未转为采矿权的，剩余探矿权出让收益不再缴纳。

第十七条 对于国土资源部登记的油气等重点矿种，国土资源部可对矿业权出让收益市场基准价、出让收益基准率、分期缴纳等制定统一标准。

第十八条 采矿权人开采完毕注销采矿许可证前，应当缴清采矿权出让收益。因国家政策调整、重大自然灾害和破产清算等原因注销采矿许可证的，采矿权出让收益按照采矿权实际动用的资源储量进行核定，实行多退少补。

第三章 缴 款

第十九条 征收机关依据出让合同开具缴款通知书，通知矿业权人缴款。矿业权人在收到缴款通知书7个工作日内，按缴款通知及时缴纳矿业权出让收益。分期缴纳矿业权出让收益的矿业权人，首期出让收益按缴款通知书缴纳，剩余部分按矿业权出让合同约定的时间缴纳。

第二十条 在政府收支分类科目收入分类103类"非税收入"07款"国有资源（资产）有偿使用收入"14项"矿产资源专项收入"（1030714项）科目下，增设"探矿权、采矿权出让收益"（103071404目），中央与地方共用收入科目，反映按《国务院关于印发矿产资源权益金制度改革方案的通知》（国发〔2017〕29号）征收的矿业权出让收益。

2017年6月30日前已缴纳的"探矿权、采矿权价款收入"仍在"探矿权、采矿权价款收入"（103071403目）科目反映。

第二十一条 矿业权出让收益收缴按照相关规定办理。

第二十二条 已上缴中央和地方财政的矿业权出让收益，因多缴、政策性关闭等原因需要办理退库的，分别按照财政部和省级财政部门的规定执行。

第四章 监 管

第二十三条 各级财政部门和矿产资源主管部门应当切实加强矿业权出让收益征收监督管理，按照职能分工，将相关信息纳入勘查开采信息公示系统，适时检查矿业权出让收益征收情况。

第二十四条 矿业权人未按时足额缴纳矿业权出让收益的，县级以上矿产资源主管部门按照征收管理权限责令改正，从滞纳之日起每日加收千分之二的滞纳金，并将相关信息纳入企业诚信系统。加收的滞纳金应当不超过欠缴金额本金。

矿业权人存在前款行为的，县级以上财政部门应当依照《财政违法行为处罚处分条例》予以处理处罚。

第二十五条 各级财政部门、矿产资源主管部门及其工作人员，存在未按规定的预算级次和分成比例将矿业权出让收益及时足额缴入国库，滥用职权、玩忽职守、徇私舞弊等违法违纪行为的，按照《预算法》《公务员法》《行政监察法》《财政违法行为处罚处分条例》等有关规定追究相应责任；涉嫌犯罪的，移送司法机关处理。

第二十六条 相关中介、服务机构和企业未如实提供相关信息，造成矿业权人少缴矿业权出让收益的，由县级以上矿产资源行政主管部门会同有关部门将其行为记入企业不良信息；构成犯罪的，依法追究刑事责任。

第五章 附 则

第二十七条 各省、自治区、直辖市人民政府可以根据本办法制定具体实施办法。

第二十八条 本办法由国务院财政部门和矿产资源主管部门负责解释。

第二十九条 本办法自 2017 年 7 月 1 日起施行。

省财政厅 省地方税务局 省残疾人联合会关于印发山东省残疾人就业保障金征收使用管理办法的通知

2018 年 6 月 11 日 鲁财综〔2018〕31 号

各市财政局、地税局、残联，省财政直接管理县（市）财政局：

为规范残疾人就业保障金征收使用管理，促进残疾人就业，保障残疾人权益，根据《中华人民共和国残疾人保障法》《残疾人就业条例》（国务院令第 488 号）、《山东省实施〈中华人民共和国残疾人保障法〉办法》《山东省残疾人就业办法》（省政府令第 270 号公布，省政府令第 311 号修订）和《财政部 国家税务总局 中国残疾人联合会关于印发〈残疾人就业保障金征收使用管理办法〉的通知》（财税〔2015〕72 号）等法律法规制度规定，结合我省实际，我们制定了《山东省残疾人就业保障金征收使用管理办法》，现印发给你们，请遵照执行。

附件：山东省残疾人就业保障金征收使用管理办法

附件：

山东省残疾人就业保障金征收使用管理办法

第一章 总 则

第一条 为规范残疾人就业保障金（以下简称保障金）征收使用管理，促进残疾人就业，保障残疾人权益，根据《中华人民共和国残疾人保障法》《残疾人就业条例》（国务院令第 488 号）、《山东省实施〈中华人民共和国残疾人保障法〉办法》《山东省残疾人就业办法》（省政府令第 270 号公布，省政府令第 311 号修订）和《财政部　国家税务总局　中国残疾人联合会关于印发〈残疾人就业保障金征收使用管理办法〉的通知》（财税〔2015〕72 号）等法律法规制度规定，结合我省实际，制定本办法。

　　第二条　保障金是为保障残疾人权益，由未按规定安排残疾人就业的机关、团体、企业、事业单位和民办非企业单位（以下统称用人单位）缴纳的资金。

　　第三条　保障金的征收、使用和管理，适用本办法。

　　第四条　本办法所称残疾人，是指持有《中华人民共和国残疾人证》上注明属于视力残疾、听力残疾、言语残疾、肢体残疾、智力残疾、精神残疾和多重残疾的人员，或者持有《中华人民共和国残疾军人证》（1 至 8 级）的人员。

　　第五条　保障金的征收、使用和管理应当接受财政部门的监督检查和审计机关的审计监督。

第二章　征 收 缴 库

　　第六条　按照《山东省残疾人就业办法》规定，本省行政区域内，用人单位安排残疾人就业的比例不得低于本单位在职职工总数的 1.5%。

　　用人单位安排残疾人就业达不到规定比例的，应当缴纳保障金。

　　第七条　用人单位将残疾人录用为在编人员或依法与就业年龄段内的残疾人签订 1 年以上（含 1 年）劳动合同（服务协议），且实际支付的工资不低于当地最低工资标准，并足额缴纳社会保险费的，方可计入用人单位所安排的残疾人就业人数。

　　用人单位安排 1 名持有《中华人民共和国残疾人证》（1～2 级）或《中华人民共和国残疾军人证》（1～3 级）人员就业的，按照安排 2 名残疾人就业计算。相关部门应在相关信息查证工作方面给予支持配合。

　　用人单位跨省、市、县（市、区）招用残疾人的，应当计入所安排的残疾人就业人数。

　　第八条　保障金按上年用人单位安排残疾人就业未达到规定比例的差额人数和本单位在职职工年平均工资之积计算缴纳。计算公式如下：

保障金年缴纳额 =（上年用人单位在职职工人数 ×1.5% − 上年用人单位实际安排的残疾人就业人数）

× 上年用人单位在职职工年平均工资

　　用人单位在职职工，是指用人单位在编人员或依法与用人单位签订 1 年以上（含 1 年）劳动合同（服务协议）的人员。季节性用工应当折算为年平均用工人数。以劳务派遣用工的，计入派遣单位在职职工人数。

　　季节性用工折算公式为：

季节性用工折算年平均用工人数 = 季节性用工人数 × 季节性用工月数/12

　　用人单位安排残疾人就业未达到规定比例的差额人数，以公式计算结果为准，可以不是整数（保留两位小数）。

　　上年用人单位在职职工年平均工资，按用人单位上年在职职工工资总额除以用人单位在职职工人数计算。用人单位在职职工工资总额，按照国家统计局关于工资总额组成的有关规定执行。

　　用人单位在职职工年平均工资未超过当地社会平均工资 2 倍（含）的，按用人单位在职职工年平均工资计征保障金；超过当地社会平均工资 2 倍的，按当地社会平均工资 2 倍计征保障金。

　　前款所称当地社会平均工资是指本省设区市统计部门向社会公布的本市范围内的社会平均工资。

　　第九条　保障金由用人单位所在地的税务部门负责征收。

　　省直单位和中央驻鲁单位按照本办法应缴纳的保障金，由所在地设区的市级税务部门负责征收，或由其指定的税务部门负责征收。

　　第十条　残疾人就业服务机构应当配合保障金征收机关做好保障金征收工作。

　　用人单位应于每年 4 月 30 日前，按规定如实向残疾人就业服务机构申报上年本单位安排的残疾人就业人数。未按规定时限申报的，视为未安排残疾人就业。

残疾人就业服务机构应于每年6月30日前，将审核确定后的用人单位上年实际安排的残疾人就业人数提供给同级保障金征收机关。

第十一条 保障金实行按年缴纳。

用人单位应于每年7月1日~10月31日，向办理税务登记或扣缴税款登记所在地的税务机关申报缴纳保障金，据实申报本单位上年在职职工人数、上年在职职工年平均工资、经残疾人就业服务机构审核后的上年实际安排残疾人就业人数等信息。用人单位应对申报信息的真实性和完整性负责。

第十二条 保障金征收机关应当定期对用人单位进行检查。发现用人单位申报不实、少缴纳保障金的，征收机关应当催报并追缴保障金。

第十三条 保障金征收机关征收保障金时，应当向用人单位开具省级财政部门统一印制的票据或税收票证。

第十四条 保障金实行属地征缴，按规定比例就地分成缴入相应级次国库。

驻济的中央和省级机关、团体、事业单位缴纳的保障金，属省级收入，全额缴入省级国库。

设区的市和县（市、区）人民政府征收的保障金，其征收总额的5%纳入省级收入统筹使用。

第十五条 保障金应采取财税库银税收收入电子缴库横向联网方式征缴。

第十六条 对安排残疾人就业未达到规定比例、在职职工总数30人以下（含30人）的企业，自工商登记注册之日起3年内免征保障金。

第十七条 用人单位遇不可抗力自然灾害或其他突发事件遭受重大直接经济损失，可以申请减免或者缓缴保障金。具体办法由省财政部门另行规定。

用人单位申请减免保障金的最高限额不得超过1年的保障金应缴额，申请缓缴保障金的最长期限不得超过6个月。

批准减免或者缓缴保障金的用人单位名单，应当每年公告一次。公告内容应当包括批准机关、批准文号、批准减免或缓缴保障金的主要理由等。

第十八条 保障金征收机关应当严格按规定的范围、标准和时限要求征收保障金，确保保障金及时、足额征缴到位。

第十九条 任何单位和个人不得违反本办法规定，擅自减免或缓征保障金，不得自行改变保障金的征收对象、范围和标准。

第二十条 各级应当建立用人单位按比例安排残疾人就业及缴纳保障金公示制度。

残疾人联合会应当每年向社会公布本地用人单位安排残疾人就业情况。相关部门应在信息共享方面给予支持配合。

保障金征收机关应当定期向社会公布本地用人单位缴纳保障金情况。

第三章 使用管理

第二十一条 保障金属政府非税收入，纳入一般公共预算统筹安排，用于支持残疾人就业和保障残疾人生活及残疾人事业发展方面支出。支持方向包括：

（一）残疾人职业培训、职业教育、康复和托养支出。

（二）残疾人就业服务机构提供残疾人就业服务和组织职业技能竞赛（含展能活动）支出。补贴用人单位安排残疾人就业所需设施设备购置、改造和支持性服务费用。补贴辅助性就业、托养康复机构建设和运行费用。

（三）残疾人从事个体经营、自主创业、灵活就业的经营场所租赁、启动资金、设施设备购置补贴和小额贷款贴息。各种形式就业残疾人的社会保险缴费补贴和用人单位岗位补贴。扶持农村残疾人从事种植、养殖、手工业及其他形式生产劳动。

（四）奖励超比例安排残疾人就业的用人单位，以及为安排残疾人就业做出显著成绩的单位或个人。

（五）对从事公益性岗位就业、辅助性就业、灵活就业，收入达不到当地最低工资标准、生活确有困难的残疾人的救济补助。

（六）促进残疾人就业和保障困难残疾人生活、重度残疾人护理支出。

（七）经地方人民政府及其财政部门批准用于支持残疾人事业发展的其他支出。

第二十二条　各级残疾人联合会所属残疾人就业服务机构的正常经费开支，由同级财政预算统筹安排。

第二十三条　各级要积极推行政府购买服务，按照有关制度规定选择符合要求的公办、民办等各类就业服务机构，承接残疾人职业培训、职业教育、职业康复、就业服务和就业援助等工作。

第二十四条　各级残疾人联合会、财政部门应当按照政府预决算公开要求，每年向社会公布残疾人事业相关支出情况，接受社会监督。

第四章　监 督 管 理

第二十五条　单位和个人违反本办法规定，有下列情形之一的，依照《中华人民共和国预算法》和《财政违法行为处罚处分条例》（国务院令第 427 号）、《违反行政事业性收费和罚没收入收支两条线管理规定行政处分暂行规定》（国务院令第 281 号）等有关规定严肃追究责任；涉嫌犯罪的，依法移交司法机关处理：

（一）擅自减免保障金或者改变保障金征收范围、对象和标准的。

（二）隐瞒、坐支应当上缴的保障金的。

（三）滞留、截留、挪用应当上缴的保障金的。

（四）不按照规定的预算级次、预算科目将保障金缴入国库的。

（五）违反规定使用保障金的。

（六）其他违反国家财政收入管理规定的行为。

第二十六条　用人单位未按规定缴纳保障金的，按照国务院《残疾人就业条例》规定，由保障金征收机关提交财政部门，由财政部门予以警告，责令限期缴纳；逾期仍不缴纳的，除补缴欠缴数额外，还应当自欠缴之日起，按日加收 5‰的滞纳金。滞纳金按照保障金入库预算级次缴入国库。

第二十七条　保障金征收、使用管理有关部门的工作人员违反本办法规定，在保障金征收和使用管理工作中滥用职权、玩忽职守、徇私舞弊的，依法给予处分；涉嫌犯罪的，依法移送司法机关。

第五章　附　　则

第二十八条　各设区市可根据本办法制定具体实施细则。

第二十九条　本办法由省财政厅会同省税务部门、省残联负责解释。

第三十条　本办法自 2018 年 7 月 15 日起施行，有效期至 2021 年 7 月 14 日。省残联、省地税局、省财政厅、中国人民银行济南分行《关于印发〈山东省残疾人就业保障金征收管理办法〉的通知》（鲁残联教就字〔2004〕40 号）同时废止。

省财政厅　省高级人民法院关于全省法院诉讼费网上缴费有关问题的通知

2018 年 6 月 28 日　鲁财综〔2018〕39 号

各市财政局、中级人民法院，济南铁路运输中级法院、青岛海事法院，省财政直接管理县（市）财政局：

为实现全省法院诉讼费网上缴费，经前期调研论证和开发测试，省财政厅"山东省非税收入征收与财政票据管理系统"（以下简称非税系统）与省法院电子诉讼服务平台进行了技术对接。2018年6月1日，全省法院正式开通了诉讼费网上缴费功能。现将有关情况通知如下：

一、网上缴费工作流程

（一）网上缴费。支持诉讼费网上缴费的银行，包括中国银行、农业银行、工商银行、建设银行、中信银行、邮政储蓄银行、招商银行等7家银行。当事人网上立案后，通过财政非税收入缴费平台，根据系统提示，选择相应银行进行诉讼费网上缴费。

（二）资金对账。缴费完成后，次日非税收入缴费平台生成对账文件并与电子诉讼服务平台进行对账；如存在网上重复缴费，将在对账结束生成退款文件，非税缴费平台将按原资金渠道做退费处理。

（三）资金入库。非税系统与银行每日对账后生成清分信息，代收银行根据清分信息对诉讼费资金进行清分。清分完毕后，代收银行应将中央级非税收入直接缴入国库，并将地方级非税收入按各级财政要求及时准确缴入同级国库或财政专户。

（四）生成票据。非税收入缴费平台与法院电子诉讼服务平台对账后，财政票据系统会自动生成诉讼费预收票据信息，无需再手工录入。具体查询操作为：在非税系统"单位开票列表"中，将"征收方式"选为"支付网关缴费"、"是否打印"选为"未打印"、"票据名称"选为"山东省人民法院诉讼费专用票据（预收）"，然后点击"查询"按钮，页面下方会出现网上缴费的收款记录；在非税系统与银行对账清分之后，各级法院可通过财政票据系统进行票据打印。

二、工作要求

（一）网上立案、网上缴费是贯彻落实"放管服"改革要求，加快推进全省法院落实司法为民、司法便民的重要举措。各级财政部门和法院要高度重视，提高认识，加强宣传引导，不折不扣地抓好工作落实，为群众提供更加优质、高效、便捷的司法服务。

（二）网上缴费实行先交费、后生成打印诉讼费票据，与现场立案缴费有所不同。网上缴费后，票据管理人员要及时登录财政票据系统打印诉讼费预收票据，无需手工录入。

（三）各级法院要切实强化立案、审判、财务、信息中心等部门的内部协调配合，加强工作衔接，协调解决网上立案、网上缴费中出现的各种情况。同时，各级财政部门与法院要加强沟通、密切配合、及时对账，发现问题及时向省财政厅、省高级人民法院报告。

省财政厅关于政府非税收入使用
第三方支付方式缴费的通知

2018年8月7日   鲁财综〔2018〕43号

各市财政局，省财政直接管理县（市）财政局，省直各执收单位，各非税收入代收银行：

为进一步满足社会和群众便捷缴费需求，根据省委、省政府推进"放管服"改革和"一次办好"部署要求，结合我省"非税收入管理质量提升年"活动安排，经研究决定，我省政府非税收入开通使用第三方支付方式缴费。现将有关事项通知如下：

一、开通方式

按照"统筹规划，分步实施，信息可视，风险可控"的思路安排和"以使用为常态、不使用为例外"的要求，在现有非税收入征收和财政票据管理系统（以下简称"财政非税系统"）正常运转、现有缴费手段正常使用、现有资金对账清分模式保持不变的基础上，通过银行端接入第三方支付方式缴费，采取积极放开线下、加快推进线上相结合的方式组织实施。

（一）积极放开线下缴费。凡具备独立清分能力的各代收银行，在已提供银行柜面、POS、转账、网银及批量代扣等多种缴款方式的基础上，本着"安全、便捷"的原则，在执收单位部署扫码设备，通过扫取缴款人提供的付款码，实现第三方支付便捷缴费，满足缴费人多样化缴费需求。收费流程见附件1。

（二）加快推进线上缴费。省财政厅统一提供非税收缴线上缴费平台（以下简称"非税统缴平台"），基于非税统缴平台逐步开通政务服务网站、门户网站、财政微信公众号、APP 等多种缴费通道。各级网上政务服务大厅、线上办事窗口及执收单位业务系统等，可通过与非税统缴平台对接，实现办事、缴费"一线办理"。

对公安系统收费和罚款（已先行试点）、考试考务费等收费，以及通过政务服务大厅、执收单位服务窗口的各项缴费，按照"成熟一项、接入一项、上线一项"的原则，于今年11月份前全面开通线上缴费。

对使用第三方支付方式实现的收费，财政部门不再支付银行代收手续费，但另有协议约定的从其约定。

二、职责分工和技术要求

（一）财政部门。我省非税收入征收和财政票据管理系统仍使用省级大集中模式，省财政厅负责规范各代收银行提供第三方支付线下缴费渠道与财政非税系统的对接方式和要求；统一提供全省非税统缴平台及使用通道；指导省级执收单位，规范引入代收银行提供的第三方支付线下缴费渠道。市、县财政部门负责本级的工作部署推进、业务培训、工作指导，组织执收单位与代收银行对接。

（二）执收单位。对线下扫码缴费，执收单位要主动与代收银行做好对接，提出开通第三方支付线下扫码收费需求，与代收银行签订协议，约定责任和义务，确保资金和信息安全，并将开通情况及时反馈财政部门（见附件2）。对拟开通线下缴费的执收单位，应按省财政厅提供的统一接口技术规范（见附件3）完成系统对接，经过双方联调测试确认无误后上线运行，指导缴款人通过第三方支付方式完成缴费。

（三）代收银行。各代收银行要尽快完善各自业务系统，使用省财政厅提供的统一接口技术规范与财政非税系统进行对接，并严格按照规定的信息项交互传递信息，待双方系统联调测试通过后，开展第三方支付代收财政非税业务。各银行要在现有对账机制的基础上，确保 T + 1（即 1 个工作日）资金到达非税收入财政专户，并完成资金清分工作，省财政另有约定的从其约定。代收银行要确保定期、主动、及时、准确向财政部门反馈第三方支付代收非税业务运行情况。按照省财政制定的清分资金到账规则，通过系统实时反馈资金清分到账情况。

三、组织实施

（一）提高认识。政府非税收入使用第三方支付方式，全面实施便捷缴费，是贯彻落实中央和省委省政府"放管服"改革的重要举措，是推动政府非税收入缴费"一次办好"的有效途径。各级财政部门、执收单位和代收银行要高度重视，进一步提高站位，主动担当，采取积极有效措施，加快推进使用第三方支付方式缴费工作，满足社会和群众便捷缴费的现实需求，努力营造良好的营商环境。

（二）统筹规划。非税收入使用第三方支付方式缴费，既要积极放开线下便捷缴费通道，又要稳步推进线上平台对接，工作涉及部门多，系统对接要求高，业务协同性强。各级财政部门要发挥好牵头作用，制定具体工作方案，明确责任分工；各代收银行要认真做好本系统各分支机构的业务部署，积极对接执收单位，满足执收单位便捷缴费拓展需求；各执收单位要及时研究提出技术需求，认真配合做好非税统缴平台系统对接工作，确保按计划、按时限完成相关工作。

（三）严格管理。政府非税收入引入第三方支付方式后，省财政厅负责统一规定代收银行的接入标准和信息规范。代收银行要严格按照规定要求开通线下支付模式，准确传递相关信息。全面实施第三方支付方式缴费后，除国家和省财政另有规定的以外，银行的异地汇缴户、执收单位开设的过渡户，应予取消。各级财政部门、执收单位和代收银行要完善对账机制，密切监控通过第三方支付方式代收资金的清分到账情况，强化风险防范，确保财政资金安全。

（四）规范服务。各级财政部门要以此次使用第三方支付方式缴费为契机，完善标准，精细管理，推动非税收入管理工作提质增效。要加强对银行非税代收业务开展、缴费服务、对账清分、技术保障等方面的考核，对代收服务工作优秀的，以适当方式给予奖励，凡达不到代收服务要求的应及时解除代收服务关系，督促各银行不断提升代收业务水平和服务质量。各执收单位要强化非税收入征管人员的业务培训，提高业务素质，规范工作流程，确保非税收入按规定及时足额征缴。使用第三方支付方式缴费后，线下缴费仍维持原有财政票据管理模式，对使用线上缴费的执收单位应主动告知缴费人获取财政票据的方式，及时向缴费人开具票据，切实做好票据管理和服务工作。

附件：1. 第三方支付线下扫码缴费流程

　　　　2. 执收单位开通线下第三方支付方式缴费反馈表

　　　　3. 代收银行开通线下第三方支付扫码缴费接口规范

附件1：

第三方支付线下扫码缴费流程

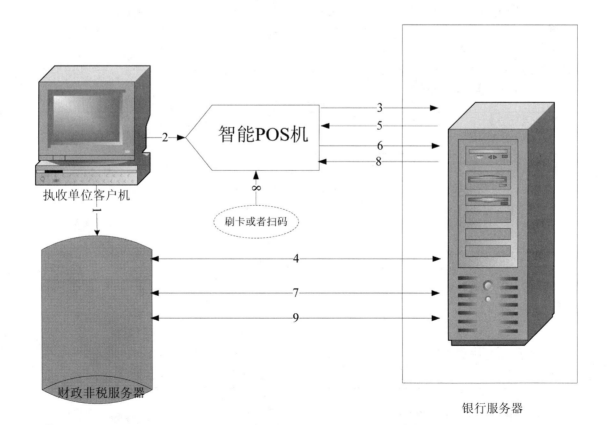

以上流程步骤说明如下：

1. 执收单位开具并打印非税相关票据。

2. 执收单位在系统中选择具体缴款书进行刷卡收费请求，系统自动调用智能 POS 机接口并将对应票号的相关信息发送给智能 POS 机。

3. 智能 POS 机利用银行自身网络把票据种类、票号、校验码等信息发送至银行非税服务器。

4. 银行非税服务器向财政申请票据应收信息，财政进行相应反馈。

5. 银行非税服务器将缴款书所有信息保存，并将缴款书票号、付款人、金额等信息发回给银行智能 POS 机（智能 POS 机上要返显票号、付款人与金额信息给缴款人确认，防止缴错票）。

6. 缴款人确认票号、付款人与金额无误后，可采用以下两种方式进行缴款：刷卡并输入银行卡密码或者通过智能 POS 机扫描缴款人的微信或支付宝等第三方支付的付款二维码，缴款人确认后完成缴费扣款。

7. 智能 POS 系统完成扣款后由银行非税系统向财政发起实收请求，并将缴款人卡号或者通过第三方扫码支付中财政规定的反馈信息提交财政非税服务器。财政非税服务器对银行数据进行校验，并反馈处理结果。

8. 银行非税系统将处理结果反馈给智能 POS 机（财政收款处理结果为成功，由智能 POS 机打印收款小票；如果财政收款处理失败，由银行非税进行相关处理并通过智能 POS 机提示失败原因）。

9. 每天业务结束后，银行对各渠道的收费信息进行内部对账，银行非税服务器将对账无误的缴款书所有信息按规则生成财政对账文件，并通过接口服务向财政发起电子对账。

附件 2：

执收单位开通线下第三方支付方式缴费反馈表

执收单位名称 （盖单位公章）	
执收单位归属行政区划	
开通第三方支付银行名称	
开通第三方支付渠道名称	
部署智能 POS 设备数量	
涉及收费项目及代码	1. 2. 3. …
开通日期	
备注	

联系人：   联系电话：

说明：本表需反馈同级财政部门、省财政厅各一份。

附件3：

代收银行开通线下第三方支付扫码缴费接口规范

序号	字段名称	类型	允许空	主键	说明	标识
1	票据名称编码	C20	NO	YES		PJMCBM
2	开票标志	C3	NO		1 为开票 3 为罚没单	KPBZ
3	票据编号	C20	NO	YES	票据编号	PJBH
4	行政区划	C6	NO		行政区划编码六位，此字段为委托单位的行政区划。非委托业务，委托单位区划与受托单位区划值相同。	XZQH
5	征收方式	C3	NO		1 直接缴库	ZSFS
6	缴款方式	C3	NO		01 现金 02 转账 03 电汇 04 支票 05 POS 刷卡 06 网银 08 批量代扣 09 支付网关 31 线下支付宝 32 线下微信	JKFS
7	填制日期	DATE	NO		格式 YYYY – MM – DD	TZRQ
8	委托执收单位编码	C42	NO			WTZSDWBM
9	委托执收单位名称	C100	NO			WTZSDWMC
10	委托征收标志	C3	NO		0 非委托 1 委托	WTZSBZ
11	受托执收单位编码	C42	NO			STZSDWBM
12	受托执收单位名称	C100	NO			STZSDWMC
13	执收单位组织机构	C20	YES			ZSDWZZJG
14	付款人名称	C80	NO			FKRMC
15	付款人开户行	C80	YES		缴款方式为非现金时必填	FKRKHH
16	付款人账号	C40	YES		缴款方式为非现金时必填	FKRZH
17	收款人名称	C80	NO		为各级财政汇缴户名称	SKRMC
18	收款人开户行	C80	NO		为各级财政汇缴户开户行	SKRKHH
19	收款人账号	C40	NO		为各级财政汇缴户账号	SKRZH
20	总金额	N20，2	NO		若为罚没票据，包含滞纳金	ZJE
21	银行网点编码	C20	NO			YHWDBM
22	银行网点名称	C100	NO			YHBMMC
23	备注	C255	YES		票据主信息的备注字段	BZ
24	校验码	C4	YES		全票面信息校验码，机打票时有该校验码，手工票没有该校验码，为空。	JYM
25	离线收款标志	C3	NO		离线收款标志。0：否，1：是	LXSKBZ
26	手工票标志	C3	NO		0：为机打票　1：为手工票	SGPBZ
27	收款票据编号	C20	YES		可以为空	SKPJBH

序号	字段名称	类型	允许空	主键	说明	标识
28	银行收款日期	DATE	YES		格式 YYYY – MM – DD	YHSKRQ
29	银行记账日期	DATE	YES		格式 YYYY – MM – DD	YHJZRQ
30	备用字段 1	C100	YES		当缴款方式为转账，此字段为支票号信息	BYZD1
31	备用字段 2	C6	NO		行政区划编码，此字段为受托单位的行政区划。	BYZD2
32	备用字段 3	C100	YES			BYZD3
33	支付宝分配给开发者的应用 ID	C32	NO			APP_ID
34	商户订单号	C64	NO			OUT_TRADE_NO
35	支付场景	C32	NO			SCENE
36	销售产品码	C32	YES			PRODUCT_CODE
37	订单标题	C256	YES			SUBJECT
38	买家的支付宝用户 ID	C28	YES			BUYER_ID
39	订单总金额	N20，2	NO			TOTAL_AMOUNT
40	标价币种	C8	YES			TRANS_CURRENCY
41	商户指定的结算币种	C8	YES			SETTLE_CURRENCY
42	参与优惠的计算金额	N20，2	NO			DISCOUNTABLE_AMOUNT
43	订单描述	C128	YES			BODY
44	订单包含的商品列表信息					GOODS_DETAIL
45	商品的编号	C32	YES			GOODS_ID
46	商品名称	C256	YES			GOODS_NAME
47	商品数量	N10	YES			QUANTITY
48	商品单价	N9，2	YES			PRICE
49	商品类目	C24	YES			GOODS_CATEGORY
50	商品描述信息	C1000	YES			GOODS_BODY
51	商品的展示地址	C400	YES			SHOW_URL
52	商户的操作员编号	C28	YES			OPERATOR_ID
53	商品门店编号	C32	YES			STORE_ID
54	商品机具终端编号	C32	NO			TERMINAL_ID
55	业务扩展参数					EXTEND_PARAMS
56	系统商编号	C64	YES			SYS_SERVICE_PROVIDER_ID
57	行业数据回流信息	C512	YES			INDUSTRY_REFLUX_INFO
58	卡类型	C32	YES			CARD_TYPE
59	该笔订单允许的最晚付款时间	C6	YES			TIMEOUT_EXPRESS
60	预授权确认模式	C32	YES			AUTH_CONFIRM_MODE
61	商户传入终端设备相关信息	C2048	YES			TERMINAL_PARAMS

序号	字段名称	类型	允许空	主键	说明	标识
62	支付宝交易号	C64	NO			TRADE_NO
63	买家支付宝账号	C100	NO			BUYER_LOGON_ID
64	结算币种订单金额	N20，2	YES			SETTLE_AMOUNT
65	支付币种	C8	YES			PAY_CURRENCY
66	支付币种订单金额	N20，2	YES			PAY_AMOUNT
67	结算币种兑换标价币种汇率	N10，4	YES			SETTLE_TRANS_RATE
68	标价币种兑换支付币种汇率	N10，4	YES			TRANS_PAY_RATE
69	实收金额	N20，2	NO			RECEIPT_AMOUNT
70	买家付款的金额	N20，2	YES			BUYER_PAY_AMOUNT
71	使用集分宝付款的金额	N20，2	YES			POINT_AMOUNT
72	交易中可给用户开具发票的金额	N20，2	YES			INVOICE_AMOUNT
73	交易支付时间	C20	YES			GMT_PAYMENT
74	交易支付使用的资金渠道					FUND_BILL_LIST
75	交易使用的资金渠道	C32	YES			FUND_CHANNEL
76	银行卡支付时的银行代码	C10	YES			BANK_CODE
77	该支付工具类型所使用的金额	C32	YES			AMOUNT
78	渠道实际付款金额	N20，2	YES			REAL_AMOUNT
79	支付宝卡余额	N20，2	YES			CARD_BALANCE
80	发生支付交易的商户门店名称	C512	YES			STORE_NAME
81	本次交易支付所使用的单品券优惠的商品优惠信息	C1024	YES			DISCOUNT_GOODS_DETAIL
82	本交易支付时使用的所有优惠券信息					VOUCHER_DETAIL_LIST
83	券 ID	C32	YES			V_ID
84	券名称	C64	YES			V_NAME
85	券类型	C32	YES			V_TYPE
86	优惠券面额	N20，2	YES			V_AMOUNT
87	商家出资	N20，2	YES			MERCHANT_CONTRIBUTE
88	其他出资方出资金额	N20，2	YES			OTHER_CONTRIBUTE
89	优惠券备注信息	C256	YES			MEMO
90	券模板 ID	C64	YES			TEMPLATE_ID
91	用户在购买这张券时用户实际付款的金额	N20，2	YES			PURCHASE_BUYER_CONTRIBUTE
92	用户在购买这张券时商户优惠的金额	N20，2	YES			PURCHASE_MERCHANT_CONTRIBUTE

序号	字段名称	类型	允许空	主键	说明	标识
93	用户在购买这张券时平台优惠的金额	N20，2	YES			PURCHASE_ANT_CONTRIBUTE
94	预授权支付模式	C64	YES			AUTH_TRADE_PAY_MODE
95	商户传入业务信息	C512	YES			BUSINESS_PARAMS
96	买家用户类型	C18	YES			BUYER_USER_TYPE
97	商家优惠金额	N20，2	YES			MDISCOUNT_AMOUNT
98	平台优惠金额	N20，2	YES			DISCOUNT_AMOUNT
99	公众账号 ID	C32	NO			APPID
100	商户号	C32	NO			MCH_ID
101	设备号	C32	YES			DEVICE_INFO
102	商品描述	C128	YES			BODY
103	商品详情	C2000	YES			DETAIL
104	附加数据	C127	YES			ATTACH
105	商户订单号	C32	NO			OUT_TRADE_NO
106	订单金额	N20，2	YES			TOTAL_FEE
107	货币类型	C16	YES			FEE_TYPE
108	终端 IP	C16	NO			SPBILL_CREATE_IP
109	订单优惠标记	C32	YES			GOODS_TAG
110	指定支付方式	C32	YES			LIMIT_PAY
111	交易起始时间	C14	YES			TIME_START
112	交易结束时间	C14	YES			TIME_EXPIRE
113	授权码	C128	YES			AUTH_CODE
114	场景信息		YES			SCENE_INFO
115	门店 ID	C32	YES			ID
116	门店名称	C64	YES			NAME
117	门店行政区划码	C6	YES			AREA_CODE
118	门店详细地址	C128	YES			ADDRESS
119	用户标识	C128	NO			OPENID
120	是否关注公众账号	C2	YES			IS_SUBSCRIBE
121	交易类型	C16	YES			TRADE_TYPE
122	付款银行	C32	NO			BANK_TYPE
123	应结订单金额	N20，2	NO			SETTLEMENT_TOTAL_FEE
124	代金券金额	N20，2	YES			COUPON_FEE
125	现金支付货币类型	C16	YES			CASH_FEE_TYPE
126	现金支付金额	N20，2	YES			CASH_FEE
127	微信支付订单号	C32	NO			TRANSACTION_ID
128	支付完成时间	C14	YES			TIME_END
129	营销详情	C2000	YES			PROMOTION_DETAIL

序号	字段名称	类型	允许空	主键	说明	标识
130	项目顺序	N1	NO		用于标识三个项目缴款书中的先后顺序，值分别为 1、2、3、4、5	XMSX
131	执收编码	C30	NO	YES		ZSBM
132	收入项目编码	C42	NO			SRXMBM
133	收入项目名称	C100	NO			SRXMMC
134	收缴标准	C100	YES			SJBZ
135	减征标志	C3	NO		0 为不减征	JZBZ
136	数量	N12，2	NO			SL
137	计量单位	C40	YES			JLDW
138	金额	N12，2	NO			JE
139	备用字段 1	C100	YES		明细信息备用字段	BYZD1
140	备用字段 2	C100	YES			BYZD2
141	备用字段 3	C100	YES			BYZD3

省财政厅关于撤销省级异地非税收入汇缴账户的通知

2018 年 9 月 21 日　鲁财综〔2018〕53 号

各市财政局，省直各部门，中国工商银行山东省分行、中国农业银行山东省分行、中国建设银行山东省分行：

为加强和规范非税收入征缴管理，根据审计整改意见，经研究，决定撤销省级异地非税收入汇缴账户。现就有关事项通知如下：

一、撤销账户范围

自 2018 年 10 月 1 日起，撤销省级异地非税收入汇缴账户，具体账户信息如下：

（一）工商银行

户名：代收行政事业费

开户行：工行济南市趵突泉支行

账号：1602023911410002113

（二）农业银行

户名：财票分离

账号：15 - 158101011842222

开户行：农行和平支行

（三）建设银行

户名：行政事业代收费资金过渡户

账号：2730990000999999

开户行：建行济南市珍珠泉支行

上述账户撤销后，各有关银行一律不得再通过异地非税收入汇缴方式办理省级非税收入缴款业务。

二、分类处置账户留存资金

对留存在省级异地非税收入汇缴账户的资金，各有关银行应严格区分资金性质，于 2018 年 10 月 1 日前分类处置完毕。具体处置要求如下：对明确为政府非税收入的资金，应积极联系相关执收部门，按规定程序完成非税收入缴库；无法联系到具体执收部门的，由各相关银行填写一般缴款书，直接缴入省级国库。对无相关对应科目上缴的非税收入，按"1039999 其他收入"科目缴库；对经核实不属于政府非税收入的资金，由银行按规定自行处置。

各有关银行要高度重视此次账户撤销和资金清理工作，确保于规定的时间节点前撤销账户，并按规定处置账户留存资金。同时，要向有关执收部门和缴款人做好解释工作，保障省级异地非税收入正常征缴入库。

省财政厅　省发展和改革委员会　省公安厅关于进一步加强和规范居民身份证工本费管理工作的通知

2018 年 11 月 12 日　鲁财综〔2018〕61 号

各市财政局、发展改革委、公安局，省财政直接管理县（市）财政局：

根据省委、省政府推进"放管服"改革和"一次办好"部署要求，为进一步加强和规范全省居民身份证工本费收费管理，现将有关事项通知如下：

一、收费范围

公安部门向换领居民身份证的居民收取证件工本费每证 20 元，对丢失补领或损坏换领居民身份证的居民收取工本费每证 40 元。公安部门为居民办理临时居民身份证收费标准为每证 10 元。自 2018 年 4 月 1 日起，停征首次申领居民身份证工本费。除上述收费外，各地不得自行规定收取或搭车收取其他任何费用。

二、分成比例

调整居民身份证工本费收入分成管理方式，自本通知印发之日起，除济南市、青岛市外，其他各市收取的第二代居民身份证工本费（限换领、丢失补领或损坏换领）全部作为省级财政收入，全额缴入省级国库。办理临时第二代居民身份证工本费仍为市县两级收入，缴入本级国库。

三、收费管理

各级公安部门是居民身份证工本费的执收主体，要根据规定的范围、标准和时限要求征收，并通过"山东省非税收入征收和财政票据管理系统"，将此项收费缴入相应级次国库。各级执收部门执收时应到同级财政部门办理收费项目执收编码，按规定使用财政票据。为贯彻落实《山东省财政厅关于政府非税收入使用第三方支付方式缴费的通知》（鲁财综〔2018〕43 号）要求，各级财政、公安部门要加强沟通协调，在采用银行柜面、POS、转账、网银、现金及批量代扣等缴费方式的基础上，积极创造条件，加快推进微信、支付宝等第三方支付缴费，方便居民缴费。

各级财政、发改、公安部门要严格执行本通知规定，切实加强收费管理，规范收费行为，严格落实非税收入"收支两条线"管理规定，严禁滞缴、欠缴、挪用、截留财政资金等行为发生。

省财政厅 省海洋局关于建立海域、无居民海岛使用金减免公示制度的通知

2018 年 12 月 28 日　鲁财综〔2018〕71 号

沿海各市财政局、海洋行政主管部门，沿海各省财政直接管理县（市）财政局、海洋行政主管部门：

为贯彻落实国家有关意见要求，进一步规范海域、无居民海岛使用金征收管理工作，完善使用金减免制度，现就海域、无居民海岛使用金减免信息公示工作要求如下：

一、公示要求

各级财政部门、海洋行政主管部门对批准的海域、无居民海岛使用金减缴和免缴信息均应主动向社会公开。

批准机关应在作出批准减缴或免缴行为的 20 个工作日内进行公示。

二、公示内容

主要包括：项目名称、减免申请主体、使用金类型、减缴或免缴金额、批准机关、批准时间等。

三、公示载体

减免信息公示载体为单位门户网站、信用中国（山东）或批准机关同级信用平台，也可同时在主流报刊等传统媒体公示。

四、监督举报

公示减免信息时，公示单位应提供地址、电话、邮箱等联系方式，及时受理公民、法人和其他社会组织对使用金减免工作的监督与举报。

二、

税政管理类

财政部 海关总署 税务总局关于完善
启运港退税政策的通知

2018 年 1 月 8 日 财税〔2018〕5 号

各省、自治区、直辖市、计划单列市财政厅（局）、国家税务局，海关总署广东分署、各直属海关，新疆生产建设兵团财务局：

为进一步完善启运港退税政策，扩大政策成效，结合前期政策实施情况，现将有关事项通知如下：

一、对符合条件的出口企业从启运地口岸（以下称启运港）启运报关出口，由符合条件的运输企业承运，从水路转关直航或经停指定口岸（以下称经停港），自离境地口岸（以下称离境港）离境的集装箱货物，实行启运港退税政策。

对从经停港报关出口、由符合条件的运输企业途中加装的集装箱货物，符合前款规定的运输方式、离境地点要求的，以经停港作为货物的启运港，也实行启运港退税政策。

二、政策适用范围。

（一）启运港。

启运港为泸州市泸州港、重庆市果园港、宜昌市云池港、岳阳市城陵矶港、武汉市阳逻港、九江市城西港、芜湖市朱家桥港、南京市龙潭港、张家港市永嘉港、南通市狼山港、苏州市太仓港、连云港市连云港港、青岛市前湾港。

（二）离境港。

离境港为上海市外高桥港区、上海市洋山保税港区。

（三）经停港。

承运适用启运港退税政策货物的船舶，可经停南京市龙潭港、武汉市阳逻港、苏州市太仓港加装货物，但不得经停除上述港口以外的其他港口或在上述港口卸载货物。

从经停港加装的货物，需为已报关出口、经由上述第（二）项规定的离境港离境的集装箱货物。

（四）运输企业及运输工具。

运输企业为在海关的信用等级为一般信用企业或认证企业，并且纳税信用级别为 B 级及以上的航运企业。

运输工具为配备导航定位、全程视频监控设备并且符合海关对承运海关监管货物运输工具要求的船舶。

税务总局定期向海关总署传送纳税信用等级为 B 级及以上的企业名单。企业纳税信用等级发生变化的，定期传送变化企业名单。海关总署根据上述纳税信用等级等信息确认符合条件的运输企业和运输工具。

（五）出口企业。

出口企业的出口退（免）税分类管理类别为一类或二类，并且在海关的信用等级为一般信用企业或认证企业。

海关总署定期向税务总局传送一般信用企业或认证企业名单。企业信用等级发生变化的，定期传送变化企业名单。税务总局根据上述名单等信息确认符合条件的出口企业。

三、主要流程。

（一）启运地海关依出口企业申请，对从启运港启运的符合条件的货物办理放行手续后，生成启运港出口货物报关单电子信息。以经停港作为货物启运港的，经停地海关依出口企业申请，对从经停港加装的符合条件的货物办理放行手续后，生成启运港出口货物报关单电子信息。

（二）海关总署按日将启运港出口货物报关单电子信息（加启运港退税标识）通过电子口岸传输给税务总局。

（三）出口企业凭启运港出口货物报关单电子信息及相关材料到主管退税的税务机关申请办理退税。出口企业首次申请办理退税前，应向主管出口退税的税务机关进行启运港退税备案。

（四）主管出口退税的税务机关，根据企业出口退（免）税分类管理类别信息、税务总局清分的企业海关信用等级信息和启运港出口货物报关单信息，为出口企业办理退税。出口企业在申请退税时，上述信息显示其不符合启运港退税条件的，主管税务机关根据税务总局清分的结关核销的报关单数据（加启运港退税标识）办理退税。

（五）启运港启运以及经停港加装的出口货物自离境港实际离境后，海关总署按日将正常结关核销的报关单数据（加启运港退税标识）传送给税务总局，税务总局按日将已退税的报关单数据（加启运港退税标识）反馈海关总署。

（六）货物如未运抵离境港不再出口，启运地或经停地海关应撤销出口货物报关单，并由海关总署向税务总局提供相关电子数据。上述不再出口货物如已办理出口退税手续，出口企业应补缴税款，并向启运地或经停地海关提供税务机关出具的货物已补税证明。

对已办理出口退税手续但自启运日起超过 2 个月仍未办理结关核销手续的货物，除因不可抗力或属于上述第（六）项情形且出口企业已补缴税款外，视为未实际出口，税务机关应追缴已退税款，不再适用启运港退税政策。

（七）主管出口退税的税务机关，根据税务总局清分的正常结关核销的报关单数据，核销或调整已退税额。

四、海关总署、税务总局可在本通知的基础上制定启运港退税的具体管理办法。

五、各地海关和国税部门应加强沟通，建立联系配合机制，互通企业守法诚信信息和货物异常出运情况。财政、海关和国税部门要密切跟踪启运港退税政策运行情况，对工作中出现的问题及时上报财政部（税政司）、海关总署（监管司）和税务总局（货物和劳务税司）。

六、本通知自印发之日起执行。《财政部　海关总署　国家税务总局关于扩大启运港退税政策试点范围的通知》（财税〔2014〕53 号）同时废止。海关总署和税务总局对启运出口货物报关单电子信息（加启运港退税标识）、正常结关核销报关单数据（加启运港退税标识）以及已退税的报关单数据（加启运港退税标识）实现按日电子化传输前，启运港出口退税仍按现行纸质报关单签发流程办理。

财政部　税务总局关于非营利组织免税资格认定管理有关问题的通知

2018 年 2 月 7 日　财税〔2018〕13 号

各省、自治区、直辖市、计划单列市财政厅（局）、国家税务局、地方税务局，新疆生产建设兵团财政局：

根据《中华人民共和国企业所得税法》第二十六条及《中华人民共和国企业所得税法实施条例》第八十四条的规定，现对非营利组织免税资格认定管理有关问题明确如下：

一、依据本通知认定的符合条件的非营利组织，必须同时满足以下条件：

（一）依照国家有关法律法规设立或登记的事业单位、社会团体、基金会、社会服务机构、宗教活动场所、宗教院校以及财政部、税务总局认定的其他非营利组织；

（二）从事公益性或者非营利性活动；

（三）取得的收入除用于与该组织有关的、合理的支出外，全部用于登记核定或者章程规定的公益性或者非营利性事业；

（四）财产及其孳息不用于分配，但不包括合理的工资薪金支出；

（五）按照登记核定或者章程规定，该组织注销后的剩余财产用于公益性或者非营利性目的，或者由登记管理机关采取转赠给与该组织性质、宗旨相同的组织等处置方式，并向社会公告；

（六）投入人对投入该组织的财产不保留或者享有任何财产权利，本款所称投入人是指除各级人民政府及其部门外的法人、自然人和其他组织；

（七）工作人员工资福利开支控制在规定的比例内，不变相分配该组织的财产，其中：工作人员平均工资薪金水平不得超过税务登记所在地的地市级（含地市级）以上地区的同行业同类组织平均工资水平的两倍，工作人员福利按照国家有关规定执行；

（八）对取得的应纳税收入及其有关的成本、费用、损失应与免税收入及其有关的成本、费用、损失分别核算。

二、经省级（含省级）以上登记管理机关批准设立或登记的非营利组织，凡符合规定条件的，应向其所在地省级税务主管机关提出免税资格申请，并提供本通知规定的相关材料；经地市级或县级登记管理机关批准设立或登记的非营利组织，凡符合规定条件的，分别向其所在地的地市级或县级税务主管机关提出免税资格申请，并提供本通知规定的相关材料。

财政、税务部门按照上述管理权限，对非营利组织享受免税的资格联合进行审核确认，并定期予以公布。

三、申请享受免税资格的非营利组织，需报送以下材料：

（一）申请报告；

（二）事业单位、社会团体、基金会、社会服务机构的组织章程或宗教活动场所、宗教院校的管理制度；

（三）非营利组织注册登记证件的复印件；

（四）上一年度的资金来源及使用情况、公益活动和非营利活动的明细情况；

（五）上一年度的工资薪金情况专项报告，包括薪酬制度、工作人员整体平均工资薪金水平、工资福利占总支出比例、重要人员工资薪金信息（至少包括工资薪金水平排名前 10 的人员）；

（六）具有资质的中介机构鉴证的上一年度财务报表和审计报告；

（七）登记管理机关出具的事业单位、社会团体、基金会、社会服务机构、宗教活动场所、宗教院校上一年度符合相关法律法规和国家政策的事业发展情况或非营利活动的材料；

（八）财政、税务部门要求提供的其他材料。

当年新设立或登记的非营利组织需提供本条第（一）项至第（三）项规定的材料及本条第（四）项、第（五）项规定的申请当年的材料，不需提供本条第（六）项、第（七）项规定的材料。

四、非营利组织免税优惠资格的有效期为五年。非营利组织应在免税优惠资格期满后六个月内提出复审申请，不提出复审申请或复审不合格的，其享受免税优惠的资格到期自动失效。

非营利组织免税资格复审，按照初次申请免税优惠资格的规定办理。

五、非营利组织必须按照《中华人民共和国税收征收管理法》及《中华人民共和国税收征收管理法实施细则》等有关规定，办理税务登记，按期进行纳税申报。取得免税资格的非营利组织应按照规定向主管税务机关办理免税手续，免税条件发生变化的，应当自发生变化之日起十五日内向主管税务机关报告；不再符合免税条件的，应当依法履行纳税义务；未依法纳税的，主管税务机关应当予以追缴。取得免税资格的非营利组织注销时，剩余财产处置违反本通知第一条第五项规定的，主管税务机关应追缴其应纳企业所得税款。

有关部门在日常管理过程中，发现非营利组织享受优惠年度不符合本通知规定的免税条件的，应提请核准该非营利组织免税资格的财政、税务部门，由其进行复核。

核准非营利组织免税资格的财政、税务部门根据本通知规定的管理权限，对非营利组织的免税优惠资格进行复核，复核不合格的，相应年度不得享受税收优惠政策。

六、已认定的享受免税优惠政策的非营利组织有下述情形之一的，应自该情形发生年度起取消其资格：

（一）登记管理机关在后续管理中发现非营利组织不符合相关法律法规和国家政策的；

（二）在申请认定过程中提供虚假信息的；

（三）纳税信用等级为税务部门评定的 C 级或 D 级的；

（四）通过关联交易或非关联交易和服务活动，变相转移、隐匿、分配该组织财产的；

（五）被登记管理机关列入严重违法失信名单的；

（六）从事非法政治活动的。

因上述第（一）项至第（五）项规定的情形被取消免税优惠资格的非营利组织，财政、税务部门自其被取消资格的次年起一年内不再受理该组织的认定申请；因上述第（六）项规定的情形被取消免税优惠资格的非营利组织，财政、税务部门将不再受理该组织的认定申请。

被取消免税优惠资格的非营利组织，应当依法履行纳税义务；未依法纳税的，主管税务机关应当自其存在取消免税优惠资格情形的当年起予以追缴。

七、各级财政、税务部门及其工作人员在认定非营利组织免税资格工作中，存在违法违纪行为的，按照《公务员法》《行政监察法》等国家有关规定追究相应责任；涉嫌犯罪的，移送司法机关处理。

八、本通知自 2018 年 1 月 1 日起执行。《财政部　国家税务总局关于非营利组织免税资格认定管理有关问题的通知》（财税〔2014〕13 号）同时废止。

财政部　税务总局关于公益性捐赠支出企业所得税税前结转扣除有关政策的通知

2018 年 2 月 11 日　财税〔2018〕15 号

各省、自治区、直辖市、计划单列市财政厅（局）、国家税务局、地方税务局，新疆生产建设兵团财政局：

根据《中华人民共和国企业所得税法》和《中华人民共和国企业所得税法实施条例》的有关规定，现就公益性捐赠支出企业所得税税前结转扣除有关政策通知如下：

一、企业通过公益性社会组织或者县级（含县级）以上人民政府及其组成部门和直属机构，用于慈善活动、公益事业的捐赠支出，在年度利润总额 12% 以内的部分，准予在计算应纳税所得额时扣除；超过年度利润总额 12% 的部分，准予结转以后三年内在计算应纳税所得额时扣除。

本条所称公益性社会组织，应当依法取得公益性捐赠税前扣除资格。

本条所称年度利润总额，是指企业依照国家统一会计制度的规定计算的大于零的数额。

二、企业当年发生及以前年度结转的公益性捐赠支出，准予在当年税前扣除的部分，不能超过企业当年年度利润总额的 12% 。

三、企业发生的公益性捐赠支出未在当年税前扣除的部分，准予向以后年度结转扣除，但结转年限自捐赠发生年度的次年起计算最长不得超过三年。

四、企业在对公益性捐赠支出计算扣除时，应先扣除以前年度结转的捐赠支出，再扣除当年发生的捐赠支出。

五、本通知自 2017 年 1 月 1 日起执行。2016 年 9 月 1 日至 2016 年 12 月 31 日发生的公益性捐赠支出未在 2016 年税前扣除的部分，可按本通知执行。

财政部　税务总局关于继续支持企业事业单位改制重组有关契税政策的通知

2018 年 3 月 2 日　财税〔2018〕17 号

各省、自治区、直辖市、计划单列市财政厅（局）、地方税务局，西藏、宁夏、青海省（自治区）国家税务局，新疆生产建设兵团财政局：

为贯彻落实《国务院关于进一步优化企业兼并重组市场环境的意见》（国发〔2014〕14号），继续支持企业、事业单位改制重组，现就企业、事业单位改制重组涉及的契税政策通知如下：

一、企业改制

企业按照《中华人民共和国公司法》有关规定整体改制，包括非公司制企业改制为有限责任公司或股份有限公司，有限责任公司变更为股份有限公司，股份有限公司变更为有限责任公司，原企业投资主体存续并在改制（变更）后的公司中所持股权（股份）比例超过75%，且改制（变更）后公司承继原企业权利、义务的，对改制（变更）后公司承受原企业土地、房屋权属，免征契税。

二、事业单位改制

事业单位按照国家有关规定改制为企业，原投资主体存续并在改制后企业中出资（股权、股份）比例超过50%的，对改制后企业承受原事业单位土地、房屋权属，免征契税。

三、公司合并

两个或两个以上的公司，依照法律规定、合同约定，合并为一个公司，且原投资主体存续的，对合并后公司承受原合并各方土地、房屋权属，免征契税。

四、公司分立

公司依照法律规定、合同约定分立为两个或两个以上与原公司投资主体相同的公司，对分立后公司承受原公司土地、房屋权属，免征契税。

五、企业破产

企业依照有关法律法规规定实施破产，债权人（包括破产企业职工）承受破产企业抵偿债务的土地、房屋权属，免征契税；对非债权人承受破产企业土地、房屋权属，凡按照《中华人民共和国劳动法》等国家有关法律法规政策妥善安置原企业全部职工规定，与原企业全部职工签订服务年限不少于三年的劳动用工合同的，对其承受所购企业土地、房屋权属，免征契税；与原企业超过30%的职工签订服务年限不少于三年的劳动用工合同的，减半征收契税。

六、资产划转

对承受县级以上人民政府或国有资产管理部门按规定进行行政性调整、划转国有土地、房屋权属的单位，免征契税。

同一投资主体内部所属企业之间土地、房屋权属的划转，包括母公司与其全资子公司之间，同一公司所属全资子公司之间，同一自然人与其设立的个人独资企业、一人有限公司之间土地、房屋权属的划转，免征契税。

母公司以土地、房屋权属向其全资子公司增资，视同划转，免征契税。

七、债权转股权

经国务院批准实施债权转股权的企业，对债权转股权后新设立的公司承受原企业的土地、房屋权属，免征契税。

八、划拨用地出让或作价出资

以出让方式或国家作价出资（入股）方式承受原改制重组企业、事业单位划拨用地的，不属上述规定的免税范围，对承受方应按规定征收契税。

九、公司股权（股份）转让

在股权（股份）转让中，单位、个人承受公司股权（股份），公司土地、房屋权属不发生转移，不征收契税。

十、有关用语含义

本通知所称企业、公司，是指依照我国有关法律法规设立并在中国境内注册的企业、公司。

本通知所称投资主体存续，是指原企业、事业单位的出资人必须存在于改制重组后的企业，出资人的出资比例可以发生变动；投资主体相同，是指公司分立前后出资人不发生变动，出资人的出资比例可以发生变动。

本通知自 2018 年 1 月 1 日起至 2020 年 12 月 31 日执行。本通知发布前，企业、事业单位改制重组过程中涉及的契税尚未处理的，符合本通知规定的可按本通知执行。

财政部　税务总局　证监会关于支持原油等货物
期货市场对外开放税收政策的通知

2018 年 3 月 7 日　财税〔2018〕21 号

各省、自治区、直辖市、计划单列市财政厅（局）、国家税务局、地方税务局，新疆生产建设兵团财政局：

为支持原油等货物期货市场对外开放，现将有关税收政策通知如下：

一、对在中国境内未设立机构、场所的，或者虽设立机构、场所但取得的所得与其所设机构、场所没有实际联系的境外机构投资者（包括境外经纪机构），从事中国境内原油期货交易取得的所得（不含实物交割所得），暂不征收企业所得税；对境外经纪机构在境外为境外投资者提供中国境内原油期货经纪业务取得的佣金所得，不属于来源于中国境内的劳务所得，不征收企业所得税。

二、自原油期货对外开放之日起，对境外个人投资者投资中国境内原油期货取得的所得，三年内暂免征收个人所得税。

三、经国务院批准对外开放的其他货物期货品种，按照本通知规定的税收政策执行。

四、本通知自发布之日起施行。

财政部　税务总局　生态环境部关于
环境保护税有关问题的通知

2018 年 3 月 30 日　财税〔2018〕23 号

各省、自治区、直辖市、计划单列市财政厅（局）、国家税务局、地方税务局、环境保护厅（局）：

根据《中华人民共和国环境保护税法》及其实施条例的规定，现就环境保护税征收有关问题通知如下：

一、关于应税大气污染物和水污染物排放量的监测计算问题

纳税人委托监测机构对应税大气污染物和水污染物排放量进行监测时，其当月同一个排放口排放的同一种污染物有多个监测数据的，应税大气污染物按照监测数据的平均值计算应税污染物的排放量；应税水污染物按照监测数据以流量为权的加权平均值计算应税污染物的排放量。在环境保护主管部门规定的监测时限内当月无监测数据的，可以跨月沿用最近一次的监测数据计算应税污染物排放量。纳入排污许可管理行业的纳税人，其应税污染物排放量的监测计算方法按照排污许可管理要求执行。

因排放污染物种类多等原因不具备监测条件的，纳税人应当按照《关于发布计算污染物排放量的排污系数和物料衡算方法的公告》（原环境保护部公告 2017 第 81 号）的规定计算应税污染物排放量。其中，相关行业适用的排污系数方法中产排污系数为区间值的，纳税人结合实际情况确定具体适用的产排污系数值；纳入排污许可管理行业的纳税人按照排污许可证的规定确定。生态环境部尚未规定适用排污系数、物料衡算方法的，暂由纳税人参照缴纳排污费时依据的排污系数、物料衡算方法及抽样测算方法计算应税污染物的排放量。

二、关于应税水污染物污染当量数的计算问题

应税水污染物的污染当量数，以该污染物的排放量除以该污染物的污染当量值计算。其中，色度的污染当量数，以污水排放量乘以色度超标倍数再除以适用的污染当量值计算。畜禽养殖业水污染物的污染当量数，以该畜禽养殖场的月均存栏量除以适用的污染当量值计算。畜禽养殖场的月均存栏量按照月初存栏量和月末存栏量的平均数计算。

三、关于应税固体废物排放量计算和纳税申报问题

应税固体废物的排放量为当期应税固体废物的产生量减去当期应税固体废物贮存量、处置量、综合利用量的余额。纳税人应当准确计量应税固体废物的贮存量、处置量和综合利用量，未准确计量的，不得从其应税固体废物的产生量中减去。纳税人依法将应税固体废物转移至其他单位和个人进行贮存、处置或者综合利用的，固体废物的转移量相应计入其当期应税固体废物的贮存量、处置量或者综合利用量；纳税人接收的应税固体废物转移量，不计入其当期应税固体废物的产生量。纳税人对应税固体废物进行综合利用的，应当符合工业和信息化部制定的工业固体废物综合利用评价管理规范。

纳税人申报纳税时，应当向税务机关报送应税固体废物的产生量、贮存量、处置量和综合利用量，同时报送能够证明固体废物流向和数量的纳税资料，包括固体废物处置利用委托合同、受委托方资质证明、固体废物转移联单、危险废物管理台账复印件等。有关纳税资料已在环境保护税基础信息采集表中采集且

未发生变化的，纳税人不再报送。纳税人应当参照危险废物台账管理要求，建立其他应税固体废物管理台账，如实记录产生固体废物的种类、数量、流向以及贮存、处置、综合利用、接收转入等信息，并将应税固体废物管理台账和相关资料留存备查。

四、关于应税噪声应纳税额的计算问题

应税噪声的应纳税额为超过国家规定标准分贝数对应的具体适用税额。噪声超标分贝数不是整数值的，按四舍五入取整。一个单位的同一监测点当月有多个监测数据超标的，以最高一次超标声级计算应纳税额。声源一个月内累计昼间超标不足 15 昼或者累计夜间超标不足 15 夜的，分别减半计算应纳税额。

财政部　税务总局关于对页岩气减征资源税的通知

2018 年 3 月 29 日　财税〔2018〕26 号

各省、自治区、直辖市、计划单列市财政厅（局）、国家税务局、地方税务局，新疆生产建设兵团财政局：

为促进页岩气开发利用，有效增加天然气供给，经国务院同意，自 2018 年 4 月 1 日至 2021 年 3 月 31 日，对页岩气资源税（按 6% 的规定税率）减征 30%。

请遵照执行。

财政部　税务总局　国家发展改革委　工业和信息化部关于集成电路生产企业有关企业所得税政策问题的通知

2018 年 3 月 28 日　财税〔2018〕27 号

各省、自治区、直辖市、计划单列市财政厅（局）、国家税务局、地方税务局、发展改革委、工业和信息化主管部门，新疆生产建设兵团财政局、发展改革委、工业和信息化委员会：

为进一步支持集成电路产业发展，现就有关企业所得税政策问题通知如下：

一、2018 年 1 月 1 日后投资新设的集成电路线宽小于 130 纳米，且经营期在 10 年以上的集成电路生产企业或项目，第一年至第二年免征企业所得税，第三年至第五年按照 25% 的法定税率减半征收企业所得税，并享受至期满为止。

二、2018 年 1 月 1 日后投资新设的集成电路线宽小于 65 纳米或投资额超过 150 亿元，且经营期在 15 年以上的集成电路生产企业或项目，第一年至第五年免征企业所得税，第六年至第十年按照 25% 的法定税率减半征收企业所得税，并享受至期满为止。

三、对于按照集成电路生产企业享受本通知第一条、第二条税收优惠政策的，优惠期自企业获利年度起计算；对于按照集成电路生产项目享受上述优惠的，优惠期自项目取得第一笔生产经营收入所属纳税年度起计算。

四、享受本通知第一条、第二条税收优惠政策的集成电路生产项目，其主体企业应符合集成电路生产企业条件，且能够对该项目单独进行会计核算、计算所得，并合理分摊期间费用。

五、2017 年 12 月 31 日前设立但未获利的集成电路线宽小于 0.25 微米或投资额超过 80 亿元，且经营期在 15 年以上的集成电路生产企业，自获利年度起第一年至第五年免征企业所得税，第六年至第十年按照 25% 的法定税率减半征收企业所得税，并享受至期满为止。

六、2017 年 12 月 31 日前设立但未获利的集成电路线宽小于 0.8 微米（含）的集成电路生产企业，自获利年度起第一年至第二年免征企业所得税，第三年至第五年按照 25% 的法定税率减半征收企业所得税，并享受至期满为止。

七、享受本通知规定税收优惠政策的集成电路生产企业的范围和条件，按照《财政部　国家税务总局　发展改革委　工业和信息化部关于软件和集成电路产业企业所得税优惠政策有关问题的通知》（财税〔2016〕49 号）第二条执行；财税〔2016〕49 号文件第二条第（二）项中"具有劳动合同关系"调整为"具有劳动合同关系或劳务派遣、聘用关系"，第（三）项中汇算清缴年度研究开发费用总额占企业销售（营业）收入总额（主营业务收入与其他业务收入之和）的比例由"不低于 5%"调整为"不低于 2%"，同时企业应持续加强研发活动，不断提高研发能力。

八、集成电路生产企业或项目享受上述企业所得税优惠的有关管理问题，按照财税〔2016〕49 号文件和税务总局关于办理企业所得税优惠政策事项的相关规定执行。

九、本通知自 2018 年 1 月 1 日起执行。

财政部　税务总局关于调整增值税税率的通知

2018 年 4 月 4 日　财税〔2018〕32 号

各省、自治区、直辖市、计划单列市财政厅（局）、国家税务局、地方税务局，新疆生产建设兵团财政局：

为完善增值税制度，现将调整增值税税率有关政策通知如下：

一、纳税人发生增值税应税销售行为或者进口货物，原适用 17% 和 11% 税率的，税率分别调整为 16%、10%。

二、纳税人购进农产品，原适用 11% 扣除率的，扣除率调整为 10%。

三、纳税人购进用于生产销售或委托加工 16% 税率货物的农产品，按照 12% 的扣除率计算进项税额。

四、原适用 17% 税率且出口退税率为 17% 的出口货物，出口退税率调整至 16%。原适用 11% 税率且出口退税率为 11% 的出口货物、跨境应税行为，出口退税率调整至 10%。

五、外贸企业 2018 年 7 月 31 日前出口的第四条所涉货物、销售的第四条所涉跨境应税行为，购进时已按调整前税率征收增值税的，执行调整前的出口退税率；购进时已按调整后税率征收增值税的，执行调整后的出口退税率。生产企业 2018 年 7 月 31 日前出口的第四条所涉货物、销售的第四条所涉跨境应税行为，执行调整前的出口退税率。

调整出口货物退税率的执行时间及出口货物的时间，以出口货物报关单上注明的出口日期为准，调整跨境应税行为退税率的执行时间及销售跨境应税行为的时间，以出口发票的开具日期为准。

六、本通知自 2018 年 5 月 1 日起执行。此前有关规定与本通知规定的增值税税率、扣除率、出口退税率不一致的，以本通知为准。

七、各地要高度重视增值税税率调整工作，做好实施前的各项准备以及实施过程中的监测分析、宣传解释等工作，确保增值税税率调整工作平稳、有序推进。如遇问题，请及时上报财政部和税务总局。

财政部　税务总局关于统一增值税小规模纳税人标准的通知

2018 年 4 月 4 日　财税〔2018〕33 号

各省、自治区、直辖市、计划单列市财政厅（局）、国家税务局、地方税务局，新疆生产建设兵团财政局：

为完善增值税制度，进一步支持中小微企业发展，现将统一增值税小规模纳税人标准有关事项通知如下：

一、增值税小规模纳税人标准为年应征增值税销售额 500 万元及以下。

二、按照《中华人民共和国增值税暂行条例实施细则》第二十八条规定已登记为增值税一般纳税人的单位和个人，在 2018 年 12 月 31 日前，可转登记为小规模纳税人，其未抵扣的进项税额作转出处理。

三、本通知自 2018 年 5 月 1 日起执行。

财政部　税务总局关于延续动漫产业增值税政策的通知

2018 年 4 月 19 日　财税〔2018〕38 号

各省、自治区、直辖市、计划单列市财政厅（局）、国家税务局、地方税务局，新疆生产建设兵团财政局：

为促进我国动漫产业发展，继续实施动漫产业增值税政策。现将有关事项通知如下：

一、自 2018 年 1 月 1 日至 2018 年 4 月 30 日，对动漫企业增值税一般纳税人销售其自主开发生产的动漫软件，按照 17% 的税率征收增值税后，对其增值税实际税负超过 3% 的部分，实行即征即退政策。

二、自 2018 年 5 月 1 日至 2020 年 12 月 31 日，对动漫企业增值税一般纳税人销售其自主开发生产的动漫软件，按照 16% 的税率征收增值税后，对其增值税实际税负超过 3% 的部分，实行即征即退政策。

三、动漫软件出口免征增值税。

四、动漫软件，按照《财政部　国家税务总局关于软件产品增值税政策的通知》（财税〔2011〕100号）中软件产品相关规定执行。

动漫企业和自主开发、生产动漫产品的认定标准和认定程序，按照《文化部　财政部　国家税务总局关于印发〈动漫企业认定管理办法（试行）〉的通知》（文市发〔2008〕51 号）的规定执行。

五、《财政部　国家税务总局关于动漫产业增值税和营业税政策的通知》（财税〔2013〕98 号）到期停止执行。

财政部　税务总局关于保险保障基金
有关税收政策问题的通知

2018 年 4 月 27 日　财税〔2018〕41 号

各省、自治区、直辖市、计划单列市财政厅（局）、国家税务局、地方税务局，新疆生产建设兵团财政局：

为支持保险保障基金发展，增强行业经营风险防范能力，现将保险保障基金有关税收政策事项明确如下：

一、对中国保险保障基金有限责任公司（以下简称保险保障基金公司）根据《保险保障基金管理办法》取得的下列收入，免征企业所得税：

1. 境内保险公司依法缴纳的保险保障基金；

2. 依法从撤销或破产保险公司清算财产中获得的受偿收入和向有关责任方追偿所得，以及依法从保险公司风险处置中获得的财产转让所得；

3. 接受捐赠收入；

4. 银行存款利息收入；

5. 购买政府债券、中央银行、中央企业和中央级金融机构发行债券的利息收入；

6. 国务院批准的其他资金运用取得的收入。

二、对保险保障基金公司下列应税凭证，免征印花税：

1. 新设立的资金账簿；

2. 在对保险公司进行风险处置和破产救助过程中签订的产权转移书据；

3. 在对保险公司进行风险处置过程中与中国人民银行签订的再贷款合同；

4. 以保险保障基金自有财产和接收的受偿资产与保险公司签订的财产保险合同；

对与保险保障基金公司签订上述产权转移书据或应税合同的其他当事人照章征收印花税。

三、本通知自 2018 年 1 月 1 日起至 2020 年 12 月 31 日止执行。《财政部　国家税务总局关于保险保障基金有关税收政策问题的通知》（财税〔2016〕10 号）同时废止。

财政部　税务总局　商务部　科技部　国家发展改革委关于将服务贸易创新发展试点地区技术先进型服务企业所得税政策推广至全国实施的通知

2018 年 5 月 19 日　财税〔2018〕44 号

各省、自治区、直辖市、计划单列市财政厅（局）、国家税务局、地方税务局、商务主管部门、科技厅（委、局）、发展改革委，新疆生产建设兵团财政局、商务局、科技局、发展改革委：

为进一步推动服务贸易创新发展、优化外贸结构，现就服务贸易类技术先进型服务企业所得税优惠政策通知如下：

一、自 2018 年 1 月 1 日起，对经认定的技术先进型服务企业（服务贸易类），减按 15% 的税率征收企业所得税。

二、本通知所称技术先进型服务企业（服务贸易类）须符合的条件及认定管理事项，按照《财政部　税务总局　商务部　科技部　国家发展改革委关于将技术先进型服务企业所得税政策推广至全国实施的通知》（财税〔2017〕79 号）的相关规定执行。其中，企业须满足的技术先进型服务业务领域范围按照本通知所附《技术先进型服务业务领域范围（服务贸易类）》执行。

三、省级科技部门应会同本级商务、财政、税务和发展改革部门及时将《技术先进型服务业务领域范围（服务贸易类）》增补入本地区技术先进型服务企业认定管理办法，并据此开展认定管理工作。省级人民政府财政、税务、商务、科技和发展改革部门应加强沟通与协作，发现新情况、新问题及时上报财政部、税务总局、商务部、科技部和国家发展改革委。

四、省级科技、商务、财政、税务和发展改革部门及其工作人员在认定技术先进型服务企业工作中，存在违法违纪行为的，按照《公务员法》《行政监察法》等国家有关规定追究相应责任；涉嫌犯罪的，移送司法机关处理。

附件：技术先进型服务业务领域范围（服务贸易类）

附件：

技术先进型服务业务领域范围（服务贸易类）

类别	适用范围
一、计算机和信息服务	
1. 信息系统集成服务	系统集成咨询服务；系统集成工程服务；提供硬件设备现场组装、软件安装与调试及相关运营维护支撑服务；系统运营维护服务，包括系统运行检测监控、故障定位与排除、性能管理、优化升级等。
2. 数据服务	数据存储管理服务，提供数据规划、评估、审计、咨询、清洗、整理、应用服务，数据增值服务，提供其他未分类数据处理服务。
二、研究开发和技术服务	
3. 研究和实验开发服务	物理学、化学、生物学、基因学、工程学、医学、农业科学、环境科学、人类地理科学、经济学和人文科学等领域的研究和实验开发服务。
4. 工业设计服务	对产品的材料、结构、机理、形状、颜色和表面处理的设计与选择；对产品进行的综合设计服务，即产品外观的设计、机械结构和电路设计等服务。
5. 知识产权跨境许可与转让	以专利、版权、商标等为载体的技术贸易。知识产权跨境许可是指授权境外机构有偿使用专利、版权和商标等；知识产权跨境转让是指将专利、版权和商标等知识产权售卖给境外机构。
三、文化技术服务	
6. 文化产品数字制作及相关服务	采用数字技术对舞台剧目、音乐、美术、文物、非物质文化遗产、文献资源等文化内容以及各种出版物进行数字化转化和开发，为各种显示终端提供内容，以及采用数字技术传播、经营文化产品等相关服务。
7. 文化产品的对外翻译、配音及制作服务	将本国文化产品翻译或配音成其他国家语言，将其他国家文化产品翻译或配音成本国语言以及与其相关的制作服务。
四、中医药医疗服务	
8. 中医药医疗保健及相关服务	与中医药相关的远程医疗保健、教育培训、文化交流等服务。

财政部　海关总署　税务总局　国家药品监督管理局关于抗癌药品增值税政策的通知

2018 年 4 月 27 日　财税〔2018〕47 号

各省、自治区、直辖市、计划单列市财政厅（局）、国家税务局，海关总署广东分署、各直属海关，新疆生产建设兵团财政局：

为鼓励抗癌制药产业发展，降低患者用药成本，现将抗癌药品增值税政策通知如下：

一、自 2018 年 5 月 1 日起，增值税一般纳税人生产销售和批发、零售抗癌药品，可选择按照简易办法依照 3% 征收率计算缴纳增值税。上述纳税人选择简易办法计算缴纳增值税后，36 个月内不得变更。

二、自 2018 年 5 月 1 日起，对进口抗癌药品，减按 3% 征收进口环节增值税。

三、纳税人应单独核算抗癌药品的销售额。未单独核算的，不得适用本通知第一条规定的简易征收政策。

四、本通知所称抗癌药品，是指经国家药品监督管理部门批准注册的抗癌制剂及原料药。抗癌药品清单（第一批）见附件。抗癌药品范围实行动态调整，由财政部、海关总署、税务总局、国家药品监督管理局根据变化情况适时明确。

附件：抗癌药品清单（第一批）

附件：

抗癌药品清单（第一批）

一、抗癌药品制剂

序号	药品活性成分名称	已获准上市的剂型	税号
1	阿那曲唑	片剂	30049090
2	阿糖胞苷	注射剂	30021900
3	阿昔替尼	片剂	30049090
4	阿扎胞苷	注射剂	30049090
5	奥沙利铂	注射剂	30049090
6	奥替拉西/吉美嘧啶/替加氟	胶囊剂、片剂	30049090
7	白消安	片剂、注射剂	30049090
8	苯丁酸氮芥	片剂	30049090
9	比卡鲁胺	片剂、胶囊	30049090
10	表柔比星	注射剂	30042090
11	醋酸阿比特龙	片剂	30043900
12	醋酸奥曲肽	注射剂	30043900
13	醋酸戈舍瑞林	植入剂	30043200
14	醋酸亮丙瑞林	注射剂	30043900
15	醋酸曲普瑞林	注射剂	30043200
16	达卡巴嗪	注射剂	30049090
17	达沙替尼	片剂	30049090
18	地西他滨	注射剂	30049090
19	多西他赛	注射剂	30049090
20	氟尿嘧啶	注射剂、片剂、口服乳剂、乳膏、植入剂、口服溶液	30041090
21	氟他胺	片剂、胶囊	30049090
22	氟维司群	注射剂	30043200
23	福美坦	注射剂	30043900
24	福莫司汀	注射剂	30049090
25	枸橼酸他莫昔芬	片剂、口服溶液	30049090
26	枸橼酸托瑞米芬	片剂	30049090
27	环磷酰胺	注射剂、片剂	30049090
28	吉非替尼	片剂	30049090
29	甲氨蝶呤	注射剂	30049090

续表

序号	药品活性成分名称	已获准上市的剂型	税号
30	甲苯磺酸拉帕替尼	片剂	30049090
31	甲苯磺酸索拉非尼	片剂	30049090
32	甲磺酸阿帕替尼	片剂	30049090
33	甲磺酸奥希替尼	片剂	30049090
34	甲磺酸伊马替尼	胶囊剂、片剂	30049090
35	酒石酸长春瑞滨	胶囊剂、注射剂	30044900
36	卡铂	注射剂	30049090
37	卡莫氟	片剂	30049090
38	卡培他滨	片剂	30049090
39	克拉屈滨	注射剂	30049090
40	克唑替尼	胶囊剂	30049090
41	来那度胺	胶囊剂	30049090
42	来曲唑	片剂	30049090
43	雷替曲塞	注射剂	30049090
44	磷酸雌莫司汀	胶囊剂	30043900
45	磷酸氟达拉滨	片剂、注射剂	30049090
46	磷酸芦可替尼	片剂	30049090
47	磷酸依托泊苷	注射剂	30049090
48	硫酸长春地辛	注射剂	30044900
49	硫酸长春新碱	注射剂	30044900
50	洛铂	注射剂	30049090
51	马来酸阿法替尼	片剂	30049090
52	美法仑	片剂	30049090
53	门冬酰胺酶	注射剂	30049090
54	奈达铂	注射剂	30049090
55	尼洛替尼	胶囊剂	30049090
56	培美曲塞二钠	注射剂	30049090
57	培门冬酶	注射剂	30049090
58	培唑帕尼	片剂	30049090
59	硼替佐米	注射剂	30049090
60	苹果酸舒尼替尼	胶囊剂	30049090
61	羟喜树碱	注射剂	30044900
62	巯嘌呤	片剂	30049090
63	去氧氟尿苷	片剂、胶囊、分散片	30049090
64	瑞戈非尼	片剂	30049090
65	双羟萘酸曲普瑞林	注射剂	30043900

序号	药品活性成分名称	已获准上市的剂型	税号
66	顺铂	注射剂	30049090
67	丝裂霉素	注射剂	30042090
68	替加氟	片剂、注射剂	30049090
69	替莫唑胺	胶囊剂	30049090
70	替尼泊苷	注射剂	30049090
71	维莫非尼	片剂	30049090
72	西达本胺	片剂	30049090
73	亚叶酸钙	注射剂	30049090
74	亚叶酸钠	注射剂	30049090
75	盐酸阿糖胞苷	注射剂	30049090
76	盐酸埃克替尼	片剂	30049090
77	盐酸吡柔比星	注射剂	30049090
78	盐酸表柔比星	注射剂	30049090
79	盐酸博来霉素	注射剂	30042090
80	盐酸氮芥	注射剂	30049090
81	盐酸多柔比星	注射剂	30042090
82	盐酸厄洛替尼	片剂	30049090
83	盐酸吉西他滨	注射剂	30049090
84	盐酸尼莫司汀	注射剂	30049090
85	盐酸平阳霉素	注射剂	30042090
86	盐酸柔红霉素	注射剂	30042090
87	盐酸托泊替康	注射剂	30044900
88	盐酸伊达比星	胶囊剂、注射剂	30042090
89	盐酸伊立替康	注射剂	30049090
90	伊布替尼	胶囊剂	30049090
91	依托泊苷	胶囊剂、注射剂	30049090
92	依维莫司	片剂	30049090
93	依西美坦	片剂	30043200
94	异环磷酰胺	注射剂	30049090
95	重酒石酸长春瑞滨	注射剂	30044900
96	紫杉醇	注射剂	30049090
97	左亚叶酸钙	注射剂	30049090
98	尿嘧啶/替加氟	片剂、胶囊	30049090
99	贝伐珠单抗注射液	注射剂	30021500
100	利妥昔单抗注射液	注射剂	30021500
101	西妥昔单抗注射液	注射剂	30021200
102	注射用曲妥珠单抗	注射剂	30021500
103	尼妥珠单抗注射液	注射剂	30021500

二、抗癌药品原料药

序号	药品名称	税号
1	阿那曲唑	29339900
2	奥沙利铂	28439000
3	奥替拉西钾	29336990
4	白消安	29053990
5	比卡鲁胺	29309090
6	吡柔比星	29419090
7	醋酸曲普瑞林	29371900
8	达沙替尼	29341090
9	地西他滨	29349990
10	多西他赛	29329990
11	氟脲苷	29349990
12	氟他胺	29242990
13	福美坦	29372319
14	环磷酰胺	29349990
15	吉非替尼	29349990
16	吉美嘧啶	29333990
17	甲磺酸阿帕替尼	29333990
18	甲磺酸伊马替尼	29335990
19	酒石酸长春瑞滨	29397990
20	卡铂	28439000
21	卡培他滨	29349990
22	来那度胺	29337900
23	来曲唑	29339900
24	雷替曲塞	29349990
25	磷酸氟达拉滨	29349990
26	硫酸长春新碱	29397990
27	硫唑嘌呤	29335990
28	门冬酰胺酶	35079090
29	奈达铂	28439000
30	培美曲塞二钠	29335990
31	硼替佐米	29339900
32	顺铂	28439000
33	丝裂霉素	29419090

序号	药品名称	税号
34	替加氟	29349990
35	替莫唑胺	29339900
36	西达本胺	29333990
37	盐酸阿糖胞苷	29349990
38	盐酸埃克替尼	29349990
39	盐酸表柔比星	29419090
40	盐酸多柔比星	29419090
41	盐酸吉西他滨	29349990
42	盐酸米托蒽醌	29225090
43	盐酸平阳霉素	29419090
44	盐酸柔红霉素	29419090
45	盐酸托泊替康	29397990
46	盐酸伊达比星	29419090
47	盐酸伊立替康	29397990
48	依西美坦	29372900
49	异环磷酰胺	29349990
50	紫杉醇	29329990
51	左亚叶酸钙	29335990

财政部　税务总局关于对营业账簿减免印花税的通知

2018 年 5 月 3 日　财税〔2018〕50 号

各省、自治区、直辖市、计划单列市财政厅（局）、国家税务局、地方税务局，新疆生产建设兵团财政局：

为减轻企业负担，鼓励投资创业，现就减免营业账簿印花税有关事项通知如下：

自 2018 年 5 月 1 日起，对按万分之五税率贴花的资金账簿减半征收印花税，对按件贴花五元的其他账簿免征印花税。

请遵照执行。

财政部　税务总局关于企业职工教育
经费税前扣除政策的通知

2018 年 5 月 7 日　财税〔2018〕51 号

各省、自治区、直辖市、计划单列市财政厅（局）、国家税务局、地方税务局，新疆生产建设兵团财政局：

为鼓励企业加大职工教育投入，现就企业职工教育经费税前扣除政策通知如下：

一、企业发生的职工教育经费支出，不超过工资薪金总额 8% 的部分，准予在计算企业所得税应纳税所得额时扣除；超过部分，准予在以后纳税年度结转扣除。

二、本通知自 2018 年 1 月 1 日起执行。

财政部 税务总局关于延续宣传文化
增值税优惠政策的通知

2018 年 6 月 5 日   财税〔2018〕53 号

各省、自治区、直辖市、计划单列市财政厅（局）、国家税务局，新疆生产建设兵团财政局，财政部驻各省、自治区、直辖市、计划单列市财政监察专员办事处：

为促进我国宣传文化事业的发展，继续实施宣传文化增值税优惠政策。现将有关事项通知如下：

一、自 2018 年 1 月 1 日起至 2020 年 12 月 31 日，执行下列增值税先征后退政策。

（一）对下列出版物在出版环节执行增值税 100% 先征后退的政策：

1. 中国共产党和各民主党派的各级组织的机关报纸和机关期刊，各级人大、政协、政府、工会、共青团、妇联、残联、科协的机关报纸和机关期刊，新华社的机关报纸和机关期刊，军事部门的机关报纸和机关期刊。

上述各级组织不含其所属部门。机关报纸和机关期刊增值税先征后退范围掌握在一个单位一份报纸和一份期刊以内。

2. 专为少年儿童出版发行的报纸和期刊，中小学的学生课本。

3. 专为老年人出版发行的报纸和期刊。

4. 少数民族文字出版物。

5. 盲文图书和盲文期刊。

6. 经批准在内蒙古、广西、西藏、宁夏、新疆五个自治区内注册的出版单位出版的出版物。

7. 列入本通知附件 1 的图书、报纸和期刊。

（二）对下列出版物在出版环节执行增值税先征后退 50% 的政策：

1. 各类图书、期刊、音像制品、电子出版物，但本通知第一条第（一）项规定执行增值税 100% 先征后退的出版物除外。

2. 列入本通知附件 2 的报纸。

（三）对下列印刷、制作业务执行增值税 100% 先征后退的政策：

1. 对少数民族文字出版物的印刷或制作业务。

2. 列入本通知附件 3 的新疆维吾尔自治区印刷企业的印刷业务。

二、自 2018 年 1 月 1 日起至 2020 年 12 月 31 日，免征图书批发、零售环节增值税。

三、自 2018 年 1 月 1 日起至 2020 年 12 月 31 日，对科普单位的门票收入，以及县级及以上党政部门和科协开展科普活动的门票收入免征增值税。

四、享受本通知第一条第（一）项、第（二）项规定的增值税先征后退政策的纳税人，必须是具有相关出版物出版许可证的出版单位（含以"租型"方式取得专有出版权进行出版物印刷发行的出版单位）。承担省级及以上出版行政主管部门指定出版、发行任务的单位，因进行重组改制等原因尚未办理出版、发行许可证变更的单位，经财政部驻各地财政监察专员办事处（以下简称财政监察专员办事处）商省级出版行政主管部门核准，可以享受相应的增值税先征后退政策。

纳税人应将享受上述税收优惠政策的出版物在财务上实行单独核算，不进行单独核算的不得享受本通知规定的优惠政策。违规出版物、多次出现违规的出版单位及图书批发零售单位不得享受本通知规定的优惠政策，上述违规出版物、出版单位及图书批发零售单位的具体名单由省级及以上出版行政主管部门及时通知相应财政监察专员办事处和主管税务机关。

五、已按软件产品享受增值税退税政策的电子出版物不得再按本通知申请增值税先征后退政策。

六、本通知规定的各项增值税先征后退政策由财政监察专员办事处根据财政部、国家税务总局、中国人民银行《关于税制改革后对某些企业实行"先征后退"有关预算管理问题的暂行规定的通知》〔（94）财预字第 55 号〕的规定办理。

七、本通知的有关定义

（一）本通知所述"出版物"，是指根据国务院出版行政主管部门的有关规定出版的图书、报纸、期刊、音像制品和电子出版物。所述图书、报纸和期刊，包括随同图书、报纸、期刊销售并难以分离的光盘、软盘和磁带等信息载体。

（二）图书、报纸、期刊（即杂志）的范围，仍然按照《国家税务总局关于印发〈增值税部分货物征税范围注释〉的通知》（国税发〔1993〕151 号）的规定执行；音像制品、电子出版物的范围，按照《财政部　税务总局关于简并增值税税率有关政策的通知》（财税〔2017〕37 号）的规定执行。

（三）本通知所述"专为少年儿童出版发行的报纸和期刊"，是指以初中及初中以下少年儿童为主要对象的报纸和期刊。

（四）本通知所述"中小学的学生课本"，是指普通中小学学生课本和中等职业教育课本。普通中小学学生课本是指根据教育部中、小学教学大纲的要求，由经国务院教育行政主管部门审定，并取得国务院出版行政主管部门批准的教科书出版、发行资质的单位提供的中、小学学生上课使用的正式课本，具体操作时按国家和省级教育行政部门每年春、秋两季下达的"中小学教学用书目录"中所列的"课本"的范围掌握；中等职业教育课本是指经国家和省级教育、人力资源社会保障行政部门审定，供中等专业学校、职业高中和成人专业学校学生使用的课本，具体操作时按国家和省级教育、人力资源社会保障行政部门每年下达的教学用书目录认定。中小学的学生课本不包括各种形式的教学参考书、图册、自读课本、课外读物、练习册以及其他各类辅助性教材和辅导读物。

（五）本通知所述"专为老年人出版发行的报纸和期刊"，是指以老年人为主要对象的报纸和期刊，具体范围详见附件 4。

（六）本通知第一条第（一）项和第（二）项规定的图书包括"租型"出版的图书。

（七）本通知所述"科普单位"，是指科技馆、自然博物馆，对公众开放的天文馆（站、台）、气象台（站）、地震台（站），以及高等院校、科研机构对公众开放的科普基地。

本通知所述"科普活动"，是指利用各种传媒以浅显的、让公众易于理解、接受和参与的方式，向普通大众介绍自然科学和社会科学知识，推广科学技术的应用，倡导科学方法，传播科学思想，弘扬科学精神的活动。

八、本通知自 2018 年 1 月 1 日起执行。《财政部　国家税务总局关于延续宣传文化增值税和营业税优惠政策的通知》（财税〔2013〕87 号）同时废止。

按照本通知第二条和第三条规定应予免征的增值税，凡在接到本通知以前已经征收入库的，可抵减纳税人以后月份应缴纳的增值税税款或者办理税款退库。纳税人如果已向购买方开具了增值税专用发票，应将专用发票追回后方可申请办理免税。凡专用发票无法追回的，一律照章征收增值税。

附件：1. 适用增值税 100% 先征后退政策的特定图书、报纸和期刊名单

2. 适用增值税 50% 先征后退政策的报纸名单

3. 适用增值税 100% 先征后退政策的新疆维吾尔自治区印刷企业名单

4. 专为老年人出版发行的报纸和期刊名单

附件 1：

适用增值税 100% 先征后退政策的特定
图书、报纸和期刊名单

1.《半月谈》（CN11 – 1271/D）和《半月谈内部版》（CN11 – 1599/D）

2. 新华通讯社的刊号为 CN11 – 1363/D、CN11 – 4165/D、CN11 – 4166/D、CN11 – 4164/D、CN11 – 4139/D 和 CN11 – 4140/D 的期刊

3.《法制日报》（CN11 – 0080）

4.《检察日报》（CN11 – 0187）

5.《人民法院报》（CN11 – 0194）

6.《中国日报》（CN11 – 0091）

7.《中国纪检监察报》（CN11 – 0176）

8.《光明日报》（CN11 – 0026）

9.《经济日报》（CN11 – 0014）

10.《农民日报》（CN11 – 0055）

11.《人民公安报》（CN11 – 0090）

12.《中国妇女》〔CN11 – 1245/C，CN11 – 1704/C（英文）〕

13.《长安》（CN11 – 3295/D）

14.《中国火炬》（CN11 – 3316/C）

15.《中国纪检监察》（CN10 – 1269/D）

16.《环球时报》〔CN11 – 0215，CN11 – 0272（英文版）〕

17.《中共中央办公厅通讯》〔CN11 – 4129/D〕

18.《科技日报》〔CN11 – 0078〕

19. 国务院侨办组织编写的背面印有"本书国务院侨办推展海外华文教育免费赠送"字样的华文教材（含多媒体教材）。

附件 2：

适用增值税 50% 先征后退政策的报纸名单

类别	享受政策的报纸	代码
一、综合类报纸	1. 国际时政类报纸	133
	2. 外宣类报纸	134
	3. 其他类报纸	135
二、行业专业类报纸	1. 经济类报纸	201
	2. 工业产业类报纸	202
	3. 农业类报纸	203
	4. 文化艺术类报纸	206
	5. 法制公安类报纸	207
	6. 科技类报纸	208

类别	享受政策的报纸	代码
二、行业专业类报纸	7. 教育类报纸	209
	8. 新闻出版类报纸	214
	9. 信息技术类报纸	215
	10. 其他类报纸	216

说明：1. 根据《新闻出版署关于印发〈报纸期刊年度核验办法〉的通知》（新出报刊〔2006〕181号），报纸类别由各省出版行政主管部门根据报纸审批、变更时所认定的类别或根据报纸办报宗旨确定。具体类别或代码以出版行政主管部门出具的《报纸出版许可证》中"类别"栏标明的内容为准。

2. 对2008年底以前颁发的《报纸出版许可证》，如果没有标明相应报纸类别或代码的，应在报经国务院出版行政主管部门确认并出具证明后，再根据相应类别确定是否适用退税政策。

附件3：

适用增值税100％先征后退政策的新疆维吾尔自治区印刷企业名单

序号	企业名称
1	新疆新华印刷厂
2	新疆新华印刷二厂
3	新疆八艺印刷厂
4	新疆日报社印务中心
5	新疆生产建设兵团印刷厂
6	新疆蓝天铁路印务有限公司
7	新疆维吾尔自治区地矿彩印厂
8	乌鲁木齐隆益达印务有限公司
9	乌鲁木齐市海洋彩印有限公司
10	乌鲁木齐市大陆桥教育印刷厂
11	乌鲁木齐八家户彩印有限公司
12	乌鲁木齐晚报社印务中心
13	新疆金版印务有限公司
14	哈密日报社印务中心（有限公司）
15	新疆伊犁日报印刷厂
16	新疆大众彩印有限责任公司
17	克拉玛依市独山子天利人印务有限公司
18	新疆巴音郭楞日报社印刷厂
19	巴州好彩彩印有限责任公司
20	阿克苏飞达印务有限责任公司
21	喀什日报社印刷厂
22	喀什维吾尔文出版社彩印厂
23	新疆晨新印务有限责任公司
24	石河子报社印刷厂

续表

序号	企业名称
25	博尔塔拉报社印刷厂
26	阿勒泰地区报社印刷厂
27	新疆阿克苏新华印务有限责任公司
28	克孜勒苏日报社印刷厂
29	新疆和田日报社印刷厂
30	新疆塔城中信天成印刷有限责任公司
31	新疆新华华龙印务有限责任公司
32	新疆一龙印刷有限公司
33	新疆恒远中汇彩印包装股份有限公司
34	新疆兴华夏彩印有限公司
35	新疆朝阳印刷有限责任公司
36	乌鲁木齐红色印务包装有限公司
37	新疆八百印务有限公司
38	新疆翼百丰印务有限公司
39	乌鲁木齐市冠雄印刷有限公司
40	新疆统计印刷厂
41	伊犁伊力特印务有限责任公司
42	乌鲁木齐精彩阳光印刷包装有限公司
43	新疆准东顶佳工贸有限责任公司
44	新疆维吾尔自治区财政厅印刷厂
45	新疆兴东印刷包装有限公司
46	新疆育人教育招生考试印务有限公司
47	乌鲁木齐大金马印务有限责任公司
48	新疆超亚印刷有限公司
49	新疆金新印刷厂
50	新疆新七彩印刷有限公司
51	乌鲁木齐网典方正多媒体制作有限公司
52	乌鲁木齐旭鸿工贸有限公司
53	乌鲁木齐昊坤彩印有限公司
54	乌鲁木齐市科恒彩印有限公司
55	昌吉州升华印刷有限责任公司
56	乌鲁木齐松瑞印刷有限公司
57	乌鲁木齐光大印刷有限公司

续表

序号	企业名称
58	乌鲁木齐市博文印务有限公司
59	新疆双星彩印有限责任公司
60	乌鲁木齐新盾印务有限公司
61	乌鲁木齐大路印务有限公司
62	新疆日报社南疆印务中心

附件4：

专为老年人出版发行的报纸和期刊名单

类别	序号	名称	刊号
一、报纸	1	中国老年报	CN11 – 0031
	2	中老年时报	CN12 – 0024
	3	燕赵老年报	CN13 – 0027
	4	老友导报	CN14 – 0064
	5	辽宁老年报	CN21 – 0023
	6	晚晴报	CN21 – 0025
	7	老年日报	CN23 – 0018
	8	上海老年报	CN31 – 0026
	9	老年周报	CN32 – 0004
	10	浙江老年报	CN33 – 0097
	11	安徽老年报	CN34 – 0051
	12	福建老年报	CN35 – 0008
	13	老年生活报	CN37 – 0099
	14	老年文汇报	CN42 – 0074
	15	广州市老人报	CN44 – 0099
	16	广西老年报	CN45 – 0058
	17	晚霞报	CN51 – 0056
	18	贵州老年报	CN52 – 0033
	19	云南老年报	CN53 – 0035
	20	陕西老年报	CN61 – 0041
	21	老年康乐报	CN65 – 0064
	22	老年康乐报（维文版）	CN65 – 0064/ – W
	23	益寿文摘	CN34 – 0042
	24	老年文摘报	CN15 – 0062
	25	快乐老人报	CN43 – 0024
	26	生活晚报	CN65 – 0023

类别	序号	名称	刊号
二、期刊	27	中国老年	CN11 – 1146/C
	28	老人世界	CN13 – 1123/C
	29	山西老年	CN14 – 1009/C
	30	老年世界	CN15 – 1013/C
	31	老同志之友	CN21 – 1006/C
	32	夕阳红	CN22 – 1325/C
	33	退休生活	CN23 – 1003/C
	34	老年学习生活	CN23 – 1090/C
	35	银潮	CN32 – 1385/C
	36	老友	CN36 – 1240/C
	37	老年教育	CN37 – 1007/G4
	38	老人春秋	CN41 – 1217/C
	39	当代老年	CN42 – 1297/D
	40	老年人	CN43 – 1261/C
	41	秋光	CN44 – 1493/C
	42	老年知音	CN45 – 1252/G0
	43	晚霞	CN51 – 1449/C
	44	晚晴	CN52 – 1006/C
	45	金秋	CN61 – 1385/C
	46	老年博览	CN62 – 1174/C
	47	金色年代	CN31 – 1994/C
	48	老干部之家	CN37 – 1507/C
	49	新天地	CN11 – 5523/C
	50	乐活老年	CN21 – 1595/C

财政部　税务总局关于设备、器具扣除
有关企业所得税政策的通知

2018 年 5 月 7 日　财税〔2018〕54 号

各省、自治区、直辖市、计划单列市财政厅（局）、国家税务局、地方税务局，新疆生产建设兵团财政局：

为引导企业加大设备、器具投资力度，现就有关企业所得税政策通知如下：

一、企业在 2018 年 1 月 1 日至 2020 年 12 月 31 日期间新购进的设备、器具，单位价值不超过 500 万元的，允许一次性计入当期成本费用在计算应纳税所得额时扣除，不再分年度计算折旧；单位价值超过 500 万元的，仍按企业所得税法实施条例、《财政部　国家税务总局关于完善固定资产加速折旧企业所得税政策的通知》（财税〔2014〕75 号）、《财政部　国家税务总局关于进一步完善固定资产加速折旧企业所得税政策的通知》（财税〔2015〕106 号）等相关规定执行。

二、本通知所称设备、器具，是指除房屋、建筑物以外的固定资产。

财政部 税务总局关于继续实施企业改制重组有关土地增值税政策的通知

2018 年 5 月 16 日   财税〔2018〕57 号

各省、自治区、直辖市、计划单列市财政厅（局）、地方税务局，西藏、宁夏自治区国家税务局，新疆生产建设兵团财政局：

为支持企业改制重组，优化市场环境，现将继续执行企业在改制重组过程中涉及的土地增值税政策通知如下：

一、按照《中华人民共和国公司法》的规定，非公司制企业整体改制为有限责任公司或者股份有限公司，有限责任公司（股份有限公司）整体改制为股份有限公司（有限责任公司），对改制前的企业将国有土地使用权、地上的建筑物及其附着物（以下称房地产）转移、变更到改制后的企业，暂不征土地增值税。

本通知所称整体改制是指不改变原企业的投资主体，并承继原企业权利、义务的行为。

二、按照法律规定或者合同约定，两个或两个以上企业合并为一个企业，且原企业投资主体存续的，对原企业将房地产转移、变更到合并后的企业，暂不征土地增值税。

三、按照法律规定或者合同约定，企业分设为两个或两个以上与原企业投资主体相同的企业，对原企业将房地产转移、变更到分立后的企业，暂不征土地增值税。

四、单位、个人在改制重组时以房地产作价入股进行投资，对其将房地产转移、变更到被投资的企业，暂不征土地增值税。

五、上述改制重组有关土地增值税政策不适用于房地产转移任意一方为房地产开发企业的情形。

六、企业改制重组后再转让国有土地使用权并申报缴纳土地增值税时，应以改制前取得该宗国有土地使用权所支付的地价款和按国家统一规定缴纳的有关费用，作为该企业"取得土地使用权所支付的金额"扣除。企业在改制重组过程中经省级以上（含省级）国土管理部门批准，国家以国有土地使用权作价出资入股的，再转让该宗国有土地使用权并申报缴纳土地增值税时，应以该宗土地作价入股时省级以上（含省级）国土管理部门批准的评估价格，作为该企业"取得土地使用权所支付的金额"扣除。办理纳税申报时，企业应提供该宗土地作价入股时省级以上（含省级）国土管理部门的批准文件和批准的评估价格，不能提供批准文件和批准的评估价格的，不得扣除。

七、企业在申请享受上述土地增值税优惠政策时，应向主管税务机关提交房地产转移双方营业执照、改制重组协议或等效文件，相关房地产权属和价值证明、转让方改制重组前取得土地使用权所支付地价款的凭据（复印件）等书面材料。

八、本通知所称不改变原企业投资主体、投资主体相同，是指企业改制重组前后出资人不发生变动，出资人的出资比例可以发生变动；投资主体存续，是指原企业出资人必须存在于改制重组后的企业，出资人的出资比例可以发生变动。

九、本通知执行期限为 2018 年 1 月 1 日至 2020 年 12 月 31 日。

财政部 税务总局 科技部关于科技人员取得职务科技成果转化现金奖励有关个人所得税政策的通知

2018 年 5 月 29 日   财税〔2018〕58 号

各省、自治区、直辖市、计划单列市财政厅（局）、地方税务局、科技厅（委、局），新疆生产建设兵团财政局、科技局：

为进一步支持国家大众创业、万众创新战略的实施，促进科技成果转化，现将科技人员取得职务科技成果转化现金奖励有关个人所得税政策通知如下：

一、依法批准设立的非营利性研究开发机构和高等学校（以下简称非营利性科研机构和高校）根据《中华人民共和国促进科技成果转化法》规定，从职务科技成果转化收入中给予科技人员的现金奖励，可减按 50% 计入科技人员当月"工资、薪金所得"，依法缴纳个人所得税。

二、非营利性科研机构和高校包括国家设立的科研机构和高校、民办非营利性科研机构和高校。

三、国家设立的科研机构和高校是指利用财政性资金设立的、取得《事业单位法人证书》的科研机构和公办高校，包括中央和地方所属科研机构和高校。

四、民办非营利性科研机构和高校，是指同时满足以下条件的科研机构和高校：

（一）根据《民办非企业单位登记管理暂行条例》在民政部门登记，并取得《民办非企业单位登记证书》。

（二）对于民办非营利性科研机构，其《民办非企业单位登记证书》记载的业务范围应属于"科学研究与技术开发、成果转让、科技咨询与服务、科技成果评估"范围。对业务范围存在争议的，由税务机关转请县级（含）以上科技行政主管部门确认。

对于民办非营利性高校，应取得教育主管部门颁发的《民办学校办学许可证》，《民办学校办学许可证》记载学校类型为"高等学校"。

（三）经认定取得企业所得税非营利组织免税资格。

五、科技人员享受本通知规定税收优惠政策，须同时符合以下条件：

（一）科技人员是指非营利性科研机构和高校中对完成或转化职务科技成果作出重要贡献的人员。非营利性科研机构和高校应按规定公示有关科技人员名单及相关信息（国防专利转化除外），具体公示办法由科技部会同财政部、税务总局制定。

（二）科技成果是指专利技术（含国防专利）、计算机软件著作权、集成电路布图设计专有权、植物新品种权、生物医药新品种，以及科技部、财政部、税务总局确定的其他技术成果。

（三）科技成果转化是指非营利性科研机构和高校向他人转让科技成果或者许可他人使用科技成果。现金奖励是指非营利性科研机构和高校在取得科技成果转化收入三年（36 个月）内奖励给科技人员的现金。

（四）非营利性科研机构和高校转化科技成果，应当签订技术合同，并根据《技术合同认定登记管理办法》，在技术合同登记机构进行审核登记，并取得技术合同认定登记证明。

非营利性科研机构和高校应健全科技成果转化的资金核算，不得将正常工资、奖金等收入列入科技人员职务科技成果转化现金奖励享受税收优惠。

六、非营利性科研机构和高校向科技人员发放现金奖励时，应按个人所得税法规定代扣代缴个人所得税，并按规定向税务机关履行备案手续。

七、本通知自 2018 年 7 月 1 日起施行。本通知施行前非营利性科研机构和高校取得的科技成果转化收入，自施行后 36 个月内给科技人员发放现金奖励，符合本通知规定的其他条件的，适用本通知。

财政部　税务总局关于物流企业承租用于大宗商品仓储设施的土地城镇土地使用税优惠政策的通知

2018 年 6 月 1 日　财税〔2018〕62 号

各省、自治区、直辖市、计划单列市财政厅（局）、地方税务局，西藏、宁夏自治区国家税务局，新疆生产建设兵团财政局：

为促进物流业健康发展，现对物流企业承租用于大宗商品仓储设施的土地城镇土地使用税政策通知如下：

自 2018 年 5 月 1 日起至 2019 年 12 月 31 日止，对物流企业承租用于大宗商品仓储设施的土地，减按所属土地等级适用税额标准的 50% 计征城镇土地使用税。

符合减税条件的纳税人需持相关材料向主管税务机关办理备案手续。

本通知所称的物流企业、大宗商品仓储设施范围及其他未尽事项，按照《财政部　税务总局关于继续实施物流企业大宗商品仓储设施用地城镇土地使用税优惠政策的通知》（财税〔2017〕33 号）执行。

请遵照执行。

财政部　税务总局　科技部关于企业委托境外研究开发费用税前加计扣除有关政策问题的通知

2018 年 6 月 25 日　财税〔2018〕64 号

各省、自治区、直辖市、计划单列市财政厅（局）、科技厅（局），国家税务总局各省、自治区、直辖市、计划单列市税务局，新疆生产建设兵团财政局、科技局：

为进一步激励企业加大研发投入，加强创新能力开放合作，现就企业委托境外进行研发活动发生的研究开发费用（以下简称研发费用）企业所得税前加计扣除有关政策问题通知如下：

一、委托境外进行研发活动所发生的费用，按照费用实际发生额的 80% 计入委托方的委托境外研发费用。委托境外研发费用不超过境内符合条件的研发费用三分之二的部分，可以按规定在企业所得税前加计扣除。

上述费用实际发生额应按照独立交易原则确定。委托方与受托方存在关联关系的，受托方应向委托方提供研发项目费用支出明细情况。

二、委托境外进行研发活动应签订技术开发合同，并由委托方到科技行政主管部门进行登记。相关事项按技术合同认定登记管理办法及技术合同认定规则执行。

三、企业应在年度申报享受优惠时，按照《国家税务总局关于发布修订后的〈企业所得税优惠政策事项办理办法〉的公告》（国家税务总局公告 2018 年第 23 号）的规定办理有关手续，并留存备查以下资料：

（一）企业委托研发项目计划书和企业有权部门立项的决议文件；

（二）委托研究开发专门机构或项目组的编制情况和研发人员名单；

（三）经科技行政主管部门登记的委托境外研发合同；

（四）"研发支出"辅助账及汇总表；

（五）委托境外研发银行支付凭证和受托方开具的收款凭据；

（六）当年委托研发项目的进展情况等资料。

企业如果已取得地市级（含）以上科技行政主管部门出具的鉴定意见，应作为资料留存备查。

四、企业对委托境外研发费用以及留存备查资料的真实性、合法性承担法律责任。

五、委托境外研发费用加计扣除其他政策口径和管理要求按照《财政部　国家税务总局　科技部关于完善研究开发费用税前加计扣除政策的通知》（财税〔2015〕119 号）、《财政部　税务总局　科技部关于提高科技型中小企业研究开发费用税前加计扣除比例的通知》（财税〔2017〕34 号）、《国家税务总局关于企业研究开发费用税前加计扣除政策有关问题的公告》（国家税务总局公告 2015 年第 97 号）等文件规定执行。

六、本通知所称委托境外进行研发活动不包括委托境外个人进行的研发活动。

七、本通知自 2018 年 1 月 1 日起执行。财税〔2015〕119 号文件第二条中"企业委托境外机构或个人进行研发活动所发生的费用，不得加计扣除"的规定同时废止。

财政部 税务总局关于2018年退还部分行业增值税留抵税额有关税收政策的通知

2018 年 6 月 27 日 财税〔2018〕70 号

各省、自治区、直辖市、计划单列市财政厅（局），国家税务总局各省、自治区、直辖市、计划单列市税务局，新疆生产建设兵团财政局：

为助力经济高质量发展，2018 年对部分行业增值税期末留抵税额予以退还。现将有关事项通知如下：

一、退还期末留抵税额的行业企业范围

退还增值税期末留抵税额的行业包括装备制造等先进制造业、研发等现代服务业和电网企业，具体范围如下：

（一）装备制造等先进制造业和研发等现代服务业。

按照国民经济行业分类，装备制造等先进制造业和研发等现代服务业包括专用设备制造业、研究和试验发展等 18 个大类行业，详见附件《2018 年退还增值税期末留抵税额行业目录》。纳税人所属行业根据税务登记的国民经济行业确定，并优先选择以下范围内的纳税人：

1. 《中国制造 2025》明确的新一代信息技术、高档数控机床和机器人、航空航天装备、海洋工程装备及高技术船舶、先进轨道交通装备、节能与新能源汽车、电力装备、农业机械装备、新材料、生物医药及高性能医疗器械等 10 个重点领域。

2. 高新技术企业、技术先进型服务企业和科技型中小企业。

（二）电网企业

取得电力业务许可证（输电类、供电类）的全部电网企业。

二、退还期末留抵税额的纳税人条件

退还期末留抵税额纳税人的纳税信用等级为 A 级或 B 级。

三、退还期末留抵税额的计算

纳税人向主管税务机关申请退还期末留抵税额，当期退还的期末留抵税额，以纳税人申请退税上期的期末留抵税额和退还比例计算，并以纳税人 2017 年底期末留抵税额为上限。具体如下：

（一）可退还的期末留抵税额＝纳税人申请退税上期的期末留抵税额×退还比例

退还比例按下列方法计算：

1. 2014 年 12 月 31 日前（含）办理税务登记的纳税人，退还比例为 2015 年、2016 年和 2017 年三个年度已抵扣的增值税专用发票、海关进口增值税专用缴款书、解缴税款完税凭证注明的增值税额占同期全部已抵扣进项税额的比重。

2. 2015 年 1 月 1 日后（含）办理税务登记的纳税人，退还比例为实际经营期间内已抵扣的增值税专用发票、海关进口增值税专用缴款书、解缴税款完税凭证注明的增值税额占同期全部已抵扣进项税额的比重。

（二）当可退还的期末留抵税额不超过 2017 年底期末留抵税额时，当期退还的期末留抵税额为可退还

的期末留抵税额。当可退还的期末留抵税额超过 2017 年底期末留抵税额时，当期退还的期末留抵税额为 2017 年底期末留抵税额。

四、工作要求

（一）各省（包括自治区、直辖市、计划单列市，下同）财政和税务部门要根据财政部和税务总局确定的各省 2018 年装备制造等先进制造业、研发等现代服务业退还期末留抵税额规模，顺应国家宏观政策导向，兼顾不同规模、类型企业，确定本省退还期末留抵税额的纳税人，于 2018 年 8 月 31 日前将纳税人名单及拟退税金额报财政部和税务总局备案。

各省 2018 年装备制造等先进制造业、研发等现代服务业退还期末留抵税额规模由财政部和税务总局另行通知。各省电网企业的期末留抵税额，按本通知规定计算当期退还的期末留抵税额，据实退还。

（二）各省财政和税务部门务必高度重视此项工作，周密筹划、统筹推进，实施过程中应加强监测分析，做好宣传解释等工作，确保退还期末留抵税额平稳、有序推进，于 2018 年 9 月 30 日前完成退还期末留抵税额工作。

（三）2018 年 10 月 31 日前，各省财政和税务部门报送退还期末留抵税额工作总结，包括完成情况、工作方法、成效、建议等。政策执行过程中遇到重大问题及时向财政部和税务总局报告。

附件：2018 年退还增值税期末留抵税额行业目录

附件：

2018 年退还增值税期末留抵税额行业目录

序号	行业名称（按国民经济行业分类统计）
1	化学原料和化学制品制造业
2	医药制造业
3	化学纤维制造业
4	非金属矿物制品业
5	金属制品业
6	通用设备制造业
7	专用设备制造业
8	汽车制造业
9	铁路、船舶、航空航天和其他运输设备制造业
10	电气机械和器材制造业
11	计算机、通信和其他电子设备制造业
12	仪器仪表制造业
13	互联网和相关服务
14	软件和信息技术服务业
15	研究和试验发展
16	专业技术服务业
17	科技推广和应用服务业
18	生态保护和环境治理业

财政部　税务总局　工业和信息化部　交通运输部关于节能、新能源车船享受车船税优惠政策的通知

2018 年 7 月 10 日　财税〔2018〕74 号

各省、自治区、直辖市、计划单列市财政厅（局）、工业和信息化主管部门、交通运输厅（局），国家税务总局各省、自治区、直辖市、计划单列市税务局，新疆生产建设兵团财政局、工业和信息化委员会：

为促进节约能源，鼓励使用新能源，根据《中华人民共和国车船税法》及其实施条例有关规定，经国务院批准，现将节约能源、使用新能源（以下简称节能、新能源）车船的车船税优惠政策通知如下：

一、对节能汽车，减半征收车船税。

（一）减半征收车船税的节能乘用车应同时符合以下标准：

1. 获得许可在中国境内销售的排量为 1.6 升以下（含 1.6 升）的燃用汽油、柴油的乘用车（含非插电式混合动力、双燃料和两用燃料乘用车）；

2. 综合工况燃料消耗量应符合标准，具体要求见附件 1。

（二）减半征收车船税的节能商用车应同时符合以下标准：

1. 获得许可在中国境内销售的燃用天然气、汽油、柴油的轻型和重型商用车（含非插电式混合动力、双燃料和两用燃料轻型和重型商用车）；

2. 燃用汽油、柴油的轻型和重型商用车综合工况燃料消耗量应符合标准，具体标准见附件 2、附件 3。

二、对新能源车船，免征车船税。

（一）免征车船税的新能源汽车是指纯电动商用车、插电式（含增程式）混合动力汽车、燃料电池商用车。纯电动乘用车和燃料电池乘用车不属于车船税征税范围，对其不征车船税。

（二）免征车船税的新能源汽车应同时符合以下标准：

1. 获得许可在中国境内销售的纯电动商用车、插电式（含增程式）混合动力汽车、燃料电池商用车；

2. 符合新能源汽车产品技术标准，具体标准见附件 4；

3. 通过新能源汽车专项检测，符合新能源汽车标准，具体标准见附件 5；

4. 新能源汽车生产企业或进口新能源汽车经销商在产品质量保证、产品一致性、售后服务、安全监测、动力电池回收利用等方面符合相关要求，具体要求见附件 6。

（三）免征车船税的新能源船舶应符合以下标准：

船舶的主推进动力装置为纯天然气发动机。发动机采用微量柴油引燃方式且引燃油热值占全部燃料总热值的比例不超过 5% 的，视同纯天然气发动机。

三、符合上述标准的节能、新能源汽车，由工业和信息化部、税务总局不定期联合发布《享受车船税减免优惠的节约能源　使用新能源汽车车型目录》（以下简称《目录》）予以公告。

四、汽车生产企业或进口汽车经销商（以下简称汽车企业）可通过工业和信息化部节能与新能源汽车财税优惠目录申报管理系统，自愿提交节能车型报告、新能源车型报告（报告样本见附件 7、附件 8），申请将其产品列入《目录》，并对申报资料的真实性负责。

工业和信息化部、税务总局委托工业和信息化部装备工业发展中心负责《目录》组织申报、宣传培训及具体技术审查、监督检查工作。工业和信息化部装备工业发展中心审查结果在工业和信息化部网站公示 5 个工作日，没有异议的，列入《目录》予以发布。对产品与申报材料不符、产品性能指标未达到标准或者汽车企业提供其他虚假信息，以及列入《目录》后 12 个月内无产量或进口量的车型，在工业和信息化部网站公示 5 个工作日，没有异议的，从《目录》中予以撤销。

五、船舶检验机构在核定检验船舶主推进动力装置时，对满足本通知新能源船舶标准的，在其船用产品证书上标注"纯天然气发动机"字段；在船舶建造检验时，对船舶主推进动力装置船用产品证书上标注有"纯天然气发动机"字段的，在其检验证书服务簿中标注"纯天然气动力船舶"字段。

对使用未标记"纯天然气发动机"字段主推进动力装置的船舶，船舶所有人或者管理人认为符合本通知新能源船舶标准的，在船舶年度检验时一并向船舶检验机构提出认定申请，同时提交支撑材料，并对提供信息的真实性负责。船舶检验机构通过审核材料和现场检验予以确认，符合本通知新能源船舶标准的，在船舶检验证书服务簿中标注"纯天然气动力船舶"字段。

纳税人凭标注"纯天然气动力船舶"字段的船舶检验证书享受车船税免税优惠。

六、财政部、税务总局、工业和信息化部、交通运输部根据汽车和船舶技术进步、产业发展等因素适时调整节能、新能源车船的认定标准。在开展享受车船税减免优惠的节能、新能源车船审查和认定等相关管理工作过程中，相关部门及其工作人员存在玩忽职守、滥用职权、徇私舞弊等违法行为的，按照《公务员法》、《监察法》《财政违法行为处罚处分条例》等有关国家规定追究相应责任；涉嫌犯罪的，移送司法机关处理。

对提供虚假信息骗取列入《目录》资格的汽车企业，以及提供虚假资料的船舶所有人或者管理人，应依照相关法律法规予以处理。

七、本通知发布后，列入新公告的各批次《目录》（以下简称新《目录》）的节能、新能源汽车，自新《目录》公告之日起，按新《目录》和本通知相关规定享受车船税减免优惠政策。新《目录》公告后，第一批、第二批、第三批车船税优惠车型目录同时废止；新《目录》公告前已取得的列入第一批、第二批、第三批车船税优惠车型目录的节能、新能源汽车，不论是否转让，可继续享受车船税减免优惠政策。

八、本通知自发布之日起执行。《财政部　国家税务总局　工业和信息化部关于节约能源　使用新能源车船车船税优惠政策的通知》（财税〔2015〕51号）以及财政部办公厅、税务总局办公厅、工业和信息化部办公厅《关于加强〈享受车船税减免优惠的节约能源　使用新能源汽车车型目录〉管理工作的通知》（财办税〔2017〕63号）同时废止。

附件：1. 节能乘用车综合工况燃料消耗量限值标准
　　　2. 节能轻型商用车综合工况燃料消耗量限值标准
　　　3. 节能重型商用车综合工况燃料消耗量限值标准
　　　4. 新能源汽车产品技术标准
　　　5. 新能源汽车产品专项检验标准目录
　　　6. 新能源汽车企业要求
　　　7. 《享受车船税减免优惠的节约能源使用新能源汽车车型目录》节能车型报告
　　　8. 《享受车船税减免优惠的节约能源使用新能源汽车车型目录》新能源车型报告

附件1：

节能乘用车综合工况燃料消耗量限值标准

单位：L/100km

整车整备质量（CM）kg	2018 年		2019 年		2020 年	
	两排及以下座椅	三排或以上座椅	两排及以下座椅	三排或以上座椅	两排及以下座椅	三排或以上座椅
CM≤750	4.4	4.7	4.2	4.6	4.0	4.3
750＜CM≤865	4.6	4.8	4.5	4.7	4.2	4.4

续表

整车整备质量（CM）kg	2018 年		2019 年		2020 年	
	两排及以下座椅	三排或以上座椅	两排及以下座椅	三排或以上座椅	两排及以下座椅	三排或以上座椅
865 < CM ≤ 980	4.7	5.0	4.6	4.8	4.3	4.5
980 < CM ≤ 1 090	5.0	5.2	4.8	5.0	4.5	4.7
1 090 < CM ≤ 1 205	5.2	5.4	5.0	5.2	4.7	4.9
CM > 1 205	5.4	5.4	5.2	5.2	4.9	4.9

附件 2：

节能轻型商用车综合工况燃料消耗量限值标准

表 2.1   **N1 类车辆**   单位：L/100km

整车整备质量（CM）kg	2018 年		2019 年		2020 年	
	汽油	柴油	汽油	柴油	汽油	柴油
CM ≤ 750	5.0	4.5	4.7	4.3	4.5	4.1
750 < CM ≤ 865	5.2	4.7	5.0	4.4	4.7	4.2
865 < CM ≤ 980	5.5	5.0	5.2	4.7	5.0	4.5
980 < CM ≤ 1 090	5.8	5.2	5.5	5.0	5.2	4.7
1 090 < CM ≤ 1 205	6.0	5.5	5.7	5.2	5.4	5.0
1 205 < CM ≤ 1 320	6.4	5.8	6.1	5.5	5.8	5.2
1 320 < CM ≤ 1 430	6.8	6.0	6.4	5.7	6.1	5.4
1 430 < CM ≤ 1 540	7.1	6.3	6.8	6.0	6.4	5.7
1 540 < CM ≤ 1 660	7.5	6.6	7.1	6.2	6.7	5.9
1 660 < CM ≤ 1 770	7.8	6.8	7.4	6.5	7.1	6.2
1 770 < CM ≤ 1 880	8.2	7.1	7.8	6.8	7.4	6.4
1 880 < CM ≤ 2 000	8.6	7.5	8.2	7.1	7.8	6.7
2 000 < CM ≤ 2 110	9.1	7.8	8.6	7.4	8.2	7.1
2 110 < CM ≤ 2 280	9.5	8.2	9.1	7.8	8.6	7.4
2 280 < CM ≤ 2 510	10.0	8.6	9.5	8.1	9.0	7.7
2 510 < CM	10.5	9.0	10.0	8.6	9.5	8.1

表 2.2   **最大设计总质量不大于 3 500kg 的 M2 类车辆**   单位：L/100km

整车整备质量（CM）kg	2018 年		2019 年		2020 年	
	汽油	柴油	汽油	柴油	汽油	柴油
CM ≤ 750	4.5	4.2	4.3	4.0	4.1	3.8
750 < CM ≤ 865	4.9	4.5	4.6	4.3	4.4	4.1
865 < CM ≤ 980	5.2	4.8	5.0	4.5	4.7	4.3

整车整备质量（CM）kg	2018 年		2019 年		2020 年	
	汽油	柴油	汽油	柴油	汽油	柴油
980 < CM ≤ 1 090	5.6	5.0	5.3	4.8	5.0	4.5
1 090 < CM ≤ 1 205	5.9	5.3	5.6	5.0	5.4	4.8
1 205 < CM ≤ 1 320	6.3	5.6	6.0	5.3	5.7	5.0
1 320 < CM ≤ 1 430	6.7	5.9	6.3	5.6	6.0	5.3
1 430 < CM ≤ 1 540	7.0	6.1	6.7	5.8	6.3	5.5
1 540 < CM ≤ 1 660	7.4	6.4	7.0	6.1	6.7	5.8
1 660 < CM ≤ 1 770	7.7	6.7	7.4	6.3	7.0	6.0
1 770 < CM ≤ 1 880	8.1	6.9	7.7	6.6	7.3	6.3
1 880 < CM ≤ 2 000	8.6	7.2	8.1	6.8	7.7	6.5
2 000 < CM ≤ 2 110	9.0	7.6	8.6	7.2	8.1	6.8
2 110 < CM ≤ 2 280	9.5	7.9	9.0	7.5	8.5	7.1
2 280 < CM ≤ 2 510	9.9	8.3	9.4	7.9	8.9	7.5
2 510 < CM	10.4	8.6	9.8	8.2	9.3	7.8

附件3：

节能重型商用车综合工况燃料消耗量限值标准

表 3.1　　　　　　　　　　　货车　　　　　　　　　　　单位：L/100km

最大设计总质量（GVW）kg	2018 年	2019 年	2020 年
3 500 < GVW ≤ 4 500	11.5ᵃ	10.9ᵃ	10.4ᵃ
4 500 < GVW ≤ 5 500	12.2ᵃ	11.6ᵃ	11.0ᵃ
5 500 < GVW ≤ 7 000	13.8ᵃ	13.1ᵃ	12.5ᵃ
7 000 < GVW ≤ 8 500	16.3ᵃ	15.5ᵃ	14.7ᵃ
8 500 < GVW ≤ 10 500	18.3ᵃ	17.4ᵃ	16.5ᵃ
10 500 < GVW ≤ 12 500	21.3ᵃ	20.2ᵃ	19.2ᵃ
12 500 < GVW ≤ 16 000	24.0	22.8	21.7
16 000 < GVW ≤ 20 000	27.0	25.7	24.4
20 000 < GVW ≤ 25 000	32.5	30.9	29.3
25 000 < GVW ≤ 31 000	37.5	35.6	33.8
31 000 < GVW	38.5	36.6	34.7
a 对于汽油车，其限值是表中相应限值乘以1.2，求得的数值圆整（四舍五入）至小数点后一位。			

表 3.2　　　　　　　　　　半挂牵引车　　　　　　　　　　单位：L/100km

最大设计总质量（GCW）kg	2018 年	2019 年	2020 年
GCW ≤ 18 000	28.0	26.6	25.3
18 000 < GCW ≤ 27 000	30.5	29.0	27.5

续表

最大设计总质量（GCW）kg	2018 年	2019 年	2020 年
27 000 < GCW ≤ 35 000	32.0	30.4	28.9
35 000 < GCW ≤ 40 000	34.0	32.3	30.7
40 000 < GCW ≤ 43 000	35.5	33.7	32.0
43 000 < GCW ≤ 46 000	38.0	36.1	34.3
46 000 < GCW ≤ 49 000	40.0	38.0	36.1
49 000 < GCW	40.5	38.5	36.6

表 3.3　　　　　　　　　　　　　　**客车**　　　　　　　　　　　　单位：L/100km

最大设计总质量（GVW）kg	2018 年	2019 年	2020 年
3 500 < GVW ≤ 4 500	10.6[a]	10.1[a]	9.6[a]
4 500 < GVW ≤ 5 500	11.5[a]	10.9[a]	10.4[a]
5 500 < GVW ≤ 7 000	13.3[a]	12.6[a]	12.0[a]
7 000 < GVW ≤ 8 500	14.5	13.8	13.1
8 500 < GVW ≤ 10 500	16.0	15.2	14.4
10 500 < GVW ≤ 12 500	17.7	16.8	16.0
12 500 < GVW ≤ 14 500	19.1	18.1	17.2
14 500 < GVW ≤ 16 500	20.1	19.1	18.1
16 500 < GVW ≤ 18 000	21.3	20.2	19.2
18 000 < GVW ≤ 22 000	22.3	21.2	20.1
22 000 < GVW ≤ 25 000	24.0	22.8	21.7
25 000 < GVW	25.0	23.8	22.6

a 对于汽油车，其限值是表中相应限值乘以 1.2，求得的数值圆整（四舍五入）至小数点后一位。

表 3.4　　　　　　　　　　　　　**自卸汽车**　　　　　　　　　　　单位：L/100km

最大设计总质量（GVW）kg	2018 年	2019 年	2020 年
3 500 < GVW ≤ 4 500	13.0	12.4	11.7
4 500 < GVW ≤ 5 500	13.5	12.8	12.2
5 500 < GVW ≤ 7 000	15.0	14.3	13.5
7 000 < GVW ≤ 8 500	17.5	16.6	15.8
8 500 < GVW ≤ 10 500	19.5	18.5	17.6
10 500 < GVW ≤ 12 500	22.0	20.9	19.9
12 500 < GVW ≤ 16 000	25.0	23.8	22.6
16 000 < GVW ≤ 20 000	29.5	28.0	26.6
20 000 < GVW ≤ 25 000	37.5	35.6	33.8
25 000 < GVW ≤ 31 000	41.0	39.0	37.0
31 000 < GVW	41.5	39.4	37.5

表 3.5   城市客车   单位：L/100km

最大设计总质量（GVW）kg	2018 年	2019 年	2020 年
3 500 ＜ GVW ≤ 4 500	11.5	10.9	10.4
4 500 ＜ GVW ≤ 5 500	13.0	12.4	11.7
5 500 ＜ GVW ≤ 7 000	14.7	14.0	13.3
7 000 ＜ GVW ≤ 8 500	16.7	15.9	15.1
8 500 ＜ GVW ≤ 10 500	19.4	18.4	17.5
10 500 ＜ GVW ≤ 12 500	22.3	21.2	20.1
12 500 ＜ GVW ≤ 14 500	25.5	24.2	23.0
14 500 ＜ GVW ≤ 16 500	28.0	26.6	25.3
16 500 ＜ GVW ≤ 18 000	31.0	29.5	28.0
18 000 ＜ GVW ≤ 22 000	34.5	32.8	31.1
22 000 ＜ GVW ≤ 25 000	38.5	36.6	34.7
25 000 ＜ GVW	41.5	39.4	37.5

附件 4：

新能源汽车产品技术标准

一、新能源汽车纯电动续驶里程标准

单位：km

类别		乘用车	客车	货车	专用车	测试方法
纯电动			≥200	≥80	≥80	M1、N1 类采用工况法，其他暂采用 40km/h 等速法。
插电式（含增程式）混合动力	≥50（工况法）		≥50	≥50	≥50	M1、N1 类采用工况法或 60km/h 等速法，其他暂采用 40km/h 等速法。
	≥70（等速法）					
燃料电池			≥300	≥300	≥300	M1、N1 类采用工况法，其他暂采用 40km/h 等速法。

注：1. 超级电容、钛酸锂快充纯电动客车无纯电动续驶里程要求。
    2. M1 类是指包括驾驶员座位在内，座位数不超过九座的载客车辆。
       N1 类是指最大设计总质量不超过 3 500kg 的载货车辆。

二、新能源乘用车技术标准

纯电动乘用车和燃料电池乘用车不属于车船税征税范围。免征车船税的插电式混合动力（含增程式）乘用车应符合以下标准：

工况纯电续驶里程低于 80km 的插电式混合动力（含增程式）乘用车 B 状态燃料消耗量（不含电能转化的燃料消耗量）与现行的常规燃料消耗量国家标准中对应限值相比小于 70%。工况纯电续驶里程大于等于 80km 的插电式混合动力（含增程式）乘用车，按整车整备质量（m）不同，其 A 状态百公里耗电量

（Y）应满足以下要求：m≤1 000kg 时，Y≤0.014×m+0.5；1 000kg<m≤1 600kg 时，Y≤0.012×m+2.5；m>1 600kg 时，Y≤0.005×m+13.7。

三、新能源客车技术标准

免征车船税的新能源客车应同时符合以下标准：

1. 单位载质量能量消耗量（E_{kg}）不高于 0.24Wh/km·kg；

2. 非快充类纯电动客车电池系统质量能量密度要高于 95Wh/kg，快充类纯电动客车快充倍率要高于3C，插电式混合动力（含增程式）客车节油率大于 40%。

四、新能源货车和专用车技术标准

免征车船税的新能源货车和专用车应同时符合以下标准：

1. 装载动力电池系统质量能量密度不低于 95Wh/kg；

2. 纯电动货车、运输类专用车单位载质量能量消耗量（E_{kg}）不高于 0.49Wh/km·kg，其他类纯电动专用车吨百公里电耗（按试验质量）不超过 10kWh。

五、燃料电池商用车技术标准

免征车船税的燃料电池汽车应符合以下标准：

燃料电池系统的额定功率不低于驱动电机额定功率的 30%，且商用车燃料电池系统额定功率不小于30kW。

附件 5：

新能源汽车产品专项检验标准目录

序号	检验项目	标准名称	标准号	备注
1	储能装置（单体、模块）	电动汽车用锌空气电池	GB/T 18333.2—2015	6.2.4、6.3.4　90°倾倒试验对水系电解液蓄电池暂不执行。
		车用超级电容器	QC/T 741—2014	
		电动汽车用动力蓄电池循环寿命要求及试验方法	GB/T 31484—2015	6.5　工况循环寿命结合整车可靠性标准进行考核。
		电动汽车用动力蓄电池安全要求及试验方法	GB/T 31485—2015	6.2.8、6.3.8　针刺试验暂不执行。
		电动汽车用动力蓄电池电性能要求及试验方法	GB/T 31486—2015	
	储能装置（电池包）	电动汽车用锂离子动力蓄电池包和系统第 3 部分：安全性要求与测试方法	GB/T 31467.3—2015	对于由车体包覆并构成电池包箱体的，要带箱体/车体测试；电池包或系统尺寸较大，无法进行台架安装测试时，可进行子系统测试。
	储能装置（单体、模块、电池包）	汽车动力蓄电池编码规则	GB/T 34014—2017	实施时间以工业和信息化部《车辆生产企业及产品公告》要求时间为准。

序号	检验项目	标准名称	标准号	备注
2	电机及控制器	电动汽车用驱动电机系统第1部分：技术条件	GB/T 18488.1—2015	5.6.7 电磁兼容性结合 GB/T 18387—2008 电磁兼容考核； 5.7 可靠性试验结合整车可靠性进行考核；附录 A 不执行。
		电动汽车用驱动电机系统第2部分：试验方法	GB/T 18488.2—2015	10 可靠性试验、9.7 电磁兼容性暂不执行。
3	电动汽车安全	电动汽车安全要求第1部分：车载可充电储能系统（REESS）	GB/T 18384.1—2015	5.1.2 （除乘用车和 N1 类车辆外的其他汽车）绝缘电阻测试条件，可在室温条件下进行； 5.2 污染度暂不执行； 5.3 有害气体和其他有害物质排放暂不执行。
		电动汽车安全要求第2部分：操作安全和故障防护	GB/T 18384.2—2015	6 用户手册涉及项目暂不执行； 8 紧急响应涉及项目暂不执行。
		电动汽车安全要求第3部分：人员触电防护	GB/T 18384.3—2015	6.3.3 电容耦合暂不执行； 7.2 B （除乘用车和 N1 类车辆外的其他汽车）绝缘电阻测试条件，可在室温条件下进行； 9 用户手册涉及项目暂不执行。
		燃料电池电动汽车安全要求	GB/T 24549—2009	
4	电磁场辐射	电动车辆的电磁场发射强度的限值和测量方法，宽带，9kHz~30MHz	GB/T 18387—2008	
5	电动汽车操纵件	电动汽车操纵件、指示器及信号装置的标志	GB/T 4094.2—2005	
6	电动汽车仪表	电动汽车用仪表	GB/T 19836—2005	4.2 电磁兼容试验结合 GB/T 18387—2008 标准的方法和要求进行。
7	能耗	电动汽车能量消耗率和续驶里程试验方法	GB/T 18386—2005	
		轻型混合动力电动汽车能量消耗量试验方法	GB/T 19753—2013	
		重型混合动力电动汽车能量消耗量试验方法	GB/T 19754—2015	
8	排放	轻型混合动力电动汽车污染物排放控制要求及测量方法	GB 19755—2016	
9	电动汽车除霜除雾	电动汽车风窗玻璃除霜除雾系统的性能要求及试验方法	GB/T 24552—2009	5.1.1 除霜试验环境温度对于燃料电池电动汽车为 −10℃。
10	纯电动乘用车技术条件	纯电动乘用车技术条件	GB/T 28382—2012	
11	燃料电池发动机	燃料电池发动机性能试验方法	GB/T 24554—2009	
12	燃料电池电动汽车加氢口	燃料电池电动汽车加氢口	GB/T 26779—2011	
13	燃料电池电动汽车车载氢系统技术要求	燃料电池电动汽车车载氢系统技术要求	GB/T 26990—2011	
		燃料电池电动汽车车载氢系统试验方法	GB/T 29126—2012	

续表

序号	检验项目	标准名称	标准号	备注
14	电动汽车传导充电用连接装置	电动汽车传导充电用连接装置第 1 部分：通用要求	GB/T 20234.1—2015	
		电动汽车传导充电用连接装置第 2 部分：交流充电接口	GB/T 20234.2—2015	
		电动汽车传导充电用连接装置第 3 部分：直流充电接口	GB/T 20234.3—2015	
15	通信协议	电动汽车非车载传导式充电机与电池管理系统之间的通信协议	GB/T 27930—2015	
16	碰撞后安全要求	电动汽车碰撞后安全要求	GB/T 31498—2015	采用 B 级电压的燃料电池电动汽车应符合本标准规定。
17	超级电容电动城市客车	超级电容电动城市客车	QC/T 838—2010	5.1.3.1 绝缘、5.2.1 高压电器设备及布线、5.3 低压电器设备及电路设施暂不执行。
18	插电式混合动力电动乘用车技术条件	插电式混合动力电动乘用车技术条件	GB/T 32694—2016	
19	电动汽车远程服务与管理系统技术规范	电动汽车远程服务与管理系统技术规范第 2 部分：车载终端	GB/T 32960.2—2016	
		电动汽车远程服务与管理系统技术规范第 3 部分：通讯协议及数据格式	GB/T 32960.3—2016	
20	定型试验	电动汽车定型试验规程	GB/T 18388—2005	4.1.2、4.1.3 电动车除霜除雾结合 GB/T 24552—2009 标准的方法和要求考核； 4.3 可靠性行驶对于纯电动乘用车按照 GB/T 28382—2012 标准 4.9 可靠性要求考核。
		混合动力电动汽车定型试验规程	GB/T 19750—2005	
		超级电容电动城市客车定型试验规程	QC/T 925—2013	
		电动汽车动力性能试验方法	GB/T 18385—2005	
		混合动力电动汽车动力性能试验方法	GB/T 19752—2005	9.7 混合动力模式下的 30 分钟最高车速暂不执行。
		燃料电池电动汽车最高车速试验方法	GB/T 26991—2011	

注：本目录将根据新能源汽车标准变化情况进行调整。

附件 6：

新能源汽车企业要求

提出申请的新能源汽车生产企业或进口汽车经销商（以下简称企业）须符合以下条件：

1. 企业应对消费者提供动力电池等储能装置、驱动电机、电机控制器质量保证，其中乘用车企业应提供不低于 8 年或 12 万公里（以先到者为准，下同）的质保期限，商用车企业（含客车、专用车、货车等）应提供不低于 5 年或 20 万公里的质保期限。

2. 企业应当持续满足生产一致性相关规定，确保新能源汽车产品安全保障体系正常运行。

3. 企业应当建立新能源汽车产品售后服务承诺制度。售后服务承诺应当包括新能源汽车产品质量保证承诺、售后服务项目及内容、备件提供及质量保证期限、售后服务过程中发现问题的反馈、零部件（如电池）回收，出现产品质量、安全、环保等严重问题时的应对措施以及索赔处理等内容，并在本企业网站上向社会发布。

4. 企业应当建立新能源汽车产品运行安全状态监测平台，按照与新能源汽车产品用户的协议，对已销售的全部新能源汽车产品的运行安全状态进行监测。企业监测平台应当与地方和国家的新能源汽车推广应用监测平台对接。

企业及其工作人员应当妥善保管新能源汽车产品运行安全状态信息，不得泄露、篡改、毁损、出售或者非法向他人提供，不得监测与产品运行安全状态无关的信息。

5. 企业应当在产品全生命周期内，为每一辆新能源汽车产品建立档案，跟踪记录汽车使用、维护、维修情况，实施新能源汽车动力电池溯源信息管理，跟踪记录动力电池回收利用情况。

6. 对企业已销售的新能源汽车产品，在使用中存在安全隐患、发生安全事故的，企业应提交产品事故检测报告、后续改进措施等材料，完善新能源汽车安全运行保障体系。

附件7：

《享受车船税减免优惠的节约能源使用新能源汽车车型目录》

节能车型报告

企业名称：_____（盖公章）

企业所在地：_____省（自治区、直辖市）_____市（县、区）

编制日期　　年　　月

填 报 指 南

一、本报告包括企业承诺书、企业基本情况、《享受车船税减免优惠的节约能源　使用新能源汽车车型目录》（以下简称《目录》）节能车型基本情况三份材料。其中企业承诺书、企业基本情况须于首次申报前提交正式书面材料（一式三份），获得审核通过后，如上述情况没有变更，则不需重新提交。《目录》申报车型基本情况通过工业和信息化部（装备工业司）"节能与新能源汽车财税优惠目录申报管理系统"提交。

二、首次申报须同时提交企业工商登记文件、营业执照、企业相关人员从事《目录》申报工作的委托书、相关人员身份证复印件、进口经销企业产品代理委托书复印件或进口许可证明复印件。

三、提交资料审核通过后，企业将获得"节能与新能源汽车财税优惠目录申报管理系统"登录账户。

四、企业获得申报账户后，可登录"节能与新能源汽车财税优惠目录申报管理系统"在线填报车型信息。

一、企业承诺书

承诺内容
需包括产品一致性、产品质量、质保期、售后服务能力等内容（可另附页）。   法人签章：_____ 承诺时间：____年____月____日

二、企业基本情况

企业名称（全称）		合格证企业代码	
企业注册地址			
企业法定代表人		注册商标名称	
统一社会信用代码			
注册资金（万元）		固定资产净值（万元）	

通信地址			
邮政编码		联系人	
职务		联系电话	
传真		手机	
E‒mail			

三、节能车型的基本情况

表7.1　　　　　　　　　　　　　　　节能乘用车车型

序号	生产企业	公告批次②	通用名称	车辆型号②	排量(mL)	额定载客人数	变速器		最大设计总质量（kg）	整车整备质量（kg）	燃料种类③	排放标准④	综合工况燃料消耗量（L/100km）	车辆一致性证书编号①
							型式	挡位数						

注：
①进口车填写；
②国产车填写；
③填写汽油或柴油或柴油非插电混合动力或汽油非插电混合动力或双燃料或两用燃料（注明燃料种类）；
④填写国Ⅴ或国Ⅵ等。

表7.2　　　　　　　　　　　　　　　节能商用车车型

序号	生产企业	车辆型号②	通用名称	车辆类别③	最大设计总重量（kg）	整车整备质量（kg）	准拖挂车总质量（kg）④	排放标准⑥	燃料种类⑤	综合工况燃料消耗量（L/100km）	公告批次②	车辆一致性证书编号①

注：
①进口车填写；
②国产车填写；
③填写城市客车、客车、货车、自卸车、半挂牵引车；
④半挂牵引车填写；
⑤填写汽油或柴油或天然气或柴油非插电混合动力或汽油非插电混合动力或天然气非插电混合动力或双燃料或两用燃料（注明燃料种类）；
⑥填写国Ⅴ或国Ⅵ等。

附件 8：

《享受车船税减免优惠的节约能源使用新能源汽车车型目录》

新能源车型报告

企业名称：_____（盖公章）

企业所在地：_____省（自治区、直辖市）_____市（县、区）

编制日期　　年　　月

填 报 指 南

　　一、本报告包括企业承诺书、企业基本情况、已销售产品安全事故情况说明、新能源汽车售后服务网点和《享受车船税减免优惠的节约能源　使用新能源汽车车型目录》（以下简称《目录》）新能源车型基本情况五份材料。其中企业承诺书、企业基本情况、已销售产品安全事故情况说明、新能源汽车售后服务网点须于首次申报前提交正式书面材料（一式三份），获得审核通过后，如上述情况没有变更，则不需重新提交。《目录》申请车型基本情况通过工业和信息化部（装备工业司）"节能与新能源汽车财税优惠目录申报管理系统"提交。

　　二、首次申报须同时提交企业工商登记文件、营业执照、企业相关人员从事《目录》申报工作的委托书、相关人员身份证复印件、进口经销企业产品代理委托书复印件或进口许可证明复印件。

　　三、提交资料审核通过后，企业将获得"节能与新能源汽车财税优惠目录申报管理系统"登录账户。

　　四、企业获得申报账户后，可登录"节能与新能源汽车财税优惠目录申报管理系统"在线填报车型信息。

　　五、进口新能源汽车车型申报列入《目录》的，须提交获得国家相关部门认可的检测机构出具的新能源汽车产品专项检验报告。

一、企业承诺书

承诺内容
包括产品质量保证、产品一致性、售后服务、安全监测、动力电池回收利用等五方面内容。 　　售后服务承诺：需包括产品质量保证承诺、售后服务网络建设、对售后服务人员和产品使用人员的培训、售后服务项目及内容、备件提供及质量保证期限、售后服务过程中发现问题的反馈、零部件（如电池）回收，以及索赔处理、在产品质量、安全、环保等方面出现严重问题时的应对措施等内容。 　　产品安全保障机制说明：至少包括监测平台介绍、所监测的数据、数据发送频次、企业监测平台与地方和国家监测平台对接情况、安全事故应急处理制度建设情况，包括应急预案、抢险救援方案、事故调查及汇报方案等。 　　（可另附页）   　　　　　　　　　　　　　　　　　　　　　　　　　法人签章：＿＿＿＿＿＿＿＿＿＿ 　　　　　　　　　　　　　　　　　　　　　　　　　承诺时间：＿＿年＿＿月＿＿日

二、企业基本情况

企业名称（全称）		合格证企业代码	
企业注册地址			
企业法定代表人		注册商标名称	
统一社会信用代码			
注册资金（万元）		固定资产净值（万元）	
通信地址			
邮政编码		联系人	
职务		联系电话	
传真		手机	
E－mail			

三、已销售产品安全事故情况说明

说明内容
对已销售的新能源汽车产品，在使用中存在安全隐患、发生安全事故的，应提供事故情况详细说明、原因分析、后续改进措施、产品事故检测报告等材料，并完善企业新能源汽车安全运行保障体系。 　　（可另附页）   　　　　　　　　　　　　　　　　　　　　　　　　　法人签章：＿＿＿＿＿＿＿＿＿＿ 　　　　　　　　　　　　　　　　　　　　　　　　　承诺时间：＿＿年＿＿月＿＿日

四、新能源汽车售后服务网点

				售后服务网点情况			
序号	省（自治区、直辖市）	市（县、区）	网点名称	地址	联系人	联系电话	E－mail

五、新能源车型的基本情况

1. 车辆基本信息			
汽车生产企业名称			
进口汽车经销商名称			
车辆型号		技术类型	
通用名称		车辆分类	乘用车/商用车
车型细分类	轿车/SUV/MPV/交叉型乘用车/客车/货车/专用车/其他	长（mm）	
宽（mm）		高（mm）	
公告批次		车辆一致性证书编号	
整车整备质量（kg）		最大设计总质量（kg）	
额定载客（人）		市场指导价（人民币，万元）	
变速器型式	MT/AT/AMT/CVT/DCT/其他	车型种类	M1/M2/M3/N1/N2/N3/其他
驱动型式	前轮驱动/后轮驱动/分时全轮驱动/全时全轮驱动/智能（适时）全轮驱动/其他	N1 类车特殊结构（仅 N1 类填）	全封闭厢式车辆
			罐式车辆
			无
燃料种类		重型商用车分类	货车/半挂牵引车/客车/自卸汽车/城市客车/其他
座位排数（排）		其他信息	（非必填）
2. 纯电动汽车产品信息			
2.1　整车性能			
最高车速（km/h）		加速时间（s，备注车速）	
电能消耗量（Wh/km）		吨百公里电耗（kWh）	（其他类专用车填写）
充电时间		30 分钟最高车速（km/h）	
整车质保期		续驶里程（km）	

		单位载质量能量消耗量（Wh/km·kg）	（商用车填写）
是否支持快充			

2.2 电池系统

动力蓄电池种类		动力蓄电池单体型号	
动力蓄电池系统总能量（kw·h）		动力蓄电池系统型号	
动力蓄电池单体比能量（wh/kg）		动力蓄电池系统标称电压（V）	
动力蓄电池系统质量能量密度（wh/kg）		动力蓄电池单体质量（kg）	
动力蓄电池单体个数（个）		动力蓄电池单体生产企业	
动力蓄电池系统总质量（kg）		动力蓄电池系统生产企业	
动力蓄电池正极材料		动力蓄电池负极材料	
动力蓄电池正极材料生产企业		动力蓄电池负极材料生产企业	
动力蓄电池箱是否具有快换装置		动力蓄电池质保期	
动力蓄电池循环寿命		动力蓄电池布置位置	
动力蓄电池回收方式	（非必填）	快充倍率（C）	（快充类客车填写）

2.3 电机系统

驱动电机类型		驱动电机型号	
驱动电机额定功率/转速/转矩（kW/r/min/N·m）		驱动电机峰值功率/转速/转矩（kW/r/min/N·m）	
驱动电机数量		驱动电机生产企业	
驱动电机质保期		驱动电机系统效率	

2.4 控制器系统

驱动电机控制器型号	
驱动电机控制器生产企业	
驱动电机控制方式	
动力蓄电池管理系统型号	
动力蓄电池管理系统生产企业	
整车控制器型号	
整车控制器生产企业	
电控系统质保期	

2.5 充电器

电动汽车充电插头/插座型号		
电动汽车充电插头/插座生产企业		
充电标准	GB/T 27930	
	GB/T 20234.1	
	GB/T 20234.2	
	GB/T 20234.3	
	其他	

3. 插电式混合动力汽车产品信息			
3.1　整车性能			
混合动力结构型式		是否具有行驶模式手动选择功能	
混合动力汽车最大电功率比（%）		纯电动模式下续驶里程（km）	
纯电动模式下爬坡车速（km/h）		混合动力模式下爬坡车速（km/h）	
0～100km/h 加速性能（s）		纯电动模式下 1km 最高车速（km/h）	
混合动力模式下最高车速（km/h）		混合动力模式下 30 分钟最高车速（km/h）	
条件 A 试验电能消耗量（kW·h/100km）	（乘用车填写）	条件 B 试验燃料消耗量（L/100km）	（乘用车填写）
电能消耗量（kW·h/100km）	（商用车填写）	燃料消耗量（L/100km）	（商用车填写）
充电时间		整车质保期	
3.2　电池系统			
动力蓄电池种类		动力蓄电池单体型号	
动力蓄电池系统总能量（kWh）		动力蓄电池系统型号	
动力蓄电池单体比能量（Wh/kg）		动力蓄电池系统标称电压（V）	
动力蓄电池系统比能量（Wh/kg）		动力蓄电池单体质量（kg）	
动力蓄电池单体个数（个）		动力蓄电池单体生产企业	
动力蓄电池系统总质量（kg）		动力蓄电池系统生产企业	
动力蓄电池正极材料		动力蓄电池负极材料	
动力蓄电池正极材料生产企业		动力蓄电池负极材料生产企业	
动力蓄电池箱是否具有快换装置		动力蓄电池质保期	
动力蓄电池循环寿命		动力蓄电池布置位置	
动力蓄电池回收方式	（非必填）		
3.3　电机系统			
驱动电机数量		驱动电机类型	
驱动电机型号		驱动电机额定功率/转速/转矩（kW/r/min/N·m）	
驱动电机峰值功率/转速/转矩（kW/r/min/N·m）		驱动电机生产企业	
驱动电机质保期			
3.4　控制器系统			
驱动电机控制器型号			
驱动电机控制器生产企业			
驱动电机控制方式			
动力蓄电池管理系统型号			
动力蓄电池管理系统生产企业			
整车控制器型号			
整车控制器生产企业			
电控系统质保期			

3.5　充电器				
电动汽车充电插头/插座型号				
电动汽车充电插头/插座生产企业				
充电标准	GB/T 27930			
	GB/T 20234.1			
	GB/T 20234.2			
	GB/T 20234.3			
	其他			

3.6　发动机系统			
发动机型号		汽缸数（个）	
排量（mL）		额定功率（kW）	
最大净功率（kW）	（非必填）		

4. 燃料电池汽车产品信息			
4.1　整车性能			
最高车速（km/h）		续驶里程（km）	
能量消耗率（kg/100km）		整车质保期	
4.2　电池系统			
燃料电池燃料种类		燃料电池系统额定功率（kW）	
燃料电池电催化剂材料		燃料电池工作温度范围（℃）	
燃料电池堆功率密度（kW/L）		电电混合技术条件下动力蓄电池系统比能量（Wh/kg）	
电池系统质保期			
4.3　电机系统			
驱动电机类型		驱动电机型号	
驱动电机额定功率/转速/转矩（kW/r/min/N·m）		驱动电机峰值功率/转速/转矩（kW/r/min/N·m）	
驱动电机数量		驱动电机生产企业	
驱动电机质保期			

4.4　控制器系统	
驱动电机控制器型号	
驱动电机控制器生产企业	
驱动电机控制方式	
燃料电池管理系统型号	
燃料电池管理系统生产企业	
整车控制器型号	
整车控制器生产企业	
电控系统质保期	

续表

4.5　燃料存储			
气瓶类型		气瓶数量（个）	
气瓶公称工作压力（KPa）		气瓶容积（NL）	
气瓶生产企业		气瓶质保期	

财政部　税务总局关于延长高新技术企业和
科技型中小企业亏损结转年限的通知

2018 年 7 月 11 日　财税〔2018〕76 号

各省、自治区、直辖市、计划单列市财政厅（局），国家税务总局各省、自治区、直辖市、计划单列市税务局，新疆生产建设兵团财政局：

为支持高新技术企业和科技型中小企业发展，现就高新技术企业和科技型中小企业亏损结转年限政策通知如下：

一、自 2018 年 1 月 1 日起，当年具备高新技术企业或科技型中小企业资格（以下统称资格）的企业，其具备资格年度之前 5 个年度发生的尚未弥补完的亏损，准予结转以后年度弥补，最长结转年限由 5 年延长至 10 年。

二、本通知所称高新技术企业，是指按照《科技部　财政部　国家税务总局关于修订印发〈高新技术企业认定管理办法〉的通知》（国科发火〔2016〕32 号）规定认定的高新技术企业；所称科技型中小企业，是指按照《科技部　财政部　国家税务总局关于印发〈科技型中小企业评价办法〉的通知》（国科发政〔2017〕115 号）规定取得科技型中小企业登记编号的企业。

三、本通知自 2018 年 1 月 1 日开始执行。

财政部　税务总局关于进一步扩大小型微利
企业所得税优惠政策范围的通知

2018 年 7 月 11 日　财税〔2018〕77 号

各省、自治区、直辖市、计划单列市财政厅（局），国家税务总局各省、自治区、直辖市、计划单列市税务局，新疆生产建设兵团财政局：

为进一步支持小型微利企业发展，现就小型微利企业所得税政策通知如下：

一、自 2018 年 1 月 1 日至 2020 年 12 月 31 日，将小型微利企业的年应纳税所得额上限由 50 万元提高至 100 万元，对年应纳税所得额低于 100 万元（含 100 万元）的小型微利企业，其所得减按 50% 计入应纳税所得额，按 20% 的税率缴纳企业所得税。

前款所称小型微利企业，是指从事国家非限制和禁止行业，并符合下列条件的企业：

（一）工业企业，年度应纳税所得额不超过 100 万元，从业人数不超过 100 人，资产总额不超过 3 000

万元；

（二）其他企业，年度应纳税所得额不超过 100 万元，从业人数不超过 80 人，资产总额不超过 1 000 万元。

二、本通知第一条所称从业人数，包括与企业建立劳动关系的职工人数和企业接受的劳务派遣用工人数。所称从业人数和资产总额指标，应按企业全年的季度平均值确定。具体计算公式如下：

$$季度平均值 = （季初值 + 季末值）÷ 2$$
$$全年季度平均值 = 全年各季度平均值之和 ÷ 4$$

年度中间开业或者终止经营活动的，以其实际经营期作为一个纳税年度确定上述相关指标。

三、《财政部　税务总局关于扩大小型微利企业所得税优惠政策范围的通知》（财税〔2017〕43 号）自 2018 年 1 月 1 日起废止。

四、各级财政、税务部门要严格按照本通知的规定，积极做好小型微利企业所得税优惠政策的宣传辅导工作，确保优惠政策落实到位。

财政部　税务总局关于增值税期末留抵退税有关城市维护建设税、教育费附加和地方教育附加政策的通知

2018 年 7 月 27 日　财税〔2018〕80 号

各省、自治区、直辖市、计划单列市财政厅（局），国家税务总局各省、自治区、直辖市、计划单列市税务局，新疆生产建设兵团财政局：

为保证增值税期末留抵退税政策有效落实，现就留抵退税涉及的城市维护建设税、教育费附加和地方教育附加问题通知如下：

对实行增值税期末留抵退税的纳税人，允许其从城市维护建设税、教育费附加和地方教育附加的计税（征）依据中扣除退还的增值税税额。

本通知自发布之日起施行。

财政部　税务总局　应急管理部关于印发《安全生产专用设备企业所得税优惠目录（2018 年版）》的通知

2018 年 8 月 15 日　财税〔2018〕84 号

各省、自治区、直辖市、计划单列市财政厅（局）、应急管理部门，国家税务总局各省、自治区、直辖市、计划单列市税务局，新疆生产建设兵团财政局、应急管理部门，各省级煤矿安全监察局：

经国务院同意，现就安全生产专用设备企业所得税优惠目录（以下简称优惠目录）调整完善事项及有关政策问题通知如下：

一、对企业购置并实际使用安全生产专用设备享受企业所得税抵免优惠政策的适用目录进行适当调整，统一按《安全生产专用设备企业所得税优惠目录（2018 年版）》（见附件）执行。

二、企业购置安全生产专用设备，自行判断其是否符合税收优惠政策规定条件，自行申报享受税收优

惠，相关资料留存备查，税务部门依法加强后续管理。

三、建立部门协调配合机制，切实落实安全生产专用设备税收抵免优惠政策。税务部门在执行税收优惠政策过程中，不能准确判定企业购置的专用设备是否符合相关技术指标等税收优惠政策规定条件的，可提请地方应急管理部门和驻地煤矿安全监察部门报请应急管理部，由应急管理部会同有关行业部门委托专业机构出具技术鉴定意见，相关部门应积极配合。对不符合税收优惠政策规定条件的，由税务部门按税收征收管理法及有关规定进行相应处理。

四、本通知所称税收优惠政策规定条件，是指 2018 年版优惠目录所规定的设备名称、性能参数和执行标准。

五、本通知自 2018 年 1 月 1 日起施行，《安全生产专用设备企业所得税优惠目录（2008 年版）》同时废止。企业在 2018 年 1 月 1 日至 2018 年 8 月 31 日期间购置的安全生产专用设备，符合 2008 年版优惠目录规定的，仍可享受税收优惠。

附件：安全生产专用设备企业所得税优惠目录（2018 年版）

附件：

安全生产专用设备企业所得税优惠目录（2018 年版）

序号	设备名称	性能参数	应用领域	执行标准
	一、煤矿			
1	瓦斯含量、压力测试设备	煤层瓦斯含量快速测定仪：测定时间≤30min，误差＜10%。 井下瓦斯解析仪：量程 0～3 000g，精度 ±0.1%，测试范围 50～120kPa。 煤层瓦斯压力测量记录仪：精确度 0.5 级，分辨率≥0.001MPa。	井工煤矿、穿煤层隧道掘进	GB/T23250、AQ1080、MT393、MT/T856、MT/T752
2	瓦斯突出预测预报设备	突出危险预报仪：测量涌出初速度 0～50L/min，钻孔瓦斯涌出衰减指标 0～1.0，解吸压力 0～0.4MPa，测量误差 ±4%。 瓦斯突出参数仪：测定钻屑 K1、钻屑量等突出预报指标，测量范围 0～10kPa、误差 ±1.5% F. S、分度值 10Pa。 防突动态信息管理系统：在线采集 K1、△h2 等突出预报指标，防突预测表单自动生成及远程审批、查询，表单自动生成时间＜30s。	井工煤矿	MA 依据标准
3	瓦斯抽放监测设备	瓦斯抽采多参数传感器：实时监测抽采管道内瓦斯流量、压力、温度及环境参数，可测最低流速 0.3m/s，测量精度等级 1.5 级；测压范围 20～200kPa，测温范围 -10～50℃，测量 CO 范围 0～1 000ppm。 管道用激光甲烷传感器：测量范围 0%～100% CH4，基本误差：0.01%～1.00% CH4，±0.07%；1.00%～100% CH4，真值 ±7%。 瓦斯抽采监测（控）系统：对瓦斯抽采管道内压力、流量、温度、气体浓度等进行实时监测，对抽采量进行计量。	井工煤矿	MT 1035、AQ 6211、MT/T 1126、MT/T 642
4	矿井井下超前探测设备	矿用分布式槽波地震仪：采用无缆分布节点式，可探测煤层地质构造、煤厚变化、夹层夹矸等，探测深度＞200m。 巷道超前探测地震仪：采用有缆集中式，可探测巷道前端各类地质构造，超前探测距离≥100m。 矿用瞬变电磁仪：可探测井下含水体，超前探测距离≥80m。 矿用无线电波透视仪：可探测瓦斯富集区、断距 0.3m 以上断层、直径 7m 以上陷落柱，接收灵敏度优于 0.05μV/m，频率≥300kHz，透视距离≥250m。	井工煤矿	MT/T693、MT/T898、MT470、MT471、MT/T1145、MA 依据标准
5	矿山人员精确定位监测设备	煤矿人员管理（位置监测定位）系统：实时监测井下人员位置，检测标识卡状态及唯一性，并发识别数量≥80，定位精度≤1m。 井口唯一性检测装置：具备人脸识别、标识卡唯一性快速检测等功能，人员通过速率≥1 000 人/h。	井工煤矿	AQ6210、MT/T 1005、MT/T1103

序号	设备名称	性能参数	应用领域	执行标准
6	安全监测监控设备	矿用激光甲烷传感器：测量浓度 0% ~ 100% CH_4，基本误差 0.01% ~ 1.00% CH_4，±0.06%；1.00% ~ 100% CH_4，真值 ±6%，调校周期 ≥6 个月。 煤矿安全监控系统：监测监控与预测预警、传输数字化、抗电磁干扰，支持多网融合，系统巡检周期 ≤20s，异地断电时间 ≤40s。 煤矿图像监视系统：具备人员越界、区域入侵等监视功能，图像质量 ≥四级，分辨灰度 ≥8 级；分辨率 ≥1 920×1 080。	井工煤矿	AQ6211、AQ6201、MT/T1112
7	顶底板灾害监测设备	煤矿顶板动态监测系统：实时监测顶板位移、离层等，实时采集、动态显示、超限报警；基本测量误差 ±2% F.S.。 声发射监测系统：实时在线监测煤岩体内部的声发射信号，最高采样率 ≥51.2ks/s，采集通道 ≥8，信号有效传输距离 >10km。 微震监测系统：实时采集煤岩震动信号，监测煤岩体稳定性。水平定位误差 < ±20m，垂直定位误差 < ±50m；监测范围 >1km；灵敏度 ≥28V/(m/s)。	井工煤矿	MT/T 1004、MT/T 1059、MT1109、MA 依据标准
8	矿井水文监测设备	煤矿水文监测系统：具备在线水质分析及导通水源识别功能，富水性监测范围 >50m，水源特征离子识别种类 >30 种，传输距离 ≥10km。 矿用本安型水质分析仪：具有快速识别水质、精确判断矿井突水水源种类等功能，测量化学指标种类 >40。	井工煤矿	MT/T 894、MA 依据标准
9	车辆安全管控设备	煤矿轨道运输监控系统：矿井轨道机车运输的实时监控和自动调度，监控容量 ≥64 台分站。 矿用无轨胶轮车调度管理系统：实时跟踪井下车辆位置信息和车辆交通智能调度，定位精度 ≥ ±5m。	各类煤矿	GB50388、MT/T1113、MA 依据标准
10	粉尘监测仪表及降尘设备	粉尘浓度传感器：零点自动校准、免维护，可测量瞬时或平均粉尘浓度，测量范围 0.1 ~ 1 000mg/m^3；测量误差 ≤ ±15%。 矿用气动湿式孔口除尘器：除尘效率 ≥97%，负载能力 ≥1 000Pa；耗气量 ≥0.75m^3/min。 矿用采煤机尘源跟踪喷雾降尘系统：智能跟踪采煤机滚筒，根据粉尘浓度自动调整喷雾参数，开启时间 ≤1s，关闭时间 ≤2s，喷雾压力 ≥4.0MPa，联控容量 ≥200 台。 综掘工作面控除尘系统：与掘进机同步运行，处理风量 120 ~ 550m^3/min，总粉尘降尘效率 ≥90%，呼吸性粉尘降尘效率 ≥85%。	井工煤矿	GB/T20964、GB/T15187、MT/T1102、MT159、MT503 ~ MT505
11	矿井火灾预测预报及防灭火设备	矿井束管监测系统：监测采空区 CO、CO_2、CH_4、C_2H_4、C_2H_6、C_2H_2、N_2、O_2 等气体，并具备自动分析和存储功能。 矿用分布式光纤测温系统（装置）：连续自动监测温度、CO、CH_4、O_2 等，火灾报警与关联控制灭火。 矿用区域自动喷粉灭火装置：火焰传感器响应时间 ≤1ms，控制器不少于 8 路输入、4 路输出，有效灭火时间 ≥2min，单灭火器控制区域 ≥15m^3。	井工煤矿	MT/T757、GB16280、AQ1079
12	提升安全监测与保护设备	立井提升过卷、过放防护缓冲托罐装置：防止提升容器过卷或过放，并能将过卷过放容器或配重托住，过放最大下落距离 <0.5m。 钢丝绳无损探伤仪：利用强磁原理对钢丝绳损伤快速非接触探测、诊断，断丝检测准确度 ≥99%，检测灵敏度重复性误差 ≤ ±0.05%。	井工煤矿	MA 依据标准
13	带式输送机安全保护设备	带式输送机综合保护装置：具备输送带打滑、堆煤、跑偏、洒水、烟雾、撕裂、急停等保护及语音通信功能。 矿用钢绳芯输送带 X 射线探伤装置：对输送带钢绳芯断绳、锈蚀、劈丝、接头抽动及带面损伤等无损检测及定位，定位精度 ≥1m。 带式输送机用断带抓捕装置：响应时间 ≤1s，最大额定抓捕力 ≥400kN，适用带宽可调。	井工及露天煤矿、非煤矿山	MT872、MA 依据标准

序号	设备名称	性能参数	应用领域	执行标准
14	井下通信设备	矿用无线通信系统：具备通信和定位功能，覆盖范围≥400m。 矿用调度通信系统：地面远程供电、矿用本质安全型，通信距离≥10km。 矿用广播通信系统：多节目同时传输，支持物理链路>5路；可按区域或逻辑分组、分区域广播；井下音响远程可寻址对点控制；支持与安全监控系统、调度通信系统有机融合；传输距离>10km。	井工煤矿	MT401、 MT/T1115、 MA 依据标准
15	瓦斯抽采设备	履带式全液压定向钻机：具备定向钻进和随钻测量功能，扭矩>4 000Nm，钻进深度>400m。 水环真空泵：吸气量>100m³/min，极限真空度≥−81kPa。 抑爆装置：矿用本质安全型，火焰传感器响应时间<5ms，控制器响应时间<15ms，喷射完成时间150ms。 移动式瓦斯抽放泵站：吸气量>50m³/min，极限真空度≥−81kPa。 高压水射流割缝增透装备：割缝工作压力>50MPa，煤层内形成割缝半径>2.0m。	井工煤矿	MT/T790、 JB/T7255、 AQ1079、 GB/T18154、 MT/T987、 MA 依据标准
16	抽排水设备	矿用隔爆型潜水电泵：扬程≥220m、流量≥160m³/h、允许潜没深度>5m。 煤矿排水监控系统：对水泵成套设备就地自动控制、集中控制、地面远程控制，控制响应时间≤2s。	井工煤矿	JB/T6762、 MT/T671、 MT/T1128
17	矿井降温设备	矿用防爆制冷装置：名义制冷量≥1 500kW，具备压力、断油、温度等保护功能。	井工煤矿	GB9237、 MT/T1136
18	供电安全监测与保护装置	煤矿供电监控系统：可地面远程实时监测井下变电所各开关输出电力参数，对井下供电系统"五遥"（遥测、遥信、遥控、遥调和遥视），实现防越级跳闸功能。	井工煤矿	MT/T1114
二、非煤矿山				
19	采空区三维激光扫描仪	激光扫描距离：150m；精度：±2cm；扫描速度：250 点/s；防水防尘：IP65。	地下矿山采空区探测	CHZ3017
20	自动全站仪	测量精度：2mm 以内；测距：>2km。	尾矿库、露天采场	GB/T27663
21	边坡雷达	全天候大范围远距离高精度遥测边坡位移，监测距离：>4km；监测精度：±0.1mm；单帧变形数据获取时间：1~10min；防护等级：IP65。	矿山等各类边坡工程	SJ2584
22	层析扫描成像超前预报系统	前方地质体三维立体成像，超前预报最小距离大于100m。	地下矿山采掘作业	Q/CR9217
23	微震监测仪	8 通道以上，能够对 200J 以上震动事件进行响应，定位精度 10m 以内，有效距离 250m。	地下矿山	AQ2031
24	尾矿库坝面位移北斗卫星定位高精度接收机	水平监测精度小于 5mm；防水防尘等级 IP67。	尾矿库、露天采场	GB51108
25	撬毛台车	撬毛高度不低于 5m，最大爬坡能力不低于 40%（坡度角 25°），车身宽度≤1.8m，自动湿式除尘。	地下矿山	JB/T10844
26	湿式制动井下无轨运输车	柴油机功率：>50kW；额定负载最高行驶速度：30km/h；爬坡能力：>10°。	地下矿山	GB21500
27	深锥膏体浓密机和充填工业泵	深锥膏体浓密机：底流浓度达 70% 以上，溢流水质量达到国家排放标准。 充填工业泵：泵送压力 15MPa 以上，输送能力 100m³/h 以上。	矿山采空区充填尾矿膏体排放	GB/T10605、 GB8978、 GB/T13333、 JB/T8098、 JB/T8097

序号	设备名称	性能参数	应用领域	执行标准
	三、石油及危险化学品			
28	作业环境气体检测报警仪	检测作业环境中 CO、O_2、NO_2、SO_2、H_2S、Cl_2、NH_3、光气等有毒可燃气体浓度，并具有声、光报警功能。	含有毒性、可燃气体或密闭空间作业环境	GB12358、GB15322、GB50493
29	井控防喷装置	防喷器（组）：通径180mm，工作压力≥35MPa。地面防喷器控制装置；电缆井口防喷控制装置；石油钻井作业施工常规井控设备节流和压井系统，井口装置和采油树，液气分离器装置，地面压力分流控制装置；钻柱内防喷装置。海上井控防喷装置压力等级：≥10 000psi 级别，并满足 API 标准要求。	石油钻井、修井、测井作业、石油射孔作业	GB/T25429、SY/T5053.1、SY/T5053.2、SY/T5127、SY/T53234、SY/T5127、SY/T0515、SYT5964、SY/T5525
30	大型石油储罐主动安全防护系统	单套设备保护罐数量：≥4 个；分区额定供气流量：200Nm³/h；气体浓度分析响应时间：≤30s；主动防护响应时间：≤5s；单罐惰化完成时间：≤20min；氧气检测量程：0% ~21%；可燃气体检测量程：0% ~100%；样气巡检通道：8 路。	港口、码头、石油储备基地等石油储罐	GB/T25844、AQ3035、AQ3036
31	水下井口及控制系统	水下井口：额定工作压力≥34MPa。水下采油（气）树：类型：直立型和水平型。脐带缆：电缆、光缆、金属管群、高压软管等组成，有外护套或铠装保护壳。水下生产控制系统：全液压控制系统、电液控制系统，包括安装在水面和水下的控制系统设备、控制流体。	海洋石油天然气开采	GB/T21412.1、GB/T21412.4、GB/T21412.5、GB/T21412.6
32	阻隔防爆运油车	与所运介质有良好的相容性，对罐体有效容积降低率不大于6%；振动试验后，单位容积碎屑质量≤1.3mg/L；防爆性能：防爆增压值≤0.14MPa。	危险品专用运输	GB50156、AQ3001、AQ3002、JT/T1046
33	腐蚀在线监测设备	电感腐蚀监测点及 PH 监测；测试腐蚀电流、介质电阻、腐蚀速率，进行数据采集、传送。	存在腐蚀风险的设备、密闭管道等	API RP571、GB/T23258、GB3836
34	管道泄漏检测设备	采用波敏法（负压波法），并通过其调用泄漏检测模块、定位分析模块共同组成。直接读取下位机系统的数据，包括站场、阀室的进、出站压力信号、流量信号、温度信号、密度信号、输油泵运行状态等。系统信号精度为 0.001MPa，且当压力下降2%时能够自动报警。	埋地管道	SY/T6826
35	氮气水击泄压阀	阀门形式：轴流式；阀门开启方式：氮气；阀门公称直径：6″、8″、10″；阀门泄放量：820m³/h、1 500m³/h、400m³/h、710m³/h；阀门设定压力：1.9MPa、7.9MPa、8.4MPa；上下游接管材质：L415、20#；进出口压力等级：Class150、400、600；法兰面执行标准：RTJ。	埋地管道站场	API Std526、API Std527、API RP520、API RP521
36	大型石油储罐感温光栅	罐区感温感烟光栅：i Smart – TMS。	石油化工生产企业	GB50160
	四、民爆及烟花爆竹			
37	烟火药安全性能检测仪	静电火花感度仪：高压电源：0.4kV ~50kV 连续可调30min 内漂移应为5%；静电电压表：Q3 – V 型，最大 30kV；电容：500pF/30kV，精度5%；电阻：5kΩ/168kΩ；上、下电极同轴度≤Φ3.0mm；电极间隙调节范围≤4mm。	烟花爆竹安全检测	QB/T1941.4
		撞击感度测试仪：导轨滑动表面对重力线（铅垂线）的偏离或对水平面的垂直度 >1.0mm/m；钢砧倾斜度≤0.20mm/m；落锤重量：2.000 ± 0.002kg，10.000 ±0.010kg；落锤自由下落时，锤头中心对撞击装置中心的同轴度为 Φ3.0mm；落锤仪导轨装有落高值的刻度尺，刻度尺最小分度值1mm。	烟花爆竹安全检测	QB/T1941.2

序号	设备名称	性能参数	应用领域	执行标准
37	烟火药安全性能检测仪	摩擦感度测试仪：摆锤质量：1 500±5g；摆锤提升和定位：0~180°可调，精度≤1°；试验压强：0.5~6MPa连续可调，分辨率0.01MPa；摆长：760±1mm；最大允许试验药量：0.03g；摆锤与击杆中心偏离≤1.5mm；滑柱位移量：1.5~2.0mm；压力恒定（加压至6MPa，稳定5min）：压力波动≤0.1MPa。	烟花爆竹安全检测	QB/T1941.3
		火焰感度测试仪：药柱模中心线对托盘试样座中心线的不同轴度≤0.5mm；两柱对底面上平面的不垂直度在630mm内≤0.25mm；底座上平面与顶盖上平面的不平行度≤0.15mm，其不平行度由平行度调整垫调整；最大试验高度550mm。	烟花爆竹安全检测	QB/T1941.6
		爆发点测定仪：控温范围：0~650℃；温度分辨率：0.1℃；时间分辨率：0.01s；功耗：≤2kW；测温元件：进口热电阻；定位精度：1mm；合金浴尺寸：直径62mm，深度60mm（可定制）。	烟花爆竹安全检测	QB/T1941.1
38	民爆产品检测测试仪器仪表	工业炸药爆速测试仪：测量范围：0~10 000m/s。		GB/T13228
		工业雷管延期时间测试仪：分辨率不小于0.1ms。		GB/T13225
		数码电子雷管检测及起爆系统：延期时间设定范围满足数码电子雷管性能要求，时间间隔1ms，在线注册或非电注册，单台起爆能力大于200发，组网起爆能力大于4 000发。	民用爆炸物品安全检测	WJ9085
		电雷管测试仪：输出电流≤30mA，最大输出电流≤2mA，精度0.01Ω。		GB6722 .
39	民用爆炸物品危险作业场所监控系统	工业炸药及其制品制药安全生产控制系统：主要工艺参数（如电流、温度、压力、流量等）自动采集、故障自诊断、自动存储，关键指标超标自动报警、超限自动安全联锁；自动控制系统人机界面良好，视频监控系统符合行业标准要求。	工业炸药及其制品制药安全生产	GB50089、WJ9065
		工业炸药及其制品装药安全控制系统：对自动装药机各工艺参数进行自控和安全联锁，故障自诊断和报警、自动停机，自动控制系统人机界面良好，视频监控系统符合行业标准要求。	工业炸药及其制品装药安全作业	
		工业炸药及其制品包装、装车安全控制系统：对包装、装车过程各工艺参数进行自控和安全连锁，故障自诊断和报警、自动停机，自动控制系统人机界面良好，视频监控系统符合行业标准要求。	工业炸药及其制品包装安全作业	
		工业雷管火工药剂制药安全控制系统：主要工艺参数（如电流、温度、压力、流量等）自动采集、故障自诊断、自动存储，关键指标超标自动报警、超限自动安全联锁；自动控制系统人机界面良好，视频监控系统符合行业标准要求。	工业雷管火工药剂制药安全生产	
		基础雷管制造安全生产控制系统：对生产过程主要工艺参数（如电流、数量等）自动采集、故障自诊断、自动存储，关键指标超标自动报警、超限自动安全联锁；自动控制系统人机界面良好，视频监控系统符合行业标准要求。	基础雷管制造安全生产	
		成品工业雷管制造安全控制系统：对生产过程主要工艺参数（如电流、数量等）自动采集、故障自诊断、自动存储，关键指标超标自动报警、超限自动安全联锁；自动控制系统人机界面良好，视频监控系统符合行业标准要求。	成品工业雷管制造安全生产	
		起爆具自动化安全控制系统：对炸药计量及输送、熔混药等主要工艺参数（如电流、温度等）进行自控和安全联锁，故障自诊断和报警、自动停机，自动控制系统人机界面良好，视频监控系统符合行业标准要求。	起爆具自动化安全生产	
		石油射孔弹自动化安全控制系统：对生产线设备各机械动作进行自控和安全互锁，具有参数设置、故障自诊断和报警、自动停机功能，自动控制系统人机界面良好，视频监控系统符合行业标准要求。	石油射孔弹安全生产	

序号	设备名称	性能参数	应用领域	执行标准
39	民用爆炸物品危险作业场所监控系统	现场混装炸药生产安全控制系统：对制药系统的水相、油相溶液、硝酸铵等材料配比及输送，乳胶基质制备，乳胶基质冷却及输送等主要工艺参数（如电流、温度、压力、流量等）进行自控和安全联锁，故障自诊断和报警、自动停机，控制系统具备良好人机界面，视频监控系统符合行业标准要求。	现场混装乳化炸药的乳胶基质制备	GB50089、WJ9065
		索类火工品制造安全控制系统：对生产过程主要工艺参数（如装药量、数量等）自动采集、故障自诊断、自动存储、关键指标超标自动报警、超限自动安全联锁；自动控制系统人机界面良好，视频监控系统符合行业标准要求。	导爆索、高强度塑料导爆管自动化安全生产	
		爆破作业安全监控设备与系统：视频输入：一路高清视频，兼容CVBS、AHD1.0和AHD2.0自动识别；分辨率：960H、D1、4CIF、CIF、VGA、720P、1080P；制式：支持GPS和北斗双模定位；帧率：1～25帧可调。	爆破作业安全生产	GB6722、GA991
40	爆破测震仪	具有国家计量器具生产许可证（CMC证书），量程0.001～35.4cm/s，分辨率≥0.0001cm/s。	爆破作业安全生产	GB6722
41	乳化炸药现场混装车	汽车底盘、乳胶基质储存及其输送系统、敏化剂储存及其输送系统、履带式送管器、输药管卷筒、液压系统和动态监控信息系统。	爆破作业安全生产	JB8432.3、GA991
五、交通运输				
（一）公路行业				
42	隧道超前探测设备	地质雷达：100MHz天线，天线频带带宽30～150MHz；红外探测仪：分辨率H档为：0.05mV/cm²，M档为：0.07mV/cm²；地震波法超前地质预报设备：TGP/TSP/TST/TRT等设备。	隧道施工安全预报预警	JTG F60、TG F90、TB10304
43	架桥机安全监控系统	架桥机运行状态的全方位检测。	桥梁架设施工	GB/T 28264
44	隧道施工人员识别定位设备	分区域定位和精确定位，精确定位精度可达5米；具有考勤/提醒和报警/消警功能；设备电压：220V。	隧道等空间的人员安全行为监控	JTG F60
45	桥梁检测设备	桥梁检测车：桥梁下部结构检测，包括梁体、墩柱混凝土裂缝宽度长度及深度，混凝土破损面积，桥梁支座检查，支座垫石完整性等。	桥梁检测	QC/T 826
		桥梁CT扫描系统：无损检测桥梁混凝土裂缝，波纹管内灌浆密实度，钢筋及斜拉索、悬索探伤。		
46	商用车主动安全系统	倒车辅助系统：具有倒车后视影像、倒车过程障碍物距离测量、倒车障碍物报警功能，探测距离不小于2m，最高工作速度不小于10km/h。	营运客车和危险品运输车辆	QC/T549
		疲劳及瞌睡监测警告系统：具有驾驶员疲劳状态检测功能，对疲劳的驾驶员进行声音、光或震动报警，同时将行为发生时刻前后10秒的视频上传网络平台，报警准确率不低于90%。		GB/T19056、JT/T794、JT/T808、JT/T809
		前撞预警（FCW）系统：具备探测前车相关距离，相对速度功能，探测距离不小于100m，可提供声音、光或震动报警，最低起作用车速不大于30km/h。		ISO15623
		自动紧急刹车系统（AEB）：具备探测前车相关距离，相对速度功能，探测距离不小于100m，可提供声音、光或震动报警。车辆有碰撞危险时，可实现自动刹车，避免发生车、车碰撞，避免碰撞最低车速不小于30km/h。		ISO 22839
		电子控制制动系统（EBS）：具有缩短制动响应时间、优化制动力分配、协调车桥间的制动力、平衡各车轮摩擦片磨损等功能。		GB7258

序号	设备名称	性能参数	应用领域	执行标准
46	商用车主动安全系统	车载监控终端及管理平台：定位精度≤15m，速度记录误差≤±1km/h；事故疑点记录：应能以 0.2s 的间隔记录并存储形式结束前 20s 行驶状态数据；位置信息记录：能以 1min 的间隔记录并存储位置数据；超时驾驶记录：记录次数不少于 100 条；管理平台接收终端信息时间间隔：行驶状态下最小间隔≤5s，最大间隔≥60s。	营运客车和危险品运输车辆	GB/T19056、JT/T794、JT/T808
		侧后方盲区警告系统：具备探测盲区车辆功能、探测邻车道快速靠近车辆功能，探测距离不小于 30m，盲区有车辆具有报警功能。		LCDAS、ISO 17387
		车道偏离预警（LDW）：具备探测车道线功能，对非主动的变道或压线，能够进行声音、光或震动报警，报警准确率不低于 90%，最迟报警距离不大于 0.8m。		GB/T26773
		电子稳定控制系统（ESC）：具备车道保持能力和防侧翻控制能力。车辆以 32～64km/h 进行 J－转向时，车辆应保持在车道。		GB/T30677、JT/T1094
		爆胎应急安全装置：具备当车辆轮胎爆裂失压时，安全装置应能立刻抑制该轮产生行驶距离不小于 1km。		JT/T782、JT/T1094
（二）铁路行业				
47	车辆运行安全监控系统探测设备	车辆轴温智能探测系统（THDS）：适应列车运行速度 5～160km/h，自动计轴计辆，计轴误差 $<3 \times 10^{-6}$，计辆误差 3×10^{-5}；热轴故障预报兑现率：区间探测站：>60%；系统可维护性：机械部分<10min，电气部分<3min，适应温湿度工作条件，室外设备环温 -40～60℃，室内相对湿度<95%，室外相对湿度<85%。	车辆热轴	Q/CR319
		车辆运行故障图像检测系统：适应车速 5～250（140、160）km/h，自动计轴计辆，计轴误差 $<3 \times 10^{-6}$，计辆误差 $<3 \times 10^{-5}$，故障信息存储容量≥两年（一个段修期），图像传输速率≤2min/百辆，摄像机分辨率≥640×480，抓拍速率≥50 帧/s，补偿光源开启关闭响应时间≤1s，保护门开启、关闭反应时间≤2s，室外设备适应温度 -40～70℃。	动车组、客车、货车	Q/CR351、TJ/CL255A、TJ/CL255、TJ/CL399、TJ/CL401
		铁道车辆运行品质轨旁动态监测系统（TPDS）：适应列车速度：动车组 30～350km/h，客车 30～160km/h，货车 30～120km/h；适应车辆轴重：≤30t；自动计轴、计辆、测速；轮轨垂向力和横向力连续测量，动车组测区长度≥9.0m，客车测区长度≥6.0m，货车测区长度≥4.8m；自动识别车辆运行品质不良、超载、偏载和车轮踏面损伤；轮轨力检测准确度：列车以 40km/h 及以下速度通过时垂向力测量最大允许误差±5‰，40～60km/h 速度通过时垂向力测量最大允许误差±1%，60km/h 以上垂向力测量最大允许误差±3%；横向力测量最大允许误差±3%；识别车轮失圆、多边形和踏面擦伤、剥离、碾堆等踏面损伤兑现率：>95%；运行品质不良按脱轨系数和轮重减载率进行联网评判、报警；车辆标签及车辆端位识别率：≥99.9%。	动车组、客车、货车	Q/CR349、TJ/CL 438
		铁道车辆车轮故障在线检测系统：适用车速：8～12km/h。车轮外形几何尺寸检测误差范围：踏面磨耗：±0.2mm；轮缘厚度：0.2mm；QR：±0.4mm；车轮直径：±0.5mm；轮对内距：±0.6mm。踏面擦伤深度检测误差：±0.2mm。车轮探伤范围：轮毂部位径向裂纹；距轮毂内侧面 60mm 至 100mm 区域内轮毂周向裂纹；轮缘顶部至根部径向裂纹；轮缘周向裂纹：长轴 40mm、短轴 30mm 的平底椭圆当量缺陷。轮缘顶部径向 5mm 深刻槽当量缺陷。	动车组、客车	TJ/CL256、TJ/CL405
		车辆滚动轴承早期故障轨边声学诊断系统（TADS）：预报等级：3 级，适应车速：30～110km/h，检测精度：预报准确率>97%，数据传输速率：不低于 9 600bit/s，传输接口协议：CCITT 及我国铁路通信的有关规定，传输校验方式：文件传输协议（FTP）。	动车组、客车、货车	Q/CR350

序号	设备名称	性能参数	应用领域	执行标准
48	轨道设施检测设备	钢轨探伤车：最高探伤速度80km/h；超声波对钢轨的最小扫查间距为0.8mm，最大扫查间距为5.6mm；超声波覆盖钢轨区域：轨头、轨腰、位于轨腰投影区的轨底部分；探伤灵敏度：钢轨头部横向裂纹，≥直径8mm平底孔当量；钢轨头部及腰部纵向水平裂纹，≥10mm×15mm；螺栓孔裂纹，裂纹深度≥8mm。	钢轨无损检测	GB/T 28426
		轨道检测系统：适用速度15~350km/h；检测轨道的轨距、轨向、高低、水平、三角坑、超高、曲率、车体垂向和横向振动加速度等项目，具有轨道几何偏差编辑、轨道几何波形输出、报表打印等功能。	轨道状态检测	TJ/GW126
		钢轨轮廓及磨耗检测系统：适用速度160km/h；可按照1m、2m、3m、5m间隔等间距采样；磨耗分辨力0.1mm；检测精度0.2mm。	轨道状态检测	TJ/GW127
		轨道状态巡检系统：适用速度160km/h；图像分辨率为横向1mm，纵向1.6mm；可智能识别15mm×15mm以上钢轨表面擦伤及剥离掉块；可智能识别扣件缺失、弹条断裂、弹条移位等异常。	轨道状态检测	TJ/GW127
		线路限界检测系统：适用速度160km/h；测量间距0~450mm；测量精度±15mm；测量范围：轨面上方10m、线路中心线两侧各10m的范围内。	轨道状态检测	TJ/GW127
49	铁路供电安全检测监测系统（6C系统）	高速弓网综合检测装置（1C）：适用车速350km/h，监控分辨率≥1 024×1 024，帧率≥100fps，弓网接触力分辨率1N，接触线和拉出值测量分辨率1mm。接触网安全巡检装置（2C）：适用车速350km/h，图像分辨率≥1 024×1 024。车载接触网运行状态检测装置（3C）：适用车速350km/h，燃弧持续时间精度2ms，接触网温度测量精度2℃，弓网视频分辨率≥1 024×1 024，帧率≥25fps。接触网悬挂状态检测监测装置（4C）：适用车速160km/h，接触线测量精度10mm，拉出值测量精度25mm，关键区域检测图像像素≥5 000万。受电弓滑板监测装置（5C）：适应车速350km/h，图像分辨率≥2 448×2 048。接触网及供电设备地面监测装置（6C）：接触线索张力测量精度0.1kN，温度测量精度1℃。6C综合数据处理中心：数据传输通道带宽≥2Mbps，主备机自动切换时间≤30s，主要节点CPU负载≤50%，局域网平均负载≤30%。	铁路牵引供电设备	《高速铁路供电安全检测监测系统（6C系统）总体技术规范》（铁运〔2012〕136号）；1C技术条件：TJ/GD007；2C技术条件：TJ/GD004；3C技术条件：TJ/GD005；4C技术条件：TJ/GD006；5C技术条件：TJ/GD008；6C技术条件：TJ/GD009；6C综合数据处理中心技术条件：TJ/GD010
50	列车运行监控装置（LKJ）	适应自动闭塞和半闭塞的UM71、ZPW-2000、移频、交流计数等信号制式；制动控制计算符合TB/T1407。	机车、动车组	TJ/DW070、TJ/DW169、TJ/DW170、TJ/DW173、TJ/DW174
51	机车车载安全防护系统（6A系统）	包括：中央处理平台、机车空气制动安全监测子系统、机车防火监测子系统、机车高压绝缘检测子系统、机车列车供电监测子系统、机车走行部故障监测子系统、机车自动视频监控及记录子系统，工作温度-40~70℃，持续滚动存储数据30天，持续滚动存储视频15天，报警响应时间1s。	内燃、电力机车	TJ/JW001、TJ/JW001A、TJ/JW001B、TJ/JW001C、TJ/JW001D、TJ/JW001E、TJ/JW001F、TJ/JW 001G

序号	设备名称	性能参数	应用领域	执行标准
52	列车尾部安全防护装置	LD2006 – 1 型、LD2006 – 2 型、LD2009 – 1 型、HBTL – 11（S）型、LD2006 – 11a 型。主机反光标志正常天气目测显示距离不小于 400m；适应列车制动主管定压 500kPa 和 600kPa 的要求；排风口径 6 ~8mm；软管连接器符合 TB/T60 的规定；天线技术符合 TB/T1875 要求；质量不大于 11kg。	在铁路上运行的货物列车	TB/T2973、TJ/CW004、TJ/CW005、TJ/DW009、TJ/DW179、TJ/DW180
53	列控车载设备（ATP）	系统的所有安全部件的设计可确保按 SIL4 级安全要求运行。系统的开发遵循 CENELEC 标准 EN50126、EN50128 和 EN50129 规定的质量和安全管理的要求，最大列车速度 350km/h。	动车组	TJ/DW061、TJ/DW139B、TJ/DW152、TJ/DW152A
54	轨道车运行控制设备（GYK）	GYK 电源工作范围：DC18V ~36V；测速测距误差：– 2% ~ +2%；GYK 系统时钟精度：误差 <90s/月；整机平均无故障工作时间 MTBF 应不低于 6 000h。	自轮运转特种设备	TJ/DW046
（三）水运行业				
55	电子海图显示与信息系统（ECDIS）	支持显示由政府授权的航道组织颁布发行的安全高效航行所必需的海图信息；支持在线或离线更新；支持 AIS、GNSS、测深、雷达等设备接入及显示；支持航线设计、航线检测、船位标绘、雷达跟踪、海图物标属性查询等功能；长江电子航道图显示与信息系统：支持显示由政府授权的航道组织颁布发行的安全高效航行所必需的海图信息；支持在线或离线更新；支持 AIS、GNSS、测深、雷达等设备接入及显示；支持航线设计、航线检测、船位标绘、雷达跟踪、航道图物标属性查询等功能。	船舶	IHO S52、IHO S57、IHO S61、IHO S63、IHO S64、IEC、IMO、MSC、CJ52、CJ57、CJ58、CJ63 以及国内船舶设备相关标准
56	海上导航和无线电通信设备	海上通讯设施；海洋气象设施。船用紧急无线电示位标（EPIRB）：工作频率：406MHz；寻位频率：21.5MHz/243MHz；定位模式：GMDSS；启动方式：人工启动、自动启动。	水上船舶、海洋石油生产作业	《固定平台安全规则》（国经贸安全〔2000〕944 号）、IMO 和 IEC 相关标准以及国内船舶设备相关标准
		AIS 船台：工作频率：161.975MHz、162.025MHz；定位模式：GPS、北斗、GMDSS；通信模式：SOTDMA；发射功率：1W、2W、12.5W。	船舶	GB/T 20068、ITU/R M. 1371 – 5
		AIS 岸台：工作频率：161.975MHz、162.025MHz；定位模式：GPS、北斗、GMDSS；通信模式：SOTDMA；发射功率：12.5W。	沿岸	IEC 62320 – 2、ITU/R M. 1371 – 5
57	船岸紧急切断系统（ESD）	紧急切断阀：采取自动、遥控和手动等组合设计，具备遥控和就地操作功能。	石油化工码头	GB/T24918、GB/T22653、JB/T9094
		紧急切断控制系统：独立于过程控制系统（DCS），具备检测元件、逻辑运算器和执行元件，可对紧急切断阀进行应急关断并在控制柜进行指示和声光报警，具有故障安全、冗余容错等技术。	石油化工码头	SHB – Z06

序号	设备名称	性能参数	应用领域	执行标准
	(四) 民航行业			
58	火警探测器	发动机火警探测，技术指标达到美国民航规章 FAR23 标准，设备型号：473581/473581－1/473583/ 473583－1/473583－3/473582/474188－1/474189－1/474190－1/473597－5/473955－1/475571－2/ 902864/PU90－499R3/902018－01/PU90－471WR1/2119835－6/2119835－7/PPA1103－00/PPA1204－00/ PPC1100－00/PPC1200－00/RAI2800M0706/GPA1102－00/GPA1103－00/PPA1203－00/PPA1204－00/ PPA2101－00/RAI2811M0106/FSD9480－00/GMC1102－02/PMC1102－03/PMC1103－03/474449－5/7011200H01/504643－9/8920－10/904653－10/904655－10/904656－10/474435/474436/474437/ 474438/474439/474443－2/8918－01/8919－01/ 472583/472584/5421－14/904807－03/（3601－155－565/19）；APU 及发动机火警过热控制组件：901950－02；过热探测控制组件：35008－307/20－035008－300；火警控制面板：69－37307－300/69－37307－153/411000－001；发动机火警线：325－027－302－0/325－027－303－0/325－027－402－0/325－027－403－0/325－027－404－0/325－027－505－0；发动机吊架火警探测元件：474443－2。	飞机灭火系统	美国民航规章标准 FAR23
59	卫星通讯系统	增强了飞机远距离通讯的能力，弥补了高频通讯易受环境干扰的不足，防止飞机失联。设备型号：822－2556－102/701－10300－00/710100－2/500644－6/288E5733－00/822－1785－401/7516118－X7145/ 822－2909－050/RD－NB2501－01/RD－NB2111－02/RD－KA1003－04/RD－AA903194－02/RD－AA903194－01/ RD－AA903463－01；82158A31－000/822－2558－101/418E5733－00；82155D33－032/822－2556－102/228E5733－00/7516100－20050/7516118－27010/82155D33－032/7516118－27010/822－2023－101/ 822－3057－101/883E5910－04/7516118－47145/7516118－47141/7516118－27140/7516118－27020/822－1785－402/822－1785－401/7520061－34010/7520061－34016/7520000－20140/710617－2/7520033－901；M0DREF472285/804－10－0015/002W0129－3/002W0129－4/002W0129－3/100－602198－001/M0DREF376715/M0DREF418185/M0DREF457619/513738－513/284W3009－1/284W3009－2/866－5015－101/009E5733－00/4141－89－99。	飞机导航系统	《国际民用航空组织附件10》ICAO Annex10
60	自动相关监控系统	提供飞机空中交通管制相关信息（例如飞机位置、高度、航向、速度、垂直速度），防止飞机空中飞行冲突。设备型号：7517800－10004/7517800－11005/7517800－11006/7517800－11009/822－1338－002/ 822－1338－003/066－01127－1601/066－01127－1602/822－1338－005/822－1338－205/822－1338－225 /066－01127－1402/066－01127－1101/066－01212－0101/9008000－10000/822－1338－205/066－01212－0301/ 066－01212－0101/7517800－12401/822－2120－101/822－2911－002/822－1293－332/822－1338－021/ 066－01127－1402/9005000－10204/7517800－12401/7517800－10100/822－1821－002/69001757－000/822－1821－430。	飞机导航系统	《国际民用航空组织附件10》ICAO Annex10
61	飞行数据及语音记录系统	记录飞机发动机操作系统等关键系统的参数，及驾驶舱语音记录，用于事故预防和事故调查。设备型号：1605－01－00/1605－00－00/866－0084－102/866－0084－101；980－6020－001/980－6022－001/980－6032－001/980－6032－001/980－6032－023/980－6032－020/2100－1020－00/2100－1925－22/2100－1020－02/2100－1025－22/2100－1226－02/2100－1025－02/2100－1227－02；980－4700－042/980－4750－003/980－4750－002/980－4750－009/980－4700－003/2100－4043－00/2100－4945－22/2100－4045－22/2100－4245－00/2100－4045－00；2243800－73/2243800－364；HL2.776.036/800－180－001/800－180－002/01－830－180－010/880－180－600－002。	飞机导航系统	美国民航规章标准 FAR 23/31
62	防冰控制系统温度控制设备	防冰控制系统温度控制器：发动机防冰控制器组件：810503－10, 2915－5/733474－3－5。 防冰控制系统温度控制面板：233W、233N、69、233A 系列。 防冰面板：机翼防冰保护系统区域控制卡 003CM00－0200, 233N3204－1019。	民航飞行器	美国民航监督管理标准 FAA TSO－C13, C24

续表

序号	设备名称	性能参数	应用领域	执行标准
62	防冰控制系统温度控制设备	防冰活门：发动机整流罩防冰活门 3215618 – 5/3215618 – 4/3215618 – 3；机翼防冰活门 67 – 2906 – 002；发动机防冰压力调节关断活门 7011101H02。 防冰控制系统结冰探测器：0871HT3/0871DL6/1001844 – 3/0871DP5 – 1/0877B1。 防冰控制系统窗温控制器：风挡加热控制组件：83000 – 05605/83000 – 05604ATS/83000 – 27901/S283T007 – 3/ 785897 – 2/785897 – 3/624066 – 3/624066 – 5/774767 – 1 – 1；风挡加温保护组件：7002576H02。	民航飞行器	美国民航监督管理标准 FAA TSO – C13，C24
63	机载防相撞系统	空中防撞，探测范围：飞机上下 8 700 英尺最远 80 海里。工作频率，发射 1 030MHz 信号，接收 1 030MHz 信号。根据入侵机距离分为：其他飞机：6 海里外；或 6 海里内且相对高度大于 1 200 英尺，且没有 RA 和 TA 警告；接近的飞机：相对高度小于 1 200 英尺，距离 6 海里内，没有达到 RA 和 TA 级别警告。交通咨询（TA）和避让警告（RA）：根据 TAU 和 CPA 具体确定，设备型号：9005000 – 11203/ 066 – 50000 – 2220/066 – 50000 – 2221/940 – 0300 – 001/066 – 50008 – 0405/4066010 – 910/4066010 – 913/622 – 8971 – 022/ 622 – 8971 – 522/822 – 1293 – 003/7517900 – 10004/7517900 – 10020/9003500 – 10903/7517900 – 10006/7517900 – 10012/ 7517900 – 55003/822 – 1293 – 002/822 – 2911 – 001/9003500 – 10905/9003500 – 55905/940 – 0351 – 001/965 – 1694 – 001/ 822 – 2120 – 101/071 – 50001 – 8104/7514081 – 911/7514081 – 912/071 – 50001 – 8107/673Z5011 – 4106/673Z5011 – 4108/ 822 – 0020 – 101/673Z5011 – 8107/673Z5011 – 4105/622 – 8973 – 001/7514081 – 901/071 – 50001 – 8102/7514081 – 903/ G6990 – 4。	飞机导航系统	美国民航监督管理标准 FAA TSO – C13，C38，C39
64	增强型近地警告系统	近地警告，达到美国民航监督管理标准 FAA TSO – C13，C16，设备型号：965 – 1690 – 052/965 – 1690 – 055/ BCREF78944/69000940 – 102/69000940 – 104/69000940 – 106/BCREF17394/BCREF49033/BCREF50601/ BCREF68842/69000940 – 101/822 – 2120 – 101/965 – 1676 – 001/965 – 1676 – 002/965 – 1676 – 003/ 9650976003206/ 69000942 – 151/965 – 1676 – 006/522 – 2998 – 011/7028419 – 1904/9000000 – 11111/965 – 1694 – 001。	飞机导航系统	美国民航监督管理标准 FAA TSO – C13，C16
65	飞行警告系统	当飞机系统出现故障或错误操作时，提供语音和可视警告，提醒机组采取纠正措施，使飞机恢复安全运行状态。设备型号：350E053021212/350E053021414/350E053021717/350E053021818/350E053021919/ 65 – 54499 – 18/69 – 78214 – 1/39 – 78214 – 3/69 – 78214 – 4/285W0015 – 101/285W0015 – 102/LA2E20202T30000/LA2E20202T40000/LA2E20202T50000/LA2E20202T70000。	飞机导航系统	美国民航规章标准 FAR 31
66	飞机中央油箱惰性气体阻燃系统（FTIS）	防止点火源：European Interim policy 25/12、USA SFAR 88；降低可燃性：将中央油箱内氧气含量降低到 12% 以下。空气分离组件：2050067 – 101/2030157 – 102/2060017 – 102/2060017 – 103/PPC1200 – 00/7012014H05/ 2060032 – 101/；气滤：2040025 – 104/2040025 – 105/2040025 – 106/；气滤压差电门：2040061 – 103/；热交换器：2341924 – 2/7012011H01/；臭氧转换器：2341926 – 2/；冲压空气活门：3291828 – 1/；氧气传感器：3522W000 – 001/7012040H01/2040081 – 101/；双流量关断活门：2040029 – 104/；惰性气体隔离活门：2040031 – 102/3957A0000 – 02/；惰性气体控制组件：367 – 359 – 005/；惰性气体旁通活门：3958A0000 – 01/；NGS 冲压进气门作动筒：2741686 – 1/；再预冷器：2342176 – 1/。	飞机中央油箱	European Interim policy 25/12、USA SFAR 88、FAA – 2005 – 22997 – 5、EASA ED Decision 2014/024/R
六、电力				
67	SF$_6$ 泄漏报警装置	SF$_6$ 检测范围：50 ~ 5 000ppm；超限报警点：1 000ppm，精度 <5% F·S；O$_2$ 浓度检测范围：1% ~ 25%，缺氧报警点：18%，精度 <1% F·S；风机启动：氧含量 ≤19.6% 时或 SF$_6$ 气体浓度 >1 000ppm 时，自动启动风机每次启动时间 15min 或自定义，可手动控制或强制启动风机。	变电站、开关站 SF$_6$ 配电装置室	GB/T8905、DL/T 846.6

序号	设备名称	性能参数	应用领域	执行标准
68	测温式电气火灾监控探测器	报警值：55～140℃；报警时间：温度达到报警设定值时，探测器40s内发出报警信号。	电力隧道、变电站、开关站、发电厂	GB 14287.3、GB 50116、GB 50166
69	电力线路杆塔作业防坠落装置	导轨载荷：不小于100kg；锁止距离：不大于0.2m；导轨型式：T型导轨、槽型导轨、钢绞线。	输电线路杆塔	DL/T 1147
70	绝缘检修作业平台	绝缘电压等级：10～1 000kV；±800kV；抱杆梯、梯具、梯台、过桥、拆卸型检修平台、升降型检修平台工作载荷不小于100kg；复合材料快装脚手架单层额定工作载荷不小于200kg。	变电站、开关站、发电厂、输电线路	DL/T 1209
71	带电作业车	绝缘等级10～110kV，工作斗载荷：200kg（2人）。	架空电力线路	GB/T 9465、GB/T 18037、DL/T 972
72	超声波局放检测仪	灵敏度：峰值灵敏度一般不小于60dB（V/(m/s)），均值灵敏度一般不小于40dB（V/(m/s)）；检测频带：用于SF$_6$气体绝缘电力设备的超声波检测仪，一般在20kHz～80kHz范围内；对于充油电力设备的超声波检测仪，一般在80kHz～200kHz范围内；对于非接触方式的超声波检测仪，一般在20kHz～60kHz范围内；线性度误差：不大于±20%；稳定性：局部放电超声波检测仪连续工作1小时后，注入恒定幅值的脉冲信号时，其响应值的变化不应超过±20%。	变电站、开关站、输电线路、发电厂	DL/T 250、DL/T 1416
七、建筑施工				
73	附着升降脚手架全金属安全防护装置	全金属网架安全防护屏，随作业面同步升降的相邻提升点间高差≤30mm，防坠落制动距离≤80mm。架体高度＜5倍楼层高；架体宽度＜1.2m；直线布置的架体支承跨度＜7m，折线或曲线布置的架体，相邻两主框架支撑点处的架体外侧距离＜5.4m；架体的水平悬挑长度＜2m，且＜跨度的1/2；架体全高与支承跨度的乘积＜110m²。	建筑主体施工与外装饰工程的整体或分片、分段提升的附着升降脚手架安全作业防护与控制	JGJ202、JGJ59、JGJ130
	附着升降脚手架防倾覆装置	在升降和使用两种工况下，最上和最下两个导向件间的最小间距不得小于2.8m或架体高度的1/4；具有防止竖向主框架倾斜的功能；采用螺栓与附墙支座连接，其装置与导轨之间的间隙＜5mm。		
	附着升降脚手架防坠落装置	每一升降点不少于1个防坠落装置，在使用和升降工况下均须起作用；除应满足承载能力要求外，整体式脚手架制动距离≤80mm，单片式脚手架制动距离≤150mm。采用钢吊杆式防坠落装置，钢吊杆规格由计算确定，且不应小于Φ25mm。采用丝杠丝母传动防坠落装置，丝杠外径为40mm，须承受670kN的荷载。		
	附着升降脚手架同步升降控制安全装置	当水平支承桁架两端高差达到30mm时，自动停机；控制精度在5%以内，具有显示各提升点的实际升高和超高的数据，有记忆和储存功能。		
74	集成式爬模防坠落装置	爬模支座内设有防止导轨提升时坠落的装置，架体与结构内设有防止架体提升时坠落的装置。	建筑施工的爬模安全作业控制	JGJ202、JGJ59、JGJ 195
	集成式爬模防倾覆装置	爬模提升系统的每机位设置不少于2个附着支座，导轨长度不低于2个楼层。		
	集成式爬模同步升降控制安全装置	当机位荷载变化15%以上的，报警提示；变化30%以上的，报警并自动停机。		

序号	设备名称	性能参数	应用领域	执行标准
75	施工升降机防坠落安全装置	施工升降机额定提升速度 v≤0.65m/s 时，安全制动距离为 0.15～1.40m，额定提升速度 0.65m/s<v≤1.00m/s 时，安全制动距离为 0.25～1.60m，额定提升速度 1.00m/s<v≤1.33m/s 时，安全制动距离为 0.35～1.80m，额定提升速度>1.33m/s 时，安全制动距离 0.55～2.00m。钢丝绳式施工升降机应有停层防坠落装置，该装置应在吊笼达到工作面后人员进入吊笼之前起作用，使吊笼固定在导轨架上。卷扬机传动的施工升降机应设防松绳和断绳保护安全装置。	施工升降机安全作业控制	GB 26557、GB/T 10054、GB/T 10055、TSG Q7008、JG 121
	施工升降机安全监控系统	当载荷达到额定载重量的 90% 时，发出报警信号；达到额定载重量的 110% 前，中止吊笼启动。在吊笼到达行程终点时，自动切断控制电路；超越行程终点时，自动切断总电源。自动记录施工升降机运行的实时状态数据，记录存储量>7 000 条；报警为蜂鸣器鸣音、指示灯显示。		
76	高处作业吊篮安全锁装置	当高处作业吊篮的悬吊平台运行速度达到额定锁绳速度时，能够自动锁住安全钢丝绳，制停距离≤200mm；在悬吊平台纵向倾斜角度不大于 8° 时，自动锁住安全钢丝绳并停止悬吊平台运行，防止悬吊束发生坠落。	建筑施工用高处作业吊篮安全作业控制	GB19155、JGJ202、JGJ59
77	塔式起重机安全监控系统	当吊重力矩达到控制值 90% 时，发出断续报警并黄灯闪烁；达到 100% 时，发出持续报警并红灯闪烁，自动切断吊钩上升高速和小车往臂端行高速接触器；达到 110% 时，红灯闪烁并自动切断吊钩上升低速和小车往臂端行低速接触器，不允许吊钩起吊。自动记录塔式起重机运行时的回转角度、小车位移、吊钩高度、日期、风速等实时状态数据，存储时间≥48h，工作循环记录储存次数≥16 000 条，系统综合误差≤5%，环境温度 -20～60℃。	施工现场单台或多台塔式起重机的安全作业控制	GB/T 5031、GB 12602、GB/T 3811、GB/T 28264
78	升降式作业平台安全防护及门控系统	升降式作业平台安全防护系统：当平台与墙面水平距离为 0.3～0.5m 时，应不低于 1.1m，平台外侧防护高度应不低于 1.1m，安全防护系统应设高度不低于 0.15m 的护脚板，及距离顶部横杆或护脚板均不大于 0.5m 的中间横杆，以防止平台上作业人员发生高空坠落。 升降式作业平台门控系统：保证作业平台的入口门不得向外侧开启，并采用电控方式进行互锁，以防止在入口门开启时，发生作业平台升降运行的危险动作。	建筑施工外装修施工、既有建筑改造用作业平台及物料运送平台	GB/T27547、JCJ202
八、应急救援设备				
79	呼吸防护器	正压式空气呼吸器：具有耐高温、抗热老化、耐辐射热、阻燃、防水、重量轻、气密性好、电气元件防爆等性能，背架应为高强度的非金属材料制成，面罩防结雾，具有他救、压力平视显示、应急救援用快速充气等功能。	在浓烟、有毒气体或严重缺氧环境中进行呼吸防护	GA 124
		正压氧气呼吸器：防护时间 1h 以上，氧浓度不得低于 21%； 正压式消防氧气呼吸器：重型劳动强度下防护时间 1h 以上，吸气中氧气浓度不得低于 21%，吸气中二氧化碳浓度不得高于 1%，吸气温度不得高于 38℃。	煤矿井下；在高原、地下、隧道以及高层建筑等场所长时间作业时进行呼吸保护	MT86、GA632
		全防型滤毒罐：对有毒气体和蒸汽、有毒颗粒及放射性粒子、细菌具有良好的过滤性能，NBC 防护标准，储存期限不低于 5 年。	危险场所呼吸保护与防毒面罩配套使用	GB/T2892
		压缩氧自救器：具有防爆合格证和 MA 标志定量供氧量 1.2～1.6L/min，通气阻力 196Pa，吸气温度 45℃、手动补给 60 L/min、二氧化碳吸收剂用量 350g，氧气瓶额定充气压力 20MPa、排气阀开启压力 200～400Pa。	煤矿井下发生缺氧或在有毒有害气体环境中矿工逃生用	MT711
		送风式长管呼吸器：正压送风，防止作业环境气体被劳动者吸入。	有毒有害物质作业和救援场所	GB6220、GA1261

序号	设备名称	性能参数	应用领域	执行标准
80	核放射探测仪	可自动声光报警、显示所检测射线的强度持续工作时间不少于70h。	有 α、β、γ 射线污染源的作业环境	GB10257
81	矿山救护指挥车	具有高底盘，功率大，起步快，越野性能好等特点。汽车性能应达到：爬坡度在30%以上；最小离地间隙在220mm以上；行车速度在120km/h以上；配有无线通信系统、卫星定位系统和警灯警报装置。	矿山事故抢险的救援指挥	GB50313、QC/T457、GA14
82	消防车	水罐消防车、泡沫消防车、高倍泡沫消防车、供水消防车、供液消防车：配备消防泵（或供液泵），不分配备水罐（或泡沫液罐、泡沫比例混合器）、高倍数泡沫发生器、消防炮等灭火设备。	灭火救援及危险化学品应急处置、灭火现场供给泡沫液	GB7956.1、GB7956.2、GB7956.3、GA39
		举高类消防车（含云梯消防车、登高平台消防车、举高喷射消防车）：配备举高臂架（直臂、曲臂、直曲臂）或梯架（伸缩或组合）、回转机构，部分配备滑车、消防泵、水罐（或泡沫液罐、泡沫比例混合器）、消防炮、工作斗、破拆装置等。	储罐、塔釜、框架设备、高层建筑场所灭火救援及危险化学品应急处置及高空人员救援	GB7956.1、GB7956.12
		干粉/干粉水联用/干粉泡沫联用消防车：配备干粉灭火剂罐、减压装置、氮气瓶组、干粉喷射装置，部分配备消防泵、水罐（或泡沫液罐、泡沫比例混合器）、消防炮等设备。	可燃液体、可燃气体、带电设备、遇水燃烧物质等场所灭火救援、危险化学品应急处置	GB7956.1、GA39
		抢险救援消防车、化学救援消防车：配备抢险救援器材（涉及侦检类、破拆类、堵漏类、防护类、洗消类、警戒类等）、随车吊或具有起吊功能的随车叉车、绞盘和照明系统、化学事故处置装置等。	危险化学品泄漏、着火，工程抢险、自然灾害等事件灭火救援应急处置	GB7956.1、GB7956.14、GA39
		供气消防车：配备高压空气压缩机、高压气瓶组、防爆充气箱等装置，部分配备照明系统。	为空气呼吸器瓶充气、气动工具供气	GB7956.1、GA39
		照明消防车：配备固定照明灯、移动照明等、发电机。	灾害现场照明	GB7956.1、GA39
		排烟消防车：配备固定排烟送风装置及辅助设备。	灾害现场排烟、通风	GB7956.1、GA39
83	机场消防业务车辆	快速调动车：发动机不用预热；气温在7℃以上时，满载状态下静止加速到80km/h以上不超过25s；全轮驱动；喷射率不小于4 500L/min；一次性泡沫混合液喷量不低于5 000L；最大车速大于105km/h；在水泵全功率工作状态下车辆行驶速度不小于40km/h；专用越野底盘（非商用越野底盘）；具备3C证书。	预防及扑救飞机火灾	《机场服务手册－第一部分救援与消防》（ICAO Doc9137－AN898）、GB7956.1、GA 39、MH/T7002，并参考NFPA 414、FAA NO.150/5220

续表

序号	设备名称	性能参数	应用领域	执行标准
83	机场消防业务车辆	主力泡沫车：满载状态下由静止加速到 80km/h 以上不超过 40s；最大车速大于 100km/h；喷射率不小于 4 500L/min；一次性泡沫混合液喷射量不低于 10 000L；在水泵全功率工作状态下车辆行驶速度不小于 40km/h；专用越野底盘（非商用越野底盘）；具备 3C 证书。	预防及扑救飞机火灾	《机场服务手册－第一部分救援与消防》（ICAO Doc9137－AN898）、GB7956.1、GA 39、MH/T7002，并参考 NFPA 414、FAA NO.150/5220
		重型泡沫车：最大载重量大于 8 000kg；设电控消防炮，并符合《消防炮通用技术条件》（GB 19156）要求；越野底盘；具备 3C 证书。		GB7956.1、GB 7956.3、GA 39、MH/T7002
		中型泡沫车：最大载重量小于或等于 8 000kg；设电控消防炮，并符合《消防炮通用技术条件》（GB 19156）要求；越野底盘；具备 3C 证书。		GB7956.1、GB 7956.3、GA 39、MH/T7002
		升降救援车：救援梯采用防腐金属材质伸缩型，高度：最低位≥3.0m，最高位≥8.0m；台阶两边设置不低于 0.7m 的护栏，台阶的底部应尽量靠近地面；顶部救援平台：宽度：>2.0m；深度：>2.0m；左右两边设置不低于 0.7m 的护栏；前部设有可移动式的保护装置。中、顶部平台应始终保持水平状态，顶部平台载重量>300kg；驱动形式：4×4 或 6×4 驱动；发动机功率：>300kW，轴距：≤4 500mm；使用车辆发动机经过取力系统驱动液压泵向系统提供液压，液压阀门为电动控制，紧急情况下也可手动控制。		《机场服务手册－第一部分救援与消防》（ICAO Doc9137－AN898）、MH/T7002，并参考 NFPA 414、FAA（No.150/5220）
84	应急电源（发电）车	发电功率 200~500kW。	事故、灾害救援现场，保电现场	GB/T 21225、GB 50052、GB/T 2819
85	溢油回收设备	收油机：最大收油速率为 10~200m³/h，最大收油效率为 98%，粘度范围为 1~1 000 000cSt。	海上井喷、火灾爆炸事故造成的溢油回收	JT/T 863
		围油栏：总高大于 400mm，最小总抗拉强度 55kN，最大抗波高 1.8m，最大抗风速 15m/s，最大抗流速 3kn。	海上溢油应急处置	JT/T465
		防火围油栏：耐热温度：1 000℃，总高大于 800mm，最小总抗拉强度 80kN，最大抗波高 1.8m，最大抗风速 15m/s，最大抗流速 3kn。	海上溢油应急处置	JT/T465
		吸油拖栏：最大吃水深度为 150mm，最大抗拉强度为 18kN，吸附倍率大于 10 倍，吸水量为自重的 10%。	海上溢油应急处置	JT/T 864
86	管道带压开孔封堵设备	带压开孔设备：能够实现 PN10MPa，DN1 200mm 管道的开孔作业。	油气长输管道、市政管道的不停输抢维修	GB/T 28055、SY/T 6150.1、SY 6554
		带压封堵设备：能够实现 PN10MPa，DN1 200mm 管道的封堵作业。		
		管道带压开孔封堵专用阀门：用于配合开孔封堵设备使用实现 PN10MPa，DN1 200mm 管道开孔封堵作业。		
		管道带压开孔封堵对开管件：用于配合开孔封堵设备使用实现 PN10MPa，DN1 200mm 管道开孔封堵作业。		

序号	设备名称	性能参数	应用领域	执行标准
87	矿山应急救援设备	地面大直径钻机：可移动式，最大钻进孔径≥600mm，钻深≥500m。 井下轻型救灾钻机：模块化设计，最大拆分模块重量＜60kg；钻孔深度≥100m，终孔直径≥75mm。 多功能快速水平钻机：发动机功率135kW，钻孔口径最大可达165mm，具备套管作业、止水止浆、超前地质预报等功能。 矿用雷达生命探测仪：探测距离＞10m，探测张角＞100°，探测精度≥20cm。 井下快速成套支护装备：支撑高度范围1～4m，初撑力≥100kN，静态支撑力≥400kN。 矿用逃生救援补给站：具备防护、供给和通信功能，自救器存储量≥30台，允许同时补给人数≥4人。 矿用救灾多媒体通信系统：无线语音、视频及环境参数实时传输、持机人员定位，通信距离≥20km，定位精度≥±5m。	井工煤矿救援	MT/T1129、MA依据标准
88	破拆工具车	箱式货车功率221kW，具备照明、连接市电等功能，配置荷马特破拆支护类工具（手动多功能剪扩钳、钢缆剪切钳、便携机动泵、液压扩张钳、单向液压千斤顶、机械撑杆、延伸管250mm/500mm等）。	隧道救援中破拆和支护	JTGF60
89	消防机器人	灭火机器人：以消防炮等灭火装置为主要机载设备，在高温、浓烟、强热辐射、爆炸等危险场所执行灭火、冷却剂化学污染场所洗消等作业。 排烟机器人：以排烟机为主要机载设备，对消防车辆及人员无法靠近的灾害现场进行正压送风、排烟、水雾灭火、冷却等作业。 侦察机器人：具有防爆性能，以气体侦检仪等传感器为主要机载设备，对室内外危险灾害现场进行现场探测、侦察，并可将采集到的信息（数据、图像、语音）进行实时处理和无线传输。 用于化学事故现场的视频采集及危险气体、液体的侦察与检测。	危险场所灭火救援	GA892.1

注：表内安全设备按照行业列示，对于可在不同行业中通用的专用设备，不受该专用设备所处行业和所列应用领域的限制。

财政部　税务总局关于金融机构小微企业贷款利息收入免征增值税政策的通知

2018年9月5日　财税〔2018〕91号

各省、自治区、直辖市、计划单列市财政厅（局），国家税务总局各省、自治区、直辖市、计划单列市税务局，新疆生产建设兵团财政局：

为进一步加大对小微企业的支持力度，现将金融机构小微企业贷款利息收入免征增值税政策通知如下：

一、自2018年9月1日至2020年12月31日，对金融机构向小型企业、微型企业和个体工商户发放小额贷款取得的利息收入，免征增值税。金融机构可以选择以下两种方法之一适用免税：

（一）对金融机构向小型企业、微型企业和个体工商户发放的，利率水平不高于人民银行同期贷款基准利率150%（含本数）的单笔小额贷款取得的利息收入，免征增值税；高于人民银行同期贷款基准利率150%的单笔小额贷款取得的利息收入，按照现行政策规定缴纳增值税。

（二）对金融机构向小型企业、微型企业和个体工商户发放单笔小额贷款取得的利息收入中，不高于该笔贷款按照人民银行同期贷款基准利率150%（含本数）计算的利息收入部分，免征增值税；超过部分按照现行政策规定缴纳增值税。

金融机构可按会计年度在以上两种方法之间选定其一作为该年的免税适用方法，一经选定，该会计年度内不得变更。

二、本通知所称金融机构，是指经人民银行、银保监会批准成立的已通过监管部门上一年度"两增两控"考核的机构（2018 年通过考核的机构名单以 2018 年上半年实现"两增两控"目标为准），以及经人民银行、银保监会、证监会批准成立的开发银行及政策性银行、外资银行和非银行业金融机构。"两增两控"是指单户授信总额 1 000 万元以下（含）小微企业贷款同比增速不低于各项贷款同比增速，有贷款余额的户数不低于上年同期水平，合理控制小微企业贷款资产质量水平和贷款综合成本（包括利率和贷款相关的银行服务收费）水平。金融机构完成"两增两控"情况，以银保监会及其派出机构考核结果为准。

三、本通知所称小型企业、微型企业，是指符合《中小企业划型标准规定》（工信部联企业〔2011〕300 号）的小型企业和微型企业。其中，资产总额和从业人员指标均以贷款发放时的实际状态确定；营业收入指标以贷款发放前 12 个自然月的累计数确定，不满 12 个自然月的，按照以下公式计算：

营业收入（年）＝企业实际存续期间营业收入／企业实际存续月数×12

四、本通知所称小额贷款，是指单户授信小于 1 000 万元（含本数）的小型企业、微型企业或个体工商户贷款；没有授信额度的，是指单户贷款合同金额且贷款余额在 1 000 万元（含本数）以下的贷款。

五、金融机构应将相关免税证明材料留存备查，单独核算符合免税条件的小额贷款利息收入，按现行规定向主管税务机关办理纳税申报；未单独核算的，不得免征增值税。

金融机构应依法依规享受增值税优惠政策，一经发现存在虚报或造假骗取本项税收优惠情形的，停止享受本通知有关增值税优惠政策。

金融机构应持续跟踪贷款投向，确保贷款资金真正流向小型企业、微型企业和个体工商户，贷款的实际使用主体与申请主体一致。

六、银保监会按年组织开展免税政策执行情况督察，并将督察结果及时通报财税主管部门。鼓励金融机构发放小微企业信用贷款，减少抵押担保的中间环节，切实有效降低小微企业综合融资成本。

各地税务部门要加强免税政策执行情况后续管理，对金融机构开展小微金融免税政策专项检查，发现问题的，按照现行税收法律法规进行处理，并将有关情况逐级上报国家税务总局（货物和劳务税司）。

财政部驻各地财政监察专员办要组织开展免税政策执行情况专项检查。

七、金融机构向小型企业、微型企业及个体工商户发放单户授信小于 100 万元（含本数），或者没有授信额度，单户贷款合同金额且贷款余额在 100 万元（含本数）以下的贷款取得的利息收入，可继续按照《财政部　税务总局关于支持小微企业融资有关税收政策的通知》（财税〔2017〕77 号）的规定免征增值税。

财政部　税务总局关于提高机电、文化等产品出口退税率的通知

2018 年 9 月 4 日　财税〔2018〕93 号

各省、自治区、直辖市、计划单列市财政厅（局），国家税务总局各省、自治区、直辖市、计划单列市税务局，新疆生产建设兵团财政局：

为完善出口退税政策，对机电、文化等产品提高增值税出口退税率。现就有关事项通知如下：

一、将多元件集成电路、非电磁干扰滤波器、书籍、报纸等产品出口退税率提高至 16%。

将竹刻、木扇等产品出口退税率提高至 13%。

将玄武岩纤维及其制品、安全别针等产品出口退税率提高至 9%。

提高出口退税率的产品清单见附件。

二、本通知自 2018 年 9 月 15 日起执行。本通知所列货物适用的出口退税率，以出口货物报关单上注明的出口日期界定。

附件：提高出口退税率的产品清单

附件：

提高出口退税率的产品清单

序号	产品编码	产品名称	调整后退税率（%）
1	28539050	镍钴铝氢氧化物	13
2	29029050	1－烷基－4－（4－烷烯基－1，1'－双环己基）苯	13
3	29052210	香叶醇、橙花醇	13
4	29093020	4－（4－烷氧基苯基）－4'－烷烯基－1，1'－双环己烷及其氟代衍生物	13
5	29163930	2－（3－碘－4－乙基苯基）－2－甲基丙酸	13
6	29223920	安非他酮及其盐	13
7	29224190	赖氨酸酯和赖氨酸盐	13
8	29224220	谷氨酸钠	13
9	29291030	二苯基甲烷二异氰酸酯（纯MDI）	16
10	2930909091	DL－羟基蛋氨酸	13
11	29321400	三氯蔗糖	13
12	29341010	三苯甲基氨噻肟酸	13
13	29362200	未混合的维生素B1及其衍生物	16
14	29362300	未混合的维生素B2及其衍生物	16
15	29362400	未混合的D或DL－泛酸及其衍生物	16
16	29362500	未混合的维生素B6及其衍生物	16
17	29362600	未混合的维生素B12及其衍生物	16
18	29362700	未混合的维生素C及其衍生物	16
19	29369010	维生素AD3（包括天然浓缩物，不论是否溶于溶剂）	16
20	29369090	其他维生素原、混合维生素及其衍生物	16
21	29371100	生长激素及其衍生物和类似结构物	16
22	29381000	芸香苷及其衍生物	13
23	29389090	其他天然或合成再制的苷及其盐、醚、酯和其他衍生物	13
24	32042000	用作荧光增白剂的有机合成产品（不论是否已有化学定义）	13
25	32049020	胡萝卜素及类胡萝卜素	13
26	3208201011	分散于或溶于非水介质的光导纤维用涂料，施工状态下挥发性有机物含量大于420克/升（主要成分为聚胺酯丙烯酸酯类化合物，以丙烯酸聚合物为基本成分）	13
27	3208201019	其他分散于或溶于非水介质的光导纤维用涂料（主要成分为聚胺酯丙烯酸酯类化合物，以丙烯酸聚合物为基本成分）	13
28	3209902010	以氟树脂为基本成分的油漆及清漆，施工状态下挥发性有机物含量大于420克/升（包括瓷漆及大漆，分散于或溶于水介质）	13
29	3209902090	其他以氟树脂为基本成分的油漆及清漆（包括瓷漆及大漆，分散于或溶于水介质）	13
30	34031900	润滑剂（含有石油或从沥青矿物提取的油类且按重量计＜70%）	13
31	34039900	润滑剂（不含有石油或从沥青矿物提取的油类）	13

序号	产品编码	产品名称	调整后退税率（%）
32	35069190	以其他橡胶或塑料为基本成分的粘合剂	16
33	38151100	以镍及其化合物为活性物的载体催化剂	13
34	38151200	以贵金属及其化合物为活性物的载体催化剂	13
35	38151900	其他载体催化剂	13
36	38159000	其他未列名的反应引发剂、促进剂	13
37	38200000	防冻剂及解冻剂	13
38	39013000	初级形状乙烯－乙酸乙烯酯共聚物	9
39	39014010	乙烯－丙烯共聚物（乙丙橡胶）	9
40	39019010	初级形状的乙烯丙烯共聚物（乙丙橡胶，乙烯单体单元的含量大于丙烯单体单元）	9
41	39022000	初级形状的聚异丁烯	9
42	39023010	初级形状的乙烯丙烯共聚物（乙丙橡胶丙烯单体单元的含量大于乙烯单体单元）	9
43	39023090	初级形状的其他丙烯共聚物	9
44	39029000	其他初级形状的烯烃聚合物	9
45	39031100	初级形状的可发性聚苯乙烯	9
46	39031990	初级形状的其他聚苯乙烯	9
47	39032000	初级形状苯乙烯－丙烯腈共聚物	9
48	39033090	其他丙烯腈－丁二烯－苯乙烯共聚物	9
49	39039000	初级形状的其他苯乙烯聚合物	9
50	39043000	氯乙烯－乙酸乙烯酯共聚物	9
51	39044000	初级形状的其他氯乙烯共聚物	9
52	39045000	初级形状的偏二氯乙烯聚合物	9
53	39049000	初级形状的其他卤化烯烃聚合物	9
54	39051200	聚乙酸乙烯酯的水分散体	9
55	39051900	其他初级形状聚乙酸乙烯酯	9
56	39052100	乙酸乙烯酯共聚物的水分散体	9
57	39052900	其他初级形状的乙酸乙烯酯共聚物	9
58	39053000	初级形状的聚乙烯醇（不论是否含有未水解的乙酸酯基）	9
59	39059100	其他乙烯酯或乙烯基的共聚物	9
60	39059900	其他乙烯酯或乙烯基的聚合物	9
61	39069010	聚丙烯酰胺	9
62	3906909000	其他初级形状的丙烯酸聚合物	9
63	39069090001	丙烯酸钠聚合物	9
64	39071090	其他初级形状的聚缩醛	9
65	39072010	聚四亚甲基醚二醇	9

序号	产品编码	产品名称	调整后退税率（%）
66	39073000	初级形状的环氧树脂	9
67	39075000	初级形状的醇酸树脂	9
68	39077000	聚乳酸	9
69	39079100	初级形状的不饱和聚酯	9
70	39079910	聚对苯二甲酸丁二酯	16
71	39079991	聚对苯二甲酸－己二醇－丁二醇酯	9
72	39079999	其他聚酯	9
73	39081090	其他初级形状的聚酰胺	9
74	39089010	芳香族聚酰胺及其共聚物	9
75	39089020	半芳香族聚酰胺及其共聚物	9
76	39089090	初级形状的其他聚酰胺	9
77	39091000	初级形状的尿素树脂及硫尿树脂	9
78	39092000	初级形状的蜜胺树脂	9
79	39093900	其他初级形状的其他氨基树脂	9
80	39094000	初级形状的酚醛树脂	9
81	39111000	初级形状的石油树脂、苯并呋喃－茚树脂、多萜树脂	9
82	3911900001	芳基酸与芳基胺预缩聚物	9
83	3911900003	改性三羟乙基脲酸酯类预缩聚物	9
84	3911900005	偏苯三酸酐和异氰酸预缩聚物	9
85	39121100002	未塑化的二、三醋酸纤维素	9
86	39140000	初级形状的离子交换剂	9
87	3920209090	非泡沫丙烯聚合物板，片，膜，箔及扁条（未用其他材料强化，层压，支撑或用类似方法合制，非农用）	9
88	3920430090	氯乙烯聚合物板，片，膜，箔及扁条（增塑剂含量≥6％，未用其他材料强化、层压、支撑）	9
89	3920490090	其他氯乙烯聚合物板，片，膜，箔及扁条（非泡沫料的，未用其他材料强化，层压，支撑，非农用）	9
90	40029990	从油类提取的油膏	13
91	40101100	金属加强的硫化橡胶输送带及带料	13
92	40113000	航空器用新的充气橡胶轮胎	13
93	40121300	航空器用翻新轮胎	13
94	44140010	辐射松制的画框、相框、镜框及类似品	13
95	4414009010	拉敏木制画框，相框，镜框及类似品	13
96	44201012	竹刻	13
97	4420102090	木扇	13
98	48115191	纸塑铝复合材料	13
99	48115991	镀铝的用塑料涂布、浸渍的其他纸及纸板	13

序号	产品编码	产品名称	调整后退税率（%）
100	49011000003	按 16% 征税的单张的书籍、小册子及类似印刷品	16
101	49019900003	按 16% 征税的其他书籍、小册子及类似的印刷品	16
102	49021000002	按 16% 征税的每周至少出版四次的报纸、杂志	16
103	49029000002	按 16% 征税的其他报纸、杂志及期刊	16
104	49030000003	按 16% 征税的儿童图画书、绘画或涂色书	16
105	49040000003	按 16% 征税的乐谱原稿或印本	16
106	49051000	地球仪、天体仪	16
107	49059100003	按 16% 征税的成册的各种印刷的地图及类似图表	16
108	49059900003	按 16% 征税的其他各种印刷的地图及类似图表	16
109	49060000	设计图纸原稿或手稿及其复制件	16
110	49090010	印刷或有图画的明信片	16
111	49090090	其他致贺或通告卡片	16
112	49100000	印刷的各种日历，包括日历芯	16
113	49111010	无商业价值的广告品及类似印刷品	16
114	49111090	其他商业广告品及类似印刷品	16
115	49119100	印刷的图片、设计图样及照片	16
116	49119910	纸质的其他印刷品	16
117	49119990	其他印刷品	16
118	68159940	玄武岩纤维及其制品	9
119	70199090	其他玻璃纤维及其制品	16
120	72052100	合金钢粉末	9
121	72091510	屈服强度大于 355 牛顿/平方毫米，厚度 ≥3mm 的冷轧卷材	13
122	72124000	涂漆或涂塑的铁或非合金钢窄板材	9
123	72173090	镀或涂其他贱金属的铁丝和非合金钢丝	13
124	72221100	热加工的圆形截面不锈钢条、杆	9
125	72221900	热加工其他截面形状不锈钢条杆	9
126	72222000	冷成形或冷加工的不锈钢条、杆	9
127	72223000	其他不锈钢条、杆	9
128	72224000	不锈钢角材、型材及异型材	9
129	72230000	不锈钢丝	9
130	72292000	硅锰钢丝	9
131	73021000	钢轨	13
132	73023000	道岔尖轨、辙叉、尖轨拉杆	13
133	73024000	钢铁制鱼尾板、钢轨垫板	13
134	73029010	钢铁轨枕	13
135	73029090	其他铁道电车道铺轨用钢铁材料	13

序号	产品编码	产品名称	调整后退税率（%）
136	73030090	其他铸铁管及空心异型材	13
137	73043110	冷轧的钢铁制无缝锅炉管	13
138	73043120	冷轧的铁制无缝地质钻管、套管	13
139	73081000	钢铁制桥梁及桥梁体段	13
140	73082000	钢铁制塔楼及格构杆	13
141	73083000	钢铁制门窗及其框架、门槛	13
142	73084000	钢铁制脚手架模板坑凳用支柱及类	13
143	73089000	其他钢铁结构体及部件	13
144	73090000	容积＞300L钢铁制盛物容器	9
145	73101000	容积50~300L钢铁制盛物容器	9
146	73102110	易拉罐及罐体	9
147	73102190	其他容积在50升以下焊边或卷边接合的罐	9
148	73110010	装压缩或液化气的钢铁容器	9
149	73121000	非绝缘的钢铁绞股线、绳、缆	9
150	73129000	非绝缘钢铁编带、吊索及类似品	9
151	73130000	带刺钢铁丝、围篱用钢铁绞带	9
152	73141200	不锈钢制的机器用环形带	9
153	73141400	不锈钢制的机织品	9
154	73141900	其他钢铁丝制机织品	9
155	73142000	交点焊接的粗钢铁丝网、篱及格栅	9
156	73143100	交点焊接的镀或涂锌细钢铁丝网	9
157	73143900	交点焊接的其他细钢铁丝网、篱	9
158	73144100	其他镀锌的钢铁丝网、篱及格栅	9
159	73144200	其他涂塑的钢铁丝网、篱及格栅	9
160	73144900	其他钢铁丝网、篱及格栅	9
161	73145000	网眼钢铁板	9
162	73151120	摩托车滚子链	16
163	73151190	其他滚子链	16
164	73151200	其他铰接链	16
165	73170000	铁钉、图钉、平头钉及类似品	9
166	73181100	方头螺钉	9
167	73181200	其他木螺钉	9
168	73181300	钩头螺钉及环头螺钉	9
169	73181400	自攻螺钉	9
170	73181510	抗拉强度在800兆帕及以上的螺钉及螺栓，不论是否带有螺母或垫圈	9
171	73181590	其他螺钉及螺栓	9
172	73181600	螺母	9

序号	产品编码	产品名称	调整后退税率（%）
173	73181900	未列名螺纹制品	9
174	73182100	弹簧垫圈及其他防松垫圈	9
175	73182200	其他垫圈	9
176	73182300	铆钉	9
177	73182400	销及开尾销	9
178	73182900	其他无螺纹紧固件	9
179	73194010	安全别针	9
180	73194090	其他别针	9
181	73199000	未列名钢铁制针及类似品	9
182	73201010	铁道车辆用片簧及簧片	9
183	73201020	汽车用片簧及弹簧	9
184	73201090	其他片簧及簧片	9
185	73202010	铁道车辆用螺旋弹簧	9
186	73202090	其他螺旋弹簧	9
187	73209010	铁道车辆用其他弹簧	9
188	73209090	其他弹簧	9
189	73211210	煤油炉	9
190	73218100	可使用气体燃料的其他家用器具	9
191	73218200	使用液体燃料的其他家用器具	9
192	73221100	非电热铸铁制集中供暖用散热器	9
193	73221900	非电热钢制集中供暖用散热器	9
194	73229000	非电热空气加热器、暖气分布器	9
195	73231000	钢铁丝绒、擦锅器、洗擦用块垫等	9
196	73251010	工业用无可锻性制品	9
197	73251090	其他无可锻性铸铁制品	9
198	73259100	可锻性铸铁及铸钢研磨机的研磨球	9
199	73259910	工业用未列名可锻性铸铁制品	9
200	73259990	非工业用未列名可锻性铸铁制品	9
201	73261100	钢铁制研磨机用研磨球及类似品	13
202	73261910	工业用未列名钢铁制品	9
203	73261990	非工业用未列名钢铁制品	9
204	73262010	工业用钢铁丝制品	9
205	73262090	非工业用钢铁丝制品	13
206	73269011	钢铁纤维及其制品	9
207	73269019	其他工业用钢铁制品	9
208	74199190	非工业用铸造、模压、冲压铜制品	9
209	74199920	铜弹簧	9

序号	产品编码	产品名称	调整后退税率（%）
210	74199930	铜丝制的布（包括环形带）	9
211	74199940	铜丝制的网、格栅、网眼铜板	9
212	74199950	非电热的铜制家用供暖器及其零件	9
213	74199999	非工业用其他铜制品	9
214	75040010	非合金镍粉及片状粉末	9
215	75040020	合金镍粉及片状粉末	9
216	75051100	纯镍条、杆、型材及异型材	9
217	75052100	纯镍丝	9
218	75061000	纯镍板、片、带、箔	9
219	7604291010	柱形实心体铝合金［在293K（20摄氏度）时的极限抗拉强度能达到460兆帕（0.46×10^9 牛顿/平方米）或更大］	13
220	76141000	带钢芯的铝制绞股线、缆、编带	16
221	76149000	不带钢芯的铝制绞股线、缆、编带	16
222	78041100	铅片、带及厚度≤0.2mm的箔	9
223	80070030	锡箔、锡粉及片状粉末	9
224	81019600	钨丝	9
225	81029600	钼丝	9
226	8104902010	镁金属基复合材料（包括各种结构件和制品、各种预成形件，其中增强材料的比拉伸强度大于 7.62×10^4 m 和比模量大于 3.18×10^6 m）	9
227	8106009010	高纯度铋及铋制品（纯度≥99.99%，含银量低于十万分之一）	9
228	8109900010	锆管（铪与锆重量比低于1∶500的锆金属和合金的管或组件）	9
229	81129910	锗及其制品	9
230	82011000	锹及铲	9
231	82013000	镐、锄、耙	9
232	82014000	斧子、钩刀及类似砍伐工具	9
233	82015000	修枝剪等单手操作农用剪	9
234	8201600010	含植物性材料的双手操作农用剪	9
235	82019010	农用叉	9
236	8201909010	含植物性材料的农业、园艺、林业用手工工具	9
237	8201909090	其他农业、园艺、林业用手工工具	9
238	82019090901	按10%征税的其他农业、园艺、林业用手工工具	9
239	82060000	成套工具组成的零售包装货品	13
240	82072010	带超硬部件的金属拉拔或挤压用模	16
241	82072090	其他金属拉拔或挤压用模	16
242	82073000	加工税号87.03所列车辆车身冲压件用的4种关键模具（侧围外板、翼子板、拼接整体侧围内板、拼焊整体侧围加强板用模具）	16
243	82081090	其他金工机械用刀及刀片	9

序号	产品编码	产品名称	调整后退税率（%）
244	82082000	木工机械用刀及刀片	9
245	82083000	厨房或食品加工机器用刀及刀片	9
246	82084000	农、林业机器用刀及刀片	9
247	82089000	其他机器或机械器具用刀及刀片	9
248	82100000	加工调制食品、饮料用手动机械	9
249	82119500	贱金属制的刀柄	9
250	82141000	裁纸刀、信刀、铅笔刀及刀片	9
251	82151000	成套含镀贵金属制厨房或餐桌用具	9
252	82159100	非成套镀贵金属制厨房或餐桌用具	9
253	83021000	铰链（折叶）	9
254	83023000	机动车辆用贱金属附件及架座	9
255	83024100	建筑用贱金属配件及架座	9
256	83024200	家具用贱金属配件及架座	9
257	83024900	其他用贱金属配件及架座	9
258	83026000	自动闭门器	9
259	83030000	保险箱、柜、保险库的门	9
260	83040000	贱金属档案柜、文件箱等办公用具	9
261	83051000	活页夹或宗卷夹的附件	9
262	83052000	成条钉书钉	9
263	83059000	信夹、信角、文件夹等办公用品	9
264	83061000	非电动铃、钟、锣及其类似品	9
265	83062100	镀贵金属的雕塑像及其他装饰品	9
266	83062910	景泰兰雕塑像及其他装饰品	13
267	83063000	相框、画框及类似框架、镜子	9
268	83071000	钢铁制软管、可有配件	9
269	83079000	其他贱金属软管，可有配件	9
270	83082000	贱金属制管形铆钉及开口铆钉	9
271	83089000	贱金属制珠子及亮晶片	9
272	83091000	贱金属制冠形瓶塞	9
273	83099000	盖子瓶帽螺口塞封志等包装用配件	9
274	83100000	标志牌、铭牌、号码、字母等标志	9
275	84139100	液体泵用零件	16
276	84139200	液体提升机用零件	16
277	84149019	其他用于制冷设备的压缩机零件	16
278	84149090	税号84.14其他所列机器零件	16
279	84169000	炉用燃烧器、机械加煤机等的零件	16
280	84179010	海绵铁回转窑的零件	16

序号	产品编码	产品名称	调整后退税率（%）
281	84179020	炼焦炉的零件	16
282	84179090	其他非电热工业用炉及烘箱的零件	16
283	84189999	税号84.18其他制冷设备用零件	16
284	84199090	税号84.19的其他机器设备用零件	16
285	84209100	研光机或其他滚压机器的滚筒	16
286	84209900	研光机或其他滚压机的未列名零件	16
287	84311000	滑车、绞盘、千斤顶等机械用零件	16
288	84312010	税号84.27所列机械的装有差速器的驱动桥及其零件，不论是否装有其他传动部件	16
289	84312090	其他税号84.27所列机械的零件	16
290	84313100	升降机、倒卸式起重机或自动梯的零件	16
291	84313900	税号84.28所列其他机械的零件	16
292	84314100	戽斗、铲斗、抓斗及夹斗	16
293	84314200	推土机或侧铲推土机用铲	16
294	84314310	石油或天然气钻探机用零件	16
295	84314320	其他钻探机用零件	16
296	84314390	其他凿井机用零件	16
297	84314920	税号84.26、84.29、或84.30所列机械的装有差速器的驱动桥及其零件，不论是否装有其他传动部件	16
298	84314991	矿用电铲用零件	16
299	84314999	其他税号84.26、84.29、或84.30所列机械的零件	16
300	84329000	整地或耕作机械、滚压机零件	16
301	84339010	联合收割机用零件	16
302	84339090	税号84.33所列其他机械零件	16
303	84349000	挤奶机及乳品加工机器用零件	16
304	84359000	制酒、果汁等压榨、轧碎机零件	16
305	84369100	家禽饲养机、孵卵器及育雏器零件	16
306	84369900	税号84.36所列其他机器的零件	16
307	84379000	税号84.37所列机械的零件	16
308	84419090	其他制造纸浆、纸制品的机器零件	16
309	84424000	铸字、排字、制版机器的零件	16
310	84425000	活字、印刷用版、片及其他部件	16
311	84661000	工具夹具及自启板牙切头	16
312	84662000	工件夹具	16
313	84663000	分度头及其他专用于机床的附件	16
314	84669100	税号84.64所列机器用的零附件	16
315	84669200	税号84.65所列机器用的零附件	16
316	84669310	刀库及自动换刀装置	16

序号	产品编码	产品名称	调整后退税率（%）
317	84669390	税号 84.56～84.61 机器用其他零附件	16
318	84669400	税号 84.62～84.63 机器用其他零附件	16
319	84734010	自动柜员机用出钞器和循环出钞机	16
320	84734090	税号 84.72 所列其他办公室用机器零附件	16
321	84735000	税号 84.69～84.72 中所列机器零附件	16
322	84749000	税号 8474 所列机器的零件	16
323	84759000	税号 84.75 所列机器的零件	16
324	84779000	橡胶、塑料等加工机器的零件	16
325	84811000	减压阀	16
326	84812010	油压传动阀	16
327	84812020	气压传动阀	16
328	84813000	止回阀	16
329	84814000	安全阀或溢流阀	16
330	84819010	阀门用零件	16
331	84819090	龙头、旋塞及类似装置的零件	16
332	84821020	深沟球轴承	16
333	84821090	其他滚珠轴承	16
334	84822000	锥形滚子轴承	16
335	84823000	鼓形滚子轴承	16
336	84824000	滚针轴承	16
337	84825000	其他圆柱形滚子轴承	16
338	84828000	其他滚动轴承及球、柱混合轴承	16
339	84829100	滚珠、滚针及滚柱	16
340	84829900	滚动轴承的其他零件	16
341	84832000	装有滚珠或滚子轴承的轴承座	16
342	84833000	未装滚珠或滚子轴承的轴承座	16
343	84835000	飞轮、滑轮及滑轮组	16
344	8484200030	MLIS 用转动轴封（专门设计的带密封进气口和出气口的转动轴封）	16
345	8484200090	其他机械密封件	16
346	84849000	其他材料制密封垫及类似接合衬垫	16
347	84879000	本章其他税号未列名机器零件	16
348	8506400010	氧化银的原电池及原电池组（无汞）（汞含量＜电池重量的 0.0001%，扣式电池的汞含量＜电池重量的 0.0005%）	16
349	8506400090	氧化银的原电池及原电池组（含汞）（汞含量≥电池重量的 0.0001%，扣式电池的汞含量≥电池重量的 0.0005%）	16
350	85065000	锂的原电池及原电池组	16

序号	产品编码	产品名称	调整后退税率（%）
351	8506600010	锌空气的原电池及原电池组（无汞）（汞含量＜电池重量的0.0001%，扣式电池的汞含量＜电池重量的0.0005%）	16
352	8506600090	锌空气的原电池及原电池组（含汞）（汞含量≥电池重量的0.0001%，扣式电池的汞含量≥电池重量的0.0005%）	16
353	85069010	二氧化锰原电池或原电池组的零件	16
354	85069090	其他原电池组或原电池组的零件	16
355	8507809010	燃料电池	16
356	8507809090	其他蓄电池	16
357	85395000	发光二极管（LED）灯泡（管）	16
358	8542311900	其他用作处理器及控制器的多元件集成电路（不论是否带有存储器、转换器、逻辑电路、放大器、时钟及时序电路或其他电路）	16
359	85423119001	其他用作处理器及控制器的多元件集成电路（比重计、温度计等类似仪器的零件；液体或气体的测量或检验仪器零件；检镜切片机；理化分析仪器零件；税号90.30所属货品的零件及附件）	16
360	8542321000	用作存储器的多元件集成电路	16
361	85423210001	用作存储器的多元件集成电路（比重计、温度计等类似仪器的零件；液体或气体的测量或检验仪器零件；检镜切片机；理化分析仪器零件；税号90.30所属货品的零件及附件）	16
362	8542331000	用作放大器的多元件集成电路	16
363	85423310001	用作放大器的多元件集成电路（比重计、温度计等类似仪器的零件；液体或气体的测量或检验仪器零件；检镜切片机；理化分析仪器零件；税号90.30所属货品的零件及附件）	16
364	8542391000	其他多元件集成电路	16
365	85423910001	其他多元件集成电路（比重计、温度计等类似仪器的零件；液体或气体的测量或检验仪器零件；检镜切片机；理化分析仪器零件；税号90.30所属货品的零件及附件）	16
366	8548900002	非电磁干扰滤波器	16
367	8548900030	触摸感应数据输入装置（即触摸屏）无显示的性能，安装于有显示屏的设备中，通过检测显示区域内触摸动作的发生及位置进行工作。触摸感应可通过电阻、静电电容、声学脉冲识别、红外光或其他触摸感应技术来获得	16
368	87099000	短距离运货车、站台牵引车用零件	16
369	89019090001	其他非铁制非机动货运船舶及客货兼运船舶	16
370	89080000	供拆卸的船舶及其他浮动结构体	16
371	90012000	偏振材料制的片及板	16
372	90119000	复式光学显微镜的零附件	16
373	90129000	非光学显微镜及衍射设备的零件	16
374	90138090	其他液晶装置及光学仪器	16
375	90249000	各种材料的试验用机器零附件	16
376	90251100	可直接读数的液体温度计	16
377	90251910	非液体的工业用温度计及高温计	16
378	90251990	非液体的其他温度计、高温计	16
379	90258000	其他温度计、比重计、湿度计等仪器	16

续表

序号	产品编码	产品名称	调整后退税率（%）
380	90279000	检镜切片机；理化分析仪器零件	16
381	90281010	煤气表	16
382	90281090	其他气量计	16
383	90282010	水表	16
384	90282090	其他液量计	16
385	90289010	工业用计量仪表零附件	16
386	90291090	产量计数器、步数计及类似仪表	16
387	90299000	转数计、车费计及类似仪表零件	16
388	90308910	其他电感及电容测试仪	16
389	90309000	税号 90.30 所属货品的零件及附件	16
390	90311000	机械零件平衡试验机	16
391	90312000	试验台	16
392	90319000	税号 90.31 的仪器及器具的零件	16
393	91040000	仪表板钟及车辆船舶等用的类似钟	16
394	93070090	其他剑、短弯刀、刺刀、长矛和类似的武器及其零件；其他刀鞘、剑鞘	13
395	94011000	飞机用坐具	16
396	94019011	机动车辆的座椅调角器	16
397	96121000	打字机色带或类似色带	16

财政部 税务总局关于全国社会保障基金有关投资业务税收政策的通知

2018 年 9 月 10 日 财税〔2018〕94 号

各省、自治区、直辖市、计划单列市财政厅（局），国家税务总局各省、自治区、直辖市、计划单列市税务局，新疆生产建设兵团财政局：

现将全国社会保障基金理事会（以下简称社保基金会）管理的全国社会保障基金（以下简称社保基金）有关投资业务税收政策通知如下：

一、对社保基金会、社保基金投资管理人在运用社保基金投资过程中，提供贷款服务取得的全部利息及利息性质的收入和金融商品转让收入，免征增值税。

二、对社保基金取得的直接股权投资收益、股权投资基金收益，作为企业所得税不征税收入。

三、对社保基金会、社保基金投资管理人管理的社保基金转让非上市公司股权，免征社保基金会、社保基金投资管理人应缴纳的印花税。

四、本通知自发布之日起执行。通知发布前发生的社保基金有关投资业务，符合本通知规定且未缴纳相关税款的，按本通知执行；已缴纳的相关税款，不再退还。

财政部　税务总局关于基本养老保险基金有关投资业务税收政策的通知

2018 年 9 月 20 日　财税〔2018〕95 号

各省、自治区、直辖市、计划单列市财政厅（局），国家税务总局各省、自治区、直辖市、计划单列市税务局，新疆生产建设兵团财政局：

现将全国社会保障基金理事会（以下简称社保基金会）受托投资的基本养老保险基金（以下简称养老基金）有关投资业务税收政策通知如下：

一、对社保基金会及养老基金投资管理机构在国务院批准的投资范围内，运用养老基金投资过程中，提供贷款服务取得的全部利息及利息性质的收入和金融商品转让收入，免征增值税。

二、对社保基金会及养老基金投资管理机构在国务院批准的投资范围内，运用养老基金投资取得的归属于养老基金的投资收入，作为企业所得税不征税收入；对养老基金投资管理机构、养老基金托管机构从事养老基金管理活动取得的收入，依照税法规定征收企业所得税。

三、对社保基金会及养老基金投资管理机构运用养老基金买卖证券应缴纳的印花税实行先征后返；养老基金持有的证券，在养老基金证券账户之间的划拨过户，不属于印花税的征收范围，不征收印花税。对社保基金会及养老基金投资管理机构管理的养老基金转让非上市公司股权，免征社保基金会及养老基金投资管理机构应缴纳的印花税。

四、本通知自发布之日起执行。本通知发布前发生的养老基金有关投资业务，符合本通知规定且未缴纳相关税款的，按本通知执行；已缴纳的相关税款，不再退还。

财政部　税务总局关于中国邮政储蓄银行三农金融事业部涉农贷款增值税政策的通知

2018 年 9 月 12 日　财税〔2018〕97 号

各省、自治区、直辖市、计划单列市财政厅（局），国家税务总局各省、自治区、直辖市、计划单列市税务局，新疆生产建设兵团财政局：

为支持中国邮政储蓄银行"三农金融事业部"加大对乡村振兴的支持力度，现就中国邮政储蓄银行"三农金融事业部"涉农贷款有关增值税政策通知如下：

一、自 2018 年 7 月 1 日至 2020 年 12 月 31 日，对中国邮政储蓄银行纳入"三农金融事业部"改革的各省、自治区、直辖市、计划单列市分行下辖的县域支行，提供农户贷款、农村企业和农村各类组织贷款（具体贷款业务清单见附件）取得的利息收入，可以选择适用简易计税方法按照3%的征收率计算缴纳增值税。

二、本通知所称农户，是指长期（一年以上）居住在乡镇（不包括城关镇）行政管理区域内的住户，还包括长期居住在城关镇所辖行政村范围内的住户和户口不在本地而在本地居住一年以上的住户，国有农场的职工和农村个体工商户。位于乡镇（不包括城关镇）行政管理区域内和在城关镇所辖行政村范围内的国有经济的机关、团体、学校、企事业单位的集体户；有本地户口，但举家外出谋生一年以上的住户，无论是否保留承包耕地均不属于农户。农户以户为统计单位，既可以从事农业生产经营，也可以从事非农业生产经营。农户贷款的判定应以贷款发放时的借款人是否属于农户为准。

三、本通知所称农村企业和农村各类组织贷款，是指金融机构发放给注册在农村地区的企业及各类组织的贷款。

附件：享受增值税优惠的涉农贷款业务清单

附件：

享受增值税优惠的涉农贷款业务清单

1. 法人农业贷款
2. 法人林业贷款
3. 法人畜牧业贷款
4. 法人渔业贷款
5. 法人农林牧渔服务业贷款
6. 法人其他涉农贷款（煤炭、烟草、采矿业、房地产业、城市基础设施建设和其他类的法人涉农贷款除外）
7. 小型农田水利设施贷款
8. 大型灌区改造
9. 中低产田改造
10. 防涝抗旱减灾体系建设
11. 农产品加工贷款
12. 农业生产资料制造贷款
13. 农业物资流通贷款
14. 农副产品流通贷款
15. 农产品出口贷款
16. 农业科技贷款
17. 农业综合生产能力建设
18. 农田水利设施建设
19. 农产品流通设施建设
20. 其他农业生产性基础设施建设
21. 农村饮水安全工程
22. 农村公路建设
23. 农村能源建设
24. 农村沼气建设
25. 其他农村生活基础设施建设
26. 农村教育设施建设
27. 农村卫生设施建设
28. 农村文化体育设施建设
29. 林业和生态环境建设
30. 个人农业贷款
31. 个人林业贷款

32. 个人畜牧业贷款

33. 个人渔业贷款

34. 个人农林牧渔服务业贷款

35. 农户其他生产经营贷款

36. 农户助学贷款

37. 农户医疗贷款

38. 农户住房贷款

39. 农户其他消费贷款

财政部　税务总局关于2018年第四季度个人所得税减除费用和税率适用问题的通知

2018 年 9 月 7 日　财税〔2018〕98 号

各省、自治区、直辖市、计划单列市财政厅（局），国家税务总局各省、自治区、直辖市、计划单列市税务局，新疆生产建设兵团财政局：

根据第十三届全国人大常委会第五次会议审议通过的《全国人民代表大会常务委员会关于修改〈中华人民共和国个人所得税法〉的决定》，现就 2018 年第四季度纳税人适用个人所得税减除费用和税率有关问题通知如下：

一、关于工资、薪金所得适用减除费用和税率问题

对纳税人在 2018 年 10 月 1 日（含）后实际取得的工资、薪金所得，减除费用统一按照 5 000 元/月执行，并按照本通知所附个人所得税税率表一计算应纳税额。对纳税人在 2018 年 9 月 30 日（含）前实际取得的工资、薪金所得，减除费用按照税法修改前规定执行。

二、关于个体工商户业主、个人独资企业和合伙企业自然人投资者、企事业单位承包承租经营者的生产经营所得计税方法问题

（一）对个体工商户业主、个人独资企业和合伙企业自然人投资者、企事业单位承包承租经营者 2018 年第四季度取得的生产经营所得，减除费用按照 5 000 元/月执行，前三季度减除费用按照 3 500 元/月执行。

（二）对个体工商户业主、个人独资企业和合伙企业自然人投资者、企事业单位承包承租经营者 2018 年取得的生产经营所得，用全年应纳税所得额分别计算应纳前三季度税额和应纳第四季度税额，其中应纳前三季度税额按照税法修改前规定的税率和前三季度实际经营月份的权重计算，应纳第四季度税额按照本通知所附个人所得税税率表二（以下称税法修改后规定的税率）和第四季度实际经营月份的权重计算。具体计算方法：

1. 月（季）度预缴税款的计算。

本期应缴税额 = 累计应纳税额 − 累计已缴税额

累计应纳税额 = 应纳 10 月 1 日以前税额 + 应纳 10 月 1 日以后税额

应纳 10 月 1 日以前税额 = （累计应纳税所得额 × 税法修改前规定的税率 − 税法修改前规定的速算扣除数）

× 10 月 1 日以前实际经营月份数 ÷ 累计实际经营月份数

应纳 10 月 1 日以后税额 = （累计应纳税所得额 × 税法修改后规定的税率 − 税法修改后规定的速算扣除数）

× 10 月 1 日以后实际经营月份数 ÷ 累计实际经营月份数

2. 年度汇算清缴税款的计算。

汇缴应补退税额 = 全年应纳税额 − 累计已缴税额

全年应纳税额 = 应纳前三季度税额 + 应纳第四季度税额

应纳前三季度税额 =（全年应纳税所得额 × 税法修改前规定的税率 − 税法修改前规定的速算扣除数）

× 前三季度实际经营月份数 ÷ 全年实际经营月份数

应纳第四季度税额 =（全年应纳税所得额 × 税法修改后规定的税率 − 税法修改后规定的速算扣除数）

× 第四季度实际经营月份数 ÷ 全年实际经营月份数

　　三、《财政部　国家税务总局关于调整个体工商户业主　个人独资企业和合伙企业自然人投资者个人所得税费用扣除标准的通知》（财税〔2011〕62 号）自 2018 年 10 月 1 日起废止。

　　附件：1. 个人所得税税率表一（工资薪金所得适用）

　　　　　2. 个人所得税税率表二（个体工商户的生产、经营所得和对企事业单位的承包经营、承租经营所得适用）

附件 1：

个人所得税税率表一（工资薪金所得适用）

级数	全月应纳税所得额	税率	速算扣除数
1	不超过 3 000 元的	3%	0
2	超过 3 000 元至 12 000 元的部分	10%	210
3	超过 12 000 元至 25 000 元的部分	20%	1 410
4	超过 25 000 元至 35 000 元的部分	25%	2 660
5	超过 35 000 元至 55 000 元的部分	30%	4 410
6	超过 55 000 元至 80 000 元的部分	35%	7 160
7	超过 80 000 元的部分	45%	15 160

附件 2：

个人所得税税率表二（个体工商户的生产、经营所得和对企事业单位的承包经营、承租经营所得适用）

级数	全年应纳税所得额	税率	速算扣除数
1	不超过 30 000 元的	5%	0
2	超过 30 000 元至 90 000 元的部分	10%	1 500
3	超过 90 000 元至 300 000 元的部分	20%	10 500
4	超过 300 000 元至 500 000 元的部分	30%	40 500
5	超过 500 000 元的部分	35%	65 500

财政部　税务总局　科技部关于提高研究开发费用税前加计扣除比例的通知

2018 年 9 月 20 日　财税〔2018〕99 号

各省、自治区、直辖市、计划单列市财政厅（局）、科技厅（局），国家税务总局各省、自治区、直辖市、计划单列市税务局，新疆生产建设兵团财政局、科技局：

　　为进一步激励企业加大研发投入，支持科技创新，现就提高企业研究开发费用（以下简称研发费用）税前加计扣除比例有关问题通知如下：

一、企业开展研发活动中实际发生的研发费用，未形成无形资产计入当期损益的，在按规定据实扣除的基础上，在2018年1月1日至2020年12月31日期间，再按照实际发生额的75%在税前加计扣除；形成无形资产的，在上述期间按照无形资产成本的175%在税前摊销。

二、企业享受研发费用税前加计扣除政策的其他政策口径和管理要求按照《财政部　国家税务总局　科技部关于完善研究开发费用税前加计扣除政策的通知》（财税〔2015〕119号）、《财政部　税务总局　科技部关于企业委托境外研究开发费用税前加计扣除有关政策问题的通知》（财税〔2018〕64号）、《国家税务总局关于企业研究开发费用税前加计扣除政策有关问题的公告》（国家税务总局公告2015年第97号）等文件规定执行。

财政部　税务总局　国家发展改革委　商务部关于扩大境外投资者以分配利润直接投资暂不征收预提所得税政策适用范围的通知

2018年9月29日　财税〔2018〕102号

各省、自治区、直辖市、计划单列市财政厅（局）、发展改革委、商务主管部门，国家税务总局各省、自治区、直辖市、计划单列市税务局，新疆生产建设兵团财政局、发展改革委、商务局：

为贯彻落实党中央、国务院决策部署，进一步鼓励境外投资者在华投资，现就境外投资者以分配利润直接投资暂不征收预提所得税政策问题通知如下：

一、对境外投资者从中国境内居民企业分配的利润，用于境内直接投资暂不征收预提所得税政策的适用范围，由外商投资鼓励类项目扩大至所有非禁止外商投资的项目和领域。

二、境外投资者暂不征收预提所得税须同时满足以下条件：

（一）境外投资者以分得利润进行的直接投资，包括境外投资者以分得利润进行的增资、新建、股权收购等权益性投资行为，但不包括新增、转增、收购上市公司股份（符合条件的战略投资除外）。具体是指：

1. 新增或转增中国境内居民企业实收资本或者资本公积；

2. 在中国境内投资新建居民企业；

3. 从非关联方收购中国境内居民企业股权；

4. 财政部、税务总局规定的其他方式。

境外投资者采取上述投资行为所投资的企业统称为被投资企业。

（二）境外投资者分得的利润属于中国境内居民企业向投资者实际分配已经实现的留存收益而形成的股息、红利等权益性投资收益。

（三）境外投资者用于直接投资的利润以现金形式支付的，相关款项从利润分配企业的账户直接转入被投资企业或股权转让方账户，在直接投资前不得在境内外其他账户周转；境外投资者用于直接投资的利润以实物、有价证券等非现金形式支付的，相关资产所有权直接从利润分配企业转入被投资企业或股权转让方，在直接投资前不得由其他企业、个人代为持有或临时持有。

三、境外投资者符合本通知第二条规定条件的，应按照税收管理要求进行申报并如实向利润分配企业提供其符合政策条件的资料。利润分配企业经适当审核后认为境外投资者符合本通知规定的，可暂不按照企业所得税法第三十七条规定扣缴预提所得税，并向其主管税务机关履行备案手续。

四、税务部门依法加强后续管理。境外投资者已享受本通知规定的暂不征收预提所得税政策，经税务部门后续管理核实不符合规定条件的，除属于利润分配企业责任外，视为境外投资者未按照规定申报缴纳企业所得税，依法追究延迟纳税责任，税款延迟缴纳期限自相关利润支付之日起计算。

五、境外投资者按照本通知规定可以享受暂不征收预提所得税政策但未实际享受的，可在实际缴纳相关税款之日起三年内申请追补享受该政策，退还已缴纳的税款。

六、境外投资者通过股权转让、回购、清算等方式实际收回享受暂不征收预提所得税政策待遇的直接投资，在实际收取相应款项后 7 日内，按规定程序向税务部门申报补缴递延的税款。

七、境外投资者享受本通知规定的暂不征收预提所得税政策待遇后，被投资企业发生重组符合特殊性重组条件，并实际按照特殊性重组进行税务处理的，可继续享受暂不征收预提所得税政策待遇，不按本通知第六条规定补缴递延的税款。

八、本通知所称"境外投资者"，是指适用《企业所得税法》第三条第三款规定的非居民企业；本通知所称"中国境内居民企业"，是指依法在中国境内成立的居民企业。

九、本通知自 2018 年 1 月 1 日起执行。《财政部　税务总局　国家发展改革委　商务部关于境外投资者以分配利润直接投资暂不征收预提所得税政策问题的通知》（财税〔2017〕88 号）同时废止。境外投资者在 2018 年 1 月 1 日（含当日）以后取得的股息、红利等权益性投资收益可适用本通知，已缴税款按本通知第五条规定执行。

财政部　税务总局　商务部　海关总署关于跨境电子商务综合试验区零售出口货物税收政策的通知

2018 年 9 月 23 日　财税〔2018〕103 号

各省、自治区、直辖市、计划单列市财政厅（局）、商务主管部门，国家税务总局各省、自治区、直辖市、计划单列市税务局，国家税务总局驻各地特派员办事处，海关总署广东分署、各直属海关：

为进一步促进跨境电子商务健康快速发展，培育贸易新业态新模式，现将跨境电子商务综合试验区（以下简称综试区）内的跨境电子商务零售出口（以下简称电子商务出口）货物有关税收政策通知如下：

一、对综试区电子商务出口企业出口未取得有效进货凭证的货物，同时符合下列条件的，试行增值税、消费税免税政策：

（一）电子商务出口企业在综试区注册，并在注册地跨境电子商务线上综合服务平台登记出口日期、货物名称、计量单位、数量、单价、金额。

（二）出口货物通过综试区所在地海关办理电子商务出口申报手续。

（三）出口货物不属于财政部和税务总局根据国务院决定明确取消出口退（免）税的货物。

二、各综试区建设领导小组办公室和商务主管部门应统筹推进部门之间的沟通协作和相关政策落实，加快建立电子商务出口统计监测体系，促进跨境电子商务健康快速发展。

三、海关总署定期将电子商务出口商品申报清单电子信息传输给税务总局。各综试区税务机关根据税务总局清分的出口商品申报清单电子信息加强出口货物免税管理。具体免税管理办法由省级税务部门商财政、商务部门制定。

四、本通知所称综试区，是指经国务院批准的跨境电子商务综合试验区；本通知所称电子商务出口企业，是指自建跨境电子商务销售平台或利用第三方跨境电子商务平台开展电子商务出口的单位和个体工商户。

五、本通知自 2018 年 10 月 1 日起执行，具体日期以出口商品申报清单注明的出口日期为准。

财政部 税务总局关于去产能和调结构房产税、城镇土地使用税政策的通知

2018 年 9 月 30 日 财税〔2018〕107 号

各省、自治区、直辖市、计划单列市财政厅（局），国家税务总局各省、自治区、直辖市、计划单列市税务局，新疆生产建设兵团财政局：

为推进去产能、调结构，促进产业转型升级，现将有关房产税、城镇土地使用税政策明确如下：

一、对按照去产能和调结构政策要求停产停业、关闭的企业，自停产停业次月起，免征房产税、城镇土地使用税。企业享受免税政策的期限累计不得超过两年。

二、按照去产能和调结构政策要求停产停业、关闭的中央企业名单由国务院国有资产监督管理部门认定发布，其他企业名单由省、自治区、直辖市人民政府确定的去产能、调结构主管部门认定发布。认定部门应当及时将认定发布的企业名单（含停产停业、关闭时间）抄送同级财政和税务部门。

各级认定部门应当每年核查名单内企业情况，将恢复生产经营、终止关闭注销程序的企业名单及时通知财政和税务部门。

三、企业享受本通知规定的免税政策，应按规定进行减免税申报，并将房产土地权属资料、房产原值资料等留存备查。

四、本通知自 2018 年 10 月 1 日至 2020 年 12 月 31 日执行。本通知发布前，企业按照去产能和调结构政策要求停产停业、关闭但涉及的房产税、城镇土地使用税尚未处理的，可按本通知执行。

财政部 税务总局关于境外机构投资境内债券市场企业所得税、增值税政策的通知

2018 年 11 月 7 日 财税〔2018〕108 号

各省、自治区、直辖市、计划单列市财政厅（局），国家税务总局各省、自治区、直辖市、计划单列市税务局，新疆生产建设兵团财政局：

为进一步推动债券市场对外开放，现将有关税收政策通知如下：

自 2018 年 11 月 7 日起至 2021 年 11 月 6 日止，对境外机构投资境内债券市场取得的债券利息收入暂免征收企业所得税和增值税。

上述暂免征收企业所得税的范围不包括境外机构在境内设立的机构、场所取得的与该机构、场所有实际联系的债券利息。

财政部 税务总局 民政部关于公益性捐赠税前扣除资格有关问题的补充通知

2018 年 9 月 29 日 财税〔2018〕110 号

各省、自治区、直辖市、计划单列市财政厅（局）、民政厅（局），国家税务总局各省、自治区、直辖市、

计划单列市税务局，新疆生产建设兵团财政局、民政局：

为进一步规范对公益性捐赠税前扣除资格的管理，现就公益性捐赠税前扣除资格相关的行政处罚问题补充通知如下：

一、《财政部　国家税务总局　民政部关于公益性捐赠税前扣除有关问题的通知》（财税〔2008〕160号）和《财政部　国家税务总局关于通过公益性群众团体的公益性捐赠税前扣除有关问题的通知》（财税〔2009〕124号）中的"行政处罚"，是指税务机关和登记管理机关给予的行政处罚（警告或单次1万元以下罚款除外）。

二、本通知自发布之日起执行。本通知执行前未确认公益性捐赠税前扣除资格的公益性社会团体，按本通知规定执行。

财政部　税务总局　生态环境部关于明确环境保护税应税污染物适用等有关问题的通知

2018 年 10 月 25 日　财税〔2018〕117 号

各省、自治区、直辖市、计划单列市财政厅（局）、环境保护厅（局），国家税务总局各省、自治区、直辖市、计划单列市税务局，新疆生产建设兵团财政局、环境保护局：

为保障《中华人民共和国环境保护税法》及其实施条例有效实施，现就环境保护税征收有关问题通知如下：

一、关于应税污染物适用问题

燃烧产生废气中的颗粒物，按照烟尘征收环境保护税。排放的扬尘、工业粉尘等颗粒物，除可以确定为烟尘、石棉尘、玻璃棉尘、炭黑尘的外，按照一般性粉尘征收环境保护税。

二、关于税收减免适用问题

依法设立的生活垃圾焚烧发电厂、生活垃圾填埋场、生活垃圾堆肥厂，属于生活垃圾集中处理场所，其排放应税污染物不超过国家和地方规定的排放标准的，依法予以免征环境保护税。纳税人任何一个排放口排放应税大气污染物、水污染物的浓度值，以及没有排放口排放应税大气污染物的浓度值，超过国家和地方规定的污染物排放标准的，依法不予减征环境保护税。

三、关于应税污染物排放量的监测计算问题

（一）纳税人按照规定须安装污染物自动监测设备并与生态环境主管部门联网的，当自动监测设备发生故障、设备维护、启停炉、停运等状态时，应当按照相关法律法规和《固定污染源烟气（SO_2、NO_x、颗粒物）排放连续监测技术规范》（HJ75—2017）、《水污染源在线监测系统数据有效性判别技术规范》（HJ/T356—2007）等规定，对数据状态进行标记，以及对数据缺失、无效时段的污染物排放量进行修约和替代处理，并按标记、处理后的自动监测数据计算应税污染物排放量。相关纳税人当月不能提供符合国家规定和监测规范的自动监测数据的，应当按照排污系数、物料衡算方法计算应税污染物排放量。纳入排污许可管理行业的纳税人，其应税污染物排放量的监测计算方法按照排污许可管理要求执行。

纳税人主动安装使用符合国家规定和监测规范的污染物自动监测设备，但未与生态环境主管部门联网

的，可以按照自动监测数据计算应税污染物排放量；不能提供符合国家规定和监测规范的自动监测数据的，应当按照监测机构出具的符合监测规范的监测数据或者排污系数、物料衡算方法计算应税污染物排放量。

（二）纳税人委托监测机构监测应税污染物排放量的，应当按照国家有关规定制定监测方案，并将监测数据资料及时报送生态环境主管部门。监测机构实施的监测项目、方法、时限和频次应当符合国家有关规定和监测规范要求。监测机构出具的监测报告应当包括应税水污染物种类、浓度值和污水流量；应税大气污染物种类、浓度值、排放速率和烟气量；执行的污染物排放标准和排放浓度限值等信息。监测机构对监测数据的真实性、合法性负责，凡发现监测数据弄虚作假的，依照相关法律法规的规定追究法律责任。

纳税人采用委托监测方式，在规定监测时限内当月无监测数据的，可以沿用最近一次的监测数据计算应税污染物排放量，但不得跨季度沿用监测数据。纳税人采用监测机构出具的监测数据申报减免环境保护税的，应当取得申报当月的监测数据；当月无监测数据的，不予减免环境保护税。有关污染物监测浓度值低于生态环境主管部门规定的污染物检出限的，除有特殊管理要求外，视同该污染物排放量为零。生态环境主管部门、计量主管部门发现委托监测数据失真或者弄虚作假的，税务机关应当按照同一纳税期内的监督性监测数据或者排污系数、物料衡算方法计算应税污染物排放量。

（三）在建筑施工、货物装卸和堆存过程中无组织排放应税大气污染物的，按照生态环境部规定的排污系数、物料衡算方法计算应税污染物排放量；不能按照生态环境部规定的排污系数、物料衡算方法计算的，按照省、自治区、直辖市生态环境主管部门规定的抽样测算的方法核定计算应税污染物排放量。

（四）纳税人因环境违法行为受到行政处罚的，应当依据相关法律法规和处罚信息计算违法行为所属期的应税污染物排放量。生态环境主管部门发现纳税人申报信息有误的，应当通知税务机关处理。

四、关于环境保护税征管协作配合问题

各级税务、生态环境主管部门要加快建设和完善涉税信息共享平台，进一步规范涉税信息交换的数据项、交换频率和数据格式，并提高涉税信息交换的及时性、准确性，保障环境保护税征管工作运转顺畅。

财政部　税务总局　海关总署关于第七届世界军人运动会税收政策的通知

2018 年 11 月 5 日　财税〔2018〕119 号

各省、自治区、直辖市、计划单列市财政厅（局），国家税务总局各省、自治区、直辖市、计划单列市税务局，海关总署广东分署、各直属海关，新疆生产建设兵团财政局：

为支持举办 2019 年武汉第七届世界军人运动会（以下简称武汉军运会），现就有关税收政策通知如下：

一、对武汉军运会执行委员会（以下简称执委会）实行以下税收政策

（一）对执委会取得的电视转播权销售分成收入、国际军事体育理事会（以下简称国际军体会）世界赞助计划分成收入（货物和资金），免征应缴纳的增值税。

（二）对执委会市场开发计划取得的国内外赞助收入、转让无形资产（如标志）特许权收入和销售门票收入，免征应缴纳的增值税。

（三）对执委会取得的与中国集邮总公司合作发行纪念邮票收入、与中国人民银行合作发行纪念币收入，免征应缴纳的增值税。

（四）对执委会取得的来源于广播、因特网、电视等媒体收入，免征应缴纳的增值税。

（五）对执委会赛后出让资产取得的收入，免征应缴纳的增值税、土地增值税。

（六）对执委会为举办武汉军运会进口的国际军体会或国际单项体育组织指定的，国内不能生产或性能不能满足需要的直接用于武汉军运会比赛的消耗品，免征关税、进口环节增值税和消费税。享受免税政策的进口比赛用消耗品的范围、数量清单，由执委会汇总后报财政部商有关部门审核确定。

（七）对执委会进口的其他特需物资，包括：国际军体会或国际单项体育组织指定的、我国国内不能生产或性能不能满足需要的体育竞赛器材、医疗检测设备、安全保障设备、交通通讯设备、技术设备，在武汉军运会期间按暂准进口货物规定办理，武汉军运会结束后复运出境的予以核销；留在境内或做变卖处理的，按有关规定办理正式进口手续，并照章缴纳关税、进口环节增值税和消费税。

二、对武汉军运会参与者实行以下税收政策

（一）对参赛运动员因武汉军运会比赛获得的奖金和其他奖赏收入，按现行税收法律法规的有关规定征免应缴纳的个人所得税。

（二）对企事业单位、社会团体和其他组织以及个人通过公益性社会团体或者县级以上人民政府及其部门捐赠武汉军运会的资金、物资支出，在计算企业和个人应纳税所得额时按现行税收法律法规的有关规定予以税前扣除。

（三）对财产所有人将财产（物品）捐赠给执委会所书立的产权转移书据免征应缴纳的印花税。

本通知自发布之日起执行。

财政部　税务总局　科技部　教育部关于科技企业孵化器、大学科技园和众创空间税收政策的通知

2018 年 11 月 1 日　财税〔2018〕120 号

各省、自治区、直辖市、计划单列市财政厅（局）、科技厅（局）、教育厅（局），国家税务总局各省、自治区、直辖市、计划单列市税务局，新疆生产建设兵团财政局、科技局、教育局：

为进一步鼓励创业创新，现就科技企业孵化器、大学科技园、众创空间有关税收政策通知如下：

一、自 2019 年 1 月 1 日至 2021 年 12 月 31 日，对国家级、省级科技企业孵化器、大学科技园和国家备案众创空间自用以及无偿或通过出租等方式提供给在孵对象使用的房产、土地，免征房产税和城镇土地使用税；对其向在孵对象提供孵化服务取得的收入，免征增值税。

本通知所称孵化服务是指为在孵对象提供的经纪代理、经营租赁、研发和技术、信息技术、鉴证咨询服务。

二、国家级、省级科技企业孵化器、大学科技园和国家备案众创空间应当单独核算孵化服务收入。

三、国家级科技企业孵化器、大学科技园和国家备案众创空间认定和管理办法由国务院科技、教育部门另行发布；省级科技企业孵化器、大学科技园认定和管理办法由省级科技、教育部门另行发布。

本通知所称在孵对象是指符合前款认定和管理办法规定的孵化企业、创业团队和个人。

四、国家级、省级科技企业孵化器、大学科技园和国家备案众创空间应按规定申报享受免税政策，并将房产土地权属资料、房产原值资料、房产土地租赁合同、孵化协议等留存备查，税务部门依法加强后续管理。

2018 年 12 月 31 日以前认定的国家级科技企业孵化器、大学科技园，自 2019 年 1 月 1 日起享受本通知

规定的税收优惠政策。2019 年 1 月 1 日以后认定的国家级、省级科技企业孵化器、大学科技园和国家备案众创空间，自认定之日次月起享受本通知规定的税收优惠政策。2019 年 1 月 1 日以后被取消资格的，自取消资格之日次月起停止享受本通知规定的税收优惠政策。

五、科技、教育和税务部门应建立信息共享机制，及时共享国家级、省级科技企业孵化器、大学科技园和国家备案众创空间相关信息，加强协调配合，保障优惠政策落实到位。

财政部　税务总局关于调整部分产品出口退税率的通知

2018 年 10 月 22 日　财税〔2018〕123 号

各省、自治区、直辖市、计划单列市财政厅（局），国家税务总局各省、自治区、直辖市、计划单列市税务局，新疆生产建设兵团财政局：

为进一步简化税制、完善出口退税政策，对部分产品增值税出口退税率进行调整。现将有关事项通知如下：

一、将相纸胶卷、塑料制品、竹地板、草藤编织品、钢化安全玻璃、灯具等产品出口退税率提高至 16%。
将润滑剂、航空器用轮胎、碳纤维、部分金属制品等产品出口退税率提高至 13%。
将部分农产品、砖、瓦、玻璃纤维等产品出口退税率提高至 10%。
本条提高出口退税率的产品清单见附件。

二、取消豆粕出口退税。
豆粕是指产品编码为 23040010、23040090 的产品。

三、除本通知第一、二条所涉产品外，其余出口产品，原出口退税率为 15% 的，出口退税率提高至 16%；原出口退税率为 9% 的，出口退税率提高至 10%；原出口退税率为 5% 的，出口退税率提高至 6%。

四、本通知自 2018 年 11 月 1 日起执行。本通知所列货物适用的出口退税率，以出口货物报关单上注明的出口日期界定。

附件：提高出口退税率的产品清单

附件：

提高出口退税率的产品清单

序号	产品编码	产品名称	调整后退税率（%）
1	02032900101	除分割野猪肉以外的冻藏野猪其他肉	10
2	02032900901	除分割猪肉以外的其他冻藏猪肉	10
3	02061000	鲜或冷藏的牛杂碎	10
4	02081010001	除分割家兔肉以外的鲜或冷的家兔肉	10
5	02081020001	除分割家兔肉以外的冻家兔肉	10
6	0208109090	鲜、冷或冻家兔食用杂碎	10
7	0208909090	其他鲜、冷或冻肉及食用杂碎	10
8	02101900	干、熏、盐制的其他猪肉	10
9	0301190090	其他观赏用非淡水鱼	10

续表

序号	产品编码	产品名称	调整后退税率（％）
10	03019110	鳟鱼（河鳟、虹鳟、克拉克大麻哈鱼、阿瓜大麻哈鱼、吉雨大麻哈鱼、亚利桑那大麻哈鱼、金腹大麻哈鱼）的鱼苗	10
11	03019190	其他活鳟鱼（河鳟、虹鳟、克拉克大麻哈鱼、阿瓜大麻哈鱼、吉雨大麻哈鱼、亚利桑那大麻哈鱼、金腹大麻哈鱼）	10
12	03019290	其他活鳗鱼	10
13	03019310	鲤科鱼（鲤属、鲫属、草鱼、鲢属、鲮属、青鱼、卡特拉鲃、野鲮属、哈氏纹唇鱼、何氏细须鲃、鲂属）鱼苗	10
14	03019390	其他鲤科鱼（鲤属、鲫属、草鱼、鲢属、鲮属、青鱼、卡特拉鲃、野鲮属、哈氏纹唇鱼、何氏细须鲃、鲂属）	10
15	03019410	大西洋及太平洋蓝鳍金枪鱼鱼苗	10
16	03019491	大西洋蓝鳍金枪鱼	10
17	03019492	太平洋蓝鳍金枪鱼	10
18	03019510	南方蓝鳍金枪鱼（Thunnusmaccoyii）苗	10
19	03019590	其他南方蓝鳍金枪鱼（Thunnusmaccoyii）	10
20	03019911	鲈鱼种苗	10
21	03019912	鲟鱼种苗	10
22	0301991990	其他鱼苗	10
23	03019991	活罗非鱼	10
24	03019992	活的鲀	10
25	0301999390	活的其他鲤科鱼	10
26	0301999990	其他活鱼	10
27	03021100	鲜或冷鳟鱼（河鳟、虹鳟、克拉克大麻哈鱼、阿瓜大麻哈鱼、吉雨大麻哈鱼、亚利桑那大麻哈鱼、金腹大麻哈鱼）	10
28	03021300	鲜或冷的大麻哈鱼〔红大麻哈鱼、细磷大麻哈鱼、大麻哈鱼（种）、大鳞大麻哈鱼、银大麻哈鱼、马苏大麻哈鱼、玫瑰大麻哈鱼〕	10
29	03021410	鲜或冷大西洋鲑鱼	10
30	03021420	鲜或冷多瑙哲罗鱼	10
31	03021900	其他鲜、冷鲑鱼	10
32	03022100	鲜、冷庸鲽鱼	10
33	03022200	鲜或冷鲽鱼（鲽）	10
34	03022300	鲜或冷鳎鱼（鳎属）	10
35	03022400	鲜或冷大菱鲆（瘤棘鲆）	10
36	03022900	其他鲜、冷比目鱼	10
37	03023100	鲜或冷长鳍金枪鱼	10
38	03023200	鲜或冷黄鳍金枪鱼	10

序号	产品编码	产品名称	调整后退税率（%）
39	03023300	鲜或冷鲣鱼或狐鲣（鲣）	10
40	03023400	鲜或冷大眼金枪鱼	10
41	03023510	鲜或冷大西洋蓝鳍金枪鱼	10
42	03023520	鲜或冷太平洋蓝鳍金枪鱼	10
43	03023600	鲜或冷南方金枪鱼	10
44	03023900	其他鲜或冷金枪鱼（金枪鱼属）	10
45	03024100	鲜、冷鲱鱼（大西洋鲱鱼、太平洋鲱鱼）	10
46	03024200	鲜或冷鳀鱼（鳀属）	10
47	03024300	鲜或冷沙丁鱼（沙丁鱼、沙瑙鱼属）、小沙丁鱼属、黍鲱或西鲱	10
48	03024400	鲜或冷鲭鱼〔大西洋鲭、澳洲鲭（鲐）、日本鲭（鲐）〕	10
49	03024500	鲜或冷对称竹荚鱼、新西兰竹荚鱼及竹荚鱼（竹荚鱼属）	10
50	03024600	鲜或冷军曹鱼	10
51	03024700	鲜或冷剑鱼	10
52	03024900	鲜或冷其他 0302.4 项下的鱼	10
53	03025100	鲜或冷鳕鱼（大西洋鳕鱼、格陵兰鳕鱼、太平洋鳕鱼）	10
54	03025200	鲜或冷黑线鳕鱼（黑线鳕）	10
55	03025300	鲜或冷绿青鳕鱼	10
56	03025400	鲜或冷狗鳕鱼（无须鳕属、长鳍鳕属）	10
57	03025500	鲜或冷狭鳕鱼	10
58	03025600	鲜或冷蓝鳕鱼（小鳍鳕、南蓝鳕）	10
59	03025900	其他鲜或冷犀鳕科、多丝真鳕科、鳕科、长尾鳕科、黑鳕科、无须鳕科、深海鳕科及南极鳕科鱼	10
60	03027100	鲜或冷罗非鱼（口孵非鲫属）	10
61	03027200	鲜或冷鲶鱼〔（鱼芒）鲶属、鲶属、胡鲶属、真鮰属〕	10
62	03027300	鲜或冷鲤科鱼（鲤属、鲫属、草鱼、鲢属、鲮属、青鱼、卡特拉鲃、野鲮属、哈氏纹唇鱼、何氏细须鲃、鲂属）	10
63	03027400	鲜、冷鳗鱼	10
64	03027900	鲜、冷尼罗河鲈鱼及黑鱼	10
65	0302810090	鲜或冷其他鲨鱼	10
66	03028200	鲜或冷魟鱼及鳐鱼（鳐科）	10
67	03028300	鲜或冷南极犬牙鱼（南极犬牙鱼属）	10
68	03028400	鲜或冷尖吻鲈鱼（舌齿鲈属）	10
69	03028500	鲜或冷菱羊鲷（鲷科）	10
70	0302899001	鲜或冷的其他鲈鱼	10
71	0302899020	鲜或冷的平鲉属	10
72	0302899030	鲜或冷的鲬鲉属	10

续表

序号	产品编码	产品名称	调整后退税率（％）
73	0302899090	其他鲜或冷鱼	10
74	0302910090	其他鲜或冷鱼肝、鱼卵及鱼精	10
75	0302920090	其他鲜或冷鲨鱼翅	10
76	0302990020	鲜或冷的大菱鲆、比目鱼、鲱鱼、鲭鱼、鲳鱼、带鱼、尼罗河鲈鱼、尖吻鲈鱼、其他鲈鱼的可食用其他鱼杂碎	10
77	0302990090	其他鲜或冷可食用其他鱼杂碎	10
78	03043100	鲜或冷的罗非鱼（口孵非鲫属）的鱼片	10
79	03043200	鲜或冷的鲶鱼〔（鱼芒）鲶属、鲶属、胡鲶属、真鮰属〕的鱼片	10
80	03043300	鲜或冷的尼罗河鲈鱼（尼罗尖吻鲈）的鱼片	10
81	03043900	鲜、冷鲤科鱼、鳗鱼、黑鱼片	10
82	03044100	鲜或冷的大麻哈鱼〔红大麻哈鱼、细磷大麻哈鱼、大麻哈鱼（种）、大鳞大麻哈鱼、银大麻哈鱼、马苏大麻哈鱼、玫瑰大麻哈鱼〕、大西洋鲑鱼及多瑙哲罗鱼的鱼片	10
83	03044200	鲜或冷的鳟鱼（河鳟、虹鳟、克拉克大麻哈鱼、阿瓜大麻哈鱼、吉雨大麻哈鱼、亚利桑那大麻哈鱼、金腹大麻哈鱼）的鱼片	10
84	03044300	鲜或冷的比目鱼（鲽科、鲆科、舌鳎科、鳎科、菱鲆科、刺鲆科）的鱼片	10
85	03044400	鲜或冷的犀鳕科、多丝真鳕科、鳕科、长尾鳕科、黑鳕科、无须鳕科、深海鳕科及南极鳕科鱼的鱼片	10
86	03044500	鲜或冷的剑鱼鱼片	10
87	03044600	鲜或冷的南极犬牙鱼（南极犬牙鱼属）的鱼片	10
88	0304470090	鲜或冷的其他鲨鱼的鱼片	10
89	0304480090	鲜或冷的其他魟鱼及鳐鱼的鱼片	10
90	0304490090	鲜或冷的其他鱼的鱼片	10
91	03045100	鲜、冷罗非鱼等鱼的鱼肉	10
92	03045200	鲜或冷的鲑科鱼的鱼肉	10
93	03045300	鲜或冷的犀鳕科、多丝真鳕科、鳕科、长尾鳕科、黑鳕科、无须鳕科、深海鳕科及南极鳕科鱼的鱼肉	10
94	03045400	鲜或冷的剑鱼鱼肉	10
95	03045500	鲜或冷的南极犬牙鱼（南极犬牙鱼属）鱼的鱼肉	10
96	0304560090	鲜或冷的其他鲨鱼肉	10
97	0304570090	鲜或冷的其他魟鱼及鳐鱼的鱼肉	10
98	0304590090	鲜或冷的其他鱼的鱼肉	10
99	03071110	牡蛎（蚝）种苗	10
100	03071190	其他活、鲜、冷的牡蛎（蚝）	10
101	03071200	冻的牡蛎（蚝）	10
102	03072110	扇贝（包括海扇）种苗	10

序号	产品编码	产品名称	调整后退税率（%）
103	03072190	其他活、鲜、冷扇贝	10
104	03073110	贻贝种苗	10
105	03073190	其他活、鲜、冷贻贝	10
106	03074210	墨鱼及鱿鱼种苗	10
107	03074291	其他活、鲜、冷的墨鱼（乌贼属、巨粒僧头乌贼、耳乌贼属）及鱿鱼（柔鱼属、枪乌贼属、双柔鱼属、拟乌贼属）	10
108	03074299	其他活、鲜、冷的墨鱼及鱿鱼	10
109	03075100	活、鲜、冷章鱼	10
110	0307601090	其他蜗牛及螺种苗，海螺除外	10
111	0307609090	其他活、鲜、冷、冻、干、盐腌或盐渍的蜗牛及螺，海螺除外	10
112	03077110	活、鲜或冷的蛤、鸟蛤及舟贝种苗	10
113	03077191	活、鲜、冷蛤	10
114	03077199	活、鲜或冷的鸟蛤及舟贝	10
115	03078110	鲍鱼（鲍属）种苗	10
116	03078190	活、鲜、冷的鲍鱼（鲍属）	10
117	03078210	凤螺（凤螺属）种苗	10
118	03078290	活、鲜或冷的其他凤螺（凤螺属）	10
119	0307919020	活、鲜、冷蚬属	10
120	0307919030	活、鲜或冷的象拔蚌	10
121	0307919090	其他活、鲜、冷的软体动物	10
122	03081110	活、鲜或冷的海参种苗	10
123	03081190	活、鲜或冷的其他海参	10
124	03082110	海胆（球海胆属、拟球海胆、智利海胆、食用正海胆）的种苗	10
125	03082190	活、鲜或冷的其他海胆	10
126	03083011	海蜇（海蜇属）的种苗	10
127	03083019	活、鲜或冷的海蜇（海蜇属）	10
128	0308901190	其他水生无脊椎动物的种苗	10
129	0308901990	活、鲜或冷的其他水生无脊椎动物	10
130	0407190090	其他孵化用受精禽蛋	10
131	04072100	其他带壳的鸡的鲜蛋	10
132	0407290090	其他鲜的带壳禽蛋	10
133	04079090901	其他腌制或煮过的带壳禽蛋	10
134	04081100001	干蛋黄	10
135	04081900	其他蛋黄	10

序号	产品编码	产品名称	调整后退税率（%）
136	04089900001	其他去壳禽蛋	10
137	04090000	天然蜂蜜	10
138	04100010	燕窝	10
139	04100041	鲜蜂王浆	10
140	04100042	鲜蜂王浆粉	10
141	04100043	蜂花粉	10
142	04100049	其他蜂产品	10
143	0410009090	其他编号未列名的食用动物产品	10
144	05021010001	猪鬃	10
145	05029011001	山羊毛	10
146	05029012001	黄鼠狼尾毛	10
147	05029019901	其他獾毛及其他制刷用兽毛	10
148	05051000901	按 10% 征税的其他填充用羽毛、羽绒	10
149	05059090901	其他羽毛，羽绒	10
150	0508001090	其他水产品壳、骨的粉末及废料	10
151	0508009090	其他水产品的壳、骨	10
152	0511100090	其他牛的精液	10
153	0511919090	其他水生无脊椎动物产品	10
154	07095960	鲜或冷藏的块菌	10
155	07101000002	蒸煮的冷冻马铃薯	10
156	07102100002	蒸煮的冷冻豌豆	10
157	07102290002	蒸煮的冷冻豇豆及菜豆	10
158	07102900002	蒸煮的冷冻其他豆类蔬菜	10
159	07103000002	蒸煮的冷冻菠菜	10
160	07104000002	蒸煮的冷冻甜玉米	10
161	07108010002	蒸煮的冷冻松茸	10
162	07108040002	蒸煮的冷冻牛肝菌	10
163	07108090102	蒸煮的冷冻的大蒜瓣	10
164	07108090202	蒸煮的冷冻的香菇	10
165	07108090302	蒸煮的冷冻莼菜	10
166	07108090902	蒸煮的冷冻的未列名蔬菜	10
167	07109000002	蒸煮的冷冻什锦蔬菜	10
168	07114000	暂时保藏的黄瓜及小黄瓜	10

序号	产品编码	产品名称	调整后退税率（%）
169	07115112	盐水小白蘑菇（洋蘑菇）	10
170	07115119	盐水的其他伞菌属蘑菇	10
171	07115190	暂时保藏的其他伞菌属蘑菇	10
172	07115911	盐水松茸	10
173	07115919	盐水其他蘑菇及菌块	10
174	07119090	暂时保藏的其他蔬菜及什锦蔬菜	10
175	07122000002	破碎或制成粉状的干制洋葱	10
176	07123100002	破碎或制成粉状的干伞菌属蘑菇	10
177	07123200002	按10%征税的干木耳	10
178	07123300002	按10%征税的干银耳（白木耳）	10
179	07123910002	按10%征税的干制香菇	10
180	07123920002	破碎或制成粉状的干制金针菇	10
181	07123950002	破碎或制成粉状的干制牛肝菌	10
182	07123991002	破碎或制成粉状的干制羊肚菌	10
183	07123999102	破碎或制成粉状的干制松茸	10
184	07123999902	破碎或制成粉状的其他干制蘑菇及块菌	10
185	07129050902	按10%征税的干燥或脱水的其他大蒜	10
186	07129099102	破碎或制成粉状的干莼菜	10
187	07129099902	按10%征税的干制的其他蔬菜及什锦蔬菜	10
188	07132010	种用干鹰嘴豆	10
189	07132090	其他干鹰嘴豆	10
190	07133110	种用干绿豆	10
191	07133190	其他干绿豆	10
192	07133210	种用红小豆（赤豆）	10
193	07133290	其他干赤豆	10
194	07133400	干巴姆巴拉豆	10
195	07133500	干牛豆（豇豆）	10
196	07135010	种用干蚕豆	10
197	07135090	其他干蚕豆	10
198	07136090	其他干木豆（木豆属）	10
199	07139090002	按10%征税的其他干豆	10
200	07141010	鲜木薯	10
201	07141020	干木薯	10
202	07141030	冷或冻的木薯	10
203	07145000	鲜、冷、冻或干的箭叶黄体芋（黄肉芋属）	10
204	08011100	干的椰子	10
205	08011200	鲜的未去内壳（内果皮）椰子	10

续表

序号	产品编码	产品名称	调整后退税率（%）
206	08011910	种用椰子	10
207	08011990	其他鲜椰子	10
208	08013100	鲜或干的未去壳腰果	10
209	08013200	鲜或干的去壳腰果	10
210	08021100	鲜或干的未去壳扁桃核	10
211	08021200	鲜或干的去壳扁桃仁	10
212	08022200	鲜或干的去壳榛子	10
213	08023100	鲜或干的未去壳核桃	10
214	08023200	鲜或干的去壳核桃	10
215	08024110	鲜或干的未去壳板栗	10
216	08024190	鲜或干的其他未去壳栗子（板栗除外）	10
217	08024210	鲜或干去壳板栗	10
218	08025100	鲜或干的未去壳阿月浑子果（开心果）	10
219	08025200	鲜或干的去壳阿月浑子果（开心果）	10
220	08026200	鲜或干的去壳马卡达姆坚果（夏威夷果）	10
221	0802903010	鲜或干的红松子仁	10
222	0802903090	鲜或干的其他松子仁	10
223	0802909010	鲜或干的榧子、红松子	10
224	0802909030	鲜或干的巨籽棕（海椰子）果仁	10
225	0802909040	鲜或干的碧根果	10
226	0802909090	鲜或干的其他坚果	10
227	08031000	鲜或干的芭蕉	10
228	08039000	鲜或干的香蕉	10
229	08041000	鲜或干的椰枣	10
230	08042000	鲜或干的无花果	10
231	08043000	鲜或干菠萝	10
232	08051000	鲜或干的橙	10
233	08052190	鲜或干的柑橘（包括小蜜橘及萨摩蜜柑橘）	10
234	08052900	鲜或干的韦尔金橘及其他类似的杂交柑橘	10
235	08059000	鲜或干的其他柑橘属水果	10
236	08062000	葡萄干	10
237	08081000	鲜苹果	10
238	08083010	鲜鸭梨及雪梨	10
239	08083090	其他鲜梨	10
240	08084000	鲜榅桲	10
241	08092900	其他鲜樱桃	10
242	08093000	鲜桃，包括鲜油桃	10

序号	产品编码	产品名称	调整后退税率（%）
243	08101000	鲜草莓	10
244	08102000	鲜的木莓、黑莓、桑椹及罗甘莓	10
245	08103000	鲜的黑、白或红的穗醋栗（加仑子）及醋栗	10
246	08104000	鲜蔓越桔及越桔	10
247	08107000	鲜柿子	10
248	08109090	其他鲜果	10
249	08111000	冷冻草莓	10
250	08112000	冷冻木莓、黑莓、桑椹、罗甘莓、黑、白或红的穗醋栗（加仑子）及醋栗	10
251	08119010	未去壳的冷冻栗子	10
252	0811909010	冷冻的白果	10
253	0811909021	冷冻的红松子	10
254	0811909030	冷冻的榧子	10
255	0811909040	冷冻的翅果油树果	10
256	0811909050	冷冻的巨籽棕（海椰子）果仁	10
257	0811909090	其他未列名冷冻水果及坚果	10
258	0812900010	暂时保存的白果	10
259	0812900021	暂时保存的红松子	10
260	0812900030	暂时保存的榧子	10
261	0812900040	暂时保存的翅果油树果	10
262	0812900050	暂时保存的巨籽棕（海椰子）果仁	10
263	0812900090	暂时保存的其他水果及坚果	10
264	08131000	杏干	10
265	08132000	梅干及李干	10
266	08133000	苹果干	10
267	08134090	其他干果	10
268	08135000	本章的什锦坚果或干果	10
269	08140000	柑橘属水果或甜瓜（包括西瓜）的果皮	10
270	10083000	加那利草子	10
271	11063000001	水果及坚果的细粉、粗粉及粉末	10
272	12040000	亚麻子	10
273	12051090	其他低芥籽酸油菜籽	10
274	12059090	其他油菜籽	10
275	12060010	种用葵花子	10
276	12060090	其他葵花子	10
277	12074010	种用芝麻	10
278	12074090	其他芝麻	10
279	12075010	种用芥子	10

序号	产品编码	产品名称	调整后退税率（%）
280	12075090	其他芥子	10
281	12076010	种用红花子	10
282	12076090	其他红花子	10
283	12077091	非种用黑瓜子或其他黑瓜子	10
284	12077092	非种用红瓜子或其他红瓜子	10
285	12077099	其他甜瓜的子	10
286	12079100	罂粟子	10
287	12079910	其他种用含油子仁及果实	10
288	12091000	糖甜菜子	10
289	12092910	甜菜子，糖甜菜子除外	10
290	12112010	鲜、冷、冻或干的西洋参	10
291	12112020	鲜、冷、冻或干的野山参	10
292	12112091	其他鲜人参	10
293	12112099	其他冷、冻或干的人参	10
294	12113000	鲜、冷、冻或干的古柯叶	10
295	12114000	鲜、冷、冻或干的罂粟秆	10
296	12115000	鲜、冷、冻或干的麻黄	10
297	12119011	鲜、冷、冻或干的当归	10
298	12119012	鲜、冷、冻或干的三七（田七）	10
299	12119013	鲜、冷、冻或干的党参	10
300	12119014	鲜、冷、冻或干的黄连	10
301	12119015002	鲜、冷、冻或干的菊花	10
302	12119016	鲜、冷、冻或干的冬虫夏草	10
303	12119017	鲜、冷、冻或干的贝母	10
304	12119018	鲜、冷、冻或干的川芎	10
305	12119019	鲜、冷、冻或干的半夏	10
306	12119021	鲜、冷、冻或干的白芍	10
307	12119022	鲜、冷、冻或干的天麻	10
308	12119023	鲜、冷、冻或干的黄芪	10
309	12119024	鲜、冷、冻或干的大黄、籽黄	10
310	12119025	鲜、冷、冻或干的白术	10
311	12119026	鲜、冷、冻或干的地黄	10
312	12119027	鲜、冷、冻或干的槐米	10
313	12119028	鲜、冷、冻或干的杜仲	10
314	12119029	鲜、冷、冻或干的茯苓	10
315	12119031	鲜、冷、冻或干的枸杞	10
316	12119032	鲜、冷、冻或干的大海子	10

序号	产品编码	产品名称	调整后退税率（%）
317	12119033	鲜、冷、冻或干的沉香	10
318	12119034	鲜、冷、冻或干的沙参	10
319	12119036	鲜、冷、冻或干的甘草	10
320	12119037	鲜、冷、冻或干的黄芩	10
321	12119038	鲜、冷、冻或干的椴树（欧椴）花及叶	10
322	1211903930	大麻	10
323	1211903940	罂粟壳	10
324	1211903950	鲜、冷、冻或干的木香	10
325	1211903960	鲜、冷、冻或干的黄草及枫斗（石斛）	10
326	1211903970	鲜、冷、冻或干的苁蓉	10
327	1211903981	鲜或干的红豆杉皮、枝叶等	10
328	1211903989	冷或冻的红豆杉皮、枝叶等	10
329	1211903992	加纳籽、车前子壳粉、育亨宾皮	10
330	1211903993	恰特草	10
331	1211903999	其他主要用作药料的鲜、冷、冻或干的植物	10
332	1211905099	其他主要用作香料的植物	10
333	12119091	鲜、冷、冻或干的鱼藤根、除虫菊	10
334	1211909999	其他鲜、冷、冻或干的杀虫、杀菌用植物	10
335	12122120	适合供人食用的鲜、冷、冻或干的发菜	10
336	12122131	适合供人食用的干的裙带菜	10
337	12122132	适合供人食用的鲜的裙带菜	10
338	12122139	适合供人食用的冷、冻的裙带菜	10
339	12122161	适合供人食用的干的麒麟菜	10
340	12122169	适合供人食用的鲜、冷或冻的麒麟菜	10
341	12122171	适合供人食用的干的江蓠	10
342	12122179	适合供人食用的鲜、冷或冻的江蓠	10
343	12122190	其他适合供人食用的鲜、冷、冻或干海草及藻类	10
344	12122910	不适合供人食用的鲜、冷、冻或干的马尾藻	10
345	12122990	其他不适合供人食用的鲜、冷、冻或干海草及藻类	10
346	12129200	鲜、冷、冻或干的刺槐豆	10
347	12129911	苦杏仁	10
348	12129912	甜杏仁	10
349	12129919	其他杏核，桃、梅或李的核及核仁	10
350	12129993	白瓜子	10
351	12129994	莲子	10
352	12129996	甜叶菊叶	10
353	1212999990	其他供人食用果核、仁及植物产品	10

序号	产品编码	产品名称	调整后退税率（%）
354	12130000	未经处理的谷类植物的茎、秆及谷壳	10
355	14011000	竹	10
356	1401200090	其他藤	10
357	14019010	谷类植物的茎秆（麦秸除外）	10
358	14019020	芦苇	10
359	14019031	蔺草	10
360	14019039	其他灯芯草属植物材料	10
361	14019090	未列名主要用作编结用的植物材料	10
362	14042000	棉短绒	10
363	14049010	主要供染料或鞣料用的植物原料	10
364	14049090	其他植物产品	10
365	16055610001	按 10% 征税的制作或保藏的蛤	10
366	16056300001	按 10% 征税的制作或保藏的海蜇	10
367	19021900001	按 10% 征税的其他未包馅或未制作的生面食	10
368	19022000001	包馅面食	10
369	19023010	米粉干	10
370	19023030001	挂面等粮食复制品	10
371	19023090001	其他面食	10
372	20011000001	按 10% 征税的用醋或醋酸制作的黄瓜及小黄瓜	10
373	20019010101	按 10% 征税的用醋或醋酸腌制的大蒜头、大蒜瓣	10
374	20019010901	按 10% 征税的用醋或醋酸腌制的其他大蒜	10
375	2001909010	用醋或醋酸制作或保藏的松茸	10
376	2001909020	用醋或醋酸制作或保藏的酸竹笋	10
377	2001909030	用醋或醋酸制作或保藏的芦荟	10
378	2001909040	用醋或醋酸制作或保藏的仙人掌植物	10
379	2001909050	用醋或醋酸制作或保藏的莼菜	10
380	20019090901	按 10% 征税的用醋制作的其他果、菜及食用植物	10
381	20021090001	非用醋制作的其他整个或切片番茄	10
382	20029090001	非用醋制作的绞碎番茄	10
383	20031090001	非用醋制作的其他伞菌属蘑菇	10
384	20039090101	按 10% 征税的非用醋制作的其他香菇	10
385	20039090201	按 10% 征税的非用醋制作的其他松茸	10
386	20039090901	按 10% 征税的非用醋制作的其他蘑菇	10
387	20041000001	非用醋制作的冷冻马铃薯	10
388	20049000101	按 10% 征税的非用醋制作的冷冻松茸	10
389	20049000201	按 10% 征税的非用醋制作的冷冻酸竹笋	10
390	20049000301	按 10% 征税的非用醋制作的冷冻芦荟	10

序号	产品编码	产品名称	调整后退税率（%）
391	20049000401	按10%征税的非用醋制作的冷冻仙人掌植物	10
392	20049000901	按10%征税的非用醋制作的其他冷冻蔬菜	10
393	20052000001	非用醋制作的未冷冻马铃薯	10
394	20054000001	非用醋制作的未冷冻豌豆	10
395	20055199001	非用醋制作的其他脱荚豇豆及菜豆，罐头除外	10
396	20055990001	非用醋制作的其他豇豆及菜豆	10
397	20056090001	非用醋制作的其他芦笋	10
398	20057000001	非用醋制作的未冷冻油橄榄	10
399	20058000001	非用醋制作的未冷冻甜玉米	10
400	20059190101	按10%征税的非用醋制作的酸竹笋	10
401	20059190901	按10%征税的非用醋制作的其他竹笋	10
402	20059940001	榨菜	10
403	20059950001	咸蕨菜	10
404	20059960001	咸荞（藠）头	10
405	20059999101	按10%征税的非用醋制作的仙人掌	10
406	20059999201	按10%征税的非用醋制作的芦荟	10
407	20059999901	按10%征税的非用醋制作的其他蔬菜及什锦蔬菜	10
408	20081190001	其他非用醋制作的花生	10
409	20081991001	按10%征税的栗仁	10
410	20081992001	按10%征税的芝麻	10
411	20081999901	按10%征税的未列名制作或保藏坚果及其他子仁	10
412	20082090001	按10%征税的非用醋制作的其他菠萝	10
413	20083090001	按10%征税的非用醋制作的其他柑橘属水果	10
414	20084090001	按10%征税的非用醋制作的其他梨	10
415	20085000001	按10%征税的非用醋制作的杏	10
416	20087090001	按10%征税的非用醋制作的其他桃，包括油桃	10
417	20088000001	按10%征税的非用醋制作的草莓	10
418	20089300001	按10%征税的非用醋制作的蔓越橘（大果蔓越橘、小果蔓越橘、越橘）〔用醋或醋酸以外其他方法制作或保藏的〕	10
419	20089700001	非用醋制作的什锦果实〔用醋或醋酸以外其他方法制作或保藏的〕	10
420	20089990001	按10%征税的未列名制作或保藏的水果、坚果	10
421	21039090001	按10%征税的其他调味品	10
422	23080000003	按10%征税的菠萝渣	10
423	24011010001	未去梗的烤烟	10
424	24011090	其他未去梗的烟草	10
425	24012010001	部分或全部去梗的烤烟	10
426	24013000002	其他	10

续表

序号	产品编码	产品名称	调整后退税率（%）
427	2905199090	其他饱和一元醇	16
428	29052220	香茅醇	13
429	29052230	芳樟醇	16
430	29052900	其他不饱和一元醇	13
431	29121900	其他无环醛（不含其他含氧基）	13
432	29122990	其他环醛	16
433	29124910	醛醇	16
434	2914190090	甲基庚烯酮	13
435	29142300	芷香酮及甲基芷香酮	13
436	29145011	覆盆子酮	13
437	2915390090	其他乙酸酯	16
438	29182300	水杨酸其他酯及其盐	13
439	29183000	含醛基或酮基不含其他含氧基羧酸及其酸酐（酰卤化物，过氧化物和过氧酸及它们的衍生物）	13
440	29304000	甲硫氨酸（蛋氨酸）	16
441	29381000	芸香苷及其衍生物	16
442	29389010	齐多夫定、拉米夫定、司他夫定、地达诺新及它们的盐	16
443	29389090	其他天然或合成再制的苷及其盐、醚、酯和其他衍生物	16
444	29391100	罂粟秆浓缩物、丁丙诺啡、可待因等以及他们的盐	13
445	29391900	其他鸦片碱及其衍生物，及它们的盐	13
446	29392000	金鸡纳生物碱及其衍生物以及它们的盐	13
447	29394100	麻黄碱及其盐	13
448	29394200	假麻黄碱及其盐	13
449	29394300	d–去甲假麻黄碱（INN）及其盐	13
450	29394400	去甲麻黄碱及其盐	13
451	29394900	其他麻黄碱类及其盐	13
452	29395100	芬乙茶碱及其盐	13
453	29395900	其他茶碱和氨茶碱及其衍生物、盐	13
454	29396100	麦角新碱及其盐	13
455	29396200	麦角胺及其盐	13
456	29396300	麦角酸及其盐	13
457	29396900	其他麦角生物碱及其衍生物，及它们的盐	13
458	29397110	可卡因及其盐	13
459	29397190	芽子碱、左甲苯丙胺、去氧麻黄碱、去氧麻黄碱外消旋体，它们的盐、酯及其他衍生物；可卡因的酯及其他衍生物	13
460	29397910	烟碱及其盐	13
461	29397920	番木鳖碱及其盐	13
462	29397990	其他天然或合成再制的生物碱及其盐、醚、酯和其他衍生物	13

序号	产品编码	产品名称	调整后退税率（％）
463	29398000	其他生物碱及其衍生物	13
464	29400010	木糖	16
465	29400090	其他化学纯糖，糖醚、糖酯及其盐	16
466	33011300	柠檬油	13
467	33029000	其他工业用混合香料及香料混合物	16
468	3303000010	包装标注含量以重量计的香水及花露水	16
469	3303000020	包装标注含量以体积计的香水及花露水	16
470	3304100091	包装标注含量以重量计的其他唇用化妆品	16
471	3304100092	包装标注含量以体积计的其他唇用化妆品	16
472	3304100093	包装标注规格为"片"或"张"的其他唇用化妆品	16
473	3304200091	包装标注含量以重量计的其他眼用化妆品	16
474	3304200092	包装标注含量以体积计的其他眼用化妆品	16
475	3304200093	包装标注规格为"片"或"张"的其他眼用化妆品	16
476	3304300001	包装标注含量以重量计的指（趾）甲化妆品	16
477	3304300002	包装标注含量以体积计的指（趾）甲化妆品	16
478	3304300003	包装标注规格为"片"或"张"的指（趾）甲化妆品	16
479	3304910000	包装标注含量以重量计的粉，不论是否压紧	16
480	3304990029	包装标注含量以重量计的其他美容品或化妆品及护肤品	16
481	3304990039	包装标注含量以体积计的其他美容品或化妆品及护肤品（包括防晒油或晒黑油，但药品除外）	16
482	3304990049	包装标注规格为"片"或"张"的其他美容品或化妆品及护肤品（包括防晒油或晒黑油，但药品除外）	16
483	3304990099	其他包装标注规格的其他美容品或化妆品及护肤品（包括防晒油或晒黑油，但药品除外）	16
484	3305100090	其他洗发剂（香波）	16
485	33052000	烫发剂	16
486	33053000	定型剂	16
487	33059000	其他护发品	16
488	33069010	漱口剂	13
489	33069090	其他口腔及牙齿清洁剂	13
490	33071000	剃须用制剂	16
491	33072000	人体除臭剂及止汗剂	16
492	33073000	香浴盐及其他沐浴用制剂	16
493	33074100	神香及其他通过燃烧散发香气制品	13
494	33074900	其他室内除臭制品	13
495	33079000	其他编号未列名的芳香料制品	16
496	34011100	盥洗用皂及有机表面活性产品	16
497	34011910	洗衣皂	16
498	34011990	其他有机表面活性产品及制品	16

序号	产品编码	产品名称	调整后退税率（%）
499	34012000	其他形状的肥皂	16
500	34013000	洁肤用有机表面活性产品及制品	16
501	34021100	阴离子型有机表面活性剂	16
502	34021200	阳离子型有机表面活性剂	16
503	34021300	非离子型有机表面活性剂	16
504	34021900	其他有机表面活性剂	16
505	34022010	零售包装的合成洗涤粉	16
506	34022090	其他零售包装有机表面活性剂制品	16
507	34029000	非零售包装有机表面活性剂制品、洗涤剂及清洁剂	16
508	34031100	含有石油类的处理纺织等材料制剂	13
509	34039100	其他处理纺织等材料的制剂	13
510	34042000	聚乙二醇蜡	13
511	34051000	鞋靴或皮革用的上光剂及类似制品	13
512	34052000	保养木制品的上光剂及类似制品	13
513	34053000	车身用的上光剂及类似制品	13
514	34054000	擦洗膏、去污粉及类似品	13
515	34059000	其他玻璃或金属用的光洁剂	13
516	37011000	未曝光的 X 光感光硬片及平面软片	16
517	37012000	未曝光的一次成像感光平片	16
518	37013021	未曝光照相制版用激光照排片	16
519	37013022	未曝光照相制版用 PS 版	16
520	37013024	未曝光照相制版用 CTP 版	16
521	37013025	柔性印刷版（厚度小于 3mm 的）	16
522	37013029	其他未曝光照相制版用感光硬软片	16
523	37013090	未曝光其他用途的感光硬片及软片	16
524	37019100	其他用未曝光彩色硬片及平面软片	16
525	37019920	照相制版用其他未曝光软片及硬片，用纸、纸板及纺织物以外任何材料制成，任何一边 ≤ 255mm	16
526	37019990	其他用未曝光软片及硬片	16
527	37021000	成卷的未曝光的 X 光感光胶片	16
528	37023110	未曝光无齿孔彩色窄一次成像感光卷片	16
529	37023190	其他未曝光无齿孔彩色窄胶卷	16
530	37023210	照相制版涂卤化银液无齿孔窄一次成像感光卷片	16
531	37023220	照相制版涂卤化银液无齿孔窄胶卷	16
532	37023290	其他涂卤化银乳液无齿孔窄胶卷	16
533	37023920	照相制版用其他无齿孔窄感光胶卷	16
534	37023990	其他用无齿孔窄感光胶卷	16

序号	产品编码	产品名称	调整后退税率（%）
535	37024100	未曝光无齿孔宽长彩色胶卷	16
536	37024221	印刷电路板制造用光致抗蚀干膜	16
537	37024229	照相制版其他未曝光无齿宽长胶卷	16
538	37024292	红色或红外激光胶片	16
539	37024299	其他未曝光无齿孔宽长胶卷	16
540	37024321	照相制版用激光照排片	16
541	37024329	其他照相制版用未曝光无齿孔胶卷	16
542	37024390	其他用未曝光无齿孔中长胶卷	16
543	37024421	照相制版用未曝光激光照排片	16
544	37024422	印刷电路板制造用光致抗蚀干膜	16
545	37024429	其他照相制版用无齿孔未曝光胶卷	16
546	37024490	其他用无齿孔未曝光中宽胶卷	16
547	37025200	未曝光中窄彩色胶卷	16
548	37025300	幻灯片用未曝光彩色摄影胶卷	16
549	37025410	非幻灯片用彩色摄影胶卷	16
550	37025490	其他非幻灯片用彩色摄影胶卷	16
551	37025520	未曝光的彩色电影胶卷	16
552	37025590	其他未曝光窄长彩色胶卷	16
553	37025620	未曝光的中宽彩色电影胶卷	16
554	37025690	其他未曝光的中宽彩色胶卷	16
555	37029600	宽度≤35毫米，长度≤30米有齿孔未曝光非彩色胶卷	16
556	37029700	宽度≤35毫米，长度＞30米有齿孔未曝光非彩色胶卷	16
557	37029800	宽度＞35毫米有齿孔未曝光非彩色胶卷	16
558	37031010	成卷未曝光的宽幅感光纸及纸板	16
559	37031090	成卷未曝光的宽幅感光布	16
560	37032010	未曝光的彩色感光纸及纸板	16
561	37032090	未曝光的彩色感光布	16
562	37039010	其他未曝光的非彩色感光纸及纸板	16
563	37039090	其他未曝光的非彩色感光布	16
564	37040010	已曝光未冲洗的电影胶片	16
565	37040090	其他已曝光未冲洗的摄影硬、软片	16
566	37050010	已冲洗的教学专用幻灯片	16
567	37050021	书籍、报刊用的已曝光已冲洗的缩微胶片	16
568	37050029	已曝光已冲洗的其他缩微胶片	16
569	37050090	已冲洗的其他摄影硬、软片	16
570	37071000	摄影用感光乳液	16
571	37079010	冲洗胶卷及相片用化学制剂	16

序号	产品编码	产品名称	调整后退税率（%）
572	37079020	复印机用化学制剂	16
573	37079090	其他摄影用化学制剂	16
574	39011000	初级形状比重＜0.94 的聚乙烯	16
575	39012000	初级形状比重≥0.94 的聚乙烯	16
576	39014020	线型低密度聚乙烯，比重小于0.94	16
577	39014090	其他乙烯－α－烯烃共聚物，比重小于0.94	16
578	39019090	其他初级形状的乙烯聚合物	16
579	39021000	初级形状的聚丙烯	16
580	39023090	其他初级形状的丙烯共聚物	13
581	39031910	改性的初级形状的非可发性的聚苯乙烯	16
582	39033010	改性的丙烯腈－丁二烯－苯乙烯共聚物	16
583	39041010	聚氯乙烯糊树脂	16
584	39041090	其他初级形状的纯聚氯乙烯	16
585	39042100	初级形状未塑化的聚氯乙烯	16
586	39042200	初级形状已塑化的聚氯乙烯	16
587	39046100	初级形状的聚四氟乙烯	16
588	39046900	初级形状的其他氟聚合物	16
589	39061000	初级形状的聚甲基丙烯酸甲酯	16
590	39071010	初级形状的聚甲醛	16
591	39072090	初级形状的其他聚醚	16
592	39074000	初级形状的聚碳酸酯	16
593	39076110	聚对苯二甲酸乙二酯切片，粘数在78 毫升/克或以上	16
594	39076190	其他初级形状聚对苯二甲酸乙二酯，粘数在78 毫升/克或以上	16
595	39076910	其他聚对苯二甲酸乙二酯切片，粘数在78 毫升/克以下	16
596	39076990	其他初级形状聚对苯二甲酸乙二酯，粘数在78 毫升/克以下	16
597	39081011	聚酰胺－6，6 切片	16
598	39081012	聚酰胺－6 切片	16
599	39081019	其他聚酰胺切片	16
600	39095000	初级形状的聚氨基甲酸酯	16
601	39100000	初级形状的聚硅氧烷	16
602	3911900004	聚苯硫醚	16
603	39139000	初级形状的其他未列名天然聚合物（包括改性天然聚合物）	16
604	39161000	乙烯聚合物制单丝、条、杆及型材	16
605	39162010	氯乙烯聚合物制异型材	16
606	39162090	其他氯乙烯聚合物制单丝、条、杆及型材	16
607	39169010	聚酰胺制的单丝、条、杆及型材	16
608	39169090	其他塑料制单丝、条、杆及型材	16

序号	产品编码	产品名称	调整后退税率（%）
609	39171000	硬化蛋白或纤维素材料制人造肠衣	16
610	39172100	乙烯聚合物制的硬管	16
611	39172200	丙烯聚合物制的硬管	16
612	39172300	氯乙烯聚合物制的硬管	16
613	39172900	其他塑料制的硬管	16
614	39173100	塑料制的软管	16
615	39173200	其他未装有附件的塑料制管子	16
616	39173300	其他装有附件的塑料管子	16
617	39173900	塑料制的其他管子	16
618	39174000	塑料制的管子附件	16
619	39181010	氯乙烯聚合物制糊墙品	16
620	39181090	氯乙烯聚合物制的铺地制品	16
621	39189010	其他塑料制的糊墙品	16
622	39189090	其他塑料制的铺地制品	16
623	39191010	丙烯酸树脂类为主的自粘塑料板等	16
624	39191091	宽度≤20cm 的胶囊型反光膜	16
625	39191099	其他宽度≤20cm 的自粘塑料板片等	16
626	39199010	其他胶囊型反光膜	16
627	39199090	其他自粘塑料板、片、膜等材料	16
628	39201010	乙烯聚合物制电池隔膜	16
629	39202010	丙烯聚合物制电池隔膜	16
630	39203000	非泡沫苯乙烯聚合物板，片，膜，箔，扁条	16
631	39205100	聚甲基丙烯酸甲酯板片膜箔及扁条	16
632	39205900	其他丙烯酸聚合物板片膜箔及扁条	16
633	39206100	聚碳酸酯制板，片，膜，箔，扁条	16
634	39206200	聚对苯二甲酸乙二酯板片膜等	16
635	39206300	不饱和聚酯板，片，膜，箔及扁条	16
636	39206900	其他聚酯板，片，膜，箔及扁条	16
637	39207100	再生纤维素制板，片，膜，箔及扁条	16
638	39207300	醋酸纤维素制板，片，膜，箔及扁条	16
639	39207900	其他纤维素衍生物制板，片，膜箔及扁条	16
640	39209100	聚乙烯醇缩丁醛板、片、膜、箔及扁条	16
641	39209200	聚酰胺板，片，膜，箔，扁条	16
642	39209300	氨基树脂板，片，膜，箔，扁条	16
643	39209400	酚醛树脂板，片，膜，箔，扁条	16
644	39209990	其他塑料制的非泡沫塑料板片	16
645	39211100	泡沫聚苯乙烯板，片，带，箔，扁条	16

续表

序号	产品编码	产品名称	调整后退税率（%）
646	39211210	泡沫聚氯乙烯人造革及合成革	16
647	39211290	泡沫聚氯乙烯板，片，带，箔，扁条	16
648	39211310	泡沫聚氨酯制人造革及合成革	16
649	39211390	泡沫聚氨酯板，片，带，箔，扁条	16
650	39211400	泡沫再生纤维素板，片，膜，箔，扁条	16
651	39211910	其他泡沫塑料制人造革及合成革	16
652	39211990	其他泡沫塑料板，片，膜，箔，扁条	16
653	39219020	以聚乙烯为基本成分的板片	16
654	39219030	聚异丁烯为基本成分的板片卷材	16
655	39219090	未列名塑料板、片、膜、箔及扁条	16
656	39231000	塑料制盒、箱及类似品	16
657	39232100	乙烯聚合物制袋及包	16
658	39232900	其他塑料制的袋及包	16
659	39233000	塑料制坛，瓶及类似品	16
660	39234000	塑料制卷轴，纡子，筒管及类似品	16
661	39235000	塑料制塞子，盖子及类似品	16
662	39239000	供运输或包装货物用其他塑料制品	16
663	39251000	塑料制囤，柜，罐，桶及类似容器	16
664	39259000	其他未列名的建筑用塑料制品	16
665	39261000	办公室或学校用塑料制品	16
666	39262011	聚氯乙烯制手套（包括分指手套、连指手套及露指手套）	16
667	39262019	其他塑料制手套（包括分指手套、连指手套及露指手套）	16
668	39262090	其他塑料制衣服及衣着附件	16
669	39263000	塑料制家具、车厢及类似品的附件	16
670	39264000	塑料制小雕塑品及其他装饰品	16
671	39269010	塑料制机器及仪器用零件	16
672	3926909010	两用物项管制结构复合材料的预成形件和制品	16
673	3926909090	其他塑料制品	16
674	40011000	天然胶乳	10
675	40012100	天然橡胶烟胶片	10
676	40012200	技术分类天然橡胶（TSNR）	10
677	40012900	其他初级形状的天然橡胶	10
678	40013000	巴拉塔胶等及类似的天然树胶	10
679	40021110	羧基丁苯橡胶胶乳	10
680	40021190	其他胶乳	10
681	40021912	初级形状充油丁苯橡胶（溶聚的除外）	10
682	40021913	初级形状热塑丁苯橡胶	10

续表

序号	产品编码	产品名称	调整后退税率（%）
683	40021914	初级形状充油热塑丁苯橡胶	10
684	40021916	初级形状充油溶聚丁苯橡胶	10
685	40021919	其他初级形状羧基丁苯橡胶等	10
686	4002199001	简单处理的丁苯橡胶，热塑或充油热塑丁苯橡胶除外	10
687	40022010	初级形状的丁二烯橡胶	10
688	40023110	初级形状的异丁烯－异戊二烯橡胶	10
689	40023910	初级形状的其他卤代丁基橡胶	10
690	40024100	氯丁二烯橡胶胶乳	10
691	40024910	初级形状的氯丁二烯橡胶	10
692	40025100	丁腈橡胶胶乳	10
693	40025910	初级形状的丁腈橡胶	10
694	40026010	初级形状的异戊二烯橡胶	10
695	40027010	初级形状的乙丙非共轭二烯橡胶	10
696	40070000	硫化橡胶线及绳	13
697	40081100	海绵硫化橡胶制的板、片及带	13
698	40081900	海绵硫化橡胶制型材、异型材及杆	13
699	40082100	非海绵硫化橡胶制板、片及带	13
700	40082900	非海绵硫化橡胶型材、异型材及杆	13
701	40091100	未加强或其他材料合制硫化橡胶管	13
702	40092100	加强或只与金属合制的硫化橡胶管	13
703	40092200	加强或只与金属合制的硫化橡胶管	13
704	40093100	加强或与纺织材料合制硫化橡胶管	13
705	40093200	加强或与纺织材料合制硫化橡胶管	13
706	40094100	加强或与其他材料合制硫化橡胶管	13
707	40101200	纺织材料加强的硫化橡胶输送带	13
708	40101900	其他硫化橡胶制的输送带及带料	13
709	40103100	60cm＜周长≤180cmV形肋状三角带	13
710	40103200	60cm＜周长≤180cm 三角带	13
711	40103300	180cm＜周长≤240cmV形肋状带	13
712	40103400	180cm＜周长≤240cmV形肋状带除外	13
713	40103500	60cm＜周长≤150cm 的环形同步带	13
714	40103600	150cm＜周长≤198cm 的环形同步带	13
715	40103900	其他硫化橡胶制的传动带及带料	13
716	40111000	机动小客车用新的充气轮胎	13
717	40112000	客或货运车用新的充气橡胶轮胎	13
718	40114000	摩托车用新的充气橡胶轮胎	13
719	40117010	农业或林业车辆及机器用人字形胎面或类似胎面的新充气橡胶轮胎	13

序号	产品编码	产品名称	调整后退税率（%）
720	40117090	其他新的充气橡胶轮胎	13
721	40118011	辋圈尺寸不超过61cm的建筑或工业搬运车辆及机器用人字形胎面或类似胎面的新充气橡胶轮胎	13
722	40118012	辋圈>61cm建筑或工业搬运车辆及机器用人字形胎面或类似胎面的新充气橡胶轮胎	13
723	40118091	建筑业、采矿业或工业搬运车辆及机器用，辋圈尺寸≤61cm的非人字面的新充气橡胶胎	13
724	40118092	辋圈>61cm建筑或工业搬运车辆及机器用非人字形胎面或类似胎面的新充气橡胶轮胎	13
725	40119010	其他人字形胎面或类似胎面的新充气橡胶轮胎	13
726	40119090	其他新的充气橡胶轮胎	13
727	40121100	机动小客车用翻新轮胎	13
728	40121200	机动大客车或货运车用翻新轮胎	13
729	40121900	其他翻新轮胎	13
730	40122010	汽车用旧的充气橡胶轮胎	13
731	40122090	其他用途旧的充气橡胶轮胎	13
732	40129010	航空器用实心或半实心橡胶轮胎	13
733	40129020	汽车用实心或半实心轮胎	13
734	40129090	其他用实心或半实心轮胎	13
735	40131000	汽车用橡胶内胎	13
736	40139010	航空器用橡胶内胎	13
737	40139090	其他用橡胶内胎	13
738	40149000	硫化橡胶制其他卫生及医疗用品	13
739	40159010	医疗用硫化橡胶衣着用品及附件	13
740	40159090	其他硫化橡胶制衣着用品及附件	13
741	40161010	硫化海绵橡胶制机器及仪器用零件	13
742	40161090	硫化海绵橡胶制其他制品	13
743	40169100	硫化橡胶制铺地制品及门垫	13
744	40169200	硫化橡胶制橡皮擦	13
745	40169310	其他硫化橡胶制密封制品	13
746	40169390	硫化橡胶制其他用垫片，垫圈	13
747	40169400	硫化橡胶制船舶或码头的碰垫	13
748	40169500	硫化橡胶制其他可充气制品	13
749	40169910	硫化橡胶制机器及仪器用其他零件	13
750	40169990	其他未列名硫化橡胶制品	13
751	40170020	硬质橡胶制品	13
752	44079920	泡桐木板材，经纵锯、纵切、刨切，不论是否刨平、砂光或指榫结合，厚度超过6mm	16
753	4409211090	一边或面制成连续形状的竹地板条（块）	16
754	4409219090	一边或面制成连续形状的其他竹材	16
755	44101100	木制碎料板	13
756	44101200	木制定向刨花板（OSB）	13

序号	产品编码	产品名称	调整后退税率（%）
757	44101900	其他木制板	13
758	44109011	麦稻秸秆制碎料板	13
759	44109019	其他碎料板	13
760	44109090	其他板	13
761	44111211	密度>0.8g/cm³且厚度≤5mm的中密度纤维板	13
762	44111219	密度>0.8g/cm³且厚度≤5mm的其他中密度纤维板	13
763	44111221	辐射松制的0.5<密度≤0.8g/cm³且厚≤5mm的中密度纤维板	13
764	44111229	0.5<密度≤0.8g/cm³且厚度≤5mm的其他中密度纤维板	13
765	44111291	未经机械加工或盖面的其他厚度≤5mm的中密度纤维板	13
766	44111299	其他厚度≤5mm的中密度纤维板	13
767	44111311	密度>0.8g/cm³且5mm<厚度≤9mm的中密度纤维板	13
768	44111319	密度>0.8g/cm³且5mm<厚度≤9mm的其他中密度纤维板	13
769	44111321	辐射松制的0.5<密度≤0.8g/cm³且5mm<厚度≤9mm中密度纤维板	13
770	44111329	0.5<密度≤0.8g/cm³且5mm<厚度≤9mm其他中密度纤维板	13
771	44111391	未机械加工或盖面的其他5mm<厚度≤9mm中密度纤维板	13
772	44111399	其他5mm<厚度≤9mm中密度纤维板	13
773	44111411	密度>0.8g/cm³且厚度>9mm的中密度纤维板	13
774	44111419	密度>0.8g/cm³且厚度>9mm的其他中密度纤维板	13
775	44111421	辐射松制的0.5g/cm³<密度≤0.8g/cm³且厚度>9mm中密度纤维板	13
776	44111429	0.5g/cm³<密度≤0.8g/cm³且厚度>9mm其他中密度纤维板	13
777	44111491	未经机械加工或盖面的其他厚度>9mm中密度纤维板	13
778	44111499	其他厚度>9mm的中密度纤维板	13
779	44119210	密度>0.8g/cm³的未经机械加工或盖面的其他纤维板	13
780	44119290	密度>0.8g/cm³的其他纤维板	13
781	44119310	辐射松制的0.5g/cm³<密度≤0.8g/cm³的其他纤维板	13
782	44119390	0.5g/cm³<密度≤0.8g/cm³的其他纤维板	13
783	44119410	0.35g/cm³<密度≤0.5g/cm³的其他纤维板	13
784	44119421	密度≤0.35g/cm³的未经机械加工或盖面的木纤维板	13
785	44119429	密度≤0.35g/cm³的其他木纤维板	13
786	4412101199	至少有一表层是其他热带木薄板制其他竹胶合板	13
787	4412101919	其他至少有一表层为非针叶木薄板胶合板	13
788	4412102099	至少有一表层是其他非针叶木的其他竹制多层板	13
789	4412109190	至少有一层是热带木的其他竹制多层板	13
790	4412109290	至少含有一层木碎料板的其他竹制多层板	13
791	4412109990	其他竹制多层板	16
792	4412310090	至少有一表层是其他热带木制的胶合板	13

序号	产品编码	产品名称	调整后退税率（%）
793	4412330090	至少有一表层是下列非针叶木：桤木、白蜡木、水青冈木（山毛榉木）、桦木、樱桃木、栗木、榆木、桉木、山核桃、七叶树、椴木、槭木、栎木（橡木）、悬铃木、杨木、刺槐木、鹅掌楸或核桃木薄板制胶合板	13
794	4412341090	至少有一表层是其他温带非针叶木薄板制胶合板	13
795	4412349090	至少有一表层是其他非针叶胶合板	13
796	4412390090	其他薄板制胶合板，上下表层均为针叶木	13
797	4412941090	至少有一表层是非针叶木的木块芯胶合板等	13
798	4412949190	至少有一层是热带木的针叶木面木块芯胶合板等	13
799	4412949290	至少含有一层木碎料板的针叶木面木块芯胶合板等	13
800	4412949990	其他针叶木面木块芯胶合板等	13
801	4412991090	其他至少有一表层是非针叶木的多层板	13
802	4412999190	其他至少有一层是热带木的针叶木面多层板	13
803	4412999290	其他至少含有一层木碎料板的针叶木面多层板	13
804	4412999990	其他针叶木面多层板	13
805	44130000	强化木	13
806	4415100090	木箱及类似的包装容器，电缆卷筒	13
807	44152010	辐射松木制托板、箱形托盘及其他装载用辐射松木板	10
808	4415209090	其他木制托板、箱形托盘及其他装载木板	13
809	44181010	辐射松木制的木窗，落地窗及其框架	10
810	4418109090	其他木制木窗，落地窗及其框架	13
811	4418200090	木门及其框架和门槛	13
812	44184000	水泥构件的木模板	13
813	44185000	木瓦及盖屋板	13
814	4418600090	其他木制柱和梁	13
815	44187320	已装拼的竹制多层地板	16
816	44187390	已装拼的竹制其他地板	16
817	4418910090	其他竹制其他建筑用木工制品	13
818	4418990090	其他建筑用木工制品	13
819	4420101190	其他木刻	13
820	44201012	竹刻	16
821	4420102090	木扇	16
822	4420109090	其他木制小雕像及其他装饰品	16
823	4420901010	拉敏木制的镶嵌木	10
824	4420909090	木盒子及类似品；非落地式木家具	13
825	4421100090	木衣架	13
826	4421911090	其他竹制圆签、圆棒、冰果棒、压舌片及类似一次性制品	16
827	4421919090	其他未列名的竹制品	16

序号	产品编码	产品名称	调整后退税率（%）
828	4421999010	拉敏木制的未列名的木制品	10
829	46012100	竹制的席子、席料及帘子	16
830	46012200	藤制的席子、席料及帘子	16
831	46012911	蔺草制的席子、席料及帘子	16
832	46012919	其他草制的席子，席料及帘子	16
833	46012921	苇帘	16
834	46012929	芦苇制的席子、席料	16
835	46012990	其他植物材料制席子，席料及帘子	16
836	46019210	竹制缠条及类似产品	16
837	46019290	竹制的其他编结材料产品	16
838	46019310	藤制的缠条及类似产品	16
839	46019390	藤制的其他编结材料产品	16
840	46019411	稻草制的缠条（绳）及类似产品	16
841	46019419	稻草制的其他编结材料产品	16
842	46019491	其他植物材料制缠条及类似产品	16
843	46019499	其他植物编结材料产品	16
844	46019910	非植物材料制缠条及类似产品	16
845	46019990	其他非植物编结材料产品	16
846	46021100	竹编制的篮筐及其他制品	16
847	46021200	藤编制的篮筐及其他制品	16
848	46021910	草编制的篮筐及其他制品	16
849	46021920	玉米皮编制的篮筐及其他制品	16
850	46021930	柳条编制的篮筐及其他制品	16
851	46021990	其他植物材料编制篮筐及其他制品	16
852	46029000	其他编结材料制品及其他制品	16
853	50010010	适于缫丝的桑蚕茧	10
854	50010090	适于缫丝的其他蚕茧	10
855	51011100	未梳的含脂剪羊毛	10
856	51011900	未梳的其他含脂羊毛	10
857	5102193090	其他未梳骆驼毛、绒	10
858	5102199090	未梳的其他动物细毛	10
859	5102200090	未梳的其他动物粗毛	10
860	51031010	羊毛落毛	10
861	53011000	生的或沤制的亚麻	10
862	53012100	破开或打成的亚麻	10
863	53012900	栉梳或经其他加工未纺制的亚麻	10
864	53013000	亚麻短纤及废麻	10

序号	产品编码	产品名称	调整后退税率（%）
865	53021000	生的或经沤制的大麻	10
866	53029000	加工未纺的大麻、大麻短纤及废麻	10
867	53031000	生或沤制黄麻，其他纺织韧皮纤维	10
868	53039000	加工未纺的黄麻及纺织用韧皮纤维	10
869	53050011	生的苎麻	10
870	53050012	经加工、未纺制的苎麻	10
871	53050013	苎麻短纤及废麻	10
872	53050019	经加工的未列名纺织用苎麻纤维	10
873	53050020	生的或经加工、未纺制的蕉麻	10
874	53050091	生的或经加工、未纺制的西沙尔麻及纺织用龙舌兰纤维	10
875	53050099	生的或经加工的未列名纺织用植物纤维	10
876	68022120	经简单切削或锯开的石灰华及制品	13
877	68029110	大理石，石灰华及蜡石制石刻	16
878	68029190	其他已加工大理石及蜡石及制品	13
879	68029210	其他石灰石制石刻	16
880	68029290	其他已加工石灰石及制品	13
881	68029311	花岗岩制石刻墓碑石	16
882	68029319	其他花岗岩制石刻	16
883	68029390	其他已加工花岗岩及制品	13
884	68029910	其他石制成的石刻	16
885	68029990	其他已加工的石及制品	13
886	68030010	已加工板岩及板岩制品	10
887	68030090	粘聚板岩制品	10
888	68041000	碾磨或磨浆用石磨，石碾	10
889	68042110	粘聚合成或天然金刚石制的砂轮	10
890	68042190	粘聚合成或天然金刚石制的其他石磨、石碾及类似品	10
891	68042210	其他砂轮	10
892	68042290	其他石磨，石碾及类似品	10
893	68042310	天然石料制的砂轮	10
894	68042390	天然石料制其他石磨，石碾等	10
895	68043010	手用琢磨油石	10
896	68043090	手用其他磨石及抛光石	10
897	68051000	砂布	10
898	68052000	砂纸	10
899	68053000	不以布或纸为底的砂纸类似品	10

序号	产品编码	产品名称	调整后退税率（%）
900	68061010	硅酸铝纤维及其制品	10
901	68061090	其他矿渣棉、岩石棉及类似的矿质棉（包括其相互混合物），块状、成片或成卷	10
902	68091100	未饰的石膏板，片，砖，瓦及类似品	10
903	68091900	以其他材料贴面加强的未饰石膏板	10
904	68099000	其他石膏制品	10
905	68101100	水泥制建筑用砖及石砌块	10
906	68101910	人造石制砖，瓦，扁平石	10
907	68101990	水泥或混凝土制其他砖，瓦，扁平石	10
908	68109110	钢筋混凝土和预应力混凝土管等	10
909	68109190	水泥制建筑或土木工程用预制构件	10
910	68109910	铁道用水泥枕	10
911	68109990	水泥，混凝土或人造石制其他制品	10
912	68114010	含石棉的瓦楞板	10
913	68114020	含石棉的片、板、砖、瓦及类似品	10
914	68114030	含石棉的管子及管子附件	10
915	68114090	含石棉的其他制品	10
916	68118100	不含石棉的瓦楞板	10
917	68118200	不含石棉的片、板、砖、瓦及类似品	10
918	68118910	不含石棉的管子及管子附件	10
919	68118990	不含石棉的其他制品	10
920	68128000	青石棉或青石棉混合物及其制品	10
921	68129100	其他石棉或石棉混合物制的服装	10
922	68129200	其他石棉或石棉混合物制的纸、麻丝板	10
923	68129300	成片或成卷的压缩石棉纤维接合材料	10
924	68129900	其他石棉或石棉混合物制品	10
925	68132010	含石棉的闸衬、闸垫	10
926	68132090	含石棉的摩擦材料及其他用于制动等用途的制品	10
927	68138100	其他闸衬、闸垫	10
928	68138900	其他摩擦材料及用于制动等用途的制品	10
929	68149000	其他已加工的云母及其制品	10
930	68159920	碳纤维	13
931	68159931	碳布	13
932	68159932	碳纤维预浸料	13
933	68159939	其他碳纤维制品	13
934	68159940	玄武岩纤维及其制品	13
935	69039000	其他耐火陶瓷制品	13

序号	产品编码	产品名称	调整后退税率（%）
936	69041000	陶瓷制建筑用砖	13
937	69049000	陶瓷制铺地砖、支撑或填充用砖	13
938	69051000	陶瓷制屋顶瓦	13
939	69059000	其他建筑用陶瓷制品	13
940	69060000	陶瓷套管，导管，槽管及管子配件	13
941	69072110	不论是否矩形，其最大表面积以可置入边长小于 7 厘米的方格的贴面砖、铺面砖，包括炉面砖及墙面砖，但子目 6907.30 和 6907.40 所列商品除外	13
942	69072190	其他贴面砖、铺面砖，包括炉面砖及墙面砖，但子目 6907.30 和 6907.40 所列商品除外	13
943	69072210	不论是否矩形，其最大表面积以可置入边长小于 7 厘米的方格的贴面砖、铺面砖，包括炉面砖及墙面砖，但子目 6907.30 和 6907.40 所列商品除外	13
944	69072290	其他贴面砖、铺面砖，包括炉面砖及墙面砖，但子目 6907.30 和 6907.40 所列商品除外	13
945	69072310	不论是否矩形，其最大表面积以可置入边长小于 7 厘米的方格的贴面砖、铺面砖，包括炉面砖及墙面砖，但子目 6907.30 和 6907.40 所列商品除外	13
946	69072390	其他贴面砖、铺面砖，包括炉面砖及墙面砖，但子目 6907.30 和 6907.40 所列商品除外	13
947	69073010	不论是否矩形，其最大表面积以可置入边长小于 7 厘米的方格的镶嵌砖（马赛克）及其类似品，但子目 6907.40 的货品除外	13
948	69073090	其他镶嵌砖（马赛克）及其类似品，但子目 6907.40 的货品除外	13
949	69074010	不论是否矩形，其最大表面积以可置入边长小于 7 厘米的方格的饰面陶瓷	13
950	69074090	其他饰面陶瓷	13
951	69091100	实验室，化学或其他技术用瓷器	16
952	69091200	摩氏硬度≥9 的技术用陶瓷器	16
953	69091900	其他实验室，化学用陶瓷器	16
954	69099000	农业，运输或盛装货物用陶瓷容器	13
955	69111011	骨瓷餐具	16
956	69111019	其他瓷餐具	16
957	69111021	瓷厨房刀具	16
958	69111029	其他瓷厨房器具	16
959	69119000	其他家用或盥洗用瓷器	16
960	69120010	陶餐具	16
961	69120090	陶制厨房器具	16
962	69141000	其他瓷制品	13
963	69149000	其他陶制品	13
964	70023200	其他未加工的玻璃管	16
965	70023900	未列名、未加工的玻璃管	16
966	7005290002	液晶或有机发光二极管（OLED）显示屏用原板玻璃，包括保护屏用含碱玻璃	10

序号	产品编码	产品名称	调整后退税率（%）
967	70071110	航空航天器及船舶用钢化安全玻璃	16
968	70071900	其他钢化安全玻璃	16
969	70072110	航空航天器及船舶用层压安全玻璃	16
970	70072900	其他层压安全玻璃	16
971	70080010	中空或真空隔温、隔音玻璃组件	16
972	70080090	其他多层隔温、隔音玻璃组件	16
973	70091000	车辆后视镜	16
974	70099100	其他未镶框玻璃镜（包括后视镜）	16
975	70099200	其他镶框玻璃镜（包括后视镜）	16
976	70101000	玻璃安瓿	16
977	70102000	玻璃制的塞、盖及类似封口器	16
978	70109010	装运货物或保藏用的玻璃大容器	16
979	70109020	装运货物或保藏用的玻璃中容器	16
980	70109030	装运货物或保藏用的玻璃小容器	16
981	70109090	装运货物或保藏用的玻璃特小容器	16
982	70112010	显像管玻壳及其零件	16
983	70112090	阴极射线管用玻壳及零件	10
984	70119010	电子管未封口玻璃外壳及玻璃零件	10
985	70140010	光学仪器用光学元件毛坯	16
986	70140090	其他未经光学加工的信号玻璃器	16
987	70161000	供镶嵌或装饰用玻璃马赛克	16
988	70169010	花饰铅条窗玻璃及类似品	16
989	70169090	建筑用压制或模制铺面玻璃块、砖	16
990	70171000	实验室，卫生及配药用玻璃器	16
991	70172000	其他玻璃制实验室等用玻璃器	16
992	70179000	其他实验室、卫生及配药用玻璃器	16
993	70181000	玻璃珠，仿珍珠及类似小件玻璃品	16
994	70182000	直径≤1mm 的玻璃珠	16
995	70189000	灯工方法制的玻璃塑像及玻璃饰品，玻璃假眼	16
996	70191100	长度≤50mm 的短切玻璃纤维	10
997	70191200	玻璃纤维粗纱	10
998	70191900	玻璃纤维、梳条、纱线	10
999	70193100	玻璃纤维（包括玻璃棉）制的席	10
1000	70193200	玻璃纤维（包括玻璃棉）制的薄片	10
1001	70193910	玻璃纤维制的垫	10

序号	产品编码	产品名称	调整后退税率（%）
1002	70193990	其他玻璃纤维制的网、板及类似无纺产品	10
1003	70194000	玻璃纤维粗纱机织物	10
1004	70195100	宽度≤30mm 的玻璃纤维机织物	10
1005	70195200	每平米≤250g 的玻璃长丝平纹织物	10
1006	70195900	其他玻璃纤维机织物	10
1007	70199010	玻璃棉及其制品	10
1008	70199021001	玻璃纤维布浸胶制品	10
1009	70199029	其他玻璃纤维布浸胶制品	10
1010	70200011	导电玻璃	16
1011	70200013	熔融石英或其他熔融硅石制	13
1012	70200091	保温瓶或其他保温容器用玻璃胆	16
1013	72103000	电镀锌的铁或非合金钢宽板材	16
1014	72104100	镀锌的瓦楞形铁或非合金钢宽板材	16
1015	72104900	镀锌的其他形铁或非合金钢宽板材	16
1016	73011000	钢铁板桩	13
1017	73012000	焊接的钢铁角材、型材及异型材	13
1018	73030010	内径＞500mm 的铸铁圆型截面管	13
1019	73071100	无可锻性铸铁制管子附件	13
1020	73071900	可锻性铸铁及铸钢管子附件	13
1021	73072100	不锈钢制法兰	13
1022	73072200	不锈钢制螺纹肘管、弯管、管套	13
1023	73072300	不锈钢制对焊件	13
1024	73072900	不锈钢制其他管子附件	13
1025	73079100	未列名钢铁制法兰	13
1026	73079200	未列名钢铁制螺纹肘管、弯管、管套	13
1027	73079300	未列名钢铁制对焊件	13
1028	73079900	未列名钢铁制其他管子附件	13
1029	73102990	容积＜50 升的其他盛物容器	13
1030	73110090	其他装压缩或液化气的容器	16
1031	73151110	自行车滚子链	16
1032	73151900	铰接链零件	16
1033	73152000	防滑链	16
1034	73158900	未列名链	16
1035	73159000	非铰接链零件	16
1036	73160000	钢铁锚、多爪锚及其零件	16

续表

序号	产品编码	产品名称	调整后退税率（%）
1037	73211100	可使用气体燃料的家用炉灶	13
1038	73211290	其他使用液体燃料的家用炉灶	13
1039	73211900	其他炊事器具及加热板，包括使用固体燃料的	13
1040	73218900	其他器具，包括使用固体燃料的	13
1041	73219000	非电热家用器具零件	13
1042	73239200	餐桌、厨房等家用铸铁制搪瓷器	13
1043	73239300	餐桌、厨房等家用不锈钢器具	13
1044	73239410	面盆，钢铁制，已搪瓷	13
1045	73239420	烧锅，钢铁制，已搪瓷	13
1046	73239490	其他餐桌、厨房等家用钢铁制搪器	13
1047	73239900	其他餐桌、厨房等用钢铁器具	13
1048	73241000	不锈钢制洗涤槽及脸盆	13
1049	73242100	铸铁制浴缸	13
1050	73242900	其他钢铁制浴缸	13
1051	73249000	其他钢铁制卫生器具及零件	13
1052	74071010	铬锆铜制的条、杆、型材及异型材	13
1053	74072111	铜锌合金（黄铜）条、杆	13
1054	74072119	其他铜锌合金（黄铜）条、杆	13
1055	74072190	铜锌合金（黄铜）型材及异型材	13
1056	74072900	其他铜合金条、杆、型材及异型材	13
1057	74081100	最大截面尺寸 >6mm 的精炼铜丝	13
1058	74081900	截面尺寸 ≤6mm 的精炼铜丝	13
1059	74082100	铜锌合金（黄铜）丝	13
1060	74082210	铜镍锌铅合金（加铅德银）丝	13
1061	74082900	其他铜合金丝	13
1062	74091110	成卷的精炼铜板、片、带	13
1063	74091190	其他成卷的精炼铜板、片、带	13
1064	74091900	其他精炼铜板、片、带	13
1065	74092100	成卷的铜锌合金（黄铜）板、片、带	13
1066	74092900	其他铜锌合金（黄铜）板、片、带	13
1067	74093100	成卷的铜锡合金（青铜）板、片、带	13
1068	74093900	其他铜锡合金板、片、带	13
1069	74094000	白铜或德银制板、片、带	13
1070	74099000	其他铜合金板、片、带	13
1071	81039019	其他钽丝	13

序号	产品编码	产品名称	调整后退税率（%）
1072	8103909090	其他锻轧钽及其制品	13
1073	82022090	其他带锯片	13
1074	82023100	带有钢制工作部件的圆锯片	13
1075	82023910	带有天然或合成金刚石、立方氮化硼制的工作部件的圆锯片	13
1076	82023990	其他圆锯片，包括部件	13
1077	82024000	链锯片	13
1078	82029110	加工金属用的机械锯的直锯片	13
1079	82029190	加工金属用的非机械锯的直锯片	13
1080	82029910	机械锯用的其他锯片	13
1081	82029990	非机械锯用的其他锯片	13
1082	82031000	钢锉、木锉及类似工具	13
1083	82032000	钳子、镊子及类似工具	13
1084	82033000	白铁剪及类似工具	13
1085	82034000	切管器、螺栓切头器、打孔冲子等	13
1086	82041100	固定式的手动扳手及板钳	13
1087	82041200	可调式的手动扳手及板钳	13
1088	82042000	可互换的扳手套筒	13
1089	82051000	手工钻孔或攻丝工具	13
1090	82052000	手工锤子	13
1091	82053000	木工用刨子、凿子及类似切削工具	13
1092	82054000	螺丝刀	13
1093	82055100	其他家用手工工具	13
1094	82055900	其他手工工具	13
1095	82056000	喷灯	13
1096	82057000	台钳、夹钳及类似品	13
1097	82059000	其他，包括由本品目项下两个或多个子目所列物品组成的成套货品	13
1098	82071300	带金属陶瓷工作部件的凿岩工具	16
1099	82071910	带金刚石等工作部件的凿岩工具	16
1100	82071990	带其他材料工作部件的凿岩工具	16
1101	82074000	攻丝工具	16
1102	82075010	带金刚石等工作部件的钻孔工具	16
1103	82075090	带其他材料工作部件的钻孔工具	16
1104	82076010	带金刚石等工作部件的镗孔工具	16
1105	82076090	带其他材料工作部件的镗孔工具	16
1106	82077010	带有天然或合成金刚石、立方氮化硼制的工作部件的铣削工具	16
1107	82077090	其他铣削工具	16
1108	82078010	带有天然或合成金刚石、立方氮化硼制的工作部件的车削工具	16

序号	产品编码	产品名称	调整后退税率（%）
1109	82078090	其他车削工具	16
1110	82079010	带金刚石工作部件的其他互换工具	16
1111	82079090	其他可互换工具	16
1112	82081011	经镀或涂层的硬质合金制的金工机械用刀及刀片	16
1113	82081019	其他硬质合金制的金工机械用刀及刀片	16
1114	82081090	其他金工机械用刀及刀片	13
1115	82082000	木工机械用刀及刀片	13
1116	82083000	厨房或食品加工机器用刀及刀片	13
1117	82089000	其他机器或机械器具用刀及刀片	13
1118	82090010	未装配的工具用金属陶瓷板	16
1119	82090021	未装配的工具用金属陶瓷条、杆	16
1120	82090029	其他未装配的工具用金属陶瓷条、杆	16
1121	82090030	未装配的工具用金属陶瓷刀头	16
1122	82090090	未装配的工具用金属陶瓷板、条、杆、刀头的类似品	16
1123	82100000	加工调制食品、饮料用手动机械	13
1124	82119300	刃面不固定的刀	13
1125	82119400	品目 8211 所列刀的刀片	13
1126	82119500	贱金属制的刀柄	13
1127	82159900	其他非成套的厨房或餐桌用具	13
1128	83012010	机动车用中央控制门锁	16
1129	83012090	其他机动车用锁	13
1130	83021000	铰链（折叶）	13
1131	83022000	用贱金属做支架的小脚轮	13
1132	83023000	机车用贱金属附件及架座	13
1133	83024100	建筑用贱金属配件及架座	13
1134	83024900	其他用贱金属配件及架座	13
1135	83025000	帽架，帽钩，托架及类似品	13
1136	83026000	自动闭门器	13
1137	83030000	保险箱，柜，保险库的门	13
1138	83063000	相框，画框及类似框架，镜子	13
1139	83071000	钢铁制软管，可有配件	13
1140	83079000	其他贱金属软管，可有配件	13
1141	83081000	贱金属制钩、环及眼	13
1142	83082000	贱金属制管形铆钉及开口铆钉	13
1143	83089000	贱金属制珠子及亮晶片	13
1144	83091000	贱金属制冠形瓶塞	13

续表

序号	产品编码	产品名称	调整后退税率（%）
1145	83099000	盖子、瓶帽、螺口塞封志等包装用附件	13
1146	83100000	标志牌，铭牌，号码，字母等标志	13
1147	83111000	以焊剂涂面的贱金属电极，电弧焊用	16
1148	83112000	以焊剂为芯的贱金属制焊丝	16
1149	83113000	以焊剂涂面或作芯的贱金属条或丝	16
1150	83119000	贱金属粘聚成的丝或条	16
1151	91061000	考勤钟、时刻记录器	16
1152	91069000	其他时间记录器及其他类似装置	16
1153	91070000	定时开关	16
1154	94051000	枝形吊灯	16
1155	9405200090	其他电气台灯、床头灯、落地灯	16
1156	94053000	圣诞树用的成套灯具	16
1157	94054010	探照灯	16
1158	94054020	聚光灯	16
1159	94054090	其他电灯及照明装置	16
1160	94055000	非电气灯具及照明装置	16
1161	94056000	发光标志、发光铭牌及类似品	16
1162	94061000	木制的活动房屋	16
1163	94069000	其他活动房屋	16
1164	96061000	揿扣及其零件	16
1165	96062100	塑料制钮扣	16
1166	96062200	贱金属制钮扣	16
1167	9606290090	其他钮扣	16
1168	96063000	钮扣芯及钮扣的其他零件	16
1169	96071100	装有贱金属齿的拉链	16
1170	96071900	其他拉链	16
1171	96072000	拉链零件	16
1172	96200000003	独脚架、双脚架、三脚架及类似品（其他非工业用钢铁制品）	13

财政部关于贯彻落实支持脱贫攻坚税收政策的通知

2018 年 11 月 8 日　财税〔2018〕131 号

各省、自治区、直辖市、计划单列市财政厅（局），新疆生产建设兵团财政局，财政部驻各省、自治区、直辖市、计划单列市财政监察专员办事处：

为深入贯彻党的十九大精神和习近平总书记关于扶贫工作的重要论述，认真落实党中央、国务院关于打赢脱贫攻坚战的各项决策部署，进一步做好运用税收政策支持脱贫攻坚工作，现就贯彻落实脱贫攻坚税收支持政策有关事项通知如下：

一、进一步提高政治站位，充分认识运用好税收政策支持打赢脱贫攻坚战的重要性

党的十八大以来，以习近平同志为核心的党中央作出坚决打赢脱贫攻坚战的决定，推动脱贫攻坚战取得决定性进展。党的十九大提出将精准脱贫作为全面建成小康社会的三大攻坚战之一，对如期全面建成小康社会，实现第一个一百年奋斗目标具有十分重要的意义。财政作为国家治理的基础和重要支柱，在打赢脱贫攻坚战中肩负重要职责。

各级财政部门要深入学习领会习近平总书记关于脱贫攻坚的新理念新思想新战略，把思想和行动统一到党中央、国务院的决策部署上来，进一步提高对打赢脱贫攻坚战的重要性和紧迫性的认识，坚定"两个维护"、强化"四个意识"，切实增强政治责任感和工作主动性，把充分运用好税收政策支持打赢脱贫攻坚战，作为财政系统一项重大工作任务，为打赢脱贫攻坚战作出积极贡献。

二、广泛动员宣传，认真落实支持脱贫攻坚各项税收政策

支持脱贫攻坚税收政策内容丰富，涉及增值税、企业所得税等主体税种和其他税种。既有鼓励扶贫捐赠、支持金融扶贫、促进贫困地区发展、扶持贫困群众就业创业等针对性强的税收政策，又有促进"三农"发展、推动普惠金融发展、鼓励中小企业发展等普适性的税收政策（见附件）。

各级财政部门要创新宣传方式、加大宣传力度，通过机关网站、微信、微博、移动客户端、印发宣传资料等多种媒介渠道，加强对支持脱贫攻坚税收政策的宣传辅导和讲解。加强对财政干部和企业财务人员的培训，帮助其熟悉政策内容，加强与税务部门衔接，努力提高帮助贫困地区群众和企业用足用好税收优惠政策意识和能力。

三、加强调查研究，及时研究解决新情况新问题

打赢脱贫攻坚战，各地面临的情况千差万别。各级财政部门要加强调查研究，密切跟踪税收政策执行情况，及时解决政策落地过程中出现的困难和问题。要广泛听取意见，深入一线了解掌握税收政策执行效果，收集反馈政策落实情况和群众反映的突出问题及意见建议。要结合当地脱贫攻坚实际情况，按照税收法律、法规规定的权限，积极研究拟订针对性强的支持脱贫攻坚税收优惠政策和落实措施，提出管用好用的意见和建议。

四、加强督查评估，确保税收政策切实发挥作用

各级财政部门要加强督促检查，坚决打通税收助力脱贫攻坚的"中梗阻""最后一公里"，不折不扣落实好支持脱贫攻坚税收政策，确保贫困地区群众和企业切实享受到税收政策红利。要加强税收优惠政策评估，结合当地实际，组织力量或委托第三方等多种方式，对税收政策支持贫困地区经济发展和贫困群众脱贫的实施情况和激励效果进行深入分析评估，有关重大情况要报财政部。

附件：现行支持脱贫攻坚税收政策相关文件目录（略）

财政部　税务总局关于易地扶贫
搬迁税收优惠政策的通知

2018 年 11 月 29 日　财税〔2018〕135 号

各省、自治区、直辖市、计划单列市财政厅（局），国家税务总局各省、自治区、直辖市、计划单列市税务局，新疆生产建设兵团财政局：

为贯彻落实《中共中央　国务院关于打赢脱贫攻坚战三年行动的指导意见》，助推易地扶贫搬迁工作，现将易地扶贫搬迁有关税收优惠政策通知如下：

一、关于易地扶贫搬迁贫困人口税收政策

（一）对易地扶贫搬迁贫困人口按规定取得的住房建设补助资金、拆旧复垦奖励资金等与易地扶贫搬迁相关的货币化补偿和易地扶贫搬迁安置住房（以下简称安置住房），免征个人所得税。

（二）对易地扶贫搬迁贫困人口按规定取得的安置住房，免征契税。

二、关于易地扶贫搬迁安置住房税收政策

（一）对易地扶贫搬迁项目实施主体（以下简称项目实施主体）取得用于建设安置住房的土地，免征契税、印花税。

（二）对安置住房建设和分配过程中应由项目实施主体、项目单位缴纳的印花税，予以免征。

（三）对安置住房用地，免征城镇土地使用税。

（四）在商品住房等开发项目中配套建设安置住房的，按安置住房建筑面积占总建筑面积的比例，计算应予免征的安置住房用地相关的契税、城镇土地使用税，以及项目实施主体、项目单位相关的印花税。

（五）对项目实施主体购买商品住房或者回购保障性住房作为安置住房房源的，免征契税、印花税。

三、其他相关事项

（一）易地扶贫搬迁项目、项目实施主体、易地扶贫搬迁贫困人口、相关安置住房等信息由易地扶贫搬迁工作主管部门确定。县级易地扶贫搬迁工作主管部门应当将上述信息及时提供给同级税务部门。

（二）本通知执行期限为 2018 年 1 月 1 日至 2020 年 12 月 31 日。自执行之日起的已征税款，除以贴花方式缴纳的印花税外，依申请予以退税。

财政部　税务总局　人力资源社会保障部关于进一步
落实重点群体创业就业税收政策的通知

2018 年 11 月 23 日　财税〔2018〕136 号

各省、自治区、直辖市、计划单列市财政厅（局）、人力资源社会保障厅（局），国家税务总局各省、自治

区、直辖市、计划单列市税务局，新疆生产建设兵团财政局、人力资源社会保障局：

为支持和促进重点群体创业就业，财政部、税务总局、人力资源社会保障部印发了《关于继续实施支持和促进重点群体创业就业有关税收政策的通知》（财税〔2017〕49号）。为进一步做好政策落实工作，现将有关问题通知如下：

一、加强领导、周密部署，将财税〔2017〕49号文件中登记失业半年以上的人员、毕业年度内高校毕业生、零就业家庭以及享受城市居民最低生活保障家庭劳动年龄内的登记失业人员等重点群体创业就业政策落实到位。

二、认真贯彻落实《中共中央国务院关于打赢脱贫攻坚战的决定》精神，吸纳农村建档立卡贫困人口就业的企业，按财税〔2017〕49号文件规定享受税收优惠，助力打好脱贫攻坚战。

三、各级财政、税务、人力资源社会保障等部门要健全信息共享机制，优化办税流程；主动做好政策宣传和解释工作，使企业和困难群体知悉和理解相关政策；加强调查研究，密切跟踪税收政策执行情况，及时解决政策落地过程中出现的困难和问题。

财政部　税务总局　证监会关于个人转让全国中小企业股份转让系统挂牌公司股票有关个人所得税政策的通知

2018年11月30日　财税〔2018〕137号

各省、自治区、直辖市、计划单列市财政厅（局），国家税务总局各省、自治区、直辖市、计划单列市税务局，新疆生产建设兵团财政局，全国中小企业股份转让系统有限责任公司，中国证券登记结算有限责任公司：

为促进全国中小企业股份转让系统（以下简称新三板）长期稳定发展，现就个人转让新三板挂牌公司股票有关个人所得税政策通知如下：

一、自2018年11月1日（含）起，对个人转让新三板挂牌公司非原始股取得的所得，暂免征收个人所得税。

本通知所称非原始股是指个人在新三板挂牌公司挂牌后取得的股票，以及由上述股票孳生的送、转股。

二、对个人转让新三板挂牌公司原始股取得的所得，按照"财产转让所得"，适用20%的比例税率征收个人所得税。

本通知所称原始股是指个人在新三板挂牌公司挂牌前取得的股票，以及在该公司挂牌前和挂牌后由上述股票孳生的送、转股。

三、2019年9月1日之前，个人转让新三板挂牌公司原始股的个人所得税，征收管理办法按照现行股权转让所得有关规定执行，以股票受让方为扣缴义务人，由被投资企业所在地税务机关负责征收管理。

自2019年9月1日（含）起，个人转让新三板挂牌公司原始股的个人所得税，以股票托管的证券机构为扣缴义务人，由股票托管的证券机构所在地主管税务机关负责征收管理。具体征收管理办法参照《财政部　国家税务总局　证监会关于个人转让上市公司限售股所得征收个人所得税有关问题的通知》（财税〔2009〕167号）和《财政部　国家税务总局　证监会关于个人转让上市公司限售股所得征收个人所得税有关问题的补充通知》（财税〔2010〕70号）有关规定执行。

四、2018年11月1日之前，个人转让新三板挂牌公司非原始股，尚未进行税收处理的，可比照本通知第一条规定执行，已经进行相关税收处理的，不再进行税收调整。

五、中国证券登记结算公司应当在登记结算系统内明确区分新三板原始股和非原始股。中国证券登记结算公司、证券公司及其分支机构应当积极配合财政、税务部门做好相关工作。

财政部　税务总局关于延长对废矿物油再生油品
免征消费税政策实施期限的通知

2018 年 12 月 7 日　财税〔2018〕144 号

各省、自治区、直辖市、计划单列市财政厅（局），国家税务总局各省、自治区、直辖市、计划单列市税务局，新疆生产建设兵团财政局：

为进一步促进资源综合利用和环境保护，经国务院批准，《财政部　国家税务总局关于对废矿物油再生油品免征消费税的通知》（财税〔2013〕105 号）实施期限延长 5 年，自 2018 年 11 月 1 日至 2023 年 10 月 31 日止。自 2018 年 11 月 1 日至本通知下发前，纳税人已经缴纳的消费税，符合本通知免税规定的予以退还。

财政部　税务总局　证监会关于继续执行内地与香港
基金互认有关个人所得税政策的通知

2018 年 12 月 17 日　财税〔2018〕154 号

各省、自治区、直辖市、计划单列市财政厅（局），新疆生产建设兵团财政局，国家税务总局各省、自治区、直辖市、计划单列市税务局，上海、深圳证券交易所，中国证券登记结算公司：

现就内地与香港基金互认有关个人所得税政策明确如下：

对内地个人投资者通过基金互认买卖香港基金份额取得的转让差价所得，自 2018 年 12 月 18 日起至 2019 年 12 月 4 日止，继续暂免征收个人所得税。

财政部　税务总局关于个人所得税法
修改后有关优惠政策衔接问题的通知

2018 年 12 月 27 日　财税〔2018〕164 号

各省、自治区、直辖市、计划单列市财政厅（局），国家税务总局各省、自治区、直辖市、计划单列市税务局，新疆生产建设兵团财政局：

为贯彻落实修改后的《中华人民共和国个人所得税法》，现将个人所得税优惠政策衔接有关事项通知如下：

一、关于全年一次性奖金、中央企业负责人年度绩效薪金延期兑现收入和任期奖励的政策

（一）居民个人取得全年一次性奖金，符合《国家税务总局关于调整个人取得全年一次性奖金等计算征收个人所得税方法问题的通知》（国税发〔2005〕9 号）规定的，在 2021 年 12 月 31 日前，不并入当年综合所得，以全年一次性奖金收入除以 12 个月得到的数额，按照本通知所附按月换算后的综合所得税率表（以下简称月度税率表），确定适用税率和速算扣除数，单独计算纳税。计算公式为：

$$应纳税额 = 全年一次性奖金收入 \times 适用税率 - 速算扣除数$$

居民个人取得全年一次性奖金，也可以选择并入当年综合所得计算纳税。

自 2022 年 1 月 1 日起，居民个人取得全年一次性奖金，应并入当年综合所得计算缴纳个人所得税。

（二）中央企业负责人取得年度绩效薪金延期兑现收入和任期奖励，符合《国家税务总局关于中央企业负责人年度绩效薪金延期兑现收入和任期奖励征收个人所得税问题的通知》（国税发〔2007〕118 号）规定的，在 2021 年 12 月 31 日前，参照本通知第一条第（一）项执行；2022 年 1 月 1 日之后的政策另行明确。

二、关于上市公司股权激励的政策

（一）居民个人取得股票期权、股票增值权、限制性股票、股权奖励等股权激励（以下简称股权激励），符合《财政部　国家税务总局关于个人股票期权所得征收个人所得税问题的通知》（财税〔2005〕35 号）、《财政部　国家税务总局关于股票增值权所得和限制性股票所得征收个人所得税有关问题的通知》（财税〔2009〕5 号）、《财政部　国家税务总局关于将国家自主创新示范区有关税收试点政策推广到全国范围实施的通知》（财税〔2015〕116 号）第四条、《财政部　国家税务总局关于完善股权激励和技术入股有关所得税政策的通知》（财税〔2016〕101 号）第四条第（一）项规定的相关条件的，在 2021 年 12 月 31 日前，不并入当年综合所得，全额单独适用综合所得税率表，计算纳税。计算公式为：

$$应纳税额 = 股权激励收入 \times 适用税率 - 速算扣除数$$

（二）居民个人一个纳税年度内取得两次以上（含两次）股权激励的，应合并按本通知第二条第（一）项规定计算纳税。

（三）2022 年 1 月 1 日之后的股权激励政策另行明确。

三、关于保险营销员、证券经纪人佣金收入的政策

保险营销员、证券经纪人取得的佣金收入，属于劳务报酬所得，以不含增值税的收入减除 20% 的费用后的余额为收入额，收入额减去展业成本以及附加税费后，并入当年综合所得，计算缴纳个人所得税。保险营销员、证券经纪人展业成本按照收入额的 25% 计算。

扣缴义务人向保险营销员、证券经纪人支付佣金收入时，应按照《个人所得税扣缴申报管理办法（试行）》（国家税务总局公告 2018 年第 61 号）规定的累计预扣法计算预扣税款。

四、关于个人领取企业年金、职业年金的政策

个人达到国家规定的退休年龄，领取的企业年金、职业年金，符合《财政部　人力资源社会保障部　国家税务总局关于企业年金　职业年金个人所得税有关问题的通知》（财税〔2013〕103 号）规定的，不并入综合所得，全额单独计算应纳税款。其中按月领取的，适用月度税率表计算纳税；按季领取的，平均分摊计入各月，按每月领取额适用月度税率表计算纳税；按年领取的，适用综合所得税率表计算纳税。

个人因出境定居而一次性领取的年金个人账户资金，或个人死亡后，其指定的受益人或法定继承人一次性领取的年金个人账户余额，适用综合所得税率表计算纳税。对个人除上述特殊原因外一次性领取年金个人账户资金或余额的，适用月度税率表计算纳税。

五、关于解除劳动关系、提前退休、内部退养的一次性补偿收入的政策

（一）个人与用人单位解除劳动关系取得一次性补偿收入（包括用人单位发放的经济补偿金、生活补助费和其他补助费），在当地上年职工平均工资 3 倍数额以内的部分，免征个人所得税；超过 3 倍数额的部分，不并入当年综合所得，单独适用综合所得税率表，计算纳税。

（二）个人办理提前退休手续而取得的一次性补贴收入，应按照办理提前退休手续至法定离退休年龄之间实际年度数平均分摊，确定适用税率和速算扣除数，单独适用综合所得税率表，计算纳税。计算公式：

$$应纳税额 = \{[(一次性补贴收入 \div 办理提前退休手续至法定退休年龄的实际年度数) - 费用扣除标准]$$
$$\times 适用税率 - 速算扣除数\} \times 办理提前退休手续至法定退休年龄的实际年度数$$

（三）个人办理内部退养手续而取得的一次性补贴收入，按照《国家税务总局关于个人所得税有关政策问题的通知》（国税发〔1999〕58 号）规定计算纳税。

六、关于单位低价向职工售房的政策

单位按低于购置或建造成本价格出售住房给职工，职工因此而少支出的差价部分，符合《财政部　国

家税务总局关于单位低价向职工售房有关个人所得税问题的通知》（财税〔2007〕13 号）第二条规定的，不并入当年综合所得，以差价收入除以 12 个月得到的数额，按照月度税率表确定适用税率和速算扣除数，单独计算纳税。计算公式为：

应纳税额＝职工实际支付的购房价款低于该房屋的购置或建造成本价格的差额×适用税率－速算扣除数

七、关于外籍个人有关津补贴的政策

（一）2019 年 1 月 1 日至 2021 年 12 月 31 日期间，外籍个人符合居民个人条件的，可以选择享受个人所得税专项附加扣除，也可以选择按照《财政部　国家税务总局关于个人所得税若干政策问题的通知》（财税〔1994〕20 号）、《国家税务总局关于外籍个人取得有关补贴征免个人所得税执行问题的通知》（国税发〔1997〕54 号）和《财政部　国家税务总局关于外籍个人取得港澳地区住房等补贴征免个人所得税的通知》（财税〔2004〕29 号）规定，享受住房补贴、语言训练费、子女教育费等津补贴免税优惠政策，但不得同时享受。外籍个人一经选择，在一个纳税年度内不得变更。

（二）自 2022 年 1 月 1 日起，外籍个人不再享受住房补贴、语言训练费、子女教育费津补贴免税优惠政策，应按规定享受专项附加扣除。

八、除上述衔接事项外，其他个人所得税优惠政策继续按照原文件规定执行。

九、本通知自 2019 年 1 月 1 日起执行。下列文件或文件条款同时废止：

（一）《财政部　国家税务总局关于个人与用人单位解除劳动关系取得的一次性补偿收入征免个人所得税问题的通知》（财税〔2001〕157 号）第一条；

（二）《财政部　国家税务总局关于个人股票期权所得征收个人所得税问题的通知》（财税〔2005〕35 号）第四条第（一）项；

（三）《财政部　国家税务总局关于单位低价向职工售房有关个人所得税问题的通知》（财税〔2007〕13 号）第三条；

（四）《财政部　人力资源社会保障部　国家税务总局关于企业年金职业年金个人所得税有关问题的通知》（财税〔2013〕103 号）第三条第 1 项和第 3 项；

（五）《国家税务总局关于个人认购股票等有价证券而从雇主取得折扣或补贴收入有关征收个人所得税问题的通知》（国税发〔1998〕9 号）；

（六）《国家税务总局关于保险企业营销员（非雇员）取得的收入计征个人所得税问题的通知》（国税发〔1998〕13 号）；

（七）《国家税务总局关于个人因解除劳动合同取得经济补偿金征收个人所得税问题的通知》（国税发〔1999〕178 号）；

（八）《国家税务总局关于国有企业职工因解除劳动合同取得一次性补偿收入征免个人所得税问题的通知》（国税发〔2000〕77 号）；

（九）《国家税务总局关于调整个人取得全年一次性奖金等计算征收个人所得税方法问题的通知》（国税发〔2005〕9 号）第二条；

（十）《国家税务总局关于保险营销员取得佣金收入征免个人所得税问题的通知》（国税函〔2006〕454 号）；

（十一）《国家税务总局关于个人股票期权所得缴纳个人所得税有关问题的补充通知》（国税函〔2006〕902 号）第七条、第八条；

（十二）《国家税务总局关于中央企业负责人年度绩效薪金延期兑现收入和任期奖励征收个人所得税问题的通知》（国税发〔2007〕118 号）第一条；

（十三）《国家税务总局关于个人提前退休取得补贴收入个人所得税问题的公告》（国家税务总局公告 2011 年第 6 号）第二条；

（十四）《国家税务总局关于证券经纪人佣金收入征收个人所得税问题的公告》（国家税务总局公告 2012 年第 45 号）。

附件：按月换算后的综合所得税率表

附件：

按月换算后的综合所得税率表

级数	全月应纳税所得额	税率（%）	速算扣除数
1	不超过 3 000 元的	3	0
2	超过 3 000 元至 12 000 元的部分	10	210
3	超过 12 000 元至 25 000 元的部分	20	1 410
4	超过 25 000 元至 35 000 元的部分	25	2 660
5	超过 35 000 元至 55 000 元的部分	30	4 410
6	超过 55 000 元至 80 000 元的部分	35	7 160
7	超过 80 000 元的部分	45	15 160

国家发展和改革委员会　工业和信息化部
财政部　海关总署公告

2018 年 10 月 29 日　2018 年第 13 号

　　为贯彻《国务院关于印发进一步鼓励软件产业和集成电路产业发展若干政策的通知》（国发〔2011〕4 号），落实现行集成电路生产企业有关进口税收优惠政策，经确认，现将线宽小于 0.25 微米或投资额超过 80 亿元、线宽小于 0.5 微米（含）的集成电路生产企业名单公布（详见附件）。名单中，存续企业继续执行，已更名的存续企业自更名之日起继续执行，新增企业自公告之日起执行。无锡华润上华半导体有限公司自注销之日起不再执行。

　　此前相关政策文件公布的享受集成电路生产企业进口税收优惠政策的企业名单与本公告所列名单不一致的，以本公告为准。根据行业发展状况和企业变化情况，将适时对企业名单进行调整并公布。

　　特此公告。

　　附件：集成电路线宽小于 0.25 微米或投资额超过 80 亿元、线宽小于 0.5 微米（含）的集成电路生产企业名单

附件：

集成电路线宽小于 0.25 微米或投资额超过 80 亿元、线宽小于 0.5 微米（含）的集成电路生产企业名单

序号	企业名称	类型	备注
1	中芯国际集成电路制造（北京）有限公司	线宽小于 0.25 微米	存续企业
2	中芯国际集成电路制造（上海）有限公司	线宽小于 0.25 微米	存续企业
3	中芯北方集成电路制造（北京）有限公司	线宽小于 0.25 微米	存续企业
4	中芯国际集成电路制造（深圳）有限公司	线宽小于 0.25 微米	存续企业
5	中芯长电半导体（江阴）有限公司	线宽小于 0.25 微米	存续企业
6	中芯国际集成电路新技术研发（上海）有限公司	线宽小于 0.25 微米	存续企业
7	中芯国际集成电路制造（天津）有限公司	线宽小于 0.25 微米	存续企业

续表

序号	企业名称	类型	备注
8	上海华力微电子有限公司	线宽小于 0.25 微米	存续企业
9	上海集成电路研发中心有限公司	线宽小于 0.25 微米	存续企业
10	上海先进半导体制造股份有限公司	线宽小于 0.25 微米	存续企业
11	上海华虹宏力半导体制造有限公司	线宽小于 0.25 微米	存续企业
12	武汉新芯集成电路制造有限公司	线宽小于 0.25 微米	存续企业
13	武汉高芯科技有限公司	线宽小于 0.25 微米	存续企业
14	无锡华润上华科技有限公司	线宽小于 0.25 微米	存续企业
15	宁波时代全芯科技有限公司	线宽小于 0.25 微米	存续企业
16	合肥晶合集成电路有限公司	线宽小于 0.25 微米	存续企业
17	厦门市三安集成电路有限公司	线宽小于 0.25 微米	存续企业
18	中国电子科技集团公司第十三研究所	线宽小于 0.25 微米	存续企业
19	德淮半导体有限公司	线宽小于 0.25 微米	存续企业
20	英特尔半导体（大连）有限公司	线宽小于 0.25 微米	存续企业
21	SK 海力士半导体（中国）有限公司	线宽小于 0.25 微米	存续企业
22	三星（中国）半导体有限公司	线宽小于 0.25 微米	存续企业
23	联芯集成电路制造（厦门）有限公司	线宽小于 0.25 微米	存续企业
24	台积电（南京）有限公司	线宽小于 0.25 微米	存续企业
25	台积电（中国）有限公司	线宽小于 0.25 微米	存续企业
26	德州仪器半导体制造（成都）有限公司	线宽小于 0.25 微米	存续企业
27	福建省晋华集成电路有限公司	线宽小于 0.25 微米	存续企业
28	中芯南方集成电路制造有限公司	线宽小于 0.25 微米	存续企业
29	中芯集成电路（宁波）有限公司	线宽小于 0.25 微米	存续企业
30	上海华力集成电路制造有限公司	线宽小于 0.25 微米	存续企业
31	长江存储科技有限责任公司	线宽小于 0.25 微米	存续企业
32	睿力集成电路有限公司	线宽小于 0.25 微米	存续企业
33	重庆万国半导体科技有限公司	线宽小于 0.25 微米	存续企业
34	江苏时代芯存半导体有限公司	线宽小于 0.25 微米	存续企业
35	罕王微电子（辽宁）有限公司	线宽小于 0.25 微米	存续企业
36	杭州士兰集昕微电子有限公司	线宽小于 0.25 微米	存续企业
37	北京燕东微电子科技有限公司	线宽小于 0.25 微米	存续企业
38	成都海威华芯科技有限公司	线宽小于 0.25 微米	存续企业
39	格芯（成都）集成电路制造有限公司	线宽小于 0.25 微米	存续企业
40	德科码（南京）半导体科技有限公司	线宽小于 0.25 微米	存续企业
41	福建省福联集成电路有限公司	线宽小于 0.25 微米	存续企业
42	华润微电子（重庆）有限公司	线宽小于 0.25 微米	存续企业（更名）
43	和舰芯片制造（苏州）股份有限公司	线宽小于 0.25 微米	存续企业（更名）
44	中国电子科技集团公司第五十五研究所	线宽小于 0.25 微米	新增企业

续表

序号	企业名称	类型	备注
45	华虹半导体（无锡）有限公司	线宽小于0.25微米	新增企业
46	上海积塔半导体有限公司	线宽小于0.25微米	新增企业
47	合肥格易集成电路有限公司	线宽小于0.25微米	新增企业
48	SK海力士系统集成电路（无锡）有限公司	线宽小于0.25微米	新增企业
49	赛莱克斯微系统科技（北京）有限公司	线宽小于0.25微米	新增企业
50	中芯集成电路制造（绍兴）有限公司	线宽小于0.25微米	新增企业
51	北京双仪微电子科技有限公司	线宽小于0.25微米	新增企业
52	华天恒芯半导体（厦门）有限公司	线宽小于0.25微米	新增企业
53	杭州士兰集成电路有限公司	线宽小于0.5微米（含）	存续企业
54	无锡华润华晶微电子有限公司	线宽小于0.5微米（含）	存续企业
55	无锡中微晶园电子有限公司	线宽小于0.5微米（含）	存续企业
56	江苏东晨电子科技有限公司	线宽小于0.5微米（含）	存续企业
57	上海新进半导体制造有限公司	线宽小于0.5微米（含）	存续企业
58	上海新进芯微电子有限公司	线宽小于0.5微米（含）	存续企业
59	深圳方正微电子有限公司	线宽小于0.5微米（含）	存续企业
60	福建福顺微电子有限公司	线宽小于0.5微米（含）	存续企业
61	长沙创芯集成电路有限公司	线宽小于0.5微米（含）	存续企业
62	重庆中科渝芯电子有限公司	线宽小于0.5微米（含）	存续企业
63	吉林华微电子股份有限公司	线宽小于0.5微米（含）	存续企业
64	苏州能讯高能半导体有限公司	线宽小于0.5微米（含）	存续企业
65	西安卫光科技有限公司	线宽小于0.5微米（含）	存续企业
66	华越微电子有限公司	线宽小于0.5微米（含）	存续企业
67	北京微电子技术研究所	线宽小于0.5微米（含）	存续企业
68	西安微电子技术研究所	线宽小于0.5微米（含）	存续企业
69	河南芯睿电子科技有限公司	线宽小于0.5微米（含）	存续企业
70	中科芯集成电路股份有限公司	线宽小于0.5微米（含）	存续企业
71	杭州海康微影传感科技有限公司	线宽小于0.5微米（含）	新增企业
72	苏州矩阵光电有限公司	线宽小于0.5微米（含）	新增企业
73	宜兴杰芯半导体有限公司	线宽小于0.5微米（含）	新增企业

海关总署　财政部　税务总局　外汇局关于准予设立烟台福山回里保税物流中心（B型）的通知

2018年7月21日　署加函〔2018〕353号

玖龙（中国）资源配送有限公司：

根据《中华人民共和国海关对保税物流中心（B型）的暂行管理办法》（海关总署令第130号发布，

海关总署令第 227 号、235 号修订）和《海关总署　财政部　税务总局　外汇局关于印发〈保税物流中心（B 型）设立指导意见〉和〈保税物流中心（B 型）设立指标评估体系〉的通知》（署加发〔2018〕48 号）等相关规定，经审核，同意设立烟台福山回里保税物流中心（B 型）（以下简称保税物流中心），由你公司负责建设和经营，现将有关事项通知如下：

一、保税物流中心批准建设面积 0.434 平方公里，四至范围为东至蓝烟铁路，南至大沽夹河，西至玖龙路，北至 204 国道。

二、保税物流中心应当自批准设立之日起 1 年内申请验收，必须严格按照《保税物流中心基础和监管设施验收标准》有关要求进行建设，依法办妥土地和建设规划等相关手续，围网、卡口等监管隔离设施和办公场所等建设完毕，由青岛海关会同财政部驻山东省财政监察专员办事处、山东省国家税务局和国家外汇管理局山东省分局对保税物流中心进行正式验收，并将验收结果报海关总署、财政部、税务总局和外汇局审核，验收结果审核通过后，保税物流中心方可开展相关业务。

三、保税物流中心的有关税收、外汇政策分别按照《财政部　海关总署　国家税务总局关于保税物流中心（B 型）扩大试点期间适用税收政策的通知》（财税〔2007〕125 号）、《财政部　国家税务总局关于出口货物劳务增值税和消费税政策的通知》（财税〔2012〕39 号），参照《国家外汇管理局关于印发〈海关特殊监管区域外汇管理办法〉的通知》（汇发〔2013〕15 号）的相关规定执行。

四、你公司和保税物流中心内企业应当遵守海关监管规定，遵守国家相关法律、行政法规及有关规定，并承担相应法律责任。

五、保税物流中心建设和运营过程中遇到有关问题，请及时通过青岛海关上报海关总署。

特此通知。

财政部　商务部　文化和旅游部　海关总署 国家税务总局关于印发口岸进境免税店 管理暂行办法补充规定的通知

2018 年 3 月 29 日　财关税〔2018〕4 号

各省、自治区、直辖市、计划单列市财政厅（局）、商务主管部门、旅游主管部门、国家税务局，新疆生产建设兵团财政局，海关总署广东分署、各直属海关，财政部驻各省、自治区、直辖市、计划单列市财政监察专员办事处：

为进一步促进口岸进境免税店健康发展，指导相关口岸制定科学规范的招标评判标准，从严甄别投标企业实际情况，选定具有可持续发展能力的经营主体，实现政策初衷，现就《口岸进境免税店管理暂行办法》（财关税〔2016〕8 号）（以下简称《办法》）做出如下补充规定：

一、招标投标活动应严格遵守《中华人民共和国招标投标法》《中华人民共和国招标投标法实施条例》等有关法律法规的规定。口岸进境免税店的经营主体须丰富经营品类，制定合理价格，服务于引导境外消费回流，满足居民消费需求，加速升级旅游消费的政策目标。

二、招标投标活动应保证具有免税品经营资质的企业公平竞争。招标人不得设定歧视性条款，不得含有倾向、限制或排斥投标人的内容，不得以特定行政区域或者特定的业绩作为加分条件或者中标条件。

单位负责人为同一人或者存在控股、管理关系的不同单位，不得参加同一标段投标或者未划分标段的同一招标项目投标。

三、合理规范口岸进境免税店租金比例和提成水平，避免片面追求"价高者得"。财务指标在评标中占比不得超过 50%。财务指标是指投标报价中的价格部分，包括但不限于保底租金、销售提成等。招标人应根据口岸同类场地现有的租金、销售提成水平来确定最高投标限价并对外公布。租金单价原则上不得高于同一口岸出境免税店或国内厅含税零售商业租金平均单价的 1.5 倍；销售提成不得高于同一口岸出境免税店或国内厅含税零售商业平均提成比例的 1.2 倍。

四、应综合考虑企业的经营能力，甄选具有可持续发展能力的经营主体。经营品类，尤其是烟酒以外品类的丰富程度应是重要衡量指标。技术指标在评标中占比不得低于 50%。技术指标分值中，店铺布局和设计规划占比 20%；品牌招商占比 30%；运营计划占比 20%；市场营销及顾客服务占比 30%。品牌招商分值中，烟酒占比不得超过 50%。

五、规范评标工作程序。评标过程分为投标文件初审、问题澄清及讲标和比较评价三个阶段，对每个阶段的评审要出具评审报告。

六、中标人不得以装修费返还、税后利润返回、发展基金等方式对招标企业进行变相补偿。招标人及所在政府不得通过补贴、财政返回等方式对中标企业进行变相补偿。

七、口岸所在地的省（区、市）财政厅（局）对口岸进境免税店招标项目实施管理。财政部驻地方财政监察专员办事处对招标投标程序和政策落实情况履行行政监督职责，主要职责包括：

（一）对评标委员会成员的确定方式、评标专家的抽取和评标活动是否符合法定程序进行监督。

（二）负责受理投标人或者其他利害关系人关于招标投标活动不符合法律、行政法规规定的投诉，提出工作意见后报财政部。

（三）监督《财政部　商务部　海关总署　国家税务总局　国家旅游局关于口岸进境免税店政策的公告》（财政部　商务部　海关总署　国家税务总局　国家旅游局公告 2016 年第 19 号）和《办法》的执行情况。

八、本通知自公布之日起施行。

财政部　海关总署　税务总局关于 2018 年度种子种源免税进口计划的通知

2018 年 3 月 15 日　财关税〔2018〕6 号

农业部、国家林业局，各省、自治区、直辖市、计划单列市财政厅（局）、国家税务局，新疆生产建设兵团财政局，海关总署广东分署、各直属海关：

"十三五"期间继续对进口种子（苗）、种畜（禽）、鱼种（苗）和种用野生动植物种源免征进口环节增值税。农业部 2018 年度种子（苗）、种畜（禽）、鱼种（苗）免税进口计划，以及国家林业局 2018 年度种子（苗）和种用野生动植物种源免税进口计划已经核定（见附件 1、2、3）。请按照《财政部　海关总署　国家税务总局关于"十三五"期间进口种子种源税收政策管理办法的通知》（财关税〔2016〕64 号）有关规定执行。

特此通知。

附件：1. 农业部 2018 年度种子（苗）种畜（禽）鱼种（苗）免税进口计划

　　　2. 国家林业局 2018 年度种子（苗）免税进口计划

　　　3. 国家林业局 2018 年度种用野生动植物种源免税进口计划

附件 1：

农业部 2018 年度种子（苗）种畜（禽）鱼种（苗）免税进口计划

序号	名称	规格①	单位	数量
1	无根插枝及接穗		万条	100
2	水果、干果种子（苗）		吨	0.1
2	水果、干果种子（苗）		万株	739
10	豆类种子		吨	2 412
11	瓜类种子		吨	130
16	麦类种子		吨	5
17	玉米种子		吨	590
19	其他谷物种子		吨	40
21	麻类种子		吨	150
20，22，23，28，29	种用花生、油菜子、向日葵籽、芝麻及其他油料种子		吨	1 028
25，26，27	郁金香、百合、唐菖蒲种球		万头	7 500
30	甜菜种子		吨	1 521
31	紫苜蓿子		吨	5 400
32	三叶草子		吨	1 865
33	羊茅子		吨	8 708
34	早熟禾子		吨	3 364
35	黑麦草种子		吨	18 661.5
42	草坪种子		吨	960
43	其他饲草、饲料植物种子		吨	3 600
44	花卉种子（苗、球、茎）		万株	230
45	蔬菜类		吨	18 176
46	其他种植用的种子、果实及孢子		吨	43
47	其他种植用根、茎、苗、芽等繁殖材料		万株	0.1
52	改良种用的马		匹	200
53	改良种用的牛		万头	30
54	改良种用的猪		万头	2
55	改良种用的绵羊		只	10 000
56	改良种用的山羊		只	4 900
57	改良种用的兔		只	1 500
58	改良种用的鸡		万只	250
60	改良种用的其他家禽		万只	4
61	改良种用的其他活动物		万头（只）	0.8
62	种用禽蛋		万枚	2.1
63	牛的精液		万剂	72
64	动物精液（牛精液除外）		万剂	3

序号	名称	规格①	单位	数量
65	种用动物胚胎		万枚	1.35
67	鳟鱼鱼苗	鱼卵及苗	万尾（粒）	4 000
68	鳗鱼鱼苗	鱼苗	吨	59.54
70	其他鱼苗及其卵或受精卵或发眼卵	亲本及苗	万尾（粒）	4 723.92
71，72，74，75	龙虾、大螯虾、蟹的种苗及其他甲壳动物种苗或卵	亲本及苗	万尾（粒）	720.3
73	小虾、对虾种苗	亲本及苗	万尾	140
76~78	牡蛎（蚝）、扇贝（包括海扇）、贻贝种苗	亲贝及苗	万个（枚）	0.34
81	水生无脊椎动物的种苗	亲本及苗	万尾	0.31
82	经济藻类种苗及其配子或孢子	亲本及苗	万株	0.09
122	龟鳖类②	种龟及幼体	万只	1.68

注①：具体规格见《中华人民共和国农业部动植物苗种进（出）口审批表》备注说明。

注②：其中濒危野生龟鳖类不超过 1 000 只。

附件2：

国家林业局 2018 年度种子（苗）免税进口计划

序号	名称	单位	数量
1	无根插枝及接穗	万株	450
2	水果、干果种子（苗）	吨	115
2	水果、干果种子（苗）	万株	100
4	松、杉、柏类种子	吨	120
5	桉、相思类种子	吨	0.5
8	棕榈、漆、槭种子	吨	11.2
25	郁金香种球	吨	45
25	郁金香种球	万粒	12 000
26	百合种球	吨	45
26	百合种球	万粒	10 000
27	唐菖蒲种球	吨	31.5
27	唐菖蒲种球	万粒	180
32	三叶草子	吨	800
33	羊茅子	吨	3 600
34	早熟禾子	吨	1 800
35	黑麦草种子	吨	5 200
38	狗牙根种子	吨	680
42	草坪种子	吨	1 600
44	花卉种子（苗、球、茎）	吨	48.6

序号	名称	单位	数量
44	花卉种子（苗、球、茎）	万株	1 700
44	花卉种子（苗、球、茎）	万粒	4 500
46	其他种植用的种子、果实及孢子	吨	350
46	其他种植用的种子、果实及孢子	万粒	50
47	其他种植用根、茎、苗、芽等繁殖材料	万株	243

附件 3：

国家林业局 2018 年度种用野生动植物种源免税进口计划

序号	名称	单位	数量
	兽类		
83	有袋类	只/匹/头	65
84	灵长类	只/匹/头	2 300
85	鲸类	只/匹/头	150
86	大型蝠类	只/匹/头	10
87	熊类	只/匹/头	50
88	浣熊类	只/匹/头	10
89	鼬类	只/匹/头	1 000
90	犬狐类	只/匹/头	1 000
91	灵猫类	只/匹/头	10
92	狮虎豹类	只/匹/头	100
93	猫类	只/匹/头	10
94	海豹类（包括海狮、海狗、海象）	只/匹/头	140
95	海牛类	只/匹/头	20
96	鹿类	只/匹/头	200
97	野牛类	只/匹/头	10
98	羚羊类	只/匹/头	300
99	野羊类	只/匹/头	10
100	野驼类（包括原驼、骆马）	只/匹/头	120
101	象类	只/匹/头	70
102	斑马类	只/匹/头	120
103	貘类	只/匹/头	30
104	犀牛类	只/匹/头	75
105	大型啮齿类	只/匹/头	100
106	野马	只/匹/头	10

序号	名称	单位	数量
107	河马	只/匹/头	28
	鸟类		
108	鸵鸟类	只/匹/头	650
109	鹈鹕类	只/匹/头	120
110	企鹅类	只/匹/头	400
111	鹳鹤类	只/匹/头	300
112	火烈鸟类	只/匹/头	450
113	雁鸭类	只/匹/头	200
114	鹰隼类	只/匹/头	115
115	猫头鹰类	只/匹/头	10
116	雉鸡类	只/匹/头	40
117	鸥类	只/匹/头	35
118	鸽鸠类	只/匹/头	60
119	鹦鹉类	只/匹/头	750
120	犀鸟类	只/匹/头	45
121	雀类	只/匹/头	30
	爬行类		
122	龟鳖类	只/匹/头	1 000
123	鳄类	只/匹/头	1 000
124	蜥蜴类	只/匹/头	600
125	蛇类	只/匹/头	600
	两栖类		
126	蛙蟾类	只/匹/头	50
127	鲵螈类	只/匹/头	10
	鱼类		
128	观赏鱼类	只/匹/头	1 000
129	鲟类	只/匹/头	100
130	鳗类	只/匹/头	70
131	鲨类	只/匹/头	80
	昆虫类		
132	蝴蝶类	只/匹/头	100
133	观赏昆虫类	只/匹/头	100
134	贝类	只/匹/头	100
135	珊瑚类	只/匹/头	50

序号	名称	单位	数量
	植物		
136	兰花类	万株	41
137	参类	千克	14
138	苏铁类	千克	4
138	苏铁类	万株	2
139	仙人掌类	万株	2
140	仙客来类	万株	2
141	樟类	千克	2
141	樟类	万株	1
142	木棉类	千克	2
142	木棉类	万株	1
143	红豆杉类	万株	10
144	大戟类	万株	2
145	蚌壳蕨类	千克	2
145	蚌壳蕨类	万株	1
146	骨碎补类	万株	2
147	菊类	万株	2
148	杨柳类	万株	2
149	棕榈类	万株	2
150	百合类	万株	2
151	山茶类	万株	2
152	槭树类	万株	2
153	桑类	万株	2
154	石松类	万株	2
155	壳斗类	万株	2

财政部　海关总署　税务总局关于第三批享受进口税收优惠政策的中资"方便旗"船舶清单的通知

2018 年 8 月 17 日　财关税〔2018〕30 号

各省、自治区、直辖市、计划单列市财政厅（局），国家税务总局各省、自治区、直辖市、计划单列市税务局，海关总署广东分署、各直属海关：

根据《财政部　海关总署　国家税务总局关于中资"方便旗"船回国登记进口税收政策问题的通知》

（财关税〔2016〕42号）的规定，经审定，"盛运来"等5艘中资"方便旗"船舶可享受免征关税和进口环节增值税的优惠，具体船舶清单见附件。

附件：第三批享受进口税收优惠政策的中资"方便旗"船舶清单

附件：

第三批享受进口税收优惠政策的中资"方便旗"船舶清单

序号	中文船名	英文船名	境外登记时间	船型	载重吨	船籍	名义所有人	实际所有人	进口单位名称及注册地
1	盛运来	SHENG YUN LAI	2010年10月	散货船	20 800	巴拿马	PLENTIFUL LEAD (HONGKONG) LIMITED	罗普金（中国籍）	中宇远洋海运有限公司，注册地：浙江台州
2	昌明	CHANG MING	2012年5月	散货船	10 760.3	巴拿马	SHUNDA TRADING INVESTMENT LIMITED	周祥官（中国籍）张哲生（中国籍）	中宇远洋海运有限公司，注册地：浙江台州
3	富海	FU HAI	2005年11月	杂货船	3 345	巴拿马	RICH SEA SHIPPING LIMITED	高峰（中国籍）	青岛富瑞德海运有限公司，注册地：山东青岛
4	含和	HAN HE	2010年1月	杂货船	11 908	香港	GLORY HEAVYLIFT SHIPPING LIMITED	中国电力建设集团有限公司	上海恒鑫航运有限公司，注册地：上海
5	新海明珠	NEWSEAS PEARL	2010年4月	散货船	52 508	巴拿马	NEW HAIHUNG NAVIGATION S. A.	东方国际（集团）有限公司	东方国际物流集团上海新海航业有限公司，注册地：上海

财政部　海关总署　税务总局关于调整享受税收优惠政策天然气进口项目的通知

2018年10月17日　财关税〔2018〕35号

各省、自治区、直辖市、计划单列市财政厅（局），海关总署广东分署、各直属海关，国家税务总局各省、自治区、直辖市、计划单列市税务局，财政部驻各省、自治区、直辖市、计划单列市财政监察专员办事处：

根据《财政部　海关总署　国家税务总局关于对2011～2020年期间进口天然气及2010年底前"中亚气"项目进口天然气按比例返还进口环节增值税有关问题的通知》（财关税〔2011〕39号）和《财政部　海关总署　国家税务总局关于调整进口天然气税收优惠政策有关问题的通知》（财关税〔2013〕74号）中的有关规定，对进口天然气具体项目进行调整，具体如下：

一、新增加浙江舟山液化天然气项目享受优惠政策。该项目进口规模为300万吨/年，进口企业为新奥（舟山）天然气销售有限公司，享受政策起始时间为2018年8月7日。

二、自2017年1月1日起，将山东液化天然气项目可享受政策的进口规模由300万吨/年调整为600万吨/年。

特此通知。

财政部 海关总署 税务总局关于调整天然气进口税收优惠政策有关问题的通知

2018 年 10 月 17 日 财关税〔2018〕36 号

各省、自治区、直辖市、计划单列市财政厅（局），海关总署广东分署、各直属海关，国家税务总局各省、自治区、直辖市、计划单列市税务局，财政部驻各省、自治区、直辖市、计划单列市财政监察专员办事处：

根据 2018 年 6 月国家发展改革委对非居民用天然气价格调整情况，现对《财政部 海关总署 国家税务总局关于对 2011～2020 年期间进口天然气及 2010 年底前"中亚气"项目进口天然气按比例返还进口环节增值税有关问题的通知》（财关税〔2011〕39 号）和《财政部 海关总署 国家税务总局关于调整进口天然气税收优惠政策有关问题的通知》（财关税〔2017〕41 号）有关事项进行调整，具体通知如下：

一、自 2018 年 7 月 1 日起，将液化天然气销售定价调整为 28.06 元/GJ，将管道天然气销售定价调整为 0.99 元/立方米。

二、2018 年 4～6 月期间，液化天然气销售定价适用 27.35 元/GJ，管道天然气销售定价适用 0.97 元/立方米。

三、本文印发前已办理退库手续的，准予按本文规定调整。

特此通知。

财政部 发展改革委 工业和信息化部 海关总署 税务总局 能源局关于调整重大技术装备进口税收政策有关目录的通知

2018 年 11 月 14 日 财关税〔2018〕42 号

各省、自治区、直辖市、计划单列市财政厅（局）、发展改革委、工业和信息化主管部门，新疆生产建设兵团财政局、发展改革委，海关总署广东分署、各直属海关，国家税务总局各省、自治区、直辖市、计划单列市税务局，财政部驻各省、自治区、直辖市、计划单列市财政监察专员办事处：

根据近年来国内装备制造业及其配套产业的发展情况，在广泛听取产业主管部门、行业协会、企业代表等方面意见的基础上，财政部、发展改革委、工业和信息化部、海关总署、税务总局、能源局决定对重大技术装备进口税收政策有关目录进行修订。现通知如下：

一、《国家支持发展的重大技术装备和产品目录（2018 年修订）》（见附件 1）和《重大技术装备和产品进口关键零部件、原材料商品目录（2018 年修订）》（见附件 2）自 2019 年 1 月 1 日起执行，符合规定条件的国内企业为生产本通知附件 1 所列装备或产品而确有必要进口附件 2 所列商品，免征关税和进口环节增值税。附件 1、2 中列明执行年限的，有关装备、产品、零部件、原材料免税执行期限截止到该年度 12 月 31 日。

根据国内产业发展情况，自 2019 年 1 月 1 日起，取消百万千瓦级核电机组（二代改进型核电机组）等装备的免税政策，生产制造相关装备和产品的企业 2019 年度预拨免税进口额度相应取消。

二、《进口不予免税的重大技术装备和产品目录（2018 年修订）》（见附件 3）自 2019 年 1 月 1 日起执行。对 2019 年 1 月 1 日以后（含 1 月 1 日）批准的按照或比照《国务院关于调整进口设备税收政策的通知》（国发〔1997〕37 号）有关规定享受进口税收优惠政策的下列项目和企业，进口附件 3 所列自用设备以及按照合同随上述设备进口的技术及配套件、备件，一律照章征收进口税收：

（一）国家鼓励发展的国内投资项目和外商投资项目；

（二）外国政府贷款和国际金融组织贷款项目；

（三）由外商提供不作价进口设备的加工贸易企业；

（四）中西部地区外商投资优势产业项目；

（五）《海关总署关于进一步鼓励外商投资有关进口税收政策的通知》（署税〔1999〕791 号）规定的外商投资企业和外商投资设立的研究中心利用自有资金进行技术改造项目。

为保证《进口不予免税的重大技术装备和产品目录（2018 年修订）》调整前已批准的上述项目顺利实施，对 2018 年 12 月 31 日前（含 12 月 31 日）批准的上述项目和企业在 2019 年 6 月 30 日前（含 6 月 30 日）进口设备，继续按照《财政部　发展改革委　工业和信息化部　海关总署　税务总局　能源局关于调整重大技术装备进口税收政策有关目录的通知》（财关税〔2017〕39 号）附件 3 和《财政部　国家发展改革委　海关总署　国家税务总局关于调整〈国内投资项目不予免税的进口商品目录〉的公告》（2012 年第 83 号）执行。

自 2019 年 7 月 1 日起对上述项目和企业进口《进口不予免税的重大技术装备和产品目录（2018 年修订）》中所列设备，一律照章征收进口税收。为保证政策执行的统一性，对有关项目和企业进口商品需对照《进口不予免税的重大技术装备和产品目录（2018 年修订）》和《国内投资项目不予免税的进口商品目录（2012 年调整）》审核征免税的，《进口不予免税的重大技术装备和产品目录（2018 年修订）》与《国内投资项目不予免税的进口商品目录（2012 年调整）》所列商品名称相同，或仅在《进口不予免税的重大技术装备和产品目录（2018 年修订）》中列名的商品，一律以《进口不予免税的重大技术装备和产品目录（2018 年修订）》所列商品及其技术规格指标为准。

三、自 2019 年 1 月 1 日起，《财政部　发展改革委　工业和信息化部　海关总署　税务总局　能源局关于调整重大技术装备进口税收政策有关目录的通知》（财关税〔2017〕39 号）予以废止。

附件：1. 国家支持发展的重大技术装备和产品目录（2018 年修订）

2. 重大技术装备和产品进口关键零部件、原材料商品目录（2018 年修订）

3. 进口不予免税的重大技术装备和产品目录（2018 年修订）

附件 1：

国家支持发展的重大技术装备和产品目录（2018 年修订）

编号	名称	技术规格要求	销售业绩要求	执行年限	修订说明
一	大型清洁高效发电装备				
（一）	核电机组（三代核电机组）				
1	核岛设备：反应堆压力容器、蒸汽发生器、稳压器、反应堆堆内构件、控制棒驱动机构、主管道、数字化仪控系统、安全壳、核燃料元件、乏燃料处理设备	百万千瓦级	持有合同订单		
2	常规岛设备：汽轮机、汽轮发电机	百万千瓦级	持有合同订单		
3	核级泵：核主泵（反应堆冷却剂主泵）	百万千瓦级	持有合同订单	2020	
4	核级阀：爆破阀	百万千瓦级	持有合同订单	2019	调整
（二）	超超临界参数火电机组				
	燃煤锅炉	输出功率：600MW 级、1 000MW 级	持有合同订单		调整

编号	名称	技术规格要求	销售业绩要求	执行年限	修订说明
（三）	燃气－蒸汽联合循环机组				
	燃气轮机、汽轮机	E 级、F 级、H 级	持有合同订单		调整
（四）	大型水力发电成套设备				
	水轮发电机组	额定容量≥700MW	持有合同订单	2022	调整
（五）	大功率风力发电机（组）及其配套部件				
1	风力发电机（组）整机	单机额定功率≥3MW	持有合同订单	2019	调整
2	风力发电机（组）配套部件：发电机、变流器、齿轮箱	发电机为单机额定功率≥3MW 的整机配套	发电机年销售量≥100 台	2019	调整
		变流器为单机额定功率≥3MW 的整机配套	持有合同订单	2019	调整
		齿轮箱为单机额定功率≥3MW 的整机配套	持有合同订单	2019	新增
（六）	太阳能发电设备	*	*		
二	超、特高压输变电设备				
（一）	直流输变电设备				
	直流换流变压器	±600kV 及以上	持有合同订单	2019	调整
（二）	交流输变电设备				
	电力变压器、六氟化硫断路器、气体绝缘金属封闭开关设备（GIS）、串联补偿装置	750kV 及以上	持有合同订单		
三	大型石油及石化装备				
（一）	乙烯成套设备				
（二）	混炼挤压造粒机组	年产量≥20 万吨	持有合同订单	2021	调整
（三）	天然气管道运输和液化储运装备：燃压机组				调整
	长输管道燃驱压缩机组	30MW 级及以上	持有合同订单	2020	
（四）	油气钻采装备				
1	大型压裂装备（包括压裂车/橇、混砂车/橇、管汇车/橇、仪表车等）	单机额定输出功率≥2 500 马力	持有合同订单	2020	
2	连续油管作业装备（机组/车/钻机）	提升能力≥18 吨	持有合同订单	2020	
3	不压井作业装备	提升能力≥70 吨	持有合同订单	2020	
4	固井设备	最大输出压力≥70MPa	持有合同订单	2020	
5	水下采油树	最大工作压力≥70MPa	持有合同订单	2020	
（五）	DTC 道路相变自调温材料混炼挤出成套装置	产量≥5 万吨/年	持有合同订单	2021	新增
四	大型煤化工设备				
	大型空分设备及其压机、增压机				
1	大型空分设备	氧气量≥80 000Nm^3/h	持有合同订单	2020	
2	大型空分设备用空压机和增压机	配置氧量≥80 000Nm^3/h 的空分设备	持有合同订单	2020	

续表

编号	名称	技术规格要求	销售业绩要求	执行年限	修订说明
五	大型冶金成套设备				
（一）	薄板连铸连轧成套设备				
	带压辊的转向控制辊、轧机乳化液喷射装置、带钢吹扫装置及防缠导板	轧辊宽度≥1 400mm，产品厚度0.18~2.0mm	持有合同订单		调整
（二）	炉外精炼设备				新增
	钢水真空循环脱气工艺干式（机械泵）真空系统	大抽气量罗茨真空泵单泵抽气量46 000Nm³/h，极限真空度5Pa；大抽气量螺杆真空泵抽气量2 500 Nm³/h	持有合同订单		新增
六	大型矿山设备				
（一）	大型非公路矿用自卸车				
1	电动轮非公路矿用自卸车	额定装载质量≥180吨	年销售量≥15台（额定装载质量在220吨及以上整机年销售量不做要求）	2020	调整
2	机械传动非公路矿用自卸车	额定装载质量≥90吨	持有合同订单	2020	调整
3	机械传动非公路矿用洒水车	额定装载质量≥90吨	持有合同订单	2020	调整
（二）	大型煤炭采掘设备				
1	矿山特种钻机车（用于煤层气、页岩气开采对接井及矿山应急救援）	最大提升力≥600kN，输出转矩12 500~30 000Nm	持有合同订单		
2	护盾式掘锚机	巷道断面：5 200/4 200×4 200mm 适应煤层硬度：≤80MPa 最大行驶速度：12km/h 最小离地间隙：256mm 接地比压：≤0.27MPa 截割能力：22t/min 装运能力：35t/min	持有合同订单		新增
（三）	大型斗轮堆取料机、装卸船机等大型港口机械				
1	斗轮堆取料机	生产率≥8 000吨/小时	年销售量≥6台		调整
2	桥式抓斗卸船机、装船机	生产率≥2 000吨/小时	年销售量≥6台		
3	岸边集装箱起重机	按起重吨位≥40吨	年销售量≥10台		新增
4	轨道式集装箱门式起重机	按起重吨位≥40吨	年销售量≥10台		新增
七	大型船舶、海洋工程设备				
（一）	大型海洋石油工程装备				
	半潜式钻井平台	作业水深≥500米	持有合同订单	2020	调整
（二）	大型高技术、高附加值船舶				
1	大型绞吸挖泥船：主推进系统、挖泥设备	生产率≥3 500立方米/小时	持有合同订单	2020	调整
2	大型耙吸挖泥船：主推进系统、热力系统、挖泥设备	泥舱容量>10 000立方米	持有合同订单	2020	调整
3	独立C型液化天然气运输船	整船舱容≥20 000立方米	持有合同订单		
4	深海远洋综合科考船	推进功率≥7 000千瓦，无限航区要求、具有全球航行能力	持有合同订单	2020	

续表

编号	名称	技术规格要求	销售业绩要求	执行年限	修订说明
5	极地科考破冰船	推进功率≥10 000 千瓦，无限航区要求、具有破冰航行能力	持有合同订单	2020	
（三）	大功率柴油机及其他船用关键配套设备				
1	低速柴油机	功率 ≥ 5 000kW，300 ≤ 缸径（mm）≤500	持有合同订单	2020	调整
2	天然气及双燃料发动机	功率≥1 000kW，缸径（mm）≥200	持有合同订单	2020	调整
（四）	智能化深海渔业养殖装备				
	深海养殖平台	作业水深≥20 米；养殖容积≥3 万立方米	持有合同订单		新增
八	高速铁路、城市轨道交通设备				
（一）	时速 200 公里及以上高速动车组（单机用量按每列 16 辆编组计算）				
1	转向架		持有合同订单	2019	调整
2	传动及减振装置		持有合同订单	2020	调整
3	变流系统		持有合同订单	2020	调整
4	牵引系统（包括牵引电机）		持有合同订单	2019	调整
5	网络控制系统		持有合同订单	2020	调整
6	高压系统（额定工作电压：25kV）		持有合同订单	2020	调整
7	辅助电气系统（包括辅助电源）		持有合同订单	2020	调整
8	车体及设备		持有合同订单	2020	调整
（二）	大功率交流传动电力/内燃机车				
1	大功率交直交传动电力机车：电传动系统（包括牵引变流器）、牵引系统（包括牵引变压器、牵引电机）、辅助电气系统、高压电器、走行系统（包括转向架）	单轴功率≥1 200kW	持有合同订单	2020	调整
2	大功率内燃机车：机车柴油机、转向架、电气系统	机车柴油机装车功率≥4 400 马力	持有合同订单	2020	调整
（三）	铁路重载货车	*	*		
（四）	大型铁路养护机械				
1	捣固车（含捣稳车）	最高自行速度：100km/h；最高连挂运行速度：120km/h；作业效率：1.7～2.2km/h	持有合同订单	2020	调整
2	稳定车	最高自行速度：100km/h；最高连挂运行速度：120km/h；最高作业效率：2.5km/h	持有合同订单	2020	调整
3	钢轨/道岔打磨车	最高打磨作业效率：15km/h；最高自行速度：100km/h；最高连挂运行速度：120km/h	持有合同订单	2020	调整

编号	名称	技术规格要求	销售业绩要求	执行年限	修订说明
4	大修列车	最高作业速度：1.1km/h；最高换枕效率：20根/分；最高连挂运行速度：100km/h	持有合同订单	2020	调整
5	清筛机	最高自行速度≥80km/h；最高连挂运行速度≥100km/h；最高作业效率≥650m³/h	持有合同订单	2019	调整
6	接触网多功能综合作业车	最高运行速度：160km/h；接触线高度测量范围：5 000～6 800mm，误差：2mm；双支接触线横向距离测量范围：0～1 000mm，误差：5mm	持有合同订单	2020	调整
7	钢轨铣磨车	作业速度：0.5～1.8km/h；横向轮廓铣削精度：±0.2mm；纵向平顺性铣削精度：10mm≤波长≤100mm，±0.01mm；作业后钢轨顶面光洁度：≤3μm	持有合同订单	2020	调整
（五）	高速铁路信号系统				
	车载设备	适用于200公里及以上动车组	持有合同订单	2020	调整
九	大型环保及资源综合利用设备				
（一）	大气污染治理设备				
1	挥发性有机污染物（VOCs）处理设备	VOCs浓度≤1 000毫克/立方米；风量≥20 000N立方米/小时；处理效率≥95%	持有合同订单	2021	新增
2	大气PM2.5在线源解析质谱监测系统	颗粒物粒径检测范围：200～2 500nm；质量分辨率：大于500FWHM；打击效率：以粒径960nmPSL小球超过35%	持有合同订单	2021	新增
3	大气在线离子色谱仪	检测器分辨率：0.0047nS/cm；单个阴阳离子浓度分析范围：0.2～200μg/m³	持有合同订单	2021	新增
（二）	工业废水、城市污水、污泥处理设备				
（三）	固体废弃物处理设备				
	生活垃圾热解气化装备	处理量2～100吨/天，减量化率≥90%，产气量：1 200～1 500NM³/吨，尾气排放符合《生活垃圾焚烧污染控制标准》（GB18485—2014）	持有合同订单	2021	新增
（四）	资源综合利用设备				
1	大型高炉煤气余压透平能量回收利用装置	额定功率≥4 000kW	持有合同订单		
2	低热值富余高炉煤气联合循环发电机组	额定功率≥2.5万千瓦	持有合同订单		
3	报废汽车拆解生产线		持有合同订单	2019	调整

编号	名称	技术规格要求	销售业绩要求	执行年限	修订说明
4	煤矿瓦斯发电成套设备：瓦斯、沼气发电机组；双燃料发动机	发电机组或发动机额定功率≥500kW	持有合同订单		
5	规模化生物天燃气制备成套装备	产气率≥1.0m³/m³·d；沼气和天然气质量达到国家标准	持有合同订单	2021	新增
十	大型施工机械和基础设施专用设备				
（一）	大型、新型施工机械				
1	大型全断面隧道掘进机	刀盘直径≥6 米	持有合同订单	2020	调整
2	履带式起重机	最大起重量≥300 吨	年销售量≥5 台	2019	调整
3	全路面起重机	最大起重量≥200 吨	持有合同订单		调整
4	混凝土泵车	臂架长度≥47 米	年销售量≥100 台	2019	
5	液压挖掘机（含双臂轮履复合救援液压挖掘机）	整机重量≥30 吨（双臂轮履复合救援液压挖掘机≥20 吨）	年销售量≥80 台（双臂轮履复合救援液压挖掘机、整机重量≥90 吨的大型矿用液压挖掘机销售量不作要求）	2020	调整
6	摊铺机	工作宽度≥9 米	年销售量≥10 台	2019	调整
7	铣刨机	铣刨宽度≥1.2 米	持有合同订单	2019	调整
8	装载机	额定载重≥7 吨	年销售量≥45 台	2019	调整
9	履带式全地形工程车	满载质量≥13 000kg，最高公路行驶速度≥60km/h	持有合同订单	2019	调整
10	举高消防车	工作高度≥40 米	持有合同订单	2020	调整
11	集装箱正面吊	最大起重量≥45 吨	持有合同订单	2019	调整
12	多功能除雪车	车辆整备质量为≥25 吨，除雪宽度≥2.9 米	年销售量≥200 台	2019	调整
13	汽车起重机	最大起重量≥100 吨	持有合同订单	2019	调整
14	全电脑凿岩台车	最大作业高度：11 300mm；最大作业宽度：16 600mm；最大钻孔深度：30m；凿岩机冲击功率：大于 30kW	持有合同订单	2020	调整
15	堆高机	起重重量≥9 吨	持有合同订单	2020	新增
16	静液压传动推土机（全液压推土机）	驱动系统：智能化控制，闭式电控变量液压系统，系统压力≥40MPa；工作系统：智能化控制，多路负载敏感电控液压系统；符合 U.S. EPA Tier4F/EU Stage Ⅳ 排放法规	持有订单≥100 台	2020	新增
（二）	机场专用设备				
	机场行李自动分拣系统	单套分拣能力大于 5 000 件/小时	持有合同订单	2019	调整
十一	重大工程自动化控制系统和关键精密测试仪器（待定）				
十二	大型、精密、高速数控设备、数控系统、功能部件与基础制造装备				
	工业级增材制造装备				

编号	名称	技术规格要求	销售业绩要求	执行年限	修订说明
1	粉末床激光增材制造装备	激光器最大累加功率≥500W，功率稳定度≤±2%；光束质量 M² ≤ 1.15；束斑直径≤0.05mm；加工尺寸≥120mm*120mm*80mm	持有合同订单	2021	调整
2	送粉式激光增材制造装备	激光功率≥4kW；光学质量参数 BPP≤65mm·mrad；功率稳定性≤±2%；传输光缆长度≥10m；加工尺寸≥1 000mm*1 000mm*500mm	持有合同订单	2019	调整
3	送丝式电子束增材制造装备	电子束功率≥3kW；加速电压≥40kV，稳定性≤±0.2%；成形装备加工尺寸≥800mm*800mm*500mm	持有合同订单	2021	调整
十三	新型纺织机械				
（一）	自动络筒机	卷绕速度≥1 800 米/分钟	年销售量≥50 台		
（二）	高效现代化成套棉纺设备				
1	清梳联合机（梳棉机）	最高产量>120 千克/小时	持有合同订单	2021	调整
2	精梳机	纺棉钳次≥480，纺化纤钳次≥300	年销售量≥50 台	2021	调整
（三）	非织造布成套设备				
	纺熔复合非织造布成套设备	幅宽≥1.6 米	持有合同订单		
（四）	染色机				
1	高温高压溢流染色机	浴比≤1：4.5，设计温度≥140℃，设计压力≥3.0bar	持有合同订单		
2	气流染色机	浴比≤1：2.5，设计温度≥140℃，设计压力≥3.0bar	持有合同订单		
3	纱线染色机	浴比≤1：4，设计温度≥140℃，设计压力≥5.2bar	持有合同订单		
十四	新型、大马力农业装备				
（一）	大马力轮式拖拉机	发动机额定功率≥100 千瓦	年销售量≥100 台	2019	
（二）	自走式喷杆喷雾机	药箱容积≥1 000 升	持有合同订单	2019	
（三）	自走式玉米、小麦联合收获机	玉米收获机采收行数≥5 行或小麦联合收获机喂入量≥8 公斤/秒	年销售量≥200 台	2020	新增
十五	电子信息及生物医疗设备				
（一）	集成电路关键设备、新型平板显示器生产设备、电子元器件生产设备、表面贴装及无铅工艺的整机联装设备				
1	太阳能电池生产设备				
（1）	等离子加强型化学气相沉积设备（PECVD）	膜厚均匀性<5%	持有合同订单	2020	调整
（2）	低压化学气相沉积设备（LPCVD）	膜厚均匀性<7%	持有合同订单	2020	调整
（3）	低压扩散炉	硅片（多晶、单晶）尺寸：156mm×156mm，单管产能≥1 000 片	持有合同订单	2020	调整

编号	名称	技术规格要求	销售业绩要求	执行年限	修订说明
（4）	原子层沉积设备（ALD）	膜厚均匀性 < +/－5%；沉积速率 >3.2nm/sec.	持有合同订单	2021	新增
2	半导体发光二极管（LED）生产设备				
（1）	金属有机化学气相沉积设备（MOCVD）	单腔产出率≥36pcs（4 英寸）；波长均匀性 <3 纳米	持有合同订单		调整
（2）	等离子刻蚀机	托盘尺寸：300mm 及以上；产能：氮化钾27 片及以上，蓝宝石22 片及以上；刻蚀速率：氮化钾≥120nm/min，蓝宝石≥70nm/min	持有合同订单，年产 10 台以上		
（3）	涂胶显影机	芯片直径 50～150mm	持有合同订单	2021	
（4）	高亮度 LED 步进投影光刻机	分辨率0.7～2 微米；大光谱带宽；适应 2～6 英寸多种基底的曝光；可监测基底翘曲值；多种背面对准配置	持有合同订单	2021	调整
3	集成电路关键设备				
（1）	氧化炉	直径 200～300mm，线宽≤65nm	持有合同订单	2020	调整
（2）	高密度等离子刻蚀机	硅片直径 300mm，线宽 <65nm	持有合同订单		调整
（3）	薄膜沉积设备	直径 200～300mm，线宽 130nm 以下工艺的化学气相沉积设备（CVD）；线宽≤65nm 的物理沉积设备（PVD）	持有合同订单	2021	调整
（4）	涂胶显影机	硅片直径 200～300mm			调整
（5）	IC 封装用喷/涂胶显影机	硅片直径 200～300mm	持有合同订单，年销售量≥20 台	2020	调整
（6）	集成电路先进封装光刻机	分辨率1 微米；大光谱带宽；硅片直径300mm 全兼容并自动切换；双面对准（3D－TSV）；支持堆叠硅片曝光	持有合同订单	2021	调整
（7）	退火炉	直径 200～300mm，线宽≤130nm	持有合同订单		
（8）	合金炉	直径 200～300mm，线宽≤130nm	持有合同订单		
（9）	湿法清洗机	硅片直径 150～300mm；单片清洗或批式清洗；线宽≤130nm	持有合同订单		
（10）	碳化硅高温退火炉	生产能力 6″×25 片；最高加热温度：≥1 950℃；加热腔温度均匀性±10℃；升温速率：>20℃/min；工艺压力：1～900mbar	持有合同订单	2021	新增
（11）	碳化硅高温氧化炉	生产能力：6″×25 片；最高加热温度：≥1 450℃；加热腔温度均匀性：±10℃；升温速率：≥20℃/min	持有合同订单	2021	新增
（12）	晶圆缺陷自动检测设备	可用于 150mm/200mm/300mm 晶圆；照明模式：Dark field and bright field；镜头倍率：1X，2X，3.5X，5X，10X，20X	持有合同订单	2021	新增

编号	名称	技术规格要求	销售业绩要求	执行年限	修订说明
（13）	8～12″半导体硅单晶生长炉	12 英寸 300 毫米硅单晶棒，配横向超导磁场	持有合同订单	2021	新增
4	新型平板显示器件生产设备				
（1）	AM–OLED 显示屏 TFT 电路制造用投影光刻机	用于 4.5 代及以上工艺线	持有合同订单	2021	调整
（2）	光配向设备	用于 4.5 代及以上工艺线	持有合同订单	2021	新增
5	电子元器件生产设备				
	IGBT 激光退火设备	可用于 150mm/200mm/300mm 硅片；硅片厚度：Taiko ≥ 60um/Non–Taiko ≥ 150um；激活率：>80%；退火深度：>7um	持有合同订单	2021	新增
（二）	数字化医疗影像设备、生物工程和医疗生产专用设备				
1	超导磁共振成像系统	磁场强度≥1.5T；冷头类型：4K；谱仪通道数≥16	年销售量≥10 台		
2	X 射线计算机断层摄影设备	探测器物理排数≥64 排；球管热容量（MHU）≥4M；X 线发生器功率≥28kW	年销售量≥30 台	2021	调整
3	正电子发射及 X 射线计算机断层成像扫描系统	一体化机架；晶体条横截面≤4.5mm × 5.0mm；CT 排数不低于 64 排；CT 球管热容量（MHU）≥4M	持有合同订单		调整
4	数字乳腺 X 射线机	探测器尺寸≥23 × 29cm；探测器矩阵≥1 000 万；探测器分辨率≥5.81p/mm；球管阳极热容量≥300kHU；高压发生器功率≥4.5kW	年销售量≥10 台	2021	调整
5	乳腺超声光散射诊断系统	激光发射通道数量≥9；探测器数量≥10；激光发射波段≥2；双模式（超声学 + 光学）复合探头	年销售量≥10 台		调整
6	医用数字 X 射线机（DR）	球管焦点 0.6/1.2；高压发生器 50～80kW；平板探测器分辨率≥3.50LP/mm	年销售量≥12 台	2021	调整
7	磁共振或 CT 引导术中实时导航设备	与磁共振或 CT 系统的兼容（同时成像和引导）；术前规划、术中实时导航；术中整体导航精度≤2mm；在 500 高斯线下实现磁共振兼容	年销售量≥15 台		
8	医院电子直线加速器	X 线最高能量≥6MV；剂量率≥400cGy/min；多叶准直器最小叶片宽度≤10mm 具影像引导功能支持动态调强功能	持有合同订单	2021	调整
9	血液透析机	透析液温度控制精度：±0.5℃；透析液电导率控制精度：±0.1mS/cm；超滤脱水控制精度：±30ml/h；具有在线血液透析滤过功能	年销售量≥500 台	2020	调整

编号	名称	技术规格要求	销售业绩要求	执行年限	修订说明
十六	民用飞机及发动机、机载设备				
（一）	固定翼飞机与直升机、机载设备				
1	50 座级涡桨支线飞机（整机）	最大起飞重量≥20 吨	持有合同订单		
2	70 座级涡桨支线飞机（整机）	最大起飞重量≥26.5 吨			
	总装及以下机体结构：（1）总装；（2）机头；（3）中机身、机翼；（4）中后机身、后机身、尾翼；（5）发动机短舱、发动机支架；（6）前机身；（7）雷达罩、天线罩；（8）机载成品	为生产 70 座级涡桨支线飞机配套			
3	新型涡扇支线飞机（整机）	最大起飞重量≥38 吨	持有合同订单		
	总装及以下机体结构：（1）总装；（2）机头；（3）机身、机翼；（4）后机身、垂尾、吊挂、电气组件；（5）雷达天线罩；（6）航材备件；（7）飞行模拟机	为生产新型涡扇支线飞机配套			调整
4	5 座单发涡桨轻型公务机（整机）	最大起飞重量≥2.6 吨	持有合同订单		
5	19 座级双发涡桨通用飞机（整机）	最大起飞重量≥5.5 吨获得 CAAC 型号合格证（TC）	持有合同订单		
6	2 吨级民用直升机（整机）	最大起飞重量≥2.2 吨获得 CAAC 型号合格证（TC）	持有合同订单		
7	4 吨级民用直升机（整机）	最大起飞重量≥3.1 吨获得 CAAC 型号合格证（TC）（CAAC 型号合格证对新研制产品不作要求）	持有合同订单（新研制产品暂不作要求）		
8	7 吨级民用直升机（整机）	最大起飞重量≥6.7 吨			
9	13 吨级民用直升机（整机）	最大起飞重量≥13 吨获得 CAAC 型号合格证（TC）	持有合同订单		
10	大型水陆两栖飞机	最大起飞重量≥53.5 吨			调整
	总装及以下机体结构：（1）总装；（2）机头；（3）中机身、机翼；（4）中后机身、后机身、尾翼；（5）发动机短舱、发动机支架；（6）浮筒；（7）雷达罩、天线罩；（8）通讯导航	为生产大型水陆两栖飞机配套			调整
（二）	发动机、机载设备				
1	涡轴发动机（整机）	起飞功率≥1 240kW；最大连续功率≥1 100kW，基准重量≤220 千克			
2	直升机尾传动系统（整机）	功率：550kW；为 7 吨级民用直升机配套			
十七	十七重大技术装备的基础件	*	*		
（一）	大型铸锻件	*	*		
（二）	基础部件	*	*		
（三）	加工附具	*	*		

附件 2：

重大技术装备和产品进口关键零部件、原材料商品目录（2018 年修订）

一、大型清洁高效发电装备

（一）百万千瓦级核电机组（三代核电机组）

1. 核岛设备

设备名称	一级部件	二级部件	单机用量 AP1000	税则号列（供参考）	执行年限
	堆内仪表测量管、检漏管、喇叭口		11 套	73044190 75089090 73072900 84014090	
	控制棒驱动机构适配器（包括法兰座、袖套、CRDM 贯穿件延伸段和导向罩）		69 套	85044020 85489000 84014090 73269010	
	支撑凸台及锻件垫块		12 件	84014090 84841000 73269010	
（1）反应堆压力容器	压力容器紧固件（包括主螺栓、起吊导向管、导向栓、塞孔盖）		62 套	84014090 73044190 7318	
	一体化堆顶组件		1 套	84014090	
	镍基焊材（焊丝、焊条、焊剂、焊带）		200 吨	38109000 72209000 75051200 75052200 83113000	
（2）蒸汽发生器	镍基焊材（焊丝、焊条、焊剂、焊带）		300 吨	38109000 72209000 7505 83113000	
	带整体支架的管嘴堵板、堵头		2 套	84199090	
	加热器		85 套	85162990 85169090 84014090 85168000	
（3）稳压器	喷淋头		1 套	84014090 85169090 84248999	
	核级密封件		16 件	84841000 84849000 84014090 84014010	
	镍基焊材（焊丝、焊条、焊剂、焊带）		60 吨	38109000 72209000 7505 83113000	
	法兰、支撑板、管嘴、压紧弹簧		100 吨	72189900 84014090 7307 7320	
（4）反应堆内构件	镍基焊材（焊丝、焊条、焊剂、焊带）		17 吨	8311 72179000 72299090 75062000 38109000	
	控制棒导向组件（含 4 根驱动杆备件）		90 套	85169090 84014090	
	套筒		75 吨	84014090	
（5）控制棒驱动机构	钩爪组件（钩爪、连杆、驱动轴、可拆接头、限位装置等）		75 吨/套	84014090 85365000 85169090	

续表

设备名称	一级部件	二级部件	单机用量 AP1000	税则号列（供参考）	执行年限
（5）控制棒驱动机构	核电电工材料（线圈骨架等）		5 吨/套	85049090	
（6）主管道	镍基焊材（焊丝、焊条、焊剂、焊带）		11 吨	83111000 83112000 83119000 83113000	
	镍基焊材（焊丝、焊条、焊剂）		3 吨	83111000 83112000 83119000 72179000 / 75052200 38109000	
（7）数字化仪控系统	数字化仪控系统核级模块		60 套	85381090	
（8）安全壳	设备闸门部件（包括起升机构、密封垫片）		2 套	84014090	
	电气贯穿件		29 套	84014090	
	人员闸门部件（包括电气贯穿件、电子部件、密封装置等）		2 套	84014090	
（9）核燃料元件	高硼靶材		5 吨	28459000 84013090	
	核纯级锆合金管、棒、带材		100 吨	81099000 84013090	
	带材		5 吨	75062000 84013090	
	核燃料专用毒物碳化硼铝板		100 吨	28499090 84013090	
（10）乏燃料处理设备	乏燃料贮存格架	硼铝板	20 吨	76061259	
		硼钢管	20 吨	72269191	
	乏燃料贮存、运输容器	硼铝板	0.8 吨	76061259	
2. 常规岛设备					
（1）汽轮机	主油泵		1 套	84133030	2019
	汽轮机控制与保护系统	高压主汽阀和调节阀	4 套	84818040 84069000	2019
	轴承（高中压缸、低压缸、推力）		10 套	84833000	
（2）汽轮发电机	护环锻件		1 套	72249010 72249090	2019
	转子护环		2 件	72249010 72249090	
3. 核级泵					
核主泵（反应堆冷却剂主泵）	陶瓷端子部件		12 件	85389000	2020
	水润滑轴承（止推轴承）、导向轴承、轴套		24 套	84833000	2020
	热交换器		4 套	84195000	2020

设备名称	一级部件	二级部件	单机用量 AP1000	税则号列（供参考）	执行年限
核主泵（反应堆冷却剂主泵）	壳法兰、飞轮锻件		12套	73072100 85030090	2020
	定子铁心部件		4套	85030090 73261910 73269010	2020
	定子陶瓷槽楔		3 200件	85030090	2020
	绕组绝缘浸漆		1.6吨	32089090	2020
	夹套用不锈钢板		8张	72193100 73269010 73261910 85030090	2020
	定子线圈		384件	85030090 74199991	2020
	转子铜条		232件	85030090 74199991	2020
	速度传感器		16件	903289	2020
	镍基焊材（焊丝、焊条、焊剂、焊带）		4.8吨	38109000 72299090 75051200 75052200 83113000	2020
	推力盘		8件	84139100 85030090	2020
	绝缘材料		1.6吨	85479090	2020
4. 核级阀	位置指示器		12个	85365000	2019
	紧固件		2 000个	73181590	2019
	螺栓拉伸器		1套	84678900	2019
（二）超超临界参数火电机组					
燃煤锅炉	爆破阀	轴承	6~10个	84821040	
		镍基焊材（焊丝、焊条、焊剂）	65吨	72299090 72285000 83810900	
（三）燃气－蒸汽联合循环机组					
1. E、F、H级燃气轮机	涡轮		1套	84119990	
	控制系统（控制柜）		1套	90328990 85372090 85371090	
	可燃气体检测装置		1套	90271000	
	燃烧室		1套	84119990	
	点火装置		1套	84119990	

续表

设备名称	一级部件	二级部件	单机用量 AP1000	税则号列（供参考）	执行年限
1. E、F、H 级燃气轮机	进气导叶执行机构		1 个	85437090　84123900　84119990	
	排气扩散段及膨胀节		1 套	84119990	
	轴承		2～5 个	84821040　84821090	
	透平叶片	原材料（镍基合金、钴基合金）	10 吨/台	75022000　81052020	
	燃机本体管路		1 套	73079200	2020
	润滑油系统	直流润滑油启动柜	1 套	85372090	2020
		RDS 模块	1 套	84122990	
	天然气系统	燃气放散阀	3 套	84818040	
	燃机保温		1 套	28399000	2020
	燃料系统	燃料阀液压执行机构	1 套	84123900	
	特种齿轮箱		1 套	84122990	
2. 配 E、F、H 级燃气－蒸汽联合循环机组的汽轮机	钛复合板		配 E 级：5～10 吨；配 F 级：14 吨	72109000　72085120	
	调节阀		5～6 套	84818040　84812020	
（四）大型水力发电成套设备					
水轮发电机组 ≥ 700MW	发电机断路器		1 套		2022
	发电机电气制动开关		1 套		2022
（五）大功率风力发电机（组）及其配套部件					
1. 风力发电机（组）整机					
风力发电机（组）整机	变桨矩控制器		3 套	90328990　85371090	2019
	整机控制器	控制器	3 个	85371011　90328990　85371090	2019
	变流器	变流器	2 个	85044091	2019
	风向仪		1 个	85030090　90158000	2019
	变桨系统	变桨轴承	3 个	8482	2019
		变桨三合一减速机	3 个	84834020	2019

续表

设备名称	一级部件	二级部件	单机用量 AP1000	税则号列（供参考）	执行年限
风力发电机（组）整机	偏航系统	偏航三合一减速机	4个	84834020	2019
	主轴承		1套	84822000	2019
2. 风力发电机（组）配套部件					
（1）发电机	定子避雷器		3套	85354000	2019
	转子避雷器		3套	85354000	2019
（2）变流器	功率模块及元件		6个	85044091	2019
（3）齿轮箱	轴承		14~20个	8482	2019
（六）太阳能发电设备（待定）					
二、超、特高压输变电设备					
（一）直流输变电设备					
直流换流变压器	硅胶套管		2~4支	85469000　3917	2019
	有载开关		2~4台	85372010　85372090　85365000	2019
	绝缘出线装置（包括直流出线和交流出线装置）		1套	85462010　85469000　85479090	2019
	绝缘纸板		13~20吨	48116010	2019
	绝缘成型件（包括角环、绝缘筒/罩/槽/套/支撑架、端圈压板等）		1套	85469000　85479090	2019
（二）交流输变电设备					
1. 电力变压器	有载开关/无载开关		单相：1个 三相：1~3个	85372090　85372010　85365000	2019
2. 六氟化硫断路器	绝缘拉杆		800kV：12个	85479090	2019
	绝缘拉杆		800kV：10~30个/间隔 1100kV：100~200个/间隔	85479090	
3. 气体绝缘金属封闭开关设备（GIS）	喷口		20~40个/间隔	85389000	
	弹簧触头		60件/间隔	74199920　85359000　85369000	2019

续表

设备名称	一级部件	二级部件	单机用量	AP1000	税则号列（供参考）	执行年限
4.串联补偿装置	旁路断路器			3 台/套	85352990	2019
三、大型石油及石化装备						
（一）乙烯成套设备						
（二）混炼挤压造粒机组						
	摩擦离合器	电机	1 套		85016430	2020
		串列推力轴承	2 套		84825000	2021
	减速器	四点接触球轴承	3 套		84821030	2021
		深沟球轴承	8 套		84821020	2021
		带差压报警的双筒滤油器	2 套		84212990	2020
混炼挤压造粒机组	在线熔指测量仪		1 套		90268000	
	振动分筛机		1 套		84741000	2021
	振动监测系统		1 套		90318090	2021
	流变仪		1 套		90278099	2021
	水下切粒机	切粒刀及刀盘	60 个		84779000	2021
		模板	1 套		84779000	2021
（三）天然气管道运输和液化气储运装备						
	高压、低压涡轮转子		1 套/台		84119990	2020
	低压涡轮支撑环		1 套/台		84119990	2020
	涡轮第 2 级导叶组		15 套/台		84119990	2020
长输管道燃驱压缩机组	涡轮第 1 级导叶		40 套/台		84119990	2020
	涡轮第 1 级动叶		86 套/台		84119990	2020
	涡轮第 2 级动叶		86 套/台		84119990	2020
	低压 0 级动叶		19 套/台		84119990	2020
	火焰筒		1 套/台		84119990	2020

续表

设备名称	一级部件	二级部件	单机用量 AP1000	税则号列（供参考）	执行年限
（四）油气钻采装备					
1. 大型压裂装备（压裂车/撬、混砂车/撬、管汇车/撬、仪表车等）	发动机		1台	84089093	2020
	液压系统	液压马达	2台	84122910	2020
		液压泵	2台	84122910	2020
		液压阀	1台	84812010	2020
	分动箱（变速箱）		1台	84834090	2020
	载重底盘（含驾驶室、发动机）		1台	87042300	2020
	发动机		1台	84089093	2020
	载重底盘（含驾驶室、发动机）		2台	87042300	2020
	分动箱（变速箱）		1台	84834090	2020
2. 连续油管作业装备（机组/车/钻机）	防喷系统	高压小通径防喷器	1台	84314320	2020
		防喷盒	1台	84314320	2020
	油管滚筒系统	连续管	6 000米	73065000	2020
	注入头	轴承	150件	84825000	2020
	发动机		1台	84089093	2020
	分动箱（变速箱）		1台	84834090	2020
3. 不压井作业装备	液压系统	液压马达	2台	84122910	2020
		液压阀	1台	84812010	2020
		液压泵	4台	84122910	2020
	平衡绞车	扭矩数	2台	90269000	2020
	不压井防喷器		1台	84314320	2020
4. 固井设备	发动机		1台	8408909	2020
	分动箱（变速箱）		1台	84834090	2020
	载重底盘（含驾驶室、发动机）		1台	87042300	2020

续表

设备名称	一级部件	二级部件	单机用量 AP1000	税则号列（供参考）	执行年限
	SCM 水下控制模块		1套	85371011	2020
	堵头		1套	84261120	2020
	电缆穿越器		1套	85168000	2020
	扭力和推力工具		2套	84122990 84129090	2020
5. 水下采油树	液压系统	液压管线	1套	84129090	2020
	液压系统	液压接头	1套	73072900	2020
	阀		46 台/件	84818040	2020
	压力传感器		18 台	32052609	2020
	密封件		85 件	84879000	2020
（五）DTC 道路相变自调温材料混炼挤出成套装置					
DTC 道路相变自调温材料混炼挤出成套装置	振动分筛机		1	84741000	2021
	振动监测系统		1	90318090	2021
	轴承	四点角接触球轴承	1	84821030	2021
	轴承	串列止推轴承	1	84825000	2021
	轴承	推力球轴承	6	84821040	2021
四、大型煤化工设备					
大型空分设备及其真空压机、增压机					
1. 大型空分设备	透平膨胀机	浮环密封	2套	84842000	2020
	透平膨胀机	可倾瓦组合轴承	2套	84833000	2020
	止推轴承		3套	84833000	2020
	支撑轴承		6套	84833000	2020
2. 大型空分装置用空压机和增压机	变速箱		1套	84834090	2020
	控制系统		1套	85371011 90328990	2020
	机组监控系统		1套	90318090 90328990	2020
	测振轴位移装置		1套	90318090	2020

续表

设备名称	一级部件	二级部件	单机用量 AP1000	税则号列（供参考）	执行年限
五、大型冶金成套设备					
（一）薄板连铸连轧成套设备					
1. 带压辊的转向控制辊	控制辊装配	光电探测头定位器	1套	85437099 90328990	
		高频交流光源发射器	1套	85437099 90328990	
		位置传感器	1套	90318090	
		板带控制调节器	1套	90222990 84559000	
2. 轧机乳化液喷射装置	喷射梁		1套	84248999	
3. 带钢吹扫装置及防缠导板	喷射梁	喷嘴	30套	84249090 84812020	
（二）炉外精炼设备					
钢水真空循环工艺干式（机械泵）真空系统	罗茨真空泵		26个	84141000	
	螺杆真空泵		14个	84141000	
六、大型矿山设备					
（一）大型非公路用自卸车					
电动轮机械传动非公路矿用自卸车/洒水车	发动机		1台	84082010	2020
	制动器		14套	87083093	2020
	子午线轮胎		6条	40119900	2020
	传动箱		1个	87084030	2020
	后桥齿轮箱		2个	84834090	2020
（二）大型煤炭采掘设备					
1. 矿山特种钻机车（用于煤层气、页岩气开采对接井及矿山应急救援）	动力系统	柴油机	1套	84082010	
	动力系统	分动箱	1套	87089960	
		进气关断阀	1套	84814300	
		空压机	1套	84148090	
	控制系统	测斜定向仪	1套	90158000	

续表

设备名称	一级部件	二级部件	单机用量 AP1000	税则号列（供参考）	执行年限
2. 护盾式掘锚机	截割装置	截割减速机	1套	84834090　84834020	
	除尘器总成	除尘器	1套	84213929	2020
（三）大型斗轮堆取料机、装卸船机等大型港口机械					
斗轮堆取料机；桥式抓斗卸船机；装船机；岸边集装箱装卸桥；轨道式集装箱门式起重机	起重用重型电控	电控系统	1套	85371019　85371090	2020
		输送皮带电机（取料机用）	4个	85015200　85015300	2020
		提升电机（装卸船机用）	2个	85015300	2020
		起升机构电机（起重机用）	1~2个	85015300	2020
		大车行走机构电机	8~40个	85015200	2020
		小车行走机构电机	1~4个	85015200　85015300	2020
		变幅机构电机（岸边集装箱起重机用）	1个	85015300	2020
		变频柜	2~8套	85044099	
		可编程控制器	1~2套	85371011	2020
		柴油发动机	1~2台	85021100	2020
		辅助控制柜	1套	85372090　85371090	2020
	特种电缆	拖链电缆、拖令电缆、高压电缆、吊具电缆	30千米	85444921	2020
	重型钢丝绳（装卸船机、岸边集装箱起重机用）	线接触钢丝绳	1台套	73121000	2020
		面接触钢丝绳	1台套	73121000	2020
	重型减速箱		10~40个	84314990	2020
	重型联轴节		2~40个	84834020	2020
	起重机轨道	轨道	1293~14590千克	73021000	
	制动器	低速制动器	6套	84314999	
		高速制动器	10~34套	84314999	
		夹轮器	10~24套	84314999	
		顶轨器	6套	84314999	
	吊具	双箱吊具	1套	84314999	
		单箱吊具	1套	84314999	
	联动台		1套	84314999	

续表

设备名称	一级部件	二级部件	单机用量 AP1000	税则号列（供参考）	执行年限
七、大型船舶、海洋工程设备					
（一）大型海洋石油工程装备					
半潜式钻井平台	钻井包及组件		1船套	73089000　84304111　84314310	2020
	电器控制系统（电器包）		1船套	85371019　85381090	2020
	遥控阀		1船套	84818040	2020
	变频装置		1船套	85044099	2020
	导航设备		1船套	85269190	2020
	通讯系统		1船套	85256010	2020
	防喷器		1套	84818090	2020
	防喷器控制系统		1船套	90328990	2020
（二）大型高技术、高附加值船舶					
1. 大型绞吸挖泥船					
(1) 主推进系统	中高压（6 600伏及以上）电力驱动系统	功率管理系统	1套/船	90328990	2020
(2) 挖泥设备	泥泵		2套/船	84138100	2020
	绞刀头		1套/船	84306990	2020
	绞刀驱动装置及绞刀梁	绞刀梁	1套/船	84839000	2020
		水下变频电机	1套/船	85015300	2020
		水下减速箱	1套/船	84834090	2020
	水下油缸		1套/船	84139100	2020
	柔性钢桩台车		1套/船	84289090	2020
2. 大型耙吸挖泥船					
(1) 主推进系统	艉管总成	CPP轴	2套/船	84842000　84831090	2020
		艉轴承	2套/船	84821090	2020
		艉管	2套/船	73053900	2020
		温度传感器	2套/船	90261000	2020
	中高压（6 600伏及以上）电力驱动系统	功率管理系统	1套/船	90328990	2020

续表

设备名称	一级部件	二级部件	单机用量 AP1000	税则号列（供参考）	执行年限
（2）挖泥设备	泥泵齿轮箱及传动装置		2 套/船	84099910 84834090	2020
	气胎离合器		2 套/船	84836000	2020
	泥泵		2 套/船	84138100	2020
	耙头		4 套/船	84306999	2020
	水下油缸		8 套/船	84139100	2020
	多波束测深仪		1 套/船	90158000	2020
3. 独立 C 型液化天然气运输船		氮气发生器	1 船套	84213990	
		货舱绝热材料	1 船套	39211100	
	液货系统设备	货舱材料	1 船套	72254000	
		液货泵	1 船套	84138100	
		液货泵防爆电机	1 船套	85015300	
	综合自动化系统		1 船套	85371090	
4. 深海远洋综合科考船		推进电机	2 台	85015300	2020
		主推进变频器（AFE）	2 台	85044099	2020
		功率管理系统（PMS）	1 船套	85371090	2020
	电力推进系统	电力推进遥控系统	1 船套	85371090	2020
		艏艉侧推电机	2 台	85015300	2020
		AFE 变频器	2 台	85044099	2020
	科考收放系统	升降鳍板	1 船套	84136040	2020
	蒸发式造水机		1 台	84194090	2020
	反渗透式造水机		1 台	84212990	2020
	科考操控支撑系统	CTD 门	1 套	73083000	2020
5. 极地科考破冰船		全回转推进器	1 船套	84871000	2020
	电力推进系统	推进变频器	1 船套	85044099	2020
		艏侧推电机及启动器	1 船套	85114010	2020

续表

设备名称	一级部件	二级部件	单机用量 AP1000	税则号列（供参考）	执行年限
5. 极地科考破冰船	综合船舶控制系统 IVCS	功率管理系统 PMS	1船套	85371090	2020
		综合船舶自动化系统	1船套	85371090	2020
		推进器遥控系统	1船套	85371090	2020
		IBS 导航设备	1船套	85371090	2020
	造水机	真空制淡装置	1船套	84194090	2020
		反渗透制淡装置	1船套	84212990	2020
	极区特殊导航设备	测冰雷达	1船套	85261090	2020
		GPS 罗经	1船套	90142090	2020
	电站设备系统		1船套	85021320	2020
	科考动力定位系统		1船套	90148000	2020
（三）大功率柴油机及其他船用相关键配套设备					
1. 低速柴油机	燃油系统		1套	84099910	2020
	注油器总成		1套	84099910	2020
	轴承磨损监测装置		1套	90318090	2019
	活塞环		1套	84000010	2019
	缸压实时监测系统		1套	90328990	2019
	燃气系统		1套	84099910	2020
	活塞总成		8套	84099910	2020
	监测系统		1套	90328990	2020
	高压蓄能器		1套	84798999	2020
2. 天然气及双燃料发动机	增压器		2台	84148030	2019
	缸压传感器		12套	84133029	2020
	轴瓦		1套	84839000	2019
	活塞环		1套	84000010	2019
	高压油管		12套	84138100	2020

续表

设备名称	一级部件	二级部件	单机用量 AP1000	税则号列（供参考）	执行年限
（四）智能化深海渔业养殖装备					
深海养殖平台	死鱼处理系统		1套	84798999	
	渔网传输设备		1套	84289090	
	便捞式洗网机		1套	84243000	
八、高速铁路、城市轨道交通设备					
（一）时速200公里及以上高速动车组（单机用量按每列16辆编组计算）					
	1. 转向架　构架钢材与铝材	钢板	80吨	72254000	2019
		钢管	64吨	73049000	2019
	轮对及轴箱定位装置	锻铸件	960套	73065000　86079900	2019
		轴箱轴承	128个	84825000	2019
		大齿轮	56个	84839000	2019
	2. 传动及减振装置　传动装置	接地装置	56个	85359000	2019
		油量调节装置	56个	90328990	2019
		轴承	224个	8482	2020
	减振装置	减振器	608个	86073000	2020
	3. 变流系统　变流器及冷却单元（包括控制单元）	功率模块	70套	85049090　85044099	2020
		冷却单元	70个	84195000	2019
	4. 牵引系统（包括牵引电机）　牵引电机	特种绝缘材料（云母、玻璃丝、纤维）	103千米	70195100　68141000　30209990	2019
		轴承	120套	84821020　84824000	2019
		浸渍漆	800公斤	32089090	2019
	5. 网络控制系统　列车级网络控制系统	控制电缆	12 000米	85443090	2020
	车辆级网络控制系统	传感器	128个	90329000　85030090　90318090	2020
		连接器	142套	85359000　85369000	2020
	6. 高压系统（额定工作电压：25kV）　避雷器	避雷器	6台	85354000	2020
	高压电缆及接头	高压电缆	26个	85446012	2020
		高压电缆接头	16个	85359000	2020
	互感器	互感器	4~8个	85043110	2020
	断路器	真空断路器	20个	85352100	2019

续表

设备名称	一级部件	二级部件	单机用量 AP1000	税则号列（供参考）	执行年限
7. 辅助电气系统（包括辅助电源）	辅助电源	功率模块	40套	85049090 85044099	2020
8. 车体及设备	车体材料	焊材（焊条、焊丝）	15吨	76052900 72299090	2020
（二）大功率交流传动电力/内燃机车					
1. 大功率交直交传动电力机车					
（1）电传动系统（包括牵引变流器）		功率模块	36套	850440 85049090	2020
	牵引变流器	IGBT及其他半导体元件	8~160个	85044091 85044099	2020
		接触器、断路器	2~50个	85353090 853520 85362000 85364900 85359000	2020
		油泵	1~4组	8413	2020
（2）牵引系统（包括牵引变压器、牵引电机）	牵引变压器	硅有机漆、绝缘漆、清漆	382~650千克	39100000 32100000 35069190	2019
		蝶阀	6个	84818040	2019
	牵引电机	电机轴承	6~12套	8482	2019
（3）辅助电气系统（包括辅助电气设备）	辅助电气设备	继电器	24~145个	85364900 85489000	2020
		接触器	15~30个	85359000 85489000 85353090 85369000	2020
		断路器	48~158个	85362000 85351000	2020
（4）高压电器	真空断路器	真空开关管	2个	85389000	2020
	受电弓	阀类（降弓阀、快排阀）	26个	84818040 84814000	2020
		气囊	2个	86079100 40169500	2020
（5）走行系统（包括转向架）	转向架	轴箱轴承、抱箱轴承	6~72套	8482	2019
		薄板联轴器、弹性联轴器	2~12套	86073000 84834090 84836000	2019
2. 大功率内燃机车					
（1）机车柴油机	涡轮增压器（左、右）		2个	84148030	2020
	燃油喷射系统	柴油机（电喷）控制单元	2套（个）	90328990 85371019	2020
		喷油器管路（高压油管）	16个	84099920	2020
		传感器	1套	90330000 90329000	2020

续表

设备名称	一级部件	二级部件	单机用量 AP1000	税则号列（供参考）	执行年限
（1）机车柴油机	油泵	低压燃油泵	1 个	84133029　84133021	2020
	动力组装配	活塞环（油环、气环）	16～48 个	86079100　84099920	2020
	柴油机装配	曲轴	1 个	84831090	2019
		连杆轴承（上、下瓦）	32 个	84099920　84833000	2019
		主轴承（上、下瓦）	18 个	84099199　84833000	2019
		启（气）动马达	2 个	84123100　84133900	2019
（2）转向架		轴箱轴承	12 套	84825000　84822000	2019
		滚动抱轴承	12 套	84825000　84822000	2019
（3）电气系统	牵引控制系统	IGBT 功率模块、IGBT 元件	1 套	85044091　85044099	2020
	电机	轴承	13 套	848210　84825000	2019
		绝缘材料（200 级）	200 千克	68141000　48070000　40091100　35069190	2020
（三）铁路重载货车（待定）					
（四）大型铁路养护机械					
1. 捣固车（含捣稳车）	柴油发动机		3 台	84089093	2019
	工作装置	捣固装置	1 套或 4 个	84791090　84314990　84306100　86079900	2020
	电气系统	轨道几何参数控制器 ALC	1 个	90328990	2020
2. 稳定车	柴油发动机		1 台	84089093	2019
	传动装置	齿轮箱	1 个	84839000　84314990	2020
	柴油发动机		10 台	86040012　84089010　84089093	2019
	发电机组		3 台	86040012　85021310　85021200	2019
3. 钢轨/道岔打磨车	电气系统	控制电路板（含控制软件）	40 个	86079900　86040012　85049020	2020
		马达控制箱	4 个	85371090　85371011	2020
		控制主机	6 个	85371090　85371011	2020
		控制箱	14 个	85371011	2020

续表

设备名称	一级部件	二级部件	单机用量 AP1000	税则号列（供参考）		执行年限
4. 大修列车	柴油发动机		2 台	84089093		2019
	电气系统	控制箱	41 个	85371090	86079900	2020
		总线控制器	61 个	85371090	85371011	2020
5. 清筛机	柴油发动机		4 台	84089093		2019
	柴油发动机		2 组	84089010		2019
	柴油机输出端分动箱		2 组	84834090		2019
	柴油机自由端分动箱		1 组	84834090		2019
6. 接触网多功能综合作业车	动力传动系统	柴油机与传动箱用隔振器	16 套	40082900		2019
		万向轴	7 组	84831090		2019
	工作装置	旋转作业平台	1 套	84312090		2020
		升降作业平台	1 套	84312090		2020
		导线拨线装置	1 套	84312090		2020
		走行齿轮箱	8 套	8483		2020
	传动系统	分动齿轮箱	4 台	8483		2020
		万向轴	8 根	84831090		2020
		联轴器	2 件	84836000		2020
7. 钢轨铣磨车	工作装置	铣削工作装置	2 套	86079900		2020
		铣削装置测量设备	1 套	86079900	90318090	90314990	2020
		铣床操作控制系统	1 套	86079900	90329000	2020
	控制系统	电器控制系统	1 套	86079900	86040012	85049020	2020
		控制模块	30 套	86079900	86040012	85049020	2020
（五）高速铁路信号系统						
车载设备	显示屏（DMI）		4 台/列	85285110		2019
	速度传感器		4 根/列	90299000		2020
	雷达测速传感器		4 台/列	90299000		2019

续表

设备名称	一级部件	二级部件	单机用量 AP1000	税则号列（供参考）	执行年限
车载设备	事件记录单元（JRU）		2套/列	85301000	2019
	无线模块（GSM－R）		2套/列	85176299	2019
	电台天线		4个/列	85177070	2019
	列控自动防护系统（ATP）	车载车辆控制单元（VCU）	20个/列	90329000	2020
		车载数字输出单元	4个/列	90329000	2020
		车载速度距离单元（SDU）	4个/列	90329000	2020
		车载输入输出单元（VDX）	4个/列	90329000	2020
		应答器传输模块（BTM）	4个/列	90329000	2020
		车载接收天线（CAU）	4个/列	85291090	2020
		车载总线转换单元（BCT）	2个/列	90329000	2020
		通讯板	16块/列	90329000	2020
		电源模块	4块/列	85044014	2020
九、大型环保及资源综合利用设备					
（一）大气污染治理设备					
1. VOCs 处理设备	沸石转轮		1套	84213990	2021
	激光器		3套	90132000	2021
2. 大气 PM2.5 在线源解析质谱监测系统	分子泵		3套	84141000	2021
	真空泵		1套	84141000	2021
	高速数据采集卡		2套	84718000	2021
3. 大气在线离子色谱仪		双头高压输液泵	4套	84135020	2021
		聚四氟乙烯管	20米	39173200	2021
（二）工业废水、城市污水、污泥处理设备					
（三）固体废弃物处理设备					
生活垃圾热解气化装置	热解气化室	燃烧器	2台/每炉	84161000	2021
	高效氧化室	燃烧器	1台	84161000	2021
	高温烟气阀门		2台	84818040	2021

续表

设备名称	一级部件	二级部件	单机用量 AP1000	税则号列（供参考）	执行年限
（四）资源综合利用设备					
1. 大型高炉煤气余压透平能量回收利用装置	变速离合器		1个	84836000	2019
	水封阀		2个	84818040	
	高温部件	透平叶片、透平叶环、燃烧室外筒、尾筒、主轴锻件、叶轮锻件、燃料喷嘴	397件	84119990	
2. 低热值富余高炉煤气联合循环发电机组	主齿轮箱、扭矩变换器		2件	84834090	2020
	煤气冷却器		1套	84195000	
	用于燃料气流量控制阀（A\B\C）的伺服机构		3套	84818040	
3. 报废汽车拆解生产线	圆筒式磁力分选器		1套	84741000 85437099	2019
	电涡流分选器		1套	84741000 85437099	2019
4. 煤矿瓦斯发电成套设备					
（1）瓦斯、沼气发电机组	混合器部件	混合器	1个	84818040	
		高压线分部件	12个	85446090	
		低压线分部件	1套	85444219	
	点火系统	火花塞分部件	12个	85111000	
		点火线圈分部件	12个	85113010	
		点火控制器	1个	90328990 85371090	
		低压线轨	各1套	85444219	
		信号及发电导线分部件	1套	85444219	
	电子调速器部件	传感器	2个	90329000 90318090	
		线圈硅套	12个	40169910	
		磁电机分部件	1个	90328990	
		转速传感器	1个	90329000 90299000	
		执行器分部件	1个	85013100	
		控制器分部件	1个	90328990	

续表

设备名称	一级部件	二级部件	单机用量 AP1000	税则号列（供参考）	执行年限
	燃气单元	电磁阀	1个	84818021	
		零压阀	1个	84818040	
		压力开关	1个	84818040 85365000	
		球阀	1个	81818040	
		调压阀	1个	84818040	
		燃气过滤器	1个	84213100	
（2）双燃料发动机	控制系统	控制器	3个	90328990	
		转速斜坡器	1个	90328990	
		执行器	3个	85013100	
		执行器连线	1套	85444219	
		转速传感器	1个	90329000 90299000	
		分流阀	1个	84818040	
		分流阀连线分部件	1套	85444219	
5. 规模化生物天然气制备成套装备	顶置搅拌器		1台/每套	84798200	2021
	双膜储气柜		1台/每套	39209990	2021
十、大型施工机械和基础施工专用设备					
（一）大型、新型施工机械					
1. 大型全断面隧道掘进机	刀盘	常压换刀装置（刀盘直径≥12M 以上）	10~70套	84842000 84314999 74199999 84819090 73269090	2020
		伸缩铜套（刀盘直径≥12M 以上）	10~80 片	84829900	2020
	主驱动	主轴承（轴承直径≥3M）及其密封	主轴承：1 个；密封16 个	8482 8483	2019
		主驱动减速机	1~20 个	84834020 84834090 84839000	2019
	盾体	盾壳铰接密封	1套	84849000 40169310	2019
		盾壳紧急密封	1套	84849000	2019

续表

设备名称	一级部件	二级部件	单机用量 AP1000	税则号列（供参考）	执行年限
1. 大型全断面隧道掘进机	泥水系统（仅泥水平衡盾构）	送浆泵、排浆泵（进出口通径10吋以上）	4~13个	84135030	2019
		送排泥泵电机、变频启动装置	1套	85015300 8504 8537	2019
		泥浆流量测量装置	1套	90261000	2019
		泥浆管路控制阀	1套	84818040	2019
		控制及检测元件	1套	85371090	2019
	除尘系统（仅TBM）	干式除尘器	1~2套	84213990	2019
	螺旋输送机	监测及控制元件	1套	85371090	2019
	同步注浆系统	双柱塞泵及同步控制装置	2~3套	84134000 84743100 84138100	2020
	豆砾石注入系统	注入泵	2个	84134000	2020
	液压系统	液压泵、站、马达和阀件	1套	84122910 84122990 84135030 8481	2019
		激光经纬仪（全站仪）	1个	90152000	2019
	导向测量系统	自动导向装置	1套	90328990 90152000	2019
		X-Y轴倾斜计	2个	90318020	2019
		棱镜	3个	90029090	2019
		间隙自动测量装置	1套	90151000	2019
		工业监测装置	1套	85282100 84714190	2019
		激光靶	2个	90132000	2019
		控制单元	1套	85371090	2019
		便携式终端	2个	85371090	2019
	控制系统	可编程逻辑控制器、监控控制单元	1套	85371011 85371090 84714991 90328990 85372010 85369000	2019
		数据传输装置	1套	84714910	2019
		特制密度仪	2套	90268000 90278099	2019
	管片拼装系统	驱动减速机	8个	84834020 84834090	2019
		真空吸盘	1套	84798990 84314990	2019

续表

设备名称	一级部件	二级部件	单机用量 AP1000	税则号列（供参考）	执行年限
1. 大型全断面隧道掘进机	锚杆钻机系统（仅 TBM）	液压泵	1 个	84137090	2019
		推进单元	1 套	84306990	2019
		钻进单元	1 套	84306990	2019
	传动系统	减速机	5~10 台	84834090　84834020	2019
	动力系统	柴油发动机	1~2 台	84089092　84089093	2019
2. 履带式起重机	原材料	高强度钢板（屈服强度≥1 100Mpa）	45~408 吨	72254000	2019
		高强度钢管	32~254 吨	73049000　73045990	2019
	传动系统	分动箱	1 台	87089960	2019
		变速箱	1 台	87084060	2019
		减速机	4 台	84834090　84834020	2019
3. 全路面起重机	动力系统	柴油发动机	2 台	84089093　84082010	2019
	子午线轮胎		20 条	40119400	2019
	驱动机构	驱动桥、非驱动桥	3~9 根	87085076　87085086　87089960　87054000	
4. 混凝土泵车	底盘		1 台	87042300	2019
	液压系统	液压泵	4~5 台	84135039	2019
		液压阀	20~25 个	84812010	2019
	动力系统	柴油机	1 台	84089092　84089093	2019
		减速机	4 台	84834090　84834020	2020
		回转/行走机构	4 台	84834090　84834020	2019
5. 液压挖掘机	传动和液压系统	液压马达	4 台	84122910	2019
		液压阀	13 个	84812010	2019
		液压泵	1 套	84136060　84135039	2019
		电控电磁阀	1 套	84818021	2019
	电控系统	控制器	1 个	90328990	2019

续表

设备名称	一级部件	二级部件	单机用量 AP1000	税则号列（供参考）		执行年限
6. 摊铺机	动力系统	柴油发动机	1台	84089092	84089093	2019
	传动系统	减速机	6台	84834090	84834020	2019
		分动箱	1台	87089960		2019
	液压系统	液压马达	8~14个	84122910		2019
		液压泵	3套	84135039		2019
		液压阀	2件	84812010		2019
	控制系统	高度控制器和坡度控制器	1套	90328990		2019
7. 铣刨机	动力系统	柴油发动机	1台	84089092	84089093	2019
	液压系统	液压泵	1套	84135039	84136060	2019
		液压马达	2~4台	84122910		2019
		液压阀	10个	84812010		2019
8. 装载机	动力系统	柴油发动机	1台	84089093		2019
	驱动机构	驱动桥	2根	84314990		2019
	传动系统	变速箱	1台	84834090		2019
	液压系统	液压泵	1台	84812010		2019
	轮胎（额定载重≥9吨装载机用）		4条	40118092		2019
9. 履带式全地形工程车	动力系统	柴油机	1台	84089090		2019
	行走系统总成		1套	87087010		2019
	电控系统	可编程控制器	2个	85371011		2019
10. 举高消防车	液压系统	伸缩水管	1根（80~350千克）	76082091		2020
	底盘		1台	87042300		2019
11. 集装箱正面吊	动力系统	柴油发动机	1台	84089093		2019
	驱动机构	驱动桥	2根	84312010		2019
12. 多功能除雪车	除雪装置	螺旋除雪器	1~3台	84302000		2019
		撒布器	1台	84791090		2019
		滚扫	1台	84791090		2019

续表

设备名称	一级部件	二级部件	单机用量 AP1000	税则号列（供参考）	执行年限
13. 汽车起重机	动力系统	柴油发动机	1 台	84089093　84082010	2019
	传动系统	分动箱	1 台	87089960	2019
		变速箱	1 台	87084060	2019
	动力系统	发动机系统	1 套	8407　8408	2020
	传动装置	变矩器	1 套	8483	2020
		齿轮箱	1 套	8483	2020
		驱动桥	2 套	8431	2020
		刹车器	1 件	8708	2020
		传动轴	4 件	8483	2020
14. 全电脑凿岩台车	液压系统	液压泵	10 件	8413	2020
		液压马达	12 件	84122910	2020
		液压阀	152 件	8481	2020
	工作装置	钻臂	3 套	84314999	2020
		凿岩机头	3 台	84314999	2020
		工作平台	1 套	84314999	2020
	动力及传动系统	驱动桥	1 台	84312010	2020
		发动机	1 台	84089093	2020
		变速箱	1 台	84834090	2020
15. 堆高机	液压系统	液压泵	2 个	84135031	2019
		液压阀	1 个	84812010	2019
		液压马达	2 个	84122910	2019
	电器系统	控制手柄	2 个	85389000	2020
16. 静液压传动推土机（全液压推土机）	液压系统	液压泵	1 个	84135031	2019
		液压阀	2 个	84812010	2019
		液压马达	2 个	84122910	2019
	电器系统	控制手柄	2 个	85389000	2019

续表

设备名称	一级部件	二级部件	单机用量 AP1000	税则号列（供参考）	执行年限
（二）机场专用设备					
机场行李自动分拣系统	托盘倾翻式分拣机及导入线		1~4套	84798999	2019
	360°自动条码读取站		1~60套	84719000	2019
	电动滚筒		240~600台	84313900	2019
	变频器		100~1 000台	85044099	2019
十一、重大工程自动化控制系统相关关键精密测试仪器（待定）					
十二、大型、精密、高速数控设备、数控系统、功能部件与基础制造装备					
工业级增材制造装备					
1. 粉末床激光增材制造装备	激光扫描振镜（通光口径≥14mm，耐受激光功率≥500W）		1~4套	90029090	2021
	平场聚焦镜（波长1 064nm以及10.6μm，焦距≥163mm，入射光直径≥14mm）		1~4套	90019090	2021
	激光扩束镜		1~4套	90029090	2021
2. 送粉式激光增材制造装备	高功率光纤激光器（功率大于4kW）		1~4套	90132000	2019
	高功率激光熔覆头（功率大于2kW）		1~4套	84248999	2019
3. 送丝式电子束增材制造装备	电子枪（电子束功率≥3kW，加速电压≥40kV，稳定性≤±0.2%）		1~4套	85431000	2021
	电子枪电源（输出高压≥40kV）		1~4套	85044019	2021
十三、新型纺织机械					
（一）自动络筒机	电子清纱器		60~72件	84483920	
	空气捻接器		60~72件	84483930	
	机械捻接器		60~72件	84483990	
	槽筒		60~72件	84483990	
（二）高效现代化成套棉纺设备					
1. 清梳联合机（梳棉机）	钢丝针布		110公斤	84483100	2021

设备名称	一级部件	二级部件	单机用量	税则号列（供参考）	执行年限
2. 精梳机	锡林		8套（AP1000）	84483200	2021
	顶梳		8套	84483200	2021
（三）非织造布成套设备					
纺熔复合非织造布成套设备	熔喷纺丝装置		1~2套	8448 8449	
（四）染色机					
1. 高温高压溢流染色机	不锈钢板		7.5~58吨	7219 7222 7223	
2. 气流染色机	不锈钢板		7~21吨	7219 7222 7223	
3. 纱线染色机	不锈钢板		9~21吨	7219 7222 7223	
十四、新型、大马力农业装备					
（一）大马力轮式拖拉机	前驱动桥总成		1件	87085071	2019
	变速箱总成		1件	87084010	2019
	离合器		1件	87089310	2019
	液压提升器		1件	84138200	2019
	变量泵		1件	84135039	2019
	车架总成		1件	87060090	2019
（二）自走式喷杆喷雾机	液压机械无级变速器（HMT）		1台套	84138100 84834090	2020
（三）自走式玉米、小麦联合收获机					
十五、电子信息及生物医疗设备					
（一）集成电路关键设备、新型平板显示器件生产设备、电子元器件生产设备、表面贴装及无铅工艺的整机联装设备					
1. 太阳能电池生产设备					
（1）等离子加强型化学气相沉积设备（PECVD）	真空泵组	干式真空泵、增压泵组	5套	84141000	2019
	真空腔机械传送装置	托杆	24套	84289090	2020
	沉积装置	射频电缆和接头	30个	85177090 85444 85369000	2019

续表

设备名称	一级部件	二级部件	单机用量 AP1000	税则号列（供参考）	执行年限
（1）等离子体加强型化学气相沉积设备（PECVD）	气体引入装置	气体节流阀	6个	84818040	2020
	真空阀门		80个	84818040	2019
	射频电源		5套	85044099	2020
	压力传感器		5个	90262090	2020
	真空泵组	干式真空泵、真空泵、罗茨增压泵、热井过滤器	3套	84141000　8421	2019
	真空阀门		50个	84818040	2020
（2）低压化学气相沉积设备（LPCVD）	蝶阀阀压控系统		5个	84122990	2020
	压力传感器		5个	90262090	2020
	碳化硅桨、挡板、舟		5个	38180090	2020
	电磁阀、气动阀、手阀、减压阀		75个	8481	2019
	源温控制器		5个	90321000	2019
（3）低压扩散炉	真空泵组	耐腐蚀隔膜泵	5台	84141000	2020
	温度模块		15台	90321000	2020
	碳化硅桨、挡板、舟		5个	38180090	2020
	压力控制器		5个	90328990	2020
（4）原子层沉积设备（ALD）	真空泵组	干式真空泵	4	84141000	2021
	真空阀门		25	84141000	2021
	臭氧发生装置	臭氧发生器	1	85437099	2021
2. 半导体发光二极管（LED）生产设备					
（1）金属有机化学气相沉积设备（MOCVD）	真空泵组	无油真空干泵	4套	84141000	2020
	工艺气体分配传输系统	气体质量流量计	72个	90268000	
		动态压力控制计	27个	90262090	
		气体流量计（与差压计联动）	6个	90268000	
		高纯气体气（手）动阀	180个	84149090　84812020	
	高温加热装置	温控器	17个	90328990　90321000	2020

续表

设备名称	一级部件	二级部件	单机用量 AP1000	税则号列	（供参考）	执行年限
(1) 金属有机化学气相沉积设备（MOCVD）	大型真空机械手		1套	84289090	84864039	2019
	碳化硅覆盖盖石墨件		28套	69039000		2020
	氮化硼特种陶瓷材料		30kg	28500019		2020
	大尺寸高纯石墨材料		100kg	38011000		2020
	光电烟雾探测器		12个	90271000	85311000	2019
	真空角阀		18个	84149090	84818040	2020
	工艺气体分配传输系统	液体压力控制计	15个	90262090		2020
		液体流量计	15个	90261000		2020
	真空闸板阀		4个	84818040		2020
(2) 等离子刻蚀机	射频电源		2台	85437099		2021
	射频匹配器		2台	85437099		
	真空泵		3台	84141000		2019
	真空阀门		3个	84818040		
	硅片传输机械手		1台	84869010	84289090	2019
(3) 涂胶显影机	胶泵		3个	84135020		2021
	机械手		1个	84864031		2019
(4) 高亮度LED步进投影光刻机	光学元件	光学镜片、衍射光学元件、滤光片、棱镜、镜筒、滤波片、反射镜、照明透镜、投影透镜、微透镜阵列、椭球反射镜、光阑	90个	90029090	90019090	2021
	金属陶瓷零件	陶瓷底座、陶瓷导轨	10个	81130090		2021
	直线电机	伺服电机、微型电机	40台	85013100	85013200 85015200 85011099	2021
	主动隔振器	主动隔振平台	1台	84798999	84869099	2021
	精密运动平台	光学平台、精密位移移台、精密气浮旋转台	4套	90312000		2021
	硅片装载单元	硅片装载台、硅片传送台、旋转升降台、硅片预对准装置	6台	84864039		2021
	传输机械手	硅片传输机械手、掩模传输机械手、真空机械手	2台	84864031	84864039	2021

设备名称	一级部件	二级部件	单机用量 AP1000	税则号列（供参考）	执行年限
	版库升降台	版库	3 台	84864039	2021
	光学测量装置	激光双频干涉仪、光束质量分析器、镜面定位装置、光学对心装置、光学检测器、光学分析装置、信号源分析装置、发光分光分析装置、光学轮廓装置、颗粒分析装置	10 台	90314990　90275000　90314100　90308200	2021
	驱动器	电机驱动器	30 台	85437099	2021
	放大器	电容传感器放大器、功率放大	30 台	85437099	2021
	干涉仪测量系统	激光双频干涉仪	2 台	90308200　90314990	2021
	传感器		30 套	90318090　90314990　90262090　90268010　90258000	2021
	分光光度计	分光光度计、光谱仪	4 套	90273000	2021
	泵	干泵、离子泵、磁力泵、真空泵组、干式真空泵、增压泵组	6 台	84137099　84141000　84137099　84138100	2021
（4）高亮度 LED 步进投影光刻机	光学调整架	精密光学调整架、光学调整台	4 套	90312000	2021
	掩模板		10 块	90029090	2021
	紫外膜	保护膜	10 片	39199090	2021
	控制器		38 台	90328990	2021
	激光器		2 套	90132000	2021
	光源		10 只	85394900	2021
	微晶玻璃		30 块	90029090	2021
	显微物镜单元	显微物镜、镜头	2 个	90021990	2021
	准直仪		3 台	90318090	2021
	射频装置	射频转换器、射频离子源、射频匹配器	6 套	85437099	2021
	石英材料	标准镜头光学材料、紫外熔石英光材料、可见光	3 套	70140010　90029090　90019090	2021
	照明装置	高压汞灯、汞灯（1 000W～1 500W）	5 只	85393240	2021

续表

设备名称	一级部件	二级部件	单机用量 AP1000	税则号列（供参考）	执行年限
3. 集成电路关键设备					
（1）氧化炉	晶圆存储系统		1套	84289090	2020
	硅片传输机械手		1套	84289090	2020
	气体供气装置		1套	84862049	2020
	硅片传送系统		1套	84864039	2020
	真空阀门	气动阀、减压阀、单向阀、真空阀	30个	84818040	2020
	碳化硅制品	碳化硅管、碳化硅舟、碳化硅浆、碳化硅挡板、碳化硅座	4套	38180090	2020
	源温控制器		4套	90328990	2020
	火焰探测器		4套	90314990	2020
（2）高密度等离子刻蚀机	硅片传输系统		1~2个	84864031	
	硅片传输机械手		1~2个	84864039　84869010　84289090	
	射频电源		6~8个	85437099	
	射频匹配器		6~8个	85437099	
	真空泵（分子泵）		3~4个	84141000	
	真空泵（干泵）		4~6个	84141000	2019
	真空阀门		10~12个	84818040	
	真空压力计		18~24个	90262090	
	终点检测系统		3~4个	90314100	
	质量流量控制器		50~66个	84818039	
	静电卡盘		3~4个	84869099	
	反应腔		3~4个	84869090	
（3）薄膜沉积设备	射频电源		4~12台	85044099	2021
	直流电源		2~4台	85044014	2021
	真空泵（分子泵、冷凝泵、干泵）		7~8个	84148040　84149090	2021
	真空阀门		5~18个	84818040	2021

续表

设备名称	一级部件	二级部件	单机用量 AP1000	税则号列（供参考）	执行年限
	真空压力计		15~25 个	90262090	2021
	静电卡盘		2~4 个	84869099	2021
	硅片传输系统		1 套	84864031　84864030	2019
（3）薄膜沉积设备	射频匹配器		6 个	85437099	2020
	硅片传输机械手		1 个	84864039	2020
	氟离子发生器		3 个	85437099	2020
	加热盘		6 个	85168000	2020
	机械手		4 个	84864031	2021
（4）涂胶显影机	高粘度胶泵		12 个	84135010　84135020	
	晶圆自动传输装置		4 个	84864039	
	硅片传输系统		1 个	84864039	2021
	加热盘		20~26 个	84861010	2020
（5）IC 封装用喷/涂胶显影机	胶泵		2~3 个	84135020	2020
	机械手		1~2 个	84864031	2020
	硅片传输系统		1 个	84864039	2020
（6）集成电路先进封装光刻机	光学元件	光学镜片、衍射光学元件、滤光片、棱镜、滤波片、反射镜、照明透镜、投影透镜、镜轴、微透镜阵列、椭球反射镜、光阑	130 个	90029090　90019090	2021
	金属陶瓷零件	陶瓷底座、陶瓷导轨	10 个	81130090	2021
	直线电机	直线电机、伺服电机	30 台	85013100　85013200　85015200	2021
	主动隔振器	主动隔振平台	1 台	90328990　84798999　84869099	2021
	精密运动平台	光学平台、精密位移台、精密气浮旋转台	6 套	90312000	2021
	硅片装载单元	硅片装载台、硅片传送台、旋转升降台、硅片预对准装置	12 台	84864039	2021
	传输机械手	硅片传输机械手、掩模传输机械手、真空机械手	3 台	84864031　84864039	2021
	版库升降台	版库	3 台	84864039	2021

续表

设备名称	一级部件	二级部件	单机用量 AP1000	税则号列（供参考）	执行年限
	光学测量装置	激光双频干涉仪、光束质量分析器、镜面定位装置	2 台	90314990	2021
	纯化器		3 套	84213990	2021
	驱动器	电机驱动器	40 台	85437099	2021
	放大器		40 台	85437099	2021
	干涉仪测量系统	激光双频干涉仪	2 台	90308200 90314990	2021
	静电卡盘		4 套	84869099	2021
	导轨	高精度金属导轨	20 套	84219990 84213990	2021
	过滤器、过滤壳、过滤芯		2 套	85423900	2021
（6）集成电路先进封装光刻机	集成电路芯片		68 个	90314920 90319000	2021
	光栅测量装置	光栅尺套、光栅尺带	4 套	90132000	2021
	激光器		2 套	90029090	2021
	微晶玻璃		50 块	84798999	2021
	压电陶瓷制动器		30 台	90275000	2021
	光学测量单元	光学检测器、光学分析装置、信号源分析装置、发光分光光分析装置	4 套	90314100	2021
	光学轮廓装置		1 套	90314100	2021
	非球面干涉装置		1 套	90314100	2021
	颗粒分析装置		1 套	85059090	2021
	磁钢阵列		3 套	84148040 84149090	
	真空泵		1 台	84818040	
	真空阀门		1～30 个	90262090	
	真空压力计		4～9 个	84864031	
（7）退火炉	硅片传输系统		1 套	84862049	
	气体供给装置		1 套	84289090	
	硅片传输机械手		1 套	84289090	
	晶圆存储系统		1 套	90268000	
	氧含量分析仪		1 套		

续表

设备名称	一级部件	二级部件	单机用量 AP1000	税则号列（供参考）	执行年限
（8）合金炉	真空泵		1 台	84148040 84149090	
	真空阀门		1～3 个	84818040	
	真空压力计		4～9 个	90262090	
	硅片传输系统		1 套	84864031	
	气体供给装置		1 套	84862049	
	硅片传输机械手		1 套	84289090	
	晶圆存储系统		1 套	84289090	
	氧含量分析仪		1 套	90268000	
	臭氧发生器		1 个	85437099	
	磁力泵		5 个	84137099	
	硅片传输机械手		2 个	84289090	
	硅片传输系统		3 个	84864039	
	工艺腔室		8 个	39269090	
	质量流量控制器		6 个	84818039	
	兆声波发生器		4 个	84863049	
（9）湿法清洗机	电机		8～15 台	85015200	
	电机驱动器		8～15 台	85371011	
	气动阀		50～100 个	84812020	
	化学分析仪		1 台	90275000	
	加热器		5 台	85161090	
	去静电离子发生器 ESD		16 台	85437099	2021
	真空泵		3 台	84141000	2021
	臭氧水发生器		1 台	85437099	2021
	二氧化碳发生器		1 台	85437099	2021

续表

设备名称	一级部件	二级部件	单机用量 AP1000	税则号列（供参考）	执行年限
（10）碳化硅高温退火炉	石墨部件	石墨舟、石墨工艺管、石墨加热器等	1 套	68151000	2021
	真空泵		1 台	84141000	2021
	红外测温仪		3 套	90258000	2021
	真空压力计		4 个	90262090	2021
	碳化硅部件	碳化硅舟、碳化硅舟	1 套	38180090	2021
（11）碳化硅高温氧化炉	石墨部件	石墨加热器	1 套	68151000	2021
	红外测温仪		3 套	90258000	2021
	真空阀门		1 套	84818040	2021
	真空压力计		4 套	90262090	2021
	真空泵		1 套	84141000	2021
	特气检测仪		3 套	90271000	2021
	光学元件	光学镜片、衍射光学元件、滤光片、棱镜、滤波片、反射镜	45 个	90029090　90019090	2021
	主动隔振器		1 台	90319000	2021
	精密运动平台	光学平台、精密位移台、精密气浮旋转台	1 套	90312000	2021
	控制板卡		6 块	90319000	2021
	图像工作站		2 台	84715040	2021
（12）晶圆缺陷自动检测设备	气浮垫	气浮垫	10 个	84869099	2021
	光学测量装置	激光双频干涉仪、光束质量分析器、发光分光分析装置、光学轮廓装置、高速光电探测器	4 台	90314990　90275000　90314100　90308200	2021
	驱动器	电机驱动器	6 台	85437099	2021
	放大器	电容传感器放大器、功率放大器	6 台	85437099	2021
	干涉仪测量系统	激光双频干涉仪	1 台	90308200	2021
	射频电源		5 套	85044019　85044099　85044014　85044020　85371090　85437099	2021
	显微物镜单元	显微物镜、镜头	2 个	90021990	2021

续表

设备名称	一级部件	二级部件	单机用量 AP1000	税则号列（供参考）	执行年限
(13) 8～12"半导体硅单晶生长炉	超导磁场系统	横向超导磁场（0.4T）	1 个	85051190	2021

4. 新型平板显示器件生产设备

设备名称	一级部件	二级部件	单机用量 AP1000	税则号列（供参考）	执行年限
(1) AMOLED 显示屏 TFT 电路制造用投影光刻机	光学元件	光学镜片、衍射光学元件、滤光片、棱镜、滤波片、反射镜、照明透镜、投影透镜、镜轴、微透镜阵列、椭球反射镜、光阑	300 个	90029090　90019090	2021
	金属陶瓷零件	陶瓷底座、陶瓷导轨	15 个	81130090	2021
	微型电机	压电陶瓷电机	30 台	85011099	2021
	主动隔振器	主动隔振平台	1 台	90328990　84798999　84869099	2021
	精密运动平台	光学平台、精密位移台、精密气浮旋转台	6 套	90312000	2021
	硅片装载单元	硅片装载台、硅片传送台、旋转升降台、硅片预对准装置	12 台	84864039	2021
	传输机械手	硅片传输机械手、掩模传输机械手、真空机械手	3 台	84864031　84864039	2021
	版库升降台	版库	3 台	84864039	2021
	光学测量装置	激光双频干涉仪、光束质量分析器、镜面定位装置	2 台	90314990	2021
	放大器	电容传感器放大器、功率放大	40 台	85437099	2021
	干涉仪测量系统	激光双频干涉仪	2 台	90308200　90314990	2021
	静电卡盘		4 套	84869099	2021
	射频电源		6 套	85044099	2021
	传感器		60 套	90318090　90314990　90262090　90268010 / 90258000	2021
	导轨	高精度金属导轨	20 套	84869099	2021
	光纤器件	光纤、光纤束、光缆	18 根	90011000　85447000	2021
	分光光度计	分光光度计、光谱仪	5 套	90273000	2021
	过滤器	空气过滤器、液体过滤器、过滤器壳、过滤芯	2 套	84219990　84213990	2021

续表

设备名称	一级部件	二级部件	单机用量 AP1000	税则号列（供参考）	执行年限
（1）AMOLED 显示屏 TFT 电路制造用投影光刻机	集成电路芯片	采集芯片、高频集成电路芯片	68 个	85423900	2021
	光栅测量装置	光栅尺套、光栅尺带	4 套	90314920 90319000	2021
	泵		6 台	84137099 84138100 84141000	2021
	激光器		2 套	90132000	2021
	光学测量单元	光学检测器、光学分析装置、信号源分析装置、发光分光分析装置	4 套	90275000	2021
	颗粒分析装置		1 套	90314100	2021
	石英材料	标准镜头光学材料、紫外熔石英材料、可见光材料	7 套	70140010 90029090 90019090	2021
	磁钢阵列		3 套	85059090	2021
	照明装置	高压汞灯、汞灯（2 000W～2 500W）	5 只	85393240	2021
	光学元件	光学镜片、衍射光学元件、滤光片、棱镜、滤波片、反射镜、线栅	100 个	90029090 90019090	2021
	隔振器	被动隔振垫	12 台	90319000	2021
	精密运动平台	光学平台、精密位移台、精密气浮旋转台	1 套	90312000	2021
	控制板卡		6 块	90319000	2021
	图像工作站		2 台	84715040	2021
	气浮垫	气浮垫	10 个	84869099	2021
（2）光配向设备	光学测量装置	激光双频干涉仪、光束质量分析器、发光分光分析装置、光学轮廓装置、高速光电探测器	6 台	90314990 90275000 90314100 90308200	2021
	驱动器	电机驱动器	6 台	85437099	2021
	放大器	电容传感器放大器、功率放大器	6 台	85437099	2021
	射频电源		10 套	85044019 85044099 85044014 85044020 85371090 85437099	2021
	金属陶瓷零件	陶瓷底座、陶瓷导轨	3 个	81130090	2021

续表

设备名称	一级部件	二级部件	单机用量 AP1000	税则号列（供参考）	执行年限
5. 电子元器件生产设备					
	光学元件	光学镜片，衍射光学元件，滤光片，棱镜，滤波片，反射镜	30 个	90029090 90019090	2021
	隔振器	被动隔振垫	8 台	90319000	2021
	精密运动平台	光学平台，精密位移台，精密气浮旋转台	1 套	90312000	2021
	激光器	激光器	2 套	90132000	2021
	控制板卡		6 块	90319000	2021
IGBT激光退火设备	图像工作站		2 台	84715040	2021
	气浮垫	气浮垫	12 个	84869099	2021
	光学测量装置	光束质量分析器，发光分光分析装置，光学轮廓装置，高速光电探测器	2 台	90314990 90275000 90314100 90308200	2021
	驱动器	电机驱动器	6 台	85437099	2021
	放大器	电容传感器放大器，功率放大器	6 台	85437099	2021
	干涉仪测量系统	激光双频干涉仪	1 台	90308200	2021
（二）数字化医疗和影像设备、生物工程和医疗生产专用设备					
1. 超导磁共振成像系统	4K 冷头		1 套	84186990	
	心电电极		1 套	90181390	
	滑环		1 个	85369090	2021
	滚珠轴承		1 套	8482	2020
2. X 射线计算机断层摄影设备	高压发生器（80kW）		1 个	90229090	2020
	闪烁体/CT机用零件		21~106 片	90229090	2021
	X 射线管散热器		1 套	90229090	2021
	防散射栅格		1 台	90229090	2021
3. 正电子发射及X射线计算机断层扫描成像系统	硅光电转换芯片		8 000 个	85408900	

续表

设备名称	一级部件	二级部件	单机用量 AP1000	税则号列（供参考）	执行年限
4. 数字乳腺 X 射线机	X 射线管组件		1 个	90223000	2021
	乳腺平板探测器		1 套	90229090	2021
5. 乳腺超声光散射诊断系统	激光器		1 个	85411000	
	探测器		1 个	85414090	2021
6. 医用数字 X 射线机（DR）	动态平板		1 套	90229090	
7. 磁共振或 CT 引导手术中实时导航设备	导航相机		1 个	90314990	
8. 医院直线加速器	磁控管及配件		1 套	85407100	2020
	速调管		1 套	85407910	2020
	固态调制器		1 套	90229090	2021
	数字影像探测器（MV 级）		1 套	90330000	2021
9. 血液透析机	电磁阀		32 个	84818021	2020
	齿轮泵		3 个	84136021	2020
	陶瓷压力传感器		4 个	90269000	2020

十六、民用飞机及发动机、机载设备

（一）固定翼飞机与直升机、机载设备

名称	一级部件	二级部件	涡桨支线飞机 50座级	涡桨支线飞机 70座级	新型涡扇支线飞机	5座单发涡桨轻型公务机	19座级双发涡桨通用飞机	直升机 2吨级	直升机 4吨级	直升机 7吨级	直升机 13吨级	大型水陆两栖飞机	税则号列（供参考）	执行年限
动力装置	发动机		2台	2台	2套	1台	2台	1台	2台		3台	1台	8407 8411 8421	
	辅助动力装置（APU）	辅助动力装置本体及装附件	1套	1套	1套								8411 9032 8481 7326 8419 9026 9025 8544 8421 8412 4016 8803 8503	
		辅助动力装置消音器		1套	1套								8411	
		风门作动器、控制器及配套电缆		1套	1套								8501 9032 8544 8503	

续表

名称	一级部件	二级部件	涡桨支线飞机 50座级	涡桨支线飞机 70座级	新型涡扇支线飞机	5座单发涡桨轻型公务机	19座级双发涡桨通用飞机	直升机 2吨级	直升机 4吨级	直升机 7吨级	直升机 13吨级	大型水陆两栖飞机	税则号列（供参考）	执行年限
动力装置	发动机安装件	减震系统	2套	1套			8件	4套					8411 8803 8483	
		发动机操纵组件	2套	1套			1套		1套	1套	1套	1套	8411 8803 7312 7326 7318	
		进气道及组件			2套				2套				8411 8803 7318 7326	
		反推罩组件、风扇罩组件、安装包、冷却风扇			2套				2套				8411 8803 7318 7326	
		发动机安装附件		1套	1套	3套	4套						8411 9026 8544 7326 9025 8421 8536 9031 7312 8529 9032 8803 4009	
		发动机操纵台				1套							9032	
		发动机振动监控仪及配套电缆			1套				1套				9032 8544	
螺旋桨	螺旋桨及组件	发动机接口控制单元	2套	1套	1套	1套	2套		3套				8536 9029 9032 8529	
显示和记录	显示系统		1套	1套	1套	1套	1套			1套			8803 8536 3923 8412 8413 9107 8531 8411 8543 8529 9032 9031 9032 9104 8443 8529 8414 8528 8536 7326 8543 9025 9026 8302 8471 8519 8523	2021
	记录系统		1套	1套	1套					1套			8529 9032 8803 8543 8537 9014 8519	2021

续表

名称	一级部件	二级部件	涡桨支线飞机 50座级	涡桨支线飞机 70座级	新型涡扇支线飞机	5座单发涡桨轻型公务机	19座级双发涡桨通用飞机	直升机 2吨级	直升机 4吨级	直升机 7吨级	直升机 13吨级	大型水陆两栖飞机	税则号列（供参考）	执行年限
显示和记录	显示和记录系统组件	飞参记录仪					1套			1套			8536 8539 8343 8547 9014 9405 8544 7616 9032 8538 8803	2021
		指示仪表	4套			1套	7套						9029 9026 9028 7326 8529 9014 8526 8803 4016 8544 9031 9025 8536 9032 8302	2021
		综合电子式备用仪表	1套	1套									9032 9029 7326 8536	2021
		IPC 航电核心设备			1套								9032 8504 8543 8473	2021
通讯系统	高频通信系统		1套	1套	1套		1套		1套	1套		2套	8517 8526 8536 8414 8518 8538 8529 8543 8525 9014 7616 8544 8522 8803 9032 7318	2021
	甚高频通信系统		1套	2套	1套	2套	2套		2套	2套		2套	8529 9014 8526 8525 8302 8538 8517 8536 8803 8543 4016 7318 9032 8414 8544 8518 7616	2021
	机内通话设备		1套	1套	1套	5套	1套						8523 8536 8518 8531 8803 9032	2021
	通讯管理系统		1套		1套	1套							8543 8537 8536 8525 4016 8529 9032 8517 8302 8538 8523 8803 8544 7326 8518	2021

单机用量

续表

名称	一级部件	二级部件	单机用量										税则号列（供参考）	执行年限
			涡桨支线飞机 50座级	涡桨支线飞机 70座级	新型涡扇支线飞机	5座单发涡桨轻型公务机	19座级双发涡桨通用飞机	直升机 2吨级	直升机 4吨级	直升机 7吨级	直升机 13吨级	大型水陆两栖飞机		
通讯系统	通讯系统组件	舱音记录仪	1套				1套		1套				8518 8544 8536 8302 8803 8529 8526 8519 8543 9032	2021
		空中广播系统	1套				1套		1套		1套		8519 8536 8518 8523 8529 8544	2021
		静电放电装置		1套		12套						2套	8803 8536	2021
		音频控制系统及组件	1套	1套	1套		1套		1套	1套			8522 8517 8523 7326 8542 8538 8529 8518 8536 8803 8543 8533 8537 8519 8544 8414 8531	2021
		卫星通信系统		1套									8529 8525 8517	2021
	雷达应答系统	雷达应答系统		1套	1套		1套		1套	1套			8526 8529 8536 8544	2021
		应答机及安装件			1套	1套	1套						8526	2021
导航系统	雷达高度表系统		1套	1套	1套		1套		1套	1套			8529 9014 8536 8302 7318 8517 4016 8544 8525 8526 8803 7326 8538	2021
	气象雷达		1套	1套	1套		1套		1套	1套			8526 8803 7318 8517 8529 8538 8544 8536 8302 9032	2021
	地形预警/空中防撞系统		1套	1套	1套		1套		1套				9032 8544 8518 8803 7326 8302 9405 8529 8526 8528 8525 8538 8536 4016 3923 8471 7318 8523	2021

续表

名称	一级部件	二级部件	单机用量										税则号列（供参考）	执行年限
			涡桨支线飞机		新型涡扇支线飞机	5座单发涡桨轻型公务机	19座级双发涡桨通用飞机	直升机				大型水陆两栖飞机		
			50座级	70座级				2吨级	4吨级	7吨级	13吨级			
导航系统	甚高频导航系统		1套	1套	1套	2套			2套	3套			8526 9405 8536 8529 9014 9032 8539 8803 8544 8517 8518 8471 7616 7318 7326 8547 8538 9031 8543 9015	2021
	飞行管理系统		1套		1套	1套	1套		1套	2套			9032 8544 9031 8523 8526 8528 8529 8537 8803 8536 7326 8538 7318	2021
	全球定位系统			1套	1套	2套	1套		1套	1套		2套	8526 8536 8529 7616 9014 8803	2021
	近地警告系统		1套	1套			1套		1套				8523 8536 8518 8803 9405 8529 9032 8525 8471 8544 8539 4016 7326	2021
	大气数据系统		1套	1套	1套	1套	1套		1套	2套			8536 8531 8543 8532 8803 8302 9032 8471 9014 9025 8544 7326 9015 9026 9029 7318 8538 8529 9027 7608 9031	2021
	姿态航向系统		1套	1套	1套	1套	1套		2套	2套			8538 8302 9014 9029 9025 8803 9015 9026 9032 8526 8536 7616 7326	2021

续表

名称	一级部件	二级部件	涡桨支线飞机 50座级	涡桨支线飞机 70座级	新型涡桨支线飞机	5座单发涡桨轻型公务机	19座级双发涡桨通用飞机	直升机 2吨级	直升机 4吨级	直升机 7吨级	直升机 13吨级	大型水陆两栖飞机	税则号列（供参考）	执行年限
导航系统	导航系统组件	地平仪、磁罗盘及组件	1套	1套			2套						9014 8536 9032 8471 8803 7326 8529 8526 8544 8543 9015 7616 8538 9031	2021
		无线电罗盘及组件				1套	1套		1套	1套			8526 8529 8803 7616 8536 9014	2021
		测距机及组件				1套	1套		1套	1套		2套	8526 8529 9015 8536 7318 8517 8803 8544 9014	2021
		综合无线电导航设备、天线、安装架及附件										2套	9014	2021
自动驾驶系统	自动驾驶仪			1套		1套	1套			1套			8536 7318 9032 9027 8483 8803 8414 9014 8537 8529 8486 7312 8302 8544 7326 7616	
	舵机		1套	1套		3件	3套						8803 8479 9014 8536 9032 9026	
主旋翼	自动倾斜器										1件		8482	
	伺服操纵系统								1套	4套			8484 7616 7320	
	主旋翼桨叶	旋翼包铁								25件			8803	
	主旋翼桨毂	阻尼器组件								15套			8483 4016 7320	
		轴承								30套			8482	
		变距拉杆								20套			8803	

续表

名称	一级部件	二级部件	涡桨支线飞机 50座级	涡桨支线飞机 70座级	新型涡扇支线飞机	5座单发涡桨轻型公务机	19座级双发涡桨通用飞机	直升机 2吨级	直升机 4吨级	直升机 7吨级	直升机 13吨级	大型水陆两栖飞机	税则号列（供参考）	执行年限
主旋翼传动	发动机输入轴									2 件			8483	
主旋翼传动	主减速器及安装件									1 件			8803	
主旋翼传动	旋翼刹车									1 套			8481 8479 9026 9032 9031 8803 7312 8536	
尾桨	尾桨叶									3 套			8803	
尾桨	尾桨毂									1 套			8803	
飞行操纵系统	飞行控制系统			1 套	1 套	1 套	1 套		1 套				7312 8482 9032 8412 8501 8803 8537 7307 7616 9031 8481 3926 8536 8409	
飞行操纵系统	襟/缝翼控制系统				1 套								8501 8537 8412 9031 8483 8803 7616	
飞行操纵系统	失速保护系统				1 套								8479 9032	
飞行操纵系统	驾驶舱操控系统				1 套								8501 8803 8536 8537 7326 7318	
飞行操纵系统	飞行操控系统组件	驾驶盘组件				1 套							8803	
飞行操纵系统	操纵拉杆									60 件			8803	
中央维护系统	中央维护系统				1 套								8523	2021
信息系统	航电综合信息系统		1 套				1 套						8529 9032 8803 8537 8543 8536 8517 8541 7616 8538	2021

续表

名称	一级部件	二级部件	单机用量										税则号列（供参考）	执行年限
			涡桨支线飞机 50座级	涡桨支线飞机 70座级	新型涡扇支线飞机	5座单发涡桨轻型公务机	19座级双发涡桨通用飞机	直升机 2吨级	直升机 4吨级	直升机 7吨级	直升机 13吨级	大型水陆两栖飞机		
电源系统	主电源系统			1套	1套								8501 8536 8537 8504 8507 9030 8511 9032	2021
	应急发电系统				1套								8502 8412 8803 8413 7312 8537 9032 7616	2021
	电源系统组件	交/直流发电机系统	5套			1套	2套	1套	2套	1套	5套		8511 8501 9032 8536 8544 8803 8522 7608 7306 8419	2021
		交/直流配电系统	2套			1套	3套	1套	2套	1套	3套		8421 8504 8515 8507 8537 9032 8535 8536 8533 8413 8531 8517 8529 8544 8803 8511 8506	2021
		蓄电池	1套	1套		1套						1套	8507 8519 8523 8504 9032	2021
	电气系统组件	电气附件										1套	8536	2021
燃油系统	燃油系统			1套	1套	1套			1套	1套			8501 8481 8537 9032 8413 9017 9031 8544 7616 9026 3917 8803 8414 8479 8421 8419 7608 9025 8309 8415 7609 7307 8531	
	重力加油系统及组件						1套		1套				8481 8412 8803 3923 8536 8421 9026	
	压力加油系统						1套		1套				8413	

续表

名称	一级部件	二级部件	涡桨支线飞机 50座级	涡桨支线飞机 70座级	新型涡扇支线飞机	5座单发涡桨轻型公务机	19座级双发涡桨通用飞机	直升机 2吨级	直升机 4吨级	直升机 7吨级	直升机 13吨级	大型水陆两栖飞机	税则号列（供参考）	执行年限
燃油系统	油量测量系统			1套		1套			2套			1套	8536 8481 8537 9026 8803 8544 8531 9032	
	燃油泵					1套	4套		8套				8413	
起落架系统	主起落架系统				1套					2套			8803 8412 8544 7320 4012 7326 8482 7616 4016 7318	
	前起落架系统				1套					1套			8803 7320 8412 8205 8427 3926	
	收放及位置告警组件			1套	1套								8803 7312 8481 8479 9026 9032 9031	
	刹车装置			1套	1套					2套			8481 8479 9026 9032 9031 8803 7312 8536	
	转弯装置			1套	1套	1套	1套		1套				8803 9032 8481 9029 8536	
	起落架系统组件	轮胎、梭阀		1套					1套	4件			4011 8481 8536 8803	
		滑橇						1套						
环控系统	座舱压力控制系统					1套							8481 8803 9032	
	高低压通气管路系统	高低压通气管路			1套								8803 7019 4016 7318 7326 3926 7307 8481 8419 8414 8418 8424 9025 9032 8421 9014 8536 9026 7608 7306 9029 9031	

名称	一级部件	二级部件	单机用量										税则号列（供参考）	执行年限
			涡桨支线飞机		新型涡扇支线飞机	5座单发涡桨轻型公务机	19座级双发涡桨通用飞机	直升机				大型水陆两栖飞机		
			50座级	70座级				2吨级	4吨级	7吨级	13吨级			
环控系统	高低压通气管路系统	高压空气管路		1套									7304 7326 8803	
		低压空气管路		1套									7019 8803	
		引气泄露探测系统		1套									8544 7326 9032	
	通风及加温	混合室、风扇、管路、切断阀							1套	1套			8803 8414 7307 8536	
	空调系统	空调系统及组件	1套	1套		1套			1套	1套			8415 8536 3917 8418 9025 8481 8421 8419 8414 8424 9032 8307 8803 7326 7307 4016 7318 9026 9029 7608 8531 8411	
		座舱指示调节组件	1套										9014 8481 8418	
		通气调节组件	1套										9025 8414 9026 8481 9032 8036 8536 8531	
防/灭火系统	防火系统				1套		1套						9031 8536 8531 9032 8537 7318 4016 7326 8544 8424 8481 8803 8538 8539 4009	
液压系统	液压系统		1套	1套	1套	1套			2套	3套			9026 8412 8479 8419 9032 8413 8481 7326 8803 4016 7318 7616 8536 8309 8411 7303 8421 7310	
	液压动力源组件					1套							8412	

续表

名称	一级部件	二级部件	涡桨支线飞机 50座级	涡桨支线飞机 70座级	新型涡扇支线飞机	5座单发涡桨轻型公务机	19座级双发涡桨通用飞机	直升机 2吨级	直升机 4吨级	直升机 7吨级	直升机 13吨级	大型水陆两栖飞机	税则号列（供参考）	执行年限
液压系统	液压系统组件		1套						2套	3套		1套	8412 9026 3917 8536 8414 8481 7326 8803 9025	
滑油系统	滑油散热器		1套	1套		1套	2套						8411 3917 4009	
	传感器		1套	1套		1套	4套						9026 9025 8503 8481	
防冰与防雨系统	引气和防冰系统				1套								8803 8481 9025 8419 9026 9032 7307 3926 8636 9107 8516	
	防除冰组件	防冰组件	1套			1套	1套					1套	8803 8481 8636 8421 9107 8516 8470 9032 8536 9405	
		尾翼除冰组件										1套	9106 9107 8481 9025 8536	
饮用水/污水	废水系统			1套	1套	1套	1套						7310 8481 7324 8414 9032 8531 8536 8803 7019	
	水系统			1套	1套								7310 8414 8481 8536 8537 7326 8516 4016 9032 7019 9026 8421 3917	
舱门	舱门及组件		1套	1套						27套			8803 8482 8302 4016 7320 3920 4008	

续表

单机用量

名称	一级部件	二级部件	涡桨支线飞机 50座级	涡桨支线飞机 70座级	新型涡扇支线飞机	5座单发涡桨轻型公务机	19座级双发涡桨通用飞机	直升机 2吨级	直升机 4吨级	直升机 7吨级	直升机 13吨级	大型水陆两栖飞机	税则号列（供参考）	执行年限
设备与内饰	应急定位发射机及组件	应急定位发射机及组件	2套		1套	1套	1套	1套	1套	1套	1套	2套	8526 8544 8803 8543 8525 8536 8517 8537 8529 8531 8506 8507 9014	
	厨房设备		1套	1套									8716 7611 8516 7612 8803 7310	
	厨房设备	旅客服务装置		1套		1套							8543	2021
	客舱装饰	客舱装饰板、标牌、锁、出风口	1套	1套		1套	1套			1套			8803 9405 3920 3919 3506 5603 3921 8302 8301	2021
	客舱装饰	厨卫结构		1套		1套							8803 9405 3920 3919 3506 5603 3921	2021
	客舱装饰	窗帘机构、遮光组件	1套			1套	1套			1套			8803	2021
	客舱装饰	锁组件	1套			1套	1套			1套			8302 8330	2021
	飞行应急设备	座椅				1套	2套		11套	18套			9401	2021
	飞行应急设备	自循环污物处理装置	1套			1套	1套						7324	2021
	飞行应急设备				1套	1套		1套	1套	1套	1套		3006 9405 7616 8513 8201 8907 8518 7310	
	任务设备	吊挂/探测设备及组件	1套						1套	1套	1套		8471 8536 8530 9405 8535 7312 5607 9027	
	任务设备	电动绞车及组件							1套	1套	2套		8425 6307	
	任务设备	光电吊舱系统					1套		1套		1套		8536	
	任务设备	消防设备及组件							1套	1套	1套		8424 8536 7309 8414 8421	

续表

名称	一级部件	二级部件	涡桨支线飞机 50座级	涡桨支线飞机 70座级	新型涡扇支线飞机	5座单发涡桨轻型公务机	19座级双发涡桨双通用飞机	直升机 2吨级	直升机 4吨级	直升机 7吨级	直升机 13吨级	大型水陆两栖飞机	税则号列（供参考）	执行年限
氧气系统	机组氧气设备		1套		1套	1套						1套	9026 9004 7412 8419 7616 8481 7613 7609 9032 8536 8803 9020 6815 7318 7311 3923 8302 7307 8310 7304 7411 7608 3917 9025 4009	
	乘客氧气设备			1套	1套								7311 7326 9020 7318 8536 8481 8419 9018 8803	
	机载便携氧气设备		3套				23套	1套	13套			1套	9033 9020 3973 7613	
	救援人员氧气设备											1套	7311 6815 9020 8481 7304 7608	
机体结构及总装（机头、中机身、机身、中后机身、机身、尾翼、后机身、发动机短舱、吊挂、浮筒、电气组件、雷达天线罩、机载成品、通讯系统）	金属材料	铝合金（型材、板、棒、管、窝、锻件）	12 100 千克	65 000 千克	123 007 千克		29 420 千克		900 千克	16 623 千克	5 900 千克	381 521 千克	7604 7605 7606 7607 7608 7609 7610	
		钛合金（板、棒、管、丝、锻件）	5 000 千克	10 000 千克	4 655 千克				300 千克	980 千克		100 千克	8108	
		钢、不锈钢（板、棒、管、丝、丸及其他金属）	1 000 千克	12 000 千克	9 304 千克		1 808 千克		300 千克	2 640 千克		58 000 千克	7306 7304 7312 7223 7222 7205 7225 7229 7307 7314 7326 7219 7228 7226 8311	
		铜、铜合金（板、棒、管）	100 千克		1 661 千克							1 580 千克	7407 7804 7408 7409 7411 7410 7413	

续表

名称	一级部件	二级部件	涡桨支线飞机 50座级	涡桨支线飞机 70座级	新型涡扇支线飞机	5座单发涡桨轻型公务机	19座级双发涡桨通用飞机	直升机 2吨级	直升机 4吨级	直升机 7吨级	直升机 13吨级	大型水陆两栖飞机	税则号列（供参考）	执行年限
机体结构及总装（机头、前机身、中机身、机翼、中后机身、后机身、尾翼、垂尾、发动机短舱、吊挂、浮筒、电气罩件、雷达天线罩、机载成品、通讯系统）	标准件（平垫圈除外）、轴承		182 455 件	1 101 690 件	883 732 件	14 056 件	22 700 件		6 600 件	110 000 件	78 137 件	1 135 000 件	7318 8482 8544 7616 4016 7307 8483 7326 3926 8108 7609 8302 8301 3917 3923 8536 8538 8547 7317 7415 7508 8803 8536 4008 8546 7419 8543	2021
	电缆及导线等				835 000 米								8544	
	复合材料	预浸料、纤维制品、树脂类材料	6 870 平方米	35 000 平方米	18 248 平方米	4 950 平方米	1 500 平方米		1 600 平方米	3 000 平方米	5 590 平方米	525 平方米	6815 6307 7019 5603 5403 3920 3919 3921 5911 9612 4015	
		胶膜、膜材料	680 平方米	2 000 平方米	4 161 平方米	511 平方米	400 平方米		400 平方米		2 426 平方米	60 平方米	3920 3506 5603 5906 7804 4811 3919 3921	
		内饰材料	4 790 平方米	500 平方米	362 平方米	215 平方米	190 平方米		200 平方米	800 平方米	200 平方米	30 平方米	3920 4107 7019 9025 7616 4823 3907 3921 6815 8803	
		蜂窝芯	210 平方米	1 200 平方米	420 平方米								4823 3920 3921 7616	
	装配用成品件	风挡玻璃组件、舱窗组件	50 件	2 件	62 件	1 套				14 套		50 件	7318 8535 9031 8803 8481 7020 8302 4008	

续表

名称	一级部件	二级部件	单机用量 涡桨支线飞机 50座级	70座级	新型涡桨支线飞机	5座单发涡桨轻型公务机	19座级双发涡桨通用飞机	直升机 2吨级	4吨级	7吨级	13吨级	大型水陆两栖飞机	税则号列（供参考）	执行年限
机体结构及总装（机头、机身、前机身、中机身、机身、后机身、尾、机翼、垂尾、发动机短舱、机身、发动机支架、电气组挂、浮筒、电气罩、雷达天线罩、件、机载成品、通讯系统）	装配用成品件	电子元器件 电子元件	4 480 件	690 件			200 件						4016 3917 7318 7307 7326 7301 8541 8542 8544 8533 8536 8537 8538 8539 8532 8518 8307 8301 8302 8108 8522 8481 8501 8803 9015 9026 9029 9032 9405 7616 7317 8482 7415 4008	
	货舱拦阻网			1 套									8803 5608	

（二）发动机、机载设备

名称	一级部件	二级部件	单机用量	税则号列（供参考）	执行年限
涡轴发动机	涡轴发动机成套部件	涡轴发动机热端部件成套散件	1 套	8411 8419	
	数字式电子调节器及软件		1 套	8411	
	金属材料	高压涡轮机匣毛坯铸件	1 件	7228 7325	
		中间机匣毛坯锻件	1 件	8108	
		一级离心叶轮毛坯锻件	1 件	8108	
		二级离心叶轮毛坯锻件	1 件	8108	
		附件前机匣毛坯铸件	1 件	7610 7616	
		动力涡轮轴毛坯锻件	1 件	7228 7325	
		回流器毛坯铸件	1 件	8108	
		轴承轴毛坯	1 件	7228	
		回流器盖板毛坯锻件	1 件	8108	
		进气机匣毛坯铸件	1 件	7610 7616	

续表

名称	一级部件	二级部件	单机用量	税则号列（供参考）			执行年限
涡轴发动机	金属材料	动力涡轮包容容机匣毛坯锻件	1件	7228			
		前轴颈毛坯	1件	8108			
		磁性密封组件	3件	8484			
	成附件	轴承	37套	8482			
		滑油泵	1件	8413			
		金属材料（铝、铝合金、钢、钛合金质型材、板、棒、管、丝、锻铸件、毛坯等）	1 134千克	7604　7606　7219　7220 7222　7224　7228　7326 7616　8108			
		成品件（动密封/调整垫/堵头、传感器、堵头/滑套/锁紧环等）	8千克	8484　8803　9033　9025 8543			
直升机尾传动系统	减速器	轴承	11套	8482			
		标准件	14千克	7318　7616			
		非金属材料（漆、润滑剂、密封剂、胶黏剂等）	100千克	3208　3403　3506			
	传动轴	尾传动轴组件	5套	8803　8483			
十七、重大技术装备的基础件（待定）							
（一）大型铸锻件							
（二）基础部件							
（三）加工辅具							
说明：本目录所列商品的税则号列供参考，以商品名称为准，进口时的商品编码以海关核定为准。							

附件 3：

进口不予免税的重大技术装备和产品目录（2018 年修订）

编号	税则号列	设备名称	技术规格	备注
一、大型清洁高效发电装备				
1	84137099	反应堆主冷却剂泵（包括电机、变频器、开关）	二代加核电用反应堆主冷却剂泵：所有规格；三代核电用反应堆主冷却剂泵：功率≤5 000kW	
2	85044020 85044090 85371090	核岛直流不间断电源（包括逆变器/UPS/充电器等）	所有规格（核安全等级为 1E 级或 RCCE 标准 K3 及以上的除外）	
3	84195000	非能动余热排出热交换器	所有规格（核一级的除外）	
4	84014090	核反应堆压力容器安全壳	所有规格	
5	84269900	核反应堆厂房环形吊车	所有规格	
6	84137099	主给水泵组（含电机）	单级叶轮扬程低于 500m	
7	8413	核级泵（上充泵/辅助给水泵/余热排出泵/水压试验泵/堆芯补水泵，含电机）	核安全三级及以下	
8	84714991	DCS 仪控设备	所有规格（具有核电安全级或核抗震 1 级和 2 级的 DCS 仪控设备除外）	
9	90251910 90328100 85365000	核级温度传感器/温度开关/核级压力开关、差压开关	所有规格（核安全等级为 1E 级或 RCCE 标准 K3 及以上的除外）	
10	84194090 84798999	放射性废物处理设备（包括脱气塔、蒸发器）	核安全三级及以下	
11	85446012 85444921	K1 类及 K3 类或 AP10001E 级大截面动力电缆	单芯截面小于 400mm² 或耐受辐照剂量低于 80Mrad	
12	84212990	核岛安全壳过滤排放系统	气溶胶滞留能力≤80kg，气溶胶滞留率≤99.9%，元素碘滞留率≤99%，有机碘滞留率≤80%，碘挥发 >0.1%	
13	84212990	核岛辅助水过滤器	过滤颗粒度大于 200 微米	
14	84014020 84014090 84289090	乏燃料贮存格架	所有规格（覆盖中子吸收材料的除外）	
15	84798999	核岛液压阻尼器	所有规格（主回路阻尼器和蒸发器阻尼器除外）	
16	85023100	风力发电机组整机	单机额定功率≤6MW	调整
17	84021110 84021190 84021200 84021900 84022000	蒸汽锅炉	所有规格	调整
18	84041010	锅炉辅助设备	所有规格	
19	84068120 84068130	电站用汽轮机	所有规格	
20	84138100	锅炉给水泵（组）	所有规格	调整
21	84138100	凝结水泵	所有规格	
22	84138100	循环水泵	所有规格	

编号	税则号列	设备名称	技术规格	备注
23	84138100	锅炉强制循环泵	所有规格	
24	84818010 84813000 84818040	火电机组用高温高压阀门（闸阀、截止阀、止回阀）	闸阀：公称通径 DN≤600mm（24″）； 压力等级≤4 500Lb 截止阀：公称通径 DN≤80mm（3″）； 压力≤4 500Lb 止回阀：公称通径 DN≤600mm（24″）； 压力≤4 500Lb	
25	84163000 84798999	输配煤、制粉及气力除灰、除渣、输灰成套设备（含煤粉计量系统）	所有规格	
26	84798999	锅炉给水、凝结水、软化水处理设备	所有规格	
27	84814000	锅炉安全阀	压力≤25.4Mpa，温度≤517℃	
28	85016100 85016200 85016300 85016410 85016420 85016430	交流发电机	所有规格	
29	85023900	火力发电机组	所有规格	
30	84021900 84021190 84021200	余热锅炉	所有规格	
31	84031010 84031090 8402	燃油燃气锅炉	所有规格	
32	84101100 84101200 841013	水轮机	所有规格	调整
33	8501 85023900	水轮发电机	所有规格	调整
34	84118100 84118200 85023900	燃气轮机及其发电机组	所有规格	
35	84118100 84118200 85023900	低热值（燃烧热量低于1 150大卡）煤气燃气轮机及其发电机组	输出功率≤200MW	
36	85021100 85021200 85021310 85021320 85022000	内燃机发电机组	所有规格	
37	85044019	励磁系统设备	所有规格	调整
38	73045110 73045190 73045910 73045990	高温承压用合金钢无缝钢管	外径在127mm及以上（含127mm），化学成分（wt%）中碳（C）的含量≥0.07且≤0.13、铬（Cr）的含量≥8.5且≤9.5、钼（Mo）的含量≥0.3且≤0.6、钨（W）的含量≥1.5且≤2.0、抗拉强度≥620MPa、屈服强度≥440MPa	

续表

二、超、特高压输变电设备

编号	税则号列	设备名称	技术规格	备注
1	8504	换流变压器（直流）	所有规格	
2	85045000	平波电抗器（直流）	所有规格	
3	85351000 85352100 85359000 85361000 86362000 85363000 85371090 85372010 85372090	控制保护设备	所有规格	
4	85359000	换流阀（直流）	所有规格	
5	85437099	滤波装置（直流）	所有规格	
6	85442000 854442 854449 854460	电缆	所有规格	
7	85461000 85462010 85462090 85469000	悬式绝缘子	所有规格	
8	85044013 85044014 85044015 85044019 85044020 85044091 85044099 8543	整流、调压装置	所有规格	
9	85413000	晶闸管（包括大功率可控硅元件，直流）	所有规格	
10	85437099 8504	静止无功补偿装置（交流）	所有规格	
11	85437099 8532	串联补偿装置（交流）	所有规格	
12	8504	变压器	所有规格	
13	8504	互感器（交流）	所有规格	
14	85045000	电抗器（交流）	所有规格	
15	85321000	电力电容器	所有规格	
16	8535 8536 85371010 85371090 85372090	各类低压电器（交、直流）	所有规格	
17	8535 8536 8537	六氟化硫断路器（交流）	所有规格	
18	85352100 85352900 85372090	高压断路器（包括油、六氟化硫、真空，交流）	所有规格	

编号	税则号列	设备名称	技术规格	备注
19	85354000	避雷器	所有规格	
20	85359000 85363000	继电保护装置	所有规格	
21	85371090	其他配电箱、配电盘、配电柜、配电板、配电台等	所有规格	
22	85371090	充放电盘、电工试验板、组合启动器、单体启动器	所有规格	
23	85372010 85372090	全封闭组合电器（GIS）	所有规格	
24	8544	电力电缆	交联聚乙烯绝缘电缆电压 500kV 及以下；其他电缆：所有规格（电压 500kV 及以上的海底电力电缆除外）	
25	8544	电线	所有规格	
三、大型石油及石化装备				
1	84148090 840681 84068200	乙烯裂解气压缩机及配套工业汽轮机	年产量≤120 万吨	
2	84148090 84068100 84068200	乙烯制冷压缩机及配套工业汽轮机	年产量≤120 万吨	
3	84148090 84068100 84068200	丙烯制冷压缩机及配套工业汽轮机	年产量≤120 万吨	
4	84148090 84186990	聚乙烯循环气压缩机（离心式）	年产量≤45 万吨	
5	84148090	聚乙烯配套用往复式压缩机（迷宫密封式）	年产量≤45 万吨	
6	84137010 84137099	离心式急冷油泵	所有规格	
7	84137010 84137099	离心式急冷水泵	所有规格	
8	84196090 84195000	板翅式换热器冷箱	所有规格	
9	8418	电站和石化空冷器	所有规格	
10	84068200 84143014 84148090	硝酸装置四合一机组（包括汽轮机、空气压缩机、尾气透平、氮氧合物压缩机）	年产量≤60 万吨	
11	8419	精对苯二甲酸（PTA）氧化反应器	单机年产≤120 万吨	
12	84068200 84148090	精对苯二甲酸（PTA）工艺空气压缩机机组（包括蒸汽轮机、压缩机）	单机年产≤100 万吨	
13	84193990	PTA 蒸汽回转干燥机	所有规格	调整
14	84198910	加氢反应器、精制反应器	所有规格	
15	84198990 84798999	高压冷凝器	所有规格	
16	84195000	块孔石墨换热器	所有规格	
17	84198990 84798999	阳极保护冷却器	所有规格	调整

续表

编号	税则号列	设备名称	技术规格	备注
18	84223030 84223090	纯碱包装机	所有规格	
19	84772010	混炼挤压造粒机（石化用）	所有规格	调整
20	84772090	橡胶螺杆挤出机	所有规格	调整
21	84775900	机械式轮胎定型硫化机	所有规格	调整
22	84198990	PVC 及烯烃聚合釜	所有规格	
23	84223030 84223090	颗粒体物料包装机	所有规格	调整
24	84198910	炼油用加氢反应器（包括精制反应器、裂化反应器）	所有规格	
25	84148090	循环氢离心压缩机组	所有规格	
26	84148090 84183	二、四、六列往复式新氢压缩机组	所有规格	调整
27	84148090	长输管道压缩机组	所有规格	调整
28	85015300	管道压缩机用高速变频防爆电机	所有规格	调整
29	84148090	炼油用大型无油原料气往复压缩机	所有规格	
30	84137010 84137090	加氢进料泵	所有规格	
31	84068200 84068110	工业汽轮机	所有规格	调整
32	8481	地面安装高压大口径全锻焊管道球阀	所有规格	调整
33	8481	埋地安装高压大口径大锻焊管道球阀	所有规格	调整
34	84714991	千万吨级炼油装置 DCS 集散控制系统	所有规格	
35	84137091	长输管线输油泵	所有规格	调整
36	87059080	大型压裂装备	额定输出功率≤2 500 马力	
37	84304119	连续油管作业装备	提升能力≤38 吨	
38	84798999	不压井作业装备	提升能力≤120 吨	
39	84122990	顶部驱动钻井装置	钻井深度≤7 000 米	
40	84122990	大口径焊管生产线成套设备	所有规格	调整
41	84148090 84186990	天然气液化用离心压缩机组	年产量≤350 万吨	
42	87042300	固井设备	最大输出压力 <70MPa	

四、大型煤化工设备

1	841350	往复式水煤浆隔膜泵	所有规格	
2	84198910	煤液化加氢反应器	所有规格	
3	84194020 84143014 84068200 84148090	大型成套空分设备（包括精馏塔、含冷箱；氧气压缩机、空气压缩机组、增压机组，含蒸汽轮机或电机等）	所有规格	
4	84143014 84068200	合成氨和尿素装置（包括合成气压缩机、原料压缩机、氨冷冻压缩机、空气压缩机、尿素（CO_2）压缩机组，含蒸汽轮机；液氮洗冷箱）	所有规格	调整

续表

编号	税则号列	设备名称	技术规格	备注
5	84051000	煤化工汽化炉	所有规格	
6	84148090 84186990	甲醇制烯烃（MTO）装置用压缩机组	所有规格	
五、大型冶金成套设备				
1	84543021 84543022 84543029 84543090	各钢种的方坯、圆坯、板坯、异型坯连铸机、板坯连铸机	所有规格	
2	84551010	无缝管轧机	所有规格	调整
3	84552110 84552210	冷、热连轧板带轧机	所有规格	
4	84552110	中板轧机	所有规格	
5	84552120	型钢轧机	所有规格	
6	84552130	线材轧机	所有规格	
7	84552190	初轧开坯机	所有规格	
8	85153110	螺旋焊管机	所有规格	
9	84541000	转炉设备	所有规格	
10	84542010 84542090	炉外精炼设备	所有规格	
11	84178010 84178090	炼焦炉设备；球团、烧结设备	所有规格	
12	841459	高炉用鼓风机	所有规格	调整
13	85141090 85142000	炼钢电炉	所有规格	
14	85152900	电阻焊机	所有规格（线性摩擦焊除外）	
15	85153120 85153191 85153199	电弧焊机	所有规格（数字化焊机除外）	
16	85152900 85153900 85158000	高频直缝焊管机组（包括开卷机，夹送矫平机，剪切对焊机，卧式螺旋活套，铣边机，成型机，定径机，飞锯机，平头倒棱机，铣切锯机，水压试验机，钢管矫直机，测长、称重、喷码装置、高频焊机、中频感应加热装置等）	所有规格	调整
六、大型矿山设备				
1	84305020 84305090 84306990 842952	矿用挖掘机	所有规格	
2	84306911	竖井钻机	钻孔直径≤13m，深度≤1 000m	
3	84251100 84251900	提升机	卷筒直径≤5.5m	
4	84798999	液压支架	所有规格	
5	84303100 84303900	采煤机	所有规格	

续表

编号	税则号列	设备名称	技术规格	备注
6	84283300	固定式带式输送机	所有规格	
7	84283990	刮板输送机	所有规格	调整
8	84283990	刮板转载机	所有规格	调整
9	84283990	刮板转载机	所有规格	调整
10	84742010 84742020 84742090	破碎机（站）	所有规格	
11	84741000	分类、筛选、分离或洗涤机器	所有规格	
12	87041030	非公路电动轮自卸车	载重量≤400 吨	
13	87041090	机械传动非公路刚性自卸车	所有规格	
14	87041090	非公路铰接式自卸车	所有规格	
七、大型船舶、海洋工程设备				
	89 章	船舶及浮动结构件	所有船舶整船及浮动结构件（生产率在 4 000m³/h 及以上的绞吸挖泥船、泥舱容量在 20 000m³ 以上的耙吸挖泥船除外）	
八、高速铁路、城市轨道交通设备				
1	8601 8602 8603 8605 8606	轨道机车、车辆、城市轨道交通车辆	所有规格	
2	8604	捣固车（含捣稳车）	所有规格	调整
3	86040099	稳定车	所有规格	调整
4	86040012	钢轨/道岔打磨车	所有规格	调整
5	86040099	大修列车	所有规格	调整
6	86040099	路基处理车	所有规格	调整
7	86040099	清筛机	所有规格	调整
8	86040099	物料运输车	所有规格	调整
9	86040099	配渣车	所有规格	
10	86040099	焊轨车	所有规格	
11	86040099	轨道车	所有规格	
12	86040011 86040019 86040099	其他轨道校正、检查车、查道车	所有规格	
13	8604	钢轨铣磨车	所有规格	
九、大型环保及资源综合利用设备				
1	84213921	静电除尘器	所有规格	
2	84213922	袋式除尘器（含电袋式）	所有规格	调整
3	842139	电站烟气脱硫专用设备（包括循环浆液泵、水力旋流分离器、除雾器、烟气挡板门、脱硫增压风机、搅拌器等）	所有规格	调整
4	842139	燃煤电站烟气脱硝成套设备（吸收剂系统、催化反应设备、监测控制系统、空气稀释系统和吹灰系统）	所有规格	

编号	税则号列	设备名称	技术规格	备注
5	84212190 84212910 84212990	带式污泥浓缩压滤一体机	所有规格	调整
6	84211990	螺旋离心浓缩机	转鼓直径≤1m，处理能力≤8m³/h	
7	84212910	螺旋栅渣压滤机	排渣量＜4m³	
8	84798999	节能曝气机	所有规格	调整
9	84798999	剪切式转盘曝气机	所有规格	调整
10	84798999	水平轴转刷曝气机	所有规格	调整
11	84798999	竖轴式表面曝气机	所有规格	调整
12	84178090 842139	生活垃圾焚烧炉及其烟气净化装置	处理能力≤600吨/天（烟气净化装置除外）	
13	84123900	大型高炉煤气余压透平发电装置（TRT）	额定功率≤40 000kW	
14	84079010 85023900	瓦斯、沼气发电机组	所有规格	
15	85023900	双燃料发动机	额定功率≤500kW	
16	84212990	转盘式膜反应分离器	所有规格	
17	84212990	转盘式微滤机	所有规格	
18	84213990	脱酸塔（煤气综合利用）	所有规格	
19	84213990	喷淋式饱和器（煤气综合利用）	所有规格	
20	84772090	木塑产品生产线	所有规格	
21	84212910	压滤机	所有规格	调整

十、大型施工机械和基础设施专用设备

编号	税则号列	设备名称	技术规格	备注
1	84303100	全断面掘进机	刀盘直径≤19m	调整
2	84134000	拖式、车载式混凝土泵	所有规格	
3	84271010	堆垛机	所有规格	
4	84271090	电瓶叉车	所有规格	
5	84264190	集装箱正面吊	所有规格	
6	84272010	集装箱叉车	所有规格	
7	84272090	内燃叉车	所有规格	
8	84279000	其他装有升降或搬运装置的工作车	所有规格	
9	84292090	平地机	所有规格	
10	84293010	自行式铲运机	所有规格	
11	84293010 84293090	拖式铲运机	所有规格	
12	84294011	压路机	所有规格	
13	84295100	装载机	所有规格	
14	84301000	筒式柴油打桩机	所有规格	
15	84306919	水平定向钻	所有规格	
16	84304122	钻探机	所有规格	

续表

编号	税则号列	设备名称	技术规格	备注
17	84743100	混凝土或砂浆搅拌机器	所有规格	
18	84743200	矿物与沥青的混合搅拌设备	所有规格	
19	84791021	沥青混凝土摊铺机	所有规格	
20	84264910	履带式起重机	所有规格	
21	87051021 87051022 87051023	全路面起重机	所有规格	
22	87051091 87051092 87051093	其他汽车起重机	最大起重量≤220 吨	
23	84264110	轮胎式起重机	最大起重量≤150 吨	
24	84295211	轮胎式挖掘机	整机重量≤36 吨	
25	84295212	履带式挖掘机	整机重量≤120 吨	
26	84295900	挖掘装载机	所有规格	
27	84301000	液压打桩锤	整机重量≤25 吨（船用≤18 吨）	
28	842952 84305090 84306990	连续墙液压抓斗	斗宽≤1.2m	
29	843050 84306911 84306919	旋挖钻机	钻孔直径≤3m，动力头标准扭矩≤350kN·m	
30	84306911	工程钻机	钻孔直径≤3.5m	
31	84791022	稳定土路面拌合机	所有规格	
32	84791022	稳定土路面摊铺机	所有规格	
33	84791029	滑模式水泥摊铺机	所有规格	
34	84791090	高等级公路稀浆封层机	料仓≤10m^3，制浆≤3 吨	
35	84791090	沥青路面铣刨机	所有规格	
36	84261990	架桥机成套设备（含运梁车、提梁机、架桥机）	所有规格	
37	84791029	碎石摊铺机	所有规格	
38	87054000	混凝土搅拌车	所有规格	
39	84291110 84291190 84291910	推土机	额定功率≤520 马力	
40	84261930	龙门式起重机	起重量≤1 200t	
41	87059091	混凝土泵车	所有规格	
42	84281090 87053090	登高平台消防车	最大工作高度≤88 米	新增
43	84281090 87053090	云梯消防车	最大工作高度≤53 米	新增
44	84281090 87053090	举高喷射消防车	最大工作高度≤80 米	新增

编号	税则号列	设备名称	技术规格	备注
十一、大型、精密、高速数控设备、数控系统、功能部件与基础制造装备				
1	8456 8457 8458 8459 8460 8461 8462 8463 8464 8465	非数控机床	所有规格	
2	84561100	数控激光加工机床	≤4 轴联动	
3	84564010 84615000	数控切割机	等离子切割机：板厚≤40mm；水切割机：<4 轴联动，切割金属厚度≤200mm；其他数控切割机：所有规格	
4	84571030	龙门式加工中心	<5 轴联动，重复定位精度≥0.006mm/2m，快速移动速度 X、Y<50m/min	
5	84563010	数控电加工机床	①数控电火花成形机床：加工表面粗糙度 Ra≥0.2μm，型腔截面和深度尺寸精度≥±3μm；②数控线切割机床：切割效率≤300mm²/min，加工表面粗糙度 Ra≥0.2μm，切割尺寸精度≥±2μm；③数控电解加工机床：<5 轴联动；④用于冷轧辊表面加工的电火花毛化机床：表面粗糙度均值偏差>±5%	
6	84571010 84571020 84571030	钻削加工中心	所有规格	
7	84571010 84571020 84571030	镗铣加工中心（龙门式加工中心、车铣复合加工中心除外）	所有规格	
8	84571091 84571099	车铣、铣车复合加工中心（复合机床）	<5 轴联动，车主轴定位精度>4″	调整
9	84581100 84589110	车削中心（铣车复合加工中心除外）	所有规格	
10	84581100	数控重型卧式车床、重型卧式车削中心	最大加工工件直径 D≤8 000mm，工件长度≤25 000mm，加工圆度≥4×10⁻⁶×Dmm（D 为最大加工工件直径），定位精度>0.01mm/2m	
11	84589110 84589120	数控重型立式车床、重型立式车削中心	D≤25m（必须满足），定位精度>0.015mm/2m，联动轴数<4 轴，加工圆度>0.015mm（D 为最大加工工件直径）	
12	84581100 84589110 84589120	数控车床	所有规格	
13	84581100	数控不落轮车床	最大切削面积<10mm²/刀架；踏面径向跳动>0.1mm；内侧面端跳>0.1mm；同轴轮内径差>0.1mm	
14	84596110	数控龙门铣床	工作台宽度<5 000mm，重复定位精度≥0.006mm/2m，<4 轴联动	
15	84595100 84596190	数控铣床（数控龙门铣床除外）	所有规格	
16	84602110 84602411 84602210 84602419	数控重型磨床	最大加工工件直径 D≤2 500mm，微量进给>0.0001mm，重复定位精度>0.005mm，加工圆度>3×10⁻⁶×Dmm	

编号	税则号列	设备名称	技术规格	备注
17	84601210	数控平面磨床（含成形磨、导轨磨）	定位精度 >0.003mm/2m，重复定位精度 >0.0015mm/2m，龙门宽≤3 500mm，平面度 >0.003mm/3 000mm	
18	84602110 84602411 84602210 84602419 84603100	数控磨床（含内圆、外圆、端面外圆、万能、无心、轴承、刃磨等）	定位精度 >0.004mm，重复定位精度 >0.002mm，加工圆度 >3×10^{-6}×Dmm（D 为最大加工工件直径），砂轮线速度≤60m/s	
19	846021	数控凸轮轴磨床	工件最大回转直径≤250mm，砂轮线速度≤60m/s（单砂轮），凸轮轮廓精度 >0.01mm	
20	846021	数控曲轴磨床	工件回转直径≤630mm，曲轴连杆颈 >0.0025mm，主轴颈加工圆度 >0.0025mm，圆柱度 >0.003mm	
21	84602210 84602419	数控立式磨床	定位精度 >0.005mm，重复定位精度 >0.003mm，圆度 >3×10^{-6}×Dmm（D 为最大加工工件直径）	
22	84614010	数控重型滚齿机	精度等级 >6 级；联动轴数≤3 轴；立式：工件直径 <8 000mm，卧式：工件直径 <2 000mm	
23	84614010	数控齿轮加工机床	工件直径：10～2 000mm 且模数：1～24mm，≤3 轴联动，精度等级 >5 级（齿轮磨床 >4 级）	
24	84614010	数控插齿机	≤3 轴联动，精度等级 >5 级	
25	84614010	数控齿条加工机床	工件长度≤2 000mm，精度等级 >5 级	
26	84593100	数控铣镗床	镗杆直径≤260mm，加工孔同轴度≥0.008mm/500mm，重复定位精度≥0.006mm/2m，≤4 轴联动	
27	84614010	数控重型磨齿机	齿轮直径≤8m，精密 >5 级	
28	84594100 8460	数控坐标镗床、数控坐标磨床	定位精度≥0.0015mm	
29	84572000 84573000	组合机床	加工精度为 IT5 级及以下（注：I - 国际；T - 允差；级的数值越小精度越高），同轴度≥0.01mm/500mm，平面度≥0.01mm/1 000mm，直线度≥0.008mm/1 000mm，平行度≥0.008mm/1 000mm	
30	84594100	数控深孔钻镗床（含数控深孔镗床）	镗孔直径≤Φ1 250mm，镗孔深度≤20 000mm，钻直径≤Φ110mm，孔的直线度≥0.10mm/1 000mm	
31	84604010	数控珩磨机床（含深孔珩磨机床）	孔径圆度 >0.002mm，孔的直线度 >0.002mm/200mm，珩孔表面粗糙度 Ra≥0.05μm 深孔珩磨机：珩磨直径≤800mm，珩孔深度≤15 000mm，珩孔表面粗糙度 Ra≥0.1μm	
32	84621010 84621090 84624111 84624119	锻造用压力机或冲压机床	所有规格	调整
33	84621090	空气锤	所有规格	
34	84622110 84622910	矫直（平）机	所有规格	
35	84622190 84622990	折弯压力机	所有规格	
36	84622190 84622990	开卷机	所有规格	

编号	税则号列	设备名称	技术规格	备注
37	84622190 84622990	弯管机	所有规格	
38	84622990	三辊四辊卷板机	所有规格	
39	84622190 84622990	折边机	所有规格	
40	84623110 84623120 84623190	数控板带剪切机床	所有规格	
41	84623190 84623990	棒料剪断机	所有规格	
42	84624190 84624900	联合冲剪机	板厚≤30mm，冲孔力＜120t	
43	84649090	金刚石成型液压机	所有规格	
44	84629110 84629190	单柱、双柱、四柱万能液压机	所有规格	
45	84629110 84629190 84629910 84629990	立式、卧式冷挤压机	所有规格	
46	84629110 84629190 84629910 84629990	开式双点压力机	所有规格	
47	84629110 84629190 84629910 84629990	闭式四点多连杆压力机	所有规格	
48	84629190	双动薄板拉伸液压机	所有规格	
49	84629190	校正压装液压机	所有规格	
50	84629190	磨具制品液压机	所有规格	
51	846291 8479	打包压块液压机	所有规格	
52	84629110 84629190 8479	单动薄板冲压液压机	所有规格	
53	84629910 8479	开式固定台压力机	所有规格	
54	84629910 8479	开式可倾压力机	所有规格	
55	84629910 8479	开式底传动压力机	所有规格	
56	84629910 8479	闭式单点压力机	所有规格	
57	84629910 8479	闭式双点压力机	所有规格	

续表

编号	税则号列	设备名称	技术规格	备注
58	84629910 8479	双动拉伸压力机	所有规格	
59	84629910 8479	双盘摩擦压力机	所有规格	
60	84629910 8479	电动螺旋压力机	公称压力≤8 000t	
61	84621010 84621090 84624111 84624119 84629910 8479	高速精密压力机（滑块行程次数至少到200次/分）	①公称压力 T＜200t：冲速＜800 次/分钟，综合间隙＞0.2mm，下死点精度：纵向＞0.005mm 且前后左右＞0.002mm；②200t≤公称压力 T＜400t：冲速＜500 次/分钟，综合间隙＞0.3mm，下死点精度：纵向＞0.2mm 且前后左右＞0.02mm；③公称压力 T≥400t：冲速≤350 次/分，综合间隙≥0.45mm，下死点精度：纵向＞0.3mm 且前后左右＞0.03mm	
62	84624111	数控冲模回转头压力机（包括转塔冲床）	公称压力≤60t，加工精度＞±0.05mm，板料最大移动速度＜140m/min，最高冲压频率≤1 000 次/分	
63	84629910 8479	封头旋压机	所有规格	
64	84629190 84629910 84629990	粉末成形压力机	所有规格（加工硬质合金且加工精度＜0.01mm 的除外）	
65	84629910	旋压机（含强力压旋）	所有规格	
66	84629990	自动冷墩机	所有规格	
67	84659900 84793000	热压机（用于木材、建材装潢材料加工）	公称压力≤2 000t	
68	84622190 8479	数控滚轮式收口工作站（包括封头旋压工作站）	加工工件直径≤400mm，主轴转速≤400rpm，加工工件长度≤2m	
69	84633000	自动搓丝机	所有规格	
70	84633000	自动卷簧机	所有规格	
71	84633000 84639000	辗环机	直径≤8 000mm	
72	84624119	多工位板材成型机械压力机及自动化送料装置	公称压力≤5 000t 或整机节拍≤45 次/分	
73	84624119	多工位机械式热模锻压力机及自动化送料装置	公称压力≤1 600t	
74	84624119	多工位机械式温锻压力机及自动化送料装置	公称压力≤1 000t	
75	84624119	多工位机械式冷锻压力机及自动化送料装置	公称压力≤1 000t	
76	84624119	级进模压力机及自动化送料装置	公称压力≤2 500t 或整机节拍≤50 次/分	
77	84621010	精锻机（径向锻造）	单锤头频次≤400 次/分或单锤头公称压力≤2 000kN	
78	84624900	热等静压机	所有规格	
79	84624900	冷等静压机	所有规格	
80	84621010	径锻机组	锻压力：0.8MN～18MN	新增
81	84622190	卷板机组	卷制钢板厚度≤350mm，宽度≤4 000mm	新增
十二、新型纺织机械				
1	84451111	棉纺清梳联合机	单机产量≤120 千克/小时	
2	84451112	往复式抓棉机	所有规格	

编号	税则号列	设备名称	技术规格	备注
3	84451310	棉纺并条机	所有规格	
4	84451210	棉纺精梳机	生产速度≤500 钳次/分钟	
5	84451321	棉纺粗纱机	所有规格	
6	84451900	开棉机	所有规格	
7	84451900	混棉机	所有规格	
8	84451900	清棉机	所有规格	
9	84451900	清梳联棉箱	单机产量≤100 千克/小时	
10	84452041	棉纺环锭细纱机	所有规格	
11	84454010	自动络筒机	所有规格	调整
12	84463050	喷气织机	所有规格	
13	84440090	氨纶卷绕机	所有规格	
14	84400900	纺熔复合非织造布纺丝、牵伸机	所有规格	
十三、新型、大马力农业装备				
1	87013000	履带式拖拉机	所有规格	调整
2	84335100	谷物联合收割机	半喂入：收获行数≤6 行；全喂入：喂入量≤10 公斤/秒	调整
3	84335300	马铃薯联合收获机	收获行数≤4 行	
4	84335990	自走式青贮饲料收获机	功率≤260 千瓦	
5	84323000	马铃薯种植机	播种行数≤6 行	调整
6	84323000	大型小麦免耕播种机	播种行数≤24 行	调整
7	84323000	水稻覆土直播机	播种行数≤6 行	
8	84335920	采棉机	采收行数≤6 行	
9	87019011	轮式拖拉机	额定功率≤147.1kW（200 马力）	
10	84138100 84834090	静液压无级变速器或静液压传动装置（HST）	56CC 以下	调整
11	84244900	自走式喷杆喷雾机	药箱容积＜1 000 升	新增
十四、电子信息和生物医疗装备				
1	84798969	点胶机	直线运动加速度≤800 米/秒	
2	84799090	点胶头	单点速度≤400 点/秒	
3	84862090	喷胶机	硅片直径50～300mm，胶膜厚度1～20μm，均匀性≥±10%	
4	84862090	匀胶显影机	硅片直径50～300mm	

说明：

1. 对"生产线"及"成套设备"内含的本目录所列设备，如符合"功能机组"规定的，按《中华人民共和国进出口税则》第 16 类类注四和第 91 章章注三的规定归类，否则，应分别归类。本目录列名的"…生产线、…成套设备、…系统"的全部设备，无论成套或单独进口其中某一台，都受本目录限制。

2. 凡本目录中未注明"所有税号"的，即仅指该类中的列名商品。

3. 未列入本目录的商品，但其他政策法规已明确规定不予免税的，应照章征税。

财政部　海关总署　税务总局关于完善跨境电子商务零售进口税收政策的通知

2018 年 11 月 29 日　财关税〔2018〕49 号

各省、自治区、直辖市、计划单列市财政厅（局），新疆生产建设兵团财政局，海关总署广东分署、各直属海关，国家税务总局各省、自治区、直辖市、计划单列市税务局，国家税务总局驻各地特派员办事处：

为促进跨境电子商务零售进口行业的健康发展，营造公平竞争的市场环境，现将完善跨境电子商务零售进口税收政策有关事项通知如下：

一、将跨境电子商务零售进口商品的单次交易限值由人民币 2 000 元提高至 5 000 元，年度交易限值由人民币 20 000 元提高至 26 000 元。

二、完税价格超过 5 000 元单次交易限值但低于 26 000 元年度交易限值，且订单下仅一件商品时，可以自跨境电商零售渠道进口，按照货物税率全额征收关税和进口环节增值税、消费税，交易额计入年度交易总额，但年度交易总额超过年度交易限值的，应按一般贸易管理。

三、已经购买的电商进口商品属于消费者个人使用的最终商品，不得进入国内市场再次销售；原则上不允许网购保税进口商品在海关特殊监管区域外开展"网购保税＋线下自提"模式。

四、其他事项请继续按照《财政部　海关总署　税务总局关于跨境电子商务零售进口税收政策的通知》（财关税〔2016〕18 号）有关规定执行。

五、为适应跨境电商发展，财政部会同有关部门对《跨境电子商务零售进口商品清单》进行了调整，将另行公布。

本通知自 2019 年 1 月 1 日起执行。

特此通知。

财政部　海关总署　税务总局关于调整新型显示器件及上游原材料、零部件生产企业进口物资清单的通知

2018 年 12 月 26 日　财关税〔2018〕60 号

各省、自治区、直辖市、计划单列市财政厅（局），新疆生产建设兵团财政局，海关总署广东分署、各直属海关，国家税务总局各省、自治区、直辖市、计划单列市税务局：

根据国内新型显示器件产业及相关产业发展情况，现对《财政部　海关总署　国家税务总局关于扶持新型显示器件产业发展有关进口税收政策的通知》（财关税〔2016〕62 号）附件《关于新型显示器件及上游关键原材料、零部件生产企业进口物资税收政策的暂行规定》附 1、2、4、5 所列进口物资清单进行调整。

调整后的进口物资清单见附件，自 2019 年 1 月 1 日起执行。财关税〔2016〕62 号附件中附 1、2、4、5 所列进口物资清单同时停止执行。

附件：1. 薄膜晶体管液晶显示器件生产企业进口物资清单
　　　2. 有机发光二极管显示面板生产企业进口物资清单
　　　3. 彩色滤光膜生产企业进口物资清单
　　　4. 偏光片生产企业进口物资清单

附件 1：

薄膜晶体管液晶显示器件生产企业进口物资清单

（1）薄膜晶体管液晶显示器件生产企业进口生产性原材料清单

序号	类别	商品名称	英文名称（供参考）	税则号列（供参考）	性能指标
1	玻璃/玻璃纤维/液晶屏	玻璃微粒/有机硅醇盐微粒/边框胶纤维	GLass Fiber	70182000/70199090	glass fiber 的粒径为 3μm ~ 5μm
2		低温多晶硅用玻璃基板	LTPS Glass	70060000	应变点≥670℃，热膨胀系数≤39×10⁻⁷/℃
3		金属氧化物用玻璃基板	IGZO Glass	70060000	制程温度≥350 度以上，背面粗糙度≥0.4 纳米
4		盖板玻璃（强化玻璃）	Strengthen Glass	70060000	以下条件同时满足： 1. 强度≥770MPa 2. 强化深度≥75μm
5	彩膜	彩色滤光膜彩色滤光片	Color Filter	90019090/70200011	仅用于 1 100mm * 1 300mm，上述长和宽指标须同时满足，且满足以下条件之一即可： 1. 宽视角（高级超视场转换 ADS/平面内开关 IPS/边场效应开关 FFS）型 2. 扭曲向列（TN）型中用于 10.1 寸以下（含 10.1 寸） 3. PPI≥400
6		光阻/光阻剂/光刻胶（红，绿，蓝，光刻间隔膜，平坦层）	Color Resist/Photo Resist（R，G，B，PS，OVER COAT，BCS，BPS，PAC）	32041700/37070000/37071000	
7	模具	光罩/掩模板（掩膜板/掩膜版）	Photo Mask	37059090/90029090/84805000/84807190	满足以下条件之一即可： 1. LTPS Array MASK（低温多晶硅阵列掩模版）：CD≤0.15μm，registration≤0.3μm，total pitch≤0.5μm，minL/S：2.0μm 2. LTPS CF MASK（低温多晶硅彩膜掩模版）：CD≤0.25μm，registration：≤0.5μm，total pitch≤0.5μm 3. Array/CF 10.5 代线及以上（含 10.5 代线）MASK 4. 使用下述其中一种技术的所有尺寸 MASK（GT MASK/Half tone/Gray tone/UV2A/SSM/Binary/Short Channel Mask/PSM）

续表

序号	类别		商品名称	英文名称（供参考）	税则号列（供参考）	性能指标
8	胶膜	丙烯酸树脂类膜	偏光片	Polarizer	90012000	满足以下条件之一即可：1. 偏光片单体厚度≤90μm（单体厚度不包括保护膜、离型膜、扩散胶层、增亮膜的厚度）2. 耐热温度大于等于95摄氏度，同时耐低温度小于等于-40摄氏度 3. 黄光589nm透过率≤20%
9			各向异性导电芯片/各向异性导电膜/自粘塑料膜/各向异性导电胶片/各向异性导电晶片	ACF	40059100/40059900/38249099	
10	表面取向剂		层间绝缘膜/保护膜	Organic Insulator/Over Coat	39209990/39202090/39069090/39206200	
11		聚酰亚胺	聚酰亚胺取液晶/聚酰亚胺酸取向液/聚酰亚胺酸取向液晶聚酰亚胺	Polyimide For Alignment Film	39119000/38249099/32089090	
12	靶材	靶材	靶材（钛、铜）/旋转靶（钛、铜、硅）	TARGET (Ti, Cu) /TARGET (Al, Ti, Mo, Cu, Si)	76081000/74071090/81029900/76169990/84869091	
13			靶材（铝钕、钼铌、钼钛、铟锌氧化物、氧化氧锌、旋转靶（铝钕、钼锡、钼钛、铟镓锌、钼铌、钼铟氧化物、氧化铌）	TARGET (Al – Nd, Mo – Nd, ITO, Mo – Nb, Mo – Ti, IZO, IGZO) /TARGET (Al – Nd, Mo – Nd, ITO, Mo – Nb, Mo – Ti, IZO, IGZO, NbOx)	76169990/81129930/79070090	
14			硅球/导电金球/导电晶球	MICRO SPHERICAL PLASTIC BEADS/Silica Beads/ElectricBeads/Silica Ball/Au Ball/Aub Ball	71159010/70182000	
15	树脂	树脂类	隔垫物/垫料	SPACER	39269090/39269010/38249099/39039000/39059900	
16			边框胶/封框胶（环氧树脂）/密封胶/封口材料	Sealant	35061000/35069120/32141090	
17			紫外线固化树脂/防湿绝缘胶/防湿绝缘液/防湿绝缘涂料	Ultraviolet curing resin/UV Tuffy/Tuffy	39191010/38249099/35061000/35069900/32141010	

续表

序号	类别		商品名称	英文名称（供参考）	税则号列（供参考）	性能指标
18	树脂类	树脂	硅树脂/硅胶/矽胶	SILICON RESIN	39100000/35069190	
19			光学绝缘树脂/光学弹性树脂	Over Coat（Insulate/Passivation of TP）/SVR	39073000/35069900	
20			触摸屏用光学胶	Optical Clear Adhesive（OCA）/Liquid Optical Clear Adhesive（LOCA）	39199090	
21			非感光型有机绝缘树脂	PTS	39073000	
22		导电树脂	转印银浆/银环氧树脂/芳基酸与芳基胺聚合物（银胶）/转印电极材料/银胶/Ag环氧胶	AG Paste/Ag Epoxy	38249099	
23	高纯气体	高纯度混合气体	硅烷	Gas（SiH₄）	28500090	SiH_4 纯度≥99.999%　N_2 含量≤0.5ppmv　H_2 含量≤20ppmv　O_2 含量≤0.06ppmv
24			磷烷/磷烷混氢合气/20%磷烷氢混合气/1%磷烷氢混合气	Gas（PH₃）/Gas（PH₃/H₂）/Gas（20% PH₃/H₂）/Gas（1% PH₃/H₂）	28500090/28480000	磷烷纯度≥99.9995%；氢气纯度≥99.9999%
25			1%磷化氢－硅烷混合气	Gas（1% PH₃/SiH₄）	38249099	
26			三氯化硼	Gas（BCl₃）	28121049/28273990	三氯化硼纯度≥99.999%　Ca≤50ppbv；K≤50ppbv；Mg≤10ppbv；Na≤50ppbv
27			氙气/高纯氙	Gas（Xe）	28042900	H_2O≤0.5ppm
28			0.4%氙氖混合气	0.4% Xe/Ne	38249099/28042900	
29			1%氟氖混合气	1% F₂/Ne	38249099/28042900	
30			乙硼烷氢混合气（乙硼烷）	Gas（B₂H₆/H₂）	28500090	
31			激光退火用混合气体/含氢氖激光退火用混合气体	H₂＋Ne/H₂ inNe	28042900/28261990	纯度≥99.999%　H_2O≤3ppm
32		高纯度成膜气体	正硅酸乙酯	Liquid（TEOS）	29209090	纯度≥99.9999999%
33			氯化氢/氢氮混合气	Gas（4.5% HCl/0.9% H₂/94.6% Ne）	38249099	
34			氢气氩氮气混合气气体	Gas（3% H₂/Ar）	28042900	
35		其他高纯度特殊气体	氦气	He	28042900	氦气纯度≥99.999%
36			四氟化硅	SiF₄	28129019	纯度≥99.998%；CO_2 含量≤1ppmv；CO 含量≤0.5ppmv；HF 含量≤5ppmv；P、B、As 含量≤0.5ppmv
37			含氢和氯化氢的氖	4.5% HCl in Ne	28042900	

续表

序号	类别	类别	商品名称	英文名称（供参考）	税则号列（供参考）	性能指标
38	高纯气体	高纯度刻蚀气体	三氟化硼/三氟化硼同位素	11BF$_3$	28129019/28459000	B-11（%）≥99.7% O$_2$/Ar、SO$_2$、CO$_2$、N$_2$、HF、SiF$_4$ 杂质≤25ppmv
39	刻蚀液	刻蚀液	二氧化硅蚀刻液/缓冲氧化层刻蚀液	BHF	28261910/28111100	
40	光刻工艺用化学品	显影液/光刻胶/去胶液/增粘剂/稀释剂/静电防止剂	乙酸丁脂/稀释剂/醋酸丁脂	THINNER	29153300/38140000	同时满足以下条件：1. Particle≥0.5μm：<100（pcs/ml）2. PGMEA：99.8%
41			光刻胶	PHOTO RESIST	37071000	同时满足以下条件：1. taper角>65° 2. CD≤1.5μm
42			稀释剂	Thinner	38140000	同时满足以下条件：1. PGMEA：>99.8% 2. Particle>0.5μm：<50（pcs/ml）
43	化学洗剂	玻璃基板洗剂/PI洗剂/液晶洗剂	PI前清洗剂/硅烷液	CLEANER (PI&ASS'Y)	29225090	仅用干铜工艺，且同时满足以下条件：1. pH：5.5~7.5 2. 电导度：0.15（MAX）
44			转印凸版（APR版）清洗剂/R丁内脂/APR版清洗剂	CLEANER for APR PLATE	38101000/29322090	
45			剥离剂/剥离液	PI/PR stripper	38101000	仅用干铜工艺，且同时满足以下条件：1. pH：12.5~13.5 2. Particle>0.5μm：<100（pcs/ml）
46			Cu剥离液补充浓缩液	Inter，NMF	38249999	
47		化学洗剂	高分子导电液	PEDOT	38249999	
48	模组	模组	多元件集成电路	Multi-component Integrated circuit	85423111/85423119/85423210/85423310/85423910	同时满足以下条件：1. 工艺制程≤40nm 2. IC刷新率 120Hz 3. 包含两个或两个以上单片

（2）薄膜晶体管液晶显示器件生产用生产企业进口生产性消耗品清单

序号	类别		商品名称	英文名称（供参考）	税则号列（供参考）	性能指标
1	灯类	曝光灯	高压水银灯	Ultra High Pressure Mercury Lamp	85393290	
2			低压水银灯（曝光机小灯）	Mercury Lamp	85393290	
3			周边曝光用紫外线灯	Mercury Lamp	85394900/85393240	
4			氙灯	xeon lamp	85393290	
5			金属卤化物灯	metal halogen Lamp	85393290	
6		其他灯类	（精密）荧光灯/光学检测荧光灯（中心波长330纳米）	Fluorescent Light	85393190	
7			纯水装置用紫外线灯	UV Lamp for purified water system/EUV Lamp	85394900	
8			特种灯部品/离子灯丝	dedicated lamp/Ion Fliament	85390000/85399000	
9			红外线灯	IR LAMP	85394900	
10			激光紫外线灯/激光灯管	laser UV lamp/ELA Laser Lamp	85394900	
11	过滤器	空气过滤芯	空气过滤器（筒式）/空气过滤器（无硼）	Filter	84213990/84219990	
12			外气调和器用过滤器	Filter	84213990	
13			纯水装置用过滤器	filter	84212199	
14		水过滤介质	纯水装置用离子交换树脂（阴离子）/抛光树脂	Filter（Anion Exchange Resin）/Polishing Resin	39140000	
15			纯水装置用离子交换树脂（阳离子）/抛光树脂	Filter（Cation Exchange Resin）/Polishing Resin	39140000	
16		其他过滤芯	洗净装置用过滤器筒式过滤器	Filter	84212199	
17			化学过滤器	Filter/Chemical Filter	84213990/84219990/84212990	
18	金属类	电极板	电极板/干刻（DE）用上部电极板/上电极板/扩散器	(ACC, DEC) elerration Grid Extraction Grid, Groung Grid/Shield Plate/Diffuser	84669390/83111000/84869099/71159010	
19			干刻（DE）用下部电极板/下电极板	Shield Plate/Susceptor	84669390	
20		其他	探测器框架	prober frame/prober assembly	90319000	
21			靶材托板/背板/靶材背	backing plate	84869091	
22			壁板/盖板	Liner/Baffle/Insulator/Cover	76061290	

续表

序号	类别	商品名称	英文名称（供参考）	税则号列（供参考）	性能指标
23	探针	台阶高差测定用测定针	prober	90309000	
24		除静电针	anti-static pin	90309000	
25		探针板	prober card	90309000	
26		电性探针	Probe Tip	90309000	同时满足以下条件： 1. 密度 8.36～19.3cm³ 2. 针尖直径小于等于 15μm
27		探针卡	Probe Card	90309000	同时满足以下条件： 1. 温度范围：-40℃～300℃ 2. 最大触点数：24 个
28	检测器耗材	紫外线固化装置用光学部件	UV solid parts	90029090	
29	检测仪器消耗品	电子枪灯丝	electric gun filament	85409990	
30		气体检测器	gas detector	90271000	
31		皮拉尼真空计	vaccum gauge	90318090	
32		电光调制器	Modulator	85371090	
33	密封件	各类O型圈及其他密封垫	O型圈/密封圈/密封垫	O ring	40169310
34			衬垫/垫片	pad ring	68042290/40169310
35	陶瓷件	真空连接管道（VCR）填密片	VCR ring	69091900	
36		绝缘陶瓷	陶瓷件	ceramic parts	69091900
37			陶瓷滚轮	Ceramic Roller	69091900
38	膜类	溶解膜	adhesive tape	34039900	
39		臭氧溶解膜	显影液再生装置用光刻胶去除膜	PR stripper	34039900
40	配向耗材	摩擦布/摩擦布	rubbing cloth	63071000/59039090	
41		摩擦辊轴	rubbing roller	84553000	
42		摩擦布/刮板	刮刀辊/V型刮板/铁氟龙刮刀	doctor roller/V-Block/Teflon Blade	84553000/40059100/39269010
43			感光版/取向版	APR Plate/PI plate	39269010/40169990/37059090

续表

序号	类别		商品名称	英文名称（供参考）	税则号列（供参考）	性能指标
44	注射器类	注射器及配件	液晶滴下（ODF）专用注射器/注射器/滴下用罐	Syringe/ODF ring	39269090/84799090	
45			注射器用O型圈	O ring for Syringe	40169390	
46			注射器用密封垫片	Syringe sealing pad	40169390	
47	刀具/磨具	各种切割刀轮/刀轴/磨具等	切断用刀片/刀轮/刀轴	cutter knife/wheel/axis	82089000/71162000	
48			切断用夹具	cutter jig	84461000	
49			倒角用研磨砂轮	grinding wheel	68042210/68042190	
50			显示屏清洁器用研磨带/研磨带/研磨片	grinding tape/Polishing Sheet	68138900/84869099/68053000	
51			切断模具	TCP punching tools	84807900	
52			各向异性导电胶切割器	ACF cutter	84778000	
53			垫料供给用研磨管	rubbing pipe	84469200	
54	喷嘴	金属喷嘴/塑料喷嘴	金属喷嘴/塑料喷嘴/特氟隆喷嘴（清洗和涂覆用）	Metal nozzle/Plastic nozzle/Teflon nozzle	84249090/84248999	
55	滚筒/衬垫	滚筒类	偏光板粘贴用滚筒	POL attach roller	84869099	
56			偏光板清扫滚筒	POL clean roll	84869099	
57			剥离滚筒	stripper roll	84869099	
58		衬垫类	吸附衬垫	PAD	68130000/39269010	
59			吸附板	Transfer Sheet	39219090	
60			显示屏清洁器用吸附衬垫	clean pad	68138100	
61	胶带类	各类净化耐热胶带	偏光片贴附机专用黏着胶带	Adhesive Sheet	39199090	气泡率等于0%
62	石墨	石墨	石墨挡板	Graphite Plate	68151000	
63	腔体	激光腔体	激光腔体	Laser chamber	84869099	
64	激光光学配件	光学组件	激光管窗口/激光灯管窗	Laser Turb window	84869099	
65	修补剂	金属修补粉末	六羰基钨	WCO₆	29319090	
66	传送系统	传送系统	轴承	BEARING	84828000	
67			清洗用毛刷总成	ROLL BRUSH ASS' Y	96032900	

（3）薄膜晶体管液晶显示器件生产企业进口净化室配套系统清单

序号	系统	类别	商品名称	税则号列（供参考）
1	供电系统	电量补偿、储能发电装置	电量补偿、储能发电装置	85437099/85023900
2		气体供给装置	气瓶柜/气瓶架	84798999
3		阀盘，阀箱	阀门分配盘	84818040
4			阀门分配箱	84818040
5		毒气探测器	气体探测仪	90271000
6		气体净化器	气体净化器	84213990
7	特气供应系统	吹扫盘面	吹扫盘面	84818090/84819010
8		磅秤	钢瓶秤	84238290
9		管配件	超洁净阀门管配件（不锈钢管道，调压阀，球阀，逆止阀，隔膜阀，过滤器，不锈钢接头）	73044190/73064000/73072300/73072900/84818010/84813000/84818031/84818040/84819010/84811000/84213990
10		监控气体压力及流量变化的装置	监控器与监控装置（含监视器）	85371019
11		温控设备	温控箱	90328990
12	有毒气体净化系统	有毒气体处理机	有毒气体处理机（POU）	84213990
13	有机废气处理系统	转轮装置	吸附浓缩转轮箱体、转轮、配件	84213990/73181590
14			化学品储存罐	73090000
15			化学品供应柜	84135010
16		化学药品供应装置	化学品混合柜	84798200
17			洁净阀箱	84818040
18	化学品供给系统		洁净不锈钢管及其配件、管阀	73064000/73044190
19			洁净聚四氟乙烯管及其配件、管阀	39173100/39174000
20		化学品控制装置	化学品泄漏检测装置	90261000
21			化学品监控装置	90268090
22			浓度分析仪器	90278099
23	二氧化碳灭火系统	二氧化碳灭火系统	有机溶剂自动二氧化碳灭火系统	84241000

续表

序号	类别			商品名称	税则号列（供参考）
24			超纯水处理装置	反渗透（RO）膜	39209990
25				脱气膜	39209990
26				超滤膜（PFA）	39209990
27				离子交换树脂	39140000
28				紫外（UV）杀菌灯	85394900
29		超纯水处理系统		压力容器	39209990
30				过滤器	84212199
31			超纯水控制装置	控制装置	85371090/85371011
32				监测仪表	90308990
33			超纯水管材配件	洁净聚氯乙烯（Clean-PVC）管道	39172300
34				洁净聚氯乙烯管件、阀门（Clean-PVC）	39174000/84818040/84818039
35			阀门、管配件	超洁净阀门管配件（不锈钢管道、调压阀、球阀、蝶阀、波纹管阀、逆止阀、隔膜阀、过滤器、不锈钢接头）	73044190/73064000/73072300/73072900/84818010/84813000/84818031/84818040/84819010/84811000/84213990
36		大宗气体供应系统	气体流量侦测	流量计，精度指数达到0.1%	90261000
37			侦测无尘室液体泄漏系统	寻址液漏侦测系统	90319090
38			液态丙烷加热成气态丙烷供应给混合器	气化器	84682000
39			气体混合输出设备	文氏管式混合器	84682000

（4）薄膜晶体管液晶显示器件生产企业进口生产设备清单（用于确定维修所需进口的零部件免税范围）

序号	工序	设备分类	设备名称	英文名称（供参考）
1	阵列	成膜设备	等离子体增强化学气相沉积设备/化学气相沉积机/金属气相沉积设备/等离子加强气相沉积设备/化学气相成膜装置	PECVD/CVD/Plasma Enhanced Chemical Vapor Deposition
2			常压化学气相沉积设备	APCVD
3			溅射机（装置）/真空金属溅镀机/金属/金属氧化物/铟锡氧化物成膜装置	Sputter/Metal Sputter/ITO Sputter/Metal/IGZO/ITO Sputter Equipment
4			离子注入机/离子植入机	Ion implant/Implanter
5			特殊尾气处理装置/废气处理机/CVD制程残气处理机/燃烧式尾气处理设备/无膜机 CVD 制程残气处理机	Gas Treatment Equipment/scrubber/Combustion type waste gas abatement equipment/Gas scrubber system
6			涂胶显影机（装置）	Track/Coater Developer Equipment/Coater
7			涂胶机	Pre Coater/Coater
8			显影机	Developer
9		光刻系统	显像液供给再生设备/显影再生系统设备/显影液循环系统/显影液稀释再生系统设备/显影液浓度管理装置/现地供应系统	Developer Recycle System/TMAH developer dilution equipment/TMAH developer dilution recycle management equipment
10			浓度管理设备（装置）/显影液浓度管理装置	Developer Control System/Developer Management Equipment
11			玻璃温控机/曝光前基板温度安定装置/贴合前温度调节装置	Temperature Control Unit/Before Exposure Temperature Control Unit/Pre-bonding Temperature Regulating Equipment
12			紫外光固化装置/I线紫外线处理系统/紫外线曝光机	UV Cure Equipment/IUV system/IUV
13		曝光装置	曝光机（一次/分步）/曝光机（装置）/阵列曝光机	Exposure System/Scanner Exposure/Exposure System (Equipment)/Array Exposure/Exposure
14			周边曝光 & 印字曝光机/打标机/边缘曝光机/边缘打码曝光系统/周边曝光机（装置）	Titler & Edge Expo./Titler/Edge exposure/Array Titler with Edge Exposure/Edge exposure/EXPOSUREEDGE (equipment)/Edge Exposure Equipment
15		刻蚀/去胶设备	软 X 射线静电消除器 X 射线静电消除器	Photo Ionizer/Ionizer
16			湿法刻蚀机（装置）/阵列湿法刻蚀机/化学湿法刻蚀机	Wet Etcher (Equipment)/Array Wet Etcherr
17			干刻蚀机（装置）（CDE/RIE/PE）/干法灰化机台/干法刻蚀机	Dry Etcher/Dry Asher

续表

序号	工序	设备分类	设备名称	英文名称（供参考）
18	阵列	刻蚀/去胶设备	EPD 终点探测系统 EPD 终点探测机（设备）/终点检测仪	EPD System
19			剥离装置/剥离机/湿式剥离机	Stripper/Wet Stripper/Resist Stripper Equipment
20		退火设备类	退火炉/快速退火炉/烘干炉/烧结炉装置	Anneal M/C/Oven equipment/Anneal oven
21			退火处理机/快速退火处理机	DL Anneal/Rapid Thermal Anneal
22			激光退火机	Excimer Laser Anneal/ELA
23			预处理装置	Pre-Compaction System
24		返修设备	激光化学气相沉积积修补机（设备）/配线修正装置/激光化学成膜机	Laser CVD Repair/Array CVD Repair/Laser CVD Repair Equipment
25			激光修补机/激光修补机－CF	Laser Repair
26			切割修复机/激光切割修复机/激光修复仪	Array Cut Repair
27			阵列研磨修复机	Array tape repair
28			化学气相淀积修复机	Array CVD Repair
29			光刻胶激光修正装置	Photoresist Laser Repair Equipment
30			异物研磨装置	Grinding Repair Equipment
31		曝光设备	激光打标机/激光打码机（装置）	Laser Mark System/Laser Mark
32		取向膜印刷设备	配向膜印刷机（装置）	PI Coater
33			配向膜固化机（装置）/配向膜硬化机/配向膜硬化炉/配向烘烤装置	PI MainCure/PI Maincure Ove/PI Oven Equipment
34			蒸发测量仪	Steam Tester
35			取向膜传送机	PI Transfer M/C
36			配向膜喷涂机/配向膜列印机/配向膜涂布机	PI Inkjet/PI Inkjet Printer
37	成盒	摩擦设备	摩擦机/配向膜摩擦机/摩擦机	Rubbing Machine/Rubbing
38			布毛自动检查机/摩擦后自动光学检查机	Rubbing Cloth Inspection/Rubbing AOI
39		紫外光配向设备	紫外光配向设备（装置）/配向膜光配向机	UV/A/Ultraviolet-Light Alignment Equipment/PI Photo Alignment
40		成盒及液晶注入设备	垫料固着设备/隔垫物固化机	Spacer Cure
41			自动除泡机/加压脱泡装置	Auto Clave/Autoclave Equipment
42			边框胶涂布机（装置）	Seal Dispenser Equipment

续表

序号	工序	设备分类	设备名称	英文名称（供参考）
43		成盒及液晶注入设备	银胶涂布/银胶涂布机	Ag Dispenser
44			液晶滴下/液晶滴下机（装置）	LC Dispenser (Equipment)
45			对盒机/成盒对位检查机	cell aligner
46			真空贴合机（装置）	Vacuum Aligner (Assembly Equipment)
47			本硬化炉/框胶热固化装置/配向膜预烘烤炉/摩擦工艺清洗后烘干炉/配向膜固化机	Heat Cure/Vacuum Pressure Oven/PI Precure Oven/PI Maincure oven/ARC OVEN/Heat Cure/PI Precure/ODF Oven Equipment
48			UV 硬化/UV 硬化装置/紫外光固化装置/紫外线固化机/紫外线硬化机	UV Cure/Seal UV Cure/UV Cure Equipment
49			枚叶式真空脱气装置	Slot Type Degassing
50		倒角装置	倒角装置/倒角机/磨边机/玻璃边缘研磨机/端子研磨装置	Edge Grinder/After Cell Cutting Beveling/Panel Edge Grinding Equipment
51	成盒	偏光板粘着设备	偏光板贴付机（装置）/偏光片高精贴付机	Pol Attacher/Polarizer Attachment Equipment
52			装卸机（装置）	LD/ULD ROBOT
53			偏贴开捆/偏贴捆包装置	POL unpacking/packing equipment
54			偏光板卸料/面取卸料装置/装载机	Pol Loader/UNLOADER/Pol Loader
55			半自动偏光板贴附机（装置）/偏光板贴片机/偏光片贴附机	Pol Attacher
56			偏光板剪切机	Pol Cutting
57			偏光板贴附脱泡机/重工偏光板贴附脱泡机	Polarizer Attach Auto Clave/Rework Polarizer Attach Auto Clave
58			偏光板剥离机（装置）/偏光片返修机/偏光板重工装置	Pol Repair/Polarizer Attachment Rework Equipment/Pol Remove Equipment/PREM
59		修复设备	激光短路环切割机/快速线切割机	laser short ring cutter
60			激光修复仪/修复机/激光/黑化/碳化修正装置	Cell Laser Repair/Repair/Laser/DM/BM Repair Equipment
61			保管炉（老化炉）/老化机/烘烤炉装置/老化装置	Aging Oven/Oven/AGING CHARMBER SYSTEM/Multi Aging System
62			电极边维修系统	Pad repair system
63			液晶面成盒修复机/CELL 修复机	Cell Repair

续表

序号	工序	设备分类	设备名称	英文名称（供参考）
64			液晶脱泡机（装置）	LC Evaporator/LC Debubbler
65			边框胶脱泡搅拌机/框胶脱泡充填装置/边框胶脱泡机	Sealant Evaporation/Seal Degas Machine/Seal Mix and Charge Equipment
66	成盒	其他设备	静电监测系统/静电监测仪	Static Monitoring Sys
67			离子发生器（风嘴型/X射线型）/X射线除静电器	Ionizer（Blower/X-ray）/X-RAY Ionizer
68			静电平衡测量仪	ESD Balance Measurement
69			激光焊切机/激光划痕机	Laser trimmer
70			切割机/成型切割机/玻璃基板切割机/异形切割机/单片切断装置（划片机）	Scriber/CELL Cutting Scriber/CELL Pre Cutting Scriber/Special Cutting Scriber/Glass Scribing Equipment/Breaker
71		ACF贴付装置	ACF输入输出粘贴设备（装置）/异方性导电膜贴附设备（装置）	ACF Attacher/ACF attachment device
72			3D光学膜片贴合设备	3D Film Lamination
73			TCP输入输出设备（装置）	TCP Loader
74		TCP压接装置	TCP输出压接装置/TCP输出压接设备	TCP Pre-Bonding
75			TCP实装及基板压接装置/TCP实装及基板压接设备	TCP Main-Bonding
76			TCP贴装设备/柔性电路板压接装置	TCP Bonder/OLB & PWB bonding/COF Bonding Equipment
77		COG压接装置	COG压接装置/集成电路贴附机/COG压着机/集成电路自动绑定机/驱动电路压接装置	COG bonder/IC Bonding Equipment
78	模块	FPC压接装置	FPC压接装置/柔性印刷电路板贴附机/FPC压着机/柔性线路板压接机	FPC bonder/FPC bonding
79		COF贴附装置	液晶面板COF贴附装置	cof bonder
80			PCB（印刷线路板）焊接机/印刷电路板压接装置	PCB Bonder/PCB Bonding Equipment
81		焊接装置	OLB半自动（外引线焊接）机/半自动（外引线压合/驱动电路压接重工装置/压接重工装置	OLB Semi Auto M/C/IC Bonding Rework Equipment/Bonding Rework Equipment
82		贴附装置	液晶面板FOG贴附装置	FOG Bonder
83			液晶面板FOB贴附设备	FOB Bonder
84		修复装置	激光修复机	Laser Repair
85			维修复系统	Repair System

续表

序号	工序	设备分类	设备名称	英文名称（供参考）
86		背光贴合装置	背光源自动贴合装置/背光组装机	Automatic Backlight Assembly Equipment/Assembly
87	模块	涂胶设备	可重工胶涂布机	Dispenser
88		贴合固化设备	水胶贴合机/重工水胶贴合机	OCR Attaching Machine/Rework OCR Attaching Machine
89			紫外线固化机	UV Curing Machine
90			椭偏仪	Elipsometer
91			多通道延迟系统/多通道延迟设备	Retardation & Polarzation Sys
92	品质管理	分析仪器	探针仪/光电特性探测机	prober tester/EPM PROBER
93			X 射线能谱仪/探针机台/TFT 特性在线测试基台/模组在线检测台	X-ray Energy spectrum/Probe Station
94			双束聚焦离子电子显微镜（系统）/傅立叶红外光谱仪/荧光光谱分析仪	SEM & EDS/Dual Focused Ion & Electron Beam（system）/FT-IR
95	动力	干燥机	吸附式干燥机	Dryer
96		成膜设备	彩膜溅射机/磁控溅射机/彩膜氧化铟锡溅射机/铟锡氧化物成膜装置	C/F SPUTTER/CF ITO/ITO Sputter Equipment
97		光刻设备	彩膜显影机（系统装置）	CF developer（system）
98			涂胶机/彩膜涂布机（装置）/彩膜涂覆机/彩膜涂胶机	CF COATER/COATER
99			彩膜曝光机/近接式曝光机（装置）	CF EXPOSURE/CF Aligner/Proximity Exposure Equipment
100	彩膜	曝光设备	彩膜打码机/彩膜标号码机/彩膜刻号机/印字曝光/边缘打码曝光系统	CF TITLER/Titler Exposure/Array Titler with Edge Exposure/TITLER
101		刻蚀/去胶设备	铟锡氧化物剥离机	ITO Stripper
102			光阻剥离装置/彩膜剥离清洗装置	Resist Stripping Machine/CF Rework Equipment/Stripper
103			平板显示器彩膜后烘设备/彩膜后烘机/固化炉/彩膜烘烤装置	Postbake/CF Photo OVEN/OVEN/CF Oven Equipment
104			彩膜紫外线干燥设备/退火炉	CF Oven
105		烘箱类	热盘/冷盘/彩膜加热冷却机/彩膜预烘机/软烤机	HP/CP/CF HPCP/Pre Bake Machine
106			平板显示器设备热交换器	Heat Exchanger
107			彩膜氧化铟锡后烘机	CF ITO Oven
108			脱水烘烤机	Dehydration Bake Machine

续表

序号	工序	设备分类	设备名称	英文名称（供参考）
109	彩膜	返修设备	彩膜检查修复机/平板显示器彩膜修复机/彩膜色彩研磨激光修补机/研磨修补机/彩膜光阻修补机	CF REVIEW & REPAIR/CF Laser Repair/Tape repair/CF INK Repair/CF REVIEW & REPAIR/CF Repair Equipment/Repair Equipment
110			彩膜返修机/彩色滤光片复机	CF REWORK
111			平板显示器刻蚀线路修复机	CF Pattern Repair
112			彩膜基板再生机	CF rework
113	触摸屏	曝光装置	触摸屏分布式重复曝光机/TSP曝光机	TP EXPOSURE/TSP Exposure
114		光刻系统	触摸屏湿法剥离机	TP WET STRIPPER
115			触摸屏湿法刻蚀机	TP WET ETCHER
116			触摸屏显影液循环供给系统/显影液控制测定系统	TP DEVELOPER RECYCLE/DCS
117		返修设备	触摸屏激光修复机	LASER REPAIR MICROSCOPE
118		倒角装置	触摸屏磨边机	EDGE GRINDER
119			触摸屏玻璃磨边装置/触摸屏手动磨边机	Edge Grinder/Manual Edge Grinder
120			触摸屏磁控溅射机	TP SPUTTER
121		成膜设备	触摸屏防划伤抗指纹膜喷涂装置	ASF Coating
122			触摸屏防划伤抗指纹膜蒸镀装置	ASF PVD
123	清洗	清洗设备	清洗机/氢氟酸清洗机/平板显示器玻璃基板清洗机/彩膜清洗机/玻璃辅料清洗机/成膜前清洗装置/成膜后清洗装置/触摸屏氢氟酸刻蚀及清洗装置	Cleaner/HF Cleaner/Cleaner Equipment/CF Cleaner/Initial cleaner/Pre Dep Cleaner/Post-ITO Equipment/HF Etch &Clean/EUV Lamp Housing/WET Cleaning Equipment
124			周转盒（基板架）清洗机/个片周转盒洗净机/共通周转盒洗净机/平板显示器玻璃承载台清洗机/卡匣清洗机（装置）	Cassette Cleaner/Cassette Cleaner Equipment/CF Cassette Cleaner/Cassette Cleaning Equipment
125			多晶硅刻蚀机	Slice etcher
126			超声波清洗机/浸泡式清洗机/配向印刷版清洗机/臭氧水发生器/干式清洗机	US Cleaner System/APR Cleaner/USC Cleaner/USC System/O_3 Generator/Dry cleaner/APR Plate cleaner
127			PI投入前清洗机/配向清洗机（装置）/配向膜涂布前基板清洗机	PI Pre-Cleaner/Pre-PI Cleaning Equipment
128			摩擦后清洗机	Rubbing Post-Cleaner/After-Rubbing Cleaning Equipment

序号	工序	设备分类	设备名称	英文名称（供参考）
129	清洗	清洗设备	屏清洗机/液晶屏清洗设备/等离子清洗机/端子清洗机/液晶显示屏专用端子清洁机	cell cleanning equipment panel cleanning equipment/Plasma Cleaner/Edge Cleaner/AP Plasma Equipment/Cell Wet System panel cleaning equipment/Plasma Cleaner
130			彩膜掩膜版（掩膜板/掩膜版）清洗机/光罩清洗机/触摸屏光罩清洗机/掩模版清洗机/掩模版自动清洗装置	CF MASK CLEANER/Mask Cleaner/TP Mask Cleaner/Mask Cleaning Equipment
131			平板显示器紫外线清洗机/紫外光灰化机/紫外光清洗装置/激态粒子紫外光清洗机	CF UV Asher UV Cleaner/E – UV/Excimer Ultraviolet Cleaning Equipment
132			涂胶零件清洗机	Wagon Cleaner
133			气体异味处理系统设备/气体燃烧器/湿式洗涤器/氢氧化钠洗涤器	Volatile Organic Compound system
134			触摸屏撕洗机/触摸屏清洗机/触摸屏涂胶前清洗机/触摸屏等离子清洗装置/触摸屏切割后清洗机/触摸屏网版清洗机	Peeling Cleaner B/INITIAL CLEANER/TP PHOTO CLEANER/TP AP PLASMA/TP After Cutting Cleaner/Printer Mask Cleaner
135			配向膜剥离清净装置/配向膜剥离清净机/配向后清洗机	PI Cleaner/PI REWORK/PI Stripping equipment/After Rubbing Cleaner
136			配向版洗净机/APR 版清洗机	PI Cleaner/APR Clenaer
137			薄化后清洗装置	After-etching cleaner
138			树脂涂覆后清洗装置	After-sealing cleaner
139			磨边清洗机/磨边后面板清洗机	Grinder Cleaner/cleaner/After beveling cleaner
140			倒角后清洗机	Cullet Cleaner
141			偏振片前清洗机/偏光板贴附前清洗装置/偏光板清洗机	Pol Cleaner/LC panel cleaning device
142	检查	检查/检测设备	在线自动光学检查设备（系统）/彩膜自动光学检测（系统）/（离线）自动光学检查系统/TSP 自动光学检测系统/面板外观检查机	In-Line AOI CF AOI/CF Inspector/TSP AOI（Inline）/Cell Panel Inspection（Equipment）/AOI
143			膜厚测量机（设备）/ARRAY 膜厚测量机/CELL PI 膜厚测量机/CF 膜厚测量机/膜厚膜质检查装置（仪）	Film Thickness Measure/ARRAY THICKNESS MEASUREMENT MACHINE/CELL PI THICKNESS MEASUREMENT MACHINE/CF THICKNESS MEASUREME/Film Thickness Measurement Equipment（System）
144			表面电阻测试仪/表面电阻测试设备（装置）	Surface resistance tester/ARRAY STEP PROFILE&POINT PROBE/RESISTANCE MESSURMENT
145			CD 测量设备（装置）/线宽量测仪	CD MEASUREMENT（Equipment）

续表

序号	工序	设备分类	设备名称	英文名称（供参考）
146			阵列自动测试仪/阵列缺陷自动测试设备/阵列检查装置	Array Auto Tester/Array Tester/ARRAY TESTER/Array tester, TEG
147			粒子计数器/粒子计算器/面板异物测定装置	Particle Counter/Particle Inspection Equipment
148			自动（手动）外观检查装置/自动（手动）外观检查机/自动外观检查机/自动/手动宏观检查装置	Visual Inspection/AUTO GROSS TESTER/Macro Inspection/Auto/Manual Macro Inspection Equipment
149			开路/短路测试仪/短路检查机/开短路检查机（装置）	OS Tester/O/S TESTER/Open/Short Inspection Equipment
150			宏观缺陷检查机/宏观微观缺陷检查机/宏观/微观测定机/玻璃边缘检查机/宏观检查机	MAC/MIC/Macro Inspection/MAC/Edge Inspection/CF Macro/MACRO REVIEW/Macro Inspection/MIC Inspection
151			热成像异常检查装置/特性检查装置	Thermal Imaging Inspection Equipment/TEG tester-Array/TEG Tester
152			在线系统（CF）/彩膜在线设备/光间隔体量测机	Inline System（CF）/CF/CF/PS MEASUREMENT/PS MEASUREMENT/CF Inline Control System
153			彩膜曝光图案光学检测机/彩膜二元坐标测定机/长寸法与线幅测定装置	CF TP/CD/CF CDTP MEASUREMENT/Total Pitch/Line width Measurement Equipment
154	检查	检查/检测设备	火灾自动报警装置	Fire Extinguisher
155			彩膜曝光前异物检查装置	CF Particle Inspection Equipment
156			透过率测定装置/复合功能测定装置	Transmittance Measurement Equipment/Compound function Measurement Equipment/MCPD Transmittance Measurement Equipment
157			不均匀检查机/重力不均检查机/配向前检查机	Gray Mura Insp./Mura Inspection/Gravity mura inspection/Before PI Inspection/Mura Inspection Equipment
158			隔垫物散布检查及返工设备/PS（柱状隔垫物）检查装置/PS（柱状隔垫物）检查装置/PS 彩膜柱状隔垫物测定机/柱高测量装置	Spacer Inspection/PS Inspection/PS MEASUREMENT/Photo Spacer Height Measurement Equipment
159			基板长度间距测定设备（装置）/对盒测定机	Glass Length Inspection/PS Measurement/Align Inspectiont
160			对位检查机（装置）	Alignment Inspection
161			盒厚检测机/盒内光学测量机/液晶盒厚度测量仪/盒厚检查装置	Cell Gap Inspection/Cell Gap Measurement Machine
162			液晶电阻测量机（设备）/液晶电阻测试设备	LC Resistvity

序号	工序	设备分类	设备名称	英文名称（供参考）
163	检查	检查/检测设备	自动点灯检查装置/一次点灯检测机/二次点灯检测机/点灯测试检查设备/液晶屏点灯检查装置/在线点灯检查装置/便携式点灯检查仪（信号发生器）/模组点灯检查装置（信号发生器）	Automatic SL Inspection Equipment/Light On Test/After Pol Light On Test/PORTABLE INSPECTION M/C/MULTI FUNCTION TESTER/MULTIDRIVING DISPLAY SYSTEM/LCM INSPECTION
164			光学特性检查机（装置）/光学特性检查仪（装置）/压接检查装置/压接组立检查装置	Inspection/Bonding and Assembly Inspection Equipment/Inspection/Bonding and Assembly Inspection Equipment
165			返修/品质检查机/返修检查机/外观自动检测机/阵列返修机/自动修复系统	Rework/QA Inspection/Rework Inspection/Rework Inspection/Rework/Auto Repair System
166			基板变形检测设备	TPCD
167			CNC自动光学检查机	GLASS INSPECTION OGS CNC
168			配向膜外观检查机（装置）/配向膜检查机（装置）/取向膜返修机/配向膜涂布后基板宏观检查机/配向膜自动光学检查装置	PI Visual Inspection/PI Inspection/PI Rework/PI Macro Inspection Equipment/PI Automatic Optical Inspection Equipment
169			边框胶检查机（装置/设备）/框胶全面检查装置	Seal Inspection/Seal Inspection Equipment
170			偏贴后自动检查装置	Automatic Inspection Equipment after Polarizer Attachment
171			X射线检测仪/X射线检查机	X – Ray Detector/X – RAY INSPECTION
172	搬运	搬运设备	基板移载机/机器人系统/玻璃装卸机/玻璃基板分选机/玻璃基板传输机	Glass Loader/Robot system/Pre-Sorter/Robot
173			机器手/机器人/液晶面板机械手臂/搬运机械臂	Robot
174			自动搬送设备（装置）/掩模版自动搬送装置/掩模版搬送装置	AGV/Mask AGV
175			气体异味处理设备/光阻异味处理设备	Volatile Organic Compound system
176			彩膜溅射机装卸载机械手/液晶面板机械手臂	CF SPUTTER INDEX/Robot
177			高架台车卡匣输送机/高空传输系统	Over Head Cassette Conveyor/Overhead Conveyor
178			彩色滤光片传输系统	Color Filter Line Conveyor Handling System
179			铟锡氧化物金属溅射传输装置	ITO Sputter Transfer
180			自动化立体仓储设备	STOCKER
181			触摸屏机械手/TSP玻璃打包机	GLASS ROBOT/TSP Glass Packer/GLASS GLASS ROBOT

附件 2:

有机发光二极管显示面板生产企业进口物资清单

（1）有机发光二极管显示面板生产企业进口生产性原材料清单

序号	类别	商品名称	英文名称（供参考）	税则号列（供参考）	性能指标
1	玻璃/玻璃纤维	原板玻璃/低温多晶硅用玻璃基板/玻璃盖板玻璃后盖	Glass substrate/LTPS Glass/Cover Glass	70031900/70060000/70052900	
2	OLED屏	OLED用触摸屏盖玻璃	Touch Panel Glass/AMOLED On Cell TP	70200011/70031900	
3	基板/聚酰亚胺	柔性显示聚酰亚胺/柔性PI液/柔性显示塑胶基板	Polyimide/PI	38249099/32089090	
4	模具	光罩/掩模版（掩膜板/掩膜版）	Photo Mask	37059090/90029090	
5	丙烯酸树脂类膜	防眩膜/偏光片/圆偏光片	Antiglaring Film/Polarizer	90012000	
6	丙烯酸树脂类膜	各向异性导电晶片/各向异性导电膜/自粘塑料膜（人·出·修补）/各向异性导电胶片	ACF	32099010/32099020/32099090/32091000/39199090/38249099	
7	胶膜	触控膜/触摸薄膜	Touch Film	90019090/39269010	
8	胶膜	盖板薄膜	Cover Film	90019090	
9	胶膜	保护膜	Film	39209090/39191099	
10	胶膜	三层复合膜/背胶/石墨背胶/铜箔背胶	Three Layer Protect tape/Tape/Glue	90019090/38012000	
11	胶膜	3D光学膜	3DLensFilm	90019090	
12	传感器/触摸传感器	OLED用触摸传感器	Touch Sensor	38249099/39269010	
13	靶材	靶材（铝钕、钼钕、钛、铬、氧化铟锡、钼钨、铝镍镧、银铋铌、银铌铜镧、铝镍、铜钕、银、镍、铜、钼钛、铟锗氧化物、铟镓锌氧化物）	TARGET (Al－Nd, Mo－Nb, Cr, ITO, Mo－W, Al－Ni－La, Ti, Ag－Bi－Nd, Ag－Ni－Cu－La, Al－Ni－Ge－Nd, Ag, IZO, IGZO, Cu, Mo－Ti)	76052900/81021000/81122900/81129290/80012090/28259090/76169010/81089010/81089090/71069190/71159010/71069110/76042910/38249099/74071090/84869091	

续表

序号	类别		商品名称	英文名称（供参考）	税则号列（供参考）	性能指标
14	树脂	树脂类	边框胶/封框胶（环氧树脂）/密封胶/封口材料/UV 填充材料/固体干膜/玻璃封装胶/边缘密封 UV 胶/硅球	Sealant/UV Glue/filler/face sealant/UV Bonder/Gap sealingUV Glue/Silica Beads/Silica Ball	35061000/35069120/38249099/35069190/39191010/71159010/28112210/28112290	
15			紫外线固化树脂/触摸屏用光学胶	Ultraviolet Curing Resin/UV Tuffy/Optical Clear Adhesive (OCA)；Liquid Optical Clear Adhesive (LOCA)	39191010/35069120/35069900/32141010	
16			光学绝缘树脂液态光学透明胶/光学弹性树脂	Over Coat (Insulate/Passivation of TP)/Liquid Optical Clear Adhensive/Super Visual Resin/LOCA/SVR	39073000/35069900/35069120	
17			硬化材料	Hard Coating Material	39269090	
18		导电树脂	转印银浆/银还氧胶/芳基酸与芳基胺聚合物（银胶）/转印电极材料/银胶	AG Paste/Ag Epoxy	38249099	
19	绝缘材料	绝缘胶	绝缘层胶/有机胶	Insulation (PI)/Organic	37071000	
20			隔离胶	RIB glue	37071000	
21	光阻剂	光阻	彩膜光阻（OLED)/彩膜光阻剂（OLED)（bank、蓝色、红色、绿色、像素分隔绝缘层、平坦绝缘层、隔离柱子绝缘层）	Organic photo resist (bank, blue, red, green, PDL, PLN, PS)	37071000	
22			低温光阻	photoresist (BM, red, blue, green, OC)	37071000	烘烤温度≤85℃
23	高纯固体材料	高纯有机材料	有机空穴传输材料/有机 P/N 型掺杂材料/有机空穴传输掺杂材料/电荷产生层材料	organic hole transport/Organic hole transport doped Material/organic holetransport dopedMaterial/Charge Generation Layer material	29212900/29029090/29215900/29339990/29339900/29269090	
24			有机电子传输材料	organic electron transport	29212900/29029090/29339900/32049090	
25			有机空穴注入材料	organic hole injection	29029090/29215900/29339900/32049090	
26			有机发光材料	organic emitting material	29029090/29336990/32049090/29215900	
27			磷光发光材料	phosphor emitting material	29029090	
28			有机电子注入材料	EIL/Organic Electron Injection Material	29029090	
29			有机材料保护层	CPL	85364110	

续表

序号	类别	商品名称	英文名称（供参考）	税则号列（供参考）	性能指标
30	高纯固体材料 / 高纯有机材料	有机电子阻挡材料	EBL/Organic Electron Blocking Material	29029090	
31	高纯有机材料	有机效率增强材料	EIL/Organic Electron Injection Material	29029090	
32	高纯有机材料	有机空穴阻挡材料	HBL/Organic Hole Blocking Material	29029090	
33	高折射率无机材料	硒化锌/硫化锌	ZnSe, ZnS	26080000	
34	高分子材料	打印油墨	Print Ink/Inkjet Ink	29029090	
35	高纯金属	阴极材料高纯铝、银、铜、钙、镁、镱、氟化锂等/高纯活泼金属锂、钾、铯等/高纯活泼碱土金属钙、钡等 高纯金属材料铯	Cathode Material (Al, Ag, Cu, Ca, Mg, Yb, LiF); Lithium (Li), pota ssium (K), cesium (CS) Ca, Ba, Ge	76052900/71069110/28051200/74031111/81043000/2529100/26179090/28053019/28469039	
36	干燥剂	固体干燥剂/液体干燥剂	Desiccant	28051200/38249099	
37	封接用玻璃粉	封接用玻璃粉/玻璃胶	Glass Frit	70182000/70189000/35061000	
38	封装材料 / 后盖	金属后盖/阻水膜后盖	Metal Cover/barrierfil mcover	70060000/72259990	
39	金属掩模版/框架	金属掩模版（掩膜版/掩膜版）/精密金属掩膜版/框架/掩膜条/电铸掩膜版	MASK/masksheet/frame	72221900/72259990/72283090/73269019/84869099	
40	薄膜封装材料	OLED薄膜封装材料/丙烯酸酯单体	monomer	38249099	
41	高纯气体 / 高纯度混合气体	硅烷	Gas (SiH$_4$)	28500000	SiH$_4$ 纯度≥99.999% N$_2$ 含量≤0.5ppmv H$_2$ 含量≤20ppmv O$_2$ 含量≤0.06ppmv
42	高纯度成膜气体/其他高纯度特殊气体	磷烷/20%磷烷氢混合气/1%磷烷氢混合气	GAS (PH$_3$, 20% PH$_3$/H$_2$, 1% PH$_3$/H$_2$)	28500000/28480000	磷烷纯度≥99.9995%；氢气纯度≥99.9999%

续表

序号	类别	商品名称	英文名称（供参考）	税则号列（供参考）	性能指标
43		乙硼烷氢气混合气（乙硼烷）	Gas（B₂H₆/H₂）	28500000	
44		四乙基原硅酸盐/正硅酸乙酯	Gas（TEOS）/Liquid（TEOS）	28399000	纯度≥99.9999999%
45		氙气/高纯氙	Gas（Xe）	28042900	H_2O≤0.5ppmv
46		激光退火用混合气体/含氢氖激光退火用混合气体	HCl + H₂ + Ne/H₂ inNe	28042900/28261990	纯度≥99.999% H_2O≤3ppmv
47	高纯气体	氯气	Gas（Cl₂）	28011000	氯气纯度≥99.999% 同时满足以下条件：1. H_2O≤0.8ppm 2. CO_2≤0.5ppm
48	高纯度混合气体/高纯度成膜气体/其他高纯度特殊气体	氦气	He	28042900	氦气纯度≥99.999%
49		三氯化硼	Gas（BCl₃）	28121049	三氯化硼纯度≥99.999% Ca≤50ppbv; K≤50ppbv; Mg≤10ppbv; Na≤50ppbv
50		三氟化硼/三氟化硼同位素	Gas（BF₃）/Enrichl lBF₃ Gas	28129019/28261990	B－11（%）≥99.7% O_2/Ar、SO_2、CO_2、N_2、HF、SiF_4杂质≤25ppmv
51		氯化氢混合气	HClGas/HCl	28061000	同时满足以下条件：1. HCl 的纯度 5N，H_2 的纯度 6N，Ne 的纯度 5N 2. 关键杂质 H_2O 的含量小于 3ppm 3. O_2≤3ppm
52		1%磷化氢－硅烷混合气	Gas（1% PH₃/SiH₄）	38249099	
53		五氟乙烷	C₂HF₅ Gas	28261990	

续表

序号	类别	商品名称	英文名称（供参考）	税则号列（供参考）	性能指标
54	高纯气体（高纯度混合气体/高纯度成膜气体/其他高纯度特殊气体）	四氟化硅	SiF$_4$	28129019	纯度≥99.998% CO$_2$含量≤1ppmv CO含量≤0.5ppmv HF含量≤5ppmv P、B、As含量≤0.5ppmv
55	刻蚀液	带缓释剂氢氟酸	HF with buffer	38249099/28111100	
56	刻蚀液	刻蚀液（银、氧化铟锡、铝）	Etachant（Ag, ITO, Al）	28092010/38101000	
57	光刻工艺用化学品（显影液/光刻胶/去胶液/增粘剂/稀释剂/静电防止剂）	双（三甲基硅）胺/六甲基二硅胺烷/甲基二硅胺增强化剂/附着剂	HMDS	2931000/2921990/37071000	
58		光刻胶	PHOTO RESIST	37071000	
59		湿法剥离液/剥离液/脱膜液	strip（Stripper）/Stripper	38140000/38249099/32049090/37079090/28152000	
60		六甲基二硅醚	HMDSO	29420000	
61		CF显影液	CF Developer	37079000	
62	化学洗剂（玻璃基板清洗剂/PI洗剂）	非离子界面活性剂	Nonionics Modefier/Additive/Buffered Etch	34021300	
63		清洗剂/清洗液/掩膜版（掩膜板/掩膜版）清洗液	Cleaner/Washer/Mask resiner	34021900/38101000	
64	化学洗剂（金属掩模版清洗剂）	N-甲基吡咯烷酮	NMP	29337900	同时满足以下条件： 1. NMP浓度下限99.5% 2. 水浓度上限0.05% 3. Particle>0.05um；<50（pcs/ml）
65	模组	多元件集成电路	Multi-component Integrated circuit	85423111/85423210/85423310/85423910	同时满足以下条件： 1. 工艺制程≤40nm 2. IC刷新率120Hz 3. 包含两个或两个以上单片

（2）有机发光二极管显示面板生产企业进口生产性消耗品清单

序号	类别		商品名称	英文名称（供参考）	税则号列（供参考）	性能指标
1	灯类	曝光灯	高压水银灯	UL/Ultra High Pressure Mercury Lamp	85393290	
2			周边曝光用紫外线灯/紫外线灯管/远紫外灯	Mercury Lamp/EUV lamp/UV lamp	85394900/85393240	
3		其他灯类	氙灯	Xe Lamp	94054090	
4			卤素灯/卤化物灯/金属卤化物灯	Halogen Lamp/Metal Halogen Lamp	85393290	
5			光学检测荧光灯	Fluorescent Lamp	70010000	
6			纯水装置用紫外线灯	UV Lamp for purified water system	85394900	
7			离子注入用离子源	Ion source for Ion implant system	90278019	
8			光学检测 LED 灯	LED Lamp	90319000	
9			激光紫外线灯/激光灯管	laser UV Lamp/Laser Lamp	85394900/85394100	
10	过滤器	空气过滤芯	空气过滤器（筒式）/（无硼）	Filter	84213990/84219990	
11		水过滤介质	离子交换树脂（阴离子）/抛光树脂	Filter（Anion Exchange Resin）/Polishing Resin	39140000	
12		其他过滤芯	化学过滤器	chemical filter	84212990/84213990	
13		其他类	磁铁/磁条/橡胶磁铁	Magnet/Rubber Magnet	85051900	
14	蒸发源	加热源	坩埚/蒸发源/蒸发舟	Crucible/evaporation source/Pbn – boat/BN – Boat	69039000	
15			加热丝/钨丝	Heat Thread/Tungsten Filament	81019600	
16		挡板	后板挡板	Shield Plate	76069100/76061290/84869099	
17	金属类	铝件	靶材托板/背板/靶材衬背	Backing plate	76169910	
18			隔离片	insulator	76041090/84869099	
19			滚轮衬套	roller bushing	76169910	

续表

序号	类别		商品名称	英文名称（供参考）	税则号列（供参考）	性能指标
20	金属类	探针	台阶高差测定用测定针/AFM 用探针/除静电针	prober/anti-static pin	90309000	
21		探针	电性探针	Probe Tip	90309000	同时满足以下条件： 1. 密度 8.36～19.3cm³ 2. 针尖直径小于等于15μm
22		探针	探针板/探针卡	Probe Card	90309000	同时满足以下条件： 1. 温度范围：−40℃～300℃ 2. 最大触点数：24 个
23			探测器框架	prober frame/prober assembly	90319000	
24		其他E	加热板	heat plate	84869099	
25			金属防护板	sus shielding plate	73269019	
26			晶振片/晶振	Crystal sensor/CRYSTAL	85416000	
27	检测器消耗品		离子规	ION Gauge	39140000	
28			皮拉尼真空计	Vaccum Gauge	90318090	
29	分析设备消耗品	灯丝	电子束灯丝	E beam tip	81019600	
30	密封件	各类 O 型圈及其他密封圈密封垫	密封件	Sealing Ring	40169910	
31			O 型圈	O Ring	40169910	
32			吸附衬垫、衬垫	Pad ring	68130000	
33		绝缘陶瓷	真空连接管道（VCR）填密片	VCR ring	69091200/69091100/69091900	
34	陶瓷件	陶瓷件	陶瓷组件	Liner/Defense block	69091900	
35	注射器类	注射器及配件	点胶针头	Dispenser Head	90183100/73269090	

续表

序号	类别	商品名称	英文名称（供参考）	税则号列（供参考）	性能指标
36	刀具/磨具；各种切割刀轮/刀轴/磨具等	ACF 切割器	ACF Cutter	84778000	
37	喷嘴；金属喷嘴/塑料喷嘴	金属喷嘴/塑料喷嘴/特氟隆喷嘴（清洗和涂覆用）	Metal nozzle/Plastic nozzle/Teflon nozzle	84249090	
38	离子注入机配件；离子源	起弧室	arc chamber	84863090	
39	离子束源；离子束	防护石墨板/石墨挡板	graphite sheild/graphite cover	84869099/38019090/70200019	
40	腔体；激光腔体	激光腔体	Laser chamber	84869099	
41	修补剂；金属修补粉末	六羰基钨	WCO_6	29319090	
42	绑定设备；铁氟龙	铁氟龙	teflon	39174000/39209910	
43	消耗品；硅胶条	硅胶条	Silicone Sealing	39269010	
44	控制系统；PLC 控制	PLC 模块	PLC Module	85371011	
45	等离子体源；等离子体源	常压等离子体头	AP head	84869099	
46	电极；铂金电极	EC 电极	EC electrode	85369090	
47	激光光学配件；光学组件	防护窗	Protect window	84869099	
48		光束分离器	Beam splitter	84869099	
49		激光灯管窗	Laser Turb window	84869099	
50		输出耦合器	Output coupler	84869099	
51		退火窗	Anneal window	84869099	
52	激光器类；激光器部件	微孔过滤器	Millipore filter	84869099	
53	切割机平台同纸；切割机平台同纸	切割机平台同纸	work table film	84869099	

（3）有机发光二极管显示面板生产企业进口净化室配套系统清单

序号	系统	类别	商品名称	税则号列（供参考）
1	供电系统	电量补偿、储能发电装置	电量补偿、储能发电装置	85437099/85023900
2		气体供给装置	气瓶柜/气瓶架	84798999
3		阀盘，阀箱	阀门分配盘	84818040
4			阀门分配箱	84818040
5		毒气探测器	气体检测仪	90271000
6		气体净化器	气体净化器	84213990
7		吹扫盘面	吹扫盘面	84818090/84819010
8	特气供给系统	磅秤	钢瓶秤	84238290
9		管配件	超洁净阀门管配件（不锈钢管道，调压阀，球阀，逆止阀，隔膜阀，过滤器，不锈钢接头）	73044190/73064000/73072300/73072900/73073100/84813000/84818031/84818040/84819010/84811000/84213990
10		监控气体压力及流量变化的主要装置	监控器与监控装置（含监视器）	85371019
11		温控设备	温控箱	90321000/90328990
12	有毒气体净化系统	有毒气体处理机	有毒气体处理机（POU）	84213990
13	有机废气处理系统	转轮装置	吸附浓缩转轮箱体，转轮，配件	84213990/73181590
14		化学药品供给装置	化学品储存罐	73090000
15			化学品供应柜	84135010
16			化学品混合柜	84798200
17			洁净阀门箱	84818040
18	化学品供给系统		洁净不锈钢管及其配件、管阀	73064000/73044190
19			洁净聚四氟乙烯管及其配件、管阀	39173100/39174000
20			化学品泄漏检测装置	90261000
21		化学品控制装置	化学品监控装置	90268090/85371011
22			浓度分析仪器	90278099
23		二氧化碳灭火系统	有机溶剂自动二氧化碳灭火系统	84241000

续表

序号	类别	商品名称	税则号列（供参考）
24	超纯水处理系统 — 超纯水处理装置	反渗透（RO）膜	39209990
25		脱气膜	39209990
26		超滤膜（PFA）	39209990
27		离子交换树脂	39140000
28		紫外（UV）杀菌灯	85394900
29		压力容器	39209990
30		过滤器	84212199
31	超纯水控制装置	控制装置	85371090/85371011
32		监测仪表	90308990
33	超纯水管材配件	洁净聚氯乙烯（Clean-PVC）管道	39172300
34		洁净聚氯乙烯管配件、阀门（Cleam-PVC）	39174000/84818040/84818039
35	大宗气体供应系统 — 阀门、管配件	超洁净阀门管配件（不锈钢管道、调压阀、球阀、蝶阀、波纹管阀、逆止阀、隔膜阀、过滤器、不锈钢接头）	73044190/73064000/73072300/73072900/84813000/84818031/84818040/84819010/84811000/84213990
36	气体流量侦测	流量计（精度指数达到 0.1%）	90261000
37	侦测无尘室液态泄漏系统	寻址液漏侦测系统	90318090
38	液态丙烷加热成气态丙烷供应给混合器	气化器	84682000
39	气体混合输出设备	文氏管式混合器	84682000

（4）有机发光二极管显示面板生产企业进口生产设备清单（用于确定维修所需进口的零部件免税范围）

序号	工序	设备分类	设备名称	英文名称（供参考）
1	基板	烘炉	固化机（炉）/对流式加热炉/有机膜层后烘机/框胶层固化机/柔性基板固化机/平板显示器玻璃贴合封框胶热固化炉	Oven/Baking Machine/PL. Oven/Before ODF Oven/Seal Main Cure Oven/Vacuum Pressure Oven/Flexible Substrate Baking Machine
2		移载、存储	装卸载装置/成盒前玻璃基板装卸机/装载料设备/索引机	Loader & Unloader/ODF Inline Transfer System/LD/ULD/Index/Indexer
3			天棚搬送装置	OHS
4			机械手/机器人/无尘机械手	ROBOT/Clean robots
5			基板搬运车	MGV/AGV
6			港湾式储存搬送装置/存储搬送装置/卡匣式自动装卸运输机	Bay Stockor/Stockor

续表

序号	工序	设备分类	设备名称	英文名称（供参考）
7		成膜	溅射机/阵列等真空金属铟锡真空溅射机/氧化铟锡真空溅射机	Sputtering machine
8			等离子加强气相沉积设备/化学气相沉积机（装置）/等离子化学气相沉积设备	PECVD/CVD
9			涂布机/涂覆机/柔性基板涂布机	Coater/PI COATER/COATER/PI Inkjet Printer/Flexible Substrate Coater
10			曝光机/边缘曝光机/打码及边缘曝光机/阵列曝光机	Exposure Machine/Exposure/Edge Exposure/Titler & Edge Exposure
11			长尺寸测定仪	Total Pitch/Total Pitch Measurement
12			基板打标机	Numbering M/C/titler
13		涂胶、曝光、显影	显影机/涂布显影机/涂胶显影机	Developing Machine/Coater & Developing Machine/TRACK
14			恒温污染物处理设备	TAU
15			曝光前温控设备/温控器	TCU
16			显影回收系统	Photo Resist Segragation System
17			清洗回收系统	Cleaner Recycle System
18	基板		平板显示器显影液控制系统/平板显示器显影显影液回收循环系统	Developer Control System/DRS
19			激光打标机	Laser marking machine
20			有机溶剂过滤机	HPU
21		蚀刻、离子注入、活化、退火	干法刻蚀机/边缘涂胶机	Dry Etcher/Coater
22			湿法刻蚀机/高粘度 PI 涂布设备	Wet Etcher/High Viscosity PI Coating System
23			HF 蚀刻机	HF Etcher
24			离子注入掺杂设备/离子注入机	Ion implanter/ION DOPING SYSTEM
25			快速退火机（炉/设备）/快速热退火预热机	RTA
26			立式数控电烘箱	Vertical Anneal
27			退火炉/高温退火炉/高温工艺炉/烘焙炉/氧化铟锡退火机	Anneal M/C/Metal Anneal/Furnace/Oven
28			晶化炉	Crystallization
29			激光晶化装置/激光退火机/准分子激光退火机	Laser Crystallization machine/ELA
30		脱膜	灰化机	ASHER
31			加热恒温设备	Heating Jacket
32			干法剥离机	Dry Stripper M/C
33			湿法剥离机/预处理装置	Wet Stripper M/C/Pre – Compaction System

续表

序号	工序	设备分类	设备名称	英文名称（供参考）
34	基板	修补工序	激光化学气相沉积修补设备/化学气相沉积补设备/开路修复机	Array Lazer CVD Repair/CVD Repair/Open Repair
35			阵列返修设备/平板显示器玻璃基板修理机/自动光学检查机	Array Repair/ARRAY CUT REPAIR/PI Dry Rework/PI Wet Rework/Automatic optical inspection machine
36			激光修补机/激光修复机/切断式修复机/掩模版激光修复机	Laser Repair Machine/CUT Repair/Mask Laser Repair
37		蒸镀	蒸镀机/平板显示器蒸镀机	Evaporation Unit/FMM EV SYSTEM
38			掩模版（掩模版/掩膜版）张紧机/平板显示器掩模版张紧机	Mask Tension Machine/FMM Tension M/C
39			有机材料提纯机	Drganic Materials sublimation Machine
40			氦质谱检漏仪/平板显示器检漏仪	Helium Leak Detector/Leak Detector
41			干泵	dry pump
42			等离子清洗机/平板显示器玻璃基板等离子清洗装置	Plasma cleaner/AP Plasma
43			对位检查装置/平板显示器玻璃基板对位光学检测机	Alignment Inspection/Align Inspection
44			点灯设备	Light On (In-Line)
45	面板	封装	封装机/平板显示器玻璃基板紫外固化封装系统	Encapsulation Unit/UV SEAL SYSTEM
46			点胶机/可重工胶涂布机/框胶涂布机/涂覆机	Epoxy coating machine/Dispenser/Seal Dispenser
47			氮气传送设备	N₂ transfer Equipment
48			frit激光固化机/平板显示器玻璃基板激光固化机	Laser frit solidifying machine/Frit Laser Seal
49			frit丝印机/平板显示器玻璃基板网版印刷机	Frit screen printing machine/SCREEN PRINTER
50			CVD封装机	CVD encapsulation machine
51			贴合机/平板显示器玻璃基板真空贴盒机	assembly/VACUUM ALIGNER
52			紫外线固化机/平板显示器紫外线固化炉/框胶紫外光固化机/紫外光固化机	UV Lamp M/C/UV CURE/Seal UV Cure/UV Curing
53			原子层沉积设备	ALD
54			激光剥离设备	Laser Lift Off machine
55			平板显示器玻璃基板边缘抛光机	Edge Polishing
56			无机膜成膜设备	TFE PECVD
57			有机膜成膜设备	TFE Inkjet Printer System
58			有机膜修复设备	IJP Repair M/C
59			薄膜封装热老化炉	TFE Aging Oven
60			上贴膜机/下贴膜机/贴合机	Top Laminator/Bottom Laminator/Lamination

续表

序号	工序	设备分类	设备名称	英文名称（供参考）
61	面板	封装	光学胶印刷机	Resin Printer
62			热压机	Hotpress
63			激光剥离机	LLO
64			撕膜机	Delaminator
65		老练	平板显示器平板老化测试系统/平板显示器条状玻璃基板老化设备/平板显示器老化设备/高温老化机/老化测试机	Aging Equipment/PANEL AGING/stick aging/Aging Chamber/Aging Oven
66			薄膜封装系统	Thin Film Encapsulation System
67			平板显示器基板切割机/平板显示器基板切割打磨机/切割机/玻璃基板分段切割机/异形切割机/激光切线设备	Glass plate scribing machine/Scriber System/STICK CUT/Q CUT/Q – cut scribe/Glass Cutting & Polisher/Cut Scriber/CELL Cutting Scriber/CELL Pre Cutting Scriber/Special Cutting Scriber/Laser Trimmer/Laser Auto Trimmer/CELL single Cutting Scriber
68	老练、模组		玻璃裂片机/裂片机	Glass Break Machine/Breaker
69			玻璃基板磨边机/玻璃基板磨边系统/磨边机/玻璃面板磨边机	Glass Edge Grind machine/Edge Grinder/After Cell Cutting Beveling
70			ACF贴付机	ACF Bonding Machine
71			绑定机（COG/COF/FOG/FOF）	Bonding Machine
72			偏光片裁切机	Polarizer Cutting Machine
73			偏光片清洗机/端子清洗机	Polarizer Cleaner/Edge Cleaner
74		模组	偏光片贴片机/重工偏光板自动贴附机/上覆膜机/下覆膜机	Polarizer Attaching Machine/Rework Polarizer Attach Machine/TOP Laminator/BOTTOM Laminator
75			水胶贴合机/重工水胶贴合机/真空贴合机/果冻胶贴合机	OCR Attaching Machine/Rework OCR Attaching Machine/Vacuum Alignment Box/Laminator
76			背光组装机	Assembly
77			激光切割机	Laser Cutting
78			边缘倒角机	Edge Chamfering
79			伽马校正机	Gamma Tuning
80			Mura补偿机	Mura Compensation
81			模组弯折机	Module Pad Bending Machine
82			加压脱泡机	Autoclave

序号	工序	设备分类	设备名称	英文名称（供参考）
83	化学品、气体装置	化学品、气体	尾气处理机/废气处理机	Gas Scrubber
84	动力	水、电、气	有毒气体处理机/吸附浓缩转轮	POU/VOC
85			基板玻璃清洗机/成盒前清洗机/紫外光清洗机/高压喷淋清洗机/超声波清洗机/氢氟酸连接式清洗机/直接连接式清洗机/基板初始清洗机/基板独立式清洗机/基板预清洗机/平板显示器玻璃预清洗机	Washing Cleaner/Before ODF Cleaner/Dry cleaner/APR Cleaner/UV2A Mask Cleaner/EUV/HPMJ/USC/HF Docking Cleaner/DI Docking Cleaner/Initial Cleaner/Local Cleaner/Pre Cleaner
86			蒸镀前清洗（机）/平板显示器玻璃基板初始清洗机/平板显示器玻璃基板等离子清洗装置	Pre Cleaner before Evaportion/Initial Cleaner/AP Plasma
87	清洗	清洗设备	面板清洗机/平板显示器取向膜印前清洗机/平板显示器取向膜印刷清洗机/平板显示器玻璃基板摩擦擦台清洗机/磨边清洗机	Panel Cleaner/APR Cleaner/Rubbing Cleaner/After beveling cleaner/After Pre Cut Cleaning/Panel Cleaner/Cut Cleaner
88			基板搬运篮清洗机/掩模版承载台清洗机	Cassette Cleaner/Mask Cassette Cleaner
89			接触角测试仪	Contact Angle Measuring Instrument
90			掩模版（掩膜版/掩膜版）清洗机/Frame 掩模版清洗机/平板显示器网版掩模版清洗机	Mask cleaner/Mask clean/SCREEN MASK CLEANER
91			封装玻璃清洗机/封装前清洗机	ENCAPSULATION GLASS WASHING UNIT/Pre EN Clean
92			有机膜紫外漂白仪/紫外线曝光机	IUV
93			臭氧发生器	O_3 Generator
94			有机掩模版卡夹清洗机	Mask CST Clean
95	检测	检测设备	玻璃微粒计数器/成盒对位检查机/重力不均匀测量机/框胶检查机/盒内光学测量机	Glass particle counter/Inspection/UV2A Mask Inspection/Mis – Alignment Inspection/Gravity Mura Measurement/Tilt Angle Measurement/Seal Inspector/Cell Gap Measurement Machine/Cell Gap Measurement
96			线宽和坐标测量仪/平板显示器玻璃基板光学检测机/关键尺寸测量机/基板光刻尺寸光学检测机/玻璃卸除后剥膜机	line&width and coordinator Measurement System/CD/TP Measurement/Initial STR
97			薄膜厚度测量仪/椭圆偏振仪/平板显示器玻璃胶厚度光学检查机/椭偏仪/平板显示器有机膜光谱椭偏仪	Thickness Meter System/Thickness Measurement/Ellipsometer/Thickness Inspection
98			自动光学检查机（系统/装置）/掩模版自动光学检查机	AOI

续表

序号	工序	设备分类	设备名称	英文名称（供参考）
99			结晶检查机	Crystallinity Measurement
100			断路/短路检测机	O/S Tester
101			刻蚀气体光学监测仪	HMS
102			阵列检查仪/平板显示器阵列缺陷自动检查设备/热成像短路检查机	Array Test/ARRAY TEST SYSTEM/Thermol Inspection
103			EPD终点探测系统/终点检测仪	EPD System
104			电学特性测量设备（仪）/平板显示器电学测量设备/电流电压测量仪	EPM Tester/C/V Measure/C – V Measure EQP
105			面板信号测试设备	GOA Measurement
106			三维测试机/阵列扫描电镜检查机/平板显示器三次元精确测量系统 精确3D测量系统	3D Profiler/A – SEM/Precision 3D Scaller System
107			点亮检查设备/一次点灯检测机/二次点灯检测机/点灯测试机	Inspection set/Light On 1 Test/After Pol Light On Test
108	检测	检测设备	自动检测机	Auto Cell Test
109			信号发生器/平板显示器图形信号发生器/信号探针测试平台/平板显示器面板信号测试设备/讯号产生器	Signal Generator/PATTERN GENERATOR/Probe Station/GOA
110			平板显示器等离子体光谱仪/平板显示器有机膜光谱椭偏仪/平板显示器紫外可视分光光度计/紫外光分光光度计/视分光光度计/荧光度计/荧光分光光度计/等离子体光谱仪/X射线荧光光谱仪/复丽叶红外光谱仪	RAMAN spectrometer/ICP/ELLIPSOMETER/UV/VIS/PL/UV – VIS/PL/XRF/FT – IR
111			宏观缺陷检查机/平板显示器宏观缺陷观察检查机/宏观微观缺陷检测机/自动宏观检测机	MAC/MIC/Inline Auto Macro/Auto Macro
112			有机发光寿命测试设备/平板显示器测试系统/高加速寿命测试系统/平板显示器单元寿命测试系统/平板显示器模组寿命测试系统/平板显示器寿命测试系统	OLED Lifetime Test Equipment/Unit cell lifetime system/Panel lifetime system/HALT/Module lifetime system
113			飞行时间二次离子质谱仪	TOF – SIMS
114			平板显示器光学测试系统	Optical Test System

彩色滤光膜生产企业进口物资清单

附件 3:

（1）彩色滤光膜生产企业进口生产性原材料清单

序号	类别	商品名称	英文名称（供参考）	税则号列（供参考）	性能指标
1	模具	光罩/掩膜板	Photo Mask	90019090/37059090/90029090/84805000/84807190	仅用于 Half tone
2	靶材	氧化铟锡靶材	ITO Target	28259090/84869091	
3	光阻/光阻剂	光阻/光阻剂 彩膜用光阻（红、绿、蓝、PS、光刻间隔膜、平坦层）	COLOR RESIST (R, G, B, PS, OVER COAT)	32041700/37071000	

（2）彩色滤光膜生产企业进口生产性消耗品清单

序号	类别		商品名称	英文名称（供参考）	税则号列（供参考）
1	灯类	曝光灯	高压水银灯	Ultra High Pressure Mercury Lamp	85393290/85393240
2			激光紫外线灯/激光灯管	Laser UV Lamp/ELA Laser Lamp	85394900
3		其他灯类	氙灯	Xeon Lamp	85393290/85393990
4			金属卤化物灯	Metal Halogen Lamp	85393290
5			（精密）荧光灯/光学检测荧光灯（中心波长 330 纳米）	Fluorescent Lingt	85393290/85393199
6			纯水装置用紫外线灯	UV Lamp for Purified Water System	85394900
7	过滤器	水过滤介质	纯水装置用过滤器	filter	84212199/84212990
8			纯水装置用离子交换树脂（阴离子）/抛光树脂	Filter（Anion Exchange Resin）	39140000
9			纯水装置用离子交换树脂（阳离子）/抛光树脂	Filter（Cation Exchange Resin）	39140000
10		其他过滤芯	化学过滤器	Filter	84213990/84219990

续表

序号	类别		商品名称	英文名称（供参考）	税则号列（供参考）
11	金属类		靶材托板	Backing Plate	81089090
12		其他	高压真空关闭阀门	Lock Valve	84814000
13			玻璃基板运送载体	Carrier	84864039
14			精密轴承	Precison Bearing	84828000
15			弹簧片	Spring	73201090
16	密封件	各类O型圈及其他密封垫	衬垫	pad ring	68042290
17			O型圈	O Ring	40169910
18	陶瓷件	绝缘陶瓷	陶瓷件	Ceramic parts	69091900
19			陶瓷滚轮	Ceramic Roller	69091900
20	刀具/磨具/磨料	各种切割刀轮/刀轴/磨具/磨料等	彩膜缺陷修补用研磨带	Griding Tape	68053000/68130000/84869099
21			彩膜缺陷修补用修补带	Dry film	68053000/68130000/84869099/96121000
22			彩膜缺陷修补用掩膜带	Mask film tape	68053000/68130000/84869099/39209200
23	喷嘴	金属喷嘴	金属喷嘴（清洗和涂覆用）	Metal Nozzle	84249090
24		塑料喷嘴	塑料喷嘴（清洗和涂覆用）	Plastic Nozzle	84249090
25			特氟隆喷嘴（清洗和涂覆用）	Teflon Nozzle	84249090
26		风刀	风刀	Air knife	90330000/84869099
27		液刀	液刀	Liquid knife	90330000/84869099
28	滚筒/衬垫	滚筒类	基板清洗用滚筒	Clean Roller	84669090/84869099/96035091
29		衬垫类	剥离滚筒	Stripper roller	84669090/84869099
30			吸附衬垫	PAD	68130000/68138100
31	激光光学配件	激光腔体	激光腔体	Laser chamber	84869099
32		光学组件	激光灯管窗	Laser Turb window	84869099
33		激光头	激光头	Laser head	90139010/90139090
34		激光发生器单元	激光发生器单元	Laser unit	90069199
35	包材	外包装箱	塑料包装箱	PP‑box	39231000

附件 4:

偏光片生产企业进口物资清单

（1）偏光片生产企业进口生产性原材料清单

序号	类别	商品名称	英文名称（供参考）	税则号列（供参考）	性能指标
1	聚乙烯醇膜	聚乙烯醇膜（PVA 膜）	Polyvinyl Alcohol Film	39209990	
2	三醋酸纤维素膜	三醋酸纤维素膜	Triacetyl Cellulose Film	39207300	TAC 膜，1.33 米≤幅宽<1.49 米且厚度≤60 微米，或幅宽≥1.49 米
3		三醋酸纤维素膜	TAC Film (Compensation Film, Anti-Reflection, Anti-Glare, Wide-View Film, Hard-Coating, Anti-Contamination, Anti-Static)	39207300	补偿膜/防反射涂层/宽视角涂层/硬化涂层/防污涂层/防静电涂层
4	环戊烯膜	环戊烯膜（COP 膜/补偿膜）	Cyclo—olefin Polymer Film/Cyclo—olefin Polymer Film (Compensation Film)	39209990	
5	亚克力膜	亚克力膜	Acrylic film	39205100	
6	聚碳酸酯膜	聚碳酸酯膜（无补偿/补偿膜）	Polycarbonate Film/Polycarbonate Film (Compensation Film)	39206100	满足以下条件之一即可： 1. R450/R550=0.9±0.1 2. R650/R550=1.04±0.10
7	聚对苯二甲酸乙二醇酯薄膜	聚对苯二甲酸乙二醇酯离型膜	PET Release Film	39199090/39206200	
8		聚对苯二甲酸乙二醇酯保护膜	PET Protection Film	39199090/39206200	
9		聚对苯二甲酸乙二醇酯薄膜	PET Film (For PVA protection)/PET Film (Antiglare)/PET Film (Antireflection)	39199090/39206200	PVA 保护用/防眩光/防反射位相差值≥8 000nm
10		全视角光学膜	O-Film	39199090/39206200	
11	多层增透膜	多层增透膜（APF 膜）/增宽膜（APF 膜）	Avdanced Polarizer Film	39199090/39206900	
12	聚乙烯薄膜	聚乙烯保护膜	PE Protection Film	39201090/39206200	膜幅宽≥1 300mm

续表

序号	类别	商品名称	英文名称（供参考）	税则号列（供参考）	性能指标
13	粘接剂	压敏胶（树脂）/丙烯酸聚合物	Acrylic Resin	35069190/32082010	
14		硬化剂	Hardener	38249099	
15		聚乙烯醇粉（PVA 粉）	Polyvinyl Alcohol Powder	39053000	
16		架桥剂	Bridging Agent	29161290	
17		光固化型粘合剂	UV curable resin	35069900	
18	碘	碘	Iodin	28012000	非挥发性成分≤0.012%
19	碘化钾	碘化钾	Potassium iodide	28276000	纯度≥99%
20	有机染料	偏光片用有机染料	Organic dye for polarizer	32041700	

（2）偏光片生产企业进口生产性消耗品清单

序号	类别	商品名称	英文名称（供参考）	税则号列（供参考）
1	辊筒/擦拭用工业纸/静电消除扇	粘尘辊筒	POL Clean Roller	84439190/40169990
2		偏光片制造胶辊	POL Rubber Roller	84439190/84869099
3		氯化聚氯乙烯（CPVC）收放卷管芯	CPVC Roller	73269090
4		丙烯腈－丁二烯－苯乙烯收放卷管芯	ABS Roller	73269090
5		纤维增强复合塑料收放卷管芯	FRB Roller	73269090
6		碳纤维收放卷管芯	Carbon Roller	73269090
7	水切刀	水切刀	Water glass cutter	70200019

山东省人民政府关于修改《山东省实施〈中华人民共和国车船税法〉办法》的决定

2018 年 12 月 28 日　山东省人民政府令第 321 号

山东省人民政府决定对《山东省实施〈中华人民共和国车船税法〉办法》作如下修改：

一、将第五条、第七条、第九条、第十二条中的"地方税务机关"修改为："税务机关"。

二、将第十三条修改为："公安、交通运输、农业农村、自然资源等车船登记管理部门、船舶检验机构和扣缴义务人的行业主管部门，应当协助税务机关建立健全车船税信息管理系统，定期提供车船有关信息，实现车船信息共享。"

三、将附件《山东省车船税税目税额表》中货车、挂车、专用作业车、轮式专用机械车的年税额分别修改为：36 元、18 元、36 元、36 元。

本决定自 2019 年 1 月 1 日起施行。

《山东省实施〈中华人民共和国车船税法〉办法》根据本决定作相应的修改，重新公布。

附件：山东省实施《中华人民共和国车船税法》办法

附件：

山东省实施《中华人民共和国车船税法》办法

(2011 年 12 月 23 日山东省人民政府令第 245 号发布
根据 2018 年 12 月 28 日《山东省人民政府关于修改
〈山东省实施《中华人民共和国车船税法》
办法〉的决定》修订)

第一条　根据《中华人民共和国车船税法》、《中华人民共和国车船税法实施条例》等法律、法规，结合本省实际，制定本办法。

第二条　属于《中华人民共和国车船税法》所附的《车船税税目税额表》规定的车辆、船舶（以下简称车船）的所有人或者管理人，为车船税的纳税人，应当缴纳车船税。

第三条　车船的适用税额，依照本办法所附的《山东省车船税税目税额表》执行。

第四条　本省境内的公共交通车船、农村居民拥有并主要在农村地区使用的摩托车、三轮汽车和低速载货汽车暂免征收车船税；其他减免车船税的范围，依照《中华人民共和国车船税法》、《中华人民共和国车船税法实施条例》的规定执行。

第五条　对受地震、洪涝等严重自然灾害影响纳税困难以及其他特殊原因确需减免税的车船，可以在一定期限内减征或者免征车船税。具体减免期限和数额由省财政部门会同税务机关制定，报省人民政府批准后执行。

第六条　从事机动车交通事故责任强制保险业务的保险机构为机动车车船税扣缴义务人（以下简称扣缴义务人），应当在收取保险费时依法代收车船税。

第七条　车船税的征收管理由税务机关负责。

第八条　车船税的纳税地点为车船登记地或者扣缴义务人所在地。依法不需要办理登记的车船，车船税的纳税地点为车船税纳税人所在地。

第九条　纳税人在缴纳车船税时，应当按照规定向税务机关或者扣缴义务人提供车船的相关凭证等信息。

第十条　车船税纳税义务发生时间，为车船的购置发票或者其他证明文件所载明的取得车船所有权或者管理权的当月。

第十一条　车船税按年申报，分月计算，一次性缴纳。纳税期限为每年的公历1月1日至12月31日。由扣缴义务人代收代缴车船税的，车船税的纳税期限为纳税人购买机动车交通事故责任强制保险的当日。

第十二条　扣缴义务人应当依法履行代收代缴义务，按规定向税务机关解缴代收代缴的税款，并提供与代收代缴税款有关的信息。

扣缴义务人的行业主管部门应当加强对扣缴义务人的指导、管理和监督，采取有效措施，支持扣缴义务人做好代收代缴车船税工作。

第十三条　公安、交通运输、农业农村、自然资源等车船登记管理部门、船舶检验机构和扣缴义务人的行业主管部门，应当协助税务机关建立健全车船税信息管理系统，定期提供车船有关信息，实现车船信息共享。

第十四条　公安机关交通管理部门在办理车辆相关登记和定期检验手续时，经核查，对没有提供依法纳税或者免税证明的，不予办理相关手续。

第十五条　对违反本办法规定的行为，依照《中华人民共和国税收征收管理法》和《山东省地方税收保障条例》等法律、法规的规定进行处理。

第十六条　本办法自2019年1月1日起施行。

附件：山东省车船税税目税额表

附件：

山东省车船税税目税额表

税目		计税单位	年税额	备注
乘用车〔按发动机汽缸容量（排气量）分档〕	1.0升（含）以下的	每辆	240元	核定载客人数9人（含）以下
	1.0升以上至1.6升（含）的		360元	
	1.6升以上至2.0升（含）的		420元	
	2.0升以上至2.5升（含）的		900元	
	2.5升以上至3.0升（含）的		1 800元	
	3.0升以上至4.0升（含）的		3 000元	
	4.0升以上的		4 500元	
商用车	客车（核定载客人数9人以上，包括电车）	每辆	720元（大型）	大型客车（核定载客人数20（含）人以上，包括电车）
			600元（中型）	中型客车（核定载客人数9人以上，20人以下，包括电车）
	货车	整备质量每吨	36元	包括半挂牵引车、三轮汽车和低速载货汽车等
挂车		整备质量每吨	18元	

续表

税目		计税单位	年税额	备注
其他车辆	专用作业车	整备质量每吨	36 元	不包括拖拉机
	轮式专用机械车		36 元	
摩托车		每辆	60 元	
船舶	机动船舶	净吨位小于或等于 200 吨	净吨位每吨	3 元	拖船、非机动驳船分别按照机动船舶税额的 50% 计算
		净吨位 201 吨至 2 000 吨	净吨位每吨	4 元	
		净吨位 2 001 吨至 10 000 吨	净吨位每吨	5 元	
		净吨位 10 001 吨及其以上	净吨位每吨	6 元	
	游艇	艇身长度不超过 10 米	艇身长度每米	600 元	
		艇身长度超过 10 米但不超过 18 米	艇身长度每米	900 元	
		艇身长度超过 18 米但不超过 30 米	艇身长度每米	1 300 元	
		艇身长度超过 30 米	艇身长度每米	2 000 元	
		辅助动力帆艇	艇身长度每米	600 元	

山东省财政厅 山东省地方税务局 山东省水利厅
关于推进水资源税改革试点工作的实施意见

2018 年 1 月 3 日 鲁财税〔2018〕1 号

各市人民政府，各县（市、区）人民政府，省政府各部门、各直属机构：

为贯彻落实党中央、国务院关于扩大水资源税改革试点的决策部署，按照财政部、税务总局、水利部《关于印发〈扩大水资源税改革试点实施办法〉的通知》（财税〔2017〕80 号）和《山东省人民政府关于印发〈山东省水资源税改革试点实施办法〉的通知》（鲁政发〔2017〕42 号），经省政府同意，结合我省实际，现就推进水资源税改革试点工作提出如下实施意见。

一、充分认识水资源税改革试点的重要意义

实施水资源税改革，是党中央、国务院在新形势下加强生态文明建设的重大决策部署，是建设优美生态环境的重要举措。我省是水资源严重短缺地区，人均水资源量不足全国的 1/6，人多地少水缺是我省长期面对的基本省情。与此同时，用水浪费现象突出，缺水与粗放用水并存，地下水超采严重，水资源短缺问题已成为制约我省经济社会健康发展的重大瓶颈。实施水资源税改革试点，可充分发挥税收刚性调节作用，引导科学使用地表水、抑制超采地下水，进一步促进水资源集约节约利用，对强化全社会节水意识、加强水资源保护、确保经济社会可持续发展具有十分重要的意义。

二、准确把握水资源税改革试点的目标和基本原则

（一）改革目标。全面贯彻落实党的十九大精神，坚持以习近平新时代中国特色社会主义思想为指导，深入贯彻习近平总书记视察山东重要讲话、重要指示批示精神，紧紧围绕"五位一体"总体布局和"四个全面"战略布局，认真践行新发展理念，建立完善调控合理、规范公平、征管高效的水资源税制度，充分

发挥税收杠杆作用，合理调节用水需求，优化用水结构，规范用水秩序，提高用水效率，促进水资源集约、节约、循环利用和生态环境保护，推动形成绿色发展方式和生活方式。

（二）基本原则

——统筹规划。根据中央统一部署，结合我省实际，研究制定全省改革方案和政策措施。同时，加强部门协调配合，加大工作指导力度，确保改革顺利实施。

——总体平移。以现行水资源费制度为基础，将收费标准总体平移为适用税额，并结合我省水资源管理现状，对相关政策进行合理调整，实现收费制度向征税制度的平稳转换。

——注重调控。强化税收刚性调节作用，形成有效约束机制。通过设置差别税额，抑制地下水超采和不合理用水需求，调整优化用水结构。

三、认真做好水资源税改革试点相关重点工作

（一）强化基础管理，做好准备工作。

1. 摸清底数，源头管理。开展全省取用水户信息核实和确认工作，彻底摸清取用水户底数。对未经许可擅自取水和未安装计量设施取水的用户开展全面清查和治理，核实水源类型、取水地点、取水设施等信息。根据核实结果，建好基础台账，确保登记信息真实准确。同时，进一步加强源头管控，规范纳税人取水许可管理，严格取水许可审批，对未获许可的取用水户，立足实际，一户一策，分类办理，限期规范，全面落实用水总量和用水效率控制制度，为征收水资源税打下坚实基础。（省水利厅牵头，省地税局、省财政厅、省住房城乡建设厅、省农业厅配合）

2. 限额管理，规范计量。对农业用水实行限额管理，核定农业用水定额，推广符合实际、简便易行的农业灌溉取用水计量设施。（省水利厅牵头，省地税局、省农业厅、省质监局、国网山东省电力公司配合）

加强对工业、公共供水企业等取用水监督管理，按照不同情形制定具体的水量核定办法，确保为工业、公共供水企业等水资源税征收提供准确、可靠的水量依据。（省水利厅牵头，省地税局、省住房城乡建设厅、省农业厅、省质监局、国网山东省电力公司配合）

（二）强化征收管理，做好风险预案。

1. 加强征管，依法征收。地税部门与水利部门联合确认纳税人信息，并按期做好交接工作，及时为试点纳税人办理税务登记、优惠政策备案等工作，确保数据信息完整准确。统筹做好综合征管、电子申报、税库银等横向联网工作，调试征管系统，确保信息系统和设备平稳运行。对各级水资源税征收机关开展试点政策和征管办法全员培训，加强纳税人政策辅导，确保试点纳税人明政策、懂计量、会申报。（省地税局牵头，省水利厅、省财政厅、省住房城乡建设厅配合）

2. 建立机制，防范风险。规范稽查，强化税源监控、纳税评估、税务稽查等环节信息比对、传递和利用工作，将各类风险点及时提交税务稽查部门，地税、水利部门根据工作规范，联合实施专项稽查和检查，确保水资源税依法征收、足额入库。分类制定应急预案，建立应急工作机制，明确工作机构及其职责范围，防范并高效处理各类突发事件。（省地税局牵头，省水利厅、省财政厅配合）

（三）强化信息管理，做好信息支撑。

1. 监控运行，分析数据。加强运行管理，完善水资源监控系统的运行维护和保障机制，切实加大对地下水、地表水的动态监控力度，为水资源税征管提供可靠的数据信息保障。积极拓展试点纳税人涉税信息采集渠道，夯实涉税数据资料基础，加强涉税数据综合分析，编制比对预警指标，查找征管漏洞和薄弱环节。（省水利厅牵头，省财政厅、省地税局、省质监局配合）

2. 信息支撑，共享共用。及时更新信息，地税部门根据核实的纳税人登记信息，进行试点纳税人户籍登记、税目税率认定、优惠政策备案、缴税登记台账等工作，确保地税部门与水利部门双方台账信息一致、同步更新。各级财政、水利、地税部门建立涉税信息共享、对称反馈机制，完善水资源税征管信息的传递共享、监控预警、分析利用和相互制约、校对纠正机制。（省地税局牵头，省水利厅、省财政

厅配合）

（四）积极跟踪动态，及时分析评估。密切关注改革运行动态，收集和掌控改革中出现的各种问题，及时向省水资源税改革试点工作领导小组报告。凡在操作层面可以解决的问题，尽快研究出台相关配套政策措施，及时解决遇到的问题。属于政策层面的，及时向财政部、税务总局和水利部反映，争取国家支持。及时评估政策效果，全面分析水资源税改革试点对我省的影响，评估改革试点对水资源的治理效果，测算水资源税收入变化情况和试点纳税人税负情况，评估税负承载能力。（省财政厅牵头，省水利厅、省地税局、省国税局、省发展改革委、省住房城乡建设厅、省国土资源厅配合）

（五）密切关注舆情，营造良好氛围。强化政策解读和宣传力度，通过网络、新闻媒体、纳税服务热线等各种媒介，宣传开展水资源税改革试点的重要意义，加强政策解读，回应社会关切，稳定社会预期，积极营造良好的改革氛围和舆论环境。（省水资源税改革试点工作领导小组办公室牵头，有关单位配合）

四、切实加大对水资源税改革试点工作的保障力度

（一）加强组织领导。各市、县（市、区）要建立相应工作机制，落实工作责任，为改革试点运行提供组织保障。通过省、市、县三级联动，加强统筹指导和工作协调，切实将各项任务分解落实到位，确保水资源税改革试点工作平稳有序推进。

（二）明确部门职责。省财政厅负责牵头组织协调试点工作，测算分析改革对财政收入的影响情况，分析财政收入变动情况，研究建立水资源管理投入机制及相关配套政策，跟踪反馈试点工作动态。省水利厅负责提供地表水、地下水、超采区、用水计划、用水限额等水资源相关信息，移交纳税人资料，制定加强取用水管理相关制度。省地税局负责接收纳税人征管信息，制定税收征管措施，培训税务人员和纳税人，制定应急措施。省住房城乡建设厅负责指导各地城市供水主管部门提供公共供水管网覆盖范围等信息。省物价局负责建立健全水价管理机制。省发展改革委、省国土资源厅、省国税局、省农业厅、省质监局、国网山东省电力公司等配合做好试点工作。

（三）强化协调配合。水资源税改革涉及面广、政策性强，各相关职能部门要切实增强责任感，加强配合，形成工作合力。财政部门要充分发挥统筹协调作用，积极做好领导小组和各成员单位的沟通衔接工作。水利、地税、国税、发展改革、国土资源、住房城乡建设（城管、公用事业）、农业、物价、质监等部门要按照各自职责分工，配合做好改革试点各项工作。要建立健全沟通协调机制和信息通报制度，定期会商工作进展情况，确保改革顺利实施。

附件：《山东省水资源税改革试点实施办法》（鲁政发〔2017〕42 号）（略）

山东省财政厅　山东省地方税务局　中国保险监督管理委员会　山东监管局关于进一步规范车船税代收代缴工作的通知

2018 年 1 月 24 日　鲁财税〔2018〕2 号

各市（不含青岛）财政局、地税局，驻济各财产保险公司省级分公司、平安财险青岛分公司、各保险中介公司：

2012 年实施《中华人民共和国车船税法》（以下简称"车船税法"）以来，我省认真执行各项规定，积极落实税收政策，加强征收管理，较好发挥了车船税的积极作用，但在车船税代收代缴工作过程中，还存在着税源转移等不容忽视的问题，影响了税源管理和保险市场的正常秩序。为加强车船税征收管理，经

研究，现就进一步规范车船税代收代缴工作通知如下：

一、提高思想认识，严格贯彻落实车船税法

车船税代收代缴是国家以法律形式确定的税收征收制度，积极做好车船税代收代缴工作是财税机关和保险机构的法定责任。各市和有关单位要进一步提高思想认识，强化责任意识，积极落实车船税法及其实施条例，妥善处理直接征收与代收代缴、从事机动车第三者责任强制保险业务与代收代缴车船税的关系，将办理保险业务与履行车船税扣缴义务结合起来。严格落实车船税代收代缴手续费政策规定，加强车船税代收代缴手续费管理，形成严格执行车船税法、依法代收代缴车船税的良好氛围，切实维护好健康的税收秩序。

二、完善制度规定，规范车船税代收代缴日常管理

代收代缴是我省车船税征收管理的主要形式，车船税收入的很大比重是通过代收代缴方式取得的。各市和有关单位要严格按照相关税收法律和政策规定，规范开展车船税代收代缴工作，认真落实《山东省机动车车船税代收代缴管理办法》，充分利用信息化手段，提升车船税征收管理质量，加强工作督导，评估落实效果。要进一步优化保险机构代收代缴车船税工作程序，按规定报送投保车辆的完整信息、结报代收代缴的车船税税款，进一步规范保险机构代收代缴车船税工作，推动我省车船税代收代缴工作依法有序开展。

三、强化服务意识，完善车船税代收代缴协作机制

要树立优质服务理念，简化服务流程，提高服务质量，让车船税纳税人享受到便捷高效的服务。进一步完善车船税代收代缴单位和相关部门间的协同工作机制，强化信息共享和工作衔接。定期召开协调会议，研究解决车船税代收代缴工作中遇到的困难和问题，形成车船税代收代缴政策落实的工作合力。要协同加强车船税税源管控，合力支持保险机构依法履行车船税代收代缴法定义务，确保税款及时、足额解缴入库。

四、坚持问题导向，加强车船税代收代缴监督检查

各级财税部门和保险机构要对照车船税法及其实施条例、《山东省机动车车船税代收代缴管理办法》等有关政策规定，围绕车船税代收、申报、解缴等各个环节，认真查找是否存在吸税引税、转移税源、未按时解缴税款、违规委托代征等方面的问题。对查找出的问题，要认真制定改进措施，抓好问题整改落实。省财政厅、省地税局、山东保监局将会同有关部门单位加强工作检查指导，监督各市和有关单位全面落实车船税法及其实施条例，严格执行《山东省机动车车船税代收代缴管理办法》，切实将车船税法律和政策规定落实到位，并对部分地区和单位进行重点检查，坚决治理吸税引税乱象，制止和杜绝不正当竞争，维护良好的保险和税收环境。

省财政厅　省国家税务局　省地方税务局　省民政厅
关于 2017 年度山东省公益性社会组织公益性捐赠税前
扣除资格名单（第二批）公告

2018 年 1 月 31 日　鲁财税〔2018〕4 号

根据企业所得税法及实施条例有关规定，按照《财政部　国家税务总局　民政部关于公益性捐赠税前

扣除资格确认审批有关调整事项的通知》（财税〔2015〕141 号）要求，现将 2017 年度第二批公益性社会组织公益性捐赠税前扣除资格名单公告如下：

1. 山东省送温暖工程基金会
2. 青岛市青少年发展基金会
3. 山东工商学院教育发展基金会
4. 山东现代公益基金会
5. 山东省鲁信公益基金会
6. 山东省中投慈善公益基金会
7. 山东威高慈善基金会
8. 山东省银丰生命科学公益基金会
9. 山东理工大学教育发展基金会
10. 济南甘露扶困公益基金会
11. 济南历下慈善总会
12. 槐荫慈善总会
13. 商河县慈善总会
14. 淄博市慈善总会
15. 淄博市高新技术产业开发区慈善总会
16. 淄博市张店区慈善总会
17. 淄博市淄川区慈善总会
18. 沂源县慈善总会
19. 沂源县暖阳春雨基金会
20. 枣庄市慈善总会
21. 枣庄市山亭区老年照料关爱协会
22. 滕州市慈善总会
23. 枣庄市社会组织总会
24. 潍坊市慈善总会
25. 潍坊市坊子区慈善总会
26. 潍坊市寒亭区慈善总会
27. 潍坊高新技术产业开发区慈善总会
28. 青州市慈善总会
29. 寿光市慈善总会
30. 安丘市慈善总会
31. 昌邑市慈善总会
32. 高密市慈善总会
33. 临朐县慈善总会
34. 昌乐县慈善总会
35. 济宁市兖州区慈善总会
36. 寿光市中学教育基金会
37. 寿光市一中教育基金会
38. 泰安市慈善总会
39. 泰安市泰山慈善基金会
40. 泰安市康复慈善协会
41. 泰安市营养学会

42. 泰安市纳税人协会
43. 泰安市泰山义工联合会
44. 泰安市眼科学会
45. 泰安市社会公益慈善联合会
46. 泰安市老园丁爱心接力志愿者协会
47. 泰安市慈善事业促进会
48. 泰安市泰山爱心人慈善协会
49. 肥城市慈善总会
50. 新泰市慈善总会
51. 威海经济技术开发区慈善总会
52. 威海临港经济技术开发区慈善总会
53. 威海市圣儒文化发展基金会
54. 临沂市慈善总会
55. 临沂市光彩事业促进会
56. 临沂市兰山区慈善总会
57. 平邑县慈善总会
58. 费县慈善总会
59. 德州市慈善总会
60. 德州学院教育发展基金会
61. 德州市青年义工协会
62. 德州市陵城区富路退役军人关爱基金会
63. 庆云县慈善总会

省财政厅　省国家税务局　省地方税务局　省发展和改革委员会　省经济和信息化委员会　省环境保护厅转发《财政部　税务总局　国家发展改革委　工业和信息化部环境保护部关于印发节能节水和环境保护专用设备企业所得税优惠目录（2017年版）的通知》的通知

2018 年 3 月 23 日　鲁财税〔2018〕7 号

各市财政局、国家税务局、地方税务局、发展改革委、经济和信息化委、环境保护局：

现将《财政部　税务总局　国家发展改革委　工业和信息化部　环境保护部关于印发节能节水和环境保护专用设备企业所得税优惠目录（2017年版）的通知》（财税〔2017〕71号）转发给你们，并提出以下贯彻意见，请遵照执行。

一、高度重视政策落实工作。各市要高度重视节能节水、环境保护专用设备投资抵免所得税政策落实工作，将其作为打好污染防治攻坚战、实现绿色发展、加快新旧动能转换的一项重要举措，认真研究政策内容，准确掌握优惠目录调整完善情况，为全面落实税收优惠政策奠定基础。

二、加大政策宣传培训力度。各市相关部门要通过多种渠道开展政策宣传，扩大政策知晓面。要主动深入企业开展送政策上门活动,全方位提供优惠政策讲解和咨询服务,做好解疑答惑工作。同时,广泛听取企业意见建议,切实了解政策诉求,及时向上级有关部门反映。

三、优化流程加强后续管理。税务部门要进一步优化政策办理流程,简化报送资料,最大限度地降低优惠政策办理成本。税务部门对享受税收优惠政策的企业要建立台账,采取风险管理、稽查、纳税评估等方式强化后续管理,确保政策贯彻落实到位。

四、建立部门协调配合机制。各市财政、国税、地税、发展改革、经济和信息化、环保等部门要加强合作,建立协调配合机制。在执行税收优惠政策过程中,税务部门对无法准确判定是否符合优惠政策规定条件的专用设备,可提请发展改革、经济和信息化、环保等部门委托专业机构出具技术鉴定意见,相关部门应积极配合。开展鉴定工作,不得向企业收取任何费用,所需工作经费由同级财政纳入预算予以保障。

省财政厅　省国家税务局　省地方税务局关于加强非营利组织免税资格认定（复审）管理工作的通知

2018 年 3 月 30 日　鲁财税〔2018〕9 号

各市财政局、国税局、地税局:

按照《财政部　税务总局关于非营利组织免税资格认定管理有关问题的通知》(财税〔2018〕13 号)要求,为进一步规范非营利组织免税资格认定(复审)管理工作,现将有关事项通知如下:

一、建立部门协作机制

各市税务部门要与民政、教育、卫生计生等非营利组织登记管理部门建立协作机制,形成畅通的信息交换渠道,及时掌握非营利组织登记信息和活动开展情况,全面加强非营利组织管理。各级财政、税务部门要加强协作配合,按照职责权限,共同做好非营利组织免税资格认定(复审)管理工作。

二、明确认定管理程序

(一)填报资料。申请免税资格的非营利组织,应填写《山东省非营利组织免税资格申请表》(见附件),并提供财税〔2018〕13 号文件规定的相关证明材料。

(二)提出申请。经省级以上(含省级)登记管理机关批准设立或登记的非营利组织,凡符合规定条件的,应向省级税务主管机关提出免税资格申请;经地市级或县级登记管理机关批准设立或登记的非营利组织,凡符合规定条件的,应向其所在地的地市级或县级税务主管机关提出免税资格申请。

(三)联合审核。各级财政、税务主管部门应按照上述规定和管理权限,对非营利组织享受免税资格申请进行联合审核确认,并于每年 5 月底前和 12 月底前定期公布。

三、加强后续监督管理

主管税务机关应采取税收风险管理、稽查、纳税评估等后续管理方式,对非营利组织享受免税收入情况进行核查。对不再具备财税〔2018〕13 号文件规定的免税条件的非营利组织,应提请复核。经省级财政、税务部门公布免税资格的非营利组织,由其所在地的市级税务部门开展核查,及时报告省级税务部门,省级财政、税务部门根据管理权限进行复核,复核不合格的,取消免税优惠资格;经市级或县级财政、税务部门公布的非营利组织免税资格复核程序，由各地财政、税务部门自行确定。

四、材料报送地址及联系方式

省国税局所得税处（济南市英雄山路155号）；

联系电话：0531－85656277。

省地税局企业所得税处（济南市济大路5号）；

联系电话：0531－82613623。

本通知规定自2018年1月1日起执行。省财政厅、省国税局、省地税局《关于加强非营利组织免税资格认定（复审）管理工作的通知》（鲁财税〔2017〕7号）同时废止。

附件：山东省非营利组织免税资格申请表

附件：

山东省非营利组织免税资格申请表

单位全称			
单位编码		业务主管部门	
业务范围			
通信地址		邮政编码	
法人代表		联系电话	
联系人		联系电话	
现有职工人数			
所报送材料：			
1	申请报告		
2	组织章程或管理制度		
3	注册登记证件复印件		
4	资金来源及使用情况		
5	工资薪金情况专项报告		
6	中介机构鉴证的财务报表和审计报告		
7	登记管理机关出具的非营利活动材料		
		单位公章： 　　　　年　月　日	

省财政厅　省地方税务局　省水利厅　省住房和城乡建设厅　省物价局关于进一步明确水资源税改革试点工作有关事项的通知

2018年3月30日　鲁财税〔2018〕10号

各市、县（市、区）财政局、地税局、水利局、住房城乡建设局（城管、公用事业、水务局）、物价局：

为切实做好我省水资源税改革试点工作，加强税收征收管理，确保改革平稳运行，经研究，现将改革试点中的有关事项进一步明确如下：

一、关于城镇公共供水价格调整问题

按照国家要求，在水资源税改革试点期间，按税费平移原则，对城镇公共供水征收水资源税，不增加居民生活用水和城镇公共供水企业负担。对于城镇公共供水因水源价格调整等因素引起成本变化，确需调整水价的，应遵循水价调整机制有关规定，由各市、县（市、区）人民政府研究确定。

二、关于城市公共供水管网覆盖范围问题

城市公共供水管网覆盖范围由各级城市供水主管部门按照管网实际覆盖范围逐年划定，并于每年 2 月底前，向主管税务机关提供。管网覆盖范围情况应包括供水范围图、管网布局图等内容。

三、关于农业生产取用水认定问题

《山东省人民政府关于印发山东省水资源税改革试点实施办法的通知》（鲁政发〔2017〕42 号）规定，农业生产取用水是指种植业、畜牧业、水产养殖业、林业等取用水。农业生产者以及其他单位、个人用于种植业、畜牧业、水产养殖业、林业等的取用水，均为农业生产取用水，执行农业生产取用水税收政策。

四、关于规范微咸水征管问题

鲁政发〔2017〕42 号文件规定，微咸水是指含盐量 0.2%～0.5% 的水，或矿化度（即每升水含有的矿物质含量）在 2～5 克/升的水。各级水利部门应严格审批，并在取水许可证上载明微咸水相关信息。各级主管税务机关应依据水利部门提供的相关信息，严格审核把关，切实加强对微咸水的征收管理。

五、关于建立相应工作机制问题

建立水资源税改革试点工作协调机制，是实施改革试点的重要组织保障。各地各部门一定要高度重视，对协调机制尚不健全的市、县（市、区），财政部门要充分发挥牵头作用，积极研究建立和完善议事协调机制，确保水资源税改革试点平稳有序推进。

省财政厅 省国家税务局 省地方税务局关于进一步贯彻落实企业职工教育经费税前扣除政策的通知

2018 年 5 月 29 日 鲁财税〔2018〕16 号

各市财政局、国税局、地税局：

国务院批复的《山东新旧动能转换综合试验区建设总体方案》，同意我省提高科技型中小企业职工教育经费税前扣除标准。为进一步鼓励企业加大职工教育投入，财政部、税务总局印发了《关于企业职工教育经费税前扣除政策的通知》（财税〔2018〕51 号，以下简称《通知》），将该项政策适用范围推广至所有

企业，职工教育经费支出税前扣除标准由不超过工资薪金总额 2.5% 提高至 8%。为贯彻落实好《通知》精神，结合我省实际，现提出以下要求，请认真贯彻执行。

一、提高思想认识。企业加大职工教育经费投入、加强人员教育培训，有利于有效提高人员工作技能、创新能力和生产效率，加快实现经济发展动力变革。各级财税部门要进一步提高思想认识，始终坚持以纳税人为中心，不断强化责任担当，加快推动政策落实，充分发挥该项政策对鼓励企业加大职工教育经费投入、激发创新创造活力的作用，更好地支持和服务全省新旧动能转换重大工程。

二、加强宣传指导。要通过报刊、网站、办税服务厅等多种渠道，全方位开展企业职工教育经费税前扣除政策宣传，扩大政策知晓面，做好解疑答惑工作，积极引导企业加强职工教育经费管理，加大职工教育投入，规范职工教育培训，不断积聚企业创新内生动力。

三、全力保障落实。要认真贯彻落实企业职工教育经费税前扣除政策，深化放管服改革，提高服务意识，不断优化税收征管流程。同时，要密切关注本地区政策运行情况，扎实做好企业工资薪金总额和职工教育经费支出数据的比对分析，科学评估政策执行对本地区的影响，广泛听取意见建议，全面了解企业涉税诉求，及时向有关部门反馈。

四、强化督导检查。要把企业职工教育经费税前扣除政策落实情况纳入财税部门年度督查范围，通过开展联合督导检查等方式，加大对政策落实情况的督导力度，确保政策落到实处、见到实效。

省财政厅　省地方税务局　省水利厅　省住房和城乡建设厅
关于山东省水资源税改革试点相关政策的补充通知

2018 年 5 月 28 日　鲁财税〔2018〕17 号

各市人民政府，各县（市、区）人民政府，省政府各部门、各直属机构：

为进一步做好水资源税改革试点工作，省水资源税改革试点工作领导小组研究确定对《山东省水资源税改革试点实施办法》相关政策进行补充完善。经省政府同意，现将有关事项通知如下：

一、城镇公共供水企业计征水资源税的实际取水量暂按制水厂进水量计算，合理损耗率不变。

二、对同时向城镇和农村供水的城乡供水一体化企业，按照城镇用水和农村用水分别测算取用水量，并按城镇公共供水企业和农村人口生活集中式饮水工程单位税额标准分别计算税额。合理损耗率统一执行城镇公共供水企业标准，不再单独计算。

三、农村人口生活集中式饮水工程单位合理损耗率确定为 17%。

四、对取水工程位于地下水超采区范围内并有替代水源的，按照《山东省地下水超采区综合整治实施方案》有关要求，禁止审批地下水取水许可。对取水工程在 2015 年省政府划定地下水超采区、禁采区和限采区之前建成且现状无替代水源的无证取水以及取水许可证有效期满未延续的取用水单位或者个人，责成其限期依法办理取水许可手续。年取地下水 500 万立方米以上的，由省级水行政主管部门审批；年取地下水不足 500 万立方米的，由市或县级水行政主管部门审批。取水许可证的有效期和许可水量要符合地下水超采区治理方案和地下水压采计划要求，浅层地下水取水许可有效期不得超过 2020 年，深层承压水取水许可有效期不得超过 2025 年。

五、各级要加大对改革试点政策和改革运行情况的跟踪研究，认真做好改革试点经验、问题的分析研判和上报工作。在对改革试点情况进行科学评估的基础上，适时对相关政策作出调整，各地要认真抓好贯彻落实，确保改革平稳推进。

六、本通知自 2018 年 4 月 1 日起实施。

省财政厅　省国家税务局　省地方税务局关于公布 2018 年第一批具备免税资格非营利组织名单的通知

2018 年 6 月 6 日　鲁财税〔2018〕19 号

各市财政局、国税局、地税局：

根据《财政部　税务总局关于非营利组织免税资格认定管理有关问题的通知》（财税〔2018〕13 号）及省财政厅、省国税局、省地税局《关于加强非营利组织免税资格认定（复审）管理工作的通知》（鲁财税〔2018〕9 号）规定，经省财政厅、省国税局、省地税局共同审核，认定山东省建设项目环境监理协会等 12 个单位具备 2017～2021 年度非营利组织免税资格，山东省住房公积金协会等 10 个单位具备 2018～2022 年度非营利组织免税资格（见附件）。

经认定的非营利组织，凡当年符合《中华人民共和国企业所得税法》及其实施条例和有关规定免税条件的收入，免予征收企业所得税；当年不符合免税条件的收入，依法征收企业所得税。主管税务机关在政策执行过程中，如发现非营利组织不再具备规定的免税条件，应及时报告省级财税部门，由省级财税部门按规定对其进行复核。

非营利组织应在免税优惠资格期满后六个月内提出复审申请，不提出复审申请或复审不合格的，其享受免税优惠的资格到期自动失效。

附件：具备免税资格的非营利组织名单

附件：

具备免税资格的非营利组织名单

序号	单位	免税期限
1	山东省建设项目环境监理协会	2017～2021 年度
2	山东省小球运动联合会	2017～2021 年度
3	山东省艺术培训行业协会	2017～2021 年度
4	山东省水泥行业协会	2017～2021 年度
5	山东省中投慈善公益基金会	2017～2021 年度
6	山东省银丰生命科学公益基金会	2017～2021 年度
7	山东省鲁信公益基金会	2017～2021 年度
8	山东省慈善总会	2017～2021 年度
9	山东省律师协会	2017～2021 年度
10	山东省测绘地理信息行业协会	2017～2021 年度
11	山东省学校后勤协会	2017～2021 年度
12	山东省非上市公众公司协会	2017～2021 年度
13	山东省住房公积金协会	2018～2022 年度
14	山东省表面工程协会	2018～2022 年度
15	山东省卫生经济协会	2018～2022 年度
16	山东省机械工业理化检测协会	2018～2022 年度

序号	单位	免税期限
17	山东山大基础教育集团	2018~2022 年度
18	山东省综合医院管理研究中心	2018~2022 年度
19	山东省区域卫生发展研究中心	2018~2022 年度
20	山东省健康管理协会	2018~2022 年度
21	山东省齐鲁工业大学教育发展基金会	2018~2022 年度
22	济南大学教育发展基金会	2018~2022 年度

省财政厅 省国家税务局 省地方税务局关于贯彻落实创业投资企业和天使投资个人有关税收政策的通知

2018 年 6 月 7 日 鲁财税〔2018〕20 号

各市财政局、国税局、地税局：

国务院批复的《山东新旧动能转换综合试验区建设总体方案》同意我省在试验区推行全面创新改革试验区可复制推广的政策措施。5 月 14 日，财政部、税务总局印发了《关于创业投资企业和天使投资个人有关税收政策的通知》（财税〔2018〕55 号，以下简称《通知》），为贯彻落实好《通知》精神，结合我省实际，现提出以下要求，请认真贯彻执行。

一、提高思想认识。实施创业投资企业和天使投资个人税收优惠政策，有利于推动资本市场健康发展，促进科技型企业加快创新发展。各级财税部门要进一步提高思想认识，强化责任担当，加快推动政策落实，不断激发市场主体创新创造活力，增强经济发展的内生动力，更好地支持和服务全省新旧动能转换重大工程。

二、加强宣传培训。要认真学习掌握政策内容，并通过广播、电视、报刊、网站、微信公众号、办税服务厅等渠道，采取多种形式进行广泛宣传，切实扩大政策宣传覆盖面。同时，要加大对纳税人的培训和辅导力度，利用纳税服务热线"12366"等方式，做好解疑答惑工作，及时回应社会关切，让广大纳税人熟悉和了解相关税收政策。

三、抓好贯彻落实。要认真贯彻落实创业投资企业和天使投资个人有关税收优惠政策，保障纳税人充分享受政策红利，进一步减轻投资企业和个人的税收负担，吸引社会资本加大对实体经济特别是初创科技型企业的投资，提升企业直接融资水平，助推企业快速发展。同时，要做好政策效应跟踪，广泛听取意见建议，全面了解企业涉税诉求，并及时向有关部门反馈。

附件：财政部 税务总局关于创业投资企业和天使投资个人有关税收政策的通知（略）

省财政厅 国家税务总局山东省税务局转发《财政部税务总局关于明确烟叶税计税依据的通知》的通知

2018 年 7 月 18 日 鲁财税〔2018〕21 号

各市财政局，国家税务总局各市税务局：

现将《财政部 税务总局关于明确烟叶税计税依据的通知》（财税〔2018〕75 号，以下简称《通知》）

转发给你们，并提出以下贯彻意见，请一并贯彻执行。

一、强化法治意识，坚持依法征税。《中华人民共和国烟叶税法》（以下简称《烟叶税法》），是按照党的十八届三中全会提出的税收法定原则，率先由暂行条例上升为法律的税收立法。《通知》对有关事项作了进一步明确，增强了《烟叶税法》实施的可操作性，为烟叶税征管工作提供了重要政策支撑。全省各级财税部门要切实提高思想认识，增强税收法治意识，认真贯彻执行《烟叶税法》及《通知》要求，严格履行好法定职责，扎实推进依法征税各项工作。

二、加强组织领导，健全协同机制。相关财税部门要建立完善工作协调机制，加强对《烟叶税法》实施工作的统一部署，细化任务分工，强化工作配合，统筹推进各项工作，并及时研究解决重点难点问题。要加强精细化管理，着重掌握烟叶种植和收购计划、实际收购数量和金额，完善登记台账，提升征管工作质量和水平。

三、加强培训辅导，优化纳税服务。相关财税部门要采取集中培训、重点辅导等多种形式，抓好业务人员辅导培训。同时，及时向纳税人提供咨询服务、纳税辅导，确保纳税人能够熟悉税法及相关政策，掌握纳税申报流程、计税方法等，准确自行申报纳税。

《烟叶税法》实施的地域性强，工作任务相对集中，相关财税部门要进一步增强责任感、紧迫感和大局意识，认真抓好各项工作落实，及时跟踪实施效果，确保税法平稳顺利实施。

附件：财政部　税务总局关于明确烟叶税计税依据的通知（略）

省财政厅　国家税务总局山东省税务局关于进一步扩大农产品增值税进项税额核定扣除试点有关问题的通知

2018 年 7 月 26 日　鲁财税〔2018〕23 号

各市财政局、国家税务总各市税务局：

按照《财政部　国家税务总局关于在部分行业试行农产品增值税进项税额核定扣除办法的通知》（财税〔2012〕38 号）和《财政部　国家税务总局关于扩大农产品增值税进项税额核定扣除试点行业范围的通知》（财税〔2013〕57 号）有关规定，现将我省进一步扩大农产品增值税进项税额核定扣除试点有关事项通知如下：

一、我省采用投入产出法，对从事下列农产品收购加工的增值税一般纳税人（以下简称试点纳税人），按全省统一的核定扣除标准（见附件），实行农产品增值税进项税额核定扣除：

（一）以购进大豆为原料生产膨化大豆。

（二）以购进活牛为原料生产分割牛肉。

（三）以购进活兔为原料生产分割兔肉（带骨）。

（四）以购进活兔为原料生产分割兔肉（不带骨）。

（五）以购进活羊为原料生产分割羊肉。

（六）以购进鲜海鱼为原料生产冷冻整鱼。

（七）以购进生花生（带壳）为原料生产熟花生（带壳）。

（八）以购进生花生仁为原料生产熟花生仁。

（九）以购进带壳生花生为原料生产熟花生仁。

（十）以购进生瓜子为原料生产熟瓜子。

（十一）以购进羊毛为原料生产洗净毛。

（十二）以购进羊毛为原料生产毛条。

（十三）以购进羊毛为原料生产羊绒。

（十四）以购进兔毛为原料生产已梳兔毛。

（十五）以购进原木为原料生产拼板。

二、自2018年8月1日起，试点纳税人的农产品增值税进项税额均按《农产品增值税进项税额核定扣除试点实施办法》（财税〔2012〕38号，以下简称《实施办法》）有关规定计算扣除。

三、主管税务机关应通过办税服务大厅、网站等多种方式向社会公告，确保试点纳税人及时了解核定扣除标准。

四、试点纳税人按照《实施办法》第九条有关规定，自实施核定扣除之日起，将期初库存农产品以及库存半成品、产成品耗用的农产品增值税进项税额作转出处理。一次性缴纳入库确有困难的，可提出分期转出计划，经主管税务机关同意后，在六个月内分期转出。

五、未尽事宜按照财政部、国家税务总局及山东省财政厅、国家税务总局山东省税务局有关规定执行。

附件：山东省农产品增值税进项税额核定扣除试点扩围扣除标准

附件：

山东省农产品增值税进项税额核定扣除试点扩围扣除标准

序号	耗用农产品名称	产品名称	农产品单耗数量	单位
1	大豆	膨化大豆	1.0490	吨
2	活牛	分割牛肉	1.8210	吨
3	活兔	分割兔肉（带骨）	1.3713	吨
4	活兔	分割兔肉（不带骨）	1.6300	吨
5	活羊	分割羊肉	1.6800	吨
6	鲜鱼	冷冻整鱼	1.0400	吨
7	生花生（带壳）	熟花生（带壳）	1.2800	吨
8	生花生仁	熟花生仁	1.3000	吨
9	生花生（带壳）	熟花生仁	1.5000	吨
10	生瓜子	熟瓜子	1.1500	吨
11	羊毛	洗净毛	1.8320	吨
12	羊毛	毛条	1.9400	吨
13	羊毛	羊绒	3.0600	吨
14	兔毛	已梳兔毛	1.1000	吨
15	原木	拼板	1.7600	吨

省财政厅 国家税务总局山东省税务局 省民政厅关于2018年度山东省公益性社会组织公益性捐赠税前扣除资格名单（第一批）公告

2018年8月8日 鲁财税〔2018〕25号

根据企业所得税法及实施条例有关规定，按照《财政部 国家税务总局 民政部关于公益性捐赠税前扣除资格确认审批有关调整事项的通知》（财税〔2015〕141 号）要求，现将 2018 年度第一批公益性社会组织公益性捐赠税前扣除资格名单公告如下：

1. 山东省明日之星教育基金会
2. 山东省教育基金会
3. 山东省乐安慈孝公益基金会
4. 潍坊市人口关爱基金会
5. 山东威高慈善基金会
6. 山东省武训教育基金会
7. 山东省青少年发展基金会
8. 青岛市天泰公益基金会
9. 山东中泰慈善基金会
10. 济南大学教育发展基金会
11. 青岛科技大学教育发展基金会
12. 山东大学教育基金会
13. 山东省中投慈善公益基金会
14. 山东省见义勇为基金会
15. 烟台大学教育发展基金会
16. 青岛市见义勇为基金会
17. 山东省友芳公益基金会
18. 山东省中国海洋大学教育基金会
19. 山东理工大学教育发展基金会
20. 山东省齐鲁工业大学教育发展基金会
21. 济南市残疾人福利基金会
22. 山东省中国石油大学教育发展基金会
23. 山东科技大学教育发展基金会
24. 山东农业大学教育发展基金会
25. 山东省扶贫开发基金会
26. 山东省吴孟超医学科技教育基金会
27. 山东省鲁信公益基金会
28. 山东省金天国际公益基金会
29. 山东财经大学教育基金会
30. 日照市见义勇为基金会
31. 山东省送温暖工程基金会
32. 山东现代公益基金会
33. 山东省慈善总会
34. 日照职业技术学院教育基金会
35. 山东省鲁东大学教育发展基金会
36. 山东省普觉公益基金会
37. 聊城大学教育发展基金会
38. 枣庄市见义勇为基金会
39. 青岛市青少年发展基金会
40. 山东省向日葵生殖健康公益基金会
41. 山东省残疾人福利基金会

42. 山东师范大学教育基金会
43. 山东泛海公益基金会
44. 青岛理工大学教育发展基金会
45. 山东省人口关爱基金会
46. 青岛市华泰公益基金会
47. 青岛滨海学院教育发展基金会
48. 山东省青岛第二中学教育发展基金会
49. 山东省南山老龄事业发展基金会
50. 山东省彩虹援助基金会
51. 山东省公安民警优抚基金会
52. 山东省山大齐鲁医院医疗援助基金会
53. 山东省体育基金会
54. 山东工商学院教育发展基金会
55. 烟台市枫林公益基金会
56. 山东英才学院教育发展基金会
57. 东营市见义勇为基金会
58. 曲阜师范大学孔子教育基金会
59. 青岛市残疾儿童医疗康复基金会
60. 青岛大学教育发展基金会
61. 淄博市见义勇为基金会
62. 威海市见义勇为基金会
63. 临沂市见义勇为基金会
64. 山东省老龄事业发展基金会
65. 青岛农业大学教育发展基金会
66. 滨州学院教育发展基金会
67. 济宁市慈善总会
68. 济宁市兖州区慈善总会
69. 曲阜市慈善总会
70. 泰安市居家养老协会
71. 泰安市健康公益事业发展协会
72. 泰安市社会公益慈善联合会
73. 泰安市眼科学会
74. 泰安市老园丁爱心接力志愿者协会
75. 泰安市慈善事业促进会
76. 泰安市根本源公益慈善基金会
77. 泰安市泰山慈善基金会
78. 泰安市传统食品协会
79. 泰安市泰山义工联合会
80. 泰安市慈善总会
81. 新泰市义务工作者协会
82. 新泰市希望教育基金会
83. 肥城市慈善总会
84. 泰安市泰山区慈善总会

85. 泰安市泰山养老服务协会
86. 济南慈善总会
87. 济南市放生护生协会
88. 济南甘露扶困公益基金会
89. 济南历下慈善总会
90. 济南市中慈善总会
91. 槐荫慈善总会
92. 济南市历城区玉圃教育发展基金会
93. 济南市历城区稼轩教育发展基金会
94. 济南历城慈善总会
95. 长清区慈善总会
96. 章丘慈善总会
97. 平阴县慈善总会
98. 商河县慈善总会
99. 临沂大学教育发展基金会
100. 临沂经济技术开发区慈善总会

省财政厅　国家税务总局山东省税务局关于加强非营利组织免税资格认定（复审）管理工作的通知

2018 年 9 月 10 日　鲁财税〔2018〕29 号

各市财政局，国家税务总局各市税务局：

按照《财政部　税务总局关于非营利组织免税资格认定管理有关问题的通知》（财税〔2018〕13 号）要求，为进一步规范非营利组织免税资格认定（复审）管理工作，现将有关事项通知如下：

一、建立部门协作机制

各市税务部门要与民政、教育、卫生计生等非营利组织登记管理部门建立协作机制，形成畅通的信息交换渠道，及时掌握非营利组织登记信息和活动开展情况，全面加强非营利组织管理。各级财政、税务部门要加强协作配合，按照职责权限，共同做好非营利组织免税资格认定（复审）管理工作。

二、明确认定管理程序

（一）填报资料。申请免税资格的非营利组织，应填写《山东省非营利组织免税资格申请表》（见附件 1）和《非营利组织上年度资金来源、使用情况表》（见附件 2），并提供财税〔2018〕13 号文件规定的其他相关证明材料。申请材料要以附件 1 所列顺序进行装订，按照 A4 纸尺寸装订整齐、牢固。

（二）提出申请。经省级以上（含省级）登记管理机关批准设立或登记的非营利组织，凡符合规定条件的，应向省级税务主管机关提出免税资格申请；经市级或县级登记管理机关批准设立或登记的非营利组织，凡符合规定条件的，应向其所在地的市级或县级税务主管机关提出免税资格申请。

（三）联合审核。各级财政、税务主管部门应按照上述规定和管理权限，对非营利组织享受免税资格申请进行联合审核确认，并于每年 5 月底前和 12 月底前定期公布。

非营利组织免税资格复审，根据财税〔2018〕13 号文件有关要求，按照初次申请免税优惠资格的规定办理。

三、加强后续监督管理

主管税务机关应采取税收风险管理、税务稽查、纳税评估等后续管理方式，对非营利组织享受免税收入情况进行核查。对不再具备财税〔2018〕13 号文件规定免税条件的非营利组织，应提请核准该非营利组织免税资格的财政、税务部门复核。经省级财政、税务部门公布免税资格的非营利组织，由其所在地的市级税务部门开展核查，及时报告省级税务部门，省级财政、税务部门根据管理权限进行复核，复核不合格的，取消免税优惠资格；经市级或县级财政、税务部门公布的非营利组织免税资格复核程序，由各地财政、税务部门自行确定。

四、材料报送时间、地址及联系方式

经省级（含省级）以上登记管理机关批准设立或登记的非营利组织，上半年报送申请材料截止日期为 4 月 30 日，下半年报送申请材料截止日期为 11 月 30 日。市级或县级登记管理机关批准设立或登记的非营利组织申请材料报送时间，由各地财政、税务部门自行确定。

材料报送地址：国家税务总局山东省税务局企业所得税处（英雄山路 155 – 1 号 1618 室），联系电话：0531 – 85656277。

本通知自下发之日起执行。省财政厅、省国税局、省地税局《关于加强非营利组织免税资格认定（复审）管理工作的通知》（鲁财税〔2018〕9 号）同时废止。

附件：1. 山东省非营利组织免税资格申请表

　　　　2. 非营利组织上年度资金来源、使用情况表

附件 1：

山东省非营利组织免税资格申请表

单位全称			
单位编码		业务主管部门	
业务范围			
通信地址		邮政编码	
法人代表		联系电话	
联系人		联系电话	
现有职工人数			
所报送材料：			
1	申请报告		
2	组织章程或管理制度		
3	注册登记证件复印件		
4	资金来源及使用情况（填报附件2）		
5	公益活动或非营利活动明细情况（填报附件2）		
6	工资薪金情况专项报告（包括薪酬制度、工作人员平均工资薪金水平、工资福利占总支出比例、工资排名前十的人员信息）		

续表

| 7 | 中介机构鉴证的财务报表和审计报告 | |
| 8 | 登记管理机关出具的非营利活动材料（社团组织提供社会团体年度检查报告书） | |

单位公章：

年　月　日

附件 2：

非营利组织上年度资金来源、使用情况表

| 单位名称：（签章） | |
| 纳税人识别号 | |

资金来源情况		
序号	收入项目	金额（元）
一、	免税收入	
1		
2		
3		
4		
二、	应税收入	
1		
2		
3		
4		

资金使用情况					
支出情况			其中：公益活动明细		
序号	支出项目	金额（元）	序号	公益活动时间及内容	公益活动支出费用
1			1		
2			2		
3			3		
4			4		
5			5		
合计			合计		
对取得的应税收入、免税收入及成本费用是否分别核算				是/否	

省财政厅 国家税务总局山东省税务局关于支持"温比亚"台风灾区恢复重建有关税收政策问题的通知

2018 年 9 月 17 日 鲁财税〔2018〕32 号

各市财政局，国家税务总局各市税务局：

为支持和帮助"温比亚"台风受灾地区积极开展生产自救、重建家园，早日恢复正常的生产生活秩序，根据有关税收规定，现就支持"温比亚"台风灾区恢复重建有关税收政策问题通知如下：

一、减轻企业和个人负担、促进尽快恢复生产方面的主要税收政策

1. 企业因台风灾害遭受重大损失，经有关部门认定符合条件的，在落实增值税留抵退税、免抵调库政策过程中优先予以支持。

2. 粮食企业经县级以上（含县级）人民政府批准，凭救灾救济粮食（证）按规定的销售价格向需救助的灾民供应的粮食，免征增值税。

3. 纳税人开采或者生产应税产品过程中，因台风灾害遭受重大损失的，按照《中华人民共和国资源税暂行条例》的规定给予减征或者免征。

4. 因台风灾害遭受重大损失，缴纳城镇土地使用税确有困难的，经税务机关核准，减征或者免征城镇土地使用税。

5. 遭受台风灾害恢复修建的房产，缴纳房产税确有困难的，经税务机关核准，减征或者免征房产税。

6. 毁损不堪居住的房屋和危险房屋，经有关部门鉴定停止使用后，免征房产税。

7. 纳税人因房屋大修导致连续停用半年以上的，在房屋大修期间免征房产税。

8. 因台风灾害造成重大损失的个人，经批准可以减征个人所得税，减征幅度最高不超过当年应纳所得税税款的 90%，减征税额不超过纳税人扣除保险赔款等后的实际损失额。

二、鼓励社会各界支持灾区恢复重建方面的税收政策

9. 企业通过公益性社会团体、县级以上（含县级）人民政府及其部门向受灾地区的捐赠，在年度利润总额 12% 以内的部分，准予在计算企业所得税应纳税所得额时扣除，超过年度利润总额 12% 的部分，准予结转以后三年内在计算应纳税所得额时扣除。

10. 个人通过公益性社会团体、县级以上（含县级）人民政府及其部门向受灾地区的捐赠，捐赠额未超过其申报的个人所得税应纳税所得额 30% 的部分，可以从其应纳税所得额中扣除。

11. 财产所有人将财产捐赠给政府、社会福利单位、学校所立的书据，免征印花税。

各市财政局、税务局要加强领导、周密部署，把支持灾后恢复重建工作作为当前一项重要任务，认真落实相关税收优惠政策措施。在按规定核准受灾企业和个人提出的减免税申请过程中，各级税务机关要本着"能免则免、能减则减"原则处理，最大限度帮助受灾企业和个人减轻负担，支持灾区尽快恢复重建。同时，要密切关注上述政策措施的执行情况，发现问题及时向省财政厅、省税务局反映。

省财政厅　国家税务总局山东省税务局关于公布部分农产品增值税进项税额核定扣除标准的通知

2018 年 10 月 16 日　鲁财税〔2018〕36 号

各市财政局、税务局：

按照《财政部　国家税务总局关于在部分行业试行农产品增值税进项税额核定扣除办法的通知》（财税〔2012〕38 号）和《财政部　国家税务总局关于扩大农产品增值税进项税额核定扣除试点行业范围的通知》（财税〔2013〕57 号）有关规定，现将我省部分农产品增值税进项税额核定扣除标准予以公布，自 2018 年 6 月 15 日起执行。

附件：山东省部分农产品增值税进项税额核定扣除标准

附件：

山东省部分农产品增值税进项税额核定扣除标准

序号	耗用农产品名称	产品名称	农产品单耗数量	单位
1	牛原乳	调制乳	1.016	吨
2	牛原乳	酸牛乳	0.918	吨
3	牛原乳	乳粉	8.511	吨
4	薯干	酒精	3.015	吨
5	玉米	酒精	3.136	吨
6	高粱	单粮白酒	2.480	吨
7	葡萄	葡萄酒原酒	1.428	吨
8	葡萄	红葡萄酒	1.529	吨
9	葡萄	白葡萄酒	1.537	吨
10	花生	一级花生油	2.493	吨
11	花生	二级花生油	2.931	吨
12	花生	花生饼	1.876	吨
13	花生	花生粕	1.733	吨
14	花生	花生原油	2.532	吨
15	棉籽	三级棉籽油	11.045	吨
16	棉籽	棉籽短绒	5.361	吨
17	棉籽	棉皮	5.689	吨
18	棉籽	棉籽皮	4.278	吨
19	棉籽	棉籽粕	2.050	吨
20	棉籽	棉籽原油	12.800	吨
21	蓖麻	蓖麻饼	1.772	吨

序号	耗用农产品名称	产品名称	农产品单耗数量	单位
22	蓖麻	蓖麻油	2.582	吨
23	芝麻	芝麻油	2.334	吨
24	玉米胚芽	玉米胚芽粕	1.690	吨
25	玉米胚芽	玉米胚芽原油	2.448	吨
26	转基因大豆	大豆原油（浸出法）	5.335	吨
27	转基因大豆	三级大豆油（浸出法）	5.484	吨
28	转基因大豆	二级大豆油（浸出法）	5.542	吨
29	转基因大豆	一级大豆油（浸出法）	5.559	吨
30	转基因大豆	豆粕（浸出法）	1.284	吨
31	非转基因大豆	大豆原油（浸出法）	6.028	吨
32	非转基因大豆	三级大豆油（浸出法）	6.246	吨
33	非转基因大豆	二级大豆油（浸出法）	6.484	吨
34	非转基因大豆	一级大豆油（浸出法）	6.509	吨
35	非转基因大豆	豆粕（浸出法）	1.3144	吨
36	非转基因大豆	大豆油（压榨法）	8.49	吨
37	非转基因大豆	豆粕（压榨法）	1.23	吨

省财政厅　国家税务总局山东省税务局关于落实调整城镇土地使用税适用税额政策的通知

2018 年 10 月 23 日　鲁财税〔2018〕37 号

各市财政局、国家税务总局各市税务局：

为认真贯彻落实《山东省人民政府关于印发支持实体经济高质量发展的若干政策的通知》（鲁政发〔2018〕21 号，以下简称《若干政策》）有关规定，现就落实调整全省城镇土地使用税适用税额政策有关事项通知如下：

一、进一步提高思想认识。调整城镇土地使用税适用税额，是省委、省政府作出的重大决策部署，是支持我省实体经济高质量发展的重要举措，对降低企业税收负担、释放经济活力、加快新旧动能转换具有积极作用。各市财税部门要充分认识此次税额调整的重要意义，进一步统一思想认识，提高政治站位，强化协调配合，加快工作进度，确保政策落实到位。

二、严格落实政策规定。《若干政策》规定："降低城镇土地使用税税额标准，各市原则上按现行城镇土地使用税税额标准的 80% 调整城镇土地使用税税额标准，报省政府同意后于 2019 年 1 月 1 日起正式实施"。各市财税部门要严格按照《若干政策》规定，加强对相关政策的调查研究和分析测算，结合本地区实际，向市政府提出适用税额调整的建议，认真抓好政策落实。

三、认真履行相关程序。各市要根据《中华人民共和国城镇土地使用税暂行条例》和《山东省实施〈中华人民共和国城镇土地使用税暂行条例〉办法》规定，结合实际情况，在省政府确定的税额幅度内，尽快做好相关工作部署，研究调整适用税额标准，经各设区市政府汇总后，于 2018 年 11 月 15 日前报省政府批准。

省财政厅　国家税务总局山东省税务局　省民政厅关于公益性捐赠税前扣除资格有关问题的补充通知

2018 年 12 月 11 日　鲁财税〔2018〕44 号

各市财政局、税务局、民政局:

为进一步做好公益性捐赠税前扣除资格管理工作,现就有关问题补充通知如下:

一、工作程序

(一)在省民政厅登记设立的公益性社会组织,填写《公益性社会组织公益性捐赠税前扣除资格情况表》(以下简称《情况表》,见附件 1),报送省民政厅。

(二)在市、县(市、区)登记设立的公益性社会组织,填写《情况表》,报送同级民政部门,市级民政部门负责汇总全市《情况表》。各市财政局、税务局、民政局根据社会组织新登记、开展公益活动情况及年度检查、评估等情况进行联合确认,符合公益性捐赠税前扣除资格条件的,填写《××年公益性社会组织公益性捐赠税前扣除资格确认名单汇总表》(以下简称《汇总表》,见附件 2),加盖三部门公章,由市民政局统一报送省民政厅。

(三)省民政厅按照《财政部　国家税务总局　民政部关于公益性捐赠税前扣除有关问题的通知》(财税〔2008〕160 号)规定,对省管公益性社会组织报送的《情况表》及各市报送的《汇总表》予以审核,提出全省公益性社会组织公益性捐赠税前扣除资格初审名单。省财政厅、省税务局、省民政厅共同确认名单后,联合发布公告。

二、办理时限

(一)省管公益性社会组织于每年 6 月底、12 月底前,通过山东省社会组织管理平台外网申报系统,在"管理"菜单下"日常事项管理"的"税前扣除资格"项下进行填报,同时上传《情况表》扫描件。各市民政局于每年 6 月底、12 月底前,将《汇总表》电子版和扫描件以及社会组织填报的《情况表》扫描件报省民政厅(发送至电子邮箱 shzzsqkc@126.com)。

(二)省民政厅于每年 7 月 10 日、次年 1 月 10 日前确定初审名单。

(三)省财政厅、省税务局、省民政厅共同确认后,于每年 7 月底、次年 1 月底前联合发布公告名单,并分别在部门门户网站予以公布。

三、工作要求

各级财政、税务和民政部门要高度重视,认真组织公益性捐赠税前扣除资格确认工作,加强部门会商和协调,确保信息全面、真实、准确。同时,按照"放管结合"的要求,加大政策宣传力度,加强对社会组织的服务和后续管理,确保政策落实到位。

《关于公益性捐赠税前扣除资格确认审批有关调整事项的通知》(鲁财税〔2016〕13 号)规定与本通知规定不一致的,按本通知执行。

附件：1. 公益性社会组织公益性捐赠税前扣除资格情况表
　　　　2. ××年公益性社会组织公益性捐赠税前扣除资格确认名单汇总表

附件1：

公益性社会组织公益性捐赠税前扣除资格情况表

社会组织名称			成立登记时间		
社会组织类型	□社会团体　　□基金会				
登记管理机关			业务主管单位		
法定代表人			联系电话		
住所			邮政编码		
宗旨					
业务范围					
公益活动领域	□救助灾害、救济贫困、扶助残疾人等困难的社会群体和个人的活动； □教育、科学、文化、卫生、体育事业； □环境保护、社会公共设施建设； □促进社会发展和进步的其他社会公共和福利事业，具体描述为：				
符合税法相关规定	依法登记，具有法人资格			□是；□否	
	是否办理税务登记			□是；□否	
	以发展公益事业为宗旨，且不以营利为目的			□是；□否	
	全部资产及其增值为法人所有			□是；□否	
	收益和营运结余主要用于符合本社会组织设立目的的事业			□是；□否	
	终止后的剩余财产不归属任何个人或者营利组织			□是；□否	
	不经营与设立目的无关的业务			□是；□否	
	有健全的财务会计制度			□是；□否	
	捐赠者不以任何形式参与社会组织财产的分配			□是；□否	
社会团体（不含基金会）公益性活动开展情况	登记的活动资金（万元）			申请前1年年末净资产（万元）		
	申请前3个年度	年度总收入（万元）	年度总支出（万元）	公益活动支出（万元）	公益活动支出占上一年度总收入比例（％）	公益活动支出占本年度总支出比例（％）
	××××年	—	—	—	—	
	××××年					
	××××年					
	××××年					
申请前3个年度行政处罚	××××年	□是；□否				
	××××年	□是；□否				
	××××年	□是；□否				
申请前2个年度检查情况	××××年度	□合格；□基本合格；□不合格；				
	××××年度	□合格；□基本合格；□不合格；□申请年度新成立				
社会组织评估	评估等级					
	评估结果公布时间					
	评估结果有效期					

续表

声明：本组织保证以上所提供资料内容真实、准确和完整，并为此承担责任。	（印章） 年　月　日

注：社会团体填报公益性活动开展情况，公益性活动情况最早一个年度一栏只填写年度总收入。

附件 2：

××年公益性社会组织公益性捐赠税前扣除资格确认名单汇总表

填表单位：　　　　　　　　　　　　　　　　　　　　　　　　　　　　　　　　　填表时间：

序号	社会组织名称	登记管理机关	登记时间	统一代码
1				
2				
3				
4				
5				
6				
7				
8				
9				

经审核，上述社会组织符合公益性捐赠税前扣除资格条件，请予以确认。

　　　　××市财政局　　　　　　　　××市税务局　　　　　　　　××市民政局
　　　　（盖章）　　　　　　　　　　（盖章）　　　　　　　　　　（盖章）

省财政厅　国家税务总局山东省税务局关于发布山东省农产品增值税进项税额核定扣除试点管理办法的通知

2018 年 12 月 27 日　鲁财税〔2018〕48 号

各市财政局、山东省黄河三角洲农业高新技术产业示范区财政金融局，国家税务总局各市税务局、国家税务总局山东省黄河三角洲农业高新技术产业示范区税务局：

　　为进一步规范农产品增值税进项税额核定扣除政策管理，加强税收征管，促进我省农产品加工行业健康有序发展，省财政厅、国家税务总局山东省税务局制定了《山东省农产品增值税进项税额核定扣除试点管理办法》，现予发布。

　　特此通知。

　　附件：山东省农产品增值税进项税额核定扣除试点管理办法

附件：

山东省农产品增值税进项税额核定扣除试点管理办法

第一章 总 则

第一条 为进一步规范农产品增值税进项税额核定扣除管理，完善政策落实，提升管理质效，根据《财政部 国家税务总局关于在部分行业试行农产品增值税进项税额核定扣除办法的通知》（财税〔2012〕38 号）、《国家税务总局关于在部分行业试行农产品增值税进项税额核定扣除办法有关问题的公告》（国家税务总局公告 2012 年第 35 号）、《财政部 国家税务总局关于扩大农产品增值税进项税额核定扣除试点行业范围的通知》（财税〔2013〕57 号）、《财政部 国家税务总局关于简并增值税税率有关政策的通知》（财税〔2017〕37 号）和《财政部 国家税务总局关于调整增值税税率的通知》（财税〔2018〕32 号）等相关规定，制定本办法。

第二条 本办法所称试点纳税人，是指我省（不含青岛，下同）以购进农产品为原料，生产销售试点产品或者提供试点服务的增值税一般纳税人。

本办法所称农产品，是指按照财政部、国家税务总局有关文件规定，列入农业产品征税范围的初级农产品。

本办法所称试点产品，是指已公布农产品进项税额核定扣除标准的产品或服务。

本办法所称扣除率是试点纳税人销售货物或提供服务的适用税率，财政部和国家税务总局另有规定的除外。

本办法所称扣除标准，是指农产品增值税进项税额扣除标准，包含农产品单耗数量、农产品耗用率和损耗率。农产品单耗数量，是指销售单位数量货物或提供服务，耗用外购农产品的数量。农产品耗用率，是指耗用农产品的外购金额占生产成本的比例。损耗率，是指购进农产品并直接销售，农产品损耗数量与购进数量的比例。

全国以及全省统一的扣除标准为统一扣除标准，统一扣除标准以外的扣除标准为特定扣除标准。

第三条 试点纳税人购进农产品不再凭增值税扣税凭证抵扣增值税进项税额，购进除农产品以外的货物、应税劳务、应税服务、不动产和无形资产，增值税进项税额仍按现行有关规定抵扣。

第二章 核定扣除方法

第四条 试点纳税人以购进农产品为原料生产货物或者提供服务的，农产品增值税进项税额应顺序采用投入产出法、成本法或参照法。

第五条 投入产出法

投入产出法核定的当期允许抵扣农产品增值税进项税额，是依据确定的当期销售货物数量，按农产品单耗数量、农产品平均购买单价（含税，下同）和农产品增值税进项税额扣除率等计算得出。公式为：

当期允许抵扣农产品增值税进项税额＝当期农产品耗用数量×农产品平均购买单价×扣除率/（1＋扣除率）

当期农产品耗用数量＝当期销售货物数量（不含采购除农产品以外的半成品生产的货物数量）×农产品单耗数量

农产品平均购买单价为购买农产品期末平均买价，不包括：不构成货物实体的农产品（包括包装物、辅助材料、燃料、低值易耗品等）；在购进农产品的买价之外单独支付的运费、入库前的整理费用。计算公式：

期末平均买价 = (期初库存农产品数量 × 期初平均买价 + 当期购进农产品数量 × 当期平均买价) /

(期初库存农产品数量 + 当期购进农产品数量)

试点纳税人同时自产和外购半成品的,应将外购半成品与自产半成品分别核算,准确计算自产半成品耗用数量,据实计算允许抵扣的农产品进项税额。外购半成品也属于农产品的,应当选择科学合理的方法,折算至已公布核定扣除标准的农产品数量后,再计算抵扣进项税额。

试点纳税人既生产试点产品,又以试点产品连续生产其他产品的,可以选用合理的计算方法,折算至试点产品耗用数量后,再分别计算其他产品的农产品耗用数量。纳税人折算方法和计算过程,应当妥善留存备查。

对于以单一农产品为原料生产多种货物或者多种农产品原料生产多种货物的纳税人,在核算当期农产品耗用数量和平均购买单价时,应根据实际生产经营情况,采用科学、合理的方法进行归集。在原材料、生产工艺未发生变化的情况下,归集和计算方法一经选用,在 36 个月内不得变动,并报送至主管税务机关备案。归集和计算相关数据资料由纳税人留存备查。

第六条 成本法

成本法核定的当期允许抵扣农产品增值税进项税额,是依据试点纳税人年度会计核算资料,按农产品耗用率、当期主营业务成本和扣除率计算得出。公式为:

当期允许抵扣农产品增值税进项税额 = 当期主营业务成本 × 农产品耗用率 × 扣除率 / (1 + 扣除率)

农产品耗用率 = 上年投入生产的农产品外购金额 / 上年生产成本

上年投入生产的农产品外购金额 = 上年全部试点产品、半成品以及在产品的生产成本耗用的农产品外购金额合计

上年生产成本 = 上年全部试点产成品、半成品以及在产品的生产成本合计

主营业务成本、生产成本,不包括其未耗用农产品的产品的成本。

农产品外购金额(含税)不包括不构成货物实体的农产品(包括包装物、辅助材料、燃料、低值易耗品等)和在购进农产品之外单独支付的运费、入库前的整理费用。

对以单一农产品原料生产多种货物或者多种农产品原料生产多种货物的纳税人,在核算当期主营业务成本以及核定农产品耗用率时,应根据实际生产经营情况,采用科学、合理的方法进行归集。归集和计算方法一经选用,在 36 个月内不得变动,并报送至主管税务机关备案。归集和计算相关数据资料由纳税人留存备查。

对于实行成本法的试点纳税人,主管税务机关应当于次年 1 月申报期结束后,根据试点纳税人全年实际经营情况,对纳税人当年已抵扣的农产品增值税进项税额进行纳税调整,重新核定当年的农产品耗用率,并作为下一年度的农产品耗用率。

第七条 参照法

对新办的试点纳税人或者试点纳税人新增产品的,应在投产之日起 30 日内报经主管税务机关审定后,当年可参照所属行业、生产结构相近的其他试点纳税人确定农产品单耗数量或者农产品耗用率。

次年,试点纳税人向主管税务机关申请核定当期的农产品单耗数量或者农产品耗用率,并据此计算确定当年允许抵扣的农产品增值税进项税额,同时对上一年增值税进项税额进行调整。核定的进项税额超过实际抵扣增值税进项税额的,其差额部分可以结转下期继续抵扣;核定的进项税额低于实际抵扣增值税进项税额的,其差额部分应按现行增值税的有关规定将进项税额做转出处理。纳税调整额计入实际调整月份。

第八条 试点纳税人购进农产品直接销售的,农产品增值税进项税额按照以下方法核定扣除:

当期允许抵扣农产品增值税进项税额 = 当期销售农产品数量 / (1 − 损耗率) × 农产品平均购买单价 × 扣除率 / (1 + 扣除率)

损耗率 = 损耗数量 / 购进数量

第九条 购进农产品用于生产经营且不构成货物实体的,包括包装物、辅助材料、燃料、低值易耗品等,增值税进项税额按照以下方法核定扣除:

当期允许抵扣农产品增值税进项税额 = 当期耗用农产品数量 × 农产品平均购买单价 × 扣除率 / (1 + 扣除率)

当期耗用农产品数量为当期实际领用农产品数量。

第十条 试点纳税人购进农产品直接销售、购进农产品用于生产经营且不构成货物实体扣除标准的核

定采取备案制，试点纳税人应在纳税申报时向主管税务机关报送以下备案资料：

（一）《农产品增值税进项税额核定扣除备案表》（见附表1）。

（二）纳税人当期购进直接销售的农产品，或生产产品的情况说明或证明资料。

（三）纳税人损耗率的相关说明。

（四）主管税务机关要求报送的其他有关资料。

申报纳税时一并填报《农产品核定扣除增值税进项税额计算表》相关内容。上述资料均属于纳税申报其他资料，纳税人应妥善保管，以备税务部门审核检查。

试点纳税人损耗率明显偏高或偏低，无合理理由且不具有合理的商业目的的，税务部门有权责令其调整。

第十一条　试点纳税人当期农产品平均买价与当期市场价格存在明显偏高或偏低，无合理理由且不具有合理商业目的的，主管税务机关可以按下列顺序进行核定，并制作《税务事项通知书》告知纳税人，要求其调整相应所属期的增值税申报数据：

（一）按纳税人最近时期购进农产品的平均价格确定。

（二）按其他纳税人最近时期同类农产品的平均价格确定。

（三）按当期同类农产品市场价格确定。

（四）按照其他合理的价格确定。

第十二条　试点纳税人适用不同扣除标准或不同核定扣除方法的，应当分别核算不同扣除标准或不同核定扣除方法允许抵扣的农产品增值税进项税额。

第三章　核定扣除程序

第十三条　各级税务部门应成立由货物和劳务税部门牵头，政策法规、纳税服务、征管科技等内设机构组成的农产品增值税进项税额核定扣除标准核定小组（以下简称扣除标准核定小组），负责农产品扣除标准审核、调整、上报等相关工作。

第十四条　试点纳税人在计算农产品增值税进项税额时，按照下列顺序确定适用的扣除标准：

（一）财政部和国家税务总局不定期公布的全国统一的扣除标准。

（二）国家税务总局山东省税务局商同级财政部门根据本地区实际情况，报经财政部和国家税务总局备案后公布的适用于全省的扣除标准。

（三）国家税务总局山东省税务局依据试点纳税人申请，按照《农产品增值税进项税额核定扣除试点实施办法》（财税〔2012〕38号附件，以下简称核定扣除办法）第十三条规定的核定程序审定的仅适用于该试点纳税人的特定扣除标准。

第十五条　未执行或不执行统一扣除标准范围的纳税人，应当按照核定扣除办法有关规定，向主管税务机关提出扣除标准核定申请。申请时应顺序选择投入产出法、成本法、参照法。

（一）扣除标准核定程序

1. 申请

纳税人应于当年1月15日前或者投产之日起30日内，向主管税务机关提出扣除标准核定申请，并提供以下资料：

（1）《农产品增值税进项税额核定扣除申请表》（见附表2）。

（2）纳税人申请产品的生产工艺、行业标准说明。

（3）纳税人申请扣除标准的数据来源、计算方法，参考值。

（4）税务部门要求报送的其他有关资料。

2. 受理

主管税务机关受理纳税人提交的申请资料，并对资料的完整性进行审核。纳税人申请资料不完整或不符合规定形式的，应当一次性告知纳税人补正材料，补正通知应当载明需要补正的事项和合理的补正期限。

3. 审定

主管税务机关受理纳税人申请后，应当于 20 个工作日内完成对纳税人的申请资料的审核，并上报市级税务部门。审核内容包括纳税人申请资料与账载数据的一致性；参考国家标准、行业标准或同类企业生产经营数据，审核纳税人工艺流程及测算数据的合理性。

市级税务部门收到主管税务机关上报的申请材料后，应当于 15 个工作日内由市级扣除标准核定小组完成审核工作，并上报省级税务部门。审核内容应包括但不限于纳税人申请资料是否完整、有效，以及主管税务机关受理和审核流程是否符合相关政策规定。对审核过程中发现存在问题或者需要补充材料的，应当退回主管税务机关予以补正。

省级税务部门收到市级税务部门上报的申请材料后，应当于 10 个工作日内提交省级扣除标准核定小组。扣除标准核定小组应结合全省实际，统筹安排研究、复核各市上报的申请材料。如市级税务部门上报的核定扣除标准事项较多，经扣除标准核定小组同意，可定期集中研究，原则上每年不少于两次。

4. 执行

经省级税务部门扣除标准核定小组研究，确定扣除标准后，主管税务机关应及时通知纳税人核定结果，并通过税务机关门户网站、报刊等方式向社会公告。未经公告的扣除标准无效。

第十六条 执行成本法的试点纳税人，应当于次年 1 月申报期结束后 5 个工作日内，向主管税务机关提供当年的农产品耗用率的会计核算资料，并重新测算当年的农产品耗用率；主管税务机关对试点纳税人重新测算的当年农产品耗用率进行审核，并逐级上报至省级税务部门。

第十七条 试点纳税人对税务部门核定的扣除标准有异议或者生产经营情况发生变化的，应当自税务部门发布公告或者收到主管税务机关《税务事项通知书》之日起 30 日内，向主管税务机关提出重新核定扣除标准申请，并提供说明其生产、经营真实情况的证明材料。收到纳税人相关材料后，税务部门应按照本办法第十五条有关规定，为纳税人核定扣除标准。

第四章 期初存货处理

第十八条 试点纳税人应自执行核定扣除办法之日起，将期初库存农产品以及库存半成品、产成品（以下简称期初库存）耗用的农产品增值税进项税额作转出处理。

库存的半成品和产成品应当分别核算进项税额转出金额。已加计扣除的农产品增值税进项税额，应当全额作转出处理。

期初库存农产品包括购进用于直接销售的农产品和用于生产经营且不构成货物实体的农产品。

第十九条 试点纳税人期初存货进项税额转出形成的应纳税款，一次性缴纳入库确有困难的，试点纳税人应填写《试点纳税人期初存货进项税额分期转出申请表》（附表 3），并向税务部门提出分期转出书面申请，说明具体原因和转出计划。分期转出期限最长为 6 个月。

对进项税额转出形成的应纳税额大于 1 000 万元（含），且需要分期转出的，主管税务机关应将纳税人分期转出进项税额的申请材料逐级上报至省级税务部门备案；进项税额转出形成的应纳税额在 1 000 万元以下的，由市级税务部门备案。主管税务机关应对期初存货进项税额分期转出的试点纳税人设立台账，跟踪管理。

第二十条 需要对期初库存进项转出的试点纳税人，应当在执行核定扣除办法后的第一个纳税申报期，填写《库存农产品进项税额转出计算表》（附表 4）、《库存商品进项税额转出计算表》（附表 5），并妥善保管，以备税务部门审核检查。

第五章 后续管理

第二十一条 试点纳税人购进农产品，应按规定取得（或开具）合法有效凭证，妥善保管相关凭证，留存备查。

第二十二条 各级税务部门应加强对试点纳税人农产品增值税进项税额核定扣除政策管理，强化数据应用，防范税收风险，及时发现政策执行中存在的问题，定期有针对性地开展纳税评估。

第二十三条 各级税务部门要切实加强对试点纳税人核定扣除的纳税辅导，提高纳税服务水平，帮助纳税人正确理解税收政策，掌握农产品增值税进项税额核定扣除计算方法。对核定扣除政策执行中发现的新情况、新问题，及时研究解决方案，并向上级税务部门报告。

第二十四条 本办法自 2019 年 2 月 1 日起施行，有效期至 2024 年 1 月 31 日。

附表：1. 农产品增值税进项税额核定扣除备案表

2. 农产品增值税进项税额核定扣除申请表

3. 试点纳税人期初存货进项税额分期转出申请表

4. 库存农产品进项税额转出计算表

5. 库存商品进项税额转出计算表

附表 1：

农产品增值税进项税额核定扣除备案表

税款所属期：　　　年　月

纳税人识别号：

纳税人名称（公章）

农产品名称	农产品用途	农产品计量单位	农产品销售（耗用）数量（吨）	农产品损耗率行业标准	实际农产品损耗率（%）	农产品平均购买单价（元/吨）

　　填表说明：农产品用途填写直接销售或用于生产经营且不构成货物实体，农产品用途为用于生产经营且不构成货物实体的，农产品损耗率栏不需要填写

附表 2：

农产品增值税进项税额核定扣除申请表

纳税人识别号		纳税人名称	
行业		明细行业	

经营范围	
主要产品	
主要原材料	
主要产品工艺流程	

申请扣除标准						
产品名称	农产品名称	农产品投入产出率（%）	农产品单耗数量行业标准	申请农产品单耗数量（吨）	农产品耗用率行业标准	申请农产品耗用率（%）

经办人（签字或盖章）： 　　　　　企业（公章） 　申请日期：　年　月　日	审核意见： 审核人（签字）： 单位负责人（签字）： 　　　　　主管税务机关（公章） 　　审核日期： 　　年　月　日
市级税务部门意见： 	
省级税务部门意见： 	

附表3：

试点纳税人期初存货进项税额分期转出申请表

上报单位（公章）：

纳税人名称：　　　　　　　　　　　　　纳税识别号：　　　　　　　　　　　　　金额单位：元

转出计划 （月份）	小计	库存农产品进项税额转出额	库存商品进项税额转出额
	1 = 2 + 3	2	3
合计			

注：1. 转出计划中所述"×月"为申报所属期；2. 试点纳税人填写本表上报主管税务机关，需加盖公章。

附表4：

库存农产品进项税额转出计算表

纳税人识别号：

纳税人名称（公章）：　　　　　　　　　　　　　　　　　　　　　　　单位：吨，元

库存农产品名称	库存数量	库存金额	需转出进项税	转出后库存金额	转出后库存农产品平均单价
	L1	L2	L3	L4 = L2 + L3	L5 = L4/L1
合计	—	—		—	—

填表人：　　　　　　　　　　　　　　　　　　　　　填表日期：　　年　月　日

附表 5:

库存商品进项税额转出计算表

纳税人识别号:

纳税人名称(公章):

单位:吨,元

库存商品名称	库存数量	库存金额	××年产品生产成本	××年投入农产品外购金额	××年农产品耗用率	需转出进项税
	L1	L2	L3	L4	L5 = L4/L3	L6
合计	—	—	—	—	—	

填表人:

填表日期: 年 月 日

省财政厅 国家税务总局山东省税务局关于公布 2018 年第二批具备免税资格非营利组织名单的通知

2018 年 12 月 30 日 鲁财税〔2018〕49 号

各市财政局、省黄河三角洲农业高新技术产业示范区财政金融局,国家税务总局各市税务局、国家税务总局山东省黄河三角洲农业高新技术产业示范区税务局:

根据《财政部 税务总局关于非营利组织免税资格认定管理有关问题的通知》(财税〔2018〕13 号)及《山东省财政厅 国家税务总局山东省税务局关于加强非营利组织免税资格认定(复审)管理工作的通知》(鲁财税〔2018〕29 号)规定,经省财政厅、省税务局共同审核,认定山东省残疾人福利基金会等 25个单位具备 2018 ~ 2022 年度非营利组织免税资格(见附件)。

经认定的非营利组织,凡当年符合《中华人民共和国企业所得税法》及其实施条例和有关规定免税条件的收入,免予征收企业所得税;当年不符合免税条件的收入,依法征收企业所得税。主管税务机关在政策执行过程中,如发现非营利组织不再具备规定的免税条件,应及时报告省级财税部门,由省级财税部门按规定对其进行复核。

非营利组织应在免税优惠资格期满后六个月内提出复审申请,不提出复审申请或复审不合格的,其享受免税优惠的资格到期自动失效。

附件:具备免税资格的非营利组织名单

附件：

具备免税资格的非营利组织名单

序号	单位	免税期限
1	山东省残疾人福利基金会	2018～2022 年度
2	青岛理工大学教育发展基金会	2018～2022 年度
3	山东省向日葵生殖健康公益基金会	2018～2022 年度
4	山东省青少年发展基金会	2018～2022 年度
5	山东省青岛第二中学教育发展基金会	2018～2022 年度
6	山东景芝公益基金会	2018～2022 年度
7	山东省林木种苗协会	2018～2022 年度
8	山东省艾滋病防治协会	2018～2022 年度
9	山东省保险行业协会	2018～2022 年度
10	山东省食品科学技术学会	2018～2022 年度
11	山东公路学会	2018～2022 年度
12	山东中西医结合学会	2018～2022 年度
13	山东省佛教协会	2018～2022 年度
14	山东省基督教协会	2018～2022 年度
15	山东省地质学会	2018～2022 年度
16	山东省长城军地人才就业创业促进中心	2018～2022 年度
17	山东省区域能源学会	2018～2022 年度
18	山东省制冷空调行业协会	2018～2022 年度
19	山东省江苏企业商会	2018～2022 年度
20	山东省供销农业服务行业协会	2018～2022 年度
21	山东省烟花爆竹协会	2018～2022 年度
22	山东省农业节水和农村供水技术协会	2018～2022 年度
23	山东省老字号企业协会	2018～2022 年度
24	山东省建筑业协会	2018～2022 年度
25	山东省微量元素科学研究会	2018～2022 年度

三、

预算管理类

财政部关于印发《财政管理工作绩效 考核与激励办法》的通知

2018 年 1 月 8 日　财预〔2018〕4 号

各省、自治区、直辖市、计划单列市财政厅（局）：

为全面贯彻落实党的十九大精神，根据《国务院办公厅关于对真抓实干成效明显地方加大激励支持力度的通知》（国办发〔2016〕82 号）要求，我部修改制定了《财政管理工作绩效考核与激励办法》，现予印发，请遵照执行。

附件：财政管理工作绩效考核与激励办法

附件：

财政管理工作绩效考核与激励办法

为全面贯彻落实党的十九大精神，推动加快建立现代财政制度，根据《国务院办公厅关于对真抓实干成效明显地方加大激励支持力度的通知》（国办发〔2016〕82 号）要求，制定本办法。

一、考核与激励目的

充分发挥财政部门积极性，鼓励各地财政部门从实际出发干事创业，推动形成主动作为、竞相发展的良好局面，进一步推动地方深化财税体制改革，完善预算管理制度，提高财政资金使用效益，推动加快建立现代财政制度。

二、考核对象

包括全国 36 个省（直辖市、自治区、计划单列市，以下简称省）。其中，计划单列市单独开展综合考核，其所在省考核数据不含计划单列市。

三、考核内容和指标

本办法为年度考核。考核内容主要是地方财政管理工作完成情况，具体包括财政预算执行、收入质量、盘活财政存量资金、国库库款管理、预算公开、推进财政资金统筹使用等 6 个方面。结合预算管理工作目标，设定如下考核指标，考核得分采用百分制。

1. 财政预算执行管理工作（15 分）。

考核内容：各省一般公共预算以及政府性基金预算支出进度情况。分为一般公共预算支出进度指标和政府性基金预算支出进度指标，各省两项指标的分值比例根据其全年一般公共预算支出和政府性基金预算支出执行数的比例确定。

第一步，以财政部开展地方财政收支考核情况通报月份的各省一般公共预算支出进度进行平均，得出各省一般公共预算支出进度指标；以财政部开展地方财政收支考核情况通报月份的各省政府性基金预算支出进度进行平均，得出各省政府性基金预算支出进度指标。

第二步，采用正向激励指标调整得分方法（调整得分方法见"8. 指标调整得分方法"，下同），将各省上述两项指标分别调整为指标得分。

第三步，计算各省财政预算执行管理工作得分。某省财政预算执行管理工作得分即某省上述两项指标得分之和。

2. 收入质量管理工作（15 分）。

考核内容：各省一般公共预算收入中税收收入占比情况。分静态和动态两项指标，分值比例为 7.5∶7.5。

第一步，计算静态和动态指标：

某省收入质量静态指标 ＝ 某省当年税收收入占一般公共预算收入的比例；

某省收入质量动态指标 ＝ 某省当年税收收入占一般公共预算收入的比例 － 某省上年税收收入占一般公共预算收入的比例。

第二步，计算静态和动态指标得分：

各省收入质量静态指标得分：静态指标为 80% 及以上的，得满分（即 7.5 分）；静态指标为 80% 以下的，采用正向激励指标调整得分方法，调整为指标得分；

各省收入质量动态指标得分：静态指标为 80% 及以上的，动态指标亦得满分（即 7.5 分）；静态指标为 80% 以下的，通过正向激励指标调整得分方法，将动态指标调整为指标得分。

第三步，计算各省收入质量管理工作得分。某省收入质量管理工作得分即上述两项指标得分之和。

3. 盘活财政存量资金管理工作（15 分）。

考核内容：各省财政存量资金规模（包括一般公共预算结转结余、政府性基金预算结转结余、国有资本经营预算结转结余、转移支付结转结余、部门预算结转结余、预算稳定调节基金、预算周转金、其他存量资金）。分为静态和动态两项指标，分值比例为 10∶5。

第一步，计算静态和动态指标：

某省财政存量资金静态指标 ＝ 某省当年财政存量资金规模 ÷ 某省当年财政支出规模；

某省财政存量资金动态指标 ＝ 某省当年财政存量资金规模 ÷ 某省当年财政支出规模 － 某省上年财政存量资金规模 ÷ 某省上年财政支出规模；

第二步，采用反向激励指标调整得分方法，将各省上述两项指标分别调整为指标得分。

第三步，计算各省盘活财政存量资金管理工作得分。某省盘活存量资金管理工作得分即上述两项指标得分之和。

4. 国库库款管理工作（15 分）。

考核内容：各省国库库款管理工作情况。包括库款余额相对水平指标、库款余额相对水平同比变动指标、库款保障水平指标、公开发行置换债券资金置换完成率指标等 4 项考核指标，分值比例为 5∶4∶2∶4。

第一步，以财政部开展地方财政库款考核月份的各省库款余额相对水平得分进行平均，得出各省库款余额相对水平指标；以财政部开展地方财政库款考核月份的各省库款余额相对水平同比变动得分进行平均，得出各省库款余额相对水平同比变动指标；以财政部开展地方财政库款考核月份的各省库款保障水平得分进行平均，得出各省库款保障水平指标；以财政部开展地方财政库款考核月份的各省公开发行置换债券资金置换完成率得分进行平均，得出各省公开发行置换债券资金置换完成率指标。

第二步，采用正向激励指标调整得分方法，将各省上述 4 项指标分别调整为指标得分。

第三步，计算各省国库库款管理工作得分。某省国库库款管理工作得分即某省上述 4 项指标得分之和。

5. 预算公开管理工作（15 分）。

考核内容：各省预算公开总体进展情况。包括预算公开指标、决算公开指标、其他信息公开管理指标等 3 项考核指标，分值比例为 6∶6∶3。

第一步，通过预算公开专项核查及统计结果得出各省预算公开率、决算公开率、其他信息公开管理指标，作为各省上述 3 项指标数据。

第二步，采用正向激励指标调整得分方法，将各省上述 3 项指标分别调整为指标得分。

第三步，计算各省预算公开管理工作得分。某省预算公开管理工作得分即某省上述 3 项指标得分之和。

6. 推进财政资金统筹使用管理工作（15 分）。

考核内容：地方转移支付结构情况。分为静态和动态两项指标，分值比例为 10∶5。

第一步，根据各省上报的转移支付结构情况得出当年和上年省级对下一般性转移支付占省级对下转移支付比重：

某省推进财政资金统筹使用静态指标＝某省当年省级对下一般性转移支付占省级对下转移支付比重；

某省推进财政资金统筹使用动态指标＝某省当年省级对下一般性转移支付占省级对下转移支付比重－某省上年省级对下一般性转移支付占省级对下转移支付比重。

第二步，计算静态和动态指标得分：

各省推进财政资金统筹使用静态指标得分：采用正向激励指标调整得分方法，将静态指标调整为指标得分；

各省推进财政资金统筹使用动态指标得分：动态指标小于 0 的，不得分（即 0 分）；动态指标大于或等于 0 的，采用正向激励指标调整得分方法调整为指标得分。

第三步，计算各省推进财政资金统筹使用管理工作得分。某省推进财政资金统筹使用管理工作得分即某省上述两项指标得分之和。

7. 其他财政管理工作绩效指标（10 分）。

因其他财政管理工作成效显著，获得财政部及部内司局通报表彰的省，参与或完成财政部重点专项工作质量较高的省，酌情加分，满分 10 分。

8. 指标调整得分方法。

（1）正向指标调整得分方法：

某省某项指标得分＝［某省某项指标－min（各省某项指标）］÷［max（各省某项指标）－min（各省某项指标）］×分值。

（2）反向指标调整得分方法：

某省某项指标得分＝［max（各省某项指标）－某省某项指标］÷［max（各省某项指标）－min（各省某项指标）］×分值。

其中：max（各省某项指标）指各省某项指标的最大值；min（各省某项指标）指各省某项指标的最小值。

四、评审程序

（一）每年 1 月 15 日前，各省要按照财政部统一部署，将考核年度相关数据及时报送财政部，并抄送财政部驻当地财政监察专员办事处。

（二）财政部根据国库执行快报等各项统计数据，以省为单位对各项考核指标进行评分，并根据评分结果从高到低进行综合排名，综合排名靠前的 10 个省作为拟奖励省。为体现地区间平衡，10 个拟奖励省中，东、中、西部地区原则上各不少于 2 个，直辖市、计划单列市原则上各不超过 1 个。

（三）财政部书面通知 10 个拟奖励省，要求其参照本办法的考核指标，于 1 月 20 日前向财政部书面推荐财政管理工作方面的先进典型市（州，以下简称市）、县（市、区，以下简称县）。每个省原则上推荐 1 个市、3 个县（直辖市、计划单列市仅推荐 1 个县），先进典型市总数不超过 10 个，典型县总数不超过 30 个。

（四）1 月 31 日前，财政部将拟奖励省推荐的先进典型市、县名单报送国务院办公厅。

五、激励措施

（一）中央财政利用督查收回的专项转移支付沉淀资金、年度预算中单独安排资金等渠道，对 10 个拟奖励省分配奖励资金，奖励资金切块下达到省，再由省级财政部门将奖励资金分配到本省推荐的典型市、县。奖励资金额度原则上按每个市不低于 2 000 万元、每个县不低于 1 000 万元把握，并适当体现向中、西部倾斜。

（二）财政部下达奖励资金后，省级财政部门要及时将奖励资金下达到先进典型市、县。财力较好的省可统筹自有财力进一步加大对先进典型市、县的奖励力度。

（三）省级财政部门要督促先进典型市、县加强奖励资金的使用管理，并将资金分配使用情况于 6 月 30 日前上报财政部（预算司）。

六、其他事项

本办法自公布之日起实施，2016 年 11 月 24 日公布的《财政管理绩效考核与激励暂行办法》（财预〔2016〕177 号）同时废止。本办法由财政部负责解释。

财政部关于印发《预算稳定调节基金管理暂行办法》的通知

2018 年 3 月 20 日　财预〔2018〕35 号

财政部，各省、自治区、直辖市、计划单列市财政厅（局），新疆生产建设兵团财政局：

为建立全面规范透明、标准科学、约束有力的预算制度，实施跨年度预算平衡机制，进一步规范预算稳定调节基金设立和使用，根据预算法等法律法规，财政部制定了《预算稳定调节基金管理暂行办法》，现印发给你们，请遵照执行。

特此通知。

附件：预算稳定调节基金管理暂行办法

附件：

预算稳定调节基金管理暂行办法

第一章　总　　则

第一条　为建立全面规范透明、标准科学、约束有力的预算制度，建立健全跨年度预算平衡机制，规范预算稳定调节基金的设置、补充和动用，根据《中华人民共和国预算法》等法律法规，制定本办法。

第二条　本办法所称预算稳定调节基金，是指为实现宏观调控目标，保持年度间政府预算的衔接和稳定，各级一般公共预算设置的储备性资金。各级政府性基金预算、国有资本经营预算和社会保险基金预算不得设置预算稳定调节基金。

第三条　各级政府财政部门负责提出预算稳定调节基金设置、补充和动用的具体方案，报经同级政府同意后，编入本级预决算草案或者本级预算的调整方案。

第二章　预算稳定调节基金的设置和补充

第四条　一般公共预算的超收收入，除用于冲减赤字外，应当用于设置或补充预算稳定调节基金。

第五条 一般公共预算的结余资金应当用于设置或补充预算稳定调节基金。

一般公共预算按照权责发生制核算的资金，不作为结余。

一般公共预算连续结转两年仍未用完的资金，应当作为结余资金补充预算稳定调节基金。

第六条 政府性基金预算结转资金规模超过该项基金当年收入30%的部分，应当补充预算稳定调节基金。

政府性基金预算连续结转两年仍未用完的资金，应当作为结余资金，可以调入一般公共预算，并应当用于补充预算稳定调节基金。

第七条 各级财政部门应当合理控制预算稳定调节基金规模。预算稳定调节基金规模能够满足跨年度预算平衡需要的，应当加大冲减赤字、化解政府债务的力度。

第三章 预算稳定调节基金的动用

第八条 编制一般公共预算草案时，可以动用预算稳定调节基金，弥补一般公共预算出现的收支缺口，动用的资金应当编入一般公共预算收入。

第九条 一般公共预算执行中，因短收、增支等导致收支缺口，确需通过动用预算稳定调节基金实现平衡的，各级财政部门应当具体编制本级预算的调整方案，按照预算法规定的程序执行。

第四章 预算科目和账务处理

第十条 一般公共预算资金补充预算稳定调节基金时，列一般公共预算支出的"补充预算稳定调节基金"科目；政府性基金预算调出资金补充预算稳定调节基金时，列政府性基金预算支出的"政府性基金预算调出资金"科目。

动用预算稳定调节基金时，应当编入一般公共预算收入，列一般公共预算收入的"调入预算稳定调节基金"科目。

第十一条 预算稳定调节基金的会计核算应当按照《财政总预算会计制度》（财库〔2015〕192号）相关规定执行。

第十二条 各级一般公共预算的预算稳定调节基金应当在同级国库单一账户存储。

第五章 附 则

第十三条 地方各级政府财政部门可以依据本办法规定，结合本地区实际，制定本地区预算稳定调节基金管理办法。

第十四条 本办法由财政部负责解释。

第十五条 本办法自2018年3月20日起实施。

财政部关于印发《地方财政预算执行支出进度考核办法》的通知

2018年5月11日 财预〔2018〕69号

各省、自治区、直辖市、计划单列市财政厅（局），新疆生产建设兵团财政局：

为全面贯彻落实党中央、国务院有关精神和要求，督促地方加快预算执行支出进度，提高财政资金使用效益，更好促进经济社会高质量发展，财政部制定了《地方财政预算执行支出进度考核办法》。现印发给你们，请遵照执行。

特此通知。

附件：地方财政预算执行支出进度考核办法

附件：

地方财政预算执行支出进度考核办法

第一章 总 则

第一条 为全面贯彻落实党中央、国务院有关精神和要求，督促地方加快预算执行支出进度，提高财政资金使用效益，更好促进经济社会高质量发展，根据《中华人民共和国预算法》、《国务院关于深化预算管理制度改革的决定》（国发〔2014〕45号）、《国务院办公厅关于进一步做好盘活财政存量资金工作的通知》（国办发〔2014〕70号）等有关规定，制定本办法。

第二条 本办法考核对象为省（自治区、直辖市、计划单列市，以下统称省）级财政部门。对地市级、县级财政部门的考核工作，由省级财政部门按照本办法的精神统一部署。

第三条 地方财政预算执行支出进度考核为月度考核，考核月份为每年4月至12月。

第二章 考核内容

第四条 一般公共预算支出进度考核：

$$\frac{当年截至当月底的一般公共预算支出}{当年一般公共预算支出目标} \times 100\%$$

当年一般公共预算支出目标 = 当年本级一般公共预算收入 + 税收返还收入 + 转移支付收入 – 地方上解支出 + 新增地方政府一般债券。

第五条 政府性基金预算支出进度考核：

$$\frac{当年截至当月底的政府性基金预算支出}{当年政府性基金预算支出目标} \times 100\%$$

当年政府性基金预算支出目标 = 当年本级政府性基金预算支出 + 新增地方政府专项债券。

第六条 盘活一般公共预算结转结余考核：

$$\frac{当年截至当月底的一般公共预算结转结余 + 转移支付结转结余}{上年一般公共预算支出} \times 100\%$$

第七条 盘活政府性基金预算结转结余考核：

$$\frac{当年截至当月底的政府性基金预算结转结余}{上年政府性基金预算支出} \times 100\%$$

第八条 盘活部门预算结转结余考核：

$$\frac{当年截至当月底的部门预算结转结余}{上年部门决算财政拨款收入} \times 100\%$$

第九条 地方财政运行分析考核：

$$\frac{某省上报材料数}{各省上报材料总数} \times 60\% + \frac{某省被采用材料数}{各省被采用材料总数} \times 40\%$$

其中：上报材料数为当年截至当月底上报财政部预算司的地方财政运行分析材料篇数，被采用数为财政部预算司采用上报或作为参考材料的篇数。

第十条　一般公共预算支出进度、政府性基金预算支出进度、地方财政运行分析按考核结果从高到低排名，盘活一般公共预算结转结余、盘活政府性基金预算结转结余、盘活部门预算结转结余按考核结果从低到高排名。考核结果将按月向各地财政部门公布，同时抄送省级人民政府和财政部驻当地财政监察专员办事处。

第十一条　同一项考核结果连续3次排名居后5位的地区，省级财政部门应于考核结果公布后5个工作日内向财政部提交工作改进方案，并抄送财政部驻当地财政监察专员办事处。对于排名持续靠后的地区，财政部将视情况提出整改要求或约谈。

第十二条　按照《财政管理工作绩效考核与激励办法》（财预〔2018〕4号）规定，上述考核结果将作为每年财政管理工作绩效考核相关指标的数据来源和重要依据。

第十三条　执行本办法需地方配合提供的数据，由省级财政部门统一汇总、核实，各级财政部门对本级数据准确性负责。财政部采取统一检查或个别抽查等方式进行督查。

第十四条　各级财政部门及有关工作人员在地方财政预算执行支出进度考核中存在弄虚作假、徇私舞弊等行为的，应当按照《中华人民共和国预算法》、《中华人民共和国公务员法》、《中华人民共和国监察法》、《财政违法行为处罚处分条例》等国家有关规定追究相应责任。涉嫌犯罪的，移送司法机关处理。

第三章　附　　则

第十五条　本办法自2018年5月11日起实施，由财政部预算司负责解释。2017年5月12日财政部发布的《地方财政收支考核暂行办法》（财预〔2017〕60号）同时废止。

财政部关于印发《中央对地方重点生态功能区转移支付办法》的通知

2018年6月25日　财预〔2018〕86号

各省，自治区、直辖市、计划单列市财政厅（局）：

为规范转移支付分配、使用和管理，发挥财政资金在维护国家生态安全、推进生态文明建设中的重要作用，我们制定了《中央对地方重点生态功能区转移支付办法》，现予印发。

附件：中央对地方重点生态功能区转移支付办法

附件：

中央对地方重点生态功能区转移支付办法

第一条　为贯彻党中央、国务院要求，落实绿色发展理念，推进生态文明建设，引导地方政府加强生态环境保护，提高国家重点生态功能区等生态功能重要地区所在地政府的基本公共服务保障能力，中央财政设立重点生态功能区转移支付（以下简称转移支付）。

第二条　转移支付支持范围包括：

（一）限制开发的国家重点生态功能区所属县（县级市、市辖区、旗）和国家级禁止开发区域。

（二）京津冀协同发展、"两屏三带"、海南国际旅游岛等生态功能重要区域所属重点生态县域，长江经济带沿线省市，"三区三州"等深度贫困地区。

（三）国家生态文明试验区、国家公园体制试点地区等试点示范和重大生态工程建设地区。

（四）选聘建档立卡人员为生态护林员的地区。

第三条　转移支付资金按照以下原则进行分配：

（一）公平公正，公开透明。选取客观因素进行公式化分配，转移支付办法和分配结果公开。

（二）分类处理，突出重点。根据生态类型、财力水平、贫困状况等因素对转移支付对象实施分档分类的补助，体现差异、突出重点。

（三）注重激励，强化约束。建立健全生态环境保护综合评价和奖惩机制，激励地方加大生态环境保护力度，提高资金使用效率。

第四条　转移支付资金选取影响财政收支的客观因素测算，下达到省、自治区、直辖市、计划单列市（以下统称省）。具体计算公式为：

$$某省转移支付应补助额 = 重点补助 + 禁止开发补助 + 引导性补助 + 生态护林员补助 ± 奖惩资金$$

测算的转移支付应补助额少于该省上一年转移支付预算执行数的，中央财政按照上一年转移支付预算执行数下达。

第五条　重点补助对象为重点生态县域，长江经济带沿线省市，"三区三州"等深度贫困地区。

对重点生态县域补助按照标准财政收支缺口并考虑补助系数测算。其中，标准财政收支缺口参照均衡性转移支付测算办法，结合中央与地方生态环境保护治理财政事权和支出责任划分，将各地生态环境保护方面的减收增支情况作为转移支付测算的重要因素，补助系数根据标准财政收支缺口情况、生态保护区域面积、产业发展受限对财力的影响情况和贫困情况等因素分档分类测算。

对长江经济带补助根据生态保护红线、森林面积、人口等因素测算。

对"三区三州"补助根据贫困人口、人均转移支付等因素测算。

第六条　禁止开发补助对象为禁止开发区域。根据各省禁止开发区域的面积和个数等因素分省测算，向国家自然保护区和国家森林公园两类禁止开发区倾斜。

第七条　引导性补助对象为国家生态文明试验区、国家公园体制试点地区等试点示范和重大生态工程建设地区，分类实施补助。

第八条　生态护林员补助对象为选聘建档立卡人员为生态护林员的地区。中央财政根据森林管护和脱贫攻坚需要，以及地方选聘建档立卡人员为生态护林员情况，安排生态护林员补助。

第九条　奖惩资金对象为重点生态县域。根据考核评价情况实施奖惩，对考核评价结果优秀的地区给予奖励。对生态环境质量变差、发生重大环境污染事件、实行产业准入负面清单不力和生态扶贫工作成效不佳的地区，根据实际情况对转移支付资金予以扣减。

第十条　省级财政部门应当根据本地实际情况，制定省对下重点生态功能区转移支付办法，规范资金分配，加强资金管理，将各项补助资金落实到位。各省下达的转移支付资金总额不得低于中央财政下达给该省的转移支付资金数额。

第十一条　享受转移支付的地区应当切实增强生态环境保护意识，将转移支付资金用于保护生态环境和改善民生，加大生态扶贫投入，不得用于楼堂馆所及形象工程建设和竞争性领域，同时加强对生态环境质量的考核和资金的绩效管理。

第十二条　各级财政部门在转移支付管理中存在违法行为的，应当按照预算法及其实施条例、财政违法行为处罚处分条例等国家有关规定予以处理。涉嫌犯罪的，应当移送有关部门。

第十三条　本办法由财政部负责解释。

第十四条　本办法自 2018 年 6 月 25 日起施行。《中央对地方重点生态功能区转移支付办法》（财预〔2017〕126 号）同时废止。

省财政厅　省国家税务局　省地方税务局　中国人民银行济南分行关于印发山东省跨市总分机构企业所得税分配及预算管理办法的通知

2018 年 3 月 15 日　鲁财预〔2018〕9 号

各市财政局、国家税务局、地方税务局，中国人民银行各市中心支行、分行营业管理部，黄河三角洲农业高新技术产业示范区财政金融局：

现将修订后的《山东省跨市总分机构企业所得税分配及预算管理办法》印发给你们，请认真遵照执行。

附件：山东省跨市总分机构企业所得税分配及预算管理办法

附件：

山东省跨市总分机构企业所得税分配及预算管理办法

第一章　总　则

第一条　为保证《中华人民共和国企业所得税法》顺利实施，妥善处理地区间的财政分配关系，做好跨市总分机构企业所得税收入征缴和分配管理工作，参照《财政部　国家税务总局　中国人民银行关于印发〈跨省市总分机构企业所得税分配及预算管理办法〉的通知》（财预〔2012〕40 号）、《财政部　国家税务总局　中国人民银行关于〈跨省市总分机构企业所得税分配及预算管理办法〉的补充通知》（财预〔2012〕453 号）、《山东省人民政府关于进一步深化省以下财政体制改革的意见》（鲁政发〔2013〕11 号）有关规定，制定本办法。

第二条　本办法所称跨市总分机构企业，是指总机构和分支机构均在我省（含青岛市）境内，且跨市（指设区的市，含黄河三角洲农业高新技术产业示范区，下同）设有不具备法人资格的营业机构的居民企业（以下简称总分机构）。

第三条　总分机构企业所得税在维持现行中央、省、市及市以下分享体制不变的基础上，实行"统一计算、两级预缴、汇总清算、分级管理"的税收征管和预算分配办法。

第四条　统一计算，是指居民企业应统一计算包括所属各个不具有法人资格营业机构在内的企业全部应纳税所得额、应纳税额。总机构和分支机构适用税率不一致的，应分别按适用税率计算应纳所得税额。

第五条　两级预缴，是指总机构统一计算当期应纳税所得额、应纳所得税额，按营业收入、职工薪酬和资产总额三个因素，在总机构和二级分支机构之间进行分摊，由总机构和二级分支机构分别就地分期向所在地主管税务机关申报、预缴企业所得税。三级及三级以下分支机构的营业收入、职工薪酬和资产总额等统一计入二级分支机构。

第六条　汇总清算，是指年度终了后，总分机构企业根据统一计算的年度应纳税所得额、应纳所得税额，抵减总机构、二级分支机构当年已就地分期预缴的企业所得税款后，多退少补。

第七条　分级管理，是指总机构、分支机构分别由所在地主管税务机关属地进行监督和管理。

第八条 不具有主体生产经营职能，且在当地不缴纳增值税的产品售后服务、内部研发、仓储等企业内部辅助性的二级分支机构，以及上年度符合条件的小型微利企业及其分支机构，不实行本办法。

第九条 居民企业在中国境外设立不具有法人资格分支机构的，按本办法计算有关分期预缴企业所得税时，其应纳税所得额、应纳所得税额及分配因素数额，均不包括在中国境外设立的分支机构。

第二章 税款预缴

第十条 由总机构统一计算企业当期应纳税所得额和应纳所得税额，并分别由总机构、分支机构按月或按季就地预缴。

第十一条 总机构在每月或季度终了之日起 10 日内，按照上年度总机构、分支机构的营业收入、职工薪酬和资产总额三个因素，将统一计算的企业当期应纳所得税额在总机构、二级分支机构之间进行分摊（总机构所在市同时设有分支机构的，同样按三个因素分摊），并及时通知到二级分支机构。总分机构所缴纳税款收入按我省现行财政体制，由中央分享 60%、市及市以下分享 40%。

第十二条 总机构应将其所有二级及以下分支机构信息报其所在地主管税务机关备案。分支机构应将其总机构、上级分支机构和下属分支机构信息报其所在地主管税务机关备案。

第十三条 总机构和各分支机构应在每月或季度终了之日起 15 日内，就其分摊的所得税额就地申报预缴。

总机构所在地税务主管机关开具税收缴款书，"预算科目"栏按企业所有制性质，对应填写 1010445 项"跨市县总机构预缴所得税"下有关目级科目名称及代码。

二级分支机构所在地税务主管机关开具税收缴款书，"预算科目"栏按企业所有制性质，对应填写 1010444 项"跨市县分支机构预缴所得税"下有关目级科目名称及代码。

第十四条 在青岛市境内的跨市总分机构企业所得税，除上缴中央 60% 外，其余部分的分成比例按青岛市有关规定执行。

第三章 分摊税款计算

第十五条 总机构应按照上年度总机构、分支机构的营业收入、职工薪酬和资产总额三个因素，计算总机构、各分支机构应分摊税款的比例，三因素的权重依次为 0.35、0.35、0.3。当年新设立的分支机构，第二年起参与分摊。当年撤销的分支机构，自办理注销税务登记之日所属企业所得税预缴期间起不参与分摊。总分机构分摊预缴税款按以下公式计算：

总机构、分支机构分摊税款 = 统一计算的企业当期应纳所得税额 × 总机构或该分支机构分摊比例

总机构或某分支机构分摊比例 =（该机构营业收入/总分机构营业收入之和）× 0.35 +

（该机构职工薪酬/总分机构职工薪酬之和）× 0.35 +

（该机构资产总额/总分机构资产总额之和）× 0.3

总机构、分支机构分摊比例按上述方法一经确定后，除出现当年二级分支机构撤销，汇总纳税企业当年由于重组等原因从其他企业取得重组当年之前已存在的二级分支机构并作为本企业二级分支机构管理，以及汇总纳税企业内就地分摊缴纳企业所得税的总分机构之间发生合并、分立、管理层级变更等形成的新设或存续二级分支机构等三种情形外，当年不作调整。

第十六条 本办法所称的营业收入，是指总分机构在销售商品、提供劳务、让渡资产使用权等日常经营活动中实现的全部收入。其中，生产经营企业的营业收入是指生产经营企业销售商品、提供劳务、让渡资产使用权等取得的全部收入；金融企业的营业收入是指金融企业取得的利息、手续费、佣金等全部收入；保险企业的营业收入是指保险企业取得的保费等全部收入。

第十七条 本办法所称的职工薪酬，是指总分机构为获得职工提供的服务而给予职工的各种形式的报酬。

第十八条 本办法所称的资产总额，是指总分机构在 12 月 31 日拥有或者控制的资产合计额。

第十九条　本办法所称上年度总分机构的营业收入、职工薪酬和资产总额，是指总分机构上年度全年的营业收入、职工薪酬和上年度 12 月 31 日的资产总额数据，是依照国家统一会计制度规定核算的数据。

一个纳税年度内，总机构首次计算分摊税款时采用的总分机构营业收入、职工薪酬和资产总额数据，与此后经过中国注册会计师审计确认数据不一致的，不作调整。

第二十条　分支机构所在地主管税务机关对总机构计算确定的分摊税款比例有异议的，应于收到汇总纳税分支机构所得税分配表后 30 日内，向总机构所在地主管税务机关提出书面复核建议，并附送相关数据资料。总机构所在地主管税务机关须于收到复核建议后 30 日内，对分摊税款的比例进行复核，并作出调整或维持原比例的决定。分支机构所在地主管税务机关应执行总机构所在地主管税务机关的复核决定。复核期间，分支机构应先按总机构确定的分摊比例申报缴纳税款。

第四章　汇总清算

第二十一条　总分机构应当在年度终了后 5 个月内，分别办理汇算清缴。

第二十二条　企业总机构汇总计算企业年度应纳所得税额，扣除总机构和各省内分支机构已预缴的税款，计算出应补应退税款，分别由总机构和各分支机构（不包括当年已办理注销税务登记的分支机构）就地办理税款缴库或退库。

多缴的税款，由总分机构按照预缴的分摊比例就地办理退库，或者经总分机构同意后分别抵缴其下一年度应缴企业所得税税款。如办理退库，总分机构所在地税务机构开具收入退还书，"预算科目"栏按企业所有制性质，对应填写 1010446 项"跨市县总机构汇算清缴所得税"、1010448 项"跨市县分支机构汇算清缴所得税"下有关目级科目名称及代码。

应补缴的所得税款，由总分机构按照预缴的分摊比例就地缴入各级国库。总分机构所在地税务主管机关开具税收缴款书，"预算科目"栏按企业所有制性质，分别对应填写 1010446 项"跨市县总机构汇算清缴所得税"、1010448 项"跨市县分支机构汇算清缴所得税"下有关目级科目名称及代码。

第二十三条　总分机构所在地主管税务机关对企业实施税务检查，查补的所得税款（包括滞纳金、罚款，下同）应按照本办法第十五条规定计算的分摊比例进行分摊，由总分机构分别就地缴纳。

总分机构分摊的查补税款入库预算科目分别为 1010446 项"跨市县总机构汇算清缴所得税"、1010448 项"跨市县分支机构汇算清缴所得税"下有关目级科目名称及代码；滞纳金、罚款入库预算科目为 1010450 项"企业所得税税款滞纳金、罚款、加收利息收入"下有关目级科目名称及代码。

第五章　特殊企业

第二十四条　根据《山东省人民政府关于进一步深化省以下财政体制改革的意见》（鲁政发〔2013〕11 号）和省财政厅、省国税局、省地税局、中国人民银行济南分行《关于县级供电企业实行"子改分"改制后有关预算管理问题的通知》（鲁财预〔2016〕67 号）要求，国网山东省电力公司企业所得税由法人总机构汇总计算缴纳，其中地方分享部分为省级收入，市以下不参与分享。

第二十五条　跨市经营电力生产企业缴纳的企业所得税按本办法执行，根据营业收入、职工薪酬和资产总额三个因素，在总分机构间进行分摊，由总分机构分别就地缴入各级国库。

第二十六条　山东中烟工业公司企业所得税由法人总机构汇总计算。根据鲁财预〔2006〕48 号文件规定，实行"统一核算、比例分配、就地纳税、年终统算"的管理办法。

第二十七条　中国移动通信集团山东有限公司及其所属跨市分支机构企业所得税分配按本办法执行，省财政厅、省国税局《关于中国移动通信集团山东有限公司总分机构企业所得税分配有关问题的通知》（〔2008〕鲁财预函 6 号）同时废止。

第二十八条　高速公路经营企业、铁路运输企业由总机构汇总计算缴纳企业所得税，其所属非法人分支机构不参与分摊企业所得税；总机构汇总缴纳的企业所得税地方分享部分，按现行财政体制规定，全部为省级收入。

第六章　附　　则

第二十九条　企业在同一市（指设区的市）内跨县（市、区）设立不具有法人资格营业机构的，其企业所得税分配办法由各市参照本办法制定。

第三十条　本办法实施后，缴纳和退还 2017 年及以前年度的企业所得税，仍按原办法执行。

第三十一条　本办法自 2018 年 1 月 1 日起执行。2018 年已入库且税款所属期限为 2018 年的企业所得税，凡与本办法规定不一致的，按本办法规定执行。省财政厅、省国税局、省地税局、中国人民银行济南分行《关于印发〈山东省跨市总分机构企业所得税分配及预算管理暂行办法〉的通知》（鲁财预〔2008〕19 号）同时废止。

省财政厅关于印发 2018 年山东省农业转移人口市民化奖励资金管理办法的通知

2018 年 12 月 9 日　鲁财预〔2018〕72 号

各市财政局、省财政直接管理县（市）财政局：

现将《2018 年山东省农业转移人口市民化奖励资金管理办法》印发给你们，请结合本地实际，认真贯彻执行。

附件：2018 年山东省农业转移人口市民化奖励资金管理办法

附件：

2018 年山东省农业转移人口市民化奖励资金管理办法

第一条　为深入推进新型城镇化建设，加快全省"三个市民化"进程，加强农业转移人口市民化奖励资金管理，按照《山东省人民政府关于贯彻国发〔2016〕44 号文件实施支持农业转移人口市民化若干财政政策的意见》（鲁政发〔2016〕23 号）和《财政部关于印发〈中央财政农业转移人口市民化奖励资金管理办法〉的通知》（财预〔2016〕162 号）要求，结合我省实际，制定本办法。

第二条　本办法所称省级财政农业转移人口市民化奖励资金（以下简称省级奖励资金），是指省级财政结合中央奖励资金设立的，用于对"三个市民化"进展快、城镇化质量高的地区的奖励资金。

第三条　省级奖励资金管理遵循"统一规范、公开透明、强化激励、突出重点、加强监管"的原则。

第四条　省级奖励资金分配范围为 16 个设区市（不含青岛）。

第五条　省级奖励资金分为按因素法分配的奖励资金和工作绩效奖励资金两部分。

第六条　按因素法分配的奖励资金，主要依据各市 2017 年农业转移人口落户城镇人数、2018 年"三个市民化"目标任务数（即本年外来务工人员、城中村和城边村原有居民、其他农村地区就地转移就业人口市民化目标任务数）、2017 年户籍城镇化率以及总人口规模、财力水平等因素，按照统一公式计算确定。

（一）计算公式

按因素法分配某市奖励资金＝按因素法分配的省级奖励资金总额×（该市2017年农业转移人口落户城镇人数考核值

×权重30％＋该市2017年户籍城镇化率考核值×权重30％

＋该市2018年"三个市民化"目标任务考核值×权重40％）×该市修正系数

其中：各市农业转移人口落户城镇人数、户籍城镇化率考核数据来源于省公安厅，"三个市民化"目标任务数来源于省住房和城乡建设厅。

以上指标考核值采用功效系数法计算，每项指标基础值为其总分值的20％。计算公式：

某市某项指标考核值＝〔基础值＋（该市完成值－各市最差值）÷（各市最优值－各市最差值）×（100％－基础值）〕

（二）修正系数

根据上年各市常住人口、人均财政支出、人均财力以及各市指标考核总分值确定。计算公式：

某市修正系数＝（某市常住人口系数×80％＋某市人均支出系数×10％＋某市人均财力系数×10％）

÷各市指标考核总分值

其中，常住人口、人均支出、人均财力指标系数采用功效系数法分别确定。

第七条　工作绩效奖励资金，根据《山东省人民政府办公厅关于印发〈山东省推进新型城镇化工作考核办法〉的通知》（鲁政办字〔2015〕171号）有关规定，按照省城镇化工作领导小组2017年度16市新型城镇化工作综合考核得分情况，对前12名的市分档给予奖励。

第八条　各市财政部门要依据本办法，结合本地实际，健全完善市对下农业转移人口市民化奖励机制，加大对"三个市民化"进展快、城镇化质量高地区的奖励力度，重点解决好县乡基本公共服务保障水平不均衡问题。各市财政部门接到省级资金文件后，应当在30日内将资金分配下达到相关县（市、区），并报省财政厅备案。

第九条　市级财政部门要根据本级财力状况，安排相应资金，进一步加大对吸纳农业转移人口较多且财政相对困难县（市、区）的支持力度，积极推进县域基本公共服务均等化。县级财政部门要结合预算安排和预算执行情况，合理制定转移支付资金使用方案，将上级奖励资金统筹用于农业转移人口市民化基本公共服务支出。

第十条　各市要加强对县级财政使用省级奖励资金情况的指导和监督，确保资金规范安全高效使用，严禁将省级奖励资金用于"三公"经费支出和楼堂馆所建设，严禁投向一般竞争性领域。对违反规定的，一经查实，省财政将扣减该地区奖励资金，并取消其下年度享受省级奖励资金的资格。

第十一条　各市、县（市、区）财政部门及其工作人员违规分配使用省级资金的，将按照《中华人民共和国预算法》《中华人民共和国公务员法》《中华人民共和国行政监察法》《财政违法行为处罚处分条例》（国务院令第427号）等有关规定，追究相应责任。

第十二条　各市财政部门要于2019年1月底前，将本地区健全完善农业转移人口市民化奖励机制、上级转移支付资金使用和下年度工作计划等情况书面报告省财政厅。

第十三条　市级财政部门应及时向同级人大报告省级奖励资金分配、使用和管理情况，并按规定向社会公开相关资金管理办法、分配结果等情况，主动接受人大和社会监督。

第十四条　本办法由省财政厅负责解释。

省财政厅关于印发2018年山东省县级基本财力保障机制奖补资金管理办法的通知

2018年12月9日　鲁财预〔2018〕73号

各市财政局、省财政直接管理县（市）财政局：

现将《2018年山东省县级基本财力保障机制奖补资金管理办法》印发给你们，请结合本地实际，认真贯彻执行。

附件：2018 年山东省县级基本财力保障机制奖补资金管理办法

附件：

2018 年山东省县级基本财力保障机制奖补资金管理办法

第一章 总 则

第一条 为进一步增强县乡财政保障能力，推进全省基本公共服务均等化，根据中央县级基本财力保障机制相关资金管理办法以及《省委办公厅 省政府办公厅印发〈关于以市为单位统筹推进县域基本公共服务均等化的指导意见〉的通知》（鲁办发〔2017〕3 号）有关要求，结合我省实际，制定本办法。

第二条 县级基本财力保障机制奖补资金，是指省级财政结合中央补助设立，主要用于支持县乡政府提高财政保障能力，引导各市推进县域基本公共服务均等化的一般性转移支付资金。

第三条 县级基本财力保障机制奖补资金分配使用管理遵循"统一规范、公开透明、保障基本、促进均衡、加强监管"的原则。

第四条 县级基本财力保障机制奖补资金分为财政困难县补助资金和推进县域基本公共服务均等化奖励资金。其中，对基本支出存在财力缺口的财政困难县（市、区，以下简称县）给予基数性补助；对推进县域基本公共服务均等化工作成效较好的市给予一次性奖励。

第二章 财政困难县补助资金分配

第五条 对可用财力不能满足基本支出需求的县，纳入省级财政困难县补助范围。

第六条 财政困难县补助资金采用因素法进行分配，主要根据县级当年可用财力、基本支出需求、基本财力缺口以及财政困难程度等因素，按照统一公式分县计算确定。用公式表示为：

某县补助资金＝省级补助总额×（某县基本财力缺口×某县困难系数）×转移支付系数。其中：

$$基本财力缺口＝基本支出需求－当年可用财力$$

（一）可用财力的确定

主要根据 2017 年县级一般公共预算收入、上级补助收入以及其他计入可用财力的财政收入计算确定。数据主要来源于 2017 年县级财政决算。用公式表示为：

可用财力＝（2017 年一般公共预算税收收入＋一般公共预算非税收入×80%）＋（返还性收入＋一般性转移支付收入＋专项补助中的事业费－上解支出）＋（彩票公益金收入＋财政专户管理资金×50%＋部分财政存量资金）＋2017 年民生类转移支付增量。其中：

1. 返还性收入＝增值税和消费税税收返还＋所得税基数返还＋成品油价格和税费改革税收返还＋其他税收返还收入。

2. 一般性转移支付收入＝体制补助收入＋均衡性转移支付收入＋县级基本财力保障机制补助资金收入＋结算补助收入＋企业事业单位划转补助收入＋基层公检法司转移支付收入＋义务教育等转移支付收入＋基本养老保险和低保等转移支付收入＋新型农村合作医疗等转移支付收入＋农村综合改革转移支付收入＋固

定数额补助收入 + 其他一般性转移支付收入。

资源枯竭城市转移支付补助收入、重点生态功能区转移支付收入、革命老区转移支付收入、产粮（油）大县奖励资金，不计入当年县级可用财力。

3. 上解支出 = 体制上解 + 出口退税上解 + 专项上解。

4. 部分财政存量资金 = （2017 年底一般公共预算结转结余 + 政府性基金预算结转结余 + 国有资本经营预算结转结余 + 预算稳定调节基金 + 预算周转金） − （2016 年底一般公共预算结转结余 + 政府性基金预算结转结余 + 国有资本经营预算结转结余 + 预算稳定调节基金 + 预算周转金）。此项存量资金，按 30% 的比例计入可用财力。

5. 2018 年民生类转移支付增量 = 城乡居民基本医疗保险省级补助增量 + 城乡居民基本养老保险省级补助增量 + 基本公共卫生服务省级补助增量。

（二）基本支出需求的确定

基本支出需求主要根据国家和省相关县级支出政策标准和范围，以及相关人员数据计算确定，包括人员经费支出、公用经费支出以及民生保障支出。用公式表示为：

基本支出需求 = 机关事业单位人员经费支出 + 机关事业单位人员公用经费支出 + 民生项目支出

1. 人员经费支出 = 县乡机关事业单位在职人员经费支出 + 离退休人员经费支出 + 乡镇工作人员提高津贴补贴经费支出 + 县以下机关人员职务与职级并行制度经费支出。其中：

（1）县乡机关事业单位在职人员、离退休人员经费支出：根据国家规定的增资标准和相关财政供养人员数据确定。

（2）乡镇工作人员提高津贴补贴经费支出：根据省委组织部、省财政厅、省人力资源社会保障厅《关于调整完善提高乡镇工作人员津补贴有关政策的通知》（鲁财津〔2014〕9 号）规定的乡镇工作人员提高津贴补贴标准及乡镇人员数确定。

（3）县以下机关人员职务与职级并行制度经费支出：根据《省委办公厅 省政府办公厅关于县以下机关建立公务员职务与职级并行制度的实施意见》（鲁办发〔2015〕29 号）规定的县以下机关人员职务与职级并行制度标准及相关人员数确定。

上述机关事业单位人员数据分类确定：在职行政人员及公检法司人员按照省委编办提供的 2017 年编制数确定；在职事业人员根据 2017 年财政供养人口信息系统数据，按照户籍总人口和平均供养率分档修正后确定。退休人员根据 2017 年财政供养人口信息系统数据，按照全省退休人员占在职人员平均水平修正后确定。离休人员按照 2017 年财政供养人口信息系统数据确定。

2. 公用经费支出 = 行政在职人员公用经费 + 事业在职人员公用经费 + 公检法司在职人员公用经费。具体标准按财政部有关规定执行。

3. 民生保障支出 = 教育支出 + 社会保障支出 + 医疗卫生支出 + 优抚支出 + 村级组织经费补助支出 + 扶贫支出 + 其他支出。其中：

（1）教育支出 = 学前教育政府助学金支出 + 城乡义务教育阶段中小学生均公用经费补助支出 + 家庭经济困难寄宿生生活费补助支出 + 义务教育免费提供教科书补助支出 + 普通高中生均公用经费补助和助学金支出 + 中等职业学校学生免学费和助学金支出 + 全面改善义务教育薄弱学校基本办学条件支出。

（2）社会保障支出 = 优抚对象补助支出 + 城乡居民基本养老保险补助支出 + 城镇居民最低生活保障补助支出 + 农村居民最低生活保障补助支出 + 孤儿基本生活费补助支出 + 农村五保供养补助支出等。

其中，优抚对象补助支出 = "三属"定期抚恤补助支出 + 老红军补助支出 + 残疾军人抚恤补助支出 + 在乡老复员军人生活补助支出 + 参战、参试退役人员生活补助支出 + 义务兵家庭优待金补助支出 + 退役士兵免费职业教育与技能培训补助支出 + 自主就业退役士兵一次性经济补助支出等。

（3）医疗卫生支出 = 城乡居民基本医疗保险补助支出 + 基本公共卫生服务支出 + 基层医疗机构实施基本药物制度改革支出 + 村卫生室实施基本药物制度改革支出 + 县级公立医院综合改革补助支出 + 离休干部医疗费统筹支出等。

（4）村级组织经费补助支出。根据省委组织部、省财政厅《关于加强村级组织经费保障工作的实施意见》（鲁组发〔2017〕3 号）和《中共山东省委　山东省人民政府关于印发〈山东省乡村振兴战略规划（2018~2022 年）〉和 5 个工作方案的通知》（鲁发〔2018〕20 号）中规定的村级组织经费补助标准及理论村个数确定。

（5）扶贫支出。根据省扶贫开发办确定的建档立卡贫困人口数及财政部确定的扶贫支出标准计算确定。

（6）其他支出＝社区服务补助支出＋公共文化支出＋就业专项支出＋计划生育支出＋生态环保支出＋城镇保障性安居工程支出＋农村危房改造支出＋其他必保支出等。

在测算上述民生项目支出中，除城乡居民基本养老保险补助支出、城乡居民基本医疗保险补助支出、优抚对象补助支出等据实结算项目外，原则上按常住人口计算确定。对户籍人口多于常住人口的人口流出县，民生项目支出按户籍人口计算确定。教育支出全部按实有学籍人数计算确定，将农民工随迁子女教育支出纳入流入地财政基本保障范围。

（三）转移支付系数和困难系数的确定

1. 转移支付系数根据各县基本财力缺口总额和困难系数，结合省级转移支付补助总额确定。用公式表示为：

$$转移支付系数 = 1 \div \sum i\,(某县基本财力缺口 \times 某县困难系数)$$
$$i = 1, 2, \cdots, N, 全省缺口县$$

2. 困难系数根据各县人均财力、人均支出和缺口率，以及所在市级人均财力、人均支出等因素及权重确定。用公式表示为：

困难系数＝（县级人均财力系数×0.3＋县级人均支出系数×0.3＋县级缺口率系数×0.4）×0.4＋（市级人均财力系数×0.5＋全市人均支出系数×0.5）×0.6。其中：

$$人均财力 = 可用财力 \div 标准财政供养人员数$$
$$人均支出 = 一般公共预算支出 \div 总人口数$$
$$县级缺口率 = 某县缺口额 \div 某县基本支出需求$$

上述因素测算系数，采用功效系数法计算确定。

第七条　按照财政部要求，从 2018 年起，从财政困难县补助资金中安排深度贫困地区脱贫攻坚资金，对国务院确定的深度贫困县给予重点帮扶，主要依据深度贫困县基本财力缺口、贫困人口等因素计算确定，帮助脱贫任务较重的地区完成脱贫任务。

第三章　县域基本公共服务均等化奖励资金分配

第八条　纳入省级县域基本公共服务均等化工作奖励范围的地区，为除青岛市以外的 16 个设区市。

第九条　省级县域基本公共服务均等化奖励资金采用因素法进行分配，主要依据各市对财力薄弱县帮扶资金安排情况、工作努力程度、所辖县（市、区）均衡度以及财政困难程度等因素计算确定。同时，根据上年各市对财力薄弱县帮扶资金实际安排情况，对预拨资金进行清算。用公式表示为：

某市奖励资金＝省级奖励资金总额×（该市新增对财力薄弱县帮扶资金安排数额×50%权重＋该市工作努力程度系数×10%权重＋该市县级均衡度系数×40%）×该市困难系数×转移支付系数。

其中：

1. 各市对财力薄弱县帮扶资金安排数额，暂按照各地上报数据测算，年度终了根据资金实际到位情况进行清算。

2. 工作努力程度指各市出台推进县域基本公共服务均等化实施方案及成效情况。

3. 县级均衡度（以下简称均衡度）是根据各市人均财力水平最低的 40% 县人均财力占各市县级人均财力的比重和各市人均支出水平最低的 40% 县人均支出占各市县级人均支出的比重两因素各占 50% 权重计算确定。

4. 困难系数根据市本级人均财力及人口规模情况确定。

5. 转移支付系数 = 1 ÷ $\sum$ i（$\sum$ j 某市某种因素分值 × 某因素权重）

i = 1，2，…，16，纳入范围的设区市

j = 1，2，3，某市 3 项因素值

上述因素测算系数，采用功效系数法计算确定。

第四章　资　金　使　用

第十条　省级财政困难县补助资金采取测算分配到县、下达到市及省财政直接管理县（市）的管理方式；省级县域基本公共服务均等化奖励资金采取直接测算下达到市的管理方式。

第十一条　各市要结合当地实际，制定本市县级基本财力保障机制奖补资金管理办法和资金分配方案。各市接到省级资金文件后，应当在 30 日内将资金分配下达到相关县（市、区），并报省财政厅备案。

第十二条　省级资金要集中用于落实工资及民生政策，并重点向财政困难县和现代预算管理制度改革试点县（市、区）倾斜。市级要根据本级财力状况安排相应资金，进一步加大对财政困难县的支持力度，积极推进县域基本公共服务均等化。同时，市级要将省级县域基本公共服务均等化奖励资金全部下达到县（市、区），其中对省财政直接管理县（市）下达数不低于所辖县（市、区）平均数。省级下达的县级基本财力保障机制奖补资金中包含深度贫困地区脱贫攻坚资金，必须及时足额下达到有关贫困县（市、区），专项用于脱贫攻坚。

第十三条　各县（市、区）要结合年初预算安排和预算执行情况，合理制定转移支付资金使用方案，将上级补助资金重点用于落实国家和省出台的工资、民生政策以及脱贫攻坚工作，并重点向财政困难乡镇倾斜，切实减轻乡镇支出压力。要结合本地实际，完善县对乡镇的转移支付制度，建立健全乡镇基本财力保障机制。同时，加大专项资金整合力度，积极盘活各类存量资金，优化支出结构，集中财力保工资、保运转、保民生。

第五章　监　督　检　查

第十四条　各市财政部门要加强对县级使用省级资金的指导和监督，确保资金规范安全高效使用。严禁采取编报虚假信息、有税不收以及非税收入不入库等方式骗取省级资金，严禁将省级资金用于"三公"经费支出和楼堂馆所建设。对违反规定的，一经查实，省财政将扣减该地区补助资金；情节严重的，取消其享受省级转移支付的资格。

第十五条　各市、县（市、区）财政部门及其工作人员违规分配使用省级资金的，将按照《中华人民共和国预算法》《中华人民共和国公务员法》《中华人民共和国行政监察法》《财政违法行为处罚处分条例》（国务院令第 427 号）等有关规定，追究相应责任。

第十六条　对各市推进县域基本公共服务均等化工作，省财政于次年开展市级工作绩效考评，并根据考评结果对奖励资金予以清算。对考评结果较好的市，省财政给予适当奖励；对结果较差的市，相应扣减上年度奖励资金。

第十七条　各市财政部门要于 2019 年 1 月底前，将本地区（含省财政直接管理县）落实县级基本财力保障机制、上级转移支付资金使用和下年度工作计划等情况书面报告省财政厅。

第十八条　市县财政部门要在预、决算报告中，向本级人民代表大会或人大常委会报告县级基本财力保障机制转移支付资金的使用情况，以及建立县级基本财力保障机制采取的措施与成效，自觉接受人大监督。

第十九条　本办法由省财政厅负责解释。

省财政厅关于印发 2018 年省级
均衡性转移支付办法的通知

2018 年 12 月 18 日　鲁财预〔2018〕83 号

各市财政局、省财政直接管理县（市）财政局：

现将《2018 年省级均衡性转移支付办法》印发给你们，请结合本地实际，认真贯彻执行。

附件：2018 年省级均衡性转移支付办法

附件：

2018 年省级均衡性转移支付办法

第一条　为进一步强化转移支付财力调节功能，均衡地区间财力水平，促进全省基本公共服务均等化，按照中央要求，结合我省实际，制定本办法。

第二条　本办法所称省级均衡性转移支付（以下简称均衡性转移支付），是指省级财政结合中央补助设立的，用于均衡地区间基本财力，由市县政府统筹安排使用的一般性转移支付。

第三条　均衡性转移支付分配管理遵循"客观公正、统一规范、促进均衡、加强监管"的原则。

第四条　均衡性转移支付分配范围为 2017 年人均财力 25 万元以下的 12 个市以及财政困难县。

第五条　均衡性转移支付资金采用因素法分配，主要依据各地本年增资支出需求等因素，并适当考虑财政困难程度，按照统一公式计算确定。

（一）计算公式

$$\text{某市（直管县、试点县）均衡性转移支付} = \frac{\text{本年均衡性转移支付资金总额}}{} \times \frac{\text{该市（直管县、试点县）本年增资支出需求}}{} \times \text{转移支付系数}$$

（二）分配因素

增资需求因素主要根据本年中央规定的机关事业在职人员和离休人员调整工资政策及标准财政供养人员确定。

某地区本年增资支出需求＝（机关事业单位在职人员增资标准×该地区标准在职财政供养人员数＋机关事业单位离休人员增资标准×该地区离休供养人员数）×财政困难系数。其中：

1. 机关事业单位在职人员和离休人员工资增资标准。根据中央增资政策有关规定确定。

2. 标准在职财政供养人员数以各地上年度财政供养人员系统统计数为基础，按照总人口规模及平均财政供养率分档修正。同时，对财政差额供给事业单位人员系统统计数按一定比例折算。离休供养人员数为各地上年度财政供养人员系统统计数。

3. 财政困难系数。主要根据上年度各市县人均支出、人均财力水平等因素计算确定。

某市财政困难系数＝该市县级人均支出系数×权重 25%＋该市县级人均财力系数×权重 25%
＋该市市本级人均财力系数×权重 50%

某直管县（试点县）财政困难系数＝该县人均支出系数×权重 50%＋该县人均财力系数×权重 50%

其中：人均支出＝一般公共预算支出÷户籍总人口数；人均财力＝可用财力÷财政供养人员数；可用财力＝一般公共预算收入＋返还性收入＋一般性转移支付收入－上解上级支出。

（三）转移支付系数

根据各市及直管县（试点县）增资需求计算确定。计算公式为：

$$某市（直管县、试点县）转移支付系数 = 1 \div \sum i（某市及直管县（试点县）增资需求）$$

$$i = 1，2，\cdots，N，纳入范围的设区市（直管县、试点县）$$

第六条 均衡性转移支付主要用于落实国家调整工资政策及重大民生政策，并重点向财政困难县倾斜。市级应根据本级财力状况安排相应资金，共同帮助县乡政府落实国家增资及民生政策。县乡财政部门要在落实好国家增资政策的基础上，进一步优化支出结构，集中财力保证县乡民生、运转等基本支出。

第七条 各市财政部门应依据本办法，结合本地实际，制定具体实施办法和资金分配方案。各市财政部门收到省级资金后，应当在 12 月 31 日前将资金分配下达到相关县（市、区），并报省财政厅审查备案。

第八条 各市县财政部门要加强资金监管，严格按规定用途使用均衡性转移支付资金。对违反规定的，省财政厅将约谈相关市县财政部门负责同志，责令限期整改。对整改不力的，省财政厅将相应扣减该地区转移支付资金。

第九条 各市及省直管县财政部门应及时向同级人大报告均衡性转移支付分配、使用和管理情况，主动接受人大监督。

第十条 本办法由省财政厅负责解释。

四、

国库管理类

财政部关于做好地方政府专项
债券发行工作的意见

2018 年 8 月 14 日　财库〔2018〕72 号

各省、自治区、直辖市、计划单列市财政厅（局），新疆生产建设兵团财政局，中央国债登记结算有限责任公司、中国证券登记结算有限责任公司，上海证券交易所、深圳证券交易所，有关金融机构：

为加快地方政府专项债券（以下简称专项债券）发行和使用进度，更好地发挥专项债券对稳投资、扩内需、补短板的作用，现就做好专项债券发行工作有关事宜通知如下：

一、加快专项债券发行进度。各级财政部门应当会同专项债券对应项目主管部门，加快专项债券发行前期准备工作，项目准备成熟一批发行一批。省级财政部门应当合理把握专项债券发行节奏，科学安排今年后几个月特别是 8、9 月发行计划，加快发行进度。今年地方政府债券（以下简称地方债券）发行进度不受季度均衡要求限制，各地至 9 月底累计完成新增专项债券发行比例原则上不得低于 80%，剩余的发行额度应当主要放在 10 月份发行。

二、提升专项债券发行市场化水平。省级财政部门应当根据专项债券发行规模、债券市场情况等因素，选择招标（含弹性招标）、公开承销等方式组织专项债券发行工作。承销机构应当综合考虑同期限国债、政策性金融债利率水平及二级市场地方债券估值等因素决定投标价格，地方财政部门不得以财政存款等对承销机构施加影响人为压价。对于采用非市场化方式干预地方债券发行定价的，一经查实，财政部将予以通报。

三、优化债券发行程序。省级财政部门应当不迟于发行前 7 个工作日，与发行场所协商地方债券（包括一般债券、专项债券，下同）发行时间，发行场所原则上应当按照"先商先得"的方式给予确认。各发行场所要加强沟通，避免不同省份在同一时段窗口发行地方债券，防止集中扎堆发行；需财政部进行协调的，请及时与财政部联系。本文印发前，省级财政部门已向财政部备案发行时间的，按既定时间发债。各地可在省内集合发行不同市、县相同类型专项债券，提高债券发行效率。财政部不再限制专项债券期限比例结构，各地应当根据项目建设、债券市场需求等合理确定专项债券期限。当债券发行现场不在北京时，财政部授权发债地区省级财政部门不迟于发行前 3 个工作日，书面通知当地财政监察专员办事处派出发行现场观察员。

四、简化债券信息披露流程。省级财政部门应当及时在本单位门户网站、中国债券信息网等网站披露地方债券发行相关信息，不再向财政部备案需公开的信息披露文件。省级财政部门对信息披露文件的合规性、完整性负责，要严格落实专项债券对应项目主管部门和市县责任，督促其科学制定项目融资与收益自求平衡方案。信息披露情况作为财政部评价各地地方债券发行工作的重要参考。

五、加快专项债券资金拨付使用。各级财政部门应当及时安排使用专项债券收入，加快专项债券资金拨付，防范资金长期滞留国库，尽早发挥专项债券使用效益。有条件的地方在地方债券发行前，可对预算已安排的债券资金项目通过调度库款周转，加快项目建设进度，待债券发行后及时回补库款。

六、加强债券信息报送。为监测地方债券发行情况，请省级财政部门于今年每月底前，向财政部报送下月分旬新增专项债券发行计划，8 月发行计划于 8 月 20 日前报送；不迟于债券发行前 6 个工作日报送地方债券发行时间、规模、品种和期限结构等计划安排。

省财政厅转发《财政部关于地方财政库款管理有关事项的通知》的通知

2018 年 2 月 28 日　鲁财库〔2018〕6 号

各市财政局、省财政直接管理县（市）财政局：

现将《财政部关于地方财政库款管理有关事项的通知》（财库〔2018〕22 号）转发给你们，并结合我省实际提出以下意见，请一并贯彻执行：

一、关于财政库款考核。2018 年省财政厅继续按月对《关于调整完善地方财政库款考核排名办法的通知》（财办库〔2017〕110 号）中设定的 5 项指标，分市考核计分。月度相关指标考核情况作为《省对市财政预算管理工作绩效考核与激励办法》（鲁财预〔2018〕5 号）中"国库库款管理"部分的考核计分依据。

二、关于财政库款月报编报内容和时限。各市财政部门要根据上月库款数据按月填报《地方财政国库库款情况月报》《地方财政专户资金情况月报》《地方财政暂存款项与暂付款项构成情况统计表》，原《地方财政库款情况考核表》不再报送，相关数据信息将从《地方财政国库库款情况月报》中提取。各市要及时汇总市本级及所属县（市、区，含省财政直接管理县）上述月报，于每月前 4 个工作日内报送省财政厅。

各市财政部门要切实履行对月报的审核职责，督促指导下级财政部门做好月报填报工作，确保数据准确真实、按时报送。对延迟报送月报和数据信息存在差错的市，省财政厅将按每例 0.5 分扣减其月度库款考核综合得分。

三、关于库款运行情况分析和报送时限。自 2018 年起，库款情况分析报告由按季报送调整为按月报送，报送时限为每月前 6 个工作日内。各市财政部门要加强对库款运行情况的统计分析，结合经济运行情况，重点分析本期库款运行特点、库款余额结构及增减因素、库款运行走势研判、库款管理中发现的新情况新问题及其原因和对策、重点工作环节和主要难点的案例剖析、加强库款管理取得的成效及意见建议等。

省财政厅国库处联系人：李玉明

联系电话：0531 - 82669702

附件：财政部关于地方财政库款管理有关事项的通知（财库〔2018〕22 号）（略）

省财政厅关于印发 2018 年山东省政府债券招标发行兑付办法的通知

2018 年 6 月 7 日　鲁财库〔2018〕19 号

山东省政府债券承销团成员，中央国债登记结算有限责任公司，中国证券登记结算有限责任公司，上海证券交易所，深圳证券交易所：

为做好 2018 年山东省政府债券招标发行工作，根据财政部有关规定，我们研究制定了《2018 年山东省政府债券招标发行兑付办法》，现予以发布，请遵照执行。

附件：2018 年山东省政府债券招标发行兑付办法

附件：

2018 年山东省政府债券招标发行兑付办法

第一章 总 则

第一条 为规范 2018 年山东省政府债券招标发行与兑付管理，根据有关法律法规规定和《财政部关于印发〈地方政府一般债券发行管理暂行办法〉的通知》（财库〔2015〕64 号）、《财政部关于印发〈地方政府专项债券发行管理暂行办法〉的通知》（财库〔2015〕83 号）、《财政部关于做好 2017 年地方政府债券发行工作的通知》（财库〔2017〕59 号）、《财政部关于做好 2018 年地方政府债券发行工作的意见》（财库〔2018〕61 号）要求，制定本办法。

第二条 本办法适用以山东省人民政府作为发行和偿还主体，由山东省财政厅具体办理债券发行、利息支付和本金偿还的山东省政府债券的发行和兑付管理。不包括定向承销方式发行的政府债券。

第三条 2018 年山东省政府债券分为一般债券和专项债券，采用记账式固定利率附息形式，期限均为 1 年期、2 年期、3 年期、5 年期、7 年期、10 年期、15 年期和 20 年期。其中 7 年期及以下期限债券利息按年支付，10 年期及以上期限债券利息按半年支付。

第四条 对年度内已公开发行并上市交易的山东省政府债券，山东省财政厅根据需要和相关规定开展续发行。续发行招标日当日，原债券停止交易一天。

第五条 山东省政府债券公开发行后，按规定在全国银行间债券市场和证券交易所债券市场（以下简称"交易场所"）上市流通，续发行债券与原债券合并交易。

第六条 2018 年山东省政府债券采取公开招标方式分批发行。每期发行数额、发行时间、期限结构等要素由山东省财政厅确定。

第二章 发行与上市

第七条 山东省财政厅按照公开、公平、公正原则，组建山东省政府债券承销团，负责山东省政府债券承销工作。

第八条 山东省财政厅与山东省政府债券承销团成员签订债券承销协议，明确双方权利和义务。承销团成员可以委托其在山东省的分支机构代理签订并履行债券承销协议。

第九条 经山东省财政厅委托，上海新世纪资信评估投资服务有限公司开展 2018 年山东省政府债券信用评级，并在债券存续期内开展年度跟踪评级。

第十条 山东省财政厅在山东省政府债券每次发行前 5 个工作日（含第 5 个工作日），按规定通过中国债券信息网、山东省财政厅门户网站等网站（以下简称"指定网站"）公布山东省政府债券信用评级报告等有关发行文件，并披露债券发行兑付相关制度办法、山东省中长期经济规划、山东省政府债务管理情况等信息。山东省政府债券存续期内，山东省财政厅通过指定网站持续披露山东省财政预决算和收支执行情况、山东省政府债务管理情况、跟踪评级报告和可能影响偿债能力的重大事项。

对于一般债券，山东省财政厅应当重点披露本地区生产总值、财政收支、债务风险等财政经济信息，以及债券规模、利率、期限、具体使用项目、偿债计划等债券信息。对于专项债券，应当重点披露本地区及使用债券资金相关地区的政府性基金预算收入、专项债务风险等财政经济信息，以及债券规模、利率、期限、具体使用项目、偿债计划等债券信息。对于土地储备、收费公路专项债券等项目收益专项债券，山东省财政厅应当在积极与国土资源、交通运输等相关部门沟通协调的基础上，充分披露对应项目详细情况、项目融资来源、项目预期收益情况、收益和融资平衡方案、潜在风险评估等信息。

第十一条 山东省财政厅于招标日通过"财政部政府债券发行系统""财政部上海证券交易所政府债券发行系统""财政部深圳证券交易所政府债券发行系统"组织招投标工作，并邀请相关部门派出监督员现场监督招投标过程。参与投标机构为山东省政府债券承销团成员。

第十二条 招标发行结束后，山东省财政厅不迟于招标日日终，通过指定网站向社会公布中标结果。

第十三条 招投标结束至缴款日（招标日后第 1 个工作日）为山东省政府债券发行分销期。中标的承销团成员可于分销期内在交易场所采取场内挂牌和场外签订分销合同的方式，向符合规定的投资者分销。

第十四条 山东省政府债券的债权确立实行见款付券方式。承销团成员应不迟于缴款日将发行款缴入国家金库山东省分库。山东省财政厅于债权登记日（即招标日后第 2 个工作日），将发行款入库情况书面通知中央国债登记结算有限责任公司（以下简称"国债登记公司"）办理债权登记和托管，并委托国债登记公司将涉及中国证券登记结算有限责任公司（以下简称"证券登记公司"）上海、深圳分公司分托管的部分，于债权登记日通知证券登记公司上海、深圳分公司。如山东省财政厅未在规定时间内通知国债登记公司办理债权登记和托管，国债登记公司可顺延后续业务处理时间。

第十五条 山东省财政厅向承销团成员支付发行费，3 年期及以下期限发行费为发行面值的 0.5‰，5 年期及以上期限发行费为发行面值的 1‰。

第十六条 山东省财政厅在确认足额收到债券发行款后，于缴款日后 5 个工作日内（含第 5 个工作日）办理发行费拨付。

第十七条 山东省政府债券于上市日（招标日后第 3 个工作日）起，按规定在交易场所上市流通。

第三章 还本付息

第十八条 山东省财政厅不迟于还本付息日前 5 个工作日，通过指定网站公布还本付息事项，并按规定办理山东省政府债券还本付息。

第十九条 国债登记公司应当不迟于还本付息日前 11 个工作日将还本付息信息通知山东省财政厅。

第二十条 山东省财政厅应当不迟于还本付息日前 2 个工作日，将债券还本付息资金划至国债登记公司账户。国债登记公司应当于还本付息日前 2 个工作日日终前，将证券交易所市场债券还本付息资金划至证券登记公司账户。国债登记公司、证券登记公司应按时拨付还本付息资金，确保还本付息资金于还本付息日足额划至各债券持有人账户。

第四章 法律责任和罚则

第二十一条 承销团成员违反本办法第十四条规定，未按时足额缴纳山东省政府债券发行款的，按逾期支付额和逾期天数，以当期债券票面利率的两倍折成日息向山东省财政厅支付违约金。违约金计算公式为：

$$违约金 = 逾期支付额 \times (票面利率 \times 2 \div 当前计息年度实际天数) \times 逾期天数$$

其中，当前计息年度实际天数指自起息日起对月对日算一年所包括的实际天数，下同。

第二十二条 山东省财政厅违反本办法第十五条、第十六条规定，未按时足额向承销团成员支付发行手续费，按逾期支付额和逾期天数，以当期债券票面利率的两倍折成日息向承销团成员支付违约金。计算公式为：

$$违约金 = 逾期支付额 \times (票面利率 \times 2 \div 当前计息年度实际天数) \times 逾期天数$$

第二十三条 国债登记公司、证券登记公司等机构，因管理不善或操作不当，给其他方造成经济损失的，应当承担赔偿责任，并追究相关责任人法律责任。

第五章　附　则

第二十四条　本办法下列用语的含义：

（一）招标日（T日），是指山东省政府债券发行文件规定的山东省财政厅组织发行招投标的日期。

（二）缴款日（T＋1日），是指山东省政府债券发行文件规定的承销团成员将认购山东省政府债券资金缴入国家金库山东省分库的日期。

（三）上市日（T＋3），是指山东省政府债券按有关规定开始在交易场所上市流通的日期。

（四）还本付息日，是指山东省政府债券发行文件规定的投资者应当收到本金或利息的日期。

第二十五条　本办法由山东省财政厅负责解释。

第二十六条　本办法自公布之日起施行。

省财政厅　中国人民银行济南分行关于印发山东省省级预算单位银行账户管理办法的通知

2018 年 9 月 30 日　鲁财库〔2018〕37 号

省直各部门，人民银行（山东省）各市中心支行、分行营业管理部，各国有商业银行山东省分行，交通银行山东省分行，中国邮政储蓄银行山东省分行，山东省农村信用社联合社，恒丰银行，各股份制商业银行济南分行：

为深化财政国库管理制度改革，进一步规范省级预算单位银行账户管理，强化资金监管，根据《省委办公厅　省政府办公厅关于开展省级行政事业单位银行账户清理规范工作的通知》（鲁办发电〔2016〕102号）、《山东省人民政府关于深化预算管理制度改革的实施意见》（鲁政发〔2014〕20号）及有关规定，我们研究制定了《山东省省级预算单位银行账户管理办法》，现印发给你们，请遵照执行。

附件：山东省省级预算单位银行账户管理办法

附件：

山东省省级预算单位银行账户管理办法

第一章　总　则

第一条　为深化财政国库管理制度改革，进一步规范省级预算单位银行账户管理，根据《省委办公厅　省政府办公厅关于开展省级行政事业单位银行账户清理规范工作的通知》（鲁办发电〔2016〕102号）、《山东省人民政府关于深化预算管理制度改革的实施意见》（鲁政发〔2014〕20号）及有关规定，制定本办法。

第二条　本办法所称省级预算单位银行账户，是指省级预算单位在银行业金融机构开立的银行结算账户。

第三条 本办法适用于纳入预算管理的省直部门及所属行政事业单位、社团组织，以及省委、省政府或省级机构编制部门批准成立的临时机构（以下统称省级预算单位）。

省级财政预算单列的企业集团公司，只对其零余额账户进行管理。省级预算单位开立、变更、撤销公有住房出售收入账户、维修基金账户、住房公积金账户、因注册验资开设的账户，以及财政专户管理不适用本办法。

第四条 省级预算单位银行账户的开立、变更、撤销，实行省财政厅审批（备案）、人民银行核准（备案）制度。

未经省财政厅审批同意，银行业金融机构不得为省级预算单位办理银行账户开立业务。省级预算单位银行账户的开立、使用、变更、撤销和管理应符合人民银行结算账户管理规定。

第五条 省级预算单位须由财务机构统一办理本单位银行账户的开立、变更、撤销手续，并负责本单位银行账户的管理。

第六条 省级预算单位负责人对本单位银行账户申请开立及使用的合法性、合规性、安全性负责。

第二章　银行账户的设置

第七条 省级预算单位银行账户按账户性质分为基本存款账户、专用存款账户、一般存款账户和临时存款账户。

（一）基本存款账户。指省级预算单位因办理日常转账结算和现金收付需要开立的银行账户。

（二）专用存款账户。指省级预算单位依据法律、法规、规章，或国务院、中央部委、省政府、省级财政部门文件，对其有特定用途资金进行专项管理而开立的银行账户。

（三）一般存款账户。指省级预算单位为办理贷款转存、贷款归还等与贷款相关的业务而开立的银行账户。该账户不得办理其他资金的收付结算，不得办理现金支取。

（四）临时存款账户。指省委、省政府或省级机构编制部门批准成立的临时机构，因业务需要开立的银行账户。

第八条 省级预算单位经批准可开立以下账户：

（一）省级预算单位可开立一个基本存款账户。行政单位的零余额账户定性为基本存款账户。

（二）与省财政有经常性经费领拨关系的单位，可开立单位零余额账户，除行政单位外定性为专用存款账户，用于办理国库集中支付业务，不得办理资金转入（退款除外）。

（三）按照确需原则，行政单位可开立一个往来资金专用存款账户，用于核算往来资金及其他资金，但不能违规转入财政性资金。

（四）按相关规定，可开立党费、团费、工会经费专用存款账户。取得独立法人资格的工会组织开立的工会经费账户定性为基本存款账户。

（五）省级预算单位所属异址、异地办公的非法人独立核算机构或派出机构，可在办公所在地开立一个往来资金专用存款账户。

（六）省级预算单位有贷款业务的，可开立相应的贷款账户，性质为一般存款账户，贷款归还完毕不再与该银行发生续贷业务的，应及时撤销。

（七）省级预算单位有外汇收付业务的，可开立一个外汇专用存款账户。

（八）根据确需原则，医院、高校、科研院所等事业单位以及纳入预算管理的经费自理事业单位可开立以下账户：1. 医疗保险定点医院按医保部门有关要求开立的专用存款账户；2. 开展银医、银校等合作服务在合作银行开立的专用存款账户。上述单位不得多头开户，在银行业金融机构同一个支行只允许开设一个账户。

（九）其他按照法律、法规、规章，或国务院、中央部委、省政府、省级财政部门文件规定，对特定用途资金需专项管理和使用的，可开立相应的专用存款账户。

（十）省委、省政府或省级机构编制部门批准成立的临时机构，因业务需要可开立临时存款账户。

第三章　银行账户的开立

第九条　省级预算单位开立银行账户，应按本办法规定程序报省财政厅审批，核准类银行结算账户应由开户行报经所在地人民银行核准。二级以下（含二级）预算单位应逐级上报至一级预算单位审查同意，同时还应提供相关材料。

第十条　省级预算单位零余额账户应在省级国库集中支付代理银行中选择开立。

第十一条　省级预算单位开立银行账户时，应通过"省级预算单位银行账户管理系统"（以下简称"账户管理系统"）向省财政厅报送开立银行账户的申请报告（以下简称"申请报告"）以及其他相关证明材料。

（一）"申请报告"应详细说明开户的事由、依据和必要性，并加盖本单位公章。

（二）"相关证明材料"包括：

1. 申请开立基本存款账户的，应提供机构编制、民政等部门批准本单位成立的文件、统一社会信用代码证、事业单位法人证、社会团体法人登记证。

2. 申请开立专用存款账户的，应分情况提供以下材料：

（1）开立党费、团费、工会经费户，应提供该单位或有关部门的批文或证明材料。

（2）单位所属异址、异地办公的非法人独立核算机构或派出机构，在办公所在地开立往来资金专用存款账户的，应提供设立该非法人独立核算机构或派出机构的相关文件或证明材料。

（3）开立医保结算专用存款账户的，应提供纳入医保定点医院范围的文件等证明材料或协议。

（4）开立银医、银校等合作专用存款账户的，应提供开展银医、银校等合作服务的合同书或协议等证明材料。

（5）因按规定需要专项管理和使用的资金申请开立专用存款账户的，应提供相应的法律、法规、规章或相关文件。

（6）其他有关证明材料。

3. 申请开立贷款户的，应提供正式的贷款合同。

4. 申请开立临时存款账户的，应提供省委、省政府或省级机构编制部门批准成立该临时机构的文件。

第十二条　基层预算单位材料备齐后，将开户申请和证明材料通过"账户管理系统"逐级报送至一级预算单位进行审查，经一级预算单位审查同意后报省财政厅初审。

第十三条　省财政厅部门预算管理处（以下简称部门处）对省级预算单位报送的开户申请和相关证明材料进行合规性审核，应在收到材料后2个工作日内完成初核。初核通过的，将初核意见通过"账户管理系统"送省财政厅国库处（以下简称国库处）；初核不通过的，直接将结果通过"账户管理系统"通知预算单位并退回申请材料。部门处2个工作日内未完成初核的，系统将默认为同意，并将开户申请和意见送国库处。

第十四条　国库处收到开户申请和部门处初核意见后，一般应在2个工作日内完成预审工作，因特殊事项需进一步核实的，应在5个工作日内完成预审工作，并将结果通过"账户管理系统"通知预算单位。预审不通过的，应将申请资料退回预算单位。

第十五条　省级预算单位收到省财政厅预审通过的通知后，应按照预算单位资金存放管理的有关规定，通过集体决策或竞争性方式选择确定开户行，到开户行申请预留账号，通过"账户管理系统"填写并生成完整的《省级预算单位开立（变更）银行账户申请审批表》（详见附件，以下简称"申请表"），连同集体决策的会议纪要或竞争性选择的中标通知书，一并发送至省财政厅。同时，打印一式四份"申请表"加盖预算单位公章送国库处，省财政厅审批同意后，加盖"山东省财政厅银行账户审批专用章"。

第十六条　省级预算单位持省财政厅盖章的"申请表"，按照人民银行银行结算账户管理有关规定，到开户行办理开户手续。

第十七条 银行账户生效后，开户行应及时通知省级预算单位。省级预算单位登陆"账户管理系统"，完成向省财政厅备案程序，纳入合规账户目录管理。

第四章　银行账户变更与撤销

第十八条 省级预算单位银行账户原则上应保持稳定。因特殊事项需要变更开户行的，应按照与申请开户相同的程序进行申请，提供相应的证明材料。经省财政厅审批同意后，省级预算单位持纸质的"申请表"一式四份到省财政厅加盖"山东省财政厅银行账户审批专用章"，按规定撤销原银行结算账户，同时按有关规定程序办理新账户开立手续，并将原账户资金余额如数转入新开立账户。上述手续完毕后，应就账户变更向省财政厅进行备案。特殊事项包括：

（一）预算单位办公地址搬迁，或原开户行办公地址搬迁，且确需变更开户行的。

（二）预算单位合并，且确需变更开户行的。

（三）开户行未按规定履行协议，或出现运营风险、内控制度不健全、管理不善的。

（四）其他确需变更开户行的。

第十九条 省级预算单位因单位性质由事业单位变更为行政单位或由行政单位变更为事业单位，需要变更单位性质和账户性质的，按本办法第十八条规定的程序报批。

第二十条 省级预算单位发生下列变更事项，不需报经省财政厅审批，可在办理变更手续后 5 个工作日内，通过"账户管理系统"提出备案信息变更申请，并直接发送国库处，由国库处据以修改相关备案信息。变更事项包括：

（一）单位名称变更，但不改变开户行及账号的。

（二）单位性质变更（除由事业单位变更为行政单位或由行政单位变更为事业单位外），但不改变开户行及账号的。

（三）因开户行原因（如系统升级）变更银行账号或银行名称，但不改变开户行的。

（四）单位法定代表人或主要负责人变更的。

第二十一条 对贷款户等设有使用期限的账户，如确需延长使用期限的，省级预算单位应在账户到期前一个月提出申请，并按本办法第三章规定的程序报批。审批期间，账户按原使用期限执行。

第二十二条 省级预算单位发生下列事项，不需报省财政厅审批，但应按规定及时撤销有关账户，并在撤销账户 5 个工作日内向省财政厅办理备案手续：

（一）银行账户开立后 1 年内未发生资金往来业务的。

（二）临时存款账户使用期满的。

（三）银行贷款到期的。

（四）专项资金使用完毕的。

（五）省级预算单位被合并，被合并单位银行账户应全部撤销，资金余额转入合并单位的同类账户，销户备案手续由合并单位办理。

（六）省级预算单位合并组建一个新的省级预算单位，应按照本办法有关规定确定新单位的账户体系，合并前各单位原有账户不继续使用的，应全部撤销。

（七）省级预算单位因机构改革等原因被撤销的，应按规定撤销其银行账户，账户资金余额按有关政策处理。其销户工作由其上一级预算单位按规定办理备案手续。

第五章　银行账户管理与监督

第二十三条 省级预算单位应按财政和人民银行等部门规定的用途管理和使用银行账户，严格执行预算单位资金存放管理有关规定，不得采取购买理财产品的方式存放资金，不得出租、出借银行账户。

第二十四条　主管部门应加强对所属省级预算单位银行账户的监督管理，定期对所属预算单位银行账户管理使用情况进行监督检查。发现所属预算单位不按规定开立、使用、变更、撤销、年检银行账户的，应及时督促纠正；纠正无效的，应提请有关职能部门按规定进行处理。

第二十五条　省财政厅、人民银行济南分行在各自职责范围内对省级预算单位银行账户实施监督管理。

（一）省财政厅建立省级预算单位银行账户管理系统，对省级预算单位开立的银行账户实行目录管理。

（二）省审计厅结合部门预算执行情况审计等各类审计，对省级预算单位实施监督检查，查处违反本办法规定的行为。

（三）人民银行济南分行负责监督、检查银行结算账户业务，对省级预算单位、银行业金融机构违反银行结算账户管理规定及本办法有关规定的行为依法依规进行处罚。

（四）各监管机构实行监管信息共享，建立协同监管的工作机制。

第二十六条　各监督管理机构在对省级预算单位账户实施监督检查时，受查单位应通过"账户管理系统"打印《部门、单位银行结算账户目录》，并如实提供资金收付的管理情况，不得以任何理由拖延、拒绝、阻挠、隐瞒；有关银行业金融机构应如实提供受查省级预算单位银行账户及资金收付等情况，不得隐瞒。

第二十七条　各监督管理机构在对省级预算单位实施监督检查中，发现有违反本规定行为的，应责令违规单位立即纠正；对应追究省级预算单位有关人员责任和银行业金融机构有关人员责任的，移送相关部门处理；涉嫌犯罪的，移送司法机关处理。

第六章　附　　则

第二十八条　本办法由省财政厅、人民银行济南分行负责解释。

第二十九条　本办法自 2018 年 10 月 8 日起实施，有效期至 2023 年 10 月 7 日。此前有关省级预算单位银行账户的其他规定与本办法不一致的，按本办法规定执行。

附件：省级预算单位开立（变更）银行账户申请审批表

附件：

省级预算单位开立（变更）银行账户申请审批表

单位全称		预算单位编码	
单位性质		单位地址	
账户名称		银行账号	
开户银行		账户性质	
账户用途		有效期限	
币　　种		财政对口部门预算管理处	
单位联系人		联系电话	
开立事由			
变更事由			
财政部门审核意见 审批章		开户银行 业务受理章	

注：本表一式四联，财政部门、人民银行、预算单位、开户银行各留一份。

五、

政府采购监督管理类

财政部关于印发《政府采购代理机构管理暂行办法》的通知

党中央有关部门，国务院各部委、各直属机构，全国人大常委会办公厅，全国政协办公厅，高法院，高检院，各民主党派中央，有关人民团体，各省、自治区、直辖市、计划单列市财政厅（局），新疆生产建设兵团财政局：

现将《政府采购代理机构管理暂行办法》印发给你们，请遵照执行。

附件：政府采购代理机构管理暂行办法

附件：

政府采购代理机构管理暂行办法

第一章 总 则

第一条 为加强政府采购代理机构监督管理，促进政府采购代理机构规范发展，根据《中华人民共和国政府采购法》《中华人民共和国政府采购法实施条例》等法律法规，制定本办法。

第二条 本办法所称政府采购代理机构（以下简称代理机构）是指集中采购机构以外、受采购人委托从事政府采购代理业务的社会中介机构。

第三条 代理机构的名录登记、从业管理、信用评价及监督检查适用本办法。

第四条 各级人民政府财政部门（以下简称财政部门）依法对代理机构从事政府采购代理业务进行监督管理。

第五条 财政部门应当加强对代理机构的政府采购业务培训，不断提高代理机构专业化水平。鼓励社会力量开展培训，增强代理机构业务能力。

第二章 名 录 登 记

第六条 代理机构实行名录登记管理。省级财政部门依托中国政府采购网省级分网（以下简称省级分网）建立政府采购代理机构名录（以下简称名录）。名录信息全国共享并向社会公开。

第七条 代理机构应当通过工商登记注册地（以下简称注册地）省级分网填报以下信息申请进入名录，并承诺对信息真实性负责：

（一）代理机构名称、统一社会信用代码、办公场所地址、联系电话等机构信息；

（二）法定代表人及专职从业人员有效身份证明等个人信息；

（三）内部监督管理制度；

（四）在自有场所组织评审工作的，应当提供评审场所地址、监控设备设施情况；

（五）省级财政部门要求提供的其他材料。

登记信息发生变更的，代理机构应当在信息变更之日起10个工作日内自行更新。

第八条 代理机构登记信息不完整的，财政部门应当及时告知其完善登记资料；代理机构登记信息完整清晰的，财政部门应当及时为其开通相关政府采购管理交易系统信息发布、专家抽取等操作权限。

第九条 代理机构在其注册地省级行政区划以外从业的，应当向从业地财政部门申请开通政府采购管理交易系统相关操作权限，从业地财政部门不得要求其重复提交登记材料，不得强制要求其在从业地设立分支机构。

第十条 代理机构注销时，应当向相关采购人移交档案，并及时向注册地所在省级财政部门办理名录注销手续。

第三章　从 业 管 理

第十一条 代理机构代理政府采购业务应当具备以下条件：

（一）具有独立承担民事责任的能力；

（二）建立完善的政府采购内部监督管理制度；

（三）拥有不少于 5 名熟悉政府采购法律法规、具备编制采购文件和组织采购活动等相应能力的专职从业人员；

（四）具备独立办公场所和代理政府采购业务所必需的办公条件；

（五）在自有场所组织评审工作的，应当具备必要的评审场地和录音录像等监控设备设施并符合省级人民政府规定的标准。

第十二条 采购人应当根据项目特点、代理机构专业领域和综合信用评价结果，从名录中自主择优选择代理机构。

任何单位和个人不得以摇号、抽签、遴选等方式干预采购人自行选择代理机构。

第十三条 代理机构受采购人委托办理采购事宜，应当与采购人签订委托代理协议，明确采购代理范围、权限、期限、档案保存、代理费用收取方式及标准、协议解除及终止、违约责任等具体事项，约定双方权利义务。

第十四条 代理机构应当严格按照委托代理协议的约定依法依规开展政府采购代理业务，相关开标及评审活动应当全程录音录像，录音录像应当清晰可辨，音像资料作为采购文件一并存档。

第十五条 代理费用可以由中标、成交供应商支付，也可由采购人支付。由中标、成交供应商支付的，供应商报价应当包含代理费用。代理费用超过分散采购限额标准的，原则上由中标、成交供应商支付。

代理机构应当在采购文件中明示代理费用收取方式及标准，随中标、成交结果一并公开本项目收费情况，包括具体收费标准及收费金额等。

第十六条 采购人和代理机构在委托代理协议中约定由代理机构负责保存采购文件的，代理机构应当妥善保存采购文件，不得伪造、变造、隐匿或者销毁采购文件。采购文件的保存期限为从采购结束之日起至少十五年。

采购文件可以采用电子档案方式保存。采用电子档案方式保存采购文件的，相关电子档案应当符合《中华人民共和国档案法》《中华人民共和国电子签名法》等法律法规的要求。

第四章　信用评价及监督检查

第十七条 财政部门负责组织开展代理机构综合信用评价工作。采购人、供应商和评审专家根据代理机构的从业情况对代理机构的代理活动进行综合信用评价。综合信用评价结果应当全国共享。

第十八条 采购人、评审专家应当在采购活动或评审活动结束后 5 个工作日内，在政府采购信用评价系统中记录代理机构的职责履行情况。

供应商可以在采购活动结束后 5 个工作日内，在政府采购信用评价系统中记录代理机构的职责履行情况。

代理机构可以在政府采购信用评价系统中查询本机构的职责履行情况，并就有关情况作出说明。

第十九条　财政部门应当建立健全定向抽查和不定向抽查相结合的随机抽查机制。对存在违法违规线索的政府采购项目开展定向检查；对日常监管事项，通过随机抽取检查对象、随机选派执法检查人员等方式开展不定向检查。

财政部门可以根据综合信用评价结果合理优化对代理机构的监督检查频次。

第二十条　财政部门应当依法加强对代理机构的监督检查，监督检查包括以下内容：

（一）代理机构名录信息的真实性；

（二）委托代理协议的签订和执行情况；

（三）采购文件编制与发售、评审组织、信息公告发布、评审专家抽取及评价情况；

（四）保证金收取及退还情况，中标或者成交供应商的通知情况；

（五）受托签订政府采购合同、协助采购人组织验收情况；

（六）答复供应商质疑、配合财政部门处理投诉情况；

（七）档案管理情况；

（八）其他政府采购从业情况。

第二十一条　对代理机构的监督检查结果应当在省级以上财政部门指定的政府采购信息发布媒体向社会公开。

第二十二条　受到财政部门禁止代理政府采购业务处罚的代理机构，应当及时停止代理业务，已经签订委托代理协议的项目，按下列情况分别处理：

（一）尚未开始执行的项目，应当及时终止委托代理协议；

（二）已经开始执行的项目，可以终止的应当及时终止，确因客观原因无法终止的应当妥善做好善后工作。

第二十三条　代理机构及其工作人员违反政府采购法律法规的行为，依照政府采购法律法规进行处理；涉嫌犯罪的，依法移送司法机关处理。

代理机构的违法行为给他人造成损失的，依法承担民事责任。

第二十四条　财政部门工作人员在代理机构管理中存在滥用职权、玩忽职守、徇私舞弊等违法违纪行为的，依照《中华人民共和国政府采购法》《中华人民共和国公务员法》《中华人民共和国行政监察法》《中华人民共和国政府采购法实施条例》等国家有关规定追究相关责任；涉嫌犯罪的，依法移送司法机关处理。

第五章　附　　则

第二十五条　政府采购行业协会按照依法制定的章程开展活动，加强代理机构行业自律。

第二十六条　省级财政部门可根据本办法规定制定具体实施办法。

第二十七条　本办法自 2018 年 3 月 1 日施行。

财政部关于推进政府购买服务第三方绩效评价工作的指导意见

2018 年 7 月 30 日　财综〔2018〕42 号

党中央有关部门，国务院各部委、各直属机构，全国人大常委会办公厅，全国政协办公厅，国家监察委办公厅，高法院，高检院，各民主党派中央，有关人民团体，各省、自治区、直辖市、计划单列市财政厅

（局），新疆生产建设兵团财政局：

为贯彻落实党中央、国务院决策部署，提高政府购买服务质量，规范政府购买服务行为，现就推进政府购买服务第三方绩效评价工作提出以下意见。

一、总体要求

（一）指导思想。以习近平新时代中国特色社会主义思想为指导，全面贯彻党的十九大和十九届二中、三中全会精神，坚持和加强党的全面领导，坚持稳中求进工作总基调，坚持新发展理念，紧扣我国社会主要矛盾变化，按照高质量发展的要求，统筹推进"五位一体"总体布局和协调推进"四个全面"战略布局，坚持以供给侧结构性改革为主线，按照党中央、国务院决策部署和加快建立现代财政制度、全面实施绩效管理的要求，扎实有序推进政府购买服务第三方绩效评价工作，不断提高规范化、制度化管理水平，逐步扩大绩效评价项目覆盖面，着力提升财政资金效益和政府公共服务管理水平。

（二）基本原则。一是坚持问题导向。针对当前政府购买服务存在的问题，准确把握公共服务需求，创新财政支持方式，加快转变政府职能，将第三方绩效评价作为推动政府购买服务改革的重要措施。二是坚持分类实施。结合开展政府购买服务指导性目录编制工作，进一步研究细化项目分类，探索创新评价路径。三是坚持统筹协调。按照全面实施绩效管理和推广政府购买服务的要求，加强政府购买服务第三方绩效评价与事业单位分类改革、行业协会商会脱钩改革等之间的衔接，形成合力，统筹考虑各地区、领域和部门的实际情况，提高评价实效。四是坚持公开透明。遵循公开、公平、公正原则，鼓励竞争择优，注重规范操作，充分发挥第三方评价机构的专业优势，确保评价结果客观、公正、可信。

二、工作内容

（一）明确相关主体责任。各级财政部门负责政府购买服务第三方绩效评价制度建设和业务指导，必要时可直接组织第三方机构开展绩效评价工作；购买主体负责承担第三方机构开展绩效评价的具体组织工作；第三方机构依法依规开展绩效评价工作，并对评价结果真实性负责；承接主体应当配合开展绩效评价工作。

（二）确定绩效评价范围。受益对象为社会公众的政府购买公共服务项目，应当积极引入第三方机构开展绩效评价工作，就购买服务行为的经济性、规范性、效率性、公平性开展评价。各地区、各部门可以结合自身实际，具体确定重点领域、重点项目，并逐步扩大范围。

（三）择优确定评价机构。严格按照政府购买服务相关规定，择优选择具备条件的研究机构、高校、中介机构等第三方机构开展评价工作，确保评价工作的专业性、独立性、权威性。探索完善培育第三方机构的政策措施，引导第三方机构提高服务能力和管理水平。结合政务信息系统整合共享，充分利用现有第三方机构库组织开展评价工作。

（四）建立健全指标体系。编制预算时应同步合理设定政府购买服务绩效目标及相应指标，作为开展政府购买服务绩效评价的依据。指标体系要能够客观评价服务提供状况和服务对象、相关群体以及购买主体等方面满意情况，特别是对服务对象满意度指标应当赋予较大权重。

（五）规范开展评价工作。将绩效管理贯穿政府购买服务全过程，推动绩效目标管理、绩效运行跟踪监控和绩效评价实施管理相结合，根据行业领域特点，因地制宜、规范有序确定相应的评价手段、评价方法和评价路径，明确第三方机构评价期限、权利义务、违约责任、结项验收、合同兑现等事项。

（六）重视评价结果应用。财政部门直接组织开展第三方绩效评价的，应及时向购买主体和承接主体反馈绩效评价结果，提出整改要求，并将评价结果作为以后年度预算安排的重要依据。购买主体组织开展第三方绩效评价的，应及时向承接主体反馈绩效评价结果，探索将评价结果与合同资金支付挂钩，并作为以后年度选择承接主体的重要参考。

（七）做好评价经费管理。财政部门和购买主体要做好评价成本核算工作，合理测算评价经费。允许根据项目特点选择预算安排方式，对于一般项目，评价费用在购买服务支出预算中安排；对于重大项目或多个项目一并开展评价工作的，可以单独安排预算。

（八）加强信息公开和监督管理。财政部门和购买主体要做好信息公开工作，及时充分地将评价机构、评价标准、评价结果等内容向社会公开，自觉接受社会监督；加强评价机构信用信息的记录、使用和管理，将第三方评价机构的信用信息纳入共享平台，对于失信评价机构依法依规限制参与承接评价工作；对评价工作应实行全过程监督，及时处理投诉举报，严肃查处暗箱操作、利益输送、弄虚作假等违法违规行为，依法依规对违规评价机构进行处罚。

三、工作要求

（一）坚持试点先行。为积极稳妥推进政府购买服务第三方绩效评价工作，财政部将于2018～2019年组织部分省市开展试点，通过试点完善政府购买服务绩效指标体系，探索创新评价形式、评价方法、评价路径，稳步推广第三方绩效评价。综合考虑地方经济社会发展及评价工作开展情况等因素，选取天津市、山西省、吉林省、上海市、江苏省、浙江省、河南省、四川省、贵州省、深圳市等10个省、直辖市、计划单列市开展试点。

（二）加强组织领导。试点地区财政部门要切实加强对政府购买服务第三方绩效评价工作的组织领导，统筹规划、统一部署，理顺工作机制，制定试点工作方案，明确工作目标和具体措施，科学设置政府购买服务绩效指标体系，为开展评价工作提供制度保障；要结合本地实际，优先选择与人民群众生活密切相关、资金量较大、社会关注度高的公共服务项目开展试点，并定期将评价结果向同级审计部门通报。试点地区要认真总结试点经验，完善评价制度，每年年底前向财政部报送试点情况。

（三）做好宣传解读。试点地区要加强政策宣传，全面解读相关政策要求，引导有关方面充分认识开展政府购买服务第三方绩效评价工作的重要意义，广泛调动社会力量参与的积极性主动性，为开展第三方绩效评价工作创造良好氛围。

必须招标的工程项目规定

2018年3月27日　国家发展和改革委员会令第16号

第一条　为了确定必须招标的工程项目，规范招标投标活动，提高工作效率、降低企业成本、预防腐败，根据《中华人民共和国招标投标法》第三条的规定，制定本规定。

第二条　全部或者部分使用国有资金投资或者国家融资的项目包括：

（一）使用预算资金200万元人民币以上，并且该资金占投资额10%以上的项目；

（二）使用国有企业事业单位资金，并且该资金占控股或者主导地位的项目。

第三条　使用国际组织或者外国政府贷款、援助资金的项目包括：

（一）使用世界银行、亚洲开发银行等国际组织贷款、援助资金的项目；

（二）使用外国政府及其机构贷款、援助资金的项目。

第四条　不属于本规定第二条、第三条规定情形的大型基础设施、公用事业等关系社会公共利益、公众安全的项目，必须招标的具体范围由国务院发展改革部门会同国务院有关部门按照确有必要、严格限定的原则制订，报国务院批准。

  第五条 本规定第二条至第四条规定范围内的项目，其勘察、设计、施工、监理以及与工程建设有关的重要设备、材料等的采购达到下列标准之一的，必须招标：

  （一）施工单项合同估算价在 400 万元人民币以上；

  （二）重要设备、材料等货物的采购，单项合同估算价在 200 万元人民币以上；

  （三）勘察、设计、监理等服务的采购，单项合同估算价在 100 万元人民币以上。

  同一项目中可以合并进行的勘察、设计、施工、监理以及与工程建设有关的重要设备、材料等的采购，合同估算价合计达到前款规定标准的，必须招标。

  第六条 本规定自 2018 年 6 月 1 日起施行。

山东省人民政府关于修改《山东省节约用水办法》等 33 件省政府规章的决定

2018 年 1 月 24 日 山东省人民政府令第 311 号

  根据中共中央、国务院《关于印发〈法治政府建设实施纲要（2015～2020 年）〉的通知》（中发〔2015〕32 号）、《国务院办公厅关于进一步做好"放管服"改革涉及的政府规章、规范性文件清理工作的通知》（国办发〔2017〕40 号）以及中央关于做好生态文明建设和环境保护规章清理工作的要求，经过对现行有效的省政府规章进行清理，省政府决定对《山东省节约用水办法》等 33 件省政府规章作如下修改：

一、山东省节约用水办法（山东省人民政府令第 160 号）

  （一）删去第十二条第三款。

  （二）删去第十八条第一款中的"报告书"。

  （三）将第三十一条第一款修改为："违反本办法第十二条规定，未安装计量设施或者计量设施不合格或者运行不正常的，依照《取水许可和水资源费征收管理条例》第五十三条规定处罚。"

二、山东省灌区管理办法（山东省人民政府令第 100 号）

  （一）删去第十二条第一款中的"并报有管辖权的水行政主管部门批准"。

  （二）将第二十二条中的"治安管理处罚条例"修改为"《中华人民共和国治安管理处罚法》"。

  （三）将第二十六条中的"《中华人民共和国治安管理处罚条例》"修改为"《中华人民共和国治安管理处罚法》"。

三、山东省实施《水库大坝安全管理条例》办法（山东省人民政府令第 53 号）

  （一）删去第二十三条中的"依法报经批准"。

  （二）将第三十一条中"《中华人民共和国治安管理处罚条例》"修改为"《中华人民共和国治安管理处罚法》"。

四、山东省实施《中华人民共和国河道管理条例》办法（山东省人民政府令第 19 号）

（一）将第十条第一款修改为："修建开发水利、防治水害、整治河道的各类工程和跨河、穿河、穿堤、临河的桥梁、码头、道路、渡口、管道、缆线、闸坝、泵站及其他危及堤坊安全的建筑物与设施，建设单位必须按照河道管理权限，将工程建设方案报送河道主管机关审查同意。未经河道主管机关审查同意的，建设单位不得开工建设。"

（二）将第十一条修改为："堤顶、戗台不得兼做公路使用。确需利用堤顶、戗台兼做公路的，应当经科学论证，落实相应安全防护措施。堤身和堤顶公路的管理和维护办法，由河道主管机关商交通运输部门制定。"

（三）删去第二十条。

（四）删去第二十二条中的"并向河道主管机关或授权的河道管理单位缴纳管理费。采砂许可证的发放办法和管理费的收费标准、计收办法，按照水利部、财政部、国家物价局制定的《河道采砂收费管理办法》以及省水利行政主管部门、财政部门、物价部门制定的实施细则执行。"

五、山东省水资源费征收使用管理办法（山东省人民政府令第 135 号）

（一）删去第五条第四项。

（二）将第七条修改为："取水单位和个人应当按取水许可有关规定取水。未经批准擅自取水，或者未依照批准的取水许可规定条件取水的，依照《中华人民共和国水法》第六十九条规定处罚。"

（三）将第八条修改为："取水单位和个人应当依照国家技术标准安装计量设施，保证计量设施正常运行，并如实向水行政主管部门提供与取水量有关的资料。"

（四）将第九条中的"水行政主管部门应当按月向取水单位和个人送达《山东省水资源费缴款通知书》。"修改为："水行政主管部门确定水资源费缴纳数额后，应当向取水单位和个人送达《山东省水资源费缴款通知书》。"

（五）删去第十一条。

（六）删去第十七条第一项，并增加一款作为第二款："违反本办法规定，取水单位和个人未安装计量设施或者计量设施不合格或者运行不正常的，依照《取水许可和水资源费征收管理条例》第五十三条规定处罚。"

六、山东省水文管理办法（山东省人民政府令第 291 号）

删去第二十一条第二项中的"和旱情信息"。

七、山东省农田水利管理办法（山东省人民政府令第 261 号）

将第十条修改为："新建、改建、扩建农田水利及其他涉及农田水利的建设项目，应当符合农田水利规划，按照国家规定应当办理取水许可手续的，取水许可手续经审批机关批准后方可兴建取水工程或者设施。"

八、山东省用水总量控制管理办法（山东省人民政府令第 227 号）

将第十七条修改为："新建、改建、扩建建设项目需要取水的，应当按照有关规定进行建设项目水资源论证；对未进行水资源论证或者论证不符合要求的，水行政主管部门不得批准取水许可。"

九、山东省黄河工程管理办法（山东省人民政府令第 179 号）

（一）将第十九条第二款修改为："前款规定以外的黄河旧堤、旧坝及其他原有工程设施，由黄河河务行政主管部门负责维修和养护。任何单位和个人不得擅自填堵、占用、挖掘或者拆毁。"

（二）将第二十八条修改为："在黄河工程管理范围内修建跨堤、穿堤、临河的桥梁、码头、道路、渡口、管道、缆线、工业和民用建筑物、构筑物等各类工程设施，以及设置引水、提水、排水等工程的，建设单位应当向黄河河务行政主管部门提出申请并报送工程建设方案。工程建设方案未经黄河河务行政主管部门审查同意，建设单位不得开工建设。"

十、山东省渔业资源保护办法（山东省人民政府令第 142 号）

（一）删去附件中有关"毛蚶和魁蚶"禁渔期、禁渔区的规定。

（二）将附件中有关"鹰爪虾"的禁渔期，修改为"5 月 1 日至翌年 4 月 15 日"。

（三）将附件中有关"鲅鱼"的禁渔期、禁渔区，修改为"5 月 1 日至 9 月 1 日，北纬 37 度 30 分以北的黄渤海海域禁止一切捕捞鲅鱼的网具作业"。

（四）将附件中的"海蜇的禁渔期、禁渔区由省渔业行政主管部门根据当年的资源状况确定"，修改为："海蜇的捕捞时限为每年的 7 月 20 日至 31 日。"

（五）将附件中有关"网具的禁渔期"的内容，修改为："黄渤海区除钓具外的所有作业网具禁渔期均按照国家有关规定执行。"

（六）将附件中有关"网具的最小网目尺寸"的内容，修改为："海洋捕捞渔具最小网目尺寸标准按照国家规定执行，用于淡水捕捞作业的拉网、铁脚子网、张网、扒网、袋河网、行闸网、坐闸网的网目 67 毫米。"

十一、山东省渔业养殖与增殖管理办法（山东省人民政府令第 206 号）

（一）将第三十八条修改为："违反本办法规定，擅自使用天然苗种进行养殖生产的，由渔业行政主管部门责令限期改正，没收渔业苗种和水产品，并处以 1 000 元以上 5 万元以下的罚款。"

（二）将第四十条修改为："违反本办法规定，单位或者个人有下列行为之一的，由渔业行政主管部门责令限期改正，予以警告，没收渔业苗种和水产品，并按以下规定处以罚款：

"（一）使用外来物种、杂交种和经检验检疫不合格的亲本或者苗种用于渔业增殖的，处以 2 000 元以上 5 万元以下的罚款；

"（二）擅自将用于养殖的渔业亲本、苗种或者成体投放到自然水域的，处以 2 000 元以上 5 万元以下的罚款；

"（三）擅自采捕或者销售有毒赤潮发生区域水产品的，责令停止捕捞或销售，追回已经销售的水产品，对违法销售的水产品进行无害化处理或者予以监督销毁；没收违法所得，并处以 2 000 元以上 2 万元以下的罚款。"

十二、山东省南部海域亲虾管理办法（山东省人民政府令第 87 号）

将第五条修改为："亲虾可捕期为每年 3 月 20 日至 4 月 30 日。每年 3 月 10 日至 3 月 19 日为亲虾禁渔期。禁渔期内禁止捕捞亲虾。"

十三、山东省扬尘污染防治管理办法（山东省人民政府令第248号）

（一）将第二十一条中的"责令限期改正，处 1 000 元以上 2 万元以下罚款；逾期未改正的，可以责令其停工整顿"，修改为：责令改正，处 1 万元以上 10 万元以下的罚款；拒不改正的，责令停工整治"。

（二）将第二十四条中的"由环境保护行政主管部门责令限期改正，处 1 000 元以上 5 000 元以下罚款；造成严重后果的，处 1 万元以上 3 万元以下罚款"，修改为："由环境保护主管部门或者其他负有监督管理职责的部门责令改正，处 1 万元以上 10 万元以下的罚款；拒不改正的，责令停工整治或者停业整治"。

（三）将第二十五条中的"由环境保护行政主管部门责令停止违法行为，处 1 万元以上 3 万元以下罚款"，修改为："由环境保护行政主管部门或者其他负有监督管理职责的部门责令改正，处 1 万元以上 10 万元以下的罚款；拒不改正的，责令停工整治、停产整治或者停业整治，依法作出处罚决定的部门可以自责令改正之日的次日起，按照原处罚数额按日连续处罚。"

十四、山东省粮食收购管理办法（山东省人民政府令第168号）

（一）将第六条修改为："从事粮食收购活动的法人、其他组织和个体工商户（以下统称粮食收购者），应当向办理工商登记的部门同级的粮食行政管理部门申请取得粮食收购资格。"

（二）删去第七条第一项。

（三）增加一项，作为第八条第一款第二项："（二）营业执照；"，并删去第二款。

（四）删去第十条中的"并到工商行政管理部门办理变更登记"。

（五）删去第十九条中的"并由工商行政管理部门依法办理变更或者注销登记"。

十五、山东省服务价格管理办法（山东省人民政府令第241号）

删去第十三条、第二十二条。

十六、山东省地震安全性评价管理办法（山东省人民政府令第176号）

删去第八条、第十一条。

十七、山东省气象管理办法（山东省人民政府令第165号）

删去第二十三条第二款。

十八、山东省防御和减轻雷电灾害管理规定（山东省人民政府令134号）

（一）增加一款，作为第十一条第二款："从事电力、通信防雷装置检测的单位资质认定按照国家有关规定执行。"

（二）将第十二条修改为："防雷装置实行定期检测制度。防雷装置使用单位或者个人应当主动委托具有相应资质的防雷装置检测机构进行定期检测，发现的防雷装置安全隐患，应当按照检测机构出具的整改意见进行整改，做好防雷装置的日常维护工作。"

（三）增加一条作为第十六条："违反本规定的行为，法律、法规、规章已规定法律责任的，从其规定。"

（四）删去第十六条、第十七条。

十九、山东省节能监察办法（山东省人民政府令第 182 号）

（一）将第三条修改为："本办法所称节能监察，是指省、设区的市节能监察机构以及县级节能行政主管部门或者经授权的综合行政执法机构（以下统称节能监察机构），对能源生产、经营、使用单位以及其他有关单位（以下统称被监察单位）执行节能法律、法规、规章和节能技术标准的情况进行监督检查，督促、帮助被监察单位加强节能管理、提高能源利用效率，并对违法行为依法予以处理的活动。"

（二）将第四条修改为："县级以上人民政府节能行政主管部门负责本行政区域内的节能监察工作，其他部门应当按照各自职责共同做好有关的节能监察工作。"

（三）将第七条第一项修改为："（一）落实固定资产投资项目节能评估和审查制度的情况；"，并删去第四项。

（四）删去第十三条第三项中的"经被监察单位同意"，将第四项中的"监测"修改为"检测"。

（五）删去第十四条。

二十、山东省政府采购管理办法（山东省人民政府令第 262 号）

（一）将第二条第二款修改为："政府采购工程以及与工程建设有关的货物、服务，采用招标方式采购的，适用有关招标投标的法律、法规和规章；采用其他方式采购的，适用有关政府采购的法律、法规和本办法。"

（二）将第七条第二款修改为："省人民政府财政部门根据实际情况，可以确定分别适用于省级、设区的市级、县级的集中采购目录和采购限额标准。"

（三）将第九条第一款修改为："依法应当公开招标的货物和服务，因特殊情况需要采用公开招标以外的采购方式的，采购人应当在报送采购计划前获得设区的市级以上人民政府财政部门批准。"

（四）删去第十二条第三款。

（五）删去第二十条第二款中的"并至少保存 2 年"。

（六）删去第二十二条第二项中的"变更采购方式后的最终成交价不得高于投标时供应商的最低报价"。

（七）删去第二十三条。

（八）将第二十五条第二款中的"3 个工作日"修改为"5 个工作日"。

（九）将第二十八条第一款中的"15 日"修改为"30 日"。

（十）删去第三十四条中的"对采购文件提出质疑的，应当在递交投标（响应）文件截止时间前提出"。

（十一）删去第四十四条第二项。

（十二）删去第四十九条中的"暂停其在本行政区域内 1 至 3 年的政府采购业务代理资格；情节严重的，依法取消其代理资格"。

（十三）将第五十一条中的"取消其评审专家资格"修改为"禁止其参加政府采购评审活动"。

二十一、山东省地质资料管理办法（山东省人民政府令第 273 号）

（一）将第十九条第二款修改为："前款规定以外的地质资料，自汇交之日起 90 日内予以公开。需要保护的，由接收地质资料的单位按照国家规定予以保护。"

（二）删去第二十条第一款中的"并不得办理保护登记手续"。

二十二、山东省促进散装水泥发展规定（山东省人民政府令第 219 号）

删去第十八条、第二十一条、第二十二条。

二十三、泰山风景名胜区服务项目经营管理办法（山东省人民政府令第 205 号）

删去第十三条中的"逾期不缴纳的，按日加收应缴费用3‰的滞纳金"。

二十四、山东省工程建设监理管理办法（鲁政发〔1995〕106 号）

（一）将第三条修改为："在本省行政区域内从事工程建设监理业务，实施工程建设监理管理，均应遵守本办法。国家对交通、水利等专业工程监理管理另有规定的，从其规定。"

（二）将第四条第三项修改为："负责全省注册监理工程师执业活动监督管理"，并删去第四项、第六项。

（三）将第五条第三项修改为："负责本行政区域内注册监理工程师执业活动监督管理"，并删去第五项。

（四）删去第九条、第十条第一款。

（五）将第十三条第一款修改为："建设单位应当委托具有相应资质的监理单位监理；依法必须进行招标的，应当采用招标的方式择优选择监理单位。"

（六）删去第二十五条中的"其工程质量监督费的征收标准和办法按国家有关规定执行"。

（七）删去第二十七条、第二十八条、第二十九条、第三十条、第三十一条。

二十五、山东省开发区规划管理办法（鲁政发〔1996〕77 号）

（一）删去第十八条。

（二）将第二十一条中的"处以 30 000 元以下的罚款"，修改为："由建设行政主管部门或者其他有关部门责令停止使用，重新组织竣工验收"。

二十六、山东省城市绿化管理办法（山东省人民政府令第 104 号）

（一）删去第十一条中的"逾期没能完成绿化任务的，由城市绿化行政主管部门组织代为绿化，绿化费用由建设单位承担"。

（二）删去第十三条、第十四条、第十五条、第二十条、第二十二条。

（三）将第二十三条修改为："严禁擅自砍伐和移植树木。确需砍伐或移植的，必须按下列规定审批：

"（一）一处一次砍伐或移植树木 10 棵以下的，由县（市）城市绿化主管部门审批；

"（二）一处一次砍伐或移植树木 10 棵以上的，由设区市城市绿化主管部门审批。"

（四）将第二十五条中的"必须报经城市绿化行政主管部门审批"，修改为："应当经城镇绿化主管部门同意"。

（五）删去第三十条。

二十七、山东省建筑安全生产管理规定（山东省人民政府令第 132 号）

（一）将第三十三条修改为："建筑施工企业应当依法为职工参加工伤保险缴纳工伤保险费。鼓励企业为从事危险作业的职工办理意外伤害保险，支付保险费。"

（二）删去第四十一条、第四十二条、第四十七条第五项。

二十八、山东省建筑装饰装修管理办法（山东省人民政府令第 208 号）

（一）将第五条第二款中的"设区的市、县（市）"修改为"设区的市、县（市、区）"。

（二）将第六条第一款中的"并受理建筑装饰装修咨询和投诉，协调建筑装饰装修纠纷"修改为："建立从业人员行为准则、促进企业诚信经营"。

（三）删去第十条。

二十九、山东省房屋建筑和市政工程招标投标办法（山东省人民政府令第 249 号）

（一）将第七条第二款修改为："设区的市人民政府可以根据实际需要，建立统一规范的招标投标交易场所，为招标投标活动提供服务。"

（二）删去第四十四条、第四十五条、第四十六条、第五十条第一项、第五十二条。

三十、山东省建设工程造价管理办法（山东省人民政府令第 252 号）

（一）删去第二十七条第二款中的"被审计单位应当执行审计机关依法作出的审计决定"。

（二）将第三十二条第一款修改为："建设工程造价咨询服务费实行市场调节价，由工程造价咨询合同双方当事人平等协商确定。"

（三）删去第三十四条、第三十六条第一款、第三十九条第二款、第四十六条第一项。

三十一、山东省实施《实验动物管理条例》办法（山东省人民政府令第 27 号）

删去第十八条、第十九条、第二十一条、第二十二条。

三十二、山东省生产经营单位安全生产主体责任规定（山东省人民政府令第 260 号）

（一）将第十二条中的"从业人员在 300 人以上的高危生产经营单位应当设置安全总监"，修改为："从业人员在 300 人以上的高危生产经营单位和从业人员在 1 000 人以上的其他生产经营单位，应当设置安全总监"。

（二）删去第十八条第二款。

（三）将第二十七条第一款中的"对于重大事故隐患，应当及时将治理方案向负有安全生产监督管理职责的部门报告"，修改为："对于重大事故隐患，应当及时将治理方案和治理结果向负有安全生产监督管理职责的部门报告"。

（四）将第三十五条第二项修改为："未按规定参加安全生产责任保险的"，并删去第四项、第七项。

三十三、山东省残疾人就业办法（山东省人民政府令第 270 号）

（一）删去第八条第二款中的"安排 1 名一级或者二级的盲人，按照安排 2 名残疾人计算"。

（二）将第九条修改为："用人单位安排残疾人就业达不到规定比例的，应当缴纳残疾人就业保障金。"，作为第八条第三款。

（三）将第十一条修改为："政府和社会依法兴办的盲人按摩机构、工疗机构和其他福利性单位（以下统称"集中使用残疾人的用人单位"），应当集中安排残疾人就业。"

（四）将第二十三条第二款修改为："残疾人就业保障金的征收、使用和管理，按照国家和省有关规定执行。"

（五）删去第二十四条。

（六）删去第二十五条第一款中的"不得用于平衡财政预算"。

（七）删去第二十七条第二款中的"残疾人福利性企业"。

（八）删去第三十七条中的"以及将残疾人就业保障金用于平衡财政预算"。

此外，对部分规章的个别文字进行了修改，并对部分条文顺序作相应的调整。

本决定自公布之日起施行。

附件：1. 山东省节约用水办法

2. 山东省灌区管理办法

3. 山东省实施《水库大坝安全管理条例》办法

4. 山东省实施《中华人民共和国河道管理条例》办法

5. 山东省水资源费征收使用管理办法

6. 山东省水文管理办法

7. 山东省农田水利管理办法

8. 山东省用水总量控制管理办法

9. 山东省黄河工程管理办法

10. 山东省渔业资源保护办法

11. 山东省渔业养殖与增殖管理办法

12. 山东省南部海域亲虾管理办法

13. 山东省扬尘污染防治管理办法

14. 山东省粮食收购管理办法

15. 山东省服务价格管理办法

16. 山东省地震安全性评价管理办法

17. 山东省气象管理办法

18. 山东省防御和减轻雷电灾害管理规定

19. 山东省节能监察办法

20. 山东省政府采购管理办法

21. 山东省地质资料管理办法

22. 山东省促进散装水泥发展规定

23. 泰山风景名胜区服务项目经营管理办法

24. 山东省工程建设监理管理办法

25. 山东省开发区规划管理办法

26. 山东省城市绿化管理办法

27. 山东省建筑安全生产管理规定

28. 山东省建筑装饰装修管理办法

29. 山东省房屋建筑和市政工程招标投标办法

30. 山东省建设工程造价管理办法

31. 山东省实施《实验动物管理条例》办法

32. 山东省生产经营单位安全生产主体责任规定

33. 山东省残疾人就业办法

附件 1：

山东省节约用水办法

（2003 年 7 月 1 日山东省人民政府令第 160 号发布
根据 2012 年 1 月 10 日山东省人民政府令第 250 号第一次修订
根据 2018 年 1 月 24 日山东省人民政府令第 311 号第二次修订）

第一章 总 则

第一条 为合理开发、有效利用和保护水资源，促进全社会节约用水（以下简称节水），保障经济与社会可持续发展，根据《中华人民共和国水法》，结合本省实际，制定本办法。

第二条 在本省行政区域内从事用水（含取水，下同）和节水管理活动的，必须遵守本办法。

第三条 节水应当坚持合理开发、高效利用和统一管理的原则。

第四条 县以上水行政主管部门负责本行政区域内节水的统一管理和监督工作。

经贸、建设、质量监督检验等部门应当按照职责分工，做好节水的有关工作。

第五条 各级人民政府应当加强节水工作的领导，加大节水资金的投入，建立科学的水价调控机制和节水技术开发推广体系，广泛开展节水宣传教育和科学研究等活动，发展节水型工业、农业和服务业，建立节水型社会。

第六条 各级人民政府应当采取有效措施，涵养水源，防止水体污染和水源枯竭，加大城市污水集中处理力度，提高水资源的可利用率，逐步实现城市污水资源化。

第七条 开发利用水资源应当按照优先利用地表水、积极引用客水、限制开采地下水、鼓励回用再生水和综合利用海水、微咸水、矿坑水的原则，对当地地表水、客水和地下水实行统一调度、合理配置。

第八条 任何单位和个人必须履行节水的义务，并有权对违反节水规定的行为进行举报。

县以上水行政主管部门应当设立并向社会公布举报电话。水行政主管部门接到举报后，应当及时组织处理。

第二章 用水定额与计划

第九条 用水实行总量控制和定额管理相结合的制度。用水定额应当作为确定用水总量和用水计划的基础。

第十条 用水定额由省有关行业主管部门制订，经省水行政主管部门和质量监督检验部门审核同意后，报省人民政府公布执行。

用水定额应当根据水资源供求和社会经济技术条件变化情况定期进行修订。

第十一条 县以上发展计划主管部门应当会同同级水行政主管部门，根据用水定额、经济技术条件以及水量分配方案确定的可供本行政区域使用的水量，制定年度用水计划，对本行政区域的年度用水实行总量控制。

第十二条 用水应当计量，并按照批准的用水计划用水。用水单位和个人应当装置合格的量水计量设施。

城市居民住宅应当分户安装量水计量设施；工业企业的生产用水和生活用水应当分别计量，主要用水车间和用水设备应当单独安装量水计量设施；农业灌溉应当完善量水计量设施，逐步实行计量收费。

任何单位和个人不得实施危害供水设施和量水计量设施安全的行为。

第十三条 用水实行计量收费和超定额累进加价制度。用水单位和个人应当按照计量值缴纳水资源费和水费。水费的价格标准可以按照用途分类计价。

使用公共供水的单位和个人在用水定额范围内用水的，按照规定的价格标准缴纳水费；超定额用水的，按照超定额累进加价制度缴纳水费。超定额累进加价收取的水费，纳入同级财政。

使用自备水源的单位和个人在用水定额范围内用水的，按照规定的标准缴纳水资源费；超定额用水的，按照超定额累进加价制度缴纳水资源费。

超定额累进加价收取水资源费、水费的具体标准，由省价格、财政部门会同省有关部门另行规定。任何单位不得实行居民生活用水包费制。

第十四条 设区的市人民政府可以制定低于省规定的用水定额，并报省水行政主管部门和有关部门备案。

第三章　节水措施

第十五条 县以上水行政主管部门应当根据当地水资源条件和社会经济发展水平编制本行政区域的节水规划，征求有关部门意见后，报同级人民政府批准执行。

第十六条 县以上人民政府应当采取措施，扶持节水技术、设备和产品的研究开发、推广和利用，对重点节水技术研究开发项目应当优先列入技术创新计划和科技攻关计划。

第十七条 用水单位和个人应当采用节水型工艺、设备和产品。禁止生产、销售和使用国家明令淘汰的高耗水工艺、设备和产品。

禁止使用省明令淘汰的高耗水工艺、设备和产品。省明令淘汰的高耗水工艺、设备和产品的具体名录，由省经贸主管部门会同省水行政主管部门和有关主管部门制定并公布。

已安装使用国家和省明令淘汰的高耗水工艺、设备和产品的，使用单位和个人应当在规定时间内更换或者对其进行节水改造。

第十八条 按照国家有关规定，需要申请取水许可的新建、改建、扩建建设项目，应当进行水资源论证。水资源论证应当包括节水的内容。水行政主管部门在审批取水许可时，应当严格控制地下水的开采量。

新建、改建、扩建建设项目应当建设相应的节水设施，提高水的综合利用水平。节水设施应当与主体工程同时设计、同时施工、同时投产使用。

前款规定的建设项目节水设施的建设要求，由省水行政主管部门会同省经贸、建设等有关部门分类制定并公布执行。

第十九条 规划建筑面积和日均用水量超过规定规模的新建宾馆、饭店、住宅小区、机关事业企业单位办公设施和其他建设项目，必须建设中水设施。建设项目竣工验收时，应当有水行政主管部门参加。

第二十条 已建成的中水设施和其他节水设施应当保持正常运转。

已建成的中水设施和其他节水设施不能保持正常运转的，产权人或其委托的管理单位应当提前向当地水行政主管部门作出说明。

第二十一条 工业用水应当采用先进的技术、工艺和设备，增加水循环次数，提高水的重复利用率。

饮料和其他以水为主要原料的生产企业应当对生产后的尾水进行回收利用，不得直接排放。

饮用水生产企业的产水率不得低于规定的原料水比率。具体比率由省经济综合主管部门会同省水行政主管部门制定。

第二十二条 经营洗浴、游泳、水上娱乐业和洗车业的用水单位和个人，必须采取节水措施，并对排放水进行综合利用。

第二十三条　公共供水单位应当加强对供水管网的维护，定期进行管网查漏。公共供水管网漏失率不得高于国家规定的标准；漏失率高于国家规定标准的，公共供水单位应当及时维修和改造。

拥有自备水源的单位，应当采取有效措施，降低供水管网漏失率，保持取水与用水的基本平衡。

第二十四条　园林绿化、环境卫生、洗车业、建筑业应当优先使用劣质水。在接通中水和其他再生水的地区，应当优先使用中水和其他再生水。

第二十五条　城市绿化应当优先选用耐旱型树木、花草。

城市公园和绿化带应当采用喷灌、微灌等节水灌溉方式。

第二十六条　在城市供水管网覆盖区域内，不得为家庭生活等非经营性活动开凿水井。

第二十七条　各级人民政府应当逐步增加农业节水灌溉的投入，大力推行渠道防渗、管道输水灌溉、喷灌、微灌等节水灌溉技术，对灌区进行节水灌溉技术改造，提高农业灌溉用水的利用率。

各级人民政府应当采取有效措施，扶持农业旱作技术和农作物抗旱新品种的研究开发和推广，推动节水型农业的发展。

第二十八条　各级人民政府应当鼓励农民和社会各方，采取多种形式投资发展农业节水灌溉项目。投资发展农业节水灌溉项目的，依法享有国家和省规定的同类投资项目的优惠政策。

第二十九条　使用微咸水、矿化水等劣质水的，水资源征收标准应当低于优质水的标准；使用中水或者其他再生水的，减收污水处理费。前款规定的有关费用的收取、减收标准，由价格、财政主管部门会同有关主管部门制定。

沿海地区的人民政府应当制定有关政策，鼓励用水单位对海水进行综合利用。

第三十条　县级以上人民政府应当将一定比例的水资源费和超定额累进加价收取的水资源费、水费，专项用于节水技术研究、开发、推广和节水设施建设、节水管理及奖励。

第四章　法律责任

第三十一条　违反本办法第十二条规定，未安装计量设施或者计量设施不合格或者运行不正常的，依照《取水许可和水资源费征收管理条例》第五十三条规定处罚。

违反本办法第十二条第三款规定的，由县以上水行政主管部门或者城市人民政府确定的部门给予警告，责令停止违法行为并赔偿损失，可以并处 1 万元以下的罚款；构成犯罪的，依法追究刑事责任。

第三十二条　违反本办法第十七条规定，用水单位和个人在生产经营过程中使用省明令淘汰的高耗水工艺、设备和产品的，由县以上经贸主管部门责令停止使用，限期更换或者进行节水改造；逾期未更换或者改造的，处 5 000 元以上 3 万元以下罚款。

第三十三条　违反本办法第十八条、第十九条规定，建设项目的中水设施和其他节水设施未建成或者未达到国家和省规定的要求擅自投入使用的，由县以上水行政主管部门责令停止使用，限期改正，处 5 万元以上 10 万元以下罚款。

第三十四条　违反本办法第二十一条规定，饮料和其他以水为主要原料的生产企业，将生产后的尾水直接排放或者产水率低于规定的比率的，由县以上水行政主管部门给予警告，责令限期改正；逾期未改正的，按每直接排放一吨尾水或者生产一吨饮用水 100 元的标准处罚款，但最高不得超过 3 万元。

第三十五条　违反本办法第十三条第五款或者第二十二条规定的，由县以上水行政主管部门给予警告，责令限期改正；逾期未改正的，处 5 000 元以下罚款。

第三十六条　违反本办法第二十六条规定，用水单位和个人为家庭生活等非经营性活动开凿水井的，由县以上水行政主管部门责令限期拆除取水设施；逾期未拆除的，由作出决定的水行政主管部门依法申请人民法院拆除。

第三十七条　水行政主管部门和有关部门工作人员，在履行职责过程中玩忽职守、滥用职权、徇私舞弊的，由其所在单位或者有关机关依法给予行政处分；构成犯罪的，依法追究刑事责任。

第五章 附 则

第三十八条 本办法下列用语的含义是：再生水，是指污水和废水经过处理，水质得到改善，回收后可以在一定范围内使用的非饮用水。

中水，是指污水和废水经净化处理后，达到国家《生活杂用水水质标准》或者《工业用水水质标准》，可以在一定范围内重复使用的再生水。

第三十九条 本办法自 2003 年 8 月 1 日起施行。

附件 2：

山东省灌区管理办法

（1998 年 12 月 31 日山东省人民政府令第 100 号发布
根据 2004 年 7 月 15 日山东省政府第 172 号政府令第一次修订
根据 2018 年 1 月 24 日山东省人民政府令第 311 号第二次修订）

第一条 为加强灌区管理，发挥灌区工程的综合效益，促进经济的发展，根据国家法律、法规的有关规定，结合本省实际，制定本办法。

第二条 本办法适用于本省行政区域内的国有灌区（以下简称灌区）。

第三条 本办法所称国有灌区，是指国家所有和国有成分起控制作用的灌区。

第四条 省水行政主管部门负责全省的灌区管理工作。市地、县（市、区）水行政主管部门负责本辖区内的灌区管理工作。

第五条 灌区应当建立健全管理机构。管理机构的设置，由有管辖权的人民政府确定。

第六条 灌区管理机构应当保证灌区国有资产的完好，管好、用好灌区工程及其设施。

第七条 新建、改建、扩建灌区工程，除申请基建拨款外，按照谁投资、谁受益的原则，鼓励社会各界和境外投资者以多种方式投资灌区建设。

灌区工程维修和技术改造所需资金，从提取的大修和固定资产折旧费中列支或者申请技术改造贷款。

第八条 新建、改建、扩建灌区工程的，应当委托有相当资质的单位进行规划设计。规划设计文件经水行政主管部门审核后，按照国家规定的程序报批。

第九条 灌排干、支渠以及闸坝、水电站、排灌站等工程的管理范围，由县级以上人民政府按照下列标准划定：

（一）干、支渠为渠坡外坡脚外 2 至 4 米；

（二）挡水、泄水、引水、提水设施和水电站、排灌站等工程为边线以外 10 至 50 米。

第十条 灌区工程管理范围划定后，由水行政主管部门会同土地管理部门埋设地界，并标图存档。

第十一条 在灌区工程管理范围内，不得实施下列行为：

（一）擅自新建、改建、扩建各类工程，布设机泵、虹吸管等设施；

（二）爆破、采石、取土、放牧、垦植、打井、挖洞、开沟、建窑及毁坏林木；

（三）毁坏灌区工程及其附属设施；

（四）擅自开启灌区工程的闸门、机泵，自行引水、堵水；

（五）在水渠内设置阻水渔具；

（六）在水域内清洗车辆、容器，浸泡麻类等植物；

（七）向渠道及灌区水源内排放污水、废液，倾倒工业废渣、垃圾等废弃物；

（八）在渠堤行驶履带车辆、超重车辆。

第十二条 渠堤、渠系建筑物上的交通桥确需兼作公路的，必须符合渠堤引水、输水、排水要求和渠系建筑物安全要求。

兼作公路的渠堤、渠系建筑物上的交通桥的维护费用，按其隶属关系由交通部门拨付灌区管理机构。具体办法由省财政、交通、水利部门另行制定。

第十三条 在灌区工程管理范围内，兴建跨渠、临渠、穿渠等工程，应当符合灌区工程引水、输水、蓄水、排水要求和其他技术要求。建设单位应当将工程建设方案报有管辖权的水行政主管部门审查同意后，方可办理其他审批手续。

安排施工时，建设单位必须按照水行政主管部门审查批准的位置和界限进行。

第十四条 建设项目占用灌区工程管理范围内的土地、农业灌溉水源、灌排工程设施，或者造成农业灌溉水量减少、灌排工程报废或失去部分功能的，应当按照有关规定给予补偿。

第十五条 水行政主管部门经县级以上人民政府批准，可以在干渠以及闸坝、水电站、排灌站等工程管理范围的相连地域划定 15 米至 100 米的保护范围。

在灌区工程保护范围内，禁止从事影响灌区工程运行和危害灌区工程安全的爆破、打井、采石、取土等活动。

第十六条 灌区管理机构应当设置量水设施和观测设施，做好水量、水情、水质、墒情、土壤盐分、泥沙淤积和地下水位等测报工作。

第十七条 引黄灌区必须采取泥沙处理措施。排水系统不通畅或者泥沙处理措施不完备的，应当控制引水。

第十八条 灌区实行计划供水，并按照下列程序办理：

（一）用水单位向灌区管理机构提出书面用水申请；

（二）灌区管理机构根据用水单位的申请和水源条件，编制年度供水计划，报水行政主管部门审批；

（三）灌区管理机构与用水单位根据批准的供水计划，签订供水、用水合同。

供水计划确需调整的，必须经原批准机关核准。

第十九条 灌区应当推行节水灌溉，严格执行节约用水和用水定额管理规定，研究推广渠道衬砌和管道输水、喷灌、滴灌等节水技术，提高水的利用率。

第二十条 灌区实行有偿供水。

灌区供水价格，按国家和省有关规定执行。

第二十一条 违反本办法第十一条的，由水行政主管部门在职责范围内责令其限期改正，给予警告，并可处以 1 万元以下罚款；造成损失的，应当依法承担赔偿责任。

第二十二条 违反本办法第十五条第二款规定的，由水行政主管部门责令停止违法行为，采取补救措施，处 1 万元以上 5 万元以下的罚款；违反《中华人民共和国治安管理处罚法》的，由公安机关依法给予治安管理处罚；给他人造成损失的，依法承担赔偿责任。

第二十三条 依照本办法规定实施罚款处罚时，必须使用省财政部门统一制发的罚款收据。罚款全部上缴国库。

第二十四条 本办法所规定的行政处罚，水行政主管部门可以依法委托灌区管理机构实施。

第二十五条 当事人对行政处罚决定不服的，可以依法申请复议或提起行政诉讼；逾期不申请复议，也不向人民法院起诉，又不履行处罚决定的，由作出处罚决定的行政机关申请人民法院强制执行。

第二十六条 妨碍、阻挠水行政主管部门工作人员依法执行公务的，由公安机关依照《中华人民共和国治安管理处罚法》的有关规定进行处罚；构成犯罪的，依法追究刑事责任。

第二十七条 水行政主管部门工作人员玩忽职守、滥用职权、徇私舞弊，构成犯罪的，依法追究刑事责任；尚不构成犯罪的，按干部管理权限由所在单位或有关部门给予行政处分。

第二十八条 非国有灌区的工程管理与保护可以参照本办法执行。

第二十九条 本办法自1999年1月1日起施行。1987年5月20日省人民政府颁布的《山东省水利工程管理办法》同时废止。

附件3：

山东省实施《水库大坝安全管理条例》办法

（1994年6月3日山东省人民政府令第53号发布
根据1998年4月30日山东省人民政府令第90号第一次修正
根据2004年7月15日山东省人民政府令第172号第二次修正
根据2014年10月28日山东省人民政府令第280号第三次修正
根据2018年1月24日山东省人民政府令第311号第四次修订）

第一章　总　　则

第一条 为加强水库大坝安全管理，保障人民生命财产安全，根据《水库大坝安全管理条例》及其他有关法律、法规，结合我省实际情况，制定本办法。

第二条 本办法适用于本省行政区域内的大型水库、中型水库、小（一）型水库和现状坝高15米以上的小（二）型水库的水库大坝（以下简称大坝）。大坝包括永久性挡水建筑物以及与其配合运用的泄洪、输水等建筑物。

第三条 省水行政主管部门对全省的水库大坝安全实施监督。设区的市、县（市、区）水行政主管部门对本行政区域内的水库大坝安全实施监督。

各级水利、能源、建设等部门是其所管辖的大坝的主管部门，对所管理的大坝的安全负责。

第四条 水利部门所管辖的大坝实行分级管理。

各级人民政府及其大坝主管部门，对其所管理的大坝的安全实行行政领导负责制。

第五条 各级人民政府应当加强对水库水污染防治工作的监督和管理，保护水库水质。

第六条 各级人民政府及其水行政主管部门应当关心库区群众生活，采取增加投入、开发水面等措施，帮助库区群众发展经济，脱贫致富。

第二章　大　坝　建　设

第七条 新建、改建、扩建大坝，应当按照有关水资源管理和防洪的法律、法规以及基本建设程序的规定报批。

（一）兴建大、中型水库，须经省水行政主管部门审查同意后，方可按照基本建设程序报批。

（二）兴建小（一）型水库，须报设区的市水行政主管部门审批。

（三）兴建小（二）型水库，须报县（市、区）水行政主管部门审批。

第八条 兴建大坝，须进行工程设计。

大坝工程设计须由具有相应资格证书的单位承担。设计内容除主体工程外，还应当包括工程观测、通信、动力、照明、交通、消防、管理机构的用房等附属工程及管理设施的设计。

第九条 大、中型水库大坝工程施工，须通过招标、投标确定具有相应资格证书的施工单位承担。

大坝施工单位须按照承包合同和批准的设计文件、图纸要求及有关技术规范进行施工，不得任意变更或修改设计。确需变更或修改的，应当由原设计单位负责并经原设计审批单位批准。

第十条 大坝施工，须接受水利建设质量监督机构的监督，严格质量管理。对质量不符合设计要求的，必须返工或采取补救措施。

第十一条 兴建大坝时，建设单位应当按照批准的设计，报请县级以上人民政府按照本办法附表的规定划定管理和保护范围，并完成确权发证和树立标志等项工作。

第十二条 大坝开工后，按隶属关系和分级管理的原则，由主管部门组建大坝管理单位。管理单位应当参与质量检查以及各阶段的验收工作。

第十三条 兴建大坝时，主体工程、附属工程及管理设施的投资计划应当同步安排。

第十四条 大坝主管部门应当按照水利部《水利基本建设工程验收规程》对大坝工程组织验收。非水利部门修建的大坝的竣工验收，应当有水行政主管部门参加。

第十五条 大坝竣工验收合格后，方可移交管理单位。对未经验收或验收不合格的大坝，管理单位有权拒绝接管。

第十六条 对尚未达到设计洪水标准、抗震设防标准或有严重质量缺陷的险坝，大坝主管部门应当组织有关单位和专家进行鉴定，分类排队，制定除险加固计划，限期消除危险。险坝工程加固设计、施工和验收，按新建大坝的有关规定执行。

除险加固所需资金和物料，有关方面应当优先安排。

第十七条 对未列入险坝的存有遗漏工程项目或出现险情需要进行加固的大坝，可编制单项工程设计，按国家有关规定纳入基本建设计划或安排其他资金解决。

第三章 大坝管理

第十八条 大坝管理范围内的土地及其附着物，由大坝管理单位管理和使用，其他单位和个人不得侵占。

大坝附属建筑物和测量、观测、通信、动力、照明、交通、消防及其他设施，受国家法律保护，任何单位和个人不得毁坏。

第十九条 根据国家有关规定和实际需要，可以在大型水库和重点中型水库建立公安派出所，一般中型水库设公安特派员，以加强大坝的安全保卫工作，维护大坝的正常秩序。

第二十条 在大坝管理和保护范围内修建码头、鱼塘等工程设施，须依照国家和省的有关规定，报经大坝主管部门批准。未经大坝主管部门批准，任何单位和个人都不得在大坝管理和保护范围内修建工程设施。

第二十一条 禁止在大坝管理和保护范围内打井、爆破以及从事其他严重危害大坝安全的活动。在大坝保护范围之外 500 米范围内不得设置日取水量 10 000 立方米以上的取水工程。

第二十二条 禁止在坝体上放牧、垦植、以及从事其他妨碍管理的活动；防汛期间禁止在坝体上堆放杂物和晾晒粮草。

第二十三条 大坝坝顶以及泄洪、输水建筑物上的交通桥确需兼做公路的，应当经科学论证，落实相应安全防护措施。

第二十四条 大坝工程应当建立管理机构，并按国家有关水利工程编制定员标准，配备具有相应业务水平的管理人员。

水利部门管辖的大、中型水库大坝的管理机构与人员列入事业编制，其经费按分级管理原则，由同级财政按有关规定安排。

第二十五条 大坝管理单位应当建立健全技术、行政、经营、安全等方面的管理规章制度，并严格进行检查和考核，搞好工程管理和经营管理，在确保大坝安全的前提下，充分发挥工程效益。

第二十六条 大坝管理单位应当建立完整的技术档案，包括工程的勘测、设计、施工、管理运行、事故处理等资料。

第二十七条 大坝管理单位必须按照有关规定和技术标准，对大坝进行巡回检查和安全监测与鉴定，并做好监测资料的整理分析工作。

第二十八条 大坝管理单位必须做好大坝及有关建筑物、机电设备的日常养护维修工作，保持工程完整、设备完好，保证正常运用。

大坝工程需大修（包括岁修、水毁）时，应当做好设计，并按规定报大坝主管部门审批，施工时应严格质量监督，履行竣工验收手续。

第二十九条 有关水库的汛期调度运用、防汛组织、防汛准备及抢险等事项，依照《中华人民共和国防汛条例》及省的有关规定办理。

第三十条 大坝主管部门对所管辖的大坝应当按期注册登记，建立大坝档案。有关大坝注册登记的具体事项，按国家和省的有关规定执行。

第四章 罚 则

第三十一条 对违反《水库大坝安全管理条例》规定的行为，由大坝主管部门责令其停止违法行为，赔偿损失，采取补救措施，并可处以罚款；应当给予治安管理处罚的，由公安机关依照《中华人民共和国治安管理处罚法》的规定处罚；构成犯罪的，依法追究刑事责任。

依照前款规定处以罚款的，按下列规定执行：

（一）在坝体上修建码头、渠道的，毁坏大坝或者其观测、通信、动力、照明、交通、消防及其他设施的，对个人处以 300 元至 5 000 元罚款，对单位处以 2 000 元至 1 万元罚款。

（二）在大坝管理范围内进行爆破、打井、采石、采矿、取土、挖沙、筑坟等危害大坝安全活动的，对个人处以 200 元至 5 000 元罚款，对单位处以 1 000 元至 1 万元罚款；在大坝保护范围内进行爆破、打井、采石、采矿、取土、挖沙、筑坟等危害大坝安全活动的，对个人处以 100 元至 2 000 元罚款，对单位处以 500 元至 5 000 元罚款。

（三）在库区内围垦的，擅自操作大坝的泄洪闸门、输水闸门以及其他设施，破坏大坝正常运行的，处以 100 元至 3 000 元罚款。

（四）防汛期间在坝体上堆放杂物和晾晒粮草的，经教育不及时清除的，处以 500 元以下罚款。

（五）擅自在大坝管理和保护范围内修建码头、鱼塘的，对个人处以 200 元至 3 000 元罚款，对单位处以 1 000 元至 8 000 元罚款。

第三十二条 大坝主管部门实施罚款处罚时，应当使用财政部门统一印制的罚没收据。所罚款项缴同级财政。

第三十三条 当事人对行政处罚决定不服的，可以依照《水库大坝安全管理条例》第三十二条的规定申请复议，或者直接向人民法院起诉。当事人逾期不申请复议或者不向人民法院起诉又不履行处罚决定的，由作出处罚决定的机关申请人民法院强制执行。

第五章 附 则

第三十四条 本办法自 1994 年 7 月 1 日起施行。

附件 4：

山东省实施《中华人民共和国河道管理条例》办法

(1991 年 6 月 28 日山东省人民政府令第 19 号发布
根据 1998 年 4 月 30 日山东省人民政府令第 90 号第一次修订
根据 2004 年 7 月 15 日山东省人民政府令第 172 号第二次修订
根据 2014 年 10 月 28 日山东省人民政府令第 280 号第三次修订
根据 2018 年 1 月 24 日山东省人民政府令第 311 号第四次修订)

第一章 总 则

第一条 为了加强河道管理，保障防洪安全，发挥河湖的综合效益，根据《中华人民共和国河道管理条例》（以下简称《河道管理条例》，结合我省实际情况，制定本办法。

第二条 本办法适用于本省行政区域内的河道（包括湖泊、人工水道、行洪区、蓄洪区、滞洪区、河口水利工程等）。

河道内的航道，同时适用《中华人民共和国航道管理条例》。

第三条 省水利行政主管部门是全省河道的主管机关。各设区的市、县（市、区）的水利行政主管部门是该行政区域的河道主管机关。

第四条 根据《河道管理条例》的规定，本省的河道实行统一管理和分级管理相结合的原则。

（一）黄河、漳卫南运河、沂河、沭河、韩庄运河及南四湖的堤防和枢纽工程，由设区的市、县（市、区）的人民政府及其水利行政主管部门，协同国家授权的江河流域管理机构实施管理。

（二）大汶河、泗河、东鱼河、洙赵新河、徒骇河、马颊河、德惠新河、大沽河、潍河、小清河、梁济运河等大型河道及南四湖水域、沙洲、滩地，在省河道主管机关或者其授权的流域管理机构的组织协调下，由上述河道所在设区的市的河道主管机关实施管理。

（三）大型河道的重要支流和跨县（市、区）的中小型河道，由设区的市河道主管机关实施管理，或者在设区的市河道主管机关的组织协调下，由县（市、区）河道主管机关实施管理。

（四）其他河道由县（市、区）的河道主管机关实施管理，或者在县（市、区）河道主管机关的组织协调下，由乡（镇）人民政府实施管理。

第五条 各单位应当加强水污染防治工作，保护和改善河道水质。各级人民政府应当依照水污染防治法的规定，加强对河道水污染防治的监督和管理。

第六条 经省人民政府批准，大型河道和重点中型河道可以设立公安派出所，必要时还可组织民兵警卫防守。

第七条 河道防汛和清障工作实行人民政府行政首长负责制。

第八条 一切单位和个人都有保护河道堤防安全和参加防汛抢险的义务。

第二章 河道整治与建设

第九条 河道的整治与建设，应当服从流域综合规划，符合国家规定的防洪标准、通航标准和其他有关技术要求，维护堤防安全，保持河势稳定和行洪、航道通畅。

第十条 修建开发水利、防治水害、整治河道的各类工程和跨河、穿河、穿堤、临河的桥梁、码头、道路、渡口、管道、缆线、闸坝、泵站及其他危及堤坊安全的建筑物与设施，建设单位必须按照河道管理权限，将工程建设方案报送河道主管机关审查同意。未经河道主管机关审查同意的，建设单位不得开工建设。

河道上已建的影响防洪安全的前款所列工程设施，应当有计划地改建；严重影响防洪安全的，应当限期拆除。在未改建、拆除之前，工程设施的管理单位汛前应采取应急措施，保证安全度汛。

第十一条 堤顶、戗台不得兼做公路使用。确需利用堤顶、戗台兼做公路的，应当经科学论证，落实相应安全防护措施。堤身和堤顶公路的管理和维护办法，由河道主管机关商交通运输部门制定。

第十二条 城镇、村庄建设和发展不得占用河道滩地。城镇、村庄规划的临河界限由河道主管机关会同城镇规划等有关部门根据下列标准划定：

（一）有堤防的河道，在护堤地以外 30 至 100 米；

（二）无堤防的河段，在防洪水位线或岸线以外 50 至 150 米；

（三）已规划展宽的河段，在规划堤防护堤地以外 25 至 50 米。

城镇规划主管部门在编制和审查沿河城镇、村庄的建设规划时，应当按第四条规定的管理权限事先征求河道主管机关的意见。

第十三条 以河道为界的设区的市在河道两岸外侧各 5 公里之内，以河道为界的县（市、区）在河道两岸外侧各 3 公里之内，以及跨设区的市、县（市、区）的河道，未经有关各方达成协议或者上一级河道主管机关批准，禁止单方面修建排水、阻水、引水、蓄水工程以及河道整治工程。

第三章　河道保护

第十四条 有堤防的河道，其管理范围为两岸堤防之间的水域、沙洲、滩地（包括可耕地）、行洪区、两岸堤防及堤脚外侧 5 至 10 米的护堤地；无堤防的河道其管理范围根据历史最高洪水位或者设计洪水位划定。

河道具体管理范围，按照河道管理权限，由县级以上地方人民政府负责划定。

第十五条 根据堤防的重要程度、堤基土质条件等，河道主管机关报经同级或上一级人民政府批准，可以在河道管理范围的相连地域划定 50 米至 200 米的堤防安全保护区。

第十六条 大中型河道管理范围内的土地归国家所有，由河道主管机关统一管理使用。河滩内的可耕地也可以由村集体经济组织使用。

第十七条 含沙量每立方米超过 2 千克的引黄用水不得进入河道；引黄入河造成河道淤积的，由责任者负责清淤或承担清淤费用。

第十八条 本办法第十四条、第十五条、第十六条、第十七条之外的其他河道保护事项以及河道清障，按照《河道管理条例》第三章、第四章的有关规定执行。

第四章　经　　费

第十九条 河道堤防的防汛岁修费，按照分级管理的原则，分别由省、设区的市、县（市、区）财政负担，列入同级人民政府的年度预算。

第二十条 在汛期，县级以上人民政府可以组织河道两岸的城镇和农村的单位和个人义务出工，对河道堤防工程进行维修和加固。

第二十一条 在河道管理范围内采砂、取土、淘金，必须按照河道管理权限，依法向河道主管机关提出申请，领取采砂许可证，并按照许可证规定的范围和作业方式进行。

第二十二条 任何单位和个人，凡对堤防、护岸和其他水利工程设施造成损坏的，由责任者负责修复或者承担维修费用。

第二十三条 河道主管机关收取的各项费用，用于河道堤防工程的建设、管理、维修和设施的更新改造。结余资金可以连年结转使用，任何部门不得截取或挪用。

第五章 罚 则

第二十四条 未取得采砂许可证，在河道管理范围内采砂、取土、淘金的，由县级以上河道主管机关责令其停止违法行为，采取补救措施，可以并处警告、没收违法所得和处以相当于违法所得 2 倍的罚款。

未按采砂许可证规定的范围的和作业方式在河道管理范围内采砂、取土、淘金的，由县级以上河道主管机关责令其纠正违法行为，采取补救措施，可以并处警告、没收违法所得和处以相当于违法所得的罚款。

第二十五条 依照《河道管理条例》第四十四条规定处以罚款的，按下列规定执行：

（一）有《河道管理条例》第四十四条第一项、第五项所列行为的，对个人处以 50 元至 2 000 元罚款；对单位处以 1 000 元至 1 万元罚款。

（二）有《河道管理条例》第四十四条第二项、第三项、第六项、第八项所列行为的，对个人处以 50 元至 3 000 元罚款；对单位处以 1 000 元至 1 万元罚款。

（三）未经批准或者不按照河道主管机关的规定在河道管理范围内弃置砂石或者淤泥、爆破、钻探、挖筑渔塘的，对个人处以 50 元至 3 000 元罚款；对单位处以 1 000 元至 1 万元罚款。

（四）擅自砍伐护堤护岸林木的，处以违法所得 3 倍至 5 倍的罚款。

第二十六条 依照《河道管理条例》第四十五条规定处以罚款的，按下列规定执行：

（一）有《河道管理条例》第四十五条第一项、第二项所列行为的，对个人处以 100 元至 3 000 元罚款；对单位处以 1 000 元至 1 万元罚款。

（二）有《河道管理条例》第四十五条第三项所列行为的，处以 100 元至 2 000 元罚款。

第二十七条 对违反本办法规定，造成国家、集体、个人经济损失的，受害方可以请求县级以上河道主管机关处理，受害方也可以直接向人民法院起诉。

第二十八条 河道主管机关的工作人员以及河道监理人员玩忽职守、滥用职权、徇私舞弊的，由所在单位或者上级主管机关给予行政处分；对公共财产、国家和人民利益造成重大损失的，依法追究刑事责任。

第六章 附 则

第二十九条 由水利行政主管部门管理的防潮堤，适用《河道管理条例》和本办法有关堤防管理的规定。

第三十条 本办法自发布之日起施行。

附件 5：

山东省水资源费征收使用管理办法

（2002 年 2 月 28 日省政府令第 135 号公布
根据 2012 年 1 月 10 日省政府令第 250 号第一次修订
根据 2018 年 1 月 24 日山东省人民政府令第 311 号第二次修订）

第一条 为加强水资源管理，促进水资源合理开发利用、节约和保护，根据《中华人民共和国水法》《山东省水资源管理条例》等法律、法规，结合本省实际，制定本办法。

第二条 在本省行政区域内直接从地下或者河流、湖泊、水库取水的，必须按本办法规定缴纳水资源费。

农业灌溉、农村非经营性取水暂不征收水资源费。

第三条 县级以上水行政主管部门负责本行政区域内水资源费的征收、使用和管理。

县级以上财政、物价、审计部门应当按照各自的职责，做好水资源费征收、使用和管理的监督工作。

第四条 水资源费实行分级征收。

日取地表水 4 万立方米以上或者日取地下水 2 万立方米以上的单位和个人的水资源费，由省水行政主管部门委托下级水行政主管部门征收。

前款规定以外的水资源费，由设区的市、县（市、区）水行政主管部门征收。设区的市与县（市、区）征收权限的划分，由设区的市人民政府确定。

第五条 水资源费的征收标准，按下列原则确定：

（一）分区域实行不同的水资源费最低限制标准，具体限制标准由省财政，价格和水行政主管部门制定并公布执行。

（二）经批准在地下水超采区取地下水的，按当地地下水征收标准的 2 倍征收；

（三）矿坑生产和建设工程施工抽排地下水的，按当地地下水征收标准的 20% 征收；

（四）优质水的征收标准高于微咸水等劣质水的征收标准。

第六条 水资源费的具体征收标准，由设区的市水行政主管部门根据本办法第五条确定的原则提出方案，经同级物价、财政部门审核后，报省物价、财政部门审批。

省水行政主管部门委托征收的水资源费标准，按取水口所在地的征收标准执行。

第七条 取水单位和个人应当按取水许可有关规定取水。未经批准擅自取水，或者未依照批准的取水许可规定条件取水的，依照《中华人民共和国水法》第六十九条规定处罚。

第八条 取水单位和个人应当依照国家技术标准安装计量设施，保证计量设施正常运行，并如实向水行政主管部门提供与取水量有关的资料。

第九条 水行政主管部门确定水资源费缴纳数额后，应当向取水单位和个人送达《山东省水资源费缴款通知书》。取水单位和个人应当按通知书规定的期限和数额到指定的银行缴纳水资源费。

第十条 水行政主管部门征收水资源费必须持有物价部门颁发的收费许可证，并使用省财政部门统一印制的专用收费票据。

第十一条 水资源费用于下列支出：

（一）调水、补源、水源工程等重点水利设施建设；

（二）水资源综合考察、调查评价、监测、规划；

（三）节约用水技术研究、推广及节水项目的补贴；

（四）水资源保护、管理及奖励等。

第十二条 水资源费实行收支两条线管理，专款专用，不得挪用。

各级水行政主管部门应当按规定用途编制年度水资源费使用计划，报同级财政部门审核后执行。列入基本建设投资计划的，应当按基本建设程序执行。

水资源费当年有节余的，可结转下年度使用。

第十三条 省水行政主管部门委托下级水行政主管部门征收水资源费所需的业务费用，列入水资源费使用计划。

第十四条 各级水行政主管部门应当加强水资源费征收的监督管理，确保水资源费足额征收。对应当征收而不征收或者未足额征收的，除依法追究有关责任人员的行政责任外，上级水行政主管部门可以直接征收。

第十五条 违反本办法规定，取水单位和个人未按规定缴纳水资源费的，由县以上水行政主管部门责令限期缴纳；逾期不缴纳的，依法加收滞纳金并处应缴或者补缴水资源费一倍以上五倍以下的罚款。

第十六条　违反本办法规定，取水单位和个人有下列行为之一的，由县级以上水行政主管部门予以警告，责令限期改正。逾期不改正的，对非经营性的处以 1 000 元以下罚款；对经营性的处以 5 000 元以下罚款：

　　（一）未如实向水行政主管部门提供与取水量有关的资料的；

　　（二）拒绝、阻碍水行政主管部门工作人员检查量水计量设施的。

　　违反本办法规定，取水单位和个人未安装计量设施或者计量设施不合格或者运行不正常的，依照《取水许可和水资源费征收管理条例》第五十三条规定处罚。

　　第十七条　取水单位和个人对征收水资源费和行政处罚决定不服的，可以依法申请行政复议或者向人民法院起诉；逾期不申请复议也不起诉又不履行具体行政决定的，由作出具体行政决定的机关申请人民法院强制执行。

　　第十八条　截留、挪用、越权征收或者不按本办法规定上缴、下拨水资源费的，由上级行政主管部门或者监察部门责令限期改正，依法给予直接责任的主管人员和其他直接责任人员行政处分；构成犯罪的，依法追究刑事责任。

　　第十九条　水行政主管部门和有关部门工作人员在水资源费征收、使用和管理过程中，玩忽职守、滥用职权、徇私舞弊的，由所在单位或者有关主管部门依法给予行政处分；构成犯罪的，依法追究刑事责任。

　　第二十条　本办法自 2002 年 4 月 1 日起施行。

附件 6：

山东省水文管理办法

（2015 年 7 月 21 日山东省人民政府令第 291 号公布
根据 2018 年 1 月 24 日山东省人民政府令第 311 号修订）

第一章　总　　则

　　第一条　为了加强水文管理，促进水文事业发展，发挥水文工作在水资源管理、防灾减灾和水生态保护中的作用，根据《中华人民共和国水文条例》等法律、法规，结合本省实际，制定本办法。

　　第二条　在本省行政区域内从事水文规划与建设、监测与预警预报、监测资料汇交与管理、监测环境与设施保护等活动，应当遵守本办法。

　　第三条　水文事业是国民经济和社会发展的基础性公益事业。县级以上人民政府应当将水文事业纳入国民经济和社会发展规划，加强水文基础设施和基层水文服务体系建设，保障水文事业与经济社会发展相适应。

　　第四条　省人民政府水行政主管部门主管全省水文工作，其直属的水文机构具体负责组织实施管理工作。

　　设区的市水文机构在省人民政府水行政主管部门和本级人民政府领导下，负责组织实施本行政区域内的水文管理工作。

　　第五条　县级以上人民政府发展改革、财政、国土资源、住房城乡建设、交通运输、环境保护等部门，依照各自职责做好有关的工作。

第二章　规划与建设

　　第六条　省人民政府水行政主管部门应当根据全国水文事业发展规划和本省经济社会发展需要，组织编制全省水文事业发展规划，报省人民政府批准后实施。需要修改的，按照规划编制程序报经原批准机关批准。

水文事业发展规划主要包括水文事业发展目标、水文站网建设、水文监测和情报预报设施建设、水文信息网络和业务系统建设及保障措施等内容，并对水生态监测、水资源监测、水土保持监测等作出安排。

第七条 水文站网建设实行统一规划。省人民政府水行政主管部门应当根据全省水文事业发展规划，按照统筹兼顾、布局合理、资源共享、防止重复的原则，编制水文站网建设专项规划，经省人民政府发展改革部门同意后组织实施。

第八条 水文站网建设应当按照国家固定资产投资项目建设程序组织实施。新建、改建和扩建水利工程需要配套建设或者更新改造水文测站、水文监测设施的，应当纳入工程建设投资计划，并与主体工程同时设计、同时施工、同时竣工验收。

第九条 水文测站实行分类分级管理。

水文测站分为国家基本水文测站和专用水文测站。国家基本水文测站分为国家重要水文测站和一般水文测站。省人民政府水行政主管部门根据实际情况，可以在一般水文测站中确定本省行政区域内的省级重要水文测站。

第十条 国家重要水文测站的设立和调整，由省人民政府水行政主管部门提出，报国务院水行政主管部门直属水文机构批准。

一般水文测站的设立和调整，经省人民政府水行政主管部门批准后，报国务院水行政主管部门直属水文机构备案。

第十一条 设立专用水文测站，不得与国家基本水文测站重复。在国家基本水文测站覆盖的区域，确需设立专用水文测站的，应当报省水文机构批准。其中，因交通运输、环境保护、水文地质勘查、地质灾害防治等行政管理需要设立专用水文测站的，由有关主管部门批准。有关主管部门在批准前，应当征求省水文机构的意见。

第十二条 设立专用水文测站，应当具备下列条件：

（一）国家基本水文测站监测数据不能满足其特定需求；

（二）符合相应的水文监测技术标准和规范。

第十三条 专用水文测站和从事水文活动的其他单位，应当接受省水文机构的行业管理。

第三章 监测与预警预报

第十四条 县级以上人民政府应当加强水文监测、水文信息和洪水预警预报等系统建设，增强重点地区、重要城市和地下水超采区的水文测报能力建设，提高动态监测和应急监测能力。

水文机构应当加强水文监测，为防汛抗旱和水资源管理、水生态保护、水土保持等工作提供及时、准确的监测资料。

第十五条 从事水文监测活动应当遵守国家水文技术标准、规范和规程，保证监测质量和监测数据的连续性。

水文专用技术装备应当符合国家规定的技术要求，水文监测所使用的计量器具应当依法检定合格。

第十六条 承担水文信息采集和情报预报任务的国家基本水文测站和专用水文测站，应当按照规定及时、准确地向县级以上人民政府防汛抗旱指挥机构和水行政主管部门提供实时水情信息和水文情报预报，不得漏报、迟报水文监测数据，不得伪造水文监测资料。

第十七条 水文机构应当加强对水质、水生生物及水量、水位、水温等水生态要素的监测，并对水生态现状和变动趋势进行分析评价，为水生态系统保护和修复提供依据。

第十八条 水文机构应当加强对区域地表水、地下水、调入水开发利用量及水功能区水质的监测，并对监测数据进行整理、汇总和分析评价，其结果作为确定区域用水控制指标的主要依据，并为开发、利用、节约和保护水资源提供依据。

第十九条　水文机构应当加强对水土流失类型、面积、强度和分布状况等情形的监测，并对水土流失的变化趋势及造成的危害进行分析评价，为水土流失的预防和治理提供依据。

第二十条　水文机构应当建立健全突发性水量变化和水体污染事件应急监测体系，编制应急监测预案。

水量发生变化可能危及防汛、用水安全，或者水质发生变化可能导致突发性水体污染事件的，水文机构应当启动应急监测预案，进行跟踪监测和调查，并及时将监测、调查情况报告同级人民政府防汛抗旱指挥机构、水行政主管部门和环境保护、海事及其他相关主管部门。

第二十一条　水文信息按照下列规定发布：

（一）水情预警，由省水文机构按照管理权限向社会发布；其中，重大水情预警需经省人民政府防汛抗旱指挥机构审核；

（二）雨情、水情、洪水预报，由水文机构按照管理权限向社会发布；其中，重大灾害性的洪水预报需经同级人民政府防汛抗旱指挥机构审核；

（三）水资源公报，由水行政主管部门按照管理权限向社会发布。

第二十二条　广播、电视、报刊和网络等新闻媒体，应当按照有关规定和防汛抗旱要求，及时播发、刊登水文情报预报，并标明发布机构和发布时间。

第四章　资料汇交与管理

第二十三条　水文监测资料实行统一汇交管理制度。汇交的水文监测资料包括按照水文技术标准获取的原始资料和整编资料。省水文机构负责全省水文监测资料的收集、处理和汇编工作。

第二十四条　国家基本水文测站、专用水文测站和其他水文监测单位，应当按照国家水文技术标准整编水文资料，于每年的三月底前，按照资料管理权限将上一年度的水文监测资料向省水文机构汇交。

设区的市、县（市、区）人民政府水行政主管部门对取水户取用水情况的监测资料，应当于次年一月十日前向省水文机构汇交。

资料汇交单位应当对资料的真实性、可靠性负责，不得伪造、毁坏水文监测资料。

第二十五条　水文机构应当妥善管理水文监测资料，并根据国民经济和社会发展需要进行加工整理，形成水文监测成果，予以刊印。

省水文机构应当建立水文数据库，实行水文监测资料共享制度。

第二十六条　基本水文监测资料应当依法公开，但属于国家秘密的除外。省水文机构应当建立水文监测资料平台，为公众查询提供便利。

国家机关决策和防灾减灾、国防建设、公共安全、环境保护等公益事业需要使用未公开的水文监测资料和成果的，应当无偿予以提供。

第五章　保障措施

第二十七条　县级以上人民政府应当将水文事业所需经费列入本级财政预算，重点支持水文测站的运行、维护、管理和水文站网技术改造及恢复因自然灾害造成毁坏的水文监测设施。

根据工作需要，水文机构可以采取向社会购买服务的方式保障水文监测活动的正常开展。

第二十八条　水文监测设施和监测环境受法律保护。任何单位和个人不得侵占、毁坏或者擅自移动、使用水文监测设施，不得干扰水文监测活动。

第二十九条　未经批准，任何单位和个人不得迁移国家基本水文测站；因工程建设确需迁移的，建设单位应当在建设项目立项前，报经对该水文测站有管理权限的水行政主管部门批准，所需费用由建设单位承担。迁移期间，水文机构应当采取应急措施，保持水文监测工作的连续性。

第三十条 县级人民政府应当按照下列标准划定水文监测环境保护范围，并在保护范围边界设立地面标志：

（一）水文监测河段周围环境保护范围：沿河纵向以水文基本监测断面上下游各不小于五百米、不大于一千米为边界；沿河横向以水文监测过河索道两岸固定建筑物外二十米为边界，或者根据河道管理范围确定。

（二）水文监测设施周围环境保护范围：以监测场地周围三十米、其他监测设施周围二十米为边界。

第三十一条 禁止在水文监测环境保护范围内从事下列活动：

（一）种植树木、高秆作物，堆放物料，修建建筑物，设置障碍物，停靠船只；

（二）取土、挖砂、采石、淘金、爆破、倾倒废弃物；

（三）在监测断面取水、排污，在过河设备、气象观测场、监测断面的上空架设线路；

（四）其他危害水文监测设施安全、干扰水文监测设施运行、影响水文监测结果的活动。

第三十二条 在国家基本水文测站基本水尺断面上下游各二十千米（平原河网区上下游各十千米）河道管理范围内，新建、改建、扩建下列工程可能影响水文监测的，建设单位应当采取相应措施，在征得对该水文测站有管理权限的水行政主管部门同意后方可建设：

（一）水工程；

（二）桥梁、码头和其他拦河、跨河、临河建筑物、构筑物，或者铺设跨河管道、电缆；

（三）其他可能影响水文监测的工程。

因工程建设致使水文测站改建的，改建费用由建设单位承担。

第三十三条 在通航河道或者桥梁上进行水文监测作业时，应当设置警示标志，过往船只、车辆应当减速避让，公安、交通运输等部门应当予以协助。

第三十四条 水文站网建设所需土地，应当依据水文测站用地标准依法办理用地手续。

水文测站、水文监测设施占用的土地尚未确权的，由县级以上人民政府依法确权划界，核发土地使用权证书。

第六章 法律责任

第三十五条 违反本办法规定的行为，法律、法规已规定法律责任的，从其规定；法律、法规未规定法律责任的，依照本办法的规定执行。

第三十六条 违反本办法第三十一条规定，在水文监测环境保护范围内从事危害水文监测设施安全、干扰水文监测设施运行、影响水文监测结果的活动的，由有管理权限的水行政主管部门责令停止违法行为，限期恢复原状或者采取其他补救措施，可以处五百元以上三千元以下罚款；情节严重的，处三千元以上一万元以下罚款；构成违反治安管理行为的，依法给予治安管理处罚；构成犯罪的，依法追究刑事责任。

第三十七条 县级以上人民政府水行政主管部门、水文机构及其工作人员违反本办法规定，玩忽职守、滥用职权、徇私舞弊的，对直接负责的主管人员和其他直接责任人员依法给予处分；构成犯罪的，依法追究刑事责任。

第七章 附 则

第三十八条 本办法自 2015 年 10 月 1 日起施行。

附件 7：

山东省农田水利管理办法

（2013 年 5 月 2 日山东省人民政府令第 261 号公布
根据 2018 年 1 月 24 日山东省人民政府令第 311 号修订）

第一章　总　　则

第一条　为了加强农田水利管理，提高农业综合生产能力，促进农村经济社会发展，根据《中华人民共和国水法》等法律、法规，结合本省实际，制定本办法。

第二条　在本省行政区域内从事农田水利规划、建设、管护、使用和监督管理等活动，应当遵守本办法。

本办法所称农田水利，是指为防治旱、涝、盐碱等灾害和实现农业增产而实施的农田灌溉、排水工程及相关措施。

第三条　农田水利工作应当坚持政府主导、部门协作、农民参与、社会支持的方针，遵循因地制宜、统一规划、建管并重、注重效益的原则，逐步实现耕地灌区化、灌区节水化、节水长效化、环境生态化。

第四条　各级人民政府应当加强对农田水利工作纳入国民经济和社会发展规划，保障农田水利资金投入，强化基层水利服务体系建设，建立健全农田水利发展长效机制。

县（市、区）人民政府应当建立农田水利工作协调机制，统筹解决农田水利规划、建设及管理中的重大问题。

第五条　县级以上人民政府水行政主管部门负责本行政区域内的农田水利监督管理工作。

县级以上人民政府发展改革、财政、农业、国土资源、环境保护、林业、价格等部门按照职责分工，负责做好有关工作。

乡镇人民政府应当落实上级人民政府和水行政主管部门在农田水利建设、管护、使用等方面的任务和措施，做好本行政区域内农田水利的组织、协调和指导工作。

第六条　对在农田水利工作中取得显著成绩的单位和个人，县级以上人民政府应当给予表彰奖励。

第二章　规划与建设

第七条　县级以上人民政府水行政主管部门应当会同有关部门，根据国民经济和社会发展规划、土地利用总体规划、粮食高产创建等农业发展规划、林业发展规划、生态保护规划，以水源为依托，以灌区为基本单元，统一编制农田水利规划，经上一级人民政府水行政主管部门审查同意后报本级人民政府批准实施，并向社会公布。

编制农田水利规划应当采取多种方式，听取乡镇人民政府和村民委员会、村民以及有关专家的意见。

第八条　农田水利规划应当包括水源保障、工程布局、工程建设、节水措施应用、管理能力建设以及生态保障措施等内容。

第九条　经批准的农田水利规划是农田水利建设管理工作的依据。各级人民政府及其有关部门应当严格执行规划，不得违反规划建设农田水利工程。

农田水利规划进行修改的，应当按照规划编制审批程序报经批准。

第十条　新建、改建、扩建农田水利及其他涉及农田水利的建设项目，应当符合农田水利规划，按照国家规定应当办理取水许可手续的，取水许可手续经审批机关批准后方可兴建取水工程或者设施。

第十一条　各级人民政府应当建立稳定增长的农田水利建设投入机制，逐步增加农田水利专项财政资金，并从国有土地出让收益中计提10%专项用于农田水利建设。地方水利建设基金应当优先用于农田水利建设。

各级人民政府应当鼓励农民投资和社会投劳进行农田水利建设。对农村集体经济组织和农户建设的农田水利工程，应当给予适当补贴；符合一事一议财政奖补条件的，应当优先纳入奖补范围。

第十二条　县（市、区）人民政府应当组织发展改革、财政、水利、农业、国土资源、林业等部门，统筹安排与农田水利建设有关的项目，集中连片推进农田水利建设。

第十三条　属于基本建设范围内的农田水利工程建设项目，应当实行项目法人责任制、工程建设监理制、招标投标制和合同管理制，其设计、施工、监理应当由具备相应资质的单位承担。

其他农田水利工程建设项目的管理，按照省水行政主管部门的规定执行。

第十四条　农田水利工程建设应当执行国家和省有关水利工程建设的技术标准和技术规范，所需材料和设备的质量符合国家规定的标准和要求。

国家规定节水灌溉水利工程所需材料和设备应当经过节水产品质量认证的，应当按照国家规定进行认证，未经认证的，不得参与工程招投标。

第十五条　农田水利及其他涉及农田水利的建设项目竣工后，应当按照农田水利工程建设标准的有关规定进行验收。未经验收或者验收不合格的，不得投入使用。

第十六条　农田水利工程实行质量保修制度。在保修期限和保修范围内发生的质量问题，由施工单位负责维修并对造成的损失承担责任。

保修期限和保修范围由建设单位和施工单位通过合同约定。法律、法规另有规定的，从其规定。

第三章　管护与使用

第十七条　大中型农田水利工程由水行政主管部门所属的水利工程管理机构负责管理、维修、养护。小型农田水利工程由投资者确定管理主体和管护方式。

鼓励支持农民用水合作组织参与工程管理、维修、养护。

第十八条　大中型农田水利工程的运行与维修养护费用，由本级财政承担。

小型农田水利工程的运行与维修养护费用，由受益者承担，政府给予适当补助。各级人民政府可以从土地出让收益计提的农田水利建设资金中，安排日常维护管理费用。

农田水利工程运行与维修养护资金应当专款专用，任何单位和个人不得挤占、挪用和截留。

第十九条　农田灌溉实行计划用水。县级以上人民政府水行政主管部门应当根据当地水资源条件合理确定农业灌溉用水量，制定灌区水量分配计划。

水利工程管理机构或者乡镇水利服务机构负责制订相应的用水计划，并报有管辖权的水行政主管部门批准后组织实施。

第二十条　农田灌溉用水实行有偿使用，计量收费，逐步实行终端水价制度和计量水价制度。具体价格由价格主管部门会同水行政主管部门核定。

第二十一条　农田灌溉实行节约用水、定额管理，逐步推行超定额用水累进加价制度。

各级人民政府应当采取措施，推广使用管道输水灌溉、喷灌、微灌等高效节水技术。节水效益明显的，应当给予奖励；农民购买的节水设备与产品，应当按照规定给予农机购置补贴。

第二十二条　县（市、区）人民政府应当建立健全基层水利服务机构、防汛抗旱供水专业服务组织和农民用水合作组织，强化其水利公共服务功能，加强对农田水利工程的维护管理。

防汛抗旱供水专业服务组织的公益性服务所需经费由政府承担。

第四章　监督管理

第二十三条　县级以上人民政府及其水行政主管部门应当加强监督管理，建立健全执法巡查制度和违法行为举报制度，及时发现和纠正农田水利工作中的违法行为，保障农田水利工程建设质量和工程正常运行。

第二十四条　农田水利工程应当依法划定管理和保护范围。

国有灌区的灌排干、支渠以及闸坝、水电站、排灌站等工程的管理和保护范围，按照《山东省灌区管理办法》有关规定执行。其他农田水利工程由乡镇人民政府按照下列标准组织划定保护范围：

（一）灌排沟、渠为边线两侧各 2 米；

（二）地下输水管道、暗渠、涵洞为垂直轴线水平方向各 5 米；

（三）泵站、水闸、塘坝、池窖为边缘外延伸 10～50 米；

（四）机井、田间出水口为周边 5 米。

第二十五条　任何单位和个人不得在农田水利工程管理和保护范围内从事取土、采石、挖砂、排污、倾倒垃圾、弃渣以及在渠道内设置阻水建筑物等影响工程运行、危及工程安全等活动。

第二十六条　从事工程建设及其他开发活动，不得擅自占用农业灌溉水源和灌排工程设施。确需占用的，应当报有管辖权的水行政主管部门批准。

第二十七条　县级以上人民政府水行政主管部门应当加强对农田水利工作的考核，建立和完善农田水利工程建设及运行维护奖惩机制。

第二十八条　报废小型农田水利工程的，应当报县级水行政主管部门备案；报废大中型农田水利工程的，按照国有资产管理的有关规定执行。

第五章　法律责任

第二十九条　违反本办法规定，在农田水利工程管理和保护范围内从事取土、采石、挖砂、排污、倾倒垃圾、弃渣以及在渠道内设置阻水建筑物等影响工程运行、危及工程安全等活动的，依照有关法律、法规予以处罚；法律、法规未规定的，由县级以上人民政府水行政主管部门责令停止违法行为，限期采取补救措施；情节严重的，处 1 000 元以上 1 万元以下罚款；造成损失的，依法予以赔偿。

第三十条　违反本办法规定，擅自占用农业灌溉水源和灌排工程从事工程建设及其他开发活动的，由县级以上人民政府水行政主管部门责令停止违法行为，限期采取补救措施，处 1 万元以上 3 万元以下罚款；造成损失的，依法予以赔偿。

第三十一条　违反本办法规定，县级以上人民政府及其水行政主管部门以及其他有关部门有下列行为之一的，对负有责任的主管人员和其他直接责任人员依法给予处分；构成犯罪的，依法追究刑事责任：

（一）未按规定编制农田水利规划或者违反规划批准建设项目的；

（二）挤占、挪用、截留农田水利建设与运行维护资金的；

（三）不履行监督检查职责或者发现违法行为不予查处的；

（四）其他滥用职权、玩忽职守、徇私舞弊的行为。

第六章　附　　则

第三十二条　本办法所称小型农田水利工程包括：

（一）10 万立方米以下的水池、水窖、塘坝等蓄水工程；

（二）灌溉机井和装机 1 000 千瓦以下的小型灌溉泵站、排水泵站；

（三）流量 1m³/s 以下的引水堰闸、灌排渠系、输水管道、高效节水灌溉工程。

第三十三条 本办法自 2013 年 8 月 1 日起施行。

附件 8：

山东省用水总量控制管理办法

（2010 年 10 月 19 日山东省人民政府令第 227 号公布
根据 2018 年 1 月 24 日山东省人民政府令第 311 号修订）

第一条 为了加强用水总量控制管理，促进水资源合理开发和生态环境保护，实现水资源的可持续利用，保障全省经济和社会可持续发展，根据《中华人民共和国水法》等法律、法规，结合本省实际，制定本办法。

第二条 在本省行政区域内开发、利用、管理水资源，应当遵守本办法。

第三条 本办法所称用水总量，是指在一定区域和期限内可以开发利用的地表水、地下水以及区域外调入水量的总和。

本办法所称取用水户，是指依法办理并取得取水许可证的单位和个人。

第四条 实行用水总量控制制度，应当遵循全面规划、科学配置、统筹兼顾、以供定需的原则，统筹利用区域外调入水、地表水、地下水，合理安排生活、生产和生态用水，促进地下水采补平衡，保障水资源可持续利用。

第五条 县级以上人民政府对本行政区域用水总量控制工作负总责，并将水资源开发利用、节约和保护的主要控制性指标纳入经济社会发展综合评价体系。

第六条 县级以上人民政府应当根据当地的水资源条件，组织编制国民经济和社会发展规划以及城乡规划、重大建设项目布局规划，并进行科学论证。在水资源不足的地区，应当对城市规模和建设耗水量大的工业、农业和服务业项目加以限制。

第七条 县级以上人民政府水行政主管部门负责本行政区域内用水总量控制的监督和管理工作。

发展改革、经济和信息化、财政、住房城乡建设、环境保护等行政主管部门应当按照各自职责，做好与用水总量控制相关的工作。

第八条 用水总量控制实行规划期用水控制指标与年度用水控制指标管理相结合的制度。年度用水控制指标不得超过规划期用水控制指标。

规划期用水控制指标和年度用水控制指标应当对当地地表水、地下水和区域外调入水量分别予以明确。

规划期用水控制指标每一个国民经济和社会发展规划期下达一次。年度用水控制指标每年下达一次。

第九条 设区的市规划期用水控制指标，由省水行政主管部门依据国家或者省批准的水资源综合规划和水量分配方案确定。

县（市、区）规划期用水控制指标，由设区的市水行政主管部门在省水行政主管部门下达的规划期用水控制指标内，结合本级人民政府批准的水资源综合规划和水量分配方案确定。

第十条 设区的市年度用水控制指标，根据区域实际水资源开发利用量、水功能区水质、地下水采补平衡监测结果和用水效率考核结果综合确定后，由省水行政主管部门下达。

县（市、区）年度用水控制指标，由设区的市水行政主管部门在省水行政主管部门下达的年度用水控制指标内确定并下达。

第十一条 跨设区的市的河流、水库、湖泊水量分配方案，由省水行政主管部门商有关设区的市人民政府拟订，报省人民政府批准。

南水北调工程调入水量以及黄河、海河和淮河流域分配给本省的水量，其分配方案应当遵循科学统筹、优化配置的原则合理确定，由省水行政主管部门按照国家和省规定的程序报经批准。

经批准的水量分配方案，有关设区的市人民政府应当严格执行。

跨设区的市的河流、水库、湖泊以及区域外调入水的水量调度和监督管理工作，由省水行政主管部门或者省有关水利流域管理机构统一负责。

第十二条　鼓励运用市场机制合理配置水资源。区域之间可以在水量分配方案的基础上进行水量交易。

第十三条　利用污水处理再生水和淡化海水的，不受规划期用水控制指标和年度用水控制指标限制。

第十四条　设区的市、县（市、区）的万元国内生产总值取水量、万元工业增加值取水量及农业节水灌溉率等指标未达到国家和省考核标准的，应当相应核减其下一年的年度用水控制指标。

设区的市、县（市、区）通过调整经济结构、采取工程措施、应用节水技术节约的水量，可以用于本行政区域内新增项目用水；其节约的水量，由当地水行政主管部门申请上一级水行政主管部门组织论证并确认。

第十五条　县级以上人民政府应当加强对水功能区和地下水的监督管理，严格控制入河湖排污总量，限制或者禁止开采超采区地下水。

造成水功能区水质达标率降低或者水文地质环境恶化的，应当相应核减责任区域下一年的年度用水控制指标。

第十六条　县级以上人民政府财政和水行政主管部门应当加强对水资源费征缴的监督管理。对应当征收而未征收、未足额征收或者未按规定上缴水资源费的设区的市、县（市、区），由水行政主管部门相应核减该区域下一年的年度用水控制指标。

第十七条　新建、改建、扩建建设项目需要取水的，应当按照有关规定进行建设项目水资源论证；对未进行水资源论证或者论证不符合要求的，水行政主管部门不得批准取水许可。

第十八条　建立取水许可区域限批制度。

取用水量达到或者超过年度用水控制指标的，有管辖权的水行政主管部门应当对该区域内新建、改建、扩建建设项目取水许可暂停审批。

取用水量达到规划期用水控制指标的，有管辖权的水行政主管部门应当对该区域内新建、改建、扩建建设项目取水许可停止审批。

第十九条　县级以上人民政府及其有关部门应当加强水文、水资源管理信息系统建设，建立健全水文、水资源监测站网，完善水量、水质监测设施，为用水总量控制制度的实施提供基础资料。

任何单位和个人不得侵占、毁坏、擅自移动或者擅自使用水量、水质监测设施，不得阻碍、干扰监测工作。

第二十条　省水文水资源勘测机构负责地表水、地下水和区域外调入水开发利用量以及水功能区水质的监测工作。监测数据应当作为确定区域年度用水控制指标的主要依据。

地表水、地下水和区域外调入水开发利用量的具体监测办法，由省水行政主管部门制定。

第二十一条　设区的市、县（市、区）水行政主管部门负责本行政区域内取用水户实际取用水量的监测工作，其监测数据应当向省水文水资源勘测机构汇交。

省水文水资源勘测机构和设区的市、县（市、区）水行政主管部门应当互相通报监测数据，实行信息共享，并对监测资料的真实性、合法性负责。

第二十二条　设区的市、县（市、区）水行政主管部门应当按照国家和省的规定，将取水许可统计资料和取用水户年度实际取用水量资料，逐级上报省水行政主管部门。

第二十三条　县级以上人民政府及其有关部门的工作人员，有下列行为之一的，由其上级行政机关或者监察机关责令改正；情节严重的，对直接负责的主管人员和其他直接责任人员依法给予处分：

（一）不按规定上报取水许可统计资料和取用水户年度实际取用水量资料或者提供虚假统计资料的；

（二）不按规定监测地表水、地下水和区域外调入水开发利用量以及水功能区水质的；

（三）取用水量达到规划期用水控制指标，仍批准取水许可或者强行命令水行政主管部门批准取水许可的；

（四）需要取水的建设项目未进行水资源论证或者论证未通过，仍批准取水许可或者强行命令水行政主管部门批准取水许可的；

（五）需要取水的建设项目未获得取水许可，仍批准其立项和环境影响评价报告或者强行命令有关部门批准其立项和环境影响评价报告的。

第二十四条　违反本办法规定，侵占、毁坏、擅自移动或者擅自使用水量、水质监测设施的，由水行政主管部门责令停止违法行为，限期恢复原状或者采取其他补救措施，并可处以 50 000 元以下罚款；构成违反治安管理行为的，依法给予治安管理处罚；构成犯罪的，依法追究刑事责任。

第二十五条　违反本办法规定，阻碍或者干扰水量、水质监测工作的，由水行政主管部门责令停止违法行为，并可处以 10 000 元以下罚款；构成违反治安管理行为的，依法给予治安管理处罚；构成犯罪的，依法追究刑事责任。

第二十六条　本办法自 2011 年 1 月 1 日起施行。

附件 9：

山东省黄河工程管理办法

（2005 年 3 月 25 日山东省人民政府令第 179 号发布
根据 2018 年 1 月 24 日山东省人民政府令第 311 号修订）

第一章　总　　则

第一条　为加强黄河工程管理，保障黄河工程安全与正常运行，充分发挥工程的功能和综合效益，根据国家有关法律、法规，结合本省黄河工程的实际情况，制定本办法。

第二条　本办法所称黄河工程主要包括：

（一）堤防、险工、控导、涵闸、防护坝、蓄滞洪区等工程（含旧堤、旧坝、旧闸）及其管护设施、标志标牌、防护林草等附属设施；

（二）工程管理范围内与防洪兴利相关的测量、监测监控、水文、电力、通信等设施。

第三条　本办法适用于本省行政区域内黄河工程的建设、管理与保护。

第四条　黄河工程管理，应当坚持统一规划、分级管理、精简高效的原则，实行建管并重、管养分离、合理开发、有偿使用。

第五条　县以上黄河河务行政主管部门负责本行政区域内黄河工程的管理工作。

河务（管理）段、闸管所在上级黄河河务行政主管部门的领导下负责黄河工程管理的相关工作。

第六条　鼓励和支持在黄河工程建设与管理中推广应用新技术、新材料、新工艺、新方法，提高工程建设与管理的科技水平。

第七条　任何单位和个人都有保护黄河工程完整与安全的义务，对破坏黄河工程的行为有权制止、检举和控告。

第二章　建　　设

第八条　省黄河河务行政主管部门应当根据国家颁布的黄河治理规划，结合本省黄河工程的实际状况和管理运行的要求，编制黄河工程建设规划，并组织实施。

第九条 沿黄河的各级人民政府应当加强对黄河工程建设的领导，组织教育有关部门、单位和当地群众支持黄河工程建设，协调并做好工程建设用地、群众安置、迁占补偿等工作，确保工程建设顺利进行。

第十条 新建、改建或者扩建黄河工程，必须符合黄河工程建设规划，严格执行国家规定的防洪标准和有关技术要求，保障工程安全。

第十一条 黄河工程的附属设施应当与主体工程同时设计、同时施工、同时竣工验收。

第十二条 黄河工程建设应当严格执行项目法人制、招标投标制和建设监理制；勘察、设计、施工、监理单位应当具备相应的资质，依法对建设工程质量负责。

第十三条 黄河工程建设用地，应当符合土地利用总体规划，并依法办理建设用地审批手续，取得土地使用权。

防汛抢险救灾急需使用土地的，经当地县级人民政府同意后，可以先行使用，但应当依法补办建设用地审批手续。

第三章 管 理

第十四条 各类黄河工程的管理范围按照下列规定确定：

（一）堤防工程的管理范围包括：堤身（含前后戗、淤临淤背区、辅道）、护堤地（含防浪林用地）；

（二）险工工程的管理范围包括：坝体、护坝地；

（三）控导工程的管理范围包括：坝体、连坝、护坝地及其保护用地；

（四）防护坝工程的管理范围包括：坝体、护坝地；

（五）涵闸工程的管理范围为：上游防冲槽至下游防冲槽后 100 米，渠堤外坡脚两侧各 25 米。

第十五条 堤防工程护堤地的划定，从堤（坡）脚算起，其宽度为：

（一）东明县高村断面以上黄河大堤为临河 50 米，背河 10 米；高村断面至利津县南岭子和垦利县纪冯为临河 30 米，背河 10 米；利津县南岭子和垦利县纪冯以下，临、背河均为 50 米；

（二）展宽区堤和旧金堤为临河 7 米，背河 10 米；

（三）北金堤为临河 7 米，背河 5 米；

（四）大清河堤为临河 15 米，背河 5 米；

（五）东平湖围坝为临湖 15 米，背湖 5 至 7 米；二级湖堤为临湖 5 米，背湖 5 至 10 米。

护堤地宽度超过前款规定的，以确权划界确定的宽度为准。

临河护堤地的宽度，滩地淤高时，应维持原边界不变；大堤加培加固后，护堤地相应外延。

第十六条 险工、控导、防护坝工程护坝地的宽度为坡脚外 10 米。

控导工程保护用地为其连坝背坡脚外 30 米；超过 30 米的，以确权划界确定的宽度为准。

第十七条 县级以上人民政府应当在工程管理范围的相连地域划定堤防安全保护区，其范围为临河护堤地以外 50 米、背河护堤地以外 100 米。

第十八条 已经征用的黄河工程管理范围内的土地归国家所有，任何单位和个人不得占用和破坏。

第十九条 黄河治理规划确定废弃的黄河旧堤、旧坝及其他原有工程设施，由当地人民政府组织群众开发利用。

前款规定以外的黄河旧堤、旧坝及其他原有工程设施，由黄河河务行政主管部门负责维修和养护。任何单位和个人不得擅自填堵、占用、挖掘或者拆毁。

第二十条 黄河河务行政主管部门应当按照国家规定，加强植树绿化等工程生物防护措施建设，组织营造防护林，种植防护草。

对黄河工程防护林木进行抚育和更新采伐，应当依法办理林木采伐手续。因防汛抢险和度汛工程建设需要采伐林木的，经林业行政主管部门同意，可以先行采伐，但应当依法补办手续并组织补栽。

前款规定的林木采伐，依照国家有关规定免交育林基金。

第二十一条　黄河河务行政主管部门可以采取招标的方式，选择黄河工程养护单位。养护单位应当严格按照国家规定的防洪标准和有关技术规范，做好工程的维修和养护工作。

第二十二条　涵闸管理单位应当严格遵守操作规程，确保涵闸启闭灵活、安全运行。

涵闸管理单位必须严格按照上级主管部门下达的指令启闭闸门，任何单位和个人不得干涉；严禁非涵闸管理人员操作涵闸闸门。

第二十三条　各类引（提）水工程取用黄河水，必须水沙并引（提），不得设置拦沙设施或者排沙入河。

第二十四条　单位和个人在黄河工程管理范围内投资建设的防洪兴利工程，应当服从黄河河务行政主管部门的统一管理。

第四章　保　　护

第二十五条　在黄河工程管理范围内禁止下列活动：

（一）放牧、垦植、破坏植被；

（二）在堤顶道路上行驶履带式车辆或者超过承载标准的车辆；堤顶道路泥泞期间，行驶除防汛抢险外的其他机动车辆；

（三）设置货场；

（四）破坏工程标志标牌和测量、监测监控、水文、电力、通信等设施；

（五）取土、采砂、爆破、打井、钻探、挖沟、挖塘、建窑、建房、葬坟、开山采矿、堆放垃圾；

（六）擅自动用备防石等防汛抢险物料；

（七）擅自建设渡口；

（八）擅自修建扬水站或者安装设置提水机械；

（九）其他危害黄河工程安全的活动。

第二十六条　在堤防安全保护区内，禁止取土、采砂、爆破、打井、钻探、挖沟、挖塘、建窑、建房、修筑水库、葬坟、开山采矿、堆放垃圾或者进行其他危害堤防安全的活动。

第二十七条　堤顶道路是防汛抢险和工程管理的重要通道，不得作为公路使用；确需利用堤顶道路兼做公路的，必须经省黄河河务行政主管部门批准。

在堤顶道路上行驶的车辆，应当按照规定缴纳堤防养护费。堤防养护费的征收标准由省价格行政主管部门核定。

第二十八条　在黄河工程管理范围内修建跨堤、穿堤、临河的桥梁、码头、道路、渡口、管道、缆线、工业和民用建筑物、构筑物等各类工程设施，以及设置引水、提水、排水等工程的，建设单位应当向黄河河务行政主管部门提出申请并报送工程建设方案。工程建设方案未经黄河河务行政主管部门审查同意，建设单位不得开工建设。

第二十九条　在黄河工程管理范围内进行非防洪工程建设活动，造成黄河工程损坏的，由建设单位按照原设计标准予以加固、改建或者修复；或者由黄河河务行政主管部门组织加固、改建或者修复，所需费用由建设单位承担。

因非防洪工程设施的运行使用，增加黄河工程管理工作量及相关工程防护责任的，建设单位或者管理使用单位应当承担相应的费用。

第三十条　非防洪工程设施占用黄河工程的，建设单位应当向黄河河务行政主管部门交纳有偿使用费。

第三十一条　黄河工程管理范围内的非防洪工程设施达到使用年限的，建设单位或者管理使用单位应当负责拆除。确需继续使用的，应当依法向黄河河务行政主管部门重新办理相关手续。

非防洪工程设施已经废弃的，建设单位或者管理使用单位必须按照黄河河务行政主管部门的要求予以拆除。

第五章 法 律 责 任

第三十二条 违反本办法规定，擅自占用、挖掘或者拆毁黄河治理规划要求保留的旧堤、旧坝及其他原有工程设施的，由黄河河务行政主管部门责令其限期改正，给予警告；情节严重的，可处以 10 000 元以上 30 000 元以下的罚款。

第三十三条 违反本办法规定，干涉涵闸正常运用的，由黄河河务行政主管部门责令改正，给予警告；情节严重的，可处以 1 000 元以上 10 000 元以下的罚款；对有关责任人员，由其所在单位或者行政监察机关依法给予行政处分；构成犯罪的，依法追究刑事责任。

第三十四条 违反本办法规定，取用黄河水过程中设置拦沙设施或者排沙入河的，由黄河河务行政主管部门责令改正，给予警告，并可处以 20 000 元以下的罚款。

第三十五条 违反本办法规定，在黄河工程管理范围内有下列行为之一的，由黄河河务行政主管部门责令其限期改正或者恢复工程原貌，给予警告；情节严重的，可处以罚款：

（一）放牧、垦植、破坏植被的，处以 100 元以下的罚款；

（二）在堤防上行驶履带式车辆或者超过承载标准的车辆，或者在堤顶道路泥泞期间，行驶除防汛抢险外的其他机动车辆的，每车处以 100 元以上 500 元以下的罚款；

（三）设置货场的，处以 1 000 元以下的罚款；

（四）破坏工程标志标牌和测量、监测监控、水文、电力、通信等设施的，处以 1 000 元以上 50 000 元以下的罚款；

（五）取土、采砂、爆破、打井、钻探、挖沟、挖塘、建窑、建房、葬坟、开山采矿、堆放垃圾的，处以 1 000 元以上 50 000 元以下的罚款；

（六）擅自动用备防石等防汛抢险物料的，按照所动用物料的价值的 10 至 15 倍处以罚款；

（七）擅自建设渡口的，处以 10 000 元以上 50 000 元以下的罚款；

（八）擅自修建扬水站的，处以 50 000 元以下的罚款；擅自安装设置提水机械的，处以 5 000 元以下的罚款。

前款规定行为造成损失的，应当依法予以赔偿；构成犯罪的，依法追究刑事责任。

第三十六条 违反本办法规定，在堤防安全保护区内取土、采砂、爆破、打井、钻探、挖沟、挖塘、建窑、建房、修筑水库、葬坟、开山采矿、堆放垃圾的，由黄河河务行政主管部门责令其限期改正或者恢复原貌，给予警告；情节严重的，可处以 100 元以上 5 000 元以下的罚款；造成损失的，应当依法予以赔偿。

第三十七条 拒绝、阻碍黄河河务行政主管部门的工作人员依法执行公务，构成违反治安管理行为的，由公安机关依法予以处罚；构成犯罪的，依法追究刑事责任。

第三十八条 黄河河务行政主管部门的工作人员有下列行为之一，尚不构成犯罪的，依法给予行政处分；构成犯罪的，依法追究刑事责任：

（一）拒不执行上级主管部门下达的闸门启闭指令的；

（二）不履行监督管理职责，造成工程质量不合格或者工程损毁的；

（三）对违法行为查处不力的；

（四）其他玩忽职守、滥用职权、徇私舞弊的行为。

第六章 附 则

第三十九条 本办法下列用语的含义为：

（一）险工工程，是指在经常受水流冲击、容易出险的堤段，为保护堤防安全，沿堤修建的坝垛建筑物；

（二）控导工程，是指为约束主流摆动范围、护滩保堤，引导主流沿设计治导线下泄，在凹岸一侧的滩岸上修建的丁坝、垛、护岸工程；

（三）防护坝工程，是指为预防"滚河"后顺堤行洪、冲刷大堤而沿堤修建的丁坝建筑物，又称"滚河防护工程"。

第四十条 本办法自2005年5月1日起施行。1987年7月7日山东省人民政府发布的《山东省黄河工程管理办法》（鲁政发〔1987〕71号）同时废止。

附件10：

山东省渔业资源保护办法

（2002年7月23日山东省人民政府令第142号公布
根据2018年1月24日山东省人民政府令第311号修订）

第一条 为加强渔业资源保护，促进渔业经济可持续发展，根据《中华人民共和国渔业法》，结合本省实际，制定本办法。

第二条 本省管辖区域内有经济价值的水生动植物的亲体、幼体、卵子、孢子及其赖以繁殖生长的水域环境保护，适用本办法。

第三条 县以上渔业行政主管部门主管本辖区内渔业资源的保护工作。

公安、工商行政管理、环保、水利、交通等部门应当按照各自的职责，配合渔业行政主管部门做好渔业资源保护工作。

第四条 采捕自然生长和人工增殖的水生动植物的单位和个人，应当按照国家和省有关规定缴纳渔业资源增殖保护费。

第五条 对具有重要经济价值的渔业资源品种实行重点保护。具体保护品种及其采捕标准名录由省渔业行政主管部门制定并公布执行。

第六条 在网次或者航次渔获物中未达到可捕标准的重点保护品种，海水产品不得高于25%，淡水产品不得高于5%。

第七条 任何单位和个人不得擅自捕捞省重点保护品种的苗种和禁捕的怀卵亲体；因养殖、科研等特殊需要捕捞的，应当向省渔业行政主管部门提出申请，并同时提交下列材料：

（一）养殖证或者科研立项审批材料；

（二）捕捞品种和数量；

（三）捕捞区域和时间；

（四）省渔业行政主管部门规定的其他材料。

省渔业行政主管部门应当自收到申请之日起15日内作出决定，并书面通知申请单位和个人。

第八条 省重点保护的珍贵、濒危水生野生动物的保护办法另行制定。

第九条 任何单位和个人不得擅自收购、运输、销售国家和省重点保护品种的苗种及禁捕的怀卵亲体。

第十条 对重点保护渔业资源品种的自然产卵场、索饵场、越冬场和洄游通道，应当设定禁渔期、禁渔区。

禁渔期和禁渔区由省渔业行政主管部门设定并公布执行。

第十一条 任何单位和个人不得在禁渔期、禁渔区内实施下列行为：

（一）未经省以上渔业行政主管部门批准出海作业；

（二）向违法作业渔船供油、供冰；

（三）销售、代冻未经依法处理的违法捕捞渔获物；

（四）国家和省规定的其他行为。

第十二条 对渔业捕捞网具应当规定最小网目尺寸限制标准。限制标准由省渔业行政主管部门制定并公布执行。

第十三条 禁止使用下列渔具、渔法：

（一）低于最小网目尺寸限制标准的网具；

（二）炸鱼、毒鱼、电鱼和用鱼鹰捕鱼；

（三）使用渔船推进器、吸蛤泵采捕贝类资源；

（四）省渔业行政主管部门确认的损害渔业资源的其他渔具、渔法。

第十四条 任何单位和个人不得制造、销售国家和省禁用的渔具。

第十五条 养殖区的划定应当坚持开发渔业水域与保护渔业资源相结合。

重点保护渔业资源品种的自然产卵场、索饵场、越冬场和洄游通道不得划作养殖区。

第十六条 在渔业水域从事水下爆破、勘探、施工作业的，应当在作业前与县以上渔业行政主管部门协商，采取保护渔业资源的有效措施，并在作业结束后清除水底的残留物。

第十七条 在海洋或者内陆湖泊、水库等水域新建、改建、扩建水产养殖场的，当地渔业行政主管部门应当组织环境影响评价。

第十八条 禁止船舶及海上设施向渔港水域和渔业水域排放污染物、废弃物、压舱水、船舶垃圾及其他有害物质。

第十九条 任何单位和个人向海洋或者内陆渔业水域排放陆源污染物，应当执行国家和省规定的排放标准。

禁止在重要的渔业水域兴建新的排污口。

第二十条 县级以上人民政府应当根据渔业水域环境的养殖容量合理确定养殖规模，并核发养殖证；养殖证核准的养殖规模不得突破渔业水域的养殖容量。

第二十一条 从事水产养殖的，应当按照养殖证规定的用途和技术要求利用养殖区水域，合理确定养殖密度，并按规定投饵、施肥、使用药物。

第二十二条 违反本办法第六条、第七条、第十一条（一）项、第十三条、第十四条规定的，按照《中华人民共和国渔业法》有关规定追究其法律责任。

第二十三条 违反本办法第十一条（二）项规定的，由县以上渔业行政主管部门或者其所属的渔政监督管理机构给予警告，对非经营性的并处 1 000 元以下罚款，对经营性的并处 3 万元以下罚款。

第二十四条 违反本办法第九条、第十一条（三）项规定的，由县以上渔业行政主管部门会同有关主管部门给予警告，并处违法水产品市场价格 1 倍以上 3 倍以下罚款，但最高不得超过 3 万元。

第二十五条 违反本办法第十六条、第十八条、第十九条规定，造成渔业污染事故的，按照《中华人民共和国海洋环境保护法》、《中华人民共和国水污染防治法》有关规定追究其法律责任。

第二十六条 违反本办法规定造成渔业资源损失的，应当按照《山东省实施〈中华人民共和国渔业法〉办法》的有关规定，向当地渔政监督管理机构缴纳渔业资源损失赔偿费。

渔业资源损失赔偿费按照致死渔获物市场价格的 1 至 3 倍收取；致死渔获物中的重点保护品种未达到可捕标准的，按照达到可捕标准的市场价格计算。

第二十七条 渔业行政主管部门和渔政监督管理机构工作人员违反本办法规定，玩忽职守、滥用职权、徇私舞弊的，由所在单位或者有关主管机关依法给予行政处分；构成犯罪的，依法追究刑事责任。

第二十八条 从苗种繁育到养成全部实行人工养殖的渔业资源不受本办法禁渔期、禁渔区、禁用渔具渔法和保护品种采捕标准的限制。

第二十九条 本办法自 2002 年 9 月 1 日起施行。

附：山东省重要保护的渔业资源品种及最低采捕标准、禁渔期和禁渔区、网具的最小网的尺寸

一、山东省重点保护的渔业资源品种及最低采捕标准

（一）海水类

小黄鱼：体长 19 厘米（自吻端至脊椎骨末端）；

带鱼：肛长 23 厘米（自吻端至肛门前缘）；

真鲷：体长 19 厘米（自吻端至脊椎骨末端）；

褐牙鲆（牙鲆）：体长 27 厘米（自吻端至脊椎骨末端）；

高眼鲽：体长 17 厘米（自吻端至脊椎骨末端）；

大头鳕（鳕鱼）：体长 28 厘米（自吻端至脊椎骨末端）；

白姑鱼：体长 17 厘米（自吻端至脊椎骨末端）；

黄姑鱼：体长 23 厘米（自吻端至脊椎骨末端）；

鮸（鮸鱼）：体长 30 厘米（自吻端至脊椎骨末端）；

鲮（梭鱼）：体长 30 厘米（自吻端至脊椎骨末端）；

鰤：叉长 31 厘米（自吻端至尾叉）；

鲱（太平洋鲱鱼）：叉长 22 厘米（自吻端至尾叉）；

银鲳（鲳鱼）：叉长 20 厘米（自吻端至尾叉）；

鲐（鲐鱼）：叉长 22 厘米（自吻端至尾叉）；

蓝点马鲛（鲅鱼）：叉长 45 厘米（自吻端至尾叉）；

半滑舌鳎（鳎鱼）：全长 20 厘米（自吻端至尾鳍末端）；

花鲈（鲈鱼）：叉长 40 厘米（自吻端至尾叉）；

鳀鱼：叉长 9 厘米（自吻端至尾叉）

黑鳃梅童鱼：体长 7 厘米（自吻端至脊椎骨末端）；

棘头梅童鱼：体长 9 厘米（自吻端至脊椎骨末端）；

东方鲀类：体长 25 厘米（自吻端至脊椎骨末端）；

海鳗：肛长 30 厘米（以雌鱼为准，自吻短至肛门前缘）；

绿鳍马面鲀：体长 11 厘米（自吻端至脊椎骨末端）；

黄鲫：叉长 12 厘米（自吻端至尾叉）；

青鳞沙丁鱼：叉长 11 厘米（自吻端至尾叉）；

斑鰶：叉长 13 厘米（自吻端至尾叉）；

沙氏下鱵鱼（小鳞鱵）：叉长 20 厘米（自吻端至尾叉）；

石鲽：体长 19 厘米（自吻端至脊椎骨末端）；

黄盖鲽：体长 19 厘米（自吻端至脊椎骨末端）；

中国对虾：体长 15 厘米（以雌虾为准，自眼窝后缘至尾节末端）；

人工增殖中国对虾：体长 10 厘米（以雌虾为准，自眼窝后缘至尾节末端）；

人工增殖日本对虾：体长 15 厘米（以雌虾为准，自眼窝后缘至尾节末端）

鹰爪虾：体长 5 厘米（自眼窝后缘至尾节末端）；

口虾蛄（爬虾）：体长 11 厘米（自眼窝后缘至尾节末端）；

三疣梭子蟹：头胸甲长 8 厘米（头胸甲两侧尖刺末端之间的距离）；

日本鲟：头胸甲长 5 厘米（头胸甲两侧边缘最宽处的距离）；

毛蚶：壳长 3 厘米（壳顶至壳后缘最远处的距离）；

魁蚶：壳长 6 厘米（贝壳两侧边缘最远处的距离）；

文蛤：壳长 5 厘米（贝壳两侧边缘最远处的距离）；

紫石房蛤：壳长 6 厘米（贝壳两侧边缘最远处的距离）；

菲律宾蛤仔（杂色蛤）：壳长 2.5 厘米（贝壳两侧边缘最远处的距离）；

栉孔扇贝（扇贝）：壳长 7 厘米（壳顶至贝壳后缘最远处的距离）；

栉江珧：壳长 17 厘米（壳顶至贝壳后缘最远处的距离）；

皱纹盘鲍（鲍鱼）：壳长 8 厘米（贝壳两侧边缘最远处的距离）；

太平洋褶柔鱼：胴长 18 厘米（自胴部腹面的前端至后端的长度）；

日本枪乌贼：胴长 6 厘米（自胴部腹面的前端至后端的长度）；

金乌贼：胴长 8 厘米（自胴部腹面的前端至后端的长度）；

刺参（海参）：鲜品体长 12 厘米（个体的全长）；

海胆类：壳径 5 厘米（个体的直径）；

星虫类（海肠）：体长 20 厘米（个体的全长）；

海蜇：伞弧长 30 厘米（个体的伞部直径）；

（二）淡水类

鲤鱼：全长 25 厘米（自吻端至尾鳍末端）；

青鱼：全长 45 厘米（自吻端至尾鳍末端）；

草鱼：全长 45 厘米（自吻端至尾鳍末端）；

鲢鱼：全长 38 厘米（自吻端至尾鳍末端）；

鳙鱼：全长 36 厘米（自吻端至尾鳍末端）；

鳊鱼：全长 20 厘米（自吻端至尾鳍末端）；

鲌鱼：全长 24 厘米（自吻端至尾鳍末端）；

鲫鱼：全长 12 厘米（自吻端至尾鳍末端）；

鲂鱼：全长 22 厘米（自吻端至尾鳍末端）；

黄鱼桑：全长 15 厘米（自吻端至尾鳍末端）；

乌鳢：全长 35 厘米（自吻端至尾鳍末端）；

鳜鱼：全长 25 厘米（自吻端至尾鳍末端）；

鲶鱼：全长 20 厘米（自吻端至尾鳍末端）；

毛刀鱼：全长 45 厘米（自吻端至尾鳍末端）；

黄鳝：全长 48 厘米（自吻端至尾鳍末端）；

青虾：全长 8 厘米（自箭突至尾鳍末端）；

中华绒螯蟹：壳长 6 厘米（头胸甲两侧边缘最宽处的距离）；

青蟹：壳长 7 厘米（头胸甲两侧边缘最宽处的距离）；

中华鳖：体重 500 克；

二、禁渔期禁渔区

（一）品种的禁渔期、禁渔区

鹰爪虾：5 月 1 日至翌年 4 月 15 日；

山东南部人工增殖对虾：流网、定置网 11 月 1 日至翌年 8 月 29 日，拖网 11 月 1 日至翌年 8 月 31 日；

金乌贼：11 月 1 日至翌年 9 月 1 日；

渤海对虾：12 月 11 日至翌年 9 月 9 日；

鲅鱼：5 月 1 日至 9 月 1 日，北纬 37 度 30 分以北的黄渤海海域禁止一切捕捞鲅鱼的网具作业。

海蜇的捕捞时限为每年的 7 月 20 日至 31 日。

省渔业行政主管部门可根据资源状况的变化对上述渔业资源的禁渔期进行调整。

（二）网具的禁渔期

黄渤海区除钓具外的所有作业网具禁渔期均按照国家有关规定执行。

三、网具的最小网目尺寸

海洋捕捞渔具最小网目尺寸标准按照国家规定执行，用于淡水捕捞作业的拉网、铁脚子网、张网、扒网、袋河网、行闸网、坐闸网的网目67毫米。

附件11：

山东省渔业养殖与增殖管理办法

（2008年9月8日山东省人民政府令第206号公布
根据2018年1月24日山东省人民政府令第311号修订）

第一章 总 则

第一条 为了加强渔业养殖与增殖管理，保障水产品质量安全，促进现代渔业发展，根据《中华人民共和国渔业法》等法律、法规，结合本省实际，制定本办法。

第二条 在本省管辖范围内从事渔业养殖与增殖及其他相关活动，应当遵守本办法。

第三条 县级以上人民政府应当将渔业养殖与增殖纳入国民经济和社会发展规划，保护水域环境和生态安全，促进渔业养殖与增殖的发展。

县级以上人民政府统一领导、协调本辖区内的水产品质量安全监督管理工作，建立健全水产品质量安全责任目标考核制度，对水产品质量安全监督管理负总责。

第四条 县级以上人民政府渔业行政主管部门负责本辖区内的渔业养殖与增殖管理工作。

乡（镇）人民政府应当协助渔业行政主管部门做好渔业养殖与增殖的相关管理工作。

发展改革、财政、卫生、水利、畜牧、环境保护、质量技术监督、工商行政管理、食品药品监督和出入境检验检疫等部门，应当按照各自职责，密切配合，做好渔业养殖与增殖的相关工作。

第五条 县级以上人民政府渔业行政主管部门应当建立健康养殖和无公害水产品生产制度。引导、推广水产品标准化生产，鼓励和支持生产绿色、有机水产品。

鼓励单位和个人开展渔业养殖与增殖科学技术研究，开发、推广先进技术和优良品种，促进渔业可持续发展。

第六条 县级以上人民政府应当采取措施，鼓励、支持、引导养殖单位和个人依法组建或者加入渔业专业合作经济组织。

渔业专业合作经济组织应当加强自律管理，为成员及时提供生产技术服务，建立水产品质量安全管理制度，健全水产品质量安全控制体系。

第二章 养 殖 管 理

第七条 省渔业行政主管部门应当根据全省土地利用总体规划和海洋功能区划，编制水域滩涂养殖规划和渔业苗种生产发展规划，并组织实施。

设区的市、县（市、区）人民政府应当组织有关部门根据全省水域滩涂养殖规划，编制本行政区水域滩涂养殖规划，按规定报经批准后实施。

第八条 渔业苗种生产实行许可证制度。从事经营性渔业苗种生产活动的单位和个人，应当依法取得渔业苗种生产许可证。未取得渔业苗种生产许可证的，不得从事经营性渔业苗种生产活动。渔业苗种生产许可证的具体管理办法，由省渔业行政主管部门制定。

第九条 渔业苗种应当采用人工培育方式获得，不得使用天然苗种进行养殖；国家另有规定的，从其规定。

第十条 县级以上人民政府渔业行政主管部门应当建立和完善渔业养殖调查评估制度，科学划分渔业养殖区域，合理确定养殖容量，适时调整渔业养殖区域布局，并向社会公布。

第十一条 单位和个人使用全民所有的水域、滩涂从事渔业养殖的，应当依法取得养殖证。

第十二条 渔业养殖用水应当符合渔业水质标准，养殖场所的进排水系统应当分开，养殖废水排放应当符合国家规定标准。

从事渔业养殖的单位和个人应当加强养殖用水水质监测，养殖用水水源受到污染时，应当立即停止使用，经净化处理达到渔业水质标准后方可使用；污染严重的，应当及时报告当地渔业行政主管部门。

鼓励单位和个人采用节水、节能、环保的方式从事养殖活动。

第十三条 县级以上人民政府渔业行政主管部门应当采取措施，完善水产品质量检测机制和水产品药物残留监控制度，定期组织对水产品药物残留进行检测，保障水产品质量安全。

第十四条 从事渔用兽药和渔用饲料及饲料添加剂生产、经营的单位和个人，应当依法取得许可证后，方可从事生产、经营活动。

第十五条 在渔业养殖中禁止使用或者限制使用的药品、生物制剂、防腐剂、保鲜剂，渔业养殖单位和个人应当严格按照国家规定的标准和要求执行。

禁止使用假、劣渔用兽药。禁止将原料药直接用于渔业养殖或者向养殖水域直接泼洒抗生素类药物。禁止销售含有违禁药物或者药物残留量超过标准的水产品。

第十六条 渔业养殖单位应当建立水产品生产记录，对渔业养殖投入品的名称、来源、用法、用量、使用和停用日期，疫病发生和防治情况以及收获、捕捞日期等进行如实记载。水产品生产记录应当保存 2 年。

鼓励从事渔业养殖的个人建立水产品生产记录。

第十七条 因工程建设占用水域、滩涂，给养殖单位和个人造成损失的，由建设单位依法给予补偿。具体补偿标准和办法由省财政部门、价格主管部门会同省渔业行政主管部门制定。

第三章 增殖管理

第十八条 渔业增殖应当坚持统一规划、因地制宜、保护生态、分级实施的原则，通过放流、底播、移植、投放人工鱼礁以及划定渔业增殖保护区等方式，涵养渔业资源，实现可持续利用。

第十九条 省渔业行政主管部门应当根据渔业资源状况和水域特点，编制全省渔业增殖规划，报省人民政府批准后组织实施。

设区的市、县（市、区）人民政府渔业行政主管部门应当根据全省渔业增殖规划，编制本辖区的增殖规划，报本级人民政府批准后实施。

第二十条 渔业增殖实行项目管理制度。省渔业行政主管部门负责渔业增殖项目的实施和监督，具体工作由其所属的渔业增殖管理机构承担。

渔业增殖项目管理的具体办法，由省渔业行政主管部门会同省财政部门制定。

第二十一条 县级以上人民政府应当设立渔业增殖专项资金，并列入同级财政年度预算。

县级以上人民政府财政部门应当对渔业增殖工作所需经费给予保障。

渔业增殖受益单位和个人应当依法缴纳渔业资源增殖保护费。渔业资源增殖保护费应当专项用于渔业资源的增殖和保护。

第二十二条　渔业增殖应当使用本地原种亲本及其子一代，不得使用外来物种、杂交种、转基因种和经检验检疫不合格的亲本或者苗种。

用于养殖的渔业亲本、苗种和成体，不得擅自投放到自然水域。

第二十三条　建设人工鱼礁应当按照渔业增殖规划要求，委托有相应资质的单位进行本底调查和可行性论证，并向省渔业行政主管部门提出申请，经省渔业行政主管部门批准后方可建设。

禁止使用有毒、有害和其他可能污染水域环境的材料建设人工鱼礁。

第二十四条　省渔业行政主管部门应当根据全省渔业增殖规划，在渔业增殖水域设立保护区，报省人民政府批准。未经省渔业行政主管部门批准，任何单位和个人不得进入渔业增殖保护区从事捕捞生产。

第二十五条　省渔业行政主管部门应当定期组织有关专家，对渔业增殖生态安全进行评估，并采取措施，确保水域生态安全，防止对水域生态环境、生物资源种质等造成不良影响。

因开发利用水域、滩涂造成渔业生态损害的，应当按照国家规定进行生态补偿。

第四章　防疫管理

第二十六条　县级以上人民政府渔业行政主管部门应当建立和完善水生动物疫病预防控制机制，加强水生动物疫病的监测、检测、诊断、流行病学调查、疫情报告以及其他预防、控制等监督管理工作。

水生动物防疫执法人员应当依法取得行政执法证件。

第二十七条　从事水生动物的苗种培育、养殖、经营的单位和个人，必须具备国家规定的水生动物防疫条件。

水生动物及其产品应当依法进行检疫；应当检疫而未检疫的，必须强制补检。

经检疫不合格的水生动物及其产品，应当进行无害化处理；无法作无害化处理的，应当予以销毁。

第二十八条　县级以上人民政府渔业行政主管部门应当制定本行政区域内的水生动物疫情应急预案，报本级人民政府批准。

县级以上人民政府应当建立必要的渔用兽药、医疗器械等应急物资储备制度，为预防、控制和扑灭突发性重大水生动物疫病提供保障。

第二十九条　任何单位和个人发现水生动物疫病或者疑似疫病的，应当立即向当地渔业行政主管部门报告。渔业行政主管部门接到疫情报告，应当根据疫情，按规定程序报本级人民政府批准后，启动水生动物疫情应急预案。

第三十条　因预防、控制重大水生动物疫情，采取捕杀、消毒、隔离或者销毁措施，给当事人造成经济损失的，当地人民政府应当责成有关部门按照国家规定给予补偿。

第五章　监督检查

第三十一条　县级以上人民政府渔业行政主管部门应当会同有关部门建立健全渔业环境监测体系，加强渔业水域环境监测，保障渔业养殖与增殖水域生态安全。

县级以上人民政府环境保护行政主管部门和水行政主管部门应当依法加强入海和入湖河流水质的检测管理，采取有效措施，改善和提高入海和入湖河口的水环境质量。

第三十二条　省渔业行政主管部门应当依法组织有关专家，对可能影响水产品质量安全的潜在危害进行风险评估，并根据评估结果采取相应措施。

省渔业行政主管部门应当将水产品质量安全风险评估结果及时通报有关部门，并定期向社会公布水产品质量安全状况、渔业水域生态状况以及水产品病害、养殖容量等信息。

第三十三条　省质量技术监督部门应当会同省渔业行政主管部门根据全省渔业生产发展需要，制定有关渔业养殖与增殖的地方标准和技术规范。

销售的水产品必须符合水产品质量安全强制性标准；运输、销售水产品过程中，不得使用违禁药物。

有毒赤潮发生区域内的水产品，任何单位和个人不得擅自采捕和销售。

第三十四条　水产品生产单位以及从事水产品收购的单位和个人，应当按照国家和省有关规定对单体或者批次的水产品进行包装标识，标明品名、产地、生产者、生产日期、保质期和产品质量等级等内容。

禁止伪造或者冒用无公害水产品、绿色食品、有机水产品标识；严禁销售不合格水产品。

第三十五条　县级以上人民政府渔业行政主管部门应当加强水产品质量安全的监督检查工作。在监督检查中，可以对生产、销售的水产品进行现场检查，调查了解水产品质量安全的有关情况，查阅、复制与水产品质量安全有关的记录和其他资料；对经检测不符合水产品质量安全标准的水产品，有权查封、扣押，并可以责令生产者或者销售者召回其水产品。

县级以上人民政府渔业行政主管部门应当建立生产经营者违法行为记录制度，对违法行为的情况予以记录并公布。

第三十六条　县级以上人民政府渔业行政主管部门应当加强对渔用兽药使用和渔用兽药残留检测的监督检查工作，及时查处渔业养殖过程中的违法用药行为。

渔业行政主管部门在监督检查工作中发现违法生产、销售渔用兽药或者违法生产、销售、使用渔用饲料和饲料添加剂的，应当及时通知同级兽医行政管理部门，由兽医行政管理部门依法予以处理。

第三十七条　鼓励单位和个人对水产品质量安全进行社会监督。任何单位和个人都有权对渔业养殖与增殖活动中的违法行为进行检举、揭发和控告。有关部门收到检举、揭发和控告后，应当及时调查处理。

第六章　法律责任

第三十八条　违反本办法规定，擅自使用天然苗种进行养殖生产的，由渔业行政主管部门责令限期改正，没收渔业苗种和水产品，并处以 1 000 元以上 5 万元以下的罚款。

第三十九条　违反本办法规定，无兽药生产许可证、兽药经营许可证生产、经营渔用兽药的，或者虽有兽药生产许可证、兽药经营许可证，生产、经营假、劣渔用兽药的，由兽医行政管理部门责令其停止生产、经营，没收用于违法生产的原料、辅料、包装材料及生产、经营的渔用兽药和违法所得，并处以违法生产、经营的渔用兽药（包括已出售的和未出售的渔用兽药）货值金额 2 倍以上 5 倍以下的罚款；货值金额无法查证核实的，处以 10 万元以上 20 万元以下罚款；无兽药生产许可证生产渔用兽药，情节严重的，没收其生产设备。

生产、经营假、劣渔用兽药，情节严重的，由原许可机关吊销其兽药生产许可证、兽药经营许可证；构成犯罪的，依法追究刑事责任；给他人造成损失的，依法承担赔偿责任。生产、经营企业的主要负责人和直接负责的主管人员终身不得从事渔用兽药的生产、经营活动。

第四十条　违反本办法规定，单位或者个人有下列行为之一的，由渔业行政主管部门责令限期改正，予以警告，没收渔业苗种和水产品，并按以下规定处以罚款：

（一）使用外来物种、杂交种和经检验检疫不合格的亲本或者苗种用于渔业增殖的，处以 2 000 元以上 5 万元以下的罚款；

（二）擅自将用于养殖的渔业亲本、苗种或者成体投放到自然水域的，处以 2 000 元以上 5 万元以下的罚款；

（三）擅自采捕或者销售有毒赤潮发生区域水产品的，责令停止捕捞或者销售，追回已经销售的水产品，对违法销售的水产品进行无害化处理或者予以监督销毁；没收违法所得，并处以 2 000 元以上 2 万元以下的罚款。

第四十一条　违反本办法规定，使用有毒、有害或者其他可能污染水域环境的材料建设人工鱼礁的，由渔业行政主管部门责令限期改正，给予警告，处以 5 000 元以上 3 万元以下的罚款。

第四十二条　渔业行政主管部门及其他有关部门的工作人员在渔业养殖与增殖监督管理工作中，玩忽职守、滥用职权、徇私舞弊的，由其所在单位或者上级主管部门给予处分；构成犯罪的，依法追究刑事责任。

第七章　附　　则

第四十三条　本办法自 2008 年 10 月 10 日起施行。

附件 12：

山东省南部海域亲虾管理办法

（1998 年 3 月 24 日山东省人民政府令第 87 号公布
根据 2004 年 7 月 15 日山东省人民政府令第 172 号第一次修订
根据 2018 年 1 月 24 日山东省人民政府令第 311 号第二次修订）

第一条　为加强本省南部海域亲虾管理，保护对虾资源，促进渔业生产的持续发展，根据《中华人民共和国渔业法》等法律法规，制定本办法。

第二条　本办法所称南部海域，是指北起荣成市石岛、南至日照市岚山头范围内的禁渔区线内侧海域。

第三条　凡在本省南部海域从事捕捞亲虾的单位和个人，均应遵守本办法。

第四条　省渔业行政主管部门所属的渔政监督管理机构负责本省南部海域亲虾的统一管理。有关市地、县（市、区）渔业行政主管部门及其所属的渔政监督管理机构应予密切配合。

第五条　亲虾可捕期为每年 3 月 20 日至 4 月 30 日。每年 3 月 10 日至 3 月 19 日为亲虾禁渔期。禁渔期内禁止捕捞亲虾。

第六条　禁止使用严重损害亲虾的拖网、三重流网、小围网进行捕捞作业。

第七条　捕捞亲虾的单位和个人，应在当年 3 月 10 日前向当地县级渔政监督管理机构提出申请，经县级渔政监督管理机构审查、市地渔政监督管理机构审核后，报省渔政监督管理机构审批。

第八条　经批准捕捞亲虾的单位和个人，应当向省渔政监督管理机构缴纳亲虾资源增殖保护费，领取《山东省捕捞亲虾特许证》和标志旗，凭证、旗作业。

第九条　捕捞亲虾的单位和个人应当按下列规定缴纳亲虾资源增殖保护费：

（一）11 马力以下的船只，每单船 500 元；

（二）12 马力以上的船只，每单船 800 元。

第十条　捕捞亲虾的单位和个人应当采取有效保护措施，提高亲虾成活率。

第十一条　禁止无证、旗捕捞亲虾。

第十二条　有下列行为之一的，由省渔政监督管理机构没收渔获物和违法所得，并可处以罚款；情节严重的，可以没收渔具：

（一）使用拖网、三重流网、小围网作业的，每单船处 50 元以上 1 000 元以下的罚款；

（二）禁渔期内捕捞亲虾的，按渔船主机功率大小，每单船处 500 元以上 5 万元以下的罚款；

（三）无证、旗捕捞亲虾的，每单船处 100 元以上 5 000 元以下的罚款。

第十三条　违反本办法规定的，应按下列规定缴纳渔业资源损失赔偿费：

（一）使用拖网、三重流网、小围网作业的，每单船 1 000 元至 2 万元；

（二）禁渔期内捕捞亲虾的，每单船 500 元至 1 万元。

第十四条　当事人对行政处罚决定不服的，可以依法申请复议或者向人民法院起诉。当事人逾期不申请复议，也不向人民法院起诉，又不履行处罚决定的，由作出处罚决定的机关申请人民法院强制执行。

第十五条　依照本办法规定实施罚没处罚时，必须使用省财政部门统一制发的罚没收据，罚没款项按规定缴同级国库。

第十六条　渔政监督管理机构工作人员在执行公务中玩忽职守、滥用职权、徇私舞弊的，依法给予行政处分；构成犯罪的，依法追究其刑事责任。

第十七条　亲虾资源增殖保护费和渔业资源损失赔偿费均应纳入财政预算管理，主要用于对虾资源的增殖保护和恢复，任何单位和个人均不得挪用。

第十八条　对在亲虾管理工作中成绩突出的单位和个人，由省渔政监督管理机构予以表彰和奖励。

第十九条　本办法自公布之日起施行。1989 年 2 月 21 日省人民政府办公厅发布的《山东省南部海域亲虾管理规定》（鲁政办发〔1989〕19 号）同时废止。

附件 13：

山东省扬尘污染防治管理办法

（2012 年 1 月 4 日山东省人民政府令第 248 号公布
根据 2018 年 1 月 24 日山东省人民政府令第 311 号修订）

第一条　为了防治扬尘污染，保护和改善大气环境质量，保障人体健康，根据《中华人民共和国大气污染防治法》等法律、法规，结合本省实际，制定本办法。

第二条　本办法适用于本省行政区域内扬尘污染防治与管理活动。

本办法所称扬尘污染，是指在建设工程施工、建筑物拆除、道路保洁、物料运输与堆存、采石取土、养护绿化等活动产生的松散颗粒物质对大气环境和人体健康造成的不良影响。

第三条　县级以上人民政府应当将扬尘污染防治工作纳入环境保护规划和环境保护目标责任制，建立环境保护、住房城乡建设、城市管理、交通运输、水利、林业、价格等部门参加的联席会议制度，研究制定有关政策措施，保护和改善大气环境质量。

第四条　县级以上人民政府环境保护主管部门负责对本行政区域内扬尘污染防治实施统一监督管理。

住房城乡建设、城市管理、交通运输、水利、林业、价格等部门按照各自职责做好扬尘污染防治的有关工作。

第五条　任何单位和个人都有防治扬尘污染的义务，有权对造成扬尘污染的单位和个人进行举报。

环境保护、住房城乡建设、城市管理等部门应当建立扬尘污染投诉和举报制度，及时受理对扬尘污染的投诉和举报，并依法作出处理。

第六条　县级以上人民政府环境保护主管部门应当会同住房城乡建设、城市管理、交通运输、水利、林业等部门制定扬尘污染防治实施方案，报本级人民政府批准后实施。

第七条　县级以上人民政府环境保护主管部门应当建立扬尘污染环境监测制度，建立扬尘污染环境监测网络，加强对大气颗粒物浓度和道路积尘负荷的监测监控，定期公布扬尘污染状况的环境信息。

第八条　可能产生扬尘污染的单位，应当制定扬尘污染防治责任制度和防治措施，达到国家规定的标准。

建设单位与施工单位签订施工承发包合同，应当明确施工单位的扬尘污染防治责任，将扬尘污染防治费用列入工程预算。

第九条　建设单位报批的建设项目环境影响评价文件应当包括扬尘污染防治内容。

对可能产生扬尘污染、未取得环境影响评价审批文件的建设项目，该项目审批部门不得批准其建设，建设单位不得开工建设。

第十条 建设项目监理单位应当将扬尘污染防治纳入工程监理细则，对发现的扬尘污染行为，应当要求施工单位立即改正，并及时报告建设单位及有关行政主管部门。

第十一条 工程施工单位应当建立扬尘污染防治责任制，采取遮盖、围挡、密闭、喷洒、冲洗、绿化等防尘措施，施工工地内车行道路应当采取硬化等降尘措施，裸露地面应当铺设礁渣、细石或者其他功能相当的材料，或者采取覆盖防尘布或者防尘网等措施，保持施工场所和周围环境的清洁。

进行管线和道路施工除符合前款规定外，还应当对回填的沟槽，采取洒水、覆盖等措施，防止扬尘污染。

禁止工程施工单位从高处向下倾倒或者抛洒各类散装物料和建筑垃圾。

第十二条 道路保洁应当遵守下列防尘规定：

（一）城市主要道路推广使用高压清洗车等机械化清扫冲刷方式；

（二）采用人工方式清扫道路的，应当符合市容环境卫生作业规范；

（三）路面破损的，应当采取防尘措施，及时修复；

（四）下水道的清疏污泥应当当日清运，不得在道路上堆积。

第十三条 在城镇道路上行驶的机动车应当保持车容整洁，不得带泥带灰上路。

运输砂石、渣土、土方、垃圾等物料的车辆应当采取蓬盖、密闭等措施，防止在运输过程中因物料遗撒或者泄漏而产生扬尘污染。

第十四条 码头、堆场、露天仓库的物料堆存应当遵守下列防尘规定：

（一）堆场的场坪、路面应当进行硬化处理，并保持路面整洁；

（二）堆场周边应当配备高于堆存物料的围挡、防风抑尘网等设施；大型堆场应当配置车辆清洗专用设施；

（三）对堆场物料应当根据物料类别采取相应的覆盖、喷淋和围挡等防风抑尘措施；

（四）露天装卸物料应当采取洒水、喷淋等抑尘措施；密闭输送物料应当在装料、卸料处配备吸尘、喷淋等防尘设施。

第十五条 县级以上人民政府应当落实绿化责任制，根据本地实际，加强城区及周边地区绿化，防治扬尘污染和土壤风蚀影响。

第十六条 城市人民政府可以根据扬尘污染防治的需要，划定禁止从事砂石、石灰石开采和加工等易产生扬尘污染活动的区域。

第十七条 对产生扬尘污染的企业，实行扬尘排污收费制度。具体办法由省价格主管部门会同省财政部门、省环境保护主管部门制定，报省人民政府批准后实施。

第十八条 对产生扬尘污染的企业，实行绿色信贷制度。环境保护主管部门应当定期向人民银行提供产生扬尘污染企业的环境违法信息；人民银行应当将企业的环境违法信息录入企业征信系统，作为提供金融服务的重要依据。

第十九条 省环境保护主管部门应当建立城市扬尘污染防治考核评价制度，将城市扬尘污染防治作为对设区的市人民政府大气环境保护考核评价的重要内容，定期公布考核评价结果。

第二十条 环境保护、住房城乡建设、城市管理、交通运输、水利、林业等部门应当加强对扬尘污染防治的监督检查，对违法行为依法处理。被检查单位和个人应当予以配合，并按照要求提供相关资料。

第二十一条 违反本办法规定，工程施工单位有下列情形之一的，由住房城乡建设或者当地政府指定的行政主管部门责令改正，处 1 万元以上 10 万元以下的罚款；拒不改正的，责令停工整治：

（一）未建立扬尘污染防治责任制的；

（二）施工工地内裸露地面未铺设礁渣、细石或者其他功能相当的材料，或者未采取覆盖防尘布或者防尘网等措施的；

（三）管线和道路施工未对回填的沟槽采取洒水、覆盖等措施的；

（四）从高处向下倾倒或者抛洒各类散装物料和建筑垃圾的。

第二十二条 违反本办法规定，工程施工单位有下列情形之一的，由住房城乡建设、城市管理或者当地政府指定的行政主管部门根据职责分工依照有关法律、法规、规章予以处罚：

（一）施工时未采取遮盖、围挡、密闭、喷洒、冲洗、绿化等防尘措施的；

（二）运送砂石、渣土、垃圾等物料的车辆未采取蓬盖、密闭等有效防尘措施的；

（三）未对施工工地车行道路采取硬化等降尘措施的。

第二十三条 违反本办法规定，道路保洁作业有下列情形之一的，由住房城乡建设、城市管理或者当地政府指定的行政主管部门根据职责分工责令限期改正，处 5 000 元以下罚款：

（一）采用人工方式清扫道路不符合市容环境卫生作业规范的；

（二）对破损路面未采取防尘措施并及时修复的；

（三）对下水道的清疏污泥未当日清运并在道路上堆积的。

第二十四条 违反本办法规定，码头、堆场、露天仓库的物料堆存有下列情形之一的，由环境保护主管部门或者其他负有监督管理职责的部门责令改正，处 1 万元以上 10 万元以下的罚款；拒不改正的，责令停工整治或者停业整治：

（一）堆场的场坪、路面未进行硬化处理，路面未保持整洁的；

（二）堆场周边未配备高于堆场物料的围挡、防风抑尘网等设施的；

（三）大型堆场未配置车辆清洗专用设施的；

（四）对堆场物料未根据物料类别采取相应的覆盖、喷淋、围挡等防风抑尘措施的；

（五）露天装卸物料未采取洒水、喷淋等抑尘措施的；

（六）密闭输送物料未在装料、卸料处配备吸尘、喷淋等防尘设施的。

第二十五条 违反本办法规定，在禁止区域内从事砂石、石灰石开采和加工等易产生扬尘污染活动的，由环境保护主管部门或者其他负有监督管理职责的部门责令改正，处 1 万元以上 10 万元以下的罚款；拒不改正的，责令停工整治、停产整治或者停业整治，依法作出处罚决定的部门可以自责令改正之日的次日起，按照原处罚数额按日连续处罚。

第二十六条 违反本办法规定，被检查单位和个人不予配合检查或者未按照要求提供相关资料的，由环境保护主管部门或者其他相关部门责令改正；拒不改正的，对单位处 1 万元以上 3 万元以下罚款，对个人处 1 000 元以上 5 000 元以下罚款。

第二十七条 政府及环境保护主管部门和其他有关部门工作人员在扬尘污染防治管理工作中滥用职权、玩忽职守、徇私舞弊的，依法给予处分；构成犯罪的，依法追究刑事责任。

第二十八条 本办法自 2012 年 3 月 1 日起施行。

附件 14：

山东省粮食收购管理办法

（2004 年 6 月 30 日山东省人民政府令第 168 号公布
根据 2018 年 1 月 24 日山东省人民政府令第 311 号修订）

第一条 为加强粮食收购管理，完善粮食市场准入制度，维护粮食收购市场秩序，保障粮食安全，根据国务院粮食流通管理条例和其他相关法律、法规，结合本省实际，制定本办法。

第二条 本办法所称粮食，是指小麦、玉米和稻谷（含大米）。本办法所称粮食收购，是指为了销售、加工或者作为饲料、工业原料等直接向农民或者其他粮食生产者批量购买粮食的活动。

第三条 在本省行政区域内从事粮食收购活动，应当遵守本办法。

第四条 粮食收购活动应当遵循自愿、公平、诚实信用的原则，不得损害粮食生产者的合法权益以及国家利益和社会公共利益。

第五条 县级以上人民政府粮食行政管理部门负责本行政区域内粮食收购的监督检查和管理工作。

发展改革（计划）、工商行政管理、质量技术监督、价格等有关部门按照职责分工，做好与粮食收购有关的工作。

第六条 从事粮食收购活动的法人、其他组织和个体工商户（以下统称粮食收购者），应当向办理工商登记的部门同级的粮食行政管理部门申请取得粮食收购资格。

第七条 粮食收购者应当具备下列条件：

（一）拥有或者通过租借具有 200 吨以上的粮食仓储设施；

（二）具备一定的经营资金筹措能力，自有资金达到 20 万元以上；

（三）具有水分测定仪、容重器、天平、磅秤等检验化验仪器和计量器具；

（四）具有相应的粮食检验化验技术人员和保管人员；

（五）法律、法规规定的其他条件。

第八条 粮食收购者申请粮食收购资格，应当向粮食行政管理部门提交下列材料：

（一）从事粮食收购活动申请书；

（二）营业执照；

（三）开户银行出具的自有资金证明；

（四）仓储设施的产权证明或者有效租赁合同；

（五）县级以上人民政府质量技术监督部门出具的检验化验仪器和计量器具合格的证明材料；

（六）检验化验技术人员和保管人员的基本情况。

第九条 粮食行政管理部门应当自受理粮食收购资格申请之日起 15 个工作日内完成审核。对符合条件的，应当作出许可决定并公示；不符合条件的，应当书面通知申请人，并说明理由。

粮食行政管理部门审核粮食收购资格申请时，可以对申请人的仓储设施、检验化验仪器和计量器具等进行实地核查。

第十条 粮食收购者的名称、法定代表人等发生变更的，应当向粮食行政管理部门办理粮食收购资格变更手续。

第十一条 粮食收购者应当按照国家粮食经营政策和粮食质量标准，从事粮食收购活动；在粮食应急状态期间，应当执行国家和省的特别规定。

第十二条 粮食收购者应当告知售粮者或者在收购场所公示收购粮食的品种、价格和质量标准，按质论价，并及时支付售粮款，不得拖欠。

粮食收购者不得采取欺诈、囤积居奇等非法手段操纵粮食价格；不得接受任何组织或者个人的委托代扣、代缴任何税、费和其他款项。

第十三条 粮食收购者应当向收购地的县级人民政府粮食行政管理部门定期报告粮食收购数量等有关情况。

第十四条 粮食收购者应当建立粮食经营台账制度，并将粮食收购、销售和库存的基本数据和情况按规定上报所在地县级人民政府粮食行政管理部门；对涉及商业秘密的资料，粮食行政管理部门应当依法予以保密。

粮食经营台账的保留期限不得低于 3 年。

第十五条 粮食行政管理部门应当加强本行政区域内粮食收购活动的监督检查。

粮食行政管理部门在监督检查过程中，依法行使下列职权：

（一）进入粮食收购者经营场所进行检查；

（二）向有关单位和人员了解粮食收购者经营情况；

（三）调阅粮食收购者经营情况资料、凭证；

（四）对违法行为依法予以处理。

第十六条　粮食收购者在所在地以外违法从事粮食收购活动的，违法行为发生地的粮食及其他有关部门应当将其违法事实、处理结果告知其所在地的粮食行政管理部门。

第十七条　粮食行政管理部门实施监督检查，不得妨碍被检查者正常的粮食收购活动，不得索取或者收受被检查者的财物，不得谋取其他利益。

第十八条　任何单位和个人发现违法从事粮食收购活动的，可以向当地粮食、工商行政管理部门举报。粮食或者工商行政管理部门接到举报后，应当按照各自权限及时查处。

第十九条　粮食收购者依法终止的，由原批准许可的粮食行政管理部门依法注销其粮食收购资格。

第二十条　违反本办法规定的，由粮食、工商行政管理等部门依照国务院粮食流通管理条例的规定进行处理。

第二十一条　粮食行政管理部门对符合条件的申请人不予批准，或者对不符合条件的申请人予以批准的，由上级粮食行政管理部门或者监察部门责令改正，对直接负责的主管人员和其他直接责任人员，依法给予行政处分；构成犯罪的，依法追究刑事责任。

第二十二条　本办法自发布之日起施行。

附件 15：

山东省服务价格管理办法

（2011 年 9 月 9 日山东省人民政府令第 241 号公布
根据 2018 年 1 月 24 日山东省人民政府令第 311 号修订）

第一条　为了规范服务价格行为，维护市场价格秩序，保护消费者和经营者的合法权益，促进经济和社会健康发展，根据《中华人民共和国价格法》等法律、法规，结合本省实际，制定本办法。

第二条　在本省行政区域内发生的服务价格行为及其管理，适用本办法。

本办法所称服务价格，是指经营者利用场所、设施、设备、技术、劳务、传递等方式提供有偿服务的收费。

第三条　服务价格管理应当遵循价值规律和市场规则，促进市场公平竞争。

服务价格实行主要由市场形成价格的机制，采取市场调节价、政府指导价、政府定价 3 种价格形式。

第四条　县级以上人民政府价格主管部门负责本行政区域内的服务价格工作。

县级以上人民政府其他有关部门在各自的职责范围内，负责有关的服务价格工作。

第五条　下列服务价格实行政府指导价或者政府定价：

（一）具有垄断性、强制性、保护性的服务价格；

（二）重要的公用事业价格；

（三）重要的公益性服务价格；

（四）竞争不充分的中介服务价格；

（五）省人民政府确定的其他服务价格。

前款规定以外的服务价格实行市场调节价，由经营者依据服务项目经营成本、市场供求状况等因素合理确定。

第六条　建立服务价格政府指导价、政府定价目录管理制度。

省服务价格管理目录由省价格主管部门拟定，报省人民政府批准后公布。

第七条 省价格主管部门和其他有关部门应当按照服务价格管理目录规定的定价权限和范围，制定在全省范围内执行的政府指导价、政府定价。

设区的市、县（市、区）人民政府根据省人民政府的授权，按照服务价格管理目录规定的定价权限和范围，制定在本行政区域内执行的政府指导价、政府定价。

第八条 制定服务价格政府指导价、政府定价，应当遵循下列原则：

（一）公平、公正、公开和效率；

（二）合理补偿管理或者服务成本，并与市场供求状况、社会承受能力相适应；

（三）促进环境保护、资源节约，以及经济和社会事业可持续发展。

公用事业服务价格实行保本微利，公益性服务价格按照完全补偿或者部分补偿成本、经营性服务价格按照补偿经营成本并合理盈利的原则确定。

第九条 对资质等级、社会信誉以及服务质量差异较大的服务项目，应当按照服务质量标准化要求，实行价格等级管理，依质分等、按等定价，并保持合理的等级差价。

第十条 价格主管部门和其他有关部门应当根据经济运行情况，按照规定的定价权限和程序，适时制定或者调整实行政府指导价、政府定价服务价格的适用范围、价格水平。

消费者可以对政府指导价、政府定价提出调整建议。

第十一条 制定新的服务价格政府指导价、政府定价，应当确定试行期限，试行期不得超过 2 年。

试行期届满需要确定正式价格的，收费单位应当在试行期届满 3 个月前，按照规定的权限和程序重新申报，由原定价机关制定正式价格。正式价格执行期限一般不超过 5 年。

第十二条 制定服务价格政府指导价、政府定价，应当依法履行成本调查、听取社会意见、集体审议、作出决定、公告等程序；依法应当开展成本监审、专家论证、价格听证的，按照国家和省有关规定执行。

第十三条 经营者提供服务应当明码标价，标明服务项目、计价单位、服务价格、服务内容、价格管理形式、监督举报电话等内容；依法取得资质等级的，还应当标明其资质等级。

经营者不得在标价之外收取任何未予标明的费用。

第十四条 消费者有权自由选择经营者为其提供服务。

国家机关不得指定或者暗示消费者接受特定经营者的服务，也不得将职责范围内的公务交其所属机构办理，变无偿服务为有偿服务。

经营者不得依托国家机关或者以国家机关的名义强制或者变相强制服务并收费。

第十五条 经营者提供服务，不得有下列不正当价格行为：

（一）相互串通，操纵市场价格，损害消费者或者其他经营者的合法权益；

（二）以虚假或者使人误解的价格手段，诱骗消费者接受服务；

（三）为了排挤竞争对手或者独占市场，以低于成本的价格提供服务；

（四）改变服务质量、数量或者降低服务水平，变相提高服务价格；

（五）违法牟取暴利；

（六）法律、法规、规章禁止的其他不正当价格行为。

第十六条 价格主管部门应当建立重要服务价格监测制度，及时收集、发布有关价格信息，并对实行市场调节价的服务价格进行必要的引导与调控，保持服务价格水平的相对稳定。

当重要服务价格异常波动或者有可能显著上涨时，省价格主管部门应当报请省人民政府采取适度的价格干预措施。当价格平稳后，由省人民政府解除价格干预措施。

第十七条 价格主管部门应当对经营者提供咨询、培训、价格争议调解等公共服务，指导经营者建立健全内部价格管理制度。

价格主管部门工作人员不得将依法取得的资料或者了解的情况用于依法进行价格管理以外的任何其他目的，不得泄露当事人的商业秘密。

第十八条　行业组织应当遵守价格法律、法规，加强价格自律，接受政府价格主管部门的工作指导，不得捏造、散布涨价信息，不得组织本行业经营者相互串通、操纵市场价格。

第十九条　价格主管部门应当加强对服务价格的监督检查，建立健全价格违法行为举报制度，受理举报、投诉并及时查处价格违法案件。

第二十条　经营者、行业组织违反本办法规定的，由县级以上人民政府价格主管部门依据《中华人民共和国价格法》和国务院《价格违法行为行政处罚规定》予以处罚。

第二十一条　违反本办法规定，国家机关指定或者暗示消费者接受特定经营者的服务，或者将职责范围内的公务交其所属机构办理，变无偿服务为有偿服务的，由同级价格主管部门责令限期改正；对直接负责的主管人员和其他直接责任人员，由其上级主管机关或者监察机关依法给予处分。

违反本办法规定，经营者依托国家机关或者以国家机关的名义强制或者变相强制服务并收费的，由县级以上人民政府价格主管部门责令限期改正；逾期不改正的，给予警告，并可处以 2 000 元以上 30 000 元以下的罚款。

第二十二条　价格主管部门和其他有关部门违反服务价格管理目录规定，超越定价权限和范围擅自制定、调整服务价格或者不执行法定的价格干预措施、紧急措施的，由本级人民政府或者上级价格主管部门责令改正，并可以通报批评；对直接负责的主管人员和其他直接责任人员，依法给予处分。

第二十三条　价格主管部门和其他有关部门的工作人员在服务价格管理工作中，泄露国家秘密、经营者的商业秘密或者滥用职权、玩忽职守、徇私舞弊，构成犯罪的，依法追究刑事责任；尚不构成犯罪的，依法给予处分。

第二十四条　本办法自 2011 年 11 月 1 日起施行。

附件 16：

山东省地震安全性评价管理办法

（2005 年 1 月 21 日山东省人民政府令第 176 号公布
根据 2018 年 1 月 24 日山东省人民政府令第 311 号修订）

第一条　为加强地震安全性评价的管理，防御和减轻地震灾害，保护人民生命和财产安全，根据《中华人民共和国防震减灾法》、《地震安全性评价管理条例》等法律、法规，结合本省实际，制定本办法。

第二条　在本省行政区域内进行项目建设和从事地震安全性评价活动的单位和个人，应当遵守本办法。

第三条　县级以上人民政府地震行政主管部门负责本行政区域内地震安全性评价的管理工作。

其他有关部门应当按照职责分工，做好与地震安全性评价相关的管理工作。

第四条　下列建设项目（具体项目见附件），必须进行地震安全性评价：

（一）重大建设项目；

（二）可能发生严重次生灾害的建设项目；

（三）位于地震动参数区划分界线两侧各 4 公里区域内的建设项目；

（四）有重大价值或者有重大影响的其他建设项目。

第五条　下列地区必须进行地震小区划工作：

（一）编制城市规划的地区；

（二）位于复杂地质条件区域内的新建开发区、大型厂矿企业；

（三）地震研究程度和资料详细程度较差的地区。

第六条　本办法第四条规定以外的建设项目，在完成地震小区划工作的城市或者地区，应当按照地震小区划结果确定的抗震设防要求进行抗震设防；在未开展地震小区划工作的城市或者地区，应当按照国家颁布的地震动参数区划图规定的抗震设防要求进行抗震设防。

第七条　地震安全性评价工作必须纳入基本建设管理程序，并在建设项目可行性研究阶段或者规划选址阶段进行。

第八条　从事地震安全性评价的单位，必须依法取得国家或者省地震行政主管部门核发的地震安全性评价资质证书，并应当在其资质许可的范围内承揽地震安全性评价业务。

地震安全性评价单位不得超越其资质许可的范围或者以其他地震安全性评价单位的名义承揽地震安全性评价业务；不得允许其他单位以本单位的名义承揽地震安全性评价业务。

第九条　地震安全性评价单位应当严格执行国家地震安全性评价技术规范，确保地震安全性评价工作质量。评价工作完成后，应当编制地震安全性评价报告。

地震安全性评价报告应当包括下列内容：

（一）建设项目和地区概况；

（二）地震安全性评价的技术要求；

（三）地震活动环境评价；

（四）地震地质构造评价；

（五）设防烈度或者设计地震动参数；

（六）地震地质灾害评价；

（七）其他有关技术资料。

第十条　省地震行政主管部门收到地震安全性评价报告后，应当委托省地震安全性评审组织对地震安全性评价报告进行技术评审。

国家重大建设项目、跨省行政区域的建设项目、核电站和核设施建设项目的地震安全性评价报告以及地震小区划报告，应当经省地震安全性评审组织初审，提出初审意见，报国家地震安全性评审组织评审；其他地震安全性评价报告，由省地震安全性评审组织负责评审，并出具评审结论。

第十一条　省地震行政主管部门应当自收到建设单位提交的地震安全性评价报告之日起 15 日内，完成审定工作，确定抗震设防要求，并书面告知建设单位和建设项目所在地的市、县（市、区）人民政府负责管理地震工作的部门或者机构。

第十二条　建设项目设计单位应当按照审定的抗震设防要求和国家颁布的抗震设计规范进行抗震设计；施工单位、监理单位应当按照抗震设计进行施工、监理。

第十三条　地震安全性评价所需费用列入建设项目总投资概算，由建设单位承担。

第十四条　地震安全性评价报告经评审未获通过的，评价单位应当重新进行评价，费用由评价单位承担；给建设单位造成经济损失的，应当依法承担赔偿责任。

第十五条　县级以上人民政府有关部门在审批或者核准建设项目时，对可行性研究报告或者项目申请报告中缺少抗震设防要求的，不予批准。

第十六条　各级地震行政主管部门应当加强对地震安全性评价工作和抗震设防要求执行情况的监督检查，确保各类建设项目达到抗震设防要求。

第十七条　违反本办法规定，有下列行为之一的，由地震行政主管部门责令其限期改正，并处 1 万元以上 10 万元以下的罚款：

（一）未依法进行地震安全性评价的；

（二）未按照审定的抗震设防要求进行抗震设防的。

第十八条　违反本办法规定，有下列行为之一的，由地震行政主管部门责令其限期改正，没收非法所得，并处 1 万元以上 5 万元以下的罚款；情节严重的，由颁发资质证书的地震行政主管部门吊销其资质证书：

（一）未依法取得地震安全性评价资质，擅自从事地震安全性评价的；

（二）超越地震安全性评价资质许可的范围，承揽地震安全性评价业务的；

（三）以其他地震安全性评价单位的名义承揽地震安全性评价业务的；

（四）允许其他单位以本单位名义承揽地震安全性评价业务的。

第十九条　地震行政主管部门或者其他有关部门及其工作人员在地震安全性评价管理工作中，有下列行为之一的，由有关部门对负有直接责任的主管人员和其他直接责任人员依法给予行政处分；构成犯罪的，依法追究刑事责任：

（一）未按照本办法规定的程序和期限，审定抗震设防要求的；

（二）不依法履行监督管理职责的；

（三）发现违法行为不予查处的；

（四）有其他玩忽职守、滥用职权、徇私舞弊行为的。

第二十条　本办法自 2005 年 3 月 1 日起施行。山东省人民政府 1997 年 10 月 8 日公布的《山东省地震安全性评价管理办法》（省政府令第 85 号）同时废止。

附件：必须进行地震安全性评价的建设项目

附件：

必须进行地震安全性评价的建设项目

一、交通项目

（一）公路与铁路干线的大型立交桥，单孔跨径大于 100 米或者多孔跨径总长度大于 500 米的桥梁；

（二）铁路干线的重要车站、铁路枢纽的主要建筑项目；

（三）高速公路、高速铁路、高架桥、城市快速路、城市轻轨、地下铁路和长度 1 000 米以上的隧道项目；

（四）国际国内机场中的航空站楼、航管楼、大型机库项目；

（五）年吞吐量 200 万吨以上的港口项目或者 1 万吨以上的泊位，2 万吨级以上的船坞项目。

二、水利和能源项目

（一）Ⅰ级水工建筑物和 1 亿立方米以上的大型水库的大坝；

（二）装机容量 100 万千瓦以上的热电项目、20 万千瓦以上的水电项目、单机容量 30 万千瓦以上的火电项目；

（三）50 万伏以上的枢纽变电站项目；

（四）年产 90 万吨以上煤炭矿井的重要建筑及设施；

（五）大型油气田的联合站、压缩机房、加压气站泵房等重要建筑，原油、天然气、液化石油气的接收、存储设施，输油气管道及管道首末站、加压泵站。

三、通信项目

（一）设区的市以上的广播中心、电视中心的差转台、发射台、主机楼；

（二）县级以上的长途电信枢纽、邮政枢纽、卫星通信地球站、程控电话终端局、本地网汇接局、应急通信用房等邮政通信项目。

四、生命线工程

（一）城市供水、供热、贮油、燃气项目的主要设施；

（二）大型粮油加工厂和 15 万吨以上大型粮库；

（三）300 张床位以上医院的门诊楼、病房楼、医技楼、重要医疗设备用房以及中心血站等；

（四）城市污水处理和海水淡化项目。

五、特殊项目

（一）核电站、核反应堆、核供热装置；

（二）重要军事设施；

（三）易产生严重次生灾害的易燃、易爆和剧毒物质的项目。

六、其他重要项目

（一）年产 100 万吨以上炼铁、炼钢、轧钢工业项目以及年产 50 万吨以上特殊钢工业项目、年产 200 万吨以上矿山项目和其他大型有色金属工业项目的重要建筑及设施；

（二）大中型化工和石油化工生产企业的主要生产装置及其控制系统的建筑，生产中有剧毒、易燃、易爆物质的厂房及其控制系统的建筑；

（三）年产 100 万吨以上水泥、100 万箱以上玻璃等建材工业项目；

（四）地震动峰值加速度 0.10g 以上区域或者国家地震重点监视防御城市内的坚硬、中硬场地且高度超过 80 米，或者中软、软弱场地且高度超过 60 米的高层建筑；

（五）省、设区的市各类救灾应急指挥设施和救灾物资储备库；

（六）建筑面积 10 万平方米以上的住宅小区；

（七）大型影剧院、体育场馆、商业服务设施、8 000 平方米以上的教学楼和学生公寓楼以及存放国家一、二级珍贵文物的博物馆等公共建筑。

附件 17：

山东省气象管理办法

（2004 年 1 月 12 日山东省人民政府令第 165 号公布
根据 2018 年 1 月 24 日山东省人民政府令第 311 号修订）

第一条 为了发展气象事业，规范气象管理与服务活动，防御气象灾害，合理开发利用和保护气候资源，根据《中华人民共和国气象法》，结合本省实际，制定本办法。

第二条 在本省行政区域内从事气象探测、预报、服务、信息传播和气象灾害防御、气候资源开发利用、气象科学技术研究等活动的，应当遵守本办法。

第三条 县以上气象主管机构在上级气象主管机构和本级人民政府的领导下，负责本行政区域内的气象工作。

非气象主管机构所属的气象台站应当接受同级气象主管机构对其气象工作的指导、监督和行业管理。

第四条 县级以上人民政府应当根据国家气象现代化建设的总体布局及当地经济和社会发展需要，发展下列地方气象事业：

（一）不属全国统一布局，为当地经济建设和社会发展服务的气象监测及相关的信息处理和服务业务系统；

（二）不属全国气象骨干通信网，为当地经济建设和社会发展服务的气象通信网及天气警报系统；

（三）为当地农业生产、气候资源开发利用、生态环境建设与保护等服务的气象探测、预报和服务项目；

（四）人工影响天气、防御雷电等气象防灾减灾服务体系；

（五）城市、农村气象科技服务网络体系；

（六）为当地经济建设和社会发展服务的气象科学技术研究项目；

（七）根据当地社会经济发展需要增加的专项气象服务项目；

（八）国家规定由地方建设的其他项目。

第五条　县级以上人民政府应当按照国家和省的规定建立和完善气象双重计划财务体制，促进国家和地方气象事业协调发展。地方气象事业所需基建投资和有关事业经费应当分别纳入同级国民经济发展计划和财政预算。

第六条　气象台站的地面观测场、高空探测场及气象专用仪器、设备、标志、气象卫星接收设备、气象信息网络设备、气象雷达等气象设施受法律保护，任何单位和个人不得侵占、损毁或者擅自移动。

第七条　因实施城市规划或者国家重点工程建设迁移气象台站的，应当按照《中华人民共和国气象法》的有关规定办理批准手续。迁建费用由建设单位承担。

迁移气象台站的，新旧站址气象对比观测时间不得少于一年。对比观测期内，旧站址保护范围内的建设项目不得开工。

第八条　县级以上人民政府应当按照法定标准划定气象探测环境保护范围，并将保护范围纳入城市规划或者村庄、集镇规划，依法保护气象探测环境。

第九条　气象探测环境应当符合国家规定的技术要求，任何单位和个人不得建设或者种植影响或者可能影响气象观测环境的建筑物、高秆作物、树木和其他遮挡物。

第十条　经省气象主管机构认定，气象台站探测环境不符合标准的，当地人民政府应当组织有关部门予以改善；无法改善的，应当组织建设符合标准的探测场地及相关基础设施。

第十一条　规划、建设等有关部门应当严格执行法定的气象探测环境保护标准，不得审批违反气象探测环境保护法定标准的建设项目。

第十二条　从事气象探测活动的，应当遵守国家规定的气象探测技术标准、规范和规程，以及气象资料的保护规定。

禁止涂改、伪造、毁坏气象探测资料。

第十三条　公众气象预报和灾害性天气警报由县以上气象主管机构所属的气象台站统一发布，并根据天气变化情况及时补充或者订正。其他任何组织或者个人不得以任何形式向社会发布公众气象预报和灾害性天气警报。

县以上气象主管机构及其所属的气象台站应当加强气象科学技术研究，采用先进的气象科学技术，提高公众气象预报和灾害性天气警报的准确性、及时性和服务水平。

第十四条　广播、电视台站和当地人民政府指定的报纸，应当安排专门的时间或者版面，播发或者刊登公众气象预报和灾害性天气警报；对重大灾害性天气警报和补充、订正的气象预报，广播、电视台站应当及时增播或者插播。

气象预报节目的播发时间、时限及次数，由县以上气象主管机构会同广播电视行政部门共同商定。

广播、电视台站应当按照商定的时间、时限及次数播发气象预报节目；因特殊情况确需改变播发时间、时限及次数的，应当事先征得有关气象台站的同意。

第十五条　县以上气象主管机构所属的气象台站负责制作电视气象预报节目，并保证制作质量。

电视气象预报节目的内容、形式应当符合国务院气象主管机构制定的规范标准。

第十六条　广播、电视、报刊、无线寻呼、电话声讯、移动通讯、电子屏幕以及其他面向公众的媒体向社会传播气象预报和灾害性天气警报，必须使用当地气象主管机构所属的气象台站直接提供的适时气象信息，并标明提供气象信息的气象台站名称和发布时间。

未经当地气象主管机构同意，媒体不得相互转传气象信息。

通过传播气象信息获得的收益，应当提取一定比例用于发展气象事业。

第十七条 县以上气象主管机构所属的气象台站发布重大灾害性天气警报时，应当及时报告本级人民政府，通报有关部门，并提出相应的防灾减灾建议。

当地人民政府应当根据气象预报和灾害性天气警报，制定防御与减轻气象灾害应急方案，并及时组织实施，避免或者减轻灾害损失。

第十八条 重大气象灾害发生后，县以上气象主管机构应当参与当地人民政府或者有关部门组织的灾情调查，并根据气象资料和灾害标准确定气象灾害程度。

第十九条 县级以上人民政府应当加强本行政区域内人工影响天气工作的领导和协调，鼓励和支持人工影响天气科学技术研究，并组织专家对人工影响天气作业的效果进行评估。

县以上气象主管机构在本级人民政府的领导和协调下，负责人工影响天气工作的组织实施。

公安、民航、农业、水利、林业等有关部门应当在各自职责范围内配合气象主管机构做好人工影响天气工作。

第二十条 从事人工影响天气作业的单位和人员，应当具备省气象主管机构规定的条件，并严格遵守国务院气象主管机构规定的作业规范和操作规程。

第二十一条 实施人工影响天气作业造成人身伤亡事故和财产损失的，由县级以上人民政府依法协调处理。

第二十二条 县以上气象主管机构应当加强雷电灾害防御工作的管理，具体的管理工作按照省人民政府的有关规定执行。

第二十三条 县以上气象主管机构应当组织对下列项目进行气候可行性论证：

（一）城市规划项目；

（二）国家重点建设工程项目；

（三）重大区域性经济开发项目；

（四）大型太阳能、风能、云水等气候资源开发利用项目；

（五）法律、法规、规章规定的其他需要进行气候可行性论证的项目。

承担大气环境影响评价的单位需要进行现场气象观测的，必须符合气象技术标准和规范。

第二十四条 从事施放无人驾驶自由气球或者系留气球（以下称气球）活动的，应当按照国家规定办理相应的审批手续。

第二十五条 施放气球的，应当符合下列要求：

（一）储运气体及充灌、回收气球严格遵守消防、危险化学品安全使用管理规定；

（二）施放地点与高大建筑物、树木、架空电线和其他障碍物保持安全的距离；

（三）在施放气球的球体或者附属物上设置识别标志；

（四）具备适宜的气象条件；

（五）除低于距施放地点水平距离 50 米范围内建筑物顶部高度的外，系留气球升放高度不超过地面 150 米。

（六）在升放高度超过地面 50 米的系留气球上加装快速放气装置；

（七）确保系留牢固。

第二十六条 气象台站应当把公益性气象服务放在首位，在确保公益性气象无偿服务的前提下，可以依法开展气象有偿服务。有偿服务收费范围和标准，按照国家和省的有关规定执行。

第二十七条 违反本办法规定，侵占、损毁或者未经批准擅自移动气象台站的地面观测场、高空探测场及气象专用仪器、设备、标志、气象卫星接收设备、气象信息网络设备、气象雷达等气象设施的，由县以上气象主管机构按照权限责令停止违法行为，限期恢复原状或者采取其他补救措施，可以并处 5 万元以下的罚款；造成损失的，依法承担赔偿责任；构成犯罪的，依法追究刑事责任。

第二十八条 违反本办法规定，广播、电视、报刊、无线寻呼、电话声讯、移动通讯、电子屏幕以及其他面向公众的媒体向社会传播公众气象预报、灾害性天气警报，不使用当地气象主管机构所属的气象台站直接提供的适时气象信息的，由县以上气象主管机构按照权限责令改正，给予警告，可以并处 5 万元以下的罚款。

第二十九条 违反本办法规定，未办理相应的审批手续施放气球的，由县以上气象主管机构按照有关法律、法规的规定予以处理。

第三十条 县以上气象主管机构及其所属气象台站的工作人员有下列行为之一的，依法给予行政处分；构成犯罪的，依法追究刑事责任：

（一）迁移气象台站，未按照规定进行新旧站址气象对比观测的；

（二）涂改、伪造、毁坏气象探测资料的；

（三）因失职导致重大漏报、错报公众气象预报、灾害性天气警报的。

第三十一条 本办法自 2004 年 3 月 1 日起施行。

附件 18：

山东省防御和减轻雷电灾害管理规定

（2002 年 1 月 26 日山东省人民政府令第 134 号发布
根据 2004 年 10 月 31 日山东省人民政府令第 175 号第一次修订
根据 2018 年 1 月 24 日山东省人民政府令第 311 号第二次修订）

第一条 为防御和减轻雷电灾害（以下简称防雷减灾），保护国家利益和人民生命财产安全，促进经济建设和社会发展，依据《中华人民共和国气象法》，结合本省实际，制定本规定。

第二条 在本省行政区域内从事防雷减灾活动的单位和个人，应当遵守本规定。

第三条 防雷减灾工作，实行预防为主、防治结合的方针。

第四条 省气象主管机构负责全省防雷减灾管理工作。设区的市、县（市、区）气象主管机构负责本行政区域内的防雷减灾管理工作。

县以上气象主管机构所属的防雷减灾机构具体负责本行政区域内的防雷减灾工作。

电力企业在省气象主管机构委托范围内负责高压电力设施的防雷减灾工作，并接受各级防雷减灾机构的技术指导。

建设、公安、工商行政管理、质量技术监督等部门，应当按照各自的职责配合气象主管机构做好防雷减灾工作。

第五条 各级气象主管机构应当加强雷电天气监测、预警系统建设，提高雷电灾害预警、预防服务能力。

第六条 下列场所或设施应当安装接闪器、引下线、接地装置、电涌保护器及连接导体等防雷装置：

（一）建筑物防雷设计规范规定的一、二、三类防雷建（构）筑物及其附属设施；

（二）石油、化工等易燃易爆物资的生产、贮存场所；

（三）电力设施、电气装置；

（四）计算机信息系统、通讯系统、广播电视系统；

（五）其他易遭受雷击的设施和场所。

第七条 对从事防雷工程设计、施工和防雷装置检测的专业技术人员，按照国家有关规定进行管理。

第八条 涉及防雷的建设工程设计文件，由县以上气象主管机构参与审查，并对防雷设计提出意见。

防雷工程设计图纸不合格的，建设行政主管部门不得发给施工许可证，建设单位不得施工。

第九条 气象主管机构应当对防雷装置的安装情况进行监督，参与建设工程的竣工验收，并对防雷工程的验收情况提出意见。防雷工程未经验收或者验收不合格的，不得投入使用。

第十条 各级气象主管机构应当加强防雷装置检测工作的监督管理，并会同有关部门指导防雷装置的检测工作。

第十一条 从事防雷装置检测活动的单位，必须经省气象主管机构进行资质认证，执行国家防雷技术规范，并保证防雷装置检测报告的真实性。

从事电力、通信防雷装置检测的单位资质认定按照国家有关规定执行。

第十二条 防雷装置实行定期检测制度。防雷装置使用单位或者个人应当主动委托具有相应资质的防雷装置检测机构进行定期检测，发现的防雷装置安全隐患，应当按照检测机构出具的整改意见进行整改，做好防雷装置的日常维护工作。

第十三条 从事防雷工程设计、施工和防雷装置检测活动的，必须遵守国家有关保密规定。

第十四条 各级气象主管机构负责组织雷电灾害的调查、统计与鉴定工作。其他有关部门和单位应当配合当地气象主管机构做好雷电灾害的调查、统计与鉴定工作。

因雷电灾害引起的火灾事故由有关部门负责调查。

第十五条 遭受雷电灾害的，应当及时向当地气象主管机构报告，并协助当地气象主管机构对雷电灾害进行调查与鉴定。

第十六条 违反本规定的行为，法律、法规、规章已规定法律责任的，从其规定。

第十七条 违反本规定，造成雷电灾害事故，致使人员伤亡或者国家财产遭受重大损失的，对直接负责的主管人员和其他直接责任人员依法给予行政处分；构成犯罪的，依法追究刑事责任。

第十八条 气象主管机构及其防雷减灾机构的工作人员玩忽职守、滥用职权、徇私舞弊的，依法给予行政处分；构成犯罪的，依法追究刑事责任。

第十九条 本规定自 2002 年 3 月 1 日起施行。

附件 19：

山东省节能监察办法

（2005 年 9 月 14 日山东省人民政府令第 182 号公布
根据 2018 年 1 月 24 日山东省人民政府令第 311 号修订）

第一条 为保障《中华人民共和国节约能源法》和《山东省节约能源条例》等节能法律、法规的实施，规范节能监察行为，促进节约型社会建设，结合本省实际，制定本办法。

第二条 在本省行政区域内从事节能监察活动的，应当遵守本办法。

第三条 本办法所称节能监察，是指省、设区的市节能监察机构以及县级节能行政主管部门或者经授权的综合行政执法机构（以下统称节能监察机构），对能源生产、经营、使用单位以及其他有关单位（以下统称被监察单位）执行节能法律、法规、规章和节能技术标准的情况进行监督检查，督促、帮助被监察单位加强节能管理、提高能源利用效率，并对违法行为依法予以处理的活动。

第四条 县级以上人民政府节能行政主管部门负责本行政区域内的节能监察工作，其他部门应当按照各自职责共同做好有关的节能监察工作。

第五条 节能监察应当遵循公正、公开、效能和教育与处罚相结合的原则。

第六条 任何单位和个人对违反节能法律、法规、规章的行为，都有权向节能监察机构举报和投诉。

节能监察机构应当在接到举报和投诉后 15 日内组织处理，并将处理情况及时向举报人和投诉人反馈。

第七条 节能监察主要包括以下内容：

（一）落实固定资产投资项目节能评估和审查制度的情况；

（二）淘汰或者限制使用落后的耗能过高的用能产品以及生产设备、设施、工艺和材料的情况；

（三）执行单位产品能耗限额的情况；

（四）耗能产品执行能效限值标准和有关能效标识、标志制度的情况；

（五）采用节能技术措施、制定和落实节能制度的情况；

（六）能源利用检验、测试、评估等机构开展节能服务的情况；

（七）节能法律、法规、规章规定的其他情况。

第八条 节能监察机构应当根据节能法律、法规、规章和本行政区域节能工作的实际情况，编制节能监察计划并组织实施。

节能监察计划及实施情况应当报上一级节能监察机构备案。

第九条 有下列情形之一的，节能监察机构应当实施现场监察：

（一）被监察单位因技术改造或者其他原因，致使其主要耗能设备、生产工艺或者能源消费结构发生影响节能的重大变化的；

（二）根据举报或者其他途径，发现被监察单位涉嫌违反节能法律、法规、规章和标准的；

（三）需要对被监察单位的能源利用状况进行现场监测的；

（四）需要现场确认被监察单位落实节能整改措施情况的；

（五）节能监察计划规定应当进行现场监察的；

（六）法律、法规、规章规定的其他情形。

第十条 除采取现场监察的方式以外，节能监察机构也可以采取书面监察或者其他合理的方式实施节能监察。

采取书面监察方式的，被监察单位应当按照节能监察机构规定的监察内容和时间要求如实报送能源利用状况报告或者其他相关资料。

第十一条 节能监察机构实施节能监察时，应当有两名以上节能监察人员共同进行，出示有效的行政执法证件，并将实施节能监察的内容、方式和具体要求告知被监察单位。

第十二条 节能监察机构实施现场监察时，应当制作现场监察笔录。监察笔录应当如实记录实施节能监察的时间、地点、内容、参加人员和现场监察的实际情况，并由节能监察人员和被监察单位负责人或者被监察单位负责人的委托人签字确认；拒绝签字的，节能监察人员应当在监察笔录中如实注明。

第十三条 节能监察人员实施节能监察时，可以采取下列措施：

（一）要求被监察单位提供与节能监察内容有关的技术文件和材料，并进行查阅或者复制；

（二）要求被监察单位就监察事项所涉及的问题如实作出解释和说明；

（三）可以对有关设备、设施和工艺流程等进行录像或者拍照；

（四）根据需要对被监察单位的能源利用情况进行检测。

第十四条 节能监察中发现被监察单位有违法行为或者有其他违反节能规定行为的，应当按照下列规定进行处理：

（一）被监察单位存在违反节能法律、法规、规章和有关强制性标准行为的，依法进行处罚并制作限期整改通知书，责令被监察单位限期改正；

（二）被监察单位存在明显不合理用能行为或者严重浪费能源行为，但尚未违反节能法律、法规、规章和强制性标准的，制作节能监察意见书，要求被监察单位采取措施进行改进；

（三）被监察单位存在其他不合理用能行为的，制作节能监察建议书，提出节能建议或者节能措施。

对限期整改通知书和节能监察意见书，节能监察机构应当进行跟踪检查并督促落实。

第十五条 节能监察机构发现被监察单位有违法行为，但无权进行处理的，应当移送有权处理的部门进行处理或者向有权处理的部门提出处理建议。

第十六条 节能监察结束后，节能监察机构应当形成节能监察报告。节能监察报告应当包括实施节能监察的时间、内容、方式、对违法行为的处理措施、整改或者改进意见的落实情况等。

第十七条 被监察单位应当配合节能监察人员依法实施节能监察，不得拒绝或者妨碍节能监察工作的正常进行。

对违法进行的节能监察，被监察单位有权拒绝，并可以向节能监察机构或者其他有关部门举报。

第十八条 节能监察机构和节能监察人员应当严格执行节能法律、法规、规章和其他有关规定，不得泄露被监察单位的技术秘密和商业秘密，不得利用职务之便谋取非法利益或者有其他影响公正执法的行为。

第十九条 节能监察人员与被监察单位有利害关系或者其他关系，可能影响公正监察的，应当回避。

被监察单位认为节能监察人员应当回避的，可以书面或者口头方式向节能监察机构提出。

节能监察人员的回避，由节能监察机构的主要负责人决定。

第二十条 节能监察机构实施节能监察时，不得向被监察单位收取费用。

节能监察机构不得与被监察单位存在利益关系，不得从事影响节能执法工作的经营性活动。

第二十一条 被监察单位拒绝依法实施的节能监察的，由节能行政主管部门给予警告，责令限期改正；拒不改正的，可并处 1 000 元以上 5 000 元以下罚款；阻碍依法实施的节能监察、违反治安管理处罚规定的，由公安机关依法进行处罚；构成犯罪的，依法追究刑事责任。

第二十二条 节能监察机构及其工作人员有下列情形之一的，对直接负责的主管人员和其他直接责任人员依法给予行政处分；构成犯罪的，依法追究刑事责任：

（一）泄露被监察单位的技术秘密和商业秘密的；

（二）利用职务之便谋取非法利益的；

（三）违法向被监察单位收取费用的；

（四）与被监察单位存在利益关系或者从事影响节能执法工作的经营性活动的；

（五）有其他违法行为并造成较为严重后果的。

第二十三条 本办法自 2005 年 11 月 1 日起施行。

附件 20：

山东省政府采购管理办法

（2013 年 7 月 2 日山东省人民政府令第 262 号公布
根据 2018 年 1 月 24 日山东省人民政府令第 311 号修订）

第一章　总　则

第一条 为了规范政府采购行为，提高政府采购质量和效率，保护政府采购当事人的合法权益，促进廉政建设，根据《中华人民共和国政府采购法》等法律、法规，结合本省实际，制定本办法。

第二条 在本省行政区域内进行的政府采购，适用本办法。

政府采购工程以及与工程建设有关的货物、服务，采用招标方式采购的，适用有关招标投标的法律、法规和规章；采用其他方式采购的，适用有关政府采购的法律、法规和本办法。

第三条 政府采购应当遵循公开、公平、公正和诚实信用的原则，实行监督管理与操作执行相分离的管理体制。

第四条 政府采购应当有助于实现经济和社会发展政策目标，落实节约能源、环境保护和促进中小企业发展等政策措施。

政府采购应当采购本国货物、工程和服务。采购进口货物、工程和服务的，应当符合政府采购法律、法规规定的条件并报经财政部门核准。

第五条 县级以上人民政府财政部门负责政府采购的监督管理。监察、审计等部门依法履行与政府采购活动有关的监督管理职责。

第六条 政府采购信息应当在省人民政府财政部门指定的政府采购信息媒体上及时向社会公开发布，但涉及国家秘密和商业秘密的除外。

省人民政府财政部门应当加强政府采购信息化建设，制定统一的发展规划，组织建设统一标准的电子化政府采购监督管理与交易平台。

第二章　政府采购预算和计划

第七条 采购人在编制年度部门预算时应当一并按照集中采购目录和采购限额标准编报政府采购预算。年度内追加或者调整的部门支出预算中属于政府采购项目的，应当同时追加或者调整政府采购预算。

省人民政府财政部门根据实际情况，可以确定分别适用于省级、设区的市级、县级的集中采购目录和采购限额标准。

第八条 采购人应当在政府采购预算批复后 2 个月内编制政府采购计划，报财政部门批准。同一政府采购预算中相同品目的采购项目应当编报一个政府采购计划。

政府采购计划应当明确采购品目、组织形式、采购方式和采购金额等内容。

第九条 依法应当公开招标的货物和服务，因特殊情况需要采用公开招标以外的采购方式的，采购人应当在报送采购计划前获得设区的市级以上人民政府财政部门批准。

采用邀请招标、竞争性谈判、单一来源采购、询价以及法律、法规规定的其他采购方式的，应当符合政府采购法律、法规规定的情形。

采用单一来源采购方式且属于只能从唯一供应商处采购的，应当在省人民政府财政部门指定的政府采购信息媒体上公示。

第十条 政府采购预算应当在当年 11 月底前执行并签订政府采购合同；属于追加预算的，应当在追加预算后 3 个月内执行并签订政府采购合同；未执行完毕的，应当向同级人民政府财政部门报送书面情况。

政府采购预算无特殊原因未执行的，由财政部门收回。

第十一条 政府采购必须按照批准的预算和计划执行。未编报政府采购预算和计划的项目，采购人不得组织实施，不得支付采购资金。

第三章　政府采购组织实施

第十二条 采购人、采购代理机构应当按照批准的采购方式实施采购。采购代理机构包括集中采购机构和社会代理机构。

集中采购机构应当建立健全内部管理制度和采购价格监测制度，规范采购行为，提高采购质量和效率，实现采购价格低于市场平均价格，并不得将采购项目委托给其他组织或者个人。

第十三条 采购人应当按照政府采购监督管理的规定，及时将政府采购项目委托采购代理机构并签订委托代理协议。

采购人应当按照公开择优的原则选择采购代理机构，不得委托不符合规定要求的采购代理机构。

第十四条 采购人、采购代理机构应当根据采购项目的特点和需求进行论证，准确、完整地编制采购文件，并按照国家和省有关规定发布采购公告。

采购文件应当充分披露采购信息，标明实质性要求、条件及评审办法，注明是否允许采购进口产品，并按照落实政府采购政策措施的规定明确优先或者强制采购的要求和评分标准。

需要交纳保证金的，应当在采购文件中载明。供应商可以采用银行票据和专门机构出具的担保函等形式交纳保证金。采用担保函形式交纳的，采购人、采购代理机构不得拒收。

第十五条 采购文件载明的技术指标应当符合国家和省规定的标准要求，不得有下列限制、排斥潜在供应商的内容：

（一）设定的资格、技术、商务条件与采购项目的具体特点和实际需要不相适应或者与合同履行无关；

（二）限定或者指定特定的专利、商标、品牌、原产地或者供应商；

（三）以特定的行政区域或者特定行业的业绩、奖项作为评分因素或者中标（成交）条件；

（四）就同一采购项目向供应商提供有差别的项目信息；

（五）其他以不合理条件限制、排斥潜在供应商的内容。

第十六条 供应商应当按照采购文件要求编制投标（响应）文件。投标（响应）文件应当对采购文件作出实质性响应。

供应商应当在采购文件规定的截止时间前，将投标（响应）文件密封后送达指定地点。采购人、采购代理机构收到投标（响应）文件后，应当签收保存。

第十七条 开标（报价）应当在采购文件确定的时间和地点公开进行，由采购人、供应商和有关方面代表参加。

开标（报价）时，由供应商或者其推选的代表检查投标（响应）文件的密封情况，也可以由采购代理机构委托的公证机构检查并公证；经确认无误后，由工作人员当众拆封，宣读供应商名称、价格和投标（响应）文件的其他主要内容。

第十八条 投标（响应）文件有下列情形之一的，应当按照无效投标（响应）文件处理：

（一）在规定的截止时间之后递交的；

（二）未按采购文件规定要求密封、签署、盖章的；

（三）未按规定交纳保证金的；

（四）不具备采购文件中规定的资格要求的；

（五）未经财政部门核准，提供进口产品的；

（六）报价超过采购预算的；

（七）未全部响应采购文件规定的实质性要求的；

（八）不符合法律、法规规定的其他情形。

第十九条 采购代理机构应当按照政府采购法律、法规的规定组建评标委员会或者谈判小组、单一来源采购小组、询价小组（以下统称评审委员会）。评审委员会由采购人代表和评审专家组成。采购人代表应当获得单位法人代表书面授权，并不得担任评审委员会主要负责人。

评审委员会成员与供应商有利害关系的，必须回避。供应商认为评审委员会成员与其他供应商以及自身有利害关系的，应当申请其回避。

评审专家由采购代理机构从省政府采购评审专家库中随机抽取。抽取的专家数量无法满足评审要求的，经同级人民政府财政部门核准可以采取选择性确定方式补足。评审专家的抽取和使用应当严格保密。

第二十条 评审委员会成员应当依法独立评审，遵守评审工作纪律。对需要共同认定的事项存在争议的，应当按照少数服从多数的原则作出评审结论。

评审工作应当在严格保密的情况下进行。评审场所应当具备完善的录音录像设备。采购人、采购代理机构应当对评审活动进行全程录音录像。

评审委员会成员以及与评审有关的人员应当对评审情况和评审过程中获悉的国家秘密、商业秘密予以保密。

第二十一条 在采购活动中，有下列情形之一的，采购人、采购代理机构应当予以废标或者终止采购活动，并将理由书面告知所有供应商：

（一）在投标截止时间结束后参加投标的供应商不足3家，符合招标文件规定条件的供应商不足3家或者对招标文件作实质性响应的供应商不足 3 家的；

（二）出现影响采购公正的违法违规行为的；

（三）供应商的报价均超过采购预算的；

（四）因重大变故，采购任务取消的。

除前款第四项规定的情形外，采购人、采购代理机构应当重新组织采购。

第二十二条　采用公开招标方式采购货物、服务，有本办法第二十一条第一款第一项规定情形的，废标后，采购人、采购代理机构可以重新组织招标，也可以在书面征得供应商同意并报经财政部门核准后，按照下列规定变更采购方式：

（一）供应商只有 2 家的，可以改为竞争性谈判方式，由采购人、采购代理机构按照竞争性谈判方式的程序组织采购；递交响应文件或者对谈判文件作实质性响应的供应商只有 1 家的，应当终止谈判，重新组织采购；

（二）供应商只有 1 家的，经财政部门按规定公示无异议后，可以改为单一来源采购方式。

第二十三条　政府采购项目的中标（成交）供应商，按照下列规定确定：

（一）货物、服务项目采用招标方式采购的，以最低评标价法或者综合评分法确定；

（二）采用竞争性谈判方式采购的，由评审委员会所有成员集体与供应商分别进行谈判，根据质量和服务均能满足采购文件要求且报价最低的原则确定；

（三）采用询价方式采购的，由评审委员会对供应商提供的一次性报价进行比较，根据质量和服务均能满足采购文件要求且报价最低的原则确定。

第二十四条　评审结束后，评审委员会成员应当出具全体成员签名的评审报告，推荐中标（成交）供应商。持不同意见的评审委员会成员应当在评审报告上签署不同意见并说明理由；不签署不同意见的，视为同意。采购代理机构应当在 2 个工作日内将评审报告送采购人。

采购人应当在收到评审报告后 5 个工作日内，按照评审报告中推荐的中标（成交）候选供应商顺序确定中标（成交）供应商。采购人也可以事先书面授权评审委员会直接确定中标（成交）供应商。

第二十五条　中标（成交）供应商确定后，采购代理机构应当按规定在采购公告发布媒体上进行公告，向中标（成交）供应商发出中标（成交）通知书。

采购人、采购代理机构应当在中标（成交）通知书发出后 5 个工作日内退还未中标（成交）供应商的保证金。

第二十六条　在采购活动中，采购当事人和评审委员会成员不得有下列恶意串通行为：

（一）采购人或者采购代理机构向供应商透露评审委员会成员情况或者授意供应商撤换、修改投标（响应）文件；

（二）供应商之间协商报价、技术方案等投标（响应）文件的实质性内容；

（三）供应商之间事先约定由某一供应商中标（成交）；

（四）供应商之间约定放弃投标（报价）或者中标（成交）；

（五）供应商属于同一集团、协会、商会等组织，并按照该组织的要求协同投标（报价）；

（六）其他恶意串通的行为。

第四章　政府采购合同

第二十七条　采购人与中标（成交）供应商应当自中标（成交）通知书发出之日起 30 日内，按照采购文件和投标（响应）文件确定的事项签订政府采购合同。采购人应当自合同签订之日起 7 个工作日内，将合同副本报同级人民政府财政部门备案。

采购人、采购代理机构不得向中标（成交）供应商提出任何不合理的要求作为签订合同的条件，不得与供应商订立背离合同实质性内容的协议。

采购人、采购代理机构应当在签订合同后 5 个工作日内退还中标（成交）供应商的保证金。

第二十八条　中标（成交）供应商无正当理由不与采购人签订合同的，保证金不予退还，由采购人、采购代理机构上缴同级国库；给采购人造成损失的，应当依法承担赔偿责任。采购人应当重新组织采购。

第二十九条　中标（成交）供应商应当严格履行政府采购合同。供应商不履行或者不能全部履行合同的，应当依法承担法律责任。

供应商不履行合同的，采购人可以重新组织采购，也可以在报经同级人民政府财政部门核准后，与排位在中标（成交）供应商之后的第一位中标（成交）候选供应商签订合同。

第三十条　在政府采购合同履行过程中，采购人需要追加与合同标的相同的货物、工程和服务的，在已追加政府采购预算和不改变合同其他条款的前提下，可以与中标（成交）供应商签订补充合同，但所有补充合同的采购金额不得超过原合同采购金额的 10%。

第三十一条　采购人或者其委托的采购代理机构应当在供应商履行完合同义务之日起 7 个工作日内，对合同履行情况进行验收，参加评审的采购人代表应当回避；大型或者复杂的政府采购项目，应当聘请国家认可的质量检测机构参加验收。

第三十二条　采购人应当按照政府采购合同约定及时向财政部门申请支付或者自行支付采购资金。

政府采购节约的财政预算资金，由财政部门收回。

第五章　质疑与投诉

第三十三条　供应商认为采购文件、采购过程和中标（成交）结果给自身权益造成损害的，可以在知道或者应当知道其权益受到损害之日起 7 个工作日内，以书面形式向采购人、采购代理机构提出质疑。

第三十四条　采购人或者采购代理机构收到供应商的书面质疑后，应当签收回执。

采购人或者采购代理机构应当自签收回执之日起 7 个工作日内对质疑事项依法予以处理并作出答复，书面通知提出质疑的供应商和相关的其他供应商。质疑事项成立的，应当中止采购活动并予以纠正。

第三十五条　供应商对答复不满意或者采购人、采购代理机构逾期未答复的，可以在答复期满后 15 个工作日内向同级人民政府财政部门进行书面投诉，并列明具体事项及事实依据。

供应商不得捏造事实进行虚假投诉。

第三十六条　财政部门收到投诉书后，应当在 5 个工作日内进行审查，并按照下列规定进行处理：

（一）投诉不属于本部门管辖的，转送有管辖权的部门并书面告知投诉供应商；

（二）投诉供应商、被投诉人不属于政府采购活动的直接当事人，全部投诉事项未经质疑，或者超过投诉有效期的，视为无效投诉，书面告知投诉供应商不予受理；

（三）投诉材料不齐全或者缺乏事实依据的，书面告知投诉供应商限期补正，无法告知投诉供应商或者投诉供应商无正当理由逾期不补正的，视为放弃投诉；

（四）符合规定条件的，予以受理。

第三十七条　财政部门受理投诉后，应当在 3 个工作日内向被投诉人和相关的其他供应商发送投诉书副本。

被投诉人应当自收到投诉书副本之日起 5 个工作日内，以书面形式向财政部门作出说明，并提交相关证据、依据和其他有关材料。

第三十八条　财政部门在处理投诉期间，认为投诉事项可能影响中标（成交）结果的，可以书面通知采购人、采购代理机构暂停采购活动，但暂停时间最长不得超过 30 日。

第三十九条　财政部门应当采取书面审查方式处理投诉事项。必要时，可以进行调查取证或者组织质证。

财政部门依法进行调查时，投诉供应商、被投诉人以及相关单位、个人应当予以配合并如实反映情况、提供相关材料。

第四十条　财政部门应当自受理投诉之日起 30 个工作日内，对投诉事项作出处理决定，书面通知投诉供应商、被投诉人及其他与投诉处理结果有利害关系的政府采购当事人。

财政部门处理投诉过程中，需要对有关事项进行检验、检测、鉴定的，所需时间不计入投诉处理期限。

第六章　监督检查

第四十一条　财政部门应当加强对政府采购当事人、评审专家、采购活动以及合同签订和履行等情况的监督管理，建立健全监督检查机制，及时纠正采购过程中的违法违规行为。

财政部门应当定期组织对采购代理机构进行考核，并如实公布。

第四十二条　财政部门应当依法对采购人的下列行为进行监督检查：

（一）政府采购政策落实情况；

（二）政府采购预算和计划的编制与执行情况；

（三）政府采购合同的订立、履行、验收和资金支付情况；

（四）核准与备案事项的执行情况；

（五）对供应商质疑的处理情况；

（六）法律、法规规定的其他事项。

第四十三条　财政部门应当依法对采购代理机构的下列行为进行监督检查：

（一）政府采购政策执行情况；

（二）政府采购信息发布和采购文件编制等组织实施情况；

（三）评审专家抽取和使用情况；

（四）实际采购价格与同期市场平均价格差异情况；

（五）对供应商质疑的处理情况；

（六）内部制度建设和监督制约机制落实情况；

（七）法律、法规规定的其他事项。

第四十四条　财政部门应当加强对评审专家参加评审活动、遵守评审工作纪律等情况的监督检查，依法对违法违规行为进行处理处罚。

采购人、采购代理机构应当对评审专家参与政府采购活动情况进行记录，并及时向财政部门报告。

第四十五条　审计、监察机关应当依法对政府采购活动进行审计、监察。其他有关部门应当按照职责分工，加强对政府采购活动的监督管理，及时通报有关情况。

第四十六条　任何单位和个人对政府采购活动中的违法违规行为有权举报，有关部门接到举报后应当及时处理。

第七章　法律责任

第四十七条　违反本办法规定，采购人有下列情形之一的，由财政部门责令限期改正，给予警告，由任免机关或者监察机关对直接负责的主管人员和其他直接责任人员依法给予处分，并予以通报；构成犯罪的，依法追究刑事责任：

（一）未编报政府采购预算和计划擅自进行采购的；

（二）未经核准采购进口产品的；

（三）违规收取或者不按规定退还保证金的；

（四）在采购活动中有恶意串通行为的；

（五）采购文件具有限制、排斥潜在供应商的内容的；

（六）违规确定中标（成交）供应商的；

（七）拒绝配合财政部门处理投诉、举报事项的。

第四十八条   违反本办法规定，社会代理机构有下列情形之一的，由财政部门责令限期改正，依照法律、法规的规定进行处罚；法律、法规未规定的，处 1 万元以上 3 万元以下的罚款；构成犯罪的，依法追究刑事责任：

（一）未按规定的采购方式和程序组织采购的；

（二）违规收取或者不按规定退还保证金的；

（三）采购文件具有限制、排斥潜在供应商的内容的；

（四）未按规定发布政府采购信息的；

（五）违规抽取和使用评审专家的；

（六）在采购活动中有恶意串通行为的；

（七）拒绝配合财政部门处理投诉、举报事项或者拒绝政府采购监督检查的；

（八）违反法律、法规规定的其他行为。

集中采购机构有前款所列情形的，由财政部门责令限期改正，给予警告，并由任免机关或者监察机关对直接负责的主管人员和其他直接责任人员依法给予处分；构成犯罪的，依法追究刑事责任。

第四十九条   违反本办法规定，供应商有下列行为之一的，由财政部门依照法律、法规的规定进行处罚；法律、法规未规定的，处 1 万元以上 3 万元以下的罚款，列入不良行为记录名单，在 1 至 3 年内禁止其参加政府采购活动；构成犯罪的，依法追究刑事责任：

（一）在采购活动中有恶意串通行为的；

（二）无正当理由不与采购人签订合同的；

（三）捏造事实进行虚假投诉的；

（四）拒绝配合财政部门处理投诉、举报事项的；

（五）违反法律、法规规定的其他行为。

第五十条   评审委员会成员违反评审工作纪律或者有恶意串通等其他违规评审行为的，由财政部门给予警告；情节严重的，禁止其参加政府采购评审活动，并处 2 000 元以上 2 万元以下的罚款；属于国家工作人员的，由任免机关或者监察机关依法给予处分；构成犯罪的，依法追究刑事责任。

第五十一条   有本办法第四十七条至第五十条所列违法违规行为，影响中标（成交）结果或者可能影响中标（成交）结果的，由财政部门按照下列规定进行处理：

（一）未确定中标（成交）供应商的，终止采购活动，重新组织采购；

（二）中标（成交）供应商已经确定但尚未签订采购合同的，中标（成交）结果无效，重新组织采购；

（三）采购合同已经签订但尚未履行的，撤销合同，从合格的中标、成交候选人中另行确定中标（成交）供应商；不能确定的，重新组织采购；

（四）采购合同已经履行，给采购当事人造成损失的，由相关责任人承担赔偿责任。

第五十二条   财政部门和其他有关部门及其工作人员，在政府采购监督管理工作中玩忽职守、滥用职权、徇私舞弊的，依法给予处分；构成犯罪的，依法追究刑事责任。

第八章   附   则

第五十三条   乡镇一级政府采购纳入县级政府采购进行管理，具体办法由设区的市人民政府规定。

第五十四条   本办法下列用语的含义：

（一）政府采购当事人，是指在政府采购活动中依法享有权利和承担义务的各类主体，包括采购人、供应商和采购代理机构等。

（二）采购人，是指依法进行政府采购的国家机关、事业单位和团体组织。

第五十五条   本办法自 2013 年 9 月 1 日起施行。

附件 21：

山东省地质资料管理办法

(2014 年 2 月 10 日山东省人民政府令第 273 号公布
根据 2018 年 1 月 24 日山东省人民政府令第 311 号修订)

第一章 总 则

第一条 为了充分发挥地质资料的作用，保护地质资料汇交人的合法权益，根据《地质资料管理条例》等法律、法规，结合本省实际，制定本办法。

第二条 本省行政区域内地质资料的汇交、保管和利用，适用本办法。

第三条 县级以上人民政府应当加强对地质资料管理工作的领导，组织开展地质资料汇交、保管、利用的科学研究、宣传教育和信息化建设，并将地质资料管理工作经费纳入财政预算。

第四条 省地质矿产主管部门负责全省地质资料汇交、保管和利用的监督管理。

设区的市地质矿产主管部门负责本办法规定的地质资料汇交、保管和利用的监督管理。

省地质资料馆藏机构和地质矿产主管部门委托的地质资料保管单位，具体承担地质资料的保管和提供利用工作。

发展改革、财政、住房城乡建设、海洋与渔业等部门根据各自职责，协助做好有关的地质资料管理工作。

第五条 地质矿产主管部门应当建立健全地质资料汇交监管平台和信息化服务体系，加强对地质资料汇交的全程监管，提高地质资料利用效率和服务水平。

第二章 地质资料的汇交

第六条 从事矿产资源勘查开发的，探矿权人或者采矿权人为地质资料汇交人。

从事前款规定以外的其他地质工作项目的，下列单位或者个人为地质资料汇交人：

(一) 政府出资的地质工作项目的承担单位；

(二) 社会出资的地质工作项目的出资人；

(三) 多方出资的地质工作项目的各出资人所确定的一方，其他出资人承担连带责任；

(四) 中外合作的地质工作项目的中方，外方承担连带责任。

第七条 转让探矿权、采矿权的，其汇交义务同时转移，受让人为地质资料汇交人。

第八条 出资人可以书面委托承担地质工作项目的单位代为汇交地质资料；项目承担单位在汇交地质资料时，应当出具委托书。

第九条 原始地质资料按照下列规定汇交：

(一) 国家财政出资的地质工作项目形成的原始地质资料，由汇交人向国务院地质矿产主管部门汇交；

(二) 其他地质工作项目形成的原始地质资料，由汇交人向省地质矿产主管部门汇交。

第十条 需要向国家汇交的成果地质资料，按照下列规定办理：

(一) 石油、天然气、煤层气、放射性矿产和海洋成果地质资料，由汇交人向国务院地质矿产主管部门汇交，同时将地质资料目录报送省地质矿产主管部门；

(二) 其他成果地质资料，由汇交人报送省地质矿产主管部门，并由省地质矿产主管部门转送国务院地质矿产主管部门。

第十一条 下列成果地质资料，由汇交人向设区的市地质矿产主管部门汇交：

（一）由设区的市、县（市）地质矿产主管部门颁发采矿许可证的矿山形成的成果地质资料；

（二）矿山动态监测、地质环境保护与综合治理形成的成果地质资料；

（三）残采、复采小型煤矿形成的成果地质资料；

（四）中小型建设项目的工程地质勘查（察）形成的成果地质资料；

（五）建设项目地质灾害危险性评估形成的成果地质资料；

（六）省地质矿产主管部门规定的其他成果地质资料。

前款规定的成果地质资料，由设区的市地质矿产主管部门按年度向省地质矿产主管部门报送目录。

第十二条 本办法第十条、第十一条规定以外的成果地质资料，由汇交人向省地质矿产主管部门汇交。

第十三条 下列实物地质资料，由汇交人向国务院地质矿产主管部门汇交：

（一）科学钻探、大洋调查、极地考察、航天考察等国家重大调查项目和科研项目的实物地质资料；

（二）国家重大工程、标志性建筑的实物地质资料；

（三）石油、天然气、煤层气和放射性矿产的实物地质资料；

（四）国家财政出资项目形成的实物地质资料。

前款规定以外的实物地质资料，由汇交人向省地质矿产主管部门报送目录清单，并由国务院和省地质矿产主管部门分别筛选确定应当汇交的实物地质资料。

第十四条 汇交人应当按照下列规定期限汇交地质资料：

（一）探矿权人在勘查许可证有效期届满的 30 日前汇交。探矿权人缩小勘查区块范围的，在勘查许可证变更前汇交放弃区块的地质资料；由勘查转为开采的，在办理采矿许可证前汇交；

（二）采矿权人在采矿许可证有效期届满的 90 日前汇交。采矿权人阶段性关闭矿井的，自关闭之日起 180 日内汇交；提交的矿产资源储量核实报告，自评审备案之日起 30 日内汇交；

（三）探矿权人、采矿权人提前终止勘查或者采矿活动的，在办理勘查许可证、采矿许可证注销登记手续前汇交；被依法吊销勘查许可证或者采矿许可证的，自处罚决定生效之日起 15 日内汇交；

（四）工程建设项目地质资料，自项目竣工验收之日起 180 日内汇交；项目分期、分阶段验收的，自验收之日起 180 日内汇交；

（五）其他地质资料，自地质工作项目评审验收之日起 180 日内汇交；无需评审验收的，自野外地质工作结束之日起 180 日内汇交。

第十五条 按规定向国家转送的成果地质资料，应当向省地质矿产主管部门汇交纸质资料和电子文档各两份；其他成果地质资料汇交纸质资料和电子文档各一份。

第十六条 汇交的成果地质资料应当符合下列要求：

（一）符合国家有关地质报告编制的标准、规格、格式；

（二）内容完整、准确；

（三）电子文档与相应的纸质资料一致。

探矿权人、采矿权人汇交的地质资料，除符合前款规定的要求外，还应当附有勘查许可证、采矿许可证的复印件；经过评审、鉴定、验收的地质资料，应当同时附有评审备案、鉴定、验收的正式文件或者复印件。

第十七条 地质矿产主管部门应当自收到地质资料之日起 10 日内进行验收，验收合格的，出具汇交凭证；验收不合格的，由地质矿产主管部门发出修改补充通知书，退回汇交人修改补充后重新汇交。汇交人应当在 60 日内重新汇交。

第三章　地质资料的保管和利用

第十八条 汇交到省、设区的市地质矿产主管部门的地质资料，由地质资料馆藏机构或者保管单位集中保管。

地质资料馆藏机构和保管单位应当建立健全地质资料验收、整理、转交、保管、保密、利用等制度，配置保存、防护、安全等设施，配备必要的专业技术人员，具备信息化管理和社会化服务能力。

第十九条　探矿权人、采矿权人汇交的地质资料，在勘查许可证、采矿许可证有效期内予以保护。有效期届满之日起 30 日内，由地质资料馆藏机构或者保管单位予以公开；获准延续的，自延续期届满之日起 30 日内予以公开。

前款规定以外的地质资料，自汇交之日起 90 日内予以公开。需要保护的，由接收地质资料的单位按照国家规定予以保护。

第二十条　政府出资的地质工作项目形成的公益性地质资料，自汇交之日起 90 日内向社会公开，无偿提供利用。

前款规定的公益性地质资料，按照国务院地质矿产主管部门公布的范围执行。

第二十一条　保护期内的地质资料未经汇交人同意公开的，只公开目录；汇交人同意提前公开的，由地质资料馆藏机构或者保管单位自收到书面同意函件之日起予以公开。

第二十二条　保护期内的地质资料可以有偿利用，具体事项由利用人与汇交人协商确定；利用保护期内政府出资所形成的地质资料的，其利用方式和条件由地质矿产主管部门确定。

各级人民政府、有关部门因抢险救灾等公共利益需要，可以持有效证件或者证明材料无偿利用保护期内的地质资料。

第二十三条　单位和个人持有效证件，可以查阅、摘录、复制已经公开的地质资料；复制地质资料的，可以收取工本费，具体收费标准由省价格主管部门会同有关部门核定。

第二十四条　利用人应当按照规定利用地质资料，不得损毁、散失。

地质资料馆藏机构和保管单位应当按照规定管理地质资料，不得非法披露、提供利用保护期内的地质资料或者封锁已经公开的地质资料。

第二十五条　涉及国家秘密或者著作权的地质资料的保护、公开和利用，按照保守国家秘密法、著作权法等有关规定执行。

第四章　法　律　责　任

第二十六条　违反本办法规定，汇交人未按规定报送成果地质资料目录和实物地质资料目录清单的，由省地质矿产主管部门责令限期改正；逾期不改正的，处 1 000 元以上 5 000 元以下罚款。

第二十七条　违反本办法规定，汇交人对验收不合格的地质资料未按规定期限和要求修改补充的，视为不汇交地质资料，由负责接收地质资料的地质矿产主管部门处 1 万元以上 3 万元以下罚款。

第二十八条　违反本办法规定，汇交人未按规定期限汇交地质资料，伪造地质资料或者在地质资料中弄虚作假的，由负责接收地质资料的地质矿产主管部门依照《地质资料管理条例》第二十条、第二十一条的规定处罚。

第二十九条　违反本办法规定，利用人损毁、散失地质资料的，依法予以赔偿；造成保密地质资料泄密的，依照保守国家秘密法的规定处罚。

第三十条　违反本办法规定，地质矿产主管部门、地质资料馆藏机构和保管单位，有下列情形之一的，对直接负责的主管人员和其他直接责任人员依法给予处分；造成损失的，依法予以赔偿；构成犯罪的，依法追究刑事责任：

（一）非法披露、提供利用保护期内地质资料的；

（二）封锁地质资料，限制他人查阅、摘录、复制已经公开的地质资料的；

（三）未按规定管理地质资料，造成地质资料损毁、散失的；

（四）造成保密地质资料泄密的；

（五）超过核定的标准收取复制工本费的；

（六）其他滥用职权、玩忽职守、徇私舞弊的行为。

第五章　附　　则

第三十一条　按照本办法规定应当汇交的原始地质资料、成果地质资料和实物地质资料的汇交细目，由省地质矿产主管部门制定并向社会公布。

第三十二条　本省的地质勘查单位，在中华人民共和国领域及管辖的其他海域以外承担政府出资的地质工作项目形成的地质资料的管理，参照本办法执行。

第三十三条　本办法自 2014 年 4 月 1 日起施行。

附件 22：

山东省促进散装水泥发展规定

（2010 年 1 月 12 日山东省人民政府令第 219 号公布
根据 2012 年 1 月 10 日山东省人民政府令第 250 号第一次修订
根据 2018 年 1 月 24 日山东省人民政府令第 311 号第二次修订）

第一条　为了促进散装水泥的发展和应用，节约资源和能源，保护和改善环境，提高经济和社会效益，根据《中华人民共和国循环经济促进法》、《中华人民共和国清洁生产促进法》等法律、法规，结合本省实际，制定本规定。

第二条　在本省行政区域内从事水泥、预拌混凝土和预拌砂浆生产、经营、运输、使用和管理的单位和个人，应当遵守本规定。

第三条　本规定所称散装水泥，是指不用包装，直接通过专用设备出厂、运输、储存和使用的水泥。

本规定所称预拌混凝土，是指由水泥、集料、水以及所需的外加剂和掺合料等，在搅拌站按一定比例计量、拌制后，通过专用设备运输、使用的拌合物。

本规定所称预拌砂浆，是指由水泥、砂以及所需的外加剂和掺合料等，在搅拌站按一定比例计量、拌制后，通过专用设备运输、使用的拌合物。预拌砂浆包括干混砂浆和湿拌砂浆。

第四条　县级以上人民政府应当加强对发展散装水泥工作的领导，将其纳入当地国民经济和社会发展规划，并制定相应的工作目标和措施，促进散装水泥的发展。

第五条　县级以上人民政府确定的部门（以下统称散装水泥行政主管部门）负责本行政区域内散装水泥的监督管理工作。

县级以上人民政府散装水泥行政主管部门所属的散装水泥管理机构承担散装水泥管理的具体工作，其工作经费列入同级财政预算。

经济和信息化、发展改革、公安、财政、交通运输、住房城乡建设、审计、环境保护、统计等有关部门，应当按照职责分工，做好发展散装水泥的相关工作。

建材等行业协会应当加强行业自律，规范行业行为，为会员提供信息、技术、培训等服务，依法维护会员和行业的合法权益。

第六条　县级以上人民政府应当采取措施，鼓励科研教育机构、企业和个人进行散装水泥推广应用技术和配套设施设备的科研开发。

第七条　散装水泥行政主管部门应当根据当地国民经济和社会发展规划，会同发展改革、住房城乡建设、环境保护等行政主管部门，编制本行政区域内散装水泥的发展规划和年度计划，并由散装水泥管理机构组织实施。

散装水泥管理机构应当为散装水泥的生产、经营和使用提供信息咨询、业务培训等服务，推广应用新技术、新工艺、新产品。

第八条　县级以上人民政府及其有关部门应当支持、引导散装水泥、预拌混凝土和预拌砂浆现代物流体系建设，发展第三方物流，提高物流的社会化、专业化水平。

第九条　省散装水泥行政主管部门应当会同有关部门根据国家发展散装水泥的有关规定，制定并适时发布散装水泥生产工艺和设备导向目录。

第十条　新建、扩建和改建的水泥生产企业（包括粉磨站和配制厂），其散装水泥发放能力应当达到国家规定的标准。

已建成的水泥生产企业应当通过技术改造、增加设施设备等方式，逐步提高散装水泥发放能力，并达到国家规定的要求。

第十一条　鼓励发展预拌混凝土和预拌砂浆。

新建、扩建和改建预拌混凝土、预拌砂浆项目，有关部门应当在用地、资金等方面给予支持。

第十二条　水泥生产企业以及预拌混凝土、预拌砂浆和水泥制品生产企业，应当建立健全质量管理体系，保证散装水泥、预拌混凝土、预拌砂浆和水泥制品的质量符合国家规定的标准。

预拌混凝土、预拌砂浆和水泥制品生产企业应当全部使用散装水泥。

第十三条　城市、县人民政府所在地的镇规划区以及国家和省批准的各类开发区范围内，限期禁止建设工程现场搅拌混凝土、砂浆。

市（县）散装水泥行政主管部门应当会同有关部门，按照国家和省有关规定，结合本地实际情况，提出禁止现场搅拌混凝土、砂浆的具体区域和起始日期，报本级人民政府批准后实施，并向社会公告。

禁止现场搅拌混凝土、砂浆区域外的交通、能源、水利、港口等建设工程以及其他政府投资的建设工程，具备条件的，应当使用预拌混凝土和预拌砂浆。

第十四条　散装水泥、预拌混凝土、预拌砂浆的运输应当使用专用车辆，并保持车况良好、车貌整洁。

装载散装水泥、预拌混凝土、预拌砂浆的专用车辆和混凝土泵车需要进入城市市区的，应当凭当地散装水泥管理机构开具的证明，事先到当地公安机关交通管理部门办理特定时间和路线行驶的通行手续，公安机关交通管理部门应当及时办理。

装载预拌混凝土、预拌砂浆的专用车辆和混凝土泵车发生交通违法行为的，公安机关交通管理部门应当及时处理，处理时间需要 1 小时以上的，应当先予记录放行，待卸载后再行处理。

第十五条　从事水泥、预拌混凝土、预拌砂浆和水泥制品生产、经营、运输的单位和个人，应当采取有效措施，确保生产、运输、储存等设施设备以及生产经营场所符合国家有关安全生产和环境保护的要求。

第十六条　水泥、预拌混凝土、预拌砂浆和水泥制品生产企业，应当按照统计法律、法规和统计制度的规定，真实、准确、完整、及时地向散装水泥管理机构提供散装水泥生产和使用统计数据，不得虚报、瞒报和拒报。

第十七条　各级人民政府及其有关部门应当在农村规划建设散装水泥销售网点，建立健全散装水泥配送和服务体系，并鼓励农村居民使用散装水泥、预拌混凝土和预拌砂浆。

第十八条　违反本规定，建设单位在禁止现场搅拌混凝土、砂浆的区域内现场搅拌混凝土、砂浆的，由住房城乡建设行政主管部门责令限期改正；逾期不改正的，处 1 万元以上 3 万元以下的罚款。

第十九条　违反本规定，水泥、预拌混凝土、预拌砂浆和水泥制品生产企业虚报、瞒报或者拒报散装水泥生产和使用统计数据的，由散装水泥行政主管部门责令限期改正；逾期不改正的，处 2 000 元以上 1 万元以下的罚款。

第二十条　散装水泥行政主管部门可以委托其所属的散装水泥管理机构依法查处违反本规定的行为。

第二十一条　政府及其有关部门的工作人员在散装水泥监督管理工作中滥用职权、玩忽职守、徇私舞弊的，依法给予处分；构成犯罪的，依法追究刑事责任。

第二十二条　本规定自 2010 年 3 月 1 日起施行。

附件 23：

泰山风景名胜区服务项目经营管理办法

（2008 年 7 月 30 日山东省人民政府令第 205 号公布
根据 2018 年 1 月 24 日山东省人民政府令第 311 号修订）

第一条　为了规范泰山风景名胜区服务项目经营秩序，推行泰山风景名胜资源有偿使用制度，有效保护泰山风景名胜资源，根据《风景名胜区条例》和《泰山风景名胜区保护管理条例》等法律、法规，结合泰山风景名胜区实际，制定本办法。

第二条　在泰山风景名胜区内从事服务设施建设、旅游客运、索道、餐饮、住宿、商品销售、游乐、租赁、单设景点以及摄影摄像等服务项目经营活动的单位和个人（以下简称经营者），应当遵守本办法。

第三条　泰山风景名胜资源属于国家所有。

实行泰山风景名胜资源有偿使用制度。

第四条　泰山风景名胜区服务项目经营管理，应当遵循科学规划、统一管理、总量控制、合理布局的原则。

第五条　泰安市、济南市人民政府设置的泰山风景名胜区管理机构（以下统称泰山风景名胜区管理机构），按照各自职责，负责本行政区域内泰山风景名胜区服务项目经营的监督管理工作。

第六条　泰山风景名胜区管理机构应当根据泰山风景名胜区总体规划和详细规划，组织编制服务项目经营专项规划，报本级人民政府批准后实施。泰山风景名胜区管理机构应当根据服务项目经营专项规划，制定服务项目的具体设置方案，并向社会公示。

第七条　在泰山风景名胜区内从事服务项目经营活动，应当具备下列条件：

（一）有相应的资金和设施、设备；

（二）具备相应的经营能力；

（三）有相应的从业经历和良好的资信；

（四）有切实可行的经营方案；

（五）法律、法规规定的其他条件。

第八条　泰山风景名胜区管理机构应当采取招标、拍卖、挂牌等公平竞争的方式，确定符合条件的经营者，并与经营者签订服务项目经营合同，授予其一定期限和范围的服务项目经营权。

本办法施行前已设置的服务项目，经营期限未届满的，由泰山风景名胜区管理机构与原经营者签订服务项目经营合同，授予其一定期限和范围的服务项目经营权；经营期限届满的，由泰山风景名胜区管理机构按照前款规定重新确定经营者，原经营者在同等条件下优先取得服务项目经营权。

未取得服务项目经营权的，不得在泰山风景名胜区内从事服务项目经营活动。

第九条　服务项目经营合同应当包括下列内容：

（一）服务项目名称、经营范围、地点、面积和从业人数；

（二）经营期限；

（三）风景名胜资源有偿使用费缴纳标准和方式；

（四）保障合同履行的措施；

（五）违约责任；

（六）双方需要约定的其他事项。

第十条 取得服务项目经营权的经营者，应当依法缴纳风景名胜资源有偿使用费。

采取招标、拍卖、挂牌等公平竞争的方式确定经营者的，招标、拍卖、挂牌的成交价款即为风景名胜资源有偿使用费。

本办法施行前已设置的经营期限未届满的服务项目，其风景名胜资源有偿使用费的具体征收标准和办法，由泰安市、济南市人民政府拟定，报省财政部门、价格主管部门审批。

第十一条 风景名胜资源有偿使用费属于国有资源有偿使用收入，是政府非税收入，实行收支两条线管理。

风景名胜资源有偿使用费由泰安市、济南市人民政府财政部门或者泰安市、济南市人民政府财政部门委托泰山风景名胜区管理机构征收，纳入同级财政专户，专项用于泰山风景名胜区的保护和管理。

任何单位和个人不得挤占、截留、挪用风景名胜资源有偿使用费。

第十二条 取得服务项目经营权的经营者，因不可抗力等因素无法正常经营的，经泰安市、济南市人民政府财政部门或者泰安市、济南市人民政府财政部门委托的泰山风景名胜区管理机构批准，可以减收或者免收风景名胜资源有偿使用费。

依法解除服务项目经营合同的，已缴纳的合同剩余期限的风景名胜资源有偿使用费，应当予以退还。

第十三条 不按照规定缴纳风景名胜资源有偿使用费的，由泰安市、济南市人民政府财政部门或者泰安市、济南市人民政府财政部门委托的泰山风景名胜区管理机构责令限期缴纳。

第十四条 取得服务项目经营权的经营者，应当诚实守信，文明服务，自觉维护经营秩序和环境卫生，并不得有下列行为：

（一）擅自改变经营地点或者改变经营性质；

（二）在店外经营或者占道经营；

（三）违反规定搭建建筑物和构筑物、设置灯箱广告或者悬挂、摆放物品；

（四）尾随兜售或者强买强卖；

（五）圈占景点或者占用公共设施进行收费；

（六）采取诱导或者欺骗等不正当手段获利；

（七）为违法经营或者其他违法活动提供便利条件；

（八）不按照规定保持服务项目周围的环境卫生。

第十五条 泰山风景名胜区管理机构应当加强对经营者经营活动的监督检查，建立经营者信用档案，对经营者的基本情况、服务业绩、信用程度以及游客对经营者的投诉核实后记录在册。

泰山风景名胜区管理机构在实施监督检查时，不得妨碍经营者正常的经营活动，不得泄露经营者的商业秘密。

第十六条 违反本办法规定，有下列行为之一的，由泰山管理行政执法机构依照有关法律、法规的规定予以处罚：

（一）未取得服务项目经营权从事经营活动的；

（二）擅自改变经营地点从事经营活动的；

（三）违反规定搭建建筑物、构筑物或者设置灯箱广告的；

（四）不按照规定保持服务项目周围环境卫生的。

第十七条 违反本办法规定，有下列行为之一的，由泰山管理行政执法机构给予警告，责令限期改正；逾期未改正的，可处以 500 元以上 3 000 元以下的罚款：

（一）擅自改变经营性质的；

（二）在店外经营或者占道经营的；

（三）违反规定悬挂或者摆放物品的；

（四）尾随兜售或者强买强卖的；

（五）圈占景点或者占用公共设施进行收费的；

（六）采取诱导或者欺骗等不正当手段获利的；

（七）为违法经营或者其他违法活动提供便利条件的。

第十八条　拒绝、阻碍泰山风景名胜区管理机构和其他有关部门及其工作人员依法执行公务的，由公安机关依法处理；构成犯罪的，依法追究刑事责任。

第十九条　泰山风景名胜区管理机构和其他有关部门及其工作人员，在泰山风景名胜区服务项目经营的监督管理工作中，滥用职权、玩忽职守、徇私舞弊的，依法给予处分；构成犯罪的，依法追究刑事责任。

第二十条　本办法自 2008 年 9 月 1 日起施行。

附件 24：

山东省工程建设监理管理办法

（1995 年 10 月 11 日鲁政发〔1995〕106 号公布
根据 2018 年 1 月 24 日山东省人民政府令第 311 号修订）

第一章　总　　则

第一条　为加强工程建设监理的管理，提高工程建设项目的投资效益和建设水平，根据国家有关规定，结合本省实际情况，制定本办法。

第二条　本办法所称工程建设监理，是指监理单位受建设单位的委托，依据合同和有关法律、法规的规定对工程建设行为实施的监督管理。

第三条　在本省行政区域内从事工程建设监理业务，实施工程建设监理管理，均应遵守本办法。国家对交通、水利等专业工程监理管理另有规定的，从其规定。

第四条　省建设行政主管部门负责管理全省的工程建设监理工作，其主要职责是：

（一）贯彻执行国家和省有关工程建设监理的法律、法规和规章；

（二）负责全省监理单位的资质管理；

（三）负责全省注册监理工程师执业活动监督管理；

（四）负责工程建设监理的招标投标管理；

（五）检查处理在全省范围内有重大影响的工程建设监理中的违法行为。

第五条　市、县建设行政主管部门负责管理本行政区域内的工程建设监理工作，其主要职责是：

（一）贯彻执行国家和省有关工程建设监理的法律、法规和规章；

（二）负责本行政区域内监理单位资质的初审、申报和管理；

（三）负责本行政区域内注册监理工程师执业活动监督管理；

（四）负责本行政区域内工程建设监理的招标投标管理；

（五）检查处理工程建设监理中的违法行为；

（六）同级人民政府规定的其他职责。

第六条　下列工程建设项目，除国家法律、法规另有规定外，均须实行监理：

（一）大中型工业、交通、水利、市政公用基础设施、民用建筑等工程项目；

（二）国家、省和市重点工程项目；

（三）成片开发建设的住宅小区工程项目；

（四）使用国外贷款、赠款的工程项目；

（五）法律、法规规定应当实行监理的其他工程项目。

前款规定以外的工程建设项目是否实行监理，由建设单位自行决定。

第二章　监理单位

第七条　监理单位是指依法成立的从事监理业务的公司或者其他企业法人，包括专营工程建设监理单位和兼营工程建设监理单位。

第八条　成立监理单位应当按规定申领工程建设监理资质证书，并办理工商注册登记手续。

监理单位必须按批准的资质等级和经营范围承接相应的工程建设监理业务。

第九条　监理人员进行监理，必须严格执行监理合同以及有关法律、法规和技术标准。

第十条　监理单位的各级负责人和监理工程师不得在政府机关或施工、设备制造和材料供应单位任职，不得参与施工、设备制造和材料供应单位的经营活动，不得从事施工和建筑材料销售业务。

与监理单位有同一隶属关系的单位承建建设工程的，监理单位不得承担该工程的监理业务。

第三章　监理业务的实施

第十一条　工程建设监理应当由依法成立的监理单位承担，其他任何单位或者个人均不得擅自进行工程建设监理。

第十二条　建设单位应当委托具有相应资质的监理单位监理；依法必须进行招标的，应当采用招标的方式择优选择监理单位。

两个或两个以上监理单位联合投标的，应当在合同中明确主投标方，由主投标方代表合作各方参加投标。

第十三条　建设单位根据实际需要，可以委托一个监理单位承担工程建设的全部监理业务，也可以委托多个监理单位分别承担不同阶段的监理业务。

第十四条　监理单位承担监理业务，必须与建设单位签订书面合同，合同应当具备以下主要条款：

（一）监理的范围和内容；

（二）监理的技术标准和要求；

（三）监理酬金及其支付的时间、方式；

（四）违约责任；

（五）发生争议的解决方式；

（六）对合理化建议的奖励办法；

（七）双方认为必须明确的其他内容。

监理单位应当在监理合同签订后 15 日内，将监理合同报相应的建设行政主管部门备案。

第十五条　监理单位应当按照监理合同的规定为委托单位负责，不得与施工单位、材料和设备供应单位有隶属关系或发生经营性业务关系。

监理业务不得转让。

第十六条　监理单位应当根据监理业务情况，组成由总监理工程师、监理工程师和其他监理人员参加的工程建设监理机构。

在工程建设施工阶段，监理人员应当进驻施工现场。

第十七条　实施监理前，建设单位应当将委托的监理单位、监理内容、总监理工程师姓名及所赋予的权限，书面通知设计单位和施工单位，并为监理单位开展工作提供便利条件。

监理单位的总监理工程师应当将其授予监理工程师的有关权限，书面通知设计单位和施工单位。

施工单位应当根据监理单位的要求，提供完整的工程记录、检测记录等技术、经济资料，为监理单位开展工作提供方便。

第十八条 工程建设监理实行总监理工程师责任制。总监理工程师行使监理合同赋予监理单位的权限，并领导监理工程师对工程的投资、进度和质量进行全面的监督和管理。

监理工程师对总监理工程师负责，承担核定专业的监理业务。

第十九条 总监理工程师对危及工程质量和安全的施工，按照监理权限可下达停工指令，对施工单位人员不符合工作要求的，可以要求撤换，施工单位应当执行。

第二十条 对监理的工程项目，施工单位结算工程进度款要经总监理工程师核定签字认可，建设单位同意并报开户银行审查后方可支付。总监理工程师拒绝签字认可的，建设单位不予支付工程款。

第二十一条 对影响工程质量和使用功能以及不合理的设计图纸，监理单位有权要求有关单位修改。对不符合质量要求的材料、设备和构配件，监理单位有权要求生产或者供应单位退换。

第二十二条 实施监理过程中，监理单位应当定期向建设单位报告工程建设情况。

第二十三条 建设监理实行有偿服务。工程监理费用按国家有关规定计取，列入工程概（预）算。

使用国外贷款、赠款及其他涉外的工程项目，其监理酬金的计取标准和支付方式，可以参照国际惯例，并应当在监理合同中作出明确规定。

第二十四条 凡实施监理的工程，仍然接受政府授权的工程质量监督部门的监督。

第四章　责任条款

第二十五条 因监理单位的过错给工程建设造成经济损失的，监理单位应当承担赔偿责任。

第二十六条 建设行政主管部门工作人员在实施工程建设监理的管理工作中，玩忽职守、滥用职权、徇私舞弊的，由主管部门给予行政处分；构成犯罪的，依法追究刑事责任。

第五章　附　　则

第二十七条 本办法由省建设行政主管部门负责解释。

第二十八条 本办法自 1996 年 1 月 1 日起施行。

附件 25：

山东省开发区规划管理办法

（1996 年 8 月 1 日鲁政发〔1996〕77 号公布
根据 1998 年 4 月 30 日山东省人民政府令第 90 号第一次修订
根据 2010 年 11 月 29 日山东省人民政府令第 228 号第二次修订
根据 2018 年 1 月 24 日山东省人民政府令第 311 号第三次修订）

第一条 为加强各类开发区的规划管理，保证城乡规划的实施，根据《中华人民共和国城乡规划法》等法律、法规，结合本省实际，制定本办法。

第二条 制定和实施开发区规划，在开发区内进行建设，必须遵守有关城乡规划法律、法规、规章和本办法。

第三条 本办法所称开发区是指在本省行政区域内，经国务院和省人民政府批准设立的实行特定经济优惠政策的区域，包括经济技术开发区、高新技术产业开发区、旅游度假区、外向型工业加工区、开放开发综合试验区、旅游经济开发区、保税区等。

第四条 开发区是所在城市、镇的有机组成部分，开发区规划应当纳入城市、镇总体规划，实施统一的规划管理。

第五条 省住房城乡建设行政主管部门主管全省开发区规划管理工作。"城市、县人民政府城乡规划行政主管部门主管本行政区域内的开发区规划管理工作。

第六条 开发区选址由设区城市、县人民政府（地区行署）负责组织，由城乡规划行政主管部门会同有关部门实施。

开发区报请批准时，必须附有省城乡规划行政主管部门的选址意见书。

第七条 开发区规划由所在地城市、县人民政府负责组织编制。

编制开发区规划，必须遵循国家和省制定的城乡规划技术规范。

第八条 编制开发区规划，应当在规划总体规划指导下先编制总体规划，总体规划批准后再编制详细规划。出让的地块必须编制控制性详细规划。

第九条 开发区总体规划，由省人民政府审批。设在县（市）的开发区总体规划须经设区的城市、县人民政府（地区行署）审查后，方可报省人民政府审批。

开发区详细规划经城乡规划行政主管部门审查后，报同级人民政府审批。

第十条 城市、县人民政府可以根据经济和社会发展需要，对开发区总体规划进行局部调整，并报原批准机关备案。但涉及开发区位置、规模、发展方向和总体布局重大变更的，须报省人民政府审批。

开发区详细规划经批准后，不得随意变更；确需变更的，应报城市、县人民政府审批。

第十一条 城乡规划行政主管部门应当会同土地管理等有关部门根据开发区规划实施步骤和要求，编制国有土地使用权出让规划和计划，进行开发区土地分等定级和出让金测算。

第十二条 开发区内建设工程的选址和布局应当符合开发区规划。需要有关部门审批或者核准的建设项目，在审批或者核准前，应当取得城乡规划行政主管部门核发的选址意见书。

第十三条 在开发区内需要申请行政划拨土地进行建设的，必须持国家批准建设项目的有关文件，向城乡规划行政主管部门申请定点，由城乡规划行政主管部门核定其用地性质、位置和界限，提供规划设计条件，核发建设用地规划许可证，建设单位或个人在取得建设用地规划许可证后，方可向县级以上人民政府土地管理部门申请用地，经县级以上人民政府审查批准后，由土地管理部门划拨土地。

第十四条 在开发区内需要通过出让、转让方式取得土地使用权进行建设的，其出让、转让合同中必须具有城乡规划行政主管部门提出的规划设计条件及附图。

土地出让、转让合同签订后，建设单位或个人必须持合同向城乡规划行政主管部门申领建设用地规划许可证，建设单位或个人在取得建设用地规划许可证后，方可向县级以上人民政府土地管理部门办理用地手续。

第十五条 任何单位和个人不得擅自变更规划条件及附图；确需变更的，应当按照规定程序，报城乡规划行政主管部门审批。

第十六条 在开发区进行各类工程建设，建设单位或者个人应当持建设用地规划许可证、土地使用权属证明及其他有关证件，向城乡规划行政主管部门提出申请，经审查批准并核发建设工程规划许可证后，方可办理施工许可手续。

第十七条 建设工程竣工后，城乡规划行政主管部门应当对建设工程进行竣工规划核实，对符合城乡规划要求的，核发建设工程竣工规划核实证明文件。

建设单位或者个人应当在竣工验收后6个月内向城乡规划行政主管部门报送有关竣工资料。

第十八条 违反法律、法规规定，建设项目未取得城乡规划行政主管部门核发的选址意见书而取得批准或者核准文件的，其批准或者核准文件无效。

第十九条 在开发区内未取得或擅自变更建设用地规划许可证而取得土地使用权属证明的，土地权属证明无效，占用的土地由县级以上人民政府责令退回。

第二十条　建设工程未取得城乡规划行政主管部门核发的建设工程竣工规划核实证明文件，即交付使用的，由建设行政主管部门或者其他有关部门责令停止使用，重新组织竣工验收。

第二十一条　本办法自发布之日起施行。

附件 26：

山东省城市绿化管理办法

（1999 年 7 月 2 日山东省人民政府令第 104 号公布

根据 2018 年 1 月 24 日山东省人民政府令第 311 号修订）

第一条　为加强城市绿化管理，促进城市绿化事业的发展，保护和改善生态环境，美化城市，根据《城市绿化条例》和有关法律、法规，结合本省实际，制定本办法。

第二条　本办法适用于本省城市规划区内种植和养护树木花草等绿化的规划、建设、保护和管理。

第三条　省人民政府建设行政主管部门主管全省城市绿化管理工作。

城市人民政府城市绿化行政主管部门主管本行政区域内的城市绿化工作。

城市规划、市政、房地产、林业、环保、公安、工商行政管理等部门，按照各自职责协同城市绿化行政主管部门搞好绿化工作。

第四条　城市绿化应当因地制宜，坚持节约用地与美化环境相结合，突出风貌特色，实行统一规划、配套建设、分期实施、各负其责的原则。

第五条　城市人民政府应当采取措施，鼓励单位和个人投资兴办城市绿化事业，积极开展花园式单位和绿化先进单位等群众性创建活动，建设园林城市。

第六条　城市人民政府应当把城市绿化纳入城市国民经济和社会发展计划，并按国家和省有关规定安排城市绿化养护和建设资金。

第七条　城市中的单位和有劳动能力的公民，均应依照国家有关规定履行植树或者其他绿化义务。

有条件的单位应进行垂直绿化。鼓励和提倡单位、公民移风易俗，栽植纪念性树木。

第八条　任何单位和个人都应爱护城市绿地及绿化设施，并有权对损坏绿地和绿化设施的行为进行制止、检举和控告。

第九条　城市人民政府应当组织城市规划行政主管部门和城市绿化行政主管部门共同编制城市绿化规划，并纳入城市总体规划。

城市绿化规划按规定程序报经批准后，由城市绿化行政主管部门组织实施。

第十条　城市绿化规划应当安排与城市性质、规模和发展相适应的绿化建设用地，城区绿化指标要逐步达到城区面积的 30%。

第十一条　建设项目与其附属绿化项目，应当同时设计、同时施工。完成绿化的时间，不得迟于主体工程投入使用后的第二个年度绿化季节。

第十二条　建设项目的附属绿化工程设计方案，按照基本建设程序审批时，必须有城市绿化行政主管部门参加审查；未经审查的，城市规划行政主管部门不得发给建设工程规划许可证。

第十三条　城市绿化维护管理责任：

（一）公共绿地、风景林地、防护绿地、道路绿化，由城市绿化专业养护单位或城市绿化行政主管部门委托的单位负责；

（二）单位附属绿地、生产绿地和居住区绿地中的庭院绿地，由权属单位负责；

（三）单位门前责任区内的树木花草和绿化设施，由责任单位负责；

（四）居住区绿地，实行物业管理的，由物业管理企业负责；未实行物业管理的，由建设单位负责或者委托城市绿化专业养护单位负责。

第十四条　任何单位和个人不得擅自改变城市绿化规划用地的性质或者破坏绿化规划用地的地形、地貌、水体和植被。

调整城市总体规划或城市绿化规划，应当保证城市绿化用地各项指标的合理增长和各类绿地的合理布局。

第十五条　任何单位和个人不得擅自占用城市绿化用地；占用的城市绿化用地，应当限期归还。

因建设或者其他特殊需要临时占用城市绿地的，必须经城市绿化行政主管部门批准，并按有关规定办理临时用地手续。

第十六条　临时占用绿地的期限不得超过两年。占用期满后，占用单位应当清场退地，恢复原状。

第十七条　城市绿地内禁止下列行为：

（一）挖坑、采石、取土；

（二）堆放物料、沙石，倾倒废弃物，停放车辆；

（三）放养家禽、家畜；

（四）攀折花木、采摘花草、践踏草坪。

第十八条　严禁擅自砍伐和移植树木。确需砍伐或移植的，必须按下列规定审批：

（一）一处一次砍伐或移植树木 10 棵以下的，由县（市）城市绿化主管部门审批；

（二）一处一次砍伐或移植树木 10 棵以上的，由设区市城市绿化主管部门审批。

第十九条　城市绿化行政主管部门应当定期修剪公共绿地、防护绿地和道路绿化的树木花草。

管线管理单位需修剪树木的，必须向城市绿化行政主管部门提出申请，由城市绿化行政主管部门统一组织修剪。承担修剪费用的办法，由城市人民政府规定。

因不可抗力致使树木倾倒等危及管线、交通安全时，管线管理单位和公安交通管理部门可先行修剪或者砍伐，但必须在事发 3 日内报告城市绿化行政主管部门和绿地管理单位。

第二十条　管线安装或其他建设需要挖掘绿地或者移动绿化设施的，应当经城镇绿化主管部门同意；工程完工后，限期恢复原状。

第二十一条　有下列情形之一的树木，必须及时砍伐、更新。树木属单位和个人所有的，树木所有者应及时报告城市绿化行政主管部门，并按要求进行砍伐、更新：

（一）树龄已达到更新期或自然枯死的；

（二）有严重病虫害无法挽救的；

（三）严重枯朽或倾斜，妨碍交通或危及人身、建筑物以及其他设施安全的；

（四）因其他自然原因需要砍伐或更新的。

第二十二条　禁止下列损坏树木的行为：

（一）剥皮、挖根；

（二）就树搭棚、架设电线；

（三）攀树、折枝、摘果；

（四）在树上刻字、钉钉、拴系牲畜；

（五）距树木 1 米以内堆放物料，2 米以内挖沙取土、挖窑；

（六）法律、法规规定的其他有碍树木生存的行为。

第二十三条　城市的古树名木由城市绿化行政主管部门实行统一管理，有关责任单位和公民负责养护。

严禁砍伐或移植古树名木。确因特殊需要迁移的，按下列规定报批：

（一）300 年以上和特别珍贵稀有或者具有重要历史价值和纪念意义的古树名木，由省建设行政主管部门审查，报省人民政府批准；

（二）其他古树名木由所在地城市绿化行政主管部门审查，报同级人民政府批准。

第二十四条 城市绿化行政主管部门应当按照国家有关规定，加强对树木花草病虫害的调查与监测，做好城市植物病虫害及其他自然灾害防治的监督管理工作。

第二十五条 违反本办法规定，有下列行为之一的，由城市绿化行政主管部门或其授权的单位责令停止侵害，可以并处罚款；造成损失的，应当负责赔偿；应当给予治安管理处罚的，由公安机关依法处理；构成犯罪的，依法追究刑事责任：

（一）损坏树木花草的，处以赔偿费 1 至 3 倍的罚款；

（二）擅自修剪树木的，处以 200 元以上 1 000 元以下的罚款；因擅自修剪造成树木死亡的，处以树木赔偿费 3 至 5 倍的罚款；

（三）擅自砍伐树木的，处以树木赔偿费 3 至 5 倍的罚款；

（四）砍伐、擅自移植古树名木或者因养护不善致使古树名木受到损伤或死亡的，处以每株 1 万元以上 3 万元以下的罚款；

（五）损坏绿化设施的，处以赔偿费 1 至 3 倍的罚款。

第二十六条 未经批准，擅自占用城市绿化用地的，由城市绿化行政主管部门责令限期退还、恢复原状，并可处 1 万元以上 10 万元以下的罚款；造成损失的，应当承担赔偿责任。

第二十七条 依照本办法规定实施罚款处罚时，必须按照国务院《罚款决定与罚款收缴分离实施办法》的规定执行。

第二十八条 当事人对行政处罚决定不服的，可以依法申请复议或者向人民法院起诉。当事人逾期不申请复议也不向人民法院起诉又不履行处罚决定的，由作出处罚决定的机关申请人民法院强制执行。

第二十九条 城市绿化行政主管部门工作人员玩忽职守、滥用职权、徇私舞弊构成犯罪的，依法追究刑事责任；未构成犯罪的，由其所在单位或上级主管机关给予行政处分。

第三十条 本办法自发布之日起施行。

附件 27：

山东省建筑安全生产管理规定

（2002 年 1 月 7 日山东省人民政府令第 132 号公布
根据 2004 年 7 月 15 日山东省人民政府令第 172 号第一次修订
根据 2018 年 1 月 24 日山东省人民政府令第 311 号第二次修订）

第一章 总 则

第一条 为加强建筑安全生产管理，保护人民生命财产安全，根据《中华人民共和国建筑法》、《建设工程质量管理条例》等有关法律、法规，结合本省实际，制定本规定。

第二条 凡在本省行政区域内从事建筑工程的新建、扩建、改建、拆除和装饰装修活动的单位和个人，必须遵守本规定。

本规定所称建筑工程，是指各类房屋建筑及其附属设施和与其配套的线路、管道、设备安装等工程的总称。

第三条　建筑安全生产管理应当坚持安全第一、预防为主的方针，建立健全安全生产的责任制度和群防群治制度。

第四条　建设单位、勘察单位、设计单位、施工单位、工程监理单位应当对建筑安全生产负责。

第五条　省建设行政主管部门负责全省建筑安全生产管理工作；设区的市、县（市）建设行政主管部门负责本行政区域内的建筑安全生产管理工作。建筑安全生产的具体管理工作由建设行政主管部门所属的建筑安全监督管理机构负责。

建设行政主管部门应当依法接受安全生产综合管理部门对建筑安全生产的指导与监督。

第二章　建设单位的安全责任和义务

第六条　建设单位必须执行工程建设程序和国家强制性标准，制定合理工期，确保安全生产。

建设单位应当依法发包工程，不得肢解工程。

第七条　建设单位应当为工程项目的安全生产提供作业环境，按照工程建设标准定额确定建筑工程安全措施和施工现场临时设施的费用，并将其列入工程概算。

对于有特殊安全防护要求的工程，建设单位和施工单位应当根据工程实际需要，在合同中约定安全措施所需费用。

第八条　建设单位应当向勘察、设计和施工单位提供与建筑工程相关的供水、排水、供电、供气、供热和邮电通讯等地下管线资料，勘察、设计和施工单位应当采取措施对各类管线加以保护。

第九条　建设单位不得购买或者明示、暗示施工单位使用不合格的建筑材料、建筑构配件、设备及安全防护用具。

按照合同约定，建筑材料、建筑构配件和设备由施工单位采购的，建设单位不得指定施工单位购入用于工程的建筑材料、建筑构配件和设备或者指定生产厂、供应商。

第十条　涉及建筑主体和承重结构变动的装修工程，建设单位应当在施工前委托原设计单位或者具有相应资质条件的设计单位提出设计方案；没有设计方案的，不得施工。拆除房屋及其他建筑物和构筑物的，建设单位应当委托具备保证安全条件的施工单位承担。

第十一条　建设单位在申请施工许可证时，应当提供建设工程有关安全施工措施的资料。安全施工措施的资料应包括下列内容：

（一）施工现场总平面布置图；

（二）工程概算确定的安全作业环境及安全施工措施费用及拨付计划；

（三）施工组织设计和专项施工方案；

（四）拟使用的施工起重机械设备；

（五）工程项目负责人、技术负责人、专职安全管理人员、特种作业人员和监理单位总监理工程师有效证件的复印件；

（六）法律、法规规定的其他资料。

第十二条　有下列情形之一的，建设单位应当按照国家有关规定办理申请批准手续：

（一）需要临时占用规划批准范围以外场地的；

（二）可能损坏道路、管线、电力、消防、邮电通讯等公共设施的；

（三）需要临时停水、停电、中断道路交通的；

（四）需要进行爆破作业的；

（五）法律、法规规定其他需要办理报批手续的。

第三章　勘察、设计单位的安全责任和义务

第十三条　勘察单位应当按照工程建设强制性标准进行勘察，加强对现场踏勘、勘察纲要编制、原始

资料收集和成果资料审核等环节的管理。

第十四条　勘察单位应当向建设单位提供全面、准确的地质勘查报告和相关资料。

第十五条　设计单位应当按照工程建设强制性标准进行设计，保证设计工程的安全性能。

设计单位应当考虑施工安全操作和防护的需要，对涉及施工安全的重点部位和环节，应当在设计文件中注明。

第十六条　设计单位应当就审查合格的施工图设计文件向建设、施工、工程监理单位做出详细说明。

按照施工图设计文件施工不能保证建筑结构和作业人员的安全的，施工单位应当向建设、工程监理单位报告，由原设计单位或者其他具备相应资质条件的设计单位修改设计；遇有重大修改的，由建设单位报经原审批部门批准。

第十七条　施工单位对工程设计有异议的，勘察、设计单位应当及时作出处理，防范安全事故的发生。发生事故时，勘察、设计单位应当积极配合事故调查，并在勘察、设计方案中提出防范、补救措施。

第四章　施工单位的安全责任和义务

第十八条　施工单位应当建立健全安全生产责任制。

施工单位的法定代表人是本单位安全生产的第一责任人，对本单位的安全生产负全面责任；直接分管安全生产工作的负责人对本单位的安全生产负具体的领导责任；项目经理是项目安全生产的第一责任人，对本项目的安全生产负全面责任。

施工单位法定代表人应当定期向职工代表大会或者职工大会报告安全生产情况。

第十九条　施工单位应当依法取得相应等级的资质证书，并在其资质等级范围内承揽工程。"施工单位应依法取得安全生产许可证，未取得安全生产许可证的，不得从事建筑施工活动。

第二十条　施工单位应当配备与其生产规模相适应的、具有工程系列技术职称的专职安全管理人员。专职安全管理人员负责安全生产的具体管理工作。

第二十一条　施工单位应当建立健全建筑安全生产教育培训制度；未经安全生产教育培训或者考核不合格的，不得上岗作业。职工的教育培训情况应当记入个人业绩档案。

垂直运输机械作业人员、安装拆卸工、爆破作业人员、起重信号工、登高架设作业人员等特种作业人员，必须按照国家有关规定经过专门的安全作业培训，并取得特种作业操作资格证书后，方可上岗作业。

第二十二条　施工单位应当按照有关法律、法规和标准、规范组织施工，根据工程项目特点制定有针对性的安全技术措施或者方案，经本单位安全和技术部门审核、技术负责人批准后实施。

第二十三条　施工现场的安全生产管理由施工单位负责。

施工单位不得转包或者违法分包工程。

建筑工程施工实行总承包的，总承包单位应当对全部建筑工程施工现场的安全生产管理负责；总承包单位依法将建筑工程分包给其他单位的，分包单位应当按照分包合同的约定对其分包工程施工现场的安全生产管理向总承包单位负责，总承包单位与分包单位对分包工程施工现场的安全生产管理承担连带责任。

第二十四条　施工单位应当对施工现场实行封闭式管理。

对城市规划区内的施工现场，施工单位应当设置围挡，对临街施工现场，应当设置硬质围挡；对在建房屋和构筑物工程，应当采用密目式安全网进行全封闭。

第二十五条　施工现场的道路应当平整、硬化、畅通，并有交通指示标志。通行危险的地段应当悬挂警示标志，夜间设有红灯示警。

第二十六条　施工单位应当按照国家有关规定，在施工现场设置消防设施；在容易发生火灾的部位进行施工或者储存、使用易燃、易爆器材的，应当采取特殊的消防安全措施。

第二十七条　施工单位应当为施工人员提供符合安全、卫生标准的生产环境、生活设施、作业条件、机械设备和安全防护用具等。

施工现场应当设置必要的医疗和急救设施，并配备相应的急救人员。

第二十八条　对用于施工的机械设备及安全防护用具，施工单位必须在进入施工现场前进行检查，并在使用中进行定期检查；检查不合格的，不得使用。施工单位应当定期对机械设备及安全防护用具等进行维修保养，保证各类机械设备及安全防护用具的完好、有效。

第二十九条　施工单位应当建立健全安全检查制度，加强对施工现场的安全巡查，并对违反施工安全技术标准、规范和操作规程的行为及时制止或者纠正；对发现的安全事故隐患，及时采取措施予以消除。

第三十条　施工单位必须按照规定使用安全措施和施工现场临时设施费用，不得挪作他用。

第三十一条　施工单位应当对施工现场的安全技术资料建立档案，并确定专人管理；安全技术资料应当真实、完整、齐全。

第三十二条　施工现场发生安全事故时，施工单位应当立即报告有关部门，保护事故现场，并采取有效措施抢救人员和财产。

因抢救人员、疏导交通等原因需要移动现场物件的，应当做出标志，绘制现场简图并做出书面记录，妥善保护现场重要痕迹、物证，有条件的应当拍照或者录像。

第三十三条　建筑施工企业应当依法为职工参加工伤保险缴纳工伤保险费。鼓励企业为从事危险作业的职工办理意外伤害保险，支付保险费。

第五章　监理单位的安全责任和义务

第三十四条　监理单位应当依法对建筑工程实施安全监理，并承担相应的安全监理责任。

第三十五条　总监理工程师对工程项目的安全监理负总责；工程项目监理人员按照规定，对所承担的安全监理工作负责。

第三十六条　监理工程师应当按照工程监理规范的要求，采取旁站、巡视和平行检验等形式，对施工单位执行安全生产的法律、法规和标准、规范及落实安全生产责任制、施工安全措施等情况进行监理，并对施工现场易发事故的危险源和薄弱环节进行重点监控。

第三十七条　监理工程师在实施监理过程中，发现存在重大事故隐患的，应当要求施工单位停工整改；对重大事故隐患不及时整改的，应当立即向建设行政主管部门报告。

第六章　监　督　管　理

第三十八条　各级人民政府应当采取措施，防范建筑安全事故的发生。建筑安全事故发生后，应当迅速组织有关部门妥善处理。

第三十九条　各级建设行政主管部门应当建立和完善建筑安全生产监督管理体系，实行安全生产责任制，保障人民群众生命财产安全，并对职责范围内建筑安全生产事故的防范以及事故发生后的迅速、妥善处理负责。

建筑安全监督管理机构应当配备具有土建、电气和机械等相应专业知识的人员，经培训合格，持证上岗。

第四十条　建设行政主管部门应当采取措施，宣传、普及建筑安全生产知识，对施工单位的法定代表人、项目经理、安全管理人员和特殊工种作业人员的培训情况进行考核，确保安全生产。

第四十一条　建设行政主管部门应当会同有关部门对建筑工程安全事故进行调查、处理。对建筑工程重大、特大安全事故的处理按照国家和省有关规定执行。

对建筑工程安全事故拖延迟报、隐瞒不报或者不按照国家和省有关规定进行调查处理的，任何单位和个人有权检举和投诉。

第七章　法律责任

第四十二条　违反本规定，建设单位未提供建设工程安全生产作业环境及安全施工措施所需费用的，责令限期整改；逾期未整改的，责令该建设工程停止施工。

建设单位未将保证安全施工的措施或者拆除工程的有关资料送有关部门备案的，责令限期改正，给予警告。

第四十三条　违反本规定，施工单位对建筑安全事故隐患不采取措施予以消除的，由建设行政主管部门责令改正，可以处以 3 万元以下的罚款；情节严重的，由颁发资质证书的机关责令停业整顿、降低资质等级或者吊销资质证书；构成犯罪的，依法追究刑事责任。

第四十四条　违反本规定，施工单位在施工中发生建筑安全事故以及发生建筑安全事故未及时采取措施或者未按照规定如实报告事故情况的，由建设行政主管部门或者其他有关部门责令改正，给予警告，并处以 1 万元以上 5 万元以下的罚款；情节严重的，由颁发资质证书的机关责令其停业整顿。

第四十五条　违反本规定，建设单位或者施工单位有下列行为之一的，由建设行政主管部门责令改正，并依照有关法律、法规的规定给予处罚：

（一）未按照工程建设标准定额确定建筑工程安全措施和施工现场临时设施的费用，并将其列入工程概算的；

（二）未取得安全生产许可证的；

（三）未按照规定配备相应的专职安全管理人员的；

（四）将安全措施和施工现场临时设施费用挪作他用的。

第四十六条　发生建筑安全生产事故的，对有关责任人员按照《国务院关于特大安全事故行政责任追究的规定》和其他有关规定处理。

第四十七条　建设行政主管部门及其建筑安全监督管理机构的工作人员，在建筑安全监督管理工作中玩忽职守、滥用职权、徇私舞弊的，由其所在单位或者上级主管部门给予行政处分；构成犯罪的，依法追究刑事责任。

附件 28：

山东省建筑装饰装修管理办法

（2009 年 1 月 6 日山东省人民政府令第 208 号公布
根据 2018 年 1 月 24 日山东省人民政府令第 311 号修订）

第一章　总　　则

第一条　为加强建筑装饰装修活动管理，保障建筑装饰装修工程质量和安全，维护公共利益和装饰装修活动当事人、利害关系人的合法权益，根据国家有关法律、法规，结合本省实际，制定本办法。

第二条　本办法所称建筑装饰装修，是指装饰装修人使用建筑装饰装修材料，对建筑物、构筑物内部和外表进行修饰处理的活动，包括公共建筑装饰装修和住宅装饰装修。

本办法所称装饰装修人，是指对建筑物、构筑物进行装饰装修的业主或者使用人。

第三条　在本省行政区域内从事建筑装饰装修活动以及实施对建筑装饰装修活动的监督管理，应当遵守本办法。

对有文物保护价值或者纪念意义的建筑进行装饰装修的，依照有关法律、法规和规章的规定执行。

第四条　从事建筑装饰装修活动，应当遵守城乡规划、工程质量、安全生产、消防、抗震、环保、物业管理等有关规定和标准，不得损害公共利益和他人的合法权益。

鼓励采用节能、节材、节水、防火、环保的建筑装饰装修新技术、新工艺、新材料，推行工厂化装饰装修。

鼓励房地产开发企业对新建商品住宅统一进行装饰装修，逐步减少毛坯房供应。

第五条　省人民政府建设行政主管部门负责全省建筑装饰装修活动的监督管理工作。

设区的市、县（市、区）人民政府建设行政主管部门负责本行政区域内建筑装饰装修活动的监督管理工作。

城乡规划、房产管理、公安消防、环境卫生、环境保护、质量技术监督、工商行政管理等部门，按照各自职责，做好与建筑装饰装修有关的监督管理工作。

第六条　建筑装饰装修行业协会应当加强行业自律，开展行业服务，规范行业行为，建立从业人员行为准则、促进企业诚信经营。

县级以上人民政府建设行政主管部门应当加强对建筑装饰装修行业协会的指导。

第七条　任何单位和个人对影响公共利益的建筑装饰装修质量事故、质量缺陷、安全隐患以及影响相邻业主、使用人正常工作、生活的建筑装饰装修活动，有权向有关部门和单位举报、投诉；收到举报、投诉的部门和单位应当及时作出处理。

第二章　一般规定

第八条　从事建筑装饰装修设计、施工和监理活动的企业，应当依法取得相应等级的资质证书，并在其资质等级许可的范围内从事建筑装饰装修活动。

建筑装饰装修施工企业应当依法取得安全生产许可证。

第九条　从事建筑装饰装修设计、施工、监理活动的专业技术人员，应当依法取得相应的执业资格证书，并在执业资格证书许可的范围内从事建筑装饰装修活动。

第十条　用于建筑装饰装修的材料应当符合有关设计要求和国家产品质量、有害物质限量及燃烧性能控制等标准，并附有产品质量检验合格证明和中文标明的产品名称、规格、型号、生产企业名称及地址。

禁止使用质量不合格、国家明令淘汰或者不符合国家室内环境污染控制等相关规范和标准的建筑装饰装修材料。

第十一条　装饰装修人应当依法与建筑装饰装修施工方签订建筑装饰装修工程承包合同。

建筑装饰装修工程承包合同主要包括下列内容：

（一）工程的基本情况和承包方式；

（二）用于装饰装修的主要材料的名称、品牌、型号、规格、等级和数量；

（三）工程的开工和竣工日期；

（四）工程价款及其支付方式和期限；

（五）工程质量要求和验收办法；

（六）质量保修范围和期限；

（七）违约责任和解决纠纷的途径。

第十二条 对主体结构质量不合格的新建建筑物、构筑物和存在结构安全隐患的既有建筑物、构筑物，不得进行装饰装修。

第十三条 在建筑装饰装修活动中，禁止下列行为：

（一）未经原设计企业同意或者具有相应资质等级的设计企业提出设计方案，擅自变动建筑主体、承重结构或者明显加大荷载；

（二）损坏建筑物原有节能设施或者无障碍设施；

（三）未经燃气企业或者供热企业同意擅自拆卸、改装燃气、供热管道或者设施；

（四）未经城乡规划行政主管部门批准，擅自搭建建筑物、构筑物或者改变建筑物使用功能、原外观设计；

（五）擅自拆除与消防安全有关的建筑设施、建筑构配件，或者未经公安消防机构审核批准擅自改变建筑物防火间距、耐火等级、防火分区、消防安全疏散条件；

（六）未经相关部门同意擅自设置各类广告牌匾；

（七）其他影响建筑物、构筑物结构安全或者使用安全的行为。

第十四条 从事建筑装饰装修活动，应当处理好排水、供水、供电、通行、通风、采光、环境卫生、油烟排放等方面的相邻关系，并不得损害相邻业主或者使用人的合法权益。

第十五条 从事建筑装饰装修活动，应当采取措施，加强对易燃材料、物品使用的安全管理，防止施工现场的各类粉尘、有害气体、固体废弃物、污水、噪音、振动等对环境造成污染和危害。

第十六条 建筑装饰装修工程实行质量保修制度。

在正常使用条件下，建筑装饰装修工程的最低保修期限为 2 年，有防水要求的卫生间、房间和外墙面的防渗漏最低保修期限为 5 年。双方约定长于上述期限的，按照约定执行。

保修期自建筑装饰装修工程竣工验收合格之日起计算。

建筑装饰装修工程在保修范围和保修期限内发生质量问题的，建筑装饰装修施工方应当履行保修义务，并对造成的损失承担赔偿责任。

第十七条 建筑装饰装修工程投入使用时，其室内空气质量应当符合室内空气质量标准和室内环境污染控制规范的要求。

第十八条 从事室内空气质量检测的单位，应当依法取得相应的资格认证，并对其出具的检测结论负责。

第三章　公共建筑装饰装修管理

第十九条 装饰装修人应当将公共建筑装饰装修工程发包给具有相应资质等级的建筑装饰装修设计、施工、监理企业进行设计、施工和监理。

禁止无资质证书或者超越资质等级许可范围从事公共建筑装饰装修活动。

禁止以其他建筑装饰装修设计、施工、监理企业的名义从事公共建筑装饰装修活动。

禁止建筑装饰装修设计、施工、监理企业允许其他单位或者个人以本企业的名义从事公共建筑装饰装修活动。

第二十条 按照国家和省有关规定需要进行招标的公共建筑装饰装修工程，应当依法进行招标。

装饰装修人不得迫使建筑装饰装修施工企业以低于成本的价格进行竞标，不得将一个公共建筑装饰装修工程项目肢解后发包。

第二十一条 建筑装饰装修施工企业应当自行组织完成承包的公共建筑装饰装修工程，不得转包或者违法分包。

禁止以挂靠的方式承包公共建筑装饰装修工程。

第二十二条 国家规定限额以上的公共建筑装饰装修工程开工前，装饰装修人应当向工程所在地的县级以上人民政府建设行政主管部门申请领取施工许可证。未依法取得施工许可证的，不得开工。

前款规定以外的公共建筑装饰装修工程，实行备案制度。

第二十三条 按照本办法规定需要领取施工许可证的公共建筑装饰装修工程与主体工程一并发包的，应当随主体工程一并办理施工许可手续；未与主体工程一并发包的，应当单独办理施工许可手续。

第二十四条 装饰装修人申请领取施工许可证，应当具备下列条件，并提供相应的证明文件：

（一）已经确定建筑装饰装修施工企业；

（二）有满足施工需要的施工图纸和技术资料，且施工图设计文件已经按照规定进行了审查；

（三）有保证公共建筑装饰装修工程质量和安全的具体措施，并按照规定办理了中标确认书、工程质量监督、安全监督和消防审核等手续；

（四）依法应当委托监理的公共建筑装饰装修工程已经委托监理；

（五）装饰装修资金已经落实；

（六）法律、法规规定的其他条件。

装饰装修人是使用人的，装饰装修人在办理施工许可手续时，除提供前款规定的证明文件外，还应当提供公共建筑所有权人同意装饰装修的书面证明。

第二十五条 公共建筑装饰装修工程竣工验收前，装饰装修人应当委托室内空气质量检测单位对室内空气质量进行检测。

第二十六条 装饰装修人收到公共建筑装饰装修工程竣工报告后，应当组织设计、施工、监理等有关单位进行竣工验收。装饰装修人应当自公共建筑装饰装修工程竣工验收合格之日起 15 日内，将竣工验收报告、室内空气质量检测报告和公安消防等部门出具的认可文件报工程所在地县级以上人民政府建设行政主管部门备案。

第二十七条 装饰装修人应当按照国家有关档案管理的规定，及时收集、整理公共建筑装饰装修工程的文件资料，建立、健全公共建筑装饰装修工程项目档案，并自工程竣工验收备案之日起 30 日内，向工程所在地县级以上人民政府建设行政主管部门的档案机构移交有关项目档案。

第四章 住宅装饰装修管理

第二十八条 鼓励装饰装修人委托具有相应资质的建筑装饰装修设计、施工和监理企业对住宅装饰装修工程进行设计、施工和监理。

装饰装修人委托建筑装饰装修施工企业以外的单位或者个人对住宅装饰装修工程进行施工的，其从事水、电等管线施工的人员，应当依法取得相应的职业资格证书。

第二十九条 房地产开发企业销售统一进行装饰装修的商品住宅的，双方当事人应当在商品房买卖合同中就住宅装饰装修工程的保修范围、保修期限、保修责任等内容作出约定。

房地产开发企业交付统一进行装饰装修的商品住宅时，应当向商品房买受人提供住宅装饰装修工程竣工图、室内空气质量检测报告和包含住宅装饰装修内容的住宅质量保证书、住宅使用说明书。

第三十条 房地产开发企业向商品房买受人销售未统一进行装饰装修的商品住宅的，其提供的住宅使用说明书应当明确住宅装饰装修中的禁止行为和注意事项。

房地产开发企业制定的临时管理规约，应当包含规范住宅装饰装修的内容。

第三十一条 装饰装修人对住宅进行装饰装修，需要建设单位或者物业服务企业、其他管理人提供房屋结构图、电气及其他管线线路图的，建设单位或者物业服务企业、其他管理人应当予以提供。

第三十二条 装饰装修人在住宅装饰装修工程开工前，应当向物业服务企业或者其他管理人进行登记，并提供下列材料：

（一）房屋所有权证书的复印件或者能够证明其合法权益的有效凭证；装饰装修人是使用人的，还应当提供房屋所有权人同意装饰装修的书面证明；

（二）住宅装饰装修工程施工方案；

（三）涉及本办法第十四条规定事项的，应当提供有关部门的批准文件、有关单位同意的书面证明或者有关单位的变更设计方案。

装饰装修人不提供前款规定材料的，物业服务企业或者其他管理人应当督促其提供；对拒不提供的，物业服务企业或者其他管理人有权按照管理规约或者临时管理规约，禁止施工人员进入物业管理区域。

第三十三条 装饰装修人应当与物业服务企业或者其他管理人签订住宅装饰装修服务协议。

住宅装饰装修服务协议主要包括下列内容：

（一）住宅装饰装修工程的工期；

（二）允许施工的时间；

（三）废弃物的清运与处置；

（四）住宅外立面设施、防盗设施和其他设施的安装要求；

（五）禁止行为和注意事项；

（六）保证金的收取与退还；

（七）违约责任；

（八）其他需要约定的事项。

第三十四条 装饰装修人在住宅装饰装修工程开工前，应当告知相邻业主或者使用人。

第三十五条 建筑装饰装修施工方应当在施工现场挂牌，明示施工单位名称和施工人员姓名及联系方式，并遵守物业管理的有关规定。

第三十六条 改动卫生间、厨房间防水层的，应当按照防水标准进行施工，并做闭水试验。

第三十七条 封闭阳台以及安装空调外机、太阳能热水器、防盗网、遮阳罩等设施的，应当遵守管理规约、临时管理规约和物业管理的有关规定，保持物业的整洁、美观。

第三十八条 住宅装饰装修工程施工过程中产生的废弃物和其他垃圾，应当按照住宅装饰装修服务协议的约定进行堆放和清运，不得向户外抛洒，不得向垃圾道、下水道、通风孔、消防通道等倾倒。

第三十九条 因住宅装饰装修活动造成共用部位、共用设施设备损坏或者相邻住宅渗漏水、管道堵塞、停水停电的，装饰装修人应当负责修复；给他人造成损失的，应当依法予以赔偿。属于建筑装饰装修施工方责任的，装饰装修人可以向其追偿。

第四十条 每天12时到14时、19时到次日7时，不得进行影响相邻业主或者使用人正常休息的住宅装饰装修活动。

第四十一条 物业服务企业或者其他管理人应当对住宅装饰装修活动进行巡查，发现装饰装修人和建筑装饰装修施工方有违反本办法规定行为的，应当予以劝阻、制止；对劝阻、制止无效的，应当及时报告建设、城管执法、公安消防、环境保护等部门。有关部门应当依法予以处理。

第四十二条 委托建筑装饰装修施工企业施工的住宅装饰装修工程竣工后，装饰装修人应当按照合同约定组织竣工验收。

建筑装饰装修施工企业交付住宅装饰装修工程时，应当向装饰装修人出具住宅装饰装修工程质量保修书和各类管线竣工图。建筑装饰装修工程承包合同对室内空气质量检测有约定的，还应当出具室内空气质量检测报告。建筑装饰装修施工企业负责采购建筑装饰装修材料的，应当向装饰装修人交付主要材料的合格证、说明书、保修单。

第五章 法 律 责 任

第四十三条 违反本办法规定的行为，法律、法规已作出处罚规定的，从其规定；法律、法规未作出处罚规定的，依照本办法的规定进行处罚。

第四十四条 违反本办法规定，对主体结构质量不合格的新建建筑物、构筑物或者存在结构安全隐患的既有建筑物、构筑物进行装饰装修的，由县级以上人民政府建设行政主管部门责令限期改正；逾期不改正的，对公共建筑装饰装修人可处以 1 万元以上 3 万元以下的罚款，对住宅装饰装修人可处以 1 000 元以上 3 000 元以下的罚款。

第四十五条 违反本办法规定，损坏建筑物原有节能设施或者无障碍设施的，由县级以上人民政府建设行政主管部门责令限期改正，并处以 1 000 元以上 5 000 元以下的罚款。

第四十六条 违反本办法规定，对公共建筑装饰装修工程未进行室内空气质量检测的，由县级以上人民政府建设行政主管部门责令限期改正；逾期不改正的，对装饰装修人可处以 5 000 元以上 3 万元以下的罚款。

第四十七条 违反本办法规定，房地产开发企业交付统一进行装饰装修的商品住宅时，未向商品房买受人提供住宅装饰装修工程竣工图、室内空气质量检测报告或者包含住宅装饰装修内容的住宅质量保证书、住宅使用说明书的，由县级以上人民政府建设行政主管部门责令限期改正；逾期不改正的，可处以 5 000 元以上 3 万元以下的罚款。

第四十八条 建设行政主管部门和其他有关部门及其工作人员在建筑装饰装修管理工作中滥用职权、玩忽职守、徇私舞弊的，依法给予处分；构成犯罪的，依法追究刑事责任。

第六章 附 则

第四十九条 房地产开发企业对新建的商品住宅统一进行装饰装修的，适用本办法有关公共建筑装饰装修管理的规定。

从事工业建筑装饰装修活动的，参照本办法有关公共建筑装饰装修管理的规定执行。

第五十条 本办法自 2009 年 3 月 1 日起施行。

附件 29：

山东省房屋建筑和市政工程招标投标办法

（2012 年 1 月 5 日山东省人民政府令第 249 号公布
根据 2018 年 1 月 24 日山东省人民政府令第 311 号修订）

第一章 总 则

第一条 为了规范房屋建筑和市政工程招标投标活动，保护国家利益、社会公共利益和招标投标活动当事人的合法权益，根据有关法律、法规，结合本省实际，制定本办法。

第二条 在本省行政区域内进行房屋建筑工程和市政工程招标投标活动及其监督管理，适用本办法。

政府采购的法律、行政法规对政府采购货物、服务的招标投标另有规定的，从其规定。

第三条 本办法所称房屋建筑工程，是指各类房屋建筑及其附属设施和与其配套的线路、管道、设备安装工程及室内外装修工程。

本办法所称市政工程，是指城镇道路、公共交通、供水、排水、燃气、热力、园林、环卫、污水处理、垃圾处理、防洪、地下公共设施等及其附属设施的土建、管道、设备安装工程。

房屋建筑工程和市政工程以下统称工程。

第四条 工程招标投标活动应当遵循公开、公平、公正、择优和诚实信用的原则。

第五条 任何单位和个人不得将依法必须进行招标的工程化整为零或者以其他任何方式规避招标。

依法必须进行招标的工程，其招标投标活动不受地区或者行业的限制，禁止地方保护和行业垄断。

任何单位和个人不得以任何方式非法干涉工程招标投标活动。

第六条 省住房城乡建设行政主管部门负责全省工程招标投标活动的监督管理工作。

设区的市、县（市）住房城乡建设行政主管部门负责本行政区域内工程招标投标活动的监督管理工作。

发展改革、财政、监察等部门依照职责履行招标投标的有关监督管理工作。

第二章 招 标

第七条 属于法律、法规规定范围且达到规定规模标准的工程，包括工程的勘察、设计、施工、监理以及与工程建设有关的设备、材料的采购等，必须进行招标。

设区的市人民政府可以根据实际需要，建立统一规范的招标投标交易场所，为招标投标活动提供服务。

第八条 工程招标应当具备下列条件：

（一）进行勘察、设计招标，应当通过立项审批，办理建设用地手续，取得建设用地规划许可证或者乡村建设规划许可证，所需的勘察、设计基础资料已完备；

（二）进行工程总承包招标，应当通过立项审批，办理建设用地手续，取得建设用地规划许可证或者乡村建设规划许可证，建设资金来源已落实；

（三）进行施工招标，应当取得建设工程规划许可证或者乡村建设规划许可证，设计文件和技术资料已完备，建设资金来源已落实；

（四）进行监理招标，应当取得建设工程规划许可证或者乡村建设规划许可证，所需的设计文件和技术资料已完备；

（五）进行设备、材料等货物的采购招标，设备、材料等货物的使用与技术要求已确定；

（六）法律、法规和规章规定的其他条件。

第九条 招标分为公开招标和邀请招标。

县级以上人民政府确定的重点工程项目和全部使用国有资金或者国有资金占控股或者主导地位的工程项目，属于依法必须进行招标的，应当进行公开招标。

前款工程项目有下列情形之一的，经批准可以进行邀请招标：

（一）技术复杂、有特殊要求或者受自然环境限制，只有少数潜在投标人可供选择的；

（二）涉及国家安全、国家秘密或者抢险救灾，不宜公开招标的；

（三）法律、法规和规章规定不宜公开招标的。

第十条 属于省人民政府确定的重点工程项目，其邀请招标应当报经省人民政府批准；其他重点工程项目，其邀请招标应当报经设区的市、县（市）人民政府批准。

不属于重点工程项目，但全部使用国有资金或者国有资金占控股或者主导地位的工程项目，其邀请招标应当报经项目审批部门批准。

第十一条 招标人具备编制招标文件和组织评标能力的，可以自行组织招标。招标人自行办理依法必须进行招标的项目招标事宜的，应当向工程所在地住房城乡建设行政主管部门备案。

招标人委托招标代理机构办理工程招标事宜的，接受委托的招标代理机构应当依法取得住房城乡建设行政主管部门核发的工程建设项目招标代理资格证书。

第十二条 工程建设项目招标代理机构应当在其资格许可和招标人委托的范围内开展招标代理业务，并应当遵守法律、法规和规章关于招标人的规定。

工程建设项目招标代理机构的从业人员应当具备相应的专业技术资格和从业能力，定期接受专业技术知识继续教育。

第十三条 招标人委托工程建设项目招标代理机构，应当综合考虑其业绩、信用状况、从业人员素质等因素，进行择优选择，并签订书面委托合同。合同约定的收费标准应当符合国家有关规定。

招标人和招标代理机构签订委托代理合同，应当参照使用国家制定的合同示范文本。

第十四条 招标人应当在发布招标公告或者发出投标邀请书 5 日前，到工程所在地住房城乡建设行政主管部门办理工程招标备案，并报送下列材料：

（一）具备本办法第八条规定条件的相关材料；

（二）拟定的招标公告（含资格预审公告）或者投标邀请书；

（三）工程建设项目招标代理机构的相关资格证明材料，招标代理委托合同；

（四）法律、法规和规章规定的其他材料。

住房城乡建设行政主管部门发现备案材料有违反法律、法规和规章规定的，应当在收到备案材料之日起 3 个工作日内，一次性提出整改意见。

第十五条 依法必须进行招标的工程，其招标公告应当在省住房城乡建设行政主管部门指定的媒介上发布。

第十六条 招标人应当对投标人进行资格审查。一般工程应当采用资格后审方式，资格后审不合格的投标应当作废标处理；技术特别复杂或者具有特殊专业技术要求的工程，经住房城乡建设行政主管部门批准，可以采用资格预审方式，并应当使用国家规定的标准资格预审文件。

第十七条 招标人应当根据招标工程的特点和需要编制招标文件，并应当使用国家规定的标准招标文件。

招标文件的各项内容应当符合国家和省有关规定。

第十八条 全部使用国有资金或者国有资金占控股或者主导地位的工程及公开招标的工程，其施工招标应当采用国家规范规定的工程量清单计价方式，并设立招标控制价。

工程量清单应当作为招标文件的组成部分，其准确性和完整性由招标人负责。

招标控制价是招标人对招标工程设定的最高限价。投标人的投标报价高于招标控制价的，其投标应当作废标处理。

第十九条 招标文件应当按照有关规定载明具体的评标标准和方法。评标方法包括经评审的最低投标价法、综合评估法和法律、法规、规章规定的其他评标方法。

评标办法由省住房城乡建设行政主管部门制定。

第二十条 在发布招标公告、发出投标邀请书或者发售资格预审文件、招标文件后，无正当理由，不得擅自终止招标；因不可抗力，国家政策性调整或者其他不可预见的客观因素，导致工程招标投标活动不能正常进行确需终止招标的，应当报经工程所在地住房城乡建设行政主管部门同意。

第三章 投 标

第二十一条 具备招标文件要求资质的法人或者其他组织，可以参加与其法定资质许可范围相适应的工程项目投标。

违反建筑市场管理、建设工程质量安全等法律、法规和规章，受到限制投标处理的，在限制投标期限内不得参加工程投标。

单位负责人为同一人或者存在控股、管理关系的不同单位，不得在同一工程标段中投标。

第二十二条 投标人应当按照招标文件的要求编制投标文件。投标文件应当对招标文件提出的实质性要求和条件作出响应。

第二十三条 投标人应当在招标文件要求提交投标文件的截止时间前，将投标文件密封送达投标地点。

投标人撤回已提交投标文件的，应当在招标文件载明的投标截止时间前书面通知招标人。招标人已收取投标保证金的，应当自接到投标人书面撤回通知后 5 日内返还投标保证金。

第二十四条　提交投标文件的投标人少于 3 个的，招标无效，招标人应当依法重新招标。依法必须进行招标的工程，重新招标后投标人仍少于 3 个的，由招标人报经工程项目审批部门批准后可以不再进行招标。

第二十五条　两个以上法人或者其他组织可以组成一个联合体，以一个投标人的身份共同投标。招标人明示不接受联合体投标的除外。

联合体投标人的资质，按照联合体协议约定的分工认定；联合体投标人的工程业绩、社会信誉等情况，按照联合体协议约定的各成员所占合同工作量的比例，进行加权折算。

联合体各方签订联合体协议后，不得再以自己名义单独或者参加其他联合体在同一工程标段中投标。

第二十六条　投标人不得与招标人串通投标，损害国家利益、社会公共利益或者他人的合法权益。

投标人不得相互串通投标报价，不得排挤其他投标人，损害招标人或者其他投标人的合法权益。

投标人不得以低于成本或者违反政府指导价的报价竞标，不得以他人名义投标或者以其他方式弄虚作假，骗取中标。

第二十七条　有下列情形之一，特定投标人获得不当利益或者投标竞争优势的，属于招标人与投标人之间串通投标行为：

（一）招标人在开标前开启其他投标人投标文件并将有关信息泄露给投标人的；

（二）招标人直接或者间接向投标人泄露评标委员会成员等信息的；

（三）招标人明示或者暗示投标人压低或者抬高投标报价的；

（四）招标人授意特定投标人撤换、修改投标文件的；

（五）招标人授意或者暗示其他投标人为特定投标人中标提供方便的；

（六）法律、法规和规章规定的其他情形。

第二十八条　有下列情形之一的，属于投标人相互串通投标行为：

（一）投标人之间协商投标报价等实质性内容的；

（二）投标人之间约定部分投标人放弃投标或者中标的；

（三）投标人之间为谋取中标或者排斥特定投标人而采取其他联合行动的；

（四）法律、法规和规章规定的其他情形。

第二十九条　有下列情形之一的，视为投标人相互串通投标行为：

（一）不同投标人的投标文件由同一单位或者个人编制的；

（二）不同投标人委托同一单位或者个人办理投标事宜的；

（三）不同投标人的投标文件载明的项目管理成员出现同一人的；

（四）不同投标人的投标文件异常一致，或者投标报价呈规律性变化的；

（五）不同投标人的投标文件相互混装的；

（六）不同投标人的投标保证金从同一单位或者个人的账户转出的。

第三十条　投标人有下列情形之一的，属于投标弄虚作假行为：

（一）使用伪造、变造的许可证件的；

（二）伪造财务、信用状况或者虚报业绩的；

（三）伪造项目负责人或者主要技术人员简历、资格、劳动关系证明的；

（四）隐瞒招标文件要求提供的信息的；

（五）法律、法规和规章规定的其他情形。

第四章　开标、评标和定标

第三十一条　开标应当在招标文件确定的提交投标文件截止的时间公开进行。开标地点应当为招标文件中确定的地点。招标人不得拖延或者拒绝开标。

第三十二条 投标人逾期送达、未送达指定地点或者未按照招标文件要求密封投标文件的，招标人不予受理。

第三十三条 评标委员会由招标人依法组建，一般由招标人的代表和有关技术、经济等方面的专家组成。评标委员会中招标人的代表应当具备法律、法规和规章规定的评标专家条件。无符合条件人选的，从评标专家库中随机抽取。

依法必须进行招标的工程所需评标专家，应当从省住房城乡建设行政主管部门组建的评标专家库中随机抽取。使用国有资金工程项目的评标委员会成员，可以全部从评标专家库中随机抽取。

评标委员会中，通过随机抽取的评标专家，来自同一单位的不得超过两人。评标委员会成员的名单在中标通知书发出前应当保密。随机抽取评标专家应当使用省建设工程评标专家管理软件系统。

第三十四条 有下列情形之一的，经评标委员会评审，应当否决其投标：

（一）投标文件未按照招标文件要求签字、盖章的；

（二）投标人未按照招标文件要求提交投标保证金的；

（三）投标人不符合国家或者招标文件规定的资格条件的；

（四）除招标文件规定提交备选投标方案外，同一投标人递交两个以上不同的投标文件或者投标报价的；

（五）投标报价低于成本、违反政府指导价或者高于招标文件设定的招标控制价的；

（六）联合体投标人未提交联合体协议的；

（七）投标文件没有对招标文件实质性要求和条件作出响应的；

（八）投标人有串通投标、弄虚作假、行贿等违法行为的；

（九）法律、法规、规章和招标文件规定的其他情形。

第三十五条 经评标委员会评审，合格投标人不足 3 个的，评标委员会应当否决全部投标，由招标人依法重新组织招标。

第三十六条 招标人一般应当在评标委员会提出书面评标报告后 10 个工作日内确定中标人，但最迟应当在投标有效期满 30 个工作日前确定。

第三十七条 招标工程确定中标人后，应当在工程所在地有形建筑市场对中标结果进行公示。公示期不得少于 3 个工作日。

中标结果公示期满无异议的，由招标人发出中标通知书。

依法必须进行招标的工程，招标人应当自发出中标通知书之日起 15 日内，向住房城乡建设行政主管部门提交招标投标情况的书面报告。

第三十八条 招标人和中标人应当自中标通知书发出之日起 30 日内，按照招标文件和中标人的投标文件订立书面合同。招标人和中标人不得再行订立背离合同实质性内容的其他协议。

订立书面合同后 15 日内，招标人应当将合同报住房城乡建设行政主管部门备案。

第三十九条 招标人不得向中标人提出压低报价、增减工作量、压缩工期、垫付工程资金等要求，并以此作为发出中标通知书和签订合同的条件。

第四十条 招标人全部或者部分使用非中标单位投标文件中的技术成果或者技术方案的，应当征得非中标单位的书面同意，并给予一定的经济补偿。

第四十一条 投标人或者其他利害关系人对招标投标活动有异议的，可以按照下列规定以书面形式向招标人提出：

（一）对资格预审文件、招标文件有异议的，应当在收到相关文件 3 日内提出；

（二）对开标有异议的，应当在开标现场提出；

（三）对依法必须进行招标的工程项目的评标结果有异议的，应当在中标结果公示期内提出。

招标人应当自收到异议之日起 3 日内，以书面形式予以答复；作出答复前，应当暂停招标投标活动。

第四十二条 投标人或者其他利害关系人认为招标投标活动不符合有关规定的，可以自知道或者应当知道之日起 10 日内，向住房城乡建设行政主管部门投诉。投诉应当有明确的书面请求和必要的证明材料。

住房城乡建设行政主管部门应当依法处理投标人或者其他利害关系人的投诉。

第五章　监　督　管　理

第四十三条 住房城乡建设行政主管部门应当加强对工程招标投标活动的监督管理，建立健全监督检查制度，依法查处工程招标投标活动中的违法行为。

第四十四条 住房城乡建设行政主管部门应当建立招标投标信用制度和招标投标违法行为记录公告制度。

招标人、投标人、招标代理机构应当按照规定向住房城乡建设行政主管部门提供真实、准确、完整的信用档案信息。

第四十五条 任何单位和个人都有权对工程招标投标活动中的违法行为进行检举和控告。住房城乡建设行政主管部门接到检举和控告后，应当依法组织查处，并将查处结果及时告知检举人、控告人。

第六章　法　律　责　任

第四十六条 违反本办法规定的行为，法律、法规、规章已作出处罚规定的，从其规定；法律、法规、规章未作出处罚规定的，依照本办法的规定进行处罚。

第四十七条 违反本办法规定，招标人有下列行为之一的，由住房城乡建设行政主管部门责令改正，可处以 1 万元以上 3 万元以下的罚款：

（一）未按照规定办理自行招标备案手续的；

（二）未按照规定办理工程招标备案手续的；

（三）未在规定的媒介发布招标公告的；

（四）未按照规定使用标准资格预审文件、招标文件的；

（五）未按照规定采用工程量清单计价方式招标的；

（六）在发布招标公告、发出投标邀请书或者发售资格预审文件、招标文件后擅自终止招标的。

前款所列行为影响中标结果的，中标无效。

第四十八条 违反本办法规定，投标人有下列行为之一的，由住房城乡建设行政主管部门责令改正，可处以 1 万元以上 3 万元以下的罚款：

（一）在限制投标期限内参加工程投标的；

（二）单位负责人为同一人或者存在控股、管理关系的不同单位在同一工程标段中投标的；

（三）以低于成本或者违反政府指导价的报价竞标的。

前款所列行为影响中标结果的，中标无效。

第四十九条 住房城乡建设行政主管部门和其他有关部门工作人员在工程招标投标管理工作中滥用职权、玩忽职守、徇私舞弊的，依法给予处分；构成犯罪的，依法追究刑事责任。

第七章　附　　则

第五十条 本办法自 2012 年 3 月 1 日起施行。

附件 30：

山东省建设工程造价管理办法

(2012 年 4 月 28 日山东省人民政府令第 252 号公布
根据 2018 年 1 月 24 日山东省人民政府令第 311 号修订)

第一章 总 则

第一条 为了加强建设工程造价管理，规范建设工程造价计价行为，合理确定工程造价，保证工程质量和安全，维护工程建设各方的合法权益，根据有关法律、法规，结合本省实际，制定本办法。

第二条 在本省行政区域内从事建设工程造价及监督管理活动，应当遵守本办法。

交通运输、水利等专业建设工程造价管理，国家另有规定的，从其规定。

第三条 本办法所称建设工程造价，是指工程建设项目从筹建到竣工交付使用所需各项费用。包括建筑安装工程费、设备购置费、工程建设其他费、预备费、建设期间贷款利息以及按照国家和省规定应当计入的其他费用。

第四条 从事建设工程造价活动应当遵循合法合理、公平公正、诚实信用的原则，不得损害国家利益、社会公共利益和他人的合法权益。

第五条 省、设区的市、县（市）住房城乡建设行政主管部门负责本行政区域内建设工程造价活动的监督管理工作，其所属的建设工程造价机构按照国家和省有关规定，承担建设工程造价的具体工作。

发展改革、财政、审计、价格等行政主管部门按照各自职责，负责相关的建设工程造价监督管理工作。

第六条 建设工程造价行业协会应当建立健全自律机制，发挥行业指导、服务和协调作用。

第二章 造价计价依据

第七条 建设工程造价计价依据是指用来合理确定和有效控制建设工程造价的标准，包括下列内容：

（一）投资估算指标、概算指标；

（二）概算定额、预算定额、消耗量定额、费用定额、工期定额、劳动定额、施工机械台班费用定额；

（三）工程量清单计价规则；

（四）人工、材料、设备和施工机械台班工程价格；

（五）国家和省规定的其他计价依据。

建设工程造价计价依据分为统一计价依据、行业计价依据和一次性补充计价依据。

第八条 统一计价依据由省住房城乡建设行政主管部门组织编制并发布。投资估算指标、概算指标、概算定额由省住房城乡建设行政主管部门会同省发展改革、财政等部门联合发布。

统一计价依据适用于房屋建筑和市政建设工程。

第九条 行业计价依据由有关行业行政主管部门组织编制并发布。人工、材料、设备和施工机械台班工程价格及有关费用的组成，应当符合统一计价依据的技术要求。

行业计价依据适用于交通运输、水利等专业建设工程。

第十条 一次性补充计价依据由工程所在地设区的市住房城乡建设行政主管部门组织编制并发布，并报省住房城乡建设行政主管部门备案。

一次性补充计价依据适用于特殊条件下需要补充编制计价依据的建设工程。

第十一条 建设工程造价计价依据，应当根据法律法规、规定和工程建设标准进行编制，并与经济社会和工程技术发展水平以及市场状况相适应。

编制建设工程造价计价依据，应当公开征求意见，并组织专家进行评审。

第十二条 从事工程建设活动的企业可以根据本企业技术和管理状况，按照国家和省有关规定编制企业定额，用于企业内部计价、成本核算等活动。

第十三条 鼓励开发和应用建设工程造价计价计算机软件。

采用本省统一计价依据开发的建设工程造价计价计算机软件，经省住房城乡建设行政主管部门鉴定合格后，方可销售、使用。

第十四条 住房城乡建设行政主管部门应当及时采集分析人工、材料、设备、施工机械台班工程价格和工程造价指数、价格变化趋势等信息，并定期向社会发布。

省、设区的市住房城乡建设行政主管部门应当建立建设工程造价信息数据库，提高建设工程造价管理信息化水平。

第三章　造价计价确定

第十五条 建设工程造价计价活动包括下列事项：

（一）编制投资估算、设计概算；

（二）编制施工图预算、工程量清单、招标控制价、招标标底、投标报价；

（三）约定和调整工程合同价款；

（四）办理工程结算和竣工决算；

（五）其他建设工程造价计价活动。

第十六条 建设工程设计概算应当在投资估算的控制下，按照概算编制原则和工程计价依据进行编制。经批准的投资估算、设计概算是控制工程造价的主要依据，未经项目审批部门批准，不得突破。

第十七条 建设工程造价计价应当按照工程项目建设不同阶段分别编制投资估算、设计概算、施工图预算和工程结算等建设工程造价计价文件。

建设工程造价计价文件，应当按照建设项目的工程条件、设计文件、造价计价依据及有关资料，并考虑编制期至建设期的市场价格、利率、汇率变化等因素进行编制。

第十八条 按照国家和省有关规定，计入工程造价的工程排污费、社会保障费、住房公积金、安全文明施工费等费用项目，必须按照规定标准计取，不得作为降低总价参与竞争的手段。

第十九条 工程建设应当严格执行工期定额规定。建设单位压缩定额工期的，应当通过工程建设专家的技术评审。因压缩定额工期增加的工程费用应当计入合同价。

第二十条 建设工程造价计价文件编制，应当由具有相应资质的单位承担。

建设单位的工程造价专业人员具备建设工程造价计价文件编制资格的，可以自行承担本单位的建设工程造价计价文件编制。

第二十一条 施工工程造价计价方法包括工程量清单计价方法和定额计价方法。两种计价方法不得在同一工程中混合使用。全部使用国有资金或者国有资金投资为主的工程以及公开招标的工程，应当采用工程量清单计价方法。

实行工程量清单计价的工程，应当按照国家和省建设工程工程量清单计价规定设立招标控制价。招标控制价是工程投标报价的最高限价，应当与招标文件同时公布，并由招标人报工程所在地住房城乡建设行政主管部门备案。

第二十二条 依法进行招标的工程，其合同价应当依据招标文件、中标人的投标文件在合同中约定。不进行招标的工程，其合同价由发包人和承包人按照工程造价计价依据及相关规定进行约定。

发包人应当在合同签订之日起 15 日内，按照规定报住房城乡建设行政主管部门备案。

第二十三条 经备案的合同是工程结算和审核的依据。任何单位和个人不得违反合同约定进行工程结算文件的编制和审核。

建设工程发承包双方不得就同一建设工程，在经备案的合同之外另行订立背离合同实质性内容的其他协议。

第二十四条 建设工程发承包双方应当在合同中对下列工程造价计价事项进行约定：

（一）计价依据和方式；

（二）工程材料、设备的供应方式、价款确定和结算方式；

（三）工程项目、工程量的认定和工程价款调整的时限、方式；

（四）工程价格、费用变化等风险的承担范围和方式；

（五）索赔事项和现场签证的确认方式、计价与价款的支付；

（六）提高工程质量标准、压缩定额工期所增加工程费用的计算方法；

（七）工程竣工结算审核的方式和时限，工程预付款、工程进度款、工程结算价款的拨付数额、时限、方式；

（八）工程质量保证（保修）金的数额、预扣方式和支付时限；

（九）工程计价争议的解决方式；

（十）需要约定的其他工程造价计价事项。

第二十五条 工程发承包双方应当在建设工程竣工验收后，按照合同约定及时办理工程竣工结算。

建设单位委托具有相应资质的单位审核工程结算的，工程结算文件经当事人签字确认后，不得再次委托审核。有证据表明结算文件确有错误的除外。

第二十六条 竣工结算文件经发承包双方确认后，发包人应当于工程竣工验收备案前，按照规定报工程所在地住房城乡建设行政主管部门备案。

经备案的竣工结算文件应当作为工程结算价款支付的依据和工程竣工验收备案、交付使用的必备文件。

第二十七条 建设项目竣工决算，应当由建设单位按照国家和省有关财务决算的规定编制。

政府财政性资金投资和国有资金投资建设项目应当依法接受审计监督。

第二十八条 在工程造价计价活动中，对适用工程造价计价依据、方法以及相关规定有异议的，由住房城乡建设行政主管部门负责解释。

第四章 从 业 管 理

第二十九条 从事建设工程造价咨询业务的，应当依法取得相应资质，并在资质许可范围内进行工程造价咨询活动。

工程造价咨询企业设立分支机构，应当符合国家和省的相关规定。

第三十条 工程造价咨询企业应当在所出具的建设工程造价成果文件上按照规定签字、加盖执业印章。

第三十一条 工程造价咨询企业承接工程造价咨询业务，应当与委托人订立工程造价咨询合同，并参照使用国家和省制定的合同示范文本。

工程造价咨询企业应当在合同签订后 15 日内，报工程所在地住房城乡建设行政主管部门备案。

第三十二条 建设工程造价咨询服务费实行市场调节价，由工程造价咨询合同双方当事人平等协商确定。

工程造价咨询合同双方当事人不得约定以审减额作为计取工程造价咨询服务费的主要依据。

第三十三条 工程造价咨询企业应当建立健全工程造价咨询业务编审质量控制、技术档案和财务管理等制度。

第三十四条 工程造价咨询企业不得有下列行为：

（一）伪造、涂改、倒卖、租借资质证书或者以其他形式非法取得、转让资质证书；

（二）超越资质等级业务范围承接工程造价咨询业务；

（三）转包承接的工程造价咨询业务；

（四）工程造价成果文件上使用非承担本项目人员的名义和印章；

（五）同时接受招标人和投标人或者两个以上投标人对同一工程项目的工程造价咨询业务；

（六）以给予回扣、恶意压低收费等方式进行不正当竞争；

（七）出具虚假的建设工程造价咨询成果文件；

（八）法律、法规和规章禁止的其他行为。

第三十五条　工程造价专业人员应当在所承担编制的建设工程造价成果文件上按照规定签字、并加盖执业印章。

第三十六条　工程造价专业人员在执业过程中不得有下列行为：

（一）涂改、倒卖、租借或者以其他形式非法转让资格证书或者执业印章；

（二）签署有虚假记载、误导性陈述的建设工程造价成果文件；

（三）以个人名义承接建设工程造价业务；

（四）同时在两个或者两个以上单位执业；

（五）谋取合同约定费用以外的其他利益；

（六）法律、法规和规章禁止的其他行为。

第五章　监督检查

第三十七条　住房城乡建设行政主管部门和其他有关部门，应当依据各自管理权限对建设工程造价活动实施监督检查，对违法行为依法处理。被检查单位和个人应当予以配合，并按照要求提供相关资料。

第三十八条　住房城乡建设行政主管部门应当对建设工程造价咨询企业和工程造价专业人员进行动态管理，定期监督检查，并公布检查结果。

第三十九条　省住房城乡建设行政主管部门应当建立工程造价咨询企业业务统计报告制度和信用档案制度。工程造价咨询企业的从业行为、信用等级评价等情况，应当记入其信用档案，并按照规定向社会公开。

工程造价咨询企业应当按照规定向住房城乡建设行政主管部门报送业务统计报表，并提供真实、准确、完整的信用档案信息。

第四十条　任何单位和个人对建设工程造价活动中的违法行为，有权向住房城乡建设行政主管部门或者其他有关部门进行举报，受理部门应当依法查处。

第六章　法律责任

第四十一条　违反本办法规定的行为，法律、法规、规章已作出处罚规定的，从其规定；未作出规定的，依照本办法的规定进行处罚。

第四十二条　违反本办法规定，有下列行为之一的，由住房城乡建设行政主管部门责令改正，没收违法所得，可处以 5 000 元以上 3 万元以下罚款：

（一）销售、使用未经省住房城乡建设行政主管部门鉴定合格的建设工程造价计价计算机软件的；

（二）不具备相应资质，编制建设工程造价计价文件的；

（三）违反经备案的合同约定，进行工程结算文件的编制和审核的；

（四）约定以审减额作为计取工程造价咨询服务费的主要依据的。

第四十三条　违反本办法规定，建设单位有下列行为之一的，由住房城乡建设行政主管部门责令改正，可处以 5 000 元以上 3 万元以下罚款：

（一）对实行工程量清单计价的工程，未按照规定设立、公布招标控制价或者未按照规定将招标控制价报住房城乡建设行政主管部门备案的；

（二）未通过工程建设专家的技术评审，擅自压缩定额工期的；

（三）工程结算文件经当事人签字确认后，违反规定再次委托审核的；

（四）未按照规定将竣工结算文件报住房城乡建设行政主管部门备案的。

第四十四条　违反本办法规定，工程造价咨询企业有下列行为之一的，由住房城乡建设行政主管部门责令改正，没收违法所得，可处以 5 000 元以上 3 万元以下罚款：

（一）未按照规定将工程造价咨询合同报住房城乡建设行政主管部门备案的；

（二）工程造价成果文件上使用非承担本项目人员的名义和印章的；

（三）出具虚假的建设工程造价咨询成果文件的；

（四）未按照规定向住房城乡建设行政主管部门报送业务统计报表和信用档案信息的。

第四十五条　违反本办法规定，工程造价专业人员有下列行为之一的，由住房城乡建设行政主管部门责令改正，没收违法所得，可处以 1 000 元以上 1 万元以下罚款：

（一）涂改、倒卖、租借或者以其他形式非法转让资格证书或者执业印章的；

（二）签署有虚假记载、误导性陈述的建设工程造价成果文件的；

（三）以个人名义承接建设工程造价业务的；

（四）同时在两个或者两个以上单位执业的；

（五）在执业过程中谋取合同约定费用以外的其他利益的。

第四十六条　住房城乡建设行政主管部门和其他有关部门工作人员在建设工程造价管理工作中滥用职权、玩忽职守、徇私舞弊的，依法给予处分；构成犯罪的，依法追究刑事责任。

第七章　附　　则

第四十七条　本办法自 2012 年 7 月 1 日起施行。

附件 31：

山东省实施《实验动物管理条例》办法

（1992 年 5 月 3 日山东省人民政府令第 27 号公布
根据 2018 年 1 月 24 日山东省人民政府令第 311 号修订）

第一条　为保证实验动物质量，加强实验动物管理，适应科学研究、经济建设和社会发展的需要，根据国家《实验动物管理条例》，结合我省实际情况，制定本办法。

第二条　本办法所称实验动物是指经人工饲育，对其携带的微生物实行控制，遗传背景明确或来源清楚，用于科学研究、教学、生产、检定以及其他科学实验的动物。

第三条　本办法适用于本省内从事实验动物的研究、保种、饲育、供应、应用以及生产经营实验动物的饲料、垫料、笼具、设备等的单位和个人。

第四条　省科学技术委员会主管全省实验动物管理工作。

各市地科学技术委员会主管本地区的实验动物管理工作。

省政府有关部门负责本部门的实验动物管理工作。

第五条　山东省实验动物中心，在省科学技术委员会指导下，负责全省实验动物管理的日常业务工作，根据国家制定的实验动物遗传学、微生物学、营养学和饲育环境等方面的标准，对实验动物质量进行检测、监督，组织培训从事实验动物工作的人员。

第六条 实行实验动物质量监督和质量合格认证制度。具体办法由省科学技术委员会根据国家科学技术委员会的有关规定制定。

第七条 从事实验动物生产、供应、饲育、保种、引种工作的单位和个人，必须根据国家技术监督局颁布的有关标准，定期对实验动物进行质量检测，并将各项作业过程和监测数据记录归档。

第八条 用于实验动物的建筑物、设施、饲育器具及饮水、饲料的配制，必须符合国家标准。

第九条 引入实验动物必须隔离检疫，经检疫确认无传染病的方可移入饲养区。

第十条 禁止从人畜共患传染病的疫区引入实验动物。

第十一条 实验动物患病死亡的，应及时查明原因，按国家有关规定处理，并记录在案。

实验动物发生传染病的，必须立即视情况予以销毁或隔离治疗。对可能被传染的实验动物，须进行紧急预防接种。对饲育室内外可能被污染的区域。应采取严格消毒措施，并报告上级主管部门、卫生防疫部门和省实验动物中心，采取紧急预防措施，防止疫病蔓延。

第十二条 用于实验的野生动物，使用单位必须检疫，确认无人畜共患疾病及动物传染病的，方可使用。

第十三条 应用后的实验动物尸体，必须按国家有关规定焚烧处理。

第十四条 实验动物的保种单位必须具备符合实验动物等级要求的设施条件，并定期进行检测。

保种单位应按计划向生产单位提供种子动物，提供种子动物应附有保种单位负责人签发的标明实验动物的品系、遗传背景、微生物控制等资料和实验动物合格证明副本。

第十五条 实验动物的引种单位应定期向保种单位提供所引种子动物的生产、繁育等有关资料。

第十六条 生产供应实验动物的单位，供应实验动物时必须附有实验动物合格证明，并提供由单位负责人签发的标明动物品系、遗传背景、微生物控制等有关资料。

禁止任何单位和个人供应不合格的实验动物。

运载实验动物的器具，应符合微生物控制的等级要求。不同品种、品系或者不同等级的实验动物不得混合装运。

第十七条 应用实验动物的单位，应具备合格的实验动物饲养和应用条件。

申报应用实验动物的科研课题和鉴定应用实验动物的科研成果，必须注明所用实验动物的等级、品种、品系及其他有关资料；鉴定科研成果时，还须提供所用实验动物的合格证明。否则，科研项目不予立项，科研成果不予承认。

严禁应用不合格的实验动物进行科学研究和质量检验。应用不合格的实验动物所取得的检定或安全评价结果无效，所生产的制品不得销售和使用。

第十八条 进出口实验动物的检疫工作，按照《中华人民共和国进出境动植物检疫法》的规定办理。

第十九条 从事实验动物工作的各类专业技术人员，应按现行规定评聘专业技术职务。

直接从事实验动物工作的人员享受与从事传染病防治工作人员相应的保健津贴及必要的劳动防护用品待遇。

第二十条 实验动物工作单位对直接从事实验动物工作的人员，必须定期进行体格检查。对患有传染病不宜继续承担所做工作的人员，应及时调换工作。

第二十一条 对从事实验动物工作取得显著成绩的单位和个人，主管部门应给予表彰奖励。

第二十二条 对违反本办法的单位和个人，由省、市地科学技术委员会视情节轻重，分别给予警告、限期改进、责令关闭等行政处罚。

第二十三条 本办法由省科学技术委员会负责解释。

第二十四条 本办法自发布之日起施行。

附件 32：

山东省生产经营单位安全生产主体责任规定

（2013 年 2 月 2 日山东省人民政府令第 260 号公布
根据 2016 年 6 月 7 日山东省人民政府令第 303 号第一次修订
根据 2018 年 1 月 24 日山东省人民政府令第 311 号第二次修订）

第一条　为了落实生产经营单位安全生产主体责任，预防和减少生产安全事故，保障人民群众生命健康和财产安全，促进经济社会持续健康发展，根据《中华人民共和国安全生产法》《山东省安全生产条例》等法律、法规，结合本省实际，制定本规定。

第二条　在本省行政区域内的生产经营单位履行安全生产主体责任，适用本规定。法律、法规、规章另有规定的，从其规定。

第三条　本规定所称生产经营单位，是指从事生产或者经营活动的企业、事业单位、个体经济组织等组织。

第四条　生产经营单位是安全生产的责任主体，对本单位的安全生产承担主体责任。主体责任主要包括组织机构保障责任、规章制度保障责任、物质资金保障责任、教育培训保障责任、安全管理保障责任、事故报告和应急救援责任。

第五条　县级以上人民政府安全生产监督管理部门依法对生产经营单位履行安全生产主体责任实施综合监督管理；其他负有安全生产监管职责的部门负责职责范围内生产经营单位履行安全生产主体责任的监督管理。

安全生产监督管理部门和其他负有安全生产监督管理职责的部门，统称负有安全生产监督管理职责的部门。

第六条　生产经营单位应当建立、健全安全生产责任制度，实行全员安全生产责任制，明确生产经营单位主要负责人、其他负责人、职能部门负责人、生产车间（区队）负责人、生产班组负责人、一般从业人员等全体从业人员的安全生产责任，并逐级进行落实和考核。考核结果作为从业人员职务调整、收入分配等的重要依据。

本规定所称生产经营单位的主要负责人，包括董事长、总经理、个人经营的投资人以及对生产经营单位进行实际控制的其他人员。

第七条　生产经营单位应当依据法律、法规、规章和国家、行业或者地方标准，制定涵盖本单位生产经营全过程和全体从业人员的安全生产管理制度和安全操作规程。

安全生产管理制度应当涵盖本单位的安全生产会议、安全生产资金投入、安全生产教育培训和特种作业人员管理、劳动防护用品管理、安全设施和设备管理、职业病防治管理、安全生产检查、危险作业管理、事故隐患排查治理、重大危险源监控管理、安全生产奖惩、事故报告、应急救援，以及法律、法规、规章规定的其他内容。

第八条　生产经营单位的主要负责人是本单位安全生产的第一责任人，对落实本单位安全生产主体责任全面负责，具体履行下列职责：

（一）建立、健全本单位安全生产责任制；

（二）组织制定并督促安全生产管理制度和安全操作规程的落实；

（三）确定符合条件的分管安全生产的负责人、技术负责人；

（四）依法设置安全生产管理机构并配备安全生产管理人员，落实本单位技术管理机构的安全职能并配备安全技术人员；

（五）定期研究安全生产工作，向职工代表大会、职工大会或者股东大会报告安全生产情况，接受工会、从业人员、股东对安全生产工作的监督；

（六）保证安全生产投入的有效实施，依法履行建设项目安全设施和职业病防护设施与主体工程同时设计、同时施工、同时投入生产和使用的规定；

（七）组织建立安全生产风险管控机制，督促、检查安全生产工作，及时消除生产安全事故隐患；

（八）组织开展安全生产教育培训工作；

（九）依法开展安全生产标准化建设、安全文化建设和班组安全建设工作；

（十）组织实施职业病防治工作，保障从业人员的职业健康；

（十一）组织制定并实施事故应急救援预案；

（十二）及时、如实报告事故，组织事故抢救；

（十三）法律、法规、规章规定的其他职责。

生产经营单位分管安全生产的负责人协助主要负责人履行安全生产职责，技术负责人和其他负责人在各自职责范围内对安全生产工作负责。

第九条 矿山、金属冶炼、道路运输、建筑施工单位，危险物品的生产、经营、储存、装卸、运输单位和使用危险物品从事生产并且使用量达到规定数量的单位（以下简称高危生产经营单位），应当按照下列规定设置安全生产管理机构或者配备安全生产管理人员：

（一）从业人员不足 100 人的，应当配备专职安全生产管理人员；

（二）从业人员在 100 人以上不足 300 人的，应当设置安全生产管理机构，并配备 2 名以上专职安全生产管理人员，其中至少应当有 1 名注册安全工程师；

（三）从业人员在 300 人以上不足 1 000 人的，应当设置专门的安全生产管理机构，并按不低于从业人员 5‰ 但最低不少于 3 名的比例配备专职安全生产管理人员，其中至少应当有 2 名注册安全工程师；

（四）从业人员在 1 000 人以上的，应当设置专门的安全生产管理机构，并按不低于从业人员 5‰ 的比例配备专职安全生产管理人员，其中至少应当有 3 名注册安全工程师。

前款规定以外的其他生产经营单位，应当按照下列规定设置安全生产管理机构或者配备安全生产管理人员：

（一）从业人员不足 100 人的，应当配备专职或者兼职的安全生产管理人员；

（二）从业人员在 100 人以上不足 300 人的，应当配备专职安全生产管理人员；

（三）从业人员在 300 人以上不足 1 000 人的，应当设置安全生产管理机构，并配备 2 名以上专职安全生产管理人员，其中至少应当有 1 名注册安全工程师；

（四）从业人员在 1 000 人以上的，应当设置专门的安全生产管理机构，并按不低于从业人员 3‰ 的比例配备专职安全生产管理人员，其中至少应当有 2 名注册安全工程师。

法律、法规对生产经营单位设置安全生产管理机构或者配备安全生产管理人员另有规定的，从其规定。

生产经营单位使用劳务派遣人员从事作业的，劳务派遣人员应当计入该生产经营单位的从业人员人数。

第十条 生产经营单位的安全生产管理机构以及安全生产管理人员应当履行下列职责：

（一）组织或者参与拟订本单位安全生产规章制度、操作规程；

（二）参与本单位涉及安全生产的经营决策，提出改进安全生产管理的建议，督促本单位其他机构、人员履行安全生产职责；

（三）组织制定本单位安全生产管理年度工作计划和目标，并进行考核；

（四）组织或者参与本单位安全生产宣传教育和培训，如实记录安全生产教育培训情况；

（五）监督本单位安全生产资金投入和技术措施的落实；

（六）监督检查本单位对承包、承租单位安全生产资质、条件的审核工作，督促检查承包、承租单位履行安全生产职责；

（七）督促落实本单位重大危险源的安全管理，监督劳动防护用品的采购、发放、使用和管理；

（八）组织落实安全生产风险管控措施，检查本单位的安全生产状况，及时排查事故隐患，制止和纠正违章指挥、强令冒险作业、违反操作规程的行为，督促落实安全生产整改措施；

（九）组织或者参与本单位生产安全事故应急预案的制定、演练；

（十）法律、法规、规章以及本单位规定的其他职责。

第十一条 生产经营单位应当支持安全生产管理机构和安全生产管理人员履行管理职责，并保证其开展工作应当具备的条件。生产经营单位安全生产管理人员的待遇应当高于同级同职其他岗位管理人员的待遇。高危生产经营单位应当建立安全生产管理岗位风险津贴制度，专职安全生产管理人员应当享受安全生产管理岗位风险津贴，事业单位按国家有关规定执行。

高危生产经营单位分管安全生产的负责人或者安全总监、安全生产管理机构负责人和安全生产管理人员的任免，应当书面告知负有安全生产监督管理职责的主管部门。

第十二条 从业人员在300人以上的高危生产经营单位和从业人员在1 000人以上的其他生产经营单位，应当设置安全总监。安全总监应当具备安全生产管理经验，熟悉安全生产业务，掌握安全生产相关法律法规知识。安全总监协助本单位主要负责人履行安全生产管理职责，专项分管本单位安全生产管理工作。

第十三条 从业人员在300人以上的高危生产经营单位和从业人员在1 000人以上的其他生产经营单位，应当建立本单位的安全生产委员会。安全生产委员会由本单位的主要负责人、分管安全生产的负责人或者安全总监、相关负责人、专门的安全生产管理机构及相关机构负责人、安全生产管理人员和工会代表以及从业人员代表组成。生产经营单位的安全生产委员会负责组织、指导、协调本单位安全生产工作任务的贯彻落实，研究和审查本单位有关安全生产的重大事项，协调本单位各相关机构安全生产工作有关事宜。安全生产委员会每季度至少召开1次会议，会议应当有书面记录。

第十四条 生产经营单位与从业人员签订的劳动合同、聘用合同以及与劳务派遣单位订立的劳务派遣协议，应当载明有关保障从业人员劳动安全、防止职业病危害的事项。生产经营单位应当将工作过程中可能产生的职业病危害及其后果、职业病防护措施和待遇等如实告知从业人员，不得隐瞒或者欺骗。劳务派遣单位无能力或逃避支付劳务派遣人员工伤、职业病相关待遇的，由生产经营单位先行支付。

生产经营单位不得以任何形式与从业人员订立免除或者减轻其对从业人员因生产安全事故、职业病危害事故依法应当承担责任的协议。使用劳务派遣人员的生产经营单位应当将现场劳务派遣人员纳入本单位从业人员统一管理，履行安全生产保障责任，不得将安全生产保障责任转移给劳务派遣单位。

第十五条 生产经营单位将生产经营项目、场所、设备及交通运输工具发包或者出租的，应当对承包单位、承租单位的安全生产条件或者相应的资质进行审查，并签订专门的安全生产管理协议，或者在承包合同、租赁合同中约定有关的安全生产管理事项。对不具备安全生产条件或者相应资质的，不得发包、出租。生产经营单位对承包单位、承租单位的安全生产工作统一协调、管理，定期进行安全检查，发现安全问题的，应当及时督促整改。

发包或者出租给不具备安全生产条件或者相应资质的单位、个人，或者未与承包单位、承租单位签订安全生产管理协议、约定安全生产管理事项，发生生产安全事故的，生产经营单位应当承担主要责任，承包、承租单位承担连带赔偿责任。

第十六条 生产经营单位因改制、破产、收购、重组等发生产权变动的，在产权变动完成前，安全生产的相关责任主体不变；产权变动完成后，由受让方承担安全生产责任；受让方为两个以上的，由控股方承担安全生产责任。

第十七条 生产经营单位应当确保本单位具备安全生产条件所必需的资金投入，安全生产资金投入纳入年度生产经营计划和财务预算，不得挪作他用，并专项用于下列安全生产事项：

（一）完善、改造和维护安全防护及监督管理设施设备支出；

（二）配备、维护、保养应急救援器材、设备和物资支出，制定应急预案和组织应急演练支出；

（三）开展重大危险源和事故隐患评估、监控和整改支出；

（四）安全生产评估检查、专家咨询和标准化建设支出；

（五）配备和更新现场作业人员安全防护用品支出；

（六）安全生产宣传、教育、培训支出；

（七）安全生产适用的新技术、新标准、新工艺、新装备的推广应用支出；

（八）安全设施及特种设备检测检验支出；

（九）参加安全生产责任保险支出；

（十）其他与安全生产直接相关的支出。

生产经营单位应当按照国家和省有关规定建立安全生产费用提取和使用制度。

第十八条 生产经营单位发生生产安全事故，造成其从业人员死亡的，死亡者家属除依法获得工伤保险补偿外，事故发生单位还应当按照有关规定向其一次性支付生产安全事故死亡赔偿金。生产安全事故死亡赔偿金标准按照不低于本省上一年度城镇居民人均可支配收入的 20 倍计算。

生产经营单位按照有关规定参加安全生产责任保险的，发生生产安全事故，由承保公司按照保险合同的约定支付相应的赔偿金。

第十九条 生产经营单位应当推进安全生产技术进步，采用新工艺、新技术、新材料、新装备并掌握其安全技术特性，及时淘汰陈旧落后及安全保障能力下降的安全防护设施、设备与技术，不得使用国家明令淘汰、禁止使用的危及生产安全的工艺、设备。

第二十条 生产经营单位的生产、生活和储存区域之间应当保持规定的安全距离。生产、经营、储存、使用危险物品的车间、商店和仓库不得与员工宿舍在同一座建筑物内，并与员工宿舍、周边居民区及其他社会公共设施保持规定的安全距离。生产经营场所和员工宿舍应当设有符合紧急疏散要求、标志明显、保持畅通的安全出口和疏散通道。禁止封闭、堵塞生产经营场所或者员工宿舍的安全出口和疏散通道。

生产经营单位应当在危险源、危险区域设置明显的安全警示标志，配备消防、通讯、照明等应急器材和设施，并根据生产经营设施的承载负荷或者生产经营场所核定的人数控制人员进入。

第二十一条 生产经营单位应当按照国家和省有关规定，明确本单位各岗位从业人员配备劳动防护用品的种类和型号，为从业人员无偿提供符合国家、行业或者地方标准要求的劳动防护用品，并督促、检查、教育从业人员按照使用规则佩戴和使用。

购买和发放劳动防护用品的情况应当记录在案。不得以货币或者其他物品替代劳动防护用品，不得采购和使用无安全标志或者未经法定认证的特种劳动防护用品。

第二十二条 存在职业病危害的生产经营单位，应当按照有关规定及时申报本单位的职业病危害因素，并定期检测、评价。

对从事接触职业病危害的从业人员，生产经营单位应当按照有关规定组织上岗前、在岗期间和离岗时的职业健康检查，并将检查结果书面告知从业人员。职业健康检查费用由生产经营单位承担。

第二十三条 生产经营单位应当制定、及时修订和实施本单位的生产安全事故应急救援预案，并与所在地县级以上人民政府生产安全事故应急救援预案相衔接。高危生产经营单位每年至少组织 1 次综合或者专项应急预案演练，每半年至少组织 1 次现场处置方案演练；其他生产经营单位每年至少组织 1 次演练。

生产经营单位应当建立应急救援组织，配备相应的应急救援器材及装备。不具备单独建立专业应急救援队伍的规模较小的生产经营单位，应当与邻近建有专业救援队伍的企业或者单位签订救援协议，或者联合建立专业应急救援队伍。

第二十四条 生产经营单位应当定期组织全员安全生产教育培训。对新进从业人员、离岗 6 个月以上的或者换岗的从业人员，以及采用新工艺、新技术、新材料或者使用新设备后的有关从业人员，及时进行上岗前安全生产教育和培训；对在岗人员应当定期组织安全生产再教育培训活动。教育培训情况应当记录备查。

以劳务派遣形式用工的，生产经营单位与劳务派遣单位应当在劳务派遣协议中明确各自承担的安全生产教育培训职责。未明确职责的，由生产经营单位承担安全生产教育培训责任。

第二十五条 生产经营单位的主要负责人、分管安全生产的负责人或者安全总监、安全生产管理人员，应当具备与所从事的生产经营活动相适应的安全生产知识和管理能力。

高危生产经营单位的主要负责人、分管安全生产的负责人或者安全总监、安全生产管理人员，应当经过培训，并由负有安全生产监督管理职责的主管部门对其安全生产知识和管理能力考核合格。考核不得收费。

特种作业人员应当按照国家有关规定，接受与其所从事的特种作业相应的安全技术理论培训和实际操作培训，取得特种作业相关资格证书后，方可上岗作业。

第二十六条 生产经营单位应当按照国家有关规定，开展以岗位达标、专业达标和企业达标为主要内容的安全生产标准化建设。

生产经营单位应当开展安全文化建设，建立安全生产自我约束机制。

第二十七条 生产经营单位应当建立健全安全生产隐患排查治理体系，定期组织安全检查，开展事故隐患自查自纠。对检查出的问题应当立即整改；不能立即整改的，应当采取有效的安全防范和监控措施，制定隐患治理方案，并落实整改措施、责任、资金、时限和预案；对于重大事故隐患，应当及时将治理方案和治理结果向负有安全生产监督管理职责的部门报告，并由负有安全生产监督管理职责的部门对其治理情况进行督办，督促生产经营单位消除重大事故隐患。

安全检查应当包括下列内容：

（一）安全生产管理制度健全和落实情况；

（二）设备、设施安全运行状态，危险源控制状态，安全警示标志设置情况；

（三）作业场所达到职业病防治要求情况；

（四）从业人员遵守安全生产管理制度和操作规程情况，了解作业场所、工作岗位危险因素情况，具备相应的安全生产知识和操作技能情况，特种作业人员持证上岗情况；

（五）发放配备的劳动防护用品情况，从业人员佩带和使用情况；

（六）现场生产管理、指挥人员违章指挥、强令从业人员冒险作业行为情况，以及对从业人员的违章违纪行为及时发现和制止情况；

（七）生产安全事故应急预案的制定、演练情况；

（八）其他应当检查的安全生产事项。

第二十八条 生产经营单位应当加强重大危险源管理，建立重大危险源辨识登记、安全评估、报告备案、监控整改、应急救援等工作机制，采用先进技术手段对重大危险源实施现场动态监控，定期对设施、设备进行检测、检验，设立重大危险源安全警示标志，制定应急预案并组织演练。

生产经营单位应当每半年向所在地县（市、区）或者按隶属关系向负有安全生产监督管理职责的部门报告本单位重大危险源监控及相应的安全措施、应急措施的实施情况；对新产生的重大危险源，应当及时报告并依法实施相关管理措施。

第二十九条 生产经营单位应当建立安全生产风险管控机制，定期进行安全生产风险排查，对排查出的风险点按照危险性确定风险等级，并采取相应的风险管控措施，对风险点进行公告警示。

高危生产经营单位应当利用先进技术和方法建立安全生产风险监测与预警监控系统，实现风险的动态管理。发现事故征兆等险情时，应当立即发布预警预报信息。生产现场带班人员、班组长和调度人员，在遇到险情时第一时间享有下达停产撤人命令的直接决策权和指挥权。

第三十条 生产经营单位应当建立单位负责人现场带班制度，建立单位负责人带班考勤档案。带班负责人应当掌握现场安全生产情况，及时发现和处置事故隐患。

第三十一条 生产经营单位进行爆破、悬挂、挖掘、大型设备（构件）吊装、危险装置设备试生产、危险场所动火、建筑物和构筑物拆除以及重大危险源、油气管道、有限空间、有毒有害、临近高压输电线路等作业的，应当按批准权限由相关负责人现场带班，确定专人进行现场作业的统一指挥，由专职安全生产管理人员进行现场安全检查和监督，并由具有专业资质的人员实施作业。

生产经营单位委托其他有专业资质的单位进行危险作业的，应当在作业前与受托方签订安全生产管理协议，明确各自的安全生产职责。

第三十二条　生产经营单位发生生产安全事故，应当按照国家和省有关规定报告当地安全生产监督管理部门和其他有关部门。

生产经营单位系上市公司及其子公司的，上市公司应当立即报告注册地证券主管部门，并按有关规定及时办理信息披露事宜。

第三十三条　法律、法规和规章对违反本规定行为的法律责任有规定的，适用其规定；法律、法规和规章没有规定的，适用本规定。

第三十四条　负有安全生产监督管理职责的部门在对生产经营单位履行安全生产主体责任的监督管理中，有失职渎职或者滥用职权、玩忽职守、徇私舞弊等行为的，对直接负责的主管人员和其他直接责任人员依法给予处分；构成犯罪的，依法追究刑事责任。

第三十五条　生产经营单位有下列行为之一的，由负有安全生产监督管理职责的部门责令限期改正，可处以5 000元以上2万元以下的罚款，对其主要负责人处以1 000元以上1万元以下的罚款；逾期不改正的，责令限期整顿，可处以2万元以上3万元以下的罚款，对其主要负责人处以1万元以上2万元以下的罚款；涉嫌犯罪的，依法追究刑事责任：

（一）未按规定使用安全生产资金投入的；

（二）未按规定参加安全生产责任保险的；

（三）未按规定使用劳务派遣人员的；

（四）未按规定开展安全生产标准化建设活动的；

（五）未按规定执行单位负责人现场带班制度的。

第三十六条　生产经营单位未按规定建立安全生产风险管控机制，并采取风险管控措施的，由负有安全生产监督管理职责的部门责令限期改正；逾期不改正的，依照有关法律、法规规定处理。

第三十七条　生产经营单位未建立事故隐患排查治理制度或者未采取措施消除事故隐患的，依照《中华人民共和国安全生产法》的有关规定责令限期改正或者责令消除；拒不执行的，责令停产停业整顿，并处罚款。

第三十八条　本规定自2013年3月1日起施行。

附件33：

山东省残疾人就业办法

（2013年12月16日山东省人民政府令第270号公布
根据2018年1月24日山东省人民政府令第311号修订）

第一章　总　　则

第一条　为了促进残疾人就业，保障残疾人的劳动权利，根据《中华人民共和国残疾人保障法》、国务院《残疾人就业条例》和《山东省实施〈中华人民共和国残疾人保障法〉办法》等法律、法规，结合本省实际，制定本办法。

第二条　本省行政区域内的机关、团体、企业、事业单位、民办非企业单位（以下统称"用人单位"），应当依照有关法律、法规和本办法的规定，履行扶持残疾人就业的责任和义务。

第三条 禁止用人单位在就业中歧视残疾人。

残疾人依法享有平等就业、自主择业和平等获取劳动报酬的权利。

残疾人应当积极参加职业培训，提高自身素质，增强就业创业能力，遵守用人单位的劳动纪律，恪守职业道德。

第四条 各级人民政府应当加强对残疾人就业工作的领导，将残疾人就业纳入国民经济和社会发展规划，并制定优惠政策和扶持保护措施，多渠道筹措资金，为残疾人就业创造条件。

第五条 县级以上人民政府负责残疾人工作的机构，负责组织、协调、指导和督促有关部门做好残疾人就业工作。

县级以上人民政府人力资源社会保障、财政、民政、税务、工商行政管理等部门按照职责，做好残疾人就业工作。

第六条 各级残疾人联合会依照有关法律、法规和规章，负责残疾人就业工作的具体组织实施和监督工作。

工会、共产主义青年团、妇女联合会，应当在各自的职责范围内，做好残疾人就业工作。

第七条 对在残疾人就业工作中做出显著成绩的单位和个人，按照有关规定给予表彰和奖励。

第二章　用人单位的责任

第八条 用人单位应当按照不低于本单位在职职工总数 1.5% 的比例安排残疾人就业，逐步建立按照比例安排残疾人就业岗位预留制度，并提供适当的工种、岗位。

按照规定比例计算应当安排就业的残疾人不足 1 人的，安排 1 人。用人单位跨省、市、县（市、区）招用的残疾人，应当计入所安排的残疾人职工人数之内。

用人单位安排残疾人就业达不到规定比例的，应当缴纳残疾人就业保障金。

第九条 用人单位应当在每年第一季度内向当地残疾人就业服务机构报告本单位上年度安排残疾人就业情况、在职职工人数和本年度安排残疾人就业的计划。

第十条 政府和社会依法兴办的盲人按摩机构、工疗机构和其他福利性单位（以下统称"集中使用残疾人的用人单位"），应当集中安排残疾人就业。

第十一条 用人单位在招用工作人员时，不得以残疾为由拒绝接收、录用符合岗位要求的残疾人。

机关、人民团体、事业单位、国有企业应当带头执行按照比例安排残疾人就业规定和逐步建立按照比例安排残疾人就业岗位预留制度，新招考公务员、招聘事业单位工作人员或者企业职工时，不得拒绝录用符合条件的残疾人。

第十二条 用人单位招用残疾人职工，应当依法与其签订劳动合同或者服务协议，并为其办理社会保险；依法裁减人员，应当优先留用残疾人职工或者其家庭成员；与残疾人职工解除、终止劳动合同或者服务协议的，应当报告当地残疾人联合会备案。

第十三条 用人单位应当向残疾人职工按时足额支付劳动报酬，并且不得低于当地最低工资标准。

第十四条 用人单位应当为残疾人职工提供适合其身体状况的劳动条件和劳动保护，不得以暴力、威胁或者限制人身自由等手段强迫残疾人劳动。

第十五条 用人单位不得在晋职、晋级、职称评定、劳动报酬、生活福利、休息休假、社会保险等方面歧视残疾人职工。

第十六条 用人单位应当根据本单位残疾人职工的实际情况，对残疾人职工免费进行上岗、在岗、转岗等培训。

第十七条 用人单位应当采取措施，逐步建设和完善规范的无障碍设施，推进残疾人信息交流无障碍工作，改善残疾人的就业环境。

第三章　保障措施

第十八条　各级人民政府应当采取措施，拓宽残疾人就业渠道，多形式开发适合残疾人就业的岗位，保障残疾人就业。

鼓励社会组织和个人为促进残疾人就业提供捐助和服务。

鼓励用人单位每年为在职残疾人职工购买一份意外伤害保险。

第十九条　各级人民政府投资或者扶持开发的适合残疾人就业的公益性岗位，应当按照不低于用工总数10%的比例安排残疾人就业。

各级人民政府发展社会性服务、建立完善社区服务点，应当优先安排残疾人就业。

乡镇、县（市、区）人民政府应当将残疾人专职干事纳入社会工作者队伍，保障其工资、福利、社会保险待遇；对基层群众性自治组织和社区的残疾人专职委员按照规定给予补贴，所需经费由财政负担。

第二十条　设区的市和县（市、区）人民政府及其有关部门应当在城镇区域内划出适当经营场所或者摊位，安排残疾人从事经营活动，并按照规定免收管理类、登记类和证照类的行政事业性收费；税务机关应当按照国家有关规定依法给予税收优惠。

第二十一条　建立按比例安排残疾人就业年度报告制度。各级残疾人联合会设立的残疾人就业服务机构，对用人单位按比例安排残疾人就业状况进行年度审核；向未达到规定比例的用人单位推荐适合的残疾人就业，用人单位无法定事由不得拒绝。

第二十二条　征收残疾人就业保障金原则上按照属地原则管理。

残疾人就业保障金的征收、使用和管理，按照国家和省有关规定执行。

第二十三条　依法征收的残疾人就业保障金应当纳入财政预算，实行收支两条线管理，按照有关规定使用，任何组织和个人不得挪用、截留或者私分。

有关单位应当定期向社会公布残疾人就业保障金的使用情况。财政、审计部门应当依法定期对残疾人就业保障金的使用情况进行监督检查和审计监督，并将结果向社会公开。

第二十四条　县级以上人民政府应当执行税收优惠规定，符合条件的用人单位依法享受税收优惠政策。

享受税收优惠的集中使用残疾人的用人单位对减免和退还的税金，应当将不低于其总额10%的比例用于补贴残疾人职工个人应当缴纳的社会保险费。

第二十五条　县级以上人民政府有关部门、残疾人联合会应当确定适合残疾人生产、经营的产品、项目，优先安排残疾人集中就业和残疾人创办的企业以及其他残疾人福利性单位生产、经营，根据用人单位的生产特点确定某些产品由其生产，并将其生产、经营的产品和服务纳入政府采购目录。

机关、事业单位在产品和服务采购工作中，应当将参与竞标单位安置残疾人就业情况纳入评标体系，予以量化加分；采取其他采购方式的，在同等条件下，优先选择残疾人创办的企业、残疾人辅助性就业企业、超比例安排残疾人就业单位的产品和服务。

第二十六条　县级以上人民政府在一定期限内对自主择业、自主创业的残疾人给予小额信贷贴息等扶持。

鼓励残疾人自主择业、自主创业。

第二十七条　县级以上人民政府及有关部门应当组织和扶持农村残疾人从事种植业、养殖业、手工业和其他形式的生产劳动，安排一定比例的残疾人就业保障金扶持农村残疾人发展生产，并在生产服务、技术指导、农用物资供应、农副产品收购和信贷等方面给予扶助。

第二十八条　残疾人职工参加国内外重大比赛和参加集训期间，鼓励用人单位保留其工资和福利待遇；对残疾人选手，组织单位应当给予补贴。对在国内外重大体育、职业技能等比赛中成绩突出的优秀残疾人运动员或者选手，机关、团体、企业事业单位应当创造条件，积极促进其就业。

第四章　就业服务

第二十九条　县级以上人民政府及其有关部门应当将残疾人就业服务纳入公共就业服务体系，为就业困难的残疾人提供有针对性的就业援助服务，鼓励和扶持职业培训机构和职业鉴定机构为残疾人提供职业培训和职业资格鉴定，按照规定给予培训和鉴定补贴，并组织残疾人定期开展职业技能竞赛。

第三十条　各级人力资源市场应当设立残疾人就业窗口，向用人单位推荐残疾人就业，按照有关规定为其保管档案，并免收就业残疾人人事档案、人事关系委托保管费。

第三十一条　县级以上残疾人联合会应当设立残疾人就业服务机构，并免费提供下列服务：

（一）发布残疾人就业信息；

（二）组织开展残疾人职业技能和实用技术培训；

（三）为残疾人提供职业心理咨询、职业适应评估、职业康复训练、求职定向指导、职业介绍等服务；

（四）为残疾人个体就业和自主择业、跨地区就业和农村残疾人进城务工、组织劳务输出等提供必要的帮助；

（五）为用人单位安排残疾人就业提供必要的支持。

鼓励其他就业服务机构为残疾人就业提供免费服务。

第三十二条　对超比例安排残疾人就业的用人单位，按照规定通过残疾人就业保障金给予一定奖励，用于该单位为残疾人职工缴纳社会保险费、岗位培训和购买意外伤害保险等。

第三十三条　残疾人职工与用人单位发生争议，人力资源社会保障部门应当积极协调，依法维护残疾人职工合法权益，各级残疾人联合会应当给予帮助和支持，并根据需求协调有关部门提供法律援助、免费提供盲文、手语翻译等服务。

第五章　法律责任

第三十四条　违反本办法规定，有关行政主管部门、单位及其相关工作人员滥用职权、玩忽职守、徇私舞弊，视情节轻重给予相应处分；构成犯罪的，依法追究刑事责任。

第三十五条　违反本办法规定，挪用、截留、私分残疾人就业保障金，尚不构成犯罪的，对有关责任单位、直接责任人员依法给予处分或者处罚；构成犯罪的，依法追究刑事责任。

第三十六条　违反本办法，用人单位未按照规定缴纳残疾人就业保障金的，由财政部门给予警告，责令限期缴纳；逾期仍不缴纳的，除补缴欠缴数额外，还应当自欠缴之日起按照每日千分之五的比例加处滞纳金。

前款规定的加处滞纳金的数额不得超出残疾人就业保障金的数额。

第三十七条　违反本办法规定，用人单位弄虚作假，采取虚报安排残疾人就业人数等手段，骗取集中使用残疾人的用人单位享受的税收优惠待遇的，由税务机关依法处理。

第六章　附　　则

第三十八条　本办法所称残疾人就业，是指符合法定就业年龄、有就业要求的残疾人从事有报酬的劳动。

第三十九条　本办法自 2014 年 2 月 1 日起施行。2000 年 12 月 27 日山东省人民政府发布的《山东省按比例安排残疾人就业办法》（省政府令第 115 号）同时废止。

省财政厅关于贯彻落实政府采购货物和服务招标投标管理办法有关事项的通知

2018 年 1 月 2 日　鲁财采〔2018〕1 号

各市财政局，省财政直接管理县（市）财政局，黄河三角洲农业高新技术产业示范区财政金融局，省直各部门，各政府采购代理机构：

为贯彻落实《政府采购货物和服务招标投标管理办法》（财政部令第 87 号，以下简称 87 号令），规范政府采购货物和服务招标投标行为，提升政府采购招标投标工作绩效，结合我省实际，现就有关事项通知如下：

一、完善内部控制机制，规范管理运行。加强政府采购内控管理，是规范开展采购活动的重要保障。采购人应当高度重视内控机制建设，按照《财政部关于加强政府采购活动内部控制管理的指导意见》（财库〔2016〕99 号）和省财政厅《关于印发〈山东省政府采购预算单位内部控制管理规范〉的通知》（鲁财采〔2016〕48 号）要求，不断完善单位内控机制，强化内部流程控制，健全防控约束措施，重点就需求制定、政策落实、信息公开、履约验收和质疑答复等环节压紧压实内部责任，切实将内控管理贯穿于政府采购决策和执行的全过程，确保各项采购活动依法规范、高质高效。集中采购机构应当按照省财政厅《关于印发〈关于加强集中采购机构内控管理的指导意见〉的通知》（鲁财采〔2017〕2 号）要求，认真梳理采购组织流程，严格关键节点管控，在提升服务质量的同时确保采购活动合法高效。社会代理机构应当参照集中采购机构内控要求，加强内部管理和风险控制，着力提升规范化和专业化执业水平。财政部门要督促引导政府采购相关当事人健全完善内控机制，监督检查内控管理情况，不断提升内控机制建设和管理水平，切实发挥内控机制的监督制约和防控保障作用。

二、严格订立委托协议，明晰权利责任。委托采购代理机构组织招标采购活动的，应当明确界定采购人和采购代理机构的责任，采购人不能因为委托而转嫁或规避责任，采购代理机构也不能因为接受委托而越位用权。采购人应当择优确定采购代理机构，并签订委托代理协议，确立双方权利和责任。委托代理协议的内容应当包括：采购项目的基本情况；采购范围和方式；双方的权责和义务，含采购需求制定，采购文件编制、印刷、发售和澄清，信息公开，接收投标（响应）文件，组织开标和评审，确定中标（成交）供应商，履约验收以及答复供应商的询问、质疑等；项目采购完成的期限；签订合同；违约责任；纠纷解决途径等；其他需要明确的内容。上述内容中涉及采购程序的有关事项应当进行委托，非程序性事项由采购人根据情况自行决定是否委托。《中华人民共和国政府采购法》和《中华人民共和国政府采购法实施条例》明确由采购人承担的法律责任，不因采购人将相关事项委托而免除或者转移，一旦发生问题，仍要依法依规进行追责问责。

三、强化采购需求管理，实施源头控制。采购需求是开展采购活动的基础和制定采购文件的前提。采购人应当按照合理规范、有序高效、公开透明的原则，扎实做好采购需求管理工作。采购需求应当全面体现采购人对采购标的的技术、规格、功能、服务等要求或标准，符合实际情况，注重厉行节约，落实政策功能。采购人作为采购需求管理主体，应当于采购活动开始前，通过市场调研、征求意见、组织论证、公开公示等方式，保证需求制定完整、明确、合规、公正。采购代理机构依照委托协议约定，协助采购人开展采购需求制定工作，提供采购需求的调研、论证等组织服务，保障采购需求既有效满足采购目标要求，又充分体现政府采购市场的竞争性。

四、规范资格条件要求，保障公平竞争。为供应商提供公平公正的市场竞争环境，是政府采购服务市场的重要责任。采购人和采购代理机构应严格遵守市场规则，严禁以违规设置门槛等方式限制或排斥潜在供应商参与市场竞争。在制定采购文件时，采购人和采购代理机构不得将国务院已明令取消或者下放至行业协会的资质认证、政府部门已禁止或者停止授予的称号、公布的排序、颁发的奖项等内容，以及供应商规模条件和除进口货物以外的生产厂家授权等作为供应商资格要求。对于复杂的大型设备，为确保投标产品质量和原厂服务，可以要求提供生产厂家授权并作为必要评审因素合理设置分值，但不得作为资格条件或者实质性条款；对服务类项目有特殊要求的，可以对供应商提出特定条件，但不得通过设置特定资格条件妨碍充分竞争和公平竞争，人为设立歧视政策。在采购过程中，采购人和采购代理机构应当依法对投标人的资格进行审查并书面记录，评标委员会不得参与资格性审查工作。为确保信息安全，可要求投标人单独封装资格性文件。对于不允许偏离的实质性要求和条件，采购人或者采购代理机构应当按照合规、必须、适当、明确的原则，在采购文件中作出规定，并以醒目方式标注，未进行标注的，不得作为实质性条款。

五、合理设置评审因素，有效满足需求。采用综合评分法的，评审因素的设定应当与采购需求相契合，根据采购需求对价格、技术、商务等方面的偏重，细化评审因素，量化评审指标，合理设置评审因素权重，集中体现采购需求的核心要求。评审因素应当量化到具体分值或者相应分值区间，区间设置不宜过大，仅以体现相互差距为宜，并应细化区间内对应的不同分值情形，最大限度减少评审自由裁量权。价格分值权重严格执行 87 号令相关规定，执行国家统一定价标准和采用固定价格采购的项目，其价格不得作为评审因素。

六、降低制度交易成本，减轻企业负担。大力保障供应商权益，吸引广大供应商积极参与政府采购活动，是激发政府采购市场活力的重要举措，更是政府采购支持实体经济发展的应有之义。采购人和采购代理机构应当尽可能减少供应商参与成本。对市场供应充足、技术规格简单、采购需求单一的通用类货物，不得要求投标人提供样品，因特殊情况确需提供样品的，采购人、采购代理机构应当在采购文件中明确规定。资格预审文件应当免费提供，招标文件售价的确定不得以营利为目的，更不得以采购金额作为确定招标文件售价的依据。投标（履约）保证金应当严格按照规定比例收取，并在规定时间内足额退还，逾期未退还的，应当支付超期资金占用费；鼓励供应商以信用担保形式代替投标（履约）保证金，采购人或者采购代理机构不得拒收供应商提供的合法保函。除法律法规明确规定的费用外，采购人或者采购代理机构不得对供应商收取任何附加费用，不得向供应商索要或者接受其给予的赠品、回扣以及与采购无关的其他商品或服务。

七、科学设定采购限价，合理引导报价。采购价格直接影响到采购标的的质量和服务，更关系到财政资金绩效，应本着厉行节约原则，以满足采购需求为目标，以资产配置标准为参照，合理确定采购预算，既不虚高，也不唯低。采购人和采购代理机构应当加强市场调研和分析测算，合理确定采购最高限价，但不得以防止"低价中标"为由设置最低限价；采用综合评分法的，应当根据有关规定和项目特点合理设定价格分值，且价格得分采用低价优先法计算，不得去掉报价中的最高报价和最低报价。对投标人的报价明显低于其他通过符合性审查投标人报价的，评标委员会认为有可能影响产品（服务）质量或者不能诚信履约的，应当要求其在评标现场合理的时间内提供书面说明，必要时提交相关证明材料。投标人不能证明其报价合理性的，评标委员会应当将其作为无效投标处理。

八、完善邀请招标程序，提高采购时效。采用邀请招标方式，可有效避免公开招标流程多、时限长、要求高等诸多制约因素，满足采购人的便捷性和时效性需求。通过发布资格预审公告征集投标人的，采购人或者采购代理机构应当在财政部门规定的政府采购信息媒体上发布公告，公布投标人应具备的资格条件，资格预审公告不得少于 5 个工作日。投标人应当在资格预审公告结束后，按照公告时限要求提交资格证明文件，采购人或者采购代理机构根据资格预审文件载明的标准和方法，对潜在投标人进行资格预审，其等标期、开标、评标、定标等基本程序与公开招标完全一致。通过采购人书面推荐方式的，采购人推荐的符合资格条件供应商总数不得少于拟随机抽取供应商总数的两倍，采取抽签等方式选择 3 家以上投标人，并向其发出投标邀请书。供应商收到投标邀请书后，应当按照规定时间提交投标文件，由采购人或者采购代理机构组织开展评标活动后，确定中标（成交）供应商。发布中标公告时应当将所有被推荐供应商名单及推荐理由随中标结果一并公告。

十、严格履约验收管理，体现结果导向。强调履约验收，强化结果管理，是实现政府采购制度从程序导向向结果导向转变的重大举措。履约验收是政府采购管理的"最后一公里"，采购人和采购代理机构应当严格按照采购合同规定的技术、服务、安全标准等组织对供应商履约情况的实质性验收，并将验收情况予以公开。采购人作为履约验收的责任主体，应当加强履约验收管理，实行履约验收责任制和采购质量追溯制，对技术复杂、专业性强或者服务对象为社会公众的，可以主动邀请专家、社会公众、权威机构以及未中标供应商等参与验收工作。采购代理机构可根据采购人委托协助组织履约验收活动，采购人需对其履约验收报告予以确认。对履约存在问题的，采购人应当按照采购合同约定追究供应商的违约责任。财政部门要建立采购结果评价机制，将履约验收情况纳入其中并作为评价重点，推动采购人、采购代理机构和供应商诚信履约、严格验收。

十、规范评标委员会职责，强化权责对等。评标委员会具体负责评标工作，其职责履行直接关系到采购结果质量和政府采购公信力。为提高评审质量，确保评审公正，采购人或者采购代理机构应当在组织评标工作中，维护评标秩序，严肃评审纪律，及时制止和纠正评标委员会的倾向性言论或者违法违规违纪行为。发现违法违规行为的，应及时向采购人本级财政部门报告。对技术复杂、专业性强的采购项目，经主管预算单位同意后，采购人可以择优自行选定相应专业领域评审专家并报同级财政部门备案。评标委员会不参与供应商资格审查，仅对资格审查合格供应商的投标文件进行符合性审查，依照招标文件规定的评标程序、方法和标准进行客观独立评审，禁止协商打分、分工打分、替代打分等违规做法。评审报告签署前，经复核可以依法对存在规定情形问题的评标结果进行当场修改，并在评标报告中记载；评标报告签署后，发现相关问题的，应当组织原评标委员会进行重新评审，重新评审改变评标结果的，书面报告同级财政部门。评审活动结束后，采购人、采购代理机构对参与项目评审的评审专家履职情况进行客观记录评价。严格责任追究，对违法违规的评审专家给予相应处理处罚，对存在不良行为情形的专家予以记录。

十一、加大信息公开力度，主动接受监督。应当将采购活动的全流程信息公开，接受最广泛的社会监督，全面提升政府采购的公平性、透明度和公信力。对所有政府采购项目需公开的信息，均应当在省级以上财政部门指定媒体最先发布。在采购前期，通过发布招标公告和资格预审公告征集供应商的，应当在招标公告、资格预审公告中依法依规公开相关项目信息，确保供应商充分知情，促进其广泛参与；对不接受联合体投标的，应当在公告或者投标邀请书中载明，未进行载明的，不得拒绝联合体投标；采购文件制定前应当按规定公开采购需求，广泛接受社会监督，提高采购需求制定的规范性和公正性；采购人或者采购代理机构需对已发出的采购文件进行必要澄清或者修改的，应当在原公告发布媒体上发布澄清公告。评审结束后，采购人或者采购代理机构应当及时发布中标公告，对未通过资格审查的投标人，应当告知其未通过的原因；采用综合评分法评审的，对未中标人应当告知其评审得分与排序。采购活动结束后，采购合同和履约验收报告应当按规定予以公开。

十二、积极落实采购政策，突出支持效果。政府采购政策作为重要的宏观调控手段之一，对经济社会发展发挥着重要引领和助推作用。政府采购各方当事人应当以落实政府采购政策为己任，积极保障各项政策落实。监管机构要不断丰富政策落实手段，将政策支持措施的着力点从评审环节向采购需求确定、采购方式选择、评审因素设置等前端延伸，加强政策实施情况评估，不断提高政策执行效果。采购人和采购代理机构应当在采购需求和采购文件中明确采购政策执行措施，包括预留份额、价格优惠、优先采购、联合体投标等；对于非专门面向中小企业的项目，采购人或者采购代理机构应当在采购文件中明确，并对参与的中小企业产品价格给予 6%～10% 的扣除，具体扣除比例由采购人或者采购代理机构确定，并以调整后的价格计算评标基准价和投标报价；评审过程中，对中小企业的认定以供应商提供的《中小企业声明函》为准，不得以网上查询或者自行认定结果否定供应商的中小企业性质。

本通知自 2018 年 2 月 1 日起施行，有效期至 2023 年 1 月 31 日。

省财政厅关于印发山东省政府采购需求管理
暂行办法的通知

2018 年 3 月 12 日　鲁财采〔2018〕16 号

各市财政局、县级现代预算管理制度改革试点县（市、区）财政局，黄河三角洲农业高新技术产业示范区财政金融局，省直各部门、单位，各政府采购代理机构：

　　采购需求是加强政府采购源头管理的重要内容，是执行政府采购预算、发挥采购政策功能、落实公平竞争交易规则的重要抓手，在整个采购活动中发挥着重要的基础作用。为充分体现采购人的主体责任，进一步提升采购需求管理水平，我们研究制定了《山东省政府采购需求管理暂行办法》，着力引导采购人和采购代理机构从调研、论证、公开等方面强化管理，以采购需求的规范性保障采购结果的"物有所值"。请结合实际，认真贯彻执行。

　　附件：山东省政府采购需求管理暂行办法

附件：

山东省政府采购需求管理暂行办法

第一章　总　　则

第一条　为规范政府采购活动，提高采购质量，保障采购效率，落实采购政策，根据《中华人民共和国政府采购法》《中华人民共和国政府采购法实施条例》《政府采购货物和服务招标投标管理办法》（财政部令第 87 号）和《财政部关于进一步加强政府采购需求和履约验收管理的指导意见》（财库〔2016〕205号）等相关规定，结合实际，制定本办法。

第二条　山东省行政区域内采用公开招标、邀请招标、竞争性谈判、竞争性磋商、询价和单一来源采购方式的政府采购项目的采购需求管理，适用本办法。

　　本办法所称采购需求，是指采购标的的技术、规格、性能、功能、质量、服务等要求的具体细化，是确定采购预算、编制采购文件、实施采购活动的基础和依据。

第三条　政府采购需求管理应当遵循合理规范、有序高效、公开透明的原则，符合实际需要，体现厉行节约，有利于公平竞争，有助于政策功能落实。

第二章　确定主体

第四条　采购人是政府采购需求确定的主体，负责采购需求的提出、调研、论证、公开、评价等事宜，并对采购需求的合理性、合规性承担责任。

第五条　主管预算单位应当发挥管理优势，对系统内通用且使用频繁的产品和服务的性能指标、技术规格、服务标准、安全要求等制定标准化基本需求。

第六条 采购人委托采购代理机构制定采购需求的，应当在采购活动开始前对相应责任进行书面确认，但不得因委托而转移采购需求确定的主体责任。

集中采购机构主导的批量集中采购、协议供货、定点采购、网上超市等采购项目，其采购需求由集中采购机构负责组织确定。

第七条 采购代理机构可以根据采购人委托，参与采购需求确定工作，协助组织专家论证，帮助完善技术标准等需求指标，并依据采购需求编制采购文件，依法实现采购需求目标。

采购代理机构前期未参与采购需求确定的，采购组织过程中发现采购人的采购需求存在以不合理条件对供应商实行差别、歧视待遇或者其他不符合法律、法规和政府采购政策规定情况的，应当建议其改正。采购人拒不改正的，采购代理机构应当向采购人的同级财政部门报告，财政部门应当依法处理。

第八条 采购人或者采购代理机构组织相关专家参与采购需求论证的，论证专家应当对其论证意见承担相应责任。

第三章　需求内容

第九条 政府采购需求应当符合国家法律法规规定，执行国家标准、行业标准、地方标准等相关规范，落实政府采购支持节能环保、促进中小企业发展、扶持弱势企业等政策功能。

第十条 除因技术复杂或者性质特殊，不能确定详细规格或者具体要求外，采购需求应当完整、明确、合规、公正。具体应包括以下内容：

（一）采购项目概况及预算安排情况。

（二）采购标的需实现的功能或者目标，以及为落实政府采购政策需满足的要求。

（三）采购标的需执行的国家相关标准、行业标准、地方标准或者其他标准、规范。

（四）采购标的需满足的质量、安全、技术规格、物理特性等要求。

（五）采购标的的数量、采购项目交付或者实施的时间和地点。

（六）采购标的需满足的服务标准、期限、效率等要求。

（七）采购标的的验收标准。

（八）采购标的的其他技术、服务等要求。

第十一条 采购需求描述应当清楚明了、表达规范、含义准确，能够通过客观指标量化的应当全部量化。技术复杂或者性质特殊项目的采购需求，除技术规格、服务标准等具体要求难以确定外，其他需求内容应当详细明确。

第十二条 采购需求实现功能或者目标应当以满足采购人实际需要为前提，符合资产配置标准要求，杜绝奢侈采购、豪华采购、高价采购。

第十三条 采购需求应当体现政策导向，鼓励使用本国产品，对支持节能环保、中小企业、监狱企业和残疾人企业等政府采购政策执行措施必须在采购需求中列明。对要求优先采购或者强制采购的节能环保产品，应当在确定采购需求时明确相应的产品。

第十四条 采购需求执行的有关标准应当在相关专业领域内具有权威性、通用性和对等性，应当为实现标的功能或者目标的基本条件，不得设置带有歧视性、倾向性或者排他性标准的要求。

第十五条 采购标的需满足的质量、安全、技术规格、物理特性、服务和验收标准等要求，描述应当严谨、准确、详细，不得模棱两可、含混不清、存有歧义，不得包含对供应商的潜在或者隐性要求。

第四章　制定方案

第十六条 编制政府采购预算时应当明确采购内容，采购活动组织实施前确定详细采购需求。

第十七条 采购人应当根据年度工作计划、项目评审及预算安排等情况，协调单位内部使用处（科）

室，确定本年度内需要采购的货物、服务和工程项目，并明确具体采购标的。

第十八条　采购项目确定后，采购人应当进行市场调研，对采购标的的技术性能、服务水平、供应情况、市场价格等进行调查了解、衡量比对、分析测算，结合政府采购预算及资产配置标准等，制定初步采购需求方案。

第十九条　政府向社会公众提供的公共服务项目，采购人应当于采购需求确定前，通过"中国山东政府采购网"或者本部门门户网站等渠道征求社会公众意见。

第五章　组织论证

第二十条　对符合下列情形的项目，采购人或者采购代理机构应当于采购需求公示前，对初步采购需求方案组织相关专家或者供应商进行合理合规性论证，也可以委托第三方专业机构组织论证。

（一）采购金额较大的项目：省级 1 000 万元以上，市级 500 万元以上，县级 200 万元以上。

（二）采购人难以自行确定技术指标、规格要求、服务标准等的项目。

（三）社会影响较大、关注度较高的项目。

（四）采购人认为确有必要的其他项目。

第二十一条　采购需求论证主要包括，采购需求内容是否完整、标准是否规范、描述是否准确、政策是否体现等。

第二十二条　采购人委托第三方专业机构组织论证的，应当在委托协议中明确第三方专业机构的职责及要求，并对其出具的论证报告签署书面意见。

第二十三条　采购人或者采购代理机构组织相关专家论证的，可以在"山东省政府采购评审专家库"中抽取专家，也可以自行邀请具有相关专业水平的人员。

参与论证的专家应当具有 5 年以上相关领域从业经历，人数应当为 3 人及以上单数。专家论证费用可以参照省财政厅《关于印发〈山东省政府采购评审劳务报酬标准〉的通知》（鲁财采〔2017〕28 号）执行，由采购人同采购代理机构协商支付。

第二十四条　采购人或者采购代理机构邀请供应商参与论证的，应当在相关领域内邀请不少于 3 个品牌（核心产品）的供应商参加。

第六章　需求公示

第二十五条　对符合下列情形的，其采购需求方案确定后，采购人或者采购代理机构应当在"中国山东政府采购网"予以公示。公示期限不得少于 3 天。

（一）公开招标数额标准以上的项目。

（二）前期经过论证的项目。

（三）政府向社会公众提供的公共服务项目。

（四）采购人认为确有必要的其他项目。

第二十六条　采购需求公示应当包括项目概况及预算情况、采购标的具体情况、论证意见、公示时间、意见反馈方式等内容（政府采购项目需求方案模板见附件）。

第二十七条　采购需求公示后，潜在供应商有异议的，应当在公示时间截止前将书面意见反馈给采购人或者采购代理机构。书面意见包括采购需求的相关意见建议以及适用法律法规和行业标准等相关证明资料。

异议供应商未提供书面意见的，采购人或者采购代理机构可不予受理。

第二十八条　采购人或者采购代理机构收到书面意见后，应当在公示期满 5 个工作日内予以处理。认为异议成立的，应当及时修改相应采购需求；认为异议不成立的，应当将相应意见反馈异议供应商。

第二十九条　采购需求公示且无异议后，应当据此编制采购文件。采购文件的评审因素设置应当与采购需求相对应，既要体现采购需求各项因素的差异性，又要杜绝人为设置无关因素。

第七章 监督管理

第三十条 采购人未按照本办法规定编制、论证并公示采购需求的，由财政部门责令限期改正。

第三十一条 经过论证或者公示后，仍因采购需求问题导致采购文件产生有效质疑或者有效投诉的，由财政部门予以通报。

第三十二条 因采购需求中的技术、服务等要素指向特定供应商、特定品牌、特定型号等，导致供应商有效投诉的，将按照《中华人民共和国政府采购法》及其实施条例相关规定，对采购人或者采购代理机构给予相应处理处罚；对参与论证的相关专家、供应商、第三方专业机构，由财政部门予以通报并纳入政府采购不良信用记录。

第八章 附 则

第三十三条 采购需求应当作为采购文件的重要组成部分一并存档备查，包括采购需求的论证、公示等情况。

第三十四条 采购需求管理应当作为采购人内部控制管理的重要组成部分，建立需求管理机制，保障需求管理工作规范开展。

第三十五条 高等院校、科研院所科研仪器设备的自行采购，适用本办法。

第三十六条 竞争性谈判、竞争性磋商和询价采购通过书面推荐形式确定供应商的，适用本办法。

第三十七条 涉密政府采购项目的采购需求，不适用本办法。

第三十八条 本办法由山东省财政厅负责解释。

第三十九条 本办法自 2018 年 5 月 1 日起施行，有效期至 2023 年 4 月 30 日。

附件：政府采购项目需求方案（模板）

附件：

政府采购项目需求方案

（模板）

采购单位：

采购代理机构：

项目名称：

编制时间：

一、项目概况及预算情况

包括项目实施的背景、基本情况、前期调研及组织论证、预算安排等内容。

二、采购标的具体情况

1. 采购内容、数量及单项预算安排（须详细列明采购品目，工程类项目须附采购清单）。
2. 需实现的功能或者目标（包含多个采购标的的，应当分别明确，下同）。
3. 需满足的国家相关标准、行业标准、地方标准或者其他标准、规范。
4. 需满足的质量、安全、技术规格、物理特性等要求。
5. 需满足的采购政策要求（预留份额、评审加分、价格扣除、优先采购、强制采购等）。
6. 项目交付或者实施的时间和地点。
7. 需满足的服务标准、期限、效率等要求。
8. 项目售后服务及验收标准。
9. 其他技术、服务等要求。

三、论证意见

随附参与论证的评审专家、供应商、第三方专业机构具体名单。

四、公示时间

本项目采购需求公示期限为 3 天：自××年××月××日起，至××年××月××日止。

五、意见反馈方式

本项目采购需求方案公示期间接受社会公众及潜在供应商的监督。

请遵循客观、公正的原则，对本项目需求方案提出意见或者建议，并请于××年××月××日前将书面意见反馈至采购人或者采购代理机构，采购人或者采购代理机构应当于公示期满 5 个工作日内予以处理。

采购人或者采购代理机构未在规定时间内处理或者对处理意见不满意的，异议供应商可就有关问题通过采购文件向采购人或者采购代理机构提出质疑；质疑未在规定时间内得到答复或者对答复不满意的，异议供应商可以向采购人同级财政部门提出投诉。

六、项目联系方式

1. 采购单位：
联系人：　　　　　　　　电话（传真）：
地址：
2. 采购代理机构：
联系人：　　　　　　　　电话（传真）：
地址：

省财政厅　省金融工作办公室　中国人民银行济南分行省中小企业局关于印发山东省政府采购合同融资管理办法的通知

2018 年 3 月 14 日　鲁财采〔2018〕17 号

各市财政局、金融办、中小企业局，人民银行（山东省）各市中心支行、分行营业管理部，省财政直接管理县（市）财政局，黄河三角洲农业高新技术产业示范区财政金融局，省直各部门、单位，各政府采购代理机构，各金融机构：

为贯彻落实国家和省委、省政府关于运用财政政策措施进一步推动经济转方式调结构稳增长的部署要求，更好地发挥政府采购扶持中小企业发展的政策功能，我们制定了《山东省政府采购合同融资管理办法》，现印发给你们，请遵照执行。执行中如有问题和建议，请及时向我们反映。

附件：山东省政府采购合同融资管理办法

附件：

山东省政府采购合同融资管理办法

第一章　总　　则

第一条　为发挥政府采购扶持中小企业发展的政策功能，降低中小企业制度性融资成本，提高融资便利性，根据《财政部　工业和信息化部关于印发〈政府采购促进中小企业发展暂行办法〉的通知》（财库〔2011〕181 号）和《山东省人民政府关于运用财政政策措施进一步推动全省经济转方式调结构稳增长的意见》（鲁政发〔2015〕14 号）等有关规定，结合我省实际，制定本办法。

第二条　本办法所称政府采购合同融资（以下简称合同融资），是指参与政府采购活动并中标（成交）的中小企业供应商（以下简称供应商），凭借政府采购合同向参与政府采购合同融资业务的金融机构申请融资，金融机构为其提供不超过政府采购合同金额贷款的融资模式。

本办法所称金融机构，包括银行和非银行金融机构。

本办法所称中小企业是指在山东省行政区域内注册并从事生产经营，符合工业和信息化部等 4 部委《关于印发中小企业划型标准规定的通知》（工信部联企业〔2011〕300 号）规定，依法纳税，并纳入中国人民银行济南分行省域征信服务平台目录的中小企业。

第三条　合同融资工作坚持"财政引导、机构主办、企业自愿、市场操作"原则。任何单位和个人不得干预金融机构与供应商之间的合同融资业务。

第二章　职责划分

第四条　各级财政部门要加强对合同融资工作的政策研究与指导，完善相关政策措施，为融资双方提供平台和服务，但不得为融资项目提供任何形式的担保。

省级财政部门负责制定合同融资政策，为合同融资搭建全省统一的信息化共享平台（以下简称平台）。

第五条 金融机构应转变"抵押为本"的传统信贷理念，开发符合合同融资政策的金融产品，面向依法经营、信用良好、主业突出、负债适度的供应商，并做好相关风险防控工作。

第六条 采购人应按照政府采购合同约定，及时做好项目的履约验收和资金支付工作，不得无故拖延支付合同款项。

第七条 供应商应当严格按政府采购合同履约，配合采购人做好验收工作。

供应商自主确定是否采用合同融资方式。采用合同融资方式的，应与金融机构签订融资合同，并按融资合同约定及时还本付息。签订融资合同后，供应商如需变更支付账户、合同金额等政府采购合同信息的，须经融资金融机构同意。

第八条 采购人、集中采购机构、社会代理机构应当配合金融机构和中标（成交）供应商做好合同融资业务工作。

第三章 操 作 流 程

第九条 有意向开展合同融资业务的金融机构，应由其省级机构或法人机构在业务开展前向省级财政部门备案，并提供以下材料：

（一）金融机构基本情况。

（二）合同融资具体方案及金融产品。

（三）融资业务流程及各环节的办结时间。

（四）针对本办法实施项目风险控制的关键措施。

（五）其他成功扶持中小企业的案例及产品。

（六）贷款利率及手续费的融资优惠措施。

（七）省级财政部门确定的其他材料。

省级机构或法人机构负责确定本机构内部参与合同融资的分支机构，并为其提供平台账户。省级机构或法人机构应在平台上公开供应商申请本机构融资所需提供的材料以及是否指定放款银行等事项。

第十条 有融资需求的供应商在签订《政府采购合同》后，可通过平台自行选择金融产品，提供金融机构要求的相关材料，发起融资申请。

第十一条 金融机构通过平台审核确认相关信息后，向符合相关规定的供应商提供相应金融产品，办理相关业务。在与供应商签订融资合同后，金融机构应及时按约定放款。

第十二条 供应商因参与合同融资需变更政府采购合同中开户银行及账号信息的，由供应商通过平台提交变更账户申请和无违法行为声明，经采购人和融资金融机构同意后方可变更。变更信息将同时共享至"政府采购管理交易系统"的备案合同中。

采购人应当在完善内部控制制度的同时，优化简化账户变更流程，配合做好合同融资工作，促进企业发展。

第十三条 融资贷款发放后，原则上不得变更政府采购合同账号。确需变更的，由供应商提出申请，并经融资金融机构同意后方可变更。贷款项目结清后，合同账号变更申请不再经金融机构确认。

第十四条 合同融资活动结束后，金融机构和供应商应通过平台就双方履行融资合同情况进行相互评价，评价结果将纳入我省政府采购诚信体系管理。

第四章 优 惠 措 施

第十五条 金融机构应当建立合同融资绿色通道，配备专业人员定向服务，简化贷款审批程序，制定相应业务管理规范，提供快捷、方便、实惠、专业的融资服务。对申报材料齐全完备的申请，金融机构原则上应在 7 个工作日内完成审批，于审批通过后 5 个工作日内完成放款。

第十六条 金融机构原则上不得要求供应商提供任何形式的其他担保。

第十七条 切实降低合同融资利率，融资利率上浮比例原则上不超过中国人民银行公布的同期贷款基准利率的 30%。

第十八条 金融机构和供应商共同约定融资期限，原则上与政府采购合同履约完成期限相匹配。

第十九条 对履约记录良好、诚信水平高的供应商，相关金融机构应在融资额度、融资审查、利率优惠等方面给予更大支持，促进供应商依法诚信经营。

第二十条 各级财政部门应研究探索合同融资政策与中小企业贷款财政贴息补助等扶持政策的有效衔接，形成叠加效应。

第五章 监督检查

第二十一条 合同融资工作应结合政府采购供应商库和诚信体系建设共同推进，将供应商和金融机构融资履约情况纳入诚信体系。

第二十二条 供应商存在以下行为的，除应承担违约责任外，同级财政部门还应将其记入政府采购诚信体系；涉嫌犯罪的，移送司法机关处理。

（一）不履行政府采购合同约定。

（二）提供虚假材料。

（三）以伪造政府采购合同等方式违规获取合同融资。

（四）无故拖延或拒绝还款付息。

第二十三条 对不按规定开展合同融资业务的金融机构，视情节由同级金融监管部门、财政部门约谈，责令金融机构限期整改，情节严重的，禁止参与省内合同融资业务。

第二十四条 对干预供应商选择融资金融机构或融资方案、无故拖延支付资金的采购人，财政部门将视情节进行约谈、通报。

第二十五条 各相关部门及其工作人员在履行监督管理职责中存在滥用职权、玩忽职守、徇私舞弊等违法违纪行为的，依照有关法律法规予以处理；涉嫌犯罪的，移送司法机关处理。

第六章 附 则

第二十六条 本办法由山东省财政厅负责解释。

第二十七条 本办法自 2018 年 4 月 16 日起施行，有效期至 2023 年 4 月 15 日。

省财政厅关于印发山东省政府采购信息
公开管理办法的通知

2018 年 3 月 25 日　鲁财采〔2018〕18 号

各市财政局，省财政直接管理县（市）财政局，黄河三角洲农业高新技术产业示范区财政金融局，省直各部门、单位，各政府采购代理机构：

为全面推动我省政府采购信息公开，强化政府采购社会监督，进一步提高政府采购活动的透明度和社会公信力，我们制定了《山东省政府采购信息公开管理办法》，现印发给你们，请遵照执行。执行中如有问题，请及时向我们反映。

附件：山东省政府采购信息公开管理办法

附件：

山东省政府采购信息公开管理办法

第一章 总 则

第一条 为建立完善政府采购信息公开制度，提高政府采购活动的透明度和社会公信力，保障政府采购当事人和社会公众的知情权、参与权和监督权，根据《中华人民共和国政府采购法》《中华人民共和国预算法》和《中华人民共和国政府采购法实施条例》（国务院令第 658 号）、《中华人民共和国政府信息公开条例》（国务院令第 492 号）、《政府采购信息公告管理办法》（财政部令第 19 号）等法律法规规章，结合实际，制定本办法。

第二条 本办法适用于山东省行政区域内政府采购信息公开行为。

第三条 本办法所称政府采购信息包括政府采购项目信息、监管处罚信息以及政策文件信息等。

第四条 政府采购信息应当按照本办法规定的内容、程序、渠道和方式及时向社会公开。涉及国家秘密、商业秘密以及个人隐私的信息依法不得公开。

第五条 政府采购信息公开应当遵循合法规范、真实完整、及时准确、渠道统一的原则。

第六条 采购项目信息由采购人、采购代理机构负责公开，监管处罚信息和政策文件信息由财政部门负责公开。

各信息公开主体应当按照本办法规定公开政府采购信息，并对信息的真实性、合法性和有效性负责，不得危及国家安全、公共安全、经济安全和社会稳定。

第七条 "中国山东政府采购网"是山东省政府采购信息公开发布的唯一指定媒体。按规定应当公开的政府采购信息，应当在该网站上首先向社会公开发布。为避免法律纠纷，本指定媒体不接受其他网站推送的项目信息。

第八条 县级以上人民政府财政部门是政府采购信息公开的监督管理部门，依法履行政府采购信息公开情况的监督、检查、考评等职责。

第二章 采购项目信息公开的内容

第九条 采购项目信息包括采购公告、信息更正公告、中标（成交）公告、采购合同公告、验收结果公告等。采购需求、采购文件、预算金额等应当随采购公告公开。

采购人、采购代理机构应当按照《山东省政府采购项目编号与命名规则》（附件 2）标识政府采购项目。

第十条 采购公告。采购公告包括公开招标公告、资格预审公告、谈判公告、磋商公告、询价公告和单一来源公示。采用非公告方式邀请供应商的邀请招标、竞争性谈判、竞争性磋商、询价采购项目，可以不公开资格预审公告、谈判公告、磋商公告、询价公告。

第十一条 公开招标公告应当包括下列内容：

（一）采购人及其委托的采购代理机构的名称、地址和联系方式。

（二）项目名称及编号、数量、简要技术要求或者项目的性质。

（三）采购需求。

（四）项目分包及对应预算，设定最高限价的，还应当公开最高限价。

（五）投标人资格要求。

（六）获取招标文件的时间期限、地点、方式及招标文件售价。

（七）公告期限。

（八）投标截止时间、开标时间及地点。

（九）采购项目联系人姓名和电话。

第十二条 资格预审公告应当包括下列内容：

（一）采购人及其委托的采购代理机构的名称、地址和联系方式。

（二）项目名称及编号、数量、简要技术要求或者项目的性质。

（三）采购需求。

（四）项目分包及对应预算，设定最高限价的，还应当公开最高限价。

（五）投标人的资格要求。

（六）获取资格预审文件的时间期限、地点、方式。

（七）公告期限。

（八）提交资格预审申请文件的截止时间、地点及资格预审日期。

（九）采购项目联系人姓名和电话。

第十三条 竞争性谈判（磋商）公告应当包括下列内容：

（一）采购人、采购代理机构的名称、地址和联系方式。

（二）项目名称及编号、用途、数量、简要技术要求或者项目的性质。

（三）供应商资格要求。

（四）项目分包及对应预算。

（五）获取谈判（磋商）文件的时间、地点、方式及文件售价。

（六）公告期限。

（七）提交响应文件的截止时间、报价（开启）时间及地点。

（八）采购项目联系人姓名和电话。

第十四条 询价公告应当包括下列内容：

（一）采购人、采购代理机构的名称、地址和联系方式。

（二）项目名称及编号、用途、数量、简要技术要求或者项目的性质。

（三）供应商资格要求。

（四）项目分包及对应预算。

（五）获取询价通知书的时间、地点、方式及文件售价。

（六）公告期限。

（七）提交响应文件的截止时间、地点。

（八）采购项目联系人姓名和电话。

第十五条 单一来源公示应当包括下列内容：

（一）采购人、采购项目名称和内容。

（二）拟采购的货物或者服务的说明。

（三）采用单一来源采购方式的原因及相关说明。

（四）拟定的唯一供应商名称、地址。

（五）专业人员对相关供应商因专利、专有技术等原因具有唯一性的具体论证意见，以及专业人员的姓名、工作单位和职称。

（六）公示期限。

（七）采购人、采购代理机构、财政部门的联系地址、联系人和联系电话。

第十六条 信息更正公告。信息更正公告应当包括下列内容：

（一）采购人、采购代理机构名称、地址和联系方式。

（二）原公告的采购项目名称及编号、首次公告日期。

（三）更正事项、内容及日期。

（四）采购项目联系人姓名和电话。

第十七条 中标（成交）公告。中标（成交）公告应当包括下列内容：

（一）采购人、采购代理机构的名称、地址和联系方式。

（二）采购项目名称及编号。

（三）中标（成交）供应商名称、地址和中标（成交）金额。

（四）中标（成交）清单，包括主要中标（成交）标的的名称、规格型号、数量、单价、服务要求等。

（五）公告期限。

（六）评审委员会成员名单。

（七）评审委员会成员评审结果。

（八）采购项目联系人姓名和电话。

邀请招标、竞争性谈判（磋商）、询价方式采购中采用书面推荐供应商的，还应当公开采购人、评审专家的推荐意见。

集中采购机构还应当公开协议供货、定点采购、批量集中采购项目入围采购阶段的入围价格、价格调整规则和优惠条件。

将供应商业绩作为评审因素的，应同时公告中标（成交）供应商在投标文件中提报的加盖供应商公章的业绩情况扫描件。涉及商业秘密的，只公开项目名称和金额。

第十八条 废标（终止）公告。废标（终止）公告应当包括下列内容：

（一）采购人、采购代理机构的名称、地址和联系方式。

（二）采购项目名称及编号。

（三）采购公告发布日期。

（四）废标（终止）原因。

（五）采购项目联系人姓名和电话。

第十九条 采购合同公告。采购合同公告应当包括下列内容：

（一）采购人、采购代理机构的名称、地址和联系方式。

（二）采购项目名称、合同名称及编号。

（三）中标、成交供应商的名称、地址和联系方式。

（四）合同金额。

（五）合同文本。

非涉密的自行采购项目以及协议供货、定点采购项目也应当公开采购合同。

第二十条 验收结果公告。验收结果公告是采购人按照政府采购合同约定的标的以及技术、服务等标准对供应商履约情况进行验收的证明。验收结果公告应当包括下列内容：

（一）采购人、采购代理机构的名称、地址和联系方式。

（二）合同名称及编号。

（三）中标、成交供应商的名称、地址和联系方式。

（四）合同金额。

（五）主要履约标的的名称、规格型号、数量、单价等。

（六）验收结论性意见。

（七）验收小组成员名单。

第二十一条 采购需求。采购需求应当完整、明确、合规，包括但不限于以下内容：

（一）采购标的需实现的功能或者目标，以及为落实政府采购政策需满足的要求。

（二）采购标的需执行的国家相关标准、行业标准、地方标准或者其他标准、规范。

（三）采购标的需满足的质量、安全、技术规格、物理特性等要求。

（四）采购标的的数量、采购项目交付或者实施的时间和地点。

（五）采购标的需满足的服务标准、期限、效率等要求。

（六）采购标的的验收标准。

（七）采购标的的其他技术、服务等要求。

前期已单独公开采购需求的，可不随采购公告重复公开。

第二十二条 采购文件。采购文件包括招标文件、谈判（磋商）文件、单一来源采购文件和询价通知书。采购文件应当按照政府采购法律、法规和规章等规定，详细载明采购项目相关内容以及接收质疑函的方式、联系部门、联系电话和通讯地址等信息。

第二十三条 PPP项目实施机构应按照《财政部关于印发〈政府和社会资本合作项目财政管理暂行办法〉的通知》（财金〔2016〕92号）相关规定，依托政府采购平台，及时向社会公开PPP项目采购信息，包括资格预审文件及结果、采购文件、响应文件提交情况及评审结果等，确保采购过程和结果公开、透明。

第三章　监管处罚及政策文件信息公开内容

第二十四条 监管处罚信息包括财政部门作出的投诉、监督检查等处理决定，对集中采购机构的考核结果，以及供应商、采购代理机构、评审专家和采购人的违法失信行为处罚等信息。

第二十五条 投诉、监督检查处理决定公开。各级财政部门作出的投诉、监督检查等处理决定公告应当包括下列内容：

（一）当事人名称、地址。

（二）投诉涉及采购项目名称。

（三）采购日期。

（四）处理事项。

（五）处理依据。

（六）处理结果。

（七）执法机关名称。

（八）公告日期。

第二十六条 集中采购机构考核结果公告。各级财政部门对同级集中采购机构考核结果公开应当包括下列内容：

（一）集中采购机构名称。

（二）考核内容。

（三）考核方法。

（四）考核结果。

（五）存在问题及整改意见建议。

（六）考核单位名称。

第二十七条 违法失信行为记录公告。各级财政部门对政府采购当事人及评审专家的违法失信行为作出的处罚决定公告应当包括下列内容：

（一）当事人名称。

（二）违法失信行为的具体情形。

（三）处罚依据。

（四）处罚结果。

（五）处罚日期。

（六）执法机关名称。

（七）公告日期。

第二十八条 政府采购政策文件信息包括设区的市级以上财政部门制定出台的涉及政府采购管理的地方性法规和规范性文件。公开的内容应包括文件的完整标题和全部内容。

第四章　信息公开方式与要求

第二十九条 政府采购公开信息应当内容真实、准确无误，不得有虚假和误导性陈述，不得遗漏依法必须公开的政府采购信息。

第三十条 采购人、采购代理机构应当在采购文件以及采购公告中公开采购项目对应分包预算。采购文件应当随采购公告一同公布。

预采购项目应当在采购公告和采购文件中醒目提示项目存在取消或者终止采购的可能性。

采用非公告方式邀请供应商以及谈判（磋商）文件发生实质性变动的采购项目，采购文件还应当随成交公告一同公布。采购文件公布前，应当经采购人和采购代理机构共同书面确认。

采购人、采购代理机构应当确保公告的电子采购文件同纸质采购文件一致。

第三十一条 采购公告应当严格按照政府采购法律、法规、规章规定的程序和时间以及本办法规定的公告内容和格式予以发布。

第三十二条 采购结果应当在中标（成交）公告中予以体现和发布。评审委员会评审情况可以通过公布预中标供应商得分情况、评审委员会成员评分等方式公开。

第三十三条 采购人应当自政府采购合同签订之日起 2 个工作日内公告。采购合同应当按照合同标准文本载明采购人与中标（成交）供应商的规范名称和地址、标的、数量、质量、价款或报酬、履行期限及地点和方式、验收要求、违约责任、解决争议的方法等内容。采购合同名称应与采购项目名称相对应。

第三十四条 采购人应当在采购合同履约验收结束后 3 个工作日内，将验收结果予以公开。

第三十五条 投诉、监督检查处理处罚决定以及对集中采购机构的考核结果公告应当自完成并履行有关报审程序后 5 个工作日内公告。

供应商、代理机构、采购人和评审专家的违法失信行为信息应当每月记录，并于次月 10 日前公告。

第三十六条 政策文件信息应当由制发单位在正式发文后 20 个工作日内，通过"中国山东政府采购网"主动、完整公开。

第三十七条 对已在指定媒体公开的信息，因特殊原因确需撤销或者调整网站栏目的，需经采购人同级财政部门同意后，逐级报省财政厅备案并处理。

第五章　监　督　检　查

第三十八条 各级财政部门要将政府采购信息公开作为监督检查的重要内容，对采购人、采购代理机构在公开事项、公开范围、公开内容、公开期限以及公开渠道等方面存在的违法违规行为，严格依照《中华人民共和国政府采购法》《中华人民共和国政府采购法实施条例》《财政部政府采购信息公告管理办法》

等法律法规规定予以处理处罚。

第三十九条　将国家秘密或者商业秘密公开的，按照国家有关法律、法规、规章等规定予以处理处罚。

第六章　附　　则

第四十条　法律、法规、规章和财政部规范性文件对政府购买公共服务和 PPP 项目采购等另有规定的，从其规定。

第四十一条　本办法由山东省财政厅负责解释。

第四十二条　本办法自 2018 年 5 月 1 日起施行，有效期至 2023 年 4 月 30 日。

附件：1. 政府采购项目信息公开格式

　　　 2. 山东省政府采购项目编号与命名规则

　　　 3. 已发布信息调整申请表

附件 1-1：

采购需求格式
×××（采购内容）采购需求

一、采购标的需实现的功能：
　　落实政府采购政策需满足的要求：
二、采购标的需执行的标准
　　国家相关标准：
　　行业标准：
　　地方标准：
　　其他标准：
三、标的要求
　　质量要求：
　　安全要求：
　　技术规格：
　　物理特性：
四、交付要求
　　标的数量：
　　交付或实施时间：
　　交付或实施地点：
五、服务要求
　　服务标准：
　　服务期限：
　　服务效率：
六、验收标准：
七、其他技术及服务要求：

　　　　　　　　　　　　　　　　　　　发布人：＿＿＿＿＿＿＿＿＿＿＿＿＿＿

　　　　　　　　　　　　　　　　　　　发布时间：＿＿＿＿年＿＿＿月＿＿＿日

附件 1-2:

公开招标公告格式
×××（采购人名称）×××（采购内容）公开招标公告

一、采购人：＿＿＿＿＿＿＿＿＿＿＿＿＿＿＿ 地址：＿＿＿＿＿＿＿＿＿＿＿

　　联系方式：＿＿＿＿＿＿＿＿＿＿＿＿＿＿＿

　　采购代理机构：＿＿＿＿＿＿＿＿＿＿＿＿ 地址：＿＿＿＿＿＿＿＿＿＿＿

　　联系方式：＿＿＿＿＿＿＿＿＿＿＿＿＿＿

二、采购项目名称：＿＿＿＿＿＿＿＿＿＿＿＿＿＿＿＿＿＿＿＿＿

　　采购项目编号（建议书编号）：＿＿＿＿＿＿＿＿＿＿＿＿＿＿＿＿

　　采购项目分包情况：

标包	货物服务名称	数量	投标人资格要求	本包预算金额（最高限价）

三、采购需求（见附件1）

四、获取招标文件

　　1. 时间：＿＿＿年＿＿月＿＿日＿＿时＿＿分至＿＿＿年＿＿月＿＿日＿＿时＿＿分（北京时间，法定节假日除外）

　　2. 地点：＿＿＿＿＿＿＿＿＿＿＿＿＿＿

　　3. 方式：＿＿＿＿＿＿＿＿＿＿＿＿＿＿

　　4. 售价：＿＿＿＿＿＿＿＿＿＿＿＿＿＿

五、公告期限：＿＿＿年＿＿月＿＿日至＿＿＿年＿＿月＿＿日

六、递交投标文件时间及地点

　　1. 时间：＿＿＿年＿＿月＿＿日＿＿时＿＿分至＿＿＿年＿＿月＿＿日＿＿时＿＿分（北京时间）

　　2. 地点：＿＿＿＿＿＿＿＿＿＿＿＿＿＿

七、开标时间及地点

　　1. 时间：＿＿＿年＿＿月＿＿日＿＿时＿＿分（北京时间）

　　2. 地点：＿＿＿＿＿＿＿＿＿＿＿＿＿＿

八、采购项目联系方式

　　联系人：＿＿＿＿＿＿＿＿＿＿＿ 联系方式：＿＿＿＿＿＿＿＿＿＿

九、采购项目的用途、数量、简要技术要求等＿＿＿＿＿＿＿＿＿＿＿＿

十、采购项目需要落实的政府采购政策＿＿＿＿＿＿＿＿＿＿＿

附件：1. 采购需求（略）

　　　2. 公开招标文件（略）

发布人：＿＿＿＿＿＿＿＿＿＿＿＿＿

发布时间：＿＿＿年＿＿月＿＿日

附件 1－3：

资格预审公告格式
×××（采购人名称）×××（采购内容）资格预审公告

一、采购人：＿＿＿＿＿＿＿＿＿＿＿＿＿＿＿＿地址：＿＿＿＿＿＿＿＿＿＿＿＿

联系方式：＿＿＿＿＿＿＿＿＿＿＿＿＿＿＿

采购代理机构：＿＿＿＿＿＿＿＿＿＿＿＿＿地址：＿＿＿＿＿＿＿＿＿＿＿＿

联系方式：＿＿＿＿＿＿＿＿＿＿＿＿＿＿＿

二、采购项目名称：＿＿＿＿＿＿＿＿＿＿＿＿＿＿＿＿＿＿＿＿

采购项目编号（建议书编号）：＿＿＿＿＿＿＿＿＿＿＿＿＿＿＿＿

采购项目分包情况：

标包	货物服务名称	数量	投标人资格要求	本包预算金额（最高限价）

三、采购需求（见附件 1）

四、获取资格预审文件

1. 时间：＿＿＿年＿＿月＿＿日＿＿时＿＿分至＿＿＿年＿＿月＿＿日＿＿时＿＿分
（北京时间，法定节假日除外）

2. 地点：＿＿＿＿＿＿＿＿＿＿＿＿＿＿＿＿＿

3. 方式：＿＿＿＿＿＿＿＿＿＿＿＿＿＿＿＿＿

五、公告期限：公告期限：＿＿＿年＿＿月＿＿日至＿＿＿年＿＿月＿＿日

六、提交资格预审文件时间及地点

1. 时间：＿＿＿年＿＿月＿＿日＿＿时＿＿分至＿＿年＿＿月＿＿日＿＿时＿＿分（北京时间）

2. 地点：＿＿＿＿＿＿＿＿＿＿＿＿＿＿＿＿＿

七、采购项目联系方式

联系人：＿＿＿＿＿＿＿＿＿＿＿＿＿＿联系方式：＿＿＿＿＿＿＿＿＿＿＿＿＿＿

八、采购项目的用途、数量、简要技术要求等＿＿＿＿＿＿＿＿＿＿＿＿＿＿

九、采购项目需要落实的政府采购政策＿＿＿＿＿＿＿＿＿＿＿＿

附件：1. 采购需求（略）

2. 资格预审文件（略）

发布人：＿＿＿＿＿＿＿＿＿＿＿＿＿＿

发布时间：＿＿＿年＿＿月＿＿日

附件 1－4：

竞争性谈判（磋商）公告格式
×××（采购人名称）×××（采购内容）竞争性谈判（磋商）公告

一、采购人：＿＿＿＿＿＿＿＿＿＿＿＿＿＿＿＿地址：＿＿＿＿＿＿＿＿＿＿＿＿

联系方式：＿＿＿＿＿＿＿＿＿＿＿＿＿＿＿

采购代理机构：＿＿＿＿＿＿＿＿＿＿＿＿＿地址：＿＿＿＿＿＿＿＿＿＿＿＿

联系方式：＿＿＿＿＿＿＿＿＿＿＿＿＿＿＿＿

二、采购项目名称：＿＿＿＿＿＿＿＿＿＿＿＿＿＿＿＿＿＿＿＿＿

采购项目编号：＿＿＿＿＿＿＿＿＿＿＿＿＿＿＿＿＿＿＿

采购项目分包情况：

标包	货物服务名称	数量	用途	供应商资格要求	本包预算金额

三、获取谈判（磋商）文件

1. 时间：＿＿＿＿年＿＿月＿＿日＿＿时＿＿分至＿＿＿＿年＿＿月＿＿日＿＿时＿＿分

（北京时间，法定节假日除外）

2. 地点：＿＿＿＿＿＿＿＿＿＿＿＿＿＿＿＿＿

3. 方式：＿＿＿＿＿＿＿＿＿＿＿＿＿＿＿＿＿

4. 售价：＿＿＿＿＿＿＿＿＿＿＿＿＿＿＿＿＿

四、公告期限：公告期限：＿＿＿＿＿年＿＿月＿＿日至＿＿＿＿＿年＿＿月＿＿日

五、递交响应文件时间及地点

1. 时间：＿＿＿＿年＿＿月＿＿日＿＿时＿＿分至＿＿＿＿年＿＿月＿＿日＿＿时＿＿分（北京时间）

2. 地点：＿＿＿＿＿＿＿＿＿＿＿＿＿＿＿＿＿

六、谈判（磋商）时间及地点

1. 时间：＿＿＿＿年＿＿月＿＿日＿＿时＿＿分（北京时间）

2. 地点：＿＿＿＿＿＿＿＿＿＿＿＿＿＿＿＿＿

七、采购项目联系方式

联系人：＿＿＿＿＿＿＿＿＿＿＿＿＿＿＿＿＿＿＿联系方式：＿＿＿＿＿＿＿＿＿＿＿＿＿＿＿＿＿

八、采购项目的用途、数量、简要技术要求等＿＿＿＿＿＿＿＿＿＿＿＿＿＿＿

九、采购项目需要落实的政府采购政策＿＿＿＿＿＿＿＿＿＿＿＿＿＿

附件：竞争性谈判（磋商）文件（略）

发布人：＿＿＿＿＿＿＿＿＿＿＿＿＿＿＿＿＿

发布时间：＿＿＿＿＿年＿＿月＿＿日

附件 1－5：

询价公告格式

×××（采购人名称）×××（采购内容）询价公告

一、采购人：＿＿＿＿＿＿＿＿＿＿＿＿＿＿＿地址：＿＿＿＿＿＿＿＿＿＿＿＿＿＿

联系方式：＿＿＿＿＿＿＿＿＿＿＿＿＿＿＿

采购代理机构：＿＿＿＿＿＿＿＿＿＿＿＿＿＿地址：＿＿＿＿＿＿＿＿＿＿＿＿＿＿

联系方式：＿＿＿＿＿＿＿＿＿＿＿＿＿＿＿

二、采购项目名称：＿＿＿＿＿＿＿＿＿＿＿＿＿＿＿＿＿＿＿＿＿

采购项目编号：＿＿＿＿＿＿＿＿＿＿＿＿＿＿＿＿＿＿＿

采购项目分包情况：

包号	货物服务名称	数量	供应商资格要求	本包预算金额

三、获取询价通知书

    1. 时间：_____年___月___日___时___分至_____年___月___日___时___分

（北京时间，法定节假日除外）

    2. 地点：_____

    3. 方式：_____

    4. 售价：_____

四、公告期限：_____年___月___日至_____年___月___日

五、递交响应文件时间及地点

    1. 时间：_____年___月___日___时___分至_____年___月___日___时___分（北京时间）

    2. 地点：_____

六、采购项目联系方式

    联系人：_____   联系方式：_____

七、采购项目的用途、数量、简要技术要求等_____

八、采购项目需要落实的政府采购政策_____

附件：询价通知书（略）

发布人：_____

发布时间：_____年___月___日

附件 1－6：

<h2 style="text-align:center">单一来源公示格式</h2>

<h3 style="text-align:center">×××（采购人名称）×××（采购内容）单一来源公示</h3>

一、采购人：_____

二、项目名称：_____

    项目编号（建议书编号）：_____

三、拟采购的货物或服务的说明：_____

四、预算金额：_____

五、采用单一来源方式的原因及相关说明_____

六、拟定的唯一供应商名称：_____

地址：_____

七、公示期限：_____年___月___日至_____年___月___日

八、联系方式

    采购人：_____   联系方式：_____

    代理机构：_____   联系方式：_____

    财政部门：_____   联系方式：_____

附件：专业人员对相关供应商因专利、专有技术等原因具有唯一性的具体论证意见，以及专业人员的

      姓名、工作单位和职称（略）

发布人：_____

发布时间：_____年___月___日

附件 1-7：

采购信息更正公告格式
×××（采购信息名称）更正公告

一、采购人：_____ 地址：_____

    联系方式：_____

    采购代理机构：_____ 地址：_____

    联系方式：_____

二、项目名称：_____

    项目编号：_____

三、首次公告日期：_____年____月____日

四、变更内容：

    原采购信息内容：_____

    变更为：_____

五、采购项目联系方式

    联系人：_____ 联系方式：_____

附件：采购信息变更后内容（信息变更较多的可以采用附件形式）（略）

                     发布人：_____

                     发布时间：_____年____月____日

附件 1-8：

中标公告格式
×××（采购人名称）×××（采购内容）中标公告

一、采购人：_____ 地址：_____

    联系方式：_____

    采购代理机构：_____ 地址：_____

    联系方式：_____

二、采购项目名称：_____

    采购项目编号：_____

三、公告期限：_____年____月____日至_____年____月____日

四、采购方式：公开招标（　　），邀请招标（　　）。

五、中标情况：

包号	预中标供应商名称	地址	预中标标的名称	规格型号	数量	单价	服务要求

六、评标委员会成员名单：

七、采购小组成员评审结果

八、公告期限：_____年____月____日至_____年____月____日

九、采购项目联系方式：

联系人：_____联系方式：_____

附件：1. 中标清单：包括主要中标标的的名称、规格型号、数量、单价、服务要求等（用标准化表格）（略）

　　　2. 预中标供应商业绩扫描件（略）

发布人：_____

发布时间：_____年____月____日

附件 1 - 9：

成交公告格式

×××（采购人名称）×××（采购内容）成交公告

一、项目名称：_____

二、项目编号：_____

三、公告发布日期：_____年____月____日

四、成交日期：_____年____月____日

五、采购方式：竞争性谈判（　　），竞争性磋商（　　），询价（　　），单一来源（　　）。

六、成交情况：

包号	预中标供应商名称	地址	预中标标的名称	规格型号	数量	单价	服务要求

七、采购小组成员名单：_____

八、采购小组成员评审结果（竞争性磋商方式）：_____

九、联系方式

　1. 采购人：_____地址：_____

　　联系人：_____联系方式：_____

　2. 采购代理机构：_____地址：_____

　　联系人：_____联系方式：_____

附件：1. 成交清单：包括主要成交标的的名称、规格型号、数量、单价、服务要求等（略）

　　　2. 实质性变动的竞争性谈判（磋商）文件或其他采购文件（略）

　　　3. 采用书面推荐方式邀请供应商的，采购人和评审专家的推荐意见（略）

　　　4. 谈判、磋商文件，询价通知书（略）

发布人：_____

发布时间：_____年____月____日

附件 1 - 10：

废标（终止）公告格式

×××（采购人名称）×××（采购内容）废标（终止）公告

一、采购项目名称：_____

二、采购项目编号：_____

三、采购公告发布日期：_____年____月____日

四、开标报价日期：_____年____月____日

五、废标（终止）原因：_____

六、废标时间：_____年____月____日

七、联系方式

    1. 采购人：_____ 地址：_____

      联系人：_____ 联系方式：_____

    2. 采购代理机构：_____ 地址：_____

      联系人：_____ 联系方式：_____

发布人：_____

发布时间：_____年____月____日

附件 1 – 11：

采购合同公告格式

×××（采购人名称）×××（采购内容）合同公告

一、采购项目名称：_____

二、采购项目编号：_____ 合同编号：_____

三、中标（成交）供应商：_____ 地址：_____

    联系人：_____ 联系电话：_____

四、合同金额：_____

五、联系方式

    1. 采购人：_____ 地址：_____

      联系人：_____ 联系方式：_____

    2. 采购代理机构：_____ 地址：_____

      联系人：_____ 联系方式：_____

附件：采购合同文本（略）

发布人：_____

发布时间：_____年____月____日

附件 1 – 12：

验收报告公告格式

×××（采购人名称）×××（采购内容）验收报告公告

一、合同名称：_____ 合同编号：_____

二、中标（成交）供应商：_____ 地址：_____

    联系人：_____ 联系方式：_____

三、合同金额：_____

四、主要履约标的的名称、规格型号、数量、单价等：_____

五、验收结论性意见：_____

六、验收小组成员名单：＿＿＿＿＿＿＿＿＿＿＿＿＿＿＿＿

七、联系方式

    1. 采购人：＿＿＿＿＿＿＿＿＿＿＿＿＿＿＿＿　　地址：＿＿＿＿＿＿＿＿＿＿＿＿＿＿

       联系人：＿＿＿＿＿＿＿＿＿＿＿＿＿＿＿　　联系方式：＿＿＿＿＿＿＿＿＿＿＿＿＿＿

附件：验收报告文本（略）

发布人：＿＿＿＿＿＿＿＿＿＿＿＿

发布时间：＿＿＿＿年＿＿＿月＿＿＿日

附件 1 – 13：

<h1 align="center">投诉、监督检查处理决定公告格式</h1>

<h2 align="center">关于×××（采购项目名称）项目×××
（投诉、监督检查）处理公告</h2>

一、相关当事人：

    投诉人：＿＿＿＿＿＿＿＿＿＿＿＿＿＿＿地址：＿＿＿＿＿＿＿＿＿＿＿＿

    被投诉人 1：＿＿＿＿＿＿＿＿＿＿＿＿＿地址：＿＿＿＿＿＿＿＿＿＿＿＿

    被投诉人 2：＿＿＿＿＿＿＿＿＿＿＿＿＿地址：＿＿＿＿＿＿＿＿＿＿＿＿

    采购人：＿＿＿＿＿＿＿＿＿＿＿＿＿＿＿

二、投诉涉及项目名称：＿＿＿＿＿＿＿＿＿＿＿＿＿＿＿＿＿

三、采购日期：＿＿＿＿＿年＿＿＿月＿＿＿日

四、投诉事项（监督检查事项）：＿＿＿＿＿＿＿＿＿＿＿＿＿＿＿＿＿

五、处理依据：＿＿＿＿＿＿＿＿＿＿＿＿＿＿＿＿＿＿

六、处理结果：＿＿＿＿＿＿＿＿＿＿＿＿＿＿＿＿＿＿

七、执法机关名称：＿＿＿＿＿＿＿＿＿＿＿＿＿＿＿＿＿

发布人：＿＿＿＿＿＿＿＿＿＿＿＿

发布时间：＿＿＿＿年＿＿＿月＿＿＿日

附件 1 – 14：

<h1 align="center">集中采购机构的考核结果公告格式</h1>

<h2 align="center">×××（集中采购机构名称）考核结果公告</h2>

一、集中采购机构名称：＿＿＿＿＿＿＿＿＿＿＿＿＿＿＿＿＿

二、考核内容：＿＿＿＿＿＿＿＿＿＿＿＿＿＿＿＿＿＿

三、考核方法：＿＿＿＿＿＿＿＿＿＿＿＿＿＿＿＿＿＿

四、考核结果：＿＿＿＿＿＿＿＿＿＿＿＿＿＿＿＿＿＿

五、存在的问题：＿＿＿＿＿＿＿＿＿＿＿＿＿＿＿＿＿＿

六、考核单位：＿＿＿＿＿＿＿＿＿＿＿＿＿＿＿＿＿

发布人：＿＿＿＿＿＿＿＿＿＿＿＿

发布时间：＿＿＿＿年＿＿＿月＿＿＿日

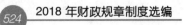

附件 1－15：

违法失信行为记录公告格式
×××（采购人、供应商、采购代理机构、评审专家）
违法失信行为记录公告

一、违法失信行为人：_____

二、违法失信行为的具体情形：_____

三、处理依据：_____

四、处理结果：_____

五、处理日期：_____

六、执法机关：_____

发布人：_____

发布时间：_____年____月____日

附件 2：

山东省政府采购项目编号与命名规则

一、山东省政府采购项目编号规则

山东省政府采购项目编号为 4 位字母加 18 位数字，用于反映项目性质、采购人行政管理级次、项目立项年度、采购活动组织方、顺序号等信息。

SDGP ×××××× ×××× ×× ××××××
　① 　　② 　　③ 　④ 　　⑤

①4 位字母（SDGP，大写，半角字符），表示本项目为政府采购项目

②6 位数字，表示采购人行政管理级次，同国家统计局确定的《县及县以上行政区划代码》

③4 位数字，表示立项年度

④2 位数字，表示采购活动组织主体，00 为采购人，01 为集中采购机构，02 为其他采购代理机构

⑤6 位数字，表示同一政府管理级次某一管理区域内同一年度同一类组织主体的每个政府采购项目的顺序编码

示例：

采购项目编号 SDGP370102201700000001 表示：山东省济南市历下区在 2017 年由采购人自行组织的第一个立项的采购项目。

二、山东省政府采购项目命名规则

山东省政府采购项目名称，用于反映采购人行政管理级次、单位名称及采购内容信息。

山东省**市**县（市、区）　　****　****采购项目
　　　　① 　　　　　　　② 　　③

①采购人行政管理级次

②采购人单位名称（全称）

③采购内容

示例：

①山东省泰安市泰山区岱庙实验学校校园文化建设采购项目

②山东省日照市莒县城市污水处理厂、城北污水处理厂污水处理药剂和污泥处理药剂联合采购项目

③山东省省直机关2017年第一期计算机批量集中采购项目

附件3：

已发布信息调整申请表

申请单位		申请日期	年　月　日
业务类型	□删除信息　　□调整栏目　　□其他_____		
信息标题		所属栏目	
情况说明			申请单位：
采购人 意见	采购人（盖章）：	时间：　年　月　日	
县级财政部门意见	县级财政部门（盖章）：	时间：　年　月　日	
市级财政部门意见	市级财政部门（盖章）：	时间：　年　月　日	
省级财政部门意见	初审：　　　　复核：	时间：　年　月　日	
系统管理员 处理结果	处理人：	时间：　年　月　日	

申请单位经办人：　　　　　　　　　　　　　　　　　　联系电话：

注：1. 申请及经办单位需加盖公章；

　　2. "情况说明"栏中明确说明具体申请事项和详细原因。

省财政厅关于调整部分招标数额标准的通知

2018年5月29日　鲁财采〔2018〕28号

各市财政局，现代预算管理制度改革试点县（市、区）财政局，黄河三角洲农业高新技术产业示范区财政金融局，省直各部门、单位，各政府采购代理机构：

根据《必须招标的工程项目规定》（国家发展改革委令第16号）和《山东省发展和改革委员会关于转发国家发展改革委〈必须招标的工程项目规定〉的通知》（鲁发改重点〔2018〕490号），现对山东省财政

厅《关于公布山东省政府集中采购目录及限额标准和山东省政府采购进口产品目录的通知》（鲁财采〔2017〕62 号）及《关于公布山东省省级 2018 年度政府集中采购目录及限额标准的通知》（鲁财采〔2017〕63 号）中适用《中华人民共和国招标投标法》及其实施条例项目的招标标准进行调整，请遵照执行。

工程项目招标标准由施工单项合同估算价 200 万元调整为 400 万元；与工程建设有关的重要设备、材料等货物招标标准由单项合同估算价 100 万元调整为 200 万元；勘察、设计、监理等服务招标标准由单项合同估算价 50 万元调整为 100 万元。其他适用《中华人民共和国政府采购法》及其实施条例的货物、工程和服务项目公开招标数额标准保持不变。具体公开招标数额标准如下：

单位：万元　　币种：人民币

标准 级次	货物	服务	工程
省级	200	200（工程勘察、设计、监理服务为 100 万元）	200（适用于《中华人民共和国招标投标法》的工程为 400 万元）
市级	150（适用于《中华人民共和国招标投标法》的货物为 200 万元）	150（工程勘察、设计、监理服务为 100 万元）	200（适用于《中华人民共和国招标投标法》的工程为 400 万元）
县级	100（适用于《中华人民共和国招标投标法》的货物为 200 万元）	100（工程勘察、设计、监理服务为 100 万元）	200（适用于《中华人民共和国招标投标法》的工程为 400 万元）

本通知自 2018 年 6 月 1 日起施行，有效期至 2020 年 12 月 31 日。

省财政厅关于做好应急救灾物资采购工作的通知

2018 年 8 月 29 日　鲁财采〔2018〕50 号

各市财政局，省财政直接管理县（市）财政局，黄河三角洲农业高新技术产业示范区财政金融局，省直各部门，各政府采购代理机构：

为做好应急救灾物资及时保障工作，确保抗灾救灾工作有力有序有效开展，根据《中华人民共和国政府采购法》第八十五条"对因严重自然灾害和其他不可抗力事件所实施的紧急采购和涉及国家安全和秘密的采购，不适用本法"的规定，应急救灾物资采购应由相关部门自行组织，不执行政府采购有关流程规定。各市财政部门要进一步提高政治站位和服务意识，把人民群众生命财产安全放在首位，坚持特事特办、急事急办，主动明确应急救灾物资采购的特殊性质，积极做好政策解释，用心用力服务抗灾救灾工作。

省财政厅关于强化重大民生项目政府采购
有关问题的通知

2018 年 9 月 21 日　鲁财采〔2018〕57 号

各市财政局、省财政直接管理县（市）财政局，黄河三角洲农业高新技术产业示范区财政金融局，省直各部门，各政府采购代理机构：

为进一步强化我省重大民生项目政府采购工作，确保采购质量，增强政府公信力，现将有关问题通知如下。

一、高度重视采购工作，保障公共利益

重大民生项目是指涉及基础教育文化、基本社会保障、基础医疗卫生等保障人民群众基本权利及切身利益的公共产品和服务项目。重大民生项目政府采购关乎公共利益，社会普遍关注，政府采购各方当事人特别是采购人，应当牢固树立以人民为中心的思想，以确保采购质量为目标，提高认识、增强责任，精心组织、周密安排，强化控制、严格管理，明确职责、细化要求，依法依规组织采购活动，扎实做好重大民生项目政府采购工作。

二、严格订立委托代理协议，明晰双方责任

委托代理协议是采购人与采购代理机构在开展重大民生项目政府采购活动中履行各自权利和义务的依据。采购人应当在采购活动开始前与采购代理机构签订委托代理协议，依法确定委托代理事项，明确委托范围、权限和期限，约定双方权利和义务。采购人应当强化主体意识，切实落实主体责任，不能因委托而放弃对采购活动的把关和控制。采购代理机构应强化组织责任，在委托范围内履行好代理职责，保障采购流程依法合规、顺畅有序。任何单位和个人，不得以任何名义和方式干预政府采购活动。

三、全面明确采购需求，加强源头管控

采购需求是开展采购活动和制定采购文件的基础，是确保采购质量的源头。采购人是重大民生项目政府采购需求制定的主体，应当按照合规、完整、明确原则，扎实做好采购需求编制工作。在采购活动开始前，采购人应当广泛开展市场调研，组织相关专家充分论证，编制能够全面、准确反映项目质量、安全与效用的需求内容，设置明确、具体、细化的指标体系。采购人在确定采购需求时，除开展技术论证外，还应当进行法律咨询，并及时向社会公开，广泛吸纳各方面的意见建议。需求论证和公开情况应当形成书面材料并纳入采购档案妥善保存。

四、科学制定采购文件，突出质量导向

采购文件是全面体现重大民生项目政府采购要求的主要载体。在采购文件中应当要求投标供应商签署质量保证（承诺）书，并列明出现质量问题或服务不符合标准的处置方式和责任追究等内容，明确拒绝近3年内存在重大违法记录的供应商参与竞争。评审指标应当清晰、明了、可量化，并充分体现质量要求。分值设置应当突出质量导向，在规定范围内提高质量分值所占比重，满足质量要求。评审方法原则上应采用综合评分法，确需使用最低评标价法的，应当充分评估，评估意见纳入采购档案妥善保存。

五、严密组织评审，确保评审质量

评审是确定采购结果的关键环节。采购人及采购代理机构应当从"山东省政府采购评审专家库"中随机抽取与采购标的相对应专业的评审专家。对技术复杂、专业性强的项目，通过随机方式难以确定合适评审专家的，经主管预算单位同意，采购人可以自行选定相应专业领域中满足评审要求的专业人员参加评审。评审专家数量及人员构成应严格执行政府采购评审管理相关规定。评审工作开始前，采购人应当向评审专

家解读采购文件中有关质量要求的条款，让专家牢固树立"质量至上"的评审理念；采购代理机构应告知评审专家享有的权力、承担的义务、遵守的纪律以及责任追究等事项。评审专家应当根据采购文件确定的内容与要求，贯彻"质量至上"的理念，按照客观、公正、审慎的原则作出客观公正、科学公平的评审意见。采购代理机构应当保证采购评审在良好环境和保密状态下进行，确保评审过程不受外界干扰和影响。评审全程录音录像资料要完整清晰，纳入采购档案妥善保存。

六、及时签订政府采购合同，厘清权利义务关系

政府采购合同是采购活动结果的书面记录，是采购双方履约的遵循。中标（成交）结果确定后，采购人与中标（成交）供应商应当及时按照采购文件和采购结果签订政府采购合同，双方的权利、义务、责任应在合同中一一明确并固定下来。合同中不仅要包含标的型号、数量、质量、价格、期限、服务要求及标准、履约地点及方式、履约验收、支付货款、违约责任和争端解决方法等内容，还要细化与标的相匹配的专项条款。此外，合同还应当包含政策要求、预防腐败、维护公共利益等体现公共性与社会性的意愿表达。双方不得额外提出不合理要求，采购人不得无视、让渡、放弃公共利益，供应商不得以失信、造假、欺诈等手段侵害公共利益。

七、严格履约验收，坚持结果导向

履约验收是强化采购结果管理、保障采购质量的最后一环。采购人作为履约验收主体，应当高度重视履约验收工作，严格落实履约验收责任，确保结果可查、质量可溯、责任可追。采购人应当按照采购合同条款约定，研究制定详细完整的验收工作方案，通过科学适宜的验收方式，重点就重大民生项目的质量、安全、服务等内容，对供应商履约情况进行全覆盖、链条式、实质性验收。履约验收参与人员应尽量多元化，原则上应主动邀请社会公众、第三方专业机构或专家协助验收，也可以邀请未中标供应商参与验收。采购代理机构可根据采购人委托，协助组织履约验收活动，参加评审的采购人代表和评审专家应当回避。验收完成后，应当出具验收书，列明各项标准的实际验收情况及项目总体评价，由参与验收各方共同签署，并向社会公开。履约验收各项资料应当纳入采购档案妥善保存。验收不合格的项目，采购人应当依法及时处置，严肃追责，妥当善后。发现供应商在履约过程中有违反政府采购法律法规规定行为的，采购人应当如实报告本级财政部门依法处理。

八、落实信息公开要求，实现完全透明

信息公开是提高政府采购透明度和社会公信力，保障政府采购当事人和社会公众知情权、参与权和监督权的有力举措。采购人应当严格落实政府采购信息公开有关要求，及时主动公开采购需求、采购预算、采购文件、采购结果、采购合同以及履约验收等重大民生项目采购全流程信息。同时，还应当公开中标供应商业绩、评审专家组成及打分等情况，全面公开采购信息，自觉接受社会监督，主动打消社会疑虑，维护政府信誉。

九、加强监督检查，严肃追责问责

监督检查是提高采购绩效，防范采购风险的有效手段。各级财政部门应当将重大民生项目采购纳入政府采购监管重点，对采购过程中的需求制定、公告发布、采购组织、合同签订、履约验收等开展专项监督检查，在程序合法性检查的基础上，着重核查质量要求的落实情况，对监督检查中发现的违法违规问题，严格按照《中华人民共和国政府采购法》及其实施条例等有关法律法规，严肃追责问责，依法依

规处理。

省财政厅关于印发山东省集中采购机构监督考核管理暂行办法的通知

2018 年 10 月 16 日　鲁财采〔2018〕65 号

各市财政局、省财政直接管理县（市）财政局，各集中采购机构：

为加强集中采购机构监督管理，规范集中采购执业行为，提高集中采购工作质量，根据《中华人民共和国政府采购法》《中华人民共和国政府采购法实施条例》以及《财政部　监察部关于印发〈集中采购机构监督考核管理办法〉的通知》（财库〔2003〕120 号）等有关规定，我们制定了《山东省集中采购机构监督考核管理暂行办法》，现予印发，请遵照执行。

附件：山东省集中采购机构监督考核管理暂行办法

附件：

山东省集中采购机构监督考核管理暂行办法

第一章　总　　则

第一条　为加强集中采购机构监督管理，规范集中采购执业行为，提高集中采购工作质量，根据《中华人民共和国政府采购法》《中华人民共和国政府采购法实施条例》以及《财政部　监察部关于印发〈集中采购机构监督考核管理办法〉的通知》（财库〔2003〕120 号）等有关规定，制定本办法。

第二条　本办法所称集中采购机构是指各级人民政府设立的承担集中采购任务的专门机构（包括承担集中采购任务的公共资源交易中心）。

第三条　各级财政部门依法负责同级集中采购机构的监督考核工作，各级集中采购机构应当依法接受并配合财政部门开展监督考核工作。

第四条　集中采购机构监督考核工作，应当遵循依法合规、客观公正、实事求是、廉洁清正的原则。

第二章　考　核　内　容

第五条　内部管控制度。包括岗位设置是否合理、实现岗位不相容分离；是否明确岗位职责、权限和责任主体；是否细化各流程、各环节的工作要求和执行标准，实现重点管控；是否优化流程，有效落实"放管服"改革要求。

第六条　队伍建设情况。包括内部学习制度及落实情况；参加财政部门组织的政府采购培训情况；是否遵守有关法律法规、规章制度；是否存在违反廉洁自律的行为。

第七条　政府采购制度执行情况。

（一）政府采购受托执行。包括是否依法开展采购人委托代理集中采购目录项目的采购；是否擅自提高采购预算标准；是否将采购人委托的项目擅自委托其他社会代理机构采购。

（二）采购方式。是否严格按采购人备案的采购方式实施采购；需经财政部门批准变更采购方式的是否履行批准程序。

（三）采购文件。包括采购文件编制是否规范、完整；是否按规定组织专家论证；是否存在限制性和排他性；是否存在评审方法适用错误；是否擅自变更执行政府采购政策；是否未经财政部门审批采购进口产品；是否落实节能环保、中小微企业等政府采购政策；采用综合评分法时，评审标准中分值设置与评审因素的量化指标是否相对应，价格分设置是否符合相关规定。

（四）采购程序。包括是否依法依规公告采购信息，内容符合相关要求；采购文件的发放以及对采购文件的澄清、修改是否合法；是否按照规定抽取评审专家，且专业、人数、比例符合要求；开标、评标、定标程序是否合法；是否按照规定的时间、比例、形式收退投标保证金。

（五）询问和质疑处理。包括是否及时答复供应商询问；是否依法受理供应商质疑，并在法定期限内作出答复；有效投诉占比情况。

（六）基础工作。包括是否建立健全采购文件档案管理制度；归档文件是否齐全、及时；是否及时报送统计报表或相关资料；是否配备开展政府采购业务所需的电子监控录音录像设备，且录音录像资料保存完整。

（七）服务效能。是否于采购活动开展前清晰告知采购当事人政府采购流程及相关注意事项；是否开展并优化"零跑腿、一次办结"等服务事项；是否对采购人的合理需求（例如采购方式选择、采购样品提供、评审方法及评审分值设置、现场方式变更等）不予接纳并强制其变更；对当事人反映问题是否及时反馈并改进；对当事人服务是否存在态度恶劣、敷衍不作为等拖靠情形。

（八）商城服务。商品配置是否满足需要；更新上架是否迅速；价格是否合理；质量是否优良；配送是否及时；供应商管理是否规范；是否建立追踪评价机制。

第三章　考核要求及程序

第八条　对集中采购机构的定期考核原则上每两年进行一次。

财政部门可以根据工作需要对集中采购机构进行专项考核。专项考核主要针对具体的采购项目或采购阶段，以及特定事项进行考核。专项考核的结果作为年度考核的重要组成部分。

第九条　财政部门具体负责组织实施定期考核工作，考核小组应由五人以上单数组成，根据工作需要可以聘请第三方专业机构、专业人员、采购人或供应商参加，也可以邀请同级监察、审计机关、集中采购机构行政主管部门等单位参加。

第十条　财政部门应当根据考核工作的总体要求，制定对集中采购机构定期考核的详细内容及评分标准，并结合实际情况适时调整。

第十一条　财政部门对集中采购机构的考核按照以下程序进行：

（一）成立考核小组。财政部门按照本办法规定成立考核小组，并确定考核小组组长人选。

（二）制定考核方案。明确考核内容和要求。考核要求包括考核方式、考核时间、考核步骤和相关要求；考核表包括考核内容和相应分值。考核工作开始前十五天，以书面形式通知集中采购机构。

（三）自我考评。集中采购机构收到财政部门的考核通知后，十个工作日内按照考核要求进行自我考评，并形成自评报告。自评报告内容应对照考核要求进行逐项分析、说明，作出自评结论，并附相关资料。

（四）实施考核。考核小组根据考核内容和要求，对集中采购机构提供的相关资料、自评报告等进行集中评议，并参考采购人、评审专家、供应商的反馈意见进行独立评分，考核工作结束后形成书面考核意见。考核小组作考核意见前，应当就相关问题向集中采购机构进行核实确认。

（五）形成考核报告并予以公布。财政部门根据考核小组的考核意见，作出正式考核报告。考核结果有重要情况的，向本级人民政府报告，并将考核结果在"中国山东政府采购网"公告。

（六）整改落实。财政部门将根据考核结果反馈集中采购机构。集中采购机构应当在两个月内进行整改落实，并将整改情况报告财政部门。

第四章　考核结果及责任

第十二条　对集中采购机构的考核实行定期综合评定，分为不合格、合格、良好和优秀四个级次标准。根据定期考核及专项考核内容的量化分值，综合评定得分达不到 60 分的为不合格，60 分至 79 分的为合格，80 分至 89 分的为良好，90 分以上的为优秀。

第十三条　集中采购机构在考核中弄虚作假、隐瞒真实情况的，或者无正当理由拒绝按照财政部门整改建议及时改进工作的，按照《中华人民共和国政府采购法》及相关规定进行处理。

第五章　附　　则

第十四条　本办法由山东省财政厅负责解释。

第十五条　本办法自印发之日起执行。

省财政厅关于印发山东省政府采购评审专家管理实施办法的通知

2018 年 10 月 19 日　鲁财采〔2018〕66 号

各市财政局，黄河三角洲农业高新技术产业示范区财政金融局，省直各部门、单位，全省各采购代理机构：

为深入贯彻落实放管服改革要求，进一步完善评审专家管理，我们对《山东省政府采购评审专家管理实施办法》（鲁财采〔2017〕27 号）进行了修订，现予印发，请认真遵照执行。

附件：山东省政府采购评审专家管理实施办法

附件：

山东省政府采购评审专家管理实施办法

第一章　总　　则

第一条　为加强全省政府采购活动管理，规范政府采购评审专家（以下简称评审专家）评审行为，根据《中华人民共和国政府采购法》《中华人民共和国政府采购法实施条例》《财政部关于印发〈政府采购评审专家管理办法〉的通知》（财库〔2016〕198 号）、《山东省人民政府关于印发〈山东省公共资源交易平台管理暂行办法〉〈山东省公共资源交易综合评标评审专家库和专家管理暂行办法〉的通知》（鲁政字〔2016〕218 号）等法律法规及有关规定，制定本办法。

第二条　本办法所称评审专家，是指符合本办法规定条件和要求，经省级以上财政部门选聘，以独立身份参加政府采购评审，纳入山东省政府采购评审专家库（以下简称评审专家库）管理的人员。评审专家选聘、解聘、抽取、使用、监督管理等适用本办法。

第三条　评审专家管理实行统一标准、管用分离、随机抽取的原则。

第二章　监 管 职 责

第四条　各级财政部门是评审专家的监督管理部门，依法履行对评审专家的征集选聘、培训指导、评价考核、动态管理、处理处罚等监督管理职责。

第五条　省级财政部门根据财政部制定的评审专家专业分类标准和评审专家库建设标准，建设全省评审专家库并实行动态管理，与国家评审专家库互联互通、资源共享。具体职责包括：

（一）建设并管理维护全省评审专家库。

（二）统筹安排全省评审专家资源。

（三）制定评审专家的征集选聘、抽取使用、评价考核等规则。

（四）对全省初审通过的评审专家申请进行审核选聘，对省直单位申请人提出的申请进行初审。

（五）确定评审专家培训规划和内容方式。

（六）制定评审专家劳务报酬标准。

（七）对参加省级政府采购项目的评审专家进行评价考核、处理处罚等监督管理。

（八）对省级政府采购项目评审专家的抽取与使用进行监督管理。

（九）其他监管事项。

第六条　市级财政部门依法履行对评审专家的监督管理职责，具体包括：

（一）负责对本市评审专家的征集和初审，并报上级财政部门审核确认。

（二）根据工作需要可授权有关县级财政部门开展对该县（市、区）评审专家的征集和预审。

（三）管理维护本市评审专家信息。

（四）统筹本地区评审专家资源，提出区域或者行业评审专家征集建议。

（五）对本市评审专家进行培训。

（六）对参加市级政府采购项目的评审专家进行评价考核、处理处罚等监督管理。

（七）对市级政府采购项目评审专家的抽取与使用进行监督管理。

（八）法律法规规定的其他监管事项。

第七条　县级财政部门依法履行对评审专家的监督管理职责，具体包括：

（一）根据市级授权开展对本县（市、区）评审专家的征集和预审工作，并报上级财政部门初审。

（二）管理维护本县（市、区）评审专家信息。

（三）对参加县级政府采购项目的评审专家进行评价考核、处理处罚等监督管理。

（四）对县级政府采购项目评审专家的抽取与使用进行监督管理。

（五）法律法规规定的其他监管事项。

第三章　评审专家选聘与解聘

第八条　评审专家实行聘任制度和承诺制度。省级财政部门根据政府采购工作需要，按照"条件满足、择优选聘"的原则，可以通过公开征集、单位推荐或自我推荐的方式选聘评审专家。评审专家在申请时应作出承诺，并按照承诺依法履职尽责。

第九条　评审专家申请实行自愿原则。自愿申请成为评审专家的人员（以下简称申请人）依法行使权利，自觉履行义务，恪守评审纪律，独立承担责任，切实维护国家利益、社会利益和政府采购当事人的合法权益。

第十条 评审专家应当具备以下基本条件：

（一）具有良好的职业道德，廉洁自律，遵纪守法，无行贿、受贿、欺诈等不良信用记录。

（二）具有与申请评审专业一致或高度对应的中级以上专业技术职称或同等专业水平且从事相关领域工作满8年，或者具有高级专业技术职称或同等专业水平。

（三）熟悉政府采购政策法规，熟知申请评审专业相关市场情况，能够胜任政府采购项目论证、评审、验收及咨询等相关工作。

（四）承诺以独立身份参加政府采购评审工作，依法履行评审专家工作职责并承担相应法律责任的中国公民。

（五）身体健康，年龄不超过70周岁，能够正常参加政府采购活动。

（六）申请成为评审专家前3年内，无本办法规定的不良行为记录。

（七）自愿接受财政、监察等部门的监督管理。

（八）能够熟练进行计算机操作。

对评审专家数量较少的专业，前款第（二）项、第（五）项所列条件可以适当放宽。

第十一条 省级财政部门根据工作需要组织开展评审专家征集工作，并成立省政府采购评审专家选聘小组负责选聘确认工作。

第十二条 申请人应根据本人专业或专长以及所从事的工作领域，严格对照评审专家专业分类标准申请评审专业，并选定到最末一级，每人申报专业不得超过3个。属于适当放宽第十条第（二）项、第（五）项条件的申请人，只可申请1个评审专业。

第十三条 申请人应在规定的时间内按照规定程序向当地财政部门提出申请，并签署《承诺书》（见附件1），如实填报《山东省政府采购评审专家申请表》（见附件2），上传以下材料原件的扫描件或相关电子文档，在"中国山东政府采购网"完成注册：

（一）个人简历、本人签署的申请表和承诺书。

（二）学历学位证书、专业技术职称证书或具有同等专业水平的证明材料。

（三）居民身份证等证明本人身份的有效证件。

（四）本人近期彩色免冠证件照片。

（五）本人认为需要回避的信息。

（六）享受国务院特殊津贴和荣获省级以上学术荣誉称号的申请人，需提供荣誉资料及与申报专业相关的重大科研成果、发明创造等资料。

（七）省级以上财政部门要求提供的其他信息、资料。

申请人提供的资料要真实、完整、规范、清晰。

第十四条 省、市、县级财政部门对申请人提交的申请材料、评审专业及信用信息等进行逐级审核，对符合评审专家基本条件且满足评审专家库资源需求的择优选聘为评审专家，纳入评审专家库管理。审核工作应当于2个月内完成。

第十五条 评审专家工作单位、联系方式、专业技术职称、需要回避的信息等发生变化的，应及时作出信息变更，并在"中国山东政府采购网"更新上传相关资料。其中，学历、所学专业、工作单位、技术职称、评审专业、归属分库、常住地等关键信息发生变化的，需重新进行入库审核。评审专家应保持专业的稳定性，不得随意变更评审专业。

第十六条 评审专家聘期为2年，期满后可续聘2年，基本条件不再满足、考核未通过或存在其他不宜继续担任评审专家情形的除外。

第十七条 评审专家存在以下情形之一的，由评审专家所在分库财政部门将其解聘，报省级财政部门备案。其中，因采购项目评审产生不良行为记录的，由采购项目所属市级财政部门将其解聘。

（一）不符合本办法第十条规定条件。

（二）本人申请不再担任评审专家。

（三）存在本办法第四十四条规定的不良行为记录。

（四）受到刑事处罚。

（五）法律法规规定的其他情形。

第四章　评审专家权利与义务

第十八条　评审专家接受采购人或采购代理机构委托，依法向采购人或采购代理机构提供政府采购评审等服务。

第十九条　评审专家在政府采购活动中享有以下权利：

（一）依照法律法规规定进行独立评审，任何单位、组织和个人不得以任何方式干扰、妨碍评审专家依法独立履行职责。

（二）对供应商投标响应文件中不明确的事项，有权要求其作出解释或澄清。

（三）对需要共同认定的事项存在争议或异议的，有权发表个人意见。

（四）评审过程中受到非法干预的，有权向本级人民政府财政、监察等部门举报。

（五）依照相关规定和标准，获得评审劳务报酬。

（六）向本级财政部门提出不再继续担任评审专家的申请。

（七）抵制、检举评审过程中的违法违规行为。

（八）法律、法规和规章规定的其他权利。

第二十条　评审专家在政府采购活动中应履行以下义务：

（一）存在回避情形的，应当主动提出回避。

（二）不得泄露评审邀请信息。

（三）按照相关法律法规规定，坚持客观、公正、审慎的原则，依据采购文件规定的评审程序、评审方法和评审标准等评审规则，对供应商的投标（响应）文件是否符合要求以及供应商的技术实现能力、商务服务水平和履约能力等，作出客观公正、明确有效的评审意见，不得有引导性、倾向性、歧视性和排他性言行。

（四）发现采购文件内容违反国家有关强制性规定或采购文件存在歧义、重大缺陷导致评审工作无法进行时，应停止评审，并向采购人或采购代理机构书面说明情况。

（五）发现采购人、采购代理机构、供应商在采购活动中具有行贿受贿、提供虚假材料或串通等违法违规行为的，应予以提醒和劝告，并及时向采购人本级财政部门报告。

（六）在评审报告上签字，对自己的评审意见承担法律责任。

（七）配合采购人、采购代理机构答复供应商提出的询问、质疑，配合各级财政部门处理投诉及行政复议和行政诉讼等事项。

（八）不得泄露评审文件、评审情况和在评审过程中获悉的商业秘密、国家秘密。

（九）参加和接受各级财政部门组织的政府采购培训，主动学习和掌握政府采购法律法规、规章制度以及相关政策。

（十）法律、法规和规章规定的其他义务。

第二十一条　评审专家在政府采购活动中应遵守以下纪律：

（一）按时到达评审现场，不迟到、早退或缺席，对因无故迟到、早退或缺席给政府采购活动造成不良影响的，采购代理机构应如实记录并作出评价。

（二）在评审工作开始前，主动出示有效身份证件，自觉将手机等通讯工具或相关电子设备交由采购代理机构或采购人统一保管，不记录、复制或带走任何评审资料。

（三）廉洁自律，不私下接触政府采购当事人，不接受政府采购当事人的宴请、财物或其他不当利益输送。

（四）公正评审，不私下串通或达成协议左右评审结果。

（五）珍惜名誉，自觉维护政府采购信誉，不以评审专家的身份从事有损政府采购公信力的活动。

第五章　评审专家抽取与使用

第二十二条　评审专家库的抽取和使用与监督管理相分离。

第二十三条　采购人或采购代理机构应根据采购内容和品目，在评审专家库中通过随机方式抽取相关专业评审专家。

评审专家库中相关专业评审专家数量不能保证随机抽取需要的，采购人或采购代理机构可以推荐符合条件的人员，经省级财政部门审核选聘入库后再随机抽取使用。

第二十四条　技术复杂、专业性强的采购项目，通过随机方式难以确定合适评审专家的，经主管预算单位同意，采购人可以参照评审专家基本条件自行择优选定相应专业领域的评审专家。

符合相关规定的项目，可直接自行选定评审专家，并在采购人本级财政部门备案。

自行选定评审专家的，应优先选择本单位以外的评审专家。

第二十五条　采购人、采购代理机构应指定专人负责评审专家的抽取使用工作，并在评审活动完成前对抽取情况及评审专家信息负有保密责任。

第二十六条　采购人或采购代理机构抽取评审专家的开始时间，原则上不得早于评审活动开始前48小时。

第二十七条　省级财政部门根据管理需要和评审专家库资源配备情况，制定山东省评审专家抽取区域标准、抽取方法、激励措施等抽取规则，并可适时调整。

第二十八条　采购金额较大、技术复杂、社会影响较大或采购需求特殊的项目，应在全国或全省范围内抽取评审专家。

第二十九条　采购人或采购代理机构抽取评审专家组成评标委员会、谈判小组、询价小组、磋商小组等，其人数及结构要符合国家相关法律、法规的规定。

第三十条　采购需求制定、进口产品论证、采购文件编制、询问质疑答复、合同履约验收以及政府采购其他相关活动，如需使用评审专家，可以由采购人、采购代理机构自主选择确定。

第三十一条　评审活动开始前，采购人或采购代理机构应认真检查核对评审专家身份证件，宣布评审工作纪律，并将记载评审工作纪律情况的书面文件作为采购文件一并存档。

第三十二条　评审专家不得参加与自身存在利害关系的政府采购项目的评审及相关活动。评审专家与供应商存在利害关系，主要包括但不仅限于以下情形：

（一）参加采购活动前3年内与供应商存在劳动关系，或担任过供应商的董事、监事，或为供应商的控股股东或实际控制人。

（二）与供应商的法定代表人或负责人有夫妻关系、直系血亲、三代以内旁系血亲、近姻亲关系或有其他经济利益关系。

（三）与供应商有其他影响或可能影响政府采购活动公平、公正进行的关系。

采购人或采购代理机构如发现评审专家有上述需要回避情形的，应要求其回避。

除本实施办法第二十四条规定的情形外，评审专家对本单位的政府采购项目只能作为采购人代表参与评审活动。

第三十三条　各级财政部门政府采购监督管理在职工作人员、采购代理机构在职工作人员不得以评审专家身份参与政府采购项目评审活动。

第三十四条　参加过采购项目前期咨询论证的评审专家，不得再参加该采购项目的评审活动。

第三十五条　预定评审时间开始后出现评审专家缺席、回避等情形导致评审现场专家数量不符合规定的，采购人或采购代理机构应及时补抽评审专家，或经采购人的主管预算单位同意自行选定补足评审专家。

如无法及时补足评审专家，应立即停止评审工作，妥善封存采购文件，择期依法重新组建评标委员会、谈判小组、询价小组、磋商小组等进行评审。

第三十六条　评审活动中，评审专家对需要共同认定的事项存在争议的，应按照少数服从多数的原则作出结论。对评审报告有异议的，应在评审报告上书面签署不同意见并说明理由，否则视为同意。

第三十七条　评审专家名单在评审结果公告前应当保密。评审活动完成后，采购人或采购代理机构应随中标、成交结果一并公告评审专家名单，并对自行选定的评审专家作出标注。

各级财政部门、采购人和采购代理机构有关工作人员不得泄露评审专家的个人情况。

第三十八条　采购人或采购代理机构与评审专家应于评审活动结束后 5 个工作日内，在政府采购信用评价系统内记录对方职责履行情况。

省级财政部门建立评审专家评价制度，将评审专家是否存在违法、违规、违纪及评审异常等情况纳入评价体系，具体办法另行制定。

第三十九条　集中采购机构组织的项目，由集中采购机构支付评审专家劳务报酬；其他项目，由采购人支付评审专家劳务报酬。

集中采购机构、采购人应严格按照省级财政部门公布的评审劳务报酬标准，及时、足额、规范支付评审专家劳务报酬。评审专家参加异地评审的差旅费，由集中采购机构、采购人按照采购人执行的差旅费管理办法相应标准予以报销，不得随意降低或提高报销标准。

第四十条　评审专家不得超标准索要劳务报酬。评审专家未完成评审工作而擅自离开评审现场，或在评审活动中有违法行为的，不得获取劳务报酬，不得报销异地评审差旅费。

第四十一条　评审专家以外的其他人员，不得获取评审劳务报酬。

第六章　评审专家监督管理

第四十二条　评审专家未按照采购文件规定的评审程序、评审方法和评审标准进行独立评审或者泄露评审文件、评审情况的，由采购人本级财政部门给予警告，并处 2 000 元以上 2 万元以下的罚款；影响中标、成交结果的，处 2 万元以上 5 万元以下的罚款，并禁止其参加政府采购评审活动。

评审专家与供应商存在利害关系未回避的，处 2 万元以上 5 万元以下的罚款，并禁止其参加政府采购评审活动。

评审专家收受采购人、采购代理机构、供应商贿赂或获取其他不正当利益，构成犯罪的，依法追究刑事责任；尚不构成犯罪的，处 2 万元以上 5 万元以下的罚款，并禁止其参加政府采购评审活动。

评审专家有上述违法行为的，其评审意见无效；有违法所得的，没收违法所得；给他人造成损失的，依法承担民事责任。

第四十三条　采购人、采购代理机构发现评审专家有违法违规行为的，应及时予以提醒和制止，并做好记录、保存证据，及时向采购人本级财政部门报告。

第四十四条　申请人或评审专家有下列情形之一的，列入不良行为记录：

（一）未按照采购文件规定的评审程序、评审方法和评审标准进行客观、独立、公正评审。

（二）泄露评审文件、评审情况。

（三）与供应商存在利害关系未回避。

（四）收受采购人、采购代理机构、供应商贿赂或者获取其他不正当利益。

（五）提供虚假申请材料。

（六）拒不履行配合答复供应商询问、质疑、投诉等法定义务。

（七）以评审专家身份从事有损政府采购公信力的活动。

（八）其他滥用评审权利、拒不履行评审义务、违反评审纪律，造成不良影响或后果。

政府采购当事人发现申请人或者评审专家有上述不良行为嫌疑的，应及时向采购人本级财政部门反映，并提供相关线索或者证明材料。

第四十五条　对评审专家的处理处罚决定，应告知评审专家本人、推荐人及所在单位，并在政府采购信息指定媒体予以公告。

第四十六条　采购人或采购代理机构未按照本办法规定抽取和使用评审专家的，依照《中华人民共和国政府采购法》及有关法律法规追究责任。

第四十七条　各级财政部门工作人员在评审专家管理工作中存在滥用职权、玩忽职守、徇私舞弊等违法违纪行为的，依照《中华人民共和国政府采购法》《中华人民共和国公务员法》《中华人民共和国监察法》《中华人民共和国政府采购法实施条例》等国家有关规定追究相应责任；涉嫌犯罪的，移送司法机关处理。

第七章　附　　则

第四十八条　参加评审活动的采购人代表、采购人依法自行选定的评审专家管理参照本实施办法执行。

第四十九条　国家及省对评审专家抽取、选定另有规定的，从其规定。

第五十条　本实施办法由山东省财政厅负责解释。

第五十一条　本办法自 2018 年 12 月 1 日起施行，有效期至 2023 年 11 月 30 日。山东省财政厅《关于印发〈山东省政府采购评审专家管理实施办法〉的通知》（鲁财采〔2017〕27 号）同时废止。

附件：1. 承诺书（样本）

　　　　2. 山东省政府采购评审专家申请表（样本）

　　　　3. 个人简历（样本）

附件 1：

承　诺　书
（样本）

我自愿成为政府采购评审专家，遵守政府采购法律法规，秉持良好职业道德，尽行评审专家义务，恪守评审专家纪律，坚决服从监督管理，始终做到"守法守纪保底线，敬岗敬业保公正，诚实诚信保良心"。如有违背，愿意承担相关责任，并接受相应处理处罚。

承 诺 人：

身份证号：

年　月　日

注：1. 本承诺书样本可在"中国山东政府采购网"（www. ccgp-shandong. gov. cn）"办事指南"栏目

　　　"评审专家"子栏目获取。

　　2. 在"中国山东政府采购网"注册时，请正置上传本承诺书清晰的彩色扫描件。

　　3. 本承诺书签名由申请人手签。

附件2：

山东省政府采购评审专家申请表
（样本）

姓名		性别		出生年月		近期免冠证件照片
身份证号				政治面貌		
所在城市	省 市 县（市、区）					
工作单位				具体工作部门或岗位		职务
单位地址、邮编					固定电话	（含区号）
常住地址、邮编					移动电话	
技术职称				评定时间		
执业资格				取得时间		
现从事专业				从事时间	自 年 月至今	
最高学历				毕业时间		
毕业院校及专业						
最高学位		取得时间		授予机构		
是否享受国务院特殊津贴		□是 □否		是否获得省以上学术荣誉称号		□是 □否

申请评审专业	序号	类别编码	一级类别	二级类别	三级类别
	1				
	2				
	3				

本人认为需要回避的单位	

申请人单位意见（加盖公章）： （申请人所在单位对申请人遵纪守法、诚实守信、专业水平、职业道德、廉洁自律等方面的描述性评价） 上述所填列信息真实、完整。我单位同意其申请成为山东省政府采购评审专家，参与政府采购评审活动。 年 月 日	申请人签名： 年 月 日

注：1. 本表可在"中国山东政府采购网"（www.ccgp-shandong.gov.cn）"办事指南"栏目"评审专家"子栏目获取。

2. 申请评审专业请查询评审专家专业分类表（获取方式同上），数量不得超过 3 个。

3. 申请人单位应当是与申请人存在正式劳动人事关系并为其缴纳养老保险的工作单位。

4. 请清晰填写本表，在"中国山东政府采购网"注册时正置上传清晰的彩色扫描件。

附件 3：

个人简历
（样本）

填写日期：　年 月 日

姓名			性别		身份证号	
学习经历	起止时间		毕业院校		院系专业及学位	
工作经历	起止时间		工作单位		岗位及职称（职务）	
社会兼职	起止时间		兼职单位		兼职岗位或职务	
主要工作业绩及荣誉						

注：1. 学习经历自高中填起。
　　2. 工作经历自首次工作填起。
　　3. 本表可在"中国山东政府采购网"（www. ccgp-shandong. gov. cn）"办事指南"栏目"评审专家"子栏目获取。
　　4. 在"中国山东政府采购网"注册时，请正置上传本表清晰的彩色扫描件。

省财政厅关于印发山东省政府采购履约验收管理暂行办法的通知

2018 年 10 月 26 日　鲁财采〔2018〕70 号

各市财政局、县级现代预算管理制度改革试点县（市、区）财政局，黄河三角洲农业高新技术产业示范区财政金融局，省直各部门、单位，各政府采购代理机构：

履约验收作为政府采购管理的"最后一公里"，直接影响采购结果和服务的质量，更是实现政府采购从"程序导向型"向"结果导向型"转变的重要举措。为切实发挥采购人主体作用，进一步规范履约验收行为，我们研究制定了《山东省政府采购履约验收管理暂行办法》，强化履约验收责任，明确履约验收要求，严格违约失信追究，确保"物有所值"采购结果的实现。现予以印发，请结合实际，认真贯彻执行。

附件：山东省政府采购履约验收管理暂行办法

附件：

山东省政府采购履约验收管理暂行办法

第一章 总 则

第一条 为进一步规范政府采购履约验收工作，确保政府采购质量和服务水平，保障政府采购当事人的合法权益，实现物有所值采购目标，根据《中华人民共和国政府采购法》《中华人民共和国合同法》《中华人民共和国政府采购法实施条例》等法律法规，结合我省实际，制定本办法。

第二条 山东省各级国家机关、事业单位和团体组织（以下统称"采购人"）使用财政性资金采购货物、工程和服务项目的履约验收管理工作，适用本办法。

适用《中华人民共和国招标投标法》及其实施条例的政府采购工程类项目的履约验收管理，按照相关法律法规及规定执行。

第三条 本办法所称政府采购项目履约验收是指采购人对中标（成交）供应商（以下简称"供应商"）履行政府采购合同情况及结果进行检验、核实和评估，以确认其提供的货物、服务或者工程是否符合政府采购合同约定标准和要求的活动。

第四条 政府采购合同及供应商投标响应文件是履约验收工作的基本依据。补充合同视同采购合同组成部分。采购人和供应商应当全面、真实、有效地履行采购合同约定，任何一方当事人不得擅自变更、中止或者终止。对采购合同中约定的权利和义务，任何一方不得擅自放弃或者让渡。在履约过程中确需变更、中止或者终止的，应当报财政部门备案后方可实施。

采购合同的履行、违约责任和解决争议的方式等适用《中华人民共和国合同法》。

第五条 政府采购履约验收应当遵循全面完整、客观真实、公开透明的原则，坚持应验必验、验收必严、违约必究。

第二章 履约验收相关主体及职责

第六条 采购人是政府采购项目履约验收工作（以下简称"项目验收"）的责任主体。采购人应当加强内控管理，明确验收机制，履行验收义务，确定验收结论，及时处理项目验收中发现的问题，向财政部门反映供应商违约失信行为。

第七条 对技术复杂、专业性强或者采购人履约验收能力不能满足工作需要的项目，采购人可以委托采购代理机构组织项目验收。委托事项应当在委托代理协议中予以明确，但不得因委托而转移或者免除采购人项目验收的主体责任。

采购代理机构应当在委托代理协议范围内，协助采购人组织项目验收工作，协调解决项目验收中出现的问题，及时向采购人反映履约异常情形及供应商违约失信行为等。发现采购人存在违约失信行为的，应当提醒采购人纠正，拒不纠正的，应当书面报告财政部门。

第八条 供应商应当配合采购人、采购代理机构做好项目验收，提供同项目验收相关的生产、技术、服务、数量、质量、安全等资料。

第九条 各级人民政府财政部门依法履行对政府采购履约验收活动监督管理职责，建立完善履约验收监管体系，督导采购人严格履行验收义务，适时开展专项检查，依法查处违法违规、违约失信等行为。

第三章　项目验收程序

第十条 合同履行达到验收条件时，供应商向采购人发出项目验收建议。采购人应当自收到建议之日起七个工作日内启动项目验收，并通知供应商（格式见附件1）。技术复杂、专业性强或者重大民生、金额较大的政府采购项目，验收准备时间可适当延长。

第十一条 采购人应当成立政府采购项目验收小组（以下简称"验收小组"），负责项目验收具体工作，出具验收意见，并对验收意见负责。

第十二条 验收小组应当由熟悉项目需求与标的的专业技术人员、使用部门人员等至少3人以上单数组成，并确定一名负责人。其中，至少包含1名采购人的采购需求制定人员；专业技术人员由采购人自行选择，可以从本单位指定，也可以从同领域其他单位或者第三方专业机构等邀请；前期参与该项目评审的评审专家应当回避。

第十三条 验收小组应当认真履行项目验收职责，确保项目验收意见客观真实反映合同履行情况。

（一）制定验收方案。采购人应当在实施验收前根据项目验收清单和标准、招标（采购）文件对项目的技术规定和要求、供应商的投标（响应）承诺情况、合同明确约定的要求等，制定具体详细的项目验收方案。

（二）实施验收。验收小组应当根据事先拟定的验收工作方案，对供应商提供的货物、工程或者服务按照招标（采购）文件、投标（响应）文件、封存样品、政府采购合同进行逐一核对、验收，并做好验收记录。

（三）出具验收意见。以书面形式作出结论性意见，由验收小组成员及供应商签字后，报告采购人。分段、分项或分期验收的（以下统称"分段验收"），应当根据采购合同和项目特点进行分段验收并出具分段验收意见。

第十四条 项目验收应当是完整具体的实质性验收。

（一）项目验收范围应当完整，与采购合同一致，包括合同标的的每一组成部分及其规定的技术、服务、安全标准等，不得省略、遗漏和缺失，也不得擅自扩大范围。

（二）项目验收内容应当具体，形成详细的验收清单，客观反映货物供给、工程施工和服务承接完结情况。复杂设备应当包括出厂及到货检验、安装和调试检验及相关伴随服务检验等。工程类项目应当包括施工内容、施工用料、施工进程、施工工艺、质量安全等。服务类项目应当包括服务对象覆盖面、服务事项满意度、服务承诺实现程度和稳定性等。

（三）项目验收方式应当符合项目特点，对一次性整体验收不能反映履约情况的项目，应当采取分段验收方式，科学设置分段节点，分别制定验收方案并实施验收。

（四）项目验收标准应当符合采购合同约定，未进行相应约定的，应当符合国家强制性规定、政策要求、安全标准、行业或企业有关标准等。

（五）项目验收意见应当客观真实。重大民生、金额较大或者技术复杂的政府采购项目，应当邀请国家认可的质量检测机构或者评估机构等参与，出具专业检验检测报告或者明确的评估意见，并加盖公章，作为验收意见附件。验收小组成员意见不一致时，按照少数服从多数的原则作出验收意见。对验收意见有异议的，应当在验收意见上签署不同意见并说明理由，否则视为同意验收意见。

（六）对政府向社会公众提供的公共服务项目，应当邀请服务对象参与验收并出具书面意见或者由验收小组记录确认相关意见。

第十五条 根据采购项目特点，采购人可以邀请参加本项目的其他供应商参与验收，其意见作为验收参考。

第十六条 项目验收的结果与采购合同约定的内容虽然不完全符合，经验收小组确认，供应商所提供的货物、工程和服务比合同约定内容提高了使用功能和标准或者属于技术更新换代产品，在不影响、不降低整个项目的运行质量和功能以及合同金额不提高的前提下，可以验收通过。

第十七条 采购人应当对验收小组出具的验收意见进行确认，并形成项目验收书（格式见附件 2）。确认验收合格的，采购人在验收意见上签字并加盖单位公章；验收结果与采购合同不一致的，采购人应当根据验收意见中载明的具体偏差内容和处置建议，研究确定验收意见并加盖公章；验收意见中存在验收小组成员其他意见的，采购人应当对异议事项进行复核，妥善处置。

第十八条 对网上商城以及其他金额较小或者技术简单的项目，可以适当简化前述验收流程，由采购人指定本单位熟悉项目需求与标的的工作人员，对合同约定的技术、服务、安全标准等内容进行验收，提出项目验收意见，并由采购人确认。

第十九条 除涉密情形外，采购人应当在验收意见确认后 3 个工作日内在"中国山东政府采购网"公开验收意见，公告期不得少于 3 个工作日。

对为社会公众提供的公共服务项目，采购人还应当在相关服务平台上公开验收结果。

第二十条 项目验收过程中，供应商不认可验收意见的，按照采购合同约定的方式解决，合同未作约定的，按照《中华人民共和国合同法》等相关规定处理。

第二十一条 对项目验收发生的检测（检验）费、劳务报酬等费用支出，采购合同有约定的按照约定执行；无约定的，由采购人承担。因供应商问题导致重新组织项目验收的，由供应商负担验收费用。委托采购代理机构组织项目验收的，委托费用应当在委托协议中明确。验收小组成员中的专业技术人员费用可参照《山东省政府采购评审劳务报酬标准》执行；采购人单位工作人员不得获取劳务报酬。

第二十二条 对集中采购机构统一组织的采购活动，集中采购机构应建立履约评价机制，并根据工作需要，组织集中审查或随机抽查。

第二十三条 项目验收完结后，采购人应当将验收小组名单、验收方案、验收原始记录、验收结果等资料作为采购项目档案妥善保管，不得伪造、编造、隐匿或者违规销毁，验收资料保存期为采购结束之日起至少 15 年。

第二十四条 项目验收合格应作为政府采购项目财政性资金支付的必备条件。验收不合格的，不予支付资金。涉及分段验收付款的项目，应具备符合合同约定内容的阶段性验收报告。

第四章 监 督 检 查

第二十五条 财政部门应当强化采购人的履约验收监管，将以下内容纳入监督检查：是否制定政府采购项目履约验收内部控制管理制度，是否履行了项目验收义务，项目验收工作是否规范，验收方对于验收过程中发现的问题是否及时报告并妥善处理等。

财政部门应当引导集中采购机构加快提升集中采购项目履约验收评估能力，将集中采购项目验收评价情况纳入集中采购机构监督考核范围。

第二十六条 对采购结果出现质疑、投诉、举报的采购项目，采购人根据工作需要，可以在项目验收前告知提出质疑、投诉、举报的供应商或者个人对履约验收情况进行监督。对于采购人和实际使用人或者受益者分离的采购项目，采购人应当通知实际使用人或者受益者对履约验收情况进行监督。

第二十七条 采购人、采购代理机构、供应商应当全面配合监管部门的监督检查和集中采购机构的履约评价，不得阻挠、欺骗或者消极应付。

第二十八条 采购人、采购代理机构、验收小组、供应商应当签署保密承诺，严格保守项目验收中获悉的国家和商业秘密。

第五章　诚信管理及责任追究

第二十九条　供应商存在下列行为的，纳入诚信记录：

（一）无正当理由放弃采购合同履约的；

（二）不履行合同义务，情节严重的；

（三）在数量、质量、技术、服务、安全、标准、功能、工艺等方面不符合采购合同约定，给采购人造成较大损失或者影响的；

（四）因履约问题影响采购项目功能实现又拒不纠正的；

（五）与采购人工作人员或者验收小组成员串通，实施虚假履约验收的；

（六）其他损害公共利益、采购人利益、第三方权益且情节较重的。

第三十条　采购人存在下列行为的，纳入诚信记录：

（一）不履行验收义务且拒不纠正的；

（二）未按规定要求组织项目验收的；

（三）与供应商串通，实施虚假履约验收的；

（四）履约验收机制不完善、责任不落实且造成较大经济损失或者影响的；

（五）发现问题不及时处理，造成较大经济损失或者严重影响政府公信力的；

（六）其他违反法律、法规、纪律行为。

第三十一条　其他项目验收参与方存在下列行为的，纳入诚信记录：

（一）验收小组成员接受供应商贿赂及其他利益输送，影响项目验收结论的；

（二）采购代理机构操控、干扰项目验收工作，影响验收结论的；

（三）第三方机构与供应商串通，提供虚假检验检测报告、评估意见等相关证明，影响项目验收结论的；

（四）其他影响项目验收结果客观公正的行为。

第三十二条　项目验收中发现违约线索，采购人应当及时调查取证，确认后应当依法依规追究相关当事人的违约失信责任，并移交相关部门查处。

第三十三条　采购人、采购代理机构、验收小组、供应商在项目验收过程中，存在违法违规行为的，依据《中华人民共和国政府采购法》及实施条例等有关法律法规的规定进行处理。给他人造成损失的，应当赔偿相应损失；构成犯罪的，依法移送司法机关处理。影响公共利益或者采购人权益，但法律法规及部门规章没有规定的，由财政部门予以约谈，责令改正，并根据信用管理规定予以记录、公告。

第三十四条　财政部门工作人员在履约验收监管工作中存在滥用职权、玩忽职守、徇私舞弊等违法违规违纪行为的，依照《中华人民共和国公务员法》《中华人民共和国行政监察法》《中华人民共和国政府采购法》《中华人民共和国政府采购法实施条例》等国家有关规定追究相应责任；涉嫌犯罪的，移送司法机关处理。

第六章　附　　则

第三十五条　本办法由山东省财政厅负责解释。

第三十六条　本办法自 2018 年 12 月 1 日起施行，有效期至 2020 年 11 月 30 日。

附件：1. 政府采购验收通知单

　　　2. 政府采购履约验收书参考样本

附件 1：

政府采购验收通知单

供应商：

采购单位			
项目名称			
合同名称			
合同编号		合同金额	
验收时间		验收地点	
联系人		联系电话	
验收方案及工作要求			
			组织实施单位公章 年　月　日

附件 2－1：

政府采购履约验收书参考样本（货物类）

采购单位				项目名称			合同名称	
供应商				项目及 合同编号			合同金额	
验收时间				验收地点			验收组织 形式	□自行简易验收 □验收小组验收
分期验收		是□　否□		分期情况		共分　期，此为第　期验收		
验收内容	货物清单	品牌、型号、规格、数量及外观质量	技术、性能指标	运行状况及安装调试	质量证明文件	售后服务承诺	安全标准	合同履约时间、地点、方式
	合格□ 不合格□	合　格□ 不合格□	合　格□ 不合格□	合　格□ 不合格□	合　格□ 不合格□	合　格□ 不合格□	合　格□ 不合格□	合　格□ 不合格□
专业检测机构 情况说明								
存在问题和 改进意见								
最终结论		合　格□			不合格□			
验收小组 成员签字								
代理机构意见				采购单位意见				
经办人：　负责人：　（采购代理机构公章）				经办人：　负责人：　（采购单位公章）				
供应商确认： （单位公章或授权代表签字）								

说明：1. 该表为货物类项目履约验收的参考样表，采购人或采购代理机构可以根据工作实际进行调整。
　　　2. "采购代理机构意见"，履约验收工作由采购人自行组织的，无需填写该项内容。

附件 2-2：

政府采购履约验收书参考样本（工程类）

采购单位		项目名称		合同名称	
供应商		项目及合同编号		合同金额	
分期验收	是□ 否□	分期情况	共分 期，此为第 期验收		
验收时间		验收地点		验收组织形式	□自行简易验收 □验收小组验收

验收内容	施工内容	施工进度	施工质量	施工人员配备情况	施工设备配备情况	安全文明标准
	合 格□ 不合格□	合 格□ 不合格□	合 格□ 不合格□	合 格□ 不合格□	合 格□ 不合格□	合 格□ 不合格□

第三方机构情况说明	（设计、监理等机构可根据实际情况，出具相关意见）
存在问题和改进意见	
最终结论	合 格□　　　　　　不合格□
验收小组成员签字	

代理机构意见	采购单位意见
经办人：　负责人：　（采购代理机构公章）	经办人：　负责人：　（采购单位公章）

供应商确认：
（单位公章或授权代表签字）

说明：1. 该表为工程类项目履约验收的参考样表，采购人或采购代理机构可以根据工作实际进行调整。

2. "代理机构意见"，履约验收工作由采购人自行组织的，无需填写该项内容。

附件 2-3：

政府采购履约验收书参考样本（服务类）

采购单位		项目名称		合同名称	
供应商		项目及合同编号		合同金额	
分期验收	是□ 否□	分期情况	共分 期，此为第 期验收		
验收时间		验收地点		验收组织形式	□自行简易验收 □验收小组验收

续表

验收内容	服务质量	服务进度	人员、设备配备情况	安全标准	服务承诺实现	合同履约时间、地点、方式
	合　格□ 不合格□	按　时□ 不按时□	合　格□ 不合格□	合　格□ 不合格□	合　格□ 不合格□	合　格□ 不合格□
专业检测机构情况说明						
存在问题和改进意见						
最终结论	合　格□　　　　　　　　　不合格□					
验收小组成员签字						
采购代理机构意见			采购单位意见			
经办人：　负责人：　（采购代理机构公章）			经办人：　负责人：　（采购单位公章）			
供应商确认： 　　　　　　　　　　　　　　　　　　　　（单位公章或授权代表签字）						

说明：1. 该表为服务类项目履约验收的参考样表，采购人或采购代理机构可以根据工作实际进行调整。
　　　2. "采购代理机构意见"，履约验收工作由采购人自行组织的，无需填写该项内容。

省财政厅关于印发山东省省级政府采购网上商城
管理暂行办法的通知

2018 年 10 月 26 日　鲁财采〔2018〕71 号

省直各部门、单位，省政府采购中心：

　　为规范省级政府采购网上商城采购行为，提高采购效率，增强采购透明度，根据《中华人民共和国政府采购法》及其实施条例等法律法规规定，结合省级政府采购实际，我们制定了《山东省省级政府采购网上商城管理暂行办法》，现予印发，请遵照执行。执行中如有问题或建议，请及时向我们反馈。

　　附件：山东省省级政府采购网上商城管理暂行办法

附件：

山东省省级政府采购网上商城管理暂行办法

第一章　总　　则

第一条　为规范政府采购网上商城（以下简称网上商城）采购行为，提高采购效率，增强采购透明度，根据《中华人民共和国政府采购法》及其实施条例等法律法规规定，结合省级政府采购实际，制定本办法。

第二条 山东省省级国家机关、事业单位和团体组织（以下简称采购人）使用财政性资金实施的网上商城采购活动，适用本办法。

第三条 本办法所称网上商城，是指依托互联网，实现小额通用货物、工程、服务全流程网上交易、监管的服务平台。

省级网上商城平台信息开放、资源共享，鼓励各市使用。

第四条 网上商城采购活动应当遵循公开透明、便捷高效、诚实信用、依法合规的原则。

第五条 省财政厅是网上商城的监督管理部门，负责制定网上商城管理规章制度，依法对省级网上商城采购活动及当事人进行监管，协调和指导全省网上商城采购工作。

第六条 山东省人民政府采购中心（以下简称"省采购中心"）是网上商城平台系统的建设运行机构。包括建设统一共享的网上商城交易平台、制定交易规则和流程、组织管理供应商库及商品库、建立价格监测和信用评价机制、协调处理交易纠纷、督促履约等。

第七条 网上商城品目目录和限额标准由省财政厅负责制定，实行动态管理，一般情况下，随政府集中采购目录一同公布实施。

第八条 网上商城采购活动应当严格执行省级行政事业单位资产配置标准，落实促进节能环保、购买本国货物、支持中小企业发展等政府采购政策功能，支持实现经济和社会发展目标。

第九条 网上商城平台系统开发及运维方不得向采购人、供应商以及使用网上商城平台系统的市县财政部门、采购人、集采机构收取任何费用。

第二章　供应商管理

第十条 网上商城供应商实行准入制，省采购中心应当按照"依法合规、公开透明、公平竞争"的原则，通过公开征集、承诺入驻等方式产生。省采购中心应当制定网上商城供应商管理细则。

第十一条 参与网上商城入驻的供应商，应当具备下列条件：

（一）具有独立承担民事责任的能力；

（二）具有良好的商业信誉和健全的财务会计制度；

（三）具有履行合同所必需的设备和专业技术能力；

（四）有依法缴纳税收和社会保障资金的良好记录；

（五）参加政府采购活动前三年内，在经营活动中没有重大违法记录；

（六）法律、行政法规规定的其他条件。

第十二条 供应商入驻后，应当注册加入网上商城供应商库，注册信息应当真实有效，并向社会公开。

第十三条 网上商城供应商由电商、厂商、代理商以及定点供应商等组成。

电商是指通过电子商务平台，利用互联网等信息网络面向社会销售商品或者提供服务等经营活动的供应商。电商应当获得有关行业主管部门批准，具备从事增值电信业务经营资格。

厂商是指生产制造符合国家或行业标准要求的商品的供应商。

代理商是指，销售厂商生产制造且在本商城上架商品的供应商。

定点供应商是指根据国家或行业要求，按照采购人需求，提供定制化产品、服务或施工的供应商。

第十四条 入驻供应商应当按照网上商城品目类别的入驻要求及采购规程，签订网上商城入驻协议，履行相应义务，承担相应责任。

第十五条 入驻协议在规定时间内有效，协议期满，省采购中心应根据协议执行情况，采取重新组织入驻或续签入驻协议等方式确定入驻供应商。

第三章　商品管理

第十六条　网上商城销售的商品应当是符合标准、配置通用、市场可买、货源充足、信息完整、服务完善的产品，并接受社会各界对商品质量、价格及服务的全面监督。

第十七条　网上商城销售的商品及提供的服务应当符合以下条件和要求：

（一）满足国家或行业的强制性标准，符合国家三包政策及相关产业政策，执行有关政府采购政策；

（二）商品来源渠道合法，保证原厂原装、全新正品；

（三）电商提供的商品应当是电商自有电子商务平台在售的自营产品；

（四）应当对应网上商城品目分类上架，不得上架非目录商品，也不得将商品混目录上架；

（五）上架商品的规格型号、配置参数、服务标准等应当与市场销售的商品信息保持一致，不得销售各类专供、特配商品；

（六）上架商品的价格不得高于其厂商官方网站同期对外公布的价格，也不得高出省采购中心委托第三方机构调研的市场参考价，其中，电商提供的商品不得高于其自有平台同期销售价格；

（七）商品安装调试或提供服务中涉及另行购置配件或支付服务费用的，应当公开有偿收费标准，未公开收费标准的，不得要求采购人另外支付；

（八）电商销售的商品应当依照国家有关规定，提供自采购人收到商品之日起 7 日内免费退换货服务。

第十八条　网上商城入驻供应商负责商品上架和日常信息更新维护，确保上架商品信息全面、真实、准确、有效。其中，电商应当通过系统对接方式，将自有电子商务平台的自营产品推送到网上商城，推送的商品信息应当与自有电子商务平台销售的商品信息一致。厂商提供的商品应当是本企业生产制造的在售商品。代理商应当在厂商许可范围内提供商品。定点供应商应当按需提供本企业代理集成、自行制造建设的产品、服务或工程，不得转包、分包。

第十九条　供应商应当指定专人负责网上商城交易业务工作，包括商品及服务信息维护、采购订单受理、确认及报价，商品及服务咨询、退换货及纠纷处理等。

第二十条　上架商品的市场信息发生变化时，应当及时进行调整，商品价格下降或型号停产、缺货的，应当于 1 个工作日内完成调整或下架；新增商品、价格上涨，以及商品配置参数、服务标准等信息变更的，应当于 1 个工作日内提交信息变更申请，省采购中心应当在 3 个工作日内完成审核。

第二十一条　省采购中心应当加强网上商城管理，建立网上商城商品动态管理机制，督促供应商按照入驻协议承诺要求做好商品上架、更新维护、网上报价、配送安装、履约验收以及售后服务等工作。

第四章　采购模式

第二十二条　网上商城平台提供网上超市、定点采购、批量集采等采购模式，其适用品目限额标准等，随集中采购目录同步下发。

第二十三条　省采购中心应当编制网上商城目录，报省财政厅同意后实施。

第二十四条　网上超市适用于采购市场价格透明、规格标准明确统一的通用品目。网上超市分直购和竞价两种交易形式。

第二十五条　符合超市直购条件的品目，采购人可在网上超市中直接选择商品及供应商，供应商在约定时间内确认订单并供货。

第二十六条　符合超市竞价条件的品目，采购人根据具体采购需求，通过选取标准化参数配置或推荐品牌等形式，生成竞价单，发布网上竞价公告。根据品目特点，超市竞价分单品牌竞价和多品牌竞价，多品牌竞价一般不少于 3 个品牌。各品牌代理商于 1 个工作日内参与报价，报价结束，系统自动按照报价由低到高顺序排列，采购人按顺序确定成交供应商。

第二十七条 定点采购适用于技术复杂、规格标准难以统一的商品采购。定点采购分直购和竞价两种交易形式。

第二十八条 符合定点直购条件的品目，采购人自行拟定采购需求，提出功能要求、技术参数、服务内容或工程量清单，生成订单，在定点范围内直接选择一家供应商，进行协商议价，供应商接受并确认订单后配送供货或提供相应服务。

第二十九条 符合定点竞价条件的品目，采购人自行拟定采购需求，提出功能要求、技术参数、服务内容或工程量清单，发布竞价公告。采购人可以通过采购人推荐、系统抽取、采购人推荐与系统抽取相结合等三种方式确定竞价范围。竞价供应商全部由采购人推荐的，推荐供应商数量不得少于6家。竞价供应商全部由系统抽取产生的，采购人应当确定随机抽取的供应商数量不得少于6家。采购人推荐与系统抽取相结合确定竞价供应商的，采购人可选择1至3家定点供应商，系统再随机抽取3至5家定点供应商，补足6家，共同参与竞价。

定点供应商于2个工作日内参与报价，报价结束，系统按照报价由低到高自动排序，采购人按顺序确定成交供应商。

第三十条 采购人认为网上超市或定点采购竞价排名靠前供应商不满足采购实质性要求，应当说明理由，经公示3天无异议的，可按顺序选择排名靠后的成交供应商。

第三十一条 批量集采适用于采购需求易于归集，且规格标准明确统一的商品。采购人在批量集采入驻范围内，按需向批量集采入驻厂商认可的代理商直接下订单采购，供应商在约定时间内确认订单并供货。

第五章 采购流程

第三十二条 采购人应当健全政府采购内控机制，强化内部审批管理，根据实际需要，科学合理选择网上商城采购模式，在同等条件下，优先选购价格低的商品，实现物有所值目标。

第三十三条 采购人应按照年度公布的网上商城品目目录和限额标准，编制政府采购计划（建议书）。每条政府采购计划（建议书）应当对应一个品目。

第三十四条 政府采购计划（建议书）通过山东省政府采购管理交易系统导入网上商城平台系统。

第三十五条 网上商城采购订单经采购人和供应商双方确认后，合同即成立。根据财务管理相关规定，采购人与供应商应当签订书面合同，具备条件的供应商也可以生成电子合同，供采购人下载。电子合同与纸质合同具有同等法律效力。

第三十六条 采购人或供应商不得随意变更已经双方确认的成交结果或采购合同。确需变更的，应经双方协商一致，填写政府采购履约异常备案表提交省采购中心和省财政厅备案，竞价项目应发布采购结果更正公告。

第三十七条 供应商应按照订单或合同有关要求，在约定时间内，将商品送达采购人指定地点，并完成安装调试，或交付相应服务、工程。

第三十八条 采购合同签订后，采购人按规定于2个工作日内，在中国山东政府采购网公示合同信息。

第三十九条 供应商交付货物、服务期满、工程竣工后，或合同履行达到验收条件后，采购人应当在7个工作日内，按照订单或合同规定的技术、服务等要求进行验收，并就验收情况录入网上商城平台系统。

第四十条 验收结束后，采购人应当于3个工作日内通过国库支付系统向供应商发起支付。采购人按照合同约定或根据采购规模、施工进度及服务周期等因素，采取一次性支付或分期支付方式付款。

第四十一条 供应商应严格按照商城入驻协议、合同约定、服务承诺以及市场监管部门的有关规定和要求，履行商品更换、退货、维修等售后服务。出现商品或售后服务投诉纠纷时，应在服务承诺及合同约定范围内妥善解决。

第四十二条 验收通过后 10 日内，采购人和供应商应当就采购价格、质量、服务、验收、支付等情况进行履约满意度互评，并统一纳入网上商城信用评价体系。

第六章　监督管理

第四十三条 供应商参与网上商城入驻活动，其权益受到损害的，应按照政府采购法律法规的有关规定和程序进行质疑、投诉。采购人、社会公众可对网上商城的供应商及商品的价格、质量、服务及采购过程中的违法、违规行为进行监督和举报，省财政厅、省采购中心按照各自职责及法律法规规定受理并作出处理决定。

第四十四条 省采购中心制定网上商城信用评价标准，定期开展网上商城采购执行情况检查，参照第三方调研机构提供的市场参考价格，加强网上商城商品价格监控。检查结果定期报送省财政厅，同时在网上商城予以公布，为采购人择优确定成交供应商提供参考，并作为供应商后期入驻网上商城的参考因素。

第四十五条 网上商城供应商不履行网上商城入驻协议承诺或合同义务的，省采购中心应当通过网上商城平台系统对违约行为警示通报，督促其整改纠正，并将不良记录纳入网上商城供应商信用评价体系。

第四十六条 网上商城供应商有下列情形之一的，由省采购中心给予警告并约谈，责令限期整改。1个月内累计受到 2 次警告的，暂停网上商城交易 3 个月，网上商城入驻协议有效期内累计 2 次以上被暂停网上商城交易的，取消参与本期网上商城交易。

（一）未按网上商城品目分类要求上架商品的；

（二）上架商品信息不完整、不规范，或商品描述与实际不符，存在夸大、虚假宣传的；

（三）为采购人安装盗版或来源不明软件的；

（四）商品维护不及时，已停止销售或无库存商品没有及时下架处理的；

（五）超市直购商品非电商平台自营商品，厂商录入商品非厂商生产制造商品，代理商提供非入驻厂商制造商品的；

（六）提供网上商城目录外的商品，或提供销售各类特供、专供商品的；

（七）不按规定时间和履约承诺向采购人提供货物、安装调试、施工及配套服务的；

（八）售后服务响应慢、态度恶劣，或者推诿商品质量和售后服务责任的；

（九）无正当理由不按规定时限响应或确认采购订单、成交结果的；

（十）超市直购商品价格高于同期电商自有平台价格，或高出省采购中心委托第三方机构调研的市场参考价的；

（十一）网上商城厂商录入商品价格，及网上商城代理商参与网上竞价的成交价格，高于同期厂商官方网站价格，或高出同期省采购中心委托第三方机构调研的市场参考价的；

（十二）定点供应商参与网上竞价，成交价格明显高于同期同行业市场合理价格的；

（十三）送货、安装、调试过程中超出有偿收费标准收取费用的；

（十四）提供的商品非原厂原装、全新正品，擅自更换配件、降低配置或服务标准，以次充好的。

第四十七条 网上商城供应商有下列情形之一的，取消参与本期网上商城交易，列入不良记录名单，依照政府采购法有关规定追究法律责任。

（一）提供虚假材料，谋取网上商城入驻中标或成交的；

（二）销售假冒伪劣、质量不合格、盗版侵权或国家禁止销售商品的；

（三）无正当理由拒不确认订单或成交结果的，或者拒绝与采购人签订采购合同的；

（四）无正当理由取消订单或擅自变更、中止或终止合同等，拒不履行合同义务的；

（五）合同转包的；

（六）利用虚构交易、编造满意度评价等方式进行虚假宣传，误导、欺骗采购人的；

（七）拒绝接受监督检查，或者在检查中提供虚假材料和信息的；

（八）拒不纠正违规、违约行为，拒不执行财政部门处罚措施的；

（九）被信用中国、信用山东网站列入失信行为名单的；

（十）与其他供应商、运维单位、采购人、集采机构、财政部门有关人员恶意串通的；

（十一）向运维单位、采购人、集采机构、财政部门有关人员行贿或提供其他不正当利益的；

（十二）利用网上商城平台系统漏洞或者其他黑客手段攻击入侵系统，篡改数据或者交易记录的；

（十三）违反政府采购法律法规的其他违法违规行为。

第四十八条 暂停网上商城交易到期后，被暂停网上商城资格的供应商应当向省采购中心提交书面整改材料，申请恢复网上商城资格。

第四十九条 采购人不得向网上商城供应商提出超出合同约定的要求，不得无故拖延或拒绝签订合同、履约验收、支付资金，不得向网上商城供应商索要或者接受其给予的赠品、回扣或者其他商品、服务等利益。

第五十条 采购人不得将超过网上商城采购限额标准的项目化整为零实施网上商城采购。

第五十一条 财政部门、集采机构及其工作人员存在违反本办法规定滥用职权、玩忽职守、徇私舞弊的，对直接负责的主管人员和其他直接责任人员依法给予处分；直接负责的主管人员和其他直接责任人员构成犯罪的，依法追究刑事责任。

第七章 附 则

第五十二条 本办法由山东省财政厅负责解释。

第五十三条 本办法自 2018 年 12 月 1 日起施行，有效期至 2020 年 11 月 30 日。

第五十四条 山东省财政厅《关于印发〈山东省省级政府采购协议供货管理办法〉的通知》（鲁财库〔2008〕13 号）同时废止。

省财政厅关于印发山东省政府采购质疑与投诉实施办法的通知

2018 年 11 月 1 日 鲁财采〔2018〕72 号

各市财政局、县级现代预算管理制度改革试点县（市、区）财政局，黄河三角洲农业高新技术产业示范区财政金融局，省直各部门、单位，各政府采购代理机构：

为进一步落实"放管服"改革要求，保障政府采购当事人合法权益，规范政府采购质疑和投诉行为，我们研究制定了《山东省政府采购质疑与投诉实施办法》，强化受理主体责任，明确质疑投诉流程，严格失信责任追究，确保采购结果依法合规，采购服务优质高效。现予以印发，请结合实际，认真贯彻执行。

附件：山东省政府采购质疑与投诉实施办法

附件：

山东省政府采购质疑与投诉实施办法

第一章 总 则

第一条 为进一步规范政府采购供应商质疑、投诉行为，保护当事人合法权益，维护国家利益和社会公共利益，建立高效有序的政府采购供应商质疑和投诉管理机制，根据《中华人民共和国政府采购法》、《中华人民共和国政府采购法实施条例》（国务院令第 658 号）、《政府采购质疑和投诉办法》（财政部令第 94 号）、《山东省政府采购管理办法》（省政府令第 262 号）、《财政部关于加强政府采购供应商投诉受理审查工作的通知》（财库〔2007〕1 号）等有关规定，结合我省实际，制定本办法。

第二条 对采购人预算管理级次属于本省行政区域内的政府采购活动进行的质疑、投诉，适用本办法。

第三条 本办法所称供应商是指参与政府采购活动的供应商。已依法获取采购文件但未参与政府采购活动的供应商属于潜在供应商。

本办法所称采购文件是指招标、谈判、询价、磋商、资格预审公告以及招标文件、谈判文件、询价通知书、磋商文件、资格预审文件及其组成部分的澄清、修改、补充文件和评标标准、合同文本等。

本办法所称采购过程是指从采购项目信息公告发布起、到中标（成交）结果公告止，包括采购文件的发出、澄清、投标、开标、评标（谈判、磋商、询价）等各个采购程序环节。

第四条 采购人、采购代理机构应当在采购公告、采购文件中载明接收质疑的方式以及联系电话、传真和地址等事项。

第五条 县级以上财政部门应当在"中国山东政府采购网"上公布受理投诉的方式以及联系部门、电话、传真和地址等事项。

第六条 供应商质疑、投诉实行实名制，应当有明确的诉求和必要的证明材料，不得进行虚假、恶意、重复质疑和投诉。

第七条 质疑函（格式见附件2）和投诉书（格式见附件3）的基本格式和内容，应当按照财政部制定的相关标准范本要求准备。

第八条 采购人、采购代理机构是供应商质疑的直接答复人，应当指定专人负责质疑答复工作。采购人委托采购代理机构组织开展采购活动的，不能因为委托而推卸质疑答复责任。采购代理机构应当就采购人委托授权范围内的事项作出答复。

第九条 县级以上财政部门是供应商投诉受理的责任部门，应当在规定时间内依法作出处理决定。

第十条 对质疑、投诉事项的处理应当坚持依法合规、公平公正、公开透明、优质高效的原则。

第二章 质疑的提出与答复

第十一条 供应商认为有以下情形之一使自己权益受到损害的，应当以书面形式向采购人、采购代理机构提出质疑：

（一）采购文件存在以不合理条件限制、排斥潜在供应商内容的；

（二）采购文件未落实政府采购政策的；

（三）采购人员、评审委员会成员及其他相关人员与供应商有利害关系，依法应当回避而未回避的；

（四）采购程序违反规定的；

（五）采购活动中存在串通行为的；

（六）供应商提供虚假资料谋取中标（成交）的；

（七）认为采购文件、采购过程、中标（成交）结果使自己权益受到损害的其他事项。

第十二条　供应商提出质疑应当符合以下条件：

（一）参与本项目采购活动的供应商，潜在供应商只能对其依法获取的可质疑的采购文件提出质疑；

（二）与质疑事项存在明确利害关系；

（三）在法定期限内提出质疑；

（四）质疑函应当符合法律法规和本办法的规定；

（五）法律法规规定的其他条件。

第十三条　供应商可以自知道或者应当知道其权益受到损害之日起 7 个工作日内，以书面形式向采购人、采购代理机构提出质疑。供应商应当知道其权益受到损害之日是指：

（一）对采购文件提出质疑的，应当为收到采购文件之日或者采购文件公告期限届满之日；

（二）对采购过程提出质疑的，应当为各采购程序环节结束之日；

（三）对中标（成交）结果提出质疑的，为中标（成交）结果公告期限届满之日。

未递交投标（响应）文件的供应商，不得对递交投标（响应）文件截止后的采购过程、采购结果提出质疑。

第十四条　供应商提出质疑时，应当提交书面质疑函、授权委托书，并按照采购人、采购代理机构、与质疑事项有关的供应商数量提供质疑函副本。

质疑函应当包括下列主要内容：

（一）质疑供应商和采购人、采购代理机构的名称、法定代表人、住所、电话、邮编、联系人及联系电话等；

（二）采购项目名称、项目编号及包号；

（三）具体、明确的质疑事项以及与质疑事项相关的诉求；

（四）法律依据、事实与理由，并提供事实依据及相关证明材料，证明材料中有外文资料的，应当将与质疑相关的外文资料完整、客观、真实地翻译为中文，并附翻译人员签名、工作单位、联系方式等信息；

（五）提出质疑的日期。

质疑函应当据实署名。其中，质疑供应商为自然人的，应当由本人签字，并提交本人身份证明。质疑供应商为法人或者其他组织的，应当由法定代表人、主要负责人或者其授权代表签字或者盖章，并加盖公章；同时一并提交法人或者其他组织的营业执照等身份证明文件和法定代表人或者主要负责人身份证明，无法提供证照原件的，必须提供真实有效的复印件。

质疑供应商可以委托代理人进行质疑，其授权委托书（格式见附件 4）应当载明代理人的姓名或者名称、代理事项、具体权限、期限和相关事项，并由质疑供应商本人、法定代表人、主要负责人签字或者盖章（法人或者其他组织还应当加盖公章）。代理人应当提交质疑供应商签署的授权委托书及本人身份证明。

第十五条　供应商应当按照采购文件约定的方式送达书面质疑。提出质疑的时间应以直接送达或者邮件寄出的邮戳日期为准；采用其他方式送达的，根据法律法规的规定和采购文件的约定予以确定。

第十六条　采购人、采购代理机构收到质疑函后，应当办理签收手续。

第十七条　质疑有以下情形之一的，采购人、采购代理机构应当给予书面回复并说明原因：

（一）质疑供应商不是参与本项目政府采购活动供应商（潜在供应商对其已依法获取的可质疑的采购文件的质疑除外）；

（二）质疑供应商与质疑事项不存在利害关系；

（三）所有质疑事项均超出本办法第十一条规定情形；

（四）提出质疑的时间超过规定期限；

（五）质疑答复后，同一质疑供应商就同一事项再次提出质疑；

（六）采购文件已要求供应商在法定质疑期内一次性提出针对同一采购程序环节的质疑，供应商违反采购文件约定；

（七）不符合法律法规规定的其他情形。

第十八条　质疑事项可能影响中标（成交）结果的，采购人应当暂停签订合同，已经签订合同的，应当中止履行合同。

第十九条　采购人、采购代理机构收到质疑后，认为质疑事项涉及其他政府采购当事人的，应当将质疑函副本及时送达相关政府采购当事人。相关政府采购当事人应当在收到质疑函后 3 个工作日内作出书面说明，并提交相关证据、依据和其他材料。

第二十条　采购人、采购代理机构答复质疑事项采取书面审查的方式，根据所掌握的采购文件、资料对质疑事项进行答复。供应商对采购过程或者中标（成交）结果提出质疑的，采购人、采购代理机构可以组织原评审委员会协助答复。除财政部规定的情形外，采购人、采购代理机构不得以质疑答复为理由组织重新评审。

政府采购评审专家应当配合采购人、采购代理机构答复质疑工作。

第二十一条　采购人、采购代理机构应当在收到质疑后 7 个工作日内作出答复，并以书面形式通知质疑供应商和相关供应商。质疑答复一般应当包括下列内容：

（一）质疑供应商名称、地址等；

（二）收到质疑函的日期、质疑项目名称及编号；

（三）质疑事项以及质疑答复的具体内容、事实依据和法律依据；

（四）告知质疑供应商依法投诉的权利；

（五）质疑答复日期，采购人、采购代理机构名称并加盖公章。

第二十二条　采购人、采购代理机构答复质疑仅限于供应商所质疑的内容，不得随意扩大范围、增加内容、也不得涉及以下内容：

（一）国家秘密和商业秘密；

（二）开标前质疑的，已获取采购文件的供应商名称、数量；

（三）中标（成交）结果确定前质疑的，关于评审专家信息及评审情况；

（四）预中标（预成交）供应商情况；

（五）其他供应商的投标（响应）文件；

（六）法律法规规定不得公开的其他内容。

第二十三条　经审查，采购人、采购代理机构对质疑事项按以下情形分别处理：

（一）质疑事项不成立的，继续开展采购活动。

（二）质疑事项成立，但不影响采购结果的，质疑答复后继续开展采购活动。

（三）属于本办法第十一条第（一）至（二）项规定情形的，应当依法予以纠正，并以公告或者书面形式通知所有参加采购活动的供应商。

（四）属于本办法第十一条第（三）项至第（六）项规定情形的，应当依法予以纠正，中止采购活动或者认定采购结果无效，重新组织采购活动。处理结果予以公告或者书面形式通知所有参加采购活动的供应商，并报同级财政部门备案。

（五）属于本办法第十一条第（七）项规定情形的，应当根据具体情况和是否影响或者可能影响中标（成交）结果，参照本条前四项规定作出相应处理。

第二十四条　质疑供应商对采购人、采购代理机构的答复不满意或者采购人、采购代理机构未在规定期限内作出答复的，可以在答复期满后 15 个工作日内向同级财政部门提起投诉。

第三章　投诉的提起与受理

第二十五条　供应商提起投诉应符合下列条件：

（一）投诉事项已依法进行了质疑；

（二）投诉书内容符合法律法规和本办法的规定；

（三）在有效期限内提起投诉；

（四）属于同级财政部门管辖；

（五）同一投诉事项未经任何财政部门投诉处理；

（六）财政部规定的其他条件。

第二十六条　投诉人提交投诉书，应按照被投诉人、与投诉事项有关的供应商数量提供投诉书副本。

投诉书应包括下列主要内容：

（一）投诉人和被投诉人的姓名或者名称、通讯地址、邮编、联系人和联系电话等；

（二）质疑和质疑答复情况说明及相关证明材料；

（三）具体、明确的投诉事项以及与投诉事项相关的诉求；

（四）事实依据和法律依据；

（五）提起投诉的日期。

投诉书应当据实署名。其中，投诉人为自然人的，应当由本人签字，并提交本人身份证明。投诉人为法人或者其他组织的，应当由法定代表人或者主要负责人签字盖章并加盖公章；同时一并提交法人或者其他组织营业执照等身份证明文件和法定代表人或主要负责人的身份证明；无法提供证照原件的，必须提供真实有效的复印件。

投诉人可以委托代理人进行投诉，其授权委托书（格式见附件4）应当载明代理人的姓名或者名称、代理事项、具体权限、期限和相关事项，并由投诉人本人、法定代表人、主要负责人签字或者盖章（法人或者其他组织还应当加盖公章）。代理人应当提交投诉人签署的授权委托书及本人身份证明。

第二十七条　财政部门收到投诉书后，应当在5个工作日内完成审查工作，审查后按照下列情况予以处理：

（一）投诉供应商不符合本办法第二十五条规定条件的，应当在3个工作日内向投诉人送达《政府采购供应商投诉不予受理告知书》（格式见附件5）；

（二）投诉不属于本部门管辖的，应当在3个工作日内书面告知投诉人向有管辖权的部门提起投诉；

（三）投诉书内容不符合本办法第二十六条规定的，应当在收到投诉书5个工作日内一次性书面通知投诉人补正，补正通知（格式见附件6）应当载明需要补正的事项和合理的补正期限；

（四）投诉符合本办法第二十五条、第二十六条规定的，自收到投诉书之日起即为受理；

（五）投诉正式受理前，投诉人放弃投诉的，视为未提起投诉。

第二十八条　审查投诉书后，财政部门发现存在以下情形的，应当书面通知投诉人补正。经补正，符合本办法第二十六条规定的，应予受理；投诉人未在补正期限内进行补正或者补正后仍不符合规定的，不予受理：

（一）财政部门认定投诉事项与采购人行为有关但采购人不是被投诉人的；

（二）投诉事项或者投诉请求不清晰的；

（三）投诉事项与质疑事项不一致的，但基于质疑答复内容提出的投诉事项除外；

（四）缺少事实依据的；

（五）缺少法律依据的；

（六）相关依据或证明材料不全的；

（七）投诉书署名不符合规定的；

（八）投诉书副本数量不足的；

（九）法律法规和财政部规定的其他情形。

第四章　投诉处理与决定

第二十九条　财政部门应当自正式受理投诉后 8 个工作日内向被投诉人以及与投诉事项有关的当事人发送投诉书副本，并以《政府采购供应商投诉答复通知书》（以下简称《投诉答复通知书》，格式见附件 7）的形式告知其应履行的义务。《投诉答复通知书》应要求被投诉人、相关当事人对所投诉项目的进展情况作出书面说明。

被投诉人和相关当事人应当自收到投诉书副本和《投诉答复通知书》之日起 5 个工作日内，按照《投诉答复通知书》的要求作出书面说明，并提交相关证据、依据及其他有关材料。未按照要求作出书面说明并提交相关证据、依据和其他有关材料的，视同其放弃说明权利，依法承担由此带来的一切后果。

第三十条　财政部门处理投诉事项采用书面审查的方式，认为必要时，可以进行调查取证或者组织质证，也可以委托相关部门或第三方机构开展调查取证、检验、检测、鉴定等。

第三十一条　调查取证可以采用书面调查和现场调查的方式。

财政部门认为需要现场调查取证的，应当在调查取证前向被调查人送达《调查取证通知书》（格式见附件 8）。调查取证应当至少由两人以上进行，并填写《调查取证笔录》（格式见附件 9），由调查人、被调查人签字确认，调查取证中获取的其他证明材料，一并由个人或者单位予以确认。

财政部门认为需要书面调查取证的，应当向被调查人发送《协助调查函》（格式见附件 10），明确协助调查事项、需提供的相关证据材料等。

第三十二条　财政部门认为需要组织当面质证的，应当在质证前向投诉人、被投诉人以及与质证事项相关的当事人送达《当面质证通知书》（格式见附件 11）。

质证应当由两人以上主持，质证过程应当全程记录并形成《质证笔录》（格式见附件 12）。主持人、投诉人、被投诉人以及与质证事项相关的当事人应当在《质证笔录》上签字。其中，主持人在《质证笔录》尾页签字，参与质证的投诉人、被投诉人以及其他相关人员应当逐页签字。

第三十三条　财政部门投诉处理期限为 30 个工作日，自正式受理之日起计算。

财政部门处理投诉事项，需要检验、检测、鉴定、专家评审以及需要投诉人补正材料的，所需时间不计算在投诉处理期限之内。

前款所称所需时间，是指财政部门向相关单位、第三方机构、投诉人发出相关文书、补正通知之日至收到相关反馈文书或者材料之日。

财政部门通过相关单位、第三方机构开展检验、检测、鉴定、专家评审的，其所需时间应当告知投诉人。

第三十四条　投诉处理过程中，投诉人书面申请撤回投诉的，财政部门应当终止投诉处理程序。有下列情形之一的，财政部门应当驳回投诉：

（一）受理后发现投诉不符合法定受理条件的；

（二）因缺乏事实依据致使投诉事项不成立的；

（三）投诉人捏造事实或者提供虚假材料的；

（四）投诉人以非法手段取得证据材料的。证据来源的合法性存在明显疑问，投诉人又无法证明其取得方式的合法性，视为以非法手段取得证据材料。

第三十五条　财政部门作出投诉处理决定（格式见附件 13、14），应当向投诉人、被投诉人以及相关当事人发送投诉处理决定书。投诉处理决定书以正式公文形式印发，其内容应当包括下列基本要素：

（一）投诉人和被投诉人的姓名或者名称、住所等；

（二）投诉人的投诉事项、事实依据和法律依据；

（三）处理决定查明的事实和相关依据，具体处理决定和法律依据；

（四）告知投诉人行政复议或者行政诉讼的权利和提起期限；

（五）作出处理决定的日期。

第三十六条 在处理投诉事项期间，县级以上财政部门认为必要时可以通知被投诉人以及相关当事人暂停采购活动，并送达《暂停采购活动通知书》（格式见附件15）。暂停采购活动期限最多为30日。

被投诉人以及相关当事人收到《暂停采购活动通知书》后应当立即中止采购活动，在法定的暂停期限结束前或者财政部门发出《恢复采购活动通知书》（格式见附件16）前，不得进行该项目采购活动。

第三十七条 县级以上财政部门应当在作出《投诉处理决定书》后5个工作日内，在"中国山东政府采购网"上发布公告。

第三十八条 作出投诉处理决定后，县级以上财政部门应当及时将投诉处理过程中形成的相关材料整理成卷。

案卷应包括投诉人的投诉书及相关证明材料、被投诉人和相关供应商的情况说明及相关证据材料，以及其他投诉处理中的程序性材料等。

第五章 法 律 责 任

第三十九条 质疑和投诉过程中出现的违法违规行为，依照《中华人民共和国政府采购法》及其实施条例和《政府采购质疑和投诉办法》（财政部令第94号）等法律法规的相关规定处理。

第六章 附 则

第四十条 财政部门处理投诉不得向投诉人和被投诉人收取任何费用。但因处理投诉发生的第三方检验、检测、鉴定等费用，由提出申请的供应商先行垫付。在投诉处理决定明确双方责任后，按照"谁过错谁负担"的原则由具有责任的一方全额负担；双方都有责任的，按各自责任相应分担。

第四十一条 本办法规定的期间以时、日、月、年计算。期间开始的时和日，不计算在内。期间届满的最后1日是节假日的，以节假日后的第1个工作日为期间届满的日期。期间不包括在途时间，质疑与投诉文书在期满前交邮的不算超期。

与投诉处理相关的文书送达，参照《中华人民共和国民事诉讼法》关于送达的规定执行。

第四十二条 对在质疑答复和投诉处理过程中知悉的国家秘密、商业秘密、个人隐私和依法不予公开的信息，财政部门、采购人、采购代理机构及相关知情人应当负保密责任。

第四十三条 本办法自2019年1月1日起施行，有效期至2023年12月31日。

附件：1. 投诉处理流程

2. 质疑函范本

3. 投诉书范本

4. 授权委托书范本

5. 政府采购投诉不予受理告知书范本

6. 关于限期补正政府采购投诉材料的通知

7. 政府采购供应商投诉答复通知书

8. 调查取证通知书（仅限现场调查）

9. 调查取证笔录（仅限现场调查）

10. 协助调查函（仅限书面调查）

11. 当面质证通知书

12. 质证笔录

13. 投诉处理决定书（一）

14. 投诉处理决定书（二）

15. 暂停采购活动通知书

16. 恢复采购活动通知书

附件 1：

投诉处理流程

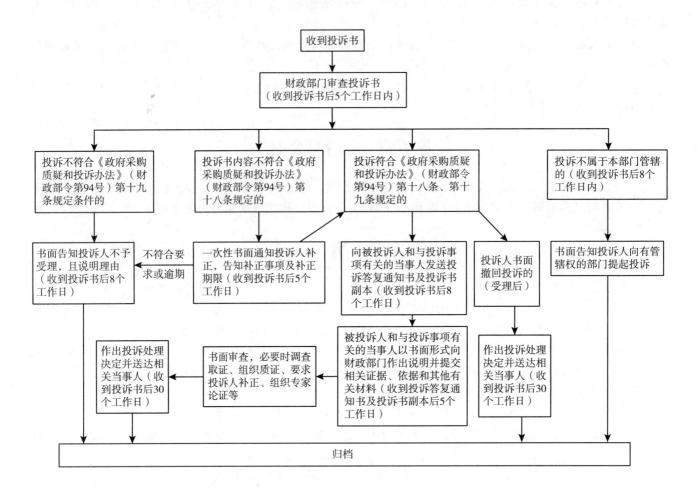

附件 2：

质疑函范本

一、质疑供应商基本信息

质疑供应商：＿＿＿＿＿＿＿＿＿＿＿＿＿＿＿＿＿＿＿＿＿＿＿＿＿＿

地址：＿＿＿＿＿＿＿＿＿＿＿＿＿＿＿邮编：＿＿＿＿＿＿＿＿＿＿＿

联系人：＿＿＿＿＿＿＿＿＿＿＿＿＿联系电话：＿＿＿＿＿＿＿＿＿

授权代表：＿＿＿＿＿＿＿＿＿＿＿＿＿＿＿＿＿＿＿＿＿＿＿＿＿＿＿

联系电话：＿＿＿＿＿＿＿＿＿＿＿＿＿＿＿＿＿＿＿＿＿＿＿＿＿＿＿

地址：＿＿＿＿＿＿＿＿＿＿＿＿＿＿＿邮编：＿＿＿＿＿＿＿＿＿＿＿

二、质疑项目基本情况

质疑项目的名称：＿＿＿＿＿＿＿＿＿＿＿＿＿＿＿＿＿＿＿

质疑项目的编号：＿＿＿＿＿＿＿＿＿＿包号：＿＿＿＿＿＿＿＿＿＿＿＿

采购人名称：＿＿＿＿＿＿＿＿＿＿＿＿＿＿＿＿＿＿＿＿＿

采购文件获取日期：＿＿＿＿＿＿＿＿＿＿＿＿＿＿＿＿＿＿

三、质疑事项具体内容

质疑事项1：＿＿＿＿＿＿＿＿＿＿＿＿＿＿＿＿＿＿＿＿

事实依据：＿＿＿＿＿＿＿＿＿＿＿＿＿＿＿＿＿＿＿＿＿

＿＿＿＿＿＿＿＿＿＿＿＿＿＿＿＿＿＿＿＿＿＿＿＿＿＿＿＿

法律依据：＿＿＿＿＿＿＿＿＿＿＿＿＿＿＿＿＿＿＿＿＿＿

＿＿＿＿＿＿＿＿＿＿＿＿＿＿＿＿＿＿＿＿＿＿＿＿＿＿＿＿

质疑事项2

······

四、与质疑事项相关的质疑请求

请求：＿＿＿＿＿＿＿＿＿＿＿＿＿＿＿＿＿＿＿＿＿＿＿

签字（签章）：＿＿＿＿＿＿＿公章：＿＿＿＿＿

日期：＿＿＿＿＿

质疑函制作说明：

1. 供应商提出质疑时，应提交质疑函和必要的证明材料。

2. 质疑供应商若委托代理人进行质疑的，质疑函应按要求列明"授权代表"的有关内容，并在附件中提交由质疑供应商签署的授权委托书。授权委托书应载明代理人的姓名或者名称、代理事项、具体权限、期限和相关事项。

3. 质疑供应商若对项目的某一分包进行质疑，质疑函中应列明具体分包号。

4. 质疑函的质疑事项应具体、明确，并有必要的事实依据和法律依据。

5. 质疑函的质疑请求应与质疑事项相关。

6. 质疑供应商为自然人的，质疑函应由本人签字；质疑供应商为法人或者其他组织的，质疑函应由法定代表人、主要负责人，或者其授权代表签字或者盖章，并加盖公章。

附件3：

投诉书范本

一、投诉相关主体基本情况

投诉人：＿＿＿＿＿＿＿＿＿＿＿＿＿＿＿＿＿＿＿＿＿＿

地址：＿＿＿＿＿＿＿＿＿＿＿＿＿邮编：＿＿＿＿＿＿＿＿＿

法定代表人/主要负责人：＿＿＿＿＿＿＿＿＿＿＿＿＿＿＿＿＿

联系电话：＿＿＿＿＿＿＿＿＿＿＿＿＿＿＿＿＿＿＿＿＿

授权代表：_____ 联系电话：_____

地址：_____ 邮编：_____

被投诉人 1：_____

地址：_____ 邮编：_____

联系人：_____ 联系电话：_____

被投诉人 2

......

相关供应商：_____

地址：_____ 邮编：_____

联系人：_____ 联系电话：_____

二、投诉项目基本情况

采购项目名称：_____

采购项目编号：_____包号：_____

采购人名称：_____

代理机构名称：_____

采购文件公告：是/否 公告期限：_____

采购结果公告：是/否 公告期限：_____

三、质疑基本情况

投诉人于_____年____月____日，向_____提出质疑，质疑事项为：_____

_____

采购人/代理机构于_____年____月____日，就质疑事项作出了答复/没有在法定期限内作出答复。

四、投诉事项具体内容

投诉事项 1：_____

事实依据：_____

_____

法律依据：_____

_____

投诉事项 2

......

五、与投诉事项相关的投诉请求

请求：_____

签字（签章）： 公章：

日期：

投诉书制作说明：

1. 投诉人提起投诉时，应当提交投诉书和必要的证明材料，并按照被投诉人和与投诉事项有关的供应商数量提供投诉书副本。

2. 投诉人若委托代理人进行投诉的，投诉书应按照要求列明"授权代表"的有关内容，并在附件中提交由投诉人签署的授权委托书。授权委托书应当载明代理人的姓名或者名称、代理事项、具体权限、期限和相关事项。

3. 投诉人若对项目的某一分包进行投诉，投诉书应列明具体分包号。

4. 投诉书应简要列明质疑事项，质疑函、质疑答复等作为附件材料提供。

5. 投诉书的投诉事项应具体、明确，并有必要的事实依据和法律依据。

6. 投诉书的投诉请求应与投诉事项相关。

7. 投诉人为自然人的，投诉书应当由本人签字；投诉人为法人或者其他组织的，投诉书应当由法定代表人、主要负责人，或者其授权代表签字或者盖章，并加盖公章。

附件4：

授权委托书范本

委托人：

姓名或者名称：

身份证明号码或者统一社会信用代码：

住所：

法定代表人（自然人不需填写）：

姓名：_____职务：_____

联系方式：_____

通讯地址：_____

代理人：

姓名：_____工作单位：_____职务：_____

联系方式：_____

通讯地址：_____

姓名：_____工作单位：_____职务：_____

联系方式：_____

通讯地址：_____

现委托上列代理人代理____（我或者我单位）____与____（被投诉人）____就____（项目名称）____（项目编号、包号：_____、_____）的____（质疑或投诉）____事宜。

代理人的具体权限：_____

代理人的代理期限：_____

其他相关事项：_____

委托人：姓名或者名称（签字或盖公章）

年　　月　　日

附件 5：

政府采购投诉不予受理告知书范本

（投诉人）：

　　关于你（或者你单位）因不满意＿＿（被投诉人）＿＿对＿＿（采购项目名称）＿＿（项目编号、包号：＿＿＿＿、＿＿＿＿）作出的质疑答复提出的投诉及相关证明材料/关于你（或者你单位）因＿＿（被投诉人）＿＿未在规定的期限内对＿＿（采购项目名称）＿＿（项目编号、包号：＿＿＿＿、＿＿＿＿）的质疑做出质疑答复提出的投诉及相关证明材料，本机关（本部门）已于＿＿＿＿年＿＿月＿＿日收悉。经审查，本机关（本部门）认为：

　　（一）提起投诉前未依法进行质疑；

　　（二）投诉书内容不符合规定；

　　（三）在投诉有效期限内未提起投诉；

　　（四）同一投诉事项已经财政部门投诉处理；

　　（五）不符合财政部规定的其他条件。

　　根据《政府采购质疑和投诉办法》（财政部令第 94 号）第二十一条第（二）项之规定，投诉不予受理。

　　特此告知。

××××财政厅（局）

年　月　日

附件 6：

关于限期补正政府采购投诉材料的通知

＿＿（投诉人）＿＿：

　　你单位因不满意＿＿（采购人或者采购代理机构）＿＿对＿＿（项目名称）＿＿（项目编号、包号，以下简称该项目）所作质疑处理结果提起的投诉及相关证明材料，我机关已于年月日收悉。你单位上述投诉材料存在以下问题：

　　一、投诉书的被投诉人主体。经审查，你单位将供应商列为被投诉人。根据《中华人民共和国政府采购法》第五十五条和《政府采购质疑和投诉办法》（财政部令第 94 号）第十七条的规定，政府采购的被投诉人应为采购人、采购代理机构。因此，请你单位依法补正该项目的被投诉人。

　　二、投诉书的质疑和质疑答复情况说明。经审查，你单位提交的投诉书，没有包括。根据《政府采购质疑和投诉办法》（财政部令第 94 号）第十八条第一款第（二）项的规定，投诉书应包含质疑和质疑答复情况说明。因此，请你单位依法补正质疑和质疑答复情况说明。

　　三、投诉书的相关证明材料。经审查，你单位仅提交，没有提供。根据《政府采购质疑和投诉办法》（财政部令第 94 号）第十八条第一款第（二）项的规定，供应商提起投诉的，应当提供相关证明材料。因此，请你单位依法补正相关证明材料。

　　四、投诉书的投诉事项不清晰。经审查，投诉书的投诉事项。根据《政府采购质疑和投诉办法》（财政部令第 94 号）第十八条第一款第（三）项的规定，投诉事项应具体、明确。因此，请你单位依法补正投诉事项。

　　五、投诉书的事实依据。经审查，投诉书的事实依据。根据《政府采购质疑和投诉办法》（财政部令第94号）第十八条第一款第（四）项的规定，投诉书应包含事实依据。因此，请你单位依法补正事实依据。

六、投诉书的法律依据。经审查，投诉书的法律依据。根据《政府采购质疑和投诉办法》（财政部令第94号）第十八条第一款第（五）项的规定，投诉书应包含法律依据。因此，请你单位依法补正法律依据。

七、投诉书的署名不符合规定。经审查，投诉书的署名为。根据《政府采购质疑和投诉办法》（财政部令第94号）第十八条第二款的规定，投诉人为自然人的，应当由本人签字；投诉人为法人或者其他组织的，应当由法定代表人、主要负责人，或者其授权代表签字或者盖章，并加盖公章。因此，请你单位依法补正投诉书的署名。

八、投诉书副本数量不足。经审查，你单位仅提供，副本数量不足。根据《政府采购质疑和投诉办法》（财政部令第94号）第十八条第一款的规定，投诉人应按照被投诉采购人、采购代理机构和与投诉事项有关的供应商数量提供投诉书的副本。因此，请你单位依法提交____份投诉书副本。

九、授权委托书。经审查，你单位的授权委托书。根据《政府采购质疑和投诉办法》（财政部令第94号）第八条的规定。因此，请你单位依法补正授权委托书。

根据《政府采购质疑和投诉办法》（财政部令第94号）第二十一条第（一）项之规定，我机关（或我部门）现通知你单位提交补正后的投诉书正本（份）和副本（份）、____（其他材料）____。你单位应于年月日之前补正上述情形后重新投诉。未按照补正期限进行补正或者补正后仍不符合规定的，不予受理。

××××财政厅（局）

年　月　日

附件7：

政府采购供应商投诉答复通知书

__（被投诉人或者与投诉事项有关的相关供应商）__：

　　本机关已于_____年___月___日对__（投诉人）__因不满意__（被投诉人）__对__（项目名称）__（项目编号、包号：_____、_____，以下简称该项目）作出的质疑答复提出的投诉予以受理。根据《政府采购质疑和投诉办法》（财政部令第94号）第二十一条第（四）项、第二十二条之规定，现将投诉书副本送达给你们，请你们在收到投诉答复通知书及投诉书副本之日起五个工作日内，以书面形式向我机关作出说明，并提交相关证据、依据和其他有关材料。否则，视同放弃说明权利，依法承担不利后果。

　　同时，请你们对该项目的进展情况作出说明。

　　特此通知。

　　附件：投诉书副本1份（略）

××××财政厅（局）

年　月　日

附件 8：

调查取证通知书（仅限现场调查）

____（单位或个人）____：

我机关（我部门）在处理关于__（项目名称）__（项目编号、包号：_____、_____）投诉过程中，根据《中华人民共和国政府采购法实施条例》第五十六条、《政府采购质疑和投诉办法》（财政部令第 94 号）第二十三条第一款之规定，需要对你（单位）进行调查取证。

《政府采购质疑和投诉办法》（财政部令第 94 号）第二十四条规定："财政部门依法进行调查取证时，投诉人、被投诉人以及与投诉事项有关的单位及人员应当如实反映情况，并提供财政部门所需要的相关材料。"

请你（单位）予以配合，如实反映情况，并提供我部门所需要的相关材料。

×××× 财政厅（局）

年 月 日

附件 9：

调查取证笔录（仅限现场调查）

时间：____年___月___日___时至____年___月___日___时

地点：_____

调查人：_____ 单位和职务：_____

记录人：_____ 单位和职务：_____

被调查人：_____ 性别：_____ 职务：_____

工作单位：_____

住址：_____ 联系电话：_____

在场人：_____

_____

_____

（调查人、被调查人、记录人、在场人在笔录上签字）

附件 10：

协助调查函（仅限书面调查）

____（单位或个人）____：

我机关（我部门）在处理关于__（项目名称）__（项目编号、包号：_____、_____）投诉过程中，根据《中华人民共和国政府采购法实施条例》第五十六条、《政府采购质疑和投诉办法》（财政部令第 94 号）第二十三条第一款、第二十四条之规定，需要对你（或者你单位）进行调查取证。

调查事项：

请你（或你单位）予以配合，如实反映情况。请你（或你单位）于＿＿＿＿年＿＿月＿＿日前将书面回复及相关证据材料送至（地址：＿＿＿＿＿＿＿＿＿＿；联系方式：＿＿＿＿＿＿＿＿＿＿）。

请予以协助！

×××财政厅（局）

年　月　日

附件 11：

当面质证通知书

＿＿＿＿＿＿：

我机关（我部门）在处理关于＿＿（项目名称）＿＿（项目编号、包号：＿＿＿＿、＿＿＿＿）投诉过程中，根据《中华人民共和国政府采购法实施条例》第五十六条和《政府采购质疑和投诉办法》（财政部令第 94 号）第二十三条第一款之规定，需要组织你（或者你单位）与（被投诉人、投诉人或者与投诉事项有关的相关供应商）就相关证据材料进行当面质证。请你（或者你单位）做好准备于＿＿＿＿年＿＿月＿＿日＿＿时到＿＿（地点）＿＿进行当面质证。

特此通知。

×××财政厅（局）

年　月　日

附件 12：

质 证 笔 录

投诉人：（名称、地址、联系方式等）

委托代理人：（姓名、住址、工作单位、联系方式）

被投诉人：（名称、地址、联系方式等）

委托代理人：（姓名、住址、工作单位、联系方式）

相关供应商：

委托代理人：（姓名、住址、工作单位、联系方式）

主持人：　　　　　　　　单位名称及职务：

记录人：　　　　　　　　单位名称及职务：

主持人（介绍情况）：我（部门）在处理（投诉人）因不满意（被投诉人）对＿＿＿＿＿＿＿＿＿（采购项目编号，第几包）做出的质疑答复提出的投诉过程中／（投诉人）因（被投诉人）未在规定的期限内对＿＿＿＿＿＿＿＿＿（采购项目编号，第几包）的质疑做出质疑答复提出的投诉过程中，根据《中华人民共和国政府采购法实施条例》第五十六条第一款和《政府采购质疑和投诉办法》（财政部令第 94 号）第二十三条之规定，需要组织你们双方就相关证据材料进行当面质证。（告知权利义务）。现进行质证：＿＿＿＿＿＿＿＿＿＿＿＿＿＿＿＿＿＿＿＿＿＿＿＿＿＿＿

（投诉人、委托代理人、被投诉人、主持人、记录人签字）

附件 13：

投诉处理决定书（一）

投诉人：（名称、地址、联系方式等）

法定代表人：（姓名、工作单位及职务）

委托代理人：（姓名、住址、工作单位、联系方式）

被投诉人：（名称、地址、联系方式等）

投诉人因不满意被投诉人　　年　月　　日对＿＿＿＿＿＿＿＿＿＿＿＿＿（采购项目编号，第几包）做出的质疑答复/投诉人因被投诉人未在规定的期限内对＿＿＿＿＿＿＿＿＿＿＿（采购项目编号，第几包）的质疑做出答复，于　　年　月　　日向（财政部门）提出投诉，本（部门）依法予以受理。

投诉事项 1：

事实依据：

法律依据：

投诉事项 2：

＿＿＿＿＿＿＿＿＿＿＿＿＿＿＿＿＿＿＿＿＿＿＿＿＿＿＿＿＿＿＿＿＿＿＿

经审查：＿＿＿＿＿＿＿＿＿＿＿＿＿＿＿＿＿＿＿＿＿＿＿＿＿＿＿＿＿。

＿＿＿＿＿＿＿＿＿＿＿＿＿＿＿＿＿＿＿＿＿＿＿＿＿＿＿＿＿＿＿＿＿。

综上，本（部门）认定，＿＿。根据《政府采购供应商投诉处理办法》（财政部令第 20 号）第　　条第（　　）项之规定，处理如下：＿＿＿＿＿＿＿＿＿＿＿＿＿。

投诉人对本投诉处理决定不服的，可于收到本决定书之日起 60 日内，向山东省人民政府或者财政部申请行政复议；或在收到本决定书之日起 6 个月内，向济南市市中区人民法院提起行政诉讼。

（财政部门盖章）

年　月　日

附件 14：

投诉处理决定书（二）

投诉人：（名称、地址、联系方式等）

法定代表人：（姓名、工作单位及职务）

委托代理人：（姓名、住址、工作单位、联系方式）

被投诉人：（名称、地址、联系方式等）

投诉人因不满意被投诉人＿＿＿＿年＿＿＿月＿＿＿日对＿＿＿＿＿＿＿＿＿＿（采购项目编号，第几包）做出的质疑答复/投诉人因被投诉人未在规定的期限内对＿＿＿＿＿＿＿＿＿（采购项目编号，第几包）的质疑做出答复，于年月日向（财政部门）提出投诉，本（部门）依法予以受理。

本（部门）在处理投诉过程中，投诉人撤回投诉。根据《中华人民共和国政府采购法实施条例》第五十七条第二款之规定，处理如下：终止投诉处理。

投诉人对本投诉处理决定不服的，可于收到本决定书之日起 60 日内，向山东省人民政府或者财政部申请行政复议；或在收到本决定书之日起 6 个月内，向济南市市中区人民法院提起行政诉讼。

（财政部门盖章）

年 月 日

附件 15：

暂停采购活动通知书

采购人或者采购代理机构：

我机关（或者我部门）于_____年___月___日收到___（投诉人）___对___（项目名称）___（项目编号、包号：_____、_____，以下简称该项目）提起的投诉。处理投诉过程中，由于需要对投诉事项进行调查，根据《中华人民共和国政府采购法》第五十七条、《政府采购质疑和投诉办法》（财政部令第 94 号）第二十八条之规定，决定暂停该项目的采购活动。

你单位收到通知后应当立即中止该项目的采购活动，在暂停采购活动期满或者本机关发出恢复采购活动通知前，不得进行该项目的采购活动。

特此通知。

××××财政厅（局）

年 月 日

附件 16：

恢复采购活动通知书

_____：

我（部门）已对（投诉人）因不满意（被投诉人）对_____（采购项目编号，第几包）做出的质疑答复提出的投诉/（投诉人）因（被投诉人）未在规定的期限内对_____（采购项目编号，第几包）的质疑做出质疑答复提出的投诉处理完毕。根据《中华人民共和国政府采购法》第五十七条、《政府采购质疑和投诉办法》（财政部令第 94 号）第二十八条之规定，你单位可以依法继续进行该项采购活动。

特此通知。

××××财政厅（局）

年 月 日

省财政厅 省机构编制委员会办公室
关于印发省纪委等二十八部门单位
政府购买服务目录的通知

2018 年 1 月 31 日　鲁财购〔2018〕1 号

省纪委、省委组织部、省委统战部、省委政法委、省委政研室、省编办、省委台办、省委省直机关工委、省委610办公室，省中华职业教育社、省欧美同学会、省法学会，省政协办公厅，民革山东省委、民盟山东省委、民建山东省委、九三学社山东省委、民进山东省委、农工党山东省委、致公党山东省委，省检察院，省公安厅，省国资委，省机关事务局，省侨办，团省委、省侨联、省工商联：

为进一步贯彻中央和省委、省政府决策部署，落实"放管服"要求，加快推进政府购买服务改革，按照《关于做好政府购买服务目录编制管理工作的通知》（鲁财购〔2017〕1 号）有关规定，省财政厅、省编办根据部门单位提报的政府购买服务目录建议，审核确定了省纪委等28个部门单位的政府购买服务目录，现予印发。请根据本部门单位政府购买服务目录，结合部门预算编制，积极推行相关服务项目通过政府购买服务方式实施，更好发挥市场机制作用，进一步推动政府职能转变，切实提高公共服务供给质量和效率。

附件：1. 中共山东省纪律检查委员会（山东省监察委员会）政府购买服务目录

　　　　2. 中共山东省委组织部政府购买服务目录

　　　　3. 中共山东省委统一战线工作部政府购买服务目录

　　　　4. 中共山东省委政法委员会政府购买服务目录

　　　　5. 中共山东省委政策研究室政府购买服务目录

　　　　6. 山东省机构编制委员会办公室政府购买服务目录

　　　　7. 中共山东省委台湾工作办公室政府购买服务目录

　　　　8. 中共山东省委省直机关工作委员会政府购买服务目录

　　　　9. 中共山东省委610办公室政府购买服务目录

　　　　10. 山东省中华职业教育社机关政府购买服务目录

　　　　11. 山东省欧美同学会（山东省留学人员联谊会）机关政府购买服务目录

　　　　12. 山东省法学会机关政府购买服务目录

　　　　13. 中国人民政治协商会议山东省委员会办公厅政府购买服务目录

　　　　14. 中国国民党革命委员会山东省委员会机关政府购买服务目录

　　　　15. 中国民主同盟山东省委员会机关政府购买服务目录

　　　　16. 中国民主建国会山东省委员会机关政府购买服务目录

　　　　17. 九三学社山东省委员会机关政府购买服务目录

　　　　18. 中国民主促进会山东省委员会机关政府购买服务目录

　　　　19. 中国农工民主党山东省委员会机关政府购买服务目录

　　　　20. 中国致公党山东省委员会机关政府购买服务目录

　　　　21. 山东省人民检察院政府购买服务目录

　　　　22. 山东省公安厅政府购买服务目录

　　　　23. 山东省人民政府国有资产监督管理委员会政府购买服务目录

　　　　24. 山东省机关事务管理局政府购买服务目录

　　　　25. 山东省人民政府侨务办公室政府购买服务目录

26. 中国共产主义青年团山东省委员会机关政府购买服务目录

27. 山东省归国华侨联合会机关政府购买服务目录

28. 山东省工商业联合会机关政府购买服务目录

附件1：

中共山东省纪律检查委员会（山东省监察委员会）政府购买服务目录

代码	一级目录 （3类）	二级目录 （6款）	三级目录 （9项）	说明
090D	技术性服务			
090D01		监测服务		
090D0101			网络舆情监测服务	
090E	政府履职所需辅助性事项			
090E01		课题研究和社会调查		
090E0101			重大课题研究及社会调查	委托统计机构进行社会调查。
090E02		财务会计审计服务		
090E0201			机关和下属单位会计、审计和经济鉴证服务	委托第三方机构开展审计、会计和其他经济鉴证服务。
090E03		后勤服务		
090E0301			维修保养服务	车辆维修保养。
090E0302			安全服务	
090E0303			物业服务	
090E0304			印刷服务	
090E04		租赁服务		
090E0401			车辆租赁服务	会议及培训等车辆租赁。
090E05		档案整理服务		
090E0501			档案整理服务	机关档案整理、人事档案整理。
090F	其他服务事项			

附件2：

中共山东省委组织部政府购买服务目录

代码	一级目录 （3类）	二级目录 （8款）	三级目录 （9项）	说明
010A	基本公共服务			
010A01		人才服务		
010A0101			高层次人才研究与服务	
010E	政府履职所需辅助性服务			
010E01		法律服务		
010E0101			法律顾问服务	法律咨询、法律代理等服务。
010E02		财务会计审计服务		

续表

代码	一级目录	二级目录	三级目录	说明
	(3 类)	(8 款)	(9 项)	
010E0201			机关会计、审计服务	委托第三方机构开展审计、会计服务。
010E03		课题研究和社会调查		
010E0301			各市经济社会发展综合考核满意度调查服务	
010E04		技术业务培训		
010E0401			全省干部教育网络培训服务	
010E05		机关信息系统建设与维护		
010E0501			机关网络运行维护、统计系统等软件运行维护	
010E0502			人才公共服务信息平台运行维护	
010E06		后勤服务		
010E0601			办公设备维修保养服务	
010E07		档案整理服务		
010E0701			机关档案整理	
010F	其他服务事项			

附件 3：

中共山东省委统一战线工作部政府购买服务目录

代码	一级目录	二级目录	三级目录	说明
	(2 类)	(8 款)	(11 项)	
030E	政府履职所需辅助性服务			
030E01		法律服务		
030E0101			法律顾问服务	法律咨询、法律代理等服务。
030E02		课题研究和社会调查		
030E0201			重大课题研究及社会调查	对有关统战工作意见建议及政策实施情况进行社会调查。
030E03		财务会计审计服务		
030E0301			机关、所属各单位会计、审计和经济鉴证服务	委托第三方机构开展审计、会计和其他经济鉴证服务。
030E04		会议和展览		
030E0401			会议、推介宣传和展览服务	会场布置、人员接送等辅助性服务；展览活动的组织、策划等辅助性工作；展览活动组展设计和实施。
030E05		档案整理服务		
030E0501			整理文书及档案服务	
030E06		租赁服务		

代码	一级目录	二级目录	三级目录	说明
	（2类）	（8款）	（11项）	
030E0601			租用相关设备、车辆服务	
030E07		后勤服务		
030E0701			办公设备维修保养服务	
030E0702			印刷服务	
030E0703			安全服务	
030E0704			其他后勤服务	机要文件邮寄、保密产品科研、省直机关单位涉密信息系统测评等。
030E08		技术业务培训		
030E0801			业务和能力建设培训服务	组织开展系统专业技能等培训。
030F	其他服务事项			

附件 4：

中共山东省委政法委员会政府购买服务目录

代码	一级目录	二级目录	三级目录	说明
	（2类）	（2款）	（2项）	
040E	政府履职所需辅助性服务			
040E01		后勤服务		
040E0101			维修保养服务	车辆日常维护等服务。
040E02		租赁服务		
040E0201			车辆租赁	公务活动用车租赁。
040F	其他服务事项			

附件 5：

中共山东省委政策研究室政府购买服务目录

代码	一级目录	二级目录	三级目录	说明
	（3类）	（4款）	（6项）	
050C	行业管理与协调性服务			
050C01		行业调查		
050C0101			群众对改革获得感情况调查	委托第三方调查中心开展群众改革获得感统计调查。
050E	政府履职所需辅助性服务			
050E01		项目评审评估		
050E0101			改革第三方评估	委托第三方评估机构对山东全面深化改革总体情况开展专项评估。
050E0102			新旧动能转换改革方案专项评估	委托第三方评估机构对部分新旧动能转换改革方案开展专项评估。

续表

代码	一级目录 (3 类)	二级目录 (4 款)	三级目录 (6 项)	说明
050E02		后勤服务		
050E0201			维修保养服务	办公设施设备、公务用车的日常维修维护保养等。
050E0202			物业服务	物业管理服务。
050E03		租赁服务		
050E0301			公务用车租赁服务	公务用车租赁服务。
050F	其他服务事项			

附件 6：

山东省机构编制委员会办公室政府购买服务目录

代码	一级目录 (2 类)	二级目录 (4 款)	三级目录 (7 项)	说明
091E	政府履职所需辅助性服务			
091E01		课题研究和社会调查		
091E0101			"放管服"政策措施落实效果的社会调查	委托第三方对 17 市"放管服"工作改革政策措施落实效果进行社会调查。
091E02		财务会计审计服务		
091E0201			省属事业单位财务检查辅助服务	委托第三方对省属事业单位"双随机"抽查中相关财务事项进行检查。
091E03		项目评审评估		
091E0301			对推进政府职能转变相关工作进行评估	委托第三方对省推进政府职能转变工作进行评估。
091E04		后勤服务		
091E0401			维修保养服务	车辆维修保养服务。
091E0402			物业服务	
091E0403			印刷服务	各类文件、资料、证书印刷制作等服务。
091E0404			其他	车辆保障、材料整理等工勤服务。
091F	其他服务事项			

附件 7：

中共山东省委台湾工作办公室政府购买服务目录

代码	一级目录 (2 类)	二级目录 (6 款)	三级目录 (9 项)	说明
060E	政府履职所需辅助性服务			
060E01		法律服务		
060E0101			法律顾问服务	法律咨询、法律代理等服务。

续表

代码	一级目录 （2类）	二级目录 （6款）	三级目录 （9项）	说明
060E02		课题研究和社会调查		
060E0201			重大课题研究及社会调查	省委台办业务工作的政策建议、政策拟定。如台资服务有关法律法规的课题研究。
060E03		财务会计审计服务		
060E0301			机关和所属事业单位会计、审计和经济鉴证服务	委托第三方机构开展审计、会计和其他经济鉴证服务。
060E04		会议和展览		
060E0401			会议、推介宣传和展览服务	会场布置、人员接送等辅助性工作及服务；展览活动的组织、策划等辅助性工作；展览活动组展设计和实施。
060E05		档案整理服务		
060E0501			整理文书及人事档案服务	
060E06		后勤服务		
060E0601			办公设备维修保养服务	
060E0602			印刷服务	
060E0603			档案整理服务	
060E0604			物业服务	
060F	其他服务事项			

附件8：

中共山东省委省直机关工作委员会政府购买服务目录

代码	一级目录 （2类）	二级目录 （5款）	三级目录 （8项）	说明
080E	政府履职所需辅助性服务			
080E01		法律服务		
080E0101			法律顾问服务	法律咨询、法律代理等服务。
080E02		机关信息系统运行与维护		
080E0201			离退休干部党建平台信息系统运行与维护	
080E03		租赁服务		
080E0301			租用相关设备服务	
080E04		档案整理服务		
080E0401			整理文书及人事档案服务	
080E05		后勤服务		
080E0501			办公设备维修保养服务	
080E0502			印刷服务	
080E0503			档案整理服务	
080E0504			物业服务	
080F	其他服务事项			

附件 9：

中共山东省委 610 办公室政府购买服务目录

代码	一级目录 （3 类）	二级目录 （6 类）	三级目录 （8 类）	说明
418B	社会管理性服务			
418B01		公共公益宣传		
418B0101			反邪教等政策法规媒体宣传	委托大众网开展"四合一平台"网上宣传及委托各大报刊媒体开展宣传服务。
418E	政府履职所需辅助性服务			
418E01		法律服务		
418E0101			法律顾问	法律咨询服务。
418E02		机关信息系统运行与维护		
418E0201			机关信息系统维护	信息中心运行维护、网络维护服务。
418E03		后勤服务		
418E0301			维修保养服务	办公设备维护。
418E0302			印刷服务	内部期刊的印制服务。
418E04		租赁服务		
418E0401			涉密机房光缆租赁	
418E0402			暗访督察车辆租赁	
418E05		档案整理服务		
418E0501			机关档案整理服务	委托第三方进行档案整理。
418F	其他服务项目			

附件 10：

山东省中华职业教育社机关政府购买服务目录

代码	一级目录 （3 类）	二级目录 （6 类）	三级目录 （8 类）	说明
720E	政府履职所需辅助性事项			
720E01		法律服务		
720E0101			法律顾问服务	法律咨询、法律代理等服务。
720E02		课题研究和社会调查		
720E0201			重大课题研究及社会调查	政策建议、政策拟定，党和政府政策实施情况进行社会调查。
720E03		财务会计审计服务		
720E0301			机关和下属单位会计、审计和经济鉴证服务	委托第三方机构开展审计、会计和其他经济鉴证服务。
720E04		会议和展览		
720E0401			会议、推介宣传和展览服务	会场布置、人员接送等辅助性工作及服务；展览活动的组织、策划等辅助性工作；展览活动组展设计和实施。

代码	一级目录 （2 类）	二级目录 （12 款）	三级目录 （15 项）	说明
720E05		项目评审评估		
720E0501			重大项目评审评估	
720E06		绩效评价		
720E0601			重大项目第三方绩效评价	
720E07		咨询		
720E0701			重大政策论证咨询服务	
720E08		技术业务培训		
720E0801			业务和能力建设培训服务	
720E09		机关信息系统运行维护		
720E0901			机关业务系统、门户网站等软硬件系统的运行维护	
720E10		后勤服务		
720E1001			维修保养服务	
720E1002			安全服务	
720E1003			印刷服务	
720E11		租赁服务		
720E1101			车辆租赁服务	
720E1102			办公设备租赁服务	
720E12		档案整理服务		
720E1201			档案整理服务	机关档案整理、人事档案整理。
720F	其他服务事项			

附件 11：

山东省欧美同学会（山东省留学人员联谊会）机关政府购买服务目录

代码	一级目录 （2 类）	二级目录 （9 款）	三级目录 （12 项）	说明
721E	政府履职所需辅助性服务			
721E01		法律服务		
721E0101			法律顾问服务	法律咨询、法律代理等服务。
721E02		课题研究和社会调查		
721E0201			重大课题研究及社会调查	有关统战工作意见建议及政策实施情况进行社会调查。
721E03		财务会计审计服务		
721E0301			机关、所属各单位会计、审计和经济鉴证服务	委托第三方机构开展审计、会计和其他经济鉴证服务。
721E04		会议和展览		

续表

代码	一级目录 （2类）	二级目录 （9款）	三级目录 （12项）	说明
721E0401			会议、推介宣传和展览服务	会场布置、人员接送等辅助性服务；展览活动的组织、策划等辅助性工作；展览活动组展设计和实施。
721E05		机关信息系统运行与维护		
721E0501			信息网络等系统运行与维护	
721E06		档案整理服务		
721E0601			整理文书及档案服务	
721E07		租赁服务		
721E0701			租用相关设备、车辆服务	
721E08		后勤服务		
721E0801			办公设备维修保养服务	
721E0802			印刷服务	
721E0803			安全服务	
721E0804			其他后勤服务	机要文件邮寄等。
721E09		技术业务培训		
721E0901			业务和能力建设培训服务	组织开展系统专业技能等培训。
721F	其他服务事项			

附件 12：

山东省法学会机关政府购买服务目录

代码	一级目录 （2类）	二级目录 （12款）	三级目录 （15项）	说明
041E	政府履职所需辅助性事项			
041E01		法律服务		
041E0101			法律顾问服务	法律咨询、法律代理等服务。
041E02		课题研究和社会调查		
041E0201			重大课题研究及社会调查	政策建议、政策拟定，党和政府政策实施情况进行社会调查。
041E03		财务会计审计服务		
041E0301			机关和下属单位会计、审计和经济鉴证服务	委托第三方机构开展审计、会计和其他经济鉴证服务。
041E04		会议和展览		
041E0401			会议、推介宣传和展览服务	会场布置、人员接送等辅助性服务；展览活动的组织、策划等辅助性工作；展览活动组展设计和实施。
041E05		项目评审评估		
041E0501			重大项目评审评估	
041E06		绩效评价		

代码	一级目录 （2 类）	二级目录 （12 款）	三级目录 （15 项）	说明
041E0601			重大项目第三方绩效评价	
041E07		咨询		
041E0701			重大政策论证咨询服务	
041E08		技术业务培训		
041E0801			业务和能力建设培训服务	
041E09		机关信息系统运行维护		
041E0901			机关业务系统、门户网站等软硬件系统的运行维护	
041E10		后勤服务		
041E1001			维修保养服务	
041E1002			安全服务	
041E1003			印刷服务	
041E11		租赁服务		
041E1101			车辆租赁服务	
041E1102			办公设备租赁服务	
041E12		档案整理服务		
041E1201			档案整理服务	机关档案整理、人事档案整理。
041F	其他服务事项			

附件 13：

中国人民政治协商会议山东省委员会办公厅政府购买服务目录

代码	一级目录 （3 类）	二级目录 （12 款）	三级目录 （17 项）	说明
551B	社会管理性服务			
551B01		公共公益宣传		
551B0101			政策制度宣传服务	
551E	政府履职所需辅助性服务			
551E01		法律服务		
551E0101			法律咨询服务	
551E02		课题研究和社会调查		
551E0201			重大课题及专项研究服务	
551E0202			政协领域问卷调查	
551E03		财务会计审计服务		
551E0301			机关和下属单位会计、审计和经济鉴证服务	委托第三方机构开展审计、会计和其他经济鉴证服务。
551E04		会议和展览		

续表

代码	一级目录 （3类）	二级目录 （12款）	三级目录 （17项）	说明
551E0401			会议、推介宣传和展览服务	展览活动的组织、策划等辅助性工作；展览活动组展设计和实施。
551E05		工程服务		
551E0501			工程监理、设计服务	
551E06		项目评审评估		
551E0601			项目、资产等第三方评审评估	
551E07		绩效评价		
551E0701			重大项目绩效评价服务	
551E08		咨询		
551E0801			政策咨询服务	
551E09		技术业务培训		
551E0901			业务和能力建设培训服务	
551E10		机关信息系统运行与维护		
551E1001			政协机关业务系统运行维护	
551E11		后勤服务		
551E1101			办公设备维修保养服务	
551E1102			物业服务	
551E1103			安全服务	
551E1104			印刷服务	
551E1105			餐饮服务	
551F	其他服务事项			

附件 14：

中国国民党革命委员会山东省委员会机关政府购买服务目录

代码	一级目录 （2类）	二级目录 （12款）	三级目录 （16项）	说明
701E	政府履职所需辅助性事项			
701E01		法律服务		
701E0101			法律顾问服务	法律咨询、法律代理等服务。
701E02		课题研究和社会调查		
701E0201			重大课题研究及社会调查	政协领域政策建议、政策拟定，对党和政府政策实施情况进行社会调查。
701E03		财务会计审计服务		
701E0301			机关和下属单位会计、审计和经济鉴证服务	委托第三方机构开展审计、会计和其他经济鉴证服务。
701E04		会议和展览		

代码	一级目录 (2类)	二级目录 (12款)	三级目录 (16项)	说明
701E0401			会议、推介宣传和展览服务	会场布置、人员接送等辅助性服务；展览活动的组织、策划等辅助性工作；展览活动组展设计和实施。
701E05		项目评审评估		
701E0501			重大项目评审评估	
701E06		绩效评价		
701E0601			重大项目第三方绩效评价	
701E07		咨询		
701E0701			重大政策论证咨询服务	
701E08		技术业务培训		
701E0801			业务和能力建设培训服务	
701E09		机关信息系统运行维护		
701E0901			机关业务系统、门户网站等软硬件系统的运行维护	
701E10		后勤服务		
701E1001			维修保养服务	
701E1002			安全服务	
701E1003			印刷服务	
701E1004			物业服务	
701E11		租赁服务		
701E1101			车辆租赁服务	
701E1102			办公设备租赁服务	
701E12		档案整理服务		
701E1201			档案整理服务	机关档案整理、人事档案整理。
701F	其他服务事项			

附件 15：

中国民主同盟山东省委员会机关政府购买服务目录

代码	一级目录 (2类)	二级目录 (12款)	三级目录 (16项)	说明
702E	政府履职所需辅助性事项			
702E01		法律服务		
702E0101			法律顾问服务	法律咨询、法律代理等服务。
702E02		课题研究和社会调查		
702E0201			重大课题研究及社会调查	政协领域政策建议、政策拟定，对党和政府政策实施情况进行社会调查。
702E03		财务会计审计服务		

续表

代码	一级目录	二级目录	三级目录	说明
	(2 类)	(12 款)	(16 项)	
702E0301			机关和下属单位会计、审计和经济鉴证服务	委托第三方机构开展审计、会计和其他经济鉴证服务。
702E04		会议和展览		
702E0401			会议、推介宣传和展览服务	会场布置、人员接送等辅助性服务；展览活动的组织、策划等辅助性工作；展览活动组展设计和实施。
702E05		项目评审评估		
702E0501			重大项目评审评估	
702E06		绩效评价		
702E0601			重大项目第三方绩效评价	
702E07		咨询		
702E0701			重大政策论证咨询服务	
702E08		技术业务培训		
702E0801			业务和能力建设培训服务	
702E09		机关信息系统运行维护		
702E0901			机关业务系统、门户网站等软硬件系统的运行维护	
702E10		后勤服务		
702E1001			维修保养服务	
702E1002			安全服务	
702E1003			印刷服务	
702E1004			物业服务	
702E11		租赁服务		
702E1101			车辆租赁服务	
702E1102			办公设备租赁服务	
702E12		档案整理服务		
702E1201			档案整理服务	机关档案整理、人事档案整理。
702F	其他服务事项			

附件 16：

中国民主建国会山东省委员会机关政府购买服务目录

代码	一级目录	二级目录	三级目录	说明
	(2 类)	(12 款)	(16 项)	
703E	政府履职所需辅助性事项			
703E01		法律服务		
703E0101			法律顾问服务	法律咨询、法律代理等服务。
703E02		课题研究和社会调查		

续表

代码	一级目录 (2 类)	二级目录 (12 款)	三级目录 (16 项)	说明
703E0201			重大课题研究及社会调查	政协领域政策建议、政策拟定，对党和政府政策实施情况进行社会调查。
703E03		财务会计审计服务		
703E0301			机关和下属单位会计、审计和经济鉴证服务	委托第三方机构开展审计、会计和其他经济鉴证服务。
703E04		会议和展览		
703E0401			会议、推介宣传和展览服务	会场布置、人员接送等辅助性服务；展览活动的组织、策划等辅助性工作；展览活动组展设计和实施。
703E05		项目评审评估		
703E0501			重大项目评审评估	
703E06		绩效评价		
703E0601			重大项目第三方绩效评价	
703E07		咨询		
703E0701			重大政策论证咨询服务	
703E08		技术业务培训		
703E0801			业务和能力建设培训服务	
703E09		机关信息系统运行维护		
703E0901			机关业务系统、门户网站等软硬件系统的运行维护	
703E10		后勤服务		
703E1001			维修保养服务	
703E1002			安全服务	
703E1003			印刷服务	
703E1004			物业服务	
703E11		租赁服务		
703E1101			车辆租赁服务	
703E1102			办公设备租赁服务	
703E12		档案整理服务		
703E1201			档案整理服务	机关档案整理、人事档案整理。
703F	其他服务事项			

附件 17：

九三学社山东省委员会机关政府购买服务目录

代码	一级目录 (2 类)	二级目录 (12 款)	三级目录 (16 项)	说明
704E	政府履职所需辅助性事项			
704E01		法律服务		
704E0101			法律顾问服务	法律咨询、法律代理等服务。

续表

代码	一级目录 (2 类)	二级目录 (12 款)	三级目录 (16 项)	说明
704E02		课题研究和社会调查		
704E0201			重大课题研究及社会调查	政协领域政策建议、政策拟定，对党和政府政策实施情况进行社会调查。
704E03		财务会计审计服务		
704E0301			机关和下属单位会计、审计和经济鉴证服务	委托第三方机构开展审计、会计和其他经济鉴证服务。
704E04		会议和展览		
704E0401			会议、推介宣传和展览服务	会场布置、人员接送等辅助性服务；展览活动的组织、策划等辅助性工作；展览活动组展设计和实施。
704E05		项目评审评估		
704E0501			重大项目评审评估	
704E06		绩效评价		
704E0601			重大项目第三方绩效评价	
704E07		咨询		
704E0701			重大政策论证咨询服务	
704E08		技术业务培训		
704E0801			业务和能力建设培训服务	
704E09		机关信息系统运行维护		
704E0901			机关业务系统、门户网站等软硬件系统的运行维护	
704E10		后勤服务		
704E1001			维修保养服务	
704E1002			安全服务	
704E1003			印刷服务	
704E1004			物业服务	
704E11		租赁服务		
704E1101			车辆租赁服务	
704E1102			办公设备租赁服务	
704E12		档案整理服务		
704E1201			档案整理服务	机关档案整理、人事档案整理。
704F	其他服务事项			

附件 18：

中国民主促进会山东省委员会机关政府购买服务目录

代码	一级目录 (2 类)	二级目录 (12 款)	三级目录 (16 项)	说明
705E	政府履职所需辅助性事项			
705E01		法律服务		

代码	一级目录 (2类)	二级目录 (12款)	三级目录 (16项)	说明
705E0101			法律顾问服务	法律咨询、法律代理等服务。
705E02		课题研究和社会调查		
705E0201			重大课题研究及社会调查	政协领域政策建议、政策拟定，对党和政府政策实施情况进行社会调查。
705E03		财务会计审计服务		
705E0301			机关和下属单位会计、审计和经济鉴证服务	委托第三方机构开展审计、会计和其他经济鉴证服务。
705E04		会议和展览		
705E0401			会议、推介宣传和展览服务	会场布置、人员接送等辅助性服务；展览活动的组织、策划等辅助性工作；展览活动组展设计和实施。
705E05		项目评审评估		
705E0501			重大项目评审评估	
705E06		绩效评价		
705E0601			重大项目第三方绩效评价	
705E07		咨询		
705E0701			重大政策论证咨询服务	
705E08		技术业务培训		
705E0801			业务和能力建设培训服务	
705E09		机关信息系统运行维护		
705E0901			机关业务系统、门户网站等软硬件系统的运行维护	
705E10		后勤服务		
705E1001			维修保养服务	
705E1002			安全服务	
705E1003			印刷服务	
705E1004			服务服务	
705E11		租赁服务		
705E1101			车辆租赁服务	
705E1102			办公设备租赁服务	
705E12		档案整理服务		
705E1201			档案整理服务	机关档案整理、人事档案整理。
705F	其他服务事项			

附件 19：

中国农工民主党山东省委员会机关政府购买服务目录

代码	一级目录 （2 类）	二级目录 （12 款）	三级目录 （16 项）	说明
706E	政府履职所需辅助性事项			
706E01		法律服务		
706E0101			法律顾问服务	法律咨询、法律代理等服务。
706E02		课题研究和社会调查		
706E0201			重大课题研究及社会调查	政协领域政策建议、政策拟定，对党和政府政策实施情况进行社会调查。
706E03		财务会计审计服务		
706E0301			机关和下属单位会计、审计和经济鉴证服务	委托第三方机构开展审计、会计和其他经济鉴证服务。
706E04		会议和展览		
706E0401			会议、推介宣传和展览服务	会场布置、人员接送等辅助性服务；展览活动的组织、策划等辅助性工作；展览活动组展设计和实施。
706E05		项目评审评估		
706E0501			重大项目评审评估	
706E06		绩效评价		
706E0601			重大项目第三方绩效评价	
706E07		咨询		
706E0701			重大政策论证咨询服务	
706E08		技术业务培训		
706E0801			业务和能力建设培训服务	
706E09		机关信息系统运行维护		
706E0901			机关业务系统、门户网站等软硬件系统的运行维护	
706E10		后勤服务		
706E1001			维修保养服务	
706E1002			安全服务	
706E1003			印刷服务	
706E1004			物业服务	
706E11		租赁服务		
706E1101			车辆租赁服务	
706E1102			办公设备租赁服务	
706E12		档案整理服务		
706E1201			档案整理服务	机关档案整理、人事档案整理。
706F	其他服务事项			

附件20：

中国致公党山东省委员会机关政府购买服务目录

代码	一级目录 (2类)	二级目录 (12款)	三级目录 (16项)	说明
707E	政府履职所需辅助性事项			
707E01		法律服务		
707E0101			法律顾问服务	法律咨询、法律代理等服务。
707E02		课题研究和社会调查		
707E0201			重大课题研究及社会调查	政协领域政策建议、政策拟定，对党和政府政策实施情况进行社会调查。
707E03		财务会计审计服务		
707E0301			机关和下属单位会计、审计和经济鉴证服务	委托第三方机构开展审计、会计和其他经济鉴证服务。
707E04		会议和展览		
707E0401			会议、推介宣传和展览服务	会场布置、人员接送等辅助性服务；展览活动的组织、策划等辅助性工作；展览活动组展设计和实施。
707E05		项目评审评估		
707E0501			重大项目评审评估	
707E06		绩效评价		
707E0601			重大项目第三方绩效评价	
707E07		咨询		
707E0701			重大政策论证咨询服务	
707E08		技术业务培训		
707E0801			业务和能力建设培训服务	
707E09		机关信息系统运行维护		
707E0901			机关业务系统、门户网站等软硬件系统的运行维护	
707E10		后勤服务		
707E1001			维修保养服务	
707E1002			安全服务	
707E1003			印刷服务	
707E1004			物业服务	
707E11		租赁服务		
707E1101			车辆租赁服务	
707E1102			办公设备租赁服务	
707E12		档案整理服务		
707E1201			档案整理服务	机关档案整理、人事档案整理。
707F	其他服务事项			

附件 21：

山东省人民检察院政府购买服务目录

代码	一级目录 （6 类）	二级目录 （16 款）	三级目录 （26 项）	说明
650A	基本公共服务			
650A01		公共信息		
650A0101			信息系统云平台运营服务	
650A0102			公共法律服务平台的建设与运行维护服务	
650B	社会管理性服务			
650B01		公共公益宣传		
650B0101			检察工作及政策宣传	大众日报、法制报专版宣传，微信公众号运营。
650B0102			"未成年人法治进校园"活动组织与实施	
650B0103			公益诉讼普法宣传	
650C	行业管理与协调服务			
650C01		行业调查		
650C0101			民意满意度调查	
650D	技术性服务			
650D01		监测服务		
650D0101			全省检务舆情监测分析	委托第三方机构对全省检务舆情进行监测、分析，组建专家团队对舆情进行研判，开展相关培训、交流等工作。
650E	政府履职所需辅助性服务			
650E01		课题研究和社会调查服务		
650E0101			检察基础、应用理论方面的课题研究及社会调研	根据高检院、省委省府要求和检察工作实际拟定所需进行的基础理论和应用理论课题研究，对各项政策实施情况进行社会调查。
650E02		财务会计审计服务		
650E0201			财务会计审计服务	委托第三方机构开展会计、审计和其他经济鉴证服务。
650E0202			资产评估服务	聘请资产评估机构由其执行整体项目或者特定事项的评估，利用其评估结果。
650E03		会议和展览服务		
650E0301			会议、论坛、展览的组织与实施	会场布置、人员接送等辅助性工作及服务；会议、论坛、展览活动的组织、策划等辅助性工作；会议、论坛、展览活动组展设计和实施等。
650E04		项目评审评估		
650E0401			检察业务专家评审服务	委托第三方机构选聘全国、全省检察业务专家

代码	一级目录	二级目录	三级目录	说明
	（6 类）	（16 款）	（26 项）	
650E0402			重点项目评审评估服务	
650E05		工程服务		
650E0501			监理、设计、可行性报告等辅助服务	
650E06		绩效评价		
650E0601			专项资金使用绩效评价	委托第三方对业务类发展类项目资金使用进行绩效评价。
650E07		技术业务培训		
650E0701			检察系统业务培训	
650E08		咨询		
650E0801			检察创新、决策咨询服务	
650E09		后勤服务		
650E0901			维修保养服务	楼房及院内基础设施维修改造服务，办公和办案技术用房运行所需的水电、取暖、天然气、设备维修保养等服务。
650E0902			物业服务	
650E0903			印刷服务	
650E0904			安全服务	
650E0905			餐饮服务	
650E0906			其他后勤服务	驾驶服务、收发服务、总机、医疗服务。
650E10		档案整理服务		
650E1001			各类档案整理及信息化	委托第三方机构对各类档案进行整理及信息化。
650E11		热线服务		
650E1101			民生热线服务	最高检 96699 全国统一民生服务热线运营服务。
650E12		租赁服务		
650E1201			租车服务	
650F	其他服务事项			

附件 22：

山东省公安厅政府购买服务目录

代码	一级目录	二级目录	三级目录	说明
	（6 类）	（27 款）	（51 项）	
159（912）A	基本公共服务			
159（912）A01		公共安全		
159（912）A0101			社会治安辅助服务	

代码	一级目录	二级目录	三级目录	说明
	(6 类)	(27 款)	(51 项)	
159（912）A0102			交通安全辅助服务	
159（912）A0103			公共消防基础设施维护管理	市政消火栓、消防通信、消防车通道等的公共消防设施维护管理。
159（912）A0104			公共建筑消防设施检测维护保养	财政性资金支付的公共建筑消防设施运行状况的检测、维护和保养。
159（912）A0105			警用设备维护保养	专用设备及检验鉴定设备、应急警用物资、特种警用装备等维护保养服务。
159（912）B	社会管理性服务			
159（912）B01		公共公益宣传		
159（912）B0101			政法综合宣传服务	委托电视、报刊、网络等多媒体，对当前政法政策、公安工作进行正确宣传、引导。
159（912）B0102			禁毒防范宣传服务	
159（912）B0103			消防安全教育培训	委托具有资质的社会消防培训机构以及社会组织，开展消防宣传教育和培训，提升全民消防安全素质。
159（912）B02		防灾救灾		
159（912）B0201			灭火救援应急保障	依托社会力量加强对灾害事故灭火救援现场装备、专家、应急物资等现场保障
159（912）B03		志愿服务运营管理		
159（912）B0301			消防志愿者组织运行与管理	加强消防志愿者组织建设，并委托消防志愿者组织，其特定时段、特定区域开展公共消防宣传、教育。
159（912）C	行业管理与协调服务			
159（912）C01		行业投诉处理		
159（912）C0101			政府设立的行业投诉举报热线、网站平台的维护和申诉受理服务	
159（912）C02		行业调查		
159（912）C0201			群众满意度调查	
159（912）C0202			民警幸福感调查	
159（912）C0203			人口状况普查	
159（912）C0204			消防工作社会调查	委托第三方定期开展公民消防安全知晓率、社会面消防工作落实度、重大公共消防政策偏好等方面的调查。
159（912）C03		行业职业资格和水平测试管理		
159（912）C0301			消防行业职业资格认定、水平测试管理	消防行业资质标准制定及审查、职业资格评审和水平测试管理。
159（912）C04		行业规划		

代码	一级目录 (6类)	二级目录 (27款)	三级目录 (51项)	说明
159（912）C0401			城乡消防规划编制	城乡消防规划包括地级市、县级市、县、镇、乡、村消防规划。
159（912）C05		行业标准修订		
159（912）C0501			消防行业标准制定和修订	消防地方行业标准的制定、修订。
159（912）D	技术性服务			
159（912）D01		监测服务		
159（912）D0101			消防安全监测	通过建设消防物联网、城市远程监控系统，监测城市预防火灾能力。
159（912）D02		检验检疫检测		
159（912）D0201			物证检验鉴定辅助服务	
159（912）D03		其他		
159（912）D0301			消防车辆装备器材维修维护	委托社会技术力量对消防部队执勤消防车辆装备进行维修、定期维护保养。
159（912）E	政府履职所需辅助性服务			
159（912）E01		法律服务		
159（912）E0101			法律顾问服务	法律咨询、法律代理等服务。
159（912）E0102			消防立法辅助服务	消防地方法规、规章的调研、草拟、论证。
159（912）E02		会议和展览		
159（912）E0201			公安会议、展览等服务	会场布置、人员接送等辅助性工作及服务；展览活动组织、设计、实施等服务。
159（912）E03		工程服务		
159（912）E0301			重点工程监督、评价、概（预）、结（决）算审核服务	委托第三方对重点工程进行监督、评价等服务。
159（912）E0302			建设工程辅助服务	造价咨询、工程监理、勘察、设计、图审等建设工程服务
159（912）E0303			信息化工程辅助服务	评估、监理、审计等信息化工程服务
159（912）E04		绩效评价		
159（912）E0401			重点项目绩效评价	委托第三方对重点项目进行绩效评价。
159（912）E05		项目评审评估		
159（912）E0501			重点项目评审评估	委托第三方对重点项目进行评审评估。
159（912）E0502			国有资产评估服务	因资产转让、拍卖和税费征缴而实施的资产评估服务。
159（912）E06		财务会计审计服务		

续表

代码	一级目录 (6 类)	二级目录 (27 款)	三级目录 (51 项)	说明
159（912）E0601			机关、厅属单位、消防部队等会计、审计服务	委托第三方机构开展审计、会计服务。
159（912）E07		课题研究与社会调查		
159（912）E0701			城市及区域性火灾风险评估	委托专业的消防安全评估机构对城市消防安全布局状况和一定区域带有共性的火灾隐患问题进行评估。
159（912）E08		技术业务培训		
159（912）E0801			消防安全管理知识培训	企业、农村、村庄等对社会单位消防安全责任人、消防安全管理人进行消防安全管理知识培训。
159（912）E0802			民警训练组织与实施相关辅助服务	
159（912）E09		监督检查		
159（912）E0901			消防安全隐患检查辅助服务	委托专业机构对特定行业企业的火灾隐患进行检查，提出行业性的火灾隐患整改建议等辅助工作。
159（912）E10		火灾事故调查处理辅助服务		
159（912）E1001			火灾现场痕迹、物证的检验、鉴定。	委托火灾痕迹物证鉴定机构和司法鉴定机构开展现场勘验和鉴定。
159（912）E1002			火灾直接财产损失核定	委托价格鉴定机构对火灾损失物品进行价格鉴定。
159（912）E11		机关信息系统运行与维护		
159（912）E1101			网络安全运行与维护	
159（912）E1102			消防指挥系统运行与维护	
159（912）E1103			消防大数据平台信息采集与维护	
159（912）E1104			视频会议、指挥设计系统运行与维护	
159（912）E12		后勤服务		
159（912）E1201			物业服务	
159（912）E1202			印刷服务	
159（912）E1203			维修保养服务	办公设备等维修保养服务。
159（912）E1204			安全服务	
159（912）E13		档案整理服务		
159（912）E1301			档案扫描、复印整理服务	委托第三方对档案进行扫描、复印、存档服务。

续表

代码	一级目录 (6 类)	二级目录 (27 款)	三级目录 (51 项)	说明
159（912）E14		租赁服务		
159（912）E1401			网络设备租赁服务	
159（912）E1402			机房租赁服务	
159（912）E1403			车辆租赁服务	
159（912）E1404			警用装备（含警犬）租赁服务	
159（912）E15		经办服务		
159（912）E1501			警务业务经办服务	出入境检查、证件制做等警务辅助服务。
159（912）F	其他公共服务			

附件 23：

山东省人民政府国有资产监督管理委员会政府购买服务目录

代码	一级目录 (2 类)	二级目录 (7 款)	三级目录 (10 项)	说明
118E	政府履职所需辅助性服务			
118E01		法律服务		
118E0101			法律顾问服务	行政诉讼代理应诉、法律顾问、法律咨询等法律服务。
118E02		财务会计审计服务		
118E0201			机关和省管企业会计、审计和经济鉴证服务	开展审计、会计和其他经济事项鉴证等服务。
118E03		绩效评价		
118E0301			国有资产监督管理项目绩效评价	委托第三方对业务类和发展类项目等进行绩效评价。
118E0302			省管企业经营绩效综合评价	委托第三方对省管企业经营绩效综合评价。
118E04		机关信息系统建设与维护		
118E0401			信息系统运行维护	
118E05		后勤服务		
118E0501			维修保养服务	办公设施设备、公务用车的日常维修维护保养等。
118E0502			物业服务	
118E0503			印刷服务	
118E06		租赁服务		
118E0601			公务用车租赁服务	
118E07		档案整理服务		
118E0701			档案整理服务	文件、资料等纸质和电子档案的收集、整理、保管、检索、统计以及电子档案转化等服务。
118F	其他服务事项			

附件 24：

山东省机关事务管理局政府购买服务目录

代码	一级目录 （2 类）	二级目录 （6 款）	三级目录 （10 项）	说明
417E	政府履职所需辅助性服务			
417E01		法律服务		
417E0101			法律顾问服务	法律咨询、法律代理等服务。
417E02		财务会计审计服务		
417E0201			内部审计服务	委托会计师事务所协助进行内部审计。
417E0202			资产清查服务	委托会计师事务所协助资产清查。
417E03		项目评审评估		
417E0301			机关事务管理领域项目评审评估	公务用车、公共机构节能、办公用房等方面的项目评审评估。
417E04		后勤服务		
417E0401			维修保障服务	含办公设备、设施保障服务和车辆维修保养服务。
417E0402			物业服务	办公场所物业服务。
417E0403			印刷服务	各类文件、资料、证书印刷制作等服务。
417E0404			其他后勤服务	资料寄送、邮电网络通讯、园林绿化等其他后勤保障服务。
417E05		租赁服务		
417E0501			车辆租赁服务	公务活动用车辆租赁。
417E06		档案整理服务		
417E0601			机关事务管理系统各门类档案整理，数字化，挂接系统服务	委托具有资质的机构进行档案整理，数字化，挂接系统的运行维护。
417F	其他服务事项			

附件 25：

山东省人民政府侨务办公室政府购买服务目录

代码	一级目录 （4 类）	二级目录 （13 款）	三级目录 （18 项）	说明
415A	基本公共服务			
415A01		文化		
415A0101			齐鲁文化海外体验中心运营服务	委托第三方机构开展文化物品购置、邮寄、场馆设计装修等服务。
415A02		人才服务		
415A0201			人才信息收集、统计、分析	建立并定期发布全省华侨华人高层次人才信息目录。

代码	一级目录 （4类）	二级目录 （13款）	三级目录 （18项）	说明
415A0202			高层次人才引进配套服务	海外高端人才交流（招聘）专场的组织与实施。
415B	社会管理性服务			
415B01		公共公益宣传		
415B0101			涉侨对外宣传	《山东侨报》社涉侨宣传、运营服务。
415B0102			重大涉侨专项活动宣传	通过中央和省级电视台、报纸、网络媒体等开展的涉侨公益宣传服务。
415E	政府履职所需辅助性服务			
415E01		法律服务		
415E0101			涉侨法律顾问服务	法律顾问、法律咨询、法律代理等服务。
415E02		财务会计审计服务		
415E0201			机关、所属事业单位会计、审计和经济鉴证、税务服务等	委托第三方机构开展审计、会计、其他经济鉴证等服务。
415E03		会议和展览		
415E0301			涉侨会议、推介宣传和展览服务	会场布置、人员接送等辅助性工作及服务；展览活动的组织、策划等辅助性工作；展览活动组展设计和实施。
415E04		项目评审评估		
415E0401			重大项目评审、评估	
415E05		咨询		
415E0501			技术咨询服务	
415E0502			重大政策论证咨询服务	
415E06		工程服务		
415E0601			工程服务	工程相关造价咨询、审计、监理服务等。
415E07		机关信息系统运行与维护		
415E0701			机关信息系统运行与维护	
415E08		后勤服务		
415E0801			维修保养服务	
415E0802			物业服务	
415E0803			印刷服务	
415E09		租赁服务		
415E0901			租赁服务	车辆等租赁服务
415E10		档案整理服务		
415E1001			档案整理服务	委托第三方进行档案整理。
415F	其他服务事项			

附件 26：

中国共产主义青年团山东省委员会机关政府购买服务目录

代码	一级目录	二级目录	三级目录	说明
	（5类）	（16款）	（26项）	
709A	基本公共服务			
709A01		人才服务		
709A0101			省级青年技能竞赛的组织和实施工作	各类省级青年技能竞赛的组织和实施工作。
709A02		创业服务		
709A0201			青年创业大赛组织及配套服务	会场布置、人员食宿、交通等辅助性工作及服务；各项活动的组织、策划、宣传等辅助性工作；项目对接、汇总和获奖选手后续跟踪服务。
709A0202			青年创业服务宣传活动	对青年创业政策、青年先进人物事迹、青年先进工作经验的宣传，提升社会舆论对青年创业的关注。
709A0203			青年创业导师培训	青年创业咨询人员培训和评比活动组织与实施。
709B	社会管理服务事项			
709B01		公共公益宣传		
709B0101			共青团系统政策法规宣传等辅助性工作	共青团系统政策宣传解读、舆情引导监测。
709C	行业管理与协调服务			
709C01		行业规划		
709C0101			中长期青年发展规划研究、编制及验收评估	中长期青年发展规划研究、编制和验收评估。
709C02		行业调查		
709C0201			青少年思想状况调查	委托第三方开展青少年发展状况统计调查。
709E	政府履职所需辅助性服务			
709E01		法律服务		
709E0101			法律顾问服务	法律咨询、法律代理等服务。
709E02		课题研究和社会调查服务		
709E0201			青少年思想发展状况、青少年发展规划、青少年权益保障方面的通用课题研究和专项课题研究及社会调查	围绕共青团山东省委实际工作的重点、难点、热点问题，组织开展课题研究和社会调查，提出对策建议。
709E03		财务会计审计服务		
709E0301			机关和所属单位会计、审计和经济鉴证服务	委托第三方机构开展审计、会计和其他经济鉴证服务
709E0302			机关和所属单位会计服务	委托会计师事务所协助进行会计服务工作。

续表

代码	一级目录 （5类）	二级目录 （16款）	三级目录 （26项）	说明
709E0303			资产清查	聘用会计师事务所协助资产清查。
709E04		会议和展览		
709E0401			团省委举办的会议、公益性活动的组织与实施	会议筹备、宣传及会务组织工作；会场布置、人员接送等辅助性工作及服务；大型活动的组织设计和实施。
709E05		绩效评价		
709E0501			共青团山东省委项目绩效评价	委托第三方对业务类和发展类项目开展绩效考评。
709E06		技术业务培训		
709E0601			优秀少先队辅导员、青年社工人才队伍建设等培训服务	组织开展共青团系统专业技能培训。
709E07		后勤服务		
709E0701			维修保障服务	含办公设备、公用设施保障服务和车辆维修保养服务。
709E0702			物业服务	办公场所物业服务。
709E0703			安全服务	安全保卫服务。
709E0704			印刷服务	各类文件、资料、证书印刷制作等服务。
709E0705			其他后勤服务	邮电网络通讯、园林绿化等其他后勤保障服务。
709E08		租赁服务		
709E0801			车辆租赁服务	租赁公务活动用车辆。
709E0802			设备租赁服务	租赁大型活动所需设备。
709E0803			场所租赁服务	租赁大型活动场地。
709E09		档案整理服务		
709E0901			各部门各门类档案整理，数字化系统服务	聘请具有相关资质的机构进行档案整理，数字化维护。通过项目购买。
709E10		项目评审评估		
709E1001			青年创业、基层组织建设、青少年权益保障、志愿服务领域项目评审评估	青年创业、基层组织建设、青少年权益保障、志愿服务领域项目评审评估。
709E11		热线服务		
709E1101			青少年服务平台的运营与维护	12355等青少年服务运行平台的运营与维护。
709F	其他服务事项			

附件 27：

山东省归国华侨联合会机关政府购买服务目录

代码	一级目录 （2 类）	二级目录 （12 款）	三级目录 （15 项）	说明
715E	政府履职所需辅助性事项			
715E01		法律服务		
715E0101			法律顾问服务	法律咨询、法律代理等服务。
715E02		课题研究和社会调查		
715E0201			重大课题研究及社会调查	政策建议、政策拟定，党和政府政策实施情况进行社会调查。
715E03		财务会计审计服务		
715E0301			机关和下属单位会计、审计和经济鉴证服务	委托第三方机构开展审计、会计和其他经济鉴证服务。
715E04		会议和展览		
715E0401			会议、推介宣传和展览服务	会场布置、人员接送等辅助性工作及服务；展览活动的组织、策划等辅助性工作；展览活动组展设计和实施。
715E05		项目评审评估		
715E0501			重大项目评审评估	
715E06		绩效评价		
715E0601			重大项目第三方绩效评价	
715E07		咨询		
715E0701			重大政策论证咨询服务	
715E08		技术业务培训		
715E0801			业务和能力建设培训服务	
715E09		机关信息系统运行维护		
715E0901			机关业务系统、门户网站等软硬件系统的运行维护	
715E10		后勤服务		
715E1001			维修保养服务	
715E1002			安全服务	
715E1003			印刷服务	
715E11		租赁服务		
715E1101			车辆租赁服务	
715E1102			办公设备租赁服务	
715E12		档案整理服务		
715E1201			档案整理服务	机关档案整理、人事档案整理。
715F	其他服务事项			

附件 28：

山东省工商业联合会机关政府购买服务目录

代码	一级目录 （2 类）	二级目录 （12 款）	三级目录 （15 项）	说明
716E	政府履职所需辅助性事项			
716E01		法律服务		
716E0101			法律顾问服务	法律咨询、法律代理等服务。
716E02		课题研究和社会调查		
716E0201			重大课题研究及社会调查	政策建议、政策拟定，党和政府政策实施情况进行社会调查。
716E03		财务会计审计服务		
716E0301			机关和下属单位会计、审计和经济鉴证服务	委托第三方机构开展审计、会计和其他经济鉴证服务。
716E04		会议和展览		
716E0401			会议、推介宣传和展览服务	会场布置、人员接送等辅助性工作及服务；展览活动的组织、策划等辅助性工作；展览活动组展设计和实施。
716E05		项目评审评估		
716E0501			重大项目评审评估	
716E06		绩效评价		
716E0601			重大项目第三方绩效评价	
716E07		咨询		
716E0701			重大政策论证咨询服务	
716E08		技术业务培训		
716E0801			业务和能力建设培训服务	
716E09		机关信息系统运行维护		
716E0901			机关业务系统、门户网站等软硬件系统的运行维护	
716E10		后勤服务		
716E1001			维修保养服务	
716E1002			安全服务	
716E1003			印刷服务	
716E11		租赁服务		
716E1101			车辆租赁服务	
716E1102			办公设备租赁服务	
716E12		档案整理服务		
716E1201			档案整理服务	机关档案整理、人事档案整理。
716F	其他服务事项			

省财政厅 省民政厅关于印发山东省
社会组织发展资金管理办法的通知

2018 年 7 月 17 日 鲁财购〔2018〕3 号

各市（不含青岛）财政局、民政局：

为进一步加强山东省社会组织发展资金管理，提高资金使用效益，促进我省社会组织健康有序发展，我们制定了《山东省社会组织发展资金管理办法》，现印发给你们，请遵照执行。执行中如有问题，请及时向我们反映。

附件：山东省社会组织发展资金管理办法

附件：

山东省社会组织发展资金管理办法

第一章 总 则

第一条 为进一步加强山东省社会组织发展资金管理，提高资金使用效益，根据《中华人民共和国预算法》、《财政部 民政部关于通过政府购买服务支持社会组织培育发展的指导意见》（财综〔2016〕54 号）、《省委办公厅 省政府办公厅印发关于改革社会组织管理制度促进社会组织健康有序发展的实施意见的通知》（鲁办发〔2017〕5 号）及省级财政专项资金管理有关规定，结合我省社会组织发展实际，制定本办法。

第二条 本办法所称山东省社会组织发展资金（以下简称专项资金），是指省级财政通过一般公共预算安排，采取奖补资助的形式，专项用于支持社会组织发展的资金。

本办法所称社会组织是指在我省各级民政部门登记成立的社会团体、基金会和民办非企业单位（又称社会服务机构）。

第三条 专项资金管理突出公共财政导向，遵循"引导激励、突出重点、公开透明、注重绩效"原则，落实社会组织发展规划及相关政策要求，引导社会组织强化自身能力建设，鼓励各级财政加大资金投入，促进社会组织健康有序发展。

第四条 专项资金由省财政厅和省民政厅按照职责分工共同管理。

省财政厅负责管理专项资金预算，制定专项资金管理办法，组织专项资金预算编制、审核及执行，分配和拨付资金，组织实施专项资金预算绩效管理和财政监督检查等。

省民政厅负责参与制定专项资金管理办法，申报专项资金预算，制定专项资金申报通知，组织专项资金申报、审核、评审，确定拟支持对象，提出专项资金分配意见，具体实施专项资金预算执行、绩效管理、信息公开、监督检查等。

第二章 支持范围和方式

第五条 社会组织申请专项资金应当具备以下条件：具有独立承担民事责任的能力；具有开展工作所必需的固定办公场所和专职工作人员；具有健全的法人治理结构，完善的内部管理、信息公开和民主监督制度；有完善的财务核算和资产管理制度，有依法缴纳税收、社会保险费的良好记录；无重大违法记录，社会信誉良好；法律、行政法规规定的其他条件。

第六条 专项资金重点支持管理运作规范、作用发挥充分、社会效益突出的社会组织。相同条件下，优先支持获得 3A 评估等级以上的社会组织。具体包括：

（一）全省性社会组织

1. 行业协会商会类、科技类社会组织。支持其贯彻落实我省新旧动能转换、产业转型升级、培育"十强产业"、壮大民营经济、推进对外开放、脱贫攻坚、乡村振兴、安全生产、环境保护等省委省政府重大战略部署，做大做强，打造品牌。

2. 积极参与社会治理的社会组织。支持其创新社会治理、化解社会矛盾、维护社会秩序、促进社会和谐，承接政府购买服务，提升公共服务质量。

3. 按照国家及我省相关政策要求，确需支持的社会组织。

（二）市县社会组织

重点支持在基层开展慈善公益、社区服务、社区治理的市县社会组织。

1. 公益慈善类社会组织。支持其开展扶贫济困、扶老救孤、关爱儿童、扶残助残、恤病助医、救援救灾等社会服务。

2. 城乡社区服务类社会组织。支持其开展为民服务、养老照护、邻里互助、调解纠纷、文体娱乐、农村生产技术服务等活动。

3. 符合当地党委政府支持要求的其他社会组织。

第七条 专项资金采取以奖代补、直接资助的方式。资金支付按照国库集中支付有关规定执行。

第八条 对每个社会组织每次支持金额不超过 50 万元。

第三章 资金分配管理

第九条 专项资金分配采取项目法与因素法相结合的方式。支持全省性社会组织的资金采取项目法分配，支持市县社会组织的资金采取因素法分配。

第十条 项目法分配程序。根据财政年度预算安排、全省性社会组织工作业绩及上年度资金绩效情况，省民政厅会同省财政厅研究确定专项资金申报要求，制定申报通知。符合条件的全省性社会组织按规定将申报文件及有关资料报送省民政厅。省民政厅负责资料审查、筛选、评审，向省财政厅提出专项资金分配意见，省财政厅据此拨付资金。

第十一条 因素法分配程序。根据省委省政府决策部署、市县社会组织工作业绩及上年度资金绩效情况，省民政厅会同省财政厅确定分配因素、权重及公式。省民政厅按分配因素基础数据进行测算，向省财政厅提出资金分配意见，省财政厅据此拨付资金。各有关市财政部门会同民政部门根据省里要求和本地实际，制定具体分配方案，在规定时限内分配拨付专项资金，并将资金分配结果、绩效目标及时报送省财政厅、省民政厅。

第十二条 专项资金预算一经确定应尽快组织实施，加快预算支出进度，提高资金使用效益。

第四章 绩效管理和监督检查

第十三条 专项资金实行预算绩效管理，建立绩效评价激励约束机制。

第十四条 加强资金绩效评价工作，逐步建立完善绩效评价指标体系，强化量化绩效评价管理，为规范资金管理提供支撑。

民政部门负责按要求编制预算支出绩效目标，会同财政部门制定资金绩效评价管理办法，定期开展绩效评价工作，形成年度绩效评价报告，并抄同级财政部门备案。必要时可委托第三方机构开展绩效评价。

财政部门负责审核预算支出绩效目标，统筹推进绩效评价具体工作，并根据需要，选择部分社会关注度高、资金投入大的社会组织开展绩效再评价。

第十五条　加强绩效评价结果应用，将其作为今后安排资金预算的重要依据。

第十六条　按照政府信息公开有关规定和"谁主管、谁负责、谁公开"的原则，建立专项资金信息公开和支持对象公示机制，自觉接受社会监督。

民政部门负责向社会公开专项资金管理办法、绩效评价管理办法、申报通知、分配结果、绩效评价结果等，并逐步扩大公开范围，细化公开内容。

财政部门负责加强对专项资金信息公开工作的监督，并将信息公开情况作为专项资金预算安排和绩效评价的重要依据。

第十七条　使用资金的社会组织对申报材料的真实性、准确性、完整性负责，对资金的合法合规有效使用承担主体责任，并主动接受和配合资金绩效评价、检查、审计等工作。

第十八条　民政、财政部门按职责分工对专项资金管理使用情况进行监督，并自觉接受有关部门和社会各界的监督。民政部门要加强专项资金管理与监督，及时发现和处理存在的问题。财政部门要督促民政部门开展专项资金监督检查，必要时可组织开展财政监督检查。

第十九条　专项资金实行信用负面清单制度，对存在弄虚作假、冒领骗取专项资金等各种违法违规行为的社会组织或个人，按照《中华人民共和国预算法》《财政违法行为处罚处分条例》及省财政厅《关于在财政专项资金管理领域实行"信用负面清单制度"的通知》（鲁财预〔2014〕15 号）等有关规定给予严肃处理，并追究相关单位和人员的责任。对骗取的专项资金，由财政、民政部门按规定收回，对骗取专项资金的社会组织，三年内不予支持。

第五章　附　　则

第二十条　各市财政、民政部门可参照本办法，结合本地实际，制定具体管理办法，并报省财政厅、省民政厅备案。

第二十一条　本办法由省财政厅、省民政厅负责解释。

第二十二条　本办法自 2018 年 8 月 15 日起施行，有效期至 2023 年 8 月 14 日。

省财政厅关于山东政府购买服务信息平台运行管理有关问题的通知

2018 年 7 月 30 日　鲁财购〔2018〕4 号

各市财政局：

为加强政府购买服务信息网络建设，搭建政府与社会、省级与市县、部门与部门之间的信息沟通和工作交流平台，推动政府购买服务改革工作，根据财政部要求，现将"山东政府购买服务信息平台"建设有关事项通知如下：

一、平台运行机制。省财政厅按照财政部"统一规划、统一管理、集中发布、分级建设"的运行机制要求，依托"中国山东政府采购网"，创建了"山东政府购买服务信息平台"。该平台是用于全省政府购买服务信息统一管理的专业网站，其国际互联网网址域名同"中国山东政府采购网"，英文域名：www. ccgp-shandong. gov. cn。市及以下政府购买服务信息平台是其组成部分。

各市政府购买服务信息平台，由市级政府购买服务管理部门负责建设。市级政府购买服务信息平台，应当依托当地政府采购网或其他发布政府采购信息的平台实行一体化建设。县（市、区）、乡镇政府购买服务平台建设模式由各市自主确定。要结合落实《中共山东省委办公厅　山东省人民政府办公厅认真贯彻落实〈关于加强乡镇政府服务能力建设的意见〉的通知》（鲁办发〔2018〕9 号）有关要求，加强乡镇政府购买服务公共平台建设，加快形成统一有效的政府购买服务平台和机制。

二、平台栏目设置。"山东政府购买服务信息平台"主要设置政策法规、政策解读、工作动态、购买服务目录、项目信息、经验交流、事业单位购买服务改革、社会组织培育发展等二级栏目。各市可参照省级信息平台，结合工作实际情况，科学规范设置平台栏目，切实加强政府购买服务信息公开，鼓励和引导社会力量参与公共服务供给。

三、信息发布方式。按照信息相对集中、资源共享的原则，省财政厅指定"山东政府购买服务信息平台"为全省政府购买服务信息公告的唯一网络媒介。各市要按规定及时在"山东政府购买服务信息平台"发布相关信息，并确保发布信息合法合规、准确无误。各市发布的政府购买服务项目信息和政府购买服务目录，系统自动同步在"山东政府购买服务信息平台"发布，其他需在省级平台发布的政府购买服务信息，由各市通过登录账号方式在"山东政府购买服务信息平台"相关二级栏目发布。请各市与省财政信息中心政府采购信息化项目组联系，领取省级平台信息发布账号和信息系统接口技术标准。

四、平台公告内容。"山东政府购买服务信息平台"公告内容主要包括：

（一）政策法规。按照政府信息公开要求，及时发布党中央、国务院及中央部门、地方政府部门制定出台的政府购买服务相关政策文件，包括政府购买服务指导性目录等。

（二）工作动态。省直部门和各地政府购买服务工作开展、项目实施有关信息，省直部门和各地规范政府购买服务工作发布的相关通知文件、有关政府购买服务改革试点情况等。

（三）项目信息。省直部门和地方部门等购买主体在组织实施政府购买服务时，在政府采购信息公告中发布的采购文件及结果、采购合同等政府采购执行信息，在政府购买服务项目信息中发布的非政府采购方式实施的项目公告、结果公告等。

（四）经验交流。发布各地各部门值得借鉴的经验和做法等。

（五）事业单位改革和社会组织培育信息。发布政府购买服务改革重点领域工作情况，主要包括事业单位政府购买服务改革情况、全省及地方性社会组织培育发展和承接政府购买服务情况、行业协会商会改革及承接政府购买服务情况等。

五、平台建设责任。财政部门要加强对政府购买服务信息平台建设工作的领导。按照政府信息公开要求，各市政府购买服务管理部门需指定专人作为"山东政府购买服务信息平台"联络员，负责相关信息发布和上传协调工作，确保信息发布渠道畅通。请将联络员名单于2018年9月底前报送省财政厅政府购买服务办公室。

"山东政府购买服务信息平台"联系方式：

省财政厅政府购买服务办公室

联系人：王高文　联系电话（传真）：0531－82669834

省财政厅政府采购监督管理处

联系人：张　沫　联系电话：0531－82669931

省财政信息中心软件三科政府采购信息化项目组

联系人：李　绒　联系电话：0531－82669782

省财政厅关于编报 2019 年省级政府购买服务计划的通知

2018 年 11 月 16 日　鲁财购〔2018〕5 号

省直各部门、单位：

根据《山东省财政厅　山东省民政厅　山东省工商行政管理局关于印发〈山东省政府购买服务管理实施办法〉的通知》（鲁财购〔2015〕11 号，以下简称《实施办法》）、《山东省财政厅　山东省机构编制委员会办公室关于做好政府购买服务目录编制管理工作的通知》（鲁财购〔2017〕1 号）和《山东省财政厅关于编制 2019 年省级部门预算和 2019 ~ 2021 年部门中期财政规划的通知》（鲁财预〔2018〕50 号）有关规定和要求，现将编报 2019 年政府购买服务计划有关事项通知如下：

一、编报部门单位

编报部门单位为《实施办法》规定的具备购买主体资格的国家机关（包括党的机关、人大机关、行政机关、政协机关、审判机关、检察机关），承担行政管理职能的事业单位，以及纳入行政编制管理且经费由财政负担的群团组织。

不承担行政管理职能的事业单位，因履职需要购买社会服务的，应按照政府采购法律法规执行，无须编报政府购买服务计划。

二、编报事项范围

各部门单位在编报一般公共预算、政府性基金预算和国有资本经营预算建议时，对列省本级支出的省财政拨款资金和中央转移支付资金中，安排用于本部门政府购买服务目录（已嵌入"财政业务一体化系统"）所列服务事项的，应当编报政府购买服务计划，通过政府购买服务方式实施。对未列入本部门目录但确需通过政府购买服务方式实施的服务项目，编报部门单位应先行提报《省直部门购买部门目录外服务项目审核单》，经核准同意后编报政府购买服务计划。

根据财综〔2016〕53 号和鲁财购〔2017〕7 号文件规定，今年各部门要选择至少一个所属公益二、三类事业单位开展政府购买服务改革试点。要在认真梳理所属事业单位承担服务事项基础上，对适宜由社会力量提供的事项，列为部门政府购买服务事项，并将相关经费预算由所属事业单位调整至部门本级管理，同时由主管部门编报政府购买服务计划。新增用于公益二类、三类事业单位的支出，能够通过政府购买服务方式实施的，相关经费应当列入主管单位部门预算，并编报政府购买服务计划。

对年度中因职责任务调整变化以及新增的或临时性、阶段性公共服务事项需要购买服务的，应在预算追加后及时报送政府购买服务计划。

三、编报程序

政府购买服务计划通过"财政业务一体化系统"编报，具体编报程序如下：

（一）调整事业单位政府购买服务改革试点单位预算编制管理级次。对事业单位政府购买服务改革试点单位，编报部门单位应当在预算"一下"前，会同省财政厅资金管理处将所属事业单位的相关政府购买服务经费，由原来的事业单位调整至主管部门本级管理。

（二）确定政府购买服务项目。编报部门单位在预算"二上"环节，对部门政府购买服务目录中有预算安排的细化项目（包括基本支出、业务类项目和投资发展类项目），勾选"是否为政府购买服务项目"，并填报购买金额。部门"二上"数据报省财政厅资金管理处后，"财政业务一体化系统"对编报部门单位没有勾选"是否为政府购买服务项目"的，自动与该部门目录进行相似度比对，省财政厅资金管理处会同政府购买服务管理处确定"应报未报"政府购买服务项目，并直接勾选"是否为政府购买服务项目"。部门单位对此有异议的，应及时与省财政厅资金管理处沟通处理。

为避免漏报政府购买服务计划和政府采购预算的情形，对属于《中华人民共和国政府采购法》适用范围（政府采购集采目录以内或单项计划金额超过 100 万元）的政府购买服务项目，应同时勾选"是否为政府采购项目"。

（三）填报政府购买服务计划。在"二上"后至部门预算批复前，部门单位根据审核确定的政府购买服务项目，填报相应政府购买服务计划表。对只勾选"是否为政府购买服务项目"的，填报《政府购买服务项目计划表》（附件1）；对同时勾选"是否为政府购买服务项目"和"是否为政府采购项目"的，填报《政府采购预算表》（附件2），由"财政业务一体化系统"生成《政府购买服务项目计划表》。

（四）审核确定政府购买服务计划。编报部门单位填制《政府购买服务项目计划表》（仅勾选"是否为政府购买服务项目"）后，依次上报主管部门、省财政厅审核（资金管理处审核通过后，推送至政府购买服务管理处备案，并对备案通过的项目赋予项目编号），审核通过后由系统生成部门单位《政府购买服务项目计划表》。

（五）年中调整政府购买服务计划。对年中下达预算指标项目，需要编报政府购买服务计划的，应通过"财政业务一体化系统"，在完善"项目库管理"环节，勾选"是否为政府购买服务项目"，并填报《政府购买服务项目计划表》，具体与年初计划编报程序相同。对已下达预算指标项目，执行过程中确需调整政府购买服务计划的，应通过"财政业务一体化系统"，进入"政府购买服务计划"功能模块下的"政府购买服务计划调整"子模块，点击"项目设置"，在弹出的对话框中，左侧选择需补报政府购买服务的预算项目，右侧选择对应的部门目录，之后的程序与年初政府购买服务计划编报审核程序相同。

属于《中华人民共和国政府采购法》适用范围的政府购买服务项目计划调整，按照政府采购预算管理有关规定执行。

四、落实政府购买服务激励约束机制

省财政在预算安排上将继续加大对政府购买服务工作成效突出部门单位的支持力度。对适合由社会力量承担的新增或临时性、阶段性公共服务事项，选择政府购买服务方式实施的，所需资金按照预算管理要求优先列入财政预算。对适合社会力量承担但未选择政府购买服务方式的项目，原则上不安排增量资金。同时，我们将继续按照《山东省人民政府办公厅关于转发省财政厅〈山东省省直部门预算管理绩效综合评价实施方案（试行）〉的通知》（鲁政办字〔2017〕185号）要求，将政府购买服务预算覆盖率纳入2019年省直部门预算管理绩效综合评价范围，实施考核评价。

五、有关要求

（一）提高政府购买服务预算覆盖率。根据提高年初预算到位率的要求，各编报部门单位应加强政府购买服务计划编报基础工作，做好项目前期论证，切实编细编准编实政府购买服务计划。已经安排财政资金的部门政府购买服务目录内服务事项，均应编报政府购买服务计划，通过政府购买服务方式提供，确保政府购买服务事项"应编尽编""应买尽买"，力争省直部门政府购买服务预算覆盖率大幅提升。

（二）继续推进事业单位政府购买服务改革试点。推进事业单位政府购买服务改革是中央及我省的重大决策部署，中央确定的改革目标是到2020年底前全面推开事业单位政府购买服务改革，现由公益二、三类事业单位承担并且适宜由社会力量提供的服务事项，全部转为通过政府购买服务方式提供。各部门一定要高度重视，进一步采取有效措施，落实工作责任，加快改革进度，确保按期完成改革任务。

（三）做好政府购买服务信息公开。属于《中华人民共和国政府采购法》适用范围的政府购买服务项目，按照政府采购信息公开有关规定进行公开。不属于《中华人民共和国政府采购法》适用范围的政府购买服务项目，编报部门单位应登录"山东政府采购网/山东政府购买服务网"，在政府购买服务主页"项目信息"栏目中及时发布项目公告、结果公告等相关信息。

附件：1. 政府购买服务项目计划表
　　　2. 政府采购预算表
　　　3. 信息公告发布流程图

附件 1：

政府购买服务项目计划表

山东省×××
金额单位：万元

购买服务计划项目编号	购买服务项目名称	部门目录代码	项目类别	承接主体类别	直接受益对象	是否绩效考核	联系人	联系电话	总计	财政拨款														财政专户管理资金及批准留用教育及医疗收费			上级主管部门补助收入	事业基金和专用基金	事业收入、经营收入等其他收入	上年结转						备注
										小计	经费拨款	专项收入	行政事业性收费	罚没收入	国有资源（资产）有偿使用收入	一般公共预算其他收入	政府性基金收入	国有资本经营预算收入	中央一般性转移支付（一般公共预算）	中央专项转移支付（一般公共预算）	中央转移支付（政府性基金）	中央转移支付（国有资本经营预算）	小计	财政专户管理资金	批准留用的教育及医疗收费				小计	财政拨款结转				非财政拨款结转	
																															经费拨款结转	其他财政拨款结转	政府性基金	国有资本经营预算		

政府采购预算表

附件2：

山东省×××
金额单位：万元

项目				值	值
编制时间					
预算项目名称					
项目类别					
是否纳入绩效考核					
直接受益对象类别					
承接主体类别					
部门购买服务目录代码					
电话					
联系人					
计划投入时间					
资产配置项目	其中：超过最低使用年限标准的				
	小计				
上年结转	非财政拨款结转				
	经费拨款结转	国有资本经营预算			
		政府性基金			
		其他财政拨款结转			
	小计				
事业收入、经营收入等其他收入					
事业基金和专用基金					
上级主管部门补助收入					
财政专户管理资金及批准留用教育及医疗收费	批准留用的教育及医疗收费				
	财政专户管理资金				
	小计				
财政拨款	中央转移支付（国有资本经营预算）				
	中央转移支付（政府性基金）				
	中央专项转移支付（一般公共预算）				
	中央一般性转移支付（一般公共预算）				
	国有资本经营预算收入				
	政府性基金收入				
	一般公共预算其他收入				
	国有资源（资产）有偿使用收入				
	罚没收入				
	行政事业性收费				
	专项收入				
	经费拨款				
	小计				
总计					
计量单位					
数量					
单价					
鲁财采进准文件号					
鲁财采方式准文件号					
进口产品目录					
是否进口产品					
代理机构名称					
采购方式					
组织形式					
采购品目					
政府经济科目					
经济科目					
功能科目					
是否科研项目					
采购项目					

附件 3：

信息公告发布流程图

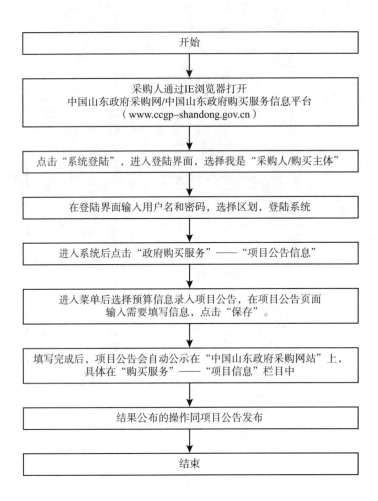

省财政厅 省委机构编制委员会办公室
关于修订印发山东省政府向社会力量
购买服务指导目录的通知

2018 年 12 月 29 日 鲁财购〔2018〕6 号

各市财政局、编办（不含青岛），省直各部门、单位：

为进一步转变政府职能，深化政府购买服务改革，提高公共服务质量，根据《山东省人民政府办公厅关于印发政府向社会力量购买服务办法的通知》（鲁政办发〔2013〕35 号）和《财政部关于做好政府购买服务指导性目录编制管理工作的通知》（财综〔2016〕10 号）等规定，结合我省政府购买服务工作实际，我们对《山东省政府向社会力量购买服务指导目录》（以下简称《指导目录》，见附件）进行了修订完善，现予印发。

各级应结合本地经济社会发展状况、财力保障水平和公共服务需求，按有关政策规定和要求，组织开展政府购买服务目录编制管理工作。省直各部门、单位应参考《指导目录》，结合部门职能转变情况和政府购买服务工作需要，适时修订调整本部门政府购买服务目录。

附件：山东省政府向社会力量购买服务指导目录

附件：

山东省政府向社会力量购买服务指导目录

代码	一级目录 （5项）	二级目录 （67项）	三级目录 （374项）	说明
A	基本公共服务			
A01		教育		
A0101			义务教育普惠性服务	符合条件的民办学校提供中小学普惠性就读学位服务。
A0102			学前教育普惠性服务	符合条件的民办幼儿园提供学前教育普惠性服务。
A0103			农村困难学生爱心营养餐服务	为义务教育阶段的农村困难学生提供爱心营养餐。
A0104			特色、特长教学与训练服务	由社会力量提供的校内特色特长教学与训练服务。
A0105			校车接送服务	校车接送服务。
A0106			学校安全风险防控服务	委托社会力量开展的学校安全教育、安全检查、安全风险预防和安全保卫等服务事项。
A0107			校内学生意外第三方责任保险服务	校内学生意外第三方责任保险服务。
A0108			课后服务	"四点半课堂"和"暑期护航班"等爱心课堂的组织与实施。
A0109			教师教育培训	中小学教师培训、名师名校长培训、职教师资培训等。
A0110			教育领域竞赛活动的组织与承办	教育领域内由政府举办的区域性体育、艺术、技能、业务等比赛活动的组织与承办。
A0111			校外活动场所免费、低收费服务	通过凭单、补助等方式购买中小学德育教育基地、科普教育基地、爱国主义教育基地等校外活动场所提供的免费、低收费教育服务。
A0112			其他政府委托的教育服务	
A02		就业与创业		
A0201			职业技能培训	城乡登记失业人员、就业困难人员、残疾人、农村转移劳动力、毕业学年高校毕业生等城乡各类劳动者就业技能培训和创业培训服务。
A0202			岗位技能提升培训	技师、高级技师、高级工、退役士兵、社工人才、农村实用人才、新型职业农民、农村电商、残疾人、市场管理员等群体技能提升服务。
A0203			就业指导服务	就业信息发布、职业指导和职业介绍、职业测评、就业失业登记、就业援助、就业服务专题活动组织、就业社区建设、就业扶贫基地建设等就业服务相关辅助性工作。
A0204			公益性招聘活动的组织与实施	政府举办公益性招聘活动的组织与实施。
A0205			就业状况调查与就业信息监测	劳动力资源调查和统计、城镇就业信息监测分析、农村劳动力转移就业信息监测分析、大数据就业监测分析、重点企业用工监测等。

续表

代码	一级目录 （5 项）	二级目录 （67 项）	三级目录 （374 项）	说明
A0206			就业和失业信息收集及统计分析	就业和失业信息的采集及统计分析。
A0207			创业创新孵化服务	为城乡各类创业群体、创业企业、新兴业态提供信息咨询、研发设计、人力资源服务、专利代理、专利运营、专利分析评议、企业管理咨询等服务；对为新兴业态或中小微企业提供免费或低收费服务等新型孵化机构、平台（载体）的房租、宽带接入和用于创业服务的公共软件、开发工具等费用给予补助。
A0208			创业活动的组织及配套服务	创业大赛（峰会）、创业型城市、街道（乡镇）、社区评选等创业服务活动的会场布置、人员食宿、交通等辅助性工作及服务；创业活动策划、宣传等辅助性工作；项目对接、汇总和获奖选手后续跟踪服务。
A0209			创业服务人员培训	人社系统、各高等院校、社会机构、共青团组织等从事创业服务工作人员的培训。
A0210			人力资源市场供求信息的收集及统计分析	采集人力资源市场供求信息，开展统计分析等。
A0211			职业技能鉴定	为城乡登记失业人员、就业困难人员、残疾人、农村转移劳动力、建档立卡扶贫对象等城乡各类劳动者开展的就业创业技能鉴定服务。
A0212			新兴职业征集及标准开发	新兴职业征集及标准开发辅助性工作。
A0213			其他政府委托的就业与创业服务	
A03		人才服务		
A0301			高层次人才（智库）引进及配套服务辅助性工作	各类高层次人才（智库）引进活动组织、策划及宣传服务辅助性工作，高层次人才引进项目评审、合作交流、对接、招聘、管理评估、创新创业项目指导等人才配套服务辅助性工作。
A0302			人才培训	高层次人才、专业技术人员、技能型人才、人才工作者等培训，以及专家国情省情研修活动的组织与承办。
A0303			高校毕业生就业服务	针对高校毕业生的就业创业指导及公益性招聘活动、档案托管服务等辅助性工作。
A0304			技能竞赛的组织和实施	世界技能大赛、省级技能竞赛等各类技能竞赛的组织和实施。
A0305			人才信息收集统计分析及信息发布	各行业、各领域人才信息的收集统计分析，以及急需紧缺人才目录、全省华侨华人高层次人才信息目录建立与发布。
A0306			流动人员人事档案管理	提供流动人员人事档案接收、整理、材料补充、档案借（查）阅、转出、职称确认，流动人员人事档案数字化等工作。
A0307			专业技术人员继续教育	继续教育公需科目、专业科目的课程及教材建设，继续教育信息化建设，继续教育基地建设与质量评估，专业技术人才知识更新工程实施，急需紧缺人才培养，委托继续教育机构举办的继续教育活动以及其他公益性继续教育服务等。
A0308			其他政府委托的人才服务	
A04		社会保险		
A0401			社会保险经办服务	社会保险经办管理辅助性服务。
A0402			社会保险稽核服务	聘请第三方机构开展社会保险稽核工作。
A0403			社会保险运行评估及清算	委托第三方对职工大病保险、居民大病保险运行情况进行评估和资金清算服务。

续表

代码	一级目录 （5 项）	二级目录 （67 项）	三级目录 （374 项）	说明
A0404			社会保险基金运作辅助服务	委托专业机构进行社会保险基金精算、社会保险基金核算结算等服务。
A0405			政策性保险服务	由财政提供全部或部分资金为特定群体购买的农业、扶贫特惠等保险。
A0406			职业年金经办服务	职业年金经办管理辅助性服务。
A0407			其他政府委托的社会保险服务	
A05		社会救助		
A0501			社会救助对象基本服务	为社会救助对象提供照料护理、康复训练、送医陪护、社会融入、能力提升、心理疏导、资源链接、特困人员社会化托管等服务；为流浪乞讨人员提供教育矫治、临时安置服务；为流浪未成年人提供源头预防和监护干预等服务。
A0502			灾害救助实施与管理辅助服务	包括医疗救助、心理咨询等服务，群众转移安置，救助款物管理等辅助性工作。
A0503			农村留守儿童、困境未成年人救助项目的组织与实施	农村留守儿童、困境未成年人的摸底排查、调查评估、监护指导、心理疏导、行为矫治、社会融入与家庭关系调适等专业服务。
A0504			社会救助对象信息调查核实服务	由第三方开展的社会救助对象排查、家计调查、家庭经济状况核对、社会救助协理等服务；儿童送养前评估、收养家庭评估、社会散居孤儿收养前评估筛查，收养家庭对外联络及回访接待等服务。
A0505			群众性应急救助培训	政府组织的群众性应急救助培训。
A0506			社会救助专业人员培训	政府组织开展的社会救助专业人员培训。
A0507			其他政府委托的社会救助服务	
A06		养老服务		
A0601			居家养老服务	为符合政府资助条件的老年人购买助餐、助浴、助急、助医、康复、护理、药品配送、陪护、安宁疗护等上门服务。
A0602			社区养老服务	为老年人提供社区日间照料、老年康复文体活动、医疗救护、健康咨询、远程健康管理、亲情关爱、安宁疗护等服务。
A0603			机构养老服务	为"三无"老人、低收入老人、经济困难的失能半失能老人提供机构供养、医疗、护理、康复、安宁疗护等服务。
A0604			老年人人身意外伤害保险	为符合条件的老年人购买人身意外伤害保险。
A0605			养老服务平台运营	养老服务网络信息平台的运营管理及维护服务。
A0606			养老服务评估	对养老服务项目、养老机构的评估，老年人能力评估，养老服务需求评估等。
A0607			养老服务人员培训	为养老服务人员提供的业务培训和职业教育等。
A0608			其他政府委托的养老服务	
A07		扶贫济困		
A0701			扶贫济困项目的组织与实施	适合通过市场化方式实施的扶贫济困项目的组织与实施。
A0702			贫困信息采集分析	对贫困家庭、人员信息的采集统计和分析服务。

代码	一级目录 （5 项）	二级目录 （67 项）	三级目录 （374 项）	说明
A0703			其他政府委托的扶贫济困服务	
A08		优抚安置		
A0801			优抚对象安养照料服务	为重点优抚对象提供生活照料、心理疏导、法律援助、行为干预、社会工作等专业服务。
A0802			残疾军人辅具配置改造服务	残疾军人假肢和矫形器（辅助器具）安装、维修等服务。
A0803			退役士兵职业教育和技能培训	退役士兵职业教育和技能培训。
A0804			优抚安置设施维护服务	优抚安置设施设备的维修改造、维护保养、安全检测评估工作。
A0805			其他政府委托的优抚安置服务	
A09		残疾人服务		
A0901			残疾儿童康复服务	包括儿童残疾初筛、复筛、诊断，残疾儿童治疗，残疾儿童康复训练等服务。
A0902			残疾人康复辅具适配服务	包括假肢、矫形器装配，助听器验配、调试、维护维修，低视力助视器适配，残疾人生活自助及护理用具适配，轮椅适配，其他辅助器具适配等。
A0903			残疾人托养服务	为残疾人提供机构寄宿制托养服务，居家托养服务，社区日间照料服务。
A0904			残疾人就业服务	残疾人就业培训与岗位介绍服务。
A0905			残疾人家庭无障碍改造服务	残疾人住宅公共空间、乡村民居无障碍改造等服务。
A0906			残疾人文化、体育服务	残疾人文化体育活动的组织与实施。
A0907			其他政府委托的残疾人服务	
A10		食品药品安全		
A1001			食品药品、医疗器械安全检验	委托社会力量开展的食品药品、医疗器械安全检验服务。
A1002			食品药品、医疗器械安全风险监测	委托社会力量开展的食品药品、医疗器械安全风险监测。
A1003			药品审评服务	药品审评辅助服务。
A1004			农业转基因安全监管辅助服务	农业转基因安全监管辅助服务。
A1005			食品安全科普宣传	食品安全科普宣传。
A1006			医疗器械审评服务	医疗器械审评辅助服务。
A1007			其他政府委托的食品药品安全服务	
A11		卫生健康		
A1101			医疗事故技术鉴定	委托社会力量开展的医疗事故技术鉴定服务。
A1102			疾病预防控制服务	重点疾病与健康危害因素监测、调查、评价及干预。
A1103			突发事件紧急医学救援服务	突发事件紧急医学救援服务。
A1104			重大活动医疗保障服务	重大活动参加人员的医疗保障服务。

续表

代码	一级目录 (5项)	二级目录 (67项)	三级目录 (374项)	说明
A1105			公共卫生知识普及与推广	对辖区内常住居民提供健康教育资料、设置健康教育宣传栏、开展公众健康咨询服务、举办健康知识讲座、综合信息化开展个体化健康知识普及活动。
A1106			居民健康档案管理	对辖区内常住居民，居住半年以上的户籍及非户籍居民建立居民健康档案及居民健康档案的维护管理。
A1107			健康教育	对辖区内常住居民开展健康生活方式、可干预危险因素和各种重点疾病的健康教育。
A1108			预防接种服务	根据国家免疫规划疫苗免疫程序，对适龄儿童进行常规接种，在部分地区对重点人群接种出血热疫苗，根据传染病控制需要，开展乙肝、麻疹、脊灰等强化免疫、群体性接种工作和应急接种工作；按照《全国疑似预防接种异常反应接种方案》的要求，进行疑似预防接种异常反应处理和报告；对辖区内 0~6 岁儿童和其他重点人群提供预防接种管理、预防接种、疑似预防接种异常反应处理。
A1109			0~6 岁儿童健康管理服务	对辖区内常住的 0~6 岁儿童提供新生儿家庭视访、新生儿满月健康管理、婴幼儿健康管理、学龄前儿童健康管理；对 0~36 个月常住儿童提供儿童中医药调养。
A1110			孕产妇健康管理服务	对辖区内常住的孕产妇提供孕早期健康管理、孕中期健康管理、孕晚期健康管理、产后访视、产后 42 天健康检查。
A1111			老年人健康管理服务	对辖区内 65 岁及以上常住居民提供生活方式和健康状况评估、体格检查、辅助检查、健康指导、老年人中医体质辨识。
A1112			高血压患者健康管理服务	为辖区内 35 岁及以上常住居民中原发性高血压患者提供检查发现、随访评估和分类干预、健康体检。
A1113			2 型糖尿病患者健康管理服务	为辖区内 35 岁及以上常住居民中 2 型糖尿病患者提供检查发现、随访评估和分类干预、健康体检。
A1114			重性精神疾病患者管理服务	对辖区内常住居民中诊断明确、在家居住的严重精神障碍患者实施患者信息管理、随访评估和分类干预、健康体检。
A1115			结核病患者健康管理服务	对辖区内确诊的常住肺结核病患者实施筛查及推介转诊、第一次入户随访、督导服药和随访管理。
A1116			传染病和突发公共卫生事件报告和处理服务	传染病疫情和突发公共卫生事件风险管理、发现、登记、相关信息报告、处理服务。
A1117			卫生监督协管	为辖区内居民提供食源性疾病及相关信息报告、饮用水卫生安全巡查、学校卫生服务、非法行医和非法采供血信息报告、计划生育相关信息报告。
A1118			特种疾病检查服务	适龄儿童窝沟封闭预防龋齿服务，新生儿听力筛查服务，艾滋病防治项目中为男男同性性行为者、暗娼和吸毒者等高危人群提供宣传教育、行为干预和检测动员，农村妇女"两癌"检查服务等。
A1119			公共卫生应急培训演练	公共卫生应急队伍培训，突发急性传染病处置，中毒、核辐射、地震等相关演练的组织与实施。

续表

代码	一级目录 （5项）	二级目录 （67项）	三级目录 （374项）	说明
A1120			计划生育免费技术服务	为符合条件的育龄夫妇免费提供计划生育、优生优育技术服务。
A1121			优生两免服务	婚前医学检查服务、孕前优生检测服务。
A1122			计划生育调查服务	开展计划生育政策法规落实、服务管理改革、人口监测等情况的调查评估。
A1123			生殖健康咨询服务	生殖健康咨询服务。
A1124			人口和计划生育公益慈善、帮扶救助活动的组织与实施	人口和计划生育公益慈善、帮扶救助活动的组织与实施。
A1125			优生优育宣传教育	优生优育宣传教育。
A1126			其他政府委托的卫生健康服务	
A12		住房保障		
A1201			棚户区改造服务性事项	政府应当承担的棚改征地拆迁服务以及安置住房筹集、公益性基础设施建设中的服务性事项。
A1202			住房保障管理辅助性服务	保障性住房后期管理服务。
A1203			公租房、廉租房运营管理服务	包括入住和退出管理、租金收缴和房屋使用管理、维修养护、综合管理等运营管理服务。
A1204			保障房信息采集与发布服务	保障房对象资格信息采集与管理服务，保障性住房信息征集与发布服务。
A1205			不动产登记辅助服务	不动产登记辅助服务。
A1206			抗震民居图纸设计服务	推进抗震技术下乡，免费提供抗震民居设计图纸。
A1207			其他政府委托的住房保障服务	
A13		科技推广		
A1301			科技项目成果管理和成果应用	公共领域科技项目成果遴选、评审、验收、鉴定以及科技成果推广应用，先进技术、先进生产工艺、先进设施设备的推广应用等。
A1302			科技资源开放共享和技术服务	推广应用创新券，推广创新平台和高校、院所开放共享仪器设备，提供技术服务。
A1303			科技交流与合作服务	政府举办的行业、领域科技交流与合作活动。
A1304			科普活动组织与实施	组织开展针对青少年等群体对象的科学普及活动。
A1305			科普知识的普及与推广辅助服务	科普知识的普及、宣传与推广服务。
A1306			其他政府委托的科技推广服务	
A14		文化		
A1401			公益性舞台艺术作品的创作、演出与宣传	公益性舞台艺术作品的创作、演出与宣传。
A1402			公益性出版物的编辑、印刷、复制与发行	公益性出版物的编辑、印刷、复制与发行。
A1403			公益性数字文化产品的制作与传播	公益性数字文化产品的制作与传播。

代码	一级目录 （5 项）	二级目录 （67 项）	三级目录 （374 项）	说明
A1404			公益性广播影视作品的制作与宣传	公益性广播影视作品的制作与宣传。
A1405			公益性广告的制作与传播	公益性广告的制作与传播。
A1406			公益性少数民族文化产品的创作、译制和传播	公益性少数民族文化产品的创作、译制和传播。
A1407			面向特殊群体的公益性文化产品创作与传播	面向特殊群体的公益性文化产品创作与传播。
A1408			公益性文化艺术活动（含戏曲）的组织与承办	公益性文化艺术活动（含戏曲）的组织与承办。
A1409			公益性文化展演活动组织与承办	公益性文化展演活动组织与承办。
A1410			公益性文化艺术培训（含讲座）的组织与承办	公益性文化艺术培训（含讲座）的组织与承办。
A1411			公益性电影放映活动的组织与承办	公益性电影放映活动的组织与承办。
A1412			政府资助的传统戏曲电影制作	政府资助的传统戏曲电影制作。
A1413			全民阅读活动的组织与承办	全民阅读活动的组织与承办。
A1414			文化遗产保护、传承与展示	文化遗产保护、传承与展示。
A1415			优秀传统文化和民间文化艺术的普及与展示	优秀传统文化和民间文化艺术的普及与展示。
A1416			公共图书馆（室）、文化馆（站）、村（社区）综合文化服务中心（含农家书屋）等运营、管理与维护服务	公共图书馆（室）、文化馆（站）、村（社区）综合文化服务中心（含农家书屋）等运营、管理与维护服务。
A1417			公共美术馆的运营、管理与维护服务	公共美术馆的运营、管理与维护服务。
A1418			公共剧场（院）等运营、管理与维护服务	公共剧场（院）等运营、管理与维护服务。
A1419			公共电子阅览室、数字农家书屋等公共数字文化设施的运营、管理与维护服务	公共电子阅览室、数字农家书屋等公共数字文化设施的运营、管理与维护服务。
A1420			民办图书馆、美术馆、博物馆等面向社会提供的免费或低收费服务	民办图书馆、美术馆、博物馆等面向社会提供的免费或低收费服务。
A1421			民办演艺机构面向社会提供的免费或低票价演出服务	民办演艺机构面向社会提供的免费或低票价演出服务。
A1422			互联网上网服务场所面向社会提供的免费或低收费上网服务	互联网上网服务场所面向社会提供的免费或低收费上网服务。
A1423			民办农村（社区）文化服务中心（含书屋）面向社会提供的免费或低收费服务	民办农村（社区）文化服务中心（含书屋）面向社会提供的免费或低收费服务。

代码	一级目录 （5 项）	二级目录 （67 项）	三级目录 （374 项）	说明
A1424			面向特殊群体提供的有限电视免费或低收费服务	面向特殊群体提供的有限电视免费或低收费服务。
A1425			广播电视村村通、户户通等接收设备的维修维护	广播电视村村通、户户通等接收设备的维修维护。
A1426			通用性广播电视对农节目制作与宣传	通用性广播电视对农节目制作与宣传。
A1427			其他政府委托的文化服务	
A15		体育		
A1501			全民健身活动的组织与实施	全民健身活动的组织与实施。
A1502			公益性体育竞赛活动的组织与承办	公益性体育竞赛活动的组织与承办。
A1503			公益性青少年体育活动的组织与承办	公益性青少年体育活动的组织与承办。
A1504			民族民间传统体育的保护、传承与展示	民族民间传统体育的保护、传承与展示。
A1505			公共体育场地、设施的运营与管理	公共体育场地、设施的运营与管理。
A1506			公共体育健身器材的维修维护与监管	公共体育健身器材的维修维护与监管。
A1507			体育场馆、健身场所向社会提供的免费低收费健身服务	体育场馆、健身场所向社会提供的免费低收费健身服务。
A1508			科学健身方法研究、指导服务、国民体质监测与体育锻炼标准测验达标活动的组织与承办	科学健身方法研究、指导服务、国民体质监测与体育锻炼标准测验达标活动的组织与承办。
A1509			体育健身、体育职业、运动专业等技能培训与资格鉴定	体育健身、体育职业、运动专业等技能培训与资格鉴定。
A1510			体育文化建设、体育宣传推广与体育科学研究	体育文化建设、体育宣传推广与体育科学研究。
A1511			体育反兴奋剂辅助工作组织与实施	体育反兴奋剂辅助工作的组织与实施。
A1512			其他政府委托的体育服务	
A16		公共安全		
A1601			公共安全应急演练实施的辅助性工作	公共安全应急演练实施的辅助性工作。
A1602			安全风险监测、预警与评估	安全风险监测、预警与评估服务。
A1603			食品药品安全监管辅助服务	食品药品安全监管辅助服务。
A1604			农产品安全监管辅助服务	农产品质量安全标准制订和推广、简明生产操作技术规程制定和种植业农产品质量安全抽检等安全监管辅助性服务。

代码	一级目录 (5 项)	二级目录 (67 项)	三级目录 (374 项)	说明
A1605			安全生产监管技术支持辅助服务	安全生产监管技术支持辅助服务。
A1606			城市基础设施建设运营安全监管辅助服务	城市基础设施建设运营安全监管辅助服务。
A1607			公共消防基础设施维护管理	市政消火栓、消防通信、消防车通道等的公共消防设施维护管理。
A1608			社会治安辅助服务	"扫黄打非"活动、社会治安领域辅助服务。
A1609			交通安全辅助服务	交通安全辅助服务。
A1610			公共安全宣传教育及培训	公共安全宣传教育及培训。
A1611			其他政府委托的公共安全服务	
A17		交通运输		
A1701			城市公共交通运输服务	城市公共交通运输服务。
A1702			农村道路旅客运输服务	农村道路旅客运输服务。
A1703			通用航空公共服务	应当由政府提供的通用航空公共服务事项。
A1704			公共交通信息服务	公共交通信息服务。
A1705			城乡非经营性道路管护服务	城乡非经营性道路管护服务。
A1706			公路桥梁隧道定期检查和检测服务	公路桥梁隧道定期检查和检测服务。
A1707			交通运输公共基础设施维护和管理	交通运输公共基础设施维护和管理。
A1708			公共交通设施运营管理服务	公路客运场站、农村客运渡口、城市客运场站枢纽、出租汽车综合服务区、政府收费还贷（债）高速公路服务区运营管理服务。
A1709			公共航道及设备维护服务	公共航道维护性疏浚、清障扫床、整治建筑物维护、航道设备（除航标外）保养维护和维修服务。
A1710			交通运输科技服务	交通运输科技项目管理服务、科技成果管理与推广应用服务、科技资源开放共享和技术服务等。
A1711			交通运输领域外事综合辅助性服务	交通运输领域外事综合辅助性服务。
A1712			重大交通运输政策宣传和舆情监测辅助性工作	重大交通运输政策宣传和舆情监测辅助性工作。
A1713			其他政府委托的交通运输服务	
A18		农业		
A1801			农业林业科技研发与推广	农业产业应用性技术研发和集成，农业新品种、新技术、新模式的试验示范和推广应用。
A1802			农民种养技能培训	农民种养技能培训。
A1803			公益性农业技术服务	公益性农业技术服务。
A1804			公益林管护服务	公益林的管理和养护服务。

续表

代码	一级目录 （5 项）	二级目录 （67 项）	三级目录 （374 项）	说明
A1805			动物防疫服务相关技术性、辅助性工作	动物防疫服务相关技术性、辅助性工作。
A1806			农作物病虫害防治相关技术性、辅助性工作	松材线虫病、松褐天牛、竹一字象甲等重大病虫害的监测、防治和检疫技术服务相关技术性、辅助性工作，农作物重大病虫害统防统治服务相关技术性、辅助性工作。
A1807			农业应急物资储运服务	森林消防应急物资储备、防汛防台抗旱救灾物资储备、人工增雨火箭弹储运服务。
A1808			远洋渔业资源探捕	对有关公海及有关国家海洋专属经济区内进行调查分析，探捕有关深海鱼类及分布大概情况及信息发布服务。
A1809			病死畜禽收集处置服务	畜禽养殖场（户）病死畜禽收集、清点核查、暂存转运和无害化处理等服务。
A1810			农业灾害救助辅助性工作	自然灾害对农作物造成重大影响、损失的辅助救助工作。
A1811			高标准农田运营服务	委托第三方对高标准农田进行运营服务。
A1812			主要农产品生产社会化服务	粮棉油糖等主要农产品生产全程社会化服务和畜禽粪污资源综合利用服务。
A1813			"中国好粮油"示范工程创建服务	"中国好粮油"示范工程创建过程中的辅助性服务工作。
A1814			农业（行业）运行监测和预警分析服务	农业（行业）运行监测和预警分析服务。
A1815			信息进村入户工程运营维护服务	为农民开展电子商务提供技术支持、人员培训、网店建设、商标注册、品牌创建、营销推广等服务。
A1816			农村公益性工程和项目管护及运营服务	农村公益性工程和项目管护及运营服务。
A1817			农业对外交流合作	农业对外宣传、智力引进、聘请专家等对外交流合作服务。
A1818			其他政府委托的农业服务	
A19		水利		
A1901			水利工程运行维护	水库（闸）工程、河道工程、农田灌排工程、水文设施、山洪灾害防御设施设备维修养护。
A1902			蓄滞洪区、黄河滩区运用补偿技术服务	蓄滞洪区、黄河滩区运用补偿技术服务。
A1903			防汛抗旱物资代储服务	防汛抗旱物资代储服务。
A1904			其他政府委托的水利服务	
A20		生态保护		
A2001			生态资源管护辅助性服务	森林（公益林）、湿地资源、林业自然保护区、陆生野生动植物、古树名木、珍贵树木资源管护服务。
A2002			野生动物保护救助辅助性工作	委托第三方对野生动物保护救助提供技术支持，对救助野生动物进行暂养、保护。

代码	一级目录 （5 项）	二级目录 （67 项）	三级目录 （374 项）	说明
A2003			生态环境事故鉴定辅助性工作	大气、土壤、水资源等生态环境事故鉴定辅助性工作。
A2004			生态保护红线管理辅助性工作	生态保护红线工作中的规划编制、现场调查、生态评估、勘界定标等辅助性服务。
A2005			其他政府委托的生态保护服务	
A21		环境治理		
A2101			采煤塌陷地综合治理服务	对因采煤形成的塌陷地开展治理和环境恢复等服务。
A2102			土壤污染治理与修复服务	土壤环境监督管理辅助性工作、调查与风险评估、治理修复、风险管控、治理与修复成效评估等服务。
A2103			乡村环境治理服务	乡村垃圾处理、土壤污染治理、农药包装物等废弃物治理、污水处理、畜禽养殖粪污处理等服务。
A2104			环境质量自动监测站运行管理及维护	提供环境质量自动监测整体运行维护、自动监测设备运行质量核查、运维质量管理等服务。
A2105			大气污染防治	大气环境调查、监督管理技术辅助、治理修复、决策支撑等服务。
A2106			环境保护、治理教育培训	环境保护、治理教育培训。
A2107			其他政府委托的环境治理服务	
A22		城乡维护		
A2201			城市（乡村）规划和设计服务	城市（乡村）规划和设计服务
A2202			城市（乡村）公共设施运管与维护	市政设施、乡村公共设施运管与维护。
A2203			园林绿化养护服务	城市公园、道路等绿化养护服务。
A2204			环卫保洁服务	城管系统道路保洁，乡村环卫保洁，公厕管理，生活垃圾收集运输，大类垃圾、危害垃圾分类处理服务，重点区域铁路沿线综合治理，杆线整治。
A2205			城镇排水与污水处理服务	委托第三方提供的排水及污水处理服务。
A2206			城市形象策划推广和旅游市场营销服务	城市旅游形象策划包装、品牌管理及推广运用，旅游市场营销前期分析、策划、组织实施。
A2207			户外广告整治辅助服务	对不符合城市规划要求、破坏城市建（构）筑物风格和影响城市风貌景观的以及其他不符合户外广告设置规范要求的大型户外广告，委托第三方进行清理整改服务。
A2208			城市管理辅助性服务	城市管理辅助性服务。
A2209			其他政府委托的城乡维护服务	
A23		公共信息		
A2301			公共信息传播服务	公共信息传播服务。
A2302			公共信息管理辅助服务	公共信息管理辅助服务。
A2303			社会信用信息征集与管理辅助服务	社会信用信息征集与管理辅助服务。
A2304			公益地图制作与发布	地图服务、电子地图、地图出版等服务。

续表

代码	一级目录 （5 项）	二级目录 （67 项）	三级目录 （374 项）	说明
A2305			标准地名公益图书编审与发布服务	地名故事丛书、标准地名图集、标准地名录、标准地名词典、标准地名志等图书的编审、出版等服务。
A2306			公共服务信息平台运行与维护服务	公共服务信息平台运行与维护服务。
A2307			公共信息存储服务	政务云等公共信息存储服务。
A2308			其他政府委托的公共信息服务	
A24		其他基本公共服务事项		
B	社会管理性服务			
B01		社区建设		
B0101			社区（乡村）公共服务设施的管理与维护	社区公共服务设施、文化活动场所等社区公共设施的管理与维护，社区（乡村）邮政普遍服务网点管理和运营服务等。
B0102			社区（乡村）法律顾问服务	一社区（村）一法律顾问服务。
B0103			社区治理辅助服务	城乡社区治安维护、信息发布、便民活动组织等服务。
B0104			其他政府委托的社区建设服务	
B02		社会组织建设与管理		
B0201			社会组织日常管理服务	社会组织登记、变更、年检、抽查、等级评估，社会组织法定代表人离任审计、社会组织注销清算报告审计和社会组织专项审计，社会组织发展状况、社会智库认定等。
B0202			社会组织综合服务平台运营服务	对孵化基地、创业园、创新园等社会组织综合服务平台建设和运营提供辅助服务。
B0203			社会组织专业化人才培训	社会组织专业化人才培训。
B0204			其他政府委托的社会组织建设与管理服务	
B03		社会工作服务		
B0301			青少年社会工作服务	面向青少年的社会工作和志愿服务项目的策划、设计和组织实施。
B0302			社区、农村社会工作服务	政府委托的扶老助残、便民利民、困难群体服务、外来人口管理、特殊人群心理疏导与慰藉等社区服务。
B0303			禁毒社会工作服务	禁毒社会工作服务。
B0304			社会工作队伍的监督管理辅助服务	社会工作队伍的监督管理辅助服务。
B0305			社工人才培训	社工人才培训。
B0306			其他政府委托的社会工作服务	
B04		法律援助		

续表

代码	一级目录 (5 项)	二级目录 (67 项)	三级目录 (374 项)	说明
B0401			公益性基础法律服务	面向弱势群体、小微企业、农村集体经济组织、村（社区）等提供的公益性法律顾问、咨询、辩护、代理、公证、司法鉴定等服务。
B0402			法律援助项目实施	为经济困难并符合援助事项范围或特殊案件的当事人提供无偿的法律服务。
B0403			法律援助对象信息收集等辅助性服务	法律援助对象信息收集等辅助性服务。
B0404			法律援助政策宣传与咨询	法律援助政策宣传与咨询。
B0405			公证、司法鉴定法律援助	公证、司法鉴定法律援助事项。
B0406			法律援助人才培训	政府委托的法律援助人才的培训。
B0407			其他政府委托的法律援助服务	
B05		防灾救灾		
B0501			森林防火与火灾救援	森林防火与火灾救援。
B0502			林业农业有害生物防治	林业农业有害生物防治。
B0503			气象灾害防御	气象灾害防御。
B0504			救灾物资代储和紧急供货服务	救灾物资代储和紧急供货服务。
B0505			其他政府委托的防灾救灾服务	
B06		人民调解		
B0601			调解服务	工商消费调解、劳动人事争议调解、信访调解、农村土地承包经营纠纷调解、交通事故纠纷调解、医患纠纷调解、社会组织纠纷调解等化解社会矛盾的人民调解服务。
B0602			人民调解队伍培训	人民调解队伍培训。
B0603			人民调解研究、咨询及宣传	纠纷调解仲裁政策研究、咨询及宣传服务。
B0604			其他政府委托的人民调解服务	
B07		社区矫正		
B0701			社区矫正项目实施辅助服务	协助开展社区服刑人员教育学习、社区服务、帮困扶助、心理矫治、职业培训、社会关系修复等活动。
B0702			矫正工作队伍的培训服务	矫正工作队伍的培训服务。
B0703			其他政府委托的社区矫正服务	
B08		安置帮教		
B0801			安置帮教项目的实施与管理服务	相关人员教育学习、心理矫治、过渡性安置等服务。
B0802			安置帮教的宣传与咨询	安置帮教的宣传与咨询。
B0803			安置帮教队伍建设与培训	安置帮教队伍建设与培训。
B0804			其他政府委托的安置帮教服务	
B09		志愿服务运营管理		
B0901			志愿服务项目的实施与管理服务	志愿服务项目的实施与管理服务。
B0902			志愿服务政策的宣传和咨询	志愿服务政策的宣传和咨询。

续表

代码	一级目录 （5 项）	二级目录 （67 项）	三级目录 （374 项）	说明
B0903			志愿服务队伍的建设与培训	志愿服务队伍的建设与培训。
B0904			其他政府委托的志愿服务运营管理服务	
B10		公共公益宣传		
B1001			政策法规宣传辅助服务	政策法规宣传辅助服务。
B1002			公益宣传推广活动	通过电视、广播、互联网、书刊杂志、宣传栏、自媒体等传播媒介进行的公共公益宣传。
B1003			其他政府委托的公共公益宣传服务	
C	行业管理与协调事项			
C01		行业规划		
C0101			行业规划编制与研究	政府组织的行业规划研究服务。
C02		行业调查		
C0201			经济社会发展情况调查	委托社会力量开展的经济社会发展情况调查。
C0202			社会满意度调查	委托社会力量开展的公共服务领域政策落实情况、政策效果满意度调查。
C0203			社会诚信度调查	委托社会力量开展的各类社会主体诚信调查与综合应用。
C0204			人口状况普查	委托社会力量开展的人口状况普查。
C0205			经营状况调查	委托社会力量开展的经营状况调查。
C0206			安全生产情况调查	委托社会力量开展的安全生产情况调查。
C0207			其他政府委托的行业调查	
C03		行业统计分析		
C0301			行业统计指标研究、制定的辅助性服务	各类行业统计指标研究、制定辅助性工作。
C0302			行业统计数据采集、分析	各类行业统计数据采集、分析。
C0303			公共服务领域大数据系统分析应用	公共服务领域大数据系统分析应用。
C04		行业职业资格和水平测试管理		
C0401			行业从业资格标准和政策研究服务	各类行业从业资格标准和政策研究服务。
C0402			行业准入技术标准制定辅助性服务	各类行业准入技术标准制定辅助性服务。
C0403			产业政策性符合性审核、行业准入条件审核	《企业知识产权管理规范》国家标准 GB/T－29490 认证、地理标志性产品认证、养老服务机构评审认证等产业政策性符合性审核、行业准入条件审核。

续表

代码	一级目录 （5项）	二级目录 （67项）	三级目录 （374项）	说明
C0404			职业技术资格考核认证辅助性服务	教师、导游、翻译、社会工作者、会计、水利从业人员、专利代理人、消防人员、市政和建筑工程施工人员等职业技术资格考核认证辅助性工作。
C0405			专业技术资格评审辅助性服务	高级会计师、高级统计师、行业领军人才、高级工程师、执业资格注册师等专业技术资格评审辅助工作。
C0406			行业执业能力水平测试辅助性服务	教师、医务人员、消防人员等行业从业人员能力、水平考核测试工作的承办。
C0407			其他政府委托的行业职业资格和水平测试管理服务	
C05		行业规范		
C0501			行业规范研究与编制	委托第三方开展的行业规范研究与编制服务。
C06		行业标准制订修订		
C0601			行业地方标准和定额研究、编制及修订辅助性服务	委托第三方开展的各类行业地方标准和定额制（修）订、标准跟踪评价等服务。
C07		行业咨询与投诉处理		
C0701			行业投诉和政策咨询受理服务	政府设立的行业政策咨询、投诉举报热线、网站平台的维护和受理服务。
C0702			政务服务帮办咨询服务	各级政务大厅服务帮办咨询服务。
D	技术性服务			
D01		技术评审鉴定评估		
D0101			行业管理性评审鉴定评估	企业安全生产、交通运输、住房城乡建设、环境保护、旅游等行业、领域的技术评审鉴定评估服务。
D0102			产品质量性评审鉴定评估	食品医疗器械、农产品、建筑产品、计量产品、保健品等技术评审鉴定评估服务。
D0103			经济建设性评审鉴定评估	科技计划、中小企业技术改造、知识产权、营商环境、碳排放等技术评审鉴定评估服务。
D0104			公共服务性评审鉴定评估	建设项目水土保持、学校教学质量、公共体育场所安全、绿色矿山建设、水利安全风险、城乡建设工程等技术评审鉴定评估服务。
D02		检验检疫检测		
D0201			公共设施项目检测	农田水利、市政工程、建筑节能等公共设施项目检验检测服务。
D0202			产品检验检测	食品、药品、医疗器械、特种设备等产品质量检测服务。

续表

代码	一级目录 (5 项)	二级目录 (67 项)	三级目录 (374 项)	说明
D0203			公共安全检验检测	土壤质量、农业投入品、强制性公共卫生、动植物病虫害等检验检测服务。
D0204			民生服务检验检测	城乡供水供气供热、事故车辆等检验检测服务。
D0205			实验室测试服务	测试化验、技术分析等技术服务。
D0206			其他政府委托的检验检疫检测服务	
D03		监测服务		
D0301			自然环境监测服务	环境保护、海洋权益、地震预警等自然环境方面的监测服务。
D0302			社会管理监测服务	食品安全、社会舆情、公共卫生安全、广告等行业领域方面的监测服务。
D0303			经济运行监测服务	经济运行、能源利用、安全生产、职工就业等经济运行行业领域方面的监测服务。
D04		会计审计服务		
D0401			会计服务	委托第三方机构开展的会计及经济鉴证服务。
D0402			审计服务	委托第三方机构开展的审计服务。
D0403			资产清查服务	委托第三方机构开展的资产清查等服务。
D05		评估		
D0501			政策评估服务	委托第三方机构开展的政策评估服务。
D0502			社会管理、公共服务、民生项目评估服务	委托第三方机构开展的社会管理、公共服务、民生项目评估服务。
D0503			突发公共事件影响评估服务	委托第三方机构开展的突发公共事件影响评估服务。
D0504			资产评估服务	委托第三方机构开展的资产评估服务。
D0505			其他政府委托的评估服务	
D06		公共资源处置服务		
D0601			公共资源处置服务	公共资源处置、拍卖服务。
D07		绩效评价		
D0701			政策实施绩效评价辅助性服务	政策实施绩效评价辅助性服务。
D0702			资金使用绩效评价辅助性服务	资金使用绩效评价辅助性服务。
D0703			政府行政效能绩效评价辅助性服务	政府行政效能绩效评价辅助性服务。
D08		标准评价指标制定		
D0801			标准评价的辅助性服务	标准评价的辅助性服务。
D0802			指标制定的辅助性服务	指标制定的辅助性服务。
D09		工程服务		

代码	一级目录 （5 项）	二级目录 （67 项）	三级目录 （374 项）	说明
D0901			公共工程规划服务	公共工程规划服务。
D0902			公共工程可行性研究报告辅助性服务	公共工程可行性研究报告辅助性服务。
D0903			公共工程安全监管辅助性服务	公共工程安全监管辅助性服务。
D0904			公共工程的概（预）、结（决）算审核服务	公共工程的概（预）、结（决）算审核服务。
D0905			公共工程评价	公共工程评价服务。
D0906			其他政府委托的工程服务	
D10		法律服务		
D1001			行政诉讼代理应诉法律服务	行政诉讼代理应诉法律服务。
D1002			政府法律顾问服务	政府法律顾问服务。
D1003			政府法律咨询服务	政府法律咨询服务。
D1004			行政调解、仲裁辅助性服务	行政调解、仲裁辅助性服务。
D1005			司法救助辅助性服务	司法救助辅助性服务。
D1006			其他政府委托的法律服务	
D11		信息技术服务		
D1101			信息系统和信息管理软件的开发与升级	信息系统和信息管理软件的开发与升级。
D1102			信息系统运营维护服务相关技术性、辅助性工作	信息系统运营维护服务相关技术性、辅助性工作。
D1103			信息设备维护服务	信息设备维护服务。
D1104			信息安全服务	信息系统安全风险评估、系统等级保护、信息系统保密检查清理等信息安全方面的技术服务。
D1105			信息化咨询设计服务	信息化咨询设计服务。
D1106			其他政府委托的信息技术服务	
D12		大数据服务		
D1201			大数据收集分析处理服务	大数据收集分析处理服务。
D1202			大数据应用服务	大数据应用服务。
D13		监督检查		
D1301			监督检查中的政策性技术性辅助服务	安全生产、环保、水利工程质量、社保基金运营、重大政策落实等各领域监督检查辅助服务。
D14		其他技术服务		
D1401			出版服务	图书、期刊、报纸、年鉴等出版服务，烈士名录及事迹编撰辅助服务。
D1402			界线测绘服务	行政区域界线实地位置放样、界桩点位置定位等服务。
E	政府履职所需辅助性事项			

代码	一级目录 （5 项）	二级目录 （67 项）	三级目录 （374 项）	说明
E01		课题研究		
E0101			政府决策、执行、监督等方面的重大课题研究	政府决策、执行、监督等方面的重大课题研究。
E0102			政治建设、经济建设、社会建设、文化建设等方面的重大专项性课题研究	政治建设、经济建设、社会建设、文化建设等方面的重大专项性课题研究。
E02		政策（立法）调研草拟论证		
E0201			公共政策（立法）调研、草拟、论证、评估、清理等辅助性服务	公共政策（立法）调研、草拟、论证、评估、清理等辅助性服务。
E03		战略和政策研究		
E0301			行业战略和政策研究辅助性服务	行业战略和政策研究辅助性服务。
E04		综合性规划编制		
E0401			综合性规划编制辅助性服务	政府履职所需的涉及新旧动能转换等全局性规划、重大项目规划辅助性研究服务。
E05		社会调查		
E0501			社会调查与分析研究服务	社会调查与分析研究服务。
E06		会议经贸活动和展览服务		
E0601			会议辅助性服务	会场布置、人员接送等辅助性工作及服务
E0602			经贸活动的组织、策划等辅助性服务	经贸活动的组织、策划等辅助性服务。
E0603			展览活动组展设计与实施	展览活动组展设计与实施。
E07		咨询		
E0701			立法咨询	立法咨询。
E0702			司法咨询	司法咨询。
E0703			行政咨询	行政咨询。
E08		业务培训		
E0801			业务培训服务	委托社会力量组织的面向部门单位所属人员开展的的提升党务水平、履职能力水平、综合素质等方面的培训服务。
E09		后勤服务		
E0901			维修保养服务	办公设备、车辆、计算机及网络设备、空调、电梯、消防、工程等设备维修保养服务。
E0902			车辆加油服务	车辆加油服务。
E0903			车辆保险服务	车辆保险服务。

续表

代码	一级目录 （5 项）	二级目录 （67 项）	三级目录 （374 项）	说明
E0904			安保服务	安保服务。
E0905			印刷服务	印刷服务。
E0906			物业服务	办公场所物业和保洁服务。
E0907			餐饮服务	餐饮服务。
E0908			其他后勤服务	
E10		租赁服务		
E1001			车辆与其他运输机械租赁服务	车辆与其他运输机械租赁服务。
E1002			办公设备租赁服务	办公设备租赁服务。
E1003			电信网络及计算机设备、软件系统租赁	电信网络及计算机设备、软件系统租赁。
E1004			办公场所租赁服务	办公场所租赁服务。
E1005			其他租赁服务	
E11		翻译服务		
E1101			对外交流翻译服务	对外交流翻译服务。
E12		档案整理		
E1201			档案整理服务	数据库备份、档案寄存、档案数字化转换、数据备份介质寄存等。

六、

教科文财务类

山东省人民政府关于鼓励社会力量兴办教育促进民办教育健康发展的实施意见

2018 年 5 月 30 日　鲁政发〔2018〕15 号

各市人民政府，各县（市、区）人民政府，省政府各部门、各直属机构，各大企业，各高等院校：

　　为深入学习贯彻习近平新时代中国特色社会主义思想和党的十九大精神，进一步推动落实《国务院关于鼓励社会力量兴办教育促进民办教育健康发展的若干意见》（国发〔2016〕81 号），结合我省实际，现提出以下实施意见：

一、加强党对民办学校的领导

　　1. 加强民办学校党的建设。以提升组织力为重点，突出政治功能，全面加强民办学校党的建设，实现民办学校党的组织和工作全覆盖。选好配好党组织负责人。扎实做好民办高校党委书记选派和管理工作，民办高校党委书记兼任政府派驻学校的督导专员。民办学校党组织要发挥政治核心作用，牢牢把握社会主义办学方向。从 2018 年起，所在党组织将民办高校党委书记纳入抓基层党建述职评议考核范围。各地要把民办学校党组织建设、党对民办学校的领导作为民办学校年度检查的重要内容。（责任单位：省教育厅〔省委教育工委〕、省人力资源社会保障厅，各市政府，列第一位的为牵头单位，下同）

　　2. 加强和改进民办学校思想政治教育工作。把思想政治教育工作纳入民办学校发展规划。切实加强思想政治教育课程、教材、教师队伍建设，把社会主义核心价值观融入教育教学全过程、教书育人各环节，不断增强广大师生"四个自信"。发挥好"灯塔—党建在线"综合管理服务平台作用，有效利用山东高校党建精品课，构建多层次、多渠道的党员经常性学习教育体系。（责任单位：省教育厅〔省委教育工委〕、省人力资源社会保障厅）

二、创新体制机制

　　3. 建立分类管理制度。对民办学校（含其他民办教育机构）实行非营利性和营利性分类管理。民办学校取得办学许可证并依法依规进行法人登记后，方可开展办学活动。2017 年 9 月 1 日前设立的民办学校，原则上应于 2022 年 9 月 1 日前完成分类登记工作。（责任单位：省教育厅〔省委教育工委〕、省编办、省民政厅、省人力资源社会保障厅、省工商局）

　　4. 探索多元主体合作办学。支持各类办学主体通过独资、合资、合作等方式参与办学。鼓励公办学校和民办学校相互购买管理服务、教学资源、科研成果。探索举办混合所有制职业院校。鼓励营利性民办学校建立股权激励机制，通过多层次资本市场进行融资。（责任单位：省教育厅〔省委教育工委〕、省财政厅、省人力资源社会保障厅、省国资委、省金融办、山东证监局，各市政府）

　　5. 建立完善投融资机制。鼓励和引导金融机构开发适合民办学校特点的金融产品。在符合国家有关法律法规、风险可控的前提下，对产权明晰、办学规范、诚信度高、偿债能力强的民办学校，探索利用非教育教学设施作抵押，以收费权、未来经营收入、知识产权质押贷款融资。对营利性民办学校探索以有偿取得的土地、设施等财产进行抵押融资。搭建教育融资运作平台，吸引社会资本参与教育事业发展。鼓励社会力量对非营利性民办学校给予捐赠。（责任单位：省金融办、省教育厅〔省委教育工委〕、省民政厅、省财政厅、省人力资源社会保障厅、人民银行济南分行、山东银监局、山东证监局，各市政府）

6. 健全学校退出机制。捐资举办的民办学校终止时，清偿后剩余财产统筹用于教育等社会事业。2016年11月7日前设立的民办学校，选择登记为非营利性民办学校的，终止时，依法清偿后的剩余财产，按照有关规定给予出资者相应的补偿和奖励，其余财产继续用于其他非营利性学校办学；选择登记为营利性民办学校的，应当进行财务清算，依法明确财产权属，终止时，依法清偿后的剩余财产按照《中华人民共和国公司法》等有关规定处理。2016年11月7日后设立的民办学校终止时，财产处置按照有关规定和学校章程处理。（责任单位：省教育厅〔省委教育工委〕、省编办、省民政厅、省财政厅、省人力资源社会保障厅、省国土资源厅、省住房城乡建设厅、省国资委、省地税局、省国税局、省工商局）

三、建立健全政策支持体系

7. 完善财政扶持政策。各地要探索建立多元化的公共财政资助体系。财政扶持民办教育发展的资金要纳入预算，明确扶持的项目、对象、标准、用途，并向社会公开，接受审计和社会监督，提高资金使用效益。实施义务教育民办学校纳入生均公用经费保障范畴，学生纳入"两免一补"，所需经费由各级财政按标准予以拨付。鼓励各地设立促进民办教育发展专项资金。省财政每年安排资金，重点支持完成分类登记的非营利性民办学校发展。完善向民办学校购买就读学位、课程教材、科研成果、职业培训、继续教育、政策咨询等教育服务的具体措施。支持设立民办教育发展基金会或专项基金，用于民办教育事业的发展与保障。民办学校利用闲置的国有资产办学，按规定权限和程序报经同级财政部门或相关部门批准，可以不低于经中介机构评估的市场公允价格定向协议租赁或转让。（责任单位：省财政厅、省教育厅〔省委教育工委〕、省民政厅、省人力资源社会保障厅，各市政府）

8. 保障学生合法权益。民办学校学生在评优、升学就业、社会优待、医疗保险等方面与公办学校学生享有同等权利，同等享受助学贷款、奖助学金、困难学生资助、学费减免等各项国家和地方资助政策。各地应建立健全民办学校助学贷款业务扶持制度，提高家庭经济困难学生获得资助的比例。民办学校要建立健全奖助学金评定、发放等管理机制，应从学费收入中提取不少于5%的资金，用于奖励和资助学生。落实鼓励捐资助学的相关优惠政策措施，积极引导和鼓励企事业单位、社会组织和个人面向民办学校设立奖助学金，加大资助力度。（责任单位：省教育厅〔省委教育工委〕、省财政厅、省人力资源社会保障厅、省地税局、省国税局、人民银行济南分行、山东银监局）

9. 落实税费优惠政策。民办学校按照国家有关规定享受相关税收优惠政策。非营利性民办学校与公办学校享有同等待遇，按规定进行免税资格认定后，免征非营利性收入的企业所得税。营利性民办学校税费优惠政策按照国家有关规定执行。捐资建设校舍及开展表彰资助等活动的冠名依法尊重捐赠人意愿。民办学校用电、用水、用气、用热，执行与公办学校相同的价格政策。（责任单位：省财政厅、省教育厅〔省委教育工委〕、省人力资源社会保障厅、省地税局、省国税局、省物价局，各市政府）

10. 实行分类收费政策。非营利性中等及以下民办学历教育、非营利性民办学前教育收费实行政府指导价。其中，中等及以下学历教育收费标准由各市人民政府制定；学前教育收费标准由各市、县人民政府制定。其他民办学校收费实行市场调节价，具体收费标准由学校自主确定。有关部门应依法加强对民办学校收费行为的监管。（责任单位：省物价局、省教育厅〔省委教育工委〕、省财政厅、省人力资源社会保障厅，各市政府）

11. 落实用地优惠政策。民办学校建设用地按照科教用地管理。非营利性民办学校享受公办学校同等政策。营利性民办学校按照国家相应的政策供给土地，只有一个意向用地者的，可按照协议方式供地。土地使用权人申请改变全部或者部分土地用途的，政府应当将申请改变用途的土地收回，按时价定价，重新依法供应。各级政府要将民办学校建设用地纳入供地计划，在民办学校新建、扩建的征地过程中，统筹安排占补平衡指标和年度用地指标。（责任单位：省国土资源厅，各市政府）

12. 支持依法自主办学。扩大民办高校和中职学校专业设置自主权。社会声誉好、教学质量高、就业有保障的民办高职院校，可在核定的办学规模内自主确定招生范围和年度招生计划。支持有条件的民办本科高校按国家规定开展研究生教育。民办中小学在完成国家和省规定课程前提下，开发建设学校特色课程。中等以下层次民办学校要按照国家和省有关规定面向社会自主招生。各地不得对民办学校跨区域招生设置障碍。（责任单位：省教育厅〔省委教育工委〕、省发展改革委、省人力资源社会保障厅）

四、加强教师队伍建设

13. 落实民办学校教师待遇。各地要将民办学校教师队伍建设纳入当地教师队伍建设整体规划。探索推行民办学校教师人事代理制度，将民办学校专任教师人员信息纳入教师统一管理平台。完善学校、个人、政府合理分担的民办学校教职工社会保障机制。民办学校应依法依规与教职工签订劳动合同，并按规定为教职工足额交纳社会保险和住房公积金。鼓励民办学校按照国家规定为教职工办理补充养老保险。持续推进非营利性民办学校教师养老保险与公办学校教师同等待遇试点工作，当地财政部门应充分考虑学校缴费规模，对参加试点的民办学校给予适当补助。引导鼓励民办学校建立不断提高教师工资和福利待遇的良性机制，合理确定并适当提高人员经费在学校支出中的比例。（责任单位：省人力资源社会保障厅、省教育厅〔省委教育工委〕、省财政厅，各市政府）

14. 加强人才引进和培养培训。非营利性民办学校教师享受当地公办学校同等的人才引进政策。民办学校教师在资格认定、职称评聘、科研立项、培养培训、国内外进修、奖励表彰等方面享有与公办学校教师同等权利。民办学校要着力加强教师思想政治工作，建立健全教育、宣传、考核、监督与奖惩相结合的师德建设长效机制，全面提升教师师德素养。民办学校要在学费收入中安排一定比例资金用于教师培训，促进教师专业发展。（责任单位：省教育厅〔省委教育工委〕、省财政厅、省人力资源社会保障厅）

15. 建立教师合理流动机制。各地要有计划地开展公办学校与民办学校互派教师、管理人员等帮扶工作。公办学校教师在民办学校任教期间身份不变，教龄连续计算，年度考核结果记入人事档案。允许公办高校教师经所在单位批准，在民办高校从事多点教学并获得报酬。具有教师资格的民办学校自聘教师被聘用为公办学校在编（或纳入人员控制总量备案管理）教师的，在民办学校任教教龄参照同类公办学校在编教师有关规定连续计算，按照国家和省有关规定办理养老保险关系转移接续手续，其参加企业职工养老保险与参加机关事业单位养老保险的缴费年限合并计算。（责任单位：省人力资源社会保障厅、省教育厅〔省委教育工委〕）

五、建立和完善现代学校制度

16. 完善民办学校法人治理结构。民办学校要依法制定并严格执行学校章程，建立健全董事会（理事会）和监事（会）制度。董事会（理事会）和监事（会）成员依据学校章程规定的权限和程序共同参与学校的办学和管理。董事会（理事会）由举办者或者其代表、校长、党组织负责人、教职工代表等共同组成。监事会中应当有党组织领导班子成员。探索实行独立董事（理事）、监事制度。完善校长选聘机制，依法保障校长行使管理权。民办学校校长应符合国家和我省规定的任职条件。学校关键管理岗位实行亲属回避制度。完善教职工代表大会和学生代表大会制度。（责任单位：省教育厅〔省委教育工委〕、省编办、省民政厅、省人力资源社会保障厅、省工商局）

17. 依法加强资产和财务管理。民办学校应明确产权关系，建立健全资产管理制度。举办者应依法履行出资义务，将出资用于办学的土地、校舍和其他资产足额过户到学校名下。举办者出资、政府补助、受赠、收费、办学积累等各类资产分类登记入账。存续期间，民办学校对举办者投入学校的资产、国有资产、受赠的财产以及办学积累享有法人财产权，任何组织和个人不得侵占、挪用、抽逃。建立健全第三方审计制度，制定符合民办学校特点的财务管理办法，完善民办学校年度财务、决算报告和预算报告报备制度。（责任单位：省教育厅〔省委教育工委〕、省编办、省民政厅、省财政厅、省人力资源社会保障厅、省工商局）

18. 规范民办学校办学行为。民办学校要诚实守信、规范办学，办学条件应符合国家和地方规定的设置标准和有关要求，并按照有关规定做好招生宣传和录取工作。按照国家规定颁发相应的学历、学位证书或者培训结业证明文件。完善民办学校师生争议处理机制，维护师生合法权益。（责任单位：省教育厅〔省委教育工委〕、省人力资源社会保障厅）

19. 落实安全管理责任。民办学校选址、校舍建筑以及校园安全技术防范系统应符合国家和地方有关标准。民办学校法定代表人是学校安全稳定工作的第一责任人。要建立健全校园安全工作组织机构、管理制度和应急机制，制定和完善突发事件应急预案，按标准配置完善消防设施、器材，定期开展安全检查。加强师生安全教育培训，定期开展安全演练，提高师生安全意识和逃生自救能力。按照属地管理的原则，相关部门抓好民办学校安全管理工作的指导和督查工作。（责任单位：省教育厅〔省委教育工委〕、省公安厅、省人力资源社会保障厅、省住房城乡建设厅）

20. 提高教育教学质量。积极引导民办学校以服务我省新旧动能转换重大工程人才需求为导向，更新办学理念，深化教育教学改革，创新办学模式，加强内涵建设。鼓励支持民办学校培育优质学科、专业、课程、师资，改进管理水平，提升教育教学整体质量，着力打造一批在国内乃至国际具有影响力和竞争力的民办教育品牌，着力培养一批有理想、有境界、有情怀、有担当的民办教育家。支持高质量、有特色的民办学校开展国际交流，拓展对外合作，为"一带一路"建设提供人才支撑。（责任单位：省教育厅〔省委教育工委〕、省发展改革委、省人力资源社会保障厅）

六、加强服务与管理

21. 改进政府管理方式。各级政府要将发展民办教育纳入经济社会发展和教育事业整体规划。省教育厅（省委教育工委）要会同有关部门，建立健全工作机制，定期研究解决民办教育改革发展的重要问题。实行民办教育全链条审批，实现民办教育相关审批事项一站式办结，提高服务效率。加强事中事后监管，提高政府管理服务水平。探索民办学校、受教育者（监护人）、保险公司共同参与的风险防范机制。积极培育民办教育行业组织。落实各级政府民办教育发展责任，将鼓励支持社会力量兴办教育作为考核各级政府改进公共服务方式的重要内容。（责任单位：省教育厅〔省委教育工委〕、省编办、省发展改革委、省公安厅、省民政厅、省财政厅、省人力资源社会保障厅、省国土资源厅、省住房城乡建设厅、省国资委、省国税局、省地税局、省工商局、省金融办、省物价局、人民银行济南分行、山东银监局、山东证监局、山东保监局，各市政府）

22. 加强监督管理。加强民办教育管理机构建设，强化民办教育督导。积极推动建立省、市、县（市、区）、乡镇（街道）四级联动的民办教育综合治理体系，健全联合执法机制。完善民办学校年检和年报制度，建立民办学校第三方质量认证和评估制度。加强对新设立民办学校举办者的资格审查，建立民办学校信息强制公开制度。建立健全诚信档案制度和失信联合惩戒机制，将违规学校及其举办者和负责人纳入黑名单。（责任单位：省教育厅〔省委教育工委〕、省编办、省公安厅、省民政厅、省人力资源社会保障厅、省工商局，各市政府）

23. 营造良好发展环境。深入推进民办教育综合改革，鼓励各地先行先试。总结推广先进经验，加大对民办教育的宣传表彰力度，努力营造全社会共同关心、支持民办教育发展的良好氛围。（责任单位：省教育厅〔省委教育工委〕、省编办、省民政厅、省人力资源社会保障厅、省工商局，各市政府）

山东省人民政府办公厅关于印发《对市级人民政府履行教育职责开展评价工作的实施方案》的通知

2018 年 11 月 27 日　鲁政办发〔2018〕29 号

各市人民政府，各县（市、区）人民政府，省政府各部门、各直属机构：

《对市级人民政府履行教育职责开展评价工作的实施方案》已经省政府同意，现印发给你们，请认真组织实施。

附件：对市级人民政府履行教育职责开展评价工作的实施方案

附件：

对市级人民政府履行教育职责开展评价工作的实施方案

为贯彻落实《国务院办公厅关于印发对省级人民政府履行教育职责的评价办法的通知》（国办发〔2017〕49号）要求，进一步推动市级人民政府及有关部门依法履行教育职责，结合我省实际，制定如下实施方案。

一、指导思想

深入学习贯彻习近平新时代中国特色社会主义思想和党的十九大精神，坚持立德树人的根本任务，树立科学的教育观、质量观、人才观，办好人民满意的教育。按照省委、省政府关于教育工作的总体要求，促进各级各类教育发展，规范办学行为，维护教育公平，提高教育质量，为新时代现代化强省建设提供人才基础和智力支撑。

二、基本原则

依法依规。对市级人民政府履行教育职责评价工作根据《中华人民共和国教育法》《教育督导条例》《山东省教育督导条例》等法律、法规、规章和国家及我省教育工作有关政策组织开展。

突出重点。主要解决资金投入、师资配备、教育用地、安全保障、教育管理等涉及教育改革与发展的重点难点问题。

客观公正。科学设置评价指标内容，规范评价工作程序，严格把握评价标准尺度，确保公正、公平、公开。

注重实效。评价工作以促进教育公平、提升教育质量为目的，强化工作效能，及时发现问题，督促解决问题。

三、评价内容

（一）贯彻执行党的教育方针和落实教育法律、法规、规章和政策情况。

1. 坚持党对教育事业的全面领导，坚持社会主义办学方向，全面贯彻党的教育方针，落实国家教育法律、法规、规章和政策。加强教育系统党建工作和思想政治工作。合理设置教师党支部或党小组。落实"三会一课"制度，规范教师党支部组织生活，加强党员教师日常管理，充分发挥教师党支部凝聚师生的战斗堡垒作用。强化党委主体责任和纪委监督责任，严格执行党风廉政建设责任制。

2. 坚持优先发展教育事业，将各级各类教育发展主要目标纳入经济社会发展规划。建立政府常务会议定期听取、研究教育工作制度，各有关部门履行教育职责明确，教育重点难点热点问题得到及时有效解决。

3. 向社会公布行政权力清单与责任清单并实行动态调整，建立健全教育行政执法体制机制，依法处理违法违规行为，妥善处理教育领域纠纷。推进依法治校，落实"一校一章程"，健全学校依法办学自主管理的制度体系。

4. 推广普及国家通用语言文字，积极弘扬中华优秀传统文化，发挥学校主阵地引领作用，完善"政府主导、语委统筹、部门支持、社会参与"的工作机制。

（二）各级各类教育发展情况。

5. 采取多种方式，积极落实公办幼儿园教师编制标准，制定并落实公办幼儿园生均公用经费财政拨款标准。落实幼儿教师工资待遇和社会保障。幼儿教师持证上岗。学前教育入园率、普惠率达到省定标准。开展城镇居住区配套幼儿园和无证幼儿园专项整治，并取得初步成效。

6. 实现县域内义务教育学校建设标准城乡统一、教师编制标准城乡统一、生均公用经费基准定额城乡统一、基本装备配置标准城乡统一。健全完善义务教育控辍保学机制。保障外来务工人员子女、残疾儿童少年入学。义务教育学校开齐开足课程。巩固义务教育基本均衡成果，统筹规划、合理布局农村小规模学校和乡镇寄宿制学校，有效推动义务教育优质均衡发展。

7. 普及高中阶段教育。高中阶段教育中等职业学校和普通高中招生规模大体相当。

8. 落实《山东省中等职业学校机构编制标准》；"双师型"教师比例达到规定标准和要求。生均实习实训仪器设备值、校舍建筑面积和图书册数达到规定要求，职业院校（含技工院校）办学基础能力得到提高。建立学校专业与产业发展动态调整机制，学校专业设置与当地产业匹配度高。定期开展职业教育质量评价，职业教育服务地方经济社会发展能力明显增强。

9. 人口 30 万以上的县（市），建设好一所特教学校。尚未建立特教学校的县（市），以多种形式开发特教资源，为残疾儿童少年提供教育服务，所有招收 5 人以上残疾学生的普通学校应设有特殊教育资源教室。

10. 实行民办学校分类管理，建立完善差别化扶持政策体系，建立健全部门协调配合工作机制和民办教育监督管理体制。建立完整的继续教育保障、激励、监管和评估机制，健全市、县、乡（镇、街道）、村（居）四级社区教育网络、管理队伍和师资队伍，完善办学条件，在职人员继续教育培训机会有保障。广泛开展城乡继续教育、社区教育、老年教育，加快构建终身教育体系和学习型社会。

（三）教育保障情况。

11. 统筹城乡学校布局和建设，吸收教育行政主管部门进入城乡规划委员会。确保新建配套学校、幼儿园按生源足额与住宅首期项目同步规划、建设与使用。保障学校用地安全，未经教育行政主管部门批准不得改变用途。

12. 建立学校安全管理工作领导机制，健全完善学校安全风险与安全稳定防控体系，形成学校安全监管长效机制和有效预警与应对机制。校园及周边治安综合治理制度健全，落实有力。校车管理规范有序。建立校园欺凌防范机制。各级各类学校校舍按规定进行安全鉴定及排查。未发生重大安全稳定事故，未发生重大校园（校车）安全责任事故及严重校园欺凌事件。校园无宗教渗透现象。

13. 按有关规定，足额落实各级各类学校生均财政拨款标准并及时拨付。严格规范专项资金管理和使用，纳入一般预算后确保各类教育专项经费专款专用，无挪用、截留问题，加快预算执行进度，充分发挥专项资金效益。全面推进教育经费科学化精细化管理，加强财务监督和绩效评价。

14. "全面改薄"、解决大班额、学前教育行动计划、特殊教育提升计划、职业院校建设工程等国家和省重大教育项目及教育工程按年度完成任务。加强教育信息化建设和应用。

15. 强化教育督导。建立健全政府教育督导工作机制，加强督导队伍建设，专职督导人员的数量和结构满足督政、督学、评估监测三大职能工作需要。每年督政工作覆盖区域内所有县（市、区），存在的主要问题得到有效整改落实。责任督学挂牌督导制度健全，责任督学覆盖所有普通中小学、幼儿园并按照要求有效开展工作。教育督导经费列入财政预算，督学参与督导活动补助得到落实。

（四）师资队伍建设情况。

16. 坚持把教师队伍建设作为基础工作。落实国家和省关于中小学教师编制的政策规定，执行省定教职工编制标准，每三年核定一次教职工编制总量。教育部门依据生源等将编制总量细分到校，实行动态调整。教师补充机制健全，有空编的做到"有编即补"，配齐中小学教师；满编超编但部分学科教师缺员的，充分利用中小学教师临时周转编制专户补充专任教师，满足开齐开全课程需求。全面落实中小学教师"县管校聘"管理体制改革，建立义务教育学校校长、教师交流轮岗制度，年交流轮岗数量达到省规定要求。

按照有关规定，及时对中小学教师岗位进行设置和调整，城乡教师分开评审职称，建立"定向评价、定向使用"的基层中小学教师职称制度。推进中小学校长职级制改革，开展职级认定、聘任及薪酬的兑现工作。加强教师队伍党建工作，提升教师思想政治素质。建立健全师德师风建设长效机制，落实师德考核制度。

17. 实施教师绩效工资制度，按照国家、省有关政策兑现教师工资待遇并及时足额发放，农村学校教职工工资由县级财政筹措承担，依法缴纳各类社会保险和住房公积金，教师岗位临时性空缺聘用人员相关待遇由政府购买服务保障，严禁中小学自行聘用代课教师。建立中小学教师工资与当地公务员工资长效联动机制，确保中小学教师平均工资收入水平不低于或高于当地公务员平均工资收入水平。落实教师体检、农村教师乡镇补贴和交通补助、偏远农村学校建设教师周转宿舍、农村学校特级教师岗位、提高班主任津贴标准等政策。加强教师（含幼儿教师）培训工作，确保中小学、幼儿园按照年度公用经费预算总额的5%落实教师培训经费，全面提升中小学、幼儿园和职业院校教师能力素质。

（五）规范办学行为、促进教育公平情况。

18. 严格执行国家和省有关招生政策，义务教育阶段公办学校免试免费就近入学，民办学校免试入学；不以各类等级考试证书、社会培训证书为依据录取学生，公办普通高中无超范围、超计划招生现象，民办高中跨市招生纳入生源地总体计划。积极推进中考改革，出台等级录取或分数＋等级录取政策。

19. 坚持把立德树人作为根本任务，政府及教育行政主管部门不向学校下达升学指标，不依据中高考成绩给学校排名。义务教育阶段不设重点校、重点班。加大治理教师有偿家教和违规到培训机构兼职取酬力度。切实减轻学生课外负担。不断提升学生体质健康水平。努力构建德智体美劳全面培养的教育体系。

20. 健全完善学生资助制度并有效落实，实现从学前教育到高等教育资助政策全覆盖，未出现学生（幼儿）因家庭经济困难而失学现象。

四、组织实施

评价工作在省政府统一领导下进行，由省政府教育督导委员会统筹协调，省政府教育督导委员会办公室组织实施。评价工作每年开展一次。省政府教育督导委员会办公室根据国家和省教育事业发展的年度重点任务和需要解决的突出问题，确定年度评价工作重点并组织实施。

（一）印发书面通知。省政府教育督导委员会办公室于每年3月底之前印发对市级人民政府履行教育职责评价工作的书面通知，部署相关工作，明确时间节点。

（二）开展自查自评。市级人民政府按照通知要求，对上一年度市本级和所辖县（市、区）政府履行教育职责情况进行自查自评，形成自评报告报省政府教育督导委员会办公室。各市人民政府对自评报告和相关材料、数据的真实性、准确性负责。

（三）组织审核评估。省政府教育督导委员会办公室组织专家对各市自评材料进行审核评估。

（四）第三方专业机构监测评估。第三方专业机构受省政府教育督导委员会办公室委托，利用教育事业和教育经费统计数据等，对相关指标进行监测评估，面向社会和学生开展满意度调查。

（五）实地督导检查。省政府教育督导委员会办公室组织有关专家对市本级和随机抽取的县（市、区）进行实地督导检查。

1. 确定评价对象。为保证评价工作的客观性和公平性，每个市抽取市本级和2个县（市、区）。各市按照自评情况将抽取对象分为上下两个半区，省督导检查时分别在上下两个半区各抽取1个县（市、区）。

2. 验证法核实。即在被评价单位自评的基础上，通过随机抽样对自评结果进行验证，根据验证的结果对被评价单位做出结论。如果对抽取的样本进行评价验证后，认定其自评结果与评价结果基本一致，或评价结果高于自评结果，认可自评结果。如果认定抽取的样本自我评价过高或不实，通过"自评可信度"对被评价单位的自评量化计分予以调整，促使被评价单位据实自评，保证评价结果的真实性和科学性。

3. 实地督导全覆盖。实地督导五年一个周期，前四年均未抽取到的县（市、区），第五个评价年度全部纳为评价对象。

（六）形成反馈意见。省政府教育督导委员会办公室根据市级人民政府自查自评、自评材料审核评估、第三方专业机构监测评估和实地督导检查情况，形成反馈意见向市级人民政府反馈。

（七）进行整改复查。市级人民政府按照反馈意见制定整改方案，在规定时间内认真进行整改并将整改落实情况报省政府教育督导委员会办公室。省政府教育督导委员会办公室对整改落实情况进行复查。

（八）发布评价报告。省政府教育督导委员会办公室综合市级自查自评、自评材料审核评估、第三方专业机构监测评估、实地督导检查、整改复查等情况，形成对市级人民政府年度履行教育职责评价报告，报省政府审定后向社会公开发布。

五、评价结果与运用

（一）评价结果分为优秀、良好、合格、不合格四个等级，评价满分为 100 分。评价得分 90 分（含）以上为优秀，75 分（含）至 90 分为良好，60 分（含）至 75 分为合格，60 分以下为不合格。

行政区域内出现下列情形之一的市级人民政府，年度评价结果降低一个等级予以认定：

1. 市本级及所辖县（市、区）财政一般公共预算教育支出比上年降低或按在校学生人数平均的一般公共预算教育支出比上年降低的；

2. 当年县域义务教育校际间均衡状况达不到国家标准要求的；

3. 发生教育重大安全事故或产生重大影响的校园安全事件的；

4. 农村教师享受乡镇工作人员津贴补贴未达到相关规定标准的；

5. 学生体质健康水平连续 2 年下降的；

6. 存在弄虚作假行为的。

（二）评价结果作为对市级人民政府及其有关部门领导班子和领导干部进行考核、奖惩的重要依据。

（三）对履行教育职责不到位、整改不力、出现重特大教育安全事故、有弄虚作假行为的市级人民政府，省政府教育督导委员会将按照有关规定，采取适当形式对有关单位和责任人进行通报批评，并提出给予处分的建议。

六、保障措施

（一）强化组织领导。市级人民政府要切实强化主体责任，依法履行教育职责，统筹推进区域内教育事业科学健康发展。要按照评价内容和组织实施的程序，加强部门协同，明确目标任务，落实责任分工，积极配合做好对市级政府履行教育职责评价的有关工作。市级人民政府应依据本方案，结合本行政区域实际，开展对本行政区域内各级政府履行教育职责的评价工作。

（二）严肃工作纪律。参与评价工作的人员要增强责任意识，严肃工作纪律，准确采集、汇总和上报相关材料并严格把关，确保对政府履行教育职责情况作出全面、客观、公正评价。因违反规定导致评价结果严重失真失实的，追究相关责任人的责任。

附件：对市级人民政府履行教育职责评价指标内容及权重

附件：

对市级人民政府履行教育职责评价指标内容及权重

一级指标	二级指标	权重
一、贯彻执行党的教育方针和落实教育法律、法规、规章和政策情况	1. 坚持党对教育事业的全面领导，坚持社会主义办学方向，全面贯彻党的教育方针，落实国家教育法律、法规、规章和政策。加强教育系统党建工作和思想政治工作。合理设置教师党支部或党小组。落实"三会一课"制度，规范教师党支部组织生活，加强党员教师日常管理，充分发挥教师党支部凝聚师生的战斗堡垒作用。强化党委主体责任和纪委监督责任，严格执行党风廉政建设责任制。	6%
	2. 坚持优先发展教育事业，将各级各类教育发展主要目标纳入经济社会发展规划。建立政府常务会议定期听取、研究教育工作制度，各有关部门履行教育职责明确，教育重点难点热点问题得到及时有效解决。	5%

一级指标	二级指标	权重
一、贯彻执行党的教育方针和落实教育法律、法规、规章和政策情况	3. 向社会公布行政权力清单与责任清单并实行动态调整，建立健全教育行政执法体制机制，依法处理违法违规行为，妥善处理教育领域纠纷。推进依法治校，落实"一校一章程"，健全学校依法办学自主管理的制度体系。	2%
	4. 推广普及国家通用语言文字，积极弘扬中华优秀传统文化，发挥学校主阵地引领作用，完善"政府主导、语委统筹、部门支持、社会参与"的工作机制。	2%
二、各级各类教育发展情况	5. 采取多种方式，积极落实公办幼儿园教师编制标准，制定并落实公办幼儿园生均公用经费财政拨款标准。落实幼儿教师工资待遇和社会保障。幼儿教师持证上岗。学前教育入园率、普惠率达到省定标准。开展城镇居住区配套幼儿园和无证幼儿园专项整治，并取得初步成效。	5%
	6. 实现县域内义务教育学校建设标准城乡统一、教师编制标准城乡统一、生均公用经费基准定额城乡统一、基本装备配置标准城乡统一。健全完善义务教育控辍保学机制。保障外来务工人员子女、残疾儿童少年入学。义务教育学校开齐开足课程。巩固义务教育基本均衡成果，统筹规划、合理布局农村小规模学校和乡镇寄宿制学校，有效推动义务教育优质均衡发展。	8%
	7. 普及高中阶段教育。高中阶段教育中等职业学校和普通高中招生规模大体相当。	2%
	8. 落实《山东省中等职业学校机构编制标准》；"双师型"教师比例达到规定标准和要求。生均实习实训仪器设备值、校舍建筑面积和图书册数达到规定要求，职业院校（含技工院校）办学基础能力得到提高。建立学校专业与产业发展动态调整机制，学校专业设置与当地产业匹配度高。定期开展职业教育质量评价，职业教育服务地方经济社会发展能力明显增强。	5%
	9. 人口30万以上的县（市），建设好一所特教学校。尚未建立特教学校的县（市），以多种形式开发特教资源，为残疾儿童少年提供教育服务，所有招收5人以上残疾学生的普通学校应设有特殊教育资源教室。	1%
	10. 实行民办学校分类管理，建立完善差别化扶持政策体系，建立健全部门协调配合工作机制和民办教育监督管理体制。建立完整的继续教育保障、激励、监管和评估机制，健全市、县、乡（镇、街道）、村（居）四级社区教育网络、管理队伍和师资队伍，完善办学条件，在职人员继续教育培训机会有保障。广泛开展城乡继续教育、社区教育、老年教育，加快构建终身教育体系和学习型社会。	4%
三、教育保障情况	11. 统筹城乡学校布局和建设，吸收教育行政主管部门进入城乡规划委员会。确保新建配套学校、幼儿园按生源足额与住宅首期项目同步规划、建设与使用。保障学校用地安全，未经教育行政主管部门批准不得改变用途。	5%
	12. 建立学校安全管理工作领导机制，健全完善学校安全风险与安全稳定防控体系，形成学校安全监管长效机制和有效预警与应对机制。校园及周边治安综合治理制度健全，落实有力。校车管理规范有序。建立校园欺凌防范机制。各级各类学校校舍按规定进行安全鉴定及排查。未发生重大安全稳定事故，未发生重大校园（校车）安全责任事故及严重校园欺凌事件。校园无宗教渗透现象。	5%
	13. 按有关规定，足额落实各级各类学校生均财政拨款标准并及时拨付。严格规范专项资金管理和使用，纳入一般预算后确保各类教育专项经费专款专用，无挪用、截留问题，加快预算执行进度，充分发挥专项资金效益。全面推进教育经费科学化精细化管理，加强财务监督和绩效评价。	10%
	14. "全面改薄"、解决大班额、学前教育行动计划、特殊教育提升计划、职业院校建设工程等国家和省重大教育项目及教育工程按年度完成任务。加强教育信息化建设和应用。	10%
	15. 强化教育督导。建立健全政府教育督导工作机制，加强督导队伍建设，专职督导人员的数量和结构满足督政、督学、评估监测三大职能工作需要。每年督政工作覆盖区域内所有县（市、区），存在的主要问题得到有效整改落实。责任督学挂牌督导制度健全，责任督学覆盖所有普通中小学、幼儿园并按照要求有效开展工作。教育督导经费列入财政预算，督学参与督导活动补助得到落实。	5%
四、师资队伍建设情况	16. 坚持把教师队伍建设作为基础工作。落实国家和省关于中小学教师编制的政策规定，执行省定教职工编制标准，每三年核定一次教职工编制总量。教育部门依据生源等将编制总量细分到校，实行动态调整。教师补充机制健全，有空编的做到"有编即补"，配齐中小学教师；满编超编但部分学科教师缺员的，充分利用中小学教师临时周转编制专户补充专任教师，满足开齐开全课程需求。全面落实中小学教师"县管校聘"管理体制改革，建立义务教育学校校长、教师交流轮岗制度，年交流轮岗数量达到省规定要求。按照有关规定，及时对中小学教师岗位进行设置和调整，城乡教师分开评审职称，建立"定向评价、定向使用"的基层中小学教师职称制度。推进中小学校长职级制改革，开展职级认定、聘任及薪酬的兑现工作。加强教师队伍党建工作，提升教师思想政治素质。建立健全师德师风建设长效机制，落实师德考核制度。	8%

一级指标	二级指标	权重
四、师资队伍建设情况	17. 实施教师绩效工资制度，按照国家、省有关政策兑现教师工资待遇并及时足额发放，农村学校教职工工资由县级财政筹措承担，依法缴纳各类社会保险和住房公积金，教师岗位临时性空缺聘用人员相关待遇由政府购买服务保障，严禁中小学自行聘用代课教师。建立中小学教师工资与当地公务员工资长效联动机制，确保中小学教师平均工资收入水平不低于或高于当地公务员平均工资收入水平。落实教师体检、农村教师乡镇补贴和交通补助、偏远农村学校建设教师周转宿舍、农村学校特级教师岗位、提高班主任津贴标准等政策。加强教师（含幼儿教师）培训工作，确保中小学、幼儿园按照年度公用经费预算总额的 5% 落实教师培训经费，全面提升中小学、幼儿园和职业院校教师能力素质。	7%
五、规范办学行为、促进教育公平情况	18. 严格执行国家和省有关招生政策，义务教育阶段公办学校免试免费就近入学，民办学校免试入学；不以各类等级考试证书、社会培训证书为依据录取学生，公办普通高中无超范围、超计划招生现象，民办高中跨市招生纳入生源地总体计划。积极推进中考改革，出台等级录取或分数＋等级录取政策。	4%
	19. 坚持把立德树人作为根本任务，政府及教育行政主管部门不向学校下达升学指标，不依据中高考成绩给学校排名。义务教育阶段不设重点校、重点班。加大治理教师有偿家教和违规到培训机构兼职取酬力度。切实减轻学生课外负担。不断提升学生体质健康水平。努力构建德智体美劳全面培养的教育体系。	4%
	20. 健全完善学生资助制度并有效落实，实现从学前教育到高等教育资助政策全覆盖，未出现学生（幼儿）因家庭经济困难而失学现象。	2%

中共山东省委 山东省人民政府关于全面深化新时代全省教师队伍建设改革的实施意见

2018 年 11 月 19 日 鲁发〔2018〕44 号

为深入学习贯彻习近平新时代中国特色社会主义思想和党的十九大精神，全面落实《中共中央、国务院关于全面深化新时代教师队伍建设改革的意见》（中发〔2018〕4 号）和全国教育大会精神，现结合我省实际，提出如下实施意见。

一、全面加强教师思想政治工作

1. 加强教师队伍党建工作。贯彻全面从严治党要求，加强各级各类学校教师党支部和教师党员队伍建设，合理设置教师党支部或党小组。落实"三会一课"制度，规范教师党支部组织生活，加强党员教师日常管理，充分发挥教师党支部凝聚师生的战斗堡垒作用。选优配强教师党支部书记，深入实施党支部书记"双带头人"培育工程，每年至少开展一次教师党支部书记轮训。市、县（市、区）教育工委要依托现有教育培训机构，利用基层党校，系统组织开展教师党员教育培训工作。完善选拔、培养、激励机制，配齐建强专职为主、专兼结合、数量充足、素质优良的学校党务工作队伍。〔责任部门：省教育厅（省委教育工委）、省委组织部，各市党委，各高等院校党委。列第一位者为牵头部门，下同〕

2. 提升教师思想政治素质。加强教师理想信念教育，依托高等院校、科研机构搭建教师思想政治工作研究平台，系统研究教师思想政治工作。将习近平新时代中国特色社会主义思想作为教师培养培训的重要内容，开发教育培训课程，系统开展教师"四个自信"专题教育，引导教师准确理解和把握社会主义核心价值观的深刻内涵，拓宽教师文化视野，提高教师综合素养，推动教师成为先进文化的传播者、党执政的坚定支持者、学生健康成长的指导者和引路人。发挥山东优秀传统文化和红色文化资源优势，依托新型城乡社区、现代创新型企业、高精尖实验室等社会资源，认定、设立 100 个省级教师实践教育基地，引导广大教师特别是思想政治课教师充分了解党情、国情、省情、社情、民情，增强思想政治工作的针对性和实

效性。〔责任部门：省教育厅（省委教育工委）、省委宣传部，各市党委，各高等院校党委〕

3. 强化师德师风建设。实施师德师风建设工程，将师德师风作为评价教师素质的第一标准，突出全员全方位全过程师德养成，把严格的制度规定和日常教育督导结合起来，引导教师把教书育人和自我修养结合起来，做到以德立身、以德立学、以德施教。建设 50 个省级师德涵养基地，强化师德实践，擦亮山东教师志愿服务品牌，支持广大教师开展义务送教下乡等志愿服务活动。强化师德考评，实行师德考核负面清单制度，加大教师考评环节中职业操守权重，对学术不端、师德失范的实行一票否决制。规范教师依法执教、廉洁从教行为，引导教师爱岗敬业，为人师表，模范遵守社会公德，树立教师良好的社会形象。持续开展中小学在职教师参与有偿补课专项治理活动，防止教师队伍中出现"微腐败"现象。〔责任部门：省教育厅（省委教育工委），各市政府，各高等院校〕

二、全面提升教师队伍专业素质能力

4. 优化教师培养体系。实施教师教育振兴行动计划，调整、优化师范院校和师范专业布局，建立动态调整机制，加强省级教师教育基地建设，构建以师范院校为主体、高水平综合大学参与的师范教育体系。推进教师培养供给侧改革，集中力量办好 10 所左右的幼儿师资培养基地，重点培养初中起点五年制专科层次幼儿教师；为义务教育学段侧重培养本科层次教师，为高中阶段学校侧重培养研究生层次教师；探索本硕连读教育硕士研究生培养模式。支持高水平综合大学设立师范专业，重点培养具有硕士、博士学位的高层次教师。逐步建立市级政府委托高等院校培养师范生制度，实行学生自愿申请，毕业学校推荐，市、县（市、区）教育部门面试考核，高等院校择优录取，委托单位安排使用的招生办法，选拔品学兼优、宜教乐教的优秀学生进入师范专业，提升师范专业生源质量。完善公费师范生培养机制，从 2019 年起，3 年新招收 15 000 名公费师范生，建立公费师范生入职竞岗选聘制度。〔责任部门：省教育厅（省委教育工委）、省委编办、省发展改革委、省财政厅、省人力资源社会保障厅，各市政府，有关高等院校〕

5. 提升师范生培养质量。开展周期性师范类专业认证工作，完善师范专业人才培养质量评估体系。提高师范类本科专业生均拨款标准，用 3 年时间达到普通专业标准的 1.5 倍，结合师范类专业认证，实行差异化生均拨款制度。依托高等院校教学科研机构，搭建教师教育课程研究平台，深化教师教育课程改革，强化师范生"三字一话"、信息技术应用等教学基本功和教学技能训练，加强教学技能考核，办好师范类高等院校学生从业技能大赛。高等院校要完善师范生教育实践制度，保障师范生教育实践经费，提高学生生活补助标准，确保集中教育实践不少于半年。〔责任部门：省教育厅（省委教育工委）、省财政厅，有关高等院校〕

6. 提高教师培养培训质量。按照"分级负责、分类培训、需求导向、注重实效"的原则，构建省市县三级骨干教师培养培训体系，创新教师培训模式，用 10 年左右时间培养十万名骨干教师、万名卓越教师、千名教育家型教师。加大齐鲁名师名校长培养力度，以 3 年为一个周期，遴选、培养齐鲁名师名校长 500 名、特级教师 400 名。深化"互联网＋教师发展"工程，建立一批省外、国外优质教师培训基地。加大中小学教师培训经费投入，各市、县（市、区）政府要将教师培训经费列入财政预算予以保障。各市要制定教师培训规划，整合相关资源，充分发挥好高等院校和区域内教育科研机构作用，系统开展教师培训工作。加快县级教师培训、教研、电教、科研等机构整合，推进县级教师发展机构和专业培训者队伍建设。〔责任部门：省教育厅（省委教育工委）、省财政厅、省人力资源社会保障厅，各市政府〕

7. 打造职业院校"双师型"教师队伍。继续实施职业院校（含技工学校，下同）教师素质提高计划。建设一批应用型本科高等院校、优质高职院校与大中型企业共同参与的职业教育教师培养培训基地。鼓励高等院校开设职业教育师范类选修课程，支持高水平综合大学建设职业教育师范学院。落实职业院校教师企业实践制度。定期举办职业院校教师职业技能大赛和教学能力大赛。用 5 年左右的时间，选拔培养 500 名青年技能名师，认定一批专业骨干带头人、教学名师和教学团队，造就一批职业教育领军人物和职教名家。〔责任部门：省教育厅（省委教育工委）、省工业和信息化厅、省财政厅、省人力资源社会保障厅，各市政府，各高等院校〕

8. 提升高等院校教师队伍整体水平。高等院校要完善教师发展体制机制，健全教师发展工作机构，足额安排教师培训经费，保障教师专业能力提升。加强高等院校思想政治理论课教师和辅导员队伍建设，确保用 3 年时间全面达到国家规定配备标准。实施高等院校教学名师、团队建设计划。坚持引培并举，加快高层次人才队伍建设，深入实施"泰山学者"工程，实施青年人才国际化培养计划、高等院校青年教师成长计划。采取"一事一议"方式，支持高等院校引进国际顶尖人才及团队。完善人才评价机制，组建高等院校高层次人才评价专家团队。〔责任部门：省教育厅（省委教育工委）、省委组织部、省财政厅、省人力资源社会保障厅，各市政府，各高等院校〕

三、全面深化教师管理体制机制改革

9. 加强中小学教师编制管理。各地要在现有事业编制总量内，盘活事业编制存量，优化编制结构，向教师队伍倾斜，充分利用教师编制周转专户政策，优先保障教育发展需要。要加大教职工编制统筹配置和跨区域调整力度，根据生源增长及时核定、调配编制。支持各地通过政府购买服务方式解决因培训、病休、生育等造成的教师临时性缺员，严禁中小学自行聘用代课教师。严禁在有合格教师来源的情况下有编不补，严禁挤占、挪用、截留中小学教职工编制。充分挖掘现有编制资源，利用改革管理、精简收回等待分配编制调剂解决公办幼儿园编制需求；现有编制总量内确实无法满足的市、县（市、区），可对实验幼儿园、乡镇（街道）中心幼儿园、公办学校附属幼儿园等公益二类幼儿园探索实行人员控制总量备案管理，满足幼儿园教师需求。〔责任部门：省委编办、省教育厅（省委教育工委）、省财政厅、省人力资源社会保障厅，各市人民政府〕

10. 完善中小学教师准入和招聘制度。提高新招聘教师学历门槛，将幼儿园教师学历提升至专科，小学教师学历提升至师范专业专科和非师范专业本科，初中教师学历提升至本科，有条件的地方可将普通高中教师学历提升至研究生。完善中小学教师招聘方式，强化对入职人员的品德考察，重点考察教师专业素养和职业能力。加大音乐、体育、美术、信息技术等紧缺学科教师招聘力度，缓解教师学科结构矛盾。〔责任部门：省教育厅（省委教育工委）、省人力资源社会保障厅，各市政府〕

11. 优化城乡教师资源配置。全面实施中小学教师"县管校聘"管理改革，落实县级机构编制部门核定编制总量，人力资源社会保障部门核定岗位总量，教育行政部门在编制、岗位总量内，统筹调配教师，学校按岗聘用、合同管理，县域跨校竞聘、定期交流的管理机制。推动优秀校长教师向乡村学校、薄弱学校流动。县级人民政府要根据实际，落实学区内短缺学科教师走教制度，制定走教教师财政补助政策。实施"银龄讲学计划"，鼓励乐于奉献、身体健康的退休教师到乡村和基层学校支教讲学。〔责任部门：省教育厅（省委教育工委）、省委编办、省财政厅、省人力资源社会保障厅，各市政府〕

12. 深化中小学教师职称和考核评价制度改革。完善符合中小学特点的岗位管理制度，实现职称与教师聘用衔接。适当提高中小学中级、高级教师岗位比例，在中小学增设正高级专业技术岗位，畅通教师职业发展通道。进一步深化中小学教师职称制度改革，在乡村中小学从事专业技术工作 10 年以上申报中级职称，从事专业技术工作 20 年以上申报副高级职称，从事专业技术工作 30 年以上申报正高级职称，可不受单位岗位结构比例限制。建立"定向评价、定向使用"的基层中小学教师职称制度。完善符合中小学教师岗位特点的考核评价指标体系，加强年度考核、聘期考核，建立教师退出机制。〔责任部门：省人力资源社会保障厅、省教育厅（省委教育工委），各市政府〕

13. 健全职业院校教师管理制度。全面落实生均拨款制度，推进高等职业院校、公益二类中等职业学校（含技工学校）和技师学院人员控制总量备案管理。完善高等职业院校、技师学院自主招聘制度，专业教师招聘要以测试专业技能和执教能力为主，可采取考察的方式招聘行业企业技术能手、能工巧匠等高水平技能人才。建立行业企业领军人才、企业管理者、技术能手与职业院校教学名师、管理者、骨干教师相互兼职制度。探索实行项目工资制、年薪制，吸引具有实践经验的企业管理人才、科技人才、技能人才等到职业院校任教。职业院校通过校企合作、技术服务、社会培训、自办企业等所得收入，可按一定比例作为绩效工资来源。〔责任部门：省教育厅（省委教育工委）、省委编办、省财政厅、省人力资源社会保障厅，各市政府，各高等职业院校〕

14. 深化高等院校教师人事制度改革。健全高等院校教师人员控制总量备案管理和职称自主评聘的事中事后监管机制。学校在人员控制总量内，自主安排、执行用人计划。深化高等院校岗位管理制度改革，按照"生员比"计算岗位总量，提高专业技术高级岗位设置数量，建立与高等院校发展相适应的岗位动态调整机制，高等院校要将岗位管理制度改革实施方案和岗位年度使用计划列入学校重大事项管理，按规定自主制定岗位设置方案，自主聘用人员。推进教师考核评价制度改革，突出教育教学业绩评价和师德考核。完善各项人事管理制度，加强自我约束和管理，对失职行为严肃问责。创新监管方式和手段，建立完善公示、回避、信用机制，实行"双随机一公开"加强事中事后监管。进一步畅通高端特殊人才、海外高层次人才职称评聘绿色通道。帮助引进的高端人才解决住房、子女入学、家属就业等生活困难。根据中央统一部署，开展高等院校管理岗位职员等级晋升制度改革工作。〔责任部门：省人力资源社会保障厅、省委编办、省教育厅（省委教育工委），各市政府，各高等院校〕

四、全面提高教师地位待遇

15. 完善中小学教师待遇保障机制。建立中小学教师工资与当地公务员工资长效联动机制，在核定中小学绩效工资总量时，要统筹考虑当地公务员上年度实际收入水平。学校所在地调整公务员工资待遇时，必须同时间、同幅度考虑中小学教师，确保中小学教师平均工资收入水平不低于或高于当地公务员平均工资收入水平。深化中小学绩效工资制度改革，建立教师绩效工资增量机制，取消基础性绩效和奖励性绩效工资比例要求，绩效工资由学校统筹分配，有效体现教师和管理人员工作量、工作绩效，绩效工资分配向班主任和特殊教育老师倾斜；在核增绩效工资总量时，对农村小班额学校、寄宿制学校、民族班办班学校、考核优秀学校等单位，可适当上浮绩效工资水平。结合当地实际，调整提高班主任津贴，并纳入绩效工资总量管理。深化校长职级制改革，实施相应的校长收入分配办法。〔责任部门：省人力资源社会保障厅、省委编办、省教育厅（省委教育工委）、省财政厅，各市政府〕

16. 着力提高乡村教师待遇。全面落实乡镇工作补贴政策，并向艰苦偏远乡镇教师倾斜。加大农村教师周转宿舍建设力度，各地要结合省财政下达的县级基本财力保障转移支付资金给予补助。依托社会公益组织，设立山东省乡村教师关爱基金，资助乡村特困教师；实施乡村优秀青年教师培养奖励计划，按照有关规定设立乡村教育突出贡献奖，奖励长期在乡村学校从教的优秀教师。〔责任部门：省教育厅（省委教育工委）、省发展改革委、省财政厅、省人力资源社会保障厅、省住房城乡建设厅，各市政府〕

17. 落实民办学校教师权益。民办学校要按照国家有关要求，配足配齐教职工，与教师依法签订劳动合同，按时足额支付工资，并为教师足额缴纳社会保险费和住房公积金，保障其福利待遇和其他合法权益。依法保障和落实民办学校教师在业务培训、职务聘任、教龄和工龄计算、表彰奖励、科研立项等方面享有与公办学校教师同等权利。落实非营利性民办学校教师养老保险与公办学校同等待遇相关政策，财政部门对参加试点的非营利性民办学校给予适当补助。〔责任部门：省教育厅（省委教育工委）、省财政厅、省人力资源社会保障厅，各市政府〕

18. 改革高等院校教师薪酬制度。落实高等院校以增加知识价值为导向的收入分配政策，扩大高等院校收入分配自主权，高等院校在核定的绩效工资总量内自主确定收入分配办法。高等院校教师依法取得的科技成果转化现金奖励，纳入本单位工资总量管理，但不作为绩效工资调控基数。完善适应高等院校教学岗位特点的内部激励机制，绩效工资分配要向教师、教学倾斜，加大对教师岗位激励力度。把从事学生思想政治教育计入高等院校思想政治工作兼职教师的工作量，并作为教师职称评聘的重要依据。落实专职辅导员绩效考核和绩效工资。〔责任部门：省教育厅（省委教育工委）、省人力资源社会保障厅，各高等院校〕

19. 营造尊师重教的社会氛围。加大教师表彰力度，大力宣传教师中的"时代楷模"和"最美教师"，定期开展特级教师、教学名师、教学成果资质评定活动，重点奖励贡献突出的教学一线教师。各地要按照有关规定，因地制宜开展多种形式的教师表彰活动，并落实相关优待政策。鼓励社会团体、企事业单位、民间组织出资奖励教师。落实公办中小学教师国家公职人员的法律地位，依法维护中小学教师权利，引导公办中小学教师切实履行国家公职人员义务，强化国家责任、政治责任、社会责任和教育责任。要弘扬尊师重教的社会风尚，努力提高教师的政治地位、社会地位、职业地位，让广大教师享有应有的社会声望，安心从教、热心从教。〔责任部门：省教育厅（省委教育工委）、省委宣传部、省人力资源社会保障厅，各市政府，各高等院校〕

五、全力确保政策举措落地见效

20. 强化组织保障。各级党委和政府要坚持把教师队伍建设作为最重要的基础工作，摆上重要议事日程，切实加强领导，实行一把手负责制，紧扣广大教师最关心、最直接、最现实的重大问题，找准教师队伍建设的突破口和着力点，细化分工，确定路线图、任务书、时间表和责任人。各市、县（市、区）党委常委会每年至少研究一次教师队伍建设工作。建立教师工作联席会议制度，解决教师队伍建设重大问题，相关部门要制定切实提高教师待遇的具体措施。

21. 强化经费保障。各级党委和政府要加大教育投入力度，将教师队伍建设作为教育投入重点予以优先保障，确保财政一般预算教育支出逐年只增不减，确保按在校生人数平均的一般预算教育支出逐年只增不减，确保幼儿园、中小学和中等职业学校按照年度公用经费预算总额的 5% 用于教师培训，确保高等院校按照教师工资总额的 1.5% 安排教师发展经费，并在此基础上保持持续稳定增长。要优化经费投入结构，更多向教师倾斜，不断提高教师待遇保障，提升教师专业素质能力。鼓励社会力量出资投入教师队伍建设。

22. 强化监督问责。各级党委和政府要将教师队伍建设列入督查督导工作重点内容，作为党政领导班子和有关领导干部综合考核评价、奖惩任免的重要参考。健全教师队伍建设监测评估机制，定期向同级人民代表大会或其常务委员会报告教师队伍建设情况。要强化教育行政部门和学校对教师的管理责任，完善督导督学机制，加强对教师的监督指导。

省财政厅　省教育厅关于修订山东省校园足球发展资金管理办法的通知

2018 年 4 月 20 日　鲁财教〔2018〕17 号

各市财政局、教育局，山东体育学院：

　　为加强校园足球发展资金管理，提高资金使用效益，促进我省青少年校园足球运动健康发展，我们对《山东省校园足球发展资金管理办法》进行了修订，现印发给你们，请遵照执行。

　　附件：山东省校园足球发展资金管理办法

附件：

山东省校园足球发展资金管理办法

第一章　总　　则

第一条　为改善全省中小学校园足球训练条件，促进校园足球运动健康发展，省财政设立校园足球发展资金（以下简称校园足球资金），支持 16 个市级校园足球训练营和山东体育学院日照校区、临沂市青少年综合性实践基地 2 个省级训练营运转，以及用于全省、全国学生运动会训练、比赛和奖励等方面。为规范和加强校园足球资金管理，提高资金使用效益，根据有关法律法规制度规定，制定本办法。

第二条 校园足球资金按因素法分配。

第三条 校园足球资金用于参加训练营活动的学生、教师、专家和专业团队的食宿、培训、办公费用；参加全省和全国学生运动会等重大赛事的训练、比赛费用及获奖运动员、教练员奖励等。

第二章 资 金 分 配

第四条 省财政厅、省教育厅根据各市学生规模、县（市、区）数量等因素，核定各市级校园足球训练营资金金额；根据承担的训练、比赛和培训任务规模等因素，核定各省级校园足球训练营资金金额；根据全省和全国学生运动会等重大赛事需要，核定训练、比赛、奖励等费用。

第五条 每年在省人民代表大会批准省级预算后30日内，省财政厅、省教育厅将校园足球资金预算下达各市和山东体育学院等有关单位。

第三章 资 金 使 用

第六条 校园足球资金用于以下支出：

（一）参训学生、教师的食宿费用、人身意外伤害保险费用。

（二）聘请专家和专业团队的食宿费用、劳动报酬。

（三）购置训练、比赛、教学等必要的器材、图书、设施、设备。

（四）日常运行管理费。训练营运行中所发生的办公费、印刷费、水电费、会议费、差旅费、岗位补助等。

（五）参加全省和全国学生运动会等重大赛事的训练、比赛费用和获奖运动员、教练员的奖励等。

第七条 校园足球资金不得抵顶地方应承担的公用经费；不得用于偿还债务、支付工程欠款。

第四章 资 金 监 督 管 理

第八条 校园足球资金须严格按照财政国库管理制度的有关规定拨付，实行单独核算、专款专用。

第九条 对应纳入政府采购范围的货物、工程和服务，应当按照《中华人民共和国政府采购法》等有关法律法规规定，规范实行招投标等制度，建立健全相应责任机制，严格执行政府采购程序。

第十条 校园足球资金原则上应于当年形成支出，如有结余结转，要严格按照省财政厅有关财政拨款结余结转资金管理的规定执行。

第十一条 使用校园足球资金形成的固定资产，均属于国有资产，应及时纳入训练营所属单位资产进行统一管理，认真维护。

第十二条 各市财政、教育部门应加强对校园足球资金的管理，确保专款专用。省财政厅、省教育厅将依据有关规定，不定期对资金管理使用情况进行监督检查。资金的使用和管理须接受审计部门和社会监督。

第十三条 各市财政、教育部门应制定校园足球发展资金绩效评价办法，认真开展总结和自评，并于每年年底前将校园足球资金预算执行、资金使用效益、资金管理等情况以正式文件形式报省财政厅、省教育厅。省财政厅、省教育厅将根据各市工作进展情况，适时开展校园足球发展资金管理使用绩效评价，评价结果作为省级分配资金的重要因素。

第十四条 对违反本办法规定，有弄虚作假骗取资金，挤占、截留、挪用资金，擅自改变资金用途等违规行为的，省财政将扣回已下拨资金，并依据《中华人民共和国预算法》和《财政违法行为处罚处分条例》（国务院令第427号）等国家有关法律法规规定，追究相关单位和人员的责任。

第五章 附 则

第十五条 本办法由省财政厅、省教育厅负责解释。

第十六条　本办法自 2018 年 6 月 1 日起施行，有效期至 2022 年 12 月 31 日。省财政厅、省教育厅《关于印发〈山东省校园足球发展资金管理办法〉的通知》（鲁财教〔2016〕65 号）同时废止。

省财政厅　省教育厅关于印发高校与科研机构整合共建资金管理办法的通知

2018 年 8 月 8 日　鲁财教〔2018〕25 号

齐鲁工业大学（山东省科学院）、齐鲁医科大学（筹）：

　　为贯彻落实《省委办公厅　省政府办公厅关于推进高等教育综合改革的意见》（鲁办发〔2016〕19 号）精神和省政府专题会议部署，支持高校与科研机构整合共建工作深入推进，自 2017 年起，省财政设立高校与科研机构整合共建资金。为规范和加强资金管理，充分发挥资金使用效益，我们制定了《高校与科研机构整合共建资金管理办法》，现印发给你们，请认真遵照执行。

　　附件：高校与科研机构整合共建资金管理办法

附件：

高校与科研机构整合共建资金管理办法

　　第一条　为贯彻落实《省委办公厅　省政府办公厅关于推进高等教育综合改革的意见》（鲁办发〔2016〕19 号）精神和省政府专题会议部署，支持高校与科研机构整合共建工作深入推进，自 2017 年起，省财政设立高校与科研机构整合共建资金。为规范和加强资金管理，充分发挥资金使用效益，根据国家有关法律制度规定，制定本办法。

　　第二条　高校与科研机构整合共建资金（以下简称整合共建资金）是指为实现省委、省政府确定的建设国内高水平工业大学和医科大学的工作目标与任务，由省级财政安排，用于支持齐鲁工业大学（山东省科学院）和齐鲁医科大学（筹）建设发展的资金。

　　第三条　齐鲁工业大学（山东省科学院）和齐鲁医科大学（筹）根据整合共建发展需要，向省财政厅、省教育厅提出资金申请，省财政厅会同省教育厅研究确定资金安排意见。

　　第四条　整合共建单位部门预算实质性合并前，由齐鲁工业大学负责齐鲁工业大学（山东省科学院）整合共建资金预算编制、预算执行、决算、经费管理等工作，预算指标下达齐鲁工业大学，通过齐鲁工业大学零余额账户支付；由泰山医学院负责齐鲁医科大学（筹）整合共建资金预算编制、预算执行、决算、经费管理等工作，预算指标下达泰山医学院，通过泰山医学院零余额账户支付。两校要分别制定整合共建资金使用管理实施细则。

　　第五条　学校使用整合共建资金，必须经校党委会集体研究决定。

　　第六条　整合共建资金纳入齐鲁工业大学及泰山医学院财务管理体系，执行两校财务管理制度。两校要建立整合共建资金支出辅助账，实行专账管理，完整记录支出情况，确保专款专用。两校不得将资金再行分解、划拨所属二级独立核算部门，不得由二级独立核算部门设账支出。

　　第七条　整合共建资金用于与整合共建工作相关的重点学科建设、教学实验平台、科研平台、实践基地、公共服务体系和人才队伍建设等，不得用于与整合共建不相关的单方项目建设，不得用于工资福利性支出、基建工程、偿还债务、支付利息及提取工作或管理经费。

第八条　齐鲁工业大学（山东省科学院）、齐鲁医科大学（筹）要本着利于整合共建、利于事业发展的原则，统筹、集中、精准使用资金，充分发挥资金的规模效益。

第九条　整合共建资金要严格执行国库集中支付制度，涉及政府采购的，应当按照政府采购有关法律制度执行。凡使用整合共建资金形成的资产均属国有资产，应纳入学校资产统一管理。

第十条　省财政厅、省教育厅将委托第三方机构对整合共建资金管理使用情况开展绩效评价。绩效评价结果作为下一年度资金分配或学校年度财政预算安排的重要参考因素。

第十一条　齐鲁工业大学（山东省科学院）、齐鲁医科大学（筹）是整合共建资金使用的责任主体。对违反本办法规定，有弄虚作假骗取资金，挤占、截留、挪用资金，擅自改变资金用途等违规行为的，省财政将扣回已下拨资金，并依据《中华人民共和国预算法》和《财政违法行为处罚处分条例》（国务院令第 427 号）等国家有关法律法规规定，追究相关单位和人员的责任。

第十二条　本办法由省财政厅、省教育厅负责解释。

第十三条　本办法自 2018 年 10 月 1 日起施行，有效期至 2022 年 12 月 31 日。

省财政厅　省教育厅关于幼儿园生均公用
经费财政拨款标准有关问题的通知

2018 年 6 月 29 日　鲁财教〔2018〕29 号

各市财政局、教育局，省财政直接管理县（市）财政局、教育局：

按照《中央办公厅　国务院办公厅关于深化教育体制机制改革的意见》（中办发〔2017〕46 号）、《教育部等四部门关于实施第三期学前教育行动计划的意见》（教基〔2017〕3 号）、《山东省人民政府办公厅关于加快学前教育改革发展的意见》（鲁政办字〔2018〕71 号）等要求，为提高幼儿园经费保障水平，支持扩大普惠性学前教育资源，促进学前教育事业持续健康发展，现就幼儿园生均公用经费财政拨款标准有关问题通知如下：

一、重要意义

学前教育是教育事业发展的短板，也是财政投入的薄弱环节。党的十九大报告提出，要"在幼有所育上不断取得新进展"；2017 年中央经济工作会议要求，"解决好婴幼儿照护和儿童早期教育服务问题"。制定全省公办幼儿园生均公用经费拨款标准和普惠性民办幼儿园生均补助标准，是支持我省学前教育加快发展的有力抓手和切入点，对于进一步提高公办幼儿园运转保障水平，引导和扶持民办幼儿园为社会提供普惠性服务，促进学前教育持续健康发展具有十分重要的意义。各级财政、教育部门要充分认识制定和落实幼儿园生均公用经费财政拨款标准的重要性和紧迫性，将其作为推进教育均衡发展、办好人民满意教育的重大民生工程切实抓紧抓好，确保按时按要求完成目标任务。

二、拨款标准

综合考虑外省情况和我省实际水平，为进一步加大学前教育经费支持力度，同时兼顾各地财政负担能力，将我省幼儿园生均公用经费财政拨款最低标准确定为每生每年 710 元，自 2018 年起正式执行，确有困难的市、县（市、区），必须在 2020 年以前落实到位。各县（市、区）要制定拨款标准落实时间表，经市级汇总后报省财政厅、省教育厅备案。各市要进一步加强对所辖县（市、区）的监督检查力度，确保各县（市、区）在明确的时间节点足额落实拨款标准。已建立生均公用经费制度且标准高于省定最低标准的，不得降低现行标准。以后年度，省里将适时提高拨款标准，建立公用经费正常增长机制。

三、适用范围

公用经费财政拨款标准适用范围为全省所有公办幼儿园（包括教育和其他部门办园，企事业单位、部队、集体办园），对市、县（市、区）认定公布的办园行为规范、达到相关办园标准，且收费不高于同级公办园收费标准 2 倍的普惠性民办幼儿园，按公办园标准给予生均经费补助。

在足额落实省定生均公用经费最低标准的基础上，各地要结合本地区经济社会发展水平、学前教育发展状况、办园成本差异、办学质量和规模、财力状况等因素，因地制宜、科学合理确定本地区不同规模、不同性质幼儿园的生均公用经费具体标准，鼓励引导企事业单位、部队、集体幼儿园面向社会提供普惠性学前教育服务，对办学质量高、社会效益好、招收残疾儿童多的普惠性民办幼儿园可适当提高补助标准。

四、经费开支范围

公办幼儿园生均公用经费是指保障幼儿园正常运转、完成保育教育活动和其他日常工作任务等方面支出费用，具体开支范围包括：保教业务与管理、教师培训、文体活动、水电、取暖、交通差旅、邮电、物业、劳务、图书资料及玩教具等购置，以及房屋、建筑物、仪器设备的日常维修维护等，不得用于基本建设投资、偿还债务等方面开支。幼儿园要按照综合预算的原则，统筹安排财政拨款、保教费收入等各项资金，在足额落实公用经费的同时，保障好教职工人员经费等各项开支需要。

普惠性民办幼儿园生均补助经费由幼儿园统筹用于保育教育活动等方面支出。

五、经费保障

按照财政事权和支出责任相适应的原则和"省市统筹、以县为主"的学前教育管理体制，落实省定生均公用经费最低标准所需资金，按照幼儿园隶属关系，由同级财政负责落实，具体办法由各市财政、教育部门结合实际确定。省级将生均公用经费纳入学前教育奖补资金奖补范围，在资金分配时统筹考虑各地落实省定标准资金需求、政策落实等情况，激励引导市县足额落实好生均公用经费投入。在此基础上，结合县级基本财力保障机制、均衡性转移支付等资金，加大对财政困难县的补助力度。

六、有关要求

（一）提高思想认识。各地要切实增强加快发展学前教育的责任感和紧迫感，主动适应新形势新要求，进一步调整优化财政支出结构和教育支出结构，突出学前教育的优先支持地位。一方面，要足额安排资金，落实好学前教育省定生均公用经费标准；另一方面，要加大建设资金投入，多渠道多形式扩增学前教育资源，着力增加幼儿园学位。

（二）落实投入责任。市级财政要强化对市域内学前教育发展的统筹指导，加大对各县（市、区）特别是财政困难县的转移支付力度，支持学前教育均衡发展。县级财政要切实落实投入主体责任，通过盘活存量、用好增量，统筹各项资金来源，努力增加学前教育资金规模，保障学前教育发展需要。

（三）加强经费管理。各级财政、教育部门要加强对各级各类幼儿园特别是民办园办园和财务管理情况的考核评价，并将评价结果作为拨款的重要依据。要督促有关幼儿园完善经费管理办法，科学规范使用补助经费，提高资金使用效益。幼儿园要建立财务公开制度，定期公布财政补助经费支出情况。省财政厅、省教育厅将加强对各地幼儿园生均公用经费财政拨款标准落实情况的监督检查，对政策落实不到位、弄虚作假套取财政资金和挤占挪用、违规使用公用经费等行为，按照有关规定严肃处理。

本通知自 2018 年 8 月 1 日起施行，有效期至 2023 年 7 月 31 日。

省财政厅　省教育厅　省科学技术厅关于印发教育服务新旧动能转换专业对接产业项目实施意见的通知

2018 年 7 月 26 日　鲁财教〔2018〕35 号

各普通本科高等学校：

现将《教育服务新旧动能转换专业对接产业项目实施意见》印发给你们，请根据要求做好相关工作。

附件：教育服务新旧动能转换专业对接产业项目实施意见

附件：

教育服务新旧动能转换专业对接产业项目实施意见

为贯彻落实《山东省人民政府关于印发山东省新旧动能转换重大工程实施规划的通知》（鲁政发〔2018〕7 号）、《中共山东省委办公厅　山东省人民政府办公厅印发〈关于支持新旧动能转换重大工程的若干财政政策〉及 5 个实施意见的通知》（鲁办发〔2018〕37 号），引导高校主动对接"十强"产业需求，加强专业建设，提高人才培养质量，增强教育服务新旧动能转换能力，省财政厅、省教育厅、省科技厅决定实施教育服务新旧动能转换专业对接产业项目（以下简称专业对接产业项目），现制定以下实施意见。

一、总体思路

以习近平新时代中国特色社会主义思想为指导，全面贯彻落实党的十九大精神，按照省委、省政府决策部署，支持高校聚焦服务山东省新旧动能转换重大工程，以提高人才培养质量为目标，以强化专业内涵建设为着力点，精准对接新一代信息技术、高端装备、新能源新材料、现代海洋、医养健康、高端化工、现代高效农业、文化创意、精品旅游、现代金融服务等"十强"产业，建设一批优势特色专业（群），旨在支持引导高校促进专业建设、人才培养、科技创新，紧密对接新兴产业培育、传统产业改造，实现深度融合发展，形成一批特色鲜明、优势突出、对接产业、适应需求的专业群，重点打造"新工科"专业（群），着力培养一批适应新旧动能转换"四新"要求的高素质应用型人才，为我省"十强"产业发展、新旧动能转换提供更加有力的人才保障和技术支撑。

二、建设目标

到 2022 年，建成一批与"十强"产业发展同频共振的优势特色专业（群）。立项建设专业（群）整体水平明显提升，课程设置、师资队伍、实践教学、信息化应用等专业建设关键环节的改革成效显著，专业（群）中通过国际实质等效专业认证的工科类、医学类专业达到 50% 以上（核心专业全部通过专业认证）；建成在线开放课程的专业必修课程达到 50% 以上、专业选修课程学分达到应修学分的 50% 以上，其中 20% 课程建成省级及以上优质在线开放课程；产学研合作体制机制更加完善，推动立项专业（群）建设一批产教融合平台和实习实训示范基地，推进科技创新与成果转化，促进专业建设与产业发展深度对接；服务产业发展能力显著增强，人才培养水平不断提高，一大批对接产业发展的卓越人才崭露头角，为实施新旧动能转换重大工程提供强有力的人才支持和智力支撑。

三、建设任务

（一）科学确定专业人才培养定位与目标。结合落实《普通高校本科专业类教学质量国家标准》，主动对接新旧动能转换重大工程"十强"产业发展需求和学生全面发展需求，科学合理地确定专业人才培养定位与目标，完善人才培养质量标准，明确人才培养知识结构。实施人才分类培养，分类制定各具特色的人才培养方案。

（二）完善专业人才培养课程体系。按照知识、能力、素质结构的内在联系和教育教学规律，构建"核心学科专业必修课程＋跨学科、跨专业、跨学校交叉选修课程"的课程体系。加强科教、产教融合，将科技创新最新前沿、产业技术最新成果、行业发展最新要求引入课程内容或教学过程，实现教学内容的及时更新与优化。不断丰富课程资源，加强在线开放课程建设，推动优质专业课程资源共享，建设期内每个专业至少有 1 门课程建成国家级一流课程、3 门课程建成省级一流课程。

（三）创新教学管理模式。深化学分制改革，逐步完善学分制管理和运行机制。创新人才培养模式，积极实施卓越人才培养系列计划，把科学精神、创新思维、创造能力和社会责任感教育贯穿人才培养全过程。压缩或控制必修课程学分，增加选修课程比例，选修学分至少达到 30%；科学设置模块化专业选修课程，积极扩大选修课程资源，专业选修课程开设学分至少达到应修学分的 2 倍，满足学生多样化学习需求。提高实践课比重，理工农医类本科专业实践教学学分比例占总学分的比例不低于 30%，人文社会科学类专业不低于 25%。实行弹性学制，允许学生休学创业，加强创新创业教育，提高就业能力和就业质量，毕业生总体就业率达到 95% 以上。

（四）完善协同育人机制。积极推进校企、校地、校所、校校深度合作，建立产教融合、协同育人的人才培养模式，鼓励高校与行业企业共同制定人才培养标准、共同建设专业课程、共同建立实习实训基地、共同开展科技攻关和技术研发，将企业生产经营标准和环境引入教学过程，实施联合培养、订单培养，缩短教育教学与生产实践的距离，推进人才培养与项目建设耦合发展，实现专业链与产业链、课程内容与职业标准、教学与生产过程对接，增强服务经济社会发展的能力。建设期内，立项专业（群）至少与 1 家大中型企业签订产学研合作协议并开展实质性交流合作，与行业企业共建深度合作的实习基地 5 个以上。"十三五"期间，建成 20 个左右省级及以上产教融合平台，认定 100 个左右本科学生实习实训省级示范基地。

（五）引进和培养一批高水平师资。加大高端人才引进力度，建设具有高水平实践教学能力的师资队伍。设置产业教授岗位，聘请行业企业优秀专业技术人才、管理人才和高技能人才作为专业建设团队核心成员、担任专兼职教师，全面参与人才培养方案修订，开设应用型课程，指导学生专业实践。有计划地选送骨干教师到行业企业接受培训、挂职工作和实践锻炼，提升专业教师整体实践教学水平和应用技术研发能力。建设期内，每个建设专业拥有职业资格证书或 2 年以上行业企业工作经历或主持 2 项以上应用型研究项目的教师（以下简称"双师型"教师）比例达到 60% 以上，聘用企业或行业专家担任兼职教师的比例达到 25% 以上。

（六）加强学科专业一体化建设。实施学科带头人与专业带头人、科研团队与教学团队一体化培育，学术研究与课程建设有机融合，学科平台与教学实验室同生共享，学科方向与专业特色统一凝练，促进学科专业协同发展、科研教学良性互动，实现科教有机融合，建立以高水平科学研究支撑专业建设和人才培养的有效机制。以专业教师为核心，以学科建设为平台，积极融入以企业为主体的区域、行业技术创新体系，以解决"十强"产业关键技术和重点问题为导向，广泛开展应用技术研究和科技服务，产出一批高水平原创性应用技术成果，推动一批关键生产技术突破。建设期内，立项建设专业（群）须与行业企业联合开展教学或科技研发项目不少于 5 项，并获得至少一项省部级及以上科研奖励等标志性成果，或联合共建省级及以上重点（工程）实验室、工程（技术）研究中心、技术创新中心、协同创新中心等科研平台。

四、遴选标准

（一）基本条件。

1. 立项建设专业或专业群必须紧密对接《山东省新旧动能转换重大工程实施规划》确定重点发展的新一代信息技术、高端装备、新能源新材料、现代海洋、医养健康、高端化工、现代高效农业、文化创意、精品旅游、现代金融服务等"十强"产业。

2. 专业或专业群有深度合作的紧密对接十大产业的行业企业作为实习实践基地。

3. 专业或专业群核心专业（以下简称核心专业）"双师型"教师占比达到40%以上。

4. 专业或核心专业毕业生就业率在90%以上、在山东省内就业的比例达到75%以上（不含2014年之后新招生专业）。

（二）优先条件。

同等条件下，优先支持具有以下条件的专业（群）：

1. 有3个及以上行业基础、技术领域相同或学科基础相近的专业组成的专业群。

2. 专业或核心专业有国家、省立项建设一流学科、第四轮学科评估排名前列的学科作支撑，或有省部级协同创新中心、人文社会科学研究基地、重点（工程）实验室、工程（技术）研究中心、技术创新中心等科研平台作支撑。

3. 专业或核心专业通过国际教育标准认证，且现仍处于认证有效期。

4. 专业或核心专业列入国家级特色专业、卓越人才培养系列计划，或省级高水平应用型专业建设计划、应用型人才培养专业建设计划。

5. 专业或核心专业教师主持获得近两届国家级高等教育教学成果奖，或近5年内获得国家级科技奖励、教育部高等学校科学研究优秀成果奖（人文社会科学）。

6. 专业或核心专业能够依托"国家'十三五'应用型本科高校产教融合发展工程规划项目"。

7. 专业或核心专业能够依托教育部"新工科"研究与实践项目。

8. 专业或核心专业已建有较为完善的产教融合、科教融合、协同育人人才培养模式，与行业企业、科研院所、政府机关等单位部门签订正式合作协议，在人才培养、课程建设、实习实践、科技研发、技术创新等方面开展了实质性交流合作，合作方有配套资金投入。

9. 新设专业符合学校发展规划，与新旧动能转换和"十强"产业结合比较紧密，对学校优势专业起支撑作用，有明确的发展目标和任务，有整合或引入的优秀师资或高端人才队伍。

五、推进措施

（一）加强财政资金支持。项目实施期为2018～2022年，前3年为财政资金投入期，建立健全以专业支持为主、产业引导为辅的资金支持政策链条。一是专项资金支持专业建设。省财政将加强资金统筹，加大投入力度，2018年筹集资金6亿元左右，积极支持专业对接产业项目实施，面向省属公办本科高校遴选建设50个左右优势特色专业（群），对纳入立项建设范围的专业，自然科学类每专业（群）支持资金1 200万元；人文社科类每专业（群）支持资金500万元。驻鲁部属高校和民办本科高校可参照本项目立项要求自主确定建设专业，所需经费分别从省财政支持部属高校相关项目经费和支持民办高校相关项目经费中统筹解决。二是引导基金支持产业发展。省里设立对接"十强"产业的新旧动能转换引导基金，积极对大学科技园、科技成果产业化企业及产教融合社会资本合作予以支持，发挥基金导向带动作用，引导产业和专业对接融合、协同创新、共同发展。三是多渠道筹资推进项目实施。所属高校应统筹各项资金来源，加大对立项专业的投入力度，同时积极争取国家有关部委、地方政府和相关企事业单位特别是所对接产业的政策和资金支持，多渠道筹集建设资金，确保项目顺利实施。

（二）完善教育支持政策。在综合考虑专业办学条件、高考专业志愿内录取情况、新生入学报到情况和就业情况等因素的基础上，适当扩大立项建设专业（群）的专业招生规模，增加专业招生计划，为新旧动能转换十大产业提供充足的人才供给。在学位点申报、"泰山学者"等相关人才建设工程、省级教学改革立项、省级教学名师、省级高校实验教学示范中心和虚拟仿真实验教学中心、人才培养基地、协同创新中心、技术创新中心、重点（工程）实验室、人文社会科学研究基地等项目的申报评选中，同等条件下对立项建设专业（群）予以优先支持。立项专业所属高校申请设置专业（群）相关专业的，同等条件下优先向教育部推荐申报。

（三）完善科技支持政策。支持高校面向新旧动能转换重点前沿领域，加强基础研究和原始创新，新增一定规模自然科学基金，专项用于支持立项建设专业（群）领军人才及团队自主选题、自由探索开展科学研究，提升立项建设专业（群）科研能力和水平。支持高校加强创新平台建设，推动高校依托立项建设专业（群）建设重点实验室，对新认定为国家级重点实验室的，省财政给予 1 000 万元后补助支持；获批省部共建国家重点实验室的，省市财政在实验室建设期内给予配套经费支持。支持高校以立项建设专业（群）等优势学科为依托建设大学科技园，加速科技成果转化和科技型企业孵化培育，对创建的省级大学科技园，省财政给予 100 万元建设经费补助，升级为国家级大学科技园的给予 300 万元建设经费补助。全面落实以增加知识价值为导向的分配政策，鼓励高校深化科研体制改革，赋予高校更大科研自主权和收入分配自主权，推动高校完善科研项目经费管理、科技成果转化激励分配等制度，支持高校科研人员依法获得合理收入，激发创新创造活力。

（四）强化项目协同。各高校要加强专业对接产业项目与"双一流"建设、高校协同创新计划、高水平应用型大学建设等相关项目的协同实施，进一步明确各自建设目标、建设任务和实施范围，整合资源、集中优势，统筹资金使用，避免重复投入和浪费。各立项专业（群）要着力提升自身对接产业、服务产业能力，为新旧动能转换"十强"产业提供人才支撑；"双一流"等相关项目在做好自身建设任务的同时，应主动服务新旧动能转换重大工程，在产学研用结合、产教科教融合、科研成果转化、重大科技攻关、创新技术研发等方面发挥更大作用。

（五）创新管理机制。立项专业所属高校要合理规划学科布局和专业设置，加快教育资源优化整合，按照责权利相统一的原则，进一步扩大专业所在学院在人、财、物等方面的自主管理权，支持立项专业探索建立体制机制、教学团队、课程体系、教学平台、应用技术研发和成果转化一体化协同发展的应用型人才培养新机制。探索实行合约管理，确定专业建设目标，细化建设任务指标，明确责任分工，做到校、院、专业各级负责人和专业建设团队成员人人有任务、个个有责任、工作有考核、结果有奖惩，形成科学规范的专业建设管理机制。

六、组织实施

（一）组织领导。教育服务新旧动能转换专业对接产业项目，由省财政厅、省教育厅、省科技厅共同规划实施。项目主体是高校，校长是第一责任人，专业负责人是立项专业的直接责任人。各建设高校要建立相应的领导机制和工作机制，统筹协调相关工作；要明确目标任务，细化工作措施，落实项目责任，加强跟踪监督；要加大宣传力度，营造良好氛围，扎实推进各项建设工作。

（二）实施步骤。项目按照"学校申报、专家评选、择优扶持"的程序实施，各高校按照本实施意见要求，根据遴选标准提出申请，省教育厅、省财政厅、省科技厅组织专家开展遴选认定，择优确定立项建设专业名单。立项专业所在高校应科学编制建设方案，与省教育厅、省财政厅、省科技厅签订目标任务书。建设目标分为基本建设目标和协议目标，本意见中明确规定的建设目标为基本建设目标，每个建设单位应根据自身基础，突出特色优势，提出协议目标。协议目标采取"一校一案"方式协商制定，两类目标均作为绩效考核依据。

（三）管理监督。省财政厅、省教育厅、省科技厅将制定专业对接产业项目资金管理办法和绩效评价办法。各高校要制定相应的配套措施、绩效评价及资金管理等制度，明确资源配置和资金筹集等安排；建立健全财务会计制度、财务信息公开制度和内部控制制度，完善经济责任审计制度，构建内部监管与外部监督有机结合的财务监管体系。在建设过程中，充分发挥学校学术委员会的作用。省教育厅、省财政厅、省科技厅将建立信息发布平台，定期公布立项单位建设情况，接受社会监督。

（四）绩效评价。根据建设目标和建设任务建立考核指标体系，实行年度报告、中期评估和期满考核验收制度。根据进展情况、资金管理、使用绩效等情况，动态调整支持力度。立项建设专业未完成年度建设目标或绩效评价结果差的，减拨或停止其支持经费；超额完成建设目标或绩效评价结果优的，适当增加支持经费或列入下一周期建设计划。

本实施意见自 2018 年 9 月 1 日起施行，有效期至 2023 年 8 月 31 日。

省财政厅　省教育厅　省科学技术厅关于印发教育服务新旧动能转换专业对接产业项目资金管理办法的通知

2018 年 11 月 12 日　鲁财教〔2018〕44 号

有关高等学校：

按照《山东省财政厅　山东省教育厅　山东省科学技术厅关于印发教育服务新旧动能转换专业对接产业项目实施意见的通知》（鲁财教〔2018〕35 号，以下简称《实施意见》），为引导高校主动对接"十强"产业需求，加强专业建设，提高人才培养质量，增强教育服务新旧动能转换能力，省财政设立教育服务新旧动能转换专业对接产业项目资金。为加强资金管理，我们研究制定了《教育服务新旧动能转换专业对接产业项目资金管理办法》，现印发给你们，请遵照执行。

附件：教育服务新旧动能转换专业对接产业项目资金管理办法

附件：

教育服务新旧动能转换专业对接产业项目资金管理办法

第一章　总　　则

第一条　按照《山东省财政厅　山东省教育厅　山东省科学技术厅关于印发教育服务新旧动能转换专业对接产业项目实施意见的通知》（鲁财教〔2018〕35 号，以下简称《实施意见》），为引导高校主动对接"十强"产业需求，加强专业建设，提高人才培养质量，增强教育服务新旧动能转换能力，省财政设立教育服务新旧动能转换专业对接产业项目资金（以下简称项目资金）。为加强资金管理，制定本办法。

第二条　教育服务新旧动能转换专业对接产业项目（以下简称专业对接产业项目）旨在支持引导高校促进专业建设、人才培养、科技创新紧密对接新兴产业培育、传统产业改造，实现深度融合发展，形成一批特色鲜明、优势突出、对接产业、适应需求的专业群，着力培养一批适应新旧动能转换"四新"要求的高素质应用型人才，为我省"十强"产业发展、新旧动能转换提供更加有力的人才保障和技术支撑。

第三条　2018～2022 年为专业对接产业项目实施期，其中 2018～2020 年为财政资金投入期。对立项建设的专业对接产业项目，将根据规划分年度拨付项目资金。

第二章 立项和资金下达

第四条 有条件的高校按照《实施意见》要求，提出专业对接产业项目立项申请。省教育厅按照《实施意见》确定的条件，组织专家对学校申请进行遴选，按照"强优、扶特"原则，择优立项符合条件的专业对接产业项目。

第五条 省财政厅根据省教育厅公布的专业对接产业项目立项名单，按相应标准下达教育服务新旧动能转换专业对接产业项目资金。具备条件的年度项目资金，纳入高校年初部门预算批复，支持标准根据年度预算规模确定。

第三章 使 用 范 围

第六条 项目资金支出范围是：

（一）专业建设费。包括专业人才培养方案制定与完善、专业认证、在线开放课程建设、共享专业教学资源库建设等方面的支出。

（二）学科专业一体化建设费。包括学科专业一体化培育、学术研究与课程建设融合、学科平台与教学实验室共享等方面的支出。

（三）人才培养费。包括提升学生就业能力、创新创业能力、支持学生实践实训活动等方面的支出。

（四）教研科研活动费。包括为开展教学研究和提升专业建设水平而开展的科研工作、教研科研课题论证、协作研究、成果出版发表以及推广应用等方面的支出。

（五）协同育人费。包括与行业、产业、企业、院所、高校、地市等协同育人人才培养模式建立与完善、实习实训基地共建、联合科技攻关和技术研发、省级产教融合平台建设、省级实习实训示范基地建设等方面的支出。

（六）基础条件建设费。包括教学条件装备、实验材料购置和实践实训基地、实验教学中心、虚拟仿真教学中心等平台建设，及教研科研实验室建设与改造费用等方面的支出。

（七）师资建设费。包括教师教学能力提升、教学团队建设、聘用实践教学兼职教师、选送教师接受实践教学培训锻炼、专业教师进修访学培训等方面的支出。

（八）合作交流费。包括项目成员参加国际国内学术会议、专题研讨会以及开展合作研究、邀请国际国内相关专家对专业建设进行咨询、指导等方面的支出。

（九）日常费用。包括开展上述工作发生的会议费、差旅费、岗位补助等。

项目资金不得用于人员工资、基建工程、偿还债务、支付利息、提取工作或管理经费。

第四章 资金监督管理

第七条 项目资金必须严格按照财政国库管理制度有关规定拨付，实行单独核算，专款专用。项目立项高校要制定完善经费管理制度，健全内部控制机制，确保经费规范、合理、有效使用。

第八条 项目依托高校要强化项目协同，加强专业对接产业项目与"双一流"建设、高校协同创新计划、高水平应用型大学建设等相关项目的协同实施，明确各自建设目标、建设任务和实施范围，整合相关资源，统筹资金使用，提高资源利用效率，避免重复投入和浪费。

第九条 对应纳入政府采购范围的货物、工程和服务，应当按照《中华人民共和国政府采购法》等有关法律制度规定，建立规范的招投标制度和相应的责任机制，严格执行政府采购程序。

第十条 项目资金原则上应于当年形成支出，如有结余结转，要严格按照省财政厅有关财政拨款结余结转资金管理规定执行。

第十一条　使用项目资金形成的固定资产，均属于国有资产，应及时纳入高校资产进行统一管理，认真维护，共享共用。

第十二条　项目依托高校应制定项目资金具体使用管理办法和绩效评价办法，认真开展总结和自评，并于每年年底前将项目资金预算执行、资金使用效益、资金管理等情况以正式文件报省财政厅、省教育厅、省科技厅。省有关部门将适时通过委托第三方等形式开展项目资金管理使用绩效评价，对执行效果不佳或未实现预期目标的，责成高校予以整改。

第十三条　项目依托高校要严格执行国家和省有关财经法律法规。对违反本办法规定及违法违纪行为，按照《中华人民共和国预算法》《财政违法行为处罚处分条例》（国务院令第 427 号）等规定追究相应责任。

第五章　附　　则

第十四条　本办法由省财政厅、省教育厅、省科技厅负责解释。

第十五条　本办法自 2018 年 12 月 20 日起施行，有效期至 2023 年 8 月 31 日。

省教育厅　省机构编制委员会办公室　省发展和改革委员会
省民政厅　省财政厅　省人力资源和社会保障厅
省卫生和计划生育委员会　省残疾人联合会
关于印发《第二期特殊教育提升计划
（2018～2020 年）》的通知

2018 年 3 月 8 日　鲁教基发〔2018〕1 号

各市人民政府，各县（市、区）人民政府，省政府各部门、各直属机构，各大企业，各高等院校：

《第二期特殊教育提升计划（2018～2020 年）》已经省政府同意，现印发给你们，请认真贯彻执行。

附件：第二期特殊教育提升计划（2018～2020 年）

附件：

第二期特殊教育提升计划（2018～2020 年）

为贯彻落实《教育部等七部门关于印发〈第二期特殊教育提升计划（2017～2020 年）〉的通知》（教基〔2017〕6 号），进一步提升特殊教育水平，推动我省特殊教育事业健康发展，制定本计划。

一、总体要求

深入学习贯彻习近平新时代中国特色社会主义思想和党的十九大精神，全面落实办好特殊教育的要求，坚持以人民为中心的发展思想，坚持政府主导、普特融合、医教康教结合和多元发展的原则，落实各级政府及相关部门发展特殊教育的责任，完善特殊教育融合发展机制，构建医教康教相结合的管理运行机制和专业服务体系，切实保障残疾人受教育的权利，进一步提升残疾人受教育水平，促进残疾人全面发展。到2020 年，普及十五年特殊教育，残疾儿童少年义务教育入学率达到 96% 以上，学前三年入园和接受康复教育训练率达到 90% 以上，高中阶段教育规模显著扩大。残疾学生接受高等教育的机会明显增加，残疾学生就业创业能力明显增强。特殊教育学校、普通学校随班就读和送教上门的运行保障能力全面提升。建立数量充足、结构合理、素质优良、富有爱心的特教教师队伍。形成科学的特殊教育质量评价体系，特殊教育质量显著提高。

二、主要措施

（一）提高残疾儿童少年义务教育普及水平。

1. 扩大随班就读规模。大力推进融合教育，优先采用普通学校随班就读的方式，就近安排适龄残疾儿童少年接受义务教育，到 2020 年，随班就读学生比例达到残疾学生总数的 60%。完善特殊教育资源教室布局，各县（市、区）每年分别至少选择 1 所幼儿园、小学、初中建设示范性资源教室。随班就读残疾儿童少年 5 人以上（含 5 人）的普通中小学应全部完成资源教室建设。依托乡镇中心学校（幼儿园），加强对农村随班就读工作的指导。

2. 办好特殊教育学校。发挥特殊教育学校在实施残疾儿童少年义务教育中的骨干示范作用。加快推进特殊教育学校标准化建设，实施特殊教育学校建设提升工程，省每年重点支持新建和改扩建 6～8 所特殊教育学校。市级特殊教育学校应具备招收所有障碍类型残疾学生的能力，在自闭症、脑瘫和多重残疾学生教育方面发挥示范引领作用，实现市域内视力障碍学生、听力障碍学生全部集中就读。广饶县、利津县完成特殊教育学校建设任务；其他未建特殊教育学校的县（市、区）在普通学校附设特教部（班），有条件的可建设特殊教育学校。县级特殊教育学校全部转型为培智学校，具备招收智力残疾、自闭症、脑瘫和多重残疾学生的能力。支持有条件的儿童福利机构（未成年人救助保护机构）、残疾儿童康复机构和医疗机构办好特殊教育学校（班）。

3. 推进送教上门工作。市、县（市、区）进一步完善送教上门制度，统筹特殊教育学校、普通学校以及相关部门资源，将不能到校就读、需要专人护理的适龄残疾儿童少年纳入学籍管理，提供规范、有效的送教服务。

（二）加快发展非义务教育阶段特殊教育。

1. 大力发展残疾儿童学前教育。全部特殊教育学校和有条件的儿童福利机构（未成年人救助保护机构）、残疾儿童康复机构增设学前部或附设幼儿园。有条件的地区可举办专门招收残疾儿童的幼儿园。制定幼儿园资源教室建设标准，大力推进残疾儿童随园保教试点工作并逐步推开。鼓励各地整合资源，为残疾儿童提供半日制、小时制、亲子同训等多种形式的早期康复教育服务。

2. 积极发展残疾人高中阶段教育。通过随班就读、举办特教班等方式扩大普通高中和中等职业学校（含技工学校）招收残疾学生的规模，为残疾学生参加中考提供合理便利。市级特殊教育学校和有条件的县级特殊教育学校增设高中部或中职部，支持校企合作，使完成义务教育且有意愿的残疾学生都能接受适宜的中等职业教育。

3. 加快发展残疾人高等教育。支持高校增设适合残疾人学习的相关专业，增加招生总量。加快山东特殊教育职业学院新校区建设。

4. 鼓励发展残疾人继续教育。积极开展残疾人职业技能培训，帮助残疾人提高就业创业能力。认真落实《"十三五"残疾青壮年文盲扫盲行动方案》，多种形式开展残疾青壮年文盲扫盲工作。

（三）健全医教康教结合服务体系。

1. 建立动态监管机制。县级教育、卫生计生、民政、残联等部门要分别建立完善残疾学生学籍信息、残疾儿童筛查鉴定信息、残疾孤儿信息和未入学适龄残疾儿童少年信息管理平台，依托省级电子政务信息共享交换平台，建立残疾儿童筛查、检测、建档、转介、安置网络化运行机制。充分发挥残疾人教育专家委员会的作用，健全残疾儿童入学评估机制。以县（市、区）为单位，逐一核实未入学适龄残疾儿童少年数据，采取多种方式，落实"一人一案"，做好教育安置，实施跟踪支持与服务。

2. 完善多部门合作机制。落实特殊教育学校与医疗机构、残疾儿童康复机构合作制度，探索学校、医院、康复机构之间资源共享的途径和方法。加大双向服务力度，医疗机构、残疾儿童康复机构定期到服务片区学校开展医学检测评估、康复训练服务与教师培训；特殊教育学校定期对医疗机构、残疾儿童康复机构、儿童福利机构（未成年人救助保护机构）中不能到校就读的适龄残疾儿童实施送教上门等服务。

3. 全面推进医教康教结合工作。充分发挥特殊教育改革实验区和医教康教结合实验学校示范引领作用，将其作为医教康教结合工作培训基地，全面推广医教康教实验成果，对残疾学生实施有针对性的特殊教育和康复训练。

（四）完善特殊教育经费保障机制。

1. 建立多元投入机制。县级以上人民政府要进一步加大投入，根据需要设立专项补助资金，加强特殊教育基础能力建设，改善办学条件。省级特殊教育专项补助资金向困难地区和薄弱环节倾斜，重点支持特殊教育学校资源中心建设和普通学校特殊教育资源教室建设。各级财政每年安排一定比例的福利彩票公益金用于开展医教康教结合等项目，支持特殊教育发展。鼓励和引导社会力量兴办特殊教育学校或捐资助学，支持符合条件的非营利性社会福利机构向残疾人提供特殊教育。

2. 提高生均公用经费标准。逐步提高特殊教育生均公用经费标准，2019年义务教育阶段特殊教育生均公用经费要达到8 000元，已高于该标准的不得降低，学前、高中阶段特殊教育生均公用经费参照执行。不足100人的特殊教育学校，按100人拨付公用经费；超过100人不足200人的特殊教育学校，按200人拨付公用经费。有条件的地区可以根据学校招收重度、多重残疾学生的比例，适当增加年度预算。随班就读（随园保教）、特教班和送教上门的中等及以下教育按照特殊教育学校生均公用经费标准执行。

3. 提高残疾学生资助水平。实施残疾儿童少年从学前到高中阶段的15年免费教育。落实中等及以下学校残疾学生"三免一补"（免杂费、住宿费、书本费，补助生活费）和随园保教残疾幼儿免除保教费、伙食费政策，所需经费纳入各级财政预算。各市根据实际情况制定残疾学生特殊学习用品、教育训练、交通费等补助政策，落实补助经费。其他补助政策按照义务教育段在校残疾学生标准执行。各学段按照最高标准优先资助普通学校残疾学生，并逐步加大资助力度。

（五）加强特殊教育教师队伍建设。

1. 完善配备机制。2018年，各级机构编制部门会同教育、财政等部门按照山东省特殊教育学校教职工编制标准，认真开展特殊教育学校教职工、随班就读学校和随园保教幼儿园资源教师的编制核定工作。优先保障特殊教育学校教师配备，用3年时间配齐配足特殊教育教师。

2. 创新培养机制。普通师范院校和综合性院校的师范专业要普遍开设特殊教育必修课程。结合免费师范生全科教师培养计划，实施"一校一师"特殊教育公费师范生培养工程，探索"师范教育+医学教育"合作培养特教师资的新模式，定向培养500名特教教师，按照事业单位公开招聘制度的要求，组织用人学校与毕业生在需求岗位内进行双向选择。加强特殊教育名师、名校长培养。

3. 加大培训力度。支持济南大学、潍坊学院特殊教育师资培训基地建设。完善省、市、县三级培训网络，到2020年完成一轮特教教师全员培训。省级承担教育行政干部、教研员、校（园）长和骨干教师的培训；市、县（市、区）对特殊教育学校和随班就读学校（幼儿园）特殊教育教师进行全员培训。到2020年，所有从事特殊教育的专任教师均应取得教师资格证，非特殊教育专业毕业的教师要经过省级特殊教育专业培训并考核合格。

4. 提高教师待遇。落实并完善特殊教育津贴等工资倾斜政策，核定绩效工资总量时向特殊教育学校倾斜，具体办法另行制定。对从事特殊教育满20年或连续从事特殊教育工作满10年，并在特殊教育岗位上退休的教师，其特殊教育津贴按规定纳入机关事业单位养老保险制度改革过渡期内老办法待遇计发基数。落实自愿到我省县级特殊教育学校任教、服务年限3年（含）以上的高校毕业生学费由财政给予补偿的政策。对普通学校、幼儿园承担随班就读、随园保教教学管理任务的教师，在职称评审、岗位聘用和绩效工资核定中给予倾斜。普通学校专职资源教师享受与特殊教育学校教师同等的特教津贴。为送教上门教师、承担医教康教结合工作的相关人员提供必要的工作和交通补助。根据特殊教育特点和要求，在职称评审、岗位聘用中对特殊教育教师实行单独评价。将儿童福利机构（未成年人救助保护机构）、残疾儿童康复机构特教班中符合条件的教师纳入当地教师职称评审范围，拓宽晋升渠道。对发展特殊教育成绩突出的单位和个人按规定进行表彰。

（六）促进特殊教育内涵发展。

1. 加强区域特殊教育资源中心建设。市、县（市、区）特殊教育学校建立特殊教育资源中心，配备专兼职人员，为服务区域提供特殊教育指导和支持服务。没有特殊教育学校的县（市、区），依托有条件的普通学校，整合相关资源建立区域特殊教育资源中心。

2. 推进课程改革。落实国家特殊教育新课程标准，加强学前、高中及职业教育课程资源建设，建设山东省特殊教育教学资源库。推进差异教学和个别化教学，提高教育教学的针对性。推进"互联网＋特殊教育"，加强特殊教育信息化应用。建立特殊教育质量监测和评价体系。

3. 加强特殊教育研究。配齐配足各级特殊教育管理和教科研人员。依托济南大学建立特殊教育资源中心，依托青岛大学等建立自闭症教育研究中心。加强家校合作，充分发挥家庭在残疾儿童少年教育和康复中的作用。

三、组织保障

（一）加强组织领导。各市要高度重视，把第二期特殊教育提升计划的实施列入政府工作议事议程和相关部门年度任务，确保各项目标任务落到实处。各市第二期特殊教育提升计划实施方案经市人民政府批准后，于 2018 年 4 月底前报省教育厅备案。

（二）强化部门协作。各级政府建立教育部门牵头、多部门协调联动的特殊教育推进机制，形成工作合力。教育部门统筹制定特殊教育提升计划，加强对承担特殊教育工作学校的指导。机构编制、发展改革、教育、民政、财政、人力资源社会保障、卫生计生、残联等部门要加强协调配合，共同做好特殊教育提升计划实施的相关工作。

（三）加强督导考核。建立督导检查和问责机制，将第二期特殊教育提升计划实施情况纳入对市、县（市、区）政府履行教育职责评价的重要内容，并适时开展专项督导检查，结果向社会公布。

附件：重点任务分工

附件：

重点任务分工

序号	工作任务	牵头单位	责任单位
1	扩大随班就读规模。到 2020 年，随班就读学生比例达到残疾学生总数的 60%。每县（市、区）每年分别至少选择 1 所幼儿园、小学、初中建设示范性资源教室。随班就读残疾儿童少年 5 人以上（含 5 人）的普通中小学全部完成资源教室建设。	省教育厅、省财政厅	各市、县（市、区）人民政府
2	办好特殊教育学校。实施特殊教育学校建设提升工程，省每年重点支持新建和改扩建 6～8 所特殊教育学校。市级特殊教育学校具备招收所有障碍类型残疾学生的能力，实现市域内视力障碍学生、听力障碍学生全部集中就读。广饶县、利津县完成特殊教育学校建设任务；其他未建特殊教育学校的县（市、区）在普通学校附设特教部（班），有条件的可建设特殊教育学校。县级特殊教育学校全部转型为培智学校。支持有条件的儿童福利机构（未成年人救助保护机构）、残疾儿童康复机构和医疗机构办好特殊教育学校（班）。	省教育厅、省发展改革委、省民政厅、省卫生计生委、省残联	各市、县（市、区）人民政府
3	推进送教上门工作。市、县（市、区）进一步完善送教上门制度，统筹特殊教育学校、普通学校以及相关部门资源，将不能到校就读、需要专人护理的适龄残疾儿童少年纳入学籍管理，提供规范、有效的送教服务。	省教育厅、省民政厅、省卫生计生委、省残联	各市、县（市、区）人民政府

序号	工作任务	牵头单位	责任单位
4	大力发展残疾儿童学前教育。全部特殊教育学校和有条件的儿童福利机构（未成年人救助保护机构）、残疾儿童康复机构增设学前部或附设幼儿园。制定幼儿园资源教室建设标准，大力推进残疾儿童随园保教试点工作并逐步推开。	省教育厅、省民政厅、省残联	各市、县（市、区）人民政府
5	积极发展残疾人高中阶段教育。市级特殊教育学校和有条件的县级特殊教育学校增设高中部或中职部。	省教育厅、省残联	各市、县（市、区）人民政府
6	鼓励发展残疾人继续教育。积极开展残疾人职业技能培训，帮助残疾人提高就业创业能力。认真落实《"十三五"残疾青壮年文盲扫盲行动方案》，多种形式开展残疾青壮年文盲扫盲工作。	省残联、省教育厅	各市、县（市、区）人民政府
7	健全医教康教结合服务体系。建立动态监管机制，县级教育、卫生计生、民政、残联等部门分别建立完善残疾学生学籍信息、残疾儿童筛查鉴定信息、残疾孤儿信息和未入学适龄残疾儿童少年信息管理平台，依托省级电子政务信息共享交换平台，建立残疾儿童筛查、检测、建档、转介、安置网络化运行机制。充分发挥残疾人教育专家委员会的作用，健全残疾儿童入学评估机制。以县（市、区）为单位，逐一核实未入学适龄残疾儿童少年数据，落实"一人一案"，做好教育安置。	省教育厅、省民政厅、省卫生计生委、省残联	各市、县（市、区）人民政府
8	完善多部门合作机制。落实特殊教育学校与医疗机构、残疾儿童康复机构合作制度，探索学校、医院、康复机构之间资源共享的途径和方法。加大双向服务力度，医疗机构、残疾儿童康复机构定期到服务片区学校开展医学检测评估、康复训练服务与教师培训；特殊教育学校定期对医疗机构、残疾儿童康复机构、儿童福利机构（未成年人救助保护机构）中不能到校就读的适龄残疾儿童实施送教上门等服务。	省教育厅、省民政厅、省卫生计生委、省残联	各市、县（市、区）人民政府
9	提高生均公用经费标准。2019年义务教育阶段特殊教育生均公用经费达到8 000元，学前、高中阶段特殊教育生均公用经费参照执行。不足100人的特殊教育学校，按100人拨付公用经费；超过100人不足200人的特殊教育学校，按200人拨付公用经费。随班就读（随园保教）、特教班和送教上门的中等及以下教育按照特殊教育学校生均公用经费标准执行。	省财政厅、省教育厅、省残联	各市、县（市、区）人民政府
10	提高残疾学生资助水平。实施残疾儿童少年从学前到高中阶段的15年免费教育。落实中等及以下学校残疾学生"三免一补"和随园保教残疾幼儿免除保教费、伙食费政策，所需经费纳入各级财政预算。各市根据实际情况制定残疾学生特殊学习用品、教育训练、交通费等补助政策，落实补助经费。其他补助政策按照义务教育段在校残疾学生标准执行。各学段按照最高标准优先资助普通学校残疾学生，并逐步加大资助力度。	省财政厅、省教育厅、省残联	各市、县（市、区）人民政府
11	完善配备机制。2018年，按照山东省特殊教育学校教职工编制标准，开展特殊教育学校教职工、随班就读学校和随园保教幼儿园资源教师的编制核定工作。优先保障特殊教育学校教师配备，用3年时间配齐配足特殊教育教师。	省编办、省人力资源社会保障厅、省教育厅、省财政厅	各市、县（市、区）人民政府
12	创新培养机制，加大培训力度。普通师范院校和综合性院校的师范专业普遍开设特殊教育必修课程。实施"一校一师"特殊教育公费师范生培养工程，定向培养500名特教教师。完善省、市、县三级培训网络，到2020年完成一轮特教教师全员培训，所有从事特殊教育的专任教师均应取得教师资格证，非特殊教育专业毕业的教师要经过省级特殊教育专业培训并考核合格。	省教育厅、省编办、省人力资源社会保障厅、省财政厅	各市、县（市、区）人民政府
13	提高教师待遇。落实并完善特殊教育津贴等工资倾斜政策，核定绩效工资总量时向特殊教育学校倾斜，具体办法另行制定。对普通学校、幼儿园承担随班就读、随园保教教学管理任务的教师，在职称评审、岗位聘用和绩效工资核定中给予倾斜。普通学校专职资源教师享受与特殊教育学校教师同等的特教津贴。为送教上门教师、承担医教康教结合工作的相关人员提供必要的工作和交通补助。将儿童福利机构（未成年人救助保护机构）、残疾儿童康复机构特教班中符合条件的教师纳入当地教师职称评审范围，拓宽晋升渠道。	省人力资源社会保障厅、省财政厅、省教育厅、省民政厅、省卫生计生委、省残联	各市、县（市、区）人民政府

序号	工作任务	牵头单位	责任单位
14	加强区域特殊教育资源中心建设。市、县（市、区）特殊教育学校建立特殊教育资源中心，配备专兼职人员，为服务区域提供特殊教育指导和支持服务。没有特殊教育学校的县（市、区），依托有条件的普通学校，整合相关方面资源建立区域特殊教育资源中心。	省教育厅	各市、县（市、区）人民政府
15	加强特殊教育研究。配齐配足各级特殊教育管理和教科研人员。依托济南大学建立特殊教育资源中心，依托青岛大学等建立自闭症教育研究中心。	省教育厅	各市、县（市、区）人民政府

省教育厅 省财政厅关于印发山东省高等学校协同创新中心绩效评价办法的通知

2018 年 7 月 4 日 鲁教科字〔2018〕3 号

有关高等学校：

现将《山东省高等学校协同创新中心绩效评价办法》印发给你们，请遵照执行。

附件：山东省高等学校协同创新中心绩效评价办法

附件：

山东省高等学校协同创新中心绩效评价办法

第一章 总 则

第一条 为贯彻落实习近平新时代中国特色社会主义思想和党的十九大精神，深入实施创新驱动发展战略，对接我省新旧动能转换重大工程实施规划，强化创新链和产业链的有机衔接，构建以创新质量和贡献为导向的评价机制，有效提升协同创新中心建设水平，制定本办法。

第二条 本办法所指的山东省高等学校协同创新中心，是指由省教育厅和省财政厅批准的建设期内的"山东省高等学校协同创新中心"（以下简称"协同创新中心"）。

第三条 协同创新中心绩效评价（以下简称"绩效评价"）是指运用相应的评价指标，对协同创新中心目标任务完成情况、运行管理情况、项目预算执行情况、取得的成效等进行综合考核与评价。

第四条 绩效评价是协同创新中心建设和管理的重要环节，目的是以评促建，提高资金使用效益，提升高等学校服务我省新旧动能转换重大工程能力，全面掌握协同创新中心建设进展和成效，客观总结协同创新中心建设取得的经验，及时发现和解决协同创新中心建设存在的问题。绩效评价结果将作为滚动支持的依据。

第五条 绩效评价采取年度自行评价与第三方验收评价相结合的办法。年度自行评价由牵头高等学校组织进行，第三方验收评价由省财政厅、省教育厅统一组织。

第二章 组 织 实 施

第六条 省教育厅、省财政厅负责制定绩效评价办法和绩效评价指标，组织实施协同创新中心绩效评价工作。牵头高等学校负责组织协同创新中心和主要协同单位编制评价报告、审核评价材料，并对评价材料和自评结果负责。协同创新中心应客观全面总结建设进展和成效，认真规范准备绩效评价材料。

第七条　绩效评价的重点是协同创新任务完成情况、服务我省经济社会发展成效，突出服务新旧动能转换"十强"产业情况、建设成效和改革创新成效等。绩效评价的内容包括：

（一）服务我省经济社会发展成效，主要是对接新旧动能转换"十强"产业的科研创新与产出、经济社会服务与贡献等情况。

（二）建设成效，包括队伍建设、人才培养、学科发展、体制机制改革、国内外合作交流等情况。

（三）保障措施，包括条件保障情况、资源融合情况、经费筹措情况。

（四）组织管理，包括设备购置与使用效益、省财政资金管理使用情况、资产管理情况、评价开展与材料报送等情况。

第八条　协同创新中心建设周期一般为 4 年。建设周期内的每年 3 月底前，由牵头高等学校组织协同创新中心进行年度自行评价，省教育厅、省财政厅视情况对部分协同创新中心进行抽查。建设周期结束后3 个月内，由省财政厅、省教育厅委托第三方机构对协同创新中心进行现场验收评价。

第三章　绩效评价程序

第九条　年度自行评价和第三方验收评价依据山东省高等学校协同创新中心绩效评价指标体系（见附件 2）进行。

第十条　年度自行评价的程序和内容包括：

（一）建设周期内的每年 3 月底前，牵头高等学校编制《山东省高等学校协同创新中心绩效评价报告》（见附件 1），连同相关证明材料及《山东省高等学校协同创新中心绩效评价指标及计分表》（见附件 2）、《山东省高等学校协同创新中心实施成效汇总表》（见附件 3），报省教育厅、省财政厅。

（二）省教育厅、省财政厅对各协同创新中心自评材料进行审核，随机对部分协同创新中心建设情况进行现场抽查。

第十一条　第三方验收评价的程序和内容包括：

（一）确定第三方机构。省财政厅、省教育厅根据政策要求，确定委托进行验收评价的第三方评价机构，并由第三方评价机构组织成立专家组。

专家组由学术、技术、管理、财务等方面专家组成。评价实行回避制度，专家不参加本单位牵头组建或本人参与的协同创新中心的评价。专家应严格按照绩效评价工作要求，遵守评价纪律，科学、公正、独立地行使评价职责和权力，并对评价工作所涉及的材料、业务内容、相关知识产权、评价结果等负有保密义务。

（二）书面评审。专家组对各协同创新中心上报的绩效自评报告进行书面评审。

（三）现场核查。被评价协同创新中心向专家组汇报项目实施情况、科研创新与产出情况、经济社会服务与贡献情况、资金投入及使用情况、目标完成及综合效益情况等，同时提供相应佐证材料。专家组在听取汇报的基础上，查阅佐证材料并进行质询，由被评价协同创新中心进行答疑。

第十二条　专家组依据评价指标，结合书面评审和现场核查情况，通过记名方式对协同创新中心打分。

第十三条　每个协同创新中心验收评价后，由专家组形成评价意见，包括总体评价、评价得分、存在的问题、改进的建议等。在第三方验收评价工作结束后，由专家组汇总形成全面评价报告，向省教育厅、省财政厅反馈评价情况，包括项目实施总体情况、存在的突出问题、项目管理的亮点、改进工作的建议、具有推广价值的措施等。

第四章　绩效评价结果

第十四条　绩效评价成绩＝年度自行评价平均成绩×30％＋第三方验收评价成绩×70％。

第十五条 绩效评价成绩 90 分及以上的为"优秀"等次，80~89 分的为"良好"等次，60~79 分的为"一般"等次，达不到 60 分的为"较差"等次。

第十六条 绩效评价报告和证明材料存在严重虚假不实，评定为"较差"等次。

第十七条 评价结果在一定范围内公布。评价成绩为"优秀"的，优先推荐申报省部共建协同创新中心。评价成绩为"较差"的，限期一年整改，整改后评价仍为较差的，取消"山东省高等学校协同创新中心"资格，并扣回省财政资金。

第十八条 省教育厅、省财政厅根据绩效评价结果，及时总结建设成效及管理经验，完善管理办法，引导建设单位不断提高资金使用效益，提升协同创新中心建设和运行管理水平，增强高等学校服务我省新旧动能转换重大工程和经济社会发展能力。

第五章　附　则

第十九条 本办法由省教育厅、省财政厅负责解释。

第二十条 本办法自发布之日起施行。省财政厅、省教育厅、省科学技术厅《关于印发〈山东省高等学校协同创新中心绩效考评办法〉的通知》（鲁财教〔2013〕81 号）同时废止。

附件：1. 山东省高等学校协同创新中心绩效评价报告
2. 山东省高等学校协同创新中心绩效评价指标及计分表
3. 山东省高等学校协同创新中心实施成效汇总表

附件 1：

年度评价	年度
验收评价	

山东省高等学校协同创新中心绩效评价报告

中心名称：

中心负责人：　　（签　名）

联系人：

联系电话：

牵头单位：　　（盖　章）

主要参与单位：

填报时间：

填 写 说 明

一、本报告适用于"年度评价"和"验收评价"，请在封面注明。

二、本报告相关内容（目标、计划等）须按照审核通过的发展规划填写。统计范围应确属所在协同创新中心，统计数据要实事求是、准确无误、有据可查。

三、以下佐证材料复印件请附在报告后一起装订：

1. 中心体制机制改革的文件，相关制度；

2. "科研创新"中国家级及省部级科研项目立项文件，国家级及省部级科研奖励证书；

3. "科研创新"中代表性成果（专著、论文、专利等）；

4. "成果转化"中标志性成果、转化成果，已取得的经济效益证明；

5. 其他相关证明材料。

四、填写时不得改变本报告格式。纸张限用 A4，装订要整齐。本表封面之上，不得另加封面。

一、建设情况概述

1. 协同创新中心机制体制改革情况；
2. 协同创新中心运行模式；
3. 协同创新中心规划年度（总体）目标任务（包括：科研创新、学科发展、队伍建设、人才培养、国内外合作交流、经济社会服务与贡献、条件保障等）完成情况①。

注：①"年度评价"时填写年度目标任务完成情况，"验收评价"时填写总体目标任务完成情况。

二、科研创新

（一）科研项目

			年度（总体）目标①	完成情况	完成率
科研经费（万元）					
其中：	国家级项目	数量（项）			
		经费（万元）			
	省部级项目	数量（项）			
		经费（万元）			

国家级及省部级科研项目清单

序号	项目编号	项目名称	项目来源	负责人	起止时间	经费（万元）

注：① "年度评价" 时填写考核年度目标，"验收评价" 时填写总体目标。

（二）科研成果

			年度（总体）目标①	完成情况	完成率
学术论文（篇）		数量			
	其中：	SCI、EI 收录			
		SSCI、CSSCI 收录			
学术专著（篇）					
发明专利（项）	申请	国际			
		国内			
	授权	国际			
		国内			

		年度（总体）目标^①	完成情况	完成率
科研奖励 （项）	国家级			
	省部级			
其他（须注明）				

1. 代表性成果（专著、论文、专利等）

序号	成果名称	作者	出版、发表、提交 （鉴定）单位，时间	署名次序

2. 国家级及省部级科研奖励清单

序号	项目名称	项目完成人（＊）^②	获奖时间	获奖名称、等级

注：① "年度评价"时填写考核年度目标，"验收评价"时填写总体目标。
　　② "项目完成人（＊）"括号内填写署名次序。

三、队伍建设

			年度（总体）目标^①	完成情况	完成率
总人数					
全职固定人员（名）	数量				
	其中：	两院院士			
		教授（或相当专业技术职务者）			
		副教授（或相当专业技术职务者）			
		具有博士学位人员			
		入选省部级以上人才计划人员			
		海外专家			
兼职与双聘人员（名）					
访问与流动人员（名）					
其他（须注明）					

注：① "年度评价"时填写考核年度目标，"验收评价"时填写总体目标。

四、人才培养

	年度（总体）目标①	完成情况	完成率
博士后（名）			
博士研究生（名）			
硕士研究生（名）			
本科生（名）			
其他（须注明）			

注：①"年度评价"时填写考核年度目标，"验收评价"时填写总体目标。

五、国内外合作交流

	年度（总体）目标①	完成情况	完成率
举办国际学术会议（次）			
举办国内学术会议（次）			
参加国际学术会议（人次）			
参加国内学术会议（人次）			
与境外科研机构合作研究项目（项）			
邀请专家指导工作（人次）			
其他（须注明）			

注：①"年度评价"时填写考核年度目标，"验收评价"时填写总体目标。

六、条件保障

	年度（总体）目标①	完成情况	完成率
实验室面积			
仪器设备原值			
图书资料			
资源库			
其他（须注明）			

注：①"年度评价"时填写考核年度目标，"验收评价"时填写总体目标。

七、成果转化

		年度（总体）目标①	完成情况	完成率
标志性成果（项）	合计			
	国际领先			
	国际先进			
	国内领先			
	国内先进			
成果转化（项）				
经济效益（万元）				

	年度（总体）目标①	完成情况	完成率

1. 标志性成果清单

序号	成果名称	完成人	类型②	水平③	完成时间	获得奖励

2. 转化成果清单

序号	成果名称	完成人	完成时间	转化时间	已取得经济效益（万元）	预期经济效益（万元）

注：① "年度评价" 时填写考核年度目标，"验收评价" 时填写总体目标。
② "类型" 是指论文、专著、专利等。
③ "水平" 是指国际领先、国际先进、国内领先、国内先进等。

八、经费筹措

单位：万元

		年度（总体）计划①	实际投入	完成率
总计				
省财政资金				
牵头高校投入				
协同单位投入	合计			
	高校			
	科研院所			
	行业企业			
	地方政府			
其他（须注明）				

注：① "年度评价" 时填写考核年度计划，"验收评价" 时填写总体计划。

九、经费支出（省财政资金支出）

单位：万元

合计	年度（总体）计划①		实际支出		比例②	
	年度（总体）	省财政资金支出	年度（总体）	省财政资金支出	年度（总体）	省财政资金支出
团队建设费						
人才培养费						
专用设备费						
科研材料和测试费						
国内外合作交流费和专家咨询费						
知识产权费						
日常运行费						
其他（须注明）						

注：①"年度评价"时填写考核年度计划，"验收评价"时填写总体计划。
②"比例"是指实际支出占计划支出的比例。

十、省财政资金新购置的仪器设备清单

序号	设备名称	规格型号	数量	价格（万元）	产地	购置时间	是否政府采购
合　计					—	—	—

十一、协同创新中心管理

管理概述：			

制度清单			
序号	制度名称	制度类型①	建立及实施时间

注：①"制度类型"包括：协同管理制度（协同创新中心章程）、人员聘任制度、人才评价、考核制度、学生培养模式改革制度、科研组织与协同研究制度、中心经费保障与管理制度、资源整合与开放共享制度等。

十二、组织实施情况

政府采购计划报送情况			
报送时间	金额	采购品目	采购内容

预算执行情况				
总体（年度）经费支出计划	上年9月底前支出	支出占计划的比重	总体（年度）结余结转金额	结余结转原因
总体（年度）省财政资金支出计划	上年9月底前支出	支出占计划的比重	总体（年度）结余结转金额	结余结转原因

十三、自评意见

对照《山东省高等学校协同创新中心绩效评价指标》作出项目绩效自评得分（评价指标及计分表附后），简述中心建设取得的成效、服务新旧动能转换情况、存在的问题及下一步改进措施等。不超过 1 500 字。

附件 2：

山东省高等学校协同创新中心绩效评价指标及计分表

中心名称：   牵头高校：（盖　章）

一级指标	分值	二级指标	分值	评价标准	分值	评价得分
一、建设成效	70		70			
A1 体制机制改革及运行	10	B1 体制机制改革	6	中心体制机制进行了改革，各项制度健全并实施，"政产学研金服用"相结合的协同创新体系完善。	6－5	
				中心体制机制进行了改革，各项制度比较健全并实施，"政产学研金服用"相结合的协同创新体系相对完善。	4－3	
				中心进行了体制机制改革方面探索，各项制度有待健全，"政产学研金服用"相结合的协同创新体系有待完善。	2－1	
		B2 运行情况	4	中心组织管理机构健全，运行模式科学，运转良好，适合协同创新中心发展的需要。	4－3	
				中心组织管理机构基本健全，运行模式比较科学，运转比较好，基本适合协同创新中心发展的需要。	2－1	
				中心组织管理机构不够健全，运行模式有待完善，运转一般，不能满足协同创新中心发展的需要。	0	

一级指标	分值	二级指标	分值	评价标准	分值	评价得分
一、建设成效	70		70			
A2 科研创新	10	B3 科研项目	2	年度（总体）目标完成85%及以上，承担的项目层次高，科研经费充足。	2	
				年度（总体）目标完成70%及以上，承担的项目层次较高，科研经费比较充足。	1	
		B4 科研成果	2	年度（总体）目标完成85%及以上，成果多、水平高。	2	
				年度（总体）目标完成70%及以上，成果较多、水平较高。	1	
		B5 创新水平	6	突破了重大理论、科学问题或关键核心技术，在国内外产生了重大影响。	6	
				在重大理论、科学问题或关键核心技术方面有较大创新，在国内产生了一定影响。	5-3	
				在重大理论、科学问题或关键核心技术方面有创新。	2-1	
A3 学科发展	6	B6 学科融合	3	中心依托学校优势学科建立，多学科集成，融合好。	3	
				中心依托学校优势学科建立，多学科集成，融合较好。	2	
				中心依托学校优势学科建立，多学科集成，但融合一般。	1	
		B7 主体学科发展	3	新建成一流学科。	A3 学科发展指标整体计6分	
				中心依托主体学科水平有显著提升，带动相关学科发展，促进了交叉和新兴学科的发展。	3	
				中心依托主体学科水平有提升，带动相关学科发展。	2-1	
				中心依托主体学科水平提升不明显。	0	
A4 队伍建设	6	B8 整体情况	3	年度（总体）目标完成，首席科学家、骨干人员和研究、管理团队聘任到位，人员规模适度，结构合理。	3	
				年度（总体）目标完成85%及以上，首席科学家、骨干人员和研究、管理团队聘任基本到位，人员规模适度，结构比较合理。	2	
				年度（总体）目标完成70%及以上。	1	
		B9 队伍水平	3	中心首席科学家在国内外学术界有较大影响力，骨干研究人员和研究团队水平高、实力强。	3	
				中心首席科学家在国内学术界有较大影响力，骨干研究人员和研究团队水平较高。	2	
				中心首席科学家在国内学术界有一定影响力，骨干研究人员和研究团队水平一般。	1	
A5 人才培养	4	B10 拔尖人才吸引与培养	2	中心制定并实施了国内外优秀中青年人才吸引与培养计划，效果显著。	2	
				中心制定并实施了国内外优秀中青年人才吸引与培养计划，效果比较显著。	1	
				中心制定并实施了国内外优秀中青年人才吸引与培养计划，效果一般。	0	

续表

一级指标	分值	二级指标	分值	评价标准	分值	评价得分
一、建设成效	70		70			
A5 人才培养	4	B11 学生培养	2	年度（总体）目标完成85%及以上，培养的学生发表论文多、水平高，申请（授权）专利多。	2	
				年度（总体）目标完成70%及以上，培养的学生发表论文较多、水平较高，申请（授权）专利较多。	1	
A6 国内外合作交流	4	B12 学术交流	2	年度（总体）目标完成85%及以上，举办（参加）的学术会议多、水平高，邀请的指导专家层次高、效果好。	2	
				年度（总体）目标完成70%及以上，举办（参加）的学术会议较多、水平较高，邀请的指导专家层次较高、效果较好。	1	
		B13 合作研究	2	年度（总体）目标完成85%及以上，与境外科研机构合作研究项目多，效果好。	2	
				年度（总体）目标完成70%及以上，与境外科研机构合作研究项目较多，效果较好。	1	
A7 经济社会服务与贡献	30	B14 成果转移转化	5	年度（总体）目标完成，机构健全，运作良好，人员配备齐整，取得的标志性成果多、水平高，转移转化成果效率高、数量多。	5	
				年度（总体）目标完成完成85%及以上，有成果转移转化机构，配备专职人员，取得的标志性成果较多、水平较高，转移转化成果效率高、数量较多。	4－3	
				年度（总体）目标完成70%及以上，转移转化成果效率一般、数量一般。	2－1	
				年度（总体）目标完成70%以下，转移转化成果效率较低、数量较少。	0	
		B15 服务新旧动能转换	15	服务山东省新旧动能转换，在推进新技术、新产业、新业态、新模式，实现产业智慧化、智慧产业化、跨界融合化、品牌高端化方面成效突出。	15－12	
				服务山东省新旧动能转换，在推进新技术、新产业、新业态、新模式，实现产业智慧化、智慧产业化、跨界融合化、品牌高端化方面成效较好。	11－6	
				服务山东省新旧动能转换，在推进新技术、新产业、新业态、新模式，实现产业智慧化、智慧产业化、跨界融合化、品牌高端化方面成效一般。	5－1	
				服务山东省新旧动能转换，在推进新技术、新产业、新业态、新模式，实现产业智慧化、智慧产业化、跨界融合化、品牌高端化方面成效较差。	0	
		B16 经济社会效益	10	经济社会效益显著，提升了产业竞争力，带动了相关产业发展，制定政策法规、发展规划、行业标准被地市级及以上党委政府或部门采纳。	10－8	
				经济社会效益比较显著，产业竞争力得到一定提升，一定程度上带动了相关产业发展，制定政策法规、发展规划、行业标准被县级党委政府或部门采纳。	7－4	
				经济社会效益一般，产业竞争力提升不明显，制定政策法规、发展规划、行业标准被行业采纳。	3－1	
				经济社会效益较差。	0	

一级指标	分值	二级指标	分值	评价标准	分值	评价得分
二、保障措施	15		15			
A8 条件建设	4	B17 条件建设	4	年度（总体）目标完成，科研环境好，能够满足工作需要。	4	
				年度（总体）目标完成85%及以上，科研环境较好，基本满足工作需要。	3－2	
				年度（总体）目标完成70%及以上。	1	
A9 资源融合	6	B18 资源融合	6	实现了协同创新体内基地、平台、装备等资源的充分整合、协同管理和资源共享。	6－5	
				基本实现了协同创新体内基地、平台、装备等资源的整合、协同管理和资源共享。	4－2	
				协同创新体内基地、平台、装备等资源的整合、协同管理和资源共享等有待加强。	1	
A10 经费筹措	5	B19 经费筹措	5	年度（总体）计划完成，协同创新体各方均有投入，中心经费充足。	5	
				年度（总体）计划完成85%及以上，协同创新体各方均有投入，中心经费比较充足。	4－3	
				年度（总体）计划完成70%及以上。	2－1	
三、组织管理	15		15			
A11 设备购置	3	B20 使用效益	3	设备利用率高、发挥效益充分（该指标重点考核单价10万元以上的设备）	3	
				设备利用率总体较高	2－1	
				设备利用率不高，闲置现象比较严重。	0	
A12 经费管理	6	B21 省财政资金使用	3	有专门的资金管理和绩效评价办法，内控管理措施和制度完善，专款专用，实行单独核算，入账及时、准确。省财政资金使用符合资金管理办法规定，不存在挤占挪用问题，支出年度（总体）计划全部完成，无结余结转资金。	3	
				内控管理措施和制度不完善，存在明显薄弱环节。省财政资金使用不符合资金管理办法规定，存在挤占挪用问题，支出年度（总体）计划未完成，有结余结转资金。	A12 经费管理指标整体计0分	
		B22 省财政资金预算执行	3	9月底前省财政资金支出达到年度（总体）计划的80%及以上	3	
				9月底前省财政资金支出达到年度（总体）计划的75%及以上	2	
				9月底前省财政资金支出达到年度（总体）计划的70%及以上	1	
				9月底前省财政资金支出达不到年度（总体）计划的70%	0	

续表

一级指标	分值	二级指标	分值	评价标准	分值	评价得分
三、组织管理	15		15			
A13 资产管理	2	B23 资产管理情况	2	应纳入学校固定资产管理的资产及时纳入	2	
				应纳入学校固定资产管理的资产未能及时纳入	0	
A14 绩效评价	4	B24 开展自评情况	2	自评机制比较完善，工作开展较好	2	
				自评机制不够完善，工作开展效果不佳	0	
		B25 材料报送情况	2	自评准确，材料详实，报送及时	2	
				自评比较准确，材料比较详实，报送及时	1	
				自评材料不完善或报送不及时	0	
加分项	20	B26 协同创新重大标志性成果	20	围绕国家和我省经济社会发展重大需求，面向新旧动能转换重大工程，聚焦"四新"推进"四化"等方面，在改革机制体制、培养创新人才、加强学科建设、建设高水平创新团队和平台、完成重大科研任务和理论研究、解决重大科学问题和关键技术问题、开辟新领域和新方向、促进成果转移转化等取得的标志性成果和重大突破。	20	

说明：1. 本表适用"年度评价"和"验收评价"。

　　　2. 本表中"年度（总体）目标"和"年度（总体）计划"在年度评价时为考核年度目标（计划），在验收评价时为总体目标（计划）。

　　　3. 一级指标中自评不符合实际情况的，该一级指标为 0 分。

附件 3：

山东省高等学校协同创新中心实施成效汇总表

中心名称：　　　　　　　　　　　　　　　　　　　　　　牵头高校：（盖　章）

建设项目				年度（总体）计划目标	完成情况	完成率
科研创新	科研项目	科研经费（万元）				
		国家级项目	数量（项）			
			经费（万元）			
		省部级项目	数量（项）			
			经费（万元）			
	科研成果	学术论文（篇）	数量			
			其中：SCI、EI 收录			
			SSCI、CSSCI 收录			
		学术专著（部）				
		发明专利（项）	申请 国际			
			申请 国内			
			授权 国际			
			授权 国内			
		科研奖励（项）	国家级			
			省部级			
		其他（须注明）				

续表

建设项目				年度（总体）计划目标	完成情况	完成率
队伍建设	总人数					
	全职固定人员（名）	数量				
		其中：	两院院士			
			教授（或相当专业技术职务者）			
			副教授（或相当专业技术职务者）			
			具有博士学位人员			
			入选省部级以上人才计划人员			
			海外专家			
	兼职与双聘人员（名）					
	访问与流动人员（名）					
	其他（须注明）					
人才培养	博士后（名）					
	博士研究生（名）					
	硕士研究生（名）					
	本科生（名）					
	其他（须注明）					
国内外合作交流	举办国际学术会议（次）					
	举办国内学术会议（次）					
	参加国际学术会议（人次）					
	参加国内学术会议（人次）					
	与境外科研机构合作研究项目（项）					
	邀请专家指导工作（人次）					
	其他（须注明）					
成果转化	标志性成果（项）	合计				
		国际领先				
		国际先进				
		国内领先				
		国内先进				
	成果转化（项）					
	经济效益（万元）					
条件保障	实验室面积					
	仪器设备原值					
	图书资料					
	资源库					
	其他（须注明）					

续表

		建设项目	年度（总体）计划目标	完成情况	完成率
经费筹措		总计（万元）			
		省财政资金（万元）			
		牵头高校投入（万元）			
	协同单位投入（万元）	合计			
		高校			
		科研院所			
		行业企业			
		地方政府			
		其他投入（须注明）			

省教育厅 省财政厅关于印发山东省高等学校协同创新计划资金管理办法的通知

2018 年 7 月 4 日 鲁教科字〔2018〕4 号

有关高等学校：

现将《山东省高等学校协同创新计划资金管理办法》印发给你们，请遵照执行。

附件：山东省高等学校协同创新计划资金管理办法

附件：

山东省高等学校协同创新计划资金管理办法

第一章 总 则

第一条 为全面贯彻落实党的十九大部署，对接我省新旧动能转换重大工程实施规划和"十三五"战略性新兴产业发展规划，更好地服务山东创新发展、持续发展、领先发展，在第一个周期建设的基础上，省财政继续安排资金实施"山东省高等学校协同创新计划"。为加强省资金管理，提高资金使用效益，制定本办法。

第二条 山东省高等学校协同创新计划资金（以下简称"资金"）指用于山东省高等学校协同创新中心（以下简称"协同创新中心"）围绕协同创新计划开展创新活动的资金。

第三条 资金的使用管理遵循"谁使用，谁负责"的原则。协同创新中心是资金的直接使用者，协同创新中心的牵头高等学校对资金的使用负总责。

第二章 资金使用

第四条 资金用于协同创新中心的以下支出：

（一）团队建设费。指协同创新中心聘用的首席科学家、骨干研究人员和其他科研人员的岗位补助、绩效奖励费。岗位补助根据聘用人员在协同创新中心的不同岗位发放；绩效奖励费依据聘用合同规定的绩效指标进行考核，完成指标任务的予以奖励。此项费用可按团队发放。

（二）人才培养费。指协同创新中心创新型人才、拔尖人才培养、培训所需的开支。

（三）专用设备费。指协同创新中心开展创新活动所需的专用仪器设备购置、租赁或改造费用，以及运行维护费。

（四）科研材料和测试费。指协同创新中心开展科研创新活动所需的材料、试剂等耗材费、委托测试化验分析加工费、燃料费等。

（五）国内外合作交流费和专家咨询费。指协同创新中心举办或成员参加国际国内学术会议、专题研讨会以及开展合作研究等所需的费用；邀请国际国内相关专家对协同创新中心工作进行咨询、指导所需的费用。

（六）知识产权费。指协同创新中心开展创新活动所需支付版权及文献检索费、专用软件开发或购买费、网络建设与维护费、专利申请费、专利维护费等。

（七）日常运行费。指协同创新中心建设和运行中所发生的办公费、印刷费、水电费、会议费、差旅费、物业管理费等。

第三章 资金监督管理

第五条 资金应于下达的当年形成支出。对未完成年度计划者，视资金使用情况，按比例予以扣回，同时适当核减次年资金下达数额。

第六条 协同创新中心年度收支预算是牵头高等学校综合预算的组成部分，须纳入牵头高等学校年度部门预算。

第七条 对应纳入政府采购范围的货物、工程和服务，应当按照《中华人民共和国政府采购法》等有关法律制度规定，建立规范的招投标机制和相应的责任机制，严格执行政府采购程序。

第八条 使用资金形成的固定资产，均属于国有资产，应及时纳入牵头高等学校的资产进行统一管理，认真维护，共享共用。

第九条 资金必须严格按照财政国库管理制度的有关规定拨付，实行单独核算、专款专用。协同创新中心和牵头高等学校要制定和完善管理制度，健全内部控制机制，确保经费规范、合理、有效使用。

第十条 牵头高等学校应制定资金绩效评价办法，认真开展总结和自评，并于每年年底前将资金预算执行、资金使用效益、资金管理等情况以正式文件报省教育厅、省财政厅。省教育厅、省财政厅将适时开展资金管理使用绩效评价，对执行效果不佳或无法实现预期目标的，责成牵头高等学校予以整改。整改不力的，视情节轻重减拨、停拨或扣回资金，取消"山东省高等学校协同创新中心"资格。

第十一条 牵头高等学校要严格执行国家和省有关财经法律法规。省财政厅、省教育厅将不定期对资金管理使用情况进行监督检查。对违反本办法规定，有下列行为之一的，省财政厅将扣回已经下拨的资金，并按照《预算法》《财政违法行为处罚处分条例》等有关规定给予严肃处理：

（一）弄虚作假骗取资金的；

（二）挤占、截留、挪用资金的；

（三）违反规定擅自改变资金用途的。

第四章 附 则

第十二条 本办法由省教育厅、省财政厅负责解释。

第十三条 本办法自发布之日起施行。省财政厅、省教育厅、省科学技术厅《关于印发〈山东省高等学校协同创新计划专项资金管理办法〉的通知》（鲁财教〔2013〕56 号）同时废止。

省教育厅 省财政厅关于印发全省高校思想政治工作重点计划资金暂行管理办法的通知

2018 年 7 月 9 日 鲁教办字〔2018〕2 号

有关高等学校：

现将《全省高校思想政治工作重点计划资金暂行管理办法》印发给你们，请遵照执行。

附件：全省高校思想政治工作重点计划资金暂行管理办法

附件：

全省高校思想政治工作重点计划资金暂行管理办法

第一章 总 则

第一条 为贯彻落实全国高校思想政治工作会议精神和中共中央、国务院《关于加强和改进新形势下高校思想政治工作的意见》（中发〔2016〕31 号）、省委、省政府《关于加强和改进新形势下高校思想政治工作的意见》（鲁发〔2017〕19 号）精神，省财政设立全省高校思想政治工作重点计划资金（以下简称重点计划资金）。为加强资金管理，提高资金使用效益，制定本办法。

第二条 全省高校思想政治工作重点计划主要包括德育综合改革计划、社会主义政治家教育家培育培训计划、马克思主义学院建设计划、思想政治工作队伍建设计划、基层党组织建设计划、网络思想政治教育行动计划、大学生心理健康教育示范中心建设计划。

第三条 重点计划建设每年遴选确定立项高校，分类制定建设方案，根据规划分年度拨付支持经费。

第二章 经 费 使 用

第四条 重点计划资金的支出范围包括：

（一）学科建设费用。包括马克思主义理论学科申报及评估、学科建设调研、科研成果转化，学科平台建设所需教学科研仪器设备、图书资料、数据库、信息化设备购置等支出。

（二）教育教学费用。包括开展思想政治理论课（含形势与政策课）、心理健康教育课程改革以及改革成果的调研总结宣传等支出。

（三）队伍建设费用。包括党政干部培训、党员培训，国内外领军人物和创新团队人才引进、学术带头人培养、青年学术骨干的培养培训以及项目团队建设等支出。

（四）理论研究费用。包括为提升项目建设水平而开展的科学研究、成果出版发表及推广应用等支出。

（五）活动及相关费用。包括围绕项目组织开展的校园文化建设、社会实践活动、党团活动等所需咨询服务、论证策划、组织实施、保障供给等支出。

（六）学术交流合作费用。包括举办、参加与项目密切相关的全国性、全省性学术会议及邀请国内外知名学者讲学、咨询等支出。

（七）课题研究及信息统计费用。包括高校干部工作课题研究、高校领导班子信息统计分析等支出。

（八）党的建设费用。包括党组织建设、党组织书记培养、党组织书记抓基层党建突破项目实施、开展主题党日活动费用，具体参照《中央和国家机关基层党组织党建活动经费管理办法》。

第五条　重点计划资金不得用于工资福利性支出、单位日常基本运转经费、基建工程、对外投资、偿还债务、支付利息及提取工作或管理经费等方面，严禁以任何方式牟取私利。

第六条　重点计划资金原则上应于下达资金的当年形成支出。当年未形成支出的，学校要作出说明，报省教育厅审核，经审核无充分理由且预算执行缓慢的，将依据预算管理有关规定进行处理。

第三章　监督管理

第七条　凡纳入政府采购目录的支出项目，严格按照规定实行政府采购。凡使用重点计划资金形成的资产，均属国有资产，应及时纳入学校资产范围，统一管理，认真维护，共享使用。

第八条　对重点计划资金学校要实行专账核算，制定完善管理制度，健全内部控制机制，确保资金规范、合理、有效使用，不得以任何理由克扣、挪用。

第九条　省教育厅依据有关规定，不定期对重点计划资金管理使用情况进行监督检查。重点计划资金的使用和管理须接受审计部门和社会监督。

第十条　入选高校要按照《山东省省级财政支出绩效评价管理暂行办法》要求，制定具体可量化的绩效目标并进行全面绩效评价，省教育厅采取委托第三方等形式依据有关规定对高校绩效评价开展情况进行监督检查。绩效评价结果报省财政厅，与资金分配挂钩。

第十一条　入选高校要严格执行国家和省有关财经法律法规。对弄虚作假、截留、挪用、挤占专项资金等违反财经纪律的行为，按照有关规定给予处罚。

第四章　附　　则

第十二条　本办法由省教育厅、省财政厅负责解释。

第十三条　本办法自发布之日起施行。

省教育厅　省财政厅关于印发山东省民办高校基础能力建设资金管理办法的通知

2018 年 8 月 31 日　鲁教民发〔2018〕3 号

各市教育局、财政局，各民办高等学校：

现将《山东省民办高校基础能力建设资金管理办法》印发给你们，请遵照执行。

附件：山东省民办高校基础能力建设资金管理办法

附件：

山东省民办高校基础能力建设资金管理办法

第一章　总　　则

第一条　为支持我省民办高等教育发展，引导带动民办高校提升办学水平和人才培养质量，根据《中华人民共和国民办教育促进法》《中华人民共和国预算法》等，省财政设立民办高校基础能力建设资金（以下简称建设资金）。为加强和规范资金使用管理，提高资金使用效益，特制定本办法。

第二条　建设资金扶持对象为我省非营利性民办普通高等学校（以下简称民办高校），不含独立学院和民办非学历高等教育机构。

第三条　建设资金的安排使用遵循"公益导向、公开公正、绩效优先、促进发展"的原则。引导民办高校坚持非营利性办学方向，鼓励优质特色发展，推动依法治校，强化规范管理，不断提高办学能力和水平。

第二章　资金申报和分配

第四条　申请建设资金的民办高校应具备以下基本条件：

（一）办学条件应达到国家规定的合格标准。通过省级以上教育行政部门综合性办学水平评估，落实学校法人财产权。

（二）依法与教职工签订劳动合同，并按规定缴纳社会保险、住房公积金等相关费用。

（三）办学行为规范。3 年内未受到教育主管部门处罚或通报批评，没有发生校园重大安全责任事故和影响社会稳定的事件，上一年度办学检查合格。

（四）财务资产管理规范，无抽逃资金或者挪用办学经费现象，对财政性经费专款专用，专户核算。

第五条　根据民办教育事业发展需要，建设资金采取因素法或项目补助等分配方式。采用因素法分配的，省教育厅根据民办高校学生规模、办学水平等相关因素确定具体分配意见；采取项目补助方式的，省教育厅通过下发通知、组织申报、形式审查、专家或第三方评审、结果公示等程序进行择优遴选，确定具体分配意见。

第六条　根据当年建设资金预算安排情况，省教育厅下发通知，明确年度建设资金内容、分配方式和标准、申报条件与程序等内容。

第七条　建设资金主要用于以下方面：

（一）改善办学条件。包括：校园基础设施建设、实验实训条件改善，教学仪器设备购置等。

（二）教育信息化建设。包括：数字化校园建设、数字教育资源建设、智慧校园建设等。

（三）学科专业和教师专业发展。包括：重点学科专业建设、教学实验平台、教师专业进修培训、教科研能力提升、高水平人才队伍建设等。

（四）民办高校围绕提高内涵发展能力开展的实践基地、公共服务体系建设等其他专项和中心工作项目。

第八条　建设资金不得用于工资福利性支出、基建工程、偿还债务、支付利息及提取工作或管理经费等。

第三章　资金管理和监督

第九条　民办高校应设立资金支出辅助账，实行专账管理，完整记录支出情况，确保专款专用。建设资金原则上当年执行完毕。要建立健全内部控制制度和内部监督制度，参照政府采购有关规定完善学校采购制度，加强对建设资金的使用管理，严格遵守资金用途，提高资金使用效益。

第十条　建设资金形成的资产，应纳入民办高校资产统一管理，分类核算，按照有关法律规定合理使用。其中固定资产为限定性固定资产，不得作为举办者的投入。

第十一条　民办高校按计划和实施方案使用建设资金，依法依规接受相关监督检查和审计，按要求提供建设资金的使用情况报告以及有关财务报表。在每个会计年度结束后及项目建设计划完成后，应对建设资金的使用及管理情况进行自评和结报，并将自评结果和结报情况报送省教育厅、省财政厅。

第十二条　对建设资金管理使用情况开展监督检查和绩效评价，绩效评价结果将作为以后年度资金分配的重要依据。

第十三条　对违反本办法规定，有弄虚作假骗取资金，挤占、截留、挪用资金，擅自改变资金用途等违规行为的，省财政将扣回已下拨资金，并依据《中华人民共和国预算法》和《财政违法行为处罚处分条例》（国务院令第 427 号）等国家有关法律法规规定，追究相关单位和人员的责任。

第四章　附　　则

第十四条　本办法由省教育厅、省财政厅负责解释。

第十五条　本办法自 2018 年 10 月 1 日起施行，有效期至 2023 年 9 月 30 日。

省教育厅　中共山东省委机构编制委员会办公室　省发展和改革委员会　省财政厅　省自然资源厅　省住房和城乡建设厅关于印发山东省幼儿园办园条件标准的通知

2018 年 11 月 26 日　鲁教基发〔2018〕4 号

各市教育局、编办、发展改革委、财政局、国土资源局、住房城乡建设委（建设局）：

现将《山东省幼儿园办园条件标准》印发给你们，请认真贯彻执行。

附件：山东省幼儿园办园条件标准

附件：

山东省幼儿园办园条件标准

山东省教育厅
中共山东省委机构编制委员会办公室
山东省发展和改革委员会
山东省财政厅
山东省自然资源厅
山东省住房和城乡建设厅

前　言

为适应学前教育改革与发展需要，推动幼儿园标准化、科学化、现代化建设，使幼儿园规划、建设和管理有章可循，为幼儿身心健康发展营造良好的环境，根据《幼儿园工作规程》（中华人民共和国教育部令第 39 号）、《山东省中长期教育改革和发展规划纲要（2011—2020 年）》《山东省学前教育规定》（山东省人民政府令第 272 号）、《山东省人民政府办公厅关于加快学前教育改革发展的意见》（鲁政办字〔2018〕71 号），以国家《幼儿园建设标准》（建标 175—2016）、《托儿所、幼儿园建筑设计规范》（JGJ39—2016）为主要依据，按照国家、省有关文件中关于幼儿园建设和安全工作的要求，参照上海、浙江、北京、辽宁等外省市相关标准，对《山东省幼儿园基本办园条件标准（试行）》（鲁教基字〔2010〕10 号）进行了修订，形成了《山东省幼儿园办园条件标准》。

本标准共分八章，包括总则、设置与规划、建设用地、园舍建筑、设施设备、师资配备、经费保障、附则。

目　录

第一章　总　则

第一条　为贯彻执行《中华人民共和国教育法》《中华人民共和国未成年人保护法》等法律法规，落实《幼儿园工作规程》《3～6 岁儿童学习与发展指南》和《山东省中长期教育改革和发展规划纲要（2011～2020 年）》《山东省学前教育规定》《山东省人民政府办公厅关于加快学前教育改革发展的意见》等规章政策，适应学前教育改革发展和教育现代化需要，创设适合幼儿全面发展的办园条件和育人环境，推进幼儿园标准化、科学化、现代化建设，依据国家有关标准和规范，结合我省社会与经济发展水平和学前教育实际，制定本标准。

第二条　本标准是我省各级人民政府规划、建设幼儿园和配备幼儿园教育装备以及管理幼儿园的依据，是有关部门编制、评估和审批幼儿园建设项目建议书、可行性研究报告、幼儿园规划设计和建设用地的依据。

第三条　本标准适用于新建全日制幼儿园，改建和扩建项目可参照执行。新建全日制幼儿园土地规划和园舍建筑应不低于本标准要求，其他全日制幼儿园应参照本标准逐步改建和扩建。建设有特殊需求的幼儿园，经有关部门批准，其建设和配备标准可适当提高。寄宿制幼儿园的土地规划和园舍建设按照国家《幼儿园建设标准》（建标 175—2016）中有关规定执行。

第四条　本标准分为三类。其中，标准Ⅰ为高标准，标准Ⅱ为较高标准，标准Ⅲ基本标准。各地可根据实际情况和发展需要选用相应标准。

第五条 幼儿园建设必须坚持"以幼儿为本"的原则，符合幼儿生理和心理成长规律。园区布局、房屋建筑和设施配备应功能完善、配置合理、绿色环保、经济美观，具有抵御自然灾害、保障幼儿安全的能力。

第六条 新建、改建、扩建的幼儿园项目，均应先规划后建设。各地应根据学前教育可持续发展的需要，按照园舍建筑面积指标和各类活动场地要求，进行园区规划。各级政府应将幼儿园建设纳入城乡规划，统筹规划，合理布局，保障幼儿园建设用地，并应为幼儿园留有充足的发展空间。

第七条 幼儿园建设及设施设备配备，除应执行本标准外，还应符合国家和省现行相关标准与规范的规定。

第二章　设置与规划

第一节　设置与规模

第八条 幼儿园设置布局，应符合当地城乡规划及学前教育发展规划，结合人口密度、生源发展趋势、服务半径、地理环境等因素综合考虑，合理布点，确保安全。

第九条 新建幼儿园应独立设置，有独立的园舍、户外场地、围墙、大门、保安室（门卫及收发室）。

第十条 幼儿园规划建设应与居住人口相适应。按照城镇居住区配套幼儿园配建标准，每3 000～5 000人口设置一所6个班以上的幼儿园。规模不足3 000人口的居住区，规划部门应进行区域统筹，合理规划幼儿园配建项目。农村按照大村独办、小村联办的原则建设幼儿园，服务半径原则不超过1.5公里。

第十一条 幼儿园规模应有利于幼儿身心健康，便于管理，办园规模不宜超过12个班。城镇学前教育资源不足地区和农村人口稀少地区可单独设置或在小学附设1～2个班的幼儿园。

幼儿园每班人数一般为：小班（3周岁至4周岁）25人，中班（4周岁至5周岁）30人，大班（5周岁至6周岁）35人。寄宿制幼儿园每班幼儿人数酌减。

第二节　选址与规划

第十二条 新建幼儿园选址应符合下列原则：

（一）幼儿就近入园，家长方便接送。

（二）应选在地质条件较好、环境适宜、交通方便、场地平整、地势较高、排水通畅、日照充足、空气流通、绿色植被丰富、公用配套设施较为完善、符合卫生和环保要求的地带。

（三）必须避开地震危险地段、可能发生地质灾害和洪水灾害的区域等不安全地带，避开输油、输气管道和高压供电走廊等。

（四）必须与铁路、高速公路、机场及飞机起降航线有足够的安全、卫生防护距离。应避开主要交通干道、建筑的阴影区等。

（五）不应与集贸市场、娱乐场所、医院传染病房、太平间、殡仪馆、垃圾中转站或处理厂、污水处理站等喧闹脏乱、不利于幼儿身心健康的场所毗邻；不应与生产、经营、贮藏有毒有害、易燃易爆物品等危及幼儿安全的场所毗邻；不应与通信发射塔（台）等有较强电磁波辐射的场所毗邻。

（六）幼儿园不得建在高层建筑内。3班及以下规模幼儿园可设在多层公共建筑内的一至三层，应有独立的院落和出入口，室外游戏场地应有防护设施。3班以上规模幼儿园不应设在多层公共建筑内。

（七）农村幼儿园宜设在乡镇政府、社区驻地或靠近中小学，应避开养殖场、屠宰场、垃圾填埋场及水面等不良环境。

（八）符合其他有关安全、卫生防护标准的要求。

第十三条 幼儿园建设项目由场地、房屋建筑和建筑设备等构成。场地由室外游戏场地、绿化用地两部分组成。园区总平面规划包括总平面布置、竖向设计、管网综合设计等。应符合下列原则：

（一）园区总体规划应因地制宜，适合幼儿特点，有利于幼儿园建设发展和对幼儿的保育教育与安全管理。

（二）园区总平面布置应功能分区明确，布局合理，节约用地，方便管理，避免相互干扰，有利于人流疏散。

（三）幼儿园有良好的建筑朝向、日照和通风。幼儿活动室应保证冬至日底层满窗日照有效时间不少于 3 小时。室外地面游戏场地应保证一半以上面积在冬至日日照有效时间不少于 3 小时。生活用房与幼儿活动室应保持适当的距离。园内建筑间距及与相邻园外建筑的间距，应符合国家标准及规划、消防、卫生、环保等部门的有关规定。

（四）幼儿园建筑组合应紧凑、集中、合理，建筑形式和建筑风格应力求体现儿童特点。主要建筑之间宜有廊联系。园区绿化、美化应结合使用功能、特点及建筑布置、空间组合、建筑景观等要求，与园舍建筑统一规划设计和建设，充分体现儿童化、教育化、立体化、生态化的特点。

（五）园区主要道路应根据通行和消防要求建设。园区道路的布置应便捷通畅，宜人车分流，竖向设计应满足无障碍要求。道路的高差处宜设坡道。主要道路宽度及转弯半径应满足消防车辆通行要求。幼儿园主要出入口不应设在交通主干道或过境公路干道一侧，园门外侧必须留有缓冲地带，并有安全警示标志，应有利于交通疏散。机动车与供应区出入口宜合并独立设置。

（六）室外给排水、供气、供热、供电、通信、网络等管线，应根据总平面设计合理布置，管线宜暗设。污水应纳入系统的污水排放管道，农村幼儿园污水排放不应影响园区和周边环境卫生与幼儿安全。应按照防火规范要求设置消防系统。用电负荷应适当留有余量。安全、防噪声、防火与疏散、给排水、采暖与通风等要符合国家现行的有关设计规范和强制性标准。

（七）园区内应设置教职工自行车停车棚。有条件的幼儿园可设置独立的教职工机动车停放场地，与幼儿活动场地隔离，并设置专用的机动车道和出入口。

（八）幼儿园应设置旗杆、旗台。

第三章　建设用地

第十四条　幼儿园建设用地包括园舍建筑用地、室外游戏场地和绿化用地三部分。

（一）建筑用地包括建筑物占地、园内道路及建筑物周围通道等用地。

（二）室外地面游戏场地人均面积不应少于 $4m^2$。其中，共用游戏场地人均面积不应少于 $2m^2$，分班游戏场地人均面积不应少于 $2m^2$。分班游戏场地宜邻近活动室设置，其数量应至少能容纳 n-2 个班（n 为全园班级数）同时游戏活动。共用游戏场地应设置游戏场地、活动器械场地、30m 直跑道、沙池、戏水池等。其中游戏场地宜为草坪、沙土地、塑胶场地等软质地坪。

（三）幼儿园绿地率不宜低于 30%，集中绿化用地包括专用绿地和自然生物园地，人均面积不应低于 $2m^2$，有条件的幼儿园应扩大绿化面积。绿地中严禁种植有毒、带刺、有飞絮、病虫害多、有刺激性的植物。

第十五条　建设用地面积按照园区内建筑总面积和相应的容积率测算，新建幼儿园用地应留有足够的发展空间。幼儿园容积率以 0.55～0.65 为宜。计算公式：

$$建设用地面积 = 建筑总面积/容积率$$

表 1　　　　　　　　　　　　幼儿园建设用地面积指标（m^2）

建设用地	标准 Ⅰ			标准 Ⅱ			标准 Ⅲ			
	6 班	9 班	12 班	6 班	9 班	12 班	3 班	6 班	9 班	12 班
建设用地合计	4 684～5 536	6 713～7 933	8 536～10 088	4 100～4 845	5 905～6 979	7 551～8 924	1 347～1 592	2 918～3 449	4 885～5 773	6 221～7 352
生均建设用地	26.03～30.76	24.86～29.38	23.71～28.02	22.78～26.92	21.87～25.85	20.98～24.79	14.97～17.69	16.21～19.16	18.09～21.38	17.28～20.42

注：1. 表内建设用地面积按照每班平均班额 30 人测算。

2. 若标准Ⅲ中 3 个班、6 个班建筑为平房，室外活动场地比较紧张，应适当增加建设用地面积。

3. 建设用地不包括四周道路代征地。

第四章　园舍建筑

第一节　园舍建筑组成

第十六条　幼儿园园舍建筑由幼儿活动用房、服务用房、附属用房三部分组成。有条件的幼儿园应优先扩大幼儿游戏活动空间。

（一）幼儿活动用房包括以下用房：

1. 幼儿班级活动用房。宜按单元设置，包括活动室、寝室、卫生间（含盥洗室、厕所）、衣帽及教具储藏室（可兼教师办公室）各1间。由中小学校舍或其他资源改建，暂不具备按单元设置条件的幼儿园，同一个班级的活动室、寝室应在同一楼层，并应与卫生间毗邻设置。

2. 综合活动室。供幼儿分班或集体开展音乐、舞蹈、体育活动和大型游戏、会议、亲子活动、家长学校等活动用房。

3. 公共游戏活动用房。有条件的幼儿园可设置公共游戏活动用房，供幼儿完成在班级活动单元内不易开展的游戏活动及设置录播室等。

（二）服务用房包括以下用房：

办公室、保健观察室、晨检接待室、洗涤消毒用房。办公室供幼儿园教师和管理人员办公、教研、会议、接待、阅览、储存资料使用，有条件的幼儿园可设置网管（监控）室。可根据需要设立卫生室，卫生室必须取得卫生行政部门颁发的《非营利性医疗机构执业许可证》，并按要求配备室内设备与医师。

（三）附属用房包括以下用房：

厨房、配电室、保安室（门卫及收发室）、储藏室、教职工卫生间、教师值班室。厨房主要有主副食加工间、配餐间、餐具洗涤消毒间、食具存放间、烧火间、炊事员更衣休息室、库房等组成。有条件的幼儿园可设置教职工餐厅。

园舍建筑中未包括民防工程、采暖锅炉房和车库等用房。

（四）1~2个班的幼儿园，至少应设置幼儿班级活动室、卫生间和办公室，有条件的可增加活动室面积，便于幼儿就寝，可增设综合活动室、保健室、幼儿厨房等。其园舍面积应不低于3个班幼儿园的人均标准。

（五）招收轻度残疾幼儿5人以上的幼儿园，应设置特殊教育资源教室。不足5人的，由所在区域教育行政部门统筹规划资源教室的布局，辐射片区所有随园保教幼儿，实现资源共享。

第二节　建　筑　面　积

第十七条　幼儿园园舍建筑面积指标，应符合表2的规定。

表2　　　　　　　　　　幼儿园园舍使用面积和建筑面积指标（m²）

用房名称	使用面积系数	标准Ⅰ			标准Ⅱ			标准Ⅲ			
		6班	9班	12班	6班	9班	12班	3班	6班	9班	12班
使用面积合计		1 827	2 618	3 329	1 599	2 303	2 945	613	1 328	1 905	2 426
生均使用面积		10.15	9.70	9.25	8.88	8.53	8.18	6.81	7.38	7.06	6.74
建筑面积合计	K = 0.6	3 045	4 363	5 548	2 665	3 838	4 908	—	—	3 175	4 043
	K = 0.7	—	—	—	—	—	—	876	1 897	—	—
生均建筑面积		16.92	16.16	15.41	14.81	14.22	13.63	9.73	10.54	11.76	11.23

注：1. 楼房使用面积系数K值取0.6，平房使用面积系数k值取0.7。

　　2. 表中所列指标不包括选用房面积；各类指标按平均班额30人测算。

　　3. 办园规模大于12个班时，可参照12班的人均面积指标。

第十八条　幼儿园各类用房使用面积，应符合表 3、表 4、表 5 的规定。

表 3　　　　　　　　　　　　　幼儿活动用房使用面积一览表（m²）

用房名称	标准 I				标准 II				标准 III				
	每间面积	6 班	9 班	12 班	每间面积	6 班	9 班	12 班	每间面积	3 班	6 班	9 班	12 班
1. 活动室	80	480	720	960	72	432	648	864	65	195	390	585	780
2. 寝室	60	360	540	720	60	360	540	720	45	135	270	405	540
3. 卫生间	18	108	162	216	18	108	162	216	15	45	90	135	180
4. 衣帽间	9	54	81	108	9	54	81	108	9	27	54	81	108
5. 综合活动室	—	180	243	288	—	180	243	288	—	90	126	162	180
6. 公共游戏活动用房	—	180	243	288	—	(180)	(243)	(288)	—	—	—	—	—
小计	—	1 362	1 989	2 580	—	1 134	1 674	2 196	—	492	930	1 368	1 788

注：1. 幼儿园活动室与寝室合用时，其面积按不低于两者面积之和的 80% 计算。
　　2. 括号中为选配用房，小计面积不含选配用房面积。

表 4　　　　　　　　　　　　　幼儿园服务用房使用面积一览表（m²）

用房名称	标准 I			标准 II			标准 III			
	6 班	9 班	12 班	6 班	9 班	12 班	3 班	6 班	9 班	12 班
1. 办公室	153	197	220	153	197	220	32	108	135	144
2. 保健观察室	18	22	22	18	22	22	9	18	22	22
3. 晨检接待厅	36	48	57	36	48	57	18	36	48	57
4. 洗涤消毒用房	16	22	25	16	22	25	8	16	22	25
小计	223	289	324	223	289	324	67	178	227	248

表 5　　　　　　　　　　　　　幼儿园附属用房使用面积一览表（m²）

用房名称	标准 I			标准 II			标准 III			
	6 班	9 班	12 班	6 班	9 班	12 班	3 班	6 班	9 班	12 班
1. 厨房	130	192	252	130	192	252	36	126	186	245
2. 配电室	9	11	11	9	11	11	—	9	11	11
3. 保安室（门卫及收发室）	18	24	29	18	24	29	—	18	24	29
4. 储藏室	54	73	86	54	73	86	9	36	49	58
5. 教职工卫生间	18	24	29	18	24	29	9	18	24	29
6. 教师值班室	13	16	18	13	16	18	—	13	16	18
小计	242	340	425	242	340	425	54	220	310	390

第三节　主要建筑标准及建筑设备

第十九条　幼儿园园舍建筑应坚持安全、适用、绿色、节能、环保、经济、美观的原则，营造功能完善、适合儿童身心健康发展、寓教于乐的教育环境。公办幼儿园不得建设豪华幼儿园。幼儿园宜为三层及三层以下的楼房和符合建筑标准的平房。

（一）幼儿园园舍设计建设必须符合国家《幼儿园建设标准》（建标 175—2016）、《托儿所、幼儿园建筑设计规范》（JGJ39—2016）以及相关的规范、标准的规定。

（二）幼儿活动用房应符合以下要求：

1. 应设在三层及以下楼层，严禁设在地下室或半地下室。小班生活活动用房宜在一至二层，中班、大班生活活动用房宜在一至三层。

2. 班级活动单元应满足幼儿活动、生活等功能需求。幼儿活动用房应有良好的天然采光、自然通风和空气对流条件。

3. 班级活动单元内不得搭建阁楼或夹层作寝室。活动室与寝室可分开设置，也可合并设置。

4. 应保证每个幼儿有一张床位，不宜设双层床，床位侧面不宜紧靠外墙布置。

（三）建筑防火应符合建筑设计防火规范要求，耐火等级不应低于二级。

（四）建筑结构应符合国家现行建筑抗震设计规范要求，抗震设防类别不应低于重点设防类。

（五）园舍主要用房的室内净高应符合以下规定：

1. 班级活动单元不应低于 3.00m。

2. 综合活动室不应低于 3.90m。

（六）幼儿园入口、道路、门厅走廊和厕所等，应按照现行国家标准《无障碍设计规范》（GB50763）规定设计。

（七）门厅、走廊应符合以下规定：

1. 幼儿园晨检接待厅（门厅）应宽敞明亮，有利于人流集散通行和短暂停留。

2. 单面走廊净宽不应小于 1.80m，中内廊净宽不应小于 2.40m。

3. 外廊宜设封闭窗。厨房和幼儿就餐点不在同一幢建筑内时，宜设封闭连接廊。

4. 幼儿出入的门厅和走廊不应设台阶，地面有高差时，应采用防滑坡道，其坡度不应大于 1∶12。疏散走道的墙面距地面 2m 以下不应设壁柱、管道、消火栓箱、灭火器、广告牌等突出物。

（八）楼梯应符合以下规定：

1. 楼梯设置的数量和总宽度应按幼儿通行安全和建筑设计防火规范的要求确定。

2. 楼梯间应有直接自然采光、通风和人工照明。

3. 供幼儿使用的楼梯踏步高度宜为 0.13m、宽度宜为 0.26m。

4. 幼儿使用的楼梯，当楼梯井宽度大于 0.11m 时，必须采取防止幼儿攀滑措施。楼梯栏杆应采取不宜攀爬构造，当采用垂直杆件做栏杆时，其杆件净距不应大于 0.11m。严禁采用横向杆件或装饰物。

5. 疏散楼梯严禁使用螺旋形或扇形踏步。

6. 楼梯入口处应设置上下楼梯相互礼让、靠右行走等指示和警示标志。

7. 宜设幼儿扶手和成人扶手。幼儿扶手高度宜为 0.6m，底层及顶层扶手端部应纵向延伸 1 个踏步宽度。扶手端部和转弯部位不应有棱角。

8. 招收残疾幼儿的幼儿园宜设置电梯。

9. 不宜设置室外楼梯。

（九）幼儿园的外廊、室内回廊、内天井、阳台、上人屋面、平台、看台等临空处应设置防护栏杆，临空安全防护栏杆应采用坚固、耐久材料制作，防护栏杆水平承载能力应符合《建筑结构荷载规范》GB50009 的规定。防护栏杆净高不应小于 1.10m，必须采用防止幼儿攀登和穿过的构造。当采用垂直杆件做栏杆时，其杆件净距不应大于 0.11m。严禁采用横向杆件或装饰物。

（十）楼地面应符合以下规定：

1. 活动室、寝室和综合活动室等用房应采用柔性易清洁的楼地面。

2. 门厅、走道、楼梯、衣帽储藏室、卫生间等应采用防滑、耐磨及易清洗地面，卫生间应有安全可靠的防水和排水设施。

（十一）门、窗应符合以下规定：

1. 幼儿活动用房宜设双扇外推平开门，净宽度不应小于 1.2m，禁止设置弹簧门、推拉门、旋转门、玻璃门，不宜设置金属门，不应设置门坎。宜在靠墙部位设置固定门扇的装置，固定门扇装置不应影响疏散，不应影响幼儿行走。

2. 活动室、寝室、综合活动室的门均应向人员疏散方向开启，开启的门扇不应妨碍走道疏散通行。

3. 班级活动单元内各项用房之间宜设门洞，不宜安装门扇。

4. 幼儿经常出入的门在距地 0.60 ~ 1.20m 高度内应设观察窗，观察窗应采用安全玻璃，在距地面 0.60m 处宜设幼儿专用拉手。

5. 直接采光窗不应采用彩色玻璃。

6. 幼儿活动用房窗台距楼可踏面不宜高于 0.60m，并应设安全护栏，防护栏高度从地面算起不应低于 0.90m，1.30m 以下严禁设开启窗扇，窗侧无外廊时须设栏杆。走廊和阳台开启窗距地面高度小于或等于 1.80m 的部分，不应设内平开窗或上悬内开窗。

（十二）幼儿卫生间设计应符合以下要求：

1. 卫生间宜临近活动室或寝室，盥洗室与厕所宜分间或分隔设置，应有良好的视线贯通。

2. 宜有直接的自然通风，无外窗的应设置防止回流的机械排气设施。

3. 卫生间内不应设台阶。

4. 卫生间的门不应直对活动室和寝室。

5. 盥洗池高度为 0.5 ~ 0.55m，宽度为 0.4 ~ 0.45m，水龙头间距为 0.35 ~ 0.4m。可单独增设一个稍矮的盥洗池，便于个子矮的幼儿洗手。大便器宜采用蹲式便器，大便器或小便槽均应设隔板，隔板处应加设幼儿扶手。厕位的平面尺寸不应小于 0.70m×0.80m（宽×深），沟槽式的宽度宜为 0.16 ~ 0.18m，坐式便器的高度宜为 0.25 ~ 0.30m。每班卫生间至少设污水池 1 个、大便器 6 个（其中女厕大便器不应少于 4 个，男厕大便器不应少于 2 个）、小便器 4 个或小便槽 2.5m、水龙头 6 个。托儿所、幼儿园建筑给水系统入户管的给水压力不应大于 0.35MPa；当水压大于 0.35MPa 时，应设置减压设施。由中小学改建的幼儿园，要确保有流水洗手设施。保教人员使用的厕所应就近集中设置。

6. 农村幼儿园若需设置室外厕所，应设置水冲式厕所。若不具备设置水冲式厕所条件，应设置节水型环保厕所，其设施应确保幼儿安全。严禁在化粪池盖板上设置蹲位，化粪池应设于室外并密封，盖板上应设竖向排气管道，并具有较强的承载能力，出粪口应加盖并防止幼儿移动和开启的措施。

（十三）厨房平面布置应符合食品安全规定，满足使用功能要求。厨房不得设在幼儿活动用房的下部。如使用罐装燃气，应设置有外门的钢瓶储存间，并在厨房内安装可燃气体报警装置。加工间、备餐间和库房要通风，有采光。

（十四）晨检室及接待厅（门厅）、保健观察室（含隔离室）应符合幼儿园卫生保健管理办法和卫生行政部门的要求。隔离室内宜设置厕所。6 个班及以上规模幼儿园应设洗涤消毒间，6 个班以下幼儿园应设洗涤消毒设备。

第二十条 建筑装修应符合以下要求：

（一）建筑内装修应符合现行国家标准《民用建筑工程室内环境污染控制规范》（GB 50325）和《建筑内部装修设计防火规范》（GB 50222）规定。室内装饰装修应符合国家对室内装饰装修材料有害物质限量的相关标准。室内空气质量应达到《室内空气质量标准》（GB/T 18883）要求。

（二）建筑外装修材料应符合环保和建筑节能要求，外装修宜选用适合幼儿审美情趣和心理特征的色彩，并与园区环境协调。建筑外墙面应严防雨水渗漏。

（三）墙面应符合以下要求：

1. 幼儿活动用房的内墙面、顶面粉刷应符合环保、适用、经济、耐久、美观的要求，宜选用适合幼儿审美情趣和心理特点的明亮柔和色彩。

2. 所有内墙的阳角、方柱及窗台应做成小圆角。

3. 外墙面 1.3m 以下不宜做质地粗糙墙面，外墙的阳角及方柱应做成小圆角。

4. 幼儿活动用房、走廊内墙面，应具备展示教材、作品和布置环境的条件。

5. 门厅、走廊、楼梯间宜做易清洗、不易污损的墙裙。

6. 卫生间、厨房内墙面应做光滑易清洁磁砖护壁至天棚。

第二十一条 建筑设备主要包括给排水系统、建筑电气系统、采暖通风系统、电梯及弱电系统等。建筑设备应符合《托儿所、幼儿园设计规范》（JGJ39—2016）及其他相关国家规范、标准的要求。并应符合以下要求：

（一）幼儿园应设置给排水系统，设备选型及系统配置应适合幼儿需要。用水量标准、系统选择和水质应符合国家有关标准。当压力不能满足要求时，应增加系统增压给水设备，并符合以下规定：

1. 当设有二次供水设施时，供水设施不应对水质产生污染；

2. 当设置水箱时，应设置消毒设备，并宜采用紫外线消毒方式；

3. 加压水泵应选用低噪声节能型产品，加压泵组及泵房应采取减振防噪措施。

（二）幼儿活动用房宜设置集中采暖系统，散热器应暗装。采用电采暖，必须有可靠的安全防护措施。不得采用火炉采暖。应保证室内所需新风量，室内空气质量应符合现行国家标准。

幼儿活动用房应配备空调、电扇等防暑降温设备。

（三）室内照明应采用带保护罩的节能灯具，不得采用裸灯，灯具应经过 CCC 认证。活动室、寝室、图书室、美工室等幼儿用房宜采用细管径直管形三基色荧光灯，配用电子镇流器，也可采用防频闪性能好、无蓝光危害的其他节能光源，不宜采用裸管荧光灯灯具；保健观察室、办公室等可采用细管径直管形三基色荧光灯，配用电子镇流器或节能型电感镇流器，或采用其他节能光源。室内照明光源色温、桌面平均照度、统一眩光值、显色指数等应符合国家相关标准。根据需要配置电源插座。幼儿活动用房应采用安全型插座，插座距地面高度不应低于 1.80m，照明开关距地面高度不应低于 1.40m。动力电源与照明电源应分开敷设和控制，不得混用。

（四）幼儿活动用房、卫生保健用房、厨房备餐间宜安装紫外线杀菌灯，灯具距地面高度宜为 2.50m。紫外线杀菌灯开关应单独设置，距地面高度不应低于 1.80m，并应设置警示标识，采取防止误开误关措施。

（五）楼梯、走廊应安装应急照明灯。

（六）应按信息化管理的需要敷设网络、通信、有线电视、安保监控等线路，预留接口。

（七）园区附属设施应符合以下要求：

1. 设置安全、美观、通透的围墙，周界宜设置入侵报警系统、电子巡查系统。

2. 幼儿园大门、建筑物出入口、楼梯间、走廊等应设视频安防监控系统。厨房、重要机房宜设入侵报警系统。

3. 根据消防要求，在园内和建筑内配置相应的消防设备。

4. 园区内严禁设置带有尖状突出物的围栏。

第五章 设 施 设 备

第一节 一 般 要 求

第二十二条 幼儿园设施设备应坚持安全性、教育性、适宜性、操作性原则，兼顾设备的功能、特点、更新周期和利用效率等因素配备。

（一）玩教具应坚持确保安全环保卫生，满足幼儿游戏活动需要，适合幼儿发展水平，富有教育价值，经济适用、耐用的原则。提倡幼儿园因地制宜，就地取材，自制玩教具。幼儿园不接受生产企业的试用产品。

（二）除符合上述要求外，还必须符合国家有关规范、标准和规定。

第二节 幼儿生活及教育活动设施设备

第二十三条 幼儿生活及教育活动设施设备主要包括教育教学设备、玩教具及游戏健身器材、图书、办公用品、生活设备等。配备标准见附录一《山东省幼儿园设施设备配备目录》。其中选配的玩教具和器材供有条件的幼儿园选用。

（一）室外设施设备。幼儿园室外大中型运动器械应固定安装在软质地面上，稳固支柱的基座不能凸出地面，下方底部及四周边缘向外延伸至少 1.8m 的防碰撞跌落区域。器械之间保持足够的安全距离，一般不少于 3m。运动器械上的装饰物，不能遮挡教师和儿童的视线。禁止使用铸铁等金属材质的运动器械。禁止使用管道、管筒滑梯，禁止把秋千安装在大型组合运动器械中。沙池蓄沙深度为 0.3～0.5m，戏水池蓄水深度不超过 0.3m，沙池、水池宜相邻设置，面积大小与办园规模相适应，一般不宜低于 50 平方米，边缘应该有安全保障。室外活动场地中软质地坪面积应大于 70%，应具有良好的排水系统，室外应配备储物、收纳设备等。配备标准见附表 2。

（二）室内设施设备。幼儿园应根据各类用房的功能，按需要配备教学、游戏、生活等设施设备。

1. 幼儿活动室内应配备幼儿桌椅、信息化和多媒体设备、钢琴等通用设施设备。配备标准见附表 1。儿童桌椅应符合《学校课桌椅功能尺寸标准》GB/T 3976，具体标准见附表 3。

2. 幼儿活动室游戏活动设施设备。配备标准见附表 1。

活动区设施设备。活动区设置应动静分开，每班根据需要设置角色游戏区、建构区、美工区、益智区、图书区、科学区、表演区等活动区，配备必要的开放式玩具柜（架）。

活动室应配备饮水、消毒设备。保温饮水设备应具备锁定装置。每生一杯，并有明显区分标志。

3. 寝室设施设备。儿童寝室应分班使用。应配备儿童单层固定床，也可根据实际情况配置叠放收藏的硬板床。儿童寝室应有避光窗帘。配备标准见附表 4。

4. 卫生间设施设备。卫生间包括盥洗室和厕所。盥洗室应配备梳洗镜、洗手盆等盥洗卫生用具。厕所应采用水冲式，设置适量的儿童座便器或有隔断的沟槽式便池。提倡男女分厕，蹲位间应有隔断遮挡。

严禁在盥洗室安装煤气、燃气热水器。

5. 综合活动室设施设备。应具备供幼儿分班或者集体开展音乐、舞蹈、体育活动和大型游戏活动、亲子活动、会议、家长学校、观摩教学等综合性功能。配备标准见附表 5。

6. 公用游戏活动用房设施设备。可根据幼儿游戏活动实际需要选配。

（三）图书资料。应依据保教工作和幼儿阅读需要配备图书报刊。幼儿图书应适宜幼儿阅读，包括益智类、文学类、社会类、科学类及艺术类等各类图书，宜以绘本为主。配备标准见附表 6。

（四）特殊教育资源教室装备。应综合考虑随园保教残疾幼儿的数量、残疾类型和残疾程度等因素，配备基本的必要的教育教学及基本康复所需的仪器设备与图书资料，满足保教和康复训练需求。有条件的可增配残疾幼儿个体学习、生活及康复辅助用品及用具。配备标准见附表 10。

第二十四条 办公及生活设施设备配备应符合以下标准要求。

（一）办公设备包括办公桌椅、资料柜、储物柜、计算机、打印机、网络接口、电话、传真机等必要设备。有条件的可建立网络系统。配备标准见附表 7。

（二）卫生保健设备包括必要的体检、简易外伤处理器械、常见外用药品和卫生消毒设备。配备标准见附表 8。

（三）生活设施设备包括卫生用具、厨房设施设备等，应符合《学校食堂与学生集体用餐卫生管理规定》（教育部、卫生部令第 14 号）要求。配备标准见附表 9。

（四）安全防范设备应按照《中小学幼儿园安全防范工作规范（试行）》（公治〔2015〕168 号）中物防、技防要求配备。

第六章 师资配备

第二十五条 幼儿园举办者应当按照国家和省相关规定配备园长、教师、保育员、医务人员、财会人员、安保人员等各类工作人员，并及时补充。

县级以上人民政府以及有关部门应当按照山东省公办幼儿园编制标准，为纳入机构编制管理范围的公办幼儿园核定教职工编制，并公开招聘配备各类幼儿教师和工作人员。

对未纳入机构编制管理、利用国有资产举办的幼儿园，参照公办幼儿园编制标准配齐教师。

民办幼儿园按照教育部幼儿园教职工配备标准，配足配齐教职工。

1～2 个班的幼儿园，每班应配 2 名专任教师，有条件的可增配 1 名保育员。

设置特殊教育资源教室的幼儿园应配备资源教师。

第二十六条 幼儿园教师应当按照国家规定取得教师资格。对已在岗不具备相应资格的人员，应当限期取得资格；限期内不能取得相应资格的人员，应当辞退或者调整岗位。

第七章　经 费 保 障

第二十七条 幼儿园经费由举办者依法筹措，确保必备的办园资金和稳定的经费来源，确保幼儿园正常运转和园舍设施安全，确保幼儿教师工资福利待遇和社会保险费缴纳。

各级政府应按照省规定及时足额拨付公办幼儿园生均公用经费和普惠性民办幼儿园生均补助经费。有条件的地区可适当提高标准。

幼儿园应当严格按照国家和省规定的收费政策实施收费，加强收费管理，依法实施收费公示，自觉接受有关部门和社会监督。

落实学前教育政府助学金政策，逐步提高资助标准。对孤儿、残疾儿童、建档立卡贫困家庭儿童、城乡低保家庭儿童免收保教费。

第二十八条 幼儿园经费应当按照规定的使用范围合理开支，坚持专款专用，不得挪作他用。应保证保育和教育的需要，有一定比例用于幼儿园发展和教师培训。

幼儿园应当严格执行财务制度，并接受财务和审计等有关部门的监督检查。

第八章　附　　则

第二十九条 本标准由山东省教育厅负责解释。

第三十条 本标准自 2018 年 12 月 1 日起施行。

附录一：

山东省幼儿园设施设备配备目录

附表 1　　　　　　　　　幼儿园班级活动单元设施设备配备标准

序号	名称	配备数量		备注
		基本配备	选配	
幼儿活动室				
101	钢琴（或电子琴、电钢琴、手风琴）	1 架/班		选配其一
102	电视机、影像播放设备	1 台/班		二者选配其一
	触摸一体机	1 台/班		
	视频展台（高拍仪）		1 台/班	
	计算机		1 台/班	

续表

序号	名称	配备数量		备注
		基本配备	选配	
103	空调	1 台/班		
104	椅子	按实际幼儿数配，另加 5～10 把		环保材质，无棱角
105	桌子	按实际幼儿数配，另加 2～3 张		环保材质，无棱角
106	儿童书架	2～4 个/班		高度适合幼儿取放
107	玩具柜	6～8 个/班		
108	磁性板	1 块/班		
109	钟表	1 个/班		
110	消毒柜	1 台/班		
111	饮水机	1 个/班		
112	幼儿水杯	1 个/人		
113	水杯架（柜）	1 个/班		
衣帽间（包括教师办公区）				
114	幼儿衣柜	1 格/人		每格不小于 0.40 米×0.40 米
115	幼儿座椅	根据需要配备		或自制坐凳，幼儿换鞋使用
116	教师用桌椅	1 套		
117	材料柜（架）		1 个/班	
幼儿寝室				
118	窗帘	根据需要配备		有防晒、遮阳的作用，不宜使用红色
119	幼儿床	1 张/人		
120	智能杀毒仪（臭氧）或紫外线消毒灯	1 台/班		
121	被褥（含褥子、被子、枕头、床单等）	1 套/人		
122	储物柜	根据需要配备		存放幼儿被褥等
卫生间（包括盥洗室、厕所）				
123	清洁用品（盆、桶、拖把等）	根据需要配备		
124	幼儿毛巾架	1～2 个/班		挂钩间距 10cm，两层间隔高 30cm，保证毛巾之间不重叠
125	幼儿毛巾	1 条/人		
126	镜子			安装在水池上方，尺寸与位置适宜，供幼儿整理仪表用
127	吊柜（架）	1～2 个/班		距地面高 150cm 以上，摆放消毒液等
128	淋浴设备（包括电热水器或太阳能热水器、喷头等）		1 套	热水器需有恒温装置
129	洗衣机		1 台	清洗毛巾、幼儿衣物等

注：幼儿园班级单元内幼儿用桌椅、床等型号及尺寸见附表 3、附表 4。

附表 2　　　　　　　　　　　　幼儿园玩教具配备目录

编号	名称	配备数量		备注
		基本配备	选配	
一	室外活动场地配备			
101	滑梯	1 个/园		滑道高 1.8 米或 2 米,与地夹角不大于 35 度,缓冲部分高 0.25 米,长 0.45 米
102	秋千	1 个/园		不高于 1.9 米
103	压板		1~2 个/园	长 2~2.5 米,中间支柱高 0.4~0.5 米,距两端 0.3 米处设置高把手,缓冲器高 0.2 米
104	体操垫	满足各年龄班 6~15 人同时使用		长 2 米,宽 1 米,厚 0.1 米
105	投篮架	1~6 个班:2 个,9~12 班:4 个		
106	大型积木(包括木板、凳架、梯子等)	1~2 套/园		材质密实,边缘平整,大小、重量适合幼儿搬运、组合
	中型积木(包括木板、凳架等)	2 套/1~6 个班,4 套/9~12 班		
107	平衡木(或独木桥、梅花桩)	平衡木或独木桥,2 个/园;梅花桩,1 组/园		平衡木,长 2 米,宽 0.15~2 米;梅花桩(或者树桩),直径 0.15~0.20 米,高 0.20 米
108	球类(包括小皮球、儿童篮球、羊角球、跳跳球、儿童足球等)	小皮球,30 个/园;羊角球,4~8 个/园;跳跳球,30 个/园。	儿童篮球、儿童足球根据需要选配	
109	小型运动器械(包括沙包、毽子、套圈等)	沙包、毽子 1 个/人,套圈各班幼儿人数一半		沙包毽子等民间体育器材玩具可自制
110	骑行和推拉玩具(包括小三轮车、独轮车、双轮车、推拉车、滑板车、交通标识等)	满足各班 6~15 人同时使用		
111	跳绳类(长、短等)	长绳 4 根/园,短绳 1 根/人		
112	体操器械(彩旗,彩圈,哑铃,彩棒等)	2~4 种/园,每种数量不少于 30。		
113	玩沙用具(沙盘、沙漏、沙耙、沙铲、锹、棍、沙模、桶、洒水壶、筛子、动物模具、手推车等)	入池幼儿人均 2~3 件		有条件的可配备移动式沙箱
114	玩水用具(水车、水盆、水壶、水枪、量杯、容器、各种材质的沉浮物品等)	入池幼儿人均 2~3 件		有条件的可配手摇小抽水机
115	种植区工具(喷壶、小桶、儿童铁锹、小铲子等);	入区幼儿人均 1 件		
116	饲养区工具(观察盒、养殖工具等)	入区幼儿人均 1 件		
117	跳床		1 个/园	
118	滚筒		2~4 个/园	高 1.2 米,宽 1.8 米
119	钻筒(直筒形、弯曲形、多通道形等)		1~3 个/园	高 0.7 米,宽 0.8 米
120	攀登架(阶梯式、爬网式、攀岩式等)		1 个/园	限高 2 米

续表

编号	名称	配备数量		备注
		基本配备	选配	
121	荡船或荡桥		1 个/园	2×1.7×1.6 米
122	高跷		按中、大班各班幼儿人数一半选配	高 0.08 米，直径 0.1 米
123	钻圈或拱形门		4 个/园	直径 0.5～0.6 米
二	室内活动区配备			
（一）	建构区			
124	接插连接玩具（包括各种片、块、管、粒等）	2 套/小班、中班；3 套/大班，数量上满足各班 6～15 人同时使用		
125	螺旋连接玩具（小班以木质为主，中班以木质、塑质为主，大班可适当增加铁质）	2 套/小、中班；3 套/大班，数量上满足各班 6～15 人同时使用		
126	穿编玩具（串珠、穿线等）	2 套/班		
127	参考资料（可供幼儿参考的图书、画册、建筑物图片、幼儿构建作品照片等）	根据需要配备		
128	小型积木（有正方体、长方体、圆柱体等）	2 套/班，满足各年龄班 6～15 人同时使用		在长度、宽带和厚度方面变化丰富，多功能、可组合、可自制
129	建构辅助材料（人物、动植物、交通工具等模型玩具）		根据需要配备	
（二）	角色游戏区			
130	玩偶（各类玩具娃娃、玩具动物以及玩具娃娃服饰等）	1 套/班		有条件的可选配各种仿真人物、神话、童话、民族人物等
131	动植物玩具（仿真食品、蔬菜、水果、动物、花草树木等）	1 套/班		
132	表演服装与道具（角色扮演需要的服饰、衣帽等）	根据需要配备		可用干净旧衣物、纸张、布料自制
133	辅助工具（小家电、餐具炊具、交通运输、理发、医疗、邮电通讯等玩具）	1～2 套/班		
134	场景（娃娃家、小厨房、小商店、小医院、小理发店、小超市等场景类设施及日常生活用品）		1～2 套/班	
（三）	科学区			
135	动物及饲养工具（小金鱼、小乌龟等动物及饲养工具等）	1 套/班		
136	植物及工具（如便于观察的绿色植物及花盆、小铲、小桶、喷壶等栽培用具）	1 套/班		
137	自然材料及物品（如种子、果实、叶子、贝壳、羽毛、木头、石头、织物、毛线、塑料、金属等）	根据需要配备		

续表

编号	名称	配备数量		备注
		基本配备	选配	
138	科学探究工具（如温度计、指针式钟表、计时器、天平、各种尺子、小锤子、小改锥、小扳子等）	1套/班		
139	弹性玩具（皮筋、海绵等弹性材料）	弹性玩具1~2个/大班，弹性操作材料1~2套/大班，供4~6名幼儿同时使用		
140	小风车	小、中班满足1个班使用		
141	地球仪	1个/科学区		
142	时钟玩具	教师用：大班：1个/班 幼儿用：满足一个班使用		
143	声响玩具（声控玩具，自制传声筒、瓶盖盒等材料）	声控玩具1~2个/班，自制传声筒2~4个/班，供4~6名幼儿同时使用		标准Ⅲ选配，标准Ⅰ标准Ⅱ必配
144	电玩具（如各类干电池、锂电池、灯泡、电线；塑料棒、纸屑等摩擦生电材料）	电类材料1~2套/大班，供4~6名幼儿同时使用		标准Ⅲ选配，标准Ⅰ标准Ⅱ必配
145	测量玩具（量杯50ml、100ml、150ml、250ml，量尺等）	量杯1套/园 尺子3~5种/中、大班		标准Ⅲ选配，标准Ⅰ标准Ⅱ必配
146	光学玩具（万花筒、平面镜、放大镜、哈哈镜、三棱镜、望远镜等）	1套/中、大班，供4~6名幼儿同时使用		标准Ⅲ选配，标准Ⅰ标准Ⅱ必配
147	磁性玩具（指南针、磁铁、曲别针、铁钉等操作材料）	磁性玩具1~2个/中、大班，磁性操作材料1套/中、大班，供4~6名幼儿同时使用		标准Ⅲ选配，标准Ⅰ标准Ⅱ必配
148	惯性玩具（陀螺、多米诺骨牌等）	惯性玩具1~2个/中、大班，陀螺4~6个/中、大班		标准Ⅲ选配，标准Ⅰ标准Ⅱ必配
149	发条、齿轮玩具		1~2套/大班，供4~6名幼儿同时使用	
150	动植物标本（禽类、畜类、昆虫等动物和根、茎、叶、花、果实等植物生长过程等标本及影像资料）		1套/园或常见种类各1套	
151	模型（人体、牙齿等）		1套/园	
152	参考资料（包括科学类图书、适合幼儿科学探究使用的图表、视频资料等）		根据需要配备	
（四）	美工区			
153	绘画工具（水彩笔、油画棒、腊笔、毛笔、排笔、各色颜料、各种纸张、调色盘等）	按进美工区人数每人一套工具配备，耗材满足使用		
154	纸工工具（儿童剪刀、胶水、胶棒、订书机等）	入区幼儿，剪刀1把/人；胶水、胶棒、订书机每组一套		

编号	名称	配备数量		备注
		基本配备	选配	
155	防护用品（防水罩衣、防水围裙、套袖等）	1 套/人		
156	画架（或画板）	1 个/人		分低、中、高三种
157	泥工工具和材料（彩泥、面团、陶泥、粘土、印章、泥工垫板或塑料布、钝刀等）	按进美工区人数每人一套工具配备，耗材满足使用		
158	自然材料（树枝叶、羽毛、葫芦、石子、蛋壳、竹子、木棍、贝壳、粮食种子等）	根据需要配备		
159	用于美工的日常生活材料（白布、各色布头、报纸、包装纸、纸盘、瓶子、线绳、棉花、棉签、小滚筒等）	根据需要配备		
160	参考资料（供欣赏和参考的工具书、绘本、绘画、剪纸、脸谱、雕塑、照片实物等）		根据需要配备	
161	作品展示架（材料架或收纳容器等）		1 个/美工区	
（五）	益智区			
162	智力玩具（用于比较、分类、配对、排序、判断、推理等珠子、七巧板、几何图形、拼图、骰子等）	珠子及七巧板 2～4 盒/班，拼图 1～2 套/班，数形投放盒 4～6 盒/小班，几何图形、拼图 4～6 盒/小、中班，骰子 4～6 个/班		珠子要大小、颜色不同
163	镶嵌玩具（数字卡片、拼板等）	1～2 种/班，供 4～6 名幼儿同时使用		
164	棋类（飞行棋、记忆棋等投掷骰型棋，三子棋、五子棋、跳棋、围棋、象棋等儿童对弈棋、迷宫等）	2 种/中、大班，供 4～6 名幼儿同时使用		
165	牌类（配对牌、接龙牌等）	2 种/中、大班，供 4～6 名幼儿同时使用		
166	套式玩具（套人、套塔、套筒、套碗）		2 套/小、中班，供 4～6 名幼儿同时使用	
167	沙盘类（操作模型、材料等）		2 套/中大班，供 4～6 名幼儿同时使用	
（六）	图书区			
168	班级图书区配备适宜幼儿阅读的图书，生均 2 本以上，每周更换。			见附表6。

编号	名称	配备数量		备注
		基本配备	选配	
（七）	表演游戏区			
169	打击乐器（铃鼓、串铃、响板、木鱼、三角铁、碰铃、哇鸣筒、双响筒、沙锤、小鼓或者自制小乐器等）	1～2套/园，件数能满足1个班幼儿使用		
170	服饰道具及制作材料（表演服饰、道具场景标识、彩带、纱巾、纸张等替代或制作材料）	件数能满足1个班同时使用		
171	木偶表演材料（手指偶、布袋偶、木偶等）	2～3种/表演区，件数满足表演需要		
172	音频视频资料（音乐、歌舞等）		根据需要配备	
173	便捷式音乐播放设备		1台/表演区	

注：幼儿园可结合实际，设置并随教育内容调整班级活动区，选配相应设施和玩教具。

附表3　　　　　　**桌椅型号及尺寸与儿童身高范围对应表**　　　　　（单位：cm）

桌椅型号	课桌尺寸		座椅尺寸				标准身高	学生身高范围	颜色标志
	桌面高	桌下净空高	座面高	座面有效深	座面宽	靠背上缘距座面高			
幼1号	52	≥45	29	29	27	24	120.0	≥113	紫
幼2号	49	≥42	27	26	27	23	112.5	105～119	浅橙
幼3号	46	≥39	25	26	25	22	105.0	98～112	橙
幼4号	43	≥36	23	24	25	21	97.5	90～104	浅灰
幼5号	40	≥33	21	22	23	20	90.0	83～97	灰
幼6号	37	≥30	19	22	23	19	82.5	75～89	白

注：1. 标准身高系指各型号课桌椅最具代表性的身高。对正在生长发育的儿童青少年而言常取各身高段的中值。
　　2. 学生身高范围厘米以下四舍五入。
　　3. 颜色标志即标牌的颜色。

附表4　　　　　　**幼儿园儿童用床基本尺寸标准**　　　　　（单位：cm）

年龄		2～3岁	3～4岁	4～5岁	5～6岁
用床标准	高度	30	30	35	40
	宽度	60	70	70	70
	长度	130	130	140	150

附表 5　　　　　　　　　　　　　　　**幼儿园综合活动室设备配备标准**

序号	名称	配备数量		备注
		基本配备	选配	
101	磁性板	1 块		
102	多媒体系统（电脑、投影仪及大屏幕或触摸屏一体机等）	1 套		选配其一
103	专用机组柜	1 组		存放多媒体设备
104	钢琴	1 架		或电钢琴
105	音响设备（包括音箱、卡座等）	1 套		
106	把杆	2 组		升降式
107	软垫	满足一个班幼儿同时使用		
108	表演材料（包括各种人物、动物的指偶、表演服装饰品、道具等）	根据需要配备		可与幼儿表演区共用
109	镜子	1 组		固定墙上，材质安全不易碎
110	舞台	1 个		不高于 0.3 米
111	控制台		1 个	控制幕布升降、音视频切换等

附表 6　　　　　　　　　　　　　　　　　**幼儿园图书配备标准**

序号	名称	配备数量		备注
		基本配备	选配	
101	生均藏书量	15 册		复本不超过班级总数的两倍
102	报刊、杂志类	≥8 种		其中学前专业不少于 5 种
103	教师专业用书	≥30 册		
104	音像资料（包括经典儿歌、童谣、伴奏乐、故事表演等）	满足需要		
105	年新增图书	不低于应配图书总量的 2%		

附表 7　　　　　　　　　　　　　　　**幼儿园办公设施设备配备标准**

序号	名称	配备数量		备注
		基本配备	选配	
101	书柜（架）	根据需要配备		
102	杂志架	根据需要配备		
103	会议桌、椅	根据需要配备		
104	办公桌	1 张/师		
105	办公椅	1 把/师		
106	沙发	根据需要配备		接待室用
107	文件柜	根据需要配备		
108	广播系统	1 套/园		
109	光盘、教学软件	根据需要配备		符合年龄班领域教学要求

序号	名称	配备数量		备注
		基本配备	选配	
110	计算机	根据需要配备		
111	电话机	1台/园		
112	照相机	1台/园		
113	打印机	1台/园		
114	复印机	1台/园		
115	扫描仪	1台/园		
116	高拍仪（或视频展台）		1台/园	
117	摄像机		1台/园	
118	塑封机		1台/园	
119	传真机		1台/园	

注：有条件的幼儿园可结合实际需要适当增加配置。

附表8   **幼儿园保健观察室设备配备标准**

序号	设备名称	配备数量		备注
		基本配备	选配	
101	诊察桌、椅	1套		
102	儿童观察床	1张		
103	药品柜	2组		
104	资料柜	1组		
105	流动水或代流动水设施	1套		
106	儿童杠杆式体重称	1个		
107	国际标准视力表（或标准对数视力表灯箱）	1个		
108	身高坐高计	1个		供2岁以上儿童使用
109	计算机		1台	
110	紫外线消毒灯（或其他空气消毒设施）	1个		
111	高压消毒锅	1个		
112	体围测量软尺	1条		
113	体温计	2只		
114	手电筒	1个		
115	压舌板	5~10只		
116	听诊器	1只		
117	血压计	1只		
118	氧气袋	1个		
119	敷料缸	1个		
120	成人用隔离衣	1件		
121	常用外用药	根据需要配备		

附表 9   **山东省幼儿园厨房设备配备基本标准**

序号	名称	配备数量		备注
		基本配备	选配	
101	面板	根据需要配备		操作台式
102	电饼铛	根据需要配备		
103	电烤箱	根据需要配备		
104	打蛋机	根据需要配备		
105	和面机	1 台		
106	刀具	4 把		按生熟标记专用，按功能不同选配
107	冰箱	1 台		
108	绞肉机	1 台		内胆、刀具为不锈钢材质
109	砧板	根据需要配备		按蔬菜、水产品、禽肉类分类设置专用
110	货架	根据需要配备		离地离墙不少于 10 厘米
111	挡鼠板	根据需要配备		金属，与门同宽，50 厘米高
112	烹调锅	根据需要配备		
113	烹饪用具	1 套		按蔬菜、水产品、禽肉类分类设置专用
114	排油烟系统	1 套		全封闭，不锈钢板或镀锌板
115	磅秤	1 台		进出食品原材料称量
116	留样冰箱（含足够数量留样容器）	1 个		
117	保洁柜	1 台		存放消毒后餐具，食品转运工具
118	消毒柜	1 台		
119	幼儿餐具	1 套/人		按就餐儿童数配备
120	电热开水炉	1 台		
121	冰柜	1 台		存放冷冻生鲜食品
122	蒸饭车		1 台	

注：幼儿厨房标准Ⅲ为选配，标准Ⅰ、标准Ⅱ必配。

附表 10   **特殊教育资源教室设施设备配备目录**

一、基本配备			
类别		名称	适用对象
基础设备	办公用具	办公桌椅、电脑、电子白板、音乐播放器； 各种文件资料柜及书柜、储存柜或置物架等。	
	学习用具	课桌椅等（含肢体残疾学生使用的轮椅桌及矫形椅和低视力幼儿使用的升降桌及椅子等）	根据需要配备
		电脑及相关学习软件	
		有声读书机、盲用便携式电脑等	供视力残疾幼儿使用
图书音像		特殊教育专业书籍杂志、一般教育心理学书籍、教法类图书、康复医学类图书及各种专业工具书籍（包括手语类、盲文类等相关图书）等； 儿童阅读的各类图书（含绘本）及音像资料、益智类光盘等	
		儿童阅读的大字及盲文读物、语音读物、触摸式读物	供视力残疾幼儿使用

类别		名称	适用对象
益智类教具学具类		橡皮泥、棋子、画笔、模型、玩具、塑封的实物或卡片等； 儿童图形认知板、字母数字列车、几何图形插件、蒙台梭利教具、早期干预卡片等能够促进幼儿认知能力发展的教具学具	供智障或低龄残疾幼儿使用
肢体运动辅助类	大动作训练	步态训练器、支撑器、助行器及跳绳、拐杖、球类等能够促进幼儿大运动技能发展的简单器具	供肢体残疾及感觉统合失调幼儿使用
	精细动作训练	分指板、抓握练习器、套圈、沙袋、不同硬度和粗细度的磨砂板及手功能训练材料、OT 操作台（注：串珠、小型拼接积木、扣子等都可以帮助精细运动的发展）	
	感觉统合训练	滚筒、大龙球、触觉球、吊揽系列、滑梯和滑板、蹦床、跳袋等	
听觉及沟通辅助类	听觉功能及手语训练	训练听觉功能的各种产生不同频率、响度、声音的物品等；手语训练卡片及光盘等； 助听器及保养仓等	供听力残疾幼儿使用
	言语沟通训练	用于呼吸、发声、语音训练的物品（蜡烛、气球等）、图片、学具（喇叭、哨子、游戏版等）及软件光盘； 语言训练卡片、沟通板、语言能力评估与训练材料等	供言语残疾幼儿使用
视觉辅助类	盲文书写工具及盲用教学具	盲文板、盲文笔及盲文纸；盲用直尺、盲用三角板、盲用算盘、盲用量角器、盲用圆规、盲用卷尺、盲用绘图板等；	供视力残疾（全盲）幼儿使用
	教材及辅具	盲文版教材及各种触摸图集、模型；语音计算器、盲杖、眼罩等	
	视觉辅助设备	视功能训练工具及材料； 便携式助视器或放大镜、望远镜、可调式照明灯等	供视力残疾（低视力）幼儿使用
	教材及其他	大字版教材及图集； 助写板、大字格作业本及其他视知觉训练材料等	

二、可选设备

类别	名称	适用对象
肢体运动辅助类	太极平衡板、手摇旋转器、跳袋、平衡木、独脚椅、平衡功能评定及训练设备等； 作业治疗器等、踏步器、平衡功能评定及训练设备、上肢运动功能训练设备、下肢运动功能训练设备、轮椅等； 多感官统合训练设备	供肢体残疾及感觉统合失调幼儿使用
听觉及沟通辅助类	手语教学软件等； 言语语言沟通评估训练设备等； 早期语言干预或康复设备	供听力残疾、言语残疾幼儿使用
视觉辅助类	盲文打字机、点显器等； 著名建筑模型及常用动物模型标本等； 盲用电脑及软件、盲文打印机等	供视力残疾（全盲）幼儿使用
	可调节式阅读支架、闭路电视放大机等； 视力及视野测试及评估设备等； 视动协调类训练材料等	供视力残疾（低视力）幼儿使用
身心发展评估工具	学习风格评估量表及工具； 阅读能力评估量表及工具； 数学能力评估量表及工具； 大动作、精细动作、体能评估量表及工具； 情绪行为问题评估量表及工具； 认知评估量表及工具等	

续表

类别	名称	适用对象
心理康复训练类	认知干预操作用具； 沙盘等； 进行音乐治疗时使用的电子琴、吉他、音响等	

注：1. 未特别标明适用对象的，适用各类残疾幼儿。
　　2. 对有明确适用对象的设备，幼儿园可依据招收的残疾幼儿类型，选择配置相应的设施设备。

附录二：

《山东省幼儿园办园条件标准》用词用语说明

一、为便于在执行本标准条文时区别对待，对要求严格程度不同的用词说明如下：

（一）表示严格，非这样做不可的用词：

正面词采用"必须"，反面词采用"严禁"；

（二）表示严格，在正常情况下均应这样做的用词：

正面词采用"应"，反面词采用"不应"或"不得"；

（三）表示允许稍有选择，在条件许可时首先应该这样做的：

正面词采用"宜"，反面词采用"不宜"。

（四）表示有选择，在一定条件下可以这样做的，采用"可"。

二、条文中指明必须按其他有关标准和规范执行的写法为：

"应符合……规定（或要求）"或"应按……执行"。非必须按指定的标准和其他规定执行的写法为："可参照……的规定（或要求）"。

附件：

《山东省幼儿园办园条件标准》

条文说明

目　录

第一章　总　则

第一条　学前教育是国家确立的基本教育制度之一，是终身学习的开端，是国民教育体系的重要组成部分。发展学前教育对提高国民素质、构建和谐社会具有重大而深远的意义。贯彻落实国家和省学前教育政策法规，适应学前教育改革发展和教育现代化需要，创设适合幼儿全面发展的育人环境，改善办园条件，推进幼儿园标准化、科学化、现代化建设，必须有一个科学合理的幼儿园办园条件标准，使幼儿园规划建设、教师和设施配备等有章可循。这是制定《山东省幼儿园办园条件标准》的目的。

第二条　本条阐明了本标准的作用。本标准是为规划建设幼儿园、配备教育装备服务的，是幼儿园建设项目前期准备工作的重要依据，也是有关部门对幼儿园建设项目进行审批、监督、检查、评估，以及对幼儿园办园条件评估的依据。

第三条　本条阐明了本标准的适用范围。寄宿制幼儿园规划建设执行国家《幼儿园建设标准》（建标175－2016）。

第四条　标准的分类。鉴于我省区域间经济发展水平差距较大，将幼儿园建设标准分为三类：其中标准Ⅲ为基本标准，以相当于国家现行标准底限为原则制定；标准Ⅱ是较高标准，以相当于国家现行标准高限为原则制定；标准Ⅰ为高标准，按照适应教育现代化发展、满足幼儿发展需要，增加室内游戏活动空间的要求制定。各地区可根据实际选用相应标准。

第五条　本条阐明了幼儿园建设的基本原则。第一是"以幼儿为本"原则，幼儿园在园址选择、规划布局、面积指标、建筑标准、设备配置等方面必须满足学前教育的使用功能，为幼儿身心发展、生活和活动提供基本的物质条件，营造寓教于乐的育人环境；第二是安全原则，幼儿应对自然灾害和人为伤害的能力较弱，幼儿园建筑和设施应具有抗御自然灾害的能力，保障幼儿和教师的人身安全。

第六条　本条阐明了幼儿园园区规划的基本原则。新建、改建、扩建幼儿园都必须先制订园区总体规划。园区总体规划应按办园规模和建筑面积指标确定建设规模。同时规定，各级政府应将幼儿园建设纳入城乡规划，保障幼儿园建设用地，并为幼儿园留有充足的发展空间。

第七条　本条阐明了本标准与国家其他相关标准、规范之间的关系。幼儿园建设及设施设备配备，涉及诸多专业的要求，除执行本标准外，还应符合国家其他相关标准、规范的规定。

第二章　设置与规划

第八条　幼儿园设置布局应符合当地城镇规划、乡村规划和学前教育发展规划。

第九条　本条适用于新建项目，改建和扩建项目参照执行。

第十条　幼儿园规划建设，要因地制宜，应与服务人口和服务半径相适应。服务人口3 000～5 000人宜按 6 班以上规模设置，服务人口每增加 3 000 人宜按 3 班规模增加。

第十一条 合理确定幼儿园规模，人口密度适宜的地方，规模不宜过大或过小。幼儿园班额要按照国家规定执行。

第十二条 新建幼儿园选址取决于地质、环境、交通、能源（水源、电源等）等主要条件，同时要考虑各种复杂的自然条件影响，宜选择常年主导风向的上风方向。必须避开地震危险地段、泥石流易发地段、滑坡体、悬崖边及崖底、风口、河道、洪水沟口、输油输气管道、高压供电走廊、加油站、变电站、供热站等。

第十三条 幼儿园建设项目必须根据主管部门批准的建设规模做好总体规划设计。幼儿活动室及寝室应保证良好的朝向，达到日照标准。围墙既要美观又要有利于对幼儿的安全管理。自行车棚应设在大门附近。园内道路要满足通行和消防要求，适合幼儿年龄特点。

升旗是对幼儿和保教人员进行爱国主义教育的重要形式，如无合适位置，可在主要建筑物上设置附墙旗杆。

第三章　建设用地

第十四条 幼儿园建设用地应根据规划建设规模确定。幼儿园室外共用游戏场地是幼儿室外活动的主要场所，应按规定要求设置，宜集中，可与分班游戏场地面积统筹安排。绿化用地是美化环境、认识植物的场所，幼儿园规划建设中要合理设置。

第十五条 建筑用地面积按确定的建筑容积率计算，必须保证幼儿园保育教育工作的正常开展，保证有足够的室外活动场地和绿化面积。

第四章　园舍建筑

第十六条 幼儿活动室、寝室、卫生间等每班各 1 间。综合活动室全园设 1 间。有条件的幼儿园可配置公用游戏活动用房 1 间或多间，供幼儿完成班级单元内不易开展的活动。

服务用房及附属用房宜根据幼儿园管理工作需要合理安排。办公室宜根据幼儿园教职工人数和管理工作需要合理安排，可兼用，同时应适当考虑办公自动化设施所需面积，可设置网络控制室。保健观察室供卫生保健人员开展卫生保健工作使用，观察室内宜设卫生间。晨检接待室供卫生保健人员对入园幼儿进行健康检查、接待家长和供家长接送幼儿停留使用。洗涤消毒用房供洗涤、烘干、烧开水及毛巾、水杯等物品消毒使用。根据需要可设立卫生室，依据《托儿所幼儿园卫生保健管理办法》（卫生部教育部令第 76 号）规定，卫生室应当符合医疗机构基本标准，取得卫生行政部门颁发的《医疗机构执业许可证》。同时，应配备具有执业医师、护士资格的卫生人员。保健室不得开展诊疗活动，其配置应当符合保健室设置基本要求。

厨房主要有主副食加工间、配餐间、餐具洗地消毒间、食具存放间、烧火间、炊事员更衣休息室、库房等组成。配电室供控制幼儿园照明及动力用电使用。保安室（门卫收发室）供门卫保安人员值班、安全监控及收发使用。储藏室供储存办公用品、保教用品、常用工具等物品使用。教职工卫生间供教职工及来宾使用。

本标准仅考虑了幼儿园常规用房，园舍中未包括室内游泳池、民防工程、连接廊、花房等用房，未包括设置电动游艺玩具、游泳池等用地。1～2 个班的幼儿园面积应满足幼儿生活及活动基本需求。示范性及有特殊要求的幼儿园，经有关部门批准，可增加建筑面积和用地面积。

第十七条 由于各地经济发展不平衡，园舍用房配置标准及面积指标分为三类。在新建幼儿园时，宜精心设计，既要考虑合理的功能需要，也要力求经济，争取较多的建筑面积。

第十八条 各类用房的使用面积，根据当地经济发展水平和幼儿园规模测算。

第十九条 本条阐述了主要的园舍建筑要求。

幼儿园建设既要防止因陋就简、降低标准、影响安全使用的行为，又要防止盲目投资、华而不实的倾向。幼儿园建筑应有别于成人建筑，具有儿童化特征；应创造有利条件促进幼儿身心健康发展，避免不利的环境因素对幼儿身心的伤害。幼儿园的建筑层数，主要从幼儿的生理特点、使用要求和节约土地的原则考虑，宜建多层或低层建筑。

（一）规定幼儿园园舍设计建设必须符合国家相关的规范、标准的规定。

（二）为保证在遭遇自然灾害时幼儿能安全、迅速地脱离危险场所，幼儿活动用房不应布置在四层及以上楼层。地下室或半地下室阴暗、潮湿，采光、通风条件较差，不利于幼儿的身心健康，不利于安全迅速疏散，故严禁将幼儿使用的房间布置在地下室或半地下室。为方便幼儿的活动和班级管理，幼儿活动室、寝室、卫生间、衣帽储藏室宜设计为每班独立使用的单元。为保障班级活动单元内的采光通风、空气质量和安全疏散要求，规定不得在班级活动单元内搭设阁楼或夹层作寝室。为防止幼儿坠落摔伤，不宜使用双层床。为防止幼儿受凉或烫伤，幼儿的身体应避免与外墙面或暖气片、壁炉、火墙等接触，床位侧面应与其保持适当距离。

（三）规定了建筑防火要求。

（四）规定了建筑抗震设防要求。

（五）室内净高，指室内地面至结构梁底间的垂直距离。当室内顶棚或风道（管道）低于梁时，净高计至顶棚或风道（管道）底。净高依据室内容纳的幼儿和教师人数所需要的空气量及每小时换气次数确定。

（六）规定了幼儿园无障碍设计要求。

（七）门厅、走廊。晨检接待厅（门厅）具有集散、晨检、滞留、小憩、展示、接待、传递信息等功能，面积及采光应满足使用功能的基本要求。走廊宽度主要根据通行人流量、小型活动、防火安全疏散和其他使用功能考虑。

（八）楼梯设计要充分考虑幼儿行为活动的特点和安全防护、安全疏散的要求。螺旋形楼梯及扇形踏步的踏面宽度不一，易造成踏空，危及幼儿行走安全，不得用作疏散楼梯。

（九）临空安全防护栏杆应牢固，宜透空。幼儿生性好动、喜爱攀登，自我保护和自我约束能力较弱，安全防护栏杆的高度必须符合规定，其构造应采用不可攀登形式，并要防止幼儿穿过。

（十）室内地面是幼儿直接接触的界面，其材料性能与构造应符合安全、卫生、保暖和具有一定弹性的要求，以免影响幼儿身体健康和室内环境卫生。水泥地面等硬质地面会使幼儿的脚感生硬，影响踝关节的发育，容易发生摔伤事故，而且水泥地面容易起灰，不易清洁，故不宜采用。

（十一）幼儿活动用房的门宽应满足防火疏散要求。固定门扇的装置应设于靠墙部位，防止幼儿行走时绊倒。幼儿自我保护意识较差，同时容易忽视对周围的注意，为防止开关门时撞伤幼儿，幼儿经常出入的门应设置观察窗，观察窗不应安装易碎玻璃。

为保证阳光照射，以利于幼儿的身体发育，保证幼儿对自然物体的真实感觉，直接采光窗不应使用彩色玻璃。幼儿园的窗与成人建筑的窗最大的差别在于窗台的高度不一样，为保证室内采光量和幼儿的对外视线不被遮挡，避免产生封闭感，幼儿活动用房的窗台距地面不宜高于 0.60m。由于窗台低，防止幼儿爬上窗台，发生从窗坠落事故，因此要求采取防护措施，应设安全护栏，防护栏高度不应低于 0.90m。活动室的窗宜设下亮子，活动室窗的形式不同于成人建筑窗的形式，后者窗亮子在上，窗扇在下；而前者正好相反。其次，后者的窗亮子是作为通风功能而可以，而前者窗亮子为了幼儿安全不可以开启，即使为了通风需要开启，例如上旋开启或推拉开启也必须设置防护措施。1.30m 以下严禁设开启窗扇，窗侧无外廊时须设栏杆，栏杆满足《民用建筑设计通则》的要求。为防止幼儿和教职工碰伤头部，走廊和阳台的开启窗距地 1.80m 以下不应设平开窗或悬开窗。

（十二）为有利于环境卫生、方便使用和清洗消毒，卫生间应尽可能采用室内水冲式厕所，并分班设置。为防止盥洗水龙头因水压过大，溅湿幼儿的身体及衣服，应有减压措施。

（十三）厨房保持通风，钢瓶储存间应对外单独设门。

（十四）晨检室及接待厅（门厅）、保健观察室、隔离室应符合幼儿园卫生保健管理办法和卫生行政部门的要求，以及消毒条件和设施的要求。保健观察室应满足布置药橱和常用诊疗设备的要求。一旦幼儿发生身体的伤害或危急病症，在未送医院之前，可在幼儿园进行相应的紧急处理。

第二十条 幼儿园建筑装修应符合环保、安全、建筑节能和美观适用的原则，并符合国家有关规定。幼儿园室内外装修的第一原则是安全、环保，采用装修材料必须是符合国家标准的环保材料，装修细节必须把有利于幼儿安全放在第一位。

第二十一条 幼儿园建筑设备应符合标准要求。

（一）给排水系统应符合相关国家规范、标准的要求。

（二）室内的采暖设施应因地制宜，既要有利于调控室内的温度，又应保证室内空气质量，确保幼儿安全。

（三）室内照明。为保护幼儿视力的健康，选择和布置灯具时应解决光源频闪效应和眩光问题。采用电子镇流器的多光源可基本消除频闪效应，采用格栅灯或带透明罩的灯具可基本消除眩光。幼儿的好奇心较强，自我保护意识较弱，为防止发生触电事故，幼儿用房的电源插座必须防止幼儿触及。

（四）紫外线消毒灯对空气中杀菌最为有效，但对幼儿的眼睛和皮肤有较大的伤害。室内有人时，严禁开灯消毒。为防止幼儿误开，其开关应设置在幼儿不能触及的高度。为防止工作人员误开误关，应指定专人负责操控，同时设置警示标识。

（五）为防止在停电状态下发生意外造成人身伤害事故，应安装应急照明灯具。

（六）应根据不同用房使用功能的需要，结合室内装修，敷设或预留弱电管线，安装有关设施。

（七）园区附属设施。为保证幼儿身心安全，幼儿园应按国家和省有关规定，加强安全防护设施的建设、配置和管理。

第五章 设 施 设 备

第二十二条 幼儿园设施设备应保障安全，满足幼儿游戏活动及生活需要。玩教具确保安全环保卫生，适合幼儿发展水平。

第二十三条 幼儿生活及教育活动设施设备，既要符合国家规定，又要满足幼儿不同年龄段生理和心理需求，安全、规范、美观、适用。同时，要兼顾幼儿兴趣、能力及教育活动的内容，分层次、及时、适量投放或更换。

（一）室外设施设备。室外游戏场地应根据实际情况和当地气候条件合理划分，要适当留有沙土地面供幼儿认识自然，除 30m 直跑道外，不提倡大面积铺设塑胶地面，可铺设适合当地气候、容易养护的草坪。大中型运动器械应安放在草坪或软质地面上，如果条件受限，应在运动器械的幼儿落地位置铺设软垫、细沙或其他缓冲材料，大型器械周边 3m 内不应有其他物品。沙池应使用细软清洁的海沙、河沙等天然黄沙，避免使用白沙和经工业加工的有色沙，禁用石英砂等工业用砂。水池水质标准应与生活用水相同，保持良好的流动性，定期换水。

（二）室内设施设备。应优先配置幼儿操作使用的各种游戏玩具和材料，包括成品、半成品玩教具、自制玩教具及自然材料、日常生活材料及收纳设备等。班级小型玩具，尤其是桌面玩具，如积木、串珠、钉板、拼图等数量要充足。玩具可拆卸的零件及小型活动材料不宜过小，避免幼儿塞进鼻孔、耳孔或吞食。应充分利用当地自然资源和社会资源，提供具有地方传统文化特色的玩教具。鼓励教师开发和使用民间玩教具。避免配备中的"小学化""成人化"倾向，防止追求奢华、装饰效果的倾向。

幼儿活动室内各区域的配备应体现不同区域内容上的相关性，支持幼儿跨区域开展综合性游戏或其他学习活动。各区域可用移动、开放式橱柜隔开，其大小、高度与儿童人数、身高相适应，便于儿童自由取放物品。科学区配备要突出时代性、科学性、趣味性；建构区配备要方便幼儿开展创造性游戏和造型艺术活动需要；美工区配备要充分考虑幼儿塑造形象，表达对客观世界认知、情感、态度的实际需要，如配备色彩绘画、手工制作、泥塑、版画、印染等材料，要接近水源，有冲洗设施；图书阅读区的儿童读物，应随儿童发展水平、季节变换和教育内容及时更换。

　　生活区主要为幼儿提供生活服务，每班应有专用的儿童饮水设施、水杯架、毛巾架，毛巾间距合理。教学区和活动区的桌椅、视听设备、影像资料可根据实际情况共用。

　　寝室内每张幼儿用床都应直接连接通道，走道宽度不小于 0.6m，以方便幼儿疏散。如确需使用双层床时，应配备固定式双层床，总高度不应高于 1.2m，四周设高度不低于 0.3m 的护栏，且只能沿墙体处摆放。

　　盥洗室和厕所内配备的清洁用具、消毒用品等应存放在儿童无法直接接触到的橱柜内，有专用标识。幼儿饮水设施可放在盥洗室，不得放在厕所内。

　　综合活动室配备要注重实用性和综合性功能。公用游戏活动用房要根据实际情况和幼儿游戏活动需要配备。

　　（三）图书资料。幼儿图书及教学图书资料要根据办园规模配备，幼儿园生均图书应达到 15 册以上，教师专业用书不少于 30 种，报刊杂志不少于 8 种。班级图书区，幼儿图书生均 2 本以上，每周更换。

　　第二十四条　幼儿园办公及生活设施配备应符合有关规定。有条件的幼儿园可将校园闭路电视系统、校园网、广播系统、监控系统多网合一。

　　幼儿用家具要颜色柔和，符合幼儿视觉特点，无毒无味，易清洗。玩具柜和书橱不宜安装橱门，高度以 0.6m 为宜，不宜采用大面积玻璃或镜子。也可根据幼儿学习和游戏需要，自行设计便于组合、移动的玩具柜架。

　　保健观察室配置应符合国家、省卫生部门的规定要求，专用器械应为经国家专业部门检测合格的产品。

　　幼儿厨房应配备必要的烹饪设备及防蝇、防鼠、防尘、防腐、消毒设施。加工间应有 2～3 个洗菜池，用于理菜、洗菜等。烹调间应配有大操作台，方便烧煮食品。配餐间用于排放成品食物和消毒的碗筷，不宜设置水池，以免污染，要有对外发放食物的窗口，安装玻璃隔断和纱门纱窗。消毒间不少于 3 个洗碗池，配消毒柜、操作台。仓库用于摆放食品原料，应当干燥透风，有防蝇、防鼠设施。开水间（炉）、消毒室（间）、锅炉房等后勤服务配置，应满足幼儿和教职工日常生活需要。

第六章　师资配备

　　第二十五条　幼儿园举办者应严格按标准配备各类人员，切实满足教育教学活动、教学管理、后勤服务、安全保卫工作的需要。公办幼儿园要按照规定，为非在编教职工办理养老、医疗等社会保险，民办幼儿园要为所有教职工办理养老、医疗等社会保险。

　　第二十六条　幼儿园应严格执行教师资格制度和职业（执业）资格制度，配备各类合格人员。新进教师一般要具备专科及以上学历，且具备教师资格。

第七章　经费保障

　　第二十七条　举办者应依法保障幼儿园有稳定的经费来源，确保幼儿园正常运转。幼儿园不得以任何名义收取与新生入园相挂钩的赞助费，不得以培养幼儿某种专项技能、组织或参与竞赛等为由，另外收取费用；不得以营利为目的组织幼儿表演、竞赛等活动。

　　第二十八条　幼儿园应当依法建立有关资产、产权、财务等管理制度。幼儿园保教费支出范围主要包括：教职工工资、津贴、补贴及福利、社会保障支出、公务费、业务费、修缮费等正常办园费用支出。不包括灾害损失、事故、经营性费用支出等非正常办园费用支出。幼儿伙食费应当保证全部用于幼儿膳食，每月向家长公布账目。

第八章　附　　则

　　第二十九条　本标准由山东省教育厅负责解释。

　　第三十条　本标准自 2018 年 12 月 1 日起施行。

省教育厅　中共山东省委组织部　中共山东省委机构编制委员会办公室　中共山东省委台港澳工作办公室省发展和改革委员会　省工业和信息化厅　省财政厅　省人力资源和社会保障厅　省人民政府外事办公室　山东省人民政府国有资产监督管理委员会　国家税务总局山东省税务局关于办好新时代职业教育的十条意见

2018 年 12 月 19 日　鲁教职发〔2018〕1 号

各市党委组织部、编办、台港澳办，各市教育局、发展改革委、工业和信息化局、财政局、人力资源社会保障局、外办、国资委、税务局，各高等学校：

为深入学习贯彻习近平新时代中国特色社会主义思想和党的十九大精神，以全国教育大会精神统领全省职业教育改革发展，推动我省现代职业教育体系建设"再出发"，进一步提升全省职业院校（含技工院校，下同）整体办学水平和发展质量，办好新时代职业教育，确保我省现代职业教育体系建设更加顺应时代要求，继续走在前列，更好服务乡村振兴、经略海洋、军民融合和新旧动能转换重大工程等重大战略，更好服务现代化教育强省和经济文化强省建设，现结合我省实际，提出如下意见。

一、创建山东省国家职业教育创新发展试验区

将职业教育摆在现代化教育强省和经济文化强省建设的大格局中系统谋划布局，紧紧围绕破解制约职业教育改革发展的深层次体制机制障碍和突出矛盾，推动省部共建山东省国家职业教育创新发展试验区，在职业教育考试招生、人才培养、"双师型"队伍、产教融合、办学制度、保障机制、管理体制、服务现代化经济体系等方面，先行先试，为全国创造可复制、可借鉴、可推广的经验做法，建设职业教育制度创新高地。着力调动各地、各职业院校创新发展的积极性和主动性，建立创新发展激励机制，将各地、各职业院校创新发展情况作为职业教育省级重点项目支持的重要因素，遴选一批职业教育发展基础好、改革创新意识强的市、县（市、区），省地共建省级职业教育创新发展试验区，支持青岛市、潍坊市建设职业教育创新发展示范区，为全省职业教育改革发展探索新路径、提供新样板。（省教育厅会同省委编办、省发展改革委、省工业和信息化厅、省财政厅、省人力资源社会保障厅等有关部门负责）

二、优化改进职业教育考试招生制度

按照有利于选拔和培养高素质技术技能人才原则，加快推进高校分类考试招生，使春季高考成为技术技能人才选拔的主渠道，本科招生计划安排逐步达到应用型本科高校本科招生计划的 30%，为职业院校学生提供更多升入应用型本科高校机会；科学调整并细化春季高考专业类目；分专业类目组建技能测

试项目库，明确技能测试收费标准，强化测试内容的技术性、综合性和随机性；适时调整考试科目分值，提高专业知识和技能测试分值比重；制定具体措施，建立职业院校学生参加国家、省、市职业院校技能大赛获奖等级与技能测试成绩挂钩的赋分体系；从 2022 年起，春季高考统一考试招生报考人员为中等职业教育应届毕业生，社会人员报考应取得高中阶段教育毕业证书或具有同等学力；非山东户籍高中阶段学生参加春季统一考试招生应为进城务工人员子女；加强春季高考考点尤其是专业技能考点基础能力建设，提升考试保障和服务水平。优化改进专升本考试制度，加强过程考核，从 2020 年起，依据学生高职（专科）在校期间的综合素质测评成绩设置报名条件。优化招生录取结构，逐步调减公办本科高校举办高职（专科）教育的校数和招生规模，公办本科高校稳步有序停办高职（专科）教育。（省教育厅负责）

三、系统构建从中职、专科、职业教育本科、应用型本科到专业学位研究生的培养体系

根据经济社会发展对技术技能人才需求，系统规划职业教育培养体系，扎实推进包括技工院校学历教育在内的中职与高职、中职与本科、高职与本科、本科与专业学位研究生衔接，推动中职、高职、职业教育本科、应用型本科、专业学位研究生教育联合培养技术技能人才，为学生多样化选择、多路径成才搭建"立交桥"。畅通中职学校毕业生进入高职院校、职业院校毕业生进入本科高校渠道，鼓励高等学校根据专业人才培养定位和规格，积极招收职业院校毕业生，高等学校招收职业院校毕业生的比例逐年提高，吸引更多优秀学生主动学习技术技能。鼓励支持高职院校辐射带动更多中职学校，继续稳步扩大初中后五年制高等职业教育办学规模，遴选一批职业院校专门举办五年制高等职业教育。制定具体措施，建立优质本科高校参与春季高考招生和"3＋2""3＋4"对口贯通分段培养的激励机制及责任机制，对相关本科高校试点专业给予经费支持，并根据试点本科高校需要科学合理扩大学校招生计划总规模；按照教学规律和人才成长规律，优化改进"3＋2"对口贯通分段培养模式，探索"2＋3"（2 年本科、3 年高职）、"2＋2＋1"（2 年本科、2 年高职、1 年本科）、"1＋2＋2"（1 年本科、2 年高职、2 年本科）等模式；探索在国家示范（骨干）高职院校、省优质高职院校的特色专业举办四年制本科职业教育或"3＋2"试点 5 年全部在相应高职院校培养，支持高职院校深度参与专业学位研究生教育实践培养环节。承担国家试点，探索实施"学历证书＋若干专业能力证书（1＋X）"证书制度，为职业院校学生拓展就业创业本领提供支持。优化高中阶段教育结构，推进普通高中与中职学校学分互认、学籍互转，遴选具备条件的学校开展综合高中试点，支持学生自主选择发展方向，推动高中阶段教育特色化、多样化发展，为学生从初中毕业开始选择适合的教育类型提供支持。承担国家试点，借鉴德国、瑞士、奥地利应用技术大学和台湾科技大学办学模式，以新设本科院校、独立学院和优质高职院校为主体，积极探索建设应用技术大学，支持引导有条件的普通本科院校向应用型转型发展。（省教育厅会同省发展改革委、省财政厅、省人力资源社会保障厅和有关行业主管部门负责）

四、健全德技并修、工学结合的高素质技术技能人才育人机制

坚持立德树人，增强学生可持续发展能力，着力培养学生的科学人文素养、工匠精神、职业道德、职业技能和就业创业能力。坚持标准引领，健全职业教育教学标准，主动对接产业发展、技术进步和流程再造，到 2020 年，修订、开发 400 个左右专业教学标准，形成既分层分类、又系统衔接的职业教育教学体系。制定深化职业教育教学改革意见，启动课程改革攻坚战，推进"课堂革命"，推动学校全面落实国家和省课程标准，开齐课程、开足课时，大力推进做中学做中教、育训结合，深化创新创业教育改革，促进学以致用、用以促学、学用相长。探索建立"学分银行"，在中职学校探索实施学分制改革；全面推进高职院校学分制改革，到 2020 年，全省高职院校全面推行学分制。实施德技双优"齐鲁工匠后备人才"培

育工程，从 2018 年起，用 5 年时间培养 10 万名左右"齐鲁工匠后备人才"。统筹推进精品资源共享课、教学资源库、优质教材、教改立项、教学成果、实训基地等一系列职业教育质量工程项目建设。制定职业院校教学用书管理实施细则，健全以省为主统筹管理，市级教育行政部门、高等职业院校分别组织选用中、高职教材的工作机制，确保教材质量。深入推进中职学生综合素质评价制度，从 2020 级新生起，推行"文化素质＋专业技能"中职学业水平考试制度，对学生思想品德、学业成绩、身心健康、兴趣特长、社会实践等进行全面科学评价。分专业制定职业教育培训标准，支持引导职业院校紧紧围绕乡村振兴、经略海洋、军民融合和新旧动能转换重大工程，提升职业培训能力，主动承担涉农涉海培训和因去产能、淘汰落后产能产生的转岗培训及企业转型升级产生的技术技能提升培训，以及对未升学初高中毕业生、退役军人、农民工、失业人员、中小微企业员工、残疾人等群体的培训，建设高素质劳动者大军。（省教育厅会同省财政厅、省人力资源社会保障厅和有关行业主管部门负责）

五、建设全国一流的职业院校和专业（群）

在各类规划中充分考虑技术技能人才需求，同步规划职业教育发展，着力营造包括技工教育在内的职业教育、普通教育平等发展环境，健全与区域经济社会发展紧密对接的学校和专业布局结构，支持以设区的市为单位，统筹规划市域内职业院校布局调整、专业设置、实训基地、师资队伍建设、人才培养等，统筹各类职业教育资源，与区域产业对接，实现差异化、特色化发展。优化职业院校区域布局结构，实施职业院校水平提升工程，以设区的市为单位制定 5 年实施方案，明确路线图，提升职业院校整体办学水平；推进省示范性及优质特色中职学校建设工程、优质高职院校建设工程，建设 100 所左右示范性及优质特色中职学校、30 所左右优质高职院校，争创中国特色高水平职业院校。健全专业设置与调控机制，建立专业设置"负面清单"和信息发布制度，定期发布职业院校专业结构与产业结构吻合度状况报告，研究探索以专业评估结果为基础的职业院校排名机制，健全人力资源统计、预测、供求信息发布制度，重点建设新兴产业相关专业，着力升级改造传统产业相关专业，扶持农林牧渔地矿油和涉海类等艰苦专业，引导职业院校建立紧密对接产业链、创新链的专业体系，全省建设 200 个左右中职品牌专业、200 个左右高职品牌专业群，争创中国特色高水平专业（群）。加快推进职业教育信息化，全面推进数字化校园建设，支持建设一批职业教育信息化创新与改革试点学校、试点区域；以课程资源为核心，建设山东省职业教育教学资源共享平台，推动优质资源跨区域、跨学校共建共享，逐步实现所有专业优质数字教育资源全覆盖。（省教育厅会同省发展改革委、省工业和信息化厅、省财政厅、省人力资源社会保障厅及有关行业主管部门负责）

六、构建产教深度融合、校企合作办学长效机制

制定校企合作推进办法，加快构建政府、行业、企业、学校、社会协同推进的工作格局。制定产教融合行动计划实施方案，争取山东省及 8 个左右城市、10 所左右高职院校、80 所左右中职学校及部分职教集团、企业成为国家职业教育"十百千"产教融合试点，试点企业兴办职业教育的投资符合条件的，可按国家有关规定享受优惠政策。落实校企合作办学财税激励政策和收费政策，鼓励支持企业在职业院校建设生产性实训基地，职业院校依托企业生产车间等实训资源建设二级学院（系）；从 2019 年起，市、县级人民政府设立职业教育发展资金，建立接收学生实习实训成本补偿机制，将规模以上企业接收学生实习实训和开展职业教育情况纳入企业社会责任报告，规模以上企业按职工总数的 2% 安排实习岗位接纳职业院校学生实习；支持建设校企一体化合作办学示范校和企业，对成效突出、示范作用强的项目，给予一定奖励，并将其作为企业评优评先、项目资助的重要依据；全面推进现代学徒制和企业新型学徒制，建设一批骨干职业教育集团。制定政策措施，允许职业院校面向社会提供有偿服务，开展有偿服务所得收入、校办产业年度利润等收入可用于单位绩效工资发放；职业院校开展生产服务性实习实训取得的勤工俭学收入可提取

一定比例支付学生劳动报酬；职业院校教师根据相关规定取得的科技成果转化现金奖励计入当年本单位绩效工资总量，但不受总量控制，不作为调控基数。制定推进职业院校混合所有制改革指导意见，鼓励社会力量通过独资、合资、合作等形式举办或参与举办职业教育，允许社会力量通过购买、承租、委托管理等方式改造办学活力不足的公办职业院校，鼓励举办混合所有制性质的二级学院。（省发展改革委、省教育厅、省工业和信息化厅、省财政厅、省人力资源社会保障厅、省国资委、省税务局按照各自职责分别负责）

七、建设高水平"双师型"师资队伍

在高职院校和公益二类中职学校实行人员控制总量备案管理，财政部门依据机构编制部门核定的人员控制总量，按人员控制总量内实有人数核拨经费，确保学校人员工资按时足额拨付。落实职业院校用人自主权，在机构编制、人力资源社会保障、教育以及其他有关主管部门的指导、监督下，职业院校按照有关规定自主制订单位内部人事管理制度，自主管理岗位设置，自主安排、执行用人计划，自主公开招聘各类人才，自主组织竞聘上岗和人员聘用管理，自主确定本单位绩效工资分配方式。健全职业院校教师自主招聘制度，专业教师招聘以测试专业技能和执教能力为主，可采取考察的方式招聘高水平技能人才；允许教学急需但没有教师资格证的专业人才参加学校招聘，合格的先作为兼职教师使用，待取得教师资格证后再转为正式教师；支持学校引进行业企业一流人才和具有创新实践经验的企业管理专家、科技人才、技能人才等担任产业教授，财政参照高级专业技术职务人员平均薪酬水平确定经费拨付标准，或按照项目工资制、年薪制拨付薪酬。实施职业院校教师素质提高计划，推进齐鲁名师名校长建设工程、青年技能名师建设计划，培育一批专业（学科）骨干带头人、教学能手、教学名师、教学团队和职教名家，完善职业院校教师技能大赛制度和教学能力大赛制度，造就一批职业教育领军人物。创造条件建设独立设置的职业技术师范院校，鼓励支持具备条件的本科高校和高职院校设立职业技术师范二级学院，培养职教师资。推进非营利性民办职业院校教师养老保险与公办学校教师同等待遇试点，当地财政部门应充分考虑学校缴费规模，对试点学校给予适当补助。（省委编办、省教育厅、省财政厅、省人力资源社会保障厅及有关行业主管部门按照各自职责分别负责）

八、建立与办学规模和培养要求相适应的财政投入制度

建立稳定长效投入机制，坚持新增教育经费向职业教育倾斜，进一步加大职业教育投入，逐步提高生均经费拨款水平，切实保障学校办学经费，继续加强对职业教育办学条件改善和内涵建设的支持力度，探索实施"基本保障＋发展专项＋绩效奖励"的财政拨款方式。全面落实中职学校生均经费拨款标准，确保旅游服务类（不含烹饪专业）、财经商贸类、休闲保健类、教育类、司法服务类、公共管理与服务类专业，每生每年2 800元；农林牧渔类、资源环境类、能源与新能源类、土木水利类、加工制造类、电工电子类、石油化工类、轻纺食品类、交通运输类、信息技术类专业，每生每年3 300元；体育与健身类、医药卫生类专业，每生每年3 900元；文化艺术类专业、旅游服务类的烹饪专业，每生每年4 500元。全面落实高职院校生均拨款标准，确保公办高职高专院校生均拨款达到1.2万元以上，并适时提高和实行差异化拨款，形成奖优扶优、支持特色发展的机制。落实教育费附加不低于30%和地方教育附加不低于30%用于职业教育政策，向社会公开使用情况。建立市、县级人民政府职业教育经费投入绩效评价、审计公告、预决算公开制度，并将各地生均拨款标准落实情况与省级奖补资金、项目安排、招生计划下达相挂钩。制定具体实施意见，对不按规定提取和使用教育培训经费并拒不改正的企业，由各级政府依法收取企业应当承担的职业教育经费，统筹用于本地区的职业教育。鼓励企业、个人等社会力量捐资、出资举办职业教育，拓宽办学筹资渠道。化解公办职业院校债务。（省发展改革委、省教育厅、省工业和信息化厅、省财政厅、省人力资源社会保障厅及有关行业主管部门按照各自职责分别负责）

九、进一步提升职业教育对外开放水平

依托山东与澳大利亚南澳州、德国巴伐利亚州、德国赛德尔基金会、德国手工业者协会、德国焊接协会和鲁台职业教育交流与合作研讨活动等交流合作平台，支持职业院校有计划地学习和引进国际先进、成熟适用的人才培养标准、专业课程、教材体系和数字化教育资源，与海外高水平院校建立一对一合作关系，举办合作办学项目，系统学习先进办学模式，建设海外职业教育师资培训基地等。推动高水平职业院校主动服务"一带一路"倡议，支持职业院校发起成立"一带一路"职业教育国际联盟，在沿线国家建立办学机构、研发机构，与沿线国家职业院校联合举办高水平职业技能大赛，接收沿线国家学生来我省职业院校留学，支持承揽海外大型工程的企业与职业院校联合建立国际化人才培养基地，加快培养适应我省企业走出去要求的技术技能人才。落实《中共中央办公厅国务院办公厅转发中央组织部、中央外办等部门〈关于加强和改进教学科研人员因公临时出国管理工作的指导意见〉的通知》（厅字〔2016〕17 号）规定，优化审批程序，对教学科研人员因公临时出国实行区别管理，鼓励支持职业院校教学科研人员更广泛地参加国际学术交流与合作。（省委台港澳办、省教育厅、省工业和信息化厅、省人力资源社会保障厅、省外办按照各自职责分别负责）

十、营造有利于职业教育改革发展的良好环境氛围

修订《山东省职业教育条例》。加强督查考核，落实"职业教育与普通教育是两种不同教育类型，具有同等重要地位"的要求，夯实大力发展职业教育的责任，将职业教育作为对市、县级人民政府履行教育职责评价的重要内容，评价结果作为对市、县级人民政府及其有关部门领导班子和领导干部进行考核、奖惩的重要依据。组建山东省职业教育改革发展战略咨询委员会，进一步提升职业教育重大决策的科学性。加强职业院校领导班子建设，按照社会主义政治家、教育家要求配强职业院校领导班子；加强干部资源统筹，加大高职院校正职交流使用力度。加强各级职业教育教学研究队伍建设，鼓励支持聘请一线优秀教师担任兼职教研员，形成专兼结合、动态管理的教研员队伍。对促进职业教育发展的单位和个人，按照有关规定给予表彰奖励；健全教学成果和科研成果奖励制度。完善技术工人培养、评价、使用、激励、保障机制，实现技高者多得、多劳者多得，切实提高技术技能人才的社会地位和待遇。创造平等就业环境，消除城乡、行业、身份、性别等一切影响平等就业的制度障碍，在落户、就业、机关事业单位招聘、职称评审、职级晋升等方面不得歧视职业院校毕业生。组建山东省技术技能大师库，鼓励技术技能大师建立工作室。办好工匠和劳模精神大讲堂活动，邀请具有高尚品德、精湛技艺的劳动模范、技能大师、能工巧匠进校园、进课堂，引导学生科学规划职业生涯。办好职业教育活动周，讲好职教故事，传播职教声音，营造人人皆可成才、人人尽展其才的良好环境。（省委组织部、省委编办、省教育厅、省人力资源社会保障厅及有关行业主管部门按照各自职责分别负责）

省教育厅　省财政厅关于调整高等学校
银行贷款审批制度的通知

2018 年 12 月 30 日

各市教育局、财政局，各省属高校：

为贯彻落实省政府办公厅《关于印发山东省政府性债务管理暂行办法的通知》（鲁政办字〔2018〕219

号）精神，进一步简政放权，全面深化"放管服"改革，现对高等学校银行贷款审批制度进行调整，有关事项通知如下：

一、调整贷款审批内容范围

根据学校债务率（债务余额占上一年度学校经费决算总收入的比重）及贷款性质，就高校银行贷款审批内容范围作以下调整：

（一）新增银行贷款业务

学校在现有贷款规模基础上申请新增贷款额度时，需要向学校主管部门和同级财政部门提出贷款申请，经主管部门和同级财政部门审批同意后，可向银行申请办理贷款。未经审批同意，学校不得新增贷款。审批表是学校向银行申请新增贷款的重要依据。

（二）延期类银行贷款业务

学校现有银行贷款到期后，尚不具备偿还能力，仍需在原有银行续贷或利用其他银行贷款进行置换的，在贷款总规模不增加的情况下，学校自行与银行衔接，双方达成一致意见后，可直接办理贷款业务，不必再经学校主管部门和同级财政部门审批。

（三）严格控制举债办学

债务率在 60% 到 100% 的学校，因工程建设、大型（大宗）设备采购、人才引进等重大项目需求，可申请办理中长期项目贷款，不允许办理流动资金贷款；债务率高于 100% 的学校，财务风险已经很高，不允许新增银行贷款，并应逐步压减贷款规模，将债务率降低到 100% 之内。

二、严格贷款办理程序

各高校应继续按照"谁贷款、谁负责"的原则，强化责任意识，严格控制贷款规模和贷款成本，防范财务风险。确需采用银行贷款方式筹集教育经费的，要经校（院）党委会研究决定。校（院）党委会决议中需明确贷款事由、金额、利率、期限、经办银行等内容。需要主管部门、财政部门审批的，学校要向主管部门、财政部门分别提交校（院）党委会决议及会议召开前一天的银行存款余额等重要信息；经主管部门、财政部门审批同意，向银行申请贷款。

三、实施贷款备案制度

为加强债务管理，控制债务风险，实施高等学校银行贷款备案制度。每季度第一个月的 10 日前，各学校要将前一季度贷款情况报学校主管部门汇总后，向同级政府性债务管理领导小组办公室备案。备案表载明债务余额及本季度银行贷款变动情况，经填表人、财务部门负责人、学校（院）主要负责人签字后报送。同时，各学校要根据同级政府性债务管理领导小组及财政部门的部署，积极做好债务统计等相关工作。

四、严格贷款使用用途

学校通过银行贷款取得的资金，要严格按照贷款用途使用。不得利用银行贷款发放教职工工资、津补贴等人员经费支出。

五、严禁通过非金融机构融资

学校不得采取任何方式向教职工集资、借款、委托贷款，不得与非金融机构发生借贷业务，不得开展售后回租等融资性租赁业务。

六、加强监督检查

学校要谨慎采用银行贷款方式筹集教育经费，做到规范、合理、科学举债。高等学校债务问题是学校领导干部经济责任审计的重要内容，学校党政主要领导对违规举债、盲目举债、高成本举债、挪用债务等行为负领导责任。学校审计部门要对学校举债情况进行跟踪监督，每年年底向学校（院）党委会汇报学校债务监督情况。

本文件自 2019 年 1 月 1 日起执行，《山东省教育厅山东省财政厅关于进一步加强高等学校债务管理工作的通知》（鲁教财字〔2014〕38 号）同时废止。

附件：1. 山东省普通高等学校银行贷款审批表（略）

2. 山东省高等学校债务情况备案表（略）

科技部　财政部关于印发《关于鼓励香港特别行政区、澳门特别行政区高等院校和科研机构参与中央财政科技计划（专项、基金等）组织实施的若干规定（试行）》的通知

2018 年 2 月 9 日　国科发资〔2018〕43 号

国务院有关部委、有关直属机构，各省、自治区、直辖市及计划单列市科技厅（委、局）、财政厅（局），新疆生产建设兵团科技局、财政局，各有关单位：

为在新时代深入实施创新驱动发展战略，促进内地与香港特别行政区、澳门特别行政区（以下简称港澳特区）发挥各自的科技优势、加强科技合作，支持港澳特区科技创新发展，鼓励爱国爱港爱澳科学家在建设创新型国家和科技强国中发挥更大作用，我们研究制定了《关于鼓励香港特别行政区、澳门特别行政区高等院校和科研机构参与中央财政科技计划（专项、基金等）组织实施的若干规定（试行）》，现印发给你们，请遵照执行。

附件：关于鼓励香港特别行政区、澳门特别行政区高等院校和科研机构参与中央财政科技计划（专项、基金等）组织实施的若干规定（试行）

附件：

关于鼓励香港特别行政区、澳门特别行政区高等院校和科研机构参与中央财政科技计划（专项、基金等）组织实施的若干规定（试行）

第一条　为深入实施创新驱动发展战略，支持香港特别行政区、澳门特别行政区（以下简称港澳特区）科技创新发展，在建设创新型国家和科技强国中发挥更大作用，就港澳特区高等院校和科研机构参与

中央财政科技计划（专项、基金等）（以下简称中央财政科技计划）组织实施的相关事项，制定本规定。

第二条　港澳特区的高等院校和科研机构（以下简称港澳机构）可通过竞争择优方式承担中央财政科技计划项目，并获得项目经费资助。

第三条　中央财政科技计划资助港澳机构的科研活动，一般应当公开发布项目指南，明确提出资助方式及鼓励港澳机构参与申报的领域和方向。

第四条　港澳机构可联合内地单位，按照指南要求牵头或参与申报中央财政科技计划的相关项目，并根据港澳特区科研活动的实际支出情况提出项目经费需求。

港澳特区申报中央财政科技计划项目的具体机构，由内地与香港、内地与澳门科技合作委员会协商确定。

第五条　港澳机构申报项目应按照中央财政科技计划的有关要求提交申报材料，参加内地组织的项目评审，通过公平竞争获得资助。

第六条　经评审立项的港澳机构牵头申报的项目，应当由内地项目管理机构与港澳机构签订承担项目任务（合同）书，明确项目目标、研究内容、经费资助额度和支出内容等，根据任务（合同）书组织项目实施、开展项目管理；由内地单位牵头、港澳机构参与的项目，内地单位也应与港澳机构签订任务（合同）书。

第七条　中央财政科技计划资助港澳机构的项目经费，相关项目管理机构应当按照国库集中支付的有关规定和向境外支付的有关要求，及时办理资金支付手续。其中，由港澳机构与内地单位联合承担的项目，项目经费可分别支付至港澳机构和内地单位。

第八条　港澳机构牵头承担项目的过程管理、验收评估、相关服务等工作，可由内地项目管理机构组织开展，也可以委托港澳特区的机构实施。委托实施的，应签订委托协议，确保管理和服务工作及时到位。

第九条　中央财政科技计划与港澳特区的科技计划可通过联合资助项目等方式，支持内地与港澳机构加强科技合作与交流。联合资助与共同管理项目的具体方式由内地与香港、内地与澳门科技合作委员会协商确定。

第十条　中央财政科技计划主管部门可根据科技计划管理制度、本规定和港澳特区的实际情况，对港澳机构申报、承担项目的具体要求事项做出专门规定，并积极邀请港澳科学家参与中央财政科技计划战略咨询、项目管理和验收评估等工作。

第十一条　原中央财政科技计划相关管理制度限定项目承担单位为内地高等院校、科研机构、企业等，现按本规定拓展至符合条件的港澳机构。本规定未尽事宜，执行中央财政科技计划管理办法的相关规定。

第十二条　本规定自发布之日起试行。

科技部　财政部关于印发《国家科技资源共享服务平台管理办法》的通知

2018 年 2 月 13 日　国科发基〔2018〕48 号

各省、自治区、直辖市及计划单列市科技厅（委、局）、财政厅，新疆生产建设兵团科技局、财务局，国务院有关部委、有关直属机构，有关单位：

为深入实施创新驱动发展战略，规范管理国家科技资源共享服务平台，推进科技资源向社会开放共享，依据《国家科技创新基地优化整合方案》（国科发基〔2017〕250 号），科技部、财政部共同研究制定了《国家科技资源共享服务平台管理办法》，现印发你们，请遵照执行。

附件：国家科技资源共享服务平台管理办法

附件：

国家科技资源共享服务平台管理办法

第一章 总 则

第一条 为深入实施创新驱动发展战略，规范管理国家科技资源共享服务平台（以下简称国家平台），推进科技资源向社会开放共享，提高资源利用效率，促进创新创业，根据《中华人民共和国科学技术进步法》和《国家科技创新基地优化整合方案》（国科发基〔2017〕250 号），制定本办法。

第二条 国家科技资源共享服务平台属于基础支撑与条件保障类国家科技创新基地，面向科技创新、经济社会发展和创新社会治理、建设平安中国等需求，加强优质科技资源有效集成，提升科技资源使用效率，为科学研究、技术进步和社会发展提供网络化、社会化的科技资源共享服务。

第三条 本办法所称的国家平台主要指围绕国家或区域发展战略，重点利用科学数据、生物种质与实验材料等科技资源在国家层面设立的专业化、综合性公共服务平台。

科研设施和科研仪器等科技资源，按照《国务院关于国家重大科研基础设施和大型科研仪器向社会开放的意见》（国发〔2014〕70 号）和《国家重大科研基础设施和大型科研仪器开放共享管理办法》（国科发基〔2017〕289 号）进行管理。图书文献等科技资源，依据相关管理章程和管理办法进行管理。

第四条 国家平台管理遵循合理布局、整合共享、分级分类、动态调整的基本原则，加强能力建设，规范责任主体，促进开放共享。

第五条 利用财政性资金形成的科技资源，除保密要求和特殊规定外，必须面向社会开放共享。

鼓励社会资本投入形成的科技资源通过国家平台面向社会开放共享。

第六条 中央财政对国家平台的运行维护和共享服务给予必要的支持。

第二章 管 理 职 责

第七条 科技部、财政部是国家平台的宏观管理部门，主要职责是：

1. 制定国家平台发展规划、管理政策和标准规范；

2. 确定国家平台总体布局，协调组建国家平台，批准国家平台的建立、调整和撤销；

3. 建设国家平台门户系统即"中国科技资源共享网"（以下简称共享网）；

4. 组织开展国家平台运行服务评价考核工作，根据评价考核结果拨付相关经费；

5. 指导有关部门、地方政府科技管理部门开展平台工作。

第八条 国务院有关部门、地方政府科技管理部门是国家平台的主管部门（以下简称主管部门），主要职责是：

1. 按照国家平台规划和布局，研究制定本部门或本地区平台发展规划、管理政策和标准规范；

2. 推动本部门或本地区平台建设，促进科技资源整合与共享服务；

3. 择优推荐本部门或本地区平台加入共享网，提出国家平台建设意见建议；

4. 负责本部门或本地区国家平台管理工作，支持和监督国家平台管理、运行与服务。

第九条 国家科技基础条件平台中心（以下简称平台中心）受科技部、财政部委托承担共享网的建设和运行，以及国家平台的考核、评价等管理工作。

第十条 国家平台的依托单位应选择有条件的科研院所、高等院校等，是国家平台建设和运行的责任主体，主要职责是：

1. 制定国家平台的规章制度和相关标准规范；
2. 编制国家平台的年度工作方案并组织实施；
3. 负责国家平台的科技资源整合、更新、整理和保存，确保资源质量；
4. 负责国家平台的在线服务系统建设和运行，开展科技资源共享服务，做好服务记录；
5. 负责国家平台的建设、运行与管理并提供支撑保障，根据需要配备软硬件条件和专职人员队伍；
6. 配合完成相关部门组织的评价考核，接受社会监督；
7. 按规定管理和使用国家平台的中央财政经费，保证经费的单独核算、专款专用。

第三章　组　　建

第十一条　科技部、财政部会同有关部门制定并发布国家平台发展的总体规划和布局。主管部门根据总体规划和布局制定本部门或本地区平台发展规划，组织实施本部门或本地区平台建设，鼓励开展跨部门、跨地区科技资源整合与共享。

第十二条　科技部、财政部共同建设共享网。共享网是国家平台的科技资源信息发布平台和网络管理平台，按照统一标准接受和公布科技资源目录及相关服务信息，具备承担平台组建、运行管理和评价考核等工作的在线管理功能。

第十三条　国家平台应具备以下基本条件：

1. 依托单位拥有较大体量的科技资源或特色资源，建立了符合资源特点的标准规范、质量控制体系和资源整合模式，在本专业领域或区域范围内具有一定影响力，具备较强的科技资源整合能力；
2. 纳入共享网并公布科技资源目录及相关服务信息，且发布的科技资源均按照国家标准进行标识；
3. 已按照相关标准建成科技资源在线服务系统，并与共享网实现有效对接和互联互通，资源信息合格，更新及时；
4. 具备资源保存和共享服务所需要的软硬件条件，具有稳定的专职队伍，具有保障运行服务的组织机构、管理制度和共享服务机制；
5. 建立了符合资源特点的服务模式并取得良好服务成效。

第十四条　科技部、财政部可根据国家平台发展的总体规划和布局，按照国家科技发展战略和重大任务需求，并商有关部门遴选基础较好、资源优势明显、资源特色突出的部门或地区平台组建形成国家平台。

第十五条　牵头组建国家平台的主管部门负责编制国家平台组建与运行管理方案，推荐国家平台依托单位和负责人，并报科技部。

国家平台负责人应由依托单位正式在职、具有较高学术水平、熟悉本领域科技资源、管理协调能力较强的科学家担任，由依托单位负责聘任。

第十六条　科技部、财政部委托平台中心负责组织对国家平台组建与运行管理方案进行论证评审，对上报材料进行形式审查，组织专家进行评审，进行现场考察核实，并将评审结果报科技部、财政部。由科技部、财政部确定并向社会发布国家平台和依托单位名单。

第十七条　根据资源类型和平台的特点，国家平台统一规范命名为"国家××科学数据中心"、"国家××资源库（馆）"等，英文名称为 National XX Data Center、National XX Resource Center 等。

第四章　运 行 服 务

第十八条　国家平台的主要任务包括：

1. 围绕国家战略需求持续开展重要科技资源的收集、整理、保存工作；
2. 承接科技计划项目实施所形成的科技资源的汇交、整理和保存任务；

3. 开展科技资源的社会共享，面向各类科技创新活动提供公共服务，开展科学普及，根据创新需求整合资源开展定制服务；

4. 建设和维护在线服务系统，开展科技资源管理与共享服务应用技术研究；

5. 开展资源国际交流合作，参加相关国际学术组织，维护国家利益与安全。

第十九条 依托单位要按照有关管理办法制定本国家平台运行管理和科技资源开放共享的管理制度，并报主管部门备案，保障国家平台日常运行，促进科技资源的开放共享。

第二十条 依托单位应该配备规模合理的专职从事国家平台管理的人员队伍，在绩效收入、职称评定等方面采取有利于激发积极性、稳定实验技术队伍的政策措施。

第二十一条 依托单位要建立健全国家平台科技资源质量控制体系，保证科技资源的准确性和可用性。依托单位要按照相关安全要求，建立应急管理和容灾备份机制，健全网络安全保障体系，为资源保存提供所需要的软硬件条件。主管部门应定期对资源安全情况进行检查。

第二十二条 依托单位可通过在线或者离线等方式向社会提供信息资源服务和实物资源服务。积极开展综合性、系统性、知识化的共享服务。鼓励组织开展科技资源加工整理，形成有价值的科技资源产品，向社会提供服务。

第二十三条 利用财政性资金资助的各类科技计划项目所形成的科技资源应汇交到指定平台。主管部门应明确相关科技资源生产、管理、汇交和共享的工作原则，并对科技资源汇交进行审核。

建立国家平台科技资源的内部动态调整机制，及时整合相关科技资源纳入平台。全社会的科技资源拥有者均可通过共享网公布科技资源信息。主管部门可组织推荐本部门或本地区拥有科技资源并具备服务条件的平台通过共享网公布科技资源目录及相关服务信息，开展共享服务。

第二十四条 国家平台应建立符合国家知识产权保护和安全保密等有关规定的制度，保护科技资源提供者的知识产权和利益。

用户使用国家平台科技资源形成的著作、论文等发表时，应明确标注科技资源标识和利用科技资源的情况，并应事先约定知识产权归属或比例。

第二十五条 为政府决策、公共安全、国防建设、环境保护、防灾减灾、公益性科学研究等提供基本资源服务的，国家平台应当无偿提供。

因经营性活动需要国家平台提供资源服务的，当事人双方应签订有偿服务合同，明确双方的权利和义务。有偿服务收费标准应当按成本补偿和非营利原则确定。

国家法律法规有特殊规定的，遵从其规定。

第五章 评 价 考 核

第二十六条 主管部门应按年度组织对本部门或地区所属的国家平台进行年度自评，并将年度自评报告与下一年度工作计划于次年1月底前报科技部、财政部备案。

第二十七条 科技部、财政部组织对国家平台进行分类评价考核，重点考核科技资源整合能力、服务成效、组织运行管理及专项经费使用情况等内容。评价考核采取用户评价、门户系统在线测评和专家综合评价等方式，每两年考核一次。

第二十八条 科技部、财政部委托平台中心开展国家平台的评价考核。平台中心根据经主管部门审核的各国家平台运行服务记录、服务成效等材料，组织专家进行评价考核，考核结果报科技部、财政部。

第二十九条 科技部、财政部确定评价考核结果，并通过共享网予以公示和公布。根据国家平台科技资源整合和运行维护情况给予后补助经费支持，经费主要用于资源建设、仪器设备更新、日常运行维护、人员培训等方面。

第三十条 科技部、财政部根据评价考核结果对国家平台进行动态调整。对于评价考核结果较差的责成其限期整改，仍不合格的不再纳入国家平台序列。

第三十一条　国家平台涉及内部管理重大变化、主要人员变动等重大事项或重要内容，由主管部门公示后确认，并报科技部备案。

第三十二条　依托单位应如实提供运行服务记录、服务成效及相关材料。凡弄虚作假、违反学术道德的，将取消申报和参加评价考核资格，并视具体情况予以严肃处理。

第三十三条　科技部及有关部门和地方要建立投诉渠道，接受社会对国家平台开放共享情况的意见和监督。

第六章　附　则

第三十四条　本办法由科技部和财政部负责解释。

第三十五条　有关部门和地方可参照本办法结合实际制定或修订部门或地方平台的相关管理办法。

第三十六条　本办法自发布之日起实施。

科技部　财政部　税务总局关于科技人员取得职务科技成果转化现金奖励信息公示办法的通知

2018 年 7 月 26 日　国科发政〔2018〕103 号

各省、自治区、直辖市、计划单列市科技厅（委、局）、财政厅（局）、税务局，新疆生产建设兵团科技局、财政局：

为落实《财政部　税务总局　科技部关于科技人员取得职务科技成果转化现金奖励有关个人所得税政策的通知》（财税〔2018〕58 号）的要求，规范科技人员取得职务科技成果转化现金奖励有关个人所得税缴纳，确保现金奖励相关信息公开、透明，现就科技人员取得职务科技成果转化现金奖励信息公示有关工作通知如下：

一、符合《关于科技人员取得职务科技成果转化现金奖励有关个人所得税政策的通知》（财税〔2018〕58 号）条件的职务科技成果完成单位应当按照本通知要求，对本单位科技人员取得职务科技成果转化现金奖励相关信息予以公示。职务科技成果完成单位是指具有独立法人资格的非营利性研究开发机构和高等学校。

二、科技成果完成单位要结合本单位科技成果转化工作实际，健全完善内控制度，明确公示工作的负责机构，制定公示办法，对公示内容、公示方式、公示范围、公示时限和公示异议处理程序等事项作出明确规定。

三、公示信息应当包含科技成果转化信息、奖励人员信息、现金奖励信息、技术合同登记信息、公示期限等内容。

科技成果转化信息包括转化的科技成果的名称、种类（专利、计算机软件著作权、集成电路布图设计专有权、植物新品种权、生物医药新品种及其他）、转化方式（转让、许可）、转化收入及取得时间等。

奖励人员信息包括获得现金奖励人员姓名、岗位职务、对完成和转化科技成果作出的贡献情况等。

现金奖励信息包括科技成果现金奖励总额，现金奖励发放时间等。

技术合同登记信息包括技术合同在技术合同登记机构的登记情况等。

四、科技成果完成单位已经按照《中华人民共和国促进科技成果转化法》的规定公示上述信息的，如公示信息没有变化，可不再重复公示。

五、公示期限不得低于 15 个工作日。公示期内如有异议，科技成果完成单位应及时受理，认真做好调查核实并公布调查结果。

六、公示范围应当覆盖科技成果完成单位，并保证单位内的员工能够以便捷的方式获取公示信息。

七、公示信息应真实、准确。科技成果完成单位发现存在提供虚假信息、伪造变造信息等情况的，应当对责任人严肃处理并在本单位公布处理结果。

八、科技成果完成单位应当在职务科技成果转化现金奖励发放前 15 个工作日内完成公示，并将公示信息结果和个人奖励数额形成书面文件留存备相关部门查验。

九、公示应当遵守国家保密相关规定。

十、本通知自发布之日起实施。

省财政厅关于印发山东社会科学院创新工程经费管理办法的通知

2018 年 3 月 28 日　鲁财教〔2018〕16 号

山东社会科学院：

现将《山东社会科学院创新工程经费管理办法》印发给你们，请遵照执行。

附件：山东社会科学院创新工程经费管理办法

附件：

山东社会科学院创新工程经费管理办法

第一条　为加强和规范山东社会科学院创新工程经费（以下简称工程经费）管理，支持山东社会科学院体制机制改革，根据国家和省有关规定，结合工作实际，按照"鼓励创新、透明规范"的原则，制定本办法。

第二条　本办法所称工程经费，是指由省级财政预算安排，专门用于支持山东社会科学院开展社会科学创新工程的资金，重点用于条件能力建设、人才引进培养、成果宣传推介、创新工程研究、绩效支出等方面。具体包括：

（一）条件能力建设。主要是开展创新工程发生的科研平台建设费、设备购置费、物耗等改善研发条件的支出。

（二）人才引进培养。主要是开展创新工程发生的人才引进费、培训费、外聘人员经费、各类人才配套经费等支出。

（三）成果宣传推介。主要是开展创新工程成果宣传和推介过程中发生的会议费、版面费、宣传费等支出。

（四）创新工程研究。主要是开展创新工程发生的与社会科学研究直接相关的资料费、数据采集费、会议费、差旅费、国际合作与交流费、专家咨询费、劳务费、印刷费等支出。

（五）绩效支出。主要是开展创新工程发生的绩效支出，属于科研成本性支出，总额控制在工程经费的 50% 以内，具体由山东社会科学院结合创新工程实际情况自行确定。

（六）其他支出。主要是开展创新工程发生的除上述费用之外的其他支出。

第三条　工程经费使用管理坚持"科学安排、择优支持、鼓励竞争、规范使用、厉行节约、注重绩效"的原则。

第四条　山东社会科学院应根据创新工程任务计划和项目周期，科学合理编制经费预算方案和具体开支计划，规范支出范围，明确执行标准，提高资金使用效益。

第五条　山东社会科学院应加强工程经费与其他科研经费的统筹管理，并在创新工程实施过程中，逐步整合其他财政科研经费。

第六条　山东社会科学院与外单位进行联合课题研究，需要外拨工程经费的，应当签订正式科研合同，明确科研任务和开支计划，总额控制在工程经费的10%以内，并切实加强资金监管。

第七条　工程经费使用管理中涉及的政府采购、国有资产管理、结余结转等事项，严格按照有关规定执行。

第八条　山东社会科学院应根据本办法制定工程经费具体管理细则，完善内部控制制度，加快预算执行，建立规范高效、公开透明、监管有力的经费管理机制，保证资金使用科学、规范、高效。各资金使用单位要建立健全内部控制制度，严格按照项目计划确定的建设内容和目标实施项目，确需变更或调整的，应按规定程序实施。

第九条　工程经费按规定实行绩效目标管理。编报年度预算时，山东社会科学院应向省财政厅报送工程经费绩效目标，并作为以后绩效评价的依据。年度预算执行终了，应对工程经费使用效果开展绩效评价，并将评价报告报送省财政厅。省财政厅对绩效评价结果进行核查，并将评价结果作为安排以后年度工程经费的重要依据。

第十条　山东社会科学院应按规定公开工程经费管理制度办法、资金使用等情况，接受财政、审计等部门监督检查。

第十一条　工程经费使用管理应严格遵守财政、财务规章制度和财经纪律。对经费使用管理过程中出现的违法违规行为，严格按照《中华人民共和国预算法》和《财政违法行为处罚处分条例》（国务院令第427号）等有关规定进行处理，并依法追究责任。

第十二条　社会科学精品工程补助、社会科学研究补助等财政科研经费的管理使用，可参照本办法执行。

第十三条　本办法由省财政厅负责解释。

第十四条　本办法自2018年5月1日起施行，有效期至2021年4月30日。

省科技厅　省发展改革委　省财政厅关于印发《山东省科研基础设施和科研仪器开放共享管理办法》的通知

2018年8月22日　鲁科字〔2018〕97号

各市科技局、发展改革委、财政局，省直有关部门，有关单位：

为贯彻落实《国务院关于国家重大科研基础设施和大型科研仪器向社会开放的意见》（国发〔2014〕70号）和《科技部　发展改革委　财政部关于印发〈国家重大科研基础设施和大型科研仪器开放共享管理办法〉的通知》（国科发基〔2017〕289号）等文件精神，推动全省科研基础设施和科研仪器开放共享，省科技厅、省发展改革委、省财政厅三部门共同研究制定了《山东省科研基础设施和科研仪器开放共享管理办法》。现印发给你们，请遵照执行。

附件：山东省科研基础设施和科研仪器开放共享管理办法

附件：

山东省科研基础设施和科研仪器开放共享管理办法

第一章 总 则

第一条 为认真贯彻《国务院关于国家重大科研基础设施和大型科研仪器向社会开放的意见》（国发〔2014〕70 号）和《科技部 发展改革委 财政部关于印发〈国家重大科研基础设施和大型科研仪器开放共享管理办法〉的通知》（国科发基〔2017〕289 号）精神，推动全省科研基础设施和科研仪器（以下简称科研设施与仪器）开放共享，释放服务潜能，发挥服务效用，制定如下管理办法。

第二条 科研设施与仪器开放共享，以山东省大型科学仪器设备协作共用网（www. sdkxyq. com）（以下简称省仪器设备网）为载体，征集隶属不同主体、符合条件的科研设施与仪器入网，面向全社会开放，实现科研资源共享共用。

第三条 凡政府财政资金建设和购置的科研设施与仪器，除法律法规另有规定，均应对社会开放。鼓励非财政资金建设或购置的科研设施与仪器加入，实现开放共享。

第四条 入网的科研设施包括公共试验平台、专用研究装置、公益基础设施等，大型科研仪器设备单台套价值一般在 10 万元（含）以上。

第五条 本办法适用于我省各级研究开发机构、高等院校、企业及新型研发组织，鼓励中央驻鲁研究开发机构、高等院校、企业参与。

第六条 准予免税进口仪器设备纳入省仪器设备网为科学研究、技术升级和教学活动提供服务，实现共用共享。

第二章 管理职责

第七条 省科技厅按照国家及省相关文件规定，统筹科研设施与仪器开放共享。牵头组建和管理省仪器设备网，征集入网科研设施与仪器，通过网络面向社会提供入网科研设施与仪器信息查询、预约使用、数据共享服务等，打造跨部门、跨领域、多层次的网络服务平台。研究制定科研设施与仪器开放共享的政策措施和管理制度。委托第三方实施绩效评价工作，兑现奖惩措施。

第八条 省财政厅协同推动科研设施与仪器的开放共享工作。会同有关部门开展科研设施与仪器开放共享的评价工作，依据评价结果对科研设施与仪器开放共享效果好、用户评价高、综合效益突出的单位给予资金补助。

第九条 设区市科技管理部门和省直有关部门作为主管部门，负责指导本区域、本部门所属单位科研设施与仪器的开放共享工作。支持新建设施和新购置仪器时，督促所属单位将符合条件的科研设施与仪器面向社会开放共享。鼓励本区域、本部门的研究机构、高等院校及其他单位共享仪器设备、实验平台等创新资源；督促所属单位科研设施与仪器入网工作，审核相关信息，指导本区域、本部门所属单位的开放共享工作。

第十条 负责科研设施与仪器管理的法人机构作为管理单位，须主动推动加入省仪器设备网，实现共用共享。建立科研设施与仪器共用共享服务机制，创新服务方式、丰富服务内容、简化服务流程，商物价部门合理确定科研设施与仪器使用收费标准，依规合法收费。制定科研设施与仪器内部开放共享评估办法，不断提高服务能力。

第十一条 科研设施与仪器相对集中的高校、科研院所等管理单位，可通过建设科研仪器中心、分析测试中心等方式，集中集约管理，促进科研设施与仪器开放共享和高效利用。

第十二条　鼓励高校、科研院所等管理单位委托专业化的第三方服务机构，参与开放共享服务，提高全社会科研设施与仪器使用的社会化服务程度，享受相应政策支持。

第三章　入网程序

第十三条　凡符合条件的科研设施与仪器，由管理单位通过网上渠道推送科研设施与仪器信息至省仪器设备网，申请开放共享。

第十四条　使用财政资金新建或新购置科研设施与仪器，管理单位应自科研设施与仪器完成安装使用、通过验收之日起 30 个工作日内，申请纳入省仪器设备网开放共享。

第十五条　各设区市科技局对本区域申请开放共享的科研设施与仪器相关信息进行审核，对符合条件的，纳入省仪器设备网进行管理。

第十六条　使用财政资金建设和购置的科研设施与仪器不纳入省仪器设备网管理，由管理单位提出申请，经主管部门审核同意后，报省科技厅备案。

第四章　开放共享机制

第十七条　管理单位根据科研设施与仪器使用方（以下简称用户）需求提供开放共享服务，须先订立合同，明晰服务内容、知识产权归属、保密要求、损害赔偿、违约责任、争议处理等事项。管理单位应及时对入网科研设施与仪器信息及开放共享数据进行补充完善，确保数据完整和准确。

第十八条　管理单位提供开放共享服务可按照成本补偿和非盈利原则收取相应费用，除收取材料消耗费和水、电等运行成本费外，可适当收取人力资源成本费。行政事业单位相关收入按国有资产有偿使用收入有关规定执行。

第十九条　管理单位建立完备的科研设施与仪器运行和开放情况记录制度，及时在省仪器设备网填写服务记录、服务成效等开放共享相关信息。

第二十条　管理单位培育高水平、专业化的科研设施与仪器操作技术队伍，全面落实《关于加快实行以增加知识价值为导向分配政策的实施意见》（鲁厅字〔2018〕12 号），在岗位设置、业务培训、薪酬待遇、职称晋升和评价考核等方面实行激励性的政策措施。

第二十一条　管理单位深化知识产权管理体制改革，保护科研设施与仪器用户在使用过程中形成的知识产权和科学数据。用户独立或与管理单位联合开展科学实验形成的知识产权，双方应事先约定知识产权归属或比例。用户使用科研设施与仪器形成的著作、论文等发表时，应明确标注利用科研设施与仪器情况。

第五章　开放共享绩效评价

第二十二条　省科技厅会同财政厅及相关部门牵头组织开展科研设施与仪器开放共享评价工作，并向社会公布评价结果。

第二十三条　评价内容包括管理单位制定并落实支持科研设施与仪器开放共享具体措施及成效；入网科研设施与仪器质量和利用情况、服务水平、用户满意度和效果等。具体包括管理单位制定开放共享制度、报送科研设施与仪器信息、人才队伍建设与激励措施、服务科技型中小企业数量等方面情况。

第二十四条　按公开公平公正原则，委托第三方专业机构开展绩效评价，对管理单位年度开放共享工作实绩进行评估核实，确定服务效果好、用户评价高、综合效益突出的管理单位。

第六章　评价结果运用

第二十五条　省科技厅、省财政厅及省直有关部门，根据科研设施与仪器评价结果，按照财政预算管理要求，对科研设施与仪器开放共享效果好、用户评价高、综合效益突出的管理单位给予资金补助，每个管理单位每年最高补助 200 万元。

补助资金用于开放共享科研设施与仪器的运行维修维护、升级改造、分析测试技术及方法研究、临时聘用人员补助及实验技术人员的学习培训等。鼓励各市设立相应的补助资金。

第二十六条　科研设施与仪器开放共享评价结果作为新建科研设施和新购置仪器设备的参考依据，避免科研设施重复建设和仪器设备重复购置。

第二十七条　将科研设施与仪器开放共享评价结果纳入省级创新基地及平台申报、绩效评估指标体系之中，引导管理单位推进科研设施与仪器的开放共享。

第七章　监 督 管 理

第二十八条　省科技厅会同省财政厅及有关部门委托第三方专业机构建立常态化督察机制，督促科研设施与仪器开放共享相关扶持政策落实落地。建立投诉渠道，接受社会对科研设施与仪器使用情况的监督。

第二十九条　财政资金建设科研设施、购置科研仪器设备未经批准，不履行开放共享义务的，由省科技厅对管理单位进行通报批评。

第三十条　对于使用效率低、开放效果差、评价结果较差的管理单位，省科技厅将会同有关部门责令限期整改，并视情节采取限制购置仪器设备等措施予以约束。

第八章　其　　他

第三十一条　本办法由省科技厅负责解释。

第三十二条　本办法自 2018 年 8 月 22 日起施行，有效期至 2023 年 8 月 21 日。

山东省科学技术厅　山东省财政厅关于印发《山东省创新券管理使用办法》的通知

2018 年 10 月 31 日　鲁科字〔2018〕122 号

各市科技局、财政局，各有关单位：

为增强中小微企业和创业（创客）团队创新活力，推动实体经济高质量发展，省科技厅、省财政厅联合制定了《山东省创新券管理使用办法》。现印发给你们，请认真贯彻执行。

附件：山东省创新券管理使用办法

附件：

山东省创新券管理使用办法

第一章　总　　则

第一条　为深入贯彻《中共山东省委　山东省人民政府关于深化科技体制改革加快创新发展的实施意

见》、《科技部　发展改革委　财政部关于印发〈国家重大科研基础设施和大型科研仪器开放共享管理办法〉的通知》（国科发基〔2017〕289号）和《山东省人民政府关于印发支持实体经济高质量发展的若干政策的通知》（鲁政发〔2018〕21号）等文件精神，进一步促进科研设施和科研仪器（以下简称科研设施与仪器）开放共享，增强创新活力，激发创新潜能，推动实体经济高质量发展，制定本办法。

第二条　以创新券的形式，依托"山东省大型科学仪器设备协作共用网"（以下简称"省仪器设备网"），对省内中小微企业和创业（创客）团队充分利用高校、科研院所以及其他企事业单位（以下简称供给方）的科研设施与仪器开展科技创新相关的检测、试验、分析等活动发生的费用给予补助。

第三条　创新券资金从省级财政科技专项中安排，列入年度财政预算。创新券使用和管理遵守国家有关法律法规和财务规章制度，遵循广泛引导、公开普惠、科学管理与专款专用的原则。

第二章　组织机构与职责

第四条　省科技厅会同省财政厅组织实施创新券工作，省科技厅负责创新券的政策制定、决策指导、监督检查、审核兑现、绩效评价及研究确定创新券实施过程中的有关重大事项，省财政厅配合做好政策制定以及资金保障工作。

第五条　各市科技部门负责本市企业和创业（创客）团队入网审核、创新券审核、政策解读、使用统计等相关管理工作；财政部门负责补助资金拨付等工作。

第六条　省级以上科技企业孵化器、众创空间、专业化众创空间和大学科技园等创新创业孵化载体，负责为入驻企业和创业（创客）团队提供政策咨询服务，协助入驻企业和创业（创客）团队申请兑现创新券等工作。

第七条　省科技厅在省仪器设备网基础上，建设山东省创新券管理服务平台，开展创新券的在线发放、审核、兑现、统计、日常管理等工作。创新券的咨询服务、兑现材料核实、使用情况统计分析等具体事务工作，可由省科技厅委托第三方机构协助完成。

第三章　支持对象

第八条　本办法所支持的中小微企业应满足以下条件：

（一）注册地在山东省内，具有独立企业法人资格，职工总数不超过500人、年销售收入不超过2亿元、资产总额不超过2亿元，具有健全的财务机构，管理规范，无不良诚信记录；

（二）与开展合作的科研设施与仪器供给方之间无任何隶属、共建、相互参股等关联关系。

第九条　本办法所支持的创业（创客）团队应满足以下条件：

（一）不具备法人资格，还未注册企业；

（二）入驻省级以上科技企业孵化器、众创空间、专业化众创空间和大学科技园等创新创业孵化载体；

（三）创新项目需具有产品研发及成果转化所需的检测、试验、分析等研发工作。

第四章　使用范围与补助标准

第十条　支持内容包括：中小微企业和创业（创客）团队使用省仪器设备网入网共享的科研设施与仪器开展科技创新相关的检测、试验、分析等活动。

第十一条　产品在销售、出口过程中法律法规要求进行的检验检测，以及生产性常规检测、批量检测、产品质量抽检、环境检测等非科技创新活动，不纳入创新券的支持范围。

第十二条　补助标准：对使用共享科研设施与仪器开展科技创新相关活动发生的费用，省级创新券给予"西部经济隆起带"地区中小微企业和创业（创客）团队60%补助，其他地区40%补助，同一企业或团队每年最高补助50万元。

第五章　使用与兑现

第十三条　符合条件的中小微企业和创业（创客）团队登录省仪器设备网注册，即可获得创新券使用资格。

第十四条　中小微企业和创业（创客）团队通过省仪器设备网预约使用科研设施与仪器，明确检测、试验、分析内容要求，及时送检样本，在完成测试后结清费用，在线打印创新券。中小微企业和创业（创客）团队在线提交发票复印件、盖章创新券、服务结果证明、检测试验分析活动科技创新相关性证明等材料。

第十五条　创新券年度执行周期为上年度的 10 月 1 日至当年的 9 月 30 日。创新券每年兑现一次，中小微企业和创业（创客）团队应于每年 10 月 31 日前向所在市科技局报送创新券兑现申请表，经市、省审核后，省科技厅申请纳入省财政次年预算予以兑现。创业（创客）团队由入驻的创新创业孵化载体统一组织申请兑现。

第十六条　对科研设施与仪器开放共享提供服务量大、用户评价高、综合效益突出的供给方单位，省科技厅、财政厅给予其服务总额 10%～30% 的后补助。根据综合评价结果，按 10%、20%、30% 三个档次进行补贴。同一供给方每年最高补助 200 万元。补助资金可用于科研设施与仪器的运行维修维护、升级改造、分析测试技术及方法研究、临时聘用人员补助及实验技术人员的学习培训等。

第六章　监 督 管 理

第十七条　省科技厅和设区市科技局会同财政等部门负责对中小微企业和创业（创客）团队使用创新券情况进行监督检查，对创新券使用中有弄虚作假、以不正当手段套取补助及奖励资金等违规行为，给予以下约束：

（一）不良记录列入单位信用档案，向社会公布，在科技计划项目、科技奖励申报方面给予约束。

（二）取消中小微企业和创业（创客）团队使用创新券资格，或取消供给方享受后补助资格。

（三）对涉及的省级重点实验室、工程技术研究中心、科技企业孵化器、众创空间、大学科技园等给予一年黄牌警告，直至取消创新服务平台称号。

第七章　附　　则

第十八条　本办法由省科技厅、省财政厅负责解释。

第十九条　本办法自 2018 年 10 月 1 日起施行，有效期至 2021 年 9 月 30 日。原《山东省小微企业创新券管理使用办法》（鲁科字〔2015〕80 号）和《山东省科学技术厅　山东省财政厅关于〈山东省小微企业创新券管理使用办法〉的补充通知》（鲁科字〔2017〕89 号）同时废止。

山东省科学技术厅　山东省财政厅　中国人民银行济南分行
中国银行保险监督管理委员会山东监管局
关于印发《山东省科技成果转化贷款
风险补偿资金管理办法》的通知

2018 年 12 月 29 日　鲁科字〔2018〕145 号

各市科技局、财政局、人民银行各市中心支行（分行营业管理部）、银监分局，各有关金融机构：

现将《山东省科技成果转化贷款风险补偿资金管理办法》印发给你们，请遵照执行。

附件：山东省科技成果转化贷款风险补偿资金管理办法

附件：

山东省科技成果转化贷款风险补偿资金管理办法

第一条 为深入贯彻落实省委、省政府《关于深化科技体制改革加快创新发展的实施意见》、《关于支持实体经济高质量发展的若干政策》（鲁政发〔2018〕21号）精神，发挥金融支持科技创新的重要作用，全面助推新旧动能转换重大工程，加强省科技成果转化贷款风险补偿资金（以下简称"风险补偿资金"）规范管理，制定本办法。

第二条 科技成果转化贷款是由与政府相关部门合作的商业银行提供，专门用于以科技成果转化为主科研活动的信贷资金。

第三条 贷款对象为山东省行政区域内注册（不含青岛市），经国家认定有效期内的科技型中小企业。重点支持省级以上高层次人才所在企业开展科技成果转化和创新创业活动的贷款。

第四条 风险补偿资金由省、市财政预算安排，专项用于合作银行为促进科技成果转化所提供贷款发生的不良本金损失补偿。

第五条 省级风险补偿资金由省科技厅会同省财政厅共同管理，与市级风险补偿资金协同联动，承担合作银行贷款相应不良本金损失，为企业贷款提供支持。省级风险补偿资金同时作为国家科技成果转化引导基金贷款风险补偿工作的省级合作资金。

第六条 科技成果转化贷款风险补偿实行省、市、银行共担原则，三方协议确定各自承担比例，其中市级承担比例不低于省级承担比例。

第七条 省科技厅综合考虑银行承担风险比例、贷款授信额度及利率、服务水平等因素，择优确定合作银行并签署合作协议。

第八条 合作银行一般为全国性银行的省级分行或地方银行总行，须符合以下条件：

（一）在科技企业、科技人才融资服务方面具有一定基础，融资具有一定规模，银行经营状况良好，拥有授信实力且具备承担相应风险的能力；

（二）承担贷款损失比例不低于30%，贷款余额在协议期内每年保持一定幅度的增长；

（三）贷款利率上浮最高不超过同期银行贷款基准利率的50%。

第九条 科技成果转化贷款期限为3年期以内；单户企业纳入风险补偿的年度贷款余额不超过1 000万元。

第十条 合作银行违反国家法律法规、财经规定发放的贷款，以及不符合本办法相关条款规定的贷款发生的损失不属于补偿范围。

第十一条 省、市科技部门向合作银行推荐符合条件的申贷企业，合作银行对企业的贷款申请进行尽职调查，独立做出审贷决策。人民银行济南分行将在山东省企业融资服务网络系统积极推介省内科技型中小企业融资需求，对我省地方法人机构发放的科技成果转化贷款，在货币信贷政策上予以适当倾斜。

第十二条 合作银行须在贷款发放后3个月内向贷款企业注册地的设区市科技部门备案，未备案或未如实提供符合本办法要求备案信息的贷款将不作为风险补偿对象。设区市科技部门每季度向省科技厅报送本市《山东省科技成果转化贷款风险补偿备案登记汇总表》（附件1）、《山东省科技成果转化贷款风险补偿备案信息表》（附件2）。合作银行不能将同一笔贷款重复申请其他省级政府部门的风险补偿政策支持。

第十三条 合作银行发现企业有经营风险或企业借款出现违约时，应及时向省、市科技部门提交《山东省科技成果转化贷款风险预警报告》（附件 3）或《山东省科技成果转化贷款清偿情况告知书》（附件 4），提醒科技管理部门关注企业。合作银行在贷款发生逾期认定不良后，3 个月内需向备案的设区市科技部门提交《山东省科技成果转化贷款风险补偿资金申请汇总表》（附件 5）、贷款合同、借据、还款凭证以及抵质押、担保、保险等材料。设区市科技部门会同财政部门进行审核，确认损失和省、市两级补偿资金数额，每月 25 日前上报省科技厅。

第十四条　省科技厅对风险补偿申请进行集中复核，并将结果在省科技厅网站向社会公示，公示期为 7 个工作日。

第十五条　公示期结束后，省科技厅下达科技成果转化贷款风险补偿资金计划，各市在省级计划下达后 10 个工作日内下达市级风险补偿资金计划，并通知合作银行将补偿资金直接冲抵本金损失。省、市科技部门及时将风险补偿资金计划抄送本级财政部门。

第十六条　风险补偿工作完成后，合作银行应采取措施继续对贷款损失部分进行追偿，在追偿收回贷款本金之日起 10 个工作日内，将追偿收回的扣除诉讼等相关费用的资金按照原比例、原渠道返还省、市两级风险补偿资金财政专户。

第十七条　合作银行于每年 3 月 31 日前分别向省科技厅、省财政厅报送上年度科技成果转化贷款情况报告。省科技厅、省财政厅于每年 3 月 31 日前委托第三方对风险补偿的实施情况开展绩效评价，包括合作银行年度贷款规模、风险防控、利率优惠、服务质量等，根据评估结果决定是否续约。

第十八条　合作银行弄虚作假或与企业合谋套取风险补偿资金的，一经查实，除收回有关资金、取消合作资格外，按照有关规定进行处理，并向社会通报。

第十九条　本办法由省科技厅、省财政厅、人民银行济南分行、山东银保监局负责解释。

第二十条　本办法自 2018 年 12 月 29 日起施行，有效期至 2020 年 12 月 29 日。《山东省科技成果转化贷款风险补偿资金管理暂行办法》（鲁科字〔2016〕173 号）废止。在原办法有效期内，符合省、市、银行三方协议约定的科技成果转化贷款，可按原办法规定享受贷款本金损失补偿政策。

附件：1. 山东省科技成果转化贷款风险补偿备案登记汇总表
　　　2. 山东省科技成果转化贷款风险补偿备案信息表
　　　3. 山东省科技成果转化贷款风险预警报告
　　　4. 山东省科技成果转化贷款清偿情况告知书
　　　5. 山东省科技成果转化贷款风险补偿资金申请汇总表

附件 1：

山东省科技成果转化贷款风险补偿备案登记汇总表

_____市科学技术局（公章）

序号	备案日期	放款日期	贷款银行	借款企业	高层次人才姓名	高层次人才类型	授信额度	贷款金额	科技成果转化贷款风险补偿备案金额	执行利率	贷款年限
1					选填	选填					
2											
3											
4											
5											
6											
合计（万元）											/

填表人：　　　　　　　　　　联系方式（电话/电子邮件）：　　　　　　　　填表日期：

附件2：

山东省科技成果转化贷款风险补偿备案信息表

_____银行_____分行 备案号：_____

借款人		企业注册地	
高层次人才姓名	选填	借款用途	
高层次人才类型	选填		
授信额度（万元）		贷款额度（万元）	备案金额（万元）
贷款期限		利率（%）	放款日期　年　月　日
是否申请过其他贷款风险补偿政策支持		国家科技型中小企业编号	
业务发起行申请	该业务符合《山东省科技成果转化贷款风险补偿资金管理办法》（鲁科字〔2018〕145号）要求，备案信息与贷款材料一致，特向(地方科技部门)申请贷款风险补偿备案。 经办人： **银行（公章） 年　月　日		
地市科技部门意见	该业务符合《山东省科技成果转化贷款风险补偿资金管理办法》（鲁科字〔2018〕145号）要求，同意报备。 **市科学技术局（公章） 年　月　日		

注：本表一式2份，其中地方科技部门1份，省科技厅1份。

附件3：

山东省科技成果转化贷款风险预警报告

省科技厅、(地方科技部门)：

　　我单位在_____年____月____日的贷后检查中，发现(借款企业)出现重大变化，现就有关情况报告如下。

一、风险事件

（风险事件详情及产生原因、企业现状等）

二、企业财务情况

（企业资产、负债、销售、盈利情况，还款来源及偿债能力分析等）

三、拟采取的应对措施

** 银行（总行或省分行业务经办部门）

_____年____月____日

附件 4：

<h1 align="center">山东省科技成果转化贷款清偿情况告知书</h1>

省科技厅、(地方科技部门)：

  我行于_____年____月____日向_____(借款企业)_____发放了_____万元的科技成果转化贷款，借款借据号：_____。

  该笔贷款的既定到期日为_____年____月____日，现该企业出现以下第____种情况：

  1. 企业已于_____年____月____日足额归还了全部贷款本息。

  2. 企业尚有_____万元贷款本金和_____万元利息未归还。请根据合作协议中相关约定，协助我行催收贷款。

  此致。

** 银行（总行或省分行业务经办部门）

_____年____月____日

附件 5：

<h3 align="center">山东省科技成果转化贷款风险补偿资金申请汇总表</h3>

申报单位（盖章）		统一社会信用代码	
开户银行		银行账号	
申报日期	年 月 日		
符合补偿条件的不良贷款笔数	笔	符合补偿条件的不良贷款本金损失	万元
申请补偿资金金额	万元		
业务开展情况			
不良贷款明细			
贷款起止日期	借款企业	贷款本金损失金额	申请补偿金额
设区市科技部门审核意见			
省科技厅审核意见			

注：本表一式 2 份，其中地方科技部门 1 份，省科技厅 1 份。

山东省科学技术厅 山东省财政厅关于印发《山东省重点实验室管理办法》的通知

2018 年 5 月 17 日 鲁科字〔2018〕72 号

各市科技局、财政局，省直有关部门，各有关单位：

为进一步加强山东省重点实验室建设管理，发挥省重点实验室在强化基础研究和应用基础研究、服务新旧动能转换方面的作用，省科技厅、省财政厅联合制定了《山东省重点实验室管理办法》，现印发给你们，请认真贯彻执行。

附件：山东省重点实验室管理办法

附件：

山东省重点实验室管理办法

第一章 总 则

第一条 为进一步加强山东省重点实验室（以下简称省重点实验室）建设管理，发挥省重点实验室在强化基础研究和应用基础研究方面的作用，服务新旧动能转换"十强"产业发展，制定本办法。

第二条 省重点实验室是全省科技创新平台体系的重要组成部分，是聚集和培养优秀学术带头人、创新团队，开展基础科学研究的重要载体。

第三条 省重点实验室依托具有较强科研实力的高校、科研院所、企业及新型研发组织等单独或联合组建，分为学科重点实验室、企业重点实验室、省市共建重点实验室三类。

（一）学科重点实验室依托高校、科研院所建设，面向学科前沿和重大科技问题，开展战略性、前瞻性、前沿性基础和应用基础研究，聚集和培养高层次科技人才团队，为提升源头创新能力、实现可持续创新发展提供先进技术理论、人才团队等科技支撑。

（二）企业重点实验室依托研发投入力度大、科研活跃度高、研发条件完善、创新实力强的科技型企业建设，聚焦行业和产业关键共性技术，开展应用基础研究和现代工程技术、共性关键技术研究，聚集和培养优秀技术创新人才和团队，引领行业技术进步，为提升产业核心竞争力、推动行业科技进步提供支撑。

（三）省市共建重点实验室主要面向我省科研基地建设相对薄弱的地市，突出区域发展特色，通过省市共建、以市为主的建设方式，培育创建重点实验室，带动相关区域源头创新能力提升。

鼓励高校、科研院所与企业联合组建重点实验室，充分发挥各自创新资源，实现优势互补共赢。

第四条 省重点实验室按照多方投入、稳定支持、定期评估和动态调整原则实行分类管理。

第二章 职 责

第五条 省科技厅是省重点实验室的管理部门，主要职责包括：

（一）组织编制实施省重点实验室建设发展总体规划，编制发布实验室建设重点领域指南；

（二）对省重点实验室建设给予宏观指导，组织制定并协调落实支持省重点实验室建设发展的政策措施；

（三）负责省重点实验室的认定；组织开展省重点实验室评估评价工作；

（四）协调解决省重点实验室建设过程中出现的问题，决定省重点实验室调整、取消资格等事项；

（五）按相关规定及程序，遴选确定第三方专业机构为省重点实验室相关工作提供服务。

第六条　省重点实验室所属省直部门与单位、所在设区的市科技局以及中央驻鲁单位可作为省重点实验室主管部门，具体指导、协调省重点实验室的建设和运行工作，负责督促落实省重点实验室建设运行所需资金、人员、场所等保障条件。

省财政厅负责省级财政专项资金预算管理和资金下达工作。

第七条　高校、科研院所、企业及新型研发组织等建设依托单位是省重点实验室建设和运行管理的责任主体，主要职责包括：

（一）组建省重点实验室建设领导机构，对省重点实验室建设和管理的重大问题进行论证和决策；

（二）协调本单位优势资源，保障省重点实验室高质量建设、高效率运转；

（三）聘任省重点实验室主任、副主任和学术委员会主任、委员。

第八条　省重点实验室实行依托单位领导下的主任负责制，采用相对独立的人、财、物管理机制，鼓励具备条件的省重点实验室注册登记为独立法人。

第三章　组 织 结 构

第九条　省重点实验室组织架构一般由实验室主任、副主任，学术委员会，科研团队，专职辅助科研与管理人员等组成。

第十条　省重点实验室主任应是本领域高水平学术带头人，具有较强的组织管理能力，每届任期五年，一般连任不得超过两届。如实验室主任为依托单位外聘人员，每年在实验室工作时间不得少于 6 个月，且应设常务副主任，协助主任负责实验室的日常管理工作。

第十一条　学术委员会是省重点实验室的学术指导机构，主要职责是为省重点实验室的发展目标、研究方向、研究任务、重大科技活动、年度工作计划和总结、开放课题等提供咨询。学术委员会人数一般不少于 7 人，主任应由非依托单位的国内外顶尖专家担任，其中依托单位人员不超过总人数的三分之一。省重点实验室主任应为学术委员会成员。同一专家不得同时担任 3 个以上省重点实验室的学术委员会委员。学术委员会委员每届任期五年，每次换届应更换总人数三分之一以上。学术委员会会议每年至少召开一次，每次实到人数不得少于总人数的三分之二。

第十二条　省重点实验室按研究方向和研究内容设置由若干学术带头人组成的科研团队，科研团队由省重点实验室全职研究人员、技术人员、管理人员等固定人员和柔性引进研究人员、访问学者、博士后研究人员等流动人员组成，保持结构和规模相对合理。省重点实验室实行首席科学家（PI）等团队科研组织模式，赋予 PI 等团队负责人相应的科研以及人、财、物支配自主权。

第十三条　省重点实验室应配备专职辅助科研与管理人员，负责实验室科研仪器的操作与维护、科研项目财务处理以及日常事务管理等辅助服务工作。

第四章　申请与认定

第十四条　根据省重点实验室建设发展总体规划，省科技厅发布省重点实验室建设重点领域指南，各主管部门组织所辖单位申请工作。

第十五条　申请建设学科重点实验室、企业重点实验室一般应为已开放运行 2 年以上的部门或市级重点实验室，并满足下列条件：

（一）研究方向符合国家和我省经济、社会与科技发展战略目标要求；

（二）具有高水平科研队伍，研究水平在本领域处于省内领先、国内先进，注重科技成果转化，具有较强的引领和支撑经济社会发展的能力；

（三）具备良好的科研实验条件，管理机构健全，规章制度完善；在凝聚学科优势、汇集科技资源和对外开放交流等方面能力突出；

（四）依托单位、主管部门重视省重点实验室建设，提供自主创新研究、科研仪器设备更新维护和开放运行等必须的资源条件。

省市共建重点实验室的申报条件由省科技厅与相关市参照上述条件共同商定。

第十六条　申请与认定程序

（一）依托单位组织填写《山东省重点实验室建设申请书》，并制定新建省重点实验室 3 年建设计划，经主管部门论证、审核、遴选后推荐至省科技厅；

（二）省科技厅依据申报指南和省重点实验室标准条件，对申请材料进行初审；

（三）省科技厅组织专家对拟新建省重点实验室申请及 3 年建设计划进行综合评审评估，进行现场考察论证，研究确定新建省重点实验室的名单。

对于我省产业发展急需或通过省"一事一议"政策引进的顶尖人才牵头申报省重点实验室可适当简化程序。

第十七条　拟新建的学科重点实验室和企业重点实验室实行筹建期制度，筹建期为 3 年，筹建期内加挂"山东省×××重点实验室（筹）"牌子。筹建期满 3 个月内，由省科技厅组织专家进行验收。筹建期内提前完成建设计划任务的，可由依托单位提交申请，主管部门审核后报省科技厅提前验收。通过验收的，认定其省重点实验室资格并授牌。筹建期满无法完成建设计划任务的，应由依托单位提前 3 个月提交延期申请，经主管部门审核后报省科技厅，筹建期可延长 1 年，1 年后仍未通过验收的，取消其省重点实验室建设资格。

第十八条　省市共建重点实验室实行预期目标考核制，建设运行期一般为 3 年。期满后由省科技厅按照预期目标组织专家进行验收考核，通过验收的，可继续保留省市共建重点实验室称号，未获通过的实验室取消其省市共建重点实验室称号。

第五章　运　　行

第十九条　省重点实验室应围绕经济社会发展需求和科技发展趋势，不断凝练研究方向，组织开展持续深入的系统性研究，集聚优秀人才团队，支持青年科技人员成长，加快提升源头创新供给能力。

第二十条　省重点实验室应加大开放力度，组织开展和参加国内外科技合作交流。根据研究方向面向全省乃至省外、国外设立开放课题，设置访问学者岗位，吸引国内外高水平研究人员来省重点实验室开展合作研究。

第二十一条　省重点实验室应强化产学研合作。注重发挥自身优势，增强对产业的引领和带动作用。鼓励研究领域、方向相近的省重点实验室，成立省重点实验室联盟，增强集成创新能力，优化产业创新链条。

第二十二条　省重点实验室应有计划地改进科研仪器设备等硬件条件，积极开展实验技术方法的创新研究。大型科学仪器设备应纳入省大型科学仪器设备协作共用网管理，开展对外服务，实现资源共享。大型科研仪器设备开放共享程度列入省重点实验室绩效评估标准。

第二十三条　省重点实验室完成的专著、论文、软件、数据库等研究成果均应标注省重点实验室名称。

第二十四条　省重点实验室应重视科学普及，向社会公众特别是学生开放，及时宣传最新的科学发展动态，提高国民科学素养。

第二十五条　省重点实验室应重视学术道德和学风建设，营造宽松民主、潜心研究、鼓励创新、宽容失败的科研氛围，如实记录和反映实验过程，确保实验记录、数据、资料、成果的真实性和科学性。

第六章 管 理

第二十六条 省重点实验室更名、实验室主任更换、研究方向变更或依托单位进行重大调整、重组的，须由依托单位提出书面报告，经学术委员会论证，主管部门同意，报省科技厅备案。

第二十七条 省重点实验室应按时提交年度工作报告，学术委员会会议纪要、学术委员会换届情况报告等，经依托单位、主管部门审核后报省科技厅备案。

第二十八条 依托单位组织省重点实验室年度考核工作，了解工作进展和存在问题，帮助与督促省重点实验室进行整改。考核结果报主管部门和省科技厅备案。

第二十九条 省科技厅组织省重点实验室定期绩效评估工作，评估周期一般为3年，对省重点实验室评估期内整体运行发展情况进行综合评价。评估工作采取同行专家评议方式。

第三十条 建立健全重点实验室定期绩效评估指标体系。学科重点实验室重点评估其研究水平与贡献、科研队伍建设与人才培养、开放交流与运行管理等方面的完成情况；企业重点实验室重点评估其引领区域和行业技术进步、共性关键技术研究、科研成果的产业化、产学研结合等方面的情况。将重点实验室吸纳社会资本投入情况纳入绩效评估内容。

第三十一条 省科技厅根据省重点实验室评估情况，确定优秀、良好、合格和不合格等4个评估结果等次，评估结果为不合格的取消其省重点实验室资格。

第三十二条 省重点实验室有下列情况之一的，省科技厅视情节轻重予以通报批评或者取消其省重点实验室资格。

（一）在实验室申报、年报、验收或评估工作中有弄虚作假，或实验室存在学术不端行为的；

（二）管理不善，省重点实验室阶段性工作不能正常进行的。

第三十三条 省重点实验室有下列情况之一的，由省科技厅取消其省重点实验室资格。

（一）省重点实验室主要科研人员离开依托单位或合作关系发生重大变化，省重点实验室无法继续建设运行的；

（二）依托单位发生重大变故或因其他不可抗拒的因素，造成省重点实验室无法继续建设运行的；

（三）无故不接受省科技厅或主管部门对省重点实验室检查、监督、审计和评估的。

主管部门和依托单位对被撤销的省重点实验室建设运行情况进行清算，按相关规定收缴资产和研发经费，并报省科技厅备案。

第七章 经 费

第三十四条 省重点实验室建设运行所需资金由各级财政、主管部门及依托单位共同筹集，形成多元化、多渠道、多层次的投入体系。对学科重点实验室和企业重点实验室，鼓励所在市结合实际予以支持。

第三十五条 主管部门和依托单位应保证省重点实验室建设运行所需经费。

第三十六条 省级财政专项经费主要用于支持重点实验室开展科学研究工作，开支范围包括重点实验室组织开展研发活动、购置更新科研设备及仪器等方面发生的费用。

第三十七条 省科技厅根据对重点实验室的绩效评估结果，研究提出分档支持建议，会同省财政厅确定具体支持标准。省财政厅按规定做好专项经费预算管理和资金拨付工作。

第三十八条 省级财政专项经费使用管理中涉及政府采购、国有资产管理、结余结转、信息公开等事项，严格按照有关规定执行。

第三十九条 省级财政专项经费按规定实行绩效目标管理，省科技厅、重点实验室主管部门和依托单位按照各自职责，对经费使用情况开展绩效评价。绩效评价结果作为今后省级财政专项经费支持的重要依据。

第四十条 省重点实验室依托单位应当建立健全省级财政专项经费内部管理制度，将经费纳入单位财务统一管理，单独核算，专款专用，切实提高经费使用效益。

第四十一条 省级财政专项经费使用管理实行责任追究机制，对弄虚作假、截留、挪用、挤占资金等行为，按照《中华人民共和国预算法》《财政违法行为处罚处分条例》（国务院令第 427 号）等有关规定进行处理，并依法追究责任。

第八章　附　　则

第四十二条 学科、企业重点实验室统一命名为"山东省×××重点实验室"，省市共建重点实验室统一命名为"山东省×××省市共建重点实验室（20××年~20××年）"（×××为研究领域），英文名称统一为"Shandong Key Laboratory of ×××"。

第四十三条 本办法由省科技厅、财政厅负责解释。

第四十四条 本办法自 2018 年 6 月 1 日起施行，有效期至 2023 年 5 月 31 日。原《山东省重点实验室管理办法（试行)》（鲁科财字〔2003〕144 号）、《山东省企业重点实验室管理暂行办法》（鲁科基字〔2009〕75 号）、《山东省重点实验室绩效考评暂行管理办法》（鲁科财字〔2008〕127 号）同时废止。

中共山东省委组织部　省发展和改革委员会　省经济和信息化委员会　省科学技术厅　省财政厅　省人力资源和社会保障厅关于调整和规范泰山产业领军人才工程人才资金管理使用的通知

2018 年 4 月 4 日　鲁组字〔2018〕15 号

各市党委组织部和政府发展改革委、经济和信息化委、科技局、财政局、人力资源社会保障局，省委各部委、省政府各部门、各人民团体人才工作机构，省委管理的各国有重要骨干企业党委，各高等院校党委，有关中央驻鲁单位党组（党委)：

根据《关于实施泰山产业领军人才工程的意见》（鲁办发〔2014〕36 号）、《关于做好人才支撑新旧动能转换工作的意见》（鲁发〔2017〕26 号）有关要求以及泰山产业领军人才工程各类别实施细则有关规定，为进一步规范和加强泰山产业领军人才工程人才资金的管理，提高资金使用效益，现就有关问题通知如下。

一、调整明确相关类别人才资金

此次调整，主要涉及泰山产业领军人才工程产业创新类有关人才资金，具体包括：

1. 启动工作支持经费。泰山产业领军人才工程建设资金给予每名领军人才启动工作支持经费 100 万元，分项目启动期、中期评估两个阶段，按 6∶4 比例拨付至用人单位，由领军人才支配使用。为进一步完善以增加知识价值为导向的收入分配机制，对泰山产业领军人才创新类 100 万元启动工作支持经费的使用范围进行优化调整，按照 40% 比例明确人才津贴，发放给领军人才及团队成员，原则上在项目通过中期评估后拨付。人才津贴作为省政府科技奖金。启动工作支持经费剩余部分主要用于团队建设、技术交流、创新研究等，具体按照《关于进一步规范泰山产业领军人才工程产业创新类项目启动工作支持经费支出范围的通知》（鲁人组办发〔2017〕18 号）明确的范围执行。2015 年度、2016 年度入选的泰山产业领军人才创新类人选享受的启动工作支持经费，按照上述要求执行。已执行但与上述要求不一致的，由用人单位和领军人才协商处理，尽快调整到位。

2. 一次性补助。省外海外人才全职来我省工作，并与用人单位签订 4 年以上劳动合同，成功入选泰山产业领军人才工程产业创新类的（人才须为新签订全职劳动合同引进的，具体签约时间为申报当年上一年度 1 月 1 日后），经省直主管部门认定后，发放一次性补助 100 万元。一次性补助资金视同省政府科技奖金，直接发放至领军人才本人，主要用于改善工作、学习和生活条件。管理期内的泰山产业领军人才创新类省外海外兼职领军人才，变更关系全职到我省工作，并与用人单位签订 4 年以上劳动合同，经省直主管部门认定后，同样可以享受一次性补助 100 万元。

3. 一次性奖励。管理期满后，由各省直主管部门会同省财政厅组织实施验收，结果分"优秀""合格""不合格"三个等次。优秀的给予一次性奖励 100 万元，发放给领军人才及团队。一次性奖励资金视同省政府科技奖金。期满验收"优秀"等次的认定标准，由各省直主管部门制定具体管理评估办法予以明确，每批"优秀"等次数量不超过验收总人数的 50%。

二、进一步规范人才资金管理

1. 泰山产业领军人才工程采取当年组织申报、评审、发文公布，次年安排预算、下达拨付资金的方式进行。省直主管部门根据年度部门预算编制要求，负责根据年度人才遴选和绩效评价等情况，认真审核测算下年度原有人才和新增人才的资金预算需求，于部门预算编制"一上"第二阶段结束前 5 天，通过省人才公共信息服务平台"人才资金管理系统"向省财政厅报送人才资金预算和整体绩效目标，并同时报省委组织部备案。省财政厅统筹安排、重点保障，按照预算管理和国库资金管理有关规定，及时下达拨付资金。市、县财政部门收到上级财政人才资金文件后，原则上在不超过 20 个工作日内，将人才资金及时足额下达到下级财政部门或拨付用人单位。出现无故拖延、擅自挪用等情况的，以及未按规定时间上报人才资金预算和绩效目标的，一经查实，将严肃追究相关责任人责任，并取消所在市下年度省级重点人才工程申报资格。

2. 泰山产业领军人才工程人才资金按照国库资金管理规定拨付。用人单位要对人才资金单独建账核算，按照相关协议规定由领军人才支配，并规范人才资金使用签字制度，充分保障领军人才对资金使用的决断权和知情权。对人才津贴和奖励资金，用人单位要按照有关程序及时发放给领军人才及团队成员。出现擅自挪用等情况的，一经查实，将用人单位列入黑名单，三年内不再受理申报省级重点人才工程。

3. 各用人单位要按照泰山产业领军人才工程有关实施细则要求，强化配套支持，给予领军人才团队不低于省财政资金资助数额的配套经费保障。

4. 各省直主管部门要按照泰山产业领军人才工程有关实施细则要求，组织做好年度评估、中期评估和期满验收工作，对人才资金使用情况进行重点检查，指导领军人才合理安排执行计划，充分发挥资金效益。对发现问题的，要按照实施细则和管理评估办法及时提出处理意见，督促用人单位和领军人才抓好整改，有关情况及时向省委组织部报告。

5. 本通知未尽事宜，按照泰山产业领军人才工程各类别实施细则、中共山东省委组织部山东省财政厅《关于调整省级重点人才工程资助标准和拨付渠道的通知》（鲁组发〔2015〕31 号）、山东省人才工作领导小组办公室《关于进一步规范泰山产业领军人才工程产业创新类项目启动工作支持经费支出范围的通知》（鲁人组办发〔2017〕18 号）及有关政策、法规、规章办理。

中共山东省委组织部 省科技厅 省财政厅 省人力资源和社会保障厅关于印发《关于进一步激励高层次人才挂任科技副职的若干措施》的通知

2018 年 12 月 5 日 鲁组字〔2018〕55 号

各市党委组织部和政府科技局、财政局、人力资源社会保障局，省委各部委、省政府各部门干部（人事）处，省委管理的各国有重要骨干企业党委组织（干部、人事）部，各高等院校党委组织部：

现将《关于进一步激励高层次人才挂任科技副职的若干措施》印发给你们，请认真贯彻落实。

附件：关于进一步激励高层次人才挂任科技副职的若干措施

附件：

关于进一步激励高层次人才挂任科技副职的若干措施

为深入学习贯彻习近平新时代中国特色社会主义思想和党的十九大精神，认真落实习近平总书记视察山东重要讲话、重要指示批示精神，按照省委、省政府《关于做好人才支撑新旧动能转换工作的意见》（鲁发〔2017〕26 号）要求，吸引激励省内外高校、科研院所和国有重要骨干企业等高层次人才到我省县（市、区）挂任科技副职，充分发挥人才在服务脱贫攻坚、实施乡村振兴战略和加快新旧动能转换中的支撑引领作用，制定措施如下。

一、加强人才项目对接服务

1. 协调推动信息资源共享。对科技副职挂职期间所需专家人才、科技项目等信息资源，省直有关部门依托省高层次人才信息库给予重点支持，帮助协调"选择山东"云平台、"人才山东"网站等媒介给予优先推介。组织科技副职加入省高层次人才发展促进会科技副职专委会，指导各市、县（市、区）成立区域科技副职创新创业组织，围绕产业合作、信息互通、资源共享定期开展活动。

2. 大力支持引进人才项目。对科技副职引进的人才、项目等，按照有关规定在省、市、县（市、区）项目评审、奖励等方面给予优先支持。协调有关部门优先纳入省级创投联盟支持范围，在推介路演、融资服务等方面开辟绿色通道。科技副职本人促成人才引进的，视同社会个人享受省、市、县（市、区）有关招才引智奖励政策。

二、加大科技创新支持力度

3. 鼓励搭建科技创新平台。对科技副职依托派出单位人才、科技、项目等资源，推动派出单位与挂职地企业、高校、科研院所、园区共建的科技创新平台，符合条件的纳入省级技术创新中心、工程技术研究中心、重点实验室和企业技术中心、工程实验室（研究中心）等支持范围，享受相关政策。

4. 积极推动科技成果转化。对科技副职本人及派出单位在挂职地开展的产学研合作项目，推荐参与省级科技计划。鼓励科技副职本人及派出单位在挂职地进行科技成果转化，享受科技成果转化贷款风险补偿和知识产权质押贷款风险补偿政策支持。

5. 支持申报重点人才工程。挂职期间及期满 3 年内，科技副职申报国家"万人计划"、百千万人才工程等国家级人才工程和泰山学者、泰山产业领军人才、山东省有突出贡献中青年专家等省级人才工程的，符合条件的省直有关部门给予重点支持，可不受所在单位、挂职地推荐名额限制或拿出部分名额组织专门选拔。

三、强化工作实际成效奖励

6. 提高科技成果转化收益。挂职期间，科技副职本人科技成果在当地企业成功转化的，科技副职本人可按规定获得技术转让所得收益，所得科技成果转化现金收入按规定减半计入当月工资收入计征个人所得税。对科技副职促成的科技成果转化项目，由各市按技术合同标额最高 1.5% 给予资助，单个项目最高资助 10 万元，从各市科技创新相关经费中列支。

7. 加大工作业绩奖励力度。对建成省级重点实验室、技术创新中心、工程技术研究中心和国家级科技企业孵化器，以及帮助企业成功设立院士工作站、"千人计划"专家工作站、签订产学研合作协议等工作做出较大贡献的，由各市给予科技副职本人 5 000 元 ~ 5 万元的奖励，从工作专项经费中列支。

四、提高工作生活保障水平

8. 设立工作专项经费。按照每年每名科技副职 10 万元标准，设立科技副职工作专项经费，由市级财政承担，统筹使用。工作专项经费用于科技副职挂职期间开展调查研究、平台建设、项目对接、人才引进等活动以及科技副职工作业绩奖励。

9. 改善生活保障条件。提高科技副职生活保障标准，接收单位按照我省选派的挂职县（市、区）委副书记有关规定落实生活补助、报销科技副职往返派出地和挂职地之间的交通费用，并为科技副职办理一次性人身意外伤害保险，提供必要的办公、住宿条件，并落实休假、探亲等有关规定。

五、优化成长发展环境

10. 加强日常管理服务。挂职期间，各市党委组织部会同接收单位，结合科技副职工作职责和业务专长，合理分工，确保有职有权有责。将科技副职纳入各市党委联系服务专家范围和干部教育培训计划，注重听取科技副职对地方发展的意见建议，定期组织参加各类培训，提升综合能力素质。

11. 强化考核结果运用。科技副职挂职期间德才表现和实绩贡献，作为选拔任用、培养教育、管理监督、激励约束的重要依据。高校、科研院所在专业技术职务评聘时，对考核合格的视同完成本单位岗位科研教学工作量；考核优秀的同等条件下优先推荐上一级专业技术职务评聘。表现特别突出、接收单位工作需要的，鼓励支持留在地方任职，符合调任规定的，按照干部管理权限办理调任手续，并报省委组织部备案。

12. 加大激励宣传力度。每年从考核优秀、贡献突出的科技副职中推选 20 名先进个人，从派出单位和接收单位中推选 20 个先进单位，由省人才工作领导小组予以通报表扬。市、县（市、区）通过嘉奖、记功等方式，加大对科技副职的奖励激励。各级要及时总结推广科技副职先进典型和经验做法，加大宣传力度，营造有利于人才成长发展、奉献服务基层的良好环境。

科技副职工作由省人才工作领导小组统一领导，省委组织部、省科技厅统筹组织。各市要严格按照挂职工作有关规定，加强对科技副职的日常管理，并结合各自实际，研究制定具体激励措施。各县（市、区）要因地制宜、创造性地推进工作，探索选派科技副镇长、园区副主任等工作，不断拓展挂职范围、提升工作成效。

中共山东省委组织部　省财政厅　省地方金融监督管理局 中国银行保险监督管理委员会山东监管局关于印发 《山东省"人才贷"风险补偿奖励资金管理 暂行办法》的通知

2018 年 12 月 29 日　鲁金监发〔2018〕2 号

各市（不含青岛市）党委组织部、财政局、地方金融监管局、银保监分局：

为贯彻落实《山东省人民政府关于印发支持实体经济高质量发展的若干政策的通知》（鲁政发〔2018〕21 号），省委组织部、省财政厅、省地方金融监管局、山东银保监局联合制定了《山东省"人才贷"风险补偿奖励资金管理暂行办法》，现印发你们，请认真贯彻执行。

附件：山东省"人才贷"风险补偿奖励资金管理暂行办法

附件：

山东省"人才贷"风险补偿奖励资金管理暂行办法

第一章　总　　则

第一条　为深入贯彻落实《山东省人民政府关于印发支持实体经济高质量发展的若干政策的通知》（鲁政发〔2018〕21 号），鼓励各市积极引导银行机构加大服务实体经济力度，更好地支持和服务高层次人才和其长期所在企业开展科技成果转化和创新创业活动，设立山东省"人才贷"风险补偿奖励资金（以下简称"省级奖励资金"）。为保障省级奖励资金高效、规范使用，制定本办法。

第二条　本办法所称"人才贷"是指由合作银行提供，在风险可控、商业可持续的前提下，专门用于高层次人才或其长期所在企业开展科技成果转化和创新创业活动的无抵押、无担保信贷产品。"人才贷"产品需经省地方金融监督管理局认定。

第三条　本办法所称合作银行是指与省地方金融监督管理局签署合作协议，依据协议要求开展"人才贷"业务的银行机构。

第四条　"人才贷"贷款对象为省级以上人才工程入选者或其长期所在的山东省行政区域内（不含青岛市，以下同）注册的企业。

第五条　各设区市（以下简称"各市"）要自行建立"人才贷"风险补偿资金（以下简称"市级风险补偿资金"），专项用于合作银行开展"人才贷"业务形成不良贷款的损失补偿，补偿额应不低于贷款本金实际损失额的 50%。

第六条　省地方金融监督管理局根据工作成效，对各市产生的补偿按贷款本金实际损失额一定比例予以奖励，最高不超过 30%。

第二章　合作银行的条件和责任

第七条　合作银行应具备以下条件：在山东省行政区域内依法合规经营；信贷审批流程先进，风险防控能力强；服务效率高，拥有专业的服务团队和符合"人才贷"条件的信贷产品。

第八条　针对同一高层次人才或其长期所在企业，合作银行"人才贷"产品贷款额度最高不超过 1 000 万元。

第九条　合作银行违反国家法律法规和银保监会有关规定发放的贷款，以及不符合本办法相关条款规定的贷款发生的损失不属于风险补偿奖励范围。

第十条　高层次人才和企业应主动与合作银行对接，自主提出贷款申请。合作银行应独立审核和发放贷款，做好融资服务，提高管理效率，防范贷款风险。

第十一条　合作银行须在贷款发放后及时向贷款人工作地或贷款企业注册地的市地方金融监督管理局报送情况，市地方金融监督管理局在认定其属于"人才贷"业务后 3 个月内向省地方金融监督管理局报送情况，省地方金融监督管理局联合省委组织部进行审查，未在规定时限内报送情况或审查未通过的贷款将不作为风险补偿奖励对象。

第三章　奖励程序和标准

第十二条　合作银行在贷款发生逾期认定为不良贷款后，须向认定贷款属于"人才贷"业务的市地方金融监督管理局提出风险补偿申请。市地方金融监督管理局会同有关部门进行审查并发放补偿资金，每年 7 月将上一年度 7 月至本年度 6 月期间（以下简称"申请年度"）拟申请省级奖励资金的项目汇总上报省地方金融监督管理局。

第十三条　省地方金融监督管理局对银行提出的风险补偿申请和市级风险补偿资金落实情况进行全面审查，提出奖励意见并报省财政厅，省财政厅及时向各市拨付奖励资金。

第十四条　满足以下条件的项目可获得省级奖励资金：

（一）申请省级奖励资金的项目已按时向省地方金融监督管理局报送并获审查通过；

（二）对合作银行在申请年度内提出的风险补偿申请审查迅速，对通过审查的项目的补偿资金拨付及时到位；

（三）对项目补偿资格审查严格、认定准确；

（四）申请省级奖励资金的项目，已完成市级风险补偿且补偿额不低于贷款本金实际损失额的 50%；

（五）在申请年度，"人才贷"符合当地的产业政策，能够有效服务当地经济社会发展。

第四章　省级奖励资金管理

第十五条　合作银行对已补偿的不良贷款保留继续追偿的权利，并对贷款表外应收利息以及核销后应计利息等负责继续催收。在追偿收回资金之日起 10 个工作日内，将追偿收回的扣除诉讼等相关费用的资金按照原比例、原渠道返还市级财政。

第十六条　合作银行弄虚作假或与企业合谋骗贷、套取风险补偿资金的，取消合作资格并通报处理。各市负责追回风险补偿资金，并返还省级奖励资金。

第十七条　省地方金融监督管理局每年委托第三方对合作银行"人才贷"业务开展年度绩效评价，包括合作银行年度贷款规模、风险防控、利率优惠、服务质量等，根据评估结果决定是否续约。委托费用列入部门预算。

第五章　职 责 分 工

第十八条　省委组织部会同有关部门单位负责高层次人才的认定工作；省财政厅负责统筹安排省级奖励资金；省地方金融监督管理局负责与合作银行签署合作协议，对各市提出的奖励申请进行审查，监督、指导各市规范做好对合作银行的风险补偿工作；山东银保监局负责对银行业金融机构依法依规开展"人才贷"业务指导，防范相关风险。

第十九条　各市人民政府相关部门，要根据本办法精神设立风险补偿资金，组织开展"人才贷"风险补偿工作，管理本行政区域内的风险补偿资金。

第六章　附　　则

第二十条　本办法由省地方金融监督管理局、省财政厅负责解释。

第二十一条　本办法自 2018 年 12 月 31 日起施行，有效期至 2020 年 12 月 30 日。

2018年财政规章制度选编

2018 NIAN CAIZHENG GUIZHANG ZHIDU XUANBIAN

（下　册）

山东省财政厅法规处　编

中国财经出版传媒集团

经济科学出版社

Economic Science Press

目 录

一、综合管理类

二、税政管理类

三、预算管理类

四、国库管理类

五、政府采购监督管理类

六、教科文财务类

七、经济建设财务类

八、农业财务类

九、社会保障财务类

十、工贸发展类

十一、金融与国际合作管理类

十二、会计管理类

十三、行政事业资产管理类

十四、监督检查类

十五、农村综合改革管理类

十六、政府债务管理类

二十、预算评审类

七、

经济建设财务类

省财政厅关于印发省级采煤塌陷地
综合治理资金管理办法的通知

2018 年 2 月 27 日   鲁财建〔2018〕7 号

有关市财政局、省财政直接管理县（市）财政局：

为进一步规范和加强省级采煤塌陷地综合治理资金管理，提高资金使用效益，我们研究制定了《省级采煤塌陷地综合治理资金管理办法》，现印发给你们，请认真贯彻执行。

附件：省级采煤塌陷地综合治理资金管理办法

附件：

省级采煤塌陷地综合治理资金管理办法

第一条   为规范省级采煤塌陷地综合治理资金（以下简称采煤塌陷地治理资金）管理，提高资金使用效益，依据《中华人民共和国预算法》和《山东省人民政府办公厅关于印发山东省采煤塌陷地综合治理工作方案的通知》（鲁政办字〔2015〕180 号）等有关法律制度规定，制定本办法。

第二条   采煤塌陷地治理资金是指为实现省政府确定的采煤塌陷地治理目标和任务，由省级财政安排，用于支持全省采煤塌陷地综合治理的专项资金。

第三条   省财政厅采用因素法和竞争性评审方式分配采煤塌陷地治理资金。采用因素法分配，主要根据各市采煤塌陷地综合治理项目开工建设和进展情况，结合以前年度省级资金使用情况统筹安排资金。采用竞争性评审分配，主要由省财政厅会同相关部门通过公开竞争评审方式确定支持项目。

第四条   各市财政部门收到采用因素法分配的资金后，要会同同级业务主管部门尽快将资金落实到具体项目，并将分配结果及时报省财政厅备案。

第五条   采煤塌陷地治理资金主要支持因采煤塌陷造成的地面附着物补偿、居民搬迁安置补偿、采煤塌陷地质灾害环境恢复、采煤塌陷地土地复垦、采煤塌陷地周边地质灾害环境调查及与采煤塌陷地治理相关的其他支出等费用，不得用于项目单位的人员经费、日常办公经费、修建楼堂馆所及职工住宅、购置交通工具及办公设备等支出。

第六条   采用因素法分配的采煤塌陷地治理资金，各市当年 10 月底前还未分配到具体项目的，省财政将收回未分配资金的 50%；年底前仍未分配的，省财政将收回当年分配资金，并相应调减下年度分配额度。采用竞争性评审方式分配的采煤塌陷地治理资金，要根据项目绩效目标，尽快组织实施，加快预算支出进度。专项资金结转和结余的，按照财政拨款结转和结余资金管理的有关规定处理。

第七条   各地要积极整合资金，引导社会资本投入，统筹用于本地采煤塌陷地治理工作，形成采煤塌陷地综合治理资金合力。

第八条   采煤塌陷地治理资金应实行专账核算、专款专用。各市要按照有关行业标准和规范，对项目设计、施工、监理和验收等实施全过程实时质量监控。项目具体承担单位要建立健全内控机制，强化对项目组织实施、资金拨付使用以及取得成效等情况的监督检查。

第九条   省财政厅对省级资金的分配负责；资金申请单位对上报材料的真实性、有效性负责；市县级财政部门负责对上报材料进行审核把关，对其合规性、完整性负责；资金下达后，市县级财政部门对资金的分配审批负责；项目承担单位对资金使用的合规性、有效性负责。

对各级财政部门及其工作人员存在违规分配使用资金或其他滥用职权、玩忽职守、徇私舞弊等违法违纪行为的，以及项目承担单位通过提供虚假申报材料、恶意串通等方式骗取专项资金的，依照《中华人民共和国预算法》《中华人民共和国公务员法》《中华人民共和国行政监察法》和《财政违法行为处罚处分条例》（国务院令第 427 号）等有关规定进行处理。

第十条　各级财政部门要加强对资金使用和项目进展情况的监督检查与跟踪问效，确保资金使用效益。

第十一条　省财政厅将根据需要，委托第三方机构对省级采煤塌陷地综合治理资金分配使用、实施效果进行绩效评价。绩效评价结果将作为完善资金管理制度和以后年度预算安排的重要依据。

第十二条　本办法由省财政厅负责解释。

第十三条　本办法自 2018 年 4 月 1 日起施行，有效期至 2023 年 3 月 31 日。

省财政厅　省住房和城乡建设厅关于印发山东省省级建筑节能与绿色建筑发展专项资金管理办法的通知

2018 年 3 月 31 日　鲁财建〔2018〕21 号

各市财政局、住房城乡建委（建设局），有关市市政公用（城管）局，县级现代预算管理制度改革试点县（市、区）财政局、住房城乡建委（建设局），省直有关部门：

为进一步加强和规范省级建筑节能与绿色建筑发展专项资金管理，我们对《山东省省级建筑节能与绿色建筑发展专项资金管理办法》（鲁财建〔2016〕102 号）进行了修订，现印发给你们，请认真贯彻执行。

附件：山东省省级建筑节能与绿色建筑发展专项资金管理办法

附件：

山东省省级建筑节能与绿色建筑发展专项资金管理办法

第一条　为推动我省建筑节能与绿色建筑深入发展，加强和规范省级建筑节能与绿色建筑发展专项资金管理，充分发挥财政资金的激励引导作用，切实提高资金使用效益，根据《山东省民用建筑节能条例》及《中共山东省委　山东省人民政府关于加快推进生态文明建设的实施方案》（鲁发〔2016〕11 号）、《山东省人民政府关于大力推进绿色建筑行动的实施意见》（鲁政发〔2013〕10 号）、《山东省人民政府关于印发"十三五"节能减排综合工作方案的通知》（鲁政发〔2017〕15 号）、《山东省人民政府办公厅关于贯彻国办发〔2016〕71 号文件大力发展装配式建筑的实施意见》（鲁政办发〔2017〕28 号）等法规和文件精神，制定本办法。

第二条　省级建筑节能与绿色建筑发展专项资金（以下简称专项资金），是指为贯彻落实省委、省政府确定的重点任务及工作目标，由省级财政预算安排，专项用于支持发展绿色建筑与装配式建筑、开展建筑节能改造等各项工作的资金。

第三条　专项资金安排按照"公开公正、突出重点、政府引导、以奖促建"的原则，实行专款专用、专项管理，鼓励和引导社会资金投入，并接受社会监督。

第四条　专项资金支持方向和分配方式：

（一）绿色建筑示范资金，主要支持绿色生态示范城区（城镇）、绿色智慧住区、绿色建筑评价标识项目等。资金按照绿色生态示范城区（城镇）、绿色智慧住区数量，以及绿色建筑评价标识建设面积、补助上限等因素切块分配到各市。

（二）装配式建筑示范资金，主要支持装配式建筑示范城市（县、区）、装配式建筑产业基地、装配式建筑施工教育实训基地、装配式建筑示范工程等。资金按照装配式建筑示范城市（县、区）数量、装配式建筑产业基地（教育实训基地）数量、装配式建筑示范工程建设面积、补助上限等因素切块分配到各市。

（三）建筑节能示范资金，主要支持建筑能效提升城市、超低能耗建筑、建筑节能（绿色化）改造项目、建筑能耗监测系统等。资金按照建筑能效提升城市数量、建筑能耗监测系统监测面积以及超低能耗建筑、建筑节能（绿色化）改造项目建设面积、补助上限等因素切块分配到各市。

（四）配套能力建设资金，主要支持绿色建筑与装配式建筑、建筑节能相关法规政策制定、标准编制、重大课题研究、关键技术研发、宣传培训活动等。资金根据年度任务及工作需要，综合考虑项目内容、难易程度、成果数量等因素，主要通过政府购买服务，以项目补助的方式分配。

（五）省委、省政府部署的其他关于建筑节能和绿色建筑发展等方面的重点工作资金，主要参照上述四项，选取合适的方式进行分配。

第五条　专项资金使用范围：

（一）支持绿色建筑示范的资金，主要用于制定绿色生态规划体系、发展绿色建筑项目、实施绿色建筑能效监测、开展绿色建筑技术研发推广等。

（二）支持装配式建筑示范的资金，主要用于发展装配式建筑项目、培育装配式建筑产业、开展新技术产品研发推广等。

（三）支持建筑节能示范的资金，主要用于支持建筑节能改造、能耗监测系统运行维护等。

第六条　专项资金由各级财政部门、住房城乡建设部门按照职责分工进行管理。

省财政厅负责专项资金管理的牵头组织和协调工作；组织专项资金预算编制和预算绩效管理；会同省住房城乡建设厅在规定时限内下达专项资金；督促市县财政部门加强专项资金管理等。

省住房城乡建设厅负责编制和申报专项资金预算需求；及时向省财政厅提出专项资金分配建议；具体实施专项资金预算绩效管理；督促市县住房城乡建设部门加强对专项资金支持项目的实施管理和监督指导等。

市县财政部门、住房城乡建设部门要加强协调配合，在规定时间内拨付专项资金，项目示范类资金要尽快落实到具体项目；对资金使用情况和项目进展情况进行动态管理和跟踪问效，确保资金安全高效使用、项目按时完成；资金分配结果、绩效目标等要及时报上级财政、住房城乡建设部门备案。

第七条　专项资金申报单位对提供的申报材料真实性负责。专项资金项目承担单位是项目实施和资金使用的责任主体，对资金使用的合规性、有效性负责，并主动接受和配合项目绩效评价、检查、审计等工作。

第八条　省财政厅、省住房城乡建设厅将组织对专项资金进行绩效评价，绩效评价结果将作为安排下一年度资金的重要参考因素。对未达到绩效目标的示范区域和示范项目，省级将采取取消示范资格、追回已拨付资金或不再续拨后续资金等方式处理。

第九条　资金支付按照国库集中支付制度有关规定执行。支出属于政府采购范围的，按照政府采购有关法律制度规定执行。结转和结余资金，按照财政存量资金有关管理规定处理。

第十条　各级财政部门、住房城乡建设部门要按照山东省省级财政专项资金信息公开有关要求和职责分工，将分配结果和绩效评价情况予以公开，接受社会监督。

第十一条　对经审计机构认定存在骗取、截留、挤占、挪用专项资金等行为的部门、单位（含个人），依照《中华人民共和国预算法》和《财政违法行为处罚处分条例》（国务院令第 427 号）等有关规定进行严肃处理，并列入财政专项资金管理领域信用负面清单，在两个年度内取消专项资金申请资格。构成犯罪的,移交司法机关处理。

第十二条 本办法由省财政厅、省住房城乡建设厅负责解释。

第十三条 本办法自 2018 年 5 月 1 日起施行,有效期至 2021 年 4 月 30 日。省财政厅、省住房城乡建设厅《关于印发〈山东省省级建筑节能与绿色建筑发展专项资金管理办法〉的通知》(鲁财建〔2016〕102 号)同时废止。

省财政厅 省国土资源厅 省环境保护厅 省发展和改革委员会 省经济和信息化委员会 省住房和城乡建设厅省水利厅 省农业厅 省林业厅 省煤炭工业局关于印发泰山区域山水林田湖草生态保护修复工程资金筹集和管理办法的通知

2018 年 4 月 23 日 鲁财建〔2018〕29 号

济南、泰安、莱芜市财政局、国土资源局、环保局、发展改革委、经济和信息化委、住房城乡建设管理部门、水利管理部门、农业局、林业管理部门、煤炭管理部门,省直有关部门:

为加强泰山区域山水林田湖草生态保护修复工程资金筹集管理,提高资金使用效益,推动工程顺利实施,根据《中华人民共和国预算法》和《财政部 国土资源部 环境保护部关于修订〈重点生态保护修复治理专项资金管理办法〉的通知》(财建〔2017〕735 号)、《山东省人民政府关于印发山东省推进财政资金统筹使用实施方案的通知》(鲁政发〔2015〕20 号)等法律制度规定,结合我省实际,我们研究制定了《泰山区域山水林田湖草生态保护修复工程资金筹集和管理办法》,现印发给你们,请认真遵照执行。

附件:泰山区域山水林田湖草生态保护修复工程资金筹集和管理办法

附件:

泰山区域山水林田湖草生态保护修复工程资金筹集和管理办法

第一章 总 则

第一条 为统筹资金支持泰山区域山水林田湖草生态保护修复工程(以下简称工程)实施,规范资金管理,提高资金使用效益,根据《中华人民共和国预算法》和《财政部 国土资源部 环境保护部关于修订〈重点生态保护修复治理专项资金管理办法〉的通知》(财建〔2017〕735 号)、《山东省人民政府关于贯彻国发〔2014〕71 号文件改革和完善省对市县转移支付制度的意见》(鲁政发〔2015〕18 号)、《山东省人民政府关于印发山东省推进财政资金统筹使用实施方案的通知》(鲁政发〔2015〕20 号)等法律制度规定,以及省委、省政府关于推进泰山区域山水林田湖草生态保护修复工程的决策部署,制定本办法。

第二条　资金筹集和管理工作以党的十九大精神和山水林田湖草是一个生命共同体重要理念为根本遵循，以统筹山水林田湖草系统治理、加快生态山东美丽山东建设、满足人民日益增长的美好生活需要为根本目标，围绕工程实施方案确定的任务，坚持统筹考虑、系统谋划、综合实施，完善协调联动、协同推进的资金投入、项目实施机制，促进区域生态环境修复、改善和保护，确保实现工程绩效目标。

第二章　资金筹集范围和管理原则

第三条　资金筹集范围：

（一）中央和省级财政专项补助资金。

（二）土地综合治理资金。

（三）环境污染防治资金。

（四）采煤塌陷地综合治理资金。

（五）水利发展资金。

（六）林业改革发展资金。

（七）农业资源及生态保护补助资金。

（八）农业综合开发资金。

（九）矿业权出让收益及占用费收入。

（十）其他与山水林田湖草生态保护修复相关的中央和省级财政资金。

第四条　各类专项资金不改变原有性质、用途和管理渠道，省财政厅主要负责中央和省级财政专项补助资金的筹集和管理；省国土资源厅主要负责国土资源方面资金整合和项目的推进实施；省环保厅主要负责环境污染防治方面资金整合和相关项目的督促指导；省发展改革委、省经济和信息化委、省住房城乡建设厅、省水利厅、省农业厅、省林业厅、省煤炭工业局等其他省直部门，按照各自职能负责有关资金整合和项目的推进落实。

第五条　实施山水林田湖草生态保护修复工程的主体为相关市、县（市、区）政府。对省级"切块"下达的资金，相关市、县（市、区）政府要切实承担资金管理主体责任。

第六条　相关市、县（市、区）可以按照"统一规划、分头拿钱、统筹使用、综合考评"的原则和《山东省人民政府关于进一步推进涉农资金统筹整合的意见》（鲁政发〔2017〕30号）等有关政策规定，围绕《山东泰山区域山水林田湖草生态保护修复工程实施方案》，将省级"切块"下达资金统筹用于工程建设。

第七条　资金安排应注重发挥协同效应，避免相关专项资金重复安排。资金使用管理应遵守国家有关法律、法规和财政财务管理规章制度。

第八条　有关市、县（市、区）要根据本办法，结合实际做好本级资金筹集和管理工作，按规定使用省级安排的资金，共同推进泰山区域山水林田湖草生态保护修复工程实施。

第三章　专项补助资金分配和使用

第九条　本办法所指专项补助资金是中央和省级财政安排的用于支持工程建设实施的专项补助资金。专项补助资金分为基础奖补和差异奖补两部分，基础奖补资金额度主要根据各市投资额和财力情况确定；差异奖补资金额度主要根据各市工程项目实施和目标完成情况确定。省财政厅负责专项补助资金统筹安排，省国土资源厅、省环保厅负责具体技术指导。

第十条　省级按有关规定下达中央和省级财政专项补助资金。有关市、县（市、区）应在收到上级下达的专项补助资金后三十日内分解下达到位，分配结果按要求报送省财政厅、省国土资源厅、省环保厅备案。

第十一条　专项补助资金支出涉及政府购买服务、政府采购、项目招标的，根据《中华人民共和国政府采购法》《中华人民共和国招标投标法》等法律法规制度执行。结转、结余资金，根据财政资金结转结余管理有关规定处理，防止资金闲置沉淀。

第十二条 专项补助资金安排情况要按照信息公开有关规定进行公开，接受社会监督。市、县（市、区）政府也应按照信息公开有关规定及时将省级下达的专项补助资金安排使用情况向社会公开。

第四章 绩效管理与监督检查

第十三条 工程实施过程中，如实施环境和条件发生重大变化，应按照工程目标不降低的原则调整实施方案，按规定程序报批，并报送省财政厅、省国土资源厅、省环保厅备案。

第十四条 有关市要完善资金使用管理制度机制，加强资金项目日常管理。要按有关要求将预算执行进度、项目建设等情况及时向省财政厅、省国土资源厅、省环保厅报告。

第十五条 专项补助资金的绩效管理组织指导工作由各级财政部门负责，绩效目标制定申报、督促绩效目标落实工作由各级国土资源、环保部门负责，绩效评价由各级财政部门会同国土资源、环保部门按有关规定实施。其他管理渠道筹集安排的财政资金按照财政预算绩效管理相关规定开展绩效管理。

第十六条 省财政厅会同省国土资源厅、省环保厅对专项补助资金使用情况进行监督检查，重点检查资金使用及工程进度、建设管理等情况，对存在问题的督促限期整改。其他管理渠道筹集安排的财政资金，由相关部门按照职责根据有关规定进行监督检查。有关市也要建立监督检查制度机制，对资金筹集使用、项目建设管理等情况进行定期或不定期监督检查，及时发现和整改存在的问题。

第十七条 对有关国家部委和省直部门开展的绩效管理与监督检查，相关市、县（市、区）政府和有关部门、项目实施单位要主动配合，如实提供资料，及时按要求整改存在的问题，提高资金使用效益。

第十八条 专项补助资金支持工程项目形成的各类设施，由所在地县级以上人民政府承担管护责任，负责运行管理和维护。

第五章 责 任 追 究

第十九条 对违规分配专项补助资金、不按规定使用筹集资金，以及其他滥用职权、玩忽职守、徇私舞弊等违纪违法行为，根据有关法律法规规定严肃追究责任，涉嫌犯罪的根据有关规定移送司法机关处理。

第二十条 项目实施单位对项目实施和资金使用负责。对虚报冒领、骗取套取、挤占挪用以及其他违反国家统一财政法规制度的行为，按照《中华人民共和国预算法》和《财政违法行为处罚处分条例》（国务院令第 427 号）等有关法律法规规定追究相应责任。

第六章 附 则

第二十一条 本办法由省财政厅、省国土资源厅、省环保厅和纳入资金筹集范围的相关主管部门负责解释。

第二十二条 本办法自 2018 年 6 月 1 日起施行，有效期至 2021 年 5 月 31 日。

省财政厅 省交通运输厅关于印发山东省
交通发展专项资金管理办法的通知

2018 年 4 月 20 日 鲁财建〔2018〕30 号

各市财政局、交通运输局（公路局、港航主管部门），省财政直接管理县（市）财政局、交通运输局（公路局、港航主管部门）：

为加强和规范山东省交通发展专项资金管理，提高资金使用效益，我们研究制定了《山东省交通发展专项资金管理办法》，现印发给你们，请认真遵照执行。执行中如有问题或建议，请及时向我们反馈。

附件：山东省交通发展专项资金管理办法

附件：

山东省交通发展专项资金管理办法

第一章 总 则

第一条 为进一步加强和规范山东省交通发展专项资金管理，提高资金使用效益，促进全省交通运输事业发展，根据《中华人民共和国预算法》和《山东省人民政府关于交通财务管理体制改革的意见》（鲁政发〔2009〕78号），以及我省交通运输领域财政事权和支出责任划分改革的有关规定，结合我省实际，制定本办法。

第二条 本办法所称交通发展专项资金（以下简称交通专项资金），是指由省级财政预算安排，用于全省公路水路等交通基础设施建设养护、交通运输行业运行管理、交通运输节能减排以及发展综合交通运输等方面的专项资金。

第三条 交通专项资金使用应遵循公共财政、权责统一、分类管理、绩效优先的原则。

第四条 交通专项资金原则上以三年为周期进行阶段性综合评价，省财政厅会同省交通运输厅根据综合评价结果和全省工作部署，结合我省交通发展实际，适时对专项资金项目设置、分配办法、分配因素等作适当调整。

第五条 交通专项资金的支出重点在明晰交通运输领域财政事权和支出责任划分的基础上确定。属于省级事权的，省级承担相应财政支出责任；属于省级与市县共同事权的，省级财政分担部分可直接实施或通过专项转移支付委托市县实施；属于市县事权的，原则上由市县承担支出责任，省级可建立相应激励机制，通过财政专项转移支付方式给予适当支持。

第六条 交通专项资金按项目法和因素法实行分类管理。按项目法管理的资金，主要支持交通基础设施建设中的国省道新改建、大中修、扶贫公路、旅游公路、港航公用基础设施及综合交通枢纽设施建设等；按因素法管理的资金，主要支持除按项目法管理以外的交通运输事业发展。

第七条 按项目法管理的交通专项资金支持的基本建设项目一般实行计划管理。省交通运输厅会同省财政厅编制年度项目计划或实施方案。省财政厅根据确定的计划或实施方案，按照事权级次，结合支持事项的特点下达资金。

第八条 按因素法管理的交通专项资金，由省财政厅会同省交通运输厅根据本办法规定的各类分配因素测算，并确定资金分配方案，采取专项转移支付的方式下达资金。市县根据有关规定并结合工作实际，制定因素法或项目法分配的具体方案。

第二章 普通国省道改建和大中修支出

第九条 普通国省道改建和大中修支出（含危桥改造、安保工程，下同）具体包括建安费、设备工器具购置费、工程建设其他费和预备费等支出。未经批准不得扩大使用范围。

第十条　普通国省道改建和大中修项目中规定标准内路面、大中桥、隧道等工程由省级投资。具体包括：

（一）临时工程投资。主要指施工期间维持原有公路通行、交通组织、行车安全、环境保护所需的临时道路、临时便桥、临时通讯线路、临时环保设施等保通措施和设施以及施工所必须的前期工程内容。

（二）路面工程投资。涉及路面工程的全部费用。

（三）桥梁工程投资。涉及大中桥工程的全部费用。

（四）隧道工程投资。涉及隧道工程的全部费用。

（五）交叉工程投资。涉及互通式立体交叉、分离式立体交叉、通道、平面交叉范围内的大中桥梁、路面工程、交通安全设施的相关费用。

（六）交通工程及沿线设施投资。所有交通工程安全设施、养护工区工程的费用。

（七）设备及工器具购置费。包括设备购置费和工器具购置费。设备购置费指为满足公路正常运营，需在改建工程或维修工程范围内更换的设备费用，包括隧道照明、通风的动力设备、供配电设备及公路通信、监控、收费等设备的购置费用。

（八）工程管理费。包括工程监理费、竣（交）工验收试验检测费两项。

（九）预备费。以省级投资中建筑安装工程费、设备及工器具购置费两项费用之和为基数按照一定比例提取。改扩建工程按 3% 提取，养护大中修工程按 5% 提取。

（十）扶贫和旅游公路奖补。为增强脱贫攻坚基础支撑能力，推动交通运输与旅游产业融合发展，对市县开展扶贫公路和旅游公路建设改造给予适当奖补。

第十一条　普通国省道改建和大中修项目中路基土石方、小桥涵施工以及征地拆迁等工程由市县投资。具体包括：

（一）路基土石方工程、边坡防护、防护支挡工程、边沟和路基排水工程、特殊路基处理等所有路基工程投资。

（二）小桥涵工程，交通工程及沿线设施中的停车区、服务区工程投资。

（三）绿化、环保和景观设计工程投资。

（四）土地征用、拆迁补偿费。

（五）除工程监理费、竣（交）工验收试验检测费外的所有工程建设其他费用。

第十二条　对工程实施中路面宽度变化而路线线位不发生改变的路面升级改造项目，路基、路面及桥梁宽度超出规定标准（符合现行《公路工程技术标准》的四车道一级公路、两车道二级公路）的，超出标准部分的工程投资全部由市县承担。

第十三条　普通国省道改建和大中修项目实行计划管理。各市交通运输局（公路局）会同同级财政局，根据普通国省道养护管理现状和规划，提前编制下一年度普通国省道改建和大中修项目投资计划申请报告，报送省交通运输厅、省财政厅，同时抄送省交通运输厅公路局。申请报告除附经第三方机构审核通过的工程预算外，还需提交以下材料：

（一）大中修工程建设方案及批复文件、施工图设计及批复文件。

（二）改建工程需提交发展改革部门的可行性研究报告批复文件和行业管理部门的初步设计批复文件。

第十四条　省级下达投资计划分当年投资计划和质量保证金计划两部分。当年投资计划依据工程预算确定；质量保证金计划在质保期满、项目验收合格，并经受托第三方机构审核后下达。对确需中（终）止建设、调整规模等项目变更的，各市需报经省交通运输厅、省财政厅核准后方可调整计划。

第十五条　省财政厅根据已确定的年度投资计划下达补助资金。其中，改建和大中修工程省级投资部分实行省级国库集中支付，省公路局是国库集中支付的申报主体；危桥改造、安保工程省级投资部分主要采取专项转移支付的方式下达，由市县实行国库集中支付和工程计量支付管理。

第三章　普通国省道新建改线支出

第十六条　普通国省道新建改线项目实行计划管理，相关程序同"普通国省道改建和大中修支出"。

第十七条　省级财政对工程实施中局部线位发生改变的新建改线项目实行定额补助，补助标准为：一级公路450万元/公里，二级公路200万元/公里，新建或拆除重建的大桥、特大桥及隧道1 200元/平方米。改造利用市县原有非国省道路段的项目，参照以上标准执行。

第十八条　普通国省道新建改线项目（含改建段里程不足项目建设总里程一半的新改建项目）省级补助资金根据已确定的年度投资计划，采取专项转移支付的方式下达。

第十九条　普通国省道新建改线项目必须按规定确定项目法人，完成施工图设计审批、土地征用手续、预算审核等前期准备工作，并与省交通运输厅公路局签署协议，经完工验收合格后，再纳入普通国省道管养里程，同时原路移交市县管理。如项目未能按省级批复的建设标准和时间要求完工，省里将扣回补助资金。

第二十条　对2017年前已完成工程可行性研究立项批复、对全省公路网建设具有重大影响的全省性国省干线断头路项目，省里可结合实际，在建设期内加大支持力度。

第四章　普通国省道日常养护支出

第二十一条　普通国省道日常养护支出主要用于普通国省道日常维护保养工程项目的材料、人工、机械使用费等，包括路面及桥涵的零星中小修、预防性养护、交通安全设施维护、公路站房和超限检测站点及公益性服务设施维修改造养护、应急救援机具购置与保养、公路绿化、交通量调查设施和战备钢桥更新维护、信息化建设、应急抢修、除雪防滑等。

第二十二条　普通国省道日常养护补助资金实行因素法管理。资金分配因素包括技术性因素和管理性因素两类，其中，技术性因素主要包括国省道养护里程、养护任务繁重程度、特殊重要基础设施存量、路况改善情况等方面；管理性因素主要包括日常管理、绩效考核、国家及省委省政府确定的工作重点等方面。

第五章　县乡交通基础设施奖励支出

第二十三条　根据交通运输领域财政事权和支出责任划分原则，省级财政采取以奖代补的方式，鼓励市县政府加强县乡交通基础设施建设和维护，促进"四好农村路"建设等县乡交通事业健康良性发展。

第二十四条　县乡交通基础设施奖励支出重点用于县乡交通基础设施建设和维护。主要包括农村公路、农村公路安全设施、农村扶贫公路、农村旅游公路、农村客运站点、桥梁、渡口等公共基础设施的建设、维护。

第二十五条　县乡交通基础设施奖励资金主要实行因素法管理。资金分配因素主要包括：农村公路通车里程、燃油税费改革前县乡交通基础设施资金安排水平、市县政府落实"四好农村路"建设主体责任情况、资金管理情况（市县财政预算设立"四好农村路"管理经费及发展资金情况、预算执行、制度建设及管理等）、绩效评价情况以及省委省政府确定的工作重点等。

第六章　港航建设养护支出

第二十六条　根据交通运输领域财政事权和支出责任划分原则，港航建设养护支出重点用于省级重点港航公用基础设施建设、养护和日常维护等支出。其中，内河水运主航道和区域性重要航道、船闸建设投资（建筑工程费、安装工程费及设备安装费等）以省为主，建设土地征用、拆迁安置等其他费用由市县政府筹集，其他一般航道和旅游客运航道及其附属设施建设投资以当地政府为主，省级财政在财力许可的情况下可给予适当补助；沿海港口以企业等社会资本投资为主。

第二十七条　港航建设养护支出范围主要包括：

（一）省级重点港航公用基础设施建设养护。主要用于内河水运主航道、船闸建设养护及大中修支出，沿海重点公用航道、防波堤工程支出。

（二）省级重点港航公用基础设施日常维护支出。主要用于为保持内河通航航道、船闸、航标等公用基础设施正常使用、运转所发生的支出。

（三）其他港航基础设施建设补助。主要用于由市县承担的一般航道和旅游客运航道及其附属设施建设、陆岛公共交通码头、港口客运站场、渡口建设补助等。

（四）内河公用基础设施政府性债务偿还支出。

（五）省委省政府确定的重点领域港航建设养护支出。

第二十八条　港航公用基础设施建设养护支出采取项目法和因素法相结合的管理方式。其中，港航建设养护工程补助资金主要采取项目法分配；港航公用基础设施日常维护等支出主要采取因素法分配，资金分配因素主要包括内河主航道养护里程、船闸、航标等保养水平、工作管理及绩效考核情况等。

第二十九条　各市及省财政直接管理县（市）交通（港航）管理部门会同同级财政部门，提前编制下一年港航建设养护投资计划申请报告，报送省交通运输厅、省财政厅，同时抄送省交通运输厅港航局。申请材料主要包括：

（一）港航公用基础设施建设、养护项目。建设工程可行性研究报告、初步设计方案，养护工程建设方案，以及省、市、县有关部门批复文件；建设养护工程施工图，施工许可手续；单位自筹资金证明资料；第三方机构或财政投资评审机构审核通过的工程预算。

港航公用基础设施养护工程建设方案由项目法人单位委托有相应资质的设计单位编制，并获相关部门批准的文件。

（二）日常维护保养项目。航道、船闸及航标的具体维护保养方案，包括维护里程、个数、标准，维护内容、工作量、质量目标和维护费用等。

（三）内河公用基础设施政府性债务偿还计划及相关资料。

第三十条　省级补助资金依据项目评审和预算审核情况确定。其中，沿海港口公用航道、防波堤重点项目资金补助比例最高不超过建安费的 20%，一般项目资金补助比例最高不超过建安费的 15%；由市县承担的内河一般航道和旅游客运航道、船闸建设及大中修项目资金补助比例最高不超过建安费的 30%。

第七章　客运站场等综合交通枢纽支出

第三十一条　根据交通运输领域财政事权和支出责任划分原则，省级财政采取一次性定额补助的方式，支持客运站场等综合交通枢纽建设。

第三十二条　支持范围主要是客运站场等综合交通枢纽的新建、迁建、改建、扩建项目，具体包括：

（一）纳入省级以上发展规划的交通运输综合客运枢纽建设。

（二）纳入省级以上发展规划的衔接城市公交与其他运输方式的城市换乘枢纽建设。

（三）城乡一体化公共交通基础设施建设。

（四）市县级普通客运站场建设。

第三十三条　客运站场等综合交通枢纽支出主要用于客运站场公共服务设施建设补助，包括候车室、停车场、换乘设施、公共信息服务系统和安检设备购置，以及城乡交通运输一体化公共服务设施、信息发布系统和节能与新能源公交车辆购置补助。

第三十四条　申请客运站场等综合交通枢纽补助资金的项目，必须同时满足以下条件：

（一）项目符合规划。项目已纳入省级以上发展规划、道路运输站场建设的其他有关规划。

（二）项目前期工作手续完备，并且已开工建设。申报项目应完成可行性研究、初步设计批复或核准工作，具备规划许可及有效土地使用证件。项目批复或核准文件必须明确候车设施建设、停车场、换乘设施、公共信息服务系统建设和安检设备购置的规模以及对应的投资。在上述前期工作手续完备的基础上，项目已开工建设。

（三）具有候车室、停车场、换乘设施、公共信息服务系统和安检设备购置，以及城乡交通运输一体化公共服务设施、信息发布系统和节能与新能源公交车辆购置的详细投资预算。

第三十五条　省级补助资金依据项目评审和预算审核情况确定，一般执行以下补助标准：

（一）纳入省级以上发展规划的综合客运枢纽一级站、二级站、三级站项目，原则上按不超过公共服务设施建设投资的30%给予补助，最高分别不超过1 000万元、700万元、300万元。

（二）衔接城市公交与其他运输方式的城市换乘枢纽项目，原则上按不超过公共服务设施建设投资的30%给予补助，最高不超过700万元。

（三）市县级普通客运站场项目，原则上按不超过公共服务设施建设投资的30%给予补助，最高不超过300万元。

第三十六条　客运站场等综合交通枢纽支出采取项目法和因素法相结合的管理方式。各市及省财政直接管理县（市）交通道路运输管理部门会同同级财政部门，根据综合交通管理现状和规划，提前编制下一年度工作计划或实施方案的申请报告，报送省交通运输厅、省财政厅，同时抄送省交通运输厅道路运输局。提交申请报告时须同时提供以下材料：

（一）申请单位企业法人营业执照或事业单位机构代码证复印件（加盖单位公章）。

（二）项目申请报告。主要包括：

1. 项目基本情况说明（包括当地依托客运站场进行资源整合的情况）、项目立项审批文件、可行性研究报告（或项目申请报告核准文件）、初步设计批复文件、国土资源部门核发的国有土地使用证明、施工许可证等。

2. 公共服务设施：候车室、停车场、换乘设施、公共信息服务系统和安检设备购置，以及城乡交通运输一体化公共服务设施、信息发布系统和节能与新能源公交车辆购置的投资预算编制文件及相关证明材料。

3. 经有资质的第三方中介机构审核通过的投资预算，并加盖财政部门公章。

4. 涉及节能与新能源汽车购置的其他城乡一体化项目除提交上述材料外，还需提供节能与新能源公交车购置发票，车辆车牌号、行驶证号、车辆正面照片（能清晰显示车牌）。

第八章　资　金　管　理

第三十七条　交通专项资金由财政部门和交通运输部门按照职责分工共同管理。

省财政厅负责交通专项资金管理的牵头组织和协调工作；组织交通专项资金预算编制和预算绩效管理；会同省交通运输厅在规定时限内下达交通专项资金；督促市县财政部门加强交通专项资金管理等。

省交通运输厅负责编制和申报交通专项资金预算需求；及时向省财政厅提出交通专项资金分配建议；下达交通专项资金对应的工作目标和任务，加强项目库建设；具体实施交通专项资金预算绩效管理；督促市县交通运输部门加强对交通专项资金支持项目的实施管理和监督指导等。

市县财政、交通运输（公路、港航）部门要加强协调配合，根据省财政厅、省交通运输厅确定的扶持重点、工作任务和下达的资金，负责上级转移支付资金支持项目的申报与实施，做好项目库建设、因素法下达资金的统筹分配，对交通专项资金的使用进行全过程管理、监督和绩效自评等，并及时将上级转移支付资金的分配结果、绩效目标等报送上级财政、交通运输部门备案。

交通专项资金申报单位对提供申报材料的真实性、完整性负责。交通专项资金项目承担单位是项目实施和资金使用的责任主体，对资金使用的合规性、有效性负责，并主动接受和配合项目绩效评价、检查、审计等工作。

第三十八条　交通专项资金支持的普通国省道改建与大中修等交通运输基本建设项目工程预算、施工阶段全过程造价控制（含结算）、竣工财务决算需经受托的第三方机构进行审核。省级第三方机构库建立和管理按照省财政厅、省交通运输厅《关于印发山东省国省道养护工程预决算审核中介机构库管理办法的通知》（鲁财建〔2017〕94号）组织实施。

市县财政、交通部门应建立第三方机构库，并实施工程预决算全过程审核管理。

第三十九条 交通专项资金支持的基本建设工程预算、竣工财务决算及资产交付管理执行《基本建设财务规则》（财政部令第 81 号）有关规定。

第四十条 市县交通运输（公路、港航）部门应根据当地交通发展规划确定辖区内交通建设与发展年度目标任务，会同同级财政部门按照交通专项资金支持范围，提前将下一年度交通基础设施建设、养护计划和交通运输行业管理任务逐级报省交通运输厅、省财政厅汇总，并对申报的各类指标任务的真实性、合规性负责。

省交通运输厅根据各地上报计划，结合行业发展重点，于次年预算批复后，统筹下达交通专项资金对应的年度任务和考核指标，并抄送省财政厅。市县要严格按照省级确定的年度任务和考核指标，足额落实项目资金，加快实施，确保任务完成。

第四十一条 省交通运输厅应于上一年度提前做好投资计划或实施方案编制的前期准备工作。对于需进行政府采购的工程项目资金，一般应于上年度 12 月上旬前确定重点投资计划，对于其他实施项目法管理和因素法管理的资金一般应于每年省人民代表大会批准省级预算后 20 日内，完成投资计划或实施方案编制工作，并向省财政厅提出资金使用建议。

第四十二条 市县交通运输（公路、港航）部门应及时提出资金使用建议，组织核实资金支持对象的资格、条件，督促检查项目建设情况，为同级财政部门按规定分配、审核、拨付资金提供依据。市县财政部门应会同交通运输（公路、港航）部门，加快资金分解下达，在规定时间内落实到位。交通运输（公路、港航）部门应督促资金使用单位加快预算执行，提高资金使用效益，确保任务按期完成。

第四十三条 交通专项资金的支付，按照国库集中支付制度有关规定执行。属于政府采购管理范围的，按照政府采购有关法律法规执行。结转结余资金，按照《中华人民共和国预算法》和结转结余资金管理的有关规定处理。各级应按规定执行政府采购及招投标管理制度、工程预决算审核制度、国库集中支付制度。

第四十四条 各级财政、交通运输（公路、港航）部门要按照政府信息公开规定和"谁主管、谁负责、谁公开"的原则，健全完善交通运输专项资金的信息公开机制。

第九章　监督检查和绩效评价

第四十五条 各级交通运输（公路、港航）、财政部门要建立健全交通专项资金分配使用和监督检查制度，认真审核筛选项目，及时拨付专项资金，督促指导相关单位按规定使用资金，并接受同级和上级财政、审计、交通运输（公路、港航）部门的监督检查。

第四十六条 交通专项资金实行预算绩效管理。各级财政和交通运输（公路、港航）部门要按照相关规定，做好绩效目标设定管理、绩效监控、绩效评价、结果运用等相关工作。交通专项资金年度绩效评价按市县级自评和省级评价两级程序进行，绩效评价结果将作为省里安排下一年度交通专项资金的重要参考因素。

第四十七条 各级财政、交通运输（公路、港航）部门及其工作人员在资金分配、审核等工作中，存在违反规定分配或使用资金，以及存在其他滥用职权、玩忽职守、徇私舞弊等违法违纪行为的，按照《中华人民共和国预算法》《中华人民共和国公务员法》《中华人民共和国行政监察法》和《财政违法行为处罚处分条例》（国务院令第 427 号）等有关规定，追究相关人员责任；涉嫌犯罪的，移送司法机关处理。

第十章　附　　则

第四十八条 市县可参照本办法，结合本地实际，制定交通专项资金使用管理实施细则以及绩效考核办法。

第四十九条 本办法由省财政厅会同省交通运输厅负责解释。

第五十条 本办法自 2018 年 5 月 1 日起施行，有效期至 2023 年 4 月 30 日。

省财政厅　省国土资源厅　省环境保护厅
关于印发泰山区域山水林田湖草生态保护
修复工程资金绩效评价办法的通知

2018 年 7 月 27 日　鲁财建〔2018〕60 号

济南市、泰安市、莱芜市财政局、国土资源局、环保局：

　　为进一步加强泰山区域山水林田湖草生态保护修复工程资金管理，切实提高资金使用效益，推动完成工程绩效目标，根据《中华人民共和国预算法》《财政部关于印发中央对地方专项转移支付管理办法的通知》（财预〔2015〕230 号）、《财政部　国土资源部　环境保护部关于修订〈重点生态保护修复治理专项资金管理办法〉的通知》（财建〔2017〕735 号），以及省财政厅、省国土资源厅、省环保厅等 10 部门《关于印发泰山区域山水林田湖草生态保护修复工程资金筹集和管理办法的通知》（鲁财建〔2018〕29 号）等有关规定，结合我省实际，我们研究制定了《泰山区域山水林田湖草生态保护修复工程资金绩效评价办法》，现印发给你们，请认真遵照执行。

　　附件：泰山区域山水林田湖草生态保护修复工程资金绩效评价办法

附件：

泰山区域山水林田湖草生态保护修复工程资金绩效评价办法

第一章　总　　则

　　第一条　为加强泰山区域山水林田湖草生态保护修复工程资金管理，切实提高资金使用效益，推动实现工程绩效目标，根据《中华人民共和国预算法》《财政部关于印发中央对地方专项转移支付管理办法的通知》（财预〔2015〕230 号）、《财政部　国土资源部　环境保护部关于修订〈重点生态保护修复治理专项资金管理办法〉的通知》（财建〔2017〕735 号），以及省财政厅、省国土资源厅、省环保厅等 10 部门《关于印发泰山区域山水林田湖草生态保护修复工程资金筹集和管理办法的通知》（鲁财建〔2018〕29 号）等有关规定，制定本办法。

　　第二条　本办法所称绩效评价，是指对泰山区域山水林田湖草生态保护修复工程（以下简称工程）有关资金绩效进行的综合评价。

第二章　绩效评价原则和依据

　　第三条　绩效评价坚持公平、公正、规范、高效的原则。各级开展的绩效评价，由本级财政、国土资源、环保部门按照工程资金管理办法等规定组织实施。市级要按照工程绩效管理季报制度等规定向省级报送绩效评价报告。根据工作要求和实际需要，绩效评价具体工作可以依规委托第三方机构开展。

　　第四条　绩效评价的依据：

（一）国家相关法律法规，党中央、国务院关于推进生态文明建设、统筹山水林田湖草系统治理的有关方针、政策，财政部、自然资源部（原国土资源部）、生态环境部（原环境保护部）制定的山水林田湖草生态保护修复工程相关规章、制度、办法和文件。

（二）国家、省级下达的工程资金、绩效目标等文件。

（三）《山东省人民政府办公厅关于推进泰山区域山水林田湖草生态保护修复工程的实施意见》（鲁政办字〔2018〕70 号），省财政厅、省国土资源厅、省环保厅《关于印发山东泰山区域山水林田湖草生态保护修复工程实施方案的通知》（鲁财建〔2018〕10 号），省财政厅、省国土资源厅、省环保厅《关于印发泰山区域山水林田湖草生态保护修复工程资金筹集和管理办法的通知》（鲁财建〔2018〕29 号）等文件。

（四）市、县（市、区）制定的推进泰山区域山水林田湖草生态保护修复工程实施的有关工作方案、管理制度、考核办法等文件。

（五）其他相关资料。

第三章　绩效目标管理

第五条　有关市要根据泰山区域山水林田湖草生态保护修复工程实施方案和工程绩效管理季报制度等，合理分解本市工程各年度绩效目标。每年第四季度结束后，各市要根据当年度绩效目标完成情况，在不降低国家和省级确定的工程绩效目标基础上，确定本市下一年度工程绩效目标，并以正式文件形式报送省财政厅、省国土资源厅、省环保厅，作为年度绩效管理的依据。

第六条　有关市年度绩效目标确定后，要及时细化，逐级分解到相关县（市、区），落实到具体项目和单位，确保每项绩效目标都有责任单位、考核对象，工程绩效管理链条清晰完整。

第四章　绩效评价内容和应用

第七条　绩效评价内容主要包括工程的资金投入情况（主要是资金的筹集、分配、到位、使用等情况）、资金和工程管理情况（主要是预算执行、投资完成、项目管理、绩效管理等情况）、产出和效果情况（主要包括项目进度、质量达标和经济、社会、生态效益、绩效目标实现等情况）。

第八条　省财政厅、省国土资源厅、省环保厅根据工程实施方案、有关资金管理规定和预算绩效管理要求，制定绩效评价指标框架体系（见附件）。各级开展绩效评价工作时，应参考指标框架体系。

第九条　绩效评价要根据政府信息公开、预算管理等有关规定，做好公开工作。

第十条　绩效评价结果量化为百分制得分，设置优秀、良好、合格、不达标四个等级。综合评分90（含）~100 分为"优秀"，80（含）~90 分为"良好"，60（含）~80 分为"合格"，60 分以下为"不达标"。

第十一条　加强绩效评价结果应用，对各市年度绩效评价结果为"不达标"的市，减少有关资金安排，并督促做好问题整改；对整改不力的，停止有关资金安排，并视情况按规定收回有关资金；对年度绩效评价结果为"合格"以上的，参考得分档次安排中央和省级资金。

第五章　责任和追究

第十二条　相关工作人员在资金绩效评价组织实施过程中，存在滥用职权、玩忽职守、弄虚作假等违法违纪行为的，根据有关法律法规规定严肃追究相应责任；涉嫌犯罪的，根据有关规定移送司法机关处理。

第六章　附　　则

第十三条　本办法由省财政厅、省国土资源厅、省环保厅负责解释。

第十四条　本办法自 2018 年 9 月 1 日起施行，有效期至 2021 年 8 月 31 日。

附件：泰山区域山水林田湖草生态保护修复工程资金绩效评价指标框架体系（略）

省财政厅　省环境保护厅　省高级人民法院　省人民检察院　省发展和改革委员会　省科学技术厅　省公安厅　省司法厅　省国土资源厅　省住房和城乡建设厅　省水利厅　省农业厅　省海洋与渔业厅　省林业厅　省卫生和计划生育委员会　省人民政府法制办公室　省畜牧兽医局关于印发山东省生态环境损害赔偿资金管理办法的通知

2018 年 9 月 17 日　鲁财建〔2018〕75 号

各市财政局、环保局、法院、检察院、发展改革委、科技局、公安局、司法局、国土资源局、住房城乡建设局、水利局、农业局、海洋与渔业局、林业局、卫生计生委、法制办、畜牧兽医局，济南铁路运输两级法院、检察院，青岛海事法院：

　　为进一步规范和加强生态环境损害赔偿资金管理，完善生态环保责任追究制度，促进受损生态环境修复，推进生态文明建设，根据《中共山东省委办公厅　山东省人民政府办公厅关于印发〈山东省生态环境损害赔偿制度改革实施方案〉的通知》（鲁办发〔2018〕28 号）等有关政策要求，我们研究制定了《山东省生态环境损害赔偿资金管理办法》，现印发给你们，请认真贯彻落实。

　　附件：山东省生态环境损害赔偿资金管理办法

附件：

山东省生态环境损害赔偿资金管理办法

　　第一条　为规范生态环境损害赔偿资金管理，推进生态环境损害赔偿制度改革，根据《中华人民共和国预算法》《中华人民共和国环境保护法》《中华人民共和国民事诉讼法》《最高人民法院关于审理环境民事公益诉讼案件适用法律若干问题的解释》《中共中央办公厅　国务院办公厅关于印发〈生态环境损害赔偿制度改革方案〉的通知》（中办发〔2017〕68 号），《中共山东省委办公厅　山东省人民政府办公厅关于印发〈山东省生态环境损害赔偿制度改革实施方案〉的通知》（鲁办发〔2018〕28 号）等规定，制定本办法。

　　第二条　本办法所称生态环境损害赔偿资金，是指生态环境损害事件发生后，根据法院判决、调解或磋商的结果，由赔偿义务人缴纳的，因生态环境损害所造成的清除或控制污染的费用、生态环境修复费用、生态环境受到损害至恢复原状期间服务功能的减损、生态环境功能永久性损害造成的损失以及生态环境损害赔偿调查、鉴定评估、生态环境损害修复效果后评估等相关费用。涉及人身伤害、个人和集体财产损失要求赔偿以及海洋生态环境损害赔偿的，不适用本办法。

第三条 本办法所称赔偿义务人，是指违反法律法规有关规定，造成生态环境损害的单位和个人。赔偿义务人应承担生态环境损害赔偿责任。本办法所称赔偿权利人特指山东省人民政府、设区的市政府。设区的市政府管辖本行政区域内的生态环境损害赔偿工作；跨设区的市的生态环境损害，由生态环境损害地的相关设区的市政府协商开展生态环境损害赔偿工作，协商不成的由省政府指定管辖；省政府管辖具有重大社会影响的跨设区的市的生态环境损害赔偿工作。赔偿权利人可指定相关部门或机构负责生态环境损害赔偿具体工作。

第四条 生态环境损害赔偿资金来源主要包括：

（一）环境公益诉讼、生态环境损害赔偿诉讼等案件中经生效判决、调解确定的生态环境损害赔偿资金。

（二）生态环境损害赔偿磋商索赔的资金。

（三）赔偿义务人自愿支付的赔偿金。

（四）其他经财政、环保及相关主管部门认定的生态环境损害赔偿资金。

第五条 由人民法院生效判决、调解确定或经生态环境损害赔偿磋商议定，由各级政府或其指定部门（机构）组织开展修复的，赔偿义务人应缴纳生态环境损害赔偿资金。

第六条 赔偿义务人造成的生态环境损害，经生态环境损害鉴定评估确定无法修复的，经人民法院生效判决、调解确定或经生态环境损害赔偿磋商议定，赔偿义务人应缴纳生态环境损害赔偿资金，由损害结果发生地统筹用于生态环境修复。

第七条 经生态环境损害赔偿磋商议定，由赔偿义务人自行修复或由其组织第三方修复的，其发生的污染清除、生态修复费用不执行本办法管理。

经组织修复后评估认定，生态环境修复不能达到磋商确定的修复效果，需要重新以货币方式进行生态环境损害赔偿的，纳入本办法管理。

第八条 生态环境损害赔偿资金属政府非税收入，应全额上缴赔偿权利人同级国库，纳入财政预算管理。通过磋商议定的生态损害赔偿资金，由相关主管部门负责执收；通过人民法院环境公益诉讼生效判决、调解确定的生态损害赔偿资金，由人民法院负责执行。生态环境损害赔偿资金应通过"山东省非税收入征收与财政票据管理系统"上缴，同级财政部门负责确定执收单位生态损害赔偿资金执收编码。

第九条 生态环境损害赔偿资金可以用于相应生态环境损害事件以下费用的支付：

（一）清除污染费用。

（二）控制污染费用。

（三）生态环境修复费用或替代修复费用。

（四）生态环境受到损害至恢复原状期间服务功能的损失补偿。

（五）生态环境功能永久性损害造成的损失赔偿。

（六）生态环境损害修复方案编制、生态环境损害修复后评估等合理费用。

（七）调查取证、专家咨询、环境监测、鉴定、勘验、审计、评估、验收、律师代理等必要费用。

（八）法律法规规定用于生态环境损害修复的其他相关费用。

第十条 某一生态环境损害事件的赔偿金应用于该事件的生态环境修复，不可修复或无必要修复的，可用于其他污染治理和生态环境修复。资金原则上应用于损害结果发生地。

第十一条 修复项目和修复单位确定后，由修复单位向赔偿权利人同级相关主管部门提出生态环境损害赔偿资金使用申请，同时提交生态损害赔偿资金使用方案、支出预算及相关文件资料，并对提供材料的真实性负责。上述材料经相关主管部门审核后报同级财政、环保部门审批。

第十二条　财政部门按程序及时收缴、拨付生态环境损害赔偿资金，审核批复资金支出预算，组织实施资金绩效管理和财政监督检查。

第十三条　生态环境损害赔偿资金支付按照国库集中支付制度有关规定执行。属于政府采购范围的，按照政府采购有关规定执行。

第十四条　省环保厅要设立资金台账，配合省财政厅做好绩效管理工作。

第十五条　项目实施地相关主管部门和财政、环保部门要加强生态环境损害赔偿资金管理，督促资金使用单位加快预算执行进度，督促项目实施单位加快项目建设，切实提高资金使用效益。

第十六条　生态环境损害赔偿资金使用情况由项目实施地相关主管部门和财政、环保部门联合报省财政厅、省环保厅、省级相关主管部门、省法院、省检察院备案，并以适当形式及时向社会公开。

第十七条　对虚报、冒领、挤占、截留、挪用等违反规定使用、骗取生态环境损害赔偿资金的，按照《中华人民共和国预算法》《财政违法行为处罚处分条例》（国务院令第 427 号）等国家有关规定进行严肃处理。构成犯罪的，依法追究刑事责任。

第十八条　本办法自 2018 年 10 月 18 日起施行，有效期至 2023 年 9 月 21 日。省财政厅、省环保厅、省高级人民法院、省检察院《关于印发山东省生态环境损害赔偿资金管理办法的通知》（鲁财建〔2017〕63 号）同时废止。

八、

农业财务类

财政部　国务院扶贫办关于印发《中央专项彩票公益金支持贫困革命老区脱贫攻坚资金管理办法》的通知

2018 年 5 月 4 日　财农〔2018〕21 号

有关省、自治区、直辖市财政厅（局）、扶贫办：

为贯彻落实党中央、国务院关于打好精准脱贫攻坚战的决策部署，进一步加强和规范中央专项彩票公益金支持贫困革命老区脱贫攻坚资金使用与管理，促进提升资金使用效益，我们对《中央专项彩票公益金支持贫困革命老区整村推进项目资金管理办法》（财农〔2011〕152 号）进行了修订，制定了《中央专项彩票公益金支持贫困革命老区脱贫攻坚资金管理办法》，现印发给你们，请遵照执行。

附件：中央专项彩票公益金支持贫困革命老区脱贫攻坚资金管理办法

附件：

中央专项彩票公益金支持贫困革命老区脱贫攻坚资金管理办法

第一条　为规范和加强中央专项彩票公益金支持贫困革命老区脱贫攻坚资金（以下简称彩票公益金）管理，提高资金使用效益，根据国家扶贫开发方针政策和彩票公益金管理的有关规定，制定本办法。

第二条　本办法所称的贫困革命老区，是指国家扶贫开发工作重点县和集中连片特殊困难地区中的革命老区县，以及山东沂蒙革命老区和广东、福建原中央苏区中的省级扶贫开发工作重点县。

第三条　财政部根据年度中央专项彩票公益金收入和全国脱贫攻坚任务需要，统筹确定中央专项彩票公益金支持贫困革命老区脱贫攻坚年度数额。

第四条　彩票公益金用于支持贫困村村内小型生产性公益设施建设。

开展统筹整合使用财政涉农资金试点的贫困革命老区县，由县级按照贫困县开展统筹整合使用财政涉农资金试点工作有关文件要求，根据脱贫攻坚需求统筹安排彩票公益金。纳入统筹整合使用的彩票公益金按照贫困县统筹整合使用财政涉农资金试点工作有关要求进行管理。对于不属于统筹整合试点范围的革命老区县，应加大彩票公益金与一般公共预算等其他资金的统筹力度，同一项目不应重复支持。

第五条　彩票公益金使用应符合本办法第四条规定，并不得用于以下开支：

（一）行政事业单位基本支出；

（二）各种奖金、津贴和社会福利、救济补助；

（三）修建楼堂馆所；

（四）交通工具及通讯设备；

（五）弥补企业亏损；

（六）弥补预算支出缺口和偿还债务；

（七）大中型基本建设项目；

（八）城市基础设施建设和城市扶贫；

（九）其他与脱贫攻坚无关的支出。

第六条　各级各有关部门根据以下职责分工履行彩票公益金使用管理职责。

（一）国务院扶贫办提出资金分配建议，函报财政部，财政部综合年度预算安排、国务院扶贫办分配建议和预算管理有关要求，分配下达资金。

（二）各级财政部门负责预算安排和资金下达，会同同级扶贫部门分配资金并加强监管。

（三）各级扶贫部门负责资金和项目具体使用及绩效管理、监督检查等工作，确保资金安全高效使用。

（四）项目实施主体按照本办法第四条、第五条的规定，履行主体责任，完成项目建设任务，实现绩效目标。

第七条　省级财政及扶贫部门收到下达资金后，应在 30 天内研究确定资金分配方案，报财政部和国务院扶贫办备案，并及时将资金分配拨付到县。

各地应当加快预算执行，提高资金使用效益。结转结余的彩票公益金，按照财政部关于结转结余资金管理的相关规定管理。

第八条　彩票公益金支付按照财政国库管理制度有关规定执行。使用彩票公益金购买属于政府采购规定范围的货物、工程和服务的，应当按照政府采购有关规定执行。

第九条　各级扶贫、财政等部门要加强彩票公益金绩效管理。贫困革命老区县应加强彩票公益金绩效目标管理、执行监控、事后评价、责任到人的全过程绩效管理。省级扶贫和财政部门要选择重点项目开展重点绩效评价，评价结果作为问责依据。

第十条　资金的使用接受审计、纪检、监察等部门的审计、监督和检查。

第十一条　项目实施期间，省级扶贫部门会同同级财政部门于每年 1 月 15 日前向国务院扶贫办报送上一年度项目资金使用情况，国务院扶贫办汇总后于 3 月 31 日前报送财政部。省级扶贫、财政部门应于每年 6 月底前向社会公告上一年度彩票公益金的分配使用情况。

第十二条　未纳入贫困县涉农资金整合年度实施方案的彩票公益金资助的基本建设设施、设备或公益活动，应当以显著方式标明"彩票公益金资助——中国福利彩票和中国体育彩票"标识。

第十三条　资金使用单位和个人在彩票公益金使用过程中存在虚报、冒领等各类违法违规行为的，以及各级财政、扶贫等部门及其工作人员在彩票公益金分配、使用管理等工作中，存在违反本办法规定，以及其他滥用职权、玩忽职守、徇私舞弊等违法违纪行为的，按照《中华人民共和国预算法》、《中华人民共和国公务员法》、《中华人民共和国行政监察法》、《财政违法行为处罚处分条例》等国家有关规定追究相应责任；涉嫌犯罪的，依法移送司法机关处理。

第十四条　本办法由财政部会同国务院扶贫办负责解释。

第十五条　本办法自印发之日起实施。2011 年 7 月 11 日印发的《中央专项彩票公益金支持贫困革命老区整村推进项目资金管理办法》（财农〔2011〕152 号）同时废止。

财政部　国家林业和草原局关于印发《林业生态保护恢复资金管理办法》的通知

2018 年 6 月 25 日　财农〔2018〕66 号

各省、自治区、直辖市、计划单列市财政厅（局）、林业厅（局），新疆生产建设兵团财政局、林业局，内蒙古、黑龙江、大兴安岭森工（林业）集团公司：

为加强和规范林业生态保护恢复资金使用管理，推进资金统筹使用，提高财政资金使用效益，促进林业生态保护恢复，根据《中华人民共和国预算法》《中华人民共和国森林法》《国务院关于印发推进财政资金统筹使用方案的通知》（国发〔2015〕35 号）《国务院关于探索建立涉农资金统筹整合长效机制的意见》

（国发〔2017〕54 号）等有关规定，我们制定了《林业生态保护恢复资金管理办法》。现予印发，请遵照执行。

　　附件：林业生态保护恢复资金管理办法

附件：

林业生态保护恢复资金管理办法

第一章　总　　则

第一条　为加强和规范林业生态保护恢复资金使用管理，推进资金统筹使用，提高资金使用效益，加强林业生态保护恢复，根据有关法律法规和国务院对天然林资源保护、退耕还林还草的相关规定，以及《国务院关于印发推进财政资金统筹使用方案的通知》（国发〔2015〕35 号）、《国务院关于探索建立涉农资金统筹整合长效机制的意见》（国发〔2017〕54 号）、《财政部关于印发〈中央对地方专项转移支付绩效目标管理暂行办法〉的通知》（财预〔2015〕163 号）、《财政部关于印发〈中央对地方专项转移支付管理办法〉的通知》（财预〔2015〕230 号）等文件，制定本办法。

第二条　本办法所称林业生态保护恢复资金是指中央财政预算安排的用于天然林资源保护工程（以下简称天保工程）社会保险、天保工程政策性社会性支出、全面停止天然林商业性采伐、完善退耕还林政策、新一轮退耕还林还草等方向的专项转移支付资金。

第三条　林业生态保护恢复资金由财政部、国家林业和草原局共同管理。财政部负责林业生态保护恢复资金中期财政规划和年度预算编制，会同国家林业和草原局分配及下达资金，实施全过程预算绩效管理，加强资金使用管理监督；国家林业和草原局负责相关规划编制，提出资金分配建议，指导、推动和监督地方开展林业生态保护恢复工作，会同财政部做好预算绩效和资金使用管理监督工作。

　　地方各级财政、林业和草原主管部门负责林业生态保护恢复资金的分解下达、预算执行，以及管理监督等工作。

第二章　资金使用范围

第四条　天保工程社会保险补助是指用于国务院批准的《长江上游、黄河上中游地区天然林资源保护工程二期实施方案》和《东北、内蒙古等重点国有林区天然林资源保护工程二期实施方案》（以下简称《实施方案》）确定的天保工程实施单位的职工基本养老、基本医疗、失业、工伤和生育等五项社会保险的缴费补助。

第五条　天保工程政策性社会性支出补助是指用于对《实施方案》确定的天保工程实施单位承担的公检法司、政府事务、教育、医疗卫生等政府职能，消防、环卫、街道等社会公益事业以及推进国有林区改革等支出给予的补助。

第六条　全面停止天然林商业性采伐补助是指用于停止国有天然商品林采伐后，保障国有林经营管理单位职工基本生活和社会正常运转等补助，包括天保工程区天然林停伐补助、天保工程区外天然林停伐补助和重点国有林区金融机构债务贴息补助。

第七条　完善退耕还林政策补助是指用于上一轮退耕还林任务（1999 ~ 2006 年）粮食和生活费补助期满后，为支持解决退耕农户生活困难发放的现金补助。

第八条　新一轮退耕还林还草补助是指用于对实施新一轮退耕还林还草农户发放的现金补助。

第九条　林业生态保护恢复资金不得用于兴建楼堂馆所、偿还债务等与林业生态保护恢复无关的支出。

第三章　资　金　分　配

第十条　林业生态保护恢复资金采取因素法分配。

第十一条　天保工程社会保险补助按照天保工程实施单位人员数量和缴费基数及缴费比例分配。人员数量一年一核定，缴费基数为《实施方案》确定的天保工程实施单位所在省相关年份城镇单位就业人员中在岗职工平均工资的 80%，缴费比例为 30%，各省（自治区、直辖市，以下简称省）根据本省社会保障政策具体落实。

第十二条　天保工程政策性社会性支出补助按照天保工程实施单位的人员数量和相关补助标准分配。人员数量一年一核定，补助标准根据《实施方案》确定，并根据物价和经济发展水平适时调整。

第十三条　全面停止天然林商业性采伐补助按照以下原则分配：

重点国有林区天保工程区停伐补助按照截至停伐时点天然林停伐产量、编制人数及核定人数、基层林业局承担社会职能情况、国有林区改革进展和相应补助标准分配。

天保工程区外停伐补助按照停伐产量（55%）、"十二五"年均采伐限额（35%）、天然有林地面积（10%）等因素及权重分配。

重点国有林区金融机构债务贴息补助按照重点国有林区截至停伐时点与停伐直接相关、为维持林区正常运转产生的金融机构债务和 4.9% 的年利率给予补助，补助期限至 2020 年。

第十四条　完善退耕还林政策补助按照国务院有关部门下达的年度任务和补助标准确定补助规模。现金补助标准为：长江流域及南方地区每亩退耕地每年补助 125 元，黄河流域及北方地区每亩退耕地每亩补助 90 元。补助期限为：还生态林补助 8 年，还经济林补助 5 年。

第十五条　新一轮退耕还林还草补助按照国务院有关部门下达的年度任务和补助标准确定补助规模。补助标准为：退耕还林每亩退耕地现金补助 1 200 元，五年内分三次下达，第一年 500 元，第三年 300 元，第五年 400 元；退耕还草每亩退耕地现金补助 850 元，三年内分两次下达，第一年 450 元，第三年 400 元。

第四章　资　金　下　达

第十六条　省级林业和草原主管部门会同财政部门于每年 7 月 15 日前，向国家林业和草原局、财政部报送上年天保工程实施单位国有在册职工社会保险缴费人数和公检法司、政府事务、教育、医疗卫生等政府职能岗位以及消防、环卫、街道等社会公益事业岗位国有在册职工人数。大兴安岭林业集团公司相关人数向国家林业和草原局报送。

第十七条　财政部于每年 10 月 31 日前，按当年预计执行数的一定比例，将下一年度林业生态保护恢复资金预计数提前下达省级财政部门，抄送国家林业和草原局、财政部驻各地财政监察专员办事处（以下简称专员办）。

第十八条　省级财政部门会同林业和草原主管部门于每年 2 月 28 日前，研究设定当年林业生态保护恢复资金区域绩效目标，按照财预〔2015〕163 号文件要求填写"区域绩效目标申报表"，报送财政部、国家林业和草原局，并抄送各地专员办。

第十九条　国家林业和草原局于每年 3 月 31 日前，提出当年林业生态保护恢复资金各省分配建议、整体绩效目标和分区域绩效目标，函报财政部。

第二十条　财政部于每年全国人民代表大会批准预算后 90 日内，根据中期财政规划、年度预算安排、国家林业和草原局资金分配建议等，审核下达当年林业生态保护恢复资金，同步下达区域绩效目标，抄送国家林业和草原局、各地专员办。

第五章　资金管理监督

第二十一条　各级财政、林业和草原主管部门应当加快预算执行，提高资金使用效益。结转结余的林业生态保护恢复资金，按照财政部关于结转结余资金管理的相关规定处理。

第二十二条　林业生态保护恢复资金的支付执行国库集中支付制度有关规定。属于政府采购管理范围的，应当按照政府采购有关规定执行。

第二十三条　林业生态保护恢复资金使用管理应当全面落实预算信息公开有关要求。

第二十四条　各级财政、林业和草原主管部门应当组织实施林业生态保护恢复资金绩效目标执行监控，对照年初绩效目标，跟踪查找执行中资金使用管理的薄弱环节，及时弥补管理中的"漏洞"，纠正绩效目标执行中的偏差；适时组织实施林业生态保护恢复资金绩效评价工作，并根据绩效评价结果，提出改进意见，督促落实整改，实施相关奖惩措施。加强对资金分配、使用、管理情况的监督，发现问题及时纠正。各地专员办根据工作需要和财政部要求对林业生态保护恢复资金进行全面预算监管，定期或不定期形成监管报告报送财政部。

第二十五条　各级财政、林业和草原等有关部门及其工作人员在林业生态保护恢复资金的分配、使用、管理等相关工作中，存在违反本办法规定的行为，以及其他滥用职权、玩忽职守、徇私舞弊等违法违纪行为的，按照《预算法》《公务员法》《监察法》《财政违法行为处罚处分条例》等国家有关规定追究相应责任；涉嫌犯罪的，移送司法机关处理。

资金使用单位和个人在使用林业生态保护恢复资金中存在各类违法违规行为的，按照《预算法》《财政违法行为处罚处分条例》等国家有关规定追究相应责任。

第六章　附　　则

第二十六条　中央单位林业生态保护恢复资金管理参照本办法执行，相关支出列入中央部门预算。

新疆生产建设兵团参照地方管理。

第二十七条　省级财政部门会同林业和草原主管部门应当根据本办法制定实施细则，报送财政部、国家林业和草原局，并抄送当地专员办。

第二十八条　林业生态保护恢复资金实施期限根据天然林保护实施方案和退耕还林还草政策期限确定。

第二十九条　本办法由财政部会同国家林业和草原局负责解释。

第三十条　本办法自印发之日起施行。《退耕还林工程现金补助资金管理办法》（财农〔2002〕156号）、《完善退耕还林政策补助资金管理办法》（财农〔2007〕339号）、《天然林资源保护工程财政专项资金管理办法》（财农〔2011〕138号）、《财政部　国家林业局关于修改有关资金管理办法条文的通知》（财农〔2016〕192号）同时废止。《退耕还林财政资金预算管理办法》（财农〔2010〕547号）中有关涉及财政资金管理规定与本办法不符的，执行本办法。

财政部　水利部　国家发展改革委关于印发《中央水库移民扶持基金绩效管理暂行办法》的通知

2018 年 12 月 29 日　财农〔2018〕174 号

各省、自治区、直辖市财政厅（局）、水利（务）厅（局）、移民管理机构、发展改革委，新疆生产建设兵团财政局、水利局、发展改革委：

根据《中华人民共和国预算法》、《中央对地方专项转移支付管理办法》（财预〔2015〕230 号）、《大中型水库移民后期扶持基金项目资金管理办法》（财农〔2017〕128 号）等制度规定，财政部、水利部、国家发展改革委制定了《中央水库移民扶持基金绩效管理暂行办法》，现予印发，请遵照执行。

附件：中央水库移民扶持基金绩效管理暂行办法

附件：

中央水库移民扶持基金绩效管理暂行办法

第一条 为规范中央水库移民扶持基金绩效管理，进一步提高资金使用效益，根据《中华人民共和国预算法》、《国务院关于完善大中型水库移民后期扶持政策的意见》（国发〔2006〕17 号）、《中央对地方专项转移支付管理办法》（财预〔2015〕230 号）、《大中型水库移民后期扶持基金项目资金管理办法》（财农〔2017〕128 号）等制度规定，制定本办法。

第二条 本办法所称中央水库移民扶持基金，是指大中型水库移民后期扶持基金（含一般公共预算安排的大中型水库移民后期扶持资金）、跨省际大中型水库库区基金和三峡水库库区基金。

第三条 中央水库移民扶持基金绩效管理，是指县级以上财政部门和水利水电工程移民行政管理机构（以下简称移民管理机构）对中央水库移民扶持基金开展的绩效目标管理、绩效监控、绩效评价、评价结果运用等全过程绩效管理工作。其中：绩效目标分为整体绩效目标和区域绩效目标。

中央水库移民扶持基金绩效管理工作按照分级负责、权责统一、公平公正、程序规范的原则进行。

列入中央部门预算的中央水库移民扶持基金按照部门预算绩效管理有关规定执行。

第四条 各级财政部门、移民管理机构等按照各自职责，做好中央水库移民扶持基金绩效管理工作。

（一）财政部。负责绩效管理的总体组织和指导工作。审核绩效目标；指导、督促开展绩效目标执行监控；确定中央对省级绩效评价的重点及具体组织方式；确定中央对省级绩效评价结果运用方式；指导地方财政部门绩效管理工作。财政部驻各地财政监察专员办事处（以下简称专员办）按照财政部要求，开展绩效管理相关工作。

（二）水利部。负责绩效管理的具体组织实施工作。设定整体绩效目标；审核区域绩效目标和绩效评价材料；督促落实绩效目标；具体组织开展中央对省级绩效评价工作；研究提出中央对省级绩效评价结果运用建议；指导地方移民管理机构绩效管理工作。

（三）国家发展改革委。协同负责绩效管理的总体组织和指导工作。参与省级区域绩效目标审核和绩效评价工作；参与确定绩效评价结果运用方式。

（四）地方财政部门。负责本地区绩效管理总体工作。对本地区绩效目标设定和分解下达以及汇总后的本地区绩效目标进行复核；组织开展本地区绩效评价和绩效目标执行监控；复核绩效自评和绩效评价结果；确定本地区绩效评价结果运用方式，督促对绩效评价中发现的问题及时整改。

（五）地方移民管理机构。负责本地区绩效管理具体工作。设定、分解下达本地区绩效目标，审核汇总本地区绩效目标；开展本地区绩效目标执行监控、绩效自评和绩效评价，提出本地区绩效评价结果运用建议，及时组织整改绩效评价中发现的问题。

第五条 中央水库移民扶持基金应当按要求设定绩效目标。绩效目标应当清晰反映中央水库移民扶持基金的预期产出和效果，并对相应的绩效指标细化、量化，以定量指标为主、定性指标为辅。

整体绩效目标由水利部设定并提交财政部。区域绩效目标由各省、自治区、直辖市、新疆生产建设兵团（以下统称省）移民管理机构审核汇总、经同级财政部门复核并征求发展改革部门意见后，在规定时间内报送财政部和水利部，同时抄送当地专员办。

第六条 水利部从完整性、相关性、适当性及可行性等方面对各省区域绩效目标进行复核，汇总形成整体绩效目标并报财政部、发展改革委备案。地方移民管理机构、财政部门应当按照备案的绩效目标组织预算执行。绩效目标确定后，一般不予调整和变更。因特殊情况确需调整区域绩效目标的，由省级财政部门、移民管理机构按《中央对地方专项转移支付绩效目标管理暂行办法》（财预〔2015〕163号）有关规定执行。无充足理由调整区域绩效目标的，财政部、水利部不予认定。

第七条 预算执行中，地方财政部门和移民管理机构对绩效目标预期实现程度和资金运行状况开展绩效目标执行监控，及时发现并纠正存在的问题，推动绩效目标如期实现。财政部和水利部根据工作需要，开展绩效目标执行监控工作。

第八条 省级移民管理机构组织有关市、县移民管理机构对照绩效目标开展绩效自评，汇总形成本省绩效自评报告，经同级财政部门复核并征求发展改革部门意见后，在规定时间内将本省绩效自评报告报送财政部、水利部，抄送财政部驻当地专员办、省级发展改革部门。

地方各级移民管理机构和财政部门对本级自评结果和绩效评价材料的真实性负责。市、县的自评材料留存省级移民管理机构、财政部门备查。

第九条 绩效自评报告主要包括：

（一）项目安排和资金使用基本情况；

（二）绩效管理工作开展情况；

（三）绩效目标的实现程度及效果；

（四）存在问题及原因分析；

（五）评价结论；

（六）相关建议和意见，其他需要说明的问题。

第十条 绩效评价依据主要包括：

（一）国家相关法律、法规和规章制度；水库移民后期扶持配套政策和管理制度；相关行业标准及技术规范等；

（二）已备案的绩效目标；

（三）水库移民后期扶持相关规划、实施方案，项目前期工作文件，项目建设管理有关资料和数据等；

（四）年度预算下达文件、有关财务会计资料及年度决算报告；

（五）截至评价时，已形成的验收、审计、决算、监测评估、统计、监督检查、工作总结等报告；

（六）反映工作情况和项目组织实施情况的正式文件、会议纪要等；

（七）其他相关资料。

第十一条 绩效评价原则上以年度为周期开展，根据工作需要，可开展一定实施期的绩效评价。财政部、水利部、国家发展改革委对各省开展绩效评价；省级财政部门、移民管理机构组织开展本地区绩效评价。绩效评价工作可委托第三方机构参与实施。各省可根据《大中型水库移民后期扶持基金项目资金管理办法》（财农〔2017〕128号）等相关规定，按照从严从紧的原则列支相关绩效评价费用。

第十二条 绩效评价结果采取评分与评级相结合的形式。评分实行百分制，满分为100分。根据得分情况将评价结果划分为四个等级：考核得分90分（含）以上为优，80分（含）~90分为良，60分（含）~80分为中，60分以下为差。

第十三条 绩效评价结果采取适当形式通报各省财政部门、移民管理机构以及专员办。绩效评价结果作为中央水库移民扶持基金的重要分配因素，与资金分配结果挂钩，并作为改进管理、完善政策的重要依据。

第十四条 各级财政部门、移民管理机构及其工作人员在中央水库移民扶持基金绩效管理过程中存在严重弄虚作假及其他违规违纪行为的，按照《中华人民共和国预算法》、《中华人民共和国公务员法》、《中华人民共和国行政监察法》、《财政违法行为处罚处分条例》等法律法规追究相应责任。

第十五条 省级财政部门、移民管理机构应当根据本办法，结合本地区实际制定具体的绩效管理办法或实施细则，抄报财政部、水利部，抄送财政部驻当地专员办。

　　第十六条　本办法自 2019 年 3 月 1 日起施行。

　　附：1. 中央水库移民扶持基金绩效目标申报表

　　　　2. 中央水库移民扶持基金绩效自评表

　　　　3. 中央水库移民扶持基金绩效评价指标表

附 1：

中央水库移民扶持基金绩效目标申报表

（　　　年度）

专项名称			中央水库移民扶持基金（含一般预算）	
省份				
省级财政部门				
省级主管部门				
资金情况 （万元）	年度金额：			
	其中：中央资金		万元（其中用于直补资金发放　万元、避险解困　万元、美丽家园建设　万元、生产开发及配套设施建设　万元、移民劳动力培训　万元……）	
	地方资金		万元（其中用于直补资金发放　万元、避险解困　万元、美丽家园建设　万元、生产开发及配套设施建设　万元、移民劳动力培训　万元……）	
	其他资金		万元（其中用于直补资金发放　万元、避险解困　万元、美丽家园建设　万元、生产开发及配套设施建设　万元、移民劳动力培训　万元……）	
年度目标	目标 1： 目标 2： 目标 3： ……（根据预算安排情况补充完善，分条概括项目的主要产出和效果，定性描述和定量描述相结合）			
绩效指标	一级指标	二级指标	三级指标	指标值
	产出指标	数量指标	指标 1：资金直补受益移民（人）	
			指标 2：避险解困移民（人）	
			指标 3：移民美丽家园项目（个）	
			指标 4：生产开发及配套设施项目（个）	
			指标 5：培训移民劳动力（人次）	
			……	
		质量指标	指标 1：培训合格率（%）	100%
			指标 2：项目（不含移民培训）验收合格率（%）	100%
			……	
		时效指标	指标 1：直补资金按时发放率（%）	100%
			指标 2：截至当年底，项目资金完成率（%）	80%
			指标 3：截至次年 6 月底，项目资金完成率（%）	100%
			……	
		成本指标	指标 1：直补资金标准符合率（%）	100%
			指标 2：项目支出控制在批复的预算范围内的项目比例（%）	100%
			……	

	一级指标	二级指标	三级指标	指标值
绩效指标	效益指标	经济效益	指标1：增加移民人均可支配收入（元）	
			指标2：提高移民收入占当地农村居民收入比例（%）	
			……	
		社会效益	指标1：助力贫困移民脱贫（人）	
			指标2：增加达到当地县农村居民平均收入水平移民人口（人）	
			……	
		生态效益	指标1：建成美丽移民村（个）	
			指标2：项目扶持受益移民村（不含建成美丽移民村）（个）	
			……	
	满意度	服务对象满意度	指标1：移民对后期扶持政策实施满意度（%）	≥80%
			指标2：与后期扶持有关的非正常进京越级上访事件（起）	0
			指标3：交办的信访事项及时处理率（%）	100%
			……	
		……		

注：三级指标根据每年预算安排情况调整完善。

附2：

中央水库移民扶持基金绩效自评表

（　　　年度）

专项名称			中央水库移民扶持基金（含一般预算）		
省份			中央主管部门		水利部
省级财政部门			省级主管部门		
预算执行情况（万元）	预算数：		执行数：		
	其中：中央资金		其中：中央资金		
	地方资金		地方资金		
	其他资金		其他资金		
年度目标完成情况	预期目标		目标实际完成情况		
	目标1： 目标2： 目标3： ……		目标1： 目标2： 目标3：		

绩效指标完成情况	一级指标	二级指标	三级指标	预期指标值	分值	实际完成指标值	自评得分
管理工作	项目决策	资金分配	指标1：资金下达	资金分配符合相关要求，及时分解下达到位	3		
			指标2：支出方向	支出方向符合相关管理办法	3		

续表

绩效指标完成情况	一级指标	二级指标	三级指标	预期指标值	分值	实际完成指标值	自评得分
管理工作	项目管理	组织实施	指标1：组织机构	组织机构健全、职能分工明确	2		
			指标2：管理制度	配套政策和制度健全	3		
			指标3：后期扶持人口核定和动态管理	直补到人建档立卡完整，核定到人的扶持人口严格实行动态管理	2		
		资金安全	指标1：资金管理	补助资金发放和项目资金拨付使用合规，预决算及财务会计工作规范，不存在弄虚作假或滞留、挤占、挪用资金等违规问题	8		
			指标2：项目管理	项目实施过程实行公开公示、移民参与和监督，政府采购和建设管理"四制"执行、档案管理符合制度规定	4		
		监督检查	指标1：稽察（审计）工作	按规定开展稽察（审计）工作，稽察（审计）意见整改落实到位	2		
			指标2：监测评估工作	按规定开展监测评估工作并按时报送成果，成果质量高并得到有效运用	2		
		信息统计	指标1：信息统计工作	按规定开展后期扶持实施情况统计工作，并按时报送统计报表且填报完整，信息系统数据及时更新	2		
			指标2：材料报送	按要求按时报送各种材料，受到省部级以上媒体或简报宣传	2		
		绩效管理	指标1：填报质量	绩效指标填报准确、完整	3		
			指标2：报送时效性	在规定时间内报送绩效目标和自评材料	4		
绩效指标	产出指标	数量指标	指标1：资金直补受益移民（人）		5		
			指标2：避险解困移民（人）		15（根据各省中央资金分项投资所占权重分配各指标分值）		
			指标3：移民美丽家园项目（个）				
			指标4：生产开发及配套设施项目（个）				
			指标5：培训移民劳动力（人次）				
			……				
		质量指标	指标1：培训合格率（％）	100％	4（根据各省中央资金分项投资所占权重分配各指标分值）		
			指标2：项目（不含移民培训）验收合格率（％）	100％			
			……				
	产出指标	时效指标	指标1：直补资金按时发放率（％）	100％	4		
			指标2：截至当年底，项目资金完成率（％）	80％	3		
			指标3：截至次年6月底，项目资金完成率（％）	100％	3		
			……				

绩效指标完成情况	一级指标	二级指标	三级指标	预期指标值	分值	实际完成指标值	自评得分
绩效指标	产出指标	成本指标	指标1：直补资金标准符合率（%）	100%	1		
			指标2：项目支出控制在批复预算范围内的项目比例（%）	100%	1		
			……				
	效益指标	经济效益	指标1：增加移民人均可支配收入（元）		3		
			指标2：提高移民收入占当地农村居民收入比例（%）		3		
			……				
		社会效益	指标1：助力贫困移民脱贫（人）		4		
			指标2：增加达到当地县农村居民平均收入水平移民人口（人）		3		
			……				
		生态效益	指标3：建成美丽移民村（个）		6（根据中央资金分项投资所占权重分配各指标分值）		
			指标4：项目扶持受益移民村（不含建成美丽移民村）（个）				
			……				
	满意度	服务对象满意度	指标1：移民对后期扶持政策实施满意度（%）	≥80%	3		
			指标2：与后期扶持有关的非正常进京越级上访事件（起）	0	1		
			指标3：交办的信访事项及时处理率（%）	100%	1		
			……				
自评分合计							

注：根据备案的绩效目标，调整三级指标，并填列预期目标（指标）和实际完成情况（指标值）。

附3：

中央水库移民扶持基金绩效评价指标表

一级指标	分值	二级指标	分值	三级指标	分值	指标解释	评分标准
项目决策	6	资金分配	6	资金下达	3	资金分配是否符合相关要求，是否及时分解下达到位	资金分配符合相关要求（2分），及时分解下达到位（1分）
				支出方向	3	支出方向是否符合相关管理办法	支出方向符合相关管理办法规定（3分）

续表

一级指标	分值	二级指标	分值	三级指标	分值	指标解释	评分标准
项目管理	34	组织实施	7	组织机构	2	组织机构是否健全，职能分工是否明确	组织机构健全（1分）；职能分工明确（1分）
				管理制度	3	是否严格按国家要求制定后期扶持人口核定和动态管理、项目管理、资金管理及财务规章制度等配套政策；是否按国家要求制定绩效管理实施细则	按国家要求制定后期扶持人口核定和动态管理制度（0.5分）、项目管理办法及配套制度（0.5分）、资金管理办法（0.5分）、财务规章制度（0.5分）、绩效管理实施细则（1分）
				后期扶持人口核定和动态管理	2	直补到人建档立卡是否完整；能核定到人的扶持人口是否严格实行动态管理	直补到人建档立卡完整（1分）；能核定到人的扶持人口严格实行动态管理（1分）
		资金安全	12	资金管理	8	补助资金发放对象、时限和程序是否合规，项目资金拨付程序和使用范围是否合规，预决算及财务会计工作是否规范，是否存在弄虚作假或截留、挤占、挪用资金等违规问题	存在弄虚作假或截留、挤占、挪用资金等违规问题的，每个问题按情节轻重及整改情况扣2~8分；存在其他资金管理问题的，每类问题按情节轻重及整改情况扣0.5~2分；8分扣完为止
				项目管理	4	项目实施过程中是否实行公开公示、移民参与和监督，政府采购和建设管理"四制"执行、档案管理是否符合制度规定	存在项目管理问题的，每类问题按情节轻重及整改情况扣0.5~2分；4分扣完为止
		监督检查	4	稽察（审计）工作	2	是否按规定开展稽察（审计）工作，稽察（审计）意见是否整改落实到位	按规定开展稽察（审计）工作（1分）；稽察（审计）意见整改落实（1分）
				监测评估工作	2	是否按规定开展监测评估工作并按时报送成果，监测评估成果质量高并得到运用	按规定开展监测评估工作并按时报送成果（1分）；监测评估成果质量高并得到运用（1分）
		信息统计	4	信息统计工作	2	是否按规定开展后期扶持实施情况统计工作并按时报送统计报表，填报内容是否完整，信息系统数据是否及时更新	按规定开展后期扶持实施情况统计工作并按时报送统计报表且填报完整（1分）；信息系统数据及时更新（1分）
				材料报送	2	是否按要求按时报送各种材料，是否受到省部级以上媒体或简报宣传	按要求按时报送各种材料（1分）；受到省部级以上媒体或简报宣传（1分）
		绩效管理	7	填报质量	3	绩效指标填报是否准确、完整	绩效指标填报准确（1.5分）；填报完整（1.5分）
				报送时效性	4	是否在规定时间内报送绩效目标和自评材料	在规定时间内报送绩效目标（2分）；在规定时间内报送绩效自评材料（2分）
产出指标	36	数量指标	20	资金直补受益移民等产出数量	20	资金直补受益移民等产出数量是否达到绩效目标	对照绩效目标评价产出数量（20分），全部达到绩效目标的，得满分；否则，按照实际完成情况按比例计分
		质量指标	4	培训合格率等产出质量	4	培训合格率等产出质量是否达到绩效目标	对照绩效目标评价产出质量（4分），全部达到绩效目标的，得满分；否则，按照实际完成情况按比例计分
		时效指标	10	直补资金按时发放率等产出时效	10	直补资金按时发放率等产出时效是否达到绩效目标	对照绩效目标评价产出时效（10分），全部达到绩效目标的，得满分；否则，按照实际完成情况按比例计分
		成本指标	2	直补资金标准符合率等产出成本	2	直补资金标准符合率等产出成本是否达到绩效目标	对照绩效目标评价产出成本（2分），全部达到绩效目标的，得满分；否则，按照实际完成情况按比例计分

一级指标	分值	二级指标	分值	三级指标	分值	指标解释	评分标准
效益指标	19	经济效益	6	增加移民人均可支配收入等经济效益	6	增加移民人均可支配收入等经济效益是否达到绩效目标	对照绩效目标评价经济效益（6分），全部达到绩效目标的，得满分；否则，按照实际完成情况按比例计分
		社会效益	7	助力贫困移民脱贫等社会效益	7	助力贫困移民脱贫等社会效益是否达到绩效目标	对照绩效目标评价社会效益（7分），全部达到绩效目标的，得满分；否则，按照实际完成情况按比例计分
		生态效益	6	建成美丽移民村等生态效益	6	建成美丽移民村等生态效益是否达到绩效目标	对照绩效目标评价生态效益（6分），全部达到绩效目标的，得满分；否则，按照实际完成情况按比例计分
满意度	5	服务对象满意度	5	移民对后期扶持政策实施满意度等服务对象满意度	5	移民对后期扶持政策实施满意度等服务对象满意度是否达到绩效目标	对照绩效目标评价服务对象满意度（5分），全部达到绩效目标的，得满分；否则，按照实际完成情况按比例计分
总分	100		100		100		

省财政厅关于印发山东省农业信贷担保政策性补助资金管理暂行办法的通知

2018 年 2 月 11 日　鲁财农〔2018〕7 号

各市财政局，山东省农业发展信贷担保有限责任公司：

　　为加强和规范农业信贷担保政策性补助资金管理，提高资金使用效益，根据《财政部　农业部　银监会关于印发〈关于财政支持建立农业信贷担保体系的指导意见〉的通知》（财农〔2015〕121 号）、《财政部　农业部　银监会关于做好全国农业信贷担保工作的通知》（财农〔2017〕40 号）和省财政厅、省农业厅、省金融办、山东银监局《关于做好山东省农业信贷担保工作的实施意见》（鲁财农〔2018〕6 号）等要求，我们制定了《山东省农业信贷担保政策性补助资金管理暂行办法》，现印发给你们，请认真遵照执行。执行中如有问题或建议，请及时向我们反馈。

　　附件：山东省农业信贷担保政策性补助资金管理暂行办法

附件：

山东省农业信贷担保政策性补助资金管理暂行办法

第一章　总　　则

第一条　为加强和规范农业信贷担保政策性补助资金管理，促进全省农业信贷担保体系持续健康发展，增强融资担保能力，放大财政金融协同支农作用，切实解决农业融资难、融资贵问题，根据《财政部　农业部　银监会关于印发〈关于财政支持建立农业信贷担保体系的指导意见〉的通知》（财农〔2015〕121号）、《财政部　农业部　银监会关于做好全国农业信贷担保工作的通知》（财农〔2017〕40号）和省财政厅、省农业厅、省金融办、山东银监局《关于做好山东省农业信贷担保工作的实施意见》（鲁财农〔2018〕6号）等要求及有关规定，结合我省实际，制定本办法。

　　第二条　本办法所称农业信贷担保政策性补助资金（以下简称补助资金），是指由省财政厅统筹安排省级以上相关资金，用于支持山东省农业发展信贷担保有限责任公司（以下简称山东农担公司）及其分支机构开展政策性担保业务的财政补助资金。

　　第三条　政策性担保业务是以贯彻落实国家和省委、省政府强农惠农政策为宗旨，为特定的农业经营主体尤其是粮食适度规模经营的新型经营主体提供的信贷担保服务。政策性担保业务应同时符合以下"双控"标准，如国家和省里政策调整，按照新政策执行。

　　（一）控制业务范围。业务范围包括粮食生产、畜牧水产养殖、菜果茶等农林优势特色产业，农资、农机、农技等农业社会化服务，农田基础设施，以及与农业生产直接相关的一二三产业融合发展项目，家庭休闲农业、观光农业等农村新业态。

　　（二）控制担保额度。主要为家庭农场、种养大户、农民合作社、农业社会化服务组织、小微农业企业等农业适度规模经营主体，以及国有农场中符合条件的农业适度规模经营主体提供服务。单户在保余额控制在 10 万 ~ 200 万元之间，对适合大规模农业机械化作业的地区可适当放宽限额，但最高不超过 300 万元。

　　第四条　根据省委、省政府部署要求，按照省财政厅、省扶贫办、省农业厅、省金融办《关于印发〈山东省小额贷款扶贫担保基金使用管理办法〉的通知》（鲁财农〔2016〕30号）开展的扶贫信贷担保业务一并纳入政策性担保业务范围。

　　第五条　对于山东农担公司开展的不符合上述"双控"标准和扶贫政策范围的涉农担保业务，作为非政策性业务。对非政策性业务，应在国家规定的担保业务比例范围内开展，严格风险管控措施，按国家规定提取充足的风险准备金，设置足够的担保抵押物，努力将风险降到最低。非政策性担保业务一并纳入监管部门的监管范围，但不享受国家和省里的相关政策性补助，其代偿损失由山东农担公司自行承担、自我消化。

第二章　资金来源、规模及用途

　　第六条　补助资金的主要来源有：

　　（一）中央财政安排的支持农业信贷担保政策性业务保费补贴、风险补偿等扶持资金。

　　（二）省级财政安排的相关财政支农资金。

　　（三）补助资金利息收入。

　　（四）收缴的违规补助等其他有关资金。

　　第七条　补助资金规模由省财政厅根据山东农担公司每年的业务开展和全省农业信贷担保体系建设情况统筹确定。

　　第八条　补助资金主要用于对山东农担公司及其分支机构开展的政策性担保业务的保费补助、风险补偿、贷款贴息等方面。

　　第九条　补助资金使用管理遵循省级统筹、科学管理、滚动使用、定向补助、财政监督的原则，在山东农担公司设立财政与公司共管账户（以下简称共管账户），实行专账管理和核算，封闭运行，专款专用，确保资金管理规范、安全、高效。

第三章　建立担保费补助机制

　　第十条　政策性担保业务保费补助是指对山东农担公司按照国家和省里要求开展的政策性担保业务，

省财政给予适当的担保费率的补助。对粮食适度规模经营主体的担保项目和按照省委、省政府要求开展的扶贫担保项目，担保费率补助不超过 2%；对其他政策性担保项目，担保费率补助不超过 1.5%。

第十一条 担保费补助额度按照当年新增政策性业务贷款担保额和担保费率补助标准计算确定。担保期限不足一年的，以一年为基础进行折算。对山东农担公司针对政策性业务开展的再担保、联保业务，按照担保责任所占比例和补助比例计算确定担保费补助额度。对初保时已经享受政策性保费补助的再担保业务，不再享受保费补助。

第十二条 山东农担公司收取的综合担保费率（向贷款主体收取和财政补助之和）不得超过 3%。如开展财务咨询、技术服务、市场对接等增值服务，要积极采取措施切实降低农业贷款主体实际承担的综合信贷成本。

第十三条 根据省金融办等 9 部门《关于印发〈山东省融资性担保公司管理暂行办法〉的通知》（鲁金办发〔2010〕9 号）有关规定，山东农担公司获得的担保费补助，50% 用于补充公司未到期责任准备金，其余可用于弥补公司及其分支机构的运营成本及业务费用。

第四章 建立代偿损失补助机制

第十四条 代偿损失是指山东农担公司为被担保人提供融资性担保后，在债务到期时，被担保人未能按约定清偿债务，山东农担公司按照保证合同约定代为履行债务所实际承担的赔付损失，即代偿本息与追偿收入及追偿支出的差额。

第十五条 建立政策性业务代偿损失补助机制，省财政从补助资金中安排资金，对山东农担公司开展政策性业务发生的代偿损失进行适当补助。

第十六条 山东农担公司依法依规提供担保、确因客观原因造成的代偿损失，且由山东农担公司直接承担的部分，按规定从补助资金中给予补助。

第十七条 省财政对山东农担公司的政策性业务代偿损失实行限率补偿。年度担保代偿率在 3%（含）以下的，由补助资金给予全额补助；超过 3% 部分，首先由山东农担公司提取的担保赔偿准备金抵补，不足且不超过 5%（含）的部分，由补助资金按照实际代偿金额给予补助；超过 5% 的部分（系统性风险除外），由补助资金给予 50% 的补助。

$$年度担保代偿率 = 年度累计担保代偿额 / 年度累计解除的担保额 \times 100\%$$

第十八条 山东农担公司对已获得财政补助的代偿损失要积极组织追偿，追偿所得资金按比例返还共管账户。

$$追偿所得资金归属于省财政补偿资金部分 = 追偿所得资金 \times 省财政代偿补助资金额 / 代偿资金总额$$

第十九条 下列情形不属于政策性补助资金的补助范围：

（一）非政策性担保业务。

（二）山东农担公司从业人员违反国家法律法规及内部管理制度而发生的担保业务损失。

（三）山东农担公司违法违规行为导致的代偿损失。

第二十条 由于农业产业系统性风险导致山东农担公司出现资本流动性危机时，经组织专业人员进行风险评估认定和省财政厅批准，可从补助资金中列支资金，帮助及时化解风险。

第二十一条 各市、县（市、区）也要根据当地农业产业发展状况，参照本办法有关规定，建立风险分担机制，对辖区内政策性农业信贷担保风险进行分担和补助。

第五章 建立担保贷款贴息机制

第二十二条 为切实降低农业适度规模经营主体的融资成本，发挥财政和农业信贷担保的协同支农效应，经省财政厅批准，可对山东农担公司担保的部分政策性业务贷款项目，从补助资金中安排一定资金进行贴息。从补助资金中安排的贴息资金，每年实行总量控制，具体贴息资金规模根据实际工作需要确定。

第二十三条 省财政厅将会同有关部门，根据国家支农政策支持方向，结合我省实际，研究提出纳入财政贴息支持范围的担保贷款项目类别，并出台具体政策。

原则上享受贷款贴息的项目，应属于政策性业务范围，且贷款利率为同期人民银行贷款基准利率上浮不超过30%。对享受贷款贴息的担保项目，山东农担公司要设置充分有效的担保抵押物。

第二十四条 享受贷款贴息的对象是省内（不含青岛市）家庭农场、种养大户、农民合作社、农业社会化服务组织、小微农业企业等农业适度规模经营主体。

第二十五条 贴息额度根据新增贷款额度、贴息期限及公布的贴息比例计算确定。贴息期限为当年实际贷款期限。财政贴息比例不超过同期人民银行贷款基准利率的30%，具体贴息比例另行确定。

第二十六条 年初由省财政厅提出当年贷款贴息资金规模和工作方案，具体由省财政厅委托山东农担公司操作实施。实施的基本程序为：

（一）符合贴息条件的借款人按照合同约定按时结清本息后，向山东农担公司提供贷款金融机构出具的借款人付息证明。

（二）山东农担公司对借款人提供的有关证明材料进行认真审核，经审核符合财政贴息条件的，在省财政安排的贴息资金总量限额内，先行将贴息资金垫付给借款人。

（三）山东农担公司按程序向省财政厅申请贴息资金清算。

第二十七条 借款人有以下情形的，不得享受财政贴息：

（一）借款人未按规定用途使用贷款资金的。

（二）借款人未按期足额偿还贷款本金或利息的。

（三）担保贷款项目已享受其他财政贴息政策的。

（四）其他不符合财政贴息条件的。

对由于审核把关不严而向不符合条件的借款人支付贴息资金的，由山东农担公司自行承担损失。

第六章 资金的申报、审批与拨付

第二十八条 每年年底前，山东农担公司要制定下一年度政策性业务计划方案，确定当年开展政策性业务的注册资本金放大倍数、政策性业务担保收费标准、政策性业务开展规模等内容，按程序报经省财政厅审核批准后正式实施。年度中政策性业务计划方案有调整的，要及时报送省财政厅审批。

第二十九条 山东农担公司应于每年年度终了后30日内向省财政厅报送上年政策性担保业务开展情况报告，并及时提出代偿补助、贴息资金等补助申请。对政策性业务保费补助，可按季度或半年进行申请。申请时需提供以下资料：

（一）正式申请文件。申请文件应对全年政策性担保业务和绩效进行全面总结，并对所申请担保费补助、代偿补助、贴息资金等情况进行详细说明。

（二）担保贷款业务证明等材料。包括申报期内新增担保合同清单、合作金融机构提供的贷款发放清单、付息证明或其他融资证明。

（三）与补助资金申请有关的其他资料。

第三十条 省财政厅按照本办法及有关规定，对山东农担公司的申请进行审核，必要时可聘请社会中介机构进行审计，或请省直有关部门对担保对象及担保程序的合规性进行审查。审核无误后，确定应拨付给山东农担公司的各类补助金额，书面下达拨款通知，据此从共管账户拨付至山东农担公司相应账户。

第三十一条 山东农担公司要积极争取担保行业其他相关补助资金。就同一事项从其他渠道争取到的补助额度，在申请补助资金时应予扣除。对已经获得国家农业信贷担保联盟补助的项目，省里不再重复补助。

第三十二条 山东农担公司对政策性担保业务和非政策性担保业务实行分别核算。有关担保合同、会计凭证、会计报告等资料应规范管理，并能供准确核查核实。各地分支机构不实行独立核算，实行报账制，由山东农担公司统一核算。

第七章　监督管理和绩效评价

第三十三条　山东农担公司应建立审慎的担保评估制度、决策程序、代偿损失追偿和处置制度、风险预警机制和突发事件应急机制，制定严格规范的业务操作规程，加强对担保项目的风险评估和管理。

第三十四条　建立担保业务统计报告制度。山东农担公司应按季度向省财政厅报送担保业务（含非政策性担保业务）和代偿风险统计报告，并同时报送省农业厅、省金融办等监管部门。

第三十五条　山东农担公司当年代偿率超过 5% 时，省财政厅将下达预警通知，责成公司采取有效措施控制风险。当年代偿率超过 8% 时（不含系统性风险），省财政厅将责成公司暂停新增担保业务并进行整改。

第三十六条　省财政厅对补助资金的申请和使用实施监督管理，并定期组织专项检查或审计，发现问题及时纠正。

第三十七条　补助资金实行绩效评价制度，省财政厅将设定补助资金整体绩效目标，对补助资金的使用情况和效果进行绩效评价，评价结果将与补助资金的使用和管理挂钩，提高财政资金使用效益。

第三十八条　山东农担公司对申请资金时所提供材料的真实性、合法性负责。对弄虚作假，骗取、套取补助资金的，将按照《中华人民共和国预算法》和《财政违法行为处罚处分条例》（国务院令第 427 号）等国家有关法律法规规定，追究有关单位和人员的责任。对中介机构出具严重失实审计报告的，将依据《中华人民共和国注册会计师法》等有关规定追究审计机构和相关人员的责任。

第三十九条　补助资金实行专款专用，任何单位和个人不得以任何理由和形式截留、挪用，对违规违纪行为，将按照《中华人民共和国预算法》和《财政违法行为处罚处分条例》等国家有关法律法规规定，追究有关单位和人员的责任。

第八章　附　　则

第四十条　本办法由省财政厅负责解释。

第四十一条　本办法自 2018 年 3 月 15 日起施行，有效期至 2020 年 3 月 14 日。

省财政厅　省林业厅关于印发山东省林业改革发展资金管理办法的通知

2018 年 3 月 1 日　鲁财农〔2018〕11 号

各市财政局、林业局：

为加强和规范林业改革发展资金管理，提高资金使用效益，根据《财政部　国家林业局关于印发〈林业改革发展资金管理办法〉的通知》（财农〔2016〕196 号）要求，结合我省实际，我们制定了《山东省林业改革发展资金管理办法》，现印发给你们，请认真遵照执行。执行中如有问题或建议，请及时向我们反馈。

附件：山东省林业改革发展资金管理办法

附件：

山东省林业改革发展资金管理办法

第一章　总　则

第一条　为进一步规范和加强林业改革发展资金管理，推进资金统筹使用，提高资金使用效益，促进全省林业改革发展，依据《中华人民共和国预算法》和《财政部　国家林业局关于印发〈林业改革发展资金管理办法〉的通知》（财农〔2016〕196号）等法律法规和制度规定，结合我省实际，制定本办法。

第二条　本办法所称林业改革发展资金，是指中央财政和省级财政预算安排，用于森林资源培育、森林资源管护、生态保护体系建设、林业产业发展、国有林场改革等方面的专项资金。

第三条　林业改革发展资金由省财政厅会同省林业厅共同管理，按照"政策目标明确、分配办法统一、支出方向协调、绩效结果导向"的原则分配、使用和管理。

省财政厅负责林业改革发展资金年度预算编制并分配下达资金，对资金使用情况进行监督和绩效管理。省林业厅负责林业改革发展规划或实施方案的编制，研究提出资金分配意见，会同省财政厅下达年度工作任务（任务清单），指导推动开展林业改革发展工作，对任务完成情况进行监督，组织开展绩效目标制定、绩效监控、绩效评价等绩效管理工作。

市县级财政、林业部门在同级人民政府的统一领导下，根据相关规定确定职责分工，确保工作任务按期完成、资金使用安全合规、资金效益充分发挥。财政部门主要负责林业改革发展资金的预算分解下达、资金审核拨付、资金使用监督检查以及预算绩效管理总体工作等；林业部门主要负责林业改革发展资金相关规划或实施方案编制、项目组织实施和监督，研究提出资金和工作任务（任务清单）分解安排建议方案，做好预算绩效管理具体工作等。

第二章　森林资源培育支出

第四条　森林资源培育支出主要用于造林补助、森林抚育补助、林木良种培育补助等方面。

第五条　造林补助包括中央财政和省级财政安排的造林补助资金。中央财政安排的造林补助是指对国有林场、林业职工（含林区人员，下同）、农民专业合作社和农民等造林主体在宜林荒山荒地、沙荒地、迹地、低产低效林地进行人工造林、更新和改造、营造混交林，面积不小于1亩的给予适当补助。

省级财政安排的造林补助是指对林业重点造林、森林质量精准提升、城乡绿化美化等营造林工程给予适当补助。

第六条　森林抚育补助是指对承担森林抚育任务的国有林场、林业职工、农民专业合作社和农民开展间伐、补植、退化林修复、割灌除草、清理运输采伐剩余物、修建简易作业道路等生产作业所需的劳务用工和机械燃油等给予适当补助，抚育对象为国有林或集体和个人所有的公益林中的幼龄林和中龄林。一级国家级公益林不纳入森林抚育补助范围。

第七条　林木良种培育补助包括良种繁育补助和良种苗木培育补助。良种繁育补助是指用于对良种生产、采集、处理、检验、储藏等方面的补助，补助对象为国家重点林木良种基地和国家林木种质资源库。良种苗木培育补助是指用于对因使用良种，采用组织培养、轻型基质、无纺布和穴盘容器育苗、幼化处理等先进技术培育的良种苗木所增加成本的补助，补助对象为国有育苗单位。

第八条 对中央财政安排的造林补助和森林抚育补助，县级及以下可按照从严从紧的原则，以不超过5%的比例，列支方案编制、作业设计等费用，不得用于财政补助单位人员经费和运转经费；省、市两级不得从中提取上述费用。

第三章 森林资源管护支出

第九条 森林资源管护支出主要用于森林生态效益补偿补助、森林资源监测补助、林木种质资源保护与利用补助等方面。

第十条 森林生态效益补偿补助是指用于国家级和省级公益林保护和管理的支出。其中，国家级公益林以国家林业局会同财政部界定数据为准；省级公益林以省级公益林区划界定数据为准。

森林生态效益补偿补助包括管护补助支出和公共管护支出。其中，国有的公益林管护补助支出，用于国有林场、国有苗圃、自然保护区等国有单位管护国家级和省级公益林的劳务补助等；集体和个人所有的公益林管护补助支出，用于集体和个人的经济补偿及管护国家级和省级公益林的劳务补助等。公共管护支出用于各级林业主管部门开展公益林监督检查和评价等方面的支出。

市县财政部门负责会同林业部门测算审核管理成本，合理确定国有单位国家级和省级公益林管护人员数量和具体管护劳务补助标准。县级林业部门应与承担管护任务的国有单位、集体和个人签订管护合同。国有单位、集体和个人应按照管护合同规定履行管护义务，承担管护责任，根据管护合同履行情况领取管护补助。

现行森林生态效益补偿补助标准为每亩15元，其中公共管护支出每亩不超过0.25元。今后如根据财力情况、管护成本等因素调整补助标准的，以具体文件规定为准。

第十一条 森林资源监测补助是指为及时掌握森林资源现状和消长变化动态，预测森林资源发展趋势所开展的各类森林资源调查、森林资源动态监测等相关支出的补助。

第十二条 林木种质资源保护与利用补助是指为保护和合理利用林木种质资源，维护生物多样性所开展的种质资源收集、整理、保存、研究和利用等相关支出的补助。

第四章 生态保护体系建设支出

第十三条 生态保护体系建设支出主要用于湿地补助、林业国家级自然保护区补助、林业防灾减灾补助、森林公安补助等方面。

第十四条 湿地补助包括湿地保护与恢复补助、退耕还湿补助、湿地生态效益补偿补助。

湿地保护与恢复补助是指用于林业系统管理的国际重要湿地、国家重要湿地以及生态区位重要的国家级和省级湿地公园、国家级和省级湿地自然保护区开展湿地保护与恢复的相关支出，包括监测监控设施维护和设备购置、退化湿地恢复、湿地所在保护管理机构聘用临时管护人员所需的劳务补助以及其他相关支出。

退耕还湿补助是指用于林业系统管理的国际重要湿地、国家级湿地自然保护区、国家重要湿地范围内的省级自然保护区实施退耕还湿的相关支出。

湿地生态效益补偿补助是指用于对候鸟迁飞路线上的林业系统管理的重要湿地因鸟类等野生动物保护造成损失给予的补偿支出。

第十五条 林业国家级自然保护区补助是指用于林业系统管理的国家级自然保护区的生态保护、修复与治理，特种救护、保护设施设备购置和维护，专项调查和监测，宣传教育，以及保护管理机构聘用临时管护人员所需的劳务补助等支出。

第十六条 林业防灾减灾补助包括森林防火补助、林业有害生物防治补助和林业生产救灾补助，补助对象为承担林业防灾减灾任务的林业单位。

森林防火补助是指用于预防和对突发性重特大森林火灾扑救等相关支出的补助，包括购置扑救工具和器械、物资设备等支出，租用防火所需汽车等交通运输工具支出，森林航空消防所需租用飞机、航站地面保障等支出，林区防火道路建设与维护支出以及其他与森林防火相关的支出。

林业有害生物防治补助是指用于对危害森林、林木、种苗正常生长的病、虫、鼠（兔）等重大灾害和有害植物的预防与治理等相关支出的补助，包括监测调查、检疫检验仪器设备购置支出，药剂、药械购置支出以及其他与林业有害生物防治相关的支出。

林业生产救灾补助是指用于支持林业系统遭受洪涝、干旱、雪灾、冻害、冰雹、地震、山体滑坡、泥石流、台风等自然灾害之后开展林业生产恢复等相关支出的补助。

第十七条 森林公安补助包括森林公安办案（业务）补助和业务装备补助。森林公安办案（业务）补助是指用于森林公安机关开展案件侦办查处、森林资源保护、林区治安管理、维护社会稳定、处置突发事件、禁种铲毒、民警教育培训等支出。业务装备补助是指用于森林公安机关购置指挥通信、刑侦技术、执法勤务（含警用交通工具）、信息化建设、处置突发事件、派出所和监管场所所需的各类警用业务装备支出。

森林公安补助由中央、省级和省以下同级财政分区域按保障责任负担，中央和省级财政安排的支出重点用于对县级森林公安机关予以奖励性补助。对省级森林公安机关补助的支出规模不超过中央和省级森林公安转移支付资金总额的 5%，且专项用于省级森林公安机关承办公安部、国家林业局部署的重大任务，直接侦办和督办重特大案件、组织开展专项行动，处置不可预见的突发事件、装备共建或其他特殊原因所需补助经费等。

第五章　林业产业发展支出

第十八条 林业产业发展支出包括林业科技发展补助、林业贷款贴息补助、林业优势特色产业发展补助。

第十九条 林业科技发展补助是指用于承担林业科技发展任务的林业技术推广站（中心）、科研院所、大专院校、国有林场和国有苗圃等单位，开展林木优良品种繁育、先进适用技术与标准的应用示范、林业科技创新研发、科技成果集成转化等相关支出的补助，包括仪器设备购置、测试化验加工、相关简易基础设施建设、必需的专用材料、技术培训、技术咨询以及其他与林业科技发展直接相关的支出。其中，中央财政安排的林业科技推广示范资金实行先进技术成果库管理，具体按国家有关规定执行。

第二十条 林业贷款贴息补助是指对各类银行（含农村信用社和小额贷款公司）发放的符合贴息条件的贷款安排的利息补助。

贴息条件为：各类经济实体营造的生态林（含储备林）、木本油料经济林、工业原料林贷款；国有林场为保护森林资源、缓解经济压力开展的多种经营贷款，以及自然保护区、森林（湿地）公园开展的生态旅游贷款；林业企业、林业专业合作社等以公司带基地、基地连农户（林业职工）的经营形式，立足于当地林业资源开发，带动林区、沙区经济发展的涉林种植业或林果、林下种植、木本油料等特色林产品加工业贷款；农户和林业职工个人从事的营造林、林下种植贷款。

林业贷款贴息采取一年一贴、据实贴息的方式，年贴息率为 3%。对贴息年度（上一年度 1 月 1 日至 12 月 31 日）之内存续并正常付息的林业贷款，按实际贷款期限计算贴息。每年省财政厅将会同省林业厅根据我省林业贷款实际情况，明确具体的贴息规模、贴息计算和拨付方式。

各级林业部门须将银行征信查询纳入审核环节，落实林业贷款贴息项目公告公示制度。对骗取林业贷款贴息补助的单位和个人，依据《征信业管理条例》（国务院令第 631 号），将其不良信息推送到人民银行征信系统，3～5 年内取消其申请林业贷款贴息补助资格。

第二十一条 林业优势特色产业发展补助是指用于支持核桃、油用牡丹、文冠果等木本油料及其他林业特色产业发展的补助支出。

第六章　国有林场改革支出

第二十二条　国有林场改革支出用于补缴国有林场拖欠的职工基本养老保险和基本医疗保险费用、国有林场分离办学校和医院等社会职能费用等方面。中央和省级财政安排的补助资金补缴国有林场拖欠的职工基本养老保险和基本医疗保险费用有结余的，可用于林场缴纳职工基本养老和基本医疗等社会保险以及其他与改革相关的支出。

第七章　资金分配下达

第二十三条　林业改革发展资金分为由省级、市级、县级及以下使用管理的资金。省级部门单位使用管理的资金，由省林业厅商省财政厅提出资金分配意见。市级、县级及以下使用管理的资金主要采取因素法进行分配。资金分配的因素主要包括各地森林资源状况、工作任务（任务清单）和工作成效。工作任务（任务清单）分为约束性任务和指导性任务，不同支出方向的工作任务根据任务特点、政策目标等选择具体因素和权重测算分配资金。工作成效主要以绩效评价结果为依据。根据国家和省里政策规定，需要采取竞争立项分配的资金可根据实际选择资金分配方式。

按照国家规定，中央财政安排的林业改革发展资金用于生态保护体系建设、林业产业发展两个支出方向中的有关补助内容实行省级或市县项目库管理，项目库管理规定国家另行制定。

第二十四条　省林业厅应根据省委、省政府决策部署和林业改革发展实际，科学编制中期发展规划，提出分支出方向的年度工作任务、资金需求和绩效目标，随下年度部门预算申请同步报送省财政厅。

第二十五条　省林业厅应提前做好资金分配的前期工作，于每年省人民代表大会批准省级预算后 15 日内，提出分支出方向的资金分配建议，连同任务清单一并函报省财政厅，由省财政厅按规定时限审核下达。

中央财政安排我省的资金于收到资金后 15 日内，由省林业厅提出分支出方向的资金分配建议，连同任务清单和绩效目标一并函报省财政厅，由省财政厅按规定时限审核下达。

第二十六条　市县级财政部门应会同林业部门加快资金分解下达，在规定时间内落实到位。林业部门应督促资金使用单位加快预算执行，提高资金使用效益，确保按期完成任务。

第八章　资金使用和管理

第二十七条　省级和市级部门单位要按照有关项目管理办法、实施方案等要求使用管理资金。县级使用管理的资金中，中央财政资金按照《国务院关于探索建立涉农资金统筹整合长效机制的意见》（国发〔2017〕54 号）执行，省级财政资金按照《山东省人民政府关于进一步推进涉农资金统筹整合的意见》（鲁政发〔2017〕30 号）执行。

第二十八条　市级林业部门会同财政部门于每年 6 月 15 日前，向省林业厅和省财政厅报送本市下一年度任务计划。任务计划应当与本市林业发展规划、中期财政规划等相衔接，根据本办法规定的支出方向和具体补助内容进行细化并排序。省林业厅会同省财政厅按照国家统一部署，适时下达下一年度任务计划。

第二十九条　各级林业部门应及时提出资金分配建议，组织核实资金支持对象的资格、条件，督促检查任务清单完成情况，为财政部门按规定标准分配、审核拨付资金提供依据。

第三十条　林业改革发展资金的支付按照国库集中支付制度有关规定执行。属于政府采购管理范围的，按照政府采购有关法律法规执行。结转结余资金按照《中华人民共和国预算法》以及国家和省其他结转结余资金管理有关规定执行。

第九章　监督管理和绩效评价

第三十一条　各级财政、林业部门应加强对林业改革发展资金申请、分配、使用、管理情况的监督检查，发现问题及时纠正。

第三十二条　林业改革发展资金使用管理实行绩效评价制度。各级财政和林业部门要加强林业改革发展资金预算绩效管理，按照相关规定做好绩效目标管理、绩效监控、绩效评价、结果运用等相关工作。由县级使用管理的林业改革发展资金，按照省委、省政府关于进一步推进涉农资金统筹整合的部署要求实行综合绩效管理。

第三十三条　各地应积极创新林业改革发展资金使用管理机制。国有林场公益林日常管护要通过合同、委托等方式，面向社会购买服务。国有林区造林、管护、抚育等任务，凡能通过购买服务方式实现的要面向社会购买。各地政府购买服务的推行情况将作为省里开展绩效评价的考核内容。

第三十四条　各级财政、林业部门要按照政府信息公开规定和"谁主管、谁负责、谁公开"的原则，健全完善林业改革发展资金的信息公开机制，自觉接受社会监督。

第三十五条　各级财政、林业部门及其工作人员在资金分配、使用、管理等工作中，存在违反本办法规定的行为，以及其他滥用职权、玩忽职守、徇私舞弊等违法违纪行为的，按照《中华人民共和国预算法》《中华人民共和国公务员法》《中华人民共和国行政监察法》和《财政违法行为处罚处分条例》（国务院令第 427 号）等国家有关法律法规规定追究相应责任。涉嫌犯罪的，移送司法机关处理。

资金使用单位和个人在使用林业改革发展资金中存在各类违法违规行为的，按照《中华人民共和国预算法》和《财政违法行为处罚处分条例》等国家有关法律法规规定追究相应责任。

第十章　附　　则

第三十六条　各市可参照本办法，结合本地实际，制定林业改革发展资金使用管理实施细则。

第三十七条　本办法由省财政厅会同省林业厅负责解释。

第三十八条　本办法自 2018 年 4 月 1 日起施行，有效期至 2023 年 3 月 31 日。省财政厅、省林业局《关于印发〈山东省省级森林防火资金管理办法〉的通知》（鲁财农〔2004〕45 号）、《关于印发〈山东省森林生态效益补偿基金管理办法〉的通知》（鲁财农〔2010〕38 号）、《关于印发〈山东省绿化山东专项资金管理暂行办法〉的通知》（鲁财农〔2011〕36 号）和省财政厅、省林业厅《关于印发〈山东省中央财政林业补贴资金管理实施细则〉的通知》（鲁财农〔2013〕29 号）同时废止。

省财政厅　省发展和改革委员会　省水利厅
关于印发山东省大中型水库移民后期扶持
基金项目资金管理办法的通知

2018 年 10 月 16 日　鲁财农〔2018〕55 号

各市财政局、发展改革委、水利局，各省财政直接管理县（市）财政局、发展改革委、水利局：

为规范和加强大中型水库移民后期扶持基金项目资金管理，提高资金使用的规范性、安全性和有效性。根据《国务院关于完善大中型水库移民后期扶持政策的意见》（国发〔2006〕17 号）、《财政部关于印发〈大中型水库移民后期扶持基金项目资金管理办法〉的通知》（财农〔2017〕128 号）等有关规定，省财政厅、省发展改革委、省水利厅研究制定了《山东省大中型水库移民后期扶持基金项目资金管理办法》，现予印发，请遵照执行。执行中如有问题或建议，请及时向我们反馈。

附件：山东省大中型水库移民后期扶持基金项目资金管理办法

附件：

山东省大中型水库移民后期扶持基金项目资金管理办法

第一条　为加强我省大中型水库移民后期扶持基金项目资金（以下简称项目资金）管理，提高资金使用的规范性、安全性和有效性，根据《国务院关于完善大中型水库移民后期扶持政策的意见》（国发〔2006〕17号）、《财政部关于印发〈大中型水库移民后期扶持基金项目资金管理办法〉的通知》（财农〔2017〕128号）等有关规定，制定本办法。

第二条　本办法所称项目资金，是指中央财政分配给我省的大中型水库移民后期扶持基金项目资金、国家核定我省移民人口指标盈余产生的资金、我省因移民人口自然变化产生的资金。项目资金的分配、使用、管理和监督适用本办法。

项目资金使用管理遵循科学规范、公开透明，统筹兼顾、突出重点，绩效管理、强化监督的原则。

第三条　项目资金由省财政厅会同省发展改革委、省水利厅管理。省财政厅会同省发展改革委、省水利厅确定项目资金分配方案并分配下达资金，组织开展预算绩效管理工作，指导市、县（市、区）财政部门加强项目资金管理等工作。

省发展改革委、省水利厅及市、县（市、区）有关部门根据职责分工做好相关工作。

第四条　项目资金用于支持库区和移民安置区基础设施建设及经济社会发展，不得用于财政补助单位人员经费和运转经费、交通工具和办公设备购置、楼堂馆所建设、偿还债务等支出。具体支出范围包括：

（一）基本口粮田及配套水利设施建设。

（二）交通、供电、通信和社会事业等基础设施建设。

（三）生态建设和环境保护。

（四）移民劳动力就业技能培训和职业教育。

（五）移民能够直接受益的生产开发项目。

（六）与移民生产生活密切相关的其他项目。

第五条　按照从严从紧原则，省级可在项目资金中列支大中型水库移民后期扶持政策实施情况监测评估费用，具体由省财政厅会同省水利厅确定。

第六条　项目资金主要采取因素法分配，分配因素及权重如下：

（一）经核定的各市大中型水库农村移民人数（权重75%）。以省水利水电工程移民工作领导小组核定的大中型水库移民后期扶持人数、省三峡工程库区安置办公室核定的三峡库区移民人数和水利部核定的新增大中型水库移民后期扶持人口为依据。

（二）项目资金绩效（权重25%）。以省财政厅、省水利厅组织开展的相关绩效评价结果为依据。

以下情况采用定额分配：

1. 国家发展改革委、财政部、水利部根据库区和移民安置区经济社会发展情况，研究确定的解决水库移民突出问题所需支出。

2. 省级大中型水库移民后期扶持政策实施情况监测评估费用支出。

第七条　本办法第四条支出列政府收支分类科目"2082202基础设施建设和经济发展"，第五条支出列"2082299其他大中型水库移民后期扶持基金支出"。

第八条 省财政厅应当在规定时间内将财政部提前下达我省的下一年度项目资金预算指标、项目资金正式预算指标下达各市、省财政直接管理县（市）财政部门，同时抄送财政部驻山东省财政监察专员办事处、省发展改革委、省水利厅。

第九条 省核定各市移民人数因人口自然变化而剩余的资金，根据省水利水电工程移民工作领导小组《关于印发〈加强大中型水库移民后期扶持人口自然变化管理的指导意见〉的通知》（鲁水移领字〔2008〕1 号），凡是不再纳入扶持范围的，自核定后的下一季度起不再将后扶资金发放给个人。结余资金由各县（市、区）实行财政专户储存，统一调配，用于项目扶持。

第十条 各级财政、水利部门（移民管理机构）应当加强项目资金绩效管理，建立健全全过程预算绩效管理机制，提高财政资金使用效益。绩效管理办法另行制定。

第十一条 各级财政、水利部门（移民管理机构）应当加强项目资金管理，加快预算执行进度，确保资金使用安全规范。结余结转资金，按照财政部、省财政厅结余结转资金管理相关规定处理。

第十二条 项目资金的支付按照国库集中支付制度有关规定执行。属于政府采购管理范围的，按照政府采购有关法律法规规定执行。

第十三条 项目资金的使用管理应当全面落实财政预算信息公开有关要求。

第十四条 各级财政、水利部门（移民管理机构）应当加强项目资金的监督检查，发现问题及时纠正。

第十五条 各级财政、水利部门（移民管理机构）及资金使用单位，应当接受上级财政、发展改革、水利（移民）、审计、监察等部门的监督检查，及时提供相关资料，任何单位不得以任何理由阻挠或逃避。

第十六条 项目资金使用中存在弄虚作假或截留、挤占、挪用等财政违法行为的，对相关单位及个人，将按照《中华人民共和国预算法》《财政违法行为处罚处分条例》（国务院令第 427 号）进行处罚，情节严重的追究法律责任。

各级财政、水利（移民管理机构）等有关部门单位及其工作人员在项目资金分配、使用过程中，存在违反规定分配或使用资金，以及其他滥用职权、玩忽职守、徇私舞弊等违法违纪行为的，按照《中华人民共和国预算法》《中华人民共和国公务员法》《中华人民共和国监察法》《财政违法行为处罚处分条例》《大中型水利水电工程建设征地补偿和移民安置条例》和《违反大中型水库移民后期扶持基金征收使用管理规定责任追究办法》等法律法规规定追究相应责任；涉嫌犯罪的移送司法机关处理。

第十七条 各市财政部门可会同市级发展改革、水利部门（移民管理机构）依据本办法，结合实际制定相应的实施细则，报省财政厅、省发展改革委、省水利厅备案。

第十八条 本办法由省财政厅会同省发展改革委、省水利厅解释。

第十九条 本办法自 2018 年 11 月 17 日起施行，有效期至 2023 年 11 月 16 日。省财政厅《关于印发〈山东省大中型水库移民后期扶持结余资金使用管理暂行实施办法〉的通知》（鲁财企〔2009〕80 号）同时废止。

九、

社会保障财务类

省财政厅　省残疾人联合会　财政部驻山东省财政监察专员办事处关于印发山东省残疾人事业发展补助资金管理办法的通知

2018 年 1 月 31 日　鲁财社〔2018〕3 号

各市财政局、残疾人联合会，省财政直接管理县（市）财政局、残疾人联合会：

为加强残疾人事业发展补助资金管理，提高资金使用效益，保障残疾人事业健康发展，我们研究制定了《山东省残疾人事业发展补助资金管理办法》，现印发给你们，请遵照执行。执行中如有问题，请及时向我们反映。

附件：山东省残疾人事业发展补助资金管理办法

附件：

山东省残疾人事业发展补助资金管理办法

第一章　总　　则

第一条　为加强残疾人事业发展补助资金管理，提高资金使用效益，根据《中华人民共和国预算法》《中华人民共和国残疾人保障法》《财政部　中国残联关于印发〈中央财政残疾人事业发展补助资金管理办法〉的通知》（财社〔2016〕114 号）和《财政部　国家税务总局　中国残疾人联合会关于印发〈残疾人就业保障金征收使用管理办法〉的通知》（财税〔2015〕72 号）等规定，制定本办法。

第二条　本办法所称残疾人事业发展补助资金（以下简称补助资金），是指中央财政通过一般公共预算和专项彩票公益金，以及地方各级财政通过一般公共预算安排，专项用于支持残疾人康复、托养、就业、体育、教育等事业发展的资金。

残疾人就业保障金按规定转列一般公共预算后，统筹安排用于残疾人事业支出。

第三条　补助资金实行统一资金管理办法、分配方式，由市、县（市、区）根据实际支出需求统筹安排、据实列支。

第四条　补助资金使用管理，坚持科学分配、统筹使用、保障重点、规范管理的原则。

第五条　补助资金由财政部门和残疾人联合会（以下简称残联部门）按职责分工管理。

财政部门负责制定补助资金管理制度，组织补助资金预算编制、执行和公开，审核批复补助资金预算，会同残联部门制定补助资金分配方案，及时拨付补助资金，履行财政监督职能，参与项目绩效考评等。

残联部门负责残疾人事业发展项目日常管理工作，参与制定补助资金管理制度，负责补助资金预算申报、预算执行和具体使用管理工作，编制补助资金绩效目标、实施绩效考评，按规定公开补助资金分配方案、分配结果、使用情况等信息。

第二章　资金预算管理

第六条　残联部门按照国家和省残疾人事业发展规划，在科学编制中期发展规划和年度工作任务的基础上，根据预算编制工作要求，向同级财政部门报送年度补助资金预算方案。

财政部门对残联部门申报的年度预算方案进行审核，统筹上级补助资金，编制年度预算草案，报经同级人民代表大会审议通过后执行。

第七条　省级统筹中央补助按因素法对下分配资金，具体测算因素包括保障对象数量、财政困难程度和工作绩效。每年分配资金选择的具体测算因素权重和工作绩效因素，根据残疾人事业发展需求和年度工作重点任务进行适当调整。省本级项目补助资金根据省残联承担的任务量和事业发展需要，据实从严安排。

每年 11 月底前，省财政按当年补助资金实际下达数的一定比例，将下一年度补助资金预计数提前下达各地。

第八条　省级按下列程序分配管理补助资金：

（一）省人民代表大会审议通过年度省级补助资金预算或收到中央补助资金后，省财政厅与省残联共同商定分配因素和权重。

（二）省残联充分考虑各项事业发展需求，按分配因素基础数据资料进行测算论证，于省级预算批准或收到中央补助资金指标文件之日起 10 日内提出补助资金分配方案。

（三）省财政厅对省残联提出的资金分配方案进行审核，及时反馈审核意见。

（四）省残联按审核意见进一步完善资金分配方案，按程序进行集体研究后，以书面形式将资金分配方案报省财政厅，同时抄送财政部驻山东省财政监察专员办事处。省财政厅据此将资金分配下达各市、县（市、区）。

第九条　市、县（市、区）财政部门可参照省级分配补助资金方式，根据残疾人事业发展需求，在规定时限内分配或拨付补助资金。

第十条　市、县（市、区）残联收到补助资金后，要按照国库集中支付制度有关规定，及时将资金支付到定点服务机构或个人。其中，残疾人就业创业奖励、燃油补贴等发放到补助对象的资金，采取社会化发放方式，通过金融机构等支付到补助对象账户；其他补助资金，根据项目进展和项目实施考核情况，按进度据实支付到相关服务机构。

第十一条　补助资金统筹用于残疾人康复、教育、就业、扶贫、托养、文化、体育、无障碍改造以及其他残疾人服务等支出。具体包括以下投向和支出内容：

（一）残疾人康复。开展残疾儿童抢救性康复，包括开展康复训练所必需的手术费、辅助器具购置（含安装、调试）以及机构、社区和家庭康复训练支出。其中补助机构、社区的康复训练费根据实际需要，具体用于器具、材料、人工、生活费、专用康复场地及设备维护、康复教育及家长培训指导等康复训练相关支出；为成年残疾人提供基本康复服务发生的器具、材料、医疗、服务、培训等必要开支。

（二）残疾人教育。资助贫困残疾儿童学前教育，支持中、高等特殊教育学校（院）改善办学条件和实习训练基地建设。

（三）残疾人就业扶贫。开展农村贫困残疾人实用技术培训，组织有劳动能力的残疾人免费参加职业技能培训；扶持优秀残疾人就业扶贫基地、残疾人自主创业标兵和残疾人致富能手，具体支出包括开展就业培训、提供技术服务、改善基地实训条件、扩大创业规模、偿还自主创业贷款本息等；帮扶农村持证残疾人家庭发展种养殖业。

（四）残疾人托养。补贴智力、精神和重度残疾人托养服务，用于托养服务机构开展残疾人职业康复训练、技能培训、无障碍环境改造及生产生活等服务设施设备购置等支出，以及为残疾人家庭接受居家生活照料、家政服务、康复护理和购买社会服务等提供资助。

（五）残疾人文化体育。提供残疾人公共文化服务，扶持特殊艺术和残疾人文化创意产业发展，支持残疾人群众性体育活动、大型残疾人体育赛事集训及参赛等。

（六）无障碍改造。中国残联统一组织开展的贫困重度残疾人生活环境无障碍改造。

（七）残疾评定。对贫困智力、精神和重度残疾人残疾评定给予补贴。

（八）燃油补贴。为符合条件的残疾人发放机动轮椅车燃油补贴。

（九）服务能力提升。对残疾人康复和托养机构设备购置给予补助。

（十）其他支出。符合国家和省政策规定使用方向，经同级财政部门批准用于促进残疾人事业发展的其他支出。

第十二条 每年年度终了，补助资金如有结余，可结转下一年度使用。连续结转 2 年以上的补助资金，由上级或同级财政部门收回，统筹调入预算稳定调节基金。

第十三条 补助资金实行预算绩效管理。

残联部门按要求编制预算项目支出绩效目标，会同财政部门研究制定补助资金绩效评价管理办法，对绩效目标完成情况和项目实施情况开展绩效评价工作，形成年度绩效评价报告。评价结果作为编制下一年度预算的重要依据。

财政部门审核批复预算项目支出绩效目标，对具体项目绩效评价工作进行指导。根据工作安排，适时选择部分社会关注度高、资金投入大的重点项目开展绩效评价。

第三章　监督检查

第十四条 按照政府信息公开规定和"谁主管、谁负责、谁公开"的原则，建立补助资金信息公开和补助对象公示机制，保障社会和群众的知情权、参与权、监督权。

财政部门要加强对补助资金信息公开工作的督促指导，将资金使用情况纳入日常监督检查。

残联部门负责公开补助资金管理办法、绩效评价办法、补助资金分配结果和使用情况、绩效评价结果等，逐步扩大公开范围，细化公开内容，接受社会监督。要按规定及时将补助对象名单、补助标准、资金发放等信息，以适当形式在一定范围内公示，接受群众监督。

第十五条 残联部门要完善项目实施管理办法，严格项目补助对象资格、条件、标准和申请审核程序等，加强日常管理与考核，对项目实施全过程进行跟踪问效，提高项目实施质量。要积极利用信息化等手段，加强基础信息管理，保证基础数据和资料的真实性、准确性。

第十六条 各级财政、残联部门要加强资金统筹监管，认真梳理甄别各类补助项目，减少补助名目，取消"小、散、乱"等效用不明显资金，集中资金保重点、补短板，努力提高资金使用效益。

第十七条 补助资金使用中属于政府采购范围的，按照政府采购有关规定执行。补助资金购置的材料、物资、器材和设备等属于固定资产的，应严格执行国家固定资产管理有关规定，防止国有资产流失。各地要按照政府购买服务有关规定，积极通过政府购买服务方式引导社会力量参与提供残疾人服务。

第十八条 各级财政、残联部门应按照《彩票管理条例》（国务院令第 554 号）、《彩票管理条例实施细则》（财政部　民政部　国家体育总局令第 67 号）和《财政部关于印发〈彩票公益金管理办法〉的通知》（财综〔2012〕15 号）等规定，加强对中央专项彩票公益金安排补助资金的使用管理，每年向社会公告资助项目、使用规模和执行情况。彩票公益金资助的基本建设设施、设备或者社会公益活动，应标明彩票公益金资助的标识。

第十九条 各地要严格按规定使用补助资金，不得擅自扩大支出范围，不得以任何形式挤占、挪用、截留和滞留，不得将补助资金及结余用于提取工作经费、发放各类奖金等。对单位和个人虚报冒领、挤占挪用补助资金及其他违法违纪违规行为，按照《中华人民共和国预算法》和《财政违法行为处罚处分条例》（国务院令第 427 号）等规定追究法律责任。

第二十条 各级财政、残联部门应定期或不定期进行检查，及时发现和纠正有关问题，并自觉接受审计、监察部门和社会监督。

第四章　附　　则

第二十一条 市、县（市、区）财政、残联部门可根据本地实际情况，制定补助资金管理的具体办法。

第二十二条　本办法由省财政厅、省残联负责解释。此前补助资金使用管理与本办法规定不一致的，以本办法规定为准。

第二十三条　本办法自 2018 年 3 月 1 日起施行，有效期至 2022 年 12 月 31 日。

省财政厅　省食品药品监管局关于印发山东省省级仿制药质量和疗效一致性评价补助资金管理办法的通知

2018 年 7 月 18 日　鲁财社〔2018〕29 号

各市财政局、食品药品监督管理局，省财政直接管理县（市）财政局、食品药品监督管理局：

根据《省委办公厅　省政府办公厅关于深化审评审批制度改革鼓励药品医疗器械创新的实施意见》（鲁厅字〔2018〕26 号）等文件规定，我们研究制定了《山东省省级仿制药质量和疗效一致性评价补助资金管理办法》，现印发给你们，请遵照执行。

附件：山东省省级仿制药质量和疗效一致性评价补助资金管理办法

附件：

山东省省级仿制药质量和疗效一致性评价补助资金管理办法

第一章　总　　则

第一条　为规范省级仿制药质量和疗效一致性评价补助资金（以下简称省级补助资金）管理，提高财政资金使用效益，根据国家和省有关规定，制定本办法。

第二条　本办法所称省级补助资金，是指省级财政通过一般公共预算安排，专项用于支持药品生产企业开展仿制药质量和疗效一致性评价的补助资金。

第三条　本办法所称通过仿制药质量和疗效一致性评价品种，是指符合《国务院办公厅关于开展仿制药质量和疗效一致性评价的意见》（国办发〔2016〕8 号）规定，由国家药品监督管理局公告通过仿制药质量和疗效一致性评价的药品品种。

第四条　省级补助资金使用管理坚持据实分配、专款专用、规范管理的原则。

第五条　省级补助资金由财政部门、食品药品监督管理部门按职责分工管理。

财政部门负责制定省级补助资金管理制度，组织省级补助资金预算编制和管理工作，履行财政监督职能，参与绩效评价等。

食品药品监督管理部门参与制定省级补助资金管理制度，负责省级补助资金预算申报、执行、绩效评价、公开等具体管理工作。

第二章　资金预算管理

第六条　省级补助资金每年补助一次，补助范围为上一年度我省药品生产企业研制的同品种全国前 3

位通过仿制药质量和疗效一致性评价的品种。

第七条 省级财政对符合第六条规定的品种给予一次性补助 200 万元。同一企业有多个品种符合第六条规定的，可按照符合规定品种个数申领省级补助资金。在省级补助资金基础上，有条件的市、县（市、区）可根据地方财力状况，对通过仿制药质量和疗效一致性评价的品种给予适当补助，所需资金由市、县（市、区）承担。

第八条 省级补助资金按下列程序申请拨付。

（一）每年 10 月底前，各设区市食品药品监督管理部门联合同级财政部门，向省食品药品监督管理局提交省级补助资金申请文件和当地药品生产企业在全国前 3 位通过仿制药一致性评价的相关证明、当地出台的相关激励政策措施等材料。

（二）每年 11 月底前，省食品药品监督管理局将审核汇总情况报省财政厅，并申报下年度省级补助资金预算。

（三）省财政厅将省级补助资金预算编入下一年度预算草案，并于省人民代表大会审议通过后，在法定期限内分配下达各市。

（四）各地财政部门要在规定时限内分配或拨付省级补助资金。

（五）各地食品药品监督管理部门收到省级补助资金后，要按照国库集中支付有关规定，及时拨付相关企业。

第九条 省级补助资金实行预算绩效管理。

财政部门审核批复预算项目支出绩效目标，对具体项目绩效评价工作进行指导。

食品药品监督管理部门按要求编制项目绩效目标，并对绩效目标完成情况和项目实施情况开展绩效评价，形成年度绩效评价报告，评价结果作为编制下一年度预算的重要依据。

第三章 监督检查

第十条 按照政府信息公开规定和"谁主管、谁负责、谁公开"的原则，建立省级补助资金信息公开和补助对象公示机制，保障社会和群众的知情权、参与权、监督权。

财政部门负责对省级补助资金信息公开工作的督促指导，将资金使用情况纳入日常监督检查。

食品药品监督管理部门负责公开省级补助资金管理办法、分配结果、使用情况、绩效评价结果等。按规定及时将补助对象名单、补助标准、资金发放等信息，以适当形式在一定范围内公示，接受群众监督。

第十一条 食品药品监督管理部门要严格补助对象资格、条件、标准和申请审核程序等，加强日常管理与考核，对项目实施全过程进行跟踪问效，提高项目实施质量。

第十二条 省级补助资金实行信用负面清单制度，对存在失信、失范行为的部门（单位）、企业等，经省级及以上审计或财政监督检查机构认定属实的，纳入信用负面清单管理。

第十三条 对省级补助资金管理、使用过程中发生的违法违纪违规行为，按照《中华人民共和国预算法》和《财政违法行为处罚处分条例》（国务院令第 427 号）等追究法律责任。

第十四条 财政部门、食品药品监督管理部门应定期或不定期进行检查，及时发现和纠正有关问题，并自觉接受审计、监察部门和社会监督。

第四章 附 则

第十五条 各地可根据本地实际情况，制定省级补助资金管理的具体办法。

第十六条 本办法由省财政厅、省食品药品监督管理局负责解释。

第十七条 本办法自 2018 年 9 月 1 日起施行，有效期至 2023 年 8 月 31 日。

附件：山东省省级仿制药质量和疗效一致性评价补助资金申报表

附件：

山东省省级仿制药质量和疗效一致性评价补助资金申报表

企业名称	
注册地址	
通过评价的品种名称	
联系人及电话	
开户行	
账号	
申报补助资金品种简述	
省食品药品监督管理局意见	（单位公章） 　　年　月　日

省财政厅　省人力资源和社会保障厅关于印发
省本级社会保险基金保值增值规程的通知

2018 年 7 月 31 日　鲁财社〔2018〕35 号

省财政厅、省人力资源和社会保障厅、省社会保险事业局：

　　为进一步做好省本级社会保险基金保值增值工作，保障社会保险制度平稳健康运行，我们制定了《省本级社会保险基金保值增值规程》，现予印发，请遵照执行。

　　附件：省本级社会保险基金保值增值规程

附件：

省本级社会保险基金保值增值规程

第一章　总　　则

　　第一条　为加强和规范省级社会保险基金保值增值管理，促进基金持续健康运行，维护参保对象合法权益，根据《中华人民共和国社会保险法》《社会保险基金财务制度》《财政部关于加强和规范社会保障基金财政专户管理有关问题的通知》（财社〔2012〕3号）和省财政厅《关于进一步加强财政部门和预算单位资金存放管理的实施意见》（鲁财库〔2017〕33号）等相关规定，结合工作实际，制定本规程。

第二条 本规程中的社会保险基金是指根据国家和省有关规定缴入省本级财政专户的企业职工基本养老保险基金、机关事业单位基本养老保险基金、职工基本医疗保险基金、工伤保险基金、失业保险基金和生育保险基金等。

第三条 本规程中社会保险基金保值增值管理是指按照国家有关法律、法规及政策规定，对社会保险基金采取专户存储、通知存款、定期存款、购买国债、投资运营等管理行为。

第四条 财政社会保障部门牵头拟定社会保险基金保值增值计划。财政国库部门负责办理社会保险基金保值增值手续和会计核算管理工作，提供社会保险基金财政专户基金结余及存储情况等相关数据，配合制定社会保险基金保值增值计划。社会保险行政部门、经办机构负责提供社会保险基金预期支付数据和支出户基金结余数据，配合制定社会保险基金保值增值计划。

第五条 社会保险基金保值增值应遵循以下原则：

（一）安全性。社会保险基金保值增值遵循安全第一的原则，确保及时、足额收回本金，并取得相应收益，保障各项社会保险待遇按时足额发放。

（二）收益性。社会保险基金按照有关规定，通过保值增值方式获取稳定的预期收益。

（三）合法性。社会保险基金按国家法律、法规和制度，在政策规定范围内开展保值增值业务，不得进行任何其他形式的直接投资和间接投资。

（四）规范性。社会保险基金保值增值遵照部门职责、岗位职责，严格按照规定程序组织实施。

第二章 保值增值方式和条件

第六条 按照国家有关规定，社会保险基金保值增值的主要方式是通知存款、定期存款、购买国债和委托运营。

第七条 社会保险基金保值增值应符合以下条件：

（一）企业职工基本养老保险、机关事业单位基本养老保险基金累计结余原则上应预留相当于2个月的支付费用，其余可用于转存通知存款、定期存款、购买国债和委托运营。

（二）职工基本医疗保险、工伤保险、失业保险、生育保险基金累计结余原则上应预留相当于6个月的支付费用，其余可用于转存通知存款和定期存款。

第三章 保值增值计划确定

第八条 每年3月、6月、9月、12月的20日，财政国库部门向财政社会保障部门、社会保险行政部门、经办机构提供截至当期的财政专户活期存款结余及下一季度定期存款预计到期情况（详见附件1），社会保险行政部门、经办机构向财政社会保障部门提供截至当期的支出户基金余额及下一季度社会保险基金预计收支情况（详见附件2）。

第九条 财政社会保障部门收到财政国库部门以及社会保险行政部门、经办机构提供的有关情况后，于5个工作日内提出社会保险基金保值增值计划建议（详见附件3），征求财政国库部门和社会保险行政部门、经办机构意见后，形成下一季度社会保险基金保值增值计划，确保及时做好保值增值工作。

第十条 保值增值计划实施过程中遇到特殊情况需要调整的，财政社会保障部门及时商财政国库部门、社会保险行政部门、经办机构调整保值增值计划。

第四章　保值增值计划实施

第十一条　财政国库部门按照确定的社会保险基金保值增值计划，实施保值增值资金划转及存储等工作。

第十二条　采取通知存款、购买国债和委托运营方式进行保值增值的，应在保值增值计划确定后及时完成资金划转及保值增值工作。

第十三条　定期存款、国债和委托运营基金未到期前，如遇重大事项需支付社会保险基金时，财政社会保障部门按程序报厅领导同意后及时将需支付的社会保险基金险种通知财政国库部门，按收益损失最小原则，将相应险种的社会保险基金定期存款转为活期存款后及时支付。

第五章　附　　则

第十四条　本规程自发文之日起试行。今后国家或省对社会保险基金保值增值有新规定的，按照新规定执行。

附件：1. 省本级社会保险基金财政专户存储情况表

2. 省本级社会保险基金预计收支情况表

3. 省本级社会保险基金保值增值计划

附件 1：

省本级社会保险基金财政专户存储情况表

年　月　日

单位：万元

险种	当期财政专户活期存款数额	当期财政专户通知存款本金余额	当期财政专户定期存款本金余额	预计下一季度财政专户定期存款到期数额										备注
				合计		一年期存款		三年期存款		五年期存款		其他		
				本金	利息	本金	利息	本金	利息	本金	利息	本金	利息	
企业职工基本养老保险基金														
机关事业单位基本养老保险基金														
职工基本医疗保险基金和补充医疗保险基金														
工伤保险基金														
失业保险基金														
生育保险基金														
离休干部医疗统筹金														
合计														

注：3 月、6 月、9 月、12 月的 20 日，财政国库部门提供当期财政专户存储情况及下一季度定期存款预计到期情况。

填报人：　　　　　　　　　审核人：　　　　　　　　　处长：　　　　　　　　　填报单位（章）

附件2：

省本级社会保险基金预计收支情况表

填报单位（章）

年　月　日

单位：万元

险种	当期支出户基金余额	预计下一季度基金收入（不含其他收入和转移收入）						预计下一季度基金支出（不含其他支出和转移支出）				预计下一季度当期结余	预计下一季度末累计结余
		合计	保险费收入	利息收入	财政补贴收入	上级补助收入	下级上解收入	合计	社会保险待遇支出	补助下级支出	上解上级支出		
企业职工基本养老保险基金													
机关事业单位基本养老保险基金													
职工基本医疗保险基金和补充													
医疗保险基金													
工伤保险基金													
失业保险基金													
生育保险基金													
离休干部医疗统筹金													
合计													

注：3月、6月、9月、12月的20日，社会保险行政部门、经办机构提供当期支出户基金余额及下一季度社会保险基金预计收支情况。

填报人：　　　审核人：　　　处长：

填报单位（章）

附件 3：

省本级社会保险基金保值增值计划

单位：万元

年　月　日

险种	财政专户情况					预留备付金	下一季度转存款或定期续存计划				下一季度购买国债计划		下一季度委托全国社保基金理事会运营计划				保值增值实施后预计财政专户预留活期存款	备注
	合计	当期财政专户活期存款数额	当期财政专户通知存款本金余额	当期财政专户定期存款本金余额	预计下一季度到期定期存款本息合计		定期存款到期续存		新增定期存款计划		期限	额度	到期继续委托		新增委托运营			
							金额	期限	金额	额度			期限	额度	期限	额度		
企业职工基本养老保险基金																		
机关事业单位基本养老保险基金																		
职工基本医疗保险基金和补充医疗保险基金																		
工伤保险基金																		
失业保险基金																		
生育保险基金																		
离休干部医疗统筹金																		
合计																		

备注：当期数额指截止 3 月、6 月、9 月、12 月的 20 日的数额。

填报人：　　　　审核人：　　　　处长：　　　　厅领导：

省财政厅 省民政厅关于印发山东省省级福利彩票公益金使用管理办法的通知

2018 年 11 月 28 日 鲁财社〔2018〕65 号

各市财政局、民政局，省财政直接管理县（市）财政局、民政局：

为规范省级福利彩票公益金使用管理，提高资金使用效益，我们研究制定了《山东省省级福利彩票公益金使用管理办法》，现印发给你们，请遵照执行。执行中如有问题，请及时向我们反映。

附件：山东省省级福利彩票公益金使用管理办法

附件：

山东省省级福利彩票公益金使用管理办法

第一条 为规范省级福利彩票公益金使用管理，提高资金使用效益，根据《彩票管理条例》（国务院令第 554 号）、《关于修改〈彩票管理条例实施细则〉的决定》（财政部、民政部、国家体育总局令第 96 号）、《关于印发〈彩票公益金管理办法〉的通知》（财综〔2012〕15 号），以及省级财政预算资金管理有关规定制定本办法。

第二条 本办法所称省级福利彩票公益金（以下简称"福彩公益金"）是指根据国家和省有关政策，从省级集中福利彩票公益金中，按一定比例安排用于民政领域社会福利事业发展的专项资金。

第三条 福彩公益金纳入政府性基金预算管理，与一般公共预算资金统筹安排使用、统一管理，形成资金使用合力。

第四条 福彩公益金使用管理坚持统筹规划、突出重点，权责明确、分级负责，依法管理、规范使用，公开透明、监督问效的原则。

第五条 财政、民政部门和项目单位按职责分工共同管理使用福彩公益金。

财政部门负责会同民政部门制定福彩公益金管理制度，审核、批复福彩公益金预算，及时拨付资金，指导民政部门实施预算绩效管理，公开福彩公益金筹集、分配和使用情况信息。

民政部门负责福彩公益金资助项目实施方案制定、预算申报、预算执行、资金日常管理，实施项目跟踪监管、绩效管理，公开福彩公益金的使用规模、资助项目和执行情况等信息。

项目单位是福彩公益金项目具体执行单位，负责按规定程序组织项目申报和实施工作，严格按规定规范使用资金，开展绩效管理，公开使用情况等。

第六条 福彩公益金使用遵循福利彩票"扶老、助残、救孤、济困"的发行宗旨，主要用于资助为老年人、残疾人、儿童等特殊群体提供服务的社会福利项目。

（一）老年人福利项目。主要用于扶持养老服务业发展、困难老年人救助、老年福利设施等方面支出。

（二）残疾人福利项目。主要用于民政精神康复、辅具康复服务机构建设、设施设备配置等能力提升，以及残疾人救助等方面支出。

（三）孤残儿童福利项目。主要用于儿童福利机构建设、设施设备配置等能力提升，以及孤残儿童救治援助等方面支出。

（四）济困帮扶项目。主要用于流浪乞讨人员救助机构建设提升、公益性殡葬，以及临时救助、特殊困难群众救助等方面支出。

（五）社会公益项目。主要用于城乡为民服务社区建设、地名公共服务、社区志愿服务等项目，以及符合福利彩票发行宗旨的其他社会公益项目支出。

第七条　福彩公益金用于养老服务业项目预算总额不得低于福彩公益金总额的 50%。重大政策调整涉及福彩公益金分配比例的按相关规定执行。

第八条　福彩公益金不得用于以下支出：

（一）各级民政行政事业单位、社会福利服务机构的基本支出。

（二）因公出国（境）费、公务接待费、公务用车购置及运行费。

（三）对外投资和其他经营性活动。

（四）其他不符合福利彩票发行宗旨的支出。

第九条　福彩公益金预算编制、报送和审批执行省级部门预算管理制度，并实行中期财政规划管理。

第十条　省财政厅、省民政厅结合工作实际，采取因素法和项目法等方式分配福彩公益金。对下补助资金，按照支出方向选择分配方式；省本级项目资金，根据事业发展需要，采取项目法从严界定项目，据实控制资金规模。

第十一条　实行项目法管理的福彩公益金资助项目应实行项目库管理。各级民政部门要根据工作实际，建立健全项目入库评审机制和项目滚动管理机制，负责制定项目实施方案，提前做好预算项目的可行性研究、立项评审等前期准备工作。

第十二条　福彩公益金分配按下列程序管理：

（一）省财政厅、省民政厅共同商定福彩公益金分配方式和原则。采取因素法分配的，要科学选择分配因素和权重，分配因素主要从工作任务、财政困难程度、工作绩效等方面选择。采取项目法分配的，要制订项目实施方案，严格按申请审批程序确定项目。

（二）省民政厅按照商定分配方式，根据项目管理办法在规定期限内提出资金分配方案，按程序报省财政厅。

（三）省财政厅根据省民政厅正式报送的资金分配方案下达资金。

第十三条　加强福彩公益金拨付管理，确保资金及时拨付、安全使用。对直接用于特殊困难群众的福彩公益金，原则上实行社会化发放；对用于基础设施建设和设施设备更新改造的项目资金，严格按照预算安排、项目实施进度和实施方案据实拨付资金，属政府采购的，按照政府采购规定执行。

第十四条　福彩公益金资金支付按照国库集中支付制度有关规定执行。

第十五条　各级民政部门要严格按照财政部门批复的预算执行，不得擅自调整预算，不得截留、挤占、挪用资金。在预算执行过程中，如发生项目变更、终止，确需调整预算的，应当按照有关规定和程序进行审批。

各级民政部门、项目单位应当加强项目资金管理，加快预算执行进度，提高资金使用效益。

第十六条　福彩公益金结转结余资金使用管理，按照财政部门有关结转结余资金使用管理办法执行。

第十七条　根据预算绩效管理相关要求，民政部门和项目单位是福彩公益金预算绩效管理责任主体，对福彩公益金实施全过程预算绩效管理。

民政部门在申报预算时，应按规定编制绩效目标并报同级财政部门审核，未编制绩效目标的项目不纳入项目库。重大政策、项目应进行前期绩效评估。

福彩公益金与一般公共预算资金共同安排的项目应合并编制预算项目支出绩效目标。

预算执行中，民政部门、项目单位要对预算执行和绩效目标完成情况实施"双监控"，及时发现并解决问题，确保绩效目标顺利实现。

第十八条　年度预算执行完毕或阶段性任务完成后，要及时开展绩效评价，对评价中发现的问题，要制定改进措施及时整改。

财政和民政部门应加强绩效评价结果运用，将绩效评价结果作为以后年度预算安排的重要参考依据。

第十九条 各级民政部门、项目单位应当根据有关规定，公开福彩公益金使用规模、资助项目、执行情况和实际效果等相关信息，接受社会监督。

第二十条 各市民政部门应当于每年 3 月 15 日前，将上年度福彩公益金使用情况报省民政厅，包括项目组织实施情况、项目资金使用、结余情况、社会效益和经济效益等。省民政厅应于每年 6 月底前将上年度福彩公益金使用规模、资助项目、执行情况和实际效果等信息向社会发布公告。

第二十一条 民政部门要完善项目实施管理办法，严格补助对象和补助项目资格、条件、标准和申请审核程序等，加强日常管理和考核，对项目实施全过程进行跟踪问效，提高项目实施质量。

第二十二条 各级民政、财政部门和各项目单位应当建立健全信息发布上报的内部报批审核机制，加强信息审核，对上报和发布信息的真实性、准确性负责。

第二十三条 各级财政、民政、经办机构和项目单位要严格按规定使用福彩公益金。对福彩公益金使用管理过程中出现的违法违纪违规行为，依照《中华人民共和国预算法》《彩票管理条例》（国务院令第554 号）和《财政违法行为处罚处分条例》（国务院令第 427 号）等规定处理。

第二十四条 市县财政、民政部门可结合本地实际，制定本地区福彩公益金使用管理办法。

第二十五条 本办法由省财政厅、省民政厅负责解释。

第二十六条 本办法自 2019 年 1 月 1 日起施行，有效期至 2023 年 12 月 31 日。

省财政厅　省卫生健康委关于修订省级医疗卫生和计划生育项目转移支付补助资金管理办法的通知

2018 年 12 月 7 日　鲁财社〔2018〕69 号

各市财政局、卫生计生委：

为规范和加强省级医疗卫生和计划生育项目补助资金管理，提高资金使用效益，根据有关法律法规和财政专项资金管理规定，我们对《省级医疗卫生和计划生育项目转移支付补助资金管理办法》进行了修订，现印发给你们，请遵照执行。

附件：省级医疗卫生和计划生育项目转移支付补助资金管理办法

附件：

省级医疗卫生和计划生育项目转移支付补助资金管理办法

第一条 为加强和规范省级医疗卫生和计划生育项目转移支付补助资金管理（以下简称补助资金），提高资金使用效益，根据有关法律法规和财政专项资金管理规定，结合我省卫生和计划生育工作要求，制定本办法。

第二条 本办法所称补助资金，是指中央和省级财政安排，用于支持各地实施基本和重大公共卫生服务项目，促进公立医院改革发展，落实计划生育基本国策等方面的转移支付补助资金，主要包括公共卫生服务补助资金、公立医院补助资金、计划生育服务补助资金。

第三条 补助资金按照以下原则分配和管理：

（一）科学论证，合理规划。科学论证项目可行性和必要性，合理确定补助资金使用方向。

（二）分类保障，分级负担。区分不同人群和项目内容，分类制定补助政策，各级财政部门分级落实补助资金预算安排、拨付及管理责任。

（三）优化整合，保障重点。统筹考虑卫生计生事业发展需要，逐步整合项目内容，形成资金合力，切实保障医改和计划生育重点项目落实。

（四）讲求绩效，量效挂钩。加强项目绩效评价管理，建立绩效评价结果与资金分配挂钩机制。

第四条　省财政厅牵头负责补助资金的预算管理、监督检查。省卫生健康委会同省财政厅提出补助资金支持重点和工作任务，对项目安排和实施、任务完成情况进行监督检查和绩效评价。各地卫生计生、财政部门根据省里确定的支持重点和工作任务，负责具体落实和项目实施，并做好资金使用管理、监督检查和跟踪问效等工作。

第五条　公共卫生服务补助资金重点用于开展面向全体城乡居民免费提供基本公共卫生服务项目、面向特定人群或针对特殊公共卫生问题提供重大公共卫生服务项目所需的需方补助、工作经费和能力建设等支出。

公共卫生服务补助资金按照因素法分配。其中，基本公共卫生服务项目补助资金根据各地实施基本公共卫生服务常住人口数量、国家规定的人均经费标准等，统筹考虑区域财力状况和绩效评价情况，对东、中、西部地区按不同比例给予补助，不足部分由市县财政补足；重大公共卫生服务项目补助资金根据任务量和补助标准确定对各地的补助金额，或根据项目分类特点进行分配。

市级卫生计生部门要会同同级财政部门，根据国家和省里确定的公共卫生服务项目、任务和标准，结合本地区疾病谱、经济社会发展水平和财政承受能力，合理确定本地区公共卫生服务项目内容及各项服务标准。在核定服务任务、补助标准、绩效评价补助的基础上，基层医疗卫生机构获得的基本公共卫生服务补助资金，可统筹用于经常性支出。

第六条　公立医院补助资金根据国家医改工作部署和公立医院改革要求安排使用。现阶段重点用于支持公立医院综合改革、住院医师规范化培训、国家临床重点专科建设等工作。

（一）公立医院综合改革补助资金。主要支持推进城市和县级公立医院综合改革相关工作，弥补公立医院因取消药品加成减少的收入，落实政府对公立医院的投入政策。补助资金按照因素法分配，主要根据综合改革实施情况、评价结果等因素分配，采取"全额预拨、考核结算"的方式下达。

（二）住院医师规范化培训补助资金。主要支持按规划开展的住院医师规范化培训工作，包括培训基地能力建设中央补助资金和人员培训补助资金。其中，能力建设项目中央补助资金主要用于按规划建设设置的培训基地设备购置，人员培训补助资金主要用于面向社会招收和单位委派培训对象的生活学习补助以及培训基地教学实践活动等支出的补助。补助资金按照因素法分配，主要根据培训基地和培训对象数量、补助标准以及评价结果等因素分配，采取"全额预拨、考核结算"的方式下达。

（三）国家临床重点专科建设补助资金。主要指由中央补助支持的国家临床重点专科建设，包括对完成临床重点专科建设项目所需的设备购置、人才队伍建设、适宜技术推广等支出的补助。补助资金实行项目法分配，对经过国家评审产生的国家临床重点专科建设项目采取"先期按比例预拨、项目结束后考核结算"的方式下达。国家临床重点专科建设补助资金项目申报指南由国家卫生健康委、国家中医药局和财政部另行发布。

（四）其他方面补助资金。主要支持根据医改工作安排，除上述支出以外，与公立医院改革发展相关的其他工作。具体补助内容和方式由省里根据中央补助资金、国家医改相关规划，以及年度医改重点工作安排研究确定。

第七条　计划生育服务补助资金重点用于实施农村部分计划生育家庭奖励扶助制度、计划生育家庭特别扶助制度等。实施农村部分计划生育家庭奖励扶助制度和计划生育家庭特别扶助制度要严格按规定对象和标准落实，直接支付到补助对象个人银行账户。

计划生育服务补助资金采取"提前通知，据实结算"的方式，采取因素法分配下达。其中，对农村部分计划生育家庭奖励扶助制度、计划生育家庭特别扶助制度补助资金，省财政按照目标人群数量和人（户）均标准，统筹考虑区域财力状况和绩效评价情况，对东、中、西部地区按不同比例给予补助，不足部分由市县财政补足；对其他计划生育服务补助资金，结合中央对我省补助方式、分配因素等情况下达。

第八条   市县级财政、卫生计生部门要结合本地实际，统筹使用上级和本级财政安排的相关资金，确保年度医疗卫生和计划生育重点项目任务按国家和省里要求按期完成。

第九条   省级财政按《中华人民共和国预算法》规定的时间和要求下达补助资金。市级接到省级下达的转移支付后，应于 30 日内正式下达到县级。

第十条   补助资金应按照《财政部关于印发〈中央对地方专项转移支付绩效目标管理暂行办法〉的通知》（财预〔2015〕163 号）要求，做好绩效目标的设立、审核、下达工作。

第十一条   市级卫生计生部门负责项目业务指导和管理，会同同级财政部门建立健全绩效评价机制，并对项目执行情况开展绩效评价。绩效评价内容主要包括：项目组织管理、资金使用情况、任务完成数量、质量和时效，以及经济和社会效益、可持续影响、社会满意度等。绩效评价原则上每年一次，也可根据需要，以一定的项目实施期为限，开展中期绩效评价。省级根据需要开展对各市补助资金绩效评价抽查工作。

第十二条   补助资金要专款专用，各级财政、卫生计生等部门要按照项目有关规定安排使用补助资金，不得擅自扩大支出范围，改变支出用途，不得以任何形式挤占、挪用、截留和滞留。具体使用单位收到补助资金后，要按预算和国库管理有关规定，建立健全内部管理机制，制定资金管理办法，加快预算执行。年度未支出的补助资金，按省财政厅对结转结余资金管理的有关规定进行管理。

第十三条   补助资金依法接受财政、审计、监察等部门监督。必要时，可以委托专业机构或具有资质的社会中介机构开展补助资金监督检查工作。

第十四条   补助资金分配与项目执行进度、绩效评价结果、预算监管结果、监督检查、审计结果挂钩。

第十五条   补助资金支付按照国库集中支付制度有关规定执行。

第十六条   资金使用过程中，涉及政府采购的，按照政府采购有关法律法规等规定执行；涉及资产的，按照国有资产管理规定执行。

第十七条   补助资金实行信用负面清单制度，对弄虚作假、冒领骗取财政专项资金等失信、失范行为进行记录和惩戒。

第十八条   对补助资金管理使用中的违法行为，依照《中华人民共和国预算法》《财政违法行为处罚处分条例》（国务院令第 427 号）等有关规定追究法律责任。

第十九条   本办法由省财政厅会同省卫生健康委负责解释。

第二十条   本办法自 2019 年 2 月 1 日起施行，有效期至 2022 年 1 月 31 日。2018 年 7 月 1 日至 2019 年 1 月 31 日之间的资金管理按照本办法执行。

省财政厅　省卫生健康委关于修订省级卫生计生重点事业发展专项补助资金管理办法的通知

2018 年 12 月 7 日   鲁财社〔2018〕70 号

各省级卫生健康预算单位：

为加强和规范省级卫生计生重点事业发展专项补助资金管理，提高资金使用效益，我们对《省级卫生计生重点事业发展专项补助资金管理办法》进行了修订，现予印发，请遵照执行。执行中如有问题，请及时向我们反映。

附件：省级卫生计生重点事业发展专项补助资金管理办法

附件：

省级卫生计生重点事业发展
专项补助资金管理办法

第一条　为加强和规范省级卫生计生重点事业发展专项补助资金（以下简称"专项资金"）管理，提高财政资金使用效益，根据《中华人民共和国预算法》等规定，制定本办法。

第二条　本办法所称专项资金是指省级财政预算安排的专项用于支持省级卫生和计划生育重点事业发展的补助资金。

第三条　按照整合资源和综合预算要求，专项资金与中央专款、事业收入、纳入预算管理的非税收入、以前年度结余结转资金及其他来源资金统筹安排。

第四条　纳入专项资金补助范围的项目必须经过科学论证，有明确的项目规划、实施方案、绩效目标，已纳入部门预算项目库，并具备项目实施条件。

第五条　预算单位负责项目预算编制、申报、执行和管理等工作，按照预算编制、执行、监督相互制约、相互协调的总体要求，建立预算管理分权制衡机制，加强预算编制和预算执行风险防控，提高预算管理质量和效率，促进项目按预定绩效目标有效实施。

第六条　省卫生健康委负责加强本部门预算项目库管理，组织项目可行性研究、评审论证，编制项目规划，对预算单位申报的年度项目预算，按照先急后缓、突出重点、注重绩效、厉行节约的原则，严格审核把关，按规定时间报省财政厅。

第七条　省财政厅负责按照省级财政专项资金和部门预算管理规定，根据年度财力状况和预算单位财务管理绩效考核结果，提出预算安排意见，按规定程序批复下达。

第八条　专项资金一经批复下达，年度内原则上不予调整。确需调整的应急事项，应先统筹当年年初部门预算、结余结转资金、事业收入等渠道解决。

第九条　省卫生健康委负责组织本部门专项资金的预算执行和绩效管理。对绩效评价发现的问题，及时反馈被评价单位，并负责督促整改。

第十条　专项资金绩效评价统一纳入省级预算单位财务绩效管理，评价结果作为下年度项目预算安排的重要依据。

第十一条　专项资金预算执行中，属于政府采购目录范围的内容，应按照《中华人民共和国政府采购法》及省级政府采购管理规定，编制政府采购预算。

第十二条　建立专项资金结余结转定期清理机制，对结余或结转超过规定期限的专项资金，由省卫生健康委提出意见，省财政厅收回统筹安排。

第十三条　专项资金实行信用负面清单制度，对弄虚作假、冒领骗取财政专项资金等失信、失范行为，进行记录和惩戒。

第十四条　对专项资金申报、使用和管理过程中出现的违规行为，按照《财政违法行为处罚处分条例》（国务院令第 427 号）等规定进行处理。

第十五条　承担省级卫生计生任务的非归口管理预算单位专项资金，参照上述规定由省卫生健康委统一管理。

第十六条　本办法由省财政厅、省卫生健康委负责解释。

第十七条　本办法自 2019 年 2 月 1 日起施行，有效期至 2022 年 1 月 31 日。2018 年 7 月 1 日至 2019 年 1 月 31 日之间的资金管理按照本办法执行。

省财政厅 省人力资源社会保障厅关于印发《山东省就业补助资金管理办法》的通知

2018 年 12 月 28 日 鲁财社〔2018〕86 号

各市财政局、人力资源社会保障局，黄河三角洲农业高新技术产业示范区财政金融局、政务服务局，省财政直接管理县（市）财政局、人力资源社会保障局，现代预算管理制度改革试点县（市）财政局、人力资源社会保障局：

为规范就业补助资金管理，提高资金使用效益，我们制定了《山东省就业补助资金管理办法》，现予印发，请遵照执行。

附件：山东省就业补助资金管理办法

附件：

山东省就业补助资金管理办法

第一章 总 则

第一条 为规范就业补助资金管理，提高资金使用效益，根据《中华人民共和国预算法》《中华人民共和国就业促进法》《山东省就业促进条例》等相关法律法规，按照《财政部 人力资源社会保障部关于印发〈就业补助资金管理办法〉的通知》（财社〔2017〕164 号）和《山东省人民政府关于进一步稳定和扩大就业的若干意见》（鲁政发〔2018〕30 号）等有关规定，制定本办法。

第二条 就业补助资金是县级以上人民政府通过一般公共预算安排的用于促进就业创业的专项资金，由本级财政部门会同人力资源社会保障部门管理。

第三条 就业补助资金管理遵循以下原则：

——注重普惠，重点倾斜。落实国家和省普惠性就业创业政策，重点支持就业困难群体就业，适度向就业工作任务重、财力薄弱地区倾斜，促进不同群体、不同地区间公平就业。

——奖补结合，激励相容。优化机制设计，奖补结合，充分发挥各级政策执行部门、政策对象的积极性。

——易于操作，精准效能。提高政策可操作性和精准性，加强监督与控制，以绩效导向、结果导向强化就业补助资金管理。

第二章 资金支出范围

第四条 就业补助资金分为对个人和单位的补贴、公共就业服务能力建设补助两类。

对个人和单位的补贴资金用于职业培训补贴、职业技能鉴定补贴、社会保险补贴、公益性岗位补贴、就业见习补贴、求职创业补贴、一次性创业补贴、一次性创业岗位开发补贴、创业场所租赁补贴、创业师资培训补贴、家政服务业从业人员意外伤害保险补贴、等支出；公共就业服务能力建设补助资金用于就业创业服务补助和高技能人才培养补助等支出。

同一项目就业补助资金补贴与失业保险待遇有重复的，个人和单位优先享受失业保险待遇，不可重复享受。

第五条 职业培训补贴。享受职业培训补贴的人员范围包括贫困家庭子女、全日制高等院校在校学生（含技师学院高级工班、预备技师班和特殊教育院校职业教育类在校学生）、城乡未继续升学的应届初高中毕业生、农村转移就业劳动者（含建档立卡的适龄贫困人口）、登记失业人员（以下简称五类人员），以及即将刑满释放人员（刑期不足两年的，下同）、强制隔离戒毒人员、符合条件的企业在职职工。全日制高等院校在校学生在校期间只能享受一次职业培训补贴，其他符合条件人员每人每年只能享受一次职业培训补贴。

（一）五类人员就业技能培训或创业培训。对五类人员参加就业技能培训或创业培训，培训后取得职业资格证书的（或职业技能等级证书、专项职业能力证书、培训合格证书，下同），给予一定标准的职业培训补贴，具体标准由设区的市根据不同培训职业（工种）的成本、紧缺程度、培训时间等因素合理确定。各市应当精准对接产业发展需求和受教育者需求，定期发布重点产业职业培训需求指导目录，对指导目录内的职业培训，可适当提高补贴标准。

对为城乡未继续升学的应届初高中毕业生垫付劳动预备制培训费的培训机构，给予一定标准的职业培训补贴。其中农村学员和城市低保家庭学员参加劳动预备制培训的，同时给予一定标准的生活费补贴，具体标准可参照中等职业学校国家助学金标准，由设区的市自行确定。

省人力资源社会保障厅每年下达省级就业创业培训示范项目计划，职业培训补贴标准不低于 1 800 元/人。

（二）符合条件的企业在职职工岗位技能培训。对企业新录用的五类人员，与企业签订 1 年以上期限劳动合同、并于签订劳动合同之日起 1 年内参加由企业依托所属培训机构或政府认定的培训机构开展岗位技能培训的，在取得职业资格证书后给予职工个人或企业一定标准的职业培训补贴。对按国家有关规定参加企业新型学徒制培训、技师（高级技师）培训的企业在职职工，培训后取得职业资格证书的，给予职工个人或企业一定标准的职业培训补贴。

新型学徒制培训补贴标准按企业支付给培训机构培训费用（以培训机构收费标准和培训费发票为准）的 60% 确定，原则上控制在 4 000 ~ 6 000 元之间，补贴期限不超过 2 年。

技师（高级技师）培训补贴标准，按照相同或可参照职业（工种）补贴标准的 80% 执行。

（三）符合条件人员项目制培训。人力资源社会保障、财政部门可通过项目制方式，向政府认定的培训机构整建制购买就业技能培训或创业培训项目，为化解钢铁煤炭煤电行业过剩产能企业失业人员、建档立卡贫困劳动力免费提供就业技能培训或创业培训；为黄河滩区迁建居民、即将刑满释放人员和强制隔离戒毒人员提供就业技能培训或创业培训。对承担项目制培训任务的培训机构，给予一定标准的职业培训补贴。

第六条 职业技能鉴定补贴。对通过初次职业技能鉴定并取得职业资格证书（不含培训合格证）的五类人员和参加项目制培训的人员，给予职业技能鉴定补贴。

职业技能鉴定补贴标准，按照省有关部门规定的职业技能鉴定收费标准的 80% 确定。对纳入重点产业职业资格和职业技能等级评定指导目录的，可将补贴标准提高至职业技能鉴定收费标准的 90%。

第七条 社会保险补贴。享受社会保险补贴的人员范围包括符合《山东省就业促进条例》规定的就业困难人员和符合条件的高校毕业生。

（一）就业困难人员社会保险补贴。对招用就业困难人员并为其缴纳职工社会保险费的单位，以及通过公益性岗位安置就业困难人员并为其缴纳职工社会保险费的单位，按其为就业困难人员实际缴纳的社会保险费给予补贴（不包括个人应缴纳部分）。

对就业困难人员灵活就业后缴纳的职工社会保险费，给予一定数额的社会保险补贴，补贴标准不超过其实际缴费的 2/3。

就业困难人员社会保险补贴期限，除对距法定退休年龄不足 5 年的可延长至退休外，其余人员最长不超过 3 年（以初次核定其享受社会保险补贴时年龄为准）。

（二）高校毕业生社会保险补贴。对招用毕业年度高校毕业生（含技师学院高级工班、预备技师班和特殊教育院校职业教育类毕业生，下同），与之签订 1 年以上劳动合同并为其缴纳职工社会保险费的小微企业，按其实际缴纳的社会保险费，给予最长不超过 1 年的社会保险补贴（不包括个人应缴纳的部分）。

对离校 1 年内未就业的高校毕业生灵活就业后缴纳的职工社会保险费，给予一定数额的社会保险补贴，补贴标准原则上不超过其实际缴费的 2/3，补贴期限最长不超过 2 年。

高校毕业生社会保险补贴不能与就业困难人员社会保险补贴重复享受。

第八条 公益性岗位补贴。享受公益性岗位补贴的人员范围为就业困难人员，重点是大龄失业人员、零就业家庭人员、建档立卡的适龄贫困人员。

对公益性岗位安置的就业困难人员给予公益性岗位补贴，标准参照当地最低工资标准执行。有条件的市可适当提高补贴标准。

公益性岗位补贴期限，除对距法定退休年龄不足 5 年的就业困难人员可延长至退休外，其余人员最长不超过 3 年（以初次核定其享受补贴时年龄为准）。对家庭生活特别困难、在公益性岗位工作期满后仍难以就业，且工作期间考核优秀的女性 45 周岁、男性 55 周岁以上的人员，经设区的市人力资源社会保障局审核、公示，省人力资源社会保障厅备案后，可适当延长工作期限，续签劳动合同，续签合同最长期限不得超过 3 年。

有条件的市可参照公益性岗位补贴政策，对招用就业困难人员的用人单位给予岗位补贴，补贴标准由各市确定，补贴期限按照公益性岗位补贴管理规定执行。

第九条 就业见习补贴。享受就业见习补贴的人员范围为择业派遣期内未就业山东生源高校毕业生以及三年百万青年见习计划（2019～2021 年）确定的 16～24 岁失业青年。对吸纳符合条件的人员参加就业见习并支付见习人员见习期间基本生活费（不低于当地最低工资标准）的单位，给予一定标准的就业见习补贴，用于见习单位支付见习人员见习期间基本生活费、为见习人员办理人身意外伤害保险，以及对见习人员的指导管理费用。就业见习补贴期限一般为 3～6 个月，最长不超过 12 个月。补贴标准为当地最低工资标准的 50%，对见习期满留用率达到 70% 以上的见习单位，见习补贴比例提高 10 个百分点。

第十条 求职创业补贴。对在毕业年度有就业创业意愿并积极求职创业的城乡低保家庭、特困人员、孤儿、重点困境儿童、建档立卡贫困家庭、贫困残疾人家庭、有残疾人证的高校毕业生，以及在校期间已获得国家助学贷款的高校毕业生，给予一次性求职创业补贴。其中，城乡低保家庭毕业生、特困人员毕业生、孤儿、重点困境儿童毕业生、建档立卡贫困家庭毕业生、贫困残疾人家庭毕业生、有残疾人证的毕业生补贴标准为 1 000 元/人，其他人员补贴标准为 600 元/人。

第十一条 一次性创业补贴。对首次领取小微企业营业执照（2013 年 10 月 1 日以后登记注册）、正常经营 12 个月以上，在创办企业缴纳职工社会保险费的创业人员（企业法人）、离岗或在职创业的乡镇事业单位专业技术人员，给予一次性创业补贴，补贴标准不低于 1.2 万元，每名创业人员、每个企业只能领取一次。有条件的市可将一次性创业补贴政策放宽到符合条件的新注册个体工商户，补贴标准不低于 2 000 元。对在高附加值产业创业的劳动者，有条件的市可适当提高补贴标准。

第十二条 一次性创业岗位开发补贴。对 2013 年 10 月 1 日以后注册成立，吸纳登记失业人员和毕业年度高校毕业生（不含创业者本人，下同）并与其签订 1 年及以上期限劳动合同，按月向招用人员支付不低于当地最低工资标准的工资报酬，并按规定为其缴纳职工社会保险费的小微企业，按照申请补贴时创造就业岗位数量和每个岗位不低于 2 000 元的标准给予一次性创业岗位开发补贴。

第十三条 创业场所租赁补贴。有条件的市对高层次高技能人才、返乡农民工、就业困难人员、毕业

5 年内全日制高等院校毕业生租用经营场地创业，并且未享受场地租赁费用减免的，可给予创业场所租赁补贴，补贴期限最长不超过 3 年，具体标准由设区的市确定。

第十四条 创业师资培训补贴。对参加省、市人力资源社会保障部门组织的创业培训讲师培训、创业咨询师培训，取得培训合格证书的学员，给予每人 1 800 元创业师资培训补贴。符合条件人员参加省人力资源社会保障部门组织的培训，每人只能享受一次补贴。

第十五条 家政服务业从业人员意外伤害保险补贴。家政服务机构为已办理就业失业登记、法定劳动年龄内家政服务业从业人员购买意外伤害保险，经注册地人力资源社会保障部门审核后，按照购买意外伤害保险费数额 50% 的标准给予补贴，每人每年不高于 60 元。家政服务业从业人员意外伤害保险由设区的市通过招标选定 2 家左右商业保险公司承办，具体实施办法由设区的市自行制定，并报省人力资源社会保障厅备案。

第十六条 就业创业服务补助。用于加强公共就业创业服务机构服务能力建设，重点支持公共就业创业服务信息化建设，公共就业创业服务机构及其与高校开展的招聘活动和创业服务，对创业孵化基地给予奖补，创业大赛奖励以及向社会购买基本就业创业服务成果。各地要严格控制就业创业服务补助的支出比例。

第十七条 高技能人才培养补助。重点用于高技能人才培训基地建设和技能大师工作室建设等支出。

第十八条 其他支出是指经省政府批准，符合中央及我省专项转移支付相关管理规定，确需新增的项目支出。

第十九条 小微企业认定标准按照工业和信息化部、国家统计局、国家发展和改革委员会、财政部《关于印发中小企业划型标准规定的通知》（工信部联企业〔2011〕300 号）规定执行。

第二十条 就业补助资金不得用于以下支出：

（一）办公用房建设支出。

（二）职工宿舍建设支出。

（三）购置交通工具支出。

（四）发放工作人员津贴补贴等支出。

（五）"三公"经费支出。

（六）普惠金融项下创业担保贷款（原小额担保贷款，下同）贴息及补充创业担保贷款基金相关支出。

（七）部门预算已安排支出。

（八）法律法规禁止的其他支出。

个人、单位按照本办法申领获得的补贴资金，具体用途可由申请人或申请单位确定，不受本条规定限制。

第三章 资金分配与下达

第二十一条 省级（含中央补助）就业补助资金中用于对个人和单位的补贴资金及公共就业服务能力建设补助中的就业创业服务补助资金，实行因素法分配。

分配因素包括基础因素、投入因素、绩效因素三类。基础因素主要根据劳动力人口等指标，重点考核就业工作任务量；投入因素主要根据各市、县（市、区）就业补助资金的安排使用等指标，重点考核地方投入力度和支出进度；绩效因素主要根据各地失业率和新增就业人数以及就业目标责任考核结果等指标，重点考核落实各项就业政策的成效。每年分配资金选择的因素、权重、方式，可根据年度就业整体形势和工作任务重点适当调整。

省人力资源社会保障厅对中央和省就业补助资金提出分配意见，商省财政厅同意后下达补助资金。

第二十二条 公共就业服务能力建设补助资金中的高技能人才培养补助资金，实行项目管理。省、市人力资源社会保障部门编制高技能人才培养中长期规划，确定本地区支持的高技能人才重点领域。

省人力资源社会保障厅组织专家对拟实施国家级高技能人才项目进行评审，评审结果报人力资源社会保障部和财政部备案。省人力资源社会保障厅会同省财政厅根据评审结果给予定额补助。

第二十三条 省级按规定提前通知各市、县（市）下一年度就业补助资金，除据实结算项目外，每年在省人代会审查批准省级预算后 60 日内，正式下达省级财政就业补助资金预算。

第二十四条 各市应在收到省级就业补助资金后 30 日内，正式下达到县级人力资源社会保障和财政部门；市、县级应当将本级政府预算安排给下级政府的就业补助资金在本级人民代表大会批准预算后 60 日内正式下达到下级。各级人力资源社会保障部门、财政部门应对其使用的就业补助资金提出明确的资金管理要求，及时组织实施各项就业创业政策。

第二十五条 就业补助资金应按照国家和省关于专项转移支付绩效目标管理的有关规定，做好绩效目标的设定、审核、下达工作。

第四章 资金申请与使用

第二十六条 职业培训补贴。实行"先垫后补"和"信用支付"等办法。有条件的地区应探索为劳动者建立职业培训个人信用账户，鼓励劳动者自主选择培训机构和课程，并通过信用账户支付培训费用。

（一）个人申领职业培训补贴。五类人员向当地人力资源社会保障部门申请职业培训补贴，应提供以下材料：身份证（或《社会保障卡》，港澳台人员可持港澳台居民居住证、港澳居民来往内地通行证、台湾居民来往大陆通行证，下同）、职业资格证书复印件、培训机构开具的行政事业性收费票据（或税务发票）等，全日制高等院校在校学生还需提供学生证复印件。申请补贴人员《就业创业证》（或《就业失业登记证》，下同）等信息由人力资源社会保障部门核查。

（二）培训机构代领职业培训补贴或项目制培训职业培训补贴。承担培训任务的机构向当地人力资源社会保障部门申请职业培训补贴，应提供以下材料：培训人员花名册、身份证复印件、全日制高等院校在校学生学生证复印件、培训人员与培训机构签订的代领职业培训补贴协议书、职业资格证书复印件、培训机构开具的行政事业性收费票据（或税务发票）等。相关人员《就业创业证》等信息由人力资源社会保障部门核查。

培训机构为参加劳动预备制培训的农村学员和城市低保家庭学员代为申请生活费补贴的，除上述资料外，还应提供培训人员与培训机构签订的代领生活费补贴协议书、劳动预备制培训人员初高中毕业证书复印件、城市低保家庭学员的最低生活保障证明材料。

培训机构代为申请职业培训补贴或开展项目制培训的，应在开班前将培训计划和大纲、培训人员花名册等有关材料报当地人力资源社会保障部门备案。

（三）符合条件的企业在职职工向当地人力资源社会保障部门申请技能培训补贴，应提供以下材料：职业资格证书复印件、培训机构出具的行政事业性收费票据（或税务发票）等。企业为在职职工申请技能培训补贴、新型学徒制培训补贴或技师（高级技师）培训补贴，应提供以下材料：职业资格证书复印件、培训机构出具的行政事业性收费票据（或税务发票）等。

企业在开展新型学徒制培训和技师（高级技师）培训前，应将培训计划、培训人员花名册、劳动合同复印件等有关材料报当地人力资源社会保障部门备案。其中，经企业所在地人力资源社会保障部门审核后列入当地学徒培训计划的，可按规定向企业预支不超过 50% 的补贴资金，培训任务完成后经考核拨付其余补贴资金。

上述申请材料经人力资源社会保障部门审核后，对个人申请的职业培训补贴或生活费补贴资金，按规定支付到申请者本人社会保障卡银行账户、个人银行账户或个人信用账户；对企业和培训机构代为申请职业培训补贴、生活费补贴或项目制职业培训补贴，按规定支付到企业和培训机构在银行开立的基本账户。

第二十七条 职业技能鉴定补贴。可由本人申请，也可由培训机构代为申请。符合条件的人员向当地人力资源社会保障部门申请职业技能鉴定补贴，应提供以下材料：身份证、职业资格证书复印件、职业技能鉴定机构开具的行政事业性收费票据（或税务发票）等。培训机构向当地人力资源社会保障部门申请职业技能鉴定补贴，除上述材料外，还应提供培训人员与培训机构签订的代领职业技能鉴定补贴协议书。申请补贴人员《就业创业证》等信息由人力资源社会保障部门核查。

经人力资源社会保障部门审核后，按规定将补贴资金支付到申请者本人社会保障卡银行账户、个人银行账户，或代为申请培训机构在银行开立的基本账户。

第二十八条 社会保险补贴。实行"先缴后补"，并根据资金具体用途分别遵循以下要求：

（一）招用就业困难人员或通过公益性岗位安置就业困难人员的单位和招用毕业年度高校毕业生的小微企业，向当地人力资源社会保障部门申请社会保险补贴，应提供以下材料：符合条件人员名单、银行代单位发放工资明细账（单）等，招用毕业年度高校毕业生的还应提供毕业证书复印件。就业人员《就业创业证》、劳动合同签订、社会保险缴费、享受社会保险补贴年限等信息由人力资源社会保障部门核查。经人力资源社会保障部门审核后，按规定将补贴资金支付到单位在银行开立的基本账户。

（二）灵活就业的就业困难人员和灵活就业的离校 1 年内未就业高校毕业生，向当地人力资源社会保障部门申请社会保险补贴，应提供身份证，高校毕业生还应提供毕业证书复印件。灵活就业人员《就业创业证》、社会保险缴费、享受社会保险补贴年限等信息由人力资源社会保障部门核查。经人力资源社会保障部门审核后，按规定将补贴资金支付到申请者本人社会保障卡银行账户或个人银行账户。

第二十九条 公益性岗位补贴。通过公益性岗位安置就业困难人员的单位，向当地人力资源社会保障部门申请公益性岗位补贴，需提供银行代单位发放工资明细账（单）等材料。就业困难人员《就业创业证》、享受公益性岗位补贴年限等信息由人力资源社会保障部门核查。

经人力资源社会保障部门审核后，按规定将补贴资金支付到单位在银行开立的基本账户。有条件的地方，可将补贴资金直接支付到就业困难人员本人社会保障卡银行账户或个人银行账户。

岗位补贴申请程序和提供材料参照公益性岗位补贴有关规定执行。

第三十条 就业见习补贴。吸纳符合条件人员参加就业见习的单位向当地人力资源社会保障部门申请就业见习补贴，应提供以下材料：参加就业见习的人员名单、就业见习协议书、单位发放基本生活补助明细账（单）、为见习人员办理人身意外伤害保险发票复印件等，高校毕业生还应提供毕业证书复印件。见习人员《就业创业证》等信息由人力资源社会保障部门核查。经人力资源社会保障部门审核后，按规定将补贴资金支付到单位在银行开立的基本账户。

第三十一条 求职创业补贴。符合条件的高校毕业生，通过山东高校毕业生就业信息网自愿填写求职创业补贴申请信息，申请人信息将与省民政厅社会救助信息管理系统、省残联残疾人信息库和省教育厅获得国家助学贷款信息库核对，核对通过者免予上传证照材料。核对不通过的，上传证照材料。通过网络核验及证照材料核对无误的，经省人力资源社会保障厅审核后，按规定将补贴资金支付到毕业生本人社会保障卡银行账户或个人银行账户。

省属技师学院高级工班、预备技师班和特殊教育院校职业教育类毕业生申请求职创业补贴，具体办法由省人力资源社会保障厅另行制定。

第三十二条 一次性创业补贴。符合条件的小微企业或个体工商户向注册地人力资源社会保障部门申请一次性创业补贴，应提供以下材料：营业执照原件及复印件、财务报表等。创业者《就业创业证》、社会保险缴费等信息由人力资源社会保障部门核查。经人力资源社会保障部门审核后，按规定将补贴资金支付到单位在银行开立的基本账户。

第三十三条 一次性创业岗位开发补贴。符合条件的小微企业向注册地人力资源社会保障部门申请一次性创业岗位开发补贴，应提供以下材料：营业执照原件及复印件、招用人员名单、银行代单位发放工资明细账、财务报表等，高校毕业生还应提供毕业证书复印件。吸纳就业人员《就业创业证》、劳动合同签订、社会保险缴费等信息由人力资源社会保障部门核查。经人力资源社会保障部门审核后，按规定将补贴资金支付到单位在银行开立的基本账户。

第三十四条 创业场所租赁补贴。出台创业场所租赁补贴政策的市、县（市、区），符合条件的创业人员申请此项补贴需提供的资料，由各地根据实际确定。经人力资源社会保障部门审核后，按规定将补贴资金支付到创业者本人社会保障卡银行账户或个人银行账户。

第三十五条 家政服务业从业人员意外伤害保险补贴。符合条件的家政服务机构向注册地人力资源社会保障部门申请法定劳动年龄内从业人员意外伤害保险补贴，应提供以下材料：从业人员与企业签订的劳务协议、商业保险机构出具的保险费收费发票和被保险人员名单复印件、家政服务机构营业执照原件及复印件。从业人员《就业创业证》等信息由人力资源社会保障部门核查。经人力资源社会保障部门审核后，按规定将补贴资金支付到家政服务机构在银行开立的基本账户。

第三十六条 创业师资培训补贴。承担培训任务的机构申请创业师资培训补贴时，应提供以下材料：培训人员报名申请表、培训人员花名册和身份证复印件、培训合格证书复印件等，经省或市人力资源社会保障部门审核后，按规定将补贴资金支付到承担培训任务机构在银行开立的基本账户。

第三十七条 就业创业服务补助。县级以上财政、人力资源社会保障部门可从上级补助和本级安排的就业补助资金中，统筹安排不高于20%的资金用于就业创业服务补助。主要用于：

（一）支持公共就业创业服务机构按照省级统一规划加强公共就业创业服务标准化、信息化建设，推进就业创业管理服务信息省级集中。

（二）对县级及以下基层公共就业创业服务机构承担的免费公共就业创业服务，根据工作量和成效等，给予适当补助。

（三）对公共就业创业服务机构及其与高校开展的招聘活动和就业创业服务，根据服务人数、成效和成本等，给予适当补助。

（四）对创业孵化基地开展的创业孵化服务，根据孵化成功、带动就业等因素给予最长不超过3年的奖补。

（五）对创业大赛获奖的优秀创业项目、创业团队，给予奖励。

（六）向社会购买基本就业创业服务成果，重点用于职业介绍、职业指导、创业指导、信息咨询、就业创业测评和辅导、就业失业动态监测、有组织劳务输出、返乡创业服务活动、开展就业失业信息统计和城乡劳动力调查等。其中职业介绍补贴标准不高于每人每年120元，就业失业动态监测按照每户监测企业每年2 400元给予补贴。

第三十八条 高技能人才培养补助。各市、县（市、区）要结合区域经济发展、产业振兴发展规划和新兴战略性产业发展的需要，依托具备高技能人才培训能力的培训机构和公共实训基地，建设高技能人才培训基地，重点开展高技能人才研修提升培训、高技能人才评价、职业技能竞赛、高技能人才课程研发、高技能人才成果交流等活动。

各市、县（市、区）要发挥高技能领军人才在带徒传技、技能攻关、技艺传承、技能推广等方面的重要作用，选拔行业、企业生产、服务一线的优秀高技能人才，依托其所在单位建设技能大师工作室，开展培训、研修、攻关、交流等技能传承提升活动。

第三十九条 各级人力资源社会保障部门负责对上述各项补贴支出申请材料的全面性、真实性进行审核。对单位和个人补贴的项目实行实名制管理，申请人或单位提交的各类补贴申请材料，由人力资源社会保障部门扫描保存资料电子文档，通过公共就业人才管理服务信息系统、山东高校毕业生就业信息网等信息平台，全程进行信息化审核审批，建立和完善各项就业补助资金信息数据库和发放台账。

各级人力资源社会保障、财政部门应当按照"一次办好"改革要求，进一步优化业务流程，积极推进网上申报、网上审核、联网核查。对能依托管理信息系统或与相关单位信息共享、业务协同获得个人及单位信息、资料的，可直接审核拨付补贴资金，不再要求单位及个人报送纸质材料。

第四十条 就业补助资金的支付，按财政国库管理制度相关规定执行。各级财政部门不得设立就业补助资金财政专户，也不得通过其他财政专户核算就业补助资金。

第五章　资金管理与监督

第四十一条　各级财政、人力资源社会保障部门要建立健全财务管理规章制度，强化内部财务管理，优化业务流程，加强内部风险防控。

各级人力资源社会保障部门要健全完善就业补助资金审核发放机制，做好补助资金使用管理的基础工作，加强与公安、市场监管、民政、教育等部门的信息共享，有效甄别享受补贴政策的人员、单位的真实性，防止出现造假行为。落实好政府采购等法律法规的有关规定，规范采购行为；要切实加强信息化建设，全面推动业务财务一体化管理，将享受补贴人员、项目补助单位、资金标准及预算安排及执行等情况及时纳入管理信息系统，动态反映就业补助资金预算执行进度，并实现与财政部门的信息共享。

第四十二条　各级要建立科学规范的绩效评价指标体系，积极推进就业补助资金的绩效管理。省根据各地就业工作情况，定期委托第三方进行就业补助资金绩效评价。市、县（市、区）要对本地区就业补助资金使用情况进行绩效评价，并将评价结果作为就业补助资金分配的重要依据。

第四十三条　各级财政部门应当加快资金拨付进度，减少结转结余。人力资源社会保障部门要按照本办法规定积极推动落实就业创业扶持政策，确保资金用出成效。

第四十四条　各级财政、人力资源社会保障部门要将就业补助资金管理使用情况列入重点监督检查范围，自觉接受审计等部门的检查和社会监督。有条件的地方，可按政府购买服务相关规定，聘请具备资质的社会中介机构开展第三方监督检查。

第四十五条　各级财政、人力资源社会保障部门要按照财政预决算管理的总体要求，做好年度预决算工作。

第四十六条　各级人力资源社会保障部门要做好信息公开工作，通过当地媒体、部门网站等向社会公开年度就业工作总体目标、工作任务完成、各项补贴资金的使用等情况。

各项补贴资金的使用情况公开内容包括：享受各项补贴的单位名称或人员名单（含隐藏部分字段的身份证号）、补贴标准及具体金额等。其中，职业培训补贴还应公示培训的内容、取得的培训成果等；公益性岗位补贴和岗位补贴还应公示岗位名称、设立单位、安置人员名单、享受补贴时间等；求职创业补贴应在各高校初审时先行在校内公示。

第四十七条　各级财政、人力资源社会保障部门应当建立就业补助资金"谁使用、谁负责"的责任追究机制。

各级财政、人力资源社会保障部门及其工作人员在就业补助资金的分配审核、使用管理等工作中，存在违反本办法规定的行为，以及其他滥用职权、玩忽职守、徇私舞弊等违法违纪行为的，依照《中华人民共和国预算法》《中华人民共和国公务员法》《中华人民共和国行政监察法》等国家有关法律法规追究相应责任。涉嫌犯罪的，依法移送司法机关处理。对有关单位和个人弄虚作假、骗取套取就业补助资金的，按照《财政违法行为处罚处分条例》等有关规定作出处理，相关信息记入全省公共信用信息平台，实行联合惩戒。

对疏于管理、违规使用资金的地区，省级将相应扣减其下一年度就业补助资金；情节严重的，取消下年度该地区获得就业补助资金的资格，并在全省范围内予以通报。

第六章　附　　则

第四十八条　设区的市财政、人力资源社会保障部门可依据本办法，制定就业补助资金管理和使用的具体实施细则。其中，劳务派遣、电商等新型用工企业享受政策条件由设区的市自行确定。

第四十九条　《山东省人民政府关于进一步稳定和扩大就业的若干意见》（鲁政发〔2018〕30 号）规定的困难企业职工在岗培训补助、就业困难人员和零就业家庭成员培训生活费补贴、符合条件的生活困难下岗失业人员一次性临时生活补助，以及《山东省人力资源社会保障厅　山东省财政厅关于进一步加大就业扶贫政策支持力度提升劳务组织化程度和就业质量的通知》（鲁人社规〔2018〕18号）规定的企业吸纳外地贫困劳动力社会保险补贴等、就业扶贫车间等生产经营主体以工代训培训补贴、就业扶贫基地一次性奖补、有组织劳务输出一次性求职创业补贴、参加职业培训贫困劳动力生活费补贴，所需资金可从就业补助资金中列支，具体办法及审核要求由各设区市根据实际制定。政策实施期限按照上述文件规定执行。

第五十条　本办法由省财政厅和省人力资源社会保障厅负责解释。

第五十一条　除有明确实施期限的政策外，本办法自2019年1月1日起施行，有效期至2024年12月31日。

十、

工贸发展类

国务院关于积极有效利用外资推动经济高质量发展若干措施的通知

2018 年 6 月 10 日　国发〔2018〕19 号

各省、自治区、直辖市人民政府，国务院各部委、各直属机构：

利用外资是我国对外开放基本国策和构建开放型经济新体制的重要内容。当前我国经济已由高速增长阶段转向高质量发展阶段，利用外资面临新形势新挑战。为贯彻落实党中央、国务院关于推动形成全面开放新格局的决策部署，实行高水平投资自由化便利化政策，对标国际先进水平，营造更加公平透明便利、更有吸引力的投资环境，保持我国全球外商投资主要目的地地位，进一步促进外商投资稳定增长，实现以高水平开放推动经济高质量发展，现将有关事项通知如下：

一、大幅度放宽市场准入，提升投资自由化水平

（一）全面落实准入前国民待遇加负面清单管理制度。2018 年 7 月 1 日前修订出台全国和自由贸易试验区外商投资准入特别管理措施（负面清单），与国际通行规则对接，全面提升开放水平，以开放促改革、促发展、促创新。负面清单之外的领域，各地区各部门不得专门针对外商投资准入进行限制。（发展改革委、商务部牵头，各有关部门、各省级人民政府按职责分工负责）

（二）稳步扩大金融业开放。放宽外资金融机构设立限制，扩大外资金融机构在华业务范围，拓宽中外金融市场合作领域。修订完善合格境外机构投资者（QFII）和人民币合格境外机构投资者（RQFII）有关规定，建立健全公开透明、操作便利、风险可控的合格境外投资者制度，吸引更多境外长期资金投资境内资本市场。大力推进原油期货市场建设，积极推进铁矿石等期货品种引入境外交易者参与交易。深化境外上市监管改革，支持符合条件的境内企业到境外上市，稳妥有序推进在境外上市公司的未上市股份在境外市场上市流通。支持外资金融机构更多地参与地方政府债券承销。（财政部、商务部、人民银行、银保监会、证监会按职责分工负责）

（三）持续推进服务业开放。取消或放宽交通运输、商贸物流、专业服务等领域外资准入限制。加大自由贸易试验区范围内电信、文化、旅游等领域对外开放压力测试力度。（中央宣传部、中央网信办、发展改革委、工业和信息化部、交通运输部、农业农村部、商务部、文化和旅游部、粮食和储备局等有关部门按职责分工负责）

（四）深化农业、采矿业、制造业开放。取消或放宽种业等农业领域，煤炭、非金属矿等采矿业领域，汽车、船舶、飞机等制造业领域外资准入限制。（发展改革委、工业和信息化部、自然资源部、农业农村部、商务部等有关部门按职责分工负责）

二、深化"放管服"改革，提升投资便利化水平

（五）持续推进外资领域"放管服"改革。外商投资准入负面清单内投资总额 10 亿美元以下的外商投资企业设立及变更，由省级人民政府负责审批和管理。支持地方政府开展相对集中行政许可权改革试点。在全国推行负面清单以外领域外商投资企业商务备案与工商登记"一口办理"。（商务部、市场监管总局等有关部门、各省级人民政府按职责分工负责）

（六）提高外商投资企业资金运用便利度。进一步简化资金池管理，允许银行审核真实、合法的电子

单证，为企业办理集中收付汇、轧差结算业务。放宽企业开展跨国公司外汇资金集中运营管理试点备案条件。支持跨国企业集团办理跨境双向人民币资金池业务。（人民银行、外汇局按职责分工负责）

（七）提升外国人才来华工作便利度。研究出台支持政策，依法保障在华工作外国人才享有基本公共服务。为符合国家支持导向的中国境内注册企业急需的外国人才提供更加便利的外国人来华工作许可管理服务。积极推进外国高端人才服务"一卡通"试点，进一步简化工作许可办理程序。（外交部、司法部、人力资源社会保障部、外专局等有关部门按职责分工负责）

（八）提升外国人才出入境便利度。中国境内注册企业选聘的外国人才，符合外国人才签证实施办法规定条件的，可凭外国高端人才确认函向驻外使馆、领馆或者外交部委托的其他驻外机构申请 5—10 年有效、多次入境，每次停留期限不超过 180 天的人才签证，免除签证费和急件费，可在 2 个工作日内获发签证。（外交部、外专局等有关部门按职责分工负责）

三、加强投资促进，提升引资质量和水平

（九）优化外商投资导向。积极吸引外商投资以及先进技术、管理经验，支持外商全面参与海南自由贸易港建设，强化自由贸易试验区在扩大开放吸引外资方面的先行先试作用。（商务部牵头，国务院自由贸易试验区工作部际联席会议成员单位按职责分工负责）引导外资更多投向现代农业、生态建设、先进制造业、现代服务业，投向中西部地区。进一步落实企业境外所得抵免、境外投资者以境内利润直接投资以及技术先进型服务企业的税收政策。（发展改革委、财政部、商务部、税务总局按职责分工负责）

（十）支持外商投资创新发展。积极落实外商投资研发中心支持政策，研究调整优化认定标准，鼓励外商投资企业加大在华研发力度。进一步落实高新技术企业政策，鼓励外资投向高新技术领域。（科技部、财政部、商务部、海关总署、税务总局按职责分工负责）

（十一）鼓励外资并购投资。鼓励地方政府根据市场化原则建立并购信息库，引导国内企业主动参与国际合作。允许符合条件的外国自然人投资者依法投资境内上市公司。比照上市公司相关规定，允许外商投资全国中小企业股份转让系统挂牌公司。完善上市公司国有股权监督管理制度，进一步提高国有控股上市公司及其国有股权流转的公开透明程度，为符合条件的国内外投资者参与国有企业改革提供公平机会。（发展改革委、商务部、国资委、证监会等有关部门、各省级人民政府按职责分工负责）

（十二）降低外商投资企业经营成本。允许各地支持制造业企业依法按程序进行厂房加层、厂区改造、内部用地整理及扩建生产、仓储场所，提升集约化用地水平，不再增收地价款。支持外商投资企业科学用工，通过订立以完成一定工作任务为期限的劳动合同、短期固定期限劳动合同满足灵活用工需求。完善外商投资企业申请实行综合计算工时工作制和不定时工作制的审批流程，缩短审批时限。加快推进多双边社会保障协定商签工作，切实履行已签署社会保障协定的条约义务，依据协定内容维护在华外国劳动者的社会保障权益，免除企业和员工对协定约定社会保险险种的双重缴费义务。（人力资源社会保障部、自然资源部、住房城乡建设部按职责分工负责）

（十三）加大投资促进工作力度。鼓励各地提供投资促进资金支持，强化绩效考核，完善激励机制。支持各地在法定权限范围内制定专项政策，对在经济社会发展中作出突出贡献的外商投资企业及高层次人才给予奖励。充分运用因公临时出国管理有关政策，为重大项目洽谈、重大投资促进活动等因公出访团组提供便利。各地在招商引资过程中，应遵守国家产业政策、土地利用政策、城乡规划和环境保护等要求，注重综合改善营商环境，给予内外资企业公平待遇，避免恶性竞争。（中央外办、外交部、发展改革委、财政部、自然资源部、生态环境部、商务部、外专局、各省级人民政府按职责分工负责）

四、提升投资保护水平，打造高标准投资环境

（十四）加大知识产权保护力度。推进专利法等相关法律法规修订工作，大幅提高知识产权侵权法定

赔偿上限。严厉打击侵权假冒行为，加大对外商投资企业反映较多的侵犯商业秘密、商标恶意抢注和商业标识混淆不正当竞争、专利侵权假冒、网络盗版侵权等知识产权侵权违法行为的惩治力度。严格履行我国加入世界贸易组织承诺，外商投资过程中技术合作的条件由投资各方议定，各级人民政府工作人员不得利用行政手段强制技术转让。加强维权援助和纠纷仲裁调解，推进纠纷仲裁调解试点工作，推动完善知识产权保护体系。（中央宣传部、最高人民法院、全国打击侵权假冒工作领导小组办公室、司法部、市场监管总局、知识产权局按职责分工负责）

（十五）保护外商投资合法权益。完善外商投资企业投诉工作部际联席会议制度，协调解决涉及中央事权的制度性、政策性问题。建立健全各地外商投资企业投诉工作机制，各部门要加强对地方对口单位的指导和监督，及时解决外商投资企业反映的不公平待遇问题。各地不得限制外商投资企业依法跨区域经营、搬迁、注销等行为。（商务部牵头，有关部门、各省级人民政府按职责分工负责）

五、优化区域开放布局，引导外资投向中西部等地区

（十六）拓宽外商投资企业融资渠道。允许西部地区和东北老工业基地的外商投资企业在境外发行人民币或外币债券，并可全额汇回所募集资金，用于所在省份投资经营。在全口径跨境融资宏观审慎管理框架内，支持上述区域金融机构或经批准设立的地方资产管理公司按照制度完善、风险可控的要求，向境外投资者转让人民币不良债权；在充分评估的基础上，允许上述区域的银行机构将其持有的人民币贸易融资资产转让给境外银行。（发展改革委、财政部、人民银行、银保监会、外汇局按职责分工负责）

（十七）降低外商投资企业物流成本。在中西部地区和东北老工业基地建设陆空联合开放口岸和多式联运枢纽，加快发展江海、铁空、铁水等联运。支持增加中西部和东北老工业基地国际国内航线和班次。加强中欧班列场站、通道等基础设施建设，优化中欧班列发展环境，促进中欧班列降本增效。完善市场调节机制，调整运输结构，提高运输效率，加强公路、铁路、航空、水运等领域收费行为监管，进一步降低西部地区物流成本。（发展改革委、交通运输部、海关总署、市场监管总局、铁路局、民航局、中国铁路总公司按职责分工负责）

（十八）加快沿边引资重点地区建设。鼓励地方统筹中央有关补助资金和自有财力，支持边境经济合作区、跨境经济合作区、边境旅游试验区建设。鼓励政策性、开发性金融机构在业务范围内加大对边境经济合作区、跨境经济合作区企业的信贷支持力度。积极支持注册地和主要生产地均在边境经济合作区、跨境经济合作区，符合条件的内外资企业，申请首次公开发行股票并上市。（财政部、商务部、文化和旅游部、人民银行、银保监会、证监会、各省级人民政府按职责分工负责）

（十九）打造西部地区投资合作新载体。在有条件的地区高标准规划建设若干个具有示范引领作用的国际合作园区，试点探索中外企业、机构、政府部门联合整体开发，支持园区在国际资本、人才、机构、服务等领域开展便利进出方面的先行先试。（中央财办、外交部、发展改革委、科技部、人力资源社会保障部、商务部、人民银行、海关总署、市场监管总局、外专局等有关部门、各省级人民政府按职责分工负责）

六、推动国家级开发区创新提升，强化利用外资重要平台作用

（二十）促进开发区优化外资综合服务。省级人民政府依法赋予国家级开发区地市级经济管理权限，制定发布相应的赋权清单，在有条件的国家级开发区试点赋予适宜的省级经济管理审批权限，支持国家级开发区稳妥高效用好相关权限，提升综合服务能力。支持国家级开发区复制推广上海市浦东新区"证照分离"改革经验，创新探索事中事后监管制度措施。借鉴国际先进经验，鼓励外商投资企业参与区中园、一区多园等建设运营。（自然资源部、住房城乡建设部、商务部、市场监管总局等有关部门、各省级人民政府按职责分工负责）

（二十一）发挥开发区示范带动提高利用外资水平的作用。省级人民政府依法制定支持国家级开发区

城市更新、工业区改造的政策，优化土地存量供给，引进高技术、高附加值外商投资企业和项目。各地在安排土地利用计划时，对国家级开发区主导产业引进外资、促进转型升级等用地予以倾斜支持。在国家级开发区招商引资部门、团队等实行更加灵活的人事制度，提高专业化、市场化服务能力。进一步提升国家级开发区建设的国际化水平。（人力资源社会保障部、自然资源部、住房城乡建设部、商务部、各省级人民政府按职责分工负责）

（二十二）加大开发区引资金融支持力度。引导各类绿色环保基金，按照市场化原则运作，支持外资参与国家级开发区环境治理和节能减排，为国家级开发区引进先进节能环保技术、企业提供金融支持。地方政府可通过完善公共服务定价、实施特许经营模式等方式，支持绿色环保基金投资国家级开发区相关项目。鼓励设立政府性融资担保机构，提供融资担保、再担保等服务，支持国家级开发区引进境外创新型企业、创业投资机构等，推进创新驱动发展。（发展改革委、科技部、工业和信息化部、财政部、生态环境部、商务部等有关部门按职责分工负责）

（二十三）健全开发区双向协作引资机制。在东部地区国家级开发区建设若干产业转移协作平台，推进产业项目转移对接合作。支持地方制定成本分担和利益分享、人才交流合作、产业转移协作等方面的措施，推动东部地区国家级开发区通过多种形式在西部地区、东北老工业基地建设产业转移园区。支持东部与中西部地区国家级开发区合作引入国际双元制职业教育机构，增加外商投资企业人力资源有效供给。（发展改革委、教育部、工业和信息化部、人力资源社会保障部、自然资源部、住房城乡建设部、商务部等有关部门、各省级人民政府按职责分工负责）

各地区、各部门要充分认识新时代推动扩大开放、积极有效利用外资对于建设现代化经济体系、促进经济升级的重要意义，高度重视，主动作为，狠抓落实，注重实效，确保各项措施与已出台政策有效衔接，形成合力。涉及修订或废止行政法规、国务院文件、经国务院批准的部门规章的，由原牵头起草部门或商务部会同有关部门报请国务院修订或废止。商务部、发展改革委要会同有关部门加强督促检查，重大问题及时向国务院请示报告。

国务院关于支持自由贸易试验区深化
改革创新若干措施的通知

2018 年 11 月 7 日　国发〔2018〕38 号

各省、自治区、直辖市人民政府，国务院各部委、各直属机构：

建设自由贸易试验区（以下简称自贸试验区）是党中央、国务院在新形势下全面深化改革和扩大开放的战略举措。党的十九大报告强调要赋予自贸试验区更大改革自主权，为新时代自贸试验区建设指明了新方向、提出了新要求。为贯彻落实党中央、国务院决策部署，支持自贸试验区深化改革创新，进一步提高建设质量，现将有关事项通知如下：

一、营造优良投资环境

（一）借鉴北京市服务业扩大开放综合试点经验，放宽外商投资建设工程设计企业外籍技术人员的比例要求、放宽人才中介机构限制。（负责部门：人力资源社会保障部、住房城乡建设部、商务部；适用范围：所有自贸试验区，以下除标注适用于特定自贸试验区的措施外，适用范围均为所有自贸试验区）

（二）编制下达全国土地利用计划时，考虑自贸试验区的实际情况，合理安排有关省（市）的用地计划；有关地方应优先支持自贸试验区建设，促进其健康有序发展。（负责部门：自然资源部）

（三）将建筑工程施工许可、建筑施工企业安全生产许可等工程审批类权限下放至自贸试验区。（负责部门：住房城乡建设部）

（四）授权自贸试验区开展试点工作，将省级及以下机关实施的建筑企业资质申请、升级、增项许可改为实行告知承诺制。（负责部门：住房城乡建设部）

（五）将外商投资设立建筑业（包括设计、施工、监理、检测、造价咨询等所有工程建设相关主体）资质许可的省级及以下审批权限下放至自贸试验区。（负责部门：住房城乡建设部）

（六）自贸试验区内的外商独资建筑业企业承揽本省（市）的中外联合建设项目时，不受建设项目的中外方投资比例限制。（负责部门：住房城乡建设部）

（七）在《内地与香港关于建立更紧密经贸关系的安排》、《内地与澳门关于建立更紧密经贸关系的安排》、《海峡两岸经济合作框架协议》下，对自贸试验区内的港澳台资建筑业企业，不再执行《外商投资建筑业企业管理规定》中关于工程承包范围的限制性规定。（负责部门：住房城乡建设部）

（八）对于自贸试验区内为本省（市）服务的外商投资工程设计（工程勘察除外）企业，取消首次申请资质时对投资者的工程设计业绩要求。（负责部门：住房城乡建设部）

（九）卫生健康行政部门对自贸试验区内的社会办医疗机构配置乙类大型医用设备实行告知承诺制。（负责部门：卫生健康委）

（十）自贸试验区内医疗机构可根据自身的技术能力，按照有关规定开展干细胞临床前沿医疗技术研究项目。（负责部门：卫生健康委）

（十一）允许自贸试验区创新推出与国际接轨的税收服务举措。（负责部门：税务总局）

（十二）省级市场监管部门可以将外国（地区）企业常驻代表机构登记注册初审权限下放至自贸试验区有外资登记管理权限的市场监管部门。（负责部门：市场监管总局）

（十三）支持在自贸试验区设置商标受理窗口。（负责部门：知识产权局）

（十四）在自贸试验区设立受理点，受理商标权质押登记。（负责部门：知识产权局）

（十五）进一步放宽对专利代理机构股东的条件限制，新设立有限责任制专利代理机构的，允许不超过五分之一不具有专利代理人资格、年满18周岁、能够在专利代理机构专职工作的中国公民担任股东。（负责部门：知识产权局）

（十六）加强顶层设计，在自贸试验区探索创新政府储备与企业储备相结合的石油储备模式。（负责部门：发展改革委、粮食和储备局，适用范围：浙江自贸试验区）

二、提升贸易便利化水平

（十七）研究支持对海关特殊监管区域外的"两头在外"航空维修业态实行保税监管。（负责部门：商务部、海关总署、财政部、税务总局）

（十八）支持有条件的自贸试验区研究和探索赋予国际铁路运单物权凭证功能，将铁路运单作为信用证议付票据，提高国际铁路货运联运水平。（负责部门：商务部、银保监会、铁路局、中国铁路总公司）

（十九）支持符合条件的自贸试验区开展汽车平行进口试点。（负责部门：商务部）

（二十）授予自贸试验区自由进出口技术合同登记管理权限。（负责部门：商务部）

（二十一）支持在自贸试验区依法合规建设能源、工业原材料、大宗农产品等国际贸易平台和现货交易市场。（负责部门：商务部）

（二十二）开展艺术品保税仓储，在自贸试验区内海关特殊监管区域之间以及海关特殊监管区域与境外之间进出货物的备案环节，省级文化部门不再核发批准文件。支持开展艺术品进出口经营活动，凭省级文化部门核发的准予进出口批准文件办理海关验放手续；省级文化部门核发的批准文件在有效期内可一证多批使用，但最多不超过六批。（负责部门：文化和旅游部、海关总署）

（二十三）支持自贸试验区开展海关税款保证保险试点。（负责部门：海关总署、银保监会）

（二十四）国际贸易"单一窗口"标准版增加航空、铁路舱单申报功能。（负责部门：海关总署、民航局、中国铁路总公司）

（二十五）支持自贸试验区试点汽车平行进口保税仓储业务。（负责部门：海关总署）

（二十六）积极探索通过国际贸易"单一窗口"与"一带一路"重点国家和地区开展互联互通和信息共享，推动国际贸易"单一窗口"标准版新项目率先在自贸试验区开展试点，促进贸易便利化。（负责部门：海关总署）

（二十七）在符合国家口岸管理规定的前提下，优先审理自贸试验区内口岸开放项目。（负责部门：海关总署）

（二十八）在自贸试验区试点实施进口非特殊用途化妆品备案管理。（负责部门：药监局）

（二十九）支持平潭口岸建设进境种苗、水果、食用水生动物等监管作业场所。（负责部门：海关总署，适用范围：福建自贸试验区）

（三十）在对外航权谈判中支持郑州机场利用第五航权，在平等互利的基础上允许外国航空公司承载经郑州至第三国的客货业务，积极向国外航空公司推荐并引导申请进入中国市场的国外航空公司执飞郑州机场。（负责部门：民航局，适用范围：河南自贸试验区）

（三十一）在对外航权谈判中支持西安机场利用第五航权，在平等互利的基础上允许外国航空公司承载经西安至第三国的客货业务，积极向国外航空公司推荐并引导申请进入中国市场的国外航空公司执飞西安机场。（负责部门：民航局，适用范围：陕西自贸试验区）

（三十二）进一步加大对西安航空物流发展的支持力度。（负责部门：民航局，适用范围：陕西自贸试验区）

（三十三）支持利用中欧班列开展邮件快件进出口常态化运输。（负责部门：邮政局、中国铁路总公司，适用范围：重庆自贸试验区）

（三十四）支持设立首次进口药品和生物制品口岸。（负责部门：药监局、海关总署，适用范围：重庆自贸试验区）

（三十五）将台湾地区生产且经平潭口岸进口的第一类医疗器械的备案管理权限下放至福建省药品监督管理部门。（负责部门：药监局，适用范围：福建自贸试验区）

三、推动金融创新服务实体经济

（三十六）进一步简化保险分支机构行政审批，建立完善自贸试验区企业保险需求信息共享平台。（负责部门：银保监会）

（三十七）允许自贸试验区内银行业金融机构在依法合规、风险可控的前提下按相关规定为境外机构办理人民币衍生产品等业务。（负责部门：人民银行、银保监会、外汇局）

（三十八）支持坚持市场定位、满足监管要求、符合行政许可相关业务资格条件的地方法人银行在依法合规、风险可控的前提下开展人民币与外汇衍生产品业务，或申请与具备资格的银行业金融机构合作开展远期结售汇业务等。（负责部门：人民银行、银保监会、外汇局）

（三十九）支持自贸试验区依托适合自身特点的账户体系开展人民币跨境业务。（负责部门：人民银行）

（四十）鼓励、支持自贸试验区内银行业金融机构基于真实需求和审慎原则向境外机构和境外项目发放人民币贷款，满足"走出去"企业的海外投资、项目建设、工程承包、大型设备出口等融资需求。自贸试验区内银行业金融机构发放境外人民币贷款，应严格审查借款人资信和项目背景，确保资金使用符合要求。（负责部门：人民银行、外交部、发展改革委、商务部、国资委、银保监会）

（四十一）允许银行将自贸试验区交易所出具的纸质交易凭证（须经交易双方确认）替代双方贸易合同，作为贸易真实性审核依据。（负责部门：银保监会）

（四十二）支持自贸试验区内符合条件的个人按照规定开展境外证券投资。（负责部门：证监会、人民

银行）

（四十三）支持在有条件的自贸试验区开展知识产权证券化试点。（负责部门：证监会、知识产权局）

（四十四）允许平潭各金融机构试点人民币与新台币直接清算，允许境外机构境内外汇账户办理定期存款业务。（负责部门：人民银行、外汇局，适用范围：福建自贸试验区）

（四十五）推动与大宗商品出口国、"一带一路"国家和地区在油品等大宗商品贸易中使用人民币计价、结算，引导银行业金融机构根据"谁进口、谁付汇"原则办理油品贸易的跨境支付业务，支持自贸试验区保税燃料油供应以人民币计价、结算。（负责部门：人民银行等部门，适用范围：浙江自贸试验区）

（四十六）允许自贸试验区内银行业金融机构按相关规定向台湾地区金融同业跨境拆出短期人民币资金。（负责部门：人民银行，适用范围：福建自贸试验区）

（四十七）支持"海峡基金业综合服务平台"根据规定向中国证券投资基金业协会申请登记，开展私募投资基金服务业务。支持符合条件的台资保险机构在自贸试验区内设立保险营业机构。（负责部门：银保监会、证监会，适用范围：福建自贸试验区）

四、推进人力资源领域先行先试

（四十八）增强企业用工灵活性，支持自贸试验区内制造企业生产高峰时节与劳动者签订以完成一定工作任务为期限的劳动合同、短期固定期限劳动合同；允许劳务派遣员工从事企业研发中心研发岗位临时性工作。（负责部门：人力资源社会保障部）

（四十九）将在自贸试验区内设立中外合资和外商独资人才中介机构审批权限下放至自贸试验区，由自贸试验区相关职能部门审批并报省（市）人力资源社会保障部门备案。（负责部门：人力资源社会保障部）

（五十）研究制定外国留学生在我国境内勤工助学管理制度，由自贸试验区制定有关实施细则，实现规范管理。（负责部门：教育部）

（五十一）鼓励在吸纳非卫生技术人员在医疗机构提供中医治未病服务、医疗机构中医治未病专职医师职称晋升、中医治未病服务项目收费等方面先行试点。（负责部门：中医药局）

（五十二）授权自贸试验区制定相关港澳专业人才执业管理办法（国家法律法规暂不允许的除外），允许具有港澳执业资格的金融、建筑、规划、专利代理等领域专业人才，经相关部门或机构备案后，按规定范围为自贸试验区内企业提供专业服务。（负责部门：人力资源社会保障部、住房城乡建设部、银保监会、证监会、知识产权局，适用范围：广东自贸试验区）

（五十三）支持自贸试验区开展非标准就业形式下劳动用工管理和服务试点。（负责部门：人力资源社会保障部，适用范围：上海自贸试验区）

五、切实做好组织实施

坚持党的领导。坚持和加强党对改革开放的领导，把党的领导贯穿于自贸试验区建设全过程。要以习近平新时代中国特色社会主义思想为指导，全面贯彻党的十九大和十九届二中、三中全会精神，深刻认识支持自贸试验区深化改革创新的重大意义，贯彻新发展理念，鼓励地方大胆试、大胆闯、自主改，进一步发挥自贸试验区全面深化改革和扩大开放试验田作用。

维护国家安全。各有关地区和部门、各自贸试验区要牢固树立总体国家安全观，在中央国家安全领导机构统筹领导下，贯彻执行国家安全方针政策和法律法规，强化底线思维和风险意识，维护国家核心利益和政治安全，主动服务大局。各有关省（市）人民政府依法管理本行政区域内自贸试验区的国家安全工作。各有关部门依职责管理指导本系统、本领域国家安全工作，可根据维护国家安全和核心利益需要按程序调整有关措施。

强化组织管理。各有关地区和部门要高度重视、密切协作，不断提高自贸试验区建设和管理水平。国务院自由贸易试验区工作部际联席会议办公室要切实发挥统筹协调作用，加强横向协作、纵向联动，进行差别化指导。各有关部门要加强指导和服务，积极协调指导自贸试验区解决发展中遇到的问题。各有关省（市）人民政府要承担起主体责任，完善工作机制，构建精简高效、权责明晰的自贸试验区管理体制，加强人才培养，打造高素质管理队伍。

狠抓工作落实。各有关地区和部门要以钉钉子精神抓好深化改革创新措施落实工作。国务院自由贸易试验区工作部际联席会议办公室要加强督促检查，对督查中发现的问题要明确责任、限时整改，及时总结评估，对效果好、风险可控的成果，复制推广至全国其他地区。各有关部门要依职责做好改革措施的细化分解，全程过问、一抓到底。各有关省（市）要将落实支持措施作为本地区重点工作，加强监督评估、压实工作责任，推进措施落地生效，同时研究出台本省（市）进一步支持自贸试验区深化改革创新的措施。需调整有关行政法规、国务院文件和部门规章规定的，要按法定程序办理。重大事项及时向党中央、国务院请示报告。

国务院办公厅转发商务部等部门关于扩大进口促进对外贸易平衡发展意见的通知

2018 年 7 月 2 日　国办发〔2018〕53 号

各省、自治区、直辖市人民政府，国务院各部委、各直属机构：

商务部、外交部、发展改革委、工业和信息化部、财政部、生态环境部、交通运输部、农业农村部、文化和旅游部、卫生健康委、人民银行、海关总署、税务总局、市场监管总局、国际发展合作署、能源局、林草局、外汇局、药监局、知识产权局《关于扩大进口促进对外贸易平衡发展的意见》已经国务院同意，现转发给你们，请认真贯彻执行。

附件：商务部　外交部　发展改革委　工业和信息化部　财政部　生态环境部　交通运输部　农业农村部　文化和旅游部　卫生健康委　人民银行　海关总署　税务总局　市场监管总局　国际发展合作署　能源局　林草局　外汇局　药监局　知识产权局　关于扩大进口促进对外贸易平衡发展的意见

附件：

商务部　外交部　发展改革委　工业和信息化部　财政部生态环境部　交通运输部　农业农村部　文化和旅游部卫生健康委　人民银行　海关总署　税务总局市场监管总局　国际发展合作署　能源局　林草局外汇局　药监局　知识产权局关于扩大进口促进对外贸易平衡发展的意见

为贯彻落实党中央、国务院关于推进互利共赢开放战略的决策部署，更好发挥进口对满足人民群众消费升级需求、加快体制机制创新、推动经济结构升级、提高国际竞争力等方面的积极作用，在稳定出口的同时进一步扩大进口，促进对外贸易平衡发展，推动经济高质量发展，维护自由贸易，现提出以下意见：

一、总体要求

（一）指导思想。全面贯彻党的十九大精神，以习近平新时代中国特色社会主义思想为指导，统筹推进"五位一体"总体布局和协调推进"四个全面"战略布局，坚持稳中求进工作总基调，牢固树立新发展理念，坚持以供给侧结构性改革为主线，以"一带一路"建设为统领，以提高发展质量和效益为中心，统筹国内国际两个市场两种资源，加快实施创新驱动发展战略，在稳定出口的同时，主动扩大进口，促进国内供给体系质量提升，满足人民群众消费升级需求，实现优进优出，促进对外贸易平衡发展。

（二）基本原则。

一是坚持深化改革创新。深化体制机制改革，营造创新发展环境，以制度、模式、业态、服务创新提高贸易便利化水平，以扩大进口增强对外贸易持续发展动力。

二是坚持进口出口并重。在稳定出口国际市场份额的基础上，充分发挥进口对提升消费、调整结构、发展经济、扩大开放的重要作用，推动进口与出口平衡发展。

三是坚持统筹规划发展。坚持内外需协调、内外贸结合，推动货物贸易与服务贸易、利用外资、对外投资、对外援助互动协同发展，遵循市场化原则，内外资一视同仁，促进经常项目收支平衡。

四是坚持互利共赢战略。将扩大进口与推进"一带一路"建设、加快实施自贸区战略紧密结合，增加自相关国家和地区进口，扩大利益融合，共同推动开放型世界经济发展。

二、优化进口结构促进生产消费升级

（三）支持关系民生的产品进口。适应消费升级和供给提质需要，支持与人民生活密切相关的日用消费品、医药和康复、养老护理等设备进口。落实降低部分商品进口税率措施，减少中间流通环节，清理不合理加价，切实提高人民生活水平。完善免税店政策，扩大免税品进口。（商务部、发展改革委、工业和信息化部、财政部、农业农村部、文化和旅游部、卫生健康委、海关总署、税务总局、市场监管总局、外汇局、药监局等按职责分工负责）

（四）积极发展服务贸易。调整《鼓励进口服务目录》。加快服务贸易创新发展，大力发展新兴服务贸易，促进建筑设计、商贸物流、咨询服务、研发设计、节能环保、环境服务等生产性服务进口。（商务部、发展改革委、工业和信息化部、生态环境部、交通运输部、卫生健康委、人民银行、海关总署、外汇局等按职责分工负责）

（五）增加有助于转型发展的技术装备进口。结合国内产业发展情况确定进口重点领域，充分发挥《鼓励进口技术和产品目录》的作用，支持国内产业转型升级需要的技术、设备及零部件进口，促进引进消化吸收再创新。优化鼓励进口的成套设备检验模式。（发展改革委、工业和信息化部、财政部、生态环境部、商务部、海关总署、能源局等按职责分工负责）

（六）增加农产品、资源性产品进口。配合国内农业供给侧改革和结构调整总体布局，适度增加国内紧缺农产品和有利于提升农业竞争力的农资、农机等产品进口。加快与有关国家签订农产品检验检疫准入议定书，推动重要食品农产品检验检疫准入。鼓励国内有需求的资源性产品进口。（农业农村部、发展改革委、财政部、商务部、海关总署、市场监管总局、能源局等按职责分工负责）

三、优化国际市场布局

（七）加强"一带一路"国际合作。充分发挥多双边经贸合作机制的作用，将"一带一路"相关国家作为重点开拓的进口来源地，加强战略对接，适度增加适应国内消费升级需求的特色优质产品进口，扩大贸易规模。（商务部、发展改革委、外交部、工业和信息化部、农业农村部、海关总署、市场监管总局、能源局等按职责分工负责）

（八）加快实施自贸区战略。继续维护多边贸易体制，坚定不移支持全球贸易自由化。积极推进与有关国家和地区的自贸区谈判，加快建设立足周边、辐射"一带一路"、面向全球的高标准自贸区网络。引导企业充分利用自贸协定优惠安排，积极扩大进口。加大促贸援助力度。（商务部、发展改革委、财政部、工业和信息化部、农业农村部、海关总署、税务总局、市场监管总局、国际发展合作署等按职责分工负责）

（九）落实自最不发达国家进口货物及服务优惠安排。继续落实有关给予同我建交最不发达国家 97% 税目输华产品零关税待遇的承诺。继续在世界贸易组织框架下给予最不发达国家服务贸易市场准入优惠措施。在南南合作框架下，向最不发达国家提供援助。（财政部、外交部、发展改革委、商务部、国际发展合作署等按职责分工负责）

四、积极发挥多渠道促进作用

（十）办好中国国际进口博览会。坚持政府引导、市场运作、企业化经营，努力把中国国际进口博览会打造成为世界各国展示国家发展成就、开展国际贸易的开放型合作平台，推进"一带一路"建设、推动经济全球化的国际公共产品，践行新发展理念、推动新一轮高水平对外开放的标志性工程。（商务部牵头负责）

（十一）持续发挥外资对扩大进口的推动作用。完善外商投资相关管理体制，优化境内投资环境。积极引导外资投向战略性新兴产业、高技术产业、节能环保领域，进一步发挥外资在引进先进技术、管理经验和优化进口结构等方面的作用。促进加工贸易转型升级和向中西部地区转移。（商务部、发展改革委、工业和信息化部、财政部、生态环境部、人民银行、海关总署、税务总局、外汇局等按职责分工负责）

（十二）推动对外贸易与对外投资有效互动。加快推进签订高水平的投资协定，提高对外投资便利化水平。深化国际能源资源开发、农林业等领域的合作，推动境外经贸合作区建设，带动相关产品进口。（商务部、发展改革委、农业农村部、能源局、林草局等按职责分工负责）

（十三）创新进口贸易方式。加快出台跨境电子商务零售进口过渡期后监管具体方案，统筹调整跨境电子商务零售进口正面清单。加快复制推广跨境电子商务综合试验区成熟经验做法，研究扩大试点范围。加快推进汽车平行进口试点。积极推进维修、研发设计、再制造业务试点工作。支持边境贸易发展。（商务部、发展改革委、工业和信息化部、财政部、生态环境部、人民银行、海关总署、税务总局、市场监管总局等按职责分工负责）

五、改善贸易自由化便利化条件

（十四）大力培育进口促进平台。充分依托海关特殊监管区域、高新技术产业开发区等各类区域，不断推进监管创新、服务创新，培育形成一批进口贸易特色明显、贸易便利化措施完善、示范带动作用突出的国家进口贸易促进创新示范区。（商务部、海关总署、税务总局、市场监管总局等按职责分工负责）

（十五）优化进口通关流程。加快实施世界贸易组织《贸易便利化协定》，推进全国通关一体化改革，打造具有国际先进水平的国际贸易"单一窗口"。推进海关预裁定制度，开展海关"经认证的经营者"（AEO）国际互认，推动检测报告和认证证书的国际互认，提高进口贸易便利化水平。（商务部、工业和信息化部、农业农村部、海关总署、市场监管总局等按职责分工负责）

（十六）降低进口环节制度性成本。进一步规范进口非关税措施，健全完善技术性贸易措施体系。加强进口行政审批取消或下放后的监管体系建设。落实国家对企业减税降费政策，严格执行收费项目公示制度，清理进口环节不合理收费。（发展改革委、财政部、交通运输部、商务部、海关总署、税务总局、市场监管总局等按职责分工负责）

（十七）加快改善国内营商环境。加强外贸诚信体系建设和知识产权保护，维护公平竞争。推进以缺陷进口消费品召回体系为核心的进口消费品质量追溯体系建设，建立和完善进口消费质量安全投诉平台。严厉打击假冒伪劣商品，规范和完善国内市场秩序。（商务部、发展改革委、工业和信息化部、农业农村部、海关总署、市场监管总局、知识产权局等按职责分工负责）

各地区、各部门要高度重视新形势下扩大进口工作，根据本意见，按照职责分工，明确责任，抓紧制订出台具体政策措施，推进政策落实。商务部要切实发挥牵头作用，加强指导，督促检查，确保各项政策措施落实到位。

财政部　国家安全监管总局关于印发《安全生产预防及应急专项资金绩效管理暂行办法》的通知

2018 年 2 月 6 日　财建〔2018〕3 号

各省、自治区、直辖市、计划单列财政厅（局）、安全生产监督管理局，新疆生产建设兵团财政局、安全生产监督管理局，各省级煤矿安全监察局：

为加强中央财政安全生产预防及应急专项资金绩效管理，提高资金使用效率，增强财政政策效益，根据《中华人民共和国预算法》、《财政部关于推进预算绩效管理的指导意见》（财预〔2011〕416 号）、《安全生产预防及应急专项资金管理办法》（财建〔2016〕842 号）等有关规定，我们制定了《安全生产预防及应急专项资金绩效管理暂行办法》。现印发给你们，请遵照执行。执行中如发现问题，请及时向财政部、国家安全监管总局反映，以便适时修改和完善。

附件：安全生产预防及应急专项资金绩效管理暂行办法

附件：

安全生产预防及应急专项资金绩效管理暂行办法

第一章　总　　则

第一条　为加强中央财政安全生产预防及应急专项资金（以下简称专项资金）绩效管理，提高资金使用效率，增强财政政策效益，根据《中华人民共和国预算法》、《财政部关于推进预算绩效管理的指导意见》（财预〔2011〕416 号）、《安全生产预防及应急专项资金管理办法》（财建〔2016〕842 号）等有关规定，制定本办法。

第二条　本办法所称绩效管理，是指财政部门会同安全监管监察部门对专项资金实施绩效目标管理、绩效目标执行监控、绩效评价和评价结果反馈与应用。

第三条　绩效管理对象是已纳入专项资金（包含一般公共预算和中央国有资本经营预算）支持范围的项目。

第四条　财政部会同国家安全监管总局负责对绩效管理工作进行指导和监督。

对专项资金转移支付到地方的部分，由省级财政部门会同同级安全监管监察部门负责具体实施；专项资金通过中央国有资本经营预算安排到中央企业的部分，由国家应急救援单位按照本办法并结合中央国有资本经营预算管理有关规定负责具体实施；专项资金安排到中央部门的部分，由国家安全监管总局按照预算管理有关规定具体实施。

第五条　绩效管理工作遵循公开、公平、公正的原则。

第二章　绩效目标管理

第六条　绩效目标管理包括绩效目标及指标的设定、下达、分解等。

第七条　绩效目标遵循科学合理、指向明确、量化可行的原则设定。国家安全监管总局根据党中央、国务院关于安全生产工作的决策部署以及预算编制有关要求设定各地区绩效目标。

第八条　国家安全监管总局将设定的各地区绩效目标转财政部，财政部下达相关省份专项资金预算时同步下达各地区绩效目标，并抄送财政部驻当地财政监察专员办事处。

第九条　省级财政部门会同同级安全监管监察部门在分配专项资金时同步分解项目绩效目标。

第三章　绩效目标执行监控

第十条　绩效目标执行监控是指定期对绩效目标实现情况进行采集和汇总分析，跟踪查找执行中的薄弱环节，及时弥补管理漏洞，改进完善相关工作。

第十一条　绩效目标执行监控内容主要包括项目实施进度、预算执行进度、地方及社会投入等重点绩效目标实现情况以及地方为此开展的工作、采取的措施等。

第十二条　省级财政部门会同同级安全监管监察部门对目标执行情况进行审核，通过财政专项建设资金网填报绩效目标执行监控情况。财政部会同国家安全监管总局定期汇总分析绩效目标执行监控信息。

地方根据下达的绩效目标安排资金使用方向，如确需调整的，应在执行过程中按程序报国家安全监管总局确认。

第四章　绩 效 评 价

第十三条　绩效评价主要是对项目决策、管理、产出、效果等进行综合评价。绩效评价指标、评价标准由财政部会同国家安全监管总局综合考虑专项资金政策意图和要求，按照相关性、客观性、重要性和可操作性原则确定。

第十四条　绩效评价总分 100 分。分为一级指标 4 项、二级指标 8 项。一级指标及分值为：项目决策指标，满分 15 分；项目管理指标，满分 25 分；项目产出指标，满分 40 分；项目效果指标，满分 20 分。

某省份绩效评价得分 = 项目决策指标得分 + 项目管理指标得分 + 项目产出指标得分 + 项目效果指标得分。

第十五条　每年 2 月底前，省级财政部门会同同级安全监管监察部门对照绩效目标、绩效评价指标及评价标准，对以前年度专项资金支持项目进行绩效评价，并形成绩效评价报告，报送财政部、国家安全监管总局。

绩效评价报告应全面、真实、客观反映专项资金支持项目的决策管理情况、产出与效果以及地方为此开展的工作、存在的问题、下一步改进措施及政策建议等。

第十六条　在省级有关部门开展绩效评价的基础上，财政部会同国家安全监管总局根据工作需要对重点地区、重点项目组织开展绩效再评价，并形成绩效再评价报告。

第五章　绩效评价结果反馈与应用

第十七条　绩效评价结果反馈与应用主要包括信息公开、通报、约谈整改、与预算安排挂钩、问责等方式。

第十八条　省级财政部门会同同级安全监管监察部门按照政府信息公开有关规定，通过政府门户网站、报刊等方式公开绩效评价结果，接受社会监督。

第十九条 财政部会同国家安全监管总局汇总绩效评价结果后在一定范围内进行通报。对于绩效评价结果较差的地区或单位，由财政部会同国家安全监管总局组织约谈，督促整改。

第二十条 财政部会同国家安全监管总局建立绩效评价结果与预算安排挂钩机制，奖优罚劣。对绩效评价结果较好的地区或单位，在以后年度预算安排中考虑予以奖励；对绩效评价结果较差的地区或单位，视情况扣减已安排的专项资金。

第二十一条 建立绩效评价责任追究机制。各级财政部门、安全监管监察部门、绩效评价实施单位及其相关工作人员在绩效评价工作中，存在提供虚假信息、滥用职权、玩忽职守、徇私舞弊等违法违纪行为的，按照《预算法》、《公务员法》、《行政监察法》、《财政违法行为处罚处分条例》等国家有关规定追究相应责任；涉嫌犯罪的，移送司法机关处理。

第六章 附 则

第二十二条 本办法由财政部会同国家安全监管总局负责解释。

第二十三条 本办法自发布之日起施行。

附：1. ××省份安全生产预防及应急专项资金绩效评价指标表

2. 安全生产预防及应急专项资金绩效评价报告提纲

附1：

××省份安全生产预防及应急专项资金绩效评价指标表

一级指标	分值	二级指标	分值	三级指标	分值	指标解释	评价标准	得分
项目决策	15	项目立项	15	立项依据	5	项目立项依据是否充分。	在专项资金支持的所有项目中，凡发现项目立项依据不充分的情形，每涉及一个项目扣1分，扣完为止。	
				实施方案	5	项目实施方案设计是否具备执行条件。	在专项资金支持的所有项目中，凡发现项目实施方案不具备执行条件的情形，每涉及一个项目扣1分，扣完为止。	
				资金分配	5	是否制定专项资金管理办法；资金分配因素是否明确、合理。	该省份未制定专项资金管理办法，得0分；该省份制定专项资金管理办法，但资金分配因素不明确或不合理，得2分；该省份制定专项资金管理办法，且资金分配因素明确、合理，得5分。	
项目管理	25	项目实施	5	项目形象进度	5	项目形象进度=累计完成投资/计划总投资×100%。	项目形象进度<50%，得0分；50%≤项目形象进度<80%，得3分；项目形象进度≥80%，得5分。	
		预算执行	10	中央财政资金支付进度	5	中央财政资金支付进度=中央财政资金累计支付到到款单位金额/中央财政累计下达预算金额×100%。	中央财政资金支付进度×5分；最高不超过5分。	
				资金使用	5	是否存在支出依据不合规、虚列（套取）项目支出的情况；是否存在截留、挤占、挪用项目资金情况；是否存在超标准开支情况，会计核算是否规范等情形。	每出现一种情形扣1分，扣完为止。	

一级指标	分值	二级指标	分值	三级指标	分值	指标解释	评价标准	得分
项目管理	25	工作机制	5	成立安全生产预防及应急工作领导小组	3	是否按规定成立安全生产预防及应急工作领导小组，制定相应的配套保障措施。	未按规定成立安全生产预防及应急工作领导小组，得 0 分；成立安全生产预防及应急工作领导小组，但未制定相应的配套保障措施，得 1 分；成立安全生产预防及应急工作领导小组，并制定相应的配套保障措施，得 3 分。	
				建立工作简报制度	2	是否按规定建立工作简报制度，并向国家安全监管总局、财政部报送。	未按规定建立工作简报制度，或未向国家安全监管总局、财政部报送，得 0 分；按规定建立工作简报制度，并向国家安全监管总局、财政部报送，得 2 分。	
		信息公开	5	财政预算公开	3	省级及以下各级财政部门是否按规定在一定范围内公开财政预算信息。	凡发现省级及以下各级财政部门未按规定在一定范围内公开财政预算信息的情形，每涉及一项内容扣 1 分，扣完为止。	
				制度文件公开	2	省级及以下各级相关部门是否按规定在一定范围内公开相关制度文件。	凡发现省级及以下各级相关部门未按规定在一定范围内公开相关制度文件的情形，每涉及一项制度文件扣 1 分，扣完为止。	
项目产出	40	产出数量	40	油气输送管道隐患治理完成率	5	油气输送管道隐患治理完成率 =（实际治理数目/目标任务）×100%。	完成率 <100% 时，C1 = 0 分；完成率 =100% 时，C1 = 4 分；完成率 >100% 时，C1 = 5 分。	
				煤矿重大灾害隐患治理完成率	5	煤矿重大灾害隐患治理完成率 =（实际治理数目/目标任务）×100%。	完成率 <100% 时，C2 = 0 分；完成率 =100% 时，C2 = 4 分；完成率 >100% 时，C2 = 5 分。	
				非煤矿山采空区隐患治理完成率	5	非煤矿山采空区隐患治理完成率 =（实际治理数目/目标任务）×100%。	完成率 <100% 时，C3 = 0 分；完成率 =100% 时，C3 = 4 分；完成率 >100% 时，C3 = 5 分。	
				非煤矿山头顶库隐患治理完成率	5	非煤矿山头顶库隐患治理完成率 =（实际治理数目/目标任务）×100%。	完成率 <100% 时，C4 = 0 分；完成率 =100% 时，C4 = 4 分；完成率 >100% 时，C4 = 5 分。	
项目产出	40	产出数量	40	安全生产"一张图"建设进度	5	安全生产"一张图"建设进度 =（实际达到目标进度的数目/目标任务）×100%。	建设进度 <100% 时，C5 = 0 分；建设进度 =100% 时，C5 = 4 分；建设进度 >100% 时，C5 = 5 分。	
				国家级应急救援队（基地）建设项目装备配备采购进度	5	国家级应急救援队（基地）建设项目装备配备采购进度 =（实际采购数目/计划采购数目）×100%。	采购进度 <100% 时，C6 = 0 分；采购进度 =100% 时，C6 = 5 分。	
				国家级应急救援队（基地）建设项目装备配备性能参数达标率	5	国家级应急救援队（基地）建设项目装备配备性能参数达标率 =（实际达标数目/计划采购数目）×100%。	达标率 <100% 时，C7 = 0 分；达标率 =100% 时，C7 = 5 分。	
				应急救援装备运行维护达标率	5	应急救援装备运行维护达标率 =（实际达标数目/计划考核数目）×100%。	达标率 <100% 时，C8 = 0 分；达标率 =100% 时，C8 = 5 分。	
				该省份项目产出指标总得分 = 8 ×（$\sum C_i/n$）；其中，C_i 为第 i 类指标实际得分，n 为上述 8 类项目产出指标中该省份实际涉及到的指标个数，$1 \leq n \leq 8$。				

一级指标	分值	二级指标	分值	三级指标	分值	指标解释	评价标准	得分
项目效果	20	经济效益	8	投入撬动比例	8	投入撬动比例=（地方财政资金累计到位金额+社会资金累计到位金额）/该地区中央财政资金累计到位金额×100%。本指标不针对单个项目的投入撬动比例进行评价，而是对该省份总体投入撬动比例进行评价。	投入撬动比例<100%，得0分；100%≤投入撬动比例<300%，得4分；300%≤投入撬动比例<400%，得6分；投入撬动比例≥400%，得8分。	
		可持续影响	5	安全生产预防控制体系建设	5	是否建立覆盖省市县各级的安全生产预防控制体系。	未建立覆盖省市县各级的安全生产预防控制体系，得0分；建立覆盖省市县各级的安全生产预防控制体系，得5分。	
		服务对象满意度	7	项目相关方满意度	7	项目相关方满意度=项目公司和所在地政府满意个数/抽查的项目公司和所在地政府个数×100%。抽查应覆盖专项资金支持的各种类型项目，各种类型项目抽查比例不低于50%。	项目相关方满意度<80%，得0分；80%≤项目相关方满意度<90%，得4分；项目相关方满意度≥90%，得7分。	
总分	100		100		100			

备注：

1. 上述绩效评价指标中的目标任务以财政部、国家安全监管总局下达的目标任务为准。

2. 评价指标得分均保留两位小数。

附2：

安全生产预防及应急专项资金绩效评价报告提纲

根据相关要求，××年××月，××省省级财政部门、安全监管部门联合对××——××年度安全生产预防及应急专项资金实施绩效评价，评价结果为××分。

一、项目决策指标评价（得分××）

（一）评价结果。

立项依据××分。重点说明项目立项依据是否充分等情况。

实施方案××分。重点说明项目实施方案设计是否具备执行条件等情况。

资金分配××分。重点说明专项资金管理办法制定、资金分配因素等情况。

（二）结果分析。

重点分析项目决策指标评价中发现的主要问题与原因。

二、项目管理指标评价（得分××）

（一）评价结果。

项目形象进度××分。截至××年，专项资金支持的所有项目计划总投资为××万元，累计完成投资为××万元，该省份总体项目形象进度为××%。

中央财政资金支付进度××分。截至××年，中央财政累计下达预算为××万元，中央财政资金支付到用款单位金额××万元，该省份中央财政资金总体支付进度为××%。

资金使用××分。重点说明是否存在支出依据不合规、虚列项目支出的情况；是否存在截留、挤占、挪用项目资金情况；是否存在超标准开支情况；会计核算是否规范。

成立安全生产预防及应急工作领导小组××分。重点说明安全生产预防及应急工作领导小组成立情况、相应配套保障措施制定情况。

建立工作简报制度××分。重点说明工作简报制度建立及报送情况。

财政预算公开××分。重点说明预算公开情况。

制度文件公开××分。重点说明制度文件公开情况。

（二）结果分析。

重点分析项目管理指标评价中发现的主要问题与原因。

三、项目产出指标评价（得分××）

（一）评价结果。

分别说明油气输送管道、煤矿、非煤矿山（采空区、头顶库）隐患治理、安全生产"一张图"建设、国家应急救援队（基地）建设、国家应急救援队（基地）项目运行维护情况。例如，油气输送管道隐患治理完成率××分，根据财政部、国家安全监管总局下达的目标任务，应治理××处，实际治理××处，治理完成率为××%。

（二）结果分析。

重点分析项目产出指标评价中发现的主要问题与原因。

四、项目效果指标评价（得分××）

（一）评价结果。

投入撬动比例××分。截至××年，专项资金支持的所有项目实际到位××万元，其中：中央财政实际到位××万元，地方实际到位×万元，社会实际到位××万元，投入撬动比例为××%。

安全生产预防控制体系建设××分。重点说明省市县各级安全生产预防控制体系建设情况。

项目相关方满意度××分。重点说明项目公司和所在地政府满意度情况。

（二）结果分析。

重点分析项目效果指标评价中发现的主要问题与原因。

五、成效及经验总结

总结安全生产预防及应急工作中具有示范推广意义的经验和模式。

六、下一步改进措施

针对绩效评价过程中发现的问题，明确下一步改进措施。

七、政策建议

主要围绕如何引导带动各方投入、增强财政政策效益、提高安全生产预防及应急能力、建立健全安全生产保障长效机制等提出政策建议。

财政部 工业和信息化部 科技部关于支持打造特色载体推动中小企业创新创业升级工作的通知

2018 年 8 月 8 日 财建〔2018〕408 号

各省、自治区、直辖市、计划单列市财政厅（局）、中小企业主管部门、科技厅（局），新疆生产建设兵团财政局、工信委、科技局：

党的十九大报告指出，创新是引领发展的第一动力，要加强对中小企业创新的支持；中央经济工作会议明确提出打造"双创"升级版；政府工作报告进一步强调促进大众创业、万众创新上水平。为深入贯彻落实党中央、国务院有关决策部署，推动双创在实现高质量发展过程中不断取得新进展，在总结现行"小微企业创业创新基地城市示范"工作经验基础上，财政部会同工业和信息化部、科技部联合制定了"关于支持打造特色载体推动中小企业创新创业升级实施方案"（以下简称《实施方案》），支持优质实体经济开发区打造不同类型的创新创业特色载体，着力提升各类载体市场化专业化服务水平，提高创新创业资源融通效率与质量，促进中小企业专业化高质量发展，推动地方构建各具特色的区域创新创业生态环境。

请你单位根据《实施方案》要求，于 2018 年 8 月 27 日前确定本省份 2018 年申报开发区名单，编制形成各开发区《2018 年 ~ 2019 年支持打造特色载体推动中小企业创新创业升级实施方案》，纸质版和电子版一式三份，由省级财政部门会同同级中小企业主管部门、科技部门联合报送至财政部、工业和信息化部、科技部。于 2019 年 4 月 30 日前确定本省份 2019 年申报开发区名单，编制形成各开发区《2019 年 ~ 2020 年支持打造特色载体推动中小企业创新创业升级实施方案》，纸质版和电子版一式三份，由省级财政部门会同同级中小企业主管部门、科技部门联合报送至财政部、工业和信息化部、科技部。

联系电话：

财政部经济建设司　010 – 68553922

工业和信息化部中小企业局　010 – 68205320

科学技术部资源配置与管理司　010 – 58881634

附件：1. 关于支持打造特色载体　推动中小企业创新创业升级的实施方案

　　　 2. 各省份申报资料清单、申报信息表、绩效目标及评价指标表

　　　 3. 2018 ~ 2019 年各省份申报开发区名额表（分发地方）

附件 1：

关于支持打造特色载体　推动中小企业
创新创业升级的实施方案

党的十九大报告指出，创新是引领发展的第一动力，要加强对中小企业创新的支持；中央经济工作会议明确提出打造"双创"升级版；政府工作报告进一步强调促进大众创业、万众创新上水平。为深入贯彻落实党中央、国务院有关决策部署，推动双创在实现高质量发展过程中不断取得新进展，在总结现行"小微企业创业创新基地城市示范"工作经验基础上，财政部会同工业和信息化部、科技部联合制定了《关于支持打造特色载体　推动中小企业创新创业升级的实施方案》，支持优质实体经济开发区打造不同类型的创新创业特色载体，着力提升各类载体市场化专业化服务水平，提高创新创业资源融通效率与质量，促进中小企业专业化高质量发展，推动地方构建各具特色的区域创新创业生态环境。具体如下：

一、总体要求

（一）指导思想

全面贯彻党的十九大和十九届二中、三中全会精神，以习近平新时代中国特色社会主义思想为指引，坚持创新、协调、绿色、开放、共享的发展理念，认真贯彻落实党中央、国务院关于加强对中小企业创新支持、提升中小企业专业化能力和水平、促进大众创业万众创新上水平的决策部署，深刻认识和把握中小企业特别是小微企业创新创业发展规律，以问题为导向，以需求为牵引，支持引导地方和社会力量在提升

双创载体市场化专业化水平、提高双创资源融通效率与质量等方面持续发力，以更高层次、更深程度、更近距离推进中小企业专业化高质量发展。

（二）工作目标

通过支持一批实体经济开发区，引导开发区打造专业资本集聚型、大中小企业融通型、科技资源支撑型、高端人才引领型等不同类型的创新创业特色载体，推动各类载体向市场化、专业化、精准化发展；充分利用大数据、云计算、人工智能等"互联网＋"方式，提高创新创业服务和资源融通的质量与效率；促进中小企业特别是小微企业提升专业化能力和水平，引导中小企业在关键领域核心技术有所突破，在细分行业领域成长壮大为专精特新小巨人。在此基础上，形成可复制推广的经验，以点带面发挥引领带动作用，推动地方构建各具特色的区域创新创业生态环境。

（三）基本原则

1. 地方为主，中央引导。地方是推动双创升级的主体。充分发挥开发区产业集聚、贴近企业、管理责任主体明确等特点和优势，调动地方工作积极性，精准施策，打通创新创业服务最后一公里。中央通过安排奖补资金予以引导支持。

2. 择优支持，目标导向。创新创业特色载体应从产业有特色、双创有氛围、工作有基础、升级有潜力的优质实体经济开发区中选择并予以支持。开发区应明确创新创业特色载体的工作目标，将目标细化为可量化、可考核的具体指标，围绕既定目标推动开展创新创业升级工作。

3. 跟踪问效，奖补结合。加强预算绩效管理，对纳入支持的创新创业特色载体，跟踪其双创工作进展情况和实施成效，中央财政年度预算安排与工作绩效挂钩，突出奖励引导。

4. 区域协调，部门协同。对创新创业特色载体的支持既充分考虑东中西部地区双创发展特点和工作基础，又统筹兼顾区域均衡，促进区域协调发展。发挥中小企业主管部门、科技等部门的行业管理优势，协同推进创新创业升级工作。

二、实施内容

（一）支持类型

中央财政重点支持引导开发区发展四种类型的创新创业特色载体。

1. 专业资本集聚型。鼓励开发区发展创业投资、产业投资资本主导的特色载体，支持引导载体发挥专业资本在投融资服务、资本运作、价值管理等方面的优势，通过设立或与其他社会资本合作的天使投资、创业投资等，吸引并引导更多社会资本向在孵企业聚集，为入驻的创新型创业企业提供股权投资支持和增值服务，加快形成"投资＋孵化"的市场化持续运营机制，提升资本服务创新创业的质量与效率。

2. 大中小企业融通型。鼓励开发区发展行业龙头企业主导的特色载体，支持引导载体发挥行业龙头企业在资本、品牌和产供销体系等方面的优势，开放共享资源，促使大中小企业在设计研发、生产制造、物资采购、市场营销、资金融通、品牌嫁接等方面深度融合、相互嵌入式合作，从而推动中小企业在细分行业领域精准布局，提升专业化能力和水平，加快形成"龙头企业＋孵化"的共生共赢生态，提升龙头企业与中小企业协同创新的质量与效率。

3. 科技资源支撑型。鼓励开发区发展高校、科研院所主导的特色载体，支持引导载体发挥高校、科研院所的科技创新资源优势，利用财税激励政策，吸引更多科技人才创办企业，引导更多科技成果实现产业化、资本化，转化为现实生产力；对接更多的专业实验室、技术研发中心等开放共享科技资源，加快形成"科技＋孵化"的产学研用协同发展机制，提升科技资源支撑创新创业的质量与效率。

4. 高端人才引领型。鼓励开发区发展以聚集高端人才为核心要素的特色载体，发挥人才引进政策作用，支持引导载体利用综合体运营商拥有的物理空间、共享设施等资源，拓展创业辅导、资源对接、市场开拓等孵化功能，提供专业化服务；集聚国际顶尖人才、海外留学人才、高技能人才、大企业高管、优秀青年人才等知识型、技能型、创新型人才创办企业，将个体居住转为聚集创业，加快形成"人才＋孵化"

的智力转化机制，提升人才资源引领创新创业的质量与效率。

（二）实施主体

计划支持 200 个实体经济开发区打造创新创业特色载体。各省（自治区、直辖市、计划单列市）和新疆生产建设兵团（以下简称各省份）从《中国开发区审核公告目录》中选择国家级、省级各类开发区作为申报和实施主体。每个开发区按聚焦发展一种类型的创新创业特色载体进行申报。

（三）奖补标准

中央财政通过中小企业发展专项资金，采取奖补结合的方式予以支持。根据确定的开发区数量，按每个开发区奖补资金总额不超过 0.5 亿元的标准，分三年安排。其中：第一年统一补助 0.25 亿元；第二年根据工作实施成效予以补助，最高补助 0.15 亿元；第三年根据最终绩效进行奖励，最高奖励 0.1 亿元。

（四）资金拨付与管理

中央财政将奖补资金切块下达到省级财政部门，省级财政部门将奖补资金按程序下达到开发区。鼓励开发区创新资金使用方式，围绕既定目标任务，根据实际工作需要，灵活采取直接补助、绩效奖励、购买服务等方式，用于支持创新创业特色载体提升可持续发展能力，拓展孵化服务功能和辐射范围，为中小企业提供市场化、专业化、精准化的资源和服务。

奖补资金管理适用于《中小企业发展专项资金管理办法》（财建〔2016〕841 号）。对中央财政已通过其他资金渠道支持的项目不再予以重复支持。

（五）绩效评价及结果运用

两年实施期结束后，财政部会同工业和信息化部、科技部根据中央对地方专项转移支付绩效评价的相关规定，对各开发区既定目标任务落实情况组织开展终期绩效评价。绩效评价指标主要包括产业集聚度、资源聚集力、持续发展力、产出与效益、改革创新力以及辐射带动力等六个方面，具体按照不同类型的创新创业特色载体设置。评价结果与中央财政奖励资金安排挂钩。对评价分值超过 80 分的开发区，安排全额奖励资金 0.1 亿元；对评价分值未超过 80 分但达到 60 分及以上的开发区，按分值安排奖励资金 0.06 亿元~0.08 亿元不等；对评价分值低于 60 分的开发区，不安排奖励资金，并限期整改。

三、组织实施

工业和信息化部、科技部会同财政部确定各省份分年度安排开发区数量，各省份据此组织申报并编制实施方案，经合规性审查后最终确定开发区名单和实施方案，实施期内动态跟踪开发区发展创新创业特色载体工作进展情况、实施成效，实施期结束后开展终期绩效评价。

（一）确定开发区数量

工业和信息化部、科技部会同财政部确定各省份分年度申报的开发区数量。其中：2018 年，每个小微企业创业创新基地示范城市应有 1 个国家级或省级开发区进行申报。2020 年，各省份申报的开发区数量将根据已支持开发区的工作进展情况、实施成效等确定。

（二）方案编制与申报

各省份财政部门会同同级中小企业主管部门、科技部门根据既定的开发区数量，综合考虑当地开发区产业特色、空间布局、双创资源聚集能力与活跃程度、双创载体发展基础及优势等确定申报的开发区名单，申报不得超过规定数量范围。每个开发区都应按要求填报申报信息表、绩效目标及评价指标表、两年期实施方案，简要说明开发区既有双创工作开展情况，确定聚焦发展的创新创业特色载体类型及发展现状，明确两年实施绩效目标，细化编制具体实施内容和资金使用方向，落实责任分工等。各省份财政部门会同同级中小企业主管部门、科技部门将省级申报文件和各开发区的申报材料等一并报送财政部、工业和信息化部、科技部。

（三）部门职责分工

工业和信息化部、科技部负责组织对各省份申报的开发区实施方案进行合规性审核并提出完善建议，根据创新创业特色载体类型分别进行业务指导，加强监督管理，进行绩效运行监测，收集各省份工作上报信息，组织开展绩效评价，并根据监督管理、信息报送和绩效情况等提出后续年度财政资金安排建议。其中：专业资本集聚型、大中小企业融通型载体相关工作由工业和信息化部牵头负责；科技资源支撑型、高端人才引领型载体相关工作由科技部牵头负责。财政部根据工业和信息化部、科技部意见确定下达奖补资金，加强资金管理。

地方各有关单位要充分认识推动中小企业创新创业升级的重要性，将该项工作纳入地方贯彻国家创新驱动发展战略、促进创新创业上水平重点工作予以高度重视，切实加强组织领导，充分调动各方面资源、政策予以支持；要根据实际情况确定部门分工，财政部门牵头组织，中小企业主管部门、科技和相关部门积极发挥主管部门作用，落实部门责任，与中央部门分工做好衔接，安排专门部门专人负责推进相关工作，切实加强对不同类型创新创业特色载体的业务指导和跟踪监测；要督促各相关开发区落实主体责任，规范、科学、高效地使用奖补资金，并根据财政部、工业和信息化部、科技部有关要求，建立完善数据统计工作机制，定期报送工作进展情况、目标指标完成情况和实施成效等动态信息，及时总结可复制推广的有效经验和模式。

附件 2－1：

各省份申报资料清单

一、省级有关部门申报文件

（一）2018 年本省份申报开发区名单。包括申报的开发区名称及其拟聚焦发展的创新创业特色载体类型，推荐开发区及发展该种类型载体的理由等。

（二）省级有关部门计划采取的支撑措施。包括省级有关部门在为开发区创新创业特色载体对接资源、搭建服务平台、建设智慧化或数字化平台基础设施、安排资金、减税降费、组织协调、业务指导等方面计划采取的措施，省级部门分工等。

（三）开发区申报材料（每个开发区单独装订）。

二、开发区申报材料具体要件

（一）申报信息表。包括申报开发区基本情况、计划发展的创新创业特色载体基本情况等。

（二）绩效目标表。包括产业集聚度、资源聚集力、持续发展力、双创服务质量与效率等方面的绩效目标。

（三）实施方案。包括既有双创工作开展情况、计划聚焦发展的创新创业特色载体类型及发展现状、实施绩效目标、具体实施内容、资金使用方向、创新性举措、支持保障措施等。

（四）职责分工。包括开发区、创新创业特色载体各自职责分工，负责人及联系方式等。

附件 2－2：

申报信息表——开发区信息表

填报数据截至申报年度的上一年年底。

开发区名称	
级次（国家级/省级）	
运营管理机构名称	

运营管理机构名称性质 （事业单位/国有企业/民营企业/其他）	
规划面积（平方米）	
其中：已建成面积（平方米）	
年度总产值（万元）	
年度总产值在全省占比（%）	
主导产业 （按现有主导产业填写 1–4 类）	
主导产业产值（万元）	
主导产业产值占开发区总产值比重（%）	
众创空间数量（个）	
其中：省级及以上众创空间数量（个）	
孵化器数量（个）	
其中：省级及以上孵化器数量（个）	
小型微型企业创业创新基地数量（个）	
其中：国家小型微型企业创业创新示范基地数量（个） （依据工业和信息化部印发的《国家小型微型企业创业创新示范基地建设管理办法》）	
其中：与众创空间、孵化器重复挂牌的数量（个）	
入驻企业数量（家）	
其中：入驻大型企业数量（家）	
入驻中型企业数量（家）	
入驻小微企业数量（家）	
年度吸纳就业数量（万人）	
其中：小微企业吸纳就业数量（万人）	
开发区从业人员万人发明专利拥有量（项/万人）	
入驻企业年度研发投入占开发区 GDP 比重（%）	
企业年度技术合同成交额（万元）	
其中：小微企业年度技术合同成交额（万元）	
省级及以上认定的中小企业公共服务平台数量（个） （包括省级及以上中小企业主管部门、科技等部门认定的平台）	
其中：国家中小企业公共服务示范平台数量（个） （依据工业和信息化部印发的《国家中小企业公共服务示范平台认定管理办法》）	
上一年度创业创新活动次数（次） （创业创新活动包括创业创新大赛、项目路演）	

申报信息表——＊＊类型创新创业载体信息表

序号	载体名称 （按工商登记注册的 法人实体列出）	载体属性 （众创空间、孵化器、小 微企业创业创新基地）	载体主要运营管理机构性质 （事业单位/国有企业/民营 企业/其他性质）	是否经国家或省级、市级 有关部门认定或备案 （如"是"，请填写 部门名称）	载体主要服务 的行业领域	载体主要发 展优势
1						
2						
......						

备注："载体主要发展优势"栏，根据载体类型不同，以相应的指标数据说明。如：

1. 专业资本集聚型载体可以通过已设立或合作的天使基金、创业投资基金数量及规模等指标数据说明；

2. 大中小企业融通型载体可以通过行业龙头企业与中小企业合作情况等指标数据说明；

3. 科技资源支撑型载体可以通过拥有或合作的公共技术服务平台数量、技术交易规模等指标数据说明；

4. 高端人才引领型载体可以通过国家、省级"千人计划"等引进人才、留学生、大企业高管等高素质人才创办企业等方面的指标数据说明。

附件 2-3：

绩效目标及评价指标表——专业资本集聚型载体

一级指标	二级指标	＊＊＊＊年基 准年年底	＊＊＊＊年实施期 结束年年底
产业集聚度（10分）	该类型载体在主要服务的行业领域吸引入驻的企业数占比（%） =该类型载体在主要服务的行业领域吸引入驻的企业个数＊100%/入驻该类型载体的企 业总个数 （如果该类型载体数量大于1个，且主要服务的行业领域存在差异，则按上述公式加权 平均计算，各载体指标数据权重按载体数量算数平均计算）		
资源聚集力（20分）	该类型载体从业人员数（万人） （从业人员指专职管理、运营、服务人员等）		
	该类型合作的资本服务机构数（个） （资本服务机构包括天使投资、创业投资、产业投资、银行、担保、保险、小额贷款公 司、融资租赁公司等各类金融服务机构）		
	该类型载体拥有或合作的各类专业公共技术服务平台数（个） （公共技术服务平台包括检验检测平台、共性技术研发平台、中试基地、科技条件设备 共享平台、信息服务平台等）		
	该类型载体创业导师数（人）		
	该类型载体组织创新创业大赛和项目路演总次数（次）		
	该类型载体发起设立或参股的天使基金、创投基金投资撬动其他社会资本的倍数 ＝（天使基金和创投基金各方认缴出资总规模－专业资本集聚型载体自身认缴出资规 模）＊100%/专业资本集聚型载体自身认缴出资规模		
持续发展力（15分）	该类型载体亩均收入（万元/平方米）=创新创业特色载体上一年度营业收入/创新创业 特色载体实际建成面积		
	该类型载体从业人员中大学及以上学历人员占比（%） （从业人员指专职管理人员）		
	该类型载体具有5年及以上股权投资管理经验的从业人员数（人）		

一级指标	二级指标	****年基准年年底	****年实施期结束年年底
产出与效益（35分）	入驻该类型载体的企业毕业数（家）		
	入驻该类型载体的企业挂牌或上市数（个）		
	入驻该类型载体的企业规模升级累计数（家） （规模升级是指微型企业成长为小型及小型以上企业；小型企业成长为中型及中型以上企业；中型企业成长为大型企业。企业划型标准按工业和信息化部、国家统计局等部门联合制定的《中小企业划型标准规定》执行）		
	该类型载体培育的经国家、省级认定的专精特新中小企业数（家）		
	入驻该类型载体的企业被认定为科技型中小企业和高新技术企业的合计数（家）		
	入驻该类型载体的企业在国内外创新创业大赛中获奖数（项）		
	入驻该类型载体的企业年度产值（万元）		
	入驻该类型载体的企业年度利税额（万元）		
	入驻该类型载体的企业年度新增就业人数（万人）		
	入驻该类型载体的企业年度研发投入（万元）		
	该类型载体设立或参股的天使基金、创业投资基金实际投资该载体中中小企业数（家）		
	该类型载体中设立或参股的天使基金、创业投资基金实际投资该载体中中小企业金额（万元）		
改革创新力（10分）	地方制度创新、机制创新的举措及有效模式总结、信息报送等（项）		
辐射带动力（10分）	该类型载体通过资源共享、服务合作等方式支持开发区以外的中小企业数（家）		

备注：
1. 2018年申报的开发区，基准年为2017年，目标年为2019年。
2. 绩效评价工作将根据实际工作进展另行通知。

绩效目标及评价指标表——大中小企业融通型载体

一级指标	二级指标	****年基准年年底	****年实施期结束年年底
产业集聚度（10分）	该类型载体在主要服务的行业领域吸引入驻的企业数占比（%） ＝该类型载体在主要服务的行业领域吸引入驻的企业个数＊100%／入驻该类型载体的企业总个数 （如果该类型载体数量大于1个，且主要服务的行业领域存在差异，则按上述公式加权平均计算，各载体指标数据权重按载体数量算数平均计算）		
资源聚集力（20分）	该类型载体从业人员数（万人） （从业人员指专职管理、运营、服务人员等）		
	该类型合作的资本服务机构数（个） （资本服务机构包括天使投资、创业投资、产业投资、银行、担保、保险、小额贷款公司、融资租赁公司等各类金融服务机构）		
	该类型载体拥有或合作的各类专业公共技术服务平台数（个） （公共技术服务平台包括检验检测平台、共性技术研发平台、中试基地、科技条件设备共享平台等）		
	该类型载体创业导师数（人）		
	该类型载体组织创新创业大赛和项目路演总次数（次）		
	该类型载体已达成合作的行业龙头企业数（家）		

续表

一级指标	二级指标	****年基准年年底	****年实施期结束年年底
持续发展力（15 分）	该类型载体亩均收入（万元/平方米）=创新创业特色载体上一年度营业收入/创新创业特色载体实际建成面积		
	该类型载体从业人员中大学及以上学历人员占比（%）（从业人员指专职管理人员）		
	该类型载体中的行业龙头企业催生中小企业数（家）		
产出与效益（35 分）	入驻该类型载体的企业毕业数（家）		
	入驻该类型载体的企业挂牌或上市数（个）		
	入驻该类型载体的企业规模升级数（家）（规模升级是指微型企业成长为小型及小型以上企业；小型企业成长为中型及中型以上企业；中型企业成长为大型企业。企业划型标准按工业和信息化部、国家统计局等部门联合制定的《中小企业划型标准规定》执行）		
	该类型载体培育的经国家、省级认定的专精特新中小企业数（家）		
	入驻该类型载体的企业被认定为科技型中小企业和高新技术企业的合计数（家）		
	入驻该类型载体的企业在国内外创新创业大赛中获奖数（项）		
	入驻该类型载体的企业年度产值（万元）		
	入驻该类型载体的企业年度利税额（万元）		
	入驻该类型载体的企业年度新增就业人数（万人）		
	入驻该类型载体的企业年度研发投入（万元）		
	该类型载体在设计研发、生产制造、物资采购、市场营销、品牌嫁接等某个或多个方面促成行业龙头企业与中小企业达成的交易额或服务额、投资额（万元）		
	该类型载体中的大企业通过增信、担保、订单质押、应收账款确权等方式帮助获得银行等金融机构贷款的中小企业数（家）		
改革创新力（10 分）	地方制度创新、机制创新的举措及有效模式总结、信息报送等（项）		
辐射带动力（10 分）	该类型载体通过资源共享、服务合作等方式支持开发区以外的中小企业数（家）		

备注：
1. 2018 年申报的开发区，基准年为 2017 年，目标年为 2019 年。
2. 绩效评价工作将根据实际工作进展另行通知。

绩效目标及评价指标表——科技资源支撑型载体

一级指标	二级指标	****年基准年年底	****年实施期结束年年底
产业集聚度（10 分）	该类型载体在主要服务的行业领域吸引入驻的企业数占比（%）=该类型载体在主要服务的行业领域吸引入驻的企业个数*100%/入驻该类型载体的企业总个数（如果该类型载体数量大于 1 个，且主要服务的行业领域存在差异，则按上述公式加权平均计算，各载体指标数据权重按载体数量算数平均计算）		
资源聚集力（20 分）	该类型载体从业人员数（万人）（从业人员指专职管理、运营、服务人员等）		
	该类型合作的资本服务机构数（个）（资本服务机构包括天使投资、创业投资、产业投资、银行、担保、保险、小额贷款公司、融资租赁公司等各类金融服务机构）		

一级指标	二级指标	****年基准年年底	****年实施期结束年年底
资源聚集力（20分）	该类型载体拥有或合作的各类专业公共技术服务平台数（个） （公共技术服务平台包括检验检测平台、共性技术研发平台、中试基地、科技条件设备共享平台等）		
	该类型载体创业导师数（人）		
	该类型载体组织创新创业大赛和项目路演总次数（次）		
	该类型载体拥有或合作共享的国家或省级实验室、技术研发平台数量（个）		
持续发展力（15分）	该类型载体亩均收入（万元/平方米）=创新创业特色载体上一年度营业收入/创新创业特色载体实际建成面积		
	该类型载体从业人员中大学及以上学历人员占比（％） （从业人员指专职管理人员）		
	入驻该类型载体创业的科研人员数量（人）		
产出与效益（35分）	入驻该类型载体的企业毕业数（家）		
	入驻该类型载体的企业挂牌或上市数（个）		
	入驻该类型载体的企业规模升级数（家） （规模升级是指微型企业成长为小型及小型以上企业；小型企业成长为中型及中型以上企业；中型企业成长为大型企业。企业划型标准按工业和信息化部、国家统计局等部门联合制定的《中小企业划型标准规定》执行）		
	该类型载体培育的经国家、省级认定的专精特新中小企业数（家）		
	入驻该类型载体的企业被认定为科技型中小企业和高新技术企业的合计数（家）		
	入驻该类型载体的企业在国内外创新创业大赛中获奖数（项）		
	入驻该类型载体的企业年度产值（万元）		
	入驻该类型载体的企业年度利税额（万元）		
	入驻该类型载体的企业年度新增就业人数（万人）		
	入驻该类型载体的企业年度研发投入（万元）		
	入驻该类型载体的企业技术合同交易额（万元）		
	入驻该类型载体的企业高新技术产品（服务）收入（万元）		
改革创新力（10分）	地方制度创新、机制创新的举措及有效模式总结、信息报送等（项）		
辐射带动力（10分）	该类型载体通过资源共享、服务合作等方式支持开发区以外的中小企业数（家）		

备注：
1. 2018年申报的开发区，基准年为2017年，目标年为2019年。
2. 绩效评价工作将根据实际工作进展另行通知。

绩效目标及评价指标表——高端人才引领型载体

一级指标	二级指标	****年基准年年底	****年实施期结束年年底
产业集聚度（10分）	该类型载体在主要服务的行业领域吸引入驻的企业数占比（％） =该类型载体在主要服务的行业领域吸引入驻的企业个数＊100％/入驻该类型载体的企业总个数 （如果该类型载体数量大于1个，且主要服务的行业领域存在差异，则按上述公式加权平均计算，各载体指标数据权重按载体数量算数平均计算）		

续表

一级指标	二级指标	**** 年基准年年底	**** 年实施期结束年年底
资源聚集力（20 分）	该类型载体从业人员数（万人） （从业人员指专职管理、运营、服务人员等）		
	该类型合作的资本服务机构数（个） （资本服务机构包括天使投资、创业投资、产业投资、银行、担保、保险、小额贷款公司、融资租赁公司等各类金融服务机构）		
	该类型载体拥有或合作的各类专业公共技术服务平台数（个） （公共技术服务平台包括检验检测平台、共性技术研发平台、中试基地、科技条件设备共享平台等）		
	该类型载体创业导师数（人）		
	该类型载体组织创新创业大赛和项目路演总次数（次）		
	该类型载体通过国家级、省级、市级"千人计划"等措施引进的人才数（人） （人才包括国际顶尖人才、海外留学人才、高技能人才、大企业高管、优秀青年人才等知识型、技能型、创新型人才）		
持续发展力（15 分）	该类型载体亩均收入（万元／平方米）＝创新创业特色载体上一年度营业收入／创新创业特色载体实际建成面积		
	该类型载体从业人员中大学及以上学历人员占比（％） （从业人员指专职管理人员）		
	入驻该类型载体创业的人才居住面积（平方米）		
产出与效益（35 分）	入驻该类型载体的企业毕业数（家）		
	入驻该类型载体的企业挂牌或上市数（个）		
	入驻该类型载体的企业规模升级数（家） （规模升级是指微型企业成长为小型及小型以上企业；小型企业成长为中型及中型以上企业；中型企业成长为大型企业。企业划型标准按工业和信息化部、国家统计局等部门联合制定的《中小企业划型标准规定》执行）		
	该类型载体培育的经国家、省级认定的专精特新中小企业数（家）		
	入驻该类型载体的企业被认定为科技型中小企业和高新技术企业的合计数（家）		
	入驻该类型载体的企业在国内外创新创业大赛中获奖数（项）		
	入驻该类型载体的企业年度产值（万元）		
	入驻该类型载体的企业年度利税额（万元）		
	入驻该类型载体的企业年度新增就业人数（万人）		
	入驻该类型载体的企业年度研发投入（万元）		
	入驻该类型载体的企业拥有有效知识产权数（项）		
	入驻该类型载体的企业获得国家级、省级自然科学奖、技术发明奖、科技进步奖总数（项）		
改革创新力（10 分）	地方制度创新、机制创新的举措及有效模式总结、信息报送等（项）		
辐射带动力（10 分）	该类型载体通过资源共享、服务合作等方式支持开发区以外的中小企业数（家）		

备注：

1. 2018 年申报的开发区，基准年为 2017 年，目标年为 2019 年。

2. 绩效评价工作将根据实际工作进展另行通知。

附件3：

2018～2019 年各省份申报开发区名额表

单位：个

省份名称	2018 年申报名额上限	2019 年申报名称上限
山东省	4	3

财政部关于印发《工业企业结构调整专项奖补资金管理办法》的通知

2018 年 8 月 30 日　财建〔2018〕462 号

各省、自治区、直辖市、新疆生产建设兵团财政厅（局），财政部驻各省、自治区、直辖市财政监察专员办事处：

　　按照国务院决策部署，为进一步规范和加强工业企业结构调整专项奖补资金的管理和使用，我部对《工业企业结构调整专项奖补资金管理办法》进行了修订。现予印发，请遵照执行。

　　附件：工业企业结构调整专项奖补资金管理办法

附件：

工业企业结构调整专项奖补资金管理办法

　　第一条　为规范工业企业结构调整专项奖补资金的管理和使用，提高资金使用效益，根据《中华人民共和国预算法》、《国务院关于钢铁行业化解过剩产能实现脱困发展的意见》（国发〔2016〕6 号）和《国务院关于煤炭行业化解过剩产能实现脱困发展的意见》（国发〔2016〕7 号）等文件要求，制定本办法。

　　第二条　本办法所称工业企业结构调整专项奖补资金（以下简称专项奖补资金），是指中央财政预算安排用于支持地方政府和中央企业推动钢铁、煤炭等行业化解过剩产能工作的以奖代补资金。专项奖补资金也可支持国务院同意的其他事项，按照报经国务院批准的方案执行。

　　专项奖补资金执行期限暂定至 2020 年。

　　第三条　专项奖补资金由地方政府和中央企业主要用于国有企业职工分流安置工作，也可统筹用于符合条件的非国有企业职工分流安置。专项奖补资金支出范围包括：

　　（一）企业为退养职工按规定需缴纳的职工养老和医疗保险费，以及需发放的基本生活费和内部退养工伤职工的工伤保险费；

　　（二）解除、终止劳动合同按规定需支付的经济补偿金和符合《工伤保险条例》规定的工伤保险待遇；

　　（三）清偿拖欠职工的工资、社会保险等历史欠费；

　　（四）弥补行业企业自行管理社会保险收不抵支形成的基金亏空，以及欠付职工的社会保险待遇；

　　（五）企业可参照退养人员，使用专项奖补资金，为内部分流安置的职工缴纳社会保险、发放一定期限的生活费补贴；

　　（六）人力资源社会保障部等部门印发的《关于在化解钢铁煤炭行业过剩产能实现脱困发展过程中做

好职工安置工作的意见》（人社部发〔2016〕32 号）、《关于做好 2017 年化解钢铁煤炭行业过剩产能中职工安置工作的通知》（人社部发〔2017〕24 号）、《关于做好 2018 年重点领域化解过剩产能中职工安置工作的通知》（人社部发〔2018〕28 号）等文件明确的各项职工分流安置补贴政策，现有支出渠道资金不足的，可从专项奖补资金中列支。

第四条   专项奖补资金包括支持地方政府的专项奖补资金和支持中央企业的专项奖补资金两部分。支持地方政府的奖补资金，中央财政通过专项转移支付将专项奖补资金拨付各省（自治区、直辖市）；支持中央企业的奖补资金，中央财政通过国有资本经营预算将专项奖补资金拨付各中央企业集团公司。

1998 年以来中央下放地方的煤炭企业按照目标任务量占地方任务量的占比和地方奖补资金的拨付比例单独安排，所需资金通过国有资本经营预算专项转移支付安排地方统筹使用。

第五条   专项奖补资金标准按预算总规模与化解过剩产能总目标计算确定。拨付地方和中央企业的专项奖补资金分别核定，分开使用，年度资金规模分别按下述公式确定：

1. 地方年度资金规模（不含 1998 年以来下放的煤炭企业）$= \dfrac{\text{当年全国化解过剩产能任务量}}{\text{（不含中央企业和 1998 以来下放的煤炭企业）}} \times$

（不含中央企业和 1998 年以来下放的煤炭企业）国务院确定的地方目标任务量

地方资金总规模

2. 中央企业年度资金规模 $= \dfrac{\text{当年中央企业化解过剩产能任务量}}{\text{国务院确定的中央企业目标任务量}} \times$ 中央企业资金总规模

3. 1998 年以来下放的煤炭企业年度资金规模 $= $ 公式 1 确定的地方年度资金规模 $\times \dfrac{\text{1998 年以来下放的煤炭企业当年化解过剩产能任务量}}{\text{当年全国化解过剩产能任务量（不含中央企业和 1998 年以来下放的煤炭企业）}}$

第六条   为鼓励地方政府和中央企业尽早退出产能，按照"早退多奖"的原则，在计算年度化解过剩产能任务量时，2016～2020 年分别按照实际产能的 110%、100%、90%、80%、70% 测算。

专项奖补资金分为基础奖补资金和梯级奖补资金两部分。其中，基础奖补资金占当年资金规模的 80%，梯级奖补资金占当年资金规模的 20%。

第七条   基础奖补资金按因素法分配，各因素权重和具体内容如下：

（一）化解产能任务量。权重 50%，主要考虑该省（自治区、直辖市）和中央企业化解产能目标任务量。

（二）需安置职工人数。权重 30%，包括内退、解除劳动合同和内部分流转岗安置等人员。

（三）困难程度。权重 20%，主要考虑地方财政和中央企业困难情况。

第八条   梯级奖补资金和各省（自治区、直辖市）、中央企业超额完成化解过剩产能任务完成情况挂钩。对完成超过目标任务量的省（自治区、直辖市），按该省（自治区、直辖市）、中央企业基础奖补资金的一定系数实行梯级奖补。奖励系数按以下办法确定：

对完成超过目标任务量 0～5%（不含，下同）的省（自治区、直辖市）、中央企业，系数为超额完成比例；

对完成超过目标任务量 5%～10% 的省（自治区、直辖市）、中央企业，系数为超额完成比例的 1.25 倍；

对完成超过目标任务量 10% 以上的省（自治区、直辖市）、中央企业，系数为超额完成比例的 1.5 倍；最高不超过 30%。

第九条   非国有企业可按照不高于中央"十二五"淘汰落后产能政策标准（钢铁 140 元/吨、煤炭 120 万元/矿），给予定额奖补，专项奖补资金应当优先用于职工安置。妥善分流安置职工后，剩余资金可用于企业转产、化解债务等相关支出。

给予定额奖补后，如再出现未安置职工，相关企业和当地政府应继续承担安置责任；如存在主观不履行安置责任、骗取套取奖补资金、资金未优先用于职工安置等问题，将依法依规追究相关企业和当地政府的责任。

第十条   建立职责分工明确、上下联动的管理机制。国家发展改革委、工业和信息化部、国家能源局、国家煤矿安监局根据全国化解钢铁、煤炭等行业过剩产能的目标任务和时间要求，综合平衡后确定各省（自治区、直辖市）化解过剩产能总体目标及年度任务（含中央企业，列其中数）。各有关省级人民政府据此制定实施方案并组织实施（中央企业由国务院国资委负责制定实施方案并组织实施），报国务院备案。钢铁煤炭行业化解过剩产能和脱困发展工作部际联席会议与各有关省级人民政府签订目标责任书，国务院国资委与有关中央企业签订目标责任书。

各省级人民政府对本地区化解过剩产能负总责（包括1998年以来下放的煤炭企业），中央企业化解过剩产能由国务院国资委负责。地方政府有关部门要按照职责分工对本地区化解过剩产能相关数据审核负责，并按照政策规定推动过剩产能顺利退出，妥善分流安置职工。

第十一条　国家发展改革委、人力资源社会保障部、国务院国资委每年5月15日前将相关数据函告财政部。财政部按照本办法第七条规定将基础奖补资金预拨至相关各省（自治区、直辖市）、中央企业。

第十二条　年度终了，钢铁煤炭行业化解过剩产能和脱困发展工作部际联席会议组织对各省（自治区、直辖市）、中央企业完成情况进行核查，国家发展改革委、人力资源社会保障部、国务院国资委于次年3月31日前将相关核查结果函告财政部。财政部根据核查结果，对各省（自治区、直辖市）、各中央企业专项奖补资金进行清算：对未完成化解产能任务的，按本办法第六条测算扣回资金；对超额完成化解产能任务的，按本办法第七条和第八条规定测算拨付余下的资金。

第十三条　专项奖补资金支付按照国库集中支付制度有关规定执行。专项奖补资金结余应当按预算管理有关规定使用。

第十四条　地方政府和中央企业要多渠道筹集并落实好化解过剩产能所需资金。在分配和使用专项奖补资金时，应充分考虑企业实际情况，更多支持职工安置任务较重、困难较多的企业，不得按去产能任务量简单分配资金，杜绝按企业户数平均分配资金，对主动退出产能的企业应给予重点支持。

对资金实施全过程绩效管理，提高资金使用效益。年度绩效目标报中央相关主管部门和财政部备案，并抄送财政部驻当地监察专员办事处。

第十五条　有关职能部门要健全审核监督机制，落实各部门工作职责和主体责任，明确各业务环节审核验收的工作流程和具体要求。

各级发改、财政、人社、经信、能源等部门及其工作人员在专项资金审核、分配工作中，存在违反规定分配资金、向不符合条件的单位（个人）分配资金、擅自超出规定的范围或者标准分配或使用专项资金等，以及其他滥用职权、玩忽职守、徇私舞弊等违法违纪行为的，按照《预算法》、《公务员法》、《行政监察法》、《财政违法行为处罚处分条例》等有关规定进行处理。

第十六条　各省（自治区、直辖市）人民政府和国务院国资委应对专项奖补资金使用情况进行监督，并及时将产能化解、职工安置和专项奖补资金分配等结果向社会公开，接受社会监督。

第十七条　本办法由财政部会同相关部门按职责分工进行解释。

第十八条　本办法自公布之日起施行。财政部印发的原《工业企业结构调整专项奖补资金管理办法》（财建〔2016〕253号）即废止。

财政部　工业和信息化部关于对小微企业融资担保业务实施降费奖补政策的通知

2018年10月15日　财建〔2018〕547号

各省、自治区、直辖市、计划单列市财政厅（局）、中小企业主管部门，新疆生产建设兵团财政局、工信委：

根据党中央、国务院关于加强对小微企业金融服务的决策部署和《中小企业促进法》有关规定，财政部、工业和信息化部决定实施小微企业融资担保业务降费奖补政策，引导地方支持扩大实体经济领域小微企业融资担保业务规模，降低小微企业融资担保成本，促进专注于服务小微企业的融资担保机构可持续发展。现将有关事项通知如下：

一、总体要求

全面贯彻党的十九大和十九届二中、三中全会精神，以习近平新时代中国特色社会主义思想为指引，认真贯彻落实党中央、国务院相关决策部署，按照市场主导、政府扶持、结果导向的原则，支持引导更多金融资源配置到小微企业，进一步拓展小微企业融资担保业务规模，降低小微企业融资担保费率水平。

二、实施内容

（一）支持对象

中央财政在 2018～2020 年每年安排资金 30 亿元，采用奖补结合的方式，对扩大小微企业融资担保业务规模、降低小微企业融资担保费率等政策性引导较强的地方进行奖补。2018 年，对全国 37 个省份（包括省、自治区、直辖市、计划单列市及新疆生产建设兵团，下同）均安排奖补资金。2019 年和 2020 年，对符合一定条件的省份予以奖补。

奖补资金分配的基础数据来源于工业和信息化部"中小企业信用担保业务信息报送系统"。2019 年和 2020 年，从中选择以小微企业业务为主的政策性融资担保机构的相关数据作为分配依据。小微企业是指符合工业和信息化部、国家统计局等部门联合制发的《中小企业划型标准规定》的小型企业、微型企业，不包括房地产行业、金融服务行业和投资（资产）管理类、地方政府投融资平台类、地方国有企业资本运营平台类企业。

某省份小微企业年化担保费率 = $\sum$ 该省份每笔小微企业融资担保业务担保费收入 $\Big/$ $\sum$ 该省份每笔小微企业融资担保业务年化担保额。

某省份小微企业年化担保额 = $\sum$（该省份每笔小微企业融资担保业务实际担保额 $*$ 实际担保天数/365 天）。

（二）资金分配

1. 分档定额奖励。2018 年，对东部、中部、西部地区按上一年度新增小微企业年化担保额规模排名分别位于前 9 名、前 7 名、前 9 名，共计 25 个省份进行定额奖励。奖励标准根据各省份上一年度新增小微企业年化担保额、小微企业年化担保费率分为四档。

第一档：上一年度新增小微企业年化担保额位于所属区域中位数以上，且小微企业年化担保费率位于同期全国平均水平及以下，奖励 9 000 万元。

第二档：上一年度新增小微企业年化担保额位于所属区域中位数以上，但小微企业年化担保费率位于同期全国平均水平以上，奖励 7 000 万元。

第三档：上一年度新增小微企业年化担保额位于所属区域中位数及以下，且小微企业年化担保费率位于同期全国平均水平及以下，奖励 5 000 万元。

第四档：上一年度新增小微企业年化担保额位于所属区域中位数及以下，但小微企业年化担保费率位于同期全国平均水平以上，奖励 4 000 万元。

2019 年和 2020 年，对按上述办法排名且上一年度小微企业年化担保费率不超过 2% 的省份进行奖励，并提高奖励标准，每个年度在上一年度的基础上增加 1 000 万元。

2. 因素法补助。2018 年，对全国 37 个省份（含兵团）安排补助资金。补助资金按因素法分配，以上一年度新增小微企业融资担保额规模为分配因素，兼顾区域协调。

某省份本年度补助资金＝（中小企业发展专项资金预算－定额奖励资金预算）＊该省份上一年度新增小微企业年化担保额＊区域补助系数／∑（符合规定条件的省份上一年度新增小微企业年化担保额＊区域补助系数）。

区域补助系数根据财政部关于东中西部省份的划分确定。东部补助系数为 1，中部补助系数为 1.2，西部补助系数为 1.6。

2019 年和 2020 年，对上一年度小微企业年化担保费率不超过 2% 的省份继续按上述因素法分配补助资金。

（三）资金使用与管理

中央财政通过中小企业发展专项资金对地方进行奖补，奖补资金适用《中小企业发展专项资金管理办法》（财建〔2016〕841 号）。

奖补资金切块下达到省级财政部门，省级财政部门会同同级中小企业主管部门重点支持政策引导性较强、效果较好的担保机构，特别是对直接服务小微企业且取费较低的担保机构加大奖补力度，充分发挥奖补资金的激励作用，防止对地市或担保机构简单平均分配。要通过直接补助、绩效奖励、代偿补偿等方式，促进政策引导性担保机构（含再担保机构）扩大小微企业融资担保业务特别是单户贷款 1 000 万元及以下的担保业务、首贷担保和中长期贷款担保业务规模，降低小微企业融资担保费率。

有条件的地方可利用中小企业金融服务平台等有效载体，推动区域内银行、担保机构、小微企业等实现资源、信息和业务线上对接，提高融资服务效率和精准度，进一步拓展小微企业融资担保业务。

三、组织实施

各省份财政厅（局）、中小企业主管部门应高度重视，积极谋划，切实抓好组织实施工作。

（一）填报信息。

各省份中小企业主管部门应组织本地区融资担保机构及时全面填报小微企业融资担保业务相关数据信息。从 2018 年 11 月起，按月通过工业和信息化部"中小企业信用担保业务信息报送系统"报送（http：//coids.sme.gov.cn 或 http：//coids.miit.gov.cn），并抄送同级财政部门。

每年 2 月底前，各省份中小企业主管部门会同同级财政部门向工业和信息化部、财政部报送上一年度小微企业融资担保业务进展情况报告及中央财政资金具体安排使用情况（包括具体用途、支持对象、金额等）。

每年 7 月底前，各省份中小企业主管部门会同同级财政部门向工业和信息化部、财政部报送本年度上半年小微企业融资担保业务进展情况报告及已下达财政预算资金安排使用情况等。

（二）汇总分析。

工业和信息化部按月对地方报送数据信息进行汇总分析，于每年 3 月底前完成对上一年度全国数据信息的汇总分析，提供给财政部作为资金分配的依据。

（三）下达资金。

财政部根据工业和信息化部汇总数据情况，结合当年预算安排，分配下达奖补资金。

（四）绩效监测和评价。

各省份财政部门会同同级中小企业主管部门对中央财政奖补资金使用情况和执行效果按年度开展绩效评价；工业和信息化部进行动态监测和业务指导，并视工作进展情况组织绩效再评价。

国家安全监管总局　财政部关于印发《安全生产领域举报奖励办法》的通知

2018 年 1 月 4 日　安监总财〔2018〕19 号

各省、自治区、直辖市安全生产监督管理局、财政厅（局），新疆生产建设兵团安全生产监督管理局、财务局，各省级煤矿安全监察局：

现将《安全生产领域举报奖励办法》印发给你们，请遵照执行。

附件：安全生产领域举报奖励办法

附件：

安全生产领域举报奖励办法

第一条　为进一步加强安全生产工作的社会监督，鼓励举报重大事故隐患和安全生产违法行为，及时发现并排除重大事故隐患，制止和惩处违法行为，依据《中华人民共和国安全生产法》《中华人民共和国职业病防治法》和《中共中央国务院关于推进安全生产领域改革发展的意见》等有关法律法规和文件要求，制定本办法。

第二条　本办法适用于所有重大事故隐患和安全生产违法行为的举报奖励。

其他负有安全生产监督管理职责的部门对所监管行业领域的安全生产举报奖励另有规定的，依照其规定。

第三条　任何单位、组织和个人（以下统称举报人）有权向县级以上人民政府安全生产监督管理部门、其他负有安全生产监督管理职责的部门和各级煤矿安全监察机构（以下统称负有安全监管职责的部门）举报重大事故隐患和安全生产违法行为。

第四条　负有安全监管职责的部门开展举报奖励工作，应当遵循"合法举报、适当奖励、属地管理、分级负责"和"谁受理、谁奖励"的原则。

第五条　本办法所称重大事故隐患，是指危害和整改难度较大，应当全部或者局部停产停业，并经过一定时间整改治理方能排除的隐患，或者因外部因素影响致使生产经营单位自身难以排除的隐患。

煤矿重大事故隐患的判定，按照《煤矿重大生产安全事故隐患判定标准》（国家安全监管总局令第 85 号）的规定认定。其他行业和领域重大事故隐患的判定，按照负有安全监管职责的部门制定并向社会公布的判定标准认定。

第六条　本办法所称安全生产违法行为，按照国家安全监管总局印发的《安全生产非法违法行为查处办法》（安监总政法〔2011〕158 号）规定的原则进行认定，重点包括以下情形和行为：

（一）没有获得有关安全生产许可证或证照不全、证照过期、证照未变更从事生产经营、建设活动的；未依法取得批准或者验收合格，擅自从事生产经营活动的；关闭取缔后又擅自从事生产经营、建设活动的；停产整顿、整合技改未经验收擅自组织生产和违反建设项目安全设施"三同时"规定的。

（二）未依法对从业人员进行安全生产教育和培训，或者矿山和危险化学品生产、经营、储存单位，金属冶炼、建筑施工、道路交通运输单位的主要负责人和安全生产管理人员未依法经安全生产知识和管理能力考核合格，或者特种作业人员未依法取得特种作业操作资格证书而上岗作业的；与从业人员订立劳动合同，免除或者减轻其对从业人员因生产安全事故伤亡依法应承担的责任的。

（三）将生产经营项目、场所、设备发包或者出租给不具备安全生产条件或者相应资质（资格）的单位或者个人，或者未与承包单位、承租单位签订专门的安全生产管理协议，或者未在承包合同、租赁合同中明确各自的安全生产管理职责，或者未对承包、承租单位的安全生产进行统一协调、管理的。

（四）未按国家有关规定对危险物品进行管理或者使用国家明令淘汰、禁止的危及生产安全的工艺、设备的。

（五）承担安全评价、认证、检测、检验工作和职业卫生技术服务的机构出具虚假证明文件的。

（六）生产安全事故瞒报、谎报以及重大事故隐患隐瞒不报，或者不按规定期限予以整治的，或者生产经营单位主要负责人在发生伤亡事故后逃匿的。

（七）未依法开展职业病防护设施"三同时"，或者未依法开展职业病危害检测、评价的。

（八）法律、行政法规、国家标准或行业标准规定的其他安全生产违法行为。

第七条 举报人举报的重大事故隐患和安全生产违法行为，属于生产经营单位和负有安全监管职责的部门没有发现，或者虽然发现但未按有关规定依法处理，经核查属实的，给予举报人现金奖励。具有安全生产管理、监管、监察职责的工作人员及其近亲属或其授意他人的举报不在奖励之列。

第八条 举报人举报的事项应当客观真实，并对其举报内容的真实性负责，不得捏造、歪曲事实，不得诬告、陷害他人和企业；否则，一经查实，依法追究举报人的法律责任。

举报人可以通过安全生产举报投诉特服电话"12350"，或者以书信、电子邮件、传真、走访等方式举报重大事故隐患和安全生产违法行为。

第九条 负有安全监管职责的部门应当建立健全重大事故隐患和安全生产违法行为举报的受理、核查、处理、协调、督办、移送、答复、统计和报告等制度，并向社会公开通信地址、邮政编码、电子邮箱、传真电话和奖金领取办法。

第十条 核查处理重大事故隐患和安全生产违法行为的举报事项，按照下列规定办理：

（一）地方各级负有安全监管职责的部门负责受理本辖区内的举报事项；

（二）设区的市级以上地方人民政府负有安全监管职责的部门、国家有关负有安全监管职责的部门可以依照各自的职责直接核查处理辖区内的举报事项；

（三）各类煤矿的举报事项由所辖区域内属地煤矿安全监管部门负责核查处理。各级煤矿安全监察机构直接接到的涉及煤矿重大事故隐患和安全生产违法行为的举报，应及时向当地政府报告，并配合属地煤矿安全监管等部门核查处理；

（四）地方人民政府煤矿安全监管部门与煤矿安全监察机构在核查煤矿举报事项之前，应当相互沟通，避免重复核查和奖励；

（五）举报事项不属于本单位受理范围的，接到举报的负有安全监管职责的部门应当告知举报人向有处理权的单位举报，或者将举报材料移送有处理权的单位，并采取适当方式告知举报人；

（六）受理举报的负有安全监管职责的部门应当及时核查处理举报事项，自受理之日起60日内办结；情况复杂的，经上一级负有安全监管职责的部门批准，可以适当延长核查处理时间，但延长期限不得超过30日，并告知举报人延期理由。受核查手段限制，无法查清的，应及时报告有关地方政府，由其牵头组织核查。

第十一条 经调查属实的，受理举报的负有安全监管职责的部门应当按下列规定对有功的实名举报人给予现金奖励：

（一）对举报重大事故隐患、违法生产经营建设的，奖励金额按照行政处罚金额的15%计算，最低奖励3 000元，最高不超过30万元。行政处罚依据《安全生产法》《安全生产违法行为行政处罚办法》《安全生产行政处罚自由裁量标准》《煤矿安全监察行政处罚自由裁量实施标准》等法律法规及规章制度执行；

（二）对举报瞒报、谎报事故的，按照最终确认的事故等级和查实举报的瞒报谎报死亡人数给予奖励。

其中：一般事故按每查实瞒报谎报 1 人奖励 3 万元计算；较大事故按每查实瞒报谎报 1 人奖励 4 万元计算；重大事故按每查实瞒报谎报 1 人奖励 5 万元计算；特别重大事故按每查实瞒报谎报 1 人奖励 6 万元计算。最高奖励不超过 30 万元。

第十二条 多人多次举报同一事项的，由最先受理举报的负有安全监管职责的部门给予有功的实名举报人一次性奖励。

多人联名举报同一事项的，由实名举报的第一署名人或者第一署名人书面委托的其他署名人领取奖金。

第十三条 举报人接到领奖通知后，应当在 60 日内凭举报人有效证件到指定地点领取奖金；无法通知举报人的，受理举报的负有安全监管职责的部门可以在一定范围内进行公告。逾期未领取奖金者，视为放弃领奖权利；能够说明理由的，可以适当延长领取时间。

第十四条 奖金的具体数额由负责核查处理举报事项的负有安全监管职责的部门根据具体情况确定，并报上一级负有安全监管职责的部门备案。

第十五条 参与举报处理工作的人员必须严格遵守保密纪律，依法保护举报人的合法权益，未经举报人同意，不得以任何方式透露举报人身份、举报内容和奖励等情况，违者依法承担相应责任。

第十六条 给予举报人的奖金纳入同级财政预算，通过现有资金渠道安排，并接受审计、监察等部门的监督。

第十七条 本办法由国家安全监管总局和财政部负责解释。

第十八条 本办法自印发之日起施行。国家安全监管总局、财政部《关于印发安全生产举报奖励办法的通知》（安监总财〔2012〕63 号）同时废止。

财政部办公厅　工业和信息化部办公厅　中国银行保险监督管理委员会办公厅关于深入做好首台（套）重大技术装备保险补偿机制试点工作的通知

2018 年 3 月 21 日　财办建〔2018〕35 号

各省、自治区、直辖市、计划单列市财政厅（局）、工业和信息化主管部门、保险监督管理机构，有关中央企业：

为贯彻落实《财政部　工业和信息化部　保监会关于开展首台（套）重大技术装备保险补偿机制试点工作的通知》（财建〔2015〕19 号）等有关政策要求，组织做好 2018 年及以后年度首台（套）重大技术装备保险补偿机制试点工作，现就有关事项通知如下：

一、2018 年及以后年度保费补贴申请安排

（一）自 2018 年起，由省级工业和信息化主管部门负责本地区制造企业（含央企）保费补贴资金申请受理工作。制造《首台（套）重大技术装备推广应用指导目录》内装备，且投保首台（套）重大技术装备综合险或选择国际通行保险条款投保的企业，在装备交付用户、保单正式生效、累计保费满 20 万元后集中申请补贴，同类装备产品集中申报。续保项目应保持连续投保，如不连续则按新投保审核。制造企业、保险机构和装备用户应严格遵守国家相关法律法规，加强业务管控，确保申请材料真实、准确。

（二）2017 年 3 月 16 日至 2017 年 12 月 31 日期间投保的项目，应于 2018 年 4 月 20 日前提交保费补贴资金申请材料。自 2018 年起，每年 1 月 1 日至 12 月 31 日期间投保的项目，应于下一年 3 月 10 日前提交保费补贴资金申请材料。申请人应按照财政部、工业和信息化部、原保监会《关于开展首台（套）重大技术

装备保险补偿机制试点工作的通知》（财建〔2015〕19号），财政部办公厅、工业和信息化部办公厅、原中国保监会办公厅《关于首台（套）重大技术装备保险补偿机制试点工作有关事宜的通知》（财办建〔2015〕82号）、《关于申请首台（套）重大技术装备保费补贴资金等有关事项的通知》（财办建〔2016〕60号）等现有政策提交相关申请材料，同时需附制造企业、用户单位、保险机构分别正式出具的业务及材料真实性声明，以及用户单位正式出具的装备接收证明。

（三）省级工业和信息化主管部门应在同财政厅（局）、保险监督管理机构充分沟通意见的基础上，对保费补贴资金申请材料准确性、完整性和政策符合性进行初审，并将初审意见、本地区项目和企业申请汇总材料（纸质版一式三份，另附电子版）报送工业和信息化部（装备工业司），2017年3月16日至2017年12月31日期间投保项目应于2018年5月4日前报送，以后年度投保项目应于下一年3月底前报送。

二、其他事项

（四）中央财政补贴资金下达后，各地要及时将资金拨付有关制造企业，并督促相关项目有序落实，确保实现绩效目标。省级工业和信息化主管部门要会同财政厅（局）和保险监督管理机构及时开展联合督查，对试点工作实施效果进行跟踪和监督检查，对已下达补贴资金但相关各方仍然反映的问题进行及时处理，并于每年11月30日前向工业和信息化部、财政部和中国银行保险监督管理委员会报送督查报告。工业和信息化部商财政部、中国银行保险监督管理委员会不定期组织第三方机构开展抽查，对审核把关不严、工作组织不力、发现问题未及时处理、未按要求开展督查并报送督查报告的省份，由工业和信息化部在全国范围内进行通报批评，并视情采取其他惩戒措施。

（五）获得保费补贴的制造企业如在项目实施中遇重大问题，应及时向省级有关部门报告。已获补贴项目通过保单批改调整保费、保额或影响审核工作所参照的重要因素的，须退回补贴资金。工业和信息化部门、保险监督管理机构通过各类监管措施发现企业违规获得补贴的，应及时按职责采取相应处理措施；涉及财政违法行为的，经核实相关情况后，及时向财政部门提出处理建议，由财政部门按《财政违法行为处罚处分条例》等有关规定追回相关补贴资金，没收企业相关违法所得，对相关企业和人员予以处罚，涉嫌犯罪的交由司法机关查处。

（六）鼓励有条件的地方结合当地产业基础、行业特点，因地制宜研究制定地方首台（套）扶持政策，并做好与国家政策的衔接。鼓励用户企业对投保装备免收质保金，发挥保险对质保金的替代功能。

山东省人民政府关于完善进出口商品质量安全风险预警和快速反应监管体系切实保护消费者权益的实施意见

2018年8月20日　鲁政发〔2018〕19号

各市人民政府，各县（市、区）人民政府，省政府各部门、各直属机构：

为贯彻落实《国务院关于完善进出口商品质量安全风险预警和快速反应监管体系切实保护消费者权益的意见》（国发〔2017〕43号），强化进出口商品质量安全风险防控，切实保护人民群众切身利益，现提出以下实施意见。

一、总体要求

以习近平新时代中国特色社会主义思想为指导，全面贯彻落实党的十九大和十九届二中、三中全会精神，以风险管理为主线，以保障质量安全为目标、以社会质量共治为根基、以科技创新为驱动，建立健全全省进出口商品质量安全风险预警监管体系，构建高效的风险评估、预警及快速反应机制，发挥质量安全风险管理对重大决策的支持作用，切实保护消费者权益，有效防控进出口商品质量安全风险，服务全省新旧动能转换重大工程和新一轮高水平对外开放。

二、着力强化质量安全风险监测

1. 制定实施风险监测计划。在国家进出口商品质量安全风险监测计划框架下，结合全省区域性重点行业产业、新兴业态、重点敏感商品，围绕服务和保障新一轮经济高水平发展需求，制定进出口商品质量安全风险监测计划，并根据运行情况实施动态调整。（责任单位：青岛海关、济南海关牵头，省发展改革委、省经济和信息化委、省农业厅、省环保厅、省工商局、省卫生计生委、省食品药品监管局等部门按职责分工负责）

2. 大力开展风险信息采集。充分利用各级政府、部门服务平台、门户网站以及 12345 电话热线等，开展舆情信息收集。全面采集进出口商品设计、制造、销售、使用各环节质量安全风险信息，以及与之相关的伤害数据、国外同类事故信息等。探索实行检验检测认证机构风险信息报告制度。综合运用境外通报召回调查、出口退运货物追溯调查、消费者投诉举报调查、打击假冒伪劣等渠道强化质量安全风险信息采集。（责任单位：青岛海关、济南海关牵头，省发展改革委、省经济和信息化委、省卫生计生委、省公安厅、省商务厅、省农业厅、省工商局、省质监局、省食品药品监管局等部门按职责分工负责）

3. 强化风险信息共享交换。根据全国一体化风险监测数据共享与交换机制推进要求，逐步实现政府部门检验监管、监督抽查、舆情监控信息，进出口检验检测认证机构检测信息，进出口企业行业自检自控信息，社会组织、公众及消费者投诉等质量安全信息的及时报告和充分共享。依托中国（山东）国际贸易单一窗口，推动口岸相关部门作业系统横向互联，实现对进出境运输工具、运输设备、货物等申报、查验和放行信息的实时共享，促进贸易便利化水平。做好采集报送渠道的日常维护，确保风险信息采集及时准确。（责任单位：青岛海关、济南海关牵头，省发展改革委、省经济和信息化委、省质监局、省公安厅、省农业厅、省商务厅、省卫生计生委、省工商局、省食品药品监管局、省口岸办、省公安边防总队、山东海事局等部门按职责分工负责）

4. 加快创建风险监测点。依托全国进出口商品质量安全风险信息平台，建立健全山东省进出口商品风险监测网络体系，架通各级政府、口岸监管部门信息桥梁，消除信息孤岛，打造互联互通的进出口商品质量安全风险信息高速公路。集中力量争创进口纺织原料、大宗资源性商品、进出口轮胎等国家级质量安全风险监测点，针对我省重点进出口商品规划建设一批省级质量安全风险监测点，以点带面促进全省进出口商品风险监测工作。（责任单位：青岛海关、济南海关牵头，省发展改革委、省经济和信息化委、省公安厅、省农业厅、省商务厅、省环保厅、省卫生计生委、省工商局、省食品药品监管局、省口岸办等部门按职责分工负责）

三、积极开展质量安全风险评估

5. 进一步提升风险评估能力。积极参与全国进出口商品风险评估中心建设，争创进出口棉花、轮胎、石油、矿产品、刹车片、危险化学品等国家级质量安全风险验证评价实验室，提升风险评估基础性研究能力。在进出口食品监督抽检及风险监测基准实验室的基础上，集中优势建设国家级进出口食品安全风险评价（基准）实验室。充分发挥风险评估专家和验证评价实验室作用，开展风险评估基础性研究，探索风险验证与缺陷评价方法，为质量安全风险评估提供技术支持。加大信息化投入，充分利用互联网、大数据、云计算、网络爬虫等先进的信息技术手段，提高质量安全风险评估信息化水平。（责任单位：青岛海关、济南海关牵头，省发展改革委、省经济和信息化委、省商务厅、省科技厅、省财政厅、省工商局、省质监

局、省食品药品监管局等部门按职责分工负责）

6. 全方位应用风险评估结果。建立多形式、多维度的进出口商品质量安全风险评估结果输出机制，从对上报告、对内运用、对外公告、对公众发布等不同角度，形成风险评估成果，为全国和全省风险监测计划制定提供决策依据。结合山东省外经贸特色和优势，积极开展对"一带一路"、欧盟、美国及日韩等主要贸易国家和地区进出口商品的质量安全评价工作，提高服务国家战略和山东外贸发展的有效性。（青岛海关、济南海关牵头，省发展改革委、省经济和信息化委、省商务厅、省工商局、省食品药品监管局等部门按职责分工负责）

四、构建质量安全风险预警机制

7. 实施风险分级分类预警。按照全国统一的风险预警等级划分标准实施风险评估分级，对风险等级属省级主管部门发布的风险预警，根据风险评估结果、目标对象、预警范围实施分类预警。需监管部门防控的，发布风险警示通报；需提醒企业预防或采取风险消减措施的，发布风险警示通告；需公众防范或采取救济措施的，发布风险警示公告。视情明确风险预警时限、解除条件，对安全风险已消减至适当程度的，按权限及时解除风险预警。（责任单位：青岛海关、济南海关、省食品药品监管局牵头，省发展改革委、省经济和信息化委、省商务厅、省工商局、省质监局等部门按职责分工负责）

8. 健全风险预警发布渠道。畅通信息发布和检索渠道，按照风险预警信息发布范围，依托青岛海关、济南海关网站及所属媒体平台发布进出口商品风险预警信息，为各级政府、监管部门、企业及社会公众提供检索、查阅服务。建立相关监管部门信息通报机制，实现风险预警信息的有效传递。（责任单位：青岛海关、济南海关牵头，省发展改革委、省经济和信息化委、省商务厅、省工商局、省质监局、省食品药品监管局等部门按职责分工负责）

五、强化快速处置和结果运用

9. 强化守信激励和失信惩戒。结合推进"信用山东"建设，将企业质量安全责任落实情况、风险消减义务履行情况纳入信用管理，促进发挥信用管理对市场主体的激励和约束作用。加强信用结果应用，加大联合惩戒力度。将企业失信状况作为纳税信用评价的重要外部参考，将质量失信企业列入税收管理重点监控对象。（责任单位：省发展改革委、人民银行济南分行牵头，省商务厅、青岛海关、济南海关、省税务局、省工商局、省质监局、省食品药品监管局、国家外汇管理局山东省分局）

10. 强化质量安全违法行为惩治。以生产、经营假冒伪劣产品、侵犯知识产权、逃避进出口监管、假冒伪造和骗取检验检疫证书等违法犯罪行为高发领域为重点，建立涵盖生产、流通、口岸、市场等全链条的进出口商品打假合作机制。广泛凝聚政府、市场、社会各方力量，提升对质量违法行为的打击力度。联合开展"清风行动"，依法从严惩处质量安全违法企业和责任人。建立公安机关、检察机关与海关之间的衔接机制，完善行政执法部门间信息共享、案件移送、专业支持、联合督办等机制，重大疑难案件商请公检法机关提前介入，对重大质量安全案件实行联合挂牌督办，实现从口岸到市场的有效风险防控。（责任单位：青岛海关、济南海关牵头，省检察院、省法院、省商务厅、省司法厅、省公安厅、省环保厅、省农业厅、省食品药品监管局、省工商局等部门按职责分工负责）

11. 强化技术性贸易措施应对。在进出口重点产业集聚区域创建技术性贸易措施评议基地，加强对山东省主要出口国家和地区技术性贸易措施的跟踪研究，收集分析国外各类标准法规、产品通报、退运信息、热点问题等，做好技术储备。充分发挥现有青岛、潍坊、济宁、东营等地的技术性贸易措施评议基地的作用，对影响全省出口产业发展的重要国外技术性贸易措施开展专项调查评估，指导出口企业有效应对。加强部门间协调沟通，形成政企合力，充分应用 WTO/TBT、SPS 规则，为山东省企业争取正当权益，构建"接地气、联部门、通国际"的多元化技术性贸易措施应对机制。（责任单位：青岛海关、济南海关牵头，省商务厅、省发展改革委、省经济和信息化委、省农业厅、省商务厅、省环保厅、省工商局、省食品药品监管局等部门按职责分工负责）

12. 强化质量安全责任追溯。开展跨境电商进口零售商品和重点消费品追溯试点，并逐步推广至其他重点进出口商品领域。以海淘商品、网络交易量大的商品以及实地抽检难度较大商品为重点，组织开展网上商品抽检工作。不断强化质量安全事中事后监管，强化流通领域商品监督检查，重点抽查涉及群众生命健康和财产安全，消费者、有关组织、大众传播媒介集中反映，以及行政执法中经常发现有质量问题的商品。（责任单位：省发展改革委、省经济和信息化委、省农业厅、省商务厅、省环保厅、省工商局、省质监局、省食品药品监管局、青岛海关、济南海关等部门按职责分工负责）

六、强化工作保障

加强督导检查，适时开展进出口商品质量安全风险预警和快速反应监管体系建设及运行情况督查。落实经费保障，统筹利用现有资金渠道，提升监管能力，加强口岸查验设施建设，切实保障质量安全风险预警监管工作开展。加强宣传引导，把宣传推进科学预防和有效控制进出口商品质量安全风险作为一项重要任务，充分利用报刊、广播电视、网站等媒体开展各类主题活动，引导广大群众不断提高法律意识和依法维权、理性消费能力，营造全社会重视、支持进出口商品质量提升的良好氛围。（责任单位：省商务厅、省财政厅、青岛海关、济南海关等部门按职责分工负责）

山东省人民政府关于印发支持实体经济高质量发展的若干政策的通知

2018 年 9 月 21 日　鲁政发〔2018〕21 号

各市人民政府，各县（市、区）人民政府，省政府各部门、各直属机构，各大企业，各高等院校：

《支持实体经济高质量发展的若干政策》已经省委、省政府研究同意，现印发给你们，请认真贯彻执行。

附件：支持实体经济高质量发展的若干政策

附件：

支持实体经济高质量发展的若干政策

为深入学习贯彻习近平新时代中国特色社会主义思想和党的十九大精神，认真落实习近平总书记视察山东重要讲话、重要指示批示精神，牢固树立和贯彻落实新发展理念，切实解决当前实体经济发展中存在的突出矛盾和问题，加快新旧动能转换，推动实体经济高质量发展，结合我省实际，制定以下政策。

一、降本增效

1. 降低城镇土地使用税税额标准，各市原则上按现行城镇土地使用税税额标准的 80% 调整城镇土地使用税税额标准，报省政府同意后于 2019 年 1 月 1 日起正式实施。高新技术企业城镇土地使用税税额标准按

调整后税额标准的50%执行，最低不低于法定税额标准。（省财政厅会同省税务局、各市政府负责实施）

2. 对新旧动能转换综合试验区内战略性新兴产业和新旧动能转换重点行业（项目），在国家批复额度内，优先对2018年1月1日起新增留抵税额予以退税，剩余额度内对2017年年底前存量留抵税额退税，待国务院正式批复后实施。（省财政厅会同省税务局负责实施）

3. 降低印花税税负，2018年10月1日起，将实行印花税核定征收方式的工业企业购销金额、商业零售企业购销金额、外贸企业购销金额、货物运输企业货物运输收入、仓储保管企业仓储保管收入、加工承揽企业加工和承揽收入的印花税核定征收计税金额比例下调至50%、20%、50%、80%、80%、80%。（省税务局负责实施）

4. 2018年10月1日至2020年12月31日，各市、县（市、区）城市基础设施配套费减按70%标准征收（房地产项目除外）。（实施细则由各市政府制定）

5. 2018年10月1日起，建立工会的企业按国家规定标准（全部职工工资总额的2%）的40%向上一级工会上缴经费；对按规定免征增值税的小微企业，其工会经费上缴后，由上级工会全额返还给企业工会。（省总工会负责实施）

6. 优化口岸营商环境，全面参照上海口岸，按照分类指导的原则，简化通关流程，降低收费标准，规范市场秩序，打击违规行为。（省口岸办会同青岛海关、济南海关、省交通运输厅、省商务厅、省工商局、省物价局等负责实施）

7. 2019年1月1日起，将货运车辆（包括货车、挂车、专业作业车、轮式专用机械车）车船税适用税额下调至现行税额的一半征收。（省财政厅会同省税务局负责实施）

8. 加快推进电力市场化改革，2018年10月1日起，全面放开煤炭、钢铁、有色、建材等四个行业进入电力交易市场，推动10千伏电压等级及以上、年用电量在500万千瓦时以上的用户进入电力交易市场；对高新技术、互联网、大数据、高端制造业等高附加值新兴产业，以及新旧动能转换重大项目库入库项目，可不受电压等级和用电量限制，到2020年电力市场交易电量占全省电网售电量的比例达到60%以上。（实施细则由省经济和信息化委制定）

9. 降低企业用能成本，2018年年底前，一般工商业电价每千瓦时降低不少于0.03元，全省工商业用户电费负担年减轻不低于80亿元；电网企业向用户收取的高可靠性供电费，按该用户受电电压等级收费标准的下限执行；临时用电的电力用户不再缴纳临时接电费，已向电力用户收取的，由电网企业组织清退；对余热、余压、余气自备电厂减免政策性交叉补贴和系统备用费；提高低压接入容量标准，济南、青岛、烟台3市市区低压接入容量扩大到160千伏安，其他市逐步扩大低压接入容量；完善差别化电费收缴方式，全面实行厂区生产、生活用电分别计价政策。规范降低天然气管输价格，推动我省非居民用气城市门站价格每立方米降低0.09元。（实施细则分别由省物价局、省经济和信息化委、国网山东省电力公司制定）

10. 降低企业社保费率，企业养老保险单位缴费比例继续按18%执行，按规定为符合条件的困难企业办理社会保险费缓缴、延缴手续，缓缴、延缴期间免收滞纳金。延长阶段性降低失业保险费率至1%的政策。工伤保险基金累计结余可支付月数在18（含）至23个月的统筹地区，以现行费率为基础下调20%，累计结余可支付月数在24个月（含）以上的统筹地区，以现行费率为基础下调50%，执行期限至2019年4月30日。工伤保险费率下调期间，统筹地区工伤保险基金累计结余达到合理支付月数范围的，停止下调。（省人力资源社会保障厅负责实施）

11. 2018年10月1日起，对受国际经济形势影响严重的企业，给予稳岗就业支持，对不裁员、少裁员企业，提高失业保险稳岗补贴标准。在烟台经济技术开发区开展资本项目收入结汇支付便利化试点，进一步提升跨境融资便利化水平。省财政统筹相关政策资金，对进出口银行开展政策性优惠利率贷款给予奖补。提高出口退税效率，对一、二、三、四类出口企业申报的符合规定条件的退（免）税，分别在受理企业申报之日起2、10、15、20个工作日内办结出口退（免）税手续。（实施细则由省人力资源社会保障厅、人民银行济南分行、省财政厅会同省商务厅分别制定）

12. 整合现有欧亚班列资源，建立全省统一的运营平台公司，制定欧亚班列培育期综合奖补政策，

2018 年年底前完成。（实施细则由省发展改革委会同省财政厅、省商务厅、省国资委制定）

二、创新创业

13. 加大科研奖励力度，2019 年起，对承担国家科技重大专项和重点研发计划等项目的单位，省财政按项目上年实际国拨经费的 3%～5% 奖励研发团队，每个项目最高 60 万元，每个单位奖励额最高 400 万元；对获得国家自然科学、技术发明、科学技术进步一、二等奖项目的第一完成单位，省财政一次性分别给予一等奖 500 万元、二等奖 100 万元奖励，奖励资金 70% 用于单位科技研发和成果转化，30% 奖励主要完成人（研究团队）；对获得国家科技进步特等奖的采取"一事一议"方式给予奖励；对获得中国质量奖和中国工业大奖的单位，省财政分别给予 500 万元奖励。（省科技厅、省经济和信息化委、省质监局分别会同省财政厅负责实施）

14. 完善重大科研基础设施和大型科研仪器开放共享政策，加大"创新券"政策实施力度，2018 年 10 月 1 日起，对中小微企业使用共享科学仪器设备发生的费用，省级"创新券"给予西部经济隆起带地区 60% 的补助、其他地区 40% 补助，同一企业每年最高补助 50 万元；对提供服务量大、用户评价高、综合效益突出的供给方会员，省里给予其服务总额 10%～30% 的后补助，同一供给方会员每年最高补助 200 万元；扩大政策实施范围，将省级以上科技孵化器、众创空间、大学科技园内创客团队使用省大型科学仪器设备协作共用网入网仪器设备发生的费用纳入"创新券"补助范围。（实施细则由省科技厅会同省财政厅制定）

15. 改革完善科研项目经费管理和科技成果转化收入分配机制，落实科研人员对科研成果的收益权、分配权、处置权，增加科研人员在收入分配中的比重；取消绩效支出占间接费用比例限制，暂不与单位年度绩效工资基数挂钩。高校科研院所承担的纵向和横向课题，科研经费只要符合主管部门或委托单位要求，有相关依据凭证即可报销，可不受公务卡结算限制；高等院校、科研院所可自行组织科研仪器设备采购，自行选择科研仪器设备评审专家；鼓励有科研职能的公益一类事业单位承担地方政府、企业和其他社会组织横向科研课题，经费按照委托方要求或合同约定管理使用。（省财政厅会同省科技厅、省人力资源社会保障厅组织实施）

三、产业升级

16. 全面落实《中共山东省委办公厅、山东省人民政府办公厅印发〈关于支持新旧动能转换重大工程的若干财政政策〉及 5 个实施意见的通知》各项财政政策，统筹省级相关专项资金，着力支持新旧动能转换重大工程建设。加快山东省新旧动能转换基金设立步伐，确保"十强"产业都有基金支持，新旧动能转换引导基金按规定可采用直投等方式支持相关重大项目建设。（省财政厅会同省新旧动能转换重大工程推进办负责实施）

17. 鼓励企业实施技术改造，2018 年 1 月 1 日后完工的技改项目，符合一定条件，并经有关部门核实，按企业技术改造后产生的地方新增财力的 50% 连续 3 年全部奖补给企业。企业技术改造后产生的地方新增财力额度，以企业技术改造后主体税种税收额（增值税、企业所得税）的增加部分为依据。（实施细则由省经济和信息化委会同省财政厅、省税务局制定）

18. 扶持小微企业创新发展，2018 年 10 月 1 日起，省财政对获得国家级小型微型企业创业创新示范基地、中小企业公共服务示范平台、国家中小企业创新创业特色载体的，最高给予 100 万元一次性奖励。（省经济和信息化委会同省财政厅负责实施）

19. 支持企业转型发展，完善政策和推进机制，分类分层、积极稳妥推进国有企业混合所有制改革。加大国有企业存量资产整合力度，坚决退出低效、无效资产和长期亏损业务，做深做精主业，大力培育发展战略性新兴产业。支持民营企业加快建立现代企业制度，2018 年起，组织实施民企接班人培训三年行动计划。（实施办法由省委统战部会同省经济和信息化委，省国资委分别制定）

20. 对暂不具备市场竞争力，但符合国民经济发展要求、代表先进技术发展方向、首次投向市场的区域制造精品，2019年起，探索政府采购首购制度；将符合条件的新能源汽车及电池优先列入全省公务用车协议供货范围。（实施办法由省经济和信息化委会同省财政厅、省机关事务局制定）

21. 完善企业能耗、环保、质量、技术、安全准入标准，按照我省利用综合标准依法依规推动落后产能退出工作方案要求，2019年上半年完成对钢铁、煤炭、水泥、电解铝、平板玻璃等重点行业企业的综合标准评价，不符合标准的限期整改或关停淘汰。（省经济和信息化委、省发展改革委、省环保厅、省质监局、省安监局等负责实施）

22. 加快化工园区和重点监控点认定工作进度，2018年9月底前完成化工园区和专业化工园区认定工作，2018年年底前基本完成重点监控点认定工作。对因环保督查和评级评价专项整治停产的化工企业，分别于2018年10月底前和12月底前认定完毕，对完成相关整改工作、依法依规可补办手续的，由相关部门按照规定尽快予以补办完善相关手续。以化工生产企业新一轮评级评价为抓手，按照评级评价结果，确定关闭淘汰一批、改造升级一批和发展壮大一批企业名单，倒逼企业转型升级。（省经济和信息化委负责实施）

四、招商引资

23. 加大重大外资项目引进力度，2018～2022年，对年实际外资金额（不含外方股东贷款）超过5 000万美元的新项目（房地产业、金融业及类金融业项目除外）、超过3 000万美元的增资项目和超过1 000万美元的跨国公司总部或地区总部，省财政按其当年实际外资金额不低于2%的比例予以奖励，最高奖励1亿元。对世界500强企业（以《财富》排行榜为准）、全球行业龙头企业新设（或增资设立）年实际外资金额超过1亿美元的制造业项目，以及新设年实际外资金额不低于3 000万美元的新一代信息技术、智能装备、生物医药、新能源新材料等制造业项目，按"一项目一议"方式给予重点支持。（省商务厅会同省财政厅负责实施）

24. 实行招商引资重大项目奖励，对2018年10月1日以后新招引的重大项目，各市可结合实际，对招商引资团队或个人予以奖励。其中，10亿元及以上、30亿元以下的，所在市可奖励不超过100万元；30亿元及以上、50亿元以下的，所在市可奖励不超过300万元；50亿元及以上的，所在市可奖励不超过500万元。鼓励各市在法定权限内出台新的招商引资激励政策。（各市政府负责实施）

25. 强化招商引资土地供应，2018年10月1日起，盘活的批而未供土地和闲置低效用地，优先用于实际投资超过1.5亿美元的制造业外商投资项目和世界500强企业、全球行业龙头企业总部或地区总部用地，确需新增用地的由省、市、县共同保障。对与政府共同投资建设的可以使用划拨土地的医疗、教育、文化、养老、体育等公共服务项目，除可按划拨土地方式供应土地外，鼓励以出让、租赁方式供应土地，支持市、县级政府以国有建设用地使用权作价出资或者入股方式提供土地。（省国土资源厅会同省商务厅负责实施）

五、招才引智

26. 鼓励企业绘制专利、人才地图，开展知识产权专利导航，2018年10月1日起，市、县级财政按照实际发生费用的50%给予企业补助，最高不超过50万元。（实施细则由各市政府制定）

27. 对纳入事业单位机构编制管理的研发机构，引进高层次人才并确需使用编制的，各级可根据需要统一调剂周转使用。（省编办负责组织实施）

28. 实施外国人来华工作许可制度，对企业急需的外国人才提供更便利的来华工作许可管理服务。给予外国高端人才办理3年及以上工作许可延期，给予外国专业人才办理2年工作许可延期。（省人力资源社会保障厅负责实施）

29. 放宽相关人员出国限制，2018年10月1日起，具有高级专业技术职称的高校科研院所省管干部、教学科研人员执行学术交流合作出国任务的，国有企业中从事国际商务的高管和业务人员出国的，实行差别化管理，根据实际需要，合理安排出访人数、在外停留时间和每年往返次数。教学科研人员、高等院校和科研院所中担任领导职务的专家学者出国开展学术交流合作，应持因公护照；因特殊情况需持普通护照出国，能够说明理由的，按组织人事管理权限报组织人事部门批准后，可持普通护照出国。大力推广 APEC 商务旅行卡，适当放宽办卡范围，简化办理程序，为企业人员因公出国提供便利服务。（实施细则由省委组织部会同省外侨办、省公安厅、省国资委制定）

30. 积极推进省属企业完善经理层成员契约化管理和职业经理人制度试点工作。2018 年 10 月底前，对现有契约化管理的经理层岗位设置、选聘、考核、薪酬、监督等进行规范完善，建立职务能上能下、人员能进能出、收入能增能减灵活机制。2018 年 9 月底前，选择部分企业开展职业经理人制度试点，采取竞争上岗、公开招聘、委托推荐等方式重新选聘职业经理人，选聘为职业经理人后，协商变更劳动合同，实行市场化退出机制和薪酬分配机制，享受职业经理人相关待遇；未参与市场化选聘的经理层成员待遇按现有政策执行。2018 年年底前，完成试点企业职业经理人选聘工作。（实施办法由省委组织部、省国资委会同省人力资源社会保障厅制定）

31. 改进国有企业公务用车管理，对通过市场化方式招聘的职业经理人和高级管理人员、高层次人才，凡在聘用合同中已经明确了公务出行保障等职务消费内容的，严格按照合同约定执行，2018 年 10 月 1 日起不再受公务用车有关规定限制。（省国资委负责实施）

六、金融支持

32. 拓宽贷款抵（质）押物范围，对于符合法律法规和政策规定，权属明晰、取得产权证书或证明权证的各类不动产、动产、知识产权及其他财产权利，用于向银行、保险、融资担保、小额贷款、民间融资等机构进行抵（质）押担保或抵（质）押反担保时，各登记部门应给予办理抵押权、质押权登记。不能登记的，应出具书面不予登记凭证并说明原因。（省金融办、人民银行济南分行会同山东银监局、山东保监局、省相关部门负责实施）

33. 推进"银税互动"贷款，税务、银监等部门建立征信互认、信息共享机制，对已有纳税记录、无不良信用记录、纳税信用级别不低于 B 级的小微企业可发放"银税互动"贷款。需要融资担保的，政府支持的融资担保公司可以企业近 2 年年平均纳税额的 1~5 倍核定担保额度，提供低费率担保增信服务，对符合条件的企业，鼓励经办银行发放信用贷款，并给予利率优惠。从企业提出申请到最终放款，在材料齐全情况下原则上 5 个工作日以内办完。（省金融办会同省税务局、山东银监局、山东保监局负责实施）

34. 完善续贷转贷政策，对企业融资到期需要续贷且符合无还本续贷条件的，按无还本续贷政策办理，无还本续贷情形不单独作为下调贷款风险分类的因素。规范发展小微企业转贷基金，以政府资金为主导的转贷基金使用费率原则上控制在同期银行贷款基准利率上浮 50% 以内，推动商业银行配合转贷基金开展相关业务，简化操作流程，缩短"过桥"时间，降低企业"过桥"成本。（省金融办会同省财政厅、山东银监局负责实施）

35. 2018 年年底前，整合我省现有担保、再担保、农业、科技等国有担保公司，注入财政资金，成立省级融资担保集团，帮助解决实体企业融资担保难的问题。（实施办法由省财政厅会同省国资委制定）

36. 防范化解债务风险，扩大公司信用类债券发行规模，支持企业通过发行债券置换高成本融资或用长期债券置换短期债券。鼓励企业发行绿色债券、双创债券等创新品种。支持银行通过向金融资产管理公司、地方金融资产管理公司打包转让不良资产等方式，多渠道处置不良资产。积极推进市场化、法治化债转股，支持地方金融资产管理公司和国有资本运营公司通过组建债转股专项基金、发行市场化银行债权转股权专项债券等方式，筹集债转股项目资金。（省金融办、省发展改革委、人民银行济南分行、山东银监局分别负责实施）

37. 鼓励开展"人才贷"业务，2018 年 10 月 1 日起，对两院院士、国家"千人计划""万人计划"专家、长江学者、泰山学者和泰山产业领军人才等省级以上高层次人才，个人或其长期所在企业为主体申请贷款，试点银行在风险可控、商业可持续的前提下，最高给予 1 000 万元无抵押、无担保贷款，用于科技成果转化和创新创业。各市建立"人才贷"风险补偿资金，可按不少于 50% 的贷款本金实际损失额予以补偿；省级对工作成效较好的市按照贷款本金实际损失额最高 30% 予以奖励。（实施细则由省金融办会同省委组织部、省财政厅、山东银监局制定）

七、用地供应

38. 2019 年起，纳入省新旧动能转换重大项目库的重点制造业项目，优先列入省重点建设项目；根据需要，年中可对省重点建设项目进行补充、调整，新增建设用地计划和城乡建设用地增减挂钩指标优先支持。（省发展改革委会同省国土资源厅负责实施）

39. 开展批而未供土地调整再利用，对 2009 年以来经省政府依法批准使用年度新增建设用地计划指标的城市分批次建设用地，因相关规划调整、生态红线控制、地质条件等原因，满 2 年未完成供地、现状地类未发生变化的土地，经市、县级政府组织核实，在妥善处理有关征地补偿事宜、报原批准机关批准、自然资源部备案后，可以进行调整利用。拟调整土地的新增建设用地指标、耕地占补平衡指标以及新增建设用地有偿使用费，继续有效。（省国土资源厅负责实施）

40. 2018 年 10 月 1 日起，制造业用地的使用者可在规定期限内按合同约定分期缴纳土地出让价款。（省国土资源厅负责实施）

41. 2018 年 10 月 1 日起，允许重点中小企业在自有产权的待建土地上按一定比例配建产业配套公寓（单位租赁住房），解决员工安居问题；对于企业利用自有产权待建土地建设研发中心、人才和职工公寓等，建筑面积占总建筑面积的比例可提高到 15%。（省住房城乡建设厅会同省国土资源厅、省教育厅负责实施）

八、制度保障

42. 强化顶层设计和规划引领，各市、县（市、区）产业布局要按照园区化、集聚化、高端化发展方向，与主体功能区规划充分衔接，逐一明确产业发展布局、路径重点、政策保障，培育主导产业，打造各具特色的现代优势产业集群，2019 年起，省财政每年分层次择优奖补一批现代优势产业集群。（省发展改革委会同省财政厅负责实施）

43. 深化"一次办好"改革，落实好我省实施方案各项政策。2018 年 10 月 1 日起，在省级以上各类园区，开展企业投资项目审批承诺制试点，推动建设项目的规划环境影响评价报告、地质灾害危险性评估、地震安全性评价、土地复垦方案、水土保持方案审查、气候论证、文物评估、社会稳定风险评估等专项评估"多评合一"，形成整体性评估评审结果，提供给入园项目共享使用，变项目评估评审的"单体评价"为"整体评价"。（省编办、省政府办公厅、省发展改革委、省住房城乡建设厅分别负责实施）

44. 建立完善联系帮包制度，实行省级领导联系企业、联系项目、联系商会制度；开展"千名干部下基层"工作，2018 年 9 月底前，从省直机关（单位）选派 1 000 名左右干部，组成 100 个乡村振兴服务队和高质量发展服务队，分别到农村、民营企业、省管国有企业开展帮扶工作。（实施细则由省委组织部、省委统战部会同省发展改革委、省经济和信息化委制定）

45. 2018 年 9 月底前，建立实体经济高质量发展联席会议制度，由省政府领导同志担任召集人，省政府相关部门、单位为成员，根据工作需要，邀请相关企业、协会、智库、联盟等参加，定期召开联席会议，研究解决实体经济发展中存在的困难和问题。针对重大事项、重大政策、重大项目，采取"一事一议"的方式，研究制定相关政策。

各级、各部门要按分工将政策宣传贯彻落实到企业，省委、省政府将定期开展专项督查，审计机关要对落实情况进行跟踪审计。需要制定实施细则或办法的，相关部门要于 9 月底前发布实施。已有政策措施相关规定与本文件规定不一致的，按照本文件有关规定执行。对于一些长期性的体制机制问题，各级、各部门要进一步深化研究，提出相应措施逐步加以解决，构建推动实体经济高质量发展的长效机制。

山东省人民政府关于支持民营经济高质量发展的若干意见

2018 年 11 月 14 日　鲁政发〔2018〕26 号

各市人民政府，各县（市、区）人民政府，省政府各部门、各直属机构，各大企业，各高等院校：

为深入学习贯彻习近平新时代中国特色社会主义思想和党的十九大精神，全面落实习近平总书记在民营企业座谈会上的重要讲话精神，着力破解制约民营经济发展的突出困难和问题，不断优化发展环境，促进全省民营经济高质量发展，更好发挥民营经济在推进供给侧结构性改革、推动新旧动能转换、建设现代化经济体系中的重要作用，经省委和省政府研究，现提出如下意见。

一、减轻企业税费负担，增强民营企业竞争力

（一）推进减税降费。开展减税降费专项督查，推动国家出台的研发费用加计扣除、高新技术企业所得税优惠等减税降费政策及我省已出台的降低城镇土地使用税、印花税、车船税等税收优惠政策全面落地。确有特殊困难不能按期缴纳税款的企业，可按照税法有关规定提出申请，经批准后延期缴纳，最长不超过 3 个月（省财政厅、省税务局牵头负责）。结合国家有关要求和企业诉求，平稳调整最低工资标准（省人力资源社会保障厅牵头负责）。对符合条件的努力稳定就业的参保企业，可通过减费方式返还企业及其职工缴纳的 50% 失业保险费。对用人单位和职工失业保险缴费比例总和从 3% 阶段性降至 1% 的现行政策，2019 年 4 月底到期后继续延续实施。在机构改革中确保社保费现有征收政策稳定，严禁自行对企业历史欠费进行集中清缴。（省人力资源社会保障厅、省财政厅、省税务局牵头负责）加强涉企收费监督管理，畅通企业举报渠道，完善查处机制，坚决取缔违规收费项目（省市场监管局、省财政厅牵头负责）。

（二）降低用地成本。对符合新旧动能转换方向、带动力强的省重点项目，采取省土地计划专项指标或省市县联供方式予以用地保障。对各市确定的优先发展产业且用地集约的工业项目，土地出让底价可按不低于所在地土地等别相对应《全国工业用地出让最低价标准》的 70% 执行。工业用地可采取长期租赁、先租后让、租让结合、弹性出让等方式供应，采取长期租赁方式供地的，可以调整为出让供地；采取弹性年期出让的，届满符合产业导向的项目，可依法续期；以长期租赁、先租后让、弹性年期出让等方式取得土地使用权的，在使用年期内可依法转租、转让或抵押。支持和鼓励各地建设高标准厂房，高标准厂房可按幢、层等独立使用权属界线封闭的空间为基本单元，分割登记和转让。在符合规划、不改变用途的前提下，在工业用地、仓储用地上对工矿厂房、仓储用房进行重建、改建、扩建和利用地下空间，提高容积率、建筑密度的，不再征收土地价款差额。（省自然资源厅牵头负责）

（三）抓紧解决企业土地房屋产权历史遗留问题。本着特事特办、妥善从速的原则，省有关部门年底前研究提出解决企业土地房屋产权历史遗留问题的具体指导意见。各市、县（市、区）要抓紧进行摸底调查，对于企业土地使用权和房屋所有权"两证"不全的历史遗留问题，可由权利人或使用者申报，提供土地、房屋相关材料，2019 年 3 月底前完成摸底调查工作，分门别类尽快予以解决。（省自然资源厅、省工业和信息化厅牵头负责）

（四）降低物流用能成本。三年内逐步取消除高速公路外政府还贷的国省道收费站。延续现有 ETC 通行费 95 折优惠政策，推进高速公路差异化收费（省交通运输厅牵头负责）。持续深化电力体制改革，扩大市场交易电量规模。支持符合条件的民营企业天然气用户改"转供"为"直供"，降低用气成本。（省能源局、省住房城乡建设厅牵头负责）

（五）强化环境容量支撑。分区域、分行业、分企业开展单位能耗产出效益评价。各级政府依据企业

评价结果综合利用差别化的用地、用能、价格、信贷、环境权益等措施，倒逼落后产能退出市场，为高效益企业腾出环境容量。建立煤耗指标调配机制，制定煤耗指标收储调配管理办法，对于关停淘汰落后整治类企业腾退出的煤炭消耗指标，由省级按一定比例进行收储、管理和调配，用于支持符合新旧动能转换的重点项目。开展用能权有偿使用和交易试点，搭建用能权交易系统。鼓励吸引民间资本进入合同能源管理等节能服务业，积极培育第三方认证评估机构（省发展改革委牵头负责）。研究制定企业污染环境强制责任保险办法，化解企业环保责任风险（省生态环境厅牵头负责）。

（六）支持民营企业创新发展。实施高新技术企业倍增计划，建立高新技术企业培育库，增加高新技术企业认定批次，到 2022 年，全省高新技术企业总数在 2017 年基础上实现倍增（省科技厅、省财政厅、省税务局牵头负责）。开展瞪羚、独角兽企业培育行动，对认定的瞪羚、独角兽企业，省财政分档给予奖励和融资支持（省工业和信息化厅、省财政厅牵头负责）。自 2019 年 1 月 1 日至 2021 年 12 月 31 日，对国家级、省级科技企业孵化器、大学科技园和国家备案众创空间自用以及无偿或通过出租等方式提供给在孵对象使用的房产、土地，免征房产税和城镇土地使用税；对其向在孵对象提供孵化服务取得的收入，免征增值税（省财政厅、省税务局、省科技厅、省教育厅牵头负责）。支持民营企业牵头实施国家重大科技计划项目，省级科技资金给予配套支持。对成功创建为国家技术创新中心、制造业创新中心的企业，省财政给予每个 1 000 万 ~ 3 000 万元经费支持（省财政厅、省科技厅、省工业和信息化厅牵头负责）。落实好《中共山东省委山东省人民政府关于做好人才支撑新旧动能转换工作的意见》，依托"人才山东网""山东国际人才网"，搭建集需求发布、在线交流、人才推介等功能于一体的高层次人才供需对接平台，支持引导民营企业引进包括优秀职业经理人、高技术人才在内的各类急需紧缺人才（省委组织部、省人力资源社会保障厅、省科技厅牵头负责）。鼓励各地利用闲置办公用房、校舍、厂房等，培育引进一批人力资源服务机构，对入驻机构在一定期限内给予租金减免，可对自行租用办公用房给予一定的租金补贴（省人力资源社会保障厅、省财政厅牵头负责）。

（七）发挥政府采购支持民营企业作用。各级、各部门在满足机构自身运转和提供公共服务基本需求的前提下，预留年度政府采购项目预算总额的 30% 以上专门面向中小微企业采购，其中预留给小型和微型企业的比例不低于 60%（各级财政部门负责）。实施政府采购合同融资制度，参与政府采购活动并中标（成交）的民营企业，凭借政府采购合同可向合作金融机构申请融资（人民银行济南分行、省财政厅牵头负责）。

（八）鼓励民营企业拓展国内外市场。自 2019 年起，省财政对统一组织的"一带一路"国家及新兴市场重点展会的展位费补贴标准提高到 80% 以上。对面向"一带一路"国家及新兴市场出口投保的出口信用保险保费按 50% 予以补贴；对小微企业在全省出口信用保险统保平台项下投保的出口信用保险保费予以全额支持。对省级新认定的"海外仓"每个最高支持 150 万元（省商务厅、省财政厅牵头负责）。健全民营企业"走出去"风险防范联合工作机制，完善风险保障平台和信息服务平台，为民营企业"走出去"提供信息咨询、风险预警等服务（省商务厅、省发展改革委、省外办牵头负责）。

（九）全面提升民营企业管理水平。鼓励民营企业建立现代企业制度，完善公司治理结构，聚焦实业，突出主业，提高行业竞争力，增强对政策的理解和运用水平。继续实施小微企业治理结构和产业结构"双升"战略，推动"个转企、小升规、规改股、股上市"工作，2018 ~ 2020 年累计培育 1 万家"小升规"企业，各地可按实缴税款地方财政新增部分的 50% 给予奖补（省市场监管局、省工业和信息化厅、省财政厅牵头负责）。允许"个转企"后的小微企业使用原个体工商户的字号，到 2020 年，引导支持 10 万家个体工商户转型升级为小微企业（省市场监管局牵头负责）。加大对民营企业家培训力度，实施好民企接班人三年行动计划和企业家发展领航计划，整合各类民营企业家培训资源，统筹制定年度培训计划，分类设计培训内容，由培训对象自行选择合适类别，各级财政承担学习培训费用（省工业和信息化厅、省市场监管局、省财政厅牵头负责）。

二、解决民营企业融资难融资贵问题，提升金融服务水平

（十）加大货币政策实施力度。发挥好再贷款、再贴现等央行货币政策工具的引导作用，鼓励金融机

构使用支小再贷款再贴现资金，重点支持民营和小微企业融资。金融机构要落实好支小再贷款再贴现管理政策，加强台账管理，灵活运用"先贷后借"或"先借后贷"模式，重点支持民营和小微企业。推出"重点支持票据直通车"业务，对金融机构办理的单户单次签票金额 500 万元及以下的小微企业票据和单户单次签票金额 3 000 万元及以下的民营企业票据优先给予再贴现支持。（人民银行济南分行牵头负责）

（十一）增强金融机构服务能力。地方性金融机构要优化信贷评审技术，通过提升大数据分析能力，为民营企业提供精准信贷服务。支持金融机构发行小微企业贷款资产支持证券，将小微企业贷款基础资产由单户授信 100 万元及以下放宽至 500 万元及以下。鼓励金融机构发行小微企业金融债券，增强服务民营和小微企业能力。（人民银行济南分行牵头负责）

（十二）完善金融机构监管考核和内部激励机制。落实银保监会关于支持民营企业发展的相关要求，建立差别化监管机制，把银行业绩考核同支持民营经济发展挂钩，提高对民营企业授信业务的考核权重和风险的容忍度。督促金融机构明确小微企业授信尽职免责标准，降低金融机构小微从业人员利润指标考核权重，增加贷款户数考核权重。监管部门要引导金融机构适当下放审批权限，对小微企业贷款基数大、占比高的金融机构，采取措施予以正向激励。（山东银保监局牵头负责）

（十三）规范金融机构行为。开展银行机构市场乱象整治专项行动，督促银行机构进一步落实好服务价格相关政策规定，重点清理以贷转存、存贷挂钩、以贷收费、浮利分费、借贷搭售、一浮到顶、转嫁成本等不规范行为和各类违规融资通道业务。银行机构对不同所有制企业要一视同仁，对生产经营正常、暂时遇到困难的企业稳贷、续贷，不盲目抽贷、压贷。（山东银保监局牵头负责）

（十四）推进实施民营企业信用融资计划。依托山东省企业融资服务网络系统，整合企业融资需求、金融供给、征信服务、进出口、税收和社保等信息，搭建全省统一的企业融资综合服务平台；鼓励发展市场化的征信服务机构，运用大数据等手段分析民营企业运行和诚信状况，为金融机构扩大民营企业信用贷款规模提供支持。（人民银行济南分行、省大数据局、省地方金融监管局牵头负责）

（十五）完善政府性融资担保体系。加快省级政府性融资担保集团整合组建进度，争取国家融资担保基金支持，构建省、市、县政府性融资担保体系（省财政厅牵头负责）。支持政府性融资担保机构发展，探索建立以财政出资为主的多元化资金补充机制，落实好融资担保奖补政策，增加社会效益、长远效益考核权重，放宽盈利考核指标。省财政对扩大小微企业融资担保规模、降低担保费率等成效明显的市给予奖励。（省工业和信息化厅、省财政厅、省国资委、省地方金融监管局牵头负责）

（十六）健全小微企业贷款风险补偿机制。对金融机构向小微企业发放的流动资金贷款和技术改造类项目贷款，单户企业贷款余额不超过 1 000 万元，发放贷款（不含政府性融资担保机构担保贷款）确认为不良部分的，省级风险补偿资金给予合作金融机构贷款本金 30% 的损失补偿（省工业和信息化厅、省财政厅、省地方金融监管局牵头负责）。继续落实好科技成果转化、知识产权质押等贷款风险补偿政策（省科技厅、省市场监管局、省财政厅牵头负责）。

（十七）支持民营企业直接融资。落实好企业利用多层次资本市场直接融资奖补政策，建立健全工作协调机制，研究解决企业挂牌上市过程中遇到的土地、规划、建设等各类难题，做好中小科技企业登陆上海科创板的培训服务等工作，支持民营企业通过多层次资本市场挂牌上市（省地方金融监管局牵头负责）。鼓励社会资本发起设立股权和创业投资基金，各级政府可采取参股、奖补等形式给予资金支持（省地方金融监管局、省财政厅牵头负责）。完善政府性引导基金的绩效评价和考核激励机制，创新运作模式，加快新旧动能转换基金等政府性基金募集和投放进度，发挥对民营企业发展的引导和撬动效应（省财政厅牵头负责）。运用好"民营企业债券融资支持工具"，加大与中国银行间市场交易商协会的协调力度，积极推动省内金融机构与中债信用增进公司合作，支持省内民营企业开展债券融资（省地方金融监管局、人民银行济南分行牵头负责）。用好人民银行创设的"民营企业股权融资支持工具"，按照市场化、法治化原则，为出现资金困难的民营企业提供阶段性的股权融资支持（省地方金融监管局、人民银行济南分行、山东证监局牵头负责）。

（十八）采取有力措施化解流动性风险。将产品有市场、发展前景好，但具有短期流动性困难的上市公司和公司治理规范的民营大中型企业纳入纾困名单（省地方金融监管局、省工业和信息化厅、山东证监局牵头负责）。成立100亿元的纾困基金，由政府出资引导，省级国有资本运营平台、证券公司等金融机构出资，吸引社会资本参与，有效解决上市公司股权质押平仓风险，对纾困名单内符合条件的企业及其控股股东予以必要救助（省国资委、省财政厅、省地方金融监管局牵头负责）。制定实施企业应急转贷基金指导意见，建立由政府、金融监管机构、金融机构组成的过桥转贷协调机制，省级财政安排引导资金，鼓励市、县政府出资，吸引社会资本共同建立应急转贷基金，降低企业转贷成本（省财政厅、省地方金融监管局、山东银保监局牵头负责）。督促银行业金融机构建立无还本续贷企业名单制度，根据企业需求提前开展贷款审查和评审，理顺业务流程，实现贷款到期后无缝续贷（山东银保监局牵头负责）。完善考核激励机制，对落实无还本续贷政策较好的金融机构予以奖励，具体办法另行制定（省财政厅、省地方金融监管局、山东银保监局牵头负责）。深入开展小微企业应收账款融资专项行动，引导供应链核心企业、商业银行与应收账款融资服务平台进行系统对接，帮助小微企业供应商开展融资（人民银行济南分行牵头负责）。支持符合新旧动能转换方向、暂时遇到困难的企业按国家规定实施市场化债转股（省发展改革委、省地方金融监管局、山东银保监局牵头负责）。将出现债务风险且贷款规模较大、涉及债权银行较多、担保关系复杂的民营企业，纳入全省风险企业台账，分类施策化解风险。指导建立银行债权人委员会，协调债权银行一致行动，帮助企业渡过难关。（省地方金融监管局、山东银保监局牵头负责）

三、营造公平竞争环境，拓宽民营经济发展领域

（十九）保障民营企业平等地位。各级、各部门要站在全局和战略的高度，充分认识加快民营经济发展的重要性，坚持基本经济制度，坚持"两个毫不动摇""三个没有变"，切实做到在促进民营经济发展上坚定不移，在政策执行上一视同仁，在市场竞争中公平对待。严格落实公平竞争审查制度，禁止在工程建设项目招投标、政府采购、国有土地和矿业权出让、国有产权交易等过程中设置限制或者排斥民营企业的不合理条件。对具备相应行业资质的民营企业，参与政府主导重大建设项目，不得设置初始业绩门槛。打破各类"卷帘门""玻璃门""旋转门"，在市场准入、审批许可、经营运行、招投标、军民融合等方面，为民营企业打造公平竞争环境。（各级、各有关部门负责）

（二十）拓宽民营资本投资领域。按照国家统一部署，全面落实市场准入负面清单制度。深化垄断行业、基础设施和社会事业等领域投融资体制改革，打破行业垄断和市场壁垒，推动上述行业领域加快向社会资本开放，严禁设置排斥性条款或通过设定附加条件变相设置门槛。（省发展改革委牵头负责）抓住当前国家加大交通基础设施建设力度的有利契机，择优选择一批高速铁路、机场、港口项目开展社会资本投资示范，建立科学合理的投资回报机制，吸引民营资本参与建设运营（省交通运输厅牵头负责）。理顺城市基础设施产品、服务的价格形成机制和投资补偿机制，通过资产证券化、特许经营、政府和社会资本合作（PPP）等多种方式，吸引民营资本投资运营城镇供水、供气、燃气、污水垃圾处理、城市轨道交通、停车设施等市政基础设施项目。鼓励各地采用委托经营或转让—运营—移交（TOT）等方式，将已建成的市政基础设施转让给社会资本运营管理，盘活存量资产（省住房城乡建设厅、省发展改革委、省财政厅牵头负责）。支持民营资本参股或组建相关产业投资基金、基础设施投资基金，参与全省战略性新兴产业项目和重大基础设施项目建设（省财政厅牵头负责）。

（二十一）鼓励民营资本参与国有企业混合所有制改革。大力推动国有企业和民营资本深度融合，竞争性领域的国有优质企业、优质资产、优质资源，对民营资本不设准入门槛、不限持股比例、不限合作领域。在前期混合所有制改革试点基础上，省属企业再筛选93个优质项目，引进民营资本参与国企改革发展。各市、县（市、区）政府要按照上述原则，筛选推出一批优质企业引进民营资本实施混合所有制改革。突出公司法、公司章程在公司治理中的核心作用，依法保护各类投资主体合法权益；健全完善混合所有制企业重大投资、决策、管理等制度，确保民营资本、国有资本优势互补，融合发展，互利共赢。（省国资委牵头负责）

（二十二）支持民营资本开展并购重组。跨省、跨境并购后在我省注册的企业，所在地政府可采取"一事一议"的方式给予奖励。民企 500 强、上市企业、行业领军企业并购重组时实际发生的法律、财务等中介服务费用，各地可在并购成功后给予 50% 的补贴，单个项目补贴金额不超过 100 万元。（各级财政部门牵头负责）引导省内银行机构在风险可控的前提下，积极稳妥开展并购贷款业务，对并购后的企业实行综合授信（山东银保监局牵头负责）。对企业并购重组涉及的资产评估增值、债务重组收益、土地房屋权属转移等按国家有关规定给予税收优惠（省税务局牵头负责）。企业并购重组后，允许合并、分立后的公司同时申请办理公司注销、设立或者变更登记（省市场监管局牵头负责）。用好证监会"小额快速""分道制"等并购新政，加大并购重组政策解读和业务培训力度，支持上市公司开展并购重组（省地方金融监管局、山东证监局牵头负责）。

（二十三）支持鼓励民营企业参与军民融合发展。创新"军转民""民参军"政策机制，完善"民参军"激励政策，依据国家有关规定，支持具备条件的民口单位和民营企业积极参与军民融合发展。支持民营企业通过股权合作、合资合作等方式，参与军工科研院所、军工企业改制重组。探索设立军民融合综合服务平台，为"民参军"企业提供需求发布、政策咨询、资质办理、产品展示等服务，加强"民参军"企事业单位信用评价管理，营造军民融合深度发展良好环境。（省委军民融合办、省工业和信息化厅牵头负责）

四、构建亲清政商关系，全面优化政务服务

（二十四）健全完善联系服务制度。各级、各部门要把支持民营经济高质量发展作为重要职责，继续落实领导干部联系服务企业制度，由省委常委带头，每名省级领导至少联系 1 个符合新旧动能转换方向的重点项目和 2 户民营企业，分别联系 1 个山东驻外省商会和 1 个外省驻鲁商会，一级带一级，设身处地为企业排忧解难（省委统战部、省委办公厅、省政府办公厅牵头负责）。深入开展"千名干部下基层"活动，宣传党的方针政策，促进政策落地生根，帮助企业解决实际问题（省委组织部牵头负责）。工商联等各人民团体和协会商会要发挥在企业与政府沟通中的桥梁和纽带作用，加强与企业的联系。制定政商交往"负面清单"，为广大干部服务企业、与企业家正常交往划清"安全区"。（省监委牵头负责）

（二十五）深化"放管服"改革。全力推进"一次办好"改革，组织开展好优化营商环境 10 个专项行动（省政府办公厅、省委编办牵头负责）。加快各部门各行业间数字信息互通共享进度，着力解决电子档案、电子签名、身份认证等关键问题，推进"互联网＋政务服务"建设，用信息化手段强化对窗口人员的考核，做到"一套材料、一窗受理、一表登记、一网通办"（省政府办公厅、省大数据局牵头负责）。推行容缺审批、多评合一等模式，开展企业投资项目审批承诺制试点（省发展改革委、省住房城乡建设厅牵头负责）。深化商事制度和行政审批改革，全面推开"证照分离"，在"四十五证合一"基础上继续拓展"多证合一"改革事项，推进全程电子化登记和电子营业执照应用（省市场监管局、省司法厅牵头负责）。各级政务服务中心设立审批服务代办窗口，健全代办机制，对企业办理相关审批手续提供全程代办、无偿代办（省政府办公厅牵头负责）。定期开展全省营商环境综合评价（省发展改革委牵头负责）。全面推行"双随机、一公开"监管，创新适合"四新"的包容审慎监管方式。加强基层综合执法队伍建设，开展市场监管领域跨部门随机抽查联合执法，实现对同一商事主体的多部门执法检查事项一次性完成，做到"一次检查、全面体检"。（省市场监管局牵头负责）

（二十六）畅通政企沟通渠道。政府部门研究制定涉企政策，应当邀请企业代表参加，主动听取和采纳企业、有关协会商会的意见建议。"十强"产业行业协会会长单位等民营企业、商会组织可列席省级召开的相关会议。发放范围许可的省委、省政府文件可直接发送行业协会会长企业。（省委办公厅、省政府办公厅牵头负责）定期召开行业协会会长专题会，研究行业发展中急需解决的问题（省发展改革委、省民政厅牵头负责）。推行"政商直通车"，公布从乡镇到省级领导同志的服务电话和信箱（省政府办公厅牵头负责）。以省中小企业公共服务平台为基础，建立集政策解读、企业诉求疏解等功能为一体的民营企业综合服务平台，畅通沟通渠道，构建部门联动的协调解决机制，及时回应和解决民营企业合理诉求，提升对

民营企业的服务水平（省工业和信息化厅牵头负责）。

（二十七）营造创新创业氛围。发挥主流媒体的舆论导向作用，建立健全政务舆情收集、研判、处置和回应机制，及时准确发布权威信息，主动解读国家和省促进民间投资发展的政策措施，稳定和改善市场预期，提振企业家信心（省委宣传部、省工业和信息化厅牵头负责）。定期召开全省民营经济发展大会和儒商大会（省工业和信息化厅、省商务厅、省工商联牵头负责）。建立民营经济表彰制度，持续开展非公有制经济人士优秀中国特色社会主义事业建设者评选表彰活动，省政府每年表彰一批优秀民营企业、小微企业，各市、县（市、区）也要按规定进行表彰，弘扬企业家精神，焕发企业家创新创业的激情活力（省委宣传部、省委统战部、省工业和信息化厅牵头负责）。

五、保护企业家人身和财产安全，维护民营企业合法权益

（二十八）健全社会诚信体系。加强政府践诺约束，强化责任追究，各级政府不得以换届、相关责任人更替等理由拒绝履行政策承诺和签订的各类合同、协议，坚决杜绝"新官不理旧账"行为（各级政府负责）。开展政府与企业承诺未兑现事项专项督查，认真梳理政府与企业所作承诺未兑现事项，并认真抓好整改（省政府办公厅牵头负责）。加强企业诚信制度建设，完善守信联合激励和失信联合惩戒机制，建立各行业领域的信用"红黑名单"制度，让严重失信企业无处遁身，为守信企业创造良好发展环境（省发展改革委牵头负责）。发挥商会、行业协会诚信自律作用，引导民营企业合规经营、诚信经营，承担好社会责任，履行好对员工的义务（省民政厅牵头负责）。加强并改进对市场主体、市场活动的监督管理，开展市场秩序整顿规范专项行动，建立收集假冒产品来源地信息工作机制，依法打击假冒伪劣、不正当竞争等破坏市场秩序的行为（省市场监管局牵头负责）。

（二十九）依法保护民营企业产权和企业家人身财产安全。严格落实中央完善产权保护制度依法保护产权的意见，建立健全产权保护联席会议制度，构建平等保护各类市场主体产权长效机制（省委政法委牵头负责）。加大产权特别是知识产权保护力度，修订《山东省专利条例》和《山东省查处冒充专利行为暂行办法》，建立对商标权、专利权、著作权等知识产权侵权惩罚性赔偿制度和侵权行为的快速调处机制（省市场监管局、省委宣传部牵头负责）。严格规范涉民营企业、民营企业家案件处置法律程序，依法慎用拘留、逮捕和查封、扣押、冻结等强制措施，最大限度减少对产权主体合法权益和正常经营活动的损害及影响。严格区分经济纠纷与经济犯罪的界限，防范刑事执法介入经济纠纷。严格坚持"罪刑法定、疑罪从无"原则，让企业家卸下思想包袱，轻装上阵。（省委政法委牵头负责）对因政府政策变化、规划调整造成企业合法权益受到损害的，要依法依规进行补偿救济（各级政府负责）。注重运用市场化、法治化手段推进去产能、节能降耗等工作，规范环保、安监等执法监管，坚决避免"一刀切"。制定可预期的环保、质量、安全等标准，为企业转型升级留出必要的时间和空间。（省生态环境厅、省应急厅、省市场监管局等部门分别牵头负责）

（三十）加强法治保障。加大对违反公平、开放、透明市场规则的政策文件清理力度，年底前完成对妨碍统一市场和公平竞争的地方性法规、规章和政策文件的清查，并向全社会公示，接受社会监督（省市场监管局、省司法厅牵头负责）。积极构建多元化矛盾纠纷解决机制，搭建企业产权纠纷调解平台，为企业提供更多纠纷解决途径和维权选择。依法严厉打击各种黑恶势力，保护企业正常经营管理秩序（省委政法委牵头负责）。

（三十一）增强民营企业依法经营意识。强化对民营企业的法制宣传和服务，完善公共法律服务制度，引导广大民营经济人士加强自我学习、自我教育和自我提升，践行社会主义核心价值观，积极承担社会责任，主动遵守生态环保、安全生产、质量标准、员工权益等方面的法律法规和制度规定，弘扬企业家精神，争做爱国敬业、守法经营、创业创新、回报社会的典范。（省司法厅牵头负责）

（三十二）妥善解决拖欠民营企业债务问题。依法妥善处理历史形成的政府部门欠账案件，建立涉党政机关执行案件清理会商制度，推动已宣判政府欠账案件落地执行（省委政法委牵头负责）。加强对政府

机构失信的治理，每年定期清理政府部门拖欠企业资金问题，分析原因，查清责任，对长期拖欠不还的予以问责（省发展改革委、省监委牵头负责）。着力化解大企业利用优势地位长期拖欠中小企业款项的行为，对拒不履行还款义务的，纳入信用黑名单（省发展改革委、省国资委牵头负责）。

六、完善政策执行方式，充分发挥政策效应

（三十三）加强组织协调。建立全省推动民营经济发展工作联席会议制度，定期召开联席会议，做好对民营经济发展的组织领导和工作协调（省工业和信息化厅牵头负责）。各级党委、政府和省直有关部门单位要高度重视民营经济发展工作，主要负责同志要靠上抓，确保工作落实。各市要结合当地实际，制定支持民营经济发展的实施细则并按规定报备。各级、各部门支持和引导民营企业特别是中小企业克服困难、创新发展方面的工作情况，纳入干部考核考察范围。持续推进民营企业党的组织和工作覆盖，创新活动方式，推动党建工作与企业生产经营管理有效融合，助推企业高质量发展。（省委组织部牵头负责）

（三十四）强化监督检查。进一步完善民营经济统计监测体系，加强对民营经济发展趋势的分析研判（省统计局牵头负责）。将民营经济发展指标完成情况和优化营商环境纳入全省经济社会发展综合考核（省委组织部牵头负责）。对产权保护、弘扬企业家精神、市场公平竞争审查等利好民营企业的改革方案落实情况进行督导检查（省政府办公厅牵头负责）。组织民营企业对各部门服务民营经济发展情况进行评价，评价结果作为部门考核依据（省工业和信息化厅、省委编办牵头负责）。加强对各级、各部门支持民营经济发展落实情况的监察，对政策执行不到位、对民营企业反映的合理合法诉求办理不力的依规依纪予以问责（省监委牵头负责）。

（三十五）狠抓政策落实。省直各部门（单位）要梳理现行涉企优惠政策，列出清单并向社会公布，有针对性地开展专项督查。强化政策落实主体责任，各级、各部门要结合贯彻《山东省人民政府关于印发支持实体经济高质量发展的若干政策的通知》（鲁政发〔2018〕21 号）、《山东省人民政府关于进一步扩内需补短板促发展的若干意见》（鲁政发〔2018〕24 号）等文件，一并制定推动政策落实的具体措施，细化分解任务，明确牵头单位，压实工作责任，送政策上门，确保各项政策宣传落实到位。请各市、省直各部门于今年年底前和 2019 年每季度末将政策落实情况报省委、省政府（各市、各部门牵头负责）。2019 年下半年在全省开展政策执行效果第三方评估，及时修订完善相关政策，疏通堵点、痛点，推动政策落地、落细、落实（省委办公厅、省政府办公厅、省工业和信息化厅牵头负责）。

山东省人民政府关于进一步优化口岸营商环境的通知

2018 年 11 月 16 日　鲁政发〔2018〕27 号

各市人民政府，各县（市、区）人民政府，省政府各部门、各直属机构：

为深入学习贯彻习近平新时代中国特色社会主义思想和党的十九大精神，认真落实《国务院关于印发优化口岸营商环境促进跨境贸易便利化工作方案的通知》（国发〔2018〕37 号）精神，进一步强化措施，加快推进我省口岸治理体系和治理能力现代化，努力打造"审批事项少、通关成本低、办事效率高、服务质量优、企业群众获得感强"的一流口岸营商环境，现就有关事项通知如下：

一、减少进出口环节审批监管事项

（一）精简进出口环节监管证件。根据海关总署部署，配合做好取消进出口环节相关监管证件工作，

能退出口岸验核的全部退出。需在进出口环节验核的监管证件，除国家规定不能联网的外，全部在通关环节联网比对核查。（责任单位：青岛海关、济南海关，相关部门按职责分工负责）

（二）优化监管证件办理程序。需在进出口环节验核的监管证件，所涉及地方办理的事项，要优化办理程序，通过相关网站、政务服务大厅等公开办理流程，承诺办理时限。2020年年底前，除特殊情况外，监管证件全部实现网上申报办理。（责任单位：相关部门按职责分工负责）

二、优化口岸通关流程和作业方式

（三）全面推进货物监管"查检合一"。推动通关环节"串联"改"并联"，实施关检场地、人员、设备、卡口、业务、物流"六个整合"，在全省所有旅检、邮件、快件及跨境电商监管作业场所全面实现"查检合一"。优化青岛海运口岸"关检合一"之后的查验场地配置、功能定位、关港信息交互和查验流程，推动"一次查验"全面落地。（责任单位：青岛海关、济南海关）

（四）深化通关一体化改革。深化进出境船舶联合登临检查。海关直接使用相关部门数据办理进出口货物收发货人注册登记。根据全国通关一体化改革进程，推动关铁信息共享，推进铁路运输货物无纸化通关；在常规稽查、保税核查和保税货物监管等执法领域推行"双随机、一公开"作业模式。（责任单位：青岛海关、济南海关、省公安边防总队、山东海事局，相关部门按职责分工负责）

（五）推广应用"提前申报"模式。鼓励企业"提前申报"进口货物，提前办理单证审核和货物运输作业，提高货物抵达口岸后直接放行提离比重。各市政府要组织商务、口岸、海关等部门加强政策宣讲，大力推动企业"提前申报"。（责任单位：青岛海关、济南海关，各口岸所在市政府）

（六）优化海关税收征管模式。全面推进多元化担保创新，探索推进关税保证保险，实施集团财务公司、融资担保公司担保，"银关保""同业联合担保"等企业增信担保改革。全面推广财关库银横向联网，实现税单无纸化入库，引导企业全面使用新一代海关税费电子支付系统。（青岛海关、济南海关、省财政厅、人民银行济南分行、省税务局、省地方金融监管局、省口岸办）

（七）简化检验检疫作业。推行进口矿产品等大宗资源性商品"先验放后检测"检验监管方式。对进出口食品、化妆品实施"即报即放""即查即放""边检边放"等多种放行模式。对进境水果"即验即放"，现场查验未发现检疫性有害生物或疑似有检疫性有害生物的立即放行。对企业申报的法检商品，通过系统自动发送港区预处理指令，提升一次放行效率。对海关查验取样货物推行"直通车"制度，优先检测，加急处置，实现检测提速。在进出口环节推广第三方检验检测结果采信制度。（责任单位：青岛海关、济南海关）

（八）推动船舶载运危险货物进出港口申报和装卸过驳作业报告"串联"改"并联"。积极推进海事、港航并联处理船舶载运危险货物进出港口申报和港口经营人装卸过驳作业报告，推进信息互联互通，缩短等待时间，提高船舶作业效率。（责任单位：省交通运输厅、山东海事局）

三、提高口岸物流服务效能

（九）提升拼箱、分拨货物作业效率。优化青岛海运口岸进口集拼货物拆箱流程，分拨、分流货物作业场所（理货部门）实时逐箱发送理货报告，舱单传输人及时发送分拨申请。缩短舱单数据传输时间，分拨、分流货物目的地监管作业场所在货物运抵后实时、逐箱（集装箱货物）向海关传输运抵报告。（责任单位：青岛海关，青岛市政府）

（十）优化查验前准备作业流程。通过"单一窗口"、港口EDI中心等信息平台向进出口企业、口岸作业场站推送查验通知，增强企业对通关时效的预期。在青岛海运口岸实行"411"查验模式，即海关细化查验指令后实时向港务部门发送查验调箱信息，港务部门收到调箱信息4个小时内将查验集装箱移入查验区对应查验位，海关在落箱到位1个小时内开始查验，港务部门在查验完毕1个小时内将集装箱移出查验区。各口岸根据实际，明确查验集装箱调箱时限，确保查验服务部门在约定时限内完成相关调箱作业。（责任单位：各口岸所在市政府，青岛海关、济南海关）

（十一）加快进出口集装箱集疏港速度。优化青岛海运口岸出口集装箱集港流程，取消集装箱码头限时集港模式，出口货物无须经场站，可直接入港，为加快港区内集装箱流转，腾挪码头堆场更多空间，提高码头前沿集装箱堆场使用效率，由青岛港集团调整进出口集装箱免费堆存期。在已实现进口集装箱卡口 24 小时放行作业基础上，2018 年年底前实现所有集装箱卡口无人化、电子化操作，进一步提升卡口通过效率，进口提箱速度控制在 30 分钟以内。其他口岸根据实际，研究制定并落实提升集疏港效率的措施。各口岸根据进口指定口岸功能，探索开通鲜活农副产品快速通关"绿色通道"。（责任单位：各口岸所在市政府，青岛海关、济南海关）

（十二）海关实行当日申报报关单"日清"机制。现场海关对具备放行条件的报关单，当日处理完毕，对于当日派单查验的进出口货物，当日实施查验操作。（责任单位：青岛海关、济南海关）

（十三）推动解决超长报关单问题。青岛海关、济南海关积极开展通关时效数据监控分析，海关与地方政府按商品、物流类别等开展相关调研和统计分析，研究优化超长报关单所涉及进出口商品的通关和物流作业方式。（责任单位：青岛海关、济南海关，各口岸所在市政府）

（十四）推进实施口岸"一站式"服务模式。强化港口信息化设施配置，推进生产作业流程再造，加快服务模板标准化；整合港口线下服务窗口，完善配套设施，改善服务环境，实现收费、办单等业务"一站式"集中办理。（责任单位：各口岸所在市政府）

四、提升口岸管理信息化智能化水平

（十五）拓展中国（山东）国际贸易"单一窗口"功能。拓展"单一窗口"功能，加强与银行、保险、民航、铁路、港口等相关行业机构合作对接。2019 年年底前"单一窗口"主要业务（货物、舱单、运输工具申报）应用率达到 100%，实现铁水联运信息交换和共享，2020 年年底前全面接入标准版多式联运公共信息平台，2021 年年底前"单一窗口"功能覆盖国际贸易管理全链条，打造"一站式"贸易服务平台。（省口岸办、青岛海关、济南海关，相关部门配合）

（十六）进一步提升海关"智慧监管"水平。实现舱单变更无纸化，上线"未出运证明"电子审批系统，2018 年年底前全面实现海关纸质移动证电子化。2019 年 6 月底前，实现内外贸集装箱堆场的电子化海关监管。提升口岸查验智能化水平，提高机检后直接放行比例。（责任单位：青岛海关、济南海关）

（十七）加快口岸物流信息电子化进程。推动在口岸查验单位与运输企业中应用统一的报文标准，实现不同运输方式集装箱、整车货物运输电子交换，逐步实现口岸作业各环节无纸化和电子化。依托山东电子口岸，建设口岸物流协同平台，11 月底前在青岛海运口岸实现进口集装箱设备交接单和货物提货单全面无纸化，逐步在全省各海运口岸推广，并探索海运提单电子化流转。（责任单位：省口岸办，青岛港集团，青岛海关、济南海关，相关部门按职责分工负责）

（十八）全面推行船舶进出境业务无纸化。在全省所有水运（海港）口岸实行国际航行船舶进出境通关无纸化基础上，实现国际航行船舶进出口岸业务"一单多报"，船舶进出境通关"最多跑一次"。推动引航港调业务全面无纸化。（责任单位：省口岸办、省交通运输厅，青岛海关、济南海关、省公安边防总队、山东海事局）

五、促进口岸管理服务更加规范透明

（十九）建立口岸收费监管协作机制。省政府和口岸所在市政府分别建立由发展改革、市场监管、财政、交通运输、商务、口岸管理等部门及查验单位共同参加的口岸收费监督管理协作机制，统筹协调和组织推进本地区口岸收费清理和监督管理工作。（责任单位：省市场监管局、省财政厅、省发展改革委、省

交通运输厅、省商务厅、省口岸办，青岛海关、济南海关，各口岸所在市政府）

（二十）进一步规范口岸涉企收费行为。口岸所在市政府对本地区口岸收费开展自查自纠，对不符合收费管理规定的收费项目依法予以取消，对超出标准的收费坚决予以纠正，对不合理的收费标准要坚决降低。推动口岸经营服务企业规范营商行为，排查合同条款，全面消除不公平竞争行为。在口岸物流、港航服务等相关环节全面引入竞争，破除垄断。拓宽投诉渠道，加强收费检查，依法查处各类价格违法违规行为。（责任单位：各口岸所在市政府，省市场监管局、省财政厅、省发展改革委、省交通运输厅、省商务厅、省口岸办）

（二十一）实行口岸收费目录清单制度。严格执行行政事业性收费清单管理制度，推动口岸经营服务企业明码标价，做到收费公示全覆盖。在口岸现场和口岸管理部门网站公布所有口岸收费目录清单，清单外一律不得收费。（责任单位：各口岸所在市政府，省市场监管局、省财政厅、省发展改革委、省交通运输厅、省商务厅、省口岸办）

（二十二）降低进出口环节合规成本。鼓励各港口企业借鉴青岛港"全程物流阳光价格"制度。推动降低进出口环节收费，2018年年底前集装箱进出口环节合规成本比2017年减少100美元以上，2020年年底前降低一半。（责任单位：各口岸所在市政府，省市场监管局、省财政厅、省发展改革委、省交通运输厅、省商务厅、省口岸办，青岛海关、济南海关、山东海事局）

（二十三）推动建立行业诚信公约。加强行业管理和行业自律，引导口岸经营服务企业诚信经营、合理定价。指导港口、货代等相关行业组织制定企业经营行为规范，建立企业诚信公约，强化规范自律，不断改进和提高服务质量。推进口岸服务企业信用体系建设，加强口岸领域企业信用信息归集和共享，建立联合激励惩戒机制。（责任单位：各口岸所在市政府，省口岸办、省发展改革委、省交通运输厅、省商务厅、省市场监管局）

（二十四）公开通关流程及物流作业时限。各口岸根据实际，于2018年年底前制定并公开通关流程和口岸经营服务企业场内转运、吊箱移位、掏箱、提箱等作业时限标准，以及相应信息送达方式。向社会公开口岸查验单位和"单一窗口"通关服务热线，接受企业意见投诉。（责任单位：各口岸所在市政府，青岛海关、济南海关）

（二十五）建立口岸营商环境常态化评价机制。开展整体通关时间统计分析，引入口岸整体通关时效和合规成本第三方评估。对接全国营商环境评价体系，探索建立整体通关时间和成本常态化评价机制。2021年年底前，相比2017年，整体通关时间压缩一半，其中2018年压缩三分之一。（责任单位：省口岸办、省发展改革委，青岛海关、济南海关）

各级、各有关部门要充分认识优化口岸营商环境、促进跨境贸易便利化对于我省打造对外开放新高地的重要意义，积极发挥各级政府口岸工作综合协调机制的作用，统筹协调相关重大问题。各市政府要切实履行口岸属地管理责任，按照定性定量要求，尽快研究制定落实措施，排出时间表、路线图，加大政策宣传力度。各有关部门要加强协作配合，合理安排工作进度，确保各项任务有措施、能落实、可量化，对重点口岸、重点环节，要"一竿子插到底"。优化口岸营商环境工作情况纳入省政府督查范围，建立健全督导考核机制，对推进不力的地区和部门进行问责。

山东省人民政府关于印发山东省高端装备制造业发展规划（2018～2025年）的通知

2018年10月26日　鲁政字〔2018〕244号

各市人民政府，各县（市、区）人民政府，省政府各部门、各直属机构：

《山东省高端装备制造业发展规划（2018～2025年）》已经省委、省政府研究同意，现印发给你们，请结合实际认真组织实施。

附件：山东省高端装备制造业发展规划（2018～2025 年）

附件：

山东省高端装备制造业发展规划

（2018～2025 年）

高端装备制造业是以高新技术为引领，处于价值链高端和产业链核心环节，决定整个产业链综合竞争力的战略性新兴产业。习近平总书记指出：装备制造业是制造业的脊梁，要把装备制造业作为重要产业，加大投入和研发力度，奋力抢占世界制高点、掌控技术话语权，使我国成为现代装备制造业大国和强国；要把新一代信息技术、高端装备制造等战略性新兴产业发展作为重中之重，构筑产业体系新支柱。

我省是装备制造业大省，肩负着建设现代装备制造业强国的重要使命。省委、省政府将高端装备制造业列为新旧动能转换"十强"产业之一，既是贯彻落实习近平总书记系列重要讲话、重要指示批示精神的具体行动，也是我省转变发展方式、优化经济结构、转换增长动力，实现由大到强、高质量发展的战略抉择。

依据《山东新旧动能转换综合试验区建设总体方案》《山东省新旧动能转换重大工程实施规划》，制定山东省高端装备制造业发展规划。本规划为促进我省高端装备产业发展的指导性规划，规划期为 2018～2025 年。

一、现状与形势

（一）产业现状。近年来，我省高端装备制造业发展持续加快，创新成果不断涌现，培育出一批龙头企业，带动产业加快向集群化发展，但整体实力与国际先进水平和发达省市相比还有明显差距。

1. 产业规模持续扩大，但高端品种少，产业层次低。经过多年发展，我省高端装备制造业已具有一定规模，2017 年，全省高端装备制造业主营业务收入达到 1 万亿元，居全国第三位。其中，海洋工程装备、轨道交通装备技术水平全国领先，智能制造装备也不断取得新突破，高端服务器、电力装备技术水平和产业规模均居全国前列。但是，代表世界科技先进水平的航空航天和卫星与应用装备基本处于空白；新能源乘用车缺少高端车型，中低端产品仍唱主角；医疗设备规模小，品种单一，带动力弱；农机装备厂点多，技术落后，与国际先进水平差距巨大；重点领域发展急需的大型智能成套生产线和关键核心零部件主要依赖进口，结构性矛盾突出。

2. 新产品新技术不断突破，但创新体系不健全，高端人才短缺。近年来，我省不断加强企业创新能力建设，2017 年，建成国家级企业技术中心 45 家，骨干企业研发投入占主营业务收入比重达到 3%，培育出一批在行业中有明显优势的龙头企业和行业小巨人，有 6 家企业入围 2017 年《中国 500 最具价值品牌》，15 家企业被评为国家制造业单项冠军。我省先后开发出超深水双钻塔半潜式钻井平台、CR400AF 中国标准动车组、高端容错计算机、大型快速数控全自动冲压生产线、筒子纱数字化自动染色成套装备等一批高端装备。但总体看，我省高端装备领域的创新主体主要是生产企业，受地理位置和企业实力与品牌知名度等影响，引进高端人才困难，研发投入不足，原创性先进技术和产品少。同时，全省缺少高水平专业研究机构，共性技术和基础工艺研究短缺，没有人才承接平台，难以引进国内外高端人才团队，成为制约产业发展的重要瓶颈。

3. 产业集聚化发展步伐加快，但布局分散，同质化趋势严重。"十二五"以来，我省大力建设新型工业化示范基地和高端装备制造产业基地（园区），已建成 8 家国家新型工业化产业示范基地和 26 家省级新型工业化产业示范基地，形成了一定的区域特色。青岛、烟台、威海的海洋工程装备与高技术船舶，济南、青岛的轨道交通装备，济南、枣庄的高档数控机床，泰安的智能成套生产线以及潍坊的农机和动力装备等已形成集群化趋势。但从全省产业布局看，高端装备布局分散，重复建设和同质化竞争严重，有限的资源无法形成合力，不利于产业集聚发展。

（二）发展形势。目前，新一轮科技革命和产业变革蓬勃兴起，高端装备已成为产业竞争的关键领域，国际国内重要经济体都在制定战略，研究措施，竞相发展。

从国际看，美国实施《先进制造业伙伴计划》，通过资金、财税、贸易等相关政策，推动新技术新装备快速发展，新一代信息技术、航空航天和增材制造（3D打印）装备国际领先；德国制定《工业4.0》战略，大力发展数字化制造装备、精密检测装备等，为高端装备制造业发展开辟了新的领域；日本实施《日本机器人新战略》，精密数控机床和工业机器人走在世界前列；印度、越南等新兴经济体也在采取积极措施，布局发展高端装备制造业，进一步加剧了国际市场竞争。

从国内看，党中央、国务院高度重视发展高端装备，国务院印发的《"十三五"国家战略性新兴产业发展规划》和《中国制造2025》将高端装备列为发展重点，先后出台了一系列政策措施，推动产业快速发展。国产航空母舰、C919大飞机、天宫一号、墨子号量子卫星、高速动车组、蓝鲸一号等一大批国之重器相继诞生，大大提升了我国装备制造业的国际地位。在国家政策引领下，制造业大省纷纷制定政策措施，大力发展高端装备。江苏省实施高端装备研制赶超工程，重点发展电子产业装备、智能成套装备等13个领域；浙江省实施重大短板装备专项工程，聚焦轨道交通、机器人与智能制造装备等十大领域；上海市实施首台套突破等七大工程，着力发展航空航天、高端能源装备、微电子与光电子等八大装备。我国高端装备制造业已进入加速发展期。

从全省看，实施新旧动能转换重大工程，国务院给予重大支持政策，为高端装备制造业发展提供了机遇。一方面，全省实施新一轮扩大开放，扩大招商引资招才引智，出台了一系列鼓励发展的创新性制度和政策，有利于吸引国内外企业和人才参与高端装备发展。另一方面，国家转变发展方式、调整经济结构、建设重大工程，我省推进传统产业转型升级，对装备制造业绿色化、智能化、服务化提出了新的更高要求，也为高端装备制造业发展提供了巨大市场需求。未来几年，将是我省高端装备产业发展的重要战略机遇期，必须按照省委、省政府的决策部署，抢抓机遇、强化措施、聚焦重点、补强短板，推进高端装备制造业加快发展。

二、总体思路

（一）指导思想。以习近平新时代中国特色社会主义思想为指导，全面贯彻党的十九大和十九届二中、三中全会精神，坚决落实习近平总书记视察山东重要讲话、重要指示批示精神，牢固树立新发展理念，按照省委、省政府关于新旧动能转换重大工程决策部署，坚持世界眼光、国际标准、山东优势，以推进供给侧结构性改革为主线，以提高发展质量和效益为中心，聚焦重点领域，实施"七大工程"，建设一批高水平技术创新平台，突破一批达到国际先进水平的重大技术装备，培育一批具有较强市场竞争力的创新型企业和品牌，打造一批全国领先、世界知名的特色产业集群，努力将高端装备制造业发展成为推动全省新旧动能转换的强大动力和制造强省的重要支柱。

（二）基本原则。

1. 政府引导，企业主体。发挥政府统筹协调和引导作用，营造激发创新活力、促进公平竞争的良好环境，尊重企业的市场主体地位，调动企业家创新创业积极性，激发企业内生动力。

2. 整机带动，配套协同。以整机创新发展为引领，支持整机与核心基础零部件、关键基础材料、先进基础工艺和产业技术基础协同发展，促进高端装备产业链纵向延伸。

3. 技术引领，创新驱动。把创新摆在发展的核心位置，完善体制机制，构建创新平台，突破关键共性技术和核心环节，推进重大技术装备创新，走创新驱动发展的路子。

4. 双招双引，开放合作。充分利用综合试验区品牌优势，进一步扩大开放，加快引进国内外知名企业和高端人才，推进高端装备领域的产业、技术、标准、服务在更高层次上的国际化发展。

（三）发展目标。到2025年，形成以新技术、新产品、新业态、新模式主导发展的现代产业体系，打造一批代表中国高端装备形象和水平的企业、产品及品牌，建成全国一流、世界知名的高端装备制造基地，成为现代装备制造业强国的重要支柱。

1. 产业竞争力显著增强。到 2022 年，力争全省高端装备制造业主营业务收入超过 2 万亿元；培育 5 家以上具有国际影响力的千亿级企业集团，30 家以上综合实力全国领先的百亿级企业，100 家"专精特新"单项冠军企业。到 2025 年，力争主营业务收入达到 3 万亿元，大企业群体进一步扩大。

2. 自主创新能力明显提高。到 2022 年，高端装备制造业技术研发投入占主营业务收入的比重达到 3% 以上，重点骨干企业技术研发投入占比达到 5% 以上；建成 10 个以上高端装备行业创新平台，引进 20 家以上高水平研发机构，培育 30 家以上自主创新示范企业。到 2025 年，技术研发投入占比力争达到 3.5%，形成一大批国内领先、国际有影响力的自主技术、产品和品牌。

3. 产业集聚度大幅提升。到 2022 年，形成济南、青岛、烟台三个产业核心区，产业规模占全省的 60% 以上。到 2025 年，沿胶济和京沪铁路沿线的城市，建成 10 个以上特色优势产业集群（基地），形成一条特色鲜明、优势突出、协同联动的高端装备产业带。

三、区域布局

依托区位、交通和资源优势，培育济南、青岛、烟台三大核心区，打造集聚胶济和京沪铁路沿线的产业带，辐射带动周边市优化产业布局，调整产业结构，推动产业集聚向产业集群转型，加快构建"三核引领、一带支撑"全面升级的高端装备产业发展新格局。

（一）突出"三核引领"。

济南：发挥高铁枢纽和省会城市优势，加强与国内外高校和科研院所合作，充分吸引国内外高端装备创新团队和人才，打造国际先进的新一代信息技术基础装备基地、快速重载货运轨道交通装备基地、高端能源装备基地和全国领先的高档数控机床与机器人基地、新能源汽车研发制造基地。

青岛：发挥国家军民融合创新示范区、中国—上海合作组织地方经贸合作示范区、海洋科研资源集聚、对外开放程度高等优势，进一步扩大对外合作，打造国际先进的海洋工程装备与高技术船舶基地、先进轨道交通装备基地和全国领先的机器人与增材制造（3D 打印）装备基地、新能源汽车基地、通用航空装备基地、集成电路及智能家电装备基地。

烟台：发挥深水海港多、新材料研发能力强、装备制造基础好的优势，积极引进国际先进海洋工程装备、核电等创新机构和人才，打造国际先进的海洋工程装备研发制造基地、高端航空材料配套基地和全国领先的先进核电装备研发制造基地、人工智能和新能源汽车创新基地。

（二）强化"一带支撑"。推动淄博、枣庄、潍坊、济宁、泰安、威海等胶济和京沪铁路沿线城市，围绕现有基础，发挥各自优势，集中力量打造各具特色的高端装备产业集群，形成一条优势突出、特色鲜明、协同联动、集群发展的高端装备产业带。

专栏 1　产业带 6 城市发展重点	
淄博	以高性能医疗设备、高效电机为重点，建设公共技术创新平台，推动产业集群化发展，打造全国领先的高性能医疗设备制造基地和先进高效电机产业集群。
枣庄	以高档数控机床为重点，整合资源，加快建设浙江大学山东工业技术研究院和北航机床创新研究院，打造全国先进的数控系统和高档数控机床产业集群，加快由中小机床之都向高档数控机床基地转型。
潍坊	以智能农业装备、船用发动机和燃料电池、智能穿戴设备为重点，建设智能农机装备创新平台和国家氢燃料电池创新中心，打造全国领先的智能农机装备基地、高效绿色动力装备基地和智能穿戴设备基地。
济宁	以高端农机具为重点，对标国际高端技术和产品，加强创新能力建设，整合现有资源，推动产业集群化发展，打造全国领先的高端农机具产业集群。
泰安	以智能成套生产线和智能电网装备为重点，加强与高校和科研机构合作，打造全国先进智能制造装备和智能电网装备集群。
威海	以激光打印机、高端医疗机器人和高端客滚船为重点，加快重点项目建设，打造国际先进的全球激光打印机基地和全国领先的高端医疗机器人基地、高技术船舶制造基地。

引导其他市，根据本地资源和条件，发展特色优势产品及配套关键零部件，打造"专精特新"特色产业集群，形成与产业带主体优势互补、错位发展的格局。

四、发展重点

积极承接《"十三五"国家战略性新兴产业发展规划》，重点发展新一代信息技术装备、海洋工程装备及高技术船舶、先进轨道交通装备、智能制造装备和航空航天装备；围绕培育山东新优势，对接《中国制造2025》，加快发展新能源汽车、高档数控机床与机器人、高性能医疗设备、高端能源装备和智能农业装备，形成重点引领、优势突出的高端装备产业体系。

（一）培植壮大五大战略新兴装备，打造现代装备制造业强国重要支撑。

1. 新一代信息技术装备。高性能服务器与通信装备、集成电路及专用装备、智能终端设备等是现代信息技术产业发展的重要基础支撑。对我省有优势的高性能服务器、智能可穿戴设备、VR虚拟现实等，进一步加大投入，开发更高性能、更高可靠性、更加安全、更加丰富的产品，延伸产业链条，壮大市场竞争力；对量子通信设备、集成电路芯片制造及封装设备等短板装备，积极扩大对外合作，通过引进技术、合资合作，尽快实现突破，补齐短板，打造全国新一代信息技术装备产业新高地。

——高性能服务器与通信设备。加大研发投入，突破云计算、超级计算、高速互联、人工智能等核心技术，加快研发高端容错计算机、新一代云计算平台、工业互联网平台、人工智能计算平台、存储设备和工控产品、下一代网络设备和数据中心成套装备、量子保密通信等现代新兴技术与装备，建设国际一流的高性能服务器产业基地。

——集成电路及专用装备。自主创新与合资合作相结合，加快开发化学气相沉积（CVD）技术与设备、高密度等离子刻蚀机、物理气相沉积（PVD）分子束外延装备、分布重复投影光刻机、集成电路封装设备、光学测量设备等集成电路制造、封装、测试装备，补齐集成电路及专用装备短板。

——智能终端设备。加快开发面向金融、交通、医疗等行业应用的专业终端、设备和融合创新系统，做大做强智能复合机、智能打印机、智能家电、VR视听设备、智能可穿戴设备、RFID射频识别等智能消费终端，构建系列化、规模化、高端化产业体系，形成山东新优势。

专栏2　新一代信息技术装备重点项目
济南市：建设高性能服务器制造基地、量子通信装备研发制造基地、国家云计算装备产业创新中心。 青岛市：建设中科曙光全球研发总部基地、中电科产业基地、芯谷产业园、海尔国际信息谷。 潍坊市：建设智能可穿戴设备和虚拟现实产业基地、光电产业园。 烟台市：建立人工智能研究院，发展人工智能技术与装备。 威海市：建设千亿级智能打印机产业基地。

2. 海洋工程装备及高技术船舶。海洋工程装备及高技术船舶是发展海洋经济的先导性产业。我省在这一领域具有制造优势，要推动海洋工程装备及高技术船舶向深远海、极地海域发展，实现主力装备结构升级，突破重点新型装备，提升设计能力和配套系统水平，形成覆盖科研开发、总装建造、设备供应、技术服务的完整产业体系。支持龙头骨干企业牵头创建海洋工程装备产业联盟，整合资源、集聚优势，共同开发市场，发展分工协作、错位发展、协同联动的产业合作新模式。打造全国一流、国际先进的现代海洋工程装备与高技术船舶制造基地。

——海洋工程装备。加快提升中深水自升式钻井/生产平台、深水半潜式钻井/生活平台、极地冰区平台、海洋多功能（钻采集输）平台等关键技术装备开发制造能力。瞄准未来海洋开发重大需求，加快开发深海矿产勘探开发、天然气水合物开采、水下油气生产系统装备、深海水下应急作业装备、大型海上构筑物安装及拆解平台（船）、海洋牧场平台、深海空间站、智能网箱、浮式电站、浮式生产储卸装置、浮式液化天然气再气化装置等。加快建立规模化生产制造工艺体系，提高国际化服务水平，力争设计建造能力居世界前列。

——高技术船舶。快速提升液化天然气（LNG）船、大型液化石油气（LPG）船、超大型半潜式运输船、深水半潜式起重铺管船、钻井船、物探船、海洋调查船等产品的设计建造水平。突破豪华游轮设计建造技术，积极发展极地专用船和核心配套设备，加强高端远洋渔船、高性能公务执法船舶、无人艇、万箱级以上集装箱船、大中型工程船等开发能力建设，推进智能船舶、生态环保船舶等研发和产业化，打造高技术船舶世界品牌。

　　——核心配套设备。大力发展海洋工程用高性能发动机、液化天然气（LNG）/柴油双燃料发动机、超大型电力推进器等，提高深水锚泊系统、动力定位系统、自动控制系统、水下钻井系统、柔性立管深海观测系统等关键配套设备设计制造水平，突破水下采油树、水下高压防喷器、智能水下机器人、水下自动化钻探装备、海底管道检测等装备，提升专业化配套能力。

专栏3　海洋工程装备及高技术船舶重点项目

青岛市：建设山东省船舶与海洋工程装备创新中心、海洋大科学研究中心、国家海洋实验室、中船重工海洋装备研究院，实施海上综合试验场、海西湾船舶与海洋工程装备产业基地等项目。
烟台市：建设国家海洋工程装备研制实验验证创新平台、中集海洋工程研究院、海上综合试验基地、深水平台试航基地，实施深水海洋钻井平台、多用途水下装备智能检测系统、深海高效钻井装备智能制造系统开发生产、长寿命轻量化深海资源开发平台产业化等项目。
威海市：推进山东船舶技术研究院、高端客滚船生产线等项目建设。
东营市：升级石油装备产品结构，围绕服务海洋资源利用，加快开发生产高端海洋钻采装备。
潍坊市：建设海洋动力装备产业基地。

---

　　3. 先进轨道交通装备。以高速铁路和城市轨道交通运输车辆为主的先进轨道交通装备，是建设交通强国的重要支撑。我省具有领先优势，要积极向智能化、绿色化、轻量化、系列化、标准化、平台化发展，加快新技术、新工艺、新材料应用，构建现代轨道交通装备产业创新体系，建成覆盖干线铁路、城际铁路、市域（郊）铁路、城市轨道交通的具有国际竞争力的轨道交通装备产业基地，成为引领全球产业发展的"火车头"。

　　——高速动车和快速重载货车。加快开发生产新型高速动车组、节能型永磁电机驱动高速列车、高速磁悬浮列车，提高满足高寒、高热、高风沙、高湿、广域等不同系列谱系供给能力；面向大城市复杂市域交通和地铁发展需求，开发生产适应不同技术路线的跨座式单轨、跨线/跨网城际轨道交通装备；面向铁路运输能力升级需要，加快开发30吨轴重重载电力机车、快速重载货车等，实现规模化、系列化发展。

　　——关键零部件及系统。提升转向架、动车组轮对、牵引电机、传动齿轮箱、绝缘栅双极型晶体管模块、大功率制动器、气体绝缘金属密闭变压器、供电高速开关、车体及车体新材料等关键零部件研发和制造水平，带动受电弓、空调等整车配套产品发展。形成具有国际竞争力的高速列车牵引传动系统、制动系统、信号及综合监控与运营管理系统。

　　——轨道施工装备及技术。研制数字化智能化轨道交通用隧道掘进机、大型施工装备、公铁两用车、地铁隧道清洗车等设备，攻克大直径地铁隧道盾构机的刀盘刀具、驱动系统、密封系统、导向系统、云计算售检票自动化系统、智能检测机器人和远程故障诊断系统等关键技术，提高轨道交通产业服务能力。

专栏4　先进轨道交通装备重点项目

济南市：建设快速重载货运轨道交通装备产业园。
青岛市：建设国家高速列车技术创新中心、千亿级世界动车小镇、时速600公里高速磁悬浮试验线、时速350公里以上高速轮轨试验线，推进时速350公里双层动车及快速重载货运列车产业化、时速600公里磁悬浮列车研发、轨道交通系统集成实验室、高速磁浮实验试制中心等项目。
烟台市：建设轨道交通整车车体型材制造基地。

---

　　4. 智能制造装备。智能制造装备是指具有感知、分析、推理、决策、控制功能的制造装备，是先进制造技术、信息技术和智能技术的集成和深度融合。我省智能物流与仓储装备、增材制造（3D打印）、智能

检测、智能化成套生产线等已实现产业化，部分产品已有优势，要面向汽车及零部件、造纸印刷、纺织服装、家用电器、化工、建材、冶金、煤炭、食品医药等行业智能化升级需求，加快开发更多数字化智能化产品，提高精度、可靠性、稳定性和使用寿命，积极开展示范应用，形成若干国际知名品牌，培育一批国内领先的智能制造装备骨干企业；积极支持企业加大对智能制造系统的投入，突破关键核心技术，实现智能制造装备控制系统的自主安全可控。努力使智能制造装备成为我省新兴高端装备的重要标志，建成全国领先的智能制造装备研发制造基地。

——智能制造系统。开展集计算、通信与控制于一体的信息物理系统（CPS）顶层设计，探索构建贯穿生产制造全过程和产品全生命周期，具有信息深度自感知、智慧优化自决策、精准控制自执行等特征的智能制造系统，为产业智能化升级提供自主安全可控的系统支撑。

——智能物流与仓储装备。重点发展轻型高速堆垛机、超高超重型堆垛机、高速智能分拣机、智能多层穿梭车、智能化高密度存储穿梭板、高速托盘输送机等物流仓储装备，加快研发物流和仓储实时监测、管控等软件系统。

——智能成套生产线。开展智能制造成套装备的集成创新，加快发展大型智能冲压生产线、立/卧式柔性加工生产线、筒子纱数字化自动染色成套装备、液态食品智能制造成套装备、电机智能生产线、医药灌装自动化生产线、注射剂全自动生产线、造纸印刷自动化生产线、轮胎生产智能成套装备、铸锻焊及热处理基础制造绿色化技术与装备、铸件砂型近净成形成套装备等，建设一批具有自主知识产权的自动化生产线、数字化车间、智能工厂。

——增材制造（3D打印）装备。重点研制推广使用激光、电子束、离子束及其他能源驱动的主流增材制造工艺装备。加快开发高功率光纤激光器、扫描振镜、动态聚焦镜及高性能电子枪、阵列式高精度喷嘴（头）等配套核心器件和嵌入式软件系统。突破钛合金、高强合金钢、高温合金、不锈钢镍基粉末、耐高温高强度工程塑料等增材制造专用材料。

——智能检测设备。重点发展微机电系统（MEMS）传感器、视觉传感器、智能仪器仪表等智能传感装备和数字化非接触精密测量、在线无损检测系统装备、激光跟踪测量仪器、可视化柔性装配装备以及远程运维及健康检测系统等检测设备，提升生产制造装备在线检测和装备产品全生命周期智能检测能力。

专栏5　智能制造装备重点项目
济南市：建设数控激光设备产业园、工业3D打印机小镇、铸锻机械国际标准及智能化研发中心。 青岛市：建设智能制造集成应用创新平台和智能装备制造产业功能区，推进3D打印产业基地和3D打印智能制造项目建设。 泰安市：建设智能装备产业研究院、数字化染整技术装备创新中心，实施矿业综采智能化成套装备制造及试验装备、智慧化液态食品加工生产线、区域性智能染色共享工厂等项目。 潍坊市：建设3D打印暨先进制造绿色制造技术与装备创新服务中心。

5. 航空航天装备。航空航天装备是战略性高新技术产业，集中体现国家工业基础、综合国力和科技水平，是国家安全和大国地位的重要战略保障。我省航空航天装备处于起步阶段，在发展飞机整机、功能部件、航空航天新材料和飞机改装维护等方面具有较好的基础和条件。要推动航空航天装备赶超发展，加快先进制造技术和重大装备研发，加强通用直升机、民用小型飞机、无人机研发生产和集成技术研究，突破航空航天新材料、基础元器件、铝锂合金、钛合金、复合材料等加工成形制造核心技术、关键材料及基础零部件，推进航空航天产业研发生产和技术服务体系建设。力争在通用飞机研发设计、飞机与零部件制造领域取得一批重大成果，打造全国重要的航空航天装备生产配套基地，成为全省战略新兴产业新的增长点。

——飞机及零部件。着力发展固定翼通用飞机、直升机、无人机等，创造条件引进或合资合作，发展干线飞机、支线飞机等航空装备，加快突破飞机零部件关键技术及装备，推进航空电子设备、航空液压件、飞机航电系统、航空材料等配套体系开发制造，增强航空装备发展规模和配套能力。

——航天技术产品。重点发展采用"互联网+天基信息+"的模式，面向商业应用与大众消费市场，开展基于位置信息网络、宽带通信网络和高分辨率遥感数据服务。加快开发基于北斗的地基增强系统

（GBAS）、无人机飞行校验系统、空地协同的机场电磁频谱监测系统等。

——航空服务装备。积极发展液压油车、飞机牵引车、电源车、道面摩擦系数测试车、驱鸟设备等航空地面保障设备，以及用于通用航空整机维修、大修、维护、改装及雷达罩、航空仪表、螺旋桨等零部件的检修、维护、检测等设备。

专栏 6　航空航天装备重点项目
济南市：建设中国航天科技园、济南太古航空产业园、飞机维修检测产业基地。 青岛市：建设国家通用航空产业综合示范区、国家临空经济示范区、国家北斗导航位置服务数据分中心，推进空客 H135 直升机项目、即墨航空特色小镇等项目建设。 烟台市：建设中科卫星遥感产业园、南山航空材料产业园，打造全球航空型材配套基地。 东营市：建设北京航空航天大学东营研究院、中国商飞试飞中心东营基地，推进东营空港产业区项目建设。 滨州市：建设新型固定翼飞机生产及维修基地项目。

（二）做优做强五大特色优势装备，打造中国高端装备新标杆。

1. 新能源汽车。新能源汽车是国家鼓励发展的战略性新兴产业，是建设生态文明和应对气候变化的重要举措。我省在新能源客车、新能源载货车和专用车方面已有优势，要在汽车轻量化、智能网联、整车优化等方面，加大研发投入和技术攻关，全面提升整车性能和质量，加快向绿色化、高端化、智能化发展；对于产品层次低、布局较分散的新能源乘用车，坚持扶优扶强与淘汰落后并举，整合资源、优化结构、主攻高端；针对电机、电池、电控系统等关键零部件供给短板，坚持自主研发、招商引资、合资合作相结合，加快培育完整的配套体系，打造全国一流的新能源汽车生产基地。

——新能源整车。重点发展以锂离子电池和氢燃料电池为核心动力的纯电动乘用车、商用车以及环卫、医疗、园林等行业专用车。以骨干龙头企业为依托，建设新能源商用车产业集聚区，不断提升新能源载货车、客车技术水平和产品档次。以国际高端新能源乘用车为目标，加快招商引资，鼓励企业与国内外大企业、关键零部件企业、设计研发企业等合资合作，发展高端产品。

——智能网联汽车。瞄准未来新能源汽车发展方向，主攻车辆智能计算平台体系架构、传感器、车载智能芯片、中央处理器、无线通信设备、车辆智能算法等关键技术，加快车载环境感知控制器、车辆智能控制与集成技术、基于网联的车载智能信息服务系统、汽车辅助驾驶系统、无人驾驶系统、新能源汽车安全运营管理系统、数据安全及平台软件的开发生产。完善智能网联汽车道路测试设施，促进产业化。

——关键零部件。加快发展新能源汽车用动力电池、驱动电机、精密减速器、电控系统、电池管理系统、混合动力汽车用动力耦合及传动装置等新能源汽车关键零部件，提高产业配套能力。突破电池正负极、隔膜、石墨烯、电解质等关键材料，车身及汽车关键零部件轻量化材料及成形技术。加快推进氢燃料电池产品与技术及配套氢气瓶、管道、控制阀等关键零部件。构建支撑新能源汽车发展的高水平配套体系。

专栏 7　新能源汽车重点项目
济南市：建设山东省氢能汽车创新中心，实施"中国氢谷"、氢动能汽车及动力总成平台、新能源乘用车、新能源商用车和专用车规模化生产、动力电池、汽车智能充（换）电设施规模化发展等项目。 青岛市：建设新能源汽车产业集群，实施新能源轿车、新能源客车、新能源载货车、高比能三元动力电池、锂离子动力电池等项目。 烟台市：建设新能源客车和新能源卡车产业园。 聊城市：建设新能源客车、燃料电池客车、燃料电池汽车研发平台、氢燃料电池系统及氢燃料动力总成系统、电机控制器和轮毂电机等项目。 淄博市：建设高效电机研发平台和产业集群。 潍坊市：建设国家燃料电池技术创新中心、新能源动力产业园。 德州市：建设新能源汽车认证检测基地，整合资源，推进新能源汽车产业转型升级。

2. 高档数控机床与机器人。高档数控机床具有高速、精密、智能、复合、多轴联动、网络通信等特点，是一个国家和地区装备制造业发展水平的重要标志，是航空航天、军工、汽车、电子信息等精密装备

赖以发展的制造母机。我省是机床制造大省,但机床数控化率低,高端品种少,与国际先进水平差距大,要以提升可靠性、精度保持性为重点,加快攻克数字化、网络化、智能化的高速高效高精加工与成形制造等核心技术和关键零部件,实现质量、性能新突破,补齐与国际先进水平的短板,尽快将规模优势转变为质量和技术优势。机器人产业被誉为"制造业皇冠上的明珠",是现代制造业中重要的自动化设备。我省已有较好的发展基础,要对标国际一流,加快突破机器人控制系统和核心零部件,提高自主开发和集成能力,打造全国领先的高档数控机床与机器人制造基地。

——高档数控机床。支持龙头骨干企业,加强创新能力建设,加快发展精密立/卧式加工中心及复合加工中心、矩形阵列磨削机床、高速龙门镗铣床、大功率激光切割机、大型伺服压力机、数控伺服转塔冲床等,突破多轴、多通道、高精度高档数控系统、伺服电机等主要功能部件及关键应用软件,开发和推广应用精密、高速、高效、柔性并具有网络通信等功能的高档数控机床、基础制造装备及集成制造系统,提高高档数控机床供给能力,成为全国高档数控机床产业标杆。

——智能机器人。以机器人整机为牵引,推动产业链创新链集聚发展。以智能升级、突破瓶颈为重点,坚持工业机器人和服务机器人并举,面向工业生产装配、涂装、焊接、搬运、加工、清洁生产等环节,重点发展高精度、高可靠性弧焊、装配、搬运等工业机器人;面向商业、医疗、教育、生活等领域,加快开发生产智能型服务机器人、智能护理机器人、医疗康复机器人;面向危险品操作、消防等领域,着力开发消防救援机器人、特种作业机器人。加快突破高精度减速器、高性能控制器、传感器与末端执行器等关键技术与核心零部件,打造全国智能机器人创新发展高地。

专栏8　高档数控机床与机器人重点项目

济南市:建设高档数控机床产业基地、哈工大机器人(山东)科创中心和西部机器人产业集聚区,推进高速柔性冲压线、全自动七轴机器人高速冲压线、动梁龙门移动式镗铣加工中心、高频调制光纤激光器、重型汽车纵梁与板材智能加工装备研发等项目建设。
青岛市:建设国际机器人产业园。
枣庄市:建设北航机床创新研究院和高档数控机床产业集群,实施龙门式九轴五联动镗铣复合加工中心、龙门式高速高精石墨加工中心等项目。

---

3. 高性能医疗设备。高性能医疗设备包括医学影像设备、先进治疗设备、临床检验设备、健康监测和康复设备等,是满足人民日益增长的高水平医疗保健需求,提高全社会健康保障能力的重要基础。我省彩色能谱 CT 机、超导磁共振成像系统(MRI)、高能医用电子直线加速器、全自动血型分析仪、手术机器人等设备已有一定优势,但品种门类少,自主创新能力弱,关键技术性能与国际先进有差距,要瞄准精准医疗和个性化医疗发展方向,对标国际前沿技术,加大自主创新能力建设,积极开展对外合作,加快突破关键共性技术和短板设备,开发新品种、拓展新领域、培育高端品牌,争创国家级医疗设备创新中心,推动产业向宽系列、多领域、高端化、智能化、集群化发展,打造全国高端医疗设备研发制造高地。

——高端影像诊断设备。重点发展多排螺旋电子计算机断层扫描 CT 机、大孔径螺旋 CT 机、彩色能谱 CT 机、超导磁共振成像系统(MRI)、高性能彩色超声成像设备及专科超声诊断设备、正电子发射计算机断层显像/成像系统、智能深度学习影像诊断系统、数字化 X 射线机(DR)等高端影像诊断设备,打造山东高端医疗设备的标志性产品。

——先进治疗设备。重点发展肿瘤放疗一体化设备、高能医用电子直线加速器、图像引导放射治疗装置、高性能无创呼吸机、自适应模式呼吸(麻醉)机等先进治疗设备,手术导航系统、手术机器人、数字化微创手术及植入设备、数字一体化手术室等高端手术装备,加强研发投入,实现自主高端治疗设备创新突破。

——精准检测设备。加快发展血型分析仪、血液分离净化器、电子内窥镜(软镜)、全自动生化检测设备、高通量液相悬浮芯片系统、五分类血液细胞分析仪、全自动化学发光免疫分析仪、精准第三代基因测序仪等高端检测设备,培育高端医疗设备新亮点。

——监测和康复设备。以智能健康设备为发展重点，加快发展重大疾病及慢性病筛查设备、健康监测装备（包括可穿戴）等，研发远程医疗系统、智能康复辅助设备、计算机辅助康复治疗设备等先进康复设备，满足健康检测和康复发展新需求。

专栏9　高性能医疗设备重点项目

淄博市：建设高性能医疗设备创新服务平台，实施彩色能谱 CT 软件解决方案与整机系统、影像引导调强放疗系统与实验型生物反应器系统等项目。泰安市：建设康复设备特色小镇，实施智慧康复医联体、纯意念控制人工神经康复机器人研发制造等项目，创建国家康复辅助器具发展试点城市。

威海市：建设山东省高性能医疗器械创新中心。

---

4. 高端能源装备。高端能源装备是实现能源安全稳定供给和国民经济持续健康发展的重要基础。我省是能源装备制造大省，特高压交直流隔离开关、核级中低压开关柜、特高压交流变压器、电力巡检机器人等智能电网和输变电成套装备已有优势，要加快突破新技术，向绿色化、成套化、智能化、模块化升级；核能、海洋能、地热能等新型清洁能源产业急需的装备刚起步，尚未形成规模，要加强关键核心技术攻关，加快开发新产品，向产业化、规模化、高端化发展，将我省打造成国际领先的高端能源装备研发制造基地。

——新型清洁能源装备。重点突破华龙一号、AP1000、高温气冷堆、海上浮动堆等第三代/四代核电技术与装备，加快开发百千瓦级波浪能、兆瓦级潮流能、温差能、海水浓度差发电等海洋能综合利用技术与装备，引领推动新型能源产业发展。

——智能输变电装备。重点发展智能高低压成套开关、全封闭组合电器、轻型直流输电设备、电网信息智能传感检测等数字化智能化输变电技术及装备，加快储能设备及专用生产装备、分布式电源和微网控制、电网巡检机器人和维护机器人、保护及接入装置研发生产。

专栏10　高端能源装备重点项目

济南市：建设中欧工业园智慧能源装备创新中心、国家智能电力装备生产基地。

烟台市：建设烟台大学核能研究院、烟台核电研发中心、核电检验检测中心、核电装备产业园和核技术自主创新集成基地，推进核电装备模块化制造、海上清洁能源综合供给平台、智能电网设备产业园、莱山核电产业园等项目建设。

泰安市：建设千亿级特高压输变电设备产业集群，推进输变电科技产业园建设。

菏泽市：建设高端输变电设备产业集群，实施1250MW级及以上核电封闭母线项目。

---

5. 智能农业装备。智能农业装备是转变农业发展方式、提高劳动生产率、实施乡村振兴战略、实现农业现代化的重要支撑。我省是农业装备制造大省，大中小型拖拉机、联合收获机、植保机械、节水灌溉与水肥一体化装备等产品规模均居全国首位，但与国际先进装备相比，整机品种、产品性能、复合功能、产业层次及关键零部件配套能力都存在显著差距，要积极应用数字网络、人工智能、远程控制等先进技术，加快研发生产智能装备，实现故障及作业性能远程监测、实时诊断和自动控制，促进整机装备向高端化、智能化、大型化、多功能化发展，引领全国农业装备加快向高端智能转型。

——智能耕种收获装备。重点发展新型智能大功率拖拉机、智能耕种机、联合收获机、多功能一体机、秸秆收集处理机等新型耕收装备，突破高效节能、远程运维、智能控制等关键技术和系统，加快开发生产大功率发动机、200马力以上拖拉机底盘、湿式离合器、动力换挡、无级变速和静液压传动系统等关键零部件。

——精量植保装备。重点发展无人机及智能化大田机动宽幅施药装备、水田植保机械、果园和蔬菜植保设备、多功能喷施装备、节水灌溉与水肥一体化装备等。突破基于路径规划、病虫草害快速识别、精准施药等关键和共性技术，开发对靶性强、可减少雾滴飘失的施药装备。

专栏 11　智能农业装备重点项目

潍坊市：建设全国领先的智能农机装备产业基地，小麦机 HMT 变速箱等项目建设。
济宁市：建设高端农业装备产业集群，推进高端智能化拖拉机、高地隙自走式喷雾机产业化等项目建设。
莱芜市：建设节水灌溉与水肥一体化装备产业集群。
日照市：建设智能大功率拖拉机产业基地。
临沂市：建设精量植保农业装备产业集群。

五、主要任务

围绕建设全国一流的高端装备制造强省，坚持问题导向，统筹谋划，精准施策，着力实施"七大工程"。

（一）创新能力提升工程。加快培育企业技术中心、技术创新中心、制造业创新中心、产业创新中心、工程（技术）研究中心和重点实验室等一批重大创新平台，大幅提升研发基础设施水平。以企业为主体，积极对接国内外高水平大学和科研机构，探索建立中德工业设计中心和山东省高端装备产业技术研究院，加快构建政产学研金服用为一体的技术创新体系。树立一批自主创新示范企业，充分发挥引领带动作用。完善科技研发投入机制，进一步加大政府投入，落实企业研发费用加计扣除、高新技术企业减免税等优惠政策，引导企业建立研发准备金制度，增强企业研发投入能力。健全创新成果和科技人员奖励制度，激发企业和科研人员创新积极性，全面提升高端装备创新能力。

（二）重大装备领跑工程。聚焦国际前沿技术和重大装备，从国家发展需要出发，实施重大短板装备创新计划，依托国家和省科技重大专项，每年遴选一批重大短板装备实施研发攻关，尽快打破技术瓶颈，掌握自主可控的核心技术，研制突破一批对产业与应用具有重大带动和战略引领作用的标志性高端装备。围绕提升我省高端装备技术水平，缩短与国际先进的差距，实施高端装备"1＋N"创新行动，每年选择一批智能高端装备，组织生产企业、科研机构和用户联合开发，突破设计制造关键核心技术，形成自主知识产权和品牌，使高端装备质量和性能尽快达到国际先进水平。建立高端装备新产品推广机制，发挥首台（套）重大技术装备试用补助、保险补偿等政策作用，推动高端装备新技术新产品加速产业化，形成一批领跑行业的重大技术装备。

（三）对外合作扩大工程。抢抓"一带一路"建设和新一轮扩大开放重大机遇，着力扩大对外合作的深度和广度。进一步强化"引进来"，鼓励有条件的市建立对外合作产业园区，以国内外高端装备企业和领军人才为方向，加大招商引资力度；完善招才引智政策，加强与国内外高校和科研院所合作，吸引国内外高端人才来山东创业，引进国内外企业 500 家以上、创新团队 20 家以上。持续实施"走出去"战略，每年组织一批企业到国外参展和合作交流，鼓励企业并购或参股国外高端装备制造企业和研发机构，建立营销及服务体系，发展国际总承包、总集成，建立全球产业链体系，提高国际化经营能力。

（四）产业集群建设工程。围绕"走在前列"目标定位，加快培育高端装备领军企业和特色产业集群。建立领军企业培育机制，每年遴选 10 家左右配套链条长、生产规模大、带动能力强的企业进行重点培育，引导龙头骨干企业积极兼并重组联合，加快纵向延伸、横向联合、跨越发展。鼓励以龙头骨干企业为核心，规划建设特色产业集群，搭建公共服务平台，开发共性关键技术，吸引产业链上下游企业进区入园，集聚发展。每年遴选若干"雁阵形"产业集群进行重点扶持，在全省打造一批特色鲜明、优势突出、运营高效的高端装备产业集群。

（五）强基"一条龙"工程。围绕重大装备产业链瓶颈，实施重点产品"一条龙"应用计划，建设一批产业技术基础平台，培育一批专精特新"小巨人"企业，着力构建市场化的"四基"（基础零部件、基础材料、基础工艺、产业技术基础）发展推进机制。重点支持整机与关键基础材料和核心零部件同步研制，提升省内整机配套能力。加强工艺技术研究，支持建立关键共性基础工艺研究机构，开展先进成型、加工等关键制造工艺技术攻关，突破核心零部件和基础材料的工程化、产业化技术瓶颈。强化产业链协作，打造上下游互融共生、分工合作、利益共享的一体化产业组织新模式。发挥大型企业的引领作用，带动中小企业围绕整机需求，聚焦特定细分产品市场，走专业化、精细化、特色化发展道路，打造一批创新活力强、发展速度快的"瞪羚企业"，培育一批"单项冠军"和"隐形冠军"。

（六）质量品牌培育工程。实施高端装备制造工艺优化和质量提升行动计划，组织攻克一批长期困扰产品质量提升的关键共性质量技术，加强可靠性设计、试验与验证技术开发应用，推广采用先进成型和加工方法、在线检测装置、智能化生产等，大幅提升产品稳定性、质量可靠性、环境适应性和使用寿命。建立完善质量标准体系，开展高端装备制造业标准化试点和企业标准"领跑者"活动，制定一批国家标准和国际标准，推动企业开展质量国际对标，积极申请国际认证。制定实施高端装备品牌培育计划，提升传统品牌、培植新兴品牌，举办具有国际影响力的大型展会和专题展会。鼓励企业、协会抱团参加国际展会，开拓品牌传播渠道，扩大品牌影响力，提升品牌含金量，推动一批知名品牌进入中国 500 强，冲击世界500 强。

（七）军民融合创新工程。加强军民资源共享，完善协同创新机制，推进军民两用产品双向转化。围绕国防科技重大战略需求，以海洋工程装备、核动力装置、航空航天飞行器、卫星通信设备、网络安全设备、军用电子信息终端等领域为重点，组建关键技术创新联盟，开展产学研用合作，实施一批军民融合重大工程和重大项目，提升我省军工装备研发制造能力，培育壮大一批"民参军"专业化"小巨人"，建设一批战略规划导向清晰、产业特色明显、产业规模较大、自主创新能力较强的新型工业化军民融合产业示范基地。

六、保障措施

（一）加强组织领导。在省新旧动能转换重大工程建设领导小组统筹领导下，成立山东省高端装备产业专班，强化部门协调和上下联动，明确职责分工，统筹制定产业发展相关政策，审核重大项目，协调重大问题，督导推进规划贯彻落实。

（二）推进制度创新。深化高端装备产业发展体制机制创新，持续推进放管服改革、改进优化政务服务、健全法治保障体系、完善市场竞争和消费环境。加快建立系统、完整、协调的高端装备产业发展长效机制，形成部门会商研讨、运行监测分析、重要情况通报、重大项目跟踪、工作情况调度、政策绩效评估等常态化工作机制，为产业发展提供制度保障。

（三）加大政策扶持。落实国家支持高端装备产业和智能制造发展的各项政策措施，支持企业积极承担国家重大专项。用好用活新旧动能转换重大工程一揽子政策，从财政奖补、土地供给、税收优惠、技术创新等方面，支持培育龙头企业、重大项目和保障条件建设。完善首台（套）重大技术装备研发和市场推广扶持政策，加快高端产品自主创新和产业化。鼓励省级股权投资引导基金向高端装备领域倾斜，发挥财政资金的杠杆作用和放大效应，吸引和撬动社会资本加大投入。

（四）创新金融服务。完善支持高端装备制造业发展的多渠道、多元化投融资机制。引导政策性、开发性金融机构在贷款额度、利率、期限上对高端装备制造业给予倾斜。鼓励金融机构建立无形资产确权、评估、质押、流转体系，推进股权质押融资、知识产权质押融资、供应链融资、科技保险等金融产品创新。引导商业银行采用银团贷款、投贷联动等方式为重大项目提供融资支持。发挥我省企业融资服务网络系统作用，引导企业及时发布融资需求信息，支持符合条件的企业通过上市挂牌、发行债券、私募股权等方式进行直接融资。

（五）强化人才支撑。用好用活人才政策，广泛吸引国内外高端装备领军人才、顶尖团队来山东发展。积极利用高端装备产业专家智库，为新技术新工艺新产品引进吸收、产业转型升级和投资结构调整提供咨询；充分发挥青岛国际院士港的平台作用，扩大与高端人才的交流与合作。以重大技术装备项目、重点产业基地建设为引领，加快推动人才培养方式转变，支持企业与科研院所、高等院校在学科建设、人才培养等方面开展合作。促进产业、行业、企业、职业和专业"五业"联动，建设现代职业教育体系，探索订单式、专业化高技能人才培养模式，打造工匠梯次技能人才队伍，为高端装备产业发展提供强有力的人才支撑。

（六）发挥协会作用。支持建立一批行业协会、学会、联盟等行业组织，充分发挥桥梁纽带作用，提升数据统计、调研分析、成果评价、技术指导、标准培训能力，为政府和企业提供双向服务。帮助企业及时掌握产业动态，有效应对产业变化，提升市场适应能力；协调推进产业链协同创新，促进整机、零部件、关键材料、核心技术整体提升；组织企业开展国际合作交流，追踪国际先进技术发展趋势，提升自主研发生产能力。协助政府部门制定技术产品标准和行业规范条件，推进行业自律，促进高端装备产业健康有序发展。

各市要依照本规划，研究制定实施方案，建立工作机制，落实相关政策，明确责任分工，确保各项工作措施落到实处。省直各有关部门要发挥自身职能，抓好相关工作落实，形成工作合力，推动高端装备制造业加快发展。

山东省人民政府关于印发山东省新材料产业发展专项规划（2018～2022 年）的通知

2018 年 10 月 26 日　鲁政字〔2018〕246 号

各市人民政府，各县（市、区）人民政府，省政府各部门、各直属机构：

《山东省新材料产业发展专项规划（2018～2022 年)》已经省委、省政府研究同意，现印发给你们，请认真组织实施。

附件：山东省新材料产业发展专项规划（2018～2022 年）

附件：

山东省新材料产业发展专项规划（2018～2022 年）

为深入贯彻落实省委、省政府关于实施新旧动能转换重大工程决策部署，加快推动新材料产业质量变革、效率变革、动力变革，实现高质量发展，把我省打造成具有国内先进水平和全球影响力的新材料产业强省，制定本规划。

一、基础环境

（一）发展基础。近年来，我省新材料产业发展步伐持续加快，创新成果不断涌现，一批龙头企业和领军人才不断成长，一批产业集群正在孕育形成，但整体实力与国际先进水平和发达省市相比还有明显差距，很多领域处于起步或追赶状态。

1. 产业规模稳步壮大，但产业技术亟待升级，高端供给有待提高。我省新材料产业门类比较齐全，在国家划分的特种金属功能材料、高端金属结构材料、先进高分子材料、新型无机非金属材料、高性能复合材料、前沿新材料等 6 大类新材料中均有分布，聚氨酯、高性能有机氟、有机硅、先进陶瓷、特种玻璃、高性能玻璃纤维、高性能铝合金、石墨烯等领域技术水平较高，已形成较好产业规模优势。2017 年，全省规模以上新材料企业达到 1 665 家，实现主营业务收入 8 776 亿元，居全国第三位。但以初加工产品为主的供给结构尚未得到根本改善，精深加工不足，终端产品、名牌产品、高端产品比例不高，部分新材料产量居世界前列，但产业链条普遍较短，上中下游产业协作配套能力不强。

2. 集聚化发展态势初步形成，但定位不清晰、布局不合理等问题仍较突出。通过不断调整和引导，我省新材料已经形成一定的区域特色。济南树脂复合材料、碳化硅半导体材料，青岛石墨烯材料、橡胶材料，淄博高性能氟硅材料、先进陶瓷材料，烟台有色贵金属新材料、聚氨酯、稀土功能材料，济宁生物基聚酰胺、石墨烯材料，泰安高性能玻璃纤维，威海碳纤维、生物医用材料，莱芜特种合金及粉末冶金材料，聊城聚碳酸酯材料等在国内具有较高的知名度。已建成省级以上新材料产业园区 25 家，国家级高新技术产业化基地 7 家。但新材料园区主导产业不突出，低水平重复建设、同质化竞争趋势明显，一定程度上分散了资金、资源优势，不利于产业的集聚发展。

3. 创新取得新突破，但支撑体系不健全等制约瓶颈仍较多。产学研创新体系进一步推进，新材料国家实验室、国家质检中心、工程（技术）研究中心、企业技术中心和科研院所实力显著提升，在重大技术研发及成果转化中的促进作用日益突出。现有院士工作站 14 家，国家级企业技术中心 15 家，产业技术创新战略联盟 17 家，省级工程实验室（工程研究中心）50 余家。但总体来看，我省新材料产业领域内的创新主体主要为科研院所，企业创新能力较弱，科研院所技术创新与企业需求、地方产业发展之间的匹配度较低，可产业化的有效科研成果供给不足，企业发展后劲乏力。同时，人才资源总量缺乏和标准、检测、评价、计量等支撑体系不健全问题依然是制约我省新材料产业发展的主要瓶颈。

专栏 1　新材料的定义与范围

　　新材料是指新出现的具有优异性能或特殊功能的材料，或是传统材料改进后性能明显提高或产生新功能的材料。根据材料的物理化学属性、功能结构特征和未来发展趋势，一般将新材料分为特种金属功能材料、高端金属结构材料、先进高分子材料、新型无机非金属材料、高性能复合材料和前沿新材料等 6 大门类。2016 年，工业和信息化部、国家发展改革委、科技部、财政部联合印发的《新材料产业发展指南》，根据新材料发展的阶段，提出了三大重点发展方向，分别是先进基础材料、关键战略材料、前沿新材料。（1）先进基础材料是指具有优异性能、量大面广且"一材多用"的新材料，主要包括钢铁、有色金属、石化、建材、纺织等基础材料中的高端材料，对国民经济、国防军工建设起着基础支撑和保障作用。（2）关键战略材料大多具有技术工艺复杂、军民共用特征，主要包括高性能纤维及复合材料、生物医用材料、稀土功能材料、新一代光电信息材料、新能源材料、高端装备用特种合金、先进功能陶瓷材料等高性能新材料，是实现战略新兴产业创新驱动发展的重要物质基础。（3）前沿新材料具有多学科交叉、创新性和颠覆性较强的特征，主要包括石墨烯、3D 打印材料、超高温材料、新兴功能材料等，是抢占未来新材料产业竞争制高点的关键所在。

（二）面临形势。新材料研发水平及产业化规模已成为衡量一个国家、地区经济社会发展、科技进步和国防实力的重要标志。当前，新材料技术与纳米技术、生物技术、信息技术融合发展进一步加快，复合化、多功能、智能化趋势明显，开发与应用联系更加紧密，更加重视与生态环境及资源的协调发展。

从国际看，发达国家纷纷制定出台相应的研究开发计划，竭力抢占新材料技术和产业的制高点。美国提出在纳米材料、生物材料、光电子材料、微电子材料、耐极端环境材料及半导体材料等领域保持全球领先地位；欧盟的战略目标是保持在航空航天材料等领域的领先优势；德国把新材料列为 9 大重点发展领域之首，将纳米技术作为科研创新的战略重点；日本视新材料技术为科技发展的生命线，陆续制定了"纳米材料计划""21 世纪之光计划"等。从国内看，新材料产业作为国民经济的先导产业，呈现快速健康发展态势，在研发、产业化及推广应用等方面的实力显著增强，产业规模日益壮大。国务院《"十三五"国家战略性新兴产业发展规划》提出，优化新材料产业化及应用环境，推进新材料融入高端制造供应链，初步实现我国从材料大国向材料强国的战略性转变。广东、江苏、浙江、上海等省市纷纷在新材料领域进行重点布局，出台了相关扶持政策，为产业发展创造了良好的政策环境。从省内看，加快新旧动能转换、实现转型升级为新材料产业提供了重要发展机遇。一方面，加快培育和发展新一代信息技术、高端装备、现代海洋和新能源汽车等战略性新兴产业，实施国民经济和国防建设重大工程，需要新材料产业提供支撑和保障。另一方面，我省传统产业规模大，部分行业产能过剩，资源、能源、环境等约束日益加剧，迫切需要大力发展新材料产业，加快推进传统产业转型升级，提高材料的精深加工率和集成器件的转化率，培育新的经济增长点和竞争优势。

二、总体要求

（一）指导思想。以习近平新时代中国特色社会主义思想为指导，全面贯彻党的十九大和十九届二中、三中全会精神，坚定践行新发展理念，按照高质量发展的要求，坚持补短板、强优势、促提升的总体思路，高端定位、对标一流，以满足产业转型升级和重大装备、重大工程需求为导向，以突破新材料关键领域核心技术为重点，以人才、项目、企业、园区、质量标准为支撑，大力实施人才智力培育、项目创新示范、领军企业培育、特色集群壮大、质量标准提升等五大专项工程，全面提升我省新材料产业竞争力，为加快推进全省新旧动能转换重大工程、实现"两个走在前列、一个全面开创"总目标作出应有的贡献。

（二）基本原则。

——坚持高端一流。定位国内领先、世界一流，通过原始创新、集成创新、引进消化吸收再创新，突破一批关键核心技术，集中快速投入，率先在一些重点领域、关键环节形成高端引领的市场竞争优势。

——坚持市场导向。以满足国家战略和市场需求为出发点，突出企业主体作用和发挥市场在资源配置中的决定性作用，完善政府服务功能，重视新材料初期市场培育和推广应用，打通新材料"供"与"需"不平衡的瓶颈，提升高端供给能力。

——坚持集聚发展。支持济南、青岛、烟台三核引领、先行示范，发挥各自资源禀赋特点，创新园区发展模式，完善产业配套体系，打造一批具有核心竞争力和带动力强、特色鲜明、优势互补的新材料特色产业集群，避免低水平重复建设和同质化竞争。

——坚持绿色低碳。强化绿色低碳发展理念，重视新材料研发、生产和使用全过程环境友好性、安全性，以园区化、基地化、专业化、循环化为导向，提高资源利用率，进一步降低污染，促进新材料全生命周期绿色发展、安全发展。

——坚持开放发展。"走出去"与"引进来"相结合，充分利用国际、国内新材料创新资源，加强省内外、国内外的交流与合作，通过并购、引资、引智等方式，提升新材料设计、研发、制造和应用水平，打造开放、共享、共赢的发展新模式。

（三）发展目标。到2022年，全省新材料产业发展质量进一步提高，市场竞争力进一步提升，对全省工业的支撑和带动作用进一步增强。

1. 发展质量显著提升。全省新材料产业主营业务收入达到1.5万亿元，年均增长10%以上，产业规模保持全国前三，力争位次前移。重点新材料细分行业达到国内先进水平的占60%以上，达到或接近国际先进水平的占20%以上。

2. 创新能力显著增强。重点新材料企业研发投入占主营业务收入比重达到3%以上，院士工作站达到25家，国家级企业技术中心达到30家，培育引进高端人才1 000名。知识产权创造与运用能力明显提升，创新环境进一步优化，新材料产业高端研发力量和水平显著增强。

3. 产业布局进一步优化。济南、青岛、烟台三核区域新材料主营业务收入占全省比重由2017年的19%提高至28%，引领作用进一步增强；打造10个左右具有全国影响力的百亿级特色产业集群，带动全省形成一批区位优势突出、产业特色鲜明的新材料产业聚集带。

4. 骨干企业实力显著增强。培育发展一批科技含量高、自主品牌响、市场竞争力强、综合效益好的骨干企业。主营业务收入达到50亿元以上的企业50家，100亿元以上的15家，千亿元以上的2~3家。

到2025年，全省新材料产业主营业务收入超过2万亿元，创新力、竞争力和带动力显著增强，成为我省重要的支柱产业和新的经济增长点。

三、发展方向和重点

（一）前沿新材料。前沿新材料是引领新材料技术发展方向、催生新兴产业的孵化器，是实现我省新材料跨越式发展、抢占制高点的突破口。未来五年，我省要将石墨烯、3D打印材料、超高温材料、新兴功能材料等作为前沿新材料的发展重点，力求实现新的突破。其中，对我省具有一定优势的石墨烯等先进碳材料，要着力提升研发水平，开发中高端产品，加快产业化进程，拓展市场广度和深度，进一步做大做强；对具有一定基础但发展水平不高的3D打印材料等，要加大投入和支持力度，以龙头企业为引领，深化产学研合作，提升技术和产品水平，提高竞争力；对尚处空白或起步阶段的新兴功能材料、超高温材料等，要盯紧国内外发展趋势，积极引进一批高端人才和顶尖技术，形成若干高水平、标志性前沿新材料企业和产品，打造新材料产业新亮点、新优势。

石墨烯。重点发展石墨烯粉体、石墨烯薄膜等规模化制备技术，实现对石墨烯层数、尺寸等关键参数的有效控制，提高石墨烯基础材料的产业规模和产品稳定性；加强石墨烯储能材料、防护涂料、复合材料等开发，促进其在超级电容器、锂离子电池、防腐涂料、导电油墨、导热散热器件、轮胎、纺织品、高端环境处理材料、石墨烯润滑油等产品中的应用，拉长石墨烯产业链，壮大产业集聚区。

3D 打印材料。重点发展能够引领增材制造技术大规模应用的高速钢、模具钢、不锈钢、高品质钛合金、高温合金、铝合金、铜合金等特种合金球形粉末低成本制备技术，研制 3D 打印专用光敏树脂、高分子粉末与丝材等高性能专用材料及成型技术，拓展 3D 打印技术在医学诊断、快速制造、精密铸造等领域的应用，加快增材制造产业发展。

超高温材料。重点发展超高温非氧化物陶瓷材料，实现硼化物、硅化物、碳化物等新材料的技术突破，占领超高温陶瓷材料领域的制高点。瞄准航空航天领域及高速高密度动力部件制造业，重点发展钛基、镍基等高温合金、高熵合金，促进军民融合发展。开发燃气轮机和航空发动机用高温合金叶片，完善高温合金技术体系，打造新的增长点。

新兴功能材料。重点发展形状记忆合金、自修复材料、智能仿生材料、智能传感材料、超材料、液态金属、新型低温超导及低成本高温超导材料、耐极端环境材料等新兴功能材料，加快高精尖技术引进和产业化，实现智能超导材料产业突破。

专栏2　前沿新材料重点建设内容

石墨烯。建设济南中英石墨烯产业园、生物质石墨烯项目，青岛国家级石墨烯应用技术工程研究中心和石墨烯产品研发制造公共服务平台，济宁石墨烯高分子复合材料项目等。

3D 打印材料。建设青岛 3D 打印创新产业园，支持高性能合金粉末、高分子粉末等 3D 打印材料相关项目。

超高温材料。建设济南硼化锆和硼化铪超高温材料、耐热高强铝合金材料，淄博碳化锆材料，烟台硅化钼材料，莱芜超高温硼化物材料等相关项目。

新兴功能材料。支持先进半导体单晶等相关项目建设，支持新兴功能材料相关企业的研发、中试和产业化项目。

（二）关键战略材料。关键战略材料已成为制约国民经济发展和国防工业建设的瓶颈。对我省具有优势的高性能纤维及复合材料、生物医用材料、稀土功能材料等，要进一步拓宽应用领域，打造一批全国知名的山东新材料品牌，壮大竞争优势；对有一定基础但技术水平不高、工艺装备滞后的新型显示材料、新能源材料、高性能轻合金材料等，要加快突破技术关和市场关，勇于追赶第一方阵；对尚处在起步阶段的先进半导体材料、高性能钛合金与特种铝合金等，要快速推进由设计、研发、引进到生产、应用的发展进程，缩短差距，突破瓶颈，实现产业化规模应用。

高性能纤维及复合材料。重点发展高性能低成本碳纤维、高强高模及功能玻璃纤维、芳纶、聚酰亚胺纤维、超高分子量聚乙烯纤维、氧化铝纤维、氮化硼纤维、玄武岩纤维、碳化硅陶瓷纤维等材料；加快纤维及复合材料的智能、绿色生产制造技术和耐高温热塑性复合材料产业化水平；进一步拓宽高性能纤维及复合材料在工业装备、高压气瓶、汽车轻量化、轨道交通、风力发电、海洋和体育休闲领域的应用。

生物医用材料。重点发展壳聚糖、聚乳酸、聚羟基脂肪酸酯、聚砜、医用有机硅等材料，支持临床应用研究和产品开发。围绕矫形外科和植入体，重点开发可承载骨诱导修复材料、可吸收骨固定产品等；围绕口腔种植修复，重点开发高生物相容性的口腔种植修复体；围绕新型心脑血管植介入，重点开发新一代全降解血管支架、人造血管等产品；围绕中枢神经修复与再生，重点开发可促进脊髓、脑神经等中枢神经修复与再生的材料和产品。推动全降解修复生物复合支架、可吸收组织修复材料、医用导管、医用敷料等临床医用产品产业化进程。

稀土功能材料。重点发展以钕铁硼永磁和新型高丰度稀土永磁材料为代表的高性能永磁材料、工业脱硝和汽车尾气净化处理等领域用稀土催化材料、非晶合金、新型稀土荧光粉、高性能储氢材料等。开发高纯稀土分离技术，提高产品等级。扩大稀土永磁材料应用领域，提高铈锆复合氧化物储氧能力和使用寿命，加快高性能储氢材料产业化步伐，提高新型稀土荧光粉的性能指标，形成区域优势。

新一代光电信息材料。重点发展宽禁带半导体碳化硅单晶衬底材料及功率器件、氮化镓晶体、电子信息陶瓷与元器件、集成电路用大尺寸硅材料、高纯金属及合金溅射靶材、高性能单晶铜键合引线、覆铜板、增材制造用激光晶体、大尺寸金刚石单晶材料、金刚石/铜高导热复合材料、高导热电子封装材料、半导体封装材料、电磁屏蔽膜、大尺寸非线性光学晶体、射线探测用晶体材料、特种光纤预制棒等产品，提升先进半导体材料、新型显示材料、高端光电子与微电子材料等关键材料的国产化水平。

新能源材料。重点发展新能源电池用高端正负极及隔膜材料、电解液等，缩小与国外先进技术的差距；加大氢燃料电池材料、特种功能氟碳材料、高能量电池用铜箔、高效太阳光谱选择吸收涂层等材料的研发力度，提升磷酸铁锂、三元正极、高能量密度硅碳负极、电池级碳酸锂、纳米碳酸锰、新能源动力电池壳体及铁镍基耐蚀合金等材料产业化水平。

高端装备用特种合金。重点发展能源装备用、反应堆压力容器等核电主设备用特种合金材料，石化用耐热耐蚀合金材料，军工及海工装备用高功率密度耐热高强铝合金材料，航空航天等高技术领域用高强高导铝合金、高强高弹铜合金、高性能镁合金、钛合金材料，海工装备用耐腐蚀钛、铜合金等。积极开发海工与核能用特种焊接材料，发展高端装备用高强耐蚀铝合金厚板及蒙皮薄板、超高强高韧铝合金车身板材、导电型材、特种性能铝合金及其复合材料等。研发大型产品特种加工工艺及装备，突破高端特种合金材料纯净化和组织均匀性控制、质量稳定性等技术瓶颈。

先进功能陶瓷材料。重点发展超薄液晶玻璃基板用陶瓷材料、高纯超细氧化铝粉体及透明陶瓷、碳化硅防弹陶瓷、碳化硅蜂窝陶瓷、高纯氮化硅粉体、高纯氮化铝粉体、特种陶瓷及复合材料、太阳能瓷砖等功能型或复合型陶瓷产品，提高高温烟气和污水处理陶瓷膜材料的制备水平及规模。以国际先进水平为标杆，突破材料设计、批量制备、制备技术集成等方面的关键技术。

专栏3　关键战略材料重点建设内容

高性能纤维及复合材料。建设济南新材料产业园，济宁新材料产业园、绿色尼龙产业基地，泰安玻璃纤维、万吨芳纶产业园，威海碳纤维产业园、碳纤维创新中心，齐河碳纤维制品开发及应用产业化基地，滨州对位芳纶纸及下游复合材料项目等。

生物医用材料。建设济南生物质纤维非织造智能制造项目，青岛国家生物产业基地，泰安壳聚糖产业基地，威海国家级医用高分子材料及制品产业基地等。

稀土功能材料。打造淄博、烟台等稀土功能材料产业基地，推动国产高端产品在先进装备制造、新能源汽车、节能环保、高性能医疗设备等领域的应用。

新一代光电信息材料。建设济南碳化硅、激光显示用材料与器件等半导体产业和光电子产业基地、宽禁带半导体材料项目，依托青岛微电子产业园发展显示、激光器、毫米波、电力载波通信等专用芯片，建设枣庄高性能软磁铁氧体磁芯项目和高性能键合引线项目、烟台特色高端液晶材料产业园、济宁氮化镓大功率特殊半导体技术生产项目、德州集成电路用大尺寸硅片产业基地等。

新能源材料。建设济南"中国氢谷"及核电材料、核压力容器基地，枣庄锂膜材料生产基地，潍坊氢燃料电池生产基地，泰安锂电新材料产业基地等。

高端装备用特种合金。建设淄博铝钛金属材料，烟台核电装备用特种合金、贵金属新材料，泰安高端金属结构和熔覆材料、强磁材料，威海镁合金，临沂新型软磁材料及电子元器件，德州航空航天新材料，滨州特种轻质合金，菏泽镁合金等产业基地。

先进功能陶瓷材料。建设淄博热等静压氮化硅轴承球产业化项目、高温烟气和水处理陶瓷膜产业化项目，东营经济技术开发区功能陶瓷新材料产业园，潍坊多元化高性能工程陶瓷基地，临沂高性能碳化硅陶瓷项目、超纯二氧化硅智能产业化项目，德州机动车尾气净化用超大尺寸蜂窝陶瓷载体产业化项目等。

（三）先进基础材料。先进基础材料的技术工艺、生产规模及应用水平是衡量工业基础的重要标志，是我省新材料建成万亿级产业的基础支撑。对我省有发展优势的航空航天铝材、先进化工材料等，要进一步提升技术档次和市场拓展能力，保持行业领先水平，提高国际竞争力；对有一定基础、发展水平不高的聚酯纤维、高性能轨道交通用钢等，实行专项引领和全面扶持，促进发展提升，尽早达到优势产业水平；对尚存短板的轻合金晶种材料、超强功能纤维等，要鼓励企业对标国际、定位高端、敢于投入，发挥后发优势，勇于争先领跑，形成新的增长点。

先进有色金属材料。重点发展高强高韧铝合金材料、高强耐热铝合金材料、特种有色晶种材料、新型铝合金复合材料等。开发高强铸造铝合金汽车零部件、高强高导铜合金、耐蚀铜合金管材、高纯压延铜箔等。开发高性能铝合金、铜合金、钛合金等有色金属粉末冶金材料。开发高性能铸造镁合金及高强韧变形镁合金及制备技术、低成本镁合金及加工技术，推进镁合金在汽车零部件、轨道列车、电子等领域的应用。

先进纺织材料。重点发展再生聚酯纤维、原液着色纤维、导电纤维、石墨烯改性纤维、阻燃纤维等功能纤维产品。加快甲壳素纤维、海藻纤维、麻浆纤维、聚乳酸纤维，阻燃、高湿模量再生纤维素纤维等可降解、可再生生物质纤维产业化进程。加强调温、导电等功能纤维及其智能纺织品一体化开发。突破绿色制浆及浆纤一体化产业化技术、新溶剂法纤维素纤维专用浆制备及"溶解—纺丝—溶剂回收"的产业化关键技术。

先进化工材料。重点发展有机氟、有机硅、聚氨酯、高吸水性树脂材料、聚碳酸酯、烯丙基类树脂、高性能热塑性弹性体、特种工程塑料、特种橡胶、电子化学品及封装材料、高端绿色助剂、功能性膜材料、高性能聚烯烃专用料、海工装备用聚脲系列防腐涂料、海水淡化用特种膜等化工新材料，推进产业化进程，形成特色园区。开发高性能润滑油脂、环保型水性涂料、农药中间体等量大面广精细化产品，深入对接下游细分需求市场，不断巩固提升相关领域的领先优势。

先进钢铁材料。重点发展高性能海工钢、超高强韧汽车用钢、高性能轨道交通用钢、超级铁素体不锈钢、高氮奥氏体不锈钢、超级双相钢、先进装配式建筑用钢等钢铁新材料。提高金属粉末的制粉水平和能力，开发新型粉末冶金零部件制备技术，提高汽车结构件等高科技含量、高附加值产品比率，扭转钢材精深加工产业规模不够、竞争力不强的局面。

专栏 4　先进基础材料重点建设内容

先进有色金属材料。围绕航空航天、高铁、军工等领域，加快先进有色金属材料核心技术与关键产品研发，支持日照稀有金属高科技产业园、滨州轻质高强新材料循环经济示范园等相关高端项目建设。

先进纺织材料。建设济南石墨烯改性纤维项目，潍坊新型纤维智能织造材料基地、生物基新材料产业园和万吨级新溶剂法纤维素纤维智能制造项目，济宁生物基聚酯酰胺项目，泰安新型生态有机超细纤维非织造材料项目等。

先进化工材料。建设聚碳酸酯、烯烃、芳烃、绿色增塑剂醇、聚甲醛、聚氨酯化学发泡剂项目等。

先进钢铁材料。建设高性能海工钢、超高强韧汽车用钢、高性能轨道交通用钢、高品质家电系列用钢、永磁铁氧体、高端不锈钢等项目和生态产业园。

四、实施路径

按照建设新材料产业强省的目标定位，聚焦聚力人才、企业、项目、园区等关键要素，突出重点，精准施策，坚持政府引导、行业协同、企业主体、市场运作、智库支持，组织实施好五大专项工程，推动新材料产业高质量发展。

（一）新材料人才智力培育工程。采取政府引导、企业激励等举措，既引进"高精尖缺"境外人才，又注重培养本土专业人才，打造千人新材料高端人才队伍，充分发挥人才在创新能力提升中的核心作用。

搭建人才培养平台。按照聚集创新资源、激活创新要素的原则，依托重点骨干企业、科研机构、高等院校、产业联盟、协会等，推进企业技术中心、行业创新中心、公共实训基地等创新平台建设。

抓好人才队伍培养。围绕我省重点发展的新材料优势产业，依托国内外高等院校、研究院所、研发中心和知名企业，实施新材料高端人才培养计划，每年选派一批中青年技术骨干进行培训、交流和观摩学习，加快人才队伍成长。

加快人才汇聚速度。支持企业开发利用国际国内人才资源，完善更加开放灵活的人才引进和使用机制。依托知名企业和重点项目，采取项目聘用、技术入股等形式，大力引进一批高端新材料专业人才，形成特色新材料开发团队。依托"泰山产业领军人才工程"和"外专双百计划"等重大引才工程，遴选引进一批亟需的新材料高层次人才；鼓励符合条件的海外新材料专业人才申报国家"千人计划"，引导高层次新材料专业人才加速向企业集聚。支持有实力、有条件的骨干企业、高等院校、科研机构到发达国家建立研发基地、开放实验室、科技孵化器、技术转移中心等，引进使用离岸创新人才。

（二）新材料项目创新示范工程。在基础条件好、产业转型升级带动效果明显的重点领域，支持培育

30个左右在国内同行业居领先水平的新材料研发应用项目，促进全省新材料产业创新发展。

推进自主创新示范。聚焦前沿新材料、关键战略材料、先进基础材料三大领域，以行业骨干企业为主体，瞄准本行业关键技术，以国际、国内技术领先，打破国外垄断、替代进口为目标，开展自主创新试点项目建设，形成一批具有自主知识产权的关键核心技术，培育一批在新材料行业具备话语权的单项冠军企业。

推进协同创新示范。鼓励新材料企业与国内外高等院校、科研院所等上游研发机构及下游应用企业，针对行业关键技术联合攻关，建立重大技术装备和新材料协同创新的政策机制，建设新材料应用示范线，提高专用生产装备自主保障能力，推进新材料全产业链协同创新。

推进创新平台建设示范。按照政府引导、企业主体、市场化运作的原则，努力完善新材料创新链条薄弱环节，在新材料产业聚集区打造若干新材料制造业创新中心、新材料大数据与云计算理论设计平台、新材料测试评价平台等创新载体，满足新材料产业发展需求，为新材料重点工作、重大项目的遴选推荐、组织实施、验收评估等提供第三方服务和决策支撑。

（三）新材料领军企业培育工程。围绕聚氨酯、碳纤维、航空航天铝材、壳聚糖、碳化硅、海藻纤维、高吸收性树脂等我省新材料优势领域，大力培育一批拥有自主知识产权、核心竞争力强的领军企业，聚焦专业细分领域创新提高，发挥引领带动作用，促进新材料产业加快发展。

建立领军企业库。遴选一批创新能力强、引领作用大、研发水平高、发展潜力好的新材料骨干企业，建立新材料领军企业库。对入库企业在研发平台建设、重大技术攻关应用、高端人才引进培育、创新政策落实、产学研合作、知识产权管理等方面给予支持和服务。

发布年度新材料领军企业50强。委托第三方机构对入库企业发展情况进行综合评估，根据评估情况，发布年度新材料50强领军企业名单，树立标杆，营造氛围，发挥示范引领作用。

推荐领军企业申报国家和省重点项目。支持领军企业申报国家重大专项、技术改造、省产业转型升级等各类政策支持项目。鼓励和引导领军企业在转型升级中发挥示范引领作用，积极参与战略性基础设施、战略性主导产业、战略性发展平台建设。

支持领军企业在境内外资本市场上市，以市场为导向开展联合重组，打造成具有较强创新能力和国际影响力的龙头企业。鼓励领军企业通过兼并重组联合、争取国家重大项目布局等方式，加快纵向延伸、横向联合、跨越发展。

专栏5 新材料领军企业重点领域和方向

聚氨酯：发挥我省现有MDI产业链辐射带动作用，形成具有全球影响力的领军企业和集聚科技人才创新创业的重要基地。

碳纤维：建设以威海为龙头的世界级军民两用碳纤维及复合材料基地，加快领军企业培育壮大，形成千亿级产业规模。

碳化硅半导体材料：建设以济南、德州等为主的碳化硅半导体材料供应基地，形成1~2家"独角兽"企业。

高吸收性树脂：以我省高吸收性树脂骨干企业为依托，发挥自主知识产权和国际标准的引领作用，建设全球领军企业。

航空航天铝材：以我省航空航天铝材骨干企业为支撑，扩大产销量及认证范围，加速培育壮大领军企业。

质子交换膜：以我省骨干企业为支撑，推动质子交换膜材料在新兴功能产品、新能源电池领域的研发与产业化进程，达到世界先进水平。

壳聚糖纤维：以我省壳聚糖纤维骨干企业为依托、以高端医疗产业为引领、以高档医药卫生产业为支撑，打造千亿级壳聚糖产业链。

海藻纤维：以青岛海藻纤维材料产业化基地为引领，鼓励骨干企业开发天然高阻燃、天然抗菌的海藻纤维，建成万吨级高强度海藻纤维生产线。

高档纳米级钛酸钡：以淄博、东营等骨干企业为依托，加快实现高档纳米级钛酸钡功能陶瓷材料在电子信息、新能源、航空航天等现代高科技行业细分领域的规模化应用，打造国内领先、世界一流的领军企业。

长链二元酸：以济宁新材料产业园为依托，提升生物法长链二元酸产品在塑料、涂料、生物医药领域的应用规模与范围，建设具有国际影响力的领军企业。

（四）新材料特色集群壮大工程。依托山东新旧动能转换综合试验区整体布局，推动新材料产业协调发展、错位发展，构建竞争有序的新材料产业整体格局。坚持"三核引领，区域融合互动"，提升济南、青岛、烟台三核引领区域的新材料集聚水平，推动优质资源向聚集区集聚，做大总量、提高质量，以点带面辐射全省，发挥示范聚集效应。

石墨烯特色产业集群。以青岛国际石墨烯创新中心、石墨烯产业技术创新战略联盟为依托，以国家火炬石墨烯及先进碳材料特色产业基地、山东省石墨烯示范基地等一批石墨烯产业先行区和示范区为载体，建立区域合作、地区联动、协同发展机制，进一步完善石墨烯技术创新体系和产业集群，鼓励支持研发机构与石墨烯生产应用企业联合承担研发项目和科技成果转化项目，突破制备、应用和产业化技术瓶颈，加快科技成果转化，建设高水平石墨烯制造业创新中心，着力打造青岛、济宁等国家级石墨烯技术研发及产业应用创新示范基地，形成核心引领、集聚发展的开创性局面。

碳化硅半导体产业和光电子产业集群。以济南、德州等为中心，重点发展第三代宽禁带半导体晶体、智能制造用高功率半导体激光外延材料和纳米级铌酸锂单晶薄膜材料等光电子材料，完善器件制造与终端应用环节，建设国内领先、国际先进的碳化硅半导体产业和光电子产业集群。

高端金属新材料特色产业集群。依托烟台、滨州、聊城3大铝产业聚集区，加快形成"能源—氧化铝—电解铝—铝加工—铝材精深加工"产业链。瞄准汽车、航空航天、消费电子、电力装备、轨道交通装备等领域中高端铝型材产品供给，打造国内外有重要影响力的铝产业集聚区和创新高地。加快钢铁产能向日—临沿海先进钢铁制造产业基地和莱—泰内陆精品钢生产基地转移，重点发展高端精品钢、特钢和不锈钢，拉长钢铁产业链，提升产品品质，打造具有较强竞争力的钢铁产业集群。

氟硅新材料特色产业集群。以省内高校在有机硅材料、有机氟材料领域的学科优势和国家首个含氟功能膜材料重点实验室为依托，以重点企业为支撑，发展有机硅新材料上游产业基地，完善从萤石初加工到功能膜材料产业链条，打造淄博氟、硅新材料特色产业基地，带动潍坊硅酮胶产业集群、有机硅助剂和有机硅医疗制品等中下游产业协同发展。推动军用有机硅材料技术民用化，大力推进有机硅材料在高铁、核电、船舶等领域中的关键材料国产化替代及新应用探索，打造上下游协同发展的有机硅新材料特色产业集群。

高性能碳纤维特色产业集群。以山东省碳纤维技术创新中心为依托，以威海碳纤维产业园为载体，搭建产学研创新平台，增强碳纤维产业的自主创新能力，打造国家级碳纤维技术创新中心。完善从碳纤维、织物、预浸料到复合材料制品的生产、检测、回收产业链条，实现碳纤维产业产值从百亿元到千亿元的升级跨越，建成品种丰富、质量高端、技术领先的高性能碳纤维及复合材料产业集群。

高端化工新材料特色产业集群。以山东省高端化工产业发展规划为引领，发挥我省聚氨酯、聚碳酸酯、高性能树脂等化工新材料现有优势，重点在企业核心技术和市场开发上实现突破。支持烟台建设世界级化工新材料一体化产业区，鲁西化工新材料产业园等国家级高端石化产业园区，推进鲁南高科技化工园区、中科院化工新材料技术创新与产业化基地建设，形成全国领先的高端化工新材料特色产业集聚区。

稀土特色产业集群。推动淄博、烟台、济宁等市稀土企业大力提高稀土磁性材料及其应用器件产业化水平，突破新型软磁复合材料产业化技术瓶颈，鼓励扩大新型磁性复合材料的应用领域，构建"先进磁性材料—电机及电力电子器件—智能机器人应用"的产业化体系，延长产业链，提高产品竞争力。

在突出抓好以上产业集群集聚发展的基础上，支持各市围绕人工智能、新一代信息技术、先进陶瓷等有基础、有潜力、有特色、市场容量大的新材料领域，建成一批新材料产业聚集区。

（五）新材料质量标准提升工程。充分发挥质量、标准、认证、品牌培育等对新材料发展的促进作用，推动新材料产业向高端、高质、高效发展，全面提高新材料产业竞争能力。

提升标准化工作水平。落实国家新材料标准领航行动计划，积极推动我省具有自主知识产权的核心技术上升为行业标准、国家标准和国际标准，提高新材料领域"山东标准"水平。重点提升关键材料的环境适应性、安全性、可靠性、稳定性等共性质量指标的检验检测能力，加强国家海洋设备中心、国家再制造质检中心、国家铜铝（有色金属）质检中心、国家碳纤维计量测试中心建设，提升新材料检验检测机构的技术能力和水平。

完善认证监管体系。进一步加大认证推广力度，鼓励更多新材料企业根据自身实际和发展需要，开展自愿性认证活动。推动新材料领域开展"泰山品质"认证，实施质量管理体系认证、环境管理体系认证及绿色产品认证，提升新材料企业质量管理水平和产品质量档次。

推动质量技术创新。积极对接国家新材料制造业创新中心、国家新材料测试评价平台，积极融入国家材料基因组工程研发平台。组织开展新材料行业工艺优化行动，提升关键工艺过程控制水平。组织质量提升关键技术攻关，推广采用先进成型方法和加工方法。支持新材料企业提高质量在线监测、在线控制和产品全生命周期质量追溯能力。

加强品牌高端化培育。优先支持培育品牌企业争创中国工业大奖、中国质量奖。积极鼓励新材料企业申报省长质量奖、山东名牌产品。支持新材料重点企业对标国际标杆，树立一批质量标杆和品牌，引领企业品牌高端化。

五、保障措施

（一）加大政策创新支持力度。认真落实省委、省政府出台的支持新旧动能转换的一系列财政政策，强化财政体制引导，突出财政扶持重点，促进新旧动能转换和产业转型升级。统筹利用各级各类财政资金，加大投入、集中攻关、合力突破，支持首投世界级领先前沿新材料项目和技术。落实新材料高新技术企业税收优惠、研发费用加计扣除、固定资产加速折旧及企业研发投入后补助等财税优惠政策。发挥省新材料产业新旧动能转换基金作用，通过引导基金注资和市场化募集，吸引和撬动社会资本加大投入。完善新材料首批次应用保险补偿机制，降低下游用户使用风险，促进新材料市场培育。

（二）加快重点领域新材料推广应用。紧紧围绕打造万亿级新材料产业和满足国民经济及重大工程需求，选择一批产业发展急需、市场潜力较大且发展水平较好的新材料，编制发布推荐应用目录。组织新材料产用对接会，发挥"好品山东"、山东工业云创新服务平台等作用，搭建新材料产业供需对接平台，支持产业链上下游优势互补与协同合作。推动重点项目落地，切实抓好大企业建链，关键配套项目补链，产业集群延链，最终实现产业强链。推进新材料装备生产企业与材料生产企业联合攻关，突破关键工艺与专用装备制约，加快新材料技术成果产业化和规模化应用，提高新材料的供应保障能力。

（三）推进新材料军民融合发展。积极引导具备条件的企业开展军用新材料研制与生产，鼓励优势企业参与军品科研生产，加强军民共用材料研究，推进军用关键材料进口替代行动，提升军用关键材料技术水平和产业能力。发挥军民融合公共服务平台作用，充分利用驻鲁军工单位的技术优势，推动军用技术向民用的转化。向具备资质企业提供武器装备对新材料的需求信息，向军工用户推荐民口单位新材料产品，推动新材料领域军民资源共享。

（四）深化新材料对外交流合作。加强国际新材料创新合作和政策法规等信息引导，支持企业融入"一带一路"建设，促进新材料产业人才团队、技术资本、标准专利、管理经验交流合作。支持省内企业、高等院校和科研院所参与大型国际新材料科技合作计划，鼓励国外企业和科研机构在我省设立新材料研发中心和新材料科技成果孵化基地。加强与新材料产业发达省市的园区、企业交流合作，发挥各自优势特色，形成战略发展同盟，实现地区错位、协同发展。

（五）加强新材料服务能力建设。加强新材料行业管理服务队伍建设，健全工作机制。加强新材料行业监测分析，及时发布新材料产业政策信息，引导、促进新材料产业规范、有序发展。协调推进重点新材料领域建立以资本为纽带、政产学研金服用"北斗七星"共同参与的产业联盟。培育发展第三方专业服务机构，发挥新材料产业协会作用，开展新材料技术、咨询、融资、信息、检测、标准等服务。建立新材料产业发展智库，以市场化运作模式，搭建信息共享、资源共享、成果共享的交流合作平台，推动智库研究与政府决策、企业发展良性互动。

（六）强化新材料发展统筹协调。在省新旧动能转换重大工程建设领导小组领导下，成立省新材料产业协调推进工作专班，做好顶层设计和规划统筹，加强新材料产业政策、发展规划与科技、财税、金融、商贸等政策协调配合，强化各部门专项资金和重大项目的沟通衔接，推动解决新材料产业发展的重大问题。建立新材料产业发展推进评价机制，对省直有关部门和各市规划落实、项目实施、政策执行、工作推进等情况进行调度、评估和修正。

各市要把发展新材料产业作为加快新旧动能转换的重要抓手，研究制定本地实施方案，明确责任分工和时间进度要求，确保各项工作举措和要求落到实处。各部门要围绕自身职能，抓好规划相关工作的落实。对规划落实中出现的新情况新问题，要及时研究提出解决办法。

山东省人民政府关于印发山东省新一代信息技术产业专项规划（2018～2022 年）的通知

2018 年 10 月 28 日　鲁政字〔2018〕247 号

各市人民政府，各县（市、区）人民政府，省政府各部门、各直属机构：

《山东省新一代信息技术产业专项规划（2018～2022 年）》已经省委、省政府研究同意，现印发给你们，请结合实际认真组织实施。

附件：山东省新一代信息技术产业专项规划（2018～2022 年）

附件：

山东省新一代信息技术产业专项规划（2018～2022 年）

为深入贯彻落实省委、省政府关于实施新旧动能转换重大工程决策部署，建设竞争力强、安全可控的新一代信息技术产业体系，打造全国一流乃至世界有影响的产业高地，根据《山东新旧动能转换综合试验区建设总体方案》《山东省新旧动能转换重大工程实施规划》，制定本规划。

一、基础环境

（一）发展基础。

1. 产业规模持续扩大。2017 年，山东省信息技术产业规模居全国第三位，实现主营业务收入 1.42 万亿元，同比增长 8.7%，实现利润 901.68 亿元，同比增长 11.3%，其中软件业务收入同比增长 14.3%。大数据、云计算、高端软件、量子通信、虚拟现实等新兴领域发展迅速，产业结构不断优化。

2. 企业实力稳步提升。海尔、海信、浪潮等 6 家企业入围中国电子信息百强企业，浪潮、中创软件等 5 家企业入围中国软件和信息技术服务综合竞争力百强企业。骨干企业在生产经营、科技创新、国际合作等方面发挥着重要的引领作用，服务器、平板电视、ERP（企业资源计划）软件等产品在国内市场具有较高占有率。

3. 创新能力不断增强。成立了中国宽禁带功率半导体、集成电路设计和自主可控信息系统等多个产业联盟，培育认定了 10 家集成电路设计中心、116 家软件工程技术中心等一批创新载体，承担了多个国家"核高基"重大专项和国家电子发展基金项目，"基于国产 CPU/OS 的服务器研发与应用推广"等一批关键技术实现了突破。

4. 集聚效应初步形成。青岛、济南和烟台的信息技术产业规模持续保持在全省前三位，济南成为我国第二个"中国软件名城"。青岛的智能家电产品、济南的软件和高端计算产品、烟台的计算机及网络产品、威海的计算机外设产品、潍坊的电声器件产品、淄博的电子元器件产品成为重要的产业名片。

5. 融合发展日益深入。两化融合水平稳步提升，全省两化融合水平指数达到 55.2，居全国第三位。信息消费不断扩大，潍坊、淄博等两批国家级信息消费示范城市建设加速开展。信息基础设施进一步完善，

2017 年，全省电话用户突破 1 亿户，固定宽带家庭普及率达到 71%，移动宽带用户普及率达到 73%。

但是，我省信息技术产业发展还存在着一些突出的矛盾和问题。产业影响力不强，产业地位不够突出，2017 年，全省信息技术产业规模仅占全国的 7%；创新能力不足，绝大多数企业的研发投入强度低于 5%，高层次研发、管理人才团队缺乏；产业竞争力有待提升，大多数制造企业从事代工和组装加工贸易，总体上仍处于价值链中低端，大规模集成电路制造和显示面板生产等核心关键领域缺失；对外开放合作水平仍需提高，近年来，与国内外知名信息技术企业合作偏少，全省外向型企业比重较低，国际市场开拓缓慢。

（二）发展形势。从全球范围看，新一代信息技术创新空前活跃，以人工智能、大数据、云计算为代表的信息技术加速与传统制造业、服务业等领域交叉融合，以数字经济、平台经济、分享经济为代表的新经济正在引领全球经济创新，以信息技术为代表的国家创新力和竞争力正在成为世界各国新一轮竞争的焦点。

从国内看，党的十九大作出了建设网络强国、数字中国、智慧社会的重大战略部署，《"十三五"国家战略性新兴产业发展规划》《国家信息化发展战略纲要》等都将信息技术产业列为发展重点，为产业发展创造了良好的政策环境。广东、江苏、上海、浙江、贵州等省市纷纷在集成电路、新型显示、大数据、云计算、工业互联网等领域进行重点布局，形成了多点开花、竞相发展的格局，我国信息技术产业发展进入新一轮加速期。

从省内看，当前我省正在实施新旧动能转换重大工程，加快建设新旧动能转换综合试验区，新一代信息技术产业作为培育新动能的关键载体和传统动能改造提升的助燃剂迎来难得的发展机遇。

二、总体要求

（一）指导思想。以习近平新时代中国特色社会主义思想为指导，全面贯彻党的十九大和十九届二中、三中全会精神，坚决落实习近平总书记视察山东重要讲话、重要指示批示精神，牢固树立新发展理念，坚持以"四新"促"四化"实现"四提"，扎实推动高质量发展。立足"三核一廊两翼"发展布局，按照"三个定位"，实施"六新战略"，加快发展"三大领域"的"十二个产业"，为我省加快建设新旧动能转换综合试验区、全面开创新时代现代化强省建设新局面提供有力支撑。

（二）基本原则。

——创新驱动，高端引领。核心技术是国之重器。坚持把创新作为引领发展的第一动力，加速突破信息领域核心关键技术。以企业为主体，加快完善产学研用一体的创新体系，培育一批竞争力强的创新型领军企业，实现产业向高端跃升。

——政府主导，企业主体。对关系产业全局的重要领域和关键环节，发挥政府的规划引导、政策激励和组织协调作用。强化企业的创新主体地位，充分调动各类企业的积极性和创造力，构建大、中、小企业协同配合体系，激发企业发展活力。

——开放合作，重点突破。坚持开放强省鲜明导向，促进外部资源引进与本地能力培育相结合，对接国内外市场需求与要素资源，在核心关键领域推动实施一批带动性强、成长性好的重大项目，提升在国内外产业格局中的话语权。

——融合发展，赋能增效。深入推进人工智能、大数据、云计算与实体经济深度融合，大力发展新业态、新模式，激发传统产业新活力，促进新旧动能转换，打造创新产业生态链、生态圈，实现经济发展质量变革、效率变革、动力变革。

——自主可控，安全可信。着眼网络强国战略，坚持发展自主可控的软硬件产品，推进自主可控产品示范应用。完善信息通信基础设施，大力提升网络与信息安全保障能力，统筹建立安全可控的保障体系。

（三）目标定位。

1. 打造全省经济发展的新增长极。到 2022 年，全省信息技术产业综合竞争力全面提升，产业规模保持全国前三，占全省工业比重显著提升，达到 15% 以上。产业质量明显提高，初步建成竞争力强、特色优势突出的新一代信息技术产业体系，重点培育 3~5 个千亿级企业、8~10 个千亿级特色产业集群，逐步成长为我省现代化经济体系新支柱和拉动全省经济增长的新引擎。

2. 建设全国信息技术产业引领区。到 2022 年，在集成电路、大数据、工业互联网等领域形成一批具有引领性的技术、产品、企业。建设 3~5 个国家级信息技术制造基地、3~5 个国家级大数据综合试验区或产业集聚区，培育 10 个左右具备全国影响力的信息技术产业园区（基地），建成发展体系健全、引领作用明显的"三核一廊两翼"信息技术产业聚集带。再经过 5~10 年努力，将山东打造成为全国领先、世界知名的新一代信息技术产业基地。

3. 争创全球信息技术创新新高地。到 2022 年，产业创新基础、资源、环境等全面优化，创新体系整体效能显著提升。信息技术产业专利申请总量、发明总量跃居全国前列，年均增速超过 15%，骨干企业研发经费投入强度超过 6%。发挥龙头企业的创新引领作用，在集成电路及新型半导体材料、大数据、云计算、高端软件、工业互联网等领域突破一批核心关键技术，聚集、培育一批企业（产业）群，打造一批以高端服务器、高端传感器、智能可穿戴设备、工业互联网平台、大数据行业解决方案、工业核心软件等为代表的引领性产品和应用，形成一批具有全球竞争力的知名品牌。到 2035 年，新一代信息技术产业迈向全球价值链中高端，整体创新水平实现从跟跑向并行、领跑的战略性转变。

2017~2022 年信息技术产业发展主要指标

	指标	2017 年	2022 年
规模产业	新一代信息技术产业增加值	3 080 亿元	6 500 亿元
产业结构	主营业务收入超过 100 亿元的企业数量	10 家	20 家
	信息技术产业出口交货值占规模以上工业的比重	21.5%	25% 左右
技术创新	电子信息百强企业研发经费投入强度	4.1%	6.0% 左右
	省内信息技术领域发明专利总量	7 万件	10 万件

三、重点领域

（一）优势领域争一流。做大做强龙头企业，发挥我省在大数据、云计算、工业互联网、高端软件、智能家居等领域优势，引领产业持续向高端迈进。

1. 大力推进大数据产业发展。围绕大数据采集、传输、存储、分析、交易、应用和安全等环节，推动关键技术研发及产业化，加速数据聚合应用、互联互通，创新技术服务模式，打造技术先进、生态完备的产品体系。积极培育省级大数据产业集聚区，支持有条件的集聚区争创国家级大数据集聚区。支持有能力的企业利用自有数据或公共数据资源，开展数据分析、咨询、应用等服务，大力发展数据资源服务、数据清洗、数据交换等新商业模式，形成数据汇聚、融通、交易、服务协同生态圈。加快大数据地方标准的研制与推广，引导各地和有关单位统筹布局云计算中心和数据中心建设，打造一批面向大数据的共性技术攻关平台、公共服务支撑平台、第三方机构检测认证平台，为企业提供全方位服务。

专栏 1　"数聚山东"集聚发展工程

集聚区：推动济南、青岛大数据产业创新发展，以济南高新区、青岛西海岸新区、济宁高新区等省级大数据产业集聚区为载体，促进大数据产业集聚发展。

重点项目：支持海洋大数据、煤矿安全大数据、健康医疗大数据、地理信息大数据、智慧家庭大数据等重点项目建设，培育济南黄河大数据中心、青岛城市大数据中心、枣庄鲁南大数据中心。围绕工业、农业、政务等领域，推动大数据优秀产品和解决方案深入应用。

到 2022 年，全省大数据产品和服务收入突破 1 200 亿元，大数据相关产业业务收入达到 3 500 亿元，基础设施建设基本完善，产业创新能力和技术水平大幅提升，大数据应用的技术支撑和安全保障能力显著增强，大数据在经济社会重点领域的应用进一步深化。

2. 着力推动云计算发展。加强云计算技术与物联网、下一代互联网、移动计算的融合，运用云计算技术进行产品和服务模式再创新。优化云计算基础设施布局，积极发展 IaaS（基础设施即服务）、PaaS（平台即服务）、SaaS（软件即服务）等云服务，提升公有云服务能力，扩展专有云应用范畴。依托现有云计算载体，围绕工业、金融、电信、就业、社保、交通、教育、环保、安监等重点领域应用需求，支持建设区域混合云服务平台。开展优秀云服务解决方案推广活动，鼓励优秀云计算企业和 SaaS 服务商创新发展，支持企业购买云服务产品保险，通过市场化方式转移和分散风险，推广云计算服务模式，促进各类信息系统向云计算服务平台迁移。加大在国际云计算产业、标准、开源组织中的参与力度。积极宣传打造"云行齐鲁"品牌，大力推动企业上云用云。

专栏 2　云计算创新提升工程

基地建设：以国家超级计算济南中心、山东智能制造云公共服务中心、浪潮云服务基地、济南智能计算产业园、中国移动（青岛）云数据中心、中国电信云计算（青岛）基地、济宁中兴智慧园区、泰山云谷等基地为依托，发挥产业集聚发展优势，做大做强云计算产业基地。

核心技术创新：着力突破资源监控管理与调度、大数据挖掘分析、弹性计算和虚拟整合等技术瓶颈，以低能耗芯片、高性能服务器、蓝光等海量存储设备为重点，加快核心云基础软硬件设备的研发和产业化。

到 2022 年，全省云计算产业具备千亿级发展能力，培育 10 家以上国内具有较强影响力和服务能力的骨干企业，云计算技术、产业、应用和服务体系初步建立。

专栏 3　"云行齐鲁"企业上云推进工程

打造"云行齐鲁"品牌：加大宣传投入力度，在省内知名媒体推出系列报道，强化典型推介和舆论引导，营造企业上云的良好氛围。

四类上云行动：通过省、市、县三级联动财政补贴等方式，持续推进中小企业基础设施上云、平台系统上云、业务能力上云，重点围绕高炉、风电、电机、工业锅炉等高价值、高精密、高耗能、高污染的工业设备设施和工业产品，推动工业设备上云。

企业上云用云示范体验中心：支持解决方案商、云应用服务商、第三方机构联合省内外工业企业、生态合作伙伴等，在各市、大型产业园区构建基于工业互联网的集成创新模拟环境，展示中小企业上云用云项目，加快工业互联网应用推广。

到 2022 年，全省上云企业达到 30 万家以上，工业设备上云数量达到 1 000 万台（套），云应用服务商 500 家以上，搭建省级体验中心 30 个。

---

3. 提升工业互联网服务能力。实施工业互联网创新发展战略和智能制造工程，支持企业加快数字化、网络化、智能化改造，集中力量攻克关键技术，实施智能制造带动提升行动，培育智能制造生态体系。加快企业内外网技术改造和建设，推动建设低时延、高可靠、广覆盖的工业互联网基础设施。加强工业互联网平台培育，推动大、中、小企业全产业链的数据开放和共享。加快工业互联网创新中心和基地建设，支持和推广一批创新应用试点项目，打造全国一流的工业互联网产业集群。加快构建工业互联网安全保障体系，完善法规制度，强化安全监管，营造安全可靠的发展环境。加强安全技术手段建设，不断提升设备、网络、控制、应用和数据的安全保障能力。

专栏 4　工业互联网赋能工程

"一十百"工业互联网平台培育行动：打造 1 家以上工业互联网综合服务平台，培育 10 家以上跨行业、跨领域工业互联网平台，建设 100 家以上面向特定行业、特定区域、特定工业场景的企业级工业互联网平台。

工业互联网产业新动能发展行动：支持智能网联装备、数控机床、工业机器人等领域制造企业，开展智能控制、智能传感、工业级芯片与网络通信模块的集成创新，开发一批工业互联网创新解决方案。支持济南高新区、青岛西海岸新区、烟台高新区、济宁高新区等，打造工业互联网产业集聚区。

工业互联网应用先锋示范行动：优先选择石化、机械、食品、纺织、冶金、能源等企业主体多、产业辐射广的行业，树立工业互联网应用样板。推广国家级明水经济技术开发区工业互联网园区模式，推广智能化生产、个性化定制、服务型制造等新应用、新模式。支持东营石化装备、滕州机床制造、烟台食品、潍坊高端机械和新兴电子信息产业、日照冶金、德州纺织、聊城化工基地等块状经济产业集聚区打造工业互联网应用先行区。

到 2022 年，培育 200 家左右工业互联网产品和解决方案优秀供应商，培育约 2 万个面向特定行业、特定场景的工业 APP（应用程序），工业互联网试点企业达到 1 000 家，形成 1~2 个工业互联网产业基地，2~3 个省级工业互联网应用聚集区。

---

4. 加快高端软件发展。把握数字经济软件定义、数据驱动、融合发展特征，大力实施"四名"工程，支持首版次高端软件创新及应用试点，构建自主可控高端软件产业体系。面向基础软件、工业核心软件等

领域，突破并掌握云操作系统、数据库、中间件、信息安全、面向党政办公的基础软件平台、三维设计和建模仿真软件、BIM（建筑信息模型）图形平台、地理信息平台型软件等关键技术，支持基于开源软件的创新研发，加快推进重点行业、关键领域信息系统安全可靠软硬件产品应用。围绕数字山东建设，在制造业数字化、智慧农业、政务服务、医养健康、智慧城市等领域发展智能化软件解决方案，探索"软件＋硬件＋数据＋互联网"等新模式。

专栏 5　高端软件"四名"工程

　　软件名城：支持济南市建设具有国际影响力的高水平中国软件名城，支持青岛市高标准创建中国软件名城，进一步提升产城融合水平。

　　软件名园：支持齐鲁软件园、青岛软件园 2 个国家级软件产业园和烟台、威海、潍坊、济宁、泰安、临沂等省级软件产业园建设，进一步提升产业聚集发展水平。探索支持"云上软件园"模式，构建线上与线下、实体与虚拟园区优势互补的公共服务体系。

　　软件名企：支持龙头骨干企业做大做强，建设高水平软件工程技术中心，培育全国软件百强企业、国家规划布局内重点软件企业、单项冠军和"独角兽"企业。

　　软件名品：围绕共性基础软件、战略性关键软件、前沿引领软件、智慧型软件四大方向，在面向新一代信息网络的高端软件、数据库、核心工业软件、云计算、大数据等领域打造山东软件品牌。

　　到 2022 年，在高端软件领域突破并掌握一批关键技术，软件与实体经济的融合更加紧密，对产业转型升级和经济提质增效作用更加突出，在工业技术软件化、大数据、人工智能等领域新增省级软件工程技术中心 50 家，全省软件业务收入超过 7 000 亿元。

---

　　5. 强化智能家居产业发展。依托青岛市智能家电产业优势，重点发展节能智能型和网络化冰箱、电视、空调、洗衣机、热水器等家用、商用电器，进一步完善技术标准和数字家庭系统解决方案，推动智能家电的普及。支持潍坊市发展微型麦克风、蓝牙耳机、主动式 3D 眼镜等为消费电子整机产业配套的关键器件、专用设备的研发及产业化。推进终端制造业与内容服务业融合发展，提升全产业链竞争力。以应用示范为载体，推动具有自主知识产权的标准、产品在数字家庭服务中的应用。

专栏 6　智能家居产业提质工程

　　基地（园区）建设：依托济南和青岛两地国家数字家庭应用示范产业基地以及国家新型工业化产业示范基地（家电及电子信息·青岛），持续提升智能家电产业规模和发展质量。支持青岛市建设西海岸家电电子产业集聚区、胶州家电电子产业集聚区，支持潍坊市建设智能硬件产业园。

　　重点项目：支持国家级基于工业互联网的智能制造集成应用示范平台、国家级智能家居终端产品开发及场景运行示范平台、面向智能家电的物联网安全操作系统研发和产业化、智慧家庭人工智能开放创新平台、面向智慧家庭的产品和系统工业设计平台等项目建设。

　　到 2022 年，成为具有全球领先优势的智能家居产品研发和制造基地，培育 3～5 家智能家居全球领军企业，产业产值突破 3 000 亿元。

　　（二）核心领域补短板。以技术含量高、带动能力强、投资规模大的集成电路、新型显示、新一代信息通信等为着力点，重点实施"强芯""补面"等工程，集中力量突破新一代信息技术产业核心关键领域，构建具有全球竞争力的产业体系。

　　1. 提升集成电路产业发展水平。按照"先两头（设计、封装测试）、后中间（制造）"的发展思路，巩固材料环节优势，壮大设计、封装测试环节，全力突破制造环节，打造集成电路"强芯"工程，形成集成电路材料、设计、制造、封装、应用的完整产业体系。面向物联网、云计算、工业控制、汽车电子、医疗电子、金融、智能交通等需求大的领域，推动设计企业与整机企业开展合作，重点开发 EDA（电子设计自动化）工具、高端存储芯片、数字音视频处理芯片、热成像芯片、FPGA（现场可编程门阵列）芯片、信息安全和激光芯片等产品。依托济南、淄博等市产业基础，建成国内重要的 IC 卡芯片和 MEMS（微机电系统）传感器封装测试基地。建设基于 BGA（焊球阵列封装）技术的 SIP（系统级封装）生产线，扩大中高端产品占比。积极引进高端集成电路制造企业，建设大规模集成电路晶圆生产线，填补制造环节短板，尽快形成较为完善的产业链。推动龙头企业做大做强，进一步强化集成电路用金丝、硅铝丝、封装载带等配套材料产业的国内优势地位。支持济南发展以碳化硅为代表的宽禁带半导体产业，建设宽禁带半导体小镇，打造全球领先的宽禁带半导体产业高地。

专栏7 集成电路"强芯"工程

　　重点项目：鼓励各市瞄准国内外集成电路龙头企业开展精准招商，集中资源引进2～3条12英寸晶圆生产线。推动青岛CIDM（协同式集成电路制造）项目建设，加快8英寸、12英寸晶圆和光掩膜版等集成电路产品量产。推动德州集成电路用硅片项目建设，尽快形成6英寸、8英寸以及12英寸硅片生产制造能力。推动济南宽禁带功率半导体产业链项目建设，促进碳化硅晶体材料—芯片及器件制造—模块及系统应用全产业链集聚发展，加快打造百亿级宽禁带半导体产业集群。

　　公共服务平台：建立以国家超级计算济南中心为支撑的集成电路设计高端引擎，提升山东信通院集成电路设计公共服务平台承载能力，为集成电路设计企业和创业人才提供良好的EDA设计工具、测试环境等，有效降低研发成本。

　　园区建设：争创国家级"芯火"双创基地，依托济南国家信息通信国际创新园、青岛芯谷（青岛国际创新产业园）等园区，吸引企业和人才进驻，形成产业集聚，培育一批拥有核心技术的企业和具有自主知识产权的产品。

　　到2022年，培育3～5家集成电路龙头企业，20家具备较强竞争力的细分领域领军企业，全省集成电路产业主营业务收入增速保持在20%以上。

---

　　2. 加快新型显示产业培育。发挥我省平板电视整机生产优势，开展国内外合作，引进、建设高世代液晶面板生产线，打造新型显示"补面"工程。突破LTPS（低温多晶硅）、Oxide（氧化物）等先进背板工艺，积极发展配套发光材料、靶材、偏光片、驱动芯片等材料和器件，形成围绕龙头企业发展的产业集群，促进新型显示企业与家电、可穿戴设备、汽车电子等下游产业的横向合作，建设覆盖材料、器件、面板、模组以及终端产品的完整产业链。积极引进AMOLED（有源矩阵有机发光二极体）面板生产线，掌握长寿命、高效率、高分辨率AMOLED生产工艺。支持电子纸、激光显示、柔性显示等新技术开发，推动新型显示产业实现跨越式发展。

　　3. 推动新一代信息通信产业发展。大力建设新一代信息通信基础设施。支持IPv6应用服务建设，开展网络体系架构、安全性和标准研究，在济南、青岛等市率先部署基于IPv6的下一代互联网，鼓励开发基于IPv6的移动互联网应用和服务。支持企业开展CDN（内容分发网络）建设和运营，扩展网络容量、覆盖范围和服务能力，逐步建成技术先进、安全可靠的CDN网络。进一步推动与国内外大型通信企业的战略合作，加快推进5G（第五代移动通信技术）研发，突破5G核心关键技术，积极参与国际标准研发和技术验证。依托济南、青岛等市启动5G商用服务，提升网络能力、业务应用创新能力和商用能力，加速推动试验网、试商用和商用网络建设步伐，开展5G应用示范，引导5G与各行业应用融合发展。研发基于5G和支持IPv6规范的网络设备、终端等产品，提高适配光纤通信的网络设备与终端产品的制造能力。

　　（三）前沿领域抢布局。把握新一代信息技术产业发展趋势，在人工智能、量子科技、虚拟现实和区块链等前沿领域，坚持超前布局、创新引领，扎实推动颠覆性技术创新，抢占产业未来发展先机和制高点。

　　1. 加快人工智能发展。加快计算机视觉、智能语音处理、生物特征识别、自然语言理解、机器学习、深度学习等关键技术研发及产业化。面向海洋、装备、农业、交通等优势产业，依托济南、青岛、淄博、潍坊等地技术基础，研发传感器微功耗芯片、智能感知设备、智能控制设备和人工智能操作系统、中间件、嵌入式软件等产品，满足海洋监测、工业控制、汽车电子、农业生产等领域智能化升级需求。开发面向智能机器人的智能感知、智能推理、移动与协作等关键技术，推进以人机交互技术为核心的智能服务机器人的生产和应用。大力发展人工智能与制造业融合核心技术，促进人工智能和工业制造深度融合。推动互联网、大数据、物联网与人工智能技术融合发展，在金融、教育、医疗等重点行业率先形成一批具有代表性的智能软硬件产品与解决方案。

　　2. 推动量子科技和北斗卫星导航产业创新发展。聚焦量子通信、量子测量、量子计算等领域，加强量子调控和量子信息战略性研究，推进量子功能材料和器件研发。建设基于量子密码的新型安全通信网络体系和国家级量子通信网络基础设施共享服务平台，开展量子通信安全、核心关键器件等领域的科技攻关和产业化。积极研发城域、城际、自由空间量子通信技术，开展量子通信网络运营，推动实现量子通信产业化。探索开展量子精密测量和量子计算机研究，推动量子测量应用成果的产品化和量子计算机的物理实现。构建量子技术应用场景和标准，大力推动量子技术在国防、金融、政务、商业等领域的应用。支持济南市建设国际领先的量子技术研发和产业化基地。加大北斗接收机芯片、基带芯片、天线等基础技术研发力度。依托省卫星定位综合服务运营中心，建设全省卫星导航定位基准站网。建设时空信息平台和大数据中心，推进多领域北斗应用示范，促进多种形式的北斗数据深层次应用开发，挖掘位置数据服务的增值效益。

专栏 8　量子科技先行工程

重点项目：充分发挥与中科院、中科大的合作基础和优势，重点引进量子关键设备、核心光电器件研发制造等重大项目，加快量子信息科学国家实验室（筹）济南研究中心等项目落地实施。

园区建设：支持济南市建设量子谷，重点打造济南量子通信科技园，适时在其他市建设量子安全区块链创新应用平台及双创产业园、量子通信特种原材料产业园、量子专用元器件产业园、量子科技培训和文化园区以及量子生物科技园区等特色园区。

通信专网：支持济南、青岛、淄博和潍坊联合协作，建设连接济南和青岛、横贯我省东西的量子保密通信"齐鲁干线"及城域量子保密通信网络，并适时考虑向烟台、威海和济宁等周边市延伸，将各市城域网与"京沪干线"相互联通。

公共服务平台：依托济南量子技术研究院建设国家级量子通信网络基础设施共享服务平台、量子信息技术标准化平台、军民融合创新平台和量子信息系统核心器件研发平台、量子科技服务孵化平台。

到 2022 年，形成一批具有竞争力的应用产品，建立网络运营模式和完善的运维服务体系、标准，形成以济南为中心、辐射全省的量子技术产业集群，具备千亿级产业发展能力，成为全球量子技术及产业发展的战略高地。

---

3. 做优虚拟现实产业。充分发挥我省在虚拟现实产业的优势地位，培育一批具有市场竞争力的虚拟现实企业，构建涵盖工具与设备、内容制作、分发平台、行业应用和相关服务的完整产业链。强化技术攻关，加强动态环境建模、新型显示和传感器、系统开发工具、实时三维图形生成、多源数据处理等技术的自主研发能力。拓展行业应用，推进虚拟现实与工业设计、健康医疗、建筑设计、地质勘探、智能交通、文化教育、生活娱乐等领域的融合创新发展。健全虚拟现实技术标准与测试验证体系，制定适用于虚拟现实的传感、通信、芯片、显示、交互等关键环节技术标准。

专栏 9　虚拟现实产业链延伸工程

依托青岛虚拟现实科技创新中心、虚拟现实技术及应用国家工程实验室等平台，以青岛（崂山）国家虚拟现实高新技术产业化基地为研发中心、潍坊虚拟现实产业基地为产品制造中心、济南和烟台虚拟现实产业基地为服务应用中心，发挥骨干企业创新引领作用，围绕核心技术、关键器件、内容创作、产品应用等环节不断提升全产业链发展水平。

到 2022 年，在虚拟现实领域，培育 1~2 家全国龙头企业，创建 1~2 个国家级虚拟现实产业基地，力争虚拟现实产业产值突破 1 000 亿元。

---

4. 探索推进区块链技术发展应用。加快区块链架构、共识算法、非对称加密、容错机制、分布式存储等关键技术的研究应用，形成区块链基础架构和解决方案。积极推进区块链与大数据、云计算等技术深度融合，拓展区块链应用场景，加强区块链技术在金融、工业、能源、医疗等重点行业的应用。建立健全区块链安全防护体系和应用标准体系。

四、战略任务

（一）构筑产业发展新格局。强化"三核一廊两翼"协同发展空间布局。按照山东新旧动能转换综合试验区的整体布局，结合我省新一代信息技术产业特色、核心、前沿领域的发展重点，全面统筹规划各地空间布局、功能定位和产业发展，以济南、青岛、烟台为核心节点，发挥胶济铁路沿线科技创新走廊的高端引领和示范带动作用，推动鲁西南与鲁西北两翼联动发展，打造"三核引一廊，一廊领两翼，两翼辐射全省"的新一代信息技术产业发展格局。

专栏 10　"三核一廊两翼"布局工程

"三核"即依托济南、青岛、烟台 3 市在政治、经济及科技发展等方面的优势，加快形成创新突出、支撑强劲、辐射面广的新一代信息技术发展核心区，建设全国领先的新一代信息技术产业创新高地，打造引领我省新一代信息技术产业发展的三驾马车。其中，济南作为省级行政中心，重点在金融服务、电子政务、医疗健康等领域的大数据融合应用以及量子通信和量子计算等方面，全面推进新一代信息技术发展，建设全国一流软件名城、大数据综合试验区和世界级量子科技产业集群。青岛基于科研实力和创新能力优势，培育和聚集一批世界领先、全国领军的新一代信息技术企业，着力突破关键核心技术，大力发展数字经济，推动人工智能、集成电路、智能家居、虚拟现实等产业发展，构建互联融合智能安全的信息技术产业体系。烟台作为全国重要的信息技术制造业强市，以结构升级、规模扩张为导向，重点培育发展消费类电子产品、集成电路、新型工业软件等，建设国内重要的消费类电子研发制造基地和信息技术融合应用基地。

"一廊"即胶济铁路沿线科技创新走廊。以三核为引领，不断完善区域协同创新体制机制，加快推进创新走廊内济南、青岛、烟台、淄博、潍坊、威海等市联动协同，全面提升新一代信息技术产业研发创新能力和融合发展能力，打造全省经济新增长极、全国信息技术产业引领区和全球信息技术创新新高地。

"两翼"即"鲁西南"和"鲁西北"，是全省产业发展带的有效补充。发挥两翼的战略资源优势，两翼联动，从体制机制、资源整合、协同发展等方面，全面协调发展，支持"鲁西南""鲁西北"积极承接京津冀、长三角及省内发达地区的信息技术产业转移，协同推进新一代信息技术产业高质量发展，形成"两翼齐飞"的发展格局。

到2022年，济南、青岛、烟台成为全国新一代信息技术产业发展高地，在大数据、云计算、智能家居、集成电路、工业互联网、虚拟现实等领域处于全国领先地位；胶济铁路沿线科技创新走廊成为全国一流的创新引领区，在人工智能、量子科技、区块链等领域具备全国顶尖的创新实力；"鲁西南""鲁西北"两翼成为全省新一代信息技术产业的新增长点，通过承接产业转移等发展模式，逐步调整产业结构，向高端前沿领域迈进。

培育千亿级新一代信息技术产业集群。依托国家新型工业化产业示范基地、战略性新兴产业基地、国家产业创新中心、各地高新技术产业开发区和特色产业园区现有基础，围绕济南、青岛、烟台等重点城市，着力培育发展集成电路、大数据、云计算、高端软件、智能家居、虚拟现实、量子科技和北斗卫星导航、工业互联网八大特色优势产业集群，形成千亿级产业发展能力，不断增强产业集群在产业规模、技术水平、创新要素等方面的集聚效应和领先优势，推动形成各具特色的新一代信息技术产业发展集聚区。

专栏11　八大特色产业集群打造工程

集成电路产业集群：依托济南、青岛、淄博等市，重点发展集成电路设计、晶圆制造、半导体硅片、IC卡芯片、视听芯片和智能传感器封装等领域，到2022年，形成较为完整的产业链，具备千亿级发展潜力，具有全国一流竞争实力。

大数据产业集群：依托济南、青岛、淄博等市，突破一批大数据关键技术，形成一批国际领先的大数据产品和解决方案，到2022年，形成一批有特色的信息服务企业及产业，建成海洋大数据和医疗大数据中心，创建3~5个国家级大数据产业集聚区，产业规模突破千亿元。

云计算产业集群：依托济南、青岛、济宁等市，加快云计算设备研发步伐，开发云计算系统，提升云计算能力，到2022年，云计算技术能力达到世界一流水平，云服务能力覆盖全国，打造成千亿级的特色产业集群。

高端软件产业集群：依托济南、青岛等市，重点在共性基础软件、工业应用软件等领域进行多点突破，到2022年，具备万亿级发展能力，实现高端软件与经济社会各领域的深度融合。

智能家居产业集群：以青岛、济南为核心，壮大全球家电业智能制造创新联盟，推动传统家电制造业向智能家电和智能生态跨越，到2022年，打造具有全球竞争力的智能家居产品研制造基地，产业收入突破3000亿元。

虚拟现实产业集群：依托青岛、潍坊等市，在虚拟现实高端产品生产、软件开发应用、内容创作、平台打造等方面进行优势发掘，到2022年，建立全球一流的创新基地，打造具备全球影响力的知名品牌，产业规模突破千亿元。

量子科技和北斗卫星导航产业集群：依托济南、烟台等市加快国家级创新载体和数据中心建设，实施品牌建设工程，重点打造多个产业园和服务平台，到2022年，量子科技和北斗卫星导航产业集群具备千亿级产业发展能力，形成全球一流研发能力和较强的国际影响力。

工业互联网产业集群：依托济南、青岛、烟台等市，建成低时延、高可靠、广覆盖的工业互联网网络基础设施，建设工业互联网平台和安全保障体系，形成较为完整的工业互联网产业链，充分发挥工业互联网的创新引领作用，推动工业企业降本提质增效，到2022年，打造2~3家国际领先的工业互联网平台。

构建多层次企业协作体系。发挥龙头企业的引领带动作用，建立以大企业为中心、中小企业分工配合的企业协作体系，依托全省特色产业集群建设，形成资源集中、分工细化、合作高效的产业形态。以全国电子百强、全国软件百强企业为引领，打造一批带动全球行业技术发展、拥有高端品牌的国际领军企业，重点培育一批市场潜力大、高成长的"独角兽""瞪羚"企业，壮大一批创新能力强、掌握核心技术的"专精特新"中小企业，逐步成长为专业细分领域的单项冠军。以龙头企业牵头，联合多方力量成立产业技术联盟，加快核心技术攻关，实现技术产业化，推出具备全球竞争力的产品。

专栏12　多层次企业协作体系培育工程

实施企业创新创业协同行动，充分发挥大、中、小企业在创新研发、科研攻关、成果转化中的不同优势，打造分工合理、优势互补的协作体系。

创新性领军企业：在大数据、云计算、虚拟现实、智能家居等领域打造一批引领全球行业技术发展、拥有高端品牌的国际领军企业。

分领域骨干企业：在宽禁带半导体、集成电路配套材料、激光芯片、基础软件等领域培育一批具有较大影响力的"独角兽""瞪羚"企业和上市企业。

"专精特新"企业：在热成像、智能传感器、智能卡封装载带、工业软件、数据库软件、智慧医疗软件、信息安全等领域形成一批特色优势突出的单项冠军企业。

到 2022 年，培育 3～5 家千亿级企业、20 家以上营业收入超 100 亿元的大型骨干企业。支持企业兼并重组，提升影响力，打造 20 个具备全球影响力的"山东百年品牌企业"。

（二）增强产业发展新动能。突破核心关键技术。遵循技术发展规律，做好体系化技术布局，优中选优，重点突破。加大投入力度，探索政产学研金服用新机制、新模式，制定重点领域瓶颈清单，组织实施重点领域一揽子突破计划。集中力量对核心电子器件、高端通用芯片、基础软件、关键基础材料、关键整机等重点领域的核心关键技术、先进基础工艺进行突破，联合攻关集成电路、传感器和新型显示等领域的新材料、新工艺，打造国内先进的新一代信息技术产业技术体系。

培育新兴产业领域。发展数字经济，加快推动数字产业化，依靠信息技术创新驱动，不断催生新产业、新业态、新模式，用新动能推动新发展。重点发展大数据、云计算、地理信息等新兴领域，围绕新兴产业链进行创新链培育，提高体系化创新能力，加快推进产业化步伐，打造一批新兴特色产业集群。

布局前沿基础研究。以企业为创新主体和主导，面向人工智能、虚拟现实、量子通信、区块链、软件定义等信息技术领域的基础前沿性技术、共性关键技术，超前谋划布局，集中优势资源，加大科技攻关，开展原始创新和集成创新，夯实基础技术储备，争创全国新一代信息技术发展的前沿新高地。

专栏 13　重大项目建设推进工程

按照"高端带动，领跑全国"的发展战略，依托"三核一廊两翼"的区域布局，围绕"优势领域、核心领域、前沿领域"的产业布局，建立山东省新一代信息技术产业新旧动能转换项目库。充分发挥山东省新旧动能转换基金的引导扶持作用，加大招商力度，通过引进外资、央地合作、自筹资金等多种举措，科学策划论证，着力推进一批投资规模大、技术含量高、对产业发展拉动提升作用明显的重大项目建设。

到 2022 年，新建 10 个以上投资超 100 亿元项目、20 个以上投资超 50 亿元项目、100 个以上投资超亿元项目，带动相关产业规模增长超过 3 000 亿元。

（三）建设技术创新新体系。建设创新服务体系。依托骨干和特色优势企业，在集成电路、大数据、云计算、高端软件等重点领域培育认定一批创新中心，建设一批创新实验室，打造一批企业技术平台，开展关键共性技术研发和试点示范应用。鼓励企业参与和组建开源社区，推进开源生态建设。整合技术、人才、资金等资源，联合企业、协会等市场主体，加快培育一批提供技术创新、认证检测、人才交流、市场推广、金融信贷等服务的公共服务平台。

专栏 14　创新体系建设工程

积极承担国家重大科技项目和工程。强化重大科技基础设施建设，依托济南、青岛等市建设国际领先的超算中心和海洋大数据中心。建设遥感卫星地面接收站，依托国家高分辨率对地观测系统山东数据应用分中心、卫星测绘应用中心山东分中心，开发全省时空信息影像管理系统。实施重大科技专项，在云计算与大数据管理技术、量子通信关键技术、第三代半导体材料等领域实施重大科技专项，突破一批前沿产业技术。加强重大创新平台建设，围绕优势、核心、前沿领域，依托产业创新走廊，以企业为主体，整合产业链上下游创新资源，根据我省特色产业集群实际，建设一批国家级和省级新一代信息技术工程创新中心，打造一批国家级和省级重大技术创新平台和公共服务平台，形成一批以高新区、大学科技园等为载体的信息技术创新创业孵化器。

到 2022 年，培育 5 家以上国家级创新平台、150 家以上省级工程（技术）研发中心、50 家以上省级细分领域的技术创新中心、20 家以上省级信息技术领域的公共服务平台。

构建信息安全技术体系。突破高端计算设备前沿技术，推进具有自主知识产权的云计算基础设备、终端设备产业化，保持我省高端存储的龙头地位。适时遴选发布全省自主可控软硬件产品目录，着力突破信息安全关键核心技术，重点发展自主可控的信息领域设备和产品，加快推动信息安全产品和服务的研发和产业化应用，打造国内先进、安全可控的信息技术产业体系。

建设产业标准体系。大力培育团体标准，结合大数据、云计算、虚拟现实等新一代信息技术发展现状，推动创新技术标准化，加快构建以产业化为导向的信息技术标准体系。以骨干企业为主体，在具备较强竞争力的信息技术产品领域开展"领跑者"行动，研究形成技术指标、质量指标、效益指标等团体标准，以标准引领战略性新兴产业快速发展，推动"山东技术"向"山东标准"转变。

（四）探索融合发展新路径。促进信息技术与制造业深度融合。推动互联网、大数据、人工智能和实体经济深度融合，深化"互联网＋先进制造业"发展工业互联网，推进工业互联网创新发展。强化互联网在制造领域的应用，积极培育众创设计、网络众包、个性化定制、网络化协同、服务型制造等新模式，完善产业链，打造新型制造业体系。完善"云服务券"制度。开展两化融合管理体系贯标，推进两化融合水平评估，分级、分类树立一批标杆企业。积极发展工业设计，提高面向产品、工艺和服务的自主创新设计能力。

推进"互联网＋"行动实施。推动产业数字化，利用互联网新技术、新应用对传统产业进行全方位、全角度、全链条改造，提高全要素生产率，释放数字对经济发展的放大、叠加、倍增作用。依托互联网平台，大力发展众创、众包、众扶、众筹，充分运用"互联网＋"促进新技术、新产品、新业态和新模式的发展。整合政府、社会、企业等多方资源，开展各类创业创新服务活动，打造开放、高效的创业创新生态系统，全面推进互联网技术在社会民生、政府治理等方面的渗透和融合。

专栏15　"互联网＋"融合发展工程

　　支持济南、青岛等市建设互联网创业创新园区，在制造、商业、物流、交通、餐饮、住宿等领域培育一批共享经济、平台经济和O2O新零售类企业，促进互联网经济集聚发展。推动互联网在海洋、农业、金融、物流、交通、医养健康、节能环保等领域的应用和融合创新，发展互联网与重点产业深度融合的新技术、新产品、新模式、新业态。推广"互联网＋"商业模式创新成果，引导中小企业参与云设计、网络协同制造、大数据营销、网络供应链协同等新模式，提高企业系统创新能力。

　　到2022年，信息化发展水平保持全国前列，网络强省、数据强省建设取得重大进展，网络信息技术在经济发展、社会管理、公共服务和生态治理等各领域实现全面融合和创新应用。

加快军民深度融合。以推进青岛军民融合创新示范区建设为引领，重点考虑军用和国防需求，加强与大型军工集团公司的战略合作，共同研究制定产业发展合作计划，签署战略合作协议，确定重点合作领域和重大合作专项，依托军工集团公司的技术、信息和人才等优势，以卫星应用、智能装备、海洋开发等为切入点，全面开展项目开发、技术转移、人才培养与交流等多种形式的合作，推动信息技术产业领域军民融合深度发展。

（五）完善信息保障新机制。建设新一代信息基础设施。着力提升通信网络特别是宽带网络接入能力，构建泛在高效的信息网络。推动全省城乡光纤网络深度覆盖和速率提升，城市家庭普遍具备1 000M以上接入服务能力，农村家庭普遍具备100M接入能力。加快建设先进泛在的新一代移动通信网络，实现4G网络深度和广度覆盖，加快5G产业发展。以数据中心为核心，打破传统地域和行政区划组网模式，推动传统网络转型升级，构建支撑互联网业务发展的新型网络。

强化信息通信安全保障能力。深入推进网络基础设施安全防护工作，大力提升网络与信息安全保障能力。全面推进网络与信息安全技术手段建设，完善IDC（互联网数据中心）信息安全管理系统建设，提高数据的准确率、完整率，规范有序开放使用。推动建设"互联网＋应急通信"指挥调度及服务云平台，提升指挥调度能力。推进抗灾超级基站、基础设施设备与防灾应急相关的安全防护建设，完善应急网络建设。做好宽带无线接入等新技术、新业务所需频率的规划指配，加强对储备频率的动态管理，探索LTE（长期演进）无线宽带数字集群专网管理新模式。

（六）激发开放发展新活力。加快企业走出步伐。积极融入"一带一路"建设，按照国家战略部署，支持相关企业参与沿线国家和地区重点信息化项目建设。支持各市骨干企业通过对境外优质企业进行入股、兼并等方式开展合作，积极在境外设立研发中心，鼓励信息技术企业与国际优势企业进行共同研发，参与国际标准制定，支持企业国际化运营，建立健全全球研发、生产和营销体系，支持有条件的企业建设境外信息技术产业合作园区，促进企业更高水平、更大规模、更深层次参与国际合作与竞争。

提升企业引进层次。加大招商引资力度，重点鼓励引进世界500强和国内外知名信息技术企业、人才团队到山东省投资发展。持续扩大中国（济南）国际信息技术博览会、青岛市世界互联网工业大会等大型展会影响力，打造引资、引技、引智平台。优化利用外资结构，引导外资从加工制造向研发、产品、服务等高端环节延伸，不断提升技术储备，推出具备高附加值的新产品，提高全省信息技术产业与全球产业同步发展水平。

五、保障措施

（一）强化组织领导。强化规划引导作用，确立新一代信息技术产业在全省新旧动能转换中的重点发展地位，引导各类政策向信息技术产业倾斜，营造具有比较优势的产业政策发展环境。加强新一代信息技术产业发展的组织领导，成立专班推进，建立健全部门、地区之间的统筹协调机制，合力解决产业发展中的重大问题。发挥政府指导和政策引导作用，突出企业的主体地位，统筹各方资源优势，支持创建形式多样、机制灵活的研究院所、创新中心、产业联盟等创新型组织机构，促进政产学研金服用合作和新技术、新成果的产业化，协同推进新一代信息技术产业技术研发、标准制定、知识产权利用以及应用推广等各环节发展。发挥行业中介组织作用，鼓励协会、学会等相关社会机构加强能力建设，充分发挥行业联盟纽带作用，积极承担政府公共服务外包，组织开展各类展会论坛等活动。

（二）加大财税扶持。积极创新财政支出方式，成立与发展实际需求相适应的产业基金，建立基金项目库，重点扶持集成电路、大数据、云计算等领域的重大生产力布局、重大项目建设、企业兼并重组及跨国并购，同时鼓励各市设立新一代信息技术产业发展专项资金及基金。加大对新一代信息技术产业重点领域的财政资金投入力度，引导省级相关创新及产业发展专项资金向信息技术产业倾斜，优先扶持"独角兽""瞪羚"企业，重点支持全省新一代信息技术产业发展的重要环节、关键技术、示范应用以及公共服务平台、园区基地建设。大力实施"企业上云补贴""首版次高端软件保险补偿"等扶持政策。继续落实软件和集成电路税收优惠政策，以及研发费用加计扣除和固定资产加速折旧等政策，推动设备更新和新技术应用。

（三）拓宽融资渠道。加快构建多层次的投融资体系，支持有条件的信息技术企业在境内外资本市场上市，或到"新三板"、区域性股权交易市场挂牌。鼓励符合条件的企业通过发行企业债、公司债、短期融资券、中期票据等实现直接融资。加大产融信息对接力度，建立完善跨部门工作协调机制，搭建服务平台。引导银行业金融机构对新一代信息技术产业重点领域实施差别化信贷政策，加大对重点信息技术企业自主创新、技术改造、进口替代和成套设备出口的信贷支持，优先扶持"独角兽""瞪羚"企业发展。鼓励金融机构创新信贷产品和金融服务，推动知识产权质押融资、股权质押融资、供应链融资、信用保险保单质押贷款等金融产品创新，在风险可控和商业可持续前提下，加大对新一代信息技术产业发展的金融支持力度。鼓励信息技术产业骨干企业通过并购票据、并购基金、并购债等开展海外并购。

（四）优化发展环境。加强协调服务和要素保障，积极支持新一代信息技术产业重大项目落地、关键核心技术攻关、重大兼并重组等，对重大项目的用地、用电、用水等生产要素供给及通信、交通运输、环评等方面给予积极支持，做好跟踪服务，打造一流营商环境。加强基地园区建设，建立相应的认定及考评机制。鼓励有条件的市建立新一代信息技术产业孵化器、创客空间，支持新一代信息技术产业创新型中小企业发展。依托行业协会、科研院所和龙头企业，探索建立新一代信息技术产业发展研究智库，为推动新旧动能转换提供政策建议，为产业转型升级和投资结构调整提供咨询，协助引导产业健康发展。指导电子产品检测、评测等第三方机构根据行业发展需要，加强基础设施和业务能力建设，不断满足日益增长的行业技术服务需求。

（五）实施人才战略。加强人才引进和培养，完善户籍、医疗、科研、住房和个人所得税等方面的人才政策和激励机制，健全人才培养、吸引、使用、评价办法，对接国家和省级高层次人才计划，支持企业重点引进海内外高层次创新人才和创新、创业团队。支持鼓励省内高校加强新一代信息技术产业新兴领域学科专业建设，面向产业发展需求制定人才培养目标和质量标准，鼓励校企合作，建立人才实训基地，培养产业急需的各类科研人员、技术人才和复合型人才，联合开展在职人员培训。继续支持举办"山东新动能·软件创新创业大赛"，多渠道培养和吸引高素质软件人才在山东创业就业。有针对性地开展新一代信息技术领域的公派出国（境）留学或培训项目，培养一批优秀企业家和高层次人才。建立对骨干经营管理人员、核心技术人员的激励机制，通过持股经营、技术入股、收益提成、期权等方式获得收益，激发创业活力。

山东省人民政府印发关于加快七大高耗能行业高质量发展的实施方案的通知

2018 年 10 月 29 日　鲁政字〔2018〕248 号

各市人民政府，各县（市、区）人民政府，省政府各部门、各直属机构，各大企业：

《关于加快七大高耗能行业高质量发展的实施方案》已经省委、省政府研究同意，现印发给你们，请结合实际认真贯彻落实。

附件：关于加快七大高耗能行业高质量发展的实施方案

附件：

关于加快七大高耗能行业高质量发展的实施方案

为深入贯彻落实省委、省政府关于实施新旧动能转换重大工程决策部署，进一步深化供给侧结构性改革，推动工业经济质量变革、效率变革、动力变革，制定本实施方案。

一、总体要求

（一）指导思想。以习近平新时代中国特色社会主义思想为指导，全面贯彻党的十九大和十九届二中、三中全会精神，坚决落实习近平总书记视察山东重要讲话、重要指示批示精神，坚定践行新发展理念，按照高质量发展的要求，认真落实中央打好三大攻坚战、加快调整"四个结构"、做到"四减四增"的决策部署，坚持"腾笼换鸟、凤凰涅槃"的思路，充分发挥国家新旧动能转换综合试验区优势，放眼未来 10 年产业发展趋势，对标世界一流水平，瞄准"新、特、优"方向，重拳倒逼落后产能市场出清，大刀阔斧推动产业布局调整，充分激发创新发展活力，高质量开展"双招双引"，努力实现高耗能行业结构合理、布局优化、质效提升，为实现"两个走在前列、一个全面开创"总目标提供强力支撑。

（二）基本原则。

——高质高效、高端引领。坚持质量第一、效益优先，紧紧围绕提升供给质量水平，着力培育新兴、打造特色、做强优势，全面提升产业综合竞争力，加快构建现代产业体系；瞄准世界产业发展前沿，对标世界一流水平，积极抢占新一轮科技革命和产业变革制高点，加快构筑支撑产业高端发展的创新优势，牢牢掌握产业竞争的主动权。

——统筹布局、目标导向。充分发挥政府的推动作用，坚持全省"一盘棋"谋划，做好顶层设计，加快产业大调整、大布局、大优化；围绕实现高质量发展核心目标，既要立足实现近期目标，采取立竿见影的断然措施，又要着眼中长期发展，建立健全打基础、利长远的长效机制。

——优化整合、集约发展。对钢铁、地炼、焦化、电解铝等行业产能实施总量控制，坚决淘汰低效落后产能，提高产业集中度和亩均产出，确保能源消耗和排放总量只减不增；同时坚持去旧入新，用好淘汰旧产能腾挪的发展空间，及时注入新动能，真正实现"腾笼换鸟、凤凰涅槃"。

——标准倒逼、市场运作。制定实施严于国家要求的行业标准和产业政策，完善精准的企业分类综合评价体系，倒逼落后产能市场出清，加快企业转型升级步伐；发挥市场在资源配置中的决定性作用，鼓励企业通过产能置换、指标交易、股权合作等方式开展兼并重组，提高产业集中度，优化产业布局。

——一业一策、有序推进。把握产业发展趋势和市场运行规律，坚持科学论证、一业一策，分行业实施不同的转型升级路径和政策措施，增强针对性和可操作性；坚持以点带面、重点突破、分步实施，维护好企业权益，有序推进高耗能行业转型发展；加强风险预判，坚决守住安全环保和民生保障底线，保持经济增长处于合理区间，确保社会和谐稳定。

二、主要目标

（三）总体目标。立足我省产业基础和优势，重点推动钢铁、地炼、电解铝、焦化、轮胎、化肥、氯碱等七大高耗能行业高质量发展。通过大调整、大布局、大优化，高耗能行业产业集中度明显提高，能耗总量占全部工业的比重不断降低，资源环境压力有效缓解，劳动生产率水平大幅提升，土地利用率和要素投入产出效益明显提高，培育形成一批具有国际竞争力和世界先进水平的企业集团和产业基地，推动高耗能行业创新、集约、绿色、高效发展，加快打造现代化产业体系。

（四）钢铁行业转型升级目标。严控钢铁总产能，力争用 5 年左右时间，大幅压减转移京津冀大气污染传输通道城市和胶济铁路沿线资源环境承载压力较大地区的钢铁产能，在确保日照、青岛、临沂和莱芜、泰安空气质量完成国家和省下达目标和任务的基础上，将目前分散在 12 个市的钢铁企业和钢铁产能，逐步向日—临沿海先进钢铁制造产业基地和莱—泰内陆精品钢生产基地转移，到 2022 年，济南、淄博、聊城、滨州等传输通道城市钢铁企业产能退出 70% 以上，将青岛董家口、日照岚山、临沂临港等沿海地区钢铁产能占比提升到 50% 以上；到 2025 年，传输通道城市和胶济铁路沿线地区的钢铁产能应退尽退，沿海地区钢铁产能占比提升到 70% 以上。高端钢铁产品供给水平明显提升，海洋工程装备及高技术船舶、先进轨道交通装备、汽车及零部件、工程机械、能源装备等领域所需高端钢材品种的研发和产业化进步明显，到 2025 年，合金钢（含不锈钢）比重提高至 20% 以上。钢铁产业绿色发展水平不断提高，钢铁冶炼流程进一步优化，电炉短流程炼钢工艺得到推广，到 2025 年，电炉钢占比达到 20% 左右。行业综合竞争力明显增强，到 2025 年，省内产能排在前 2 位的钢铁企业（集团）产业集中度达到 70% 以上，钢铁企业劳动生产率翻一番，达到 1 500 吨/人·年，初步形成结构优化、环境友好、质效提升、竞争力强的现代钢铁产业体系，实现从钢铁大省向钢铁强省的跨越。

（五）地炼行业转型升级目标。力争到 2022 年，将位于城市人口密集区和炼油能力在 300 万吨及以下的地炼企业炼油产能进行整合转移；到 2025 年，将 500 万吨及以下地炼企业的炼油产能分批分步进行整合转移，全省地炼行业原油加工能力由目前的 1.3 亿吨/年压减到 9 000 万吨/年左右，成品油（汽煤柴）收率降至 40% 左右，烯烃、芳烃等基础原料和高端化工新材料保障能力显著提高，基础化工原料（产品）占比达到 35% 以上的国际先进水平；地炼行业区域集中度进一步提高，炼化一体化、规模集约化程度明显提升，初步形成全系列高端石化产业链，实现由"一油独大"向"油化并举"的转变，行业发展质量和竞争能力明显增强，培育形成具有国际竞争力的大型企业集团和炼化一体的精细化工、绿色化工和化工新材料世界级产业基地。

（六）电解铝行业转型升级目标。到 2022 年，电解铝吨铝电耗下降至 12 800 千瓦时左右，电解铝省内精深加工率达到 50% 左右，吨铝附加值平均提升 30% 以上；到 2025 年，力争全部电解槽达到 400 千安及以上先进产能水平，电解铝吨铝电耗下降至 12 500 千瓦时左右。航空航天、高铁、汽车、消费电子、电力装备、轨道交通装备、船舶及海洋工程装备等领域中高端铝型材产品供给水平明显提升，铝板带箔、工业铝型材等高附加值产品占比达到 60% 以上，铝产业主营业务收入达到 3 500 亿元左右，发展成为具有国内外重要影响力的铝产业集聚区和创新高地。

（七）焦化行业转型升级目标。控制焦化行业产能总量，合理配置资源，优化现有产能，严禁新增产能。到 2020 年，全省焦化企业户数由目前的 56 家压减到 40 家以内，单厂区焦化产能 200 万吨/年以上企业达到 8 家以上，煤炭主产区及钢铁企业集聚区焦化企业产能比重提高到 50% 以上，炭化室高度 5.5 米及以上焦炉产能比重达到 75% 以上；到 2025 年，全省焦化企业户数压减到 20 家以内，单厂区焦化产能 100 万吨/年以下的全部退出，引导形成千万吨级规模的煤焦化企业集团，在环保排放和能源消耗上达到国内领先水平，煤炭主产区及钢铁企业集聚区焦化企业产能比重提高到 70% 以上，炭化室高度 5.5 米及以上焦炉产能比重达到 100%，骨干企业综合实力明显增强，行业节能减排效果不断提升。

（八）轮胎行业转型升级目标。到 2020 年，在整体产能基本保持不变的基础上，轮胎产业集中度、子午化率、品牌价值、质效水平明显提升。斜交胎产量由目前的 3 500 万条降至 2 000 万条，销售收入过 100 亿元的企业集团达到 4 家。轮胎产业加快向高端化、高附加值、高性能方向迈进，为中端以上乘用车、高端工程机械和航空的配套能力明显提升，低断面、超低断面、高速度级别的高性能轿车子午线轮胎成为主打产品，宽断面、无内胎、长寿命的载重子午线轮胎成为新的增长点，航空用高端轮胎开发应用实现突破，轮胎工业装备水平达到国际先进、国内领先水平，力争到 2025 年，培育 8 家销售收入过 100 亿元的企业，其中过 200 亿元的 2 家以上，1~2 家企业进入全球轮胎行业前 10 位。

（九）化肥行业转型升级目标。到 2022 年，压缩合成氨产能 200 万吨，全省合成氨产能控制在 650 万吨左右，尿素产能控制在 800 万吨左右，洁净煤气化占合成氨总产能的比重由目前的 37% 提高到 90% 左右，固定床气化炉淘汰率达到 90% 以上，尿素生产企业固定床气化炉全部予以淘汰，氮肥行业基本实现第三代洁净煤气化，煤气化制氨和精细化学品工艺达到国际先进水平，全行业减少 200 万吨左右标准煤消耗，能耗总量减少 20%；减少废气排放 2 680 吨左右，排放总量减少 50%，骨干企业综合实力跃居国内行业前列。

（十）氯碱行业转型升级目标。到 2022 年，电解单元吨碱能耗强度由 360 千克标准煤下降到 325 千克标准煤，对能耗达不到标准的电解槽予以淘汰，行业能耗总量减少 10% 左右；液氯就地消化率由目前的 59% 提高到 85% 以上，液氯道路运输安全风险明显降低；烧碱电解装备技术达到世界先进水平，膜极距改造率达到 100%，综合竞争力继续保持国内领先地位。

三、实施路径和重点工作

（十一）推进钢铁行业布局优化、结构调整。打造"两大基地"。立足我省资源优势和行业发展潜力，通过政府推动、环保倒逼、标准严控、产能置换、兼并重组等手段，着力打造沿海和内陆两大钢铁产业基地。日—临沿海先进钢铁制造产业基地：以山东钢铁集团日照精品基地、日照钢铁控股集团、青岛钢铁集团为支撑，发挥好临沂临港地区的资源优势，大力推动内陆产能向沿海转移，重点发展高端精品钢、特钢和不锈钢，拉长钢铁产业链，提升产品品质。莱—泰内陆精品钢产业基地：以莱芜、泰安现有钢铁企业为依托，发挥已有特钢集群优势，满足内陆市场需求，在不增加产能的前提下加快区域整合，重点发展特钢、不锈钢等高附加值产品，建设高水平特种钢生产基地。培育骨干企业。支持山东钢铁集团发挥横跨沿海和内陆两大基地优势，整合转移产能，带动两大基地健康发展。支持日照钢铁控股集团发挥竞争优势，积极引入内陆转移特钢产能和技术，建设大容量高炉，提升高端产品比重，进一步提升竞争力。鼓励临沂临港地区利用海外镍矿资源和镍铁冶炼基础，通过产能置换方式联合重组，建设高端不锈钢集团，带动省内不锈钢产业发展，加快建设全国一流的不锈钢产业集群。鼓励其他钢铁企业发挥各自优势，瞄准市场需求，优化提升技术、装备和工艺水平，实现差异化、高端化发展。强化创新和配套支撑。完善技术创新体系，瞄准世界钢铁技术发展前沿，持续加大创新投入，推动各类研发平台建设，加快实现一批钢铁关键技术产业化。大力发展智能制造，建设一批智能工厂和数字化车间，推广个性化、柔性化产品定制新模式。推动服务型制造，培育一批钢铁行业服务化转型示范企业，引导企业向高附加值的服务链延伸。优化供应链服务保障体系，建设一批区域性钢贸交易中心、大型钢结构加工配送中心、专业化钢材物流园区，提供专业化运输、加工、存储、配送。积极开拓国际市场，利用好国际国内两个市场，加快推进从资源、贸易、制造到服务的全产业链布局。力争用 5 年左右时间，基本完成京津冀大气污染传输通道城市钢铁企业产能转移，2025 年年底前完成企业重组转型。

（十二）加快地炼行业转型升级。按照"优化重组、减量整合、上大压小、炼化一体"的原则，推进全省 500 万吨及以下地炼企业炼油产能减量整合，在鲁北高端石化产业基地和省政府公布的炼化产业集中度较高、产能较大的化工园区，建设大型炼化一体化项目，打造高端石化产业和特色产业集群。在环保容量许可的情况下，分期分批实现规模集约化、产业园区化、炼化一体化发展。力争用 3 ~ 5 年时间，按照转型升级目标确定的产能压减比例，推进位于城市人口密集区和炼油能力在 300 万吨及以下地炼企业优化整合，规划建设 3 000 万吨炼化一体化项目。同时，支持相关龙头企业牵头，按照国际一流水平，再规划建设 3 000 万吨炼化一体化项目，项目建成投产后同步关停该批炼油产能。到 2025 年，按照转型升级目标确定的产能压减比例，基本完成炼油能力在 500 万吨及以下地炼企业的优化整合，规划建设适应我省化工产业高端发展需要的 2 000 万吨国际领先水平的炼化一体化项目。形成"油头化尾"一体化产业模式，实现炼油与下游高端石化产品生产的平衡发展。对 500 万吨以上的地炼企业，强化政策支持，在符合产业园区布局和政策导向的基础上，按照转型升级目标确定的产能压减比例，引导和支持企业自主参与产能置换和整合重组，进一步提高产业集中度和竞争能力。

（十三）推动电解铝产业链条延伸。进一步提高电解铝液、铝加工材的精深加工比重，加快推动铝产业链向终端产品和高端产品延伸。加大高端铝材推广应用力度，提升铝加工产业发展空间。支持高端铝材创新研发和推广应用，在航空航天、高铁、汽车、消费电子、电力装备、轨道交通装备、船舶及海洋工程装备等领域中高端铝型材产品供给上实现突破。支持滨州、烟台、聊城 3 大铝产业聚集区走特色化、差异化发展道路。瞄准铝加工产业链缺失环节、高端环节进行精准招商，引导国内外科研机构和企业投资建设铝精深加工项目和研发平台。

（十四）提升焦化行业集约化发展水平。按照控制产能总量、靠近煤炭资源、配套钢铁企业、减少物流成本的原则，不断优化焦化产业布局，提升装备水平，拉伸产业链条，提高产业集中度。通过关停并转、产能置换等方式，推动焦化产能向优势企业集聚，支持煤炭主产区和钢铁企业集聚区焦化企业和重点项目做大做强，做好钢铁企业集聚区的产业配套，提高焦化行业综合利用水平。

（十五）加快轮胎行业高端化发展。按照能耗、效益、亩均贡献、技术评价、质量标准等指标体系，对轮胎企业进行综合排序，通过提高行业标准和实施差别化产业政策，推动实现优胜劣汰；制定轮胎总产能控制和产能置换政策，鼓励优势骨干企业兼并重组、做大做强；着力推动轮胎生产智能化、装备数字化、管理信息化、营销网络化，有效提高企业全员劳动生产率和产品质量控制水平，积极发展高质量、高性能、高技术、高附加值、安全环保节能的绿色轮胎产品，提升为高端工程机械、中端以上乘用车和航空的配套水平。

（十六）对化肥、氯碱行业实施高端技术改造和兼并重组。强力推广先进生产工艺，出台扶持政策引导企业技术改造，降低行业能耗水平，加快产业优化调整。在化肥行业，采用先进的煤气化技术对现有固定床气化装置进行改造，新建一批洁净气化炉，鼓励企业通过开展煤制合成气体综合利用延伸产业链。优化氮肥企业布局，通过兼并重组等方式，推动合成氨能力较小、无法实施煤气化改造的企业，逐步调整产品结构，有序退出氮肥行业，实现产能向优势骨干企业集中，培育一批尿素产能百万吨以上企业。引导现有磷肥、复合肥企业在不增加产能的基础上，以市场需求为导向，调整产品结构，加大新型功能肥料的开发推广力度。在氯碱行业，提高单元吨碱能耗目标，倒逼企业对运行时间较长、能耗较高的膜极距电解槽进行改造，2022 年年底前全部完成，不能达标的予以停产。拉长氯气产业链，减少液氯长距离道路运输带来的安全风险；围绕我省石油化工、煤化工产业发展，鼓励氯气产品企业内消化，发展盐化石化一体化、盐化煤化一体化产品，提高技术装备水平和产品附加值；到 2022 年，对仍不能实现氯碱平衡的企业，予以关闭或强制调整生产运行达到氯碱平衡。

四、推进措施和任务分工

（十七）研究提出配套措施。有关市要加强与省直有关部门的沟通对接，按照省里的统一部署和要求，研究制定钢铁、地炼、电解铝、焦化、轮胎、化肥、氯碱等高耗能行业转型升级的具体措施，进一步细化工作目标和时间进度，根据本地区行业和企业的不同情况，分别制定一企一策方案。省直有关部门要研究提出配套措施，对重点市、重点行业制定一业一策的支持政策。（省工业和信息化厅牵头，省发展改革委、省财政厅、省人力资源社会保障厅、省自然资源厅、省生态环境厅、省住房城乡建设厅、省应急厅、省国资委、省市场监管局、省统计局、省地方金融监管局、人民银行济南分行和有关市政府按职责分工负责）

（十八）积极争取国家政策支持。发挥国家新旧动能转换综合试验区体制机制创新、政策先行先试的优势，争取国家对新上炼化一体项目、原油指标随迁统一调剂使用等方面的政策支持。统筹用好产能指标跨区域转移、能耗、排污总量、土地、财税金融等方面的政策。（省发展改革委牵头，省工业和信息化厅、省财政厅、省自然资源厅、省生态环境厅、省住房城乡建设厅、省商务厅、省地方金融监管局、省税务局、人民银行济南分行按职责分工负责）

（十九）建立完善倒逼机制。制定高耗能行业差别化电价、水价、能耗、水耗、污染物排放限值以及安全生产、技术质量标准，倒逼低端产能市场出清，确保跨区域产能转移顺利实施。承接产能转移的区域要严格落实"环境质量只能更好、不能变坏"的要求，通过各种措施削减区域内污染物排放量，为产能顺利落地创造条件。新建产能技术工艺、装备水平和节能减排指标必须达到国内先进水平以上。（省生态环境厅、省应急厅、省市场监管局、省发展改革委牵头，省工业和信息化厅、省能源局和有关市政府按职责分工负责）

（二十）发挥好产能置换政策作用。用好国家产能置换政策，研究制定我省钢铁、地炼、焦化等行业的产能置换及配套政策，鼓励支持企业通过产能指标交易、参股入股等形式开展兼并重组。支持大企业（集团）按照"上大压小"的原则实施产能整合，鼓励其联合有关企业出资入股、投资建设大型高端项目。（省工业和信息化厅牵头，省发展改革委、省财政厅、省国资委按职责分工负责）

（二十一）加大财税政策支持。对县（市、区）财源建设、转移支付、企业搬迁、职工安置、技术改造、兼并重组、土地收储等进行支持，实施"飞地经济"、财税分成等财税引导政策。引导山东新旧动能转换基金重点支持高耗能行业整合重组，吸引各类社会资本参与。研究实施财税激励政策，支持产能出清的企业转型升级，引导钢铁、地炼、电解铝等行业向深加工、精细化、高端化方向发展。（省财政厅牵头，省发展改革委、省工业和信息化厅、省自然资源厅、省税务局按职责分工负责）

（二十二）完善金融扶持政策。制定七大高耗能行业涉及企业"白名单"，引导银行机构实施有保有压差异化信贷政策，为企业转型升级提供多样化融资支持。支持符合条件的企业综合运用上市挂牌、发行债券、私募基金、风险投资等多种方式，进一步提高直接融资比重，降低企业融资成本和杠杆率，缩短融资链条。（省地方金融监管局牵头，省工业和信息化厅、人民银行济南分行、山东银监局、山东证监局和有关市政府按职责分工负责）

（二十三）切实防范金融风险。按照企业主体、政府协调、市场运作、依法依规的原则，省直有关部门配合各市排查企业资产负债状况和"担保链""担保圈"情况，提前进行研判，制定针对性措施，切实防范金融风险。依法维护金融机构合法权益，妥善处理金融机构债权，落实企业贷款债权和贷款担保责任，打击恶意逃废金融债务违法犯罪行为，合力维护良好的金融环境。（省地方金融监管局牵头，省公安厅、人民银行济南分行、山东银监局、山东证监局和有关市政府按职责分工负责）

（二十四）盘活用好企业腾置土地。通过依法改变土地用途等手段，有效盘活搬迁后的厂房和土地。退出后的划拨土地可依法转让或由地方政府收回，其土地出让收入可按规定通过预算安排支付退出企业职工安置费用。用好土地收储、土地熟化政策，对地炼、焦化等行业污染土地实行有效治理。实施差异化土地供应政策，对推进高耗能行业高质量发展成效显著的县（市、区），在用地指标上给予奖励。（省自然资源厅牵头，省工业和信息化厅、省财政厅和有关市政府按职责分工负责）

（二十五）妥善安置分流职工。全面摸清企业职工底数，统筹做好职工安置分流、生活保障、就业创业等工作。严格落实预防失业、促进就业、社会保障等托底政策，妥善做好职工分流、再就业帮扶、退养人员生活保障、劳动关系处理、社会保险转移接续等工作，切实保障企业职工合法权益。（省人力资源社会保障厅牵头，省工业和信息化厅、省医保局和有关市政府按职责分工负责）

（二十六）建立完善企业评价机制。实施高耗能行业高质量发展综合评价办法，加快建立对企业能耗、效益、亩均产出、税收、就业等指标的评价体系，配套实施差别化的用电、用水、信贷等资源要素配置政策，加快产业转型升级。（省工业和信息化厅牵头，省发展改革委、省财政厅、省人力资源社会保障厅、省自然资源厅、省统计局、省地方金融监管局、省税务局、人民银行济南分行和有关市政府按职责分工负责）

（二十七）推动运输结构调整。以推进货物运输"公转铁"为核心，加快构建多式联运系统，推进各种运输方式协调发展，提高综合交通运输体系组合效率。逐步调整大宗物料公路运输量，加快推动运输距离在 400 公里以上，且具备铁路或管道运输条件的煤炭、矿石、焦炭、石油等大宗货物，由公路运输转为铁路或管道运输。（省发展改革委、省交通运输厅牵头，省工业和信息化厅、中国铁路济南局集团有限公司按职责分工负责）

（二十八）营造良好舆论氛围。组织主流新闻媒体积极宣传高耗能行业加快供给侧结构性改革、坚定不移走高质量发展道路取得的成效，推出一批先进典型和经验做法，为推进高耗能行业高质量发展工作营造良好的舆论氛围。（省委宣传部牵头，省工业和信息化厅、省广电局和有关市政府按职责分工负责）

五、组织保障

（二十九）加强组织领导。将省化工产业安全生产转型升级专项行动领导小组更名为省化工产业安全生产转型升级专项行动和加快高耗能行业高质量发展工作领导小组，加强工作力量，增设专业小组，从成员单位抽调人员，具体负责统筹推进全省高耗能行业高质量发展工作。（领导小组成员单位按职责分工负责）

（三十）形成上下联动机制。坚持全省统筹、属地主责原则，进一步强化属地主体责任，稳妥有序推进产业调整、企业搬迁、土地盘活、整合重组、资金融通等工作。有关市要参照省里模式，建立相应工作机制，认真落实本方案要求，形成上下贯通、整体联动格局，推动任务落实。（领导小组成员单位和有关市政府按职责分工负责）

（三十一）建立考核督导机制。将高耗能行业高质量发展成效纳入各市经济社会发展综合考核指标和省委、省政府重点督查事项，对有关市推进高耗能行业高质量发展工作进行严格考核评定。配套建立完善评估考核、跟踪问效工作机制，定期开展督导考核、跟踪分析、效果评估，激发统筹发展活力，增强推进落实动力。（省委组织部、省工业和信息化厅按职责分工负责）

山东省人民政府关于印发中国（威海）跨境
电子商务综合试验区实施方案的通知

2018 年 12 月 26 日　鲁政字〔2018〕306 号

威海市人民政府，省政府有关部门：

根据《国务院关于同意在北京等 22 个城市设立跨境电子商务综合试验区的批复》（国函〔2018〕93 号）要求，现将《中国（威海）跨境电子商务综合试验区实施方案》印发给你们，请认真组织实施。

附件：中国（威海）跨境电子商务综合试验区实施方案

附件：

中国（威海）跨境电子商务综合试验区实施方案

为做好中国（威海）跨境电子商务综合试验区（以下简称威海综合试验区）建设工作，根据《国务院关于同意在北京等 22 个城市设立跨境电子商务综合试验区的批复》（国函〔2018〕93 号）要求，制定本实施方案。

一、总体要求

（一）指导思想。以习近平新时代中国特色社会主义思想为指导，全面贯彻党的十九大和十九届二中、三中全会精神，紧紧围绕国家关于跨境电子商务发展的总体部署，按照山东省推进新旧动能转换、打造对外开放新高地的工作要求，学习借鉴先进地区跨境电子商务发展经验，立足威海毗邻日韩的区位优势，发挥威海中韩自贸区地方经济合作示范区、国家服务贸易创新发展试点城市的政策优势，放大威海港口众多、航线密集的口岸优势，建设中日韩跨境电子商务快速通道，带动威海东北亚物流交通枢纽建设，打造面向韩国、辐射东北亚的跨境电子商务中心城市。

（二）基本原则。

1. 坚持创新驱动、协同发展。推动跨境电子商务体制机制创新，构建跨境电子商务创新发展的政策支撑体系、信息共享体系、金融服务体系、统计监测体系和信用评价体系，推动监管整合创新、服务集成创新和商业模式创新，促进跨境电子商务监管协同、产业协同。

2. 坚持重点突破、全面发展。依托威海跨境电子商务基础和产业优势，在监管体制、智慧物流、金融服务、统计监测、模式创新、国际合作等重点领域实现突破。坚持跨境电子商务进出口并重、跨境电子商务企业对企业（B2B）和销售商对消费者（B2C）并举，构建跨境电子商务生态圈和服务链。

3. 坚持开放包容、一体发展。贯彻落实新发展理念，促进威海综合试验区与中韩自贸区地方经济合作示范区、国家服务贸易创新发展试点融合发展，发挥政策叠加作用，形成威海与韩国、日本跨境电子商务一体化发展格局。

（三）主要目标。跨境电子商务进出口规模显著提升。到 2020 年，跨境电子商务交易规模达到 100 亿元，增长率达到 60%，占对外贸易的比重显著提高，其中，跨境电子商务 B2B 占比达到 70%。培育 60 家以上跨境电子商务相关领军企业，其中，跨境电子商务 B2B 交易平台企业和综合服务平台企业占比达到 60%，形成良好的跨境电子商务生态体系。

制度创新、服务创新和模式创新取得突破。跨境电子商务发展体制机制更加健全，基础设施体系更加完善，服务体系更加完备，政府高效监管和优化服务的水平全面提升。企业广泛运用跨境电子商务新技术、新理念塑造富有竞争力的商业模式。

跨境电子商务促进产业转型升级的作用显著增强。传统企业利用跨境电子商务平台开展对外贸易的比率显著提升，传统产业与跨境电子商务融合持续深化，形成以技术、标准、品牌、质量、服务为核心的综合竞争优势。

国际合作新机制和区域协同发展格局基本形成。与韩国仁川、日本福冈共同建立跨境电子商务国际合作服务新机制，在与韩国、日本跨境电子商务信息共享、通关便利化方面取得积极成效，构建立足韩日、辐射全球的跨境电子商务网络。

二、主要任务

（一）建设"两平台、六体系"。

1. 建设跨境电子商务线上综合服务平台。按国家"单一窗口"标准规范，依托中国（山东）国际贸

易 "单一窗口"，建设跨境电子商务线上综合服务平台。在跨境电子商务进出口通关监管服务等功能基础上，进一步叠加税务、外汇、邮政、金融等多位一体的信息化政务服务，实现威海市跨境电子商务线上综合服务平台登记备案、免税管理、B2C、B2B、快件及邮件进出口统计、出口退换货等功能，形成 "一点接入、一站服务、一平台汇总"。

2. 优化提升跨境电子商务产业平台。以威海港、石岛港和海关特殊监管区域为依托，完善跨境电子商务产业园区布局规划，建设一批优质跨境电子商务产业园区。重点支持威海综合保税区发展网购保税进口业务和企业对销售商对消费者（B2B2C）出口业务，建设集保税进口、特殊区域出口、直购进口、一般贸易出口为一体的多功能区域。推动威海综合保税区跨境电子商务创新产业园、威海国际物流园、顺丰产业园、泰祥国际物流园等特色产业园创新发展，形成 "一区多园"、错位发展、优势互补的跨境电子商务产业发展格局。

3. 建立跨境电子商务信息共享体系。依托威海市跨境电子商务线上综合服务平台，研究制定跨境电子商务电子单证的数据交换与共享标准，促进业务流程数据依法有序流转与共享。加快威海市跨境电子商务线上综合服务平台与跨境电子商务相关平台和企业的数据交换共享，推动监管流程无缝衔接，促进综合服务向高价值提升。

4. 构建跨境电子商务智慧物流体系。引进知名物流供应链服务平台企业，建设跨境电子商务快递物流中心、多元化仓储中心和分拨中心，吸纳物流、快递、配送企业及跨境电子商务企业等供应链服务商和货物集聚威海。推进物流标准化和信息化建设，支持跨境电子商务企业、跨境电子商务服务企业加强大数据、云计算、人工智能、物联网等技术应用，增强大数据分析基础上交易信息获取和留存能力，提升物流体系智能化水平。

5. 完善跨境电子商务金融服务体系。鼓励金融机构、非银行支付机构、外贸综合服务企业之间开展合作，为跨境电子商务交易提供在线支付结算、在线融资、在线保险等完备便捷、风险可控的一站式金融服务。鼓励金融机构开展支持跨境电子商务企业创新发展的金融服务业务，推出适用于跨境电子商务特点的贸易融资产品。对跨境电子商务企业办理货物贸易外汇收支实行电子单证审核。鼓励跨境电子商务企业选择人民币、韩元计价结算，规避汇兑损失。扩大出口信用保险覆盖面，鼓励保险机构创新研发适应跨境电子商务的新型险种，开展出口信用保险保单融资、"政银保" 贷款保证保险、应收账款保险。

6. 建设跨境电子商务信用管理体系。依托威海市公共信用信息平台、国家企业信用信息公示系统（山东）协同监管门户和威海市跨境电子商务线上综合服务平台，加强政府部门、平台企业、银行、征信机构等协作，推动跨境电子商务信用数据交换与共享。擦亮社会信用体系建设示范城市品牌，实施联合激励和联合惩戒措施，编制联合奖惩措施清单，开发建设联合奖惩应用系统，将联合奖惩嵌入行政管理服务各流程。加强对违法失信行为的在线披露和共享，并通过国家企业信用信息公示系统（山东）记名企业名下，向社会公示。建立诚信企业 "红名单" 和失信企业 "黑名单"，实行信用分类监管，对 "红名单" 企业给予通关便利、提高银行授信额度等政策扶持，办理审批事项时给予容缺受理和绿色通道。

7. 建设跨境电子商务风险防范体系。完善跨境电子商务海关信息化管理的风险防控体系，建立与跨境电子商务相适应的企业信用管理、分类便捷通关、后续重点监管、监测评估预警等风险防控综合评判机制。增强威海市进口商品溯源公共服务平台服务能力，开发 "跨境电子商务始发地溯源系统"，采信经认可实验室的检测结果，推动 "境外预检＋溯源" 模式，实现验放分离、全程追溯、快速通关。加快推进国家化妆品检测重点实验室建设，建立质量安全风险监测机制，提升威海口岸检测能力和风险防控能力。

8. 完善跨境电子商务统计体系。创新跨境电子商务 B2B 统计指标体系，制定跨境电子商务 B2B 进出口业务认定标准和申报流程，对外贸综合服务型、网络询盘型进出口企业开展跨境电子商务业务进行主体资格认定，对经海关、商务部门认定的 B2B 进出口业务增加特定报关标识，建立跨境电子商务企业直报制度、重点调查和抽样审核制度、跨境电子商务平台数据和海关数据校核制度。完善跨境电子商务零售进出口统计，推进邮政管理系统与海关等系统的互联互通，威海市跨境电子商务线上综合服务平台开发跨境电子商务 B2B 进出口、零售出口及无票免税、邮包快递、保税进口统计模块。海关、商务、统计部门联合开展跨境电子商务统计监测试点，完善统计方法。以申报清单、平台数据为依据，以市场主体全样本调查为基础，以电子商务平台交易情况、部门数据和抽样调查为补充，建立跨境电子商务统计监测体系。

（二）建设东北亚跨境物流高速通道。

1. 加快物流基础设施建设。统筹推进威海国际物流多式联运中心设施建设，完善和优化现代物流网络布局，利用"互联网＋"、大数据、云计算等先进技术，推动港口、机场、邮政与多式联运中心连通，构建海陆空铁邮五位一体的物流设施体系。

2. 培育跨境电子商务高速通道。发挥威海与韩国海上航线密集和兼具海运价格、空运速度的显著优势，打造中韩黄金水道"天天班"。发挥对韩优势，构建中韩日海陆海高速通道，发展过境物流，形成连通中韩日三国的跨境电子商务通道。推进威海与仁川两地海港、空港"四港联动"物流一体化协同发展，发挥仁川空港的国际枢纽中转作用，构建"威海—仁川—欧美"中国北方重要跨境电子商务海空物流大通道。

3. 加强与韩日港口合作。推动威海港、石岛港与韩国仁川、群山、平泽及日本东京、川崎、横滨、大阪、福冈等港口间开展跨境电子商务转口贸易、过境贸易、多式联运合作。争取实现中韩陆海联运整车运输，大力发展中韩、中韩日海（陆）铁联运和冷链运输体系。推动通过威海、仁川以及釜山等转至世界的海陆空多式联运服务体系建设。

（三）建设中日韩跨境电子商务货物双向集散中心。

1. 发展"集货集发＋采购供货＋代采代发"跨境电子商务零售出口新模式。支持跨境电子商务产业聚集区加大跨境电子商务主体培育和引进力度，鼓励园区跨境电子商务企业发挥威海仓储、物流、人力成本优势，加强与韩国、日本等国家的电子商务平台合作，设立韩日电子商务平台中国运营中心。支持跨境电子商务主体依托威海物流服务体系优势，发展服务于中国对日本、韩国出口卖家的"集货集发"、服务于韩国贸易商的"采购供货"和服务于韩国采购商的"代采代发"集成模式，吸引全国各地出口韩国、日本跨境电子商务货物聚集威海，打造对韩国、日本跨境电子商务出口国内最大口岸区。

2. 构建"口岸仓＋海外仓"网络体系。建设多元化物流仓储供应链服务体系，将"线上综合服务＋威海公共口岸仓"与韩国仁川及日本东京、大阪、福冈公共海外仓线下仓储物流功能相结合，吸引全国各地对韩日进出口商品通过威海集散，凸显威海作为中国对韩日出口的"口岸仓"和韩日对中国出口的"海外仓"重要位置，形成东北亚跨境电子商务核心区。

三、工作举措

（一）建设中韩跨境电子商务区域合作新机制。

1. 探索建立跨境电子商务区域合作规则。发挥中韩自贸区地方经济合作发展引领效应，依托青岛海关与仁川海关建立的协作机制，争取国家支持，探索建立跨境电子商务监管新模式。加强威海与仁川的口岸执法机构合作，制定货物"一国查验、两国互认"操作规程，促进"信息互换、监管互认、执法互助"的"三互"大通关建设；双方共同探索建立区域跨境电子商务业务流程标准、数据交换与共享标准等规则，促进国内外城市间跨境电子商务标准互通、监管互认，提升通关便利化水平。在与韩国口岸实现 AEO 企业、原产地证、检验检疫证书等信用认证互认的基础上，建立监管部门信用信息共享和信用互认机制。争取在威海先期实施海关各项改革措施，实现单证信息的在线交换与共享，推动更大范围内的监管标准互认，促进国际间通关电子化、统一化和标准化。

2. 建立中韩资金融通平台合作机制。建立中韩金融服务体系，争取韩国银行、保险等金融机构设立区域性总部或分支机构，开展各项金融业务；支持符合条件的跨境电子商务企业通过商业贷款、发行债券等形式从韩国融入资金，并将资金调回境内使用。加快建设中韩跨境人民币业务创新发展示范区，鼓励金融机构支持威海企业开展跨境人民币直接投资借款、贷款、贸易融资、结算、支付等金融创新业务。

3. 建立跨境消费维权协作机制。建立跨境电子商务消费维权协作机制、跨境电子商务争议网上解决机制。在消费者权益保护、维权信息共享等方面开展合作，建立跨境受理投诉和在线纠纷调解平台，制定消费指引，开展消费警示和商业诚信建设合作，逐步形成区域跨境电子商务消费维权协作机制。指导跨境电子商务平台企业建立"消费维权服务站"，及时处理消费投诉问题。

（二）推动跨境电子商务与产业协同发展。

1. 推动跨境电子商务与优势产业联动。推动威海渔具、纺织服装、海洋食品、新材料及制品等特色产品以产业带、产业集群方式开展跨境电子商务品牌化经营。推动威海市海洋食品、文登区家纺、环翠区渔具、高新区服装等国家外贸转型升级示范基地建设，吸引跨境电子商务企业入驻，形成产业聚集区，促进跨境电子商务与产业协同发展。推动中国钓具之都博览城、文登小商品市场、韩日商品一级批发市场等专业市场整合商户资源、在线资源和线下服务资源，为企业提供跨境贸易整体解决方案，促进专业市场向线上线下互动、内外贸结合方向转型升级。

2. 助推传统制造业转型升级。引导跨境电子商务企业与云计算、人工智能、大数据、时尚设计、软件开发等各类企业跨界融合，建立跨境电子商务全方位服务体系，打造跨境电子商务创新服务云平台，带动数字贸易、智慧物流、互联网金融和供应链金融、云服务等新型服务业发展。鼓励企业通过在产品上添加智能模块，实现产品联网与运行数据采集，并利用大数据分析提供多样化智能服务。推进龙头企业建设全产业链公共服务平台，推动基于制造业的服务化延伸。

3. 助推传统商业转型升级。发挥威海综合保税区等海关特殊监管区域功能优势，开展跨境电子商务网购保税进口模式。鼓励有条件的电子商务平台企业打造"网购保税 + 实体新零售"的 B2B2C + O2O（线上对线下）模式，实现"线下体验、线上交易"。推动韩国食品日用品交易集散地转型升级，加快建设韩日商品一级批发市场，吸引更有实力的商家入驻，提高商品档次，增加商品多样性。

（三）实施品牌发展战略。

1. 支持企业自主品牌建设。支持有境外销售渠道资源的跨境电子商务出口企业与汽车配件、渔具、五金工具等优质制造商、供应商合作，共同创建国际自主品牌。鼓励企业加强海外商标注册和保护，培育自主互联网品牌。支持企业在境内外电子商务平台开店，利用搜索引擎推广等数字营销技术开展品牌推广。支持企业开展品牌国际并购。

2. 加大品牌保护力度。鼓励跨境电子商务服务企业、商标代理机构等中介组织提供品牌申报注册服务。培育国际化商标代理机构，完善品牌争端解决机制，加强品牌权益保护。支持企业开展商标海外维权工作，加大对企业商标品牌海外维权援助力度，不断加大品牌保护力度。

（四）打造跨境电子商务生态圈。

1. 建设跨境电子商务公共服务体系。提升跨境电子商务综合服务能力，培育一批集报关、退税、国际物流、海外仓储、汇兑服务于一体的跨境电子商务服务企业，为制造企业、中小微外贸企业跨境电子商务转型提供供应链服务。鼓励有条件的企业设立跨境电子商务公共服务中心，为企业提供跨境电子商务培训、政策宣讲、资源对接、市场拓展等公共服务。支持产业集群、供应链上下游企业在海外建立知识产权维权联盟。完善跨境电子商务企业管理服务，培育专业化管理咨询服务机构，为企业提供境外注册、组织架构、人力资源、薪酬体系、绩效考核等咨询服务。支持有条件的区（市）建设跨境电子商务创新创业中心，推进创新创业基地、众创空间、创客咖啡等跨境电子商务孵化载体建设。

2. 提升海外仓服务能力。支持建设韩国、日本公共海外仓，为跨境电子商务企业提供备货、海空转运、清关、仓储配货服务。支持有条件的企业在韩国、日本、美国、欧盟等国家和地区设立展示交易中心、分销服务网络和物流配送中心，为跨境电子商务出口货物提供境外集成服务。鼓励公共海外仓运营企业建设互联互通、衔接顺畅、优质高效的仓储物流服务体系。

（五）优化跨境电子商务发展环境。

1. 进一步提升贸易便利化水平。推行跨境电子商务零售出口"简化申报、清单核放、汇总统计"通关模式，优化跨境电子商务零售进口商品退换货流程，开辟退换货通关服务专区。在符合相关监管政策前提下，支持跨境电子商务网购保税进口商品建立交易订单、支付单、物流单"三单对碰"机制、"先入区后报关"和"清单核放、集中纳税、代扣代缴"的通关监管模式，做到"一线管住、二线优出"。海关对跨境电子商务货物、物品查验实施"一次放行",建立高效便捷、安全可控的协同监管和全流程监管制度,打造"速度最快、费用最低、服务最好"的"三最"口岸。争取国家支持,探索跨境电子商务进口宠物饲料和冰鲜产品。

2.完善跨境电子商务税收制度。推行跨境电子商务零售进口"税款担保、集中纳税、代扣代缴"制度。按照财政部、税务总局、商务部、海关总署《关于跨境电子商务综合试验区零售出口货物税收政策的通知》(财税〔2018〕103号)要求,对威海综合试验区跨境电子商务企业出口未取得有效进货凭证的货物,符合有关条件的,实行增值税、消费税免税政策。

(六)完善人才培养机制。建立跨境电子商务创业创新服务体系,发挥双创平台基地、大学生创业孵化基地、跨境电子商务实训基地平台作用,组织旨在培养熟悉平台规则、掌握实际操作运用的人才梯队孵化培训,建立健康、可持续的人才培养和流动机制。支持跨境电子商务实训基地、专业商协会及社会培训机构结合企业实际需求,开展订单式业务培训,培养跨境电子商务国际化人才,促进威海跨境电子商务与国际接轨。加强对政府相关部门人员的专业知识培训,提高政府工作人员对跨境电子商务的认识水平,提升监管和服务水平。

四、组织实施

(一)加强组织领导。威海市政府成立由主要负责同志任组长的威海综合试验区建设工作领导小组,统筹领导和协调推进威海综合试验区建设,细化工作任务,明确职责分工,推动各项任务落实。领导小组下设威海综合试验区办公室,办公室设在威海市商务局,负责开展威海综合试验区发展政策调查研究,拟定威海综合试验区中长期发展规划和政策措施,承担威海综合试验区建设工作领导小组交办的有关工作。省口岸办支持和指导威海市跨境电子商务线上综合服务平台建设。省政府有关部门要加强对威海综合试验区建设的指导和评估,及时协调出台具体财政支持政策,协同推动跨境电子商务发展。

(二)强化政策促进。支持跨境电子商务综合服务类企业扩大服务规模和服务种类,引导跨境电子商务交易平台类企业扩大交易规模。鼓励跨境电子商务企业"走出去",针对不同语言国家和地区开设子网站或独立页面,积极参与公共海外仓及服务平台建设。支持各类企业参与跨境电子商务人才培养。围绕跨境电子商务发展需要,建立完善的金融、财税、人才、信息、研发、土地等政策。

(三)强化资金保障。加大地方财政支持力度,支持公共平台、产业园区、出口聚集区和海外仓建设,支持仓储物流服务、国际市场开拓、品牌培育与推广、企业和人才的引进培养。鼓励和引导企业用好产业发展基金,通过市场化运作方式,吸引金融资本和社会资本共同投入,加大对企业开展跨境电子商务创新创业的资金支持力度,促进威海市跨境电子商务综合服务平台竞争力提升。

(四)加强行业自律。鼓励引导跨境电子商务交易平台、综合服务平台企业、非银行支付机构、物流仓储企业等共同筹建跨境电子商务行业协会,构建以行业协会为核心的市场自律机制,搭建企业与政府间的桥梁纽带。行业协会开放分享全产业链的资源和服务,加强与国内外跨境电子商务行业组织的交流合作,及时开展行业分析、统计数据发布、政策规则创新研究等工作。

山东省人民政府办公厅关于推进电子商务与快递物流协同发展的实施意见

2018年12月29日 鲁政办发〔2018〕36号

各市人民政府,各县(市、区)人民政府,省政府各部门、各直属机构:

为深入贯彻落实《国务院办公厅关于推进电子商务与快递物流协同发展的意见》(国办发〔2018〕1

号），积极实施新旧动能转换重大工程，推动我省电子商务与快递物流深度融合、协同发展，经省政府同意，制定以下实施意见。

一、推动企业改革创新，培育壮大电子商务与快递物流业协同发展主体

1. 培育电子商务与快递物流业协同发展主体。支持电子商务企业、快递物流企业优势互补，通过联合经营、兼并重组等方式，培育一批协同发展骨干企业。鼓励各类资本依法进入电子商务、快递物流领域，推动电子商务、快递物流企业上市融资，优化资源配置。促进快递物流业深化改革，创新发展，大力实施产业集群、产业平台和快递物流品牌共建战略，深入推进"互联网＋"，力争到 2022 年，我省电子商务和快递物流融合发展走在全国前列。（省商务厅、省发展改革委、省工业和信息化厅、省交通运输厅、省邮政管理局按职责分工负责。排第一位的为牵头落实单位，下同）

2. 强化与电子商务、快递物流龙头企业的战略合作。积极引进网络平台与技术，提升我省电子商务和快递物流企业的协同效率和竞争力。（省商务厅、省邮政管理局、省供销社按职责分工负责）。

二、加强基础设施建设，夯实电子商务与快递物流业发展基础

3. 推动快递物流处理中心、运输通道、接驳场所等功能区与交通枢纽同步规划建设。根据产业集群分布及特点，依托我省高速路网，加快发展甩挂运输和多式联运，优化干线运输网络。依托省内高铁路网，开通高铁快递和电子商务班列，开展高铁快递示范工作。鼓励利用中韩海运邮路、鲁辽大通道开展快递物流业务。在机场新建、扩建规划中，配套建设转运中心等快递物流功能区，统筹推进快递物流基础设施建设。围绕支柱行业、农业和跨境电子商务等发展需要，科学建设区域性总部或转运分拨中心。加快推进跨境电子商务综试区、国际铁路沿线城市、已设立口岸城市国际快递物流处理中心的规划建设和改造。（省邮政管理局、省交通运输厅、省商务厅、中国铁路济南局集团公司按职责分工负责）

4. 加强快递物流末端网络设施建设。支持快递物流企业加快末端网络设施开放共享，对接电子商务进村工程，建设一批电子商务县级运营中心、乡镇级服务中心和村级服务站。统筹利用好"万村千乡"、交通、邮政、供销和商贸企业等现有农村渠道资源，推动电子商务在农村实现第三方配送、共同配送。支持快递末端集约化服务，鼓励快递物流企业开展投递服务合作，建设快递末端综合服务场所，开展统仓统配、联收联投。优化末端服务设施布局，推进末端自提网点建设，打通电子商务快递物流配送农村"最后一公里"和城市社区"最后一百米"。（省邮政管理局、省住房城乡建设厅、省交通运输厅、省商务厅、省供销社按职责分工负责）

5. 推动电子商务和快递物流协同发展的园区建设。推广"电子商务产业园＋快递物流产业园"融合发展模式和标准体系建设，将配套完善的快递物流功能区纳入省、市级电子商务示范园区认定范畴。依托青岛、威海国家跨境电子商务综合试验区、中韩（烟台）产业园、临沂商城以及其他相关海关特殊监管区域，加强跨境电子商务快递产业园区建设。（省邮政管理局、省商务厅、省供销社按职责分工负责）

三、聚力快递物流的协同作用，助推农村电子商务、城市社区电子商务和跨境电子商务的发展

6. 推动农村电子商务与快递物流的协同发展。推进快递物流体系"农超对接""农批对接"和"农消对接"，发展代收代投、农资分销、电子商务服务等"一站式"综合惠农服务，积极参与农村新型社区服务建设，推动农商互联和农商协作。积极推广"电子商务＋物流""快递＋特色农产品"服务模式，畅通工业品下乡和农产品进城双向流通渠道，整合快递物流乡镇服务站点、配送中心等资源，加强与电子商务龙头企业农村电子商务项目、农民专业合作社、农业产业化龙头企业、特色经济乡镇对接，提升服务产地直

销、订单生产等农业生产新模式的能力，促进名优特农产品进城和工业品下乡，引导鼓励快递物流企业开展服务乡村振兴齐鲁样板项目建设。（省商务厅、省农业农村厅、省邮政管理局、省供销社按职责分工负责）

7. 进一步落实鲜活农产品进城"绿色通道"政策。对符合国家规定的鲜活农产品运输车辆，免征车辆通行费。根据特色产业分布情况，因地制宜支持各类运营主体大力发展适应农业生产季节性特点的冷链快递物流服务，重点推进产地预冷、冷藏保鲜、温控运输等冷链快递物流基础设施建设，合理布局冷链仓储中心和农产品集中配送中心，建设一批农产品物流示范园区。加大对公益性、公共性的冷链快递基础设施建设支持力度，落实国家已出台的促进冷链运输物流发展的相关税收优惠政策。（省商务厅、省交通运输厅、省农业农村厅、省邮政管理局、省供销社按职责分工负责）

8. 推动城市社区电子商务与快递物流的协同发展。推进同城共同配送试点，支持各市整合城市快递物流资源，建立分拨处理中心和共享设施空间、航空及陆运集散中心，构建低成本、广覆盖的系统化快递配送网络。鼓励快递物流企业建设适应电子商务发展的配送体系，构建快递物流企业与电子商务合作发展平台，探索"仓配一体化"等新型配送模式，为电子商务企业提供仓储、包装、分销、配送一条龙服务。推动电子商务企业整合社区商业资源和便民服务设施，实现社区商业与城市便民服务、社区政务、物流配送的互联互通，推进连锁超市、便利店、社区物业等开展物流分拨、快件代收等便民服务。（省商务厅、省交通运输厅、省邮政管理局按职责分工负责）

9. 推动跨境电子商务与快递物流的协同发展。鼓励快递物流企业发展跨境电子商务快递物流业务，支持有条件的快递物流企业"走出去"建设公共海外仓，通过建立跨境分拨配送和运营服务体系，推动我省跨境电子商务发展形成完整的产业链和生态圈。鼓励电子商务、快递物流企业与港口、园区、航运公司等联合开展仓储及中转业务创新，形成跨境电子商务配套服务产业链。建立海关、商务、邮政管理部门协调合作机制，简化通关流程，优化快速安检、配载、装卸、交换等一体化服务，提升快速通关能力。（省商务厅、青岛海关、济南海关、省邮政管理局按职责分工负责）

四、规范快递物流交通工具，推动电子商务配送通行便利化

10. 推广应用符合标准的快递专用车辆。发布快递行业统一标识，统一外观颜色、标识编号。在国家尚未出台相关规定的过渡期间，快递物流企业应遵循安全原则和行业标准配备符合国家《道路机动车辆生产企业及产品公告》的机动车产品，并参照快递物流车辆使专用机动车产品在外观标识、技术性能、作业装备等方面明显区别于其他机动车产品。（省邮政管理局、省公安厅、省交通运输厅、省市场监管局按职责分工负责）

五、推动快递物流智能化建设，提高电子商务和快递物流协同运行效率

11. 推动智能化技术在电子商务和快递物流领域的普及和应用。加强导航、物联网、云计算、大数据、移动互联以及智能终端、自动分拣、机械化装卸等先进技术装备在快递物流服务领域的应用，实现企业管理信息化、生产自动化、运输综合化、配送智能化、过程可视化、装备高效化。支持快递物流企业完善信息化运营平台和开放信息资源，推进大数据开放、共享与创新应用。鼓励电子商务、快递物流企业发展智能仓储，延伸服务链条，优化企业供应链管理，整合共享上下游资源，提高电子商务企业与快递物流企业协同效率。（省邮政管理局、省发展改革委、省工业和信息化厅、省商务厅按职责分工负责）

12. 推动建设智能化的快递物流园区和枢纽。依托重点快递物流园区，优化布局一批智能快递物流骨干网节点，建设立体综合智能快递物流枢纽，推广线上线下相结合的智能快递物流发展模式。加快快递物流节点内部信息化建设，整合通关信息、口岸信息、企业信用信息及跨省市联运信息，提高各快递物流节点之间信息传输和交换能力，打造具备中枢决策功能、资源协同利用、流程再造功能强大的供应链整合和决策服务平台。（省邮政管理局、省工业和信息化厅、省发展改革委、省交通运输厅、省商务厅、省政府办公厅〔省口岸办〕、青岛海关、济南海关按职责分工负责）

六、强化绿色理念，打造电子商务和快递物流协同发展的标准化绿色生态链

13. 推动绿色包装。支持快递物流企业通过减量化设计和使用可降解材料及循环再利用等措施推动绿色包装的标准化建设和使用，推广使用电子运单、循环化封套、绿色环保包装材料和填充物，倡导用户适度包装，加强包装废弃物回收利用，有效降低材料消耗。（省邮政管理局、省生态环境厅、省市场监管局、省科技厅按职责分工负责）

14. 加快淘汰高能耗老旧设备和排放不达标的运输装备。减少温室气体排放。快递物流企业每年新增或更新车辆中的新能源汽车比例不低于 30%，逐年提高，按规定享受新能源车辆补贴。（省邮政管理局、省交通运输厅按职责分工负责）

15. 推动快递物流服务体系标准化建设。积极引进知名快递物流网络平台，协同本地物流企业与社会化运力，共同建立有大数据支持的标准化、品牌化、共享化的物流服务体系，推动农村地区建设县、乡、村三级高效运转的公共商品流通基础设施体系。加快城市绿色智能物流快递网络建设，支持智能快递末端服务设施进社区、进高校、进商区。（省邮政管理局、省商务厅按职责分工负责）

七、强化服务，建立健全电子商务与快递物流协同发展支撑保障体系

16. 积极推进"放管服"改革。加快建设邮政行业公共服务信息平台，简化快递物流企业业务经营许可程序，实现许可备案事项网上统一办理，推进"一次办好"，改革快递企业年度报告制度，实施快递末端网点备案制度；经营快递业务的企业及其分支机构、营业部可根据业务需要开办快递末端网点，快递末端网点向所在地邮政部门备案，无需办理营业执照。（省邮政管理局、省市场监管局按职责分工负责）

17. 做好电子商务与快递物流协同发展规划设计。支持将电子商务、快递物流列为重点扶持发展行业，因地制宜拓展服务范围，创新服务方式，改善服务水平。在符合城市总体规划、土地利用规划以及商贸流通、交通运输等其他相关规划的基础上，坚持集中与分散相结合、交通转运便捷的原则，在工业园区、大型居住区、物流集散地等区域配套适度的仓储用地，促进物流仓储用地布局合理。（省商务厅、省邮政管理局、省自然资源厅、省住房城乡建设厅、省交通运输厅按职责分工负责）

18. 强化对电子商务与快递物流协同发展的政策和资金扶持。统筹利用支持服务业、商贸流通、安全生产等相关资金，促进快递物流企业与电子商务、特色农产品配送、先进制造业等融合发展，完善服务网络。鼓励快递物流企业加大设备升级和技术改造，推动符合条件的企业积极申请高新技术企业认定，享受税收优惠政策。突出政策导向，发挥资本市场发展、服务业创新、公共基础设施建设等政府股权投资引导基金的作用，为快递物流企业融资提供有力支持。加大对快递物流企业的规范化、市场化培育力度，支持企业通过上市、挂牌、发行债券等多种渠道融资。（省财政厅、省工业和信息化厅、省科技厅、省商务厅、省地方金融监管局、省邮政管理局按职责分工负责）

19. 加快构建快递物流业诚信体系。推动建设快递业信用信息平台并实现与省公共信用信息平台、国家企业信用信息公示系统（山东）的互联共享，实现行业信用管理，加强行业自律和社会监督。以推进诚信文化建设为支撑，健全行业自律约束机制，开展"诚信示范企业""诚信经营示范"等诚信创建活动，营造诚信环境。以营造诚实守信的快递物流市场环境为目标，建立企业诚信评价体系，完善行业信用档案和失信惩戒机制。（省邮政管理局、省发展改革委、省市场监管局按职责分工负责）

20. 加强快递物流行业安全生产。加强快递物流行业安全信息监管平台建设，充实监管力量，完善快递物流安全管控体系，推进快递物流安全监管、应急管理相关技术支撑建设，全力打造"放心消费工程"。加强快递物流企业安全生产主体责任和寄件人安全责任，完善从业人员安全教育培训制度，推进快递物流安全属地化综合治理。（省邮政管理局、省财政厅按职责分工负责）

21. 强化电子商务和快递物流业的人才队伍建设。支持引进电子商务和快递物流行业管理和服务高级

人才，符合条件的可享受我省高层次高技能人才相应的政策待遇。支持培育快递物流行业高端人才，鼓励高等院校与企业联合建设实训基地，争创国家级产教融合示范项目。各级、各有关部门要根据当地劳动力市场需求状况，将电子商务和快递物流业务员培训纳入职业培训补贴范围，对符合政策或专项资金补贴条件的，按规定给予培训补贴。（省邮政管理局、省财政厅、省人力资源社会保障厅按职责分工负责）

22. 发挥电子商务、快递物流行业协会的桥梁和纽带作用。支持行业协会深入开展调查研究、技术推广、标准制订和咨询服务、培训交流、理论研究、融资服务等，加强产学研用结合，促进企业协同创新发展。鼓励行业协会积极构建行业各类细分领域的数据、指数、发展报告等基础性工作，精准支持相关部门决策。推动行业规范自律、诚信体系、行业精神文明创建、党的建设和企业文化建设，推动电子商务、快递物流业协同健康发展。（省商务厅、省邮政管理局按职责分工负责）

23. 发挥全省电子商务工作领导小组协调指导调度作用。统筹全省电子商务与快递物流发展，研究部署重点工作，协调解决重大问题。各成员单位和有关部门要结合自身职能，各司其职，分工合作，形成工作合力，抓好贯彻落实。（省电子商务工作领导小组各成员单位、各有关部门按职责分工负责）

山东省人民政府办公厅转发省商务厅等部门关于扩大进口促进对外贸易平衡发展的实施意见的通知

2018 年 12 月 29 日　鲁政办发〔2018〕37 号

各市人民政府，各县（市、区）人民政府，省政府各部门、各直属机构：

省商务厅、省发展改革委、省工业和信息化厅、省教育厅、省财政厅、省生态环境厅、省交通运输厅、省农业农村厅、省文化和旅游厅、省卫生健康委、省外办、省市场监管局、省地方金融监管局、省口岸办、省税务局、人民银行济南分行、青岛海关、济南海关《关于扩大进口促进对外贸易平衡发展的实施意见》已经省政府同意，现转发给你们，请认真组织实施。

附件：省商务厅　省发展改革委　省工业和信息化厅　省教育厅　省财政厅　省生态环境厅　省交通运输厅　省农业农村厅　省文化和旅游厅　省卫生健康委　省外办　省市场监管局　省地方金融监管局　省口岸办　省税务局　人民银行济南分行　青岛海关　济南海关关于扩大进口促进对外贸易平衡发展的实施意见

附件：

省商务厅　省发展改革委　省工业和信息化厅　省教育厅　省财政厅　省生态环境厅　省交通运输厅　省农业农村厅　省文化和旅游厅　省卫生健康委　省外办　省市场监管局　省地方金融监管局　省口岸办　省税务局　人民银行济南分行　青岛海关　济南海关关于扩大进口促进对外贸易平衡发展的实施意见

为贯彻落实《国务院办公厅转发商务部等部门关于扩大进口促进对外贸易平衡发展意见的通知》（国

办发〔2018〕53 号），进一步扩大进口，优化进口结构，更好地发挥进口对人民群众消费升级、新旧动能转换、提升国际竞争力等方面的积极作用，结合我省实际，经省政府同意，现提出如下实施意见：

一、扩大重要商品进口，优化进口结构

1. 扩大"十强"产业相关先进技术设备和关键零部件进口。结合我省新旧动能转换重大工程，调整《山东省鼓励进口产品和技术目录》，重点支持新一代信息技术、高端装备、新能源新材料、现代海洋、绿色化工、现代高效农业、现代金融等"十强"产业转型升级需要的技术、设备及零部件进口，鼓励企业引进消化吸收再创新。（省发展改革委、省工业和信息化厅、省财政厅、省商务厅、省生态环境厅、青岛海关、济南海关等按职责分工负责）

2. 支持促进消费升级的民生产品进口。充分发挥新消费引领作用，增加带动消费升级的优质日用消费品进口。扩大推动医养结合发展的医疗、康复、养老、养生等设备进口。落实日用消费品进口降税政策，丰富国内消费选择，鼓励威海打造日韩进口商品交易集散地，建设进口商品展示交易中心，促进进口与国内流通环节的对接，降低消费者采购成本。推动青岛、济南、烟台、威海等市设立进境免税商店，扩大免税品进口。（省商务厅、省发展改革委、省工业和信息化厅、省财政厅、省卫生健康委、青岛海关、济南海关、省税务局、人民银行济南分行、省市场监管局等按职责分工负责）

3. 积极发展服务进口。按照国家《鼓励进口服务目录》，扩大与我省"十强"产业配套的建筑设计、商贸物流、咨询服务、研发设计、节能环保、环境服务等生产性服务进口规模。全面落实准入前国民待遇加负面清单管理制度，增加金融、物流、教育、文化、医疗等生活性服务业和高端服务业进口。发挥威海深化服务贸易创新发展试点城市优势，扩大进口省内急需的资本技术密集型和特色服务等高附加值服务进口。（省商务厅、省发展改革委、省工业和信息化厅、省教育厅、省生态环境厅、省交通运输厅、省文化和旅游厅、省卫生健康委、省地方金融监管局、人民银行济南分行、青岛海关、济南海关等按职责分工负责）

4. 增加资源性产品、农产品进口。发挥我省大宗资源性产品进口口岸优势，稳定和引导大宗资源性商品进口。引导和支持符合条件企业申报原油进口允许量和进口资质，扩大我省地炼企业原油进口规模。增加大豆等我省紧缺农产品和有利于提升农业竞争力的农资、农机等产品进口。打造东北亚水产加工及贸易中心，加大远洋渔业自捕水产品（及其加工制品）回运力度，增加水海产品进口。（省发展改革委、省工业和信息化厅、省财政厅、省农业农村厅、省商务厅、青岛海关、济南海关等按职责分工负责）

二、大力培育运用各类进口渠道和平台

1. 利用好中国国际进口博览会。支持企业利用中国国际进口博览会开展采购对接，扩大我省采购成交量。对实际执行签约进口企业，结合国家和省级鼓励进口技术和产品目录，以及新旧动能转换重大工程支持的"十强"产业相关政策，对鼓励进口技术和产品给予贴息支持。（省商务厅、省发展改革委、省工业和信息化厅、省财政厅等按职责分工负责）

2. 培育各类进口贸易展会。发挥我省区位优势，用好省内进口展会，扩大进口商品展销规模。探索与国外知名展览机构合作举办进口展会，有针对性地组织开展境外重点市场采购对接活动，拓宽进口渠道。（省商务厅牵头负责）

3. 发挥进口检验检疫指定口岸优势。发挥进口检验检疫指定口岸作用，扩大粮食、水果、种苗、肉类、冰鲜水产品等一般消费品进口。进口指定口岸所在市要加强统筹协调，建立定期通报制度；优化完善查验、报关、冷链仓储物流、批发贸易一站式服务。（青岛海关、济南海关、省口岸办、省商务厅等按职责分工负责）

4. 扩大跨境电子商务综合试验区保税进口。支持青岛、威海等国家级跨境电子商务综合试验区与国内外知名电商平台合作，扩大跨境电商直购进口规模。支持济南、烟台、潍坊、日照等省级跨境电商综合试验区加大各类跨境电商主体和跨境电子商务公共服务平台建设。（省商务厅、青岛海关、济南海关、省税

务局、人民银行济南分行等按职责分工负责）

5. 用好青岛汽车平行进口试点。增强青岛汽车整车进口口岸辐射力，扩大汽车进口贸易规模，形成完善集国际贸易、仓储物流、展示交易、售后维修、金融保险于一体的进口汽车全产业链，带动汽车及相关产业进出口贸易、物流联动发展。（省商务厅、省发展改革委、省财政厅、青岛海关等按职责分工负责）

6. 发挥海关特殊监管区优势开展进口贸易。引导企业发挥海关特殊监管区域功能优势，发展与制造业相关联的研发设计、金融结算、检测维修等业务，增强企业创新发展的内生动力。支持鼓励企业建设保税仓库，建设土地价格按工业用地价格标准执行。培育建设棉花、橡胶、塑料、纸浆等大宗商品交易平台，完善保税仓储、贸易物流、展示销售、供应链金融等专业化服务功能，打造辐射全省、服务全国的进口商品集散地。支持有条件的海关特殊监管区创建国家进口贸易促进创新示范区。（省商务厅、省发展改革委、青岛海关、济南海关、人民银行济南分行、省税务局等按职责分工负责）

7. 发挥外资对扩大进口的带动作用。全面落实《外商投资准入特别管理措施（负面清单）（2018年版）》和境外投资者境内利润再投资递延纳税政策，引导外资投向"十强"产业，优化境内投资环境。引导企业利用国际国内两个市场两种资源，重点引进一批产业关联度大、出口带动能力强的加工贸易大项目，扩大进口规模。（省商务厅、省发展改革委、省工业和信息化厅、省财政厅、人民银行济南分行、青岛海关、济南海关、省税务局等按职责分工负责）

8. 深化对外投资合作带动进口。加大境外资源合作开发支持力度，支持我省企业赴境外开发省内急需的资源、能源矿产品回运。支持有实力的企业建设境外营销网络、海外仓及商贸物流园区，推进我省境外经贸合作园区建设，扩大木材等资源性产品进口。（省商务厅、省发展改革委、省自然资源厅等按职责分工负责）

三、拓展优化多元化进口市场布局

1. 加强"一带一路"沿线进口。支持青岛市加快建设中国—上海合作组织地方经贸合作示范区，探索形成"一带一路"地方经贸合作贸易畅通新模式。把"一带一路"沿线国家作为我省重点进口来源地，支持企业开发中东、中亚、蒙古、俄罗斯等国家和地区的原油、煤炭、天然气、铁矿石、有色金属、木材等优势资源。发挥中欧商贸物流园区和中东欧品牌产品展等优势，进出结合带动扩大进口。整合现有欧亚班列资源，加快推进欧亚班列高效运营，与日韩、中亚、欧洲等物流、港口合作，开展转口贸易、过境贸易、多式联运，提高回程班列装载量。（省商务厅、省发展改革委、省外办、省工业和信息化厅、青岛海关、济南海关等按职责分工负责）

2. 深入实施自贸区战略。发挥中韩自由贸易区和威海中韩自贸区地方经济合作示范区、烟台中韩产业园优势，加快威海、烟台铁路、港口、机场等基础设施建设，增加对韩集装箱、客货班轮航线密度，引导企业最大限度利用跨境电商、海运邮路、海运快件等国际寄递物流业务，丰富和扩大进口。实施进口市场多元化战略，妥善应对经贸摩擦，规避贸易保护主义所带来的风险。（省商务厅、省发展改革委、省财政厅、省工业和信息化厅、省交通运输厅、省外办、青岛海关、济南海关、省税务局等按职责分工负责）

四、加大财政和金融政策支持

1. 加大财政支持力度。加大省级外贸领域相关专项资金对进口的支持力度，落实好鼓励类技术和产品进口贴息、鼓励类项目进口设备减免关税、降低部分商品进口税率等优惠政策，促进企业增强创新能力，提升国际竞争力。（省财政厅、省商务厅、省发展改革委、省工业和信息化厅、青岛海关、济南海关、省税务局等按职责分工负责）

2. 加大金融支持和创新力度。综合运用再贷款、再贴现等方式，引导金融机构加大对进口业务的信贷支持力度。鼓励支持金融机构优化、创新进口信贷产品和服务，帮助企业灵活运用远期结售汇、外汇期权、货币互换、套期保值等金融避险工具。充分发挥进口信用保险作用，为企业进口提供信息咨询、风险分析等服务。鼓励进口企业充分用好国家政策性银行优惠政策。推动企业开展跨境人民币进口结算。（人民银行济南分行、省商务厅、省地方金融监管局等按职责分工负责）

五、提高进口贸易便利化水平

1. 优化进口通关流程。削减进口环节审批，压缩进出口许可证办理时限至 2 个工作日。加快推进关检业务融合的通关一体化改革，对需在口岸验核的监管证件全部实现联网核查，到 2021 年年底，整体通关时间比 2017 年压缩一半。降低通关成本，到 2020 年年底，集装箱进出口环节合规成本比 2017 年降低一半。做好国际贸易"单一窗口"标准版的推广应用，全面推进通关作业无纸化和铁路运输货物通关无纸化。引导跨境贸易数据向"单一窗口"集中，将"单一窗口"功能覆盖国际贸易管理全链条。优化多式联运海关监管模式，与韩国等口岸部门创新开展"检测前置、结果互认"合作模式，进一步简化通关流程。对进出口食品、化妆品探索实施"即报即放""即查即放""边检边放""外检内放"等多种放行模式。对进境水果现场查验未发现检疫性有害生物或疑似有检疫性有害生物的立即放行。推行进口矿产品等大宗资源性商品"先验放后检测"检验监管方式。加快"智慧港口"建设，全面推行进口集装箱提货单和设备交接电子化流转。（省口岸办、省商务厅、青岛海关、济南海关等按职责分工负责）

2. 加强口岸收费监管。深入开展"优化口岸营商环境专项行动"，清理规范涉企收费。严格落实口岸收费目录清单和公示制度，在口岸现场、收费大厅和国际贸易"单一窗口"等公布口岸收费目录清单，清单以外一律不得收费。加强对口岸收费情况进行执法检查，对明显超出服务成本、价格偏高的口岸配套服务企业收费项目，全部清理到位。（省口岸办、省市场监管局、省财政厅、省交通运输厅、青岛海关、济南海关、省税务局、省商务厅等按职责分工负责）

3. 完善进口公共服务。加强外贸诚信体系建设，严厉打击进口假冒伪劣商品和侵犯知识产权行为，规范市场秩序，维护公平竞争。简化进口相关行政审批程序，推进进口许可证无纸化改革。完善在信息、政策、人才、融资、检测认证、风险预警、法律后援等方面对进口的公共服务，为企业开展进口贸易提供便利。鼓励进口企业利用出口信用保险公司开展境外出口商资信调查。（省商务厅、省发展改革委、省工业和信息化厅、省市场监管局〔省知识产权局〕、青岛海关、济南海关等按职责分工负责）

4. 积极发挥商协会中介作用。鼓励相关商会、行业协会、跨境电商协会等中介组织加强行业指导和自律，根据需要开展进口咨询和培训等服务。鼓励支持境内外商协会加强联系沟通合作，搭建商务信息交流和服务平台。（省商务厅、省工业和信息化厅、省发展改革委、省外办等按职责分工负责）

各级、各部门要从战略和全局的高度，充分认识促进进口的重要意义，根据本实施意见，按照职责分工，制定具体政策措施。省商务厅要充分发挥统筹协调作用，加强对全省进口工作的督导和检查，确保各项政策宣传到位、落实到位。

山东省人民政府办公厅关于印发山东省节能奖励办法的通知

2018 年 1 月 9 日　鲁政办字〔2018〕6 号

各市人民政府，各县（市、区）人民政府，省政府各部门、各直属机构，各大企业，各高等院校：

《山东省节能奖励办法》已经省政府同意，现印发给你们，请认真贯彻执行。

附件：山东省节能奖励办法

附件:

山东省节能奖励办法

第一章 总 则

第一条 全面贯彻落实党的十九大精神,以习近平新时代中国特色社会主义思想为指导,坚持新发展理念,认真落实节能考核奖惩制度,切实调动全社会开展节能工作的积极性和创造性,确保完成节能目标任务。根据《中华人民共和国节约能源法》《山东省节约能源条例》和《国务院批转节能减排统计监测及考核实施方案和办法的通知》(国发〔2007〕36号)、《国务院关于印发"十三五"节能减排综合工作方案的通知》(国发〔2016〕74号)、《山东省人民政府关于印发山东省"十三五"节能减排综合工作方案的通知》(鲁政发〔2017〕15号),制定本办法。

第二章 原则和奖励设置

第二条 根据有关法律法规,省政府对在节能管理和服务、节能科研和推广应用、循环经济和清洁生产、新能源开发利用等方面,以及推进绿色体系建设、加快新旧动能转换中取得显著节能成绩的单位及成果给予奖励,并公布名单。

第三条 省节能奖励的推荐、评审工作坚持科学、客观、真实、公开、公正、公平、择优的原则。

第四条 按照国家、省有关节能目标责任评价考核要求,省级节能主管部门每年对重点用能单位节能工作进行评价考核,将考核结果作为评选的重要依据。

第五条 省节能奖励包括2个类别、4个子项。

(一)山东省节能突出贡献单位、山东省重大节能成果每年评选一次,各不超过5个名额,给予每个获评单位、成果100万元奖励。

(二)山东省节能先进单位、山东省优秀节能成果每年评选一次,各不超过50个名额,给予每个山东省优秀节能成果10万元奖励。

第六条 省节能奖励奖金从省财政安排的节能专项资金中列支。

第七条 同一个单位同时具备多项奖励条件的,不重复进行奖励。

第三章 范围、条件和程序

第八条 评选范围:

(一)山东省节能突出贡献单位、山东省节能先进单位从我省用能企业、科研机构、节能服务机构等单位中评选。

(二)山东省重大节能成果、山东省优秀节能成果从我省推广实施的节能技术、产品、设备、工程项目等中评选。

第九条 评选条件:

(一)参评单位须为省内注册独立法人。

(二)申报单位年度内未发生重大安全、环保、质量事故,未违反节能法律法规;纳入全省节能目标责任考核范围的,要完成或超额完成省里下达的各项节能目标任务。

（三）山东省节能突出贡献单位：用能企业须满足单位产品（产值）能耗连续 2 年保持全国领先水平，当年实现节能量在 2 万吨标准煤以上；科研机构、节能服务机构须在节能管理、科研、技术推广等方面有重大创新，作出突出贡献，当年实现社会节能量在 1 万吨标准煤以上。

（四）山东省重大节能成果：拥有自主知识产权，节能技术水平居全国领先，推广实施 1 年以上。其中，节能技术、产品推广使用年实现节能量 5 万吨标准煤以上；节能工程项目年实现节能量 1.5 万吨标准煤以上。

（五）山东省节能先进单位：用能企业须满足单位产品（产值）能耗连续 2 年保持全省领先水平，当年实现节能量在 2 500 吨标准煤以上；科研机构、节能服务机构须在节能管理、科研、技术推广等方面有较大创新，作出较大贡献，当年实现社会节能量在 2 500 吨标准煤以上。

（六）山东省优秀节能成果：拥有自主知识产权，节能技术水平居全省领先，推广实施 1 年以上。其中，节能技术、产品推广使用年实现节能量 1.5 万吨标准煤以上；节能工程项目年实现节能量 5 000 吨标准煤以上。

第十条 评选程序：

（一）具备评选条件的单位按照属地原则，向市政府提交省节能奖申报表及具有相应资质的机构出具的鉴定报告等有关材料。

（二）市政府将推荐材料报送省经济和信息化委，并对推荐材料的真实性负责。

（三）省经济和信息化委会同省人力资源社会保障厅负责省节能奖评选的组织管理工作；成立由经济和信息化、人力资源社会保障、财政等部门和企业、科研机构、高等院校、社会团体等单位专家组成的评审委员会，按照本办法规定开展评审工作，提出奖项候选名单，并在官方网站上公示；根据公示结果，提出省节能奖励建议名单，报省政府批准。

（四）参评单位及向参评单位提供咨询服务的人员不得担任评审委员会成员。

第四章　附　则

第十一条 参评单位有弄虚作假行为的，取消其参加评定资格；已经获得奖励的，撤销已获奖励，5 年内不得再次参加评定。

第十二条 推荐单位及相关工作人员在评定活动中弄虚作假、徇私舞弊、参与骗取节能奖励的，依据有关规定，给予相应处分。

第十三条 本办法实施过程中的具体问题由省经济和信息化委负责解释。

第十四条 本办法自 2018 年 2 月 1 日起施行，有效期至 2023 年 1 月 31 日。《山东省人民政府办公厅关于印发山东省节能奖励办法的通知》（鲁政办发〔2006〕116 号）同时废止。

山东省人民政府办公厅关于印发山东省专业化工园区认定管理办法的通知

2018 年 1 月 12 日　鲁政办字〔2018〕8 号

各市人民政府，各县（市、区）人民政府，省政府各部门、各直属机构：

《山东省专业化工园区认定管理办法》已经省政府同意，现印发给你们，请认真贯彻执行。

附件：山东省专业化工园区认定管理办法

附件：

山东省专业化工园区认定管理办法

第一章 总 则

第一条 为全面贯彻落实党的十九大精神，优化我省化工园区布局和产业结构，规范专业化工园区健康发展，提升本质安全水平，促进转型升级、提质增效，结合我省实际，制定本办法。

第二条 本办法所称专业化工园区，是指以农药、涂料、水处理剂、生物化工等精细化工和化工新材料产业为纽带形成的生产加工体系匹配、产业联系紧密、原材物料互供、物流成熟完善、公用工程专用、污染物统一治理、安全设施配套、资源利用高效、管理科学规范的产业聚集区。

第三条 山东省化工产业安全生产转型升级专项行动领导小组办公室（以下简称省化工专项行动办）负责组织协调各市政府和省政府有关部门开展专业化工园区（以下简称园区）认定管理工作。

第二章 基本原则

第四条 科学规划，合理布局。园区总体发展规划与所在市、县（市、区）主体功能区规划、城乡规划、土地利用规划、生态环境保护规划等相符，产业布局符合国家、区域和省、市产业布局规划要求。

第五条 集聚集约，特色凸显。园区突出专业特色化工产业发展，坚持上下游关联配套，发展循环经济，实现能源高效利用。

第六条 安全环保，绿色发展。园区加强安全和环保管理，提升本质安全和环境保护水平，实施责任关怀，实现绿色发展。

第七条 配套完善，设施共享。园区配套完善基础设施和公用工程，具有较高信息化水平和较强公共服务能力。

第三章 认 定 标 准

第八条 专业化工园区认定应同时满足以下条件：

（一）建成区连片面积在 2 平方公里以上，或者规划连片面积在 3 平方公里以上、建成区面积在 1 平方公里以上；

（二）应编制总体发展规划，并与所在市、县（市、区）规划（主体功能区规划、城乡规划、土地利用规划、生态环境保护规划等）相符，满足生态保护红线、环境质量底线、资源利用上线和环境准入负面清单、山东省渤海和黄海海洋生态红线等相关要求；

（三）应形成专业特色突出的主导产业，已建成区内特色主导产业主营业务收入占园区所有企业主营业务收入的比重达到80%以上；

（四）具有批准时效期内的整体性安全风险评价、环境影响评价、规划水资源论证报告；

（五）远离所在城市主城区，不处于主城区主导风向上风向；

（六）园区内企业生产、储存装置与学校、医院、居民集中区等敏感点的距离符合安全、卫生防护等有关要求（市或县〔市、区〕政府已编制规划并承诺 2020 年 6 月 30 日前完成搬迁的，视为符合条件）；

（七）按照有关规定实行集中供热（不需要供热的园区除外）；

（八）具备集中统一的污水处理设施。园区污水处理出水水质符合《城镇污水处理厂污染物排放标准》（GB18918—2002）一级 A 标准规定的指标要求及有关地方标准要求。园区入河（入海）排污口的设置应符合相关规定，污水排放不影响受纳及下游水体达到水功能区划确定的水质目标；

（九）危险废物安全处置率达到 100%；

（十）设有集中的安全、环保监测监控系统；

（十一）按环评批复要求设有地下水水质监测井并正常运行；

（十二）当年度没有受环保限批、挂牌督办，不存在限期整改未完成等事项；

（十三）根据规划建设的产业情况和主要产品特性，配备符合安全生产要求的消防设施和力量。

第九条　按照《山东省专业化工园区评分标准》（以下简称《评分标准》，见附件），对园区的规划布局、公共基础设施、安全生产、环境保护、经济发展等方面进行细化赋分，认定园区总评分应在 60 分及以上。

第四章　认定程序

第十条　园区管理部门按照隶属关系向园区所在县（市、区）或市政府提交园区认定相关材料。主要包括：

（一）园区基本情况；

（二）园区依法实施规划管理的证明文件；

（三）园区依法用地的证明文件；

（四）园区环境影响报告书及审查文件，或者跟踪评价报告书及审查文件；

（五）园区整体性安全风险评价报告及批复文件；

（六）园区规划水资源论证报告及批复文件；

（七）园区公用基础设施配套情况。包括园区内的道路、管网（水、电、气、物料）、供热、污水处理、消防、通信、监测监控系统等基础设施竣工验收文件及相关证明材料；

（八）材料真实性承诺书；

（九）需要提交的其他材料。

第十一条　县（市、区）政府或市政府组织对园区申报材料进行审核，并按照《评分标准》进行打分，符合认定标准要求的，以正式文件逐级审核报送上一级政府，并抄送上一级化工专项行动办。

第十二条　省化工专项行动办收到各市园区认定申报材料后，组织有关成员单位、相关专家进行复核，对申报材料符合要求的进行现场核查，并按照《评分标准》进行打分。

第十三条　省化工专项行动办综合全省化工产业发展总体规划和打分情况，确定拟认定园区名单，报省化工专项行动领导小组研究。

第十四条　拟认定园区经省化工专项行动领导小组研究同意后，在省经济和信息化委网站予以公示，公示无异议的报省政府研究确定并公布。

第五章　管理考核

第十五条　园区实行属地管理，各市、县（市、区）政府负责辖区内已认定园区的管理工作。各级政府有关部门依据职能做好园区的管理服务工作。

第十六条　对在专业化工园区认定后，新建、扩建与主导产业无关联项目的，责令限期整改；整改期间，暂停办理除安全隐患整治和环境污染治理项目以外的新建、扩建项目相关手续。

第十七条　对发生重大及以上生产安全事故或突发环境事件的园区，一年内暂停办理除安全隐患整治和环境污染治理项目以外的新建、扩建项目相关手续。

第十八条 园区内企业存在生产、储存装置与学校、医院、居民集中区等敏感点的距离不符合安全、卫生防护等有关要求，且市或县（市、区）政府未能按照承诺于 2020 年 6 月 30 日前完成搬迁的，取消园区资格。

第十九条 省化工专项行动办负责组织园区的考核工作，原则上每两年考核一次。对考核不合格的给予警告，限期整改；整改期间，暂停办理除安全隐患整治和环境污染治理项目以外的新建、扩建项目相关手续。

第六章 附 则

第二十条 本办法自公布之日起施行。
附件：山东省专业化工园区评分标准

附件：

山东省专业化工园区评分标准

市、县（市、区）：　　　　　　　　　园区名称：

项目	评价内容	分值	计分方法	考核方式	得分
一、规划布局（20分）	1.《园区总体发展规划》符合总体布局、交通、消防、安全、环保、公用设施等方面涉及的化工行业标准规范要求。	6	《园区总体发展规划》不符合总体布局、交通、消防、安全、环保、公用设施等方面涉及的化工行业标准规范要求的，每一项扣1分。	现场检查查阅资料	
	2.《园区产业规划》符合国家化工产业政策的要求，遵循园区建设对水源、物流、安全和环境容纳能力的要求。	6	未编制《园区产业规划》的，扣6分；未遵循化工园区建设对水源、物流、安全和环境容纳能力要求的，每一项扣1.5分。	现场检查查阅资料	
	3. 园区内企业的生产、存储设备设施布局满足相关行业管理或设计规范。	6	园区内企业生产、存储设备设施布局不能满足相关行业管理或设计规范的，每发现一处扣2分。	现场检查查阅资料	
	4. 园区不得有劳动力密集型的非化工生产企业。	2	园区内有劳动力密集型的非化工生产企业的，扣2分。	现场检查	
二、公用基础设施（20分）	1. 园区内建有统一集中的供水设施和中水回用管网；建有生产给水系统、消防给水及消防栓系统和备用消防水源；供水能力要满足园区内生产、生活、消防需求。	6	未建有统一集中的供水设施的，扣4分；未建有统一中水回用管网的，扣2分；未建有生产给水系统、消防给水及消防栓系统和备用消防水源的，扣2分；供水能力不能满足园区内生产、生活、消防需求的，扣2分。	现场检查查阅资料	
	2. 园区具备双电源供电条件，同时满足有一级负荷和特别重要负荷企业的供电需求。	4	不具备双电源供电条件的，扣4分；不能同时满足有一级负荷和特别重要负荷企业的供电需求的，扣2分。	现场检查查阅资料	
	3. 园区统一铺设公用工程管道、供热管道、污水管道和计量用数据通讯光缆的公共管道通廊。	5	未统一铺设公用工程管道、供热管道、污水管道和计量用数据通讯光缆的公共管道通廊的，扣5分；公共管道不完整的，少1项扣1分。	现场检查查阅资料	
	4. 园区建有统一的数字网络设施平台和应急通讯系统。	3	未建设统一的数字网络设施平台的，扣1.5分；未建设应急通讯系统的，扣1.5分。	现场检查查阅资料	
	5. 园区按照至少百年一遇的标准建设防洪（潮）设施。	2	防洪（潮）设施未达到百年一遇标准的，扣2分。	现场检查查阅资料	

续表

项目	评价内容	分值	计分方法	考核方式	得分
三、安全生产（25分）	1. 配备满足园区安全生产需要的管理人员。	3	未按要求配齐安全管理人员的，扣3分	查阅资料	
	2. 园区针对涉及"两重点一重大"（重点监管的危险化工工艺、重点监管的危险化学品和重大危险源）的安全管理，建立了风险分级管控和隐患排查制度。	3	未针对涉及"两重点一重大"建立风险分级管控和隐患排查制度的，扣3分；相关制度不完善的，扣2分。	查阅资料	
	3. 对重点监管的危险化工工艺和构成一、二级重大危险源的实施HAZOP分析，覆盖率应达到100%，且将分析结果应用于实际工作中。	2	对重点监管的危险化工工艺和构成一、二级重大危险源的实施HAZOP分析，覆盖率未达到100%的，扣2分；分析结果未应用的，扣1分。	查阅资料	
	4. 园区针对"两重点一重大"的监管设有专门的信息管理档案，并随着项目的进驻、建设，及时更新完善。	2	未针对"两重点一重大"设有专门的信息管理档案的，扣2分；信息管理档案未及时更新完善的，扣1分。	查阅资料	
	5. 园区建立完善的园区门禁系统和视频监控系统，严格控制人员、危险化学品车辆进入园区。	3	未建设园区门禁系统的，扣1分；未建设视频监控系统的，扣2分。	现场检查查阅资料	
	6. 园区内危化品生产企业安全标准化三级及以上达标率达到100%。	3	危化品生产企业安全标准化三级及以上达标率未达到100%的，扣3分。	查阅资料	
	7. 园区建有安全生产综合监管和应急救援指挥平台，并有效运行。	3	未建设安全生产综合监管和应急救援指挥平台的，扣3分；未有效运行的，扣2分。	现场检查查阅资料	
	8. 园区编制完成生产安全事故应急预案，并建立适合本园区发展的生产安全事故应急预案体系。	2	未编制生产安全事故应急预案的，扣2分；未建立适合本园区发展的生产安全事故应急预案体系的，扣1分。	查阅资料	
	9. 园区每年至少组织一次综合应急预案演练或专项应急预案演练。	2	未按要求组织综合应急预案演练或专项应急预案演练的，扣2分。	查阅资料	
	10. 园区具备泄漏、火灾、爆炸等事故的应急救援力量；园区或委托园区内企业建有应急物资储备库。	2	不具备泄漏、火灾、爆炸等事故的应急救援力量的，扣1分；未建有应急物资储备库的，扣1分。	现场检查查阅资料	
四、环境保护（25分）	1. 园区规划实施五年以上的，要组织开展环境影响跟踪评价。	3	园区规划实施五年以上未按要求组织开展环境影响跟踪评价的，扣3分。	查阅资料	
	2. 园区污水处理厂具备污水分质处理的能力和设施；按照雨污分流、污污分流、分质处理的原则建设污水收集管网，并保证一企一管。	6	污水处理厂不具备污水分质处理的能力的，扣3分；未按照雨污分流、污污分流、分质处理的原则建设污水收集管网，实现一企一管的，扣3分。	现场检查查阅资料	
	3. 排污口设置符合《山东省污水排放口环境信息公开技术规范》和水行政主管部门相关要求。	3	排污口设置不符合《山东省污水排放口环境信息公开技术规范》和水行政主管部门相关要求的，扣3分。	现场检查查阅资料	
	4. 园区污水处理设施规模满足园区规划产业发展需求。	2	污水处理设施规模不能满足园区规划产业发展需求的，扣2分。	现场检查查阅资料	
	5. 园区内生产企业废气处理设施、污水预处理设施、危废暂存设施建成及运行率达到100%；按行业要求排污许可证核发率达到100%。	3	园区内生产企业废气处理设施、污水预处理设施或危废暂存设施建成及运行率达不到100%的，扣3分；排污许可证核发率达不到100%的，扣3分。	现场检查查阅资料	

续表

项目	评价内容	分值	计分方法	考核方式	得分
四、环境保护 (25分)	6. 园区要针对园区环境安全风险建设预警体系，统一建设环境在线监测监控系统并与环保部门联网。	3	未针对园区环境安全风险建设预警体系的，扣3分；未统一建设环境在线监测监控系统或未与环保部门联网的，扣2分。	现场检查 查阅资料	
	7. 园区要编制完成突发环境事件应急预案；应建立适合园区管理的突发环境事件应急预案体系。	2	未编制完成突发环境事件应急预案的，扣2分；未建立适合园区管理的突发环境事件应急预案体系的，扣1分。	查阅资料	
	8. 园区每年至少组织一次突发环境事件应急演练；建立突发环境事件应急救援队伍；建有应急物资储备库。	3	未按要求组织应急演练的，扣2分；未建立应急救援队伍的，扣1分；未建有应急物资储备库的，扣1分。	现场检查 查阅资料	
五、经济发展 (10分)	1. 投资强度情况。	3	投资强度在200万元/亩以下的，扣3分；200万元/亩至220万元/亩之间的，扣2分；220万元/亩至280万元/亩之间的，扣1分；280万元/亩以上的，不扣分。	查验园区已建成和在建项目的投资情况及园区投资门槛设定情况	
	2. 亩均税收情况。	3	亩均税收在10万元以下的，扣3分；10万元至15万元之间的，扣2分；15万元至20万元之间的，扣1分；20万元以上的，不扣分。	查验园区所有企业税收缴纳情况，结合占地亩数进行计算	
	3. 万元主营业务收入能耗水平。	2	上一年度园区内规模以上化工企业万元主营业务收入能耗在0.3吨标准煤及以上的，扣2分，低于0.3吨标准煤的，不扣分。	根据园区提供的企业有关数据进行计算	
	4. 综合利用率达到相关要求。	2	园区一般工业固废综合利用率未达到90%的，扣1分；中水回用率未达到40%的，扣1分。	查阅资料	

说明：
一、总分100分，每一子项分值扣完为止。
二、评价得分为每一项得分累加值。

总体得分：

评价单位：　　　　　　　　　　　　　　　　　　　　　　　　评价时间：

山东省人民政府办公厅关于印发山东省化工重点监控点认定管理办法的通知

2018年1月12日　鲁政办字〔2018〕9号

各市人民政府，各县（市、区）人民政府，省政府各部门，各直属机构：

《山东省化工重点监控点认定管理办法》已经省政府同意，现印发给你们，请认真贯彻执行。

附件：山东省化工重点监控点认定管理办法

附件：

山东省化工重点监控点认定管理办法

第一章　总　　则

第一条　为全面贯彻落实党的十九大精神，提升我省化工产业本质安全和环保水平，加强对重点化工生产企业监控管理，促进转型升级、提质增效，结合我省实际，制定本办法。

第二条　本办法所称化工重点监控点（以下简称监控点），是指处于省政府公布的化工园区和专业化工园区之外，符合国家产业政策、技术水平高、规模总量大、税收贡献突出、安全环保措施完善的化工生产企业。

第三条　被认定为监控点的企业，在项目审批、建设和管理方面参照化工园区执行。

第四条　山东省化工产业安全生产转型升级专项行动领导小组办公室（以下简称省化工专项行动办）负责组织协调各市政府和省政府有关部门开展监控点认定管理工作。

第二章　认 定 标 准

第五条　监控点认定应同时满足以下条件：

（一）符合所在市、县（市、区）规划（主体功能区规划、城乡规划、土地利用规划、生态环境保护规划等），满足生态保护红线、环境质量底线、资源利用上线和环境准入负面清单、山东省渤海和黄海海洋生态红线等相关要求；

（二）符合国家现行的《产业结构调整指导目录》《外商投资产业指导目录》和省、市有关产业政策；

（三）生产、储存装置与学校、医院、居民集中区等敏感点的距离符合安全、卫生防护等有关要求；

（四）当年度没有受环保限批、挂牌督办，不存在限期整改未完成事项；

（五）厂区须连接成片；

（六）上年度税收贡献在 1 亿元以上，并且主营业务收入石化企业在 50 亿元以上（炼油企业须有使用进口原油资质）、煤化工企业在 30 亿元以上、其他企业在 10 亿元以上；或主营业务收入 5 亿元以上、税收贡献在 5 000 万元以上，具有自主知识产权、技术填补国内空白、工艺装备水平国内领先、主导产品市场占有率国内第一的企业；

（七）拥有较为成熟的延伸产业链规划项目，具有能够满足发展需要的建设空间；

（八）新一轮评级评价安全、环保单项评级均在 85 分以上，并且总评为"优"。

第三章　认 定 程 序

第六条　企业向所在县（市、区）或市政府申报监控点认定材料。主要包括：

（一）企业基本情况；

（二）化工生产企业评级评价打分表；

（三）经过审计的上年度企业财务报告；

（四）当地税务部门出具的上年度企业纳税证明；

（五）企业土地使用证；

（六）材料真实性承诺书；

（七）需要提报的其他材料。

第七条　县（市、区）政府或市政府组织对企业申报材料进行审核，将符合认定标准要求的企业，以正式文件逐级报送上一级政府，并抄送上一级化工专项行动办。

第八条　省化工专项行动办收到市政府转报的企业申报材料后，组织有关成员单位、相关专家进行复核，对申报材料符合条件要求的企业进行现场核查。

第九条　省化工专项行动办结合全省化工产业发展总体规划和企业情况，确定拟认定监控点名单，报省化工专项行动领导小组研究。

第十条　拟认定监控点经省化工专项行动领导小组研究同意后，在省经济和信息化委网站予以公示，公示无异议的报省政府研究确定并公布。

第四章　监控管理

第十一条　各级政府及相关部门依据各自职能，加强对监控点的指导、监督和管理。

第十二条　监控点新建、改建和扩建项目，应按照《山东省化工投资项目管理暂行规定》办理相关手续。

第十三条　出现下列情形之一的，责令限期整改；整改期间暂停监控点资格，整改验收合格后予以恢复，仍不合格的撤销监控点资格：

（一）违规新建、改建、扩建项目的；

（二）发生较大及以上生产安全事故或环境突发事件的；

（三）环境监测一年发现两次及以上超标的；

（四）存在其他严重违法违规行为的。

第十四条　因产业政策、规划调整等条件变化，不宜继续从事化工生产的，取消监控点资格。

第五章　附　则

第十五条　本办法自公布之日起施行。

山东省人民政府办公厅关于印发山东省实施新一轮高水平企业技术改造三年行动计划（2018～2020年）的通知

2018年2月11日　鲁政办字〔2018〕21号

各市人民政府，各县（市、区）人民政府，省政府各部门、各直属机构：

《山东省实施新一轮高水平企业技术改造三年行动计划（2018～2020年）》已经省政府同意，现印发给你们，请认真贯彻实施。

附件：山东省实施新一轮高水平企业技术改造三年行动计划（2018～2020年）

附件:

山东省实施新一轮高水平企业技术改造三年行动计划 (2018~2020 年)

为充分发挥企业技术改造在推动工业转型升级中的重要作用,促进全省企业技术改造向更广领域更高水平发展,加快推进工业领域新旧动能转换,实现制造强省建设目标,特制定本行动计划。

一、总体要求

(一) 指导思想。以习近平新时代中国特色社会主义思想为指导,全面深入贯彻党的十九大精神,认真落实省第十一次党代会部署,按照高质量发展的要求,把提高供给体系质量作为主攻方向,加快推进实施新旧动能转换重大工程,以新技术、新产业、新模式、新业态,促进产业智慧化、智慧产业化、跨界融合化、品牌高端化,实现传统产业提质效、新兴产业提规模、跨界融合提潜能、品牌高端提价值,加快由制造大省向制造强省跨越。

(二) 基本原则。以市场需求为导向,强化企业主体地位,突出增品种、提品质、创品牌,激发企业活力和创造力。突出质量第一、效益优先,以技术改造联接创新链与产业链,提高全要素生产率,提升企业发展内生动力。将互联网、大数据、人工智能等现代信息技术广泛应用于技术改造,推进信息技术与制造业深度融合。鼓励和支持企业加大实施安全、环保、节能技术改造力度,建立健全绿色低碳、循环发展的经济体系,推动美丽山东建设。根据各地实际,突出主导产业和骨干企业,因地、因业、因企制宜,制定实施不同的技术改造方向和路径。

(三) 战略目标。深入落实重点行业转型升级实施方案、《〈中国制造 2025〉山东省行动纲要》,统筹规划,综合施策,力争用 3 年左右的时间,对全省主导产业骨干企业实施新一轮的高水平技术改造,持续提高工业数字化、智能化、集约化、绿色化发展水平,不断提高技术改造投资绩效,全面提升产业发展的质量和效益。

二、重点任务

(一) 提高工业发展质量和效益。深化供给侧结构性改革,深入开展增品种、提品质、创品牌专项行动,支持企业围绕产业链关键领域、薄弱环节、基础共性问题开展技术改造,提高装备水平和管理水平,提升产业发展质量和效益。力争到 2020 年,全省规模以上企业主营业务收入达到 19 万亿元,年均增长 6.5%;实现利税 1.7 万亿元,年均增长 6%;实现利润 1.05 万亿元,年均增长 6%。

(二) 培植壮大主导产业。围绕《〈中国制造 2025〉山东省行动纲要》确定的 10 大装备制造业和 10 大特色优势产业,通过实施企业技术改造,培育一批万亿级支柱产业、五千亿级优势产业和千亿级特色产业,提高产业附加值、产能利用率和市场占有率。力争到 2020 年,全省主营业务收入过万亿元的产业达到 10 个,过五千亿元的达到 15 个,过千亿元的达到 50 个。

(三) 增强企业自主创新能力。加快构建以企业为主体、市场为导向,"政产学研金服用"相结合的技术创新体系,积极推动科研投入成果化、创新成果产业化。加强产业关键基础材料、核心基础零部件、关键共性技术的攻坚和推广应用。大力发展工业设计,引导企业向高端综合设计服务转变。力争到 2020 年,全省规模以上工业企业研发经费占主营业务收入比重达到 1.2%;国家级企业技术中心数量达到 200 家;省级中心达到 1 800 家;国家级工业设计中心数量达到 20 家、省级中心达到 200 家;省级及以上制造业创新中心数量达到 10 家。

(四) 促进产业集群发展。围绕优势产业、骨干企业,加强研发孵化、检验检测、公用设施等产业集群公共服务平台建设，吸引企业进园入区。进一步优化资源配置，引导企业加快产业链延伸，实施建链、补链、强链技术改造项目，加快打造一批在国内外有重要影响力的先进制造业集群。力争到 2020 年，全省培植年营业收入过 2 000 亿元的产业集群 10 个，1 000 亿~2 000 亿元的 30 个，500 亿~1 000 亿元的 60 个，100 亿~500 亿元的 200 个。

（五）推进制造业与互联网融合发展。加快构建大企业"双创"平台和为中小企业服务的第三方"双创"平台新体系，积极推广个性化定制、网络化协同、服务型制造等智能化生产新模式。力争到 2020 年，全省信息技术产业主营业务收入突破 2 万亿元；山东工业云平台企业用户达到 1.6 万家；重点制造业骨干企业互联网"双创"平台普及率达到 90%。

（六）大力发展绿色制造。大力发展绿色设计、绿色智能制造技术，采用先进节能低碳环保技术，提高清洁生产和污染治理水平。引导企业实施节能、环保、安全等专项技术改造。实施能效"领跑者"工程，加强传统能源清洁高效利用和绿色能源深度开发利用，树立节能低碳标杆，鼓励用能单位开展能效对标达标活动，提高能源利用效率。贯彻落实《山东省循环经济条例》，实施一批循环化改造项目，加快发展节能环保产业。力争到 2020 年，全省万元 GDP 能耗比 2015 年降低 17%。

三、具体措施

（一）重大技改项目推进行动。进一步加大重点技改项目的招商引资和组织推进力度，建立完善技术改造重点项目库，筛选技术水平高、投资强度大、改造成效好、质量效益优的技改项目纳入项目库，实行动态管理，加强长期跟踪服务督导，在项目用地、用能、财政金融政策等方面给予重点倾斜。定期编制技术改造投资指南，发布年度重点项目导向目录，作为招商引资重点向全社会和金融机构推介发布，引导社会资金投向技术改造领域。（省经济和信息化委牵头，省发展改革委、省财政厅、省国土资源厅、省环保厅、省国资委、省金融办、人民银行济南分行、山东银监局配合）

（二）百年品牌企业培育行动。组织实施品牌基础、品牌形象、品牌传播、品牌创新、品牌人才和品牌国际化六大提升工程，弘扬老品牌，做强大品牌，培植特色品牌，打造百年品牌企业。建立完善企业品牌发展组织体系，支持企业强化商标权保护工作，积极推动商标国际注册与保护，加强自主品牌的保护和运用。支持企业争创国家级质量标杆，组织对标、达标行动，开展质量诊断，提升质量管理水平。推动建立企业诚信体系，鼓励企业信用信息公开，促进自身质量和信誉发展。广泛开展质量、品牌专业人才教育培养和科学研究，加快培养品牌专业人才。推动重点企业加入国家品牌推广计划，增强海外推广力度，培育更多企业进入世界品牌价值 500 强和中国品牌价值 500 强。（省经济和信息化委牵头，省人力资源社会保障厅、省商务厅、省地税局、省工商局、省质监局、人民银行济南分行、青岛海关、济南海关、省国税局、山东出入境检验检疫局配合）

（三）技术创新能力提升行动。建立健全以企业为主体、市场为导向、产学研深度融合的技术创新体系。围绕全省经济社会发展重大技术需求，制定发布重点行业技术发展白皮书和产业关键共性技术发展指南。依托省级企业技术创新项目，超前部署重大关键技术攻关，着力突破一批技术难题。支持企业建立技术中心、重点实验室、工程实验室、工程技术（研究）中心等创新平台和新型研发机构。支持高校协同创新中心建设，鼓励行业骨干企业牵头成立产业技术创新联盟，培育创建一批国家级、省级制造业创新中心、技术创新中心，形成共同投入、共担风险、共享成果的产学研协同创新体系，促进企业创新和科技成果产业化。（省经济和信息化委牵头，省发展改革委、省教育厅、省科技厅、省财政厅、省国资委、省地税局、省国税局配合）

（四）新兴产业培植行动。聚焦新一代信息技术、生物技术、高端装备、新材料、绿色低碳、数字创意等重点领域，加快培育第三方物流、节能环保、检验检测认证、电子商务、服务外包、融资租赁等生产性服务业。加快崛起一批战略性新兴产业，打造一批服务型制造示范企业和示范平台。培植军民融合产业，以基础配套、零部件、通用分系统领域为重点，发展一批"民参军"专业化企业。建立动态调整的军民融合产业重点项目库，支持军民两用产品双向转化，鼓励有实力的民口企业参与军工科研生产。（省发展改

革委、省经济和信息化委牵头，省科技厅、省商务厅配合）

（五）产业集聚发展转型示范行动。以培育在国内外具有重要影响力的先进制造业集群为目标，围绕《〈中国制造2025〉山东省行动纲要》，实施产业集群转型升级工程，重点打造一批核心竞争力强、产业层次高、产业链协同高效、公共服务体系健全、特色和优势突出的产业集群。培育创建一批主导产业特色鲜明、发展水平和规模效益居行业领先地位的国家级、省级新型工业化产业示范基地。加强工业园区生态化、循环化改造，推进资源能源高效利用，实现废物和污染物最大限度减排，到2020年，省级以上园区全部实施循环化改造。（省经济和信息化委牵头，省发展改革委、省科技厅、省国土资源厅、省商务厅、省环保厅配合）

（六）智能制造推进行动。以建设新型智慧园区和智能工厂为重点，每年选择30家行业龙头企业实施智能工厂改造，选择500家行业骨干企业实施智能车间改造，选择1 000名中小企业负责人进行智能制造专业培训。突出夯实智能制造基础支撑能力，研发推广一批对行业转型升级具有重大影响、在国内率先实现重大创新或能替代进口的首台（套）装备和关键核心零部件，加快提升高端智能装备国产化水平。创新应用智能制造新技术、新产品、新装备、新模式，加快智能制造生态体系建设和智能化转型。加强智能制造公共服务平台建设，在技术创新、人才培养、成果转化和产业发展等方面为智能制造发展提供支撑保障。（省经济和信息化委牵头，省发展改革委、省教育厅、省科技厅、省商务厅、省国资委配合）

（七）工业强基行动。瞄准世界科技前沿，聚焦核心基础零部件（元器件）、先进基础工艺、关键基础材料、产业技术基础（以下简称"四基"）等工业基础能力薄弱环节，组织实施工业强基工程。实施包括关键技术研发、产品设计、专用材料开发、先进工艺开发应用、公共试验平台建设、批量生产、示范推广在内的"一条龙"应用计划，促进整机（系统）和基础技术互动发展，推进产业链协作。加大对"四基"领域技术研发的支持力度，引导产业投资基金和社会资本投向"四基"领域重点项目。（省经济和信息化委牵头，省发展改革委、省教育厅、省科技厅、省财政厅、省金融办、人民银行济南分行、山东银监局配合）

（八）骨干企业和单项冠军企业培育提升行动。按照"分类培育、一企一策"的原则，采取"行业抓龙头、分级抓骨干"的办法，支持企业做优做强做大。在每个行业重点培植5至10家规模大、带动强的行业排头兵企业，同时实施省市县分级培育，实现千亿级、百亿级、十亿级企业和"专精特新"企业梯次发展。引导企业长期专注于细分产品市场创新、产品质量提升和品牌培育，带动和培育一批企业成长为单项冠军企业。（省经济和信息化委牵头，省发展改革委、省商务厅、省国资委、省工商局、省质监局配合）

（九）"互联网＋"行动。加快推动互联网与重点产业深度融合和创新发展，打造重点产业发展新优势。推进工业信息基础设施建设，搭建核心技术联合攻关平台，支持自动控制和智能感知设备及系统、核心芯片技术等工业物联网研发及产业化。围绕提升智能制造系统，开展设计工具、基础资源库、关键集成技术等研发和应用。编制山东省制造业与互联网融合先进技术和装备导向目录，分行业开展示范应用和推广。加快研发设计、智能制造装备、技术工艺、经营管理、市场营销的综合应用，实现全流程信息共享、实时交互和业务协同。开展企业上云试点示范，以"云服务券"财政补贴方式推动"企业上云"。（省经济和信息化委牵头，省发展改革委、省科技厅、省财政厅、省商务厅、省通信管理局配合）

（十）"工业绿动力"行动。坚持以煤炭清洁高效利用为重点，以新能源应用为突破，以科技创新为支撑，以技术标准为工具，加快推进节能改造步伐，全面推行清洁生产，实现煤炭清洁高效利用，减少污染物排放。大力推广新能源应用，提高新能源在工业领域利用水平，减少化石能源消耗。大力发展节能环保服务业，推进形成合同能源管理、合同节水管理、环境污染第三方治理等服务市场，鼓励引入第三方治理单位开展专业化污染治理。（省经济和信息化委牵头，省发展改革委、省科技厅、省环保厅、省商务厅、省质监局配合）

（十一）产融合作行动。围绕企业需求和金融机构需求两个角度，建立常态化政、银、企对接机制，组织开展项目对接、融资洽谈、政银企联合现场办公等活动。建立融资需求项目库，完善省市县三级产融合作信息对接交流网上平台，推动银企信息高效传递和及时共享，引导金融机构为企业提供差异化的金融

产品与服务。（省经济和信息化委、省金融办、人民银行济南分行牵头，山东银监局、山东证监局配合）

（十二）化工产业安全生产转型升级行动。严格化工类项目核准备案权限，提高项目准入门槛，严禁新上淘汰类、限制类化工项目，从源头控制新增高风险化工项目。高标准规划专业化工基地和产业园区，提高产业发展的聚集度和规模效益。加强化工产业技术改造，加速淘汰落后生产设备、生产工艺，开展环保、安全、节能专项技术改造，在主要关键危险岗位推行"自动化减人"、"机器换人"，提升安全生产能力，加快转型升级步伐。（省经济和信息化委牵头，省发展改革委、省科技厅、省环保厅、省安监局配合）

四、保障措施

（一）深化体制机制改革。创新政策引导和宏观调控方式，增强事中事后监管能力。实施"零增地"项目审批制度改革，对技术改造项目实行审批目录清单管理，对不新增建设用地且在清单以外的技术改造项目，实行企业承诺制度，企业按项目准入标准作出具有法律效力的书面承诺，项目竣工后由政府相关部门或由企业自行组织验收，通过后一并办理相关项目手续。（省经济和信息化委牵头，省发展改革委、省科技厅、省国土资源厅、省住房城乡建设厅、省环保厅、省地税局、省工商局、省质监局、省安监局、省消防总队、省国税局、省气象局、省化工产业安全生产转型升级专项行动领导小组办公室配合）

（二）加大财税金融政策支持力度。创新财政资金支持方式，扩大财政资金扶持效益，每年集中支持基础性、关键性、导向性技术改造项目，综合运用股权投资、引导基金等方式，引导社会资本参与企业技术改造。落实国家税收优惠政策，切实降低企业成本。鼓励政策性银行对符合规划要求的产业在贷款利率、期限、额度上给予政策倾斜。引导商业银行采用银团贷款、供应链融资等方式为技术改造重大项目提供信贷支持。（省财政厅、省金融办、人民银行济南分行牵头，省发展改革委、省经济和信息化委、省地税局、省国税局、山东银监局、山东证监局配合）

（三）加强人才队伍建设。加快建立健全符合市场经济要求的企业家培养、选拔、激励、监督和服务机制，造就一批掌握现代经营理念、具有全球视野的现代企业家和高水平经营管理人才。以创新型高层次人才、急需紧缺专业技术人才、高技能人才为重点，实施专业技术人才、高技能人才知识更新工程和先进制造卓越工程师、技师培养计划。深化产教融合，引导和支持高校深化工程博士、工程硕士专业学位研究生招生和培养模式改革，在高等学校、技师学院建设一批工程创新训练中心，打造高素质专业技术人才队伍。加大制造业引智力度，依托"千人计划"、"万人计划"、"泰山产业领军人才工程"、"外专双百计划"，发挥企业博士后科研工作站载体平台作用，集聚一批首席科学家、产业领军人才、科技创业人才和高技能人才。（省经济和信息化委牵头，省委组织部、省人力资源社会保障厅、省教育厅、省科技厅、省财政厅、省国资委配合）

（四）保障重点项目用地。通过盘活存量、优化增量，统筹安排项目用地，年度土地供应计划优先支持工业转型升级项目。推行长期租赁、先租后让、租让结合、弹性年期出让等方式，探索工业地产运营模式，降低企业用地成本。强化建设用地标准控制，提高单位土地面积投入产出强度，建立低效存量建设用地盘活激励机制和节约集约用地倒逼机制。探索建立以单位土地面积实际产出效益为导向的企业分类综合评价制度，限制低效产业的土地、能源等要素供应，促使企业加快技术改造。（省国土资源厅牵头，省发展改革委、省经济和信息化委、省地税局、省统计局、省国税局配合）

（五）强化督导推进。加强组织领导，落实工作责任，形成部门协同和上下联动的工作机制。围绕新一轮高水平技术改造行动目标，构建省市县三级联动的企业技术改造项目库，明确路线图、时间表，梯次推动项目建设。构建技术改造绩效评估体系，将财政税收、品牌品质、技术水平、节能环保、社会效益等指标纳入评估体系，对技术改造项目进行综合评估。强化标准约束倒逼，通过专项技术改造，倒逼落后低效过剩产能有序淘汰。强化服务职能，引导社会资本参与企业技术改造，优化工业投资结构，扩大有效投资。（省经济和信息化委牵头，省发展改革委、省财政厅、省国土资源厅、省环保厅、省国资委、省地税局、省统计局、省质监局、省安监局、省金融办、省国税局配合）

（六）营造良好舆论环境。对在新一轮技术改造过程中涌现的先进典型，认真总结推广经验，引导企业对标赶超。大力弘扬劳模精神和工匠精神，积极倡导劳动光荣的社会风尚和精益求精的敬业风气。充分利用传统媒体及新媒体渠道，放大示范效应。（省经济和信息化委牵头，省人力资源社会保障厅、省财政厅配合）

山东省人民政府办公厅转发省经济和信息化委关于加快培育白酒骨干企业和知名品牌的指导意见的通知

2018 年 6 月 8 日　鲁政办字〔2018〕97 号

各市人民政府，各县（市、区）人民政府，省政府各部门、各直属机构：

经省政府同意，现将省经济和信息化委《关于加快培育白酒骨干企业和知名品牌的指导意见》转发给你们，请结合实际，认真贯彻落实。

附件：关于加快培育白酒骨干企业和知名品牌的指导意见

附件：

关于加快培育白酒骨干企业和知名品牌的指导意见

省经济和信息化委

为深化供给侧结构性改革，促进产业转型升级，形成白酒产业发展新动能，推动山东省白酒产业做大做强，现就加快培育白酒骨干企业和知名品牌提出以下指导意见。

一、总体目标

1. 按照高质量发展要求，坚持市场主导和政府引导相结合，坚持创新改造和产业集聚相结合，坚持品牌培育和品种创新、品质提升相结合，积极培育新业态、新模式，着力在中高端消费、创新引领、酒旅融合等领域培育新增长点、形成新动能，打造山东省白酒整体品牌，提升整体竞争力，构建全省白酒产业发展新格局。通过实施白酒品牌提升工程，到 2020 年，培育一批全国知名的白酒骨干龙头企业，打造一批具有国内影响力的知名企业，提升一批具有区域影响力的优秀品牌企业。

二、大力培育白酒骨干企业

（一）支持企业技术改造，加快转型升级提品质。

2. 支持白酒企业开展新一轮高水平技术改造，加快产品升级换代，提高生产装备和检测水平，加强质量技术控制，达到"同线同标同质"，提高产品品质。支持企业开展技术、工艺和产品创新，加强关键技术研发。推动企业实施信息化、智能化改造，建立完善白酒生产一致性管理体系，提高全员劳动生产率。引进先进技术和手段，推动新技术在酿酒行业的应用，健全技术监测管理体系，加快白酒行业转型升级、提质增效。对白酒生产企业由于技术进步、产品更新换代较快的固定资产，可以缩短折旧年限或采取加速折旧的方法。

（二）支持高水平创新平台建设，加强产品创新增品种。

3. 加强产品创新。支持企业深度挖掘消费需求，适应和引领消费升级趋势，在产品开发、外观设计、产品包装等方面加强创新，打造"高端引领、中高端支撑、差别化供给"发展格局。支持企业运用大数据、"互联网＋"等手段，针对不同地域、不同人群消费习惯，细分市场，开发适销对路产品，推进个性化定制、柔性化生产，注重发展时尚化、功能化白酒品类，不断提升产品供给水平。集中优势资源打造大单品，探索白酒与葡萄酒、黄酒、药酒等酒类的嫁接融合。定期遴选省内白酒新技术、新产品，予以发布推广。对获得中国专利奖、山东省专利奖的白酒企业，除颁奖单位按相关规定进行奖励外，市级政府可给予适当奖励。

4. 加强创新平台建设。支持重点企业建设国家级和省级创新设计平台，完善创新体系，重点突破酿造、包装、质量控制等关键共性技术。围绕国内领先的低度浓香、芝麻香白酒技术优势，组建低度浓香型白酒产学研合作创新联盟、芝麻香型白酒产学研合作创新联盟或创新中心，制定联盟规章和团体标准。支持白酒企业申请国家级企业技术中心、国家级和省级工业设计中心。支持山东省企业、行业协会等机构制定白酒国家、行业、团体标准。获得"省长杯"工业设计大赛金、银、铜奖的，分别按规定给予奖励。引导支持企业与高校联合设立博士后工作站，支持企业设立国家级白酒大师、齐鲁工匠、齐鲁首席技师工作站。

5. 强化人才支撑。支持企业专业人才队伍建设，瞄准国内外领军企业，培养引进白酒产业技术创新、科技成果产业化和产业技能攻关人才团队。将白酒企业家纳入《山东省企业家培训规划（2016～2020年)》培训重点，组织开展高端对标学习和精准化专业培训，为产业转型发展提供有力的人才支撑。积极培育国家级白酒大师、国家级白酒评委，鼓励白酒专业人才申报泰山产业领军人才、省级拔尖人才、齐鲁工匠、齐鲁首席技师。实施白酒企业家素质提升工程，培养造就2～3名白酒知名企业家、10名优秀企业家、10名创新成长型企业家。

（三）支持企业兼并重组和改制上市，提高产业聚集度。

6. 指导企业优化战略布局，实施品牌集中发展战略，以资产、品牌为纽带，推进上下游一体化发展，提升产业集中度。引导白酒企业深入实施商标品牌战略，提高商标注册、管理和保护水平，优化商标品牌布局。鼓励支持兼并、收购省内外白酒企业，积极引进具有品牌、资金、管理和市场优势的省外知名企业。引导白酒生产和特色农产品种植、酒类包装、玻璃制造、文化旅游等产业集聚发展，建立产业集群。加强分类指导，支持规模白酒企业规范化公司制改制，落实国家、省对白酒企业兼并重组、公司制改制的税费、财政、金融等支持政策。对首次公开发行股票且已被正式受理或在新三板挂牌的企业，按规定给予一次性补助。支持行业协会开展白酒10强企业评选活动，树立企业标杆。

三、加快培植白酒知名品牌

（一）重点培植，打造整体品牌形象。

7. 实施白酒品牌提升计划。发挥山东省现有"一低一降一特"优势，重点发展低度浓香白酒，支持降度酱香、芝麻香白酒发展，大力推进企业品牌化、产品品牌化。加强品牌梯次培育，培植2家主营收入过百亿元的全国白酒领袖品牌，培植5家企业主营收入过30亿元全国白酒知名品牌，培植20家企业主营收入过5亿元全国白酒区域品牌。发挥好山东省白酒品牌培育发展联盟的作用，支持企业抱团发展，一二三线品牌整体发力，提升白酒市场占有率、品牌影响力、产品美誉度。鼓励采取"主品牌＋系列"模式，树立统一品牌形象。鼓励支持山东省白酒企业申报国家级、省级质量品牌培育示范企业、产业集群品牌培育试点示范企业和"食安山东"示范企业。

（二）挖掘山东白酒文化，加快酒旅融合发展。

8. 深度挖掘山东白酒文化，讲好"好品山东有好酒"品牌故事。积极倡导绿色、健康的酒消费文化，推动白酒现代产业与传统文化、旅游业融合发展，推进"酒镇酒庄"建设，规划建设一批白酒主题特色小镇。支持名优白酒企业发展工业旅游，建设酒文化博物馆、白酒文化产业园。支持发展以参观白酒酿造为主的工业旅游、餐饮旅游、酒文化旅游，打造一批白酒生态旅游精品线路。大力开发白酒旅游商品，引导支持旅游景区、城市旅游休闲街区、星级酒店、高速公路服务区等旅游消费场所宣传销售山东特色名优白酒。引导支持白酒企业积极申报国家、省工业旅游示范点（基地）和非物质文化遗产。

（三）积极探索新模式，开展精准营销。

9. 强化营销网络建设，加快推进营销创新、商业模式创新，优化营销网络布局。积极推进电子商务、连锁经营等流通方式，规范发展品牌专营店、专卖店。推进白酒电子商务平台建设，深化与知名电商合作，促进线上线下融合发展。引导企业探索精准化营销，下沉流通渠道，做活销售终端。积极利用第三方物流和智慧物流，完善售后服务体系建设。通过电商平台实现年销售收入省内领先的白酒企业，在相关领域的项目资金安排上给予支持。

（四）强化市场开拓，提高品牌影响力。

10. 鼓励和支持白酒企业运用融媒体、展览展示、研讨会、论坛等多种方式，广泛宣传，深度拓展国内外市场。引导酒类企业"走出去"，赴境外参加有影响力的国际展览展会，建设境外商品采购、营销推广、售后服务和仓储物流网络。每年举办一次白酒高端品牌展销会，或在全国糖酒会、全国食品博览会上组织白酒高端品牌专题推介会。对参加境外展会，取得境外专利、商标注册、产品认证等国际市场开拓活动，按照规定给予财政补贴。在山东广播电视台《品牌故事》中开辟"鲁酒品牌故事"专栏，讲述山东白酒历史，传播白酒文化。支持省内白酒企业在国家级媒体集中进行白酒品牌宣传。在"好品山东"网络营销平台专门设立"鲁酒精品馆"，集中宣传展示山东省白酒品牌形象。

（五）坚持生态绿色发展，打造绿色品牌。

11. 推进白酒产业绿色、循环、低碳发展，加快白酒行业发展方式转变。加快白酒优质原料基地建设，大力发展生态种植，推广"公司＋基地＋合作社＋农户"的订单农业模式。加强对重点白酒生产区域及周边环境保护和治理。推进白酒生态园区建设，支持企业实施节能、节水改造，开展酒糟等资源综合利用，大力发展白酒产业循环经济。引导企业加强节能标准化建设，积极争创国家、省级绿色工厂，实现用地集约化、生产洁净化、废物资源化、能源低碳化。积极开展智慧节能，实现能源梯级利用，降低产品能耗。符合条件的，优先纳入山东省绿色制造项目库。

四、着力优化白酒产业发展环境

（一）加强组织领导，健全推进机制。

12. 建立培育山东白酒骨干企业和知名品牌工作推进机制。成立由省发展改革委、省经济和信息化委、省科技厅、省财政厅、省商务厅、省旅游发展委、省工商局、省质监局、省食品药品监管局、省金融办等部门组成的白酒发展工作推进联席会议，及时协调解决白酒产业发展中的重大问题，推进全省培育白酒骨干企业和知名品牌工作。联席会议日常工作，由省经济和信息化委承担。省直有关部门要密切协作、形成合力。各市要建立工作机制，帮助白酒企业解决发展中的问题。

（二）改进政府服务，优化营商环境。

13. 加强监管创新。严格行业准入门槛，全面开展白酒生产许可证清理工作，及时注销不符合规定的白酒生产许可证。对符合条件的白酒企业，实行白酒生产许可免检制度。妥善处理企业退城入园、技术改造、兼并重组、异地搬迁等项目许可证变更、环评审批等工作，严格查处乱收费、乱罚款行为。充分发挥社会组织的积极作用，支持有关行业协会开展行业质量检评、第三方评价、职业技能培训和质量品评等工作，促进行业自律发展。

14. 严格规范酒类流通市场秩序。建立健全跨部门、跨区域打假机制，联合开展市场规范整顿专项活动，加大对假冒伪劣和商标侵权白酒产品的查处和惩处力度，保护企业知识产权。开展"小作坊"清理整顿工作，打击非法制售"小灶酒"行为，强化日常监督。推进公平交易，规范大型商场收取酒类进场费、进店费、酒类经销商违规促销、恶性竞争等行为。发挥行业协会、新闻媒体、专业机构等社会组织的监督作用，建立联防联控机制，形成公平有序的竞争环境。

15. 加强诚信体系建设。支持征信机构和信用评级机构对白酒企业提供信用服务产品，鼓励金融机构参考信用服务产品对白酒企业提供金融服务。鼓励白酒骨干企业建立健全质量在线监测、控制和追溯体系，完善标准体系建设和社会信用体系建设，开展"白酒质量企业自我声明"活动，推进白酒企业实施食品生产企业诚信管理体系。建立白酒企业信用记录，重点记录制假售假、以次充好等危害人民群众生命健康的失信行为，失信情节严重的，纳入行业失信黑名单。支持行业协会开展"放心酒"消费指南、"黑名单"公示等工作，建立行业激励约束机制。

（三）强化政策扶持，保障企业发展。

16. 强化要素保障。支持符合条件的白酒企业纳入直购电、富余电政策实施范围，支持重点企业天然气、蒸汽供应"转供"改"直供"。组织白酒行业重点企业与运输企业开展集装箱运输对接，保障运力支撑，降低运输成本。鼓励银行业金融机构对符合条件的白酒企业做好融资对接，加大金融支持力度。

17. 加大财税政策支持。落实兼并重组、研究开发费用加计扣除等各项税收优惠政策。统筹工业提质增效等各类专项资金，加大对白酒产业在企业技术改造、创新平台建设、品牌培育、人才支撑等方面的支持力度，推动企业创新发展、转型升级、提质增效。对符合条件的白酒企业项目，优先列入新旧动能转换项目库，在全省新旧动能转换基金框架下，给予积极支持。各地可结合实际，研究制定加快培育白酒骨干企业和知名品牌的政策措施。

山东省人民政府办公厅关于切实加强生产经营单位安全生产费用管理的实施意见

2018 年 7 月 27 日　鲁政办字〔2018〕121 号

各市人民政府，各县（市、区）人民政府，省政府各部门、各直属机构，各大企业：

安全生产费用是企业安全生产资金投入的重要来源渠道。近年来，在各级、各有关部门共同努力下，我省安全生产费用管理日趋规范，但管理基础薄弱、监管体制机制不完善、企业主体责任落实不力等问题依然存在。为进一步加强企业安全生产费用管理，按照《中华人民共和国安全生产法》《山东省安全生产条例》《山东省生产经营单位安全生产主体责任规定》（省政府令第303号）、《山东省安全生产行政责任制规定》（省政府令第293号）等法律、法规、规章及安全生产费用提取和使用管理有关规定，经省政府同意，现提出以下实施意见。

一、总体要求

（一）指导思想。深入学习贯彻习近平新时代中国特色社会主义思想和党的十九大精神，认真贯彻落实党中央、国务院和省委、省政府决策部署，按照高质量发展的要求，以安全生产费用规范管理为重点，加强领导、改革创新、协调联动、齐抓共管，着力强化企业安全生产主体责任，堵塞监督管理漏洞，切实提高安全生产费用监督管理水平，建立健全企业安全生产投入长效机制。

（二）基本原则。

——坚持依法监管。运用法治思维和法治方法，严格规范公正文明执法，增强监管执法效能。

——坚持统筹协调。加强安全生产综合监管与行业监管协调衔接，严格落实属地监管责任和生产经营单位安全生产主体责任，完善安全生产费用监督管理体系。

——坚持改革创新。建立健全体制机制，创新生产经营单位安全生产费用提取和使用制度，增强企业内生动力，提高企业自身安全生产费用管理水平。

（三）目标任务。到2020年，全省安全生产费用监督管理体制机制基本健全，企业安全生产费用监督管理水平明显提升，安全生产费用提取和使用与安全生产投入需求相适应。

二、进一步夯实生产经营单位主体责任

生产经营单位是安全生产的责任主体，对本单位的安全生产费用提取和使用承担主体责任，应当严格按照规定标准提取和使用安全生产费用，并按有关规定履行管理、备案等相关责任。

（一）提取和使用安全生产费用的生产经营单位范围。包括在山东省行政区域内直接从事煤炭生产、非煤矿山开采、建设工程施工、危险品生产与存储、交通运输、烟花爆竹生产、冶金、机械制造、武器装备研制生产与试验（含民用航空及核燃料）的企业以及其他经济组织。其中：

1. 煤炭生产，指煤炭资源开采作业有关活动，包括井巷工程、矿山建设。

2. 非煤矿山开采，指石油和天然气、煤层气（地面开采）、金属矿、非金属矿及其他矿产资源的勘探作业和生产、选矿、闭坑及尾矿库运行、闭库等有关活动。

3. 建设工程施工，指土木工程、建筑工程、线路管道和设备安装及装修工程的新建、扩建、改建。

4. 危险品生产与存储，指生产和存储列入国家标准《危险货物品名表》（GB12268）和《危险化学品目录》的物品。

5. 交通运输，包括道路运输、水路运输、铁路运输、管道运输。道路运输是指以机动车为交通工具的旅客和货物运输；水路运输是指以运输船舶为工具的旅客和货物运输及港口装卸、堆存；铁路运输是指以火车为工具的旅客和货物运输（包括高铁和城际铁路）；管道运输是指以管道为工具的液体和气体物资运输。

6. 烟花爆竹生产，指生产烟花爆竹制品和用于烟花爆竹的民用黑火药、烟火药、引火线等物品。

7. 冶金，指金属矿物的冶炼及压延加工有关活动，包括黑色金属、有色金属、黄金等的冶炼生产和加工处理活动，以及炭素、耐火材料等与主工艺流程配套的辅助工艺环节的生产。

8. 机械制造，指各种动力机械、冶金矿山机械、运输机械、农业机械、工具、仪器、仪表、特种设备、大中型船舶、石油炼化装备及其他机械设备的制造活动。

9. 武器装备研制生产与试验，包括武器装备和弹药的科研、生产、试验、储运、销毁、维修保障等。

（二）严格安全生产费用内部管理。生产经营单位应按照有关规定，研究制订本单位安全生产费用管理制度，明确安全生产费用提取和使用程序、职责及权限，并严格执行。在安全生产费用管理过程中，必须严格执行国家规定，提取标准不得随意调低，支出范围不得超出国家规定范围，原矿产量、工程造价等计提依据必须做好原始记录归档整理工作，做到有据可查。生产经营单位对安全生产费用的提取和使用应当实行专账核算，年度结余资金可结转下年继续使用；对当年计提安全生产费用不足的，超出部分按正常成本费用渠道列支。主要承担安全管理责任的集团公司经过履行内部决策程序，可以对所属企业提取的安全生产费用按照一定比例集中管理，但建设工程安全生产费用须专款用于计取该费用的工程项目。除国家法律、法规另有规定外，任何单位和部门不得采取收取、代管等形式对生产经营单位提取的安全生产费用进行集中管理和使用。

（三）加强安全生产费用备案检查管理。生产经营单位应当严格按照国家规定，将安全生产费用年度使用计划和上年度费用提取、使用情况按照管理权限报同级财政部门、安全生产监督管理部门和行业安全生产监督管理部门备案。生产经营单位应当积极配合安全生产监督管理部门和县级以上人民政府负有安全生产监督管理职责的部门开展监督检查，不得拒绝或阻挠。

三、构建各负其责的综合监管体系

安全生产费用的提取和使用直接关系生产经营单位安全投入状况，应作为安全生产监督管理职责部门安全生产监督检查的重要内容。按照"管行业必须管安全、管业务必须管安全、管生产经营必须管安全和谁主管谁负责、谁审批谁负责、谁监管谁负责"的原则，县级以上人民政府负有安全生产监督管理职责的部门应将生产经营单位安全生产费用管理情况作为安全生产检查的重要内容进行监督管理。

（一）安全生产费用综合监督管理。安全生产费用提取、使用和监督管理办法，由财政部门会同安全生产监督管理部门征求负有安全生产监督管理职责部门的意见后制定。其中，财政部门牵头负责拟订安全生产费用提取、使用和激励等具体管理办法；安全生产监督管理部门负责组织开展安全生产费用监督检查，牵头研究确定年度生产经营单位安全生产费用统计口径，并汇总相关情况；县级以上人民政府负有安全生产监督管理职责的相关部门对本行业单位安全生产费用实施监督检查，并负责统计和汇总本行业年度生产经营单位安全生产费用情况。

（二）安全生产费用监督管理部门分工。县级以上人民政府负有安全生产监督管理职责的部门按照《山东省安全生产行政责任制规定》等有关规定，负责对生产经营单位安全生产费用管理使用情况进行监督检查。武器装备研制生产与试验以及煤炭生产由经济和信息化部门负责（其中，武器装备研制生产与试验由国防科学技术工业管理机构负责，煤炭生产由煤炭管理机构负责）。非煤矿山开采、烟花爆竹生产、冶金、机械制造以及危险品生产与存储由安全生产监督管理部门负责。道路运输、水路运输由交通运输主管部门负责。铁路运输由铁路管理部门负责。建设工程施工企业按建设工程类别，由负有安全生产监督管理职责的部门分别负责，其中房屋建筑工程、市政公用工程及装修工程的新建、扩建、改建等由住房城乡建设主管部门负责；公路、水运、水利、水利水电等专项建设工程，由交通运输、水利等主管部门依照有关法律、法规、规章的规定分别负责。

（三）安全生产费用监督管理级次。安全生产费用的监督管理按照《山东省安全生产行政责任制规定》等规定的安全生产监督管理体制执行。其中，省政府有关部门负责中央企业二级单位（分公司、子公司等）和省管企业总部（总公司、集团公司），设区的市政府有关部门负责中央企业三级单位、省管企业二级单位、省属企业（省管企业除外）和市管企业，县（市、区）政府有关部门负责中央企业四级及以下单位、省管企业三级及以下单位和其他企业、单位。建设工程中的土木工程、建筑工程、线路管道和设备安装及装修工程，根据《建设工程安全生产管理条例》有关规定，由工程所在行政区域县级以上地方政府负责安全生产监督管理的部门监督管理。

四、完善安全生产费用管理激励约束机制

（一）建立安全生产费用提取和使用管理激励约束机制。安全生产费用提取和管理使用情况，将作为各级安全生产专项资金分配的重要参考依据。对生产经营单位实际发生的安全生产费用支出，属于收益性支出的，可直接作为当期费用在税前扣除；属于资本性支出的，应计入有关资产成本，并按企业所得税法规定计提折旧或摊销费用在税前扣除。对存在未按规定提取和使用安全生产费用且逾期不改正等违法违规行为的生产经营单位，依据相关法律法规进行严肃处理，视情况纳入安全生产不良信用记录"黑名单"实施联合惩戒，并依据《山东省安全生产条例》进行处罚。

（二）严格安全生产费用监督检查。安全生产监督管理部门应会同县级以上人民政府负有安全生产监督管理职责的部门，研究制定年度安全生产费用管理监督检查计划，明确监督检查的方式、内容和措施。各市、县（市、区）政府应当按照规定落实监管执法经费，并将其纳入年度财政预算全额予以保障。

山东省人民政府办公厅关于印发山东省装备制造业转型升级实施方案的通知

2018 年 12 月 29 日　　鲁政办字〔2018〕254 号

各市人民政府、各县（市、区）人民政府，省政府各部门、各直属机构：

《山东省装备制造业转型升级实施方案》已经省政府同意，现印发给你们，请认真贯彻落实。

附件：山东省装备制造业转型升级实施方案

附件：

山东省装备制造业转型升级实施方案

为深入贯彻落实省委、省政府新旧动能转换重大工程决策部署，加快装备制造业转型升级，实现高质量发展，制定本实施方案。

一、充分认识加快转型升级的重要性和紧迫性

装备制造业是为国民经济各行业提供技术装备的基础性、战略性产业，是各行业产业升级、技术进步的重要保障，是衡量综合经济实力和科技水平的标志性产业。我省是装备制造业大省，截至 2017 年年底，全省共有规模以上企业 1.2 万家，实现主营业务收入 3.86 万亿元、利润 2 364 亿元，分别占全省工业的 27.1%、28.4%，是重要的支柱产业。但总体看，我省装备制造业大而不强，规模居江苏、广东之后，排全国第三位，产业利润率仅 6%，低于两省近 1 个百分点，缺乏市场竞争力；发展动力不足，研发投入占营业收入的比重不到 1.5%，高端产品占比不到 30%，产品更新慢，技术含量低，部分产品产能落后，经济规模连续多年处于低增长状态；产业布局分散，未形成集群化发展模式，配套效率低，生产成本高；生产方式落后，多数企业对智能化生产、网络化运营、信息化管理等现代技术应用不足，产品质量不稳定，生产效率低。这些问题和不足，已经成为制约全省装备制造业持续健康发展的突出矛盾，如不加快解决，不仅会延缓全省工业转型升级进程，还将影响新旧动能转换重大工程如期完成。当前，全球新一轮科技革命和产业变革蓬勃兴起，物联网、大数据、人工智能等先进技术向各个领域广泛渗透，必须增强危机意识，抢抓世界科技革命和新旧动能转换重大机遇，加快转型升级，推动质量变革、效率变革、动力变革，实现高质量发展。

二、总体要求

（一）指导思想。以习近平新时代中国特色社会主义思想为指导，全面贯彻党的十九大精神，认真落实省委、省政府新旧动能转换重大工程决策部署，牢固树立新发展理念，坚持世界眼光、国际标准、山东优势，以推进供给侧结构性改革为主线，以提高发展质量和效益为中心，聚焦重点领域，加强创新体系建设，积极改造提升传统优势装备，加快发展壮大新兴高端装备，强化"四基"基础配套，推进产业集聚发展，努力将全省装备制造业打造成为全省经济高质量发展的重要支撑。

（二）基本原则。

1. 坚持向质量要市场。把提高产品质量作为增强市场竞争力的根本手段，对标国际国内先进水平，加强质量管理体系建设，探索应用先进质量管理模式，加大质量提升力度，全面提高产品质量，打造具有国际影响力的品牌。

2. 坚持向创新要动力。把创新作为推动产业发展的核心动力，加强创新体系建设，深化产学研合作，引进培养高层次人才，积极应用新技术新工艺改造提升传统装备，大力开发高技术新兴装备，走创新驱动发展之路，推动产业向智能化高端化转型。

3. 坚持向新模式要效率。把发展新模式新业态作为转型升级的重要内容，充分利用现代信息技术，提升企业管理信息化水平，大力推广智能制造新模式，提高生产效率和产品质量，积极发展"制造＋服务"新业态，提升价值链，实现跨界融合，联动发展。

4. 坚持向集聚要效益。集约集聚是实现产业高效发展的基本模式，要以龙头企业为核心，推动配套链、创新链、物流链、生产要素等加快集聚，打造特色产业集群，缩短供应链条，降低运营成本，提高经济效益。

（三）主要目标。到 2022 年，全省装备制造业形成以新技术、新产品、新业态、新模式主导发展的现代产业体系，形成一批产业规模大、核心竞争力强、配套供给优、支撑体系全、有较强影响力的产业集群，成为制造业强省建设的重要支撑。

发展质量显著提高。到 2022 年，重点行业经济规模和综合效益均居全国前列，全省装备制造业主营业务收入超过 5 万亿元，利润率达到 7% 左右，高端装备对产业增长的贡献率达到 50%，形成高端产品引领产业发展和增长的新格局。

创新能力显著提升。到 2022 年，全省装备制造业研发投入占主营业务收入的比重达到 2.5%，重点骨干企业达到 5%，建成 10 个以上装备行业创新平台，新培育一批国家级和省级企业技术中心，产学研合作广泛深入，新产品新技术研发能力全面提升。

竞争实力显著增强。到 2022 年，力争打造 2 个主营业务收入过万亿元的产业集群，形成一批世界闻名的高端装备制造名城。培育 5 家以上具有国际影响力的千亿级企业集团，50 家以上综合实力领先全国的百亿级领军企业，100 家以上"专精特新"单项冠军企业。

产业布局显著优化。到 2022 年，形成济南、青岛、烟台三个高端装备产业核心区，产业规模占全省的 60% 以上；沿胶济和京沪高铁沿线，形成一条特色鲜明、优势突出、协同联动的高端装备产业带。其他市产业特色和优势更加突出，全省形成 10 个以上具有全国影响力的特色优势产业集群（基地）。

三、重点任务和实施路径

根据全省工业转型升级的总要求，围绕加快推进由装备制造业大省向强省转变和把高端装备制造业发展成为国民经济支柱产业的总目标，按照"加强创新能力建设、升级产品结构、夯实发展基础、优化产业布局、转变发展方式、实施重大工程"的总体思路，推进全省装备制造业转型升级。

（一）加强创新能力建设。全面实施创新驱动发展战略，打造装备制造重点行业创新平台，推动产学研深度融合，培育自主创新企业主体，使创新成为引领装备制造业发展的核心动力。

1. 打造一批行业技术创新平台。围绕重点产品，依托优势骨干企业、产业基地和园区，整合创新资源，着力建设一批装备制造业创新平台。加大创新平台资金投入，完善鼓励创新的体制机制，激发创新活力，面向全行业提供技术服务，辐射带动全省装备制造业创新发展。（省发展改革委、省科技厅、省工业和信息化厅牵头，有关市政府配合）

专栏 1　行业技术创新重点平台

济南市：重点建设智能制造研究院、高端服务器创新中心、国家云计算装备产业创新中心、工业机器人研究中心；
青岛市：重点建设国家高速列车技术创新中心、智能制造集成应用创新平台、山东省船舶与海洋工程装备创新中心；
淄博市：重点建设高效电机行业创新平台、高性能医疗设备创新平台；
东营市：重点建设石油装备研究院、国家采油装备工程技术研究中心；
烟台市：重点建设国家海洋工程装备研制实验验证创新平台、中集海洋工程研究院、人工智能研究院、核电研发中心、核电检测检验中心；
潍坊市：重点建设国家燃料电池创新中心、智能农业装备创新中心；
济宁市：重点建设工程机械研发中心；
泰安市：重点建设高端输变电装备创新平台、智能制造产业研究院和数字化染整技术装备创新中心；
威海市：重点建设高性能医疗器械创新中心；
德州市：重点建设新能源标准认证检验公共服务平台、电梯及配件制造业产品检验与技术研发平台；
菏泽市：重点建设智能高端输变电装备创新平台。

---

2. 实施一批高水平产学研合作项目。充分利用高等院校和科研院所人才富集、技术专业、研发力强的资源优势，积极开展产学研项目合作，加快共建一批高水平专业化研发机构，为全省装备产业提供公共技

术服务支撑。完善人才引进及使用激励政策，探索产学研深度合作的有效模式和长效机制，为国内外科研机构和高等院校来山东合作发展创造有利环境。鼓励有条件的高校、科研院所和企业共建高端装备新旧动能转换公共实训基地，为培养高技术高技能人才提供支撑。（省科技厅、省工业和信息化厅牵头，有关市政府配合）

专栏 2　产学研重点合作项目

济南市：重点建设量子技术研究院、哈工大机器人（山东）智能装备研究院、铸锻机械所国际标准及智能化研发中心；

青岛市：重点建设中科曙光全球研发总部基地、中国科学院海洋大科学研究中心、国家海洋实验室、中船重工海洋装备研究院、轨道交通系统集成实验室；

淄博市：重点建设鲁中先进装备产业技术研究院、新能源汽车产业研究院；

枣庄市：重点建设浙江大学山东工业技术研究院、北京理工大学鲁南研究院、枣庄北航机床创新研究院；

东营市：重点建设北京航空航天大学东营研究院；

烟台市：重点建设北京科技大学烟台工业技术研究院、机械科学研究总院轻量化材料成形技术装备创新中心、烟台大学核能研究院；

潍坊市：重点建设机械科学研究总院潍坊 3D 打印暨先进制造绿色制造技术与装备创新服务中心、VR 虚拟现实及智能制造研究院、激光雷达研究院；

济宁市：重点建设省科学院激光研究所、中国科学院深圳先进技术研究院济宁分院；

威海市：重点建设山东船舶技术研究院；

日照市：重点建设电液控制工程技术研究院。

---

3. 培育一批自主创新能力强大的企业主体。鼓励引导企业扩大对外合作、积极引进人才，支持企业加强自主创新能力建设，加大研发投入，尽快造就一批自主开发能力强、掌控核心技术、具有市场话语权的装备制造企业，到 2022 年，新培育一批高水平企业技术中心，培育 30 家以上高端装备自主创新示范企业。引导中小微企业走"专精特新"的路子，加强专业制造、精益生产、集约经营，打造一大批行业"单项冠军"和"小巨人"，抢占生产和市场制高点。（省发展改革委、省科技厅、省工业和信息化厅牵头，有关市政府配合）

（二）升级产品结构。依托我省装备制造业现有基础，瞄准国际高端技术方向，积极应用现代新兴技术改造提升八大传统优势装备，加快发展壮大十大新兴高端装备，实现产品结构优化升级。

1. 改造提升八大传统优势装备。汽车、机床及基础制造装备、石油化工装备、工程机械、农机装备、纺织轻工装备、电力装备、动力装备是我省的传统优势装备，要加快智能化改造，嫁接使用人工智能、现代信息等新技术，开发新功能、新产品，向高端化转型，提高发展质量和效益，巩固扩大优势地位，确保始终走在全国前列。

汽车。以节能、新能源和智能网联汽车为主攻方向，重点发展节能型中高档乘用车、高舒适性可靠性节能型载货车、纯电动汽车等。加快应用新材料、新工艺与制造装备、新一代信息与传感技术，提高整车系统集成、发动机、自动变速器与传动总成、轻量化车身及零部件等关键技术水平，全面提升乘用车和豪华客车的安全性、舒适性、节能性及智能化程度；载货车和专用车加快向高端化、轻量化、节能化转型。积极引进或合资合作发展高端新能源乘用车，加大自主开发投入，全力提高动力电池、驱动电机、精密减速机、智能控制软件等效率、可靠性和稳定性，加快应用基于网联的车载智能信息服务系统，积极开发无线充电和无人驾驶等先进技术，推动乘用车、豪华客车、载货车及专用车加快向新能源转型，不断提高新能源汽车比重。济南、青岛、烟台、威海、临沂等市加快开发生产新型高附加值乘用车，中高档车型（含新能源乘用车）占比达到 60%，建设全国重要的乘用车生产基地；济南、青岛、潍坊、聊城等市加快发展节能与新能源客车和货车，打造国际著名的节能与新能源商用车生产基地；淄博市加快建设新能源汽车用高性能电机和电池隔膜生产基地；威海、滨州市建设以汽车铝合金轮毂及活塞为核心的汽车轻量化零部件产业基地。到 2022 年，整车节能、环保、安全性能等均达到国内领先水平，零部件系列化、模块化、集成化程度和产品质量水平显著提高，济南、青岛、烟台、潍坊市成为千亿级整车生产基地。全省汽车产量达到 270 万辆（含新能源整车 50 万辆），乘用车占比达到 65% 左右，主营业务收入达到 1 万亿元。（济南、青岛、淄博、烟台、潍坊、威海、临沂、聊城、滨州市政府负责）

机床及基础制造装备。以具有高速、精密、智能、复合、多轴联动、网络通信等功能的高档数控机床为主攻方向，重点发展精密级以上的车床、立（卧）式加工中心、复合加工中心、五轴联动加工中心、龙门镗铣床、深孔钻镗床、导轨磨床、智能冲压成形与板料开卷/矫平生产线等高端金切与成型机床。推进产业链上下游企业合力攻关精密与超精密机床的可靠性与精度保持性、热平衡与动态补偿、整机动态响应特性等关键共性技术，创新研发数字化、绿色化、智能化铸造、锻压、焊接、热处理、表面工程等基础制造装备，大力开发基于用户工艺需求的先进制造单元和智能加工生产线，提高水平，壮大规模，形成优势。济南市加快提升万能摆角铣头及大型激光器等技术成熟度，建设高档数控机床产业基地，打造全国领先的智能化铸锻装备、焊接及热处理装备产业基地；枣庄市重点突破高精度数控系统、高速电主轴、复合刀架研发与应用，建设高档数控机床产业基地；泰安市着力突破高效锻造装备，形成规模和技术优势；淄博市加快攻克精密伺服电机制造技术；烟台着力攻克精密数控回转工作台等关键功能部件；济宁市做大做强精密滚珠丝杠、导轨副等精密传动部件。到2022年，全省数控机床的可靠性、精度保持性、平均无故障时间及基础制造装备的绿色化、智能化水平均居全国领先地位，机床产品数控化率达到70%以上，全省主营业务收入达到2 000亿元。（济南、淄博、枣庄、烟台、济宁、泰安市政府负责）

石油化工装备。重点发展石油钻采及页岩油气专用装备，积极应用先进制造技术、新一代信息技术，提高全液压超深井钻机、模块钻机、压裂装备、固井车、压裂管柱、CNG加气成套装备等可靠性、使用寿命及智能化水平，突破高效压缩机组、关键泵阀、反应热交换器、大型空分设备、低温泵、低温/抗腐蚀传输管线等关键部件制造技术，加快研发新型地震仪、高灵敏度检波器、电磁地质导向仪等精准勘探及钻采测录装备。加大在线检测、智能远程控制与综合分析等技术应用，提升炼油、多联产煤化工、盐化、煤化、有机原料及合成材料、橡胶及塑料等生产装置的高效、节能、低耗、精控技术水平，推动石化装备向绿色、高端、智能发展。东营、烟台市重点发展海洋及复合管钻机、大型压裂车组、固井成套设备、连续油管作业车、制氮设备、水下高压防喷器、高集成化过滤分离等油气开采装备，建设国家级石油装备制造基地；淄博、滨州、德州市加快发展先进化工生产装备，形成产业优势。到2022年，石油化工大型装备数字化、智能化、绿色化水平显著提高，关键零部件和核心技术实现自主、安全、可控，全省主营业务收入达到2 000亿元，成为全国重要的高端石化装备制造基地。（淄博、东营、烟台、德州、滨州市政府负责）

工程机械。以智能化、绿色化、轻量化为主攻方向，加快应用先进设计制造、网络、数字、卫星通信、智能控制等技术，改造提升推土机、挖掘机、装载机、起重机及路面机械、道路/隧道/桩基施工机械等，实现产品自动远程定位、监控、检测、诊断、维护、预报、管理等智能化控制。推进上下游企业协同创新，加快解决液电传动技术、系统节能、数字液压、减震降噪、无人操控等关键共性技术，积极开发新能源工程机械、适应极端环境条件及城乡用小微型等细分产品，向新型多功能、高舒适性、高可靠性、高效低耗、大型化及个性化方向发展。济南、潍坊市重点发展高端盾构机、起重机、旋挖钻机；烟台、德州市加快发展高端建筑机械、路面机械等；济宁、泰安、临沂市着力发展推土机、挖掘机、装载机、平地机及矿山机械等；打造各具特色、差异化发展的工程机械产业基地。到2022年，工程机械智能化、多功能化和可靠性、节能性与耐久性水平全国领先，全省主营业务收入达到1 500亿元。（济南、烟台、潍坊、济宁、泰安、临沂、德州市政府负责）

农机装备。重点发展大功率拖拉机、变量施肥播种机、高速栽植机、大型整地机、高效能收获机、施药无人机、精量植保机、种子精选机、节能高效烘干成套装备、畜禽智能化养殖及丘陵山区用高效小型农机装备等。积极应用先进制造技术、数字技术、人工智能、远程运维等，突破高效节能、静液压传动、电液悬挂、基于路径规划智能控制、病虫草害快速识别、精准施药等关键系统与技术；提升湿式离合器、动力换挡、无级变速等关键零部件制造水平，全面提高部件配套和整机集成能力，向高端化、智能化、大型化、多功能化发展。潍坊市加快开发生产高端智能农机，建设智能农机装备产业基地；莱芜市打造全国知名的节水灌溉与水肥一体化装备产业基地；日照市重点发展智能大功率拖拉机；临沂市重点突破高端智能精量植保装备；济宁、聊城、德州市加快发展特色农机具装备，向高端智能农机具转型。到2022年，全省农机装备数字技术、网络技术、自动控制技术广泛应用，大型农机装备基本实现故障及作业性能实时诊断、远程监测及自动控制，农业机械的整体技术水平全国领先，主营业务收入达到 2 000 亿元。（潍坊、济宁、日照、莱芜、临沂、德州、聊城市政府负责）

纺织轻工装备。加快应用新技术、新材料、新工艺，推动纺织、造纸、食品等轻工业装备向节能高效、信息化、智能化、绿色化、高端化转型。纺织重点突破金属针布、金属槽筒等关键零部件制造工艺，加快发展圆纬针织机、多轴向经编机、数码喷墨印花机、高速梳理机、自动转杯纺设备、高端棉纺及智能印染成套装备等，引导纺纱、织布、染整企业协同创新，提高行业高效节能、智能化发展水平。造纸重点突破钢制烘缸、压力筛、高速纸浆泵等关键部件，加快发展高效制浆机、高浓度磨浆机、高速纸板机、多层特种纸机、高速切纸机、高速复卷机等。食品重点发展双辊挤浆机、螺旋润粮机、柔性制曲机、螺旋式常压连续杀菌机等，集成应用数控与人工智能技术提升固态发酵和酿造成套装备及高速食品包装（灌装）生产线的智能化水平。青岛、潍坊市加快发展以食品加工、包装为重点的高端食品加工成套装备；淄博、聊城、滨州市重点发展纸浆泵、磨浆机、压力筛等造纸装备；泰安市以智能印染成套装备、酿酒智能成套装备为重点，加快打造智能制造装备产业基地。到 2022 年，形成多元化、高端化、智能化、品牌化发展格局，打造全国知名的纺织轻工装备制造基地，全省主营业务收入达到 1 500 亿元。（青岛、淄博、潍坊、泰安、聊城、滨州市政府负责）

电力装备。以智能输变电装备、储能设备、分布式电源、微网控制为重点，加快发展特高压交流/直流输电成套设备、柔性直流输电成套设备、特高压高效变压器、智能高/低压成套开关、全封闭组合电器等。综合应用现代传感、测控、信息网络、先进制造等技术，突破局部过热、大型变压器智能检测、柔性输电、高温超导输变电等关键核心技术，实现电力装备向轻量化、模块化、成套化、绿色化、智能化发展。济南加快建设大型高效输变电、智能电网、高效充电、智能维护等高端电力装备研发制造基地；泰安、菏泽市进一步做强高效输变电装备、大型智能成套开关等电力装备。到 2022 年，电力装备产品系列更加丰富，配套能力更加完备，数字化、智能化水平显著提高，全省主营业务收入达到 2 000 亿元，成为全国智能电力装备重要生产基地。（济南、泰安、菏泽市政府负责）

动力装备。以汽车、农机、船舶、工程机械、非道路移动机械用内燃机及电动机、发电机、天然气/氢气压缩机等为重点，围绕提高装备高效节能性及智能化、数字化、绿色化水平，加强自主创新能力建设，加快应用数字芯片和智能传感器及先进控制、动力总成匹配、排气能量回收利用等先进技术，改造关键部件铸锻、机械加工及整机装配工艺，全面提升海洋工程用高性能发动机、液化天然气（LNG）/柴油双燃料发动（电）机、超大型电力推进器等产品的可靠性、稳定性及高效节能环保性能。积极应用薄钢旋锻加工、电子绕线等先进工艺，提升电机的输出效率和性能。加快发展无油静音高压节能型天然气/氢气压缩机、锂离子电池、氢燃料电池等新型动力装备。济南、青岛、烟台、潍坊、日照市加快现有发动机技术升级，形成年产 300 万台（套）节能高效发动机的生产规模；潍坊市加快建设氢燃料电池及百万台 8AT 自动变速器生产基地，创建国际化绿色动力装备城；济南、淄博、聊城市大力发展纯电动汽车用动力电池，建设全国重要的新能源汽车动力电池生产基地。到 2022 年，形成产品规格齐全、配套体系完善、品种系列化多元化、技术性能达到国际先进水平的高端动力装备产业基地，全省主营业务收入达到 2 000 亿元。（济南、青岛、淄博、烟台、潍坊、日照、聊城市政府负责）

2. 发展壮大十大新兴高端装备。新一代信息技术装备、海洋工程装备及高技术船舶、先进轨道交通装备、智能制造装备、航空航天装备、机器人、节能环保装备、新能源装备、高档仪器设备、高性能医疗设备等十大新兴高端装备，我省基础好，潜力大，要加快发展壮大成新动能，努力走在全国前列。

新一代信息技术装备。以集成电路、通信设备、工业操作系统及设备、智能制造核心信息设备为主攻方向，重点发展高性能服务器、高端容错计算机、嵌入式 CPU、海量存储设备、智能计算芯片、无线移动通信、新一代网络、量子通信、工业大数据、工业互联网平台、制造物联和制造信息安全等设备，加快应用新材料、新工艺、先进制造技术，合力攻克端到端的工业软件、工业大数据管理与分析、数据驱动的构件组合、工业互联网平台、增强现实、制造信息互联互通标准与接口等关键技术，构建新一代信息技术装备产业体系。以济南、青岛、淄博、烟台、枣庄市为重点，突破集成电路芯片设计制造、支撑材料等核心技术与工艺，建设高性能集成电路生产设计基地；济南市加快发展高端容错计算机、融合架构服务器、海量存储设备等高性能、高可靠性信息基础装备，打造国际著名高端服务器制造基地；青岛市突破集成电路、柔性显示屏制造技术，提升智能家电制造能力，加快建设芯谷产业园、海尔国际信息谷，打造高端智能家电生产基地、新型显示产业基地；潍坊市加快发展智能可穿戴设备、VR虚拟现实设备、高端声学元器件、激光投影等产品，建设智能可穿戴设备和虚拟现实产业基地；聊城市加快发展新一代高性能光纤预制棒、特种光电线缆、大容量光通信芯片及模块，建设光电信息产业基地。到2022年，全省信息技术装备研发能力显著增强，高性能服务器与通信装备、集成电路及专用装备、智能终端设备生产规模和水平显著提升，主营业务收入达到5 000亿元，成为全国信息技术装备重要研发生产基地。（济南、青岛、淄博、枣庄、烟台、潍坊、聊城市政府负责）

海洋工程装备及高技术船舶。围绕服务海洋油气资源开发、深海矿产资源开发、海上岛礁利用和安全保障、深远海渔业、海洋运输与科考等，重点发展深水自升式/半潜式钻井平台、天然气水合物开采平台、智能海洋牧场、深海空间站、液化天然气/石油气船、超大型半潜式运输船、深水半潜式铺管及钻井船、生态环保远洋船舶、极地用船舶、无人艇等。加快信息技术与制造技术深度融合，突破深水锚泊及动力定位、水下自动钻探、柔性立管深海观测、水下采油树、水下高压防喷器、海底管道检测等关键系统技术与制造工艺，推动海洋工程装备和高技术船舶向智能化、综合化、高端化、多样化发展，形成覆盖科研开发、总装建造、设备供应、技术服务的完整产业链。青岛市加快发展深海空间站、超大型运输船/极地船舶、大型豪华游艇等，建设海上综合试验场和海西湾船舶与海洋工程装备产业基地；烟台市加快开发生产多功能自升式/半潜式钻井及生产平台、海洋牧场设备等，建设深水平台试航基地，打造世界领先的海洋工程装备制造基地；威海市着力发展高端客滚船、高端远洋渔船等，形成特色和优势。到2022年，超深水半潜式钻井平台等高端海洋工程装备占国内市场份额的35%、国际市场份额的25%以上，成为国际高端海洋工程装备及高技术船舶研发制造基地，全省主营业务收入达到1 500亿元。（青岛、烟台、威海市政府负责）

先进轨道交通装备。重点发展高速动车组、高速磁悬浮列车、跨座式单轨、跨线/跨网城际轨道交通装备、快速重载货车、公铁两用车、新能源城轨列车、智能检测及远程运维系统装备等。加快应用先进制造技术与工艺、新材料，提升转向架、动车组轮对、牵引电机、传动齿轮箱、高效制动器、轻量化车体等关键零部件制造水平，全力攻克高速动车组智能控制系统，做强动力驱动、传动与制动系统、受电弓及关键配套产品等，实现轨道交通装备向智能化、绿色化、轻量化、系列化、标准化、模块化方向发展。济南市重点发展30吨轴重快速重载货车，建设国际先进轨道货车生产基地；青岛市加快发展高速动车组、高档客运列车、城市轨道列车等，建设国际先进轨道交通装备产业基地；东营市加快提升高速车轮综合性能，做强高速动车组/货车/地铁车轮产业；烟台市加快建设轨道交通整车车体型材制造基地。到2022年，全省整车设计制造能力进一步增强，核心零部件配套能力显著提高，成为全国最大的轨道交通装备研发、制造和服务基地，全省主营业务收入达到2 000亿元。（济南、青岛、东营、烟台市政府负责）

智能制造装备。以智能制造控制系统、智能物流与仓储装备、智能成套生产线、增材制造装备、增减材复合制造装备、智能检测设备为主攻方向，重点发展高速重型堆垛机、智能分拣机、高速托盘输送机、智能多层穿梭车、高性能增材制造装备等，突破数字化非接触精密测量、在线无损检测、激光跟踪测量仪器、精准图像识别、可视化柔性装配及远程运维等先进技术。研发集计算、通信、控制于一体的智能制造控制系统，提升增材制造高效成形、精准分拣、快速输送、高效检测等技术稳定性与可靠性，大力开发基于用户工艺需求的智能化成套生产线，推动装备制造业转型升级。济南市重点发展智能物流、智能检测、3D打印设备，建设工业3D打印机小镇、数控激光设备产业基地；青岛市提升增材制造、电机智能生产线等制造能力，壮大规模，形成优势；泰安市加快发展印染自动化生产线、矿业综采智能成套装备、食品智能加工生产线等，建设全国先进智能制造装备生产基地。到2022年，数字化柔性化智能生产线等先进制造装备在汽车、家电、医药等重点行业成熟应用，培育若干国际知名品牌，全省主营业务收入达到 2 000 亿元，成为全国智能制造装备重要生产基地。（济南、青岛、泰安市政府负责）

航空航天装备。重点发展直升飞机、无人机、多用途飞机、高端液压油车、飞机牵引车及地面服务装备、航空液压件、发动机配件、航空航天电子设备等，创造条件合资合作或引进发展干支线飞机。着力突破蜂窝材料、航空航天用板（型）材、碳纤维复合材料、航空涂料和基础元器件等关键制造技术，尽快提高铝锂合金、钛合金、复合材料等加工成形制造技术，做强飞机零部件关键制造技术及装备、民机检修和改装、雷达罩维修、航空仪表维修、航空配套服务产业，提升产业配套服务能力，提高技术水平，壮大产业规模，形成后发优势。济南市依托临港航空产业园，创造条件发展飞机及零部件制造；青岛市加快建设空客 H135 直升机、莱西航空文化小镇项目，实现产业化、规模化；东营市加快建设商飞试飞中心东营基地及北京航空航天大学东营研究院，打造集现场试飞、地面验证及训练、测试改装、科研开发、材料及配件制造一体的空港产业园；烟台市加快推进中科卫星遥感产业园、南山航空材料产业园建设；滨州市加快开发引进轻型固定翼飞机新机型，形成规模化生产，建设沾化大高航空产业园、北海航空产业园；威海市做大机场服务装备，建设高端空港装备生产基地。到 2022 年，在大型民用飞机维修维护、通用飞机和无人机设计制造等领域形成产业化，全省主营业务收入力争达到 500 亿元。（济南、青岛、东营、烟台、威海、滨州市政府负责）

机器人。以工业机器人、服务机器人、特种机器人等为重点，加强机械制造、控制、计算机、传感器、人工智能等多学科交叉融合力度，着力突破机器人系统集成、高精密减速机、伺服驱动器、高性能控制器、集成一体化关节、灵巧手等关键零部件及系统，提升机器人运动控制、精确参数辨识补偿、信息技术融合、影像定位与导航精度等性能，全面提高焊接、搬运、涂装等领域工业机器人的速度、载荷、精度、自重比、平均无故障时间等主要技术性能。加强机器人深度学习、人机共存、高度仿生等国际前沿技术研究，研发高智能助老助残、家庭服务、公共服务、医疗康复、电力巡检、消防救援等服务与特种作业机器人。济南、青岛市全力提升机器人稳定性、可靠性，建设工业机器人产业集群；东营市加强特种机器人研发力度，做强消防防爆/城市地下综合管廊巡检机器人等，形成特色优势；泰安市加强生肌电感知与脑机交互技术研究，加快应用新材料和新工艺，提升产品适人性，建设医疗康复机器人产业基地；烟台、潍坊市加强机器人集成技术研究，培育全国先进机器人集成服务商；威海市进一步提高医疗机器人技术水平，开发系列化高精化产品，建设以微创手术、骨科复位机器人为重点的医疗服务机器人产业基地。到 2022 年，龙头企业技术创新能力和国际市场参与能力明显提升，关键零部件制造与整机集成技术显著增强，建成全国领先的机器人产业基地，全省主营业务收入达到 500 亿元。（济南、青岛、东营、烟台、潍坊、泰安、威海市政府负责）

节能环保装备。以大气治理、污水污泥处理及回用、土壤污染修复、固体废弃物处理及资源化利用等设备为重点，加快应用新一代信息技术、先进制造技术与工艺，改造提升工业领域脱硫/脱硝/除尘处理、水污染防治、噪声与振动控制、废旧电子电器/报废汽车/废金属智能化拆解及综合利用、废轮胎/废塑料热裂解等装备。加强产学研用协同创新，攻克绿色发展急需的高效节能和先进污染防治装备，提升模块化设计、标准化制造、物联网应用、机器人参与、自动化控制等技术集成水平，向智能化、数字化、高效化、绿色化发展。济南市加快发展工业脱硫除尘大气环保装备；东营市加快油田污泥污水高效处理设备研发进度，尽快形成产业化；潍坊市建设污水污泥处理及循环利用环保装备产业基地；德州市重点发展城市垃圾综合利用成套装备。到 2022 年，培育一批具有系统设计、设备制造、工程施工、调试维护、运营管理一体化综合服务能力的龙头企业，建成由龙头企业引领、中小企业配套、产业链协同发展的先进节能环保装备产业体系，全省主营业务收入达到 2 000 亿元。（济南、东营、潍坊、德州市政府负责）

新能源装备。以新一代核电、生物质能、氢能、可燃冰、海洋能、地热能等清洁能源为主攻方向，大力发展新型清洁能源装备。烟台市围绕华龙一号、AP1000、高温气冷堆、海上浮动堆等，加快提升钢制安全壳、结构模块、设备模块、一体化堆顶组件、核电法兰、铸造主管道、稳压器、主泵泵壳、核燃料处理等核电关键设备制造工艺，强化自主研发能力建设，壮大产业规模和竞争实力，建设国家级核电装备生产基地；济南市重点突破核电材料及核压力容器，做强生物质颗粒再生成套装备，积极推进济南"中国氢谷"建设，打造全国领先的氢能源装备产业基地；青岛市加强潮汐能、地热能、海洋波浪能、海流（潮流）能、温差能等新能源综合利用前沿技术与装备研发，形成新的优势产业。到2022年，以绿色低碳、节能高效、多元互补、智慧互联为主要特征的清洁能源装备持续壮大，成为全国重要的高端能源装备研发制造基地，全省主营业务收入力争达到1000亿元。（济南、青岛、烟台市政府负责）

高档仪器设备。以工业、农业、航空航天、轨道交通、智能制造、电力、科技、环保、国防等领域快速增长的高档仪器设备需求为导向，重点发展工业在线分析仪表、机械装备功能检测设备、科研检测分析仪器、食品化学及医疗检测仪、石油地质勘探仪、煤矿安全监测系统、环境保护检测仪、电力电子监测仪器、机器人用传感器、播种施肥检测传感器、药肥喷量智能传感器、智能化仪表、微机电系统（MEMS）等。积极开发具有数据存储和处理、自动补偿、远程调整优化、通信功能的低功耗、高精度、高可靠性、高性价比的多变量传感器模组，推动仪器仪表向嵌入式、微型化、模块化、智能化、集成化、网络化发展。济南市加快发展食品和医疗检测仪器，形成规模优势；青岛市突破精准环境检测设备，引领产业向高端升级，建设全国领先的环境检测设备产业集群；潍坊市提升影视传媒和摄像设备技术水平，发展壮大产业规模；泰安市发挥校企合作优势，建设全国先进煤矿安全监测设备生产基地；临沂市提升计量仪表数字化、智能化水平，打造高端仪表产业集群。到2022年，形成一批具有较高技术水平的高端产品，培育一批具有较强竞争力的领军企业，打造全国高端仪器设备制造强省，全省主营业务收入达到2000亿元。（济南、青岛、潍坊、泰安、临沂市政府负责）

高性能医疗设备。以高端医学影像、先进治疗、临床检验、健康监测和康复等设备为重点，加强数字技术、人工智能与医疗科学深度融合及渗透，围绕医疗设备可靠性、健康大数据、智能深度学习影像诊断系统、超导磁共振成像系统（MRI）、手术导航系统及远程医疗系统等关键技术，开展多学科协同创新。大力发展高端CT机、高性能彩色超声成像设备、数字化X射线机（DR）、肿瘤放疗一体化设备、医用电子直线加速器、高性能呼吸机、全自动血型分析仪、血液分离净化器、电子内窥镜、全自动检测设备、精准基因测序仪等，加快研发重大疾病及慢性病筛查设备、智能康复辅助设备等，推动产业向宽系列、多领域、高端化、智能化、集群化发展。淄博市加快突破彩色能谱CT软件与整机系统、影像引导调强放疗系统、全自动血型分析仪等，建设高端医学影像设备基地；潍坊市加强磁共振成像核心部件及整机装备技术研究，建设高端磁共振装备产业基地；泰安市以智慧康复机器人、康复辅助器具为重点，建设国家康复辅助器具发展试点城市；威海市加快建设高端医疗器械产业基地。到2022年，突破一批共性关键技术和重要设备，培育一批在国内领先的高端医疗设备生产企业，全省主营业务收入达到500亿元。（淄博、潍坊、泰安、威海市政府负责）

（三）夯实发展基础。围绕重大装备和高端装备配套需求，实施强基"一条龙"应用计划，重点发展机械基础件、基础材料、基础制造工艺和产业技术基础，为装备制造业转型升级提供坚实支撑。

机械基础件。重点发展高速精密轴承、精密齿轮及传动装置、精密滚珠丝杠及直线导轨副、高压液压元件和大功率液力元件、高频响气动元件、高可靠性密封件、高强度紧固件、精密模具、高应力高可靠性弹簧、高可靠性联轴器、制动器、离合器等，加快应用新技术、新材料、新工艺，推广数字化、智能化生产技术，全力提高产品一致性、可靠性、稳定性和使用寿命，为高端装备发展提供基础配件保障。到2022年，全省基础件质量水平全面提升，充分满足装备制造业高质量发展需求。

基础材料。加快提高关键基础零部件所需的高品质结构材料和工艺材料的理论研究深度与应用工艺能力。结构材料重点发展高性能结构钢、高温合金、高压精密液压铸件用铸铁、高性能柔性石墨密封材料、F/H级亚胺薄膜、特高压绝缘材料、碳纤维复合材料、液压泵用双金属烧结材料等，突破钛合金、高强铝合金、高温合金及高温高强度工程材料、增材制造专用材料及粉末冶金材料应用工艺。工艺材料重点发展模具钢、高强高韧焊接材料、超硬刀具材料、环境友好型涂料和润滑剂等，为高端装备产品生产提供先进优质的基础材料保障。到2022年，全省在重点领域材料应用研究取得重大突破，基础材料支撑作用显著提升。

基础制造工艺。以支撑先进绿色制造的铸造、锻压、焊接、热处理、表面处理、切削加工及特种加工等发展为重点，加快研发增材制造用高性能金属粉末制备、高效增材制造、精密及超精密加工、超大型构件成形、复合材料构件制造、复杂铸件无模成形、先进传感器制造等先进工艺，积极应用先进数字智能控制技术，推动基础制造工艺向精准化、绿色化、高效节能方向转型，为装备制造业升级提供可靠工艺技术保障。到 2022 年，全省先进制造工艺体系基本建成，接近或达到国际先进水平。

产业技术基础。针对装备制造业重点领域和行业发展需求，围绕可靠性试验验证、计量检测、标准制修订、认证认可、产业信息、知识产权、服务外包、人才培训等技术基础支撑能力，创建一批产业技术基础公共服务平台，开展产品可靠性、稳定性、一致性、安全性和环境适应性等关键问题研究。每年遴选一批产品质量监督检验、产业技术服务、人才培养等高水平公共服务平台，促其加快发展壮大，为产业提供技术基础服务。到 2022 年，建成较完备的产业技术基础体系。（省科技厅、省工业和信息化厅、省市场监管局牵头，有关市政府配合）

（四）优化产业布局。统筹考虑区位、交通和资源等条件，结合现有产业基础和未来发展空间，将十大新兴高端装备重点布局在胶济和京沪高铁沿线城市，着力培育济南、青岛、烟台三大核心区，打造集聚胶济和京沪铁路的产业带，辐射带动周边市优化产业布局，推动产业集聚向产业集群转型，到 2022 年，构建起"三核引领、一带支撑"的高端装备产业格局，济南、青岛、烟台每个市重点发展 5～6 类产品，产业规模占全省的 60% 以上，高铁沿线的淄博、枣庄、潍坊、济宁、泰安、威海等市，每个市主攻 2～3 类优势产品，发展特色，形成优势。八大传统装备主要依托现有基础，引导生产规模大、企业资源多、产业配套全、发展前景好的市，以龙头骨干企业为核心，推动产业链向龙头企业集聚，建设产业集群。每个市依托重点开发区围绕重点优势产品，以龙头骨干企业为核心，规划建设产业园区，完善配套政策，吸引上下游企业进园入区，打造特色优势产业集群，形成各具特色、优势互补、错位发展的产业格局。（省发展改革委、省工业和信息化厅、省商务厅牵头，各市政府负责）

（五）转变发展方式。

1. 加快向智能制造转变。积极应用自动化技术、信息技术、网络技术、数字技术改造传统生产方式，建设无人生产线、数字化车间、智能工厂。引导企业加快研发智能化装备及成套生产线，推进嵌入式软件、互联网、传感器、人工智能等技术在装备产品上的应用比重，提高装备产品智能化水平，推动重大成套装备向精密化、数字化、自动化、集成化、智能化发展。大力推行智能制造生产新模式，在全省组织开展智能制造转型升级活动，举办智能制造知识专题培训，提高企业家对智能制造的认识；每年筛选 30 家左右重点企业进行智能制造试点示范培育，打造智能制造样板；实施"1＋N"带动提升行动计划，依托智能制造标杆企业，复制推广成熟的智能制造新模式，推动全省装备制造业由传统制造方式加快向智能制造方式转变。

2. 加快向服务型制造转变。积极引导装备制造业与服务业融合发展，提高服务增值在装备制造价值链中的比重。大力发展与制造业密切关联的产品设计、技术服务、维护维修、人员培训、咨询及信息等服务业，鼓励发展检验检测等专业化技术服务，积极推广大型成套装备融资租赁服务模式，推动大中型装备制造企业加快向系统总集成、设备总成套、工程总承包、总体解决方案供应商转型，实现单纯装备制造向"制造＋服务"转变。

3. 加快向绿色制造转变。围绕绿色制造技术创新及产业化应用，在产品设计、生产、服务各个环节，积极采用新理念、新工艺、新技术、新材料，发展高效、节能、节材、减排型绿色产品。积极开展再制造产品设计、剩余寿命评估、无损拆解、微纳米表面工程等技术研究，建立完善再制造技术规范、标准和评价体系，在汽车零部件、工程机械、动力装备、铸锻装备等领域大力推行回收利用和再制造。在铸造行业推行绿色共享制造转型升级活动，选择 1～2 个市进行绿色共享铸造试点，实施高水平技术改造，建设铸造共享园区，整合优化产业链资源，促进企业、园区、行业间链接共生、原料互供、资源共享，发展循环经济和共享经济，加快构建高效、清洁、低碳、循环的绿色制造体系。（省工业和信息化厅负责，各市政府配合）

（六）实施重点工程。

1. 开发一批重大技术装备。围绕建设全国一流的高端装备制造强省，聚焦国际前沿高端技术，组织装备生产企业、科研单位和装备用户建立重大技术装备攻关联合体，每年开发100个左右对产业具有重大带动和战略引领作用的标志性首台（套）技术装备，掌握一批高端装备设计制造关键核心技术，形成自主知识产权和自主品牌。推动一批首台（套）高端装备在关键领域、重大工程实现示范应用，鼓励企业积极购买和使用首台（套）高端装备，落实首台（套）技术装备及关键核心零部件保险补偿机制，促进高端装备开拓市场。依托重大工程建设，支持用户、制造企业与科研机构组成产业联盟参与工程招投标，联合开发大型高端成套装备。（省发展改革委、省科技厅、省工业和信息化厅、省财政厅负责，各市政府配合）

2. 培育一批行业领军企业。实施装备制造业领军企业培育计划，支持开发能力强、经济效益好、发展潜力大、带动作用强的龙头企业，整合国内外创新资源，在全球范围内开展创新链和价值链布局，与国际一流科研机构、跨国企业联合建立创新中心，或引进国内外先进技术、收购兼并境外拥有先进技术的企业和研发机构，开展前沿技术攻关和重大战略产品开发。建立行业领军企业库，每年遴选一批龙头骨干企业，入库重点培育，动态考核管理，优先支持企业新项目建设、实施兼并重组、国内外高端品牌并购，迅速做大做强，根据领军企业对地方财政贡献情况，给予地方政府财政奖励。（省发展改革委、省工业和信息化厅、省财政厅负责，各市政府配合）

3. 树立一批自主创新示范企业。开展高端装备自主创新示范企业培育和协同创新建设。每年遴选10家左右自主创新投入大、产品技术先进、市场竞争力强、发展后劲足的企业，作为高端装备自主创新示范企业进行培育。鼓励"产学研用"协同创新，搭建多主体协同、跨区域合作、创新资源共享的协同创新平台，实施重大共性关键技术攻关和成果转化，省财政统筹现有资金给予支持。对新认定的国家制造业创新中心、国家产业创新中心、国家技术创新中心、国家重点实验室等高端协同创新平台，省财政给予贴息、奖补或股权投入支持。（省科技厅、省工业和信息化厅、省财政厅负责，各市政府配合）

4. 建设一批特色产业集群。依托传统装备优势地区和新兴装备核心区及产业带城市，加快建设产业集群，发挥龙头骨干企业吸引作用，将配套企业纳入供应链管理、质量管理、标准管理、合作研发管理等，提升专业化协作和配套水平。支持建设集群公共服务平台，打造协同制造和协同创新链，增强集群竞争优势。鼓励产业集群制定区域品牌发展战略，开展区域品牌策划及多种形式的宣传推广，共同创建区域品牌。积极引进强链补链重大项目、吸引高端人才和优秀团队加入，打造产业集聚度高、布局结构优、规模体量大、延伸配套好、支撑带动力强的特色优势装备产业集群。注重发挥开发区在打造装备制造业产业集群的作用，每年遴选一批产业集群进行重点培育，实行动态考核管理，对集群效应显著、配套协作紧密、要素配置精准、绩效考核优秀的市、县（市、区）和开发区，按规定纳入省政府专项考核激励。（省发展改革委、省工业和信息化厅、省财政厅、省商务厅负责，各市政府配合）

5. 推广一批新业态新模式。以工业互联网、服务型制造、智能制造和绿色制造等为重点，大力发展新业态新模式，创建产业发展新体系。推动工业互联网与装备制造业深度融合，建设山东省铸装工业云服务平台，打造产能共享、设备共享、标准与检验检测共享、技术服务与人才共享、线上交易、网络协同等产业发展新模式，整合资源、提升效率、缩短链条、降低成本，提升产业运营效能。推广服务型制造、智能制造和绿色制造新模式，每年遴选一批标杆企业，开展"1＋N"带动提升行动，指导标杆企业辅导带动相关企业加快发展新业态，复制新模式，发展共享经济，通过标杆复制推广和应用，实现做大一个、跟进一批、带动一片，全面提升装备制造业发展新经济、提升价值链的能力和水平。（省工业和信息化厅、省财政厅负责，各市政府配合）

6. 打造一批国际知名品牌。实施标准质量品牌提升战略，强化标准引领，对接国际、国内先进标准，建立完善重点行业标准和技术规范，鼓励企业主导制定国际标准、国家标准或行业标准，推动专利技术向标准转化，对符合条件的给予奖励。引导企业强化质量管理体系建设，探索建立先进质量管理模式，推广先进质量管理方法，广泛开展质量提升行动，全面提升产品质量，加强质量标准体系建设，积极推广先进成型和加工方法、在线检测装置、智能化生产等，提升产品性能稳定性、质量可靠性和环境适应性。鼓励企业加强品牌建设，专注细分市场产品创新和品牌建设，支持自有品牌在境外注册商标和申请专利，鼓励企业、协会利用国际产能合作、国内外重大展览活动等宣传品牌，着力打造一批装备制造业集群区域品牌，对认定的国家级产业集群区域品牌，市、县（市、区）财政给予奖励，省财政给予适当奖补。（省工业和信息化厅、省财政厅、省商务厅、省市场监管局负责，各市政府配合）

四、保障措施

（一）加强组织领导。装备制造业转型升级事关全省新旧动能转换重大工程建设，各市要高度重视，根据本实施方案，制定工作措施，落实部门责任，加强工作考核，加快推进本市转型升级。省有关部门建立联席会议制度，加强部门合作，创新协调机制，统筹资金安排，健全政策措施，形成推动装备制造业高质量发展的工作合力。（省工业和信息化厅牵头，省发展改革委、省科技厅、省财政厅、省农业农村厅及各市政府配合）

（二）完善体制机制。深化放管服改革，按照权力和责任同步下放、调控和监督同步加强的要求，加大简政放权力度，建立以负面清单为主的产业准入制度，营造宽松便捷的市场准入环境、公平有序的市场竞争环境、安全放心的市场消费环境。强化政府服务，建立省、市、县三级政府企业服务"直通车"制度，帮助企业协调解决发展中遇到的困难和问题，支持企业加快发展。（省发展改革委、省工业和信息化厅、省商务厅、省市场监管局及各市政府负责）

（三）落实扶持政策。认真贯彻国家支持装备产业发展的相关政策，支持企业积极承担国家重大专项。落实我省支持实体经济发展及新旧动能转换一揽子政策，每年筛选一批重大技术装备协同创新、产业集群建设、公共服务平台、智能制造与绿色制造等项目给予重点支持，提高企业转型升级积极性，推动产业加快转型。（省发展改革委、省科技厅、省工业和信息化厅、省财政厅负责，各市政府配合）

（四）强化金融服务。建立重点企业和重大投资项目推介机制，每年向商业银行和高端装备股权投资基金推介 100 个以上优质企业和重大项目，精准对接重点企业融资需求。大力发展政府性融资担保机构，深入开展"政银保"贷款保证保险业务，加大创业担保贷款财政贴息政策支持力度，支持开展新旧动能转换金融产品创新。鼓励企业直接融资，对在主板、中小板、新三板及区域性股权市场上市、挂牌或市场化债转股的企业，省财政按规定给予奖补。（省发展改革委、省工业和信息化厅、省财政厅、省地方金融监管局、省税务局、人民银行济南分行负责）

（五）培养人才队伍。发挥高端装备专家智库作用，为新技术新工艺新产品引进吸收、转型升级和结构调整提供咨询。大力开展"招才引智"工作，广泛吸引国内外高端人才、顶尖团队来山东发展。充分利用高等院校和科研院所人才资源，探索建立校企人才与技术对接交流机制，促进高校人才资源和科研成果加快向企业转化，加大职工教育培训投入，为转型升级提供强有力的人才支撑。（省教育厅、省科技厅、省工业和信息化厅、省人力资源社会保障厅、各市政府负责）

（六）扩大对外合作。抓住"一带一路"建设和新一轮扩大开放重大机遇，着力扩大对外合作的深度和广度。以新能源汽车、飞机、高档数控机床与机器人、智能制造装备、智能农机、高档仪器设备等高端装备为重点领域，以世界 500 强企业和全球行业龙头企业为重点方向，定期组织海外招商引资招才引智活动，健全重大外资项目跟踪服务机制和重点外资企业服务机制，为外商投资创造良好环境。鼓励企业积极开展对外产能和装备合作，组织企业参加国际展览会，宣传品牌，开拓市场。（省发展改革委、省工业和信息化厅、省商务厅、各市政府负责）

（七）健全协会组织。由省机械设计研究院牵头，联合有关企业、科研院所成立山东省高端装备产业协会。支持海洋工程装备、轨道交通、智能制造和机器人等领域龙头骨干企业联合上下游企业成立行业协会、学会、联盟等行业组织。发挥行业组织作用，积极开展行业发展形势分析研究，制定行业规范条件和产品标准，促进行业自律，推进产业链配套和协同创新，进行企业技术指导和职工培训，组织开展国际合作交流，联合开拓国际市场，协助政府研究制定产业政策，促进装备产业健康有序发展。（省工业和信息化厅、省民政厅负责，各市政府及行业协会配合）

省财政厅　省安全生产监督管理局　省煤炭工业局
关于印发省级安全生产专项资金管理办法的通知

2018 年 2 月 13 日　鲁财工〔2018〕3 号

各市财政局、安监局、煤炭管理部门，各现代预算管理制度改革试点县（市、区）财政局、安监局、煤炭管理部门，黄河三角洲农业高新技术产业示范区财政金融局、安全生产与综合执法局：

　　为进一步规范省级安全生产专项资金管理使用，提高资金使用效益，促进我省安全生产形势持续稳定好转，根据《中共中央　国务院关于推进安全生产领域改革发展的意见》（中发〔2016〕32 号）和《山东省安全生产条例》等规定，我们研究制定了《省级安全生产专项资金管理办法》，现印发给你们，请遵照执行。

　　附件：省级安全生产专项资金管理办法

附件：

省级安全生产专项资金管理办法

第一章　总　　则

　　第一条　为进一步规范省级安全生产专项资金使用管理，更好地发挥财政资金激励引导作用，提高资金使用效益，促进我省安全生产形势持续稳定好转，根据《中共中央　国务院关于推进安全生产领域改革发展的意见》（中发〔2016〕32 号）和《山东省安全生产条例》等规定，制定本办法。

　　第二条　省级安全生产专项资金（以下简称专项资金）指省级财政通过一般公共预算安排，专门用于支持全省安全生产方面的资金。

　　第三条　专项资金由省财政厅会同省安监局、省煤炭工业局（省安监局、省煤炭工业局以下统称"省安全生产监管部门"）负责管理。

　　省财政厅负责专项资金的预算管理、资金拨付，对资金使用情况实施监督检查和绩效评价。省安全生产监管部门负责项目申报、筛选、审核以及支出绩效评价工作，并对项目实施情况进行调度、监管。

　　第四条　专项资金的使用和管理遵循"公开透明、公平公正、突出重点、统筹监管"的原则，旨在引导各级加大安全生产投入，强化安全生产基础能力建设，完善安全生产长效保障机制，提高科技兴安水平，促使安全生产形势稳定向好。

第二章　资金支持重点和方式

　　第五条　专项资金重点用于促进和维护我省安全生产方面的支出。支持范围主要包括：

　　（一）政府性公共安全监管。重点支持安全风险管控和隐患排查治理体系建设，安全生产信息化管理平台等信息化建设，重点安全生产领域行业安全标准体系建设，安全生产巡查、执法检查，安全生产公益宣传，安全生产举报奖励，政府性突发安全生产事故处置等。

（二）重点行业安全生产综合治理。对煤矿、非煤矿山、危险化学品、油气管道、冶金等行业领域实施安全生产治理整顿和转型升级，煤炭企业中央预算内安全改造投资地方配套等支出。

（三）安全生产应急救援体系建设。支持跨区域应急救援基地建设及救援设备运行维护，应急演练能力建设、安全素质提升工程等。

（四）实施科技强安、智慧兴安项目。对高危特别是化工行业省级示范生产制造企业，实施"机械化换人、自动化减人"项目等给予适当奖补。

（五）安全生产责任保险试点综合奖补。试点期间，对矿山、危险化学品、烟花爆竹、交通运输、建筑施工、民用爆炸物品、金属冶炼、渔业生产等高危行业和化工行业企业购买安全生产责任保险实施综合奖补。

（六）省委、省政府确定的其他安全生产支出。省财政厅会同省安全生产监管部门根据省委、省政府有关决策部署，适时调整专项资金支持的方向和重点领域。

第六条   各级政府是安全生产综合监管责任主体，市及市以下政府安全生产经费主要由本级保障。对符合专项资金重点扶持范围的项目，市、县（市、区）已安排资金的，专项资金可给予相应支持。

第七条   专项资金可以采用以奖代补、定额补助、贷款贴息、保险补偿、政府购买服务等支持方式。资金支付按照国库集中支付制度有关规定执行，涉及政府采购、政府购买服务的，按照政府采购、政府购买服务有关法律制度规定执行。

第三章　分　配　管　理

第八条   专项资金的分配采取因素法与项目法相结合的分配方式。按项目法管理的资金从严界定、从紧控制，推行竞争性分配。

第九条   因素法分配程序。

（一）省安全生产监管部门根据省委、省政府决策部署和全省安全生产工作实际，确定资金支持重点，提出资金分配意见。

（二）省财政厅和省安全生产监管部门根据当年预算安排情况，按因素法确定对下转移支付资金额度，并将专项资金预算指标下达各市、县（市、区）。

（三）各市、县（市、区）财政部门会同安全生产监管部门根据工作要求，确定具体扶持项目，并将资金使用绩效目标和资金安排意见报省财政厅、省安全生产监管部门备案。

第十条   项目法分配程序。省财政厅和省安全生产监管部门研究确定专项资金申报要求。相关单位（企业）按照要求逐级向所在市、县（市、区）安全生产监管部门和财政部门报送申请文件及有关材料；省属单位（企业）可直接向省安全生产监管部门、省财政厅申报。省安全生产监管部门通过专家评审、招标或委托第三方机构评审等竞争性方式遴选项目，并根据招标结果或评审意见，对项目进行公示。省财政厅根据预算安排情况，会同省安全生产监管部门提出资金安排建议，并将资金预算指标下达各市、县（市、区）和省属单位（企业）。

第十一条   专项资金探索实行项目库管理。省财政厅会同省安全生产监管部门根据省委、省政府部署要求，提前研究、储备安全生产专项资金项目，研究制定安全生产专项资金投入长期规划。

第十二条   各市、县（市、区）财政部门、安全生产监管部门和省属单位（企业）应按照各自职责分工，加强对专项资金申请、审核、拨付的组织协调和管理工作。

第十三条   专项资金预算一经确定应尽快组织实施，加快预算支出进度，项目预算执行进度较慢的，由省财政厅会同省安全生产监管部门按规定收回。

第四章　绩　效　管　理

第十四条   省财政厅会同省安全生产监管部门做好专项资金绩效目标管理、绩效监控、绩效评价、绩效结果运用等相关工作，不断提高财政资金使用效益。

第十五条　省财政厅会同省安全生产监管部门委托第三方机构，对专项资金绩效情况进行独立评价。评价内容包括：绩效目标的设定情况，资金投入和使用情况，为实现绩效目标制定制度、措施情况，绩效目标的实现程度及效果，绩效评价的其他内容。

第十六条　省财政厅会同省安全生产监管部门做好专项资金的绩效评价结果通报反馈工作，市、县（市、区）财政部门会同安全生产监管部门负责做好绩效评价报告反映问题的整改工作。

第五章　监督管理

第十七条　省财政厅、省安全生产监管部门要按照财政专项资金信息公开有关规定和"谁主管、谁负责、谁公开"的原则，建立信息公开机制，自觉接受社会监督。

第十八条　省安全生产监管部门会同省财政厅负责公开除涉密内容外的专项资金管理办法、申报指南、绩效评价和分配结果等。

第十九条　专项资金实行专款专用，不得擅自改变或扩大使用范围。省财政厅会同省安全生产监管部门将加强对专项资金的预算监管和监督检查，发现问题及时督促整改。

第二十条　项目实施单位（企业）对申报材料的真实性、准确性、完整性负责，对资金的合法合规使用，以及项目实施进度、实施效果承担直接主体责任。省安全生产监管部门、省财政厅按职责对专项资金项目和资金使用情况实施监督，必要时可组织专家或委托第三方机构实施监督检查。

第二十一条　各级财政部门、安全生产监管部门以及省属单位（企业）应按省有关规定，督促指导项目单位按要求使用专项资金，确保专项资金政策落实到位。资金使用单位要确保专项资金专账核算、专款专用，严禁截留、挪用。对不按规定用途使用专项资金，以及弄虚作假骗取专项资金等行为，省财政厅将按照《中华人民共和国预算法》和《财政违法行为处罚处分条例》（国务院令第 427 号）等国家有关法律法规规定，责令其限期整改，核减、收回或停止拨付补助资金，并视情节轻重提请或移交有关机关依法追究有关责任人的行政或法律责任。

第二十二条　项目在执行过程中因故变更或中止时，须报省安全生产监管部门、省财政厅同意。对因故中止的项目，省财政厅将会同省安全生产监管部门收回全部或部分专项资金。

第六章　附　　则

第二十三条　化工产业安全生产转型升级资金和道口安全管理经费适用本办法。

第二十四条　本办法由省财政厅会同省安全生产监管部门负责解释。

第二十五条　本办法自 2018 年 3 月 20 日起施行，有效期至 2022 年 3 月 19 日。

省财政厅　省中小企业局　省金融工作办公室
中国人民银行济南分行关于印发山东省中小微
企业融资担保代偿补偿资金管理办法的通知

2018 年 3 月 20 日　鲁财工〔2018〕5 号

山东省再担保集团股份有限公司，全省各银行业金融机构和融资担保机构：

为引导融资担保机构加大对中小微企业融资的支持力度，切实缓解中小微企业融资难题，我们研究制定了《山东省中小微企业融资担保代偿补偿资金管理办法》，现印发给你们，请遵照执行。

附件：山东省中小微企业融资担保代偿补偿资金管理办法

附件：

山东省中小微企业融资担保代偿补偿资金管理办法

第一章　总　　则

第一条　为鼓励引导我省融资担保机构加大对中小微企业的支持力度，缓解中小微企业融资难题，根据《山东省人民政府关于运用财政政策措施进一步推动全省经济转方式调结构稳增长的意见》（鲁政发〔2015〕14 号）和《工业和信息化部办公厅　财政部办公厅关于做好中小企业信用担保代偿补偿有关工作的通知》（工信厅联企业〔2015〕57 号）等有关规定，制定本办法。

第二条　中小微企业融资担保代偿补偿资金（以下简称代偿补偿资金）是指由省财政设立，专项用于对融资担保机构为中小微企业贷款担保发生的代偿进行补偿的专项资金。资金来源是现已委托山东省再担保集团有限公司管理的财政资金、利息收入和资金运营收益等。

第三条　本办法所称中小微企业是指在山东省登记注册、具备独立法人资格并有效存续的，符合《关于印发中小企业划型标准规定的通知》（工信部联企业〔2011〕300 号）中划型标准的中型企业、小型企业、微型企业（含个体工商户）。

第四条　本办法所称融资担保机构是指经省金融办批准，在山东省境内设立的经营融资担保业务的公司制和公司制以外的担保机构。

第五条　代偿补偿资金按照"扶小微、广覆盖、分层次、可持续"的总体要求，遵循公开透明、定向使用、科学管理、加强监督的原则，由省财政厅、省中小企业局、省金融办牵头，以各地政府为主导，推进政府、银行、担保、再担保建立共同合作的代偿补偿风险分担机制，加大对中小微企业的支持力度。

第六条　代偿补偿资金由省财政厅会同省中小企业局、省金融办负责管理。其中：省财政厅负责资金筹集、拨付及绩效评价等工作；省中小企业局负责中小微企业代偿补偿项目的确认、审核等工作；省金融办负责融资担保机构的合规性审核。

第七条　代偿补偿资金账户开设在山东省再担保集团股份有限公司（以下简称托管机构），托管机构负责代偿补偿资金账户的管理运营、与担保机构签订合作协议，以及其他日常运营管理等工作。

第八条　托管机构应加强与省内各银行金融机构和融资担保机构的合作，凡符合本办法要求的中小微企业融资担保业务都应列入代偿补偿资金合作范围。

第二章　补偿对象

第九条　担保机构条件。申请代偿补偿资金的担保机构应满足以下条件：

（一）注册资本在 1 亿元以上，财务管理制度健全，能够及时向业务主管部门报送业务信息，且在拟申请代偿补偿资金的融资担保项目担保期间未受到监管部门处罚。

（二）融资性担保机构经营许可证在有效期内。

（三）具有健全的业务内部管理制度，对担保项目具有完善有效的事前评审、事中监管、事后追偿与处理机制。

（四）平均担保费率不超过银行同期贷款基准利率的 50%；并且不得以业务评审费咨询费等变相提高担保费率。

（五）降低反担保门槛或取消反担保的担保机构。

第十条　代偿补偿项目条件。申请代偿补偿资金的项目，应符合以下条件：

（一）2017 年 8 月 9 日之后开展的新增中小微企业贷款担保业务，且符合国家和我省产业发展政策要求。

（二）单户企业担保责任余额不超过 500 万元。

（三）项目年担保费率不超过 2%。

（四）被担保企业不得担任融资担保机构的控股股东、实际控制人，为其他关联方提供融资担保的条件不得优于为非关联方提供同类担保的条件。

第三章　代偿风险分担

第十一条　风险分担比例。当符合支持范围的中小微企业担保贷款业务发生代偿，托管机构按照代偿额 50% 及以上、35%（含）~50%、25%（含）~35%、15%（含）~25% 的比例补偿担保机构时，代偿补偿资金相应分别按照代偿额的 25%、20%、15%、10% 的比例补偿相关担保机构。

第四章　补偿程序及审核

第十二条　代偿补偿资金申报。纳入扶持范围的担保机构代偿后，可向托管机构进行代偿补偿资金申请。担保机构应提交以下申请材料：

（一）代偿损失补偿申请书。

（二）担保协议、担保主合同及履行凭证。

（三）银行代偿通知书及担保机构代偿凭证复印件。

（四）代偿债务追偿措施和结果说明资料。

（五）其他需要提交的材料。

第十三条　代偿补偿资金审核。托管机构对担保机构报送的代偿项目进行初审，审核代偿补偿条件及额度，拟定代偿补偿比例及金额，并结合托管机构的风险管理要求，出具审核意见，每年末汇总形成代偿补偿方案后提交省中小企业局、省金融办复审。

第十四条　资金拨付。省财政厅每年年初对上年度的代偿补偿方案进行统一确认，托管机构收到省财政厅批复后，于 5 个工作日内将资金拨付到相关担保机构，并通过中小企业信用担保代偿补偿资金管理系统报财政部、工业和信息化部备案。

第十五条　资金追偿。托管机构应积极会同合作银行、担保机构，对发生代偿的资金本息进行追偿。依法追偿所得扣除诉讼费用后，应及时将享有的追偿收入按规定比例缴回代偿补偿资金专户。

第十六条　项目备案。符合本办法规定条件的新增中小微企业贷款担保项目，担保机构应向托管机构进行项目备案，托管机构通过代偿补偿资金管理系统向省中小企业局进行备案。

第十七条　项目核销。对代偿补偿项目因借款企业破产清算，或对借款企业诉讼且依法裁定执行终结后的代偿净损失部分，经合作担保机构确认、托管机构审核，并经省财政厅、省中小企业局认定后予以核销。托管机构应通过管理系统将核销情况报财政部、工业和信息化部备案。

第十八条　担保业务实现目标。托管机构应积极为中小微企业提供服务，到 2018 年底和 2019 年底，纳入代偿补偿资金支持范围的担保责任余额原则上应分别达到代偿补偿资金的 5 倍和 8 倍以上。

第十九条　管理费提取。托管机构可按年度提取委托管理费，提取比例不超过当年托管资金本金的 0.5%，用于弥补代偿补偿资金运营管理的业务经费支出。托管机构不得将代偿补偿资金用于股票、期货、房地产等高风险投资以及捐赠、赞助等支出；闲置资金可用于购买国债、金融债券及大型企业债务融资工具等信用等级高的固定收益类金融产品，以及其他规定用途，所得收益用于补充代偿补偿资金。

第五章　监督检查

第二十条　省财政厅、省中小企业局、省金融办要加强对代偿补偿资金的监管，并对代偿补偿资金使用情况进行绩效评价，必要时可委托社会中介机构进行专项审计和评估。

第二十一条　托管机构应于每年 2 月底前向省中小企业局、省金融办、省财政厅提交上一年度代偿补偿资金管理与使用审计报告，并报送上一年度代偿补偿资金运营管理工作报告，报告内容应包括代偿补偿资金支持项目情况、贷款发放及代偿情况、追偿及损失情况、资金运营管理特点和创新情况等。

第二十二条　获得代偿补偿资金的担保机构，应按有关财务管理规定做好账务处理，妥善保存相关原始票据及凭证，自觉接受财政、地方金融监管、中小企业主管部门和审计的监督检查。

第二十三条　对违反代偿补偿资金管理使用规定，骗取、套取资金的行为，将按照《财政违法行为处罚处分条例》（国务院令第 427 号）和《融资担保公司监督管理条例》（国务院令第 683 号）等有关规定进行处理。

第六章　附　　则

第二十四条　本办法由省财政厅、省金融工作办公室、中国人民银行济南分行、省中小企业局负责解释。

第二十五条　本办法自 2018 年 4 月 21 日起施行，有效期至 2023 年 4 月 20 日。

省财政厅　省发展和改革委员会　省市场监督管理局
国家税务总局山东省税务局关于印发引进产业链
重大项目奖励实施细则的通知

2018 年 12 月 26 日　鲁财工〔2018〕36 号

各市财政局、发展改革委、市场监管局、税务局，县级现代预算管理制度改革试点县（市、区）财政局、发展改革委、市场监管局、税务局，黄河三角洲农业高新技术产业示范区财政金融局：

根据《中共山东省委办公厅　山东省人民政府办公厅印发〈关于支持新旧动能转换重大工程的若干财政政策〉及 5 个实施意见的通知》（鲁办发〔2018〕37 号）等有关规定，为鼓励各地引进产业链重大项目，加快发展"十强"现代优势产业集群，我们研究制定了《引进产业链重大项目奖励实施细则》。现印发给你们，请认真组织实施。

附件：引进产业链重大项目奖励实施细则

附件：

引进产业链重大项目奖励实施细则

一、奖励对象

新引进产业链重大项目（以下简称新引进项目）的市和省财政直接管理县（市）。

二、奖励条件

申请奖励资金的市和省财政直接管理县（市）的新引进项目需符合以下条件：

（一）我省境内注册登记的法人实体，2018年7月以后新引进、新开工、新投产项目。

（二）项目符合我省产业政策导向，重点聚集"十强"产业领域，在为产业集群配套、强链补链等方面发挥重要作用。

（三）对省级财政当年度贡献（企业当年实际缴纳的增值税、企业所得税省级留成部分）首次超过1亿元（含）。对于原有企业新引进项目的，企业应对项目纳税情况设立专账单独核算。

三、奖励标准

（一）新引进项目对省财政当年度贡献超过1亿元（含）不足2亿元的，省财政按其贡献额的10%，对项目所在市或省财政直接管理县（市）进行奖励。

（二）新引进项目对省财政当年度贡献超过2亿元（含）不足3亿元的，省财政按其贡献额的20%，对项目所在市或省财政直接管理县（市）进行奖励。

（三）新引进项目对省财政当年度贡献超过3亿元（含）的，省财政按其贡献额的30%，对项目所在市或省财政直接管理县（市）给予最高1亿元奖励。

各市、省财政直接管理县（市）同时有多个新引进项目符合奖励条件的，可分别计算奖励金额，但省财政对每个新引进项目只奖励一次。奖励资金由各市、省财政直接管理县（市）主要用于支持新引进的产业链重大项目。

四、申报、审核程序

（一）次年3月底前，符合新引进项目奖励条件的市、省财政直接管理县（市）发展改革、财政、市场监管、税务部门，对新引进项目上年度实现的省级财政贡献情况进行审核确认后，通过财政工贸资金申报系统向省四部门提出资金奖励申请，同时报送以下资料：

1. 四部门联合申请文件及《引进产业链重大项目奖励资金申请汇总表》（见附件1）。

2. 《引进产业链重大项目奖励资金申请书》（见附件2）。

3. 新引进项目相关批准证书或备案表，企业营业执照（复印件）。

4. 会计师事务所出具的上年度财务审计报告。

5. 项目（企业）上年度纳税证明材料。

（二）省发展改革委、省财政厅会同省市场监管局、省税务局进行审核，研究提出具体奖励意见，并在省发展改革委、省财政厅门户网站进行公示。

（三）公示无异议后，省财政厅按规定拨付奖励资金。

五、监督检查

（一）各市、省财政直接管理县（市）要认真组织，严格把关，特别是对相关资料的真实性、完整性等方面进行严格审核。

（二）对采取弄虚作假，欺骗等手段获取奖励资金的，一经查实收回资金，取消以后年度申报资格，并依法追究责任。

附件：1. 引进产业链重大项目奖励资金申请汇总表

2. 引进产业链重大项目奖励资金申请书

附件 1：

引进产业链重大项目奖励资金申请汇总表

市（县）   年   月   日

项目（企业）名称	立项时间	上年度对省财政贡献（万元）	申请奖励金额（万元）	发展改革部门审核建议	财政部门审核建议	市场监管部门审核建议	税务部门审核建议
合计							

附件 2：

引进产业链重大项目奖励资金申请书

申请市县：

填表日期：

填表人：   电话：   邮箱：

申请项目基本情况表

项目（企业）名称			
项目（企业）性质		立项时间	
项目（企业）地址		企业统一社会信用代码	
所属行业			
经营范围			
项目投资总额		注册资本	
上年度实际缴纳税收	万元	上年度对省级财政贡献	万元
申请奖励金额			

项目（企业）情况简介：

审核声明：

经审核，本市（县）＿＿＿＿＿＿＿＿＿＿＿项目（企业）符合引进产业链重大项目奖励有关规定和条件。

本单位已核对相关上报材料，并确认各项上报材料，均真实有效，如有不实，将承担相应责任。

市（县）发展改革部门（盖章）

市（县）财政部门（盖章）

市（县）市场监管部门（盖章）

市（县）税务部门（盖章）

省商务厅　省财政厅　省金融工作办公室　省地方税务局
省统计局　省工商行政管理局　省国家税务局关于印发
《山东省总部机构奖励政策实施办法》的通知

2018 年 3 月 21 日　鲁商发〔2018〕2 号

各市商务局、投促局、财政局、金融办、地税局、统计局、工商局、各市国家税务局:

为促进总部经济发展,省商务厅、省财政厅、省金融办、省地税局、省统计局、省工商局、省国税局 7 部门联合制定了《山东省总部机构奖励政策实施办法》,现印发给你们,请遵照执行。

附件:山东省总部机构奖励政策实施办法

附件:

山东省总部机构奖励政策实施办法

为发挥总部机构在产业聚集、消费升级、人才吸引、资本汇集等方面的作用,引领总部经济发展,促进产业结构调整,助推新旧动能转换,根据《国务院关于促进外资增长若干措施的通知》（国发〔2017〕39 号)、《中共山东省委　山东省人民政府关于支持非公有制经济健康发展的十条意见》（鲁发〔2017〕21 号)、《中共山东省委　山东省人民政府关于推进新一轮高水平对外开放的意见》（鲁发〔2017〕25 号)精神,特制定本实施办法。

一、总部机构（企业）定义

总部机构（企业)是指依法在山东省境内注册并开展经营活动,对其控股企业或分支机构行使管理和服务职能的企业法人机构,主要包括企业总部、区域总部及职能总部。其中,职能总部的管理和服务职能包括研发、物流、财务结算、采购、销售、数据服务、投融资等其中的一项或几项。

二、总部机构（企业）认定标准

(一)新设企业同时达到以下条件,可以申请认定为总部机构（企业):

1. 符合我省产业政策导向,在山东省境内进行工商注册和税务登记,具有独立法人资格,依法经营;

2. 跨地区或跨境经营,在省外已投资设立不少于 2 家企业,或经授权管理、服务的省外分支机构不少于 2 家;

3. 注册资本 2 亿元及以上;

4. 连续经营一年以上,营业（销售)收入 20 亿元及以上,在山东省的年度缴纳税额 5 000 万元及以上(年度缴纳税额不包括关税、船舶吨税以及企业代扣代缴的个人所得税)。

(二)职能总部在研发、物流、财务结算、采购、销售、数据服务、投融资等方面的业务收入、从业人员数量占公司业务收入、从业人员的 50% 及以上,同时符合本条第一项第 1、2 款要求,以及达到本条第一项第 3、4 款标准的 50%,可给予奖励。

三、总部机构（企业）认定程序

（一）基本原则及管理部门

1. 总部机构（企业）认定工作，坚持"公开、公平、公正"的原则，实行企业申请、政府审核、社会公示、动态管理。

2. 总部机构（企业）认定工作原则上每年进行一次。金融类总部机构（企业）认定由省金融办牵头负责，其余总部机构（企业）认定由省商务厅牵头负责。财政、税务、统计、工商等部门共同参与、分工负责。

（二）申报材料

1. 公司法定代表人签署的《山东省总部机构（企业）认定申请表》（附件1）；

2. 工商营业执照、批准证书或备案回执（外商投资企业提供）复印件；

3. 经注册会计师事务所审计的上年度财务报表及审计报告；

4. 区域总部或职能总部需提供总公司的授权证明；

5. 省外分支机构或投资控股的企业名单及相关证明材料；

6. 上年度税收完税证明；

7. 信用承诺书（附件2）；

8. 其他需提供的材料。

所有申报材料一式六份，申报资料为复印件的，需同时交验相关原件。

（三）审核流程

1. 企业申报。企业携带以上材料，于每年4月底前到所在县（市、区）商务部门或地方金融监管部门申请认定。

2. 初审提报。各县（市、区）商务部门或地方金融监管部门对申报材料进行初审，符合总部企业认定标准的，将初审意见及企业申报材料报送市级商务部门或地方金融监管部门。

3. 市级审核。市级商务部门或地方金融监管部门收集申报材料后，组织市财政局、市地税局、市统计局、市工商局、市国税局等部门会商审核，并根据审核结果，将拟认定总部机构（企业）名单及相关材料于每年6月底前报送省商务厅、省财政厅、省金融办、省地税局、省统计局、省工商局、省国税局。

4. 省级确认。省级商务部门或地方金融监管部门收齐各市申报材料后，组织省财政厅、省地税局、省统计局、省工商局、省国税局等部门及相关专家共同进行审核确认。

5. 社会公示。省级商务部门或地方金融监管部门等部门将拟认定的总部机构（企业）名单在相关门户网站进行公示（公示期不少于7个工作日），公示无异议后，由各部门联合行文公布总部机构（企业）名单。

四、总部机构（企业）奖励扶持政策

（一）对符合本办法规定并在政策实施期内新设的总部机构（企业），省财政一次性奖励500万元（青岛市自行奖励）。

（二）省、市、县（市、区）各有关职能部门，要加强对总部机构（企业）的跟踪服务，积极创造宽松、公平的发展环境，在人才引进、税收优惠、出入境、贸易便利化、资金结算等方面研究落实好相关优惠政策，依法解决其在山东发展过程中遇到的商业欺诈、诚信经营、知识产权保护等方面的问题和困难。

（三）总部机构（企业）重大建设项目纳入各地政府固定资产行政审批绿色通道，所需的水、电、气、热、通信等公共设施，各有关部门要提供便利服务。

（四）各市、县（市、区）应积极加大对总部经济发展的支持力度，对带动产业结构调整、就业及税收贡献突出的总部机构（企业），可研究制定相应扶持奖励措施，进一步放大政策叠加效应。

五、总部机构（企业）监督管理

已享受本办法规定的奖励政策的机构（企业），五年内迁离山东或者变更总部机构（企业）性质和职

能的，收回补助和奖励所得。企业弄虚作假，采取欺骗手段获得认证资格和扶持奖励的，一经发现撤销其相应资格，责令退回补助和奖励所得，并记入企业信用信息档案；触犯法律法规的，依照有关法律法规的规定处理。

六、实施期限及解释

（一）本规定自 2017 年 9 月 5 日起实施，有效期至 2020 年 12 月 31 日。

（二）本办法由省商务厅、省财政厅、省金融办负责解释。

附件：1. 山东省总部机构（企业）认定申请表

2. 信用承诺书

附件 1：

山东省总部机构（企业）认定申请表

申请企业（盖章）　　　　　　　　法人代表（签字）　　　　　　申请日期：　　年　　月　　日

		申请企业填写				
申请企业填写	企业名称					
	统一社会信用代码					
	注册地址					
	注册资本			实缴资本		
	法定代表人		电话		传真	
	联系人		电话		手机	
	总部性质	□总部　□区域总部　□研发总部　□物流总部　□财务结算总部　□采购总部　□销售总部 □数据服务总部　□投融资中心　□其他：＿＿＿＿＿＿＿＿				
年度主要经营状况	营业（销售）收入	万元				
	净资产	万元				
	下属企业名称（至少填写两家省外分支机构或投资控股的省外企业）	1.				
		2.				
		3.				
上年度税收贡献	企业所得税	万元				
	增值税	万元				
	缴纳税额	万元				
		审批部门填写				
市级商务部门或地方金融监管部门初审意见		（盖章）： 年　　月　　日				
省级商务部门或地方金融监管部门审核意见		（盖章）： 年　　月　　日				
省财政厅审核意见		（盖章）： 年　　月　　日				

续表

省地税局审核意见	（盖章）： 年　月　日
省统计局审核意见	（盖章）： 年　月　日
省工商局审核意见	（盖章）： 年　月　日
省国税局审核意见	（盖章）： 年　月　日

附件2：

信用承诺书

　　我公司郑重承诺，申请认定及认定后申请扶持政策提交的全部资料真实有效、完整准确，不存在任何虚假记载、误导性陈述或者重大遗漏，我单位同意将以上承诺事项纳入信用档案，并作为事中事后监管的参考。如违反以上承诺，自愿退还全部补助资金，终止享受有关扶持政策，并依法依规接受约束和惩戒。

法定代表人（签字）
申报单位（公章）
年　月　日

省商务厅　省发展和改革委员会　省经济和信息化委员会 省财政厅　省农业厅　省金融工作办公室　省口岸办公室 中国人民银行济南分行　青岛海关　济南海关　国家税务 总局山东省税务局　国家开发银行山东省分行　中国进出口 银行山东省分行　中国出口信用保险公司山东分公司 关于加快推进外贸转型升级试点县建设的实施意见

2018 年 8 月 13 日　鲁商字〔2018〕191 号

各市商务局、发展改革委、经信委、财政局、农业局、金融办、口岸办，人民银行（山东省）各市中心支行、分行营业管理部，各隶属海关，各市税务局，开发银行各支行，中国信保各营业机构：

　　对外贸易是全省开放型经济体系的重要组成部分和国民经济发展的重要推动力量。在当前我国经济进入高质量发展新阶段和我省加快实施新旧动能转换重大工程新形势下，开展外贸转型升级试点县建设工作，有利于加快贸易强省建设、推动外贸高质量发展，打造全省对外开放新高地；有利于培育外贸竞争新优势、有效应对国际贸易摩擦新挑战，形成发展新动能；有利于以点带面探索完善新机制，为全省外贸转型升级提供经验借鉴。根据国家加快推进外贸转型升级基地建设的部署要求，结合我省实际，现就加快推进外贸转型升级试点县（以下简称"试点县"）建设提出如下实施意见：

一、总体要求

（一）指导思想。以习近平新时代中国特色社会主义思想为指导，全面贯彻党的十九大精神，认真落实国家外贸转型升级基地建设要求和省委、省政府加快新旧动能转换决策部署，以实现高质量发展为目标，以培育新技术、新产业、新业态、新模式为重点，统筹推进"特色产业集群＋国际自主品牌＋跨境电子商务＋综合服务企业＋境外营销网络"五位一体融合发展，打造新的外贸生态圈，建设一批产业特色鲜明、自主品牌优势突出，业态模式创新发展，外贸综合竞争力全面提升的转型升级试点县，推动外贸发展由要素驱动向创新驱动转变，由规模速度向质量效益转变，由传统优势向竞争优势转变，实现外贸质量变革、效率变革、动力变革，为全省外贸转型升级提供经验借鉴。

（二）主要目标。在全省选择部分县（市、区），通过3年的试点，努力实现外贸与产业、线上与线下、内贸与外贸的"三个融合"，突出业态创新、模式创新和产业创新"三个创新"，强化外贸基地建设、平台建设和境外营销网络建设"三项建设"，培育县域经济外贸竞争新优势，率先在探索外贸高质量发展的方向和路径、新旧动能转换的体制机制和外贸转型升级综合评价指标体系等方面取得新突破，探索形成可复制、可推广的经验和模式，努力将试点县建设成为外贸践行新发展理念的高地，推进供给侧结构性改革的高地，加快新旧动能转换的高地。到2020年，力争试点县发展一批优势特色外贸产业集群，打造一批国际自主品牌，培育一批外贸新业态新模式，新设一批境外营销网络，外贸结构进一步优化，新旧动能转换明显加快，进出口规模占全省比重提高、位次前移。

二、重点任务

（一）培育外贸特色产业集群。紧紧围绕新旧动能转换重大工程规划的新一代信息技术、高端装备、新能源新材料、智慧海洋、医养健康、绿色化工、现代高效农业、文化创意等"十强"产业，依托现有国家级外贸转型升级基地、经济技术开发区、高新技术开发区、农业对外开放合作试验区、加工贸易梯度转移承接地、各类海关特殊监管区、新型工业化产业示范基地等，大力发展新技术、新产业、新业态、新模式。发挥开放引领作用，加大引进国外资金、技术、管理、人才力度，围绕发展外贸特色产业集群，实施产业链精准招商，拉长产业链、提升价值链，完善供应链，加大高端制造业、出口导向型项目招商力度，提高出口产品附加值和技术含量，探索建立以特色出口产品为引领的产业园区，吸引上下游配套企业入园，增强本地上下游产业配套能力，形成主导产业鲜明、优势突出、错位发展的外贸产业集群，推动外贸转型升级，增强对当地经济发展的带动和示范作用。

（二）加快培育国际自主品牌。鼓励企业开展国际商标注册、专利申请、专利许可和体系认证，加大自主知识产权和自主品牌产品出口。培育外贸转型升级示范企业，推动加工贸易转型升级，提升"委托设计＋自主品牌"出口比重。支持企业设立新产品研发中心，开展产学研合作，实现更多关键领域的技术突破与产品创新，培育科技创新型、自主知识产权型内资企业进入国际产业链体系，加快培育一批外贸领域瞪羚企业和单项冠军企业。支持品牌企业以参股、换股、并购等形式与国际品牌企业合作，提高品牌国际化运营能力，加快培育源自本地的跨国公司。加强与知名电商平台合作，实施优商优品培育工程。大力培育区域性、行业性品牌。积极参与山东品牌网上行、中华行、环球行活动，提升品牌美誉度。

（三）加速发展跨境电子商务。健全完善跨境电子商务生态圈，支持各类经营主体开展跨境电子商务，打造和引进一批平台、物流、支付、金融、培训类服务企业，引导本地跨境电子商务产业向规模化、标准化、集群化、规范化方向发展。支持建设优势特色产业垂直类跨境电子商务公共服务平台。支持国内知名电商平台与试点县开展线下专题对接，带动试点县特色产业出口。支持建设各具特色、错位发展的跨境电子商务产业聚集区，创新开展 B2B 出口业务。积极争取"网购保税 + 实体新零售"新模式试点。积极参与跨境电子商务综合试验区建设，加快落实网购保税进口政策。加快复制推广跨境电子商务综合试验区成熟经验做法，引导企业上线山东跨境电子商务单一窗口，创新跨境电子商务通关、税收和结汇监管模式，推进"关、汇、税、商、物、融"一体化发展，引导有条件的县打造跨境电子商务区域中心。

（四）做强做大外贸综合服务企业。坚持本土培育和区外引进相结合，着力培育 1～2 家服务功能完善、辐射带动能力强的外贸综合服务企业，为当地中小微外贸企业在办理进出口交易、支付、物流、通关、退税、融资、保险、结汇等外贸供应链各个环节提供全流程"一条龙"服务，切实提高中小微企业外贸经营能力。发挥省出口信保平台作用，加大对中小微外贸企业的培训和政策帮扶力度，推动中小外贸企业"无升有，小升规"。鼓励外贸综合服务企业与跨境电商平台企业融合发展，通过线上线下结合，为中小微外贸企业开拓国际市场提供支持和帮助。落实国家促进外贸综合服务企业健康发展的意见，加快建立与外贸综合服务企业发展相适应的通关模式，优化退（免）税管理流程，发挥政策性出口信用保险在"防风险、促融资"等方面的政策性作用，为外贸综合服务企业发展营造良好环境。

（五）加快建设境外营销网络。发挥现有外贸企业海外客户资源优势，整合优化境外营销网络。鼓励有条件的县在境外探索设立品牌商品展示中心、集散配送功能强的分拨中心、区域辐射半径大的批发市场、市场渗透能力强的零售网点、服务能力强的售后服务网点和备件基地。充分发挥骨干企业境外营销体系健全优势，在主要目标市场和辐射带动能力强的区域中心市场，建立以机电产品售后维修服务和零配件配送为重点的境外营销公共服务平台，降低企业售后服务成本，服务更多中小企业机电产品"走出去"。引导企业利用政策性出口信用保险加快境外生产基地、海外仓等国际营销网络建设。鼓励有实力的企业采取自建、收购、合营或租赁等方式在重要国别、重点市场规划布局公共海外仓，为出口企业提供一站式服务。

（六）深度拓展"一带一路"市场。积极参与"一带一路"建设，抓住沿线国家扩大基础设施投资机遇，发挥对外承包工程、境外投资、援外合作对出口的拉动作用，通过技术、标准和服务带动大型成套设备和货物出口。贯彻国家自贸区战略，积极引导企业开拓自贸伙伴市场，提高自贸协定项下受惠商品的出口比重。鼓励有条件的企业在沿线国家开展境外加工装配，变"产地销"为"销地产"，化整为零，引导机电类企业开展 CKD（成品）或 SKD（半成品）组装，带动零配件和半成品出口，规避贸易壁垒。强化与国家政策性金融机构的战略合作，加大对"一带一路"沿线等重点国别、新兴市场的支持力度，强化政策性出口信用保险对沿线项目的支持力度。在中东欧地区打造我省境外展会品牌，加大对品牌企业展位费、展品运输费等参展费用的支持力度，巩固提升"一带一路"市场份额。支持有条件县（市、区）与铁路企业、物流企业合作共建中欧班列、中亚班列，培育建设中欧班列区域集结中心、多式联运中心为一体的区域性综合陆港。推动建设中日韩跨境贸易海上高速通道。

（七）积极应对国际贸易摩擦。建立应对贸易摩擦部门协调机制，加强贸易摩擦和贸易壁垒预警机制建设，强化贸易摩擦预警信息公共服务，积极提供法律技术咨询和服务，指导相关行业和企业应对贸易摩擦。充分利用政策性出口信用保险防范贸易风险，持续强化对信保政策的宣讲培训，提高企业在国际贸易摩擦下的受保护力度。积极应对中美贸易摩擦，建立工作预案，加强对重点地区、重点行业、重点企业、重点商品分类指导，精准研判、精准施策，将对进出口的影响降到最低点。加强产业损害预警，积极参与贸易救济调查，维护产业安全和企业合法权益。

（八）推动进口贸易创新发展。用足用好国家和省级进口贴息政策，加大先进技术设备和关键零部件进口。充分发挥青岛港、日照港等大宗商品进口口岸优势，稳定原油、铁矿砂、粮食等大宗商品进口。支持有条件的县（市、区）建设特定产品指定进口口岸，增加一般消费品特别是人民群众需求比较集中的特色优势产品进口，引导境外消费回流。鼓励建设线上进口商品促进平台，支持内外贸融合发展，用好国内物流分拨渠道，拓展进口商品内销市场，引领消费升级。支持有条件县（市、区）创建国家进口促进创新示范区。组织企业参加中国国际进口博览会，开展形式多样的进口促进活动。

（九）优化提升外贸营商环境。持续深化"放、管、服"改革，下放对外贸易经营者备案登记权限，落实原产地签证服务"县县通"工程，提高原产地证发放效率。深化"单一窗口"建设，加快无纸化通关，优化通关流程，提升口岸查验效率。支持有条件县（市、区）申建海关特殊监管区域和保税监管场所。积极帮助提高试点县一类出口退税企业数量，加快出口退税进度，确保及时足额退税。扎实开展"双培双促"强基工程，把省外代理出口培育成自主出口，促进货源回流；优化营商环境，招引区外企业落地，把外地企业出口培育成本地企业出口。加强外贸知识产权保护，积极参与外贸领域打击侵权假冒专项行动。加强外贸企业诚信体系建设，扩大进出口企业诚信评价体系应用范围。

三、政策措施

（一）加大财政支持力度。通过外经贸发展专项资金等现有资金和政策渠道，支持试点县特色产业升级、国际自主品牌培育、跨境电子商务发展、综合服务企业培育、主体队伍壮大、贸易便利化提升、公共服务平台建设等。各地要统筹支持外贸发展的相关资金向试点县聚集，采取多种形式支持试点县发展。

（二）创新金融扶持政策。引导金融机构创新金融产品和服务，对试点县内有订单、有效益的外贸企业给予更大信贷支持，进一步扩大出口信用保险保单融资和出口退税账户质押等贸易融资规模。推动国家开发性、政策性、商业性银行为试点县扩大优势产品贸易提供金融服务。积极扩大试点县出口信用保险规模和出口信用保险覆盖面。扩大政策性出口信用保险覆盖面，增加中长期出口信用保险、海外投资保险规模，加大"走出去"风险保障。指导企业用好一般机电产品、成套和高技术含量产品、船舶及农产品、文化产品出口卖方信贷、进口信贷、援外优惠贷款和优惠出口买方信贷等政策性金融工具。支持融资性担保机构扩大外贸企业进出口融资担保业务。引导社会资本参与试点县公共服务平台建设，鼓励设立基金支持试点县建设。

（三）健全公共服务体系。积极推动试点县开展公共交易、技术研发、外贸孵化、成果转化、知识产权、信息服务、质量检测、金融物流、创业和自贸协定优惠政策培训等公共服务平台建设，提高资源配置和使用效率。支持试点县建立本地特色产业集群行业商协会，加强行业自律，为企业研发新技术新产品、保护知识产权、开拓国际市场、应对贸易摩擦、自贸协定优惠政策利用等提供指导，加大与国家和省级相关商协会的交流合作。探索建立行业商协会有效承接公共服务工作机制。加大培训力度，开展跨境电商进万企实操性培训，积极参与全省跨境电商创新创业能力大赛，为试点县发展提供人才支撑。总结梳理试点县先进经验和先进模式，挖掘树立典型标杆，提炼形成可复制可推广的成果，适时在全省范围内推广。

（四）拓展对外交流合作。积极参与国家多双边机制下各类交流活动，加强试点县与有关国际组织、国外产业园区的交流与合作。积极组织试点县开展境外市场推介活动，扎实开展贸易促进工作，有条件的县（市、区）要组织举办全球贸易推广活动。利用高层访问、国际会议、境内外展览会等多渠道加大试点县推介力度，在香港山东周、美日韩商务周等全省重大经贸活动中加大推介，强化与发达经济体的高端对接。

四、保障机制

（一）加强组织领导。省商务厅会同有关部门，负责试点工作的指导协调、督促推动、考核评估和动态调整。积极研究采用飞地经济模式，鼓励省内东部地区政府、龙头企业与中西部地区共同合作，推进试点县建设。各地要建立从组织领导、目标导向、形势研判、出台政策、狠抓落实、检查督导到舆论宣传的全链条工作推进机制，提升试点县发展质量和水平。各试点县（市、区）的政府（管委会）作为试点工作的责任主体，负责试点工作的组织领导、实施推动、综合协调及监管保障，要用工程的方法推进试点工作，抓好项目库建设管理，实现重点项目坐标管理和挂图推进。

（二）加强绩效评估。省商务厅会同有关部门，研究制定外贸转型升级试点县综合评价办法，组织开展对试点县的评估和动态考核，对于试行有效的成功经验做法，根据成熟程度分类总结推广，成熟一条、推广一条；对于试点过程中发现的问题和实践证明不可行的，及时提出调整建议。各试点县（市、区）的政府（管委会）要定期对试点任务完成情况开展自我评估，向省商务厅等相关部门报告试点进展情况。对试点成效显著的试点县，优先推荐为国家级外贸转型升级基地；对成效不明显、出现重大问题的试点县，取消试点资格。

（三）健全监测机制。建立高质量发展导向的评价指标体系，加强对试点县产业聚集、转型升级、政策配套、发展环境等方面的考核评价。建立试点县联络员制度，强化信息报送和数据统计。各试点县要建立重点企业联系制度，跟踪分析外贸运行情况，加强形势分析研判，协调解决企业外贸转型升级遇到的困难和问题。

各市要充分认识试点县建设的重大意义，按照本意见要求，统一思想、密切配合、注重实效、扎实工作，切实协调解决有关困难和问题，重大问题及时报告。

附件：山东省外贸转型升级试点县综合评价办法（试行）

附件：

山东省外贸转型升级试点县综合评价办法（试行）

第一章　总　　则

第一条　为全面落实国家加快推进外贸转型升级基地建设的部署要求，加快推进外贸新旧动能转换，推动我省从贸易大省向贸易强省转变，进一步规范外贸转型升级试点县（以下简称"试点县"）建设工作，促进试点县自主申报、实地考核、公示公告及动态管理等工作科学化、规范化、制度化，制定本办法。

第二条　外贸转型升级试点县是指以县（市、区）行政区域（包含与县级行政区域并列的开发区和海关特殊监管区域）为基本单元，以实现高质量发展为目标，以培育新技术、新产业、新业态、新模式为重点，统筹推进"特色产业集群＋国际自主品牌＋跨境电子商务＋综合服务企业＋境外营销网络"五位一体融合发展，打造新的外贸生态圈，建设一批产业特色鲜明、自主品牌优势突出，业态模式创新发展，外贸综合竞争力全面提升的转型升级县（市、区），是外贸践行新发展理念的高地，推进供给侧结构性改革的高地，加快新旧动能转换的高地。

第三条　省商务厅等部门鼓励符合条件的县（市、区）建设外贸转型升级试点县，期限3年。试点工作坚持"公平、公正、公开"的原则，实行统一标准、自主申报、逐级审核、公示公告、动态管理。

第二章　组织评定

第四条　开展省级外贸转型升级试点县工作的县（市、区）人民政府（开发区管委会），应当按照《实施意见》，建立相应领导机构，健全工作机制，出台推进试点县建设的实施方案和扶持政策。《实施方案》内容包括：

（一）申请文件；

（二）外贸转型升级试点县实施方案；

（三）外贸转型升级试点县建设年度工作计划；

（四）近三年外贸运行情况分析报告。

第五条　《实施方案》应当经过专家论证，并采取适当方式征求外贸企业、相关行业商协会的意见。

第六条　开展省级外贸转型升级试点县建设的县（市、区）人民政府（开发区管委会）将申报材料报各市商务部门，经商务等部门初审同意后报省商务厅。

第七条 省商务厅收到各市转报的申报材料后，按照外贸转型升级试点县评价指标体系，组织专家组对申报材料进行预审，预审合格后提交试点县建设省级相关部门进行初审。

第八条 省商务厅等部门相关人员及有关专家将组成外贸转型升级试点县实地考核组对初审合格的县（市、区）进行实地考核。主要工作内容包括：

（一）听取试点工作情况汇报；

（二）核查档案材料，开展现场检查；

（三）反馈考核验收情况。考核组在考核结束后适时反馈考核结果。

第九条 对通过考核的县（市、区）进行审议并在省商务厅网站上予以公示，公示期为 7 个工作日。公示期间，公众可以通过电子邮件、来信来访等方式反映公示县（市、区）存在的问题。对公示期间收到的投诉和举报问题，积极组织开展调查。

第十条 对公示期后符合要求的县（市、区），省商务厅等部门将按程序审议通过后发布公告，公布开展外贸转型升级试点县建设的县（市、区）名单。

第三章　动态管理

第十一条 开展外贸转型升级试点县建设的县（市、区）政府（开发区管委会）应当用工程的方法推进试点工作，抓好项目库建设管理，实现重点项目坐标管理和挂图推进，持续深化试点工作，不断巩固提升试点成果。

第十二条 省商务厅等部门对试点县实行动态管理，聘请第三方机构进行评估，对于试行有效的成功经验做法，根据成熟程度分类总结推广，成熟一条、推广一条；对于试点过程中发现的问题和实践证明不可行的，及时提出调整建议。

第十三条 对出现以下情形之一的试点县，将取消试点资格：

（一）外贸进出口大幅下滑；

（二）试点工作严重倒退，多项试点任务未取得明显实效，年度评价指标得分低于 70 分；

（三）在外贸知识产权保护和诚信体系建设方面发生严重问题。

第十四条 省商务厅建立外贸转型升级试点县专家库，实行动态管理。专家遴选采用个人申请和单位推荐相结合的办法，经审核合格后纳入专家库。

第十五条 参与外贸转型升级试点县管理的工作人员和专家，在方案编制、实地考核、动态管理等工作中，必须坚持科学、务实、高效的工作作风，严格遵守中央八项规定精神，认真落实廉政责任和廉洁自律要求，自觉遵守相关工作程序和规范。构成违纪违法或犯罪的，依纪依法追究责任。

第四章　附　则

第十六条 本规程自发布之日起施行，由省商务厅负责解释。

山东省外贸转型升级试点县评价指标体系（试行）

一级指标		二级指标		三级指标					
名称	权重（%）	名称	权重（%）	序号	名称	具体内容		权重（%）	属性
基础指标	20	外经贸发展水平	20	1	外贸	上年度外贸企业数量及进出口、出口、进口金额、增幅（亿元、%）		10	约束性
				2	外资	上年度外商投资总额及增幅（亿元、%）		5	约束性
				3	外经	上年度对外投资总额及增幅（亿元、%）		5	约束性

续表

一级指标 名称	权重（%）	二级指标 名称	权重（%）	三级指标 序号	名称	具体内容	权重（%）	属性
试点任务	60	培育外贸特色产业集群	10	4	特色产业基本情况	特色产业行业属性、产值（亿元）	2	约束性
				5	特色产业进出口金额及增幅	上年度特色产业进出口、出口、进口金额及增幅（亿元、%）	3	约束性
				6	从事特色产业主体数量	从事特色产业各类企业数量 其中：外贸企业数量	2	约束性
				7	特色产业集群数量	培育专业型、综合型各具特色的外贸产业集群数量	3	约束性
		加快培育国际自主品牌	10	8	健全品牌基础体系	区域内企业国际商标注册数量、国际专利申请数量、质量体系认证数量、国际标准制定数量、区域性、行业性品牌数量、全省重点培育和发展的国际自主品牌数量。	4	约束性
				9	推动区域创新发展	企业原始创新、供应链创新情况，外贸领域瞪羚企业发展情况。	2	预期性
				10	加快推进品牌国际化运营	品牌企业与国际品牌企业合作情况，源自本区域的跨国公司数量。	2	预期性
				11	参与山东品牌网上行、中华行、环球行	参与山东品牌网上行、中华行、环球行活动情况。	1	约束性
				12	推进加工贸易转型升级	省级加工贸易转型升级示范企业数量、省级加工贸易转移承接地数量。	1	预期性
		加速发展跨境电子商务	6	13	跨境电商生态圈建设	跨境电商企业、省级跨境电商产业聚集区、跨境电商综合服务平台、跨境电商实训基地数量及运营情况，相关物流、金融、人才等配套建设情况	3	约束性
				14	加快推进跨境电商监管模式创新	复制跨境电商综合试验区成熟经验做法情况、企业上线山东跨境电子商务单一窗口数量、跨境电商监管模式创新情况、区域性跨境电商中心建设情况。	3	约束性
		做强做大综合服务企业	6	15	外贸综合服务企业出口及增幅	本土培育外贸综合服务企业数量、出口情况及服务带动中小企业出口情况。	3	约束性
				16	支持外贸综合服务企业创新服务、产品和商业模式	外贸综合服务企业提供服务的主要内容、环节及成效。	3	预期性
		加快建设境外营销网络	6	17	公共海外仓数量及带动出口情况	公共海外仓数量、服务山东企业数量及运营情况、带动出口情况。	3	约束性
				18	建立以售后维修服务和零配件配送为重点的境外营销公共服务平台	境外营销公共服务平台建设运营情况，服务企业数量及带动出口情况。	3	预期性
		深度拓展国际市场	6	19	积极开展境外市场推介	开展境外市场推介和贸易促进活动情况。	3	约束性
				20	与一带一路国家进出口贸易情况	与一带一路市场进出口、出口、进口金额及增幅，主要进出口商品结构情况。	3	约束性
		积极应对国际贸易摩擦	5	21	积极应对国际贸易摩擦情况	健全贸易摩擦和贸易壁垒预警机制开展工作情况、积极参与贸易救济调查情况、积极应对技术性贸易措施情况。	5	预期性
		推动进口贸易创新发展	6	22	进口商品结构情况	引进关键设备等优化进口商品结构情况。	2	约束性
				23	特定产品指定进口口岸建设	特定产品指定进口口岸数量及发挥作用情况。	1	预期性
				24	组织开展进口促进活动	参加中国国际进口博览会情况以及其他进口促进活动情况。	2	约束性
				25	创建国家进口促进创新示范区	国家进口促进创新示范区建设情况。	1	预期性

续表

一级指标		二级指标		三级指标					
名称	权重（％）	名称	权重（％）	序号	名称	具体内容	权重（％）	属性
试点任务	60	培育壮大外贸主体队伍	5	26	组织开展双培双促外贸企业强基工程	开展双培双促工程情况及取得成效。	3	约束性
				27	出台促进货源回流专项扶持政策	出台财政、金融、贸易便利化、营商环境优化等专项扶持政策。	2	约束性
保障机制	20	组织领导	7	28	健全工作机制	成立所在县（市、区）主要领导为组长的工作领导（协调）小组，建立部门联席工作制度。	3	约束性
				29	制定实施方案	所在地政府制定试点县建设工作方案，明确任务目标、责任分工，作为本地区经济社会发展规划的重要内容。	2	约束性
				30	建立联络员制度和重点企业联系制度	建立试点县联络员制度，按时报送信息报送和数据；建立重点企业联系制度，跟踪分析外贸运行情况，加强形势分析研判。	2	约束性
		政策保障	9	31	加快推进放管服改革	打造审批事项少、办事效率高、服务质量优的政务环境情况。	2	约束性
				32	提高贸易便利化水平	企业通关效率、出口退税进度、规范涉企收费、海关保税监管场所和特殊监管区域建设等相关情况。	3	约束性
				33	争取财政支持力度	争取上级财政资金支持情况。	2	约束性
				34	加大金融扶持力度	积极争取金融机构支持、扩大出口信用保险规模和覆盖面、推动进出口融资担保情况。	2	预期性
		绩效评估	4	35	复制推广成功经验做法	对于试行有效的成功经验做法，根据成熟程度分类在全省进行总结推广。	2	约束性
				36	及时发现存在问题并主动整改	对于试点过程中发现的问题主动进行整改，并取得实效，定期向相关部门报告试点工作进展情况。	2	预期性

备注：约束性指标为共性指标，必须完成；预期性指标为差异指标，各县（市、区）结合实际完成。

省商务厅　省财政厅关于印发《引进重大外资项目奖励政策实施细则》的通知

2018 年 12 月 11 日　鲁商字〔2018〕222 号

各市商务主管部门、财政局：

现将《引进重大外资项目奖励政策实施细则》印发给你们，请遵照执行。

附件：引进重大外资项目奖励政策实施细则

附件：

引进重大外资项目奖励政策实施细则

第一条　为加快新旧动能转换，推动外商投资实体经济高质量发展，根据《国务院关于积极有效利用外资推动经济高质量发展若干措施的通知》（国发〔2018〕19 号）和《山东省人民政府关于印发支持实体经济高质量发展的若干政策的通知》（鲁政发〔2018〕21 号），制定本实施细则。

第二条　奖励主体

在山东省内已完成工商注册和税务登记，符合产业政策导向，具有独立法人资格，依法经营的外商投资企业。不含房地产、金融业及类金融业项目。青岛市可参照出台相关奖励政策，自行奖励。

第三条　奖励内容

（一）年度实际使用外资金额超过 5 000 万美元的新设项目、年度实际使用外资金额超过 3 000 万美元的增资项目，省财政按其当年实际使用外资金额不低于 2% 的比例予以奖励，最高奖励 1 亿元人民币；

（二）年度实际使用外资金额超过 1 000 万美元的跨国公司总部或地区总部，省财政按其当年实际使用外资金额不低于 2% 的比例予以奖励，最高奖励 1 亿元人民币；

（三）对世界 500 强企业、全球行业龙头企业新设（或增资）年度实际使用外资金额超过 1 亿美元的制造业项目，以及年度实际使用外资金额不低于 3 000 万美元的新一代信息技术、智能装备、生物医药、新能源新材料等对全省转型升级、产业发展有重大带动作用的制造业新设项目，按"一项目一议"方式给予重点支持；

（四）同时符合上述多个奖项条件和《关于印发〈山东省总部机构奖励政策实施办法〉的通知》（鲁商发〔2018〕2 号）条件的项目，可就高选择奖励金额，但同一年度内不重复奖励。

第四条　认定依据

（一）新设项目是指政策实施期内新登记注册的外商投资企业，即 2018 年 9 月 21 日后新设的项目，设立时间以工商登记注册时间为准，注册外资不低于 5 000 万美元；

（二）增资项目是指已设立的外商投资企业在政策实施期内新增注册资本金，即 2018 年 9 月 21 日后增资的项目，此次新增注册外资不低于 3 000 万美元，且此次增资到资后企业实际使用外资达到 5 000 万美元，增资时间以工商登记注册时间为准；

（三）年度实际使用外资是指企业在一个会计年度内（1 月 1 日～12 月 31 日）以现金形式到资的注册外资并已纳入商务部公布的实际使用外资统计，不含投资性公司投资，不含股东贷款、实物、无形资产、股权、土地使用权出资；

（四）跨国公司总部或地区总部需符合《关于印发〈山东省总部机构奖励政策实施办法〉的通知》（鲁商发〔2018〕2 号）文件规定，并通过相关部门认定；

（五）世界 500 强企业依据近 3 年《财富》杂志评选目录，且持有该申请企业的 30% 及以上股权；

（六）全球行业龙头企业依据上一年度《福布斯全球上市公司 2000 强》评选目录，且持有该申请企业的 30% 及以上股权。

第五条　申报材料

（一）山东省引进重大外资项目奖励资金申报表（见附件 1）；

（二）外商投资企业批准文件、批准证书或备案表，营业执照（以上材料均为复印件）；

（三）会计师事务所出具的验资报告或股东出资证明、银行到账单（复印件）；

（四）申请"一项目一议"方式的项目，除上述材料外，还需报送申请书，提出具体申请事项，并附以下材料：

世界 500 强企业或全球行业龙头企业投资证明材料、企业股权架构图（需追溯到实际控制人）及股权比例；新一代信息技术、智能装备、生物医药、新能源新材料制造业企业的运营情况、前景、在行业内占有率、行业地位等情况，以及企业在高技术制造业领域的科技成果、发明专利、对全省产业的贡献作用等。

第六条　申报、审批与拨付程序

（一）资金奖励程序。

1. 申请企业于每年 2 月底前将申请材料和证明材料分别报送区县商务（投促）部门；

2. 区县商务（投促）部门会同财政部门汇总后于 3 月底前报市商务（投促）部门；

3. 市商务（投促）部门会同财政部门对申报材料进行初审，核实项目到资情况和真实性，填报《引进重大外资项目奖励资金申请汇总表》（见附件2），连同企业上报的基础材料一式两份，于4月底前报送省商务厅；

4. 省商务厅会同省财政厅聘请第三方独立审核，第三方出具审核意见；

5. 省商务厅、省财政厅根据第三方审核意见确定奖励项目名单，并将名单在相关门户网站进行公示（公示期不少于5个工作日）；

6. 公示无异议后，按规定拨付奖励资金。

（二）"一项目一议"程序。申请人将申请支持事项和相关证明材料报项目所在地商务（投促）、财政部门，由所在地商务（投促）、财政部门在职能范围内对项目进行个案研究，确定是否给予个案支持和支持的内容。确需上一级支持或协调的事项，转报上一级商务（投促）、财政部门。超出省级商务、财政部门职能范围的事项，由省级商务、财政部门转报实体经济高质量发展联席会议办公室，进入"一事一议"程序。

（三）保障机制。企业应按规定时间和要求报送申请材料，各级商务、财政部门应结合自身职能共同做好政策落实工作。奖励资金每年兑现1次，原则上本年度审核并兑现上一年度符合本实施细则规定的项目奖励。

第七条　监督检查

已享受本实施细则规定的奖励政策的企业，需承诺五年内不迁离山东或者减少注册资本。企业弄虚作假，采取欺骗手段获得认证资格和扶持奖励的，一经发现撤销其相应资格，责令退回补助和奖励所得，并记入企业信用信息档案。所在区县商务（投促）部门负责监督检查。

第八条　实施期限

（一）本实施细则自2018年9月21日起实施，有效期至2022年12月31日。

（二）本实施细则由省商务厅、省财政厅负责解释，并根据执行情况适时进行修订。

附件：1. 山东省引进重大外资项目奖励资金申报表
　　　2. 引进重大外资项目奖励资金汇总表

附件1：

山东省引进重大外资项目奖励资金申报表

申请企业：

填表日期：

填表人：　　　　电话：　　　　邮箱：

企业名称（盖章）		项目类别	
统一社会信用代码		所在地	
设立时间		所属行业	
投资总额	万美元	注册资本	万美元
合同外资	万美元	实际使用外资	万美元
增资时间		新增合同外资	万美元
企业账户信息			
投资者信息			
经营范围			
年度实际使用外资情况	万美元	到资时间	
		出资方式	

续表

申请企业声明:

　　本人谨代表申请企业做出声明,完全明白引进重大外资项目奖励资金有关规定及本申请书表格内的所有内容,且五年内不迁离山东或减少注册资本。本人确认,本企业所提供的各项申请材料和本申报表中的内容,均真实有效,如有不实,本企业将承担相应法律责任。

法定代表人签字
申请单位印章

市商务(投促)部门意见:	（盖章） 　年　月　日
市财政部门意见:	（盖章） 　年　月　日

备注:

1. 项目类别填写新设项目、增资项目、总部机构和"一项目一议"。

2. 所属行业需要填写企业主营行业,行业名称参照《中华人民共和国国家标准国民经济行业分类》(GB/T4754 - 2017),填写规范名称。

3. 合同外资,实际使用外资指企业申请奖励时的情况。

4. 增资时间及新增合同外资为年度实际使用外资对应的增资情况,新设项目可以不填写。

5. 企业账户信息需要填写开户银行、户名、账号等信息。

6. 投资者信息需要填写投资者名称、国别(地区)、持股比例,如有多个投资者,可以分条填写。

7. 年度实际使用外资是指符合前文规定的年度实际外资到资额,如有不同的出资方式或不同的出资时间,可分条填写。出资方式一般为境内人民币或境外现汇、资本公积增资、利润增资等。股东贷款、实物、无形资产、股权、土地使用权出资不计入本表中的年度实际使用外资。

8. "一项目一议"企业填写该表的同时,还需提供情况说明,重点说明企业基本情况、运营情况、前景、在行业内占有率、行业地位等情况,及取得的科技成果、发明专利以及对全省产业的贡献、作用等情况。

附件 2:

引进重大外资项目奖励资金汇总表

　市 时间:　年　月　日

企业名称	项目名称	年度实际使用外资金额 (万美元)	申请奖励金额（万元)/ 申请事项	所属行业	项目类别
合计					

联系人:　　　　　　　　　　　　　　　　　　联系电话:

备注:

1. 年度实际使用外资是指符合前文规定的申请年度的实际外资到资额,股东贷款、实物、无形资产、股权、土地使用权出资不计入本表中的年度实际使用外资。

2. 申请奖励金额为年度实际使用外资金额的 2%,按照上年度平均汇率计算,最高奖励 1 亿元人民币。"一项目一议"项目可填写申请事项。

3. 所属行业需要填写企业主营行业,行业名称参照《中华人民共和国国家标准国民经济行业分类》(GB/T4754 - 2017),填写规范名称。

4. 项目类别填写新设项目、增资项目、总部机构和"一项目一议"。

十一、

金融与国际合作管理类

财政部关于进一步加强政府和社会资本合作（PPP）示范项目规范管理的通知

2018 年 4 月 23 日　财金〔2018〕54 号

各省、自治区、直辖市、计划单列市财政厅（局），新疆生产建设兵团财政局：

PPP 示范项目在引导规范运作、带动区域发展、推动行业破冰、推广经验模式等方面发挥了积极作用。但从近期核查情况看，部分示范项目存在进展缓慢、执行走样等问题。为进一步强化示范项目规范管理，更好发挥引领带动作用，现就有关事项通知如下：

一、对核查存在问题的 173 个示范项目分类进行处置

（一）将不再继续采用 PPP 模式实施的包头市立体交通综合枢纽及综合旅游公路等 30 个项目，调出示范项目名单，并清退出全国 PPP 综合信息平台项目库（以下简称项目库）。

（二）将尚未完成社会资本方采购或项目实施发生重大变化的北京市丰台区河西第三水厂等 54 个项目，调出示范项目名单，保留在项目库，继续采用 PPP 模式实施。

（三）对于运作模式不规范、采购程序不严谨、签约主体存在瑕疵的 89 个项目，请有关省级财政部门会同有关方面抓紧督促整改，于 6 月底前完成。逾期仍不符合相关要求的，调出示范项目名单或清退出项目库。

地方各级财政部门要会同有关部门妥善做好退库项目后续处置工作：对于尚未启动采购程序的项目，调整完善后拟再次采用 PPP 模式实施的，应当充分做好前期论证，按规定办理入库手续；无法继续采用 PPP 模式实施的，应当终止实施或采取其他合规方式继续推进。对于已进入采购程序或已落地实施的项目，应当针对核查发现的问题进行整改，做到合法合规；终止实施的，应当依据法律法规和合同约定，通过友好协商或法律救济途径妥善解决，切实维护各方合法权益。

二、引以为戒，加强项目规范管理

（一）夯实项目前期工作。按国家有关规定认真履行规划立项、土地管理、国有资产审批等前期工作程序，规范开展物有所值评价和财政承受能力论证。不得突破 10% 红线新上项目，不得出现"先上车、后补票"、专家意见缺失或造假、测算依据不统一、数据口径不一致、仅测算单个项目支出责任等现象。

（二）切实履行采购程序。加强对项目实施方案和采购文件的审查，对于采用单一来源采购方式的项目，必须符合政府采购法及其实施条例相关规定。不得设置明显不合理的准入门槛或所有制歧视条款，不得未经采购程序直接指定第三方代持社会资本方股份。

（三）严格审查签约主体。坚持政企分开原则，加强 PPP 项目合同签约主体合规性审查，国有企业或地方政府融资平台公司不得代表政府方签署 PPP 项目合同，地方政府融资平台公司不得作为社会资本方。

（四）杜绝违法违规现象。坚守合同谈判底线，加强合同内容审查，落实项目风险分配方案，合同中不得约定由政府方或其指定主体回购社会资本投资本金，不得弱化或免除社会资本的投资建设运营责任，不得向社会资本承诺最低投资回报或提供收益差额补足，不得约定将项目运营责任返包给政府方出资代表

承担或另行指定社会资本方以外的第三方承担。

（五）强化项目履约监管。夯实社会资本融资义务，密切跟踪项目公司设立和融资到位情况。不得以债务性资金充当项目资本金，政府不得为社会资本或项目公司融资提供任何形式的担保。落实中长期财政规划和年度预算安排，加强项目绩效考核，落实按效付费机制，强化激励约束效果，确保公共服务安全、稳定、高效供给。

三、切实强化信息公开，接受社会监督

（一）提升信息公开质量。通过 PPP 综合信息平台及时、准确、完整、充分披露示范项目关键信息，及时上传项目实施方案、物有所值评价报告、财政承受能力论证报告、采购文件等重要附件及相关批复文件，保障项目信息前后连贯、口径一致、账实相符。

（二）加强运行情况监测。及时更新 PPP 项目开发目录、财政支出责任、项目采购、项目公司设立、融资到位、建设进度、绩效产出、预算执行等信息，实时监测项目运行情况、合同履行情况和项目公司财务状况，强化风险预警与早期防控。

（三）强化咨询服务监督。全面披露参与示范项目论证、采购、谈判等全过程咨询服务的专家和咨询机构信息，主动接受社会监督。建立健全咨询服务绩效考核和投诉问责机制，将未妥善履行咨询服务职责或提供违法违规咨询意见的专家或咨询机构，及时清退出 PPP 专家库或咨询机构库。

四、建立健全长效管理机制

（一）落实示范项目管理责任。各省级财政部门为辖内示范项目管理的第一责任人，负责健全本地区示范项目的专人负责、对口联系和跟踪指导机制，监督指导辖内市县做好示范项目规范实施、信息公开等工作，对示范项目实施过程中出现的重点、难点问题，及时向财政部报告。示范项目所属本级财政部门应会同行业主管部门加强项目前期论证、采购、执行、移交等全生命周期管理，监督项目各参与方切实履行合同义务，确保项目规范运作、顺利实施。财政部 PPP 中心负责全国 PPP 示范项目执行情况的统一指导和汇总统计。

（二）强化示范项目动态管理。地方各级财政部门要会同有关部门加强示范项目动态管理，确保项目执行不走样。对于项目名称、实施机构等非核心条件发生变更的，应及时向财政部 PPP 中心备案；对于项目合作内容、总投资、运作方式、合作期限等核心边界条件与入选示范项目时相比发生重大变化的，应及时向财政部 PPP 中心申请调出示范项目名单，并对项目实施方案，物有所值评价报告、财政承受能力论证报告、采购文件、项目合同等进行相应调整、变更。因项目规划调整、资金落实不到位等原因，不再继续采用 PPP 模式实施的，应及时向财政部 PPP 中心申请调出示范项目名单并退出项目库。

（三）开展示范项目定期评估。财政部 PPP 中心应定期组织第三方专业机构、专家等，开展示范项目执行情况评估。评估过程中发现示范项目存在运作不规范、实施情况发生重大变化或信息披露不到位等问题的，应及时调出示范项目名单或清退出项目库。其中已获得中央财政 PPP 项目以奖代补资金的，由省级财政部门负责追回并及时上缴中央财政。经评估效果良好的示范项目，由财政部 PPP 中心联合省级财政部门加强经验总结与案例推广。

附件：1. 调出示范并退库项目清单
2. 调出示范项目清单
3. 限期整改项目清单

附件1：

调出示范并退库项目清单

序号	项目名称	所属省份	总投资（万元）	一级行业	示范批次	调出原因
1	内蒙古自治区包头市立体交通综合枢纽及综合旅游公路PPP项目	内蒙古自治区	42 274.00	交通运输	第三批	实施方案调整，不再继续采用PPP模式
2	松北新城综合场馆	内蒙古自治区	19 500.00	文化	第三批	不再继续采用PPP模式
3	内蒙古自治区通辽市霍林郭勒市河东新区中蒙医院工程项目	内蒙古自治区	19 601.00	医疗卫生	第三批	不再继续采用PPP模式
4	内蒙古自治区通辽市霍林郭勒市河东新区部分道路桥梁及附属设施工程	内蒙古自治区	10 098.00	市政工程	第三批	尚未落地，不再继续采用PPP模式
5	鄂尔多斯空港物流园区燃气工程PPP项目	内蒙古自治区	12 600.00	市政工程	第三批	尚未落地，不再继续采用PPP模式
6	内蒙古自治区兴安盟扎赉特旗康复中心建设项目	内蒙古自治区	5 000.00	医疗卫生	第三批	尚未落地，不再继续采用PPP模式
7	温岭市智慧城市一期PPP项目	浙江省	133 393.00	科技	第三批	涉及信息安全问题，项目终止
8	安徽省池州市G318池州至殷汇段一级公路改建工程PPP项目	安徽省	169 800.00	交通运输	第三批	不再继续采用PPP模式
9	福建省龙岩市厦蓉高速公路龙岩东联络线	福建省	580 145.00	交通运输	第三批	不再继续采用PPP模式
10	山东省泰安市岱岳区天颐湖水生态环境综合治理项目	山东省	50 131.00	生态建设和环境保护	第三批	项目融资未落实，不再继续采用PPP模式
11	山东省聊城市茌平县金柱盛世千岛山庄生态养老项目	山东省	234 483.00	养老	第三批	不再继续采用PPP模式
12	濮阳县城区集中供暖新建项目	河南省	45 000.00	市政工程	第二批	转为政府投资模式实施
13	河南省洛阳市孟津县洛阳平乐正骨医院	河南省	48 800.00	医疗卫生	第二批	无适宜运营方，不宜继续采用PPP模式
14	襄阳道安老年公寓项目	湖北省	40 000.00	养老	第三批	项目融资未落实，不再继续采用PPP模式
15	湖南省益阳市中心城区黑臭水体整治工程PPP项目	湖南省	161 698.00	生态建设和环境保护	第三批	不再继续采用PPP模式
16	海南省北门江天角潭水利枢纽工程	海南省	456 302.00	水利建设	第三批	尚未落地，不再继续采用PPP模式
17	云南省迪庆州香格里拉县城集中供热一期工程项目	云南省	71 846.00	市政工程	第三批	不再继续采用PPP模式
18	陕西省铜川市印台区王石凹煤矿工业遗址公园（生态修复）项目	陕西省	33 877.00	文化	第三批	项目投资主体和规模发生变化，一年内无进展
19	西咸国际文化教育园沙河海绵型生态修复项目	陕西省	80 000.00	生态建设和环境保护	第三批	项目投资主体和规模发生变化，一年内无进展

续表

序号	项目名称	所属省份	总投资（万元）	一级行业	示范批次	调出原因
20	甘肃省兰州新区现代有轨电车 1 号线及 2 号线一期工程 PPP 项目	甘肃省	264 666.00	市政工程	第三批	项目停止推进，不再继续采用 PPP 模式
21	甘肃省定西市城区供热管网建设工程	甘肃省	45 630.00	市政工程	第三批	转为政府投资模式实施
22	甘肃省甘南州黄河上游玛曲段生态治理工程 PPP 项目	甘肃省	22 200.00	生态建设和环境保护	第三批	不再继续采用 PPP 模式
23	甘肃省武威市民勤县红沙岗镇生活污水处理工程及污水处理厂配套中水回用贮水池工程 PPP 项目	甘肃省	16 577.00	市政工程	第三批	不再继续采用 PPP 模式
24	甘肃省武威市民勤县城东区给排水工程 PPP 项目	甘肃省	15 350.00	市政工程	第三批	不再继续采用 PPP 模式
25	甘肃省武威市民勤（县城）至红沙岗一级公路建设工程	甘肃省	169 700.00	交通运输	第三批	不再继续采用 PPP 模式
26	甘肃省武威市民勤县红沙岗工业集聚区科技孵化园及保障房建设 PPP 项目	甘肃省	138 768.00	城镇综合开发	第三批	不再继续采用 PPP 模式
27	甘肃省武威市民勤县石羊河国家湿地公园建设项目	甘肃省	17 520.00	生态建设和环境保护	第三批	不再继续采用 PPP 模式
28	宁夏固原市社会民生事业 PPP 项目	宁夏回族自治区	55 722.00	教育	第三批	尚未落地，不再继续采用 PPP 模式
29	喀什开发区垃圾分类处理焚烧项目	新疆维吾尔自治区	30 787.00	市政工程	第三批	项目选址拆迁困难，停止推进
30	喀什 5A 级景区立体停车库建设项目	新疆维吾尔自治区	10 792.00	市政工程	第三批	项目涉及环境问题，停止推进
合计			3 002 260.00			

附件 2：

调出示范项目清单

序号	项目名称	所属省份	总投资（万元）	一级行业	示范批次	调出原因
1	北京市丰台区河西第三水厂	北京市	24 365.00	市政工程	第三批	尚未落地
2	河北省邢台市污水处理二厂一期工程	河北省	45 524.00	市政工程	第三批	尚未落地
3	河北省保定市污水处理 PPP 项目	河北省	52 000.00	市政工程	第三批	尚未落地
4	河北省承德市首都地区环线高速公路（承德至平谷段）	河北省	1 553 700.00	交通运输	第三批	尚未落地
5	呼和浩特新机场 PPP 项目	内蒙古自治区	2 031 712.00	交通运输	第三批	尚未落地
6	内蒙古自治区呼和浩特市清水河县城关镇北坡古村落改造、修缮、保护综合项目	内蒙古自治区	55 023.00	生态建设和环境保护	第三批	尚未落地

续表

序号	项目名称	所属省份	总投资（万元）	一级行业	示范批次	调出原因
7	内蒙古自治区乌兰察布省道101线呼和浩特至尚义出口公路项目	内蒙古自治区	569 862.00	交通运输	第三批	尚未落地
8	辽宁省大连市大连湾跨海交通工程	辽宁省	2 966 931.00	交通运输	第三批	尚未落地
9	长白山旅游轨道交通PPP项目	吉林省	505 000.00	交通运输	第三批	涉及环保问题，暂缓实施
10	黑龙江省鹤大高速佳木斯过境段	黑龙江省	210 512.00	交通运输	第三批	尚未落地
11	新沂市综合管廊项目	江苏省	124 955.00	市政工程	第三批	尚未落地
12	安庆市河湖连通、水环境治理	安徽省	740 560.00	生态建设和环境保护	第三批	尚未落地
13	安庆市顺安南区、祥和南苑公租房PPP项目	安徽省	116 028.00	保障性安居工程	第三批	尚未落地
14	安庆市停车场PPP项目	安徽省	30 250.00	市政工程	第三批	尚未落地
15	六安市S366合六南通道PPP项目	安徽省	433 300.00	交通运输	第三批	尚未落地
16	福建省平潭综合实验区平潭科技文化中心PPP项目	福建省	158 153.00	文化	第三批	尚未落地
17	江西省南昌市进贤县温圳污水处理厂（一期）建设工程PPP项目	江西省	3 902.00	市政工程	第三批	尚未落地
18	江西进贤经济开发区高新产业园污水处理厂	江西省	4 992.00	市政工程	第三批	尚未落地
19	江西余江县雕刻创意文化小镇	江西省	106 933.00	旅游	第三批	尚未落地
20	上高县人民医院东院与上高县医养康复护理院医养融合PPP项目	江西省	55 000.00	养老	第三批	尚未落地
21	九江市柘林湖湖泊生态环境保护项目	江西省	132 000.00	生态建设和环境保护	第一批	部分子项目推进困难，暂缓实施
22	山东省潍坊高密市社会福利优抚救助中心项目	山东省	30 000.00	养老	第三批	尚未落地
23	山东省菏泽市妇女儿童医院项目	山东省	61 460.00	医疗卫生	第三批	尚未落地
24	山东省菏泽市新型共建体（PPP）公共立体停车场建设项目	山东省	223 037.00	市政工程	第三批	尚未落地
25	河南省许昌市公有云中心及智慧应用PPP项目	河南省	318 000.00	科技	第三批	尚未落地
26	荆门市有机废弃物处理处置项目	湖北省	61 350.00	市政工程	第三批	项目名称变更，项目内容增加，边界条件发生实质性变化
27	湖北省孝感市静脉产业园（一期）PPP项目	湖北省	57 249.00	市政工程	第三批	尚未落地
28	湖南省湘潭市岳塘区湖南天伦医养康复中心PPP项目	湖南省	22 814.00	养老	第三批	尚未落地

续表

序号	项目名称	所属省份	总投资（万元）	一级行业	示范批次	调出原因
29	湖南省永州市零陵区城区综合停车场和古城 1、2 号停车场 PPP 项目	湖南省	61 000.00	市政工程	第三批	尚未落地
30	湖南省怀化市沅陵县二酉文化生态旅游综合项目 PPP 项目	湖南省	198 000.00	旅游	第三批	尚未落地
31	湖南省怀化市麻阳苗族自治县长寿谷养老养生文化旅游	湖南省	50 521.00	养老	第三批	尚未落地
32	湖南省娄底市涟源市应急产业园 PPP 项目	湖南省	40 215.23	科技	第三批	尚未落地
33	湖南省湘西自治州泸溪县"双子城"——刘家滩新区综合开发项目	湖南省	697 306.00	城镇综合开发	第三批	尚未落地
34	湖南省凤凰县海绵城市建设 PPP 项目	湖南省	88 568.00	市政工程	第三批	尚未落地
35	海南省海口市交警指挥中心升级改造	海南省	21 202.00	科技	第三批	尚未落地
36	海南省屯昌县县域村镇供水一体化工程 PPP 项目	海南省	28 289.00	市政工程	第三批	尚未落地
37	四川省德阳市地下综合管廊及配套工程（一期）项目	四川省	101 291.00	市政工程	第三批	尚未落地
38	四川省资中县两河口水库建设项目	四川省	82 630.00	水利建设	第三批	尚未落地
39	四川省巴中市平昌县乡镇污水处理（厂）站 PPP 建设项目	四川省	79 332.00	市政工程	第三批	尚未落地
40	贵州省贵阳市乌当区水东文化公园建设项目	贵州省	33 926.00	旅游	第三批	尚未落地
41	贵州省安顺市黄铺物流园区幺铺片区公路港建设项目	贵州省	180 000.00	城镇综合开发	第三批	尚未落地
42	贵州省安龙县供水工程 PPP 项目	贵州省	46 087.17	市政工程	第三批	尚未落地
43	云南省第一人民医院新昆华医院一期综合医院 PPP 项目	云南省	235 043.00	医疗卫生	第三批	尚未落地
44	云南省昆明市智慧城市（一期）ppp 项目	云南省	269 546.01	科技	第三批	尚未落地
45	云南省昆明市春城路延长线及官渡主 5 路地下综合管廊政府和社会资本合作项目	云南省	72 948.00	市政工程	第三批	尚未落地
46	云南省红河州蒙自市碧色寨滇越铁路历史文化公园项目	云南省	234 886.00	旅游	第三批	尚未落地
47	云南省大理州大理市环洱海流域湖滨缓冲带生态修复与湿地建设 PPP 项目	云南省	139 815.00	生态建设和环境保护	第三批	尚未落地
48	云南省大理州祥云县城市公共停车场 PPP 项目	云南省	26 740.00	市政工程	第三批	尚未落地

序号	项目名称	所属省份	总投资（万元）	一级行业	示范批次	调出原因
49	甘肃省兰州新区地下综合管廊一期工程25条管廊PPP项目	甘肃省	483 119.00	市政工程	第三批	财政支出压力大，暂缓实施
50	甘肃省庆阳市G244线打扮梁（陕甘界）至庆城段公路工程项目	甘肃省	1 428 340.42	交通运输	第三批	尚未落地
51	甘肃省庆阳市南梁至太白高速公路工程项目	甘肃省	525 473.43	交通运输	第三批	尚未落地
52	海东工业园区平西经济区工业废水集中处理和回用工程PPP项目	青海省	5 878.00	市政工程	第三批	尚未落地
53	海东工业园区平北经济区工业污水集中处理及回用工程PPP项目	青海省	7 838.00	市政工程	第三批	尚未落地
54	门源县照壁山旅游基础设施PPP项目	青海省	15 000.00	旅游	第三批	尚未落地
合计			15 847 606.26			

附件3：

限期整改项目清单

序号	项目名称	所属省份	总投资（万元）	一级行业	示范批次	整改原因
1	北京市轨道交通十六号线	北京市	4 950 000.00	市政工程	第二批	主体不合规
2	北京市轨道交通十四号线	北京市	4 450 000.00	市政工程	第二批	主体不合规
3	石家庄正定新区综合管廊项目	河北省	651 000.00	市政工程	第一批	运作不规范
4	2016年唐山世界园艺博览会基础设施及配套项目	河北省	336 298.00	文化	第二批	运作不规范
5	河北省唐山市遵化市沙河水环境综合治理PPP项目	河北省	154 949.00	生态建设和环境保护	第三批	主体不合规
6	河北省保定市易县经济开发区政府与社会资本合作（PPP）项目	河北省	3 190 000.00	城镇综合开发	第三批	运作不规范
7	河北省承德市滦平县医院新院区建设PPP项目	河北省	55 087.00	医疗卫生	第三批	运作不规范
8	承德市宽城满族自治县中医院迁址新建一期项目	河北省	18 000.00	医疗卫生	第二批	运作不规范
9	太原植物园一期工程PPP项目	山西省	235 482.00	市政工程	第三批	运作不规范
10	天镇县县城集中供热工程PPP项目	山西省	22 930.00	市政工程	第三批	运作不规范
11	内蒙古自治区乌海经济开发区海勃湾工业园10000吨污水处理及中水回用工程项目	内蒙古自治区	18 879.00	市政工程	第三批	运作不规范

续表

序号	项目名称	所属省份	总投资（万元）	一级行业	示范批次	整改原因
12	鞍山市城市道路及隧道大修（一期）工程	辽宁省	11 296.00	市政工程	第三批	运作不规范
13	吉林市国电江北热源项目	吉林省	32 136.00	市政工程	第一批	运作不规范
14	吉林省集双高速公路（通化—梅河口段）PPP 项目	吉林省	703 900.00	交通运输	第三批	已完成采购，尚未签署合同
15	吉林省汪清县西大坡水利枢纽工程项目	吉林省	67 871.00	水利建设	第二批	运作不规范
16	黑龙江省齐齐哈尔市沿江景观带（滨江大道）PPP 项目	黑龙江省	45 000.00	市政工程	第三批	运作不规范
17	黑龙江省抚远市黑瞎子岛配套功能区东极小镇 PPP 项目	黑龙江省	488 000.00	城镇综合开发	第二批	运作不规范
18	南京市江北滨江大道（西江路至绿水湾南路）建设工程	江苏省	51 500.00	市政工程	第三批	主体不合规，未按规定开展财政承受能力论证
19	徐州市城市轨道交通 1 号线一期工程项目	江苏省	1 627 800.00	市政工程	第一批	主体不合规
20	苏州市轨道交通 1 号线工程项目	江苏省	1 261 000.00	市政工程	第一批	运作不规范，未按规定进行信息公开
21	扬州市 611 省道邗江段工程项目	江苏省	110 000.00	交通运输	第二批	运作不规范，未按规定开展两评
22	宿迁市运河宿迁港洋北作业区码头项目	江苏省	100 133.00	交通运输	第三批	运作不规范，未按规定开展财政承受能力论证
23	宜兴市丁山养护院	江苏省	27 868.00	养老	第三批	已完成采购，尚未签署合同
24	广德县 S215 宜徽公路皖苏省界至广德凤桥段改建工程	安徽省	150 000.00	交通运输	第三批	运作不规范
25	福建省应急通信工程	福建省	47 000.00	科技	第二批	运作不规范
26	平潭综合实验区地下综合管廊干线工程（一期）PPP 项目	福建省	381 800.00	市政工程	第三批	运作不规范，未按规定开展财政承受能力论证
27	福建省三明市宁化县医院新建项目	福建省	80 000.00	医疗卫生	第三批	运作不规范，未按规定开展财政承受能力论证
28	福建省泉州市晋江市国际会展中心	福建省	97 140.00	其他	第三批	运作不规范，未按规定开展财政承受能力论证
29	福建省泉州市南安市海峡科技生态城 A 片区 PPP 项目	福建省	341 326.00	城镇综合开发	第三批	运作不规范
30	福建省泉州市公共文化中心 PPP 项目	福建省	345 200.00	文化	第三批	运作不规范

序号	项目名称	所属省份	总投资（万元）	一级行业	示范批次	整改原因
31	福建省福鼎市前岐镇等9个乡镇及双岳工业园区污水处理厂及厂外污水配套收集管网项目	福建省	19 561.00	市政工程	第二批	运作不规范
32	青岛市市立医院东院二期工程PPP项目	山东省	92 881.00	医疗卫生	第三批	已完成采购，尚未签署合同
33	山东省威海荣成市固废综合处理与应用产业园PPP项目	山东省	200 000.00	市政工程	第三批	运作不规范
34	河南省开封市G230通武线开封至尉氏段改建工程PPP项目（开港大道）	河南省	194 000.00	交通运输	第三批	运作不规范
35	河南省开封市尉氏县生活垃圾焚烧发电项目	河南省	40 000.00	能源	第二批	运作不规范，未按规定开展财政承受能力论证
36	河南省洛阳市故县水库引水工程	河南省	175 000.00	市政工程	第二批	运作不规范，未按规定开展财政承受能力论证
37	河南省洛阳市伊洛河水生态文明示范区	河南省	546 334.00	水利建设	第二批	运作不规范，未按规定开展财政承受能力论证
38	河南省洛阳古城保护与整治PPP项目	河南省	850 000.00	文化	第二批	运作不规范，未按规定开展财政承受能力论证
39	河南省洛阳市市政道桥工程项目	河南省	126 198.00	市政工程	第二批	运作不规范，未按规定开展财政承受能力论证
40	河南省洛阳市城市污水处理及污泥处理项目	河南省	144 000.00	市政工程	第二批	运作不规范，未按规定开展财政承受能力论证
41	河南省洛阳市洛宁县洛河洛宁县段生态治理工程项目（一期）	河南省	38 894.00	水利建设	第三批	运作不规范，未按规定开展财政承受能力论证
42	河南省平顶山市区污水处理项目	河南省	70 000.00	市政工程	第二批	运作不规范，未按规定开展财政承受能力论证
43	河南省平顶山生活垃圾焚烧热电联产项目	河南省	57 482.00	能源	第三批	运作不规范，未按规定开展财政承受能力论证
44	河南省汝州市科教园区建设项目	河南省	178 403.00	城镇综合开发	第三批	运作不规范，未按规定开展财政承受能力论证
45	长垣县污水、污泥处理设施PPP项目	河南省	18 364.00	市政工程	第二批	运作不规范，未按规定开展财政承受能力论证
46	清丰县水务供排一体化项目	河南省	56 941.00	市政工程	第三批	运作不规范，未按规定开展财政承受能力论证
47	河南省漯河市城乡一体化示范区沙河沿岸综合整治项目	河南省	108 000.00	生态建设和环境保护	第三批	运作不规范，未按规定开展财政承受能力论证

续表

序号	项目名称	所属省份	总投资 （万元）	一级行业	示范批次	整改原因
48	商丘医学高等专科学校新校区建设PPP项目	河南省	80 000.00	教育	第二批	主体不合规，未按规定开展财政承受能力论证
49	河南省周口市中医院东区分院建设项目	河南省	87 741.00	医疗卫生	第二批	运作不规范，未按规定开展财政承受能力论证
50	江夏区G107龚家铺至新南环（海吉星）段改扩建工程	湖北省	212 000.00	市政工程	第三批	运作不规范
51	江夏中央大公园工程	湖北省	77 494.00	市政工程	第三批	运作不规范
52	武深高速嘉鱼北段PPP项目	湖北省	382 800.00	交通运输	第三批	运作不规范，未按规定进行信息公开
53	湖南省长沙市长沙磁浮工程	湖南省	460 400.00	市政工程	第三批	运作不规范
54	长沙县城乡公交一体化PPP项目	湖南省	150 000.00	市政工程	第二批	运作不规范
55	湖南省怀化市健康综合服务设施建设项目	湖南省	205 820.00	养老	第三批	已完成采购，尚未签署合同
56	广东省韩江高陂水利枢纽工程	广东省	615 403.00	水利建设	第三批	运作不规范
57	南宁市第二社会福利院	广西壮族自治区	48 968.00	社会保障	第二批	运作不规范，未按规定开展财政承受能力论证
58	三亚市生活垃圾焚烧发电厂二期工程	海南省	16 567.75	能源	第三批	运作不规范，未按规定开展财政承受能力论证
59	四川省绵阳市生活垃圾焚烧发电项目	四川省	52 707.00	能源	第三批	运作不规范
60	四川省宜宾县地下综合管廊一期PPP项目	四川省	85 665.00	市政工程	第三批	已完成采购，尚未签署合同
61	贵州省兴义市沿湖公路改扩建工程PPP项目	贵州省	53 806.00	市政工程	第三批	已完成采购，尚未签署合同
62	贵州省黔西南州兴义市综合停车场工程建设项目	贵州省	20 686.00	市政工程	第三批	已完成采购，尚未签署合同
63	铜仁客运北站	贵州省	19 581.00	交通运输	第二批	主体不合规，未按规定开展财政承受能力论证
64	贵州省龙里县新高中建设工程	贵州省	35 846.00	教育	第三批	运作不规范
65	云南省香格里拉至丽江国家高速公路政府和社会资本合作项目	云南省	2 108 299.00	交通运输	第三批	运作不规范
66	云南省保山至泸水国家高速公路政府和社会资本合作项目	云南省	1 308 000.00	交通运输	第三批	运作不规范
67	云南省玉溪至临沧国家高速公路政府和社会资本合作项目	云南省	3 226 000.00	交通运输	第三批	运作不规范

续表

序号	项目名称	所属省份	总投资（万元）	一级行业	示范批次	整改原因
68	云南省华坪至丽江国家高速公路政府和社会资本合作项目	云南省	2 773 500.00	交通运输	第三批	运作不规范
69	云南省昆明市轨道交通 4 号线工程项目	云南省	2 660 000.00	市政工程	第二批	主体不合规，运作不规范
70	云南省昆明市轨道交通 5 号线工程项目	云南省	1 930 000.00	市政工程	第二批	主体不合规，运作不规范，未按规定开展财政承受能力论证
71	云南省玉溪市火车西站市政道路设施项目、站前广场建设项目	云南省	211 885.00	市政工程	第三批	运作不规范
72	云南省玉溪市澄江化石地博物馆 PPP 项目	云南省	48 789.59	文化	第二批	运作不规范
73	云南省保山市地下综合管廊工程 PPP 项目	云南省	675 871.00	市政工程	第三批	运作不规范，未按规定开展财政承受能力论证
74	云南省楚雄彝族自治州亚行贷款云南省楚雄州城市基础设施建设项目	云南省	247 692.00	市政工程	第二批	运作不规范，未按规定开展财政承受能力论证
75	云南省楚雄州元谋县元谋大型灌区丙间片11.4万亩高效节水灌溉项目	云南省	30 778.52	水利建设	第三批	运作不规范，未按规定开展财政承受能力论证
76	云南省红河州滇南中心城市群现代有轨电车示范线项目	云南省	662 000.00	交通运输	第二批	运作不规范，未按规定开展财政承受能力论证
77	云南省红河州蒙开个地区河库连通工程	云南省	136 966.00	水利建设	第二批	运作不规范
78	云南省红河州元江至蔓耗高速公路（红河段）	云南省	2 085 978.10	交通运输	第三批	运作不规范，未按规定开展财政承受能力论证
79	云南省红河州泸西县中医医院迁建及扩建 PPP 项目	云南省	28 827.00	医疗卫生	第二批	运作不规范，未按规定开展财政承受能力论证
80	云南省文山州文山市第一中学城南校区 PPP 项目	云南省	37 872.00	教育	第三批	运作不规范，未按规定开展财政承受能力论证
81	云南省西双版纳傣族自治州景洪至勐海至打洛（口岸）高速公路一期景洪至勐海段	云南省	893 725.00	交通运输	第三批	运作不规范，未按规定开展财政承受能力论证
82	云南省大理州大理市洱海主要入湖河道综合治理工程 PPP 项目	云南省	90 224.00	水利建设	第三批	运作不规范，未按规定开展财政承受能力论证
83	云南省瑞丽市城市地下综合管廊建设工程（一期）PPP 项目	云南省	208 071.00	市政工程	第三批	运作不规范，未按规定开展财政承受能力论证
84	云南省怒江州兰坪县 S316 线怒江州六库至兰坪公路青吾甸至兰坪古盐都隧道段 PPP 项目	云南省	77 000.00	交通运输	第三批	运作不规范，未按规定开展财政承受能力论证
85	西安市高陵生活垃圾无害化处理工程 PPP 项目	陕西省	107 036.00	市政工程	第三批	已完成采购，尚未签署合同

续表

序号	项目名称	所属省份	总投资（万元）	一级行业	示范批次	整改原因
86	陕西省西安市未央区徐家湾地区综合改造项目	陕西省	1 482 700.00	城镇综合开发	第二批	运作不规范
87	安康机场迁建	陕西省	234 450.00	交通运输	第二批	运作不规范，未按规定开展财政承受能力论证
88	甘肃省张掖市 G0611 张掖—汶川高速公路张掖至扁都口段工程	甘肃省	587 260.00	交通运输	第三批	已完成采购，尚未签署合同
89	陇南市 G316 线长乐至同仁公路两当县杨店（甘陕界）至徽县公路建设	甘肃省	753 000.00	交通运输	第二批	主体不合规
合计			48 179 061.96			

财政部关于贯彻落实《中共中央　国务院关于完善国有金融资本管理的指导意见》的通知

2018 年 7 月 18 日　财金〔2018〕87 号

各省、自治区、直辖市、计划单列市财政厅（局），新疆生产建设兵团财政局：

以习近平同志为核心的党中央高度重视国有金融资本管理工作。党的十九大报告中明确提出，要完善各类国有资产管理体制，改革国有资本授权经营体制，促进国有资本保值增值，有效防止国有资产流失。6 月 30 日，中共中央、国务院印发《关于完善国有金融资本管理的指导意见》（以下简称《指导意见》），这是党中央、国务院加强国有资产监管、完善国有金融资本管理的重大决策部署，具有里程碑式的重要意义。为全面深入贯彻落实《指导意见》，现就有关事项通知如下。

一、深刻理解完善国有金融资本管理的重大意义

国有金融资本是推进国家现代化、维护国家金融安全的重要保障，是我们党和国家事业发展的重要物质基础和政治基础，国有金融机构是服务实体经济、防控金融风险、深化金融改革的重要支柱。习近平总书记强调，要优化金融机构体系，完善现代金融企业制度，完善国有金融资本管理；加强和完善国有金融资本管理，要把完善国有金融资本管理体制摆在突出位置，国有金融资本出资人职责应该由一个部门集中统一行使，不能九龙治水、各管一摊；要对国有金融资本实行统一授权管理，强化国有产权全流程监管，落实全口径报告制度，要有具体措施防范里应外合问题。

《指导意见》以习近平新时代中国特色社会主义思想为指导，全面贯彻党的十九大和全国金融工作会议精神，按照"四个全面"战略布局的要求，系统提出新时期完善国有金融资本管理的一系列政策措施，是党中央、国务院完善国有金融资本管理的顶层设计和重要部署，是新时期做好国有金融资本管理工作的根本遵循。推进这项改革，有利于提高国有金融资本效益、促进保值增值，有利于提高国有金融机构活力、竞争力和可持续发展能力，有利于推动金融治理体系和治理能力现代化，有利于防控金融风险和保障国家金融安全，有利于坚持党的领导和加强党的建设。

《指导意见》明确由财政部门集中统一履行国有金融资本出资人职责，财政部负责制定全国统一的国

有金融资本管理规章制度，这是党中央、国务院对财政部门履职尽责的充分信任，更是财政部门的重大责任和光荣使命。各级财政部门要提高政治站位，增强"四个意识"，充分认识《指导意见》出台的重要意义，进一步增强责任感、使命感和紧迫感，切实把思想和行动统一到中央要求上来。要把深入学习文件精神、准确把握内容实质，作为抓好贯彻落实的重要前提，拓展学习的广度和深度。要与学习贯彻党的十九大和全国金融工作会议精神紧密结合起来，与本地区、本单位完善国有金融资本管理改革任务和亟待解决的突出问题紧密结合起来，努力把学习的成效转化为深化改革的行动自觉和生动实践。

二、准确把握完善国有金融资本管理的改革要义

《指导意见》聚焦制约国有金融资本管理的问题和障碍，坚持服务大局、统一管理、权责清晰、问题导向和加强党的领导五条基本原则，以建立健全国有金融资本管理"四梁八柱"，理顺国有金融资本管理体制，增强国有金融机构活力与控制力，促进国有金融资本保值增值，更好地实现服务实体经济、防控金融风险、深化金融改革三大基本任务为目标，统筹施策，是新时期国有资本管理改革在金融领域的深化和发展，是国有金融资本管理的纲领性文件。各级财政部门要深刻理解《指导意见》的精神实质，准确把握改革的核心要义。

（一）准确把握国有金融资本的范畴。《指导意见》明确国有金融资本是指国家及其授权投资主体直接或间接对金融机构出资所形成的资本和应享有的权益。由金融管理部门投资或国家虽无出资，但是设立、运行和经营主要依靠国家信用和凭借国家权力支持的金融机构所形成的资本和应享有的权益，在符合法律规定的前提下，一并纳入国有金融资本管理。各级财政部门在管理国有金融资本时，应准确把握管理边界，确保金融国资监管不缺位、不越位。

（二）认真落实履行国有金融资本出资人的主体责任。《指导意见》明确国有金融资本授权委托体制，国有金融资本属于国家所有即全民所有，国务院代表国家行使国有金融资本所有权，国务院和地方人民政府依照法律法规，分别代表国家履行出资人职责，各级财政部门根据本级人民政府授权，集中统一履行国有金融资本出资人职责。财政部门尚未履行国有金融资本出资人职责或履职不到位的地方，要按要求积极跟进、切实履职。部分地方条件暂不成熟的，可以分级分类委托其他部门、机构管理国有金融资本，实行委托管理的地方要设立过渡期，同时做到财政部门出资人身份不变、管理规则不变、管理责任不变、全口径报告职责不变。

（三）扎实推进国有金融资本的集中统一管理。《指导意见》明确对国有金融资本实行集中统一授权管理，压实了财政部门的管理责任。按照统一规制、分级管理原则，财政部负责制定统一的国有金融资本管理规章制度，各级财政部门依法依规履行国有金融资本管理职责，负责组织实施基础管理、经营预算、绩效考核、负责人薪酬管理等工作。履行出资人职责的各级财政部门对相关金融机构，依法依规享有参与重大决策、选择管理者、享有收益等出资人权利。

（四）严格执行国有金融资本的穿透管理。《指导意见》要求遵循实质重于形式的原则，以公司治理为基础，以产权监管为手段，对国有金融机构股权出资实施资本穿透管理，防止出现内部人控制。各级财政部门要落实分级管理责任，按照穿透原则，对中央和地方各级国有金融机构，加强国有金融资本投向等宏观政策执行情况监督，严格落实国有金融资本管理制度。国有金融机构母公司须加强对集团内各级子公司的资本穿透式管理，严格股东资质和资金来源审查，确保国有金融资本基本管理制度层层落实到位。

（五）加快国有金融资本管理立法。《指导意见》提出健全国有金融资本管理法律法规体系，夯实国有金融资本管理的法律基础。财政部将加快国有金融资本管理条例立法进程，研究建立统一的国有金融资本出资人制度，使国有金融资本管理权责法定、依法有据。

（六）健全国有金融资本管理制度。《指导意见》明确，健全国有金融资本基础管理制度，加强金融机构国有产权流转管理。落实国有金融资本经营预算管理制度，规范国家与国有金融机构的分配关系。严格国有金融资本经营绩效考核制度，实行分类定责、分类考核。完善国有金融机构薪酬管理制度。加强金融

机构财务监管，维护国有金融资本权益。

（七）实行国有金融资本全口径报告。《指导意见》要求建立统一的国有金融资本统计监测和报告制度，全口径向党中央报告，并按规定向全国人大常委会报告国有金融资产管理情况。各级财政部门定期向同级政府报告国有金融资本管理情况。报告要完整反映国有金融资本的总量、投向、布局、处置、收益等内容，以及国有金融机构改革、资产监管、风险控制、高级管理人员薪酬等情况。

（八）加强党对国有金融机构的领导。《指导意见》强调要把坚持党的领导贯穿改革全过程，提出党建工作"四个同步"要求，把加强党的领导和完善公司治理统一起来。充分发挥党组织的领导核心作用，加强领导班子和人才队伍建设，切实落实全面从严治党"两个责任"。依法依规规范金融管理部门工作人员到金融机构从业行为，规范国有金融机构工作人员离职后到与原工作业务相关单位从业行为，完善国有金融管理部门和国有金融机构工作人员任职回避制度，杜绝里应外合、利益输送行为，防范道德风险。

三、认真贯彻落实国有金融资本管理各项政策措施

各级财政部门要切实增强贯彻落实《指导意见》的政治自觉和责任自觉，结合各自实际，认真组织学习，确保各项部署落实到位。各级财政部门要抓紧向本地区党委和政府报告学习贯彻文件情况，进一步完善体制机制，优化管理制度，压实管理责任，提升管理服务水平。

（一）加快推进完善国有金融资本管理体制。各级财政部门要高度重视，精心组织，建立健全相应的组织领导机制，严格按照集中统一、全流程全覆盖、穿透管理的要求，切实加强和完善国有金融资本管理，稳妥有序推进各项改革工作。各地财政部门要及时向同级党委、政府汇报，争取支持。要积极协调有关部门，采取有力措施，厘清部门权责边界，完善授权经营体系，清晰委托代理关系，尽快理顺和巩固集中统一的国有金融资本授权管理体制。国有金融资本管理职责尚不在财政的省（自治区、直辖市）和计划单列市财政部门，也要抓紧制定工作计划，排出时间表、路线图，并请于 2018 年底前将有关方案报送财政部。

（二）积极落实国有金融资本管理政策措施。各级财政部门要主动对表、狠抓落实，结合实际，抓紧研究制订实施细则和具体方案，尽快形成配套文件框架，落实管理组织体系。对已有制度措施和管理体系，要对照梳理，及时调整优化，确保与中央精神一致。各级财政部门要以《指导意见》为行动纲领，不断优化国有金融资本布局，加快建立出资人制度，切实加强国有金融资本基础管理、经营预算、绩效考核、薪酬管理、财务监管、统计监测和分析报告等各项工作。要全面加强党的领导，推动管资本与管党建相结合。要建立健全监督问责机制，严格责任追究。

（三）大力促进国有金融机构持续健康经营。要立足实际，着眼长远，不断深化公司制股份制改革，健全公司法人治理结构，充分发挥股权董事作用，建立健全领导人员分类分层管理制度，推动国有金融机构回归本源、专注主业，切实增强风险防控能力。要强化国有金融资本内外部监督，严格股东资质和资本金来源审查，严格规范金融综合经营和产融结合，严禁国有金融企业凭借资金优势控制非金融企业。国有金融机构要充分发挥党组织领导作用，以公司治理为基础，严格要求所属各级企业认真执行国有金融资本管理有关规定。国有金融机构各级企业应聚焦主业，有效建立金融资本和实业资本分离的防火墙，依法合规开展对外投资。

（四）完善国有金融资本管理的工作督导机制。财政部建立完善国有金融资本管理工作督导机制，对各地财政部门、国有金融机构贯彻落实《指导意见》工作进展情况进行督导检查。各地财政部门要切实加强对本地区相关工作的督促和指导，及时全面掌握各项政策措施落实情况，有效应对出现的新情况、新问题。要注意宣传引导，主动发布权威信息，及时解疑释惑，凝聚改革共识。要增强舆情监测研判，积极回应社会关切，努力营造全社会理解改革、支持改革、推动改革的良好氛围。

请各省（自治区、直辖市）、计划单列市财政部门于 2018 年 8 月底将学习贯彻《指导意见》的情况报送财政部。

省财政厅关于进一步推动我省农业保险
保险费补贴工作的通知

2018 年 2 月 13 日　鲁财金〔2018〕4 号

各市财政局、省财政直接管理县（市）财政局、黄河三角洲农业高新技术产业示范区财政金融局：

为更好地贯彻落实国家和省委、省政府有关政策精神，充分发挥农业保险强农惠农作用，经研究，决定自 2018 年起，进一步推动我省农业保险保险费补贴工作"增品、扩面、提标"。现就有关事项通知如下：

一、新增马铃薯保险补贴险种

自 2018 年起，在全省开展马铃薯农业保险保费补贴工作。春季马铃薯保险保费 60 元/亩，保险金额 1 200 元/亩，费率 5%；秋季马铃薯保险保费 40 元/亩，保险金额 800 元/亩，费率 5%。保费补贴资金各级财政分担比例等具体事项按照省财政厅《关于印发〈山东省农业保险保险费补贴资金管理办法〉的通知》（鲁财金〔2017〕27 号）中种植业险种执行。

二、提高部分险种保障水平

按照"补贴险种的保险金额应覆盖直接物化成本"要求，在费率保持不变的基础上，进一步提高全省小麦、玉米、花生、苹果和桃险种的保费和保障水平。其中，小麦保险保费 18 元/亩，保险金额 450 元/亩，费率 4%；玉米保险保费 18 元/亩，保险金额 400 元/亩，费率 4.5%；花生保险保费 24 元/亩，保险金额 600 元/亩，费率 4%。苹果保险保费 200 元/亩，保险金额 4 000 元/亩，费率 5%；桃保险保费 150 元/亩，保险金额 3 000 元/亩，费率 5%。

三、将公益林险种林农自行承担部分降至零

将公益林险种林农自行承担部分统一降至零，按照分类参保、分级管理的办法开展保费补贴工作。其中，省级以上公益林全部由中央和省级财政出资参保，林农自行承担部分（10%）由省级财政承担；市县级公益林由中央、省级和市县财政出资参保，林农自行承担部分（10%）由市县财政承担，具体分担比例由市级确定。

四、将目标价格保险保费补贴纳入预算管理

按照稳产区、稳价格的原则，继续在我省开展大蒜、马铃薯、大白菜、大葱、蒜薹、生猪目标价格保险保费补贴工作。其中，省级财政补贴资金列入年度省级财政预算，市县承担部分由同级财政部门预算安排。资金管理办法将另行下发。

五、有关要求

各级财政部门要高度重视，积极会同农业、林业、畜牧、物价等部门做好农业保险工作，充分发挥其金融支农的有效作用。

（一）做好资金预算。各级财政部门要根据本通知要求，积极会同各业务主管部门，对 2018 年度保险规模和补贴资金进行认真测算，落实好保费补贴配套资金。同时，及时编报上级财政补贴资金预算申请，

确保财政补贴资金足额安排。2018 年我省产粮大县政策按照新名单执行（见附件）。

（二）加强监督管理。各级财政部门要加强对保费补贴资金的监督管理，及时足额拨付配套资金，按要求将保费补贴资金的实际使用情况、拨款凭证等报省财政厅备案，确保保费补贴资金安全运行。对不按要求落实保费补贴资金，或采取其他方式变相要求承保机构承担保费补贴资金等行为的，一经查实，取消补贴资格并按照有关规定作出相应处罚。要加强对农业保险经办机构的监管，防止通过"冒保、替保、虚保"等不正当手段骗取财政补贴资金。

（三）及时统计报告。各级财政部门要认真做好数据统计、研究分析等基础工作，按照鲁财金〔2017〕27 号文件有关规定，及时报送相关数据资料，并对数据的完整性、真实性负责。

附件：山东省产粮大县名单（2018 年适用）

附件：

山东省产粮大县名单（2018 年适用）

序号	市（县）	
1	济南	长清区
2		平阴县
3		济阳县
4		章丘市
5	淄博	临淄区
6		桓台县
7	枣庄	滕州市
8		台儿庄区
9		峄城区
10		薛城区
11	东营	广饶县
12	烟台	莱州市
13		招远市
14		海阳市
15	潍坊	寒亭区
16		坊子区
17		青州市
18		诸城市
19		寿光市
20		高密市
21		昌邑市
22		临朐县
23		昌乐县
24	济宁	任城区
25		微山县
26		鱼台县
27		嘉祥县
28		汶上县

序号	市（县）	
29	济宁	梁山县
30		曲阜市
31		兖州区
32		邹城市
33	泰安	岱岳区
34		肥城市
35		东平县
36		新泰市
37	威海	文登区
38		乳山市
39	日照	五莲县
40	临沂	河东区
41		沂水县
42		兰陵县
43		莒南县
44		临沭县
45		费县
46		沂南县
47	德州	德城区
48		陵城区
49		宁津县
50		齐河县
51		乐陵市
52		武城县
53		禹城市
54		平原县
55		临邑县
56	聊城	东昌府区
57		临清市
58		阳谷县
59		茌平县
60		东阿县
61		高唐县
62	滨州	滨城区
63		无棣县
64		博兴县
65		邹平县

续表

序号	市（县）	
66	荷泽	牡丹区
67		单县
68		成武县
69		巨野县
70		郓城县
71		定陶县
72		东明县
省财政直接管理县（市）		
73	济南	商河县
74	淄博	高青县
75	烟台	莱阳市
76	潍坊	安丘市
77	济宁	泗水县
78	泰安	宁阳县
79	威海	荣成市
80	日照	莒县
81	临沂	郯城县
82		平邑县
83	德州	夏津县
84		庆云县
85	聊城	莘县
86		冠县
87	滨州	惠民县
88		阳信县
89	菏泽	曹县
90		郓城县

省财政厅　省物价局关于印发山东省特色农产品目标价格保险保险费补贴资金管理办法的通知

2018 年 3 月 12 日　鲁财金〔2018〕11 号

各市财政局、物价局，省财政直接管理县（市）财政局、物价局，黄河三角洲农业高新技术产业示范区财政金融局：

为加强特色农产品目标价格保险保险费补贴资金管理，促进我省农业新旧动能加快转换，我们按照中央有关文件精神和省委、省政府部署要求，结合我省实际，制定了《山东省特色农产品目标价格保险保险费补贴资金管理办法》，现予印发，请认真遵照执行。

附件：山东省特色农产品目标价格保险保险费补贴资金管理办法

附件：

山东省特色农产品目标价格保险保险费补贴资金管理办法

第一章 总 则

第一条 为加强特色农产品目标价格保险保险费补贴资金管理，逐步建立完善蔬菜、生猪等重要农产品目标价格保险制度，帮助农民规避市场风险，推动我省农业新旧动能加快转换，按照中央有关文件精神和省委、省政府部署要求，结合我省实际，制定本办法。

第二条 本办法所称特色农产品目标价格保险保险费补贴资金（以下简称补贴资金），是指省级财政对有关保险经营机构（以下简称经办机构）在补贴地区开展的符合本办法规定的特色农产品目标价格保险业务，按照保险费的一定比例，为投保农户、农业生产经营组织等提供的补贴。

本办法所称经办机构，是指具有农业保险资质的保险公司以及依法设立具备农业保险资质，并自愿承办相关保险业务的保险组织；农业生产经营组织，是指农民专业合作社、农业企业以及其他农业生产经营组织；补贴地区是指纳入省级财政补贴范围，开展特色农产品目标价格保险的地区。

第三条 特色农产品目标价格保险保险费补贴工作遵循政府引导、市场运作、自愿参与、公平公开、统筹协调、稳步发展的原则。

第二章 补 贴 政 策

第四条 特色农产品目标价格保险补贴标的（以下简称补贴险种）为符合中央文件精神和省委、省政府政策要求，在我省产量较大、与百姓日常生活关系密切、价格波动明显的农产品。

第五条 补贴险种和补贴地区。

（一）补贴险种包括：

1. 种植业：大蒜、马铃薯、大白菜、大葱、蒜薹。

2. 养殖业：生猪。

3. 根据中央政策和省委、省政府要求确定的其他品种。

（二）补贴地区：根据各地需求情况，按照稳产区、稳价格的原则，由省里合理统筹确定。

补贴险种和补贴地区根据实际情况动态调整，逐步扩大补贴险种和覆盖范围。

第六条 保险费补贴政策。农户自行承担保险费的40%，各级财政承担保险费的60%，其中，东部地区，省级财政承担35%，市县级财政承担25%；中部地区，省级财政承担40%，市县级财政承担20%；西部地区，省级财政承担45%，市县级财政承担15%。市县级财政的承担比例由市级财政确定，原则上市级财政应承担市县负担部分的50%以上。

对东部地区的荣成、高青、利津、垦利、沂源5个县（市、区）及黄河三角洲农业高新技术产业示范区，确定为补贴地区的，按照中部地区补贴政策执行；其余县级现代预算管理制度改革试点县（市、区），确定为补贴地区的，按照西部地区补贴政策执行。

第七条 保险经办机构、补贴地区、保障水平按照保险实施方案执行，保险实施方案由省物价局会同有关部门制定。

第三章　预 算 管 理

第八条　补贴资金实行专款专用、总额控制，在每年预算额度内组织实施。其中，省级财政承担的保险费补贴资金，列入年度省级财政预算；市县财政承担的，由同级财政部门预算安排。鼓励有条件的地区结合本地实际和财力状况，自行安排资金开展特色农产品目标价格保险试点或进一步提高省级险种补贴比例。

第九条　补贴资金的申请、审核及拨付。各市物价部门会同财政部门以市为单位，编制下一年度预算资金申请报告，于每年 8 月底前报送省物价局和省财政厅。预算资金申请报告应包含但不限于拟开展险种、投保规模、补贴方案及保障措施等内容，并附补贴资金到位承诺函（见附件 2）。未按规定时间及要求报送的，视同该年度该地区不申请补贴资金。

待省级预算资金确定后，省物价局会同省财政厅根据各市申报情况，统筹确定补贴地区、补贴险种及规模，各补贴地区应在该范围内组织实施。根据实际投保情况，省物价局会同省财政厅可在预算额度内，对补贴地区、补贴险种及规模作适当调整。

补贴资金采取先预拨、后确认清算的方式。各险种投保结束后，补贴地区物价部门负责审核承保明细清单，审核无误后，会同财政部门填报补贴资金申请表（见附件 1），以市为单位逐级汇总上报至省物价局；省物价局审核无误后，将审核意见及资金需求情况报送省财政厅；省财政厅据此确认补贴资金。上半年投保险种应于当年 5 月底前报送省物价局，下半年投保险种应于当年 11 月底前报送省物价局。

第十条　省级补贴资金下达后，市县财政部门应按照省级审核确认意见，及时拨付至经办机构，不得拖欠。市县财政部门应在预算中足额安排配套资金，对不能及时落实配套资金的，一经查实取消其作为补贴地区资格。

第十一条　补贴资金支付按照国库集中支付制度有关规定执行。

第四章　绩 效 管 理

第十二条　省财政厅会同省物价局设定补贴资金整体绩效目标，并对补贴资金的使用情况和效果进行绩效评价。

第十三条　各市财政部门会同当地物价部门，设定补贴资金区域绩效目标，指导下级开展绩效目标管理工作，对下级部门报送的绩效目标进行审核并提出审核意见，连同补贴资金申请报告一并报送省财政厅。

第十四条　预算执行中，各级财政、物价部门应对补贴资金运行状况和绩效目标实现情况进行绩效监控，及时发现并纠正资金管理中存在的问题，确保绩效目标如期实现。

第五章　监 督 检 查

第十五条　为确保特色农产品目标价格保险保险费补贴政策落实，各有关单位要认真履行补贴资金审核拨付职责，切实加强监督管理。

第十六条　物价部门作为特色农产品目标价格保险的牵头部门，负责组织实施、审核及监督检查等工作，做好保单、农户缴费情况及申请资金等方面的审核，确保保单依法按时生效，资金申请及时合规。

第十七条　财政部门负责补贴资金的筹集、拨付及绩效管理工作，并配合物价部门做好补贴资金的计算工作。

第十八条　省财政厅、省物价局按照"双随机、一公开"等要求，定期或不定期组织力量对补贴工作进行监督检查，对补贴资金使用和效果情况进行评价，并将监督检查和评价结果作为研究完善政策、确定下年度补贴地区保险费补贴资金等方面的参考依据。

各级财政部门应当建立健全预算执行动态监控机制，加强对补贴资金的动态监控，定期自查本地区保险费补贴工作，有关情况应及时报告省财政厅。

第十九条 禁止以下列方式骗取补贴资金：

（一）虚构或虚增保险标的，或以同一保险标的进行多次投保。

（二）通过虚假理赔、虚列费用、虚假退保或截留、代领、挪用赔款及挪用经营费用等方式，冲销投保农户缴纳保险费或财政补贴资金。

（三）未进行资金配套，以任何形式变相要求保险机构承担保险费补贴资金的。

（四）其他骗取补贴资金的方式。

第二十条 对于各级财政、物价部门和经办机构在特色农产品目标价格保险保险费补贴资金申请、审核工作中，存在报送虚假材料、违反规定分配资金、向不符合条件的单位分配资金，或擅自超出规定的范围或标准分配使用资金，以及滥用职权、玩忽职守、徇私舞弊等违法违纪行为的，应当责令改正，追回已拨资金，视情节轻重可暂停或取消其享受补贴资格等，并根据《中华人民共和国预算法》和《财政违法行为处罚处分条例》（国务院令第427号）等有关法律法规规定，追究有关单位和责任人员的责任，涉及犯罪的移交司法机关处理。

第六章 附 则

第二十一条 市县和经办机构应根据本办法规定，及时制定和完善相关实施细则。

第二十二条 本办法自2018年4月15日起施行，有效期至2021年4月14日。

附件：1. 特色农产品目标价格保险保险费补贴资金申请表

2. 关于确认____年度特色农产品目标价格保险保险费补贴资金到位的函

附件1：

特色农产品目标价格保险保险费补贴资金申请表

填报单位（盖章）：　　　　　　　　　　单位：元/亩，万亩，万元　　　　　　　　　　填报日期：

地区	补贴险种	经办机构	单位保额	投保数量	保费规模	省级财政补贴		市级财政补贴		县级财政补贴		农户承担	
						金额	比例	金额	比例	金额	比例	金额	比例
××县													
小计													
××市合计													

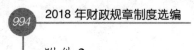
附件 2：

关于确认_____年度特色农产品目标价格保险
保险费补贴资金到位的函

山东省财政厅：

根据我省特色农产品目标价格保险保险费补贴政策的有关规定，我市财政应承担的保费补贴资金
_____万元将足额落实到位。其中，_____险种保费补贴资金_____万元，
_____险种保费补贴资金_____万元。

同时，对于我市市级以下财政部门应承担的保费补贴资金共计_____万元，我们将负责监督落
实。其中，_____险种保费补贴资金_____万元，_____险种保费补贴资金
_____万元。

盖章（市局章）

年 月 日

省财政厅印发关于开展政府和社会资本合作（PPP）
"规范管理年"活动的实施意见的通知

2018 年 4 月 11 日　鲁财金〔2018〕21 号

各市财政局、省财政直接管理县（市）财政局，黄河三角洲农业高新技术产业示范区财政金融局：

《关于开展政府和社会资本合作（PPP）"规范管理年"活动的实施意见》已经 4 月 10 日厅长办公会
研究通过，现予印发，请认真抓好落实。

附件：关于开展政府和社会资本合作（PPP）"规范管理年"活动的实施意见

附件：

关于开展政府和社会资本合作（PPP）
"规范管理年"活动的实施意见

为进一步规范我省政府和社会资本合作（以下简称 PPP）工作，深入贯彻省委、省政府和财政部关于
PPP "规范管理、防范风险、示范引领、健康发展"要求，推动 PPP 回归公共服务创新供给机制的本源，
引导各参与方深化改革理念，持续规范项目运作，不断提高公共服务供给质量和效率，推动全省 PPP 工作
再上新台阶。经研究，决定 2018 年在全省开展政府和社会资本合作（PPP）"规范管理年"活动。现制定
如下实施意见：

一、"规范管理年"活动的总体要求

近年来，我省紧紧围绕"促进发展"和"防范风险"双重目标，着力完善制度体系，优化发展环境，加大支持力度，纵深推进 PPP 改革。特别是 2017 年通过开展"项目落地年"活动，各项工作取得显著成效。自 2017 年下半年以来，党中央、国务院将防范化解重大风险放在更加突出的位置，全国金融工作会议、中央经济工作会议和国务院常务会议均对严控地方政府性债务作出明确部署，要求对 PPP 业务存在的不规范行为进行整顿。省委、省政府对防风险工作高度重视，进行了专门部署安排，制定了《关于规范政府举债融资行为防控政府性债务风险的意见》（鲁政办字〔2017〕154 号），对做好新时代 PPP 工作提出新的更高要求。

开展"规范管理年"活动，要以习近平新时代中国特色社会主义思想为指导，深入贯彻党的十九大精神，按照中央和省委、省政府关于规范 PPP 管理的部署要求，围绕推进公共服务均等化和提质增效，让人民群众拥有更多获得感幸福感安全感这个中心，牢牢把握长效化、规范化两项原则，紧紧抓住新旧动能转换、防范化解风险、提供优质服务三条主线，重点做好完善制度保障、优化资金引导、加快市场培育、强化规范实施四项工作，坚定不移将 PPP 改革推向深入，为增进人民福祉，促进质量、效率、动力变革，加快建成新旧动能转换综合试验区，推动经济文化强省建设贡献力量。

——坚持提高发展质量。充分发挥 PPP 绩效导向优势，将政府项目预算安排转变为按效付费机制，实现财政预算资金由补项目建设转变为补项目运营，强化项目产出绩效对社会资本回报的激励约束效果，推动社会资本从重工程建设向重服务效能转变，不断提高公共服务的质量和水平。

——坚持提升供给效率。切实通过竞争性方式遴选运营能力强、综合实力优的社会资本，持续推动政府政策目标、社会效益目标和社会资本运营效率、技术进步的有机结合，降低项目建设运营成本，提升服务供给效率。

——坚持变革发展动力。全面深化"放管服"改革，转变公共服务供给传统思维方式和发展模式，打破政府垄断供给，引入市场竞争机制和创新商业模式，打造公共服务供给的新动能，着力释放改革红利。

——坚持防范债务风险。不断提高政治站位，筑牢底线思维，切实划清政府与企业界限，明确政府和企业责任边界，不得将项目债务转为政府性债务，严禁借 PPP 搞违法违规变相融资。

二、"规范管理年"活动的目标任务

各级财政部门要坚持守住底线、防范风险、健康发展的原则，进一步明确 PPP 目标定位，找准发展路径，优化项目管理，细化工作任务，抓好贯彻落实。通过开展 PPP "规范管理年"活动，促进地方各级政府始终聚焦聚力 PPP 高质量发展，及时对不规范行为点刹车，确保项目主体合规、客体合规、程序合规；加强项目全生命周期管理，强化日常监管，坚决防止项目支出责任"固化"、支出上限"虚化"、运营内容"淡化"、适用范围"泛化"问题，切实严控财政承受能力"红线"、守住债务"底线"、搭好规范"天线"、明确适用"界线"；建立健全工作责任体系，强化协作配合，加大简政放权力度，着力营造系统、规范、高效的 PPP 改革发展环境。

（一）围绕补足发展短板，优化项目储备筛选。

1. 坚持规划统领指导。紧密结合"十三五"规划，处理好规划预期和现实需求的关系，着眼于地区经济社会发展整体水平和整体功能提升，抓好 PPP 项目储备，规范编制 PPP 项目开发目录，提高项目规划的科学性、前瞻性和适用性。树立全局观念，做好项目实施与污染防治、脱贫攻坚等工作的衔接，发挥好 PPP 合作期限长的支撑带动作用。加大运用 PPP 模式盘活优质公用设施存量资产工作力度，化解财政支出压力和地方存量政府债务。

2. 助推产业转型升级。以实施新旧动能转换重大工程为导向，围绕以"四新"促"四化"实现"四提"和培育现代优势产业集群，充分运用 PPP 模式搭建高质量基础设施和公共服务平台，在不超过一般公共预算支出 10% 的红线内优先列入政府中长期支出责任，提升项目吸引力，着力推动转型升级。

大力推动幸福产业发展，加大旅游、文化、医疗、教育和养老等领域 PPP 应用力度，不断提升人民群众的获得感幸福感安全感。加大对农业农村公共服务领域推广运用 PPP 模式的政策扶持力度，加快农业产业结构调整，改善农业公共服务供给，切实推动农业供给侧结构性改革，加快打造农业新六产和实现乡村振兴。

3. 着力激活民间投资。积极拓宽民间资本进入的行业和领域，进一步消除制约民间投资增长的体制性障碍，在垃圾处理、污水处理新建项目全面实施 PPP 模式的基础上，对供热、供水、养老服务等有现金流、市场化程度较高的公共服务领域，加大 PPP 模式应用力度，拓展民间资本参与空间。

（二）围绕防范化解风险，规范项目策划实施。

4. 抓好已入库项目整改。各级财政部门要会同行业主管部门认真组织已入库项目梳理，按照《财政部关于进一步规范地方政府举债融资行为的通知》（财预〔2017〕50 号）、省财政厅《转发〈财政部关于规范政府和社会资本合作（PPP）综合信息平台项目库管理的通知〉的通知》（鲁财金〔2017〕77 号）等文件规定，对尚未签约的项目，完善项目资料，确保规范运作；对已签约的项目，积极与社会资本协商，进一步优化项目运作机制，切实保障项目长期稳定运行。

5. 加强新项目论证管理。严格开展评价论证，按照财政部有关政策规定，科学编制项目实施方案，进行物有所值评价和财政承受能力论证，鼓励各级政府组织财务、法律、工程、行业等 PPP 专家对"两评一案"开展评审，不断优化实施方案，合理分担风险，深度挖掘项目盈利空间，完善绩效考核机制，消除风险隐患，做实评价论证。各级财政部门要切实履行好财政承受能力论证审核职责，会同行业主管部门履行好物有所值评价审核职责，防止评价论证流于形式。强化"红线"预警意识，从严审慎开展完全政府付费项目，自《实施意见》印发之日起，全部项目财政承受能力最高年度达到或超过 8% 的地区，停止新上政府付费和财政补助超过 50% 的可行性缺口补助项目，对全部 PPP 项目一般公共预算支出责任接近 10% 的地区进行风险预警。审慎运用政府性基金预算，对使用政府性基金补贴项目财政支出的，应确保基金使用合法合规，并在论证报告中明确使用依据、原则和办法。严格限定 PPP 模式应用范围，严禁将非公共服务领域、政府不负有提供义务的项目，涉及国家安全或重大公共利益、不适宜由社会资本承担的项目，以及仅涉及工程建设、无运营内容的项目采用 PPP 模式实施。

6. 规范项目采购流程。政府授权的实施机构应通过政府采购方式择优选择社会资本方，并根据项目特点和建设运营需求，以有利于项目长期稳定运营和质量效率提升为原则，合理设置社会资本方的资质、条件和评审标准，保证各类社会资本尤其是民营资本平等参与项目采购，不得以任何不合理的采购条件对社会资本实行差别性或歧视性待遇。政府及政府部门对社会资本的采购要严格履行资格预审程序，一般采用公开招标的方式；从严审慎选择其他采购方式，确需采用的，须符合法定条件，并按照法律法规及有关规定履行采购程序。对涉及工程建设、设备采购或服务外包的 PPP 项目，已依据政府采购法选择社会资本合作方的，合作方依法能够自行建设、生产或提供服务的，按照《中华人民共和国招标投标法实施条例》第九条规定，合作方可以不再进行招标。自《实施意见》印发之日起，未入库项目不得进入采购程序。

7. 强化项目合同管理。优化项目风险分配，严格按照"风险分担、利益共享"的原则，综合考虑各方风险管理能力和项目回报机制等因素，在政府和社会资本之间合理分配风险。加强项目资本金监管，坚持"穿透管理、公开透明"，确保项目各方按时足额缴纳资本金，不得以债务性资金充当资本金，不得由第三方代持社会资本方股份，不得以任何方式承诺回购社会资本方的投资本金，不得以任何方式承担社会资本方的投资本金损失，不得以任何方式向社会资本方承诺最低收益。严控项目融资风险，督促项目公司和社会资本方依法选择合理的融资方式和担保方式，坚决杜绝通过明股实债、保底承诺、回购安排、固定回报等各类形式的违法违规行为进行变相融资举债。

8. 完善项目运营管理。严格绩效考核，根据项目行业特点，及时开展 PPP 项目绩效运行监控，对绩效目标运行情况进行跟踪管理和定期检查，严格执行项目建设成本参与绩效考核挂钩部分占比不低于 30% 的规定，确保阶段性目标与资金支付相匹配。开展中期绩效评估，持续优化绩效考核指标，确保实现项目绩效目标，在监控中发现绩效运行与原定绩效目标偏离时，应及时采取措施予以纠正。重视项目合法性审查，鼓励有条件的地区委托专业法律服务机构参与项目督导检查，出具合法性审查意见，提示法律风险。合理运用价格调整机制，密切关注项目价格和补贴调整周期、调整因素和启动条件，防止因过高或过低收费导致项目公司获得超额利润或亏损。强化项目用地管控，严格区分 PPP 项目用地和商业用地，确保项目依法取得用地，行使相关权益。规范推进 PPP 项目资产证券化，合理设置条件，防止社会资本退出方式不规范，确保项目后期运营持续安全。

9. 加大项目信息公开力度。完善 PPP 信息公开制度，增强信息发布的及时性、有效性，按照省财政厅《转发财政部印发〈政府和社会资本合作（PPP）综合信息平台信息公开管理暂行办法〉的通知》（鲁财金〔2017〕7 号）规定，依托 PPP 综合信息管理平台及时、充分披露项目实施方案、招标投标、采购文件、项目合同、工程进展、运营绩效等相关信息，定期更新 PPP 项目开发目录、项目信息、财政支出责任、绩效监测报告、中期评估报告、重大变更或终止情况、监督检查情况和结果等信息。项目采购阶段的信息公开应遵照政府采购等相关规定执行。各市县要积极拓展项目信息公开渠道，可通过网络、媒体、报刊等方式，公开项目信息，实现项目阳光运作。

10. 规范咨询机构选择。严格按照《中华人民共和国政府采购法》相关规定，采取竞争性方式确定专业咨询机构。注重咨询机构服务业绩、水平和能力，原则上采购评审方法应采用综合评分法，一般不采用最低评标价法，切实防止恶意竞争、不合理低价中标等扰乱市场秩序行为。咨询机构所服务项目被审计、督查等检查发现存在违法违规问题，情节严重的，将列入山东省 PPP 咨询机构负面清单。同时，责令其对有关项目停顿整改，整改期间不得开展相关业务。

（三）围绕强化项目库管理，完善制度体系建设。

11. 实行项目"严进严出"。健全项目跟踪指导、对口联系和动态调整机制，从严把关项目入库和退库。严格项目入库，依托山东省 PPP 综合信息管理平台系统，优化项目入库申报审核流程。项目所在地财政部门要会同行业主管部门联合行文，向省财政厅报送项目入库申请。严格项目退库，按照鲁财金〔2017〕77 号文件有关规定清理项目库后，另有申请退库的项目，应由财政部门和行业主管部门联合向省财政厅报送退库申请；对存在违法违规变相举债等问题不予整改的项目，省财政厅将按规定严肃追责，并实施强制退库。

12. 加强示范项目督导。建立示范项目定期调度制度，督促示范项目按期落地、顺利建设、尽早运营。对建成完工、投入运营的示范项目，省财政厅将组织专家对实施情况进行验收，重点审查示范项目是否符合 PPP 模式的必备特征，是否实现物有所值，是否发挥出示范效应，同时重点选取部分项目作为实施范例进行宣传推广。对不按规定实施以及未能及时落地的，省财政厅将督促实施单位进行整改，或调出示范项目名单。

13. 完善项目审批手续。加强部门协调联动，优化项目手续办理流程，严格做到先审批后实施。新建项目必须按规定程序履行项目立项审批手续，涉及国有资产权益转移的存量项目，应按规定履行相关国有资产审批、评估、变更手续，防止国有资产流失。

14. 强化专项资金跟踪问效。各级财政部门要按照科学、依法、规范、精细的要求，加强 PPP 专项资金管理，不断提高资金使用效益。为确保资金及时拨付、专款专用，省财政厅将组织开展 PPP 专项资金绩效评价，形成"用钱必问效，无效必问责"的长效管理机制。

15. 强化项目库融资功能管理建设。省财政厅将加强省 PPP 综合信息管理平台与银行货币信贷系统的结合，进一步优化项目、银行对接，加快项目融资进度。建立中国 PPP 基金和山东省共同基金及山东省 PPP 发展基金投资项目储备库，促进项目、基金更好对接，充分发挥基金的"引导、规范、增信"作用，推动项目加快实施。

三、确保"规范管理年"活动取得实效

16. 加强组织领导。开展"规范管理年"活动，是稳步推进我省 PPP 改革的一项重要举措，是推动全

省新旧动能转换的重要手段。各市县要提高思想认识，加强组织领导，建立健全工作体系，在吃透 PPP 规范发展精神的基础上，立足本地实际，加强分类指导，制定好本地区工作计划。要加强宣传引导，营造规范发展的良好氛围，确保活动深入、扎实、有效开展。

17. 明确责任分工。各市县要对照活动总体要求和目标任务，细化责任分工，明确责任单位和责任人，形成各负其责、齐抓共推的良好工作格局。对运营绩效突出、质量效率提升明显的 PPP 项目，要及时总结经验，加以推广。

18. 提升能力建设。各级财政部门要进一步加大 PPP 学习培训力度，及时了解掌握 PPP 发展的前沿动态和最新知识，加强项目规划、筹备建设、运营管理调研实践，促使专业素养和工作能力紧跟 PPP 发展需求和改革需要。

19. 强化督导检查。为推动"规范管理年"活动扎实有效开展，省财政厅将以 PPP 示范项目规范实施情况为重点，开展专项督导检查，并将督导检查结果作为工作考核的重要依据。对规范发展成效明显的地区，省财政将给予适当政策倾斜；对存在问题较多、工作推进不力的，予以通报批评。各市县可结合本地实际情况，制定活动实施细则，确保活动取得实效。

省财政厅关于印发山东省政府外债项目管理费管理办法的通知

2018 年 5 月 28 日　鲁财金〔2018〕33 号

省直有关部门、单位：

为加强和规范政府外债项目管理费的使用管理，提高财政资金使用效益，根据国家有关规定，我们研究制定了《山东省政府外债项目管理费管理办法》，现印发给你们，请认真遵照执行。

附件：山东省政府外债项目管理费管理办法

附件：

山东省政府外债项目管理费管理办法

第一章　总　　则

第一条　为加强和规范政府外债项目管理费的使用管理，提高财政资金使用效益，根据国家有关规定，结合我省实际，制定本办法。

第二条　本办法所称政府外债项目管理费（以下简称项目管理费），是指省财政预算安排专项用于省级项目协调管理机构（或其支持单位）开展政府外债项目遴选、准备、实施、绩效评价、业务培训等项目管理相关活动的支出。

第三条　本办法相关用语的含义如下：

（一）政府外债包括国际金融组织和外国政府贷款。

（二）国际金融组织贷款，是指财政部经国务院批准代表国家向世界银行、亚洲开发银行、国际农业发展基金、欧洲投资银行、亚洲基础设施投资银行、金砖国家新开发银行等国际金融组织统一筹借并形成政府外贷的贷款，以及与上述贷款搭配使用的联合融资。

（三）外国政府贷款，是指财政部经国务院批准代表国家向外国政府、北欧投资银行等统一筹借并形成政府外贷的贷款，国务院批准的参照外国政府贷款管理的其他国外贷款，以及与上述贷款搭配使用的联合融资。

（四）省级项目协调管理机构，是指由省政府承担偿还责任和担保责任债务的项目，在项目列入规划后，根据项目的性质和需要，在相关行业主管部门设立，具体负责项目组织实施的机构。

第四条 项目管理费使用应纳入本单位财务管理，各项开支应严格执行有关财务管理规定。

第五条 项目管理费使用应遵循"专款专用、厉行节约、注重实效"的原则，不得用于与项目无关的其他用途。

第二章 管理职责

第六条 省财政厅负责项目管理费的预算管理，下达预算资金。

第七条 省级项目协调管理机构负责在项目存续期内按照支出范围编制年度项目管理费预算。

第三章 支出范围

第八条 项目管理费主要按照下列支出范围使用：

（一）劳务费。是指在项目管理活动中，支付给无工资性收入或临时聘用人员的工资（包括社会保险等国家规定缴纳的相关费用）、津贴及其他劳务性费用。

（二）中介服务费。是指委托中介机构对拟申请政府外债项目开展尽职调查、对正在执行和已完工贷款项目开展检查和绩效评价等活动发生的费用。

（三）专家咨询费。是指在项目管理活动中，支付给临时聘请专家的咨询、服务等费用。

（四）租赁费。是指在项目管理活动中，因办公需要临时租赁办公场所发生的房租、水电费等费用。

（五）办公用品费。是指在项目管理活动中，耗用日常办公用品及相关低值易耗品等费用。

（六）邮电费。是指在项目管理活动中，发生的邮寄费、电话费（含移动通讯费）、电报费、传真费、网络通讯费等费用。

（七）交通费。是指在项目管理活动中，使用交通工具所发生的费用。包括过路过桥费、燃料费，乘坐公交、地铁、出租车等公共交通工具的费用以及租用交通工具的费用。

（八）差旅费。是指在项目管理活动中，发生的城际交通费以及外地住宿、伙食、交通等费用。

（九）会议费。是指在项目管理活动中，开展研究、业务咨询、机构协调、监督检查等事项发生的会议费用。

（十）培训费。是指在项目管理活动中，为项目申报、管理、实施、考核、绩效评价等开展培训、辅导而发生的费用。

（十一）国际合作与交流费。是指在项目管理活动中，安排出国考察、培训及聘请外国专家所发生的往返交通费、伙食费及住宿费等费用。

（十二）设备购置费。是指在项目管理活动中，发生的设备购置和租赁费用。设备购置和租赁费原则上仅限于购买或租赁计算机、打印机、复印机等办公设备。

（十三）外宾接待费。是指在项目管理活动中，为接待外方机构人员检查、指导、调研等活动发生的费用。

（十四）其他费用。是指在项目管理活动中，发生的上述费用以外的其他相关费用。

第九条 符合招投标要求和列入政府采购范围的各项项目管理费用支出，应遵照国家和省里有关规定实施采购。

第十条 利用项目管理费形成的固定资产，应建立资产台账，纳入部门固定资产管理，并严格按照规定用途使用，不得擅自变卖或转让。

第十一条 项目管理费的各项支出标准应严格按照国家相关规定执行。

第四章 资 金 申 请

第十二条 省级项目协调管理机构应根据预算管理要求，认真编制项目管理费资金预算，及时通过"预算一体化系统"填报，并于每年 9 月底前向省财政厅提报年度预算编制说明。

第五章 监 督 检 查

第十三条 省级项目协调管理机构应按照相关财务规定，认真做好项目管理费管理工作，每个财务年度终了后 30 日内形成资金管理使用情况报告报送省财政厅。

第十四条 省级项目管理费应专款专用、严格管理。单位财务部门负责对项目管理费的管理使用进行全程监督。对违反有关法律法规和财务制度的行为，将依法依规进行严肃处理。

第六章 附 则

第十五条 本办法由省财政厅负责解释。

第十六条 本办法自 2018 年 7 月 1 日起施行，有效期至 2023 年 6 月 30 日。省财政厅《关于印发〈山东省政府外债项目管理费暂行办法〉的通知》（鲁财金〔2014〕21 号）同时废止。

省财政厅关于在全省开展大豆农业保险保险费补贴工作的通知

2018 年 7 月 27 日   鲁财金〔2018〕42 号

各市财政局，黄河三角洲农业高新技术产业示范区财政金融局，省财政直接管理县（市）财政局：

为认真贯彻落实中央和省委、省政府部署要求，进一步发挥农业保险强农惠农作用，经研究，确定从 2018 年起在全省开展大豆农业保险保险费补贴工作。现就有关事项通知如下：

一、关于保险费、保险金额及费率

大豆种植保险，包括基本险和附加险：

（一）基本险（覆盖直接物化成本）：保险费 12.5 元/亩，保险金额 230 元/亩，费率 5.43%。

（二）附加险：

1. 附加险 1（覆盖人工成本）：保险费 12.5 元/亩，保险金额 230 元/亩，费率 5.43%。

2. 附加险 2（覆盖人工成本、地租成本）：保险费 25 元/亩，保险金额 460 元/亩，费率 5.43%。

农户购买覆盖直接物化成本的基本险时，可选择购买附加险，附加险不单独出售。普通农户可选择附加险 1，50 亩以上连片种植大户可选择附加险 1 或 2（只能选择一种）。基本险保险费享受财政补贴；附加险保险费为农户自缴，有条件的市县可对附加险农户自缴部分给予适当财政补贴。

具体按照《关于印发〈山东省大豆种植保险条款〉的通知》（鲁农种植字〔2018〕42 号）规定执行。

二、关于保险费补贴资金各级财政分担比例

对大豆保险（基本险）保险费，农户承担 20%，其余 80% 由各级财政给予补贴。在地方自愿开展并符合条件的基础上，区分东、中、西部地区，对设区市按以下比例分别确定各级财政补贴资金分担比例。市县两级具体分担比例，由设区市自主确定。

1. 对东部地区，中央财政承担 35%，省级财政承担 15%，市县级财政承担 30%。

2. 对中部地区，中央财政承担 35%，省级财政承担 25%，市县级财政承担 20%。

3. 对西部地区，中央财政承担 35%，省级财政承担 35%，市县级财政承担 10%。

对东部地区的荣成、高青、利津、垦利、沂源等 5 县（市、区），按照中部地区补贴政策执行，其余省财政直接管理县（市）及县级现代预算管理制度改革试点县（市、区），按照西部地区补贴政策执行。

对黄河三角洲农业高新技术产业示范区开展的所有农业保险险种，自 2018 年起，按照中部地区补贴政策执行。

三、有关要求

（一）做好资金预算。各级财政部门要根据本通知要求，积极会同当地农业部门和保险经办机构，对当年及下一年度保险规模和补贴资金进行认真测算，落实应由本级财政承担的保险费补贴资金。同时，及时编报上级财政补贴资金预算申请，确保财政补贴资金足额安排。

（二）加强监督管理。各级财政部门要加强对保险费补贴资金的监督管理，实行专项管理、分账核算，及时足额拨付资金，按要求将保险费补贴资金实际使用等情况报省财政厅备案，确保保险费补贴资金安全运行。要加强对农业保险经办机构的监管，防止通过"冒保、替保、虚保"等不正当手段骗取财政补贴资金。对出现骗取保险费补贴资金行为的，一经查实，将取消其保险补贴资格、追回已拨付补贴资金，并按照《财政违法行为处罚处分条例》（国务院令第 427 号）有关规定，给予严肃处理。

（三）强化统计分析。各级财政部门要认真做好数据统计、研究分析等基础工作，按照有关规定，及时通过系统在线填报有关数据资料，并对数据的完整性、真实性负责。

省财政厅关于印发山东省省属单位申请利用国际金融组织和外国政府贷款前期管理办法的通知

2018 年 7 月 17 日　鲁财金〔2018〕43 号

各市财政局、省财政直接管理县（市）财政局，省直各部门、单位，各省属企业：

为加强和规范省属单位申请利用国际金融组织和外国政府贷款项目前期管理，提高资金使用效益，防控政府债务风险，我们研究制定了《山东省省属单位申请利用国际金融组织和外国政府贷款前期管理办法》，现印发给你们，请认真遵照执行。

附件：山东省省属单位申请利用国际金融组织和外国政府贷款前期管理办法

附件：

山东省省属单位申请利用国际金融组织和
外国政府贷款前期管理办法

第一章 总 则

第一条 为进一步规范省属企业、事业单位（以下简称省属单位）等利用国际金融组织和外国政府贷款（以下简称贷款）管理，有序推进项目前期工作，提高贷款绩效，防范政府债务风险，根据《国际金融组织和外国政府贷款赠款管理办法》（财政部令第 85 号）、《财政部关于印发〈国际金融组织和外国政府贷款项目前期管理规程（试行）〉的通知》（财国合〔2017〕5 号）和省财政厅、省发展改革委、省国资委《关于进一步加强国际金融组织和外国政府贷款债务管理的通知》（鲁财金〔2018〕34 号）等有关规定，结合我省实际，制定本办法。

第二条 本办法所称贷款，是指经国务院批准，财政部代表国家向国际金融组织、外国政府统一筹借形成政府外债的贷款，以及与上述贷款搭配使用的联合融资。

第三条 本办法所称省属单位，是指省政府部门直接管理及其所属的企业、事业单位。

第四条 贷款项目前期管理工作，包括项目征集与申报、项目评审上报、项目准备、项目谈判与生效等环节。

第二章 项目征集与申报

第五条 省财政厅会同省发展改革委发布项目征集通知，征集贷款项目。

第六条 省级主管部门或国有资产管理部门是省属单位利用贷款的直接管理部门，承担贷款项目前期准备、债务监督管理等职责。

第七条 申请利用贷款的省属单位应按照项目征集通知要求，编制项目申报文件，并根据地方政府负有偿还或担保的不同责任，加强贷款债务分类管理。其中，对政府负有偿还责任的贷款，应纳入本级政府预算管理和债务限额管理，其收入、支出、还本付息纳入一般公共预算管理。对政府负有担保责任的贷款，不纳入政府债务限额管理。政府依法承担并实际履行担保责任时，应从本级政府预算安排还贷资金，纳入一般公共预算管理。

第八条 省属单位申报贷款项目时，应将申报文件报经省级主管部门或国有资产管理部门同意后，由省级主管部门或国有资产管理部门按照政府债务管理的有关规定报省政府性债务管理领导小组审批。

第九条 经省政府性债务管理领导小组同意后，省属单位再通过其省级主管部门或国有资产管理部门，以正式文件向省发展改革委和省财政厅提出列入贷款备选项目规划的申请。

第十条 省属单位应向省财政厅提供贷款申请书、具有项目建议书深度的项目文件以及相关配套文件，同时向省级主管部门或国有资产管理部门提供资产、有价证券、国债等反担保措施。由省级主管部门或国有资产管理部门向省财政厅出具还款承诺函。

第三章 项目评审上报

第十一条 省财政厅组织专家或委托第三方机构对申请列入贷（赠）款备选的项目进行财政评审。

第十二条 评审机构要坚持客观性、审慎性、合法性、专业性和真实性原则开展评审工作。

（一）客观性原则。评审人员应尊重客观实际，排除主观干扰，实事求是地开展调查，不受其他单位、个人的影响和干预。

（二）审慎性原则。评审人员应保持审慎的工作态度和必要的合理怀疑。

（三）合法性原则。评审人员应严格依照法律法规和其他适用的规范性文件规定，对事实与问题进行判断和分析。

（四）专业性原则。评审人员应充分利用专业知识和技能，勤勉尽职，作出专业判断。

（五）真实性原则。评审人员应全面、详实、公正、客观地反映调查了解的实际情况，包括分析项目的优势和风险。评审人员经过深入调查，提出明确意见后，任何人不得以任何方式要求更改意见。

第十三条 评审人员应对其评审方法的合法性、有效性、专业性负责，对所调查内容的真实性、准确性和专业性负责。

第十四条 除项目申报材料外，省属单位还应提供以下评审所需材料：

（一）单位有关资料

1. 单位简介。

2. 经年检营业执照。

3. 经工商部门备案的公司章程。

4. 单位管理水平和专业信用评价机构出具的单位信用良好证明材料、抵押担保资料等。

（二）项目基本情况

1. 项目简介。

2. 项目规划设计。

3. 项目融资方案及资金情况说明、还款计划。

4. 项目社会效益和环境效益分析等。

（三）行业及市场情况资料

1. 行业总体情况、单位发展前景预测等情况。

2. 近3年产品销售额、单位市场排名及产品市场占有率等情况介绍。

3. 税收减免及政策扶持情况等。

（四）单位财务资料

1. 近3年经中介机构审计的财务报告（若单位成立不满3年，提供自成立以来经中介机构审计的财务报告）及最近一期的会计报表，最近年度纳税申报表，近3年单位账簿、凭证、银行对账单、银行贷款信息。

2. 单位自筹资金来源证明材料（如银行授信额度证明等）。

3. 商业银行出具的信用等级等。

（五）其他资料。

第十五条 省属单位应确保所提供的材料合法、真实、有效。

第十六条 评审机构应对贷款项目投入领域、贷款方式、绩效目标、融资安排、偿债机制和执行机构能力等进行评审，按照财政部关于地方政府债务风险管理、外债指标监测等有关规定，进行债务风险审核，并出具评审报告。

第十七条 对评审合格的贷款备选项目，省财政厅、省发展改革委联合向国家发展改革委、财政部报送贷款备选项目申请。

第四章　项　目　准　备

第十八条 省属单位应按照贷款方以及国内相关要求，开展贷款项目的准备工作。

第十九条 省属单位应制定项目准备时间表，根据时间节点完成项目的鉴别、准备、评估等工作，并按要求及时编制项目建议书、可行性研究报告、环境和社会影响评价报告、土地利用报告、移民安置计划、资金申请报告等项目材料，办理相关审核、审批手续，及时向省财政厅报告项目准备及审批进展情况。

第二十条 在项目准备过程中，对项目贷款来源、金额、内容、实施主体等拟进行重大调整或终止项目的，省属单位应及时报省财政厅。涉及重大调整事项的，由省财政厅出示评审意见后，报财政部审核确认。

第五章 项目谈判与生效

第二十一条 省属单位应配合做好项目谈判准备工作，省财政厅组织省属单位及相关部门，研究审核谈判文件，并根据需要落实好以下事项：

（一）对贷款方式、贷款币种、贷款条件、还本付息方式、支付条件和方式等进行确认。

（二）对贷款法律文件谈判草本提出修改意见。

（三）财政部、国际金融组织和外国政府要求的其他事项。

第二十二条 省财政厅参与财政部组织的项目谈判，谈判完成后，做好法律文本签署与办理生效等事宜。

第二十三条 省财政厅代表省政府与省级主管部门或国有资产管理部门签署转贷协议，省级主管部门或国有资产管理部门与省属单位签署执行协议。

第二十四条 省属单位应建立健全项目管理办法、会计核算办法、财务管理办法等制度规定，并严格执行。省财政厅负责加强指导和监督。

第六章 附 则

第二十五条 本办法由省财政厅负责解释。

第二十六条 本办法自 2018 年 9 月 1 日起施行，有效期至 2023 年 8 月 31 日。

省财政厅 省物价局关于调整特色农产品目标价格保险省级保险费补贴资金政策的通知

2018 年 8 月 13 日 鲁财金〔2018〕49 号

各市财政局、物价局，省财政直接管理县（市）财政局、物价局，黄河三角洲农业高新技术产业示范区财政金融局：

自省财政厅、省物价局《关于印发山东省特色农产品目标价格保险保险费补贴资金管理办法的通知》（鲁财金〔2018〕11 号，以下简称《通知》）下发以来，我省特色农产品目标价格保险工作稳步开展，在稳定市场价格、保障农户收入、规避市场风险等方面发挥了积极作用。随着农户保险意识不断提高，各地对补贴险种及补贴资金的需求越来越大。为最大限度发挥省级财政资金作用，按照"省以上保大宗、市县保特色"的改革思路，自 2018 年下半年起调整省级补贴政策。现将有关事项通知如下：

一、省级补贴资金采取"总量控制、切块下达"的方式分配

省物价局会同省财政厅，根据全省特色农产品目标价格保险投保需求情况，确定补贴品种及范围。省财政根据年度资金安排情况，将省级资金切块下达至市县，市县应在切块范围内使用省级资金。

二、市县可适度调整省级补贴比例

对农户投保需求大、省级切块资金数无法满足的，市县财政应在不突破《资金管理办法》规定的省级补贴比例上限、保持农户保费分担比例相对稳定的基础上，适度降低省级补贴比例，结合自有资金加大投入力度，最大限度满足农户不同层次的投保需求，市县级财政承担比例由市级财政确定。省物价局将密切跟踪市县工作开展情况，对市县结余省级资金的，配合省财政厅及时作出调剂安排。

三、鼓励市县开展特色农产品目标价格保险

各市县要积极作为，改变依赖省级补贴的"惯性思维"，在省级确定的补贴险种基础上，鼓励各地结合实际，开展具有地方特色的目标价格保险，补贴资金由市县财政承担，形成"面上以省级为主保大宗、点上以市县为主保特色、点面结合、百花齐放"的农业保险体系。

2018 年省级保费补贴资金确认文件将于近期下达，请各市根据本通知要求，认真做好下半年特色农产品目标价格保险相关工作。本通知规定以外的继续按照《资金管理办法》要求执行。

省财政厅　省金融工作办公室　中国人民银行济南分行中国银行业监督管理委员会山东监管局　中国保险监督管理委员会山东监管局　省科学技术厅　省工商行政管理局　国家税务总局山东省税务局　省中小企业局省工商业联合会关于印发山东省"政银保"贷款保证保险补贴资金管理暂行办法的通知

2018 年 8 月 23 日　鲁财金〔2018〕51 号

各市财政局、金融办、人民银行各市中心支行（含分行营业管理部）、银监局、保监分局、科技局、工商局、税务局、中小企业局、工商联，现代预算管理制度改革试点县（市、区）财政局，各有关银行及保险业金融机构：

为推动财政金融政策融合创新，放大保险增信对扩大信贷投放的促进作用，有效缓解企业贷款难、贷款贵问题，服务全省新旧动能转换发展，经研究，我们制定了《山东省"政银保"贷款保证保险补贴资金管理暂行办法》，现予印发，请遵照执行。

附件：山东省"政银保"贷款保证保险补贴资金管理暂行办法

附件：

山东省"政银保"贷款保证保险
补贴资金管理暂行办法

第一章 总 则

第一条 为贯彻落实《中共山东省委办公厅山东省人民政府办公厅印发〈关于支持新旧动能转换重大工程的若干财政政策〉及 5 个实施意见的通知》（鲁办发〔2018〕37 号）和《山东省人民政府关于贯彻国发〔2014〕29 号文件加快发展现代保险服务业的意见》（鲁政发〔2015〕9 号）等文件精神，加强和规范"政银保"贷款保证保险补贴资金管理，制定本办法。

第二条 本办法所称"政银保"贷款保证保险，是指贷款对象在向银行申请流动性贷款时，由保险公司承保，财政给予一定补贴的贷款保证保险业务。

第三条 本办法所称"政银保"贷款保证保险补贴资金（以下简称"补贴资金"），是指省级财政安排用于对全省"政银保"贷款保证保险业务进行保费补贴、超赔风险补偿及贷款本金损失补偿的资金。

第四条 本办法所称金融机构，是指在各市金融办、财政局备案并合作开展"政银保"业务的银行和保险公司。其中，保险公司应符合《中国保监会关于印发〈信用保证保险业务监管暂行办法〉的通知》（保监财险〔2017〕180 号）有关规定。

第五条 补贴资金的管理和使用遵循政府引导、市场运作、公开透明、自愿参与的原则。

第六条 补贴资金采取因素法分配，由省财政厅按年度预拨省级预算资金，市县财政部门按照有关要求统筹使用。

第二章 补贴范围和政策

第七条 补贴范围。

（一）贷款对象。在山东省行政区域内（不含青岛）注册并从事生产经营，符合工业和信息化部等四部委《关于印发中小企业划型标准规定的通知》（工信部联企业〔2011〕300 号）规定的中小微型企业（含个体工商户、城乡创业者、农业种养殖大户和农村各类生产经营性合作组织等新型农村经营主体）。

（二）贷款额度。"政银保"单户贷款控制在一个会计年度内，累计总额度不超过 1 000 万元（可以分次贷款）。贷款只能用于本企业生产经营，不包括房地产公司贷款、融资平台公司贷款和非生产经营性固定资产投资项目贷款，不得转借他人。

对我省地方法人金融机构发放的"政银保"贷款，人民银行在货币信贷政策调控上予以适当倾斜。

（三）贷款期限。最长 2 年。

（四）贷款利率。上浮比例原则上不得超过中国人民银行公布的同期贷款基准利率的 50%。

（五）保险费率。年化费率不得超过 6%，费率计算基数按贷款本金计算。

（六）贷款对象总融资成本（含贷款利率、保险费率、中介服务费等）扣除财政补贴后不得高于一年期贷款基准利率的 2 倍。

（七）建立"政银保"贷款统计制度。人民银行济南分行在山东省企业融资服务网络系统建立"政银保"贷款专栏，并向各银行业金融机构下发制式报送格式。各经办银行应于每月结束后 2 个工作日内将上月发放的"政银保"贷款相关信息上传山东省企业融资服务网络系统。

第八条 补贴政策。

（一）保费补贴。按照固定费率基数 3% 计算保费，财政部门按 50% 给予补贴。保费补贴可采取两种方式：一是采用先缴后返的方式，保险公司申请到财政部门保费补贴资金后，及时支付给贷款对象；二是贷款对象与保险经办机构协商一致后，直接缴纳扣除财政补贴后的保费。

（二）超赔风险补偿。在一个会计年度内，对单户贷款累计 300 万元（含）以下的，保险公司赔偿总额超过该部分年度保费收入 150% 的部分，由财政承担 50%；对单户贷款累计超过 300 万元以上、1 000 万元以下的，保险公司赔偿总额超过该部分年度保费收入 150% 的部分，由财政承担 20%。

（三）贷款本金损失补偿。对银行发放的符合"政银保"政策范围、且在本办法规定期限内没有收回的贷款，保险公司按照本金损失的 50% 进行代偿，同时财政部门对本金损失给予 30% 的补偿，补偿资金可直接冲抵本金损失。

第九条 财政分担比例。保费补贴资金及贷款本金损失补偿资金由省财政承担 70%，市县财政承担 30%。其中，对现代预算管理制度改革试点县（市、区），省财政承担 90%，市县财政承担 10%。市县承担部分由市级财政统筹确定。超赔风险补偿资金由省财政全额承担。

第三章　补贴资金申请、审核和拨付

第十条 资金申请和审核。补贴资金申请遵循属地管理原则，由签订合作协议的金融机构向拟开展业务地区的市级金融办和财政局备案后，方可在当地开展"政银保"相关业务。资金审核工作由金融办指定的第三方审核机构负责，相关经费由各级财政予以保障。

（一）保费补贴申请。每季度终了后 5 个工作日内，由保险公司向所在市、县指定的第三方审核机构报送资金申请材料。第三方机构应于 3 个工作日内出具审核意见并报送市、县金融办。市、县金融办审核签章确认后报同级财政部门，财政部门据此拨付资金至保险公司。

（二）超赔风险补偿申请。保险公司以省为单位，于每年度终了后 20 日内，向省金融办报送以全省范围内开展的"政银保"业务整体数据为基数测算的符合本办法规定的相关申报材料，提出资金申请，省金融办对申请材料进行审核签章后报省财政厅，省财政厅审核确认后将补贴资金拨付至保险公司。（如涉及资金量大，需第三方审核时，由省金融办会同省财政厅指定第三方机构进行审核）

（三）贷款本金损失补偿申请。各银行应以市为单位，于每月终了后 3 个工作日内，向所在市指定的第三方审核机构报送保险公司已履行理赔程序的本金损失补偿申报材料，第三方机构应于 3 个工作日内出具审核意见并将审核意见报市金融办，市金融办审核签章确认后报市财政局，市财政局据此将补贴资金拨付至银行。

金融机构应对所报材料的真实性负责，并提交承诺函。各金融机构应在规定时限内提报申请材料，对未在规定时限内申请的，无特殊原因，原则上不予受理。第三方审核机构应对申报材料的合规性、准确性负责。具体资金申请、审核、拨付流程由市级财政部门会同相关部门制定实施。各级各部门应积极作为、提高效率，原则上各审核环节应于 3 个工作日内完成相关工作，资金拨付应于 10 个工作日内完成相关工作。

第十一条 逾期贷款的催收、理赔程序。

对逾期 60 天的贷款，银行向保险公司申请启动理赔程序。对符合双方协议确定的理赔条件的，保险公司应在收到银行申请后 10 个工作日内将理赔资金支付到位。对保险公司应履行而拒不履行赔付责任的，银行可持法院判决书向市金融办提出贷款本金损失补偿申请，具体操作流程按第十条第（三）款执行。

对逾期贷款，银行和保险公司应按照双方协议启动催收、追缴程序，由主追缴方行使追偿权。追回资金，扣除银行、保险公司等的清收费用（包括但不限于诉讼费、差旅费、手续费等）外，剩余部分按照政府、银行、保险公司所承担风险的比例予以返还。

第十二条 申报材料。

（一）保费补贴申报材料。

1. 资金申请报告（正式文件）；

2. "政银保"贷款保证保险保险费补贴资金申请表（详见附件 1）；

3. 保险单（复印件）；

4. 保费到账凭证（复印件）；

5. 其他相关证明材料复印件。

（二）超赔风险补偿申报材料。

1. 资金申请报告（正式文件）；

2. "政银保"贷款保证保险超赔风险补偿资金申请表（详见附件 2）；

3. 保险单（复印件）；

4. 保费到账凭证（复印件）；

5. 理赔单据（复印件）；

6. 当年业务明细表；

7. 其他相关证明材料复印件。

（三）贷款本金损失补偿申报材料。

1. 资金申请报告（正式文件）；

2. "政银保"贷款本金损失补偿资金申请表（详见附件 3）；

3. 保险单（复印件）；

4. 保险公司理赔资金到位证明；

5. 借款合同（复印件）；

6. 放款记录、还款记录（复印件）；

7. 其他相关证明材料复印件。

以上材料均需加盖公章。

第四章　预算管理

第十三条 补贴资金实行专款专用、据实结算。省级财政承担的补贴资金，列入年度省级财政预算。各市县承担的保险费补贴资金，由同级财政部门预算安排，省财政厅负责监督落实。省级财政补贴资金当年出现结余的，抵减下年度预算；如下年度不再开展"政银保"贷款保证保险业务，省级财政结余部分全额返还省财政厅。

第十四条 补贴资金采取先预拨、后确认清算的方式管理。各市财政局应于每年 2 月底前将上年度补贴资金使用和本年度资金需求情况（含配套资金及时到位承诺函）报送省财政厅，省财政厅据此确认上年度补贴资金使用及结转情况，并预拨当年省级补贴资金。对未按上述规定时间报送资金申请及结算材料的地区，省财政厅不予受理，视同该年度该市不申请补贴资金。

第十五条 各市财政局应会同市金融办，加强和完善预算编制工作，根据本年"政银保"贷款保证保险业务开展情况，测算下一年度补贴资金需求情况，于每年 8 月底前上报省财政厅。

第十六条 各市县财政部门应及时掌握补贴资金的实际使用情况，足额支付补贴资金，对省级财政应承担的补贴资金缺口，可在次年向省财政厅报送资金结算申请时一并提出。

第十七条 补贴资金支付按照国库集中支付制度有关规定执行。

第五章 绩 效 管 理

第十八条 省财政厅会同省金融办、人民银行济南分行设定补贴资金整体绩效目标，并对补贴资金的使用情况和效果进行绩效评价，将评价结果作为研究完善政策、确定下年度补贴资金等方面的参考依据。

第十九条 各级财政部门应会同金融办、人民银行分支机构，建立健全预算执行动态监控机制，设定补贴资金区域绩效目标，加强对补贴资金的动态监控，有关情况应及时报告省财政厅、省金融办和人民银行济南分行。

第六章 监 督 检 查

第二十条 建立联席会议制度。各级金融办、财政局、人民银行各市中心支行（含分行营业管理部）应积极会同有关部门建立联席会议制度，做好组织发动、政策宣传、统计汇总、监督检查等工作，简化流程，规范运作，尽快形成优势互补、相互促进、信息共享的长效工作机制。

第二十一条 建立定期通报制度。省金融办、省财政厅、人民银行济南分行将会同有关部门，按季度通报各市"政银保"工作开展情况。

第二十二条 建立省级金融机构库。已开展或拟开展"政银保"业务的协议金融机构及中介机构，需重新向市金融办、市财政局登记备案。各市金融办应会同市财政局汇总备案协议金融机构名单，报送省金融办、省财政厅。对新增的协议金融机构，应于每季度终了后5个工作日内及时报送。省级将根据金融机构业务开展情况，择优纳入省级金融机构库，定期推送优质企业名单。

第二十三条 各有关单位要结合各自职能，认真做好"政银保"相关工作。积极发挥第三方中介机构作用，进一步拓宽融资渠道，提高中小微企业贷款可获得性。鼓励金融机构建立与"政银保"业务开展情况挂钩的奖惩机制，切实缓解中小微企业贷款难、贷款贵问题。

各级财政部门应做好资金筹集、拨付及绩效管理工作。

各级金融办负责指定第三方审核机构，并对第三方审核意见给予确认。

人民银行负责指导开展"政银保"业务的银行做好贷款录入工作。

各级银监、保监部门要积极引导银行、保险公司加强协作，创新信贷产品和服务方式，简化审批流程，推动"政银保"业务规范开展。要强化督导工作，建立监督统计通报制度，落实并完善尽职免责制度。

各级科技、税务、工商、中小企业局、工商联等部门要充分利用各自平台优势，定期筛选优质中小微企业名单，推荐给人民银行济南分行，人民银行济南分行筛选汇总后，将优质企业名单推送给备案金融机构。

第二十四条 对金融机构、第三方机构弄虚作假或与企业合谋骗取、套取资金的，一经查实，依法收回补贴资金，取消其开展业务资格。

第二十五条 贷款对象要严格遵守相关法律规定进行生产经营，严格按照本办法规定如实提供企业信息，依法合规使用贷款。在一个会计年度内，贷款对象只能在单户累计不超过1 000万元的贷款范围内享受"政银保"有关政策，对瞒报、谎报企业贷款信息，骗取、挪用补贴资金等行为的企业，一经查实，追回补贴资金，取消其享受政策资格。

第二十六条 对各级各部门在"政银保"贷款保证保险补贴资金申请、审核工作中，存在报送虚假材料、违反规定分配资金，或擅自超出规定的范围或标准分配使用资金，以及滥用职权、玩忽职守、徇私舞弊等违法违纪行为的，应当责令改正，视情节轻重暂停或取消开展业务资格等，并根据《中华人民共和国预算法》和《财政违法行为处罚处分条例》（国务院令第427号）等有关法律法规规定，追究有关单位和责任人员的责任，涉及犯罪的移交司法机关处理。

第七章　附　　则

第二十七条　本办法由省财政厅、省金融办、人民银行济南分行负责解释。各市财政局、金融办、人民银行分支机构等部门结合当地实际，制定实施细则。鼓励各地在本办法基础上创新"政银保"模式，有条件的地方可以进一步加大资金补助力度，缓解小微企业贷款难、贷款贵问题。

第二十八条　本办法自 2018 年 9 月 24 日起施行，有效期至 2020 年 9 月 23 日。省财政厅《关于开展"政银保"贷款保证保险业务的通知》（鲁财金〔2016〕47 号）和《关于加强"政银保"贷款保证保险工作的通知》（鲁财金〔2016〕56 号）同时废止，其他有关规定与本办法不符的，以本办法为准。省财政厅等七部门《关于印发〈山东省小微企业贷款风险补偿资金管理暂行办法〉的通知》（鲁财企〔2015〕36 号）文件有效期后发放的符合本办法规定的"政银保"贷款，可按本办法规定享受贷款本金损失补偿政策。在本办法有效期前各金融机构已开办且正式放款但尚未申请补贴资金的"政银保"业务，申报流程按本办法执行，补贴政策参照原办法。

　　附件：1. "政银保"贷款保证保险保险费补贴资金申请表
　　　　　2. "政银保"贷款保证保险超赔风险补偿资金申请表
　　　　　3. "政银保"贷款本金损失补偿资金申请表

附件 1：

"政银保"贷款保证保险保险费补贴资金申请表

单位：万元

申报单位（盖章）		统一社会信用代码	
开户银行		银行账号	
申报年度	年	申报季度	第　　季度
申请补贴资金金额	万元		
业务开展情况			
第三方机构审核意见			（盖章） 年　　月　　日
县金融办审核意见			（盖章） 年　　月　　日
市金融办审核意见			（盖章） 年　　月　　日

注：本表可根据各市制定的具体实施细则进行调整。

联系人：　　　　　联系电话：

附件2：

"政银保"贷款保证保险超赔风险补偿资金申请表

单位：万元

申报单位（盖章）		统一社会信用代码	
开户银行		银行账号	
申报年度	年	申请补贴资金金额	万元
保费收入情况	单户累计300万元以下（含）贷款		
	单户累计300万元以上、1 000万元以下贷款		
	合计		
保费赔付情况	单户累计300万元以下（含）贷款		
	单户累计300万元以上、1 000万元以下贷款		
	合计		
业务开展情况			
省金融办审核意见			（盖章） 年　月　日

联系人：　　　联系电话：

附件3：

"政银保"贷款本金损失补偿资金申请表

单位：万元

申报单位（盖章）		统一社会信用代码	
开户银行		银行账号	
申报年度	年	申报月份	月
符合补偿条件的逾期贷款笔数	笔	符合补偿条件的逾期贷款本金损失	万元
申请补贴资金金额		万元	
业务开展情况			
第三方机构审核意见			（盖章） 年　月　日
市金融办审核意见			（盖章） 年　月　日

注：本表可根据各市制定的具体实施细则进行调整。

联系人：　　　联系电话：

省财政厅关于进一步规范山东省 PPP 项目
综合信息平台管理规程的通知

2018 年 9 月 26 日　鲁财金〔2018〕54 号

各市财政局：

　　为进一步加强 PPP 综合信息平台规范管理，根据省财政厅《转发财政部关于规范政府和社会资本合作（PPP）综合信息平台项目库管理的通知》（鲁财金〔2017〕77 号）、《关于开展政府和社会资本合作（PPP）"规范管理年"活动的实施意见的通知》（鲁财金〔2018〕21 号）、《转发财政部关于进一步加强政府和社会资本合作（PPP）示范项目规范管理的通知》（鲁财金〔2018〕35 号）等文件规定，现将有关事项通知如下：

一、切实加强项目库分类管理

　　各级财政部门要按项目所处阶段将项目库分为项目储备清单和管理库。项目储备清单是指识别阶段项目，是地方政府部门有意愿采用 PPP 模式的备选项目，但尚未完成物有所值评价和财政承受能力论证的审核；项目管理库是指准备、采购、执行和移交阶段项目，已完成物有所值评价和财政承受能力论证的审核。

　　项目储备清单。财政部门填报项目基本信息提请入项目储备清单，经各级财政部门审核上报财政部信息公开进行孵化及推介。

　　项目管理库。储备清单的项目入管理库，财政部门完整填报项目识别阶段、准备阶段信息资料及本级财政支出责任数据，并上传该项目纳入管理库的申请报告（模板详见附件1），经各级财政部门审核上报财政部核批，待财政部统一发布后，项目可进入采购阶段。

二、明确财政支出责任填报要求

　　（一）加强新入管理库项目管理。各市要确保填报财政承受能力论证报告中本项目的财政支出责任数据及一般公共预算测算数据，与综合信息平台中财政承受能力统计表（指项目本级财政承受能力论证测算的财政支出责任表及项目本级需从预算中安排的支出责任汇总表）及财政支出责任监测模块的相关数据保持一致。对未按要求填报财政支出责任数据的项目，不予入库。

　　（二）严格已入库项目管理。项目财政支出责任数据缺失或与现有数据不相符的，应先上传财政承受能力论证报告或修改补充报告、PPP 项目合同或绩效付费凭证等证明文件后再调整相关数据，确保数据一致性、完整性。如果项目为 2015 年 4 月 7 日前进入采购阶段但未开展财政承受能力论证的，应在综合信息平台将采购阶段、执行阶段的支出责任进行核实、完善。

　　（三）严控支出责任风险。各级财政部门要统筹安排本地区项目财政支出责任，做实财政承受能力论证，不得突破 10% 红线，有效防范财政支出风险。

三、修改项目信息资料

　　（一）完善信息资料。管理库项目因更新信息资料需要修改完善的，应由财政部门在充分准备相关资料后，上传该项目修改信息资料的申请报告（模板详见附件2）。

（二）示范项目变更报备。国家及省级示范项目因项目名称、实施机构等非核心条件发生变更需要补充完善的，财政部门应及时请示省财政厅。国家示范项目经核批后报财政部备案，省级示范项目由省财政厅备案。

（三）明确集中修改时间。为提高工作效率，保证项目信息资料的真实性、完整性，避免频繁修改，省财政厅将每月的10日确定为集中解锁时间（遇节假日顺延），各市县应尽快补充完善信息资料，系统2日后自动锁定。

四、明确项目退库流程

（一）项目因规划调整、后续融资不到位等造成无法继续采用PPP模式推进的，应上传退库申请报告（模板详见附件3），退出项目管理库。其中，已签约落地终止实施的项目，应依据法律法规和合同约定，由政府方和社会资本方通过友好协商达成共识，共同签署退库意见。

（二）项目因合作内容、总投资、运作方式、合作期限等核心边界条件发生重大变化，须对可研报告、立项批复、实施方案，物有所值评价报告、财政承受能力论证报告、采购文件、项目合同等进行相应调整、变更的，应退出项目管理库。其中，示范项目应申请退出示范项目名单并退库。退库项目待完善后可重新申请入库。

（三）省财政厅于每月末受理退库申请，审核报财政部核批后统一发布退库项目信息。

五、其他事项

（一）市级审核把关。市级财政部门作为辖区内项目管理第一责任人，负责健全本地区PPP项目的对口联系和指导机制，监督指导辖内市县做好PPP项目规范实施、信息公开等工作，要按照项目入库标准及规范管理要求严格审核项目入库，严禁审核工作流于形式，确保项目主体、客体、程序合法合规。

（二）项目申报时间。项目审核入库工作采取即报即审制，如无特殊情况，每月12日和27日的工作时间为截止申报时间（系统自动锁定市级申报）。

（三）项目信息发布。当月由省财政厅审核上报财政部的入、退库项目，将于次月中下旬统一对外信息公开。每月10日后，在信息平台"项目查询"中可查询项目状态，"待发布"为已通过核查即将对外发布的项目，"未发布"为尚存在问题需退回整改重新申报的项目。

（四）咨询机构服务。政府须采取竞争性方式确定财政部PPP咨询机构库名录范围内的专业咨询机构提供服务，签订《规范咨询服务承诺书》（模板详见附件4），并通过信息平台上传中标通知书及《规范咨询服务承诺书》。如果咨询机构所服务项目被审计、督查等检查发现存在违法违规问题，情节严重的，将列入山东省PPP咨询机构负面清单。同时，责令其对有关项目停顿整改，整改期间不得开展相关业务。

附件：1. PPP项目入管理库的申请
2. PPP项目修改完善信息资料的申请
3. PPP项目退出管理库的申请
4. PPP项目规范咨询服务承诺书

附件 1：

××市财政局
××市××局文件

×× 〔×××〕 ××号

PPP 项目入管理库申请

省财政厅：

××市（县、区）××项目，项目总投资××亿元，项目类型××，回报机制××，项目内容包括×××。该项目由××单位发起，由政府授权××单位为项目实施机构。

我们严格按照《转发〈财政部关于规范政府和社会资本合作（PPP）综合信息平台项目库管理的通知〉的通知》（鲁财金〔2017〕77 号）及《印发关于开展政府和社会资本合作（PPP）"规范管理年"活动的实施意见的通知》（鲁财金〔2018〕21 号）相关规定规范推进，确保项目主体合规、客体合规、程序合规，信息填报完整，资料提供详实，符合新项目入库标准及信息公开要求，现提请入 PPP 项目管理库，请予批准。

××市（县、区）财政局
（加盖公章）
××年××月××日

××市（县、区）××局
（加盖公章）
××年××月××日

附件 2：

××市财政局文件

×× 〔×××〕 ××号

PPP 项目修改完善信息资料的申请

省财政厅：

××市（县、区）××项目，项目总投资××亿元，项目内容包括×××。目前项目已完成×××工作，进入×××阶段，是/否国家示范/省级示范项目。因×××原因需要修改×××阶段信息资料，具体内容如下（请根据实际修改内容进行填写）。

一、项目基本信息调整内容

例：原××××内容修改为×××××

二、识别阶段信息调整内容

例：原×××内容修改为×××××

三、准备阶段信息调整内容

例：原×××内容修改为×××××

四、采购阶段信息调整内容

例：原×××内容修改为×××××

五、执行阶段信息调整内容

例：原×××内容修改为×××××

当否，请批示。

承诺：本单位保证严格按照申请内容修改完善信息资料，如不相符，本单位承担一切后果。

×××市（县、区）财政局（PPP 中心）
×××年××月×日

（备注：同一区县、同一批次申请项目修改的，可提交一份申请文件。）

附件 3：

××市财政局
××市××局文件

×× 〔×××〕 ××号

PPP 项目退出管理库的申请

省财政厅：

××市（县、区）××项目，总投资×××亿元。该项目目前处于××阶段，由于×××原因，无法继续采用 PPP 模式实施。因项目已签约落地，经政府方和社会资本方充分沟通，共同达成解约意愿。现根据鲁财金〔2017〕77 号、鲁财金〔2018〕35 号等文件中对项目库清理及示范项目规范的要求，申请退出管理库，请予批准。

附表：拟申请退库项目审核表

××市（县、区）财政局 　　　　　　　　　　　　××市（县、区）××局
　（加盖公章）　　　　　　　　　　　　　　　　　（加盖公章）
××年××月××日 　　　　　　　　　　　　　××年××月××日

（备注：若退库项目为国家或省级示范项目，请在申请中详细说明该项目已获得中央或省级奖补资金××万元，财政部门负责将拨付该项目的中央或省级奖补资金追回并及时上缴中央或省级财政，该项目退出示范项目名单同时退出管理库。）

附表：

拟申请退出管理库项目审核表

申请单位：　　　　　　　　　　　　　　　　　　　　　　　　　　　　　　　　年　月　日

项目名称				
投资规模（万元）			行业领域	
入库时间		所处阶段		示范类型（国家级示范/省级示范）
退库原因				
奖补资金金额（万元）	示范项目		存量项目	落地项目
社会资本方意见（已落地项目）				（主要负责人签字并加盖公章）
项目实施机构意见				（主要负责人签字并加盖公章）
项目本级财政部门意见				（主要负责人签字并加盖公章）

附件 4：

＿＿＿＿＿＿＿＿＿＿ PPP 项目规范咨询服务承诺书

项目实施机构/财政部门：

　　我单位已列入财政部 PPP 咨询机构库名录，现作为×××项目的咨询服务机构，严格贯彻执行《财政部关于印发政府和社会资本合作模式操作指南（试行）的通知》（财金〔2014〕113 号）、《财政部关于印发〈政府和社会资本合作项目财政管理暂行办法〉的通知》（财金〔2016〕92 号）等政策规定，密切配合项目实施机构、财政部门规范开展项目物有所值评价、财政承受能力论证及编制项目实施方案等咨询服务工作，推动项目规范落地实施。现承诺如下：

1. 我单位严格按照《财政部关于印发〈PPP 物有所值评价指引（试行）〉的通知》（财金〔2015〕167 号）要求，对本项目进行定性和定量评价。评价体系全面、完整，评价方法和过程科学、合理，评价结论准确、恰当。

2. 我单位严格按照《财政部关于印发〈政府和社会资本合作项目财政承受能力论证指引〉的通知》（财金〔2015〕21 号）要求，对本项目进行财政承受能力论证。责任识别全面、论证方法科学、支出测算准确、能力评估合理，论证结论准确，有效防范和控制政府风险。

3. 我单位依据项目可行性研究报告、初步设计等前期论证文件科学编制实施方案，并配合政府方邀请 PPP 专家对方案进行全面评审。保证实施方案内容完整、论证全面、切合实际；项目交易边界、产出范围清晰；风险识别和分配充分合理；绩效考核科学合理、激励相容；回报机制明确具体、政府支出责任清晰，回报合理；配套安排措施周全、到位；项目合同体系全面、系统；监管架构健全、措施有力；采购方式切实可行。

4. 我单位严格按照《中华人民共和国政府采购法》《政府和社会资本合作项目政府采购管理办法》（财库〔2014〕215 号）要求，配合政府有关部门，规范开展项目采购。

5. 我单位严格按照《合同法》《财政部关于规范政府和社会资本合作合同管理工作的通知》（财金〔2014〕156 号）要求，配合政府有关部门，科学编制项目合同。保证合同条款内容合法有效、模块设置合理；签约主体合法合规、授权明确具体；权利义务边界、履约保障边界、交易条件边界、调整衔接边界清晰。

6. 根据《咨询服务合同》约定，我单位严格按照国家及山东省有关规定，切实做好该项目咨询服务工作，并承担相应的法律责任。若政府有关部门在审计检查时对该项目提出问题，我单位会做好配合解释工作，并免费提供后续完善咨询服务，协助解决问题。

承诺单位（公章）：

负责人（签字）：

二〇　　年　　月　　日

省财政厅　省发展和改革委员会　省金融工作办公室中国人民银行济南分行　中国证券监督管理委员会山东监管局关于印发山东省金融创新发展引导资金管理办法的通知

2018 年 9 月 27 日　鲁财金〔2018〕55 号

各市财政局、发展改革委、金融办、人民银行各市中心支行（含分行营业管理部），省财政直接管理县（市）财政局：

为贯彻落实《山东省人民政府关于加快全省金融改革发展的若干意见》（鲁政发〔2013〕17 号）、《中

共山东省委办公厅　山东省人民政府办公厅印发〈关于支持新旧动能转换重大工程的若干财政政策〉及 5 个实施意见的通知》（鲁办发〔2018〕37 号），加快全省金融业改革发展，我们研究制定了《山东省金融创新发展引导资金管理办法》。现印发给你们，请认真遵照执行。

附件：山东省金融创新发展引导资金管理办法

附件：

山东省金融创新发展引导资金管理办法

第一章　总　　则

第一条　为贯彻落实党的十九大、全国金融工作会议和全省经济工作暨金融工作会议精神，进一步做好新形势下全省金融工作，促进地方金融业持续健康发展，根据省委、省政府关于防控金融风险深化金融改革的有关要求和《中共山东省委办公厅　山东省人民政府办公厅印发〈关于支持新旧动能转换重大工程的若干财政政策〉及 5 个实施意见的通知》（鲁办发〔2018〕37 号）有关规定，结合我省实际，制定本办法。

第二条　本办法所称金融创新发展引导资金（以下简称引导资金），是指由省财政设立，用于推动我省金融改革、促进金融业创新发展、发挥金融服务实体经济作用等方面的资金。

第三条　本办法所适用的金融机构（注册地青岛的除外）包括：

（一）取得金融许可证的国有商业银行、股份制银行、邮政储蓄银行、城市商业银行、民营银行、农村商业银行、村镇银行、信托公司、财务公司、金融租赁公司。

（二）取得保险业务许可证的保险公司。

（三）取得证券业务许可证的证券公司、期货公司、基金公司。

（四）依法设立，从事相关地方金融活动的小额贷款公司、融资担保公司、民间融资机构、开展权益类交易和介于现货与期货之间的大宗商品交易的交易场所、开展信用互助业务试点的农民专业合作社、私募投资管理机构、地方金融资产管理公司和国务院及其有关部门授权省人民政府监督管理的从事金融活动的其他机构或组织等。

第四条　引导资金的管理和使用遵循公开透明、专项使用、科学管理、加强监督的原则。

第五条　引导资金列入年度省级财政预算，实行"专款专用、总额控制"，在每年预算额度内组织实施。

第二章　资金的使用范围和条件

第六条　引导资金奖补范围涵盖以下方面，分别按照本办法规定划定使用范围和奖补条件。

（一）"齐鲁金融之星"补助政策。对省人才工作领导小组确定的"齐鲁金融之星"，在管理期内给予每人每月 1 000 元津贴补助。相关补助按照《山东省人民政府办公厅关于印发〈山东省金融高端人才奖励办法〉〈齐鲁金融之星选拔管理办法〉的通知》（鲁政办发〔2017〕93 号）有关规定执行。

（二）新设金融机构总部奖励政策。大力发展金融总部经济，对符合条件的金融总部给予 500 万元一次性奖励。相关补助按照省商务厅、省财政厅、省金融办等七部门《关于印发〈山东省总部机构奖励政策实施办法〉的通知》（鲁商发〔2018〕2 号）有关规定执行。

（三）多层次资本市场补助政策。对我省已完成规范化公司制改制，申请在主板、中小板、创业板、境外资本市场首次公开发行股票（IPO），经具有批准权限的部门或机构正式受理的企业，按照不超过申请募集规模2‰的比例给予一次性补助，上限为200万元。对重组上市并将注册地、纳税地迁至山东省内的，给予最高一次性补助100万元。对在新三板挂牌融资的企业，按照不超过股权融资规模2‰的比例给予一次性补助，奖励资金不低于10万元，上限为100万元。对我省在齐鲁股权交易中心和蓝海股权交易中心挂牌，且直接融资规模高于100万元的企业（不含青岛注册登记的企业），给予每家10万元补助。

（四）直接债务融资奖励政策。建立直接债务融资引导奖励机制，积极支持符合条件的企业通过债券市场融资，对省内企业债、公司债及直接债务融资工具的发行企业、主承销机构及担保增信机构，分别给予一定奖励。相关补助按照中国人民银行济南分行、省财政厅、省发展改革委等五部门《关于印发〈山东省直接债务融资引导奖励办法〉的通知》（济银发〔2018〕171号）有关规定执行。

（五）市场化债转股奖励政策。积极稳妥降低企业杠杆率，鼓励引导银行机构向发展前景良好但遇到暂时困难的优质企业开展市场化债转股。对实施市场化债转股落地项目的债权、债务方单位，按照分别不超过落地实施金额的万分之一给予不低于10万元，不超过50万元一次性奖励。奖励资金主要用于工作经费补助，可将一定比例（不超过50%）奖励工作团队。

（六）地方普惠金融发展奖励政策

1. 地方金融企业规模增量奖励。对纳入全省地方金融企业绩效评价系统并取得银行、证券、保险业务许可证的地方法人机构（对应第三条1～3款）及资产管理公司，评价达到一定等级（银行类、资产管理公司AA级、证券类和保险类BB级）的，对其上年度主营业务收入（按营业收入与其他业务收入之差核算）同比增长超过7%的部分，按照不超过2%的比例给予增量奖励，奖励资金上限为200万元。

2. "双优"小额贷款公司奖励。对全省绩效评价A级以上、分类评级1级以上、累计平均贷款利率不高于全省累计平均贷款利率的小额贷款公司，按照不超过上年度小微企业贷款平均余额（每季度末贷款余额的平均值）3‰的比例给予奖励，奖励资金上限为80万元。已享受涉农贷款增量奖励政策的小额贷款公司不再重复奖励。

3. 降低担保费率补贴政策。鼓励融资担保公司加大对小微企融资增信服务力度，在妥善防控风险和可持续经营的前提下，适度降低担保费收取标准，降低企业融资成本。对于符合下列条件的融资担保业务，给予担保费补贴。（1）单户业务规模小，对单户小微企业年内累计新增担保额不超过500万元。（2）担保费率低，年化担保费率2%（含）以下，且不得通过财务咨询、财务顾问或账外收取等形式转嫁担保费。（3）担保机构合规经营，开展业务的融资担保公司应当信用良好、合规经营、风控能力较强、最近1个年度未受到监管部门行政处罚。

担保期限1年（含）以上业务，按照实际担保金额计入补贴基数，担保期限不足1年的按照实际担保天数折算后，计入补贴基数；采取比例分保的，按实际承担担保责任比例折算后，计入补贴基数。补贴基数确定后，按照不超过补贴基数2‰的比例，给予相关融资担保公司担保费补贴，具体补贴比例将根据补贴资金总额和符合条件的融资担保公司申报情况综合确定，单家融资担保公司年度补贴不超过100万元。各市金融办负责选定第三方会计师事务所，相关经费由各市财政予以保障。第三方会计师事务所对申报材料进行独立审核并出具审核意见。

对第（六）1～3款涉及的相关企业，未按规定向财政部门报送金融企业财务快报、金融企业决算、金融企业国有资产报告等财务数据及报告的，不享受相应奖励政策。

4. 交易场所奖励。依据交易场所挂牌数量及增量、交易规模及增量、交收规模及增量、融资情况、税收情况、就业情况、创新情况、合规情况等指标进行综合考评，对考核等次为"优秀"的交易场所给予最高不超过100万元的奖励。

5. 新型农村合作金融试点奖励。对截至上年度末取得信用互助业务试点资格两年以上，年度信用互助业务量超过150万元且比上一年度增长30%以上的业务增速高、经营规范、带动能力强的农民专业合作社，对其年度信用互助业务量较上一年度新增部分，按照不超过10%的比例给予增量奖励，奖励资金上限为 10 万元。

6. 民间资本管理公司奖励。对最近一次分类评级达到 I 级，且上年度累计投资额超过 1 亿元的民间资本管理公司，对其上年度投资平均余额同比增长超过 10% 的部分，按照不超过 5% 的比例给予增量奖励，奖励资金上限为 30 万元。

7. 私募股权基金绩效奖励。对除政府引导基金参股以外的私募股权基金管理情况进行绩效评价，对投资运作快、投资效益好的基金管理机构和团队，根据绩效评价结果给予奖励，具体奖励办法由省金融办会同省财政厅制定。

（七）优秀金融产品创新奖励政策。设立山东省新旧动能转换优秀金融产品创新奖，每年评选出不超过 10 项的省新旧动能转换优秀金融创新产品，予以通报表彰，并给予每项不超过 50 万元的财政奖励。相关奖励按照中国人民银行济南分行、省财政厅、省金融办等六部门《关于印发〈山东省新旧动能转换优秀金融产品创新机构评选奖励办法〉的通知》（济银发〔2018〕87 号）有关规定执行。

（八）其他根据省委、省政府决策部署设定的奖励政策。

第三章　资金申请、审核和拨付

第七条　申请、审核流程。"齐鲁金融之星"补助资金申请审核流程按照《山东省人民政府办公厅关于印发〈山东省金融高端人才奖励办法〉〈齐鲁金融之星选拔管理办法〉的通知》（鲁政办发〔2017〕93 号）有关规定执行；新设金融机构总部补助资金申请审核流程按照省商务厅、省财政厅、省金融办等七部门《关于印发〈山东省总部机构奖励政策实施办法〉的通知》（鲁商发〔2018〕2 号）有关规定执行；优秀金融产品创新奖申请审核流程按照中国人民银行济南分行、省财政厅、省金融办等六部门《关于印发〈山东省新旧动能转换优秀金融产品创新机构评选奖励办法〉的通知》（济银发〔2018〕87 号）有关规定执行；直接债务融资补助资金申请审核流程按照中国人民银行济南分行、省财政厅、省发展改革委等五部门《关于印发〈山东省直接债务融资引导奖励办法〉的通知》（济银发〔2018〕171 号）有关规定执行，市场化债转股奖励资金申报审核工作由发展改革部门负责，地方金融企业规模增量奖励由财政部门负责，多层次资本市场补助、地方普惠金融发展奖励（地方金融企业规模增量奖励除外）等的资金申报审核工作由金融主管部门负责（以下简称主管部门）。

第八条　各金融机构按照本办法规定，以法人（或省级管理总部）为单位组织资金申报，于每年 2 月 28 日前向所在地同级主管部门提出资金申请，申请时应提交的材料以每年的申报通知要求为准。

县级主管部门对申报材料进行初审并签章确认，每年 3 月 10 日前会同县（区）级财政部门以正式文件形式报市级主管部门；市级主管部门汇总各县（区）及市属金融机构申报材料进行审核并签章确认，每年 3 月 20 日前会同市级财政部门以正式文件形式报省级主管部门。省级主管部门汇总各市及省属金融机构申报材料后进行审核，并于 3 月 31 日前将审核意见和资金初步使用意见报省财政厅。

第九条　资金拨付。省财政厅将根据各主管部门报送的审核意见和资金使用意见，结合省级预算安排确定分配方案，将资金拨付至市县财政部门，市县财政部门应在收到资金后 10 个工作日内，将资金拨付至相关金融机构。对省本级申请的，省财政直接拨付至相关金融机构。

第十条　补贴资金支付按照国库集中支付制度有关规定执行。

第四章　监督检查及绩效评价

第十一条　各主管部门应会同财政部门，加强对市县两级主管部门的绩效管理工作，科学设计绩效目标，不定期对引导资金的使用情况进行监督检查，对检查中发现的问题要及时按照有关法律法规予以处理。

各级财政部门负责引导资金的筹集、拨付及绩效评价等工作，并配合有关主管部门做好资金的组织实施工作。负责地方金融企业规模增量奖励的申报、审核及监督检查等工作。

各级发展改革部门负责市场化债转股补助资金、直接债务融资补助资金（企业债）的申报、审核及监督检查等工作。

各级金融主管部门负责组织开展"齐鲁金融之星"补助、新设金融机构总部补助、多层次资本市场补助、直接债务融资补助（公司债）、地方普惠金融发展奖励（地方金融企业规模增量奖励除外）等资金的申报、审核及监督检查等工作。

人民银行分支机构负责组织开展优秀金融产品创新奖、直接债务融资补助资金（债务融资工具）的申报、审核及监督检查等工作。

证监部门负责配合金融办做好直接融资补助（公司债）的申报、审核及监督检查等工作，按规定做好合规检查。

第十二条　申报单位需对申报材料的真实性负责，对弄虚作假或合谋骗取、套取资金的，一经查实，依法收回补贴资金并追究法律责任。

第十三条　对于各级各部门在资金申请、审核工作中，存在报送虚假材料、违反规定分配资金，或擅自超出规定的范围或标准分配使用资金，以及滥用职权、玩忽职守、徇私舞弊等违法违纪行为的，应当责令改正，并根据《中华人民共和国预算法》和《财政违法行为处罚处分条例》（国务院令第427号）等有关法律法规规定，追究有关单位和责任人的责任，涉及犯罪的移交司法机关处理。

第五章　附　　则

第十四条　本办法由省财政厅、省发展改革委、省金融办、人民银行济南分行、山东证监局共同负责解释。

第十五条　本办法自2018年11月1日起施行，有效期至2023年10月31日。2018年6月15日至2018年10月31日之间的资金使用范围和条件、资金管理、监督检查及绩效管理等按照本办法执行。

省财政厅关于加强我省温室大棚农业保险
保险费补贴工作的通知

2018年10月31日　鲁财金〔2018〕62号

各市财政局、县级现代预算管理制度改革试点县（市、区）财政局：

为贯彻省委、省政府部署要求，切实增强农民抵御自然灾害风险能力，更好发挥农业保险保障作用，经研究，决定在原日光温室保险保险费补贴政策基础上，进一步扩大保险覆盖范围，提高我省农业保险财政保障水平。现就有关事项通知如下：

一、扩大保险标的

在原日光温室保险基础上，增加钢架大拱棚保险。

二、关于保险费、保险金额及费率

统筹考虑棚体建造成本、折旧情况、棚内作物品种等因素，采取分项分档方式，由投保农户和保险公司结合实际，协商确定保险产品。其中，日光温室保险金额设置 4 档，分别为 17 000 元/亩、29 000 元/亩、45 500 元/亩、58 000 元/亩，保险金额分项设置，具体包括墙体棚架、保温被、棚膜、棚内作物等。钢架大拱棚保险金额设置 3 档，分别为 9 000 元/亩、13 500 元/亩、20 000 元/亩，保险金额分项设置，具体包括棚架、棚膜、棚内作物等。

每亩保险金额 = 每亩保险墙体棚架结构保险金额 + 每亩保险棚膜保险金额 + 每亩保险保温被保险金额 + 每亩保险棚内作物保险金额，保险金额 = 每亩保险金额 × 保险面积。具体保险面积及保险金额以保险单载明为准。

温室大棚保险分档分项保险金额、标准保险费对照表
（按棚内面积 1 亩计算）

类别	分项标的	单位保险金额（元/亩，可选）				费率	单位标准保险费（元/亩）			
		一档	二档	三档	四档		一档	二档	三档	四档
日光温室	墙体棚架	10 000	20 000	30 000	40 000	0.80%	80	160	240	320
	保温被	3 000	5 000	8 000	10 000	1%	30	50	80	100
	棚膜	1 000	1 000	1 500	2 000	4%	40	40	60	80
	棚内作物	3 000	3 000	6 000	6 000	3%	90	90	180	180
	合计	17 000	29 000	45 500	58 000		240	340	560	680
大拱棚	棚架	6 000	10 000	16 000	—	1.50%	90	150	240	—
	棚膜	1 000	1 500	2 000	—	6%	60	90	120	—
	棚内作物	2 000	2 000	2 000	—	6%	120	120	120	—
	合计	9 000	13 500	20 000			270	360	480	

具体按照《山东省温室大棚保险条款（2018 年版）》（鲁农财〔2018〕79 号）规定执行。

三、关于保险费补贴资金各级财政分担比例

对保险费补贴资金，农户自行承担 50%。其中，对东部地区，省级财政承担 15%，市县级财政承担 35%；对中部地区，省级财政承担 20%，市县级财政承担 30%；对西部地区，省级财政承担 25%，市县级财政承担 25%。东部地区的荣成、高青、利津、垦利、沂源等 5 县（市、区），按照中部地区补贴政策执行，其他县级现代预算管理制度改革试点县（市、区）按照西部地区补贴政策执行。

此外，省财政将加大省级保险费补贴力度，支持"温比亚"台风灾区农户恢复生产。自 2018 年 10 月起，对受灾严重县（以省里最终确定名单为准）投保今后三年大棚保险农户，省财政在原保险费承担比例基础上，再承担农户自行承担部分的 30%。

四、有关要求

（一）做好资金预算。各级财政部门要积极会同当地农业部门和保险经办机构，对当年及下一年度保险规模和补贴资金进行认真测算，落实应由本级财政承担的保险费补贴资金。同时，及时编报上级财政补贴资金预算申请，确保财政补贴资金足额安排。

（二）加强监督管理。各级财政部门要加强对保险费补贴资金的监督管理，实行专项管理、分账核算，及时足额拨付资金，按要求将保险费补贴资金实际使用等情况报省财政厅备案，确保保险费补贴资金安全

运行。要加强对农业保险经办机构的监管，防止通过"冒保、替保、虚保"等不正当手段骗取财政补贴资金。对发现骗取保险费补贴资金行为的，一经查实，省财政将取消其保险补贴资格，追回已拨付补贴资金，并按照《财政违法行为处罚处分条例》（国务院令第427号）有关规定，给予严肃处理。

（三）强化统计分析。各级财政部门要认真做好数据统计、研究分析等基础工作，按照有关规定，及时通过系统在线填报有关数据资料，并对数据的完整性、真实性负责。

省财政厅关于延长农业保险扶贫政策执行期限的通知

2018 年 11 月 16 日　鲁财金〔2018〕66 号

各市财政局、省财政直接管理县（市）财政局：

根据《中共山东省委　山东省人民政府关于打赢脱贫攻坚战三年行动的实施意见》（鲁发〔2018〕37号）有关要求，专项扶贫、行业扶贫、社会扶贫政策延续到2020年。为支持打赢精准脱贫攻坚战，经研究，确定将省财政厅《关于明确省级建档立卡贫困户农业保险保费补贴政策的通知》（鲁财金〔2016〕15号）中有关农业保险扶贫政策的执行期限延续到2020年底，补贴险种覆盖目前所有中央、省级补贴险种。请认真抓好贯彻落实。

十二、

会计管理类

财政部关于印发
《企业产品成本核算制度——电网经营行业》的通知

2018 年 1 月 5 日 财会〔2018〕2 号

国务院有关部委，有关中央管理企业，各省、自治区、直辖市、计划单列市财政厅（局），新疆生产建设兵团财政局，财政部驻各省、自治区、直辖市、计划单列市财政监察专员办事处：

为了贯彻落实《中共中央 国务院关于进一步深化电力体制改革的若干意见》（中发〔2015〕9 号），规范电网经营行业产品成本核算，促进电网经营企业加强成本管理，满足国家输配电定价核定和监审需要，根据《中华人民共和国会计法》、企业会计准则、《企业产品成本核算制度（试行)》等有关规定，我部制定了《企业产品成本核算制度——电网经营行业》，现予印发，自 2019 年 1 月 1 日起在电网经营企业范围内施行，有配电业务的售电公司，其配电业务参照执行。

执行中有何问题，请及时反馈我部。

附件：《企业产品成本核算制度——电网经营行业》

附件：

企业产品成本核算制度——电网经营行业

目　　录

第一章　总　　则

一、为了规范电网经营行业产品成本核算，促进电网经营企业加强成本管理，服务输配电价格和成本监管需要，根据《中华人民共和国会计法》、企业会计准则和《企业产品成本核算制度（试行)》等有关规定，制定本制度。

二、本制度适用于电网经营企业。

本制度所称的电网经营企业，是指拥有输电网、配电网运营权，提供输配电服务的企业。

有配电业务的售电公司，其配电业务参照执行。

三、本制度所称的产品，是指电网经营企业生产经营活动中提供的输配电服务。

四、电网经营企业应合理划分输配电服务成本与其他业务成本之间的界限。

输配电服务成本，是指电网经营企业为输送和提供电能在输配环节所发生的成本支出，主要包括与输配电网络及设备运行、维护等直接相关成本及间接分配计入的成本。

五、输配电服务成本核算的基本步骤包括：

（一）按照电压等级合理确定成本核算对象；

（二）根据实际管理层级，设置成本中心；

（三）在成本中心下分电压等级设置成本项目，将相关直接成本费用要素归集至相应直接成本项目；同时，在成本中心下设置间接成本项目，将相关间接成本费用要素归集至相应间接成本项目。

（四）对间接成本项目归集的各项间接成本费用要素，选择科学、合理的分配基础，将其分配至不同电压等级，计入成本核算对象成本。

六、电网经营企业产品成本核算应当按照国家输配电定价相关政策规定，依据不同电压等级和用户的用电特性和成本结构，分电压等级确定输配电服务产品类别，进行成本核算。

七、电网经营企业根据行业特点，通常设置"生产成本——输配电成本"等会计科目，按照成本项目归集成本费用要素，对成本费用要素进行明细核算。

第二章　产品成本核算项目和范围

一、产品成本项目

电网经营企业产品成本项目主要包括：

（一）固定资产折旧，是指电网经营企业对输配电业务相关专用固定资产计提的折旧费。

（二）直接材料，是指电网经营企业输配电业务直接耗用的材料费。

（三）直接人工，是指电网经营企业向直接从事输配电业务的职工支付的人工费。

（四）其他运营费用，是指电网经营企业为正常输配电业务发生的除以上成本因素外的其他各项间接费用。主要包括折旧费、人工费、修理费、输电费、委托运行维护费、电力设施保护费、租赁费、财产保险费、安全费、检测费、劳动保护费、办公费、水电费、差旅费、会议费、低值易耗品摊销、无形资产摊销、车辆使用费、其他费用等。

二、产品成本费用要素

电网经营企业产品成本费用要素主要包括：

（一）折旧费，是指电网经营企业对输配电业务相关的固定资产，按照规定的折旧方法计提的费用。

（二）材料费，是指电网经营企业输配电业务耗用的消耗性材料、电能计量装置、事故备品、燃料和动力等费用。

（三）人工费，是指电网经营企业从事输配电业务的职工发生的薪酬支出，包括工资及津补贴、福利费（含辞退福利）、社会保险费用、住房公积金、工会经费和职工教育经费，以及发生的劳务派遣费及临时用工薪酬支出等。

（四）修理费，是指电网经营企业在维护电网运行安全、保证电能输配过程中发生的相关修理费用。

（五）输电费，是指电网经营企业为输送、购入或备用电力而支付给其他电网经营企业的过网费。

（六）委托运行维护费，是指电网经营企业委托其他单位进行电网运行维护、设备设施运行维护等发生的费用。

（七）电力设施保护费，是指电网经营企业为保护输配电设施而发生的电力设施标识费、补偿费、护线费等。

（八）租赁费，是指电网经营企业为输配电业务采用经营性租赁方式租入资产支付的费用，主要包括房屋及建筑物租赁费、通讯线路租赁费、无线电频率占用费、设备租赁费、车辆及车位租赁费等。

（九）财产保险费，是指电网经营企业为与输配电业务相关设备、车辆、房屋建筑物等资产投保所发生的保费支出。

（十）安全费，是指电网经营企业的改造和维护安全防护设备、设施支出，配备必要的应急救援器材、设备和工作人员安全防护物品支出，重大危险源、重大事故隐患的评估、整改、监控支出等。

（十一）检测费，是指电网经营企业根据法律法规和生产经营需要，对各类精密设备、仪器仪表、计量装置等进行检测、检定发生的费用。

（十二）劳动保护费，是指电网经营企业为从事输配电业务的职工提供劳动保护用品发生的费用。

（十三）办公费，是指电网经营企业为输配电业务发生的办公费用。包括办公用品及杂费、报纸杂志及图书费、印刷费、邮电费、办公通信费、办公设施耗材及维修费、气象服务费等。

（十四）水电费，是指电网经营企业为输配电业务耗用的水、电、煤气费用等。

（十五）差旅费，是指电网经营企业从事输配电业务的职工因公出差发生的住宿费、交通费、出差交通意外伤害险、住勤补贴等费用。

（十六）会议费，是指电网经营企业为输配电业务召开或参加会议发生的费用。

（十七）低值易耗品摊销，是指电网经营企业为输配电业务耗用的不能作为固定资产的各种生产及办公用工器具、物品的摊销费用。

（十八）无形资产摊销，是指电网经营企业为输配电业务使用的专利权、非专利技术、土地使用权等无形资产，按规定进行摊销的费用。

（十九）车辆使用费，是指电网经营企业为输配电业务发生的车辆修理、年检、停车、过桥过路、燃油、清洁等费用。

（二十）其他费用，是指不能列入以上各项成本费用要素的其他费用要素。

第三章 产品成本归集、分配和结转

电网经营企业一般按照成本中心，分别成本项目，对输配电成本进行归集、分配和结转。

一、成本中心的设置

电网经营企业通常按照管理层级设置成本中心。

二、产品成本的归集

（一）固定资产折旧的归集。

将提供输配电业务相关固定资产按照规定折旧方法计提并可直接计入相应电压等级的折旧费，直接归集到成本中心下相应电压等级的固定资产折旧成本项目。

（二）直接材料成本的归集。

将输配电业务直接耗用的相关材料成本，直接归集到成本中心相应电压等级的直接材料成本项目。

（三）直接人工成本的归集。

将输配电业务直接耗用的相关人工费，直接归集到成本中心相应电压等级的直接人工成本项目。

（四）其他运营费用的归集。

对无法直接归集计入相应电压等级的费用，归集到成本中心的其他运营费用成本项目。

三、产品成本的分配和结转

（一）其他运营费用的分配。

对于不能直接归集到相应电压等级的费用，由电网经营企业月末按照合理的分摊方法分配至相应电压等级输配电服务。分摊方法一经确定，不得随意变更。

1. 折旧费、材料费、修理费等与资产相关程度较高的成本，可按照上年末各电压等级的电网固定资产原价或其他合理分摊基础，按月度进行分配结转；年末，按照当年实际加权各电压等级电网固定资产原价或其他分摊基础，进行调整。

2. 人工费等成本费用，可按照上年度各电压等级输送电量（售电量）等分摊基础，进行分配；年末，按照当年各电压等级实际输送电量（售电量）等分摊基础，进行调整。

（二）产品成本的结转。

输配电成本应按月度进行分配和结转，通过直接计入与分配计入成本的方式形成不同电压等级的成本。其中，将其他运营费用中分摊的折旧费结转至成本中心下相应电压等级的固定资产折旧成本项目；将其他运营费用中分摊的其他成本费用结转至成本中心下相应电压等级的其他运营费用成本项目。

财政部关于印发《政府会计制度——行政事业单位会计科目和报表》与《行政单位会计制度》《事业单位会计制度》有关衔接问题处理规定的通知

2018 年 2 月 1 日　财会〔2018〕3 号

党中央有关部门，国务院各部委、各直属机构，全国人大常委会办公厅，全国政协办公厅，高法院，高检院，各民主党派中央，有关人民团体，各省、自治区、直辖市、计划单列市财政厅（局），新疆生产建设兵团财政局：

《政府会计制度——行政事业单位会计科目和报表》（财会〔2017〕25 号）自 2019 年 1 月 1 日起施行。为了确保新旧制度顺利衔接、平稳过渡，促进新制度的有效贯彻实施，我部制定了《〈政府会计制度——行政事业单位会计科目和报表〉与〈行政单位会计制度〉有关衔接问题的处理规定》和《〈政府会计制度——行政事业单位会计科目和报表〉与〈事业单位会计制度〉有关衔接问题的处理规定》，现印发给你们，请遵照执行。

执行中有何问题，请及时反馈我部。

附件：1.《政府会计制度——行政事业单位会计科目和报表》与《行政单位会计制度》有关衔接问题的处理规定

2.《政府会计制度——行政事业单位会计科目和报表》与《事业单位会计制度》有关衔接问题的处理规定

附件 1：

《政府会计制度——行政事业单位会计科目和报表》与《行政单位会计制度》有关衔接问题的处理规定

我部于 2017 年 10 月 24 日印发了《政府会计制度——行政事业单位会计科目和报表》（财会〔2017〕25 号，以下简称新制度）。目前执行《行政单位会计制度》（财库〔2013〕218 号，以下简称原制度）的单位，自 2019 年 1 月 1 日起执行新制度，不再执行原制度。为了确保新旧会计制度顺利过渡，现对单位执行新制度的有关衔接问题规定如下：

一、新旧制度衔接总要求

（一）自 2019 年 1 月 1 日起，单位应当严格按照新制度的规定进行会计核算、编制财务报表和预算会计报表。

（二）单位应当按照本规定做好新旧制度衔接的相关工作，主要包括以下几个方面：

1. 根据原账编制 2018 年 12 月 31 日的科目余额表，并按照本规定要求，编制原账的部分科目余额明细表（见附表 1、附表 2）。

2. 按照新制度设立 2019 年 1 月 1 日的新账。

3. 按照本规定要求，登记新账的财务会计科目余额和预算结余科目余额，包括将原账科目余额转入新账财务会计科目、按照原账科目余额登记新账预算结余科目（行政单位新旧会计制度转账、登记新账科目对照表见附表 3），将未入账事项登记新账科目，并对相关新账科目余额进行调整。原账科目是指按照原制度规定设置的会计科目。

4. 按照登记及调整后新账的各会计科目余额，编制 2019 年 1 月 1 日的科目余额表，作为新账各会计科目的期初余额。

5. 根据新账各会计科目期初余额，按照新制度编制 2019 年 1 月 1 日资产负债表。

（三）及时调整会计信息系统。单位应当按照新制度要求对原有会计信息系统进行及时更新和调试，实现数据正确转换，确保新旧账套的有序衔接。

二、财务会计科目的新旧衔接

（一）将 2018 年 12 月 31 日原账会计科目余额转入新账财务会计科目

1. 资产类

（1）"库存现金"、"零余额账户用款额度"、"财政应返还额度"、"应收账款"、"预付账款"、"无形资产"、"公共基础设施"、"政府储备物资"、"受托代理资产"、"待处理财产损溢"科目

新制度设置了"库存现金"、"零余额账户用款额度"、"财政应返还额度"、"应收账款"、"预付账款"、"无形资产"、"公共基础设施"、"政府储备物资"、"受托代理资产"、"待处理财产损溢"科目，其核算内容与原账的上述相应科目的核算内容基本相同。转账时，单位应当将原账的上述科目余额直接转入新账的相应科目。其中，还应当将原账的"库存现金"科目余额中属于新制度规定受托代理资产的金额，转入新账"库存现金"科目下的"受托代理资产"明细科目。

（2）"银行存款"科目

新制度设置了"银行存款"和"其他货币资金"科目，原制度设置了"银行存款"科目。转账时，单位应当将原账"银行存款"科目中核算的属于新制度规定的其他货币资金的金额，转入新账的"其他货币资金"科目；将原账"银行存款"科目余额减去其中属于其他货币资金金额后的差额，转入新账的"银行存款"科目。其中，还应当将原账"银行存款"科目余额中属于新制度规定受托代理资产的金额，转入新账"银行存款"科目下的"受托代理资产"明细科目。

（3）"其他应收款"科目

新制度设置了"其他应收款"科目，该科目的核算内容与原账"其他应收款"科目的核算内容基本相同。转账时，单位应当将原账的"其他应收款"科目余额转入新账的"其他应收款"科目。

新制度设置了"在途物品"科目，单位在原账的"其他应收款"科目中核算了已经付款、尚未收到物资的，应当将原账的"其他应收款"科目余额中已经付款、尚未收到物资的金额，转入新账的"在途物品"科目。

（4）"存货"科目

新制度设置了"库存物品"和"加工物品"科目，原制度设置了"存货"科目。转账时，单位应当将原账的"存货——委托加工存货成本"科目余额转入新账的"加工物品"科目；将原账的"存货"科目余额减去属于委托加工存货成本余额后的差额，转入新账的"库存物品"科目。

单位在原账的"存货"科目中核算了按照新制度规定的政府储备物资的，应当将原账的"存货"科目余额中属于政府储备物资的金额，转入新账的"政府储备物资"科目。

（5）"固定资产"科目

新制度设置了"固定资产"、"公共基础设施"、"政府储备物资"、"文物文化资产"、"保障性住房"科目。单位在原账"固定资产"科目中只核算了按照新制度规定的固定资产内容的，转账时，应当将原账的"固定资产"科目余额全部转入新账的"固定资产"科目。单位在原账的"固定资产"科目中核算了按照新制度规定应当记入"公共基础设施"、"政府储备物资"、"文物文化资产"、"保障性住房"科目内容的，转账时，应当将原账的"固定资产"科目余额中相应资产的账面余额，分别转入新账的"公共基础设施"、"政府储备物资"、"文物文化资产"、"保障性住房"科目，并将原账的"固定资产"科目余额减去上述金额后的差额，转入新账的"固定资产"科目。

（6）"累计折旧"科目

新制度设置了"固定资产累计折旧"科目，该科目的核算内容与原账"累计折旧——固定资产累计折旧"科目的核算内容基本相同。单位已经计提了固定资产折旧并记入"累计折旧——固定资产累计折旧"科目的，转账时，应当将原账的"累计折旧——固定资产累计折旧"科目余额，转入新账的"固定资产累计折旧"科目。

新制度设置了"公共基础设施累计折旧（摊销）"科目，该科目的核算内容与原账"累计折旧——公共基础设施累计折旧"科目的核算内容基本相同。单位已经计提了公共基础设施折旧并记入"累计折旧——公共基础设施累计折旧"科目的，转账时，应当将原账的"累计折旧——公共基础设施累计折旧"科目余额，转入新账的"公共基础设施累计折旧（摊销）"科目。

单位在原账的"固定资产"科目中核算了按照新制度规定应当记入"公共基础设施"、"保障性住房"科目的内容，且已经计提了固定资产折旧并记入"累计折旧——固定资产累计折旧"科目的，转账时，应当将原账的"累计折旧——固定资产累计折旧"科目余额中属于公共基础设施累计折旧（摊销）、保障性住房累计折旧的金额，分别转入新账的"公共基础设施累计折旧（摊销）"、"保障性住房累计折旧"科目。

（7）"在建工程"科目

新制度设置了"在建工程"、"工程物资"和"预付账款——预付备料款、预付工程款"科目，原制度设置了"在建工程"科目。转账时，单位应当将原账的"在建工程"科目余额（基建"并账"后的金额，下同）中属于工程物资的金额，转入新账的"工程物资"科目；将原账"在建工程"科目余额中属于预付备料款、预付工程款的金额，转入新账"预付账款"相关明细科目；将原账的"在建工程"科目余额减去工程物资和预付备料款、预付工程款金额后的差额，转入新账的"在建工程"科目。

（8）"累计摊销"科目

新制度设置了"无形资产累计摊销"科目，该科目的核算内容与原账"累计摊销"科目的核算内容基本相同。单位已经计提了无形资产摊销的，转账时，应当将原账的"累计摊销"科目余额，转入新账的"无形资产累计摊销"科目。

2. 负债类

（1）"应缴财政款"、"应付职工薪酬"、"应付政府补贴款"、"其他应付款"、"长期应付款"、"受托代理负债"科目

新制度设置了"应缴财政款"、"应付职工薪酬"、"应付政府补贴款"、"其他应付款"、"长期应付款"、"受托代理负债"科目，其核算内容与原账的上述相应科目的核算内容基本相同。转账时，单位应当将原账的上述科目余额直接转入新账的相应科目。

（2）"应缴税费"科目

新制度设置了"应交增值税"、"其他应交税费"科目，原制度设置了"应缴税费"科目。转账时，单位应当将原账的"应缴税费——应缴增值税"科目余额转入新账"应交增值税"科目中的相关明细科目；将原账的"应缴税费"科目余额减去属于应交增值税余额后的差额，转入新账的"其他应交税费"科目。

（3）"应付账款"科目

新制度设置了"应付账款"科目，该科目的核算内容与原账"应付账款"科目的核算内容基本相同，但是不再核算应付质量保证金，应付质量保证金改在新账的"其他应付款"科目核算。转账时，单位应当将原账的"应付账款"科目余额中属于尚未支付质量保证金的余额，转入新账的"其他应付款"科目；将原账的"应付账款"科目余额减去其中属于尚未支付质量保证金的余额后的差额，转入新账的"应付账款"科目。

3. 净资产类

（1）"财政拨款结转"、"财政拨款结余"、"其他资金结转结余"科目

新制度设置了"累计盈余"科目，该科目的余额包含了原账的"财政拨款结转"、"财政拨款结余"、"其他资金结转结余"科目的余额内容。转账时，单位应当将原账的"财政拨款结转"、"财政拨款结余"、"其他资金结转结余"科目余额，转入新账的"累计盈余"科目。

（2）"资产基金"、"待偿债净资产"科目

依据新制度，单位无需对原制度中"资产基金"、"待偿债净资产"科目对应的内容进行核算。转账时，单位应当将原账"资产基金"科目贷方余额转入新账的"累计盈余"科目贷方，将原账的"待偿债净资产"科目借方余额转入新账的"累计盈余"科目借方。

4. 收入类、支出类

由于原账中收入类、支出类科目年末无余额，单位无需进行转账处理。自2019年1月1日起，单位应当按照新制度设置收入类、费用类科目并进行账务处理。

单位存在其他本规定未列举的原账科目余额的，应当比照本规定转入新账的相应科目。新账科目设有明细科目的，应当对原账中对应科目的余额加以分析，分别转入新账中相应科目的相关明细科目。

单位在进行新旧衔接的转账时，应当编制转账的工作分录，作为转账的工作底稿，并将转入新账的对应原账户余额及分拆原账户余额的依据作为原始凭证。

（二）将原未入账事项登记新账财务会计科目

1. 在途物品、政府储备物资、公共基础设施、文物文化资产、保障性住房

单位在新旧制度转换时，应当将2018年12月31日前未入账的在途物品、政府储备物资、公共基础设施、文物文化资产、保障性住房按照新制度规定记入新账。登记新账时，按照确定的在途物品、政府储备物资、公共基础设施、文物文化资产、保障性住房初始入账成本，分别借记"在途物品"、"政府储备物资"、"公共基础设施"、"文物文化资产"、"保障性住房"科目，贷记"累计盈余"科目。

单位对于登记新账时首次确认的公共基础设施、保障性住房，应当于2019年1月1日以后，按照其在登记新账时确定的成本和尚可使用年限计提折旧（摊销）。

2. 受托代理资产

单位在新旧制度转换时，应当将2018年12月31日前未入账的受托代理物资按照新制度规定记入新账。登记新账时，按照确定的受托代理物资成本，借记"受托代理资产"科目，贷记"受托代理负债"科目。

3. 盘盈资产

单位在新旧制度转换时，应当将2018年12月31日前未入账的盘盈资产按照新制度规定记入新账。登记新账时，按照确定的盘盈资产及其成本，分别借记有关资产科目，按照盘盈资产成本的合计金额，贷记"累计盈余"科目。

4. 预计负债

单位在新旧制度转换时，应当将2018年12月31日按照新制度规定确认的预计负债记入新账。登记新账时，按照确定的预计负债金额，借记"累计盈余"科目，贷记"预计负债"科目。

单位存在2018年12月31日前未入账的其他事项的，应当比照本规定登记新账的相应科目。

单位对新账的财务会计科目补记未入账事项时，应当编制记账凭证，并将补充登记事项的确认依据作

为原始凭证。

（三）对新账的相关财务会计科目余额按照新制度规定的核算基础进行调整

1. 补提折旧

单位在原账中尚未计提固定资产折旧、公共基础设施折旧（摊销）的，应当全面核查截至 2018 年 12 月 31 日固定资产、公共基础设施的预计使用年限、已使用年限、尚可使用年限等，并按照新制度规定于 2019 年 1 月 1 日对尚未计提折旧的固定资产、公共基础设施补提折旧，按照应计提的折旧金额，借记"累计盈余"科目，贷记"固定资产累计折旧"、"公共基础设施累计折旧（摊销）"科目。

单位在原账的"固定资产"科目中核算了按照新制度规定应当记入"公共基础设施"、"保障性住房"科目内容的，应当比照前款规定补提公共基础设施折旧（摊销）、保障性住房折旧，按照应计提的折旧（摊销）金额，借记"累计盈余"科目，贷记"公共基础设施累计折旧（摊销）"、"保障性住房累计折旧"科目。

2. 补提摊销

单位在原账中尚未计提无形资产摊销的，应当全面核查截至 2018 年 12 月 31 日无形资产的预计使用年限、已使用年限、尚可使用年限等，并按照新制度规定于 2019 年 1 月 1 日对尚未摊销的无形资产补提摊销，按照应计提的摊销金额，借记"累计盈余"科目，贷记"无形资产累计摊销"科目。

单位对新账的财务会计科目期初余额进行调整时，应当编制记账凭证，并将调整事项的确认依据作为原始凭证。

三、预算会计科目的新旧衔接

（一）"财政拨款结转"和"财政拨款结余"科目及对应的"资金结存"科目余额

新制度设置了"财政拨款结转"、"财政拨款结余"科目及对应的"资金结存"科目。在新旧制度转换时，单位按照新制度规定将原账其他应收款中的预付款项计入预算支出的，应当对原账的"财政拨款结转"科目余额进行逐项分析，按照减去已经支付财政资金尚未计入预算支出（如其他应收款中的预付款项等）的金额后的差额，登记新账的"财政拨款结转"科目及其明细科目贷方；按照原账的"财政拨款结余"科目余额，登记新账的"财政拨款结余"科目及其明细科目贷方。

单位应当按照原账的"财政应返还额度"科目余额登记新账的"资金结存——财政应返还额度"科目借方；按照新账的"财政拨款结转"和"财政拨款结余"科目贷方余额合计数，减去新账的"资金结存——财政应返还额度"科目借方余额后的差额，登记新账的"资金结存——货币资金"科目的借方。

（二）"非财政拨款结转"科目及对应的"资金结存"科目余额

新制度设置了"非财政拨款结转"科目及对应的"资金结存"科目。在新旧制度转换时，单位按照新制度规定将原账其他应收款中的预付款项计入预算支出的，应当对原账的"其他资金结转结余——项目结转"科目余额进行逐项分析，按照减去已经支付非财政拨款专项资金尚未计入预算支出（如其他应收款中的预付款项等）的金额后的差额，登记新账的"非财政拨款结转"科目及其明细科目贷方；同时，按照相同的金额登记新账的"资金结存——货币资金"科目借方。

（三）"非财政拨款结余"科目及对应的"资金结存"科目余额

1. 登记"非财政拨款结余"科目余额

新制度设置了"非财政拨款结余"科目及对应的"资金结存"科目。在新旧制度转换时，单位应当按照原账的"其他资金结转结余——非项目结余"科目余额，借记新账的"资金结存——货币资金"科目，贷记新账的"非财政拨款结余"科目。

2. 对新账"非财政拨款结余"科目及"资金结存"科目余额进行调整

单位按照新制度规定将原账其他应收款中的预付款项计入预算支出的，应当对原账的"其他应收款"科目余额进行分析，区分其中预付款项的金额（将来很可能列支）和非预付款项的金额，并对预付款项的金额划分为财政拨款资金预付的金额、非财政拨款专项资金预付的金额和非财政拨款非专项资金预付的金额，按照非财政拨款非专项资金预付的金额，借记新账的"非财政拨款结余"科目，贷记新账的"资金结存——货币资金"科目。

（四）预算收入类、预算支出类会计科目

由于预算收入类、预算支出类会计科目年初无余额，在新旧制度转换时，单位无需对预算收入类、预算支出类会计科目进行新账年初余额登记。

单位应当自 2019 年 1 月 1 日起，按照新制度设置预算收入类、预算支出类科目并进行账务处理。

单位存在 2018 年 12 月 31 日前需要按照新制度预算会计核算基础调整预算会计科目期初余额的其他事项的，应当比照本规定调整新账的相应预算会计科目期初余额。

单位对预算会计科目的期初余额登记和调整，应当编制记账凭证，并将期初余额登记和调整的依据作为原始凭证。

四、财务报表和预算会计报表的新旧衔接

（一）编制 2019 年 1 月 1 日资产负债表

单位应当根据 2019 年 1 月 1 日新账的财务会计科目余额，按照新制度编制 2019 年 1 月 1 日资产负债表（仅要求填列各项目"年初余额"）。

（二）2019 年度财务报表和预算会计报表的编制

单位应当按照新制度规定编制 2019 年财务报表和预算会计报表。在编制 2019 年度收入费用表、净资产变动表、现金流量表和预算收入支出表、预算结转结余变动表时，不要求填列上年比较数。

单位应当根据 2019 年 1 月 1 日新账财务会计科目余额，填列 2019 年净资产变动表各项目的"上年年末余额"；根据 2019 年 1 月 1 日新账预算会计科目余额，填列 2019 年预算结转结余变动表的"年初预算结转结余"项目和财政拨款预算收入支出表的"年初财政拨款结转结余"项目。

五、其他事项

（一）截至 2018 年 12 月 31 日尚未进行基建"并账"的单位，应当首先参照《新旧行政单位会计制度有关衔接问题的处理规定》（财库〔2013〕219 号），将基建账套相关数据并入 2018 年 12 月 31 日原账中的相关科目余额，再按照本规定将 2018 年 12 月 31 日原账相关会计科目余额转入新账相应科目。

（二）2019 年 1 月 1 日前执行新制度的单位，应当参照本规定做好新旧制度衔接工作。

附表 1：

行政单位原会计科目余额明细表一

总账科目	明细分类	金额	备注
库存现金	库存现金		
	其中：受托代理现金		
银行存款	银行存款		
	其中：受托代理银行存款		
	其他货币资金		
其他应收款	在途物资		已经付款，尚未收到物资
	其他		
存货	在加工存货		
	非在加工存货		
	政府储备物资		

续表

总账科目	明细分类	金额	备注
固定资产	固定资产		
	公共基础设施		
	政府储备物资		
	文物文化资产		
	保障性住房		
累计折旧	固定资产累计折旧		
	公共基础设施累计折旧		
	保障性住房累计折旧		
在建工程	在建工程		
	工程物资		
	预付工程款、预付备料款		
应缴税费	应交增值税		
	其他应交税费		
应付账款	应付质量保证金		购置固定资产、完成在建工程等扣留的质量保证金
	其他		

附表 2：

行政单位原会计科目余额明细表二

总账科目	明细分类	金额	备注
其他应收款	预付款项		如职工预借的差旅费等
	其中：财政拨款资金预付		
	非财政拨款专项资金预付		
	非财政拨款非专项资金预付		
	需要收回及其他		如支付的押金、应收为职工垫付的款项等

附表 3：

行政单位新旧会计制度转账、登记新账科目对照表

序号	新制度科目		原制度科目	
	编号	名称	编号	名称
一、资产类				
1	1001	库存现金	1001	库存现金
2	1002	银行存款	1002	银行存款
3	1021	其他货币资金		
4	1011	零余额账户用款额度	1011	零余额账户用款额度
5	1201	财政应返还额度	1021	财政应返还额度
6	1212	应收账款	1212	应收账款
7	1214	预付账款	1213	预付账款
			1511	在建工程

续表

序号	新制度科目		原制度科目	
	编号	名称	编号	名称
一、资产类				
8	1218	其他应收款	1215	其他应收款
9	1301	在途物品		
10	1302	库存物品	1301	存货
11	1303	加工物品		
12	1811	政府储备物资		
13	1601	固定资产	1501	固定资产
	1801	公共基础设施		
	1811	政府储备物资		
14	1821	文物文化资产		
15	1831	保障性住房		
16	1602	固定资产累计折旧	1502	累计折旧
17	1802	公共基础设施累计折旧（摊销）		
18	1832	保障性住房累计折旧		
19	1611	工程物资	1511	在建工程
20	1613	在建工程		
21	1701	无形资产	1601	无形资产
22	1702	无形资产累计摊销	1602	累计摊销
23	1801	公共基础设施	1802	公共基础设施
24	1811	政府储备物资	1801	政府储备物资
25	1891	受托代理资产	1901	受托代理资产
26	1902	待处理财产损溢	1701	待处理财产损溢
二、负债类				
27	2103	应缴财政款	2001	应缴财政款
28	2101	应交增值税	2101	应缴税费
29	2102	其他应交税费		
30	2201	应付职工薪酬	2201	应付职工薪酬
31	2302	应付账款	2301	应付账款
	2307	其他应付款		
32	2303	应付政府补贴款	2302	应付政府补贴款
33	2307	其他应付款	2305	其他应付款
34	2502	长期应付款	2401	长期应付款
35	2901	受托代理负债	2901	受托代理负债
三、净资产类				
36	3001	累计盈余	3001	财政拨款结转
			3002	财政拨款结余

续表

序号	新制度科目		原制度科目	
	编号	名称	编号	名称
三、净资产类				
36	3001	累计盈余	3101	其他资金结转结余
			3501	资产基金
			3502	待偿债净资产
四、预算结余类				
37	8101	财政拨款结转	3001	财政拨款结转
38	8102	财政拨款结余	3002	财政拨款结余
39	8201	非财政拨款结转	3101	其他资金结转结余
40	8202	非财政拨款结余		
41	8001	资金结存（借方）	3001	财政拨款结转
			3002	财政拨款结余
			3101	其他资金结转结余

附件 2：

《政府会计制度——行政事业单位会计科目和报表》与《事业单位会计制度》有关衔接问题的处理规定

我部于 2017 年 10 月 24 日印发了《政府会计制度——行政事业单位会计科目和报表》（财会〔2017〕25 号，以下简称新制度）。目前执行《事业单位会计制度》（财会〔2012〕22 号，以下简称原制度）的单位，自 2019 年 1 月 1 日起执行新制度，不再执行原制度。为了确保新旧会计制度顺利过渡，现对单位执行新制度的有关衔接问题规定如下：

一、新旧制度衔接总要求

（一）自 2019 年 1 月 1 日起，单位应当严格按照新制度的规定进行会计核算、编制财务报表和预算会计报表。

（二）单位应当按照本规定做好新旧制度衔接的相关工作，主要包括以下几个方面：

1. 根据原账编制 2018 年 12 月 31 日的科目余额表，并按照本规定要求，编制原账的部分科目余额明细表（参见附表 1、附表 2）。

2. 按照新制度设立 2019 年 1 月 1 日的新账。

3. 按照本规定要求，登记新账的财务会计科目余额和预算结余科目余额，包括将原账科目余额转入新账财务会计科目、按照原账科目余额登记新账预算结余会计科目（事业单位新旧会计制度转账、登记新账科目对照表见附表 3），将未入账事项登记新账科目，并对相关新账科目余额进行调整。原账科目是指按照原制度规定设置的会计科目。

4. 按照登记及调整后新账的各会计科目余额，编制 2019 年 1 月 1 日的科目余额表，作为新账各会计科目的期初余额。

5. 根据新账各会计科目期初余额，按照新制度编制 2019 年 1 月 1 日资产负债表。

（三）及时调整会计信息系统。单位应当按照新制度要求对原有会计信息系统进行及时更新和调试，实现数据正确转换，确保新旧账套的有序衔接。

二、财务会计科目的新旧衔接

（一）将 2018 年 12 月 31 日原账会计科目余额转入新账财务会计科目

1. 资产类

（1）"库存现金"、"零余额账户用款额度"、"财政应返还额度"、"短期投资"、"应收票据"、"应收账款"、"预付账款"、"无形资产"科目

新制度设置了"库存现金"、"零余额账户用款额度"、"财政应返还额度"、"短期投资"、"应收票据"、"应收账款"、"预付账款"、"无形资产"科目，其核算内容与原账的上述相应科目的核算内容基本相同。转账时，单位应当将原账的上述科目余额直接转入新账的相应科目。其中，还应当将原账的"库存现金"科目余额中属于新制度规定受托代理资产的金额，转入新账"库存现金"科目下的"受托代理资产"明细科目。

（2）"银行存款"科目

新制度设置了"银行存款"和"其他货币资金"科目，原制度设置了"银行存款"科目。转账时，单位应当将原账"银行存款"科目中核算的属于新制度规定的其他货币资金的金额，转入新账"其他货币资金"科目；将原账"银行存款"科目余额减去其中属于其他货币资金余额后的差额，转入新账的"银行存款"科目。其中，还应当将原账的"银行存款"科目余额中属于新制度规定受托代理资产的金额，转入新账"银行存款"科目下的"受托代理资产"明细科目。

（3）"其他应收款"科目

新制度设置了"其他应收款"科目，该科目的核算内容与原账"其他应收款"科目的核算内容基本相同。转账时，单位应当将原账的"其他应收款"科目余额，转入新账的"其他应收款"科目。

新制度设置了"在途物品"科目，单位在原账"其他应收款"科目中核算了已经付款或开出商业汇票、尚未收到物资的，应当将原账的"其他应收款"科目余额中已经付款或开出商业汇票、尚未收到物资的金额，转入新账的"在途物品"科目。

（4）"存货"科目

新制度设置了"库存物品"、"加工物品"科目，原制度设置了"存货"科目。转账时，单位应当将原账的"存货"科目余额中属于在加工存货的金额，转入新账的"加工物品"科目；将原账的"存货"科目余额减去属于在加工存货的金额后的差额，转入新账的"库存物品"科目。

单位在原账的"存货"科目中核算了属于新制度规定的工程物资、政府储备物资、受托代理物资的，应当将原账的"存货"科目余额中属于工程物资、政府储备物资、受托代理物资的金额，分别转入新账的"工程物资"、"政府储备物资"、"受托代理资产"科目。

（5）"长期投资"科目

新制度设置了"长期股权投资"和"长期债券投资"科目，原制度设置了"长期投资"科目。转账时，单位应当将原账的"长期投资"科目余额中属于股权投资的金额，转入新账的"长期股权投资"科目及其明细科目；将原账的"长期投资"科目余额中属于债券投资的金额，转入新账的"长期债券投资"科目及其明细科目。

（6）"固定资产"科目

新制度设置了"固定资产"、"公共基础设施"、"政府储备物资"、"文物文化资产"、"保障性住房"科目。单位在原账"固定资产"科目中只核算了按照新制度规定的固定资产内容的，转账时，应当将原账的"固定资产"科目余额全部转入新账的"固定资产"科目。单位在原账的"固定资产"科目中核算了按照新制度规定应当记入"公共基础设施"、"政府储备物资"、"文物文化资产"、"保障性住房"科目内

容的，转账时，应当将原账的"固定资产"科目余额中相应资产的账面余额，分别转入新账的"公共基础设施"、"政府储备物资"、"文物文化资产"、"保障性住房"科目，并将原账的"固定资产"科目余额减去上述金额后的差额，转入新账的"固定资产"科目。

（7）"累计折旧"科目

新制度设置了"固定资产累计折旧"科目，该科目的核算内容与原账"累计折旧"科目的核算内容基本相同。单位已经计提了固定资产折旧并记入"累计折旧"科目的，转账时，应当将原账的"累计折旧"科目余额，转入新账的"固定资产累计折旧"科目。

新制度设置了"公共基础设施累计折旧（摊销）"和"保障性住房累计折旧"科目，单位在原账的"固定资产"科目中核算了按照新制度规定应当记入"公共基础设施"、"保障性住房"科目的内容，且已经计提了固定资产折旧的，转账时，应当将原账的"累计折旧"科目余额中属于公共基础设施累计折旧（摊销）、保障性住房累计折旧的金额，分别转入新账的"公共基础设施累计折旧（摊销）"、"保障性住房累计折旧"科目。

（8）"在建工程"科目

新制度设置了"在建工程"和"预付账款——预付备料款、预付工程款"科目，原制度设置了"在建工程"科目。转账时，单位应当将原账的"在建工程"科目余额（基建"并账"后的金额，下同）中属于预付备料款、预付工程款的金额，转入新账"预付账款"相关明细科目；将原账的"在建工程"科目余额减去预付备料款、预付工程款金额后的差额，转入新账的"在建工程"科目。

单位在原账"在建工程"科目中核算了按照新制度规定应当记入"工程物资"科目内容的，应当将原账"在建工程"科目余额中属于工程物资的金额，转入新账的"工程物资"科目。

（9）"累计摊销"科目

新制度设置了"无形资产累计摊销"科目，该科目的核算内容与原账"累计摊销"科目的核算内容基本相同。单位已经计提了无形资产摊销的，转账时，应当将原账的"累计摊销"科目余额，转入新账的"无形资产累计摊销"科目。

（10）"待处置资产损溢"科目

新制度设置了"待处理财产损溢"科目，该科目的核算内容与原账"待处置资产损溢"科目的核算内容基本相同。转账时，单位应当将原账的"待处置资产损溢"科目余额，转入新账的"待处理财产损溢"科目。

2. 负债类

（1）"短期借款"、"应付职工薪酬"、"应付票据"、"应付账款"、"预收账款"、"长期借款"、"长期应付款"科目

新制度设置了"短期借款"、"应付职工薪酬"、"应付票据"、"应付账款"、"预收账款"、"长期借款"、"长期应付款"科目，这些科目的核算内容与原账的上述相应科目的核算内容基本相同。转账时，单位应当将原账的上述科目余额直接转入新账的相应科目。

（2）"应缴税费"科目

新制度设置了"应交增值税"和"其他应交税费"科目，原制度设置了"应缴税费"科目。转账时，单位应当将原账的"应缴税费——应缴增值税"科目余额，转入新账"应交增值税"中的相关明细科目；将原账的"应缴税费"科目余额减去属于应缴增值税余额后的差额，转入新账的"其他应交税费"科目。

（3）"应缴国库款"、"应缴财政专户款"科目

新制度设置了"应缴财政款"科目，原制度设置了"应缴国库款"、"应缴财政专户款"科目。转账时，单位应当将原账的"应缴国库款"、"应缴财政专户款"科目余额，转入新账的"应缴财政款"科目。

（4）"其他应付款"科目

新制度设置了"其他应付款"科目，该科目的核算内容与原账"其他应付款"科目的核算内容基本相同。转账时，单位应当将原账的"其他应付款"科目余额，转入新账的"其他应付款"科目。其中，单位

在原账的"其他应付款"科目中核算了属于新制度规定的受托代理负债的，应当将原账的"其他应付款"科目余额中属于受托代理负债的余额，转入新账的"受托代理负债"科目。

3. 净资产类

（1）"事业基金"科目

新制度设置了"累计盈余"科目，该科目的核算内容包含了原账"事业基金"科目的核算内容。转账时，单位应当将原账的"事业基金"科目余额转入新账的"累计盈余"科目。

（2）"非流动资产基金"科目

依据新制度，无需对原制度中"非流动资产基金"科目对应内容进行核算。转账时，单位应当将原账的"非流动资产基金"科目余额转入新账的"累计盈余"科目。

（3）"专用基金"科目

新制度设置了"专用基金"科目，该科目的核算内容与原账"专用基金"科目的核算内容基本相同。转账时，单位应当将原账的"专用基金"科目余额转入新账的"专用基金"科目。

（4）"财政补助结转"、"财政补助结余"、"非财政补助结转"科目

新制度设置了"累计盈余"科目，该科目的余额包含了原账的"财政补助结转"、"财政补助结余"、"非财政补助结转"科目的余额内容。转账时，单位应当将原账的"财政补助结转"、"财政补助结余"、"非财政补助结转"科目余额，转入新账的"累计盈余"科目。

（5）"经营结余"科目

新制度设置了"本期盈余"科目，该科目的核算内容包含了原账"经营结余"科目的核算内容。新制度规定"本期盈余"科目余额最终转入"累计盈余"科目，如果原账的"经营结余"科目有借方余额，转账时，单位应当将原账的"经营结余"科目借方余额，转入新账的"累计盈余"科目借方。

（6）"事业结余"、"非财政补助结余分配"科目

由于原账的"事业结余"、"非财政补助结余分配"科目年末无余额，这两个科目无需进行转账处理。

4. 收入类、支出类

由于原账中收入类、支出类科目年末无余额，无需进行转账处理。自2019年1月1日起，单位应当按照新制度设置收入类、费用类科目并进行账务处理。

单位存在其他本规定未列举的原账科目余额的，应当比照本规定转入新账的相应科目。新账的科目设有明细科目的，应将原账中对应科目的余额加以分析，分别转入新账中相应科目的相关明细科目。

单位在进行新旧衔接的转账时，应当编制转账的工作分录，作为转账的工作底稿，并将转入新账的对应原账户余额及分拆原账户余额的依据作为原始凭证。

（二）将原未入账事项登记新账财务会计科目

1. 应收账款、应收股利、在途物品

单位在新旧制度转换时，应当将2018年12月31日前未入账的应收账款、应收股利、在途物品按照新制度规定记入新账。登记新账时，按照确定的入账金额，分别借记"应收账款"、"应收股利"、"在途物品"科目，贷记"累计盈余"科目。

2. 公共基础设施、政府储备物资、文物文化资产、保障性住房

单位在新旧制度转换时，应当将2018年12月31日前未入账的公共基础设施、政府储备物资、文物文化资产、保障性住房按照新制度规定记入新账。登记新账时，按照确定的初始入账成本，分别借记"公共基础设施"、"政府储备物资"、"文物文化资产"、"保障性住房"科目，贷记"累计盈余"科目。

单位对于登记新账时首次确认的公共基础设施、保障性住房，应当于2019年1月1日以后，按照其在登记新账时确定的成本和剩余折旧（摊销）年限计提折旧（摊销）。

3. 受托代理资产

单位在新旧制度转换时，应当将2018年12月31日前未入账的受托代理资产按照新制度规定记入新

账。登记新账时，按照确定的受托代理资产入账成本，借记"受托代理资产"科目，贷记"受托代理负债"科目。

4. 盘盈资产

单位在新旧制度转换时，应当将 2018 年 12 月 31 日前未入账的盘盈资产按照新制度规定记入新账。登记新账时，按照确定的盘盈资产及其成本，分别借记有关资产科目，按照盘盈资产成本的合计金额，贷记"累计盈余"科目。

5. 预计负债

单位在新旧制度转换时，应当将 2018 年 12 月 31 日按照新制度规定确认的预计负债记入新账。登记新账时，按照确定的预计负债金额，借记"累计盈余"科目，贷记"预计负债"科目。

6. 应付质量保证金

单位在新旧制度转换时，应当将 2018 年 12 月 31 日前未入账的应付质量保证金按照新制度规定记入新账。登记新账时，按照确定未入账的应付质量保证金金额，借记"累计盈余"科目，贷记"其他应付款"科目［扣留期在 1 年以内（含 1 年）］、"长期应付款"科目［扣留期超过 1 年］。

单位存在 2018 年 12 月 31 日前未入账的其他事项的，应当比照本规定登记新账的相应科目。

单位对新账的财务会计科目补记未入账事项时，应当编制记账凭证，并将补充登记事项的确认依据作为原始凭证。

（三）对新账的相关财务会计科目余额按照新制度规定的会计核算基础进行调整

1. 计提坏账准备

新制度要求对单位收回后无需上缴财政的应收账款和其他应收款提取坏账准备。在新旧制度转换时，单位应当按照 2018 年 12 月 31 日无需上缴财政的应收账款和其他应收款的余额计算应计提的坏账准备金额，借记"累计盈余"科目，贷记"坏账准备"科目。

2. 按照权益法调整长期股权投资账面余额

对按照新制度规定应当采用权益法核算的长期股权投资，在新旧制度转换时，单位应当在"长期股权投资"科目下设置"新旧制度转换调整"明细科目，依据被投资单位 2018 年 12 月 31 日财务报表的所有者权益账面余额，以及单位持有被投资单位的股权比例，计算应享有或应分担的被投资单位所有者权益的份额，调整长期股权投资的账面余额，借记或贷记"长期股权投资——新旧制度转换调整"科目，贷记或借记"累计盈余"科目。

3. 确认长期债券投资期末应收利息

单位应当按照新制度规定于 2019 年 1 月 1 日补记长期债券投资应收利息，按照长期债券投资的应收利息金额，借记"长期债券投资"科目［到期一次还本付息］或"应收利息"科目［分期付息、到期还本］，贷记"累计盈余"科目。

4. 补提折旧

单位在原账中尚未计提固定资产折旧的，应当全面核查截至 2018 年 12 月 31 日的固定资产的预计使用年限、已使用年限、尚可使用年限等，并于 2019 年 1 月 1 日对尚未计提折旧的固定资产补提折旧，按照应计提的折旧金额，借记"累计盈余"科目，贷记"固定资产累计折旧"科目。

单位在原账的"固定资产"科目中核算了按照新制度规定应当记入"公共基础设施"、"保障性住房"科目内容的，应当比照前款规定补提公共基础设施折旧（摊销）、保障性住房折旧，按照应计提的折旧（摊销）金额，借记"累计盈余"科目，贷记"公共基础设施累计折旧（摊销）"、"保障性住房累计折旧"科目。

5. 补提摊销

单位在原账中尚未计提无形资产摊销的，应当全面核查截至 2018 年 12 月 31 日无形资产的预计使用年限、已使用年限、尚可使用年限等，并于 2019 年 1 月 1 日对前期尚未计提摊销的无形资产补提摊销，按照应计提的摊销金额，借记"累计盈余"科目，贷记"无形资产累计摊销"科目。

6. 确认长期借款期末应付利息

单位应当按照新制度规定于 2019 年 1 月 1 日补记长期借款的应付利息金额，对其中资本化的部分，借记"在建工程"科目，对其中费用化的部分，借记"累计盈余"科目，按照全部长期借款应付利息金额，贷记"长期借款"科目［到期一次还本付息］或"应付利息"科目［分期付息、到期还本］。

单位对新账的财务会计科目期初余额进行调整时，应当编制记账凭证，并将调整事项的确认依据作为原始凭证。

三、预算会计科目的新旧衔接

（一）"财政拨款结转"和"财政拨款结余"科目及对应的"资金结存"科目余额

新制度设置了"财政拨款结转"、"财政拨款结余"科目及对应的"资金结存"科目。在新旧制度转换时，单位应当对原账的"财政补助结转"科目余额进行逐项分析，加上各项结转转入的预算支出中已经计入预算支出尚未支付财政资金（如发生时列支的应付账款）的金额，减去已经支付财政资金尚未计入预算支出（如购入的存货、预付账款等）的金额，按照增减后的金额，登记新账的"财政拨款结转"科目及其明细科目贷方；按照原账"财政补助结余"科目余额，登记新账的"财政拨款结余"科目及其明细科目贷方。

按照原账"财政应返还额度"科目余额登记新账的"资金结存——财政应返还额度"科目借方；按照新账的"财政拨款结转"和"财政拨款结余"科目贷方余额合计数，减去新账的"资金结存——财政应返还额度"科目借方余额后的差额，登记新账的"资金结存——货币资金"科目借方。

（二）"非财政拨款结转"科目及对应的"资金结存"科目余额

新制度设置了"非财政拨款结转"科目及对应的"资金结存"科目。在新旧制度转换时，单位应当对原账的"非财政补助结转"科目余额进行逐项分析，加上各项结转转入的预算支出中已经计入预算支出尚未支付非财政补助专项资金（如发生时列支的应付账款）的金额，减去已经支付非财政补助专项资金尚未计入预算支出（如购入的存货、预付账款等）的金额，加上各项结转转入的预算收入中已经收到非财政补助专项资金尚未计入预算收入（如预收账款）的金额，减去已经计入预算收入尚未收到非财政补助专项资金（如应收账款）的金额，按照增减后的金额，登记新账的"非财政拨款结转"科目及其明细科目贷方；同时，按照相同的金额登记新账的"资金结存——货币资金"科目借方。

（三）"非财政拨款结余"科目及对应的"资金结存"科目余额

1. 登记"非财政拨款结余"科目余额

新制度设置了"非财政拨款结余"科目及对应的"资金结存"科目。在新旧制度转换时，单位应当按照原账的"事业基金"科目余额，借记新账的"资金结存——货币资金"科目，贷记新账的"非财政拨款结余"科目。

2. 对新账"非财政拨款结余"科目及"资金结存"科目余额进行调整

（1）调整短期投资对非财政拨款结余的影响

单位应当按照原账的"短期投资"科目余额，借记"非财政拨款结余"科目，贷记"资金结存——货币资金"科目。

（2）调整应收票据、应收账款对非财政拨款结余的影响

单位应当对原账的"应收票据"、"应收账款"科目余额进行分析，区分其中发生时计入预算收入的金额和没有计入预算收入的金额。对发生时计入预算收入的金额，再区分计入专项资金收入的金额和计入非专项资金收入的金额，按照计入非专项资金收入的金额，借记"非财政拨款结余"科目，贷记"资金结存——货币资金"科目。

（3）调整预付账款对非财政拨款结余的影响

单位应当对原账的"预付账款"科目余额进行分析，区分其中由财政补助资金预付的金额、非财政补助专项资金预付的金额和非财政补助非专项资金预付的金额，按照非财政补助非专项资金预付的金额，借

记"非财政拨款结余"科目，贷记"资金结存——货币资金"科目。

（4）调整其他应收款对非财政拨款结余的影响

单位按照新制度规定将原账其他应收款中的预付款项计入预算支出的，应当对原账的"其他应收款"科目余额进行分析，区分其中预付款项的金额（将来很可能列支）和非预付款项的金额，并对预付款项的金额划分为财政补助资金预付的金额、非财政补助专项资金预付的金额和非财政补助非专项资金预付的金额，按照非财政补助非专项资金预付的金额，借记"非财政拨款结余"科目，贷记"资金结存——货币资金"科目。

（5）调整存货对非财政拨款结余的影响

单位应当对原账的"存货"科目余额进行分析，区分购入的存货金额和非购入的存货金额。对购入的存货金额划分出其中使用财政补助资金购入的金额、使用非财政补助专项资金购入的金额和使用非财政补助非专项资金购入的金额，按照使用非财政补助非专项资金购入的金额，借记"非财政拨款结余"科目，贷记"资金结存——货币资金"科目。

（6）调整长期股权投资对非财政拨款结余的影响

单位应当对原账的"长期投资"科目余额中属于股权投资的余额进行分析，区分其中用现金资产取得的金额和用非现金资产及其他方式取得的金额，按照用现金资产取得的金额，借记"非财政拨款结余"科目，贷记"资金结存——货币资金"科目。

（7）调整长期债券投资对非财政拨款结余的影响

单位应当按照原账的"长期投资"科目余额中属于债券投资的余额，借记"非财政拨款结余"科目，贷记"资金结存——货币资金"科目。

（8）调整短期借款、长期借款对非财政拨款结余的影响

单位应当按照原账的"短期借款"、"长期借款"科目余额，借记"资金结存——货币资金"科目，贷记"非财政拨款结余"科目。

（9）调整应付票据、应付账款对非财政拨款结余的影响

单位应当对原账的"应付票据"、"应付账款"科目余额进行分析，区分其中发生时计入预算支出的金额和未计入预算支出的金额。将计入预算支出的金额划分出财政补助应付的金额、非财政补助专项资金应付的金额和非财政补助非专项资金应付的金额，按照非财政补助非专项资金应付的金额，借记"资金结存——货币资金"科目，贷记"非财政拨款结余"科目。

（10）调整预收账款对非财政拨款结余的影响

单位应当按照原账的"预收账款"科目余额中预收非财政非专项资金的金额，借记"资金结存——货币资金"科目，贷记"非财政拨款结余"科目。

（四）"专用结余"科目及对应的"资金结存"科目余额

新制度设置了"专用结余"科目及对应的"资金结存"科目。在新旧制度转换时，单位应当按照原账"专用基金"科目余额中通过非财政补助结余分配形成的金额，借记新账的"资金结存——货币资金"科目，贷记新账的"专用结余"科目。

（五）"经营结余"科目及对应的"资金结存"科目余额

新制度设置了"经营结余"科目及对应的"资金结存"科目。如果原账的"经营结余"科目期末有借方余额，在新旧制度转换时，单位应当按照原账的"经营结余"科目余额，借记新账的"经营结余"科目，贷记新账的"资金结存——货币资金"科目。

（六）"其他结余"、"非财政拨款结余分配"科目

新制度设置了"其他结余"和"非财政拨款结余分配"科目。由于这两个科目年初无余额，在新旧制度转换时，单位无需对"其他结余"和"非财政拨款结余分配"科目进行新账年初余额登记。

（七）预算收入类、预算支出类会计科目

由于预算收入类、预算支出类会计科目年初无余额，在新旧制度转换时，单位无需对预算收入类、预

算支出类会计科目进行新账年初余额登记。

单位应当自 2019 年 1 月 1 日起，按照新制度设置预算收入类、预算支出类科目并进行账务处理。

单位存在 2018 年 12 月 31 日需要按照新制度预算会计核算基础调整预算会计科目期初余额的其他事项的，应当比照本规定调整新账的相应预算会计科目期初余额。

单位对预算会计科目的期初余额登记和调整，应当编制记账凭证，并将期初余额登记和调整的依据作为原始凭证。

四、财务报表和预算会计报表的新旧衔接

（一）编制 2019 年 1 月 1 日资产负债表

单位应当根据 2019 年 1 月 1 日新账的财务会计科目余额，按照新制度编制 2019 年 1 月 1 日资产负债表（仅要求填列各项目"年初余额"）。

（二）2019 年度财务报表和预算会计报表的编制

单位应当按照新制度规定编制 2019 年财务报表和预算会计报表。在编制 2019 年度收入费用表、净资产变动表、现金流量表和预算收入支出表、预算结转结余变动表时，不要求填列上年比较数。

单位应当根据 2019 年 1 月 1 日新账财务会计科目余额，填列 2019 年净资产变动表各项目的"上年年末余额"；根据 2019 年 1 月 1 日新账预算会计科目余额，填列 2019 年预算结转结余变动表的"年初预算结转结余"项目和财政拨款预算收入支出表的"年初财政拨款结转结余"项目。

五、其他事项

（一）截至 2018 年 12 月 31 日尚未进行基建"并账"的单位，应当首先参照《新旧事业单位会计制度有关衔接问题的处理规定》（财会〔2013〕2 号），将基建账套相关数据并入 2018 年 12 月 31 日原账中的相关科目余额，再按照本规定将 2018 年 12 月 31 日原账相关会计科目余额转入新账相应科目。

（二）2019 年 1 月 1 日前执行新制度的单位，应当参照本规定做好新旧制度衔接工作。

附表 1：

事业单位原会计科目余额明细表一

总账科目	明细分类	金额	备注
库存现金	库存现金		
	其中：受托代理现金		
银行存款	银行存款		
	其中：受托代理银行存款		
	其他货币资金		
其他应收款	在途物资		已经付款或已开出商业汇票，尚未收到物资
	其他		
存货	在加工存货		
	非在加工存货		
	工程物资		
	政府储备物资		
	受托代理资产		

续表

总账科目	明细分类	金额	备注
长期投资	长期股权投资		
	长期债券投资		
固定资产	固定资产		
	公共基础设施		
	政府储备物资		
	文物文化资产		
	保障性住房		
累计折旧	固定资产累计折旧		
	公共基础设施累计折旧		
	保障性住房累计折旧		
在建工程	在建工程		
	工程物资		
	预付工程款、预付备料款		
应缴税费	应交增值税		
	其他应交税费		
其他应付款	受托代理负债		因接受代管资金形成的应付款
	其他		

附表 2：

事业单位原会计科目余额明细表二

总账科目	明细分类	金额	备注
应收票据、应收账款	发生时不计入预算收入		如转让资产的应收票据、应收账款
	发生时计入预算收入		
	其中：专项收入		
	其他		
预付账款	财政补助资金预付		
	非财政补助专项资金预付		
	非财政补助非专项资金预付		
其他应收款	预付款项		如职工预借的差旅费等
	其中：财政补助资金预付		
	非财政补助专项资金预付		
	非财政补助非专项资金预付		
	需要收回及其他		如支付的押金、应收为职工垫付的款项等

续表

总账科目	明细分类	金额	备注
存货	购入存货		
	其中：使用财政补助资金购入		
	使用非财政补助专项资金购入		
	使用非财政补助非专项资金购入		
	非购入存货		如无偿调入、接受捐赠的存货等
长期投资	长期股权投资		
	其中：用现金资产取得		
	用非现金资产或其他方式取得		
	长期债券投资		
应付票据、应付账款	发生时不计入预算支出		
	发生时计入预算支出		
	其中：财政补助资金应付		
	非财政补助专项资金应付		
	非财政补助非专项资金应付		
预收账款	预收专项资金		
	预收非专项资金		

附表3：

事业单位新旧会计制度转账、登记新账科目对照表

序号	新制度科目		原制度科目	
	编号	名称	编号	名称
一、资产类				
1	1001	库存现金	1001	库存现金
2	1002	银行存款	1002	银行存款
3	1021	其他货币资金		
4	1011	零余额账户用款额度	1011	零余额账户用款额度
5	1201	财政应返还额度	1101	财政应返还额度
6	1101	短期投资	1201	短期投资
7	1211	应收票据	1211	应收票据
8	1212	应收账款	1212	应收账款
9	1214	预付账款	1213	预付账款
			1511	在建工程
10	1218	其他应收款	1215	其他应收款
11	1301	在途物品		

序号	新制度科目		原制度科目	
	编号	名称	编号	名称
一、资产类				
12	1302	库存物品	1301	存货
13	1303	加工物品		
14	1611	工程物资		
15	1811	政府储备物资		
16	1891	受托代理资产		
17	1501	长期股权投资	1401	长期投资
18	1502	长期债券投资		
19	1601	固定资产	1501	固定资产
20	1801	公共基础设施		
21	1811	政府储备物资		
22	1821	文物文化资产		
23	1831	保障性住房		
24	1602	固定资产累计折旧	1502	累计折旧
25	1802	公共基础设施累计折旧（摊销）		
26	1832	保障性住房累计折旧		
27	1611	工程物资	1511	在建工程
	1613	在建工程		
28	1701	无形资产	1601	无形资产
29	1702	无形资产累计摊销	1602	累计摊销
30	1902	待处理财产损溢	1701	待处置资产损溢
二、负债类				
31	2001	短期借款	2001	短期借款
32	2101	应交增值税	2101	应缴税费
33	2102	其他应交税费		
34	2103	应缴财政款	2102	应缴国库款
			2103	应缴财政专户款
35	2201	应付职工薪酬	2201	应付职工薪酬
36	2301	应付票据	2301	应付票据
37	2302	应付账款	2302	应付账款
38	2305	预收账款	2303	预收账款
39	2307	其他应付款	2305	其他应付款
40	2901	受托代理负债		
41	2501	长期借款	2401	长期借款
42	2502	长期应付款	2402	长期应付款

续表

序号	新制度科目		原制度科目	
	编号	名称	编号	名称
三、净资产类				
43	3001	累计盈余	3001	事业基金
			3101	非流动资产基金
			3301	财政补助结转
			3302	财政补助结余
			3401	非财政补助结转
			3403	经营结余
44	3002	专用基金	3201	专用基金
四、预算结余类				
45	8101	财政拨款结转	3001	财政补助结转
46	8102	财政拨款结余	3002	财政补助结余
47	8201	非财政拨款结转	3101	非财政补助结转
48	8202	非财政拨款结余	3001	事业基金
49	8301	专用结余	3201	专用基金
50	8401	经营结余	3401	经营结余
51	8001	资金结存（借方）	3001	财政补助结转
			3002	财政补助结余
			3101	非财政补助结转
			3001	事业基金
			3201	专用基金
			3401	经营结余

财政部关于印发《其他专业资格人员担任特殊普通合伙
会计师事务所合伙人暂行办法》的通知

2018 年 2 月 6 日　财会〔2018〕4 号

各省、自治区、直辖市财政厅（局），深圳市财政委员会：

为做好《会计师事务所执业许可和监督管理办法》（财政部令第 89 号）的贯彻实施，不断激发会计服务市场活力，推动会计师事务所规范可持续发展，我部制定了《其他专业资格人员担任特殊普通合伙会计师事务所合伙人暂行办法》，现予印发，自 2018 年 3 月 1 日起施行。

附件：其他专业资格人员担任特殊普通合伙会计师事务所合伙人暂行办法

附件：

其他专业资格人员担任特殊普通合伙会计师
事务所合伙人暂行办法

第一条　为规范其他专业资格人员担任特殊普通合伙会计师事务所合伙人的管理，根据《会计师事务所执业许可和监督管理办法》（财政部令第 89 号），制定本办法。

第二条　不符合《会计师事务所执业许可和监督管理办法》第十一条第一款第一项和第三项规定的条件，但具有中国资产评估师、中国税务师、中国造价工程师职业资格的人员，符合下列条件的，可以担任特殊普通合伙会计师事务所的合伙人（以下简称其他专业资格合伙人）：

（一）在会计师事务所专职工作；

（二）未受过刑事处罚；

（三）成为合伙人前 3 年内未因执业行为受到行政处罚；

（四）取得上述职业资格后最近连续 5 年从事与该资格相关的工作；

（五）在境内有稳定住所，每年在境内居留不少于 6 个月，且最近连续居留已满 5 年。

第三条　其他专业资格合伙人在特殊普通合伙会计师事务所合伙人总数中的比例，以及在合伙人管理委员会总人数中的比例不得超过 20%。其他专业资格合伙人所持有的合伙财产份额不得超过会计师事务所合伙财产的 20%，且任一其他专业资格合伙人所持有的合伙财产份额均不得位居合伙人合伙财产份额前 5 位。

第四条　其他专业资格合伙人可以担任特殊普通合伙会计师事务所履行内部特定管理职责或者从事咨询业务的合伙人，但不得担任会计师事务所首席合伙人、执行合伙事务的合伙人和分所负责人，不得以任何形式对该会计师事务所实施控制。

第五条　有其他专业资格人员担任合伙人的特殊普通合伙会计师事务所向所在地省级财政部门申请执业许可时，除了提交《会计师事务所执业许可和监督管理办法》规定的材料外，还应当提交与其他专业资格合伙人有关的下列材料：

（一）其他专业资格合伙人情况表（附表）；

（二）有效身份证明；

（三）相关职业资格证书复印件；

（四）符合本办法第二条第二项规定条件的书面承诺函；

（五）由省级行业协会或者主管部门出具的符合本办法第二条第三项和第四项规定条件的证明，造价工程师连续 5 年从事与该资格相关工作的证明由该工作经历所在单位出具，资产评估师前 3 年内因执业行为受行政处罚情况无需提供证明，由省级财政部门自行查验；

（六）近 1 年的社保缴费记录，退休人员提供退休证复印件。

其他专业资格合伙人是境外人员或移居境外人员的，还应当提交符合本办法第二条第五项条件的住所有效证明和居留时间有效证明及承诺函。

第六条　特殊普通合伙会计师事务所新增或变更其他专业资格合伙人的，应当按照《会计师事务所执业许可和监督管理办法》第三十三条、第三十四条规定向所在地省级财政部门进行备案。对于新增加的合伙人，还应当提交本办法第五条规定的材料。

第七条　有其他专业资格人员担任合伙人的特殊普通合伙会计师事务所按照《会计师事务所执业许可和监督管理办法》向省级财政部门进行年度报备或者跨省级行政区划迁移备案时，还应当报送其他专业资格合伙人情况表。

第八条　省级财政部门发现特殊普通合伙会计师事务所的其他专业资格合伙人不符合本办法规定的，应当按照《会计师事务所执业许可和监督管理办法》第五十九条规定处理。

第九条　同时持有中国注册会计师执业资格和其他专业资格，但以其他专业资格身份成为特殊普通合伙会计师事务所合伙人的，适用本办法。

第十条　本办法自 2018 年 3 月 1 日起施行。

附：特殊普通合伙会计师事务所其他专业资格合伙人情况表

附：

会计师事务所名称（盖章）：

特殊普通合伙会计师事务所其他专业资格合伙人情况表

合伙人姓名	职业资格证书			身份证件号码	出生年月	境内住所地址	是否为境外人员或移居境外人员①	前工作单位②	取得职业资格证书后连续从事相关工作时间（年）	是否受过刑事处罚或执业前3年内因执业行为受过行政处罚（如有，请说明）	持有的合伙财产份额	持有的合伙财产份额是否居前5位	成为合伙人后在本会计师事务所工作时间（年）③	是否符合规定的资格条件
	证书名称	证书编号	取得时间											

首席合伙人签字：

年 月 日

注：①"移居境外人员"指获得中国境外永久居留权、长期居留许可的人员。
②年度报备时不填此栏。
③申请执业许可时不填此栏；年度报备时应附送上一年度社保缴费记录，退休人员提供退休证复印件。

财政部 国家市场监督管理总局关于印发《关于推动有限责任会计师事务所转制为合伙制会计师事务所的暂行规定》的通知

2018 年 4 月 3 日 财会〔2018〕5 号

各省、自治区、直辖市财政厅（局）、工商局（市场监管委），深圳市财政委员会、市场和质量监督管理委员会：

为做好《会计师事务所执业许可和监督管理办法》（财政部令第 89 号）的贯彻实施，推动会计师事务所采用合伙组织形式，进一步优化内部治理，提升执业水平，财政部、国家市场监督管理总局制定了《关于推动有限责任会计师事务所转制为合伙制会计师事务所的暂行规定》，现予印发，自发布之日起施行，《财政部 工商总局关于推动大中型会计师事务所采用特殊普通合伙组织形式的暂行规定》（财会〔2010〕12 号）同日废止。

各省级财政部门、工商管理（市场监管）部门要协同配合，增强服务意识，认真做好有限责任会计师事务所转制为合伙组织形式涉及的行政许可、工商登记和备案等各项工作，不断完善工作机制，提高行政管理水平。

会计师事务所要以转制为契机，进一步优化内部治理，健全管理制度，实现转型升级和跨越发展。

附件：关于推动有限责任会计师事务所转制为合伙制会计师事务所的暂行规定

附件：

关于推动有限责任会计师事务所转制为合伙制会计师事务所的暂行规定

第一条 为规范有限责任会计师事务所转制为普通合伙会计师事务所或者特殊普通合伙会计师事务所（以下统称合伙制会计师事务所），根据《会计师事务所执业许可和监督管理办法》（财政部令第 89 号）和有关法律法规，制定本暂行规定。

第二条 有限责任会计师事务所申请转制为合伙制会计师事务所的，应当符合下列条件：

（一）符合《会计师事务所执业许可和监督管理办法》规定的合伙制会计师事务所执业许可条件；

（二）一半以上的合伙人在原会计师事务所连续执业 1 年以上。

第三条 有限责任会计师事务所转制为合伙制会计师事务所的，应当到工商部门办理合伙制会计师事务所设立登记，原名称中符合法律法规规定的字号、商号可以继续使用。转制为合伙制会计师事务所的，转制前的经营期限、经营业绩视同连续，执业资格相应延续，转制前因执业质量可能引发的行政责任由转制后的会计师事务所承担。

第四条 申请转制为合伙制会计师事务所，应当自办理完合伙制会计师事务所工商登记手续后 20 日内向登记地所在的省级财政部门提交以下材料：

（一）会计师事务所转制申请表；

（二）原股东会同意转制的会议决议；

（三）合伙人执业经历等符合规定条件的材料；

（四）注册会计师情况汇总表；

（五）营业执照复印件；

（六）书面合伙协议；

（七）对转制前后业务衔接、人员安排的协议。

合伙人是境外人员或移居境外人员的，还应当提交符合《会计师事务所执业许可和监督管理办法》第十一条第一款第五项、第十三条第三款第一项规定条件的住所有效证明和居留时间有效证明及承诺函。

第五条 其他专业资格人员担任转制后特殊普通合伙会计师事务所合伙人的，应当符合《其他专业资格人员担任特殊普通合伙会计师事务所合伙人暂行办法》的规定，并提交相应的材料。

第六条 省级财政部门按照《会计师事务所执业许可和监督管理办法》第十七条至第二十二条规定进行审查、作出决定。准予转制的，收回原有限责任会计师事务所执业证书，换发合伙制会计师事务所执业证书并予以公告。

第七条 转制会计师事务所取得合伙制会计师事务所执业证书后，应当办理原有限责任会计师事务所的工商注销；原有限责任公司主体继续存在的，不得在名称中继续使用"会计师事务所"字样，不得从事注册会计师法定业务，并应当自取得合伙制会计师事务所执业证书之日起 10 日内，办理工商变更登记。未按要求及时办理工商变更或者注销登记的，依据《公司法》《公司登记管理条例》等有关规定予以处罚。

第八条 转制会计师事务所原设有分所的，应当自取得合伙制会计师事务所执业证书之日起 20 日内，将原分所执业证书交回分所所在地省级财政部门。分所并入转制后会计师事务所，且持续符合《会计师事务所执业许可和监督管理办法》规定条件的，转制会计师事务所应当持转制批准文件、持续符合分所执业许可条件证明材料及新的分所营业执照向分所所在地省级财政部门申请换发分所执业证书。

第九条 省级财政部门按照分所变更备案程序换发分所执业证书，并将相关情况予以公告。

第十条 合伙制会计师事务所变更合伙组织形式，应当自办理完工商变更登记之日起 20 日内向所在地的省级财政部门备案。符合变更后会计师事务所执业许可条件的，省级财政部门换发会计师事务所执业证书并予以公告。

第十一条 本暂行规定自发布之日起施行，《财政部　工商总局关于推动大中型会计师事务所采用特殊普通合伙组织形式的暂行规定》（财会〔2010〕12 号）同时废止。

附：会计师事务所转制申请表

附表：

会计师事务所转制申请表

申请转制事务所基本情况			
转制事务所名称		原名称	
组织形式		原执业许可批准日期及文号	
工商登记日期及部门		原工商登记部门	
统一社会信用代码		原统一社会信用代码	
出资额（万元）		原注册资本（万元）	
首席合伙人姓名		是否符合规定的资格条件	
合伙人总数		合伙人以外的注册会计师数量	
经营场所			
通讯地址		邮编	
联系人		联系电话	

续表

转制前分所情况				
分所名称	取得执业许可日期	分所负责人	注册会计师数量	是否存续

全体合伙人申明及保证	我们申请从有限责任会计师事务所转制为合伙制会计师事务所，并保证本申请表所填报内容及所附申请材料全部属实。 全体合伙人签名： 申请转制事务所盖章 年　　月　　日

财政部关于加强会计人员诚信建设的指导意见

2018 年 4 月 19 日　财会〔2018〕9 号

各省、自治区、直辖市、计划单列市财政厅（局），新疆生产建设兵团财政局，中共中央直属机关事务管理局，国家机关事务管理局财务管理司，中央军委后勤保障部财务局，有关会计行业组织：

为加强会计诚信建设，建立健全会计人员守信联合激励和失信联合惩戒机制，推动会计行业进一步提高诚信水平，根据《中华人民共和国会计法》规定和《国务院关于印发社会信用体系建设规划纲要（2014～2020 年）的通知》（国发〔2014〕21 号）、《国务院办公厅关于加强个人诚信体系建设的指导意见》（国办发〔2016〕98 号）、《国务院关于建立完善守信联合激励和失信联合惩戒制度加快推进社会诚信建设的指导意见》（国发〔2016〕33 号）等精神，现就加强会计人员诚信建设提出如下指导意见。

一、总体要求

（一）指导思想。

全面贯彻党的十九大精神，以习近平新时代中国特色社会主义思想为指导，认真落实党中央、国务院决策部署，以培育和践行社会主义核心价值观为根本，完善会计职业道德规范，加强会计诚信教育，建立严重失信会计人员"黑名单"，健全会计人员守信联合激励和失信联合惩戒机制，积极营造"守信光荣、失信可耻"的良好社会氛围。

（二）基本原则。

——政府推动，社会参与。充分发挥财政部门和中央主管单位在会计人员诚信建设中的组织管理和监督指导作用，加强与相关执法部门统筹协调，建立联动机制，引导包括用人单位在内的社会力量广泛参与，充分发挥会计行业组织作用，共同推动会计人员诚信建设。

——健全机制，有序推进。建立健全加强会计人员诚信建设的体制机制，有序推进会计人员信用档案建设，规范会计人员信用信息采集和应用，稳步推进会计人员信用状况与其选聘任职、评选表彰等挂钩，逐步建立会计人员守信联合激励和失信联合惩戒机制。

——加强教育，奖惩结合。把教育引导作为提升会计人员诚信意识的重要环节，加大守信联合激励与失信联合惩戒实施力度，发挥行为规范的约束作用，使会计诚信内化于心，外化于行，成为广大会计人员的自觉行动。

二、增强会计人员诚信意识

（一）强化会计职业道德约束。针对会计工作特点，进一步完善会计职业道德规范，引导会计人员自觉遵纪守法、勤勉尽责、参与管理、强化服务，不断提高专业胜任能力；督促会计人员坚持客观公正、诚实守信、廉洁自律、不做假账，不断提高职业操守。

（二）加强会计诚信教育。财政部门、中央主管单位和会计行业组织要采取多种形式，广泛开展会计诚信教育，将会计职业道德作为会计人员继续教育的必修内容，大力弘扬会计诚信理念，不断提升会计人员诚信素养。要充分发挥新闻媒体对会计诚信建设的宣传教育、舆论监督等作用，大力发掘、宣传会计诚信模范等会计诚信典型，深入剖析违反会计诚信的典型案例。引导财会类专业教育开设会计职业道德课程，努力提高会计后备人员的诚信意识。鼓励用人单位建立会计人员信用管理制度，将会计人员遵守会计职业道德情况作为考核评价、岗位聘用的重要依据，强化会计人员诚信责任。

三、加强会计人员信用档案建设

（一）建立严重失信会计人员"黑名单"制度。将有提供虚假财务会计报告，做假账，隐匿或者故意销毁会计凭证、会计账簿、财务会计报告，贪污，挪用公款，职务侵占等与会计职务有关违法行为的会计人员，作为严重失信会计人员列入"黑名单"，纳入全国信用信息共享平台，依法通过"信用中国"网站等途径，向社会公开披露相关信息。

（二）建立会计人员信用信息管理制度。研究制定会计人员信用信息管理办法，规范会计人员信用评价、信用信息采集、信用信息综合利用、激励惩戒措施等，探索建立会计人员信息纠错、信用修复、分级管理等制度，建立健全会计人员信用信息体系。

（三）完善会计人员信用信息管理系统。以会计专业技术资格管理为抓手，有序采集会计人员信息，记录会计人员从业情况和信用情况，建立和完善会计人员信用档案。省级财政部门和中央主管单位要有效利用信息化技术手段，组织升级改造本地区（部门）现有的会计人员信息管理系统，构建完善本地区（部门）的会计人员信用信息管理系统，财政部在此基础上将构建全国统一的会计人员信用信息平台。

四、健全会计人员守信联合激励和失信联合惩戒机制

（一）为守信会计人员提供更多机会和便利。将会计人员信用信息作为先进会计工作者评选、会计职称考试或评审、高端会计人才选拔等资格资质审查的重要依据。鼓励用人单位依法使用会计人员信用信息，优先聘用、培养、晋升具有良好信用记录的会计人员。

（二）对严重失信会计人员实施约束和惩戒。在先进会计工作者评选、会计职称考试或评审、高端会计人才选拔等资格资质审查过程中，对严重失信会计人员实行"一票否决制"。对于严重失信会计人员，依法取消其已经取得的会计专业技术资格；被依法追究刑事责任的，不得再从事会计工作。支持用人单位根据会计人员失信的具体情况，对其进行降职撤职或解聘。

（三）建立失信会计人员联合惩戒机制。财政部门和中央主管单位应当将发现的会计人员失信行为，以及相关执法部门发现的会计人员失信行为，记入会计人员信用档案。支持会计行业组织依据法律和章程，对会员信用情况进行管理。加强与有关部门合作，建立失信会计人员联合惩戒机制，实现信息的互换、互通和共享。

五、强化组织实施

（一）加强组织领导。财政部门和中央主管单位要高度重视会计人员诚信建设工作，根据本地区（部门）关于社会信用体系建设的统一工作部署，统筹安排，稳步推进。要重视政策研究，完善配套制度建设，科学指导会计人员诚信建设工作。要重视监督检查，发现问题及时解决，确保会计人员诚信建设工作政策措施落地生根。要重视沟通协调，争取相关部门支持形成合力，探索建立联席制度，共同推动会计人员诚信建设工作有效开展。

（二）积极探索推动。财政部门和中央主管单位要紧密结合本地区（部门）实际，抓紧制定具体工作方案，推动会计人员诚信建设。要探索建设会计人员信用档案、建立严重失信会计人员"黑名单"等制度，及时总结经验做法；对存在的问题，要及时研究解决。

（三）广泛宣传动员。财政部门、中央主管单位和会计行业组织要充分利用报纸、广播、电视、网络等渠道，加大对会计人员诚信建设工作的宣传力度，教育引导会计人员和会计后备人员不断提升会计诚信意识。要积极引导社会各方依法依规利用会计人员信用信息，褒扬会计诚信，惩戒会计失信，扩大会计人员信用信息的影响力和警示力，使全社会形成崇尚会计诚信、践行会计诚信的社会风尚。

财政部　人力资源社会保障部关于印发
《会计专业技术人员继续教育规定》的通知

2018 年 5 月 19 日　财会〔2018〕10 号

各省、自治区、直辖市、计划单列市财政厅（局）、人力资源社会保障厅（局），新疆生产建设兵团财政局、人力资源社会保障局，中共中央直属机关事务管理局，国家机关事务管理局，中央军委后勤保障部财务局：

为了规范会计专业技术人员继续教育，保障会计专业技术人员合法权益，不断提高会计专业技术人员素质，根据《中华人民共和国会计法》和《专业技术人员继续教育规定》（人力资源社会保障部令第 25 号），我们制定了《会计专业技术人员继续教育规定》。现予印发，请遵照执行。

附件：会计专业技术人员继续教育规定

附件：

会计专业技术人员继续教育规定

第一章　总　　则

第一条　为了规范会计专业技术人员继续教育，保障会计专业技术人员合法权益，不断提高会计专业技术人员素质，根据《中华人民共和国会计法》和《专业技术人员继续教育规定》（人力资源社会保障部令第 25 号），制定本规定。

第二条　国家机关、企业、事业单位以及社会团体等组织（以下称单位）具有会计专业技术资格的人员，或不具有会计专业技术资格但从事会计工作的人员（以下简称会计专业技术人员）继续教育，适用本规定。

第三条　会计专业技术人员继续教育应当紧密结合经济社会和会计行业发展要求，以能力建设为核心，突出针对性、实用性、兼顾系统性、前瞻性，为经济社会和会计行业发展提供人才保证和智力支持。

第四条　会计专业技术人员继续教育工作应当遵循下列基本原则：

（一）以人为本，按需施教。会计专业技术人员继续教育面向会计专业技术人员，引导会计专业技术人员更新知识、拓展技能，完善知识结构、全面提高素质。

（二）突出重点，提高能力。把握会计行业发展趋势和会计专业技术人员从业基本要求，引导会计专业技术人员树立诚信理念、提高职业道德和业务素质，全面提升专业胜任能力。

（三）加强指导，创新机制。统筹教育资源，引导社会力量参与继续教育，不断丰富继续教育内容，创新继续教育方式，提高继续教育质量，形成政府部门规划指导、社会力量积极参与、用人单位支持配合的会计专业技术人员继续教育新格局。

第五条　用人单位应当保障本单位会计专业技术人员参加继续教育的权利。

会计专业技术人员享有参加继续教育的权利和接受继续教育的义务。

第六条　具有会计专业技术资格的人员应当自取得会计专业技术资格的次年开始参加继续教育，并在规定时间内取得规定学分。

不具有会计专业技术资格但从事会计工作的人员应当自从事会计工作的次年开始参加继续教育，并在规定时间内取得规定学分。

第二章　管理体制

第七条　财政部负责制定全国会计专业技术人员继续教育政策，会同人力资源社会保障部监督指导全国会计专业技术人员继续教育工作的组织实施，人力资源社会保障部负责对全国会计专业技术人员继续教育工作进行综合管理和统筹协调。

除本规定另有规定外，县级以上地方人民政府财政部门、人力资源社会保障部门共同负责本地区会计专业技术人员继续教育工作。

第八条　新疆生产建设兵团按照财政部、人力资源社会保障部有关规定，负责所属单位的会计专业技术人员继续教育工作。中共中央直属机关事务管理局、国家机关事务管理局（以下统称中央主管单位）按照财政部、人力资源社会保障部有关规定，分别负责中央在京单位的会计专业技术人员继续教育工作。

第三章　内容与形式

第九条　会计专业技术人员继续教育内容包括公需科目和专业科目。

公需科目包括专业技术人员应当普遍掌握的法律法规、政策理论、职业道德、技术信息等基本知识，专业科目包括会计专业技术人员从事会计工作应当掌握的财务会计、管理会计、财务管理、内部控制与风险管理、会计信息化、会计职业道德、财税金融、会计法律法规等相关专业知识。

财政部会同人力资源社会保障部根据会计专业技术人员能力框架，定期发布继续教育公需科目指南、专业科目指南，对会计专业技术人员继续教育内容进行指导。

第十条　会计专业技术人员可以自愿选择参加继续教育的形式。会计专业技术人员继续教育的形式有：

（一）参加县级以上地方人民政府财政部门、人力资源社会保障部门，新疆生产建设兵团财政局、人力资源社会保障局，中共中央直属机关事务管理局，国家机关事务管理局（以下统称继续教育管理部门）组织的会计专业技术人员继续教育培训、高端会计人才培训、全国会计专业技术资格考试等会计相关考试、会计类专业会议等；

（二）参加会计继续教育机构或用人单位组织的会计专业技术人员继续教育培训；

（三）参加国家教育行政主管部门承认的中专以上（含中专，下同）会计类专业学历（学位）教育；承担继续教育管理部门或行业组织（团体）的会计类研究课题，或在有国内统一刊号（CN）的经济、管理类报刊上发表会计类论文；公开出版会计类书籍；参加注册会计师、资产评估师、税务师等继续教育培训；

（四）继续教育管理部门认可的其他形式。

第十一条　会计专业技术人员继续教育采用的课程、教学方法，应当适应会计工作要求和特点。同时，积极推广网络教育等方式，提高继续教育教学和管理的信息化水平。

第四章　学分管理

第十二条　会计专业技术人员参加继续教育实行学分制管理，每年参加继续教育取得的学分不少于 90 学分。其中，专业科目一般不少于总学分的三分之二。

会计专业技术人员参加继续教育取得的学分，在全国范围内当年度有效，不得结转以后年度。

第十三条　参加本规定第十条规定形式的继续教育，其学分计量标准如下：

（一）参加全国会计专业技术资格考试等会计相关考试，每通过一科考试或被录取的，折算为 90 学分；

（二）参加会计类专业会议，每天折算为 10 学分；

（三）参加国家教育行政主管部门承认的中专以上会计类专业学历（学位）教育，通过当年度一门学习课程考试或考核的，折算为 90 学分；

（四）独立承担继续教育管理部门或行业组织（团体）的会计类研究课题，课题结项的，每项研究课题折算为 90 学分；与他人合作完成的，每项研究课题的课题主持人折算为 90 学分，其他参与人每人折算为 60 学分；

（五）独立在有国内统一刊号（CN）的经济、管理类报刊上发表会计类论文的，每篇论文折算为 30 学分；与他人合作发表的，每篇论文的第一作者折算为 30 学分，其他作者每人折算为 10 学分；

（六）独立公开出版会计类书籍的，每本会计类书籍折算为 90 学分；与他人合作出版的，每本会计类书籍的第一作者折算为 90 学分，其他作者每人折算为 60 学分；

（七）参加其他形式的继续教育，学分计量标准由各省、自治区、直辖市、计划单列市财政厅（局）（以下称省级财政部门）、新疆生产建设兵团财政局会同本地区人力资源社会保障部门、中央主管单位制定。

第十四条　对会计专业技术人员参加继续教育情况实行登记管理。

用人单位应当对会计专业技术人员参加继续教育的种类、内容、时间和考试考核结果等情况进行记录，并在培训结束后及时按照要求将有关情况报送所在地县级以上地方人民政府财政部门、新疆生产建设兵团财政局或中央主管单位。

省级财政部门、新疆生产建设兵团财政局、中央主管单位应当建立会计专业技术人员继续教育信息管理系统，对会计专业技术人员参加继续教育取得的学分进行登记，如实记载会计专业技术人员接受继续教育情况。

继续教育登记可以采用以下方式：

（一）会计专业技术人员参加继续教育管理部门组织的继续教育和会计相关考试，县级以上地方人民政府财政部门、新疆生产建设兵团财政局或中央主管单位应当直接为会计专业技术人员办理继续教育事项登记；

（二）会计专业技术人员参加会计继续教育机构或用人单位组织的继续教育，县级以上地方人民政府财政部门、新疆生产建设兵团财政局或中央主管单位应当根据会计继续教育机构或用人单位报送的会计专业技术人员继续教育信息，为会计专业技术人员办理继续教育事项登记；

（三）会计专业技术人员参加继续教育采取上述（一）、（二）以外其他形式的，应当在年度内登陆所属县级以上地方人民政府财政部门、新疆生产建设兵团财政局或中央主管单位指定网站，按要求上传相关证明材料，申请办理继续教育事项登记；也可持相关证明材料向所属继续教育管理部门申请办理继续教育事项登记。

第五章　会计继续教育机构管理

第十五条　会计继续教育机构必须同时符合下列条件：

（一）具备承担继续教育相适应的教学设施，面授教育机构还应有相应的教学场所；

（二）拥有与承担继续教育相适应的师资队伍和管理力量；

（三）制定完善的教学计划、管理制度和其他相关制度；

（四）能够完成所承担的继续教育任务，保证教学质量；

（五）符合有关法律法规的规定。

应当充分发挥国家会计学院、会计行业组织（团体）、各类继续教育培训基地（中心）等在开展会计专业技术人员继续教育方面的主渠道作用，鼓励、引导高等院校、科研院所等单位参与会计专业技术人员继续教育工作。

第十六条　会计继续教育机构应当认真实施继续教育教学计划，向社会公开继续教育的范围、内容、收费项目及标准等情况。

第十七条　会计继续教育机构应当按照专兼职结合的原则，聘请具有丰富实践经验、较高理论水平的业务骨干和专家学者，建立继续教育师资库。

第十八条　会计继续教育机构应当建立健全继续教育培训档案，根据考试或考核结果如实出具会计专业技术人员参加继续教育的证明，并在培训结束后及时按照要求将有关情况报送所在地县级以上地方人民政府财政部门、新疆生产建设兵团财政局或中央主管单位。

第十九条　会计继续教育机构不得有下列行为：

（一）采取虚假、欺诈等不正当手段招揽生源；

（二）以会计专业技术人员继续教育名义组织旅游或者进行其他高消费活动；

（三）以会计专业技术人员继续教育名义乱收费或者只收费不培训。

第六章　考核与评价

第二十条　用人单位应当建立本单位会计专业技术人员继续教育与使用、晋升相衔接的激励机制，将参加继续教育情况作为会计专业技术人员考核评价、岗位聘用的重要依据。

会计专业技术人员参加继续教育情况，应当作为聘任会计专业技术职务或者申报评定上一级资格的重要条件。

第二十一条　继续教育管理部门应当加强对会计专业技术人员参加继续教育情况的考核与评价，并将考核、评价结果作为参加会计专业技术资格考试或评审、先进会计工作者评选、高端会计人才选拔等的依据之一，并纳入其信用信息档案。

对未按规定参加继续教育或者参加继续教育未取得规定学分的会计专业技术人员，继续教育管理部门应当责令其限期改正。

第二十二条　继续教育管理部门应当依法对会计继续教育机构、用人单位执行本规定的情况进行监督。

第二十三条　继续教育管理部门应当定期组织或者委托第三方评估机构对所在地会计继续教育机构进行教学质量评估，评估结果作为承担下年度继续教育任务的重要参考。

第二十四条 会计继续教育机构发生本规定第十九条行为，继续教育管理部门应当责令其限期改正，并依法依规进行处理。

第七章　附　则

第二十五条 中央军委后勤保障部会计专业技术人员继续教育工作，参照本规定执行。

第二十六条 省级财政部门、新疆生产建设兵团财政局可会同本地区人力资源社会保障部门根据本规定制定具体实施办法，报财政部、人力资源社会保障部备案。

中央主管单位可根据本规定制定具体实施办法，报财政部、人力资源社会保障部备案。

第二十七条 本规定自 2018 年 7 月 1 日起施行。财政部 2013 年 8 月 27 日印发的《会计人员继续教育规定》（财会〔2013〕18 号）同时废止。

财政部关于印发国有林场和苗圃执行
《政府会计制度——行政事业单位会计科目和报表》的
补充规定和衔接规定的通知

2018 年 7 月 12 日　财会〔2018〕11 号

国家林业和草原局，各省、自治区、直辖市、计划单列市财政厅（局），新疆生产建设兵团财政局：

《政府会计制度——行政事业单位会计科目和报表》（财会〔2017〕25 号）自 2019 年 1 月 1 日起施行。为了确保新制度在国有林场和苗圃的有效贯彻实施，我部制定了《关于国有林场和苗圃执行〈政府会计制度——行政事业单位会计科目和报表〉的补充规定》和《关于国有林场和苗圃执行〈政府会计制度——行政事业单位会计科目和报表〉的衔接规定》，现印发给你们，请遵照执行。

执行中有何问题，请及时反馈我部。

附件：1. 关于国有林场和苗圃执行《政府会计制度——行政事业单位会计科目和报表》的补充规定
　　　2. 关于国有林场和苗圃执行《政府会计制度——行政事业单位会计科目和报表》的衔接规定

附件 1：

关于国有林场和苗圃执行《政府会计制度——行政事业
单位会计科目和报表》的补充规定

根据《政府会计准则——基本准则》，结合行业实际情况，现就国有林场和苗圃①（以下简称林场）执行《政府会计制度——行政事业单位会计科目和报表》（以下简称新制度）做出如下补充规定：

一、新增一级科目及其使用说明

（一）林场应当增设"1614　营林工程"和"1841　林木资产"一级科目。

---

① 本规定所指的国有林场和苗圃，是指中华人民共和国境内各级人民政府设立的，从事保护培育森林资源、维护国家生态安全、提供生态服务，不以营利为目的、独立核算的公益性事业单位性质国有林场和苗圃。

（二）关于增设科目的使用说明

1614 营林工程

一、本科目核算林场发生的育苗、造林、抚育、管护各种林木和苗木的生产成本。

生产性林木资产达到正式投产可以采收林产品后，继续发生的管护费用，应当作为林产品的生产成本，通过"加工物品"科目核算。

二、本科目应当设置"苗木生产成本"、"林木生产成本"、"间接费用"等明细科目。在"林木生产成本"明细科目下，可按"消耗性林木成本"、"生产性林木成本"、"公益性林木成本"设置明细科目。

三、营林工程的主要账务处理如下：

（一）发生属于营林生产的费用时，按照可以直接计入营林成本的费用，借记本科目（苗木生产成本、林木生产成本），按照需要分摊计入营林成本的费用，借记本科目（间接费用），贷记"林木资产——苗木"、"库存物品"、"应付职工薪酬"、"财政拨款收入"、"零余额账户用款额度"、"银行存款"、"固定资产累计折旧"、"长期待摊费用"等科目。

（二）月末，将间接费用按照一定的分配方法计入营林成本，借记本科目（苗木生产成本、林木生产成本），贷记本科目（间接费用）。结转后，本科目的"间接费用"明细科目应无余额。

（三）期末，将竣工的营林工程发生的营林生产成本转入林木资产，借记"林木资产"科目，贷记本科目。

（四）采伐或处置未竣工的林木、苗木时，应当先将林木、苗木的生产成本转入林木资产账面余额。结转时，借记"林木资产"科目，贷记本科目。

四、本科目期末借方余额，反映林场尚未结转的营林工程发生的实际成本。

1841 林木资产

一、本科目核算林场营造管理的各种活立木资产和苗木资产的累计成本。

二、本科目应当设置"苗木"和"林木"两个明细科目，在"林木"明细科目下，可按"消耗性林木资产"、"生产性林木资产"、"公益性林木资产"设置明细科目。

三、林木资产的主要账务处理如下：

（一）林木资产取得时，应当按照其取得时的成本入账。

1. 自行营造形成的林木，期末按照该林木达到营林工程竣工标准发生的育苗、造林、抚育、管护成本，结转营林生产成本，借记本科目，贷记"营林工程"科目。

2. 购入或有偿调入的林木，按照购入或有偿调入的成本，借记本科目，贷记"财政拨款收入"、"零余额账户用款额度"、"银行存款"等科目。

3. 无偿调入的林木，按照该林木资产在调出方的账面价值加相关费用，借记本科目，按照发生的归属于调入方的相关费用，贷记"银行存款"等科目，按照其差额，贷记"无偿调拨净资产"科目。

（二）按规定采伐林木、自主出售成品苗木或造林时，应当减少相应林木资产的账面余额。

1. 更新采伐公益性林木资产时，按照被采伐林木的林木资产账面余额，借记"业务活动费用"、"库存物品"等科目，贷记本科目。

2. 采伐消耗性林木资产时，按照被采伐林木的林木资产账面余额，借记"业务活动费用"、"经营费用"、"库存物品"等科目，贷记本科目。

3. 自主出售成品苗木或造林时，按照该苗木的林木资产账面余额，借记"经营费用"等科目［出售］或"营林工程"科目［造林］，贷记本科目。

（三）生产性林木资产的账面余额，应当在林产品采收期限内逐期摊入林产品的成本，各期摊销时，借记"加工物品——林产品生产成本"科目，贷记本科目。

（四）按规定报经批准处置林木资产，应当分别以下情况处理：

1. 报经批准有偿转让林木资产（不含可自主出售的林木资产）时，按照被转让林木资产的账面余额，借记"资产处置费用"科目，贷记本科目。同时，按照收到的价款，借记"银行存款"等科目，按照处置过程中发生的相关费用，贷记"银行存款"等科目，按照收到的价款扣除相关费用后的差额，贷记"应缴财政款"科目；如果按照有关规定将林木资产转让净收入纳入本单位预算管理的，应当按照收到的价款扣除相关费用后的差额，贷记"其他收入"科目。

报经批准有偿转让林木的林地使用权，其林地附着的林木资产的账面余额及处置收入和费用，按照有偿转让林木资产进行账务处理。

2. 报经批准无偿调出林木资产时，按照调出林木资产的账面余额，借记"无偿调拨净资产"科目，贷记本科目。同时，按照无偿调出过程中发生的归属于调出方的相关费用，借记"资产处置费用"科目，贷记"银行存款"等科目。

3. 报经批准用林木资产投资时，参照新制度中关于置换换入相关资产的规定进行账务处理。

4. 因遭受自然灾害等致使林木资产发生损毁时，应当将被损毁林木资产的账面余额转入待处理财产损溢。结转时，借记"待处理财产损溢"科目，贷记本科目。

四、本科目期末借方余额，反映林场林木资产的累计成本。

二、关于报表及编制说明

（一）新增项目

林场应当在资产负债表"保障性住房净值"和"长期待摊费用"项目之间增加"林木资产"项目。

（二）新增项目的填列方法

林场在编制资产负债表时，应当按照"林木资产——苗木"和"林木资产——林木——消耗性林木资产"科目期末余额的合计数填列"存货"项目，按照"林木资产"科目其余的期末余额填列"林木资产"项目；按照"营林工程——苗木生产成本"和"营林工程——林木生产成本——消耗性林木成本"科目期末余额的合计数填列"存货"项目，按照"营林工程"科目其余的期末余额填列"林木资产"项目。

三、生效日期

本规定自 2019 年 1 月 1 日起施行。

附件 2：

关于国有林场和苗圃执行《政府会计制度——行政事业单位会计科目和报表》的衔接规定

我部于 2017 年 10 月 24 日印发了《政府会计制度——行政事业单位会计科目和报表》（财会〔2017〕25 号，以下简称新制度）。原执行《国有林场和苗圃会计制度（暂行）》（财农字〔1994〕第 371 号）和财政部有关事业单位会计核算、原国家林业局有关国有林场和苗圃会计核算的补充规定（以下简称原制度）的国有林场和苗圃①（以下简称林场），自 2019 年 1 月 1 日起执行新制度，不再执行原制度。为了确保新旧会计制度顺利过渡，现对林场执行新制度及《关于国有林场和苗圃执行〈政府会计制度——行政事业单位会计科目和报表〉的补充规定》（以下简称补充规定）的有关衔接问题规定如下：

---

① 本规定所指的国有林场和苗圃，是指中华人民共和国境内各级人民政府设立的，从事保护培育森林资源、维护国家生态安全、提供生态服务，不以营利为目的、独立核算的公益性事业单位性质国有林场和苗圃。

一、新旧制度衔接总要求

（一）自 2019 年 1 月 1 日起，林场应当严格按照新制度及补充规定进行会计核算、编报财务报表和预算会计报表。

（二）林场应当按照本规定做好新旧制度衔接的相关工作，主要包括以下几个方面：

1. 根据原账编制 2018 年 12 月 31 日的科目余额表，并按照本规定要求，编制原账的部分科目余额明细表（参见附表 1、附表 2）。

2. 按照新制度设立 2019 年 1 月 1 日的新账。

3. 按照本规定要求，登记新账的财务会计科目余额和预算结余科目余额，包括将原账科目余额转入新账财务会计科目、按照原账科目余额登记新账预算结余科目（林场新旧会计制度转账、登记新账科目对照表参见附表 3），将未入账事项登记新账科目，并对相关新账科目余额进行调整。

原账科目是指按照原制度规定设置的会计科目，以及按照财政部有关事业单位会计核算、原国家林业局有关国有林场和苗圃会计核算补充规定增设的会计科目。

4. 按照登记及调整后新账的各会计科目余额，编制 2019 年 1 月 1 日的科目余额表，作为新账各会计科目的期初余额。

5. 根据新账各会计科目期初余额，按照新制度编制 2019 年 1 月 1 日资产负债表。

（三）及时调整会计信息系统。林场应当按照新制度要求对原有会计信息系统进行及时更新和调试，实现数据正确转换，确保新旧账套的有序衔接。

二、财务会计科目的新旧衔接

（一）将 2018 年 12 月 31 日原账会计科目余额转入新账财务会计科目

1. 资产类

（1）"库存现金"（或"现金"）、"银行存款"、"其他货币资金"、"短期投资"、"财政应返还额度"、"应收票据"、"应收账款"、"预付账款"、"坏账准备"、"待摊费用"、"无形资产"、"待处理财产损溢"科目

新制度设置了"库存现金"、"银行存款"、"其他货币资金"、"短期投资"、"财政应返还额度"、"应收票据"、"应收账款"、"预付账款"、"坏账准备"、"待摊费用"、"无形资产"、"待处理财产损溢"科目，其核算内容与原账的上述相应科目的核算内容基本相同。转账时，应当将原账的上述科目余额直接转入新账的相应科目。其中，还应当将原账的"库存现金"、"银行存款"科目余额中属于新制度规定受托代理资产的金额，分别转入新账"库存现金"、"银行存款"科目下的"受托代理资产"明细科目。

（2）"内部往来"科目

有的林场在原账中使用"内部往来"科目，作为本单位内部核算科目，核算本单位内部各单位之间的往来款项，不在本单位的会计报表中反映。新旧衔接时不对原账的"内部往来"科目余额进行处理。

（3）"其他应收款"科目

新制度设置了"其他应收款"科目，该科目的核算内容与原账的"其他应收款"科目的核算内容基本相同。转账时，应当将原账的"其他应收款"科目余额转入新账的"其他应收款"科目。如果原账的"其他应收款"科目余额有应收股利，还应当将原账的"其他应收款"科目余额中应收股利的金额，转入新账的"应收股利"科目。

（4）"库存物资"科目

有的林场在原账中使用"库存物资"科目，其核算内容包含了在途材料、材料、低值易耗品、产成品、分期收款发出商品等。新制度设置了"在途物品"、"库存物品"科目。转账时，应当将原账的"库存物资"科目余额中属于在途物品的金额转入新账的"在途物品"科目，将原账的"库存物资"科目余额减去在途物品金额后的差额转入新账的"库存物品"科目。

（5）"在途材料"、"材料"、"低值易耗品"、"产成品"、"分期收款发出商品"科目

有的林场在原账中使用"在途材料"、"材料"、"低值易耗品"、"产成品"、"分期收款发出商品"科目。新制度设置了"在途物品"、"库存物品"科目。转账时，应当在新账的"库存物品"科目下设置"发出物品"明细科目，将原账的"分期收款发出商品"科目余额转入新账的"库存物品——发出物品"科目，将原账的"在途材料"科目余额转入新账的"在途物品"科目，将原账的"材料"、"低值易耗品"、"产成品"科目余额转入新账的"库存物品"科目相关明细科目。

（6）"委托加工材料"科目

新制度设置了"加工物品"科目，该科目的核算内容与原账的"委托加工材料"科目的核算内容基本相同。转账时，应当将原账的"委托加工材料"科目余额转入新账的"加工物品"科目。

（7）"长期投资"科目

新制度设置了"长期股权投资"、"长期债券投资"和"应收利息"科目。原制度设置了"长期投资"科目。转账时，应当将原账的"长期投资"科目余额中属于股权投资的金额转入新账的"长期股权投资"科目及其明细科目；将原账的"长期投资"科目余额中属于债券投资的金额转入新账的"长期债券投资"科目，并将其中分期付息、到期还本的长期债券投资的应收利息金额，转入新账的"应收利息"科目。

（8）"拨付所属资金"科目

有的林场在原账中使用"拨付所属资金"科目。如果所属单位为企业，转账时应当将原账的"拨付所属资金"科目相应余额转入新账的"长期股权投资"科目［成本法］或"长期股权投资——成本"科目［权益法］；如果所属单位为事业单位，转账时应当将原账的"拨付所属资金"科目的相应余额转入新账的"累计盈余"科目借方。

（9）"固定资产"科目

新制度设置了"固定资产"科目，该科目的核算内容与原账的"固定资产"科目的核算内容基本相同。转账时，应当将原账的"固定资产"科目余额转入新账的"固定资产"科目。

林场在原账的"固定资产"科目中核算新制度规定的无形资产内容的，应当将原账的"固定资产"科目余额中属于新制度规定的无形资产的金额转入新账的"无形资产"科目。

（10）"累计折旧"科目

新制度设置了"固定资产累计折旧"科目，该科目的核算内容与原账的"累计折旧"科目的核算内容基本相同。转账时，应当将原账的"累计折旧"科目余额转入新账的"固定资产累计折旧"科目。

（11）"在建工程"科目

新制度设置了"在建工程"和"预付账款——预付备料款、预付工程款"科目，原制度设置了"在建工程"科目。转账时，林场应当将原账的"在建工程"科目余额中属于预付备料款、预付工程款的金额，转入新账的"预付账款"科目相关明细科目；将原账的"在建工程"科目余额减去预付备料款、预付工程款金额后的差额，转入新账的"在建工程"科目。

林场在原账"在建工程"科目中核算了按照新制度规定应当记入"工程物资"科目内容的，应当将原账的"在建工程"科目余额中属于工程物资的金额，转入新账的"工程物资"科目。

（12）"固定资产清理"科目

新制度设置了"待处理财产损溢"科目。转账时，应当将原账的"固定资产清理"科目余额，转入新账的"待处理财产损溢"科目。

（13）"累计摊销"科目

新制度设置了"无形资产累计摊销"科目，该科目的核算内容与原账的"累计摊销"科目的核算内容基本相同。转账时，应当将原账的"累计摊销"科目余额转入新账的"无形资产累计摊销"科目。

（14）"递延资产"科目

有的林场在原账中使用"递延资产"科目。新制度设置"长期待摊费用"科目，该科目的核算内容与原账的"递延资产"科目的核算内容基本相同。转账时，应当将原账的"递延资产"科目余额转入新账的

"长期待摊费用"科目。

（15）"林木资产"、"苗木资产"科目

新制度补充规定对林场设置了"林木资产"科目，该科目的核算内容包含了原账的"林木资产"科目和"苗木资产"科目的核算内容。转账时，应当将原账的"林木资产"和"苗木资产"科目余额转入新账的"林木资产"科目相应明细科目。

（16）"零余额账户用款额度"科目

由于原账的"零余额账户用款额度"科目年末无余额，该科目无需进行转账处理。

2. 负债类

（1）"短期借款"、"应付票据"、"应付职工薪酬"科目

新制度设置了"短期借款"、"应付票据"、"应付职工薪酬"科目，这些科目的核算内容与原账的上述相应科目的核算内容基本相同。转账时，应当将原账的上述科目余额直接转入新账的相应科目。

有的林场在原账中使用"应付工资"科目。转账时，应当将原账的"应付工资"科目余额转入新账的"应付职工薪酬"科目。

（2）"应付账款"科目

新制度设置了"应付账款"科目，该科目的核算内容与原账的"应付账款"科目核算内容基本相同。转账时，应当将原账的"应付账款"科目余额转入新账的"应付账款"科目。其中，如果原账的"应付账款"科目余额中有属于新制度规定的预收账款，应当将属于预收账款的金额转入新账的"预收账款"科目。

（3）"专项应付款"、"拨入事业费"科目

新制度设置了"累计盈余"科目。转账时，应当将原账的"专项应付款"、"拨入事业费"科目余额转入新账的"累计盈余"科目。

（4）"应缴款项"科目

新制度设置了"应缴财政款"科目，该科目的核算内容与原账的"应缴款项"科目核算内容基本相同。转账时，应当将原账的"应缴款项"科目余额转入新账的"应缴财政款"科目。

（5）"应付福利费"科目

新制度没有设置"应付福利费"科目。转账时，应当对原账的"应付福利费"科目余额进行分析，将其中属于职工福利基金的金额转入新账的"专用基金"科目，将其他余额转入新账的"累计盈余"科目。

（6）"其他应付款"科目

新制度设置了"其他应付款"科目，该科目的核算内容包含了原账的"其他应付款"科目的核算内容。转账时，应当将原账的"其他应付款"科目余额转入新账的"其他应付款"科目。其中，如果在原账的"其他应付款"科目中核算属于新制度规定的受托代理负债，应当将原账的"其他应付款"科目余额中属于受托代理负债的金额转入新账的"受托代理负债"科目；如果在原账的"其他应付款"科目中核算属于新制度规定的应付社会保险费（如统筹退休金），应当将原账的"其他应付款"科目余额中属于应付社会保险费的金额转入新账的"应付职工薪酬"科目。

（7）"应交税金"科目

新制度设置了"应交增值税"和"其他应交税费"科目，这两个科目的核算内容包含了原账的"应交税金"科目的核算内容。转账时，应当将原账的"应交税金"科目余额中属于应缴增值税的金额转入新账的"应交增值税"科目，将原账的"应交税金"科目余额减去属于应缴增值税金额后的差额转入新账的"其他应交税费"科目。

（8）"预提费用"科目

新制度设置了"预提费用"科目。转账时，应当将原账的"预提费用"科目余额中属于预提短期借款应付未付利息的金额转入新账的"应付利息"科目，将原账的"预提费用"科目余额减去预提短期借款利息金额后的差额转入新账的"预提费用"科目。

（9）"其他应交款"科目

新制度没有设置"其他应交款"科目，原账的"其他应交款"科目核算内容分别在新制度的"应缴财政款"、"其他应交税费"、"其他应付款"科目中核算。转账时，应当将原账的"其他应交款"科目余额中属于应缴财政款的金额转入新账的"应缴财政款"科目，将属于其他应缴税费（如应缴的教育费附加）的金额转入新账的"其他应交税费"科目，将原账的"其他应交款"科目的其余余额转入新账的"其他应付款"科目。

（10）"长期借款"科目

新制度设置了"长期借款"科目。转账时，应当将原账的"长期借款"科目余额，转入新账的"长期借款"科目。其中，如果原账的"长期借款"科目余额中有分期付息、到期还本的长期借款应付利息，应当将原账的"长期借款"科目余额中属于分期付息、到期还本的长期借款应付利息金额转入新账的"应付利息"科目。

（11）"住房周转金"科目

新制度设置了"长期应付款"科目。转账时，应当将原账的"住房周转金"科目余额转入新账的"长期应付款"科目。

（12）"育林基金"科目

新制度设置了"专用基金"科目。转账时，应当将原账中"育林基金"科目的余额转入新账"专用基金——森林恢复基金"科目。

3. 净资产类

（1）"事业基金"科目

新制度设置了"累计盈余"科目。该科目的余额包含了原账的"事业基金"科目的核算内容。转账时，应当将原账的"事业基金"科目余额转入新账的"累计盈余"科目。

（2）"专用基金"科目

新制度设置了"专用基金"科目。转账时，应当将原账"专用基金"科目的余额转入新账的"专用基金"科目相关明细科目。

（3）"林木资本"科目

新制度未设置"林木资本"科目。转账时，应当将原账的"林木资本"科目余额转入新账的"累计盈余"科目。

（4）"财政补助结转（余）"科目

新制度设置了"累计盈余"科目，该科目的余额包含了原账的"财政补助结转（余）"科目的余额内容。转账时，应当将原账的"财政补助结转（余）"科目余额转入新账的"累计盈余"科目。

（5）"上级拨入资金"科目

新制度没有设置"上级拨入资金"科目。原设置了"上级拨入资金"科目的林场，转账时，应当将原账的"上级拨入资金"科目余额转入新账的"累计盈余"科目。

（6）"实收资本"、"资本公积"、"盈余公积"、"利润分配"科目

有的林场在原账中使用"实收资本"、"资本公积"、"盈余公积"、"利润分配"科目，新制度没有设置这些科目。新制度设置了"累计盈余"科目。转账时，应当将原账的"实收资本"、"资本公积"、"盈余公积"、"利润分配"科目余额转入新账的"累计盈余"科目。

（7）"本年利润"、"本年结余"、"结余分配"科目

由于原账的"本年利润"、"本年结余"、"结余分配"科目年末无余额，这些科目无需进行转账处理。

4. 成本和收入、费用类

（1）成本类

新制度补充规定设置了"营林工程"科目。转账时，应当将原账的"生产成本"科目余额中营林成本部分转入新账的"营林工程"科目，其余部分转入"加工物品"、"库存物品"等科目。

由于原账除了"生产成本"科目，其他成本类科目年末无余额，无需进行转账处理。

（2）收入类、费用类

由于原账的收入类、费用类各科目年末无余额，无需进行转账处理。

自 2019 年 1 月 1 日起，应当按照新制度设置收入类、费用类科目并进行账务处理。

5. 将原账的基建账科目余额并入原"大账"

单独设置基建账（即按照《国有建设单位会计制度》设置的账套）、没有将原基建账相关科目余额并入原"大账"（即按照原制度及后来的补充规定设置的账套）科目余额的林场，应当在新旧衔接时先将原基建账各科目余额并入原"大账"相应科目余额（参见附表 4），再按照本规定进行财务会计科目余额的转账处理。并账的主要账务处理如下：

（1）按照原《国有建设单位会计制度》将原基建账的"交付使用资产"科目余额冲转原基建账的"基建拨款"等科目。

（2）将原基建账的资金运用类科目余额并入相对应"大账"的资产类科目。

（3）将原基建账的资金来源类科目余额并入相对应"大账"的负债类、净资产类科目。

（4）按照并入"大账"的原基建账资金运用类科目余额与资金来源类科目余额的差额，加上其他尚未并入"大账"的原基建账资金运用类科目余额与资金来源类科目余额的差额，贷记或借记原"大账"的"事业基金"科目。

基建账并账完成后，原基建账各科目无余额。

林场存在其他本规定未列举的原账科目余额的，应当比照本规定转入新账的相应科目。新账科目设有明细科目的，应将原账中对应科目的余额加以分析，分别转入新账中相应科目的相关明细科目。

林场在进行新旧衔接的转账时，应当编制转账的工作分录，作为转账的工作底稿，并将转入新账的对应原科目余额及分拆原科目余额的依据作为原始凭证。将原基建账各科目余额并入原"大账"相应科目余额的，还要将基建账各科目余额转入"大账"科目的依据（并账科目对应表）作为原始凭证。

（二）将原未入账事项登记新账财务会计科目

1. 应收股利

林场在新旧制度转换时，应当将 2018 年 12 月 31 日前未入账的应收股利（宣告派发尚未收到的股利）按照新制度规定记入新账。登记新账时，按照确定的应收股利金额，借记"应收股利"科目，贷记"累计盈余"科目。

2. 无形资产

林场在新旧制度转换时，应当将 2018 年 12 月 31 日前未入账的无形资产按照新制度规定记入新账。登记新账时，按照确定的无形资产金额，借记"无形资产"科目，按照截止至 2018 年 12 月 31 日无形资产应当分期摊销的累计摊销金额，贷记"无形资产累计摊销"科目，按照两者的差额，贷记"累计盈余"科目。

3. 受托代理资产

林场在新旧制度转换时，应当将 2018 年 12 月 31 日前未入账（含仅记录备查账）的代储政府储备物资按照新制度规定记入新账。登记新账时，按照确定的代储政府储备物资金额，借记"受托代理资产"科目，贷记"受托代理负债"科目。

4. 预计负债

林场在新旧制度转换时，应当将 2018 年 12 月 31 日按照新制度规定确认的预计负债记入新账。登记新账时，按照确定的预计负债金额，借记"累计盈余"科目，贷记"预计负债"科目。

林场存在 2018 年 12 月 31 日前未入账的其他事项的，应当比照本规定登记新账的相应科目。

林场对新账的财务会计科目补记未入账事项时，应当编制记账凭证，并将补充登记事项的确认依据作为原始凭证。

（三）对新账的相关财务会计科目余额按照新制度规定的核算基础进行调整

1. 按照权益法调整长期股权投资账面余额

对按照新制度规定应当采用权益法核算的长期股权投资，在新旧制度转换时，林场应当在"长期股权投资"科目下设置"新旧制度转换调整"明细科目,依据被投资单位 2018 年 12 月 31 日财务报表的所有者权益账面余额,以及林场持有被投资单位的股权比例,计算应享有或应分担的被投资单位所有者权益的份额,调整长期股权投资的账面余额,借记或贷记"长期股权投资——新旧制度转换调整"科目,贷记或借记"累计盈余"科目。

2. 确认长期借款期末应付利息

林场按照新制度规定于 2019 年 1 月 1 日补记长期借款的应付利息金额,对其中资本化的部分,借记"在建工程"科目,对其中费用化的部分,借记"累计盈余"科目,按照全部长期借款应付利息金额,贷记"长期借款"科目[到期一次还本付息]或"应付利息"科目[分期付息、到期还本]。

林场对新账的财务会计科目期初余额进行调整时,应当编制记账凭证,并将调整事项的确认依据作为原始凭证。

三、预算会计科目的新旧衔接

(一)"财政拨款结转"和"财政拨款结余"科目及对应的"资金结存"科目余额

新制度设置了"财政拨款结转"、"财政拨款结余"科目及对应的"资金结存"科目。在新旧制度转换时,林场应当对原账的"财政补助结转(余)"科目余额中结转资金的金额进行逐项分析,加上各项结转转入的支出中已经计入支出尚未支付财政资金(如发生时列支的应付账款)的金额,减去已经支付财政资金尚未计入支出(如预付账款、固定资产和无形资产的净值等)的金额,按照增减后的金额登记新账的"财政拨款结转"科目及其明细科目贷方;按照原账的"财政补助结转(余)"科目余额中结余资金的金额登记新账的"财政拨款结余"科目及其明细科目贷方。

原账的"拨入事业费"科目有余额的,对余额中属于同级财政拨款资金的,按照原账的"财政补助结转(余)"科目余额处理方式处理。

按照原账"财政应返还额度"科目余额登记新账"资金结存——财政应返还额度"科目的借方。按照新账"财政拨款结转"和"财政拨款结余"科目贷方余额减去新账"资金结存——财政应返还额度"科目借方余额后的差额,登记新账"资金结存——货币资金"科目的借方。

(二)"非财政拨款结转"科目及对应的"资金结存"科目余额

新制度设置了"非财政拨款结转"科目及对应的"资金结存"科目。在新旧制度转换时,林场应当对原账的"专项应付款"科目余额经过调整[加上支出中已经计入支出尚未支付非财政专项资金(如发生时列支的应付账款)的金额,减去已经支付非财政专项资金尚未计入支出(如预付账款、固定资产和无形资产的净值等)的金额,加上收入中已经收到非财政补助专项资金尚未计入收入(如预收账款)的金额,减去已经计入收入尚未收到非财政补助专项资金(如应收账款)的金额]后,登记新账的"非财政拨款结转"科目及其明细科目贷方;同时,按照相同的金额登记新账"资金结存——货币资金"科目的借方。

(三)"专用结余"科目及对应的"资金结存"科目余额

新制度设置了"专用结余"科目及对应的"资金结存"科目。在新旧制度转换时,林场应当按照原账"专用基金"科目余额中通过非财政补助结余分配形成的金额,借记新账的"资金结存——货币资金"科目,贷记新账的"专用结余"科目。

(四)"非财政拨款结余"科目及对应的"资金结存"科目余额

1. 登记"非财政拨款结余"科目余额

按照原账"事业基金"科目的余额,登记新账的"非财政拨款结余"科目贷方,同时,按照相同的金额登记新账的"资金结存——货币资金"科目的借方。

原账的"拨入事业费"科目有余额的,按照原账的"拨入事业费"科目余额中非同级财政拨款的金额,登记新账的"非财政拨款结余"科目贷方,同时,按照相同的金额登记新账的"资金结存——货币资金"科目的借方。

原账的"育林基金"科目有余额的，按照原账的"育林基金"科目余额，登记新账的"非财政拨款结余"科目贷方，同时，按照相同的金额登记新账的"资金结存——货币资金"科目的借方。

2. 对新账"非财政拨款结余"科目及"资金结存"科目余额进行追溯调整

（1）调整短期投资对非财政拨款结余的影响

按照原账的"短期投资"科目余额，借记"非财政拨款结余"科目，贷记"资金结存——货币资金"科目。

（2）调整应收票据、应收账款对非财政拨款结余的影响

对原账的"应收票据"、"应收账款"科目余额进行分析，区分其中发生时计入收入的金额和没有计入收入的金额。对发生时计入收入的金额，再区分计入专项资金收入的金额和计入非专项资金收入的金额，按照计入非专项资金收入的金额，借记"非财政拨款结余"科目，贷记"资金结存——货币资金"科目。

（3）调整预付账款对非财政拨款结余的影响

对原账的"预付账款"科目余额进行分析，区分其中由财政补助资金预付的金额、非财政补助专项资金预付的金额和非财政补助非专项资金预付的金额，按照非财政补助非专项资金预付的金额借记"非财政拨款结余"科目，贷记"资金结存——货币资金"科目。

（4）调整其他应收款对非财政拨款结余的影响

按照新制度规定将原账其他应收款中的预付款项列入预算支出的，应当对转账前原账的"其他应收款"科目余额进行分析，区分其中预付款项的金额（将来很可能列支）和非预付款项的金额，并对预付款项的金额划分为财政补助资金预付的金额、非财政补助专项资金预付的金额和非财政补助非专项资金预付的金额，按照非财政补助非专项资金预付的金额，借记"非财政拨款结余"科目，贷记"资金结存——货币资金"科目。

（5）调整库存物资、生产成本等对非财政拨款结余的影响

对原账的"库存物资"、"生产成本"科目余额进行分析，区分已经支付资金的金额和未支付资金购入的金额。对已经支付资金的库存物资和生产成本金额划分出其中使用财政补助资金支付的金额、使用非财政补助专项资金支付的金额、使用非财政补助非专项资金购入的金额，按照使用非财政补助非专项资金支付的金额，借记"非财政拨款结余"科目，贷记"资金结存——货币资金"科目。

（6）调整长期股权投资对非财政拨款结余的影响

对原账的"长期投资"科目余额中属于股权投资的余额进行分析，区分其中用现金资产取得的金额和用非现金资产及其他方式取得的金额，按照用现金资产取得的金额，借记"非财政拨款结余"科目，贷记"资金结存——货币资金"科目。

（7）调整长期债券投资对非财政拨款结余的影响

按照原账的"长期投资"科目余额中属于债券投资成本的余额，借记"非财政拨款结余"科目，贷记"资金结存——货币资金"科目。

（8）调整固定资产、无形资产对非财政拨款结余的影响

对原账的"固定资产"、"无形资产"科目余额进行分析，区分出其中使用财政补助资金支付的金额、使用非财政补助专项资金支付的金额、使用非财政补助非专项资金购入的金额，按照使用非财政补助非专款资金比例计算的固定资产净值和无形资产净值的金额，借记"非财政拨款结余"科目，贷记"资金结存——货币资金"科目。

（9）调整在建工程对非财政拨款结余的影响

对原账的"在建工程"科目余额进行分析，划分出其中使用财政补助资金支付的金额、使用非财政补助专项资金支付的金额、使用非财政补助非专项资金购入的金额，按照使用非财政补助非专款资金的金额，借记"非财政拨款结余"科目，贷记"资金结存——货币资金"科目。

（10）调整短期借款、长期借款对非财政拨款结余的影响

按照原账的"短期借款"、"长期借款"科目余额中借款本金的金额，借记"资金结存——货币资金"

科目，贷记"非财政拨款结余"科目。

（11）调整应付票据、应付账款对非财政拨款结余的影响

对原账的"应付票据"、"应付账款"科目余额进行分析，区分其中发生时计入支出的金额和未计入支出的金额。将计入支出的金额划分出财政补助应付的金额、非财政补助专项资金应付的金额和非财政补助非专项资金应付的金额，按照非财政补助非专项资金应付的金额，借记"资金结存——货币资金"科目，贷记"非财政拨款结余"科目。

（12）调整预收账款对非财政拨款结余的影响

对原账的"预收账款"科目余额进行分析，区分其中预收非财政专项资金的金额和预收非财政非专项资金的金额。按照预收非财政非专项资金的金额，借记"资金结存——货币资金"科目，贷记"非财政拨款结余"科目。

（13）调整专用基金对非财政拨款结余的影响

对原账"专用基金"科目余额进行分析，区分通过非财政补助结余分配形成的金额和其他金额，按照其他金额，借记"资金结存——货币资金"科目，贷记"非财政拨款结余"科目。

3. 林场按照前述 1、2 两个步骤难以准确调整出"非财政拨款结余"科目及对应的"资金结存"科目余额的，在新旧制度转换时，可以在新账的"库存现金"、"银行存款"、"其他货币资金"、"财政应返还额度"科目借方余额合计数基础上，对不纳入单位预算管理的资金进行调整（如减去新账中货币资金形式的受托代理资产、应缴财政款、已收取将来需要退回资金的其他应付款等，加上已支付将来需要收回资金的其他应收款等），按照调整后的金额减去新账的"财政拨款结转"、"财政拨款结余"、"非财政拨款结转"、"专用结余"科目贷方余额合计数，登记新账的"非财政拨款结余"科目贷方；同时，按照相同的金额登记新账的"资金结存——货币资金"科目借方。

（五）"其他结余"和"非财政拨款结余分配"科目

新制度设置了"其他结余"和"非财政拨款结余分配"科目，按照新制度规定这两个科目年初无余额，在新旧衔接时，无需对"其他结余"和"非财政拨款结余分配"科目进行新账年初余额登记。

（六）预算收入类、预算支出类会计科目

由于预算收入类、预算支出类会计科目年初无余额，在新旧衔接时，无需对预算收入类、预算支出类会计科目进行新账年初余额登记。

林场应当自 2019 年 1 月 1 日起，按照新制度设置预算收入类、预算支出类科目并进行账务处理。

林场存在 2018 年 12 月 31 日需要按照新制度预算会计核算基础调整预算会计科目期初余额的其他事项，应当比照本规定调整新账的相应预算会计科目期初余额。

林场对预算会计科目的期初余额登记和调整，应当编制记账凭证，并将期初余额登记和调整的依据作为原始凭证。

四、财务报表和预算会计报表的新旧衔接

（一）编制 2019 年 1 月 1 日资产负债表

林场应当根据 2019 年 1 月 1 日新账的财务会计科目余额，按照新制度编制 2019 年 1 月 1 日资产负债表（仅要求填列各项目"年初余额"）。

（二）2019 年度财务报表和预算会计报表的编制

林场应当按照新制度规定编制 2019 年财务报表和预算会计报表。在编制 2019 年度收入费用表、净资产变动表和预算收入支出表、预算结转结余变动表时，不要求填列上年比较数。

林场应当根据 2019 年 1 月 1 日新账财务会计科目余额，填列 2019 年净资产变动表各项目的"上年年末余额"；根据 2019 年 1 月 1 日新账预算会计科目余额，填列 2019 年预算结转结余变动表的"年初预算结转结余"项目和财政拨款预算收入支出表的"年初财政拨款结转结余"项目。

附表1：

林场原会计科目余额明细表一

总账科目	明细分类	金额	备注
库存现金、现金	库存现金		
	其中：受托代理现金		
银行存款	银行存款		
	其中：受托代理银行存款		
其他应收款	应收股利		
	其他		
库存物资	在途物品		
	分期收款发出商品		
	其他库存物资		
长期投资	长期股权投资		
	长期债券投资		
	分期付息的债券投资应收利息		
拨付所属资金	拨付所属事业单位		
	拨付所属企业		
固定资产	固定资产		
	无形资产		
在建工程	在建工程		
	工程物资		
	预付工程款、预付备料款		
应交税金	应交增值税		
	其他应交税金		
应付账款	应付账款		
	预收账款		
其他应付款	受托代理负债		代管款项等
	应付社会统筹工资		
	其他		
其他应交款	应缴财政款		
	应缴政府性收费		
	其他		
长期借款	分期付息的应付利息		
	其他		
长期应付款	住房周转金		
	其他		

附表 2：

林场原会计科目余额明细表二

总账科目	明细分类	金额	备注
应收票据、应收账款	发生时不计入收入		如转让资产的应收票据、应收账款
	发生时计入收入		
	其中：专项收入		
	其他		
预付账款	财政补助资金预付		
	非财政补助专项资金预付		
	非财政补助非专项资金预付		
其他应收款	预付款项		如职工预借的差旅费等
	其中：财政补助资金预付		
	非财政补助专项资金预付		
	非财政补助非专项资金预付		
	需要收回及其他		如支付的押金、应收为职工垫付的款项等
库存物资、苗木资产、林木资产、生产成本	支付资金：		
	其中：使用财政补助资金支付		
	使用非财政补助专项资金支付		
	使用非财政补助非专项支付		
	非支付资金		如无偿调入的库存物资等
长期投资	长期股权投资		
	其中：用现金资产取得		
	用非现金资产或其他方式取得		
	长期债券投资		
固定资产净值、无形资产净值	支付资金取得		
	其中：使用财政补助资金		
	使用非财政补助专项资金		
	使用非财政补助非专项资金		
	非支付资金取得		如换入、无偿调入的固定资产等
在建工程	使用财政补助资金		
	使用非财政补助专项资金		
	使用非财政补助非专项资金		
应付票据、应付账款	发生时不记入支出		
	发生时记入支出		
	其中：财政拨款资金应付		
	非财政拨款专项资金应付		
	非财政拨款非专项资金应付		
预收账款	预收专项资金		
	预收非专项资金		

续表

总账科目	明细分类	金额	备注
拨入事业费	拨入本级财政资金		
	其中：财政补助结转资金		
	财政补助结余资金		
	拨入其他资金		

附表3：

林场新旧会计制度转账、登记新账科目对照表

序号	新制度科目		原制度科目	
	编号	名称	编号	名称
一、资产类				
1	1001	库存现金	101	现金
2	1001	库存现金	1001	库存现金
3	1002	银行存款	1002	银行存款
4	1021	其他货币资金	1004	其他货币资金
5	1101	短期投资	1101	短期投资
6	1201	财政应返还额度	1201	财政应返还额度
7	1211	应收票据	1211	应收票据
8	1212	应收账款	1212	应收账款
9	1214	预付账款	1213	预付账款
10	1215	应收股利	1215	其他应收款
11	1218	其他应收款		
12	1219	坏账准备	1221	坏账准备
13	1301	在途物品	1301	库存物资
14	1302	库存物品		
15	1301	在途物品	121	在途材料
16	1302	库存物品	123	材料
17			129	低值易耗品
18			137	产成品
19			138	分期收款发出商品
20	1303	加工物品	132	委托加工材料
21	1841	林木资产	1303	苗木资产
22	1401	待摊费用	139	待摊费用
23	1501	长期股权投资	1501	长期投资
24	1502	长期债券投资		
25	1216	应收利息		
26	1501	长期股权投资		拨付所属资金
27	3001	累计盈余（借方）		

续表

序号	新制度科目		原制度科目	
	编号	名称	编号	名称
一、资产类				
28	1601	固定资产	151	固定资产
29	1701	无形资产		
30	1602	固定资产累计折旧	155	累计折旧
31	1902	待处理财产损溢	156	固定资产清理
32	1611	工程物资	159	在建工程
33	1613	在建工程		
34	1214	预付账款		
35	1901	长期待摊费用	171	递延资产
36	1701	无形资产	161	无形资产
37	1702	无形资产累计摊销	1802	累计摊销
38	1902	待处理财产损溢	181	待处理财产损溢
39	1841	林木资产	191	林木资产
二、负债类				
40	2001	短期借款	2001	短期借款
41	2103	应缴财政款	2101	应缴款项
42	2301	应付票据	2201	应付票据
43	2302	应付账款	2202	应付账款
44	2305	预收账款		
45	3001	累计盈余	206	专项应付款
46			207	拨入事业费
47	3101	专用基金	208	育林基金
48	2201	应付职工薪酬	2204	应付职工薪酬
49	2201	应付职工薪酬	211	应付工资
50	3001	累计盈余	214	应付福利费
51	3101	专用基金		
52	2307	其他应付款	2207	其他应付款
53	2201	应付职工薪酬		
54	2901	受托代理负债		
55	2101	应交增值税	2206	应交税金
56	2102	其他应交税费		
57	2304	应付利息	2209	预提费用
58	2401	预提费用		
59	2103	应缴财政款	222	其他应交款
60	2102	其他应交税费		
61	2307	其他应付款		
62	2501	长期借款	2301	长期借款
63	2304	应付利息		
64	2502	长期应付款	2241	住房周转金

序号	新制度科目		原制度科目	
	编号	名称	编号	名称
三、净资产类				
65	3001	累计盈余	3001	事业基金
66	3101	专用基金	3101	专用基金
67	3001	累计盈余	302	林木资本
68			3401	财政补助结转（余）
69	3001	累计盈余	301	实收资本
70			311	资本公积
71			313	盈余公积
72			322	利润分配
73	3001	累计盈余		上级拨入资金
五、成本类				
74	1614	营林工程	401	生产成本
75	1302	库存物品		
76	1303	加工物品		

附表4：

林场原"大账"与基建账会计科目对照表

"大账"会计科目		基建账会计科目	
编号	名称	编号	名称
一、资产类			
1001	库存现金	233	现金
1002	银行存款	232	银行存款
1003	零余额账户用款额度	234	零余额账户用款额度
1201	财政应返还额度	235	财政应返还额度
1101	短期投资	281	有价证券
1501	长期投资		
1212	应收账款	251	应收有偿调出器材及工程款
1211	应收票据	253	应收票据
1215	其他应收款	252	其他应收款
		261	拨付所属投资借款
151	固定资产	201	固定资产
155	累计折旧	202	累计折旧
159	在建工程	101	建筑安装工程投资
		102	设备投资
		103	待摊投资

续表

"大账"会计科目		基建账会计科目	
编号	名称	编号	名称
一、资产类			
159	在建工程	104	其他投资
		211	器材采购
		212	采购保管费
		213	库存设备
		214	库存材料
		218	材料成本差异
		219	委托加工器材
1213	预付账款	241	预付备料款
		242	预付工程款
156	固定资产清理	203	固定资产清理
181	待处理财产损溢	271	待处理财产损失
二、负债类			
2101	应缴款项	362	应交基建包干节余（应交财政部分）
		363	应交基建收入（应交财政部分）
		364	其他应交款（应交财政部分）
221	应交税金	361	应交税金
211	应付工资	341	应付工资
214	应付福利费	342	应付福利费
2202	应付账款	331	应付器材款
		332	应付工程款（1 年以内[注1]偿还的）
		351	应付有偿调入器材及工程款
2201	应付票据	353	应付票据
2207	其他应付款	352	其他应付款
		362	应交基建包干节余（非应交财政部分）
		363	应交基建收入（非应交财政部分）
		364	其他应交款（非应交财政部分）
222	其他应交款［未设"应缴款项"科目的］	362	应交基建包干节余
		363	应交基建收入
		364	其他应交款
261	长期应付款	332	应付工程款（超过 1 年[注2]偿还的）
2001	短期借款	304	基建投资借款（1 年以内偿还）
		305	上级拨入投资借款（1 年以内偿还）
		306	其他借款（1 年以内偿还）
241	长期借款	304	基建投资借款（1 年以上偿还）
		305	上级拨入投资借款（1 年以上偿还）
		306	其他借款（1 年以上偿还）

"大账"会计科目		基建账会计科目	
编号	名称	编号	名称
三、净资产类			
3401	财政补助结转（余）	301	基建拨款（余额中属于同级财政拨款的剩余资金）
		401	留成收入（属于同级财政拨款形成的部分）
206	专项应付款	301	基建拨款（余额中属于非同级财政拨款的剩余资金）
		401	留成收入（属于非同级财政拨款形成的部分）

注1：含1年，以下同。
注2：不含1年，以下同。

财政部关于印发测绘事业单位执行《政府会计制度——行政事业单位会计科目和报表》的衔接规定的通知

2018年7月22日　财会〔2018〕16号

自然资源部，各省、自治区、直辖市、计划单列市财政厅（局），新疆生产建设兵团财政局：

《政府会计制度——行政事业单位会计科目和报表》（财会〔2017〕25号）自2019年1月1日起施行。为了确保新制度在测绘事业单位的有效贯彻实施，我部制定了《关于测绘事业单位执行〈政府会计制度——行政事业单位会计科目和报表〉的衔接规定》，现印发给你们，请遵照执行。

执行中有何问题，请及时反馈我部。

附件：关于测绘事业单位执行《政府会计制度——行政事业单位会计科目和报表》的衔接规定

附件：

关于测绘事业单位执行《政府会计制度——行政事业单位会计科目和报表》的衔接规定

我部于2017年10月24日印发了《政府会计制度——行政事业单位会计科目和报表》（财会〔2017〕25号，以下简称新制度）。目前执行《测绘事业单位会计制度》（财会字〔1999〕1号）和财政部有关事业单位会计核算的补充规定（以下简称原制度）的测绘事业单位，自2019年1月1日起执行新制度，不再执行原制度。为了确保新旧会计制度顺利过渡，现对测绘事业单位执行新制度的有关衔接问题规定如下：

一、新旧制度衔接总要求

（一）自2019年1月1日起，测绘事业单位应当严格按照新制度的规定进行会计核算、编制财务报表和预算会计报表。

（二）测绘事业单位应当按照本规定做好新旧制度衔接的相关工作，主要包括以下几个方面：

1. 根据原账编制 2018 年 12 月 31 日的科目余额表，并按照本规定要求，编制原账的部分科目余额明细表（参见附表 1、附表 2）。

2. 按照新制度设立 2019 年 1 月 1 日的新账。

3. 按照本规定要求，登记新账的财务会计科目余额和预算结余科目余额，包括将原账科目余额转入新账财务会计科目、按照原账科目余额登记新账预算结余科目（测绘事业单位新旧会计制度转账、登记新账科目对照表参见附表 3），将未入账事项登记新账科目，并对相关新账科目余额进行调整。原账科目是指按照原制度规定设置的会计科目。

4. 按照登记及调整后新账的各会计科目余额，编制 2019 年 1 月 1 日的科目余额表，作为新账各会计科目的期初余额。

5. 根据新账各会计科目期初余额，按照新制度编制 2019 年 1 月 1 日资产负债表。

（三）及时调整会计信息系统。测绘事业单位应当按照新制度要求对原有会计信息系统进行及时更新和调试，实现数据正确转换，确保新旧账套的有序衔接。

二、财务会计科目的新旧衔接

（一）将 2018 年 12 月 31 日原账会计科目余额转入新账财务会计科目

1. 资产类

（1）"现金"科目

新制度设置了"库存现金"科目，该科目的核算内容与原账的"现金"科目的核算内容基本相同。转账时，应当将原账的"现金"科目余额转入新账的"库存现金"科目。其中，还应当将原账的"现金"科目余额中属于新制度规定受托代理资产的金额，转入新账"库存现金"科目下的"受托代理资产"明细科目。

（2）"银行存款"科目

新制度设置了"银行存款"和"其他货币资金"科目，原账设置了"银行存款"科目。转账时，应当将原账"银行存款"科目中核算的属于新制度规定的其他货币资金的金额，转入新账的"其他货币资金"科目；将原账"银行存款"科目余额减去其中属于其他货币资金金额后的差额，转入新账的"银行存款"科目。其中，还应当将原账"银行存款"科目余额中属于新制度规定受托代理资产的金额，转入新账"银行存款"科目下的"受托代理资产"明细科目。

（3）"财政应返还额度"、"应收票据"、"应收账款"、"预付账款"、"待摊费用"、"无形资产"、"待处理财产损溢"科目

新制度设置了"财政应返还额度"、"应收票据"、"应收账款"、"预付账款"、"待摊费用"、"无形资产"、"待处理财产损溢"科目，其核算内容与原账的上述相应科目的核算内容基本相同。转账时，应当将原账的上述科目余额直接转入新账的相应科目。

（4）"备用金"科目

新制度设置了"其他应收款"科目，该科目的核算内容包含了原账"备用金"科目的核算内容。转账时，应当将原账的"备用金"科目余额转入新账的"其他应收款"科目。

（5）"其他应收款"科目

新制度设置了"其他应收款"科目，该科目的核算内容与原账"其他应收款"科目的核算内容基本相同。转账时，应当将原账的"其他应收款"科目余额转入新账的"其他应收款"科目。

新制度设置了"在途物品"科目，测绘事业单位在原账"其他应收款"科目中核算了已经付款或开出商业汇票、尚未收到物资的，应当将原账的"其他应收款"科目余额中已经付款或开出商业汇票、尚未收到物资的金额，转入新账的"在途物品"科目。

（6）"库存材料"、"已完测绘项目"、"经营产品"科目

新制度设置了"库存物品"科目，原制度设置了"库存材料"、"已完测绘项目"、"经营产品"科目。

转账时，应当将原账的"库存材料"、"已完测绘项目"、"经营产品"科目余额转入新账"库存物品"科目中的相关明细科目。

（7）"对外投资"科目

新制度设置了"短期投资"、"长期股权投资"和"长期债券投资"科目，原制度设置了"对外投资"科目。转账时，应当将原账的"对外投资"科目余额中属于短期投资［持有时间不超过 1 年（含 1 年）］的金额，转入新账的"短期投资"科目；将原账的"对外投资"科目余额中属于长期股权投资［持有时间超过 1 年（不含 1 年）］的金额，转入新账的"长期股权投资"科目；将原账的"对外投资"科目余额中属于长期债券投资［持有时间超过 1 年（不含 1 年）］的金额，转入新账的"长期债券投资"科目。

（8）"固定资产"科目

新制度设置了"固定资产"科目，该科目的核算内容与原账的"固定资产"科目的核算内容基本相同。转账时，应当将原账的"固定资产"科目余额转入新账的"固定资产"科目。

测绘事业单位在原账的"固定资产"科目中核算了属于新制度规定的无形资产的，应当将原账的"固定资产"科目余额中属于无形资产的金额，转入新账的"无形资产"科目。

（9）"在建工程"科目

新制度设置了"在建工程"和"预付账款——预付备料款、预付工程款"科目，原账在基建"并账"时设置了"在建工程"科目。转账时，应当将原账的"在建工程"科目余额中属于预付备料款、预付工程款的金额，转入新账"预付账款"科目中的相关明细科目；将原账的"在建工程"科目余额减去预付备料款、预付工程款金额后的差额，转入新账的"在建工程"科目。

测绘事业单位在原账"在建工程"科目中核算了按照新制度规定应当记入"工程物资"科目内容的，应当将原账"在建工程"科目余额中属于工程物资的金额，转入新账的"工程物资"科目。

（10）"零余额账户用款额度"科目

由于原账的"零余额账户用款额度"科目年末无余额，该科目无需进行转账处理。

2. 负债类

（1）"应付票据"、"应付账款"、"预收账款"、"长期应付款"科目

新制度设置了"应付票据"、"应付账款"、"预收账款"、"长期应付款"科目，这些科目的核算内容与原账的上述相应科目的核算内容基本相同。转账时，应当将原账的上述科目余额直接转入新账的相应科目。

（2）"借入款项"科目

新制度设置了"短期借款"和"长期借款"科目，原制度设置了"借入款项"科目。转账时，应当将原账的"借入款项"科目余额中属于短期借款［期限在 1 年内（含 1 年）］的金额，转入新账的"短期借款"科目；将原账的"借入款项"科目余额中属于长期借款［期限超过 1 年（不含 1 年）］的金额，转入新账的"长期借款"科目。

（3）"应付工资（离退休费）"、"应付地方（部门）津贴补贴"、"应付其他个人收入"、"应付社会保障金"科目

新制度设置了"应付职工薪酬"科目，原制度设置了"应付工资（离退休费）"、"应付地方（部门）津贴补贴"、"应付其他个人收入"、"应付社会保障金"科目。转账时，应当将原账的"应付工资（离退休费）"、"应付地方（部门）津贴补贴"、"应付其他个人收入"、"应付社会保障金"科目余额，转入新账"应付职工薪酬"科目中的相关明细科目。

（4）"应缴预算款"、"应缴财政专户款"科目

新制度设置了"应缴财政款"科目，原制度设置了"应缴预算款"、"应缴财政专户款"科目。转账时，应当将原账的"应缴预算款"、"应缴财政专户款"科目余额，转入新账的"应缴财政款"科目。

（5）"应交税金"科目

新制度设置了"应交增值税"和"其他应交税费"科目，原制度设置了"应交税金"科目。转账时，应当将原账的"应交税金"科目余额中属于应交增值税的金额，转入新账的"应交增值税"科目；将原账

的"应交税金"科目余额减去属于应交增值税金额后的差额，转入新账的"其他应交税费"科目。

（6）"其他应付款"科目

新制度设置了"其他应付款"科目，该科目的核算内容与原账"其他应付款"科目的核算内容基本相同。转账时，应当将原账的"其他应付款"科目余额，转入新账的"其他应付款"科目。其中，测绘事业单位在原账的"其他应付款"科目中核算了属于新制度规定的其他应交税费（如应交的教育费附加）、长期应付款（如存入期限超过 1 年（不含 1 年）的保证金）、受托代理负债的，应当将原账的"其他应付款"科目余额中属于其他应交税费、长期应付款、受托代理负债的金额，分别转入新账的"其他应交税费"、"长期应付款"、"受托代理负债"科目。

（7）"预提费用"科目

新制度设置了"预提费用"科目。转账时，应当将原账的"预提费用"科目余额，转入新账的"预提费用"科目。其中，测绘事业单位在原账的"预提费用"科目中核算了借入款项的应付未付利息的，应当将原账的"预提费用"科目余额中属于应付利息的金额，转入新账的"应付利息"科目。

3. 净资产类

（1）"事业基金"科目

新制度设置了"累计盈余"科目，该科目的核算内容包含了原账"事业基金"科目的核算内容。转账时，应当将原账的"事业基金"科目余额转入新账的"累计盈余"科目。

（2）"固定基金"科目

依据新制度，无需对原制度中"固定基金"科目对应内容进行核算。转账时，应当将原账的"固定基金"科目余额转入新账的"累计盈余"科目。

（3）"专用基金"科目

新制度设置了"专用基金"科目，该科目的核算内容与原账"专用基金"科目的核算内容基本相同。转账时，应当将原账的"专用基金"科目余额转入新账的"专用基金"科目。

（4）"财政补助结存"科目

新制度设置了"累计盈余"科目，该科目的余额包含了原账的"财政补助结存"科目的余额内容。转账时，应当将原账的"财政补助结存"科目余额，转入新账的"累计盈余"科目。

（5）"非财政补助结转"、"专款结存"科目

新制度设置了"累计盈余"科目，该科目的余额包含了原账的"非财政补助结转"、"专款结存"科目的余额内容。设置了"非财政补助结转"、"专款结存"科目的测绘事业单位，转账时，应当将原账的"非财政补助结转"、"专款结存"科目余额转入新账的"累计盈余"科目。

（6）"经营结余"科目

新制度设置了"本期盈余"科目，该科目的核算内容包含了原账"经营结余"科目的核算内容。新制度规定"本期盈余"科目余额最终转入"累计盈余"科目，如果原账的"经营结余"科目有借方余额，转账时，应当将原账的"经营结余"科目借方余额，转入新账的"累计盈余"科目借方。

（7）"事业结余"、"结余分配"科目

由于原账的"事业结余"、"结余分配"科目年末无余额，这两个科目无需进行转账处理。

4. 收入类、支出及成本费用类

（1）"拨入专款"科目

新制度未设置"拨入专款"科目。转账时，未设置"专款结存"科目的测绘事业单位，如果原账的"拨入专款"科目有余额，应当将原账的"拨入专款"科目余额中属于拨给本单位的金额，转入新账的"累计盈余"科目；将原账的"拨入专款"科目余额中属于拨给下属单位的金额，转入新账的"其他应付款"科目贷方。

（2）"拨出专款"科目

新制度未设置"拨出专款"科目。转账时，未设置"专款结存"科目的测绘事业单位，如果原账的

"拨出专款"科目有余额，应当将原账的"拨出专款"科目余额中属于使用拨入专款资金的金额，转入新账的"其他应付款"科目借方；将原账的"拨出专款"科目余额中属于使用本单位自有资金的金额，转入新账的"累计盈余"科目借方。

（3）"专款支出"科目

新制度未设置"专款支出"科目。转账时，未设置"专款结存"科目的测绘事业单位，如果原账的"专款支出"科目有余额，应当将原账的"专款支出"科目余额，转入新账的"累计盈余"科目借方。

（4）"经营成本"科目

新制度设置了"加工物品"科目，原制度设置了"经营成本"科目。转账时，应当将原账的"经营成本"科目余额，转入新账"加工物品"科目中的相关明细科目。

由于原账中收入类、支出及成本费用类科目除了"拨入专款"、"拨出专款"、"专款支出"、"经营成本"以外的其他科目年末无余额，无需进行转账处理。

自2019年1月1日起，测绘事业单位应当按照新制度设置收入类、费用类科目并进行账务处理。

测绘事业单位存在其他本规定未列举的原账科目余额的，应当比照本规定转入新账的相应科目。新账的科目设有明细科目的，应将原账中对应科目的余额加以分析，分别转入新账中相应科目的相关明细科目。

测绘事业单位在进行新旧衔接的转账时，应当编制转账的工作分录，作为转账的工作底稿，并将转入新账的对应原科目余额及分拆原科目余额的依据作为原始凭证。

（二）将原未入账事项登记新账财务会计科目

1. 应收股利

测绘事业单位在新旧制度转换时，应当将2018年12月31日前未入账的应收股利（宣告派发尚未收到的股利）按照新制度规定记入新账。登记新账时，按照确定的应收股利金额，借记"应收股利"科目，贷记"累计盈余"科目。

2. 无形资产

测绘事业单位在新旧制度转换时，应当将2018年12月31日前未入账的无形资产按照新制度规定记入新账。登记新账时，按照确定的无形资产金额，借记"无形资产"科目，按照截至2018年12月31日无形资产应当分期摊销的累计摊销金额，贷记"无形资产累计摊销"科目，按照两者的差额，贷记"累计盈余"科目。

3. 预计负债

测绘事业单位在新旧制度转换时，应当将2018年12月31日按照新制度规定确认的预计负债记入新账。登记新账时，按照确定的预计负债金额，借记"累计盈余"科目，贷记"预计负债"科目。

测绘事业单位存在2018年12月31日前未入账的其他事项的，应当比照本规定登记新账的相应科目。

测绘事业单位对新账的财务会计科目补记未入账事项时，应当编制记账凭证，并将补充登记事项的确认依据作为原始凭证。

（三）对新账的相关财务会计科目余额按照新制度规定的会计核算基础进行调整

1. 计提坏账准备

新制度要求对单位收回后无需上缴财政的应收账款和其他应收款提取坏账准备。在新旧制度转换时，测绘事业单位应当按照2018年12月31日无需上缴财政的应收账款和其他应收款的余额计算应计提的坏账准备金额，借记"累计盈余"科目，贷记"坏账准备"科目。

2. 按照权益法调整长期股权投资账面余额

对按照新制度规定应当采用权益法核算的长期股权投资，在新旧制度转换时，测绘事业单位应当在"长期股权投资"科目下设置"新旧制度转换调整"明细科目，依据被投资单位2018年12月31日财务报表的所有者权益账面余额，以及单位持有被投资单位的股权比例，计算应享有或应分担的被投资单位所有者权益的份额，按其与原已确认的长期股权投资的差额，调整长期股权投资的账面余额，借记或贷记"长期股权投资——新旧制度转换调整"科目，贷记或借记"累计盈余"科目。

3. 确认长期债券投资期末应收利息

测绘事业单位应当按照新制度规定于 2019 年 1 月 1 日补记长期债券投资应收利息，按照长期债券投资的应收利息金额，借记"长期债券投资"科目 [到期一次还本付息] 或"应收利息"科目 [分期付息、到期还本]，贷记"累计盈余"科目。

4. 补提折旧

测绘事业单位在原账中尚未计提固定资产折旧的，应当全面核查截至 2018 年 12 月 31 日的固定资产的预计使用年限、已使用年限、尚可使用年限等，并于 2019 年 1 月 1 日对尚未计提折旧的固定资产补提折旧，按照应计提的折旧金额，借记"累计盈余"科目，贷记"固定资产累计折旧"科目。

5. 调整无形资产的累计摊销

测绘事业单位在原账中尚未计提无形资产摊销的，应当全面核查截至 2018 年 12 月 31 日无形资产的预计使用年限、已使用年限、尚可使用年限等，并于 2019 年 1 月 1 日对前期尚未计提摊销的无形资产补提摊销，按照应计提的摊销金额，借记"累计盈余"科目，贷记"无形资产累计摊销"科目。

测绘事业单位对原账中尚未核销、分期摊销并直接冲减账面价值的无形资产，按照截至 2018 年 12 月 31 日累计摊销的金额，借记"无形资产"科目，贷记"无形资产累计摊销"科目；对尚未核销、已经一次全部摊销并直接冲减账面价值的无形资产，按照原入账成本，借记"无形资产"科目，按照截至 2018 年 12 月 31 日应计提的摊销金额，贷记"无形资产累计摊销"科目，按照两者的差额，贷记"累计盈余"科目。

6. 确认长期借款期末应付利息

测绘事业单位应当按照新制度规定于 2019 年 1 月 1 日补记长期借款的应付利息金额，对其中资本化的部分，借记"在建工程"科目，对其中费用化的部分，借记"累计盈余"科目，按照全部长期借款应付利息金额，贷记"长期借款"科目 [到期一次还本付息] 或"应付利息"科目 [分期付息、到期还本]。

测绘事业单位对新账的财务会计科目期初余额进行调整时，应当编制记账凭证，并将调整事项的确认依据作为原始凭证。

三、预算会计科目的新旧衔接

（一）"财政拨款结转"和"财政拨款结余"科目及对应的"资金结存"科目余额

新制度设置了"财政拨款结转"、"财政拨款结余"科目及对应的"资金结存"科目。在新旧制度转换时，应当对原账的"财政补助结存"科目余额进行逐项分析，按照其中属于结转资金的金额，加上各项结转转入的支出中已经计入支出尚未支付财政资金（如发生时列支的应付账款）的金额，减去已经支付财政资金尚未计入支出（如购买的库存材料、测绘项目成本中支付的款项、预付账款等）的金额，按照增减后的金额，登记新账的"财政拨款结转"科目及其明细科目贷方；按照原账的"财政补助结存"科目余额中属于结余资金的金额，登记新账的"财政拨款结余"科目及其明细科目贷方。

按照原账"财政应返还额度"科目余额登记新账"资金结存——财政应返还额度"科目的借方；按照新账的"财政拨款结转"和"财政拨款结余"科目贷方余额合计数，减去新账的"资金结存——财政应返还额度"科目借方余额后的差额，登记新账的"资金结存——货币资金"科目借方。

（二）"非财政拨款结转"科目及对应的"资金结存"科目余额

新制度设置了"非财政拨款结转"科目及对应的"资金结存"科目。在新旧制度转换时，设置了"非财政补助结转"、"专款结存"科目的测绘事业单位，应当对原账的"非财政补助结转"、"专款结存"科目余额进行逐项分析，加上各项结转转入的支出中已经计入支出尚未支付非财政补助专项资金（如发生时列支的应付账款）的金额，减去已经支付非财政补助专项资金尚未计入支出（如购买的库存材料、测绘项目成本和经营产品中支付的款项、预付账款等）的金额，加上各项结转转入的收入中已经收到非财政补助专项资金尚未计入收入（如预收账款）的金额，减去已经计入收入尚未收到非财政补助专项资金（如应收账款）的金额，按照增减后的金额，登记新账的"非财政拨款结转"科目及其明细科目贷方；同时，按照相同的金额登记新账的"资金结存——货币资金"科目借方。

未设置"专款结存"科目的测绘事业单位，原账的"拨入专款"、"专款支出"科目有余额的，还应当按照原账"拨入专款"科目余额中拨给本单位的部分减去"专款支出"科目余额后的差额，加上专款支出中已经计入支出尚未支付专款资金（如发生时列支的应付账款）的金额，减去已经支付专款资金尚未计入专款支出（如购买的库存材料、测绘项目成本和经营产品中支付的款项、预付账款、其他应收款中的预付款项等）的金额，按照增减后的金额，借记新账的"资金结存——货币资金"科目，贷记新账的"非财政拨款结转"科目。

（三）"非财政拨款结余"科目及对应的"资金结存"科目余额

1. 登记"非财政拨款结余"科目余额

新制度设置了"非财政拨款结余"科目及对应的"资金结存"科目。在新旧制度转换时，应当按照原账的"事业基金"科目余额，借记新账的"资金结存——货币资金"科目，贷记新账的"非财政拨款结余"科目。

2. 对新账"非财政拨款结余"科目及"资金结存"科目余额进行调整

（1）调整应收票据、应收账款对非财政拨款结余的影响

对原账的"应收票据"、"应收账款"科目余额进行分析，区分其中发生时计入收入的金额和没有计入收入的金额。对发生时计入收入的金额，再区分计入专项资金收入的金额和计入非专项资金收入的金额，按照计入非专项资金收入的金额，借记"非财政拨款结余"科目，贷记"资金结存——货币资金"科目。

（2）调整预付账款对非财政拨款结余的影响

对原账的"预付账款"科目余额进行分析，区分其中由财政补助资金预付的金额、非财政补助专项资金预付的金额和非财政补助非专项资金预付的金额，按照非财政补助非专项资金预付的金额，借记"非财政拨款结余"科目，贷记"资金结存——货币资金"科目。

（3）调整其他应收款对非财政拨款结余的影响

按照新制度规定将原账其他应收款中的预付款项计入支出的，应当对原账的"其他应收款"科目余额进行分析，区分其中预付款项的金额（将来很可能列支）和非预付款项的金额，并对预付款项的金额划分为财政补助资金预付的金额、非财政补助专项资金预付的金额和非财政补助非专项资金预付的金额，按照非财政补助非专项资金预付的金额，借记"非财政拨款结余"科目，贷记"资金结存——货币资金"科目。

（4）调整库存材料、已完测绘项目、经营产品对非财政拨款结余的影响

对原账的"库存材料"、"已完测绘项目"、"经营产品"科目余额进行分析，区分已经支付资金的金额和未支付资金的金额。对已经支付资金的金额，划分出其中财政补助资金支付的金额、非财政补助专项资金支付的金额和非财政补助非专项资金支付的金额，按照非财政补助非专项资金支付的金额，借记"非财政拨款结余"科目，贷记"资金结存——货币资金"科目。

（5）调整对外投资对非财政拨款结余的影响

对原账的"对外投资"科目余额进行分析，区分其中支付货币资金取得的金额和其他方式取得的金额，按照支付货币资金取得的金额，借记"非财政拨款结余"科目，贷记"资金结存——货币资金"科目。

（6）调整借入款项对非财政拨款结余的影响

按照原账的"借入款项"科目余额，借记"资金结存——货币资金"科目，贷记"非财政拨款结余"科目。

（7）调整应付票据、应付账款对非财政拨款结余的影响

对原账的"应付票据"、"应付账款"科目余额进行分析，区分其中发生时计入支出的金额和未计入支出的金额。将计入支出的金额划分出财政补助应付的金额、非财政补助专项资金应付的金额和非财政补助非专项资金应付的金额，按照非财政补助非专项资金应付的金额，借记"资金结存——货币资金"科目，贷记"非财政拨款结余"科目。

（8）调整预收账款对非财政拨款结余的影响

按照原账的"预收账款"科目余额中预收非财政非专项资金的金额，借记"资金结存——货币资金"科目，贷记"非财政拨款结余"科目。

（9）调整经营成本对非财政拨款结余的影响

对原账的"经营成本"科目余额进行分析，区分其中已支付资金的金额和未支付资金的金额。按照已支付资金的金额，借记"非财政拨款结余"科目，贷记"资金结存——货币资金"科目。

（10）调整专用基金对非财政拨款结余的影响

对原账的"专用基金"科目余额进行分析，划分出按照预算收入比例列支提取的专用基金，按照列支提取的专用基金的金额，借记"资金结存——货币资金"科目，贷记"非财政拨款结余"科目。

3. 测绘事业单位按照前述1、2两个步骤难以准确调整出"非财政拨款结余"科目及对应的"资金结存"科目余额的，在新旧制度转换时，可以在新账的"库存现金"、"银行存款"、"其他货币资金"、"财政应返还额度"科目借方余额合计数基础上，对不纳入单位预算管理的资金进行调整（如减去新账中货币资金形式的受托代理资产、应缴财政款、已收取将来需要退回资金的其他应付款等，加上已支付将来需要收回资金的其他应收款等），按照调整后的金额减去新账的"财政拨款结转"、"财政拨款结余"、"非财政拨款结转"、"专用结余"科目贷方余额合计数，加上"经营结余"科目借方余额后的金额，登记新账的"非财政拨款结余"科目贷方；同时，按照相同的金额登记新账的"资金结存——货币资金"科目借方。

（四）"专用结余"科目及对应的"资金结存"科目余额

新制度设置了"专用结余"科目及对应的"资金结存"科目。在新旧制度转换时，测绘事业单位应当按照原账"专用基金"科目余额中通过非财政补助结余分配形成的金额，借记新账的"资金结存——货币资金"科目，贷记新账的"专用结余"科目。

（五）"经营结余"科目

新制度设置了"经营结余"科目及对应的"资金结存"科目。如果原账的"经营结余"科目期末有借方余额，在新旧制度转换时，应当按照原账的"经营结余"科目余额，借记新账的"经营结余"科目，贷记新账的"资金结存——货币资金"科目。

（六）"其他结余"、"非财政拨款结余分配"科目

新制度设置了"其他结余"和"非财政拨款结余分配"科目。由于这两个科目年初无余额，在新旧制度转换时，无需对"其他结余"和"非财政拨款结余分配"科目进行新账年初余额登记。

（七）预算收入类、预算支出类会计科目

由于预算收入类、预算支出类会计科目年初无余额，在新旧制度转换时，无需对预算收入类、预算支出类会计科目进行新账年初余额登记。

测绘事业单位自2019年1月1日起，应当按照新制度设置预算收入类、预算支出类科目并进行账务处理。

测绘事业单位存在2018年12月31日需要按照新制度预算会计核算基础调整预算会计科目期初余额的其他事项的，应当比照本规定调整新账的相应预算会计科目期初余额。

测绘事业单位对预算会计科目的期初余额登记和调整，应当编制记账凭证，并将期初余额登记和调整的依据制作原始凭证。

四、财务报表和预算会计报表的新旧衔接

（一）编制2019年1月1日资产负债表

测绘事业单位应当根据2019年1月1日新账的财务会计科目余额，按照新制度编制2019年1月1日资产负债表（仅要求填列各项目"年初余额"）。

（二）2019年度财务报表和预算会计报表的编制

测绘事业单位应当按照新制度规定编制2019年财务报表和预算会计报表。在编制2019年度收入费用表、净资产变动表、现金流量表和预算收入支出表、预算结转结余变动表时，不要求填列上年比较数。

测绘事业单位应当根据 2019 年 1 月 1 日新账财务会计科目余额，填列 2019 年净资产变动表各项目的"上年年末余额"；根据 2019 年 1 月 1 日新账预算会计科目余额，填列 2019 年预算结转结余变动表的"年初预算结转结余"项目和财政拨款预算收入支出表的"年初财政拨款结转结余"项目。

五、其他事项

截至 2018 年 12 月 31 日尚未进行基建"并账"的测绘事业单位，应当首先参照《新旧事业单位会计制度有关衔接问题的处理规定》（财会〔2013〕2 号），将基建账套相关数据并入 2018 年 12 月 31 日原账中的相关科目余额，再按照本规定将 2018 年 12 月 31 日原账相关会计科目余额转入新账相应科目。

附表 1：

测绘事业单位原会计科目余额明细表一

总账科目	明细分类	金额	备注
现金	库存现金		
	其中：受托代理现金		
银行存款	银行存款		
	其中：受托代理银行存款		
	其他货币资金		
其他应收款	在途物品		已经付款或已开出商业汇票，尚未收到物资
	其他		
对外投资	短期投资		
	长期股权投资		
	长期债券投资		
固定资产	固定资产		
	无形资产		
在建工程	在建工程		
	工程物资		
	预付工程款、预付备料款		
借入款项	短期借款		
	长期借款		
应交税金	应交增值税		
	其他应交税费		
其他应付款	其他应交税费		
	长期应付款		
	受托代理负债		
	其他		
预提费用	应付利息		
	其他		
拨入专款	拨给本单位专款		
	拨给下属单位专款		
拨出专款	使用拨入专款资金		
	使用本单位自有资金		

附表 2：

测绘事业单位原会计科目余额明细表二

总账科目	明细分类	金额	备注
应收票据、应收账款	发生时不计入收入		如转让资产的应收票据、应收账款
	发生时计入收入		
	其中：专项收入		
	其他		
预付账款	财政补助资金预付		
	非财政补助专项资金预付		
	非财政补助非专项资金预付		
其他应收款	预付款项		如职工预借的差旅费等
	其中：财政补助资金预付		
	非财政补助专项资金预付		
	非财政补助非专项资金预付		
	需要收回及其他		如支付的押金、应收为职工垫付的款项等
库存材料、已完测绘项目、经营产品	已支付资金		
	其中：使用财政补助资金		
	使用非财政补助专项资金		
	使用非财政补助非专项资金		
	未支付资金		如无偿调入的库存物资等
对外投资	用现金资产取得		
	用非现金资产或其他方式取得		
应付票据、应付账款	发生时不计入支出		
	发生时计入支出		
	其中：财政补助资金应付		
	非财政补助专项资金应付		
	非财政补助非专项资金应付		
预收账款	预收专项资金		
	预收非专项资金		
经营成本	已支付资金		
	未支付资金		

附表 3：

测绘事业单位新旧会计制度转账、登记新账科目对照表

序号	新制度科目		原制度科目	
	编号	名称	编号	名称
一、资产类				
1	1001	库存现金	101	现金
2	1002	银行存款	102	银行存款
3	1021	其他货币资金		

序号	新制度科目		原制度科目	
	编号	名称	编号	名称
一、资产类				
4	1211	应收票据	105	应收票据
5	1212	应收账款	106	应收账款
6	1214	预付账款	108	预付账款
7	1218	其他应收款	109	备用金
8	1218	其他应收款	110	其他应收款
9	1301	在途物品		
10	1302	库存物品	115	库存材料
11			116	已完测绘项目
12			117	经营产品
13	1401	待摊费用	118	待摊费用
14	1101	短期投资	119	对外投资
15	1501	长期股权投资		
16	1502	长期债券投资		
17	1601	固定资产	120	固定资产
18	1701	无形资产		
19	1611	工程物资		在建工程
20	1613	在建工程		
21	1214	预付账款		
22	1701	无形资产	124	无形资产
23	1201	财政应返还额度	125	财政应返还额度
24	1902	待处理财产损溢	130	待处理财产损溢
二、负债类				
25	2001	短期借款	201	借入款项
26	2501	长期借款		
27	2301	应付票据	202	应付票据
28	2302	应付账款	203	应付账款
29	2305	预收账款	204	预收账款
30	2201	应付职工薪酬	205	应付工资（离退休费）
31			206	应付社会保障金
32			212	应付地方（部门）津贴补贴
33			213	应付其他个人收入
34	2103	应缴财政款	208	应缴预算款
35			209	应缴财政专户款
36	2101	应交增值税	210	应交税金
37	2102	其他应交税费		

续表

序号	新制度科目		原制度科目	
	编号	名称	编号	名称
二、负债类				
38	2307	其他应付款		
39	2102	其他应交税费	211	其他应付款
40	2502	长期应付款		
41	2901	受托代理负债		
42	2304	应付利息	231	预提费用
43	2401	预提费用		
44	2502	长期应付款	261	长期应付款
三、净资产类				
45	3001	累计盈余	301	事业基金
46			302	固定基金
47	3101	专用基金	303	专用基金
48	3001	累计盈余	304	财政补助结存
49			305	非财政补助结转
50				专款结存
51	3001	累计盈余（借方）	307	经营结余（借方）
四、收入类				
52	3001	累计盈余	404	拨入专款
53	2307	其他应付款		
五、支出及成本费用类				
54	2307	其他应付款（借方）	502	拨出专款
55	3001	累计盈余（借方）		
56	3001	累计盈余（借方）	503	专款支出
57	1303	加工物品	535	经营成本

财政部关于印发地质勘查事业单位执行
《政府会计制度——行政事业单位会计科目和报表》的
衔接规定的通知

2018 年 7 月 22 日　财会〔2018〕17 号

自然资源部，各省、自治区、直辖市、计划单列市财政厅（局），新疆生产建设兵团财政局，有关单位：

《政府会计制度——行政事业单位会计科目和报表》（财会〔2017〕25 号）自 2019 年 1 月 1 日起施行。为了确保新制度在地质勘查事业单位的有效贯彻实施，我部制定了《关于地质勘查事业单位执行〈政府会计制度——行政事业单位会计科目和报表〉的衔接规定》，现印发给你们，请遵照执行。

执行中有何问题，请及时反馈我部。

附件：关于地质勘查事业单位执行《政府会计制度——行政事业单位会计科目和报表》的衔接规定

附件：

关于地质勘查事业单位执行《政府会计制度——行政事业单位会计科目和报表》的衔接规定

我部于 2017 年 10 月 24 日印发了《政府会计制度——行政事业单位会计科目和报表》（财会〔2017〕25 号，以下简称新制度）。目前执行《地质勘查单位会计制度》（财会字〔1996〕15 号）和财政部有关事业单位会计核算的补充规定（以下简称原制度）的地质勘查事业单位（以下简称地勘单位），自 2019 年 1 月 1 日起执行新制度，不再执行原制度。为了确保新旧会计制度顺利过渡，现对地勘单位执行新制度的有关衔接问题规定如下：

一、新旧制度衔接总要求

（一）自 2019 年 1 月 1 日起，地勘单位应当严格按照新制度的规定进行会计核算、编制财务报表和预算会计报表。

（二）地勘单位应当按照本规定做好新旧制度衔接的相关工作，主要包括以下几个方面：

1. 根据原账编制 2018 年 12 月 31 日的科目余额表，并按照本规定要求，编制原账的部分科目余额明细表（参见附表 1、附表 2）。

2. 按照新制度设立 2019 年 1 月 1 日的新账。

3. 按照本规定要求，登记新账的财务会计科目余额和预算结余科目余额，包括将原账科目余额转入新账财务会计科目、按照原账科目余额登记新账预算结余科目（地勘单位新旧会计制度转账、登记新账科目对照表参见附表 3），将未入账事项登记新账科目，并对相关新账科目余额进行调整。原账科目是指按照原制度规定设置的会计科目。

4. 按照登记及调整后新账的各会计科目余额，编制 2019 年 1 月 1 日的科目余额表，作为新账各会计科目的期初余额。

5. 根据新账各会计科目期初余额，按照新制度编制 2019 年 1 月 1 日资产负债表。

（三）及时调整会计信息系统。地勘单位应当按照新制度要求对原有会计信息系统进行及时更新和调试，实现数据正确转换，确保新旧账套的有序衔接。

二、财务会计科目的新旧衔接

（一）将 2018 年 12 月 31 日原账会计科目余额转入新账财务会计科目

1. 资产类

（1）"现金"科目

新制度设置了"库存现金"科目，该科目的核算内容与原账"现金"科目的核算内容基本相同。转账时，地勘单位应当将原账的"现金"科目余额转入新账的"库存现金"科目。其中，还应当将原账的"现金"科目余额中属于新制度规定受托代理资产的金额，转入新账"库存现金"科目下的"受托代理资产"明细科目。

（2）"银行存款"、"其他货币资金"、"财政应返还额度"、"短期投资"、"应收票据"、"应收账款"、"坏账准备"、"预付账款"、"待摊费用"、"固定资产"、"无形资产"、"待处理财产损溢"科目

新制度设置了"银行存款"、"其他货币资金"、"财政应返还额度"、"短期投资"、"应收票据"、"应收账款"、"坏账准备"、"预付账款"、"待摊费用"、"固定资产"、"无形资产"、"待处理财产损溢"科

目，其核算内容与原账的上述相应科目的核算内容基本相同。转账时，地勘单位应当将原账的上述科目余额直接转入新账的相应科目。其中，还应当将原账的"银行存款"科目余额中属于新制度规定受托代理资产的金额，转入新账"银行存款"科目下的"受托代理资产"明细科目。

（3）"备用金"科目

新制度设置了"其他应收款"科目，该科目的核算内容包含了原账"备用金"科目的核算内容。转账时，应当将原账的"备用金"科目余额转入新账的"其他应收款"科目。

（4）"其他应收款"科目

新制度设置了"其他应收款"科目，该科目的核算内容与原账"其他应收款"科目的核算内容基本相同。转账时，地勘单位应当将原账的"其他应收款"科目余额转入新账的"其他应收款"科目。

在原账的"其他应收款"科目中核算了属于新制度规定的应收股利和应收利息的地勘单位，应当将原账的"其他应收款"科目余额中属于应收股利、应收利息的金额，分别转入新账的"应收股利"、"应收利息"科目。

（5）"器材采购"科目

新制度设置了"在途物品"科目，该科目的核算内容与原账"器材采购"科目的核算内容基本相同。转账时，地勘单位应当将原账的"器材采购"科目余额转入新账的"在途物品"科目。

（6）"材料"、"管材"、"管材摊销"、"器材成本差异"、"产成品"、"地质成果"科目

新制度设置了"库存物品"科目，该科目的核算内容包含了原账"材料"、"管材"、"管材摊销"、"器材成本差异"、"产成品"、"地质成果"科目的核算内容。转账时，地勘单位应当将原账的"材料"、"管材"、"管材摊销"、"器材成本差异"、"产成品"、"地质成果"科目余额转入新账"库存物品"科目中的相关明细科目。地勘单位可以根据实际情况自行设置明细科目。

（7）"委托加工器材"科目

新制度设置了"加工物品"科目，该科目的核算内容包含了原账"委托加工器材"科目的核算内容。转账时，地勘单位应当将原账的"委托加工器材"科目余额转入新账的"加工物品"科目。

（8）"长期投资"科目

新制度设置了"长期股权投资"和"长期债券投资"科目，原制度设置了"长期投资"科目。转账时，地勘单位应当将原账的"长期投资"科目余额中属于股权投资的金额，转入新账的"长期股权投资"科目及其明细科目；将原账的"长期投资"科目余额中属于债券投资的金额，转入新账的"长期债券投资"科目及其明细科目，并将其中分期付息、到期还本的长期债券投资的应收利息金额，转入新账的"应收利息"科目。

（9）"拨付所属资金"科目

新制度未设置"拨付所属资金"科目。如果所属单位为企业，转账时应当将原账的"拨付所属资金"科目相应余额转入新账的"长期股权投资"科目［成本法］或"长期股权投资——成本"科目［权益法］；如果所属单位为事业单位，转账时应当将原账的"拨付所属资金"科目的相应余额转入新账的"累计盈余"科目借方。地勘单位对本单位内部独立核算单位使用"拨付所属资金"科目的，该科目余额与内部独立核算单位的"上级拨入资金"科目余额冲销后，年末无余额。

（10）"累计折旧"科目

新制度设置了"固定资产累计折旧"科目，该科目的核算内容与原账"累计折旧"科目的核算内容基本相同。转账时，地勘单位应当将原账的"累计折旧"科目余额转入新账的"固定资产累计折旧"科目。

（11）"固定资产清理"科目

新制度设置了"待处理财产损溢"科目，该科目的核算内容包含了原账"固定资产清理"科目的核算内容。转账时，地勘单位应当将原账的"固定资产清理"科目余额转入新账的"待处理财产损溢"科目。

（12）"在建工程"科目

新制度设置了"在建工程"、"工程物资"科目，原制度设置了"在建工程"科目。转账时，地勘单

位应当将原账的"在建工程"科目余额中属于工程物资的金额，转入新账的"工程物资"科目；将原账的"在建工程"科目余额减去属于工程物资的金额后的差额，转入新账的"在建工程"科目。

（13）"累计摊销"科目

新制度设置了"无形资产累计摊销"科目，该科目的核算内容与原账"累计摊销"科目的核算内容基本相同。设置了"累计摊销"科目的地勘单位，转账时，应当将原账的"累计摊销"科目余额，转入新账的"无形资产累计摊销"科目。

（14）"递延资产"科目

新制度设置了"长期待摊费用"科目，该科目的核算内容与原账"递延资产"科目的核算内容基本相同。转账时，地勘单位应当将原账的"递延资产"科目余额，转入新账的"长期待摊费用"科目。

（15）"零余额账户用款额度"科目

由于原账的"零余额账户用款额度"科目年末无余额，无需进行转账处理。

（16）"内部往来"科目

原账的"内部往来"科目属于单位内部核算科目，核算本单位内部各单位之间的往来款项，不在本单位的会计报表中反映。新旧衔接时不对原账的"内部往来"科目余额进行处理。

（17）"限额存款"科目

由于原账的"限额存款"科目已经不再使用，无需进行转账处理。

2. 负债类

（1）"短期借款"、"应付票据"、"应付账款"、"预收账款"、"长期应付款"科目

新制度设置了"短期借款"、"应付票据"、"应付账款"、"预收账款"、"长期应付款"科目，这些科目的核算内容与原账的上述相应科目的核算内容基本相同。转账时，地勘单位应当将原账的上述科目余额直接转入新账的相应科目。

（2）"其他应付款"科目

新制度设置了"其他应付款"科目，该科目的核算内容包含了原账"其他应付款"科目的核算内容。转账时，地勘单位应当将原账的"其他应付款"科目余额，转入新账的"其他应付款"科目。其中，地勘单位在原账的"其他应付款"科目中核算属于新制度规定的受托代理负债的，应当将原账的"其他应付款"科目余额中属于受托代理负债的金额，转入新账的"受托代理负债"科目。

（3）"应付工资"科目

新制度设置了"应付职工薪酬"科目，原制度设置了"应付工资"科目。转账时，地勘单位应当将原账的"应付工资"科目余额中属于节余与收益分配转入的奖金金额，转入新账的"专用基金"科目，将原账的"应付工资"科目余额减去分配转入奖金后的差额，转入新账"应付职工薪酬"科目及其明细科目。

设置"应付工资（离退休费）"、"应付地方（部门）津贴补贴"、"应付其他个人收入"科目核算发放职工工资等的地勘单位，参照上述"应付工资"科目余额的转账处理，进行"应付工资（离退休费）"、"应付地方（部门）津贴补贴"、"应付其他个人收入"科目余额的转账。

（4）"应付福利费"科目

新制度未设置"应付福利费"科目。转账时，地勘单位应当对原账的"应付福利费"科目余额进行分析，将其中属于职工福利基金的金额转入新账的"专用基金——职工福利基金"科目，将其他余额转入新账的"累计盈余"科目。

（5）"应交税金"科目

新制度设置了"应交增值税"和"其他应交税费"科目，原制度设置了"应交税金"科目。转账时，地勘单位应当将原账的"应交税金"科目余额中属于应交增值税的金额，转入新账的"应交增值税"科目；将原账的"应交税金"科目余额减去属于应交增值税金额后的差额，转入新账的"其他应交税费"科目。

（6）"其他应交款"科目

新制度未设置"其他应交款"科目。转账时，地勘单位应当将原账的"其他应交款"科目余额中属于

应缴财政款的金额，转入新账的"应缴财政款"科目；将属于其他应交税费（如应交的教育费附加）的金额，转入新账的"其他应交税费"科目；将原账的"其他应交款"科目的其余余额，转入新账的"其他应付款"科目。

（7）"应缴国库款"和"应缴财政专户存款"科目

新制度设置了"应缴财政款"科目，原制度设置了"应缴国库款"和"应缴财政专户存款"科目。设置了"应缴国库款"和"应缴财政专户存款"科目的地勘单位，转账时，应当将原账的"应缴国库款"和"应缴财政专户存款"科目余额，转入新账的"应缴财政款"科目。

（8）"预提费用"科目

新制度设置了"预提费用"科目。转账时，地勘单位应当将原账的"预提费用"科目余额中属于预提短期借款应付未付利息的金额，转入新账的"应付利息"科目；将原账的"预提费用"科目余额减去属于预提短期借款利息金额后的差额，转入新账的"预提费用"科目。

（9）"长期借款"科目

新制度设置了"长期借款"科目，该科目的核算内容与原账"长期借款"科目的核算内容基本相同。转账时，地勘单位应当将原账的"长期借款"科目余额，转入新账的"长期借款"科目。其中，在原账的"长期借款"科目中核算了分期付息、到期还本的长期借款应付利息的，应当将原账的"长期借款"科目余额中属于分期付息、到期还本的长期借款应付利息金额，转入新账的"应付利息"科目。

（10）"专项应付款"科目

新制度未设置"专项应付款"科目。转账时，地勘单位应当将原账的"专项应付款"科目余额转入新账的"累计盈余"科目。

（11）"住房周转金"科目

新制度未设置"住房周转金"科目。转账时，如果房产已经全部处理完毕，不需要和房管部门进行资金清算的，应当将原账的"住房周转金"科目余额转入新账的"累计盈余"科目；如果房产还未处理完毕，需要和房管部门进行资金清算的，应当将原账的"住房周转金"科目余额转入新账的"长期应付款"科目。地勘单位在原账的"住房周转金"科目中核算了职工集资建房资金的，应当将原账的"住房周转金"科目余额中属于职工集资建房资金的金额，转入新账的"长期应付款"科目。

3. 净资产类

（1）"国家基金"科目

新制度设置了"累计盈余"科目，该科目的核算内容包含了原账"国家基金"科目的核算内容。转账时，地勘单位应当将原账的"国家基金"科目余额转入新账的"累计盈余"科目。

（2）"上级拨入资金"科目

新制度设置了"累计盈余"科目，地勘单位将上级单位拨付的资金、实物资产等计入原账的"上级拨入资金"科目的，转账时，应当将原账的"上级拨入资金"科目余额转入新账的"累计盈余"科目。

地勘单位的内部独立核算单位使用"上级拨入资金"科目的，该科目余额与地勘单位的"拨付所属资金"科目余额冲销后，年末无余额。

（3）"地勘发展基金"科目

新制度设置了"累计盈余"科目，该科目的核算内容包含了原账"地勘发展基金"科目的核算内容。转账时，地勘单位应当将原账的"地勘发展基金"科目余额转入新账的"累计盈余"科目。

（4）"公益金"科目

新制度设置了"专用基金"科目，该科目的核算内容包含了原账"公益金"科目的核算内容。转账时，地勘单位应当将原账的"公益金"科目余额转入新账的"专用基金——职工福利基金"科目。

（5）"节余与收益分配"科目

新制度设置了"本年盈余分配"科目，该科目的核算内容与原账"节余与收益分配"科目的核算内容基本相同。新制度规定"本年盈余分配"科目余额最终转入"累计盈余"科目，如果原账的"节余与收益分配"科目有借方余额,转账时,地勘单位应当将原账的"节余与收益分配"科目借方余额,转入新账的"累计盈余"科目借方。

(6)"节余"、"收益"科目

由于原账的"节余"、"收益"科目年末无余额,这两个科目无需进行转账处理。

4. 地勘拨款与支出类

(1)"地勘工作拨款"、"已完地质项目支出"、"其他经费支出"科目

转账时,地勘单位应当将原账的"地勘工作拨款"、"已完地质项目支出"、"其他经费支出"科目余额,转入新账的"累计盈余"科目。

(2)"未完地质项目支出"科目

转账时,地勘单位应当将原账的"未完地质项目支出"科目余额,转入新账的"加工物品"科目。

5. 成本类

(1)"地勘生产"、"辅助生产"、"多种经营生产"科目

转账时,地勘单位应当将原账的"地勘生产"、"辅助生产"、"多种经营生产"科目余额,转入新账的"加工物品"科目。

(2)"间接费用"科目

由于原账的"间接费用"科目年末无余额,无需进行转账处理。

6. 损益类

由于原账中损益类科目年末无余额,无需进行转账处理。自2019年1月1日起,地勘单位应当按照新制度设置收入类、费用类科目并进行账务处理。

地勘单位存在其他本规定未列举的原账科目余额的,应当比照本规定转入新账的相应科目。新账的科目设有明细科目的,应将原账中对应科目的余额加以分析,分别转入新账中相应科目的相关明细科目。

地勘单位在进行新旧衔接的转账时,应当编制转账的工作分录,作为转账的工作底稿,并将转入新账的对应原科目余额及分拆原科目余额的依据作为原始凭证。

(二)将原未入账事项登记新账财务会计科目

1. 应收股利

地勘单位在新旧制度转换时,应当将2018年12月31日前未入账的应收股利(宣告派发尚未收到的股利)按照新制度规定记入新账。登记新账时,按照确定的应收股利金额,借记"应收股利"科目,贷记"累计盈余"科目。

2. 预计负债

地勘单位在新旧制度转换时,应当将2018年12月31日按照新制度规定确认的预计负债记入新账。登记新账时,按照确定的预计负债金额,借记"累计盈余"科目,贷记"预计负债"科目。

地勘单位存在2018年12月31日前未入账的其他事项的,应当比照本规定登记新账的相应科目。

地勘单位对新账的财务会计科目补记未入账事项时,应当编制记账凭证,并将补充登记事项的确认依据作为原始凭证。

(三)对新账的相关财务会计科目余额按照新制度规定的会计核算基础进行调整

1. 按照权益法调整长期股权投资账面余额

对按照新制度规定应当采用权益法核算的长期股权投资,在新旧制度转换时,单位应当在"长期股权投资"科目下设置"新旧制度转换调整"明细科目,依据被投资单位2018年12月31日财务报表的所有者权益账面余额,以及单位持有被投资单位的股权比例,计算应享有或应分担的被投资单位所有者权益的份额,调整长期股权投资的账面余额,借记或贷记"长期股权投资——新旧制度转换调整"科目,贷记或借记"累计盈余"科目。

2. 调整无形资产累计摊销

原账中未设置"累计摊销"科目的地勘单位,对尚未核销、已经分期摊销并直接冲减账面价值的无形

资产，按照截至 2018 年 12 月 31 日无形资产累计摊销的金额，借记"无形资产"科目，贷记"无形资产累计摊销"科目。

地勘单位对新账的财务会计科目期初余额进行调整时，应当编制记账凭证，并将调整事项的确认依据作为原始凭证。

三、预算会计科目的新旧衔接

（一）"财政拨款结转"、"财政拨款结余"科目及对应的"资金结存"科目余额

新制度设置了"财政拨款结转"、"财政拨款结余"科目及对应的"资金结存"科目。在新旧制度转换时，地勘单位应当对原账的"地勘工作拨款"、"已完地质项目支出"、"未完地质项目支出"等科目余额进行逐项分析，计算出属于本级政府财政拨款结转资金的金额，并对本级政府财政拨款结转金额进行收付实现制调整［加上支出中已经计入支出尚未支付财政资金（如发生时列支的应付账款）的金额，减去已经支付财政资金尚未计入支出（如预付账款、固定资产和无形资产的净值等）的金额］。按照分析、计算、调整后的金额，登记新账的"财政拨款结转"科目及其明细科目贷方。

地勘单位应当对原账的"地勘工作拨款"、"已完地质项目支出"、"未完地质项目支出"等科目余额进行逐项分析，计算出属于本级政府财政拨款结余资金的金额，登记新账的"财政拨款结余"科目及其明细科目贷方。

按照原账的"财政应返还额度"科目余额登记新账的"资金结存——财政应返还额度"科目借方；按照新账的"财政拨款结转"和"财政拨款结余"科目贷方余额合计数，减去新账的"资金结存——财政应返还额度"科目借方余额后的差额，登记新账的"资金结存——货币资金"科目借方。

（二）"非财政拨款结转"科目及对应的"资金结存"科目余额

新制度设置了"非财政拨款结转"科目及对应的"资金结存"科目。在新旧制度转换时，地勘单位应当对原账的"地勘工作拨款"、"已完地质项目支出"、"未完地质项目支出"、"其他经费支出"、"专项应付款"等科目余额进行分析，计算出属于非财政拨款专项资金的金额，并进行收付实现制调整［加上支出中已经计入支出尚未支付非财政拨款专项资金（如发生时列支的应付账款）的金额，减去已经支付非财政拨款专项资金尚未计入支出（如预付账款、固定资产和无形资产的净值等）的金额，加上收入中已经收到非财政拨款专项资金尚未计入收入（如预收账款）的金额，减去已经计入收入尚未收到非财政拨款专项资金（如应收账款）的金额］。按照分析、计算、调整后的金额，登记新账的"非财政拨款结转"科目及其明细科目贷方；同时，按照相同的金额登记新账的"资金结存——货币资金"科目借方。

（三）"专用结余"科目及对应的"资金结存"科目余额

新制度设置了"专用结余"科目及对应的"资金结存"科目。在新旧制度转换时，地勘单位应当按照原账"公益金"科目余额，加上原账的"应付工资"科目余额中分配转入的奖金的金额，借记新账的"资金结存——货币资金"科目，贷记新账的"专用结余"科目。

（四）"经营结余"科目及对应的"资金结存"科目余额

新制度设置了"经营结余"科目及对应的"资金结存"科目。如果原账的"节余与收益分配"科目有借方余额，在新旧制度转换时，地勘单位应当按照原账的"节余与收益分配"科目借方余额中属于新制度规定的经营结余的金额，借记新账的"经营结余"科目，贷记新账的"资金结存——货币资金"科目。

（五）"非财政拨款结余"科目及对应的"资金结存"科目余额

新制度设置了"非财政拨款结余"科目及对应的"资金结存"科目。在新旧制度转换时，地勘单位应当在新账的"库存现金"、"银行存款"、"其他货币资金"、"财政应返还额度"科目借方余额合计数基础上，对不纳入单位预算管理的资金进行调整（如减去新账中货币资金形式的受托代理资产、应缴财政款、已收取将来需要退回资金的其他应付款等，加上已支付将来需要收回资金的其他应收款等），按照调整后的金额减去新账的"财政拨款结转"、"财政拨款结余"、"非财政拨款结转"、"专用结余"科目贷方余额合计数，加上"经营结余"科目借方余额后的金额，登记新账的"非财政拨款结余"科目贷方；同时，按

照相同的金额登记新账的"资金结存——货币资金"科目借方。

（六）"其他结余"和"非财政拨款结余分配"科目

新制度设置了"其他结余"和"非财政拨款结余分配"科目。由于这两个科目年初无余额，在新旧制度转换时，地勘单位无需对"其他结余"和"非财政拨款结余分配"科目进行新账年初余额登记。

（七）预算收入类、预算支出类会计科目

由于预算收入类、预算支出类会计科目年初无余额，在新旧制度转换时，无需对预算收入类、预算支出类会计科目进行新账年初余额登记。

地勘单位应当自 2019 年 1 月 1 日起，按照新制度设置预算收入类、预算支出类科目并进行账务处理。

地勘单位存在 2018 年 12 月 31 日需要按照新制度预算会计核算基础调整预算会计科目期初余额的其他事项的，应当比照本规定调整新账的相应预算会计科目期初余额。

地勘单位对预算会计科目的期初余额登记和调整，应当编制记账凭证，并将期初余额登记和调整的依据作为原始凭证。

四、财务报表和预算会计报表新旧衔接

（一）编制 2019 年 1 月 1 日资产负债表

地勘单位应当根据 2019 年 1 月 1 日新账的财务会计科目余额，按照新制度编制 2019 年 1 月 1 日资产负债表（仅要求填列各项目"年初余额"）。

（二）2019 年度财务报表和预算会计报表的编制

地勘单位应当按照新制度规定编制 2019 年财务报表和预算会计报表。在编制 2019 年度收入费用表、净资产变动表、现金流量表和预算收入支出表、预算结转结余变动表时，不要求填列上年比较数。

地勘单位应当根据 2019 年 1 月 1 日新账财务会计科目余额，填列 2019 年净资产变动表各项目的"上年年末余额"；根据 2019 年 1 月 1 日新账预算会计科目余额，填列 2019 年预算结转结余变动表的"年初预算结转结余"项目和财政拨款预算收入支出表的"年初财政拨款结转结余"项目。

五、其他事项

截至 2018 年 12 月 31 日尚未进行基建"并账"的地勘单位，应当首先参照《新旧事业单位会计制度有关衔接问题的处理规定》（财会〔2013〕2 号），将基建账套相关数据并入 2018 年 12 月 31 日原账中的相关科目余额，再按照本规定将 2018 年 12 月 31 日原账相关会计科目余额转入新账相应科目。

附表 1：

地勘单位原会计科目余额明细表一

总账科目	明细分类	金额	备注
现金	库存现金		
	其中：受托代理现金		
银行存款	银行存款		
	其中：受托代理银行存款		
其他应收款	应收股利		
	应收利息		
	其他		
长期投资	长期股权投资		
	长期债券投资		
	分期付息的债券投资应收利息		

续表

总账科目	明细分类	金额	备注
拨付所属资金	拨付所属事业单位		
	拨付所属企业		
在建工程	在建工程		
	工程物资		
应付工资	节余和收益分配转入的奖金		
	其他		
应付福利费	属于职工福利基金		
	其他		
应交税金	应交增值税		
	其他应交税金		
其他应付款	受托代理负债		代管款项等
	其他		
其他应交款	应缴财政款		
	其他应交税费		
	其他		
预提费用	预提应付利息		
	其他		
长期借款	分期付息的应付利息		
	其他		
住房周转金	应付款项		
	其他		

附表 2：

地勘单位原会计科目余额明细表二

总账科目	明细分类	金额	备注
应收票据、应收账款	发生时不计入收入		如转让资产的应收票据、应收账款
	发生时计入收入		
	其中：专项收入		
	其他		
预付账款	财政拨款资金预付		
	非财政拨款专项资金预付		
	其他		
其他应收款	预付款项		如职工预借的差旅费等
	其中：财政拨款资金预付		
	非财政拨款专项资金预付		
	其他		
	需要收回及其他		如支付的押金、应收为职工垫付的款项等

续表

总账科目	明细分类	金额	备注
器材采购、委托加工器材、材料、管材、管材摊销、器材成本差异、产成品、地质成果、地勘生产、辅助生产、多种经营生产	支付资金：		
	其中：使用财政拨款资金支付		
	使用非财政拨款专项资金支付		
	其他		
	非支付资金		如无偿调入的材料等
固定资产净值、无形资产净值	支付资金取得		
	其中：使用财政拨款资金		
	使用非财政拨款专项资金		
	其他		
	非支付资金取得		如换入、无偿调入的固定资产等
在建工程	使用财政拨款资金		
	使用非财政拨款专项资金		
	其他		
应付票据、应付账款	发生时不计入支出		
	发生时计入支出		
	其中：财政拨款资金应付		
	非财政拨款专项资金应付		
	其他		
预收账款	预收专项资金		
	其他		
地勘工作拨款	拨入本级财政资金		
	其中：已完项目资金		
	未完项目资金		
	其他		
	拨入其他资金		
	其中：已完项目资金		
	未完项目资金		
	其他		
已完地质项目支出	本级政府财政拨款		
	非本级政府财政拨款		
未完地质项目支出	本级政府财政拨款		
	非本级政府财政拨款		
库存现金、银行存款、其他货币资金	不纳入单位预算管理的资金		包括货币资金形式的受托代理资产、应缴财政款、收到的将来需要退回资金的其他应付款等
	纳入单位预算管理的资金		

附表3：

地勘单位新旧会计制度转账、登记新账科目对照表

序号	新制度科目		原制度科目	
	编号	名称	编号	名称
一、资产类				
1	1001	库存现金	101	现金
2	1002	银行存款	102	银行存款
3	1021	其他货币资金	109	其他货币资金
4	1101	短期投资	111	短期投资
5	1201	财政应返还额度		财政应返还额度
6	1211	应收票据	112	应收票据
7	1212	应收账款	113	应收账款
8	1219	坏账准备	114	坏账准备
9	1214	预付账款	115	预付账款
10	1218	其他应收款	118	备用金
11	1215	应收股利	119	其他应收款
12	1216	应收利息		
13	1218	其他应收款		
14	1301	在途物品	121	器材采购
15			123	材料
16	1302	库存物品	125	管材
17			126	管材摊销
18			132	器材成本差异
19	1303	加工物品	133	委托加工器材
20	1302	库存物品	135	产成品
21			137	地质成果
22	1401	待摊费用	139	待摊费用
23	1501	长期股权投资	141	长期投资
24	1502	长期债券投资		
25	1216	应收利息		
26	1501	长期股权投资	145	拨付所属资金
27	3001	累计盈余（借方）		
28	1601	固定资产	151	固定资产
29	1602	固定资产累计折旧	155	累计折旧
30	1902	待处理财产损溢	156	固定资产清理
31	1611	工程物资	159	在建工程
32	1613	在建工程		
33	1701	无形资产	161	无形资产
34	1702	无形资产累计摊销		累计摊销

续表

序号	新制度科目		原制度科目	
	编号	名称	编号	名称
一、资产类				
35	1901	长期待摊费用	171	递延资产
36	1902	待处理财产损溢	181	待处理财产损溢
二、负债类				
37	2001	短期借款	201	短期借款
38	2301	应付票据	202	应付票据
39	2302	应付账款	203	应付账款
40	2305	预收账款	204	预收账款
41	2307	其他应付款	209	其他应付款
42	2901	受托代理负债		
43	2201	应付职工薪酬	211	应付工资
44	3101	专用基金		
45	3001	累计盈余	214	应付福利费
46	3101	专用基金		
47	2101	应交增值税	221	应交税金
48	2102	其他应交税费		
49	2103	应缴财政款		应缴国库款
50				应缴财政专户款
51	2103	应缴财政款	229	其他应交款
52	2102	其他应交税费		
53	2307	其他应付款		
54	2304	应付利息	231	预提费用
55	2401	预提费用		
56	2501	长期借款	241	长期借款
57	2304	应付利息		
58	2502	长期应付款	251	长期应付款
59	3001	累计盈余	261	专项应付款
60	3001	累计盈余	271	住房周转金
61	2502	长期应付款		
三、净资产类				
62	3001	累计盈余	301	国家基金
63			305	上级拨入资金
64			311	地勘发展基金
65	3001	累计盈余（借方）	341	节余与收益分配（借方）
66	3101	专用基金	315	公益金
四、地勘拨款与支出类				
67	3001	累计盈余	401	地勘工作拨款
68	3001	累计盈余（借方）	412	已完地质项目支出

续表

| 序号 | 新制度科目 | | 原制度科目 | |
	编号	名称	编号	名称
四、地勘拨款与支出类				
69	3001	累计盈余（借方）	413	其他经费支出
70	1303	加工物品	411	未完地质项目支出
五、成本类				
71			501	地勘生产
72	1303	加工物品	515	辅助生产
73			521	多种经营生产

财政部关于印发高等学校执行
《政府会计制度——行政事业单位会计科目和报表》
的补充规定和衔接规定的通知

2018 年 8 月 14 日　财会〔2018〕19 号

教育部，各省、自治区、直辖市、计划单列市财政厅（局），新疆生产建设兵团财政局，有关单位：

《政府会计制度——行政事业单位会计科目和报表》（财会〔2017〕25 号）自 2019 年 1 月 1 日起施行。为了确保新制度在高等学校的有效贯彻实施，我部制定了《关于高等学校执行〈政府会计制度——行政事业单位会计科目和报表〉的补充规定》和《关于高等学校执行〈政府会计制度——行政事业单位会计科目和报表〉的衔接规定》，现印发给你们，请遵照执行。

执行中有何问题，请及时反馈我部。

附件：1. 关于高等学校执行《政府会计制度——行政事业单位会计科目和报表》的补充规定

2. 关于高等学校执行《政府会计制度——行政事业单位会计科目和报表》的衔接规定

附件 1：

关于高等学校执行《政府会计制度——行政事业
单位会计科目和报表》的补充规定

根据《政府会计准则——基本准则》，结合行业实际情况，现就高等学校①执行《政府会计制度——行政事业单位会计科目和报表》（以下简称新制度）做出如下补充规定：

一、关于在新制度相关一级科目下设置明细科目

（一）高等学校应当在新制度规定的"4101 事业收入"科目下设置"410101 教育事业收入"、"410102 科研事业收入"明细科目。

---

① 本规定所指高等学校包括各级人民政府举办的全日制普通高等学校和成人高等学校。

1. "410101 教育事业收入"科目核算高等学校开展教学活动及其辅助活动实现的收入。

2. "410102 科研事业收入"科目核算高等学校开展科研活动及其辅助活动实现的收入。

（二）高等学校应当在新制度规定的"5001 业务活动费用"科目下设置"500101 教育费用"、"500102 科研费用"明细科目。

1. "500101 教育费用"科目核算高等学校开展教学及其辅助活动、学生事务等活动所发生的，能够直接计入或采用一定方法计算后计入的各项费用。

2. "500102 科研费用"科目核算高等学校开展科研及其辅助活动所发生的，能够直接计入或采用一定方法计算后计入的各项费用。

（三）高等学校应当在新制度规定的"5101 单位管理费用"科目下设置"510101 行政管理费用"、"510102 后勤保障费用"、"510103 离退休费用"和"510109 单位统一负担的其他管理费用"明细科目。

1. "510101 行政管理费用"科目核算高等学校开展单位的行政管理活动所发生的各项费用。

2. "510102 后勤保障费用"科目核算高等学校统一负担的开展后勤保障活动所发生的各项费用。

3. "510103 离退休费用"科目核算高等学校统一负担的离退休人员工资、补助、活动经费等各项费用。

4. "510109 单位统一负担的其他管理费用"科目核算由高等学校统一负担的除行政管理费用、后勤保障费用、离退休费用之外的其他各项管理费用，如工会经费、诉讼费、中介费等。

（四）高等学校应当在新制度规定的"6101 事业预算收入"科目下设置"610101 教育事业预算收入"和"610102 科研事业预算收入"明细科目。

1. "610101 教育事业预算收入"科目核算高等学校开展教学活动及其辅助活动取得的现金流入。

2. "610102 科研事业预算收入"科目核算高等学校开展科研活动及其辅助活动取得的现金流入。

（五）高等学校应当在新制度规定的"7201 事业支出"科目下设置"720101 教育支出"、"720102 科研支出"、"720103 行政管理支出"、"720104 后勤保障支出"、"720105 离退休支出"、"720109 其他事业支出"明细科目。

1. "720101 教育支出"科目核算高等学校开展教学及其辅助活动、学生事务等活动实际发生的各项现金流出。

2. "720102 科研支出"科目核算高等学校开展科研及其辅助活动实际发生的各项现金流出。

3. "720103 行政管理支出"科目核算高等学校开展单位的行政管理活动实际发生的各项现金流出。

4. "720104 后勤保障支出"科目核算高等学校开展后勤保障活动实际发生的各项现金流出。

5. "720105 离退休支出"科目核算高等学校实际发生的用于离退休人员的各项现金流出。

6. "720109 其他事业支出"科目核算高等学校发生的除教学、科研、后勤保障、行政管理、离退休支出之外的其他各项事业支出。

二、关于报表及编制说明

（一）关于收入费用表

1. 新增项目

高等学校应当在收入费用表的"（二）事业收入"项目下增加"其中：教育事业收入"、"科研事业收入"项目，在"（十一）其他收入"项目下增加"其中：后勤保障单位净收入"项目，在"（一）业务活动费用"项目下增加"其中：教育费用"、"科研费用"项目，在"（二）单位管理费用"项目下增加"其中：行政管理费用"、"后勤保障费用"、"离退休费用"、"单位统一负担的其他管理费用"项目。详见附表1。

2. 新增项目的内容和填列方法

（1）"其中：教育事业收入"项目，反映高等学校本期开展教学活动及其辅助活动实现的收入。本项目应当根据"事业收入——教育事业收入"科目的本期发生额填列。

（2）"科研事业收入"项目，反映高等学校本期开展科研活动及其辅助活动实现的收入。本项目应当根据"事业收入——科研事业收入"科目的本期发生额填列。

（3）"其中：后勤保障单位净收入"项目详见"（三）关于校内独立核算单位报表编制的规定"。

（4）"其中：教育费用"项目，反映高等学校本期开展教学及其辅助活动、学生事务等活动所发生的各项费用。本项目应当根据"业务活动费用——教育费用"科目的本期发生额填列。

（5）"科研费用"项目，反映高等学校本期开展科研及其辅助活动所发生的各项费用。本项目应当根据"业务活动费用——科研费用"科目的本期发生额填列。

（6）"其中：行政管理费用"项目，反映高等学校本期开展单位的行政管理活动所发生的各项费用。本项目应当根据"单位管理费用——行政管理费用"科目的本期发生额填列。

（7）"后勤保障费用"项目，反映高等学校本期统一负担的开展后勤保障活动所发生的各项费用。本项目应当根据"单位管理费用——后勤保障费用"科目的本期发生额填列。

（8）"离退休费用"项目，反映高等学校本期统一负担的离退休人员工资、补助、活动经费等各项费用。本项目应当根据"单位管理费用——离退休费用"科目的本期发生额填列。

（9）"单位统一负担的其他管理费用"项目，反映本期由高等学校统一负担的除行政管理费用、后勤保障费用、离退休费用之外的各项管理费用。本项目应当根据"单位管理费用——单位统一负担的其他管理费用"科目的本期发生额填列。

（二）关于预算收入支出表

1. 新增项目

高等学校应当在预算收入支出表的"（二）事业预算收入"项目下增加"其中：教育事业预算收入"、"科研事业预算收入"项目，在"（九）其他预算收入"项目下"其中："后所列项目中增加"后勤保障单位净预算收入"项目，在"（二）事业支出"项目下增加"其中：教育支出"、"科研支出"、"行政管理支出"、"后勤保障支出"、"离退休支出"、"其他事业支出"项目。详见附表2。

2. 新增项目的内容和填列方法

（1）"其中：教育事业预算收入"项目，反映高等学校本期开展教学及其辅助活动取得现金流入。本项目应当根据"事业预算收入——教育事业预算收入"科目的本年发生额填列。

（2）"科研事业预算收入"项目，反映高等学校本年开展科研及其辅助活动取得现金流入。本项目应当根据"事业预算收入——科研事业预算收入"科目的本年发生额填列。

（3）"后勤保障单位净预算收入"项目，详见"（三）关于校内独立核算单位报表编制的规定"。

（4）"其中：教育支出"项目，反映高等学校本年开展教学及其辅助活动、学生事务等活动实际发生的各项现金流出。本项目应当根据"事业支出——教育支出"科目的本年发生额填列。

（5）"科研支出"项目，反映高等学校本年开展科研及其辅助活动实际发生的各项现金流出。本项目应当根据"事业支出——科研支出"科目的本年发生额填列。

（6）"行政管理支出"项目，反映高等学校本年开展单位的行政管理活动实际发生的各项现金流出。本项目应当根据"事业支出——行政管理支出"科目的本年发生额填列。

（7）"后勤保障支出"项目，反映高等学校本年开展后勤保障活动实际发生的各项现金流出。本项目应当根据"事业支出——后勤保障支出"科目的本年发生额填列。

（8）"离退休支出"项目，反映高等学校本年实际发生的用于离退休人员的各项现金流出。本项目应当根据"事业支出——离退休支出"科目的本年发生额填列。

（9）"其他事业支出"项目，反映高等学校本年支付的除教学、科研、后勤保障、行政管理、离退休支出之外的其他各项事业支出。本项目应当根据"事业支出——其他事业支出"科目的本年发生额填列。

（三）关于校内独立核算单位报表编制的规定

1. 关于高等学校报表编制的范围

由高等学校及其所属单位举办的校内独立核算单位①，如研究院、分校、后勤部门等，应当按照新制

---

① 本规定所称校内独立核算单位，是指高等学校内部不具有法人资格的独立核算单位或部门。本规定所称校内独立核算单位不同于新制度所称附属单位。新制度所称附属单位，是指高等学校下属的具有法人资格的独立核算单位。

度开展本单位的会计核算和报表编制工作。

高等学校在编制年度报表时，应当将校内独立核算单位纳入高等学校报表编制范围。

2. 关于将校内独立核算单位会计信息纳入高等学校报表的总原则

将校内独立核算单位的会计信息纳入高等学校报表时，总的原则是将校内独立核算单位的报表信息并入学校相关报表的相应项目，并抵销学校内部业务或事项对学校报表的影响。

3. 关于具有后勤保障职能的校内独立核算单位①有关业务的特殊规定

（1）高等学校编制包含校内独立核算单位的收入费用表时，对于具有后勤保障职能的校内独立核算单位，应当将其本年收入（不含从学校取得的补贴经费）、费用（不含使用学校补贴经费发生的费用）相抵后的净额计入本表中"其他收入"项目金额，并单独填列于该项目下的"后勤保障单位净收入"项目。如果具有后勤保障职能的全部校内独立核算单位本年收入（不含从学校取得的补贴经费）、费用（不含使用学校补贴经费发生的费用）相抵后的净额合计数为负数，则以"－"号填列于"后勤保障单位净收入"项目。

（2）高等学校编制包含校内独立核算单位的预算收入支出表时，对于具有后勤保障职能的校内独立核算单位，应当将其本年收入（不含从学校取得的补贴经费）、支出（不含使用学校补贴经费发生的支出）相抵后的净额计入本表中"其他预算收入"项目金额，并单独填列于该项目下的"后勤保障单位净预算收入"项目。如果具有后勤保障职能的全部校内独立核算单位本年收入（不含从学校取得的补贴经费）、支出（不含使用学校补贴经费发生的支出）相抵后的净额合计数为负数，则以"－"号填列于"后勤保障单位净预算收入"项目。

4. 关于将校内独立核算单位会计信息纳入高等学校财务报表情况的披露

高等学校应当在年度财务报表附注中提供将校内独立核算单位财务会计信息纳入学校财务报表情况的说明，包括将校内独立核算单位资产、负债和净资产并入学校资产负债表时对内部业务或事项抵销处理的情况，具有后勤保障职能的各校内独立核算单位本年收入、费用情况，将不具有后勤保障职能的其他校内独立核算单位的收入、费用并入学校收入费用表时对内部业务或事项抵销处理的情况。

高等学校在编制年度预算会计报表时，可参照上述规定，以适当形式提供将校内独立核算单位预算会计信息纳入高等学校预算会计报表的说明。

三、关于留本基金的会计处理

（一）会计科目设置

1. 高等学校应当在"3101 专用基金"科目下设置"留本基金"明细科目，核算高等学校使用捐赠资金建立的具有永久性保留本金或在一定时期内保留本金的限定性基金。高等学校如有两个以上留本基金，应当按照每个留本基金设置明细科目进行核算。在每个留本基金明细科目下还应当设置"本金"和"收益"明细科目；在"本金"明细科目下，还应当设置"已投资"和"未投资"两个明细科目。

2. 高等学校应当在"1218 其他应收款"科目下设置"留本基金委托投资"明细科目，核算高等学校将留本基金委托给基金会进行的投资。

（二）主要账务处理（假设只有一个留本基金）

1. 高等学校形成留本基金时，根据取得的留本基金数额，借记"银行存款"科目，贷记"专用基金——留本基金——本金——未投资"科目。

2. 高等学校委托基金会进行投资

（1）投资时，按照转给基金会的留本基金数额，借记"其他应收款——留本基金委托投资"科目，贷记"银行存款"科目；同时，按照相同的金额，借记"专用基金——留本基金——本金——未投资"科目，贷记"专用基金——留本基金——本金——已投资"科目。

---

① 具有后勤保障职能的校内独立核算单位一般指校医院、食堂、水电暖中心、物业管理中心、宿舍管理中心等。

（2）收到基金会交回的投资收益，按照实际收到的金额，借记"银行存款"科目，贷记"专用基金——留本基金——收益"科目。

（3）从基金会收回使用留本基金委托的投资，按照收回的金额，借记"银行存款"科目，按照收回的留本基金本金金额，贷记"其他应收款——留本基金委托投资"科目，按照两者的差额，贷记或借记"专用基金——留本基金——收益"科目。同时，按照收回的留本基金本金金额，借记"专用基金——留本基金——本金——已投资"科目，贷记"专用基金——留本基金——本金——未投资"科目。

3. 高等学校直接使用留本基金进行投资

（1）投资时，按照动用留本基金投资的数额，借记"短期投资"、"长期债券投资"等科目，贷记"银行存款"科目；同时，按照相同的金额，借记"专用基金——留本基金——本金——未投资"科目，贷记"专用基金——留本基金——本金——已投资"科目。

（2）期末，对持有的留本基金投资确认应计利息收入时，按照确认的应计利息，借记"应收利息"、"长期债券投资"科目，贷记"专用基金——留本基金——收益"科目。

（3）收到留本基金投资获得的利息时，按照实际收到的金额，借记"银行存款"科目，贷记"应收利息"科目。

（4）收回留本基金投资时，按照收回的金额，借记"银行存款"科目，按照收回的投资本金及相关利息金额，贷记"短期投资"、"长期债券投资"等科目，按照两者的差额，贷记或借记"专用基金——留本基金——收益"科目。同时，按照收回的留本基金本金金额，借记"专用基金——留本基金——本金——已投资"科目，贷记"专用基金——留本基金——本金——未投资"科目。

4. 高等学校按照协议将留本基金收益转增本金时，按照转增的金额，借记"专用基金——留本基金——收益"科目，贷记"专用基金——留本基金——本金——未投资"科目。

5. 高等学校按照协议可以使用留本基金取得的收益时，按照可以使用的金额，借记"专用基金——留本基金——收益"科目，贷记"捐赠收入"科目；同时，按照相同的金额，借记"资金结存——货币资金"科目，贷记"捐赠预算收入"科目。使用留本基金收益时，按照使用的金额，借记"业务活动费用"等科目，贷记"银行存款"等科目；同时，借记"事业支出——教育支出"等科目，贷记"资金结存——货币资金"科目。

6. 按照协议规定的留本基金限定期限到期，高等学校将留本基金转为可以使用的资金，按照转为可以使用的资金数额，借记"专用基金——留本基金——本金——未投资"科目，贷记"捐赠收入"科目；同时按照相同的金额，借记"资金结存——货币资金"科目，贷记"捐赠预算收入"科目。

四、关于受托代理业务的账务处理

（一）高等学校应当在"1891 受托代理资产"科目下设置"应收及暂付款"、"固定资产"、"无形资产"明细科目。

1. 发生涉及受托代理资金的各种应收及暂付款项时，按照实际发生金额，借记"受托代理资产——应收及暂付款"科目，贷记"银行存款——受托代理资产"、"库存现金——受托代理资产"等科目；收回其他应收款项或报销时，借记"库存现金——受托代理资产"、"银行存款——受托代理资产"、"受托代理负债"等科目，贷记"受托代理资产——应收及暂付款"科目。

2. 使用受托代理资金购置固定资产或无形资产时，借记"受托代理资产——固定资产"或"受托代理资产——无形资产"科目，贷记"银行存款——受托代理资产"、"库存现金——受托代理资产"等科目。受托代理资产科目下"固定资产"、"无形资产"不计提折旧和摊销。受托代理的固定资产、无形资产报废、转交时，按照受托代理的固定资产、无形资产账面余额，借记"受托代理负债"科目，贷记"受托代理资产"科目及其明细科目。

（二）高等学校核算的因公房出售形成的公共维修基金（个人缴纳部分），通过"受托代理负债"科目进行核算。

五、关于受托加工物品的账务处理

1. 高等学校收到委托单位支付的资金用于加工设备、材料等时，借记"银行存款"等科目，贷记"预收账款"科目；同时，按照收到的资金，借记"资金结存——货币资金"科目，贷记"事业预算收入"等科目。

2. 高等学校对受托加工物品进行加工时，按照加工消耗的料、工、费等，借记"加工物品——受托加工物品"科目，贷记"库存物品"、"应付职工薪酬"、"银行存款"等科目；同时，对加工中支付的资金，在支付时按照实际支付的金额，借记"事业支出——科研支出"科目，贷记"资金结存——货币资金"科目。

3. 高等学校将加工完成的产品交付委托方时，按照受托加工产品的成本，借记"业务活动费用——科研费用"科目，贷记"加工物品——受托加工物品"科目，同时，确认委托方的委托加工收入，按照预收账款账面余额，借记"预收账款"科目，按照应确认的收入金额，贷记"事业收入"等科目，按照委托方补付或退回委托方的金额，借记或贷记"银行存款"等科目（同时借记或贷记"资金结存"科目，贷记或借记"事业预算收入"等科目）。涉及增值税业务的，相关账务处理参见"应缴增值税"科目。

六、关于计提和使用项目间接费用或管理费的账务处理

（一）高等学校按规定从科研项目收入中计提项目间接费用或管理费时，除按新制度规定借记"单位管理费用"科目外，也可根据实际情况借记"业务活动费用"等科目。

（二）高等学校使用计提的项目间接费用或管理费购买固定资产、无形资产的，在财务会计下，按照固定资产、无形资产的成本金额，借记"固定资产"、"无形资产"科目，贷记"银行存款"等科目；同时，按照相同的金额，借记"预提费用——项目间接费用或管理费"科目，贷记"累计盈余"科目。在预算会计下，按照相同的金额，借记"事业支出"等科目，贷记"资金结存"科目。

七、关于附属单位工资返还的账务处理

高等学校附属单位职工薪酬按规定自行负担，但需由高等学校代为发放时，高等学校按照实际垫付的金额，借记"其他应收款"科目，贷记"应付职工薪酬"科目。高等学校收到附属单位交来的返还款时，借记"银行存款"科目，贷记"其他应收款"科目。

八、关于出资成立非企业法人单位的账务处理

高等学校经批准出资成立非企业法人单位，如教育基金会、研究院等，应当借记"其他费用"科目，贷记"银行存款"科目；同时，借记"其他支出"科目，贷记"资金结存——货币资金"科目。

九、关于按合同完成进度确认事业收入

高等学校以合同完成进度确认事业收入时，应当根据业务实质，选择累计实际发生的合同成本占合同预计总成本的比例、已经完成的合同工作量占合同预计总工作量的比例、已经完成的时间占合同期限的比例、实际测定的完工进度等方法，合理确定合同完成进度。

十、关于固定资产折旧年限

通常情况下，高等学校应当按照附表 3 规定确定各类应计提折旧的固定资产的折旧年限。

十一、生效日期

本规定自 2019 年 1 月 1 日起施行。

附表 1：

收入费用表

会政财 02 表

编制单位：_____ _____年____月 单位：元

项目	本月数	本年累计数
一、本期收入		
（一）财政拨款收入		
其中：政府性基金收入		
（二）事业收入		
其中：教育事业收入		
科研事业收入		
（三）上级补助收入		
（四）附属单位上缴收入		
（五）经营收入		
（六）非同级财政拨款收入		
（七）投资收益		
（八）捐赠收入		
（九）利息收入		
（十）租金收入		
（十一）其他收入		
其中：后勤保障单位净收入		
二、本期费用		
（一）业务活动费用		
其中：教育费用		
科研费用		
（二）单位管理费用		
其中：行政管理费用		
后勤保障费用		
离退休费用		
单位统一负担的其他管理费用		
（三）经营费用		
（四）资产处置费用		
（五）上缴上级费用		
（六）对附属单位补助费用		
（七）所得税费用		
（八）其他费用		
三、本期盈余		

附表2：

预算收入支出表

编制单位：_____ _____年 单位：元

项目	本年数	上年数
一、本年预算收入		
（一）财政拨款预算收入		
其中：政府性基金收入		
（二）事业预算收入		
其中：教育事业预算收入		
科研事业预算收入		
（三）上级补助预算收入		
（四）附属单位上缴预算收入		
（五）经营预算收入		
（六）债务预算收入		
（七）非同级财政拨款预算收入		
（八）投资预算收益		
（九）其他预算收入		
其中：利息预算收入		
捐赠预算收入		
租金预算收入		
后勤保障单位净预算收入		
二、本年预算支出		
（一）行政支出		
（二）事业支出		
其中：教育支出		
科研支出		
行政管理支出		
后勤保障支出		
离退休支出		
（三）经营支出		
（四）上缴上级支出		
（五）对附属单位补助支出		
（六）投资支出		
（七）债务还本支出		
（八）其他支出		
其中：利息支出		
捐赠支出		
三、本年预算收支差额		

附表 3：

高等学校固定资产折旧年限表

固定资产类别	折旧年限（年）	备注
一、房屋及构筑物		
1. 房屋		
钢结构	50	
钢筋混凝土结构	50	
砖混结构	30	
砖木结构	30	
2. 简易房	8	
3. 房屋附属设施	8	围墙、停车设施等
4. 构筑物	8	池、罐、槽、塔等
二、通用设备		
1. 计算机设备	6	计算机、网络设备、安全设备、终端设备、存储设备等
2. 办公设备	6	电话机、传真机、摄像机、刻录机等
3. 车辆	8	载货汽车、牵引汽车、乘用车、专用车辆等
4. 图书档案设备	5	
5. 机械设备	10	锅炉、液压机械、金属加工设备、泵、风机、气体压缩机、气体分离及液化设备、分离及干燥设备等
6. 电气设备	5	电机、变压器、电源设备、生活用电器等
7. 雷达、无线电和卫星导航设备	10	
8. 通信设备、广播、电视、电影设备	5	
9. 仪器仪表、电子和通信测量仪器、计量标准器具及量具、衡器	5	
10. 除上述以外其他通用设备	5	
三、专用设备		
1. 探矿、采矿、选矿和造块设备	10	
2. 石油天然气开采专用设备	10	
3. 石油和化学工业专用设备	10	
4. 炼焦和金属冶炼轧制设备	10	
5. 电力工业专用设备	20	
6. 核工业专用设备	20	
7. 航空航天工业专用设备	20	
8. 非金属矿物制品工业专用设备	10	
9. 工程机械	10	
10. 农业和林业机械	10	
11. 木材采集和加工设备	10	
12. 食品加工专用设备	10	
13. 饮料加工设备	10	

续表

固定资产类别	折旧年限（年）	备注
14. 烟草加工设备	10	
15. 粮油作物和饲料加工设备	10	
16. 纺织设备	10	
17. 缝纫、服饰、制革和毛皮加工设备	10	
18. 造纸和印刷机械	10	
19. 化学药品和中药专用设备	5	
20. 医疗设备	5	
21. 电工、电子专用生产设备	5	
22. 安全生产设备	10	
23. 邮政专用设备	10	
24. 环境污染防治设备	10	
25. 公安专用设备	3	
26. 水工机械	10	
27. 殡葬设备及用品	5	
28. 铁路运输设备	10	
29. 水上交通运输设备	10	
30. 航空器及其配套设备	10	
31. 专用仪器仪表	5	
32. 文艺设备	5	
33. 体育设备	5	
34. 娱乐设备	5	
四、家具、用具、装具		
1. 家具	15	
其中：学生用家具	5	
2. 用具、装具	5	

附件 2：

关于高等学校执行《政府会计制度——行政事业单位会计科目和报表》的衔接规定

我部于 2017 年 10 月 24 日印发了《政府会计制度——行政事业单位会计科目和报表》（财会〔2017〕25 号，以下简称新制度）。原执行《高等学校会计制度》（财会〔2013〕30 号，以下简称原制度）的高等学校①，自 2019 年 1 月 1 日起执行新制度，不再执行原制度。为了确保新旧会计制度顺利过渡，现对高等学校执行新制度及《关于高等学校执行〈政府会计制度——行政事业单位会计科目和报表〉的补充规定》

---

① 本规定所指高等学校包括各级人民政府举办的全日制普通高等学校和成人高等学校。

（以下简称补充规定）有关衔接问题规定如下：

一、新旧制度衔接总要求

（一）自 2019 年 1 月 1 日起，高等学校应当严格按照新制度及补充规定进行会计核算、编制财务报表和预算会计报表。

（二）高等学校应当按照本规定做好新旧制度衔接的相关工作，主要包括以下几个方面：

1. 根据原账编制 2018 年 12 月 31 日的科目余额表，并按照本规定要求，编制原账的部分科目余额明细表（参见附表 1、附表 2）。

2. 按照新制度及补充规定设立 2019 年 1 月 1 日的新账。

3. 按照本规定要求，登记新账的财务会计科目余额和预算结余科目余额，包括将原账科目余额转入新账财务会计科目、按照原账科目余额登记新账预算结余科目（高等学校新旧会计制度转账、登记新账科目对照表见附表 3），将未入账事项登记新账科目，并对相关新账科目余额进行调整。原账科目是指按照原制度规定设置的会计科目。

4. 按照登记及调整后新账的各会计科目余额，编制 2019 年 1 月 1 日的科目余额表，作为新账各会计科目的期初余额。

5. 根据新账各会计科目期初余额，按照新制度编制 2019 年 1 月 1 日资产负债表。

（三）及时调整会计信息系统。高等学校应当按照新制度及补充规定要求对原有会计信息系统进行及时更新和调试，实现数据正确转换，确保新旧账套的有序衔接。

二、财务会计科目的新旧衔接

（一）将 2018 年 12 月 31 日原账会计科目余额转入新账财务会计科目

1. 资产类

（1）"库存现金"、"财政应返还额度"、"短期投资"、"应收票据"、"应收账款"、"无形资产"科目

新制度设置了"库存现金"、"财政应返还额度"、"短期投资"、"应收票据"、"应收账款"、"无形资产"科目，其核算内容与原账的上述相应科目的核算内容基本相同。转账时，应当将原账的上述科目余额直接转入新账的相应科目。其中，还应当将原账的"库存现金"科目余额中属于新制度规定受托代理资产的金额转入新账的"库存现金"科目下"受托代理资产"明细科目。

（2）"银行存款"科目

新制度设置了"银行存款"和"其他货币资金"科目，原制度设置了"银行存款"科目。转账时，高等学校应当将原账"银行存款"科目中核算的属于新制度规定的其他货币资金的金额，转入新账的"其他货币资金"科目；将原账"银行存款"科目余额减去其中属于其他货币资金余额后的差额，转入新账的"银行存款"科目。其中，还应当将原账的"银行存款"科目余额中属于新制度规定受托代理资产的金额，转入新账"银行存款"科目下的"受托代理资产"明细科目。

（3）"预付账款"科目

新制度设置了"预付账款"科目，该科目的核算内容与原账"预付账款"科目的核算内容基本相同。转账时，高等学校应当将原账的"预付账款"科目余额转入新账的"预付账款"科目。

新制度设置了"受托代理资产"科目，高等学校在原账的"预付账款"科目中核算了使用受托代理资金的预付账款的，应当将原账的"预付账款"科目余额中使用受托代理资金的金额转入新账的"受托代理资产——应收及暂付款"科目。

（4）"其他应收款"科目

新制度设置了"其他应收款"科目，该科目的核算内容与原账的"其他应收款"科目的核算内容基本相同。转账时，高等学校应当将原账的"其他应收款"科目余额转入新账的"其他应收款"科目。

新制度设置了"在途物品"科目，高等学校如果有在原账"其他应收款"科目中核算已经付款或开出

商业汇票、尚未收到物资的款项，应当将原账的"其他应收款"科目余额中已经付款或开出商业汇票、尚未收到物资的款项金额转入新账的"在途物品"科目。

新制度设置了"受托代理资产"科目，高等学校如果有使用受托代理资金支付其他应收款的，应当将原账的"其他应收款"科目余额中使用受托代理资金的金额转入新账的"受托代理资产——应收及暂付款"科目。

（5）"存货"科目

新制度设置了"库存物品"和"加工物品"科目，原制度设置了"存货"科目。转账时，高等学校应当将原账的"存货"科目余额中属于在加工存货的金额，转入新账的"加工物品"科目；将原账的"存货"科目余额减去属于在加工存货的金额后的差额，转入新账的"库存物品"科目。

高等学校在原账的"存货"科目中核算了属于新制度规定的受托代理物资的，应当将原账的"存货"科目余额中属于受托代理物资的金额，转入新账的"受托代理资产"科目。

（6）"长期投资"科目

新制度设置了"长期股权投资"和"长期债券投资"科目，原制度设置了"长期投资"科目。转账时，高等学校应当将原账的"长期投资"科目余额中属于股权投资的金额转入新账的"长期股权投资"科目及其明细科目；将原账的"长期投资"科目余额中属于债券投资的金额，转入新账的"长期债券投资"科目及其明细科目。

高等学校原账的"长期投资"科目核算的内容中，如果有被投资单位属于非企业法人单位的，应当在转账时先将对非企业法人单位出资的金额从原账的"长期投资"科目余额转出，借记原账的"非流动资产基金——长期投资"科目，贷记原账的"长期投资"科目。

（7）"固定资产"科目

新制度设置了"固定资产"科目，该科目的核算内容与原账"固定资产"科目的核算内容基本相同。转账时，高等学校应当将原账的"固定资产"科目余额转入新账的"固定资产"科目。

高等学校有使用受托代理资金购买的固定资产的，当将原账的"固定资产"科目余额中使用受托代理资金购买固定资产的金额转入新账的"受托代理资产——固定资产"科目借方。

（8）"累计折旧"科目

新制度设置了"固定资产累计折旧"科目，该科目的核算内容与原账"累计折旧"科目的核算内容基本相同。转账时，高等学校已经计提了固定资产折旧的，应当将原账的"累计折旧"科目余额，转入新账的"固定资产累计折旧"科目。

高等学校有使用受托代理资金购买的固定资产并计提了折旧的，应当将原账的"累计折旧"科目余额中对使用受托代理资金购买固定资产计提折旧的金额转入新账的"累计盈余"科目。

（9）"在建工程"科目

新制度设置了"在建工程"和"预付账款——预付备料款、预付工程款"科目，原制度设置了"在建工程"科目。转账时，高等学校应当将原账的"在建工程"科目余额（基建"并账"后的金额，下同）中属于预付备料款、预付工程款的金额，转入新账的"预付账款"科目相关明细科目；将原账的"在建工程"科目余额减去预付备料款、预付工程款金额后的差额，转入新账的"在建工程"科目。

高等学校在原账"在建工程"科目中核算了按照新制度规定应当记入"工程物资"科目内容的，应当将原账"在建工程"科目余额中属于工程物资的金额，转入新账的"工程物资"科目。

（10）"累计摊销"科目

新制度设置了"无形资产累计摊销"科目，该科目的核算内容与原账"累计摊销"科目的核算内容基本相同。转账时，高等学校已经计提了无形资产摊销的，应当将原账的"累计摊销"科目余额，转入新账的"无形资产累计摊销"科目。

（11）"待处置资产损溢"科目

新制度设置了"待处理财产损溢"科目，该科目的核算内容与原账的"待处置资产损溢"科目的核算内容基本相同。转账时，高等学校应当将原账的"待处置资产损溢"科目余额，转入新账的"待处理财产损溢"科目。

（12）"零余额账户用款额度"科目

由于原账的"零余额账户用款额度"科目年末无余额，无需进行转账处理。

2. 负债类

（1）"短期借款"、"应付职工薪酬"、"应付票据"、"应付账款"、"预收账款"、"长期借款"、"长期应付款"科目

新制度设置了"短期借款"、"应付职工薪酬"、"应付票据"、"应付账款"、"预收账款"、"长期借款"、"长期应付款"科目，这些科目的核算内容与原账的上述相应科目的核算内容基本相同。转账时，高等学校应当将原账的上述科目余额直接转入新账的相应科目。

（2）"应缴税费"科目

新制度设置了"应交增值税"和"其他应交税费"科目，原制度设置了"应缴税费"科目。转账时，高等学校应当将原账的"应缴税费——应缴增值税"科目余额，转入新账"应交增值税"科目中的相关明细科目；将原账的"应缴税费"科目余额减去属于应缴增值税余额后的差额，转入新账的"其他应交税费"科目。

（3）"应缴国库款"、"应缴财政专户款"科目

新制度设置了"应缴财政款"科目，原制度设置了"应缴国库款"、"应缴财政专户款"科目。转账时，高等学校应当将原账的"应缴国库款"、"应缴财政专户款"科目余额转入新账的"应缴财政款"科目。

（4）"其他应付款"科目

新制度设置了"其他应付款"科目，该科目的核算内容与原账"其他应付款"科目的核算内容基本相同。转账时，高等学校应当将原账的"其他应付款"科目余额，转入新账的"其他应付款"科目。其中，高等学校在原账的"其他应付款"科目中核算了属于新制度规定的受托代理负债的，应当将原账的"其他应付款"科目余额中属于受托代理负债的余额，转入新账的"受托代理负债"科目。

（5）"代管款项"科目

新制度设置了"受托代理负债"科目，原账的"代管款项"科目的核算内容包括了受托代理负债的内容。转账时，高等学校应当对原账中"代管款项"科目余额进行分析，将其中属于新制度规定受托代理负债的余额转入新账的"受托代理负债"科目；将不属于受托代理负债的余额，根据偿还期限分别转入新账的"其他应付款"和"长期应付款"科目。

3. 净资产类

（1）"事业基金"科目

新制度设置了"累计盈余"科目。该科目核算内容包含了原账"事业基金"科目的核算内容。转账时，高等学校应当将原账的"事业基金"科目余额，转入新账的"累计盈余"科目。

（2）"非流动资产基金"科目

依据新制度，无需对原制度中"非流动资产基金"科目对应内容进行核算。转账时，高等学校应当将原账的"非流动资产基金"科目余额转入新账的"累计盈余"科目。

高等学校有使用受托代理资金购买的固定资产的，转账时，应当将"非流动资产基金——固定资产"科目余额中属于受托代理固定资产原值的金额转入新账的"受托代理负债"科目。

（3）"专用基金"科目

新制度设置了"专用基金"科目，该科目的核算内容与原账"专用基金"科目的核算内容基本相同。转账时，高等学校应当将原账的"专用基金"科目余额转入新账的"专用基金"科目。

（4）"财政补助结转"、"财政补助结余"、"非财政补助结转"科目

新制度设置了"累计盈余"科目，该科目的余额包含了原账的"财政补助结转"、"财政补助结余"、"非财政补助结转"科目的余额内容。转账时，高等学校应当将原账的"财政补助结转"、"财政补助结

余"、"非财政补助结转"科目余额，转入新账的"累计盈余"科目。

（5）"经营结余"科目

新制度设置了"本期盈余"科目，该科目的核算内容包含了原账"经营结余"科目的核算内容。新制度规定"本期盈余"科目余额最终转入"累计盈余"科目，如果原账的"经营结余"科目有借方余额，转账时，高等学校应当将原账的"经营结余"科目借方余额转入新账的"累计盈余"科目借方。

（6）"事业结余"、"非财政补助结余分配"科目

由于原账的"事业结余"、"非财政补助结余分配"科目年末无余额，这两个科目无需进行转账处理。

4. 收入类、支出类

由于原账中收入类、支出类科目年末无余额，无需进行转账处理。自 2019 年 1 月 1 日起，高等学校应当按照新制度设置收入类、费用类科目并进行账务处理。

高等学校存在其他本规定未列举的原账科目余额的，应当比照本规定转入新账的相应科目。新账的科目设有明细科目的，应将原账中对应科目的余额加以分析，分别转入新账中相应科目的相关明细科目。

高等学校在进行新旧衔接的转账时，应当编制转账的工作分录，作为转账的工作底稿，并将转入新账的对应原科目余额及分拆原科目余额的依据作为原始凭证。

（二）将原未入账事项登记新账财务会计科目

1. 应收股利

高等学校在新旧制度转换时，应当将 2018 年 12 月 31 日前未入账的应收股利按照新制度规定记入新账。登记新账时，按照确定的应收股利金额，借记"应收股利"科目，贷记"累计盈余"科目。

2. 研发支出

高等学校在新旧制度转换时，应当将 2018 年 12 月 31 日前未入账的自行研究开发项目开发阶段的费用按照新制度规定记入新账。登记新账时，按照确定的开发阶段费用金额，借记"研发支出"科目，贷记"累计盈余"科目。

3. 受托代理资产

高等学校在新旧制度转换时，应当将 2018 年 12 月 31 日前未入账的受托代理资产按照新制度规定记入新账。登记新账时，按照确定的受托代理资产金额，借记"受托代理资产"科目，贷记"受托代理负债"科目。

4. 盘盈资产

高等学校在新旧制度转换时，应当将 2018 年 12 月 31 日前未入账的盘盈资产按照新制度规定记入新账。登记新账时，按照确定的盘盈资产及其成本，借记有关资产科目，按照盘盈资产成本的合计金额，贷记"累计盈余"科目。

5. 应付质量保证金

高等学校在新旧制度转换时，应当将 2018 年 12 月 31 日前未入账的应付质量保证金按照新制度规定记入新账。登记新账时，按照确定未入账的应付质量保证金金额，借记"累计盈余"科目，贷记"其他应付款"科目［扣留期在 1 年以内（含 1 年）］、"长期应付款"科目［扣留期超过 1 年］。

6. 预计负债

高等学校在新旧制度转换时，应当将 2018 年 12 月 31 日按照新制度规定确认的预计负债记入新账。登记新账时，按照确定的预计负债金额，借记"累计盈余"科目，贷记"预计负债"科目。

高等学校存在 2018 年 12 月 31 日前未入账的其他事项，应当比照本规定登记新账的相应科目。

高等学校对新账的财务会计科目补记未入账事项时，应当编制记账凭证，并将补充登记事项的确认依据作为原始凭证。

（三）对新账的相关财务会计科目余额按照新制度规定的会计核算基础进行调整

1. 计提坏账准备

新制度要求对单位收回后无需上缴财政的应收账款和其他应收款提取坏账准备。在新旧制度转换时，

高等学校应当按照 2018 年 12 月 31 日无需上缴财政的应收账款和其他应收款的余额计算应计提的坏账准备金额，借记"累计盈余"科目，贷记"坏账准备"科目。

2. 按照权益法调整长期股权投资账面余额

对按照新制度规定应当采用权益法核算的长期股权投资，在新旧制度转换时，单位应当在"长期股权投资"科目下设置"新旧制度转换调整"明细科目，依据被投资单位 2018 年 12 月 31 日财务报表的所有者权益账面余额，以及单位持有被投资单位的股权比例，计算应享有或应分担的被投资单位所有者权益的份额，调整长期股权投资的账面余额，借记或贷记"长期股权投资——新旧制度转换调整"科目，贷记或借记"累计盈余"科目。

高等学校对已经持有，且处于停产、半停产、连年亏损、资不抵债、主要靠政府补贴和学校续贷维持经营的被投资单位的投资，在新旧制度转换时可继续采用成本法进行核算。

3. 确认长期债券投资期末应收利息

高等学校应当按照新制度规定于 2019 年 1 月 1 日补记长期债券投资应收利息，按照长期债券投资的应收利息金额，借记"长期债券投资"科目［到期一次还本付息］或"应收利息"科目［分期付息、到期还本］，贷记"累计盈余"科目。

4. 补提折旧

高等学校在原账中尚未计提固定资产折旧的，应当全面核查截至 2018 年 12 月 31 日的固定资产的预计使用年限、已使用年限、尚可使用年限等，并于 2019 年 1 月 1 日对尚未计提折旧的固定资产补提折旧，按照应计提的折旧金额，借记"累计盈余"科目，贷记"固定资产累计折旧"科目。

5. 补提摊销

高等学校在原账中尚未计提无形资产摊销的，应当全面核查截至 2018 年 12 月 31 日无形资产的预计使用年限、已使用年限、尚可使用年限等，并于 2019 年 1 月 1 日对前期尚未计提摊销的无形资产补提摊销，按照应计提的摊销金额，借记"累计盈余"科目，贷记"无形资产累计摊销"科目。

6. 确认长期借款期末应付利息

高等学校应当按照新制度规定于 2019 年 1 月 1 日补记长期借款的应付利息金额，对其中资本化的部分，借记"在建工程"科目，对其中费用化的部分，借记"累计盈余"科目，按照全部长期借款应付利息金额，贷记"长期借款"科目［到期一次还本付息］或"应付利息"科目［分期付息、到期还本］。

高等学校对新账的财务会计科目期初余额进行调整时，应当编制记账凭证，并将调整事项的确认依据作为原始凭证。

三、预算会计科目的新旧衔接

（一）"财政拨款结转"和"财政拨款结余"科目及对应的"资金结存"科目余额

新制度设置了"财政拨款结转"、"财政拨款结余"科目及对应的"资金结存"科目。在新旧制度转换时，高等学校应当对原账的"财政补助结转"科目及对应科目余额进行逐项分析，加上已经计入支出尚未支付财政资金（如发生时列支的应付票据、应付账款、应缴税费、应付职工薪酬等）的金额，减去已经支付财政资金尚未计入支出（如购入的存货、预付账款、其他应收款等）的金额，按照增减后的金额，登记新账的"财政拨款结转"科目及其明细科目贷方；按照原账"财政补助结余"科目余额，登记新账的"财政拨款结余"科目及其明细科目贷方。

按照原账"财政应返还额度"科目余额登记新账的"资金结存——财政应返还额度"科目借方。按照新账的"财政拨款结转"和"财政拨款结余"科目贷方余额合计数，减去新账的"资金结存——财政应返还额度"科目借方余额后的差额，登记新账的"资金结存——货币资金"科目借方。

（二）"非财政拨款结转"科目及对应的"资金结存"科目余额

新制度设置了"非财政拨款结转"科目及对应的"资金结存"科目。在新旧制度转换时，高等学校应当对原账的"非财政补助结转"及对应科目余额进行逐项分析，加上已经计入支出尚未支付非财政补助专项资金（如发生时列支的应付票据、应付账款、应缴税费、应付职工薪酬等）的金额，减去已经支付非财政补助专项资金尚未计入支出（如购入的存货、预付账款等）的金额，加上已经收到非财政补助专项资金尚未计入预算收入（如预收账款等）的金额，减去已经计入预算收入尚未收到非财政补助专项资金（如应收票据、应收账款、其他应收款等）的金额，按照增减后的金额，登记新账的"非财政拨款结转"科目及其明细科目贷方；同时，按照相同的金额，登记新账"资金结存——货币资金"科目的借方。

（三）"专用结余"科目及对应的"资金结存"科目余额

新制度设置了"专用结余"科目及对应的"资金结存"科目。在新旧制度转换时，高等学校应当按照原账"专用基金"科目余额中通过非财政补助结余分配形成的金额，借记新账的"资金结存——货币资金"科目，贷记新账的"专用结余"科目。

（四）"经营结余"科目及对应的"资金结存"科目余额

新制度设置了"经营结余"科目。如果原账的"经营结余"科目期末有借方余额，在新旧制度转换时，按照原账的"经营结余"科目余额，借记新账的"经营结余"科目，贷记新账的"资金结存——货币资金"科目。

（五）"非财政拨款结余"科目及对应的"资金结存"科目余额

1. 登记"非财政拨款结余"科目余额

新制度设置了"非财政拨款结余"科目及对应的"资金结存"科目。在新旧制度转换时，高等学校应当按照原账的"事业基金"科目余额，借记新账的"资金结存——货币资金"科目，贷记新账的"非财政拨款结余"科目。

2. 对新账"非财政拨款结余"科目及"资金结存"科目余额进行调整

（1）调整短期投资对非财政拨款结余的影响

高等学校应当按照原账的"短期投资"科目余额，借记"非财政拨款结余"科目，贷记"资金结存——货币资金"科目。

（2）调整应收票据、应收账款对非财政拨款结余的影响

高等学校应当对原账的"应收票据"、"应收账款"科目余额进行分析，区分计入专项资金收入的金额和计入非专项资金收入的金额，按照计入非专项资金收入的金额借记"非财政拨款结余"科目，贷记"资金结存——货币资金"科目。

（3）调整预付账款对非财政拨款结余的影响

高等学校应当对原账的"预付账款"科目余额进行分析，区分其中由财政补助资金预付的金额、非财政补助专项资金预付的金额和非财政补助非专项资金预付的金额，按照非财政补助非专项资金预付的金额，借记"非财政拨款结余"科目，贷记"资金结存——货币资金"科目。

（4）调整其他应收款对非财政拨款结余的影响

高等学校按照新制度规定将原账其他应收款中的预付款项计入支出的，应当对原账的"其他应收款"科目余额进行分析，区分其中预付款项的金额（将来很可能列支）和非预付款项的金额，并对预付款项的金额划分为财政补助资金预付的金额、非财政补助专项资金预付的金额和非财政补助非专项资金预付的金额，按照非财政补助非专项资金预付的金额，借记"非财政拨款结余"科目，贷记"资金结存——货币资金"科目。

（5）调整存货对非财政拨款结余的影响

高等学校应当对原账的"存货"科目余额进行分析，区分购入的存货金额和非购入的存货金额。对购入的存货金额划分出其中使用财政补助资金购入的金额、使用非财政补助专项资金购入的金额和使用非财政补助非专项资金购入的金额，按照使用非财政补助非专项资金购入的金额，借记"非财政拨款结余"科目，贷记"资金结存——货币资金"科目。

（6）调整长期股权投资对非财政拨款结余的影响

高等学校应当对原账的"长期投资"科目余额中属于股权投资的余额（不含对非企业法人投资）进行

分析，区分其中用现金资产取得的金额和用非现金资产及其他方式取得的金额，按照用现金资产取得的金额，借记"非财政拨款结余"科目，贷记"资金结存——货币资金"科目。

按照原制度核算长期投资、而且对应科目为"非流动资产基金——长期投资"的，不作此项调整。

（7）调整长期债券投资对非财政拨款结余的影响

高等学校应当按照原账的"长期投资"科目余额中属于债券投资的余额，借记"非财政拨款结余"科目，贷记"资金结存——货币资金"科目。

按照原制度核算长期投资、而且对应科目为"非流动资产基金——长期投资"的，不作此项调整。

（8）调整短期借款、长期借款对非财政拨款结余的影响

高等学校应当按照原账的"短期借款"、"长期借款"科目余额，借记"资金结存——货币资金"科目，贷记"非财政拨款结余"科目。

（9）调整应付票据、应付账款对非财政拨款结余的影响

高等学校应当对原账的"应付票据"、"应付账款"科目余额进行分析，区分财政补助应付的金额、非财政补助专项资金应付的金额和非财政补助非专项资金应付的金额，按照非财政补助非专项资金应付的金额借记"资金结存——货币资金"科目，贷记"非财政拨款结余"科目。

（10）调整应缴增值税对非财政拨款结余的影响

高等学校应当对原账"应缴税费——应缴增值税"科目余额进行分析，划分出与非财政补助专项资金相关的金额和与非财政补助非专项资金相关的金额。按照与非财政补助非专项资金相关的金额，计算应调整非财政拨款结余的金额。

应调整金额如为正数，按照该金额借记"资金结存——货币资金"科目，贷记"非财政拨款结余"科目；如为负数，按照该金额借记"非财政拨款结余"科目，贷记"资金结存——货币资金"科目。

（11）调整其他应缴税费对非财政拨款结余的影响

高等学校应当对原账"应缴税费"科目余额中非增值税的其他应缴税费金额进行分析，划分出财政补助应交金额、非财政补助专项资金应交金额和非财政补助非专项资金应交金额，按照非财政补助非专项资金应交金额，借记"资金结存——货币资金"科目，贷记"非财政拨款结余"科目。

（12）调整预收账款对非财政拨款结余的影响

高等学校应当按照原账的"预收账款"科目余额中预收非财政非专项资金的金额，借记"资金结存——货币资金"科目，贷记"非财政拨款结余"科目。

（13）调整其他应付款对非财政拨款结余的影响

高等学校应当对原账的"其他应付款"科目余额（扣除属于受托代理负债的金额）进行分析，区分其中支出类的金额（确认其他应付款时计入了支出）和周转类的金额（如收取的押金、保证金等），并对支出类的金额划分为财政补助资金列支的金额、非财政补助专项资金列支的金额和非财政补助非专项资金列支的金额，按照非财政补助非专项资金列支的金额，借记"资金结存——货币资金"科目，贷记"非财政拨款结余"科目。

（14）调整专用基金对非财政拨款结余的影响

高等学校应当对原账的"专用基金"科目余额进行分析，划分出按照收入比例列支提取的专用基金（如列支提取的职工福利基金、列支提取的学生奖助基金等），按照列支提取的专用基金的金额，借记"资金结存——货币资金"科目，贷记"非财政拨款结余"科目。

3. 高等学校按照前述 1、2 两个步骤难以准确调整出"非财政拨款结余"科目及对应的"资金结存"科目余额的，在新旧制度转换时，可以在新账的"库存现金"、"银行存款"、"其他货币资金"、"财政应返还额度"科目借方余额合计数基础上，对不纳入单位预算管理的资金进行调整（如减去新账中货币资金形式的受托代理资产、应缴财政款、已收取将来需要退回资金的其他应付款，加上已支付将来需要收回资金的其他应收款），按照调整后的金额减去新账的"财政拨款结转"、"财政拨款结余"、"非财政拨款结转"、"专用结余"科目贷方余额合计数，加上"经营结余"科目借方余额后的金额，登记新账的"非财

政拨款结余"科目贷方；同时，按照相同的金额登记新账的"资金结存——货币资金"科目借方。

（六）"其他结余"、"非财政拨款结余分配"科目

新制度设置了"其他结余"和"非财政拨款结余分配"科目。由于这两个科目年初无余额，在新旧制度转换时，无需对"其他结余"和"非财政拨款结余分配"科目进行新账年初余额登记。

（七）预算收入类、预算支出类会计科目

由于预算收入类、预算支出类会计科目年初无余额，在新旧制度转换时，高等学校无需对预算收入类、预算支出类会计科目进行新账年初余额登记。

高等学校自 2019 年 1 月 1 日起，应当按照新制度设置预算收入类、预算支出类科目并进行账务处理。

高等学校存在 2018 年 12 月 31 日需要按照新制度预算会计核算基础调整预算会计科目期初余额的其他事项的，应当比照本规定调整新账的相应预算会计科目期初余额。

高等学校对预算会计科目期初余额登记和调整，应当编制记账凭证，并将期初余额登记和调整的依据作为原始凭证。

四、财务报表和预算会计报表的新旧衔接

（一）编制 2019 年 1 月 1 日资产负债表

高等学校应当根据 2019 年 1 月 1 日新账的财务会计科目余额，按照新制度编制 2019 年 1 月 1 日资产负债表（仅要求填列各项目"年初余额"）。

（二）2019 年度财务报表和预算会计报表的编制

高等学校应当按照新制度及补充规定编制 2019 年财务报表和预算会计报表。在编制 2019 年度收入费用表、净资产变动表、现金流量表和预算收入支出表、预算结转结余变动表时，不要求填列上年比较数。

高等学校应当根据 2019 年 1 月 1 日新账财务会计科目余额，填列 2019 年净资产变动表各项目的"上年年末余额"；根据 2019 年 1 月 1 日新账预算会计科目余额，填列 2019 年预算结转结余变动表的"年初预算结转结余"项目和财政拨款预算收入支出表的"年初财政拨款结转结余"项目。

五、其他事项

（一）截至 2018 年 12 月 31 日尚未进行基建"并账"的高等学校，应当首先按照《新旧高等学校会计制度有关衔接问题的处理规定》（财会〔2014〕3 号），将基建账套相关数据并入 2018 年 12 月 31 日原账中的相关科目余额，再按照本规定将 2018 年 12 月 31 日原账相关会计科目余额转入新账相应科目。

（二）2019 年 1 月 1 日前执行新制度及补充规定的高等学校，应当按照本规定做好新旧制度衔接工作。

附表 1：

高等学校原会计科目余额明细表一

总账科目	明细分类	金额	备注
库存现金	库存现金		
	其中：受托代理现金		
银行存款	银行存款		
	其中：受托代理银行存款		
	其他货币资金		
预付账款	使用受托代理资金预付		
	其他		

续表

总账科目	明细分类	金额	备注
其他应收款	在途物品		已经付款或已开出商业汇票，尚未收到物资
	使用受托代理资金应收		
	其他		
存货	在加工存货		
	非在加工存货		
	受托代理资产		
长期投资	长期股权投资		
	其中：对企业法人单位的投资		
	长期债券投资		
固定资产	固定资产		
	受托代理固定资产		
累计折旧	固定资产累计折旧		
	受托代理固定资产累计折旧		
在建工程	在建工程		
	工程物资		
	预付工程款、预付备料款		
应缴税费	应缴增值税		
	其他应缴税费		
其他应付款	其他应付款		
	受托代理负债		
代管款项	受托代理负债		
	其他应付款		
	长期应付款		

附表 2：

高等学校原会计科目余额明细表二

总账科目	明细分类	金额	备注
应收票据、应收账款	发生时不计入收入		如转让资产的应收票据、应收账款
	发生时计入收入		
	其中：专项收入		
	其他		
预付账款（扣除属于受托代理资产的预付款）	财政补助资金预付		
	非财政补助专项资金预付		
	非财政补助非专项资金预付		
其他应收款（扣除属于受托代理资产的应收款）	预付款项		如职工预借的差旅费等
	其中：财政补助资金预付		
	非财政补助专项资金预付		
	非财政补助非专项资金预付		
	需要收回及其他		如支付的押金、应收为职工垫付的款项等

总账科目	明细分类	金额	备注
存货（扣除属于受托代理资产的存货）	购入存货		
	其中：使用财政补助资金购入		
	使用非财政补助专项资金购入		
	使用非财政补助非专项资金购入		
	非购入存货		如无偿调入、接受捐赠的存货等
长期投资（扣除对非企业法人股权投资）	长期股权投资		
	其中：用现金资产取得		
	用非现金资产或其他方式取得		
	长期债券投资		
应付票据、应付账款	发生时不计入支出		
	发生时计入支出		
	其中：财政补助资金应付		
	非财政补助专项资金应付		
	非财政补助非专项资金应付		
预收账款	预收专项资金		
	预收非专项资金		
应缴税费—应缴增值税	非财政补助专项资金应交		
	非财政补助非专项资金应交		
应缴税费—应缴其他税费	财政补助资金应交		
	非财政补助专项资金应交		
	非财政补助非专项资金应交		
其他应付款（扣除属于受托代理负债的金额）	支出类		确认其他应付款时确认了支出
	其中：财政补助资金应付		
	非财政补助专项资金应付		
	非财政补助非专项资金应付		
	周转类		如收取的押金、保证金等
专用基金	从非财政补助结余分配中提取		
	从收入中列支提取		
	其他		

附表3：

高等学校新旧会计制度转账、登记新账科目对照表

序号	新制度会计科目		原制度会计科目	
	编号	名称	编号	名称
一、资产类				
1	1001	库存现金	1001	库存现金
2	1002	银行存款	1002	银行存款
3	1021	其他货币资金		

序号	新制度会计科目		原制度会计科目	
	编号	名称	编号	名称
一、资产类				
4	1101	短期投资	1101	短期投资
5	1201	财政应返还额度	1201	财政应返还额度
6	1211	应收票据	1211	应收票据
7	1212	应收账款	1212	应收账款
8	1214	预付账款	1213	预付账款
9	1891	受托代理资产		
10	1218	其他应收款	1215	其他应收款
11	1301	在途物品		
12	1891	受托代理资产		
13	1302	库存物品	1301	存货
14	1303	加工物品		
15	1891	受托代理资产		
16	1501	长期股权投资	1401	长期投资
17	1502	长期债券投资		
18	1601	固定资产	1501	固定资产
19	1891	受托代理资产		
20	1602	固定资产累计折旧	1502	累计折旧
21	3001	累计盈余		
22	1611	工程物资	1511	在建工程
23	1613	在建工程		
24	1214	预付账款		
25	1701	无形资产	1601	无形资产
26	1702	无形资产累计摊销	1602	累计摊销
27	1902	待处理财产损溢	1701	待处置资产损溢
二、负债类				
28	2001	短期借款	2001	短期借款
29	2101	应交增值税	2101	应缴税费
30	2102	其他应交税费		
31	2103	应缴财政款	2102	应缴国库款
32			2103	应缴财政专户款
33	2201	应付职工薪酬	2201	应付职工薪酬
34	2301	应付票据	2301	应付票据
35	2302	应付账款	2302	应付账款
36	2305	预收账款	2303	预收账款
37	2307	其他应付款	2305	其他应付款
38	2901	受托代理负债	3101	非流动资产基金
39	2501	长期借款	2401	长期借款

续表

序号	新制度会计科目		原制度会计科目	
	编号	名称	编号	名称
二、负债类				
40	2502	长期应付款	2402	长期应付款
41	2901	受托代理负债	2501	代管款项
42	2307	其他应付款		
43	2502	长期应付款		
三、净资产类				
44	3001	累计盈余	3001	事业基金
45			3101	非流动资产基金
46	3101	专用基金	3201	专用基金
47	3001	累计盈余	3301	财政补助结转
48			3302	财政补助结余
49			3401	非财政补助结转
50	3001	累计盈余（借方）	3403	经营结余（借方）
四、预算结余类				
51	8101	财政拨款结转	3301	财政补助结转
52	8102	财政拨款结余	3302	财政补助结余
53	8201	非财政拨款结转	3401	非财政补助结转
54	8202	非财政拨款结余	3001	事业基金
55	8301	专用结余	3201	专用基金
56	8401	经营结余	3403	经营结余
57	8001	资金结存（借方）	3301	财政补助结转
			3302	财政补助结余
			3401	非财政补助结转
			3001	事业基金
			3201	专用基金
			3403	经营结余

财政部关于印发中小学校执行
《政府会计制度——行政事业单位会计科目和报表》的
补充规定和衔接规定的通知

2018 年 8 月 14 日　财会〔2018〕20 号

教育部，各省、自治区、直辖市、计划单列市财政厅（局），新疆生产建设兵团财政局，有关单位：

《政府会计制度——行政事业单位会计科目和报表》（财会〔2017〕25 号）自 2019 年 1 月 1 日起施

行。为了确保新制度在中小学校的有效贯彻实施，我部制定了《关于中小学校执行〈政府会计制度——行政事业单位会计科目和报表〉的补充规定》和《关于中小学校执行〈政府会计制度——行政事业单位会计科目和报表〉的衔接规定》，现印发给你们，请遵照执行。

执行中有何问题，请及时反馈我部。

附件：1. 关于中小学校执行《政府会计制度——行政事业单位会计科目和报表》的补充规定
2. 关于中小学校执行《政府会计制度——行政事业单位会计科目和报表》的衔接规定

附件 1：

关于中小学校执行《政府会计制度——行政事业单位会计科目和报表》的补充规定

根据《政府会计准则——基本准则》，结合行业实际情况，现就中小学校①执行《政府会计制度——行政事业单位会计科目和报表》（以下简称新制度）做出如下补充规定：

一、关于"事业支出"科目的明细核算要求

中小学校对"事业支出"科目的明细核算除了遵循新制度规定外，还应当参照本规定附表 1。

二、关于报表及编制说明

（一）新增项目及填列方法

中小学校应当在收入费用表的"（十一）其他收入"项目下增加"其中：食堂净收入"项目；应当在预算收入支出表的"（九）其他预算收入"项目下"其中："后所列项目中增加"食堂净预算收入"项目。

"其中：食堂净收入"和"食堂净预算收入"两个项目的内容及填列方法详见本规定"三、关于中小学校食堂业务的会计处理"。

（二）关于报表附注

中小学校应当在财务报表附注中按照本规定附表 1 的格式披露事业支出的基本情况。

三、关于中小学校食堂业务的会计处理

中小学校食堂实行独立核算或对食堂收支等主要业务实行独立核算的，年末应当将食堂的报表信息并入学校相关报表的相应项目，并抵销中小学校与食堂的内部业务或事项对中小学校报表的影响。

但是，中小学校在编制收入费用表时，应当将食堂本年收入和费用相抵后的净额并入本表"其他收入"项目金额，并单独填列于该项目下的"食堂净收入"项目。如果食堂收入和费用相抵后的净额合计数为负数，则以"－"号填列。中小学校在编制预算收入支出表时，应当将食堂本年预算收支相抵后的净额并入本表"其他预算收入"项目金额，并单独填列于该项目下的"食堂净预算收入"项目。如果食堂预算收入和支出相抵后的净额合计数为负数，则以"－"号填列。

中小学校应当在年度财务报表附注中提供将食堂财务会计信息纳入学校财务报表情况的说明，包括内部业务或事项抵销处理的情况，食堂本年收入、费用情况。

四、固定资产折旧年限

通常情况下，中小学校应当按照附表 2 规定确定各类应计提折旧的固定资产的折旧年限。

---

① 本规定所指的中小学校包括各级人民政府和接受国家经常性资助的社会力量举办的普通中小学校、中等职业学校、特殊教育学校、工读教育学校、成人中学和成人初等学校。各级人民政府和接受国家经常性资助的社会力量举办的幼儿园依照本规定执行。

五、生效日期

本规定自 2019 年 1 月 1 日起施行。

附表1：

中小学校事业支出明细表

项目	合计	事业支出（按照经费来源划分）												
		同级财政拨款			事业收入			非同级财政拨款			其他资金			
		小计	基本支出	项目支出	小计	基本支出	项目支出	小计	基本支出	项目支出	小计	基本支出	项目支出	
一、工资福利支出														
基本工资														
津贴补贴														
奖金														
伙食补助费														
绩效工资														
基本养老保险缴费														
职业年金缴费														
基本医疗保险缴费														
其他社会保障缴费														
住房公积金														
医疗费														
外聘教职工工资														
外聘教职工社会保障缴费														
其他工资福利支出														
二、商品和服务支出														
办公费														
印刷费														
咨询费														
手续费														
水费														
电费														
邮电费														
取暖费														
学校安保费														
校园保洁费														
校园绿化费														
其他物业管理费														
市内差旅费														

续表

项目	事业支出（按照经费来源划分）												
	合计	同级财政拨款			事业收入			非同级财政拨款			其他资金		
		小计	基本支出	项目支出	小计	基本支出	项目支出	小计	基本支出	项目支出	小计	基本支出	项目支出
国内差旅费													
教师出国（境）培训费													
其他教职工出国（境）培训费													
教职工出国（境）考察费													
仪器设备维修（护）费													
信息系统维修（护）费													
房屋建筑物维修（护）费													
其他维修（护）费													
租赁费													
会议费													
教师培训费													
其他培训费													
公务接待费													
实验耗材费													
体育耗材费													
其他材料费													
劳务费													
委托业务费													
工会经费													
福利费													
校车运行维护费													
公务用车运行维护费													
其他交通费													
学生活动费													
学生出国（境）活动费													
教师工会和党团活动													
学校财产和责任保险费用													
税费和附加费													
财务及审计费													
诉讼费													
其他商品和服务支出													
三、对个人和家庭补助支出													
离休费													
退休费													
退职费													

项目	合计	事业支出（按照经费来源划分）											
		同级财政拨款			事业收入			非同级财政拨款			其他资金		
		小计	基本支出	项目支出	小计	基本支出	项目支出	小计	基本支出	项目支出	小计	基本支出	项目支出
抚恤金													
生活补助													
医疗费补助													
其中：（1）学生医疗费													
（2）教职工医疗费													
助学金													
其中：（1）助学金													
（2）奖学金													
（3）书本费													
（4）伙食补贴													
（5）学生校外践习津贴													
奖励金													
其他对个人和家庭补助支出													
四、资本性支出													
房屋建筑物购建													
办公设备购置													
专用设备购置													
仪器设备大型修缮													
房屋建筑物大型修缮													
信息网络及软件购置更新													
文物和陈列品购置													
图书购置													
无形资产购置													
其他资本性支出													
合计													

附表2：

中小学校固定资产折旧年限表

固定资产类别	折旧年限	备注
一、房屋及构筑物		
1. 房屋		
钢结构	50 年	
钢筋混凝土结构	50 年	
砖混结构	30 年	
砖木结构	30 年	

续表

固定资产类别	折旧年限	备注
一、房屋及构筑物		
2. 简易房	8 年	
3. 房屋附属设施	8 年	围墙、停车设施等
4. 构筑物	8 年	池、罐、槽、塔等
二、通用设备		
1. 计算机设备	6 年	计算机、网络设备、安全设备、终端设备、存储设备等
2. 办公设备	6 年	电话机、传真机、复印机、投影仪、多功能一体机、录音设备、电子白板、LED 显示屏、触控一体机等
3. 车辆	8 年	校车、乘用车、载货汽车、专用车辆等
4. 图书档案设备	5 年	
5. 机械设备	10 年	电梯、制冷空调、锅炉等
6. 电气设备	5 年	电机、变压器、电源设备、生活用电器等
7. 通信设备	5 年	
8. 广播、电视、电影设备	5 年	
9. 仪器仪表	5 年	
10. 电子和通信测量设备、	5 年	
11. 计量标准器具及量具、衡器	5 年	
三、专用设备		
1. 专用仪器仪表	5 年	教学专用仪器等
2. 文艺设备	5 年	乐器、舞台设备、影剧院设备等
3. 体育设备	5 年	田赛设备、径赛设备、球类设备、体育运动辅助设备等
4. 娱乐设备	5 年	
5. 公安专用设备	3 年	
6. 其他专用设备	10 年	
四、家具、用具及装具		
1. 家具	15 年	
其中：学生用家具（教学用）	5 年	
2. 用具和装具	5 年	

附件 2：

关于中小学校执行《政府会计制度——行政事业单位会计科目和报表》的衔接规定

我部于 2017 年 10 月 24 日印发了《政府会计制度——行政事业单位会计科目和报表》（财会〔2017〕25 号，以下简称新制度）。目前执行《中小学校会计制度》（财会〔2013〕27 号，以下简称原制度）的中小学校①，自 2019 年 1 月 1 日起执行新制度，不再执行原制度。为了确保新旧会计制度顺利过渡，现对中

---

① 本规定所指的中小学校包括各级人民政府和接受国家经常性资助的社会力量举办的普通中小学校、中等职业学校、特殊教育学校、工读教育学校、成人中学和成人初等学校。各级人民政府和接受国家经常性资助的社会力量举办的幼儿园依照本规定执行。

小学校执行新制度及《关于中小学校执行〈政府会计制度——行政事业单位会计科目和报表〉的补充规定》（以下简称补充规定）的有关衔接问题规定如下：

一、新旧制度衔接总要求

（一）自 2019 年 1 月 1 日起，中小学校应当严格按照新制度及补充规定进行会计核算、编制财务报表和预算会计报表。

（二）中小学校应当按照本规定做好新旧制度衔接的相关工作，主要包括以下几个方面：

1. 根据原账编制 2018 年 12 月 31 日的科目余额表，并按照本规定要求，编制原账的部分科目余额明细表（参见附表 1、附表 2）。

2. 按照新制度及补充规定设立 2019 年 1 月 1 日的新账。

3. 按照本规定要求，登记新账的财务会计科目余额和预算结余科目余额，包括将原账科目余额转入新账财务会计科目、按照原账科目余额登记新账预算结余科目（中小学校新旧会计制度转账、登记新账科目对照表见附表 3），将未入账事项登记新账科目，并对相关新账科目余额进行调整。原账科目是指按照原制度规定设置的会计科目。

4. 按照登记及调整后新账的各会计科目余额，编制 2019 年 1 月 1 日的科目余额表，作为新账各会计科目的期初余额。

5. 根据新账各会计科目期初余额，按照新制度编制 2019 年 1 月 1 日资产负债表。

（三）及时调整会计信息系统。中小学校应当按照新制度及补充规定要求对原有会计信息系统进行及时更新和调试，实现数据正确转换，确保新旧账套的有序衔接。

二、财务会计科目的新旧衔接

（一）将 2018 年 12 月 31 日原账会计科目余额转入新账财务会计科目

1. 资产类

（1）"库存现金"、"财政应返还额度"、"短期投资"、"固定资产"、"无形资产"科目

新制度设置了"库存现金"、"财政应返还额度"、"短期投资"、"固定资产"、"无形资产"科目，其核算内容与原账的上述相应科目的核算内容基本相同。转账时，中小学校应当将原账的上述科目余额直接转入新账的相应科目。其中，还应当将原账的"库存现金"科目余额中属于新制度规定受托代理资产的金额，转入新账的"库存现金"科目下"受托代理资产"明细科目。

（2）"银行存款"科目

新制度设置了"银行存款"和"其他货币资金"科目，原制度设置了"银行存款"科目。转账时，中小学校应当将原账"银行存款"科目中核算的属于新制度规定的其他货币资金的金额，转入新账"其他货币资金"科目；将原账"银行存款"科目余额减去其中属于其他货币资金余额后的差额，转入新账的"银行存款"科目。其中，还应当将原账的"银行存款"科目余额中属于新制度规定受托代理资产的金额，转入新账"银行存款"科目下的"受托代理资产"明细科目。

（3）"应收账款"科目

新制度设置了"应收票据"、"应收账款"、"预付账款"科目，这三个科目的核算内容与原账的"应收账款"科目的核算内容基本相同。转账时，中小学校应当将原账的"应收账款"科目余额中属于新制度规定的应收票据的金额转入新账的"应收票据"科目；将原账的"应收账款"科目余额中属于新制度规定的应收账款的金额转入新账的"应收账款"科目；将原账的"应收账款"科目余额中属于新制度规定的预付账款的金额转入新账的"预付账款"科目。

（4）"其他应收款"科目

新制度设置了"其他应收款"科目，该科目的核算内容与原账"其他应收款"科目的核算内容基本相同。转账时，中小学校应当将原账的"其他应收款"科目余额，转入新账的"其他应收款"科目。

新制度设置了"在途物品"科目,中小学校在原账"其他应收款"科目中核算了已经付款或开出商业汇票、尚未收到物资的款项,应当将原账的"其他应收款"科目余额中已经付款或开出商业汇票、尚未收到物资的款项金额,转入新账的"在途物品"科目。

(5)"存货"科目

新制度设置了"库存物品"和"加工物品"科目,原制度设置了"存货"科目。转账时,中小学校应当将原账的"存货"科目余额中属于在加工存货的金额,转入新账的"加工物品"科目;将原账的"存货"科目余额减去属于在加工存货的金额后的差额,转入新账的"库存物品"科目。

中小学校在原账的"存货"科目中核算了属于新制度规定的受托代理物资的,应当将原账的"存货"科目余额中属于受托代理物资的金额,转入新账的"受托代理资产"科目。

(6)"长期投资"科目

新制度设置了"长期股权投资"和"长期债券投资"科目,原制度设置了"长期投资"科目。转账时,中小学校应当将原账的"长期投资"科目余额中属于股权投资的金额,转入新账的"长期股权投资"科目及其明细科目;将原账的"长期投资"科目余额中属于债券投资的金额,转入新账的"长期债券投资"科目及其明细科目。

(7)"在建工程"科目

新制度设置了"在建工程"和"预付账款——预付备料款、预付工程款"科目,原制度设置了"在建工程"科目。转账时,中小学校应当将原账的"在建工程"科目余额(基建"并账"后的金额,下同)中属于预付备料款、预付工程款的金额,转入新账的"预付账款"科目相关明细科目;将原账的"在建工程"科目余额减去预付备料款、预付工程款金额后的差额,转入新账的"在建工程"科目。

中小学校在原账"在建工程"科目中核算了按照新制度规定应当记入"工程物资"科目内容的,应当将原账"在建工程"科目余额中属于工程物资的金额,转入新账的"工程物资"科目。

(8)"待处置资产损溢"科目

新制度设置了"待处理财产损溢"科目,该科目的核算内容与原账"待处置资产损溢"科目的核算内容基本相同。转账时,中小学校应当将原账的"待处置资产损溢"科目余额,转入新账的"待处理财产损溢"科目。

(9)"零余额账户用款额度"科目

由于原账的"零余额账户用款额度"科目年末无余额,该科目无需进行转账处理。

2. 负债类

(1)"短期借款"、"应付职工薪酬"、"长期借款"、"长期应付款"科目

新制度设置了"短期借款"、"应付职工薪酬"、"长期借款"、"长期应付款"科目,这些科目的核算内容与原账的上述相应科目的核算内容基本相同。转账时,中小学校应当将原账的上述科目余额直接转入新账的相应科目。

(2)"应缴税费"科目

新制度设置了"应交增值税"和"其他应交税费"科目,原制度设置了"应缴税费"科目。转账时,中小学校应当将原账的"应缴税费——应缴增值税"科目余额,转入新账"应交增值税"科目中的相关明细科目;将原账的"应缴税费"科目余额减去属于应缴增值税余额后的差额,转入新账的"其他应交税费"科目。

(3)"应缴国库款"、"应缴财政专户款"科目

新制度设置了"应缴财政款"科目,原制度设置了"应缴国库款"、"应缴财政专户款"科目。转账时,中小学校应当将原账的"应缴国库款"、"应缴财政专户款"科目余额,转入新账的"应缴财政款"科目。

(4)"应付账款"科目

新制度设置了"应付票据"、"应付账款"、"预收账款"科目,这三个科目的核算内容与原账的"应

付账款"科目的核算内容基本相同。转账时，中小学校应当将原账的"应付账款"科目余额中属于应付票据的金额转入新账的"应付票据"科目；将原账的"应付账款"科目余额中属于应付账款的金额转入新账的"应付账款"科目；将原账的"应付账款"科目余额中属于预收账款的金额转入新账的"预收账款"科目。

（5）"其他应付款"科目

新制度设置了"其他应付款"科目，该科目的核算内容与原账"其他应付款"科目的核算内容基本相同。转账时，中小学校应当将原账的"其他应付款"科目余额，转入新账的"其他应付款"科目。其中，中小学校在原账的"其他应付款"科目中核算了属于新制度规定的受托代理负债的，应当将原账的"其他应付款"科目余额中属于受托代理负债的余额，转入新账的"受托代理负债"科目。

（6）"代管款项"科目

新制度设置了"受托代理负债"科目，原账的"代管款项"科目的核算内容包括了受托代理负债的内容。转账时，中小学校应当对原账中"代管款项"科目余额进行分析，将其中属于新制度规定受托代理负债的余额转入新账的"受托代理负债"科目；将不属于受托代理负债的余额，根据偿还期限分别转入新账中"其他应付款"和"长期应付款"科目。

3. 净资产类

（1）"事业基金"科目

新制度设置了"累计盈余"科目。该科目的余额包含了原账的"事业基金"科目的核算内容。转账时，中小学校应当将原账的"事业基金"科目余额转入新账的"累计盈余"科目。

（2）"非流动资产基金"科目

依据新制度，无需进行原制度中"非流动资产基金"科目对应内容的核算。转账时，中小学校应当将原账的"非流动资产基金"科目余额转入新账的"累计盈余"科目。

（3）"专用基金"科目

新制度设置了"专用基金"科目，该科目的核算内容与原账的"专用基金"科目的核算内容基本相同。转账时，中小学校应当将原账的"专用基金"科目余额转入新账的"专用基金"科目。

（4）"财政补助结转"、"财政补助结余"、"非财政补助结转"科目

新制度设置了"累计盈余"科目，该科目的余额包含了原账的"财政补助结转"、"财政补助结余"、"非财政补助结转"科目的余额内容。转账时，中小学校应当将原账的"财政补助结转"、"财政补助结余"、"非财政补助结转"科目余额，转入新账的"累计盈余"科目。

（5）"经营结余"科目

新制度设置了"本期盈余"科目，该科目的核算内容包含了原账"经营结余"科目的核算内容。新制度规定"本期盈余"科目余额最终转入"累计盈余"科目，如果原账的"经营结余"科目有借方余额，转账时，中小学校应当将原账的"经营结余"科目借方余额，转入新账的"累计盈余"科目借方。

（6）"事业结余"、"非财政补助结余分配"科目

由于原账的"事业结余"、"非财政补助结余分配"科目年末无余额，这两个科目无需进行转账处理。

4. 收入类、支出类

由于原账中收入类、支出类科目年末无余额，无需进行转账处理。自2019年1月1日起，应当按照新制度设置收入类、费用类科目并进行账务处理。

中小学校存在其他本规定未列举的原账科目余额的，应当比照本规定转入新账的相应科目。新账的科目设有明细科目的，应将原账中对应科目的余额加以分析，分别转入新账中相应科目的相关明细科目。

中小学校在进行新旧衔接的转账时，应当编制转账的工作分录，作为转账的工作底稿，并将转入新账的对应原科目余额及分拆原科目余额的依据作为原始凭证。

（二）将原未入账事项登记新账财务会计科目

1. 应收股利

中小学校在新旧制度转换时，应当将2018年12月31日前未入账的应收股利按照新制度规定记入新

账。登记新账时，按照确定的应收股利金额，借记"应收股利"科目，贷记"累计盈余"科目。

2. 受托代理资产

中小学校在新旧制度转换时，应当将 2018 年 12 月 31 日前未入账的受托代理资产按照新制度规定记入新账。登记新账时，按照确定的受托代理资产金额，借记"受托代理资产"科目，贷记"受托代理负债"科目。

3. 盘盈资产

中小学校在新旧制度转换时，应当将 2018 年 12 月 31 日前未入账的盘盈资产按照新制度规定记入新账。登记新账时，按照确定的盘盈资产及其成本，分别借记有关资产科目，按照盘盈资产成本的合计金额，贷记"累计盈余"科目。

4. 应付质量保证金

中小学校在新旧制度转换时，应当将 2018 年 12 月 31 日前未入账的应付质量保证金按照新制度规定记入新账。登记新账时，按照确定未入账的应付质量保证金金额，借记"累计盈余"科目，贷记"其他应付款"科目［扣留期在 1 年以内（含 1 年）］、"长期应付款"科目［扣留期超过 1 年］。

5. 预计负债

中小学校在新旧制度转换时，应当将 2018 年 12 月 31 日按照新制度规定确认的预计负债记入新账。登记新账时，按照确定的预计负债金额，借记"累计盈余"科目，贷记"预计负债"科目。

中小学校存在 2018 年 12 月 31 日前未入账的其他事项的，应当比照本规定登记新账的相应科目。

中小学校对新账的财务会计科目补记未入账事项时，应当编制记账凭证，并将补充登记事项的确认依据作为原始凭证。

（三）对新账的相关财务会计科目余额按照新制度规定的会计核算基础进行调整

1. 计提坏账准备

新制度要求对中小学校收回后无需上缴财政的应收账款和其他应收款提取坏账准备。在新旧制度转换时，中小学校应当按照 2018 年 12 月 31 日无需上缴财政的应收账款和其他应收款的余额计算应计提的坏账准备金额，借记"累计盈余"科目，贷记"坏账准备"科目。

2. 按照权益法调整长期股权投资账面余额

对按照新制度规定应当采用权益法核算的长期股权投资，在新旧制度转换时，中小学校应当在"长期股权投资"科目下设置"新旧制度转换调整"明细科目，依据被投资单位 2018 年 12 月 31 日财务报表的所有者权益账面余额，以及中小学校持有被投资单位的股权比例，计算应享有或应分担的被投资单位所有者权益的份额，调整长期股权投资的账面余额，借记或贷记"长期股权投资——新旧制度转换调整"科目，贷记或借记"累计盈余"科目。

3. 确认长期债券投资期末应收利息

中小学校应当按照新制度规定于 2019 年 1 月 1 日补记长期债券投资应收利息，按照长期债券投资的应收利息金额，借记"长期债券投资"科目［到期一次还本付息］或"应收利息"科目［分期付息、到期还本］，贷记"累计盈余"科目。

4. 补提折旧

中小学校在原账中尚未计提固定资产折旧的，应当全面核查截至 2018 年 12 月 31 日的固定资产的预计使用年限、已使用年限、尚可使用年限等，并于 2019 年 1 月 1 日对尚未计提折旧的固定资产补提折旧，按照应计提的折旧金额，借记"累计盈余"科目，贷记"固定资产累计折旧"科目。

5. 补提摊销

中小学校在原账中尚未计提无形资产摊销的，应当全面核查截至 2018 年 12 月 31 日无形资产的预计使用年限、已使用年限、尚可使用年限等，并于 2019 年 1 月 1 日对前期尚未计提摊销的无形资产补提摊销，按照应计提的摊销金额，借记"累计盈余"科目，贷记"无形资产累计摊销"科目。

6. 确认长期借款期末应付利息

中小学校应当按照新制度规定于 2019 年 1 月 1 日补记长期借款的应付利息金额，对其中资本化的部分，借记"在建工程"科目，对其中费用化的部分，借记"累计盈余"科目，按照全部长期借款应付利息金额，贷记"长期借款"科目［到期一次还本付息］或"应付利息"科目［分期付息、到期还本］。

中小学校对新账的财务会计科目期初余额进行调整时，应当编制记账凭证，并将调整事项的确认依据作为原始凭证。

三、预算会计科目的新旧衔接

（一）"财政拨款结转"和"财政拨款结余"科目及对应的"资金结存"科目余额

新制度设置了"财政拨款结转"、"财政拨款结余"科目及对应的"资金结存"科目。在新旧制度转换时，中小学校应当对原账的"财政补助结转"科目及对应科目余额进行逐项分析，加上已经计入支出尚未支付财政资金（如发生时列支的应付账款、应缴税费、应付职工薪酬等）的金额，减去已经支付财政资金尚未计入支出（如购入的存货、预付账款、其他应收款等）的金额，按照增减后的金额，登记新账的"财政拨款结转"科目及其明细科目贷方；按照原账"财政补助结余"科目余额，登记新账的"财政拨款结余"科目及其明细科目贷方。

按照原账"财政应返还额度"科目余额登记新账"资金结存——财政应返还额度"科目借方。按照新账的"财政拨款结转"和"财政拨款结余"科目贷方余额合计数减去新账的"资金结存——财政应返还额度"科目借方余额后的差额，登记新账的"资金结存——货币资金"科目借方。

（二）"非财政拨款结转"科目及对应的"资金结存"科目余额

新制度设置了"非财政拨款结转"科目及对应的"资金结存"科目。在新旧制度转换时，中小学校应当对原账的"非财政补助结转"科目及对应科目余额进行逐项分析，在原账的"非财政补助结转"科目余额基础上，加上已经计入支出尚未支付非财政补助专项资金（如发生时列支的应付票据、应付账款、应缴税费、应付职工薪酬等）的金额，减去已经支付非财政补助专项资金尚未计入支出（如购入的存货、预付账款、其他应收款等）的金额，加上已经收到非财政补助专项资金尚未计入预算收入（如预收账款等）的金额，减去已经计入预算收入尚未收到非财政补助专项资金（如应收票据、应收账款等）的金额，按照增减后的金额登记新账的"非财政拨款结转"科目及其明细科目贷方；同时，按照相同的金额登记新账"资金结存——货币资金"科目借方。

（三）"专用结余"科目及对应的"资金结存"科目余额

新制度设置了"专用结余"科目及对应的"资金结存"科目。在新旧制度转换时，中小学校应当按照原账"专用基金"科目余额中通过非财政补助结余分配形成的金额，借记新账的"资金结存——货币资金"科目，贷记新账的"专用结余"科目。

（四）"经营结余"科目及对应的"资金结存"科目余额

新制度设置了"经营结余"科目及对应的"资金结存"科目。如果原账的"经营结余"科目期末有借方余额，在新旧制度转换时，按照原账的"经营结余"科目余额，借记新账的"经营结余"科目，贷记新账的"资金结存"科目。

（五）"非财政拨款结余"科目及对应的"资金结存"科目余额

1. 登记"非财政拨款结余"科目余额

新制度设置了"非财政拨款结余"科目及对应的"资金结存"科目。在新旧制度转换时，中小学校应当按照原账的"事业基金"科目余额，借记新账的"资金结存——货币资金"科目，贷记新账的"非财政拨款结余"科目。

2. 对新账"非财政拨款结余"科目及"资金结存"科目余额进行调整

（1）调整短期投资对非财政拨款结余的影响

中小学校应当按照原账的"短期投资"科目余额，借记"非财政拨款结余"科目，贷记"资金结存——货币资金"科目。

（2）调整应收票据、应收账款对非财政拨款结余的影响

中小学校应当对原账的"应收票据"、"应收账款"科目余额进行分析，区分其中发生时计入预算收入的金额和没有计入预算收入的金额。对发生时计入收入的金额，再区分计入专项资金收入的金额和计入非专项资金收入的金额，按照计入非专项资金收入的金额，借记"非财政拨款结余"科目，贷记"资金结存——货币资金"科目。

（3）调整预付账款对非财政拨款结余的影响

中小学校应当对原账的"预付账款"科目余额进行分析，区分其中由财政补助资金预付的金额、非财政补助专项资金预付的金额和非财政补助非专项资金预付的金额，按照非财政补助非专项资金预付的金额，借记"非财政拨款结余"科目，贷记"资金结存——货币资金"科目。

（4）调整其他应收款对非财政拨款结余的影响

中小学校按照新制度规定将原账其他应收款中的预付款项计入支出的，应当对原账的"其他应收款"科目余额进行分析，区分其中预付款项的金额（将来很可能列支）和非预付款项的金额，并对预付款项的金额划分为财政补助资金预付的金额、非财政补助专项资金预付的金额和非财政补助非专项资金预付的金额，按照非财政补助非专项资金预付的金额，借记"非财政拨款结余"科目，贷记"资金结存——货币资金"科目。

（5）调整存货对非财政拨款结余的影响

中小学校应当对原账的"存货"科目余额进行分析，区分购入的存货金额和非购入的存货金额。对购入的存货金额划分出其中使用财政补助资金购入的金额、使用非财政补助专项资金购入的金额和使用非财政补助非专项资金购入的金额，按照使用非财政补助非专项资金购入的金额，借记"非财政拨款结余"科目，贷记"资金结存——货币资金"科目。

（6）调整长期股权投资对非财政拨款结余的影响

中小学校应当对原账的"长期投资"科目余额中属于股权投资的余额进行分析，区分其中用现金资产取得的金额和用非现金资产及其他方式取得的金额，按照用现金资产取得的金额，借记"非财政拨款结余"科目，贷记"资金结存——货币资金"科目。

按照原制度核算长期投资、而且对应科目为"非流动资产基金——长期投资"的，不作此项调整。

（7）调整长期债券投资对非财政拨款结余的影响

中小学校应当按原账的"长期投资"科目余额中属于债券投资的余额，借记"非财政拨款结余"科目，贷记"资金结存——货币资金"科目。

按照原制度核算长期投资、而且对应科目为"非流动资产基金——长期投资"的，不作此项调整。

（8）调整短期借款、长期借款对非财政拨款结余的影响

中小学校应当按照原账的"短期借款"、"长期借款"科目余额，借记"资金结存——货币资金"科目，贷记"非财政拨款结余"科目。

（9）调整应缴税费、应付职工薪酬对非财政拨款结余的影响

中小学校应当对原账的"应缴税费"、"应付职工薪酬"科目余额进行分析，将计入支出尚未支付的金额划分出财政补助应付的金额、非财政补助专项资金应付的金额和非财政补助非专项资金应付的金额，按照非财政补助非专项资金应付的金额，借记"资金结存——货币资金"科目，贷记"非财政拨款结余"科目。

（10）调整应付票据、应付账款对非财政拨款结余的影响

中小学校应当对原账的"应付票据"、"应付账款"科目余额进行分析，区分其中发生时计入支出的金额和未计入支出的金额。将计入支出的金额划分出财政补助应付的金额、非财政补助专项资金应付的金额和非财政补助非专项资金应付的金额，按照非财政补助非专项资金应付的金额，借记"资金结存——货币资金"科目，贷记"非财政拨款结余"科目。

（11）调整预收账款对非财政拨款结余的影响

中小学校应当按照原账的"预收账款"科目余额中预收非财政非专项资金的金额，借记"资金结存——货币资金"科目，贷记"非财政拨款结余"科目。

（12）调整专用基金对非财政拨款结余的影响

中小学校应当对原账的"专用基金"科目余额进行分析，划分出按照预算收入比例列支提取的专用基金，按照列支提取的专用基金的金额，借记"资金结存——货币资金"科目，贷记"非财政拨款结余"科目。

3. 中小学校按照前述 1、2 两个步骤难以准确调整出"非财政拨款结余"科目及对应的"资金结存"科目余额的，在新旧制度转换时，可以在新账的"库存现金"、"银行存款"、"其他货币资金"、"财政应返还额度"科目借方余额合计数基础上，对不纳入单位预算管理的资金进行调整（如减去新账中货币资金形式的受托代理资产、应缴财政款、已收取将来需要退回资金的其他应付款，加上已支付将来需要收回资金的其他应收款），按照调整后的金额减去新账的"财政拨款结转"、"财政拨款结余"、"非财政拨款结转"、"专用结余"科目贷方余额合计数，加上"经营结余"科目借方余额后的金额，登记新账的"非财政拨款结余"科目贷方；同时，按照相同的金额登记新账的"资金结存——货币资金"科目借方。

（六）"其他结余"、"非财政拨款结余分配"科目

新制度设置了"其他结余"和"非财政拨款结余分配"科目。由于这两个科目年初无余额，在新旧制度转换时，无需对"其他结余"和"非财政拨款结余分配"科目进行新账年初余额登记。

（七）预算收入类、预算支出类会计科目

由于预算收入类、预算支出类会计科目年初无余额，在新旧制度转换时，无需对预算收入类、预算支出类会计科目进行新账年初余额登记。

中小学校应当自 2019 年 1 月 1 日起，按照新制度设置预算收入类、预算支出类科目并进行账务处理。

中小学校存在 2018 年 12 月 31 日需要按照新制度预算会计核算基础调整预算会计科目期初余额的其他事项的，应当比照本规定调整新账的相应预算会计科目期初余额。

中小学校对预算会计科目的期初余额登记和调整，应当编制记账凭证，并将期初余额登记和调整的依据作为原始凭证。

四、财务报表和预算会计报表新旧衔接

（一）编制 2019 年 1 月 1 日资产负债表

中小学校应当根据 2019 年 1 月 1 日新账的财务会计科目余额，按照新制度编制 2019 年 1 月 1 日资产负债表（仅要求填列各项目"年初余额"）。

（二）2019 年度财务报表和预算会计报表的编制

中小学校应当按照新制度及补充规定编制 2019 年财务报表和预算会计报表。在编制 2019 年度收入费用表、净资产变动表、现金流量表和预算收入支出表、预算结转结余变动表时，不要求填列上年比较数。

中小学校应当根据 2019 年 1 月 1 日新账财务会计科目余额，填列 2019 年净资产变动表各项目的"上年年末余额"；根据 2019 年 1 月 1 日新账预算会计科目余额，填列 2019 年预算结转结余变动表的"年初预算结转结余"项目和财政拨款预算收入支出表的"年初财政拨款结转结余"项目。

五、其他事项

（一）截至 2018 年 12 月 31 日尚未进行基建"并账"的中小学校，应当首先按照《新旧中小学校会计制度有关衔接问题的处理规定》（财会〔2014〕5 号），将基建账套相关数据并入 2018 年 12 月 31 日原账中的相关科目余额，再按照本规定将 2018 年 12 月 31 日原账相关会计科目余额转入新账相应科目。

（二）2019 年 1 月 1 日前执行新制度及补充规定的中小学校，应当按照本规定做好新旧制度衔接工作。

附表 1：

中小学校原会计科目余额明细表一

总账科目	明细分类	金额	备注
库存现金	库存现金		
	其中：受托代理现金		
银行存款	银行存款		
	其中：受托代理银行存款		
	其他货币资金		
应收账款	应收票据		
	应收账款		
	预收账款		
其他应收款	在途物品		已经付款，尚未收到物资
	其他		
存货	库存物品		
	受托代理物资		
长期投资	长期股权投资		
	长期债券投资		
在建工程	在建工程		
	工程物资		
	预付工程款、预付备料款		
应缴税费	应缴增值税		
	其他应缴税费		
应付账款	应付票据		
	应付账款		
	预收账款		
其他应付款	其他应付款		
	受托代理负债		
代管款项	受托代理负债		
	其他应付款		
	长期应付款		

附表 2：

中小学校原会计科目余额明细表二

总账科目	明细分类	金额	备注
应收账款	应收票据和应收账款		
	其中：发生时不计入收入		如转让资产的应收票据和应收账款
	发生时计入收入		
	其中：专项收入		
	其他		

总账科目	明细分类	金额	备注
应收账款	预付账款		
	其中：财政补助资金预付		
	非财政补助专项资金预付		
	非财政补助非专项资金预付		
其他应收款	预付款项		如职工预借的差旅费等
	其中：财政补助资金预付		
	非财政补助专项资金预付		
	非财政补助非专项资金预付		
	需要收回及其他		如支付的押金、应收为职工垫付的款项等
存货	购入存货		
	其中：使用财政补助资金购入		
	使用非财政补助专项资金购入		
	使用非财政补助非专项购入		
	非购入存货		如无偿调入、接受捐赠的存货等
长期投资	长期股权投资		
	其中：用现金资产取得		
	用非现金资产或其他方式取得		
	长期债券投资		
应付账款	应付票据和应付账款		
	其中：发生时不计入支出		
	发生时计入支出		
	其中：财政补助资金应付		
	非财政补助专项资金应付		
	非财政补助非专项资金应付		
	预收账款		
	其中：预收专项资金		
	预收非专项资金		
专用基金	从非财政补助结余分配中提取		
	从收入中列支提取		
	其他		

附表3：

中小学校新旧会计制度转账、登记新账科目对照表

序号	新制度会计科目		原制度会计科目	
	编号	名称	编号	名称
一、资产类				
1	1001	库存现金	1001	库存现金

续表

序号	新制度会计科目		原制度会计科目	
	编号	名称	编号	名称
一、资产类				
2	1002	银行存款	1002	银行存款
3	1021	其他货币资金		
4	1101	短期投资	1101	短期投资
5	1201	财政应返还额度	1201	财政应返还额度
6	1211	应收票据	1212	应收账款
7	1212	应收账款		
8	1214	预付账款		
9	1218	其他应收款	1215	其他应收款
10	1301	在途物品		
11	1302	库存物品	1301	存货
12	1891	受托代理资产		
13	1501	长期股权投资	1401	长期投资
14	1502	长期债券投资		
15	1601	固定资产	1501	固定资产
16	1611	工程物资	1511	在建工程
17	1613	在建工程		
18	1214	预付账款		
19	1701	无形资产	1601	无形资产
20	1902	待处理财产损溢	1701	待处置资产损溢
二、负债类				
21	2001	短期借款	2001	短期借款
22	2101	应交增值税	2101	应缴税费
23	2102	其他应交税费		
24	2103	应缴财政款	2102	应缴国库款
25			2103	应缴财政专户款
26	2201	应付职工薪酬	2201	应付职工薪酬
27	2301	应付票据	2302	应付账款
28	2302	应付账款		
29	2305	预收账款		
30	2307	其他应付款	2305	其他应付款
31	2901	受托代理负债		
32	2501	长期借款	2401	长期借款
33	2502	长期应付款	2402	长期应付款
34	2901	受托代理负债	2501	代管款项
35	2307	其他应付款		
36	2502	长期应付款		

序号	新制度会计科目		原制度会计科目	
	编号	名称	编号	名称
三、净资产类				
37	3001	累计盈余	3001	事业基金
38			3101	非流动资产基金
39	3101	专用基金	3201	专用基金
40	3001	累计盈余	3301	财政补助结转
41			3302	财政补助结转
42			3401	非财政补助结转
43	3001	累计盈余（借方）	3403	经营结余（借方）
四、预算结余类				
44	8101	财政拨款结转	3301	财政补助结转
45	8102	财政拨款结余	3302	财政补助结余
46	8201	非财政拨款结转	3401	非财政补助结转
47	8202	非财政拨款结余	3001	事业基金
48	8301	专用结余	3201	专用基金
49	8401	经营结余	3403	经营结余
50	8001	资金结存（借方）	3301	财政补助结转
			3302	财政补助结转
			3401	非财政补助结转
			3001	事业基金
			3201	专用基金
			3403	经营结余

财政部关于印发科学事业单位执行
《政府会计制度——行政事业单位会计科目和报表》的
补充规定和衔接规定的通知

2018 年 8 月 20 日　财会〔2018〕23 号

党中央有关部门，国务院各部委、各直属机构，高检院，有关人民团体，各省、自治区、直辖市、计划单列市财政厅（局），新疆生产建设兵团财政局：

《政府会计制度——行政事业单位会计科目和报表》（财会〔2017〕25 号）自 2019 年 1 月 1 日起施行。为了确保新制度在科学事业单位的有效贯彻实施，我部制定了《关于科学事业单位执行〈政府会计制度——行政事业单位会计科目和报表〉的补充规定》和《关于科学事业单位执行〈政府会计制度——行政事业单位会计科目和报表〉的衔接规定》，现印发给你们，请遵照执行。

执行中有何问题，请及时反馈我部。

附件：1. 关于科学事业单位执行《政府会计制度——行政事业单位会计科目和报表》的补充规定

2. 关于科学事业单位执行《政府会计制度——行政事业单位会计科目和报表》的衔接规定

附件 1：

关于科学事业单位执行《政府会计制度——行政事业单位会计科目和报表》的补充规定

根据《政府会计准则——基本准则》，结合行业实际情况，现就科学事业单位[①]执行《政府会计制度——行政事业单位会计科目和报表》（以下简称新制度）做出如下补充规定：

一、关于在新制度一级科目下设置明细科目

（一）科学事业单位应当在新制度规定的"4101　事业收入"科目下设置"410101　科研收入"、"410102　非科研收入"明细科目。

1. "410101　科研收入"明细科目核算科学事业单位开展科研活动及其辅助活动实现的收入。

2. "410102　非科研收入"明细科目核算科学事业单位开展科研活动以外的其他业务活动及其辅助活动实现的收入，包括技术活动收入、学术活动收入、科普活动收入、试制产品活动收入、教学活动收入等。

技术活动收入是指科学事业单位对外提供技术咨询、技术服务等活动实现的收入。

学术活动收入是指科学事业单位开展学术交流、学术期刊出版等活动实现的收入。

科普活动收入是指科学事业单位开展科学知识宣传、讲座和科技展览等活动实现的收入。

试制产品活动收入是指科学事业单位试制中间试验产品等活动实现的收入。

教学活动收入是指科学事业单位开展教学活动实现的收入。

（二）科学事业单位应当在新制度规定的"5001　业务活动费用"科目下设置"500101　科研活动费用"、"500102　非科研活动费用"明细科目。

1. "500101　科研活动费用"明细科目核算科学事业单位开展科研活动及其辅助活动发生的各项费用。

2. "500102　非科研活动费用"明细科目核算科学事业单位开展科研活动以外的其他业务活动及其辅助活动发生的各项费用，包括技术活动费用、学术活动费用、科普活动费用、试制产品活动费用和教学活动费用等。

技术活动费用是指科学事业单位对外提供技术咨询、技术服务等活动发生的各项费用。

学术活动费用是指科学事业单位开展学术交流、学术期刊出版等活动发生的各项费用。

科普活动费用是指科学事业单位开展科学知识宣传、讲座和科技展览等活动发生的各项费用。

试制产品活动费用是指科学事业单位试制中间试验产品等活动发生的各项费用。

教学活动费用是指科学事业单位开展教学活动发生的各项费用。

（三）科学事业单位应当在新制度规定的"6101　事业预算收入"科目下设置"610101　科研预算收入"、"610102　非科研预算收入"明细科目。

1. "610101　科研预算收入"明细科目核算科学事业单位开展科研活动及其辅助活动取得的现金流入。

---

① 其他主要从事科学研究活动的事业单位可参照执行本规定。

2．"610102　非科研预算收入"明细科目核算科学事业单位开展科研活动以外的其他业务活动及其辅助活动取得的现金流入，包括技术活动预算收入、学术活动预算收入、科普活动预算收入、试制产品活动预算收入、教学活动预算收入等。

技术活动预算收入是指科学事业单位对外提供技术咨询、技术服务等活动取得的现金流入。

学术活动预算收入是指科学事业单位开展学术交流、学术期刊出版等活动取得的现金流入。

科普活动预算收入是指科学事业单位开展科学知识宣传、讲座和科技展览等活动取得的现金流入。

试制产品活动预算收入是指科学事业单位试制中间试验产品等活动取得的现金流入。

教学活动预算收入是指科学事业单位开展教学活动取得的现金流入。

（四）科学事业单位应当在新制度规定的"7201　事业支出"科目下设置"720101　科研支出"、"720102　非科研支出"、"720103　管理支出"明细科目。

1．"720101　科研支出"明细科目核算科学事业单位开展科研活动及其辅助活动发生的各项现金流出。

2．"720102　非科研支出"明细科目核算科学事业单位开展科研活动以外的其他业务活动及其辅助活动发生的各项现金流出，包括技术活动支出、学术活动支出、科普活动支出、试制产品活动支出和教学活动支出等。

技术活动支出是指科学事业单位对外提供技术咨询、技术服务等活动发生的各项现金流出。

学术活动支出是指科学事业单位开展学术交流、学术期刊出版等活动发生的各项现金流出。

科普活动支出是指科学事业单位开展科学知识宣传、讲座和科技展览等活动发生的各项现金流出。

试制产品活动支出是指科学事业单位试制中间试验产品等活动发生的各项现金流出。

教学活动支出是指科学事业单位开展教学活动发生的各项现金流出。

3．"720103　管理支出"明细科目核算科学事业单位行政及后勤管理部门开展管理活动发生的各项现金流出，包括单位行政及后勤管理部门发生的人员经费、公用经费，以及由单位统一负担的离退休人员经费、工会经费、诉讼费、中介费等现金流出。

二、关于报表及编制说明

（一）关于收入费用表

1．新增项目

科学事业单位应当在收入费用表的"（二）事业收入"项目下增加"其中：科研收入"、"非科研收入"项目，在"（一）业务活动费用"项目下增加"其中：科研活动费用"、"非科研活动费用"项目，详见附表1。

2．新增项目的内容和填列方法

（1）"其中：科研收入"项目，反映科学事业单位本期开展科研活动及其辅助活动实现的收入。本项目应当根据"事业收入——科研收入"科目的本期发生额填列。

（2）"非科研收入"项目，反映科学事业单位本期开展科研活动以外的其他业务活动及其辅助活动实现的收入。本项目应当根据"事业收入——非科研收入"科目的本期发生额填列。

（3）"其中：科研活动费用"项目，反映科学事业单位本期开展科研活动及其辅助活动发生的各项费用。本项目应当根据"业务活动费用——科研活动费用"科目的本期发生额填列。

（4）"非科研活动费用"项目，反映科学事业单位本期开展科研活动以外的其他业务活动及其辅助活动发生的各项费用。本项目应当根据"业务活动费用——非科研活动费用"科目的本期发生额填列。

（二）关于预算收入支出表

1．新增项目

科学事业单位应当在预算收入支出表的"（二）事业预算收入"项目下增加"其中：科研预算收入"、"非科研预算收入"项目，在"（二）事业支出"项目下增加"其中：科研支出"、"非科研支出"、"管理支出"项目，详见附表 2。

2. 新增项目的内容和填列方法

（1）"其中：科研预算收入"项目，反映科学事业单位本期开展科研活动及其辅助活动取得的现金流入。本项目应当根据"事业预算收入——科研预算收入"科目的本期发生额填列。

（2）"非科研预算收入"项目，反映科学事业单位本期开展科研活动以外的其他业务活动及其辅助活动取得的现金流入。本项目应当根据"事业预算收入——非科研预算收入"科目的本期发生额填列。

（3）"其中：科研支出"项目，反映科学事业单位本期开展科研活动及其辅助活动发生的各项现金流出。本项目应当根据"事业支出——科研支出"科目的本期发生额填列。

（4）"非科研支出"项目，反映科学事业单位本期开展科研活动以外的其他业务活动及其辅助活动发生的各项现金流出。本项目应当根据"事业支出——非科研支出"科目的本期发生额填列。

（5）"管理支出"项目，反映科学事业单位本期行政及后勤管理部门开展管理活动发生的各项现金流出，以及由单位统一负担的其他现金流出。本项目应当根据"事业支出——管理支出"科目的本期发生额填列。

（三）关于附注

科学事业单位应当在财务报表附注中披露以下信息：

1. 收入费用表有关项目的说明

（1）关于"非科研收入"项目，披露"技术活动收入"、"学术活动收入"、"科普活动收入"、"试制产品活动收入"和"教学活动收入"等构成项目的金额。

（2）关于"非科研活动费用"项目，披露"技术活动费用"、"学术活动费用"、"科普活动费用"、"试制产品活动费用"和"教学活动费用"等构成项目的金额。

2. 预算收入支出表有关项目的说明

（1）关于"非科研预算收入"项目，披露"技术活动预算收入"、"学术活动预算收入"、"科普活动预算收入"、"试制产品活动预算收入"和"教学活动预算收入"等构成项目的金额。

（2）关于"非科研支出"项目，披露"技术活动支出"、"学术活动支出"、"科普活动支出"、"试制产品活动支出"和"教学活动支出"等构成项目的金额。

三、关于合作项目款的账务处理

本规定所称合作项目款是指科学事业单位从非同级政府财政部门取得的，需要与其他单位合作完成的科技项目（课题）款项。科学事业单位对合作项目款核算的账务处理如下：

（一）从付款方预收款项时，在财务会计下，按照收到的款项金额，借记"银行存款"等科目，贷记"预收账款"科目；同时，在预算会计下，按照相同的金额，借记"资金结存——货币资金"科目，贷记"事业预算收入"科目。

（二）按照合同规定将合作项目款转拨合作单位时，在财务会计下，按照实际转拨的金额，借记"预收账款"科目，贷记"银行存款"等科目；同时，在预算会计下，按照相同的金额，借记"事业预算收入"科目［转拨当年收到的合作项目款］或"非财政拨款结转"科目［转拨以前年度收到的合作项目款］，贷记"资金结存——货币资金"科目。

（三）按照合同完成进度确认本单位科研收入时，按照计算确认收入的金额，借记"预收账款"科目，贷记"事业收入"科目。

（四）发生因科技项目（课题）终止等情形，需按照规定将项目剩余资金退回项目（课题）立项部门时，对本单位承担项目使用的剩余资金，在财务会计下，按照实际退回的金额，借记"预收账款"科目［尚未确认收入］或"事业收入"科目［已经确认收入］，贷记"银行存款"等科目；同时，在预算会计下，按照相同的金额，借记"事业预算收入"科目［本年度取得的合作项目款］或"非财政拨款结转"科目［以前年度取得的合作项目款］，贷记"资金结存——货币资金"科目。

对合作单位承担项目使用的剩余资金，于收回时按照收回的金额，借记"银行存款"等科目，贷记"其他应付款"科目；转退回给项目（课题）立项部门时，借记"其他应付款"科目，贷记"银行存款"等科目。

四、关于计提和使用项目间接费用或管理费的账务处理

（一）科学事业单位按规定从科研项目收入中计提项目间接费用或管理费时，除按新制度规定借记"单位管理费用"科目外，也可根据实际情况借记"业务活动费用"等科目。

（二）科学事业单位使用计提的项目间接费用或管理费购买固定资产、无形资产的，在财务会计下，按照固定资产、无形资产的成本金额，借记"固定资产"、"无形资产"科目，贷记"银行存款"等科目；同时，按照相同的金额，借记"预提费用——项目间接费用或管理费"科目，贷记"累计盈余"科目。在预算会计下，按照相同的金额，借记"事业支出"等科目，贷记"资金结存"科目。

五、关于按合同完成进度确认事业收入

科学事业单位以合同完成进度确认事业收入时，应当根据业务实质，选择累计实际发生的合同成本占合同预计总成本的比例、已经完成的合同工作量占合同预计总工作量的比例、已经完成的时间占合同期限的比例、实际测定的完工进度等方法，合理确定合同完成进度。

六、生效日期

本规定自 2019 年 1 月 1 日起施行。

附表 1：

收入费用表

会政财 02 表

编制单位：_____   _____年___月   单位：元

项目	本月数	本年累计数
一、本期收入		
（一）财政拨款收入		
其中：政府性基金收入		
（二）事业收入		
其中：科研收入		
非科研收入		
（三）上级补助收入		
（四）附属单位上缴收入		
（五）经营收入		
（六）非同级财政拨款收入		
（七）投资收益		
（八）捐赠收入		
（九）利息收入		
（十）租金收入		
（十一）其他收入		

续表

项目	本月数	本年累计数
二、本期费用		
（一）业务活动费用		
其中：科研活动费用		
非科研活动费用		
（二）单位管理费用		
（三）经营费用		
（四）资产处置费用		
（五）上缴上级费用		
（六）对附属单位补助费用		
（七）所得税费用		
（八）其他费用		
三、本期盈余		

附表 2：

预算收入支出表

会政预 01 表

编制单位：_____　　　　　　　_____年　　　　　　　　　　单位：元

项目	本年数	上年数
一、本年预算收入		
（一）财政拨款预算收入		
其中：政府性基金收入		
（二）事业预算收入		
其中：科研预算收入		
非科研预算收入		
（三）上级补助预算收入		
（四）附属单位上缴预算收入		
（五）经营预算收入		
（六）债务预算收入		
（七）非同级财政拨款预算收入		
（八）投资预算收益		
（九）其他预算收入		
其中：利息预算收入		
捐赠预算收入		
租金预算收入		
二、本年预算支出		
（一）行政支出		
（二）事业支出		

续表

项目	本年数	上年数
其中：科研支出		
非科研支出		
管理支出		
（三）经营支出		
（四）上缴上级支出		
（五）对附属单位补助支出		
（六）投资支出		
（七）债务还本支出		
（八）其他支出		
其中：利息支出		
捐赠支出		
三、本年预算收支差额		

附件 2：

关于科学事业单位执行《政府会计制度——行政事业单位会计科目和报表》的衔接规定

我部于 2017 年 10 月 24 日印发了《政府会计制度——行政事业单位会计科目和报表》（财会〔2017〕25 号，以下简称新制度）。目前执行《科学事业单位会计制度》（财会〔2013〕29 号，以下简称原制度）的科学事业单位，自 2019 年 1 月 1 日起执行新制度，不再执行原制度。为了确保新旧会计制度顺利过渡，现对科学事业单位执行新制度及《关于科学事业单位执行〈政府会计制度——行政事业单位会计科目和报表〉的补充规定》（以下简称补充规定）的有关衔接问题规定如下：

一、新旧制度衔接总要求

（一）自 2019 年 1 月 1 日起，科学事业单位应当严格按照新制度及补充规定进行会计核算、编制财务报表和预算会计报表。

（二）科学事业单位应当按照本规定做好新旧制度衔接的相关工作，主要包括以下几个方面：

1. 根据原账编制 2018 年 12 月 31 日的科目余额表，并按照本规定要求，编制原账的部分科目余额明细表（参见附表 1、附表 2）。

2. 按照新制度及补充规定设立 2019 年 1 月 1 日的新账。

3. 按照本规定要求，登记新账的财务会计科目余额和预算结余科目余额，包括将原账科目余额转入新账财务会计科目、按照原账科目余额登记新账预算结余科目（科学事业单位新旧会计制度转账、登记新账科目对照表见附表 3），将未入账事项登记新账科目，并对相关新账科目余额进行调整。原账科目是指按照原制度规定设置的会计科目。

4. 按照登记及调整后新账的各会计科目余额，编制 2019 年 1 月 1 日的科目余额表，作为新账各会计科目的期初余额。

5. 根据新账各会计科目期初余额，按照新制度编制 2019 年 1 月 1 日资产负债表。

（三）及时调整会计信息系统。科学事业单位应当按照新制度及补充规定要求对原有会计信息系统进行及时更新和调试，实现数据正确转换，确保新旧账套的有序衔接。

二、财务会计科目的新旧衔接

（一）将 2018 年 12 月 31 日原账会计科目余额转入新账财务会计科目

1. 资产类

（1）"库存现金"科目

新制度设置了"库存现金"科目。转账时，科学事业单位应当将原账的"库存现金"科目余额直接转入新账的"库存现金"科目。其中，还应当将原账的"库存现金"科目余额中属于新制度规定受托代理资产的金额，转入新账"库存现金"科目下的"受托代理资产"明细科目。

（2）"银行存款"科目

新制度设置了"银行存款"和"其他货币资金"科目，原制度设置了"银行存款"科目。转账时，科学事业单位应当将原账"银行存款"科目中核算的属于新制度规定的其他货币资金的金额，转入新账"其他货币资金"科目；将原账"银行存款"科目余额减去其中属于其他货币资金余额后的差额，转入新账的"银行存款"科目。其中，还应当将原账的"银行存款"科目余额中属于新制度规定受托代理资产的金额，转入新账"银行存款"科目下的"受托代理资产"明细科目。

（3）"财政应返还额度"、"短期投资"、"应收票据"、"应收账款"、"预付账款"、"无形资产"、"固定资产"科目

新制度设置了"财政应返还额度"、"短期投资"、"应收票据"、"应收账款"、"预付账款"、"无形资产"、"固定资产"科目，其核算内容与原账的上述相应科目的核算内容基本相同。转账时，科学事业单位应当将原账的上述科目余额直接转入新账的相应科目。

新制度设置了"受托代理资产"科目，科学事业单位在原账上述科目中核算了属于新制度规定受托代理资产的，应当将原账上述科目余额中属于新制度规定受托代理资产的金额转入新账"受托代理资产"科目。

（4）"其他应收款"科目

新制度设置了"其他应收款"科目，该科目的核算内容与原账"其他应收款"科目的核算内容基本相同。转账时，科学事业单位应当将原账的"其他应收款"科目余额，转入新账的"其他应收款"科目。

新制度设置了"在途物品"科目，科学事业单位在原账"其他应收款"科目中核算了已经付款或开出商业汇票、尚未收到物资的，应当将原账的"其他应收款"科目余额中已经付款或开出商业汇票、尚未收到物资的金额，转入新账的"在途物品"科目。

（5）"库存材料"科目

新制度设置了"库存物品"、"加工物品"科目，原制度设置了"库存材料"科目。转账时，科学事业单位应当将原账的"库存材料"科目余额中属于在加工材料的金额，转入新账的"加工物品"科目；将原账的"库存材料"科目余额减去属于在加工材料的金额后的差额，转入新账的"库存物品"科目。

（6）"科技产品"科目

新制度设置了"库存物品"、"加工物品"科目，原制度设置了"科技产品"科目。转账时，科学事业单位应当将原账的"科技产品"科目中"生产成本"明细科目余额转入新账的"加工物品"科目；将原账的"科技产品"科目中"产成品"明细科目余额转入新账的"库存物品"科目。

（7）"长期投资"科目

新制度设置了"长期股权投资"和"长期债券投资"科目，原制度设置了"长期投资"科目。转账时，科学事业单位应当将原账的"长期投资"科目余额中属于股权投资的金额，转入新账的"长期股权投资"科目及其明细科目；将原账的"长期投资"科目余额中属于债券投资的金额，转入新账的"长期债券投资"科目及其明细科目。

（8）"累计折旧"科目

新制度设置了"固定资产累计折旧"科目，该科目的核算内容与原账的"累计折旧"科目的核算内容基本相同。已经计提了固定资产折旧的科学事业单位，转账时，应当将原账的"累计折旧"科目余额转入新账的"固定资产累计折旧"科目。

（9）"在建工程"科目

新制度设置了"在建工程"和"预付账款——预付备料款、预付工程款"科目，原制度设置了"在建工程"科目。转账时，科学事业单位应当将原账的"在建工程"科目余额（基建"并账"后的金额，下同）中属于预付备料款、预付工程款的金额，转入新账"预付账款"科目相关明细科目；将原账的"在建工程"科目余额减去预付备料款、预付工程款金额后的差额，转入新账的"在建工程"科目。

科学事业单位在原账"在建工程"科目中核算了按照新制度规定应当记入"工程物资"科目内容的，应当将原账"在建工程"科目余额中属于工程物资的金额，转入新账的"工程物资"科目。

（10）"累计摊销"科目

新制度设置了"无形资产累计摊销"科目，该科目的核算内容与原账"累计摊销"科目的核算内容基本相同。已经计提了无形资产摊销的科学事业单位，转账时，应当将原账的"累计摊销"科目余额转入新账的"无形资产累计摊销"科目。

（11）"待处置资产损溢"科目

新制度设置了"待处理财产损溢"科目，该科目的核算内容与原账"待处置资产损溢"科目的核算内容基本相同。转账时，科学事业单位应当将原账的"待处置资产损溢"科目余额，转入新账的"待处理财产损溢"科目。

（12）"零余额账户用款额度"科目

由于原账的"零余额账户用款额度"科目年末无余额，该科目无需进行转账处理。

2. 负债类

（1）"短期借款"、"应付职工薪酬"、"应付票据"、"应付账款"、"预收账款"、"长期借款"、"长期应付款"科目

新制度设置了"短期借款"、"应付职工薪酬"、"应付票据"、"应付账款"、"预收账款"、"长期借款"、"长期应付款"科目，这些科目的核算内容与原账的上述相应科目的核算内容基本相同。转账时，科学事业单位应当将原账的上述科目余额直接转入新账的相应科目。

（2）"应缴税费"科目

新制度设置了"应交增值税"和"其他应交税费"科目，原制度设置了"应缴税费"科目。转账时，科学事业单位应当将原账的"应缴税费——应缴增值税"科目余额转入新账"应交增值税"科目中的相关明细科目；将原账的"应缴税费"科目余额减去属于应缴增值税余额后的差额，转入新账的"其他应交税费"科目。

（3）"应缴国库款"、"应缴财政专户款"科目

新制度设置了"应缴财政款"科目，原制度设置了"应缴国库款"、"应缴财政专户款"科目。转账时，科学事业单位应当将原账的"应缴国库款"、"应缴财政专户款"科目余额转入新账的"应缴财政款"科目。

（4）"其他应付款"科目

新制度设置了"其他应付款"科目，该科目的核算内容与原账"其他应付款"科目的核算内容基本相同。转账时，科学事业单位应当将原账的"其他应付款"科目余额转入新账的"其他应付款"科目。其中，科学事业单位在原账的"其他应付款"科目中核算了属于新制度规定的受托代理负债的，应当将原账的"其他应付款"科目余额中属于受托代理负债的余额，转入新账的"受托代理负债"科目。

3. 净资产类

（1）"事业基金"科目

新制度设置了"累计盈余"科目，该科目的核算内容包含了原账"事业基金"科目的核算内容。转账

时，科学事业单位应当将原账的"事业基金"科目余额转入新账的"累计盈余"科目。

（2）"非流动资产基金"科目

依据新制度，无需对原制度中"非流动资产基金"科目对应内容进行核算。转账时，科学事业单位应当将原账的"非流动资产基金"科目余额转入新账的"累计盈余"科目。

（3）"专用基金"科目

新制度设置了"专用基金"科目，该科目的核算内容与原账"专用基金"科目的核算内容基本相同。转账时，科学事业单位应当将原账的"专用基金"科目余额转入新账的"专用基金"科目。

（4）"财政补助结转"、"财政补助结余"、"非财政补助结转"科目

新制度设置了"累计盈余"科目，该科目的余额包含了原账的"财政补助结转"、"财政补助结余"、"非财政补助结转"科目的余额内容。转账时，科学事业单位应当将原账的"财政补助结转"、"财政补助结余"、"非财政补助结转"科目余额，转入新账的"累计盈余"科目。

（5）"经营结余"科目

新制度设置了"本期盈余"科目，该科目的核算内容包含了原账"经营结余"科目的核算内容。新制度规定"本期盈余"科目余额最终转入"累计盈余"科目，如果原账的"经营结余"科目有借方余额，转账时，科学事业单位应当将原账的"经营结余"科目借方余额，转入新账的"累计盈余"科目借方。

（6）"事业结余"、"非财政补助结余分配"科目

由于原账的"事业结余"、"非财政补助结余分配"科目年末无余额，这两个科目无需进行转账处理。

4. 收入类、支出类

由于原账中收入类、支出类科目年末无余额，无需进行转账处理。自 2019 年 1 月 1 日起，科学事业单位应当按照新制度设置收入类、费用类科目并进行账务处理。

科学事业单位存在其他本规定未列举的原账科目余额的，应当比照本规定转入新账的相应科目。新账的科目设有明细科目的，应将原账中对应科目的余额加以分析，分别转入新账中相应科目的相关明细科目。

科学事业单位在进行新旧衔接的转账时，应当编制转账的工作分录，作为转账的工作底稿，并将转入新账的对应原科目余额及分拆原科目余额的依据作为原始凭证。

（二）将原未入账事项登记新账财务会计科目

1. 应收股利

科学事业单位在新旧制度转换时，应当将 2018 年 12 月 31 日前未入账的应收股利按照新制度规定记入新账。登记新账时，按照确定的应收股利金额，借记"应收股利"科目，贷记"累计盈余"科目。

2. 研发支出

科学事业单位在新旧制度转换时，应当将 2018 年 12 月 31 日前未入账的自行研究开发项目开发阶段的费用按照新制度规定记入新账。登记新账时，按照确定的开发阶段费用金额，借记"研发支出"科目，贷记"累计盈余"科目。

3. 受托代理资产

科学事业单位在新旧制度转换时，应当将 2018 年 12 月 31 日前未入账的受托代理资产按照新制度规定记入新账。登记新账时，按照确定的受托代理资产入账成本，借记"受托代理资产"科目，贷记"受托代理负债"科目。

4. 盘盈资产

科学事业单位在新旧制度转换时，应当将 2018 年 12 月 31 日前未入账的盘盈资产按照新制度规定记入新账。登记新账时，按照确定的盘盈资产及其成本，分别借记有关资产科目，按照盘盈资产成本的合计金额，贷记"累计盈余"科目。

5. 预计负债

科学事业单位在新旧制度转换时，应当将 2018 年 12 月 31 日按照新制度规定确认的预计负债记入新账。登记新账时，按照确定的预计负债金额，借记"累计盈余"科目，贷记"预计负债"科目。

6. 应付质量保证金

科学事业单位在新旧制度转换时，应当将 2018 年 12 月 31 日前未入账的应付质量保证金按照新制度规定记入新账。登记新账时，按照确定未入账的应付质量保证金金额，借记"累计盈余"科目，贷记"其他应付款"科目 [扣留期在 1 年以内（含 1 年）]、"长期应付款"科目 [扣留期超过 1 年]。

科学事业单位存在 2018 年 12 月 31 日前未入账的其他事项的，应当比照本规定登记新账的相应科目。

科学事业单位对新账的财务会计科目补记未入账事项时，应当编制记账凭证，并将补充登记事项的确认依据作为原始凭证。

（三）对新账的相关财务会计科目余额按照新制度规定的会计核算基础进行调整

1. 计提坏账准备

新制度要求对单位收回后无需上缴财政的应收账款和其他应收款提取坏账准备。在新旧制度转换时，科学事业单位应当按照 2018 年 12 月 31 日无需上缴财政的应收账款和其他应收款的余额计算应计提的坏账准备金额，借记"累计盈余"科目，贷记"坏账准备"科目。

2. 按照权益法调整长期股权投资账面余额

对按照新制度规定应当采用权益法核算的长期股权投资，在新旧制度转换时，科学事业单位应当在"长期股权投资"科目下设置"新旧制度转换调整"明细科目，依据被投资单位 2018 年 12 月 31 日财务报表的所有者权益账面余额，以及科学事业单位持有被投资单位的股权比例，计算应享有或应分担的被投资单位所有者权益的份额，调整长期股权投资的账面余额，借记或贷记"长期股权投资——新旧制度转换调整"科目，贷记或借记"累计盈余"科目。

3. 确认长期债券投资期末应收利息

科学事业单位应当按照新制度规定于 2019 年 1 月 1 日补记长期债券投资应收利息，按照长期债券投资的应收利息金额，借记"长期债券投资"科目 [到期一次还本付息] 或"应收利息"科目 [分期付息、到期还本]，贷记"累计盈余"科目。

4. 补提折旧

科学事业单位在原账中尚未计提固定资产折旧的，应当全面核查截至 2018 年 12 月 31 日的固定资产的预计使用年限、已使用年限、尚可使用年限等，并于 2019 年 1 月 1 日对尚未计提折旧的固定资产补提折旧，按照应计提的折旧金额，借记"累计盈余"科目，贷记"固定资产累计折旧"科目。

5. 补提摊销

科学事业单位在原账中尚未计提无形资产摊销的，应当全面核查截至 2018 年 12 月 31 日无形资产的预计使用年限、已使用年限、尚可使用年限等，并于 2019 年 1 月 1 日对前期尚未计提摊销的无形资产补提摊销，按照应计提的摊销金额，借记"累计盈余"科目，贷记"无形资产累计摊销"科目。

6. 确认长期借款期末应付利息

科学事业单位应当按照新制度规定于 2019 年 1 月 1 日补记长期借款的应付利息金额，对其中资本化的部分，借记"在建工程"科目，对其中费用化的部分，借记"累计盈余"科目，按照全部长期借款应付利息金额，贷记"长期借款"科目 [到期一次还本付息] 或"应付利息"科目 [分期付息、到期还本]。

科学事业单位对新账的财务会计科目期初余额进行调整时，应当编制记账凭证，并将调整事项的确认依据作为原始凭证。

三、预算会计科目的新旧衔接

（一）"财政拨款结转"和"财政拨款结余"科目及对应的"资金结存"科目余额

新制度设置了"财政拨款结转"、"财政拨款结余"科目及对应的"资金结存"科目。在新旧制度转换时，科学事业单位应当对原账的"财政补助结转"科目余额进行逐项分析，加上各项结转转入的支出中已经计入支出尚未支付财政资金（如发生时列支的应付账款）的金额，减去已经支付财政资金尚未计入支出（如购入的库存材料、科技产品成本中支付的款项、预付账款等）的金额，按照增减后的金额，登记新账的"财政拨款结转"科目及其明细科目贷方；按照原账"财政补助结余"科目余额，登记新账的"财政拨款结存"科目及其明细科目贷方。

按照原账"财政应返还额度"科目余额登记新账的"资金结存——财政应返还额度"科目借方；按照新账的"财政拨款结转"和"财政拨款结存"科目贷方余额合计数，减去新账的"资金结存——财政应返还额度"科目借方余额后的差额，登记新账"资金结存——货币资金"科目借方。

（二）"非财政拨款结转"科目及对应的"资金结存"科目余额

新制度设置了"非财政拨款结转"科目及对应的"资金结存"科目。在新旧制度转换时，科学事业单位应当对原账的"非财政补助结转"科目余额进行逐项分析，加上各项结转转入的支出中已经计入支出尚未支付非财政补助专项资金（如发生时列支的应付账款）的金额，减去已经支付非财政补助专项资金尚未计入支出（如购入的库存材料、科技产品成本中支付的款项、预付账款等）的金额，加上各项结转转入的收入中已经收到非财政补助专项资金尚未计入收入（如预收账款）的金额，减去已经计入收入尚未收到非财政补助专项资金（如应收账款）的金额，按照增减后的金额，登记新账的"非财政拨款结转"科目及其明细科目贷方；同时，按照相同的金额登记新账的"资金结存——货币资金"科目借方。

（三）"专用结余"科目及对应的"资金结存"科目余额

新制度设置了"专用结余"科目及对应的"资金结存"科目。在新旧制度转换时，科学事业单位应当按照原账"专用基金"科目余额中通过非财政补助结余分配形成的金额，借记新账的"资金结存——货币资金"科目，贷记新账的"专用结余"科目。

（四）"经营结余"科目及对应的"资金结存"科目余额

新制度设置了"经营结余"科目及对应的"资金结存"科目。如果原账的"经营结余"科目期末有借方余额，在新旧制度转换时，科学事业单位应当按照原账的"经营结余"科目余额，借记新账的"经营结余"科目，贷记新账的"资金结存——货币资金"科目。

（五）"非财政拨款结余"科目及对应的"资金结存"科目余额

1. 登记"非财政拨款结余"科目余额

新制度设置了"非财政拨款结余"科目及对应的"资金结存"科目。在新旧制度转换时，科学事业单位应当按照原账的"事业基金"科目余额，借记新账的"资金结存——货币资金"科目，贷记新账的"非财政拨款结余"科目。

2. 对新账"非财政拨款结余"科目及"资金结存"科目余额进行调整

（1）调整短期投资对非财政拨款结余的影响

科学事业单位应当按照原账的"短期投资"科目余额，借记"非财政拨款结余"科目，贷记"资金结存——货币资金"科目。

（2）调整应收票据、应收账款对非财政拨款结余的影响

科学事业单位应当对原账的"应收票据"、"应收账款"科目余额进行分析，区分其中发生时计入收入的金额和没有计入收入的金额。对发生时计入收入的金额，再区分计入专项资金收入的金额和计入非专项资金收入的金额，按照计入非专项资金收入的金额，借记"非财政拨款结余"科目，贷记"资金结存——货币资金"科目。

（3）调整预付账款对非财政拨款结余的影响

科学事业单位应当对原账的"预付账款"科目余额进行分析，区分其中由财政补助资金预付的金额、非财政补助专项资金预付的金额和非财政补助非专项资金预付的金额，按照非财政补助非专项资金预付的金额，借记"非财政拨款结余"科目，贷记"资金结存——货币资金"科目。

（4）调整其他应收款对非财政拨款结余的影响

科学事业单位应当对原账的"其他应收款"科目余额进行分析，区分其中预付款项的金额（将来很可能列支）和非预付款项的金额，并对预付款项的金额划分为财政补助资金预付的金额、非财政补助专项资金预付的金额和非财政补助非专项资金预付的金额，按照非财政补助非专项资金预付的金额，借记"非财

政拨款结余"科目，贷记"资金结存——货币资金"科目。

（5）调整库存材料对非财政拨款结余的影响

科学事业单位应当对原账的"库存材料"科目余额进行分析，区分购入的库存材料金额和非购入的库存材料金额。对购入的库存材料金额划分出其中使用财政补助资金购入的金额、使用非财政补助专项资金购入的金额和使用非财政补助非专项资金购入的金额，按照使用非财政补助非专项资金购入的金额，借记"非财政拨款结余"科目，贷记"资金结存——货币资金"科目。

（6）调整科技产品对非财政拨款结余的影响

科学事业单位应当对原账的"科技产品"科目余额进行分析，区分其中已经支付资金的金额。对科技产品成本中已经支付资金的金额划分出其中使用非财政补助专项资金支付的金额和使用非财政补助非专项资金支付的金额，按照使用非财政补助非专项资金支付的金额，借记"非财政拨款结余"科目，贷记"资金结存——货币资金"科目。

（7）调整长期股权投资对非财政拨款结余的影响

科学事业单位应当对原账的"长期投资"科目余额中属于股权投资的余额进行分析，区分其中用现金资产取得的金额和用非现金资产及其他方式取得的金额，按照用现金资产取得的金额，借记"非财政拨款结余"科目，贷记"资金结存——货币资金"科目。

按照原制度核算长期投资、而且对应科目为"非流动资产基金——长期投资"的，不作此项调整。

（8）调整长期债券投资对非财政拨款结余的影响

科学事业单位应当按照原账的"长期投资"科目余额中属于债券投资的余额，借记"非财政拨款结余"科目，贷记"资金结存——货币资金"科目。

按照原制度核算长期投资、而且对应科目为"非流动资产基金——长期投资"的，不作此项调整。

（9）调整短期借款、长期借款对非财政拨款结余的影响

科学事业单位应当按照原账的"短期借款"、"长期借款"科目余额，借记"资金结存——货币资金"科目，贷记"非财政拨款结余"科目。

（10）调整应付票据、应付账款、应付职工薪酬、长期应付款对非财政拨款结余的影响

科学事业单位应当对原账的"应付票据"、"应付账款"、"应付职工薪酬"、"长期应付款"科目余额进行分析，区分其中发生时计入支出的金额和未计入支出的金额。将计入支出的金额划分出财政补助应付的金额、非财政补助专项资金应付的金额和非财政补助非专项资金应付的金额，按照非财政补助非专项资金应付的金额借记"资金结存——货币资金"科目，贷记"非财政拨款结余"科目。

（11）调整应缴增值税对非财政拨款结余的影响

科学事业单位应当对原账"应缴税费——应缴增值税"科目余额进行分析，划分出与非财政补助专项资金相关的金额和与非财政补助非专项资金相关的金额。按照与非财政补助非专项资金相关的金额，计算应调整非财政拨款结余的金额。

应调整金额如为正数，按照该金额借记"资金结存——货币资金"科目，贷记"非财政拨款结余"科目；如为负数，按照该金额借记"非财政拨款结余"科目，贷记"资金结存——货币资金"科目。

（12）调整其他应缴税费对非财政拨款结余的影响

科学事业单位应当对原账"应缴税费"科目余额中非增值税的其他应交税费金额进行分析，划分出财政补助应交金额、非财政补助专项资金应交金额和非财政补助非专项资金应交金额，按照非财政补助非专项资金应交金额，借记"资金结存——货币资金"科目，贷记"非财政拨款结余"科目。

（13）调整预收账款对非财政拨款结余的影响

科学事业单位应当按照原账的"预收账款"科目余额中预收非财政非专项资金的金额，借记"资金结存——货币资金"科目，贷记"非财政拨款结余"科目。

（14）调整其他应付款对非财政拨款结余的影响

科学事业单位应当对原账的"其他应付款"科目余额（扣除属于受托代理负债的金额）进行分析，区

分其中支出类的金额（确认其他应付款时计入支出）和周转类的金额（如收取的押金、保证金等），并对支出类的金额划分为财政补助资金列支的金额、非财政补助专项资金列支的金额和非财政补助非专项资金列支的金额，按照非财政补助非专项资金列支的金额，借记"资金结存——货币资金"科目，贷记"非财政拨款结余"科目。

（15）调整专用基金对非财政拨款结余的影响

科学事业单位应当对原账的"专用基金"科目余额进行分析，划分出按照收入比例列支提取的专用基金，按照列支提取的专用基金的金额，借记"资金结存——货币资金"科目，贷记"非财政拨款结余"科目。

3. 科学事业单位按照前述 1、2 两个步骤难以准确调整出"非财政拨款结余"科目及对应的"资金结存"科目余额的，在新旧制度转换时，可以在新账的"库存现金"、"银行存款"、"其他货币资金"、"财政应返还额度"科目借方余额合计数基础上，对不纳入单位预算管理的资金进行调整（如减去新账中货币资金形式的受托代理资产、应缴财政款、已收取将来需要退回资金的其他应付款等，加上已支付将来需要收回资金的其他应收款等），按照调整后的金额减去新账的"财政拨款结转"、"财政拨款结余"、"非财政拨款结转"、"专用结余"科目贷方余额合计数，加上"经营结余"科目借方余额后的金额，登记新账的"非财政拨款结余"科目贷方；同时，按照相同的金额登记新账的"资金结存——货币资金"科目借方。

（六）"其他结余"、"非财政拨款结余分配"科目

新制度设置了"其他结余"和"非财政拨款结余分配"科目。由于这两个科目年初无余额，在新旧制度转换时，科学事业单位无需对"其他结余"和"非财政拨款结余分配"科目进行新账年初余额登记。

（七）预算收入类、预算支出类会计科目

由于预算收入类、预算支出类会计科目年初无余额，在新旧制度转换时，科学事业单位无需对预算收入类、预算支出类会计科目进行新账年初余额登记。

科学事业单位应当自 2019 年 1 月 1 日起，按照新制度设置预算收入类、预算支出类科目并进行账务处理。

科学事业单位存在 2018 年 12 月 31 日需要按照新制度预算会计核算基础调整预算会计科目期初余额的其他事项的，应当比照本规定调整新账的相应预算会计科目期初余额。

科学事业单位对预算会计科目的期初余额登记和调整，应当编制记账凭证，并将期初余额登记和调整的依据作为原始凭证。

四、财务报表和预算会计报表的新旧衔接

（一）编制 2019 年 1 月 1 日资产负债表

科学事业单位应当根据 2019 年 1 月 1 日新账的财务会计科目余额，按照新制度编制 2019 年 1 月 1 日资产负债表（仅要求填列各项目"年初余额"）。

（二）2019 年度财务报表和预算会计报表的编制

科学事业单位应当按照新制度及补充规定编制 2019 年财务报表和预算会计报表。在编制 2019 年度收入费用表、净资产变动表、现金流量表和预算收入支出表、预算结转结余变动表时，不要求填列上年比较数。

科学事业单位应当根据 2019 年 1 月 1 日新账财务会计科目余额，填列 2019 年净资产变动表各项目的"上年年末余额"；根据 2019 年 1 月 1 日新账预算会计科目余额，填列 2019 年预算结转结余变动表的"年初预算结转结余"项目和财政拨款预算收入支出表的"年初财政拨款结转结余"项目。

五、其他事项

（一）截至 2018 年 12 月 31 日尚未进行基建"并账"的科学事业单位，应当首先按照《新旧科学事

业单位会计制度有关衔接问题的处理规定》（财会〔2014〕4号），将基建账套相关数据并入2018年12月31日原账中的相关科目余额，再按照本规定将2018年12月31日原账相关会计科目余额转入新账相应科目。

（二）2019年1月1日前执行新制度及补充规定的科学事业单位，应当按照本规定做好新旧制度衔接工作。

附表1：

科学事业单位原会计科目余额明细表一

总账科目	明细分类	金额	备注
库存现金	库存现金		
	其中：受托代理现金		
银行存款	银行存款		
	其中：受托代理银行存款		
	其他货币资金		
其他应收款	在途物品		已经付款或已开出商业汇票，尚未收到物资
	其他		
库存材料	在加工材料		
	非在加工材料		
科技产品	生产成本		
	产成品		
长期投资	长期股权投资		
	长期债券投资		
在建工程	在建工程		
	工程物资		
	预付工程款、预付备料款		
应缴税费	应交增值税		
	其他应交税费		
其他应付款	受托代理负债		
	其他		

附表2：

科学事业单位原会计科目余额明细表二

总账科目	明细分类	金额	备注
应收票据、应收账款	发生时不计入收入		如转让资产的应收票据、应收账款
	发生时计入收入		
	其中：专项收入		
	其他		
预付账款	财政补助资金预付		
	非财政补助专项资金预付		
	非财政补助非专项资金预付		

总账科目	明细分类	金额	备注
其他应收款	预付款项		如职工预借的差旅费等
	其中：财政补助资金预付		
	非财政补助专项资金预付		
	非财政补助非专项资金预付		
	需要收回及其他		如支付的押金、应收为职工垫付的款项等
库存材料、科技产品	购入存货		
	其中：使用财政补助资金购入		
	使用非财政补助专项资金购入		
	使用非财政补助非专项资金购入		
	非购入存货		
长期投资	长期股权投资		
	其中：用现金资产取得		
	用非现金资产或其他方式取得		
	长期债券投资		
应付票据、应付账款、应付职工薪酬、长期应付款	发生时不计入支出		
	发生时计入支出		
	其中：财政补助资金应付		
	非财政补助专项资金应付		
	非财政补助非专项资金应付		
预收账款	预收专项资金		
	预收非专项资金		
应缴税费—应缴增值税	非财政补助专项资金应交		
	非财政补助非专项资金应交		
应缴税费—应缴其他税费	财政补助应交		
	非财政补助专项资金应交		
	非财政补助非专项资金应交		
其他应付款	支出类		确认其他应付款时确认支出
	其中：财政补助资金应付		
	非财政补助专项资金应付		
	非财政补助非专项资金应付		
	周转类		如收取的押金、保证金等
专用基金	从非财政补助结余分配中提取		
	从收入中列支提取		
	其他		

附表3：

科学事业单位新旧会计制度转账、登记新账科目对照表

序号	新制度科目		原制度科目	
	编号	名称	编号	名称
一、资产类				
1	1001	库存现金	1001	库存现金
2	1002	银行存款	1002	银行存款
3	1021	其他货币资金		
4	1101	短期投资	1101	短期投资
5	1201	财政应返还额度	1201	财政应返还额度
6	1211	应收票据	1211	应收票据
7	1212	应收账款	1212	应收账款
8	1214	预付账款	1213	预付账款
9	1218	其他应收款	1215	其他应收款
10	1301	在途物品		
11	1302	库存物品	1301	库存材料
12	1303	加工物品		
13	1302	库存物品	1302	科技产品
14	1303	加工物品		
15	1501	长期股权投资	1401	长期投资
16	1502	长期债券投资		
17	1601	固定资产	1501	固定资产
18	1602	固定资产累计折旧	1502	累计折旧
19	1611	工程物资	1511	在建工程
20	1613	在建工程		
21	1214	预付账款		
22	1701	无形资产	1601	无形资产
23	1702	无形资产累计摊销	1602	累计摊销
24	1902	待处理财产损溢	1701	待处置资产损溢
二、负债类				
25	2001	短期借款	2001	短期借款
26	2101	应交增值税	2101	应缴税费
27	2102	其他应交税费		
28	2103	应缴财政款	2102	应缴国库款
29			2103	应缴财政专户款
30	2201	应付职工薪酬	2201	应付职工薪酬
31	2301	应付票据	2301	应付票据
32	2302	应付账款	2302	应付账款
33	2305	预收账款	2303	预收账款

续表

序号	新制度科目		原制度科目	
	编号	名称	编号	名称
二、负债类				
34	2307	其他应付款	2305	其他应付款
35	2901	受托代理负债		
36	2501	长期借款	2401	长期借款
37	2502	长期应付款	2402	长期应付款
三、净资产类				
38	3001	累计盈余	3001	事业基金
39			3101	非流动资产基金
40	3101	专用基金	3201	专用基金
41	3001	累计盈余	3301	财政补助结转
42			3302	财政补助结余
43			3401	非财政补助结转
44	3001	累计盈余（借方）	3403	经营结余（借方）
四、预算结余类				
45	8101	财政拨款结转	3301	财政补助结转
46	8102	财政拨款结余	3302	财政补助结余
47	8201	非财政拨款结转	3401	非财政补助结转
48	8202	非财政拨款结余	3001	事业基金
49	8301	专用结余	3201	专用基金
50	8401	经营结余	3403	经营结余
51	8001	资金结存（借方）	3301	财政补助结转
52			3302	财政补助结余
53			3401	非财政补助结转
54			3001	事业基金
55			3201	专用基金
56			3403	经营结余

财政部关于印发医院执行《政府会计制度——行政事业单位会计科目和报表》的补充规定和衔接规定的通知

2018 年 8 月 27 日　财会〔2018〕24 号

卫生健康委，各省、自治区、直辖市、计划单列市财政厅（局），新疆生产建设兵团财政局，有关单位：

《政府会计制度——行政事业单位会计科目和报表》（财会〔2017〕25 号）自 2019 年 1 月 1 日起施行。为了确保新制度在医院的有效贯彻实施，我部制定了《关于医院执行〈政府会计制度——行政事业单位会计科目和报表〉的补充规定》和《关于医院执行〈政府会计制度——行政事业单位会计科目和报表〉的衔接规定》，现印发给你们，请遵照执行。

执行中有何问题，请及时反馈我部。

附件：1. 关于医院执行《政府会计制度——行政事业单位会计科目和报表》的补充规定
2. 关于医院执行《政府会计制度——行政事业单位会计科目和报表》的衔接规定

附件1：

关于医院执行《政府会计制度——行政事业单位会计科目和报表》的补充规定

根据《政府会计准则——基本准则》，结合行业实际情况，现就公立医院①（以下简称医院）执行《政府会计制度——行政事业单位会计科目和报表》（以下简称新制度）做出如下补充规定：

一、关于在新制度相关一级科目下设置明细科目

（一）医院应当在新制度规定的"1212 应收账款"科目下设置如下明细科目：

1. "121201 应收在院病人医疗款"科目，核算医院因提供医疗服务而应向在院病人收取的医疗款。

2. "121202 应收医疗款"科目，核算医院因提供医疗服务而应向医疗保险机构、门急诊病人、出院病人等收取的医疗款，应当按照医疗保险机构、门急诊病人、出院病人等进行明细核算。医院应当在本科目下设置如下明细科目：

（1）"12120201 应收医保款"科目，核算医院因提供医疗服务而应向医疗保险机构收取的医疗款。

（2）"12120202 门急诊病人欠费"科目，核算门急诊病人应付未付医疗款。

（3）"12120203 出院病人欠费"科目，核算出院病人应付未付医疗款。

3. "121203 其他应收账款"科目核算医院除应收在院病人医疗款、应收医疗款以外的其他应收账款，如医院因提供科研教学等服务、按合同或协议约定应向接受服务单位收取的款项。

（二）医院应当在新制度规定的"1219 坏账准备"科目下设置如下明细科目：

1. "121901 应收账款坏账准备"科目，核算医院按规定对"应收账款——应收医疗款"、"应收账款——其他应收账款"提取的坏账准备。

2. "121902 其他应收款坏账准备"科目，核算医院按规定对其他应收款提取的坏账准备。

（三）医院应当在新制度规定的"1302 库存物品"科目下设置"130201 药品"、"130202 卫生材料"、"130203 低值易耗品"、"130204 其他材料"和"130205 成本差异"明细科目。在"130202 卫生材料"科目下设置"13020201 血库材料"、"13020202 医用气体"、"13020203 影像材料"、"13020204 化验材料"和"13020205 其他卫生材料"明细科目，分别核算相关物品的成本。

（四）医院应当在新制度规定的"1601 固定资产"、"1602 固定资产累计折旧"科目下按照形成固定资产的经费性质（财政项目拨款经费、科教经费、其他经费）进行明细核算。

（五）医院应当在新制度规定的"1701 无形资产"、"1702 无形资产累计摊销"科目下按照形成无形资产的经费性质（财政项目拨款经费、科教经费、其他经费）进行明细核算。

（六）医院应当根据核算需要，参照"1601 固定资产"、"1701 无形资产"等科目，在新制度规定的"1613 在建工程"、"1703 研发支出"等科目下按照经费性质（财政项目拨款经费、科教经费、其他

---

① 本规定所指公立医院包括中华人民共和国境内各级各类独立核算的公立医院，含综合医院、中医院、中西医结合医院、民族医院、专科医院、门诊部（所）、疗养院等，不包括城市社区卫生服务中心（站）、乡镇卫生院等基层医疗卫生机构。

经费）进行明细核算。

（七）医院应当在新制度规定的"2305 预收账款"科目下设置如下明细科目：

1. "230501 预收医疗款"科目，核算医院预收医疗保险机构预拨的医疗保险金和预收病人的预交金。医院应当在本科目下设置如下明细科目：

（1）"23050101 预收医保款"科目，核算医院预收医疗保险机构预拨的医疗保险金。

（2）"23050102 门急诊预收款"科目，核算医院预收门急诊病人的预交金。

（3）"23050103 住院预收款"科目，核算医院预收住院病人的预交金。

2. "230502 其他预收账款"科目，核算医院除预收医疗款以外的其他预收账款，如医院因提供科研教学等服务、按合同或协议约定预收接受服务单位的款项。

（八）医院应当在新制度规定的"3001 累计盈余"科目下设置如下明细科目：

1. "300101 财政项目盈余"科目，核算医院财政项目拨款收入减去使用财政项目经费发生的费用后的累计盈余。

2. "300102 医疗盈余"科目，核算医院开展医疗活动形成的、财政项目盈余以外的累计盈余。

3. "300103 科教盈余"科目，核算医院开展科研教学活动形成的、财政项目盈余以外的累计盈余。

4. "300104 新旧转换盈余"科目，核算医院新旧制度衔接时转入新制度下累计盈余中除财政项目盈余、医疗盈余和科教盈余以外的累计盈余。

（九）医院应当在新制度规定的"3101 专用基金"科目下设置如下明细科目：

1. "310101 职工福利基金"科目，核算医院根据有关规定、依据财务会计下医疗盈余（不含财政基本拨款形成的盈余）计算提取的职工福利基金。

2. "310102 医疗风险基金"科目，核算医院根据有关规定、按照财务会计下相关数据计算提取并列入费用的医疗风险基金。

（十）医院应当在新制度规定的"3301 本期盈余"科目下设置如下明细科目：

1. "330101 财政项目盈余"科目，核算医院本期财政项目拨款相关收入、费用相抵后的余额。

2. "330102 医疗盈余"科目，核算医院本期医疗活动产生的、除财政项目拨款以外的各项收入、费用相抵后的余额。

3. "330103 科教盈余"科目，核算医院本期科研教学活动产生的、除财政项目拨款以外的各项收入、费用相抵后的余额。

（十一）医院应当在新制度规定的"3302 本年盈余分配"科目下设置"330201 提取职工福利基金"、"330202 转入累计盈余"明细科目。

（十二）医院应当在新制度规定的"4001 财政拨款收入"科目下按照财政基本拨款收入、财政项目拨款收入进行明细核算。

（十三）医院应当在新制度规定的"4101 事业收入"科目下设置如下明细科目：

1. "410101 医疗收入"科目，核算医院开展医疗服务活动实现的收入。医院应当在本科目下设置如下明细科目：

（1）"41010101 门急诊收入"科目，核算医院为门急诊病人提供医疗服务实现的收入。

医院应当在"41010101 门急诊收入"科目下设置"4101010101 挂号收入"、"4101010102 诊察收入"、"4101010103 检查收入"、"4101010104 化验收入"、"4101010105 治疗收入"、"4101010106 手术收入"、"4101010107 卫生材料收入"、"4101010108 药品收入"、"4101010109 其他门急诊收入"等明细科目；在"4101010108 药品收入"科目下设置"410101010801 西药收入"、"410101010802 中成药收入"和"410101010803 中药饮片收入"明细科目。

（2）"41010102 住院收入"科目，核算医院为住院病人提供医疗服务实现的收入。

医院应当在"41010102 住院收入"科目下设置"4101010201 床位收入"、"4101010202 诊察收入"、"4101010203 检查收入"、"4101010204 化验收入"、"4101010205 治疗收入"、"4101010206 手

术收入"、"4101010207 护理收入"、"4101010208 卫生材料收入"、"4101010209 药品收入"、"4101010210 其他住院收入"等明细科目；在"4101010209 药品收入"科目下设置"410101020901 西药收入"、"410101020902 中成药收入"和"410101020903 中药饮片收入"明细科目。

（3）"41010103 结算差额"科目，核算医院同医疗保险机构结算时，因医院按照医疗服务项目收费标准计算确认的应收医疗款金额与医疗保险机构实际支付金额不同而产生的需要调整医院医疗收入的差额（不包括医院因违规治疗等管理不善原因被医疗保险机构拒付所产生的差额）。医院因违规治疗等管理不善原因被医疗保险机构拒付而不能收回的应收医疗款，应按规定确认为坏账损失，不通过本明细科目核算。

2."410102 科教收入"科目，核算医院开展科研教学活动实现的收入。

医院应当在"410102 科教收入"科目下设置"41010201 科研收入"、"41010202 教学收入"明细科目。

医院因开展科研教学活动从非同级政府财政部门取得的经费拨款，应当在"事业收入——科教收入——科研收入"和"事业收入——科教收入——教学收入"科目下单设"非同级财政拨款"明细科目进行核算。

（十四）医院应当在新制度规定的"5001 业务活动费用"科目下按照经费性质（财政基本拨款经费、财政项目拨款经费、科教经费、其他经费）进行明细核算，并对政府指令性任务进行明细核算。此外，医院除遵循新制度规定外，还可根据管理要求，参照《政府收支分类科目》中"部门预算支出经济分类科目"对业务活动费用进行明细核算，在新制度规定的"商品和服务费用"明细科目下设置"专用材料费"明细科目，并按照"卫生材料费"、"药品费"进行明细核算。

（十五）医院应当在新制度规定的"5101 单位管理费用"科目下按照经费性质（财政基本拨款经费、财政项目拨款经费、科教经费、其他经费）进行明细核算。医院可根据管理要求，参照《政府收支分类科目》中"部门预算支出经济分类科目"进行明细核算，在新制度规定的"商品和服务费用"明细科目下设置"专用材料费"明细科目，并按照"卫生材料费"、"药品费"进行明细核算。

（十六）医院应当在新制度规定的"5901 其他费用"科目下对政府指令性任务进行明细核算。

（十七）医院应当在新制度规定的"6101 事业预算收入"科目下设置如下明细科目：

1."610101 医疗预算收入"科目，核算医院开展医疗活动取得的现金流入。

医院应当在"610101 医疗预算收入"科目下设置"61010101 门急诊预算收入"、"61010102 住院预算收入"明细科目。

2."610102 科教预算收入"科目，核算医院开展科研教学活动取得的现金流入。

医院应当在"610102 科教预算收入"科目下设置"61010201 科研项目预算收入"、"61010202 教学项目预算收入"明细科目，并单设"非同级财政拨款"明细科目进行核算。

医院执行新制度在新制度相关一级科目下新增明细科目的情况详见附表1。

二、关于报表及编制说明

医院应当按月度和年度编制财务报表和预算会计报表，至少按年度编制财务报表附注。

医院除按照新制度编制财务报表和预算会计报表外，还应按照本规定编制医疗活动收入费用明细表（详见附表4）。

（一）关于资产负债表

1. 新增项目

医院应当在资产负债表"累计盈余"项目下增加"其中：财政项目盈余"、"医疗盈余"、"科教盈余"、"新旧转换盈余"项目（详见附表2）。

2. 新增项目的内容和填列方法

（1）"财政项目盈余"项目，反映医院接受财政项目拨款产生的累计盈余。本项目应当根据"累计盈余——财政项目盈余"科目的期末余额填列。

（2）"医疗盈余"项目，反映医院开展医疗活动产生的累计盈余。本项目应当根据"累计盈余——医疗盈余"科目的期末余额填列。

（3）"科教盈余"项目，反映医院开展科研教学活动产生的累计盈余。本项目应当根据"累计盈余——科教盈余"科目的期末余额填列。

（4）"新旧转换盈余"项目，反映医院在新旧制度衔接时形成的转换盈余扣除执行新制度后累计弥补医疗亏损后的金额。本项目应当根据"累计盈余——新旧转换盈余"科目的期末余额填列。

（二）关于净资产变动表

1. 调整项目

医院应当将净资产变动表中"其中：从预算收入中提取"行项目调整为"其中：从财务会计相关收入中提取"，将"从预算结余中提取"行项目调整为"从本期盈余中提取"。

2. 调整项目的内容和填列方法

（1）"从财务会计相关收入中提取"行，反映医院本年从财务会计相关收入中提取专用基金对净资产的影响。本行"专用基金"项目应当通过对"专用基金"科目明细账记录的分析，根据本年按有关规定从财务会计相关收入中提取专用基金的金额填列。

（2）"从本期盈余中提取"行，反映医院本年根据有关规定从本年度盈余中提取专用基金对净资产的影响。本行"累计盈余"、"专用基金"项目应当通过对"专用基金"科目明细账记录的分析，根据本年按有关规定从本期盈余中提取专用基金的金额填列；本行"累计盈余"项目以"﹣"号填列。

（三）关于收入费用表

1. 新增项目

医院应当在收入费用表的"其中：政府性基金收入"项目后增加"其中：财政基本拨款收入"、"财政项目拨款收入"项目；在"（二）事业收入"项目下增加"其中：医疗收入"、"科教收入"项目；在"（一）业务活动费用"项目下增加"其中：财政基本拨款经费"、"财政项目拨款经费"、"科教经费"、"其他经费"项目；在"（二）单位管理费用"项目下增加"其中：财政基本拨款经费"、"财政项目拨款经费"、"科教经费"、"其他经费"项目；在"三、本期盈余"项目下增加"其中：财政项目盈余"、"医疗盈余"、"科教盈余"项目，详见附表3。

2. 新增项目的内容和填列方法

（1）"（一）财政拨款收入"项目下的"其中：财政基本拨款收入"项目，反映医院本期取得的财政拨款收入中属于财政基本拨款的金额。本项目应当根据"财政拨款收入——财政基本拨款收入"科目的本期发生额填列。

"财政项目拨款收入"项目，反映医院本期取得的财政拨款收入中属于财政项目拨款的金额。本项目应当根据"财政拨款收入——财政项目拨款收入"科目的本期发生额填列。

（2）"（二）事业收入"项目下的"其中：医疗收入"项目，反映医院本期开展医疗活动实现的收入。本项目应当根据"事业收入——医疗收入"科目的本期发生额填列。

"科教收入"项目，反映医院本期开展科研教学活动实现的收入。本项目应当根据"事业收入——科教收入"科目的本期发生额填列。

（3）"（一）业务活动费用"项目下的"其中：财政基本拨款经费"项目，反映医院本期使用财政基本拨款经费发生的各项业务活动费用。本项目应当根据"业务活动费用"科目中经费性质为财政基本拨款经费部分的本期发生额填列。

"财政项目拨款经费"项目，反映医院本期使用财政项目拨款经费发生的各项业务活动费用。本项目应当根据"业务活动费用"科目中经费性质为财政项目拨款经费部分的本期发生额填列。

"科教经费"项目，反映医院本期使用科教经费开展科研教学活动所发生的各项业务活动费用。本项目应当根据"业务活动费用"科目中经费性质为科教经费部分的本期发生额填列。

"其他经费"项目，反映医院本期使用其他经费开展医疗活动所发生的各项业务活动费用。本项目应当根据"业务活动费用"中经费性质为其他经费部分的本期发生额填列。

（4）"（二）单位管理费用"项目下的"其中：财政基本拨款经费"项目，反映医院本期使用财政基本拨款经费发生的各项单位管理费用。本项目应当根据"单位管理费用"科目中经费性质为财政基本拨款经费部分的本期发生额填列。

"财政项目拨款经费"项目，反映医院本期使用财政项目拨款经费发生的各项单位管理费用。本项目应当根据"单位管理费用"科目中经费性质为财政项目拨款经费部分的本期发生额填列。

"科教经费"项目，反映医院本期使用科教经费（从科教经费中提取的项目管理费或间接费）所发生的各项单位管理费用。本项目应当根据"单位管理费用"科目中经费性质为科教经费部分的本期发生额填列。

"其他经费"项目，反映医院本期使用其他经费开展医疗活动所发生的各项单位管理费用。本项目应当根据"单位管理费用"科目中经费性质为其他经费部分的本期发生额填列。

（5）"三、本期盈余"项目下的"其中：财政项目盈余"项目，反映医院本期财政项目拨款收入扣除使用财政项目拨款经费发生的费用后的净额。本项目应当根据本表中"财政拨款收入"项目下"财政项目拨款收入"项目金额减去"业务活动费用"项目下"财政项目拨款经费"项目与"单位管理费用"项目下"财政项目拨款经费"项目金额合计数后的金额填列。

"医疗盈余"项目，反映医院本期医疗活动相关收入扣除医疗活动相关费用后的净额。本项目应当根据本表中"财政拨款收入"项目下"财政基本拨款收入"、"事业收入"项目下"医疗收入"、"上级补助收入"、"附属单位上缴收入"、"经营收入"、"非同级财政拨款收入"、"投资收益"、"捐赠收入"、"利息收入"、"租金收入"、"其他收入"项目金额合计数减去"业务活动费用"项目下"财政基本拨款经费"和"其他经费"、"单位管理费用"项目下"财政基本拨款经费"和"其他经费"、"经营费用"、"资产处置费用"、"上缴上级费用"、"对附属单位补助费用"、"所得税费用"、"其他费用"项目金额合计数后的金额填列；如相减后金额为负数，以"－"号填列。

"科教盈余"项目，反映医院本期科研教学活动收入扣除科研教学活动费用后的净额。本项目应当根据本表中"事业收入"项目下"科教收入"项目金额减去"业务活动费用"项目下"科教经费"项目与"单位管理费用"项目下"科教经费"项目金额合计数后的金额填列。

（四）关于医疗活动收入费用明细表

1. 本表反映医院在某一会计期间内医疗活动相关收入、费用及其所属明细项目的详细情况。

2. 本表"本月数"栏反映各项目的本月实际发生数。编制年度医疗活动收入费用明细表时，应当将本栏改为"本年数"，反映本年度各项目的实际发生数。

本表"本年累计数"栏反映各项目自年初至报告期期末的累计实际发生数。编制年度医疗活动收入费用明细表时，应当将本栏改为"上年数"，反映上年度各项目的实际发生数，"上年数"栏应当根据上年年度医疗活动收入费用明细表中"本年累计数"栏内所列数字填列。

如果本年度医疗活动收入费用明细表规定的项目名称和内容同上年度不一致，应当对上年度医疗活动收入费用明细表项目名称和数字按照本年度的规定进行调整，将调整后的金额填入本年度医疗活动收入费用明细表的"上年数"栏内。

3. 本表各项目的填列方法

（1）医疗活动收入

"医疗活动收入合计"项目，反映医院本期医疗活动收入总额。本项目应当根据本表中"财政基本拨款收入"、"医疗收入"、"上级补助收入"、"附属单位上缴收入"、"经营收入"、"非同级财政拨款收入"、"投资收益"、"捐赠收入"、"利息收入"、"租金收入"、"其他收入"项目金额的合计数填列。

"财政基本拨款收入"项目应根据"财政拨款收入——基本支出"明细科目本期发生额填列。

"医疗收入"项目及其所属明细项目应根据"事业收入——医疗收入"科目及其所属明细科目的本期发生额填列。

"上级补助收入"、"附属单位上缴收入"、"经营收入"、"非同级财政拨款收入"、"投资收益"、"捐赠收入"、"利息收入"、"租金收入"、"其他收入"项目应根据所对应科目的本期发生额填列。

（2）医疗活动费用

"医疗活动费用合计"项目，反映医院本期医疗活动费用总额。本项目应当根据本表中"业务活动费用"、"单位管理费用"、"经营费用"、"资产处置费用"、"上缴上级费用"、"对附属单位补助费用"、"所得税费用"、"其他费用"项目金额的合计数填列。

"业务活动费用"、"单位管理费用"项目及其所属明细项目应根据"业务活动费用"、"单位管理费用"科目及其所属明细科目中经费性质为财政基本拨款经费和其他经费的本期发生额填列。

"经营费用"、"资产处置费用"、"上缴上级费用"、"对附属单位补助费用"、"所得税费用"、"其他费用"项目应根据所对应科目的本期发生额填列。

（五）关于预算收入支出表

1. 新增项目

医院应当在预算收入支出表的"其中：政府性基金收入"项目后增加"其中：财政基本拨款预算收入"、"财政项目拨款预算收入"；在"（二）事业预算收入"项目下增加"其中：医疗预算收入"、"科教预算收入"项目；在"（二）事业支出"项目下增加"其中：财政基本拨款支出"、"财政项目拨款支出"、"科教资金支出"、"其他资金支出"项目；在"三、本年预算收支差额"项目下增加"其中：财政项目拨款收支差额"、"医疗收支差额"、"科教收支差额"项目，详见附表5。

2. 新增项目的内容和填列方法

（1）"（一）财政拨款预算收入"项目下的"其中：财政基本拨款预算收入"项目，反映医院本期取得的财政拨款预算收入中属于财政基本支出拨款的金额。本项目应当根据"财政拨款预算收入——基本支出"科目的本期发生额填列。

"财政项目拨款预算收入"项目，反映医院本期取得的财政拨款收入中属于财政项目支出拨款的金额。本项目应当根据"财政拨款预算收入——项目支出"科目的本期发生额填列。

（2）"（二）事业预算收入"项目下的"其中：医疗预算收入"项目，反映医院本期开展医疗活动取得的预算收入。本项目应当根据"事业预算收入——医疗预算收入"科目的本期发生额填列。

"科教预算收入"项目，反映医院本期开展科研教学活动取得的预算收入。本项目应当根据"事业预算收入——科教预算收入"科目的本期发生额填列。

（3）"（二）事业支出"项目下的"其中：财政基本拨款支出"项目，反映医院本期使用财政基本拨款发生的事业支出。本项目应当根据"事业支出"科目中资金性质为财政基本拨款部分的本期发生额填列。

"财政项目拨款支出"项目，反映医院本期使用财政项目拨款发生的事业支出。本项目应当根据"事业支出"科目中资金性质为财政项目拨款部分的本期发生额填列。

"科教资金支出"项目，反映医院本期开展科研教学活动所发生的事业支出。本项目应当根据"事业支出"科目中资金性质为科教资金部分的本期发生额填列。

"其他资金支出"项目，反映医院本期开展医疗活动所发生的事业支出。本项目应当根据"事业支出"科目中资金性质为其他资金部分的本期发生额填列。

（4）"三、本年预算收支差额"项目下的"财政项目拨款收支差额"项目，反映医院本期财政项目拨款预算收入扣除财政项目拨款支出后的差额，应当根据本表中"财政拨款预算收入"项目下"财政项目拨款预算收入"项目金额减去本表中"事业支出"项目下"财政项目拨款支出"项目金额后的金额填列。

"医疗收支差额"项目，反映医院本期医疗活动相关的预算收入扣除相关预算支出后的差额，应当根据本表中"财政拨款预算收入"项目下"财政基本拨款预算收入"项目金额以及本表中"事业预算收入——医疗预算收入"、"上级补助预算收入"、"附属单位上缴预算收入"、"经营预算收入"、"债务预算收入"、"非同级财政拨款预算收入"、"投资预算收益"、"其他预算收入"项目金额合计数减去"事业支出"项目下"财政基本拨款支出"、"事业支出"项目下"其他资金支出"、"经营支出"、"上缴上级支出"、"对附属单位补助支出"、"投资支出"、"债务还本支出"、"其他支出"项目金额合计数后的金额填列；如相减后金额为负数，以"－"号填列。

"科教收支差额"项目，反映医院本期开展科研教学活动相关预算收入扣除相关预算支出后的差额，应当根据本表中"事业预算收入"项目下"科教预算收入"项目金额减去"事业支出"项目下"科教资金支出"项目金额后的金额填列。

（六）关于财务报表附注

医院应当在财务报表附注中披露所承担的政府指令性任务的相关费用信息，披露格式如下：

政府指令性任务	业务活动费用	其他费用	合计
任务 1			
……			
其他			
合计			

三、关于坏账准备的计提范围

医院应当对除应收在院病人医疗款以外的应收账款和其他应收款按规定提取坏账准备。

四、关于运杂费的会计处理

医院为取得库存物品单独发生的运杂费等，能够直接计入业务成本的，计入业务活动费用，借记"业务活动费用"科目，贷记"库存现金"、"银行存款"等科目；不能直接计入业务成本的，计入单位管理费用，借记"单位管理费用"科目，贷记"库存现金"、"银行存款"等科目。

五、关于自制制剂的会计处理

医院对于按自主定价或备案价核算的自制制剂，在已经制造完成并验收入库时，按照自主定价或备案价，借记"库存物品——药品"科目，按照所发生的实际成本，贷记"加工物品"科目，按照借贷方之间的差额，借记或贷记"库存物品——成本差异"科目。

医院开展业务活动等领用或发出自制制剂，按照自主定价或备案价加上或减去成本差异后的金额，借记"业务活动费用"、"单位管理费用"等科目，按照自主定价或备案价，贷记"库存物品——药品"科目，按照领用或发出自制制剂应负担的成本差异，借记或贷记"库存物品——成本差异"科目。

六、关于固定资产折旧年限

通常情况下，医院应当按照本规定附表6确定各类应计提折旧的固定资产的折旧年限。

七、关于弥补医疗亏损的账务处理

年末，医院"累计盈余——医疗盈余"科目为借方余额的，医院应当按照有关规定确定的用于弥补医疗亏损的金额，借记"累计盈余——新旧转换盈余"科目，贷记"累计盈余——医疗盈余"科目。

八、关于本期盈余结转的账务处理

期末，医院应当将财政拨款收入中的财政项目拨款收入的本期发生额转入本期盈余，借记"财政拨款收入——财政项目拨款收入"科目，贷记"本期盈余——财政项目盈余"科目；将业务活动费用、单位管理费用中经费性质为财政项目拨款经费部分的本期发生额转入本期盈余，借记"本期盈余——财政项目盈余"科目,贷记"业务活动费用"、"单位管理费用"科目的相关明细科目。

期末,医院应当将财政拨款收入中的财政基本拨款收入、事业收入中的医疗收入、上级补助收入、附属单位上缴收入、经营收入、非同级财政拨款收入、投资收益、捐赠收入、利息收入、租金收入、其他收入的本期发生额转入本期盈余,借记"财政拨款收入——财政基本拨款收入"、"事业收入——医疗收入"、"上级补助收入"、"附属单位上缴收入"、"经营收入"、"非同级财政拨款收入"、"投资收益"、"捐赠收入"、"利息收入"、"租金收入"、"其他收入"科目,贷记"本期盈余——医疗盈余"科目;将业务活动费用、单位管理费用中与医疗活动相关且经费性质为财政基本拨款经费和其他经费的部分,以及经营费用、资产处置费用、上缴上级费用、对附属单位补助费用、所得税费用、其他费用的本期发生额转入本期盈余,借记"本期盈余——医疗盈余"科目,贷记"业务活动费用"和"单位管理费用"科目的相关明细科目、"经营费用"、"资产处置费用"、"上缴上级费用"、"对附属单位补助费用"、"所得税费用"、"其他费用"科目。

期末,医院应当将事业收入中的科教收入的本期发生额转入本期盈余,借记"事业收入——科教收入"科目,贷记"本期盈余——科教盈余"科目;将业务活动费用中经费性质为科教经费的部分、单位管理费用中经费性质为科教经费的部分(从科教经费中提取的项目管理费或间接费)的本期发生额转入本期盈余,借记"本期盈余——科教盈余"科目,贷记"业务活动费用"、"单位管理费用"科目的相关明细科目。

年末,完成上述结转后,医院应当将"本期盈余——财政项目盈余"、"本期盈余——医疗盈余"科目中财政基本拨款形成的盈余余额和"本期盈余——科教盈余"科目余额转入累计盈余对应明细科目,借记或贷记"本期盈余——财政项目盈余"、"本期盈余——医疗盈余"、"本期盈余——科教盈余"科目的相关明细科目,贷记或借记"累计盈余——财政项目盈余"、"累计盈余——医疗盈余"、"累计盈余——科教盈余"科目。"本期盈余——医疗盈余"科目扣除财政基本拨款形成的盈余后为贷方余额的,将"本期盈余——医疗盈余"科目对应贷方余额转入"本年盈余分配"科目,借记"本期盈余——医疗盈余"科目,贷记"本年盈余分配"科目;"本期盈余——医疗盈余"科目扣除财政基本拨款形成的盈余后为借方余额的,将"本期盈余——医疗盈余"科目对应借方余额转入"累计盈余"科目,借记"累计盈余——医疗盈余"科目,贷记"本期盈余——医疗盈余"科目。

九、关于本年盈余分配的账务处理

年末,医院在按照规定提取专用基金后,应当将"本年盈余分配"科目余额转入累计盈余,借记"本年盈余分配——转入累计盈余"科目,贷记"累计盈余——医疗盈余"科目。

十、关于医疗收入的确认

医院应当在提供医疗服务(包括发出药品)并收讫价款或取得收款权利时,按照规定的医疗服务项目收费标准计算确定的金额确认医疗收入。医院给予病人或其他付费方折扣的,按照折扣后的实际金额确认医疗收入。

十一、关于医事服务费和药事服务费的会计处理

执行医事服务费的医院应当通过"事业收入——医疗收入——门急诊收入——诊察收入"和"事业收入——医疗收入——住院收入——诊察收入"科目核算医事服务收入。医院在实现医事服务收入时,应当借记"库存现金"、"银行存款"、"应收账款"等科目,属于门急诊收入的,贷记"事业收入——医疗收入——门急诊收入——诊察收入"科目,属于住院收入的,贷记"事业收入——医疗收入——住院收入——诊察收入"科目。

执行药事服务费的医院应当通过"事业收入——医疗收入——门急诊收入——其他门急诊收入"和"事业收入——医疗收入——住院收入——其他住院收入"科目核算药事服务收入。医院在实现药事服务

收入时，应当借记"库存现金"、"银行存款"、"应收账款"等科目，属于门急诊收入的，贷记"事业收入——医疗收入——门急诊收入——其他门急诊收入"科目，属于住院收入的，贷记"事业收入——医疗收入——住院收入——其他住院收入"科目。

十二、关于医院与医疗保险机构结算医疗款的账务处理

医院同医疗保险机构结算医疗款时，应当按照实际收到的金额，借记"银行存款"科目，按照医院因违规治疗等管理不善原因被医疗保险机构拒付的金额，借记"坏账准备"科目，按照应收医疗保险机构的金额，贷记"应收账款——应收医疗款——应收医保款"科目，按照借贷方之间的差额，借记或贷记"事业收入——医疗收入——结算差额"科目。

医院预收医疗保险机构医保款的，在同医疗保险机构结算医疗款时，还应冲减相关的预收医保款。

十三、关于按合同完成进度确认科教收入

医院以合同完成进度确认科教收入时，应当根据业务实质，选择累计实际发生的合同成本占合同预计总成本的比例、已经完成的合同工作量占合同预计总工作量的比例、已经完成的时间占合同期限的比例、实际测定的完工进度等方法，合理确定合同完成进度。

十四、关于计提和使用项目间接费用或管理费的账务处理

（一）医院按规定从科研项目收入中计提项目间接费用或管理费时，除按新制度规定借记"单位管理费用"科目外，也可根据实际情况借记"业务活动费用"等科目。

（二）医院使用计提的项目间接费用或管理费购买固定资产、无形资产的，在财务会计下，按照固定资产、无形资产的成本金额，借记"固定资产"、"无形资产"科目，贷记"银行存款"等科目；同时，按照相同的金额，借记"预提费用——项目间接费用或管理费"科目，贷记"累计盈余"科目。在预算会计下，按照相同的金额，借记"事业支出"等科目，贷记"资金结存"科目。

十五、关于成本报表

医院应当按月度和年度编制成本报表，具体包括医院各科室直接成本表（见附表7）、医院临床服务类科室全成本表（见附表8）和医院临床服务类科室全成本构成分析表（见附表9）。成本报表主要以科室、诊次和床日为成本核算对象，所反映的成本均不包括财政项目拨款经费、科教经费形成的各项费用。

（一）医院各科室直接成本表

1. 本表反映在将医院的单位管理费用（行政后勤类科室成本）和医疗技术、医疗辅助科室成本分摊至临床服务类科室成本前各科室直接成本情况。直接成本是指科室开展医疗服务活动发生的能够直接计入或采用一定方法计算后直接计入科室成本的各种费用。

各科室直接成本需要按成本项目，即人员经费、卫生材料费、药品费、固定资产折旧费、无形资产摊销费、提取医疗风险基金和其他费用分别列示。

2. 编制说明

（1）医院各科室直接成本表的各栏目应根据"业务活动费用"、"单位管理费用"科目所属明细科目的记录直接或分析填列。

"人员经费"项目应当根据"工资福利费用"和"对个人和家庭的补助费用"明细科目的本期发生额分析填列，"卫生材料费"项目应当根据"商品和服务费用——专用材料费——卫生材料费"明细科目的本期发生额分析填列，"药品费"项目应当根据"商品和服务费用——专用材料费——药品费"明细科目的本期发生额分析填列，"固定资产折旧费"项目应当根据"固定资产折旧费"明细科目的本期发生额分析填列，"无形资产摊销费"项目应当根据"无形资产摊销费"明细科目的本期发生额分析填列，"提取医疗风险基金"项目应当根据"计提专用基金——医疗风险基金"明细科目的本期发生额分析填列，"其他

费用"应当根据"业务活动费用"、"单位管理费用"科目除以上明细科目外其他明细科目的本期发生额分析填列。

（2）医疗业务成本合计＝临床服务类科室成本小计＋医疗技术类科室成本小计＋医疗辅助类科室成本小计

（3）本月总计＝医疗业务成本合计＋管理费用

（二）医院临床服务类科室全成本表

1. 本表反映医院根据《医院财务制度》规定的原则和程序，将单位管理费用、医疗辅助类科室直接成本、医疗技术类科室直接成本逐步分摊转移到临床服务类科室后，各临床服务类科室的全成本情况。临床服务类科室全成本包括科室直接成本和分摊转移的间接成本。

各临床服务类科室的直接成本、间接成本和全成本应当按照人员经费、卫生材料费、药品费、固定资产折旧费、无形资产摊销费、提取医疗风险基金和其他费用等成本项目分别列示。

2. 编制说明

医院临床服务类科室全成本表中的"直接成本"栏应当根据"业务活动费用"、"单位管理费用"科目及其所属明细科目记录直接或分析填列。该栏目金额应当与"医院各科室直接成本表"中对应栏目金额保持一致

本表中"间接成本"栏应当根据《医院财务制度》规定的方法计算填列。

本表中"全成本"栏应当根据本表中"直接成本"栏金额和"间接成本"栏金额合计数填列。

（三）医院临床服务类科室全成本构成分析表

1. 本表反映各临床服务类科室的全成本中各项成本所占的比例情况，以及各临床服务类科室的床日成本、诊次成本情况。

诊次和床日成本核算是以诊次、床日为核算对象，将科室成本进一步分摊到门急诊人次、住院床日中，计算出诊次成本、床日成本。

2. 编制说明

（1）医院临床服务类科室全成本构成分析表各项目应当依据医院临床服务类科室全成本表的数据计算填列，其中，床日成本、诊次成本应当根据《医院财务制度》计算填列。

（2）医院临床服务类科室全成本构成分析表用于对医院临床服务类科室全成本要素及其结构进行分析与监测。"##"为某一临床服务类科室不同成本项目的构成比，用于分析各临床服务类科室的成本结构，确定各科室内部成本管理的重点成本项目。

例：人员经费%（##）＝（某一临床服务类科室人员经费金额/该科室全成本合计）×100%

人员经费金额合计（**）＝各临床服务类科室人员经费之和

人员经费合计%＝（各临床服务类科室人员经费之和/各临床服务类科室全成本合计）×100%

十六、生效日期

本规定自 2019 年 1 月 1 日起施行。

附表 1：

医院执行新制度新增明细科目表

科目编码	科目名称	备注
1212	应收账款	
121201	应收账款\应收在院病人医疗款	
121202	应收账款\应收医疗款	
12120201	应收账款\应收医疗款\应收医保款	

科目编码	科目名称	备注
1212020101	应收账款\应收医疗款\应收医保款\应收门急诊医保款	
1212020102	应收账款\应收医疗款\应收医保款\应收住院医保款	
12120202	应收账款\应收医疗款\门急诊病人欠费	
12120203	应收账款\应收医疗款\出院病人欠费	
121203	应收账款\其他应收账款	
1219	坏账准备	
121901	坏账准备\应收账款坏账准备	
121902	坏账准备\其他应收款坏账准备	
1302	库存物品	
130201	库存物品\药品	
130202	库存物品\卫生材料	
13020201	库存物品\卫生材料\血库材料	
13020202	库存物品\卫生材料\医用气体	
13020203	库存物品\卫生材料\影像材料	
13020204	库存物品\卫生材料\化验材料	
13020205	库存物品\卫生材料\其他卫生材料	
130203	库存物品\低值易耗品	
130204	库存物品\其他材料	
130205	库存物品\成本差异	
1601	固定资产	按形成固定资产的经费性质（财政项目拨款经费、科教经费、其他经费）进行明细核算
1602	固定资产累计折旧	
1701	无形资产	按形成无形资产的经费性质（财政项目拨款经费、科教经费、其他经费）进行明细核算
1702	无形资产累计摊销	
2305	预收账款	按债权人明细核算
230501	预收账款\预收医疗款	
23050101	预收账款\预收医疗款\预收医保款	
23050102	预收账款\预收医疗款\门急诊预收款	
23050103	预收账款\预收医疗款\住院预收款	
230502	预收账款\其他预收账款	
3001	累计盈余	
300101	累计盈余\财政项目盈余	
300102	累计盈余\医疗盈余	
300103	累计盈余\科教盈余	
300104	累计盈余\新旧转换盈余	
3101	专用基金	
310101	专用基金\职工福利基金	
310102	专用基金\医疗风险基金	
3301	本期盈余	

续表

科目编码	科目名称	备注
330101	本期盈余\财政项目盈余	
330102	本期盈余\医疗盈余	
330103	本期盈余\科教盈余	
3302	本年盈余分配	
330201	本年盈余分配\提取职工福利基金	
330202	本年盈余分配\转入累计盈余	
4001	财政拨款收入	按照财政基本支出、项目支出进行明细核算
4101	事业收入	对"非同级财政拨款"进行明细核算
410101	事业收入\医疗收入	
41010101	事业收入\医疗收入\门急诊收入	
4101010101	事业收入\医疗收入\门急诊收入\挂号收入	
4101010102	事业收入\医疗收入\门急诊收入\诊察收入	核算医事服务收入
4101010103	事业收入\医疗收入\门急诊收入\检查收入	
4101010104	事业收入\医疗收入\门急诊收入\化验收入	
4101010105	事业收入\医疗收入\门急诊收入\治疗收入	
4101010106	事业收入\医疗收入\门急诊收入\手术收入	
4101010107	事业收入\医疗收入\门急诊收入\卫生材料收入	
4101010108	事业收入\医疗收入\门急诊收入\药品收入	
410101010801	事业收入\医疗收入\门急诊收入\药品收入\西药收入	
410101010802	事业收入\医疗收入\门急诊收入\药品收入\中成药收入	
410101010803	事业收入\医疗收入\门急诊收入\药品收入\中药饮片收入	
4101010109	事业收入\医疗收入\门急诊收入\其他门急诊收入	核算药事服务收入
41010102	事业收入\医疗收入\住院收入	
4101010201	事业收入\医疗收入\住院收入\床位收入	
4101010202	事业收入\医疗收入\住院收入\诊察收入	核算医事服务收入
4101010203	事业收入\医疗收入\住院收入\检查收入	
4101010204	事业收入\医疗收入\住院收入\化验收入	
4101010205	事业收入\医疗收入\住院收入\治疗收入	
4101010206	事业收入\医疗收入\住院收入\手术收入	
4101010207	事业收入\医疗收入\住院收入\护理收入	
4101010208	事业收入\医疗收入\住院收入\卫生材料收入	
4101010209	事业收入\医疗收入\住院收入\药品收入	
410101020901	事业收入\医疗收入\住院收入\药品收入\西药收入	
410101020902	事业收入\医疗收入\住院收入\药品收入\中成药收入	
410101020903	事业收入\医疗收入\住院收入\药品收入\中药饮片收入	
4101010210	事业收入\医疗收入\住院收入\其他住院收入	核算药事服务收入
41010103	事业收入\医疗收入\结算差额	
410102	事业收入\科教收入	

科目编码	科目名称	备注
41010201	事业收入\科教收入\科研收入	
41010202	事业收入\科教收入\教学收入	
5001	业务活动费用	按照经费性质（财政基本拨款经费、财政项目拨款经费、科教经费、其他经费）进行明细核算，并对"政府指令性任务"进行明细核算
5101	单位管理费用	按照经费性质（财政基本拨款经费、财政项目拨款经费、科教经费、其他经费）进行明细核算
5901	其他费用	对"政府指令性任务"进行明细核算
6101	事业预算收入	对"非同级财政拨款"进行明细核算
610101	事业预算收入\医疗预算收入	
61010101	事业预算收入\医疗预算收入\门急诊预算收入	
61010102	事业预算收入\医疗预算收入\住院预算收入	
610102	事业预算收入\科教预算收入	
61010201	事业预算收入\科教预算收入\科研项目预算收入	
61010202	事业预算收入\科教预算收入\教学项目预算收入	

附表 2：

资产负债表

会政财 01 表

编制单位：_____   ____年___月___日   单位：元

资产	期末余额	年初余额	负债和净资产	期末余额	年初余额
流动资产：			流动负债：		
货币资金			短期借款		
短期投资			应交增值税		
财政应返还额度			其他应交税费		
应收票据			应缴财政款		
应收账款净额			应付职工薪酬		
预付账款			应付票据		
应收股利			应付账款		
应收利息			应付政府补贴款		
其他应收款净额			应付利息		
存货			预收账款		
待摊费用			其他应付款		
一年内到期的非流动资产			预提费用		
其他流动资产			一年内到期的非流动负债		
流动资产合计			其他流动负债		
非流动资产：			流动负债合计		

续表

资产	期末余额	年初余额	负债和净资产	期末余额	年初余额
长期股权投资			非流动负债：		
长期债券投资			长期借款		
固定资产原值			长期应付款		
减：固定资产累计折旧			预计负债		
固定资产净值			其他非流动负债		
工程物资			非流动负债合计		
在建工程			受托代理负债		
无形资产原值			负债合计		
减：无形资产累计摊销					
无形资产净值					
研发支出					
公共基础设施原值					
减：公共基础设施累计折旧（摊销）					
公共基础设施净值			净资产：		
政府储备物资			累计盈余		
文物文化资产			其中：财政项目盈余		
保障性住房原值			医疗盈余		
减：保障性住房累计折旧			科教盈余		
保障性住房净值			新旧转换盈余		
长期待摊费用			专用基金		
待处理财产损溢			权益法调整		
其他非流动资产			无偿调拨净资产*		—
非流动资产合计			本期盈余*		—
受托代理资产			净资产合计		
资产总计			负债和净资产总计		

注："＊"标识项目为月报项目，年报中不需列示。

附表 3：

收入费用表

会政财 02 表

编制单位：_____　　　　　　_____年___月　　　　　　单位：元

项目	本月数	本年累计数
一、本期收入		
（一）财政拨款收入		
其中：政府性基金收入		
其中：财政基本拨款收入		
财政项目拨款收入		

项目	本月数	本年累计数
（二）事业收入		
其中：医疗收入		
科教收入		
（三）上级补助收入		
（四）附属单位上缴收入		
（五）经营收入		
（六）非同级财政拨款收入		
（七）投资收益		
（八）捐赠收入		
（九）利息收入		
（十）租金收入		
（十一）其他收入		
二、本期费用		
（一）业务活动费用		
其中：财政基本拨款经费		
财政项目拨款经费		
科教经费		
其他经费		
（二）单位管理费用		
其中：财政基本拨款经费		
财政项目拨款经费		
科教经费		
其他经费		
（三）经营费用		
（四）资产处置费用		
（五）上缴上级费用		
（六）对附属单位补助费用		
（七）所得税费用		
（八）其他费用		
三、本期盈余		
其中：财政项目盈余		
医疗盈余		
科教盈余		

附表4：

医疗活动收入费用明细表

会政财 02 表附表 01

编制单位：_____　　　　　　　　　_____年____月____日　　　　　　　单位：元

项目	本月数	本年累计数	项目	本月数	本年累计数
医疗活动收入合计			医疗活动费用合计		
财政基本拨款收入			业务活动费用		
医疗收入			人员经费		
门急诊收入			其中：工资福利费用		
挂号收入			对个人和家庭的补助费用		
诊察收入			商品和服务费用		
检查收入			固定资产折旧费		
化验收入			无形资产摊销费		
治疗收入			计提专用基金		
手术收入			单位管理费用		
卫生材料收入			人员经费		
药品收入			其中：工资福利费用		
其他门急诊收入			对个人和家庭的补助费用		
住院收入			商品和服务费用		
床位收入			固定资产折旧费		
诊察收入			无形资产摊销费		
检查收入			经营费用		
化验收入			资产处置费用		
治疗收入			上缴上级费用		
手术收入			对附属单位补助费用		
护理收入			所得税费用		
卫生材料收入			其他费用		
药品收入					
其他住院收入					
结算差额					
上级补助收入					
附属单位上缴收入					
经营收入					
非同级财政拨款收入					
投资收益					
捐赠收入					
利息收入					
租金收入					
其他收入					

附表5：

预算收入支出表

会政预01表

编制单位：_____　　　　　　　　　_____年____月　　　　　　　　　单位：元

项目	本年数	上年数
一、本年预算收入		
（一）财政拨款预算收入		
其中：政府性基金收入		
其中：财政基本拨款预算收入		
财政项目拨款预算收入		
（二）事业预算收入		
其中：医疗预算收入		
科教预算收入		
（三）上级补助预算收入		
（四）附属单位上缴预算收入		
（五）经营预算收入		
（六）债务预算收入		
（七）非同级财政拨款预算收入		
（八）投资预算收益		
（九）其他预算收入		
其中：利息预算收入		
捐赠预算收入		
租金预算收入		
二、本年预算支出		
（一）行政支出		
（二）事业支出		
其中：财政基本拨款支出		
财政项目拨款支出		
科教资金支出		
其他资金支出		
（三）经营支出		
（四）上缴上级支出		
（五）对附属单位补助支出		
（六）投资支出		
（七）债务还本支出		
（八）其他支出		

项目	本年数	上年数
其中：利息支出		
捐赠支出		
三、本年预算收支差额		
其中：财政项目拨款收支差额		
医疗收支差额		
科教收支差额		

附表 6：

医院固定资产折旧年限表

固定资产类别	折旧年限（年）	固定资产类别	折旧年限（年）
一、房屋及构筑物		医用电子仪器	5
业务及管理用房		医用超声仪器	6
钢结构	50	医用高频仪器设备	5
钢筋混凝土结构	50	物理治疗及体疗设备	5
砖混结构	30	高压氧舱	6
砖木结构	30	中医仪器设备	5
简易房	8	医用磁共振设备	6
房屋附属设施	8	医用 X 线设备	6
构筑物	8	高能射线设备	8
二、通用设备		医用核素设备	6
计算机设备	6	临床检验分析仪器	5
通信设备	5	体外循环设备	5
办公设备	6	手术急救设备	5
车辆	10	口腔设备	6
图书档案设备	5	病房护理设备	5
机械设备	10	消毒设备	6
电气设备	5	其他	5
雷达、无线电和卫星导航设备	10	光学仪器及窥镜	6
广播、电视、电影设备	5	激光仪器设备	5
仪器仪表	5	四、家具、用具及装具	
电子和通信测量设备	5	家具	15
计量标准器具及量具、衡器	5	用具、装具	5
三、专用设备			

附表 7:

医院各科室直接成本表

成本医 01 表

编制单位:_____   ____年___月   单位:元

成本项目　　科室名称	人员经费 (1)	卫生材料费 (2)	药品费 (3)	固定资产折旧费 (4)	无形资产摊销费 (5)	提取医疗风险基金 (6)	其他费用 (7)	合计 (8) = (1) + (2) + (3) + (4) + (5) + (6) + (7)
临床服务类科室 1 临床服务类科室 2 … 小计								
医疗技术类科室 1 医疗技术类科室 2 … 小计								
医疗辅助类科室 1 医疗辅助类科室 2 … 小计								
医疗业务成本合计								
管理费用								
本月总计								

附表 8:

医院临床服务类科室全成本表

成本医 02 表

编制单位:_____   ____年___月   单位:元

成本项目　　科室名称	人员经费 (1)			卫生材料费 (2)			药品费 (3)			固定资产折旧费 (4)			无形资产摊销费 (5)			提取医疗风险基金 (6)			其他费用 (7)			合计 (8) = (1) + (2) + (3) + (4) + (5) + (6) + (7)		
	直接成本	间接成本	全成本	直接成本	间接成本	全成本	直接成本	间接成本	全成本	直接成本	间接成本	全成本	直接成本	间接成本	全成本	直接成本	间接成本	全成本	直接成本	间接成本	全成本	直接成本	间接成本	全成本
临床服务类科室 1 临床服务类科室 2 …																								
科室全成本合计																								

附表 9：

医院临床服务类科室全成本构成分析表

成本医 03 表

编制单位：_____　　　　　　　　　　_____年___月　　　　　　　　　　单位：元

成本项目 ＼ 科室名称	内科		...	各临床服务类科室合计	
	金额	%		金额	%
人员经费 卫生材料费 药品费 固定资产折旧 无形资产摊销 提取医疗风险基金 其他费用		(##)			(＊＊)
科室全成本合计		(100%)			(100%)
科室收入					
收入——成本					
床日成本					
诊次成本					

附件 2：

关于医院执行《政府会计制度——行政事业单位会计科目和报表》的衔接规定

　　我部于 2017 年 10 月 24 日印发了《政府会计制度——行政事业单位会计科目和报表》（财会〔2017〕25 号，以下简称新制度）。原执行《医院会计制度》（财会〔2010〕27 号，以下简称原制度）的公立医院（以下简称医院），自 2019 年 1 月 1 日起执行新制度，不再执行原制度。为了确保新旧会计制度顺利过渡，现对医院执行新制度及《关于医院执行〈政府会计制度——行政事业单位会计科目和报表〉的补充规定》（以下简称补充规定）的有关衔接问题规定如下：

一、新旧制度衔接总要求

　　（一）自 2019 年 1 月 1 日起，医院应当严格按照新制度及补充规定进行会计核算、编制财务报表和预算会计报表。

　　（二）医院应当按照本规定做好新旧制度衔接的相关工作，主要包括以下几个方面：

　　1. 根据原账编制 2018 年 12 月 31 日的科目余额表，并按照本规定要求，编制原账的部分科目余额明细表（参见附表 1、附表 2）。

　　2. 按照新制度及补充规定设立 2019 年 1 月 1 日的新账。

　　3. 按照本规定要求，登记新账的财务会计科目余额和预算结余科目余额，包括将原账科目余额转入新账财务会计科目、按照原账科目余额登记新账预算结余科目（医院新旧会计制度转账、登记新账科目对照表参见附表 3），将未入账事项登记新账科目，并对相关新账科目余额进行调整。原账科目是指按照原制度规定设置的会计科目。

4. 按照登记及调整后新账的各会计科目余额，编制 2019 年 1 月 1 日的科目余额表，作为新账各会计科目的期初余额。

5. 根据新账各会计科目期初余额，按照新制度及补充规定编制 2019 年 1 月 1 日资产负债表。

（三）及时调整会计信息系统。医院应当按照新制度及补充规定要求对原有会计信息系统进行及时更新和调试，实现数据正确转换，确保新旧账套的有序衔接。

二、财务会计科目的新旧衔接

（一）将 2018 年 12 月 31 日原账会计科目余额转入新账财务会计科目

1. 资产类

（1）"库存现金"、"银行存款"、"其他货币资金"、"财政应返还额度"、"短期投资"、"坏账准备"、"待摊费用"、"固定资产"、"无形资产"、"长期待摊费用"、"待处理财产损溢"科目

新制度设置了"库存现金"、"银行存款"、"其他货币资金"、"财政应返还额度"、"短期投资"、"坏账准备"、"待摊费用"、"固定资产"、"无形资产"、"长期待摊费用"、"待处理财产损溢"科目，其核算内容与原账的上述相应科目的核算内容基本相同。转账时，医院应当将原账的上述科目余额直接转入新账的相应科目。其中，还应当将原账的"库存现金"、"银行存款"科目余额中属于新制度规定受托代理资产的金额，转入新账的"库存现金"、"银行存款"科目下"受托代理资产"明细科目。

（2）"应收在院病人医疗款"和"应收医疗款"科目

新制度及补充规定设置了"应收账款"科目，并在该科目下设置了"应收在院病人医疗款"、"应收医疗款"和"其他应收账款"明细科目。"应收在院病人医疗款"和"应收医疗款"明细科目的核算内容与原账的"应收在院病人医疗款"和"应收医疗款"科目的核算内容基本相同。转账时，医院应当将原账的"应收在院病人医疗款"和"应收医疗款"科目余额转入新账的"应收账款"科目下"应收在院病人医疗款"和"应收医疗款"明细科目。

（3）"其他应收款"科目

新制度设置了"其他应收款"科目。转账时，医院应当对原账的"其他应收款"科目余额进行分析，将原账"其他应收款"科目中核算的应收长期股权投资的股利，转入新账的"应收股利"科目；将原账"其他应收款"科目中核算的应收长期债权投资的利息，转入新账的"应收利息"科目；将原账"其他应收款"科目中核算出租资产等应收取的款项，转入新账的"应收账款"科目；将原账"其他应收款"科目中核算的已经付款或开出商业汇票、尚未收到物资的金额，转入新账的"在途物品"科目；将剩余余额，转入新账的"其他应收款"科目。

（4）"预付账款"科目

新制度设置了"在途物品"和"预付账款"科目，原制度设置了"预付账款"科目。转账时，医院应当将原账"预付账款"科目中核算的已经付款或开出商业汇票、尚未收到物资的金额，转入新账的"在途物品"科目，将剩余余额，转入新账的"预付账款"科目。

（5）"库存物资"科目

新制度设置了"库存物品"科目，原制度设置了"库存物资"科目。转账时，医院应当将原账"库存物资"科目余额中属于医院受托存储保管的物资和受托转赠的物资金额，转入新账的"受托代理资产"科目；将原账"库存物资"科目余额中属于为在建工程购买和使用的材料物资金额，转入新账"工程物资"科目；将剩余余额，按照医院库存物品的类别（如药品、卫生材料等），分别转入新账的"库存物品"科目的有关明细科目。

（6）"在加工物资"科目

新制度设置了"加工物品"科目，其核算内容与原账的"在加工物资"科目的核算内容基本相同。转账时，医院应当将原账的"在加工物资"科目余额转入新账的"加工物品"科目。

（7）"长期投资"科目

新制度设置了"长期股权投资"和"长期债券投资"科目，原制度设置了"长期投资"科目。转账时，医院应当将原账的"长期投资"科目中核算的股权投资金额，转入新账的"长期股权投资"科目及其明细科目；将原账的"长期投资"科目中核算的债券投资金额，转入新账的"长期债券投资"科目及其明细科目。

（8）"累计折旧"科目

新制度设置了"固定资产累计折旧"科目，该科目的核算内容与原账的"累计折旧"科目的核算内容基本相同。转账时，医院应当将原账的"累计折旧"科目余额转入新账的"固定资产累计折旧"科目。

（9）"累计摊销"科目

新制度设置了"无形资产累计摊销"科目，该科目的核算内容与原账的"累计摊销"科目的核算内容基本相同。转账时，医院应当将原账的"累计摊销"科目余额转入新账的"无形资产累计摊销"科目。

（10）"在建工程"科目

新制度设置了"在建工程"科目，该科目的核算内容与原账的"在建工程"科目的核算内容基本相同。转账时，医院应当将原账的"在建工程"科目余额（基建"并账"后的金额，下同），转入新账的"在建工程"科目。

医院在原账"在建工程"科目中核算了按照新制度规定应当记入"工程物资"科目内容的，应当将原账"在建工程"科目余额中属于工程物资的金额，转入新账的"工程物资"科目。

（11）"固定资产清理"科目

新制度设置了"待处理财产损溢"科目，该科目的核算内容与原账的"固定资产清理"科目的核算内容基本相同。转账时，医院应当将原账的"固定资产清理"科目余额，转入新账的"待处理财产损溢"科目。

（12）"零余额账户用款额度"科目

由于原账的"零余额账户用款额度"科目年末无余额，无需进行转账处理。

2. 负债类

（1）"短期借款"、"应付票据"、"长期应付款"科目

新制度设置了"短期借款"、"应付票据"、"长期应付款"科目，其核算内容与原账的上述相应科目的核算内容基本相同。转账时，医院应当将原账的上述科目余额直接转入新账的相应科目。

（2）"应付账款"科目

新制度设置了"应付账款"科目，其核算内容与原制度中"应付账款"科目的核算内容基本相同。转账时，医院应当将原账的"应付账款"科目余额，转入新账的"应付账款"科目。其中，医院在原账的"应付账款"科目中核算了无力支付银行承兑汇票而转入"应付账款"科目的余额的，应当将原账的"应付账款"科目余额中属于因无力支付银行承兑汇票而转入应付账款科目的余额，转入新账的"短期借款"科目。

（3）"应缴款项"科目

新制度设置了"应缴财政款"科目，原制度设置了"应缴款项"科目。转账时，医院应当将原账的"应缴款项"科目余额中属于应缴财政款项的金额转入新账的"应缴财政款"科目，将原账的"应缴款项"科目余额减去属于应缴财政款项金额后的差额转入新账的"其他应付款"科目。

（4）"预收医疗款"科目

新制度设置了"预收账款"科目，其核算内容与原账的"预收医疗款"科目的核算内容基本相同。转账时，医院应当将原账的"预收医疗款"科目余额转入新账的"预收账款"科目。

（5）"应付职工薪酬"、"应付社会保障费"科目

新制度设置了"应付职工薪酬"科目，原制度设置了"应付职工薪酬"、"应付社会保障费"科目。转账时，医院应当将原账的"应付职工薪酬"、"应付社会保障费"科目余额，转入新账的"应付职工薪酬"科目。

（6）"应付福利费"科目

新制度未设置"应付福利费"科目。转账时，医院应当将原账的"应付福利费"科目余额转入新账的"累计盈余——新旧转换盈余"科目。

（7）"应交税费"科目

新制度设置了"应交增值税"和"其他应交税费"科目，原制度设置了"应交税费"科目。转账时，医院应当将原账的"应交税费——应交增值税"科目余额转入新账的"应交增值税"科目，将原账的"应交税费"科目余额减去属于应交增值税余额后的差额，转入新账的"其他应交税费"科目。

（8）"其他应付款"科目

新制度设置了"其他应付款"科目，该科目的核算内容与原账的"其他应付款"科目的核算内容基本相同。转账时，医院应当将原账的"其他应付款"科目余额，转入新账的"其他应付款"科目。其中，医院在原账的"其他应付款"科目中核算了属于新制度规定的受托代理负债的，应当将原账的"其他应付款"科目余额中属于受托代理负债的余额，转入新账的"受托代理负债"科目。

（9）"预提费用"科目

新制度设置了"预提费用"科目，该科目的核算内容与原账的"预提费用"科目的核算内容基本相同。转账时，医院应当将原账的"预提费用"科目余额转入新账的"预提费用"科目。原账"预提费用"科目中核算了属于预提短期借款应付未付利息的，转账时，医院应当将预提短期借款应付未付利息的金额转入新账的"应付利息"科目。

（10）"长期借款"科目

新制度设置了"长期借款"科目，该科目的核算内容与原账的"长期借款"科目的核算内容基本相同。转账时，医院应当将原账的"长期借款"科目余额转入新账的"长期借款"科目。其中，医院在原账的"长期借款"科目中核算了分期付息、到期还本的长期借款应付利息的，应当将原账的"长期借款"科目余额中属于分期付息、到期还本的长期借款应付利息金额转入新账的"应付利息"科目。

3. 净资产类

（1）"事业基金"科目

新制度设置了"累计盈余"科目。该科目的核算内容包含了原账的"事业基金"科目的核算内容。转账时，医院应当将原账的"事业基金"科目余额转入新账的"累计盈余——新旧转换盈余"科目。

（2）"专用基金"科目

新制度设置了"专用基金"科目，该科目的核算内容与原账的"专用基金"科目的核算内容基本相同。转账时，医院应当将原账的"专用基金"科目余额转入新账的"专用基金"科目。

（3）"待冲基金"科目

依据新制度，无需对原制度中"待冲基金"科目对应内容进行核算。转账时，医院应当将原账的"待冲基金——待冲财政基金"科目余额转入新账的"累计盈余——财政项目盈余"科目，将原账的"待冲基金——待冲科教项目基金"科目余额转入新账的"累计盈余——科教盈余"科目。

（4）"财政补助结转（余）"、"科教项目结转（余）"科目

新制度设置了"累计盈余"科目，该科目的余额包含了原账的"财政补助结转（余）"和"科教项目结转（余）"科目余额内容。转账时，医院应当将原账的"财政补助结转（余）"科目中项目支出结转和项目支出结余部分的余额转入新账的"累计盈余——财政项目盈余"科目，将原账的"财政补助结转（余）"科目中基本支出结转部分的余额转入新账的"累计盈余——医疗盈余"科目；将原账的"科教项目结转（余）"科目余额转入新账的"累计盈余——科教盈余"科目。

（5）"结余分配"科目

新制度设置了"本年盈余分配"科目，该科目的核算内容与原账的"结余分配"科目的核算内容基本相同。新制度规定"本年盈余分配"科目余额年末应当转入"累计盈余"科目。原账"结余分配"科目有借方余额的，转账时，医院应当将原账的"结余分配"科目借方余额转入新账的"累计盈余——新旧转

换盈余"科目借方。

（6）"本期结余"科目

由于原账的"本期结余"科目年末无余额，该科目无需进行转账处理。

4. 收入类、费用类

由于原账中收入类、费用类科目年末无余额，无需进行转账处理。自 2019 年 1 月 1 日起，应当按照新制度设置收入类、费用类科目并进行账务处理。

医院存在其他本规定未列举的原账科目余额的，应当比照本规定转入新账的相应科目。新账的科目设有明细科目的，应将原账中对应科目的余额加以分析，分别转入新账中相应科目的相关明细科目。

医院在进行新旧衔接的转账时，应当编制转账的工作分录，作为转账的工作底稿，并将转入新账的对应原科目余额及分拆原科目余额的依据作为原始凭证。

（二）将原未入账事项登记新账财务会计科目

1. 受托代理资产

医院在新旧制度转换时，应当将 2018 年 12 月 31 日前未入账的受托代理资产按照新制度规定记入新账。登记新账时，按照确定的受托代理资产入账成本，借记"受托代理资产"科目，贷记"受托代理负债"科目。

2. 盘盈资产

医院在新旧制度转换时，应当将 2018 年 12 月 31 日前未入账的盘盈资产按照新制度规定记入新账。登记新账时，按照确定的盘盈资产及其成本，分别借记有关资产科目，按照盘盈资产成本的合计金额，贷记"累计盈余——新旧转换盈余"科目。

3. 预计负债

医院在新旧制度转换时，应当将 2018 年 12 月 31 日按照新制度规定确认的预计负债记入新账。登记新账时，按照确定的预计负债金额，借记"累计盈余——新旧转换盈余"科目，贷记"预计负债"科目。

医院存在 2018 年 12 月 31 日前未入账的其他事项的，应当比照本规定登记新账的相应科目。

医院对新账的财务会计科目补记未入账事项时，应当编制记账凭证，并将补充登记事项的确认依据作为原始凭证。

（三）对新账的相关财务会计科目余额按照新制度规定的会计核算基础进行调整

1. 调整坏账准备

新制度要求对医院收回后无需上缴财政的应收账款和其他应收款提取坏账准备。在新旧制度转换时，医院应当按照 2018 年 12 月 31 日无需上缴财政的"应收账款"科目扣除应收在院病人医疗款后的余额，以及"其他应收款"科目余额，计算应计提的坏账准备金额，对比原账"坏账准备"科目余额进行调整。补提坏账准备时，借记"累计盈余——新旧转换盈余"科目，贷记"坏账准备"科目；冲回多提坏账准备时，借记"坏账准备"科目，贷记"累计盈余——新旧转换盈余"科目。

2. 按照权益法调整长期股权投资账面余额

对按照新制度规定应当采用权益法核算的长期股权投资，在新旧制度转换时，医院应当在"长期股权投资"科目下设置"新旧制度转换调整"明细科目，依据被投资单位 2018 年 12 月 31 日财务报表的所有者权益账面余额，以及医院持有被投资单位的股权比例，计算应享有或应分担的被投资单位所有者权益的份额，调整长期股权投资的账面余额，借记或贷记"长期股权投资——新旧制度转换调整"科目，贷记或借记"累计盈余——新旧转换盈余"科目。

3. 补提折旧

医院应当对截至 2018 年 12 月 31 日前购置的未计提完折旧的固定资产，在新旧制度转换时，按照补充规定提供的折旧年限计算补提一个月折旧，按照由财政项目拨款经费形成的固定资产应补提的金额，借记"累计盈余——财政项目盈余"科目，贷记"固定资产累计折旧"科目相关明细科目；按照由科教经费形成的固定资产应补提的金额，借记"累计盈余——科教盈余"科目，贷记"固定资产累计折旧"科目相关明细科目；按照其他固定资产应补提的金额，借记"累计盈余——新旧转换盈余"科目，贷记"固定资产累计折旧"科目相关明细科目。

医院对新账的财务会计科目期初余额进行调整时，应当编制记账凭证，并将调整事项的确认依据作为原始凭证。

三、预算会计科目的新旧衔接

（一）"财政拨款结转"和"财政拨款结余"科目及对应的"资金结存"科目余额

新制度设置了"财政拨款结转"、"财政拨款结余"科目及对应的"资金结存"科目。在新旧制度转换时，医院应当对原账的"财政补助结转（余）"科目余额中结转资金的金额进行逐项分析，加上各项结转转入的支出中已经计入支出尚未支付财政资金（如发生时列支的应付账款）的金额，减去已经支付财政资金尚未计入支出（如预付账款等）的金额，按照增减后的金额登记新账的"财政拨款结转"科目及其明细科目贷方，按照原账的"财政补助结转（余）"科目余额中结余资金的金额登记新账的"财政拨款结余"科目及其明细科目贷方。

医院应当按照原账"财政应返还额度"科目余额登记新账"资金结存——财政应返还额度"科目的借方；按照新账"财政拨款结转"和"财政拨款结余"科目贷方余额合计数，减去新账"资金结存——财政应返还额度"科目借方余额后的差额，登记新账"资金结存——货币资金"科目的借方。

（二）"非财政拨款结转"科目及对应的"资金结存"科目余额

新制度设置了"非财政拨款结转"科目及对应的"资金结存"科目。在新旧制度转换时，医院应当对原账的"科教项目结转（余）"科目余额进行逐项分析，加上各项结转（余）转入的支出中已经计入支出尚未支付非财政补助专项资金（如发生时列支的应付账款）的金额，减去已经支付非财政补助专项资金尚未计入支出（如预付账款等）的金额，按照增减后的金额登记新账的"非财政拨款结转"科目及其明细科目贷方；同时，按照相同的金额登记新账"资金结存——货币资金"科目的借方。

（三）"专用结余"科目及对应的"资金结存"科目余额

新制度设置了"专用结余"科目及对应的"资金结存"科目。在新旧制度转换时，医院应当按照原账"专用基金"科目余额中通过非财政补助结余分配形成的金额，借记新账的"资金结存——货币资金"科目，贷记新账的"专用结余"科目。

（四）"非财政拨款结余"科目及对应的"资金结存"科目余额

新制度设置了"非财政拨款结余"科目及对应的"资金结存"科目。在新旧制度转换时，医院应当在新账的"库存现金"、"银行存款"、"其他货币资金"、"财政应返还额度"科目借方余额合计数基础上，对不纳入单位预算管理的资金进行调整（如减去新账中货币资金形式的受托代理资产、应缴财政款、已收取将来需要退回资金的其他应付款，加上已支付将来需要收回资金的其他应收款），按照调整后的金额减去新账的"财政拨款结转"、"财政拨款结余"、"非财政拨款结转"、"专用结余"科目贷方余额合计数的金额，登记新账的"非财政拨款结余"科目贷方；同时，按照相同的金额登记新账的"资金结存——货币资金"科目借方。

（五）"其他结余"、"非财政拨款结余分配"科目

新制度设置了"其他结余"和"非财政拨款结余分配"科目。由于这两个科目年初无余额，在新旧制度转换时，医院无需对"其他结余"和"非财政拨款结余分配"科目进行新账年初余额登记。

（六）预算收入类、预算支出类会计科目

由于预算收入类、预算支出类会计科目年初无余额，在新旧制度转换时，医院无需对预算收入类、预算支出类会计科目进行新账年初余额登记。

医院应当自2019年1月1日起，按照新制度设置预算收入类、预算支出类科目并进行账务处理。

医院存在2018年12月31日需要按照新制度预算会计核算基础调整预算会计科目期初余额的其他事项的，应当比照本规定调整新账的相应预算会计科目期初余额。

医院对预算会计科目的期初余额登记和调整，应当编制记账凭证，并将期初余额登记和调整的依据作为原始凭证。

四、财务报表和预算会计报表的新旧衔接

（一）编制 2019 年 1 月 1 日资产负债表

医院应当根据 2019 年 1 月 1 日新账的财务会计科目余额，按照新制度及补充规定编制 2019 年 1 月 1 日资产负债表（仅要求填列各项目"年初余额"）。

（二）2019 年度财务报表和预算会计报表的编制

医院应当按照新制度及补充规定编制 2019 年财务报表和预算会计报表。在编制 2019 年度收入费用表、医疗活动收入费用明细表、净资产变动表、现金流量表和预算收入支出表、预算结转结余变动表时，不要求填列上年比较数。

医院应当根据 2019 年 1 月 1 日新账财务会计科目余额，填列 2019 年净资产变动表各项目的"上年年末余额"；根据 2019 年 1 月 1 日新账预算会计科目余额，填列 2019 年预算结转结余变动表的"年初预算结转结余"项目和财政拨款预算收入支出表的"年初财政拨款结转结余"项目。

五、其他事项

（一）截至 2018 年 12 月 31 日尚未进行基建"并账"的医院，应当首先参照《新旧事业单位会计制度有关衔接问题的处理规定》（财会〔2013〕2 号），将基建账套相关数据并入 2018 年 12 月 31 日原账中的相关科目余额，再按照本规定将 2018 年 12 月 31 日原账相关会计科目余额转入新账相应科目。

（二）2019 年 1 月 1 日前执行新制度及补充规定的医院，应当按照本规定做好新旧制度衔接工作。

附表 1：

医院原会计科目余额明细表一

总账科目	明细分类	金额	备注
库存现金	库存现金		
	其中：受托代理现金		
银行存款	银行存款		
	其中：受托代理银行存款		
预付账款	在途物品		
	其他		
其他应收款	应收股利		
	应收利息		
	应收账款		
	在途物品		已经付款，尚未收到物资
	其他		
库存物资	受托代理资产		
	工程物资		
	其他		
长期投资	长期股权投资		
	长期债券投资		

总账科目	明细分类	金额	备注
在建工程	在建工程		
	工程物资		
应交税费	应交增值税		
	其他应交税费		
应缴款项	应缴财政款		
	其他		
其他应付款	受托代理负债		
	其他		
预提费用	短期借款应付利息		
	其他		
长期借款	分期付息、到期还本的长期借款应付利息		
	其他		
待冲基金	对应财政项目拨款经费形成的资产的待冲基金		
	对应科教经费形成的资产的待冲基金		
财政补助结转（余）	项目支出结转和项目支出结余		
	基本支出结转		

附表2：

医院原会计科目余额明细表二

总账科目	明细分类	金额	备注
预付账款	财政补助资金预付		
	非财政补助专项资金预付		
	非财政补助非专项资金预付		
其他应收款	预付款项		如职工预借的差旅费等
	其中：财政补助资金预付		
	非财政补助专项资金预付		
	非财政补助非专项资金预付		
	需要收回及其他		如支付的押金、应收为职工垫付的款项等
库存物资	购入库存物资		
	非购入库存物资		如接受捐赠、无偿调入物资等
在加工物资	加工过程中支付资金		
	其中：财政补助资金支付		
	非财政补助专项资金支付		
	非财政补助非专项资金支付		
	加工过程中未支付资金		

续表

总账科目	明细分类	金额	备注
长期投资	长期股权投资		
	其中：现金资产取得		
	非现金资产或其他方式取得		
	长期债券投资		
	其中：投资成本		
	其他		
应付票据、应付账款	发生时不计入支出		
	发生时计入支出		
	其中：财政补助资金应付		
	非财政补助专项资金应付		
	非财政补助非专项资金应付		
长期借款	借款本金		
	其他		
待冲基金	对应非流动资产的待冲基金		
	对应流动资产的待冲基金		
专用基金	从非财政补助结余分配中提取		
	其他		

附表3：

医院新旧会计制度转账、登记新账科目对照表

序号	新制度科目		原制度科目	
	编号	名称	编号	名称
一、资产类				
1	1001	库存现金	1001	库存现金
2	1002	银行存款	1002	银行存款
3	1021	其他货币资金	1004	其他货币资金
4	1201	财政应返还额度	1201	财政应返还额度
5	1101	短期投资	1101	短期投资
6	1212	应收账款	1211	应收在院病人医疗款
			1212	应收医疗款
7	1218	其他应收款	1215	其他应收款
8	1215	应收股利		
9	1216	应收利息		
10	1212	应收账款		
11	1301	在途物品		
12	1219	坏账准备	1221	坏账准备
13	1214	预付账款	1231	预付账款
14	1301	在途物品		

序号	新制度科目		原制度科目	
	编号	名称	编号	名称
一、资产类				
15	1302	库存物品	1301	库存物资
16	1611	工程物资		
17	1891	受托代理资产		
18	1303	加工物品	1302	在加工物资
19	1401	待摊费用	1401	待摊费用
20	1501	长期股权投资	1501	长期投资
21	1502	长期债券投资		
22	1601	固定资产	1601	固定资产
23	1602	固定资产累计折旧	1602	累计折旧
24	1611	工程物资	1611	在建工程
25	1613	在建工程		
26	1902	待处理财产损溢	1621	固定资产清理
27	1701	无形资产	1701	无形资产
28	1702	无形资产累计摊销	1702	累计摊销
29	1901	长期待摊费用	1801	长期待摊费用
30	1902	待处理财产损溢	1901	待处理财产损溢
二、负债类				
31	2001	短期借款	2001	短期借款
32	2103	应缴财政款	2101	应缴款项
33	2307	其他应付款		
34	2301	应付票据	2201	应付票据
35	2302	应付账款	2202	应付账款
36	2001	短期借款		
37	2305	预收账款	2203	预收医疗款
38	2201	应付职工薪酬	2204	应付职工薪酬
39	3001	累计盈余	2205	应付福利费
40	2201	应付职工薪酬	2206	应付社会保障费
41	2101	应交增值税	2207	应交税费
42	2102	其他应交税费		
43	2307	其他应付款	2209	其他应付款
44	2901	受托代理负债		
45	2401	预提费用	2301	预提费用
46	2304	应付利息		
47	2501	长期借款	2401	长期借款
48	2304	应付利息		
49	2502	长期应付款	2402	长期应付款
三、净资产类				
50	3001	累计盈余	3001	事业基金
			3201	待冲基金
			3301	财政补助结转（余）
			3302	科教项目结转（余）

续表

序号	新制度科目		原制度科目	
	编号	名称	编号	名称
三、净资产类				
51	3101	专用基金	3101	专用基金
52	3001	累计盈余（借方）	3501	结余分配（借方）
四、预算结余类				
53	8101	财政拨款结转	3301	财政补助结转（余）
54	8102	财政拨款结余		
55	8201	非财政拨款结转	3302	科教项目结转（余）
56	8202	非财政拨款结余	3001	事业基金
57	8301	专用结余	3101	专用基金
58	8001	资金结存（借方）	3301	财政补助结转（余）
			3302	科教项目结转（余）
			3001	事业基金
			3101	专用基金

财政部关于印发基层医疗卫生机构执行 《政府会计制度——行政事业单位会计科目和报表》的 补充规定和衔接规定的通知

2018 年 8 月 31 日　财会〔2018〕25 号

卫生健康委，各省、自治区、直辖市、计划单列市财政厅（局），新疆生产建设兵团财政局，有关单位：

《政府会计制度——行政事业单位会计科目和报表》（财会〔2017〕25 号）自 2019 年 1 月 1 日起施行。为了确保新制度在基层医疗卫生机构的有效贯彻实施，我部制定了《关于基层医疗卫生机构执行〈政府会计制度——行政事业单位会计科目和报表〉的补充规定》和《关于基层医疗卫生机构执行〈政府会计制度——行政事业单位会计科目和报表〉的衔接规定》，现印发给你们，请遵照执行。

执行中有何问题，请及时反馈我部。

附件：1. 关于基层医疗卫生机构执行《政府会计制度——行政事业单位会计科目和报表》的补充规定

2. 关于基层医疗卫生机构执行《政府会计制度——行政事业单位会计科目和报表》的衔接规定

附件 1：

关于基层医疗卫生机构执行《政府会计制度——行政事业 单位会计科目和报表》的补充规定

根据《政府会计准则——基本准则》，结合行业实际情况，现就基层医疗卫生机构①执行《政府会计制

---

① 本规定所指基层医疗卫生机构包括中华人民共和国境内各级各类独立核算的城市社区卫生服务中心（站）、乡镇卫生院等基层医疗卫生机构。

度——行政事业单位会计科目和报表》（以下简称新制度）做出如下补充规定：

一、关于新增一级科目及其使用说明

（一）基层医疗卫生机构应当增设"2308 待结算医疗款"一级科目。

（二）关于增设科目的使用说明

2308 待结算医疗款

一、本科目核算按"收支两条线"管理的基层医疗卫生机构的待结算医疗收费。

按"收支两条线"管理的基层医疗卫生机构应当在为病人提供医疗服务（包括发出药品，下同）并收讫价款或取得收款权利时，按照规定的医疗服务项目收费标准计算确定收费金额并确认待结算医疗款。给予病人或其他付费方的折扣金额不计入待结算医疗款。

基层医疗卫生机构同医疗保险机构等结算时，因基层医疗卫生机构按照医疗服务项目收费标准计算确定的应收医疗款金额与医疗保险机构等实际支付金额之间的差额应当调整待结算医疗款。

二、基层医疗卫生机构应当在本科目下设置如下明细科目，并按照医疗服务类型进行明细核算。

1. "230801 门急诊收费"科目，核算基层医疗卫生机构为门急诊病人提供医疗服务所确认的待结算医疗收费。

基层医疗卫生机构应当在"230801 门急诊收费"科目下设置"23080101 挂号收费"、"23080102 诊察收费"、"23080103 检查收费"、"23080104 化验收费"、"23080105 治疗收费"、"23080106 手术收费"、"23080107 卫生材料收费"、"23080108 药品收费"、"23080109 一般诊疗费收费"、"23080110 其他门急诊收费"和"23080111 门急诊结算差额"明细科目。

基层医疗卫生机构应当在"23080108 药品收费"科目下设置"2308010801 西药收费"、"2308010802 中成药收费"和"2308010803 中药饮片收费"明细科目；在"2308010801 西药收费"科目下设置"230801080101 西药"、"230801080102 疫苗"明细科目。

2. "230802 住院收费"科目，核算基层医疗卫生机构为住院病人提供医疗服务所确认的待结算医疗收费。

基层医疗卫生机构应当在"230802 住院收费"科目下设置"23080201 床位收费"、"23080202 诊察收费"、"23080203 检查收费"、"23080204 化验收费"、"23080205 治疗收费"、"23080206 手术收费"、"23080207 护理收费"、"23080208 卫生材料收费"、"23080209 药品收费"、"23080210 一般诊疗费收费"、"23080211 其他住院收费"和"23080212 住院结算差额"明细科目。

基层医疗卫生机构应当在"23080209 药品收费"科目下设置"2308020901 西药收费"、"2308020902 中成药收费"和"2308020903 中药饮片收费"明细科目；在"2308020901 西药收费"科目下应当设置"230802090101 西药"、"230802090102 疫苗"明细科目。

执行医事服务费的基层医疗卫生机构应当分别在"待结算医疗款——门急诊收费——诊察收费"和"待结算医疗款——住院收费——诊察收费"科目中核算医事服务费。执行药事服务费的基层医疗卫生机构应当分别在"待结算医疗款——门急诊收费——其他门急诊收费"和"待结算医疗款——住院收费——其他住院收费"科目中核算药事服务费。

基层医疗卫生机构有打包性质收费的，应当按照医疗服务项目类别对收费进行拆分，分别计入本科目的相应明细科目。

三、待结算医疗款的主要账务处理如下：

（一）基层医疗卫生机构与门急诊病人结算医疗款时，对于应向门急诊病人收取的部分，按照门急诊病人实际支付或应付未付的医疗款金额，借记"库存现金"、"银行存款"、"应收账款——应收医疗款——门急诊病人欠费"等科目，对于应由医疗保险机构等负担的部分，按照依有关规定计算确定的应收医保款金额，借记"应收账款——应收医疗款——应收医保款"科目，按照依有关规定计算确定的门急诊病人医疗款金额，贷记本科目（门急诊收费）。

（二）病人住院期间，基层医疗卫生机构因提供医疗服务确认待结算医疗款时，按照依有关规定计算确定的住院病人医疗款金额，借记"应收账款——应收在院病人医疗款"科目，贷记本科目（住院收费）。

（三）基层医疗卫生机构与住院病人结算医疗款时，住院病人应付医疗款金额大于其预交金额的，按照预收住院病人医疗款金额，借记"预收账款——预收医疗款——住院预收款"科目，按照病人实际补付或应付未付金额，借记"库存现金"、"银行存款"、"应收账款——应收医疗款——出院病人欠费"等科目，按照依有关规定计算的应由医疗保险机构等负担的医疗保险金额，借记"应收账款——应收医疗款——应收医保款"科目，按照已经确认的应收在院病人医疗款金额，贷记"应收账款——应收在院病人医疗款"科目。

住院病人应付医疗款金额小于其预交金额的，按照预收住院病人医疗款金额，借记"预收账款——预收医疗款——住院预收款"科目，按照依有关规定计算的应由医疗保险机构等负担的医疗保险金额，借记"应收账款——应收医疗款——应收医保款"科目，按照退还给住院病人的金额，贷记"库存现金"、"银行存款"等科目，按照已经确认的应收在院病人医疗款金额，贷记"应收账款——应收在院病人医疗款"科目。

（四）基层医疗卫生机构与医疗保险机构等结算时，按照实际收到的金额，借记"银行存款"科目，按照应收医保款的金额，贷记"应收账款——应收医疗款——应收医保款"科目，按照借贷方之间的差额，借记或贷记本科目（门急诊收费——门急诊结算差额）或本科目（住院收费——住院结算差额）。

（五）在期末或规定的上缴时间，基层医疗卫生机构按照依有关规定确定的金额，借记本科目，按照依有关规定确定的上缴同级财政部门的金额，贷记"银行存款"等科目，按照依有关规定确定留用的金额，贷记"事业收入——医疗收入"科目。

四、本科目期末贷方余额，反映基层医疗卫生机构期末待结算医疗款。

二、关于在新制度相关一级科目下设置明细科目

（一）基层医疗卫生机构应当在新制度规定的"1212　应收账款"科目下设置如下明细科目：

1. "121201　应收在院病人医疗款"科目，核算基层医疗卫生机构因提供医疗服务应向在院病人收取的医疗款，应当按照在院病人进行明细核算。

2. "121202　应收医疗款"科目，核算基层医疗卫生机构因提供医疗服务应向医疗保险机构、门急诊病人、出院病人等收取的医疗款，应当按照医疗保险机构、门急诊病人、出院病人等进行明细核算。基层医疗卫生机构应当在本科目下设置如下明细科目：

（1）"12120201　应收医保款"科目，核算基层医疗卫生机构因提供医疗服务而应向医疗保险机构等收取的医疗款。

（2）"12120202　门急诊病人欠费"科目，核算门急诊病人应付未付医疗款。

（3）"12120203　出院病人欠费"科目，核算出院病人应付未付医疗款。

3. "121203　其他应收账款"科目，核算基层医疗卫生机构除应收在院病人医疗款、应收医疗款以外的其他应收账款，如基层医疗卫生机构因提供科研教学等服务、按合同或协议约定应向接受服务单位收取的款项。

（二）基层医疗卫生机构应当在新制度规定的"1219　坏账准备"科目下设置如下明细科目：

1. "121901　应收账款坏账准备"科目，核算未按"收支两条线"管理的基层医疗卫生机构按规定对除应收在院病人医疗款以外的应收账款和其他应收款提取的坏账准备，以及按"收支两条线"管理的基层医疗卫生机构按规定对除应收在院病人医疗款、应收医疗款外的应收账款和其他应收款提取的坏账准备。

2. "121902　其他应收款坏账准备"科目，核算基层医疗卫生机构按规定对其他应收款提取的坏账准备。

（三）基层医疗卫生机构应当在新制度规定的"1302　库存物品"科目下设置"130201　药品"、"130202　卫生材料"、"130203　低值易耗品"和"130204　其他材料"明细科目。

　　基层医疗卫生机构应当在"130201　药品"科目下设置"13020101　西药"、"13020102　中成药"和"13020103　中药饮片"明细科目；在"13020101　西药"科目下设置"1302010101　西药"和"1302010102　疫苗"明细科目。

　　基层医疗卫生机构应当在"130202　卫生材料"科目下设置"13020201　血库材料"、"13020202　医用气体"、"13020203　影像材料"、"13020204　化验材料"和"13020205　其他卫生材料"明细科目。

　　（四）基层医疗卫生机构应当在新制度规定的"2305　预收账款"科目下设置如下明细科目：

　　1. "230501　预收医疗款"科目，核算基层医疗卫生机构预收医疗保险机构等预拨的医疗保险金和预收病人的预交金。基层医疗卫生机构应当在本科目下设置如下明细科目：

　　（1）"23050101　预收医保款"科目，核算基层医疗卫生机构预收医疗保险机构等预拨的医疗保险金。

　　（2）"23050102　门急诊预收款"科目，核算基层医疗卫生机构预收门急诊病人的预交金。

　　（3）"23050103　住院预收款"科目，核算基层医疗卫生机构预收住院病人的预交金。

　　2. "230502　其他预收账款"科目，核算基层医疗卫生机构除预收医疗款以外的其他预收账款，如基层医疗卫生机构因提供科研教学等服务、按合同或协议约定预收接受服务单位的款项。

　　（五）基层医疗卫生机构应当在新制度规定的"3001　累计盈余"科目下设置如下明细科目：

　　1. "300101　医疗盈余"科目，核算基层医疗卫生机构开展医疗活动产生的累计盈余。

　　2. "300102　公共卫生盈余"科目，核算基层医疗卫生机构开展公共卫生活动产生的累计盈余。

　　3. "300103　科教盈余"科目，核算基层医疗卫生机构开展科研教学活动产生的累计盈余。

　　4. "300104　新旧转换盈余"科目，核算基层医疗卫生机构执行新制度前形成的、除新旧转换时转入医疗盈余、公共卫生盈余和科教盈余外的累计盈余。

　　（六）基层医疗卫生机构应当在新制度规定的"3101　专用基金"科目下设置如下明细科目：

　　1. "310101　职工福利基金"科目，核算基层医疗卫生机构根据有关规定、按照财务会计下相关数据计算提取的职工福利基金。

　　2. "310102　医疗风险基金"科目，核算基层医疗卫生机构根据相关规定、按照财务会计下相关数据计算提取并列入费用的医疗风险基金。

　　3. "310103　奖励基金"科目，核算基层医疗卫生机构根据相关规定、按照财务会计下相关数据计算提取的奖励基金。

　　（七）基层医疗卫生机构应当在新制度规定的"3301　本期盈余"科目下设置如下明细科目：

　　1. "330101　医疗盈余"科目，核算基层医疗卫生机构本期医疗活动产生的各项收入、费用相抵后的余额。

　　2. "330102　公共卫生盈余"科目，核算基层医疗卫生机构本期公共卫生活动产生的各项收入、费用相抵后的余额。

　　3. "330103　科教盈余"科目，核算基层医疗卫生机构本期科研教学活动产生的各项收入、费用相抵后的余额。

　　（八）基层医疗卫生机构应当在新制度规定的"3302　本年盈余分配"科目下设置"330201　提取职工福利基金"、"330202　提取奖励基金"、"330203　转入累计盈余"明细科目。

　　年末，基层医疗卫生机构在按照规定提取专用基金后，应当将"本年盈余分配"科目余额转入累计盈余，借记"本年盈余分配——转入累计盈余"科目，贷记"累计盈余——医疗盈余"科目。

　　（九）基层医疗卫生机构应当在新制度规定的"4001　财政拨款收入"科目下设置如下明细科目：

　　1. "400101　财政基本拨款收入"科目，核算基层医疗卫生机构取得的用于基本支出的财政拨款收入。基层医疗卫生机构应当在本科目下设置如下明细科目：

　　（1）"40010101　医疗收入"科目，核算基层医疗卫生机构取得的与医疗活动相关的财政基本拨款收入。

　　（2）"40010102　公共卫生收入"科目，核算基层医疗卫生机构取得的与公共卫生活动相关的财政基本拨款收入。

2. "400102 财政项目拨款收入"科目,核算基层医疗卫生机构取得的用于项目支出的财政拨款收入。基层医疗卫生机构应当在本科目下设置如下明细科目:

(1) "40010201 医疗收入"科目,核算基层医疗卫生机构取得的与医疗活动相关的财政项目拨款收入。

(2) "40010202 公共卫生收入"科目,核算基层医疗卫生机构取得的与公共卫生活动相关的财政项目拨款收入。

(3) "40010203 科教收入"科目,核算基层医疗卫生机构取得的与科研教学活动相关的财政项目拨款收入。

(十) 基层医疗卫生机构应当在新制度规定的 "4101 事业收入"科目下设置如下明细科目:

1. "410101 医疗收入"科目,核算基层医疗卫生机构开展医疗服务活动实现的收入。基层医疗卫生机构应当在本科目下设置如下明细科目:

(1) "41010101 门急诊收入"科目,核算基层医疗卫生机构为门急诊病人提供医疗服务所实现的收入,包括按"收支两条线"管理的基层医疗卫生机构按规定留用的待结算医疗款,以及收到的同级财政部门返还的上缴门急诊收费。

基层医疗卫生机构应当在 "41010101 门急诊收入"科目下设置 "4101010101 挂号收入"、"4101010102 诊察收入"、"4101010103 检查收入"、"4101010104 化验收入"、"4101010105 治疗收入"、"4101010106 手术收入"、"4101010107 卫生材料收入"、"4101010108 药品收入"、"4101010109 一般诊疗费收入"和 "4101010110 其他门急诊收入"明细科目(未按"收支两条线"管理的基层医疗卫生机构还应当设置"4101010111 门急诊结算差额"明细科目)。

基层医疗卫生机构应当在 "41010101008 药品收入"科目下设置 "410101010801 西药"、"410101010802 中成药"和 "410101010803 中药饮片"明细科目;在 "410101010801 西药"科目下设置 "41010101080101 西药"、"41010101080102 疫苗"明细科目。

"4101010111 门急诊结算差额"科目,核算未按"收支两条线"管理的基层医疗卫生机构同医疗保险机构等结算时,因基层医疗卫生机构按照医疗服务项目收费标准计算确定的应收医疗款金额与医疗保险机构等实际支付金额之间的差异而产生的需要调整基层医疗卫生机构医疗收入的差额,但不包括基层医疗卫生机构因违规治疗等管理不善原因被医疗保险机构等拒付的金额。

(2) "41010102 住院收入"科目,核算基层医疗卫生机构为住院病人提供医疗服务所实现的收入,包括按"收支两条线"管理的基层医疗卫生机构按规定留用的待结算医疗款,以及收到的同级财政部门返还的上缴住院收费。

基层医疗卫生机构应当在 "41010102 住院收入"科目下设置 "4101010201 床位收入"、"4101010202 诊察收入"、"4101010203 检查收入"、"4101010204 化验收入"、"4101010205 治疗收入"、"4101010206 手术收入"、"4101010207 护理收入"、"4101010208 卫生材料收入"、"4101010209 药品收入"、"4101010210 一般诊疗费收入"和 "4101010211 其他住院收入"明细科目(未按"收支两条线"管理的基层医疗卫生机构还应当设置 "4101010212 住院结算差额"明细科目)。

基层医疗卫生机构应当在 "4101010209 药品收入"科目下设置 "410101020901 西药"、"410101020902 中成药"和 "410101020903 中药饮片"明细科目;在 "410101020901 西药"科目下设置 "41010102090101 西药"、"41010102090102 疫苗"明细科目。

"4101010212 住院结算差额"科目,核算未按"收支两条线"管理的基层医疗卫生机构同医疗保险机构等结算时,因基层医疗卫生机构按照医疗服务项目收费标准计算确定的应收医疗款金额,与医疗保险机构等实际支付金额之间的差异而产生的需要调整基层医疗卫生机构医疗收入的差额,但不包括基层医疗卫生机构因违规治疗等管理不善原因被医疗保险机构等拒付的金额。

2. "410102 公共卫生收入"科目,核算基层医疗卫生机构开展公共卫生活动实现的收入。

3. "410103 科教收入"科目，核算基层医疗卫生机构开展科研教学活动实现的收入。

基层医疗卫生机构应当在"410103 科教收入"科目下设置"41010301 科研收入"、"41010302 教学收入"明细科目。

基层医疗卫生机构因开展科研教学活动从非同级政府财政部门取得的财政拨款，应当在"事业收入——科教收入——科研收入"和"事业收入——科教收入——教学收入"科目下单设"非同级财政拨款"明细科目进行核算。

（十一）基层医疗卫生机构应当在新制度规定的"4601 非同级财政拨款收入"科目下设置"460101 医疗收入"和"460102 公共卫生收入"明细科目。

（十二）基层医疗卫生机构应当在新制度规定的"5001 业务活动费用"科目下设置"500101 医疗费用"、"500102 公共卫生费用"和"500103 科教费用"明细科目。

1. "500101 医疗费用"科目，核算基层医疗卫生机构开展医疗活动发生的各项费用。基层医疗卫生机构应当在"500101 医疗费用"科目下设置"人员费用"、"药品费"、"专用材料费"、"维修费"、"计提专用基金"、"固定资产折旧"、"无形资产摊销"、"其他医疗费用"等明细科目；在"人员费用"明细科目下设置"工资福利费用"、"对个人和家庭的补助费用"明细科目；在"药品费"明细科目下设置"西药"、"中成药"、"中药饮片"明细科目，在"西药"明细科目下设置"西药"、"疫苗"明细科目；在"专用材料费"明细科目下设置"卫生材料费"、"低值易耗品"、"其他材料费"明细科目，在"卫生材料费"明细科目下设置"血库材料"、"医用气体"、"影像材料"、"化验材料"和"其他卫生材料"明细科目。

2. "500102 公共卫生费用"科目，核算基层医疗卫生机构开展公共卫生活动发生的各项费用。基层医疗卫生机构应当在"500102 公共卫生费用"科目下设置"人员费用"、"药品费"、"专用材料费"、"维修费"、"其他公共卫生费用"等明细科目；在"人员费用"明细科目下设置"工资福利费用"、"对个人和家庭的补助费用"明细科目；在"药品费"明细科目下设置"西药"、"中成药"、"中药饮片"明细科目，在"西药"明细科目下设置"西药"、"疫苗"明细科目；在"专用材料费"明细科目下设置"卫生材料费"、"低值易耗品"、"其他材料费"明细科目，在"卫生材料费"明细科目下设置"血库材料"、"医用气体"、"影像材料"、"化验材料"和"其他卫生材料"明细科目。

3. "500103 科教费用"科目，核算基层医疗卫生机构开展科研教学活动发生的各项费用。基层医疗卫生机构应当在"500103 科教费用"科目下设置"科研费用"、"教学费用"明细科目。

（十三）基层医疗卫生机构应当在新制度规定的"5101 单位管理费用"科目下设置"人员费用"、"商品和服务费用"、"固定资产折旧"、"无形资产摊销"等明细科目；在"人员费用"明细科目下设置"工资福利费用"、"对个人和家庭的补助费用"明细科目。

（十四）基层医疗卫生机构应当在新制度规定的"6101 事业预算收入"科目下设置如下明细科目：

1. "610101 医疗预算收入"科目，核算基层医疗卫生机构开展医疗活动取得的现金流入。

基层医疗卫生机构应当在"610101 医疗预算收入"科目下设置"61010101 门急诊预算收入"、"61010102 住院预算收入"明细科目。

2. "610102 公共卫生预算收入"科目，核算基层医疗卫生机构开展公共卫生活动取得的现金流入。

3. "610103 科教预算收入"科目，核算基层医疗卫生机构开展科研教学活动取得的现金流入。

基层医疗卫生机构应当在"610103 科教预算收入"科目下设置"61010301 科研项目预算收入"、"61010302 教学项目预算收入"明细科目，并单设"非同级财政拨款"明细科目进行核算。

（十五）基层医疗卫生机构应当在新制度规定的"8301 专用结余"科目下设置如下明细科目：

1. "830101 职工福利基金"科目，核算基层医疗卫生机构职工福利基金资金的变动和滚存情况。

2. "830102 奖励基金"科目，核算基层医疗卫生机构奖励基金资金的变动和滚存情况。

基层医疗卫生机构执行新制度新增会计科目的情况详见附表1。

三、关于报表及编制说明

基层医疗卫生机构应当按月度和年度编制财务报表和财政拨款预算收入支出表，至少按年度编制财务报表附注、预算收入支出表和预算结转结余变动表。

基层医疗卫生机构除按照新制度和本规定编制财务报表和预算会计报表外，还应当按照本规定按月度和年度编制待结算医疗款明细表（详见附表3）和医疗及公共卫生收入费用明细表（详见附表5）。

（一）资产负债表

1. 新增项目

基层医疗卫生机构应当在资产负债表中增加以下项目（详见附表2）：

（1）在"应缴财政款"和"应付职工薪酬"项目之间增加"待结算医疗款"项目。

（2）在"累计盈余"项目下增加"其中：医疗盈余"、"公共卫生盈余"、"科教盈余"、"新旧转换盈余"项目。

2. 新增项目的内容和填列方法

（1）"待结算医疗款"项目，反映按"收支两条线"管理的基层医疗卫生机构期末待结算医疗收费。本项目应当根据"待结算医疗款"科目的期末余额填列。

（2）"累计盈余"项目下"医疗盈余"项目，反映基层医疗卫生机构开展医疗活动产生的累计盈余。本项目应当根据"累计盈余——医疗盈余"科目的期末余额填列。

"累计盈余"项目下"公共卫生盈余"项目，反映基层医疗卫生机构开展公共卫生活动产生的累计盈余。本项目应当根据"累计盈余——公共卫生盈余"科目的期末余额填列。

"累计盈余"项目下"科教盈余"项目，反映基层医疗卫生机构开展科研教学活动产生的累计盈余。本项目应当根据"累计盈余——科教盈余"科目的期末余额填列。

"累计盈余"项目下"新旧转换盈余"项目，反映基层医疗卫生机构执行新制度前形成的、除新旧转换时转入医疗盈余、公共卫生盈余和科教盈余外的累计盈余。本项目应当根据"累计盈余——新旧转换盈余"科目的期末余额填列。

（二）待结算医疗款明细表

1. 本表适用于按"收支两条线"管理的基层医疗卫生机构，反映按"收支两条线"管理的基层医疗卫生机构在某一会计期间内的各项医疗收费情况。

2. 本表各项目金额应当根据"待结算医疗款"科目相关明细科目的本期贷方发生额填列；"门急诊结算差额"和"住院结算差额"项目，应当根据"待结算医疗款"科目相关明细科目的本期净发生额填列，净发生额为借方数的，以"－"号填列。

编制月度报表时，本表"本月数"栏反映各项目的本月贷方实际发生数（"门急诊结算差额"、"住院结算差额"项目为本月净发生数，下同），本表"本年累计数"栏反映各项目自年初至报告期期末的累计贷方实际发生数。

编制年度报表时，应当将本表的"本月数"栏改为"本年数"，反映本年度各项目的贷方实际发生数；将本表的"本年累计数"栏改为"上年数"，反映上年度各项目的贷方实际发生数，"上年数"栏应当根据上年年度待结算医疗款明细表中"本年数"栏内所列数字填列。

如果本年度待结算医疗款明细表规定的项目名称和内容同上年度不一致，应当对上年度待结算医疗款明细表项目名称和数字按照本年度的规定进行调整，将调整后的金额填入本年度待结算医疗款明细表的"上年数"栏内。

（三）关于净资产变动表

1. 调整项目

基层医疗卫生机构应当将净资产变动表中"其中：从预算收入中提取"行项目调整为"其中：从财务会计相关收入中提取"，将"从预算结余中提取"行项目调整为"从本期盈余中提取"。

2. 调整项目的内容和填列方法

（1）"从财务会计相关收入中提取"行，反映基层医疗卫生机构本年从财务会计相关收入中提取专用基金对净资产的影响。本行"专用基金"项目应当通过对"专用基金"科目明细账记录的分析，根据本年按有关规定从财务会计相关收入中提取专用基金的金额填列。

（2）"从本期盈余中提取"行，反映基层医疗卫生机构本年根据有关规定从本年度盈余中提取专用基金对净资产的影响。本行"累计盈余"、"专用基金"项目应当通过对"专用基金"科目明细账记录的分析，根据本年按有关规定从本期盈余中提取专用基金的金额填列；本行"累计盈余"项目以"－"号填列。

（四）收入费用表

1. 新增项目

基层医疗卫生机构应当在收入费用表中增加以下项目（详见附表4）：

（1）在"其中：政府性基金收入"项目后增加"其中：财政基本拨款收入"、"财政项目拨款收入"项目，在"其中：财政基本拨款收入"项目下增加"其中：医疗收入"、"公共卫生收入"项目，在"财政项目拨款收入"项目下增加"其中：医疗收入"、"公共卫生收入"、"科教收入"项目。

（2）在"（二）事业收入"项目下增加"其中：医疗收入"、"公共卫生收入"、"科教收入"项目。

（3）在"（六）非同级财政拨款收入"项目下增加"其中：医疗收入"、"公共卫生收入"项目。

（4）在"（一）业务活动费用"项目下增加"其中：医疗费用"、"公共卫生费用"、"科教费用"项目。

（5）在"三、本期盈余"项目下增加"其中：医疗盈余"、"公共卫生盈余"、"科教盈余"项目。

2. 新增项目的内容和填列方法

（1）"财政基本拨款收入"项目，反映基层医疗卫生机构本期取得的财政基本拨款收入。本项目应当根据"财政拨款收入——财政基本拨款收入"科目的本期发生额填列。

"财政基本拨款收入"项目下"医疗收入"项目，反映基层医疗卫生机构本期开展医疗活动取得的财政基本拨款收入。本项目应当根据"财政拨款收入——财政基本拨款收入——医疗收入"科目的本期发生额填列。

"财政基本拨款收入"项目下"公共卫生收入"项目，反映基层医疗卫生机构本期开展公共卫生活动取得的财政基本拨款收入。本项目应当根据"财政拨款收入——财政基本拨款收入——公共卫生收入"科目的本期发生额填列。

"财政项目拨款收入"项目，反映基层医疗卫生机构本期取得的财政项目拨款收入。本项目应当根据"财政拨款收入——财政项目拨款收入"科目的本期发生额填列。

"财政项目拨款收入"项目下"医疗收入"项目，反映基层医疗卫生机构本期开展医疗活动取得的财政项目拨款收入。本项目应当根据"财政拨款收入——财政项目拨款收入——医疗收入"科目的本期发生额填列。

"财政项目拨款收入"项目下"公共卫生收入"项目，反映基层医疗卫生机构本期开展公共卫生活动取得的财政项目拨款收入。本项目应当根据"财政拨款收入——财政项目拨款收入——公共卫生收入"科目的本期发生额填列。

"财政项目拨款收入"项目下"科教收入"项目，反映基层医疗卫生机构本期开展科研教学活动取得的财政项目拨款收入。本项目应当根据"财政拨款收入——财政项目拨款收入——科教收入"科目的本期发生额填列。

（2）"事业收入"项目下"医疗收入"项目，反映基层医疗卫生机构本期开展医疗业务活动实现的收入。本项目应当根据"事业收入——医疗收入"科目的本期发生额填列。

"事业收入"项目下"公共卫生收入"项目，反映基层医疗卫生机构本期开展公共卫生活动实现的收入。本项目应当根据"事业收入——公共卫生收入"科目的本期发生额填列。

"事业收入"项目下"科教收入"项目，反映基层医疗卫生机构本期开展科研教学活动实现的收入。本项目应当根据"事业收入——科教收入"科目的本期发生额填列。

（3）"非同级财政拨款收入"项目下"医疗收入"项目，反映基层医疗卫生机构本期开展医疗业务活动取得的非同级财政拨款收入。本项目应当根据"非同级财政拨款收入——医疗收入"科目的本期发生额填列。

"非同级财政拨款收入"项目下"公共卫生收入"项目，反映基层医疗卫生机构本期开展公共卫生活动取得的非同级财政拨款收入。本项目应当根据"非同级财政拨款收入——公共卫生收入"科目的本期发生额填列。

（4）"业务活动费用"项目下"医疗费用"项目，反映基层医疗卫生机构本期为提供医疗服务所发生的各项费用。本项目应当根据"业务活动费用——医疗费用"科目本期发生额填列。

"业务活动费用"项目下"公共卫生费用"项目，反映基层医疗卫生机构本期为开展公共卫生服务活动所发生的各项费用。本项目应当根据"业务活动费用——公共卫生费用"科目本期发生额填列。

"业务活动费用"项目下"科教费用"项目，反映基层医疗卫生机构本期为开展科研教学活动所发生的各项费用。本项目应当根据"业务活动费用——科教费用"科目本期发生额填列。

（5）"本期盈余"项目下"医疗盈余"项目，反映基层医疗卫生机构本期医疗活动相关收入扣除医疗活动相关费用后的净额。本项目应当根据本表中"财政基本拨款收入"项目下"医疗收入"、"财政项目拨款收入"项目下"医疗收入"、"事业收入"项目下"医疗收入"、"上级补助收入"、"附属单位上缴收入"、"经营收入"、"非同级财政拨款收入"项目下"医疗收入"、"投资收益"、"捐赠收入"、"利息收入"、"租金收入"、"其他收入"项目金额合计数减去"业务活动费用"项目下"医疗费用"、"单位管理费用"、"经营费用"、"资产处置费用"、"上缴上级费用"、"对附属单位补助费用"、"所得税费用"、"其他费用"项目金额合计数后的金额填列；如相减后金额为负数，以"－"号填列。

"本期盈余"项目下"公共卫生盈余"项目，反映基层医疗卫生机构本期公共卫生活动相关收入扣除公共卫生活动相关费用后的净额。本项目应当根据本表中"财政基本拨款收入"项目下"公共卫生收入"、"财政项目拨款收入"项目下"公共卫生收入"、"事业收入"项目下"公共卫生收入"、"非同级财政拨款收入"项目下"公共卫生收入"项目金额合计数减去"业务活动费用"项目下"公共卫生费用"项目金额后的金额填列；如相减后金额为负数，以"－"号填列。

"本期盈余"项目下"科教盈余"项目，反映基层医疗卫生机构本期科研教学活动相关收入扣除科研教学活动相关费用后的净额。本项目应当根据本表中"财政项目拨款收入"项目下"科教收入"、"事业收入"项目下"科教收入"项目金额合计数减去"业务活动费用"项目下"科教费用"项目金额后的金额填列。

（五）医疗及公共卫生收入费用明细表

1. 本表反映基层医疗卫生机构在某一会计期间内发生的医疗和公共卫生活动相关的收入、费用的详细情况。

2. 本表"本月数"栏反映各项目的本月实际发生数。编制年度医疗及公共卫生收入费用明细表时，应当将本栏改为"本年数"，反映本年度各项目的实际发生数。

本表"本年累计数"栏反映各项目自年初至报告期期末的累计实际发生数。编制年度医疗及公共卫生收入费用明细表时，应当将本栏改为"上年数"，反映上年度各项目的实际发生数，"上年数"栏应当根据上年年度医疗及公共卫生收入费用明细表中"本年数"栏内所列数字填列。

如果本年度医疗及公共卫生收入费用明细表规定的项目名称和内容同上年度不一致，应当对上年度医疗及公共卫生收入费用明细表项目名称和数字按照本年度的规定进行调整，将调整后的金额填入本年度医疗及公共卫生收入费用明细表的"上年数"栏内。

如果本年度基层医疗卫生机构发生了因前期差错更正、会计政策变更等调整以前年度盈余的事项，还应当对年度医疗及公共卫生收入费用明细表中"上年数"栏中的有关项目金额进行相应调整。

3. 本表"（一）医疗收入"项目及所属明细项目应当根据"事业收入——医疗收入"科目及相关明细科目的本期发生额填列，"（二）公共卫生收入"项目应当根据"事业收入——公共卫生收入"科目的本期发生额填列。

本表"（一）医疗费用"项目及所属明细项目应当根据"业务活动费用——医疗费用"科目及相关明细科目的本期发生额填列，"（二）公共卫生费用"项目及所属明细项目应当根据"业务活动费用——公共卫生费用"科目及相关明细科目的本期发生额填列。

本表"三、单位管理费用"项目及所属明细项目应当根据"单位管理费用"科目及相关明细科目的本期发生额填列。

（六）关于财务报表附注

1. 基层医疗卫生机构除按新制度规定按照债务人类别披露应收账款信息外，还应当按照应收项目类别披露应收账款信息，具体格式如下：

应收账款类别	期末余额	年初余额
应收在院病人医疗款：		
应收医疗款：		
应收医保款		
门急诊病人欠费		
住院病人欠费		
其他应收账款		
合计		

2. 基层医疗卫生机构应当按照存货种类披露存货信息，具体披露格式如下：

存货种类	期末余额	年初余额
药品		
西药		
其中：疫苗		
中成药		
中药饮片		
卫生材料		
血库材料		
医用气体		
影像材料		
化验材料		
其他卫生材料		
低值易耗品		
其他材料		
合计		

四、关于坏账准备的计提范围

未按"收支两条线"管理的基层医疗卫生机构应当对除应收在院病人医疗款以外的应收账款和其他应收款提取坏账准备。

按"收支两条线"管理的基层医疗卫生机构应当对除应收在院病人医疗款、应收医疗款外的应收账款和其他应收款提取坏账准备。

五、关于运杂费的会计处理

基层医疗卫生机构为取得库存物品单独发生的运杂费等，能够直接计入业务成本的，计入业务活动费用，借记"业务活动费用"科目，贷记"库存现金"、"银行存款"等科目；不能直接计入业务成本的，计入单位管理费用，借记"单位管理费用"科目，贷记"库存现金"、"银行存款"等科目。

六、关于固定资产折旧年限

通常情况下，基层医疗卫生机构应当按照本规定附表6确定应计提折旧的固定资产的折旧年限。

七、关于本期盈余结转的账务处理

期末，基层医疗卫生机构应当将财政基本拨款收入和财政项目拨款收入中的医疗收入、事业收入中的医疗收入、上级补助收入、附属单位上缴收入、经营收入、非同级财政拨款收入中的医疗收入、投资收益、捐赠收入、利息收入、租金收入、其他收入的本期发生额转入本期盈余，借记"财政拨款收入——财政基本拨款收入——医疗收入"、"财政拨款收入——财政项目拨款收入——医疗收入"、"事业收入——医疗收入"、"上级补助收入"、"附属单位上缴收入"、"经营收入"、"非同级财政拨款收入——医疗收入"、"投资收益"、"捐赠收入"、"利息收入"、"租金收入"、"其他收入"科目，贷记"本期盈余——医疗盈余"科目；将业务活动费用中的医疗费用、单位管理费用、经营费用、资产处置费用、上缴上级费用、对附属单位补助费用、所得税费用、其他费用的本期发生额转入本期盈余，借记"本期盈余——医疗盈余"科目，贷记"业务活动费用——医疗费用"、"单位管理费用"、"经营费用"、"资产处置费用"、"上缴上级费用"、"对附属单位补助费用"、"所得税费用"、"其他费用"科目。

期末，基层医疗卫生机构应当将财政基本拨款收入和财政项目拨款收入中的公共卫生收入、事业收入中的公共卫生收入、非同级财政拨款收入中的公共卫生收入的本期发生额转入本期盈余，借记"财政拨款收入——财政基本拨款收入——公共卫生收入"、"财政拨款收入——财政项目拨款收入——公共卫生收入"、"非同级财政拨款收入——公共卫生收入"科目，贷记"本期盈余——公共卫生盈余"科目；将业务活动费用中的公共卫生费用的本期发生额转入本期盈余，借记"本期盈余——公共卫生盈余"科目，贷记"业务活动费用——公共卫生费用"科目。

期末，基层医疗卫生机构应当将财政项目拨款收入中的科教收入、事业收入中的科教收入的本期发生额转入本期盈余，借记"财政拨款收入——财政项目拨款收入——科教收入"、"事业收入——科教收入"科目，贷记"本期盈余——科教盈余"科目；将业务活动费用中的科教经费的本期发生额转入本期盈余，借记"本期盈余——科教盈余"科目，贷记"业务活动费用——科教费用"科目。

年末，完成上述结转后，"本期盈余——医疗盈余"科目为贷方余额的，基层医疗卫生机构应当将"本期盈余——医疗盈余"科目余额转入"本年盈余分配"科目，借记"本期盈余——医疗盈余"科目，贷记"本年盈余分配"科目；"本期盈余——医疗盈余"科目为借方余额的，基层医疗卫生机构应当将"本期盈余——医疗盈余"科目余额转入累计盈余对应明细科目，借记"累计盈余——医疗盈余"科目，贷记"本期盈余——医疗盈余"科目。基层医疗卫生机构应当将"本期盈余——公共卫生盈余"、"本期盈余——科教盈余"科目余额转入累计盈余对应明细科目，借记或贷记"本期盈余——公共卫生盈余"、"本期盈余——科教盈余"科目，贷记或借记"累计盈余——公共卫生盈余"、"累计盈余——科教盈余"科目。

八、关于本年盈余分配的账务处理

年末，基层医疗卫生机构在按照规定提取专用基金后，应当将"本年盈余分配"科目余额转入累计盈余，借记"本年盈余分配——转入累计盈余"科目，贷记"累计盈余——医疗盈余"科目。

九、关于弥补医疗亏损的账务处理

年末，基层医疗卫生机构"累计盈余——医疗盈余"科目为借方余额的，基层医疗卫生机构应当按照有关规定确定的用于弥补医疗亏损的金额，借记"累计盈余——新旧转换盈余"科目，贷记"累计盈余——医疗盈余"科目。

十、关于事业收入（医疗收入）的确认和计量

未按"收支两条线"管理的基层医疗卫生机构应当在提供医疗服务并收讫价款或取得收款权利时，按照规定的医疗服务项目收费标准计算确定的金额确认事业收入（医疗收入）。基层医疗卫生机构给予病人或其他付费方折扣的，按照折扣后的实际金额确认事业收入（医疗收入）。基层医疗卫生机构同医疗保险机构等结算时，因基层医疗卫生机构按照医疗服务项目收费标准计算确定的应收医疗款金额与医疗保险机构等实际支付金额之间的差额（不包括基层医疗卫生机构因违规治疗等管理不善原因被医疗保险机构等拒付的金额）应当调整事业收入（医疗收入）。基层医疗卫生机构因违规治疗等管理不善原因被医疗保险机构等拒付的金额，应当冲减坏账准备。

按"收支两条线"管理的基层医疗卫生机构应当在收到财政返还的医疗款时，按照实际返还医疗款的金额确认事业收入（医疗收入）。基层医疗卫生机构按规定留用待结算医疗款时，应当按照批准留用的医疗款金额确认事业收入（医疗收入）。

十一、关于医事服务费和药事服务费的会计处理

未按"收支两条线"管理、执行医事服务费的基层医疗卫生机构应当通过"事业收入——医疗收入——门急诊收入——诊察收入"和"事业收入——医疗收入——住院收入——诊察收入"科目核算医事服务收入。基层医疗卫生机构在实现医事服务收入时，应当借记"库存现金"、"银行存款"、"应收账款"等科目，属于门急诊收入的，贷记"事业收入——医疗收入——门急诊收入——诊察收入"科目，属于住院收入的，贷记"事业收入——医疗收入——住院收入——诊察收入"科目。

未按"收支两条线"管理的、执行药事服务费的基层医疗卫生机构应当通过"事业收入——医疗收入——门急诊收入——其他门急诊收入"和"事业收入——医疗收入——住院收入——其他住院收入"科目核算药事服务收入。基层医疗卫生机构在实现药事服务收入时，应当借记"库存现金"、"银行存款"、"应收账款"等科目，属于门急诊收入的，贷记"事业收入——医疗收入——门急诊收入——其他门急诊收入"科目，属于住院收入的，贷记"事业收入——医疗收入——住院收入——其他住院收入"科目。

按"收支两条线"管理的基层医疗卫生机构关于医事服务费、药事服务费的会计处理，参见本规定关于"2308　待结算医疗款"科目的说明。

十二、关于未按"收支两条线"管理的基层医疗卫生机构与医疗保险机构等结算医疗款的账务处理

未按"收支两条线"管理的基层医疗卫生机构同医疗保险机构等结算医疗款时，应当按照实际收到的金额，借记"银行存款"科目，按照基层医疗卫生机构因违规治疗等管理不善原因被医疗保险机构等拒付的金额，借记"坏账准备"科目，按照应收医疗保险机构等的金额，贷记"应收账款——应收医疗款——应收医保款"科目，按照借贷方之间的差额，借记或贷记"事业收入——医疗收入——门急诊收入——门急诊结算差额"或"事业收入——医疗收入——住院收入——住院结算差额"科目。

基层医疗卫生机构预收医疗保险机构等医保款的，在同医疗保险机构等结算医疗款时，还应冲减相关的预收医保款。

十三、关于按合同完成进度确认科教收入

基层医疗卫生机构以合同完成进度确认科教收入时，应当根据业务实质，选择累计实际发生的合同成

本占合同预计总成本的比例、已经完成的合同工作量占合同预计总工作量的比例、已经完成的时间占合同期限的比例、实际测定的完工进度等方法，合理确定合同完成进度。

十四、生效日期

本规定自 2019 年 1 月 1 日起施行。

附表 1：

基层医疗卫生机构执行新制度新增会计科目表

科目编码	科目名称	备注
1212	应收账款	
121201	应收账款\应收在院病人医疗款	
121202	应收账款\应收医疗款	
12120201	应收账款\应收医疗款\应收医保款	
12120202	应收账款\应收医疗款\门急诊病人欠费	
12120203	应收账款\应收医疗款\出院病人欠费	
121203	应收账款\其他应收账款	
1219	坏账准备	
121901	坏账准备\应收账款坏账准备	
121902	坏账准备\其他应收款坏账准备	
1302	库存物品	
130201	库存物品\药品	
13020101	库存物品\药品\西药	
1302010101	库存物品\药品\西药\西药	
1302010102	库存物品\药品\西药\疫苗	
13020102	库存物品\药品\中成药	
13020103	库存物品\药品\中药饮片	
130202	库存物品\卫生材料	
13020201	库存物品\卫生材料\血库材料	
13020202	库存物品\卫生材料\医用气体	
13020203	库存物品\卫生材料\影像材料	
13020204	库存物品\卫生材料\化验材料	
13020205	库存物品\卫生材料\其他卫生材料	
130203	库存物品\低值易耗品	
130204	库存物品\其他材料	
2305	预收账款	
230501	预收账款\预收医疗款	
23050101	预收账款\预收医疗款\预收医保款	
23050102	预收账款\预收医疗款\门急诊预收款	
23050103	预收账款\预收医疗款\住院预收款	

续表

科目编码	科目名称	备注
230502	预收账款\其他预收账款	
2308	待结算医疗款	
230801	待结算医疗款\门急诊收费	
23080101	待结算医疗款\门急诊收费\挂号收费	
23080102	待结算医疗款\门急诊收费\诊察收费	核算医事服务收费
23080103	待结算医疗款\门急诊收费\检查收费	
23080104	待结算医疗款\门急诊收费\化验收费	
23080105	待结算医疗款\门急诊收费\治疗收费	
23080106	待结算医疗款\门急诊收费\手术收费	
23080107	待结算医疗款\门急诊收费\卫生材料收费	
23080108	待结算医疗款\门急诊收费\药品收费	
2308010801	待结算医疗款\门急诊收费\药品收费\西药收费	
230801080101	待结算医疗款\门急诊收费\药品收费\西药收费\西药	
230801080102	待结算医疗款\门急诊收费\药品收费\西药收费\疫苗	
2308010802	待结算医疗款\门急诊收费\药品收费\中成药收费	
2308010803	待结算医疗款\门急诊收费\药品收费\中药饮片收费	
23080109	待结算医疗款\门急诊收费\一般诊疗费收费	
23080110	待结算医疗款\门急诊收费\其他门急诊收费	核算药事服务收费
23080111	待结算医疗款\门急诊收费\门急诊结算差额	
230802	待结算医疗款\住院收费	
23080201	待结算医疗款\住院收费\床位收费	
23080202	待结算医疗款\住院收费\诊察收费	核算医事服务收费
23080203	待结算医疗款\住院收费\检查收费	
23080204	待结算医疗款\住院收费\化验收费	
23080205	待结算医疗款\住院收费\治疗收费	
23080206	待结算医疗款\住院收费\手术收费	
23080207	待结算医疗款\住院收费\护理收费	
23080208	待结算医疗款\住院收费\卫生材料收费	
23080209	待结算医疗款\住院收费\药品收费	
2308020901	待结算医疗款\住院收费\药品收费\西药收费	
230802090101	待结算医疗款\门急诊收费\药品收费\西药收费\西药	
230802090102	待结算医疗款\门急诊收费\药品收费\西药收费\疫苗	
2308020902	待结算医疗款\住院收费\药品收费\中成药收费	
2308020903	待结算医疗款\住院收费\药品收费\中药饮片收费	
23080210	待结算医疗款\住院收费\一般诊疗费收费	
23080211	待结算医疗款\住院收费\其他住院收费	核算药事服务收费
23080212	待结算医疗款\住院收费\住院结算差额	
3001	累计盈余	

续表

科目编码	科目名称	备注
300101	累计盈余\医疗盈余	
300102	累计盈余\公共卫生盈余	
300103	累计盈余\科教盈余	
300104	累计盈余\新旧转换盈余	
3101	专用基金	
310101	专用基金\职工福利基金	
310102	专用基金\医疗风险基金	
310103	专用基金\奖励基金	
3301	本期盈余	
330101	本期盈余\医疗盈余	
330102	本期盈余\公共卫生盈余	
330103	本期盈余\科教盈余	
3302	本年盈余分配	
330201	本年盈余分配\提取职工福利基金	
330202	本年盈余分配\提取奖励基金	
330203	本年盈余分配\转入累计盈余	
4001	财政拨款收入	
400101	财政拨款收入\财政基本拨款收入	
40010101	财政拨款收入\财政基本拨款收入\医疗收入	
40010102	财政拨款收入\财政基本拨款收入\公共卫生收入	
400102	财政拨款收入\财政项目拨款收入	
40010201	财政拨款收入\财政项目拨款收入\医疗收入	
40010202	财政拨款收入\财政项目拨款收入\公共卫生收入	
40010203	财政拨款收入\财政项目拨款收入\科教收入	
4101	事业收入	对"非同级财政拨款"进行明细核算
410101	事业收入\医疗收入	
41010101	事业收入\医疗收入\门急诊收入	
4101010101	事业收入\医疗收入\门急诊收入\挂号收入	
4101010102	事业收入\医疗收入\门急诊收入\诊察收入	核算医事服务收入
4101010103	事业收入\医疗收入\门急诊收入\检查收入	
4101010104	事业收入\医疗收入\门急诊收入\化验收入	
4101010105	事业收入\医疗收入\门急诊收入\治疗收入	
4101010106	事业收入\医疗收入\门急诊收入\手术收入	
4101010107	事业收入\医疗收入\门急诊收入\卫生材料收入	
4101010108	事业收入\医疗收入\门急诊收入\药品收入	
410101010801	事业收入\医疗收入\门急诊收入\药品收入\西药	
41010101080101	事业收入\医疗收入\门急诊收入\药品收入\西药\西药	
41010101080102	事业收入\医疗收入\门急诊收入\药品收入\西药\疫苗	

续表

科目编码	科目名称	备注
410101010802	事业收入\医疗收入\门急诊收入\药品收入\中成药	
410101010803	事业收入\医疗收入\门急诊收入\药品收入\中药饮片	
4101010109	事业收入\医疗收入\门急诊收入\一般诊疗费收入	
4101010110	事业收入\医疗收入\门急诊收入\其他门急诊收入	核算药事服务收入
4101010111	事业收入\医疗收入\门急诊收入\门急诊结算差额	
41010102	事业收入\医疗收入\住院收入	
4101010201	事业收入\医疗收入\住院收入\床位收入	
4101010202	事业收入\医疗收入\住院收入\诊察收入	核算医事服务收入
4101010203	事业收入\医疗收入\住院收入\检查收入	
4101010204	事业收入\医疗收入\住院收入\化验收入	
4101010205	事业收入\医疗收入\住院收入\治疗收入	
4101010206	事业收入\医疗收入\住院收入\手术收入	
4101010207	事业收入\医疗收入\住院收入\护理收入	
4101010208	事业收入\医疗收入\住院收入\卫生材料收入	
4101010209	事业收入\医疗收入\住院收入\药品收入	
41010102090	事业收入\医疗收入\住院收入\药品收入\西药	
4101010209010	事业收入\医疗收入\门急诊收入\药品收入\西药\西药	
4101010209010	事业收入\医疗收入\门急诊收入\药品收入\西药\疫苗	
41010102090	事业收入\医疗收入\住院收入\药品收入\中成药	
41010102090	事业收入\医疗收入\住院收入\药品收入\中药饮片	
4101010210	事业收入\医疗收入\住院收入\一般诊疗费收入	
4101010211	事业收入\医疗收入\住院收入\其他住院收入	核算药事服务收入
4101010212	事业收入\医疗收入\住院收入\住院结算差额	
410102	事业收入\公共卫生收入	
410103	事业收入\科教收入	
41010301	事业收入\科教收入\科研收入	
41010302	事业收入\科教收入\教学收入	
4601	非同级财政拨款收入	
460101	非同级财政拨款收入\医疗收入	
460102	非同级财政拨款收入\公共卫生收入	
5001	业务活动费用	
500101	业务活动费用\医疗费用	按照"人员费用"、"药品费"、"专用材料费"、"维修费"、"计提专用基金"、"固定资产折旧"、"无形资产摊销"、"其他医疗费用"等进行明细核算
500102	业务活动费用\公共卫生费用	按照"人员费用"、"药品费"、"专用材料费"、"维修费"、"其他公共卫生费用"等进行明细核算
500103	业务活动费用\科教费用	按照"科研费用"、"教学费用"等进行明细核算

续表

科目编码	科目名称	备注
5101	单位管理费用	按照"人员费用"、"商品和服务费用"、"固定资产折旧"、"无形资产摊销"等进行明细核算
6101	事业预算收入	对"非同级财政拨款"进行明细核算
610101	事业预算收入\医疗预算收入	
61010101	事业预算收入\医疗预算收入\门急诊预算收入	
61010102	事业预算收入\医疗预算收入\住院预算收入	
610102	事业预算收入\公共卫生预算收入	
610103	事业预算收入\科教预算收入	
61010301	事业预算收入\科教预算收入\科研项目预算收入	
61010302	事业预算收入\科教预算收入\教学项目预算收入	
8301	专用结余	
830101	专用结余\职工福利基金	
830102	专用结余\奖励基金	

附表 2：

资产负债表

会政财 01 表

编制单位：_____   ____年___月___日   单位：元

资产	期末余额	年初余额	负债和净资产	期末余额	年初余额
流动资产：			流动负债：		
货币资金			短期借款		
短期投资			应交增值税		
财政应返还额度			其他应交税费		
应收票据			应缴财政款		
应收账款净额			待结算医疗款		
预付账款			应付职工薪酬		
应收股利			应付票据		
应收利息			应付账款		
其他应收款净额			应付政府补贴款		
存货			应付利息		
待摊费用			预收账款		
一年内到期的非流动资产			其他应付款		
其他流动资产			预提费用		
流动资产合计			一年内到期的非流动负债		
非流动资产：			其他流动负债		
长期股权投资			流动负债合计		
长期债券投资			非流动负债：		

资产	期末余额	年初余额	负债和净资产	期末余额	年初余额
固定资产原值			长期借款		
减：固定资产累计折旧			长期应付款		
固定资产净值			预计负债		
工程物资			其他非流动负债		
在建工程			非流动负债合计		
无形资产原值			受托代理负债		
减：无形资产累计摊销			负债合计		
无形资产净值					
研发支出					
公共基础设施原值					
减：公共基础设施累计折旧（摊销）					
公共基础设施净值			净资产：		
政府储备物资			累计盈余		
文物文化资产			其中：医疗盈余		
保障性住房			公共卫生盈余		
减：保障性住房累计折旧			科教盈余		
保障性住房净值			新旧转换盈余		
长期待摊费用			专用基金		
待处理财产损溢			权益法调整		
其他非流动资产			无偿调拨净资产 *		
非流动资产合计			本期盈余 *		
受托代理资产			净资产合计		
资产总计			负债和净资产总计		

注："＊"标识项目为月报项目，年报中不需列示。

附表3：

待结算医疗款明细表

会政财 01 表附表 01

编制单位：_____ _____年___月 单位：元

项目	本月数	本年累计数
待结算医疗款		
（一）门急诊收费		
挂号收费		
诊察收费		
其中：医事服务费		
检查收费		
化验收费		
治疗收费		

续表

项目	本月数	本年累计数
手术收费		
卫生材料收费		
药品收费		
其中：西药收费		
其中：疫苗		
中成药收费		
中药饮片收费		
一般诊疗费收费		
其他门急诊收费		
其中：药事服务费		
门急诊结算差额		
（二）住院收费		
床位收费		
诊察收费		
其中：医事服务费		
检查收费		
化验收费		
治疗收费		
手术收费		
护理收费		
卫生材料收费		
药品收费		
其中：西药收费		
其中：疫苗		
中成药收费		
中药饮片收费		
一般诊疗费收费		
其他住院收费		
其中：药事服务费		
住院结算差额		

附表4：

收入费用表

会政财 02 表

编制单位：_____　　　　　　　　____年___月　　　　　　　　单位：元

项目	本月数	本年累计数
一、本期收入		
（一）财政拨款收入		
其中：政府性基金收入		
其中：财政基本拨款收入		

项目	本月数	本年累计数
其中：医疗收入		
公共卫生收入		
财政项目拨款收入		
其中：医疗收入		
公共卫生收入		
科教收入		
（二）事业收入		
其中：医疗收入		
公共卫生收入		
科教收入		
（三）上级补助收入		
（四）附属单位上缴收入		
（五）经营收入		
（六）非同级财政拨款收入		
其中：医疗收入		
公共卫生收入		
（七）投资收益		
（八）捐赠收入		
（九）利息收入		
（十）租金收入		
（十一）其他收入		
二、本期费用		
（一）业务活动费用		
其中：医疗费用		
公共卫生费用		
科教费用		
（二）单位管理费用		
（三）经营费用		
（四）资产处置费用		
（五）上缴上级费用		
（六）对附属单位补助费用		
（七）所得税费用		
（八）其他费用		
三、本期盈余		
其中：医疗盈余		
公共卫生盈余		
科教盈余		

附表 5：

医疗及公共卫生收入费用明细表

会政财 02 表附表 01

编制单位：_____   ____年___月   单位：元

项目	本月数	本年累计数
一、医疗及公共卫生收入		
（一）医疗收入		
1. 门急诊收入		
挂号收入		
诊察收入		
其中：医事服务收入		
检查收入		
化验收入		
治疗收入		
手术收入		
卫生材料收入		
药品收入		
其中：西药		
其中：疫苗		
中成药		
中药饮片		
一般诊疗费收入		
其他门急诊收入		
其中：药事服务收入		
门急诊结算差额		
2. 住院收入		
床位收入		
诊察收入		
其中：医事服务收入		
检查收入		
化验收入		
治疗收入		
手术收入		
护理收入		
卫生材料收入		
药品收入		
其中：西药		
其中：疫苗		
中成药		

项目	本月数	本年累计数
中药饮片		
一般诊疗费收入		
其他住院收入		
其中：药事服务收入		
住院结算差额		
（二）公共卫生收入		
二、医疗及公共卫生费用		
（一）医疗费用		
人员费用		
工资福利费用		
对个人和家庭的补助费用		
药品费		
西药		
其中：疫苗		
中成药		
中药饮片		
专用材料费		
卫生材料费		
血库材料		
医用气体		
影像材料		
化验材料		
其他卫生材料		
低值易耗品		
其他材料费		
维修费		
计提专用基金		
其中：计提医疗风险基金		
固定资产折旧		
无形资产摊销		
其他医疗费用		
（二）公共卫生费用		
人员费用		
工资福利费用		
对个人和家庭的补助费用		
药品费		
西药		
其中：疫苗		

续表

项目	本月数	本年累计数
中成药		
中药饮片		
专用材料费		
卫生材料费		
血库材料		
医用气体		
影像材料		
化验材料		
其他卫生材料		
低值易耗品		
其他材料费		
维修费		
其他公共卫生费用		
三、单位管理费用		
人员费用		
工资福利费用		
对个人和家庭的补助费用		
商品和服务费用		
固定资产折旧		
无形资产摊销		

附表 6：

基层医疗卫生机构固定资产折旧年限表

固定资产类别	折旧年限（年）	固定资产类别	折旧年限（年）
一、房屋及构筑物		医用电子仪器	5～10
业务及管理用房		医用超声仪器	6～10
钢结构	50	医用高频仪器设备	5～10
钢筋混凝土结构	50	物理治疗及体疗设备	5～10
砖混结构	30	高压氧舱	6～10
砖木结构	30	中医仪器设备	5～10
简易房	8	医用磁共振设备	6～10
房屋附属设施	8	医用 X 线设备	6～10
构筑物	8	高能射线设备	8～10
二、通用设备		医用核素设备	6～10
计算机设备	6	临床检验分析仪器	5～10
通信设备	5	体外循环设备	5～10
办公设备	6	手术急救设备	5～10

固定资产类别	折旧年限（年）	固定资产类别	折旧年限（年）
车辆	10	口腔设备	6~10
图书档案设备	5	病房护理设备	5~10
机械设备	10	消毒设备	6~10
电气设备	5	其他	5~10
雷达、无线电和卫星导航设备	10	光学仪器及窥镜	6~10
广播、电视、电影设备	5	激光仪器设备	5~10
仪器仪表	5	四、家具、用具及装具	
电子和通信测量设备	5	家具	15
计量标准器具及量具、衡器	5	用具、装具	5
三、专用设备			

附件2：

关于基层医疗卫生机构执行《政府会计制度——行政事业单位会计科目和报表》的衔接规定

我部于2017年10月24日印发了《政府会计制度——行政事业单位会计科目和报表》（财会〔2017〕25号，以下简称新制度）。目前执行《基层医疗卫生机构会计制度》（财会〔2010〕26号，以下简称原制度）的基层医疗卫生机构，自2019年1月1日起执行新制度，不再执行原制度。为了确保新旧会计制度顺利过渡，现对基层医疗卫生机构执行新制度及《关于基层医疗卫生机构执行〈政府会计制度——行政事业单位会计科目和报表〉的补充规定》（以下简称补充规定）的有关衔接问题规定如下：

一、新旧制度衔接总要求

（一）自2019年1月1日起，基层医疗卫生机构应当严格按照新制度及补充规定进行会计核算、编制财务报表和预算会计报表。

（二）基层医疗卫生机构应当按照本规定做好新旧制度衔接的相关工作，主要包括以下几个方面：

1. 根据原账编制2018年12月31日的科目余额表，并按照本规定要求，编制原账的部分科目余额明细表（参见附表1、附表2）。

2. 按照新制度及补充规定设立2019年1月1日的新账。

3. 按照本规定要求，登记新账的财务会计科目余额和预算结余科目余额，包括将原账科目余额转入新账财务会计科目、按照原账科目余额登记新账预算结余科目（基层医疗卫生机构新旧会计制度转账、登记新账科目对照表见附表3），将未入账事项登记新账科目，并对相关新账科目余额进行调整。原账科目是指按照原制度规定设置的会计科目。

4. 按照登记及调整后新账的各会计科目余额，编制2019年1月1日的科目余额表，作为新账各会计科目的期初余额。

5. 根据新账各会计科目期初余额，按照新制度及补充规定编制2019年1月1日资产负债表。

（三）及时调整会计信息系统。基层医疗卫生机构应当按照新制度及补充规定要求对原有会计信息系统进行及时更新和调试，实现数据正确转换，确保新旧账套的有序衔接。

二、财务会计科目的新旧衔接

（一）将 2018 年 12 月 31 日原账会计科目余额转入新账财务会计科目

1. 资产类

（1）"库存现金"、"银行存款"、"其他货币资金"、"财政应返还额度"、"固定资产"、"无形资产"科目

新制度设置了"库存现金"、"银行存款"、"其他货币资金"、"财政应返还额度"、"无形资产"科目，其核算内容与原账的上述相应科目的核算内容基本相同。转账时，基层医疗卫生机构应当将原账的上述科目余额直接转入新账的相应科目。其中，还应当将原账的"库存现金"、"银行存款"科目余额中属于新制度规定受托代理资产的金额转入新账的"库存现金"、"银行存款"科目下"受托代理资产"明细科目。

（2）"应收医疗款"科目

新制度设置了"应收账款"科目，该科目包含了原账的"应收医疗款"科目的核算内容。转账时，基层医疗卫生机构应当将原账的"应收医疗款"科目余额转入新账的"应收账款"科目。

（3）"其他应收款"科目

新制度设置了"其他应收款"科目，该科目的核算内容与原账的"其他应收款"科目的核算内容基本相同。转账时，基层医疗卫生机构应当将原账的"其他应收款"科目余额转入新账的"其他应收款"科目。

新制度设置了"在途物品"科目，基层医疗卫生机构在原账的"其他应收款"科目中核算已经付款或开出商业汇票、尚未收到物资的款项，应当将原账的"其他应收款"科目余额中已经付款或开出商业汇票、尚未收到物资的金额转入新账的"在途物品"科目。

基层医疗卫生机构在原账的"其他应收款"科目中核算了属于新制度规定的预付账款的，应当将原账的"其他应收款"科目余额中属于预付账款的金额转入新账的"预付账款"科目。

基层医疗卫生机构在原账的"其他应收款"科目中核算了尚未按照相关规定完成批准程序的待处理财产损溢的，转账时，应当将原账的"其他应收款"科目余额中属于待处理财产损溢的金额，转入新账的"待处理财产损溢"科目。

（4）"库存物资"科目

新制度设置了"库存物品"、"加工物品"科目，原制度设置了"库存物资"科目。转账时，基层医疗卫生机构应当将原账的"库存物资"科目余额中属于在加工存货的金额，转入新账的"加工物品"科目；将原账的"库存物资"科目余额减去属于在加工存货金额后的差额，转入新账的"库存物品"科目。

基层医疗卫生机构在原账的"库存物资"科目中核算了属于新制度规定的工程物资、受托代理物资（如受托保管的政府储备物资）的，应当将原账的"库存物资"科目余额中属于工程物资、受托代理物资的金额，分别转入新账的"工程物资"、"受托代理资产"科目。

（5）"在建工程"科目

新制度设置了"在建工程"和"预付账款——预付备料款、预付工程款"科目，原制度设置了"在建工程"科目。转账时，基层医疗卫生机构应当将原账的"在建工程"科目余额（基建"并账"后的金额，下同）中属于预付备料款、预付工程款的金额，转入新账"预付账款"科目相关明细科目；将原账的"在建工程"科目余额减去预付备料款、预付工程款金额后的差额，转入新账的"在建工程"科目。

基层医疗卫生机构在原账"在建工程"科目中核算了按照新制度规定应当记入"工程物资"科目内容的，应当将原账"在建工程"科目余额中属于工程物资的金额，转入新账的"工程物资"科目。

（6）"零余额账户用款额度"、"待摊支出"科目

由于原账的"零余额账户用款额度"、"待摊支出"科目年末无余额，无需进行转账处理。

2. 负债类

（1）"借入款"科目

新制度设置了"短期借款"和"长期借款"科目，原制度设置了"借入款"科目。转账时，基层医

疗卫生机构应当将原账的"借入款"科目余额中属于短期借款［期限不超过 1 年（含 1 年）］的金额转入新账的"短期借款"科目；将原账的"借入款"科目余额中属于长期借款［期限超过 1 年（不含 1 年）］的金额转入新账的"长期借款"科目。

（2）"待结算医疗款"科目

补充规定设置了"待结算医疗款"科目，该科目的核算内容与原账的"待结算医疗款"科目核算的内容基本相同。转账时，基层医疗卫生机构应当将原账的"待结算医疗款"科目余额转入新账的"待结算医疗款"科目。

（3）"应缴款项"科目

新制度设置了"应缴财政款"科目，该科目的核算内容与原账的"应缴款项"科目核算的内容基本相同。转账时，基层医疗卫生机构应当将原账的"应缴款项"科目余额转入新账的"应缴财政款"科目。

（4）"应付账款"科目

新制度设置了"应付账款"、"长期应付款"科目，原账设置了"应付账款"科目。转账时，基层医疗卫生机构应当将原账的"应付账款"科目余额中属于应付账款［期限不超过 1 年（含 1 年）］的金额转入新账的"应付账款"科目，将原账的"应付账款"科目余额中属于长期应付款［期限超过 1 年（不含 1 年）］的金额转入新账的"长期应付款"科目。

（5）"预收医疗款"科目

新制度设置了"预收账款"科目，该科目包含了原账的"预收医疗款"科目的核算内容。转账时，基层医疗卫生机构应当将原账的"预收医疗款"科目余额转入新账的"预收账款"科目。

（6）"应付职工薪酬"、"应付社会保障费"科目

新制度设置了"应付职工薪酬"科目，原账设置了"应付职工薪酬"和"应付社会保障费"科目。转账时，基层医疗卫生机构应当将原账的"应付职工薪酬"、"应付社会保障费"科目余额转入新账的"应付职工薪酬"科目。

（7）"应交税费"科目

新制度设置了"应交增值税"和"其他应交税费"科目，原账设置了"应交税费"科目。转账时，基层医疗卫生机构应当将原账的"应交税费"科目余额中属于应交增值税的金额转入新账的"应交增值税"科目，将原账的"应交税费"科目余额减去属于应交增值税金额后的差额转入新账的"其他应交税费"科目。

（8）"其他应付款"科目

新制度设置了"其他应付款"科目，该科目的核算内容与原账的"其他应付款"科目的核算内容基本相同。转账时，基层医疗卫生机构应当将原账的"其他应付款"科目余额，转入新账的"其他应付款"科目。其中，基层医疗卫生机构在原账的"其他应付款"科目中核算了属于新制度规定的长期应付款的，应当将原账的"其他应付款"科目余额中属于长期应付款的金额转入新账的"长期应付款"科目；在原账的"其他应付款"科目中核算了属于新制度规定的应付利息的，应当将原账的"其他应付款"科目余额中属于应付利息的金额转入新账的"应付利息"科目；在原账的"其他应付款"科目中核算了属于新制度规定的受托代理负债的，应当将原账的"其他应付款"科目余额中属于受托代理负债的金额转入新账的"受托代理负债"科目。

3. 净资产类

（1）"固定基金"科目

依据新制度，无需对原制度中"固定基金"科目对应内容进行核算。转账时，基层医疗卫生机构应当将原账的"固定基金"科目余额转入新账的"累计盈余——医疗盈余"科目。

（2）"事业基金"科目

新制度及补充规定设置了"累计盈余"科目及相关明细科目，"累计盈余"科目的核算内容包含了原账"事业基金"科目的核算内容。转账时，基层医疗卫生机构应当将原账的"事业基金"科目余额转入新

账的"累计盈余——新旧转换盈余"科目。

（3）"专用基金"科目

新制度设置了"专用基金"科目，该科目的核算内容与原账"专用基金"科目的核算内容基本相同。转账时，基层医疗卫生机构应当将原账的"专用基金"科目余额转入新账的"专用基金"科目。

（4）"财政补助结转（余）"、"其他限定性用途结转（余）"科目

新制度及补充规定设置了"累计盈余"科目及相关明细科目，"累计盈余"科目的核算内容包含了原账"财政补助结转（余）"和"其他限定性用途结转（余）"科目的核算内容。转账时，基层医疗卫生机构应当对原账的"财政补助结转（余）"、"其他限定性用途结转（余）"科目余额进行分析，将属于公共卫生活动形成结转（余）的余额转入新账的"累计盈余——公共卫生盈余"科目，将属于科教项目形成结转（余）的余额转入新账的"累计盈余——科教盈余"科目，将剩余金额转入新账的"累计盈余——医疗盈余"科目。

（5）"结余分配"科目

新制度设置了"本年盈余分配"科目，该科目的核算内容与原账的"结余分配"科目的核算内容基本相同。新制度规定"本年盈余分配"科目余额最终转入"累计盈余"科目，如果原账的"结余分配"科目有借方余额，转账时，基层医疗卫生机构应当将原账的"结余分配"科目借方余额转入新账的"累计盈余——新旧转换盈余"科目借方。

（6）"本期结余"科目

由于原账的"本期结余"科目年末无余额，无需进行转账处理。

4. 收入类、支出类

由于原账中收入类、支出类科目年末无余额，无需进行转账处理。自 2019 年 1 月 1 日起，基层医疗卫生机构应当按照新制度设置收入类、费用类科目并进行账务处理。

基层医疗卫生机构存在其他本规定未列举的原账科目余额的，应当比照本规定转入新账的相应科目。新账的科目设有明细科目的，应将原账中对应科目的余额加以分析，分别转入新账中相应科目的相关明细科目。

基层医疗卫生机构在进行新旧衔接的转账时，应当编制转账的工作分录，作为转账的工作底稿，并将转入新账的对应原科目余额及分拆原科目余额的依据作为原始凭证。

（二）将原未入账事项登记新账财务会计科目

1. 受托代理资产

医院在新旧制度转换时，应当将 2018 年 12 月 31 日前未入账的受托代理资产按照新制度规定记入新账。登记新账时，按照确定的受托代理资产入账成本，借记"受托代理资产"科目，贷记"受托代理负债"科目。

2. 盘盈资产

基层医疗卫生机构在新旧制度转换时，应当将 2018 年 12 月 31 日前未入账的盘盈资产按照新制度规定记入新账。登记新账时，按照确定的盘盈资产及其成本，分别借记有关资产科目，按照盘盈资产成本的合计金额，贷记"累计盈余——新旧转换盈余"科目。

3. 预计负债

基层医疗卫生机构在新旧制度转换时，应当将 2018 年 12 月 31 日前按照新制度规定确认的预计负债记入新账。登记新账时，按照确定的预计负债金额，借记"累计盈余——新旧转换盈余"科目，贷记"预计负债"科目。

4. 应付质量保证金

基层医疗卫生机构在新旧制度转换时，应当将 2018 年 12 月 31 日前未入账的应付质量保证金按照新制度规定记入新账。登记新账时，按照确定未入账的应付质量保证金金额，借记"累计盈余——新旧转换盈余"科目，贷记"其他应付款"科目［扣留期在 1 年以内（含 1 年）]、"长期应付款"科目［扣留期超过

1 年]。

基层医疗卫生机构存在 2018 年 12 月 31 日前未入账的其他事项的，应当比照本规定登记新账的相应科目。

基层医疗卫生机构对新账的财务会计科目补记未入账事项时，应当编制记账凭证，并将补充登记事项的确认依据作为原始凭证。

（三）对新账的相关财务会计科目余额按照新制度规定的会计核算基础进行调整

1. 计提坏账准备

新制度要求对单位收回后无需上缴财政的应收账款和其他应收款提取坏账准备。在新旧制度转换时，未按"收支两条线"管理的基层医疗卫生机构应当按照 2018 年 12 月 31 日除应收在院病人医疗款以外的应收账款和其他应收款的余额计算应计提的坏账准备金额，借记"累计盈余——新旧转换盈余"科目，贷记"坏账准备"科目；按"收支两条线"管理的基层医疗卫生机构应当按照 2018 年 12 月 31 日除应收在院病人医疗款、应收医疗款外的应收账款和其他应收款的余额计算应计提的坏账准备金额，借记"累计盈余——新旧转换盈余"科目，贷记"坏账准备"科目。

2. 补提折旧

基层医疗卫生机构在原账中尚未计提固定资产折旧的，应当全面核查截至 2018 年 12 月 31 日的固定资产的预计使用年限、已使用年限、尚可使用年限等，并于 2019 年 1 月 1 日对尚未计提折旧的固定资产补提折旧，按照应计提的折旧金额，借记"累计盈余——医疗盈余"科目，贷记"固定资产累计折旧"科目。

3. 补提摊销

基层医疗卫生机构在原账中尚未计提无形资产摊销的，应当全面核查截至 2018 年 12 月 31 日无形资产的预计使用年限、已使用年限、尚可使用年限等，并于 2019 年 1 月 1 日对前期尚未计提摊销的无形资产补提摊销，按照应计提的摊销金额，借记"累计盈余——医疗盈余"科目，贷记"无形资产累计摊销"科目。

4. 确认长期借款期末应付利息

基层医疗卫生机构应当按照新制度规定于 2019 年 1 月 1 日补记长期借款的应付利息金额，对其中资本化的部分，借记"在建工程"科目，对其中费用化的部分，借记"累计盈余——新旧转换盈余"科目，按照全部长期借款应付利息金额，贷记"长期借款"科目［到期一次还本付息］或"应付利息"科目［分期付息、到期还本］。

基层医疗卫生机构对新账的财务会计科目期初余额进行调整时，应当编制记账凭证，并将调整事项的确认依据作为原始凭证。

三、预算会计科目的新旧衔接

（一）"财政拨款结转"和"财政拨款结余"科目及对应的"资金结存"科目余额

新制度设置了"财政拨款结转"、"财政拨款结余"科目及对应的"资金结存"科目。在新旧制度转换时，基层医疗卫生机构应当对原账的"财政补助结转（余）"科目余额中结转资金的金额进行逐项分析，加上各项结转转入的支出中已经计入支出尚未支付财政资金（如发生时列支的应付账款）的金额，减去已经支付财政资金尚未计入支出（如购入的库存物资等）的金额，按照增减后的金额登记新账的"财政拨款结转"科目及其明细科目贷方；按照原账的"财政补助结转（余）"科目余额中结余资金的金额登记新账的"财政拨款结余"科目及其明细科目贷方。

基层医疗卫生机构应当按照原账"财政应返还额度"科目余额登记新账"资金结存——财政应返还额度"科目的借方；按照新账"财政拨款结转"和"财政拨款结余"科目贷方余额合计数减去新账"资金结存——财政应返还额度"科目借方余额后的差额，登记新账"资金结存——货币资金"科目的借方。

（二）"非财政拨款结转"科目及对应的"资金结存"科目余额

新制度设置了"非财政拨款结转"科目及对应的"资金结存"科目。在新旧制度转换时，基层医疗卫生机构应当对原账的"其他限定性用途结转（余）"科目余额中结转资金的金额进行逐项分析，加上各项结转（余）转入的支出中已经计入支出尚未支付非财政补助专项资金（如发生时列支的应付账款）的金额，减去已经支付非财政补助专项资金尚未计入支出（如购入的库存物资等）的金额，按照增减后的金额登记新账的"非财政拨款结转"科目及其明细科目贷方；同时，按照相同的金额登记新账"资金结存——货币资金"科目的借方。

（三）"专用结余"科目及对应的"资金结存"科目余额

新制度设置了"专用结余"科目及对应的"资金结存"科目。在新旧制度转换时，基层医疗卫生机构应当按照原账"专用基金"科目余额中通过非财政补助结余分配形成的金额，借记新账的"资金结存——货币资金"科目，贷记新账的"专用结余"科目。

（四）"非财政拨款结余"科目及对应的"资金结存"科目余额

1. 登记"非财政拨款结余"科目余额

新制度设置了"非财政拨款结余"科目对应的"资金结存"科目。在新旧制度转换时，基层医疗卫生机构应当按照原账"事业基金"科目的余额，借记新账的"资金结存——货币资金"科目，贷记新账的"非财政拨款结余"科目。

基层医疗卫生机构原账"结余分配——待分配结余"有借方科目余额的，应当借记新账的"非财政拨款结余"科目，贷记新账的"资金结存——货币资金"科目。

2. 对新账"非财政拨款结余"科目及"资金结存"科目余额进行调整

（1）调整应收医疗款对非财政拨款结余的影响

基层医疗卫生机构应当按照原账的"应收医疗款"科目余额，借记"非财政拨款结余"科目，贷记"资金结存——货币资金"科目。

（2）调整其他应收款对非财政拨款结余的影响

基层医疗卫生机构按照新制度规定将原账其他应收款中的预付款项计入支出的，应当对原账的"其他应收款"科目余额进行分析，区分其中预付款项的金额（将来很可能列支）和非预付款项的金额，并对预付款项的金额划分为财政补助资金预付的金额、非财政补助专项资金预付的金额和非财政补助非专项资金预付的金额，按照非财政补助非专项资金预付的金额，借记"非财政拨款结余"科目，贷记"资金结存——货币资金"科目。

（3）调整库存物资对非财政拨款结余的影响

基层医疗卫生机构应当对原账的"库存物资"科目余额进行分析，区分购入的库存物资金额和非购入的库存物资金额。对购入的库存物资金额划分出其中使用财政补助资金购入的金额、使用非财政补助专项资金购入的金额和使用非财政补助非专项资金购入的金额，按照使用非财政补助非专项资金购入的金额，借记"非财政拨款结余"科目，贷记"资金结存——货币资金"科目。

（4）调整借入款对非财政拨款结余的影响

基层医疗卫生机构应当按照原账的"借入款"科目余额，借记"资金结存——货币资金"科目，贷记"非财政拨款结余"科目。

（5）调整应付账款对非财政拨款结余的影响

基层医疗卫生机构应当对原账的"应付账款"科目余额进行分析，区分其中发生时计入支出的金额和未计入支出的金额。将计入支出的金额划分为财政补助资金应付的金额、非财政补助专项资金应付的金额和非财政补助非专项资金应付的金额，按照非财政补助非专项资金应付的金额，借记"资金结存——货币资金"科目，贷记"非财政拨款结余"科目。

（6）调整预收医疗款对非财政拨款结余的影响

基层医疗卫生机构应当按照原账的"预收医疗款"科目余额，借记"资金结存——货币资金"科目，贷记"非财政拨款结余"科目。

（7）调整专用基金对非财政拨款结余的影响

基层医疗卫生机构应当对原账的"专用基金"科目余额进行分析，划分出提取时列支的专用基金余额，按照提取时列支的专用基金余额，借记"资金结存——货币资金"科目，贷记"非财政拨款结余"科目。

3. 基层医疗卫生机构按照前述 1、2 两个步骤难以准确调整出"非财政拨款结余"科目及对应的"资金结存"科目余额的，在新旧制度转换时，可以在新账的"库存现金"、"银行存款"、"其他货币资金"、"财政应返还额度"科目借方余额合计数基础上，对不纳入单位预算管理的资金进行调整（如减去新账中货币资金形式的受托代理资产、应缴财政款、已收取将来需要退回资金的其他应付款等，加上已支付将来需要收回资金的其他应收款等），按照调整后的金额减去新账的"财政拨款结转"、"财政拨款结余"、"非财政拨款结转"、"专用结余"科目贷方余额合计数，登记新账的"非财政拨款结余"科目贷方；同时，按照相同的金额登记新账的"资金结存——货币资金"科目借方。

（五）"经营结余"科目

新制度设置了"经营结余"科目。在新旧制度转换时，无需对"经营结余"科目进行新账年初余额登记。

（六）"其他结余"、"非财政拨款结余分配"科目

新制度设置了"其他结余"和"非财政拨款结余分配"科目。由于这两个科目年初无余额，在新旧制度转换时，基层医疗卫生机构无需对"其他结余"和"非财政拨款结余分配"科目进行新账年初余额登记。

（七）预算收入类、预算支出类会计科目

由于预算收入类、预算支出类会计科目年初无余额，在新旧制度转换时，基层医疗卫生机构无需对预算收入类、预算支出类会计科目进行新账年初余额登记。

基层医疗卫生机构自 2019 年 1 月 1 日起，应当按照新制度设置预算收入类、预算支出类科目并进行账务处理。

基层医疗卫生机构存在 2018 年 12 月 31 日前需要按照新制度预算会计核算基础调整预算会计科目期初余额的其他事项的，应当比照本规定调整新账的相应预算会计科目期初余额。

基层医疗卫生机构对预算会计科目的期初余额登记和调整，应当编制记账凭证，并将期初余额登记和调整的依据作为原始凭证。

四、财务报表和预算会计报表的新旧衔接

（一）编制 2019 年 1 月 1 日资产负债表

基层医疗卫生机构应当根据 2019 年 1 月 1 日新账的财务会计科目余额，按照新制度及补充规定编制 2019 年 1 月 1 日资产负债表（仅要求填列各项目"年初余额"）。

（二）2019 年度财务报表和预算会计报表的编制

基层医疗卫生机构应当按照新制度及补充规定编制 2019 年财务报表和预算会计报表。在编制 2019 年度收入费用表、医疗及公共卫生收入费用明细表、净资产变动表、现金流量表和预算收入支出表、预算结转结余变动表时，不要求填列上年比较数。

基层医疗卫生机构应当根据 2019 年 1 月 1 日新账财务会计科目余额，填列 2019 年净资产变动表各项目的"上年年末余额"；根据 2019 年 1 月 1 日新账预算会计科目余额，填列 2019 年预算结转结余变动表的"年初预算结转结余"项目和财政拨款预算收入支出表的"年初财政拨款结转结余"项目。

五、其他事项

（一）截至 2018 年 12 月 31 日尚未进行基建"并账"的基层医疗卫生机构，应当首先参照《新旧事业单位会计制度有关衔接问题的处理规定》（财会〔2013〕2 号），将基建账套相关数据并入 2018 年 12 月 31 日原账中的相关科目余额，再按照本规定将 2018 年 12 月 31 日原账相关会计科目余额转入新账相应科目。

（二）2019 年 1 月 1 日前执行新制度及补充规定的基层医疗卫生机构，应当按照本规定做好新旧制度衔接工作。

附表 1：

基层医疗卫生机构原会计科目余额明细表一

总账科目	明细分类	金额	备注
库存现金	库存现金		
	其中：受托代理现金		
银行存款	银行存款		
	其中：受托代理银行存款		
其他应收款	预付账款		按照合同规定预先支付的款项（包括定金）
	在途物品		已经付款，尚未收到物资
	待处理财产损溢		
	其他		
库存物资	受托代理资产		
	加工存货		
	工程物资		
	其他		
在建工程	在建工程		
	工程物资		
	预付工程款等		
借入款	短期借款		
	长期借款		
应交税费	应交增值税		
	其他应交税费		
应付账款	应付账款		
	长期应付款		
其他应付款	长期应付款		
	应付利息		
	受托代理负债		
	其他		
财政补助结转（余）	公共卫生活动形成结转（余）		
	科教项目形成结转（余）		
	其他		
其他限定性用途结转（余）	公共卫生活动形成结转（余）		
	科教项目形成结转（余）		
	其他		

附表2：

基层医疗卫生机构原会计科目余额明细表二

总账科目	明细分类	金额	备注
其他应收款	预付款项		如预付账款、职工预借的差旅费等
	其中：财政补助资金预付		
	非财政补助专项资金预付		
	非财政补助非专项资金预付		
	需要收回及其他		如支付的押金、应收为职工垫付的款项等
库存物资（扣除属于受托代理资产的物资）	购入库存物资		
	其中：使用财政补助资金购入		
	使用非财政补助专项资金购入		
	使用非财政补助非专项资金购入		
	非购入库存物资		如接受捐赠的物资等
应付账款	发生时不计入支出		
	发生时计入支出		
	其中：财政补助资金应付		
	非财政补助专项资金应付		
	非财政补助非专项资金应付		
专用基金	从非财政补助结余分配中提取		
	从收入中列支提取		
	其他		

附表3：

基层医疗卫生机构新旧会计制度转账、登记新账科目对照表

序号	新制度科目		原制度科目	
	编号	名称	编号	名称
一、资产类				
1	1001	库存现金	101	库存现金
2	1002	银行存款	102	银行存款
3	1011	零余额账户用款额度	103	零余额账户用款额度
4	1021	其他货币资金	104	其他货币资金
5	1201	财政应返还额度	111	财政应返还额度
6	1212	应收账款	112	应收医疗款
7	1218	其他应收款	114	其他应收款
8	1301	在途物品		
9	1214	预付账款		
10	1902	待处理财产损溢		

续表

序号	新制度科目		原制度科目	
	编号	名称	编号	名称
一、资产类				
11	1302	库存物品	121	库存物资
12	1303	加工物品		
13	1611	工程物资		
14	1891	受托代理资产		
15	1601	固定资产	131	固定资产
16	1613	在建工程	133	在建工程
17	1611	工程物资		
18	1214	预付账款		
19	1701	无形资产	141	无形资产
二、负债类				
20	2001	短期借款	201	借入款
21	2501	长期借款		
22	2308	待结算医疗款	202	待结算医疗款
23	2103	应缴财政款	203	应缴款项
24	2302	应付账款	206	应付账款
25	2502	长期应付款		
26	2305	预收账款	207	预收医疗款
27	2201	应付职工薪酬	208	应付职工薪酬
			210	应付社会保障费
28	2101	应交增值税	211	应交税费
29	2102	其他应交税费		
30	2307	其他应付款	221	其他应付款
31	2304	应付利息		
32	2502	长期应付款		
33	2901	受托代理负债		
三、净资产类				
34	3001	累计盈余	301	固定基金
			302	事业基金
			305	财政补助结转（余）
			306	其他限定用途结转（余）
			308	结余分配－待分配结余
35	3101	专用基金	303	专用基金
四、预算结余类				
36	8101	财政拨款结转	305	财政补助结转（余）
37	8102	财政拨款结余		
38	8201	非财政拨款结转	306	其他限定用途结转（余）
39	8202	非财政拨款结余	302	事业基金
			308	结余分配—待分配结余（借方）

续表

序号	新制度科目		原制度科目	
	编号	名称	编号	名称
四、预算结余类				
40	8301	专用结余	303	专用基金
41	8001	资金结存（借方）	305	财政补助结转（余）
			306	其他限定用途结转（余）
			302	事业基金
			303	专用基金
			308	结余分配—待分配结余（借方）

财政部关于印发彩票机构执行
《政府会计制度——行政事业单位会计科目和报表》的
补充规定和衔接规定的通知

2018 年 8 月 31 日　财会〔2018〕26 号

中国福利彩票发行管理中心、国家体育总局体育彩票管理中心，各省、自治区、直辖市、计划单列市财政厅（局），新疆生产建设兵团财政局：

《政府会计制度——行政事业单位会计科目和报表》（财会〔2017〕25 号）自 2019 年 1 月 1 日起施行。为了确保新制度在彩票机构的有效贯彻实施，我部制定了《关于彩票机构执行〈政府会计制度——行政事业单位会计科目和报表〉的补充规定》和《关于彩票机构执行〈政府会计制度——行政事业单位会计科目和报表〉的衔接规定》，现印发给你们，请遵照执行。

执行中有何问题，请及时反馈我部。

附件：1. 关于彩票机构执行《政府会计制度——行政事业单位会计科目和报表》的补充规定

2. 关于彩票机构执行《政府会计制度——行政事业单位会计科目和报表》的衔接规定

附件 1：

关于彩票机构执行《政府会计制度——行政事业
单位会计科目和报表》的补充规定

根据《政府会计准则——基本准则》，结合行业实际情况，现就彩票发行机构和彩票销售机构（以下简称彩票机构）执行《政府会计制度——行政事业单位会计科目和报表》（以下简称新制度）做出如下补充规定：

一、关于新增一级科目及其使用说明

（一）彩票机构应当增设"2308　彩票销售结算"、"2309　应付返奖奖金"、"2310　应付代销费"一级科目。

（二）关于增设科目的使用说明

2308 彩票销售结算

一、本科目核算彩票机构彩票销售资金的归集和分配情况。

二、本科目应当按照彩票品种及游戏名称、彩票发行销售方式进行明细核算。

三、彩票销售结算的主要账务处理如下：

（一）彩票机构实现彩票销售时，按照彩票销售结算的金额，借记"预收账款"等科目，贷记本科目。

（二）期末彩票机构分配彩票销售资金时，按照分配的彩票销售资金的金额，借记本科目，按照分配的彩票公益金、彩票机构业务费等金额，贷记"应缴财政款"科目，按照分配的应付返奖奖金的金额，贷记"应付返奖奖金"科目，按照分配的代销费金额，贷记"应付代销费"科目。

四、本科目期末应无余额。

2309 应付返奖奖金

一、本科目核算彩票机构按照彩票游戏规则确定的比例从彩票销售额中提取，用于支付给中奖者的资金，包括当期返奖奖金、奖池、调节基金和一般调节基金。

二、本科目应当按照"当期返奖奖金"、"奖池"、"调节基金"、"一般调节基金"设置明细科目。在"当期返奖奖金"、"奖池"、"调节基金"明细科目下，按照彩票品种及游戏名称设置明细科目进行明细核算。

当期返奖奖金是指按照彩票游戏规则确定的比例在当期彩票奖金中提取并用于支付给中奖者的奖金。

奖池是指彩票游戏提取奖金与实际中出奖金的累积资金差额。

调节基金是指按照彩票销售额的一定比例提取的资金、逾期未退票的票款和浮动奖取整后的余额。调节基金应当专项用于支付各种不可预见的奖金风险支出或开展派奖。

停止销售的彩票游戏兑奖期结束后，奖池资金和调节基金有结余的，转为一般调节基金，用于不可预见情况下的奖金风险支出或开展派奖。

三、应付返奖奖金的主要账务处理如下：

（一）当期返奖奖金

1. 提取当期返奖奖金时，按照彩票资金分配比例计算确定的当期返奖奖金金额，借记"彩票销售结算"科目，贷记本科目（当期返奖奖金——××游戏）。

2. 兑付中奖者奖金时，按照实际兑付金额，借记本科目（当期返奖奖金——××游戏），贷记"银行存款"、"其他应交税费"、"预收账款——预收彩票销售款"［通过彩票代销者兑奖］等科目。

3. 逾期未兑付的弃奖奖金转入彩票公益金时，按照实际转出的金额，借记本科目（当期返奖奖金——××游戏），贷记"应缴财政款"科目。

4. 彩票机构之间因联网游戏奖金结算产生的应收款项，按照实际发生的金额，借记"应收账款——应收彩票联网游戏结算款"科目，贷记本科目（当期返奖奖金——××游戏）；产生的应付款项，按照实际发生的金额，借记本科目（当期返奖奖金——××游戏），贷记"应付账款——应付彩票联网游戏结算款"科目。

（二）奖池

1. 彩票游戏设置奖池的，兑付当期返奖奖金后，按照提取的当期返奖奖金与当期实际中出奖金的差额，借记或贷记本科目（当期返奖奖金——××游戏），贷记或借记本科目（奖池——××游戏）。

2. 使用奖池资金兑付中奖者奖金时，按照实际兑付金额，借记本科目（奖池——××游戏），贷记"银行存款"等科目。

（三）调节基金

1. 彩票游戏设置调节基金的，在提取调节基金时，按照彩票资金分配比例计算确定的调节基金金额，借记"彩票销售结算"科目，贷记本科目（调节基金——××游戏）。

2. 彩票游戏设置奖池的，奖池资金达到一定额度后，按照彩票游戏规则中规定将超过部分转入该彩票游戏的调节基金时，按照实际转出的金额，借记本科目（奖池——××游戏），贷记本科目（调节基金——××游戏）。

3. 使用调节基金支付各种不可预见的奖金风险支出和开展派奖时，按照实际支出的金额，借记本科目（调节基金——××游戏），贷记"银行存款"等科目。

4. 使用调节基金弥补奖池资金时，按照实际弥补奖池资金的金额，借记本科目（调节基金——××游戏），贷记本科目（奖池——××游戏）。

（四）一般调节基金

1. 停止销售的彩票游戏兑奖期结束后，奖池资金和调节基金有结余的，转入一般调节基金时，按照实际转出的金额，借记本科目（奖池、调节基金——××游戏），贷记本科目（一般调节基金）。

2. 使用一般调节基金弥补某游戏奖池资金时，按照实际弥补奖池资金的金额，借记本科目（一般调节基金），贷记本科目（奖池——××游戏）。

四、本科目期末贷方余额，反映彩票机构尚未支付的奖金和调节基金。

2310　应付代销费

一、本科目核算彩票机构按照彩票代销合同的约定比例从彩票销售额中提取，用于支付给彩票代销者的资金。

二、本科目应当按照彩票代销者和彩票结算方式进行明细核算。

三、应付代销费的主要账务处理如下：

（一）提取应付代销费时，按合同约定比例计算确定的金额，借记"彩票销售结算"科目，贷记本科目。

（二）实行内扣方式结算应付代销费的，结算彩票代销者代销费时，按照从彩票代销者缴交的彩票销售资金中直接抵扣的资金金额，借记本科目，贷记"预收账款——预收彩票销售款"科目。

（三）不实行内扣方式结算应付代销费的，向彩票代销者支付代销费时，按照实际支付的金额，借记本科目，贷记"银行存款"等科目。

四、本科目期末贷方余额，反映彩票机构尚未支付给彩票代销者的代销费。

二、关于在新制度一级科目下设置明细科目

（一）彩票机构应当在"1212　应收账款"科目下设置"应收彩票联网游戏结算款"明细科目，用于核算彩票机构与其他彩票机构因彩票联网游戏结算发生的应收款项。在"应收彩票联网游戏结算款"明细科目下按照省（自治区、直辖市）、彩票游戏名称等进行明细核算。

（二）彩票机构应当在"1302　库存物品"科目下设置"库存彩票"明细科目，用于核算彩票机构购进的已验收入库彩票的实际成本。

（三）彩票机构应当在"2103　应缴财政款"科目下设置"应缴发行机构业务费"、"应缴销售机构业务费"、"应缴中央公益金"、"应缴地方公益金"等明细科目，用于核算彩票机构应缴国库的彩票机构业务费和彩票公益金等。

（四）彩票机构应当在"2302　应付账款"科目下设置"应付彩票联网游戏结算款"明细科目，用于核算彩票机构与其他彩票机构因彩票联网游戏结算发生的应付款项。在"应付彩票联网游戏结算款"明细科目下按照省（自治区、直辖市）、彩票游戏名称等进行明细核算。

（五）彩票机构应当在"2305　预收账款"科目下设置"预收彩票销售款"明细科目，用于核算彩票机构预收彩票代销者预存的彩票销售款。

（六）彩票机构应当在"2307　其他应付款"科目下设置"彩票投注设备押金"明细科目，用于核算彩票机构收取彩票代销者交付的彩票投注设备押金。

（七）彩票机构应当在"3101　专用基金"科目下设置"彩票兑奖周转金"明细科目，用于核算财政部门累计拨入结存的彩票兑奖周转金。

三、关于报表及编制说明

彩票机构除按新制度编制财务报表和预算会计报表外，还应按照本规定编制返奖奖金变动明细表和彩

票资金分配明细表。

（一）资产负债表

1. 新增项目

彩票机构应当在资产负债表的流动负债部分"应付职工薪酬"与"应付票据"项目之间增加"应付返奖奖金"、"应付代销费"项目。

2. 新增项目的填列方法

（1）"应付返奖奖金"项目，反映彩票机构应返还给中奖者的奖金。本项目应当根据"应付返奖奖金"科目的期末余额填列。

（2）"应付代销费"项目，反映彩票机构按彩票代销合同的约定比例从彩票销售额中提取，用于支付给彩票代销者的资金。本项目应当根据"应付代销费"科目的期末余额填列。

（二）返奖奖金变动明细表

1. 本表反映彩票机构在某一会计年度内返奖奖金的兑付情况，格式详见附表1。

2. 返奖奖金变动明细表的填列方法

本表中"年初余额"、"本年增加数"、"本年减少数"、"年末余额"、"调节基金"、"奖池"和"一般调节基金"各项目，应当根据"应付返奖奖金"科目各明细科目中的相关信息分析填列。

（三）彩票资金分配明细表

1. 本表反映彩票机构在某一会计年度内彩票资金的分配情况，格式详见附表2。

2. 彩票资金分配明细表的填列方法

本表中"彩票销售额"、"彩票返奖奖金"、"彩票公益金"、"彩票业务费"和"彩票代销费"各栏，以及各栏的明细栏内各项数字，应当根据"彩票销售结算"、"应缴财政款"、"应付返奖奖金"、"应付代销费"等科目的明细科目中的相关信息分析填列。

四、关于库存彩票的账务处理

（一）彩票机构购入的彩票验收入库时，按照发生的彩票印制费等确定的成本，借记"库存物品——库存彩票"科目，贷记"应付账款"、"零余额账户用款额度"、"银行存款"等科目。

（二）彩票机构发出库存彩票时，按照确定的发出彩票的实际成本，借记"业务活动费用"科目，贷记"库存物品——库存彩票"科目。

（三）发生彩票退回时，借记"库存物品——库存彩票"科目，贷记"业务活动费用"科目［退回本年发出的库存彩票］或"以前年度盈余调整"科目［退回以前年度发出的库存彩票］。

（四）对于盘盈、盘亏及毁损、报废的库存彩票，彩票机构应当及时查明原因，按照规定报经批准后进行账务处理。

1. 库存彩票盘盈时，按照同类库存彩票的入账成本确认入账价值，借记"库存物品——库存彩票"科目，贷记"待处理财产损溢"科目；库存彩票盘亏或毁损、报废时，按照待处置库存彩票的账面价值，借记"待处理财产损溢——待处理财产价值"科目，贷记"库存物品——库存彩票"科目。

2. 报经批准予以处理盘盈的库存彩票时，按照待处理的库存彩票价值，借记"待处理财产损溢"科目，贷记"单位管理费用"科目。

3. 报经批准予以处理盘亏或损毁、报废的库存彩票时，按照待处置库存彩票的账面价值，借记"资产处置费用"科目，贷记"待处理财产损溢——待处理财产价值"科目。

处置毁损、报废库存彩票过程中所取得的收入、发生的相关费用，以及处置收入扣除相关费用后的净收入的账务处理，参见新制度"待处理财产损溢"科目。

五、关于预收彩票销售款的账务处理

（一）彩票机构收到彩票代销者预存的销售款时，按照实际收到的金额，借记"银行存款"等科目，贷记"预收账款——预收彩票销售款"科目。

（二）彩票机构实现彩票销售时，按照冲销预收彩票销售款的金额，借记"预收账款——预收彩票销售款"科目，贷记"彩票销售结算"科目。

（三）彩票代销者兑付中奖者奖金时，彩票机构按照实际兑付金额，借记"应付返奖奖金——当期返奖奖金——××游戏"科目，贷记"预收账款——预收彩票销售款"等科目。

（四）实行内扣方式结算应付代销费的，结算彩票代销者代销费时，彩票机构按照从彩票代销者缴交的彩票销售资金中直接抵扣的资金金额，借记"应付代销费"科目，贷记"预收账款——预收彩票销售款"科目。

六、关于彩票投注设备押金的账务处理

（一）彩票机构收取彩票代销者交付的彩票投注设备押金时，按照实际收到的金额，借记"银行存款"等科目，贷记"其他应付款——彩票投注设备押金"科目。

（二）彩票机构向彩票代销者退回彩票投注设备押金时，按照实际支付的金额，借记"其他应付款——彩票投注设备押金"科目，贷记"银行存款"等科目。

七、关于彩票兑奖周转金的账务处理

（一）彩票机构取得财政部门拨付的彩票兑奖周转金时，按照财政授权支付额度到账通知书中的授权支付额度，借记"零余额账户用款额度"科目，贷记"财政拨款收入——政府性基金预算财政拨款"科目；同时，按照相同的金额，借记"资金结存——零余额账户用款额度"科目，贷记"财政拨款预算收入"科目。

（二）报经批准将彩票兑奖周转金从零余额账户转入彩票机构的银行存款账户时，按照实际转入的金额，借记"银行存款"科目，贷记"零余额账户用款额度"科目；同时，按照相同的金额，借记"资金结存——货币资金"科目，贷记"资金结存——零余额账户用款额度"科目。

（三）按规定提取专用基金时，按照提取的金额，借记"业务活动费用"科目，贷记"专用基金——彩票兑奖周转金"科目；同时，按照相同的金额，借记"事业支出"科目，贷记"资金结存——货币资金"科目。

八、生效日期

本规定自 2019 年 1 月 1 日起施行。

附表 1：

返奖奖金变动明细表

会政财 01 表附表 01

编制单位：_____ _____年度 单位：元

项目	行次	传统型	即开型	数字型	乐透型	竞猜型	视频型	基诺型	一般调节基金	合计
一、年初余额	1									
其中：调节基金	2								—	
奖池	3								—	
二、本年增加数	4									
其中：调节基金	5								—	
奖池	6								—	
三、本年减少数	7									
其中：调节基金	8								—	
奖池	9								—	
四、年末余额	10									
其中：调节基金	11								—	
奖池	12								—	

附表 2：

编制单位：_____

彩票资金分配明细表

_____ 年度

会政财 01 表附表 02
单位：元

序号	彩票品种 彩票游戏	彩票销售额 ①	彩票返奖奖金				彩票公益金					彩票业务费				彩票代销费
			计提比例（%）	计提金额		中奖金额	计提比例（%）	计提金额 ③	弃奖奖金转入额	实际上缴额	发行机构	省级销售机构	省级以下	小计 ④	⑤
				奖金	调节基金	小计 ②										
1	传统型															
2	即开型															
3	数字型															
4	乐透型															
5	竞猜型															
6	视频型															
7	基诺型															
8	其他															
9	合计															

说明：
（1）本表中"彩票销售额"①="彩票返奖奖金——小计"②+"彩票公益金——计提金额"③+"彩票业务费——小计"④+"彩票代销费"⑤；
（2）各彩票品种及游戏返奖奖金和公益金提取比例不同的应分栏填写。

附件2：

关于彩票机构执行《政府会计制度——行政事业单位会计科目和报表》的衔接规定

我部于2017年10月24日印发了《政府会计制度——行政事业单位会计科目和报表》（财会〔2017〕25号，以下简称新制度）。目前执行《彩票机构会计制度》（财会〔2013〕23号，以下简称原制度）的彩票发行机构和彩票销售机构（以下简称彩票机构），自2019年1月1日起执行新制度，不再执行原制度。为了确保新旧会计制度顺利过渡，现对彩票机构执行新制度及《关于彩票机构执行〈政府会计制度——行政事业单位会计科目和报表〉的补充规定》（以下简称补充规定）的有关衔接问题规定如下：

一、新旧制度衔接总要求

（一）自2019年1月1日起，彩票机构应当严格按照新制度及补充规定进行会计核算、编制财务报表和预算会计报表。

（二）彩票机构应当按照本规定做好新旧制度衔接的相关工作，主要包括以下几个方面：

1. 根据原账编制2018年12月31日的科目余额表，并按照本规定要求，编制原账的部分科目余额明细表（参见附表1、附表2）。

2. 按照新制度及补充规定设立2019年1月1日的新账。

3. 按照本规定要求，登记新账的财务会计科目余额和预算结余科目余额，包括将原账科目余额转入新账财务会计科目、按照原账科目余额登记新账预算结余会计科目（彩票机构新旧会计制度转账、登记新账科目对照表见附表3），将未入账事项登记新账科目，并对相关新账科目余额进行调整。原账科目是指按照原制度规定设置的会计科目。

4. 按照登记及调整后新账的各会计科目余额，编制2019年1月1日的科目余额表，作为新账各会计科目的期初余额。

5. 根据新账各会计科目期初余额，按照新制度及补充规定编制2019年1月1日资产负债表。

（三）及时调整会计信息系统。彩票机构应当按照新制度及补充规定要求对原有会计信息系统进行及时更新和调试，实现数据正确转换，确保新旧账套的有序衔接。

二、财务会计科目的新旧衔接

（一）将2018年12月31日原账会计科目余额转入新账财务会计科目

1. 资产类

（1）"库存现金"、"短期投资"、"应收票据"、"应收账款"、"预付账款"、"固定资产"、"无形资产"科目

新制度设置了"库存现金"、"短期投资"、"应收票据"、"应收账款"、"预付账款"、"固定资产"、"无形资产"科目，其核算内容与原账的上述相应科目的核算内容基本相同。转账时，彩票机构应当将原账的上述科目余额直接转入新账的相应科目。其中，还应当将原账的"库存现金"科目余额中属于新制度规定受托代理资产的金额，转入新账"库存现金"科目下的"受托代理资产"明细科目。

（2）"银行存款"科目

新制度设置了"银行存款"和"其他货币资金"科目，原制度设置了"银行存款"科目。转账时，彩票机构应当将原账"银行存款"科目中核算的属于新制度规定的其他货币资金的金额，转入新账"其他货币资金"科目；将原账"银行存款"科目余额减去其中属于其他货币资金余额后的差额，转入新账的

"银行存款"科目。其中，还应当将原账的"银行存款"科目余额中属于新制度规定受托代理资产的金额，转入新账"银行存款"科目下的"受托代理资产"明细科目。

（3）"其他应收款"科目

新制度设置了"其他应收款"科目，该科目的核算内容与原账"其他应收款"科目的核算内容基本相同。转账时，彩票机构应当将原账的"其他应收款"科目余额，转入新账的"其他应收款"科目。

新制度设置了"在途物品"科目，彩票机构在原账"其他应收款"科目中核算了已经付款或开出商业汇票、尚未收到物资的，应当将原账的"其他应收款"科目余额中已经付款或开出商业汇票、尚未收到物资的金额，转入新账的"在途物品"科目。

（4）"库存材料"、"库存彩票"科目

新制度设置了"库存物品"科目，原制度设置了"库存材料"、"库存彩票"科目。转账时，彩票机构应当将原账的"库存材料"、"库存彩票"科目余额转入新账的"库存物品"科目及其明细科目。

（5）"长期投资"科目

新制度设置了"长期股权投资"和"长期债券投资"科目，原制度设置了"长期投资"科目。转账时，彩票机构应当将原账的"长期投资"科目余额中属于股权投资的金额，转入新账的"长期股权投资"科目及其明细科目；将原账的"长期投资"科目余额中属于债券投资的金额，转入新账的"长期债券投资"科目及其明细科目。

（6）"累计折旧"科目

新制度设置了"固定资产累计折旧"科目，该科目的核算内容与原账"累计折旧"科目的核算内容基本相同。彩票机构已经计提了固定资产折旧并记入"累计折旧"科目的，转账时，应当将原账的"累计折旧"科目余额，转入新账的"固定资产累计折旧"科目。

（7）"在建工程"科目

新制度设置了"在建工程"和"预付账款——预付备料款、预付工程款"科目，原制度设置了"在建工程"科目。转账时，彩票机构应当将原账的"在建工程"科目余额（基建"并账"后的金额，下同）中属于预付备料款、预付工程款的金额，转入新账"预付账款"科目相关明细科目；将原账的"在建工程"科目余额减去预付备料款、预付工程款金额后的差额，转入新账的"在建工程"科目。

彩票机构在原账"在建工程"科目中核算了按照新制度规定应当记入"工程物资"科目内容的，应当将原账"在建工程"科目余额中属于工程物资的金额，转入新账的"工程物资"科目。

（8）"累计摊销"科目

新制度设置了"无形资产累计摊销"科目，该科目的核算内容与原账"累计摊销"科目的核算内容基本相同。彩票机构已经计提了无形资产摊销的，转账时，应当将原账的"累计摊销"科目余额，转入新账的"无形资产累计摊销"科目。

（9）"待处置资产损溢"科目

新制度设置了"待处理财产损溢"科目，该科目的核算内容与原账"待处置资产损溢"科目的核算内容基本相同。转账时，彩票机构应当将原账的"待处置资产损溢"科目余额，转入新账的"待处理财产损溢"科目。

（10）"零余额账户用款额度"科目

由于原账的"零余额账户用款额度"科目年末无余额，该科目无需进行转账处理。

2. 负债类

（1）"短期借款"、"应付职工薪酬"、"应付票据"、"应付账款"、"预收账款"、"应付返奖奖金"、"应付代销费"、"长期借款"、"长期应付款"科目

新制度及补充规定设置了"短期借款"、"应付职工薪酬"、"应付票据"、"应付账款"、"预收账款"、"应付返奖奖金"、"应付代销费"、"长期借款"、"长期应付款"科目，这些科目的核算内容与原账的上述相应科目的核算内容基本相同。转账时，彩票机构应当将原账的上述科目余额直接转入新账的相应科目。

（2）"应缴税费"科目

新制度设置了"应交增值税"和"其他应交税费"科目，原制度设置了"应缴税费"科目。转账时，彩票机构应当将原账的"应缴税费——应缴增值税"科目余额，转入新账"应交增值税"科目中的相关明细科目；将原账的"应缴税费"科目余额减去属于应缴增值税余额后的差额，转入新账的"其他应交税费"科目。

（3）"应缴国库款"、"应缴财政专户款"科目

新制度设置了"应缴财政款"科目，原制度设置了"应缴国库款"、"应缴财政专户款"科目。转账时，彩票机构应当将原账的"应缴国库款"、"应缴财政专户款"科目余额，转入新账的"应缴财政款"科目。

（4）"其他应付款"科目

新制度设置了"其他应付款"科目，该科目的核算内容与原账"其他应付款"科目的核算内容基本相同。转账时，彩票机构应当将原账的"其他应付款"科目余额，转入新账的"其他应付款"科目。其中，彩票机构在原账的"其他应付款"科目中核算了属于新制度规定的受托代理负债的，应当将原账的"其他应付款"科目余额中属于受托代理负债的余额，转入新账的"受托代理负债"科目。

（5）"彩票销售结算"科目

由于原账的"彩票销售结算"科目年末无余额，该科目无需进行转账处理。

3. 净资产类

（1）"事业基金"科目

新制度设置了"累计盈余"科目，该科目的核算内容包含了原账"事业基金"科目的核算内容。转账时，彩票机构应当将原账的"事业基金"科目余额转入新账的"累计盈余"科目。

（2）"库存彩票基金"、"非流动资产基金"科目

依据新制度，无需对原制度中"库存彩票基金"、"非流动资产基金"科目对应内容进行核算。转账时，彩票机构应当将原账的"库存彩票基金"、"非流动资产基金"科目余额转入新账的"累计盈余"科目。

（3）"专用基金"科目

新制度设置了"专用基金"科目，该科目的核算内容不包括原账"专用基金"科目中彩票发行销售风险基金核算内容。转账时，彩票机构应当将原账的"专用基金"科目余额减去属于彩票发行销售风险基金金额后的差额转入新账的"专用基金"科目，将原账的"专用基金"科目余额中属于彩票发行销售风险基金的金额转入新账的"累计盈余"科目。

（4）"财政专户核拨资金结转"、"财政专户核拨资金结余"、"非财政专户核拨资金结转"科目

新制度设置了"累计盈余"科目，该科目的余额包含了原账的"财政专户核拨资金结转"、"财政专户核拨资金结余"、"非财政专户核拨资金结转"科目的余额内容。转账时，彩票机构应当将原账的"财政专户核拨资金结转"、"财政专户核拨资金结余"、"非财政专户核拨资金结转"科目余额，转入新账的"累计盈余"科目。

（5）"经营结余"科目

新制度设置了"本期盈余"科目，该科目的核算内容包含了原账"经营结余"科目的核算内容。新制度规定"本期盈余"科目余额最终转入"累计盈余"科目，如果原账的"经营结余"科目有借方余额，转账时，彩票机构应当将原账的"经营结余"科目借方余额转入新账的"累计盈余"科目借方。

（6）"待分配事业结余"、"非财政专户核拨资金结余分配"科目

由于原账的"待分配事业结余"、"非财政专户核拨资金结余分配"科目年末无余额，这两个科目无需进行转账处理。

4. 收入类、支出类

由于原账中收入类、支出类科目年末无余额，无需进行转账处理。自2019年1月1日起，彩票机构应

当按照新制度设置收入类、费用类科目并进行账务处理。

彩票机构存在其他本规定未列举的原账科目余额的，应当比照本规定转入新账的相应科目。新账的科目设有明细科目的，应将原账中对应科目的余额加以分析，分别转入新账中相应科目的相关明细科目。

彩票机构在进行新旧衔接的转账时，应当编制转账的工作分录，作为转账的工作底稿，并将转入新账的对应原科目余额及分拆原科目余额的依据作为原始凭证。

（二）将原未入账事项登记新账财务会计科目

1. 应收账款、应收股利、在途物品

彩票机构在新旧制度转换时，应当将 2018 年 12 月 31 日前未入账的应收账款、应收股利、在途物品按照新制度规定记入新账。登记新账时，按照确定的入账金额，分别借记"应收账款"、"应收股利"、"在途物品"科目，贷记"累计盈余"科目。

2. 受托代理资产

彩票机构在新旧制度转换时，应当将 2018 年 12 月 31 日前未入账的受托代理资产按照新制度规定记入新账。登记新账时，按照确定的受托代理资产入账成本，借记"受托代理资产"科目，贷记"受托代理负债"科目。

3. 盘盈资产

彩票机构在新旧制度转换时，应当将 2018 年 12 月 31 日前未入账的盘盈资产按照新制度规定记入新账。登记新账时，按照确定的盘盈资产及其成本，分别借记有关资产科目，按照盘盈资产成本的合计金额，贷记"累计盈余"科目。

4. 预计负债

彩票机构在新旧制度转换时，应当将 2018 年 12 月 31 日按照新制度规定确认的预计负债记入新账。登记新账时，按照确定的预计负债金额，借记"累计盈余"科目，贷记"预计负债"科目。

5. 应付质量保证金

彩票机构在新旧制度转换时，应当将 2018 年 12 月 31 日前未入账的应付质量保证金按照新制度规定记入新账。登记新账时，按照确定未入账的应付质量保证金金额，借记"累计盈余"科目，贷记"其他应付款"科目［扣留期在 1 年以内（含 1 年)]、"长期应付款"科目［扣留期超过 1 年]。

彩票机构存在 2018 年 12 月 31 日前未入账的其他事项的，应当比照本规定登记新账的相应科目。

彩票机构对新账的财务会计科目补记未入账事项时，应当编制记账凭证，并将补充登记事项的确认依据作为原始凭证。

（三）对新账的相关财务会计科目余额按照新制度规定的会计核算基础进行调整

1. 计提坏账准备

新制度要求对单位收回后无需上缴财政的应收账款和其他应收款提取坏账准备。在新旧制度转换时，彩票机构应当按照 2018 年 12 月 31 日无需上缴财政的应收账款和其他应收款的余额计算应计提的坏账准备金额，借记"累计盈余"科目，贷记"坏账准备"科目。

2. 按照权益法调整长期股权投资账面余额

对按照新制度规定应当采用权益法核算的长期股权投资，在新旧制度转换时，彩票机构应当在"长期股权投资"科目下设置"新旧制度转换调整"明细科目，依据被投资单位 2018 年 12 月 31 日财务报表的所有者权益账面余额，以及彩票机构持有被投资单位的股权比例，计算应享有或应分担的被投资单位所有者权益的份额，调整长期股权投资的账面余额，借记或贷记"长期股权投资——新旧制度转换调整"科目，贷记或借记"累计盈余"科目。

3. 确认长期债券投资期末应收利息

彩票机构应当按照新制度规定于 2019 年 1 月 1 日补记长期债券投资应收利息，按照长期债券投资的应收利息金额，借记"长期债券投资"科目［到期一次还本付息］或"应收利息"科目［分期付息、到期还本]，贷记"累计盈余"科目。

4. 补提折旧

彩票机构在原账中尚未计提固定资产折旧的，应当全面核查截至 2018 年 12 月 31 日的固定资产的预计使用年限、已使用年限、尚可使用年限等，并于 2019 年 1 月 1 日对尚未计提折旧的固定资产补提折旧，按照应计提的折旧金额，借记"累计盈余"科目，贷记"固定资产累计折旧"科目。

5. 补提摊销

彩票机构在原账中尚未计提无形资产摊销的，应当全面核查截至 2018 年 12 月 31 日无形资产的预计使用年限、已使用年限、尚可使用年限等，并于 2019 年 1 月 1 日对前期尚未计提摊销的无形资产补提摊销，按照应计提的摊销金额，借记"累计盈余"科目，贷记"无形资产累计摊销"科目。

6. 确认长期借款期末应付利息

彩票机构应当按照新制度规定于 2019 年 1 月 1 日补记长期借款的应付利息金额，对其中资本化的部分，借记"在建工程"科目，对其中费用化的部分，借记"累计盈余"科目，按照全部长期借款应付利息金额，贷记"长期借款"科目［到期一次还本付息］或"应付利息"科目［分期付息、到期还本］。

彩票机构对新账的财务会计科目期初余额进行调整时，应当编制记账凭证，并将调整事项的确认依据作为原始凭证。

三、预算会计科目的新旧衔接

（一）"财政拨款结转"和"财政拨款结余"科目及对应的"资金结存"科目余额

新制度设置了"财政拨款结转"、"财政拨款结余"科目及对应的"资金结存"科目。在新旧制度转换时，彩票机构应当对原账的"财政专户核拨资金结转"科目余额进行逐项分析，加上各项结转转入的支出中已经计入支出尚未支付财政资金（如发生时列支的应付账款）的金额，减去已经支付财政资金尚未计入支出（如购入的存货、预付账款等）的金额，按照增减后的金额，登记新账的"财政拨款结转"科目及其明细科目贷方；按照原账"财政专户核拨资金结余"科目余额，登记新账的"财政拨款结余"科目及其明细科目贷方。

彩票机构应当按照原账"财政应返还额度"科目余额登记新账的"资金结存——财政应返还额度"科目借方；按照新账的"财政拨款结转"和"财政拨款结余"科目贷方余额合计数，减去新账的"资金结存——财政应返还额度"科目借方余额后的差额，登记新账的"资金结存——货币资金"科目借方。

（二）"非财政拨款结转"科目及对应的"资金结存"科目余额

新制度设置了"非财政拨款结转"科目及对应的"资金结存"科目。在新旧制度转换时，彩票机构应当对原账的"非财政专户核拨资金结转"科目余额进行逐项分析，加上各项结转转入的支出中已经计入支出尚未支付非财政专户核拨专项资金（如发生时列支的应付账款）的金额，减去已经支付非财政专户核拨专项资金尚未计入支出（如购入的存货、预付账款等）的金额，加上各项结转转入的收入中已经收到非财政专户核拨专项资金尚未计入收入（如预收账款）的金额，减去已经计入收入尚未收到非财政专户核拨专项资金（如应收账款）的金额，按照增减后的金额，登记新账的"非财政拨款结转"科目及其明细科目贷方；同时，按照相同的金额登记新账的"资金结存——货币资金"科目借方。

（三）"专用结余"科目及对应的"资金结存"科目余额

新制度设置了"专用结余"科目及对应的"资金结存"科目。在新旧制度转换时，彩票机构应当按照原账"专用基金"科目余额中通过非财政专户核拨资金结余分配形成的金额，借记新账的"资金结存——货币资金"科目，贷记新账的"专用结余"科目。

（四）"经营结余"科目

新制度设置了"经营结余"科目及对应的"资金结存"科目。如果原账的"经营结余"科目期末有借方余额，在新旧制度转换时，彩票机构应当按照原账的"经营结余"科目余额借记新账的"经营结余"科目，贷记新账的"资金结存——货币资金"科目。

（五）"非财政拨款结余"科目及对应的"资金结存"科目余额

1. 登记"非财政拨款结余"科目余额

新制度设置了"非财政拨款结余"科目及对应的"资金结存"科目。在新旧制度转换时，彩票机构应当按照原账的"事业基金"科目余额，借记新账的"资金结存——货币资金"科目，贷记新账的"非财政拨款结余"科目。

2. 对新账"非财政拨款结余"科目及"资金结存"科目余额进行调整

（1）调整短期投资对非财政拨款结余的影响

彩票机构应当按照原账的"短期投资"科目余额，借记"非财政拨款结余"科目，贷记"资金结存——货币资金"科目。

（2）调整应收票据、应收账款对非财政拨款结余的影响

彩票机构应当对原账的"应收票据"、"应收账款"科目余额除去应收彩票资金后进行分析，区分其中发生时计入收入的金额和没有计入收入的金额。对发生时计入收入的金额，再区分计入专项资金收入的金额和计入非专项资金收入的金额，按照计入非专项资金收入的金额，借记"非财政拨款结余"科目，贷记"资金结存——货币资金"科目。

（3）调整预付账款对非财政拨款结余的影响

彩票机构应当对原账的"预付账款"科目余额进行分析，区分其中由财政专户核拨资金预付的金额、非财政专户核拨专项资金预付的金额和非财政专户核拨非专项资金预付的金额，按照非财政专户核拨非专项资金预付的金额借记"非财政拨款结余"科目，贷记"资金结存——货币资金"科目。

（4）调整其他应收款对非财政拨款结余的影响

在新制度中选择将其他应收款中预付款项列入支出核算的彩票机构，应当对原账的"其他应收款"科目余额进行分析，区分其中预付款项的金额（将来很可能列支）和非预付款项的金额，并对预付款项的金额划分为财政专户核拨资金预付的金额、非财政专户核拨专项资金预付的金额和非财政专户核拨非专项资金预付的金额，按照用非财政专户核拨非专项资金预付的金额，借记"非财政拨款结余"科目，贷记"资金结存——货币资金"科目。

（5）调整库存材料对非财政拨款结余的影响

彩票机构应当对原账的"库存材料"科目余额进行分析，区分购入的库存材料金额和非购入的库存材料金额。对购入的库存材料金额划出其中使用财政专户核拨资金购入的金额、使用非财政专户核拨专项资金购入的金额和使用非财政专户核拨非专项资金购入的金额，按照使用非财政专户核拨非专项资金购入的金额借记"非财政拨款结余"科目，贷记"资金结存——货币资金"科目。

（6）调整长期股权投资对非财政拨款结余的影响

彩票机构应当对原账的"长期投资"科目余额中属于股权投资的余额进行分析，区分其中用现金资产取得的金额和用非现金资产及其他方式取得的金额，按照用现金资产取得的金额借记"非财政拨款结余"科目，贷记"资金结存——货币资金"科目。

按照原制度核算长期投资、而且对应核算"非流动资产基金——长期投资"的，不作此项调整。

（7）调整长期债券投资对非财政拨款结余的影响

彩票机构应当按照原账的"长期投资"科目余额中属于债券投资的余额，借记"非财政拨款结余"科目，贷记"资金结存——货币资金"科目。

按照原制度核算长期投资、而且对应核算"非流动资产基金——长期投资"的，不作此项调整。

（8）调整短期借款、长期借款对非财政拨款结余的影响

彩票机构应当按照原账的"短期借款"、"长期借款"科目余额，借记"资金结存——货币资金"科目，贷记"非财政拨款结余"科目。

（9）调整应付票据、应付账款对非财政拨款结余的影响

彩票机构应当对原账的"应付票据"、"应付账款"科目余额扣除应付彩票资金后的余额进行分析，区

分其中发生时计入支出的金额和未计入支出的金额。将计入支出的金额划分出财政专户核拨资金应付的金额、非财政专户核拨专项资金应付的金额和非财政专户核拨非专项资金应付的金额，按照非财政专户核拨非专项资金应付的金额借记"资金结存——货币资金"科目，贷记"非财政拨款结余"科目。

（10）调整预收账款对非财政拨款结余的影响

彩票机构应当按照原账的"预收账款"科目余额中扣除预收彩票资金后的余额进行分析，划分出预收的专项资金和预收的非专项资金，按照预收非专项资金的金额，借记"资金结存——货币资金"科目，贷记"非财政拨款结余"科目。

（11）调整专用基金对非财政拨款结余的影响

彩票机构应当对原账的"专用基金"科目余额进行分析，划分出按照收入比例列支提取的专用基金，按照列支提取的专用基金的金额，借记"资金结存——货币资金"科目，贷记"非财政拨款结余"科目。

3. 彩票机构按照前述1、2两个步骤难以准确调整出"非财政拨款结余"科目及对应的"资金结存"科目余额的，在新旧制度转换时，可以在新账的"库存现金"、"银行存款"、"其他货币资金"、"财政应返还额度"科目借方余额合计数基础上，对不纳入单位预算管理的资金进行调整（如减去新账中货币资金形式的受托代理资产、应缴财政款、已收取将来需要退回资金的其他应付款等，加上已支付将来需要收回资金的其他应收款等），按照调整后的金额减去新账的"财政拨款结转"、"财政拨款结余"、"非财政拨款结转"、"专用结余"科目贷方余额合计数，加上"经营结余"科目借方余额后的金额，登记新账的"非财政拨款结余"科目贷方；同时，按照相同的金额登记新账的"资金结存——货币资金"科目借方。

（六）"其他结余"和"非财政拨款结余分配"科目

新制度设置了"其他结余"和"非财政拨款结余分配"科目。由于这两个科目年初无余额，在新旧制度转换时，彩票机构无需对"其他结余"和"非财政拨款结余分配"科目进行新账年初余额登记。

（七）预算收入类、预算支出类会计科目

由于预算收入类、预算支出类会计科目年初无余额，在新旧制度转换时，彩票机构无需对预算收入类、预算支出类会计科目进行新账年初余额登记。

彩票机构应当自2019年1月1日起，按照新制度设置预算收入类、预算支出类科目并进行账务处理。

彩票机构存在2018年12月31日需要按照新制度预算会计核算基础调整预算会计科目期初余额的其他事项的，应当比照本规定调整新账的相应预算会计科目期初余额。

彩票机构对预算会计科目的期初余额登记和调整，应当编制记账凭证，并将期初余额登记和调整的依据作为原始凭证。

四、财务报表和预算会计报表的新旧衔接

（一）编制2019年1月1日资产负债表

彩票机构应当根据2019年1月1日新账的财务会计科目余额，按照新制度及补充规定编制2019年1月1日资产负债表（仅要求填列各项目"年初余额"）。

（二）2019年度财务报表和预算会计报表的编制

彩票机构应当按照新制度及补充规定编制2019年财务报表和预算会计报表。在编制2019年度收入费用表、净资产变动表、现金流量表和预算收入支出表、预算结转结余变动表时，不要求填列上年比较数。

彩票机构应当根据2019年1月1日新账财务会计科目余额，填列2019年净资产变动表各项目的"上年年末余额"；根据2019年1月1日新账预算会计科目余额，填列2019年预算结转结余变动表的"年初预算结转结余"项目和财政拨款预算收入支出表的"年初财政拨款结转结余"项目。

五、其他事项

（一）截至2018年12月31日尚未进行基建"并账"的彩票机构，应当首先按照《彩票机构新旧会计

制度有关衔接问题的处理规定》（财会〔2014〕2 号），将基建账套相关数据并入 2018 年 12 月 31 日原账中的相关科目余额，再按照本规定将 2018 年 12 月 31 日原账相关会计科目余额转入新账相应科目。

（二）2019 年 1 月 1 日前执行新制度及补充规定的彩票机构，应当按照本规定做好新旧制度衔接工作。

附表 1：

彩票机构原会计科目余额明细表一

总账科目	明细分类	金额	备注
库存现金	库存现金		
	其中：受托代理现金		
银行存款	银行存款		
	其中：受托代理银行存款		
	其他货币资金		
其他应收款	在途物品		已经付款或已开出商业汇票，尚未收到物资
	其他		
长期投资	长期股权投资		
	长期债券投资		
在建工程	在建工程		
	工程物资		
	预付工程款、预付备料款		
应缴税费	应交增值税		
	其他应交税费		
其他应付款	受托代理负债		
	其他		
专用基金	彩票兑奖周转金		
	彩票发行销售风险基金		
	其他专用基金		

附表 2：

彩票机构原会计科目余额明细表二

总账科目	明细分类	金额	备注
应收票据、应收账款（扣除应收彩票资金）	发生时不计入收入		如转让资产的应收票据、应收账款
	发生时计入收入		
	其中：专项收入		
	其他		
预付账款	财政专户核拨资金预付		
	非财政专户核拨专项资金预付		
	非财政专户核拨非专项资金预付		
其他应收款	预付款项		如职工预借的差旅费等
	其中：财政专户核拨资金预付		
	非财政专户核拨专项资金预付		
	非财政专户核拨非专项资金预付		
	需要收回及其他		如支付的押金、应收为职工垫付的款项等

续表

总账科目	明细分类	金额	备注
库存材料	购入材料		
	其中：使用财政专户核拨资金购入		
	使用非财政专户核拨专项资金购入		
	使用非财政专户核拨非专项资金购入		
	非购入材料		如无偿调入、接受捐赠的材料等
长期投资	长期股权投资		
	其中：用现金资产取得		
	用非现金资产或其他方式取得		
	长期债券投资		
应付票据、应付账款（扣除应付彩票资金）	发生时不计入支出		
	发生时计入支出		
	其中：财政专户核拨资金应付		
	非财政专户核拨专项资金应付		
	非财政专户核拨非专项资金应付		
预收账款（扣除预收彩票资金）	预收专项资金		
	预收非专项资金		
专用基金	从非财政专户核拨资金结余分配中提取		
	从收入中列支提取		
	其他		

附表3：

彩票机构新旧会计制度转账、登记新账科目对照表

序号	新制度		原制度	
	编号	名称	编号	名称
一、资产类				
1	1001	库存现金	1001	库存现金
2	1002	银行存款	1002	银行存款
3	1021	其他货币资金		
4	1101	短期投资	1101	短期投资
5	1211	应收票据	1211	应收票据
6	1212	应收账款	1212	应收账款
7	1214	预付账款	1213	预付账款
8	1218	其他应收款	1215	其他应收款
9	1301	在途物品		
10	1302	库存物品	1301	库存材料
11			1302	库存彩票

续表

序号	新制度		原制度	
	编号	名称	编号	名称
一、资产类				
12	1501	长期股权投资	1401	长期投资
13	1502	长期债券投资		
14	1601	固定资产	1501	固定资产
15	1602	固定资产累计折旧	1502	累计折旧
16	1611	工程物资	1511	在建工程
17	1613	在建工程		
18	1214	预付账款		
19	1701	无形资产	1601	无形资产
20	1702	无形资产累计摊销	1602	累计摊销
21	1902	待处理财产损溢	1701	待处置资产损溢
二、负债类				
22	2001	短期借款	2001	短期借款
23	2101	应交增值税	2101	应缴税费
24	2102	其他应交税费		
25	2103	应缴财政款	2102	应缴国库款
26			2103	应缴财政专户款
27	2201	应付职工薪酬	2201	应付职工薪酬
28	2301	应付票据	2301	应付票据
29	2302	应付账款	2302	应付账款
30	2309	应付返奖奖金	2401	应付返奖奖金
31	2310	应付代销费	2402	应付代销费
32	2305	预收账款	2303	预收账款
33	2307	其他应付款	2305	其他应付款
34	2901	受托代理负债		
35	2501	长期借款	2501	长期借款
36	2502	长期应付款	2502	长期应付款
三、净资产类				
37	3001	累计盈余	3001	事业基金
38			3005	库存彩票基金
39			3101	非流动资产基金
40	3101	专用基金	3201	专用基金
41	3001	累计盈余		
42	3001	累计盈余	3301	财政专户核拨资金结转
43			3302	财政专户核拨资金结转
44			3401	非财政专户核拨资金结转
45	3001	累计盈余（借方）	3403	经营结余（借方）

序号	新制度		原制度	
	编号	名称	编号	名称
四、预算结余类				
46	8101	财政拨款结转	3301	财政专户核拨资金结转
47	8102	财政拨款结余	3302	财政专户核拨资金结余
48	8201	非财政拨款结转	3401	非财政专户核拨资金结转
49	8202	非财政拨款结余	3001	事业基金
50	8202	非财政拨款结余	3201	专用基金
51	8301	专用结余		
52	8401	经营结余	3403	经营结余
53			3301	财政专户核拨资金结转
54			3302	财政专户核拨资金结余
55	8001	资金结存（借方）	3401	非财政专户核拨资金结转
56			3001	事业基金
57			3201	专用基金
58			3403	经营结余

财政部　海关总署关于印发《企业会计准则通用分类标准海关专用缴款书扩展分类标准》的通知

2018 年 10 月 10 日　财会〔2018〕27 号

各省、自治区、直辖市、计划单列市财政厅（局），新疆生产建设兵团财政局，海关总署广东分署，天津、上海特派办，各直属海关、院校：

为支持海关总署《海关专用缴款书》打印改革，提高企业会计信息化水平，财政部、海关总署根据《可扩展商业报告语言（XBRL）技术规范》（GB/T 25500 – 2010）系列国家标准、《企业会计准则通用分类标准》（2015 版）和《海关总署　财政部　国家税务总局　国家档案局关于进行〈海关专用缴款书〉打印改革试点公告》（海关总署 2018 年公告第 100 号，以下简称《公告》），制定了《企业会计准则通用分类标准海关专用缴款书扩展分类标准》（以下简称海关扩展分类标准），现印发你们，以方便相关企事业单位和软件厂商按照《公告》要求，选择以电子《海关专用缴款书》作为会计原始凭证并完成无纸化会计档案归档。

海关扩展分类标准以电子文件包形式印发，包含元素清单和应用指南两项配套说明性文件（详见附件）。请登录财政部网站（www. mof. gov. cn），从"会计司"子频道下载。各单位在海关扩展分类标准实施中如有问题，请及时反馈财政部。

本标准自发布之日起施行。

联系人：财政部会计司准则一处　韩建书

联系电话：010 – 68552089

通讯地址：北京市西城区三里河南三巷 3 号　100820

电子邮箱：hanjianshu@ mof. gov. cn

联系人：海关总署综合统计司　刘寿吉

联系电话：010 – 65194143

通讯地址：北京市东城区建国门内大街 6 号　　100730

电子邮箱：liushouji@ customs. gov. cn

附件：1. 企业会计准则通用分类标准海关专用缴款书扩展分类标准（略）

　　　2.《企业会计准则通用分类标准海关专用缴款书扩展分类标准》元素清单（略）

　　　3.《企业会计准则通用分类标准海关专用缴款书扩展分类标准》应用指南（略）

财政部关于印发《政府会计准则第 7 号——会计调整》的通知

2018 年 10 月 21 日　财会〔2018〕28 号

党中央有关部门，国务院各部委、各直属机构，全国人大常委会办公厅，全国政协办公厅，高法院，高检院，各民主党派中央，有关人民团体，各省、自治区、直辖市、计划单列市财政厅（局），新疆生产建设兵团财政局：

为了适应权责发生制政府综合财务报告制度改革需要，规范政府会计调整的确认、计量和相关信息的披露，提高会计信息质量，根据《政府会计准则——基本准则》，我部制定了《政府会计准则第 7 号——会计调整》，现予印发，自 2019 年 1 月 1 日起施行。

执行中有何问题，请及时反馈我部。

附件：政府会计准则第 7 号——会计调整

附件：

政府会计准则第 7 号——会计调整

第一章　总　　则

第一条　为了规范政府会计调整的确认、计量和相关信息的披露，根据《政府会计准则——基本准则》，制定本准则。

第二条　本准则所称会计调整，是指政府会计主体因按照法律、行政法规和政府会计准则制度的要求，或者在特定情况下对其原采用的会计政策、会计估计，以及发现的会计差错、发生的报告日后事项等所作的调整。

本准则所称会计政策，是指政府会计主体在会计核算时所遵循的特定原则、基础以及所采用的具体会计处理方法。特定原则，是指政府会计主体按照政府会计准则制度所制定的、适合于本政府会计主体的会计处理原则。具体会计处理方法，是指政府会计主体从政府会计准则制度规定的诸多可选择的会计处理方法中所选择的、适合于本政府会计主体的会计处理方法。

本准则所称会计估计，是指政府会计主体对结果不确定的经济业务或者事项以最近可利用的信息为基础所作的判断，如固定资产、无形资产的预计使用年限等。

本准则所称会计差错，是指政府会计主体在会计核算时，在确认、计量、记录、报告等方面出现的错误，通常包括计算或记录错误、应用会计政策错误、疏忽或曲解事实产生的错误、财务舞弊等。

本准则所称报告日后事项，是指自报告日（年度报告日通常为 12 月 31 日）至报告批准报出日之间发生的需要调整或说明的事项，包括调整事项和非调整事项两类。

第三条 政府会计主体应当根据本准则及相关政府会计准则制度的规定，结合自身实际情况，确定本政府会计主体具体的会计政策和会计估计，并履行本政府会计主体内部报批程序；法律、行政法规等规定应当报送有关方面批准或备案的，从其规定。

政府会计主体的会计政策和会计估计一经确定，不得随意变更。如需变更，应重新履行本条第一款的程序，并按本准则的规定处理。

第二章　会计政策及其变更

第四条 政府会计主体应当对相同或者相似的经济业务或者事项采用相同的会计政策进行会计处理。但是，其他政府会计准则制度另有规定的除外。

第五条 政府会计主体采用的会计政策，在每一会计期间和前后各期应当保持一致。但是，满足下列条件之一的，可以变更会计政策：

（一）法律、行政法规或者政府会计准则制度等要求变更。

（二）会计政策变更能够提供有关政府会计主体财务状况、运行情况等更可靠、更相关的会计信息。

第六条 下列各项不属于会计政策变更：

（一）本期发生的经济业务或者事项与以前相比具有本质差别而采用新的会计政策。

（二）对初次发生的或者不重要的经济业务或者事项采用新的会计政策。

第七条 政府会计主体应当按照政府会计准则制度规定对会计政策变更进行处理。政府会计准则制度对会计政策变更未作出规定的，通常情况下，政府会计主体应当采用追溯调整法进行处理。

追溯调整法，是指对某项经济业务或者事项变更会计政策时，视同该项经济业务或者事项初次发生时即采用变更后的会计政策，并以此对财务报表相关项目进行调整的方法。

第八条 采用追溯调整法时，政府会计主体应当将会计政策变更的累积影响调整最早前期有关净资产项目的期初余额，其他相关项目的期初数也应一并调整；涉及收入、费用等项目的，应当将会计政策变更的影响调整受影响期间的各个相关项目。

会计政策变更的累积影响，是指按照变更后的会计政策对以前各期追溯计算的最早前期各个受影响的净资产项目以及其他相关项目的期初应有金额与现有金额之间的差额；会计政策变更的影响，是指按照变更后的会计政策对以前各期追溯计算的各个受影响的项目变更后的金额与现有金额之间的差额。

第九条 政府会计主体按规定编制比较财务报表的，对于比较财务报表可比期间的会计政策变更影响，应当调整各该期间的收入或者费用以及其他相关项目，视同该政策在比较财务报表期间一直采用。对于比较财务报表可比期间以前的会计政策变更的累积影响，政府会计主体应当调整比较财务报表最早期间所涉及的期初净资产各项目，财务报表其他相关项目的期初数也应一并调整。

第十条 会计政策变更的影响或者累积影响不能合理确定的，政府会计主体应当采用未来适用法对会计政策变更进行处理。

未来适用法，是指将变更后的会计政策应用于变更当期及以后各期发生的经济业务或者事项，或者在会计估计变更当期和未来期间确认会计估计变更的影响的方法。

采用未来适用法时，政府会计主体不需要计算会计政策变更产生的影响或者累积影响，也无需调整财务报表相关项目的期初数和比较财务报表相关项目的金额。

第三章　会计估计变更

第十一条 政府会计主体据以进行估计的基础发生了变化，或者由于取得新信息、积累更多经验以及后来的发展变化，可能需要对会计估计进行修订。会计估计变更应以掌握的新情况、新进展等真实、可靠的信息为依据。

第十二条 政府会计主体应当对会计估计变更采用未来适用法处理。

会计估计变更时，政府会计主体不需要追溯计算前期产生的影响或者累积影响，但应当对变更当期和未来期间发生的经济业务或者事项采用新的会计估计进行处理。

会计估计变更仅影响变更当期的，其影响应当在变更当期予以确认；会计估计变更既影响变更当期又影响未来期间的，其影响应当在变更当期和未来期间分别予以确认。

第十三条 政府会计主体对某项变更难以区分为会计政策变更或者会计估计变更的，应当按照会计估计变更的处理方法进行处理。

第四章　会计差错更正

第十四条 政府会计主体在本报告期（以下简称本期）发现的会计差错，应当按照以下原则处理：

（一）本期发现的与本期相关的会计差错，应当调整本期报表（包括财务报表和预算会计报表，下同）相关项目。

（二）本期发现的与前期相关的重大会计差错，如影响收入、费用或者预算收支的，应当将其对收入、费用或者预算收支的影响或者累积影响调整发现当期期初的相关净资产项目或者预算结转结余，并调整其他相关项目的期初数；如不影响收入、费用或者预算收支的，应当调整发现当期相关项目的期初数。经上述调整后，视同该差错在差错发生的期间已经得到更正。

与前期相关的重大会计差错的影响或者累积影响不能合理确定的，政府会计主体可比照本条（三）的规定进行处理。

重大会计差错，是指政府会计主体发现的使本期编制的报表不再具有可靠性的会计差错，一般是指差错的性质比较严重或者差错的金额比较大。该差错会影响报表使用者对政府会计主体过去、现在或者未来的情况作出评价或者预测，则认为性质比较严重，如未遵循政府会计准则制度、财务舞弊等原因产生的差错。通常情况下，导致差错的经济业务或者事项对报表某一具体项目的影响或者累积影响金额占该类经济业务或者事项对报表同一项目的影响金额的 10% 及以上，则认为金额比较大。

政府会计主体滥用会计政策、会计估计及其变更，应当作为重大会计差错予以更正。

（三）本期发现的与前期相关的非重大会计差错，应当将其影响数调整相关项目的本期数。

第十五条 政府会计主体在报告日至报告批准报出日之间发现的报告期以前期间的重大会计差错，应当视同本期发现的与前期相关的重大会计差错，比照本准则第十四条（二）的规定进行处理。

政府会计主体在报告日至报告批准报出日之间发现的报告期间的会计差错及报告期以前期间的非重大会计差错，应当按照本准则第五章报告日后事项中的调整事项进行处理。

第十六条 政府会计主体按规定编制比较财务报表的，对于比较财务报表期间的重大会计差错，应当调整各该期间的收入或者费用以及其他相关项目；对于比较财务报表期间以前的重大会计差错，应当调整比较财务报表最早期间所涉及的各项净资产项目的期初余额，财务报表其他相关项目的金额也应一并调整。

对于比较财务报表期间和以前的非重大会计差错，以及影响或者累积影响不能合理确定的重大会计差错，应当调整相关项目的本期数。

第五章　报告日后事项

第十七条 报告日以后获得新的或者进一步的证据，有助于对报告日存在状况的有关金额作出重新估计，应当作为调整事项，据此对报告日的报表进行调整。调整事项包括已证实资产发生了减损、已确定获得或者支付的赔偿、财务舞弊或者差错等。

第十八条 报告日以后发生的调整事项，应当如同报告所属期间发生的事项一样进行会计处理，对报告日已编制的报表相关项目的期末数或者本期数作相应的调整，并对当期编制的报表相关项目的期初数或者上期数进行调整。

第十九条 报告日以后才发生或者存在的事项，不影响报告日的存在状况，但如不加以说明，将会影响报告使用者作出正确估计和决策，这类事项应当作为非调整事项，在财务报表附注中予以披露，如自然灾害导致的资产损失、外汇汇率发生重大变化等。

第六章 披 露

第二十条 政府会计主体应当在财务报表附注中披露如下信息：

（一）会计政策变更的内容和理由、会计政策变更的影响，以及影响或者累积影响不能合理确定的理由。

（二）会计估计变更的内容和理由、会计估计变更对当期和未来期间的影响数。

（三）重大会计差错的内容和重大会计差错的更正方法、金额，以及与前期相关的重大会计差错影响或者累积影响不能合理确定的理由。

（四）与报告日后事项有关的下列信息：

1. 财务报告的批准报出者和批准报出日。

2. 每项重要的报告日后非调整事项的内容，及其估计对政府会计主体财务状况、运行情况的影响；无法作出估计的，应当说明其原因。

第二十一条 政府会计主体在以后的会计期间，不需要重复披露在以前期间的财务报表附注中已披露的会计政策变更、会计估计变更和会计差错更正的信息。

第七章 附 则

第二十二条 财政总预算会计中涉及的会计调整事项，按照《财政总预算会计制度》和财政部其他相关规定处理。

行政事业单位预算会计涉及的会计调整事项，按照部门决算报告制度有关要求进行披露。

第二十三条 本准则自 2019 年 1 月 1 日起施行。

财政部 国家知识产权局关于印发《知识产权相关会计信息披露规定》的通知

2018 年 11 月 5 日 财会〔2018〕30 号

国务院有关部委、有关直属机构，各省、自治区、直辖市、计划单列市财政厅（局）、知识产权局，新疆生产建设兵团财政局、知识产权局，财政部驻各省、自治区、直辖市、计划单列市财政监察专员办事处，有关中央管理企业：

为加强企业知识产权管理，规范企业知识产权相关会计信息披露，根据相关企业会计准则，我们制定了《知识产权相关会计信息披露规定》，现予印发，请遵照执行。

附件：知识产权相关会计信息披露规定

附件：

知识产权相关会计信息披露规定

为加强企业知识产权管理，规范企业知识产权相关会计信息披露，根据相关企业会计准则，制定本规定。

一、适用范围

本规定适用于企业按照《企业会计准则第 6 号——无形资产》规定确认为无形资产的知识产权和企业拥有或控制的、预期会给企业带来经济利益的、但由于不满足《企业会计准则第 6 号——无形资产》确认条件而未确认为无形资产的知识产权（以下简称"未作为无形资产确认的知识产权"）的相关会计信息披露。

二、披露要求

企业应当根据下列要求，在会计报表附注中对知识产权相关会计信息进行披露：

（一）企业应当按照类别对确认为无形资产的知识产权（以下简称无形资产）相关会计信息进行披露，具体披露格式如下：

项目	专利权	商标权	著作权	其他	合计
一、账面原值					
1. 期初余额					
2. 本期增加金额					
购置					
内部研发					
企业合并增加					
其他增加					
3. 本期减少金额					
处置					
失效且终止确认的部分					
其他					
二、累计摊销					
1. 期初余额					
2. 本期增加金额					
计提					
3. 本期减少金额					
处置					
失效且终止确认的部分					
其他					
4. 期末余额					

项目	专利权	商标权	著作权	其他	合计
三、减值准备					
1. 期初余额					
2. 本期增加金额					
3. 本期减少金额					
4. 期末余额					
四、账面价值					
1. 期末账面价值					
2. 期初账面价值					

为给财务报表使用者提供更相关的信息，企业可以根据自身情况将无形资产的类别进行合并或者拆分。

（二）对于使用寿命有限的无形资产，企业应当披露其使用寿命的估计情况及摊销方法；对于使用寿命不确定的无形资产，企业应当披露其账面价值及使用寿命不确定的判断依据。

（三）企业应当按照《企业会计准则第 28 号——会计政策、会计估计变更和差错更正》的规定，披露对无形资产的摊销期、摊销方法或残值的变更内容、原因以及对当期和未来期间的影响数。

（四）企业应当单独披露对企业财务报表具有重要影响的单项无形资产的内容、账面价值和剩余摊销期限。

（五）企业应当披露所有权或使用权受到限制的无形资产账面价值、当期摊销额等情况。

（六）企业可以根据实际情况，自愿披露下列知识产权（含未作为无形资产确认的知识产权）相关信息：

1. 知识产权的应用情况，包括知识产权的产品应用、作价出资、转让许可等情况；

2. 重大交易事项中涉及的知识产权对该交易事项的影响及风险分析，重大交易事项包括但不限于企业的经营活动、投融资活动、质押融资、关联方及关联交易、承诺事项、或有事项、债务重组、资产置换、专利交叉许可等；

3. 处于申请状态的知识产权的开始资本化时间、申请状态等信息；

4. 知识产权权利失效的（包括失效后不继续确认的知识产权和继续确认的知识产权），披露其失效事由、账面原值及累计摊销、失效部分的会计处理，以及知识产权失效对企业的影响及风险分析；

5. 企业认为有必要披露的其他知识产权相关信息。

三、实施与衔接

本规定自 2019 年 1 月 1 日起施行。企业应当采用未来适用法应用本规定。

财政部关于印发《政府会计准则第 8 号——负债》的通知

2018 年 11 月 9 日　财会〔2018〕31 号

党中央有关部门，国务院各部委、各直属机构，全国人大常委会办公厅，全国政协办公厅，高法院，高检院，各民主党派中央，有关人民团体，各省、自治区、直辖市、计划单列市财政厅（局），新疆生产建设兵团财政局：

为了适应权责发生制政府综合财务报告制度改革需要，规范政府负债的确认、计量和相关信息的披露，提高会计信息质量，根据《政府会计准则——基本准则》，我部制定了《政府会计准则第 8 号——负债》，现予印发，自 2019 年 1 月 1 日起施行。

执行中有何问题，请及时反馈我部。

附件：政府会计准则第 8 号——负债

附件：

政府会计准则第 8 号——负债

第一章　总　　则

第一条　为了规范负债的确认、计量和相关信息的披露，根据《政府会计准则——基本准则》，制定本准则。

第二条　本准则所称负债，是指政府会计主体过去的经济业务或者事项形成的，预期会导致经济资源流出政府会计主体的现时义务。

现时义务，是指政府会计主体在现行条件下已承担的义务。未来发生的经济业务或者事项形成的义务不属于现时义务，不应当确认为负债。

第三条　符合本准则第二条规定的负债定义的义务，在同时满足以下条件时，确认为负债：

（一）履行该义务很可能导致含有服务潜力或者经济利益的经济资源流出政府会计主体；

（二）该义务的金额能够可靠地计量。

第四条　政府会计主体的负债按照流动性，分为流动负债和非流动负债。

流动负债是指预计在 1 年内（含 1 年）偿还的负债，包括短期借款、应付短期政府债券、应付及预收款项、应缴款项等。

非流动负债是指流动负债以外的负债，包括长期借款、长期应付款、应付长期政府债券等。

第五条　政府会计主体的负债包括偿还时间与金额基本确定的负债和由或有事项形成的预计负债。

偿还时间与金额基本确定的负债按政府会计主体的业务性质及风险程度，分为融资活动形成的举借债务及其应付利息、运营活动形成的应付及预收款项和暂收性负债。

第六条　本准则规范政府会计主体负债的一般情况。其他政府会计准则对政府会计主体的特定负债做出专门规定的，从其规定。

第二章　举借债务

第七条　举借债务是指政府会计主体通过融资活动借入的债务，包括政府举借的债务以及其他政府会计主体借入的款项。

政府举借的债务包括政府发行的政府债券，向外国政府、国际经济组织等借入的款项，以及向上级政府借入转贷资金形成的借入转贷款。

其他政府会计主体借入的款项是指除政府以外的其他政府会计主体从银行或其他金融机构等借入的款项。

第八条　对于举借债务，政府会计主体应当在与债权人签订借款合同或协议并取得举借资金时确认为负债。

第九条　举借债务初始确认为负债时，应当按照实际发生额计量。

对于借入款项，初始确认为负债时应当按照借款本金计量；借款本金与取得的借款资金的差额应当计入当期费用。

对于发行的政府债券，初始确认为负债时应当按照债券本金计量；债券本金与发行价款的差额应当计入当期费用。

第十条　政府会计主体应当按照借款本金（或债券本金）和合同或协议约定的利率（或债券票面利率）按期计提举借债务的利息。

对于属于流动负债的举借债务以及属于非流动负债的分期付息、一次还本的举借债务，应当将计算确定的应付未付利息确认为流动负债，计入应付利息；对于其他举借债务，应当将计算确定的应付未付利息确认为非流动负债，计入相关非流动负债的账面余额。

第十一条　政府会计主体应当按照本准则第十二条、第十三条的规定，将因举借债务发生的借款费用分别计入工程成本或当期费用。

借款费用，是指政府会计主体因举借债务而发生的利息及其他相关费用，包括借款利息、辅助费用以及因外币借款而发生的汇兑差额等。其中，辅助费用是指政府会计主体在举借债务过程中发生的手续费、佣金等费用。

第十二条　政府以外的其他政府会计主体为购建固定资产等工程项目借入专门借款的，对于发生的专门借款费用，应当按照借款费用减去尚未动用的借款资金产生的利息收入后的金额，属于工程项目建设期间发生的，计入工程成本；不属于工程项目建设期间发生的，计入当期费用。

工程项目建设期间是指自工程项目开始建造起至交付使用时止的期间。

工程项目建设期间发生非正常中断且中断时间连续超过3个月（含3个月）的，政府会计主体应当将非正常中断期间的借款费用计入当期费用。如果中断是使工程项目达到交付使用所必须的程序，则中断期间所发生的借款费用仍应计入工程成本。

第十三条　政府会计主体因举借债务所发生的除本准则第十二条规定外的借款费用（包括政府举借的债务和其他政府会计主体的非专门借款所发生的借款费用），应当计入当期费用。

第十四条　政府会计主体应当在偿还举借债务本息时，冲减相关负债的账面余额。

第三章　应付及预收款项

第十五条　应付及预收款项，是指政府会计主体在运营活动中形成的应当支付而尚未支付的款项及预先收到但尚未实现收入的款项，包括应付职工薪酬、应付账款、预收款项、应交税费、应付国库集中支付结余和其他应付未付款项。

应付职工薪酬，是指政府会计主体为获得职工（含长期聘用人员）提供的服务而给予各种形式的报酬或因辞退等原因而给予职工补偿所形成的负债。职工薪酬包括工资、津贴补贴、奖金、社会保险费等。

应付账款，是指政府会计主体因取得资产、接受劳务、开展工程建设等而形成的负债。

预收款项，是指政府会计主体按照货物、服务合同或协议或者相关规定，向接受货物或服务的主体预先收款而形成的负债。

应交税费，是指政府会计主体因发生应税事项导致承担纳税义务而形成的负债。

应付国库集中支付结余，是指国库集中支付中，按照财政部门批复的部门预算，政府会计主体（政府财政）当年未支而需结转下一年度支付款项而形成的负债。

其他应付未付款项，是指政府会计主体因有关政策明确要求其承担支出责任等而形成的应付未付款项。

第十六条　除因辞退等原因给予职工的补偿外，政府会计主体应当在职工为其提供服务的会计期间，将应支付的职工薪酬确认为负债，除本条第二款规定外，计入当期费用。

政府会计主体应当根据职工提供服务的受益对象，将下列职工薪酬分情况处理：

（一）应由自制物品负担的职工薪酬，计入自制物品成本。

（二）应由工程项目负担的职工薪酬，比照本准则第十二条有关借款费用的处理原则计入工程成本或当期费用。

（三）应由自行研发项目负担的职工薪酬，在研究阶段发生的，计入当期费用；在开发阶段发生并且最终形成无形资产的，计入无形资产成本。

第十七条 政府会计主体按照有关规定为职工缴纳的医疗保险费、养老保险费、职业年金等社会保险费和住房公积金，应当在职工为其提供服务的会计期间，根据有关规定加以计算并确认为负债，具体按照本准则第十六条的规定处理。

第十八条 政府会计主体因辞退等原因给予职工的补偿，应当于相关补偿金额报经批准时确认为负债，并计入当期费用。

第十九条 对于应付账款，政府会计主体应当在取得资产、接受劳务，或外包工程完成规定进度时，按照应付未付款项的金额予以确认。

第二十条 对于预收款项，政府会计主体应当在收到预收款项时，按照实际收到款项的金额予以确认。

第二十一条 对于应交税费，政府会计主体应当在发生应税事项导致承担纳税义务时，按照税法等规定计算的应交税费金额予以确认。

第二十二条 对于应付国库集中支付结余，政府会计主体（政府财政）应当在年末，按照国库集中支付预算指标数大于国库资金实际支付数的差额予以确认。

第二十三条 对于其他应付未付款项，政府会计主体应当在有关政策已明确其承担支出责任，或者其他情况下相关义务满足负债的定义和确认条件时，按照确定应承担的负债金额予以确认。

第二十四条 政府会计主体应当在支付应付款项或将预收款项确认为收入时，冲减相关负债的账面余额。

第四章 暂收性负债

第二十五条 暂收性负债是指政府会计主体暂时收取，随后应做上缴、退回、转拨等处理的款项。暂收性负债主要包括应缴财政款和其他暂收款项。

应缴财政款，是指政府会计主体暂时收取、按规定应当上缴国库或财政专户的款项而形成的负债。

其他暂收款项，是指除应缴财政款以外的其他暂收性负债，包括政府会计主体暂时收取，随后应退还给其他方的押金或保证金、随后应转付给其他方的转拨款等款项。

第二十六条 对于应缴财政款，政府会计主体通常应当在实际收到相关款项时，按照相关规定计算确定的上缴金额予以确认。

第二十七条 对于其他暂收款项，政府会计主体应当在实际收到相关款项时，按照实际收到的金额予以确认。

第二十八条 政府会计主体应当在上缴应缴财政款、退还、转付其他暂收款项等时，冲减相关负债的账面余额。

第五章 预计负债

第二十九条 政府会计主体应当将与或有事项相关且满足本准则第三条规定条件的现时义务确认为预计负债。

或有事项，是指由过去的经济业务或者事项形成的，其结果须由某些未来事项的发生或不发生才能决定的不确定事项。未来事项是否发生不在政府会计主体控制范围内。

政府会计主体常见的或有事项主要包括：未决诉讼或未决仲裁、对外国政府或国际经济组织的贷款担保、承诺（补贴、代偿）、自然灾害或公共事件的救助等。

第三十条 预计负债应当按照履行相关现时义务所需支出的最佳估计数进行初始计量。

所需支出存在一个连续范围，且该范围内各种结果发生的可能性相同的，最佳估计数应当按照该范围内的中间值确定。

在其他情形下，最佳估计数应当分别下列情况确定：

（一）或有事项涉及单个项目的，按照最可能发生金额确定。

（二）或有事项涉及多个项目的，按照各种可能结果及相关概率计算确定。

第三十一条 政府会计主体在确定最佳估计数时，一般应当综合考虑与或有事项有关的风险、不确定性等因素。

第三十二条 政府会计主体清偿预计负债所需支出预期全部或部分由第三方补偿的，补偿金额只有在基本确定能够收到时才能作为资产单独确认。确认的补偿金额不应当超过预计负债的账面余额。

第三十三条 政府会计主体应当在报告日对预计负债的账面余额进行复核。有确凿证据表明该账面余额不能真实反映当前最佳估计数的，应当按照当前最佳估计数对该账面余额进行调整。履行该预计负债的相关义务不是很可能导致经济资源流出政府会计主体时，应当将该预计负债的账面余额予以转销。

第三十四条 政府会计主体不应当将下列与或有事项相关的义务确认为负债，但应当按照本准则第三十六条规定对该类义务进行披露：

（一）过去的经济业务或者事项形成的潜在义务，其存在须通过未来不确定事项的发生或不发生予以证实，未来事项是否能发生不在政府会计主体控制范围内。潜在义务是指结果取决于不确定未来事项的可能义务。

（二）过去的经济业务或者事项形成的现时义务，履行该义务不是很可能导致经济资源流出政府会计主体或者该义务的金额不能可靠计量。

第六章 披 露

第三十五条 政府会计主体应当在附注中披露与举借债务、应付及预收款项、暂收性负债和预计负债有关的下列信息：

（一）各类负债的债权人、偿还期限、期初余额和期末余额。

（二）逾期借款或者违约政府债券的债权人、借款（债券）金额、逾期时间、利率、逾期未偿还（违约）原因和预计还款时间等。

（三）借款的担保方、担保方式、抵押物等。

（四）预计负债的形成原因以及经济资源可能流出的时间、经济资源流出的时间和金额不确定的说明，预计负债有关的预期补偿金额和本期已确认的补偿金额。

第三十六条 政府会计主体应当在附注中披露本准则第三十四条规定的或有事项相关义务的下列信息：

（一）或有事项相关义务的种类及其形成原因。

（二）经济资源流出时间和金额不确定的说明。

（三）或有事项相关义务预计产生的财务影响，以及获得补偿的可能性；无法预计的，应当说明原因。

第七章 附 则

第三十七条 本准则自 2019 年 1 月 1 日起施行。

财政部关于印发《代理记账行业协会管理办法》的通知

2018 年 11 月 13 日　财会〔2018〕32 号

各省、自治区、直辖市、计划单列市财政厅（局），新疆生产建设兵团财政局：

为加强代理记账行业协会管理，规范代理记账行业协会行为，根据《代理记账管理办法》及国家有关规定，我部制定了《代理记账行业协会管理办法》，现予印发，请遵照执行。

附件：代理记账行业协会管理办法

附件：

代理记账行业协会管理办法

第一章　总　　则

第一条　为加强代理记账行业协会管理，规范代理记账行业协会行为，根据《代理记账管理办法》及国家有关规定，制定本办法。

第二条　本办法所称的代理记账行业协会（以下简称行业协会）是指由依法取得代理记账资格、从事代理记账业务的机构（以下简称行业机构）自愿发起，依法成立的非营利性法人。

第三条　行业协会应当加强行业诚信自律建设和会员服务，督促会员执业质量、职业道德，协调行业内、外部关系，维护社会公众利益、优化公平竞争环境、确保会员合法权益，促进行业健康有序发展。

第四条　行业协会应当遵循自主办会的原则，依据经登记管理机关核准的行业协会章程，实行会务自理、经费自筹、自律管理、自我服务，并使会员享有平等的权利和义务。

第五条　行业协会的活动应当符合国家法律法规以及行业的整体要求，不得损害社会公共利益。

第六条　行业协会应当加强党的组织建设，宣传和执行党的路线方针政策，领导本协会工会、共青团、妇联等群团组织，教育引导党员，团结凝聚群众，推动事业发展。

第七条　行业协会的负责人包括会长（理事长）、副会长（副理事长）、秘书长，其设立及人员配备应当符合国家有关规定。

第八条　行业协会应当依据有关法律法规及行业协会章程，建立健全法人治理结构及运行机制，完善各项内部管理制度，规范议事规则和工作程序。

行业协会不得限制会员开展正当的经营活动或参与其他社会活动；不得在会员之间实施歧视性政策。

第九条　县级以上地方人民政府财政部门是本地区行业协会的行业管理部门，应当加强对行业协会的业务指导和日常监管，引导行业协会健康发展。

跨行政区域的行业协会，由其登记管理机关的同级财政部门作为其行业管理部门。

第二章　自律管理和自我服务

第十条　行业协会应当加强下列自律管理：

（一）研究制定本协会的自律规约和职业道德准则；

（二）推行会员信用承诺，开展会员信用评价，建立健全会员信用档案；

（三）加强会员信用信息共享和应用，实行信息公开并自觉接受社会公众和会员的监督；

（四）督促指导会员遵守国家统一的会计制度；

（五）对违反国家法律法规、行业协会章程、自律规约和职业道德的会员进行惩戒；

（六）采取其他有助于本行业健康发展的自律措施。

第十一条　行业协会可以按照国家有关规定，协调相关市场主体共同制定满足市场和创新需要的执业规范和标准。行业协会制定的执业规范和标准应当符合国家法律法规及国家统一的会计制度的规定。

行业协会制定的执业规范和标准由本协会会员约定采用。

第十二条　行业协会应当建立健全行业诚信激励和失信惩戒机制，对遵纪守法、诚信执业并受到社会广泛认可的会员，行业协会可以给予奖励；对违反国家法律法规、行业协会章程、行业规范，严重损害行业整体形象的会员，行业协会应当按照行业协会章程、行业规范进行处理，并在有关处理决定作出后的 15 个工作日内向行业管理部门备案。

第十三条　行业协会应当做好会员服务，在政策咨询、法律维权、人员培训、经验交流、市场拓展、信息化建设等方面向会员提供必要的支持和便利。

第十四条　行业协会应当切实维护会员和行业的合法权益，向政府有关部门及时反映行业诉求。

第十五条　行业协会应当规范行业发展秩序，发挥专业调解作用，就行业经营活动中产生的争议事项制定具体的处置规则和程序，并可以对以下争议事项进行调解：

（一）会员之间的争议事项；

（二）会员与同业非会员单位之间的争议事项；

（三）会员与委托客户之间的争议事项；

（四）会员与其他经济组织之间的争议事项。

第三章　财务管理

第十六条　行业协会应当加强财务管理和内部控制建设，建立健全财务管理制度，经费使用应当符合行业协会章程规定的范围。

第十七条　行业协会的会费应当按照《社会团体登记管理条例》和行业协会章程的规定收取。

会费的收取、使用应当接受会员代表大会和有关部门的监督，任何组织或者个人不得侵占、私分和挪用。

第十八条　行业协会资产管理和使用应当按照行业协会章程和财务管理制度执行。重大资产配置、处置应当经过会员代表大会、理事会审议。

第十九条　行业协会应当严格按照《中华人民共和国会计法》等法律法规以及《民间非营利组织会计制度》等规定，建立健全本协会的会计核算办法，依法进行会计核算，编制财务会计报告。

行业协会的年度财务会计报告应当按照国家有关规定，委托会计师事务所进行审计。

第四章　指导与监督

第二十条　行业管理部门应当加强对管辖区域内行业协会的政策和业务指导，建立健全工作联系机制，加强备案管理，监督、指导行业协会遵守国家法律法规和有关政策，依据行业协会章程开展活动。

第二十一条　登记管理机关准予登记的，行业协会应当在完成注册登记后的 15 个工作日内，向行业管理部门提交以下备案材料：

（一）行业协会负责人、理事、会员等的基本情况；

（二）行业协会章程、会费管理办法；

（三）《社会团体法人登记证书》相关信息。

第二十二条　行业协会应当于每年完成向登记管理机关报送年度工作报告后的 15 个工作日内，向同级行业管理部门报送年度工作报告。

第二十三条　登记管理机关准予变更登记或准予注销的，行业协会应当在办理完成后的 15 个工作日内，向行业管理部门进行备案。

第二十四条　行业协会进行换届、更换法定代表人，应当进行财务审计，并在取得审计报告后的 15 个工作日内将审计报告报送行业管理部门备案。

第二十五条　行业协会应当依法履行对年度工作报告、经审计的年度财务会计报告等信息的公开义务。

第二十六条　行业管理部门在制定涉及行业利益的政策措施、行业规范和标准时，应当发挥行业协会的职能作用，主动听取行业协会关于行业发展的意见和建议。

第二十七条　行业管理部门应当依法加强对行业协会活动的监管，定期对行业协会执行行业协会章程、开展自律管理、自我服务以及财务管理等情况进行监督检查。

第二十八条　行业管理部门应当鼓励和支持行业协会开展行业人才建设工作，积极提升行业从业人员的职业技能和道德水平。

第二十九条　行业管理部门对代理记账机构实施监管时，应当主动核实并运用行业协会的自律管理、信用档案、激励惩戒等信息，对违反《中华人民共和国会计法》以及国家统一的会计制度等法律法规的行为，应当及时依据有关法律法规进行处理。

第三十条　行业协会违反行业协会章程，造成恶劣社会影响的，行业管理部门应当及时进行约谈，责令其限期改正；逾期不改正的，列入重点关注名单，并向社会公示；同时违反国家有关规定，情节严重的，依据有关法律法规进行处理。

第三十一条　行业协会未按照本办法第十二条、第二十一条、第二十二条、第二十三条、第二十四条的规定按时报送相关材料的，由行业管理部门进行约谈，并责令其限期改正；逾期不改正的，列入重点关注名单，并向社会公示。

第三十二条　行业协会未按照本办法第二十五条的规定依法履行信息公开义务的，由行业管理部门进行约谈，并责令其限期改正；逾期不改正的，列入重点关注名单，并向社会公示；情节严重的，依据有关法律法规进行处理。

第三十三条　行业管理部门及其工作人员在监管过程中，滥用职权、玩忽职守、徇私舞弊的，依法给予行政处分；涉嫌犯罪的，移送司法机关处理。

第五章　附　　则

第三十四条　本办法自 2019 年 1 月 1 日起施行。

财政部关于印发《会计人员管理办法》的通知

2018 年 12 月 6 日　财会〔2018〕33 号

各省、自治区、直辖市、计划单列市财政厅（局），新疆生产建设兵团财政局，中共中央直属机关事务管理局，国家机关事务管理局财务管理司，中央军委后勤保障部财务局：

为加强会计人员管理，明确会计人员范围和专业能力要求，根据《中华人民共和国会计法》及相关法律法规的规定，我部制定了《会计人员管理办法》，现予印发，请遵照执行。

附件：会计人员管理办法

附件：

会计人员管理办法

第一条 为加强会计人员管理，规范会计人员行为，根据《中华人民共和国会计法》及相关法律法规的规定，制定本办法。

第二条 会计人员，是指根据《中华人民共和国会计法》的规定，在国家机关、社会团体、企业、事业单位和其他组织（以下统称单位）中从事会计核算、实行会计监督等会计工作的人员。

会计人员包括从事下列具体会计工作的人员：

（一）出纳；

（二）稽核；

（三）资产、负债和所有者权益（净资产）的核算；

（四）收入、费用（支出）的核算；

（五）财务成果（政府预算执行结果）的核算；

（六）财务会计报告（决算报告）编制；

（七）会计监督；

（八）会计机构内会计档案管理；

（九）其他会计工作。

担任单位会计机构负责人（会计主管人员）、总会计师的人员，属于会计人员。

第三条 会计人员从事会计工作，应当符合下列要求：

（一）遵守《中华人民共和国会计法》和国家统一的会计制度等法律法规；

（二）具备良好的职业道德；

（三）按照国家有关规定参加继续教育；

（四）具备从事会计工作所需要的专业能力。

第四条 会计人员具有会计类专业知识，基本掌握会计基础知识和业务技能，能够独立处理基本会计业务，表明具备从事会计工作所需要的专业能力。

单位应当根据国家有关法律法规和本办法有关规定，判断会计人员是否具备从事会计工作所需要的专业能力。

第五条 单位应当根据《中华人民共和国会计法》等法律法规和本办法有关规定，结合会计工作需要，自主任用（聘用）会计人员。

单位任用（聘用）的会计机构负责人（会计主管人员）、总会计师，应当符合《中华人民共和国会计法》《总会计师条例》等法律法规和本办法有关规定。

单位应当对任用（聘用）的会计人员及其从业行为加强监督和管理。

第六条 因发生与会计职务有关的违法行为被依法追究刑事责任的人员，单位不得任用（聘用）其从事会计工作。

因违反《中华人民共和国会计法》有关规定受到行政处罚五年内不得从事会计工作的人员，处罚期届满前，单位不得任用（聘用）其从事会计工作。

本条第一款和第二款规定的违法人员行业禁入期限，自其违法行为被认定之日起计算。

第七条 单位应当根据有关法律法规、内部控制制度要求和会计业务需要设置会计岗位，明确会计人员职责权限。

　　第八条　县级以上地方人民政府财政部门、新疆生产建设兵团财政局、中央军委后勤保障部、中共中央直属机关事务管理局、国家机关事务管理局应当采用随机抽取检查对象、随机选派执法检查人员的方式，依法对单位任用（聘用）会计人员及其从业情况进行管理和监督检查，并将监督检查情况及结果及时向社会公开。

　　第九条　依法成立的会计人员自律组织，应当依据有关法律法规和其章程规定，指导督促会员依法从事会计工作，对违反有关法律法规、会计职业道德和其章程的会员进行惩戒。

　　第十条　各省、自治区、直辖市、计划单列市财政厅（局），新疆生产建设兵团财政局，中央军委后勤保障部、中共中央直属机关事务管理局、国家机关事务管理局可以根据本办法制定具体实施办法，报财政部备案。

　　第十一条　本办法自 2019 年 1 月 1 日起施行。

财政部关于修订印发
《企业会计准则第 21 号——租赁》的通知

2018 年 12 月 7 日　财会〔2018〕35 号

国务院有关部委、有关直属机构，各省、自治区、直辖市、计划单列市财政厅（局），新疆生产建设兵团财政局，财政部驻各省、自治区、直辖市、计划单列市财政监察专员办事处，有关中央管理企业：

　　为了适应社会主义市场经济发展需要，规范租赁的会计处理，提高会计信息质量，根据《企业会计准则——基本准则》，我部对《企业会计准则第 21 号——租赁》进行了修订，现予印发。有关事项通知如下：

　　一、在境内外同时上市的企业以及在境外上市并采用国际财务报告准则或企业会计准则编制财务报表的企业，自 2019 年 1 月 1 日起施行；其他执行企业会计准则的企业自 2021 年 1 月 1 日起施行。

　　二、母公司或子公司在境外上市且按照国际财务报告准则或企业会计准则编制其境外财务报表的企业，可以提前执行本准则，但不应早于其同时执行我部 2017 年 3 月 31 日印发的《企业会计准则第 22 号——金融工具确认和计量》和 2017 年 7 月 5 日印发的《企业会计准则第 14 号——收入》的日期。

　　三、执行本准则的企业，不再执行我部于 2006 年 2 月 15 日印发的《财政部关于印发〈企业会计准则第 1 号——存货〉等 38 项具体准则的通知》（财会〔2006〕3 号）中的《企业会计准则第 21 号——租赁》，以及我部于 2006 年 10 月 30 日印发的《财政部关于印发〈企业会计准则——应用指南〉的通知》（财会〔2006〕18 号）中的《〈企业会计准则第 21 号——租赁〉应用指南》。

　　执行中有何问题，请及时反馈我部。

　　附件：企业会计准则第 21 号——租赁

附件：

企业会计准则第 21 号——租赁

第一章　总　　则

　　第一条　为了规范租赁的确认、计量和相关信息的列报，根据《企业会计准则——基本准则》，制定本准则。

第二条　租赁，是指在一定期间内，出租人将资产的使用权让与承租人以获取对价的合同。

第三条　本准则适用于所有租赁，但下列各项除外：

（一）承租人通过许可使用协议取得的电影、录像、剧本、文稿等版权、专利等项目的权利，以出让、划拨或转让方式取得的土地使用权，适用《企业会计准则第 6 号——无形资产》。

（二）出租人授予的知识产权许可，适用《企业会计准则第 14 号——收入》。

勘探或使用矿产、石油、天然气及类似不可再生资源的租赁，承租人承租生物资产，采用建设经营移交等方式参与公共基础设施建设、运营的特许经营权合同，不适用本准则。

第二章　租赁的识别、分拆和合并

第一节　租赁的识别

第四条　在合同开始日，企业应当评估合同是否为租赁或者包含租赁。如果合同中一方让渡了在一定期间内控制一项或多项已识别资产使用的权利以换取对价，则该合同为租赁或者包含租赁。

除非合同条款和条件发生变化，企业无需重新评估合同是否为租赁或者包含租赁。

第五条　为确定合同是否让渡了在一定期间内控制已识别资产使用的权利，企业应当评估合同中的客户是否有权获得在使用期间内因使用已识别资产所产生的几乎全部经济利益，并有权在该使用期间主导已识别资产的使用。

第六条　已识别资产通常由合同明确指定，也可以在资产可供客户使用时隐性指定。但是，即使合同已对资产进行指定，如果资产的供应方在整个使用期间拥有对该资产的实质性替换权，则该资产不属于已识别资产。

同时符合下列条件时，表明供应方拥有资产的实质性替换权：

（一）资产供应方拥有在整个使用期间替换资产的实际能力；

（二）资产供应方通过行使替换资产的权利将获得经济利益。

企业难以确定供应方是否拥有对该资产的实质性替换权的，应当视为供应方没有对该资产的实质性替换权。

如果资产的某部分产能或其他部分在物理上不可区分，则该部分不属于已识别资产，除非其实质上代表该资产的全部产能，从而使客户获得因使用该资产所产生的几乎全部经济利益。

第七条　在评估是否有权获得因使用已识别资产所产生的几乎全部经济利益时，企业应当在约定的客户可使用资产的权利范围内考虑其所产生的经济利益。

第八条　存在下列情况之一的，可视为客户有权主导对已识别资产在整个使用期间内的使用：

（一）客户有权在整个使用期间主导已识别资产的使用目的和使用方式。

（二）已识别资产的使用目的和使用方式在使用期开始前已预先确定，并且客户有权在整个使用期间自行或主导他人按照其确定的方式运营该资产，或者客户设计了已识别资产并在设计时已预先确定了该资产在整个使用期间的使用目的和使用方式。

第二节　租赁的分拆和合并

第九条　合同中同时包含多项单独租赁的，承租人和出租人应当将合同予以分拆，并分别各项单独租赁进行会计处理。

合同中同时包含租赁和非租赁部分的，承租人和出租人应当将租赁和非租赁部分进行分拆，除非企业适用本准则第十二条的规定进行会计处理，租赁部分应当分别按照本准则进行会计处理，非租赁部分应当按照其他适用的企业会计准则进行会计处理。

第十条 同时符合下列条件的，使用已识别资产的权利构成合同中的一项单独租赁：

（一）承租人可从单独使用该资产或将其与易于获得的其他资源一起使用中获利；

（二）该资产与合同中的其他资产不存在高度依赖或高度关联关系。

第十一条 在分拆合同包含的租赁和非租赁部分时，承租人应当按照各租赁部分单独价格及非租赁部分的单独价格之和的相对比例分摊合同对价，出租人应当根据《企业会计准则第 14 号——收入》关于交易价格分摊的规定分摊合同对价。

第十二条 为简化处理，承租人可以按照租赁资产的类别选择是否分拆合同包含的租赁和非租赁部分。承租人选择不分拆的，应当将各租赁部分及与其相关的非租赁部分分别合并为租赁，按照本准则进行会计处理。但是，对于按照《企业会计准则第 22 号——金融工具确认和计量》应分拆的嵌入衍生工具，承租人不应将其与租赁部分合并进行会计处理。

第十三条 企业与同一交易方或其关联方在同一时间或相近时间订立的两份或多份包含租赁的合同，在符合下列条件之一时，应当合并为一份合同进行会计处理：

（一）该两份或多份合同基于总体商业目的而订立并构成一揽子交易，若不作为整体考虑则无法理解其总体商业目的。

（二）该两份或多份合同中的某份合同的对价金额取决于其他合同的定价或履行情况。

（三）该两份或多份合同让渡的资产使用权合起来构成一项单独租赁。

第三章　承租人的会计处理

第一节　确认和初始计量

第十四条 在租赁期开始日，承租人应当对租赁确认使用权资产和租赁负债，应用本准则第三章第三节进行简化处理的短期租赁和低价值资产租赁除外。

使用权资产，是指承租人可在租赁期内使用租赁资产的权利。

租赁期开始日，是指出租人提供租赁资产使其可供承租人使用的起始日期。

第十五条 租赁期，是指承租人有权使用租赁资产且不可撤销的期间。

承租人有续租选择权，即有权选择续租该资产，且合理确定将行使该选择权的，租赁期还应当包含续租选择权涵盖的期间。

承租人有终止租赁选择权，即有权选择终止租赁该资产，但合理确定将不会行使该选择权的，租赁期应当包含终止租赁选择权涵盖的期间。

发生承租人可控范围内的重大事件或变化，且影响承租人是否合理确定将行使相应选择权的，承租人应当对其是否合理确定将行使续租选择权、购买选择权或不行使终止租赁选择权进行重新评估。

第十六条 使用权资产应当按照成本进行初始计量。该成本包括：

（一）租赁负债的初始计量金额；

（二）在租赁期开始日或之前支付的租赁付款额，存在租赁激励的，扣除已享受的租赁激励相关金额；

（三）承租人发生的初始直接费用；

（四）承租人为拆卸及移除租赁资产、复原租赁资产所在场地或将租赁资产恢复至租赁条款约定状态预计将发生的成本。前述成本属于为生产存货而发生的，适用《企业会计准则第 1 号——存货》。

承租人应当按照《企业会计准则第 13 号——或有事项》对本条第（四）项所述成本进行确认和计量。

租赁激励，是指出租人为达成租赁向承租人提供的优惠，包括出租人向承租人支付的与租赁有关的款项、出租人为承租人偿付或承担的成本等。

初始直接费用，是指为达成租赁所发生的增量成本。增量成本是指若企业不取得该租赁，则不会发生的成本。

第十七条　租赁负债应当按照租赁期开始日尚未支付的租赁付款额的现值进行初始计量。

在计算租赁付款额的现值时，承租人应当采用租赁内含利率作为折现率；无法确定租赁内含利率的，应当采用承租人增量借款利率作为折现率。

租赁内含利率，是指使出租人的租赁收款额的现值与未担保余值的现值之和等于租赁资产公允价值与出租人的初始直接费用之和的利率。

承租人增量借款利率，是指承租人在类似经济环境下为获得与使用权资产价值接近的资产，在类似期间以类似抵押条件借入资金须支付的利率。

第十八条　租赁付款额，是指承租人向出租人支付的与在租赁期内使用租赁资产的权利相关的款项，包括：

（一）固定付款额及实质固定付款额，存在租赁激励的，扣除租赁激励相关金额；

（二）取决于指数或比率的可变租赁付款额，该款项在初始计量时根据租赁期开始日的指数或比率确定；

（三）购买选择权的行权价格，前提是承租人合理确定将行使该选择权；

（四）行使终止租赁选择权需支付的款项，前提是租赁期反映出承租人将行使终止租赁选择权；

（五）根据承租人提供的担保余值预计应支付的款项。

实质固定付款额，是指在形式上可能包含变量但实质上无法避免的付款额。

可变租赁付款额，是指承租人为取得在租赁期内使用租赁资产的权利，向出租人支付的因租赁期开始日后的事实或情况发生变化（而非时间推移）而变动的款项。取决于指数或比率的可变租赁付款额包括与消费者价格指数挂钩的款项、与基准利率挂钩的款项和为反映市场租金费率变化而变动的款项等。

第十九条　担保余值，是指与出租人无关的一方向出租人提供担保，保证在租赁结束时租赁资产的价值至少为某指定的金额。

未担保余值，是指租赁资产余值中，出租人无法保证能够实现或仅由与出租人有关的一方予以担保的部分。

第二节　后续计量

第二十条　在租赁期开始日后，承租人应当按照本准则第二十一条、第二十二条、第二十七条及第二十九条的规定，采用成本模式对使用权资产进行后续计量。

第二十一条　承租人应当参照《企业会计准则第4号——固定资产》有关折旧规定，对使用权资产计提折旧。

承租人能够合理确定租赁期届满时取得租赁资产所有权的，应当在租赁资产剩余使用寿命内计提折旧。无法合理确定租赁期届满时能够取得租赁资产所有权的，应当在租赁期与租赁资产剩余使用寿命两者孰短的期间内计提折旧。

第二十二条　承租人应当按照《企业会计准则第8号——资产减值》的规定，确定使用权资产是否发生减值，并对已识别的减值损失进行会计处理。

第二十三条　承租人应当按照固定的周期性利率计算租赁负债在租赁期内各期间的利息费用，并计入当期损益。按照《企业会计准则第17号——借款费用》等其他准则规定应当计入相关资产成本的，从其规定。

该周期性利率，是按照本准则第十七条规定所采用的折现率，或者按照本准则第二十五条、二十六条和二十九条规定所采用的修订后的折现率。

第二十四条　未纳入租赁负债计量的可变租赁付款额应当在实际发生时计入当期损益。按照《企业会计准则第1号——存货》等其他准则规定应当计入相关资产成本的，从其规定。

第二十五条　在租赁期开始日后，发生下列情形的，承租人应当重新确定租赁付款额，并按变动后租赁付款额和修订后的折现率计算的现值重新计量租赁负债：

（一）因依据本准则第十五条第四款规定，续租选择权或终止租赁选择权的评估结果发生变化，或者前述选择权的实际行使情况与原评估结果不一致等导致租赁期变化的，应当根据新的租赁期重新确定租赁付款额；

（二）因依据本准则第十五条第四款规定，购买选择权的评估结果发生变化的，应当根据新的评估结果重新确定租赁付款额。

在计算变动后租赁付款额的现值时，承租人应当采用剩余租赁期间的租赁内含利率作为修订后的折现率；无法确定剩余租赁期间的租赁内含利率的，应当采用重估日的承租人增量借款利率作为修订后的折现率。

第二十六条　在租赁期开始日后，根据担保余值预计的应付金额发生变动，或者因用于确定租赁付款额的指数或比率变动而导致未来租赁付款额发生变动的，承租人应当按照变动后租赁付款额的现值重新计量租赁负债。在这些情形下，承租人采用的折现率不变；但是，租赁付款额的变动源自浮动利率变动的，使用修订后的折现率。

第二十七条　承租人在根据本准则第二十五条、第二十六条或因实质固定付款额变动重新计量租赁负债时，应当相应调整使用权资产的账面价值。使用权资产的账面价值已调减至零，但租赁负债仍需进一步调减的，承租人应当将剩余金额计入当期损益。

第二十八条　租赁发生变更且同时符合下列条件的，承租人应当将该租赁变更作为一项单独租赁进行会计处理：

（一）该租赁变更通过增加一项或多项租赁资产的使用权而扩大了租赁范围；

（二）增加的对价与租赁范围扩大部分的单独价格按该合同情况调整后的金额相当。

租赁变更，是指原合同条款之外的租赁范围、租赁对价、租赁期限的变更，包括增加或终止一项或多项租赁资产的使用权，延长或缩短合同规定的租赁期等。

第二十九条　租赁变更未作为一项单独租赁进行会计处理的，在租赁变更生效日，承租人应当按照本准则第九条至第十二条的规定分摊变更后合同的对价，按照本准则第十五条的规定重新确定租赁期，并按照变更后租赁付款额和修订后的折现率计算的现值重新计量租赁负债。

在计算变更后租赁付款额的现值时，承租人应当采用剩余租赁期间的租赁内含利率作为修订后的折现率；无法确定剩余租赁期间的租赁内含利率的，应当采用租赁变更生效日的承租人增量借款利率作为修订后的折现率。租赁变更生效日，是指双方就租赁变更达成一致的日期。

租赁变更导致租赁范围缩小或租赁期缩短的，承租人应当相应调减使用权资产的账面价值，并将部分终止或完全终止租赁的相关利得或损失计入当期损益。其他租赁变更导致租赁负债重新计量的，承租人应当相应调整使用权资产的账面价值。

第三节　短期租赁和低价值资产租赁

第三十条　短期租赁，是指在租赁期开始日，租赁期不超过 12 个月的租赁。

包含购买选择权的租赁不属于短期租赁。

第三十一条　低价值资产租赁，是指单项租赁资产为全新资产时价值较低的租赁。

低价值资产租赁的判定仅与资产的绝对价值有关，不受承租人规模、性质或其他情况影响。低价值资产租赁还应当符合本准则第十条的规定。

承租人转租或预期转租租赁资产的，原租赁不属于低价值资产租赁。

第三十二条　对于短期租赁和低价值资产租赁，承租人可以选择不确认使用权资产和租赁负债。

作出该选择的，承租人应当将短期租赁和低价值资产租赁的租赁付款额，在租赁期内各个期间按照直线法或其他系统合理的方法计入相关资产成本或当期损益。其他系统合理的方法能够更好地反映承租人的受益模式的，承租人应当采用该方法。

第三十三条　对于短期租赁，承租人应当按照租赁资产的类别作出本准则第三十二条所述的会计处理选择。

对于低价值资产租赁，承租人可根据每项租赁的具体情况作出本准则第三十二条所述的会计处理选择。

第三十四条 按照本准则第三十二条进行简化处理的短期租赁发生租赁变更或者因租赁变更之外的原因导致租赁期发生变化的，承租人应当将其视为一项新租赁进行会计处理。

第四章　出租人的会计处理

第一节　出租人的租赁分类

第三十五条 出租人应当在租赁开始日将租赁分为融资租赁和经营租赁。

租赁开始日，是指租赁合同签署日与租赁各方就主要租赁条款作出承诺日中的较早者。

融资租赁，是指实质上转移了与租赁资产所有权有关的几乎全部风险和报酬的租赁。其所有权最终可能转移，也可能不转移。

经营租赁，是指除融资租赁以外的其他租赁。

在租赁开始日后，出租人无需对租赁的分类进行重新评估，除非发生租赁变更。租赁资产预计使用寿命、预计余值等会计估计变更或发生承租人违约等情况变化的，出租人不对租赁的分类进行重新评估。

第三十六条 一项租赁属于融资租赁还是经营租赁取决于交易的实质，而不是合同的形式。如果一项租赁实质上转移了与租赁资产所有权有关的几乎全部风险和报酬，出租人应当将该项租赁分类为融资租赁。

一项租赁存在下列一种或多种情形的，通常分类为融资租赁：

（一）在租赁期届满时，租赁资产的所有权转移给承租人。

（二）承租人有购买租赁资产的选择权，所订立的购买价款与预计行使选择权时租赁资产的公允价值相比足够低，因而在租赁开始日就可以合理确定承租人将行使该选择权。

（三）资产的所有权虽然不转移，但租赁期占租赁资产使用寿命的大部分。

（四）在租赁开始日，租赁收款额的现值几乎相当于租赁资产的公允价值。

（五）租赁资产性质特殊，如果不作较大改造，只有承租人才能使用。

一项租赁存在下列一项或多项迹象的，也可能分类为融资租赁：

（一）若承租人撤销租赁，撤销租赁对出租人造成的损失由承租人承担。

（二）资产余值的公允价值波动所产生的利得或损失归属于承租人。

（三）承租人有能力以远低于市场水平的租金继续租赁至下一期间。

第三十七条 转租出租人应当基于原租赁产生的使用权资产，而不是原租赁的标的资产，对转租赁进行分类。

但是，原租赁为短期租赁，且转租出租人应用本准则第三十二条对原租赁进行简化处理的，转租出租人应当将该转租赁分类为经营租赁。

第二节　出租人对融资租赁的会计处理

第三十八条 在租赁期开始日，出租人应当对融资租赁确认应收融资租赁款，并终止确认融资租赁资产。

出租人对应收融资租赁款进行初始计量时，应当以租赁投资净额作为应收融资租赁款的入账价值。

租赁投资净额为未担保余值和租赁期开始日尚未收到的租赁收款额按照租赁内含利率折现的现值之和。

租赁收款额，是指出租人因让渡在租赁期内使用租赁资产的权利而应向承租人收取的款项，包括：

（一）承租人需支付的固定付款额及实质固定付款额，存在租赁激励的，扣除租赁激励相关金额；

（二）取决于指数或比率的可变租赁付款额，该款项在初始计量时根据租赁期开始日的指数或比率确定；

（三）购买选择权的行权价格，前提是合理确定承租人将行使该选择权；

（四）承租人行使终止租赁选择权需支付的款项，前提是租赁期反映出承租人将行使终止租赁选择权；

（五）由承租人、与承租人有关的一方以及有经济能力履行担保义务的独立第三方向出租人提供的担保余值。

在转租的情况下，若转租的租赁内含利率无法确定，转租出租人可采用原租赁的折现率（根据与转租有关的初始直接费用进行调整）计量转租投资净额。

第三十九条   出租人应当按照固定的周期性利率计算并确认租赁期内各个期间的利息收入。该周期性利率，是按照本准则第三十八条规定所采用的折现率，或者按照本准则第四十四条规定所采用的修订后的折现率。

第四十条   出租人应当按照《企业会计准则第 22 号——金融工具确认和计量》和《企业会计准则第 23 号——金融资产转移》的规定，对应收融资租赁款的终止确认和减值进行会计处理。

出租人将应收融资租赁款或其所在的处置组划分为持有待售类别的，应当按照《企业会计准则第 42 号——持有待售的非流动资产、处置组和终止经营》进行会计处理。

第四十一条   出租人取得的未纳入租赁投资净额计量的可变租赁付款额应当在实际发生时计入当期损益。

第四十二条   生产商或经销商作为出租人的融资租赁，在租赁期开始日，该出租人应当按照租赁资产公允价值与租赁收款额按市场利率折现的现值两者孰低确认收入，并按照租赁资产账面价值扣除未担保余值的现值后的余额结转销售成本。

生产商或经销商出租人为取得融资租赁发生的成本，应当在租赁期开始日计入当期损益。

第四十三条   融资租赁发生变更且同时符合下列条件的，出租人应当将该变更作为一项单独租赁进行会计处理：

（一）该变更通过增加一项或多项租赁资产的使用权而扩大了租赁范围；

（二）增加的对价与租赁范围扩大部分的单独价格按该合同情况调整后的金额相当。

第四十四条   融资租赁的变更未作为一项单独租赁进行会计处理的，出租人应当分别下列情形对变更后的租赁进行处理：

（一）假如变更在租赁开始日生效，该租赁会被分类为经营租赁的，出租人应当自租赁变更生效日开始将其作为一项新租赁进行会计处理，并以租赁变更生效日前的租赁投资净额作为租赁资产的账面价值；

（二）假如变更在租赁开始日生效，该租赁会被分类为融资租赁的，出租人应当按照《企业会计准则第 22 号——金融工具确认和计量》关于修改或重新议定合同的规定进行会计处理。

第三节   出租人对经营租赁的会计处理

第四十五条   在租赁期内各个期间，出租人应当采用直线法或其他系统合理的方法，将经营租赁的租赁收款额确认为租金收入。其他系统合理的方法能够更好地反映因使用租赁资产所产生经济利益的消耗模式的，出租人应当采用该方法。

第四十六条   出租人发生的与经营租赁有关的初始直接费用应当资本化，在租赁期内按照与租金收入确认相同的基础进行分摊，分期计入当期损益。

第四十七条   对于经营租赁资产中的固定资产，出租人应当采用类似资产的折旧政策计提折旧；对于其他经营租赁资产，应当根据该资产适用的企业会计准则，采用系统合理的方法进行摊销。

出租人应当按照《企业会计准则第 8 号——资产减值》的规定，确定经营租赁资产是否发生减值，并进行相应会计处理。

第四十八条   出租人取得的与经营租赁有关的未计入租赁收款额的可变租赁付款额，应当在实际发生时计入当期损益。

第四十九条   经营租赁发生变更的，出租人应当自变更生效日起将其作为一项新租赁进行会计处理，与变更前租赁有关的预收或应收租赁收款额应当视为新租赁的收款额。

第五章　售后租回交易

第五十条　承租人和出租人应当按照《企业会计准则第 14 号——收入》的规定，评估确定售后租回交易中的资产转让是否属于销售。

第五十一条　售后租回交易中的资产转让属于销售的，承租人应当按原资产账面价值中与租回获得的使用权有关的部分，计量售后租回所形成的使用权资产，并仅就转让至出租人的权利确认相关利得或损失；出租人应当根据其他适用的企业会计准则对资产购买进行会计处理，并根据本准则对资产出租进行会计处理。

如果销售对价的公允价值与资产的公允价值不同，或者出租人未按市场价格收取租金，则企业应当将销售对价低于市场价格的款项作为预付租金进行会计处理，将高于市场价格的款项作为出租人向承租人提供的额外融资进行会计处理；同时，承租人按照公允价值调整相关销售利得或损失，出租人按市场价格调整租金收入。

在进行上述调整时，企业应当基于以下两者中更易于确定的项目：销售对价的公允价值与资产公允价值之间的差额、租赁合同中付款额的现值与按租赁市价计算的付款额现值之间的差额。

第五十二条　售后租回交易中的资产转让不属于销售的，承租人应当继续确认被转让资产，同时确认一项与转让收入等额的金融负债，并按照《企业会计准则第 22 号——金融工具确认和计量》对该金融负债进行会计处理；出租人不确认被转让资产，但应当确认一项与转让收入等额的金融资产，并按照《企业会计准则第 22 号——金融工具确认和计量》对该金融资产进行会计处理。

第六章　列　　报

第一节　承租人的列报

第五十三条　承租人应当在资产负债表中单独列示使用权资产和租赁负债。其中，租赁负债通常分别非流动负债和一年内到期的非流动负债列示。

在利润表中，承租人应当分别列示租赁负债的利息费用与使用权资产的折旧费用。租赁负债的利息费用在财务费用项目列示。

在现金流量表中，偿还租赁负债本金和利息所支付的现金应当计入筹资活动现金流出，支付的按本准则第三十二条简化处理的短期租赁付款额和低价值资产租赁付款额以及未纳入租赁负债计量的可变租赁付款额应当计入经营活动现金流出。

第五十四条　承租人应当在附注中披露与租赁有关的下列信息：

（一）各类使用权资产的期初余额、本期增加额、期末余额以及累计折旧额和减值金额；

（二）租赁负债的利息费用；

（三）计入当期损益的按本准则第三十二条简化处理的短期租赁费用和低价值资产租赁费用；

（四）未纳入租赁负债计量的可变租赁付款额；

（五）转租使用权资产取得的收入；

（六）与租赁相关的总现金流出；

（七）售后租回交易产生的相关损益；

（八）其他按照《企业会计准则第 37 号——金融工具列报》应当披露的有关租赁负债的信息。

承租人应用本准则第三十二条对短期租赁和低价值资产租赁进行简化处理的，应当披露这一事实。

第五十五条　承租人应当根据理解财务报表的需要，披露有关租赁活动的其他定性和定量信息。此类信息包括：

（一）租赁活动的性质，如对租赁活动基本情况的描述；

（二）未纳入租赁负债计量的未来潜在现金流出；

（三）租赁导致的限制或承诺；

（四）售后租回交易除第五十四条第（七）项之外的其他信息；

（五）其他相关信息。

第二节　出租人的列报

第五十六条　出租人应当根据资产的性质，在资产负债表中列示经营租赁资产。

第五十七条　出租人应当在附注中披露与融资租赁有关的下列信息：

（一）销售损益、租赁投资净额的融资收益以及与未纳入租赁投资净额的可变租赁付款额相关的收入；

（二）资产负债表日后连续五个会计年度每年将收到的未折现租赁收款额，以及剩余年度将收到的未折现租赁收款额总额；

（三）未折现租赁收款额与租赁投资净额的调节表。

第五十八条　出租人应当在附注中披露与经营租赁有关的下列信息：

（一）租赁收入，并单独披露与未计入租赁收款额的可变租赁付款额相关的收入；

（二）将经营租赁固定资产与出租人持有自用的固定资产分开，并按经营租赁固定资产的类别提供《企业会计准则第 4 号——固定资产》要求披露的信息；

（三）资产负债表日后连续五个会计年度每年将收到的未折现租赁收款额，以及剩余年度将收到的未折现租赁收款额总额。

第五十九条　出租人应当根据理解财务报表的需要，披露有关租赁活动的其他定性和定量信息。此类信息包括：

（一）租赁活动的性质，如对租赁活动基本情况的描述；

（二）对其在租赁资产中保留的权利进行风险管理的情况；

（三）其他相关信息。

第七章　衔　接　规　定

第六十条　对于首次执行日前已存在的合同，企业在首次执行日可以选择不重新评估其是否为租赁或者包含租赁。选择不重新评估的，企业应当在财务报表附注中披露这一事实，并一致应用于前述所有合同。

第六十一条　承租人应当选择下列方法之一对租赁进行衔接会计处理，并一致应用于其作为承租人的所有租赁：

（一）按照《企业会计准则第 28 号——会计政策、会计估计变更和差错更正》的规定采用追溯调整法处理。

（二）根据首次执行本准则的累积影响数，调整首次执行本准则当年年初留存收益及财务报表其他相关项目金额，不调整可比期间信息。采用该方法时，应当按照下列规定进行衔接处理：

1. 对于首次执行日前的融资租赁，承租人在首次执行日应当按照融资租入资产和应付融资租赁款的原账面价值，分别计量使用权资产和租赁负债。

2. 对于首次执行日前的经营租赁，承租人在首次执行日应当根据剩余租赁付款额按首次执行日承租人增量借款利率折现的现值计量租赁负债，并根据每项租赁选择按照下列两者之一计量使用权资产：

（1）假设自租赁期开始日即采用本准则的账面价值（采用首次执行日的承租人增量借款利率作为折现率）；

（2）与租赁负债相等的金额，并根据预付租金进行必要调整。

3. 在首次执行日，承租人应当按照《企业会计准则第 8 号——资产减值》的规定，对使用权资产进行减值测试并进行相应会计处理。

第六十二条 首次执行日前的经营租赁中，租赁资产属于低价值资产且根据本准则第三十二条的规定选择不确认使用权资产和租赁负债的，承租人无需对该经营租赁按照衔接规定进行调整，应当自首次执行日起按照本准则进行会计处理。

第六十三条 承租人采用本准则第六十一条第（二）项进行衔接会计处理时，对于首次执行日前的经营租赁，可根据每项租赁采用下列一项或多项简化处理：

1. 将于首次执行日后 12 个月内完成的租赁，可作为短期租赁处理。

2. 计量租赁负债时，具有相似特征的租赁可采用同一折现率；使用权资产的计量可不包含初始直接费用。

3. 存在续租选择权或终止租赁选择权的，承租人可根据首次执行日前选择权的实际行使及其他最新情况确定租赁期，无需对首次执行日前各期间是否合理确定行使续租选择权或终止租赁选择权进行估计。

4. 作为使用权资产减值测试的替代，承租人可根据《企业会计准则第 13 号——或有事项》评估包含租赁的合同在首次执行日前是否为亏损合同，并根据首次执行日前计入资产负债表的亏损准备金额调整使用权资产。

5. 首次执行本准则当年年初之前发生租赁变更的，承租人无需按照本准则第二十八条、第二十九条的规定对租赁变更进行追溯调整，而是根据租赁变更的最终安排，按照本准则进行会计处理。

第六十四条 承租人采用本准则第六十三条规定的简化处理方法的，应当在财务报表附注中披露所采用的简化处理方法以及在合理可能的范围内对采用每项简化处理方法的估计影响所作的定性分析。

第六十五条 对于首次执行日前划分为经营租赁且在首次执行日后仍存续的转租赁，转租出租人在首次执行日应当基于原租赁和转租赁的剩余合同期限和条款进行重新评估，并按照本准则的规定进行分类。按照本准则重分类为融资租赁的，应当将其作为一项新的融资租赁进行会计处理。

除前款所述情形外，出租人无需对其作为出租人的租赁按照衔接规定进行调整，而应当自首次执行日起按照本准则进行会计处理。

第六十六条 对于首次执行日前已存在的售后租回交易，企业在首次执行日不重新评估资产转让是否符合《企业会计准则第 14 号——收入》作为销售进行会计处理的规定。

对于首次执行日前应当作为销售和融资租赁进行会计处理的售后租回交易，卖方（承租人）应当按照与首次执行日存在的其他融资租赁相同的方法对租回进行会计处理，并继续在租赁期内摊销相关递延收益或损失。

对于首次执行日前应当作为销售和经营租赁进行会计处理的售后租回交易，卖方（承租人）应当按照与首次执行日存在的其他经营租赁相同的方法对租回进行会计处理，并根据首次执行日前计入资产负债表的相关递延收益或损失调整使用权资产。

第六十七条 承租人选择按照本准则第六十一条第（二）项规定对租赁进行衔接会计处理的，还应当在首次执行日披露以下信息：

（一）首次执行日计入资产负债表的租赁负债所采用的承租人增量借款利率的加权平均值；

（二）首次执行日前一年度报告期末披露的重大经营租赁的尚未支付的最低租赁付款额按首次执行日承租人增量借款利率折现的现值，与计入首次执行日资产负债表的租赁负债的差额。

第八章 附 则

第六十八条 本准则自 2019 年 1 月 1 日起施行。

财政部关于印发《政府会计准则第 9 号——财务报表编制和列报》的通知

2018 年 12 月 26 日　财会〔2018〕37 号

党中央有关部门，国务院各部委、各直属机构，全国人大常委会办公厅，全国政协办公厅，高法院，高检院，各民主党派中央，有关人民团体，各省、自治区、直辖市、计划单列市财政厅（局），新疆生产建设兵团财政局：

为了适应权责发生制政府综合财务报告制度改革需要，规范政府财务报表的编制和列报，提高会计信息质量，根据《政府会计准则——基本准则》，我部制定了《政府会计准则第 9 号——财务报表编制和列报》，现予印发，请遵照执行。

执行中有何问题，请及时反馈我部。

附件：政府会计准则第 9 号——财务报表编制和列报

附件：

政府会计准则第 9 号——财务报表编制和列报

第一章　总　　则

第一条　为了规范政府会计主体财务报表的编制和列报，根据《政府会计准则——基本准则》，制定本准则。

第二条　财务报表是对政府会计主体财务状况、运行情况和现金流量等信息的结构性表述。财务报表至少包括下列组成部分：

（一）资产负债表；

（二）收入费用表；

（三）附注。

政府会计主体可以根据实际情况自行选择编制现金流量表。

第三条　本准则适用于政府会计主体个别财务报表和合并财务报表。行政事业单位个别财务报表的编制和列报，还应遵循《政府会计制度——行政事业单位会计科目和报表》的规定；其他政府会计主体个别财务报表的编制和列报，还应遵循其他相关会计制度。

其他政府会计准则有特殊列报要求的，从其规定。

第二章　基 本 要 求

第四条　政府会计主体应当以持续运行为前提，根据实际发生的经济业务或事项，按照政府会计准则制度的规定对相关会计要素进行确认和计量，在此基础上编制财务报表。政府会计主体不应以附注披露代替确认和计量，也不能通过充分披露相关会计政策而纠正不恰当的确认和计量。

如果按照政府会计准则制度规定披露的信息不足以让财务报表使用者了解特定经济业务或事项对政府会计主体财务状况和运行情况的影响时，政府会计主体还应当披露其他必要的相关信息。

第五条 除现金流量表以收付实现制为基础编制外，政府会计主体应当以权责发生制为基础编制财务报表。

第六条 财务报表项目的列报应当在各个会计期间保持一致，不得随意变更，但政府会计准则制度和财政部发布的其他有关规定（以下简称政府会计准则制度等）要求变更财务报表项目的除外。

第七条 性质或功能不同的项目，应当在财务报表中单独列报，但不具有重要性的项目除外。

性质或功能类似的项目，其所属类别具有重要性的，应当按其类别在财务报表中单独列报。

某些项目的重要性程度不足以在资产负债表、收入费用表等报表中单独列示，但对理解报表具有重要性的，应当在附注中单独披露。

第八条 财务报表某些项目的省略、错报等，能够合理预期将影响报表主要使用者据此作出决策的，该项目具有重要性。

重要性应当根据政府会计主体所处的具体环境，从项目的性质和金额两方面予以判断。关于各项目重要性的判断标准一经确定，不得随意变更。判断项目性质的重要性，应当考虑该项目在性质上是否显著影响政府会计主体的财务状况和运行情况等因素；判断项目金额的重要性，应当考虑该项目金额占资产总额、负债总额、净资产总额、收入总额、费用总额、盈余总额等直接相关项目金额的比重或所属报表单列项目金额的比重。

第九条 资产负债表中的资产和负债，应当分别按流动资产和非流动资产、流动负债和非流动负债列示。

第十条 财务报表中的资产项目和负债项目的金额、收入项目和费用项目的金额不得相互抵销，但其他政府会计准则制度另有规定的除外。

资产或负债项目按扣除备抵项目后的净额列示，不属于抵销。

第十一条 当期财务报表的列报，至少应当提供所有列报项目上一个可比会计期间的比较数据，以及与理解当期财务报表相关的说明，但其他政府会计准则制度等另有规定的除外。

第十二条 政府会计主体应当至少在财务报表的显著位置披露下列各项：

（一）编报主体的名称；

（二）报告日或财务报表涵盖的会计期间；

（三）人民币金额单位；

（四）财务报表是合并财务报表的，应当予以标明。

第十三条 政府会计主体至少应当按年编制财务报表。

年度财务报表涵盖的期间短于一年的，应当披露年度财务报表的涵盖期间、短于一年的原因以及报表数据不具可比性的事实。

第三章　合并财务报表

第十四条 合并财务报表，是指反映合并主体和其全部被合并主体形成的报告主体整体财务状况与运行情况的财务报表。

合并主体，是指有一个或一个以上被合并主体的政府会计主体。合并主体通常也是合并财务报表的编制主体。

被合并主体，是指符合本准则规定的纳入合并主体合并范围的会计主体。

合并财务报表至少包括下列组成部分：

（一）合并资产负债表；

（二）合并收入费用表；

（三）附注。

第十五条 合并财务报表按照合并级次分为部门（单位）合并财务报表、本级政府合并财务报表和行政区政府合并财务报表。

部门（单位）合并财务报表，是指以政府部门（单位）本级作为合并主体，将部门（单位）本级及其合并范围内全部被合并主体的财务报表进行合并后形成的，反映部门（单位）整体财务状况与运行情况的财务报表。部门（单位）合并财务报表是政府部门财务报告的主要组成部分。

本级政府合并财务报表，是指以本级政府财政作为合并主体，将本级政府财政及其合并范围内全部被合并主体的财务报表进行合并后形成的，反映本级政府整体财务状况与运行情况的财务报表。本级政府合并财务报表是本级政府综合财务报告的主要组成部分。

行政区政府合并财务报表，是指以行政区本级政府作为合并主体，将本行政区内各级政府的财务报表进行合并后形成的，反映本行政区政府整体财务状况与运行情况的财务报表。行政区政府合并财务报表是行政区政府财务报告的主要组成部分。

第十六条 部门（单位）合并财务报表由部门（单位）负责编制；本级政府合并财务报表由本级政府财政部门负责编制。

各级政府财政部门既负责编制本级政府合并财务报表，也负责编制本级政府所辖行政区政府合并财务报表。

第一节　合并程序

第十七条 合并财务报表应当以合并主体和其被合并主体的财务报表为基础，根据其他有关资料加以编制。

合并财务报表应当以权责发生制为基础编制。合并主体和其合并范围内被合并主体个别财务报表应当采用权责发生制基础编制，按规定未采用权责发生制基础编制的，应当先调整为权责发生制基础的财务报表，再由合并主体进行合并。

编制合并财务报表时，应当将合并主体和其全部被合并主体视为一个会计主体，遵循政府会计准则制度规定的统一的会计政策。合并范围内合并主体、被合并主体个别财务报表未遵循政府会计准则制度规定的统一会计政策的，应当先调整为遵循政府会计准则制度规定的统一会计政策的财务报表，再由合并主体进行合并。

第十八条 编制合并财务报表的程序主要包括：

（一）根据本准则第十七条规定，对需要进行调整的个别财务报表进行调整，以调整后的个别财务报表作为编制合并财务报表的基础；

（二）将合并主体和被合并主体个别财务报表中的资产、负债、净资产、收入和费用项目进行逐项合并；

（三）抵销合并主体和被合并主体之间、被合并主体相互之间发生的债权债务、收入费用等内部业务或事项对财务报表的影响。

第十九条 对于在报告期内因划转而纳入合并范围的被合并主体，合并主体应当将其报告期内的收入、费用项目金额包括在本期合并收入费用表的本期数中，合并资产负债表的期初数不作调整。

对于在报告期内因划转而不再纳入合并范围的被合并主体，其报告期内的收入、费用项目金额不包括在本期合并收入费用表的本期数中，合并资产负债表的期初数不作调整。

合并主体应当确保划转双方的会计处理协调一致，确保不重复、不遗漏，并在合并财务报表附注中对划转情况及其影响进行充分披露。

第二十条 在报告期内，被合并主体撤销的，其期初资产、负债和净资产项目金额应当包括在合并资产负债表的期初数中，其期初至撤销日的收入、费用项目金额应当包括在本期合并收入费用表的本期数中，其期初至撤销日的收入、费用项目金额所引起的净资产变动金额应当包括在合并资产负债表的期末数中。

第二十一条 在编制合并财务报表时，被合并主体除了应当向合并主体提供财务报表外，还应当提供下列有关资料：

（一）采用的与政府会计准则制度规定的统一的会计政策不一致的会计政策及其影响金额；

（二）其与合并主体、其他被合并主体之间发生的所有内部业务或事项的相关资料；

（三）编制合并财务报表所需要的其他资料。

第二节 部门（单位）合并财务报表

第二十二条 部门（单位）合并财务报表的合并范围一般应当以财政预算拨款关系为基础予以确定。有下级预算单位的部门（单位）为合并主体，其下级预算单位为被合并主体。合并主体应当将其全部被合并主体纳入合并财务报表的合并范围。

部门（单位）所属的企业不纳入部门（单位）合并财务报表的合并范围。

第二十三条 部门（单位）合并资产负债表应当以部门（单位）本级和其被合并主体符合本准则第十七条要求的个别资产负债表或合并资产负债表为基础，在抵销内部业务或事项对合并资产负债表的影响后，由部门（单位）本级合并编制。

编制部门（单位）合并资产负债表时，需要抵销的内部业务或事项包括：

（一）部门（单位）本级和其被合并主体之间、被合并主体相互之间的债权（含应收款项坏账准备，下同）、债务项目；

（二）部门（单位）本级和其被合并主体之间、被合并主体相互之间其他业务或事项对部门（单位）合并资产负债表的影响。

第二十四条 部门（单位）合并资产负债表中的资产类至少应当单独列示反映下列信息的项目：

（一）货币资金；

（二）短期投资；

（三）财政应返还额度；

（四）应收票据；

（五）应收账款净额；

（六）预付账款；

（七）应收股利；

（八）应收利息；

（九）其他应收款净额；

（十）存货；

（十一）待摊费用；

（十二）一年内到期的非流动资产；

（十三）长期股权投资；

（十四）长期债券投资；

（十五）固定资产净值；

（十六）工程物资；

（十七）在建工程；

（十八）无形资产净值；

（十九）研发支出；

（二十）公共基础设施净值；

（二十一）政府储备物资；

（二十二）文化文物资产；

（二十三）保障性住房净值；

（二十四）长期待摊费用；

（二十五）待处理财产损溢；

（二十六）受托代理资产。

第二十五条　部门（单位）合并资产负债表中的资产类应当包括流动资产、非流动资产的合计项目。

第二十六条　部门（单位）合并资产负债表中的负债类至少应当单独列示反映下列信息的项目：

（一）短期借款；

（二）应交增值税；

（三）其他应交税费；

（四）应缴财政款；

（五）应付职工薪酬；

（六）应付票据；

（七）应付账款；

（八）应付政府补贴款；

（九）应付利息；

（十）预收款项；

（十一）其他应付款；

（十二）预提费用；

（十三）一年内到期的非流动负债；

（十四）长期借款；

（十五）长期应付款；

（十六）预计负债；

（十七）受托代理负债。

第二十七条　部门（单位）合并资产负债表中的负债类应当包括流动负债、非流动负债和负债的合计项目。

第二十八条　部门（单位）合并资产负债表中的净资产类至少应当单独列示反映下列信息的项目：

（一）累计盈余；

（二）专用基金；

（三）权益法调整。

第二十九条　部门（单位）合并资产负债表中的净资产类应当包括净资产的合计项目。

第三十条　部门（单位）合并资产负债表应当列示资产总计项目、负债和净资产总计项目。

第三十一条　部门（单位）合并收入费用表应当以部门（单位）本级和其被合并主体符合本准则第十七条要求的个别收入费用表或合并收入费用表为基础，在抵销内部业务或事项对合并收入费用表的影响后，由部门（单位）本级合并编制。

编制部门（单位）合并收入费用表时，需要抵销的内部业务或事项包括部门（单位）本级和其被合并主体之间、被合并主体相互之间的收入、费用项目。

第三十二条　部门（单位）合并收入费用表中的收入，应当按照收入来源进行分类列示。

第三十三条　部门（单位）合并收入费用表中的收入类至少应当单独列示反映下列信息的项目：

（一）财政拨款收入；

（二）事业收入；

（三）经营收入；

（四）非同级财政拨款收入；

（五）投资收益；

（六）捐赠收入；

（七）利息收入；

（八）租金收入。

第三十四条 部门（单位）合并收入费用表中的收入类应当包括收入的合计项目。

第三十五条 部门（单位）合并收入费用表中的费用，应当按照费用的性质进行分类列示。

第三十六条 部门（单位）合并收入费用表中的费用类至少应当单独列示反映下列信息的项目：

（一）工资福利费用；

（二）商品和服务费用；

（三）对个人和家庭补助费用；

（四）对企事业单位补贴费用；

（五）固定资产折旧费用；

（六）无形资产摊销费用；

（七）公共基础设施折旧（摊销）费用；

（八）保障性住房折旧费用；

（九）计提专用基金；

（十）所得税费用；

（十一）资产处置费用。

第三十七条 部门（单位）合并收入费用表中的费用类应当包括费用的合计项目。

第三十八条 部门（单位）合并收入费用表应当列示本期盈余项目。

本期盈余，是指部门（单位）某一会计期间收入合计金额减去费用合计金额后的差额。

第三节 本级政府合并财务报表

第三十九条 本级政府合并财务报表的合并范围一般应当以财政预算拨款关系为基础予以确定。本级政府财政为合并主体，其所属部门（单位）等为被合并主体。

第四十条 本级政府合并财务报表应当以本级政府财政和其被合并主体符合本准则第十七条要求的个别财务报表或合并财务报表为基础，在抵销内部业务或事项对合并财务报表的影响后，由本级政府财政部门合并编制。

编制本级政府合并财务报表时，需要抵销的内部业务或事项包括：

（一）本级政府财政和其被合并主体之间的债权债务、收入费用等项目；

（二）被合并主体相互之间的债权债务、收入费用等项目。

第四十一条 本级政府合并资产负债表中的资产类至少应当单独列示反映下列信息的项目：

（一）货币资金；

（二）短期投资；

（三）应收及预付款项；

（四）存货；

（五）一年内到期的非流动资产；

（六）长期投资；

（七）应收转贷款；

（八）固定资产净值；

（九）在建工程；

（十）无形资产净值；

（十一）公共基础设施净值；

（十二）政府储备物资；

（十三）文物文化资产；

（十四）保障性住房净值；

（十五）受托代理资产。

第四十二条 本级政府合并资产负债表中的资产类应当包括流动资产、非流动资产的合计项目。

第四十三条 本级政府合并资产负债表中的负债类至少应当单独列示反映下列信息的项目：

（一）应付短期政府债券；

（二）短期借款；

（三）应付及预收款项；

（四）应付职工薪酬；

（五）应付政府补贴款；

（六）一年内到期的非流动负债；

（七）应付长期政府债券；

（八）应付转贷款；

（九）长期借款；

（十）长期应付款；

（十一）预计负债；

（十二）受托代理负债。

第四十四条 本级政府合并资产负债表中的负债类应当包括流动负债、非流动负债和负债的合计项目。

第四十五条 本级政府合并资产负债表应当列示净资产项目。

第四十六条 本级政府合并资产负债表应当列示资产总计项目、负债和净资产总计项目。

第四十七条 本级政府合并收入费用表中的收入，应当按照收入来源进行分类列示。

第四十八条 本级政府合并收入费用表中的收入类至少应当单独列示反映下列信息的项目：

（一）税收收入；

（二）非税收入；

（三）事业收入；

（四）经营收入；

（五）投资收益；

（六）政府间转移性收入。

第四十九条 本级政府合并收入费用表中的收入类应当包括收入的合计项目。

第五十条 本级政府合并收入费用表中的费用，应当按照费用的性质进行分类列示。

第五十一条 本级政府合并收入费用表中的费用类至少应当单独列示反映下列信息的项目：

（一）工资福利费用；

（二）商品和服务费用；

（三）对个人和家庭补助费用；

（四）对企事业单位补贴费用；

（五）政府间转移性费用；

（六）折旧费用；

（七）摊销费用；

（八）资产处置费用。

第五十二条 本级政府合并收入费用表中的费用类应当包括费用的合计项目。

第五十三条 本级政府合并收入费用表应当列示本期盈余项目。

第四节　行政区政府合并财务报表

第五十四条 行政区政府合并财务报表的合并范围一般应当以行政隶属关系为基础予以确定。行政区本级政府为合并主体，其所属下级政府为被合并主体。

第五十五条 县级以上政府应当编制本行政区政府合并财务报表。

第五十六条 行政区政府合并财务报表应当以本级政府和其所属下级政府合并财务报表为基础，在抵销内部业务或事项对合并财务报表的影响后，由本级政府财政部门合并编制。

编制行政区政府合并财务报表时，需要抵销的内部业务或事项包括：

（一）本级政府和其所属下级政府之间的债权债务、收入费用等项目；

（二）本级政府所属下级政府相互之间的债权债务、收入费用等项目。

第五十七条 行政区政府合并财务报表的项目列示与本级政府合并财务报表一致。

第五节 附 注

第五十八条 合并财务报表附注一般应当披露下列信息：

（一）合并财务报表的编制基础。

（二）遵循政府会计准则制度的声明。

（三）合并财务报表的合并主体、被合并主体清单。

（四）合并主体、被合并主体个别财务报表所采用的编制基础，所采用的与政府会计准则制度规定不一致的会计政策，编制合并财务报表时的调整情况及其影响。

（五）本期增加、减少被合并主体的基本情况及影响。

（六）合并财务报表重要项目明细信息及说明。

（七）未在合并财务报表中列示但对报告主体财务状况和运行情况有重大影响的事项的说明。

（八）需要说明的其他事项。

第四章 附 则

第五十九条 合并财务报表的具体合并范围由财政部另行规定。

第六十条 部门（单位）合并资产负债表的格式参见《政府会计制度——行政事业单位会计科目和报表》规定的资产负债表格式。

部门（单位）合并收入费用表的格式参见附录。

本级政府合并财务报表、行政区政府合并财务报表的格式以及部门（单位）合并财务报表附注的披露格式由财政部另行规定。

第六十一条 本准则自 2019 年 1 月 1 日起施行，适用于 2019 年年度及以后的财务报表。

附录：

部门（单位）合并收入费用表格式

合并收入费用表

编制单位：_____   _____年   单位：元

项目	本年数	上年数
一、本期收入		
（一）财政拨款收入		
（二）事业收入		
其中：非同级财政拨款收入		

项目	本年数	上年数
（三）上级补助收入 *		
（四）附属单位上缴收入 *		
（五）经营收入		
（六）非同级财政拨款收入		
（七）投资收益		
（八）捐赠收入		
（九）利息收入		
（十）租金收入		
（十一）其他收入		
二、本期费用		
（一）工资福利费用		
（二）商品和服务费用		
（三）对个人和家庭补助费用		
（四）对企事业单位补贴费用		
（五）固定资产折旧费用		
（六）无形资产摊销费用		
（七）公共基础设施折旧（摊销）费用		
（八）保障性住房折旧费用		
（九）计提专用基金		
（十）所得税费用		
（十一）资产处置费用		
（十二）上缴上级费用 *		
（十三）对附属单位补助费用 *		
（十四）其他费用		
三、本期盈余		

注：1. 本表中"本期费用"各项目应当根据个别财务报表附注中"本期费用按经济分类的披露格式"所提供的信息合并填列。

　　2. 编制部门（单位）合并收入费用表时，标 * 项目原则上应抵销完毕，金额为零。

十三、

行政事业资产管理类

省财政厅转发《财政部关于进一步做好国有企业 财务信息管理有关工作的通知》的通知

2018 年 3 月 28 日　鲁财资〔2018〕13 号

各市财政局，省直有关部门、单位，各省管企业：

2 月 14 日，财政部印发《关于进一步做好国有企业财务信息管理有关工作的通知》（财资〔2018〕6 号，以下简称《通知》），明确要求有关单位高度重视国有企业财务信息工作，切实担负责任，理顺内部工作机制，将本单位所属所有国有及国有控股企业（不含一级金融企业）全部纳入财政企业财务决算、快报填报范围，动态掌握所属国有企业户数及变动情况，不得多报虚报、漏报不报；要加强对所属国有企业财务信息的审核，在规定时间内经汇总后完成上报工作；要建立监督、检查机制，定期或不定期核查所属企业报送数据的真实性、完整性和准确性。对于检查发现的问题要及时纠正，对于虚报、瞒报、篡改数据等行为以及出现重大数据事故的，要追究相关人员责任。

为认真贯彻落实《通知》要求，夯实国有资产报告基础，现将《通知》转发给你们，请认真贯彻落实。

附件：财政部关于进一步做好国有企业财务信息管理有关工作的通知（财资〔2018〕6 号）（略）

省财政厅关于转发《财政部　民政部关于印发〈脱钩后 行业协会商会资产管理暂行办法〉的通知》的通知

2018 年 6 月 22 日　鲁财资〔2018〕34 号

各市财政局、民政局，省直有关部门，有关行业协会商会：

为规范脱钩后行业协会商会资产管理工作，维护脱钩后行业协会商会各类资产的安全完整，财政部、民政部制定了《脱钩后行业协会商会资产管理暂行办法》（财资〔2017〕86 号，以下简称《办法》）。现转发给你们，并结合我省实际提出以下意见，请一并贯彻执行。

一、进一步提高对行业协会商会资产管理工作重要性的认识。行业协会商会资产是协会商会履职尽责、事业发展的基础保障，其管理使用情况直接影响到协会商会工作开展和职能发挥。各有关方面对此应高度重视，认真履行职责，形成管理合力，依法依规加强行业协会商会资产管理，维护各类资产安全完整，促进协会商会健康发展。

二、及时修订章程，健全资产管理办法。完成脱钩改革的行业协会商会，应尽快按照《办法》及有关法律法规和资产管理制度规定，在章程中明确经费来源、资产管理和使用原则、对外投资等重要事项的工作程序，以及终止时剩余资产的处置规定等；在业务主管部门指导下，制定涵盖资产配置、使用、处置、资产收入、对外投资、资产清查、资产报告、资产评估等全过程，以及资产配置标准和内部管理程序的资产管理办法。章程和资产管理办法应及时报送业务主管部门、财政部门和民政部门。

三、加大资产信息公开力度。完成脱钩改革的行业协会商会，要按照《办法》有关规定，编制包括国有资产和暂按国有资产管理的资产在内的资产报告，经会计师事务所审计后，于每年 5 月 31 前通过民政部门统一的信息平台和协会商会网站等渠道向社会公开。行业协会商会制定的资产管理办法等信息也要通过上述渠道及时公开，主动接受政府和社会监督。

　　附件：财政部　民政部关于印发《脱钩后行业协会商会资产管理暂行办法》的通知（财资〔2017〕86号）（略）

省财政厅关于印发《山东省财金投资集团有限公司负责人经营业绩考核暂行办法（试行）》和《山东省财金投资集团有限公司负责人薪酬管理暂行办法（试行）》的通知

2018 年 9 月 10 日　鲁财资〔2018〕55 号

山东省财金投资集团有限公司：

　　为建立健全有效的激励约束机制，规范你公司负责人薪酬水平，促进公司持续健康发展，根据国家和省有关法律法规和制度规定，我们制定了《山东省财金投资集团有限公司负责人经营业绩考核暂行办法（试行）》和《山东省财金投资集团有限公司负责人薪酬管理暂行办法（试行）》，现予印发，请认真遵照执行。

　　附件：1. 山东省财金投资集团有限公司负责人经营业绩考核暂行办法（试行）
　　　　　2. 山东省财金投资集团有限公司负责人薪酬管理暂行办法（试行）

附件 1：

山东省财金投资集团有限公司负责人经营业绩考核暂行办法（试行）

第一章　总　　则

　　第一条　为贯彻落实省委、省政府关于深化国有企业负责人薪酬制度改革要求，切实履行企业国有资产出资人职责，规范山东省财金投资集团有限公司（以下简称山东财金集团）企业负责人经营业绩考核，建立健全有效的激励约束机制，根据《中华人民共和国公司法》《中华人民共和国企业国有资产法》《山东省企业国有资产监督管理条例》等法律法规和《中共山东省委　山东省人民政府关于印发〈山东省省管企业负责人薪酬制度改革实施方案〉的通知》（鲁发〔2015〕12 号）等有关文件规定，制定本办法。

　　第二条　本办法所称企业负责人，是指由省委任命管理的山东财金集团领导班子成员。

　　第三条　山东财金集团负责人经营业绩考核由省财政厅提出考核意见，会同省国资委、省社保基金理事会决定。

　　第四条　企业负责人经营业绩考核实行任期考核与年度考核相衔接、定量考核与定性评价相结合、考核结果与奖惩相挂钩的考核制度。

第五条 企业负责人经营业绩考核遵循以下原则：

（一）重点考核原则。根据企业功能定位、发展阶段等个性化特点，突出考核重点，分别设置考核指标和权重。

（二）质量效益原则。注重发展质量和效益，引导企业提高国有资本运行效率，提升价值创造能力和经济活力，实现经济效益与社会效益相统一。

（三）激励约束原则。按照权责利相统一的要求，坚持将经营业绩考核结果和企业负责人的激励约束紧密结合。

第二章 考核内容及指标

第六条 山东财金集团作为功能型国有资本投资运营公司，功能定位为贯彻体现省政府调控意图，业务特色鲜明的政策性、公益性、专业性的投融资主体，省级股权投资引导基金管理运作平台和国有资本管理运营平台，根据公司的功能定位和业务特点，确定经营业绩考核指标及权重。

第七条 经营业绩考核指标包括基本指标、个性化指标和限制性指标。

第八条 经营业绩考核基本指标包括利润总额和资产总额，基本分为 50 分，其中利润总额基本分为 30 分，资产总额基本分为 20 分。

1. 利润总额是指经审计的企业合并报表利润总额。

2. 资产总额是指经审计的企业合并报表资产总额。

第九条 经营业绩考核个性化指标包括收入利润率和归属于母公司的所有者权益，基本分为 50 分，其中收入利润率基本分为 25 分，归属于母公司的所有者权益基本分为 25 分。

1. 收入利润率是指利润总额占总收入（营业收入与投资收益之和）的比率。

2. 归属于母公司的所有者权益是指集团公司的净资产中归属于母公司净资产的部分。

第十条 经营业绩考核限制性指标，包括国有资本回报、国有资本安全、承担重大专项任务、党风廉洁、安全生产等，未完成任务或出现重大问题，在经营业绩考核中扣分。

第十一条 考核计分标准

1. 利润总额。完成考核目标，为 30 分；考核值每高于目标值 500 万元加 1 分，最多加 3 分；每低于目标值 500 万元减 1 分，最多减 3 分。

2. 资产总额。完成考核目标，为 20 分；考核值每高于目标值 5 亿元，加 1 分，最多加 2 分；考核值每低于目标值 5 亿元，减 1 分，最多减 2 分。

3. 收入利润率。完成考核目标，为 25 分；考核值每高于目标值 0.4 个百分点，加 1 分，最多加 2.5 分；考核值每低于目标值 0.4 个百分点，减 1 分，最多减 2.5 分。

4. 归属于母公司的所有者权益。完成考核目标，为 25 分；考核值每超过考核目标 5 000 万元，加 1 分，最多加 2.5 分；考核值每低于考核目标 5 000 万元，减 1 分，最多减 2.5 分。

5. 限制性指标。考核期内，企业发生下列事项的，扣减经营业绩考核得分：

（1）归属于母公司所有者的净利润大幅下降的，扣 2~3 分；

（2）重大决策失误等导致重大国有资产损失的，扣 3~5 分；

（3）承担省政府及省财政厅交办任务未按要求完成的，扣 1~2 分；

（4）企业负责人受到党纪政务处分的，扣 1 分，被追究刑事责任的，扣 1.5 分；

（5）企业发生重大维稳事件的，扣 1~2 分；

（6）按照《山东省人民政府国有资产监督管理委员会关于印发山东省省管企业安全生产监督管理办法的通知》（鲁国资综合〔2013〕4 号）有关规定，对于发生一般安全生产责任事故的，扣 0.5~1.5 分；发生较大安全生产责任事故的，扣 3~5 分；发生重大及以上安全生产责任事故的，考核分数扣至 90 分。

第三章　考核目标及实施

第十二条　任期考核以三年为考核周期，年度考核以公历年为考核周期。省财政厅商山东财金集团确定任期考核目标，并在此基础上分解落实年度目标。

第十三条　山东财金集团报送考核目标应以考核期上一年的实际完成值为考核基准。原则上，考核目标不得低于考核基准值，年度间考核目标应体现与规划目标趋势一致、发展质量逐年改善的要求。

第十四条　经营业绩考核目标按以下流程确定：

（一）提报考核目标建议值。任期初，企业以考核基准值为依据，结合发展规划、宏观经济形势、所处行业发展等实际情况，提出任期经营业绩考核目标和分年度目标建议。

（二）核定考核目标值。省财政厅核定任期及任期内各年度考核目标。

（三）目标偏离调整。考核期内，山东财金集团年度预算目标较考核目标偏离较大，影响经营业绩考核结果的，省财政厅调整考核目标。

第十五条　考核期内，省财政厅对目标考核完成情况实施动态监控和评估，并对执行情况存在明显滞后的现象，提出预警和督促。

第十六条　考核期内，因国家政策调整、省委省政府调控政策调整等因素变动，由山东财金集团提出申请，省财政厅酌情调整考核目标。

第十七条　建立重大经济损失，重大投融资和资产重组等重要情况报告制度。企业发生上述情况时，应当立即向省财政厅报告。

第四章　考核结果及奖惩

第十八条　企业负责人经营业绩考核结果依据考核得分确定，考核得分为各项考核指标得分之和。

第十九条　完成考核目标的，各项指标为基本分；超过考核目标的，予以加分；完不成考核目标的，予以减分。企业负责人任期、年度业绩考核得分最高分为 110 分，最低分为 90 分。

第二十条　年度考核评价系数根据经营业绩考核结果核定。

年度考核评价系数 = 1.6 + 0.4 ×（考核分数 − 100）/10。

第二十一条　企业负责人的绩效年薪与年度考核评价结果挂钩，以基本年薪为基数，根据经营业绩考核结果换算的考核评价系数并结合绩效年薪调节系数确定。

绩效年薪 = 基本年薪 × 年度考核评价系数 × 绩效年薪调节系数。

第二十二条　年度考核期结束后 5 个月内，山东财金集团依据企业财务决算数据和经营业绩专项审计报告等对年度经营业绩考核目标完成情况进行总结分析和自我评价打分，报省财政厅，由省财政厅依据经审计的财务决算数据和经审查的统计数据，结合山东财金集团总结分析报告和自我评价打分情况确定考核结果。年度考核结果确认后，对绩效年薪进行清算，多退少补。

第二十三条　企业负责人任期结束后，根据山东财金集团经营业绩目标完成情况进行考核，任期内年度考核平均得分为任期考核评价结果。

企业负责人任期激励收入与任期经营业绩考核结果挂钩，根据任期考核结果，在不超过企业负责人任期内年薪总水平的 30% 以内确定。企业负责人任期经营业绩考核得分为 100 分及以下或任期综合考核评价为不胜任的，不得领取任期激励收入；考核得分 100 分以上的，按照任期内年薪总水平的 30% 领取任期激励收入。

任期激励收入 =（任期基本年薪 + 任期绩效年薪）× 30%

第五章　附　　则

第二十四条　本办法由山东省财政厅负责解释。

第二十五条　本办法自印发之日起施行。

附件2：

山东省财金投资集团有限公司负责人
薪酬管理暂行办法（试行）

第一章　总　　则

第一条　为严格规范山东省财金投资集团有限公司（以下简称山东财金集团）负责人薪酬水平，促进企业持续健康发展，推动形成合理有序的收入分配格局，根据国家有关法律法规和《中共山东省委　山东省人民政府关于印发〈山东省省管企业负责人薪酬制度改革实施方案〉的通知》（鲁发〔2015〕12号）等有关文件规定，制定本办法。

第二条　本办法所称企业负责人，是指由省委任命管理的山东财金集团领导班子成员。

第三条　山东财金集团负责人薪酬由省财政厅提出核定意见，会同省国资委、省社保基金理事会决定。

第二章　薪酬结构和水平

第四条　企业负责人薪酬由基本年薪、绩效年薪、任期激励收入三部分构成。

第五条　基本年薪是指企业负责人的年度基本收入。企业主要负责人基本年薪是上年度省管企业在岗职工平均工资的2倍。年度省管企业在岗职工平均工资由省人力资源社会保障厅核定。

第六条　绩效年薪是指与企业负责人年度经营业绩考核结果相联系的收入。

绩效年薪＝基本年薪×年度考核评价系数×绩效年薪调节系数。

第七条　企业负责人年度考核评价系数最高不超过2，由省财政厅根据企业负责人年度经营业绩考核结果确定。

第八条　绩效年薪调节系数根据企业功能性质定位、所在行业以及企业总资产、净资产、营业收入、利润总额、归属于母公司净利润等规模因素确定，最高不超过1.5。

绩效年薪调节系数＝功能性质系数×行业系数×企业规模系数。

第九条　山东财金集团为商业二类企业，功能性质系数为1.1。

第十条　行业系数根据《中国劳动统计年鉴》统计的前一年度省管企业所处主要行业国有单位就业人员平均工资与全国国有单位就业人员平均工资的倍数确定，1.5倍（含1.5倍）以上的为1.1，1.5倍以下的为1。

第十一条　企业规模系数根据上三年平均资产总额、平均净资产、平均营业总收入、平均利润总额和平均归属于母公司所有者净利润确定。企业规模系数为0.75至1.24，具体按照《山东省人民政府国有资产监督管理委员会关于印发山东省省管企业负责人薪酬管理办法的通知》（鲁国资考核〔2016〕4号）相关规定计算确定。

第十二条 绩效年薪调节系数每年由省财政厅核算。

第十三条 企业负责人年度综合考核评价为不胜任的，不得领取绩效年薪。当年本企业在岗职工平均工资未增长的，企业负责人的绩效年薪原则上不得增长。当年本企业经济效益下降的，企业负责人的绩效年薪原则上不得增长。

第十四条 任期激励收入是指与企业负责人任期考核评价结果相联系的收入，根据任期经营业绩考核结果，在不超过企业负责人任期内年薪总水平的 30% 以内确定。

企业负责人任期综合考核评价为不胜任的，不得领取任期激励收入。因本人原因任期未满的，不得实行任期激励；非本人原因任期未满的，根据任期经营业绩考核结果并结合本人在企业负责人岗位实际任职时间及贡献发放相应任期激励收入。

第三章　薪酬支付

第十五条 企业负责人薪酬按照省财政厅核定的薪酬方案支付。企业主要负责人基本年薪每年核定一次，按月支付，当年基本年薪核定前按上年标准考虑适当增幅预发（省人力资源社会保障厅发布基数及标准）。经核定后对前期支付金额进行调整，多退少补。

第十六条 企业主要负责人绩效年薪和任期激励收入由省财政厅根据经营业绩考核结果决定。

第十七条 山东财金集团可在年初对经营业绩目标完成情况作出预估，按照预计完成情况所得绩效年薪的一定比例预发企业负责人当年绩效年薪。核定年度绩效年薪后，再进行清算，多退少补。

第十八条 任期激励收入实行延期支付办法。企业负责人 3 年一个任期，在任期经营业绩考核后，任期激励收入按 5∶5 的比例在下一任期前 2 年度兑现。

对任期内出现重大失误、给企业造成重大损失的，根据企业负责人承担的责任，追索扣回部分或全部已发绩效年薪和任期激励收入。追索扣回办法适用于已离职或退休的企业负责人。

第十九条 山东财金集团应当根据相关规定对企业负责人进行严格考核，并依据其岗位职责、承担风险，以及考核结果合理拉开副职负责人与主要负责人之间的基本年薪、绩效年薪和任期激励收入差距，其他企业负责人正职按照主要负责人薪酬的 0.9 至 1 倍确定，企业负责人副职按照主要负责人的 0.6 至 0.9 倍确定。

第二十条 省财政厅对山东财金集团负责人薪酬实行总额管理。按照其他企业负责人正职为主要负责人的 1 倍、副职为企业主要负责人的 0.8 倍的薪酬倍数，以及企业负责人职数、任职时间等因素，核定企业负责人薪酬总额。

第二十一条 主要负责人薪酬核定后，山东财金集团在 20 个工作日内将本企业负责人薪酬分配方案报省财政厅。省财政厅核准后，由山东财金集团组织兑现。

第二十二条 企业负责人在下属全资、控股、参股企业兼职或在本企业外的其他单位兼职的，不得在兼职企业（单位）领取工资、奖金、津贴等任何形式的报酬。

除纳入全国或省评比达标表彰奖励项目并由国家或省发放的奖金及实物奖励之外，企业负责人不得领取由各级政府或有关部门发放的奖金及实物奖励，不得依据其他奖励政策自行发放奖金，不得另行领取纳入企业工资总额的工资、津贴、补贴、加班费等任何形式的收入。

纳入全国或省评比达标表彰奖励项目，但由企业发放的奖金及实物奖励，企业负责人不得在核定的薪酬之外领取。

第二十三条 企业负责人因岗位变动调离企业的，自任免机关下发职务调整通知文件次月起，除按当年在企业负责人岗位实际工作月数计提的绩效年薪和应发任期激励收入外，不得继续在原企业领取薪酬，工资关系不得保留在原企业。

第二十四条 企业负责人的薪酬在财务统计中单列科目，单独核算并设置明细账目。企业负责人薪酬应计入企业工资总额，在企业成本中列支，在工资统计中单列。

企业负责人离任后，其薪酬方案和考核兑现个人收入的原始资料至少保存 15 年。

第四章　管理与监督

第二十五条　省财政厅通过日常监督检查、财务决算审计以及与有关部门实施的专项检查等形式，对企业负责人薪酬支付、福利待遇等情况进行监督检查。

第二十六条　对提供虚假会计信息资料或者虚构业绩多领取薪酬的，除按照有关法律、法规处理外，追溯调整企业负责人经营业绩考核结果，追缴多支付的薪酬，并追究主要负责人和有关人员责任。

第二十七条　企业负责人存在违反规定自定薪酬、超发薪酬、提前兑现绩效年薪和任期激励收入、兼职取酬、超标准享受福利性待遇等行为的，依照有关规定给予纪律处分、组织处理和经济处罚，并追回违规所得收入。

第五章　附　　则

第二十八条　本办法由山东省财政厅负责解释。

第二十九条　本办法自印发之日起施行。

省财政厅关于做好省级机构改革中经费
资产划转管理工作的通知

2018 年 10 月 16 日　鲁财资〔2018〕68 号

省直有关部门、单位：

为贯彻落实《山东省机构改革方案》（以下简称《改革方案》）和《关于山东省省级机构改革的实施意见》（以下简称《实施意见》），确保机构改革工作平稳有序推进，根据行政事业单位经费资产管理有关规定，现就机构改革中经费资产划转管理工作通知如下：

一、准确把握经费资产划转管理的基本原则

依法依规划转变动部门、单位或机构（以下简称改革单位）的经费资产是机构改革工作的重要内容，改革单位要以习近平新时代中国特色社会主义思想为指导，站在讲政治、讲大局的高度，充分认识做好机构改革有关经费资产管理工作的重要意义，按照保障履职、分类施策、防止流失的原则，切实做好机构改革涉及的经费资产保障、资产清查、财务审计、划转接收等工作，确保经费资产随改革进展情况及时有序调整到位。

（一）保障履职。通过科学调配、规范划转、高效使用，充分发挥行政事业单位经费、资产在单位履行职能方面的基础作用，有效保障政权运转和提供公共服务的需要。

（二）分类施策。根据现行经费资产管理体制及职责分工，结合各单位机构改革方案，区分新组建、调整整合等不同情况，分类明确经费、资产划转调整的相关工作程序或步骤。

（三）防止流失。严格按规定办理经费资产划转相关手续，不得借改革之机隐瞒、侵占、挪用资金或

虚列支出、转移套取资金，也不得漏报、瞒报、隐匿和违规处置、更新资产，确保机构改革过程中资金、资产安全完整。

二、扎实做好机构改革中经费资产划转管理工作

区分新组建及调整整合等不同情况，分类明确部门经费、资产划转管理有关工作程序如下：

（一）经费划转管理

1. 对于部门归并组建形成新部门的，对原部门的经费预算进行归并，涉及机构精简、职责减少的，应相应调减预算；对于部门之间职能划转的，由职能划出部门根据机构、职责、人员、业务调整变化情况，研究提出经费预算划转建议，商职能划入部门和省财政厅并达成一致意见后，办理预算变更事宜；对于划入部分职能并组建形成新部门的，在划入相应经费预算的基础上，由新组建部门按照支出标准和预算管理规定，统一编制预算，按程序报批后执行。

2. 对于新组建部门亟需的筹建、开办等经费，省财政厅负责根据部门申请，按程序审核后预拨部分启动资金，待具体经费安排方案确定后再进行清算。同时，省财政厅负责协调做好新组建部门预算单位及账户设立工作，及时办理相关支付业务。

（二）资产划转管理

1. 对于调整整合部门，具体分为两种情况：

一是部分资产划转。主管部门或所属单位部分资产划转的，划出方主管部门先对拟划转资产完成清查盘点，划出方和接收方协商一致并分别报各自主管部门审核同意后，由划出方按照现行行政事业国有资产管理制度和管理权限，报送划出方主管部门或省财政厅按规定履行资产处置审批程序。经批准后，划出方和接收方做好资产划转接收工作。

二是整体资产划转。主管部门或所属单位资产整体划转至其他部门或多个主管部门资产整体合并到新组建部门的，划出方要先冻结相关资产，盘点各类资产，核对资产账簿，厘清债权债务，编制账册目录，并做好资产清查、委托中介机构（由划出方主管部门或新组建部门委托）审计和划转准备等工作。划出方主管部门或新组建部门（完成挂牌后）按照现行行政事业单位国有资产管理制度和管理权限，报送省财政厅按规定履行资产处置审批程序。经批准后，划出方和接收方做好资产整体划转接收工作。

资产划转过程中提供的资产清查报告和中介机构财务审计报告，需同时报送省审计厅。

2. 对于新组建部门，本着厉行节约反对浪费的原则，优先通过调剂、共享共用等方式配备资产。确实难以与其他单位共享共用资产的，应当按规定的配置标准和程序申请配备；未规定配置标准的，应当从严控制，合理配置。

三、切实加强机构改革有关办公用房、土地、公务用车等重点资产管理

对机构改革涉及的办公用房、土地和公务用车等重点资产，应当按照《党政机关办公用房管理办法》《党政机关公务用车管理办法》等规定，规范程序，强化管理。

（一）办公用房和土地。改革单位办公用房需要调配使用的，由省机关事务局分别征求相关部门和单位意见后提出方案，按程序报经批准后组织实施。在调配使用过程中，优先通过整合现有办公用房资源调剂解决；确实难以通过调剂解决的，经批准后可以通过租赁等方式解决。涉及土地、其他房产资产调配、划转等事项的，应当报省机关事务局同意后，按照土地、其他房产资产管理有关规定办理。

（二）公务用车。改革单位公务用车无偿划转的，原则上"车辆随职能走"，由划出方和接收方根据职能、机构、人员划转情况和车辆管理有关规定，科学合理确定划转数量，确保划转各方工作用车需要，公务用车接收方应当符合车辆编制有关规定。新组建部门在核定公务用车编制后，要优先通过整合现有公务用车资源调剂解决，确实难以通过调剂解决的，可按规定申请配置。公务用车主管部门按照政府采购法律

法规和国家有关政策规定，统一组织实施公务用车集中采购。

四、严格落实机构改革中经费资产管理工作要求

机构改革中有关经费资产管理工作事关机构改革大局，任务艰巨、责任重大。相关部门和单位要统筹谋划、积极作为，强化措施、规范管理，严防资金资产流失。

（一）全面清理。改革单位要对拟移交经费、资产等情况进行全面清理，严格按照行政事业单位经费资产管理等规定，对流动资产、无形资产、在建工程以及房屋、土地、车辆、办公设备及家具、文物陈列品、低值易耗品、易携带资产等进行清查、登记，真实全面反映资产状况，确保账账相符、账实相符。资产清查盘点以 2018 年 9 月 30 日为基准日开展，需要对资产损益进行核实的，按照省财政厅《关于转发财政部〈行政事业单位资产清查核实管理办法〉的通知》（鲁财资〔2016〕9 号）的规定执行。

（二）加快办理。改革单位要按照《改革方案》和《实施意见》要求，明确责任分工，列出时间表，提高工作效率，加快工作进度，确保按要求完成经费资产划转管理工作。相关部门和单位要建立划出方、接收方密切协作的工作机制，明确专门机构和人员，负责办理经费、资产划转相关事项，及时协调解决工作中出现的问题。

（三）规范管理。改革单位要在清理盘点的基础上，编制经费、资产划转清单。拟划转资产应当权属清晰，涉及产权纠纷等历史遗留问题的，要由划出方和接收方妥善研究处理。对于办公设备、软件等可方便移动的资产，原则上"资产随职能和人员走"，在不违反保密规定的前提下接续使用。接收方接收资产，已有资产配置标准的，应当在相关资产配置标准限定范围内接收资产，确保不超编、不超标。经费资产交接手续完成后，划出方、接收方要按规定及时进行账务处理，并在相关信息系统中作相应调整，确保账账相符、账实相符。

（四）严格预算。机构改革涉及部门所需经费预算，主要通过部门现有预算调剂、部门间预算划转等方式解决，对于新组建部门等难以统筹解决的方可申请新增经费预算。各相关部门因组织推进改革所发生的会议、培训、差旅等相关支出，通过日常公用经费、业务类项目预算等统筹解决。鉴于 2019 年省级预算编制工作已经部署，机构改革涉及部门按照改革前的部门职能、人员构成和经费渠道编制预算。具体编制过程中，各相关部门要加强对机构改革涉及经费预算的研究论证，既要通过机构和职能整合引领资金整合，防止经费多头安排、交叉重复，也要足额保障合理必要支出，做到预算应编尽编、坚决避免遗漏硬性支出等情况。

（五）严肃纪律。改革单位在经费资产划转过程中，要注意盘活存量、严控增量。一方面，要充分保障部门和单位正常履职和事业发展需要。另一方面，要严格执行中央八项规定精神和各项制度规定，合理均衡安排经费预算支出，不得突击花钱、巧立名目发放和私存私放钱物，切实保障财政资金安全；严禁借机构改革之机违规处置、更新资产，未达使用年限等不符合处置更新要求的，不得处置更新；已达使用年限但仍有使用价值的，应当继续使用。在机构改革经费资产管理中发现有违反规定行为，以及其他滥用职权、玩忽职守、徇私舞弊等违法违纪行为的，将依照《中华人民共和国公务员法》《中华人民共和国监察法》《财政违法行为处罚处分条例》等国家有关规定严肃追究相关人员责任；涉嫌犯罪的，依法移送司法机关处理。省审计厅将依法依规对经费和资产清查划转情况进行审计监督，并抽查部分改革单位的资产清查及委托中介机构审计质量情况。

对于执行中遇到的问题，以及深化机构改革有关经费资产管理的重要情况，请及时向省财政厅、省机关事务局反映。

省财政厅关于印发山东省财政企业信息
工作通报暂行办法的通知

2018 年 11 月 6 日　　鲁财资〔2018〕74 号

各市财政局，省直有关部门，有关省属企业：

为规范和加强财政部门对企业财务信息的收集汇总和分析利用，确保企业财务信息的真实、准确、完整，充分发挥企业财务信息在我省宏观经济管理和企业改革发展中的重要作用，同时进一步规范国有资本收益申报、征缴和预算编制，根据《财政部关于印发〈加强企业财务信息管理暂行规定〉的通知》（财企〔2012〕23 号）、《财政部关于进一步做好国有企业财务信息管理有关工作的通知》（财资〔2018〕6 号）、《山东省人民政府办公厅关于印发〈山东省省级国有资本经营预算管理暂行办法〉的通知》（鲁政办字〔2017〕94 号）等有关规定，我们制定了《山东省财政企业信息工作通报暂行办法》，现印发给你们，请认真贯彻执行。

附件：山东省财政企业信息工作通报暂行办法

附件：

山东省财政企业信息工作通报暂行办法

第一章　总　　则

第一条　为进一步加强财政企业财务信息管理，规范国有资本收益申报、征缴和预算编制，完善激励机制，提升财务信息工作质量，根据《财政部关于印发〈加强企业财务信息管理暂行规定〉的通知》（财企〔2012〕23 号）、《财政部关于进一步做好国有企业财务信息管理有关工作的通知》（财资〔2018〕6 号）、《山东省人民政府办公厅关于印发〈山东省省级国有资本经营预算管理暂行办法〉的通知》（鲁政办字〔2017〕94 号）等制度规定，制定本办法。

第二条　本办法所称财政企业信息工作，是指全省财政企业信息快报工作、企业决算工作、国有资本经营预算工作。

第二章　通报的原则和对象

第三条　通报原则

（一）准确性原则，要求报送的数据准确、真实、客观；

（二）完整性原则，要求报送的数据口径统一、全面完整；

（三）时效性原则，要求按规定时间及时报送，不迟报、不漏报；

（四）协同性原则，要求各级财政部门能够完成上级布置、开展的重点专项调研、紧急调度任务。同时，提高市、县级财政部门披露信息的协同性，为各级党委政府决策提供参考。

第四条　通报对象

本办法的通报对象为省直有关部门、省属各企业、各市财政局及从事财政企业信息工作的人员。

第三章 通报内容和区间

第五条 通报内容

（一）企业财务信息工作

1. 企业财务快报数据；基于快报汇总财务数据的月度、季度和年度企业经济运行分析。

2. 企业财务决算数据；基于决算汇总数据的年度企业经济运行分析；能反映本地区企业、行业、产业升级发展前景及财政增收贡献度的专题报告；区域内企业管理创新特别是企业财务管理能力创新的相关研究课题。

（二）国有资本经营预算管理工作

1. 国有资本经营预算编制范围的完整性；

2. 国有资本经营预算编制的准确性；

3. 国有资本收益申报、上缴的及时性和准确性。

第六条 通报区间

财政企业快报工作、决算工作、国有资本经营预算工作按年度进行通报。

第四章 通报标准和方式

第七条 通报标准

每年年初，省财政厅根据最新工作要求制定并公布考核评分表。

第八条 通报方式

（一）财政企业信息工作先进单位。依据本办法规定的考核标准，根据年终累计得分综合排名，确定财政企业快报、决算信息工作、国有资本经营预算先进单位。

（二）财政企业信息工作先进个人。根据省直有关部门、省属各企业、各市财政局年终综合排名确定先进个人限额，有关省直部门、省属企业、市财政局根据限定名额，从负责企业信息工作的人员中推荐先进个人候选人，经省财政厅或会同相关厅局核实后予以通报。

第五章 附 则

第九条 本办法由省财政厅负责解释。

第十条 本办法自印发之日起施行。

财政部对《关于企业国有资产办理无偿划转手续的规定》的补充通知

2017 年 12 月 8 日 财资〔2017〕79 号

国务院各部委、各直属机构，各省、自治区、直辖市、计划单列市财政厅（局）：

为规范企业国有资产管理工作，现就《财政部关于印发〈关于企业国有资产办理无偿划转手续的规定〉的通知》（财管字〔1999〕301 号）有关责任追究事项补充通知如下：

各级财政部门及其工作人员在审批工作中，存在滥用职权、玩忽职守、徇私舞弊等违法违纪行为的，按照《中华人民共和国企业国有资产法》《中华人民共和国公务员法》《中华人民共和国行政监察法》《财政违法行为处罚处分条例》等国家有关规定追究相应责任；涉嫌犯罪的，移送司法机关处理。

请遵照执行。

财政部关于股份有限公司国有股权管理
工作有关问题的补充通知

2017 年 12 月 12 日　财资〔2017〕80 号

国务院有关部委，各省、自治区、直辖市、计划单列市财政厅（局），新疆生产建设兵团财务局：

为规范股份有限公司国有股权管理工作，现就《财政部关于股份有限公司国有股权管理工作有关问题的通知》（财管字〔2000〕200 号）有关责任追究事项补充通知如下：

各级财政部门及其工作人员在国有股权管理审批工作中，存在滥用职权、玩忽职守、徇私舞弊等违法违纪行为的，按照《中华人民共和国企业国有资产法》《中华人民共和国公务员法》《中华人民共和国行政监察法》《财政违法行为处罚处分条例》等国家有关规定追究相应责任；涉嫌犯罪的，移送司法机关处理。

请遵照执行。

财政部　国资委关于钢铁煤炭行业化解过剩产能
国有资产处置损失有关财务处理问题的通知

2018 年 1 月 3 日　财资〔2018〕1 号

国务院各部委、各直属机构，各省、自治区、直辖市、计划单列市财政厅（局），新疆生产建设兵团财务局，各中央管理企业：

为贯彻落实党中央、国务院关于推进供给侧结构性改革的决策部署，按照《国务院关于钢铁行业化解过剩产能实现脱困发展的意见》（国发〔2016〕6 号）和《国务院关于煤炭行业化解过剩产能实现脱困发展的意见》（国发〔2016〕7 号）有关精神，根据《企业财务通则》（财政部令第 41 号）等规定，现就钢铁、煤炭行业化解过剩产能处置国有资产过程中有关资产损失的财务处理问题通知如下。

一、根据国发〔2016〕6 号、国发〔2016〕7 号文件开展化解钢铁、煤炭过剩产能工作的国有及国有控股企业（以下简称去产能企业），实施经省级人民政府和国资委组织验收合格的去产能项目过程中，以报废拆除、有偿转让等方式处置的设备、厂房、土地使用权、原材料等各类资产形成的损失财务处理，适用本通知。开展钢铁、煤炭去产能工作的其他企业参照执行。

本通知所称资产损失，是指上述资产的账面价值加上处置费用减去处置收入后的金额。

二、去产能企业应当及时确认和处理去产能过程中发生的资产损失，做到账实相符。

（一）去产能企业持续经营的，资产损失作为当期损益处理。

（二）去产能企业通过公司制改制、股权（产权）转让、合并等方式实施重组中发生的资产损失，报经股东（大）会、党委（党组）、董事会、总经理办公会等内部决策机构批准后，依次冲减未分配利润、任意盈余公积、法定盈余公积、资本公积和实收资本。

（三）去产能企业关闭或者破产的，应当及时进行清算，将资产损失计入清算损益。

三、履行出资人职责的机构和部门应当对所监管企业资产处置加强监督和检查，确保去产能企业按规定处理相关资产损失。

四、去产能企业资产损失对当期经营业绩产生重大影响的，履行出资人职责的机构和部门在业绩考核中适当予以考虑。

五、去产能企业处理资产损失对企业可持续经营可能造成重大不利影响的，可以向履行出资人职责的机构和部门申请进行清产核资。

六、去产能企业应当依法接受财政部门的财务监督、国家审计机关的审计监督以及履行出资人职责的机构和部门的监督。

七、本通知自印发之日起施行。本通知印发前企业根据国发〔2016〕6号、国发〔2016〕7号文件开展去产能工作涉及资产处置损失的财务处理，可以按照本通知执行。

八、国有及国有控股企业按照国务院有关要求推进钢铁、煤炭以外行业化解过剩产能工作，实施经省级人民政府和国资委组织验收合格的去产能项目过程中涉及资产处置损失的财务处理，参照本通知执行。

财政部 科技部 国资委关于扩大《国有科技型企业股权和分红激励暂行办法》实施范围等有关事项的通知

2018年9月18日 财资〔2018〕54号

党中央有关部门，国务院各部委、各直属机构，各省、自治区、直辖市、计划单列市财政厅（局）、科技厅（委、局）、国资委，新疆生产建设兵团财政局、科技局、国资委，各中央管理企业：

为加快实施创新驱动发展战略，推动国有科技型企业建立健全激励分配机制，进一步增强技术和管理人员的获得感，经国务院同意，现就扩大《国有科技型企业股权和分红激励暂行办法》实施范围等有关事项通知如下：

一、将国有科技型中小企业、国有控股上市公司所出资的各级未上市科技子企业、转制院所企业投资的科技企业纳入激励实施范围。

上述企业纳入实施范围后，《财政部 科技部 国资委关于印发〈国有科技型企业股权和分红激励暂行办法〉的通知》（财资〔2016〕4号，以下简称《激励办法》）第二条相应调整为：本办法所称国有科技型企业，是指中国境内具有公司法人资格的国有及国有控股未上市科技企业（含全国中小企业股份转让系统挂牌的国有企业、国有控股上市公司所出资的各级未上市科技子企业），具体包括：

（一）国家认定的高新技术企业。

（二）转制院所企业及所投资的科技企业。

（三）高等院校和科研院所投资的科技企业。

（四）纳入科技部"全国科技型中小企业信息库"的企业。

（五）国家和省级认定的科技服务机构。

二、对于国家认定的高新技术企业不再设定研发费用和研发人员指标条件。将《激励办法》第六条第（二）款调整为"（二）对于本办法第二条中的（二）、（三）、（四）类企业，近3年研发费用占当年企业营业收入均在3%以上，激励方案制定的上一年度企业研发人员占职工总数10%以上。成立不满3年的企业，以实际经营年限计算"。将《激励办法》第六条第（三）款调整为"（三）对于本办法第二条中的（五）类企业，近3年科技服务性收入不低于当年企业营业收入的60%"。

三、本通知自印发之日起执行。

十四、

监督检查类

省财政厅关于进一步加强我省会计师事务所
资产评估机构行政监管工作的意见

2018 年 7 月 25 日 鲁财办发〔2018〕29 号

各市财政局，省注册会计师协会、省资产评估协会，各会计师事务所、资产评估机构：

为贯彻落实党的十九大关于完善市场监管体制的要求，切实规范我省会计师事务所、资产评估机构行业秩序，进一步加强我省会计师事务所、资产评估机构行政监管工作，根据《中华人民共和国注册会计师法》《中华人民共和国资产评估法》《资产评估行业财政监督管理办法》（财政部令第 86 号）和《会计师事务所执业许可和监督管理办法》（财政部令第 89 号）等法律法规，结合工作实际，现提出如下意见：

一、充分认识加强行政监管工作的重要意义

会计师事务所、资产评估机构是提供专业化经济信息鉴证服务的社会中介机构。加强对会计师事务所、资产评估机构的行政监管工作，对于提高会计信息质量、规范资本市场运作、引导社会资源合理配置和保障社会公众利益具有重要意义。一是有利于维护市场经济秩序。加强行政监管，能够督促会计师事务所、资产评估机构在执业过程中保持独立、客观、公正，发挥其为市场主体提供高质量经济鉴证服务、引导社会资源合理配置的基础性作用。二是有利于促进会计师事务所、资产评估机构加强诚信建设。会计师事务所、资产评估机构的诚信建设是整个社会诚信体系建设的重要内容。加强行政监管，督促会计师事务所、资产评估机构进一步提升职业道德水平，能够不断提升其社会诚信度和公信力，为社会诚信体系建设作出贡献。三是有利于促进会计师事务所、资产评估行业健康发展。随着经济社会的发展，会计师事务所、资产评估机构的业务范围从传统的审计、评估等领域逐步拓展到项目资金申报、绩效管理评价、工程项目验收等领域。这些新业务，亟需政府部门加强监管和规范引导，以营造良好的外部市场环境，推动会计师事务所、资产评估机构不断加强自身建设、健全业务质量控制体系。

二、完善监管措施，健全监管长效机制

（一）明确监管重点

财政部门在加强对会计师事务所、资产评估机构法定审计、评估等业务监管的基础上，将其拓展的新业务列入重点监管范围。一是为政府部门出具的项目资金申报核查、绩效管理评价、工程项目验收等报告，是否存在会计师事务所、资产评估机构与资金申报方或项目主管单位串通、故意造假骗取财政资金问题，是否存在取证不足、工作程序缺失、评价验收"走过场"问题。二是为企业出具、用于向银行申请贷款的审计、验资、评估等报告，是否存在会计师事务所、资产评估机构与企业串通骗贷问题。

（二）强化专项检查

一方面，严格按照《国务院办公厅关于推广随机抽查规范事中事后监管的通知》（国办发〔2015〕58号）要求和财政部统一部署，随机抽取会计师事务所、资产评估机构名单，列入执业质量专项检查范围。另一方面，根据近年专项检查、信访案件核查和日常监管等情况，将违规问题严重、整改落实不到位、群众反映强烈的会计师事务所、资产评估机构直接列入专项检查范围。通过专项检查，对违法违规的会计师事务所、资产评估机构及其执业人员严格依法处理处罚，有效遏制违法违规行为。

（三）加强信访举报核查

对于群众反映强烈、造成不良社会影响的会计师事务所、资产评估机构，不仅要对来信来访反映情况进行深入细致的核查，还要对其保持设立条件、日常报备、业务报备、内部管理、质量控制、其他业务执业质量等情况进行全面检查。在对会计师事务所、资产评估机构检查的基础上，还要加强对服务对象的延伸检查，明确会计师事务所、资产评估机构和服务对象等各方责任，对存在的问题分别予以处理。

（四）加强日常监管

1. 严格执业许可，完善行业准入和退出机制。一方面，按照公开透明、便利高效的原则，依法依规开展执业许可工作。对新设立的会计师事务所、资产评估机构合伙人或股东，要对其任职资格和职业道德情况进行实质性审查。另一方面，定期对会计师事务所、资产评估机构持续符合执业许可条件情况组织开展专项核查，对采取欺骗手段设立、未能有效保持办所条件、执业质量差、造成严重社会影响的会计师事务所、资产评估机构，要依法按程序予以撤销。

2. 加强报备工作，完善动态监管机制。充分发挥财政会计行业管理系统等平台的动态监管作用，及时跟踪了解会计师事务所、资产评估机构人员变动和业务开展情况，将人员变动频繁、出具业务报告数量明显超出服务能力、收费明显低于成本等情形的会计师事务所、资产评估机构纳入专项核查范围。

3. 结合激励措施，完善惩戒机制。凡被查实在执业过程中违反执业规则、履职不认真、弄虚作假、鉴定结果失真、造成严重社会影响的，财政部门在对其进行依法处理处罚的基础上，三年内不得推荐其申报政府部门举办的评先评优活动，取消其申报各级财政奖励扶持资金资格。对于受到行政处罚的执业人员，一律取消其申报山东省高端会计人才资格，不得推荐其申报国际化高端会计人才；正在进行山东省高端会计人才培训的，一律中止其学习资格；正在进行国际化高端会计人才培训的，建议财政部中止其学习资格。

三、进一步加强协调配合，形成强有力的联合监管体系

（一）加强跨部门协作配合

一是与工商部门加强协作配合，加大对会计师事务所、资产评估机构营业执照、执业许可申办情况的监管力度，对"有照无证"和违法违规情节严重的会计师事务所、资产评估机构，及时移送工商部门处理。二是加强与金融监管部门的协作配合，严惩扰乱金融市场秩序的会计师事务所、资产评估机构。对人民银行、银监等部门单位移送的会计师事务所、资产评估机构和企业串通骗贷问题，要建立专门档案，分别查处会计师事务所、资产评估机构执业质量问题和企业会计信息质量问题。三是加强与新闻媒体的协作配合，加大对会计师事务所、资产评估机构违法违规案件的曝光力度。通过"信用山东"网站、报纸、电视台、广播等新闻媒介，公示公告违法违规案件相关信息，增加违法违规的社会成本。

（二）加强跨区域、跨层级协作配合

一是对于在行政监管中发现的外省会计师事务所、资产评估机构分支机构违法违规问题，移送其总部所在省（市、自治区）财政部门处理。二是对于在行政监管中发现的具有证券资格的会计师事务所、资产评估机构违法违规问题，按照"谁审批、谁监管"的原则，移送财政部处理。

四、进一步发挥行业协会作用，严格自律约束

山东省注册会计师协会、山东省资产评估协会要充分发挥行业自律作用，大力弘扬诚信为本、操守为重、坚持准则的职业风尚，深入推进行业法制教育和诚信建设。一是不断完善行业信用管理制度和诚信档案制度，推广行业从业人员诚信宣誓制度和会计师事务所、资产评估机构诚信公约制度。二是进一步加强行业从业人员继续教育，宣传独立、客观、公正的执业精神，不断提高行业职业道德水平。三是进一步加强对会计师事务所、资产评估机构行业自律检查和惩戒力度，建立健全行业诚信监控体系，不断丰富和创新行业自律手段。四是引导会计师事务所、资产评估机构加强内部管理，建立健全业务质量控制体系。

五、加强调查研究，不断提升行政监管水平

随着经济形势发展和政府职能转变，会计师事务所、资产评估机构在执业中逐步显露出一些较为突出的新情况、新问题，不仅影响行业自身健康发展，也给经济社会健康有序发展带来一定负面影响。财政部门作为会计师事务所、资产评估机构的行政监管部门，要围绕新情况、新问题加强调查研究，不断改进完善监管手段和措施。省财政厅将委托各市财政局对会计师事务所、资产评估机构进行专项检查，进一步强化行政监管力度。各市财政局要结合工作实际，从自身监管工作特别是体制机制上查找问题、分析原因，提出改进监管方式的意见建议，使行政监管工作与会计师事务所、资产评估机构业务发展相适应。行业协会、会计师事务所、资产评估机构要立足自身职能，加强调查研究，不断总结经验，探索提升执业质量和服务水平的方式方法，配合做好行政监管工作。

十五、

农村综合改革管理类

省财政厅 省农业厅关于印发山东省农村集体产权制度改革资金管理办法的通知

2018 年 2 月 11 日 鲁财农改〔2018〕1 号

各市财政局、农业局（农委），黄河三角洲农业高新技术产业示范区财政金融局、经济发展与投资促进局，省财政直接管理县（市）财政局、农业局（农委）：

为加强和规范农村集体产权制度改革资金管理，充分发挥资金使用效益，根据《中共中央 国务院关于稳步推进农村集体产权制度改革的意见》（中发〔2016〕37 号）及《中共山东省委 山东省人民政府关于稳步推进农村集体产权制度改革的实施意见》（鲁发〔2017〕40 号）要求，结合我省实际，我们研究制定了《山东省农村集体产权制度改革资金管理办法》，现印发给你们，请认真遵照执行。执行中如有问题或建议，请及时向我们反馈。

附件：山东省农村集体产权制度改革资金管理办法

附件：

山东省农村集体产权制度改革资金管理办法

第一章 总 则

第一条 为规范农村集体产权制度改革资金管理，推进资金统筹使用，提高资金使用效益，推动全省农村集体产权制度改革，依据《中华人民共和国预算法》和《中共山东省委 山东省人民政府关于稳步推进农村集体产权制度改革的实施意见》（鲁发〔2017〕40 号）、《省委办公厅 省政府办公厅关于印发〈全省农村集体产权制度改革省级试点方案〉的通知》（鲁办发〔2017〕7 号）及财政资金管理有关法律法规制度规定，制定本办法。

第二条 本办法所称农村集体产权制度改革资金，是指中央财政和省级财政预算安排用于支持农村集体产权制度改革的一般性转移支付资金。

第三条 农村集体产权制度改革资金由省财政厅会同省农业厅共同管理。资金的分配、使用、管理遵循"政策目标明确、分配办法科学、支出方向协调、绩效结果导向"的原则。

省财政厅负责农村集体产权制度改革资金年度预算编制、分配下达资金，对资金使用情况进行监督和绩效管理。

省农业厅负责农村集体产权制度改革相关工作计划或实施方案的编制，研究提出资金分配建议和绩效目标设定、绩效监控、绩效评价等绩效管理工作的具体要求，会同省财政厅下达年度工作任务（任务清单），指导市县开展农村集体产权制度改革。

市、县级财政、农业部门在同级人民政府的统一领导下，根据相关规定明确职责分工，确保工作任务按期完成、资金使用安全合规、资金效益充分发挥。财政部门主要负责农村集体产权制度改革资金的预算分解下达、资金审核拨付、资金使用监督检查以及预算绩效管理等工作；农业部门主要负责农村集体产权制度改革相关规划或实施方案编制，项目组织实施和监督，研究提出资金和工作任务（任务清单）分解安排建议方案，做好预算绩效管理具体工作等。

第二章　资金分配和下达

第四条　中央和省级农村集体产权制度改革资金为补助性资金，按照行政村个数、农村人口数、工作绩效，综合考虑东、中、西部财力差异，分配各地与市、县级财政预算安排的资金统筹使用。

第五条　省农业厅根据国家和省关于农村集体产权制度改革政策及工作部署，科学编制中期发展规划，提出年度工作任务、资金需求和绩效目标，随年度部门预算申请同步报送省财政厅。

第六条　省农业厅提前做好资金分配的准备工作，于每年省人民代表大会批准省级预算后 15 日内，提出资金分配建议，连同任务清单一并报送省财政厅，由省财政厅按规定时限审核下达资金。在省人民代表大会批准省级预算前，可根据工作需要，按照《中华人民共和国预算法》有关规定提前下达部分资金。

中央财政当年安排我省的农村集体产权制度改革资金，由省农业厅于收到中央财政资金后 15 日内，提出资金分配建议，连同任务清单和绩效目标一并报送省财政厅，由省财政厅按规定时限审核下达。

第七条　市、县级财政部门会同农业部门，要加快农村集体产权制度改革资金分解下达，确保资金在规定时间内落实到位。农业部门应督促资金使用单位加快预算执行，提高资金使用效益，确保按期完成任务。

第三章　资金使用和管理

第八条　农村集体产权制度改革资金为约束性任务资金，在完成约束性任务的前提下，可由县级人民政府按照省委、省政府关于进一步推进涉农资金统筹整合的部署要求统筹安排使用。

第九条　农村集体产权制度改革资金，专项用于支持县、乡、村开展农村集体产权制度改革工作相关支出，包括政策宣传、业务培训、督导推进、资产评估、法律咨询、证书合同制发、资料印刷、档案管理、绩效评价等方面。

第十条　各级农业部门应及时提出资金分配建议，组织核实资金支持对象的资格、条件，督促检查任务清单完成情况，为财政部门按规定标准分配、审核、拨付资金提供依据。

第十一条　农村集体产权制度改革资金支付，按照国库集中支付制度有关规定执行。属于政府采购管理范围的，按照政府采购有关法律法规执行。结转结余资金，按照《中华人民共和国预算法》和其他结转结余资金管理有关规定处理。

第十二条　各级财政、农业部门要按照政府信息公开规定和"谁主管、谁负责、谁公开"的原则，健全完善农村集体产权制度改革资金信息公开机制，切实保障好群众的知情权、参与权和监督权。

第四章　监督管理和绩效评价

第十三条　各级财政、农业部门应加强对农村集体产权制度改革资金分配、使用、管理情况的监督检查，发现问题及时纠正。

第十四条　农村集体产权制度改革资金实行预算绩效管理。各级财政、农业部门要按照相关规定，做好绩效目标设定、绩效监控、绩效评价、结果运用等相关工作。

第十五条　各级财政、农业部门及其工作人员在资金分配、审核、使用等工作中，如存在违反规定分配资金，向不符合条件的单位、个人或项目分配资金或者擅自超出规定的范围、标准分配或使用资金，以及存在其他滥用职权、玩忽职守、徇私舞弊等违法违纪行为的，将按照《中华人民共和国预算法》《中华人民共和国公务员法》《中华人民共和国行政监察法》和《财政违法行为处罚处分条例》（国务院令第 427

号）等国家有关规定，追究相关人员责任。涉嫌犯罪的，移送司法机关处理。

第十六条 资金使用单位或个人存在虚报冒领、骗取套取、挤占挪用农村集体产权制度改革资金，以及其他违反本办法规定行为的，将按照《中华人民共和国预算法》《财政违法行为处罚处分条例》等有关规定，严肃追究相应责任。

第五章 附 则

第十七条 各市可参照本办法，结合本地实际，制定农村集体产权制度改革资金使用管理实施细则。

第十八条 本办法由省财政厅会同省农业厅负责解释。

第十九条 本办法自 2018 年 3 月 12 日起施行，有效期至 2021 年 12 月 31 日。

十六、

政府债务管理类

财政部 住房城乡建设部关于印发《试点发行地方政府棚户区改造专项债券管理办法》的通知

2018 年 3 月 1 日 财预〔2018〕28 号

各省、自治区、直辖市、计划单列市财政厅（局），住房城乡建设厅（局、委）：

按照党中央、国务院有关精神和要求，根据《中华人民共和国预算法》《国务院关于加强地方政府性债务管理的意见》（国发〔2014〕43 号）等有关规定，为完善地方政府专项债券管理，规范棚户区改造融资行为，坚决遏制地方政府隐性债务增量，2018 年在棚户区改造领域开展试点，有序推进试点发行地方政府棚户区改造专项债券工作，探索建立棚户区改造专项债券与项目资产、收益相对应的制度，发挥政府规范适度举债改善群众住房条件的积极作用，我们研究制订了《试点发行地方政府棚户区改造专项债券管理办法》。现予以印发，请遵照执行。

附件：试点发行地方政府棚户区改造专项债券管理办法

附件：

试点发行地方政府棚户区改造专项债券管理办法

第一章 总 则

第一条 为完善地方政府专项债券管理，规范棚户区改造融资行为，坚决遏制地方政府隐性债务增量，有序推进试点发行地方政府棚户区改造专项债券工作，探索建立棚户区改造专项债券与项目资产、收益相对应的制度，发挥政府规范适度举债改善群众住房条件的积极作用，根据《中华人民共和国预算法》、《国务院关于加强地方政府性债务管理的意见》（国发〔2014〕43 号）等有关规定，制订本办法。

第二条 本办法所称棚户区改造，是指纳入国家棚户区改造计划，依法实施棚户区征收拆迁、居民补偿安置以及相应的腾空土地开发利用等的系统性工程，包括城镇棚户区（含城中村、城市危房）、国有工矿（含煤矿）棚户区、国有林区（场）棚户区和危旧房、国有垦区危房改造项目等。

第三条 本办法所称地方政府棚户区改造专项债券（以下简称棚改专项债券）是地方政府专项债券的一个品种，是指遵循自愿原则、纳入试点的地方政府为推进棚户区改造发行，以项目对应并纳入政府性基金预算管理的国有土地使用权出让收入、专项收入偿还的地方政府专项债券。

前款所称专项收入包括属于政府的棚改项目配套商业设施销售、租赁收入以及其他收入。

第四条 试点期间地方政府为棚户区改造举借、使用、偿还专项债务适用本办法。

第五条 省、自治区、直辖市政府（以下简称省级政府）为棚改专项债券的发行主体。试点期间设区的市、自治州，县、自治县、不设区的市、市辖区级政府（以下简称市县级政府）确需棚改专项债券的，由其省级政府统一发行并转贷给市县级政府。

经省政府批准，计划单列市政府可以自办发行棚改专项债券。

第六条 试点发行棚改专项债券的棚户区改造项目应当有稳定的预期偿债资金来源，对应的纳入政府性基金的国有土地使用权出让收入、专项收入应当能够保障偿还债券本金和利息，实现项目收益和融资自求平衡。

第七条 棚改专项债券纳入地方政府专项债务限额管理。棚改专项债券收入、支出、还本、付息、发行费用等纳入政府性基金预算管理。

第八条 棚改专项债券资金由财政部门纳入政府性基金预算管理，并由本级棚改主管部门专项用于棚户区改造，严禁用于棚户区改造以外的项目，任何单位和个人不得截留、挤占和挪用，不得用于经常性支出。

本级棚改主管部门是指各级住房城乡建设部门以及市县级政府确定的棚改主管部门。

第二章 额度管理

第九条 财政部在国务院批准的年度地方政府专项债务限额内，根据地方棚户区改造融资需求及纳入政府性基金预算管理的国有土地使用权出让收入、专项收入状况等因素，确定年度全国棚改专项债券总额度。

第十条 各省、自治区、直辖市年度棚改专项债券额度应当在国务院批准的本地区专项债务限额内安排，由财政部下达各省级财政部门，并抄送住房城乡建设部。

第十一条 预算执行中，各省、自治区、直辖市年度棚改专项债券额度不足或者不需使用的部分，由省级财政部门会同住房城乡建设部门于每年 8 月 31 日前向财政部提出申请。财政部可以在国务院批准的该地区专项债务限额内统筹调剂额度并予批复，同时抄送住房城乡建设部。

第十二条 省级财政部门应当加强对本地区棚改专项债券额度使用情况的监督管理。

第三章 预算编制

第十三条 县级以上地方各级棚改主管部门应当根据本地区棚户区改造规划和分年改造任务等，结合项目收益与融资平衡情况等因素，测算提出下一年度棚改专项债券资金需求，报本级财政部门复核。市县级财政部门将复核后的下一年度棚改专项债券资金需求，经本级政府批准后，由市县政府于每年 9 月底前报省级财政部门和省级住房城乡建设部门。

第十四条 省级财政部门会同本级住房城乡建设部门汇总审核本地区下一年度棚改专项债券需求，随同增加举借专项债务和安排公益性资本支出项目的建议，经省级政府批准后于每年 10 月 31 日前报送财政部。

第十五条 省级财政部门在财政部下达的本地区棚改专项债券额度内，根据市县近三年纳入政府性基金预算管理的国有土地使用权出让收入和专项收入情况、申报的棚改项目融资需求、专项债务风险、项目期限、项目收益和融资平衡情况等因素，提出本地区年度棚改专项债券分配方案，报省级政府批准后下达各市县级财政部门，并抄送省级住房城乡建设部门。

第十六条 市县级财政部门应当在省级财政部门下达的棚改专项债券额度内，会同本级棚改主管部门提出具体项目安排建议，连同年度棚改专项债券发行建议报省级财政部门备案，抄送省级住房城乡建设部门。

第十七条 增加举借的棚改专项债券收入应当列入政府性基金预算调整方案。包括：

（一）省级政府在财政部下达的年度棚改专项债券额度内发行专项债券收入。

（二）市县级政府使用的上级政府转贷棚改专项债券收入。

第十八条 增加举借棚改专项债券安排的支出应当列入预算调整方案，包括本级支出和转贷下级支出。棚改专项债券支出应当明确到具体项目，在地方政府债务管理系统中统计，纳入财政支出预算项目库管理。

地方各级棚改主管部门应当建立试点发行地方政府棚户区改造专项债券项目库，项目库信息应当包括项目名称、棚改范围、规模（户数或面积）、标准、建设期限、投资计划、预算安排、预期收益和融资平衡方案等情况，并做好与地方政府债务管理系统的衔接。

第十九条　棚改专项债券还本支出应当根据当年到期棚改专项债券规模、棚户区改造项目收益等因素合理预计、妥善安排，列入年度政府性基金预算草案。

第二十条　棚改专项债券利息和发行费用应当根据棚改专项债券规模、利率、费率等情况合理预计，列入政府性基金预算支出统筹安排。

第二十一条　棚改专项债券收入、支出、还本付息、发行费用应当按照《地方政府专项债务预算管理办法》（财预〔2016〕155号）规定列入相关预算科目。

第四章　预算执行和决算

第二十二条　省级财政部门应当根据本级人大常委会批准的预算调整方案，结合市县级财政部门会同本级棚改主管部门提出的年度棚改专项债券发行建议，审核确定年度棚改专项债券发行方案，明确债券发行时间、批次、规模、期限等事项。

市县级财政部门应当会同本级棚改主管部门做好棚改专项债券发行准备工作。

第二十三条　地方各级棚改主管部门应当配合做好本地区棚改专项债券试点发行准备工作，及时准确提供相关材料，配合做好项目规划、信息披露、信用评级、资产评估等工作。

第二十四条　发行棚改专项债券应当披露项目概况、项目预期收益和融资平衡方案、第三方评估信息、专项债券规模和期限、分年投资计划、本金利息偿还安排等信息。项目实施过程中，棚改主管部门应当根据实际情况及时披露项目进度、专项债券资金使用情况等信息。

第二十五条　棚改专项债券应当遵循公开、公平、公正原则采取市场化方式发行，在银行间债券市场、证券交易所市场等交易场所发行和流通。

第二十六条　棚改专项债券应当统一命名格式，冠以"××年××省、自治区、直辖市（本级或××市、县）棚改专项债券（×期）——×年××省、自治区、直辖市政府专项债券（×期）"名称，具体由省级财政部门商省级住房城乡建设部门确定。

第二十七条　棚改专项债券的发行和使用应当严格对应到项目。根据项目地理位置、征拆户数、实施期限等因素，棚改专项债券可以对应单一项目发行，也可以对应同一地区多个项目集合发行，具体由市县级财政部门会同本级棚改主管部门提出建议，报省级财政部门确定。

第二十八条　棚改专项债券期限应当与棚户区改造项目的征迁和土地收储、出让期限相适应，原则上不超过15年，可根据项目实际适当延长，避免期限错配风险。具体由市县级财政部门会同本级棚改主管部门根据项目实施周期、债务管理要求等因素提出建议，报省级财政部门确定。

棚改专项债券发行时，可以约定根据项目收入情况提前偿还债券本金的条款。鼓励地方政府通过结构化设计合理确定债券期限。

第二十九条　棚户区改造项目征迁后腾空土地的国有土地使用权出让收入、专项收入，应当结合该项目对应的棚改专项债券余额统筹安排资金，专门用于偿还到期债券本金，不得通过其他项目对应的国有土地使用权出让收入、专项收入偿还到期债券本金。因项目对应的专项收入暂时难以实现，不能偿还到期债券本金时，可在专项债务限额内发行棚改专项债券周转偿还，项目收入实现后予以归还。

第三十条　省级财政部门应当按照合同约定，及时偿还棚改专项债券到期本金、利息以及支付发行费用。市县级财政部门应当及时向省级财政部门缴纳本地区或本级应当承担的还本付息、发行费用等资金。

第三十一条　年度终了，县级以上地方各级财政部门应当会同本级棚改主管部门编制棚改专项债券收支决算，在政府性基金预算决算报告中全面、准确反映当年棚改专项债券收入、安排的支出、还本付息和发行费用等情况。

第五章　监督管理

第三十二条　地方各级财政部门应当会同本级棚改主管部门建立和完善相关制度，加强对本地区棚改专项债券发行、使用、偿还的管理和监督。

第三十三条　地方各级棚改主管部门应当加强对使用棚改专项债券项目的管理和监督，确保项目收益和融资自求平衡。

地方各级棚改主管部门应当会同有关部门严格按照政策实施棚户区改造项目范围内的征迁工作，腾空的土地及时交由国土资源部门按照有关规定统一出让。

第三十四条　地方各级政府及其部门不得通过发行地方政府债券以外的任何方式举借债务，除法律另有规定外不得为任何单位和个人的债务以任何方式提供担保。

第三十五条　地方各级财政部门应当会同本级棚改主管部门等，将棚改专项债券对应项目形成的国有资产，纳入本级国有资产管理，建立相应的资产登记和统计报告制度，加强资产日常统计和动态监控。县级以上各级棚改主管部门应当认真履行资产运营维护责任，并做好资产的会计核算管理工作。棚改专项债券对应项目形成的国有资产，应当严格按照棚改专项债券发行时约定的用途使用，不得用于抵押、质押。

第三十六条　财政部驻各地财政监察专员办事处对棚改专项债券额度、发行、使用、偿还等进行监督，发现违反法律法规和财政管理、棚户区改造资金管理等政策规定的行为，及时报告财政部，并抄送住房城乡建设部。

第三十七条　违反本办法规定情节严重的，财政部可以暂停其发行棚改专项债券。违反法律、行政法规的，依法追究有关人员责任；涉嫌犯罪的，移送司法机关依法处理。

第三十八条　地方各级财政部门、棚改主管部门在地方政府棚改专项债券监督和管理工作中，存在滥用职权、玩忽职守、徇私舞弊等违法违纪行为的，按照《中华人民共和国预算法》《公务员法》《行政监察法》《财政违法行为处罚处分条例》等国家有关规定追究相应责任；涉嫌犯罪的，移送司法机关处理。

第六章　职责分工

第三十九条　财政部负责牵头制定和完善试点发行棚改专项债券管理办法，下达分地区棚改专项债券额度，对地方棚改专项债券管理实施监督。

第四十条　住房城乡建设部配合财政部指导和监督地方棚改主管部门做好试点发行棚改专项债券管理相关工作。

第四十一条　省级财政部门负责本地区棚改专项债券额度管理和预算管理、组织做好债券发行、还本付息等工作，并按照专项债务风险防控要求审核项目资金需求。

第四十二条　省级住房城乡建设部门负责审核本地区棚改专项债券项目和资金需求，组织做好试点发行棚户区改造专项债券项目库与地方政府债务管理系统的衔接，配合做好本地区棚改专项债券发行准备工作。

第四十三条　市县级财政部门负责按照政府债务管理要求并根据本级试点发行棚改专项债券项目，以及本级专项债务风险、政府性基金收入等因素，复核本地区试点发行棚改专项债券需求，做好棚改专项债券额度管理、预算管理、发行准备、资金使用监管等工作。

市县级棚改主管部门负责按照棚户区改造工作要求并根据棚户区改造任务、成本等因素，建立本地区试点发行棚户区改造专项债券项目库，做好入库棚改项目的规划期限、投资计划、收益和融资平衡方案、预期收入等测算，做好试点发行棚户区改造专项债券年度项目库与政府债务管理系统的衔接，配合做好棚改专项债券发行各项准备工作，加强对项目实施情况的监控，并统筹协调相关部门保障项目建设进度，如期实现专项收入。

第七章 附 则

第四十四条 省、自治区、直辖市财政部门可以根据本办法规定，结合本地区实际制定实施细则。

第四十五条 本办法由财政部会同住房城乡建设部负责解释。

第四十六条 本办法自 2018 年 3 月 1 日起实施。

财政部关于印发《地方政府债务信息公开办法（试行）》的通知

2018 年 12 月 20 日 财预〔2018〕209 号

各省、自治区、直辖市、计划单列市财政厅（局），新疆生产建设兵团财政局：

近年来，为贯彻落实党中央、国务院决策部署，根据《中华人民共和国预算法》、《国务院关于加强地方政府性债务管理的意见》（国发〔2014〕43 号）等法律和政策规定，财政部持续推进地方政府债务信息公开工作，取得了明显成效。

按照《国务院办公厅关于印发 2018 年政务公开工作要点的通知》（国办发〔2018〕23 号）要求，为进一步做好地方政府债务信息公开工作，增强地方政府债务信息透明度，自觉接受监督，防范地方政府债务风险，我们制定了《地方政府债务信息公开办法》。现印发给你们，请遵照执行。

特此通知。

附件：地方政府债务信息公开办法（试行）

附件：

地方政府债务信息公开办法（试行）

第一条 【目的和依据】为依法规范地方政府债务管理，切实增强地方政府债务信息透明度，自觉接受监督，防范地方政府债务风险，根据《中华人民共和国预算法》、《中华人民共和国政府信息公开条例》、《国务院关于加强地方政府性债务管理的意见》（国发〔2014〕43 号）等法律法规和制度规定，制定本办法。

第二条 【适用范围】本办法适用于县级以上各级财政部门地方政府债务信息公开工作。

本办法所称地方政府债务包括地方政府一般债务和地方政府专项债务；地方政府债务信息包括预决算公开范围的地方政府债务限额、余额等信息以及预决算公开范围之外的地方政府债券发行、存续期、重大事项等相关信息；重大事项是指可能引起地方政府一般债券、专项债券投资价值发生增减变化，影响投资者合法权益的相关事项。

第三条 【公开原则】地方政府债务信息公开应当遵循以下原则：

（一）坚持以公开为常态、不公开为例外；

（二）坚持谁制作、谁负责、谁公开；

（三）坚持突出重点，真实、准确、完整、及时公开；

（四）坚持以公开促改革、以公开促规范，推进国家治理体系和治理能力现代化。

第四条　【公开渠道】预决算公开范围的地方政府债务限额、余额、使用安排及还本付息等信息应当在地方政府及财政部门门户网站公开。财政部门未设立门户网站的，应当在本级政府门户网站设立专栏公开。

预决算范围之外的地方政府债券等信息应当在省级财政部门、发行场所门户网站公开。财政部设立地方政府债务信息公开平台或专栏，支持地方财政部门公开地方政府债务（券）相关信息。

第五条　【预决算公开】县级以上地方各级财政部门（以下简称"地方各级财政部门"）应当随同预决算公开地方政府债务限额、余额、使用安排及还本付息等信息。

（一）随同预算公开上一年度本地区、本级及所属地区地方政府债务限额及余额（或余额预计执行数），以及本地区和本级上一年度地方政府债券（含再融资债券）发行及还本付息额（或预计执行数）、本年度地方政府债券还本付息预算数等。

（二）随同调整预算公开当年本地区及本级地方政府债务限额、本级新增地方政府债券资金使用安排等。

（三）随同决算公开上年末本地区、本级及所属地区地方政府债务限额、余额决算数，地方政府债券发行、还本付息决算数，以及债券资金使用安排等。

第六条　【债券发行安排公开】省级财政部门应当在每月二十日前公开本地区下一月度新增地方政府债券和再融资债券发行安排，鼓励有条件的地区同时公开多个月份地方政府债券发行安排。

第七条　【新增一般债券发行公开】省级财政部门应当在新增一般债券发行前，提前 5 个以上工作日公开以下信息：

（一）经济社会发展指标。包括本地区国内生产总值、居民人均可支配收入等；

（二）地方政府一般公共预算情况；

（三）一般债务情况。包括本地区一般债务限额及余额、地区分布、期限结构等；

（四）拟发行一般债券信息。包括规模、期限、项目、偿债资金安排等；

（五）第三方评估材料。包括信用评级报告等；

（六）其他按规定需要公开的信息。

省级财政部门应当在新增一般债券发行后 2 个工作日内，公布发行债券编码、利率等信息。

第八条　【新增专项债券发行公开】省级财政部门应当在新增专项债券发行前，提前 5 个以上工作日公开以下信息：

（一）经济社会发展指标。包括本地区国内生产总值、居民人均可支配收入等；

（二）地方政府性基金预算情况。包括本地区、本级或使用专项债券资金的市县级政府地方政府性基金收支、拟发行专项债券对应的地方政府性基金预算收支情况；

（三）专项债务情况。包括本地区专项债务限额及余额、地区分布、期限结构等；

（四）拟发行专项债券信息。包括规模、期限及偿还方式等基本信息；

（五）拟发行专项债券对应项目信息。包括项目概况、分年度投资计划、项目资金来源、预期收益和融资平衡方案、潜在风险评估、主管部门责任等；

（六）第三方评估信息。包括财务评估报告（重点是项目预期收益和融资平衡情况评估）、法律意见书、信用评级报告等；

（七）其他按规定需要公开的信息。

省级财政部门应当在新增专项债券发行后 2 个工作日内，公布发行债券编码、利率等信息。

第九条　【再融资债券发行公开】省级财政部门应当在再融资债券发行前，提前 5 个以上工作日公开再融资债券发行规模以及原债券名称、代码、发行规模、到期本金规模等信息。

第十条　【一般债券存续期公开】地方各级财政部门应当组织开展本地区和本级一般债券存续期信息公开工作，督促和指导使用一般债券资金的部门不迟于每年 6 月底前公开以下信息：

（一）截至上年末一般债券资金余额、利率、期限、地区分布等情况；

（二）截至上年末一般债券资金使用情况；

（三）截至上年末一般债券项目建设进度、运营情况等；

（四）其他按规定需要公开的信息。

第十一条 【专项债券存续期公开】地方各级财政部门应当组织开展本地区和本级专项债券存续期信息公开工作，督促和指导使用专项债券资金的部门不迟于每年6月底前公开以下信息：

（一）截至上年末专项债券资金使用情况；

（二）截至上年末专项债券对应项目建设进度、运营情况等；

（三）截至上年末专项债券项目收益及对应形成的资产情况；

（四）其他按规定需要公开的信息。

第十二条 【违法违规情形公开】涉及违法违规举债担保行为问责的，各级财政部门应当在收到问责决定后20个工作日内公开问责结果。

第十三条 【一般债券重大事项公开】一般债券存续期内，发生可能影响使用一般债券资金地区的一般公共预算收入的重大事项的，财政部门应当按照《国务院办公厅关于印发地方政府性债务风险应急处置预案的通知》（国办函〔2016〕88号）等有关规定提出具体补救措施，经本级政府批准后向省级财政部门报告，并由省级财政部门公告或以适当方式告知一般债券持有人。

第十四条 【专项债券重大事项公开】专项债券存续期内，对应项目发生可能影响其收益与融资平衡能力的重大事项的，专项债券资金使用部门和财政部门应当按照《国务院办公厅关于印发地方政府性债务风险应急处置预案的通知》（国办函〔2016〕88号）等有关规定提出具体补救措施，经本级政府批准后向省级财政部门报告，并由省级财政部门公告或以适当方式告知专项债券持有人。

第十五条 【债券资金调整用途公开】地方政府债券存续期内确需调整债券资金用途的，按规定履行相关程序后，由省级财政部门予以公告或以适当方式告知债券持有人。

第十六条 【财政经济信息】地方各级财政部门在公开政府债务信息时，应当根据本级政府及其相关部门信息公开进展，一并提供本级政府工作报告、预决算报告、预算执行和其他财政收支的审计工作报告等信息或其网址备查。

第十七条 【政府债务管理制度】地方各级财政部门应当及时公开本地区政府债务管理制度规定。

第十八条 【职责分工】财政部负责指导、监督全国地方政府债务信息公开工作。地方各级财政部门负责组织实施本地区和本级政府债务信息公开工作，指导、监督和协调本级使用债券资金的部门和下级政府债务信息公开工作。

第十九条 【绩效评价】地方各级财政部门要将地方政府债务信息公开情况纳入地方政府债务绩效评价范围，加强绩效评价结果应用。

第二十条 【日常监督】财政部驻各省、自治区、直辖市、计划单列市财政监察专员办事处应当将地方政府债务信息公开工作纳入日常监督范围，对发现问题的予以督促整改。

第二十一条 【法律责任】对未按规定公开地方政府债务信息的，应当依照《中华人民共和国预算法》、《中华人民共和国政府信息公开条例》等法律法规的规定，责令改正，对负有直接责任的主管人员和其他直接责任人员依法依规给予处分。

第二十二条 【社会监督】公民、法人或者其他组织认为有关部门不依法履行地方政府债务信息公开义务的，可以向同级或上一级财政部门举报。财政部门收到举报后应当依法依规予以处理。

第二十三条 省、自治区、直辖市、计划单列市财政部门可以根据本办法规定，结合本地区实际制定实施细则。

第二十四条 中央转贷地方国际金融组织和外国政府贷款信息公开办法由财政部另行制定。

第二十五条 本办法由财政部负责解释。

第二十六条 本办法自2019年1月1日起实施。

文化资产和财务管理类

财政部　国家文物局关于印发《国家文物
保护专项资金管理办法》的通知

2018 年 12 月 29 日　财文〔2018〕178 号

党中央有关部门，国务院各部委，各直属机构，全国人大常委会办公厅，全国政协办公厅，高法院，高检院，各民主党派中央，有关人民团体，各省、自治区、直辖市、计划单列市财政厅（局）、有关中央管理企业、文物局，新疆生产建设兵团财政局、文化体育新闻出版广电局：

为规范国家文物保护专项资金管理，提高资金使用效益，根据《中华人民共和国预算法》《中华人民共和国文物保护法》等法律法规和财政管理有关规定，结合文物保护工作实际，我们制定了《国家文物保护专项资金管理办法》。现印发你们，请遵照执行。

附件：国家文物保护专项资金管理办法

附件：

国家文物保护专项资金管理办法

第一章　总　　则

第一条　为了规范和加强国家文物保护专项资金（以下简称专项资金）管理与使用，提高资金使用效益，根据《中华人民共和国预算法》《中华人民共和国文物保护法》等法律法规和财政管理有关规定，结合文物保护工作实际，制定本办法。

第二条　专项资金是中央财政为支持全国文物保护工作、促进文物事业发展设立的具有专门用途的补助资金。专项资金的年度预算，根据国家文物保护工作总体规划、年度工作计划及中央财政财力情况确定。

第三条　专项资金的管理与使用坚持"规划先行、突出重点、中央补助、分级负责、注重绩效、规范管理"的原则。

第四条　专项资金实行因素分配与项目管理相结合的方法，适当向革命老区、民族地区、边疆地区、贫困地区倾斜，向革命文物等党中央、国务院确定的重点支持方向倾斜。

第五条　专项资金的管理和使用应当严格执行国家有关法律法规、财务规章制度和本办法的规定，并接受财政、审计、文物等部门的监督检查。

第二章　补助范围和支出内容

第六条　专项资金的补助范围主要包括：

（一）全国重点文物保护单位保护。主要用于全国重点文物保护单位的维修、保护等，包括：保护规划编制，文物本体维修保护，安防、消防、防雷等保护性设施建设，文物本体保护范围内的保存环境治理，陈列展示，数字化保护，预防性保护，大遗址保护管理体系建设和世界文化遗产监测管理体系建设等。对非国有的全国重点文物保护单位，可以在其项目完成并经过评估验收后，申请专项资金给予适当补助。

（二）省级及省级以下文物保护单位保护。主要用于省级及省级以下国有文物保护单位的维修、保护等，包括：文物本体维修保护，革命文物保护利用片区整体陈列展示，安防、消防、防雷等保护性设施建设等。

（三）考古。主要用于考古（含水下考古）工作，包括：考古调查、勘探和发掘，重要考古遗迹现场保护以及重要出土（出水）文物现场保护与修复等。

（四）可移动文物保护。主要用于国有文物收藏单位馆藏一、二、三级珍贵文物的保护，包括：预防性保护，文物技术保护（含文物本体修复），数字化保护等。

（五）财政部和国家文物局批准的其他项目。

第七条 专项资金支出内容包括：

（一）文物本体维修保护工程支出，主要包括勘测费、规划及方案设计费、材料费、燃料动力费、设备费、施工费、监理费、劳务费、专家咨询费、测试化验加工费、管理费、资料整理和报告出版费等。

（二）文物考古调查、发掘支出，主要包括调查勘探费、测绘费、发掘费、发掘现场安全保卫费、青苗补偿费、劳务费、考古遗迹现场保护费、出土（出水）文物保护与修复费、资料整理和报告出版费等。

（三）文物安防、消防及防雷等保护性工程支出，主要包括规划及方案设计费、风险评估费、材料费、设备费、劳务费、施工费、监理费、资料整理和报告出版费等。

（四）文物技术保护支出，主要包括方案设计费、测试化验加工费、材料费、设备费、劳务费、专家咨询费、资料整理和报告出版费等。

（五）预防性保护支出，主要包括方案设计费、设备费、材料费、评估测试费、劳务费、专家咨询费、资料整理和报告出版费等。

（六）数字化保护支出，主要包括方案设计费、设备费、材料费、软件开发购置费、评估测试费、劳务费、专家咨询费、资料整理和报告出版费等。

（七）文物陈列展示支出，主要包括方案设计费、材料费、设备费、劳务费、施工费、监理费、专家咨询费、资料整理和报告出版费等。

（八）文物保护管理体系建设支出，主要包括规划及方案设计费、专项调研费等。

（九）其他文物保护支出。

第八条 专项资金补助范围不包括：征地拆迁、基本建设、日常养护、应急抢险、超出文物本体保护范围的环境整治支出、文物征集、数据库建设和运维等以及中央与地方共建国家级重点博物馆的各项支出。

第九条 专项资金不得用于支付各种罚款、捐款、赞助、投资等支出，不得用于编制内在职人员工资性支出和离退休人员离退休费，不得用于偿还债务，不得用于国家规定禁止列支的其他支出。

第三章　分　配　办　法

第十条 专项资金支持的项目应当是纳入国家文物保护工作总体规划、三年滚动规划或年度计划的项目，包括重点项目和一般项目。其中，重点项目指由国家文物局批复保护方案的项目或项目申报单位隶属于中央部门的项目。一般项目指由省级及省级以下文物行政主管部门批复保护方案的项目。国家文物局和财政部共同建立项目库，并实行分级管理。

重点项目应当符合党中央、国务院确定的重点支持方向，其中不可移动文物保护实施单位应当为全国重点文物保护单位或省级文物保护单位。一般项目应当优先安排用于党中央、国务院确定的重点支持方向。

第十一条 重点项目实行项目法分配。项目补助金额根据预算评审结果、预算执行情况、中央相关部门和各省级财政部门的申请情况等核定。

第十二条 一般项目实行因素法分配，分配因素包括基本因素、业务因素、绩效因素和财力因素。根据中央对地方均衡性转移支付办法规定的各省财政困难程度系数对基本因素分配金额进行调整，再按照基本因素占 40%、业务因素占 30%、绩效因素 30% 计算补助数额。

第十三条 基本因素及权重。包括全国重点文物保护单位数（权重 20%）、省级及省级以下文物保护单位数（权重 10%）和国有文物收藏单位馆藏珍贵文物数（权重 10%），根据全国文化文物业统计资料年度最新数据测算。

第十四条 业务因素及权重

（一）全国重点文物保护单位项目立项数（权重 10%），根据国家文物局批复的年度计划测算。

（二）文物安全指标（权重 6%），包括全国重点文物保护单位安全案件事故和文物行政执法工作情况两个基本指标（各占 3%），根据国家文物局发布的年度文物行政执法和安全监管工作情况通报测算。

（三）预防性保护指标（权重 14%），包括文物保护管理机构和文保机构从业人员两个基本指标（各占 7%），根据全国文化文物业统计资料年度最新数据测算。

第十五条 绩效因素及权重。根据绩效情况分配，包括专项资金执行率（权重 10%）、项目质量（权重 10%）和项目完成率（权重 10%），根据国家文物局统计数据和相关绩效情况测算。

第十六条 一般项目补助资金计算分配公式如下：

某省一般项目补助资金额度 = 某省基本因素得分 / $\sum$ 各省基本因素得分 × 年度一般项目补助资金总额 × 40% + 某省业务因素得分 / $\sum$ 各省业务因素得分 × 年度一般项目补助资金总额 × 30% + 某省绩效因素得分 / $\sum$ 各省绩效因素得分 × 年度一般项目补助资金总额 × 30%；

其中：基本因素得分 =（某省全国重点文物保护单位数/全国重点文物保护单位总数 × 20 + 某省省级文物保护单位数/全国省级文物保护单位总数 × 10 + 某省国有文物收藏单位馆藏珍贵文物数/各省国有文物收藏单位馆藏珍贵文物总数 × 10）× 某省财政困难程度系数；

业务因素得分 = 某省全国重点文物保护单位项目立项数/全国该项因素最大值 × 10 + 文物安全基本指标 Ⅰ 得分 × 3 + 文物安全基本指标 Ⅱ 得分 × 3 + 预防性保护基本指标 Ⅰ 得分 × 7 + 预防性保护基本指标 Ⅱ 得分 × 7；

绩效因素得分 = 某省三年专项资金执行率/全国该项因素最大值 × 10 + 项目质量/全国该项因素最大值 × 10 + 项目完成率/全国该项因素最大值 × 10。

第四章 申报与审批

第十七条 专项资金的申报单位应当保证申报材料真实、准确、完整；申报项目应当具备实施条件，明确项目实施周期和分年度预算计划，短期内无法实施的项目不得申报；不得以同一项目申报多项中央专项转移支付资金。

第十八条 项目申报单位应当根据行政隶属关系和规定程序逐级申报。项目如涉及国土资源、城乡规划、环境保护、林业、水利及产业发展规划等，申报前应当获得相关部门批准。

（一）由国家文物局批复保护方案的项目。

项目实施单位隶属于地方的，应当逐级报送至省级财政部门和省级文物行政主管部门共同审核汇总后，报财政部和国家文物局。其中，项目实施单位主管部门属于非文物系统的，应当由其主管部门审核同意后报送同级财政部门和文物行政主管部门，由财政部门和文物行政主管部门逐级申报。

项目实施单位隶属于中央部门的，应当逐级报送至中央主管部门审核同意后，报财政部和国家文物局。

项目实施单位为非国有的，应当逐级报送至所在地方省级财政部门和省级文物行政主管部门，由省级文物行政主管部门对文物保护项目完成情况进行评估验收后，报财政部和国家文物局。

（二）由省级及省级以下文物行政主管部门批复保护方案的项目，应当根据行政隶属关系和规定程序逐级报送至省级财政部门和文物行政主管部门。其中，项目实施单位主管部门属于非文物系统的，应当由其主管部门审核同意后报送同级财政部门和文物行政主管部门，由财政部门和文物行政主管部门逐级申报。

凡越级申报的一律不予受理。

第十九条　国家文物局负责组织重点项目预算评审，省级文物行政主管部门负责组织一般项目预算评审。项目预算评审应当委托第三方机构或专家组，根据文物行政主管部门批准的项目保护方案和相关技术标准开展。对于第三方机构或专家组提交的项目预算评审意见，由委托方进行复核，并将复核通过的项目预算评审控制数纳入项目库。国家文物局可以根据需要对入库一般项目质量进行抽查。

第二十条　委托第三方机构开展预算评审的，第三方机构的遴选应符合政府购买服务相关规定，相关机构需具备工程造价咨询甲级资质、熟悉国家文物保护相关政策、拥有预算评审所必需的古建筑造价人员和文物保护相关专业人员。第三方机构评审应当按照文物保护利用最小干预、预防性保护和抢救性保护并重等原则，重点审核项目总预算和项目实施周期分年度预算安排的合规性、合理性、相符性和准确性。评审过程中可以根据需要对项目实施单位申报信息进行现场核查。

第二十一条　省级财政、文物行政主管部门综合考虑文物保护工作实际、年度工作计划，区分轻重缓急，对项目库一般项目进行排序。省级财政部门会同省级文物行政主管部门，根据项目排序和项目预算评审、执行情况，结合项目实施周期和年度预算需求，提出下年度资金申请，并于 8 月 31 日前将申请报告报送财政部和国家文物局，抄送当地财政监察专员办事处。

第二十二条　国家文物局依据国家有关方针政策和项目预算评审、执行情况，结合有关部门和地方文物保护工作情况和专项资金年度申请情况，对项目库项目排序进行调整，对一般项目相关因素进行测算，提出年度专项资金预算安排建议方案，报财政部审核。其中，分地区因素测算数不得高于该地区年度一般项目预算评审控制数规模，超出部分调减用于重点项目。

第二十三条　财政部根据国家文物局建议方案，综合考虑年度专项资金预算规模、项目排序和预算管理要求，审核确定当年专项资金预算分配方案，按照规定分别下达中央有关部门、省级财政部门，抄送国家文物局和有关财政监察专员办事处。同时会同国家文物局将项目预算安排数纳入项目库。

第二十四条　省级文物行政主管部门根据项目库项目排序和预算评审、执行情况，提出一般项目预算安排建议方案。省级财政部门根据省级文物行政主管部门建议方案，在综合考虑一般项目补助年度预算规模、项目排序和预算管理规定的基础上，审核确定当年一般项目补助预算分配方案。其中，省级及省级以下文物保护单位保护项目预算不超过本省一般项目补助的 15%；数字化保护支出预算不超过本省一般项目补助的 10%。

第二十五条　省级财政部门应当在接到专项资金预算 30 日内，正式分解下达本级有关部门和本行政区域县级以上各级政府财政部门，将资金分配结果报财政部备案并抄送当地财政监察专员办事处。基层政府财政部门接到专项资金后，应当及时分解下达至项目实施单位。上述项目预算下达情况要及时纳入项目库。

第二十六条　财政部按规定将下一年度预计数提前下达省级财政部门，并抄送国家文物局和财政监察专员办事处。省级财政部门在接到预计数后 30 日内下达本行政区域县级以上各级财政部门，同时将下达文件报财政部备案，并抄送当地财政监察专员办事处。县级以上地方各级财政部门应当将上级财政部门提前下达的预计数编入本级政府预算。

第二十七条　专项资金下达后，地方各级相关部门和项目实施单位应当按规定加强预算执行管理，不得以重复评审等形式截留项目资金。

第五章　资金使用、管理

第二十八条　项目实施单位应当严格按照批准的专项资金补助范围和支出内容安排使用专项资金。如有特殊情况，需要调整补助范围和支出内容的，应当逐级报送至项目保护方案批复部门同意，并报同级财政部门备案。在确保完成当年文物保护项目基础上，省级财政部门可会同省级文物行政主管部门，在本办法规定的专项资金支出范围内，统筹使用资金。

第二十九条　专项资金支付应当按照国库集中支付有关规定执行。专项资金支出过程中按照规定需要实行政府采购的，按照《政府采购法》等有关规定执行。国家对相关支出事项有规定标准的，按照国家标准执行。专项资金上年项目结转资金可在下年继续使用；连续两年未用完的项目结转资金，应按照规定确认为结余资金，由项目实施单位同级财政部门按规定收回统筹使用。对因情况发生变化导致短期内无法继续实施的项目，项目实施单位应及时按程序向同级财政部门报告，由同级财政部门按规定收回统筹使用。

第三十条 项目实施单位使用专项资金形成的资产属于国有资产的，应当按照国家国有资产管理有关规定管理，防止国有资产流失。知识产权等无形资产的管理，应当按照国家相关知识产权法律法规执行。项目成果（含专著、论文、研究报告、总结、数据资料、鉴定证书及成果报道等），均应注明"国家文物保护专项资金补助项目"和项目编号。

第三十一条 专项资金实行年度财务报告制度。项目实施单位在项目实施年度终了后，应当通过专项资金系统逐级报送项目决算。中央有关部门、省级文物行政主管部门对专项资金决算进行审核汇总（地方单位实施的项目决算应经省级财政部门审核同意后报送），于每年 3 月 31 日前将上年度项目决算汇总情况报送国家文物局，并上传到专项资金项目库。国家文物局审核汇总后，将国家文物保护专项资金年度项目决算情况报财政部备案。

第三十二条 专项资金实行结项财务验收制度。项目实施完毕后，项目实施单位应当在 6 个月内分别向中央有关部门、省级文物行政主管部门提出财务验收申请。中央有关部门、省级文物行政主管部门委托第三方机构或专家组对项目进行财务验收，出具验收意见，并上传到专项资金项目库。项目通过财务验收后，项目实施单位应当在一个月内及时办理财务结账手续。未通过财务验收的，项目实施单位应当根据财务验收意见进行整改，在一个月内重新提出财务验收申请，按规定程序再次报请验收。

第三十三条 中央有关部门、省级文物行政主管部门应当在每年 3 月 31 日前，将上年度财务验收情况汇总报国家文物局备案，地方单位实施的项目财务验收情况须同时报省级财政部门备案。国家文物局将年度项目结项情况汇总后报送财政部。国家文物局可以根据需要对项目库中项目结项验收情况进行抽查，涉及具有重大社会影响和示范价值的重点项目，国家文物局可以直接委托第三方机构或专家组进行验收。

第六章　资金监管与绩效评价

第三十四条 各级财政、文物行政主管部门按照全面实施预算绩效管理的要求，完善绩效目标管理，做好绩效监控和绩效评价，确保财政资金安全有效。

第三十五条 财政部会同国家文物局按照预算绩效管理规定和资金管理需要，不定期对地方资金使用情况开展绩效评价。省级财政部门会同文物行政主管部门按照预算绩效管理规定和资金管理需要，对本地政策实施和资金使用情况开展绩效评价。

第三十六条 各级财政部门和文物行政主管部门应当按照有关规定，加强对专项资金使用的监督管理。财政部驻各地财政监察专员办事处应当按照工作职责和财政部要求，对专项资金的预算执行实施监管。项目实施单位应当建立健全内部监督约束机制，确保专项资金管理和使用安全、规范、有效。

第三十七条 专项资金实行"谁使用、谁负责"的责任机制，对于挤占、挪用、虚列、套取专项资金等行为，按照《中华人民共和国预算法》《财政违法行为处罚处分条例》等国家有关规定严肃处理。

第三十八条 各级财政、文物行政主管部门及相关单位、相关工作人员在国家文物保护专项资金审批工作中，存在违反规定分配资金、向不符合条件的单位（或项目）分配资金、擅自超出规定的范围或标准分配专项资金等，以及其他滥用职权、玩忽职守、徇私舞弊等违法违纪行为的，按照《中华人民共和国预算法》《中华人民共和国公务员法》《中华人民共和国监察法》《财政违法行为处罚处分条例》等国家有关规定和职责分工追究相应责任；涉嫌犯罪的，移送司法机关处理。

第七章　附　　则

第三十九条 根据《中央对地方专项转移支付管理办法》（财预〔2015〕230 号）有关规定，国家文物保护专项资金实施期限为 5 年，具体为 2019～2023 年。财政部将会同国家文物局对专项转移支付开展定期评估，并结合评估结果，对专项资金实施期限进行调整。

第四十条 本办法自 2019 年 1 月 1 日起实施。《财政部 国家文物局关于印发〈国家重点文物保护专项补助资金管理办法〉的通知》（财教〔2013〕116 号）、《财政部 国家文物局关于〈国家重点文物保护专项补助资金管理办法〉的补充通知》（财文〔2016〕26 号）同时废止。

山东省人民政府办公厅关于印发省属文化经营性国有资产统一监管工作实施方案的通知

2018 年 4 月 28 日 鲁政办字〔2018〕64 号

省政府各部门、各直属机构：

《省属文化经营性国有资产统一监管工作实施方案》已经省政府同意，现印发给你们，请认真贯彻执行。

附件：省属文化经营性国有资产统一监管工作实施方案

附件：

省属文化经营性国有资产统一监管工作实施方案

为深入学习贯彻习近平新时代中国特色社会主义思想和党的十九大精神，认真落实《山东省人民政府关于印发推进省属经营性国有资产统一监管工作方案的通知》（鲁政字〔2015〕146 号）要求，进一步推进政企分开、政资分开，完善省属国有文化资产管理体制，促进国有文化资产保值增值，现就推进省属文化经营性国有资产统一监管工作制定如下实施方案。

一、实施范围

按照省属文化经营性国有资产统一监管前期清查工作要求，截至 2016 年年底，省直各宣传文化部门（单位）共清查上报一级企业 31 户，其中省文化厅 6 户、省新闻出版广电局 9 户、省文学艺术界联合会 1 户、山东广播电视台 13 户、走向世界杂志社 2 户。2017 年年初，由于管理体制变化，原属省文化厅管理的部分省属文化企业划归省文物局管理。

根据清查核实及管理体制调整变动情况，确定纳入省属文化经营性国有资产统一监管范围的企业涉及省文化厅、省新闻出版广电局、省文物局、省文联、山东广播电视台、走向世界杂志社等 6 个部门（单位），共有一级企业 32 户（包括山东演艺集团）、所属子企业 34 户。截至 2016 年年底，纳入统一监管范围的企业资产总额 18.18 亿元，负债总额 7.63 亿元，2016 年实现营业总收入 16.58 亿元，利润总额 2 195 万元。

二、整合方案

根据企业实际情况，本着盘活资产、优化配置、平稳改制、促进发展的原则，采取不同方式对省属文化经营性国有资产进行重组整合，实施统一监管。

（一）整合重组（组建）3 户省属一级文化企业。按照集聚省属文化资源、尽快实施运营的要求，整合重组（组建）3 户省属一级文化企业。

1. 以山东广电传媒集团有限公司为主体整合重组相关企业。根据《山东广播电视台管理体制改革创新工作实施方案》（鲁文改办发〔2016〕4 号），2016 年 8 月山东广电传媒集团有限公司（以下简称山东广电传媒集团）正式设立。以山东广电传媒集团为主体，分步整合重组山东广播电视台所属一级文化企业。一是重组原山东广电新媒体有限公司，打造新媒体业务开发运营平台。二是重组原山东龙视天下传媒集团有限公司，打造综艺娱乐类电视节目生产、销售运作平台。三是重组原山东卫视传媒有限公司，打造影视剧制作销售和版权交易平台。四是改制原山东广电实业发展总公司，将山东广播电视台基础保障部管理运营的可经营性资产和业务划归山东广电实业发展总公司管理运营，打造保障服务管理运营平台。五是组建山东广电传媒技术有限公司，将山东广播电视台节目包装、拍摄、制作、演播室、转播车等可经营性业务和资产剥离，打造广电技术服务市场化运营平台。六是新组建山东广电信通网络运营有限公司，对全台互联网基础设施和服务部分以及融媒体中心技术保障部分实行统一管理运营。七是新组建山东广视未来科技有限公司，增加会展、演艺、培训等业务，打造山东广电传媒集团开放共享的线下活动市场化运营平台。八是对山东广播电视台原有的山东广播技术公司、山东电视体育文化传播中心、山东广播传媒发展中心 3 户企业，经分别改制后整体划归山东广电传媒集团，作为集团二级企业。

2. 组建山东电影发行放映集团公司。以省新闻出版广电局所属山东省电影发行放映公司为主体，组建省属一级文化企业山东电影发行放映集团公司（企业名称以工商注册登记为准）。将原省新闻出版广电局所属山东省电影器材公司、山东新农村数字电影院线有限公司、原山东省电影发行放映公司等 3 户一级企业，以及山东新世纪电影城管理有限责任公司、威海新世纪电影城有限公司、青州新世纪电影城有限公司、济宁市兖州区新世纪电影城有限公司、北京星博正华影院发展有限公司、莱阳新世纪电影城有限公司、青州奥卡影城有限公司、沂水世纪电影放映有限公司、蓬莱世纪电影放映有限公司等 9 户二级企业进行整合，整体划归山东电影发行放映集团公司。

组建后的山东电影发行放映集团公司以电影发行、院线运营为主业，积极吸收社会资本，不断壮大山东电影市场规模。

3. 组建山东省文物保护发展有限公司。组建成立省属一级文化企业山东省文物保护发展有限公司（企业名称以工商注册登记为准）。一是将山东省文物保护工程公司、山东观象古家具艺术品修复有限公司、济南鲁博文化发展有限公司，整体划转山东省文物保护发展有限公司。二是将山东省文物总店现有土地、部分建筑、资金、未移交山东省博物馆的库存商品（约 40 000 件）及无形资产，全部划转山东省文物保护发展有限公司。三是将原山东省文物总店牌子、山东省文物保护工程公司获得的文物保护工程施工一级资质、文物保护工程勘察设计乙级资质、文物保护工程监理乙级资质、古建筑工程专业承包二级资质等各种专业或特殊资质证照，转由新组建的山东省文物保护发展有限公司承继，需要变更的，由文化、新闻出版广电等部门及时予以办理。

组建后的山东省文物保护发展有限公司以考古调查与勘探、文保工程规划与设计、文物工程施工、文物工程监理、文物修复、文物复制、文物鉴定为主业，积极开拓文创产品设计与开发、博物馆展陈设计与实施、对外文化交流、文物产业资本运营等新型业务。

（二）部分企业整合划入其他省属文化企业（集团）。按照业务相近原则，以发挥企业集团带动优势为着眼点，对部分文化企业进行整合划转。

1. 将省新闻出版广电局所属的山东电影制片厂、山东电影洗印厂、山东广播电视物资供应站（山东省有线电视技术工程中心）、山东华影影视文化有限公司划入山东影视传媒集团有限公司，进行整合重组。划入前，由省新闻出版广电局负责，根据省政府批复，尽快做好山东电影制片厂、山东电影洗印厂、山东广播电视物资供应站 3 家事业单位转企改制工作。

2. 将省文学艺术界联合会所属省音乐家协会参股的山东星光艺术学校国有股权，划归山东省文化产业投资集团有限公司持有。

（三）清理注销部分企业。按照统一监管工作要求和省直文化部门、单位意见，对 10 户常年亏损、非主业经营的企业进行清理注销。

1. 对省文化厅所属事业单位兴办的 3 户企业，即省图书馆设立的山东省鲁图信息开发公司、山东美术馆设立的山东书画店、省杂技团设立的山东省杂技演艺有限公司，按程序予以依法申请注销。清理后的净资产分别划转原出资单位省图书馆、山东美术馆和省杂技团。

2. 对省新闻出版广电局所属事业单位设立的 2 户企业，即山东广播电视科技开发公司、山东燕山电视节目制作中心，按程序予以依法申请注销。清理后的净资产分别划转原出资单位山东广播电视监测中心、山东传媒职业学院。

3. 对山东广播电视台设立的 3 户企业，即山东电视新传媒文化传播中心、山东齐润影视传媒中心、北京收藏天下文化传媒有限公司，按程序予以依法申请注销。清理后的净资产划转山东广电传媒集团。

4. 对走向世界杂志社设立的 2 户企业，即走向世界文化艺术有限公司、山东 21 世纪广告传播公司，按程序予以依法申请注销。清理后的净资产划转原出资单位走向世界杂志社。

（四）部分企业暂不划转。

1. 山东广播电视台所属山东鲁视传媒有限责任公司，因涉及山东广播电视报社和时代影视杂志社 2 家事业单位的"事转企"工作，历史遗留问题多，情况复杂，暂不划转。待改制完成后，整体划归山东广电传媒集团。

2. 山东广播电视台控股已在新三板上市的北京鲁视领航股份有限公司，以及山东广播电视台持有山东广电网络有限公司的股权，仍由山东广播电视台持有，暂不划转。待条件成熟后，另行研究划转事宜。

3. 山东演艺集团所属企业待管理体制理顺后，按照国有资产统一监管要求，另行研究改革划转事宜。

三、监管方式

（一）山东广电传媒集团在集团改制、资产划转完成后，由省财政厅代省政府履行出资人职责，具体管理运营由山东广播电视台负责。大众报业集团出资人由大众日报社划转到省政府，由省财政厅代省政府履行出资人职责，具体管理运营由大众日报社负责。

（二）新组建的山东电影发行放映集团公司、山东省文物保护发展有限公司，以及现有泰山出版社有限公司、山东省文博有限公司，纳入省国有文化资产管理理事会管理范围，由省财政厅代省政府履行出资人职责。企业领导班子建设及公司的党委书记、董事长由省委宣传部管理，按规定程序审批；其他领导班子成员由企业党委管理，按规定程序产生，报省委宣传部备案。省委宣传部负责公司领导班子的相关考核工作。经理层逐步推行职业经理人制。

（三）山东星光艺术学校相关业务发展，仍由省音乐家协会予以指导。

（四）由于企业改革中理顺产权关系比较复杂，在实施统一监管改革期间，暂不将部分国有股权划转省社保基金理事会持有，根据改革改制工作进展情况，按统一政策执行。

四、实施步骤

（一）积极动员部署。实施方案印发后，由省委宣传部、省财政厅组织召开动员部署会议，具体落实统一监管的各项工作任务。

（二）开展尽职调查。2018 年 5 月底前，省财政厅、省委宣传部组织协调省有关文化主管部门、单位，对纳入统一监管范围的文化企业，以 2017 年 12 月 31 日为基准日，聘请社会中介机构分批开展尽职调查，全面核实企业资产状况、经营状况、人员底数，逐户形成尽职调查报告。同时，按统一监管要求依次进行资产清查、财务审计和资产评估工作。

（三）推进改革重组。按照实施方案要求，由各主管部门、单位负责推进改革重组工作，并与尽职调查工作压茬进行。整合重组（组建）省属一级文化企业的，要于 2018 年 6 月底前完成整合组建方案，并及时划转资产。整合划入其他省属文化企业（集团）的，省新闻出版广电局要于 2018 年 5 月底前完成事业单位转企改制工作，2018 年 6 月底前基本完成其他企业划转工作；省文学艺术界联合会要于 2018 年 5 月底前完成山东星光艺术学校国有股权划转工作。对于确定清理注销的企业，原则上于 2018 年 5 月底前完成。

五、工作要求

推进省属文化经营性国有资产统一监管，是深化省属国有文化企业改革、促进企业持续健康发展的重大举措。各有关部门、单位要充分认识统一监管工作的重大意义，切实增强责任感和紧迫感，将实施统一监管工作与深化放管服改革结合起来，加强协调配合，提高工作效能，推动各项政策措施落到实处。

（一）加强领导，精心组织。由省国有文化资产管理理事会统一领导省属文化经营性国有资产统一监管工作，省委宣传部、省财政厅组织协调，省有关部门各负其责，共同推进工作开展。省直有关文化主管部门、单位要精心组织，形成合力，妥善处理好改革发展稳定的关系，确保改革期间企业平稳有序运行。

（二）落实责任，严格督导。各有关部门、单位要按照方案确定的时间进度，采取有效措施，确保按时完成工作任务。省委宣传部要会同省财政厅建立工作调度制度，及时督导进展情况，协调解决存在的问题，确保各项工作有序推进。对因拖沓迟缓、措施不力，给统一监管工作造成严重影响的，将按有关规定启动问责程序。

（三）完善政策，确保实效。列入统一监管范围的省属文化企业在产权划转及改革重组中要认真执行国家和省相关政策，人力资源社会保障、国土资源、工商、税务等部门及企业主管部门要按管理权限负责具体落实。对省属文化企业尽职调查、审计和评估等所需费用，由省财政厅通过省级文化产业发展资金给予适当补贴。

（四）严肃纪律，平稳推进。各有关部门、单位及所属企业不得隐瞒经营性国有资产，不得抽逃、隐匿资金，不得擅自划拨、转移、出卖资产，不得突击花钱、私分财物，不得突击进人、突击提拔。各有关部门、单位所持企业国有产权以及所属企业股权增减变动、改制等有关事项，按现行职责办理。省属文化企业在产权划转前，仍由原主管单位履行相关管理职责，要切实维护职工合法权益，做到职工思想不散、工作秩序不乱、经营业务不断。省属文化企业在产权划转前形成的信访稳定问题，由原主管单位负责解决。

财政部关于《文化产业发展专项资金管理暂行办法》的补充通知

2018 年 11 月 19 日　财文〔2018〕136 号

党中央有关部门，国务院各部委、各直属机构，各省、自治区、直辖市、计划单列市财政厅（局），新疆生产建设兵团财政局：

为进一步规范专项资金管理，现就《财政部关于重新修订印发〈文化产业发展专项资金管理暂行办法〉的通知》（财文资〔2012〕4 号）有关事项补充通知如下：

根据国务院关于文化体制改革中经营性文化事业单位转制为企业和进一步支持文化产业发展的有关规定和《中央对地方专项转移支付管理办法》（财预〔2015〕230 号）有关规定，文化产业发展专项资金实施期限为 5 年。财政部将会同有关中央主管部门对专项转移支付开展定期评估，并结合评估结果，对专项资金实施期限进行调整。

特此通知。

省财政厅　省文化厅关于印发山东省省级非物质文化遗产保护资金管理办法的通知

2018 年 5 月 8 日　鲁财文资〔2018〕20 号

各市财政局、文广新局，省财政直接管理县（市）财政局、文广新局：

为规范和加强省级非物质文化遗产保护资金管理，提高资金使用效益，根据《中华人民共和国预算法》《中华人民共和国非物质文化遗产法》和《山东省非物质文化遗产条例》等法律法规规定，结合我省非物质文化遗产保护工作实际，我们研究制定了《山东省省级非物质文化遗产保护资金管理办法》，现印发给你们，请认真贯彻执行。

附件：山东省省级非物质文化遗产保护资金管理办法

附件：

山东省省级非物质文化遗产保护资金管理办法

第一章　总　　则

第一条　为规范和加强我省省级非物质文化遗产保护资金（以下简称非遗保护资金）管理，提高资金使用效益，根据《中华人民共和国预算法》《中华人民共和国非物质文化遗产法》和《山东省非物质文化遗产条例》等有关法律法规规定，结合我省非物质文化遗产保护工作实际，制定本办法。

第二条　非遗保护资金由省级财政预算安排，专项用于全省非物质文化遗产管理和保护工作。非遗保护资金年度预算，根据山东省非物质文化遗产保护工作总体规划、年度工作计划及省级财力情况确定。

第三条　非遗保护资金管理使用遵循"统筹规划、上下结合、突出重点、专款专用"的原则。

第四条　非遗保护资金由省财政厅、省文化厅按职责分工共同管理。

省财政厅负责制定资金管理制度，组织预算编制及执行，分配下达资金，会同有关部门组织监督管理和绩效评价。

省文化厅负责编制非物质文化遗产保护规划，建立非物质文化遗产项目库，参与研究制定资金管理制度，负责组织项目申报，提出资金分配方案，具体组织预算执行及绩效管理工作，对项目实施及资金使用情况进行监督管理。

第二章　支持对象、范围和内容

第五条　非遗保护资金支持对象为山东省境内经国家或省级认定的非物质文化遗产项目和文化生态保护区（不含青岛市），以及传承人（含青岛市）。

第六条　申请非遗保护资金的项目单位应具备以下条件：

（一）申请的项目和文化生态保护区已被有关部门批准或设立。

（二）具有法人资格和相应的机构、人员。

（三）有代表性传承人或者掌握相对完整的项目资料。

（四）具有实施项目保护的能力和措施。

（五）具备开展项目传承、传播活动的场所或者设施。

（六）具有科学的工作计划和合理的资金需求。

第七条　申请非遗保护资金的传承人应具备以下条件：

（一）省级文化主管部门公布的省级非物质文化遗产项目代表性传承人。

（二）具有良好的职业道德，能够积极开展传承活动，培养后继人才。

（三）积极参加主管部门组织的公益性宣传展示活动。

第八条　非遗保护资金支持范围具体包括：

（一）对列入国家或省级非物质文化遗产代表性名录的重点项目保护给予补助。其中，对非物质文化遗产具备传统工艺振兴条件的保护性项目优先给予支持。

（二）对国家级和省级非物质文化遗产代表性传承人给予补助。

（三）对国家级或省级文化生态保护区给予补助。

（四）对全省性非物质文化遗产保护传承工作发生的相关费用给予支持。

第九条　非遗保护资金支出内容主要包括：

（一）组织管理支出。包括调查研究、规划编制、资源普查、数据库建设、专家咨询、绩效评价、评估论证等。

（二）项目保护支出。包括传承设备和工具购置、租借、修缮，材料购置以及开展传承保护工作所必需的直接人工经费等。

（三）记录传承支出。包括抢救性记录和保护、传承活动，技艺研究、资料整理，传承人带徒授艺补助等。

（四）宣传培训支出。包括传承人培训，保护成果出版、传播交流、宣传推介，组织文化和自然遗产日、非物质文化遗产月等宣传展示活动等。

（五）与非物质文化遗产保护有关的其他费用支出。

第十条　非遗保护资金不得用于基础设施建设和以营利为目的的生产经营活动，不得用于各级行政事业单位工资福利性支出、弥补公用经费以及与非物质文化遗产保护无关的其他支出。

第三章　预算编制和项目库管理

第十一条　省文化厅负责编制全省非物质文化遗产保护中长期发展规划，根据规划确定年度工作任务、资金需求和绩效目标，随下年度部门预算报送省财政厅。

第十二条　省财政厅根据年度非物质文化遗产保护工作任务和财力状况，编制年度非遗保护资金预算草案，按照部门预算管理程序审查。

第十三条　非遗保护资金实行"项目法"管理，对符合条件的项目和个人给予适当补助。

第十四条　省文化厅负责研究建立非遗保护资金支持项目库，将符合支持条件的国家和省级非物质文化遗产项目、传承人和保护区分类纳入项目库，并于每年8月底前做好更新完善工作，并加强项目日常储备、统计、考察和动态管理，未入库项目不得申请国家和省级非遗保护资金支持。各市、省财政直接管理县（市）文化部门也要建立项目库，并加强日常动态管理，储备优质项目。各级建立的项目库应报送同级财政部门备案。

第十五条　省文化厅负责建立国家、省级财政非遗保护资金支持成果推广项目库，充分利用支持项目形成的成果，采取多种形式向社会推广，推动非物质文化遗产传承发展。

第四章 申报程序和资金分配

第十六条 非遗保护资金申报程序：

（一）每年 9 月 30 日前，省文化厅会同省财政厅研究下发《省级非遗保护资金申报通知》，明确下一年度的支持重点、支持标准、申报条件、申报数量等内容。

（二）各项目单位提出申请，依程序报同级主管部门审核。每年 10 月 31 日前，各市、省财政直接管理县（市）文化部门会同财政部门审核汇总后，联合行文上报省文化厅、省财政厅。凡越级上报或单方面上报的均不受理。

（三）省直有关项目单位材料由主管部门审核汇总，于每年 10 月 15 日前分别报送省文化厅和省财政厅。

第十七条 上年度国家、省级非遗保护资金已经支持的项目，原则上本年度不得再申报。但对具有重大传承保护价值的，可视情况分年度给予支持。

第十八条 对已申请国家非遗保护资金补助的项目和文化生态保护区，当年度不得再申请省级保护资金支持。对国家补助我省非物质文化遗产培训等涉及面较大的项目资金，可与省级资金统筹安排使用。

第十九条 省文化厅对申报材料进行初审，会同省财政厅组织专家进行评审，并确定支持对象。省财政厅根据确定的支持项目下达资金。

第二十条 各市、省财政直接管理县（市）财政部门应当在收到省级下达资金指标文件后 30 个工作日内，将预算指标下达至项目实施单位，并按照国库集中支付有关规定及时拨付项目资金。

第二十一条 项目实施单位在收到资金下达文件后，要尽快办理资金使用手续，加快预算执行进度，确保专款专用。

第五章 绩效评价与信息公开

第二十二条 非遗保护资金严格实行全过程预算绩效管理。省文化厅会同省财政厅制定绩效评价制度，项目实施单位在申请资金时要明确提出本项目完成后将要达到的绩效目标，不按规定报送绩效目标的，不得进入专家评审环节。

第二十三条 非遗保护资金年度预算执行完成后，省文化厅会同省财政厅按规定实施绩效评价。

第二十四条 省财政厅可根据工作需要组织并委托第三方机构对非遗保护资金分配使用、实施结果等进行独立评价。

第二十五条 绩效评价结果将作为以后年度资金安排的重要依据。

第二十六条 省文化厅、省财政厅根据财政专项资金信息公开有关规定，按照管理职责公开除涉密内容外的资金管理办法、申报通知、绩效评价和分配结果等内容，自觉接受社会监督。

第六章 监 督 管 理

第二十七条 资金支出过程中，按照规定需要实行政府采购的，按照政府采购有关管理制度规定执行。

第二十八条 非遗保护资金应当严格按照本办法规定的补助范围和支出内容安排使用，严格执行各项财务规章制度。如遇特殊情况，需要调整使用范围和支出内容的，应当上报省财政厅和省文化厅批准。

第二十九条 项目结转结余按照财政资金管理有关规定执行。

第三十条 省文化厅会同省财政厅对专项资金管理使用情况进行抽查，必要时可以委托省财政厅各驻市财政检查办事处或中介机构实施，发现问题及时整改。

第三十一条 各级财政部门和文化主管部门应当按照各自职责，建立健全专项资金管理使用监督检查机制。资金使用单位应当建立健全内部监督约束机制，确保资金安全、规范、高效使用。

第三十二条 对资金申报、使用和管理过程中出现违法违纪违规行为的单位，按照《中华人民共和国预算法》和《财政违法行为处罚处分条例》（国务院令第 427 号）等规定处理。

第三十三条 各级财政和文化主管部门相关工作人员在项目申报、资金管理使用和绩效评价组织实施工作中，存在以权谋私、滥用职权、徇私舞弊以及弄虚作假等违法违纪行为的，按照《中华人民共和国预算法》《中华人民共和国公务员法》《中华人民共和国监察法》和《财政违法行为处罚处分条例》（国务院令第 427 号）等有关规定追究相应责任；涉嫌犯罪的，移送司法机关处理。

第七章 附 则

第三十四条 本办法由省财政厅、省文化厅负责解释。

第三十五条 各市可参照本办法，结合当地实际，制定本地区非遗保护资金管理办法。

第三十六条 本办法自 2018 年 6 月 11 日起施行，有效期至 2023 年 6 月 10 日。

省财政厅 省文物局关于印发山东省省级博物馆纪念馆免费开放资金管理办法的通知

2018 年 6 月 5 日 鲁财文资〔2018〕27 号

各市财政局、文物局（文广新局），省财政直接管理县（市）财政局、文物局（文广新局）：

为规范和加强省级博物馆、纪念馆免费开放资金管理，提高资金使用效益，根据《中华人民共和国预算法》《财政部关于印发〈中央补助地方博物馆纪念馆免费开放专项资金管理暂行办法〉的通知》（财教〔2013〕97 号）、《山东省人民政府办公厅关于促进非国有博物馆发展的意见》（鲁政办发〔2015〕22 号）和中共山东省委宣传部、省财政厅、省文化厅、省文物局《关于全省博物馆纪念馆免费开放的实施意见》（鲁宣发〔2008〕23 号）等法律法规规定，结合我省博物馆、纪念馆免费开放工作实际，我们研究制定了《山东省省级博物馆纪念馆免费开放资金管理办法》，现印发给你们，请认真贯彻执行。

附件：山东省省级博物馆纪念馆免费开放资金管理办法

附件：

山东省省级博物馆纪念馆免费开放资金管理办法

第一章 总 则

第一条 为规范和加强省级博物馆、纪念馆免费开放资金（以下简称两馆免费开放资金）管理，提高资金使用效益，根据《中华人民共和国预算法》《财政部关于印发〈中央补助地方博物馆纪念馆免费开放专项资金管理暂行办法〉的通知》（财教〔2013〕97 号）、《山东省人民政府办公厅关于促进非国有博物馆发展的意见》（鲁政办发〔2015〕22 号）和中共山东省委宣传部、省财政厅、省文化厅、省文物局《关于全省博物馆纪念馆免费开放的实施意见》（鲁宣发〔2008〕23 号）等文件规定，结合我省博物馆、纪念馆免费开放工作实际，制定本办法。

第二条 两馆免费开放资金，是指由省财政统筹中央补助地方专项资金和省级预算安排，专项用于补助全省博物馆、纪念馆免费开放工作的资金。

市、县两级应当保障本级博物馆、纪念馆免费开放工作所需经费。

第三条 鼓励博物馆、纪念馆在做好公益性免费开放工作的同时，依托其自身资源按照市场化方式举办特色（临时）展览，开发文创产品，增加经营收入。同时，鼓励社会力量对博物馆、纪念馆进行捐赠，拓宽经费来源渠道。

第四条 两馆免费开放资金管理使用遵循"统筹安排、上下结合、分级负责、注重绩效"的原则。

第五条 两馆免费开放资金由省财政厅、省文物局按职责分工共同管理。

省财政厅负责制定资金管理制度，组织预算编制及执行，会同省文物局研究提出资金分配方案并下达资金，配合做好监督管理和绩效评价工作。

省文物局负责编制两馆免费开放工作规划，组织免费开放工作实施，参与研究制定资金管理制度，提供分配资金依据的资料，具体组织预算执行及绩效管理工作，对免费开放工作及资金使用情况进行监督管理。

第二章　支持对象、范围和内容

第六条 两馆免费开放资金主要用于对山东境内（不含青岛市）各级文化文物部门归口管理的博物馆、纪念馆和国家级爱国主义教育示范基地实施免费开放发生的支出给予补助，对符合条件的非国有博物馆自行实施免费开放工作给予奖励性补助。

第七条 两馆免费开放资金补助对象应符合以下条件：

（一）在省级文物部门正式备案，非国有博物馆还须在民政部门完成民办非企业单位法人登记。

（二）管理规范，统计资料健全，纳入文物部门统计年鉴。

（三）持续免费开放满一年。

（四）申请陈列布展补助的国有博物馆、纪念馆应具有省级文物部门批复的展陈大纲。

第八条 两馆免费开放资金支持范围具体包括：

（一）运转经费补助。用于补助文化文物部门归口管理的博物馆、纪念馆及国家级爱国主义教育示范基地免费开放后正常运转及提升公共服务能力等支出。

（二）陈列布展补助。用于补助文化文物部门归口管理的博物馆、纪念馆改善基本陈列展览等支出。

（三）对非国有博物馆自行确定免费开放给予奖励性补助。有关奖励条件、范围和标准，根据工作开展和预算安排情况另行制定。

第九条 两馆免费开放资金支出内容主要包括：

（一）正常运转支出。包括文物安全保护、运转设备购置及小型维修改造、水电暖物业等支出。

（二）陈列布展支出。包括陈列布展方案设计、相关材料及布展设备购置维修、施工、监理、布展、专家咨询、展品运输等支出。

第十条 两馆免费开放资金不得用于基本建设、大型维修改造、文物征集等支出，不得用于发放编制内在职人员工资福利性支出、弥补公用经费以及与博物馆、纪念馆免费开放无关的其他支出。

第三章　预算编制和资金分配

第十一条 省文物局负责编制全省博物馆、纪念馆免费开放中长期发展规划，根据规划确定年度工作计划、资金需求和绩效目标，随下年度部门预算报送省财政厅。

第十二条 省财政厅根据博物馆、纪念馆免费开放年度工作任务和财力状况，编制年度支出预算草案，按照部门预算管理程序审查。

第十三条 两馆免费开放资金实行因素法与项目法相结合的分配方式。

第十四条 省级馆两馆免费开放资金由省财政厅根据场馆免费开放情况，结合正常运转经费预算核定。

第十五条 市县级馆两馆免费开放资金实行因素法分配，分配因素包括：展陈面积、观展人数、地域因素、绩效评价、承接重点任务等。

（一）展陈面积（权重40%）。以文物部门统计年鉴数据为准计算核定。

（二）观展人数（权重20%）。以文物部门统计年鉴数据为准计算核定。

（三）地域因素（权重20%）。分东、中、西部地区三档确定补助系数。其中：东部地区包括济南、淄博、烟台、威海、东营；中部地区包括潍坊、济宁、泰安、日照、莱芜；西部地区包括枣庄、临沂、菏泽、德州、滨州、聊城。省财政直接管理县（市）按照所在市确定补助系数。

（四）绩效评价（权重10%）。根据绩效评价结果分档确定。

（五）承接重点任务（权重10%）。根据博物馆、纪念馆、国家级爱国主义教育示范基地承担国家和省级确定的重点任务数量、规模确定。

第十六条 纳入中宣部、财政部、文化部、国家文物局确定的免费开放名单的重点博物馆、纪念馆和国家级爱国主义教育示范基地按照确定标准核定补助经费。

第十七条 博物馆、纪念馆陈列布展补助按照项目法管理，根据中央补助项目数量、金额确定省级补助资金规模。

第十八条 两馆免费开放资金申报程序：

（一）每年11月底前，省财政按照有关规定测算下达下一年度部分资金预算。

（二）每年2月底前，各市、省财政直接管理县（市）财政、文物部门将上一年度博物馆、纪念馆免费开放工作总结和陈列布展项目资金申请以正式文件形式联合上报省财政厅、省文物局。

（三）每年3月底前，省财政厅按照财政部要求汇总报送全省上年度博物馆、纪念馆免费开放工作总结，同时上报资金申请文件。

（四）省财政厅会同省文物局根据中央资金安排情况，结合本级财政预算安排测算资金分配额度，由省财政厅下达资金。

第十九条 上年度中央和省级两馆免费开放资金已经支持的陈列布展项目，原则上本年度不得申报。对省里确定的重点陈列布展项目，可视情况分年度给予支持。

第二十条 各市、省财政直接管理县（市）财政部门应当在收到省财政厅下达资金文件后30个工作日内，将文件下达至项目单位，并按照国库集中支付有关规定及时拨付资金，并将下达情况同时抄送同级文物部门。

第二十一条 项目单位在收到资金下达文件后，要尽快办理资金使用手续，加快预算执行进度，确保按时限完成。

第四章　绩效评价与信息公开

第二十二条 两馆免费开放资金严格实行全过程预算绩效管理，省文物局会同省财政厅制定绩效评价管理办法。

第二十三条 申请陈列布展补助的项目单位，在申请资金时要明确提出本项目完成后将要达到的绩效目标，不按规定报送绩效目标的，不得给予补助。

第二十四条 各市、省财政直接管理县（市）文物、财政部门在收到资金文件后60个工作日内，要将修订后的本地区绩效目标报省文物局、省财政厅备案。

第二十五条 两馆免费开放资金年度预算执行完成后，省文物局会同省财政厅按规定实施绩效评价。

第二十六条 绩效评价结果将作为以后年度资金安排的重要依据。

第二十七条 省文物局、省财政厅根据财政专项资金信息公开有关规定，按照管理职责公开除涉密内容外的资金管理办法、申报通知、绩效评价和分配结果等内容，自觉接受社会监督。

第五章 监 督 管 理

第二十八条 资金支出过程中，按照规定需要实行政府采购的，按照政府采购有关管理制度规定执行。

第二十九条 两馆免费开放资金应当严格按本办法规定的补助范围和支出内容安排使用，严格执行各项财务规章制度，确保专款专用。如遇特殊情况，需要调整使用范围和支出内容的，应当上报省财政厅和省文物局批准。

第三十条 项目结转结余按照财政资金管理有关规定执行。

第三十一条 省文物局会同省财政厅对专项资金管理使用情况进行抽查，必要时可以委托省财政厅各驻市财政检查办事处或中介机构实施，发现问题及时整改。

第三十二条 各级财政部门和文物主管部门应当按照各自职责，建立健全专项资金管理使用监督检查机制。资金使用单位应当建立健全内部监督约束机制，确保资金安全、规范、高效使用。

第三十三条 对资金申报、使用和管理过程中出现违法违纪违规行为的单位，按照《中华人民共和国预算法》和《财政违法行为处罚处分条例》（国务院令第 427 号）等规定处理。

第三十四条 各级财政和文物主管部门相关工作人员在项目申报、资金管理使用和绩效评价组织实施工作中，存在以权谋私、滥用职权、徇私舞弊以及弄虚作假等违法违纪行为的，按照《中华人民共和国预算法》《中华人民共和国公务员法》《中华人民共和国监察法》和《财政违法行为处罚处分条例》（国务院令第 427 号）等有关规定追究相应责任；涉嫌犯罪的，移送司法机关处理。

第六章 附 则

第三十五条 本办法由省财政厅、省文物局负责解释。

第三十六条 各市可参照本办法，结合当地实际，制定本地区两馆免费开放资金管理办法。

第三十七条 本办法自 2018 年 7 月 6 日起施行，有效期至 2023 年 7 月 5 日。

省财政厅 省体育局关于印发山东省省级体育产业发展资金管理暂行办法的通知

2018 年 6 月 14 日 鲁财文资〔2018〕30 号

各市财政局、体育局，省财政直接管理县（市）财政局、体育局（教体局）：

为规范和加强省级体育产业发展资金管理，提高资金使用效益，根据《中华人民共和国预算法》和《国务院关于加快发展体育产业促进体育消费的若干意见》（国发〔2014〕46 号）、《山东省人民政府关于贯彻国发〔2014〕46 号文件加快发展体育产业促进体育消费的实施意见》（鲁政发〔2015〕19 号）等法律法规和文件规定，结合我省体育产业发展实际，我们研究制定了《山东省省级体育产业发展资金管理暂行办法》，现印发给你们，请认真贯彻执行。

附件：山东省省级体育产业发展资金管理暂行办法

附件：

山东省省级体育产业发展资金管理暂行办法

第一章　总　则

第一条　为加强省级体育产业发展资金管理，充分发挥财政资金的导向和激励作用，提高资金使用效益，促进我省体育产业发展，根据《中华人民共和国预算法》和《国务院关于加快发展体育产业促进体育消费的若干意见》（国发〔2014〕46号）、《山东省人民政府关于贯彻国发〔2014〕46号文件加快发展体育产业促进体育消费的实施意见》（鲁政发〔2015〕19号）等有关法律法规和文件规定，制定本办法。

第二条　省级体育产业发展资金（以下简称体产资金）是指为实现省委、省政府确定的体育产业发展目标任务，由省级财政预算安排，用于支持全省体育产业发展的资金。

第三条　体产资金使用与管理，要坚持导向明确、重点突出、择优扶持、严格监管的原则，鼓励和引导各级政府、金融机构、社会资本等支持体育产业发展。

第四条　体产资金由省财政厅、省体育局按职责分工共同管理。

省财政厅负责制定体产资金管理制度，研究有关扶持政策，配合省体育局拟定年度资金项目申报通知，负责体产资金预算的编制、执行，加强预算绩效管理和财政监督检查工作等。

省体育局主要负责配合省财政厅制定体产资金管理制度，负责拟定年度资金项目申报通知，组织项目申报、审核，提出项目和资金分配方案，并对资金使用进行绩效评价和监督管理等。

第二章　扶持对象、范围和方式

第五条　体产资金支持对象为在山东省行政区域内（不含青岛市）依法进行工商注册登记，具有独立法人资格，从事体育产业经营活动的企业。应具备以下基本条件：

（一）企业工商注册一年以上，有固定经营场所和业务团队，且主营业务在国家体育产业统计分类范围内。

（二）企业产权关系清晰，治理结构完善，管理制度健全，会计核算规范。

（三）企业资产状况良好，经营状况正常。

第六条　体产资金重点支持体育本体（核心）产业，扩大市场主体规模，有效促进体育健身休闲消费示范引领作用强的项目。主要包括：

（一）体育竞赛表演活动项目。

（二）体育健身休闲活动项目。

（三）体育培训服务项目。

（四）体育科技创新项目。

（五）市场化运营的体育产业园区、体育综合体、体育小镇、体育主题公园等公共服务平台建设项目。

（六）体育＋、＋体育融合发展项目。

（七）省委、省政府确定的其他重点项目。

第七条　体产资金主要采取以下方式予以扶持。

（一）奖励性补助。对已有资金实质性投入并完成或将要完成的项目给予奖励性补助。

（二）融资贴息。对通过银行贷款等融资方式实施的项目发生的利息支出给予补助。

（三）项目补助。对省委、省政府确定的体育产业重点项目和政策性扶持项目给予补助。

（四）政府购买服务。对适合采取市场化方式提供、社会力量能够承担的体育服务项目，采取政府购买服务的方式给予扶持。

第八条 资金支持标准，根据项目性质和财政预算安排情况具体确定。

（一）对奖励性补助项目，奖补资金原则上不超过该项目已完成投资总额的 50%。对社会效益显著、引导示范作用强的项目，补助比例可适当提高。

（二）对融资贴息项目，根据银行一年期基准贷款利率和项目贷款额度，给予不超过一年期限的贴息补助。

（三）对省委、省政府确定扶持的体育产业项目和政策性扶持项目，视情况确定补助额度。

（四）对政府购买服务项目，依据审核后的政府购买服务规模给予补助。

第九条 体产资金原则上年度间不重复扶持同一企业同一个项目。对具有重大、广泛、持续影响力，并显著促进经济社会发展的重点项目，可给予连续扶持，一般不超过三年。

第十条 体产资金采取"项目法"分配管理，按程序择优确定支持项目。

第十一条 体产资金主要用于项目的建设、运营和人才培训等关键环节，不得用于办公、生活等非生产性设施建设和人员福利、奖励等支出。

第三章 申报条件和程序

第十二条 申报体产资金项目应具备以下条件：

（一）项目符合国家、省体育产业政策和体育产业发展规划，具有较好的市场潜力和发展前景。

（二）项目已实施或已具备内外部实施条件，自有资金或银行贷款等资金已经落实。

（三）项目绩效目标明确，建成后具有较强的自我发展能力，能取得良好的社会效益和经济效益。

第十三条 有下列情形之一的项目，体产资金不予支持：

（一）存在法律纠纷和知识产权争议的。

（二）申请单位被列入山东省财政专项资金信用负面清单尚在惩戒期的。

（三）申请单位违反有关规定，正在接受有关部门检查，或因违法行为被执法部门处罚尚未期满的。

（四）绩效目标不明确、不具备可操作性，或绩效评价不合格且未按要求整改的。

（五）同一企业同一项目，当年度已经获得或已申请其他省级财政资金支持的。

第十四条 体产资金申报程序：

（一）每年 11 月底前，由省体育局会同省财政厅拟定下发下一年度项目申报通知，确定支持方向、支持重点、申报数量等内容。

（二）申请体产资金的企业按照年度项目申报通知要求，向所在县（市、区）、市体育部门和财政部门报送申请文件和有关申报表，并按年度申报通知要求，提供项目审查所需要的相关证明材料。

（三）市、省财政直接管理县（市）体育、财政部门要对申报项目的申报资格、申报材料等进行合规性和质量性审查，筛选出符合条件和要求的项目，汇总提出项目资金申请报告，联合行文上报省体育局、省财政厅。

（四）省级项目由项目单位直接报送省体育局、省财政厅审核。

第十五条 省体育局会同省财政厅聘请第三方机构或相关专家，对项目的合规性和质量性进行评审论证，并提出评审意见。

第十六条 各级体育部门要建立体育产业项目库，加强项目日常储备、统计、考察和动态管理，培育优质的体育产业项目资源，提高体产资金支持效率。

第四章 资金拨付及绩效评价

第十七条 省体育局会同省财政厅根据项目评审情况，研究确定支持的项目和支持金额，省财政厅据此下达经费预算指标，拨付项目资金。

第十八条 资金项目一经下达，应尽快组织实施，加快项目实施和预算支出进度。

第十九条 体产资金严格实行全过程预算绩效管理。省体育局会同省财政厅研究制定绩效评价管理办法，项目实施单位在申请项目资金时，要确定项目完成后要达到的绩效目标。

第二十条 项目单位是实施资金绩效目标的管理责任主体。体产资金年度预算执行完成后，省体育局应当按规定组织实施绩效评价，并将绩效评价结果报省财政厅。

第二十一条 绩效评价结果将作为申报确定以后年度资金项目的重要依据。

第五章 资金监督管理

第二十二条 省财政厅、省体育局要按照财政资金信息公开有关规定和"谁主管、谁负责、谁公开"的原则，建立体产资金管理信息公开机制，接受社会监督。

第二十三条 省体育局和省财政厅按管理职责负责公开资金管理办法、项目申报通知、资金分配结果和绩效评价等信息。

第二十四条 省、市、县（市、区）体育、财政部门要对体产资金申报材料进行审核把关，项目申报单位要对其真实性、合法性负责。

第二十五条 体产资金的使用要严格遵守国家财政、财务规章制度和财经纪律。各项目单位要建立健全项目和资金管理台账，确保项目顺利实施，自觉接受财政、审计等相关部门的监督检查。各级体育、财政部门要对资金项目实施、资金使用效果等实行监督管理和追踪问效，并不定期对资金的使用情况进行检查，及时发现并纠正存在的问题。对弄虚作假、冒领骗取资金等失信、失范行为，要按照信用负面清单制度规定，及时进行记录并惩戒。

第二十六条 体产资金实行专账核算，不得擅自改变或扩大使用范围。对体产资金申报、使用和管理中出现的违法违纪违规行为，按照《中华人民共和国预算法》和《财政违法行为处罚处分条例》（国务院令第 427 号）等规定处理。

第二十七条 各级财政部门、负责体产资金分配的相关部门及其工作人员，在资金项目申报、审批和分配过程中，存在违反规定分配资金、向不符合条件的企业单位（或项目）分配资金、擅自超出规定范围或标准分配资金等，以及存在滥用职权、玩忽职守、徇私舞弊等违法违纪行为的，按照《中华人民共和国预算法》《中华人民共和国公务员法》《中华人民共和国监察法》和《财政违法行为处罚处分条例》等有关规定追究相应责任。涉嫌犯罪的，移送司法机关处理。

第六章 附 则

第二十八条 本办法由省财政厅、省体育局负责解释。

第二十九条 各市可根据本办法，结合本地实际，制定具体实施细则。

第三十条 本办法自 2018 年 7 月 1 日起施行，有效期至 2020 年 6 月 30 日。原省财政厅、省体育局《关于印发〈山东省体育产业发展引导资金使用管理暂行办法〉的通知》（鲁财综〔2013〕58 号）同时废止。

省财政厅 省新闻出版广电局关于印发山东省省级广播电视公共服务资金管理暂行办法的通知

2018 年 7 月 5 日 鲁财文资〔2018〕31 号

各市财政局、文化广电新闻出版局，省财政直接管理县（市）财政局、文化广电新闻出版局：

根据《中华人民共和国预算法》和《国务院办公厅关于加快推进广播电视村村通向户户通升级工作的通知》（国办发〔2016〕20 号）等有关法律法规和文件规定，我们研究制定了《山东省省级广播电视公共服务资金管理暂行办法》，现印发给你们，请认真抓好贯彻落实。

附件：山东省省级广播电视公共服务资金管理暂行办法

附件：

山东省省级广播电视公共服务资金管理暂行办法

第一章 总 则

第一条 为规范和加强广播电视公共服务资金管理，提高资金使用效益，根据《中华人民共和国预算法》和《国务院办公厅关于加快推进广播电视村村通向户户通升级工作的通知》（国办发〔2016〕20 号）等有关法律法规和文件规定，结合我省实际，制定本办法。

第二条 本办法所称省级广播电视公共服务资金（以下简称广电服务资金），是指省级财政预算安排用于支持构建以地面无线覆盖和应急广播为基础的广播电视公共文化服务体系，为人民群众提供免费的省级广播电视节目无线信号和应急广播服务，促进广播电视事业可持续发展而设立的资金。

第三条 广电服务资金管理使用应遵循"统筹规划、分级负责、管理规范、注重绩效"的原则。省财政厅、省新闻出版广电局按照部门职责管理。

省财政厅负责制定资金管理制度，组织预算编制及执行，分配下达资金，配合省新闻出版广电局实施监督管理和绩效评价。

省新闻出版广电局参与研究制定资金管理制度，负责编制发展规划，提出资金分配方案，具体组织预算执行、项目实施及项目竣工验收，对资金使用进行监督管理及绩效评价等。

第二章 支持对象、范围和方式

第四条 广电服务资金支持对象为纳入省级统一规划布点的广播电视节目无线信号发射台站和验收合格的应急广播村村响工程项目。资金支持范围主要包括：

（一）广播电视节目无线信号发射台站建设及日常运行维护。

（二）省级应急广播中心平台建设。

（三）县级应急广播村村响工程建设，与省级平台进行对接的系统升级改造及终端更新。

第五条 广电服务资金主要采取以下支持方式：

（一）直接补助。省级广播电视节目无线数字化覆盖工程建设、日常运行维护采取直接补助的方式，补助标准由省新闻出版广电局按照规定另行制定。

（二）奖励。县级应急广播工程补助项目采取后补助的方式，根据验收结果给予适当奖励。

（三）政府购买服务。省级应急广播中心平台建设项目，由省新闻出版广电局负责实施或采取政府购买服务的方式确定具体承担单位。

第六条 广电服务资金的支出内容包括：

（一）建设经费。包括发射系统及相关附属系统设施设备的购置费用，与工程建设直接相关的招标代理费、设计费、工程监理费、验收费，应急广播系统设备购置安装等费用。

（二）运行维护经费。包括省级广播电视节目无线覆盖的电费、发射机维护材料、备品备件和通风设备、信号源、天馈线、多工器等设施设备的日常维护费用；应急广播平台、传输适配设备、应急广播系统传输线路、接收终端监控及其他设备的日常维护费用。

第七条 广电服务资金不得用于以下项目开支：

（一）机房和技术用房（包括办公用房和值班员宿舍）改扩建等应由基本建设资金安排的项目支出和房屋修缮。

（二）省级广播电视节目无线数字化覆盖工程以外的发射系统及其附属系统设备设施改造、维修、运行维护等支出。

（三）人员经费、业务招待费、津贴补贴、社会保障费、车辆购置费、车辆运行及维修等支出。

第三章　申报和审批

第八条 省新闻出版广电局负责编制广播电视公共服务中长期发展规划，根据规划确定年度工作计划、资金需求和绩效目标，随下年度部门预算报送省财政厅。

第九条 省财政厅根据广播电视公共服务年度工作任务和财力状况，编制年度支出预算草案，按照部门预算管理程序审查。

第十条 广电服务资金申报程序：

（一）每年 10 月底前，省新闻出版广电局会同省财政厅下发项目申报通知，明确下一年度无线信号发射台站建设任务，应急广播村村响工程奖励条件、奖励数量等内容。

（二）每年 11 月底前，由项目单位提出申请，经各市、省财政直接管理县（市）文化新闻出版广电部门会同财政部门审核汇总后，联合行文上报省新闻出版广电局、省财政厅。

（三）省直有关项目单位申请材料由主管部门审核汇总，于每年 11 月底前分别报送省新闻出版广电局和省财政厅。

第十一条 广电服务资金实行"项目法"管理，省新闻出版广电局会同省财政厅研究确定支持对象，并提出资金分配方案。省财政厅根据确定的支持项目下达资金。

第十二条 各市、省财政直接管理县（市）财政部门应当在收到省财政厅下达资金文件后 30 个工作日内，将文件下达至项目单位，并按照国库集中支付有关规定及时拨付资金。

第十三条 项目单位在收到资金下达文件后，要尽快办理资金使用手续，加快预算执行进度，确保项目按时限完成。

第四章　绩　效　评　价

第十四条 广电服务资金严格实行全过程预算绩效管理，省新闻出版广电局会同省财政厅研究制定绩效评价管理办法。

第十五条 广电服务资金项目单位在申报资金时要明确提出本项目完成后将要达到的绩效目标，不按规定报送绩效目标的，一律不给予资金支持。

第十六条 各市、省财政直接管理县（市）文化广电新闻出版、财政部门在收到指标文件后 30 个工作日内，将本地区绩效目标报省新闻出版广电局、省财政厅备案。

第十七条 广电服务资金年度预算执行完成后，省新闻出版广电局会同省财政厅按规定实施绩效评价。

第十八条 绩效评价结果将作为以后年度资金安排的重要依据。

第十九条 省新闻出版广电局、省财政厅根据财政专项资金信息公开有关规定，按照管理职责公开除涉密内容外的资金管理办法、申报通知、绩效评价和分配结果等内容，自觉接受社会监督。

第五章 监督管理

第二十条 广电服务资金属于政府采购范围的，应按照政府采购有关法律制度规定执行。在满足工程质量和服务的前提下，优先采用国产设备。

第二十一条 为保证工程建设的质量和进度，省新闻出版广电局对发射机、天馈线系统和电源系统等组织集中招标采购，并督促中标厂商按照供货合同规定按期供货和安装调试。其他属政府采购范围的项目，各实施单位要按政府采购相关规定组织实施。

第二十二条 应严格按照本办法规定的补助范围和支出内容安排使用广电服务资金，严格执行各项财务规章制度，确保专款专用。如遇特殊情况，需要调整使用范围和支出内容的，应当上报省财政厅和省新闻出版广电局批准。

第二十三条 项目结转结余资金管理按照财政资金管理有关规定执行。

第二十四条 省新闻出版广电局适时对项目实施情况进行督导和监督检查，并联合省财政厅对广电服务资金管理使用情况进行抽查，必要时可以委托省财政厅各驻市财政检查办事处或中介机构实施，发现问题及时整改。

第二十五条 各级财政部门和新闻出版广电部门应当按照各自职责，建立健全广电服务资金管理使用监督检查机制。项目实施单位应当建立健全内部监督约束机制，确保资金安全、规范、高效使用。

第二十六条 对资金申报、使用和管理过程中出现违法违纪违规行为的单位，按照《中华人民共和国预算法》和《财政违法行为处罚处分条例》（国务院令第427号）等规定处理。

第二十七条 各级财政部门和新闻出版广电部门相关工作人员在项目申报、资金管理使用和绩效评价组织实施工作中，存在以权谋私、滥用职权、徇私舞弊以及弄虚作假等违法违纪行为的，将按照《中华人民共和国预算法》《中华人民共和国监察法》《中华人民共和国公务员法》和《财政违法行为处罚处分条例》（国务院令第427号）等国家有关法律法规追究责任。涉嫌犯罪的，移送司法机关处理。

第六章 附 则

第二十八条 本办法由省财政厅、省新闻出版广电局负责解释。

第二十九条 各市可参照本办法，结合当地实际，制定本地区广电服务资金管理办法。

第三十条 本办法自2018年8月6日起施行，有效期至2020年8月5日。

省财政厅 省新闻出版广电局关于印发山东省省级影视精品推进计划资金管理暂行办法的通知

2018年6月29日 鲁财文资〔2018〕36号

各市财政局、文化广电新闻出版局，省财政直接管理县（市）财政局、文化广电新闻出版局，省直有关部门、单位：

根据《中华人民共和国预算法》和《中共山东省委关于繁荣发展社会主义文艺的实施意见》（鲁发〔2016〕10号）、《山东省人民政府关于加快发展文化产业的意见》（鲁政发〔2014〕15号）等法律法规及有关规定，我们研究制定了《山东省省级影视精品推进计划资金管理暂行办法》，现印发给你们，请认真抓好贯彻落实。

附件：山东省省级影视精品推进计划资金管理暂行办法

附件：

山东省省级影视精品推进计划资金管理暂行办法

第一章 总 则

第一条 为规范省级影视精品推进计划资金管理，提高资金使用效益，根据《中华人民共和国预算法》和《中共山东省委关于繁荣发展社会主义文艺的实施意见》（鲁发〔2016〕10 号）、《山东省人民政府关于加快发展文化产业的意见》（鲁政发〔2014〕15 号）等法律法规及有关规定，制定本办法。

第二条 本办法所称省级影视精品推进计划资金（以下简称影视精品资金），是指省级财政预算安排，用于支持影视精品创作和公益广告创作传播的资金。

第三条 影视精品资金由省财政厅、省新闻出版广电局共同管理，按照"目标明确、管理规范、重点突出、绩效优先"的原则管理和使用。

省财政厅负责制定资金管理制度，组织预算编制及执行，分配下达资金，会同省新闻出版广电局实施资金管理监督和绩效评价。

省新闻出版广电局负责编制影视精品推进计划中长期发展规划，建立影视精品项目库，参与研究制定资金管理制度，负责组织项目申报，提出资金分配方案，具体组织预算执行及绩效评价工作，对项目实施及资金使用情况进行监督管理。

第二章 支持对象、范围和方式

第四条 影视精品资金支持对象是在山东省境内（不含青岛市，下同）注册设立，从事影视精品创作生产和公益广告创作传播的文化单位和机构，应具备以下条件：

（一）在山东省境内依法设立满 1 年。

（二）申报项目的立项备案方、第一出品方或主要制作方。

（三）守法经营、信誉良好、生产经营活动正常开展。

（四）财务制度健全，管理规范。

第五条 影视精品资金重点支持范围：

（一）重点电视剧、电影、电视纪录片、电视动画片创作生产和播出播映。

（二）优秀公益广告作品创作传播。

（三）省委、省政府确定的与全省性影视精品推进计划有关的其他项目。

第六条 影视精品资金支持方式：

（一）奖励。对已经发行播出（放映）或公开征集，并取得良好社会效益和经济效益的项目给予适当奖励，可用于支付获奖作品创作传播过程中发生的直接费用。

（二）项目补助。对列入国家或我省重大选题创作规划，并已确定实施；或由省委宣传部、省新闻出版广电局推动实施的重大影视精品项目给予补助。

（三）政府购买服务。对影视精品资金安排的项目和服务，适宜由符合承接主体条件的事业单位或者文化企业承担的，采取政府购买服务的方式给予支持。

第七条 影视精品资金支出内容主要包括：

（一）剧本创作支出。包括策划咨询、搜集素材、剧本创作等前期费用。

（二）摄制经费。包括主创人员劳务、设备租赁、场地租赁、场景布置、后期制作等费用。

（三）宣传发行费用。包括宣传、发行、存储媒介制作等费用。

（四）优秀公益广告作品数据库建设费用。

（五）其他相关费用。评审过程中的专家评审费、差旅费、会议费、食宿费、租车费、办公用品杂费等相关费用。

第八条　影视精品资金不得用于基本建设、大型维修改造，不得用于各级行政事业单位工资福利性支出、弥补公用经费以及与影视精品推进计划无关的其他支出。

第三章　预算编制和资金分配

第九条　省新闻出版广电局负责根据全省影视精品推进计划中长期发展规划，制定年度工作计划、资金需求和绩效目标，随下年度部门预算报送省财政厅。

第十条　省财政厅根据影视精品推进计划年度工作任务和财力状况，编制年度支出预算草案，按照部门预算管理程序审查。

第十一条　申报项目应具备以下条件之一：

（一）列入国家或我省重大选题创作规划，并确定实施，或由省委宣传部、省新闻出版广电局推动实施的重大影视精品项目。

（二）获得省级以上政府设立的影视奖项奖励的项目。

（三）在市级以上电视台播出的国产电视剧、动画片、电视纪录片，已发行放映的国产电影，并取得良好社会效益和经济效益。

（四）原创公益广告作品已在广播电台、电视台、网络广播电视台或行业、公众中宣传播出。

第十二条　有下列情形之一的项目，影视精品资金不予支持：

（一）存在法律纠纷和知识产权争议的。

（二）申请单位被列入山东省财政专项资金信用负面清单尚在惩戒期的。

（三）申请单位因违法行为被执法部门处罚尚未期满的。

（四）申请单位违反有关规定，正在接受有关部门审查的。

（五）项目单位未按规定报告以往年度项目进展和资金使用情况的。

第十三条　已申报中央、省级财政其他资金支持的项目，不得再行申报。上年度已获影视精品资金支持的项目，原则上本年度不得再行申报。但对具有重大社会影响，经济和社会效益较好的项目，可分年度给予支持。

第十四条　影视精品资金申报程序：

（一）每年 10 月底前，省新闻出版广电局会同省财政厅下发项目申报通知，明确下一年度的支持重点、支持标准、申报条件、申报数量等内容。

（二）每年 11 月底前，各项目单位提出申请，经各市、省财政直接管理县（市）文化新闻出版广电部门会同财政部门审核汇总后，联合行文上报省新闻出版广电局、省财政厅。

（三）省直有关项目单位材料由主管部门审核汇总，于每年 11 月 15 日前分别报送省新闻出版广电局和省财政厅。

第十五条　影视精品资金实行"项目法"管理，省新闻出版广电局会同省财政厅采用专家评审的方式择优确定支持对象，并提出资金分配方案。省财政厅根据确定的支持项目下达资金。

第十六条　各市、省财政直接管理县（市）财政部门应当在收到省财政厅下达资金文件后 30 个工作日内，将指标下达至项目单位，并按照国库集中支付有关规定及时拨付资金。

第十七条　项目单位在收到资金下达文件后，要尽快办理资金使用手续，加快预算执行进度，确保项目按时限完成。

第四章　绩效评价与信息公开

第十八条　影视精品资金严格实行全过程预算绩效管理，省新闻出版广电局会同省财政厅制定具体的绩效评价管理办法。

第十九条　影视精品项目单位在申报资金时，要明确提出本项目完成后将要达到的绩效目标，不按规定报送绩效目标的，一律不给予资金支持。

第二十条　各市、省财政直接管理县（市）文化新闻出版广电、财政部门在收到资金文件后30个工作日内，要将修订后的本地区绩效目标报省新闻出版广电局、省财政厅备案。

第二十一条　影视精品资金年度预算执行完成后，省新闻出版广电局组织实施绩效评价。

第二十二条　绩效评价结果将作为以后年度资金安排的重要依据。

第二十三条　省新闻出版广电局、省财政厅根据财政专项资金信息公开有关规定，按照管理职责公开除涉密内容外的资金管理办法、申报通知、绩效评价和分配结果等内容，自觉接受社会监督。

第五章　监督管理

第二十四条　资金支出过程中，按照规定需要实行政府采购的，按照政府采购有关管理制度规定执行。

第二十五条　影视精品资金应当严格按照本办法规定的补助范围和支出内容安排使用，严格执行各项财务规章制度，确保专款专用。如遇特殊情况，需要调整使用范围和支出内容的，应上报省财政厅和省新闻出版广电局批准。

第二十六条　项目结转结余按照财政资金管理有关规定执行。

第二十七条　省新闻出版广电局会同省财政厅将对资金管理使用情况进行抽查，必要时可以委托省财政厅各驻市财政检查办事处或中介机构实施，发现问题及时整改。

第二十八条　各级财政部门和新闻出版广电部门应当按照各自职责，建立健全影视精品资金管理使用监督机制。资金使用单位应当建立健全内部监督约束机制，确保资金安全、规范、高效使用。

第二十九条　对资金申报、使用和管理过程中出现违法违纪违规行为的单位，按照《中华人民共和国预算法》和《财政违法行为处罚处分条例》（国务院令第427号）等规定处理。

第三十条　各级财政和文化新闻出版广电主管部门相关工作人员在项目申报、资金管理使用和绩效评价组织实施工作中，存在以权谋私、滥用职权、徇私舞弊以及弄虚作假等违法违纪行为的，按照《中华人民共和国预算法》《中华人民共和国公务员法》《中华人民共和国监察法》和《财政违法行为处罚处分条例》（国务院令第427号）等有关规定追究相应责任；涉嫌犯罪的，移送司法机关处理。

第六章　附　则

第三十一条　本办法由省财政厅、省新闻出版广电局负责解释。

第三十二条　各地可参照本办法，结合当地实际，制定本地区影视精品资金管理办法。

第三十三条　本办法自2018年8月1日起施行，有效期至2020年7月31日。

省财政厅关于印发《山东省省属文化企业版权资产管理暂行办法》的通知

2018年12月14日　鲁财文资〔2018〕59号

省直有关文化主管部门，省属文化企业（集团）：

为加强和规范省属文化企业版权资产管理，确保国有资产保值增值和安全完整，根据《中华人民共和国著作权法》《山东省省属文化企业国有资产监督管理办法（试行）》（鲁文资发〔2015〕3号）及现行法律法规规定，结合文化企业版权资产较多的特点，我们制定了《山东省省属文化企业版权资产管理暂行办法》，现予印发，请结合实际认真贯彻执行。

附件：山东省省属文化企业版权资产管理暂行办法

附件：

山东省省属文化企业版权资产管理暂行办法

第一章　总　　则

第一条　为规范省属文化企业版权资产管理，提高文化企业核心资产的经营效率，确保国有资产保值增值和安全完整，根据《中华人民共和国著作权法》《山东省省属文化企业国有资产监督管理办法（试行）》（鲁文资发〔2015〕3 号）等有关法律法规和制度规定，结合文化企业实际，制定本办法。

第二条　纳入省属文化企业国有资产监管范围的国有独资企业、国有独资公司、国有资本控股公司、国有资本实际控制公司（以下简称"省属文化企业"）的版权资产管理，适用本办法。

第三条　本办法所称版权资产，是指企业所拥有或控制的，能够对企业持续发挥作用，并且预期能带来经济利益的著作权的财产权益，以及与著作权有关权利的财产权益。

第四条　本办法所称版权资产管理，是指将版权资产纳入企业管理范围，通过策划、实施、检查、改进，对版权资产进行组织、协调、配置，促进提高企业生产经营能力管理过程。版权资产管理应遵循以下原则：

（一）依法合规。遵守法律法规、规章和有关管理办法的规定，依法维护知识产权。

（二）权属清晰。依法及时确认版权资产产权归属，明确版权资产的所有权、占有权、使用权、收益权和处置权，全面反映版权资产占有使用的状况。

（三）规范管理。建立健全企业版权资产管理的制度和规程，规范版权资产的形成、使用、交易、处置等各环节的管理，准确、完整核算反映企业版权资产价值变动情况。

（四）注重效益。加强版权资产源头管理，提升版权资产的技术含量，强化版权资产运营能力，提高版权资产对企业整体效益的贡献率。

第五条　加强出资人监督与企业自身管理相结合，省财政厅依法对省属文化企业版权资产进行指导和监督，各企业要履行版权资产管理的主体责任，规范内部管理流程和标准，加强版权资产的全过程管理。

第二章　版权资产获取管理

第六条　省属文化企业版权资产的获取来源包括创作、购置、受赠、划拨、置换等。

第七条　省属文化企业获取版权资产，要根据企业内部管理制度规定的决策程序实施。重点加强对版权资产来源及标的相关情况的前期调查论证工作，包括必要的现场调查，并收集作者和著作权权利人、作品的基本情况，作品的类别、创作形式、题材类型、体裁特征、有关权利的情况、登记情况、以往的评估和交易情况等。

第八条　省属文化企业通过与国（境）外相关文化企业的版权资源的贸易（引进或输出）获取版权资产时，须严格把控内容、作者、题材，确保版权引进的意识形态安全。

第九条　省属文化企业自主进行版权创作，要根据企业主营业务的发展战略，规划选题资源，鼓励创新创优，加大版权开发力度，增加版权资源特别是自主版权资产的战略储备。

第十条　省属文化企业自主进行版权创作，要明晰版权资产权利归属。由省属文化企业组织，代表省属文化企业创作，并由省属文化企业承担责任的作品，企业应与相关的个人、团队、合作方、委托方等签订合同，约定作品的版权归属于企业。

第十一条　省属文化企业在版权资产购置前，应组织编辑、市场、发行、印务、财务、法务等相关部门参与购置时综合评估论证和决策过程，必要时，可邀请有关专家、学者参与研究分析，努力降低版权投资风险。

第十二条　省属文化企业通过购置方式取得版权时，应以订立合同的方式，明确版权权属、转让或者许可使用范围、期限及转授权、权利瑕疵担保、违约责任，对未来的使用、销售条件或者衍生权利销售条件、收益分配方式、比例等内容，确保购买版权资产权利及收益。对需要通过授权许可方式获得的版权资产，应与著作权人依法签订出版、翻译出版合同等版权许可文件，及时取得运营版权的资格。确需与著作权人之外的版权持有人签订版权授权合同的，应要求版权持有人提供真实有效的著作权人授权委托文件。

第十三条　省属文化企业以受赠、划拨、置换方式获取版权资产时，按照企业内部决策程序和工作流程办理。对于置换获取的版权资产，需按规定履行资产评估程序。

第十四条　省属文化企业获取版权资产，应按照《企业会计准则》的规定进行财务核算。对购置、自创、置换等方式获取的版权资产，按实际支付价款、获取过程中发生各项费用以及评估价值入账；对受赠、划拨等方式获取的版权资产，应按赠予方、划拨方提供的资产价值等有关凭证资料入账，无价值凭证资料的，可以公允价值入账。同时，凡符合资本化条件的，应按照财务制度规定，将预计未来可能为企业带来经济利益且成本能够可靠计量的版权资产计入资产类科目；价值较小、不需要资本化计量的版权资产，要在会计备查账簿中登记，确保版权资产账实相符。

第三章　版权资产日常管理

第十五条　省属文化企业要对以前年度获取的版权资产进行全面清理，并按本办法规定进行规范管理。

第十六条　省属文化企业应在最高管理层中明确版权资产管理的负责人，确定版权资产管理机构，配备或指定专职工作人员承担版权资产管理具体工作。

第十七条　省属文化企业应建立健全版权资产内部管理制度，规范工作流程，明确管理岗位责任，加强版权资产各环节的管理。

第十八条　获得版权资产后，省属文化企业应根据所属行业特点建立版权资产管理台账。台账中应包括版权资产信息及作者、著作权人、授权日期、授权期限、授权范围、授权地域、报酬标准及结算方式、是否可以转授权、是否有信息网络传播权、权利是否专有、有无侵权（或被侵权）等法律纠纷、纠纷解决方式、侵权责任的确定等信息。版权资产较多的企业，应建立版权资产管理数据库或信息平台，并有效维护和及时更新。

第十九条　省属文化企业应建立版权资产档案，将合同、版权登记证明等权属材料归档存放。对行政决定、司法判决、律师函等与版权资产有关的外部信息资料收集保存，并确保其来源与取得时间可识别。

第二十条　省属文化企业每年应根据版权资产的利用程度、剩余年限等情况，及时进行减值核算。

第二十一条　省属文化企业应在权利范围内，通过自主运营、授权运营或转让等方式，开展多种形式的版权运营。

第二十二条　省属文化企业应及时检查盘点版权资产，建立版权资产生命周期届满前的清查、核实工作，更新版权资产数据信息并将资产状态沟通必要的相关方，保证账实相符，保证版权内容资源的使用安全。

第四章　版权资产处置管理

第二十三条　省属文化企业版权资产处置，要遵守资产管理的各项规章制度，需履行审查批准程序的，按相关规定办理。

第二十四条 省属文化企业对版权资产出售、对外投资、质押、报废等事项，应按照公正、合理、有序的原则，规范版权资产处置行为，确定版权资产处置方案，在履行企业内部管理程序后实施。

第二十五条 省属文化企业对外销售版权资产时，根据各文化企业的行业特点，对具备公开竞价交易条件的版权资产需进行资产评估，在依法设立的产权交易机构公开交易；对尚不具备公开竞价交易条件的版权资产，企业应根据相关行业规范和管理规定进行处置。

第二十六条 省属文化企业对版权资产进行评估时，应考虑以下情况，合理确定评估方案。

（一）应当根据版权资产对应作品的运营模式，合理估计版权标的的预期收益，并关注运营模式法律上的合规性、技术上的可能性、经济上的可行性。

（二）应当合理确定版权资产的剩余经济寿命。剩余经济寿命需要综合考虑法律保护期限、相关合同约定期限、作品类别、创作完成时间、首次发表时间以及作品的权利状况等因素。

（三）应当关注该作品演绎出新作品并产生衍生收益的可能性。当具有充分证据证明该作品在可预见的未来可能会演绎出新作品并产生衍生收益时，应当积极取得对演绎作品的著作权或专有使用权。

（四）应当合理确定作品的重置成本。作品重置成本包括创作人员和管理人员的人工成本、材料成本、创作环境配套成本、场地使用或者占用等合理成本以及合理利润和相关税费等。

第二十七条 对版权资产评估可根据不同目的选择不同价值类型：

（一）以质押为目的，可以根据实际情况选择市场价值或者根据《中华人民共和国担保法》等相关法律、法规以及金融监管机构的规定选择评估结论的价值类型。

（二）以出资、对外投资、出售等交易为目的，一般选择市场价值或者投资价值。

（三）以财务报告为目的，一般根据企业会计准则相关要求选择相应的价值类型。

第五章　监督与管理

第二十八条 省属文化企业要根据有关法律法规和公司章程规定，建立完善公司内部版权资产管理制度并报省财政厅备案。省财政厅要对企业内部版权资产管理制度的执行情况进行监督检查，不定期抽查版权资产决策程序、档案存放、台账管理、记账核算等相关工作。

第二十九条 对版权资产管理工作存在违法违规行为的单位及个人，按照《中华人民共和国公司法》《中华人民共和国著作权法》《中华人民共和国预算法》《财政违法行为处罚处分条例》等国家有关规定追究相应责任。

第三十条 省属文化企业进行版权资产交易时，省文资监管部门、文化企业主管部门及文化企业有关人员违反规定越权决策、批准、核准相关交易事项，或者玩忽职守，以权谋私致使国家利益受到侵害的，由有关单位按照人事和干部管理权限给予相关责任人员处分，造成国有资产损失的，有关责任人员应当承担赔偿责任；构成犯罪的，依法移送司法机关追究刑事责任。

第六章　附　　则

第三十一条 省属文化企业所属子企业、其他省属企业设立的文化企业版权资产管理可参照本办法执行。各市可参照本办法规定，结合本地区实际，制定本市文化企业版权资产管理办法。

第三十二条 本办法由省财政厅负责解释。

第三十三条 本办法自 2019 年 1 月 1 日起施行，有效期至 2020 年 12 月 31 日。

十八、

预算绩效管理类

省财政厅转发《财政部关于开展 2017 年度中央对地方专项转移支付绩效目标自评工作的通知》的通知

2018 年 3 月 20 日　鲁财绩〔2018〕2 号

各市财政局，有关省直部门：

为做好 2017 年度中央对地方专项转移支付绩效目标自评工作，现将《财政部关于开展 2017 年度中央对地方专项转移支付绩效目标自评工作的通知》（财预〔2018〕29 号）转发给你们，并提出如下要求，请一并贯彻执行。

一、各省直部门要统筹组织好本部门专项转移支付绩效目标自评工作，认真指导市县主管部门有序开展绩效自评，并做好全省自评数据的审核汇总工作。

二、各省直部门和资金使用单位要对绩效目标完成情况进行全面自评，确保自评结果真实、准确、客观。

三、各级财政部门要及时督促同级主管部门，确保按时完成绩效目标自评工作。各省直部门要于 5 月 9 日前，将汇总形成的各专项资金《自评表》和自评报告报送省财政厅部门预算管理处和预算绩效管理处。

附件：财政部关于开展 2017 年度中央对地方专项转移支付绩效目标自评工作的通知（财预〔2018〕29 号）

附件：

财政部关于开展 2017 年度中央对地方专项转移支付绩效目标自评工作的通知

2018 年 3 月 11 日　财预〔2018〕29 号

各省、自治区、直辖市、计划单列市财政厅（局）：

为深入贯彻落实党的十九大"全面实施绩效管理"决策部署，进一步提高中央对地方专项转移支付资金使用效益，切实增强地方主管部门以及资金使用单位的支出责任和效率意识，根据《中华人民共和国预算法》《中央对地方专项转移支付绩效目标管理暂行办法》（财预〔2015〕163 号）要求，现就开展 2017 年度中央对地方专项转移支付绩效目标自评工作（以下简称绩效自评）有关事项通知如下：

一、绩效自评范围

2017 年度通过中央一般公共预算安排给各省（自治区、直辖市、计划单列市，下同）的专项转移支付资金（含以前年度结转资金，详见附件 1），其中已经纳入 2018 年中央财政重点绩效评价的专项转移支付除外。与中央专项转移支付共同投入到同一项目或政策的地方各级财政资金和其他资金，一并纳入绩效自评范围。

二、绩效自评的主要内容和方法

根据随同中央财政下达或备案确定的 2017 年度专项转移支付绩效目标，以及本省分解下达至市县的区域绩效目标，地方各级财政部门要组织同级主管部门以及资金使用单位填写《中央对地方专项转移支付区域（项目）绩效目标自评表》（详见附件2，以下简称《自评表》）①，主要包括五部分内容：

（一）预算执行率。根据中央补助、地方资金、其他资金的全年预算总额（A）和执行数（B），计算预算执行率（B/A）。

（二）年度总体绩效目标完成情况。对照年初设定的年度总体绩效目标，填报全年实际完成情况。

（三）各项绩效指标完成情况。对照各项三级绩效指标的年度指标值，逐项填写全年实际完成值。其中：

定量指标，资金使用单位填写本地区实际完成数。财政和主管部门汇总时，对绝对值直接累加计算，相对值按照资金额度加权平均计算。

定性指标，完成情况分为：全部或基本达成预期指标、部分达成预期指标并具有一定效果、未达成预期指标且效果较差三档，资金使用单位分别按照100%～80%（含）、80%～60%（含）、60%～0%合理填写分值。财政和主管部门汇总时，以资金额度为权重，对分值进行加权平均计算。

（四）未完成原因和改进措施。对未完成绩效目标及指标的情况和原因进行逐条分析，研究提出改进措施。

（五）形成绩效自评报告。省以下各级地方主管部门要对本级资金使用单位填写的《自评表》进行审核汇总，形成本地区各项资金《自评表》，逐级报送同级财政部门和省级主管部门。各省级主管部门在汇总形成本省各专项转移支付资金《自评表》的基础上，撰写绩效自评报告（参考格式见附件3），主要包括绩效自评工作开展情况、综合评价结论、绩效目标实现情况、未完成原因和下一步改进措施、有关工作建议等。

三、绩效自评结果及应用

省级主管部门要将各项资金《自评表》和绩效自评报告报送中央主管部门和省级财政部门。省级财政部门在审核各省级主管部门报送的绩效自评结果基础上，分别汇总形成本省各专项转移支付《自评表》，以及各专项转移支付绩效自评报告，并于2018年5月20日之前报送财政部主管司局，同时抄送财政部驻当地财政监察专员办事处。

地方各级财政部门和主管部门要将绩效自评结果作为以后年度专项转移支付预算申请、安排、分配的重要依据，主管部门要对绩效自评发现的问题认真整改，并在一定范围内公开绩效自评结果（涉密项目除外）。

四、工作要求

2018年是开展中央对地方专项转移支付绩效目标自评试点工作的第一年。请各省财政厅（局）统筹组织本地区专项转移支付绩效自评工作，认真指导省级主管部门和市县有序开展绩效自评。

地方主管部门和资金使用单位是专项转移支付绩效自评工作的责任主体和实施主体，要确保自评结果真实、准确、客观，禁止弄虚作假。

各级财政部门要会同审计部门适时对各地绩效自评结果进行抽查，并加强抽查结果应用。对绩效自评结果与实际情况出入较大或绩效较差的地区，下一年度中央对地方专项转移支付预算安排将从严、从紧，问题严重的要进行绩效问责。

特此通知。

附件：1. 2017年度中央对地方专项转移支付绩效自评清单

2. 中央对地方专项转移支付区域（项目）绩效目标自评表

3. ××省××专项转移支付2017年度绩效自评报告（参考提纲）

---

① 对于拆分为多个使用方向分别下达区域绩效目标的中央对地方专项转移支付，要按照下达的区域绩效目标分别填报《自评表》。

附件1：

2017 年度中央对地方专项转移支付绩效自评清单

序号	专项名称
1	监狱和强制隔离戒毒补助资金
2	支持学前教育发展资金
3	改善普通高中学校办学条件补助资金
4	中小学及幼儿园教师国家级培训计划资金
5	特殊教育补助经费
6	中央财政引导地方科技发展资金
7	中央补助地方公共文化服务体系建设专项资金
8	国家文物保护专项资金
9	非物质文化遗产保护专项资金
10	文化产业发展专项资金
11	就业补助资金
12	优抚对象补助经费
13	中央自然灾害生活补助资金
14	退役安置补助经费
15	残疾人事业发展补助资金
16	医疗服务能力提升补助资金
17	基本药物制度补助资金
18	优抚对象医疗保障经费
19	可再生能源发展专项资金
20	大气污染防治资金
21	水污染防治资金
22	节能减排补助资金
23	城市管网专项资金
24	土壤污染防治专项资金
25	工业企业结构调整专项奖补资金
26	农村环境整治资金
27	林业生态保护恢复资金
28	农业生产救灾及特大防汛抗旱补助资金
29	农业生产发展资金（不含已纳入重点绩效评价范围的中央财政农村一二三产业融合发展补助政策）
30	林业改革发展资金
31	水利发展资金
32	普惠金融发展专项资金
33	目标价格补贴
34	农村土地承包经营权确权登记颁证补助资金
35	农业资源及生态保护补助资金
36	动物防疫等补助经费
37	大中型水库移民后期扶持资金

续表

序号	专项名称
38	城市公交车成品油补贴
39	车辆购置税收入补助地方
40	政府还贷二级公路取消收费后补助资金
41	渔业发展与船舶报废拆解更新补助资金
42	战略性新兴产业发展资金
43	工业转型升级资金
44	安全生产预防及应急专项资金
45	中小企业发展专项资金
46	电信普遍服务补助资金
47	民族贸易和民族特需商品生产企业贷款贴息
48	服务业发展资金
49	外经贸发展资金
50	重点生态保护修复治理专项资金
51	特大型地质灾害防治经费
52	中央财政城镇保障性安居工程专项资金
53	重要物资储备贴息资金
54	粮食风险基金

注：不含已纳入 2018 年重点绩效评价范围的项目，以及统借统还外国政府贷款和国际金融组织贷款项目和中央基建支出。

附件 2：

中央对地方专项转移支付区域（项目）绩效目标自评表

（2017 年度）

			全年预算数（A）	全年执行数（B）	执行率（B/A）
专项（项目）名称					
中央主管部门					
地方主管部门			实施单位		
项目资金（万元）	年度资金总额：				
	其中：中央补助				
	地方资金				
	其他资金（包括结转结余）				

		年初设定目标	全年实际完成情况
年度总体目标			

一级指标	二级指标	三级指标	年度指标值	全年完成值	未完成原因和改进措施
绩效指标	产出指标	数量指标			
		质量指标			
		时效指标			
		成本指标			
		……			
	效益指标	经济效益指标			
		社会效益指标			
		生态效益指标			
		可持续影响指标			
		……			
	满意度指标	服务对象满意度指标			
		……			
说明	请在此处简要说明各级审计和财政监督检查中发现的问题及其所涉及的金额,如没有请填无。				

注:1. 定量指标,资金使用单位填写本地区实际完成数。财政和主管部门汇总时,对绝对值直接累加计算,相对值按照资金额度加权平均计算。

2. 定性指标根据指标完成情况分为:全部或基本达成预期指标、部分达成预期指标并具有一定效果、未达成预期指标且效果较差三档,分别按照100%~80%(含)、80%~60%(含)、60~0%合理填写完成比例。

3. 资金使用单位按项目填报,主管部门和财政部门汇总时按区域绩效目标填报。

附件 3：

××省××专项转移支付 2017 年度绩效自评报告
（参考提纲）

一、基本情况

（一）中央下达专项转移支付预算和绩效目标情况。

（二）省内分解下达预算和绩效目标情况。

二、绩效自评工作开展情况

（一）前期准备。

（二）组织过程。

（三）分析评价。

三、综合评价结论

四、绩效目标实现情况分析

（一）项目资金情况分析。

1. 项目资金到位情况分析。

2. 项目资金执行情况分析。

3. 项目资金管理情况分析。

（二）项目绩效指标完成情况分析。

1. 产出指标完成情况分析。

（1）项目完成数量。

（2）项目完成质量。

（3）项目实施进度。

（4）项目成本节约情况。

2. 效益指标完成情况分析。

（1）项目实施的经济效益分析。

（2）项目实施的社会效益分析。

（3）项目实施的生态效益分析。

（4）项目实施的可持续影响分析。

3. 满意度指标完成情况分析。

五、绩效目标未完成原因和下一步改进措施

六、绩效自评结果拟应用和公开情况

七、绩效自评工作的经验、问题和建议

八、其他需说明的问题

附：中央对地方专项转移支付区域绩效目标自评表（略）

省财政厅 省人力资源和社会保障厅关于印发山东省人力资源社会保障部门项目支出绩效评价指标体系框架的通知

2018 年 3 月 20 日 鲁财绩〔2018〕3 号

各市财政局、人力资源社会保障局：

为贯彻落实党的十九大关于"全面实施绩效管理"的总体要求，进一步推进我省人力资源社会保障部门预算绩效管理工作，提高财政资金使用效益，根据《财政部关于印发〈预算绩效评价共性指标体系框架〉的通知》（财预〔2013〕53 号）和《山东省人民政府关于深化预算管理制度改革的实施意见》（鲁政发〔2014〕20 号）等有关规定，省财政厅、省人力资源社会保障厅共同研究制定了《山东省人力资源社会保障部门项目支出绩效评价指标体系框架》（以下简称指标体系框架），现印发给你们，作为设置人力资源和社会保障项目绩效目标及绩效评价指标体系时的指导和参考。各相关方在使用本指标体系框架时，应确保关键、核心指标不遗漏，并可根据实际需要进行细化、量化。本指标体系框架实行动态管理，将根据工作职责任务调整变化和工作实际情况适时修订完善。

各市财政局、人力资源社会保障局可参照本指标体系框架，结合区域特点和客观实际，研究制定本地区指标体系框架。工作中如有意见建议，请及时反馈省财政厅、省人力资源社会保障厅。

附件：山东省人力资源社会保障部门项目支出绩效评价指标体系框架

附件：

山东省人力资源社会保障部门项目支出绩效评价指标体系框架

一级指标	二级指标	三级指标	四级指标	指标说明	适用类型
投入	项目立项	项目立项规范性	项目立项必要性	对项目是否符合公共财政支出范围、是否经济社会发展所必须安排、是否可由社会资金替代投入等进行评价	全部项目类型
			项目立项程序合规性	对项目立项过程是否经过必要的可行性研究、专家论证、风险评估、集体决策等进行评价	
			项目立项文件合理性	对项目立项文件内容是否完善，与相关立项办法是否一致进行评价	
		绩效目标合理性	绩效目标依据的政策相符性	对项目所设定的绩效目标是否符合国家相关法律法规、国民经济发展规划、部门发展政策与规划进行评价	
			绩效目标与项目单位职责的相关性	对绩效目标与部门职责、承担单位职责是否紧密相关进行评价	
			绩效目标的业绩水平合理性	对项目预期产出和效果是否符合正常业绩水平进行评价	
		绩效指标明确性	绩效目标细化和量化程度	对项目绩效目标（长期目标或年度目标）是否在数量、质量、成本、时效、效益等方面设置了细化、量化的绩效指标，以及指标内容是否清晰合理进行评价	
			绩效目标与任务计划相符性	对项目绩效目标是否与项目年度实施计划、资金额度相匹配进行评价	

一级指标	二级指标	三级指标	四级指标	指标说明	适用类型
投入	资金落实	资金到位率	上级财政资金到位率	对上级财政资金的实际到位情况进行评价（实际到位资金/预算投入资金×100%）；实际到位资金：一定时期内（本年度或项目期）内实际落实到具体项目的资金；计划投入资金：一定时期内（本年度或项目期）内预算安排到具体项目的资金（下同）	
			地方（单位）资金到位率	对地方（单位）资金的实际到位情况进行评价（实际到位资金/预算投入资金×100%）	
		到位及时率	上级财政资金到位及时率	对上级财政资金是否在规定时间内及时到位进行评价（及时到位资金/应到位资金×100%）；及时到位资金：截止到规定时点实际落实到具体项目的资金；应到位资金：按照合同或项目进度要求截止到规定时点应落实到具体项目的资金（下同）	
			地方（单位）资金到位及时率	对地方（单位）资金在是否在规定时间内及时到位进行评价（及时到位资金/应到位资金×100%）	
过程	业务管理	管理机制健全性	业务管理制度健全性	对项目业务管理制度是否健全，且内容合法、合规、完整进行评价	全部项目类型
			责任机制健全性	对项目是否建立健全的责任机制进行评价	
		管理机制运转有效性	实施条件完备性	对项目实施过程中人员、场地、设施设备等条件是否落实，是否满足要求进行评价	
			进度管理有效性	对项目是否建立完善的进度控制计划和措施，且执行是否有效进行评价	
			调整手续规范性	对项目调整是否按照权限履行规定程序进行评价	
			资产管护情况	对项目实施形成的资产管理是否符合相关规定，管护人员是否到位，权责是否清晰进行评价	
			档案管理情况	对项目档案是否有专人管理、保存是否符合要求、档案资料是否齐全进行评价	
		项目质量可控性	项目质量或标准健全性	对项目是否具有完备的质量与标准要求进行评价	
			项目质量检查、验收等控制情况	对项目单位是否对项目开展质量检查、验收等管理控制情况进行评价	
	财务管理	管理制度健全性	资金管理办法健全性	对项目资金管理制度是否健全进行评价	
			资金管理办法与财务会计制度相符性	对项目资金管理办法是否符合现行财务会计制度的相关规定进行评价	
			资金管理办法可行性	对资金管理办法内容是否全面，且具有针对性、可行性进行评价	
		资金使用合规性	资金使用合法合规性	对项目资金是否严格按照规定使用，是否存在截留、挤占、挪用、虚列支出等情况进行评价（若项目20%以上资金存在问题，则二级指标整体不得分）	
			资金拨付合规性	对项目资金拨付手续是否合法合规进行评价（若项目20%以上资金存在问题，则二级指标整体不得分）	
			政府采购合规性	对项目采购是否经过政府采购程序，符合招标法的相关规定，程序是否合规进行评价（若项目20%以上资金存在问题，则二级指标整体不得分）	
			项目支出与预算符合性	对项目支出是否符合预算的要求，调整是否有完备的手续进行评价	
			预算执行率	对项目支出是否符合项目预算执行进度要求进行评价（若预算执行率低于80%，则二级指标整体不得分）	
		财务监控有效性	财务监控机制健全性	对财务监管措施和监管制度是否完善进行评价	
			财务监控机制运转有效性	对财务监控措施与制度执行是否有效进行评价	

续表

一级指标	二级指标	三级指标	四级指标	指标说明	适用类型
产出	项目产出	实际完成情况	人才津贴、奖金发放情况	实际发放数量/应发放数量×100%	人才建设资金
			人才选拔、引进、培养情况	对人才数量规模、完成计划指标的比例、工作开展情况等进行评价	
			人才智库建设情况	实际数量/计划数量×100%	
			职工基本养老保险基本养老金发放情况	实际发放数量/计划发放数量×100%	社会保险支出项目
			居民基本养老保险基础养老金发放情况	实际发放数量/应发放数量×100%	
			职工基本医疗保险政策范围内报销比例	是否达到75%以上	
			职工基本医疗保险最高支付限额	是否达到当地职工年平均工资6倍以上	
			居民基本医疗保险筹资水平	当年个人人均缴费是否达到省定最低标准	
			居民基本医疗保险政策范围内住院费用报销比例	政策范围内住院费用经基本医疗保险和大病医疗保险补偿后，基金平均支付比例是否达到70%左右	
			居民医疗保险最高支付限额	政策范围内住院费用基金最高支付限额是否达到城乡居民人均可支配收入的8倍以上（含基本医保最高支付限额和大病保险最高支付限额）	
			城镇新增就业情况	实际数/计划数×100%	就业创业资金补助类项目
			失业人员再就业情况	实际数/计划数×100%	
			就业困难群体就业情况	实际数/计划数×100%	
			城镇登记失业率	评价年度控制目标完成率	
			引导大学生创业情况	实际数量/计划数量×100%	
			信息化建设功能实现情况	实际功能实现（数）量/预期功能计划（数）量×100%	信息化建设与设备购置类项目
			软件和数据库改造完成情况	实际完成情况/计划完成情况×100%	
			信息服务完成情况	实际完成情况/计划完成情况×100%	
			信息化平台服务完成情况	实际完成（数）量/计划完成（数）量×100%	
			业务信息系统集成率	实际完成情况/计划完成情况×100%	
			电子政务平台建立情况	实际完成情况/计划完成情况×100%	
			设备采购任务完成率（包括数量金额等）	实际完成情况/计划完成情况×100%	
			采购设备安装、调试情况	实际完成情况/计划完成情况×100%	
			课题（规划）调研完成情况	实际完成情况/计划完成情况×100%	课题研究、会议培训、宣传及大型活动类项目
			课题（规划）研究完成情况	实际完成情况/计划完成情况×100%	
			课题（规划）资料归档情况	实际完成情况/计划完成情况×100%	
			课题（规划）验收完成情况	实际完成情况/计划完成情况×100%	

续表

一级 指标	二级 指标	三级 指标	四级指标	指标说明	适用类型
产出	项目 产出	实际完成 情况	人员培训任务完成率	人员培训实际数/计划数×100%	课题研究、 会议培训、 宣传及大型 活动类项目
			会议、培训次数	对实际组织次数进行统计	
			会议、培训天数	对实际天数进行统计	
			会议、培训参加人数	对实际参加人数进行统计	
			宣传、活动开展次数	对实际开展次数进行统计	
			宣传、活动开展天数	对实际开展天数进行统计	
			宣传、活动参加人数	对实际参加人数进行统计	
			开展宣传、活动地点数	对开展的宣传活动地点数进行统计	
			宣传、活动的相关报道完成率	对相关有效媒体的报道次数进行统计	
		质量达标 情况	人才津贴及奖励资金发放情况	是否按时足额发放	人才建设 资金
			人才队伍稳定性	评价人才队伍是否满足需要，流失率是否影响工作运行	
			引进人才数量、学历（或职称）结构	评价人才数量、学历（职称）占比情况	
			人才考核合格率	考核合格数/总数×100%	
			项目实施后人才能力提高情况	问卷调查、电话调查、网络调查	
			引进（或外聘）人才与岗位需求相符情况	引进（或外聘）人才是否能满足岗位工作需要	
			外聘人员工作完成情况	外聘人员工作完成率：实际完成工作量/计划完成工作量×100%	
			人才梯队建设是否合理	人才梯队占比是否符合工作需要	
			居民基本养老保险基础养老金发放情况	是否按规定足额发放	社会保险 支出项目
			职工基本养老保险基本养老金发放情况	是否按规定足额发放	
			居民基本医疗保险基金支付	是否按规定及时支付	
			居民大病保险资金支付	是否按规定及时支付	
			职工基本医疗保险基金支付	是否按规定及时支付	
			职工大病保险基金支付	是否按规定及时支付	
			城镇新增就业情况	评价有关工作措施及效果	就业创业资金 补助类项目
			失业人员再就业情况	评价有关工作措施及效果	
			就业困难群体就业情况	评价有关工作措施及效果	
			城镇登记失业率	评价有关工作措施及效果	
			高校毕业生就业创业情况	评价高校毕业生就业创业层次、结构和工作措施	

一级指标	二级指标	三级指标	四级指标	指标说明	适用类型
产出	项目产出	质量达标情况	功能实现率	实际功能实现是否满足需求	信息化建设与设备购置类项目
			性能提升情况	性能提升情况是否达到预期要求	
			系统质量、稳定性	系统的安全稳定运行情况	
			设备性能情况	设备购置价格与性能情况	
			设备安装调试结果	设备安装调试的运行情况	
			运转能力饱和率	设备运转能力是否满足需要，设备使用是否饱和	
			研究（调研、规划）内容结构合理性	设置不同层级、赋予相应分值进行评价	课题研究、会议培训、宣传及大型活动类项目
			研究（调研、规划）报告实用性	设置不同层级、赋予相应分值进行评价	
			研究（调研、规划）报告先进性	设置不同层级、赋予相应分值进行评价	
			培训人员获得相关技能考试证书的情况	获得证书人数/培训人数×100%	
			学员对相关知识、技能的掌握程度	相关测试通过数/学员数×100%	
			学员对培训中所学知识和技能的应用情况	通过对人员进行应用测试等方式进行评价	
			培训合格（优秀）率	培训考试合格、优秀、通过选拔认证等的比率	
			会后跟踪服务质量	会议后跟踪服务问卷满意度	
			会议培训资料及相关档案管理情况	会议资料完整性、档案归档及时性和档案管理情况	
			服务对象对宣传的相关知识、技能等掌握程度	问卷调查、电话调查、网络调查	
			宣传、活动资料及相关档案管理情况	宣传资料的完整性、档案归档及时性和档案管理情况	
			宣传品质量	宣传品的使用寿命与材质质量	
			宣传、活动后期跟踪服务质量	后期服务问卷满意度	
		完成及时情况	项目实施及时性	进度控制日完成率：实际完成情况/计划完成情况×100%	
			项目整体进度实施合理性	项目整体进度与计划进度相符情况	
		成本控制情况	实际成本与工作内容匹配程度	纵向、横向数据比较	全部项目类型
			产出成本控制措施有效性	确保项目支出不超合理预算	
			设备性价比	设备购置价格与性能情况	

一级指标	二级指标	三级指标	四级指标	指标说明	适用类型
效果	项目效果	社会效益	课题、论文、项目等成果情况	评价取得成果数量、获奖情况、学术水平等	人力资源事务类
			标准制订修订情况	评价完成情况、效果等	
			人才培养、选拔、引进情况	评价完成情况、效果等	
			科技成果转化数	评价转化情况、效果、影响力等	
			对我省发展提升作用	设置不同层级、赋予相应分值进行评价	
			提高我省社会力量引进高层次人才积极性	设置不同层级、赋予相应分值进行评价	
			提高省级系统申报能力	设置不同层级、赋予相应分值进行评价	
			提高我省国际影响力	设置不同层级、赋予相应分值进行评价	
			对区域发展的推进作用	设置不同层级、赋予相应分值进行评价	
			提高先进模范代表工作积极性	设置不同层级、赋予相应分值进行评价	
			对我省区域人才梯队建设促进作用	抽样调查	
			帮助计划分配军转干部提升专业能力和素质，适应地方工作	设置不同层级、赋予相应分值进行评价	
			帮助自主择业干部提升创业就业能力	设置不同层级、赋予相应分值进行评价	
			职业技能竞赛活动成效	评价技能竞赛活动的社会参与度，技能竞赛对社会技能水平和生产效率的提升作用	人力资源事务类、职业教育类、人力资源和社会保障管理事务类
			高技能人才鼓励带动作用	评价高技能人才津贴、高技能人才休假活动等对技能人才发明创造和工艺、工作方法改进的激励作用；国家和省市高技能人才待遇的落实情况	
			技能人才培养载体的作用	评价国家级高技能人才培训基地、国家级技师工作室、技工教育特色名校、技师工作站等平台载体培养技能人才数量，社会影响力，发明创造和工作方法改进成果数量，对全省经济社会发展的贡献程度	
			促进高校毕业生创业水平情况	当年度自主创业人数/年初计划数×100%	人力资源事务、就业补助类、其他社会保障和就业支出类、医疗保障类
			促进困难毕业生就业情况	已就业特困毕业生数/特困毕业生数×100%	
			毕业生就业见习留用情况	见习留用人数/见习人数×100%	
			引导高校毕业生到基层工作情况	评价为基层提供人才支持情况	
			促进就业，控制失业率情况	设置不同层级、赋予相应分值进行评价	
			为符合待遇领取条件的参保人提供基本养老保障情况	对保障范围、水平等进行综合评价	
			医疗保险报销便捷度	设置不同层级、赋予相应分值进行评价	
			解决全省企业军转干部生活困难问题情况	设置不同层级、赋予相应分值进行评价	
			发挥维护社会稳定作用	设置不同层级、赋予相应分值进行评价	

一级指标	二级指标	三级指标	四级指标	指标说明	适用类型
效果	项目效果	可持续影响	营造尊重劳动、尊重知识、尊重人才、尊重创造的社会氛围情况	设置不同层级、赋予相应分值进行评价	人力资源事务类
			营造学习先进模范良好氛围情况	设置不同层级、赋予相应分值进行评价	
			对我省人才引进的可持续影响	设置不同层级、赋予相应分值进行评价	
			对我省高端智库发展的促进作用	设置不同层级、赋予相应分值进行评价	
			对我省国际人才交流工作的长期作用	设置不同层级、赋予相应分值进行评价	
			对我省人才储备的长期作用	设置不同层级、赋予相应分值进行评价	
			持续引进高端人才长效机制	设置不同层级、赋予相应分值进行评价	
			激励社会力量引进人才长效机制情况	设置不同层级、赋予相应分值进行评价	
			职业技能竞赛对技能人才队伍建设影响	评价竞赛对提高技能人才队伍整体水平、促进技能人才队伍建设的促进作用	人力资源事务类、职业教育类、人力资源和社会保障管理事务类
			优秀技能人才代表社会影响力和带动示范作用	评价各级新闻媒体宣传优秀技能人才情况、技能人才待遇和地位改善情况、技能人才发展环境的改善情况等	
			技能人才培养载体的长期作用	评价国家级高技能人才培训基地、国家级技师工作室、技工教育特色名校、技师工作站等平台载体推动行业企业产业升级、技术进步的贡献和服务我省经济社会发展的能力	
			居民养老保险长期效果	评价居民养老保险制度体系的健全完善情况	人力资源和社会保障管理事务类
			促进高校毕业生创业，带动就业，以及就业创业环境营造情况	设置不同层级、赋予相应分值进行评价	人力资源事务类、就业补助类、其他社会保障和就业支出类
			提高基层人才队伍素质，鼓励高校毕业生到基层就业情况	设置不同层级、赋予相应分值进行评价	
			改善就业环境、控制失业的长期效果	设置不同层级、赋予相应分值进行评价	
		服务满意度	服务对象满意度	问卷调查、电话调查、网络调查	全部项目类型
			社会公众满意度	问卷调查、电话调查、网络调查	
			高端人才满意度	问卷调查、电话调查、网络调查	
			外聘人才满意度	问卷调查、电话调查、网络调查	
			用人单位满意度	问卷调查、电话调查、网络调查	
			相关单位机构满意度	问卷调查、电话调查、网络调查	
			相关部门满意度	问卷调查、电话调查、网络调查	

省财政厅关于印发山东省省级预算支出项目
第三方绩效评价工作规程（试行）的通知

2018 年 11 月 6 日　鲁财绩〔2018〕7 号

省直各部门，各相关第三方机构：

为规范省级预算支出项目第三方绩效评价行为，不断提高绩效评价质量，根据财政部及省政府有关文件精神，结合我省实际，我们制定了《山东省省级预算支出项目第三方绩效评价工作规程（试行）》，现予印发，请认真贯彻执行。

附件：山东省省级预算支出项目第三方绩效评价工作规程（试行）

附件：

山东省省级预算支出项目第三方
绩效评价工作规程（试行）

第一章　总　　则

第一条　为规范省级预算支出项目第三方绩效评价行为，确保第三方机构独立、客观、公正开展绩效评价活动，不断提高绩效评价质量，根据《中共中央　国务院关于全面实施预算绩效管理的意见》（中发〔2018〕34 号）、《山东省人民政府关于深化预算管理制度改革的实施意见》（鲁政发〔2014〕20 号）、《财政部关于印发〈财政支出绩效评价管理暂行办法〉的通知》（财预〔2011〕285 号）等有关规定，制定本规程。

第二条　本规程适用于省级财政部门、预算部门（单位）（以下统称委托方）按照法定程序委托第三方机构开展的省级预算支出项目绩效评价工作。

第三条　省级预算支出项目第三方绩效评价，是指第三方机构受委托方委托，运用科学、规范的评价指标、评价标准和评价方法，对省级预算支出项目从投入、过程、产出和效果等方面进行综合评判，形成评价结论，出具独立评价报告的整个活动和过程。

第四条　委托方要加强对第三方评价机构绩效评价工作的监督指导，强化质量管理，促进第三方评价质量不断提升。

第五条　第三方机构应按照客观、公正原则独立开展评价。第三方机构实施绩效评价，一般包括前期准备、组织实施、撰写与提交绩效评价报告、归集档案等程序和步骤。

第二章　前 期 准 备

第六条　前期准备，是指第三方机构按照委托方提出的评价工作要求，在具体实施评价前所开展的项目前期调研和协调沟通等工作，是做好评价工作、确保评价质量的基础和前提，一般包括成立评价工作组、设计评价指标体系和拟定评价实施方案等内容。

第七条 成立评价工作组。第三方机构根据委托方要求及项目情况成立评价工作组。工作组人员数量、专业结构及业务能力应满足评价工作需要，并充分考虑利益关系回避、成员稳定性等因素。工作组应确保聘请一定数量的相关领域专家，参与绩效评价工作。

第八条 开展前期调研。评价人员应通过调研等方式了解被评价项目及相关单位业务情况，收集相关资料，充分了解项目立项、预算、实施内容、组织管理、绩效目标设置等内容，为编制评价方案奠定基础。

第九条 明确项目绩效目标。对项目绩效目标缺失或绩效目标不明确的项目，第三方机构应根据相关资料，在与委托方及项目相关单位充分沟通的基础上，协助项目相关单位补充完善绩效目标。

第十条 设计绩效评价指标体系。绩效评价指标体系是绩效评价工作的核心，包括绩效评价指标、指标权重和评价标准等内容。第三方机构应在与委托方及项目相关单位充分沟通的基础上，考虑完整性、重要性、相关性、可比性、可行性和经济性、有效性等因素，科学编制绩效评价指标体系，以充分体现和客观反映项目绩效状况和绩效目标实现程度。不同投向或不同类型的项目要分别设置个性指标。委托方对评价指标体系另有要求的，从其规定。

（一）设置绩效评价指标。绩效评价指标是衡量绩效目标实现程度的考核工具，包括共性指标和个性指标。第三方机构应以《省级预算支出项目绩效评价共性指标体系》（附件1）为参考，从中选取能体现绩效评价对象特征的共性指标，根据实际情况设计具有项目特色的个性指标，以准确、客观反映评价项目的绩效。根据管理工作需要，可设置否决性核心指标，重点关注资金使用合规性、资金拨付合规性、政府采购合规性、项目支出与预算差异度、项目支出与预算执行进度的相符性、项目实际完成率等关键共性指标，并结合项目特点，设置个性化否决指标，以充分发挥否决性核心指标的引领作用。

（二）确定绩效评价标准。绩效评价标准是衡量评价指标完成程度的标尺，一般包括计划标准、行业标准和历史标准等。第三方机构须根据相关法律法规、项目绩效目标及相关管理办法，在充分征求委托方及项目相关单位意见的基础上，确定绩效评价标准。评价标准应清晰、准确，具有可操作性，不得采用模糊表述方式。否决性核心指标评价标准，应依据法律法规、行业规范和历史数据确定，强化约束性，加大赋分权重，充分发挥否决性核心指标的作用。

（三）确定指标权重。指标权重是指某一指标在评价指标体系中的赋分比重。第三方机构应与委托方及项目相关单位充分沟通，根据各指标的重要程度，选用科学方法，合理设置各指标权重。

第十一条 确定绩效评价方法。绩效评价方法主要包括成本效益分析法、比较法、因素分析法、最低成本法、标杆管理法、专家评议法和公众评判法等。第三方机构应根据项目具体情况，与委托方商量确定绩效评价方法。

第十二条 确定现场和非现场评价范围。第三方绩效评价原则上应采取现场和非现场评价相结合的方式。

（一）非现场评价，是指评价人员对被评价项目单位提供的项目相关资料和各种公开数据资料进行分类、汇总和分析，对项目进行评价的过程。非现场评价原则上须覆盖所有项目实施单位。

（二）现场评价，是指评价人员到项目现场采取勘察、询查、复核等方式，对有关情况进行核实，对所掌握的资料进行分析，对项目进行评价的过程。现场评价范围根据委托方要求确定，原则上不低于具体项目实施单位总量的30%、项目预算总金额的60%。对项目管理层级少、实施单位数量少、地域相对集中的项目，应尽量实现现场评价全覆盖，不再开展非现场评价。

第十三条 编制社会调查方案。社会调查方案是指针对特定项目涉及的利益相关方开展各种形式调查的工作计划。第三方机构应根据项目情况及委托方要求，确定是否开展社会调查。社会调查方案应明确调查目的，确定调查对象范围、样本数量、调查方式、抽样方法，设计问卷调查内容和访谈提纲等。

第十四条 设计资料清单。第三方机构根据评价需要，确定需由项目相关单位提供的资料清单及其他需要配合的事项。

第十五条 制定评价实施方案。第三方机构应在前期工作基础上，与委托方充分沟通，制定评价实施方案。评价实施方案要符合可行性、全面性和简明性原则，评价内容、方法、步骤和时间节点安排科学合理，具有可操作性。评价实施方案内容主要包括项目概况、项目绩效目标、评价思路、绩效评价指标体系、社会调查、组织实施、资料清单等（评价实施方案参考提纲见附件2）。

第十六条 评价方案论证。评价方案初稿完成后，第三方机构应组织召开论证会，征求委托方、项目主管部门和相关专家的意见建议，并根据论证会形成的意见进一步修改完善，报委托方审核同意后组织实施评价。

第三章　组 织 实 施

第十七条 下达绩效评价通知书。第三方机构应拟定绩效评价通知书，明确评价任务、评价对象、评价内容、评价工作进程安排、需项目实施单位提供的资料等，通过委托方或被评价项目业务主管部门下达各项目实施单位。

第十八条 资料收集与核查。第三方机构对所有项目实施单位报送的相关资料进行收集梳理，分析核实资料的真实性、完整性和有效性，并积极利用各种公开数据资料进行交叉比对，形成对项目多层次、多角度的数据资料支持。

第十九条 非现场评价。第三方机构应对搜集获取的所有项目实施单位相关文件资料进行全面分类、整理和分析，对照评价指标体系，按项目实施单位形成非现场评价结果。

第二十条 现场评价。第三方机构根据评价方案确定的现场评价抽样范围，组成现场评价工作组，对项目进行实地勘察、资料核实和分析评价，主要包括：

（一）听取情况介绍。通过面对面访谈等方式听取项目实施单位关于项目绩效目标设定及完成程度、管理制度建立及落实、预算编制及支出执行、财务管理、政府采购、资产管理、项目产出和效益等情况的介绍，形成访谈记录。必要时可召开相关利益方参加的座谈会，加深对项目的了解，并形成会议纪要。

（二）资料核查。通过查阅项目实施单位相关资料等方式，对项目实施单位填报的数据进行检查和核实。

（三）实地勘察。对项目产出的数量、质量等进行查验，对产出的效果进行了解，形成现场勘查记录。采集的评价数据和资料经被评价项目相关单位负责人确认后，记入评价工作底稿。

（四）社会调查。对需要进行社会调查的项目，按照社会调查方案，通过访谈、发放调查问卷等方式，了解项目实施效果和利益相关方满意度。

（五）分析评价。第三方机构要以现场收集资料、访谈记录、会议纪要、现场勘查记录和调查问卷等相关资料为基础，对项目进行分析评价，形成现场评价结果。

第二十一条 形成绩效评价结果。第三方机构应在对现场评价和非现场评价情况进行梳理、汇总、分析的基础上，对项目总体情况进行综合评价，形成绩效评价结果。对现场评价全覆盖的项目，通过汇总分析现场评价情况，形成项目最终绩效评价结果。对按一定比例抽样开展现场评价的项目，应对现场评价和非现场评价结果进行综合分析，主要根据现场评价情况形成项目最终绩效评价结果。第三方机构应根据委托方要求，按具体项目或按市（县）形成绩效评价结果及排名。

第二十二条 评价结果包括综合评分和评级，一般分为四个等级：高于或等于90分的为"优"，80分（含）~90分的为"良"，60分（含）~80分的为"中"，低于60分的为"差"。

第二十三条 形成绩效评价问题清单。根据现场评价和非现场评价情况，详列项目评价中发现的问题，形成问题清单。

第四章　撰写与提交绩效评价报告

第二十四条　撰写绩效评价报告。第三方机构按照规定格式撰写绩效评价报告（格式见附件3）。评价报告要全面阐述所评价项目的基本情况，说明评价组织实施情况，并在全面分析总结评价的基础上，对照评价指标体系作出具体绩效分析和结论。对项目绩效、主要问题的分析等要做到数据真实、内容完整、案例详实、依据充分、分析透彻、结论准确，所提建议应具有针对性和可行性。

第二十五条　征求意见。评价报告初稿撰写完成后，第三方机构应召开包括委托方、被评价项目相关单位、相关专家参加的征求意见会，对评价报告的完整性、合理性、充分性、逻辑性等征求意见。委托方、项目相关单位和相关专家提出对评价结果有重大影响的意见，应提交书面说明。

第二十六条　提交报告。第三方机构须根据各方意见，对评价报告进行修改和完善，在规定时间内将各单位书面反馈意见及评价报告终稿提交委托方。

第五章　质量控制与档案管理

第二十七条　委托方要加强第三方机构选用管理，按照政府购买服务和政府采购相关规定，建立优胜劣汰的第三方机构动态选用机制，开展第三方评价质量综合考评。

第二十八条　委托方要加强第三方评价质量管理，成立评价工作组，对第三方机构绩效评价工作进行监督指导，及时了解掌握评价工作动态和进度，重点加强对评价指标体系、评价方案、评价报告等的审核。

第二十九条　第三方机构要健全内部评价质量控制机制，不断完善评价流程，提高评价质量。

第三十条　第三方机构在评价过程中，应就评价工作的开展情况、发现的问题、工作进度等及时向委托方报告。

第三十一条　建立和落实档案管理制度。第三方机构应建立健全档案借阅、使用和销毁等制度，确保档案资料的原始、完整和安全。

第三十二条　文件归档。需要存档的文件应包括但不限于：评价项目基本情况和相关文件、评价实施方案、委托评价协议（合同）、基础数据报表、评价工作底稿及附件、会议纪要、访谈记录、现场勘查记录、调查问卷、调查问卷统计结果、绩效评价指标体系及评分表、绩效评价报告、问题清单所反映问题的佐证材料等。

第三十三条　第三方机构及其参与绩效评价的机构人员和相关专家，对被评价项目涉及的信息资料负有保护信息安全和保守秘密的义务，应妥善保管相关信息资料，未经委托方同意不得擅自采用或以任何形式对外提供、泄露、公开。

第六章　附　　则

第三十四条　本办法由省财政厅负责解释。

第三十五条　本办法自 2018 年 12 月 7 日起施行，有效期至 2020 年 12 月 6 日。

附件：1. 省级预算支出项目绩效评价共性指标体系

　　　2. 省级预算支出项目绩效评价实施方案参考提纲

　　　3. 省级预算支出项目绩效评价报告参考格式

附件 1：

省级预算支出项目绩效评价共性指标体系

一级指标	二级指标	三级指标	四级指标	指标解释
投入	项目立项	项目立项规范性	项目决策相符性	项目立项是否符合国家相关政策、中长期发展规划等有关文件要求。项目立项申报条件与项目立项要求的相符程度。
			项目立项文件相符性	所提交的文件、材料是否符合相关要求。
			项目立项程序规范完整性	项目申请、设立的程序是否符合相关要求，如"是否经过可行性研究、专家论证、风险评估、集体决策"等。
		绩效目标合理性	绩效目标与政策相符性	项目的绩效目标是否符合相关政策。
			绩效目标与项目单位职责相关性	绩效目标是否与部门职责、承担单位职责密切相关。
			绩效目标的业绩水平相符性	项目预期产出效益和效果是否符合正常业绩水平。
		绩效指标明确性	绩效目标细化量化程度	项目绩效目标在数量、质量、成本、时效、效益等方面设置了细化的绩效指标，指标内容清晰合理。
			绩效目标与任务计划相符性	绩效目标是否与年度计划和预算相符匹配。
	资金落实	资金到位率	资金到位率	到位率＝（实际到位资金/计划投入资金）×100%。
		到位及时率	资金到位及时率	到位及时率＝（及时到位资金/应到位资金）×100%。
过程	业务管理	管理制度健全性	业务管理制度健全性	项目单位是否建立健全的业务管理制度。
			业务管理制度的合法、合规、完整性	项目单位业务管理制度的合法、合规、完整性。
		制度执行有效性	项目执行规范性	项目实施是否严格执行相关项目管理制度。
			项目调整及支出调整手续完备性	项目及支出调整是否按照规定程序和权限，并履行相应手续。
			项目档案资料齐全性	项目档案资料是否反映业务流程的各个环节，档案资料是否齐全、保存是否符合要求。
			项目实施条件落实情况	项目实施条件是否落实、是否达到实施的条件要求。
		项目质量可控性	项目质量或标准健全性	项目是否具有完备的质量与标准要求。
			项目实施控制情况	项目实施的控制机制是否健全、有效。
			项目质量检查、验收等控制情况	项目质量检查、验收等机制是否健全、落实。
	财务管理	管理制度健全性	资金管理制度健全性	项目单位是否建立完善的资金管理措施和制度。
			资金管理办法与财务会计制度相符性	项目资金管理办法是否符合财务会计制度的相关规定。
		资金使用合规性	资金使用合规性	专项资金的使用范围、支出依据是否符合相关规定，是否存在挤占、挪用、截留、改变用途等问题。
			资金拨付合规性	专项资金审批、拨付手续，拨付程序，拨付进度是否规范。
			政府采购合规性	项目采购是否经过政府采购程序，符合招标法的相关规定，程序是否合规。
			项目支出与预算差异度	项目支出是否符合预算的要求，调整是否有完备的手续。
			项目支出与预算执行进度相符性	项目支出是否符合项目预算执行进度要求（实际支出资金/实际到位资金×100%）。
		财务监控有效性	财务监控机制健全性	项目实施单位是否为保障资金安全、规范运行，建立了有效的监控机制或制度。
			财务监控有效性	财务监控是否严格按照相关制度规定执行。

一级指标	二级指标	三级指标	四级指标	指标解释
产出	项目产出	实际完成率	—	实际完成率＝（实际完成量/计划完成量）×100%。
		质量达标率	—	质量达标率＝（质量达标产出量/实际完成量）×100%。
		完成及时率	项目实施及时性	进度控制日完成率：实际完成情况/计划完成情况×100%。
			项目整体进度实施合理性	项目整体进度实施是否合理。
		成本节约率	实际成本与工作内容匹配程度	项目实际成本与工作内容是否匹配。
			产出成本控制措施有效性	项目产出成本控制措施是否有效。
效果	项目效益	经济效益	直接经济效益	项目实施对经济发展所带来的直接影响情况。
			间接经济效益	项目实施对经济发展所带来的间接影响情况。
		社会效益	—	项目实施对社会发展所带来的直接或间接影响情况。
		生态效益	—	项目实施对生态环境所带来的直接或间接影响情况。
		可持续影响	—	项目后续运行及成效发挥的可持续影响情况。
		社会公众或服务对象满意度	—	社会公众或服务对象对项目实施效果的满意程度。

备注：否决性核心评价指标及标准，可结合项目具体情况，参照以下指标及标准进行设置：1. 资金使用合规性：若项目20%以上资金存在问题则二级指标整体不得分。2. 资金拨付合规性：若项目20%以上资金违反资金管理办法相关规定，则二级指标整体不得分。3. 政府采购合规性：若项目20%以上资金违反相关规定，则二级指标整体不得分。4. 项目支出与预算差异度：若支出与预算内容不符且偏差率超过5%，则二级指标整体不得分。5. 项目支出与预算执行进度相符性：若结余资金占项目资金20%以上，则二级指标整体不得分。6. 实际完成率：若项目实际完成量达不到计划完成量的80%，则二级指标整体不得分。

附件2：

省级预算支出项目绩效评价实施方案参考提纲

一、项目概况

（1）项目立项：包括项目立项的依据、环境和条件，实施项目达到的总体目标和意义。

（2）项目预算：包括项目预算分配的依据及因素、项目投资情况、预算变更情况及变更原因、资金来源等内容。

（3）项目计划：包括项目立项时间、批复单位、项目具体内容、项目所在区域、项目计划完成时间等要素。

（4）项目组织管理：包括项目主管部门和具体实施单位及各自职责、项目管理组织架构、项目具体实施流程、资金拨付流程等。

二、项目绩效目标

主要根据绩效目标申报表、项目申报书以及项目立项批复等相关资料，明确列举项目绩效目标，包括数量、质量、时效等指标。对项目绩效目标缺失或绩效目标不明确的项目，第三方机构应根据相关资料，在与委托方及项目相关单位充分沟通的基础上，协助项目相关单位补充完善绩效目标。

三、评价思路

（1）评价目的和依据。描述评价所要实现的目标，列明评价依据的法律、政策、技术、管理等文件及材料。

（2）评价对象和范围。详细列明评价对象和范围，并对现场评价点的抽取范围、抽取原则和依据进行充分说明。

（3）评价方法选择。说明项目所采用的绩效评价方法。

（4）评分方法。说明项目绩效评价综合评分所采用的方法，包括对现场评价和非现场评价结果如何进行综合分析形成项目最终绩效评价结果、对下专项转移支付项目如何根据各市所属项目实施单位得分情况汇总形成分市评价结果。

四、绩效评价指标体系

（1）指标体系设计的总体思路。说明指标设计思路、指标设计依据、权重设计思路、评价标准及评价方式确定的原则和方法等。

（2）指标体系。说明所设置的共性指标和个性指标及其权重设置情况。

（3）各项指标定义、评分标准和评分细则。详细说明每项指标的指标解释、指标权重、评价标准、数据来源和取数方式等。

五、社会调查

说明调查目的、调查对象范围、调查方式、抽样方法、调查问卷及访谈提纲内容等。

六、组织实施

（1）评价工作组人员及分工。

（2）评价时间及主要工作进程安排。

（3）质量控制制度，即第三方机构为保证绩效评价工作的质量、工期和效率而制定的制度和程序。

七、资料清单

列明需由项目相关单位提供的资料清单及其他需要配合的事项。

八、其他需要说明的问题

附件 3：

省级预算支出项目绩效评价报告参考格式

××××××××项目
绩效评价报告

委托单位：××××××××××××

项目主管部门：××××××××××××

评价机构：×××××××××××

20××年××月

目　录
摘要（参考格式）

一、项目基本情况

（一）项目立项背景及实施目的

（二）项目内容和预算支出情况

（三）项目实施情况

二、项目绩效目标

（一）总体绩效目标

（二）××年度绩效目标

三、评价基本情况

（一）评价的范围和目的

（二）评价依据

（三）评价指标体系

（四）评价方法及实施过程

四、评价结论和绩效分析

（一）综合评价结论

（二）绩效分析

五、存在问题

六、意见建议

正文部分（参考格式）

一、项目基本情况

（一）项目立项。

包括项目立项的环境和条件，实施项目达到的目标和意义，项目立项依据。

（二）项目预算。

包括项目预算分配的依据及因素、项目投资情况、预算变更情况及变更原因、资金来源等内容。

（三）项目计划实施内容。

包括项目立项时间、批复单位、项目具体内容、项目所在区域、项目计划完成时间等要素。

（四）项目组织管理。

说明项目主管部门和具体实施单位及各自职责、项目组织管理架构、项目具体实施流程、资金拨付流程等。

二、项目绩效目标

根据绩效目标申报表和项目申报书，明确项目绩效目标与立项目的的相关性和合理性，以及项目绩效目标设立依据，反映项目绩效目标的实际设定情况。对绩效目标进行补充完善的，应提供相应依据。

三、评价基本情况

（一）评价目的。

（二）评价对象与范围。

（三）评价依据。

（四）评价原则、评价方法。

（五）绩效评价指标体系。

详述绩效评价指标、指标解释、评价标准、指标权重、数据来源、证据收集方式等。

（六）评价人员组成。

列明人员所在单位、专业、技术职称及分工等。

（七）绩效评价工作过程。

详述前期准备、非现场评价、现场评价、综合分析、评价报告撰写等评价工作过程。

四、评价结论及分析

（一）综合评价结论及分析。

（二）非现场评价情况分析。

（三）现场评价评价情况分析。

（四）分市评价得分及结论。

五、项目主要绩效

六、项目存在的主要问题

七、意见建议

主要针对项目存在的问题，着眼于项目的总体目标，从项目政策、预算管理、部门管理、项目管理等多个角度，提出加强和改进管理的意见建议。

附：1. 调查问卷及统计分析表（略）

2. 绩效评价得分表（包括非现场评价、现场评价及综合评价）（参考格式见附表1）

3. 问题清单（参考格式见附表2）

附表1：

省级预算支出项目绩效评价得分表参考格式

项目名称：

一级指标及分值	二级指标及分值	三级指标及分值	四级指标及分值	……	指标解释	评价标准	得分	依据	依据来源	证据收集方式

附表2：

××项目问题清单（参考格式）

问题分类	序号	项目责任单位	问题描述
项目立项存在的问题	1		
	2		
	3		
	……		

问题分类	序号	项目责任单位	问题描述
资金落实存在的问题	1		
	2		
	3		
	……		
业务管理存在的问题	1		
	2		
	3		
	……		
项目产出存在的问题	1		
	2		
	3		
	……		
项目效益存在的问题	1		
	2		
	3		
	……		
备注：			

十九、

政府引导基金类

山东省人民政府办公厅关于印发《山东省新旧动能转换基金管理办法》《山东省新旧动能转换基金省级政府出资管理办法》和《山东省新旧动能转换基金激励办法》的通知

2018 年 1 月 1 日　鲁政办字〔2018〕4 号

各市人民政府，各县（市、区）人民政府，省政府各部门、各直属机构，各大企业，各高等院校：

《山东省新旧动能转换基金管理办法》《山东省新旧动能转换基金省级政府出资管理办法》和《山东省新旧动能转换基金激励办法》已经省政府同意，现印发给你们，请认真贯彻执行。

附件：1. 山东省新旧动能转换基金管理办法
　　　2. 山东省新旧动能转换基金省级政府出资管理办法
　　　3. 山东省新旧动能转换基金激励办法

附件 1：

山东省新旧动能转换基金管理办法

第一章　总　　则

第一条　为全面贯彻落实党的十九大精神，坚持以习近平新时代中国特色社会主义思想为指导，深入贯彻习近平总书记视察山东重要讲话、重要指示批示精神，牢牢把握走在前列的目标定位，省委、省政府决定设立山东省新旧动能转换基金，按照"政府引导、市场运作，公开透明、开放包容，依法合规、防范风险"的原则，突出专业化、市场化、国际化特点，遵循整体设计、分期募集、上下联动、滚动发展的思路，吸引社会资本投入，着力支持全省新旧动能转换重大工程实施。根据有关法律、法规和山东省实际，制定本办法。

第二条　本办法所称山东省新旧动能转换基金（以下简称新旧动能转换基金）是指由省、市政府发起，主要采取引导基金、母基金、子基金三级架构，按市场化方式与金融机构和境内外社会资本、投资机构合作，重点投资于全省新旧动能转换重点领域的基金。

第三条　山东省新旧动能转换引导基金（以下简称引导基金）由省、市政府共同出资 400 亿元设立，通过引导基金注资和市场化募集，吸引国内外金融机构、企业和其他社会资本共同发起设立多只母基金，形成不少于 2 000 亿元规模的母基金群。母基金再通过出资发起设立或增资若干只子基金，撬动各类社会资本，形成不少于 6 000 亿元的基金规模。

第四条　引导基金重点支持设立母基金，也可根据需要直接出资设立或增资参股子基金（引导基金出资设立的母基金和子基金，以下简称母〔子〕基金），或直接投资省委、省政府确定的重点项目。

引导基金支持设立产业类、创投类、基础设施类母基金，其中产业类和创投类母基金规模占母基金总规模的比例原则上不低于 80% 。根据市场需求和基金特点，合理规划基金产业、区域分布，防止在同一领域、区域设立基金过于集中或分散。

第五条 在国家政策允许范围内及引导基金承担有限责任的前提下，母（子）基金既可平行出资，也可引入结构化设计，吸引更多社会资本参与。

第六条 引导基金新设母（子）基金名称中应包含"山东省新旧动能转换"字样。

第七条 优化整合现有各类政府投资基金，增资参股符合条件的市场化私募基金，统一纳入到新旧动能转换基金管理体系。

第二章 管理机构及职责

第八条 省政府成立山东省新旧动能转换基金决策委员会（以下简称基金决策委员会），作为引导基金决策机构。基金决策委员会由常务副省长任主任，分管金融工作的副省长任副主任，省政府秘书长和分管副秘书长，省财政厅、省发展改革委、省审计厅、省国资委、省金融办、引导基金管理公司等相关部门（单位）主要负责同志以及相关领域专家为成员。其他副省长及省直其他部门主要负责同志在基金决策委员会研究涉及分管事项时参加会议。基金决策委员会主要职责包括：

（一）研究决定新旧动能转换基金重大政策和重大事项；

（二）审定新旧动能转换基金管理办法，统筹实施政策指导、监督管理、绩效考核等工作；

（三）审定基金投向负面清单，明确基金禁（限）投业务和范围；

（四）研究制定支持新旧动能转换基金发展的相关政策，确定基金投资方向及项目投资原则；

（五）审议批准引导基金直投项目；

（六）核准引导基金管理公司设立方案，审查公司经营层高管人选；

（七）审议母（子）基金设立方案，包括但不限于投资方向、收益分配、清算、让利、管理费用、决策机制、风险防范等；

（八）研究制定规避防范基金运作风险的措施；

（九）协调解决基金管理中遇到的重大问题；

（十）完成省委、省政府交办的其他事项。

第九条 基金决策委员会办公室设在省财政厅，承担基金决策委员会日常工作，建立基金决策委员会成员单位工作协调机制，确保基金决策委员会高效有序运行。省财政厅主要负责同志任办公室主任，省财政厅、省发展改革委、省国资委、省金融办、引导基金管理公司等相关部门（单位）分管负责同志任办公室副主任。

第十条 基金决策委员会设立政策审查委员会，由省财政厅、省发展改革委、省经济和信息化委、省科技厅、省审计厅、省国资委、省金融办、人民银行济南分行、山东银监局、山东证监局、山东保监局等单位分管负责同志和部分投资、法律等方面的专家组成。

第十一条 基金决策委员会设立专家咨询委员会，聘请产业、金融、投资、法律、财务等领域的省内外知名专家和业界人士担任委员，为基金运作提供专业咨询。

第十二条 省直有关部门在基金决策委员会中分别承担以下职责：

（一）省财政厅代表省政府履行省级引导基金出资人职责，负责引导基金资金筹集工作，根据引导基金出资需求，将省级政府出资额纳入年度政府预算，并牵头对接各市政府落实引导基金出资任务；

（二）省发展改革委负责基金投资与新旧动能转换重大项目库对接，做好项目组织推介、优选审核等工作；

（三）省审计厅负责对新旧动能转换基金相关政策制定和执行情况、引导基金管理运营进行审计监督；

（四）省国资委负责组织协调省属企业牵头或参与相关产业领域母基金筹划设立工作；

（五）省金融办（省地方金融监督管理局）负责基金管理机构的业务监管和行业指导，以及有关金融机构协调工作；

（六）省直其他相关部门按照部门职能，分别负责相关领域基金筹划设计、项目库建设及项目推介等工作。

第十三条 各市政府负责落实市级引导基金出资和新旧动能转换基金激励奖励政策；结合区域产业特点和资源优势，推动设立区域型母基金；向基金管理机构推荐新旧动能转换重点项目，为基金投资创造良好政策环境。

第十四条 设立引导基金管理公司，作为引导基金管理机构，负责引导基金运营管理和母（子）基金募集运作等工作。公司经营层高管人员向社会公开选聘，实行专业化的管理运作和市场化的人事薪酬制度。引导基金管理公司主要职责包括：

（一）负责引导基金运营管理和母（子）基金募集工作；

（二）遴选拟出资母（子）基金管理机构，开展尽职调查，形成尽职调查报告、基金设立方案，报基金决策委员会办公室；

（三）落实基金决策委员会核准的基金方案，与基金其他出资人开展协议谈判、签订基金章程（协议或合同），并向基金决策委员会办公室备案；

（四）负责对引导基金实行专户管理，专账核算；

（五）负责对母（子）基金投资方向、投资进度、投资收益、资金托管和使用情况进行绩效评价；

（六）代表引导基金以出资额为限对母（子）基金行使出资人权利并承担相应义务，负责对母（子）基金进行监管，通过向母（子）基金委派代表、章程（协议或合同）约定等方式，确保基金运营符合政策方向；

（七）根据基金决策委员会决定，组织开展引导基金直接投资业务；

（八）负责引导基金的退出与清算；

（九）定期向基金决策委员会办公室报告引导基金、母（子）基金投资运作情况及其他重大事项；

（十）承办基金决策委员会办公室交办的其他事项。

第十五条 母基金管理机构负责母基金运营管理。根据基金的合作对象或类型不同，母基金可灵活采取不同模式进行管理。母基金管理机构主要职责包括：

（一）规划参股子基金的构成与投向，自主发起设立或增资若干子基金；

（二）遴选参股子基金管理机构，对拟出资子基金开展尽职调查，与子基金管理机构开展合作谈判，签订子基金章程（协议或合同）；

（三）按照引导基金有关政策规定，严格监管子基金投向和省内投资比例；

（四）对母基金直接投资项目开展尽职调查，并负责投资与管理工作；

（五）负责母基金的退出与清算；

（六）定期向出资人报告母基金、参股子基金运行情况。

第十六条 引导基金管理公司管理费根据其运作管理和业绩考核结果确定（具体办法另行制定）。母（子）基金管理机构管理费按章程（协议或合同）约定收取。

第三章 投资原则

第十七条 新旧动能转换基金重点投资以下领域：

（一）支持新技术、新产业、新业态、新模式项目。优先投向各类创新型企业和省级重点人才创新创业等项目，突出支持传统产业改造升级；

（二）支持新兴、优势产业做大做强。重点投向新一代信息技术产业、高端装备产业、新能源新材料产业、智慧海洋产业、医养健康产业等新兴产业，以及绿色化工产业、现代高效农业、文化创意产业、精品旅游产业、现代金融业等优势产业，优先支持全省新旧动能转换重大项目库项目；

（三）支持基础设施建设。重点投向以人为核心的新型城镇化建设，以及铁路、公路、机场、港口及公共服务领域等基础设施建设项目；

（四）支持对外开放。鼓励企业"走出去、引进来"，重点支持招商引资、招才引智、产融结合、跨国并购项目。

第十八条 母（子）基金采用市场化方式运作，除政府外的其他基金投资者须为具备相应风险识别和风险承受能力的合格机构投资者，基金投资者数量累计不得超过法律规定的特定数量。母（子）基金可分若干期募集。

第十九条 引导基金出资母基金占比可根据母基金定位、管理机构过往业绩、募资难度等因素予以差异化安排。其中，产业类母基金一般按 20% 比例出资，创投类母基金一般按 25% 比例出资，基础设施类母基金一般按 10% 比例出资。

母基金对单只子基金的投资一般不超过子基金总规模的 30%。

子基金对单个企业的投资，原则上不超过基金总规模的 20%。

第二十条 引导基金可安排不超过 10% 的比例直接投资项目企业。引导基金直接出资设立子基金，对单只子基金出资占比不得超过子基金规模的 10%。

第二十一条 母基金可安排不超过 50% 的比例直接投资省委、省政府确定的项目。母基金对单个企业的直接投资，原则上不超过母基金总规模的 20%。

第二十二条 母基金、子基金企业均应注册设立在山东省内。对省外资金占基金注册资本或承诺出资额比例低于 50% 的，投资于山东省内的资金比例一般不低于基金可实现投资总额的 70%；对省外资金占基金注册资本或承诺出资额比例为 50% 及以上的，投资于山东省内的资金比例可适当降低，但应不低于 60%。

投资省内资金包括：一是基金直接投资于山东省内企业；二是基金投资于省外企业，再由省外企业将基金资金投入到省内子公司的，可置换为省内投资金额；三是为支持省内企业走出去开展全产业链投资，对基金投资到省内企业在省外控股子公司的，可按照控股比例折算为省内投资金额。

第二十三条 母基金、子基金在国家政策允许范围内进行投资。母基金、子基金可跨产业开展投资，跨产业投资比例控制在基金规模的 50% 以内。产业基金不得跨界投资基础设施领域。

第二十四条 鼓励基金与金融机构和境内外社会资本、投资机构建立全方位联动机制，对基金投资企业给予直接融资或间接融资支持。

第二十五条 产业类、创投类基金存续期一般不超过 10 年，基础设施类基金存续期一般不超过 20 年。存续期满如需延长存续期，应在基金决策委员会批准后，按章程（协议或合同）约定的程序办理。

第四章　投资决策

第二十六条 申请设立母（子）基金的基金管理机构应符合以下条件：

（一）在中国大陆注册，且实缴注册资本原则上不低于 2 000 万元人民币，有较强资金募集能力，有固定的营业场所和与其业务相适应的软硬件设施；

（二）有健全的投资管理和风险控制流程、规范的项目遴选机制和投资决策机制，能够为被投资企业提供管理咨询等增值服务；

（三）须在中国证券投资基金业协会完成登记备案，新设立的基金管理机构须承诺在基金设立方案确认后 6 个月内完成登记工作；

（四）管理团队中至少有 3 名具备 3 年以上基金管理工作经验的高级管理人员，至少主导过 3 个以上投资成功案例，具备良好的管理业绩，高级管理人员须具备基金从业资格；

（五）基金管理机构及其高级管理人员无行政主管机关或司法机关处罚的不良记录。

第二十七条 母（子）基金管理机构在基金中认缴出资额根据基金类别确定，一般不低于基金规模的

2%。基金规模较大的可降低认缴出资比例，原则上不低于1%。

第二十八条 新设母（子）基金除符合第二十六条基金管理机构规定条件外，还应符合以下条件：

（一）在山东省境内注册；

（二）基础设施类母基金原则上单只基金规模不低于100亿元，产业类母基金原则上单只基金规模不低于50亿元，创投类母基金原则上单只基金规模不低于10亿元。不强制限定基金规模，具体情况根据市场需求确定；

（三）主要发起人、投资管理人已基本确定，并草签基金章程（协议或合同）；

（四）其他出资人已落实，并保证资金按约定及时足额到位。

第二十九条 申请引导基金对现有投资基金进行增资的，除满足第二十八条规定条件外，还应满足以下条件：

（一）基金已按有关法律、法规设立，并按规定在有关部门备案；

（二）基金投资方向符合本办法有关规定；

（三）基金全体出资人同意增资方案，且增资操作符合国家相关规定。

第三十条 引导基金及出资设立母（子）基金运作应当公开透明，可公开征集，也可邀请相关机构设立，但应在批准设立基金前予以公示。

第三十一条 基金发起人向基金决策委员会办公室提出拟设立母（子）基金的申请。提交的申请材料应包括但不限于：申请引导基金出资的报告、基金出资架构、基金章程（协议或合同）草案、基金管理机构情况、经营管理团队人员名单及履历、团队历史投资业绩、基金投资领域、出资人出资意向及出资能力证明、托管银行意向等材料。

第三十二条 引导基金管理公司根据基金决策委员会办公室通知，对相关社会资本方开展尽职调查，形成尽职调查报告、基金设立方案，报基金决策委员会办公室。

第三十三条 基金决策委员会办公室组织政策审查委员会开展政策性审查。审查结果分为同意、有条件同意和不同意。政策审查委员会主席根据票决结果，作出政策审查结论。一般情况下，全体委员中超过三分之二（含）通过即为同意（含有条件同意）。政策审查委员会主席具有一票否决权。如审查结果为有条件同意，引导基金管理公司应按照政策审查委员会意见，与基金发起人协商修改母（子）基金设立方案等相关材料。如审查结果为不同意，则申请程序终止。

政策审查委员会不就职责以外事项进行审查。

第三十四条 引导基金投资事项经政策性审查通过后，提交基金决策委员会核准。引导基金管理公司根据基金决策委员会核准的基金设立方案，与基金其他出资人开展协议谈判，报基金决策委员会办公室备案后，签订章程（协议或合同）。

第三十五条 基金章程（协议或合同）应根据本办法和基金决策委员会核准的基金设立方案制定。

第五章 收益分配

第三十六条 母（子）基金各出资人应当按照利益共享、风险共担的原则，明确约定收益分配或亏损负担方式。收益分配可按照"先回本后分利、先有限合伙人后普通合伙人"的原则进行，也可根据基金实际情况，由引导基金和其他出资人协商确定。

第三十七条 母（子）基金应根据章程（协议或合同）约定及时分配投资收益。引导基金按照章程（协议或合同）约定从母（子）基金中分配、清算所获得的资金，应及时缴入引导基金托管账户，并按规定上缴省级国库，用于引导基金滚动发展或奖励性支出。

第三十八条 引导基金可通过适当让利方式，鼓励母（子）基金投资于政府主导的投资期长、风险性高、收益率低的项目，具体让利方案由引导基金管理公司制订，按程序报基金决策委员会审批。让利应遵循以下原则：

（一）引导基金让利应以引导基金所产生的收益为限，不得动用引导基金本金；

（二）引导基金只对社会出资人让利，不对其他财政性出资让利；

（三）引导基金让利仅限于引导基金在母（子）基金中出资收益的让利；对母基金参股子基金中社会出资人的让利，由投资管理人与母基金、子基金出资人协商确定。

第三十九条 根据基金类型和投资方向，采取差异化政策，引导基金增值收益可部分或全部让渡给其他出资人或基金管理机构：

（一）经基金决策委员会认定，基金投资于新旧动能转换重大项目库项目，或投资于省内种子期、初创期的科技型、创新型项目，引导基金可让渡全部收益；

（二）投资于基础设施和成熟期项目的，原则上实行同股同权。经基金决策委员会批准，也可将章程（协议或合同）约定的门槛收益率以上部分，适当让渡给其他出资人或基金管理机构；

（三）鼓励基金加大在山东省境内的投资比例，基金投资超过本办法规定最低投资比例的，可提高引导基金让利幅度，最多可让渡全部增值收益；

（四）在基金存续期内，鼓励基金出资人或其他投资者购买引导基金所持基金的股权或份额。在基金注册之日起 2 年内（含 2 年）购买的，可以引导基金原始出资额转让；2 年以上、3 年内（含 3 年）购买的，可以引导基金原始出资额及从第 2 年起按照转让时中国人民银行公布的 1 年期贷款基准利率计算的利息之和转让；设立 3 年以后，引导基金与其他出资人同股同权，在存续期满后清算退出。

第四十条 为提高社会资本参与新旧动能转换基金的积极性，在认真落实国家税收优惠政策的同时，从财政扶持、资源开放、人才引进等方面对基金管理机构和社会出资人进行激励奖励。

第六章 风险控制

第四十一条 母基金、子基金管理机构应当依据法律法规和行业监管要求审慎经营，建立健全并严格遵守资金募集管理、投资者适当性、信息披露、风险管理、内部控制等业务规则和管理制度。

第四十二条 按照利益共享、风险共担的原则，依法实行规范的市场化运作。地方政府不得以借贷资金出资设立各类投资基金，严禁地方政府利用各类投资基金违法违规变相举债。除国务院另有规定外，地方政府及其所属部门设立政府出资的各类投资基金时，不得以任何方式承诺回购社会资本方的投资本金，不得以任何方式承担社会资本方的投资本金损失，不得以任何方式向社会资本方承诺最低收益，不得对有限合伙制基金等任何股权投资方式额外附加条款变相举债。

第四十三条 引导基金、母基金、子基金应由具备资质的银行托管。引导基金托管银行由基金决策委员会办公室选择确定，省财政厅、引导基金管理公司与其签订资金托管协议。母（子）基金托管银行由母（子）基金自主选择，母（子）基金企业、基金管理机构、引导基金管理公司与其签订资金托管协议。子基金托管银行由子基金自主选择确定。

第四十四条 托管银行应当符合以下条件：

（一）成立时间在 5 年以上的全国性国有银行、股份制商业银行、山东省地方性商业银行；

（二）具有基金托管经验，具备安全保管和办理托管业务的设施设备及信息技术系统；

（三）有完善的托管业务流程制度和内部稽核监控及风险控制制度；

（四）近 3 年内无重大过失及行政主管部门或司法机关处罚的不良记录。

第四十五条 引导基金、母（子）基金托管银行应于每季度结束后 10 日内向基金决策委员会办公室、引导基金管理公司报送季度引导基金资金托管报告，并于每个会计年度结束后 1 个月内报送上一年度的资金托管报告。发现引导基金、母（子）基金资金出现异常流动现象时应及时采取措施，暂停支付，并随时向基金决策委员会办公室和引导基金管理公司报告。

第四十六条 母（子）基金完成工商注册后，应向省地方金融监管部门报送基金设立方案，以及风险管理、内部控制等业务规则和管理制度，基金管理机构应当按照有关法律法规要求，加强行业自律。

引导基金、母（子）基金管理机构应按规定向省地方金融监管部门和基金决策委员会办公室报送业务情况、财务会计报告和合并、分立、控股权变更等其他重大事项。报送内容应当真实、完整。

第四十七条 母（子）基金管理机构要严格落实月报制度，及时向基金决策委员会办公室、引导基金管理公司报送统计报表，按季度向引导基金管理公司提交《基金运行报告》和会计报表，并于每个会计年度结束后4个月内，向引导基金管理公司提交经注册会计师审计的《基金年度会计报告》和《基金年度运行情况报告》。

第四十八条 原有各类政府投资基金，其主管部门应按月向基金决策委员会办公室报送统计报表，按季度向基金决策委员会办公室提交《基金运行报告》和会计报表，并于每个会计年度结束后4个月内，向基金决策委员会办公室提交经注册会计师审计的《基金年度会计报告》和《基金年度运行情况报告》。

第四十九条 引导基金管理公司按季度汇总母基金、子基金托管情况，报送基金决策委员会办公室，并及时报告母基金、子基金运行中的重大事项，于每个会计年度结束后4个月内向基金决策委员会办公室报送经注册会计师审计的《引导基金年度会计报告》和《引导基金年度运行情况报告》。

第五十条 引导基金、母基金、子基金不得从事以下业务：

（一）融资担保以外的担保、抵押、委托贷款等业务；

（二）投资于二级市场股票、期货、房地产、证券投资基金、评级AAA级以下的企业债券、信托产品、非保本型理财产品、保险计划及其他金融衍生品；

（三）向任何第三方提供赞助、捐赠（经批准的公益性捐赠除外）；

（四）吸收或变相吸收存款，或向第三方提供贷款和资金拆借；

（五）进行承担无限连带责任的对外投资；

（六）发行信托或集合理财产品募集资金；

（七）国家法律法规禁止从事的其他业务。

第五十一条 引导基金管理公司应加强对母（子）基金的监管，及时掌握母基金、子基金以及被投资项目的经营情况。引导基金管理公司派员参与母（子）基金投资管理，对不符合本办法规定，偏离政策投资方向或存在明显套取引导基金倾向等违法违规项目，拥有一票否决权。

第五十二条 引导基金管理公司应密切跟踪母基金、子基金经营和财务状况，防范财务风险。当基金的运营出现违法违规、违反章程（协议或合同）和偏离政策导向等情况时，引导基金管理公司应及时向基金决策委员会办公室报告，并要求相应基金管理机构限期整改。

第五十三条 引导基金管理公司应与其他出资人在基金章程（协议或合同）中约定，有下列情形之一的，引导基金可无需其他出资人同意，选择暂停出资：

（一）基金工商注册登记后12个月投资进度低于基金认缴规模20%的；

（二）存在可能触及引导基金退出条件的情况。

第五十四条 被暂停出资的基金申请恢复引导基金出资，须符合引导基金管理规定，并通过引导基金管理公司向基金决策委员会办公室提出申请。经批准后，引导基金方可继续出资。

第五十五条 有下列情形之一的，基金管理机构应当重组或更换：

（一）管理机构解散、破产或者由接管人接管其资产的；

（二）管理机构丧失管理能力或者严重损害基金投资者利益的；

（三）按照基金章程（协议或合同）约定，持有基金三分之二以上权益的投资者要求管理机构重组或更换的；

（四）基金章程（协议或合同）约定管理机构重组或更换的其他情形。

第五十六条 引导基金管理公司应与其他出资人在母（子）基金章程（协议或合同）中约定，有下列情形之一的，引导基金可选择退出：

（一）基金方案确认后超过6个月，基金未按规定程序和时间要求完成设立或增资手续的；

（二）基金完成设立或增资手续后超过12个月，基金未开展投资业务的；

（三）基金投资领域和方向不符合政策目标的；

（四）基金未按章程（协议或合同）约定投资的；

（五）基金管理机构发生实质性变化的；

（六）基金或基金管理机构违反相关法律法规、政策规定或协议约定其他情形的。

第五十七条　基金在运营过程中出现下列情形之一的，应当终止运营并清算：

（一）代表三分之二以上基金份额的合伙人（股东）要求终止，并经合伙人（股东）会议决议通过的；

（二）发生重大亏损，无力继续经营的；

（三）出现重大违法违规行为，被管理机关责令终止的。

第七章　考核监督

第五十八条　基金决策委员会办公室按照有关规定，建立绩效考核制度，按照基金投资规律和市场化原则，从整体效能出发，对引导基金、母（子）基金政策目标、政策效果进行综合绩效评价，不对单只基金或单个项目盈亏进行考核。

第五十九条　引导基金管理公司根据引导基金参股比例，合理确定引导基金监管范围和监管层级。在母（子）基金层面，引导基金管理公司应重点监督管理母（子）基金设立和引导基金出资，确保政策落实，防范财务风险。在子基金层面，引导基金管理公司主要对基金投向进行合规性审查，不干预管理运营和投资决策。

第六十条　引导基金及管理公司须接受审计部门的审计及财政部门的监督检查。基金管理机构须落实适度监管要求，接受地方金融监管部门的业务监管。对任何单位和个人在管理中出现涉及财政资金、地方金融管理的违法违纪行为，依照有关法律法规进行严肃处理，并追究相应的法律责任。涉嫌犯罪的，移送司法机关依法处理。

第六十一条　按照《中共山东省委、山东省人民政府印发〈关于激励干部担当作为干事创业的意见（试行）〉的通知》（鲁发〔2017〕15 号）有关要求，建立容错机制，实行容错免责，鼓励大胆创新。

第八章　附　　则

第六十二条　引导基金与中央财政资金共同参股发起设立基金的，按照国家有关规定执行。其他政府引导基金管理的有关规定，凡与本办法不一致的，按照本办法执行。

第六十三条　本办法自 2018 年 1 月 1 日起施行，有效期至 2022 年 12 月 31 日。

附件 2：

山东省新旧动能转换基金省级政府出资管理办法

第一章　总　　则

第一条　为全面贯彻落实党的十九大精神，坚持以习近平新时代中国特色社会主义思想为指导，进一步规范山东省新旧动能转换基金省级政府出资管理，提高财政资金使用效益，防范投资风险，根据《财政部关于印发〈政府投资基金暂行管理办法〉的通知》（财预〔2015〕210号）、《财政部关于财政资金注资政府投资基金支持产业发展的指导意见》（财建〔2015〕1062号）等规定，制定本办法。

第二条 本办法所称省级政府出资，是指通过一般公共预算、政府性基金预算、国有资本经营预算等安排的用于设立山东省新旧动能转换引导基金的资金。

第三条 省政府授权省财政厅代行政府出资人职责。

第二章 引导基金设立

第四条 省、市政府共同出资400亿元（其中省级政府出资200亿元），设立山东省新旧动能转换引导基金（以下简称引导基金）。通过引导基金注资和市场化募集，吸引金融机构和境内外社会资本、投资机构共同发起设立或增资若干只母基金，母基金通过市场化方式，发起设立或增资若干专项子基金。

引导基金可直接出资设立母基金、子基金（以下简称母〔子〕基金），也可直接投资项目企业。

第五条 引导基金管理公司承担引导基金管理和母（子）基金募集运作等相关工作。

第六条 引导基金聚焦新旧动能转换重大工程，着力推动创新发展，突出支持新技术、新产业、新业态、新模式项目，重点支持五大新兴产业与五大优势产业项目，以及交通等基础设施建设项目，大力对接国家"一带一路"发展战略项目。基金类型以产业类基金为主，优先布局科技创新领域。

第七条 引导基金、母（子）基金出资人应根据法律法规等签订章程（协议或合同），约定基金设立的规模、存续期限、出资方案、投资领域、决策机制、基金管理机构、风险防范、投资退出、管理费用和收益分配等事项。

第三章 引导基金运作和风险控制

第八条 引导基金应按照"政府引导、市场运作，公开透明、开放包容，依法合规、防范风险"的原则进行运作，突出专业化、区域化、行业化的特点，遵循整体设计、分期募集、上下联动、滚动发展的思路，着力支持全省新旧动能转换重大工程实施。

第九条 引导基金投资、投后管理、清算、退出等通过市场化方式运作。引导基金应建立科学的决策机制，确保基金政策目标实现。

第十条 引导基金应按照利益共享、风险共担的原则，与母（子）基金其他出资人明确约定收益处理和亏损负担方式。对于归属政府的结余投资收益和利息等，除明确约定继续用于引导基金滚动使用外，应按照财政国库管理制度有关规定及时足额上缴国库。母（子）基金的亏损由出资人共同承担，引导基金以出资额为限承担有限责任。

为更好地发挥引导作用，引导基金可适当让利，但不得以任何方式承诺回购社会资本方的投资本金，不得以任何方式承担社会资本方的投资本金损失，不得以任何方式向社会资本方承诺最低收益，不得对有限合伙制基金等任何股权投资方式额外附加条款变相举债。引导基金分红部分可安排一定资金，用于对考核优秀的母（子）基金管理机构给予奖励。

第十一条 引导基金应当遵照国家有关财政预算和财务管理制度等规定，建立健全内部控制和外部监管制度，建立投资决策和风险约束机制，切实防范基金运作过程中可能出现的风险。

第十二条 引导基金必须委托符合条件的银行进行托管。托管银行依据托管协议负责账户管理、资金清算、资产保管等事务，对投资活动实施动态监管。

第四章 引导基金终止和退出

第十三条 产业类、创投类基金存续期一般不超过10年，基础设施类基金存续期一般不超过20年。

确需延长存续期的，应经山东省新旧动能转换基金决策委员会（以下简称基金决策委员会）批准后，按章程（协议或合同）约定的程序办理。

第十四条 母（子）基金终止后，应当在出资人监督下按照章程（协议或合同）约定组织清算，并将引导基金本金和收益及时上缴引导基金托管银行。引导基金应按照财政国库管理制度有关规定将基金本金和收益上缴省级国库，用于引导基金滚动发展或奖励性支出。

第十五条 引导基金一般应在母（子）基金存续期满后退出，存续期未满如达到预期目标，也可通过股权回购等方式适时退出。

第十六条 引导基金管理公司应与其他出资人在基金章程（协议或合同）中约定，有下列情形之一的，引导基金可无需其他出资人同意，选择暂停出资：

（一）母（子）基金工商注册登记后 12 个月投资进度低于基金认缴规模 20% 的；

（二）存在可能触及引导基金退出条件的情况。

第十七条 被暂停出资的基金申请恢复引导基金出资，须符合引导基金管理规定，并通过引导基金管理公司向基金决策委员会办公室提出申请。经批准后，引导基金方可继续出资。

第十八条 引导基金管理公司应与其他出资人在母（子）基金章程（协议或合同）中约定，有下列情形之一的，引导基金可无需其他出资人同意，选择提前退出：

（一）基金方案确认后超过 6 个月，基金未按规定程序和时间要求完成设立或增资手续的；

（二）基金完成设立或增资手续后超过 12 个月，未开展投资业务的；

（三）基金投资领域和方向不符合政策目标的；

（四）基金未按章程（协议或合同）约定投资的；

（五）基金管理机构发生实质性变化的；

（六）基金或基金管理机构违反相关法律法规、政策规定或协议约定其他情形的。

第十九条 引导基金从母（子）基金退出时，应当按照章程（协议或合同）约定的条件退出；没有约定或未按约定退出的，由引导基金管理公司制定退出方案，报基金决策委员会审定，并应聘请具备资质的资产评估机构对出资权益进行评估。

第五章　引导基金政府出资预算管理

第二十条 引导基金管理公司应根据引导基金发展规划，将当年省级政府出资需求报省财政厅。省财政厅将当年政府出资额纳入年度政府预算。

第二十一条 省财政厅按照财政国库管理制度规定拨付政府出资。引导基金管理公司根据年度预算、项目投资进度及实际用款需要向省财政厅申请引导基金出资。省财政厅按照预算指标、公司申请及项目进度拨付资金。

第二十二条 省财政厅拨付资金时，增列当期预算支出，并通过相应的支出分类科目予以反映；收到投资收益时，作增加当期预算收入处理，并通过相应的预算收入科目予以反映；基金清算或退出收回投资时，按拨付时列支的分类科目，做冲减当期财政支出处理。

第二十三条 母（子）基金出资采取认缴制，由出资人先行签订章程（协议或合同），再视资金需求分期出资。引导基金与其他投资人对母（子）基金应同步出资。

第六章　引导基金资产管理

第二十四条 省财政厅应按照《财政总预算会计制度》，完整、准确地反映政府对引导基金出资形成的资产和权益。对拨付资金，在增列财政支出的同时，要相应增加政府资产—"股权投资"和净资产—"资产基金"，并根据本级政府投资基金的种类进行明细核算。基金清算或退出收回投资本金时，应冲减当期财政支出，并按照政府累计出资额相应冲减政府资产—"股权投资"和净资产—"资产基金"。

第二十五条 政府应分享的投资损益按权益法进行核算。引导基金管理公司应当在年度结束后及时将引导基金全年投资收益或亏损情况向省财政厅报告。省财政厅按照当期损益情况作增加或减少政府资产—"股权投资"和净资产—"资产基金"处理；省财政厅收取引导基金管理公司上缴投资收益时，相应增加财政收入。

第二十六条 引导基金管理公司应按月向省财政厅报告基金运行情况、资产负债情况、投资损益情况，及时报告其他可能影响投资者权益的重大事项，按季度编制并向省财政厅报送资产负债表、损益表及现金流量表等报表，按年提交财务审计报告。

第七章 监 督 管 理

第二十七条 引导基金及管理公司应当接受审计、财政等部门的审计、监督检查。对于检查中发现的问题，应按照《中华人民共和国预算法》和《财政违法行为处罚处分条例》（国务院令第 427 号）等有关法律法规予以处理。对涉嫌犯罪的，移送司法机关追究刑事责任。

第八章 附 则

第二十八条 引导基金与中央财政资金共同参股发起设立基金，按照国家有关规定执行。

第二十九条 各市政府出资参与山东省新旧动能转换引导基金，可参照本办法执行。

第三十条 本办法自 2018 年 1 月 1 日起施行，有效期至 2022 年 12 月 31 日。

附件 3：

山东省新旧动能转换基金激励办法

为有效吸引金融机构、社会资本和国内外优秀投资机构参与山东省新旧动能转换基金设立工作，根据国家有关法律法规规定，结合山东实际，制定本办法。

一、适用范围

按照国家有关法律法规规定，以公司制、合伙制、契约制等形式在山东省境内新设（迁入），纳入全省新旧动能转换基金管理，并在中国证券投资基金业协会完成备案（登记）的基金及其管理机构。

二、税收优惠政策

严格落实《中华人民共和国企业所得税法》《中华人民共和国个人所得税法》等国家税法，认真执行财政部、国家税务总局出台的各项税收优惠政策。

（一）企业所得税。

1. 合伙制股权投资类企业不作为企业所得税纳税主体，可采取"先分后税"的原则，由每一个合伙人作为纳税义务人分别纳税。

2. 符合条件的居民企业之间的股息、红利等权益性投资收益为免税收入，免征企业所得税。

3. 股权投资类企业对外进行权益类投资所发生的损失，符合税法规定的，在经确认的损失发生年度，作为企业损失在计算企业应纳税所得额时一次性扣除。

（二）个人所得税。

4. 合伙企业自然人的生产经营所得，比照个人所得税法的"个体工商户的生产经营所得"应税项目，适用 5% ~35% 的五级超额累进税率，计算征收个人所得税。

5. 合伙企业对外投资分回的利息或股息、红利所得，不并入企业收入，而应单独作为投资者个人取得的利息、股息、红利所得，按"利息、股息、红利所得"应税项目计算缴纳个人所得税。

（三）其他税收。

6. 创业投资企业采取股权投资方式投资于未上市的中小高新技术企业 2 年以上，凡符合《国家税务总局关于实施创业投资企业所得税优惠问题的通知》（国税发〔2009〕87 号）规定条件的，可按其对中小高新技术企业投资额的 70%，在股权持有满 2 年的当年抵扣该创业投资类企业的应纳税所得额；当年不足抵扣的，可结转至以后纳税年度抵扣。

7. 根据《财政部、国家税务总局关于将国家自主创新示范区有关税收试点政策推广到全国范围实施的通知》（财税〔2015〕116 号）有关规定，有限合伙制创业投资企业采取股权投资方式投资于未上市的中小高新技术企业满 2 年的，其法人合伙人可按照对未上市中小高新技术企业投资额的 70% 抵扣该法人合伙人从该有限合伙制创业投资企业分得的应纳税所得额，当年不足抵扣的，可在以后纳税年度结转抵扣。

8. 股权投资类企业缴纳房产税、城镇土地使用税确有困难并符合国家规定减免条件的，按国家规定程序报批后，可给予减免。

9. 基金企业可享受国务院批准的山东新旧动能转换综合试验区各项税收优惠政策。

三、引导基金让利政策

10. 根据基金类型和投资方向、投资阶段，采取差异化政策，引导基金增值收益可部分或全部让渡给其他出资人或基金管理机构。经山东省新旧动能转换基金决策委员会（以下简称基金决策委员会）批准，基金投资于新旧动能转换重大项目库项目，或省内种子期、初创期的科技型、创新型项目的，引导基金可让渡全部增值收益；投资于基础设施和成熟期产业项目的，原则上实行同股同权，经基金决策委员会批准，也可将章程（协议或合同）约定的门槛收益率以上部分，适当让渡给其他出资人或基金管理机构。通过引导基金让利，鼓励基金加大山东省内投资比例，最多可让渡引导基金全部增值收益。

11. 在母基金存续期内，鼓励基金出资人或其他投资者购买引导基金所持基金的股权或份额。在母基金注册之日起 2 年内（含 2 年）购买的，以引导基金原始出资额转让；2 年以上、3 年以内（含 3 年）购买的，以引导基金原始出资额及从第 2 年起按照转让时中国人民银行公布的 1 年期贷款基准利率计算的利息之和转让。

四、财政扶持政策

12. 落户奖励。在山东省境内新设或者迁入且承诺 5 年内不迁离山东的基金，可根据基金规模、基金类型等，按不超过基金实缴规模（基金实缴金额扣除省级及以下政府引导基金份额）的一定比例给予落户奖励。落户奖励比例由基金注册所在县（市、区）确定，奖励资金由基金注册所在县（市、区）负担。

13. 绩效奖励。基金决策委员会办公室每年委托专业机构对基金管理情况进行绩效评价，对投资运作快、投资效益好的基金管理机构和团队，根据绩效评价结果给予奖励。

14. 贴息补助。经省委、省政府批准，金融机构投资于山东省境内重大战略性项目，省财政可按银行实际贷款利率的一定比例给予财政贴息。

15. 专项资金扶持。对基金投资的具体企业项目，在申报省级及以下各级专项资金时，同等情况下优先予以支持；申请国家专项资金支持时，同等情况下优先申报，省财政厅等相关部门积极予以协助。

五、资源开放政策

16. 优先向新旧动能转换基金推介优质项目资源，为基金投资创造良好条件。鼓励实体企业参与基金出资，支持"投、贷、建"联动，在同等条件下优先向其开放项目资源。

17. 对出资参与山东省新旧动能转换基金，同时参与山东重大项目和重要基础设施建设的国有企业、民营企业、外商投资企业、境外投资机构等，同等条件下向其优先开放市场准入和项目资源。

18. 充分发挥政府资金引导作用，对于积极参与山东省新旧动能转换重大工程表现突出的市场化私募基金，可给予增资增信支持。对山东省新旧动能转换基金投资的企业，优先纳入省级上市挂牌后备资源。

六、人才引进政策

19. 优先推荐基金管理机构的优秀高管人员参加山东省金融高端人才奖励遴选和齐鲁金融之星评选等选拔。成功入选的，按照《山东省人民政府办公厅关于印发〈山东省金融高端人才奖励办法〉〈齐鲁金融之星选拔管理办法〉的通知》（鲁政办字〔2017〕93号）等规定，给予资金奖励、纳入山东省高层次人才库等待遇。

20. 各地对享受人才政策的基金管理机构高管人员，可给予一次性住房补贴、安家费等补助。享受人才政策的基金管理机构高管人员及其配偶和未成年子女，可向基金注册地公安部门申请办理常住户口；其子女就读中小学、幼儿园的，可根据实际情况，由基金注册地教育行政部门协调优先安排入学。

七、附则

21. 本办法自2018年1月1日起施行，有效期至2022年12月31日。

预算评审类

山东省人民政府办公厅关于印发山东省
政务信息系统项目管理办法的通知

2018 年 3 月 10 日　鲁政办字〔2018〕37 号

各市人民政府，各县（市、区）人民政府，省政府各部门、各直属机构：

《山东省政务信息系统项目管理办法》已经省政府同意，现印发给你们，请认真贯彻执行。

附件：山东省政务信息系统项目管理办法

附件：

山东省政务信息系统项目管理办法

第一章　总　　则

第一条　为进一步加强和规范全省政务信息系统项目管理，推动信息基础设施集约建设和信息资源整合共享利用，提高财政资金的使用效益，根据法律法规和《山东省人民政府办公厅关于印发山东省政务信息系统整合共享实施方案的通知》（鲁政办发〔2017〕75 号）等有关规定，制定本办法。

第二条　本办法所称政务信息系统，是指由政府投资建设、政府与社会企业联合建设、政府向社会购买服务或需要政府资金运行维护的，用于支撑政务部门履行管理和服务职能的各类信息系统，包括执行政务信息处理的计算机、软件和外围设备等货物和服务（不含办公终端设备和软件）。

前款所称政务部门是指省级党委、人大、政府、政协、法院、检察院及其直属各部门（单位）等。

第三条　政务信息系统项目应遵循"统筹规划、互联互通、信息共享、业务系统、保障安全"的原则，按照"统一机构、统一规划、统一网络、统一软件"的要求，加强归口管理，实行建设和运维全口径备案制度，履行规划审核和项目报批程序。

第四条　省电子政务和大数据发展专项小组负责政务信息系统项目管理的领导和统筹工作。省政务服务管理办公室具体负责日常的组织协调和监督管理，对省级政务信息系统项目进行规划审核和全口径备案。

省发展改革委负责对涉及固定资产投资的政务信息系统项目进行立项审批。

省财政厅负责政务信息系统项目的预算评审、政府采购监管、项目建设和运维经费的统筹安排以及资产监管。

省审计厅负责对政务信息系统项目的审计监督。

省国家保密局负责涉密项目有关事宜的审查确认，对项目建设使用单位保密业务进行监督管理。

省直部门按照职责分工负责政务系统项目的建设和运维等相关工作。

省直部门需要市、县（市、区）共同参与的项目，应坚持统筹规划、分级立项、系统建设、整合共享的原则。省直有关部门要加强对市、县（市、区）的项目建设指导，统筹制定信息共享和业务协同的总体要求和标准规范。市、县（市、区）应根据项目的总体目标、整体框架、建设任务等，做好与省直部门的衔接配合。

第二章　规划和审批管理

第五条　省政务服务管理办公室负责牵头编制省政务服务信息系统建设规划，报省政府批准后实施。省直部门及市、县（市、区）编制的各类规划涉及政务信息系统建设的，应与省政务信息系统建设规划进行衔接。省政务服务管理办公室依据国家和省政务信息系统建设规划编制年度指导计划。

第六条　项目建设单位应依据省政务信息系统建设规划、年度指导计划，研究提出政务信息系统项目的立项申请。

第七条　政务信息系统项目申报内容原则上包括项目建设方案和投资预算。设计新建土建工程规划审核的，申报内容原则上包括可行性研究报告、初步设计方案和投资预算。

跨部门、跨地域、跨层级共建共享的项目，应由项目牵头部门会同共建部门，共同形成项目整体方案。

第八条　省政务服务管理办公室原则上采用集中评审方式，对项目建设单位申报的政务信息系统项目必要性、可行性进行审核，出具审核意见。

第九条　省政务服务管理办公室的审核意见是项目立项和资金安排的前提和依据。

第十条　对国家有关部委组织地方申报的政务信息系统建设项目，项目建设单位按有关规定程序组织申报前，须取得省政务服务管理办公室同意申报的审核意见，并在国家有关部委审批后报省政务服务管理办公室备案。

第十一条　根据财政投资评审结果和项目实施进度，省财政厅按照综合预算原则结合年度预算安排，统筹保障政务信息系统项目建设及运维经费。

第三章　建设和资金管理

第十二条　项目建设单位应建立健全责任制，对政务信息系统项目实行全过程管理，鼓励引入业务咨询、工程造价、项目监理、检测评价等服务，对项目建设的质量、进度、资金、合同等环节进行管控。

第十三条　项目建设单位要按照政府采购有关法律法规，以及审核批准的采购内容组织采购活动。项目建设单位签订正式采购合同5个工作日内，应将合同文本报省政务服务管理办公室备案。

第十四条　涉及多部门共建的政务信息系统项目，应建立跨部门统筹协调机制。项目牵头部门要会同共建部门，组织建立跨部门的工作协调机制和共建共享机制，确定部门间业务协同关系和信息共享需求，落实共建部门的建设范围和责任义务。

第十五条　项目建设单位应建立完善政务信息系统项目运行维护管理制度，加强日常运行和维护管理，保障项目应用实效。

第十六条　项目建设单位应于每年年底前向项目审批部门、财政部门报告项目建设进度和预算执行情况，已经投入试运行的应说明试运行效果及存在问题。

第十七条　项目建设单位应严格按照项目审批部门批复的建设方案和投资预算实施项目建设。原则上超支不补，如确有超支按照相关规定执行。对于项目建设目标和内容不变，项目总投资有节余的，依相关规定将节余资金按原渠道退回。

第十八条　对于建设目标、建设地点、项目预算、主要建设内容和建设进度等发生较大变化的，项目建设单位应事先向省政务服务管理办公室提交调整申请，重新履行审核手续。

第十九条　项目建设过程中出现工程严重逾期、投资重大损失等情形的，项目建设单位应及时向项目审批部门报告，项目审批部门依照有关规定可要求项目建设单位进行整改或暂停建设。

第二十条　项目建设单位应按照档案管理有关规定，做好政务信息系统项目的档案建设，并形成相应电子档案，作为项目竣工验收的重要依据。

第二十一条　政务信息系统项目实行验收和后评价制度。

第二十二条 项目建设单位应按照国家及省关于政务信息系统项目验收的相关规定开展竣工验收工作。竣工验收由项目审批部门或项目审批部门委托项目建设单位组织。

第二十三条 项目建设单位应在完成项目建设任务3个月内，向项目审批部门提交竣工验收申请报告，内容包括：项目建设总结、财务报告、审计报告、信息安全风险评估报告和密码应用情况等。项目审批部门应及时组织或委托竣工验收。验收完成后，验收组织单位应将验收报告相关材料报省政务服务管理办公室备案。项目建设单位为按期提出验收申请的，应向项目审批部门提出延期验收申请。对未经验收的项目，不得拨付后续建设资金和运行维护经费。

第二十四条 项目建设单位应在项目竣工验收并投入使用或运营后12至24个月内，依照国家及省政务信息系统项目绩效评价的有关要求开展自评价，并将自评价报告报送省政务服务管理办公室。省政务服务管理办公室根据项目建设自评价情况，可委托第三方检测评价机构开展后评价工作。

第二十五条 由省和市、县（市、区）协同建设的政务信息系统项目，根据事权划分确定相应的建设内容和运维资金。需市、县（市、区）承担的建设资金、运维经费列入同级财政预算。

第四章 信息资源共享管理

第二十六条 省政务服务管理办公室负责牵头建设、管理和运维省政务信息资源共享交换平台、政务信息资源和大数据管理平台、公共数据资源开放平台，为全省数据交换和信息共享提供统一的技术支撑服务。

第二十七条 项目建设单位提出立项申请前应按照政务信息资源共享管理有关规定，以及信息资源目录管理要求，明确数据来源、格式、更新、共享和开放等属性，保证政务信息资源有序归集和共享。

信息资源目录是政务信息系统项目的规划审核要件。

第二十八条 项目建设单位在项目建成运行使用阶段，应当建立信息共享长效机制，确保实现信息共享有关要求。项目建成后应将项目信息资源目录纳入共享平台目录管理系统，作为竣工验收的内容。

信息资源共享的范围和程度是确定项目建设投资、运维经费拨付和项目竣工验收的重要依据。

第二十九条 政务信息系统应当按规定接入相应省数据共享开发平台，根据要求共享数据资源。不按规定接入数据共享开放平台、不严要求共享数据资源的，不得拨付后续建设资金和运行维护资金。

第五章 网络与信息安全管理

第三十条 项目建设单位应按照国家网络与信息安全风险评估的有关规定，开展网络和信息安全风险评估。严格落实等级保护和分级保护要求，切实保障政务信息系统安全稳定运行。

第三十一条 项目建设单位应落实国家密码管理有关法律法规、政策和标准规范的要求，同步规划、同步建设、同步运行密码保障系统并定期评估。

第三十二条 项目建设单位要按照政府采购有关法律法规，优先采购自主可控的信息安全设备、核心网络设备、基础软件、系统软件和业务应用软件等关键产品。项目软硬件产品安全可控情况作为项目验收的重要内容。

第六章 监 督 管 理

第三十三条 项目建设单位应当接受省政务服务管理办公室等有关部门的监督管理。

第三十四条 省政务服务管理办公室负责对政务信息系统项目进行监督检查。监督检查中发现违反国家及省有关规定的，应当责令项目建设单位限期整改或依照有关规定进行处理。对拒不整改或整改后仍不符合要求的，可对其进行通报批评、暂缓拨付建设资金、暂停项目建设，直至终止项目。

第三十五条 审计机关应当依法加强对政务信息系统的项目审计，促进专项资金使用真实、合法，最大限度发挥资金使用效益。

第三十六条 项目建设单位及相关部门应当协助开展监察、审计等监督管理工作，如实提供建设项目有关资料，不得拒绝、隐匿或者瞒报。

第三十七条 对违反本办法规定，未履行审核、备案程序，或因管理不善、弄虚作假，造成严重超预算、质量低劣、损失浪费、安全事故或者其他责任事故的，省政务服务管理办公室可予以通报批评，并提请有关部门对负有直接责任的项目建设单位主管人员和其他责任人员按照相关规定予以处分；涉嫌犯罪的，移送司法机关依法处理。

第三十八条 相关部门、单位或个人违反国家及省有关规定，截留、挪用政务信息系统项目资金的，由有关部门按照相关规定予以处分；涉嫌犯罪的，移送司法机关依法处理。

第三十九条 国家机关及有关单位人员在项目建设过程中滥用职权、玩忽职守、徇私舞弊、索贿受贿的，依法依规追究相关单位和人员责任。

第七章 附 则

第四十条 市、县（市、区）人民政府可参照本办法，制定相应的管理办法。

第四十一条 本办法由省政务服务管理办公室负责解释。

第四十二条 本办法自印发之日起施行。

省政务服务管理办公室 省发展和改革委员会 省财政厅 省审计厅关于印发《山东省省级政务信息系统项目管理实施细则》的通知

2018 年 6 月 5 日 鲁政管发〔2018〕1 号

省政府各部门、直属机构：

为进一步规范省级政务信息系统项目管理，细化职责分工和操作流程，根据《山东省政务信息系统项目管理办法》（鲁政办字〔2018〕37 号）规定，省政务服务管理办、省发展改革委、省财政厅、省审计厅会同有关部门研究制定了《山东省省级政务信息系统项目管理实施细则》，经省政府领导同意，现印发给你们，请认真贯彻执行。

附件：山东省省级政务信息系统项目管理实施细则

附件：

山东省省级政务信息系统项目管理实施细则

为进一步加强省级政务信息系统项目全流程管理，保证建设质量，提高投资效益，依据《政务信息系统整合共享实施方案》（国办发〔2017〕39 号）、《"十三五"国家政务信息化工程建设规划》（发改高技〔2017〕1449 号）、《政务信息系统政府采购管理暂行办法》（财库〔2017〕210 号）和《山东省政务信息系统整合共享实施方案》（鲁政办发〔2017〕75号）、《山东省政务信息系统项目管理办法》（鲁政办字〔2018〕37号）等相关规定，制定本实施细则。

一、适用范围

本细则所称政务信息系统，是指由政府投资建设、政府与社会企业联合建设、政府向社会购买服务或需要政府资金运行维护的，用于支撑政务部门履行管理和服务职能的各类信息系统，包括执行政务信息处理的计算机、软件和外围设备等货物和服务（不含办公终端设备和软件）。

涉及国家秘密的政务信息系统项目，按有关规定另行办理。

省级政务信息系统项目申报主体为省级党的机关、人大机关、行政机关、政协机关、监察机关、审判机关、检察机关，工会、共青团、妇联等人民团体，各民主党派、工商联，事业单位等。

二、项目管理流程与规范

（一）项目规划

省政务服务管理办公室会同有关部门、单位编制省政务信息系统建设规划，报省政府批准后实施。结合年度预算时间安排，编制政务信息系统建设项目年度指导计划。

省直部门（单位）应当根据中央和省委、省政府的部署要求，以及省政务信息系统建设规划，结合业务需求，编制本部门、本系统的政务信息系统建设规划。各部门、单位在部署政务信息系统时，应当与建设规划相衔接。

（二）项目立项

1. 项目申报。项目申报单位原则上依据省政务信息系统建设规划、年度指导计划以及本部门政务信息系统建设规划，向省政务服务管理办公室申报下一年度政务信息系统建设项目。项目申报材料包括：申请文件（附件1）、建设申请表（附件2）和建设方案（附件3）。

跨部门、跨地域、跨层级共建共享的项目，应当由项目牵头部门会同共建部门，共同形成项目整体建设方案。

对国家有关部委组织地方申报的政务信息系统建设项目，项目申报单位按有关规定程序组织申报前，须取得省政务服务管理办公室同意申报的审核意见，并在国家有关部委审批后报省政务服务管理办公室备案。

凡未按要求实施电子政务基础设施和应用系统迁移整合，或者具有在建尚未竣工验收、绩效评价较差的政务信息系统项目的单位，一般不得申报新建项目、或者升级改造原有建设项目。

2. 项目审核。省政务服务管理办公室会同省财政厅，根据《山东省政务信息系统项目管理办法》确定的职责分工，按照全省政务信息系统整合共享要求，结合年度预算和资金来源渠道，遵循"轻重缓急"原则，对申报项目联合组织评审。其中，涉及固定资产投资的政务信息系统项目，由省发展改革委根据省政务服务管理办公室出具的审核意见，进行立项审批，项目审批后立项文件抄送省政务服务管理办公室。

联合评审原则上采用专家集中评审方式，对项目申报单位申报的政务信息系统项目进行必要性、可行性，以及项目建设方案科学性、支出合理性和预算准确性等审核，出具评审意见。专家集中评审一般每年组织一次。因特殊情况确需进行建设的项目，按照特事特办的原则，由省政务服务管理办公室商省财政厅进行专项审核。

省政务服务管理办公室会同有关部门建设省政务信息系统项目评审专家库，项目审核所需专家从评审专家库中随机抽取。评审专家库成员实行动态更新机制。

项目审核内容主要包括：是否符合国家和省政务信息系统项目建设规划，是否符合有关政策规定及标准规范，是否充分利用已有的基础软硬件设施，是否具有明确、可量化的建设目标，是否提供合理、可行且符合技术发展趋势的技术设计方案，是否合理编制政务信息资源目录，是否能够实现政务信息资源有效归集，是否提供数据接口用于共享开放，是否具有全面、可靠的信息安全解决方案，是否具有合理的财政投资测算和进度安排等。

凡不符合《山东省政务信息系统整合共享实施方案》整合共享要求的政务信息系统项目，不支持与省政务信息资源共享交换平台互联互通、不按规定向平台提供数据资源，以及未明确部门间信息共享需求的政务信息系统项目，原则上不予审批。

3. 编制年度建设计划。省政务服务管理办公室根据项目评审情况，经与省财政厅协商一致，编制下达省级政务信息系统项目年度建设计划。年度建设计划抄送省财政厅、省审计厅。

省财政厅依据年度建设计划和项目实施进度，按照综合预算原则，结合年度预算安排，多渠道筹集资金予以保障。凡未列入年度建设计划的政务信息系统建设项目，省财政厅不予安排资金。

（三）项目建设

1. 项目采购。列入省政务信息系统项目年度建设计划的项目应当编制政府采购预算。采购活动开始前，项目建设单位应当制定合规、完整、明确的采购需求，列明采购项目的技术、服务、安全等具体要求。采购活动应当严格按照政府采购法律法规组织，执行国家关于优先采购自主可控的信息安全设备、核心网络设备、基础软件、系统软件和业务应用软件的规定要求，采购活动结束后应当及时签订政府采购合同。

2. 项目实施。确定项目承建单位后，项目建设单位负责组织项目承建单位进行项目实施。项目建设单位主要负责人应当对项目建设进度、质量和资金管理、运行管理等负总责。

项目建设单位应当建立健全责任制，对政务信息系统项目实行全过程管理，鼓励引入项目监理、检测评价等咨询服务，对项目建设的质量、进度、资金、合同等环节进行管控。

涉及多部门共建的政务信息系统项目，应当建立跨部门统筹协调机制。项目牵头部门要会同共建部门，组织建立跨部门的工作协调机制和共建共享机制，确定部门间业务协同关系和信息共享需求，落实共建部门的建设范围和责任义务。

项目建设单位在项目建成运行使用阶段，应当建立信息共享长效机制，确保实现信息共享有关要求。有可共享、可开放数据的，政务信息系统应当按规定接入省数据共享交换平台、公共数据开放平台，根据要求共享、开放数据资源。不按规定共享、开放数据资源的，省财政厅不予安排运行维护经费。

项目建设单位应当按照国家网络与信息安全风险评估的有关规定，开展网络与信息安全风险评估。落实等级保护要求，切实保障政务信息系统安全稳定运行。

项目建设单位应当落实国家密码管理有关法律法规、政策和标准规范的要求，同步规划、同步建设、同步运行密码保障系统并定期评估。

项目建设单位应当于建设期内的每季度末向省政务服务管理办公室、省财政厅报告项目建设进度和预算执行情况，已经投入试运行的应当说明试运行效果及存在问题。

项目建设单位应当严格按照省政务服务管理办公室、省财政厅批复的建设方案和投资预算实施项目建设。原则上超支不补，如确有超支按照相关规定执行。对于项目建设目标和内容不变，项目总投资有节余的，依据相关规定将节余资金按原渠道退回。

项目建设过程中出现工程严重逾期、投资重大损失等情形的，项目建设单位应当及时向省政务服务管理办公室报告，省政务服务管理办公室依照有关规定可要求项目建设单位进行整改或暂停建设。

项目建设单位应当按照档案管理有关规定，做好政务信息系统项目的档案建设，并形成相应电子档案，作为项目竣工验收的重要依据。

3. 项目调整。对于建设目标、建设地点、项目预算、主要建设内容和建设进度等发生较大变化的，项目建设单位应当事先向省政务服务管理办公室提交调整申请，重新履行审核手续。项目的调整申请材料包括项目调整申请文件（附件4）、项目调整申请表（附件5）和项目建设方案（附件3）。

4. 运行维护。项目建设单位应当建立完善政务信息系统项目运行维护管理制度，加强日常运行和维护管理，保障项目应用实效。依托全省电子政务共享基础平台建设的政务信息系统项目，基础平台的运行维护由省政务服务管理办公室负责统一协调管理，由相关技术支撑单位具体承担；部门业务应用系统及配套的专用设施由项目建设单位运行维护。超出维保期需列支运维费用的项目按程序申报审核。

（四）项目验收

项目建设单位应当按照国家及省关于政务信息系统项目验收的相关规定开展验收工作。项目验收包括初步验收和竣工验收两个阶段。

1. 初步验收。初步验收由项目建设单位自行组织。

2. 竣工验收。竣工验收由省政务服务管理办公室或者委托项目建设单位组织。项目建设单位应当在完成项目试运行、结束项目建设任务后3个月内，向省政务服务管理办公室提出竣工验收申请，填写项目验收申请表（附件6），并按照项目验收工作大纲（附件7）要求提报相关材料。验收组织单位应当严格按照政府采购合同约定对供应商的技术、服务、安全标准的履约情况进行确认。通过验收的，省政务服务管理办公室出具项目验收证书（附件8）。

项目建设的软硬件数量、技术参数指标等与项目审核意见确定的建设方案、采购合同不一致且未执行变更手续，或未将项目相关信息资源纳入政务信息资源目录的，不得通过验收。

项目建设单位未按期提出验收申请的，应当向省政务服务管理办公室提出延期验收申请。竣工验收未能通过的，项目建设单位应当制定整改方案，限期整改，整改完成后重新提交竣工验收申请。未经验收或验收不合格的项目，不得拨付后续建设资金，不得拨付运行维护经费。

项目竣工验收后，项目建设单位应当及时将设备、软件等资产入账，纳入山东省行政事业资产管理信息系统管理，做好相关资产的保管、使用等管理工作，落实管理责任，确保资产安全完整。

（五）项目自评价

项目建设单位应当在项目竣工验收并投入使用或运行后12至24个月内，依照国家及省政务信息系统项目绩效评价的有关要求开展自评价，并将项目自评价报告（附件9）报送省政务服务管理办公室。

三、全口径备案

（一）审核备案。列入年度建设计划的项目，项目建设单位应当在列入年度建设计划之日起15日内，通过省级政务信息系统项目管理平台，向省政务服务管理办公室进行备案。审核备案的材料包括：项目申请文件、建设申请表、建设方案和审核意见等。

（二）采购备案。列入年度建设计划的项目，项目建设单位应当在签订正式采购合同5个工作日内，通过省级政务信息系统项目管理平台，向省政务服务管理办公室进行采购备案。采购备案的材料包括：采购备案申请表（附件10）、合同文本、招标文件、中标人投标文件、中标通知书等。项目分包采购的，以签订正式采购最后一个分包合同的时间为准，一并进行采购备案。

（三）验收备案。列入年度建设计划的项目，项目建设单位应当在项目通过竣工验收之日起15日内，通过省级政务信息系统项目管理平台，向省政务服务管理办公室进行验收备案。验收备案材料包括：验收证书、验收材料等。

四、项目监督

（一）项目后评价

省政务服务管理办公室、省财政厅根据财政资金使用绩效评价有关规定和项目建设自评价情况，可委托第三方检测评价机构开展后评价工作。对项目完成后运行管理不善、应用组织不力，造成投资浪费、应用绩效低下的项目，建设单位要限期整改。对整改后仍达不到应有绩效的，原则上压缩或不予安排下一年度政务信息系统建设项目。

（二）审计监督

省审计厅依法对政务信息系统项目进行审计监督，根据建设情况和工作需要，促进完善相关政策制度，确保财政资金使用真实、合法、效益，实现项目规范化管理。

省审计厅建立项目常态化审计制度，5年内实现项目审计全覆盖。根据项目建设规模、重要性程度，确定审计方式，结合部门预算执行审计、经济责任审计，或安排专项审计（调查），对项目立项、建设管理、资金使用、应用绩效等进行监督。

省政务服务管理办公室、省发展改革委、省财政厅和省审计厅应当建立定期联系工作机制，及时沟通政务信息系统项目建设管理有关情况。

本细则由省政务服务管理办公室负责解释。其他未尽事宜，按照国家和省最新政策及时进行调整。

附件：1. 项目申请文件（样稿）

　　　2. 项目建设申请表

　　　3. 项目建设方案编写大纲

　　　4. 项目调整申请文件（样稿）

　　　5. 项目调整申请表

　　　6. 项目验收申请表

　　　7. 项目验收工作大纲

　　　8. 项目验收证书

　　　9. 项目自评价报告

　　　10. 采购备案申请表

附件 1：

××××文件

　　　××发〔20　〕××号　　　　　签发人：×××

★

关于申请×××××建设项目的函

省政务服务管理办公室：

　　××××××××××（简述建设需求、建设依据、建设内容、建设意义）。

　　××××××××××（简述建设周期、资金来源、资金概算值）。

　联系人：×××　　联系电话：×××

　邮　箱：××××××

　附件：1. 项目建设申请表

　　　　2. 项目建设方案

　　　　　　　　　　　　　　　　单位名称（公章）

　　　　　　　　　　　　　　　×××年××月××日

附件2：

项目建设申请表

单位（公章及财务专用章）：　　　　　　　　　　　　　　时间：

项目名称		
项目类型	□政府投资建设或联合建设类　□政府向社会购买服务类　□需要政府资金运行维护类	
投资概算	万元　　概算分配	＊＊类专项资金：　　　　万元 公用经费、业务类项目资金：　　　　万元 非经费拨款资金：　　　　万元 信息化建设资金：　　　　万元
基于网络	□政务外网公共服务域　□政务外网行政服务域　□互联网	
质保期限	年	
建设周期	个月　　起止时间	
项目负责人	联系方式	
项目负责人	联系方式	
项目主要 建设内容 （500字以内）	（项目如果需要部署在省电子政务共享基础平台，详细描述项目所需软件环境包含操作系统，数据库、中间件、防病毒等和硬件需求包含服务器、存储、网络、容灾、安全等设备情况。）	

附件3：

项目建设方案编写大纲

第一章　建设单位主要职责、政务信息系统建设和应用现状

一、建设单位主要职责。包括项目单位简介、职责、业务和体制等（需与省编办"三定"方案一致）。

二、建设和应用现状。包括现有基础环境、网络系统、业务应用、业务数据、软硬件设备和运行维护情况；升级类项目，需要重点描述现有待升级系统的功能、业务应用情况等；运维类项目，对于硬件设备维护，需描述设备名称、品牌型号、数量、配置参数、采购原值、采购时间、当前运行状况和维保时间等；对于系统软件维护，需描述上线部署时间、采购原值、采购时间、当前运行状况和维保时间等；对于应用软件维护，需描述上线部署时间、采购原值、系统用户数及数据量、质保年限等。

第二章　项目建设的必要性、可行性和建设目标

一、建设依据。原则上需要有国家、部委或地方颁布的政策文件支持，并需列出政策文件里的相关内容摘要；需符合本部门的信息化规划；需符合省政务服务管理办公室发布的政务信息系统项目建设规划、年度指导计划和其他政策文件要求。

二、必要性。根据政策文件指令和具体业务需求两方面阐述。

三、可行性。从技术、经济、运行环境和其他方面进行可行性分析。

四、建设目标。对项目的建设内容进行总结提升。

第三章　需 求 分 析

一、新建类项目。主要包括业务描述、流程描述、数据分析、数据量大小、访问量分析以及服务对象等内容。

二、升级类项目。主要包括需要升级模块部分的业务描述、流程描述、数据分析、数据量大小、访问

量分析以及服务对象等内容。

三、运维类项目。硬件设备维护包括巡检维护要求、部署调试需求、服务响应时间、备品备件要求及驻场服务要求等内容；系统软件维护包括巡检维护要求、部署调试需求、服务响应时间、驻场服务要求等内容；应用软件维护包括日常功能及性能巡检要求、系统优化要求、二次开发需求及工作量估算、故障响应及排查要求、驻场服务要求等内容。

四、购买服务类项目。主要包括购买服务类项目的业务需求。

五、标准研制类项目。主要包含现有相关信息化标准梳理，根据业务需求，明确需要研制的标准列表等内容。

第四章　项目设计方案

一、新建类项目，包括系统部署架构、应用系统设计、终端系统及接口设计、系统部署方案等内容。涉及分期多年建设的项目，需提交整体规划方案。

二、升级类项目，包括系统部署架构、升级模块的系统设计、升级模块的终端系统及接口设计、系统部署方案等内容。

三、运维类项目，包括服务方式、组织方式（人员组织和管理）、服务需求、以及是否有特殊要求等内容。

四、购买服务类项目，包括购买服务内容、购买服务的年限和时间要求、系统部署方式和地理位置等内容。

五、标准研制类项目，包括标准规定说明、标准适用范围和标准框架等内容。

第五章　数据资源设计方案

应当说明该项目所属各系统产生和管理的数据资源，应当说明该项目所属各系统对其他数据资源（包括本部门内、本部门外其他单位、社会公众等）的需求情况；升级改造项目还应当重点描述原有数据的共享或者数据开放的变化更新情况；采用购买服务方式进行新建或升级的项目，还需明确购买服务的系统政务数据的归属问题和数据共享问题。

第六章　部　署　需　求

需要明确该项目所要部署的网络、目标云平台。运维类和标准研制类项目不需编写本章内容。

第七章　项目组织管理

项目组织机构、项目进度安排、安全管理制度、人员培训、保障措施（需要采取的相关技术、人才、制度及监理、检测等措施，包括采购、测试、系统切换、运行维护等拟采用方式或做法等）；采用购买服务方式进行新建或升级的项目，需要提供服务绩效评估标准及评估方式。

第八章　项　目　预　算

一、预算依据。

二、资金预算表。需按照国家、省有关规定和行业标准、部门预算编制要求进行编制；需根据建设方案中的技术架构、技术路线、各种数据量和其他指标因素确定设备档次和数量，参照主流产品技术参数确定系统软硬件价格；按业务需求、功能等测算业务软件开发工作量并确定业务软件开发费用；采用购买服务方式进行建设的项目，需提供付款方式（包括付款时间、付款额度等）；标准研制类项目，需提供单项标准的研制预算；项目中若包含系统集成、监理、第三方软件测评和等保评估等内容，需提供相关费用说明。

第九章　效　益　分　析

从经济效益和社会效益的角度对项目进行分析。

填 写 说 明

1. 政府投资建设或联合建设类项目，主要包括新建类项目、升级类项目和标准研制类项目。

2. 政府向社会购买服务类项目，主要包括购买服务类项目。

3. 需要政府资金运行维护类项目，主要包括运维类项目。

4. 方案编制格式要求如下：

纸张型号：A4 纸。

正文内容：仿宋 GB2312，三号，段落行距为单倍行距。

一级标题序号如：一、二、三……，标题黑体，三号，缩进二个字符。

二级标题序号如：（一）（二）（三）……，楷体 GB2312，三号加粗，缩进二个字符。

三级标题序号如：1.2.3.……，标题仿宋 GB2312，三号加粗，缩进二个字符。

四级标题序号如：（1）（2）（3）……，标题仿宋 GB2312，三号，缩进二个字符。

五级标题序号如：①②③……，标题仿宋 GB2312，三号，缩进二个字符。

5. 项目建设方案封面应当列明：申报单位（加盖公章）项目名称和项目起止时间等。

附件4：

×××× 文件

××发〔20　　〕××号　　　　　签发人：×××

★

关于申请×××××建设项目调整的函

省政务服务管理办公室：

　　××××××××××（简述原项目执行情况和调整原因）。

　　×××××××××××（简述建设需求、建设依据、建设内容、建设意义、建设周期、资金来源、资金概算值）。

　　联系人：×××　　　联系电话：×××

　　邮　箱：×××××××

　　附件：1. 项目调整申请表

　　　　　2. 项目建设方案

单位名称（公章）
×××年××月××日

附件5：

项目调整申请表

单位（公章及财务专用章）：　　　　　　　　　　　　　　　时间：

项目名称			
项目类型	□政府投资建设或联合建设类　　□政府向社会购买服务类　　□需要政府资金运行维护类		
投资概算	万元	概算分配	**类专项资金：　　　　　万元 公用经费、业务类项目资金：　　　　万元 非经费拨款资金：　　　　万元 信息化建设资金：　　　　万元
基于网络	□政务外网公共服务域　　□政务外网行政服务域　　□互联网		
质保期限	年		
建设周期	个月	起止时间	
项目负责人		联系方式	
项目负责人		联系方式	
项目调整原因 （500字以内）			
项目调整内容及 软硬件需求			

附件6：

项目验收申请表

项目名称			
质保期限	年		
项目起止时间			
申请验收单位			
联系人		联系电话	地址
项目资金构成	财政投资	自筹资金	合计
项目简介			
提供验收文件的目录			
本单位（部门）意见	（加盖公章）		

附件7：

项目验收工作大纲

一、验收时限

项目建设单位应当在完成项目建设任务后3个月内，完成初步验收工作，并向省政务服务管理办公室提交竣工验收申请报告。

因特殊原因不能按时提交竣工验收申请报告的，项目建设单位应当向省政务服务管理办公室提出延期验收申请。经省政务服务管理办公室同意后，可以适当延期进行竣工验收。

二、验收内容

（一）验收资料是否完整齐全，是否符合验收要求；

（二）建设内容是否与审核意见文件一致；

（三）项目应用是否达到设计要求；

（四）经费使用是否合理；

（五）评估项目建设应用的社会、经济效益；

（六）存在的问题及改进意见。

三、验收依据

（一）国家有关法律、法规，以及国家、山东省关于政务信息系统建设项目的相关标准；

（二）经批准的建设项目项目实施方案及批复文件；

（三）建设项目的合同文件、施工图、设备和软件技术说明书等。

四、验收条件

（一）建设项目确定的网络、应用、安全等主体工程和辅助设施，已按照设计建成，能满足系统运行的需要；

（二）建设项目确定的网络、应用、安全等主体工程和配套设施，经测试和试运行合格；

（三）建设项目投入使用的各项准备工作已经完成，能适应项目正常运行的需要；

（四）完成预算执行情况报告和初步的财务决算；

（五）完成项目信息安全风险评估；

（六）档案文件整理齐全。

五、验收材料内容提纲

（一）项目验收申请表；

（二）验收大纲；

（三）项目合同复印件、项目招标文件、项目投标文件；

（四）项目初验报告；

（五）项目完成情况总结；

（六）项目技术工作总结；

（七）项目完成后的经济效益和社会效益；

（八）购置设备、软件清单；

（九）保证单位（监理方）审查意见（有保证单位的情况下）；

（十）项目用户使用报告；

（十一）项目财务报告；

（十二）项目审计报告；

（十三）信息安全风险评估报告；

（十四）项目信息资源共享情况报告；

（十五）项目审核意见；

（十六）采购备案申请回执单；

（十七）附件

1. 软件开发项目的过程文档至少包括需求说明书、详细设计说明书（其中单个软件系统价值在 100 万元以上的项目，还需要提供概要设计说明书）、数据库设计说明书、测试报告（合同或招标文件要求第三方测试的，需要提供第三方测试报告）、系统部署手册、项目试运行报告等；

2. 硬件设备或成品软件采购的过程文档至少包括设备到货交接单、设备调试记录、设备授权文件、设备照片、设备试运行报告等；

3. 运维类项目的过程文档至少包括单个运维工单及数据统计、演练方案、人员管理、制度管理、备品备件、除尘等相关材料；

4. 其他需要说明的材料。

附件 8：

山东省政务信息系统项目验收证书

鲁政信验字〔20××〕××号

项目名称：

完成单位： （盖章）

协作单位： （盖章）

验收组织单位： （盖章）

验收日期：　　　年　　月　　日

山东省政务服务管理办公室制

一、项目简要说明及关键技术

二、项目经济效益和社会效益分析

三、主要文件目录

四、项目主要参与人员名单

序号	姓名	文化程度	职称	工作单位	对本项目主要贡献

五、验收意见
验收专家签字   　　　　　　　　　　　　　　　　　　　　　　　　　　年　　月　　日

六、验收委托单位意见
   　　　　　　　　　　　　　　　　　　　　　　盖章 　　　　　　　　　　　　　　　　　年　　月　　日

七、验收组织单位意见
   　　　　　　　　　　　　　　　　　　　　　　盖章 　　　　　　　　　　　　　　　　　年　　月　　日

续表

八、验收委员会名单

序号	姓名	工作单位	从事专业	职称（职务）	签名

填 写 说 明

1. 本证书规格一律为标准 A4 纸，竖装，必须打印或铅印。本证书为山东省政务服务管理办公室制定的标准格式，任何部门、单位、个人均不得擅自改变内容、增减证书中栏目。

2. 项目名称：建设批复时的项目名称。

3. 完成单位：指承担该项目主要建设任务的单位。

4. 协作单位：协助完成单位进行项目建设的单位。

5. 验收日期：指该项项目通过专家验收的日期。

6. 项目简要说明及关键技术：

（1）项目申请建设原因；

（2）项目采购情况；

（3）项目建设内容；

（4）项目关键技术；

（5）项目建设工期；

（6）性能指标（写明项目要求的主要性能指标和实际达到的性能指标）；

（7）系统部署情况；

（8）系统试运行情况等。

7. 项目经济效益和社会效益分析：项目完成后所带来的经济效益和社会效益。

8. 主要文件目录：指按规定由完成单位必须递交的主要文件和技术资料。主要包括：项目验收申请表、验收大纲，项目合同复印件、项目招标文件、项目投标文件，项目完成情况总结，项目技术工作总结，项目完成后的经济效益和社会效益，购置设备、软件清单，保证单位（监理方）审查意见（如果有保证单位的情况下），项目用户使用报告，信息安全风险评估报告，项目信息资源共享情况报告和项目过程文档等。

9. 验收意见：验收委员会形成的专家意见。

10. 项目主要参与人员名单：由项目完成单位填写。

11. 验收专家名单：由参加验收会的专家亲自填写。

12. 验收委托单位意见：由受省政务服务管理办公室委托，组织验收的单位填写。

13. 验收组织单位意见：由省政务服务管理办公室填写。

附件9：

项目自评价报告

项目名称：————————————————

建设单位（公章）：————————————

项目联系人：——————————————

联系电话：————————————————

填写日期：　　　年　　月　　日

真实性声明书

省政务服务管理办公室：

　　本单位郑重声明：就　　　　　　　　　　　　项目建设情况自评价报告中所填写内容准确无误，所提交的证明材料真实有效，如有虚假、隐瞒、伪造等不实行为，本单位愿意承担一切后果。

　　　　　　　　　　　　　　　单位名称（公章）：
　　　　　　　　　　　　　　　项目负责人签字：
　　　　　　　　　　　　　　　日期：　　年　　月　　日

　　一、项目应用情况介绍（对项目建设应用情况进行说明，500 字以内，包括：应用系统使用范围、使用用户数量、产生的数据总量、数据更新情况、系统维护情况等和硬件设备使用对象、使用用户数量、使用次数、故障情况、运维情况等）

　　二、项目应用情况自评价（对项目建设应用情况进行自我评价，300 字以内）

附件 10：

采购备案申请表

建设单位（公章）：　　　　　　　　　　　　　　　　　时间：

项目名称 （需与批复名称一致）						
包一		包二		包三		……
采购编号：		采购编号：		采购编号：		
采购方式：		采购方式：		采购方式：		
开标日期：		开标日期：		开标日期：		
采购备案 材料清单						
采购备案 申请回执单	已收到建设单位提交的　　　　　　　　　　　　项目采购备案材料。 　　　　　　　　　　　　　　　　　省政务服务管理办公室（公章） 　　　　　　　　　　　　　　　　　　　年　　月　　日					

　　备注：项目分包采购的，请在上表中填写所有分包信息。

省财政厅关于印发山东省财政厅项目
预算评审工作规程的通知

2018 年 8 月 6 日　　鲁财办发〔2018〕34 号

厅各处室、单位：

　　《山东省财政厅项目预算评审工作规程》已经 7 月 30 日厅长办公会议研究通过，现予印发，请认真遵照执行。

　　附件：山东省财政厅项目预算评审工作规程

附件：

山东省财政厅项目预算评审工作规程

第一章　总　　则

　　第一条　为规范省财政厅项目预算评审工作程序，明确厅内相关处室、单位责任，确保分工明确、协同高效、衔接顺畅，提高工作的科学化、制度化水平，根据处室职责范围及工作关系划分规定，制定本规程。

　　第二条　本规程所称项目预算评审，是指省级或中央财政补助资金拟安排的项目预算，由预算评审中心进行审核的活动。

第二章 职责分工

第三条 办公室、法规处、预算处、资金管理处、财政信息中心及预算评审中心等相关处室依据各自职责相互配合，共同做好项目预算评审相关工作。

办公室：负责编制项目评审年度预算；办理社会中介机构、专家服务费用支付。

法规处：负责厅机关社会中介机构和专家库日常管理，办理评审所需社会中介机构备案、专家选聘。

预算处：根据预算管理需要明确年度重点评审项目，会同有关处室用好预算评审结果，对预算评审工作提出建议。

资金管理处：负责对项目进行合规性审核，按照厅统一要求向预算评审中心送审项目，提供项目相关政策依据、背景情况和符合评审要求的材料；根据评审工作需要，参加评审座谈交流、现场查勘，并提出意见建议。

财政信息中心：本着易于抽取、合理分类、方便使用的原则，负责开发、维护厅机关社会中介机构和专家库管理系统；对财政业务一体化系统中评审相关功能进行维护和完善。

预算评审中心：负责按照项目评审流程开展预算评审，向资金管理处、预算处出具评审结果，并报厅分管负责同志。

第四条 根据工作需要，预算评审中心通过部门预算布置会议或其他适当的方式，对省直部门项目预算评审申报工作进行培训。

第三章 项目送审

第五条 项目预算评审采取资金管理处或预算处送审制。

第六条 应当送审的项目：

（一）省本级支出。拟列入年度部门预算或预算执行中安排（追加）的，限额以上且专业技术性较强的项目。结合年度预算管理工作需要，预算处、预算评审中心可按照轻重缓急原则，研究确定年度重点预算评审项目。

（二）对下转移支付。

1. 省委省政府高度重视、对经济社会发展具有较大影响的项目。

2. 需安排新增支出预算的重点项目。

3. 专业性强、技术复杂的项目。

4. 需评审的其他项目。

第七条 不应送审的项目：

（一）申报金额 100 万元以下的项目。

（二）前置审批不完备的项目。

（三）已评审且不涉及新增建设内容、支出标准调整的项目。

（四）单纯设备购置或资产配置项目。

（五）定额补助或以市场询价为主的项目。

（六）违反政府采购相关规定履行招标采购程序的项目。

（七）事先难以确定服务付费标准或购买金额，需通过竞争性方式确定服务价格的政府购买服务项目。

（八）其他不具备评审条件或不符合评审要求的项目。

第八条 项目送审方式：

（一）预算编制评审：资金管理处将审核后的拟评审项目有关电子资料，通过财政业务一体化系统推送至预算评审中心，同时提交符合项目支出预算编制规范要求的实施方案和预算等纸质资料。

（二）预算执行评审：资金管理处审核后的拟评审项目，填写项目评审申请单（见附件），注明评审要求、最迟评审时限，经处室负责人签字后，连同符合项目支出预算编制规范要求的实施方案和预算等纸质资料，提交预算评审中心。

（三）总预算追加评审：对需要总预算追加安排的拟评审项目，资金管理处应填写项目评审申请单（见附件），注明评审要求、最迟评审时限，经处室负责人签字、预算处审核同意后，连同符合项目支出预算编制规范要求的实施方案和预算等纸质资料，提交预算评审中心。

第四章 项目评审

第九条 预算评审中心对送审项目受理登记，分类处理。不符合评审要求的项目，出具书面说明，经分管主任签字，退资金管理处；对提交资料不充分的项目，通知项目单位在限定时间内补齐；对符合评审要求的项目，进入评审实施环节。

第十条 项目受理登记后，如出现需要调整送审内容、金额的情况，资金管理处应以书面形式经处室负责人签字后通知预算评审中心。

第十一条 项目预算评审重点围绕审批手续的完备性、预算安排的必要性、实施方案的合理性和项目预算的准确性等方面开展。

第十二条 项目预算评审所需社会中介机构和专家按照厅购买社会中介机构和专家服务管理办法规定选用。

非常规选用时，预算评审中心应提出书面意见，报经厅分管负责同志审签后送法规处备案。涉密项目、延续性项目等特殊项目评审所需社会中介机构和专家，可采取直接指定方式选用；在现有社会中介机构和专家无法满足项目评审需求的情况下，允许采取临时征集、后补备案方式。

第十三条 资金管理处应与预算评审中心建立项目评审沟通联系协调机制，指定专人就项目政策、制度依据、标准把握、单位联络等提供支持；视需要参与预算评审中心与项目单位、主管部门的座谈交流。

第十四条 预算评审成果文件：

（一）资料基本齐全、时间能够满足评审所需的项目，预算评审中心按照规定的评审流程，出具评审报告。

（二）资料过于简单或技术方案不够细化，不具备基本工作时间、无法开展评审的项目，预算评审中心在预评审后出具书面建议性评审意见。

第十五条 评审实施环节一般应在20个工作日内完成。预算评审中心的初步评审结果将以书面形式向资金管理处征求意见，资金管理处应在5个工作日内书面反馈，逾期视同无意见，之后出具正式评审报告。

第十六条 预算评审中心应认真研究并积极吸收资金管理处提出的意见，双方无法达成一致的，在正式评审报告中予以说明。

第十七条 预算评审中心对省直各部门、单位配合评审的情况建立工作台账，如实记录扣分事项，并按照《山东省省直部门预算管理绩效综合评价实施方案》要求做好评价工作。

第五章 评审结果及费用

第十八条 评审结果按照项目送审渠道反馈。

通过财政业务一体化系统送审的项目，评审结果及附表通过系统推送预算处和资金管理处，并以纸质报告的形式报厅分管负责同志。

预算执行和总预算追加送审的项目，评审结果及汇总表以纸质方式提交资金管理处和预算处，并报送厅分管负责同志；评审明细表以电子版方式发送资金管理处。

第十九条 涉密项目评审结果和附表全部以纸质方式由专人送资金管理处和预算处，并报厅分管负责同志。

第二十条 预算处、资金管理处应将评审报告、评审意见作为审核安排预算的重要参考，认真研究其反映的问题及提出的建议。评审报告、评审意见不作为正式文件对外单位提供。

第二十一条 项目评审完成后，预算评审中心应通过信息系统对参与评审的社会中介机构和专家进行绩效考评，年度内两次考评结果低于 80 分的，原则上不再使用；两次绩效考评不合格的，可通知法规处取消其备案资格。

第二十二条 预算评审中心按规定与社会中介机构、专家签订购买服务合同，根据工作时间、服务质量、考评结果等计算服务费用。

第二十三条 办公室应按照部门预算执行进度要求，定期通知预算评审中心结算社会中介机构、专家服务费用，根据服务合同扣除专家服务费用个人所得税后，办理支付手续。

第二十四条 对一般项目档案，预算评审中心每年集中一次向办公室办理移交。涉密项目档案应逐项随时办理移交。

第六章 附   则

第二十五条 因机构、人员资质等原因，预算评审中心无法承担的项目评审，可直接委托第三方机构独立承担。

第二十六条 本规程由预算评审中心负责解释，之前有关规定与本规程内容不一致的，以本规程规定为准。

第二十七条 本规程自印发之日起施行。

附件：项目评审申请单

附件：

项目评审申请单

处室（单位）：

项目名称			
项目总预算（万元）		申请财政资金（万元）	
项目单位		联系人及电话	
资料清单			
资金管理处			预算处意见 （申请总预算追加项目）
评审需求及最迟提交评审结论时间			
联系人及电话			
负责人签字		年　月　日	负责人签字： 年　月　日
备注			

省财政厅关于印发山东省省直部门办公用房维修改造项目支出预算标准（2018 版）的通知

2018 年 11 月 2 日   鲁财预〔2018〕64 号

省直各部门：

《山东省省直部门办公业务用房维修改造项目支出预算标准（试行）》（鲁财预〔2016〕59 号）（以下简称《预算标准》）施行两年来，在预算编制和预算审核工作中发挥了重要作用，但由于建筑材料、人工、机械台班价格上涨，部分指标不够合理等原因，《预算标准》部分内容已不能满足实际需要。为此，我们对《预算标准》进行了修订。现将《山东省省直部门办公用房维修改造项目支出预算标准（2018 版）》印发给你们，自印发之日起施行，鲁财预〔2016〕59 号文件所附《山东省省直部门办公业务用房维修改造项目支出预算标准（试行）》同时废止。

　　附件：山东省省直部门办公用房维修改造项目支出预算标准（2018 版）

附件：

山东省省直部门办公用房维修改造项目支出预算标准（2018 版）

金额单位：元

一、建筑安装工程						
序号	编号	分部分项工程	综合单价	计量单位	实施内容	备注
（一）拆除工程						
	拆-1	混凝土、钢筋混凝土构件等拆除	600	m³	1. 混凝土、钢筋混凝土构件拆除；2. 人工、机械综合考虑；3. 垃圾清理及外运（外运距离综合考虑）；4. 包括相应的措施费；5. 按体积以立方米计算	
	拆-2	屋面拆除	60	m²	1. 刚性屋面、带泥背瓦等屋面基层、面层、防水及保温拆除；2. 垃圾清理及外运（外运距离综合考虑）；3. 包括相应的措施费；4. 按面积以平方米计算	如只拆除面层和防水层，按照 30 元/m² 计核
	拆-3	块料面层拆除	50	m²	1. 各种块料面层及基层拆除；2. 垃圾清理及外运（外运距离综合考虑）；3. 包括相应的措施费；4. 按面积以平方米计算	
（二）建筑工程						
1	主体结构工程					
	建1-1	挖土方	45	m³	1. 挖、填、弃土方及外运土方（外运距离、挖深综合考虑）；2. 综合考虑基底钎探和因场地狭小而发生的场内倒土、运土等因素，以及相应的措施费；3. 按实挖体积以立方米计算	
	建1-2	挖石方	160	m³	1. 破碎石方、清运、集中挖装、外运（破碎机械、外运距离、挖深综合考虑）；2. 包括相应的措施费；3. 按实挖体积以立方米计算	
	建1-3	砌筑	750	m³	1. 砌筑砖砌块基础、墙体、零星项目等；2. 包括墙面钢丝网、砌体加固筋等内容，以及相应的措施费；3. 按实砌体积以立方米计算	

续表

一、建筑安装工程

序号	编号	分部分项工程	综合单价	计量单位	实施内容	备注
	建1-4	钢筋混凝土浇筑	2 000	m³	1. 浇筑基础、柱、梁、板、墙、楼梯等混凝土项目；2. 包括钢筋制作、运输、加工、安装等内容，以及相应的措施费；3. 按混凝土体积以立方米计算	
2	保温防水工程					
	建2-1	保温层（屋面）	135	m²	1. 屋面保温层厚度及材质综合考虑；2. 包括基层找平处理、珍珠岩找坡等内容，以及相应的措施费；3. 按实际面积以平方米计算	
	建2-2	保温层（墙面）	80	m²	1. 墙面保温层厚度及材质综合考虑；2. 包括基层找平处理、抗裂砂浆、网格布施工等内容，以及相应的措施费；3. 按实际面积以平方米计算	
	建2-3	防水层（屋面）	110	m²	1. 防水层按屋面卷材（两遍）、涂膜、刚性防水等材质综合考虑；2. 包括基层找平处理等工作内容，以及相应的措施费；3. 按实际面积以平方米计算	如屋面卷材铺设一遍，按照70元/m²计核
	建2-4	防水层（墙面及地面）	70	m²	1. 防水层按涂膜材质综合考虑；2. 包括基层找平处理等工作内容，以及相应的措施费；3. 按实际面积以平方米计算	
3	白铁工程及其他					
	建3-1	雨水排水管	85	m	1. 各种管材材质综合考虑；2. 包括漏斗及雨水口等工作内容，以及相应的措施费；3. 按实际长度以米计算	
4	构筑物及其他工程					
	建4-1	道路（水泥、沥青等）	320	m²	1. 道路路面基层、垫层、面层等所有施工内容；2. 包括挖、填、弃土方及外运土方（外运距离、挖深综合考虑）、路沿石、原有道路拆除等工作内容，以及相应的措施费；3. 按实际面积以平方米计算	
	建4-2	检查井、雨水井等	2 200	座	1. 检查井砌筑、井盖制作安装、抹灰等所有施工内容；2. 包括挖、填、弃土方及外运土方（外运距离、挖深综合考虑）等工作内容，以及相应的措施费；3. 按座计算	
	建4-3	室外围墙	750	m	1. 砌筑基础及基层处理、贴装饰面、安装围栏、照明等所有施工内容；2. 包含挖、填、弃基础土方及外运土方（外运距离综合考虑，挖深综合考虑）等工作内容，以及相应的措施费；3. 按实际长度以米计算	
	建4-4	绿化工程	210	m²	1. 包括施工现场清理，场地平整，苗木购置、移植、栽植、养护，排灌设施设置，草皮种植，小品，硬质景观等；2. 按绿化面积以平方米计算	
（三）装饰装修工程						
1	楼地面工程					
	装1-1	基本装修	160	m²	1. 根据发展改革委、住房城乡建设部制定的《党政机关办公用房建设标准》（发改投资〔2014〕2674号，下同）规定，楼地面可选用普通PVC地材、地砖、水泥砂浆；2. 包括地面基层处理及相应材质踢脚线等工作内容，以及相应的措施费；3. 按实际面积以平方米计算	

一、建筑安装工程						
序号	编号	分部分项工程	综合单价	计量单位	实施内容	备注
	装1-2	中级装修	240	m²	1. 楼地面可选用中档复合木地板、PVC地材、石材、地砖等；2. 包括地面基层处理及相应材质踢脚线等工作内容，以及相应的措施费；3. 按实际面积以平方米计算	
	装1-3	中高级装修	400	m²	1. 楼地面可选用中高档石材、木材、普通化纤地毯；2. 包括地面基层处理及相应材质踢脚线等工作内容，以及相应的措施费；3. 按实际面积以平方米计算	
2	墙柱面饰面工程					
	装2-1	基本装修	45	m²	1. 墙、柱面选用普通涂料；2. 包括墙、柱面基层处理、旧墙面铲除及外运等工作内容，以及相应的措施费；3. 按实际面积以平方米计算	
	装2-2	中级装修	115	m²	1. 墙、柱面可选用中档饰面板、涂料或壁纸；2. 包括墙、柱面基层处理、旧墙面铲除及外运等工作内容，以及相应的措施费；3. 按实际面积以平方米计算	
	装2-3	中高级装修（饰面板或涂料）	200	m²	1. 墙、柱面可选用中档饰面板或涂料；2. 包括墙、柱面基层处理、旧墙面铲除及外运等工作内容，以及相应的措施费；3. 按实际面积以平方米计算	
	装2-4	中高级装修（石材）	550	m²	1. 墙、柱面可选用中档石材；2. 包括墙、柱面基层处理、旧墙面铲除及外运等工作内容，以及相应的措施费；3. 按实际面积以平方米计算	
3	天棚吊顶工程					
	装3-1	基本装修（涂料）	45	m²	1. 天棚刷普通涂料；2. 包括相应的措施费；3. 按天棚吊顶投影面积以平方米计算	
	装3-2	基本装修（饰面板）	100	m²	1. 天棚选用普通饰面板一级吊顶；2. 包括旧工程拆除及清理外运、吊顶龙骨、各种面层板安装及灯孔开孔制作等工作内容，以及相应的措施费；3. 按天棚吊顶投影面积以平方米计算	
	装3-3	中级装修	180	m²	1. 天棚可做中档饰面板二级吊顶；2. 包括旧工程拆除及清理外运、吊顶龙骨、各种面层板安装及灯孔开孔制作等工作内容，以及相应的措施费；3. 按天棚吊顶投影面积以平方米计算	
	装3-4	中高级装修	300	m²	1. 天棚可做中高档饰面板二级以上吊顶；2. 包括旧工程拆除及清理外运、吊顶龙骨、各种面层板安装及灯孔开孔制作等工作内容，以及相应的措施费；3. 按天棚吊顶投影面积以平方米计算	
4	门窗工程					
	装4-1	普通木门	600	m²	1. 选用普通复合木门；2. 包括装饰门及门套线制作安装、五金件、门吸等安装，旧门拆除和清理外运，及相应的措施费；3. 按洞口面积以平方米计算	
	装4-2	中档木门、玻璃门	1 100	m²	1. 选用中档复合木门或玻璃门；2. 包括装饰门及门套线制作安装、五金件、门吸等安装，旧门拆除和清理外运，及相应的措施费；3. 按洞口面积以平方米计算	

一、建筑安装工程

序号	编号	分部分项工程	综合单价	计量单位	实施内容	备注
	装 4 - 3	中高档木门或玻璃门	1 800	m²	1. 选用中高档复合木门或玻璃门；2. 包括装饰门及门套线制作安装、五金件、门吸等安装，旧门拆除和清理外运，及相应的措施费；3. 按洞口面积以平方米计算	
	装 4 - 4	防火、防盗门	1 000	m²	1. 防火门及防盗门制作安装；2. 包括门套线制作安装、五金件等安装，旧门拆除和清理外运，及相应的措施费；3. 按洞口面积以平方米计算	
	装 4 - 5	铝合金窗	700	m²	1. 按隔热断桥铝合金窗框、中空玻璃制作安装考虑；2. 包括纱扇制作安装、五金件等安装，旧窗户拆除和清理外运，及相应的措施费；3. 按洞口面积以平方米计算	
	装 4 - 6	塑钢窗	450	m²	1. 按塑钢窗框、中空玻璃制作安装考虑；2. 包括纱扇制作安装、五金件等安装，旧窗户拆除和清理外运，及相应的措施费；3. 按洞口面积以平方米计算	
	装 4 - 7	窗台板		m²	1. 分别参照楼地面工程基本装修、中级装修及中高级装修用材；2. 包括基层处理等工作内容，以及相应的措施费；3. 按实际面积以平方米计算	分别参照楼地面工程基本装修、中级装修及中高级装修标准
5	外墙面装饰工程					
	装 5 - 1	外墙面装饰涂料	120	m²	1. 真石漆、外墙涂料等装饰综合考虑，含旧墙面涂料铲除和清理外运；2. 包括相应的措施费；3. 按实际外装面积以平方米计算	
	装 5 - 2	外墙面装饰幕墙	1 000	m²	1. 金属、玻璃等幕墙的所有施工内容，含旧饰面拆除和清理外运；2. 按中等饰面材质考虑；3. 包括相应的措施费；4. 按实际外装面积以平方米计算	
	装 5 - 3	外墙面装饰石材	750	m²	1. 石材外墙的所有施工内容方式综合考虑，含旧墙面拆除、清理外运和岩棉保温；2. 按中等饰面材质考虑；3. 包括相应的措施费；4. 按实际外装面积以平方米计算	
6	轻质隔墙、成品隔断					
	装 6 - 1	轻质隔墙、成品隔断等	225	m²	1. 各类轻质隔墙、成品隔断；2. 包括墙龙骨制作安装、成品隔断制作安装等工作内容，以及相应的措施费；3. 按实际隔墙隔断面积以平方米计算	
（四）给排水安装工程						
	给 - 1	给水安装	20	m²	1. 给水、热水管道、阀门、水表等安装、保温、套管等；2. 包括旧工程拆除、清理外运，墙面切割，打墙、板洞，以及相应的措施费；3. 按实际改造办公用房建筑面积以平方米计算	
	给 - 2	排水安装	20	m²	1. 排水管道、地漏、清扫口等实施内容；2. 包括旧工程拆除、清理外运，墙面切割，打墙、板洞，以及相应的措施费；3. 按实际改造办公用房建筑面积以平方米计算	
	给 - 3	卫生洁具安装	20	m²	1. 座便器、洗面盆、洗涤槽、拖布池、水龙头等实施内容；2. 包括旧工程拆除、清理外运，墙面切割，打墙、板洞，以及相应的措施费；3. 按实际改造办公用房建筑面积以平方米计算	

一、建筑安装工程

序号	编号	分部分项工程	综合单价	计量单位	实施内容	备注
（五）电气安装工程						
	电-1	普通办公区电气安装	110	m²	1. 采用普通照明灯具或高效节能光源，包括插座安装、管线敷设、配电箱安装；2. 包括旧工程拆除、清理外运，墙面切割，打墙、板洞，以及相应的措施费；3. 按建筑面积（不含会议室、接待室）以平方米计算	不含配电箱等设备价格
	电-2	会议室、接待室电气安装	270	m²	1. 采用装饰性灯具和高效节能型光源，包括插座安装、管线敷设、配电箱安装；2. 包括旧工程拆除、清理外运，墙面切割，打墙、板洞，以及相应的措施费；3. 按会议室、接待室建筑面积以平方米计算	不含配电箱等设备价格
	电-3	弱电及智能化安装	40	m²	1. 弱电及智能化系统的插座安装、管线敷设、分弱电箱等实施内容；2. 包括旧工程拆除、清理外运，墙面切割，打墙、板洞，以及相应的措施费；3. 按建筑面积以平方米计算	不含机房设备价格
（六）采暖制冷安装工程						
	采-1	采暖工程（非中央空调）安装	120	m²	1. 管道、阀门、暖气片、保温设施等实施内容；2. 选用铜铝、钢制等散热器，地暖盘管等综合考虑；3. 按中档材质考虑；4. 包括旧工程拆除和清理外运，以及相应的措施费；5. 按实际改造采暖供热建筑面积以平方米计算	
	采-2	中央空调系统管道及末端设备安装	320	m²	1. 风机盘管、管道、阀门、风管、风阀、控制线路、保温设施等安装；2. 按中档偏上材质考虑；3. 包括旧工程拆除和清理外运，以及相应的措施费；4. 按空调实际制冷采暖面积以平方米计算；5. 部分空调设施维修改造、局部零星维修改造，在综合单价以内据实计核	
	采-3	中央空调机房系统安装			1. 机房和冷却塔设备、管道、阀门、控制线路、电气、保温设施等安装；2. 按中档材质考虑；3. 包括旧设备设施拆除和清理外运，以及相应的措施费	根据选用空调规格、型号和参数等，通过市场询价方式计核
（七）消防安装工程						
	消-1	消防栓系统安装	30	m²	1. 管道、管件、阀门安装，管道冲洗、试压、调试及刷漆、保温等处理，墙体开洞、堵洞，套管制作安装，消防箱安放，墙体恢复及处理，栓体、枪、水带、消火栓等配置安装；2. 包括原有管道、阀门、消火栓等拆除和清理外运，以及相应的措施费；3. 按建筑面积以平方米计算	不含消防设备价格
	消-2	喷淋系统安装	90	m²	1. 管道、管件、阀门安装，管道冲洗、试压、调试及刷漆、保温等处理，墙体开洞、堵洞，套管制作安装，喷头、水流指示器、信号蝶阀、湿式报警阀等配置安装，消防水系统调试等；2. 包括原有管道、阀门、喷头等拆除和清理外运，以及相应的措施费；3. 按建筑面积以平方米计算	不含消防设备价格
	消-3	消防电系统安装	40	m²	1. 桥架、桥架支撑架、防火堵洞安装，配管敷设、墙体剔槽、墙体恢复处理、接线盒埋设，线缆敷设、与原有线缆的结合，消防端子箱、新模块、按钮、烟感、温感、消防广播等配置安装及与原有消防系统的融合，新软件及消防控制系统和硬件安装调试，消防电梯、防火门、排烟口等整个消防系统调试；2. 包括原有桥架、消防端子箱、硬件、配管、线缆、模块、按钮、消防广播、元器件等部件拆除和清理外运，以及相应的措施费；3. 按建筑面积以平方米计算	不含消防设备价格

续表

一、建筑安装工程

序号	编号	分部分项工程	综合单价	计量单位	实施内容	备注
	消－4	防火卷帘安装	500	m²	1. 防火卷帘购置、安装，与消防系统的对接，防火卷帘控制箱接线，墙体开洞、堵洞，以及系统调试等； 2. 包括旧工程拆除和清理外运，以及相应的措施费； 3. 按洞口尺寸以平方米计算	
……						

（八）规费和税金

	规费				按照项目所在地现行文件规定执行，计费基数为本《标准》建筑安装工程造价（不含设备购置费、工程建设其他费用、可抵扣进项税额增值税）	
	税金				按照项目所在地现行文件规定执行，计税基数为本《标准》建筑安装工程造价（不含设备购置费、工程建设其他费用、可抵扣进项税额增值税）与规费之和	

二、设备购置

序号	编号	项目名称	单价	计量单位	规格、型号、参数等	备注
（九）电气设备购置						
	电购－1					通过市场询价方式计核
	……	……				通过市场询价方式计核
（十）消防设备购置						
	消购－1					通过市场询价方式计核
	……	……				通过市场询价方式计核
（十一）中央空调设备购置						
	空购－1					通过市场询价方式计核
	……	……				通过市场询价方式计核
（十二）电梯购置						
	梯－1	电梯购置（含免费安装）		部		通过市场询价方式计核
……						

三、工程建设其他费用

序号	项目名称		金额	计取基数	计核标准	备注
（一）	工程设计费				根据《关于进一步放开建设项目专业服务价格的通知》（发改价格〔2015〕299 号）规定，实行市场调节价，按照市场行情计核	根据实际需要确定是否计取

三、工程建设其他费用						
序号	项目名称		金额	计取基数	计核标准	备注
（二）	招标代理费				根据《关于进一步放开建设项目专业服务价格的通知》（发改价格〔2015〕299号）规定，实行市场调节价。根据《招标代理服务收费管理暂行办法》（计价格〔2002〕1980号）"招标代理服务费用应由招标人支付，招标人、招标代理机构与投标人另有约定的，从其约定"的规定和当前通行做法，招标代理服务费由中标人支付	不予计取
（三）	工程监理费				根据《关于进一步放开建设项目专业服务价格的通知》（发改价格〔2015〕299号）规定，实行市场调节价，按照市场行情计核	根据实际需要确定是否计取
（四）	工程造价咨询费				根据《工程造价咨询服务收费管理暂行办法》（建标造函〔2007〕8号）规定，实行政府指导价，结合当前通行做法和市场行情计核	根据实际需要确定是否计取
（五）	项目建设管理费				在《基本建设项目建设成本管理规定》（财建〔2016〕504号）规定的额度内，实行总额控制	根据实际需要确定是否计取